Datenhandbuch
zur deutschen Bildungsgeschichte

Band I: Hochschulen
2. Teil
Wachstum und Differenzierung
der deutschen Universitäten
1830–1945

Datenhandbuch zur deutschen Bildungsgeschichte

Wachstum und Differenzierung der deutschen Universitäten 1830–1945

von

Hartmut Titze

unter Mitarbeit von

Hans-Georg Herrlitz, Volker Müller-Benedict
und Axel Nath

Vandenhoeck & Ruprecht in Göttingen

CIP-Kurztitelaufnahme der Deutschen Bibliothek

Datenhandbuch zur Deutschen Bildungsgeschichte.
– Göttingen: Vandenhoeck und Ruprecht

Bd. 1. Hochschulen;
Teil 2. Titze, Hartmut: Wachstum und Differenzierung
der deutschen Universitäten 1830–1945. – 1995

Titze, Hartmut:
Wachstum und Differenzierung der
deutschen Universitäten 1830–1945 / von Hartmut Titze.
Unter Mitarb. von Hans-Georg Herrlitz . . . – Göttingen:
Vandenhoeck und Ruprecht, 1995.
(Datenhandbuch zur deutschen Bildungsgeschichte;
Bd. 1. Hochschulen; Teil 2)
ISBN 3-525-36210-2

Gedruckt mit Unterstützung der Deutschen Forschungsgemeinschaft

Inhaltsverzeichnis

Vorwort

Das Datenhandbuch zur deutschen Bildungsgeschichte, dessen zweiter Teilband hier vorgelegt wird, ist ein Ergebnis des Projekts QUAKRI („Qualifikationskrisen und Strukturwandel des Bildungssystems"), das im Verbund mehrerer Forschungsgruppen an den Universitäten Bielefeld, Bochum, Hannover und Göttingen von 1977 bis 1981 von der Deutschen Forschungsgemeinschaft (DFG) gefördert wurde. Als Voraussetzung für die Erforschung historischer Qualifikationskrisen 1867-1945 in Preußen übernahm die Göttinger Gruppe (Hans-Georg Herrlitz, Volker Müller-Benedict, Axel Nath und Hartmut Titze) die Aufgabe, ausgewählte Daten über den Besuch der Universitäten vom Kaiserreich bis zum Zweiten Weltkrieg aufzunehmen und für computerunterstützte Analysen verfügbar zu machen. Ein Expertengremium der DFG empfahl 1982, wesentliche Teile der von den Forschungsgruppen erschlossenen statistischen Materialien in der Form eines mehrbändig angelegten Datenhandbuchs zur deutschen Bildungsgeschichte zu veröffentlichen.

Von 1982 bis 1987 wurde unter meiner Leitung ein von der DFG gefördertes Folgeprojekt durchgeführt („Ausbildungsleistungen der Universitäten 1860-1940"), das auf QUAKRI aufbaute und die systematische Auswertung der verfügbar gemachten bildungshistorischen Daten zum Ziel hatte. Für vier ausgewählte Karrieren (Lehrer an höheren Schulen, evangelische Theologen, Juristen und Ärzte) wurden die langfristigen Prozesse der akademischen Statusrekrutierung auf breiter Datenbasis vergleichend untersucht. Aus dem gesamten Projektzusammenhang sind rund zwei Dutzend Veröffentlichungen hervorgegangen, darunter die beiden Dissertationen (NATH 1988; MÜLLER-BENEDICT 1991) und die Habilitationsschrift über den Akademikerzyklus (TITZE 1990), in denen die Ergebnisse der langjährigen Forschungsarbeit systematisch zusammengefaßt sind.

Zuweilen erschien uns das komplexe Forschungsfeld, u.a. die Studierendenzahlen in annähernd 100 verschiedenen Studienfächern (bei häufig wechselnden Fachbezeichnungen) an 26 Universitäten für einen Zeitraum von mehr als hundert Jahren aufzunehmen, übersichtlich zu ordnen und die semesterweise Durchsicht von ca. 4200 Personalverzeichnissen zu bewältigen, schier undurchdringlich. Dazu bedurfte es, neben der äußeren Vorsorge um wiederholte Finanzierungen und der inneren Unterstützung durch die stabile Arbeit im Team, vor allem eines „langen Atems". 1987 ist der erste Teilband des Datenhandbuchs erschienen, in dem die aggregierten Daten für den Hochschulbesuch auf ge-samtstaatlicher Ebene dokumentiert sind (Das Hochschulstudium in Preußen und Deutschland 1820-1944). Hier werden nun die Daten für den langfristigen Universitätsbesuch in Deutschland auf der Ebene der einzelnen Hochschulen vorgelegt. Mit der semesterweisen Aufnahme des Bestands an wissenschaftlichen Einrichtungen (Seminare, Institute, Kliniken etc.) an den einzelnen Hochschulen vom frühen 19. Jahrhundert bis zum Ende des Zweiten Weltkriegs wird zugleich der langfristige Prozeß der institutionellen Differenzierung der deutschen Universitäten dokumentiert. Neben der Verantwortung für eine Reihe weiterer Beiträge lag die Aufnahme und Präsentation dieser Institutslisten in den Händen von Axel Nath.

Durch meinen Wechsel von Göttingen nach Lüneburg im Jahre 1990 hat sich die Fertigstellung des zweiten Teilbands verzögert. Es erfüllt mich mit Freude, daß das 1977 begonnene Unternehmen der mehrstufig ausgebauten Göttinger bzw. Lüneburger QUAKRI-Forschungen mit dem Erscheinen dieses Bandes nun zu einem runden Abschluß gebracht worden ist.

Neben den zahlreichen Hilfskräften aus der Göttinger Zeit, denen bereits im Vorwort zum ersten Teilband gedankt ist, waren Carina Oelerich und Corinna Maria Scheidies an den abschließenden Arbeiten in Lüneburg beteiligt. Der Deutschen Forschungsgemeinschaft danken wir für die Finanzierung des gesamten Projekts, dem Pädagogischen Seminar der Universität Göttingen und dem Institut für Pädagogik der Universität Lüneburg für wiederholt gewährte Beihilfen und dem Verlag Vandenhoeck & Ruprecht für die gute Zusammenarbeit bei der Fertigstellung dieses Bandes.

Auf dem Hintergrund der Bildungsexpansion nach 1960 hat sich die Erforschung der komplexen Zusammenhänge von Hochschule und Beschäftigungssystem breit entfaltet. Dabei war die historische Perspektive der längerfristigen Problementwicklung im 19. und 20. Jahrhundert allerdings nahezu vollständig ausgeblendet. Im verengten, allein auf die Nachkriegsentwicklung begrenzten Wahrnehmungshorizont konnte die Tiefenstruktur der langfristigen Entwicklung des Universitätsbesuchs und der akademischen Statusrekrutierung nicht in den Blick kommen. Die Teilbände dieses Datenhandbuchs mögen durch vielfältige Nutzung in Forschung und Lehre den Blick auf weitere Zeiträume über mehrere Generationenfolgen hinweg freimachen und dadurch der Forschung neuartige Fragen und Erkenntnischancen eröffnen.

Lüneburg, 1. Oktober 1994   Hartmut Titze

Abkürzungsverzeichnis

Abt.	Abteilung	dar.	darunter
AG	Arbeisgemeinschaft	Denkm.	Denkmal
agr.	agrarisch	derm.	dermatologisch
Äg./äg.	Ägypten/ägyptisch/ägyptologisch	dt.	deutsch
ärztl.	ärztlich	DtHochStat	Deutsche Hochschulsstatistik
ästh.	ästhetisch	dt. Spr.	deutsche Sprache
Akad./akad.	Akademie/akademisch	Did./did.	Didaktik/didaktisch
AkadMonSchr	Akademische Monatsschrift	DDtHoch	Die Deutschen Hochschulen
AkadRev	Akademische Revue	Dipl./dipl.	Diplomatik/Diplomatie/diplomatisch
allg.	allgemein		
alttest.	alttestamentlich	Dogmat./dogmat.	Dogmatik/dogmatisch
amb./Amb.	ambulant/Ambulatorium	Einw.	Einwohner
Anat./anat.	Anatomie/anatomisch	engl.	englisch
-anb.	-anbau	Elektr.	Elektrizität
angew.	angewandt	Erz.	Erziehung
anorg.	anorganisch	ethnogr.	ethnographisch
Anst.	Anstalt	ev./evang.	evangelisch
Anthr./anthr.	Anthropologie/anthropologisch	Exeg./exeg.	Exegetik/exegetisch
anthropot.	anthropotomisch	ExO	Extraordinarien
ant.	antik	exp.	experimentell
App.	Apparat	f.	für
Arch./arch.	Archäologie/archäologisch	Fak.	Fakultät
-as.	asiatisch	Forsch.	Forschung/Forschungs-
Ass.	Assistent	forstl.	forstlich
Astr.	Astronomie/astronomisch	Forstw.	Forstwirtschaft
A.T.	Altes Testament	fr.	französisch
athm.	athmosphärisch	Gebh./gebh.	Geburtshilfe/geburtshilflich
Attr.	Attribut	-gem.	-gemeinschaft
Ausl./ausl.	Ausland/ausländisch/Ausländer	Geod./geod.	Geodäsie/geodätisch
Ausländ.	Ausländer	Geogn.	Geognosie/geognostisch
BadHochStat	Badische Hochschulstatistik	Geogr./geogr.	Geographie/geographisch
Bakt./bakt.	Bakteriologie/bakteriologisch	Geol./geol.	Geologie/geologisch
Band.	Bandage	ger.	gerichtlich
bayr.	bayerisch	Germ./germ.	Germanistik/germanisch/germanistisch
Bd./Bde.	Band/Bände		
beurl.	beurlaubt	ges.	gesamt
Bev.	Bevölkerung	Ges.	Gesellschaft
Bibl.	Bibliothek	Gesch.	Geschichte
Biol./biol.	Biologie/biologisch	gschtl.	geschichtlich
Bot./bot.	Botanik/botanisch	Geschl.kr.	Geschlechtskrankheit
BWL	Betriebswirtschaftslehre	Gesundh.wiss.	Gesundheitswissenschaften
Cab.	Cabinett	Gipsabg.	Gipsabguß
cameral.	cameralistisch	-gr.	-graphisch, -graphie
Cbl	Centralblatt (bis 1902)/Zentralblatt (ab 1903)	-grp.	-gruppe
		Gynäk./gynäk.	Gynäkologie/gynäkologisch
Chem./chem.	Chemie/chemisch	HbPrUntVerw	Handbuch der preußischen Unterrichtsverwaltung
Chir./chir.	Chirurgie/chirurgisch		
chr.	christlich	-h.	-haus
criminal.	criminalistisch	H.	Heft/Hefte
d.	(bestimmter Artikel)	hebr.	hebräisch

Her./her.	Heraldik/heraldisch
Herb.	Herbarium
Hess.	Hessen, hessisch
hist.	historisch/-historie
Histol./histol.	Histologie/histologisch
HNO	Hals-, Nasen-, Ohren-
HPr	Honorarprofessoren
HS	Hochschule
HochNachr	Hochschul-Nachrichten
höh.	höhere
Homil./homil.	Homiletik/homiletisch
Hyg./hyg.	Hygiene/hygienisch
idg.	indogermanisch
Ind.	Industrie
Indol./indol.	Indologie/indologisch
inn./innerl.	innen/innerlich
insb.	insbesondere
Inst.	Institut
Instr.	Instrument
integr.	integriert
intern.	international
isl.	islamisch
italien.	italienisch
JbhöhSchulen	Jahrbuch für das höhere Schulwesen
JbamtlStatPr	Jahrbuch für die amtliche Statistik des Preußischen Staates
JberhöhLehranstPr	Jahresberichte der höheren Lehranstalten in Preußen
Jg./Jgg.	Jahrgang/Jahrgänge
jüd.	jüdisch
jur.	juristisch
k.	kundlich/-kunde
Kab.	Kabinett
Kam.	Kameralia
kat.	katechetisch
kath.	katholisch
Keltol./keltol.	Keltologie/keltologisch
Kfm./kaufm.	Kaufmann/kaufmännisch
kgl.	königlich
kirchl.	kirchlich
Kh.	Krankenhaus
KK	Kunzes-Kalender (Philologen Jahrbuch)
klass.	klassisch
Kl./-kl./klin.	Klinik/klinisch
Klim./klim.	Klimatologie/klimatologisch
Koll.	Kollegium, Kolloquium
Kons./kons.	Konservierung/konservieren
Kr.	Krankheit
Krim.	Kriminalistik
krim.	kriminologisch
kriminal.	kriminalistisch
KWG	Kaiser-Wilhelm-Gesellschaft
KWI	Kaiser-Wilhelm-Institut
-l.	-lich/-lisch
Lab.	Laboratorium
Landw./landw.	Landwirtschaft/landwirtschaftlich
Le.	Lehrer, Lektoren, Vorlesungsbeauftragte
Leibesüb.	Leibesübungen
Lit.	Literatur
-log.	-logie/-logisch
LVA	Landesversorgungsanstalt
MA	Mittelalter
Masch.	Maschine
Math./math.	Mathematik/mathematisch
Mech./mech.	Mechanik/mechanisch
Med./med.	Medizin/medizinisch
Meteor./meteor.	Meteorologie/meteorologisch
meteoron.	meteoronomisch
Min./min.	Mineralogie/mineralogisch
m.	mittel.../mittlere
mittelalt.	mittelalterlich
MschrhöhSch	Monatsschrift für höhere Schulen
Mus.	Museum
Mykol.	Mykologie
Nass.	Nassau
Nat.	Naturwissenschaft/-en
n.	neu/neuere
N.F.	Neue Folge
N.T.	Neues Testament
Neurol./neurol.	Neurologie/neurologisch
neutest.	neutestamentlich
ndrd./ndt.	niederdeutsch
ndrl.	niederländisch
Nr.	Nummer
NS	Nationalsozialismus
NZ	Neuzeit
öffentl.	öffentlich
o.	ohne
Ök./ök.	Ökonomie/ökonomisch
Ökol./ökol.	Ökologie/ökologisch
ophthalmol.	ophthalmologisch
Ord.	Ordinarien
Org./org.	Organik/organisch
Or./or.	Orient/orientalisch
Orient.	Orientalistik
Orthod./orthod.	Orthodontie/orthodontisch
Orthop./orthop.	Orthopädie/orthopädisch
otiatr.	otiatrisch
Päd./päd.	Pädagogik/pädagogisch
pädiatr.	pädiatrisch
PI	Pädagogisches Institut
Pal./pal.	Paläontologie/paläontologisch
Paläogr./paläogr.	Paläographie/paläographisch
parasitol.	parasitologisch
past.	pastoral
Path./path.	Pathologie/pathologisch
PD	Privatdozenten
Pers.Verz.	Personalverzeichnisse der deutschen Universitäten
petrogr.	petrographisch
petrol.	petrologisch
Pharm./pharm.	Pharmakologie/pharmakologisch
Pharmaz./pharmaz./pharmac.	Pharmazie/pharmazeutisch/pharmaceutisch

Pharmakog./pharmakog.	Pharmakognosie/pharmakognostisch
PhBl	Philologenblatt
PhJb	Philologenjahrbuch
Philol./philol.	Philologie/philologisch
Phil./phil.	
Philos./philos.	Philosophie/philosophisch
Phon./phon.	Phonetik/phonetisch
Photogr./photogr.	Photogrammetrie/photogrammetrisch
Phys./phys.	Physik/physikalisch
Physiol./physiol.	Physiologie/physiologisch
Pol./pol.	Politik/politisch
Pr./pr.	Praxis/praktisch
Prakt./prakt.	Praktikum/praktisch
Präp./präp.	Präparat/präparieren
Preuß./preuß./preuss.	Preußen/preußisch
PrHochStat	Preußische Hochschulstatistik
priv.	privat
Prov.-	Provinzial-
protest.	protestantisch
-proz.	-prozeß
PrStat	Preußische Statistik
Psych./psych./psychiat.	Psychiatrie/psychiatrisch
Psychol./psychol.	Psychologie/psychologisch
r.	-recht/-rechtlich
radiol.	radiologisch
rechtl.	rechtlich
rf.	(evangelisch) reformiert
reform.	reformiert
Rel./rel.	Religion/religiös
rh.	rheinisch
Rhld.	Rheinland
röm.	römisch
Röntg./röntg.	Röntgenologie/röntgenologisch
rom.	romanisch/romanistisch
russ.	russisch
Samml.	Sammlung
selbst.	selbstständig/-e
Sem.	Seminar/Seminarium
Semit./semit.	Semitistik/semitisch
Serol./serol.	Serologie/serologisch
sinol.	sinologisch
slaw.	slawisch
Sonderdr	Sonderdruck (der Preußischen Statistik)
soz.	sozial
soziol.	soziologisch
Sp./sp.	Spanisch/spanisch
Spr./spr.	Sprache/sprachlich
Sprachw./sprachw.	Sprachwissenschaft/sprachwissenschaftlich
Sprst.	Sprechstunde
SS	Sommersemester
St./Stat./st./stat.	Station/stationär
staatl.	staatlich
stat.	statistisch
StatDR	Statistik des Deutschen Reiches

StatHbPr	Statistisches Handbuch für den preußischen Staat
StatJbBay	Statistisches Jahrbuch für das Königreich (für den Freistaat) Bayern
StatJbDR	Statistisches Jahrbuch für das Deutsche Reich
StatJbPr	Statistisches Jahrbuch für den Preußischen Staat, (-für Preußen; -für den Freistaat Preußen)
StatMitt	Statistische Mitteilungen im Zentralblatt
Stell./stell.	Stelle/-stelle
Stud.	Studenten/Studierende
Stud.Verz.	Studentenverzeichnisse der deutschen Universitäten
Stw.	Sternwarte
Syph./syph.	Syphilis/syphilitisch
syst.	systematisch
-t.	-tum
Techn./techn.	Technik/technisch
-test.	-testamentlich
TH	Technische Hochschule
Technol./technol.	Technologie/technologisch
Th.	Theater
Theol./theol.	Theologie/theologisch
Theor./theor.	Theorie/theoretisch
Therap./therap.	Therapie/therapeutisch
Thür.	Thüringen
Trim.	Trimester
Tuberk.	Tuberkulose
u.	und
unbes.	unbesetzt
Univ.	Universität
Univ.-Bibl.	Universitätsbibliothek
Uni-Kl.	Universitätsklinik
Univ.-Prof.	Universitätsprofessor
Unt.	Unterricht
Unters.	Untersuchung
v.	von
Ver.	Verein
Verb./verb.	Verband/verbunden
Vergl./vergl./vgl.	Vergleich, vergleiche, vergleichen
-verk.	-verkehr
Vers.	Versicherung
Verw.	Verwaltung
vet.	veterinär-
VjbThürStatLA	Vierteljahresberichte des Thüringischen Statistischen Landesamtes
VjhStatDR	Vierteljahreshefte zur Statitik des Deutschen Reiches
Vkde./vkdl.	Volkskunde/volkskundlich
Volksschull.	Volksschullehramt
Vorb.	Vorbildung
Vw.	Volkswirtschaft
W./-w.	Wesen/-wesen
WegwhöhSchulw	Wegweiser durch das höhere Schulwesen des Deutschen Reiches

WS	Wintersemester	Zeitungsk.	Zeitungskunde
Wirtsch./wirtsch.	Wirtschaft/wirtschaftlich	Zentr./zentr.	Zentrum/zentral
Wirtschaftsw.	Wirtschaftswissenschaften	Zeugn.	Zeugnis
Wiss./wiss.	Wissenschaft/wissenschaftlich	ZMK	Zahn-, Mund-, Kiefer-
WürttJbStat	Württembergisches Jahrbuch für Statistik	Zool./zool.	Zoologie/zoologisch
		Zoot./zoot.	Zootomie/zootomisch
-z.	-zucht	ZS	Zwischensemester
Zahnmed.	Zahnmedizin	ZsVDI	Zeitschrift des Verbandes der Deutschen Ingenieure
Zbl	Zentralblatt (1903–1934)		
ZblStatMitt	s. StatMitt	Ztschr.	Zeitschrift
ZblBauVerw	Zentralblatt der Bauverwaltung	zus.	zusammen
ZehnjStat	Zehnjahres-Statistik des Hochschulbesuchs	Zwgst.	Zweigstelle

Einleitung

I. Zur Sozialgeschichte der modernen deutschen Universität

1. Die klassische Epoche der deutschen Universitätsgeschichte (1800 bis 1960)

Bezieht man die frühen europäischen Gründungen mit ein (Bologna, Paris, Oxford, Neapel, Cambridge), dann können die Universitäten als ein spezifisches Produkt des europäischen Kulturkreises im ausgehenden 20. Jahrhundert auf eine über 800jährige Geschichte zurückblicken. Es gibt nur wenige Kultureinrichtungen, die in vergleichbarer Weise ihre Überlebensfähigkeit erwiesen und im Wandel der Zeiten vom 12. Jahrhundert bis in die Gegenwart überdauert haben (MÜLLER 1990). Die wichtigste Zäsur in ihrer reichen Tradition erfuhren die alteuropäischen Universitäten um die Wende vom 18. zum 19. Jahrhundert. In dieser Reformära leisteten die deutschen Universitäten vorbildliche Schrittmacherdienste für die Modernisierung der gelehrten Korporationen, die durch theologischen Dogmatismus, scholastischen Lehrbetrieb und pedantisches Festhalten an ihrer überkommenen mittelalterlichen Verfassung nach der Französischen Revolution in eine existenzbedrohende öffentliche Vertrauenskrise geraten waren. Der neue Typus der reformierten Universität, vom Ethos der idealistischen Bildungsphilosophie geprägt und auf ein neues Verständnis von Wissenschaft als unvoreingenommene Erforschung des Unbekannten gegründet, erwies sich als außerordentlich erfolgreich und bahnte dem Aufstieg der modernen Wissenschaften und dem beschleunigten Wachstum der säkularen Kulturintelligenz im 19. Jahrhundert den Weg. Mit ihren sichtbaren Leistungen, der fachlichen Ausbildung der Studierenden für die gelehrten Berufe zum einen und den wachsenden Beiträgen zum internationalen wissenschaftlichen Fortschritt zum anderen, gewann die neuhumanistisch reformierte Universität innerhalb weniger Jahrzehnte ein hohes Ansehen in der Gesellschaft (TURNER 1987).

Die um die Wende vom 18. zum 19. Jahrhundert in der Zeitspanne von zwei Generationen aufgebaute *moderne Bildungsorganisation* war in ihrem Kerngehalt zukunftsweisend und historisch produktiv: Unter den Bedingungen der liberalen Freisetzung aus ständischen Bindungen eröffnete sie Spielräume für eine kulturelle Mobilisierung der Gesellschaft und kanalisierte die freigesetzten Interessen, Bedürfnisse und Motive in fachliche Leistungsansprüche und Herausforderungen. Dabei sollte die strenge *Leistungsauslese* in den formalisierten Bildungslaufbahnen auf Gymnasien und Universitäten – zumindest dem Anspruch nach – für alle in gleicher Weise gelten. Zwar noch herrschaftlich eingebunden und vom Eigeninteresse der gebildeten Stände besetzt, entfaltete der neue Typus der deutschen Universität deshalb frühzeitig eine starke Anziehungskraft für Talente aus allen Schichten. Nicht zuletzt diese *meritokratische Ausstrahlung* verschaffte dem deutschen Universitätsmodell breite Anerkennung und Bewunderung in den Nachbarstaaten, bald in der ganzen Welt. Im Laufe des 19. Jahrhunderts erreichte die an den deutschen Universitäten betriebene Wissenschaft die führende Stellung in der Welt (in der klassischen und vergleichenden Philologie schon um 1830, in der Geschichtswissenschaft und Bibelkritik um 1850, in vielen Gebieten der Naturwissenschaften und Medizin zwischen 1840 und 1870). Dieser schnelle Aufstieg zu einem um die Jahrhundertmitte in Wissenschaft und Forschung dominierenden Land erscheint umso erstaunlicher, wenn man bedenkt, daß Deutschland in den besonders dynamisch voranschreitenden Wissenschaftsbereichen (den Naturwissenschaften und der Medizin) um 1800 hinter Frankreich und England deutlich zurückgeblieben war.

Im Kaiserreich erlangten die deutschen Universitäten den Höhepunkt ihres Ruhmes (JARAUSCH 1991; NIPPERDEY 1990). Mit Stolz wurde die »Weltgeltung der deutschen Wissenschaft« registriert, die sich in hohen Anteilen originärer Forschungsbeiträge, wichtiger Entdeckungen und Erfindungen in zahlreichen Fachgebieten der Naturwissenschaften und der Medizin durch Deutsche niederschlug, besonders öffentlichkeitswirksam auch in der hohen Zahl von Nobelpreisträgern, vornehmlich in der Chemie (1901–1925 unter 22 Verleihungen 9 an Deutsche), in der Physik (10 unter 31) und der Physiologie (5 unter 23). Am Aufstieg der modernen Geistes- und Sozialwissenschaften, die nicht weniger revolutionär ein neues Verständnis des Menschen in Kultur, Gesellschaft und Geschichte vorantrieben und herausarbeiteten, hatten die deutschen Universitäten ebenfalls einen gewichtigen Anteil. Aufgrund ihrer hervorragenden internationalen Bedeutung übten die deutschen Universitäten einen nachhaltigen Einfluß auf andere nationale Universitätssysteme aus (Vereinigte Staaten, Rußland, Frankreich, Japan und China). So stand die deutsche Universität ein Jahrhundert nach der einschneidenden Zäsur um 1800 an der Wende vom 19. zum 20. Jahrhundert im Zenit ihrer jüngsten und besonders glanzvollen Entwicklungsphase, die nun als »klassische Epoche« charakterisiert und hervorgehoben wurde. Zahlreiche Monumentalwerke aus dieser Zeit (besonders anläßlich von Ausstellungen und Universitätsjubiläen) bekunden die stolze Selbstgewißheit, im Bereich der Hochschulentwicklung und der Wissenschaften international eine führende Stellung errungen zu haben.

Zu Beginn des Ersten Weltkriegs war die Mehrheit der Professoren von der Überzeugung durchdrungen, »daß für die ganze Kultur Europas das Heil an dem Siege hängt, den der deutsche 'Militarismus' erkämpfen wird« (so in der von Ulrich von Wilamowitz-Moellendorf verfaßten »Erklärung der Hochschullehrer des Deutschen Reiches« vom 16. Oktober 1914, die 3016 unterzeichneten; vgl. BÖHME 1975, S. 49 f.). Durch die überzogene Rolle der Professorenschaft beim publizistischen Kriegseinsatz (SCHWABE 1969) büßten die deutsche Universität und die deutsche Wissenschaft ihr hohes internationales Ansehen ein und gerieten in eine tiefgreifende geistige Isolation, die in den knapp eineinhalb Jahrzehnten der Weimarer Republik auch nicht mehr vollständig überwunden werden konnte. Eine Rehabilitation im internationalen akademischen Leben gelang noch am ehesten in den Naturwissenschaften und der Medizin, in denen nationale Grenzen und Identifikationen seit jeher bei der gemeinsamen Forschung den geringsten Einfluß hatten. Hier konnten die deutschen Universitäten trotz erheblich ungünstigerer Rahmenbedingungen als vor dem Weltkrieg an ihre großen Erfolge im Kaiserreich anknüpfen.

Nur eine Generation nach ihrer klassischen Blütezeit offenbarte die deutsche Universität im Jahre 1933 einen geistigen Substanzverlust und eine moralische Indifferenz, die extremer kaum vorstellbar waren und die seit mehr als einem Jahrhundert gerühmte neuzeitliche »Idee der Universität« zur bloßen Phrase machten (zusammenfassend zum Forschungsstand TITZE 1989). Drei Jahre vorher, im November 1929, als die nationalsozialistischen Studenten erste spektakuläre Erfolge bei Studentenschaftswahlen errangen und zur eigentlichen »Eroberung« der deutschen Hochschulen ansetzten, hatte sich »Das Akademische Deutschland« in einer dreibändigen Selbstdarstellung noch einmal auf die klassische Tradition der deutschen Universität verpflichtet und pathetisch versichert, »daß dieses Stück der geistigen Welt nach außen und innen verteidigt zu werden verdient« (so EDUARD SPRANGER im Vorwort von Band I, 1930, S. XV). Jetzt trat zutage, daß die Berufung auf diese Tradition der Universität eine sichere geistige Orientierung im politischen Handeln nicht mehr verbürgte: durch die innere Bereitschaft zur *Selbstgleichschaltung* und Einfügung in den Nationalsozialismus gab es 1933 nach innen kaum noch etwas zu verteidigen. Die Mehrheit der deutschen Hochschullehrer paßte sich geräuschlos an und suchte sich aus den Ungeheuerlichkeiten herauszuhalten, die täglich an der Alma mater geschahen. Bis 1938 schieden durch administrative Zwangsmaßnahmen und wegen der allgemeinen Bedrohung durch das Regime schätzungsweise 30% des Lehrpersonals aller deutschen Universitäten aus (SEIER 1984, S. 146; STRAUSS 1984, S. 54; MÜLLER 1990, S. 96). Über die Gesamtzahl der Personen, die direkt oder indirekt, jedenfalls im Zusammenhang mit der Herrschaft des Nationalsozialismus, aus dem wissenschaftlichen Leben Deutschlands verdrängt wurden, wird man vermutlich keine lückenlose Klarheit mehr gewinnen können. Nach dem »Biographischen Handbuch der deutschsprachigen Emigration 1933–1945« sind über 4500 Wissenschaftler und Künstler aus Deutschland, Österreich und der Tschechoslowakei vertrieben worden. Durch die brutale »Säuberungspolitik« im Dritten Reich, die einer »Selbstenthauptung des deutschen Geistes« gleichkam, wurden die deutschen Hochschulen mit kaum abschätzbaren Langzeitfolgen im internationalen Vergleich erheblich zurückgeworfen. Spätestens 1940 konnten auch die Führungsorgane des NS-Staats vor dem besorgniserregenden Leistungsrückgang an den Hochschulen die Augen nicht mehr verschließen. Die teilweise oppositionelle Niveaukritik konnte freilich kaum etwas bewirken. Die Struktur des Herrschaftssystems wie auch die irrationalen Grundlagen des Nationalsozialismus selbst waren letzten Endes unvereinbar mit einer produktiven Entfaltung von Wissenschaft und Forschung.

Trotz ihrer Kompromittierung als »braune Universität«, die sich mit dem Naziregime tief eingelassen und bei dessen Verbrechen teilweise sogar Komplizenschaft geleistet hatte, konnte sich die Institution nach 1945 in ihrer aus dem 19. Jahrhundert überkommenen Traditionsgestalt noch einmal fur knapp zwei Jahrzehnte restaurieren (OEHLER 1989; ELLWEIN 1985; WEBLER 1983). Angesichts der allgemeinen materiellen Notlage, der ausgemergelten inneren Verfassung der gelehrten Korporation und des Fehlens starker Reformkräfte stand die Wiederaufnahme des Universitätsbetriebs in den meistenteils zerbombten Hochschulstädten unter dem Vorzeichen einer *defensiven Bestandssicherung*, die sich nach der Konsolidierung mit einem *pragmatischen Ausbau* verband. Erst die 1960er Jahre markieren dann die entscheidende Schwelle, über die die deutsche Universität in ihrer Ideen- und Sozialgestalt aus der Traditionsverhaftung an das 19. Jahrhundert heraustrat. Mit wachsendem Abstand ist bereits heute, nur eine Generation später, immer klarer zu erkennen, daß der Zäsur nach 1960 in der langfristigen Periodisierung eine ähnliche Bedeutung zukommt wie der Zäsur um die Wende vom 18. zum 19. Jahrhundert. Ein grundlegender Unterschied (neben anderen) darf bei diesem Vergleich allerdings nicht übersehen werden. Bei der damaligen Weichenstellung hatten die Reformer eine klare Vorstellung vor Augen, wie die reorganisierte höchste Bildungsstätte in der freigesetzten bürgerlichen Gesellschaft beschaffen sein sollte, eben die vielbeanspruchte »Idee der Universität«. Davon kann in Hinsicht auf die jüngst stattgefundene Zäsur keine Rede sein. Die Entwicklung, die nach 1960 endgültig zu einer historischen Abkehr vom klassischen deutschen Universitätsmodell führte, wurde nicht von politischen Weichenstellungen als Ausdruck eines klaren ideenbestimmten Reformwillens eingeleitet, sondern durch die selbsttätig fortwirkende und nun beschleunigte innere Dynamik des verselbständigten modernen Bildungs- und Aufstiegsstrebens.

2. Zur Periodisierung des Wachstums

In der breit entfalteten universitätsgeschichtlichen Forschung hat sich die These herauskristallisiert, die Zeitspanne von etwa 1800 bis 1960 als klassische Epoche der deutschen Universitätsgeschichte abzugrenzen (BRUCH 1984). Aus der Sicht der historischen Bildungsforschung, die die Universität über eine Analyse historischer Massendaten langfristig in den Blick nimmt, wird diese Epochenabgrenzung gestützt. Dabei ist vor allem auf die neuen Einsichten zu verweisen, die sich aus der Analyse der langfristigen Wachstumsprozesse ergeben haben.

Unter den insgesamt 115 Hochschuleinrichtungen, die zwischen 1820/30 und 1941 bestanden (ohne die Kunsthochschulen), stellten die Universitäten den in-stitutionellen Kernbereich des Hochschulwesens dar, auf den sich beständig die ganz überwiegende Mehrheit der Studierenden in Deutschland konzentrierte (bis zur Mitte des 19. Jahrhunderts über 90, danach meistens zwischen 70 bis 80 Prozent). Die Universität war zweifellos die Institution, die das moderne Wachstum der berechtigten akademischen Bildung in Deutschland vornehmlich getragen hat. Zwischen 1750 und 1860 bewegte sich der Universitätsbesuch bei zyklischen Schwankungen insgesamt auf einem stabilen Niveau. Nach der großen Scheidelinie der späten 1860er Jahre beginnt das moderne Frequenzwachstum, das bis in die Gegenwart anhält (bei kurzfristigen Rückschlägen in den 1890er und besonders in den 1930er Jahren). Durch das beschleunigte Wachstumstempo seit den 1960er Jahren wurde der Universitätsbesuch auf ein neues Niveau gehoben, das deutlich abgrenzbar um ein Mehrfaches über dem Niveau zwischen 1860 und 1960 liegt.

Bereits diese knappe Übersicht läßt erkennen, daß die berechtigte akademische Bildung nicht kontinuierlich wächst, sondern einer eigentümlichen Rhythmik mal beschleunigter mal verlangsamter Wachstumsprozesse folgt. Das Wachstum scheint sich über Entwicklungsplateaus zu bewegen, die durch ihre Anpassungskapazität definiert sind. Ist die Kapazität auf einem Niveau erschöpft, wird durch die daraus entstehenden Problemlagen und funktionalen Imperative der »Sprung« auf das nächste Entwicklungsplateau herausgefordert. Der entscheidende strukturelle Mechanismus, der den Sprung vom einen zum nächsten Entwicklungsplateau vermittelt, läßt sich als »*Eigenausbau des Bildungssystems*« begrifflich fassen (TITZE 1990, S. 139ff.). Für die Abfolge und Fristigkeit von Wachstumsprozessen übernimmt dieser Eigenausbau eine allgemeine Leitfunktion. Erst nach dem Wachstum des Bildungssystems selbst kommt es zu Breitenwachstum »nach außen« und zur erweiterten Zirkulation der Bildungsströme in anderen Bereichen des gesellschaftlichen Lebenszusammenhangs. Die Wachstumswellen in der Philosophischen Fakultät (der Berufsfakultät der höheren Lehrämter) laufen den Wachstumswellen in sämtlichen anderen Wissenschaftsbereichen in bemerkenswerter Regelmäßigkeit voran.

In der modernen deutschen Bildungsgeschichte, die sich bis auf die jüngste Phase mit der klassischen Epoche der Universität deckt, lassen sich zwei »Wachstumssprünge« durch den beschleunigten Eigenausbau des Bildungssystems empirisch identifizieren: der erste vollzog sich im Kaiserreich, der zweite in der Reformperiode der Bundesrepublik Deutschland (besonders in den 70er Jahren). Wenn man diese beiden Phasen als Bezugspunkte für die

Theoriebildung wählt, dann läßt sich die Entwicklung des Bildungssystems in drei Stadien sinnvoll periodisieren: 1. der Zeitraum von der Institutionalisierung der modernen berechtigten Bildungslaufbahnen bis zum Beginn des historisch neuartigen säkularen Wachstums im letzten Drittel des 19. Jahrhunderts; 2. der Zeitraum vom Kaiserreich bis in die 1950er Jahre; 3. die jüngste Periode seit den 1960er Jahren. Innerhalb dieser drei Perioden bewegt sich das Wachstum auf Entwicklungsplateaus, die unter strukturellen Gesichtspunkten als Einheit zu betrachten sind.

3. Der Einbau der Universitäten in die gesamte moderne Bildungsorganisation

Aus dieser Sicht kann dem Kaiserreich innerhalb der klassischen Epoche eine zentrale Bedeutung zugeschrieben werden. Auf die zeitgenössische Selbstwahrnehmung der Universitäten, die sich in dieser Phase im Zenit ihres glanzvollen Aufstiegs sahen, wurde bereits eingangs hingewiesen. Durch die unrühmliche Rolle, die die »braune Universität« nur eine Generation später in der deutschen Geschichte spielte, geriet freilich auch die vielgerühmte Blütezeit der Alma mater im Kaiserreich für die Nachgeborenen ins Zwielicht. Mit wachsendem historischen Abstand von 1945 fällt es uns im ausgehenden 20. Jahrhundert wieder leichter, dieser Periode der deutschen Universitätsgeschichte gerecht zu werden und sie nicht mehr nur aus der verengten und verkürzten Perspektive vornehmlich als Vorgeschichte des Nationalsozialismus zu betrachten. Und dann wird – auch über die Selbstdeutungen der Zeitgenossen hinaus – der hohe Stellenwert dieser Periode eindringlich sichtbar. Die allgemeine These soll hier exemplarisch erläutert werden anhand einiger Triebkräfte, die den Struktur- und Funktionswandel der modernen Universität in ihrer klassischen Epoche bestimmt haben. Dabei stützen wir uns vor allem auf die langjährige systematische Forschungsarbeit im Rahmen des DFG-Projekts QUAKRI (»Qualifikationskrisen und Strukturwandel des Bildungssystems«; vgl. zusammenfassend TITZE 1990, dort auch S. 493 ff. die Liste sämtlicher Veröffentlichungen aus der Göttinger Projektgruppe).

Unter strukturellen Gesichtspunkten kam der Einbau der Universitäten in die seit dem ausgehenden 18. Jahrhundert allmählich herauskristallisierte gesamte höhere Bildungsorganisation im Kaiserreich zu einem gewissen Abschluß. Der historische Entwicklungspfad des Aufbaus moderner Strukturen in diesem Bereich wurde hauptsächlich durch die vorbildliche Entwicklung in Preußen vorangetrieben. Durch die institutionelle Absonderung gymnasialer Vorbildungsanstalten, die durch Lehrplannormierungen auf das Studium zugeschnitten waren und allein zur Zulassung an der Universität berechtigten, wurden in der Reformära zwischen 1788 und 1834 die beiden Institutionen Schule und Hochschule organisatorisch sauber voneinander abgegrenzt und über das Steuerungsmittel der Berechtigungen zugleich funktional aufeinander bezogen. Diese bürokratische Rationalisierung des Zugangs zur Universität leistete Zweierlei: Erstens konnte die Vorbildung der Studierenden nun angehoben und vereinheitlicht und über staatlich eingeführte Bildungsnormen (»Reifeprüfung«) auf moderne universalistische Maßstäbe umgestellt werden. Damit wurde die allgemeinbildende »untere« Fakultät in ihrer vorbereitenden Stellung zu den »oberen« Berufsfakultäten an der Universität funktionslos. Weil die Oberstufe der Gymnasien die Funktion der alten Artistenfakultät übernahm, konnte an der reformierten Universität die Philosophische Fakultät aufgewertet werden und sich faktisch zur Berufsfakultät für die höheren Lehrämter umbilden. Zweitens konnte der staatliche Zugriff auf die höhere Bildung an der Nahtstelle des Übergangs von der Schule zur Hochschule nun unmittelbar ansetzen und seinen steuernden Einfluß im Sinne einer Kontrolle des höheren Bildungsbedarfs verstärken. Nachdem Preußen 1788 (Einführung des Abiturientenexamens) den ersten Schritt zu dieser restriktiven Normierung des Hochschulzugangs getan hatte, folgten in den 1820er und 30er Jahren zahlreiche andere deutsche Staaten diesem Vorbild und führten ebenfalls das Maturitätsexamen als Zugangsvoraussetzung für das Universitätsstudium ein (u. a. Baden 1823/26; Bayern und Hessen 1824; Braunschweig 1826; Oldenburg 1827/30; Sachsen und Hannover 1829). In Preußen wurden die Zulassungsvoraussetzungen für die Universitäten und die akademischen Berufe verschärft und durch das Reglement von 1834 allgemeinverbindlich durchgesetzt (WOLTER 1987).

In dieser neuhumanistischen Reformperiode wurden die Grundlagen des modernen deutschen Universitätswesens geschaffen, das sich bis 1850 sehr erfolgreich auf nationaler Ebene ausbreitete und vereinheitlichte (Übernahme des norddeutschen Reformmodells durch die süddeutschen Universitäten). Durch die Monopolstellung der humanistischen Gymnasien, die den Zugang in die akademischen Studien und Berufe regulierten, blieb auch die reformierte Universität bis ins letzte Drittel des 19. Jahrhunderts in vorindustrieller Weise von der bürgerlichen Wirtschafts- und Arbeitswelt eigentümlich abgeschirmt und abgeschieden. Aufgrund dieser Distanz, die aus der Interessenverhaftung der berechtigten höheren Bildung an das Beamtentum und die staatsnahen gelehrten Berufe resultierte, war die neuhumanistische Universität auch nicht voll in die Dynamik der aufsteigenden Industriegesellschaft integriert. Durch die staatsfunktionale Verkoppelung ihrer Ausbildungsleistungen war die Abhängigkeit vom Staat im zweiten Drittel des 19. Jahrhunderts eher noch verstärkt und vertieft worden, die sich in Deutschland seit der Entstehung der modernen Territorialstaaten in einem langfristigen Prozeß bereits angebahnt hatte. Über den Steuerungsmechanismus des Berechtigungswesens zog der Staat die höhere Bildung immer enger und beherrschender unter seine Kontrolle und nahm sie in seinen Dienst, wie umgekehrt die gelehrte Bildung immer umfassender im Staatsdienst aufging (JEISMANN 1989; WESTPHALEN 1979). Während sich die im weiteren Sinne öffentlichen Dienstleistungsberufe (im höheren Staats- und Kirchendienst, sowie in den freiberuflichen, staatlich konzessionierten akademischen Karrieren) in Gestalt der humanistischen Gymnasien und reformierten Universitäten auf modern ausgebaute leistungsfähige höhere Bildungsanstalten stützen konnten, mußte die mit der Industrialisierung aufsteigende Wirtschaftsgesellschaft ihren Nachwuchs für Führungspositionen unter den Abgängern der verschiedenartigsten Bildungseinrichtungen rekrutieren. Durch den Entwicklungsvorsprung des staatsnahen Gymnasial- und Universitätswesens gegenüber den höheren Bildungseinrichtungen, die mit der Entwicklung des gewerblich-industriellen Sektors entstanden und Anschluß an das etablierte Berechtigungswesen zu gewinnen suchten, wurde das Spannungsverhältnis zweier »Kulturen« befördert und gefestigt, das langfristig die Integrationskraft der deutschen Gesellschaft zusätzlich belastete: auf der einen Seite die Welt des Beamtentums, der gelehrten Berufsstände, die Orientierung an Bildung und Wissenschaft, das »Kulturstaatsideal«, auf der anderen Seite und davon scharf geschieden die Welt der Wirtschaft und Technik, der Produktion und des Handels, die Orientierung am Praktisch-Nützlichen, am »Markt« und am Erwerb (NIPPERDEY 1990, S. 550). Die im frühen 19. Jahrhundert etablierte Bildungsorganisation (das Gymnasium mit den alten Sprachen im Mittelpunkt, seine Aura und exklusive Distanz zur gemeinen Wirklichkeit, die auf Wissenschaft und Forschung gegründete Universität an der Spitze) trug viel zur Scheidung dieser zwei Kulturen bei.

In den Berechtigungskämpfen im letzten Drittel des 19. Jahrhunderts trat das Spannungsverhältnis dieser nebeneinander entwickelten zwei Kulturen offen zutage, auf der Ebene des höheren Schulwesens der Kampf der Realgymnasien und Oberrealschulen um die gleichberechtigte Zulassung ihrer Absolventen zu den universitären Studiengängen, auf der Ebene des Hochschulwesens vor allem der Kampf der anwendungsorientierten Technischen Hochschulen um Gleichberechtigung mit den Universitäten. Mit dem endlich erreichten Friedensschluß um die Jahrhundertwende (formelle Gleichstellung der Technischen Hochschulen 1899/1900 und der Realgymnasien und Oberrealschulen 1900/07) wurde die innere Distanz zwischen den zwei Kulturen zwar nicht vollständig überwunden (angesichts der langen Traditionsprägungen und der beharrlichen Rang- und Prestigeunterschiede auch kaum zu erwarten), aber es war die große Leistung des Kaiserreichs, alle höheren Bildungseinrichtungen, die sich im Laufe des 19. Jahrhunderts durch die Dynamik der Industrialisierung und der Modernisierung des gesellschaftlichen Lebens herauskristallisiert hatten, in eine funktional aufeinander bezogene Gesamtorganisation eingebunden zu haben. Dieses weitverzweigte System der höheren Bildung umfaßte im Schulwesen rund ein Dutzend unterschiedlicher Schultypen (vgl. MÜLLER/ZYMEK 1987: Datenhandbuch zur deutschen Bildungsgeschichte Bd. II/1) und im Hochschulwesen (ohne die Kunsthochschulen) ein breites Spektrum acht anerkannter wissenschaftlicher Hochschultypen (neben den alten Universitäten die Technischen Hochschulen, die Handelshochschulen, die Tierärztlichen Hochschulen, die Landwirtschaftlichen Hochschulen, die Forstlichen Hochschulen und schließlich die Bergakademien; vgl. Datenhandbuch zur deutschen Bildungsgeschichte Bd. I/1).

4. Die Normierung der Ausbildungsleistungen der Universitäten

Die zentrale Bedeutung des Kaiserreichs innerhalb der klassischen Epoche der Universitätsgeschichte wird auch besonders deutlich, wenn man die Ausbildungsleistungen der Institution in den Blick nimmt und die langfristigen Strukturentwicklungen in diesem Bereich untersucht (ausführlich dargestellt mit Belegen in: TITZE/LÜHRS/MÜLLER-BENEDICT/NATH 1990). Schon vor dem 19. Jahrhundert waren die Universitäten primär Ausbildungsinstitutionen für das höhere Beamtentum und die staatsnahen freien Berufe und sie blieben es - trotz des neuhumanistischen Allgemeinbildungsanspruchs - auch in ihrer klassischen Epoche. Wenn man die institutionalisierten Leistungsbeziehungen zwischen schulischen Vorbildungsanstalten, universitären Studiengängen und gelehrten Berufsständen im historischen Prozeß über lange Zeiträume verfolgt, werden komplexe Entwicklungspfade von Strukturen sichtbar, die sich schließlich zu einem relativ stabilen System auskristallisierten. Anhand der vier klassischen gelehrten Berufsstände für das vorbildliche preußische Modell soll diese These skizziert werden.

4.1 Die »Verstaatlichung« der gelehrten Stände

Auffällig und charakteristisch ist zunächst der staatliche Zugriff: Durch die Anordnung von Prüfungen schaltete sich der Staat als Vermittler des Zugangs in bestimmte Ämter und Berufe ein. Der Anspruch, die Berufsausübung an staatliche Prüfungen zu binden, erstreckte sich im 18. Jahrhundert auf alle drei traditionellen »gelehrten Stände«, deren Nachwuchs in den oberen Berufsfakultäten ausgebildet wurde. Das staatlich regulierte Prüfungswesen setzte für die Juristen mit der Einführung einer Prüfung für die Ratsstellen des Hof- und Kammergerichts im Jahre 1693 ein. Die Ausweitung des Prüfungswesens in der ersten Hälfte des 18. Jahrhunderts fand schließlich in der Schaffung einer zentralen Prüfungsbehörde für den gesamten Justizdienst (Reglement von 1755) ihren Niederschlag. Für die Theologen in der evangelischen Kirche der Altpreußischen Union wurde durch das königliche Edikt von 1709 erstmals eine Prüfung nach der Absolvierung des Universitätsstudiums eingeführt. Das Bestehen des »Tentamens« (Vorprüfung) wurde zur unumgänglichen Vorbedingung für die Zulassung zum Predigen und zur Bewerbung um eine Pfarrstelle. Das Recht zur Ausübung einer ärztlichen Praxis wurde schon 1685 von einer staatlichen Approbation abhängig gemacht. Durch die Medizinalverfassung von 1725 wurde die Ausbildung, Prüfung und Zulassung der Medizinalpersonen staatlicher Aufsicht unterworfen, die dadurch ihren spezifischen Charakter als Berufe in »öffentlicher Verantwortung« erhielten. Die medizinische Promotion allein verlieh nicht mehr das Recht auf Berufsausübung; dazu mußte fortan ein medizinisches Staatsexamen absolviert werden. Für die Lehrer an den höheren Schulen, die als neu entstehender gelehrter Berufsstand erst im ausgehenden 18. Jahrhundert hinzutraten, fielen die staatliche Zugangsnormierung durch Prüfungen und die eigenständige Berufskonstitution überhaupt zusammen. Die Einführung des Staatsexamens 1810 markiert hier einen entscheidenden Fortschritt und Durchbruch im langfristigen Prozeß der Ablösung des weltlichen höheren Lehramts von der Theologenlaufbahn.

Durch die Einschaltung des Staates als Kontrollinstanz für Qualifikationen wurden schon unter den Bedingungen der ständischen Gesellschaft (d. h. lange vor der Modernisierung und »Verstaatlichung« der Universitäten) wichtige Weichenstellungen für eine Entwicklung vorgenommen, die sich als unaufhaltsames Vordringen des Berechtigungswesens im historischen Prozeß charakterisieren läßt.

4.2 Die Ausweitung und Verselbständigung des Prüfungswesens

Wie sich besonders bei den Juristen und Theologen erkennen läßt, nahm das staatliche Prüfungswesen beim Zugang in höchste Ämter und Stellungen seinen Anfang und wurde dann in einem langwierigen, durchaus uneinheitlichen Prozeß von oben nach unten ausgeweitet und verallgemeinert. Die zunächst nur fallweise aktualisierte Prüfung »pro loco«, wie sie bei den Theologen schon lange vor den staatlichen Eingriffen üblich war, läßt sich idealtypisch als Ursprungssituation deuten. Erst wenn vom konkreten Einzelfall der Berufung in ein Pfarramt (»pro loco«) abgesehen und der Prüfungsanspruch für eine Vielzahl von Stellenbesetzungen an verschiedenen Orten verallgemeinert wird, kann es zu institutionellen Differenzierungen kommen:

- Aus der nur fallweise aktualisierten Funktionswahrnehmung wird eine auf Dauer gestellte Einrichtung.
- Das Prüfungsgeschehen verlagert sich vom ad hoc zusammentretenden kooptierenden Kollegium in eine eigens zu diesem Zweck gebildete ständige Prüfungskommission.
- Der eigentliche Prüfungsakt kann sich von der Berufung und zeremoniellen Investitur in räumlicher und zeitlicher Hinsicht ablösen und in seiner sachlichen Struktur institutionell verselbständigen.

Mit der Ausweitung und Verallgemeinerung des Prüfungswesens geht eine immer weitere *Entkoppelung von Prüfung und Berufung* einher, wie sich besonders bei der Theologenausbildung erkennen läßt. Nach dem Prüfungsreglement von 1799 mußte die erste Prüfung (Examen pro licentia concionandi) nach dem Abschluß des Universitätsstudiums abgelegt werden und berechtigte zur Aufnahme in den Kandidatenstand. Die zweite Prüfung (Examen pro ministerio) sollte nach der Wahl durch die Gemeinde bzw. den Patron abgehalten werden und berechtigte zur Annahme der Berufung. Im Jahre 1810 wurde schließlich die zweite Prüfung von der eigentlichen Berufung ganz abgekoppelt, indem nun die bestandene Hauptprüfung »pro ministerio« zur Voraussetzung der allgemeinen Wahlfähigkeit gemacht wurde.

Mit dem verselbständigten Akt der Ordination schied der Predigtamtskandidat (so der Titel nach dem bestandenen zweiten Examen) aus dem Kandidatenstand aus und war zur Ausübung aller geistlichen Amtsverrichtungen (insbesondere der Austeilung der Sakramente) berechtigt.

Im Prozeß der Ausweitung und Verselbständigung des Prüfungswesens, schließlich der Institutionalisierung der modernen »Bildungsselektion« im ersten Drittel des 19. Jahrhunderts, war die *formale Gleichbehandlung* aller Bewerber (zumindest dem Anspruch nach) eine zentrale Voraussetzung dafür, daß sich das staatliche Prüfungs- und Berechtigungswesen in seiner doppelten Funktion entfalten konnte: 1. akademische Statusansprüche legitim zuzulassen und zu kanalisieren (durch den Stempel der »Reife« als notwendige öffentliche Lizenz für die Zulassung zum Universitätsstudium und zu den akademischen Berufen) und 2. legitim abzuwehren und zurückzuweisen (durch den definitiven Ausschluß als »untüchtig« klassifizierter Bewerber über das Steuerungsmedium öffentlich anerkannter »Zensuren«). Die Kodifizierung des »Nicht-Bestehens« in Prüfungssituationen tritt in der Universitätsgeschichte erst bemerkenswert spät in Erscheinung; von der Forschung bislang wenig beachtet (vgl. z. B. PRAHL 1976), dürfte sie sich bei näherer Untersuchung als ein besonders sensibler Indikator für das historische Vordringen universalistischer und egalitärer Normen in der Institution erweisen. Die ausdrückliche Aufnahme von »Nicht-Bestehens«-Klauseln in die vormärzlichen Prüfungsordnungen ist in diesem Sinne als eine tiefgründige Auswirkung der Französischen Revolution zu verstehen: Erst die *Liberalisierung der Zugangschancen* durch die Aufhebung ständischer Privilegien und Rechtsminderungen machte den *Ausschluß durch Prüfung* gesellschaftlich akzeptabel, ließ die Zurückweisung von Teilhabeansprüchen durch »Zensuren« legitim erscheinen.

4.3 Die Normierung der Zugangsbedingungen als Systembildung

Die ersten Staatsprüfungen im ausgehenden 17. und im 18. Jahrhundert lassen sich als Beginn einer historisch folgenreichen Systembildung auffassen. Der Eingriff an einer Stelle, zunächst nur beim unmittelbaren Berufszugang, zog mit innerer Konsequenz weitere Eingriffe nach sich, durch die die Normierungsprozesse auf die *allgemeine schulische Vorbildung* und die *fachliche Ausbildung* der zu den Staatsprüfungen zuzulassenden Personen ausgedehnt wurde. Dieser Prozeß wurde im wesentlichen zwischen 1788 und 1834 durchgesetzt und weitgehend

abgeschlossen: durch die Abgrenzung und Reorganisation eines berechtigten höheren Schulwesens und die strengere staatliche Normierung der Ausbildung in den Berufsfakultäten. Jeder, der zu der Staatsprüfung in den vier Karrieren zugelassen werden wollte, mußte erstens die allgemeinbildende Vorschule der Universität, das *humanistische Gymnasium*, erfolgreich durchlaufen und durch Prüfung deren Reifenorm, die »Maturität«, erworben haben. Zweitens mußte jeder vor der Zulassung zur Staatsprüfung ein *ordnungsgemäßes Studium* an der Universität absolviert haben, dessen Mindestdauer für die einzelnen Fachprüfungen nun ebenfalls festgelegt und zur Norm erklärt wurde (3 Jahre für die Juristen, Theologen und Ärzte 1804, für die Lehrer an höheren Schulen ebenfalls 3 Jahre 1819; für die Ärzte wurde die Mindeststudiendauer 1825 auf 4 Jahre erhöht). In der Phase des starken Andrangs von Studenten in die Berufsfakultäten wurden die akademischen Karrieren der Reihe nach für die schulisch schlecht qualifizierten Bewerber geschlossen. 1825 wurde der Zugang in den Arztberuf für die schulisch »untüchtig« qualifizierten Bewerber gesperrt. Kandidaten mit dem Zeugnisgrad III der Maturitätsprüfung wurden zur medizinischen Doktorprüfung nicht mehr zugelassen. 1832 wurde der Zugang in die juristischen Karrieren für die im Abiturientenexamen »untüchtig« klassifizierten Kandidaten gesperrt. Zur ersten juristischen Prüfung wurden nur noch Bewerber mit den Zeugnisgraden I (»unbedingte Tüchtigkeit«) und II (»bedingte Tüchtigkeit«) zugelassen. 1833 wurde auch der Zugang ins evangelische Pfarramt für die »untüchtig« qualifizierten Abgänger von den Gymnasien geschlossen, indem sie zur ersten Prüfung (pro licentia concionandi) nicht mehr zugelassen wurden. Im Unterschied zu den früheren Abiturienten-Reglements von 1788 und 1812 sah das zusammenfassende Reglement von 1834 schließlich nur noch zwei Zeugnisgrade vor. Das reduzierte Klassifikationsschema (»Reif«/»Unreif«) zog die sozialdifferenzierende Wirksamkeit der staatlichen Bildungsselektion auf das Grundmuster des Berechtigungswesens, auf Teilhabe oder Ausschluß, zusammen. Analog zur Entwicklung in Preußen wurden die schulischen Zugangsvoraussetzungen für die höheren öffentlichen Ämter und die gelehrten Berufe in nahezu allen anderen deutschen Staaten in den 1820er und 30er Jahren vereinheitlicht und verschärft.

Der entscheidende Mechanismus der Systembildung ist darin zu sehen, daß die Zulassung zu der einen Prüfung an das vorangegangene Bestehen einer anderen Prüfung geknüpft wurde. Mehrere Prüfungen konstituieren durch ihren funktionalen Zusammenhang ein System. Erst durch diese Verknüpfungen konnten sich im höheren Bildungs- und Berufswesen für die Lebensplanung bedeutungsvolle »Bildungslaufbahnen« und Karrieremuster herauskristallisieren.

4.4 Die Standardisierung der akademischen Qualifikationen

Die Normierungsprozesse münden schließlich in einer standardisierten einheitlichen Fachausbildung und Qualifikationsprüfung, der sich alle Bewerber in gleicher Weise unterziehen müssen, die in die jeweilige Profession eintreten und aufgenommen werden möchten. Die Etablierung dieses *einheitlichen Fachtypus* – als Jurist, Theologe, Mediziner und Philologe – setzte sich im wesentlichen erst in der zweiten Hälfte des 19. Jahrhunderts durch. Für die Juristen (Richter, Staats- und Rechtsanwälte) war diese Entwicklung zum »Einheitsstand« in Preußen in den Jahren 1851 bzw. 1869 (einschließlich der Rheinprovinz und der 1866 neu erworbenen Provinzen) abgeschlossen, nachdem sich die Gerichtsverfassung in der ersten Hälfte des 19. Jahrhunderts gesamtstaatlich weiter vereinheitlicht hatte (weitgehende Reduzierung der berufsständisch differenzierten besonderen Gerichtsbarkeit 1808; Aufhebung des eximierten Gerichtsstandes der höheren Beamten, Geistlichen und Adligen auch in den altländischen Provinzen 1848; Aufhebung der Patrimonialgerichtsbarkeit 1849). Ab 1869 war das Justizberechtigungswesen für den gesamten preußischen Staat vereinheitlicht. 176 Jahre nach der Anordnung erster Staatsprüfungen für die Ratsstellen des Hof- und Kammergerichts hatte sich für den gesamten Bereich der Justizjuristen eine standardisierte einheitliche Fachausbildung und Qualifikationsprüfung durchgesetzt.

Für die Mediziner wurde der Einheitsstand in Preußen 1852 gesetzlich verankert, eine wichtige Etappe im modernen Aufstieg der Ärzteschaft als Profession im heutigen Sinne (HUERKAMP 1985). Das vormoderne Heilpersonal war in verschiedene Subgruppen segmentiert, die hinsichtlich ihrer Herkunft, Vorbildung und Ausbildung, ihres Status und ihrer Klienten scharf voneinander abgegrenzt waren. Sozial unterhalb der *gelehrten Ärzteschaft* gab es die zweite Gruppe der *Wundärzte und Barbierchirurgen*, die zwar auch staatlich approbiert, aber nur handwerklich-praktisch ausgebildet waren. Noch wesentlich größer war die dritte Gruppe der *nichtapprobierten Heilpersonen* unterschiedlichster Herkunft und Qualifikation (wie fahrende Operateure, Bruchschneider, Zahnreißer, Knocheneinrenker, heilkundige Schäfer, Hebammen usw.). Einen bedeutenden

Einschnitt in die traditionale Struktur des Gesundheitswesens markierte die Reform der Medizinalverfassung im Jahre 1825, durch die das Heilpersonal neu klassifiziert und das Prüfungswesen entsprechend neu geordnet wurde. Zwei Berufskategorien – die vollakademischen Ärzte und die halbakademischen Wundärzte 1. Klasse – wurden gegen alle anderen diversen Heilpersonen schärfer und weiter abgegrenzt. Mit der wissenschaftlich überholten Aufhebung der Trennung der Heilkunde in Medizin (»innere Kuren«, für die die gelehrten Ärzte zuständig waren) und Chirurgie (die in den Zuständigkeitsbereich der Wundärzte fiel) war die professionelle Entwicklung zum Einheitsstand angebahnt. Zugleich wurden in der Prüfungsordnung von 1825 die Qualifikationserfordernisse für die akademisch gebildeten Ärzte verschärft und formalisiert (Ausdehnung der Mindeststudienzeit auf 4 Jahre, detaillierte Festlegung des Staatsexamens auf fünf Prüfungsabschnitte). Nach dem starken Ausbau des Krankenhauswesens und durch die Fortschritte der medizinischen Wissenschaft wandelten sich die gelehrten »Medici puri« im Vormärz durch Generationsablösung zu umfassender ausgebildeten Medikochirurgen, die die semiprofessionellen Wundärzte, die eigentlich nur für die Versorgung der »ärmeren Volksklassen« vornehmlich auf dem Lande zuständig sein sollten, zunehmend als lästige Konkurrenz empfanden. Die akademisch gebildeten Ärzte forderten deshalb die Abschaffung der niederen Ärztekategorien zugunsten des sogenannten »Einheitsstands«. Nach dessen Etablierung in Preußen (1852) folgten die anderen deutschen Staaten meist kurze Zeit später. Damit war an die Stelle der traditionalen Hierarchie der Heilpersonen durch staatliche Normierung eine *einheitlich ausgebildete akademische Ärzteschaft* getreten, die erstens die gesamte Heilkunde abdeckte und zweitens die gesamte Bevölkerung zu versorgen beanspruchte.

Für die Lehrer an den höheren Schulen (die Philologen) setzte sich der Einheitsstand (nach dem Kriterium der standardisierten Qualifikationsprüfung) erst am Ende des 19. Jahrhunderts durch. In der Prüfungsordnung von 1898 wurde erstmals in der rund hundertjährigen Standesgeschichte ein für alle Lehrer an höheren Schulen gleichwertiger einheitlicher Befähigungsnachweis verlangt. Jedem Kandidaten wurde fortan mindestens in einem Fach die Lehrbefähigung für sämtliche Klassen, also auch für den Oberstufenunterricht, und in zwei anderen Fächern für mittlere Klassen abverlangt. Der berufsinternen Statusdifferenzierung nach dem Grad der im Examen bescheinigten Lehrbefähigung war damit die Grundlage entzogen. Strukturell ähnlich wie in den anderen akademischen Berufslaufbahnen vollzog sich die allmähliche Vereinheitlichung nach dem Muster der Angleichung an das höchste Niveau (hier die Qualifikationsnorm des Oberstufenlehrers). Das entscheidende statusdifferenzierende Kriterium, das in der Ursprungsphase um die Wende vom 18. zum 19. Jahrhundert die strukturelle Absonderung eines eigenständigen (von der theologischen Laufbahn abgelösten) höheren Lehramts eingeleitet hatte, war die Lehrberechtigung für die oberen Klassen der privilegierten Gymnasien, die das Zulassungsmonopol für die Universitätsstudien und damit auch für die gelehrten Berufe erlangten. Die Kontrolle über das privilegierende Sonderwissen, das allein in den oberen Klassen (in der Oberstufe) vermittelt wurde, war das treibende Motiv der statusmäßigen Absonderung eines höheren Lehrerstandes von allen anderen Lehrergruppen. Und für alle Anstellungs-, Aufstiegs- und Besoldungsregelungen im 19. Jahrhundert blieb der Befähigungsnachweis für den Oberstufenunterricht die letzte Bezugsnorm. Im langfristigen Professionalisierungsprozeß des höheren Lehrerstandes kam ihm eine ähnliche Bedeutung zu wie dem Privileg, die volle Hochschulreife erteilen zu können, für die Strukturentwicklung des höheren Schulwesens. Der höhere Lehrerstand gewann seine innere Einheit und Identität in dem Maße, wie die höchste Qualifikationsnorm von oben nach unten verallgemeinert wurde. Es leuchtet in diesem Zusammenhang ein, daß die berufspolitische Durchsetzung eines gleichwertig qualifizierten Einheitsstands der Lehrer an höheren Schulen die grundständige Absonderung eines höheren Bildungssystems (im Sinne eines Säulenmodells der Schulorganisation) strukturell voraussetzte. Weil der langfristige Prozeß der Systembildung im Schulwesen erst in dieser Phase des Kaiserreichs zu einem gewissen Abschluß gelangte, konnten sich auch die Lehrer an höheren Schulen erst im ausgehenden 19. Jahrhundert als Einheitsstand konsolidieren.

Als strukturelle Gemeinsamkeit bedeutet diese Standardisierung der akademischen Qualifikationen, wie sie am preußischen Modell für die Juristen, die Mediziner und die Philologen skizziert wurde, daß die Zuordnung von Personen und Berufsrollen in diesen Bereichen auf der Grundlage der staatlich beglaubigten Eignungsbescheinigungen im gesamten Staat einheitlich funktional integriert ist. Und diese Durchsetzung moderner Strukturen auf langfristig vorbereiteten Entwicklungspfaden gelangte erst im Kaiserreich zu einem gewissen Abschluß, wie am letzten Strukturelement der zunehmenden Normierung der Ausbildung in den klassischen akademischen Berufen vollends deutlich wird.

4.5 Die Institutionalisierung der Zweiphasigkeit der akademischen Ausbildung

Erst relativ spät und gleichsam als Antwort auf die Folgeprobleme der zunehmenden Verwissenschaftlichung und Spezialisierung der Ausbildung kristallisierte sich die Zweiphasigkeit der gesamten Ausbildung heraus: die Unterteilung in eine erste vorwiegend theorieorientierte wissenschaftliche Phase an der Universität und eine zweite vorwiegend praxisorientierte Ausbildungsphase im späteren Berufsfeld selbst. Dabei wirkte die Juristenausbildung, in der berufspraktische Phasen aufgrund besonderer Bedingungen frühzeitig eine Rolle spielten, vermutlich als Vorbildmuster. Nach der frühen Ausprägung einer zweiphasigen Struktur bei der besonders gelagerten preußischen Juristenausbildung im 18. Jahrhundert (Institutionalisierung eines nachuniversitären Vorbereitungsdienstes: Auskultatur und Referendariat) lassen sich auch bei den anderen klassischen Studiengängen vielfältige Ansätze in Richtung auf eine zweiphasige Ausgestaltung und Normierung der Berufsvorbereitung erkennen. Mit einer bemerkenswerten Gleichzeitigkeit kam die vollständige Institutionalisierung der Zweiphasigkeit in den drei anderen Karrieren jedoch erst im ausgehenden 19. Jahrhundert im Sinne einer historisch tragfähigen Systembildung zum Abschluß.

Bei den evangelischen Theologen findet man zwar bereits um die Mitte des Jahrhunderts Ansätze einer stärkeren Normierung des Ausbildungsganges nach dem 1. Examen, aber erst die neue Ausbildungsordnung von 1898 sah eine klar strukturierte und allgemein verbindliche zweite berufspraktische Phase vor (Ausdehnung der Vorbereitungszeit für das 2. Examen auf mindestens zwei Jahre, Einführung eines einjährigen Vikariats).

Die berufspraktische Vorbereitung der preußischen Schulamtskandidaten geriet in den 1880er Jahren unter einen wachsenden Reformdruck. Für die sogenannte Überbürdung der höheren Schüler wurde nicht zuletzt die fachwissenschaftlich zu einseitig spezialisierte und pädagogisch unzureichende Ausbildung des Lehrernachwuchses verantwortlich gemacht. Auf dieser Ebene des Eigenausbaus des Bildungssystems wurden bis Ende der 80er Jahre die Seminareinrichtungen erheblich erweitert. Durch die 1890 erlassene neue Ordnung der praktischen Ausbildung der Kandidaten wurde die Vorbereitungszeit auf zwei Jahre ausgedehnt und dem bestehenden Probejahr ein Seminarjahr vorgeschaltet. Mit der Einführung einer pädagogischen Prüfung im Jahre 1917, die zwei Lehrproben einschloß, wurde die Institutionalisierung der zweiten berufspraktischen

Ausbildungsphase im Kaiserreich zu einem gewissen Abschluß gebracht. Durch länderübergreifende Vereinbarungen über die gegenseitige Anerkennung der Zeugnisse für das Lehramt an höheren Schulen wurden die preußischen Normierungen für die überwiegende Mehrheit des Lehrpersonals an den höheren Schulen im Kaiserreich maßgebend.

In der medizinischen Ausbildung wurde nach der Durchsetzung des Einheitsstandes das Studium weiter standardisiert. 1869/71 wurde die Ausbildung im gesamten Deutschen Reich vereinheitlicht und zugleich die staatliche Approbation nicht mehr von einer vorangegangenen medizinischen Promotion abhängig gemacht. Der praktischen Ausbildung im Studium wurde in den letzten Jahrzehnten des 19. Jahrhunderts ein immer größeres Gewicht beigemessen (Besuch der Kliniken als Praktikant, Ausbau der Präparier- und Sezierkurse, Einführung praktischer Operationskurse usw.). In der vom Bundesrat verabschiedeten Prüfungsordnung von 1883 wurde die Studiendauer um ein auf insgesamt neun Semester heraufgesetzt. Die ebenfalls für das gesamte Deutsche Reich geltende neue Prüfungsordnung von 1901 markierte auf der Ebene der Ausbildungsnormierung in gewisser Weise den erfolgreichen Abschluß eines langen Aufstiegsprozesses, in dem es den Ärzten gelungen war, sich als professionelle Experten für Krankheit und Gesundheit vollends durchzusetzen. Der hervorragende Stellenwert dieser Prüfungsordnung wird in mehrfacher Hinsicht deutlich: Die Mindeststudiendauer wurde auf zehn Semester ausgedehnt. Die breit gefächerte Ausbildung wurde in einem detailliert formalisierten Studiengang verbindlich festgelegt. Zwischen Staatsexamen und Approbation wurde als neues Element ein sogenanntes Praktisches Jahr zusätzlich eingeschoben.

Führt man sich diese vielfältigen strukturellen Gemeinsamkeiten bei der zunehmenden Normierung der Ausbildungsleistungen der Universitäten im historischen Prozeß vor Augen, die hier am preußischen Modell nur skizziert werden konnten, dann dürften Zweifel an der grundlegenden gesellschaftlichen Bedeutung und historischen Tragweite der im Kaiserreich vollzogenen Normierungsprozesse kaum noch angebracht sein. Es wäre auch eine kurzsichtige und zu oberflächliche Deutung, hier vornehmlich weitsichtige Bildungskonzeptionen, die vieldiskutierte »Idee der Universität« oder die Durchsetzungskraft namhafter Kultusminister und Hochschulreformer am Werke zu sehen, die diese Entwicklungen vermeintlich »gesteuert« oder »geprägt« haben. Hier wurden vielmehr auf langfristig vorbereiteten Entwicklungspfaden in die Moderne durch komplexe und vor allem auch funktionale Wirkungszusammen-

hänge bestimmte Strukturen erzeugt, verändert und im Kaiserreich schließlich auf einem bis dahin herausgebildeten Entwicklungsplateau soweit konsolidiert, daß sie, von eher marginalen Veränderungen abgesehen, bis in die 60er Jahre des 20. Jahrhunderts hinein trugen und teilweise sogar bis in die Gegenwart wirksam geblieben sind.

5. Der zunehmende Gleichtakt des Pulsierens der Studentenströme – die funktionalistische Integration der Ausbildungsleistungen

Für die zentrale Bedeutung des Kaiserreichs in der deutschen Universitätsgeschichte spricht ein weiteres Argument, das sich auf die Analyse der langfristigen Entwicklung der fachspezifischen Studentenströme stützen kann. Die quantifizierende historische Bildungsforschung hat hier Einsichten in die *Tiefenstruktur des Universitätsbesuchs* freigelegt, die sich mit den Ergebnissen langfristig angelegter *Strukturanalysen* fruchtbar verbinden lassen.

Leider verfügen wir nur für einen Teil der deutschen Universitäten über semesterweise Frequenzdaten vor 1830, so daß sich der Besuch der einzelnen Hochschulen im ausgehenden 18. und frühen 19. Jahrhundert nur auf einer relativ schmalen Datenbasis in die langfristigen Vergleichsanalysen einbeziehen läßt. Trotz dieser Einschränkung kann ein Ergebnis der in diesem Bereich durchgeführten Untersuchungen als sehr gesichert gelten: Während das empirische Erscheinungsbild der fachspezifischen Studentenströme auf der Ebene der einzelnen Universitäten für das 18. und frühe 19. Jahrhundert noch zahlreiche Besonderheiten und regionale Abweichungen erkennen läßt, vollziehen sich die charakteristischen fachspezifischen Frequenzschwankungen seit dem ausgehenden 19. Jahrhundert zunehmend *synchron*. Dieser einheitliche »Gleichtakt« des Pulsierens der Fachströme an den einzelnen Universitäten in den unterschiedlichen Regionen des Deutschen Reichs (von Königsberg bis Freiburg wie von Kiel bis München) läßt darauf schließen, daß sich für die akademischen Berufsstände im gesamten Deutschen Reich zunehmend einheitliche Ausbildungsordnungen und fachspezifische Arbeitsmärkte herausgebildet haben. Die Nachwuchsrekrutierung für die einzelnen Berufsstände ist daher überall gleichwirkenden Bedingungen und Einflüssen unterworfen. Mit anderen Worten: Der einheitliche Gleichtakt des Pulsierens der Fachströme bringt sehr anschaulich zum Ausdruck, daß sich die Rekrutierungs- und Ausbildungsverhältnisse der akademischen Karrieren zwischen den 1880er Jahren und dem Ersten Weltkrieg *reichsweit* zu einem großen *einheitlichen Funktionssystem* zusammengeschlossen und integriert haben.

Vom letzten Drittel des 18. bis in die Mitte des 20. Jahrhunderts lassen sich bei den Studentenströmen an den evangelisch-theologischen Fakultäten der deutschen Universitäten insgesamt sechs zyklische Wellen feststellen, die das Generationen überdauernde regelmäßige Pulsieren der Nachwuchsströme für die Pfarrämter anzeigen. Im Laufe des 19. Jahrhunderts wurden immer mehr theologische Fakultäten in den allgemeinen Rhythmus des Pulsierens der Studentenströme einbezogen. Vom vierten Zyklus am Ende des 19. Jahrhunderts wurden erstmals sämtliche 17 Universitäten mit einer evangelisch-theologischen Fakultät (einschließlich Straßburg) erfaßt. Der Höhepunkt der Welle liegt bei allen Universitäten (um 1887/88) dicht beisammen, im Abstand weniger Jahre. Die Nachwuchsströme pulsierten also im ganzen Deutschen Reich in ziemlichem Gleichtakt. Die im 18. und frühen 19. Jahrhundert noch regional getrennten Arbeitsmärkte für die evangelischen Pfarrer in den einzelnen Landeskirchen sind bis zum Ende des 19. Jahrhunderts zu einem einheitlichen Markt zusammengewachsen.

Vom ersten Drittel des 19. bis in die Mitte des 20. Jahrhunderts lassen sich bei den Studentenströmen an den medizinischen Fakultäten der deutschen Universitäten insgesamt fünf zyklische Wellen abgrenzen. Im Vergleich zu den anderen fachspezifischen Studentenströmen entwickelten sich die Medizinerströme bis ins Kaiserreich vergleichsweise ruhig. Zwischen Mitte der 1870er Jahre und etwa 1905 wurden allerdings alle deutschen Universitäten vom zyklischen Pulsieren der Nachwuchsströme auch in den medizinischen Fakultäten erfaßt, während in den ersten drei Vierteln des 19. Jahrhunderts nur etwa jede dritte Universität ausgeprägte zyklische Schwankungen bei der Medizinerfrequenz zeigte. Die Auf- und Abschwünge bei allen einzelnen Universitäten vollzogen sich nun bemerkenswert einheitlich. Dieser Gleichklang der Frequenzschwankungen, Ausdruck der Konstitution eines einheitlich ausgebildeten Ärztestands im gesamten Deutschen Reich, blieb auch bei den weiteren zyklischen Wellen im 20. Jahrhundert erhalten.

Bei den Studentenströmen an den juristischen Fakultäten lassen sich vom letzten Drittel des 18. bis zur Mitte des 20. Jahrhunderts wiederum sechs zyklische Wellen identifizieren. Für den hier thematisierten Zusammenhang ist erst die fünfte Welle interessant, die an den preußischen Universitäten von 1886 bis zum Ersten Weltkrieg pulsierte. Wie die vergleichende Analyse für alle einzelnen Universitä-

ten im gesamten Deutschen Reich zeigt, verliefen die Frequenzschwankungen nach Intensität und Dauer bei dieser fünften Welle viel synchroner als bei den Wellen im frühen und mittleren 19. Jahrhundert, deren Strukturen besonders bei den süddeutschen Universitäten noch erhebliche Abweichungen vom preußischen Muster aufweisen. Etwa eine halbe Generation nach den Theologie- und Medizinstudenten wurden also auch die juristischen Nachwuchsströme reichsweit in das gleichtaktige zyklische Pulsieren einbezogen.

Unter den vier klassischen Universitätsstudiengängen und akademischen Berufsständen hat sich das Lehramt an höheren Schulen (die Laufbahn des Philologen) als letzter im historischen Prozeß konstituiert. Die Studentenströme für dieses Berufsfeld (in den beiden großen Fachbereichen der traditionellen Philosophischen Fakultät, den Sprach- und Kulturwissenschaften einerseits, der Mathematik und den Naturwissenschaften andererseits) wurden vergleichsweise auch erst am spätesten zu einer reichsweiten funktionalistischen Einheit integriert. Waren die Verhältnisse (hinsichtlich der Ausbildungsregelungen und der periodischen Wiederkehr von Überfüllung und Mangel) in den einzelnen Ländern des Deutschen Reiches bis etwa 1890 noch recht unterschiedlich und die fachspezifischen Frequenzschwankungen nach Intensität und zeitlicher Abfolge entsprechend heterogen, so schlug sich die zunehmende Anpassung und Harmonisierung in diesem Bereich seit den 1890er Jahren nun zu Beginn des 20. Jahrhunderts erstmals auch im Gleichtakt des Pulsierens der schulwissenschaftlichen Studentenströme nieder. Die vor dem Ersten Weltkrieg heranrollende Überfüllungswelle, die den Lehrerarbeitsmarkt in der Weimarer Republik schwer belastete, war in der modernen deutschen Lehrergeschichte ein mit hoher Einheitlichkeit auftretendes erstes gesamtdeutsches Phänomen.

6. Das beschleunigte Pulsieren der Studentenströme – die Umstellung der Rekrutierung auf moderne Strukturen

Die quantifizierende historische Bildungsforschung hat ein weiteres Ergebnis erbracht, das unser allgemeines Verständnis des Universitätsbesuchs im 19. und 20. Jahrhundert erweitert und vertieft. Wie die zahlreichen Abbildungen (in diesem zweiten Teilband des Datenhandbuchs und auch schon im ersten Halbband) bereits nach dem bloßen Augenschein erkennen lassen, scheint sich das charakteristische zyklische Pulsieren der Studentenströme an den deutschen Universitäten im historischen Prozeß zu *beschleunigen*. Je mehr wir uns der Gegenwart nähern, desto intensiver und schneller pulsieren die Fachströme.

Nach den computerunterstützten Analysen der historischen Massendaten über den Universitätsbesuch seit dem ausgehenden 18. Jahrhundert läßt sich das empirische Erscheinungsbild der fachspezifischen Studentenströme zusammenfassend in der folgenden Weise deuten. Das charakteristische Pulsieren der Studentenströme wird im wesentlichen durch zwei zyklische Komponenten von beharrlicher Stabilität hervorgerufen: zum einen durch die *lange Ausbildungsdauer* in den universitären Studiengängen und die damit verbundene Zeitdifferenz zwischen Bildungsentscheidung (Studienfachwahl) und Bildungsverwertung (Berufszugang) und zum anderen durch die *periodisch schwankende Ersatznachfrage*. Während die erste strukturbedingte Einflußkomponente Zyklen von der Länge einer *doppelten Ausbildungsdauer* generiert (ca. 10 bis 14 Jahre), bringt die zweite Komponente Zyklen von der Länge einer *mittleren Berufsdauer* (um 30 Jahre) hervor. Im konkreten historischen Prozeß, unter den jeweils einmaligen Rahmenbedingungen einer ganz spezifischen Konstellation vielschichtiger Einflüsse, kommen diese beiden strukturbedingten Komponenten selbstverständlich nicht in reiner Form zur Darstellung. Deshalb kommen wir mit unseren (aus Modellüberlegungen gewonnenen) Deutungen auch immer nur annäherungsweise an die empirische Mannigfaltigkeit heran. Mit Hilfe der Spektralanalyse lassen sich die in den fachspezifischen Studentenströmen wirksamen zyklischen Komponenten allerdings isolieren und in ihrer Länge bestimmen (vgl. MÜLLER-BENEDICT 1991). Durch diese Zerlegung konnte vor allem ermittelt werden, welche Zyklen in abgrenzbaren historischen Phasen mit welchem Gewicht die jeweilige Gestalt der Zeitreihe (d.h. den beobachtbaren Studentenstrom) hauptsächlich bestimmen. Danach weisen die fachspezifischen Studentenströme für den gesamten Zeitraum vom Ende des 18. bis zur Mitte des 20. Jahrhunderts *lange Zyklen* um 30 Jahre auf, zu denen seit dem ausgehenden 19. Jahrhundert verstärkt *kürzere Zyklen* von ca. 11 bis 15 Jahren hinzutreten. Da die strukturbestimmten Einflüsse, die kürzere Zyklen hervorrufen, erst seit dem ausgehenden 19. Jahrhundert zu wirken begonnen haben, bringen die kürzeren Zyklen im historischen Prozeß ein neuartiges Phänomen zum Vorschein. Ihr Hinzutreten weist darauf hin, daß in der zweiten Hälfte des 19. Jahrhunderts im Rekrutierungssystem der akademischen Berufe ein *Strukturbruch* stattgefunden hat.

Diese Ergebnisse der statistischen Analysen eröffnen ein vertieftes sozialwissenschaftliches Verständnis des konkreten Auftretens und der sozialen Bedeutung der langen Wellen im historischen Prozeß. Für die Theoriebildung aufschlußreich ist besonders das empirische Kriterium für einen Strukturbruch in der zweiten Hälfte des 19. Jahrhunderts. Die vor diesem Zeitraum identifizierbaren langen Wellen werden eindeutig von der zyklischen Komponente von 30 Jahren Länge dominiert. Das entspricht einer mittleren Berufsdauer, der Zeitspanne vom Eintritt in den Berufsstand bis zum natürlichen Ausscheiden. Das langfristige Pulsieren der Studentenströme korrespondiert in diesem frühen Zeitraum (18. bis Mitte 19. Jahrhundert) noch ziemlich träge dem Prozeß der Generationsablösung im Berufsstand, der sich je nach dem Altersaufbau der Standesangehörigen mal beschleunigt (bei starker Besetzung der alten Jahrgänge) und mal verlangsamt (bei schwacher Besetzung). Die langen Wellen bei den Studentenströmen werden vornehmlich durch die altersstrukturell bedingten *Ersatzbedarfsschübe* hervorgerufen, die sich demographisch träge vollziehen und über die Generationen hinweg fortpflanzen. Der dominante Einfluß dieser zyklischen Komponente wird auch kaum durch andere Einflüsse abgeschwächt oder überformt, solange die akademischen Berufsstände in ihrem quantitativen Umfang ziemlich stabil bleiben oder nur ein sehr geringes Wachstum aufweisen. Diese allgemeine Rahmenbedingung ist im 18. und frühen 19. Jahrhundert noch weitgehend vorgegeben, denn das moderne *dynamische Wachstum der Karrieren* setzt erst im letzten Drittel des 19. Jahrhunderts ein.

Die Studentenströme im ausgehenden 19. und im 20. Jahrhundert zeigen demgegenüber ein erheblich gewandeltes Erscheinungsbild. Sie pulsieren schneller und intensiver als im 18. und im frühen 19. Jahrhundert und nähern sich in ihrer Dauer der eher kurzen Zeitspanne von rund 15 Jahren an, d.h. der Länge jener Zyklen, die nach den Ergebnissen der statistischen Analyse seit dem ausgehenden 19. Jahrhundert als eigenständige neue Komponenten hinzutreten und neben den weiter wirksamen altersstrukturell bedingten Einflüssen das konkrete Erscheinungsbild der langen Wellen mitbestimmen. In der evangelischen Theologie, der Allgemeinen Medizin und in den Schulwissenschaften wird die zwischen den beiden Weltkriegen pulsierende sechste Welle an nahezu allen einzelnen Universitäten in ihrer konkreten Gestalt sogar fast vollständig von der zweiten zyklischen Komponente von 11 – 15 Jahren dominiert. Mit Hilfe von Modellsimulationen lassen sich auch die sozialgeschichtlichen Bedingungen angeben, unter denen die kürzeren Zyklen im historischen Prozeß erstmals auftreten konnten: Wenn eine akademische Karriere unter dem Gesichtspunkt der Verwertung von Bildungschancen auf dem Arbeitsmarkt eine solche Attraktivität auf den potentiellen Nachwuchs ausübt, daß eine wahrgenommene Bedarfslage einen mehr als doppelt so großen Erstsemesterzustrom auslöst als zur Bedarfsdeckung nötig wäre, dann werden in dem entsprechenden Studentenstrom neben Zyklen von der Länge einer mittleren Berufsdauer zusätzlich auch die kürzeren Zyklen einer doppelten Ausbildungsdauer generiert. Ihr verstärktes Auftreten bedeutet also, daß sich die Rekrutierung für die gelehrten Berufe aus der traditionellen *ständisch geprägten Struktur* ein Stück weit herausgelöst hat und in die moderne Struktur der *sozial offenen Arbeitsmärkte* hineingezogen wird. Wenn sich die individuellen Spielräume für den akademischen Statuserwerb erweitern, und die Schar der potentiellen Mitbewerber durch Inklusionsprozesse immer größer wird, dann gewinnt der ökonomische Gesichtspunkt der Verwertung von Qualifikationen auf dem Arbeitsmarkt eine erhöhte Bedeutung. Zumal von den sozialen »Aufsteigern« werden die Chancen dort aufgespürt und ergriffen, wo sie sich aktuell auftun. Unter diesen Bedingungen werden durch das flexible Studienfachwahlverhalten verstärkt Zyklen von der Länge einer doppelten Ausbildungsdauer hervorgerufen. Das schnellere Pulsieren der Studentenströme markiert also den *historischen Entwicklungspfad* von der ständisch geprägten »gelehrten Welt« in die freigesetzte moderne »Leistungsgesellschaft«, in der der Zugang in die begehrten und stark anwachsenden Karrieren zu einem massenhaften Wettlauf um knappe Chancen wird. Aus der veränderten Gestalt der Studentenströme läßt sich ablesen, wann dieser Prozeß begonnen und sich weitgehend durchgesetzt hat. Das Kaiserreich stellt hier wiederum die entscheidende Phase dar, in der sich das Rekrutierungssystem von traditionsverhafteten Strukturen auf moderne Strukturen umgestellt hat.

7. Politische Kontrolle des »Bildungsbedarfs« und Verselbständigung des Bildungs- und Aufstiegsstrebens

Wenn man aus den hier zusammenfassend skizzierten Forschungsbefunden eine allgemeine Schlußfolgerung zieht, kommt man schließlich auf eine letzte allgemeine These, durch die die zentrale Bedeutung

des Kaiserreichs aus einem weiteren Blickwinkel sichtbar und nachdrücklich bestätigt wird. Bis ins ausgehende 19. Jahrhundert hatte sich das zukunftsweisende neue System der Rekrutierung und fachlichen Ausbildung der Studierenden soweit *verselbständigt* und nach seiner eigenen *Entwicklungslogik* durchgesetzt, daß es sich in den 1880er und 90er Jahren der *herrschaftskonformen Kontrolle* und Steuerung weitgehend *entzog*. Die sechs erläuterten Ergebnisse der Strukturanalysen:

1. der erste »Eigenausbau« des höheren Bildungssystems im Zusammenhang des modernen Frequenzwachstums seit der großen Scheidelinie der späten 1860er Jahre;
2. der um die Jahrhundertwende zum Abschluß gelangte Einbau der Universitäten in die gesamte höhere Bildungsorganisation;
3. die Konsolidierung der langfristig entwickelten Leistungsbeziehungen zwischen schulischen Vorbildungsanstalten, universitären Studiengängen und akademischen Berufsständen in einem relativ stabilen System (einheitliche Normierung der Zugangsbedingungen und fachlichen Ausbildungen);
4. der zunehmende Gleichtakt des Pulsierens der fachspezifischen Studentenströme an allen deutschen Universitäten seit dem ausgehenden 19. Jahrhundert;
5. das Hinzutreten kürzerer Zyklen als Ausdruck eines Strukturbruchs und
6. das dadurch hervorgerufene schnellere Pulsieren der Studentenströme

– alle diese Indikatoren (und weitere ließen sich anführen) belegen empirisch sicher die wachsende *Autonomie* und *Eigendynamik* des höheren Schul- und Hochschulwesens am Ende des 19. Jahrhunderts. Weil sich das Bildungssystem als ein funktionales Teilsystem der modernen Gesellschaft vollends etabliert hat, läßt es sich ab dem Kaiserreich nicht mehr herrschaftskonform kontrollieren und »steuern«. Unter diesem Gesichtspunkt erscheint das Kaiserreich innerhalb der modernen deutschen Universitätsgeschichte als eine Art »Sattelzeit«.

Von dieser allgemeinen These ausgehend lassen sich auch einige auffällige Tendenzen beim Universitätsbesuch im 19. und 20. Jahrhundert besser verstehen. Es ist sicher richtig, wenn man in der Geschichtsschreibung den Beginn des *modernen Frequenzwachstums* auf das letzte Drittel des 19. Jahrhunderts datiert und diese große Scheidelinie in der langfristigen Betrachtung stark akzentuiert. Darüber sollten allerdings die eigentümlichen Frequenzschwankungen in den ersten beiden Dritteln des 19. Jahrhunderts nicht vernachlässigt werden, die nicht als Fortsetzung früherer Verhältnisse gedeutet werden können, sondern einer eigenen Erklärung bedürfen. Nach einem Niveau um 7500 Studenten an allen deutschen Universitäten in den Jahren 1756/60 und 1786/90 und einem Rückgang auf 5000 bis 6000 im ersten Jahrzehnt des 19. Jahrhunderts stiegen die Studentenzahlen nach den Freiheitskriegen ungewöhnlich stark an und überschritten um 1830 das Niveau von 15.000. Nach diesem Boom sanken sie innerhalb von fünf Jahren wieder unter 12.000 ab und stagnierten dann im gesamten zweiten Drittel des 19. Jahrhunderts unterhalb des Niveaus, das bereits um 1830 erreicht worden war. Betrachtet man den *relativen Universitätsbesuch* (Studierende auf 100.000 Einwohner), dann tritt die ungewöhnlich starke Expansionsphase der 1820er Jahre noch klarer hervor, wie auch die schnelle Schrumpfung und lange anschließende Stagnation des Universitätsbesuchs. Beides ist erklärungsbedürftig. Ohne den komplexen theoretischen Erklärungsansatz hier andeuten zu können, soll wenigstens die zentrale Argumentationslinie skizziert werden.

In dem stark angeschwollenen Zustrom zu den Universitäten in den 1820er Jahren kommt erstmals im historischen Prozeß das aus geburtsständischen Bindungen freigesetzte *moderne Bildungs- und Aufstiegsstreben* zum Vorschein. Durch die vielschichtigen Auswirkungen der Französischen Revolution und der defensiven Modernisierung durch Reformen von oben waren die Möglichkeiten der traditionellen Kontrolle des Universitätszugangs erschöpft: Lösungen nach dem Vorbild des 18. Jahrhunderts, nämlich die »Studiersucht« durch ständische Ausnahmerechte zu beschränken, ließen sich wegen der Legitimationsschwäche derartiger herrschaftlicher Eingriffe politisch nicht mehr halten und nicht mehr durchsetzen. Andererseits waren auch die neuen Strukturen der Bildungsorganisation noch nicht soweit installiert, daß sie bereits im Sinne einer modernisierten, bürokratischen Rationalisierung des Zugangs zu den Universitäten »griffen«. Unter diesen Bedingungen wurde in der Übergangsphase eine kulturelle Mobilisierung freigesetzt, deren Ausmaß von den politischen Führungsschichten weder intendiert noch gewollt war. Das nach den Freiheitskriegen kurzzeitig »entfesselte« Bildungs- und Aufstiegsstreben währte nur eine kurze Phase. Nach der Freisetzung von Chancen durch Liberalisierung und rechtliche »Inklusion« zogen sich die sozialen Spielräume schnell und für mehrere Generationen wieder enger zusammen. Durch den Ansturm beunruhigt, mit dem die Söhne aus den »geringeren Ständen« in den 1820er Jahren den Gymnasien und Universitäten zuströmten, hielten die Unterrichtsverwaltungen ei-

nen streng bürokratisch reglementierten restriktiven Kurs. Bis in die späten 1850er Jahre war die Bildungspolitik von dem vorrangigen Ziel bestimmt, mit Hilfe einer starr durchgehaltenen Berechtigungspolitik die höhere Bildung eng »bedarfsangemessen« zu kontrollieren und die Privilegienstruktur der Gesellschaft zu konservieren. Die wichtigsten Indikatoren dieser sehr erfolgreichen politischen Drosselung des Bildungs- und Aufstiegsstrebens sind die nach 1830 schrumpfenden und dann lange stagnierenden Abiturienten- und Studentenzahlen.

Seit den 1860er Jahren wurden die Unterrichtsverwaltungen allerdings von den nichtintendierten Spätfolgen ihrer jahrzehntelangen Berechtigungspolitik eingeholt. In nahezu allen Karrieren zeigten sich drastische Mangelerscheinungen, die sich wegen der langen »Produktionszeiten« der Akademiker auch wiederum nur langfristig und allmählich überwinden ließen. Unter *Modernisierungsdruck* mußten nun die Kapazitäten für die Ausbildung des akademischen Nachwuchses zügig erweitert werden, um den nach 1830 aufgestauten Nachholbedarf auszugleichen. Die drastische Unterversorgung, ablesbar im allgemeinen »Abiturientendefizit« und an den Mangellagen in fast allen akademischen Berufen, forderte zu einem schnellen Eigenausbau des Bildungssystems heraus und zur Mobilisierung von »Begabungsreserven« in den kleinbürgerlichen Schichten, die nach 1830 erklärtermaßen vom Besuch der Gymnasien und Universitäten ferngehalten werden sollten. In beiden Hinsichten wurden die notwendigen Anpassungsleistungen an die gesteigerte Nachfrage nach Abiturienten und Akademikern bis in die frühen 80er Jahre sehr erfolgreich vollzogen. Bei den preußischen humanistischen Gymnasien, dem Kernbereich des höheren Bildungssystems, treten die Jahre zwischen 1854 und 1882 als Phase des beschleunigten institutionellen Ausbaus in der langfristigen Entwicklung prägnant hervor. Ein analoges Wachstumsmuster läßt sich auf der Ebene der Universitäten erkennen. In keiner Phase zwischen 1835 und dem Ersten Weltkrieg wuchs die Zahl der ordentlichen Lehrstühle an den preußischen Universitäten prozentual schneller als zwischen 1860 und 1880. Und den größten Teil dieses Zuwachses absorbierten die philosophischen Fakultäten, in denen die Lehrkräfte für das schnell wachsende höhere Schulwesen ausgebildet wurden. So wurden für sämtliche anderen Fakultäten in den 1860er Jahren 6,7 Prozent und in den 70er Jahren 6,8 Prozent mehr Stellen für ordentliche Professoren geschaffen; für die philosophischen Fakultäten dagegen fiel der Zuwachs mit 19,4 bzw. 21,5 Prozent deutlich höher aus. Die These vom beschleunigten Eigenausbau des höheren Bildungssystems in diesem Zeitraum wird auch durch den Indikator der finanziellen Aufwendungen gestützt; besonders seit den 1860er Jahren läßt sich hier ein schnelles Wachstum der Universitätsetats feststellen. Für das grundlegend gewandelte »Selektionsklima«, den Umschwung von der vormärzlichen Drosselung des Bildungs- und Aufstiegsstrebens zur öffentlichen Motivierung und »Bildungsförderung« in den 1860er und 70er Jahren finden sich besonders in Hinsicht auf die beiden sozial relativ offenen Studiengänge und Karrieren (Theologie und höheres Lehramt) zahlreiche Belege.

Als dann nach der erfolgreichen kulturellen Mobilisierung die »Überproduktion« von akademischen Nachwuchskräften in den 80er und 90er Jahren in Erscheinung trat, versuchte die preußische Regierung wiederum, das periodisch auftretende Überfüllungsproblem mit Hilfe einer ausgeklügelten Berechtigungspolitik zu steuern und den vermeintlichen »Bildungsbedarf« der Gesellschaft bürokratisch zu kontrollieren. Aus der empirischen Analyse historischer Massendaten (vor allem der langfristigen Entwicklung der Schüler- und Studentenströme, aber auch anderer Indikatoren aus dem Bereich der Prüfungsauslese, der Studienförderung, der Entwicklung des Lehrpersonals etc.) wissen wir heute ziemlich sicher, daß die herrschaftskonforme Steuerung des akademischen Nachwuchses im Kaiserreich nicht mehr gelang. Spätestens seit den 1890er Jahren hatte sich das moderne Bildungsstreben (im zeitgenössischen Sprachgebrauch die »aufsteigende Klassenbewegung«) soweit verselbständigt, daß sich der Zugang in die weiterführenden Schulen und an die Universitäten durch administrative Gegensteuerungen nicht mehr begrenzen, geschweige denn zurückdrängen ließ. Als grundlegendes Muster der Lebensplanung setzte sich immer mehr die moderne Einstellung durch, daß die Sicherung und Verbesserung der sozialen Lage der Nachkommen eine gute schulische und berufliche Ausbildung der Kinder zur Voraussetzung habe. Die Politik konnte auf die Verselbständigung und Dynamik des modernen Bildungs- und Aufstiegsstrebens, solange sie *rechtsstaatlich* an liberale Grundrechte (wie die Freiheit der Wahl des Bildungsweges) gebunden blieb, nur mit einem nachfrageorientierten weiteren Ausbau der bestehenden Bildungsorganisation und einer pragmatischen *Kanalisierung* der Schüler- und Studentenströme reagieren.

Aus dieser Perspektive wird auch besonders klar, was die nationalsozialistischen Eingriffe für die langfristige Entwicklung des Universitätsbesuchs in Deutschland bedeuteten. Mit ihren restriktiven Maßnahmen zur Eindämmung des Hochschulzu-

gangs setzte die nationalsozialistische Problembearbeitung *liberale Grundrechte außer Kraft*, die bei der Zugangsregelung in die akademischen Berufe über mehr als 120 Jahre in Geltung waren. Das Reichsgesetz »Gegen die Überfüllung deutscher Schulen und Hochschulen« vom 25. April 1933 und der Ausführungserlaß des Reichsinnenministers Frick über die zahlenmäßige Begrenzung des Zugangs zu den Hochschulen vom 28. Dezember 1933 griffen weit hinter die bürgerliche Tradition zurück und knüpften an die durch die Aufklärungsbewegung überwunden geglaubte *absolutistische Bildungsbegrenzung* an. Die historische Differenz bestand im wesentlichen darin, daß die Einschränkungen von Freiheitsrechten (der Bildung und der Berufswahl) nicht mehr ausdrücklich ständisch begründet waren, wie im 18. Jahrhundert, sondern durch Berufung auf unerläßliche Schutzbedürfnisse und vorrangige Erfordernisse des »Volksganzen«. Die »volksbiologische« Steuerungspolitik der Nationalsozialisten endete bereits innerhalb weniger Jahre und auf breiter Linie in der Sackgasse, wie die weiterblickenden Fachleute in den Behörden, der Industrie, der Wissenschaft und den Berufsverbänden bereits einige Jahre vor dem Beginn des Krieges nüchtern registrieren mußten. Die langfristig wirksamen eigendynamischen Wellenbewegungen in der Rekrutierung der akademischen Berufe wurden in den zwölf Jahren des »Tausendjährigen Reiches« durch verfehlte politische Steuerungsversuche jedenfalls soweit negativ verstärkt, daß in den Jahrzehnten nach dem Zweiten Weltkrieg ein enormer Nachholbedarf entstand (vgl. als exemplarische Fallstudie für Studienräte NATH 1988). Dessen volles Ausmaß blieb durch die Kriegsfolgen zunächst lange verborgen (Zustrom der Vertriebenen in den westlichen Teil Deutschlands, Zuwanderung hochqualifizierter Fachkräfte aus der DDR). Unter dem Druck der deutlich zutage tretenden Unterversorgung (allgemeines Abiturientendefizit, gravierender Lehrermangel) wurde in den 1960er und 70er Jahren wiederum ein beschleunigter *Eigenausbau des Bildungswesens* erzwungen und der »Sprung« auf ein neues Entwicklungsplateau herausgefordert.

Zweifellos spielten auch demographische Einflüsse bei der wechselhaften Entwicklung des Hochschulbesuchs in der ersten Hälfte des 20. Jahrhunderts eine wichtige Rolle. Bei der Beurteilung der Frequenzeinbrüche im Dritten Reich darf der demographische Faktor allerdings nicht überschätzt werden, wie sich anhand verschiedener Indikatoren des relativen Hochschulbesuchs zeigt. Welche Berechnungsverfahren und Bezugsgruppen man im einzelnen auch zugrunde legt, alle Indikatoren weisen in die gleiche Richtung und lassen nur einen Schluß zu: Nach der relativ kontinuierlichen Ausweitung im letzten Drittel des 19. und im ersten Drittel des 20. Jahrhunderts (Verdoppelung der Quoten in den vier Jahrzehnten von 1870 bis 1910, anschließend fast eine Verdoppelung in nur zwei Jahrzehnten bis 1931) wurde der relative Hochschulbesuch durch den tiefen Frequenzeinbruch in den 30er Jahren bis zum Zweiten Weltkrieg rund vier Jahrzehnte zurückgeworfen auf das bereits um die Jahrhundertwende erreichte Niveau der Studienbeteiligung. Dieser Befund ist für alle Analysen und Interpretationen der Entwicklung des deutschen Hochschulwesens im 20. Jahrhundert von einer weitreichenden systematischen Bedeutung (auch unter Einbeziehung internationaler Vergleiche, siehe JARAUSCH 1983). Die *beispiellose Dynamik* nach dem Zweiten Weltkrieg wird verständlich, wenn man erstens berücksichtigt, welches Niveau der Studienbeteiligung um 1930 bereits erreicht worden war, an das das Wachstum im *generativen Zusammenhang* anknüpfen konnte, und man sich zweitens vor Augen führt, daß für die Zeitspanne mehrerer Jahrzehnte außerordentlich günstige Verwertungsbedingungen und Entfaltungschancen für akademische Qualifikationen vorgegeben waren, weil die im Dritten Reich entstandenen tiefen *Nachwuchslücken* in nahezu allen Bereichen (bis auf die einseitig geförderte Ärzteausbildung) lange nachwirkten und glänzende Berufsaussichten zur Folge hatten.

II. Das Universitätsprofil der Studierenden

Nach dem tiefgreifenden Anpassungsprozeß zwischen 1792 und 1818, dem etwa jede zweite Universität im deutschen Sprachgebiet zum Opfer fiel, blieb das institutionelle Gefüge bis zur Mitte des 20. Jahrhunderts außerordentlich stabil. Zwischen 1820 und 1945 zählte man (sieht man von den »großdeutschen« Eroberungen während der NS-Herrschaft ab) insgesamt nur 19–23 gleichzeitig nebeneinander bestehende Universitäten. Bis auf die drei großstädtischen Neugründungen (Frankfurt am Main 1914, Hamburg und Köln 1919) hat sich das starke Wachstum beim Universitätsbesuch zwischen 1870 und 1930 also innerhalb der Institutionen vollzogen, die bereits in der Reformphase zu Beginn des 19. Jahrhunderts ihre in die Zukunft weisende Gestalt erhalten hatten.

Für die Durchschnittsgröße der deutschen Universität läßt sich vor diesem Hintergrund der folgende Wandel nachzeichnen: Nach dem Besucherandrang in den 1820er Jahren und kurzzeitigen Durchschnittswerten von fast 800 Studierenden um 1830 zählte sie im zweiten Drittel des 19. Jahrhunderts nur rund 600 Studenten. Erst in den 1870er Jahren wurden die hohen Frequenzen von 1830 wieder erreicht und nun freilich schnell überschritten. Bereits zu Beginn der 1880er Jahre überstieg die durchschnittliche Besucherzahl die 1000er-Grenze. In der kurzen Zeitspanne einer weiteren Generation vollzog sich dann im Kaiserreich der erste moderne Wachstumssprung in der Größe der Institution: Bis zum Ersten Weltkrieg verdreifachte sich die Frequenz auf nahezu 3000 Studierende pro Universität (nun einschließlich der ersten studierenden Frauengeneration). In der Zwischenkriegszeit stieg die Durchschnittsgröße verlangsamt weiter an und erreichte um 1930 ihren Höchststand mit etwa 4300 Studierenden.

Wenn man die weitere Entwicklung nach dem Zweiten Weltkrieg einbezieht, dann wird der außerordentlich beschleunigte Wandel seit den 1960er Jahren besonders deutlich. Die durchschnittliche Frequenz der 15 Universitäten des früheren Deutschen Reichs, die nach Kriegsende auf dem Gebiet der späteren Bundesrepublik Deutschland ihren Lehr- und Forschungsbetrieb wiederaufnahmen, stieg seit den 1960er Jahren geradezu explosionsartig an und erreichte 1985 ein Niveau von nicht weniger als 30 000 Studierenden. Mit anderen Worten: Heute studieren an einer Universität dieses älteren Typs im Durchschnitt genau so viele Studenten wie hundert Jahre zuvor an sämtlichen Universitäten des Deutschen Reichs zusammen. Angesichts dieses Vergleichs erscheint es gerechtfertigt, den zweiten modernen Wachstumssprung in der Entwicklung der deutschen Universitäten seit den 1960er Jahren als »Bildungsrevolution« zu bezeichnen.

1. Die Verteilung der Studierenden auf der Ebene der Gesamtströme

Die errechnete Durchschnittsgröße verdeckt freilich die erheblichen Unterschiede zwischen den einzelnen Hochschulen, die im langfristigen Universitätsprofil deutlich hervortreten (vgl. Abb. 1 S. 31). Nach ihrem prozentualen Anteil an der Gesamtzahl der Studierenden an den deutschen Universitäten zwischen

1830/31 und 1941/1 lassen sich die 24 Universitäten vier Gruppen zuordnen (vgl. Tab. 1, S. 32):

(1) Die drei *Großuniversitäten* Berlin, München und Leipzig nahmen eine herausragende Sonderstellung ein. Vom frühen 19. Jahrhundert bis zum Zweiten Weltkrieg haben sie beständig rund ein Drittel aller deutschen Universitätsstudenten auf sich gezogen. Zwischen 1880 und 1910 war ihre Dominanz am stärksten: rund 40 Prozent aller Studenten konzentrierten sich allein auf diese drei Zentren unter den damals bestehenden 21 Universitäten. Die neugegründete Universität Berlin setzte sich bereits im Vormärz an die Spitze. In der ersten Hälfte der 1850er Jahre wurde sie hinsichtlich ihrer Studentenfrequenz von München und in den 1870er Jahren von Leipzig nochmals kurzzeitig überflügelt, ehe sie seit den 1880er Jahren unangefochten die Führung behielt. Im Kaiserreich waren in den Wintersemestern nahezu 20 Prozent aller deutschen Universitätsstudenten an der Friedrich-Wilhelms-Universität in der Reichshauptstadt eingeschrieben. In quantitativer Hinsicht hatte die Berliner Universität allein das Gewicht von sechs bis acht kleinen bzw. mittleren Universitäten. Von 1868 bis 1886 wurde München von der sächsischen Landesuniversität auf Platz drei verwiesen. Ab der Mitte der 1890er Jahre war die Konkurrenz zwischen München und Leipzig um den zweiten Rang hinter Berlin aber eindeutig zugunsten der bayerischen Ludwig-Maximilians-Universität entschieden. Als die beiden neuen Hochschulen in der preußischen und der bayerischen Metropole zu den meistbesuchten aufstiegen, konnte die Leipziger Universität bereits auf eine mehr als vierhundertjährige Geschichte zurückblicken, in der sie beständig zur Spitzengruppe unter den deutschen Universitäten gezählt hatte. Während die anderen Universitäten immer nur eine vergleichsweise kurze Blüte hatten, blieb Leipzig über die Jahrhunderte immer gut besucht und stand bezüglich der Inskriptionsziffer 160 Jahre an erster und 140 Jahre an zweiter Stelle. Erst im letzten Drittel des 19. Jahrhunderts konnte die sächsische Landesuniversität, die bis 1830 an der mittelalterlichen Verfassung festgehalten hatte, als modernisierte Hochschule an diese große Tradition wieder anknüpfen. In den kritischen 1930er Jahren fiel Leipzig allerdings wieder auf den Status einer mittleren Universität zurück.

(2) Unter den fünf Universitäten im *oberen Mittelfeld* (mit Anteilswerten von 4–7 Prozent) heben

(Forts. S. 34)

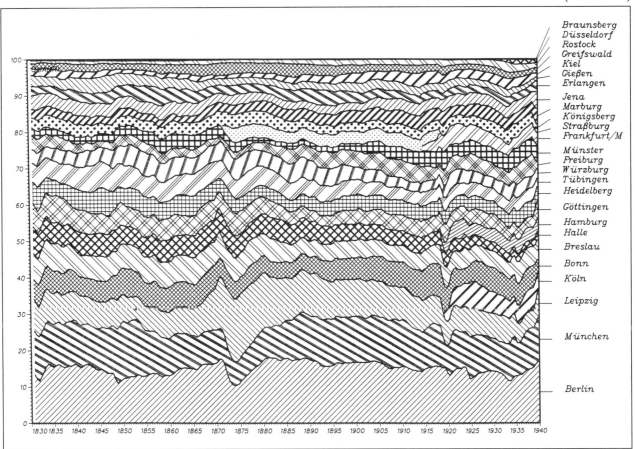

Abb. 1: Das deutsche Universitätsprofil: Studierende insgesamt

Tabelle 1: Der Anteil der Studierenden an den einzelnen Universitäten an der Gesamtheit der Studierenden an sämtlichen deutschen Universitäten 1830/31–1941/1 (in %)

Studierende insgesamt		Studentinnen insgesamt		Ausländer insgesamt	
1 Berlin	14,80	1 Berlin	16,86	1 Berlin	27,27
2 München	10,79	2 München	10,93	2 Leipzig	14,18
3 Leipzig	8,51	3 Bonn	6,56	3 München	12,61
4 Bonn	6,14	4 Heidelberg	4,97	4 Heidelberg	6,19
5 Breslau	5,22	5 Münster	4,84	5 Halle	4,46
6 Göttingen	4,25	6 Freiburg	4,84	6 Freiburg	3,42
7 Tübingen	4,10	7 Köln	4,80	7 Jena	3,42
8 Halle	4,04	8 Leipzig	4,80	8 Göttingen	3,40
9 Heidelberg	3,98	9 Breslau	4,78	9 Bonn	3,10
10 Freiburg	3,82	10 Marburg	4,09	10 Königsberg	2,85
11 Würzburg	3,75	11 Hamburg	4,08	11 Breslau	2,63
12 Münster	3,41	12 Frankfurt	3,69	12 Straßburg	2,49
13 Marburg	3,13	13 Göttingen	3,54	13 Würzburg	2,15
14 Jena	2,96	14 Königsberg	3,54	14 Marburg	1,86
15 Königsberg	2,91	15 Jena	3,34	15 Tübingen	1,75
16 Erlangen	2,48	16 Tübingen	2,53	16 Kiel	1,23
17 Kiel	2,40	17 Kiel	2,34	17 Gießen	1,20
18 Köln	2,32	18 Würzburg	2,17	18 Erlangen	1,14
19 Gießen	2,24	19 Halle	1,76	19 Frankfurt	1,00
20 Greifswald	2,06	20 Greifswald	1,53	20 Greifswald	0,95
21 Frankfurt	1,92	21 Rostock	1,51	21 Köln	0,83
22 Hamburg	1,56	22 Erlangen	0,96	22 Hamburg	0,81
23 Rostock	1,48	23 Gießen	0,94	23 Rostock	0,64
24 Straßburg	1,43	24 Düsseldorf	0,38	24 Münster	0,37
25 Düsseldorf	0,17	25 Straßburg	0,20	25 Braunsberg	0,03
26 Braunsberg	0,12	26 Braunsberg	0,00	26 Düsseldorf	0,02

Evangelische Theologie		Katholische Theologie		Jura	
1 Berlin	13,63	1 Münster	18,47	1 Berlin	17,24
2 Halle	13,60	2 Bonn	17,64	2 München	12,51
3 Leipzig	12,38	3 Breslau	15,71	3 Leipzig	9,62
4 Tübingen	11,14	4 Freiburg	12,87	4 Bonn	5,74
5 Erlangen	8,26	5 München	11,66	5 Breslau	5,53
6 Göttingen	5,95	6 Tübingen	10,43	6 Heidelberg	5,36
7 Marburg	4,75	7 Würzburg	9,20	7 Göttingen	4,70
8 Königsberg	4,17	8 Braunsberg	2,08	8 Freiburg	3,54
9 Breslau	4,16	9 Straßburg	1,55	9 Würzburg	3,36
10 Greifswald	3,80	10 Gießen	0,40	10 Tübingen	3,24
11 Jena	3,64			11 Königsberg	3,08
12 Bonn	3,40			12 Halle	2,95
13 Heidelberg	2,92			13 Marburg	2,79
14 Gießen	2,62			14 Jena	2,66
15 Kiel	2,20			15 Kiel	2,37
16 Rostock	1,77			16 Erlangen	2,29
17 Straßburg	1,20			17 Köln	2,07
18 Münster	0,94			18 Münster	1,96
				19 Hamburg	1,78
				20 Gießen	1,68
				21 Greifswald	1,57
				22 Straßburg	1,52
				23 Frankfurt	1,29
				24 Rostock	1,15

Allgemeine Medizin			Sprach- u. Kulturwiss.			Math. u. Naturwiss.		
1	Berlin	13,95	1	Berlin	17,03	1	Berlin	16,28
2	München	12,68	2	München	11,08	2	Leipzig	8,98
3	Würzburg	6,83	3	Leipzig	10,45	3	München	8,94
4	Leipzig	6,46	4	Bonn	5,63	4	Göttingen	7,19
5	Freiburg	5,29	5	Münster	4,85	5	Bonn	6,21
6	Bonn	5,21	6	Breslau	4,57	6	Heidelberg	4,10
7	Breslau	4,77	7	Göttingen	4,31	7	Breslau	3,87
8	Heidelberg	4,37	8	Marburg	3,91	8	Jena	3,75
9	Kiel	3,46	9	Heidelberg	3,83	9	Marburg	3,73
10	Tübingen	3,43	10	Halle	3,53	10	Freiburg	3,59
11	Königsberg	3,31	11	Jena	3,44	11	Münster	3,48
12	Göttingen	3,29	12	Freiburg	2,89	12	Halle	3,29
13	Marburg	3,23	13	Königsberg	2,88	13	Kiel	2,82
14	Greifswald	3,18	14	Hamburg	2,68	14	Tübingen	2,58
15	Jena	2,74	15	Tübingen	2,46	15	Königsberg	2,51
16	Erlangen	2,73	16	Köln	2,35	16	Gießen	2,48
17	Halle	2,65	17	Kiel	2,13	17	Frankfurt	2,40
18	Rostock	2,10	18	Würzburg	2,08	18	Würzburg	2,38
19	Gießen	2,01	19	Gießen	1,91	19	Hamburg	2,12
20	Münster	1,91	20	Greifswald	1,90	20	Erlangen	2,11
21	Straßburg	1,54	21	Straßburg	1,82	21	Straßburg	2,10
22	Frankfurt	1,52	22	Frankfurt	1,69	22	Rostock	2,02
23	Hamburg	1,29	23	Rostock	1,24	23	Greifswald	1,56
24	Köln	1,28	24	Erlangen	1,22	24	Köln	1,49
25	Düsseldorf	0,77	25	Braunsberg	0,12			

Wirtsch.-, Agrar- u. Forstwiss.

1	Köln	13,44
2	Berlin	13,36
3	Frankfurt	8,85
4	Bonn	8,49
5	München	8,27
6	Leipzig	7,74
7	Halle	7,68
8	Tübingen	3,26
9	Heidelberg	3,25
10	Gießen	3,19
11	Jena	3,07
12	Freiburg	2,99
13	Breslau	2,94
14	Göttingen	2,70
15	Münster	2,55
16	Königsberg	2,15
17	Hamburg	1,72
18	Kiel	1,62
19	Würzburg	0,67
20	Rostock	0,66
21	Erlangen	0,55
22	Marburg	0,50
23	Greifswald	0,32

sich Bonn und Breslau langfristig heraus. Sie konnten sich im 19. Jahrhundert zeitweilig bis in die Spitzenstellung der drei größten Universitäten vorschieben. Nach dem Ersten Weltkrieg trat ihnen die neue Universität Köln an die Seite und machte Leipzig den dritten Rang streitig. (Da die Universität Köln aber nur für den relativ kurzen Zeitraum ab 1919 in die Berechnung des Anteils an der Gesamtzahl der deutschen Universitätsstudenten von 1830/31 bis 1941/1 eingeht, rutscht sie bei der Gesamtbetrachtung ins untere Mittelfeld. Wenn man der Analyse ein anderes Verfahren zugrundelegt und für die einzelne Universität das arithmetische Mittel aller Anteilswerte in sämtlichen Semestern berechnet, in denen die betreffende Universität im Untersuchungszeitraum existierte, dann rangiert Köln mit einem durchschnittlichen Anteilswert von 5,84 Prozent gleich nach Bonn auf Platz fünf.) Mit deutlichem Abstand zu Bonn und Breslau folgen dicht zusammen die drei Traditionsuniversitäten Göttingen, Tübingen und Halle.

(3) Sieben Universitäten mit Anteilswerten von 2,5 bis unter 4 Prozent (Heidelberg, Freiburg, Würzburg, Münster, Marburg, Jena und Königsberg) lassen sich auf lange Sicht dem *unteren Mittelfeld* zuordnen. Münster ist für den gesamten Zeitraum dieser Gruppe zuzurechnen, weil es als Rumpfuniversität mit zwei Fakultäten im 19. Jahrhundert nur eine geringe Rolle spielte; erst nach dem Ausbau zur Volluniversität ab 1902 begann der steile Aufstieg Münsters im 20. Jahrhundert (mit Anteilswerten bis über 5 Prozent für einzelne Semester in den 1930er Jahren). Wenn man nur den kurzen Zeitraum des Kaiserreichs betrachtet, dann wäre auch die Universität Straßburg unter die führenden Universitäten im unteren Mittelfeld einzureihen.

(4) Mit Anteilswerten unter 2,5 Prozent an der Gesamtfrequenz lassen sich die fünf Traditionsuniversitäten Erlangen, Kiel, Gießen, Greifswald und Rostock am Ende des Spektrums der Gruppe der *Kleinuniversitäten* zuordnen. (Von den beiden in die Universitätsstatistik einbezogenen Akademien in Braunsberg und Düsseldorf kann hier abgesehen werden. Die beiden neugegründeten Universitäten Frankfurt am Main und Hamburg erscheinen hier im unteren Teil des Feldes, weil sie, wie für Köln oben erläutert, ebenfalls nur für einen kurzen Zeitabschnitt in die Gesamtberechnung eingehen. Nach ihren durchschnittlichen Anteilswerten, ungeachtet ihrer kurzen Bestandsdauer, wären Frankfurt am Main mit 4 Prozent und Hamburg mit 3,73 Prozent dem Mittelfeld der Skala zuzuordnen.) Der Übergang von den kleinsten Hochschulen im unteren Mittelfeld zu den hier abgegrenzten Kleinuniversitäten

war zeitweilig durchaus fließend; über die Plazierung der fünf genannten Hochschulen am Ende der Skala für den gesamten Untersuchungszeitraum kann es jedoch keinen Zweifel geben. Auf lange Sicht war Rostock mit Abstand die kleinste deutsche Universität.

Das erste und wichtigste Strukturmerkmal des deutschen Universitätsprofils wurde bereits genannt: die hohe institutionelle Stabilität des Systems. Nach der Modernisierung im ersten Drittel des 19. Jahrhunderts waren die einzelnen Universitäten mit ihren Standorten offensichtlich so günstig über ganz Deutschland verteilt und in ihrer inneren Verfassung so stabil fundiert, daß sie das moderne Frequenzwachstum im wesentlichen *innerhalb der bestehenden Institutionen* bewältigen konnten. Der zweite moderne Wachstumssprung seit den 1960er Jahren konnte demgegenüber nur mit einer erheblichen Zahl von neu gegründeten Hochschulen aufgefangen werden. (Zum inneren Ausbau der einzelnen Universitäten durch ein breit ausdifferenziertes System fachlich spezialisierter wissenschaftlicher Einrichtungen vgl. unten Abschnitt III.)

Als zweites Strukturmerkmal läßt sich das *Vordringen der großstädtischen Standorte* erkennen. Im Zusammenhang mit der Industrialisierung und dem Bevölkerungswachstum schoben sich die großstädtischen Universitäten seit dem ausgehenden 19. Jahrhundert immer klarer in den Vordergrund, eine Tendenz, die sich im 20. Jahrhundert noch verstärkte. Die drei Großuniversitäten überschritten schon im Kaiserreich die Grenze von 5000 Studierenden. In der Expansionsphase um 1930 kletterten die Studentenzahlen für Berlin bereits auf ein Niveau von knapp unter 15 000, für München über 9000 und für Leipzig über 7000 Studierende. Sieht man von der Ausnahmesituation um 1920 ab, in der die Kriegsstudenten zusätzlich die Universitäten bevölkerten, so erreichten in der Zwischenkriegszeit nur noch die Universitäten Bonn und Köln eine ähnliche Größenordnung (über 6000 Studierende um 1930). Unter den Universitäten, die das Niveau von 4000 Studierenden überschritten (Breslau, Göttingen, Frankfurt am Main, Freiburg, Hamburg, Königsberg und Münster), befanden sich nur noch zwei mittelstädtische Standorte (nämlich Göttingen und Freiburg). Die Traditionsuniversitäten in den mittleren und kleineren Städten (Würzburg, Heidelberg, Jena, Rostock, Gießen, Erlangen, Greifswald, Marburg und Tübingen) blieben im Wachstumsschub um 1930 sämtlich unter 4000, teilweise unter 3000 Studierenden. Die Ausweitung der Studienbeteiligung in die unteren Mittelschichten hinein, die sich zwischen 1895 und 1930 klar belegen läßt, verstärkte also das

Gewicht der großstädtischen Standorte, an denen die neu oder verstärkt hinzutretenden Herkunftsschichten über bessere Zugangschancen zu höherer Schulbildung und zum Studium verfügten. Diese langfristig wirksame Tendenz dürfte sich nach dem Übergang zur Massenhochschule seit den 1960er Jahren noch nachdrücklicher fortgesetzt haben.

Bemerkenswert ist in diesem Zusammenhang allerdings, daß das Vordringen der großstädtischen Standorte bis in die 1960er Jahre des 20. Jahrhunderts an dem bevölkerungsreichsten Ballungsraum sozusagen vorbeilief: Das im Kaiserreich zur bedeutendsten Industrieregion Europas zusammengewachsene *Ruhrgebiet* erhielt keine Universität. Daß unter den zahlreichen Industriestädten an Rhein und Ruhr (Essen, Duisburg, Dortmund, Gelsenkirchen, Bochum, Mülheim und Oberhausen) keine einzige als neuer Hochschulort in Frage kam, ist ein sehr beredtes Zeichen dafür, daß das Universitätsstudium bis in die Mitte des 20. Jahrhunderts ein soziales Privileg blieb, von dem die Arbeiterschaft weitgehend ausgeschlossen war. Vor diesem Hintergrund ist die historisch späte, erst 1965 in Bochum erfolgte Eröffnung einer »Ruhr-Universität« von tiefer symptomatischer Bedeutung für die Sozialgeschichte der akademischen Bildung in Deutschland.

Bezieht man das 18. Jahrhundert in den langfristigen Vergleich perspektivisch ein, dann lassen sich drittens *Halle* und *Jena* als die beiden Universitäten festhalten, die in quantitativer Hinsicht die stärksten relativen Positionsverluste erlitten. Halle hatte im 18. Jahrhundert als erste moderne Hochschule von europäischer Bedeutung nicht nur in quantitativer, sondern auch in qualitativer Hinsicht an der Spitze aller deutschen Universitäten gestanden. In der ersten Hälfte des 19. Jahrhunderts wurde Halle von den drei Großuniversitäten Berlin, München und Leipzig, aber auch von Breslau und Bonn überflügelt, konnte sich jedoch bis in die 1890er Jahre auf einem Anteilsniveau von 5 bis 6 Prozent noch ziemlich stabil im oberen Mittelfeld halten. Da Halle vom allgemeinen Wachstum seit Ende des 19. Jahrhunderts aber kaum profitierte, fiel die Hochschule bis zum Zweiten Weltkrieg auf den Status einer kleinen Universität (unter 3, zuletzt sogar unter 2 Prozent Anteil) zurück, vergleichbar mit Erlangen und Kiel. Die Universität Jena hatte in der Phase, in der das hier dokumentierte Universitätsprofil einsetzt (1830), ihre große Zeit bereits hinter sich. Zwischen 1707 und 1720 und dann noch einmal kurzzeitig in den 1790er Jahren war Jena vor Halle und Leipzig bzw. Göttingen die meistbesuchte deutsche Universität. Im Vormärz fiel die Hochschule auf den Status einer mittleren Universität zurück, im letzten Drittel

des 19. Jahrhunderts näherte sie sich sogar den Kleinuniversitäten, ehe sie durch ein rapides Wachstum im Jahrzehnt vor dem Ersten Weltkrieg ihre relative Position wieder verbessern konnte. In der Zwischenkriegszeit konnte sich Jena mit Anteilswerten um 3 Prozent gerade noch oberhalb der Grenze zu den Kleinuniversitäten im unteren Mittelfeld behaupten.

Nimmt man viertens die Universitäten in den Blick, die in quantitativer Hinsicht auf lange Sicht ebenfalls einen relativen Bedeutungsverlust hinnehmen mußten, so sind zunächst *Göttingen* und *Tübingen* zu nennen. Da sie am starken Wachstumsprozeß seit dem letzten Drittel des 19. Jahrhunderts nur unterdurchschnittlich teilhatten, sank ihr Stellenwert im Gefüge der Universitäten ab. Bereits um 1750 war Göttingen, die modernste Neugründung des Aufklärungszeitalters, nach Halle, Jena und Leipzig zur viertgrößten Universität angewachsen. In den 1780er Jahren nahm die Georgia Augusta hinter Halle den zweiten Rang ein und schob sich in den ersten Jahrzehnten des 19. Jahrhunderts sogar kurzzeitig an die Spitze aller deutschen Universitäten vor. Durch den Aufstieg der drei Großuniversitäten und der neu gegründeten Bonner und Breslauer Konkurrenz fiel Göttingen bis zum Ersten Weltkrieg im oberen Mittelfeld stetig zurück. Im Zusammenhang der allgemeinen Frequenzeinbrüche in den 1930er Jahren rutschte Göttingen (durch die verheerenden Auswirkungen der nationalsozialistischen »Säuberungen« zusätzlich geschwächt) vollends ins untere Mittelfeld ab. Die Universität Tübingen, im Vormärz mit Anteilswerten von 5 bis über 7 Prozent mit Breslau, Halle und Bonn dicht hinter Leipzig, fiel seit den 1880er Jahren stetig zurück (unter 5 Prozent) und nahm ab der Jahrhundertwende (unter 4 Prozent) eine mit Straßburg, Münster und Marburg vergleichbare Stellung ein. In den 1930er Jahren wurde Tübingen von Münster, Freiburg und Heidelberg übertroffen. Die bayerische Julius-Maximilians-Universität *Würzburg* erreichte Mitte der 1850er Jahre ihre höchsten Anteilswerte (über 6 Prozent). Vor dem Hintergrund ihrer starken Stellung in der zweiten Hälfte des 19. Jahrhunderts mußte auch die Würzburger Hochschule im 20. Jahrhundert einen relativen Positionsverlust hinnehmen. Die Justus-Liebig-Universität *Gießen* konnte sich bis in die 1850er Jahre noch unter die Hochschulen im oberen Mittelfeld einreihen (zeitweise über 4 Prozent). In der zweiten Hälfte des 19. Jahrhunderts, besonders seit der Reichsgründung, fiel sie allerdings weit zurück und blieb meistens unter 2 Prozent. Vom ausgehenden 19. Jahrhundert bis nach dem Ersten Weltkrieg war sie am allgemeinen Wachstumsprozeß beteiligt und konnte den Anschluß ans untere Mittelfeld halten, ehe sie seit der Mitte der 1920er Jahre wieder auf den Status einer Kleinuniversität abrutschte. Unter den kleinsten Hochschulen war Gießen auf lange Sicht noch die am stärksten besuchte.

Richtet man fünftens die Vergleichsanalyse auf die Hochschulen, die gegenläufig im Rahmen der allgemeinen Frequenzentwicklung eine relative Aufwertung erfuhren, dann muß man vier Hochschulen hervorheben. Zwei katholisch geprägte Universitäten konnten sich auf lange Sicht deutlich verbessern. Auf den Aufstieg *Münsters* nach dem Ausbau zur Volluniversität wurde bereits hingewiesen. Bis 1920 rückte Münster in das obere Mittelfeld vor und schob sich bis 1935 im gesamten Spektrum weit nach vorne (unmittelbar hinter die drei Großuniversitäten sowie Bonn und Breslau). Wie andere katholisch geprägte Universitäten erwies sich auch die Westfälische Wilhelms-Universität in der allgemeinen Abschwungphase der 1930er Jahre als relativ stabil. Hatte Münster im Vormärz und in den 1870er Jahren (unter dem Einfluß des Kulturkampfes) unter der 2-Prozentgrenze gelegen, so überschritt es im 20. Jahrhundert nun die Anteilsmarke von 5 Prozent. Die Albrecht-Ludwigs-Universität *Freiburg* erfuhr bereits zwischen 1880 und dem Ersten Weltkrieg einen bedeutenden Frequenzaufschwung und setzte sich, mit Anteilen von über 5 Prozent in den Sommersemestern, vor Tübingen, Heidelberg und Würzburg. In den 1930er Jahren rückte Freiburg unter die führenden Universitäten im oberen Mittelfeld, weil der Frequenzeinbruch an der Albert-Ludwigs-Universität nach 1931 bemerkenswert geringer war als an den meisten anderen Hochschulen. Im Sommersemester 1937 zählte Freiburg exakt die gleiche Studentenzahl wie die Universität Leipzig. Auf bescheidenem Niveau vollzog *Kiel* im 20. Jahrhundert ebenfalls eine gewisse Aufwertung. Bis in die 1890er Jahre blieb der Anteil der Christian-Albrecht-Universität meistens unter 2 Prozent. Zwischen 1895 und 1914 entfaltete sie dann allerdings ein beträchtliches Wachstum, erreichte am Vorabend des Weltkriegs mit über 4 Prozent in den Sommersemestern ihre höchsten Anteilswerte und rückte vorübergehend ins untere Mittelfeld auf. In der Zwischenkriegszeit konnte sich Kiel auf dem Niveau von 2 bis 3 Prozent stabilisieren. Wie in den drei Jahrhunderten vorher kam die Philipps-Universität *Marburg* auch im 19. und 20. Jahrhundert über den Status einer eher kleinen Universität nicht hinaus. Bis zur Reichsgründung gehörte sie, auf einem Niveau von 2 Prozent, in den 1850er und 60er Jahren auch darunter, zu den kleinsten Universitäten. Nach der Einverleibung Kurhessens in den preußischen Staat (1866) erfuhr Marburg

einen beträchtlichen Frequenzaufschwung und rückte im Jahrfünft vor dem Ersten Weltkrieg dicht an das obere Mittelfeld heran (einige Sommersemester über 4 Prozent). In der Zwischenkriegszeit hielt sich Marburg relativ stabil auf einem etwas niedrigeren Niveau (bei starken Einbrüchen in der zweiten Hälfte der 30er Jahre).

Schließlich sind die fünf Universitäten zu nennen, die ihren Stellenwert auf lange Sicht sehr stabil gehalten haben. Im oberen Mittelfeld behaupteten ihren Rang die Universitäten Bonn und Breslau, im unteren Mittelfeld entsprechend die Universität Königsberg. Heidelberg hielt sich im Grenzbereich zwischen dem oberen und dem unteren Mittelfeld ebenfalls ziemlich stabil, Erlangen im Grenzbereich zwischen dem unteren Mittelfeld und den Kleinuniversitäten. Die Rheinische Friedrich-Wilhelms-Universität *Bonn* und die Schlesische Friedrich-Wilhelms-Universität *Breslau* waren beständig gut besuchte Hochschulen (mit Anteilen von 5 bis 7 Prozent). Bis zur Mitte des 19. Jahrhunderts lag Breslau noch vor Bonn, danach ließ sich die rheinische Hochschule langfristig die führende Position hinter den drei Großuniversitäten nicht mehr streitig machen. Die Ruprecht-Karls-Universität *Heidelberg* hatte ihren höchsten Stellenwert in den 1840er Jahren (einige Semester sogar über 7 Prozent). Im letzten Viertel des 19. und ersten Drittel des 20. Jahrhunderts fiel sie im Spektrum etwas zurück. In der Zwischenkriegszeit waren die Frequenzschwankungen der Heidelberger Hochschule bemerkenswert schwächer ausgeprägt als bei den meisten anderen Universitäten. Die Albertus-Universität *Königsberg* bewegte sich im gesamten Untersuchungszeitraum ziemlich stabil auf einem bescheidenen Niveau um 3 Prozent. Zwischen 1880 und 1930 blieb sie hinter dem allgemeinen Wachstum etwas zurück, konnte sich aber im Jahrzehnt vor dem Zweiten Weltkrieg im unteren Mittelfeld erstaunlich gut stabilisieren und behaupten. Die Friedrich-Alexander-Universität *Erlangen* schließlich wahrte auf lange Sicht ihre relativ stabile Position im gesamten Gefüge: sie blieb immer eine kleine Universität, ohne vollends zur kleinsten abzurutschen.

2. Die Verteilung der Studierenden auf der Ebene der Fachströme

Geht man bei der Analyse eine Aggregationsstufe tiefer und betrachtet die Universitätsprofile auf der Ebene der *Fakultäten bzw. Fachbereiche*, dann lassen sich die fachlichen Schwerpunktverteilungen im Gefüge der deutschen Universitäten klar erkennen.

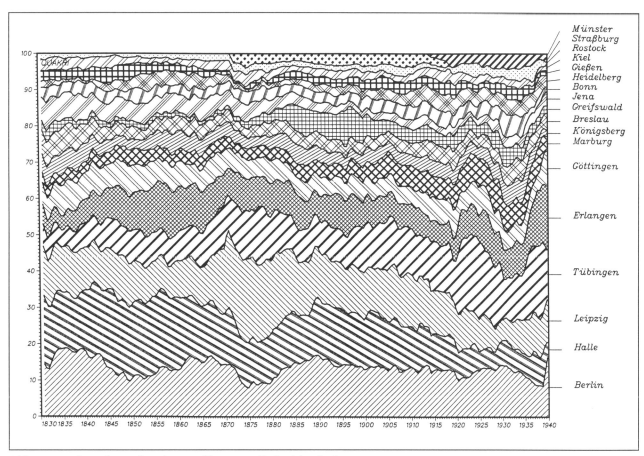

Abb. 2: Das deutsche Universitätsprofil: Evangelische Theologie

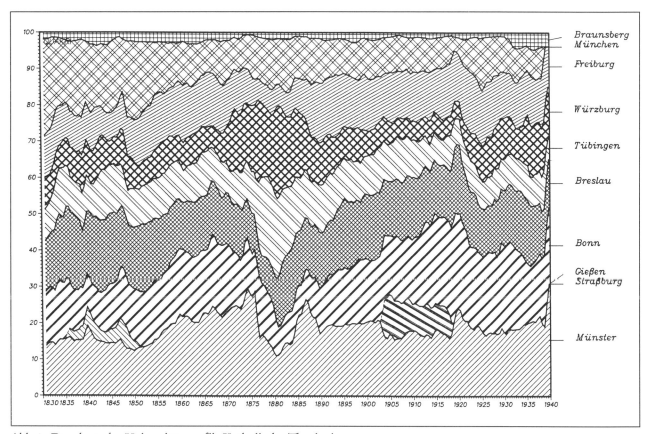

Abb. 3: Das deutsche Universitätsprofil: Katholische Theologie

Gravierende Abweichungen im Stellenwert der einzelnen Hochschulen beim Vergleich zwischen den beiden Verteilungen der Gesamtströme und der Fachströme können hier als Indikatoren für Schwerpunktbildungen aufgefaßt werden.

Beim Profil der *Evangelischen Theologie* (Abb. 2) ist zunächst die hohe Konzentration auf vier dominierende Standorte auffällig. Berlin, Halle, Leipzig und Tübingen zogen auf lange Sicht gut die Hälfte aller evangelischen Theologiestudenten auf sich; sie bildeten etwa ebenso viele Nachwuchskräfte aus wie alle übrigen 14 Hochschulen mit evangelisch-theologischen Fakultäten zusammen (einschl. Straßburg). Die große Bedeutung von Halle tritt hier klar hervor, allerdings auch die langfristig sinkende Ausnahmestellung, besonders im 20. Jahrhundert. Der Bedeutung von Halle und Berlin als Zentren der Theologenausbildung im Norden Deutschlands entsprachen im Süden Tübingen und Erlangen. Im Unterschied zu Halle konnte die Tübinger theologische Fakultät ihre starke Stellung im 20. Jahrhundert halten und sogar noch ausbauen. In der Zwischenkriegszeit stieg Tübingen neben Berlin für die evangelische Theologie zur meistfrequentierten Universität auf. Die Position von Erlangen als zweitem Zentrum der Theologenausbildung im Süden wird dadurch unterstrichen, daß es mit seiner theologischen Fakultät in quantitativer Hinsicht bereits auf Platz fünf rangierte, während es nach der gesamten Studentenfrequenz im Gefüge der deutschen Universitäten nur den 16. Platz einnahm. Über die genannten Hochschulen hinaus sind schließlich auch noch die Universitäten Göttingen und Marburg als bedeutende Ausbildungsstätten für evangelische Theologen hervorzuheben.

Sieht man von der kleinen ermländischen Akademie Braunsberg ab und dem nur kurzzeitigen Beitrag der Universitäten Gießen und Straßburg zur Ausbildung des katholisch-theologischen Nachwuchses, dann wird das Universitätsprofil der *Katholischen Theologie* im wesentlichen von nur sieben Fakultäten bestimmt. Im Vergleich zu den anderen Fakultäten bzw. Fachbereichen ist zunächst auffällig, daß sich die katholischen Theologiestudenten relativ gleichmäßig auf die sieben in Frage kommenden universitären Standorte verteilten; die führende Ausbildungsstätte (Münster) wurde langfristig nur etwa doppelt so stark besucht wie die kleinste Ausbildungsstätte (Würzburg). Bemerkenswerterweise liegen die drei preußischen Universitäten (neben Münster noch Bonn und Breslau) deutlich an der Spitze und nicht die größte katholische Universität München, die man hier vielleicht auf Rang eins erwartet hätte. In diesem Zusammenhang ist jedoch weiter zu

berücksichtigen, daß die Studenten der katholischen Theologie an den Universitätsfakultäten nur einen Teil des Nachwuchses repräsentierten; der erhebliche andere Teil wurde an den *Philosophisch-theologischen Hochschulen* ausgebildet, von denen es in Bayern sieben gab (neben den beiden universitären Ausbildungsstätten München und Würzburg; vgl. Bd. I/1, S. 52 ff. des Datenhandbuchs). Unter den vier süddeutschen Fakultäten rangierte die katholisch-theologische Fakultät in Freiburg noch vor der Münchener, deren Stellenwert ab dem letzten Drittel des 19. Jahrhunderts geringer war. Der allgemeine Frequenzrückgang der drei preußischen Universitäten in den 1870er Jahren dürfte zu einem großen Teil auf die Einflüsse des Kulturkampfes zurückzuführen sein; von der Meidung der preußischen Ausbildungsstätten profitierten in dieser Phase vor allem Tübingen und Würzburg.

Das Universitätsprofil des Fachbereichs *Jura* weist nur wenige Abweichungen vom Profil für die gesamte Studentenschaft auf. Die Sonderstellung der drei Großuniversitäten, die mehr als zwei Fünftel aller Jurastudenten auf sich zogen, tritt noch klarer hervor, besonders auch die überragende Spitzenposition der Berliner Universität. Am Ende des Feldes liegen wiederum die Kleinuniversitäten Kiel, Erlangen, Gießen, Greifswald und Rostock (bei den anderen Universitäten mit geringen Anteilswerten ist hier wiederum die verkürzte Zeitspanne zu berücksichtigen, mit der sie in die Berechnung eingegangen sind). Da sich ein vollständiges Universitätsprofil für diesen Bereich erst ab 1830/31 darstellen läßt, wird die Sonderstellung der Universität Göttingen im 18. Jahrhundert hier nicht mehr sichtbar. Die neu gegründete Georgia Augusta verdankte ihr weit über Deutschland hinausreichendes Ansehen in erster Linie ihren Rechts- und Staatswissenschaften. Zu Beginn der 1770er Jahre waren mehr als zwei Drittel aller Göttinger Studenten in der juristischen Fakultät eingeschrieben. Nach der Zustromwelle in den 1820er und 30er Jahren verminderte sich der Stellenwert der Göttinger Hochschule jedoch erheblich. Als Juristenhochburg rückte im 19. Jahrhundert Heidelberg weit nach vorn und konnte bis zur Reichsgründung sogar mit Leipzig um den dritten Rang konkurrieren; danach lief die Leipziger juristische Fakultät der Heidelberger allerdings deutlich den Rang ab (wobei zu berücksichtigen ist, daß die sächsische Hochschule natürlich auch vom Sitz des höchsten Gerichts des Deutschen Reiches in Leipzig profitierte).

Bei der Analyse dieses fachspezifischen Profils verdient ein eher verborgener Sachverhalt Beachtung. Die Universität Halle, die als Hochburg der Theologen galt, spielte bei der Juristenausbildung

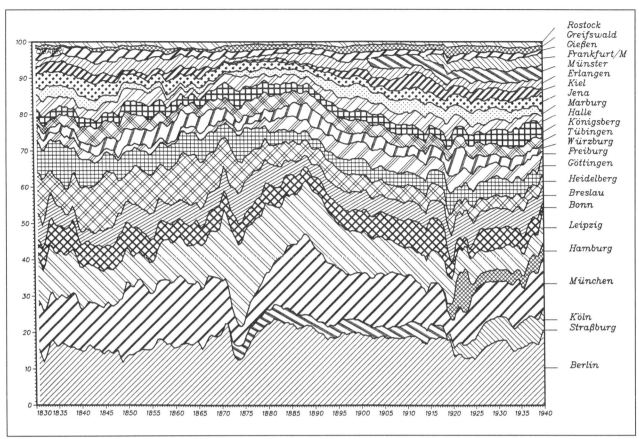

Abb. 4: Das deutsche Universitätsprofil: Jura

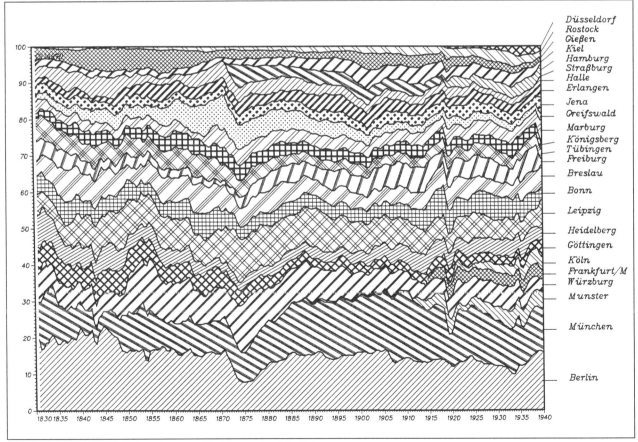

Abb. 5: Das deutsche Universitätsprofil: Allgemeine Medizin

nur eine untergeordnete Rolle. Während sich jeder 7. Student der evangelischen Theologie zwischen 1830 und 1941 in Halle immatrikulierte, zog es nur jeden 34. Studenten der Jurisprudenz nach Halle. In dieser bedeutsamen Relation wird auch die »soziale Distanz« der Fachkulturen sichtbar, die aus der Analyse zahlreicher anderer Indikatoren bekannt ist. Nach dem Indikator der Akademikerquote (d. h. dem Anteil der Studierenden, deren Väter selbst akademisch gebildet waren) läßt sich für die einzelnen Fakultäten eine weit ausdifferenzierte Ranghierarchie aufstellen, die bei den preußischen Universitäten (1887/88) von der juristischen Fakultät in Göttingen als der sozial »exklusivsten« Ausbildungseinrichtung (Akademikerquote: 51,80 Prozent) bis zur katholisch-theologischen Fakultät in Breslau als der sozial »offensten« Einrichtung reichte (Akademikerquote: 0,95 Prozent). Die Charakterisierung einer Hochschule als typische »Theologen-«, »Juristen-« oder »Mediziner-Universität« bedeutete unter diesen Umständen natürlich immer auch eine soziale Etikettierung. Für das herausgegriffene Beispiel der Universität Halle wird man aufgrund dieser tieferen Zusammenhänge vermuten dürfen: Weil Halle traditionell das »Image« einer Theologenuniversität hatte, wurde es von Jurastudenten mit einem ausgeprägten Standesbewußtsein eher gemieden (vgl. dazu ausführlicher TITZE 1990, S. 113 ff.).

Für das Fach *Allgemeine Medizin* bestätigt sich zunächst, daß auch hier die beiden Großuniversitäten Berlin und München die Skala anführen (vgl. Tab. 1 u. Abb. 5). Vor Leipzig hat sich jedoch die besonders ins Auge fallende »Medizineruniversität« Würzburg auf den dritten Platz vorgeschoben. Die analoge Rolle, die Heidelberg bei der Juristenausbildung spielte, übernahm in einer noch stärkeren Akzentuierung die Julius-Maximilians-Universität bei der Medizinerausbildung. Nach der hervorragenden Stellung von Würzburg ist zweitens auf die außergewöhnlichen Positionsgewinne von Kiel und Greifswald hinzuweisen. Auf der Ebene der Gesamtstudentenzahlen weit am Ende der Skala unter den Kleinuniversitäten, rangierten die Christian-Albrechts-Universität und die Ernst-Moritz-Arndt-Universität im Bereich der Allgemeinen Medizin deutlich im Mittelfeld (Kiel schiebt sich hier vom 17. auf den 9., Greifswald vom 20. auf den 14. Platz vor). Die Fächerprofile von Würzburg und Greifswald spiegeln eindringlich die besondere Bedeutung dieser beiden Universitäten als Medizinerhochschulen. Eine Erwähnung verdient in diesem Zusammenhang auch die Universität Freiburg, die für die Medizinerausbildung ebenfalls auffällig attraktiv war (Verbesserung vom 10. auf den 5. Platz), während

Halle neben den Jurastudenten auch von den Medizinern auffällig gemieden wurde (Positionsverlust vom 8. auf den 17. Platz).

Das Universitätsprofil des Fachbereichs *Sprach- und Kulturwissenschaften* läßt sich nur für den kürzeren Zeitraum ab 1866/67 darstellen, weil eine klare und vollständige Abgrenzung aller Einzelfächer dieses Fachbereichs auf der Ebene der einzelnen Universitäten für den Zeitraum davor wegen der Quellenlage nicht möglich ist (vgl. Tab. 1 u. Abb. 6). Wegen des kürzeren Zeitraums tritt die überragende Sonderstellung der Universität Berlin noch stärker hervor; zwischen 1866/67 und dem Zweiten Weltkrieg zog sie im Bereich der Sprach- und Kulturwissenschaften allein genau so viele Studierende auf sich wie die zehn Hochschulen am Ende des Feldes zusammen (Köln, Kiel, Würzburg, Gießen, Greifswald, Straßburg, Frankfurt am Main, Rostock, Erlangen und Braunsberg). Mit deutlichem Abstand zu Berlin folgen dicht zusammen die beiden anderen Großuniversitäten. Leipzig rangierte bis in die 1890er Jahre hier deutlich vor München; im 20. Jahrhundert war die Ludwigs-Maximilians-Universität erheblich attraktiver. Im Vergleich zum Profil für die gesamte Studentenschaft lassen sich nur wenige auffällige Abweichungen feststellen. Zwei junge Universitäten rücken auf der Skala der Standorte deutlich nach vorn (Münster von Platz 12 auf Platz 5, Hamburg von 22 auf 14), zwei süddeutsche Traditionsuniversitäten rutschen relativ weit nach hinten (Tübingen von Platz 7 auf Platz 15 und Würzburg von 11 auf 18).

Das Universitätsprofil des Fachbereichs *Mathematik und Naturwissenschaften* läßt sich ebenfalls nur für den kürzeren Zeitraum ab 1866/67 darstellen (vgl. Tab. 1 u. Abb. 7). Die Dominanz der Berliner Universität erscheint hier noch klarer als bei den Sprach- und Kulturwissenschaften. Der weite Abstand zu Leipzig und München kommt darin zum Ausdruck, daß beide zusammen nur wenig mehr Studenten auf sich zogen als die Universität Berlin allein. Bemerkenswert ist weiter, daß dieser Fachbereich der einzige ist, in dem sich Leipzig für den gesamten Untersuchungszeitraum vor München plazieren konnte. Besonders eine Hochschule schiebt sich in der Skala weit nach vorn und macht den beiden größten Ausbildungsstätten nach Berlin im 20. Jahrhundert Konkurrenz: die in diesen Fächern durch Forschungsleistungen vielgerühmte Universität Göttingen. Vor dem Ersten Weltkrieg (1913/14) konnte die Georgia Augusta hinter Berlin sogar den zweiten Rang einnehmen, um 1930 hielt sie den dritten Platz hinter Berlin und München. Göttingens Weltgeltung im Bereich der Mathematik und Natur-

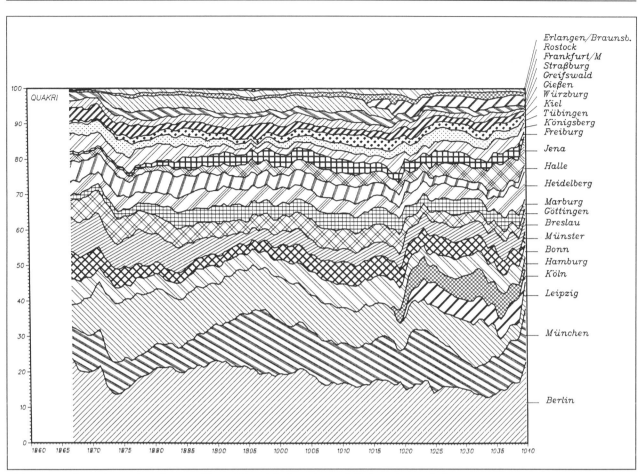

Abb. 6: Das deutsche Universitätsprofil: Fachbereich Sprach- und Kulturwissenschaften

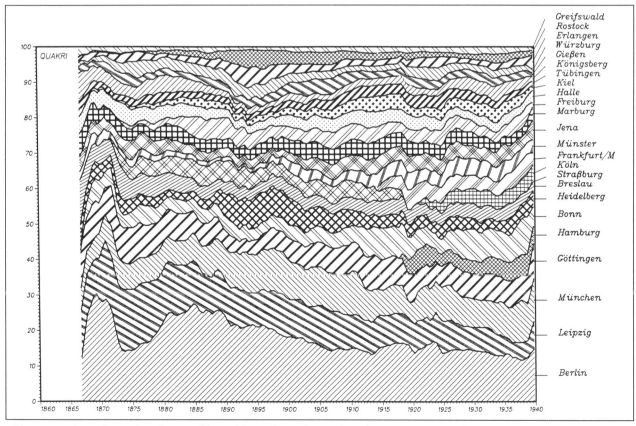

Abb. 7: Das deutsche Universitätsprofil: Fachbereich Mathematik und Naturwissenschaften

wissenschaften schlug sich also auch in quantitativer Hinsicht beim Zustrom der Studierenden sehr nachdrücklich nieder. Auffällig und im Ausmaß ganz ähnlich wie bei den Sprach- und Kulturwissenschaften rutschen zwei süddeutsche Traditionsuniversitäten auch hier in der Skala weit nach hinten: die Universitäten Tübingen (von Platz 7 auf Platz 14) und Würzburg (von 11 auf 18).

Beim Fachbereich *Wirtschafts-, Agrar- und Forstwissenschaften* (ebenfalls nur ab 1866/67 darstellbar) lassen sich die größten Abweichungen vom üblichen Muster auf der Ebene der Gesamtströme und der Fachbereichsströme erkennen (vgl. Tab. 1 u. Abb. 8). Sieht man von den besonderen Bedingungen der katholischen Theologie ab, ist dieser Fachbereich der einzige, in dem die Universität Berlin nicht an der Spitze der Skala steht. Die neue Universität Köln nimmt hier die führende Position ein, München und Leipzig rangieren ausnahmsweise nur im oberen Mittelfeld, während sich die neu gegründete Universität Frankfurt am Main, neben Köln das zweite Zentrum der aufsteigenden Wirtschafts- und Sozialwissenschaften, hinter Berlin auf Platz drei vorschieben kann. Bemerkenswert erscheint die hohe Konzentration: die 5 größten der insgesamt 24 Ausbildungsstätten zogen mehr als die Hälfte aller Studierenden (52,41 Prozent) auf sich, während umgekehrt die 5 kleinsten Standorte (Würzburg, Rostock, Erlangen, Marburg und Greifswald) nur mit ganz verschwindend geringen Anteilswerten zur Gesamtfrequenz beitrugen (zusammen 2,7 Prozent). Die Universität Gießen kann ihren Stellenwert in diesem Fachbereich erheblich verbessern. Relativ starke Positionsverluste ergeben sich (neben den bereits genannten kleinsten Standorten) auch für die Universitäten Breslau und Göttingen.

3. Das Frauenstudium

Im Vergleich zu anderen europäischen Staaten und den USA kam das Frauenstudium in Deutschland erst mit einer auffälligen historischen Verspätung zum Durchbruch. Die Gründe dafür dürften hauptsächlich mit den in der Einleitung dargestellten Normierungsprozessen zusammenhängen. In dem frühzeitig *staatlich durchorganisierten* deutschen Schul- und Hochschulwesen, das wegen seiner spezifischen Prägung und Steuerung durch das *Berechtigungswesen* im Prozeß der Modernisierung auch frühzeitig mit gesellschaftlichen *Interessen* besetzt wurde, hatten es die Frauen offensichtlich besonders schwer, sich Zugang zur höheren Bildung zu verschaffen und besonders auch zur beruflichen Verwertung der erworbenen Bildung im gesellschaftlichen Leben jenseits der häuslichen und familiären Sphäre.

In Europa spielte die Schweiz (und hier besonders die Universität Zürich) seit den 1840er Jahren eine wichtige Vorreiterrolle und nahm Studentinnen auf, die in ihren Herkunftsländern noch nicht studieren durften (SCHMIDT-HARZBACH 1981). In etlichen Staaten erhielten die Frauen in der zweiten Hälfte des 19. Jahrhunderts Zutritt zu den Universitäten (Frankreich 1863, Schweden 1873, Dänemark 1875, Holland 1878, Norwegen 1882, Schottland 1892). In Deutschland führte der langjährige Kampf der Frauen um gleichberechtigte Zulassung erst zu Beginn des 20. Jahrhunderts zum Ziele.

Wie die Übersicht zeigt, gingen die süddeutschen Staaten bei dieser Entwicklung voran. Die Zulassung zur ordentlichen Immatrikulation wurde gewährt:

- in Baden durch Ministerialerlaß vom 28. Februar 1900;
- in Bayern durch Ministerial-Entschließung vom 21. September 1903;
- In Württemberg durch Ministerial-Erlaß vom 17. Mai 1904;
- in Sachsen durch Ministerial-Verordnung vom 10. April 1906;
- in Thüringen durch Ministerial-Reskript vom 4. April 1907;
- in Hessen durch Ministerial-Beschluß vom 29. Mai 1908;
- in Preußen durch Ministerial-Erlaß vom 18. August 1908;
- in Mecklenburg durch Ministerial-Verfügung vom 29. Juni 1909.

Nach bescheidenen Anfängen vor dem Ersten Weltkrieg (in den letzten fünf Friedensjahren stellten die weiblichen 3–6 % aller Studierenden an den deutschen Universitäten) breitete sich das Frauenstudium in den 1920er Jahren rasch aus und erreichte zu Beginn der 30er Jahre mit einem Anteil von knapp 20 % seinen größten Umfang (fast 20.000 Studentinnen an den deutschen Universitäten im Sommersemester 1931). Dieser relativ schnelle Anstieg läßt sich mit den Besonderheiten der Strukturentwicklung in Deutschland erklären (MÜLLER/ZYMEK 1987). Nach dem historisch späten Anschluß und Einbezug der höheren Mädchenbildung in das schulische Berechtigungswesen vor dem Ersten Weltkrieg (1908) wurden den Mädchen in der Weimarer Republik durch einen zügigen Schulausbau neue Bildungsmöglichkeiten bis zur Hochschulreife eröffnet. Der komplexe Prozeß der historischen Etablierung eines gesamtstaatlich normierten differenzierten Bildungssystems, der sich im höheren Knabenschulwesen

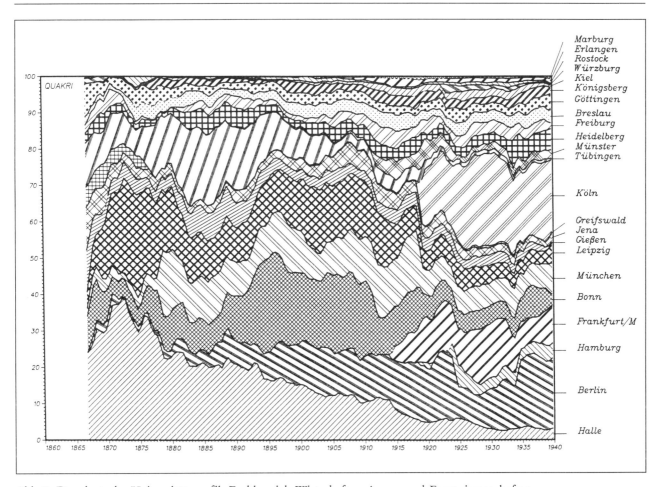

Abb. 8: Das deutsche Universitätsprofil: Fachbereich Wirtschafts-, Agrar- und Forstwissenschaften

über rund ein Jahrhundert hingezogen hatte, vollzog sich für das höhere Mädchenschulwesen beschleunigt in der kurzen Zeitspanne von gut einer Generation. 1921 führten in Preußen nur etwas mehr als 10 % der Mädchenschulen bis zum Abitur, 1931 aber schon fast 60 %. Die rasche Institutionalisierung höherer Bildungsmöglichkeiten für Mädchen in den 1920er Jahren erscheint plausibel, wenn man sie vor dem Hintergrund der historischen Verzögerung sieht, mit der das Frauenstudium nach internationalen Vergleichen in Deutschland zum Durchbruch gelangte. Dann liegt die These nahe: Nach der tiefgreifenden Modernisierung vieler Lebensbereiche im Kaiserreich wurde ein aufgestauter höherer Bildungsbedarf der Mädchen, der durch die starke Interessenbesetzung des öffentlichen Bildungswesens hervorgerufen worden war, in der Weimarer Republik relativ zügig nachgeholt.

Von den nationalsozialistischen Restriktionsmaßnahmen ab 1933 zur Drosselung des Zustroms an die Hochschulen waren neben den Juden vor allem die Frauen betroffen. Auf der Grundlage des Gesetzes gegen die Überfüllung deutscher Schulen und Hochschulen vom 25. April 1933 wurde für den Abi-

turientenjahrgang 1934 die Zugangsberechtigung zum Hochschulstudium auf eine Höchstzahl von 15.000 für das gesamte Reichsgebiet festgelegt, darunter höchstens 10 % Frauen. Nur jeder 2. Abiturient und nur jede 7. Abiturientin dieses Jahrgangs hätten nach dieser Maßregel einen Studienplatz erhalten können. Die strikte Kontingentierung der Zulassungszahlen wurde zwar im Februar 1935 bereits wieder aufgehoben, aber der rapide Rückgang der Studentenzahlen setzte sich durch das komplexe Zusammenwirken eigendynamischer und politischer Einflüsse bis zum Beginn des Zweiten Weltkriegs ungebrochen fort. In absoluten Zahlen war der Rückschlag beim Frauenstudium in den 1930er Jahren erheblich (Schrumpfung auf unter 6.000 Studentinnen an allen deutschen Universitäten im Sommersemester 1939), in relativer Hinsicht jedoch weniger drastisch, als man nach der vehementen nationalsozialistischen Ideologie auf diesem Felde erwarten würde: Wegen der starken Einbrüche auch beim Hochschulbesuch der Männer verringerte sich der Frauenanteil unter den Universitätsstudierenden bis 1939 nur um etwa 4 Prozentpunkte auf ein Niveau von 14–15 %. In den Kriegsjahren nahm das Frauenstudium sogar wieder einen kräftigen Aufschwung (im Sommersemester 1943 über 25.000 Studentinnen an sämtlichen deutschen Universitäten des »Altreichs« in den Grenzen vom 1.1.1938 und damit knapp 48%), weil die Frauen, trotz der ideologischen Sperren des Nationalsozialismus, eben auch in den hochqualifizierten Berufen dringend gebraucht wurden (vgl. Bd. I/1, S. 33 u. 41ff., als Fallstudie für die Lehrer an höheren Schulen vgl. NATH 1988).

Bei der Verteilung der Studentinnen auf die einzelnen Universitäten lassen sich einige auffällige Tendenzen erkennen (Tab. 1 u. Abb. 9). Die überragende Position der Berliner Universität tritt noch deutlicher hervor als bei der Verteilung der gesamten Studentenschaft. München erscheint für die studierenden Frauen ähnlich attraktiv wie für die Männer. Unter den drei Großuniversitäten fehlt hier bezeichnenderweise Leipzig, die in den 1930er Jahren, wie bereits oben betont wurde, auf den Status einer mittleren Universität zurückfiel. Beim Frauenstudium bestätigt sich diese Feststellung nachdrücklich. Während Leipzig hier auf den 8. Platz abrutschte, schob sich Bonn auf den 3. Platz vor, freilich mit großem Abstand zu den beiden führenden Großuniversitäten Berlin und München. Das Vordringen der großstädtischen Standorte als langfristig wirksame Tendenz beim Hochschulbesuch setzte sich auch auf der Ebene des Frauenstudiums durch. In der oberen Hälfte der 12 Universitäten mit den höchsten Frauenanteilen für den Zeitraum von 1908/09 bis 1941/1 befinden sich nur noch drei mittelstädtische Standorte (Heidelberg, Freiburg und Marburg), während in der unteren Hälfte der 11 Universitäten mit den geringeren Frauenanteilen (sieht man hier von Straßburg und den beiden Akademien in Braunsberg und Düsseldorf ab) 8 Standorte in mittleren und kleinen Städten vertreten sind (Göttingen, Jena, Tübingen, Würzburg, Greifswald, Rostock, Erlangen und Gießen). Betrachtet man die Positionsverschiebungen im gesamten Gefüge der Universitäten, dann heben sich drei Universitäten heraus, die neben der allgemeinen Tendenz des Vordringens der großstädtischen Standorte für die studierenden Frauen besonders attraktiv waren: Heidelberg, Münster und Freiburg. Ihnen lassen sich vier Universitäten gegenüber stellen, die von den Frauen im Dokumentationszeitraum in auffälliger Weise gemieden wurden: Halle, Tübingen, Würzburg und Erlangen.

Betrachtet man den Prozeß des *Vordringens der Frauen an den einzelnen Universitäten* näher, dann lassen sich für die erste Zustromwelle (bis Mitte der 1920er Jahre) 6 Standorte hervorheben, an denen die Studentinnen frühzeitig Anteilswerte erreichten, die weit über den Durchschnittswerten für alle deut-

schen Universitäten lagen: Berlin, Frankfurt am Main, Hamburg, Heidelberg, Köln und Münster. Die Universität Göttingen war bis zum Ersten Weltkrieg ebenfalls eine Hochburg des Frauenstudiums in Deutschland (ähnlich wie Heidelberg), aber sie konnte ihre Pionierrolle in der Zwischenkriegszeit nicht halten.

In der zweiten Zustromwelle (von Mitte der 1920er bis Anfang der 1930er Jahre) kletterten die Anteilswerte der weiblichen an der gesamten Studentenschaft bereits bei 12 Universitäten auf Niveaus über 20%. Mit Höchstwerten um 26% nahm Hamburg als junge Universität, die sich den Frauen am weitesten öffnete, in dieser Phase eine unangefochtene Spitzenposition ein. Nur in Erlangen und Gießen blieben die Frauenanteile in dieser Aufschwungphase unter dem 10-Prozentniveau. Bemerkenswert hohe Anteilswerte (um 23%) erreichten die Studentinnen an den beiden Traditionsuniversitäten Freiburg und Königsberg.

In der anschließenden Abschwungphase bis zum Zweiten Weltkrieg, in der die Zurückdrängung des Frauenstudiums ein erklärtes Ziel der nationalsozialistischen Politik war, fielen die Einbrüche beim Frauenstudium bei einigen kleineren Universitäten bemerkenswert gering aus (Jena, Kiel, Königsberg und Marburg). Relativ stabil hielten sich die Frauenanteile an den Universitäten Heidelberg, Freiburg und München. An vier Universitäten erlitt das Frauenstudium im Dritten Reich bis zum Weltkrieg besonders tiefe Rückschläge; hier sank der Frauenanteil in wenigen Jahren um mehr als 10 Prozentpunkte: Berlin, Bonn, Hamburg und Münster.

Auf der Ebene der *Fachströme an den einzelnen Universitäten* sollen hier aus Platzgründen nur einige Hochschulen exemplarisch hervorgehoben werden, an denen die Studentinnen besonders hohe Anteilswerte erreichten. Hier eröffnen sich für vergleichende Spezialuntersuchungen zu den Durchsetzungsbedingungen des Frauenstudiums interessante neue Forschungsfelder (*Pharmazie* in München, Marburg, Münster und Freiburg; *Neue Sprachen* in Heidelberg und München; *Mathematik* in Münster und Königsberg; *Chemie* in Bonn, Breslau, Freiburg und Marburg; *Volkswirtschaft* in Bonn, Freiburg, München, Kiel und Heidelberg).

4. Das Ausländerstudium

Die statistischen Grundlagen über das Ausländerstudium im internationalen Vergleich sind bis ins frühe 20. Jahrhundert sehr schmal und lückenhaft. Trotz dieses allgemeinen Vorbehalts dürfte Deutschland

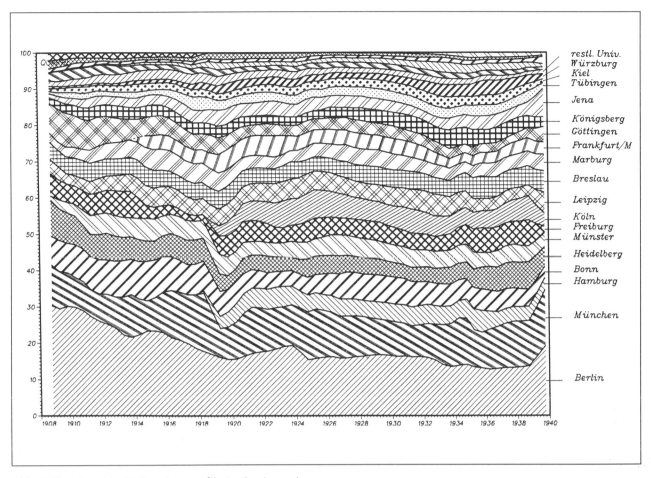

Abb. 9: Das deutsche Universitätsprofil: Studentinnen insgesamt

zwischen 1850 und 1914 für ausländische Studierende attraktiver gewesen sein als jeder andere Staat. Nach dem Ersten Weltkrieg wurde Deutschland hinsichtlich der Gesamtzahl ausländischer Studenten von Frankreich und den USA überflügelt (SCURLA 1933, S. 123 ff.).

Die Zahl der ausländischen Studierenden an den deutschen Universitäten betrug in den 1830er Jahren etwa 400 bis 500 und um 1860 rund 750 (CONRAD 1884, S. 30 ff.). Bis in die 1890er Jahren stieg sie auf eine Größenordnung um 2000 an, nach der Jahrhundertwende bis auf ein Niveau von rund 4500 vor dem Ersten Weltkrieg. Zu Beginn der 1920er Jahre strömten die Ausländer in einem nie zuvor erreichten Ausmaß an die deutschen Universitäten. Das akademische Studium in Deutschland galt in finanzieller Hinsicht als »billig«, und das Gros der ausländischen Studierenden profitierte von der inflationären Entwicklung nach 1920, durch die ihre ausländischen Devisen eine willkommene Wertsteigerung erfuhren. Mit über 8700 Studierenden erreichte der Zustrom im Sommersemester 1923 seinen absoluten Höhepunkt. Da die Hochschulen wegen der zahl

reichen »Kriegsstudenten«, die ihr Studium nun nachholen und abschließen wollten, in den ersten Nachkriegsjahren ohnehin bereits überfüllt waren, wurde 1919 bis 1924 darüber hinaus mehr als 10 000 Ausländern allein an den preußischen Hochschulen die Zulassung amtlich verwehrt (EHLING 1987, S. 26). Nach der Währungsreform im November 1923 verteuerte sich das Studium für die Ausländer in Deutschland erheblich, und die Zahl der ausländischen Studierenden an den Universitäten ging in den nächsten Semestern wieder auf ein Niveau von 4000 bis 5000 zurück. Nach 1932/33 schrumpfte das Ausländerstudium empfindlich und sank bis 1939 kontinuierlich auf etwa 2000 Studierende am samtlichen deutschen Universitäten, also auf eine Größenordnung, die dem Entwicklungsstand des ausgehenden 19. Jahrhunderts entsprach.

Wenn man den Anteil der ausländischen Studierenden an der gesamten Studentenschaft der deutschen Universitäten in den Blick nimmt, treten die gegenläufigen Tendenzen klar hervor, der wachsende Stellenwert des Ausländerstudiums im Kaiserreich auf der einen und die sich auch auf diesem Felde abzeichnende Isolierung des »deutschen Geistes« während der NS-Zeit auf der anderen Seite. Im Kaiserreich stieg der Anteil ziemlich kontinuierlich auf ein Niveau von 5% bis nahezu 9% und erreichte im Jahrzehnt vor dem Ersten Weltkrieg die höchsten Werte. Sieht man von den Sonderbedingungen der Inflationsjahre ab (Anstieg auf über 10% 1923), betrug der Anteil der ausländischen Studierenden in der Zwischenkriegszeit rund 3% bis 7%. Die geringsten Anteilswerte weisen die ersten Semester unter der nationalsozialistischen Diktatur auf; dabei ist zu beachten, daß der Universitätsbesuch nach dem Höhepunkt im Sommersemester 1932 bis 1939/40 einen historisch beispiellosen Frequenzeinbruch erfuhr.

Die Zusammensetzung der ausländischen Studierenden nach *Herkunftsländern* war starken Wandlungen unterworfen. Die Nordamerikaner, die in den 1880er Jahren ein erhebliches Kontingent stellten (noch 1895 mehr als 20% aller Ausländer an deutschen Universitäten), verminderten sich bis zum Ersten Weltkrieg beständig (1911/12 nur noch 4%). Genau umgekehrt verlief der Zustrom aus Rußland. 1886/87 machte er nur bescheidene 7% aus, schwoll dann aber beständig an und erreichte 1911/12 nicht weniger als 45%. Von Mitte der 1890er Jahre bis zum Ersten Weltkrieg sandte Rußland unter allen Herkunftsländern weitaus die meisten Studierenden an die deutschen Universitäten. Die Zahl der russischen Staatsbürger, die sich 1911/12 zum Universitätsstudium in Deutschland aufhielten, entsprach der gesamten Studentenfrequenz von zwei kleinen Universitäten (Greifswald und Rostock). Dieser gewaltige Zustrom läßt sich vor allem auf Pressionen und Diskriminierung im Heimatland zurückführen. Etwa zwei Drittel dieser Gruppe waren russische Juden. Weil sie angesichts der antisemitisch ausgerichteten Zulassungsbeschränkungen in ihrer Heimat keine Studienchancen mehr sahen, kamen sie nach Deutschland, dessen Hochschulen angesehen waren und vergleichsweise großzügige Zulassungsbedingungen besaßen. Nach Rußland waren Österreich-Ungarn und die Schweiz die stärksten Herkunftsländer; allein diese drei Staaten stellten etwa zwei Drittel sämtlicher Ausländer an den deutschen Universitäten. Auch in der Zwischenkriegszeit stammten die meisten ausländischen Studierenden aus den ost- und südosteuropäischen Staaten, während der Zustrom aus dem Westen und Süden Europas auffällig gering blieb.

Betrachtet man die *Verteilung der ausländischen Studierenden auf die einzelnen Universitäten* (Tab. 1 und Abb. 10), dann fällt vor allem die hohe Konzentration auf nur drei Standorte ins Auge: Rund 54% aller Ausländer, die zwischen 1870 und 1940 eine deutsche Universität besuchten, studierten an den drei Großuniversitäten Berlin, Leipzig und München. Wie am Universitätsprofil deutlich zu erkennen ist, war Berlin (bis auf die zweite Hälfte der 1870er Jahre) immer dominierend; mehr als ein Viertel aller Ausländer studierte allein in Berlin (27%). Die Sonderstellung der Berliner Universität kommt auch darin zum Ausdruck, daß sie von 1870 bis 1940 mehr ausländische Studierende anzog als die folgenden 14 Universitäten zusammen: Jena, Göttingen, Bonn, Königsberg, Breslau, Würzburg, Marburg, Tübingen, Kiel, Gießen, Erlangen, Greifswald, Rostock und Münster. Wegen der hohen Attraktivität bis zur Jahrhundertwende rangiert Leipzig für den gesamten Zeitraum (1870–1940) hier vor München. Neben den drei Großuniversitäten heben sich noch Heidelberg, Halle, Freiburg und Jena als bevorzugte Stätten des Ausländerstudiums heraus, unter denen Heidelberg zweifellos am attraktivsten war.

Fragt man nach dem *Anteil der ausländischen Studierenden* an der gesamten Studentenschaft der betreffenden Universität, dann wird wiederum der besondere Stellenwert von Heidelberg sichtbar: Hier lag der Ausländeranteil im Kaiserreich weit über dem durchschnittlichen Niveau aller Universitäten und mit Spitzenwerten bis zu 29% auch noch erheblich über den höchsten Anteilswerten bei den drei Großuniversitäten (Berlin bis zu 16%, Leipzig bis zu 15% und München bis zu 12%). Deutlich über dem Durchschnitt lagen im Kaiserreich noch die Ausländeranteile für die Universitäten Königsberg, Freiburg, Halle, Jena, Göttingen und Bonn. Auch in der Weimarer Republik und im Dritten Reich besuchten die Ausländer vor allem die drei großen Universitäten. Daneben sind zwei kleine Hochschulen hervorzuheben, in denen das Ausländerstudium einen bedeutenden Stellenwert einnahm: Greifswald mit Spitzenwerten bis zu 14% und Kiel mit Spitzenwerten bis zu 13%.

Auf der tiefsten Stufe der Differenzierung, den einzelnen *Studienfächern auf der Ebene der einzelnen Universitäten*, tritt eine Fülle interessanter Aspekte zutage, an die sich weitergehende Spezialuntersuchungen über das Ausländerstudium anknüpfen lassen. Hier lassen sich beispielsweise fachliche Zentren identifizieren, die für den internationalen Kulturaustausch in zeitlich gut abgrenzbarer Weise eine bedeutende Rolle gespielt haben. Einige Beispiele für auffallend hohe Anteilswerte der ausländischen Studierenden in einigen Fächern als Indikatoren in diesem Sinne mögen hier genügen. In der *Allgemeinen Medizin* an der Universität Berlin stammten im Kaiserreich und in der Weimarer Republik bis zu 35% der Studierenden aus dem Ausland, an der Universität Leipzig bis zu 33%. In Königsberg, für die dis-

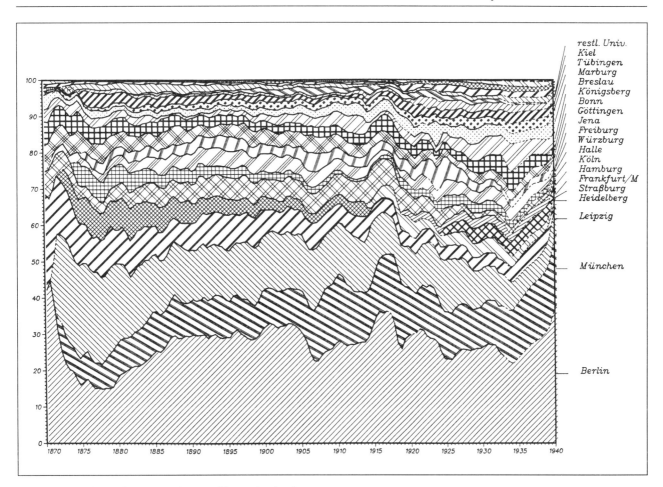

Abb. 10: Das deutsche Universitätsprofil: Ausländer insgesamt

kriminierten russischen Juden eine günstig gelegene und bevorzugte Universität, stellten die Ausländer im Kaiserreich bis zu 38% der Studierenden in der Allgemeinen Medizin. In Jena stieg dieser Wert in der Weimarer Republik bis zu 46% an. Wegen der hohen internationalen Wertschätzung der deutschen Zahnmedizinerausbildung stellten die Ausländer zwischen 1925 und 1932/33 hier an einigen Universitäten sogar die überwiegende Mehrheit der Studierenden (Leipzig bis zu 64%, Berlin bis zu 62%, Greifswald sogar bis zu 79%). Als weitere Beispiele für die internationale Vernetzung der Wissenschaften und den Kulturaustausch sind die *Chemie* an der Universität Göttingen (im Kaiserreich bis zu 35% ausländische Studenten) und an der Universität Berlin zu nennen, die *Volkswirtschaft* in Leipzig, Berlin, Frankfurt am Main und Königsberg (in der Weimarer Republik stammten an diesen Universitäten bis zu einem Fünftel der Studierenden aus dem Ausland), sowie die Sprach- und Kulturwissenschaften an den Universitäten Heidelberg, Berlin, Leipzig und Freiburg im Kaiserreich.

III. Die wissenschaftlichen Institutionen – Anmerkungen und Analysebeispiele

1. Zum Stellenwert der Institutionenlisten

In der Bildungssystem- und Wissenschaftsforschung spielen in zunehmendem Maße im Anschluß an KUHNs Begriff der »wissenschaftlichen Gemeinschaft« (KUHN 1976²) neben den kognitiven auch institutionelle Ansätze und hier wieder die Frage nach der Systembildung bzw. nach dem fortlaufenden Systemprozeß der Wissenschaftsproduktion eine Rolle. In diesen systemtheoretischen Ansätzen sind die Fragen nach der *Ausdifferenzierung* bzw. der *Innendifferenzierung* des Wissenschaftssystems als sozialem Prozeß von zentraler Bedeutung (STICHWEH 1988, S. 47). Das systembildende Organisationsmoment dieser Innendifferenzierung ist die institutionelle Differenzierung der wissenschaftlichen Disziplinen an den Universitäten.

Als *eine* Materialgrundlage für die empirische Überprüfung dieser differenzierungstheoretischen Ansätze haben wir, neben der Fächerdifferenzierung des Universitätsstudiums auf gesamtstaatlicher (vgl. auch Bd. I.1. dieses Handbuchs) und einzeluniversitärer Ebene (in diesem Band), eine Chronologie der differenzierten institutionellen Entwicklung jeder deutschen Universität zusammengestellt, soweit nach den Quellen möglich von den 1830er Jahren bis 1945.

Bisher war die Analyse der institutionellen Innendifferenzierung der deutschen Universitäten auf einzelne Institutsgeschichten, aus den Akten gearbeitete Institutionenchronologien oder fächerspezifische Institutionalisierungsgeschichten angewiesen. Zum einen fehlte es dadurch an Vollständigkeit für sämtliche deutschen Universitäten, und zum anderen blieb aufgrund unterschiedlicher Kriterien für das Gründungsdatum die Vergleichbarkeit dieser Untersuchungen auch über die Grenzen der Fachgeschichte hinweg fraglich.

Mit Hilfe unserer strukturierten Chronologien der institutionellen Entwicklung an den einzelnen Universitäten kann erstmals untersucht werden: die organisatorische Verfestigung bestimmter alter oder neudifferenzierter Fachgebiete im Vergleich *aller* deutschen *Universitäten*, im Vergleich zu *allen* in dem behandelten Zeitraum entstehenden *Fachgebieten* und – soweit die Differenzierung der gegebenen Statistiken es zuläßt – im Vergleich zu den Fächerströmen des *Universitätsstudiums*. Damit wird als Serviceleistung ein Material bereitgestellt, das in solchen mehrdimensionalen Vergleichsstudien auch mit den Untersuchungen zu Prozessen der Bildung und Ablösung von »Paradigmata« und »wissenschaftlichen Gemeinschaften« in Beziehung gesetzt werden kann, wie sie in der Wissenschaftsgeschichte und -soziologie diskutiert werden.

Die chronologischen Listen der wissenschaftlichen Institutionen in diesem Handbuch sind den offiziellen Anstaltslisten in den Personalverzeichnissen jeder deutschen Universität entnommen. Mit der Aufnahme in das Personalverzeichnis wurde die jeweilige Institution auch offiziell und öffentlich als institutionalisierter Teil der Universität dokumentiert. Um diese Anerkennung zu manifestieren, sorgten die Leiter neuer oder veränderter Institutionen dafür, daß diese Veränderungen so schnell wie möglich in den Personalverzeichnissen erschienen. Dieser Mechanismus ist uns ein Indiz für die Vergleichbarkeit der frühen Institutslisten. Später sorgten Abkommen der Kultusministerien für eine noch exaktere Abstimmung dieser Listen. Die Quelle »Personalverzeichnis« bietet also eine relativ hohe Gewähr für eine Vergleichbarkeit der institutionellen Entwicklungen an den einzelnen Universitäten.

Für die den Universitäten gleichgestellte Akademie Braunsberg konnten wir nur wenige Personalverzeichnisse ermitteln und deshalb keine Chronologie der Institutionen herstellen.

2. Anmerkungen zur Herstellung und zum Verständnis der Institutionenlisten

Die selbständigen Institutionen (Institute, Seminare, Kliniken, Labore, Kabinette, Sammlungen etc.) und ihre Abteilungen (Stationen, Gruppen, Kurse, Anteilungen, Sektionen etc. Zur Klassifizierung vgl. Anhang zu diesem Kapitel, S. 58) wurden mit dem Erstnennungssemester aus den Personalverzeichnissen in die Listen übernommen, in die Abkürzungen gemäß dem Abkürzungsverzeichnis umgesetzt und innerhalb der Fakultätsgliederung mit der Semesterzahl in runden Klammern »(-)« grundsätzlich chronologisch organisiert.

Stichproben anhand einiger Institutionsgeschichten der Universitäten haben ergeben, daß das eigentliche Gründungsdatum der Institution (soweit es nicht selbst umstritten ist) in der Regel nur ein oder wenige Semester vor dem Erstnennungsdatum in den Personalverzeichnissen liegt. Wir können also auch daher davon ausgehen, daß wir mit den Personalverzeichnissen eine über die Einzeluniversitäten hinweg vergleichbare Quelle für den Prozeß der fachspezifischen Institutionalisierung und deren Differenzierung vor uns haben.

Geht aus den Anstaltslisten eindeutig hervor, daß eine Institution aus einer anderen ausdifferenziert wird (Identität der Anstaltsleitung, Eindeutigkeit der Bezeichnung und der Zuordnung), haben wir die Chronologie zugunsten der sachlichen Differenzierung mit Hilfe der Dezimalnotation unterbrochen. Die chronologische Einordnung einer Institutionengruppe kann sich auch nach einer schon älteren Institution richten, die später als Differenzierung einer neuen, umfassenderen Sammelbezeichnung erscheint. Für diesen Zusammenhang sei hier ein Beispiel aus der Institutsliste der Universität Bonn aufgeführt:

VI.   Math.-Naturwiss. Fak. (1937/38. vorh. V.)

7.	Naturhist. Mus. (1849–86/87)
7.1	Zool. u. vergl. anat. Mus. u. Inst. (1887/88–88/89)
7.1.1	Zool. Inst. ([1833/34]–48/49)
	Zool. Abt. (1874–87, Mus. 83)
7.1.1.1	Zool. Mus. ([1833/34]–37)
	Zool. u. vergl. anat. Mus. (1890–⟨1932⟩)
7.1.1.2	Zool. u. vergl. anat. Inst. (1890)
7.1.1.2.1	Angew. Zool. (1933/34–37)
7.2	Min. Mus. u. Inst. (1887/88–88/89)
7.2.1	Min. Mus. u. Modellsamml. f. Bergbauk. ([1833/34]–48/49)
	Min. Abt. (1875–82/83)
	Min. Mus. (1883–87, 90–1901/02)
	Min. u. geol. Mus. (1902–06)
	Min.-petrogr. Mus. (1906/07–⟨32⟩)
7.2.2	Min. Inst. (1890–1901/02)
	Min. u. geol. Inst. (1902–06)
	Min.-petrogr. Inst. (1906/07–36)
	Min.-petrol. Inst. (1936/37)
7.2.2.1	Abt. Zentralstelle f. petrogr. Vor- u. Frühgesch.forsch. (1937/38–43/44)
7.2.2.2	Abt. f. Kristallogr. u. röntgenogr. Strukturunters. (1940.3)
7.3	Pal. Inst. u. Mus. (1887/88–88/89)
7.3.1	Pal. Samml. (1860/61–82)
	Pal. Mus. (1882/83–87, 90–1900)
	Geol.-pal. Mus. (1900/01–⟨32⟩)
7.3.2	Pal. Inst. (1889–1900)
	Geol.-pal.Inst. (1900/01)
7.3.3	Anst. f. angew. Geol. (1921)

Die chronologische Einordnung erfolgt hier also nach dem »Zoologischen Institut«, dem »Zoologischen Museum« bzw. dem »Mineralogischen Museum und Modellsammlung für Bergbaukunde« von [1833/34] (Punkte 7.1.1, 7.1.1.1 bzw. 7.2.1).

Wird ein sachlicher Zusammenhang aus den Personalverzeichnissen nicht deutlich, wird eine neue Institution mit einer neuen Ordnungsnummer in die Chronologie eingereiht. Weitere Untersuchungen der Benutzer können durchaus ergeben, daß eine solche »neue« Institution in einem sachlichen Differenzierungsverhältnis mit anderen, vorher umfassenderen Organisationsformen steht. Solchen Ergebnissen können wir in diesem Zusammenhang allerdings nicht vorgreifen.

Fällt das Erstnennungsdatum mit dem ersten ermittelten bzw. verfügbaren Personalverzeichnis zusammen, ist die Semesterzahl in eckige Klammern »[–]« gesetzt. Die entsprechende Institution hat also möglicherweise schon lange vorher bestanden (z. B. die anatomischen Theater bzw. Kabinette).

Ergibt sich bei den Personalverzeichnissen eine Erscheinungs- oder Ermittlungslücke, werden die Erst- bzw. Letztsemester in spitze Klammern »⟨–⟩« gesetzt. Die entsprechende Institution kann also durchaus zu einem Zeitpunkt in dieser Lücke entstanden sein, den wir nicht ermitteln konnten (gravierend z. B. für die Universität Kiel im Zeitraum von 1820 bis 1853/54).

Fehlt die Institution zu einem bestimmten Zeitpunkt in den Personalverzeichnissen, oder verändert sich die Bezeichnung grundlegend, folgt das Semester der letzten Nennung (bzw. Bezeichnung) nach einem Strich »–« dem Erstnennungssemester. Die neue Bezeichnung folgt ggf. in der nächsten Zeile unter derselben Ordnungsnummer. Dieser sachliche Zusammenhang wird – wie gesagt – nur dokumentiert, wenn die Anstaltslisten Eindeutigkeit herstellen (identischer Leiter, eindeutiger sachlicher Zusammenhang, exakter chronologischer Anschluß). Selbst bei geringen Zweifeln wird – um es noch einmal zu betonen – eine »neue« Institution oder Benennung mit neuer Dezimalnotation in die Chronologie eingereiht.

Eine zumindest semantisch nur »geringfügige« Bezeichnungsveränderung [z. B. aus der Institutsliste der Universität Greifswald: *IV.15. Geogr. App. (1885, Sem. 1911/12, Inst. 19)*] wird in derselben Zeile mit der neuen Bezeichnung und ihrem Anfangssemester vermerkt. Wir haben grundsätzlich die Originalbezeichnungen und deren Veränderungen auch geringster Art wiedergegeben, damit eventuell wichtige Informationen nicht verloren gehen.

Folgt dem Erstnennungs- kein Letztnennungsdatum, existiert diese Institution mindestens bis zum Ende unseres Erfassungszeitraums bis zum Wintersemester 1944/45.

Eine einfache Semesterzahl steht für ein Sommersemester und eine doppelte, mit einem Schrägstrich »/« getrennte für ein Wintersemester. Bei einer fehlenden Jahrhundertzahl beziehen sich die Semesterangaben auf das zuletzt genannte Jahrhundert.

Haben wir bei einigen Universitäten die klinischen und theoretischen Institutionen sachlich getrennt, bezieht sich diese Trennung entweder auf die Quelle (z. B. Göttingen) oder ist von uns bei großen Universitäten zur besseren Übersichtlichkeit eingeführt worden (z. B. Berlin).

Eine Institution läuft unter einer anderen Dezimalnotation weiter, wenn sie die Fakultät wechselt oder verläßt und z. B. in den Status der »An-Institute« übergeht, bzw. umgekehrt aus dem Status der »An-Institute« in eine Fakultät aufgenommen wird. Diese Umstände werden mit der Anmerkung »Forts. (entsprechende Dezimalnotation)« gekennzeichnet. Umgekehrt wird mit »vorh. (Dezimalnotation)« auf Vorläufer andernorts hingewiesen. Zur klaren Unterscheidung von um die Jahrhundertangabe verkürzten Semesterzahlen werden die Dezimalnotationen immer mit einem Punkt abgeschlossen. Mit »vgl. (entspr. Dezimalnotation)« wird zur einfacheren Orientierung auf einen möglichen Nachfolger/Vorläufer oder sonstigen Zusammenhang hingewiesen.

Die Universitätsbibliotheken und -archive wurden nicht in die Listen aufgenommen, da sie keine disziplinspezifischen Organisationen darstellen. Die Auflösung der Abkürzungen ist im Abkürzungsverzeichnis zu finden.

3. Analysebeispiele

Im Folgenden möchten wir nun einige Hinweise auf die Analysemöglichkeiten mit Hilfe der Institutionenchronologien geben:

Unter der wissenschaftlichen Institution einer Universität sind unter den Hauptbezeichnungen »Institut«, »Seminar« bzw. »Klinik« in der Regel der wissenschaftlichen Forschung, Lehre und Dienstleistung, also der wissenschaftlichen Wahrheitssuche, -vermittlung und -anwendung dienende, nach Disziplinen differenzierte Einrichtungen zu verstehen, die über selbständige, jährliche, meist etatisierte *Einnahmen*, eigene *Räumlichkeiten* und eigenes *Personal* verfügen. Doch mit dieser abstrakten und globalen Definition sind die Gemeinsamkeiten auch schon weitgehend erschöpft. Sowohl über den Zeitablauf hinweg, als auch im Quervergleich unter den verschiedenen Fächergruppen können wir in unserem Betrachtungszeitraum die unterschiedlichsten Einrichtungen finden. Auf der einen Seite verfügen die naturwissenschaftlichen bzw. medizinischen Institute und Kliniken, nach bescheidenen Anfängen in der ersten Hälfte des 19. Jahrhundert, dann zum Ende unseres Betrachtungszeitraums meist über große Gebäude oder sogar ganze Gebäudekomplexe mit entsprechend großen Etats und Personalbeständen wissenschaftlicher, aber auch zahlreicher Dienstleistungspersonen. Als deren Hauptfunktionen sind, neben der Unterstützung der Lehre, die auf Dauer institutionalisierte wissenschaftliche Forschung bzw. die medizinische Dienstleistung anzusehen. Wir können diese Einrichtungen als wissenschaftliche Großbetriebe bezeichnen. Auf der anderen Seite verfügen die geisteswissenschaftlichen Seminare, obwohl auch sie sich bis ins 20. Jahrhundert weiterentwickelt haben, meist nur über wenige Räume in den eigentlichen Hauptgebäuden der Universitäten, mit kleinen Etats und außer den Professoren, Dozenten – wenn überhaupt – nur wenigen Hilfskräften als Personal. Die Funktion dieser Seminare besteht in erster Linie in der Unterstützung des Lehrbetriebes, während die eher zeitweilige Forschung in der Regel der Initiative einzelner Wissenschaftler überlassen blieb. Diese Unterschiede gilt es also im Auge zu behalten, wenn wir im Folgenden die Entwicklung der wissenschaftlichen Institutionen näher betrachten.

Im *Universitätsprofil der Institutionen* (Abb. 11) erscheint die Veränderung der Anzahl der selbständigen Institutionen (ohne Abteilungen; vgl. Liste im Anhang, S. 58) jeder einzelnen deutschen Universität im Prozentverhältnis zur Gesamtzahl der selbständigen Institutionen über einen Zeitraum von 1830 bis 1940. Dieses »Institutionenprofil« weist im Vergleich mit dem *Universitätsprofil der Studierenden* (kurz: »Studierendenprofil«, vgl. Abb.: 1, S. 31) strukturelle Ähnlichkeiten, aber auch einige charakteristische Unterschiede auf.

So wirkt das Institutionenprofil auf den Betrachter zunächst ruhiger und stabiler im Zeitverlauf als das Studierendenprofil. Dieses Phänomen verweist auf die größere Beharrungskraft von Institutionen im Vergleich zur relativ größeren *Beweglichkeit* von Personen (hier Studierenden), die diese Institutionen nutzen.

Ähnlich wie im Studierendenprofil setzen sich im Institutionenprofil die drei großen Universitäten Berlin, München und Leipzig deutlich von den übrigen Universitäten ab. Doch während die Institutionenzahl der »großen Drei« etwa ein Fünftel aller Institutionen an deutschen Universitäten ausmacht, erreicht die Studierendenzahl an diesen Universitäten einen Anteil von 30 – 40 Prozent aller Studierenden an deutschen Universitäten. Die großen Universitäten betreuen also im Vergleich zu ihrer Institutionenzahl eine größere Studierendenzahl. Das kann zum einen an der räumlichen Größe der Institutionen und deren entsprechender Personalausstattung, aber auch an einer größeren Fülle mit Stu-

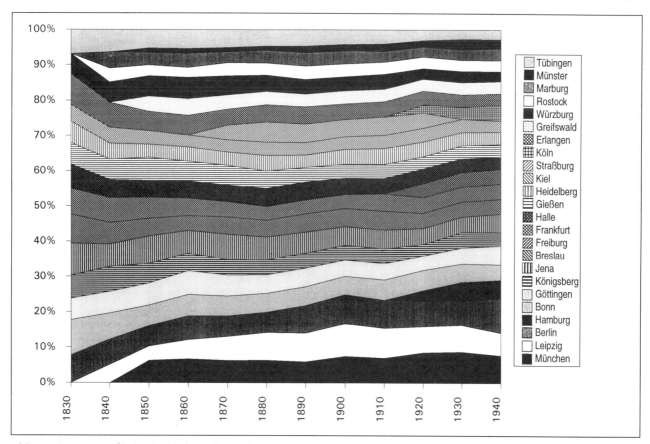

Abb. 11: Prozentprofil der Zahl der selbständigen Institutionen an den deutschen Universitäten 1830–1940

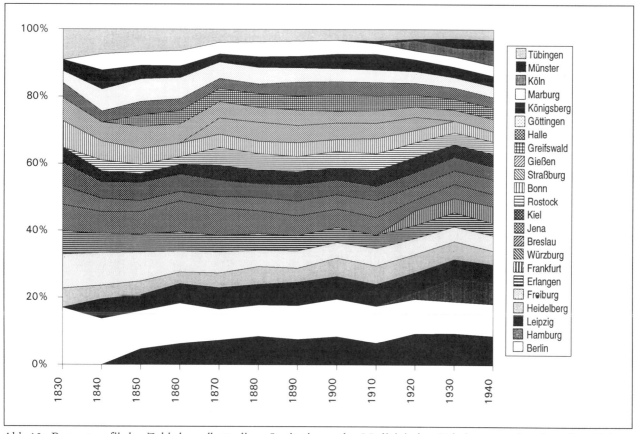

Abb. 12: Prozentprofil der Zahl der selbständigen Institutionen der Medizinischen Fakultäten an den deutschen Universitäten 1830–1940

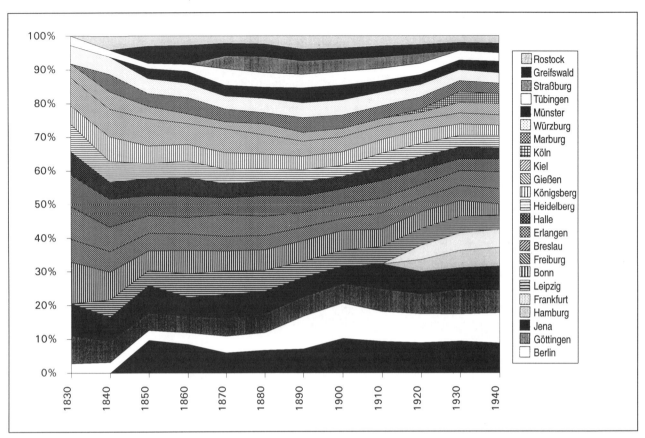

Abb. 13: Prozentprofil der Zahl der selbständigen Institutionen in den Mathematisch-Naturwissenschaftlichen Fächern an den deutschen Universitäten 1830–1940

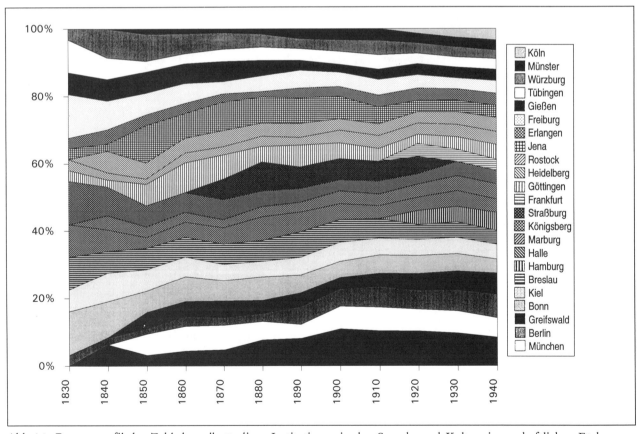

Abb. 14: Prozentprofil der Zahl der selbständigen Institutionen in den Sprach- und Kulturwissenschaftlichen Fächern an den deutschen Universitäten 1830–1940

dierenden liegen. Der Studierenden-Personal-Vergleich (vgl. S. 61 ff.) weist auch in letztere Richtung.

Die ersten sechs von insgesamt 24 Universitäten entwickeln sich bei der Institutionenzahl von etwa 20 Prozent (1830) bis zu etwa 40 Prozent (1940), während diese »ersten Sechs« in der Relation der Studierendenzahl durchweg einen Anteil von etwa 50 Prozent erreichen. Die Konzentration der Studierendenfrequenz auf wenige Universitäten ist also sehr viel ausgeprägter als diejenige der Institutionenfrequenz. Trotzdem läßt sich aus der *Entwicklung* der Institutionenfrequenz erkennen, daß im Prinzip die nach der Studierendenfrequenz großen Universitäten auch eine ausgefächertere Differenzierung ihrer Institutionen aufweisen. Die *Entwicklungsrichtung* zeigt, daß die kleineren Universitäten zugunsten der größeren an relativer institutioneller Differenzierungsbreite verlieren. Der *Größenordnungsvergleich* zum Studierendenprofil zeigt aber, daß die kleineren Universitäten eine Mindestdifferenzierung der Institutionen behaupten können. Es setzt sich an jeder deutschen Universität so etwas wie ein *Mindeststandard* an Instituten, Seminaren, Kliniken etc. durch.

Als »Verlierer« im Anteil der Zahl selbständiger Institutionen können die Universitäten Königsberg, Gießen, Erlangen, Würzburg und Tübingen gelten. Vor allem die letzten drei Universitäten gehören auch im Anteil der Studentenfrequenz zu den deutlichen Verlierern. Auch hier also ein Zusammenhang zwischen Studierendenzahl und Differenzierung, nur im umgekehrten Sinne wie bei den großen, stark expandierenden Universitäten.

Ähnlich wie bei der Studierendenfrequenz können sich die drei im 20. Jahrhundert neu gegründeten Großstadtuniversitäten Frankfurt am Main, Hamburg und Köln auch im Institutionenprofil im Mittelfeld der traditionellen Universitäten etablieren. Doch nimmt hier Hamburg die Stelle von Köln im oberen Mittelfeld ein, was wohl aus dem unterschiedlichen Gründungsvorlauf zu erklären ist: Während sich die Hamburger Gründung auf viele etablierte Einzelinstitutionen stützte, basierte die Kölner Gründung auf einigen wenigen größeren Institutionen, vor allem der Handelshochschule. Hamburg hatte also einen klaren institutionellen Differenzierungsvorsprung.

Im Unterschied zum Studierendenprofil fällt im Institutionenprofil die Ausnahmestellung der Universität Jena auf. Weniger gravierend, aber ähnlich gelagert, zeigt sich die Stellung der Universität Göttingen. Während die Universität Jena im Studierendenprofil im Jahre 1940 an 16. Stelle rangierte, behauptete sie im Institutionenprofil den 5. Rangplatz.

Im 19. Jahrhundert konnte die damals sehr kleine Universität hier sogar zeitweilig die erste Stelle einnehmen. Jena leistete sich in der Tradition der Goetheschen Institutsgründungen kleine Institutionen vor allem im mathematisch-naturwissenschaftlichen Bereich, die nach der Gründung der Zeiss-Stiftung mit ihrer finanziellen Unterstützung ausgebaut wurden und sich deshalb auch im 20. Jahrhundert als moderne Institute behaupten konnten. Ähnlich wie in Göttingen waren diese naturwissenschaftlichen Institutionen sehr forschungs- und geräteintensiv und konnten daher, z. B. im Unterschied zu den eher lehrintensiven geisteswissenschaftlichen Seminaren, nur wenige Studierende aufnehmen. An Jena, aber auch an Göttingen zeigt sich, daß, im Rahmen der Doppelfunktion der Universität als Wissenschafts- und Bildungssystem (Forschung und Lehre), in bestimmten Ausnahmekonstellationen die (naturwissenschaftliche) Forschungsintensität allein auch zu vermehrten Differenzierungen der Institutionen führen kann.

Trotz der Feststellung eines institutionellen Mindeststandards und der Ausnahmeerscheinungen Jena und Göttingen kann also die Weingartsche These, daß die »Differenzierungsdynamik« »mit großer Wahrscheinlichkeit relativ unabhängig« von den »Studentenströmen« sei, eher umgekehrt werden: Grundsätzlich ist die Institutionendifferenzierung insgesamt eher relativ eng an die Entwicklung der Studierendenzahl als einer äußeren conditio sine qua non gebunden. Unter Beachtung des Zusammenhangs mit dieser äußeren Bedingung kann man sich dann den inneren, auch fachgruppenspezifischen Spezialisierungsbedingungen widmen (vgl. WEINGART 1991, S. 23). *Unter Wachstumsbedingungen der Studierendenzahl des gesamten Fachbereichs herrschen bessere Differenzierungsbedingungen, bei Kontraktion der Studierendenströme über einen längeren Zeitraum läßt sich auch eine Stagnation der institutionellen Differenzierung beobachten.* Dieser Zusammenhang läßt sich auch als eine Abhängigkeit der wissenschaftlichen Funktion der Universität und der entsprechenden Entwicklung der wissenschaftlichen Disziplinen (Forschung) von der Ausbildungsleistung der Universität für bestimmte professionalisierte Berufe und deren Nachfrage (Lehre) interpretieren (vgl. STICHWEH 1988, S. 68–72).

Der globale Zusammenhang von Studierendenzahl und Institutionendifferenzierung offenbart sich sehr anschaulich im Vergleich der Abb. 15 und 16 mit der Entwicklung des Studiums an deutschen Universitäten (vgl. Bd. I/1, S. 26, Abb. 1). In der Abb. 16 wird die Entwicklung der durchschnittlichen Institutionenzahl an den Universitäten und in der Abb. 17 die

Anzahl der in jeweils 10 Jahren durchschnittlich hinzugekommenen Institutionen dargestellt. In der Phase der Stagnation der Studierendenzahl von den 1830er Jahren bis in die 1860er Jahre konnte sich auch die innere Differenzierung der Universitäten nur sehr bescheiden entwickeln. In den 40 Jahren von 1830 bis 1870 wuchs die Zahl selbständiger Institutionen einer durchschnittlichen Universität lediglich um 9 von 17 auf 26, bzw. im 10jährigen Durchschnitt kamen zwischen 1,6 und 4 Institutionen hinzu (Abb. 16). In den folgenden 40 Jahren, während der enormen Expansion der Studierendenzahl im Kaiserreich, verdoppelte sich jedoch die Institutionenzahl dieser Durchschnittsuniversität (ihr entspricht in etwa Freiburg, vgl. Tabelle 2). In jeweils 10 Jahren wuchs ihre institutionelle Differenzierung in diesem Zeitraum um 6,3 bis 7,4 feste Einrichtungen. Wenn die Innendifferenzierung als systembildendes Element angesehen werden kann, dann ist das Kaiserreich auch nach diesem Indikator als die Phase der institutionellen Etablierung der deutschen Universitäten, des Wissenschafts- und Bildungssystems der Moderne anzusehen. In die Jahre zwischen 1910 und 1920 fallen der Erste Weltkrieg und die Nachkriegskrise, die dem institutionellen Ausbau der Universitäten deutliche äußere Grenzen setzten.

Der in unserem Untersuchungszeitraum einmalige Anstieg der wissenschaftlichen Institutionen in den folgenden 10 Jahren in der Weimarer Republik überrascht, zumindest, wenn man sich die anhaltenden Klagen über die Gefährdung der Wissenschaft und die republikfeindliche Haltung der meisten Professoren dieser Zeit vergegenwärtigt (vgl. z. B. ELLWEIN 1985, S. 227–233). Die Länder, bzw. die Städte und Stiftungen haben sich das »Mithalten« mit der weltweiten Wissensexplosion vor allem in den Naturwissenschaften (vgl. ders., S. 231) offenbar etwas kosten lassen, denn die Expansion der Institutionen vollzog sich zu einem bis dahin nicht erreichten Maße in dem kosten-, weil gebäude- und apparateintensiven Bereich der naturwissenschaftlichen und medizinischen Institute bzw. der Kliniken (vgl. Abb. 18–21). Ellweins These, daß sich die Intensivierung der Forschung in dieser Zeit »rein äußerlich kaum auf die Hochschulen ausgewirkt« habe, (»In der Weimarer Republik stagnierte die äußere Entwicklung eher.« Ebenda, S. 232) läßt sich also zumindest für die bis dato einmalige Expansion auch und vor allem der forschungsintensiven Institute so nicht halten. Auch die Entwicklung der staatlichen Ausgaben für die Universitäten weist in diese Richtung. So steigen sowohl absolut als auch in Relation zum Gesamthaushalt die Wissenschaftsausgaben in der Weimarer Republik über diejenigen im Kaiserreich vor dem Ersten Weltkrieg in Preußen jeweils etwa auf das Dreifache (von einem Niveau im Minimum bzw. Maximum der Zeiträume 1911–1914 von 49 bis 59 auf 1927–1930 von 147 bis 164 Millionen Mark; bzw. von 1,0 bis 1,2 auf 2,8 bis 3,2 Prozent des Gesamthaushalts. PFETSCH 1985[2], S. 69, 71). Auch in der repräsentativen Selbstdarstellung der Universitäten »Das Akademische Deutschland« von 1930 war man sich der wissenschaftlichen Leistungen der Weimarer Republik durchaus bewußt: »Heute kann gesagt werden, daß das Versäumte (Lücken in der institutionellen Entwicklung aus der Kriegs- und Nachkriegszeit auszufüllen, d. Verf.) an vielen Stellen nachgeholt worden ist, und daß die verfügbaren Mittel der deutschen Institute hinter denen der Vorkriegszeit jedenfalls im allgemeinen keinesfalls zurückstehen, vielmehr in den meisten Fällen erheblich über den damaligen liegen, selbst unter Berücksichtigung der gesunkenen Kaufkraft des Geldes« (v. STAA 1930, S. 265).

Die ebenfalls relativ starke Zunahme der inneren Differenzierung in den 1930er Jahren, vor allem während des Nationalsozialismus, hatte weniger mit einer Expansion der Institutionen zu tun. Dieser Anstieg beruhte zum einen auf der erzwungenen, lediglich organisatorischen Differenzierung der juristischen Fakultät während des Nationalsozialismus. Hier wurde mit diktatorischem Zwang eine Anpassung an die moderne Entwicklung der Wissenschaftsdifferenzierung nachgeholt, gegen die sich die juristischen Fakultäten mit dem Argument der Gefahr für die Einheit der Interpretation des Rechts lange gewehrt hatten. Zum anderen resultierte diese weitere Differenzierung aus der Gründung kleiner, ideologisch legitimierter Einrichtungen etwa für »Rassenkunde«, »Rassenhygiene«, »Vererbungslehre« etc. (vgl. Abb. 22, 23). Zum größten Teil war diese Entwicklung jedoch auf die Integration hochdifferenzierter, vorher selbständiger land- und forstwirtschaftlicher bzw. tierärztlicher Hochschulen als neue Fakultäten einiger Hochschulen (Berlin, Bonn, Göttingen etc.) zurückzuführen. Es handelte sich hier zwar um eine *Komplettierung des Universitätssystems durch Integration, aber nicht um eine Expansion der Institutionen,* die vorher schon existierten (vgl. Abb. 24, 25). Im medizinischen und naturwissenschaftlichen Bereich war die institutionelle Expansion in dieser Phase unterdurchschnittlich (Abb. 18–21).

Ein ähnliches Bild wie bei den Universitäten insgesamt ergibt sich auch in den Institutionenprofilen der Fachbereiche Medizin, Mathematik und Naturwissenschaften bzw. Sprach- und Kulturwissenschaften (Abb. 12, 13, 14).

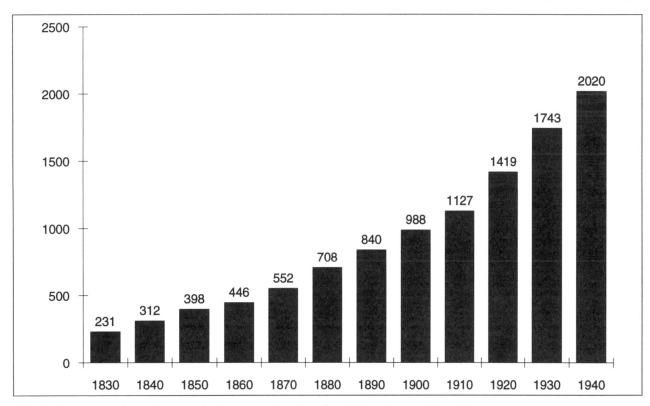

Abb. 15: Zahl der selbständigen Institutionen an den deutschen Universitäten 1830–1940

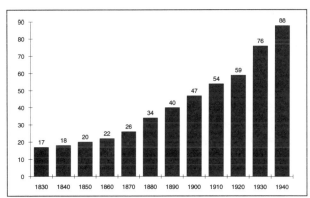

Abb. 16: Institutionen an den deutschen Universitäten: Durchschnittszahl pro Universität 1830–1940

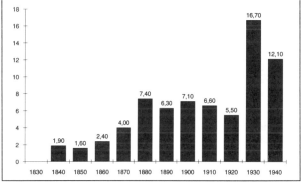

Abb. 17: Institutionen an den deutschen Universitäten: Zehnjahresdifferenz der Durchschnittszahlen pro Universität 1830–1940

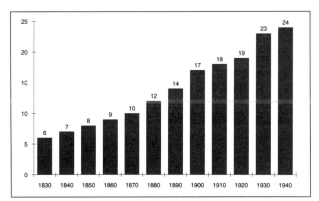

Abb. 18: Institutionen an den Medizinischen Fakultäten der deutschen Universitäten: Durchschnittszahlen pro Universität 1830–1940

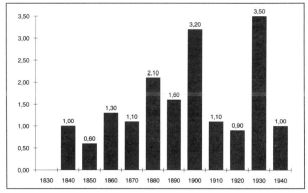

Abb. 19: Institutionen an den Medizinischen Fakultäten der deutschen Universitäten: Zehnjahresdifferenz der Durchschnittszahlen pro Universität 1830–1940

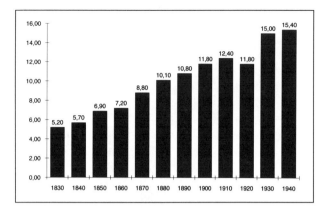

Abb. 20: Institutionen in den Mathematisch-Naturwissenschaftlichen Fächern an den deutschen Universitäten: Durchschnittszahlen pro Universität 1830–1940

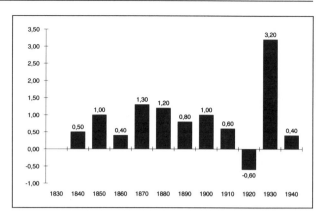

Abb. 21: Institutionen in den Mathematisch-Naturwissenschaftlichen Fächern an den deutschen Universitäten: Zehnjahresdifferenz der Durchschnittszahlen pro Universität 1830–1940

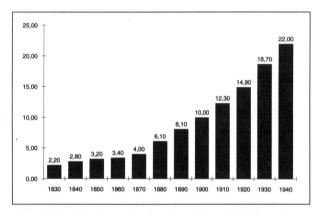

Abb. 22: Institutionen in den Sprach- und Kulturwissenschaftlichen Fächern an den deutschen Universitäten: Durchschnittszahlen pro Universität 1830–1940

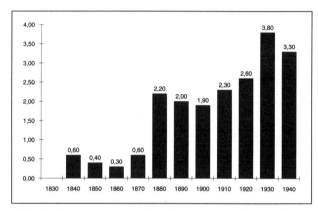

Abb. 23: Institutionen in den Sprach- und Kulturwissenschaftlichen Fächern an den deutschen Universitäten: Zehnjahresdifferenz der Durchschnittszahlen pro Universität 1830–1940

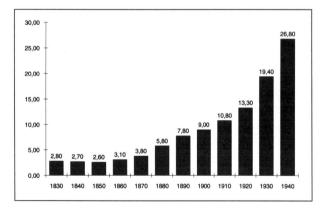

Abb. 24: Institutionen in den sonstigen Fächern und Fakultäten an den deutschen Universitäten: Durchschnittszahlen pro Universität 1830–1940

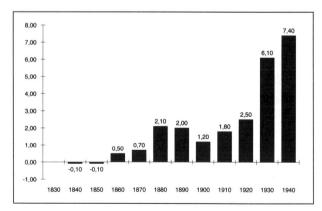

Abb. 25: Institutionen in den sonstigen Fächern und Fakultäten an den deutschen Universitäten: Zehnjahresdifferenz der Durchschnittszahlen pro Universität 1830–1940

Die drei nach der Studierendenzahl großen Universitäten Berlin, München und Leipzig finden sich in der Regel auch hier an der Spitze der Entwicklung, und die Masse der kleinen Universitäten (meist etwa doppelt so viele wie in der oberen Hälfte) teilt sich die untere Hälfte des Profils. Von dieser Regel weichen einige Universitäten ab: Die nach der Studierendenzahl noch relativ kleinen Universitäten Hamburg und Frankfurt am Main weisen in der Medizin und in den Naturwissenschaften und Hamburg auch in den Sprach- und Kulturwissenschaften eine sehr hohe institutionelle Differenzierung auf, da sie in diesen Bereichen bei ihrer Gründung schon auf eine Reihe vorher existierender Institutionen zurückgreifen konnten.

In der Mathematik und den Naturwissenschaften schieben sich – wie schon erwähnt – die nach der Studierendenzahl relativ kleinen Universitäten Jena und Göttingen nach Berlin und München an die dritte und vierte Stelle des Institutionenprofils. Jene beiden Universitäten wurden als Forschungsinstitutionen besonders ausgebaut. Die Universität Leipzig zeichnete sich als besonders differenzierte Lehranstalt für Sprach- und Kulturwissenschaften aus. Sie überflügelt hier schon seit dem Ende des 19. Jahrhunderts sogar Berlin und München. Das gegenüber diesen Universitäten allerdings hier geringere wissenschaftliche Personal deutet eher auf Lehr- denn auf Forschungsintensität hin. Die Naturwissenschaften sind in Leipzig dagegen institutionell nur relativ gering differenziert, so daß die Universität hier nur einen mittleren Platz einnehmen kann. Auch die kleine Universität Greifswald fächerte in den Sprach- und Kulturwissenschaften die institutionelle Differenzierung weit aus, so daß sie sich unter die großen Universitäten schieben konnte. Auch hier deutet die relativ geringe Personaldecke eher auf eine differenzierte Lehrintensität hin.

Auch in den fachbereichsspezifischen Institutionenprofilen insgesamt lassen sich einige charakteristische Unterschiede ausmachen. So wirkt das Profil der medizinischen Fakultät ausgeglichener als diejenigen der anderen Fachbereiche. Offenbar führte der seit dem Kaiserreich erreichte moderne Standard in der medizinischen Versorgung auch zu einem entsprechenden Ausbau der Forschung und Lehre auf der Grundlage der neuen naturwissenschaftlichen Erkenntnisse und zur Expansion und Differenzierung der Kliniken zu einem Mindeststandard an allen Standorten. Die medizinische Fakultät liegt im Unterschied zu den übrigen Fakultäten im Schnittpunkt dreier gesellschaftlicher Subsysteme: der Wissenschaft, der Bildung und dem Dienstleistungsbereich des Gesundheitswesens. Auch die 10jährigen Zuwachse der institutionellen Differenzierung zeigen eigenartige Sprünge alle 20 bis 30 Jahre (Abb. 19), die andeuten, daß die Med. Fak. als universitärer Spezialfall anzusehen ist, in dessen Entwicklung die Studierendenzahl, die Forschungsintensität und die erreichten und durchgesetzten Standards der medizinischen Versorgung eine in weiteren Forschungen zu gewichtende Rolle spielen.

Das Institutionenprofil des Fachbereichs Mathematik und Naturwissenschaften zeigt am deutlichsten die Konzentration auf einige wenige Universitäten (Abb. 13). Während sieben Universitäten (mit den beiden Ausnahmefällen Jena und Göttingen) in den 1920er und 30er Jahren die Hälfte aller Institutionen beherbergen, müssen sich die übrigen 16 mit der anderen Hälfte begnügen. Auch die durchschnittliche Entwicklung der Institutionenzahl vollzieht sich langsamer und gleichmäßiger als an den anderen Fachbereichen, wenn man einmal von der exeptionellen Expansion in der Weimarer Republik absieht (Abb. 20, 21), und auch der Zusammenhang mit der Entwicklung der Studierendenzahlen ist relativ geringer. Das indiziert eher eine Abhängigkeit der Entwicklung dieser Institutionen von der Forschung, deren teure Einrichtungen nur relativ langsam ausgebaut werden konnten, und deren Übungsplätze nur relativ wenigen Studierenden zur Verfügung stehen konnten.

Im engsten Zusammenhang mit den Studierendenzahlen steht die Entwicklung des sprach- und kulturwissenschaftlichen Fachbereiches. Die Entwicklung der institutionellen Differenzierung folgt sehr ausgeprägt den Phasen der Entwicklung des Studiums. Stagnation in den ersten zwei Dritteln des 19. Jahrhunderts, Institutionelle Etablierung in der Expansionsphase des Kaiserreichs und exeptionelle Zunahme der Differenzierung in der Weimarer Republik.

Insgesamt läßt sich also im allgemeinen beobachten, daß sich die institutionelle Disziplindifferenzierung in einer Abhängigkeit zur Ausbildungleistung der Universitäten vollzieht, daß sich die institutionelle Differenzierung im Kaiserreich etabliert, aber in der Weimarer Republik einen bis zu diesem Zeitraum einmaligen Expansionsschub erfährt.

Im besonderen ist festzustellen, daß sich je nach Fachbereich einige Spezialuniversitäten in die oberen Ränge des Institutionsprofils schieben, und daß die einzelnen Fächergruppen, je nach ihrer speziellen Funktion in Forschung, Lehre und sonstiger Dienstleistung, auch besonders ausgeprägte Muster der institutionellen Differenzierung aufweisen.

Schon auf dieser sehr allgemeinen Analyseebene zeigt der Vergleich der Studierenden- und Institutionalisierungsentwicklung also einige typische strukturelle Prozesse und erlaubt auf der anderen Seite auch die Identifikation spezifischer Entwicklungen. Hieraus lassen sich weitere Fragestellungen für konkretere Untersuchungen ableiten, für die dieses Datenhandbuch als Serviceleistung dienen soll.

4. Anhang: Anmerkungen zur statistischen Auszählung der Institutionen

Die statistische Auszählung bereitete in der weit überwiegenden Zahl der Fälle keine besonderen Schwierigkeiten, da wir uns an den Ordnungszahlen der Institutionenlisten der Personalverzeichnisse und an den damit verbundenen, eingeführten, bzw. historisch aufeinanderfolgenden Bezeichnungen wie »Seminar«, »Klinik«, »Labor«, »Kabinett«, »Sammlung«, »Museum«, »Institut« etc. orientieren konnten. Solche Institutionen wurden als »selbständige« gezählt. Unter diesen Ordnungszahlen fanden sich weitere Differenzierungen, die oft als Vorläufer einer später selbständigen Institution angesehen werden können. Solche »Abteilungen«, Klinik-»Stationen« etc. wurden zwar in unsere Institutionenlisten, aber nicht in die hier erläuterte Statistik der »selbständigen« Institutionen aufgenommen. Vor allem in den landwirtschaftlichen Fakultäten und im Fach »Leibesübungen« fanden sich einige wenige problematische Fälle, die wir nach Vorwissen und Plausibilität zugeordnet haben. Solche Zuordnungen mögen für Historiker der Einzelfächer im Einzelfall durchaus problematisch erscheinen, aber sie verändern kaum unser statistisches Gesamtbild der institutionellen Entwicklung mit einigen tausend Nennungen. Um die statistische Auszählung transparent und nachprüfbar zu gestalten, veröffentlichen wir hier die Liste der Zuordnungen historischer Bezeich-

nungen aus den Institutionenlisten der Personalverzeichnisse:

»selbständige Institutionen«, die in der Statistik gezählt werden:

Ambulatorium/Ambulanz, Anatomisches Theater, Anstalt, Apparat, Arbeitsstelle*), Atelier, Außenstelle/Zweigstelle, Beratungsstelle, Botanischer Garten, Cabinet/Kabinett, Chemisches bzw. Pädagogisches Praktikum, Convictorium, Direktion für … Studien, Domäne, Erdbebenstation (HH), Fechthalle/Fechtboden, Fischerei-Versuchs- und Lehrwirtschaft, Forschungsstelle, Gesellschaft, Herbarium, Institut, Juristisches Praktikum, Klinik, Labor(atorium), Lehrschmiede, Museum, Musiksaal, Poliklinik, Reitbahn, Sammlung, Schule, Schwimmschule, Seefischereistation, Seminar, Sportärztliche Untersuchungsstelle, Sprachatlas des deutschen Reichs, Sternwarte, Stift/Stiftung, Tanzsaal, Universitätsapotheke, Universitätssportanlage/-platz, Universitätsturnhalle, Universitätszeichensaal/-apparat, Untersuchungsamt/Untersuchungsstelle, Versuchs- und Forschungsgut/Versuchsstation, Versuchsgut, Versuchsteichwirtschaft, Werkstätte.

»Abteilungen«, die in den Institutionslisten erscheinen, aber nicht in der Statistik gezählt werden:

Abteilung, Arbeitsgebiet, Diphteriestation, Forschungsgruppe, Hautkrankenstation, Klasse, Kurs für Krankengymnastik, Lehrauftrag, Masseurkurs, Peststation, Rassen- und Forschungsstall, Redaktion, Sektion, Versuchsfeld, Zahn- und Kieferstation.

In den Institutionenlisten werden auch nicht Personenbezeichnungen mitgezählt, die Lehrpersonen vergleichbar sind, wie »Lehrer für …« und »Lehrschmied«.

---

*) Beispiel, weshalb *»Arbeitsstelle«* bei den *»selbständigen Institutionen«* mitgezählt werden kann:
IX.6. Arbeitsstelle d. Lehrauftrags f. Rundfunkkunde (1941/42–42)
Inst. f. Rundfunkkunde und Fernsehrundfunk (1942/43)

Dies ist eine mit der Universität Berlin verbundene, selbständige Arbeitsstelle, die nur zwei Semester nach ihrer Erwähnung in dem Institutsverzeichnis zu einem »Institut« umbenannt wird.

Tabelle 2: Die Zahl der selbständigen Institutionen an den einzelnen deutschen Universitaten 1830/31–1940*)

	1830	1840	1850	1860	1870	1880	1890	1900	1910	1920	1930	1940
Berlin	18	22	23	30	32	41	65	81	89	100	117	197
Bonn	23	23	23	27	31	38	45	51	65	82	91	89
Breslau	19	19	20	19	27	34	44	51	60	61	75	86
Erlangen	20	22	22	25	25	35	41	44	49	56	60	66
Frankfurt										55	72	83
Freiburg	17	22	24	22	24	27	33	39	55	64	74	88
Gießen	14	18	26	25	31	35	35	39	45	49	65	73
Göttingen	14	19	25	30	33	37	44	46	52	58	79	108
Greifswald			17	21	22	26	30	36	40	47	59	69
Halle	16	16	19	22	26	37	43	46	50	60	68	71
Hamburg										44	94	105
Heidelberg	14	14	15	18	21	31	29	42	51	60	65	69
Jena	21	20	31	29	40	46	50	52	60	64	76	105
Kiel	11	14	15	15	19	27	30	35	42	55	64	64
Köln										32	62	90
Königsberg	15	22	22	22	24	30	36	42	48	47	77	77
Leipzig		16	16	24	37	55	68	91	95	105	132	129
Marburg		14	14	18	17	25	32	36	35	41	52	68
München			25	30	35	45	50	74	79	121	153	156
Münster			5	6	7	9	16	19	24	26	52	53
Rostock		12	12	12	20	24	31	35	38	46	54	63
Straßburg					23	40	44	48	58	61		
Tübingen	16	20	21	24	28	33	39	41	45	43	47	55
Würzburg	13	18	23	27	30	33	35	40	47	42	55	56
Su. Institute	231	312	398	448	552	708	840	988	1127	1419	1743	2020
Ds. pro Univ.	16,5	18,4	19,9	22,3	26,3	33,7	40	47,1	53,7	59,1	75,8	87,8
Diff. 10 Jahre		1,9	1,6	2,4	4	7,4	6,3	7,1	6,6	5,5	16,7	12,1

*) Die Anfangs- und Endzahl für die Universität Straßburg betreffen die Semester 1872/73 bzw. 1918.

Tabelle 3: Die Zahl der selbständigen Institutionen an den medizinischen Fakultäten der deutschen Universitäten 1830–1940*)

	1830	1840	1850	1860	1870	1880	1890	1900	1910	1920	1930	1940
Berlin	15	17	17	21	19	23	29	38	42	47	49	52
Bonn	7	7	7	7	8	9	12	12	17	17	18	17
Breslau	5	5	5	5	7	10	13	15	20	19	21	24
Erlangen	6	7	8	10	10	12	13	15	15	18	22	20
Frankfurt										20	22	27
Freiburg	9	12	13	11	13	12	15	16	20	22	23	25
Gießen	6	7	10	10	10	11	13	12	14	14	17	20
Göttingen	3	8	10	11	10	12	12	13	14	16	16	17
Greifswald			5	7	8	10	12	17	17	16	17	18
Halle	4	4	6	6	6	7	12	13	15	16	17	17
Hamburg										10	37	35
Heidelberg	5	5	6	6	9	13	12	19	21	25	28	22
Jena	6	6	8	9	10	10	14	15	16	18	21	21
Kiel	4	4	4	5	9	10	11	12	18	21	19	20
Köln										14	14	25
Königsberg	3	7	6	6	5	8	10	15	18	16	16	17
Leipzig		7	7	10	13	15	20	23	25	26	29	29
Marburg		6	6	8	7	11	13	14	12	12	16	17
München			7	11	15	21	22	29	25	43	49	47
Münster									3	2	14	16
Rostock		4	4	4	11	12	13	17	19	20	19	20
Straßburg					10	14	15	17	18	18		
Tübingen	8	9	10	11	8	9	10	11	13	13	14	17
Würzburg	7	8	10	16	17	17	17	19	20	15	22	20
Su. Institute	88	123	149	174	205	246	278	342	382	458	520	543
Ds. pro Univ.	6,3	7,2	7,8	9,2	10,3	12,3	13,9	17,1	18,2	19,1	22,6	23,6
Diff. 10 Jahre		1	0,6	1,3	1,1	2,1	1,6	3,2	1,1	0,9	3,5	1

*) Vgl. Tabelle 2.

Tabelle 4: Die Zahl der selbständigen Institutionen in den Sprach- und Kulturwissenschaftlichen Fakultäten der deutschen Universitäten 1830–1940*)

	1830	1840	1850	1860	1870	1880	1890	1900	1910	1920	1930	1940
Berlin	1	1	1	2	2	3	9	11	16	20	27	35
Bonn	4	5	4	5	5	9	9	10	14	19	22	21
Breslau	3	3	4	4	5	8	13	14	15	16	20	21
Erlangen	1	2	2	2	2	2	5	6	9	13	14	18
Frankfurt										14	16	17
Freiburg	4	4	4	4	3	6	9	9	12	14	14	19
Gießen	2	3	4	4	5	6	5	5	8	12	14	17
Göttingen	1	1	4	6	6	6	11	10	10	10	16	22
Greifswald			3	3	4	5	7	7	10	18	24	32
Halle	3	3	2	3	4	9	10	10	10	14	20	20
Hamburg										15	20	27
Heidelberg	1	1	1	2	2	4	4	8	10	12	16	20
Jena	1	1	7	5	7	10	13	14	13	12	15	18
Kiel	2	4	4	4	4	6	9	12	13	17	21	22
Köln										5	11	17
Königsberg	4	4	4	4	5	6	7	7	10	11	18	20
Leipzig		3	2	3	4	10	14	23	27	37	42	43
Marburg		2	2	2	2	4	5	8	9	14	19	23
München			4	5	6	7	7	14	18	23	28	29
Münster			1	1	1	2	5	7	9	10	12	15
Rostock		3	3	3	4	5	7	7	9	12	16	21
Straßburg					5	11	11	13	15	18		
Tübingen	3	3	2	2	3	5	6	8	11	11	13	16
Würzburg	1	4	5	4	4	5	5	7	11	11	13	13
Su. Institute	31	47	63	68	83	129	171	210	259	358	431	506
Ds. pro Univ.	2,2	2,8	3,2	3,4	4	6,1	8,1	10	12,3	14,9	18,7	22
Diff. 10 Jahre		0,6	0,4	0,3	0,6	2,2	2	1,9	2,3	2,6	3,8	3,3

*) Vgl. Tabelle 2.

Tabelle 5: Die Zahl der selbständigen Institutionen in den Mathematisch-Naturwissenschaftlichen Fakultäten der deutschen Universitäten 1830–1940*)

	1830	1840	1850	1860	1870	1880	1890	1900	1910	1920	1930	1940
Berlin	2	3	4	5	9	11	22	26	24	26	28	32
Bonn	9	8	8	10	11	13	14	14	14	15	16	12
Breslau	7	7	7	7	12	12	10	11	12	12	15	18
Erlangen	7	8	8	9	9	13	11	11	14	13	12	13
Frankfurt										13	18	19
Freiburg	5	6	7	7	8	9	9	9	13	13	16	16
Gießen	6	8	11	9	13	12	10	11	11	10	11	11
Göttingen	6	6	7	7	10	12	13	14	18	18	25	24
Greifswald			7	8	7	8	8	8	9	8	8	10
Halle	5	5	7	8	8	9	10	9	11	12	12	12
Hamburg										11	18	20
Heidelberg	6	6	6	7	8	8	8	8	11	12	12	13
Jena	7	7	11	8	13	14	13	13	20	20	22	25
Kiel	3	5	5	4	4	7	6	6	6	6	11	12
Köln										3	11	10
Königsberg	4	7	7	7	9	9	9	10	11	12	12	11
Leipzig		5	6	10	13	13	11	12	14	15	17	15
Marburg		5	5	7	7	7	10	10	10	11	11	11
München			13	12	11	14	16	25	25	27	32	31
Münster			4	5	6	7	10	11	9	9	10	12
Rostock		4	4	4	4	5	9	9	8	8	7	8
Straßburg					7	10	9	9	9	9		
Tübingen	2	2	2	3	9	9	9	10	10	10	10	9
Würzburg	4	5	6	6	7	9	10	11	11	11	11	11
Su. Institute	73	97	135	143	185	211	227	247	260	284	345	355
Ds. pro Univ.	5,2	5,7	6,8	7,2	8,8	10,1	10,8	11,8	12,4	11,8	15	15,4
Diff. 10 Jahre		0,5	1	0,4	1,3	1,2	0,8	1	0,6	-0,6	3,2	0,4

*) Vgl. Tabelle 2.

Tabelle 6: Die Zahl der selbständigen Institutionen in den sonstigen*) Fächern und Fakultäten der deutschen Universitäten 1830–1940*)

	1830	1840	1850	1860	1870	1880	1890	1900	1910	1920	1930	1940
Su. Institute	39	45	51	61	79	122	164	189	226	319	447	616
Ds. pro Univ.	2,8	2,7	2,6	3,1	3,8	5,8	7,8	9	10,8	13,3	19,4	26,8
Diff. 10 Jahre		-0,1	-0,1	0,5	0,7	2,1	2	1,2	1,8	2,5	6,1	7,4

*) In den »Sonstigen« sind die Theologischen, Juristischen, Landwirtschaftlichen, Veterinärmedizinischen, Forstwissenschaftlichen und Wirtschaftswissenschaftlichen Fakultäten und Fächer enthalten.

IV. Zur Entwicklung des wissenschaftlichen Personals 1830–1941

1. Zum Stellenwert der Personaldaten

Eine umfassende Erhebung des wissenschaftlichen Personals an deutschen Universitäten gehörte nicht zu den begrenzten Aufgaben unseres Forschungsprojektes. Sie bleibt ein Forschungsdesiderat.

Die hier präsentierten Daten zur Anzahl des wissenschaftlichen Personals (zumindest für einige Stichsemester: 1830–1845/46, 1880, 1930, 1941/1) hatten zunächst nur die interne Funktion einer Materialsammlung, die für die kurzen historischen Einleitungen zu jeder einzelnen Universität zusätzliche Vergleichskriterien (neben den Studierendenzahlen und der Institutionendifferenzierung) liefern sollte. Dadurch entstand eine *kleine* Statistik, die natürlich mit unseren in diesem Band veröffentlichten, umfangreichen Erhebungen zur Studierendenzahl und zur Institutionenentwicklung, aber auch mit dem umfangreichen Material der letzten Veröffentlichung historischer Personaldaten deutscher Universitäten (v. FERBER 1956), in keiner Weise zu vergleichen ist. Um aber die u. E. trotzdem interessanten Informationen (vor allem die Differenzierung nach einzelnen Universitäten) den Lesern nicht vorzuenthalten, und um diese Quelle für unsere Beurteilungen der einzelnen Universitäten offenzulegen, veröffentlichen wir die Daten an dieser Stelle. VON FERBER präsentierte Zahlen zum wissenschaftlichen Personal für 11 Erhebungszeitpunkte zwischen 1864 und 1953 aus Universitäten, Technischen Hochschulen und sonstigen »Fachhochschulen« differenziert nach Fakultäten und Fächergruppen (ders., S. 195–240), die sich z. B. zu einem Vergleich mit den von uns im Band I.1 dieses Datenhandbuchs abgedruckten Studierendenzahlen der deutschen Hochschulen anbieten.

Die von uns auch erhobene Differenzierung nach der Fakultät kann hier aus Platzgründen leider nicht erscheinen. Über die Darstellung der Personaldaten, die Anmerkungen zu ihrem Verständnis und die Personalzahlenvergleiche in den historischen Einleitungen zu den einzelnen Universitäten hinaus möchten wir hier allerdings einige zusammenfassende Ergebnisse und Erkenntnisse zum Vergleich der Universitäten mit Hilfe der Personaldaten und der Personal-Studierenden-Relation als Analysebeispiele präsentieren.

2. Anmerkungen zur Erhebung und zum Verständnis der Personaldaten

Die Daten unserer Erhebung stammen aus den offiziellen Personalverzeichnissen der Universitäten. Für die Semester 1930 bzw. 1930/31 (Berlin) und 1941/1 erschienen in diesen Verzeichnissen Emeriti und andere vom Dienst entbundene Lehrende (»emeritiert«, »inaktiv«, »entpflichtet«, »von den amtlichen Pflichten entbunden« etc.), die wir grundsätzlich nicht aufgenommen haben. In Abweichung von dieser Regel erscheinen allerdings Personen in der Statistik, die als »Lesende« gekennzeichnet noch weiterhin eine für das Studium aktive Rolle innehaben. Für die Universitäten München und Würzburg konnten die Inaktiven wegen fehlender entsprechender Kennzeichnungen nicht herausgerechnet werden.

Die vorübergehend *beurlaubten* außerplanmäßigen, nicht beamteten Professoren und Privatdozenten wurden für ihre Heimatuniversität gezählt.

Zeichen-, Reit-, Tanz-, Fecht- und Sprachlehrer wurden zum wissenschaftlichen Personal gerechnet.

3. Analysebeispiele zur Betreuungsrelation und zur Personaldifferenzierung

Die Entwicklung der Zahlen des wissenschaftlichen Personals an den Universitäten drückt zum einen aus, »wie sich die Arbeitsteilung der Wissenschaften auch personell verdichtet« (VON FERBER, S. 18), also die Systemisierung der Wissenschaft an den Univer-

Tabelle 7: Relation der Studierendenzahl zur Personalzahl (Betreuungsrelation) an den deutschen Universitäten 1830–1941*)

		1830	Rg.	1880	Rg.	1930	Rg.	1941	Rg.
Berlin	Stud.	1787	1	3365	1	13120	1	6191	1
1830	Pers.	118	1	218	1	691	1	838	1
1930/31	Relat.	15,1	15	15,4	20	19	14	7,4	15
Bonn	Stud.	849	7	1099	7	6369	4	1853	8
1833/34	Pers.	72	7	106	6	258	7	259	5
	Relat.	11,8	11	10,4	14	24,7	22	7,2	13
Breslau	Stud.	1122	5	1255	4	4347	6	1877	7
1830	Pers.	73	6	111	5	274	6	230	8
	Relat.	15,4	16	11,3	16	15,9	7	8,2	16
Erlangen	Stud.	424	13	464	17	1772	23	712	17
1830	Pers.	55	11	61	17	115	22	115	22
	Relat.	7,7	5	7,6	5	15,4	6	6,2	11
Frankfurt/	Stud.			618		3772	11	1346	12
1914/15	Pers.			113		289	4	224	9
	Relat.			5,5		13,1	3	6	10
Freiburg	Stud.	405	14	528	15	4034	9	1979	5
1836	Pers.	46	14	59	18	204	10	203	11
	Relat.	8,8	9	8,9	12	19,8	16	9,7	20
Gießen	Stud.	326	15	374	18	1837	22	570	20
1837	Pers.	59	10	58	19	177	16	152	18
	Relat.	5,5	2	6,4	3	10,4	1	3,8	3
Göttingen	Stud.	1203	3	985	8	4225	7	1395	11
1830	Pers.	55	11	119	4	231	8	255	6
	Relat.	21,9	18	8,3	10	18,3	13	5,5	9
Greifswald	Stud.	240	17	591	13	1964	21	572	19
1844	Pers.	43	16	63	16	132	21	123	20
	Relat.	5,6	3	9,4	13	14,9	5	4,7	6
Halle	Stud.	1161	4	1129	6	2467	19	686	18
1830	Pers.	80	3	103	7	203	11	192	12
	Relat.	14,5	14	11	15	12,2	2	3,3	2
Hamburg	Stud.			2897		3696	13	1231	14
1920	Pers.			203		277	5	268	3
	Relat.			14,3		13,3	4	4,6	5
Heidelberg	Stud.	828	9	809	10	3719	12	2119	3
1832/33	Pers.	79	4	102	8	224	9	235	7
	Relat.	10,5	10	7,9	6	16,7	9	9	19

		1830	Rg.	1880	Rg.	1930	Rg.	1941	Rg.
Jena	Stud.	600	10	523	16	3110	15	899	17
1832/33	Pers.	74	5	80	12	176	17	188	13
	Relat.	8,1	6	6,5	4	17,7	10	4,8	7
Kiel	Stud.	144		301	19	3082	16	531	22
1854	Pers.	47		68	15	187	14	187	14
	Relat.	3,1		4,4	1	16,5	8	2,8	1
Köln	Stud.			1298		5821	5	1850	9
1919	Pers.			91		200	12	220	10
	Relat.			14,3		29,1	23	8,4	17
Königsberg	Stud.	437	12	768	12	3642	14	1116	15
1834/35	Pers.	53	13	90	10	200	12	179	17
	Relat.	8,3	7	8,5	11	18,2	12	6,2	11
Leipzig	Stud.	963	6	3094	2	6938	3	1960	6
1837	Pers.	115	2	169	2	335	3	268	3
	Relat.	8,4	8	18,3	21	20,7	18	7,3	14
Marburg	Stud.	311	16	587	14	3918	10	1299	13
1835	Pers.	46	14	73	13	160	19	151	19
	Relat.	6,8	4	8	7	24,5	21	8,6	18
München	Stud.	1356	2	1786	3	8740	2	3833	2
1835/36	Pers.	67	8	125	3	372	2	335	2
	Relat.	25,1	19	14,1	19	23,5	20	11,4	22
Münster	Stud.	238	18	271	20	4149	8	2014	4
1844/45	Pers.	15	19	33	21	181	15	187	14
	Relat.	15,9	17	8,2	9	22,9	19	10,8	21
Rostock	Stud.	96	19	203	21	2124	20	493	23
1845/46	Pers.	38	18	40	20	108	23	111	23
	Relat.	1,8	1	5,1	2	19,7	15	4,4	4
Straßburg	Stud.	390		781	11				
1872/73	Pers.	73		97	9				
	Relat.	5,3		8	7				
Tübingen	Stud.	839	8	1200	5	2960	18	954	16
1844/45	Pers.	65	9	87	11	167	18	184	16
	Relat.	12,9	12	13,8	18	17,7	10	5,2	8
Würzburg	Stud.	589	11	870	9	2971	17	1411	10
1830/31	Pers.	41	17	71	14	146	20	122	21
	Relat.	14,4	13	12,3	17	20,3	17	11,6	23
Rangplätze				19		21		23		23

*) Die Semesterzahlen unter den Universitätsstädten geben den Beginn der Quelle bzw. ein ggf. abweichendes Semester an.

sitäten in unserem Betrachtungszeitraum auch in der Personalentwicklung einen bestimmten Grad von Institutionalisierung und innerer Strukturierung erfährt.

Zum allgemeinen statistischen Zusammenhang von Studierenden- und Personalzahlen (Betreuungsrelation) lassen sich einige allgemeine Thesen formulieren:

Zunächst ist die nicht überraschende Tatsache festzustellen, daß sich die nach der Studierendenzahl im oberen bzw. unteren Drittel der Rangfolge befindlichen Universitäten zu einem stark überwiegenden Anteil zu allen Erhebungszeitpunkten auch nach der Personalzahl im oberen bzw. unteren Drittel wiederfinden (vgl. Tab. 8).

Betrachtet man allerdings die Betreuungsrelation, kehrt sich dieses Verhältnis in sein Gegenteil um: Die kleineren Universitäten sind hier in der Regel an der Spitze und die größeren am Ende der Rangskala zu finden. Auch hier bestätigt sich also ein

Tabelle 8: Rangfolgen der deutschen Universitäten nach Studierendenzahl, Personalzahl und Betreuungsrelation 1830–1941

Studierende		Personal		Betreuungsrelation	
(1830-1845/46)					
1 Berlin	1787	1 Berlin	118	1 Rostock	1,8
2 München	1356	2 Leipzig	115	2 Gießen	5,5
3 Göttingen	1203	3 Halle	80	3 Greifswald	5,6
4 Halle	1161	4 Heidelberg	79	4 Marburg	6,8
5 Breslau	1122	5 Jena	74	5 Erlangen	7,7
6 Leipzig	963	6 Breslau	73	6 Jena	8,1
7 Bonn	849	7 Bonn	72	7 Königsberg	8,3
8 Tübingen	839	8 München	67	8 Leipzig	8,4
9 Heidelberg	828	9 Tübingen	65	9 Freiburg	8,8
10 Jena	600	10 Gießen	59	10 Heidelberg	10,5
11 Würzburg	589	11 Erlangen	55	11 Bonn	11,8
12 Königsberg	437	11 Göttingen	55	12 Tübingen	12,9
13 Erlangen	424	13 Königsberg	53	13 Würzburg	14,4
14 Freiburg	405	14 Freiburg	46	14 Halle	14,5
15 Gießen	326	14 Marburg	46	15 Berlin	15,1
16 Marburg	311	16 Greifswald	43	16 Breslau	15,4
17 Greifswald	240	17 Würzburg	41	17 Münster	15,9
18 Munster	238	18 Rostock	38	18 Göttingen	21,9
19 Rostock	96	19 Münster	15	19 München	25,1
1880					
1 Berlin	3365	1 Berlin	218	1 Kiel	4,4
2 Leipzig	3094	2 Leipzig	169	2 Rostock	5,1
3 München	1786	3 München	125	3 Gießen	6,4
4 Breslau	1255	4 Göttingen	119	4 Jena	6,5
5 Tübingen	1200	5 Breslau	111	5 Erlangen	7,6
6 Halle	1129	6 Bonn	106	6 Heidelberg	7,9
7 Bonn	1099	7 Halle	103	7 Marburg	8
8 Göttingen	985	8 Heidelberg	102	8 Straßburg	8
9 Würzburg	870	9 Straßburg	97	9 Münster	8,2
10 Heidelberg	809	10 Königsberg	90	10 Göttingen	8,3
11 Straßburg	781	11 Tübingen	87	11 Königsberg	8,5
12 Königsberg	768	12 Jena	80	12 Freiburg	8,9
13 Greifswald	591	13 Marburg	73	13 Greifswald	9,4
14 Marburg	587	14 Würzburg	71	14 Bonn	10,4
15 Freiburg	528	15 Kiel	68	15 Halle	11
16 Jena	523	16 Greifswald	63	16 Breslau	11,3
17 Erlangen	464	17 Erlangen	61	17 Würzburg	12,3
18 Gießen	374	18 Freiburg	59	18 Tübingen	13,8
19 Kiel	301	19 Gießen	58	19 München	14,1
20 Münster	271	20 Rostock	40	20 Berlin	15,4
21 Rostock	203	21 Münster	33	21 Leipzig	18,3

Tabelle 8: Rangfolgen der deutschen Universitäten nach Studierendenzahl, Personalzahl und Betreuungsrelation 1830–1941

Studierende			Personal			Betreuungsrelation		

1930

Studierende		Personal		Betreuungsrelation	
1 Berlin	13120	1 Berlin	691	1 Gießen	10,4
2 München	8740	2 München	372	2 Halle	12,2
3 Leipzig	6938	3 Leipzig	335	3 Frankfurt/M.	13,1
4 Bonn	6369	4 Frankfurt/M.	289	4 Hamburg	13,3
5 Köln	5821	5 Hamburg	277	5 Greifswald	14,9
6 Breslau	4347	6 Breslau	274	6 Erlangen	15,4
7 Göttingen	4225	7 Bonn	258	7 Breslau	15,9
8 Münster	4149	8 Göttingen	231	8 Kiel	16,5
9 Freiburg	4034	9 Heidelberg	224	9 Heidelberg	16,7
10 Marburg	3918	10 Freiburg	204	10 Tübingen	17,7
11 Frankfurt/M.	3772	11 Halle	203	10 Jena	17,7
12 Heidelberg	3710	12 Köln	200	12 Königberg	18,2
13 Hamburg	3696	12 Königsberg	200	13 Göttingen	18,3
14 Königsberg	3642	14 Kiel	187	14 Berlin	19
15 Jena	3110	15 Münster	181	15 Rostock	19,7
16 Kiel	3082	16 Gießen	177	16 Freiburg	19,8
17 Würzburg	2971	17 Jena	176	17 Würzburg	20,3
18 Tübingen	2960	18 Tübingen	167	18 Leipzig	20,7
19 Halle	2467	19 Marburg	160	19 Münster	22,9
20 Rostock	2124	20 Würzburg	146	20 München	23,5
21 Greifswald	1964	21 Greifswald	132	21 Marburg	24,5
22 Gießen	1837	22 Erlangen	115	22 Bonn	24,7
23 Erlangen	1772	23 Rostock	108	23 Köln	29,1

1941

Studierende		Personal		Betreuungsrelation	
1 Berlin	6191	1 Berlin	838	1 Kiel	2,8
2 München	3833	2 München	335	2 Halle	3,3
3 Heidelberg	2119	3 Hamburg	268	3 Gießen	3,8
4 Münster	2014	4 Leipzig	268	4 Rostock	4,4
5 Freiburg	1979	5 Bonn	259	5 Hamburg	4,6
6 Leipzig	1960	6 Göttingen	255	6 Greifswald	4,7
7 Breslau	1877	7 Heidelberg	235	7 Jena	4,8
8 Bonn	1853	8 Breslau	230	8 Tübingen	5,2
9 Köln	1850	9 Frankfurt/M.	224	9 Göttingen	5,5
10 Würzburg	1411	10 Köln	220	10 Frankfurt/M.	6
11 Göttingen	1395	11 Freiburg	203	11 Erlangen	6,2
12 Frankfurt/M.	1346	12 Halle	192	Königsberg	6,2
13 Marburg	1299	13 Jena	188	13 Bonn	7,2
14 Hamburg	1231	14 Münster	187	14 Leipzig	7,3
15 Königsberg	1116	14 Kiel	187	15 Berlin	7,4
16 Tübingen	954	16 Tübingen	184	16 Breslau	8,2
17 Jena	899	17 Königsberg	179	17 Köln	8,4
18 Erlangen	712	18 Gießen	152	18 Marburg	8,6
19 Halle	686	19 Marburg	151	19 Heidelberg	9
20 Greifswald	572	20 Greifswald	123	20 Freiburg	9,7
21 Gießen	570	21 Würzburg	122	21 Münster	10,8
22 Kiel	531	22 Erlangen	115	22 München	11,4
23 Rostock	493	23 Rostock	111	23 Würzburg	11,6

Phänomen, das wir schon in der Analyse der Institutionenentwicklung feststellen konnten (vgl. S. 53): Die kleinen Universitäten mußten zur Aufrechterhaltung eines genügend breiten Angebots aus der sich differenzierenden Wissenschaftspalette auch ein entsprechendes Personal vorhalten. Sie entsprachen also über unseren gesamten Untersuchungszeitraum hinweg einem gewissen Mindeststandard der personellen Differenzierung einer Universität. An diesen kleinen Universitäten existierte daher noch ein eher traditionelles, persönliches Verhältnis von Lehrenden zu Studierenden.

Von dieser Regel lassen sich einige charakteristische Ausnahmen identifizieren:

So war die Universität Würzburg als einzige zu allen Erhebungszeitpunkten so außergewöhnlich schlecht mit Personal ausgestattet, daß sie ständig im unteren Drittel der Betreuungsrelation rangierte, obwohl sie gleichzeitig verhältnismäßig wenig Studierende beherbergte. Lediglich Münster wies im WS 1844/45 einen ähnlichen Zusammenhang auf, der allerdings hier mit der Unvollständigkeit der Institution (nur Theologische und Philosophische Fakultät) erklärt werden kann. Am Beispiel Münsters zeigt sich also auch, daß die Geisteswissenschaften als relativ lehrintensive Fächer eine eher ungünstige Betreuungsrelation aufwiesen. Als Münster nach der Jahrhundertwende zur Volluniversität ausgebaut wurde, blieb zwar die schlechte Betreuungsrelation, aber sie stieg jetzt zu den großen Universitäten auf, fügte sich also der oben festgestellten Regel.

Positiv fielen die beiden modernen Großstadtuniversitäten Hamburg und Frankfurt am Main aus der Regel. Diese beiden Neugründungen des 20. Jahrhunderts waren durch die forschungsintensiven Vorläuferinstitutionen und die relativ reichliche Finanzausstattung überdurchschnittlich mit Personal ausgestattet, so daß sie 1930 trotz relativ hoher Studierendenzahlen an der 4. und 3. Stelle der Betreuungsrelationsskala rangierten. Frankfurt verlor allerdings während der NS-Zeit diese Stellung, da zu den Mäzenen der Universität viele jüdische Geschäftsleute gehört hatten (vgl. Tab. 8).

Auch die größte, die Ausnahmeuniversität Berlin konnte meist eine mittlere Betreuungsrelation halten. Die Hauptstadtuniversität war aus Prestigegründen meist überdurchschnittlich mit Personal ausgestattet.

Die oben aufgeführte Regel mit wenigen Ausnahmen zeigt, daß ein differenziertes soziales Subsystem auch eine angemesse Personalzahl erfordert. Auch dieses relativ stabile quantitative Personalniveau gehört, wie die Institutionen, zu den inneren Strukturen, die dem Wissenschaftssystem Dauer und relativ kontinuierliche Festigkeit verliehen haben. Zudem

bildete dieses Personal eine in sich differenzierte pressure-group, die ihre materiellen Interessen und die qualitativen und quantitativen Standards der Wissenschaft auch nach außen vertreten konnte.

Insgesamt stieg in der zweiten Hälfte des 19. und zu Beginn des 20. Jahrhunderts die Anzahl des wissenschaftlichen Personals grundsätzlich mit dem Anstieg der Studierendenfrequenz. Auch am Beispiel des Einbruchs in die Studierendenfrequenz im Zuge der Überfüllungskrise der 1930er Jahre läßt sich erkennen, daß sich die *Anzahl* des wissenschaftlichen Personals ebenfalls etwas vermindert. Die enorme Verbesserung der *Betreuungsrelation* in dieser Phase zeigt aber (neben dem weitgehenden Fortbestand der Institutionen), daß sich das Wissenschaftssystem schon soweit als gesellschaftliches Subsystem etabliert hatte, daß sein Bestand gewährleistet blieb – anders als zur Zeit der Universitätskrise um 1800 und relativ unabhängig von solchen *außergewöhnlichen* Einbrüchen in die Studierendenfrequenz und den politisch motivierten Personalentlassungen und Eingriffsversuchen in den Gang der Wissenschaft (vgl. TITZE 1989).

Differenziert man das wissenschaftliche Personal der Universitäten nach Statusgruppen, wird im 20. Jahrhundert ein weiteres Problem deutlich: Stellten die Ordinarien im 19. Jahrhundert noch etwa die Hälfte des wissenschaftlichen Personals, so fällt ihr Anteil im 20. Jahrhundert auf ein knappes Drittel zurück. Die übrigen Statusgruppen der Extraordinarien, der Honorarprofessoren, der Privatdozenten, der Lehrer und Vorlesungsbeauftragten stiegen entsprechend insgesamt auf über zwei Drittel an (Tab. 9).

Das zahlenmäßige Wachstum des wissenschaftlichen Personals und die damit einhergehende innere disziplinäre Differenzierung des mittlerweile etablierten, modernen Wissenschaftssystems unterhalb der Institutsebene wurde also quantitativ und, wie historische Untersuchungen zeigen, auch qualitativ zu einem großen Teil von den als innovationsfreudiger angesehenen Nichtordinarien unter erheblichen Karriererisiken getragen, während die Ordinarien traditionellerweise weiterhin die Abstimmungsprozesse in den Fakultäten und an der Universitätsspitze bestimmten (»offizielle« und »inoffizielle Universität«). In dieser widersprüchlichen Übergangsphase der Gleichzeitigkeit traditioneller und moderner Strukturen der Universitätsentwicklung zum wissenschaftlichen Großbetrieb kam es schon nach der Jahrhundertwende zu öffentlichen Klagen der Betroffenen der »inoffiziellen Universität«, zur sogenannten »Nichtordinarienbewegung«. Wohlwissend, daß sie einen guten Teil des Wissen-

Tabelle 9: Das wissenschaftliche Personal an den deutschen Universitäten nach Statusgruppen 1830–1941

	1830					1880					1930					1941				
	Ord	ExO	HPr	PD	Le	Ord	ExO	HPr	PD	Le	Ord	ExO	HPr	PD	Le	Ord	ExO	HPr	PD	Le
Berlin	49	39	1	23	6	66	65	5	80	2	113	289	50	175	64	159	248	83	185	163
Bonn	45	14	0	7	6	52	25	0	24	5	90	62	10	66	30	90	62	10	51	46
Breslau	36	10	0	16	11	52	24	1	28	6	91	81	9	67	26	84	54	3	62	27
Erlangen	23	9	0	15	8	35	12	0	14	0	70	13	2	28	2	41	42	2	16	14
Frankfurt											75	70	24	81	39	60	51	15	65	33
Freiburg	26	2	0	7	11	35	11	0	8	5	66	46	10	48	34	67	44	5	43	44
Gießen	36	4	0	8	11	36	11	1	5	5	58	51	4	33	31	49	39	2	28	34
Göttingen	23	9	0	15	8	57	24	1	32	5	83	47	8	63	30	89	49	7	62	48
Greifswald	22	11	0	1	9	37	12	0	11	3	60	19	0	32	21	50	27	1	19	26
Halle	40	17	0	15	8	47	21	0	27	8	81	37	11	45	30	59	39	6	54	34
Hamburg											70	66	15	65	61	68	90	9	58	43
Heidelberg	30	8	0	23	18	43	27	3	20	9	56	65	28	41	34	58	43	21	68	45
Jena	26	18	2	19	9	31	24	10	9	6	65	48	6	29	28	65	50	3	32	38
Kiel	16	12	0	13	6	38	9	0	15	6	68	38	8	48	26	56	42	6	52	31
Köln											59	34	13	51	43	61	50	11	48	50
Königsberg	27	10	0	0	16	46	19	0	20	5	71	53	5	45	26	60	53	5	44	17
Leipzig	34	34	0	39	8	62	47	8	49	3	104	123	11	82	15	95	98	7	56	12
Marburg	27	4	1	9	5	44	9	0	16	4	67	24	8	42	19	57	28	6	36	24
München	48	6	8	3	2	70	11	9	34	1	117	121	32	94	8	91	100	14	91	39
Münster	11	1	0	2	1	19	6	0	5	3	74	29	13	44	21	68	42	9	41	25
Rostock	21	6	0	8	3	31	2	0	6	1	47	28	3	22	8	41	30	3	20	17
Straßburg						57	14	1	19	6										
Tübingen	38	10	0	11	6	49	11	0	8	19	70	33	7	41	16	65	31	4	39	45
Würzburg	30	5	0	4	2	41	5	0	20	5	70	30	6	33	7	51	31	1	24	15
Su. Univ.	608	229	12	238	154	948	389	39	450	107	1725	1407	283	1275	619	1584	1343	233	1194	870
in %	49	18,5	1	19,2	12,4	49	20,1	2	23,3	5,5	32,5	26,5	5,3	24	11,7	30,3	25,7	4,5	22,9	16,7
Personal			1241					1933					5309					5224		

schaftsprozesses trugen und somit unentbehrlich waren, verlangten die Nichtordinarien auch offizielle Mitbestimmungsmöglichkeiten in der Universität und damit eine größere Unabhängigkeit von den privaten Zugeständnissen der Ordinarien. Dieser Widerspruch im inneren Abstimmungsprozeß der Statusgruppen wurde schon in der Weimarer Republik zugunsten von Mitbestimmungsmöglichkeiten der Extraordinarien entschärft, und in der NS-Zeit der Dozenten- und Assistentenstatus normiert, aber erst in der BRD der 1970er Jahre mit der »Gruppenuniversität« moderneren Lösungen zugeführt (vgl. Bochow/Joas, S. 82–90; Ellwein, S. 134 ff.; von Ferber, S. 53, 62, 66, 80).

Diese hierarchische Differenzierung des wissenschaftlichen Personals, diese »Verlaufbahnung der Karrierewege«, von Max Weber 1919 noch als »sterile Bürokratisierung« beklagt, wurde von Plessner schon 1924 als eine spezifische Anpassung an die Aufgaben moderner Wissenschaft bezeichnet (Bochow/Joas, S. 82–84).

Insgesamt läßt sich also zunächst auf dieser noch sehr allgemeinen Analyseebene für unseren Untersuchungszeitraum ein Zusammenhang zwischen dem Wachstum der Studentenzahlen, der Angleichung der Universitäten zu einem strukturellen Mindeststandard, der disziplinären Differenzierung über Personal und Institutionen und einer relativen Autonomisierung in der Entwicklung der Universitäten zu einem modernen Wissenschaftssystem konstatieren.

V. Allgemeine Erläuterungen zum zweiten Teilband

Eine knappe Übersicht zur Entwicklung der Hochschulstatistik in Deutschland vom frühen 19. Jahrhundert bis zum Zweiten Weltkrieg findet man in der Einleitung zu Bd. I/1 des Datenhandbuchs. Dort sind auch die Standardquellen erläutert und die grundsätzlichen Überlegungen zur Konzeption des Datenhandbuchs dargestellt. Dieser zweite Halbband schließt besonders an das umfangreiche 3. Kapitel des ersten Halbbands an, in dem die aggregierten Fachströme der Studierenden an sämtlichen deutschen Universitäten von 1830/31 bis 1941/1 dargestellt sind. Hier werden nun die entsprechenden Frequenzdaten auf der Ebene der einzelnen Universitäten veröffentlicht. Die Hochschulen sind in alphabetischer Reihenfolge geordnet. Dieses Gliederungsprinzip dürfte der Benutzung des Handbuchs am besten entsprechen und die Auffindbarkeit der gewünschten Informationen erleichtern.

Neben der Wahrung des inneren Zusammenhangs der beiden Teilbände war bei der Konzeption ein zweiter Gesichtspunkt leitend: Die Abschnitte für die einzelnen Universitäten sind so aufgebaut, daß die Daten auch auf der Ebene der einzelnen Hochschulen untereinander vergleichbar sind. Das gilt besonders für die Prozentangaben, auf die wir uns beim zweiten Halbband häufiger beschränken mußten, um den Umfang nicht in unvertretbare Größenordnungen anwachsen zu lassen. So lassen sich beispielsweise die Prozentangaben für die Studierenden nach Fachbereichen, für die Frauen und die Ausländer an der gesamten Studentenschaft und an den zahlreichen Fachströmen auf der Ebene der einzelnen Universität auf einen Blick vergleichen.

1. Aufbau der Kapitel und Tabellen für die einzelnen Universitäten

Im Interesse dieser Vergleichsmöglichkeiten sind die 26 Kapitel für die einzelnen Universitäten (einschl. der beiden gleichgestellten Akademien Braunsberg und Düsseldorf) durchgängig einheitlich aufgebaut und in sechs Teile untergliedert.

Am Anfang steht eine kurze »Geschichtliche Übersicht«, die dem allgemeinen Verständnis der präsentierten Daten dienen soll. Darauf folgt »2. Der Bestand an Institutionen« für die jeweilige Universität. Hier werden die akademischen Einrichtungen (Institute, Seminare, Kliniken, Sammlungen etc.) dokumentiert, die den institutionellen Hintergrund für die zunehmende Verzweigung und fachliche Ausdifferenzierung der Studentenströme darstellen (vgl. dazu die Erläuterungen in Abschnitt III.). Anschließend erscheint die Tabelle »3. Die Studierenden nach Fachbereichen«. Die Zuordnung der einzelnen Fachströme folgt hier grundsätzlich dem bereits im ersten Halbband verwendeten Schema:

- Fachbereich Theologie: Evangelische Theologie, Katholische Theologie.
- Fachbereich Jura: Jura.
- Fachbereich Gesundheitswissenschaften: Allgemeine Medizin, Zahnmedizin, Pharmazie, Tiermedizin.
- Fachbereich Sprach- und Kulturwissenschaften: bis zur Ausdifferenzierung von Einzelfächern bzw. Fächergruppen Philosophische Fakultät; danach Alte und neue Philologien und Geschichte; ab 1924/25 bzw. 1925: Alte Sprachen; Germanistik; Neue Sprachen; Geschichte; Musik; Berufsschul-

lehramt; Philosophie, Pädagogik und Religionslehren; Kunst, Kunstgeschichte und Archäologie; Sonstige Kulturwissenschaften; Zeitungskunde; Leibesübungen.
- Fachbereich Mathematik und Naturwissenschaften: bis zur Ausdifferenzierung in der Phil. Fak. mitenthalten (d. h. in der Tab. beim Fachbereich Sprach- und Kulturwiss.); danach Mathematik und Naturwissenschaften; ab 1924/25 bzw. 1925: Mathematik; Physik; Biologie; Sonstige Naturwissenschaften; Geographie; Mineralogie, Geologie, Bergfach; Geographie, Geologie, Mineralogie; Geodäsie; Chemie.
- Fachbereich Wirtschafts-, Agrar- und Forstwissenschaften: bis zur Ausdifferenzierung in der Phil. Fak. mitenthalten (d. h. in der Tab. beim Fachbereich Sprach- und Kulturwiss.); danach Landwirtschaft, Kameralia und Nationalökonomie; bei weiterer Ausdifferenzierung: Landwirtschaft; Landwirtschaftliches Nebengewerbe und Gartenbau; Brauereiwesen; Forstwissenschaft bzw. Forstwirtschaft; Volkswirtschaft; Wirtschafts- und Sozialwissenschaften; Betriebswirtschaft; Kaufmännisches Studium; Handelslehramts-Studium.

Die Übersichtstabelle »Die Studierenden nach Fachbereichen« ist im jeweils beigegebenen *Fachbereichsprofil* veranschaulicht. Diese Abbildung zeigt auf einen Blick, wie sich die gesamte Studentenschaft der betreffenden Universität (= 100 Prozent) in der langfristigen Entwicklung auf die einzelnen Fachbereiche (prozentuale Anteilswerte) aufgeteilt und verändert hat. Die fachlichen Schwerpunkte und der Charakter der einzelnen Universität treten bei dieser Präsentation der historischen Massendaten deutlich hervor (z. B. Halle als »Theologenhochburg« bis 1860 und Göttingen als »Juristenuniversität« bis ca. 1850).

An die Darstellung der Fachbereiche schließt sich die eigentliche Haupttabelle an: »4. Die Studierenden nach Fächern«. Hier sind die Studentenströme – analog zu den aggregierten Daten im ersten Halbband – in der tiefsten fachlichen Differenzierung in einer durchlaufenden Tabelle dargestellt. Auf der Grundlage des allgemeinen Schemas über die Fächerdifferenzierung (vgl. Bd. I/1, S. 83) ist diese Tabelle im Prinzip vierstufig aufgebaut: Für den ersten Zeitraum vom Beginn der Daten bis 1866 können im allgemeinen (bes. bei den preuß. Univ.) nur die undifferenzierten Gesamtzahlen für die Studierenden in den vier Fakultäten dokumentiert werden. Für den zweiten Zeitraum von 1866/67 bis ins erste Jahrzehnt des 20. Jahrhunderts ist eine mittlere Differen-

zierung möglich (teilweise Abgrenzung von Einzelfächern und Fächergruppen, Differenzierung nach
der Staatsangehörigkeit). Aus Platzgründen sind jeweils nur die prozentualen Anteilswerte für die ausländischen Studenten abgedruckt, in den Summen-
spalten allerdings auch die absoluten Gesamtzahlen
für die Ausländer. Für den dritten Zeitraum (bei den
preuß. Univ. ab 1908/09, bei den anderen teilweise
ab 1903/04) läßt sich zusätzlich die Differenzierung
nach dem Geschlecht tabellarisch darstellen. Für den
vierten Zeitraum ab Mitte der 1920er Jahre lassen
sich die Studierenden an allen Universitäten schließlich in der feinsten Gliederung dokumentieren (nach
Einzelfächern, Staatsangehörigkeit und Geschlecht).

Die in den Tabellenteil integrierten *Abbildungen*
beziehen sich in der Regel auf die Studierenden insgesamt und die großen Einzelfach- bzw. Fachgrup-
penströme, die sich für die längsten Zeiträume ver-
anschaulichen lassen.

Die anschließenden »Anmerkungen« sind analog
zum vierstufigen Aufbau der Haupttabelle in vier
entsprechende Abschnitte unterteilt. Die hier verwendeten Abkürzungen lassen sich durch Rückgriff
auf das Abkürzungsverzeichnis (S. 10 ff.) auflösen.

Am Ende sind für jede Universität die »Quellen«
für die Erstellung der Statistik genannt, differenziert
nach den Standardquellen und den ergänzend her-
angezogenen zusätzlichen Quellen. Die Zusammen-
stellung der »Literatur« mußte dem Zweck eines Datenhandbuchs für sämtliche deutschen Universitäten
entsprechend auf der Ebene der einzelnen Hochschule eng begrenzt werden. Am Anfang ist nach
Möglichkeit eine Bibliographie angegeben.

2. Zur Modifikation der preußischen
Universitätsstatistik

Bei dem Unternehmen, den Besuch aller einzelnen
Universitäten für möglichst lange Zeiträume zu dokumentieren, stellte sich von Anfang an das grund-
sätzliche Problem aller statistischen Beschreibung
der sozialen Wirklichkeit: Wie läßt sich einerseits
die Vergleichbarkeit des langfristigen Besuchs aller
Universitäten nach »Maß und Zahl« herstellen und
andererseits auch der historisch gewachsenen Eigen-
art der einzelnen Universität gerecht werden? Wie
in der Einleitung zusammenfassend dargestellt, wurden die traditionsreichen, oft über Jahrhunderte eigentümlich gewachsenen Universitäten im Laufe der
zweiten Hälfte des 19. Jahrhunderts in zahlreichen
Hinsichten strukturell angenähert, »gleichartiger«
und »normierter« und insofern für zusammenfassende vergleichende Untersuchungen leichter zugäng-

lich. Dennoch blieben bei der einheitlichen statistischen Erfassung, Abgrenzung und Darstellung des
Universitätsbesuchs mancherlei Restprobleme bestehen. In einer gewissen Verlegenheit waren die Experten des Kgl. Statistischen Büros in Berlin offenbar
bei der Frage, wie die Studierenden an den Staatswirtschaftlichen Fakultäten der süddeutschen Universitäten angemessen berücksichtigt werden konnten. Da sie in das traditionelle Universitätsgefüge
nicht hineinpaßten, wurden sie wie andere »Rest-
größen« behandelt und undifferenziert der Philosophischen Fakultät zugeschlagen. Diese Zuordnung
erscheint problematisch, weil sie dazu führt, daß die
Studentenströme unter der Sammelkategorie »Philosophische Fakultät« wegen der fachlich sehr heterogenen Zusammensetzung auf der Ebene der einzelnen Universitäten kaum noch vergleichbar sind. Die
problematische Behandlung der süddeutschen Son-
derfakultäten läßt den spezifischen Blickwinkel erkennen, aus dem die preußischen Statistiker am Ende des 19. Jahrhunderts den Universitätsbesuch seit
1830/31 rekonstruiert haben. Sie orientierten sich
implizit am Typus der preußischen Universität, die
als Modell diente und das allgemeine Kategorien-
schema vorgab. Da die PrStat zweifellos die beste
Quellengrundlage für das 19. Jahrhundert bietet und
auch das Datenhandbuch im wesentlichen auf dieser
Grundlage beruht, läßt sich diese »preußische Optik« in der Hochschulstatistik nachträglich kaum
noch verändern. Da uns diese Problematik erst bei
der vertiefenden Weiterarbeit am zweiten Halbband
voll bewußt geworden ist, haben wir deshalb ver-
sucht, diese »preußische Optik« auf der Ebene der
einzelnen Universitäten nach Möglichkeit zu »neu-
tralisieren«. Auf der Grundlage einer ergänzenden
Auswertung der Personalverzeichnisse wurde die
problematische Sammelkategorie der PrStat (»Philosophische Fakultät«) für den Zeitraum vor 1866
bei den meisten Universitäten in ein differenziertes
Fächerschema aufgelöst. Um den Charakter der
Sammelkategorie deutlich zu machen, der alle Studenten außerhalb der drei klassischen Fakultäten zugeordnet wurden (Theologie, Jura, Medizin), ist die
entsprechende Spalte in den Tabellen bei einer Reihe
von Universitäten auch als »Summe der sonstigen
Fächer« bezeichnet worden. Für die Berechnung der
Gesamtstudentenzahl wurden in der Regel die Angaben der PrStat für die Sammelkategorie beibehalten, um das Prinzip der Einheitlichkeit der Erfas-
sungskriterien für alle deutschen Universitäten nicht
zu durchbrechen (bis auf die nicht immatrikulierten
»Chirurgen« und »Pharmazeuten« wurden von der
PrStat nur die ordentlich immatrikulierten Studenten
erfaßt).

3. Datenergänzungen im Vergleich zu Band I/1

Bei den meisten Universitäten kann man sich für den Zeitraum seit den 1820er und 30er Jahren auf die Studenten-/ Personalverzeichnisse stützen. Diese von den Universitätsverwaltungen herausgegebenen gedruckten Verzeichnisse mit den Namenslisten aller Studierenden erschienen in dieser Form bis in die Mitte der 1920er Jahre; danach wurden nur noch die tabellarischen Übersichten über die Studierenden aufgeführt. Die Personalverzeichnisse bieten eine nahezu lückenlose semesterweise Dokumentation der Besuchsverhältnisse der Universitäten über mehr als ein Jahrhundert hinweg. Die Auswertung dieser vorzüglichen Quelle gestattet zahlreiche Datenergänzungen, die im Endergebnis zu einer tiefer differenzierten Statistik der Studentenströme auf der Ebene der einzelnen Universitäten führen, als die beiden Standardquellen (PrStat und StatJbDR) für diesen Zeitraum zu bieten vermögen. Die auf diese Weise erzielten Ergänzungen und besseren Abgrenzungen der Fachströme beziehen sich auf die folgenden elf Bereiche:

1. Für den Zeitraum vor 1866/67 wurden die beiden Sondergruppen der nicht immatrikulierten »Chirurgen« und »Pharmazeuten«, die in der PrStat undifferenziert bei den Gesamtzahlen für die Philosophische Fakultät mitgezählt wurden, bei nahezu allen Universitäten nacherhoben und als selbständige Fachströme dargestelllt.

2. Für den Zeitraum 1912–1924/25 wurden die lückenhaften Angaben des StatJbDR für die Studierenden der Pharmazie ergänzt.

3. Für den Zeitraum 1911/12–1921, in dem die Studierenden der Zahnmedizin in den Standardquellen teilweise bei den Allgemeinmedizinern mitgezählt sind, wurden die beiden Fachströme nach Möglichkeit durchgängig sauber voneinander abgegrenzt.

4. In den Standardquellen sind bei den Jurastudenten oftmals »Kameralisten« und »Staatswissenschaftler« undifferenziert mitgezählt, besonders häufig zwischen 1919 und 1925/26.
   Hier haben wir (bis auf wenige Universitäten) sauber abgegrenzte Zeitreihen der »reinen« Jurastudenten erstellt.

5. Die Studierenden an den süddeutschen Spezialfakultäten wurden als eigene Fachströme dargestellt.

6. Für den Zeitraum ab 1866/67 wurde die Sammelkategorie »Landwirtschaft, Kameralia und Nationalökonomie« der PrStat mit Hilfe der Pers.Verz. nach Möglichkeit in die einzelnen Fachströme aufgelöst.

7. Wo immer es auf der Grundlage der Pers.Verz. für einzelne Universitäten möglich war, innerhalb der beiden Fachbereiche Sprach- und Kulturwissenschaften und Mathematik und Naturwissenschaften für längere Zeiträume einzelne Fachströme frühzeitig abzugrenzen (d.h. vor der allgemeinen Ausdifferenzierung in den Standardquellen), haben wir diese Möglichkeit genutzt.

8. In den Standardquellen sind die weiblichen Studierenden erst seit 1908/09 allgemein berücksichtigt. Mit Hilfe der Pers.Verz. konnten sie bei einer Reihe von Universitäten bereits vor der allgemeinen Erfassung in der tabellarischen Darstellung berücksichtigt werden.

9. In den Standardquellen sind die ausländischen Studierenden erst ab 1886/87 allgemein berücksichtigt, während sich die Perspektive des einheitlichen Nationalstaats (d.h. die Differenzierung der Studierenden nach »Deutschen« und »Ausländern«) in den Pers.Verz. der meisten Universitäten in den späten 1860er und frühen 1870er Jahren durchsetzte. Auf der Ebene der einzelnen Hochschule wurden die ausländischen Studierenden ab dem frühstmöglichen Zeitpunkt ergänzt.

10. Bei den preußischen Universitäten sind im StatJbDR zwischen 1912 und 1924 häufig die »vorläufigen Feststellungen« bei den Studentenzahlen übernommen worden. Wo immer es möglich war, wurden diese vorläufigen durch die »endgültigen Feststellungen« für die betreffenden Semester ersetzt.

11. Bis auf Greifswald, Königsberg, Marburg, Leipzig und Rostock ließen sich die Frequenzdaten für alle Universitäten mit Hilfe ergänzender Quellen auf Zeiträume vor 1830/31 zurückverlängern. Das besondere Interesse an der Kenntnis des Universitätsbesuchs vor 1830 ist in der Einleitung dargestellt. Durch die Ausdehnung des Dokumentationszeitraums wird die ungewöhnlich starke Expansionsphase in den 1820er Jahren zuverlässiger ins Blickfeld gerückt, und deren spezifischer Stellenwert in der langfristigen Entwicklung des Universitätsbesuchs in Deutschland tritt klarer hervor.

Die einzelnen Universitäten

1. Berlin

1. Geschichtliche Übersicht

Die im Oktober 1810 gegründete Universität Berlin wurde mit ihrer neuartigen, zeitgemäßen Verbindung von Forschung und Lehre und mit der neuen inhaltlichen Priorität der philosophischen Fakultät mit ihren Einzelfächern zum Vorbild der Universitätsreform in ganz Deutschland, avancierte schnell zur größten deutschen Universität und errang zum Ende des 19. Jahrhunderts wissenschaftliche Weltgeltung. Das lag nicht zuletzt an der Tatsache, daß zum ersten Mal in Deutschland von dem Prinzip einer Landes- bzw. Provinzuniversität zur Ausbildung der regional benötigten Beamten abgegangen wurde. Schon seit dem Ende der 1790er Jahre hatte eine Diskussion um die Einrichtung einer allgemeinen wissenschaftlichen Lehranstalt in der preußischen Hauptstadt begonnen, aber in der Staatsspitze wurde zunächst noch die Idee selbständiger Spezialschulen für die einzelnen akademischen Berufe nach dem Vorbild der neuen französischen Écoles Polytechniques favorisiert, die an die Stelle der maroden, scholastisch erstarrten Universitäten gesetzt werden sollten. Aber erst nach der Niederlage gegen Napoleon, als Preußen im Tilsiter Frieden von 1807 alle westelbischen Gebiete mit sieben Universitäten, vor allem der Universität Halle, verloren hatte, wurde im Zuge der preußischen Reformära die Idee einer Universitätsgründung in Berlin wieder aufgegriffen. Von den beiden verbliebenen Universitäten erschien die in Frankfurt/Oder kaum noch lebensfähig und diejenige in Königsberg zu weit entfernt, um eine zentrale Rolle spielen zu können. Zudem zeichnete sich in Preußen schon ein Mangel in den akademischen Berufskarrieren ab, der sich nun durch den Verlust der wissenschaftlichen Ausbildungsstätten noch zu verschärfen drohte. Berlin erschien als Standort einer neuen »allgemeinen wissenschaftlichen Lehranstalt« (der Name »Universität« war zunächst durch die scholastische Verengung und die korporative Vetternwirtschaft an den alten Landes- bzw. Provinzuniversitäten noch durchaus umstritten) schon deshalb sehr günstig, weil hier schon eine Anzahl wissenschaftlicher Institutionen (in der Mehrzahl Einrichtungen der 1700 gegründeten Akademie

der Wissenschaften, eine hervorragende medizinische Ausbildungsstätte, die 1710 gegründete Charité) existierten, und sich ein reger öffentlicher Vorlesungbetrieb entwickelt hatte. Doch im Laufe des Jahres 1808 waren die Gründungsvorbereitungen ins Stocken geraten. Zum einen wurde die zwischenzeitlich aufgelöste Universität Halle im Königreich Westphalen wiedereröffnet, und zum anderen entstanden Widerstände in der preußischen Regierung und bei Teilen des Berliner Bürgertums. Erst mit der Ernennung Wilhelm von Humboldts im März 1809 zum Leiter des Departements für Kultus und Unterricht im Innenministerium wurde der Gründungsprozeß wieder energischer vorangetrieben. Als im August 1809 durch Humboldts Initiative die Errichtung einer Berliner Universität durch eine königliche Kabinettsorder gebilligt wurde, begann ein reger Berufungs- und Organisationsprozeß, der mit der Einrichtung der neuartigen Universität zum Wintersemester 1810/1811 im Prinz-Heinrichs-Palais unter den Linden seinen Abschluß fand. Angegliedert wurden die Charité, ein neues klinisches Institut für Chirurgie und Augenheilkunde und einige medizinische bzw. naturwissenschaftliche Institutionen, die vorher der Akademie der Wissenschaften unterstanden hatten. Das vorläufige (von Schleiermacher entworfene) Reglement sah eine Universität mit den traditionellen vier Fakultäten vor, die allerdings (wie schon in Halle und Göttingen) formal gleichberechtigt waren. Die Fakultäten hatten das Promotions- und das Habilitationsrecht und damit die Möglichkeit zu einer gewissen Selbstrekrutierung mit Privatdozenten. Das Berufungsrecht für Ordinarien und Extraordinarien lag allerdings vollends beim Staat, und erst 1832 erlangten die Fakultäten ein Vorschlagsrecht. Dadurch sollte der korporative Nepotismus der alten Universitäten vermieden werden. Der eigentliche Reformcharakter der Universität war allerdings nicht reglementiert, sondern sollte sich durch die Berufungen hervorragender, forschungsorientierter Hochschullehrer durchsetzen. Die Wissenschaften sollten primär als dynamischer, nicht endender Suchprozeß betrieben werden und die Vermittlung derselben sollte sich idealiter in einer Forschungsgemeinschaft von Dozenten und Studenten in Unabhängigkeit von staatlichen und kirchlichen Einflüssen vollziehen. Dadurch hofften die Gründer die scholastischen Erstarrungen zu vermeiden. Die Lehre sollte aus einer lebendigen Forschung schöpfen und sowohl dem Fachstudium, aber auch der »allgemeinen Menschenbildung« dienen. In dem so konzipierten Wissenschaftsprozeß sollte die philosophische Fakultät eine inhaltliche Vorzugsstellung einnehmen. Die idealistische Philosophie sollte als die einheitsstiftende Klammer die aufkommenden Einzelfächer und die Fakultäten theoretisch anleiten und ihren allgemeinen Bildungswert herausarbeiten, während die zahlreichen, vor allem naturwissenschaftlichen Institutionen zur Untersützung des Forschungsprozesses gedacht waren. Diesem Idealbild des Berliner Wissenschaftsprozesses, dieser Einheit in der Mannigfaltigkeit und den Berufungen einer großen Anzahl hervorragender Hochschullehrer verdankte die Universität ihren enormen Aufschwung und ließ sie zum Vorbild der Universitätsreform in ganz Deutschland werden. Vor allem die Berliner Philosophie (Fichte, Schleiermacher, Hegel) errang einen großen Einfluß und wirkte modellhaft und schulbildend. Doch spätestens seit dem Aufkommen der statistisch beschreibenden bzw. vor allem der experimentellen Methoden in den naturwissenschaftlichen und theoretisch-medizinischen Fächern verlor die idealistische Philosophie ihre einheitsbildende Funktion, und der schon in der Gründung angelegte Widerspruch von der Einheit in der Mannigfaltigkeit trat offen zu Tage. Mit ihrem Siegeszug etwa seit der Jahrhundertmitte erhoben die zunehmend fachwissenschaftlich differenzierten Naturwissenschaften einen wissenschaftlichen und mit ihrem mechanistischen Weltbild auch einen philosophischen Führungsanspruch. Erst gegen Ende des 19. Jahrhunderts wurde in der vor allem auch von Berlin ausgehenden wissenschaftstheoretischen Diskussion klar, daß die Geistes- und Naturwissenschaften nicht mehr mit einer einheitlichen philosophischen Klammer zusammengehalten werden konnten.

Als zum Wintersemester 1810 an der Universität Berlin die Lehrveranstaltungen begannen, hatten sich 256 Studierende eingeschrieben, die von 58 Hochschullehrern in zahlreichen (etwa 20) wissenschaftlichen Institutionen betreut wurden. Schon nach drei Semestern waren etwa 600 Studierende eingeschrieben, womit die Studentenzahl der norddeutschen Konkurrenzuniversität Göttingen schon erreicht war. Trotz der in der preußischen Hauptstadt sehr scharfen Unterdrückungsmaßnahmen während der Reaktionsphase nach den Karlsbader Beschlüssen von

1819 und der »Demagogenverfolgung« in den 1830er Jahren gewann die Universität derartig an Attraktivität, daß sie Mitte der 1830er Jahre mit etwa 2000 Studierenden zur größten deutschen Universität vor München wurde. Die Universitätshistoriographie schreibt diese dynamische Entwicklung der Anziehungskraft der zahlreichen hervorragenden Hochschullehrer und dem intensiven Arbeitsklima (ohne das übliche ausschweifende Studentenleben) an den wissenschaftlichen Anstalten zu. Doch als in den 1840er und 1850er Jahren die erste Hochschullehrergeneration abgetreten war, die Universität unter finanziellen Nöten zu leiden hatte (Verminderung der Ordinariate) und die politische Verfolgung wieder schärfer wurde, verlor Berlin zu Beginn der 1850er Jahre seinen ersten Rang in der Studentenzahl an die Universität München. In den 1860er Jahren rückte die Berliner Universität vorübergehend wieder an die erste Stelle in der Studentenfrequenz, die sie allerdings in den 1870er Jahren an die aufstrebende sächsische Universität Leipzig verlor. Dieser relative Rangverlust nach der Studentenzahl bedeutete aber keineswegs eine Stagnation in Lehre und Forschung. Vor allem in den Naturwissenschaften und in der Medizin wurde zu dieser Zeit der Grund gelegt für den enormen Attraktivitätszuwachs und den institutionellen Ausbau der Universität in den 1880er Jahren. In dieser Zeit eroberte Berlin nicht nur den ersten Rangplatz in der Studentenstatistik zurück, den es bis 1945 (außer SS 1907/1908) nicht mehr abgab, sondern beherbergte über einhalb Jahrzehnte (Ende der 1870er bis Anfang der 1890er Jahre) sogar nahezu ein Fünftel aller deutschen Studierenden. Auch an dem historisch bis dahin größten Aufschwung der Studentenfrequenz zum Ende der Weimarer Republik war die Universität Berlin überproportional beteiligt, so daß sie mit nahezu 15000 Studierenden im Wintersemester 1930/31 zur ersten deutschen Massenuniversität wurde. Obwohl sich die Zahl der Hochschullehrer im Zeitraum von 1830 bis 1930 vor allem durch Extraordinarien und Privatdozenten mit einer Versechsfachung überproportional zu den übrigen deutschen Universitäten entwickelte, blieb das Verhältnis von Studierenden zu Lehrenden mit 15:1 (1880) bzw. 19:1 (1930) relativ hoch. Diese Entwicklung spricht also für die enorme Attraktivität des Universitätsstandortes Berlin am Ende des 19. und zu Beginn unseres Jahrhunderts.

In einem funktionalen Zusammenhang mit der Entwicklung der Studierendenzahlen stand die starke Differenzierung der Disziplinen und der entsprechende institutionelle Ausbau vor allem in den Naturwissenschaften und in der Medizin und nach der

Jahrhundertwende auch in den Geisteswissenschaften. Lag Berlin bis 1880 in der Zahl der selbständigen Institute, Kliniken, Seminare etc. noch mit den meisten größeren deutschen Universitäten gleichauf (4. Rangplatz), so wurde die Zahl der selbständigen Institutionen in den folgenden drei Jahrzehnten mehr als verdoppelt (von 1880=41 auf 1910=89). Mit diesem enormen Aufschwung der Institutsneugründungen wurde die Universität Berlin erneut zum Vorreiter und Vorbild für die deutschen Universitäten. Die preußische Kultusverwaltung unterstützte über drei Jahrzehnte lang den institutionellen Ausbau sehr großzügig. So konnten die Ausgaben der Universität im letzten Drittel des 19. Jahrhunderts überdimensional anwachsen (1870 rd. 800 000; 1880: 2 Mio.; 1890: 2,9 Mio.; 1900: 4,3 Mio. Mark). Die Universität wurde zum Prestigeobjekt Preußens und des neuen Kaiserreichs. Eine Berufung nach Berlin wurde zum Karrierehöhepunkt einer Professorenlaufbahn und eine zeitlang erhielt nahezu jeder Neuberufene seine Institution, oft verbunden mit großzügigen Neubauten. So zogen naturwissenschaftliche Institute z.T. mehrfach in neue Gebäude und die Kliniken, vor allem die der Charité, erhielten um 1900 Neubauten, die jetzt von einer neuen selbständigen Verwaltungseinheit innerhalb der Universität betreut wurden. 1913 bis 1920 wurde dann auch das Hauptgebäude für Theologen, Juristen, Sprach- und Kulturwissenschaften ausgebaut. So ist es nicht verwunderlich, daß sich in Berlin eine Elite der deutschen Wissenschaftler konzentrierte und der Universität über Spitzenforschung zu weltweitem Ansehen verhalf. Die meisten deutschen Nobelpreisträger kamen aus Berlin oder hatten einen großen Teil ihrer Karriere hier verbracht. Die Universitätsgeschichte spricht der Universität Berlin um die Jahrhundertwende den Rang einer »Weltuniversität« zu (LENZ Bd. 1, 1910, S. 39), die in dieser Eigenschaft mit Paris konkurrierte. Diese absolute Spitzenstellung Berlins unter den deutschen Universitäten endete interessanterweise nach dem Jubelfest zum 100jährigen Bestehen im Jahre 1910 und stand nicht zuletzt im Zusammenhang mit der Gründung der Kaiser-Wilhelm-Gesellschaft (der heutigen Max-Planck-Gesellschaft) während dieses Jubilaums. Infolge dieser Gründung wurde ein großer Teil der naturwissenschaftlichen und medizinischen Forschung aus dem Zusammenhang von Forschung und Lehre an der Universität herausgelöst und in selbständige Institute nach Dahlem verlegt. Durch diese Trennung wurde auch eine größere finanzielle und forschungstechnische Nähe zur deutschen Industrie möglich. In der Weimarer Republik rutschte die Universität in der Zahl ihrer selbständigen Institutionen hinter München und Leipzig auf die dritte Stelle zurück. Der Universitätsstandort Berlin blieb zwar bedeutend, hatte aber die absolute Spitzenstellung verloren. Erst während des Nationalsozialismus wurde die Universität wieder für die politisch, industriell und militärisch relevante Forschung zu dem zentralen Standort ausgebaut, so daß sie 1940 in der Zahl der Institutionen mit fast 200 wieder weit vor den Universitäten München (156) und Leipzig (129) lag.

In die wissenschaftliche Zentralisation der NS-Zeit fiel auch der strukturelle Umbau der Fakultäten. Die landwirtschaftliche Lehranstalt von 1859 hatte in einem engen Zusammenhang mit der Universität gestanden, der mit der Gründung der Landwirtschaftlichen Hochschule 1881 verloren ging. 1934 wurde die Landwirtschaftliche Hochschule als Landwirtschaftliche Fakultät der Universität angegliedert. In diese Fakultät wurde die 1790 als Tierarzneischule gegründete und 1887 zur Hochschule erhobene Tierärztliche Hochschule zunächst integriert und 1937 als Veterinärmedizinische Fakultät wieder ausdifferenziert. 1936 wurde die schon seit dem Ende des 19. Jahrhunderts immer wieder diskutierte Trennung der Mathematik und Naturwissenschaften von der Philosophischen Fakultät mit der Errichtung einer eigenen Fakultät vollzogen. Ebenfalls 1936 wechselten die Staats- und Wirtschaftswissenschaften von der Philosophischen in die Juristische Fakultät, die sich in Rechts- und Staatswissenschaftliche Fakultät umbenannte. Diesen Wechsel hatten die meisten norddeutschen Universitäten schon um den Ersten Weltkrieg herum vollzogen. Berlin war hier also ein Nachzügler. Im Frühjahr 1940 wurde in Berlin eine Auslandswissenschaftliche Fakultät eingerichtet, die – stark von der SS beeinflußt – die deutsche Eroberungspolitik wissenschaftlich vorbereiten sollte.

Von den rassistischen und politischen Entlassungen war die Universität Berlin nach 1933 neben Frankfurt/M. am meisten betroffen. Bis zum April 1936 war nahezu ein Drittel der Hochschullehrer (242 von 746 im WS 1932/33) entlassen worden. Vor allem die Naturwissenschaften und die Medizin waren von diesem wissenschaftlichen Aderlaß betroffen.

Im Zweiten Weltkrieg wurde durch die Bombenangriffe seit 1943 ein großer Teil der Universität, so auch das Hauptgebäude und die Charité, zerstört. Nur wenige Gebäude, wie z.B. die Universitätsbibliothek, blieben erhalten.

Am 20. 1. 1946 wurde die zwischenzeitlich geschlossene Universität mit sieben Fakultäten wieder eröffnet. Die forstliche Lehranstalt Eberswalde war als Forstwissenschaftliche Fakultät integriert und die Auslandswissenschaftliche Fakultät aufgelöst worden.

2. Der Bestand an Institutionen 1830–1944/45

Zum Verständnis vgl. die Erläuterungen S. 48 ff.

I.   Theol. Fak. ([1830])

1.   Theol. Sem. ([1830])
1.1   Alttest. Abt. (1909)
1.2   Neutest. Sem. (1908/09; Abt. 09)
1.3   Kirchenhist. Abt. (1909)
1.4   Syst. Abt. (1921/22)
2.   Chr.- arch. Kunstsamml. (1855–1916)
      Sem. f. chr. Arch. und kirchl. Kunst (1916/1917)
3.   Homil.- Kat. Sem. (1878–1908/09)
      Prakt.-theol. Sem. (1909)
4.   Sem. f. nachbiblisches Judent. (1920/21–38/39)
5.   Missionsgesch. Sem. (1923/24–31)
      Missionswiss. Sem. (1931/32–⟨34/35⟩)
6.   Inst. f. Sozialethik u. d. Wiss. der inneren Mission (1927/28–38/39)
7.   Inst. f. Kirchenmusik, Orgelbau, Glockenw. u. Kirchenbau einschließl. d. Raumakustik (1933/34–38/39)
8.   Sem f. allg. Religionsgesch. u. Missionswiss. (⟨1936/37⟩–39)

II.   Jur. Fak. ([1830]–1936)
   Rechts- und staatswiss. Fak. (1936/37)

1.   Jur. Sem. (1875)
1.1   (Abt.) f. röm. u. dt. bürgerl. Recht (nur 1914)
1.1.1   (Abt.) f. röm. Recht (1900/01–13/14, 15–16/17)
      (Abt.) f. röm. Recht im MA (1914–14/15)
1.1.2   Sem. f. dt. Recht (1887/88–1915/16)
      (Abt.) f. dt. Recht (⟨1916–16/17⟩)
1.2   (Abt.) f. kanonisches Recht (1900/01–11/12, nur 16)
1.3   (Abt.) f. Strafrecht (1900/01–16)
1.4   (Abt.) f. Handelsr., Zivilprozeßr. u. vergl. Rechtswiss. (1913/14–15/16, nur 16/17)
1.4.1   (Abt.) f. Zivilprozeßrecht (1907–08)
1.4.2   Inst. f. Auslands- u. Wirtsch.r. (1920/21–⟨34/35⟩)
1.4.2.1   Inst. f. Auslandsr. (⟨1936/37⟩)
1.4.2.2   Inst. f. Wirtsch.r. (⟨1936/37⟩)
1.4.3   Inst. f. Handels- und Betriebsr. (1942/43)
1.5   (Abt.) f. Kirchenrecht (1913/14–15/16)
      Kirchenr. Inst. (1917)
1.6   (Abt.) f. öffentl. Recht (1913/14–15/16, nur 16/17)
2.   Staatswiss.-Stat. Sem. (1886/87–1939/40, in IV. –36)
      Inst. f. Wirtsch.wiss. (1940.2)
2.1   Agrarpol. Abt. (1939–39/40)
2.2   Abt. Volkswirtsch.lehre (1940.2–⟨41/42⟩)
2.3   Abt. Volkswirtsch.pol. (1940.2–⟨41/42⟩)
2.4   Abt. Agrarpol. (1940.2–⟨41/42⟩)
2.5   Abt. Finanzwirtsch. (1940.2–⟨41/42⟩)
2.6   Abt. BWL (1940.2–⟨41/42⟩)

3.   Kriminal. Sem. (1900, Inst. 13/14)
4.   Kommunalwiss. Inst. (1928/29)
5.   Inst. f. Staatsforsch. (⟨1936/37⟩)
6.   Sozialwiss. Inst. f. Wohlfahrtspflege (1937/38)
7.   Inst. f. Wohnungs- und Siedlungsw. (1938)
8.   Inst. f. Arbeitsr. (1939/40)
9.   Inst. f. Luftr. (1940.3)
10.   Inst. f. Pol. (1943)
11.   Inst. f. Jugendr. (1943/44)

III.   Med. Fak. ([1830])

A.   Univ.–Inst. ([1830])

1.   Anat. Mus. ([1830], Samml. 36/37–60)
      Anat.-zoot. Samml. (1860/61–87/88)
2.   Anat. u. anat.-biol. Inst. (⟨1936/37⟩)
2.1   Anat. Th. ([1830]–1888)
      1. anat. Inst. (1888/89, o. 1. 97/98–⟨1934/35⟩)
2.2   2. anat. Inst. (1888/89–1897)
      Anat.-biol. Inst. (1897/98–⟨1934/35⟩)
2.2.1   Histol.-biol. Abt. (1897/98–1904)
2.2.2   Embryolog.-biol. Abt. (1897/98–1904)
2.2.3   Vergl. anat. Abt. (1897/98–1904)
3.   Chir.-gebh. Instr.- u. Bandagen-Kab. ([1830], Samml. 1836/37–1906/07)
4.   Prakt. Unterrichtsanst. f. Staatsarzneik. (1833, u. Inst f. ger. Med. 1922/23–30/31)
      Inst. f. ger. u. soz. Med. (1931–40.3)
      Inst. f. ger. Med. u. Krim. (1941.1)
5.   Pharm. Inst. (1883/84)
5.1   Pharm. Samml. (1839–83)
5.2   Pharm. Lab. (1873/74–83)
5.3   Pharm. Abt. (1908/09–18/19)
5.4   Abt. f. Immunitätsforsch. u. exp. Therapie (1908/09–18/19)
6.   Physiol. App. u. physiol. Lab. (1851–77/78)
      Physiol. Inst. (1878)
6.1   Operative Abt. (1877/78–80/81, 1909–28)
      Speziell-physiol. Abt. (1881–1908/09)
6.2   Chem. Abt. (1877/78–1927/28)
6.3   Mikroskopische Abt. (1877/78–84/85)
      Mikroskopisch-biol. Abt. (1885–1908/09)
6.4   Vivisector Abt. (1877/78, 79)
      Exper.-physiol. Abt. (1878–78/79, 79/80–80/81)
6.5   Ernährungsphysiol. Abt. (1909–24/25)
6.6   Bakt. u. mikrobiol. Abt. (1909–23/24)
6.7   Phys. Abt. (1877/78–1927/28)
6.8   Direktorialabt. (1924/25–26/27)
7.   Inst. f. path. Anat. (1856/57–67)
      Path. Inst. (1867/68)
7.1   Anat. u. Histol. Abt. (1930/31)
7.1.1   Anat. Abt. (1906–30)
7.1.2   Histol. Abt. (1906–30)
7.2   Bakt. Abt. (1906–18/19)
      Parasitol. u. vergl. path. Abt. (1919–31/32)
      Bakt. Lab. (nur 1932/33)

7.3	Exp. Abt. (1904/05-05/06)
	Exp.-biol. Abt. (1906-31/32)
7.4	Chem. Lab. (1880-1905/06)
	Chem. Abt. (1906)
7.5	Museum (1904-⟨41/42⟩)
7.5.1	Explantationsabt. (1930/31-32/33)
7.5.2	Lab. f. vergl. Path. (1932/33-⟨34/35⟩)
7.6	Abt. f. exp. Zellforsch. (1939)
8.	Hyg. Inst. (1906/07)
8.1	Hyg.-Lab. (1885/86-1906)
8.2	Hyg.-Mus. (1888/89-1906)
8.3	Untersuchungsst. (1910/11-12)
9.	Kr.pflege-Samml. (1898-1901/02)
10.	Inst. f. Unters. mit Röntgenstrahlen (1900-20/21)
11.	Neuro-biol. Univ.-Lab. (1902/03-30/31)
11.1	Histol. Abt. (1916-30/31)
12.	Staatl. Samml. ärztl. Lehrmittel (1903/04, u. staatl. medico-hist. Samml. 39/40)
13.	Inst. f. Krebsforsch. (1907/08-39)
	Univ.-Klin. f. Geschwulstkr. (1939/40)
13.1	Chem.-phys. Abt. u. Polikl. (1930/31-32/33)
13.1.1	Chem.-phys. Abt. (1933)
13.1.2	Polikl. (1933)
13.2	Bestrahlungsabt. (1930/31-39/40)
13.3	Hämatologische Abt. (1930/31-32/33)
13.4	Exp. Abt u. Kr.abt. (1930/31)
13.5	Abt. f. Geschwulstzüchtung (1920-22/23)
	Abt. f. exp. Zellforsch. (1923/24-1929/30)
	Inst. f. exp. Zellforsch. (1930/31)
14.	Med.-kinematogr. Univ.-Inst. f. Unt. u. Forsch. (1925/26-30/31)
15.	Inst. f. Strahlenforsch. (1927/28)
16.	Staatl. Univ.-Apotheke (1927/28)
17.	Physiol.-chem. Inst. (1928/29)
18.	Sozialhyg. Sem. (1929/30-33)
	Inst. f. Rassenhyg. (1933/34)
19.	Inst. f. Gesch. d. Med. u. der Naturwiss. (1930/31)
19.1	Med.-hist. Abt.(⟨1936/37⟩)
19.2	Abt. f. Gesch. d. anorg. Naturwiss. (⟨1936/37⟩)
19.3	Abt. f. Gesch. d. org. Naturwiss. (⟨1936/37⟩)
19.4	Abt. f. ant. Med. u. Naturwiss. (⟨1936/37⟩)
19.5	Abt. f. Gesch. d. fernöstl. Med. (1941.1)
19.6	Abt. f. Gesch. d. Pharmaz. (1933/34-37/38)
20.	Inst. f. Berufskr. (1934/35)
21.	Biostat. Inst. (1941/42)

B.   Klin. Inst., d. f. sich bestehen ([1830])

1.	Vereinigte Univ.-Klin. (1890/91)
1.1	Klin. Inst. f. Chir. u. Augenheilk. ([1830]-1931/32, o. Augenheilk. 1882/83)
	Polikl. Inst. f. Chir. (nur 1932/33)
	Chir. Univ.-Klin. u. -Polikl. (1933/34)
1.1.1	Radiol. Abt. (1913/14-⟨18⟩)
	Abt. f. Röntgenbehandlung (⟨1919⟩-20/21)
	Röntgentherap. Abt. (1925/26-29/30)
	Röntgen-Radium-Inst. (1930/31-⟨34/35⟩)

1.1.2	Urol. Abt. (1913/14-32/33)
1.1.3	Orthop. Abt. (1913/14-24/25, nur 32/33)
1.1.4	Heilanst. f. äußere Tuberkulose in Hohenlyken (1919-32/33)
1.1.5	HNO-Abt. ((1936/37))
1.2	Polikl. d. Univ. ([1830]-1883)
	Med. Polikl. (1883/84-1905)
	Polikl. Inst. (1905/06)
	Polikl. Inst. f. innere Med. (1906-19)
	3. Med. Klin. (1919/20)
1.2.1	Amb. f. Sprachstörungen (1908/09)
1.2.1.1	Phon. Lab. u. Phonogrammarchiv (1915/16-21/22)
1.2.2	Lab. (1906-38/39)
1.2.3	Röntgenabt. (1929/30-33/34)
1.2.4	Stationäre Abt. (nur 1905/06)
1.3	Polikl. ([1830]-50)
1.4	Klin. u. Polikl. f. Augenkr. (1873/74)
1.5	Klin. u. Polikl. f. Ohrenkr. (1875-1911)
	Klin. u. Polikl. f. Ohren- u. Nasenkr. (1911/12-12)
2.	Klin. Inst. f. Gebh. ([1830]-1937, u. Frauenkr. 88)
	Univ.-Frauenkl. (1937/38)
2.1	Path. Inst. (1913-⟨34/35⟩)
3.	Zahnärztl. Inst. (1884/85)
3.1	Chir. Abt. (1913/14)
3.2	Abt. f. kons. Zahnheilk. (1913/14)
3.3	Techn. Abt. (1913/14)
3.4	Chem.-metallurgisches Lab. (1918/19)
3.5	Kieferorthop. Abt. (1941-44)
4.	Polikl. f. Hals- u. Nasenkr. (1887-1912/13)
5.	Polikl. f. orthop. Chir. (1890-1916)
	Klin. u. Polikl. f. Orthop. (1916/17, im Charité-Kh. 22/23)
5.1	Forschungsabt. (1939)
6.	Polikl. f. Lungenleidende (1901-21/22)
7.	Mechano-therap. Anst. (1900/01-26/27)
8.	Hydrotherap. Anst. (1901-38/39, ⟨36/37⟩ als Abt. von C.17.)
9.	Homöopathische Polikl. (1929/30)
10.	Univ.-Klin. f. natürl. Heil- u. Lebensweisen (1934/35)
11.	Polikl. f. Hautkr. (1937/38)
12.	Inst. f. Bäderk. (1938)
13.	Inst. f. Ernährungslehre (1941/42)

C.   Charité-Kh. ([1830])

1.	Med. Klin. f. Ärzte ([1830]-82)
	I. Med. Klin. (1882/83)
1.1	Radium-Inst. (1912-20/21)
1.2	Röntgenabt. (1943)
2.	Med. Klin. f. Wundärzte ([1830]-57)
3.	Chir. u. Augenärztl. Klin. (1862-68/69)
3.1	Augenärztl. Klin. ([1830]-61/62, 69-80/81)
	Klin. f. Augenkr. (1901/02, u. Polikl. 12/13)
3.2	Chir. Klin. ([1830]-61/62, 69-1926/27)
	Chir. Klin. u. Polikl. (1927)
3.2.1	Nebenabt. d. Chir. Klin. (1902/03-23/24)
3.2.2	Röntgeninst. (1928/29-39/40, Forts. III.C.22.)

3.2.3	Urolog. Abt. (⟨1936/37⟩)
3.2.4	Lab. (1933/34–⟨34/35⟩)
4.	Frauenkl. (1904, u. Polikl. 1904/05))
4.1	Gebh. Klin. ([1830]–1903/04, u. Polikl. 1880–1887/88)
4.2	Gynäk. Klin. (1858/59–1903/04)
4.3	Gynäk. Polikl. (1883–1903/04)
4.4	Gebh. Polikl. (1888–1903/04)
5.	Klin. f. Kinderkr. ([1830])
6.	Klin. d. psychischen Kr. ([1830]–72)
	Klin. d. psychischen u. Nervenkr. (1872/73–1940.2)
	Univ.-Nervenkl. der Charité (1940.3)
6.1	Lab. (1925/26–38)
6.2	Röntgenabt. (nur ⟨1936/37⟩)
7.	Klin. f. syph. u. Hautkr. (1860/61–84)
	Klin. f. Haut- u. Geschlkr. (1902/03–21)
	Hautkl. (1921/22–25/26)
	Hautkl., Hautpolikl. u. Lichtinst. (1926)
7.1	Klin. f. syph. Kr. ([1830]–60, 84/85–1902)
7.2	Klin. f. Hautkr. (1884/85–1902)
7.3	Abt. f. Lichtbehandlung (1909–20/21, Inst. 23/24–25/26)
7.4	Derm. Abt. (nur 1933/34)
8.	Hebammen-Lehranst. (1852/53–60)
9.	Propädeutische Klin. (1858–82)
	II. Med. Klin. (1882/83)
9.1	Sportärztl. Beratungsstelle (1928/29–32/33)
9.2	Röntgenabt. (1928/29–29/30)
9.3	Psychophysiol. Lab. (nur 1928/29)
10.	III. Med. Klin. (1893/94–1905/06)
11.	HNO-Klin. u. Polikl. (1926)
11.1	Klin. f. Ohrenkr. (1893/94, u. Polikl. 1907/08–11)
	Klin. u. Polikl. f. Hals- u. Nasenkr. (1911/12–22)
	I. HNO-Klin. u. Polikl. (1922/23–25/26)
11.1.1	Physiol. Lab. (1909/10–26/27)
	Akustisch-physiol. Lab. (1927/28)
11.1.2	Röntgen-Lab. (1909/10–20/21)
11.1.3	Phon. Abt. (1909/10–21/22)
11.1.3.1	Abt. f. Ertaubte u. Schwerhörige (1909/10–21/22)
11.1.3.2	Abt. f. Stimm- u. Sprachstörungen (1909/10–21/22, u. f. Ertaubte u. Schwerhörige 1922/23)
11.1.4	Abt. f. Gesichtsplastik (1918–21/22)
11.1.5	Lab. f. exp. Phon. (1926)
11.2	Klin. f. Hals- u. Nasenkr. (1893/94–1922)
	II. HNO-Klin. u. Polikl. (1922/23–25/26)
11.2.1	Amb. f. Stimm- u. Sprachstörungen (1922/23–25/26)
12.	Polikl. f. Kinderkr. (1895)
13.	Chir. Polikl. (1896/97–1926/27)
14.	Polikl. f. Haut- u. Geschlechtskr. (1897–1921)
	Hautpolikl. (1921/22–25/26, Forts. C.7.)
15.	Polikl. f. Nervenkr. (1900/01)
16.	Med. Polikl. (1917–19)
	I. Med. Polikl. (1919/20)

16.1	Erbpath. Abt. (⟨1934/35⟩, vorh. in C.1.)
16.2	Abt. Neurol. Inst. (⟨1934/35⟩–39, vorh. C.1.)
	Neurolog. Klin. (1939/40)
17.	II. Med. Polikl. (1919/20)
17.1	Massage- u. hydrotherap. Abt. (1926/27–29/30, u. phys. nur 30/31, u. elektro-phys. 31/32)
18.	Med. Abt. f. Stud. d. Zahnheilk. bei d. Charité (1930/31–32/33)
19.	Kieferstation (1931/32–32/33)
	Kieferkl. beim Charité-Kh. (1933/34) ist zugleich Unterabt. von B.3.1
20.	Amb. f. Konstitutionsmed. (1932/33–⟨34/35⟩)
	Univ.-Inst. u. Polikl. f. Konstitutionsmed. d. Charité (⟨1936/37⟩)
21.	Neurochir. Klin. (1939)
22.	Univ.-Inst. f. Röntgenolog. u. Radiolog. d. Charité (1940.2, vorh. C.3.2.2)
22.1	Strahlentherap. Klin. (1940.2)

D.   Städtisches Robert-Koch-Kh. in Moabit (1934/35)

1.	III. Chir. Univ.-Klin. (1934/35)
2.	IV. Med. Univ.-Klin. (1934/35)
3.	III. Chir. Polikl. (1938/39)
4.	Univ.-Röntgeninst. (1940.3)
5.	Univ.-Polikl. f. Geschwulstkr. (1940.3)
5.1	Innere Abt. (1940.3)
5.2	Gebh.-gynäk. Abt. (1940.3)
5.3	Path. Abt. (1940.3–41)
	Path. Inst. (1941/42)

IV.   Phil. Fak. ([1830], o. V. 1936/37)

1.	Philol. Sem. ([1830]–1911/12, Forts. IV.6.2)
2.	Arch. App. (1857, Sem. 1914–41)
	Winckelmann-Inst. d. Univ. Berlin (1941/42)
2.1	Mus. d. Gipsabg. u. Kretisch-mykenische Samml. (1933/34)
3.	Rom.-engl. Sem. (1877–95/96)
3.1	Sem. f. rom. Philol. (1896)
3.1.1	Spr.wiss. Abt. (1936/37–38/39)
3.1.2	Lit.wiss. Abt. (1936/37–38/39)
3.2	Sem. f. engl. Philol. (1896)
3.2.1	Amerika-Abt. (1927/28)
3.2.2	Abt. f. d. Erforsch. d. lebenden Spr. (1933/34)
4.	Hist. Sem. (1883)
4.1	Kriegsgesch. Abt. (1932/33)
4.2	Abt. f. Landesgesch. u. hist. Geogr. (1940.2)
5.	Geogr. App. (1884/85–99)
6.	Inst. f. Altertumsk. (1886/87)
6.1	Hist. Abt. (1897)
6.2	Philol. Abt. (1897, 1912 zugleich Philol. Sem.)
7.	Germ. Sem. (1887)
7.1	Prähist. App. (1903–⟨18⟩)
	App. f. dt. Arch. (1918/19–28/29)
7.2	Altgerm.-Nordische Abt. (⟨1936/37⟩–37/38)
7.3	Ältere dt. Abt. (1937/38–38/39)
8.	Sem. f. Or. Spr. (1887/88, Inst. 1938/39)
8.1	Abt. f. Arabistik (1939)
8.2	Abt. f. Iranistik (1939)

8.3	Indol. Abt. (1939)	**V.**	**Math.-Naturwiss. Fak. (1936/37, vorh. IV.)**
8.4	Sinol. Abt. (1939)		
8.5	Japanolog. Abt. (1939/40)	1.	Mus. f. Naturk. (1887)
9.	App. f. Vorlesungen über n. Kunstgesch.	1.1	Zool. Mus. ([1830]–36, 60/61, Samml. 36/37–60,
	(1889/90–1911/12)		Abt. d. Mus. f. Naturk. 87)
	Kunsthist. App. (1912, Sem. 13, Inst. 31/32)	1.1.1	Entomolog. Abt. (1850–64)
10.	Psychol. Sem. (1894, Inst. 1901)	1.1.2	Ornitholog. Abt. (1857–64)
10.1	Phonogrammarchiv (1914/15–32/33)	1.1.3	Abt. d. wirbellosen Tiere (1859–64)
10.2	Abt. f. angew. Psychol. (1931/32)	1.2	Min. Samml. ([1830], Kab. 30/31, Mus. 60/61)
11.	Sem. f. hist. Geogr. (1899/1900–21/22)		Min.-petrogr. Abt. d. Mus. f. Naturk. (1887,
	Sem. f. Staatenk. u. hist. Geogr. (1922–40.1)		Inst. u. Mus. 1901)
11.1	Abt. Morgenland u. Klass. Altertum (1919–21/22)	1.2.1	Pal. Abt. (1874/75–86/87)
11.2	Abt. Mittelalter u. Neuzeit (1919–21/22)		Geol.-pal. Abt. d. Mus. f. Naturk. (1887,
12.	Sem. f. osteuropäische Gesch. u. Landesk. (1903)		Inst. u. Mus. 1901)
13.	Musikhist. Sem. (1905)	1.2.2	Oryctognostische Abt. (1874/75–86/87)
14.	Idg. Sem. (1907/08)	1.2.3	Petrogr. Abt. (1874/75–86/87)
15.	Philos. Sem. (1909/10)	1.2.4	Min. Samml. (1872/73–74/75)
15.1	Päd. Abt. (1913/14–19/20)	1.2.5	Pal. Samml. (1872/73–86/87)
	Päd. Sem. (1920/21)	1.3	Zool. Inst. (1921/22, vorh. V.13)
16.	Sinol. Sem. (1912–38/39)	2.	Univ.-Garten (1840–1913, Forts. V.9)
17.	Äg. Sem. (1915/16)	3.	Phys. App.-Samml. (1847, Inst. 78–1934)
18.	Ungarisches Sem. (1916/17, Inst. 18/19)		I. Phys. Inst. (1934/35)
19.	Assyriolog. Sem. (1918–28/29)	4.	Chartogr. Inst. (1857–69/70)
20.	Sem. f. Landes- u. Altertumsk. d. Or. (1922)	5.	Herbarium (1860/61–79/80)
21.	Theaterwiss. Inst. (1923/24)		Bot. Mus. (1880)
22.	Slaw. Inst. (1925/26)	5.1	Inst. f. syst. Bot. u. Pflanzengeogr. (1914)
23.	HS-Inst. f. Leibesüb. (1925/26)	5.2	Inst. f. Pharmakogn. u. Kolonialbot. (1914)
23.1	Univ.-Turnhalle (1930/31)	6.	Math. Sem. (1862/63, Inst. 1938)
23.2	Abt. Turnlehrerausbildung (1933/34)	7.	Chem. Lab. d. Univ. (1865–82/83)
23.3	Abt. Grundausbildung (1934/35)		I. chem. Inst. (1883, o. I. 1905)
23.4	Abt. Freiwilliger Sportbetrieb (1934/35)	7.1	Anorgan. Abt. (1943)
23.5	Sportärztl. Untersuchungsstelle (1934/35)	7.2	Organ. Abt. (1943)
23.6	Abt. Luftfahrt (⟨1936/37⟩)	8.	Pflanzenphysiol. Inst. (1874–1910/11, Forts. V.9)
23.7	Führerschule Neustrelitz (⟨1936/37⟩-⟨41/42⟩)	9.	Bot. Inst. (1878/79–1913)
23.8	Abt. Reiten (⟨1936/37⟩-⟨41/42⟩)		Pflanzenphysiol. Inst. (1913/14)
23.9	Abt. Lehrgänge (nur ⟨1936/37⟩)	10.	Sem. zur Ausbildung von Stud. im wiss.
23.10	Abt. Fortbildung (1938)		Rechnen (1879)
24.	Vorgesch. Sem. (1927/28–34)	11.	Technol. Inst. (1880/81)
	Inst. f. Vorgesch. u. germ. Frühgesch. (1934/35)	12.	II. chem. Inst. (1884–1904/05)
25.	Bibliothekswiss. Inst. (1928/29-⟨34/35⟩)		Phys.-chem.Inst. (1905)
26.	Inst. f. Semit. u. Islamk. (1929/30-⟨34/35⟩)	12.1	Thermodyn. Abt. (1909–11/12)
	Inst. f. Arabistik u. Islamk. (⟨1936/37⟩-38/39)	13.	Zool. Inst. (1884–1921, Forts. V.1)
27.	Dt. Forsch.-Inst. f. Agrar-u. Siedlungsw.	14.	Geogr. Inst. (1887)
	(1931/32–33/34)	14.1	Koloniale Abt. (1914–19/20)
28.	Inst. f. pol. Pädagogik (1933/34)		Abt. f. Kolonial- u. Überseegeogr. (1920/21-
29.	Sem. f. Nationalitätenk. (1933/34)		⟨41/42⟩)
30.	Inst. f. Lautforsch. (1933/34)	15.	Bot. Garten (1887)
30.1	Wiss. Abt. (nur ⟨1934/35⟩)	16.	(Alte) Sternwarte (1887–1913)
30.2	Lab. f. exp. Phonetik (⟨1936/37⟩)	17.	Astr. Recheninst. (1887)
30.3	Abt. f. Volksmusik (⟨1936/37⟩-⟨41/42⟩)	17.1	Abt. Astr. Nachrichten (1939)
31.	Wehrpol. Inst. (⟨1936/37⟩)	18.	Meteor. Inst. (1887)
32.	Inst. f. Portugal u. Brasilien (⟨1936/37⟩)	18.1	Meteor. Central-Inst. (1893)
33.	Sem. f. dt. Volksk. (1937/38)	18.1.1	St. 1., 2. u. 3. Ordnung (nur 1933/34)
34.	Inst. f. Heimatforsch. (1938-⟨41/42⟩)	18.1.2	Regenst. (nur 1933/34)
34.1	Abt. Staat u. Wirtsch. (1938-⟨41/42⟩)	18.1.3	Gewitterst. (nur 1933/34)
34.2	Abt. Geogr. u. Volkst. (1938-⟨41/42⟩)	18.1.4	Wetterdienst (nur 1933/34)
34.3	Abt. Gesch. u. Spr. (1938-⟨41/42⟩)	18.1.5	Inst. f. Periodenforsch. (1934/35–42/43)
34.4	Abt. Vorgesch. (1938-⟨41/42⟩)	18.1.6	Abt. f. Kriegsmeteor. (1939/40)
35.	Inst. f. Volkskunstforsch. (1940.3)	18.1.7	Instrumenten-Abt. (nur 1933/34)

18.2	Meteor.-Magnetisches Observatorium (1892/93–1938/39)
18.2.1	Meteor. Abt. (1932/33–33/34)
18.2.2	Magnetische Abt. (1932/33–33/34)
18.3	Aeronautisches Observatorium (nur 1933/34)
19.	Mineral.-petrogr. Inst. (1888–1900/01, Forts. V.1)
20.	Geol.-pal. Inst. (1888–1900/01, Forts. V.1)
21.	Inst. f. theor. Phys. (1889/90, I. 1934/35)
22.	Pharmaz.-chem. Lab. (1896/97–1902) Pharmaz. Inst.(1902/03)
23.	Inst. f. Meeresk. (1900, u. Mus. 06)
23.1	Reichsmarinesamml. (1933/34–⟨34/35⟩) Kriegsmarinesamml. (⟨1936/37⟩–1940.3)
24.	(Neue) Sternwarte (1913)
24.1	Hauptinst. (1929/30)
24.1.1	Übungsabt. (⟨1940.2⟩)
24.2	Übungssternwarte Urania (1913–38/39)
24.3	Abt. Sonneberg (1930/31)
24.4	Phys. Lab. (1919/20–26/27)
25.	Inst. f. angew. Math. (1920/21)
26.	Geod. Inst. (1925/26–36/37)
27.	Dt. Inst. f. Edelstein- u. Perlenforsch. bei d. Univ. (1928/29)
28.	II. Phys. Inst. (1934/35)
29.	II. Inst. f. theor. Physik (1934/35)
30.	Inst. f. Höhenstrahlenforsch. (⟨1936/37⟩)
31.	Geophys. Inst. (⟨1936/37⟩)
32.	Staatl. Hauptstelle f. d. naturwiss. Unt. (1940.3)
32.1	Abt. f. Luftfahrt (1940.3)
33.	Rassenbiol. Inst. (1944)

VI.   Landw. Fak. (1934/35, –36/37 einschl. VII.)

1.	Inst. f. angew. Phys. (1934/35)
2.	Inst. f. Chem. (1934/35)
3.	Inst. f. Bodenk. (1934/35)
4.	Inst. f. landw. Bot. (1934/35)
5.	Inst. f. landw. Zool. (1934/35)
5.1	Auskunftsstelle f. Schädlingsbekämpfung (1940.3)
5.2	Inst. f. Bienenk. (1934/35, Abt. 40.3)
5.3	Abt. f. Geflügelk. (nur ⟨1934/35⟩)
6.	Inst. f. Tierernährungslehre (1934/35)
7.	Inst. f. Acker- u. Pflanzenbau (1934/35)
7.1	Versuchsgut Thyrow (⟨1936/37⟩)
8.	Inst. f. Pflanzenernährungslehre u. Bodenbiol. mit Versuchsfeld (1934/35)
9.	Inst. f. Vererbungs- u. Züchtungsforsch. mit Versuchsfeld (1934/35)
10.	Inst. f. Kulturtechn. (1934/35)
11.	Inst. f. Tierz. u. Haustiergenetik (1934/35)
11.1	Rassen- u. Forschungsstall (1934/35)
12.	Inst. f. landw. Betriebslehre (1934/35)
13.	Inst. f. Ackerbau u. Landbaupol. (1934/35–40.2) Inst. f. Agrarw. u. -pol. (1940.3)
14.	Landmaschinen-Inst. (1934/35)
14.1	Versuchsfeld u. Lab. Dahlem (1934/35)
14.2	Schlepperprüffeld Bornim bei Potsdam (1934/35)
15.	Sem. f. Bauw. (1934/35)

16.	Inst. f. gärtnerischen Pflanzenbau (1934/35)
17.	Inst. f. Obstbau (1934/35)
18.	Inst. f. Landschafts- u. Gartengestaltung (1934/35)
19.	Sem. f. Pflanzenschutz (1934/35)
20.	Sem. f. Genossenschaftsw. (1934/35)
20.1	Anst. f. Rassenk., Völkerbiol. u. ländl. Soziol. (⟨1936/37⟩–1939/40)
21.	Landw. Mus. (1934/35)
21.1	Abt. f. landw. Maschinen (⟨1936/37⟩)
21.2	Abt. f. Hochbauw. (⟨1936/37⟩)
21.3	Abt. f. Zool. (⟨1936/37⟩)
21.4	Abt. f. Bot. (⟨1936/37⟩)
21.5	Abt. f. Tierz. (⟨1936/37⟩)
21.6	Abt. f. Fischerei (⟨1936/37⟩)
21.7	Abt. f. Boden (⟨1936/37⟩)
21.8	Abt. f. Dünger (⟨1936/37⟩)
21.9	Abt. f. Mineral. u. Bodenk. (⟨1936/37⟩)
21.10	Abt. f. Kulturtechn. (⟨1936/37⟩)
22.	Versuchs- u. Forsch.gut Koppehof (1934/35)
23.	Inst. f. Gärungsgewerbe u. Stärkefabrikation (1934/35)
24.	Inst. f. Zucker-Ind. (1934/35)
24.1	Unterrichtsabt. (1934/35)
24.2	Analyt. Lab. (1934/35)
24.3	Chem. Abt. (1934/35)
24.4	Elekro-chem. Abt. (1934/35)
24.5	Biochem. Abt. (1934/35)
24.6	Phys. Abt. (1934/35–37/38, ⟨1940.2⟩)
24.7	Chem.-techn. Abt. (1934/35)
24.8	Versuchsfabrik (nur ⟨1934/35⟩)
24.9	Techn. Abt. (⟨1936/37⟩)
25.	Reichsanst. f. Getreideverarbeitung (1934/35)
25.1	Inst. f. Müllerei (1937/38)
25.2	Inst. f. Bäckerei (1937/38)
26.	Reichsanst. f. Fischerei (1934/35)
27.	Staatl. Fischerei-Versuchs- u. Lehrwirtsch. (1934/35)
28.	Inst. f. Milchwirtsch. (1934/35–36/37)
29.	Sem. f. landwirtsch. Rechts- u. Verwaltungsk. (nur ⟨1934/35⟩)
30.	Inst. f. Ausländische Landw. (1934/35–42/43)
31.	Inst. f. Volkswirtsch. (nur ⟨1934/35⟩)
32.	Forsch.bibl. f. d. Oststaaten (⟨1936/37⟩)
33.	Inst. f. Vorratspflege u. landw. Gewerbeforsch. (1937/38)
34.	Sem. f. Pflanzenschutz (1939)
35.	Sem. f. Fischereiw. (1939)
36.	Volkswirtsch. Inst. d. landw. Fak. (1941/42)

VII.   Veterinärmed. Fak. (1934/35, zus. mit VI. –36/37)

1.	Inst. f. Veterinär-Chem. (1934/35)
2.	Inst. f. Veterinär-Anat. (1934/35)
3.	Inst. f. Veterinär-Physiol. (1934/35)
4.	Inst. f. Veterinär-Path. (1934/35)
5.	Chir. Tierkl. (1934/35)

6.	Med. Tierkl. u. Inst. f. ger. Tierheilk. (1934/35)
7.	Tierärztl. Außenkl. u. Klin. f. Gebh. u. Kinderkr. (1934/35)
8.	Klin. u. Polikl. f. kleine Haustiere (1934/35)
9.	Inst. f. Veterinärpharm. (1934/35)
10.	Inst. f. Veterinär-Hyg. (1934/35)
11.	Inst. f. Tierseuchentherapie (1934/35)
12.	Inst. f. Lebensmittelhyg. (1934/35)
13.	Veterinärmed. Inst. f. Tierz. u. Fütterungslehre (nur ⟨1934/35⟩) Inst. f. Tierz. (⟨1936/37⟩)
14.	Inst. f. Parasitenk. u. veterinärmed. Zool. (1934/35)
15.	Apotheke d. veterinärmed. Inst. (1934/35)
16.	Veterinär-hist. Seminar (1934/35)
17.	Lehrschmiede (1939/40)
18.	Inst. f. veterinärmed. Tropenhyg. (1942/43)

VIII. Auslandswiss. Fak. (1940.3)

1. Dt. auslandswiss. Inst. (1940.3, mit 34 Abt.)

IX.	Sonstige mit der Univ. verbundene Inst.
1.	Akad. Auskunftsstelle (1905, -amt 19)
1.1	Abt. f. Studienberatung (1931/32–38/39)
1.2	Abt. f. Berufsk. u. -beratung (1931/32)
1.3	Hochschulkundl. Abt. (1931/32)
1.4	Auslandsabt. (1931/32)
1.5	Presseabt. (1931/32–1940.3)
2.	Inst. f. Zeitungswiss. (1929/30)
2.1	Zeitungsw. (⟨1936/37⟩)
2.2	Zeitschriftenw. (⟨1936/37⟩)
2.3	Die publizistischen Führungsmittel (⟨1936/37⟩)
2.4	Auslandspresse (⟨1936/37⟩)
3.	Dt. Inst. f. Ausländer (1930/31)
4.	Reichs-AG f. Raumforsch. a. d. Univ. (⟨1936/37⟩)
5.	Berl. HS-Inst. f. Versicherungswiss. (1939/40)
5.1	Betriebs- u. volkswirtsch. Abt. (1939/40)
5.2	Math.-stat. Abt. (1939/40)
5.3	Rechtswiss. Abt. (1939/40)
6.	Arb.stell. d. Lehrauftrags f. Rundfunkk. (nur ⟨1941/42⟩) Inst. f. Rundfunkk. u. Fernsehrundfunk (⟨1942/43⟩)

3. Die Studierenden nach Fachbereichen

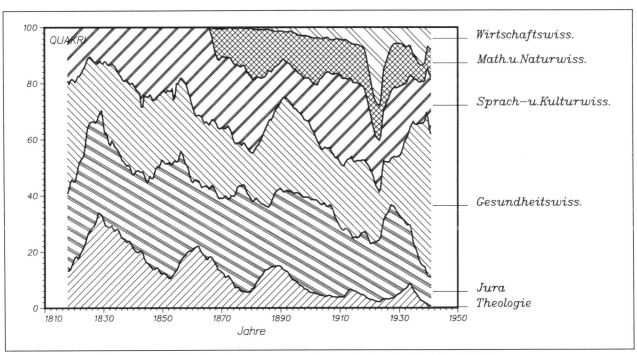

Abb. 1.1: Das Fachbereichsprofil der Studierenden an der Universität Berlin 1817/18–1941/1

Tab. 1.1: Die Studierenden an der Universität Berlin nach Fachbereichen in Prozent 1821–1941/1

| | Evang. Theol. | Jura | Gesundheitswissenschaften | | | | Sprach- und Kultur- wiss. | Math., Naturw. | | Wirt- sch., Agrar- und Forst. wiss. | Studierende | | |
			insg.	Allg. Med.	Zahn- med.	Phar- mazie		insg.	Chemie		insg.	weibl. in % aller Stud.	Ausl. in % aller Stud.
Semester	1	2	3	4	5	6	7	8	9	10	11	12	13
1821	18,26	30,07	34,51	34,51	.	.	17,15	.	.	.	991	.	.
1821/22	16,89	34,13	31,06	31,06	.	.	17,92	.	.	.	1172	.	.
1822	19,64	32,98	30,52	30,52	.	.	16,86	.	.	.	1222	.	.
1822/23	19,70	33,07	30,50	30,50	.	.	16,73	.	.	.	1249	.	.
1823	21,33	32,71	31,54	31,54	.	.	14,43	.	.	.	1116	.	.
1823/24	21,85	32,70	30,62	30,62	.	.	14,83	.	.	.	1254	.	.
1824	23,98	36,81	26,61	26,61	.	.	12,59	.	.	.	1255	.	.
1824/25	25,78	38,30	24,53	24,53	.	.	11,39	.	.	.	1598	.	.
1825	27,57	38,04	23,73	23,73	.	.	10,66	.	.	.	1538	.	.
1825/26	26,86	39,04	23,69	23,69	.	.	10,41	.	.	.	1642	.	.
1826	29,09	37,58	21,60	21,60	.	.	11,74	.	.	.	1602	.	.
1826/27	28,64	37,41	22,11	22,11	.	.	11,84	.	.	.	1732	.	.
1827	29,99	36,20	20,89	20,89	.	.	12,92	.	.	.	1594	.	.
1827/28	30,61	34,93	21,38	21,38	.	.	13,08	.	.	.	1712	.	.
1828	33,66	34,52	18,76	18,76	.	.	13,06	.	.	.	1631	.	.
1828/29	34,02	34,82	18,84	18,84	.	.	12,33	.	.	.	1752	.	.
1829	33,18	37,40	17,53	17,53	.	.	11,90	.	.	.	1706	.	.
1829/30	32,74	37,30	16,13	16,13	.	.	13,83	.	.	.	1909	.	.
1830	31,13	32,25	24,35	15,38	.	5,09	12,28	.	.	.	1963	.	.
1830/31	29,47	32,23	26,07	15,13	.	6,53	12,23	.	.	.	2175	.	.
1831	28,79	33,17	25,49	14,86	.	5,51	12,55	.	.	.	2032	.	.
1831/32	29,15	31,24	25,52	15,87	.	5,72	14,08	.	.	.	1626	.	.
1832	28,36	28,42	29,95	15,91	.	7,52	13,27	.	.	.	1703	.	.
1832/33	29,13	29,95	27,70	16,39	.	4,71	13,21	.	.	.	1953	.	.
1833	29,34	30,49	27,15	17,02	.	4,19	13,02	.	.	.	2004	.	.
1833/34	26,77	30,99	28,30	18,31	.	4,50	13,95	.	.	.	2223	.	.
1834	28,11	28,89	28,94	19,55	.	5,16	14,06	.	.	.	2056	.	.
1834/35	27,96	28,87	27,60	18,60	.	4,80	15,57	.	.	.	1978	.	.
1835	28,17	27,28	28,44	19,81	.	4,76	16,10	.	.	.	1807	.	.
1835/36	26,22	28,90	27,25	18,92	.	4,91	17,63	.	.	.	1934	.	.
1836	25,32	27,47	29,89	20,05	.	5,22	17,31	.	.	.	1860	.	.
1836/37	24,36	27,89	28,16	20,18	.	5,32	19,59	.	.	.	1843	.	.
1837	24,84	27,44	29,00	20,57	.	5,49	18,72	.	.	.	1731	.	.
1837/38	23,43	27,08	29,75	20,76	.	6,43	19,73	.	.	.	1835	.	.
1838	23,41	27,26	30,56	20,84	.	4,86	18,77	.	.	.	1790	.	.
1838/39	23,81	27,42	28,73	21,45	.	4,29	20,04	.	.	.	1911	.	.
1839	23,94	25,92	29,75	21,52	.	5,07	20,39	.	.	.	1775	.	.
1839/40	21,79	26,59	31,80	21,69	.	7,08	19,82	.	.	.	1978	.	.
1840	21,93	24,75	33,39	22,37	.	8,14	19,93	.	.	.	1806	.	.
1840/41	20,06	28,64	29,70	22,60	.	4,99	21,61	.	.	.	1805	.	.
1841	20,81	27,53	29,85	22,65	.	4,88	21,82	.	.	.	1682	.	.
1841/42	19,11	30,33	27,42	20,43	.	4,50	23,13	.	.	.	1889	.	.
1842	20,37	28,17	28,61	20,03	.	5,42	22,86	.	.	.	1807	.	.
1842/43	20,09	28,44	27,40	18,53	.	5,74	24,06	.	.	.	1916	.	.
1843	20,72	27,63	18,92	18,92	.	.	32,73	.	.	.	1723	.	.
1843/44	18,63	29,88	27,43	17,38	.	6,36	24,06	.	.	.	1841	.	.
1844	16,74	29,59	29,23	17,99	.	7,05	24,45	.	.	.	1673	.	.
1844/45	16,33	29,18	29,58	17,63	.	8,02	24,91	.	.	.	1758	.	.
1845	15,66	28,45	30,97	18,48	.	8,68	24,93	.	.	.	1705	.	.
1845/46	15,41	31,88	28,40	17,24	.	8,40	24,31	.	.	.	1810	.	.
1846	14,69	31,71	29,75	17,64	.	9,53	23,85	.	.	.	1627	.	.
1846/47	13,77	32,17	28,13	16,38	.	9,50	25,93	.	.	.	1685	.	.
1847	13,65	32,72	27,49	15,37	.	10,14	26,15	.	.	.	1568	.	.
1847/48	13,83	35,71	24,91	13,32	.	9,87	25,55	.	.	.	1742	.	.
1848	14,36	35,51	24,37	14,82	.	7,71	25,76	.	.	.	1518	.	.
1848/49	14,35	36,75	24,98	14,73	.	8,28	23,92	.	.	.	1317	.	.
1849	12,71	36,36	26,43	15,74	.	8,53	24,50	.	.	.	1290	.	.
1849/50	11,76	41,62	23,24	14,32	.	7,23	23,38	.	.	.	1480	.	.
1850	12,64	39,43	24,79	15,40	.	8,01	23,14	.	.	.	1448	.	.
1850/51	11,85	40,84	25,31	14,53	.	9,29	22,01	.	.	.	1604	.	.
1851	12,49	37,88	25,59	15,75	.	8,49	24,03	.	.	.	1473	.	.
1851/52	11,01	41,35	25,04	16,72	.	7,40	22,60	.	.	.	1717	.	.
1852	10,90	39,97	26,89	17,73	.	8,32	22,24	.	.	.	1551	.	.
1852/53	10,02	42,70	23,96	16,73	.	6,52	23,31	.	.	.	1686	.	.
1853	11,10	38,99	27,51	19,49	.	7,40	22,39	.	.	.	1621	.	.
1853/54	11,48	40,81	26,12	17,37	.	7,85	21,59	.	.	.	1681	.	.
1854	12,46	39,12	18,69	18,69	.	.	29,74	.	.	.	1493	.	.
1854/55	13,21	40,31	26,36	17,13	.	8,20	20,12	.	.	.	1635	.	.
1855	13,62	36,94	29,50	18,21	.	9,97	19,93	.	.	.	1505	.	.
1855/56	15,06	38,81	25,71	15,54	1,13	9,05	20,42	.	.	.	1680	.	.
1856	17,17	37,20	28,02	16,21	1,08	10,72	17,61	.	.	.	1567	.	.
1856/57	16,96	40,30	24,22	15,39	0,58	8,25	18,52	.	.	.	1722	.	.
1857	18,55	34,08	28,88	19,32	0,77	8,79	18,49	.	.	.	1558	.	.
1857/58	18,11	35,23	26,76	17,88	0,41	8,47	19,91	.	.	.	1723	.	.
1858	19,17	30,42	30,42	20,33	0,55	9,55	19,99	.	.	.	1466	.	.
1858/59	20,24	31,59	25,73	18,22	0,38	7,12	22,45	.	.	.	1586	.	.
1859	20,28	26,77	28,98	19,08	0,80	9,10	23,96	.	.	.	1494	.	.
1859/60	20,39	26,37	27,56	19,51	0,56	7,48	25,69	.	.	.	1604	.	.
1860	20,68	23,06	28,30	20,94	0,53	6,83	27,97	.	.	.	1509	.	.
1860/61	20,68	25,12	24,60	17,91	0,52	6,16	29,61	.	.	.	1736	.	.
1861	22,25	22,92	23,89	17,63	0,49	5,78	30,94	.	.	.	1645	.	.
1861/62	21,20	25,16	21,82	15,99	0,57	5,26	31,82	.	.	.	1920	.	.

Tab. 1.1: Die Studierenden an der Universität Berlin nach Fachbereichen in Prozent 1821–1941/1

	Evang. Theol.	Jura	Gesundheitswissenschaften				Sprach- und Kultur- wiss.	Math., Naturw.	Chemie	Wirt- sch., Agrar- und Forst. wiss.	Studierende		
			insg.	Allg. Med.	Zahn- med.	Phar- mazie		insg.			insg.	weibl. in % aller Stud.	Ausl. in % aller Stud.
Semester	1	2	3	4	5	6	7	8	9	10	11	12	13
1862	22,92	21,38	24,46	18,35	0,55	5,56	31,24	.	.	.	1815	.	.
1862/63	21,11	25,17	22,43	16,52	0,44	5,47	31,28	.	.	.	2046	.	.
1863	20,45	21,67	26,00	18,87	0,42	6,71	31,87	.	.	.	1892	.	.
1863/64	18,93	24,76	24,24	17,58	0,33	6,34	32,07	.	.	.	2145	.	.
1864	19,58	23,00	22,58	19,68	0,32	2,58	34,84	.	.	.	1900	.	.
1864/65	17,49	26,84	22,23	18,70	0,60	2,93	33,44	.	.	.	2150	.	.
1865	17,07	25,63	23,31	19,34	1,13	2,84	33,99	.	.	.	1939	.	.
1865/66	17,35	26,17	22,06	18,10	0,98	2,99	34,42	.	.	.	2144	.	.
1866	18,89	22,29	23,59	19,62	1,20	2,77	35,23	.	.	.	1916	.	.
1866/67	17,62	27,20	22,65	17,97	1,05	3,63	29,34	3,19	.	.	2287	.	.
1867	18,12	24,44	24,10	19,19	0,92	3,98	29,74	3,60	.	.	2058	.	.
1867/68	15,71	28,04	23,20	17,89	0,97	4,34	24,84	7,62	.	0,59	2375	.	7,75
1868	16,03	24,21	25,60	19,19	1,48	4,93	24,98	8,76	.	0,43	2090	.	7,32
1868/69	14,14	27,35	23,78	18,50	1,30	3,98	23,62	10,36	.	0,76	2384	.	9,48
1869	13,14	24,22	25,71	19,62	1,73	4,36	24,89	11,56	.	0,48	2085	.	9,16
1869/70	13,61	26,86	23,97	17,84	1,63	4,51	24,06	10,89	.	0,61	2461	.	11,05
1870	12,45	25,46	25,83	19,14	1,61	5,07	25,83	9,96	.	0,46	2168	.	9,96
1870/71	12,64	27,30	24,35	19,24	1,50	3,61	25,28	9,82	.	0,62	2271	.	10,30
1871	11,50	27,36	24,86	20,56	1,31	2,99	25,32	10,37	.	0,59	2208	.	11,05
1871/72	10,30	30,78	22,77	18,50	0,74	3,53	25,78	10,04	.	0,33	2719	.	11,25
1872	11,79	26,14	27,08	21,31	0,99	4,78	23,44	11,32	.	0,24	2112	.	11,74
1872/73	11,25	28,46	24,94	20,03	0,55	4,36	24,99	10,26	.	0,10	2017	.	13,58
1873	10,23	28,00	24,74	20,47	0,60	3,67	25,89	11,02	.	0,12	1661	.	12,88
1873/74	9,85	31,87	21,06	18,95	0,17	1,94	25,67	11,10	.	0,46	1757	.	14,63
1874	8,64	29,40	20,82	18,58	0,25	1,99	28,03	12,87	.	0,25	1609	.	14,29
1874/75	7,35	34,21	17,76	15,13	0,44	2,19	27,47	12,66	.	0,55	1824	.	12,34
1875	7,08	32,89	17,63	15,02	0,46	2,15	28,89	13,11	.	0,41	1724	.	11,14
1875/76	7,56	37,66	14,84	12,27	0,42	2,15	27,02	12,79	.	0,14	2143	.	12,09
1876	6,93	34,60	15,98	13,15	0,46	2,38	27,92	14,42	.	0,15	1977	.	11,58
1876/77	5,58	40,28	13,33	11,29	0,32	1,73	27,19	13,25	.	0,36	2490	.	9,24
1877	6,03	35,09	15,51	13,59	0,27	1,65	28,79	14,35	.	0,22	2237	.	8,67
1877/78	5,93	40,86	14,18	12,17	0,39	1,62	26,64	12,24	.	0,14	2834	.	7,41
1878	5,84	34,57	15,84	13,47	0,35	2,02	28,53	14,75	.	0,47	2569	.	6,66
1878/79	5,48	37,69	15,84	13,48	0,47	1,90	26,02	14,47	.	0,50	3213	.	6,66
1879	5,75	32,29	16,70	14,28	0,49	1,94	27,89	16,84	.	0,52	2886	.	5,75
1879/80	5,46	36,45	15,27	13,17	0,47	1,64	26,27	16,21	.	0,33	3608	.	6,15
1880	6,84	29,60	17,47	14,98	0,53	1,96	27,64	18,07	.	0,39	3365	.	6,42
1880/81	6,92	32,80	16,68	14,24	0,46	1,97	25,37	17,53	.	0,71	4107	.	6,23
1881	7,12	29,31	18,20	15,53	0,49	2,18	26,15	18,44	.	0,78	3709	.	5,80
1881/82	8,46	32,59	17,17	14,48	0,48	2,22	24,34	16,72	.	0,72	4421	.	6,18
1882	9,87	27,26	19,54	16,74	0,41	2,38	25,00	17,41	.	0,92	3900	.	6,31
1882/83	9,58	30,23	19,50	16,55	0,43	2,52	23,60	16,18	.	0,92	4678	.	6,56
1883	11,30	24,64	22,38	19,03	0,39	2,95	22,92	17,87	.	0,89	4062	.	6,72
1883/84	11,43	27,21	22,63	19,37	0,60	2,65	21,12	16,89	.	0,71	4635	.	7,64
1884	12,11	23,21	25,57	22,24	0,70	2,62	20,58	17,67	.	0,87	4154	.	7,63
1884/85	13,50	24,81	25,93	22,63	0,86	2,44	18,72	16,24	.	0,80	5006	.	8,81
1885	13,63	20,79	28,86	24,44	1,27	3,15	18,75	17,30	.	0,68	4411	.	8,71
1885/86	13,69	24,15	28,79	24,63	1,33	2,83	17,95	14,62	.	0,79	5192	.	8,74
1886	14,05	19,93	31,86	26,61	1,93	3,31	18,48	15,05	.	0,63	4291	.	8,51
1886/87	14,71	24,41	29,25	24,53	1,76	2,96	16,28	14,09	.	1,24	5165	.	9,97
1887	14,50	22,05	29,31	24,36	2,16	2,79	17,65	15,40	.	1,10	4545	.	9,17
1887/88	14,92	26,46	28,92	24,48	2,23	2,21	15,81	12,54	.	1,34	5287	.	10,54
1888	14,50	25,39	29,33	24,57	2,67	2,08	15,98	13,37	.	1,44	4525	.	9,48
1888/89	14,96	27,87	29,30	24,93	2,62	1,76	14,69	11,57	.	1,61	5576	.	10,03
1889	15,13	25,61	29,93	24,35	3,67	1,90	15,41	12,51	.	1,41	4685	.	9,61
1889/90	14,91	28,95	29,57	24,45	3,51	1,61	13,99	11,11	.	1,47	5526	.	10,86
1890	14,99	25,99	31,69	25,10	4,52	2,07	14,59	11,55	.	1,19	4537	.	10,18
1890/91	13,85	29,36	32,42	26,06	3,94	2,41	13,34	9,59	.	1,43	5306	.	11,82
1891	13,39	26,09	34,76	27,72	4,49	2,55	13,98	10,24	.	1,54	4278	.	10,71
1891/92	13,38	29,90	32,33	26,84	3,15	2,33	12,72	10,00	.	1,67	5141	.	12,47
1892	12,87	27,30	33,68	27,16	3,98	2,55	12,97	11,42	.	1,75	4047	.	11,19
1892/93	12,88	30,85	31,32	25,86	3,21	2,24	12,99	10,55	.	1,42	4636	.	12,60
1893	11,11	27,84	33,28	27,32	3,23	2,73	13,79	12,52	.	1,46	3843	.	13,04
1893/94	10,75	33,91	29,69	25,07	2,30	2,32	12,99	11,29	.	1,38	4651	.	13,31
1894	9,91	28,12	31,92	25,94	2,82	3,16	14,42	13,63	.	2,00	3794	.	12,18
1894/95	9,79	33,52	29,12	24,33	2,61	2,18	13,57	11,99	.	2,01	4831	.	13,40
1895	9,52	29,17	30,95	25,20	3,29	2,46	14,42	13,72	.	2,21	3980	.	13,02
1895/96	9,17	34,23	28,35	23,69	2,74	1,92	13,13	12,56	.	2,57	5104	.	13,15
1896	8,10	30,31	29,61	24,10	3,33	2,18	14,42	14,65	.	2,90	4444	.	13,88
1896/97	8,22	34,30	28,39	22,87	3,22	2,31	13,46	12,85	.	2,78	5283	.	13,57
1897	7,72	29,56	29,97	23,52	3,63	2,81	14,51	14,98	.	3,27	4405	.	12,85
1897/98	7,45	34,27	27,49	22,50	2,58	2,42	13,92	14,10	.	2,76	5623	.	12,36
1898	6,50	30,42	28,06	22,45	2,95	2,67	15,45	16,27	.	3,29	4615	.	12,00
1898/99	6,72	35,56	26,30	21,03	2,72	2,55	14,85	13,88	.	2,69	5844	.	11,62
1899	6,43	29,95	28,33	21,88	3,11	3,34	15,62	16,17	.	3,51	4762	.	12,01
1899/00	5,84	36,70	25,64	20,61	2,57	2,46	15,24	13,54	.	3,04	6182	.	12,57
1900	5,26	30,05	26,84	20,80	2,75	3,29	17,41	16,79	.	3,66	4866	.	13,56
1900/01	5,61	36,10	23,66	19,14	2,32	2,20	16,20	14,86	.	3,57	6327	.	13,78
1901	5,36	30,19	25,12	20,00	2,56	2,56	18,23	16,97	.	4,14	5075	.	15,05
1901/02	5,40	35,94	22,02	17,86	2,21	1,95	17,78	15,21	.	3,65	6463	.	14,16
1902	4,70	31,00	22,19	17,74	2,26	2,19	20,20	17,80	.	4,11	5303	.	14,71
1902/03	5,23	35,37	20,29	16,92	1,92	1,44	19,80	15,79	.	3,52	6655	.	14,15

Tab. 1.1: Die Studierenden an der Universität Berlin nach Fachbereichen in Prozent 1821–1941/1

| | Evang. Theol. | Jura | Gesundheitswissenschaften | | | | Sprach- und Kultur-wiss. | Math., Naturw. | | Wirt-sch., Agrar- und Forst. wiss. | Studierende | | |
| | | | insg. | Allg. Med. | Zahn-med. | Phar-mazie | | insg. | Chemie | | insg. | weibl. in % aller Stud. | Ausl. in % aller Stud. |
Semester	1	2	3	4	5	6	7	8	9	10	11	12	13
1903	4,55	29,94	21,21	16,91	2,46	1,84	25,05	15,28	7,55	3,97	5445	.	14,20
1903/04	4,45	35,04	19,49	15,67	2,15	1,67	23,64	13,36	6,52	4,03	7128	.	14,83
1904	4,45	29,47	20,00	15,65	2,49	1,87	27,18	14,61	6,62	4,29	5714	.	14,37
1904/05	4,28	36,42	18,72	13,81	2,50	2,40	24,57	12,44	5,20	3,57	7362	.	13,85
1905	3,86	30,01	21,21	14,94	3,35	2,92	27,50	13,49	5,86	3,93	5855	.	14,35
1905/06	4,39	34,14	20,27	14,54	3,02	2,72	26,33	11,62	4,79	3,26	7616	.	14,09
1906	4,38	29,21	21,41	14,64	3,47	3,30	27,92	12,99	5,24	4,08	6052	.	14,59
1906/07	4,64	34,80	19,59	14,14	2,89	2,57	25,92	11,16	4,47	3,89	7584	.	12,94
1907	4,02	30,02	19,54	13,05	3,58	2,91	28,59	12,78	5,03	5,04	5869	.	11,74
1907/08	4,07	33,50	19,45	14,09	3,18	2,18	27,28	11,64	4,26	4,06	7517	.	12,21
1908	3,76	27,56	21,06	14,65	3,74	2,67	29,65	13,25	4,91	4,71	6172	.	12,65
1908/09	3,95	29,44	21,25	15,96	3,35	1,94	29,99	11,37	4,03	4,01	8235	4,76	12,96
1909	3,70	25,78	22,65	16,73	3,81	2,11	30,31	13,46	4,12	4,09	6694	5,51	13,07
1909/10	4,06	27,15	23,16	17,96	3,72	1,48	29,84	11,78	3,48	4,00	8740	6,88	13,60
1910	3,73	23,75	22,57	17,50	3,38	1,69	31,68	13,73	4,07	4,54	7399	7,89	14,16
1910/11	4,16	25,23	23,07	19,58	2,34	1,14	30,59	12,81	3,39	4,13	9178	8,31	14,41
1911	3,56	22,60	22,78	19,27	2,29	1,21	31,48	14,44	4,01	5,14	7585	8,33	14,11
1911/12	4,36	24,90	22,91	20,53	1,29	1,09	30,61	13,08	3,04	4,13	9120	8,66	14,32
1912	4,84	22,49	24,06	21,94	0,92	1,20	29,42	14,66	3,31	4,53	7744	8,77	15,72
1912/13	5,86	23,14	24,92	23,20	0,74	0,98	28,35	13,01	2,78	4,72	9188	9,35	15,22
1913	5,92	20,45	25,71	23,48	0,97	1,26	28,66	13,88	3,13	5,37	7837	9,05	15,76
1913/14	7,22	20,44	26,75	24,54	1,20	1,00	28,44	11,69	2,95	5,46	9059	9,48	15,44
1914	6,06	18,41	28,83	25,75	1,69	1,38	27,04	13,77	3,25	5,89	8024	10,00	15,15
1914/15	6,17	19,03	26,74	23,70	1,80	1,24	28,28	13,69	3,05	6,08	7824	12,40	5,43
1915	5,99	19,27	26,83	23,85	1,77	1,21	27,99	13,85	3,03	6,07	7793	12,69	5,18
1915/16	5,76	19,29	27,22	24,28	1,80	1,14	28,04	13,51	2,96	6,19	8439	14,08	5,97
1916	5,40	19,37	27,88	25,02	1,73	1,13	27,21	13,84	3,02	6,30	8590	13,13	5,88
1916/17	5,02	20,49	26,77	24,05	1,56	1,16	27,49	13,83	3,15	6,40	9409	13,37	5,41
1917	4,83	21,67	25,94	23,41	1,48	1,05	26,74	14,03	3,28	6,78	10126	11,93	.
1917/18	4,75	22,04	25,97	23,60	1,40	0,98	26,33	13,97	3,23	6,94	10769	12,28	4,87
1918	4,64	22,43	25,57	23,34	1,33	0,89	25,90	14,09	3,39	7,38	10968	10,92	4,63
1918/19	4,17	22,98	25,38	23,03	1,38	0,97	24,99	13,99	3,61	8,49	11975	11,32	3,22
1919	3,60	22,25	25,39	21,53	3,08	0,78	23,44	13,95	4,22	11,37	12811	9,62	3,74
ZS.1919	3,92	23,55	25,04	22,21	1,91	0,92	24,10	13,63	3,77	9,76	12322	9,88	2,61
1919/20	3,35	22,22	25,63	20,33	4,49	0,82	21,85	12,79	4,51	14,16	14305	9,72	4,36
1920	3,03	19,87	26,61	20,17	5,63	0,81	20,25	13,24	4,97	17,01	10278	10,98	.
1920/21	2,97	19,96	26,35	20,69	4,89	0,77	19,47	11,72	4,60	19,54	12375	11,35	.
1921	2,89	20,23	23,90	19,01	4,08	0,81	17,40	12,69	5,34	22,88	11807	11,04	9,65
1921/22	2,68	21,05	22,86	18,58	3,51	0,78	17,35	11,21	5,52	24,84	12724	11,66	11,42
1922	2,36	20,62	19,66	15,84	2,90	0,91	17,68	12,72	6,28	26,97	12497	10,79	13,12
1922/23	2,34	21,84	19,52	16,22	2,15	1,15	17,33	12,13	6,06	26,85	12741	12,31	16,16
1923	2,14	21,61	17,31	14,36	1,73	1,22	18,36	12,33	6,02	28,25	12622	12,37	18,36
1923/24	2,24	22,38	16,84	14,16	1,48	1,21	18,43	12,24	5,99	27,87	12581	13,58	18,07
1924	2,38	23,45	18,54	15,07	1,69	1,79	17,81	12,88	6,24	24,93	9950	13,74	16,59
1924/25	3,38	28,19	21,75	17,52	2,11	2,12	17,58	13,62	6,83	15,48	7311	14,27	15,93
1925	2,98	28,29	20,06	15,39	2,39	2,28	19,00	15,21	6,96	14,46	6938	13,74	15,02
1925/26	3,57	30,24	18,85	14,49	2,35	2,00	20,59	13,91	5,77	12,84	7989	14,92	12,77
1926	2,87	30,16	18,36	13,83	2,82	1,70	21,92	15,91	5,42	10,77	8038	14,39	11,89
1926/27	3,32	31,68	17,28	13,61	2,60	1,07	23,12	15,03	4,53	9,57	9463	15,21	11,18
1927	3,29	32,81	16,20	13,06	2,41	0,73	24,05	16,03	4,34	7,62	9173	14,37	10,35
1927/28	3,72	33,46	17,22	13,40	3,02	0,81	24,02	15,05	3,60	6,52	10907	16,15	9,98
1928	3,46	32,01	17,36	13,30	3,15	0,91	24,89	16,04	3,93	6,24	10691	16,22	9,30
1928/29	4,07	32,48	18,62	14,39	3,42	0,81	24,36	15,00	3,68	5,48	12817	17,68	8,68
1929	4,35	28,78	19,13	14,23	3,87	1,04	24,95	16,75	3,70	6,04	12309	18,17	8,38
1929/30	5,11	29,82	20,40	15,66	3,71	1,03	24,31	14,90	3,19	5,46	14126	19,74	8,35
1930	4,95	26,84	21,11	16,07	3,96	1,09	25,04	16,11	3,50	5,95	13120	19,47	8,21
1930/31	5,69	27,07	23,15	18,24	3,81	1,10	24,08	14,45	3,19	5,57	14687	21,02	8,86
1931	5,97	25,21	24,13	18,43	4,51	1,19	23,35	15,01	3,48	6,33	13536	21,32	8,56
1931/32	6,63	25,02	27,54	21,86	4,42	1,26	21,05	13,46	2,94	6,30	13927	22,54	8,96
1932	6,69	23,36	29,47	23,16	4,76	1,55	19,79	13,77	2,99	6,92	12552	21,98	8,69
1932/33	7,24	22,54	30,88	24,87	4,38	1,63	19,66	12,53	2,84	7,15	12544	23,30	8,59
1933	7,68	21,42	32,18	25,30	4,83	2,05	20,21	11,95	3,26	6,57	10017	21,97	.
1933/34	9,20	20,99	33,84	27,29	4,35	2,20	18,87	10,69	2,87	6,41	10010	20,32	.
1934	8,19	20,39	36,21	28,85	4,54	2,82	18,04	10,52	3,40	6,65	7878	18,94	7,62
1934/35	7,24	18,23	40,61	29,87	4,02	2,59	15,93	8,31	2,69	9,68	9288	18,08	.
1935	5,79	15,67	45,10	33,32	4,08	2,69	15,70	7,92	2,76	9,82	6956	17,98	.
1935/36	5,74	16,33	42,21	31,81	3,93	2,81	16,70	8,24	2,79	10,78	8220	16,45	.
1936	4,61	15,18	46,44	36,11	3,64	2,66	15,46	6,93	2,28	11,38	6793	15,34	.
1936/37	4,16	14,72	45,77	37,13	2,95	2,67	15,41	6,86	2,25	13,09	6679	15,42	.
1937	3,00	12,59	51,10	42,81	2,62	2,59	14,09	6,09	2,08	13,13	6338	14,15	12,42
1937/38	2,71	13,53	48,20	39,90	2,77	2,13	15,67	5,86	2,28	14,03	6349	13,48	.
1938	2,36	11,85	52,92	45,05	2,41	2,08	14,02	5,54	2,41	13,31	6100	12,61	.
1938/39	2,10	13,32	49,34	41,06	2,29	2,34	15,26	6,46	2,89	13,53	6194	13,59	.
1939	1,73	12,06	54,68	47,39	2,11	1,97	13,52	6,02	2,50	12,00	6310	12,39	.
1939/40	2,52	12,23	57,72	48,88	2,52	2,26	12,53	7,39	4,36	7,61	6911	20,66	.
1940/1	1,02	9,97	59,26	51,26	1,46	1,57	16,04	6,84	4,00	6,89	6492	20,41	.
1940/2	0,61	10,81	54,27	46,01	1,81	1,29	18,61	8,87	3,93	6,83	5579	23,82	6,42
1940/3	0,71	11,95	48,86	41,21	2,03	1,24	21,66	9,06	4,39	7,76	6601	28,78	.
1941/1	0,74	10,06	51,11	44,24	2,07	1,24	20,45	9,68	3,68	7,96	6191	29,67	.

4. Die Studierenden nach Fächern

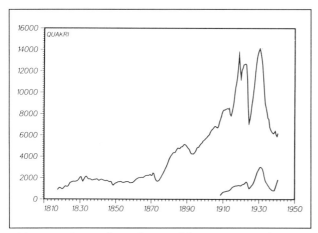

Abb. 1.2: Die Studierenden (weibl. u. insg.) an der Universität Berlin 1817/18–1941/1: Sämtliche Fächer

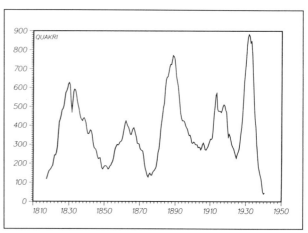

Abb. 1.3: Die Studierenden an der Universität Berlin 1817/18–1941/1: Evangelische Theologie

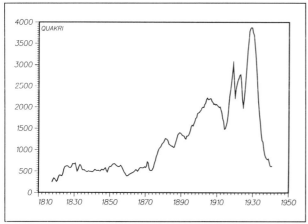

Abb. 1.4: Die Studierenden an der Universität Berlin 1817/18–1941/1: Jura

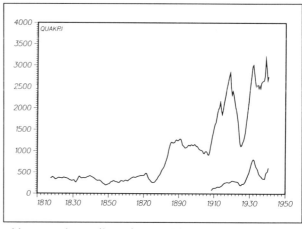

Abb. 1.5: Die Studierenden (weibl. u. insg.) an der Universität Berlin 1817/18–1941/1: Allgemeine Medizin

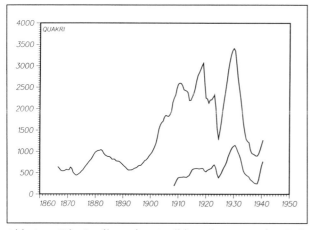

Abb. 1.6: Die Studierenden (weibl. u. insg.) an der Universität Berlin 1866/67–1941/1: Sprach- und Kulturwissenschaften

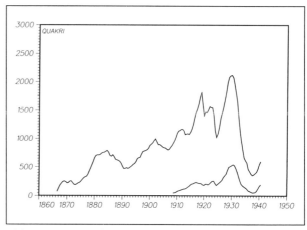

Abb. 1.7: Die Studierenden (weibl. u. insg.) an der Universität Berlin 1866/67–1941/1: Mathematik und Naturwissenschaften

Tab. 1.2: Die Einzelfachströme an der Universität Berlin nach Staatsangehörigkeit und Geschlecht 1817/18–1941/1

	Stud. insg.	Evang. Theol.	Jura	Medizin	Philosophische Fakultät			
					insg. Fak.	Chirurgie	Zahn-med.	Pharmazie
Semester	1	2	3	4	5	6	7	8
1817/18	942	117	261	396	168	.	.	.
1818	841	118	230	322	171	.	.	.
1818/19	1161	146	358	426	231	.	.	.
1819	1011	153	316	362	180	.	.	.
1819/20	1114	172	331	397	214	.	.	.
1820	910	161	247	333	169	.	.	.
1820/21	994	183	266	340	205	.	.	.
1821	991	181	298	342	170	.	.	.
1821/22	1172	198	400	364	210	.	.	.
1822	1222	240	403	373	206	.	.	.
1822/23	1249	246	413	381	209	.	.	.
1823	1116	238	365	352	161	.	.	.
1823/24	1254	274	410	384	186	.	.	.
1824	1255	301	462	334	158	.	.	.
1824/25	1598	412	612	392	182	.	.	.
1825	1538	424	585	365	164	.	.	.
1825/26	1642	441	641	389	171	.	.	.
1826	1602	466	602	346	188	.	.	.
1826/27	1732	496	648	383	205	.	.	.
1827	1594	478	577	333	206	.	.	.
1827/28	1712	524	598	366	224	.	.	.
1828	1631	549	563	306	213	.	.	.
1828/29	1752	596	610	330	216	.	.	.
1829	1706	566	638	299	203	.	.	.
1829/30	1909	625	712	308	264	.	.	.
1830	1963	611	633	302	417	76	.	100
1830/31	2175	641	701	329	504	96	.	142
1831	2032	585	674	302	471	104	.	112
1831/32	1626	474	508	258	386	64	.	93
1832	1703	483	484	271	465	111	.	128
1832/33	1953	569	585	320	479	129	.	92
1833	2004	588	611	341	464	119	.	84
1833/34	2223	595	689	407	532	122	.	100
1834	2056	578	594	402	482	87	.	106
1834/35	1978	553	571	368	486	83	.	95
1835	1807	509	493	358	447	70	.	86
1835/36	1934	507	559	366	502	66	.	95
1836	1860	471	511	373	505	86	.	97
1836/37	1843	449	514	372	508	49	.	98
1837	1731	430	475	356	470	51	.	95
1837/38	1835	430	497	381	527	47	.	118
1838	1790	419	488	373	510	87	.	87
1838/39	1911	455	524	410	522	57	.	82
1839	1775	425	460	382	508	56	.	90
1839/40	1978	431	526	429	592	60	.	140
1840	1806	396	447	404	559	52	.	147
1840/41	1805	362	517	408	518	38	.	90
1841	1682	350	463	381	488	39	.	82
1841/42	1889	361	573	386	569	47	.	85
1842	1807	368	509	362	568	57	.	98
1842/43	1916	385	545	355	631	60	.	110
1843	1723	357	476	326	564	.	.	.
1843/44	1841	343	550	320	628	68	.	117
1844	1673	280	495	301	597	70	.	118
1844/45	1758	287	513	310	648	69	.	141
1845	1705	267	485	315	638	65	.	148
1845/46	1810	279	577	312	642	50	.	152
1846	1627	239	516	287	585	42	.	155
1846/47	1685	232	542	276	635	38	.	160
1847	1568	214	513	241	600	31	.	159
1847/48	1742	241	622	232	647	30	.	172
1848	1518	218	539	225	536	28	.	117
1848/49	1317	189	484	194	450	26	.	109
1849	1290	164	469	203	454	28	.	110
1849/50	1480	174	616	212	478	25	.	107
1850	1448	183	571	223	471	20	.	116
1850/51	1604	190	655	233	526	24	.	149
1851	1473	184	558	232	499	20	.	125
1851/52	1717	189	710	287	531	16	.	127
1852	1551	169	620	275	487	13	.	129
1852/53	1686	169	720	282	515	12	.	110
1853	1621	180	632	316	493	10	.	120
1853/54	1681	193	686	292	510	15	.	132
1854	1493	186	584	279	444	.	.	.
1854/55	1635	216	659	280	480	17	.	134
1855	1505	205	556	274	470	20	.	150
1855/56	1680	253	652	261	514	.	19	152
1856	1567	269	583	254	461	.	17	168
1856/57	1722	292	694	265	471	.	10	142
1857	1558	289	531	301	437	.	12	137
1857/58	1723	312	607	308	496	.	7	146
1858	1466	281	446	298	441	.	8	140
1858/59	1586	321	501	289	475	.	6	113
1859	1494	303	400	285	506	.	12	136
1859/60	1604	327	423	313	541	.	9	120
1860	1509	312	348	316	533	.	8	103
1860/61	1736	359	436	311	630	.	9	107
1861	1645	366	377	290	612	.	8	95
1861/62	1920	407	483	307	723	.	11	101
1862	1815	416	388	333	678	.	10	101
1862/63	2046	432	515	338	761	.	9	112
1863	1892	387	410	357	738	.	8	127
1863/64	2145	406	531	377	831	.	7	136
1864	1900	372	437	374	717	.	6	49
1864/65	2150	376	577	402	795	.	13	63
1865	1939	331	497	375	736	.	22	55
1865/66	2144	372	561	388	823	.	21	64
1866	1916	362	427	376	751	.	23	53

Tab. 1.2: Die Einzelfachströme an der Universität Berlin nach Staatsangehörigkeit und Geschlecht 1817/18–1941/1

| | Evang. Theol. | | Jura | | Medizin | | Zahnmedizin | | Pharmazie | | Philol., Gesch. | | Math., Naturw. | |
| | insg. | Ausl. in % | insg. | Ausl. in % | insg. | Ausl. in % | insg. | Ausl. in % | insg. | Ausl. in % | insg. | Ausl. in % | insg. | Ausl. in % |
Semester	1	2	3	4	5	6	7	8	9	10	11	12	13	14
1866/67	403	.	622	.	411	.	24	.	83	.	671	.	73	.
1867	373	.	503	.	395	.	19	.	82	.	612	.	74	.
1867/68	373	6,17	666	7,51	425	5,65	23	.	103	.	590	12,37	181	6,63
1868	335	3,88	506	8,30	401	7,48	31	.	103	.	522	11,11	183	4,92
1868/69	337	8,01	652	8,28	441	9,52	31	.	95	.	563	13,32	247	10,12
1869	274	9,12	505	8,71	409	10,02	36	.	91	.	519	8,09	241	15,35
1869/70	335	11,34	661	9,38	439	9,57	40	.	111	.	592	14,70	268	14,55
1870	270	8,52	552	9,96	415	9,40	35	.	110	.	560	13,21	216	10,65
1870/71	287	6,97	620	8,23	437	12,81	34	.	82	.	574	12,54	223	13,45
1871	254	3,94	604	7,45	454	15,64	29	.	66	.	559	14,49	229	14,41
1871/72	280	9,29	837	7,05	503	14,51	20	.	96	.	701	14,55	273	16,12
1872	249	6,43	552	7,79	450	17,11	21	.	101	.	495	13,13	239	18,83
1872/73	227	7,93	574	7,67	404	18,56	11	.	88	.	504	20,44	207	16,43
1873	170	6,47	465	7,74	340	20,59	10	.	61	.	430	16,28	183	14,21
1873/74	173	10,40	560	8,04	333	24,32	3	.	34	0,00	451	18,40	195	13,85
1874	139	8,63	473	6,77	299	24,75	4	.	32	0,00	451	18,18	207	14,01
1874/75	134	8,96	624	4,81	276	26,81	8	.	40	0,00	501	15,57	231	12,99
1875	122	5,74	567	3,53	259	27,41	8	.	37	0,00	498	12,85	226	13,27
1875/76	162	10,49	807	4,83	263	27,76	9	.	46	2,17	579	14,34	274	16,42
1876	137	7,30	684	4,53	260	28,46	9	.	47	2,13	552	12,86	285	14,39
1876/77	139	4,32	1003	3,59	281	24,20	8	.	43	0,00	677	11,52	330	11,52
1877	135	1,48	785	3,82	304	21,05	6	.	37	0,00	644	9,16	321	11,84
1877/78	168	4,76	1158	3,89	345	15,07	11	.	46	0,00	755	9,93	347	8,36
1878	150	6,00	888	2,82	346	10,98	9	.	52	0,00	733	9,14	379	7,92
1878/79	176	6,82	1211	2,73	433	10,62	15	.	61	3,28	836	9,69	465	8,17
1879	166	5,42	932	1,93	412	10,92	14	.	56	3,57	805	7,58	486	5,97
1879/80	197	6,60	1315	2,13	475	9,89	17	.	59	3,39	948	8,97	585	7,52
1880	230	4,35	996	2,51	504	10,52	18	.	66	1,52	930	8,06	608	7,73
1880/81	284	6,34	1347	3,04	585	9,06	19	.	81	1,23	1042	8,64	720	5,97
1881	264	5,68	1087	3,04	576	9,03	18	.	81	2,47	970	7,42	684	4,53
1881/82	374	5,88	1441	3,26	640	8,91	21	.	98	0,00	1076	8,09	739	6,77
1882	385	4,68	1063	3,86	653	8,88	16	.	93	0,00	975	8,21	679	5,74
1882/83	448	5,13	1414	2,76	774	8,66	20	.	118	1,69	1104	9,87	757	7,40
1883	459	5,45	1001	3,70	773	8,67	16	.	120	1,67	931	8,92	726	6,75
1883/84	530	6,04	1261	4,84	898	8,35	28	.	123	1,63	979	11,54	783	7,92
1884	503	3,98	964	5,39	924	9,63	29	.	109	0,00	855	10,76	734	7,22
1884/85	676	6,07	1242	6,04	1133	10,41	43	.	122	0,82	937	13,45	813	8,49
1885	601	5,16	917	5,56	1078	8,63	56	.	139	1,44	827	16,81	763	8,26
1885/86	711	5,91	1254	5,98	1279	8,60	69	.	147	2,04	932	13,84	759	10,54
1886	603	5,47	855	6,43	1142	8,23	83	.	142	2,11	793	12,99	646	10,53
1886/87	760	7,11	1261	6,11	1267	9,39	91	.	153	5,23	841	17,24	728	11,81
1887	659	3,79	1002	5,59	1107	9,21	98	.	127	3,15	802	15,34	700	12,43
1887/88	789	7,35	1399	6,43	1294	10,12	118	.	117	.	836	.	663	.
1888	656	3,96	1149	5,92	1112	9,62	121	.	94	.	723	.	605	.
1888/89	834	4,08	1554	4,89	1390	11,73	146	.	98	.	819	.	645	.
1889	709	4,23	1200	4,75	1141	9,99	172	.	89	.	722	.	586	.
1889/90	824	8,50	1600	4,50	1351	13,10	194	.	89	.	773	.	614	.
1890	680	5,88	1179	4,83	1139	11,94	205	.	94	.	662	.	524	.
1890/91	735	10,61	1558	4,88	1383	13,59	209	.	128	.	708	.	509	.
1891	573	8,20	1116	4,48	1186	10,29	192	.	109	.	598	.	438	.
1891/92	688	9,45	1537	4,62	1380	14,20	162	.	120	6,67	654	27,22	514	17,51
1892	521	5,57	1105	4,71	1099	11,01	161	.	103	10,68	525	25,33	462	18,83
1892/93	597	8,04	1430	4,62	1199	13,34	149	.	104	8,65	602	29,07	489	19,63
1893	427	6,56	1070	5,33	1050	12,57	124	.	105	9,52	530	28,30	481	21,00
1893/94	500	11,60	1577	6,28	1166	13,38	107	.	108	7,41	604	27,81	525	20,38
1894	376	9,84	1067	4,78	984	10,77	107	.	120	5,83	547	22,67	517	21,08
1894/95	472	14,83	1616	3,77	1173	13,55	126	.	105	4,76	654	28,59	578	22,32
1895	379	9,76	1161	4,13	1003	14,76	131	.	98	5,10	574	24,22	546	19,96
1895/96	468	14,10	1747	4,06	1209	15,38	140	.	98	9,18	670	22,84	641	21,68
1896	360	7,22	1347	4,90	1071	16,62	148	2,70	97	5,15	641	22,93	651	21,97
1896/97	434	9,91	1812	5,74	1208	17,55	170	4,12	122	3,28	711	22,36	679	19,59
1897	340	10,00	1302	5,22	1036	16,02	160	3,75	124	4,03	639	18,31	660	18,33
1897/98	419	13,13	1927	4,26	1265	15,65	145	1,38	136	2,94	783	21,33	793	17,02
1898	300	5,00	1404	4,56	1036	15,06	136	4,41	123	3,25	713	18,93	751	16,64
1898/99	393	12,98	2078	3,99	1229	14,08	159	3,14	149	2,01	868	19,82	811	17,26
1899	306	8,82	1426	5,26	1042	14,49	148	4,05	159	4,40	744	16,67	770	17,27
1899/00	361	11,91	2269	5,07	1274	16,09	159	2,52	152	1,32	942	19,00	837	19,00
1900	256	3,91	1462	5,40	1012	19,47	134	3,73	160	0,00	847	18,06	817	19,95
1900/01	355	8,73	2284	6,57	1211	19,32	147	6,12	139	1,44	1025	18,15	940	20,43
1901	272	11,03	1532	7,83	1015	20,79	130	5,38	130	2,31	925	18,38	861	19,16
1901/02	349	16,33	2323	5,77	1154	21,92	143	8,39	126	0,79	1149	18,54	983	18,21
1902	249	10,44	1644	5,96	941	26,25	120	7,50	116	0,86	1071	16,90	944	16,31
1902/03	348	15,52	2354	6,07	1126	24,78	128	9,38	96	1,04	1318	16,24	1051	15,60
1903	248	10,48	1630	6,13	921	24,32	134	7,46	100	1,00	828	3,99	421	4,51
1903/04	317	12,30	2498	5,32	1117	28,65	153	7,19	119	1,68	984	1,93	487	2,05
1904	254	11,42	1684	4,87	894	29,98	142	1,41	107	2,80	991	6,56	457	3,28
1904/05	315	13,02	2681	6,86	1017	33,82	184	2,72	177	0,56	1180	1,95	533	1,31
1905	226	9,29	1757	7,68	875	33,49	196	4,59	171	0,58	1071	3,64	447	0,00
1905/06	334	17,37	2600	7,38	1107	30,80	230	4,35	207	0,97	1410	4,18	520	4,04
1906	265	12,83	1768	8,20	886	34,42	210	3,81	200	1,00	1192	3,61	469	3,84
1906/07	352	12,50	2639	7,12	1072	25,56	219	2,74	195	0,00	1369	5,77	507	1,58
1907	236	5,51	1762	7,15	766	18,15	210	2,86	171	0,58	1202	6,99	455	1,10
1907/08	306	11,44	2518	6,71	1059	21,72	239	3,77	164	1,22	1486	4,04	555	1,98
1908	232	8,62	1701	7,17	904	25,11	231	3,90	165	0,61	1331	4,58	515	2,72

Tab. 1. 2: Die Einzelfachströme an der Universität Berlin nach Staatsangehörigkeit und Geschlecht 1817/18–1941/1

	Chemie		Cam. u. Landw.		Sonstige		Studierende		
	insg.	Ausl. in %	insg.	Ausl. in %	insg.	Ausl. in %	insg.	Ausländer	in %
Semester	15	16	17	18	19	20	21	22	23
1866/67	.	.	.	.	.	.	2287	.	.
1867	.	.	.	.	.	.	2058		
1867/68	.	.	14	14,29	.	.	2375	184	7,75
1868	.	.	9	11,11	.	.	2090	153	7,32
1868/69	.	.	18	16,67	.	.	2384	226	9,48
1869	.	.	10	20,00	.	.	2085	191	9,16
1869/70	.	.	15	26,67	.	.	2461	272	11,05
1870	.	.	10	20,00	.	.	2168	216	9,96
1870/71	.	.	14	35,71	.	.	2271	234	10,30
1871	.	.	13	30,77	.	.	2208	244	11,05
1871/72	.	.	9	22,22	.	.	2719	306	11,25
1872	.	.	5	40,00	.	.	2112	248	11,74
1872/73	.	.	2	0,00	.	.	2017	274	13,58
1873	.	.	2	50,00	.	.	1661	214	12,88
1873/74	.	.	8	37,50	.	.	1757	257	14,63
1874	.	.	4	25,00	.	.	1609	230	14,29
1874/75	.	.	10	10,00	.	.	1824	225	12,34
1875	.	.	7	0,00	.	.	1724	192	11,14
1875/76	.	.	3	33,33	.	.	2143	259	12,09
1876	.	.	3	33,33	.	.	1977	229	11,58
1876/77	.	.	9	44,44	.	.	2490	230	9,24
1877	.	.	5	20,00	.	.	2237	194	8,67
1877/78	.	.	4	25,00	.	.	2834	210	7,41
1878	.	.	12	16,67	.	.	2569	171	6,66
1878/79	.	.	16	12,50	.	.	3213	214	6,66
1879	.	.	15	13,33	.	.	2886	166	5,75
1879/80	.	.	12	25,00	.	.	3608	222	6,15
1880	.	.	13	38,46	.	.	3365	216	6,42
1880/81	.	.	29	34,48	.	.	4107	256	6,23
1881	.	.	29	34,48	.	.	3709	215	5,80
1881/82	.	.	32	31,25	.	.	4421	273	6,18
1882	.	.	36	27,78	.	.	3900	246	6,31
1882/83	.	.	43	25,58	.	.	4678	307	6,56
1883	.	.	36	27,78	.	.	4062	273	6,72
1883/84	.	.	33	27,27	.	.	4635	354	7,64
1884	.	.	36	30,56	.	.	4154	317	7,63
1884/85	.	.	40	27,50	.	.	5006	441	8,81
1885	.	.	30	16,67	.	.	4411	384	8,71
1885/86	.	.	41	36,59	.	.	5192	454	8,74
1886	.	.	27	33,33	.	.	4291	365	8,51
1886/87	.	.	64	40,63	.	.	5165	515	9,97
1887	.	.	50	40,00	.	.	4545	417	9,17
1887/88	.	.	71	.	.	.	5287	557	10,54
1888	.	.	65	.	.	.	4525	429	9,48
1888/89	.	.	90	.	.	.	5576	559	10,03
1889	.	.	66	.	.	.	4685	450	9,61
1889/90	.	.	81	.	.	.	5526	600	10,86
1890	.	.	54	.	.	.	4537	462	10,18
1890/91	.	.	76	.	.	.	5306	627	11,82
1891	.	.	66	.	.	.	4278	458	10,71
1891/92	.	.	86	38,37	.	.	5141	641	12,47
1892	.	.	71	28,17	.	.	4047	453	11,19
1892/93	.	.	66	45,45	.	.	4636	584	12,60
1893	.	.	56	41,07	.	.	3843	501	13,04
1893/94	.	.	64	35,94	.	.	4651	619	13,31
1894	.	.	76	36,84	.	.	3794	462	12,18
1894/95	.	.	97	39,18	.	.	4821	649	13,46
1895	.	.	88	36,36	.	.	3980	518	13,02
1895/96	.	.	131	35,88	.	.	5104	671	13,15
1896	.	.	129	37,21	.	.	4444	617	13,88
1896/97	.	.	147	37,41	.	.	5283	717	13,57
1897	.	.	144	34,03	.	.	4405	566	12,85
1897/98	.	.	155	33,55	.	.	5623	695	12,36
1898	.	.	152	32,24	.	.	4615	554	12,00
1898/99	.	.	157	33,12	.	.	5844	679	11,62
1899	.	.	167	29,34	.	.	4762	572	12,01
1899/00	.	.	188	37,23	.	.	6182	777	12,57
1900	.	.	178	29,78	.	.	4866	660	13,56
1900/01	.	.	226	30,09	.	.	6327	872	13,78
1901	.	.	210	27,62	.	.	5075	764	15,05
1901/02	.	.	236	27,97	.	.	6463	915	14,16
1902	.	.	218	29,36	.	.	5303	780	14,71
1902/03	.	.	234	32,05	.	.	6655	942	14,15
1903	411	24,82	216	32,41	536	35,07	5445	773	14,20
1903/04	465	29,25	287	35,89	701	40,51	7128	1057	14,83
1904	378	24,87	245	33,06	562	32,38	5714	821	14,37
1904/05	383	27,68	263	30,04	629	36,57	7362	1020	13,85
1905	343	27,99	230	27,39	539	33,95	5855	840	14,35
1905/06	365	28,49	248	26,61	595	36,97	7616	1073	14,09
1906	317	27,13	247	28,74	498	34,34	6052	883	14,59
1906/07	339	27,43	295	25,42	597	35,85	7584	981	12,94
1907	295	29,83	296	25,34	476	31,93	5869	689	11,74
1907/08	320	30,00	305	29,18	565	38,41	7517	918	12,21
1908	303	29,37	291	27,84	499	31,46	6172	781	12,65

Tab. 1. 2: Die Einzelfachströme an der Universität Berlin nach Staatsangehörigkeit und Geschlecht 1817/18–1941/1

	Evangelische Theologie				Jura					Medizin				
	insg.	Frauen			Ausländ. in %	insg.	Frauen			Ausländ. in %	insg.	Frauen			Ausländ. in %
		insg.	in %	deuts.			insg.	in %	deuts.			insg.	in %	deuts.	
Semester	1	2	3	4	5	6	7	8	9	10	11	12	13	14	15
1908/09	325	2	0,62	0	16,00	2424	4	0,17	2	6,97	1314	87	6,62	50	22,53
1909	248	1	0,40	0	13,71	1726	1	0,06	1	6,95	1120	77	6,88	44	26,43
1909/10	355	2	0,56	0	15,49	2373	4	0,17	3	8,98	1570	138	8,79	72	24,97
1910	276	1	0,36	0	11,96	1757	4	0,23	3	8,71	1295	122	9,42	59	30,27
1910/11	382	2	0,52	1	16,75	2316	10	0,43	9	8,33	1797	147	8,18	84	26,66
1911	270	2	0,74	1	7,78	1714	15	0,88	14	7,29	1462	116	7,93	68	30,64
1911/12	398	1	0,25	1	10,80	2271	13	0,57	11	8,50	1872	161	8,60	96	28,10
1912	375	3	0,80	3	7,47	1742	15	0,86	14	8,32	1699	147	8,65	101	33,43
1912/13	538	4	0,74	4	8,92	2126	20	0,94	19	6,87	2132	178	8,35	135	30,72
1913	464	2	0,43	2	5,17	1603	19	1,19	17	6,92	1840	138	7,50	103	35,00
1913/14	654	1	0,15	1	6,27	1852	19	1,03	19	8,48	2223	171	7,69	138	29,28
1914	486	2	0,41	2	4,12	1477	17	1,15	17	8,26	2066	165	7,99	131	30,69
1914/15	483	2	0,41	2	2,60	1480	18	1,21	18	3,56	1851	188	10,11	170	6,85
1915	467	3	0,64	3	3,21	1502	19	1,26	19	3,73	1859	198	10,65	185	6,35
1915/16	486	4	0,82	4	6,17	1628	27	1,66	25	3,81	2049	242	11,81	225	7,22
1916	464	3	0,65	3	5,17	1664	22	1,32	20	4,15	2149	238	11,07	217	7,40
1916/17	472	4	0,85	4	5,51	1928	33	1,71	28	3,89	2263	275	12,15	256	6,85
1917	489	4	0,82	.	.	2194	28	1,28	.	.	2371	245	10,33	.	.
1917/18	512	8	1,56	7	5,27	2373	28	1,18	26	3,16	2541	289	11,37	261	6,53
1918	509	8	1,57	7	4,72	2460	25	1,02	24	3,21	2560	251	9,80	226	5,94
1918/19	499	13	2,61	11	3,01	2752	34	1,24	32	2,25	2758	275	9,97	254	3,95
1919	461	9	1,95	9	1,52	2851	36	1,26	35	2,39	2758	240	8,70	216	6,09
ZS.1919	483	11	2,28	.	2,90	2902	35	1,21	.	2,17	2737	228	8,33	.	3,14
1919/20	479	8	1,67	8	2,30	3179	40	1,26	38	2,58	2908	302	10,39	264	7,50
1920	311	8	2,57	.	.	2042	30	1,47	.	.	2073	267	12,88	.	.
1920/21	367	12	3,27	.	.	2470	54	2,19	.	.	2561	335	13,08	.	.
1921	341	18	5,28	17	2,64	2389	54	2,26	46	4,19	2244	272	12,12	214	21,97
1921/22	341	17	4,99	15	4,11	2679	65	2,43	56	5,23	2364	317	13,41	249	23,05
1922	295	12	4,07	11	5,08	2577	48	1,86	38	6,44	1980	264	13,33	192	28,28
1922/23	298	12	4,03	10	5,70	2782	65	2,34	57	7,26	2066	302	14,62	217	31,12
1923	270	13	4,81	12	5,19	2728	73	2,68	63	7,66	1813	262	14,45	164	40,15
1923/24	282	12	4,26	11	6,03	2815	89	3,16	83	6,00	1781	293	16,45	187	41,27
1924	237	9	3,80	8	5,06	2333	58	2,49	51	4,84	1499	245	16,34	149	39,89
1924/25	247	8	3,24	8	3,64	2061	71	3,44	70	3,88	1281	229	17,88	157	36,14
1925	207	5	2,42	5	1,45	1963	57	2,90	53	3,67	1068	179	16,76	117	35,39
1925/26	285	8	2,81	.	.	2416	84	3,48	.	.	1158	216	18,65	.	.
1926	231	4	1,73	.	.	2424	79	3,26	.	.	1112	220	19,78	.	.
1926/27	314	13	4,14	13	6,05	2998	112	3,74	105	3,97	1288	245	19,02	193	22,98
1927	302	7	2,32	7	7,28	3010	93	3,09	90	3,32	1198	211	17,61	167	22,79
1927/28	406	17	4,19	16	8,37	3650	163	4,47	157	3,59	1461	285	19,51	235	18,14
1928	370	18	4,86	17	5,14	3422	157	4,59	151	3,77	1422	272	19,13	228	17,09
1928/29	522	19	3,64	19	4,21	4163	236	5,67	229	3,75	1844	389	21,10	341	13,02
1929	536	32	5,97	32	3,17	3542	191	5,39	181	4,01	1751	374	21,36	340	13,36
1929/30	722	44	6,09	43	3,88	4213	299	7,10	281	4,39	2212	496	22,42	450	12,25
1930	649	32	4,93	31	3,70	3521	218	6,19	208	3,95	2108	463	21,96	416	12,24
1930/31	835	49	5,87	48	4,19	3976	296	7,44	281	4,68	2679	647	24,15	593	12,54
1931	808	49	6,06	49	2,85	3413	230	6,74	215	4,13	2495	625	25,05	576	12,87
1931/32	924	50	5,41	50	3,14	3484	273	7,84	260	4,56	3044	809	26,58	741	12,48
1932	840	57	6,79	57	2,74	2932	230	7,84	222	4,13	2907	741	25,49	686	12,87
1932/33	908	66	7,27	63	4,30	2828	244	8,63	231	4,84	3120	878	28,14	819	11,70
1933	769	42	5,46	.	.	2146	125	5,82	.	.	2534	702	27,70	.	.
1933/34	921	52	5,65	.	.	2101	108	5,14	.	.	2732	702	25,70	.	.
1934	645	26	4,03	.	.	1606	64	3,99	.	.	2273	566	24,90	.	.
1934/35	672	33	4,91	.	.	1693	72	4,25	.	.	2774	638	23,00	.	.
1935	403	18	4,47	.	.	1090	49	4,50	.	.	2318	485	20,92	.	.
1935/36	472	19	4,03	.	.	1342	53	3,95	.	.	2615	467	17,86	.	.
1936	313	16	5,11	.	.	1031	29	2,81	.	.	2453	409	16,67	.	.
1936/37	278	14	5,04	.	.	983	24	2,44	.	.	2480	421	16,98	.	.
1937	190	8	4,21	.	.	798	13	1,63	.	.	2713	373	13,75	.	.
1937/38	172	6	3,49	.	.	859	15	1,75	.	.	2533	359	14,17	.	.
1938	144	2	1,39	.	.	723	8	1,11	.	.	2748	344	12,52	.	.
1938/39	130	4	3,08	.	.	825	11	1,33	.	.	2543	359	14,12	.	.
1939	109	5	4,59	.	.	761	13	1,71	.	.	2990	340	11,37	.	.
1939/40	174	9	5,17	.	.	845	14	1,66	.	.	3378	748	22,14	.	.
1940/1	66	4	6,06	.	.	647	16	2,47	.	.	3328	590	17,73	.	.
1940/2	34	1	2,94	.	.	603	20	3,32	.	.	2567	428	16,67	.	.
1940/3	47	4	8,51	.	.	789	31	3,93	.	.	2720	610	22,43	.	.
1941/1	46	4	8,70	.	.	623	34	5,46	.	.	2739	611	22,31	.	.

Tab. 1. 2: Die Einzelfachströme an der Universität Berlin nach Staatsangehörigkeit und Geschlecht 1817/18–1941/1

	Zahnmedizin				Pharmazie					Philolologie, Geschichte				
	insg.	Frauen		Aus-	insg.	Frauen		Aus-		insg.	Frauen		Aus-	
		insg.	in %	deuts.	länd. in %		insg.	in %	deuts.	länd. in %		insg.	in %	deuts.	länd. in %
Semester	16	17	18	19	20	21	22	23	24	25	26	27	28	29	30
1908/09	276	15	5,43	14	2,54	160	0	0,00	0	1,88	1835	177	9,65	136	5,94
1909	255	14	5,49	13	2,75	141	1	0,71	0	1,42	1572	169	10,75	139	7,12
1909/10	325	23	7,08	19	4,00	129	0	0,00	0	0,00	2025	290	14,32	236	7,06
1910	250	16	6,40	13	4,80	125	2	1,60	1	1,60	1844	278	15,08	253	7,10
1910/11	215	13	6,05	10	5,12	105	1	0,95	1	2,86	2284	391	17,12	325	9,11
1911	174	10	5,75	8	5,75	92	2	2,17	2	2,17	1953	320	16,39	283	7,42
1911/12	118	6	5,08	6	5,93	99	2	2,02	2	3,03	2290	386	16,86	336	8,69
1912	71	4	5,63	3	7,04	93	1	1,08	1	2,15	1867	309	16,55	272	8,62
1912/13	68	5	7,35	5	4,41	90	2	2,22	2	4,44	2131	405	19,01	338	10,23
1913	76	4	5,26	4	6,58	99	1	1,01	1	6,06	1736	293	16,88	265	8,99
1913/14	109	6	5,50	6	5,50	91	1	1,10	1	3,30	1614	325	20,14	286	9,05
1914	136	6	4,41	5	4,41	111	1	0,90	1	4,50	1658	343	20,69	313	7,84
1914/15	141	9	6,38	9	4,26	97	2	2,06	2	1,03	1912	488	25,52	470	4,13
1915	138	7	5,07	7	2,90	94	2	2,13	2	1,06	1886	477	25,29	457	4,35
1915/16	152	14	9,21	13	5,26	96	3	3,13	3	1,04	2053	557	27,13	531	4,92
1916	149	13	8,72	11	6,04	97	5	5,15	5	0,00	2024	513	25,35	487	4,79
1916/17	147	16	10,88	14	9,52	109	6	5,50	6	1,83	2252	567	25,18	545	4,22
1917	150	21	14,00	.	.	106	8	7,55	.	.	2359	521	22,09	.	.
1917/18	151	25	16,56	22	11,92	105	7	6,67	6	5,71	2468	556	22,53	536	3,24
1918	146	25	17,12	22	12,33	98	9	9,18	8	4,08	2477	502	20,27	485	3,27
1918/19	165	23	13,94	22	5,45	116	16	13,79	15	2,59	2624	573	21,84	552	2,67
1919	395	22	5,57	21	3,04	100	12	12,00	11	1,00	2586	509	19,68	484	2,98
ZS.1919	235	22	9,36	.	4,26	113	15	13,27	.	1,77	2594	525	20,24	.	1,77
1919/20	642	31	4,83	27	3,74	117	12	10,26	11	0,85	2669	542	20,31	515	3,26
1920	579	40	6,91	.	.	83	8	9,64	.	.	1784	393	22,03	.	.
1920/21	605	45	7,44	.	.	95	8	8,42	.	.	1930	486	25,18	.	.
1921	482	37	7,68	23	7,05	96	7	7,29	7	11,46	1433	385	26,87	357	5,93
1921/22	446	37	8,30	21	12,56	99	8	8,08	6	9,09	1466	431	29,40	390	8,87
1922	363	36	9,92	19	16,25	114	12	10,53	9	7,02	1451	395	27,22	340	11,37
1922/23	274	43	15,69	18	27,01	147	17	11,56	15	8,84	1578	516	32,70	420	16,48
1923	218	41	18,81	14	40,37	154	20	12,99	17	7,14	1356	436	32,15	349	18,07
1923/24	186	38	20,43	9	54,30	152	21	13,82	18	3,95	1334	461	34,56	385	15,97
1924	168	38	22,62	13	50,60	178	26	14,61	23	5,62	1038	356	34,30	320	10,89
1924/25	154	27	17,53	10	59,74	155	28	18,06	27	3,87	.	.	.	.	.
1925	166	27	16,27	7	62,05	158	33	20,89	30	5,06	.	.	.	.	.
1925/26	188	26	13,83	.	.	160	37	23,13	.	.	.	.	.	.	.
1926	227	25	11,01	.	.	137	30	21,90	.	.	.	.	.	.	.
1926/27	246	30	12,20	15	43,09	101	17	16,83	13	7,92	.	.	.	.	.
1927	221	28	12,67	16	33,94	67	8	11,94	6	5,97	.	.	.	.	.
1927/28	329	49	14,89	34	35,56	88	13	14,77	12	10,23	.	.	.	.	.
1928	337	53	15,73	37	29,38	97	20	20,62	17	9,28	.	.	.	.	.
1928/29	438	71	16,21	54	26,71	104	19	18,27	17	9,62	.	.	.	.	.
1929	476	83	17,44	70	18,70	128	32	25,00	28	7,03	.	.	.	.	.
1929/30	524	107	20,42	86	16,79	145	35	24,14	30	5,52	.	.	.	.	.
1930	519	120	23,12	101	12,72	143	36	25,17	32	4,90	.	.	.	.	.
1930/31	559	133	23,79	108	13,77	162	40	24,69	35	7,41	.	.	.	.	.
1931	610	153	25,08	125	12,30	161	34	21,12	28	7,45	.	.	.	.	.
1931/32	615	157	25,53	130	13,82	176	49	27,84	42	5,68	.	.	.	.	.
1932	597	154	25,80	133	13,07	195	58	29,74	53	5,64	.	.	.	.	.
1932/33	549	154	28,05	133	11,66	204	66	32,35	58	6,37	.	.	.	.	.
1933	484	151	31,20	.	.	205	67	32,68	.	.	.	.	.	.	.
1933/34	435	115	26,44	.	.	220	63	28,64	.	.	.	.	.	.	.
1934	358	94	26,26	.	.	222	52	23,42	.	.	.	.	.	.	.
1934/35	373	96	25,74	.	.	241	49	20,33	.	.	.	.	.	.	.
1935	284	80	28,17	.	.	187	32	17,11	.	.	.	.	.	.	.
1935/36	323	83	25,70	.	.	231	32	13,85	.	.	.	.	.	.	.
1936	247	63	25,51	.	.	181	22	12,15	.	.	.	.	.	.	.
1936/37	197	51	25,89	.	.	178	33	18,54	.	.	.	.	.	.	.
1937	166	42	25,30	.	.	164	39	23,78	.	.	.	.	.	.	.
1937/38	176	48	27,27	.	.	135	38	28,15	.	.	.	.	.	.	.
1938	147	38	25,85	.	.	127	43	33,86	.	.	.	.	.	.	.
1938/39	142	38	26,76	.	.	145	52	35,86	.	.	.	.	.	.	.
1939	133	33	24,81	.	.	124	47	37,90	.	.	.	.	.	.	.
1939/40	174	51	29,31	.	.	156	74	47,44	.	.	.	.	.	.	.
1940/1	95	31	32,63	.	.	102	58	56,86	.	.	.	.	.	.	.
1940/2	101	45	44,55	.	.	72	48	66,67	.	.	.	.	.	.	.
1940/3	134	60	44,78	.	.	82	42	51,22	.	.	.	.	.	.	.
1941/1	128	63	49,22	.	.	77	48	62,34	.	.	.	.	.	.	.

Tab. 1.2: Die Einzelfachströme an der Universität Berlin nach Staatsangehörigkeit und Geschlecht 1817/18–1941/1

	Mathematik, Naturwissenschaften					Chemie					Kameralia, Staatswiss., Volkswirtschaft				
	insg.	Frauen			Aus-länd. in %	insg.	Frauen			Aus-länd. in %	insg.	Frauen			Aus-länd. in %
		insg.	in %	deuts.			insg.	in %	deuts.			insg.	in %	deuts.	
Semester	31	32	33	34	35	36	37	38	39	40	41	42	43	44	45
1908/09	604	37	6,13	33	5,13	332	11	3,31	9	28,31	330	18	5,45	15	25,15
1909	625	35	5,60	33	5,12	276	13	4,71	8	27,17	274	19	6,93	17	22,99
1909/10	726	50	6,89	49	4,82	304	9	2,96	7	24,34	350	21	6,00	19	22,29
1910	715	51	7,13	49	5,17	301	9	2,99	8	26,25	336	25	7,44	24	21,13
1910/11	865	81	9,36	75	6,13	311	10	3,22	5	27,01	379	30	7,92	29	21,37
1911	791	67	8,47	61	5,82	304	14	4,61	9	24,67	390	27	6,92	26	21,54
1911/12	916	87	9,50	80	7,10	277	16	5,78	9	25,27	377	31	8,22	29	19,89
1912	879	89	10,13	82	7,05	256	12	4,69	7	29,69	351	25	7,12	23	21,37
1912/13	940	99	10,53	94	5,85	255	17	6,67	13	27,06	434	39	8,99	35	17,28
1913	843	104	12,34	98	5,93	245	16	6,53	13	22,45	421	39	9,26	35	16,39
1913/14	792	106	13,38	104	4,42	267	14	5,24	11	26,59	495	48	9,70	42	16,36
1914	844	124	14,69	120	6,75	261	14	5,36	11	22,99	473	39	8,25	33	15,64
1914/15	832	144	17,31	143	3,49	239	16	6,69	15	11,30	476	53	11,13	51	11,55
1915	843	150	17,79	148	3,44	236	16	6,78	15	10,59	473	67	14,16	66	8,25
1915/16	890	182	20,45	177	3,82	250	26	10,40	24	9,60	522	74	14,18	69	10,73
1916	930	178	19,14	173	3,66	259	25	9,65	23	8,11	541	73	13,49	68	9,80
1916/17	1005	188	18,71	179	3,78	296	29	9,80	27	6,76	602	78	12,96	75	8,14
1917	1089	194	17,81	.	.	332	36	10,84	.	.	687	93	13,54	.	.
1917/18	1156	202	17,47	194	3,11	348	35	10,06	32	6,32	747	104	13,92	102	8,30
1918	1173	183	15,60	175	2,56	372	34	9,14	31	6,45	809	100	12,36	97	7,91
1918/19	1243	188	15,12	182	1,61	432	30	6,94	28	5,32	1017	142	13,96	140	5,01
1919	1247	169	13,55	166	1,44	540	44	8,15	42	5,37	1456	122	8,38	117	4,88
ZS.1919	1216	169	13,90	.	1,15	464	27	5,82	.	4,53	1203	129	10,72	.	3,82
1919/20	1184	154	13,01	151	1,69	645	55	8,53	54	5,89	2025	161	7,95	152	4,99
1920	850	127	14,94	.	.	511	45	8,81	.	.	1748	142	8,12	.	.
1920/21	881	142	16,12	.	.	569	53	9,31	.	.	2418	171	7,07	.	.
1921	868	160	18,43	146	6,45	630	54	8,57	48	13,97	2702	167	6,18	155	6,18
1921/22	724	136	18,78	117	10,77	702	56	7,98	47	16,24	3161	227	7,18	208	8,26
1922	804	143	17,79	121	12,81	785	48	6,11	42	16,56	3370	220	6,53	193	9,20
1922/23	773	159	20,57	130	17,98	772	68	8,81	48	21,37	3421	253	7,40	212	11,66
1923	796	173	21,73	135	20,85	760	71	9,34	45	22,63	3566	239	6,70	206	12,56
1923/24	787	195	24,78	152	19,57	753	71	9,43	47	24,04	3506	275	7,84	233	13,23
1924	661	189	28,59	153	17,55	621	62	9,98	42	22,38	2481	206	8,30	180	11,97
1924/25	.	.	.	.	.	499	61	12,22	43	22,85	1132	102	9,01	95	13,96
1925	.	.	.	.	.	483	67	13,87	44	22,15	1003	93	9,27	86	14,26
1925/26	.	.	.	.	.	461	67	14,53	.	.	1026	102	9,94	.	.
1926	.	.	.	.	.	436	60	13,76	.	.	866	90	10,39	.	.
1926/27	.	.	.	.	.	429	56	13,05	39	19,81	906	108	11,92	102	14,90
1927	.	.	.	.	.	398	49	12,31	34	19,85	699	81	11,59	77	14,74
1927/28	.	.	.	.	.	393	62	15,78	42	22,39	711	114	16,03	107	16,88
1928	.	.	.	.	.	420	60	14,29	45	19,05	667	103	15,44	96	15,89
1928/29	.	.	.	.	.	472	77	16,31	63	18,43	702	126	17,95	112	16,81
1929	.	.	.	.	.	455	67	14,73	55	16,26	743	117	15,75	100	16,02
1929/30	.	.	.	.	.	451	82	18,18	69	15,08	771	137	17,77	123	16,60
1930	.	.	.	.	.	459	86	18,74	76	13,07	781	136	17,41	125	16,39
1930/31	.	.	.	.	.	469	97	20,68	85	13,86	818	160	19,56	140	18,09
1931	.	.	.	.	.	471	96	20,38	86	11,46	857	170	19,84	151	17,50
1931/32	.	.	.	.	.	410	86	20,98	75	13,90	878	199	22,67	174	16,86
1932	.	.	.	.	.	375	69	18,40	59	11,73	868	169	19,47	142	15,67
1932/33	.	.	.	.	.	356	64	17,98	53	14,04	897	186	20,74	166	14,38
1933	.	.	.	.	.	327	62	18,96	.	.	658	105	15,96	.	.
1933/34	.	.	.	.	.	287	55	19,16	.	.	642	116	18,07	.	.
1934	.	.	.	.	.	268	52	19,40	.	.	524	74	14,12	.	.
1934/35	.	.	.	.	.	250	54	21,60	.	.	504	77	15,28	.	.
1935	.	.	.	.	.	192	35	18,23	.	.	378	49	12,96	.	.
1935/36	.	.	.	.	.	229	46	20,09	.	.	510	64	12,55	.	.
1936	.	.	.	.	.	155	25	16,13	.	.	395	46	11,65	.	.
1936/37	.	.	.	.	.	150	30	20,00	.	.	423	47	11,11	.	.
1937	.	.	.	.	.	132	27	20,45	.	.	393	43	10,94	.	.
1937/38	.	.	.	.	.	145	26	17,93	.	.	402	40	9,95	.	.
1938	.	.	.	.	.	147	24	16,33	.	.	349	37	10,60	.	.
1938/39	.	.	.	.	.	179	34	18,99	.	.	397	43	10,83	.	.
1939	.	.	.	.	.	158	19	12,03	.	.	358	43	12,01	.	.
1939/40	.	.	.	.	.	301	79	26,25	.	.	302	49	16,23	.	.
1940/1	.	.	.	.	.	260	56	21,54	.	.	275	58	21,09	.	.
1940/2	.	.	.	.	.	219	69	31,51	.	.	281	77	27,40	.	.
1940/3	.	.	.	.	.	290	125	43,10	.	.	336	99	29,46	.	.
1941/1	.	.	.	.	.	228	99	43,42	.	.	313	90	28,75	.	.

Tab. 1.2: Die Einzelfachströme an der Universität Berlin nach Staatsangehörigkeit und Geschlecht 1817/18–1941/1

	Sonstige					Studierende					
	insg.	Frauen		deuts.	Ausländ. in %	insg.	Frauen		deuts.	Ausländer	
		insg.	in %				insg.	in %		insg.	in %
Semester	46	47	48	49	50	51	52	53	54	55	56
1908/09	635	41	6,46	32	35,12	8235	392	4,76	291	1067	12,96
1909	457	39	8,53	30	29,32	6694	369	5,51	285	875	13,07
1909/10	583	64	10,98	41	31,90	8740	601	6,88	446	1189	13,60
1910	500	76	15,20	52	27,60	7399	584	7,89	462	1048	14,16
1910/11	524	78	14,89	57	28,05	9178	763	8,31	596	1323	14,41
1911	435	59	13,56	40	26,21	7585	632	8,33	512	1070	14,11
1911/12	502	87	17,33	60	24,90	9120	790	8,66	630	1306	14,32
1912	411	74	18,00	68	23,11	7744	679	8,77	574	1217	15,72
1912/13	474	90	18,99	71	26,37	9188	859	9,35	716	1398	15,22
1913	510	93	18,24	80	22,55	7837	709	9,05	618	1235	15,76
1913/14	962	168	17,46	127	21,62	9059	859	9,48	735	1399	15,44
1914	512	91	17,77	74	21,09	8024	802	10,00	707	1216	15,15
1914/15	301	50	16,61	45	11,63	7824	970	12,40	934	425	5,43
1915	295	50	16,95	45	11,86	7793	989	12,69	947	404	5,18
1915/16	313	59	18,85	54	12,78	8439	1188	14,08	1125	504	5,97
1916	313	58	18,53	53	12,46	8590	1128	13,13	1060	505	5,88
1916/17	335	62	18,51	56	10,45	9409	1258	13,37	1190	509	5,41
1917	349	58	16,62	.	.	10126	1208	11,93	.	.	.
1917/18	368	68	18,48	63	8,70	10769	1322	12,28	1249	524	4,87
1918	364	61	16,76	57	8,79	10968	1198	10,92	1132	508	4,63
1918/19	369	61	16,53	58	6,50	11975	1355	11,32	1294	386	3,22
1919	417	69	16,55	66	6,71	12811	1232	9,62	1167	479	3,74
ZS.1919	375	57	15,20	.	5,33	12322	1218	9,88	.	322	2,61
1919/20	457	86	18,82	84	9,19	14305	1391	9,72	1304	624	4,36
1920	297	69	23,23	.	.	10278	1129	10,98	.	.	.
1920/21	479	99	20,67	.	.	12375	1405	11,35	.	.	.
1921	622	150	24,12	115	15,43	11807	1304	11,04	1128	1139	9,65
1921/22	742	190	25,61	151	14,29	12724	1484	11,66	1260	1453	11,42
1922	758	170	22,43	128	16,23	12497	1348	10,79	1093	1639	13,12
1922/23	630	133	21,11	96	23,33	12741	1568	12,31	1223	2059	16,16
1923	961	233	24,25	166	24,66	12622	1561	12,37	1171	2318	18,36
1923/24	985	254	25,79	186	23,76	12581	1709	13,58	1311	2274	18,07
1924	734	178	24,25	138	22,89	9950	1367	13,74	1077	1651	16,59
1924/25	.	.	.	.	.	7311	1043	14,27	876	1165	15,93
1925	204	67	32,84	58	13,73	6938	953	13,74	794	1042	15,02
1925/26	229	46	20,09	.	.	7989	1192	14,92	1033	1020	12,77
1926	186	34	18,28	.	.	8038	1157	14,39	1001	956	11,89
1926/27	208	41	19,71	31	15,87	9463	1439	15,21	1271	1058	11,18
1927	64	12	18,75	8	26,56	9173	1318	14,37	1178	949	10,35
1927/28	53	17	32,08	13	24,53	10907	1761	16,15	1573	1089	9,98
1928	73	14	19,18	11	23,29	10691	1734	16,22	1569	994	9,30
1928/29	36	10	27,78	8	19,44	12817	2266	17,68	2066	1112	8,68
1929	73	12	16,44	9	27,40	12309	2236	18,17	2042	1031	8,38
1929/30	66	11	16,67	5	21,21	14126	2788	19,74	2526	1179	8,35
1930	8	4	50,00	4	0,00	13120	2555	19,47	2324	1077	8,21
1930/31	45	8	17,78	8	37,78	14687	3087	21,02	2814	1302	8,86
1931	27	7	25,93	2	59,26	13536	2886	21,32	2655	1159	8,56
1931/32	48	7	14,58	4	50,00	13927	3139	22,54	2884	1248	8,96
1932	49	11	22,45	7	46,94	12552	2759	21,98	2558	1091	8,69
1932/33	41	9	21,95	8	29,27	12544	2923	23,30	2723	1077	8,59
1933	27	5	18,52	.	.	10017	2201	21,97	.	.	.
1933/34	39	5	12,82	.	.	10010	2034	20,32	.	.	.
1934	49	4	8,16	.	.	7878	1492	18,94	.	600	7,62
1934/35	44	5	11,36	.	.	9288	1679	18,08	.	.	.
1935	.	.	.	.	.	6956	1251	17,98	.	.	.
1935/36	.	.	.	.	.	8220	1352	16,45	.	.	.
1936	.	.	.	.	.	6793	1042	15,34	.	.	.
1936/37	.	.	.	.	.	6679	1030	15,42	.	.	.
1937	.	.	.	.	.	6338	897	14,15	.	787	12,42
1937/38	.	.	.	.	.	6349	856	13,48	.	.	.
1938	.	.	.	.	.	6100	769	12,61	.	.	.
1938/39	.	.	.	.	.	6194	842	13,59	.	.	.
1939	.	.	.	.	.	6310	782	12,39	.	.	.
1939/40	.	.	.	.	.	6911	1428	20,66	.	.	.
1940/1	185	66	35,68	.	.	6492	1325	20,41	.	.	.
1940/2	285	149	52,28	.	.	5579	1329	23,82	.	358	6,42
1940/3	423	221	52,25	.	.	6601	1900	28,78	.	.	.
1941/1	395	229	57,97	.	.	6191	1837	29,67	.	.	.

Tab. 1.2: Die Einzelfachströme an der Universität Berlin nach Staatsangehörigkeit und Geschlecht 1817/18–1941/1

	Alte Sprachen				Germanistik					Neue Sprachen				
	insg.	Frauen		Aus-länd. in %	insg.	Frauen			Aus-länd. in %	insg.	Frauen			Aus-länd. in %
Semester		insg.	in %	deuts.			insg.	in %	deuts.			insg.	in %	deuts.	
	1	2	3	4	5	6	7	8	9	10	11	12	13	14	15
1924/25	89	12	13,48	12	16,85	292	95	32,53	91	4,45	274	123	44,89	115	9,12
1925	103	10	9,71	10	26,21	319	80	25,08	78	4,08	282	121	42,91	117	4,61
1925/26	100	22	22,00	.	.	436	131	30,05	.	.	453	211	46,58	.	.
1926	126	23	18,25	.	.	462	119	25,76	.	.	569	232	40,77	.	.
1926/27	183	34	18,58	32	14,75	579	170	29,36	157	6,74	683	276	40,41	260	4,10
1927	184	23	12,50	23	14,67	525	130	24,76	122	5,33	770	300	38,96	284	4,29
1927/28	191	14	7,33	13	13,09	673	224	33,28	210	6,09	851	278	32,67	250	5,88
1928	167	14	8,38	13	13,77	592	182	30,74	173	4,73	775	300	38,71	282	4,65
1928/29	194	25	12,89	22	14,43	751	278	37,02	265	5,06	854	367	42,97	345	4,92
1929	167	15	8,98	13	12,57	691	250	36,18	232	4,63	889	319	35,88	304	4,16
1929/30	195	20	10,26	16	17,44	876	345	39,38	321	5,48	969	389	40,14	361	5,78
1930	194	29	14,95	23	13,92	738	273	36,99	250	6,64	922	367	39,80	338	5,42
1930/31	220	36	16,36	29	12,73	827	329	39,78	300	7,38	932	396	42,49	370	4,72
1931	163	20	12,27	18	11,04	712	280	39,33	258	7,16	827	359	43,41	343	4,23
1931/32	161	22	13,66	20	9,94	688	303	44,04	268	9,30	713	332	46,56	323	3,37
1932	120	25	20,83	23	7,50	529	233	44,05	215	6,62	590	290	49,15	283	3,39
1932/33	130	26	20,00	25	8,46	536	244	45,52	222	8,40	566	282	49,82	274	4,24
1933	102	18	17,65	.	.	406	179	44,09	.	.	437	208	47,60	.	.
1933/34	94	15	15,96	.	.	414	176	42,51	.	.	345	166	48,12	.	.
1934	64	7	10,94	.	.	312	136	43,59	.	.	234	110	47,01	.	.
1934/35	52	3	5,77	.	.	312	153	49,04	.	.	247	122	49,39	.	.
1935	25	0	0,00	.	.	159	84	52,83	.	.	135	70	51,85	.	.
1935/36	42	3	7,14	.	.	257	120	46,69	.	.	197	98	49,75	.	.
1936	30	2	6,67	.	.	190	80	42,11	.	.	141	68	48,23	.	.
1936/37	24	0	0,00	.	.	173	69	39,88	.	.	117	67	57,26	.	.
1937	24	0	0,00	.	.	128	58	45,31	.	.	76	49	64,47	.	.
1937/38	30	1	3,33	.	.	154	55	35,71	.	.	92	42	45,65	.	.
1938	23	0	0,00	.	.	124	46	37,10	.	.	66	26	39,39	.	.
1938/39	44	3	6,82	.	.	152	48	31,58	.	.	89	39	43,82	.	.
1939	30	4	13,33	.	.	109	33	30,28	.	.	79	32	40,51	.	.
1939/40	16	2	12,50	.	.	171	62	36,26	.	.	94	43	45,74	.	.
1940/1	28	13	46,43	.	.	155	80	51,61	.	.	135	66	48,89	.	.
1940/2	30	8	26,67	.	.	168	123	73,21	.	.	113	71	62,83	.	.
1940/3	38	11	28,95	.	.	224	155	69,20	.	.	134	86	64,18	.	.
1941/1	29	8	27,59	.	.	215	153	71,16	.	.	121	85	70,25	.	.

	Geschichte					Musik					Philosophie, Pädagogik, Religionslehren				
	insg.	Frauen		Aus-länd. in %	insg.	Frauen			Aus-länd. in %	insg.	Frauen			Aus-länd. in %
Semester		insg.	in %	deuts.			insg.	in %	deuts.			insg.	in %	deuts.	
	16	17	18	19	20	21	22	23	24	25	26	27	28	29	30
1924/25	221	48	21,72	38	24,43	.	.	.	.	.	409	123	30,07	102	20,29
1925	215	35	16,28	28	19,07	.	.	.	.	.	195	57	29,23	43	27,18
1925/26	215	56	26,05	.	.	.	.	.	.	.	212	35	16,51	.	.
1926	195	38	19,49	.	.	.	.	.	.	.	219	33	15,07	.	.
1926/27	272	70	25,74	63	17,65	.	.	.	.	.	263	63	23,95	52	21,67
1927	248	53	21,37	48	14,52	92	15	16,30	12	14,13	225	48	21,33	37	24,44
1927/28	334	104	31,14	98	9,88	106	14	13,21	11	17,92	293	78	26,62	66	18,77
1928	342	91	26,61	86	8,19	133	19	14,29	16	17,29	417	91	21,82	76	18,71
1928/29	522	124	23,75	117	8,62	143	25	17,48	19	14,69	397	108	27,20	83	20,65
1929	460	117	25,43	111	8,26	179	45	25,14	39	10,61	366	102	27,87	73	20,77
1929/30	519	150	28,90	138	9,06	158	30	18,99	24	13,29	397	115	28,97	90	17,88
1930	443	133	30,02	120	11,74	168	30	17,86	26	9,52	367	104	28,34	82	21,25
1930/31	503	167	33,20	152	11,93	173	42	24,28	35	10,98	420	130	30,95	106	23,57
1931	459	145	31,59	133	11,76	166	44	26,51	41	6,63	353	103	29,18	85	23,23
1931/32	431	138	32,02	129	11,14	131	33	25,19	28	9,16	361	114	31,58	98	23,82
1932	357	110	30,81	103	9,52	126	33	26,19	30	4,76	334	97	29,04	79	23,35
1932/33	391	124	31,71	116	9,97	131	37	28,24	35	7,63	299	103	34,45	93	18,06
1933	323	106	32,82	.	.	98	28	28,57	.	.	.	.	.	.	.
1933/34	311	86	27,65	.	.	67	19	28,36	.	.	.	.	.	.	.
1934	252	49	19,44	.	.	43	13	30,23	.	.	.	.	.	.	.
1934/35	260	66	25,38	.	.	42	14	33,33	.	.	.	.	.	.	.
1935	.	.	.	.	.	25	6	24,00	.	.	.	.	.	.	.
1935/36	.	.	.	.	.	41	7	17,07	.	.	.	.	.	.	.
1936	.	.	.	.	.	29	6	20,69	.	.	.	.	.	.	.
1936/37	183	49	26,78	.	.	26	7	26,92	.	.	.	.	.	.	.
1937	162	40	24,69	.	.	24	8	33,33	.	.	.	.	.	.	.
1937/38	139	32	23,02	.	.	31	6	19,35	.	.	.	.	.	.	.
1938	126	23	18,25	.	.	23	5	21,74	.	.	.	.	.	.	.
1938/39	141	23	16,31	.	.	27	5	18,52	.	.	.	.	.	.	.
1939	137	22	16,06	.	.	21	3	14,29	.	.	.	.	.	.	.
1939/40	102	33	32,35	.	.	16	3	18,75	.	.	.	.	.	.	.
1940/1	161	63	39,13	.	.	19	5	26,32	.	.	.	.	.	.	.
1940/2	139	86	61,87	.	.	14	4	28,57	.	.	.	.	.	.	.
1940/3	172	76	44,19	.	.	15	4	26,67	.	.	.	.	.	.	.
1941/1	171	94	54,97	.	.	9	1	11,11	.	.	.	.	.	.	.

Tab. 1. 2: Die Einzelfachströme an der Universität Berlin nach Staatsangehörigkeit und Geschlecht 1817/18–1941/1

	Kunst, Archäologie					Sonstige Kulturwiss.			Zeitungskunde				
	insg.	Frauen			Ausländ. in %	insg.	Frauen		insg.	Frauen			Ausländ. in %
		insg.	in %	deuts.			insg.	in %		insg.	in %	deuts.	
Semester	31	32	33	34	35	36	37	38	39	40	41	42	43
1927	98	28	28,57	26	15,31	.	.	.	.	.	.	.	.
1927/28	119	37	31,09	34	12,61	.	.	.	.	.	.	.	.
1928	140	47	33,57	42	15,71	.	.	.	8	0	0,00	0	0,00
1928/29	189	51	26,98	44	16,93	.	.	.	29	6	20,69	4	10,34
1929	172	48	27,91	39	13,95	.	.	.	41	9	21,95	7	12,20
1929/30	167	74	44,31	56	21,56	.	.	.	43	10	23,26	8	16,28
1930	180	61	33,89	51	18,33	.	.	.	42	6	14,29	5	14,29
1930/31	167	58	34,73	50	15,57	.	.	.	53	16	30,19	12	16,98
1931	136	53	38,97	46	15,44	.	.	.	62	21	33,87	19	11,29
1931/32	175	84	48,00	75	14,86	.	.	.	51	16	31,37	16	5,88
1932	137	57	41,61	51	13,14	.	.	.	61	15	24,59	13	8,20
1932/33	173	70	40,46	67	8,67	.	.	.	51	14	27,45	13	5,88
1933	.	.	.	.	.	314	111	35,35	41	7	17,07	.	.
1933/34	.	.	.	.	.	302	97	32,12	37	10	27,03	.	.
1934	.	.	.	.	.	219	67	30,59	35	9	25,71	.	.
1934/35	.	.	.	.	.	246	78	31,71	59	17	28,81	.	.
1935	.	.	.	.	.	558	176	31,54	48	11	22,92	.	.
1935/36	.	.	.	.	.	545	152	27,89	73	15	20,55	.	.
1936	.	.	.	.	.	423	121	28,61	86	15	17,44	.	.
1936/37	.	.	.	.	.	266	67	25,19	101	22	21,78	.	.
1937	.	.	.	.	.	251	64	25,50	94	17	18,09	.	.
1937/38	.	.	.	.	.	293	63	21,50	112	23	20,54	.	.
1938	.	.	.	.	.	291	77	26,46	97	19	19,59	.	.
1938/39	.	.	.	.	.	240	62	25,83	96	14	14,58	.	.
1939	.	.	.	.	.	236	61	25,85	100	22	22,00	.	.
1939/40	.	.	.	.	.	228	71	31,14	96	34	35,42	.	.
1940/1	.	.	.	.	.	106	20	18,87	108	49	45,37	.	.
1940/2	.	.	.	.	.	138	37	26,81	71	39	54,93	.	.
1940/3	.	.	.	.	.	176	97	55,11	121	77	63,64	.	.
1941/1	.	.	.	.	.	103	38	36,89	112	74	66,07	.	.

	Leibesübungen					Mathematik					Physik				
	insg.	Frauen			Ausländ. in %	insg.	Frauen			Ausländ. in %	insg.	Frauen			Ausländ. in %
		insg.	in %	deuts.			insg.	in %	deuts.			insg.	in %	deuts.	
Semester	44	45	46	47	48	49	50	51	52	53	54	55	56	57	58
1924/25	.	.	.	.	.	242	75	30,99	70	8,68	130	19	14,62	19	10,77
1925	0	0	.	.	.	284	74	26,06	73	6,34	140	23	16,43	21	11,43
1925/26	0	0	.	.	.	329	85	25,84	.	.	158	28	17,72	.	.
1926	5	0	0,00	.	.	472	103	21,82	.	.	147	13	8,84	.	.
1926/27	0	0	.	.	.	560	107	19,11	105	3,21	163	26	15,95	24	14,72
1927	0	0	.	.	.	626	129	20,61	124	4,63	166	25	15,06	24	12,65
1927/28	0	0	.	.	.	682	131	19,21	125	4,11	197	39	19,80	35	12,69
1928	14	5	35,71	5	0,00	650	120	18,46	114	3,08	209	34	16,27	29	8,61
1928/29	7	1	14,29	1	0,00	664	132	19,88	129	4,07	269	35	13,01	33	6,69
1929	33	4	12,12	4	0,00	745	194	26,04	188	3,36	311	44	14,15	40	9,00
1929/30	44	8	18,18	8	2,27	730	197	26,99	188	3,15	314	38	12,10	33	8,60
1930	223	33	14,80	32	1,79	772	193	25,00	186	3,11	300	38	12,67	33	9,00
1930/31	196	32	16,33	32	0,51	749	189	25,23	184	3,20	287	35	12,20	30	9,06
1931	255	51	20,00	51	0,78	700	184	26,29	180	3,29	282	37	13,12	31	12,06
1931/32	173	38	21,97	36	1,73	649	175	26,96	171	4,31	259	37	14,29	32	10,81
1932	181	39	21,55	38	1,66	606	155	25,58	153	4,29	246	29	11,79	27	11,38
1932/33	148	34	22,97	33	2,03	506	129	25,49	127	3,75	250	27	10,80	26	10,40
1933	156	29	18,59	.	.	427	108	25,29	.	.	214	27	12,62	.	.
1933/34	171	35	20,47	.	.	345	72	20,87	.	.	204	20	9,80	.	.
1934	123	32	26,02	.	.	238	44	18,49	.	.	151	14	9,27	.	.
1934/35	131	42	32,06	.	.	191	46	24,08	.	.	153	13	8,50	.	.
1935	98	30	30,61	.	.	203	39	19,21	.	.	.	.	.	.	.
1935/36	143	53	37,06	.	.	266	45	16,92	.	.	.	.	.	.	.
1936	102	39	38,24	.	.	186	34	18,28	.	.	.	.	.	.	.
1936/37	95	50	52,63	.	.	186	25	13,44	.	.	.	.	.	.	.
1937	94	47	50,00	.	.	142	18	12,68	.	.	.	.	.	.	.
1937/38	104	54	51,92	.	.	109	9	8,26	.	.	.	.	.	.	.
1938	76	39	51,32	.	.	101	5	4,95	.	.	.	.	.	.	.
1938/39	120	61	50,83	.	.	49	4	8,16	.	.	69	5	7,25	.	.
1939	110	54	49,09	.	.	45	5	11,11	.	.	54	5	9,26	.	.
1939/40	110	80	72,73	.	.	46	11	23,91	.	.	58	8	13,79	.	.
1940/1	118	88	74,58	.	.	47	10	21,28	.	.	49	4	8,16	.	.
1940/2	55	33	60,00	.	.	38	10	26,32	.	.	45	8	17,78	.	.
1940/3	101	81	80,20	.	.	52	14	26,92	.	.	61	10	16,39	.	.
1941/1	95	80	84,21	.	.	39	15	38,46	.	.	60	14	23,33	.	.

Tab. 1.2: Die Einzelfachströme an der Universität Berlin nach Staatsangehörigkeit und Geschlecht 1817/18–1941/1

	Biologie					Sonstige Naturwiss.			Geographie				
	insg.	Frauen			Ausländ. in %	insg.	Frauen		insg.	Frauen			Ausländ. in %
		insg.	in %	deuts.			insg.	in %		insg.	in %	deuts.	
Semester	59	60	61	62	63	64	65	66	67	68	69	70	71
1924/25	83	13	16,66	10	19,28	.	.	.	28	8	28,57	8	3,57
1925	94	13	13,83	12	15,96	.	.	.	46	10	21,74	10	6,52
1925/26	102	22	21,57	.	.	.	.	.	50	16	32,00	.	.
1926	142	38	26,76	.	.	.	.	.	71	15	21,13	.	.
1926/27	172	46	26,74	43	5,81	.	.	.	79	24	30,38	23	5,06
1927	217	64	29,49	60	4,15	.	.	.	55	13	23,64	12	10,91
1927/28	223	61	27,35	55	4,04	.	.	.	127	59	46,46	58	5,51
1928	251	74	29,48	72	3,19	.	.	.	175	59	33,71	58	4,00
1928/29	312	111	35,58	106	3,53	.	.	.	185	55	29,73	54	2,16
1929	342	130	38,01	126	2,92	.	.	.	185	49	26,49	49	2,16
1929/30	361	136	37,67	131	3,32	.	.	.	224	63	28,13	63	0,45
1930	381	140	36,75	135	4,46	.	.	.	174	50	28,74	48	1,72
1930/31	377	153	40,58	144	5,57	.	.	.	216	73	33,80	71	1,85
1931	353	147	41,64	142	6,23	.	.	.	202	76	37,62	74	1,49
1931/32	336	140	41,67	137	3,87	.	.	.	200	74	37,00	72	1,50
1932	318	130	40,88	127	5,03	.	.	.	167	56	33,53	56	0,60
1932/33	291	111	38,14	107	5,15	.	.	.	142	55	38,73	54	1,41
1933	229	88	38,43	.	.	.	.	.	.	.	.	.	.
1933/34	218	82	37,61	.	.	16	6	37,50	.	.	.	.	.
1934	142	41	28,87	.	.	30	15	50,00	.	.	.	.	.
1934/35	152	57	37,50	.	.	26	10	38,46	.	.	.	.	.
1935	.	.	.	.	.	156	59	37,82	.	.	.	.	.
1935/36	.	.	.	.	.	182	54	29,67	.	.	.	.	.
1936	.	.	.	.	.	130	37	28,46	.	.	.	.	.
1936/37	.	.	.	.	.	122	27	22,13	.	.	.	.	.
1937	.	.	.	.	.	112	27	24,11	.	.	.	.	.
1937/38	.	.	.	.	.	118	25	21,19	.	.	.	.	.
1938	.	.	.	.	.	90	18	20,00	.	.	.	.	.
1938/39	.	.	.	.	.	103	20	19,42	.	.	.	.	.
1939	.	.	.	.	.	123	25	20,33	.	.	.	.	.
1939/40	66	30	45,45	.	.	40	11	27,50	.	.	.	.	.
1940/1	50	21	42,00	.	.	38	11	28,95	.	.	.	.	.
1940/2	62	42	67,74	.	.	131	7	5,34	.	.	.	.	.
1940/3	72	49	68,06	.	.	123	18	14,63	.	.	.	.	.
1941/1	72	53	73,61	.	.	200	12	6,00	.	.	.	.	.

	Mineralogie, Geologie, Bergfach					Geogr., Geol., Min.		
	insg.	Frauen			Ausländ. in %	insg.	Frauen	
		insg.	in %	deuts.			insg.	in %
Semester	72	73	74	75	76	77	78	79
1924/25	14	1	7,14	1	7,14	.	.	.
1925	8	2	25,00	2	12,50	.	.	.
1925/26	11	0	0,00	.	.	.	.	.
1926	11	1	9,09	.	.	.	.	.
1926/27	19	1	5,26	1	10,53	.	.	.
1927	8	1	12,50	1	50,00	.	.	.
1927/28	20	2	10,00	2	25,00	.	.	.
1928	10	1	10,00	1	10,00	.	.	.
1928/29	20	1	5,00	1	20,00	.	.	.
1929	24	2	8,33	2	33,33	.	.	.
1929/30	25	2	8,00	2	20,00	.	.	.
1930	28	3	10,71	2	32,14	.	.	.
1930/31	24	1	4,17	1	16,67	.	.	.
1931	24	2	8,33	2	16,67	.	.	.
1931/32	20	3	15,00	3	10,00	.	.	.
1932	17	1	5,88	1	11,76	.	.	.
1932/33	27	0	0,00	0	7,41	.	.	.
1933	.	.	.	.	.	120	33	27,50
1933/34	.	.	.	.	.	109	34	31,19
1934	.	.	.	.	.	90	23	25,56
1934/35	.	.	.	.	.	87	17	19,54
1935	.	.	.	.	.	44	10	22,73
1935/36	.	.	.	.	.	75	19	25,33
1936	.	.	.	.	.	49	13	26,53
1936/37	.	.	.	.	.	44	11	25,00
1937	.	.	.	.	.	40	11	27,50
1937/38	.	.	.	.	.	40	4	10,00
1938	.	.	.	.	.	29	4	13,79
1938/39	.	.	.	.	.	36	3	8,33
1939	.	.	.	.	.	31	2	6,45
1939/40	.	.	.	.	.	27	3	11,11
1940/1	.	.	.	.	.	26	0	0,00
1940/2	.	.	.	.	.	25	5	20,00
1940/3	.	.	.	.	.	26	9	34,62
1941/1	.	.	.	.	.	16	6	37,50

Tab. 1. 2: Die Einzelfachströme an der Universität Berlin nach Staatsangehörigkeit und Geschlecht 1817/18–1941/1

	Landwirtschaft			Gartenbau			Landw. Nebengewerbe			Brauereiwesen			Tiermedizin		
	insg.	Frauen		insg.	Frauen		insg.	Frauen		insg.	Frauen		insg.	Frauen	
		insg.	in %		insg.	in %		insg.	in %		insg.	in %		insg.	in %
Semester	80	81	82	83	84	85	86	87	88	89	90	91	92	93	94
1934/35	119	4	3,36	128	3	2,34	27	0	0,00	121	0	0,00	384	10	2,60
1935	75	4	5,33	105	3	2,86	19	0	0,00	106	0	0,00	348	11	3,16
1935/36	101	8	7,92	145	7	4,83	21	1	4,76	109	0	0,00	301	6	1,99
1936	112	4	3,57	138	6	4,35	15	1	6,67	113	0	0,00	274	6	2,19
1936/37	137	5	3,65	182	7	3,85	18	0	0,00	114	0	0,00	202	4	1,98
1937	144	3	2,08	169	6	3,55	10	0	0,00	116	0	0,00	196	4	2,04
1937/38	174	2	1,15	184	7	3,80	14	0	0,00	117	0	0,00	216	1	0,46
1938	171	5	2,92	169	6	3,55	10	0	0,00	113	0	0,00	206	0	0,00
1938/39	153	1	0,65	155	10	6,45	15	0	0,00	118	1	0,85	226	2	0,88
1939	136	1	0,74	133	9	6,77	12	0	0,00	118	2	1,69	203	2	0,99
1939/40	112	2	1,79	58	8	13,79	2	0	0,00	52	1	1,92	281	2	0,71
1940/1	76	3	3,95	52	9	17,31	4	0	0,00	40	0	0,00	322	4	1,24
1940/2	57	5	8,77	32	9	28,13	6	0	0,00	5	0	0,00	288	5	1,74
1940/3	70	4	5,71	66	12	18,18	14	0	0,00	26	1	3,85	289	4	1,38
1941/1	76	6	7,89	68	12	17,65	14	0	0,00	22	1	4,55	220	7	3,18

5. Anmerkungen zu Tabelle 1.2

1817/18–1866:

Die Pers.- u. Stud.Verz. der SS 1843 u. 1854 konnten über den Fernleihverkehr nicht ermittelt werden, entsprechend fehlen in diesen Sem. die Differenzierungen der Phil. Fak.

Sp. 5 (Philosophische Fakultät): 1817/18–1829/30 ohne die nicht immatrikulierten Chirurgen und Pharmaceuten; 1830–1866 einschl. der nicht immatrikulierten Chirurgen, Pharmaceuten und Beflissenen der Zahnheilkunde. – Sp. 6 (Chirurgie): nicht immatrikuliert; 1853/54–1855 einschl. Beflissene der Zahnheilkunde. – Sp. 7 (Zahnmedizin): nicht immatrikuliert; 1853/54–1855 bei Chirurgie. – Sp. 8 (Pharmazie): nicht immatrikuliert.

1866/67–1908:

Sp. 7/8 (Zahnmedizin): Bis 1873 (einschl.) nicht immatrikuliert; 1873/74–1886 Ausländer bei Pharmazie (Sp. 10) – Sp. 9/10 (Pharmazie): Bis 1873 (einschl.) nicht immatrikuliert; 1873/74–1886 Ausländer einschl. Zahnmed. Der Niveausprung der Studierendenzahlen in Zahnmed. und Pharmazie im WS 1873/74 nach unten deutet darauf hin, daß nicht alle Stud. dieser Fachrichtungen immatrikuliert wurden. Diese Vermutung erhärtet sich, wenn man einbezieht, daß die Anzahl der vom Rektor zugelassenen »Hörer« in demselben Sem. einen Niveausprung nach oben macht (vgl. Pers.Verz. der Univ. Berlin 1873 und 1873/74). – Sp. 17/18 (Cam. und Landw.): In dieser Spalte befinden sich vor allem Stud. der Kam. bzw. Nationalökonomie und Staatswiss. Stichproben in der namentlichen Studierendenliste haben ergeben, daß in den Zahlen z.B. 1875 nur 2 und 1897 ff. keine Stud. der Landw. enthalten sind.

1908/09–1941.1:

Für die Sem. 1912/13, 1913/14, 1914/15, 1915, 1915/16, 1916, 1916/17, 1918/19 und 1919 haben wir die im

StatJbDR verwendeten »vorläufigen Festellungen« durch die »endgültigen Feststellungen« aus den Pers.Verz. der Univ. Berlin ersetzt. In den Sem. 1920 und 1920/21 sind in den Berliner Pers.Verz. keine Studentenstatistiken veröffentlicht worden, so daß wir hier keine Angaben für Ausländer aufnehmen konnten.

Sp. 41–45 (Kameralia, Staatswiss., Volkswirtschaft): 1908/09–1924: Obwohl das StatJbDR und die Studentenstatistiken der Pers.Verz. die entsprechende Sp. mit »Kameralia und Landwirtschaft« bezeichnen (wohl aus Gründen der formalen Übereinstimmung mit den Statistiken der anderen preußischen Univ.), hat eine Durchsicht der namentlichen Stud.verz. der Pers.Verz. ergeben, daß an der Berliner Univ. keine Landwirtschaftsstud. eingeschrieben waren. Die Sp. 41–45 enthalten Stud. der »Kameralia«, »Staatswiss.«, »Nationalökonomie« und »Volkswirtschaftslehre«. Stud. der Landw. konnten sich erst ab 1934 nach der Integration der Landw. Hochschule als Landw. Fak. an der Univ. immatrikulieren (vgl. Sp. 80–82). – Sp. 46–50 (Sonstige): 1939/40–1941/1 Stud. der »Wehrwiss.« (1939/40–1941/1) und der »Auslandswiss.« 1940/1–1941/1).

1925–1941.1:

Sp. 16 (Geschichte): 1935–1936 bei Sonstige Kulturwiss. (Sp. 36). – Sp. 26–30 (Philos., Päd., Religionslehren): vorher bis 1924 bei »Sonstige«. – Sp. 36 (Sonstige Kulturwiss.): 1935–1936 einschl. Geschichte (Sp. 16). – Sp. 49 (Mathematik): 1935–1938 einschl. Physik (Sp. 54). – Sp. 54 (Physik): 1935–1938 bei Mathematik. – Sp. 59 (Biologie): 1935–1939 bei Sonstige Naturwiss. (Sp. 64) – Sp. 64 (Sonstige Naturwiss.): 1935–1939 einschl. Biologie (Sp. 59).

6. Quellen und Literatur

Quellen:

Standardquellen: 1830/31–1911/12: PrStat 102, 106, 112, 116, 125, 136, 150, 167, 193, 204, 223, 236. – *1912–1924:* StatJbDR Jgg. 34–36, 40–44. – *1924/25–1927/28:* PrStat 279, 281, Sonderdr WS 1925/26, 285; PrHochStat WS 1926/27–WS 1927/28. – *1928–1932/33:* DtHochStat Bde. 1–10. – *1932–1941.1:* ZehnjStat.

Ergänzend: 1817/18–1829/30: Lenz 1910, Bd. 3, S. 493f. *1830–1866, 1867/68–1886, 1912–1924:* Pers.Verz. der Univ. Berlin 1830–1924.

Literatur:

Auswahlbibliographie allgemeiner und spezieller Darstellungen zur Universitäts- und Hochschulgeschichte. In: Klein, H. (Hg.) 1985. S. 177–181.

Balk, N.: Die Friedrich-Wilhelms-Universität zu Berlin. Berlin 1926. – Zum 150-jährigen Bestehen der Humboldt-Universität zu Berlin und zum 250-jährigen Bestehen der Charité. Berlin 1960. – Festschrift zum 150. Jubiläum der Humboldt-Universität zu Berlin. 3 Bde. Berlin 1960. – Klein, H. (Hg.): Humboldt-Universität zu Berlin. Überblick 1810–1985. Berlin 1985. – Lenz, M.: Geschichte der Königlichen Friedrich-Wilhelms-Universität zu Berlin. 4 Bde. Halle 1910–1918. – Leussink, H. / Neumann, E. / Kotowski, G. (Hg.): Studium Berolinense. Beiträge zur Universitätsgeschichte. Berlin 1960. – Petry, L.: Die Gründung der drei Friedrich-Wilhelms-Universitäten Berlin, Breslau und Bonn. In: Festschrift. Herrmann Aubin zum 80. Geburtstag. Wiesbaden 1965. S. 687–709. – Rürup, R. (Hg.): Wissenschaft und Gesellschaft. Beiträge zur Geschichte der TU Berlin 1879–1979. 2 Bde. Berlin/Heidelberg/New York 1979. – Smend, R.: Die Berliner Friedrich-Wilhelms-Universität. Göttingen 1961. – Spranger, E.: Gedenkrede zur 150-Jahrfeier der Gründung der Friedrich-Wilhelms-Universität in Berlin. Tübinger Universitätsreden 8. Tübingen 1960. – Verzeichniß der Studirenden auf der Königlichen Friedrich-Wilhelms-Universität zu Berlin. SS 1828 – WS 1829/30. – Amtliches Verzeichniß des Personals und der Studirenden auf der Königlichen Friedrich-Wilhelms-Universität zu Berlin. 1830–1944/45 (unter verschiedenen Titeln = Pers. Verz.). – Weischedel, W. (Hg.), in Zusammenarb. mit W. Müller-Lauter u. M. Theunissen: Idee und Wirklichkeit einer Universität. Dokumente zur Geschichte der Friedrich-Wilhelms-Universität zu Berlin. Berlin 1960.

2. Bonn

1. Geschichtliche Übersicht

Als Vorläufer der späteren preußischen Universität kann die 1777 gegründete »Maxische Akademie« angesehen werden. Die 1783 mit allen vier Fakultäten ausgestattete und 1784 zur Universität erhobene Institution war ein Produkt der Aufklärung, die damit auch im katholischen Deutschland Fuß fassen konnte. Die Universität wurde allerdings schon 1798 von der französischen Besatzungsmacht wieder aufgelöst.

Erst nach der preußischen Annexion der Rheinlande wurde am 18.10.1818 die Rheinische Universität als neuhumanistische Reformuniversität gegründet. 1828 erhielt sie den heute noch gültigen Namen »Rheinische Friedrich-Wilhelms-Universität« nach dem damaligen preußischen König. Im Wintersemester 1818/19 begann der Lehrbetrieb mit 11 Professoren und 47 Studenten wie seit 1811 an der Universität Breslau in *fünf* Fakultäten: der evangelischen *und* katholischen Theologie, Jura, Medizin und Philosophie. Schon im Wintersemester 1827/28 erreichte die Studentenzahl nahezu tausend und 1833/34 saßen 849 Studierende in den Kollegien. Mit dieser Größenordnung rückte Bonn in das obere Viertel der deutschen Universitäten. Aber im Laufe des 19. Jahrhunderts schwankte die Studierendenzahl in Bonn außergewöhnlich stark. Die Universität nahm deswegen in den 1840er und 1880er Jahren nur einen mittleren Rang und in den 1850er und 1860er Jahren einen Platz im oberen Viertel der Universitäten ein. 1851 war Bonn sogar die drittgrößte deutsche Universität. Erst nach der Jahrhundertwende etablierte sich Bonn stabil auf dem vierten bis fünften Rang unter den deutschen Universitäten.

Im Verhältnis der Studierenden- zur Lehrendenzahl nahm die Universität im 19. Jahrhundert einen mittleren Rang ein (10:1–12:1). Durch den überproportionalen Anstieg der Studierendenzahl fiel sie bis 1930 ins untere Viertel der deutschen Universitäten ab (25:1), obwohl die Zahl des wissenschaftlichen Personals von 1833/34 bis 1930 um das vierfache gewachsen war. Dieses Personalwachstum fand vor allem – und relativ stärker als an den meisten anderen deutschen Universitäten – in den Statusgruppen der Privatdozenten und Lehrbeauftragten statt. Bis zum Ende unseres Betrachtungszeitraums konnte Bonn durch ein starkes Fallen der Studierendenzahl bei gleichbleibender Lehrerzahl allerdings wieder den gewohnten mittleren Rang einnehmen.

Dieser Wachstumsprozeß der Studierenden- und der Personalzahl spiegelte sich auch in der baulichen Entwicklung der Universität. Der Betrieb hatte 1818 im kurfürstlichen und im Poppelsdorfer Schloß begonnen. Doch in der zweiten Jahrhunderthälfte reichte dieser Baubestand nicht mehr aus. So wurde 1867 ein großzügiges chemisches Institut erbaut. Dem folgte sukzessive entsprechende Institute der anderen Naturwissenschaften und der theoretischen Medizin und nach 1870 entstand ein neues Klinikviertel. Die Geisteswissenschaften verblieben im kurfürstlichen Schloß. Schon Anfang des Jahrhunderts erschien das Hauptgebäude als zu klein, aber erst 1926 bis 1930 wurde das kurfürstliche Schloß erweitert.

Bezüglich der institutionellen Differenzierung begann Bonn als sehr gut ausgebaute Universität. In den 1830er Jahren nahm die Zahl der selbständigen Institutionen sogar den Spitzenplatz unter den deutschen Universitäten ein. Bonn galt zu dieser Zeit als ein hervorragendes Zentrum philologischer Forschung. Von den 1840er Jahren bis 1930 folgte die Universität dem allgemeinen Wachstum der institutionellen Differenzierung vor allem in den Naturwissenschaften und in der Medizin, so daß sie der Anzahl nach fast ständig (außer in den 1870er Jahren) im oberen Viertel zu finden war. In den 1930er Jahren war Bonn allerdings die einzige Universität, an der sich die Zahl der selbständigen Institutionen wieder erheblich verminderte, vor allem in der Philosophischen und Mathematisch-naturwissenschaftlichen Fakultät.

1917 entstand mit der »Gesellschaft von Freunden und Förderern der Universität Bonn« (Geffrub) eine Bonner Besonderheit: Ein privater Finanzier neuer Lehrstühle und Institute. Zwar war ein ähnliches Vorhaben schon seit dem Ende des 19. Jahrhunderts von der Universität Jena in der Form der Zeiss-Stiftung bekannt, aber während in Jena nur eine Firma zum Geldgeber wurde, waren die Finanzierungen der »Geffrub« in Bonn auf viele Firmen verteilt.

Das Wachstum der Universität sprengte letztlich auch die Fakultätsstruktur. Im WS 1928/29 wurde durch die Einverleibung des Instituts für Gesellschafts- und Wirtschaftswissenschaften die Juristische zur Rechts- und Staatswissenschaftlichen Fakultät ausgebaut. Die Verbindungen der »Landwirtschaftlichen Lehranstalt Poppelsdorf« (seit 1847) zur Universität wurden immer enger, so daß die Eingliederung als »Landwirtschaftliche Fakultät« (1934) als der logische Abschluß dieser Entwicklung gelten kann. Auch die Teilung der Philosophischen Fakultät in eine »Philosophische« und eine »Mathemathisch-Naturwissenschaftliche Fakultät« im WS 1936/37 kündigte sich schon 1932 mit ihrer Differenzierung in zwei Abteilungen an.

Vor 1933 hatten sich nur wenige Professoren und Dozenten zum Nationalsozialismus bekannt. Nach 1933 regte sich allerdings kein Widerstand gegen die »Gleichschaltung« der Universität, im Zuge derer bis 1936 24 demokratische und jüdische Professoren und Dozenten entlassen wurden. Das waren 8% des Lehrpersonals von 1932/33 – eine im Vergleich zu den anderen Universitäten relativ geringe Quote. Etwa ein Viertel der ordentlichen Professoren gehörte der NSDAP an.

Im Oktober 1944 wurden das Hauptgebäude und viele Institute und Kliniken durch einen Bombenangriff zerstört, so daß nach dem Krieg die ersten Vorlesungen im WS 1945/46 lediglich in behelfsmäßig hergerichteten Räumen abgehalten werden konnten.

2. Der Bestand an Institutionen 1833/34–1911/45

Zum Verständnis vgl. die Erläuterungen S. 48 ff.

I. Evang.-Theol. Fak. ([1833/34])

1.	Evang.-theol. Sem. ([1833/34])
1.1	Soz.-ethische Abt. (1929/30–36)
1.2	Soz.-prakt. Abt. (1931–33)
2.	Evang.-Homil. Sem. ([1833/34]–48)
	Evang.-Homil.-kat. Sem. (1848/49)
3.	Evang.-theol. Stift (1854/55)
4.	Evang.-kirchengesch. Sem. (nur 1916/17)
4.1	Arch. Abt. (nur 1916/17)
	Chr.-arch. Samml. (1917)

II. Kath.-Theol. Fak. ([1833/34])

1.	Convictorium f. d. Stud. d. kath. Fak. ([1833/34]–75)
2.	Kath. thcol.Scm. (1887/88)
2.1	Homil. Sem. (1845–48)
	Homil.-kat. Sem. (1848/49–1942/43)
2.1.1	Kat. Abt. (1871–87)
2.1.2	Homil. Abt. (1871–87)
2.2	Sem. f. chr. Arch. u. kirchl. Kunst (1918/19–19)
	Arch. u. kunstwiss. Sem. (1919/20–1942)
2.3	Moraltheol. Sem. (1919/20)
2.4	Fundamentaltheol. Sem. (1919/20–38/39, 39/40)
2.5	Neutest. Sem. (1919/20)
2.6	Alttest. Sem. (1919/20)
2.7	Kirchenr. Sem. (1919/20–38/39, 39/40)
2.8	Dogmat. Sem. (1919/20–21/22, 25–37/38, 41.1)
2.9	Kirchengesch. Sem. (1921)
2.10	Dogmengesch. Sem. (1927/28–40.3)

III. Jur. Fak. ([1833/34]–1928) Rechts- u. Staatswiss. Fak. (1928/29)

1.	Jur. Sem. (1872/73)
2.	Kirchenr. Sem. (1904–16/17)
	Kirchenr. Inst. (1933/34)
3.	Staatsr. Ges. (1906/07–14/15)
4.	Inst. f. wiss. Pol. u. intern. Recht (nur 1924)
	Inst. f. intern. Recht u. Pol. (1924/25)
4.1	Inst. f. intern. Privatr. (1912–22)
	Inst. f. intern. Privatr. u. Pol. Sem. (1922/23–23/24)
4.2	Sem. f. wiss. Pol. (1921/22–1923/24)
5.	Industrier. Sem. (1924/25)
6.	Staatswiss. Sem. (1888–1928, in V.)
	Inst. f. Ges.- u. Wirtsch.wiss. (1928/29)
7.	Deutschr. Inst. (1938/39)
7.1	Abt. Familienr. u.-forsch. (1938/39–40.3)
	Abt. Familienforsch. (1941.1)
8.	Krim. Sem. (1944/45)

IV. Med. Fak. ([1833/34])

1.	Med. Stationarium u. Polikl. ([1833/34]–(64/65))
	Med. Klin. u. Polikl. ((1867)–1903)

1.1	Med. Klin. (1904)
1.1.1	Hydrotherap. Abt. (1903–18)
1.1.2	Lab. (1918/19–19)
1.2	Polikl. (1903/04)
2.	Chir. u. augenärztl. Stationarium u. Polikl. ([1833/34]-⟨36⟩)
	Chir. u. augenärztl. Klin. u. Poliklin. (⟨1837⟩–73)
2.1	Chir. Klin. u. Polikl. (1873/74)
2.1.1	Röntgenabt. (1938/39–43)
	Zentral-Röntgen-Abt. d. Univ. (43/44)
2.2	Augenklin. u. Polikl. (1873/74)
3.	Gebh. Klin. u. Polikl. ([1833/34]–63/64)
	Gebh. u. gynäk. Klin. u. Polikl. (1864–93/94)
	Klin. u. Polikl. f. Gebh. u. Frauenkr. (1894)
4.	Anat. Theater u. Mus. ([1833/34], Inst. 73/74)
4.1	Anat. Inst. ([1833/34]–58)
4.2	Abt. f. vergl. Anat. (1875–86/87)
4.3	Abt. f. deskriptive u. mikroskopische Anat. (1875–87/88)
4.4	Biol. Lab. (1907–16)
5.	Cab. von chir. Instr. u. Bandagen ([1833/34]–99)
6.	Pharmakol. App. ([1833/34], Inst. 71)
7.	Physiol. Inst. (⟨1860⟩)
7.1	Physiol.-chem. Abt. (1912/13–26)
	Physiol.-chem. Inst. (1941.1)
8.	Path.-anat. Inst. (1862/63–74)
	Path. Inst. (1874/75)
9.	Klin. u. Polikl. f. Syph. u. Hautkr. (1882, o. Syph. 1910)
10.	Ohren-Polikl. (1885–1903)
	Polikl. f. HNO-Kr. (1903/04)
11.	Psych. Klin. (1890–1908)
	Psych. Klin. u. Polikl. mit Aufnahmestation (nur 1908/09)
	Klin. u. Polikl. f. psych. u. Nervenkr. (1909–34/35)
	Psych. u. Nervenkl. mit Polikl. (1935)
11.1	Kriminal.-psychol. Abt. (1931–34/35)
11.2	Pathopsychol. Inst. (1931/32–33)
11.2.1	Psychol. Abt. (1931/32–33)
11.2.2	Erbbiol. Abt. (1931/32–33)
12.	Hyg. Inst. (1894)
12.1	Bakt. Lab. (1903–11)
12.2	Städt. Untersuchungsamt (1907/08–15/16, f. ansteckende Kr. 08/09)
12.3	Parasitol. Abt. (1908–12/13)
	Parasitol. Lab. d. Univ. (1913, außerh. d. Fak. 13/14–33, in VI. 33/34, in VI.7.1.1.2 36/37)
12.4	Medizinal-Untersuchungsstelle (1908–10)
13.	Zahnärztl. Polikl. (1919–34, Inst. 29)
	Klin. u. Polikl. f. ZMK-Kr. (1934/35)
13.1	Kieferorthop. Abt. (1937/38)
13.2	Kons. Abt. (1940.2–42/43)
14.	Kinderkl. (1919/20)
15.	Inst. f. soz. Med. (1919/20–22)
	Inst. f. ger. u. soz. Med. (1922/23–40.3)
	Inst. f. ger. Med. u. Krim. (1941.1)
16.	Röntgen-Forsch.- u. Unt.-Inst. (1923/24)

V.	**Phil. Fak. ([1833/34]. o. VI. 1937/38)**
1.	Arch. Inst. (⟨1933⟩)
1.1	Antiken-Cab. ([1833/34]–79)
	Akad. Kunstmus. (1879/80–1943/44)
2.	Mus. d. Rhein. Altert. ([1833/34]–1929/30)
3.	Dipl. u. heraldischer App. ([1833/34]–88/89)
4.	Philol. Sem. ([1833/34])
5.	Landw. Inst. (1838–46)
6.	Hist. Sem. (1861/62)
6.1	Sem. f. alte Gesch. (1939/40)
7.	Cab. f. neuere Kunst (1872/73–1901/02)
	Kab. f. mittelalterl. u. neuere Kunst (1902–10/11)
	Kunsthist. Inst. (1911)
8.	Musikwiss. Sem. u. musikal. App. (⟨1933⟩)
8.1	Musikal. App. (1877/78–⟨1932⟩)
8.2	Musikwiss. Sem. (1919–⟨32⟩)
8.3	Akust. Abt. (1932)
9.	Sem. f. rom. u. engl. Philol. (1888–1900/01)
9.1	Sem. f. rom. Philol. (1876–87/88)
	Sem. f. rom. Philol. (1901–⟨32⟩)
	Rom. Sem. (⟨1933⟩)
9.2	Sem. f. engl. Philol. (1901–⟨32⟩)
	Engl. Sem. (⟨1933⟩)
10.	Germ. Sem. (1879)
10.1	Ndrl.-ndt. Abt. (1917)
11.	Zeichenapp. (1889)
12.	Philos. Sem. (1902)
12.1	Psychol. Sem. (1898/99–1901/02)
	Psychol. Lab. (1917–31)
	Psychol. Inst. (1931/32)
12.2	Abt. A (1916)
12.3	Abt. B (1916)
13.	Sem. f. philos. Propädeutik (1902/03–37)
14.	Zeichensaal u. Lehrsamml. f. darstellende Geometrie (1905–34/35)
15.	Sprachwiss. Sem. (1908/09)
16.	Oriental. Sem. (1913/14)
16.1	Indol. Abt. (1917–43/44)
16.2	Ägyptische Abt. (1928, Sem. 28/29)
16.3	Sinol. Abt. (1928–30)
16.4	Abt. f. Semit. u. Islamk. (1941.1)
17.	Rom. Auslandsinst. (1918/19–34/35)
18.	Religionswiss. Sem. (1919/20)
19.	Phon. Kab. (1921, Inst. 26/27)
20.	Inst. f. gesch. Landesk. d. Rheinl. (1921)
20.1	Abt. f. Gesch. (1921–26, 38)
20.2	Abt. f. Mundartenforsch. u. Volksk. (1921–26, 1927/28–43/44)
20.3	Abt. Rhein. Wörterbuch (1930–43/44)
21.	Hochschulinst. f. Leibesüb. (1925)
21.1	Abt. Luftfahrt (1938–40.1)
22.	Iberoamerikanisches Forsch.inst. (1925/26–30)
23.	Altkath. Sem. (1937/38)
24.	Inst. f. Vor- u. Frühgesch. (1938)
25.	Keltolog. Sem. (1942/43)
26.	Inst. f. Volksk. (1944/45)

VI.	**Math.-Naturwiss. Fak. (1937/38. vorh. V.)**

1. Phys. Cab. ([1833/34], Inst. 76)
1.1 Theor. Abt. (1918–18/19)
2. Chem. Lab. ([1833/34]–35)
Chem. Lab. u. technol. Cab. (1835/36–71/72)
3. Sem. f. d. gesammten Naturwiss.
([1833/34]–86/87)
4. Pharmac. Lab. ([1833/34]–80/81)
Pharmac. Inst. (1881–1888, 1924/25–38)
Pharmac. App. (1888/89–1903, 1905–24)
5.1 Math. App. ([1833/34]–69)
5.2 Math. Sem. (⟨1867⟩)
5.2.1 Hist.-didakt. Abt. (1928–38)
Hist. Abt. (1938/39)
5.3 Sem. f. angew. Math. (1935)
6. Bot. Inst. u. Bot. Garten (⟨1933⟩)
6.1 Bot. Garten ([1833/34]-⟨1932⟩)
6.2 Bot. Inst. (1876-⟨1932⟩)
7. Naturhist. Mus. (1849–86/87)
7.1 Zool. u. vergl. anat. Mus. u. Inst.
(1887/88–88/89)
7.1.1 Zool. Inst. ([1833/34]–48/49)
Zool. Abt. (1874–87, Mus. 83)
7.1.1.1 Zool. Mus. ([1833/34]–37)
Zool. u. vergl. anat. Mus. (1890-⟨1932⟩)
7.1.1.2 Zool. u. vergl. anat. Inst. (1890)
7.1.1.2.1 Angew. Zool. (1933/34–37)
7.2 Min. Mus. u. Inst. (1887/88–88/89)
7.2.1 Min. Mus. u. Modellsamml. f. Bergbauk.
([1833/34]–48/49)
Min. Abt. (1875–82/83)
Min. Mus. (1883–87, 90–1901/02)
Min. u. geol. Mus. (1902–06)
Min.-petrogr. Mus. (1906/07-⟨32⟩)
7.2.2 Min. Inst. (1890–1901/02)
Min. u. geol. Inst. (1902–06)
Min.-petrogr. Inst. (1906/07–36)
Min.-petrol. Inst. (1936/37)
7.2.2.1 Abt. Zentralstelle f. petrogr. Vor- u. Früh-
gesch.forsch. (1937/38–43/44)
7.2.2.2 Abt. f. Kristallogr. u. röntgenogr.
Strukturunters. (1940.3)
7.3 Pal. Inst. u. Mus. (1887/88–88/89)
7.3.1 Pal. Samml. (1860/61–82)
Pal. Mus. (1882/83–87, 90–1900)
Geol.-pal. Mus. (1900/01-⟨32⟩)
7.3.2 Pal. Inst. (1889–1900)
Geol.-pal. Inst. (1900/01)
7.3.3 Anst. f. angew. Geol. (1921)
8. Sternwarte (1841)
9. Chem. Praktikum (1854/55–67/68)
Chem. Inst. (1868)
9.1 Analyt. Lab. (1869/70–71/72)
9.2 Pharmaz.-chem. Abt. (1903/04–24)
9.3 Nahrungsmittelchem. Abt. (1906/07–23/24)
Techn.-chem. Abt. (1924-⟨32⟩)
9.4 Phys.-chem. Abt. (1911/12–12/13)
Phys.-chem. Lab. (1913–21, 25-⟨32⟩)

9.5 Analytische Abt. (1911/12–1924)
Analytisch-org. Abt. (1924/25-⟨1932⟩)
9.6 Anorg. Abt. (1913–1933/34)
10. Geogr. App. (1879/80–83/84, 1890–1911)
Geogr. Inst. (1884–88/89, 1923)
Geogr. Sem. (1911/12–23, in V. –40.2)

VII.	**Höhere landw. Lehranst. (1847–60/61)** **Landw. Akad. Poppelsdorf (1861–1919)** **Landw. Hochschule Poppelsdorf** **(1919/20–34/35)** **Landw. Fak. (1935)**

1. Versuchsst. (1857–91/92)
Agrikulturchem. Versuchsst. (1892–1905/06)
1.1 Lab. d. Versuchsst. (1885–91)
Chem. Lab. d. Versuchsst. (1891/92–93/94)
2. Versuchsfeld (1869–1916/17)
3. Chem. Lab. d. Akad. (1885–1910)
Inst. f. Chemie (1910/11–35)
4. Geod. Samml. (1891–1906)
Geod. Inst. (1906/07–20/21)
Inst. f. Geod. (1921)
5. Inst. f. Phys. u. Masch.k. (1910/11–20/21)
Inst. f. Phys. u. landw. Masch.k. (1921–22)
Inst. f. Landmasch.lehre u. Phys. (1922/23)
5.1 Phys. Inst. (1891–1910)
5.2 Masch.-Lab. (1908–11)
6. Akad. Gutswirtsch. (1895–1905/06)
7. Bot. Inst. u. ök.-bot. Garten (1910/11–20/21)
Inst. f. Bot. (1921–35)
Inst. f. landw. Bot. (1935/36)
7.1 Bot. Inst. (1899–1910)
7.2 Ök.-bot. Garten (1895–1910)
8. Tierphysiol. Inst. (1898–1910, 21–22)
Tierphysiol. Inst. m. Kalorimeterhaus
(1910/11–20/21)
Inst. f. Anat., Physiol. u. Hyg. d. Haussäugetiere
(1922/23)
9. Inst. f. Bodenlehre u. Pflanzenbau
(1901–17/18, nur 20/21)
Inst. f. Bodenlehre u. Pflanzenk. (1918–20)
Inst. f. Boden-u. Pflanzenbaulehre (1921)
9.1 Wetterwarte (1910/11–11/12)
9.2 Pflanzenschutzstelle f. d. Rheinprovinz
(1913–21/22)
Inst. f. Pflanzenkr. (1922)
9.3 Muster- u. Versuchsbetrieb f. Obst- u. Gemüsebau
auf d. Marhof (1914/15–26/27, o. Muster- u.
19/20)
Versuchswirtsch. f. Obst- u. Gemüsebau (1927)
9.4 Königl. Domäne Dikopshof b. Sechtem
(1904–04/05)
Akad. Gut Dikopshof b. Sechtem (1905–26/27)
Versuchsgut Dikopshof (1927)
9.5 Domäne Rengen (1934–43)
Versuchsgut Rengen (1943/44)
10. Bot. Versuchshaus (1902/03–04)

11.   Inst. f. Tierz. u. Molkereiw. (1905/06)
11.1   Versuchsgut Frankenforst b. Oberkassel (1930)
12.   Meteor. Observatorium zu Aachen (1906–22/23)
13.   Inst. f. landw. Betriebslehre (1910/11)
14.   Inst. f. Garten- u. Obstbau (1910/11–14)
15.   Versuchsst. d. landw. Vereins f. Rheinpreußen
       (1913/14–23)
16.   Inst. f. VWL (1914–37)
       Inst. f. Agrarwesen u. -pol. (1937/38)
17.   Inst. f. Kulturtechn. u. Bauk. (1914–20/21)
       Inst. f. Kulturtechn. u. Meliorationsw. (1921)

18.   Math. Samml. (1917–23)
       Math. Sem. (1923/24)
19.   Obst- u. Weinbauschule Ahrweiler
       (1921/22–23/24)
20.   Sem. f. Photogrammetrie (1925)
21.   Geol. u. min. Samml. (⟨1933⟩)
22.   Agrikulturchem. Inst. d. Univ. Bonn (1935/36)
23.   Zool. Samml. (1938)

Fehlende Semester: 1836/37, 1859/60, 1865–66/67,
1932/33.

3. Die Studierenden nach Fachbereichen

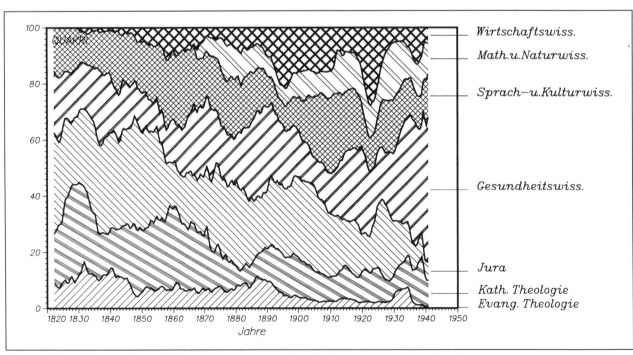

Abb. 2.1: Das Fachbereichsprofil der Studierenden an der Universität Bonn 1821/22–1941/1

Tab. 2.1: Die Studierenden an der Universität Bonn nach Fachbereichen in Prozent 1821/22–1941/1

| | Evang. Theol. | Kath. Theol. | Jura | Gesundheitswissenschaften | | | | Sprach- und Kultur- wiss. | Math., Naturw. | | Wirt- sch., Agrar- und Forst. wiss. | Studierende | | |
| | | | | insg. | Allg. Med. | Zahn- med. | Phar- mazie | | insg. | Chemie | | insg. | weibl. in % aller Stud. | Ausl. in % aller Stud. |
Semester	1	2	3	4	5	6	7	8	9	10	11	12	13	14
1821/22	8,61	16,85	36,45	21,43	21,43	.	.	16,67	.	.	.	546	.	.
1822	8,93	17,51	36,08	22,77	22,77	.	.	14,71	.	.	.	571	.	.
1822/23	8,83	17,83	35,83	21,33	21,33	.	.	16,17	.	.	.	600	.	.
1823	7,95	20,45	32,20	22,54	22,54	.	.	16,86	.	.	.	528	.	.
1823/24	6,97	21,95	30,84	21,95	21,95	.	.	18,29	.	.	.	574	.	.
1824	7,38	23,23	28,00	23,85	23,85	.	.	17,54	.	.	.	650	.	.
1824/25	8,81	20,69	31,64	21,23	21,23	.	.	17,62	.	.	.	749	.	.
1825	8,84	23,49	31,96	18,89	18,89	.	.	16,83	.	.	.	826	.	.
1825/26	10,45	27,40	29,32	16,95	16,95	.	.	15,88	.	.	.	938	.	.
1826	9,87	29,60	28,94	16,41	16,41	.	.	15,19	.	.	.	902	.	.
1826/27	8,09	31,39	27,83	16,61	16,61	.	.	16,07	.	.	.	927	.	.
1827	10,02	31,34	26,23	17,06	17,06	.	.	15,35	.	.	.	938	.	.
1827/28	10,80	31,78	23,16	17,76	17,76	.	.	16,51	.	.	.	963	.	.
1828	11,92	32,87	21,30	17,13	17,13	.	.	16,78	.	.	.	864	.	.
1828/29	8,36	35,31	23,65	17,38	17,38	.	.	15,29	.	.	.	909	.	.
1829	9,92	34,76	24,13	16,56	16,56	.	.	14,62	.	.	.	978	.	.
1829/30	10,63	32,84	24,02	17,85	17,85	.	.	14,67	.	.	.	941	.	.
1830	11,62	33,63	24,00	16,26	16,26	.	.	14,49	.	.	.	904	.	.
1830/31	13,41	31,33	26,82	16,76	15,49	.	0,46	10,17	.	.	1,50	865	.	.
1831	12,77	31,39	26,52	16,42	15,45	.	0,36	11,31	.	.	1,58	822	.	.
1831/32	17,01	26,94	27,48	16,47	15,81	.	0,22	10,91	.	.	1,20	917	.	.
1832	16,18	26,85	27,98	16,18	15,73	.	0,11	11,46	.	.	1,35	890	.	.
1832/33	13,43	28,11	28,98	16,44	16,19	.	0,00	11,04	.	.	2,01	797	.	.
1833	12,96	27,62	29,32	16,62	16,49	.	0,13	11,13	.	.	2,36	764	.	.
1833/34	11,54	25,44	31,68	17,90	17,90	.	0,00	11,43	.	.	2,00	849	.	.
1834	12,88	22,95	32,55	18,03	18,03	.	0,00	12,18	.	.	1,41	854	.	.
1834/35	11,89	22,06	32,48	19,36	19,12	.	0,00	13,11	.	.	1,10	816	.	.
1835	11,32	22,24	33,29	19,51	19,51	.	0,00	12,69	.	.	0,95	733	.	.
1835/36	11,83	21,65	29,00	21,79	19,19	.	0,87	14,57	.	.	1,15	693	.	.
1836	9,69	16,99	34,43	25,93	23,85	.	0,75	12,22	.	.	0,75	671	.	.
1836/37	10,10	16,54	31,63	25,92	22,40	.	0,88	14,64	.	.	1,17	683	.	.
1837	10,44	15,88	31,91	26,91	23,38	.	0,88	12,94	.	.	1,91	680	.	.
1837/38	11,33	10,10	30,40	25,78	23,25	.	0,89	13,05	.	.	1,34	671	.	.
1838	12,53	14,03	33,51	23,16	20,71	.	0,68	15,53	.	.	1,23	734	.	.
1838/39	11,36	15,37	34,49	21,39	19,12	.	0,67	16,18	.	.	1,20	748	.	.
1839	12,43	13,89	34,80	23,25	21,64	.	0,73	14,47	.	.	1,17	684	.	.
1839/40	12,58	13,68	35,06	21,86	19,81	.	0,63	15,72	.	.	1,10	636	.	.
1840	14,45	13,79	35,14	21,51	20,03	.	0,49	14,29	.	.	0,82	609	.	.
1840/41	14,36	14,69	32,67	19,47	17,49	.	0,50	17,82	.	.	0,99	606	.	.
1841	14,12	14,29	35,23	16,07	14,94	.	0,49	18,99	.	.	1,30	616	.	.
1841/42	10,80	17,70	34,51	15,40	14,16	.	0,71	19,82	.	.	1,77	565	.	.
1842	11,11	16,42	34,33	15,92	14,10	.	0,83	20,73	.	.	1,49	603	.	.
1842/43	11,40	17,19	31,23	17,37	15,26	.	0,88	22,28	.	.	0,53	570	.	.
1843	11,66	16,29	30,51	16,29	14,54	.	0,96	23,00	.	.	2,24	626	.	.
1843/44	10,59	18,46	32,07	17,70	16,19	.	0,61	18,76	.	.	2,42	661	.	.
1844	11,45	18,07	34,94	17,17	15,51	.	0,90	15,51	.	.	2,86	664	.	.
1844/45	9,68	19,94	34,16	17,45	15,25	.	1,17	17,01	.	.	1,76	682	.	.
1845	11,64	17,61	34,35	17,03	14,99	.	1,02	17,76	.	.	1,60	687	.	.
1845/46	9,94	21,20	33,04	16,08	14,62	.	0,58	17,69	.	.	2,05	684	.	.
1846	8,86	19,50	35,45	14,48	13,00	.	0,74	19,65	.	.	2,07	677	.	.
1846/47	8,08	20,58	35,82	14,63	12,80	.	0,46	19,05	.	.	1,83	656	.	.
1847	5,76	23,33	36,06	14,85	12,73	.	0,61	18,33	.	.	1,67	660	.	.
1847/48	5,22	26,09	36,53	11,99	10,72	.	0,00	17,35	.	.	2,82	709	.	.
1848	4,44	24,17	40,69	13,06	12,22	.	0,14	14,58	.	.	3,06	720	.	.
1848/49	3,94	23,49	38,13	12,79	12,42	.	0,00	16,61	.	.	5,04	813	.	.
1849	4,63	23,28	37,89	12,83	12,00	.	0,36	16,03	.	.	5,34	842	.	.
1849/50	5,35	24,49	33,37	14,01	13,21	.	0,68	18,22	.	.	4,56	878	.	.
1850	5,81	21,16	35,53	14,25	13,82	.	0,44	17,98	.	.	5,26	912	.	.
1850/51	6,35	22,32	33,70	14,22	13,89	.	0,33	18,71	.	.	4,70	914	.	.
1851	7,70	19,60	37,40	12,80	12,50	.	0,30	17,60	.	.	4,90	1000	.	.
1851/52	7,75	22,41	35,08	11,62	10,89	.	0,73	17,80	.	.	5,34	955	.	.
1852	7,22	19,92	35,57	11,79	11,28	.	0,51	19,11	.	.	6,40	984	.	.
1852/53	7,27	24,48	31,06	11,32	11,09	.	0,23	19,75	.	.	6,12	866	.	.
1853	6,84	23,90	32,83	11,02	10,90	.	0,12	20,07	.	.	5,34	862	.	.
1853/54	6,65	24,85	30,81	10,39	10,04	.	0,35	20,89	.	.	6,42	857	.	.
1854	5,78	23,59	33,81	10,47	10,23	.	0,24	19,61	.	.	6,74	831	.	.
1854/55	6,67	27,32	30,46	9,54	9,41	.	0,13	19,35	.	.	6,67	765	.	.
1855	6,63	24,88	33,63	11,25	11,00	.	0,25	17,63	.	.	6,00	800	.	.
1855/56	7,55	25,96	28,87	10,33	10,33	.	.	27,28	.	.		755	.	.
1856	8,35	23,16	28,23	11,27	11,27	.	0,00	23,04	.	.	5,95	790	.	.
1856/57	7,37	25,48	25,72	11,96	11,59	.	0,36	22,10	.	.	7,37	828	.	.
1857	7,67	21,53	26,23	12,83	12,26	.	0,57	24,63	.	.	7,10	873	.	.
1857/58	6,19	26,46	19,05	11,04	10,68	.	0,36	25,24	.	.	12,01	824	.	.
1858	6,45	25,93	19,35	12,53	12,28	.	0,25	24,69	.	.	11,04	806	.	.
1858/59	7,01	29,87	15,06	12,34	12,34	.	0,00	23,64	.	.	12,08	770	.	.
1859	6,30	29,86	16,30	14,79	14,79	.	0,00	22,88	.	.	9,86	730	.	.
1859/60	6,37	29,34	15,86	14,98	14,86	.	0,12	24,47	.	.	8,99	801	.	.
1860	7,32	27,68	16,83	16,34	16,34	.	0,00	24,27	.	.	7,56	820	.	.
1860/61	9,10	28,74	15,33	13,05	13,05	.	0,00	24,19	.	.	9,58	835	.	.
1861	9,26	25,65	14,73	15,08	14,37	.	0,71	24,94	.	.	10,33	842	.	.
1861/62	9,12	25,71	13,98	16,71	14,10	.	2,61	24,64	.	.	9,83	844	.	.

Tab. 2. 1: Die Studierenden an der Universität Bonn nach Fachbereichen in Prozent 1821/22–1941/1

| | Evang. Theol. | Kath. Theol. | Jura | Gesundheitswissenschaften | | | | Sprach und Kultur wiss. | Math., Naturw. | | Wirt-sch., Agrar-und Forst. wiss. | Studierende | | |
| | | | | insg. | Allg. Med. | Zahn-med. | Phar-mazie | | insg. | Chemie | | insg. | weibl. in % aller Stud. | Ausl. in % aller Stud. |
Semester	1	2	3	4	5	6	7	8	9	10	11	12	13	14
1862	7,39	24,83	15,94	17,32	14,32	.	3,00	25,75	.	.	8,78	866	.	.
1862/63	6,41	24,13	16,30	16,09	14,13	.	1,96	27,93	.	.	9,13	920	.	.
1863	7,28	22,17	18,04	16,41	13,26	.	3,15	29,13	.	.	6,96	920	.	.
1863/64	6,28	24,78	15,13	18,27	15,13	.	3,14	26,91	.	.	8,63	892	.	.
1864	6,02	22,34	19,44	17,08	14,50	.	2,58	26,75	.	.	8,38	931	.	.
1864/65	6,34	23,09	19,55	19,12	16,43	.	2,69	24,17	.	.	7,73	931	.	.
1865	6,68	19,83	21,00	21,00	17,29	.	3,71	24,07	.	.	7,42	943	.	.
1865/66	6,66	25,56	17,95	19,62	16,88	.	2,73	21,76	.	.	8,44	841	.	.
1866	6,21	23,28	17,97	22,60	19,21	.	3,39	22,82	.	.	7,12	885	.	.
1866/67	7,28	23,77	16,06	25,80	22,81	0,00	3,00	20,99	0,64	.	5,46	934	.	.
1867	7,20	21,82	18,96	24,79	22,35	0,00	2,44	20,55	0,95	.	5,72	944	.	.
1867/68	4,98	22,88	18,11	23,41	21,61	0,00	1,80	19,92	2,54	.	8,16	944	.	3,07
1868	5,71	20,37	19,18	25,11	22,52	0,00	2,59	18,10	3,77	.	7,76	928	.	3,23
1868/69	5,13	23,19	19,29	24,86	22,41	0,00	2,45	16,28	5,35	.	5,91	897	.	4,35
1869	7,32	19,14	21,55	23,95	20,71	0,00	3,24	17,36	5,13	.	5,54	956	.	4,60
1869/70	6,72	19,20	20,39	24,51	22,02	0,00	2,49	17,90	6,07	.	5,21	922	.	4,77
1870	6,58	18,86	21,65	25,22	22,32	0,00	2,90	17,41	5,80	.	4,46	896	.	5,69
1870/71	6,00	24,31	20,26	24,47	20,91	0,00	3,57	16,86	5,19	.	2,92	617	.	3,57
1871	7,45	20,27	22,80	25,34	22,21	0,00	3,13	15,50	5,66	.	2,98	671	.	5,96
1871/72	6,51	16,33	24,49	27,04	22,32	0,00	4,72	15,82	6,63	.	3,19	784	.	5,74
1872	5,61	15,43	23,47	25,64	21,30	0,00	4,34	19,26	6,76	.	3,83	784	.	7,78
1872/73	5,78	14,32	25,38	26,13	20,60	0,00	5,53	18,47	6,41	.	3,52	796	.	6,53
1873	7,22	12,83	28,89	21,05	17,68	0,00	3,36	19,68	6,60	.	3,74	803	.	7,35
1873/74	7,01	13,53	29,89	20,42	16,85	0,00	3,57	18,45	6,40	.	4,31	813	.	6,77
1874	7,50	16,08	29,75	17,41	15,24	0,00	2,18	18,38	6,29	.	4,59	827	.	9,07
1874/75	7,73	14,36	27,76	18,65	16,44	0,00	2,21	19,75	8,29	.	3,45	724	.	8,15
1875	7,99	12,76	28,22	17,40	15,85	0,00	1,55	20,23	9,79	.	3,61	776	.	10,05
1875/76	7,21	10,75	26,31	19,38	17,40	0,00	1,98	20,23	12,31	.	3,82	707	.	8,77
1876	6,26	10,79	30,09	18,77	16,91	0,13	1,73	17,44	12,65	.	3,99	751	.	7,86
1876/77	5,67	14,88	25,22	17,40	14,88	0,00	2,52	18,16	12,74	.	5,93	793	.	7,94
1877	5,80	11,93	27,20	18,28	15,50	0,00	2,79	18,17	12,71	.	5,91	897	.	6,80
1877/78	5,82	10,36	25,49	18,63	14,67	0,12	3,84	19,79	12,69	.	7,22	859	.	6,05
1878	6,59	9,88	29,35	17,12	14,49	0,09	2,54	19,57	12,23	.	5,27	1063	.	6,40
1878/79	7,19	10,26	26,77	16,98	14,39	0,12	2,48	20,87	11,56	.	6,37	848	.	6,37
1879	6,44	9,62	30,87	15,29	13,85	0,10	1,35	20,77	11,35	.	5,67	1040	.	4,42
1879/80	6,36	8,51	26,22	17,03	14,98	0,11	1,93	22,13	11,80	.	7,95	881	.	6,02
1880	7,64	8,01	31,39	15,65	14,01	0,00	1,64	19,93	10,65	.	6,73	1099	.	5,28
1880/81	8,34	5,19	30,10	17,25	14,54	0,00	2,71	21,08	9,92	.	8,12	887	.	5,52
1881	8,41	5,51	29,63	20,56	17,48	0,28	2,80	19,44	9,53	.	6,92	1070	.	4,49
1881/82	7,31	5,14	28,69	20,46	17,37	0,23	2,86	16,57	11,66	.	10,17	875	.	5,03
1882	9,05	5,75	28,18	20,08	17,53	0,19	2,36	17,53	11,12	.	8,29	1061	.	4,52
1882/83	8,63	5,76	28,47	21,69	18,71	0,31	2,67	16,75	11,61	.	7,09	973	.	3,29
1883	9,36	6,44	25,32	23,00	20,09	0,26	2,66	18,63	10,56	.	6,70	1165	.	4,03
1883/84	8,58	7,62	23,92	24,11	20,35	0,29	3,47	17,94	9,45	.	8,39	1037	.	4,34
1884	7,33	6,91	23,56	26,64	24,06	0,25	2,33	19,23	8,66	.	7,66	1201	.	3,66
1884/85	6,94	7,78	23,70	25,83	23,24	0,28	2,31	19,17	8,89	.	7,69	1080	.	4,26
1885	8,54	7,42	24,18	26,90	24,82	0,24	1,84	18,20	8,38	.	6,38	1253	.	4,87
1885/86	9,07	7,49	21,46	28,40	24,98	0,28	3,15	16,19	10,18	.	7,22	1081	.	5,74
1886	10,29	7,51	20,43	30,26	27,01	0,15	3,10	16,25	8,98	.	6,27	1292	.	4,95
1886/87	11,17	7,77	20,29	30,12	26,09	0,00	4,02	14,48	10,10	.	6,08	1119	.	5,45
1887	11,31	8,28	20,73	30,98	28,17	0,00	2,81	15,26	8,20	.	5,24	1317	.	5,01
1887/88	9,89	9,53	20,23	29,32	26,26	0,00	3,06	16,01	8,54	.	6,47	1112	.	4,68
1888	10,72	9,51	18,71	30,72	27,91	0,00	2,81	15,97	7,60	.	6,77	1315	.	4,11
1888/89	9,57	10,78	19,66	30,17	27,50	0,17	2,50	15,00	7,84	.	6,98	1160	.	3,97
1889	10,54	10,97	20,72	31,33	28,96	0,07	2,29	12,19	6,59	.	7,67	1395	.	3,30
1889/90	9,93	11,99	18,31	30,71	28,33	0,08	2,30	12,56	7,06	.	9,44	1218	.	4,11
1890	9,23	11,36	21,43	30,59	28,11	0,14	2,34	10,86	6,81	.	9,72	1409	.	4,19
1890/91	9,86	12,08	22,19	26,46	23,17	0,00	3,29	11,18	7,48	.	10,76	1217	.	4,44
1891	9,29	13,09	24,80	26,26	23,48	0,00	2,78	9,44	6,80	.	10,31	1367	.	3,29
1891/92	9,14	13,63	24,22	25,74	21,93	0,17	3,64	9,14	7,20	.	10,92	1181	.	4,23
1892	7,75	14,78	23,19	26,34	23,70	0,15	2,49	9,22	5,71	.	13,02	1367	.	3,73
1892/93	7,32	13,90	23,01	24,63	21,79	0,24	2,60	10,08	6,59	.	14,47	1230	.	3,98
1893	6,84	14,17	24,09	24,37	21,77	0,48	2,12	7,87	6,64	.	16,02	1461	.	3,63
1893/94	6,06	15,57	24,18	22,01	18,19	0,75	3,07	7,34	6,29	.	18,56	1336	.	3,89
1894	5,37	14,52	22,66	23,55	19,51	0,32	3,72	8,78	5,56	.	19,57	1584	.	3,35
1894/95	5,88	14,60	24,75	20,69	16,36	0,47	3,85	7,78	5,00	.	21,30	1479	.	3,25
1895	4,75	14,00	24,55	22,50	18,75	0,64	3,10	8,38	6,09	.	19,74	1707	.	2,75
1895/96	4,19	14,33	24,29	21,05	17,12	0,51	3,42	7,74	6,21	.	22,19	1577	.	3,42
1896	4,59	12,82	24,69	20,66	17,53	0,45	2,69	9,35	6,72	.	21,16	1786	.	3,25
1896/97	4,57	14,45	24,14	19,82	16,76	0,38	2,69	9,26	5,57	.	22,20	1599	.	2,81
1897	4,01	13,61	25,91	20,47	17,23	0,49	2,74	10,26	6,81	.	18,94	1822	.	3,29
1897/98	3,49	15,00	24,49	19,84	15,98	0,43	3,43	9,80	7,47	.	19,90	1633	.	2,27
1898	4,06	14,89	26,13	20,51	17,54	0,52	2,45	10,15	8,02	.	16,24	1921	.	2,71
1898/99	4,61	15,32	26,79	17,45	14,57	0,58	2,30	10,43	8,53	.	16,88	1736	.	3,05
1899	4,83	13,80	28,93	18,49	16,10	0,68	1,71	10,24	8,34	.	15,37	2050	.	2,44
1899/00	4,24	14,73	27,77	16,30	13,26	0,71	2,34	10,65	9,08	.	17,23	1840	.	3,37
1900	4,07	13,89	28,74	17,72	14,32	0,91	2,49	11,54	8,86	.	15,18	2088	.	2,63
1900/01	3,46	14,10	29,64	15,01	11,55	0,85	2,61	12,45	9,31	.	16,02	1879	.	2,55
1901	4,05	12,16	28,56	15,08	12,44	0,64	2,00	14,08	10,48	.	15,58	2195	.	2,41
1901/02	3,42	13,58	28,71	13,83	11,06	0,84	1,93	13,78	11,01	.	15,67	2017	.	2,97
1902	3,86	12,27	29,44	14,08	11,16	0,86	2,06	14,89	10,52	.	14,94	2330	.	2,70
1902/03	3,70	12,01	28,79	14,09	10,95	1,02	2,13	15,34	10,07	.	15,99	2164	.	3,10

Tab. 2.1: Die Studierenden an der Universität Bonn nach Fachbereichen in Prozent 1821/22–1941/1

| | Evang. Theol. | Kath. Theol. | Jura | Gesundheitswissenschaften | | | | Sprach- und Kultur-wiss. | Math., Naturw. | | Wirt-sch., Agrar- und Forst. wiss. | Studierende | | |
| | | | | insg. | Allg. Med. | Zahn-med. | Phar-mazie | | insg. | Chemie | | insg. | weibl. in % aller Stud. | Ausl. in % aller Stud. |
Semester	1	2	3	4	5	6	7	8	9	10	11	12	13	14
1903	2,92	12,41	30,11	13,70	9,91	1,00	2,79	17,45	9,08	2,79	14,33	2401	.	2,58
1903/04	3,16	12,55	28,79	12,55	8,98	1,04	2,53	18,37	9,25	2,89	15,34	2216	.	2,84
1904	2,97	11,49	29,70	11,49	8,18	1,04	2,27	20,11	9,14	2,71	15,09	2690	.	2,68
1904/05	2,75	11,12	30,65	9,02	6,35	0,69	1,98	20,82	9,46	2,95	16,17	2473	.	2,91
1905	2,70	10,17	30,62	10,56	7,30	0,77	2,49	22,03	8,70	2,42	15,22	2851	.	2,24
1905/06	2,58	10,22	29,51	10,58	6,60	1,11	2,87	22,37	8,10	2,19	16,64	2789	.	3,30
1906	2,56	10,49	27,01	12,95	8,28	1,27	3,41	22,60	8,21	2,01	16,17	3080	.	3,08
1906/07	1,90	10,61	26,08	13,08	8,07	1,06	3,95	24,15	7,79	2,15	16,39	2837	.	3,10
1907	2,31	10,06	26,47	13,17	8,72	1,12	3,33	25,09	7,75	1,86	15,16	3121	.	3,08
1907/08	2,33	9,79	26,46	13,52	9,12	1,36	3,03	24,40	7,52	2,00	15,98	3004	.	2,90
1908	2,72	9,28	25,58	13,49	9,59	1,30	2,60	25,02	8,38	1,89	15,53	3233	.	3,59
1908/09	2,33	8,99	25,33	13,33	9,64	1,26	2,43	25,33	8,54	1,71	16,14	3091	2,20	3,24
1909	2,60	8,53	23,08	13,88	10,30	1,73	1,85	20,72	9,08	1,45	15,50	3574	3,95	2,99
1909/10	2,40	8,26	23,09	14,59	10,78	2,17	1,65	26,03	9,56	1,53	16,06	3461	3,81	2,89
1910	2,74	8,84	22,23	14,17	12,29	0,37	1,51	27,42	9,57	1,49	15,03	3833	5,09	2,79
1910/11	2,26	8,59	22,15	14,86	12,49	1,07	1,29	26,91	9,11	1,29	16,13	3634	5,86	2,97
1911	2,68	9,28	21,39	15,66	13,72	1,02	0,92	27,99	9,65	1,31	13,35	3805	5,94	2,71
1911/12	2,26	8,76	21,15	16,42	14,43	1,09	0,90	27,30	10,53	1,30	13,58	3769	6,55	3,21
1912	2,58	9,37	21,56	17,00	14,84	1,05	1,12	26,48	15,59	1,16	7,43	4388	6,47	3,42
1912/13	3,00	9,55	20,21	17,16	15,05	0,58	1,54	26,14	15,34	1,15	8,59	4166	6,96	3,36
1913	3,50	10,15	18,68	20,92	18,28	0,82	1,82	24,40	14,58	1,20	7,76	4512	7,78	3,10
1913/14	3,23	9,93	18,22	21,00	18,33	0,67	2,00	23,46	14,46	1,07	9,70	4309	8,17	3,18
1914	4,01	10,69	16,80	21,40	18,66	0,82	1,93	22,80	13,94	1,11	10,36	4518	8,83	2,66
1914/15	3,37	12,32	16,57	23,85	21,21	0,87	1,77	21,02	13,50	1,12	9,36	4357	9,59	1,08
1915	3,29	11,49	15,92	24,65	22,15	0,83	1,68	21,74	14,69	1,21	8,22	4466	11,11	1,23
1915/16	3,26	11,23	16,87	25,48	23,00	0,72	1,75	20,79	13,70	1,25	8,67	4569	10,09	1,09
1916	3,44	10,41	16,97	25,30	23,14	0,59	1,56	21,83	13,08	1,35	8,96	4878	10,70	1,11
1916/17	3,13	9,53	18,07	25,75	23,50	0,60	1,66	21,47	13,10	1,37	8,95	5184	10,01	1,22
1917	2,97	9,16	19,41	25,48	23,59	0,51	1,38	21,44	12,70	1,40	8,85	5663	9,27	1,24
1917/18	2,93	8,94	19,64	25,64	23,84	0,46	1,33	21,03	12,83	1,58	8,99	6073	8,69	1,19
1918	2,71	8,50	19,56	26,54	24,63	0,45	1,46	20,64	12,57	1,76	9,48	6707	9,17	1,06
1918/19	2,02	8,54	19,43	25,75	23,74	0,54	1,48	20,00	13,18	2,15	11,08	6500	8,82	1,00
1919	1,06	9,27	10,12	27,34	22,06	2,53	1,00	19,30	12,45	2,77	11,57	7047	0,77	0,00
ZS.1919	2,49	9,07	15,84	39,86	33,10	4,80	1,96	13,70	11,57	5,52	7,47	562	1,25	.
1919/20	2,16	10,14	13,75	32,15	23,97	5,73	2,45	16,43	12,05	3,80	13,31	5235	9,59	0,80
1920	2,28	10,90	13,78	30,22	22,22	5,64	2,36	15,03	12,30	3,76	15,50	5350	9,36	1,31
1920/21	2,25	11,34	12,55	28,69	20,77	5,61	2,31	13,71	11,84	3,34	19,62	4974	9,49	1,89
1921	2,29	11,98	13,53	26,96	19,32	5,43	2,20	12,00	11,94	3,71	21,31	4767	8,94	2,71
1921/22	2,45	10,57	12,34	25,81	18,10	5,26	2,45	12,25	12,02	3,79	24,56	4409	9,05	3,47
1922	2,43	10,64	12,88	23,43	16,36	4,43	2,64	12,32	12,18	4,69	26,11	4285	8,84	3,85
1922/23	2,21	9,72	13,13	23,37	16,68	3,82	2,87	11,54	11,54	5,00	28,48	3898	9,06	4,75
1923	2,24	11,30	15,00	20,62	15,11	2,57	2,95	12,27	11,49	5,27	27,08	3700	10,05	5,05
1923/24	1,85	12,33	15,79	19,58	14,21	2,49	2,89	12,40	11,99	5,48	26,07	2977	11,29	4,43
1924	2,09	11,90	16,49	19,58	14,79	1,76	3,03	12,00	11,60	5,39	26,33	3008	11,20	3,89
1924/25	2,08	12,26	20,76	19,34	14,92	1,77	2,65	11,34	11,61	5,96	22,61	2601	11,30	3,27
1925	2,51	12,16	22,38	18,93	14,60	1,66	2,68	12,22	11,24	4,27	20,56	2953	11,28	3,22
1925/26	2,43	11,31	23,72	19,59	14,74	2,03	2,83	13,34	12,01	4,62	17,60	3006	11,31	2,53
1926	2,05	9,93	26,67	18,89	14,42	2,93	1,54	16,22	12,86	3,76	13,39	3959	12,60	2,27
1926/27	2,10	9,71	27,07	18,44	14,00	3,00	1,45	16,52	13,47	3,39	12,68	3801	12,55	2,21
1927	2,02	7,97	27,62	18,17	13,33	3,88	0,96	19,15	15,42	2,67	9,64	4793	15,61	2,36
1927/28	1,98	8,39	25,83	18,73	13,82	4,05	0,85	18,20	17,68	2,81	9,18	4587	14,72	1,98
1928	2,41	7,39	26,44	20,09	14,24	5,07	0,78	18,60	17,43	2,36	7,64	5640	16,35	2,18
1928/29	2,45	7,05	23,72	21,34	14,98	5,76	0,61	18,32	19,76	2,93	7,35	5262	16,02	2,20
1929	2,69	7,56	22,65	23,66	15,72	7,14	0,80	18,73	18,71	2,97	6,00	6471	18,14	2,10
1929/30	2,88	7,78	19,75	24,06	16,02	7,16	0,88	18,60	21,38	3,18	5,54	5935	17,42	2,26
1930	4,80	7,22	19,37	24,18	16,79	6,52	0,87	19,44	19,68	2,87	5,32	7027	19,38	2,70
1930/31	5,95	7,87	17,19	25,24	17,72	6,61	0,91	18,57	20,27	3,05	4,90	6264	19,09	2,84
1931	6,21	7,85	16,98	27,78	20,19	6,31	1,28	18,46	17,78	3,11	4,93	6939	21,05	2,87
1931/32	6,24	9,06	15,52	29,43	20,35	7,79	1,29	16,38	18,38	2,78	4,98	5902	19,62	2,93
1932	6,71	8,74	15,50	32,14	22,88	7,21	2,04	15,66	16,43	3,20	4,83	6214	19,38	2,93
1932/33	6,99	9,12	13,92	33,88	23,91	7,54	2,44	15,22	16,23	3,06	4,64	5625	18,04	4,37
1933	6,75	9,28	13,86	35,60	26,21	6,43	2,95	15,31	13,88	3,01	5,33	5455	19,14	.
1933/34	7,18	10,43	13,07	36,40	26,47	6,83	3,09	14,88	12,93	2,99	5,10	4918	17,06	.
1934	7,21	11,05	12,44	36,99	28,43	5,93	2,62	13,74	12,12	2,74	6,46	4382	16,09	3,63
1934/35	7,78	11,53	11,58	36,88	27,44	6,67	2,77	13,62	11,23	3,35	7,38	3972	15,06	.
1935	5,05	12,13	9,85	42,66	32,88	6,37	3,40	12,96	10,57	2,55	6,78	3643	15,70	.
1935/36	2,42	11,23	10,39	43,81	33,00	6,76	4,05	13,37	9,57	2,76	9,21	3552	15,82	.
1936	2,03	11,08	9,05	44,93	34,73	5,93	4,27	12,70	9,58	2,81	10,64	3205	15,91	.
1936/37	1,51	13,03	9,26	42,51	33,02	5,12	4,38	11,07	9,83	3,26	12,79	2971	14,34	.
1937	1,18	11,83	7,64	45,13	37,05	4,81	3,27	11,06	10,55	3,49	12,61	2721	14,52	3,93
1937/38	1,13	15,77	7,94	38,56	32,33	4,35	1,89	11,61	11,38	4,05	13,61	2645	12,33	.
1938	1,15	14,67	8,43	39,92	34,75	3,58	1,59	11,61	12,17	4,37	12,05	2515	12,01	.
1938/39	1,22	17,53	8,71	35,76	32,42	3,34	0,00	11,88	13,95	5,13	10,94	2458	11,47	.
1939	1,00	17,08	8,08	41,16	38,24	2,92	0,00	10,28	12,28	5,36	10,12	2500	10,72	.
1939/40	.	.	.	.	.	.	.	.	.	.	.	.	.	.
1940/1	0,42	12,32	4,76	54,93	53,39	1,54	0,00	11,20	11,55	7,70	4,83	1429	14,98	0,76
1940/2	0,69	9,40	6,50	45,49	44,04	1,45	0,00	17,66	15,14	9,40	5,12	1308	24,77	.
1940/3	0,66	9,20	7,77	45,68	43,03	2,66	0,00	16,45	13,69	8,89	6,54	1957	26,32	.
1941/1	0,54	9,28	6,53	51,59	49,70	1,78	0,11	15,27	11,12	6,53	5,67	1853	30,60	.

4. Die Studierenden nach Fächern

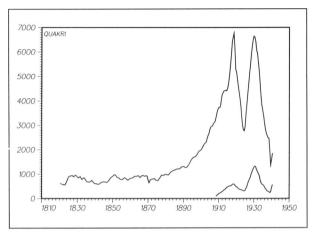

Abb. 2.2: Die Studierenden (weibl. u. insg.) an der Universität Bonn 1820/21–1941/1: Sämtliche Fächer

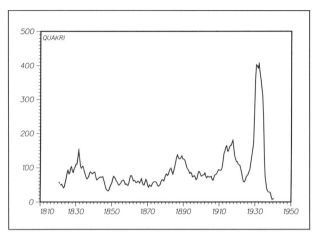

Abb. 2.3: Die Studierenden an der Universität Bonn 1820/21–1941/1: Evangelische Theologie

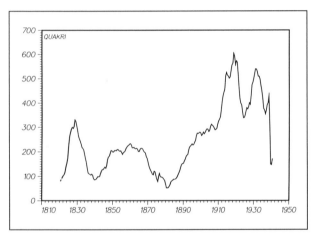

Abb. 2.4: Die Studierenden an der Universität Bonn 1820/21–1941/1: Katholische Theologie

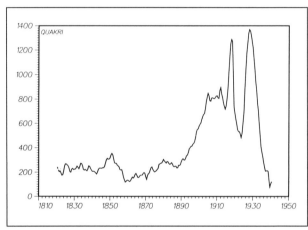

Abb. 2.5: Die Studierenden an der Universität Bonn 1820/21–1941/1: Jura

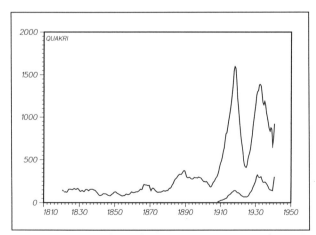

Abb. 2.6: Die Studierenden (weibl. u. insg.) an der Universität Bonn 1820/21–1941/1: Allgemeine Medizin

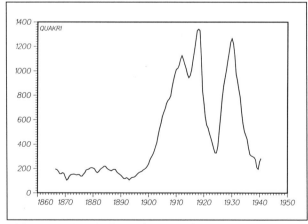

Abb. 2.7: Die Studierenden an der Universität Bonn 1866/67–1941/1: Sprach- und Kulturwissenschaften

Tab. 2. 2: Die Einzelfachströme an der Universität Bonn nach Staatsangehörigkeit und Geschlecht 1820/21–1941/1

	Stud. insg.	Evang. Theol.	Kath. Theol.	Jura	Medi-zin	Philosophische Fakultät							
						insg.	Chir-urgie	Phar-mazie	Kame-ralia	Landw.	Berg-kunde	Forst-wirts.	Son-stige
Semester	1	2	3	4	5	6	7	8	9	10	11	12	13
1820/21	626	58	80	241	147	90	.	.	23	.	.	.	.
1821	.	.	.	.	.	.	.	.	.	.	.	.	.
1821/22	546	47	92	199	117	91	.	.	.	.	.	.	.
1822	571	51	100	206	130	84	.	.	.	.	.	.	.
1822/23	600	53	107	215	128	97	.	.	.	.	.	.	.
1823	528	42	108	170	119	89	.	.	.	.	.	.	.
1823/24	574	40	126	177	126	105	.	.	.	.	.	.	.
1824	650	48	151	182	155	114	.	.	.	.	.	.	.
1824/25	749	66	155	237	159	132	.	.	.	.	.	.	.
1825	826	73	194	264	156	139	.	.	.	.	.	.	.
1825/26	938	98	257	275	159	149	.	.	.	.	.	.	.
1826	902	89	267	261	148	137	.	.	.	.	.	.	.
1826/27	927	75	291	258	154	149	.	.	.	.	.	.	.
1827	938	94	294	246	160	144	.	.	.	.	.	.	.
1827/28	963	104	306	223	171	159	.	.	.	.	.	.	.
1828	864	103	284	184	148	145	.	.	.	.	.	.	.
1828/29	909	76	321	215	158	139	.	.	.	.	.	.	.
1829	978	97	340	236	162	143	.	.	.	.	.	.	.
1829/30	941	100	309	226	168	138	.	.	.	.	.	.	.
1830	904	105	304	217	147	131	.	.	.	.	.	.	.
1830/31	865	116	271	232	134	112	7	4	11	1	1	0	88
1831	822	105	258	218	127	114	5	3	13	0	0	0	93
1831/32	917	156	247	252	145	117	4	2	10	0	1	0	100
1832	890	144	239	249	140	118	3	1	12	0	0	0	102
1832/33	797	107	224	231	129	106	2	0	15	0	1	0	88
1833	764	99	211	224	126	104	0	1	16	0	1	1	85
1833/34	849	98	216	269	152	114	0	0	16	0	1	0	97
1834	854	110	196	278	154	116	0	0	9	0	2	1	104
1834/35	816	97	180	265	156	118	2	0	7	0	2	0	107
1835	733	83	163	244	143	100	0	0	7	0	0	0	93
1835/36	693	82	150	201	133	127	12	6	7	0	1	0	101
1836	671	65	114	231	160	101	9	5	5	0	0	0	82
1836/37	683	69	113	216	153	132	18	6	8	0	0	0	100
1837	680	71	108	217	159	125	18	6	13	0	0	0	88
1837/38	671	76	108	204	156	127	11	6	8	1	0	0	101
1838	734	92	103	246	152	141	13	5	8	1	0	0	114
1838/39	748	85	115	258	143	147	12	5	7	1	1	0	121
1039	604	05	95	230	140	118	6	5	7	1	0	0	00
1839/40	636	80	87	223	126	120	9	4	5	1	0	1	100
1840	609	88	84	214	122	101	6	3	5	0	0	0	87
1840/41	606	87	89	198	106	126	9	3	6	0	0	0	108
1841	616	87	88	217	92	132	4	3	7	0	1	0	117
1841/42	565	61	100	195	80	129	3	4	9	0	1	0	112
1842	603	67	99	207	85	145	6	5	8	0	1	0	125
1842/43	570	65	98	178	87	142	7	5	2	1	0	0	127
1843	626	73	102	191	91	169	5	6	2	3	9	0	144
1843/44	661	70	122	212	107	150	6	4	4	0	12	0	124
1844	664	76	120	232	103	133	5	6	7	0	12	0	103
1844/45	682	66	136	233	104	143	7	8	8	0	4	0	116
1845	687	80	121	236	103	147	7	7	5	0	6	0	122
1845/46	684	68	145	226	100	145	6	4	5	0	9	0	121
1846	677	60	132	240	88	157	5	5	4	0	10	0	133
1846/47	656	53	135	235	84	149	9	3	4	0	8	0	124
1847	660	38	154	238	84	146	10	4	5	4	2	0	125
1847/48	709	37	185	259	76	152	9	0	5	14	1	0	123
1848	720	32	174	293	88	133	5	1	4	15	3	0	115
1848/49	813	32	191	310	101	179	3	0	5	30	4	2	137
1849	842	39	196	319	101	187	4	3	4	31	8	2	136
1849/50	878	47	215	293	116	207	1	6	5	32	2	1	160
1850	912	53	193	324	126	216	.	4	8	32	7	1	164
1850/51	914	58	204	308	127	217	.	3	8	26	9	0	171
1851	1000	77	196	374	125	228	.	3	8	28	13	0	176
1851/52	955	74	214	335	104	228	.	7	12	34	4	1	170
1852	984	71	196	350	111	256	.	5	11	46	5	1	188
1852/53	866	63	212	269	96	226	.	2	7	43	2	1	171
1853	862	59	206	283	94	220	.	1	7	34	5	0	173
1853/54	857	57	213	264	86	237	.	3	6	43	5	1	179
1854	831	48	196	281	85	221	.	2	4	46	5	1	163
1854/55	765	51	209	233	72	200	.	1	2	33	15	1	148
1855	800	53	199	269	88	191	.	2	2	33	13	0	141
1855/56	755	57	196	218	78	206	.	.	.	34	10	0	182
1856	790	66	183	223	89	229	.	0	3	34	10	0	182
1856/57	828	61	211	213	96	247	.	3	6	52	3	0	183
1857	873	67	188	229	107	282	.	5	5	51	6	0	215
1857/58	824	51	218	157	88	310	.	3	3	75	20	1	208
1858	806	52	209	156	99	290	.	2	3	67	18	1	199
1858/59	770	54	230	116	95	275	.	0	4	77	11	1	182
1859	730	46	218	119	108	239	.	0	2	57	13	0	167
1859/60	801	51	235	127	119	269	.	1	2	58	12	0	196
1860	820	60	227	138	134	261	.	0	0	50	12	0	199
1860/61	835	76	240	128	109	282	.	0	3	62	15	0	202
1861	842	78	216	124	121	303	.	6	1	74	12	0	210
1861/62	844	77	217	118	119	313	.	22	0	72	11	0	208
1862	866	64	215	138	124	325	.	26	0	69	7	0	223
1862/63	920	59	222	150	130	359	.	18	0	75	9	0	257
1863	920	67	204	166	122	361	.	29	0	61	3	0	268
1863/64	892	56	221	135	135	345	.	28	1	74	2	0	240
1864	931	56	208	181	135	351	.	24	1	74	3	0	249
1864/65	931	59	215	182	153	322	.	25	2	69	1	0	225
1865	943	63	187	198	163	332	.	35	1	67	0	2	227
1865/66	841	56	215	151	142	277	.	23	0	69	0	2	183
1866	885	55	206	159	170	295	.	30	0	62	0	1	202

Tab. 2.2: Die Einzelfachströme an der Universität Bonn nach Staatsangehörigkeit und Geschlecht 1820/21–1941/1

	Evang. Theol.		Kath. Theol.		Jura		Medizin		Zahnmedizin		Pharmazie		Philol., Gesch.	
	insg.	Ausl. in %	insg.	Ausl. in %	insg.	Ausl. in %	insg.	Ausl. in %	insg.	Ausl. in %	insg.	Ausl. in %	insg.	Ausl. in %
Semester	1	2	3	4	5	6	7	8	9	10	11	12	13	14
1866/67	68	.	222	.	150	.	213	.	0	.	28	.	196	.
1867	68	.	206	.	179	.	211	.	0	.	23	.	194	.
1867/68	47	0,00	216	0,93	171	4,09	204	2,94	0	.	17	.	188	4,26
1868	53	1,89	189	1,06	178	3,37	209	1,91	0	.	24	.	168	5,36
1868/69	46	0,00	208	1,92	173	2,31	201	2,49	0	.	22	.	146	8,22
1869	70	7,14	183	0,00	206	2,43	198	1,52	0	.	31	.	166	9,64
1869/70	62	3,23	177	0,00	188	3,19	203	1,48	0	.	23	.	165	8,48
1870	59	5,08	169	0,59	194	5,15	200	2,00	0	.	26	.	156	9,62
1870/71	37	0,00	150	2,40	125	2,40	129	4,65	0	.	22	.	104	2,88
1871	50	10,00	136	0,00	153	3,92	149	4,70	0	.	21	.	104	4,81
1871/72	51	5,88	128	0,00	192	5,21	175	3,43	0	.	37	.	124	7,26
1872	44	6,82	121	0,00	184	5,98	167	3,59	0	.	34	.	151	15,23
1872/73	46	13,04	114	0,00	202	6,44	164	1,83	0	.	44	.	147	11,56
1873	58	10,34	103	0,00	232	6,03	142	2,82	0	.	27	.	158	12,66
1873/74	57	5,26	110	3,64	243	3,70	137	4,38	0	.	29	0,00	150	12,00
1874	62	9,68	133	5,26	246	4,47	126	7,14	0	.	18	0,00	152	14,47
1874/75	56	10,71	104	6,73	201	4,98	119	6,72	0	.	16	0,00	143	6,29
1875	62	9,68	99	8,08	219	5,48	123	7,32	0	.	12	0,00	157	10,19
1875/76	51	3,92	76	5,26	186	3,76	123	5,69	0	.	14	0,00	143	10,49
1876	47	2,13	81	4,94	226	3,10	127	7,09	1	.	13	0,00	131	9,16
1876/77	45	6,67	118	2,54	200	3,50	118	4,24	0	.	20	0,00	144	10,42
1877	52	3,85	107	2,80	244	2,87	139	4,32	0	.	25	4,00	163	9,82
1877/78	50	2,00	89	2,25	219	1,83	126	4,76	1	.	33	12,12	170	10,00
1878	70	10,00	105	0,95	312	2,24	154	3,90	1	.	27	14,81	208	10,10
1878/79	61	8,20	87	1,15	227	2,64	122	4,92	1	.	21	14,29	177	9,60
1879	67	7,46	100	1,00	321	1,56	144	6,94	1	.	14	14,29	216	5,56
1879/80	56	3,57	75	0,00	231	3,03	132	6,06	1	.	17	0,00	195	7,18
1880	84	8,33	88	0,00	345	2,61	154	4,55	0	.	18	0,00	219	6,85
1880/81	74	4,05	46	0,00	267	2,25	129	6,20	0	.	24	8,33	187	6,95
1881	90	6,67	59	0,00	317	1,26	187	5,35	3	.	30	6,67	208	6,25
1881/82	64	6,25	45	0,00	251	2,79	152	4,61	2	.	25	12,00	145	5,52
1882	96	5,21	61	0,00	299	2,34	186	2,69	2	.	25	12,00	186	7,53
1882/83	84	1,19	56	0,00	277	1,81	182	3,30	3	.	26	3,85	163	5,52
1883	109	3,67	75	0,00	295	1,36	234	3,85	3	.	31	0,00	217	6,91
1883/84	89	7,87	79	1,27	248	2,82	211	1,42	3	.	36	2,78	186	5,38
1884	88	3,41	83	0,00	283	2,47	289	1,04	3	.	28	0,00	231	8,23
1884/85	75	1,33	84	2,38	256	1,56	251	1,99	3	.	25	0,00	207	9,66
1885	107	3,74	93	4,30	303	2,31	311	1,93	3	.	23	0,00	228	8,77
1885/86	98	2,04	81	4,94	232	2,16	270	3,33	3	.	34	0,00	175	6,29
1886	133	2,26	97	4,12	264	1,89	349	2,29	2	.	40	0,00	210	8,57
1886/87	125	2,40	87	3,45	227	2,64	292	2,74	0	.	45	4,44	162	10,49
1887	149	4,03	109	1,83	273	3,30	371	1,89	0	.	37	2,70	201	7,96
1887/88	110	1,82	106	3,77	225	2,67	292	1,71	0	.	34	.	178	.
1888	141	3,55	125	2,40	246	1,63	367	2,18	0	.	37	.	210	.
1888/89	111	2,70	125	2,40	228	0,88	319	1,25	2	.	29	.	174	.
1889	147	4,08	153	1,31	289	1,73	404	0,99	1	.	32	.	170	.
1889/90	121	0,83	146	3,42	223	3,14	345	1,16	1	.	28	.	153	.
1890	130	2,31	160	1,25	302	2,65	396	0,76	2	.	33	.	153	.
1890/91	120	1,67	147	4,76	270	1,85	282	0,71	0	.	40	.	136	.
1891	127	0,79	179	3,35	339	0,88	321	1,25	0	.	38	.	129	.
1891/92	108	0,93	161	3,11	286	1,40	259	2,32	2	.	43	0,00	108	12,04
1892	106	0,00	202	1,98	317	1,58	324	2,78	2	.	34	0,00	126	12,70
1892/93	90	1,11	171	2,34	283	0,71	268	1,87	3	.	32	0,00	124	15,32
1893	100	1,00	207	0,97	352	2,27	318	1,89	7	.	31	3,23	115	12,17
1893/94	81	2,47	208	1,44	323	1,55	243	2,06	10	.	41	2,44	98	11,22
1894	85	2,35	230	0,87	359	1,11	309	2,27	5	.	59	1,69	139	12,95
1894/95	87	0,00	216	0,93	366	1,64	242	2,89	7	.	57	0,00	115	13,91
1895	81	0,00	239	0,42	419	0,48	320	2,81	11	.	53	0,00	143	12,59
1895/96	66	0,00	226	0,88	383	1,57	270	1,11	8	.	54	0,00	122	14,75
1896	82	0,00	229	0,44	441	0,91	313	1,28	8	0,00	48	0,00	167	13,77
1896/97	73	0,00	231	1,30	386	1,55	268	0,75	6	0,00	43	0,00	148	9,46
1897	73	2,74	248	1,21	472	1,06	314	1,59	9	0,00	50	2,00	187	12,30
1897/98	57	0,00	245	0,41	400	1,25	261	1,53	7	0,00	56	0,00	160	4,38
1898	78	0,00	286	0,70	502	1,20	337	2,08	10	0,00	47	0,00	195	8,21
1898/99	80	0,00	266	0,38	465	3,66	253	1,58	10	0,00	40	0,00	181	7,73
1899	99	0,00	283	0,35	593	1,52	330	1,21	14	0,00	35	0,00	210	6,67
1899/00	78	1,28	271	0,37	511	1,37	244	2,87	13	0,00	43	0,00	196	7,65
1900	85	1,18	290	0,00	600	1,00	299	3,34	19	0,00	52	0,00	241	5,81
1900/01	65	0,00	265	0,00	557	0,72	217	3,23	16	0,00	49	0,00	234	6,41
1901	89	0,00	267	0,37	627	0,96	273	2,93	14	14,29	44	2,27	309	4,85
1901/02	69	1,45	274	0,73	579	0,52	223	1,79	17	5,88	39	0,00	278	6,47
1902	90	4,44	286	0,35	686	0,73	260	1,15	20	0,00	48	0,00	347	4,90
1902/03	80	0,00	260	0,38	623	0,80	237	2,95	22	0,00	46	0,00	332	6,93
1903	70	0,00	298	1,34	723	1,38	238	1,26	24	0,00	67	0,00	347	1,73
1903/04	70	2,86	278	1,44	638	1,41	199	2,01	23	4,35	56	0,00	325	1,23
1904	80	2,50	309	1,62	799	1,13	220	2,27	28	3,57	61	0,00	446	1,12
1904/05	68	0,00	275	0,73	758	1,06	157	3,82	17	5,88	49	0,00	426	1,64
1905	77	0,00	290	0,34	873	1,26	208	3,85	22	4,55	71	0,00	544	1,10
1905/06	72	2,78	285	1,05	823	1,70	184	5,98	31	3,23	80	0,00	525	1,90
1906	79	3,80	323	0,93	832	1,80	255	5,10	39	2,56	105	0,00	626	0,48
1906/07	54	3,70	301	0,66	740	0,95	229	4,80	30	6,67	112	0,00	597	1,34
1907	72	4,17	314	0,64	826	1,82	272	4,78	35	0,00	104	0,00	698	1,58
1907/08	70	1,43	294	0,34	795	0,38	274	7,30	41	0,00	91	1,10	651	1,23
1908	88	1,14	300	0,67	827	1,33	310	8,06	42	0,00	84	1,19	714	1,82

Tab. 2.2: Die Einzelfachstrome an der Universität Bonn nach Staatsangehörigkeit und Geschlecht 1820/21–1941/1

	Math., Naturw.		Chemie		Landw.u.Cam.		Sonstige		Studierende		
	insg.	Ausl. in %	insg.	Ausl. in %	insg.	Ausl. in %	insg.	Ausl. in %	insg.	Ausländer insg.	in %
Semester	15	16	17	18	19	20	21	22	23	24	25
1866/67	6	.	.	.	51	.	.	.	934	.	.
1867	9	.	.	.	54	.	.	.	944	.	.
1867/68	24	8,33	.	.	77	5,19	.	.	944	29	3,07
1868	35	11,43	.	.	72	5,56	.	.	928	30	3,23
1868/69	48	20,83	.	.	53	7,55	.	.	897	39	4,35
1869	49	18,37	.	.	53	11,32	.	.	956	44	4,60
1869/70	56	19,64	.	.	48	16,67	.	.	922	44	4,77
1870	52	21,15	.	.	40	17,50	.	.	896	51	5,69
1870/71	32	18,75	.	.	18	22,22	.	.	617	22	3,57
1871	38	28,95	.	.	20	30,00	.	.	671	40	5,96
1871/72	52	23,08	.	.	25	20,00	.	.	784	45	5,74
1872	53	24,53	.	.	30	16,67	.	.	784	61	7,78
1872/73	51	17,65	.	.	28	14,29	.	.	796	52	6,53
1873	53	20,75	.	.	30	13,33	.	.	803	59	7,35
1873/74	52	19,23	.	.	35	14,29	.	.	813	55	6,77
1874	52	26,92	.	.	38	15,79	.	.	827	75	9,07
1874/75	60	28,33	.	.	25	8,00	.	.	724	59	8,15
1875	76	26,32	.	.	28	25,00	.	.	776	78	10,05
1875/76	87	18,39	.	.	27	40,74	.	.	707	62	8,77
1876	95	16,84	.	.	30	33,33	.	.	751	59	7,86
1876/77	101	20,79	.	.	47	19,15	.	.	793	63	7,94
1877	114	16,67	.	.	53	13,21	.	.	897	61	6,80
1877/78	109	12,84	.	.	62	6,45	.	.	859	52	6,05
1878	130	14,62	.	.	56	5,36	.	.	1063	68	6,40
1878/79	98	12,24	.	.	54	7,41	.	.	848	54	6,37
1879	118	4,24	.	.	59	10,17	.	.	1040	46	4,42
1879/80	104	14,42	.	.	70	10,00	.	.	881	53	6,02
1880	117	11,11	.	.	74	9,46	.	.	1099	58	5,28
1880/81	88	10,23	.	.	72	11,11	.	.	887	49	5,52
1881	102	8,82	.	.	74	5,41	.	.	1070	48	4,49
1881/82	102	8,82	.	.	89	6,74	.	.	875	44	5,03
1882	118	6,78	.	.	88	6,82	.	.	1061	48	4,52
1882/83	113	7,08	.	.	69	2,90	.	.	973	32	3,29
1883	123	7,32	.	.	78	7,69	.	.	1165	47	4,03
1883/84	98	14,29	.	.	87	2,30	.	.	1037	45	4,34
1884	104	7,09	.	.	82	1,36	.	.	1201	41	3,66
1884/85	96	9,38	.	.	83	6,02	.	.	1080	46	4,26
1885	105	11,43	.	.	80	10,00	.	.	1253	61	4,87
1885/86	110	17,27	.	.	78	15,38	.	.	1081	62	5,74
1886	116	16,38	.	.	81	8,64	.	.	1292	64	4,95
1886/87	113	15,04	.	.	68	7,35	.	.	1119	61	5,45
1887	108	16,67	.	.	69	10,14	.	.	1317	66	5,01
1887/88	95	.	.	.	72	.	.	.	1112	52	4,68
1888	100	.	.	.	89	.	.	.	1315	54	4,11
1888/89	91	.	.	.	81	.	.	.	1160	46	3,97
1889	92	.	.	.	107	.	.	.	1395	46	3,30
1889/90	86	.	.	.	115	.	.	.	1218	50	4,11
1890	96	.	.	.	137	.	.	.	1409	59	4,19
1890/91	91	.	.	.	131	.	.	.	1217	54	4,44
1891	93	.	.	.	141	.	.	.	1367	45	3,29
1891/92	85	15,29	.	.	129	6,20	.	.	1181	50	4,23
1892	78	12,82	.	.	178	3,93	.	.	1367	51	3,73
1892/93	81	13,58	.	.	178	3,93	.	.	1230	49	3,98
1893	97	16,49	.	.	234	2,14	.	.	1461	53	3,63
1893/94	84	13,10	.	.	248	5,65	.	.	1336	52	3,89
1894	88	7,95	.	.	310	3,87	.	.	1584	53	3,35
1894/95	74	8,11	.	.	315	3,49	.	.	1479	48	3,25
1895	104	8,65	.	.	337	2,37	.	.	1707	47	2,75
1895/96	98	14,29	.	.	350	3,14	.	.	1577	54	3,42
1896	120	14,17	.	.	378	2,38	.	.	1786	58	3,25
1896/97	89	13,48	.	.	355	2,25	.	.	1599	45	2,81
1897	124	8,06	.	.	345	3,19	.	.	1822	60	3,29
1897/98	122	9,02	.	.	325	2,77	.	.	1633	37	2,27
1898	154	4,55	.	.	312	4,49	.	.	1921	52	2,71
1898/99	148	4,05	.	.	293	3,75	.	.	1736	53	3,05
1899	171	2,92	.	.	315	5,40	.	.	2050	50	2,44
1899/00	167	5,99	.	.	317	6,62	.	.	1840	62	3,37
1900	185	3,24	.	.	317	5,68	.	.	2088	55	2,63
1900/01	175	4,57	.	.	301	4,65	.	.	1879	48	2,55
1901	230	3,48	.	.	342	3,51	.	.	2195	53	2,41
1901/02	222	1,60	.	.	316	6,66	.	.	2017	60	2,97
1902	245	4,90	.	.	348	6,03	.	.	2330	63	2,70
1902/03	218	4,59	.	.	346	6,07	.	.	2164	67	3,10
1903	151	0,00	67	1,49	344	4,65	72	30,56	2401	62	2,58
1903/04	141	0,00	64	3,13	340	2,65	82	34,15	2216	63	2,84
1904	173	0,00	73	6,85	406	3,20	95	28,42	2690	72	2,68
1904/05	161	0,62	73	5,48	400	5,25	89	24,72	2473	72	2,91
1905	179	3,35	69	8,70	434	2,53	84	16,67	2851	64	2,24
1905/06	165	4,24	61	13,11	464	5,82	99	9,09	2789	92	3,30
1906	191	2,09	62	9,68	498	6,22	70	22,86	3080	95	3,08
1906/07	160	1,25	61	11,48	465	6,88	88	17,05	2837	88	3,10
1907	184	0,54	58	8,62	473	6,55	85	17,65	3121	96	3,08
1907/08	166	1,20	60	13,33	480	6,88	82	12,20	3004	87	2,90
1908	210	1,90	61	13,11	502	7,37	95	14,74	3233	116	3,59

Tab. 2.2: Die Einzelfachströme an der Universität Bonn nach Staatsangehörigkeit und Geschlecht 1820/21–1941/1

	Evangelische Theologie					Kath. Theol.		Jura				
	insg.	Frauen			Ausländ. in %	insg.	Ausländ. in %	insg.	Frauen			Ausländ. in %
		insg.	in %	deuts.					insg.	in %	deuts.	
Semester	1	2	3	4	5	6	7	8	9	10	11	12
1908/09	72	0	0,00	0	2,78	278	1,08	783	1	0,13	1	1,02
1909	93	0	0,00	0	2,15	305	0,66	825	5	0,61	5	1,09
1909/10	83	0	0,00	0	2,41	286	1,40	799	1	0,13	1	1,00
1910	105	1	0,95	1	1,90	339	1,47	852	2	0,23	2	0,94
1910/11	82	1	1,22	1	4,88	312	1,92	805	3	0,37	3	0,87
1911	102	0	0,00	0	4,90	353	0,85	814	4	0,49	4	0,98
1911/12	85	0	0,00	0	4,71	330	0,91	797	3	0,38	3	1,25
1912	113	1	0,88	1	2,65	411	0,73	946	3	0,32	3	2,01
1912/13	125	1	0,80	1	1,60	398	0,25	842	3	0,36	3	1,66
1913	158	1	0,63	1	0,00	458	0,66	843	4	0,47	4	1,19
1913/14	139	1	0,72	1	0,00	428	1,17	785	4	0,51	4	1,15
1914	181	1	0,55	1	0,00	483	1,24	759	3	0,40	3	0,79
1914/15	147	1	0,68	1	0,00	537	0,93	722	5	0,69	5	0,55
1915	147	1	0,68	1	0,00	513	0,78	711	5	0,70	5	1,69
1915/16	149	1	0,67	1	0,00	513	0,78	771	4	0,52	4	0,26
1916	168	2	1,19	2	0,60	508	0,59	828	6	0,72	6	0,24
1916/17	162	1	0,62	1	1,23	494	0,00	937	7	0,75	7	0,64
1917	168	0	0,00	0	0,00	519	0,19	1099	12	1,09	12	1,36
1917/18	178	0	0,00	0	0,00	543	0,18	1193	11	0,92	11	1,68
1918	182	3	1,65	3	0,00	570	0,18	1312	16	1,22	15	1,07
1918/19	131	2	1,53	2	0,00	555	0,18	1263	13	1,03	13	0,87
1919	138	3	2,17	3	0,00	653	0,31	1277	24	1,88	24	0,47
ZS.1919	14	0	0,00	.	.	51	.	89	0	0,00	.	.
1919/20	113	3	2,65	3	0,00	531	0,19	720	10	1,39	10	0,14
1920	122	2	1,64	2	0,00	583	0,17	737	17	2,31	17	1,09
1920/21	112	3	2,68	3	0,00	564	0,18	624	22	3,53	22	0,80
1921	109	5	4,59	5	0,92	571	1,05	645	22	3,41	22	0,78
1921/22	108	2	1,85	2	2,78	466	1,29	544	16	2,94	16	1,65
1922	104	6	5,77	6	0,96	456	1,54	552	18	3,26	18	1,45
1922/23	86	6	6,98	6	1,16	379	0,53	512	23	4,49	23	1,56
1923	83	9	10,84	9	0,00	418	0,96	555	26	4,68	26	1,08
1923/24	55	5	9,09	5	0,00	367	0,82	470	21	4,47	21	0,64
1924	63	2	3,17	2	0,00	358	1,40	496	17	3,43	17	1,01
1924/25	54	1	1,85	1	0,00	319	1,57	540	26	4,81	26	0,74
1925	74	3	4,05	3	2,70	359	0,84	661	25	3,78	24	1,06
1925/26	73	3	4,11	.	.	340	.	713	22	3,09	.	.
1926	81	2	2,47	.	.	393	.	1056	30	2,84	.	.
1926/27	80	2	2,50	2	1,25	369	0,27	1029	26	2,53	26	1,26
1927	97	3	3,09	3	0,00	382	0,26	1324	56	4,23	55	1,06
1927/28	91	3	3,30	3	3,30	385	0,26	1185	43	3,63	43	0,84
1928	136	2	1,47	2	1,47	417	0,48	1491	65	4,36	64	1,01
1928/29	129	6	4,65	6	0,00	371	0,27	1248	51	4,09	51	0,80
1929	174	9	5,17	9	0,57	489	0,41	1466	95	6,48	93	1,16
1929/30	171	8	4,68	8	0,58	462	0,43	1172	64	5,46	63	1,02
1930	337	27	8,01	24	4,45	507	0,79	1361	86	6,32	85	1,47
1930/31	373	31	8,31	30	4,02	493	0,20	1077	69	6,41	68	1,95
1931	431	39	9,05	38	5,80	545	0,55	1178	96	8,15	94	2,29
1931/32	368	32	8,70	31	6,25	535	0,56	916	59	6,44	58	0,76
1932	417	30	7,19	29	6,95	543	0,37	963	81	8,41	80	1,45
1932/33	393	31	7,89	28	7,38	513	0,97	783	50	6,39	49	1,79
1933	368	41	11,14	.	.	506	.	756	50	6,61	.	.
1933/34	353	26	7,37	.	.	513	.	643	34	5,29	.	.
1934	316	21	6,65	.	.	484	.	545	23	4,22	.	.
1934/35	309	23	7,44	.	.	458	.	460	18	3,91	.	.
1935	184	8	4,35	.	.	442	.	359	6	1,67	.	.
1935/36	86	2	2,33	.	.	399	.	369	10	2,71	.	.
1936	65	2	3,08	.	.	355	.	290	3	1,03	.	.
1936/37	45	2	4,44	.	.	387	.	275	1	0,36	.	.
1937	32	1	3,13	.	.	322	.	208	0	0,00	.	.
1937/38	30	1	3,33	.	.	417	.	210	3	1,43	.	.
1938	29	3	10,34	.	.	369	.	212	4	1,89	.	.
1938/39	30	2	6,67	.	.	431	.	214	3	1,40	.	.
1939	25	1	4,00	.	.	427	.	202	3	1,49	.	.
1939/40	.	.	.	.	.	.	.	.	.	.	.	.
1940/1	6	1	16,67	.	.	176	.	68	0	0,00	.	.
1940/2	9	1	11,11	.	.	123	.	85	0	0,00	.	.
1940/3	13	1	7,69	.	.	180	.	152	2	1,32	.	.
1941/1	10	0	0,00	.	.	172	.	121	1	0,83	.	.

Tab. 2. 2: Die Einzelfachströme an der Universität Bonn nach Staatsangehörigkeit und Geschlecht 1820/21–1941/1

	Medizin					Zahnmedizin					Pharmazie				
	insg.	Frauen			Ausländ. in %	insg.	Frauen			Ausländ. in %	insg.	Frauen			Ausländ. in %
		insg.	in %	deuts.			insg.	in %	deuts.			insg.	in %	deuts.	
Semester	13	14	15	16	17	18	19	20	21	22	23	24	25	26	27
1908/09	298	6	2,01	6	7,05	39	1	2,56	1	0,00	75	0	0,00	0	1,33
1909	368	16	4,35	16	5,16	62	2	3,23	2	0,00	66	0	0,00	0	1,52
1909/10	373	17	4,56	17	4,83	75	1	1,33	1	0,00	57	0	0,00	0	0,00
1910	471	22	4,67	21	4,67	14	0	0,00	0	0,00	58	0	0,00	0	1,72
1910/11	454	30	6,61	27	5,73	39	2	5,13	2	0,00	47	0	0,00	0	0,00
1911	522	31	5,94	27	4,60	39	1	2,56	1	0,00	35	0	0,00	0	0,00
1911/12	544	30	5,51	28	5,70	41	2	4,88	2	0,00	34	0	0,00	0	0,00
1912	651	42	6,45	41	4,76	46	1	2,17	1	0,00	49	0	0,00	0	0,00
1912/13	627	37	5,90	36	3,99	24	0	0,00	0	0,00	64	0	0,00	0	1,56
1913	825	53	6,42	50	3,15	37	1	2,70	1	0,00	82	1	1,22	1	2,44
1913/14	790	48	6,08	45	2,66	29	1	3,45	1	0,00	86	1	1,16	1	1,16
1914	843	59	7,00	57	2,61	37	2	5,41	2	0,00	87	2	2,30	2	3,45
1914/15	924	84	9,09	82	1,19	38	3	7,89	3	0,00	77	3	3,90	3	2,60
1915	989	92	9,30	91	1,21	37	3	8,11	3	0,00	75	4	5,33	4	0,00
1915/16	1051	93	8,85	92	1,33	33	4	12,12	4	3,03	80	4	5,00	4	2,50
1916	1129	106	9,39	106	0,80	29	1	3,45	1	0,00	76	3	3,95	3	3,95
1916/17	1218	114	9,36	113	1,07	31	1	3,23	1	0,00	86	5	5,81	5	5,81
1917	1336	133	9,96	132	1,20	29	0	0,00	0	0,00	78	4	5,13	4	3,85
1917/18	1448	125	8,63	124	0,90	28	2	7,14	1	3,57	81	5	6,17	5	1,23
1918	1652	155	9,38	153	0,79	30	2	6,67	2	0,00	98	9	9,18	9	3,06
1918/19	1543	131	8,49	131	0,58	35	4	11,43	3	2,86	96	9	9,38	9	2,08
1919	1611	145	9,00	144	0,68	178	10	5,62	9	2,25	138	19	13,77	19	2,17
ZS.1919	186	2	1,08	.	.	27	0	0,00	.	.	11	0	0,00	.	.
1919/20	1255	109	8,69	108	0,96	300	18	6,00	17	1,00	128	25	19,53	25	1,56
1920	1189	122	10,26	120	1,60	302	23	7,62	22	0,66	126	25	19,84	25	1,59
1920/21	1033	113	10,94	111	2,71	279	15	5,38	14	1,08	115	27	23,48	27	0,87
1921	921	105	11,40	103	3,37	259	17	6,56	17	1,54	105	21	20,00	21	0,00
1921/22	798	95	11,90	93	4,51	232	23	9,91	22	1,72	108	18	16,67	17	1,85
1922	701	81	11,55	80	5,85	190	21	11,05	20	1,58	113	24	21,24	23	2,65
1922/23	650	78	12,00	77	7,69	149	20	13,42	19	2,01	112	19	16,96	19	1,79
1923	559	75	13,42	73	9,84	95	20	21,05	17	8,42	109	24	22,02	24	1,83
1923/24	423	60	14,18	59	9,93	74	17	22,97	15	8,11	86	27	31,40	27	1,16
1924	445	77	17,30	76	8,31	53	10	18,87	9	7,55	91	21	23,08	21	3,30
1924/25	388	63	16,24	63	7,99	46	11	23,91	11	4,35	69	19	27,54	19	1,45
1925	431	71	16,47	71	5,80	49	11	22,45	11	4,08	79	23	29,11	23	0,00
1925/26	443	65	14,67	.	.	61	12	19,67	.	.	85	23	27,06	.	.
1926	571	85	14,89	.	.	116	18	15,52	.	.	61	19	31,15	.	.
1926/27	532	83	15,60	82	4,70	114	17	14,91	17	3,51	55	16	29,09	16	0,00
1927	639	127	19,87	126	4,07	186	21	11,29	20	3,76	46	19	41,30	19	0,00
1927/28	634	117	18,45	115	3,63	186	18	9,68	16	4,84	39	17	43,59	17	0,00
1928	803	146	18,18	144	3,49	286	40	13,99	39	4,90	44	18	40,91	18	0,00
1928/29	788	158	20,05	156	3,17	303	46	15,18	43	7,59	32	14	43,75	14	0,00
1929	1017	204	20,06	200	2,16	462	90	19,48	86	5,41	52	14	26,92	14	0,00
1929/30	951	200	21,03	196	1,89	425	62	14,59	57	8,94	52	13	25,00	12	1,92
1930	1180	254	21,53	250	2,37	458	84	18,34	80	8,08	61	14	22,95	13	1,64
1930/31	1110	253	22,79	246	2,88	414	84	20,29	81	6,04	57	12	21,05	12	0,00
1931	1401	359	25,62	356	2,21	438	109	24,89	108	5,48	89	29	32,58	28	1,12
1931/32	1201	287	23,90	283	2,33	460	110	23,91	107	7,17	76	21	27,63	20	2,63
1932	1422	314	22,08	310	1,76	448	113	25,22	109	6,25	127	44	34,65	43	1,57
1932/33	1345	269	20,00	266	7,36	424	95	22,41	92	6,84	137	45	32,85	44	2,92
1933	1430	325	22,73	.	.	351	85	24,22	.	.	161	52	32,30	.	.
1933/34	1302	281	21,58	.	.	336	78	23,21	.	.	152	39	25,66	.	.
1934	1246	257	20,63	.	.	260	55	21,15	.	.	115	30	26,09	.	.
1934/35	1090	224	20,55	.	.	265	50	18,87	.	.	110	36	32,73	.	.
1935	1198	246	20,53	.	.	232	47	20,26	.	.	124	44	35,48	.	.
1935/36	1172	237	20,22	.	.	240	45	18,75	.	.	144	47	32,64	.	.
1936	1113	238	21,38	.	.	190	37	19,47	.	.	137	40	29,20	.	.
1936/37	981	205	20,90	.	.	152	25	16,45	.	.	130	42	32,31	.	.
1937	1008	209	20,73	.	.	131	22	16,79	.	.	89	25	28,09	.	.
1937/38	855	166	19,42	.	.	115	14	12,17	.	.	50	13	26,00	.	.
1938	874	155	17,73	.	.	90	11	12,22	.	.	40	10	25,00	.	.
1938/39	797	146	18,32	.	.	82	13	15,85	.	.	0	0	.	.	.
1939	956	151	15,79	.	.	73	10	13,70	.	.	0	0	.	.	.
1939/40	.	.	.	.	.	.	.	.	.	.	.	.	.	.	.
1940/1	763	136	17,82	.	.	22	6	27,27	.	.	0	0	.	.	.
1940/2	576	142	24,65	.	.	19	8	42,11	.	.	0	0	.	.	.
1940/3	842	216	25,65	.	.	52	16	30,77	.	.	0	0	.	.	.
1941/1	921	300	32,57	.	.	33	14	42,42	.	.	2	2	100,00	.	.

Tab. 2. 2: Die Einzelfachströme an der Universität Bonn nach Staatsangehörigkeit und Geschlecht 1820/21–1941/1

	Philologie, Geschichte					Mathematik, Naturwissenschaften					Chemie				
	insg.	Frauen			Ausländ. in %	insg.	Frauen			Ausländ. in %	insg.	Frauen			Ausländ. in %
		insg.	in %	deuts.			insg.	in %	deuts.			insg.	in %	deuts.	
Semester	28	29	30	31	32	33	34	35	36	37	38	39	40	41	42
1908/09	700	38	5,43	37	0,71	211	20	9,48	19	2,37	53	1	1,89	0	18,87
1909	868	80	9,22	75	1,50	294	33	11,22	32	1,70	52	3	5,77	2	17,31
1909/10	809	79	9,77	79	0,62	278	31	11,15	30	1,08	53	1	1,89	0	20,75
1910	956	127	13,28	126	0,52	310	36	11,61	35	0,97	57	1	1,75	1	19,30
1910/11	884	131	14,82	129	0,79	284	39	13,73	39	1,41	47	1	2,13	0	6,38
1911	953	137	14,38	135	1,36	317	41	12,93	41	1,89	50	0	0,00	0	2,00
1911/12	925	153	16,54	152	0,97	348	48	13,79	47	2,30	49	2	4,08	1	8,16
1912	1044	161	15,42	158	2,01	392	53	13,52	52	1,53	51	3	5,88	1	11,76
1912/13	994	171	17,20	169	1,41	403	61	15,14	60	1,99	48	1	2,08	0	12,50
1913	1002	192	19,16	190	1,70	433	77	17,78	77	1,85	54	3	5,56	0	12,96
1913/14	915	193	21,09	191	1,97	414	81	19,57	79	1,93	46	1	2,17	1	4,35
1914	922	225	24,40	221	1,41	421	76	18,05	75	1,43	50	2	4,00	2	6,00
1914/15	835	198	23,71	196	0,84	396	88	22,22	88	0,51	49	2	4,08	2	4,08
1915	893	234	26,20	232	0,90	459	118	25,71	118	0,65	54	4	7,41	4	3,70
1915/16	864	213	24,65	211	0,69	431	111	25,75	111	0,70	57	4	7,02	4	5,26
1916	982	252	25,66	248	1,22	436	112	25,69	112	0,46	66	7	10,61	7	4,55
1916/17	1022	243	23,78	239	1,27	484	110	22,73	110	0,41	71	6	8,45	6	1,41
1917	1099	224	20,38	221	1,00	515	103	20,00	103	0,39	79	8	10,13	8	1,27
1917/18	1136	224	19,72	223	0,53	563	109	19,36	109	0,53	96	5	5,21	5	3,13
1918	1239	250	20,18	249	0,56	601	116	19,30	116	0,33	118	14	11,86	14	2,54
1918/19	1123	232	20,66	231	0,53	601	116	19,30	116	0,33	140	13	9,29	13	2,14
1919	1102	225	20,42	224	0,27	554	112	20,22	112	0,18	195	11	5,64	11	0,51
ZS.1919	59	3	5,08	.	.	34	2	5,88	.	.	31	0	0,00	.	.
1919/20	636	156	24,53	155	0,47	363	99	27,27	99	0,28	199	8	4,02	8	0,50
1920	615	143	23,25	142	1,14	303	80	26,40	80	0,33	201	8	3,98	8	1,00
1920/21	503	131	26,04	130	2,39	260	65	25,00	65	0,38	166	8	4,82	8	0,60
1921	404	128	31,68	119	4,95	220	40	18,18	39	1,36	177	6	3,39	6	1,13
1921/22	360	110	30,56	102	6,94	200	47	23,50	46	2,00	167	8	4,79	7	2,99
1922	322	88	27,33	81	7,45	186	46	24,73	46	2,69	201	8	3,98	7	2,49
1922/23	272	74	27,21	68	7,35	164	44	26,83	44	3,05	195	10	5,13	9	5,64
1923	264	74	28,03	70	7,58	164	38	23,17	37	3,66	195	14	7,18	13	6,67
1923/24	213	74	34,74	69	5,63	156	31	19,87	30	2,56	163	12	7,36	11	7,98
1924	212	82	38,68	79	3,77	146	32	21,92	32	1,37	162	14	8,64	13	7,41
1924/25	.	.	.	.	.	.	.	.	.	.	155	18	11,61	17	6,45
1925	.	.	.	.	.	.	.	.	.	.	126	8	6,35	8	7,14
1925/26	.	.	.	.	.	.	.	.	.	.	139	14	10,07	.	.
1926	.	.	.	.	.	.	.	.	.	.	149	16	10,74	.	.
1926/27	.	.	.	.	.	.	.	.	.	.	129	13	10,08	13	4,65
1927	.	.	.	.	.	.	.	.	.	.	128	16	12,50	15	5,47
1927/28	.	.	.	.	.	.	.	.	.	.	129	16	12,40	16	4,65
1928	.	.	.	.	.	.	.	.	.	.	133	16	12,03	16	3,76
1928/29	.	.	.	.	.	.	.	.	.	.	154	16	10,39	15	5,84
1929	.	.	.	.	.	.	.	.	.	.	192	24	12,50	24	3,65
1929/30	.	.	.	.	.	.	.	.	.	.	189	27	14,29	27	3,17
1930	.	.	.	.	.	.	.	.	.	.	202	37	18,32	37	3,96
1930/31	.	.	.	.	.	.	.	.	.	.	191	45	23,56	45	2,09
1931	.	.	.	.	.	.	.	.	.	.	216	55	25,46	54	3,24
1931/32	.	.	.	.	.	.	.	.	.	.	164	43	26,22	41	3,05
1932	.	.	.	.	.	.	.	.	.	.	199	54	27,14	52	3,52
1932/33	.	.	.	.	.	.	.	.	.	.	172	44	25,58	42	4,65
1933	.	.	.	.	.	.	.	.	.	.	164	45	27,44	.	.
1933/34	.	.	.	.	.	.	.	.	.	.	147	34	23,13	.	.
1934	.	.	.	.	.	.	.	.	.	.	120	30	25,00	.	.
1934/35	.	.	.	.	.	.	.	.	.	.	133	28	21,05	.	.
1935	.	.	.	.	.	.	.	.	.	.	93	15	16,13	.	.
1935/36	.	.	.	.	.	.	.	.	.	.	98	18	18,37	.	.
1936	.	.	.	.	.	.	.	.	.	.	90	14	15,56	.	.
1936/37	.	.	.	.	.	.	.	.	.	.	97	11	11,34	.	.
1937	.	.	.	.	.	.	.	.	.	.	95	8	8,42	.	.
1937/38	.	.	.	.	.	.	.	.	.	.	107	11	10,28	.	.
1938	.	.	.	.	.	.	.	.	.	.	110	12	10,91	.	.
1938/39	.	.	.	.	.	.	.	.	.	.	126	12	9,52	.	.
1939	.	.	.	.	.	.	.	.	.	.	134	13	9,70	.	.
1939/40	.	.	.	.	.	.	.	.	.	.	.	.	.	.	.
1940/1	.	.	.	.	.	.	.	.	.	.	110	11	10,00	.	.
1940/2	.	.	.	.	.	.	.	.	.	.	123	41	33,33	.	.
1940/3	.	.	.	.	.	.	.	.	.	.	174	62	35,63	.	.
1941/1	.	.	.	.	.	.	.	.	.	.	121	53	43,80	.	.

Tab. 2. 2: Die Einzelfachströme an der Universität Bonn nach Staatsangehörigkeit und Geschlecht 1820/21–1941/1

	Kameralia, Staatswissenschaften					Landwirtschaft					Sonstige				
	insg.	Frauen			Ausländ. in %	insg.	Frauen			Ausländ. in %	insg.	Frauen			Ausländ. in %
Semester		insg.	in %	deuts.			insg.	in %	deuts.			insg.	in %	deuts.	
	43	44	45	46	47	48	49	50	51	52	53	54	55	56	57
1908/09	.	.	.	.	.	499	0	0,00	0	7,41	83	1	1,20	0	9,64
1909	.	.	.	.	.	554	0	0,00	0	5,78	87	2	2,30	1	17,24
1909/10	.	.	.	.	.	556	1	0,18	1	7,19	92	1	1,09	0	9,78
1910	.	.	.	.	.	576	4	0,69	3	6,77	95	2	2,11	1	11,58
1910/11	.	.	.	.	.	586	2	0,34	2	7,00	94	4	4,26	3	10,64
1911	.	.	.	.	.	508	4	0,79	3	6,89	112	8	7,14	8	7,14
1911/12	.	.	.	.	.	512	3	0,59	3	7,23	104	6	5,77	4	14,42
1912	88	4	4,55	4	6,82	238	0	0,00	0	13,87	118	16	13,56	14	13,56
1912/13	80	2	2,50	2	7,50	278	1	0,36	1	17,27	95	13	13,68	13	10,53
1913	89	8	8,99	8	10,11	261	0	0,00	0	17,62	99	11	11,11	11	11,11
1913/14	95	10	10,53	10	7,37	323	2	0,62	2	15,17	96	10	10,42	10	10,42
1914	119	19	15,97	19	4,20	349	2	0,57	2	12,61	108	8	7,41	8	6,48
1914/15	130	24	18,46	24	2,31	278	2	0,72	2	3,24	81	8	9,88	8	1,23
1915	109	23	21,10	23	2,75	258	2	0,78	2	3,10	78	10	12,82	10	2,56
1915/16	126	20	15,87	20	2,38	270	3	1,11	3	3,33	86	4	4,65	4	2,33
1916	157	26	16,56	26	2,55	280	4	1,43	4	4,64	83	3	3,61	3	1,20
1916/17	167	25	14,97	25	1,20	297	5	1,68	4	5,39	91	2	2,20	2	2,20
1917	195	32	16,41	32	2,05	306	3	0,98	2	4,90	115	6	5,22	6	1,74
1917/18	205	29	14,15	29	2,44	341	12	3,52	10	4,99	141	6	4,26	6	1,42
1918	261	35	13,41	33	3,07	375	9	2,40	7	4,53	145	6	4,14	6	2,07
1918/19	287	37	12,89	35	2,44	433	10	2,31	9	4,16	177	6	3,39	6	2,82
1919	313	37	11,82	36	1,60	502	13	2,59	11	3,39	258	19	7,36	18	3,49
ZS.1919	40	0	0,00	.	.	2	0	0,00	.	.	18	0	0,00	.	.
1919/20	222	26	11,71	26	0,45	475	14	2,95	12	2,74	224	34	15,18	33	1,79
1920	255	30	11,76	30	0,78	574	15	2,61	13	4,01	189	36	19,05	35	1,59
1920/21	250	34	13,60	33	2,40	726	21	2,89	17	4,13	179	33	18,44	31	3,35
1921	262	35	13,36	34	3,82	754	18	2,39	14	4,51	168	29	17,26	27	7,74
1921/22	244	28	11,48	27	4,92	839	16	1,91	14	3,22	180	36	20,00	31	10,56
1922	274	30	10,95	29	5,11	845	16	1,89	14	4,26	206	41	19,90	34	8,25
1922/23	238	22	9,24	22	5,04	872	15	1,72	13	5,62	178	42	23,60	33	11,24
1923	244	22	9,02	22	4,92	758	14	1,85	11	5,80	190	56	29,47	49	7,89
1923/24	216	25	11,57	25	4,17	560	11	1,96	10	5,54	156	53	33,97	49	3,85
1924	173	19	10,98	19	2,31	619	15	2,42	14	5,17	149	48	32,21	46	2,01
1924/25	113	17	15,04	17	2,65	475	6	1,26	6	4,00	.	.	.	.	.
1925	130	17	13,08	16	3,85	477	11	2,31	10	4,40	41	12	29,27	12	2,44
1925/26	113	11	9,73	.	.	416	6	1,44	5	4,33	53	10	18,87	.	.
1926	140	25	17,86	.	.	390	5	1,28	4	3,59	46	8	17,39	.	.
1926/27	120	18	15,00	18	1,67	362	6	1,66	6	2,21	69	8	11,59	8	5,80
1927	126	21	16,67	20	6,35	336	11	3,27	10	3,57	17	2	11,76	2	11,76
1927/28	106	11	10,38	10	5,66	315	10	3,17	10	3,81	24	1	4,17	1	0,00
1928	123	24	19,51	20	7,32	308	8	2,60	8	4,55	8	0	0,00	0	0,00
1928/29	100	17	17,00	16	3,00	287	2	0,70	2	3,83	14	0	0,00	0	7,14
1929	109	18	16,51	16	1,83	279	3	1,08	3	4,66	16	0	0,00	0	6,25
1929/30	91	19	20,88	18	3,30	238	5	2,10	5	2,10	8	0	0,00	0	0,00
1930	134	32	23,88	30	5,97	240	4	1,67	4	3,33	2	0	0,00	0	0,00
1930/31	87	22	25,29	20	5,75	220	3	1,36	3	5,45	4	0	0,00	0	0,00
1931	129	41	31,78	39	7,75	213	6	2,82	6	4,23	7	2	28,57	2	0,00
1931/32	108	31	28,70	28	9,26	186	2	1,08	2	3,23	5	0	0,00	0	20,00
1932	122	39	31,97	38	4,92	178	2	1,12	2	3,93	9	0	0,00	0	33,33
1932/33	92	25	27,17	24	4,35	169	5	2,96	5	3,55	9	0	0,00	0	33,33
1933	105	21	20,00	.	.	186	5	2,69	.	.	10	1	10,00	.	.
1933/34	84	13	15,48	.	.	167	2	1,20	.	.	6	1	16,67	.	.
1934	65	10	15,38	.	.	218	4	1,83	.	.	13	1	7,69	.	.
1934/35	61	8	13,11	.	.	232	4	1,72	.	.	12	1	8,33	.	.
1935	68	10	14,71	.	.	179	5	2,79	.	.	0	0	.	.	.
1935/36	60	6	10,00	.	.	267	4	1,50	.	.	0	0	.	.	.
1936	69	10	14,49	.	.	272	3	1,10	.	.	0	0	.	.	.
1936/37	68	13	19,12	.	.	312	0	0,00	.	.	0	0	.	.	.
1937	74	12	16,22	.	.	269	1	0,37	.	.	0	0	.	.	.
1937/38	70	11	15,71	.	.	290	2	0,69	.	.	0	0	.	.	.
1938	63	14	22,22	.	.	240	2	0,83	.	.	0	0	.	.	.
1938/39	63	9	14,29	.	.	206	5	2,43	.	.	0	0	.	.	.
1939	72	10	13,89	.	.	181	3	1,66	.	.	0	0	.	.	.
1939/40	.	.	.	.	.	.	.	.	.	.	.	.	.	.	.
1940/1	35	5	14,29	.	.	34	0	0,00	.	.	0	0	.	.	.
1940/2	42	15	35,71	.	.	25	0	0,00	.	.	2	0	0,00	.	.
1940/3	87	35	40,23	.	.	41	1	2,44	.	.	0	0	.	.	.
1941/1	65	35	53,85	.	.	40	1	2,50	.	.	0	0	.	.	.

Tab. 2. 2: Die Einzelfachströme an der Universität Bonn nach Staatsangehörigkeit und Geschlecht 1820/21–
1941/1

	Geodäsie				Studierende					
	insg.	Frauen		Aus-länd. in %	insg.	Frauen			Ausländer	
		insg.	in %			insg.	in %	deuts.	insg.	in %
Semester	58	59	60	61	62	63	64	65	66	67
1908/09	.	.	.	.	3091	68	2,20	64	100	3,24
1909	.	.	.	.	3574	141	3,95	133	107	2,99
1909/10	.	.	.	.	3461	132	3,81	129	100	2,89
1910	.	.	.	.	3833	195	5,09	190	107	2,79
1910/11	.	.	.	.	3634	213	5,86	206	108	2,97
1911	.	.	.	.	3805	226	5,94	219	103	2,71
1911/12	.	.	.	.	3769	247	6,55	240	121	3,21
1912	241	0	0,00	2,49	4388	284	6,47	275	150	3,42
1912/13	188	0	0,00	2,66	4166	290	6,96	285	140	3,36
1913	171	0	0,00	0,58	4512	351	7,78	343	140	3,10
1913/14	163`	0	0,00	4,29	4309	352	8,17	345	137	3,18
1914	159	0	0,00	3,14	4518	399	8,83	392	120	2,66
1914/15	143	0	0,00	0,70	4357	418	9,59	414	47	1,08
1915	143	0	0,00	0,70	4466	496	11,11	493	55	1,23
1915/16	138	0	0,00	0,72	4569	461	10,09	458	50	1,09
1916	136	0	0,00	0,74	4878	522	10,70	518	54	1,11
1916/17	124	0	0,00	0,81	5184	519	10,01	513	63	1,22
1917	125	0	0,00	0,00	5663	525	9,27	520	70	1,24
1917/18	120	0	0,00	0,00	6073	528	8,69	523	72	1,19
1918	124	0	0,00	0,00	6707	615	9,17	607	71	1,06
1918/19	116	0	0,00	0,00	6500	573	8,82	568	65	1,00
1919	128	0	0,00	0,00	7047	618	8,77	611	62	0,88
ZS.1919	.	.		.	562	7	1,25		.	
1919/20	69	0	0,00	0,00	5235	502	9,59	496	42	0,80
1920	154	0	0,00	0,00	5350	501	9,36	494	70	1,31
1920/21	163	0	0,00	0,00	4974	472	9,49	461	94	1,89
1921	172	0	0,00	0,00	4767	426	8,94	407	129	2,71
1921/22	163	0	0,00	0,61	4409	399	9,05	377	153	3,47
1922	135	0	0,00	0,74	4285	379	8,84	358	165	3,85
1922/23	91	0	0,00	2,20	3898	353	9,06	333	185	4,75
1923	66	0	0,00	3,03	3700	372	10,05	351	187	5,05
1923/24	38	0	0,00	5,26	2977	336	11,29	321	132	4,43
1924	41	0	0,00	4,88	3008	337	11,20	328	117	3,89
1924/25	35	0	0,00	0,00	2601	294	11,30	290	85	3,27
1925	38	0	0,00	0,00	2953	333	11,28	325	95	3,22
1925/26	37	0	0,00	0,00	3006	340	11,31	329	76	2,53
1926	59	0	0,00	0,00	3959	499	12,60	490	90	2,27
1926/27	58	0	0,00	0,00	3801	477	12,55	470	84	2,21
1927	152	0	0,00	0,00	4793	748	15,61	722	113	2,36
1927/28	227	0	0,00	0,00	4587	675	14,72	663	91	1,98
1928	247	0	0,00	0,00	5640	922	16,35	899	123	2,18
1928/29	344	1	0,29	0,29	5262	843	16,02	825	116	2,20
1929	351	2	0,57	0,28	6471	1174	18,14	1144	136	2,10
1929/30	440	0	0,00	0,23	5935	1034	17,42	1002	134	2,26
1930	418	0	0,00	0,24	7027	1362	19,38	1321	190	2,70
1930/31	432	1	0,23	0,93	6264	1196	19,09	1153	178	2,84
1931	383	0	0,00	1,31	6939	1461	21,05	1430	199	2,87
1931/32	402	0	0,00	1,24	5902	1158	19,62	1125	173	2,93
1932	374	0	0,00	1,34	6214	1204	19,38	1165	182	2,93
1932/33	365	0	0,00	0,82	5625	1015	18,04	988	246	4,37
1933	323	.	.	0,00	5455	1044	19,14	.		
1933/34	256	.	.	.	4918	839	17,06	.		
1934	233	.	.	.	4382	705	16,09	.	159	3,63
1934/35	171	0	0,00	.	3972	598	15,06	.	.	
1935	157	0	0,00	.	3643	572	15,70	.	.	
1935/36	127	0	0,00	.	3552	562	15,82	.	.	
1936	122	0	0,00	.	3205	510	15,91	.	.	
1936/37	116	0	0,00	.	2971	426	14,34	.	.	
1937	122	0	0,00	.	2721	395	14,52	.	107	3,93
1937/38	135	0	0,00	.	2645	326	12,33	.	.	
1938	137	0	0,00	.	2515	302	12,01	.	.	
1938/39	160	0	0,00	.	2458	282	11,47	.	.	
1939	121	0	0,00	.	2500	268	10,72	.	.	
1939/40	.	0	.	.	.	.	.	.	.	
1940/1	22	1	4,55	.	1429	214	14,98	.	.	
1940/2	31	0	0,00	.	1308	324	24,77	.	10	0,76
1940/3	23	0	0,00	.	1957	515	26,32	.	.	
1941/1	29	0	0,00	.	1853	567	30,60	.	.	

Tab. 2. 2: Die Einzelfachstrome an der Universität Bonn nach Staatsangehörigkeit und Geschlecht 1820/21–1941/1

	Alte Sprachen					Germanistik					Neue Sprachen				
	insg.	Frauen			Ausländ. in %	insg.	Frauen			Ausländ. in %	insg.	Frauen			Ausländ. in %
		insg.	in %	deuts.			insg.	in %	deuts.			insg.	in %	deuts.	
Semester	1	2	3	4	5	6	7	8	9	10	11	12	13	14	15
1924/25	19	2	10,53	2	5,26	61	20	32,79	20	1,64	97	54	55,67	52	4,12
1925	35	3	8,57	3	8,57	97	49	50,52	47	4,12	120	45	37,50	43	5,00
1925/26	32	2	6,25	.	.	109	63	57,80	.	.	119	53	44,54	.	.
1926	63	10	15,87	.	.	146	62	42,47	.	.	255	112	43,92	.	.
1926/27	45	7	15,56	7	0,00	140	61	43,57	56	6,43	245	114	46,53	113	1,22
1927	75	10	13,33	10	2,67	220	99	45,00	85	8,18	421	196	46,56	192	1,90
1927/28	70	10	14,29	10	4,29	193	82	42,49	78	4,15	386	172	44,56	170	0,78
1928	85	10	11,76	10	5,88	252	118	46,83	109	4,37	456	208	45,61	204	1,32
1928/29	61	4	6,56	3	8,20	269	122	45,35	117	2,97	323	154	47,68	152	0,62
1929	77	7	9,09	6	10,39	372	183	49,19	175	3,76	433	197	45,50	192	1,85
1929/30	79	6	7,59	5	5,06	337	150	44,51	142	3,26	393	187	47,58	182	2,54
1930	97	8	8,25	6	6,19	420	195	46,43	183	4,76	457	241	52,74	236	1,53
1930/31	85	5	5,88	5	2,35	376	184	48,94	172	4,79	342	171	50,00	163	3,51
1931	93	7	7,53	7	5,38	392	173	44,13	162	5,10	374	195	52,14	192	1,60
1931/32	64	3	4,69	3	6,25	300	132	44,00	127	5,00	270	150	55,56	145	2,59
1932	62	3	4,84	2	3,23	281	125	44,48	115	6,76	243	120	49,38	120	0,82
1932/33	53	2	3,77	1	3,77	267	114	42,70	108	5,99	234	122	52,14	119	3,42
1933	48	2	4,17	.	.	259	119	45,95	.	.	185	101	54,59	.	.
1933/34	45	3	6,67	.	.	237	106	44,73	.	.	123	57	46,34	.	.
1934	43	4	9,30	.	.	177	79	44,63	.	.	97	50	51,55	.	.
1934/35	34	3	8,82	.	.	168	76	45,24	.	.	86	30	34,88	.	.
1935	19	1	5,26	.	.	152	67	44,08	.	.	69	26	37,68	.	.
1935/36	21	1	4,76	.	.	147	68	46,26	.	.	67	27	40,30	.	.
1936	27	1	3,70	.	.	127	57	44,88	.	.	62	28	45,16	.	.
1936/37	18	0	0,00	.	.	106	41	38,68	.	.	27	7	25,93	.	.
1937	20	1	5,00	.	.	90	38	42,22	.	.	29	10	34,48	.	.
1937/38	20	1	5,00	.	.	96	35	36,46	.	.	21	13	61,90	.	.
1938	13	1	7,69	.	.	64	21	32,81	.	.	56	19	33,93	.	.
1938/39	14	0	0,00	.	.	58	20	34,48	.	.	60	13	21,67	.	.
1939	11	0	0,00	.	.	41	12	29,27	.	.	48	11	22,92	.	.
1939/40	.	.	.	.	.	.	.	.	.	.	.	.	.	.	.
1940/1	2	0	0,00	.	.	34	11	32,35	.	.	10	3	30,00	.	.
1940/2	2	0	0,00	.	.	16	5	31,25	.	.	149	79	53,02	.	.
1940/3	5	0	0,00	.	.	28	13	46,43	.	.	144	100	69,44	.	.
1941/1	5	0	0,00	.	.	20	8	40,00	.	.	161	95	59,01	.	.

	Geschichte					Musik					Philosophie, Pädagogik, Religionslehren				
	insg.	Frauen			Ausländ. in %	insg.	Frauen			Ausländ. in %	insg.	Frauen			Ausländ. in %
		insg.	in %	deuts.			insg.	in %	deuts.			insg.	in %	deuts.	
Semester	16	17	18	19	20	21	22	23	24	25	26	27	28	29	30
1924/25	45	11	24,44	11	2,22	.	.	.	.	.	72	16	22,22	15	2,78
1925	28	8	28,57	8	3,57	.	.	.	.	.	40	6	15,00	6	2,50
1925/26	22	6	27,27	.	.	.	.	.	.	.	66	11	16,67	.	.
1926	33	7	21,21	.	.	.	.	.	.	.	99	16	16,16	.	.
1926/27	37	12	32,43	12	2,70	.	.	.	.	.	92	17	18,48	17	2,17
1927	39	12	30,77	12	2,56	17	1	5,88	1	0,00	92	12	13,04	11	2,17
1927/28	39	14	35,90	14	2,56	16	1	6,25	1	0,00	77	11	14,29	11	1,30
1928	66	25	37,88	25	0,00	16	1	6,25	1	0,00	124	31	25,00	31	2,42
1928/29	103	33	32,04	33	0,97	21	2	9,52	2	0,00	127	30	23,62	28	3,94
1929	112	40	35,71	40	0,89	23	6	26,09	6	0,00	120	37	30,83	37	1,67
1929/30	110	31	28,18	31	0,00	13	1	7,69	1	0,00	109	29	26,61	28	5,50
1930	157	53	33,76	52	1,91	20	5	25,00	4	5,00	138	33	23,91	33	4,35
1930/31	112	29	25,89	27	4,46	20	5	25,00	5	0,00	157	50	31,85	47	5,73
1931	138	45	32,61	44	3,62	17	5	29,41	5	0,00	165	54	32,73	52	6,06
1931/32	119	37	31,09	37	1,68	12	4	33,33	4	0,00	132	43	32,58	41	6,82
1932	111	36	32,43	35	1,80	12	4	33,33	4	0,00	172	57	33,14	48	10,47
1932/33	107	38	35,51	37	2,80	15	3	20,00	3	0,00	120	41	34,17	40	6,67
1933	85	38	41,71	.	.	11	1	7,11	.	.	.	.	.	.	.
1933/34	89	33	37,08	.	.	13	2	15,38	.	.	.	.	.	.	.
1934	75	26	34,67	.	.	12	0	0,00	.	.	.	.	.	.	.
1934/35	62	22	35,48	.	.	11	0	0,00	.	.	.	.	.	.	.
1935	.	.	.	.	.	5	0	0,00	.	.	.	.	.	.	.
1935/36	.	.	.	.	.	3	0	0,00	.	.	.	.	.	.	.
1936	.	.	.	.	.	3	0	0,00	.	.	.	.	.	.	.
1936/37	34	10	29,41	.	.	0	0	.	.	.	.	.	.	.	.
1937	40	5	12,50	.	.	0	0	.	.	.	.	.	.	.	.
1937/38	59	9	15,25	.	.	1	0	0,00	.	.	.	.	.	.	.
1938	44	11	25,00	.	.	2	0	0,00	.	.	.	.	.	.	.
1938/39	37	11	29,73	.	.	3	0	0,00	.	.	.	.	.	.	.
1939	31	6	19,35	.	.	2	0	0,00	.	.	.	.	.	.	.
1939/40	.	.	.	.	.	.	.	.	.	.	.	.	.	.	.
1940/1	8	2	25,00	.	.	1	0	0,00	.	.	.	.	.	.	.
1940/2	12	4	33,33	.	.	1	0	0,00	.	.	.	.	.	.	.
1940/3	14	2	14,29	.	.	3	0	0,00	.	.	.	.	.	.	.
1941/1	15	3	20,00	.	.	3	0	0,00	.	.	.	.	.	.	.

Tab.2.2: Die Einzelfachströme an der Universität Bonn nach Staatsangehörigkeit und Geschlecht 1820/21–1941/1

	Kunst, Archäologie					Sonstige Kulturwiss.			Zeitungskunde			Leibesübungen		
	insg.	Frauen		deuts.	Ausländ. in %	insg.	Frauen		insg.	Frauen		insg.	Frauen	
		insg.	in %				insg.	in %		insg.	in %		insg.	in %
Semester	31	32	33	34	35	36	37	38	39	40	41	42	43	44
1927	37	9	24,32	9	2,70	.	.	.	0	0	.	0	0	.
1927/28	30	12	40,00	.	3,33	.	.	.	0	0	.	0	0	.
1928	33	16	48,48	16	0,00	.	.	.	2	0	0,00	7	2	28,57
1928/29	38	11	28,95	11	10,53	.	.	.	0	0	.	8	1	12,50
1929	44	16	36,36	15	6,82	.	.	.	2	2	100,00	13	4	30,77
1929/30	37	18	48,65	18	2,70	.	.	.	2	0	0,00	16	4	25,00
1930	34	18	52,94	18	0,00	.	.	.	4	2	50,00	37	12	32,43
1930/31	28	14	50,00	13	7,14	.	.	.	0	0	.	39	11	28,21
1931	35	15	42,86	15	5,71	.	.	.	1	0	0,00	59	18	30,51
1931/32	27	17	62,96	15	14,81	.	.	.	0	0	.	38	12	31,58
1932	29	21	72,41	21	6,90	.	.	.	0	0	.	54	14	25,93
1932/33	17	10	58,82	10	5,88	.	.	.	0	0	.	34	10	29,41
1933	.	.	.	.	.	126	39	30,95	3	2	66,67	43	11	25,58
1933/34	.	.	.	.	.	128	40	31,25	1	0	0,00	44	8	18,18
1934	.	.	.	.	.	96	34	35,42	0	0	.	60	13	21,67
1934/35	.	.	.	.	.	76	18	23,68	0	0	.	59	12	20,34
1935	.	.	.	.	.	153	42	27,45	1	0	0,00	45	7	15,56
1935/36	.	.	.	.	.	179	55	30,73	0	0	.	39	8	20,51
1936	.	.	.	.	.	144	41	28,47	3	3	100,00	24	4	16,67
1936/37	.	.	.	.	.	119	45	37,82	0	0	.	13	1	7,69
1937	.	.	.	.	.	103	39	37,86	0	0	.	5	2	40,00
1937/38	.	.	.	.	.	79	19	24,05	0	0	.	15	9	60,00
1938	.	.	.	.	.	86	17	19,77	0	0	.	13	7	53,85
1938/39	.	.	.	.	.	87	23	26,44	0	0	.	15	7	46,67
1939	.	.	.	.	.	98	29	29,59	0	0	.	8	5	62,50
1939/40	.	.	.	.	.	.	.	.	.	.	.	.	.	.
1940/1	.	.	.	.	.	88	29	32,95	0	0	.	11	7	63,64
1940/2	.	.	.	.	.	31	9	29,03	0	0	.	9	7	77,78
1940/3	.	.	.	.	.	99	19	19,19	0	0	.	22	19	86,36
1941/1	.	.	.	.	.	54	17	31,48	1	1	100,00	16	13	81,25

	Mathematik					Physik					Biologie				
	insg.	Frauen		deuts.	Ausländ. in %	insg.	Frauen		deuts.	Ausländ. in %	insg.	Frauen		deuts.	Ausländ. in %
		insg.	in %				insg.	in %				insg.	in %		
Semester	45	46	47	48	49	50	51	52	53	54	55	56	57	58	59
1924/25	49	17	34,69	17	0,00	39	6	15,38	6	2,56	11	4	36,36	4	0,00
1925	94	24	25,53	23	1,06	38	6	15,79	6	5,26	13	4	30,77	4	15,38
1925/26	99	24	24,24	.	.	33	5	15,15	.	.	30	5	16,67	.	.
1926	195	55	28,21	.	.	56	11	19,64	.	.	24	10	41,67	.	.
1926/27	184	44	23,91	44	0,00	77	12	15,58	12	2,60	37	13	35,14	13	5,41
1927	287	73	25,44	73	0,00	76	14	18,42	13	2,63	71	38	53,52	38	1,41
1927/28	302	81	26,82	81	0,66	41	8	19,51	7	2,44	76	36	47,37	36	1,32
1928	370	112	30,27	112	0,54	80	16	20,00	15	3,75	120	54	45,00	53	2,50
1928/29	242	75	30,99	75	0,00	121	23	19,01	22	1,65	115	51	44,35	51	1,74
1929	325	97	29,85	96	0,62	128	25	19,53	23	1,56	152	78	51,32	78	1,97
1929/30	296	86	29,05	84	1,01	126	18	14,29	16	2,38	150	79	52,67	79	2,67
1930	342	104	30,41	102	1,17	129	13	10,08	11	3,10	200	109	54,50	109	2,00
1930/31	280	78	27,86	78	0,71	113	16	14,16	14	2,65	168	83	49,40	83	1,79
1931	276	80	28,99	80	0,36	100	16	16,00	15	2,00	164	83	50,61	83	2,44
1931/32	192	55	28,65	55	0,52	94	16	17,02	14	2,13	147	74	50,34	72	2,72
1932	184	56	30,43	55	1,63	94	14	14,89	14	1,06	108	55	50,93	53	1,85
1932/33	135	37	27,41	36	1,48	79	13	16,46	13	1,27	95	42	44,21	42	0,00
1933	120	37	30,83	.	.	74	11	14,86	.	.	76	31	40,79	.	.
1933/34	91	20	21,98	.	.	56	8	14,29	.	.	86	37	43,02	.	.
1934	65	20	30,77	.	.	45	6	13,33	.	.	68	34	50,00	.	.
1934/35	52	12	23,08	.	.	33	4	12,12	.	.	57	19	33,33	.	.
1935	65	12	18,46	.	.	.	.	.	.	.	.	.	.	.	.
1935/36	59	11	18,64	.	.	.	.	.	.	.	.	.	.	.	.
1936	46	10	21,74	.	.	.	.	.	.	.	.	.	.	.	.
1936/37	29	3	10,34	.	.	.	.	.	.	.	.	.	.	.	.
1937	24	3	12,50	.	.	.	.	.	.	.	.	.	.	.	.
1937/38	21	2	9,52	.	.	.	.	.	.	.	.	.	.	.	.
1938	15	0	0,00	.	.	.	.	.	.	.	.	.	.	.	.
1938/39	14	1	7,14	.	.	12	1	8,33	.	.	.	.	.	.	.
1939	13	2	15,38	.	.	17	1	5,88	.	.	.	.	.	.	.
1939/40	.	.	.	.	.	.	.	.	.	.	.	.	.	.	.
1940/1	9	1	11,11	.	.	17	0	0,00	.	.	7	1	14,29	.	.
1940/2	15	4	26,67	.	.	18	1	5,56	.	.	7	4	57,14	.	.
1940/3	22	8	36,36	.	.	26	4	15,38	.	.	16	12	75,00	.	.
1941/1	12	8	66,67	.	.	26	4	15,38	.	.	13	10	76,92	.	.

Tab. 2.2: Die Einzelfachströme an der Universität Bonn nach Staatsangehörigkeit und Geschlecht 1820/21–1941/1

	Sonst. Naturwiss.			Geographie					Mineralogie, Geologie ,Bergfach				Geogr., Geol., Min.		
	insg.	Frauen		insg.	Frauen			Ausländ. in %	insg.	Frauen		Ausländ. in %	insg.	Frauen	
Semester		insg.	in %		insg.	in %	deuts.			insg.	in %			insg.	in %
	60	61	62	63	64	65	66	67	68	69	70	71	72	73	74
1924/25	.	.	.	7	3	42,86	3	0,00	6	0	0,00	0,00	.	.	.
1925	.	.	.	11	6	54,55	6	0,00	12	1	8,33	0,00	.	.	.
1925/26	.	.	.	17	5	29,41	.	.	6	0	0,00	.	.	.	.
1926	.	.	.	19	7	36,84	.	.	7	1	14,29	.	.	.	.
1926/27	.	.	.	20	8	40,00	8	0,00	7	0	0,00	14,29	.	.	.
1927	.	.	.	21	8	38,10	8	0,00	4	0	0,00	25,00	.	.	.
1927/28	.	.	.	32	12	37,50	12	0,00	4	0	0,00	0,00	.	.	.
1928	.	.	.	24	10	41,67	10	0,00	9	0	0,00	11,11	.	.	.
1928/29	.	.	.	55	25	45,45	25	1,82	9	1	11,11	22,22	.	.	.
1929	.	.	.	53	22	41,51	22	1,89	10	1	10,00	10,00	.	.	.
1929/30	.	.	.	58	27	46,55	26	3,45	10	0	0,00	30,00	.	.	.
1930	.	.	.	74	29	39,19	28	2,70	18	2	11,11	16,67	.	.	.
1930/31	.	.	.	73	29	39,73	28	2,74	13	1	7,69	7,69	.	.	.
1931	.	.	.	80	31	38,75	29	2,50	15	3	20,00	0,00	.	.	.
1931/32	.	.	.	69	27	39,13	27	1,45	17	3	17,65	5,88	.	.	.
1932	.	.	.	50	21	42,00	20	2,00	12	1	8,33	16,67	.	.	.
1932/33	.	.	.	52	17	32,69	17	0,00	15	2	13,33	6,67	.	.	.
1933	.	.	.	.	.	.	.	.	.	.	.	.	62	27	43,55
1933/34	.	.	.	.	.	.	.	.	.	.	.	.	46	17	36,96
1934	.	.	.	.	.	.	.	.	.	.	.	.	29	8	27,59
1934/35	.	.	.	.	.	.	.	.	.	.	.	.	33	10	30,30
1935	70	29	41,43	.	.	.	.	.	.	.	.	.	28	7	25,00
1935/36	56	20	35,71	.	.	.	.	.	.	.	.	.	19	3	15,79
1936	49	13	26,53	.	.	.	.	.	.	.	.	.	17	6	35,29
1936/37	50	18	36,00	.	.	.	.	.	.	.	.	.	12	2	16,67
1937	46	17	36,96	.	.	.	.	.	.	.	.	.	14	2	14,29
1937/38	38	15	39,47	.	.	.	.	.	.	.	.	.	16	2	12,50
1938	44	13	29,55	.	.	.	.	.	.	.	.	.	14	2	14,29
1938/39	31	15	48,39	.	.	.	.	.	.	.	.	.	18	1	5,56
1939	22	9	40,91	.	.	.	.	.	.	.	.	.	18	2	11,11
1939/40	.	.	.	.	.	.	.	.	.	.	.	.	.	.	.
1940/1	0	0	.	.	.	.	.	.	.	.	.	.	6	0	0,00
1940/2	4	3	75,00	.	.	.	.	.	.	.	.	.	9	1	11,11
1940/3	7	5	71,43	.	.	.	.	.	.	.	.	.	7	0	0,00
1941/1	5	1	20,00	.	.	.	.	.	.	.	.	.	8	1	12,50

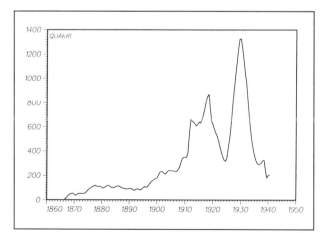

Abb. 2.8: Die Studierenden an der Universität Bonn 1866/67–1941/1: Mathematik und Naturwissenschaften

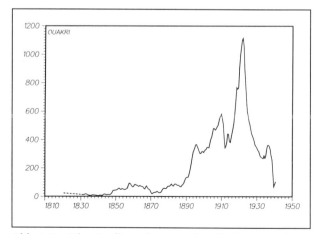

Abb. 2.9: Die Studierenden an der Universität Bonn 1820/21–1941/1: Wirtschafts- und Agrarwissenschaften

5. Anmerkungen zu Tabelle 2.2

1820/21–1866:

1820/21 ergibt die Summe der Stud. im Vergleich zu den aufsummierten Fakultäten eine Differenz von 10, die wir leider aus der Quelle übernehmen mußten. – Sp. 9–12 (Kameralia, Landw., Bergkunde, Forstwirts.): Die Zeitreihen wurden für die Universität Bonn aus den namentlichen Verzeichnissen der Studierenden ausgezählt. – Sp. 10 (Landw.): Seit 1847 die Stud. der Landw. Lehranst. bzw. der Landw. Akademie Poppelsdorf. – Sp. 13 (Sonstige): Diese Zeitreihe ist eine Restgröße, die sich aus der Differenz zwischen den aufgeführten Fächern der Philosophischen Fakultät (Sp. 7–12) und der Summe der Philosophischen Fakultät (Sp. 6) ergibt. In dieser Restgröße sind vor allem die schulwissenschaftlichen Fächer und Fächergruppen Philos., Philol., Gesch., Math. und Naturwiss. enthalten, die seit 1866/67 in den Sp. 13–16 weitergeführt werden.

1866/67–1908:

1867/68–1886 wurden die Ausländer dem Pers. Verz. Bonn entnommen.

Sp. 12 (Pharmazie): Ausländer einschl. Zahnmedizin. – Sp. 19 (Landw. u. Cam.): 1866/67–1884/85 fast nur Landw., seit 1885 *nur* noch Landw. Es sind dies vor allem Studenten der Landw. Akademie Poppelsdorf. – Sp. 21 (Sonstige): Vor allem Stud. der Philos., die vor 1903 in den Sp. 13/14 enthalten sind.

1908/09–1941.1:

Für die Semester 1912/13, 1913/14, 1914, 1919, 1921/22–23/24 wurden für sämtliche Fächer die Zahlen aus den »endgültigen Feststellungen« der Studentenstatistik aus den Pers. Verz. der Univ. Bonn eingesetzt. Für 1924 wurden sämtliche Zahlen der »vorläufigen Festellung« der Studentenstatistik des Pers. Verz. entnommen, um die Differenziertheit der Fächer und Fächergruppen zu erhalten. Die Gesamtzahl der leider undifferenzierten »endgültigen Feststellung« unterscheidet sich aber lediglich um 0,3%.

Sp. 48 und 58 (Landwirtschaft bzw. Geodäsie): Geodäsie ist bis 1911/12 in den Zahlen zur Landw. enthalten. Das StatJbDR zählte diese Studenten der Landw. Hochschule Poppelsdorf nur bis 1921/22 zur Universität Bonn. Wir haben diese fachspezifischen Zeitreihen der Vollständigkeit und Einheitlichkeit halber von 1922 bis 1934 mit Hilfe der Pers. Verz., der PrStat, DtHochStat und der ZehnjStat. aufgefüllt. Dadurch wird auch die Gesamtstudentenzahl der Universität Bonn in diesem Zeitraum gegenüber den angegebenen Quellen erhöht. – Sp. 53 (Sonstige): 1940/2 noch 2 männl. deutsche Stud., die nur in der Summe der Stud. und nicht in der Differenzierung auftauchen.

1924/25–1941.1:

Sp. 16 (Geschichte): 1935–1936 bei Sonstige Kulturwiss. (Sp. 36). – Sp. 26 (Philosophie, Pädagogik, Religionslehren): Vorher 1903–1924 unter Sonstige (Sp. 53). – Sp. 36 (Sonstige Kulturwiss.): 1935–1936 einschl. Geschichte (Sp. 16). – Sp. 45 (Mathematik): 1935–1938 einschl. Physik (Sp. 50). – Sp. 50 (Physik): 1935–1938 bei Mathematik (Sp. 45). – Sp. 55 (Biologie): 1935–1939 bei Sonstige Naturwiss. (Sp. 60). – Sp. 60 (Sonstige Naturwiss.): 1935–1939 einschl. Biologie (Sp. 55).

6. Quellen und Literatur

Quellen:

Standardquellen: 1830/31–1911/12: PrStat 102, 106, 112, 116, 125, 136, 150, 167, 193, 204, 223, 236. – *1912–1924:* StatJbDR Jgg. 34–36, 40–44. – *1924/25–1927/28:* PrStat 279, 281, Sonderdr WS 1925/26, 285; PrHochStat WS 1926/27–WS 1927/28. – *1928–1932/33:* DtHochStat Bde. 1–10. – *1932–1941.1:* ZehnjStat.
Ergänzend: 1820/21–1830: SCHAARSCHMIDT 1858, S. 212, 228–229. – *1830/31–1866:* Stud. Verz./Pers. Verz. Bonn (Differenzierung der Phil. Fak.). – *1867/68–1886:* Pers. Verz. Bonn (nur Ausländer). – *1912–1924:* Pers. Verz. Bonn (1924 »vorläufige Feststellung« der Studentenzahl).

Literatur:

Bibliographische Auswahl in: BRAUBACH 1968, S. 63–70.

BEZOLD, F. v.: Geschichte der Rheinischen Friedrich-Wilhelms-Universität von der Gründung bis zum Jahre 1870. 1. Bd. Bonn 1920. – Bonner Gelehrte. Beiträge zur Geschichte der Wissenschaften in Bonn. 7 Bde. Bonn 1968–1970. – BRAUBACH, M.: Die erste Bonner Hochschule. Bonn 1966. – BRAUBACH, M.: Fünfzig Jahre Gesellschaft der Freunde und Förderer der Rheinischen Friedrich-Wilhelms-Universität zu Bonn. In: Bonner Universitätsblätter (1967). – BRAUBACH, M.: Kleine Geschichte der Universität Bonn 1818–1968. Bonn 1968. – BRAUBACH, M. / HOLLE, W. / KLETT, W. / RANG, B.: Wege und Formen der Studienförderung. Bonn 1968. – Festschrift zur Feier des fünfzigjährigen Bestehens der Königlichen Preußischen Landwirtschaftlichen Akademie in Poppelsdorf. Bonn 1897. – Geschichte der Rheinischen Friedrich-Wilhelms-Universität zu Bonn am Rhein. 2. Bd. Institute und Seminare 1818–1933. Bonn 1933. – KAHLE, P.E.: Bonn University in prenazi and nazi Times (1923–1939). (o.O.) 1945. – LAUSCHER, u. a.: Die katholisch-theologische Fakultät der Rheinischen Friedrich-Wilhelms-Universität zu Bonn (1818–1918). Düsseldorf 1920. – LÜTZELER, H. unter Mitarbeit VON BRÜES, E. / HOLZHAUSEN, W. / KUNST, H.-J. /

RONDORF, D.: Die Bonner Universität. Bauten und Bildwerke. Bonn 1968. – MILKAU, F.: Verzeichnis der Bonner Universitätsschriften 1818–1885. Bonn 1897. – RITSCHL, O.: Die evangelisch-theologische Fakultät zu Bonn in dem ersten Jahrhundert ihrer Geschichte 1819–1919. Bonn 1919. – SCHAARSCHMIDT, C.: Kurzgefaßte Geschichte der Universität Bonn. 1818–1855. In: Archiv für Landeskunde der preußischen Monarchie. Bd. 2 (1858), 2. Quartal. S. 205–236. – SCHÄFER, K. TH.: Verfassungsgeschichte der Universität Bonn. 1818 bis 1960. Bonn 1968. – SCHMITZ, K.: Die medizinische Fakultät der Universität Bonn 1818–1918. Bonn 1920. – SCHRÖRS, H.: Geschichte der Katholisch-Theologischen Fakultät zu Bonn 1818–1831. Köln 1922. – Verzeichniß der Studirenden auf der Rheinischen Friedrich-Wilhelms-Universität zu Bonn. WS 1829/30, WS 1830/31 – SS 1833. – Amtliches Verzeichniß des Personals und der Studirenden der Königl. Rheinischen Friedrich-Wilhelms-Universität zu Bonn. 1833/34 – 1944/45 (unter verschiedenen Titeln = Pers. Verz.). – WALTERSCHEID, J.: Das wissenschaftliche Deutschland und die Universität Bonn. Bonn 1952. – WENIG, O. (Hg.): Verzeichnis der Professoren und Dozenten der Rheinischen Friedrich-Wilhelms-Universität zu Bonn 1818–1968. Bonn 1968.

3. Braunsberg (Staatliche Akademie)

1. Geschichtliche Übersicht

Als Führer der katholische Erneuerung in den von der Reformation beeinflußten Gebieten gründete der ermländische Bischof St. Hosius 1568 die Braunsberger Jesuitenhochschule.

Nach der preußischen Annexion 1772 und der Aufhebung des Jesuitenordens 1773 wurden die Jesuiten aufgefordert, als »Weltgeistliche« Unterricht und Lehre fortzusetzen. 1781 wandelte König Friedrich II. von Preußen das Kolleg in ein Akademisches Gymnasium um, in welchem jedoch dreißig Jahre später die Vorlesungen wieder eingestellt wurden. Die Einrichtung einer theol.-philosophischen Fakultät wurde zunächst mit der Neuerrichtung von je einem kath.-theol. Lehrstuhl an den Universitäten Königsberg und Breslau abgelehnt, gelang jedoch aufgrund des Priestermangels 1821 mit der Gründung des Lyceum Hosianum, welches 1843 eine Gleichstellung mit den preußischen Landesuniversitäten erfuhr und 1919 in Staatliche Akademie Braunsberg umbenannt wurde.

Zu Beginn bestand die Philosophische Fakultät aus vier Ordinariaten: Philologie und Pädagogik, klassische Altertumswissenschaft, Geschichte und neuere und deutsche Literatur, Biologie. Die theologische Fakultät hatte fünf Ordinariate: Dogmatik und Apologetik, Moraltheologie, Alt- und Neutestamentliche Exegese, Kirchengeschichte und Kirchenrecht.

Während der Zeit des Kulturkampfes wurde das Priesterseminar geschlossen (1876–1886), so daß die Zahl der Theologiestudenten rapide abnahm. Die meisten Studenten kamen aus dem Ermland und ihre Zahl überstieg erst kurz vor dem Zweiten Weltkrieg die Hundertermarke (1933: 107). Dennoch konnte die Akademie Braunsberg ihren wissenschaftlichen Ruf in der ersten Hälfte des 20. Jahrhunderts mit bedeutenden Gelehrten festigen.

Erstaunlicherweise gelang es dem späteren Rektor der Akademie, 1933 fast alle Professoren zur Mitgliedschaft in der NSDAP zu bewegen, so daß die Hochschule bald als Hochburg der Partei galt. Nach einer Phase der Ernüchterung konnte dann aber zumindest die Eigenständigkeit der Ausbildung gerettet werden.

Durch den Krieg gab es schließlich mehr Professoren als Studenten in Braunsberg. 1944 wurde die Hochschule nach Breslau verlegt und erlosch; die Gebäude der Akademie in Braunsberg wurden im Krieg zerstört.

2. Die Studierenden nach Fächern

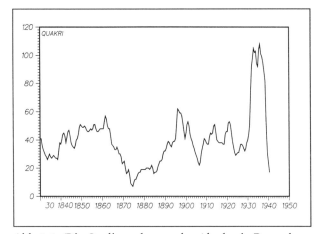

Abb. 3.1: Die Studierenden an der Akademie Braunsberg 1830/31–1941/1: Sämtliche Fächer

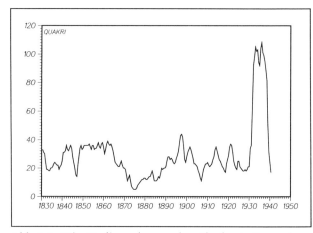

Abb. 3.2: Die Studierenden an der Akademie Braunsberg 1830/31–1941/1: Katholische Theologie

Tab.3.1: Die Einzelfachströme an der Akademie Braunsberg nach Staatsangehörigkeit und Geschlecht 1830/31–1941/1

Semester	Stud. insg. 1	Kath. Theol. 2	Phil. Fak. 3
1830/31	42	34	8
1831	40	32	8
1831/32	33	31	2
1832	33	29	4
1832/33	29	19	10
1833	29	19	10
1833/34	27	19	8
1834	26	17	9
1834/35	30	20	10
1835	30	20	10
1835/36	27	21	6
1836	28	21	7
1836/37	29	25	4
1837	29	24	5
1837/38	27	22	5
1838	27	23	4
1838/39	27	21	6
1839	26	18	8
1839/40	39	24	15
1840	37	20	17
1840/41	37	30	7
1841	43	32	11
1841/42	45	30	15
1842	46	35	11
1842/43	40	38	2
1843	37	28	9
1843/44	48	36	12
1844	45	33	12
1844/45	50	40	10
1845	37	29	8
1845/46	39	28	11
1846	34	20	14
1846/47	36	20	16
1847	33	10	23
1847/48	39	19	20
1848	41	25	16
1848/49	42	31	11
1849	47	38	9
1849/50	51	34	17
1850	52	33	19
1850/51	49	36	13
1851	49	36	13
1851/52	50	36	14
1852	50	36	14
1852/53	49	36	13
1853	46	37	9
1853/54	46	37	9
1854	46	33	13
1854/55	48	33	15
1855	49	39	10
1855/56	46	33	13
1856	51	34	17
1856/57	51	34	17
1857	52	35	17
1857/58	45	38	7
1858	48	39	9
1858/59	45	32	13
1859	49	37	12
1859/60	47	37	10
1860	50	40	10
1860/61	46	30	16
1861	50	31	19
1861/62	56	36	20
1862	58	39	19
1862/63	53	39	14
1863	48	36	12
1863/64	48	37	11
1864	49	38	11
1864/65	38	32	6
1865	37	32	5
1865/66	36	25	11
1866	35	24	11

Semester	Kath.Theol. insg. 1	Ausl. in % 2	Philol., Arch. insg. 3	Ausl. in % 4	Studierende insg. 5	Ausländer 6	in % 7
1866/67	22	.	10	.	32	.	.
1867	22	.	13	.	35	.	.
1867/68	20	.	15	.	35	.	.
1868	22	.	9	.	31	.	.
1868/69	24	.	5	.	29	.	.
1869	26	.	6	.	32	.	.
1869/70	19	.	5	.	24	.	.
1870	21	.	2	.	23	.	.
1870/71	19	.	6	.	25	.	.
1871	19	.	6	.	25	.	.
1871/72	12	.	4	.	16	.	.
1872	11	.	5	.	16	.	.
1872/73	15	.	4	.	19	.	.
1873	16	.	4	.	20	.	.
1873/74	7	.	3	.	10	.	.
1874	7	.	2	.	9	.	.
1874/75	5	.	2	.	7	.	.
1875	5	.	3	.	8	.	.
1875/76	5	.	8	.	13	.	.
1876	5	.	7	.	12	.	.
1876/77	7	.	5	.	12	.	.
1877	9	.	7	.	16	.	.
1877/78	10	.	7	.	17	.	.
1878	11	.	6	.	17	.	.
1878/79	12	.	6	.	18	.	.
1879	12	.	8	.	20	.	.
1879/80	12	.	7	.	19	.	.
1880	14	.	6	.	20	.	.
1880/81	12	.	6	.	18	.	.
1881	13	.	8	.	21	.	.
1881/82	11	.	8	.	19	.	.
1882	15	.	7	.	22	.	.
1882/83	13	.	5	.	18	.	.
1883	15	.	6	.	21	.	.
1883/84	17	.	3	.	20	.	.
1884	19	.	6	.	25	.	.
1884/85	11	.	5	.	16	.	.
1885	11	.	6	.	17	.	.
1885/86	11	.	6	.	17	.	.
1886	11	.	6	.	17	.	.
1886/87	14	0,00	5	0,00	19	0	0,00
1887	14	0,00	9	0,00	23	0	0,00
1887/88	12	0,00	11	0,00	23	0	0,00
1888	21	0,00	6	0,00	27	0	0,00
1888/89	19	0,00	5	0,00	24	0	0,00
1889	19	0,00	10	0,00	29	0	0,00
1889/90	21	0,00	11	0,00	32	0	0,00
1890	19	0,00	13	0,00	32	0	0,00
1890/91	23	0,00	9	0,00	32	0	0,00
1891	28	0,00	8	0,00	36	0	0,00
1891/92	28	0,00	10	0,00	38	0	0,00
1892	28	0,00	13	0,00	41	0	0,00
1892/93	25	0,00	11	0,00	36	0	0,00
1893	29	0,00	8	0,00	37	0	0,00
1893/94	24	0,00	10	0,00	34	0	0,00
1894	24	0,00	18	0,00	42	0	0,00
1894/95	22	0,00	14	0,00	36	0	0,00
1895	27	0,00	15	0,00	42	0	0,00
1895/96	27	0,00	13	0,00	40	0	0,00
1896	31	0,00	31	0,00	62	0	0,00
1896/97	33	0,00	29	0,00	62	0	0,00
1897	43	0,00	18	0,00	61	0	0,00
1897/98	43	0,00	15	0,00	58	0	0,00
1898	45	0,00	16	0,00	61	0	0,00
1898/99	40	0,00	14	0,00	54	0	0,00
1899	30	0,00	21	0,00	51	0	0,00
1899/00	23	0,00	18	0,00	41	0	0,00
1900	26	0,00	16	0,00	42	0	0,00
1900/01	31	0,00	17	0,00	48	0	0,00
1901	32	0,00	22	0,00	54	0	0,00
1901/02	35	0,00	18	0,00	53	0	0,00
1902	36	0,00	12	0,00	48	0	0,00
1902/03	30	0,00	11	0,00	41	0	0,00
1903	30	0,00	11	0,00	41	0	0,00
1903/04	24	0,00	13	0,00	37	0	0,00
1904	23	0,00	12	0,00	35	0	0,00
1904/05	23	0,00	10	0,00	33	0	0,00
1905	21	0,00	8	0,00	29	0	0,00
1905/06	21	0,00	8	0,00	29	0	0,00
1906	16	0,00	10	0,00	26	0	0,00
1906/07	16	0,00	7	0,00	23	0	0,00
1907	10	0,00	12	0,00	22	0	0,00
1907/08	12	0,00	14	0,00	26	0	0,00
1908	19	0,00	15	0,00	34	0	0,00

Tab. 3.1: Die Einzelfachströme an der Akademie Braunsberg nach Staatsangehörigkeit und Geschlecht 1830/31–1941/1

	Katholische Theologie				Philos., Philol., Arch.				Studierende				
	insg.	Frauen		Aus- länd. in %	insg.	Frauen		Aus- länd. in %	insg.	Frauen		Ausländer	
		insg.	in %			insg.	in %			insg.	in %	insg.	in %
Semester	1	2	3	4	5	6	7	8	9	10	11	12	13
1908/09	19	.	.	0,00	16	.	.	.	35	0	0,00	0	0,00
1909	23	.	.	0,00	17	.	.	.	40	0	0,00	0	0,00
1909/10	24	.	.	0,00	18	.	.	.	42	0	0,00	0	0,00
1910	23	.	.	0,00	15	.	.	.	38	0	0,00	0	0,00
1910/11	26	.	.	0,00	13	.	.	.	39	0	0,00	0	0,00
1911	19	.	.	0,00	16	.	.	.	35	0	0,00	0	0,00
1911/12	23	.	.	0,00	16	.	.	.	39	0	0,00	0	0,00
1912	22	.	.	.	24	.	.	.	46	.	.	.	.
1912/13	25	.	.	.	19	.	.	.	44	.	.	.	.
1913	27	.	.	.	17	.	.	.	44	.	.	.	.
1913/14	30	.	.	.	17	.	.	.	47	.	.	.	.
1914	36	.	.	.	17	.	.	.	53	.	.	.	.
1914/15	34	.	.	.	16	.	.	.	50	.	.	.	.
1915	31	.	.	.	11	.	.	.	42	.	.	.	.
1915/16	27	.	.	.	12	.	.	.	39	.	.	.	.
1916	26	.	.	.	13	.	.	.	39	.	.	.	.
1916/17	24	.	.	.	14	.	.	.	38	.	.	.	.
1917	22	.	.	.	17	.	.	.	39	.	.	.	.
1917/18	20	.	.	.	18	.	.	.	38	.	.	.	.
1918	20	.	.	.	19	.	.	.	39	.	.	.	.
1918/19	17	.	.	.	18	.	.	.	35	.	.	.	.
1919	18	.	.	.	21	.	.	.	39	.	.	.	.
ZS.1919	.	.	.	.	.	.	.	.	.	.	.	.	.
1919/20	28	.	.	.	21	.	.	.	49	.	.	.	.
1920	24	.	.	.	19	.	.	.	43	.	.	.	.
1920/21	34	.	.	.	15	.	.	.	49	.	.	.	.
1921	36	.	.	.	19	.	.	.	55	.	.	.	.
1921/22	39	.	.	.	12	.	.	.	51	.	.	.	.
1922	34	.	.	.	17	.	.	.	51	.	.	.	.
1922/23	29	.	.	.	11	.	.	.	40	.	.	.	.
1923	21	.	.	.	17	.	.	.	38	.	.	.	.
1923/24	24	.	.	.	9	.	.	.	33	.	.	.	.
1924	16	.	.	.	14	.	.	.	30	.	.	.	.
1924/25	22	.	.	13,64	7	1	14,29	0,00	29	1	3,45	3	10,34
1925	28	.	.	7,14	4	0	0,00	0,00	32	0	0,00	2	6,25
1925/26	23	.	.	.	8	0	0,00	.	31	0	0,00	3	9,68
1926	19	.	.	.	13	0	0,00	.	32	0	0,00	4	12,50
1926/27	22	.	.	9,09	14	4	28,57	7,14	36	4	11,11	3	8,33
1927	17	.	.	11,76	22	3	13,64	13,64	39	3	7,69	5	12,82
1927/28	20	.	.	10,00	16	0	0,00	12,50	36	0	0,00	4	11,11
1928	16	0	0,00	6,25	20	0	0,00	10,00	36	0	0,00	3	8,33
1928/29	22	0	0,00	9,09	10	0	0,00	0,00	32	0	0,00	2	6,25
1929	14	0	0,00	21,43	18	1	5,56	11,11	32	1	3,13	5	15,63
1929/30	24	0	0,00	12,50	12	0	0,00	8,33	36	0	0,00	4	11,11
1930	19	0	0,00	10,53	21	1	4,76	4,76	40	1	2,50	3	7,50
1930/31	24	0	0,00	12,50	16	1	6,25	0,00	40	1	2,50	3	7,50
1931	44	0	0,00	20,45	4	2	50,00	25,00	48	2	4,17	10	20,83
1931/32	28	0	0,00	3,57	26	2	7,69	26,92	54	2	3,70	8	14,81
1932	95	1	1,05	12,63	64	1	1,56	0,00	95	1	1,05	12	12,63
1932/33	89	1	1,12	11,24	2	1	50,00	0,00	89	1	1,12	10	11,24
1933	107	0	0,00	.	.	.	.	.	107	0	0,00	.	.
1933/34	104	0	0,00	.	.	.	.	.	104	0	0,00	.	.
1934	101	1	0,99	.	.	.	.	.	101	1	0,99	7	6,93
1934/35	105	0	0,00	.	.	.	.	.	105	0	0,00	.	.
1935	84	0	0,00	.	.	.	.	.	84	0	0,00	.	.
1935/36	100	0	0,00	.	.	.	.	.	100	0	0,00	.	.
1936	109	0	0,00	.	.	.	.	.	109	0	0,00	.	.
1936/37	108	0	0,00	.	.	.	.	.	108	0	0,00	.	.
1937	95	0	0,00	.	.	.	.	.	95	0	0,00	12	12,63
1937/38	104	0	0,00	.	.	.	.	.	104	0	0,00	.	.
1938	86	0	0,00	.	.	.	.	.	86	0	0,00	.	.
1938/39	93	0	0,00	.	.	.	.	.	93	0	0,00	.	.
1939	71	0	0,00	.	.	.	.	.	71	0	0,00	.	.
1939/40	.	0	.	.	.	.	.	.	.	0	.	.	.
1940/1	32	0	0,00	.	.	.	.	.	32	0	0,00	.	.
1940/2	31	0	0,00	.	.	.	.	.	31	0	0,00	0	0,00
1940/3	16	0	0,00	.	.	.	.	.	16	0	0,00	.	.
1941/1	17	0	0,00	.	.	.	.	.	17	0	0,00	.	.

3. Anmerkungen zu Tabelle 3.1

1866/67–1908:

Diejenigen Stud. der geisteswiss. Fächer, die sich nicht dem Lehramt widmen wollten, wurden in der PrStat 1866/67–1902/03 noch unter anderem der Fächergruppe »Philol./Gesch.« und von 1903–1911/12 ausschließlich den »sonstigen« Fächern der Phil. Fak. zugeschlagen. Wir haben diese Ergänzungsstudien zum katholischen Theologiestudium in Braunsberg mit »Philos., Philol., Arch. etc.« bezeichnet, um sie durchgängig vom höheren Lehramtsstudium der Universitäten abgrenzen zu können.

1908/09–1941.1:

Im StatJbDR laufen die oben genannten Ergänzungsstudien von 1912 bis 1924 unter »Phil. Fak./überhaupt«. In der PrStat bzw. der DtHochStat von 1924/25 bis 1932/33 sind diese Studien der Akad. Braunsberg unter »Philos., Päd., Religionslehren etc.« verzeichnet. In unserer Tabelle laufen die Ergänzungsstudien weiter unter »Philos., Philol. Arch. etc.« In der von 1933 bis 1941/1 verwendeten ZehnjStat wird nur noch die undifferenzierte Gesamtzahl der Stud. an der Akad. Braunsberg wiedergegeben.

4. Quellen und Literatur

Quellen:

Standardquellen: 1830/31–1911/12: PrStat 102, 106, 112, 116, 125, 136, 150, 167, 193, 204, 223, 236. – *1912–1924:* StatJbDR Jgg. 34–36, 40–44. – *1924/25–1927/28:* PrStat 279, 281, Sonderdr WS 1925/26, 285; PrHochStat WS 1926/27–WS 1927/28. – *1928–1932/33:* DtHochStat Bde. 1–10. – *1933–1941.1:* ZehnjStat.

Literatur:

Bibliographische Hinweise: In: Brachvogel 1932, S. 56 f.; Stasiewski 1964, S. 58.

Bender, J.: Geschichte der philosophischen und theologischen Studien im Ermland. Braunsberg 1868. – Brachvogel, E.: Das Priesterseminar in Braunsberg. Festschrift zur Weihefeier des neuen Priesterseminars am 23. August 1932. Braunsberg 1932. – Brachvogel, E.: Wie das Steinhaus in Braunsberg zum Priesterseminar geworden. In: Unsere ermländische Heimat. Braunsberg 1927, S. 41. – Braun, J.: Geschichte des königlichen Gymnasiums zu Braunsberg während seines dreihundertjährigen Bestehens. Braunsberg 1865. – Dittrich, F.: Der Plan der Errichtung einer katholisch-theologischen Fakultät an der Universität Königsberg. In: Zeitschrift für die Geschichte Ermlands. Bd. 18. Braunsberg 1912. – Funk, P.: Staatliche Akademie Braunsberg in Ostpreußen. In: Das Akademische Deutschland. Bd. 1. Berlin 1930, S. 677–682. – Lühr, G.: Die Matrikel des päpstlichen Seminars zu Braunsberg 1578–1798. Braunsberg 1925. – Stasiewski, B.: Die geistesgeschichtliche Stellung der Katholischen Akademie Braunsberg 1568–1945. In: Deutsche Universitäten und Hochschulen im Osten. Köln/Opladen 1964, S. 41–58. – Waschinski, E.: Das kirchliche Bildungswesen in Ermland, Westpreußen und Polen. 2 Bde. Breslau 1928.

4. Breslau

1. Geschichtliche Übersicht

Die Neugründung der »Friedrich-Wilhelms-Universität« im Herbst 1811 in der zweitgrößten preußischen Stadt war ein Produkt der neuhumanistischen Universitätsreform. Nach einem Plan Süverns wurden die scholastisch verengte und kaum noch lebensfähige protestantische Universität Frankfurt/Oder (»Viadrina« seit 1506) und die katholische, ehemals jesuitische Rumpfuniversität Breslau (»Leopoldina« seit 1702), die lediglich eine Theologische und Philosophische Fakultät besessen hatte, aufgelöst. Die meisten Professoren dieser beiden Institutionen und etliche Neuberufungen bildeten die nach Berliner Vorbild aufgebaute Reformuniversität Breslau. Abweichend von Berlin wurden in Breslau erstmals an einer deutschen Universität eine katholische und eine evangelische Fakultät parallel eingerichtet, um damit der gemischtkonfessionellen Provinz Schlesien gerecht zu werden. Zudem sollte das Personal der übrigen Fakultäten parallel oder wechselnd nach Konfessionen paritätisch besetzt werden, was allerdings immer wieder zu konfessionellen Auseinandersetzungen bei Stellenbesetzungen führte.

Die Universität wurde in der ersten Hälfte des 19. Jahrhunderts oft Ausgangs- bzw. Mittelpunkt für oppositionelle politische Bewegungen. So ging der Aufruf an die Universitätsangehörigen, sich freiwillig für die Befreiungskriege gegen die napoleonische Besetzung zu melden, von Breslau aus. Die nationale Turnerbewegung hatte einen ihrer Mittelpunkte an der Universität Breslau, und in der Nationalversammlung von 1848 war die Universität mit mehreren Professoren vertreten.

Am 19.10. 1811 wurde die Universität mit 218 Studierenden eröffnet, und schon im Wintersemester 1830/31 hatte Breslau mit 1129 Studierenden den 4. Rang unter den deutschen Universitäten erobert. Die Universität war vor allem für schlesische (etwa 3/4 kamen bis ins 20. Jahrhundert aus dieser Provinz), aber auch für osteuropäische Studierende attraktiv geworden. Das bedeutete nicht, daß Breslau den Charakter einer »Provinzuniversität« hatte, denn der relativ häufige Wechsel der Lehrenden, die aus vielen deutschen Universitäten kamen, erhielt Breslau eine

gewisse Welt- und Wissenschaftsoffenheit. So konnte die Universität nach der Studentenfrequenz ihren Platz im oberen Drittel der deutschen Universitäten bis 1945 halten. Die im Kreis der deutschen Universitäten um 1830 ungünstige Relation der Studierenden- zur Lehrendenzahl (15:1) hielt sich auch hundert Jahre später noch, was um 1930 allerdings als sehr günstig anzusehen war. Diese Entwicklung war vor allem durch eine Vermehrung der Zahl außerordentlicher Professoren und nicht – wie an vielen anderen Universitäten – der Privatdozenten möglich geworden.

Die relativ hohe Anziehungskraft für Studierende und Lehrende war nicht zuletzt einigen fachlichen und institutionellen Spezifika zu verdanken. So war z.B. die Physiologie schon von Beginn an mit einem Lehrstuhl vertreten, an dem schon in den 1820er Jahren experimentelle Methoden vermittelt wurden. Im WS 1832/33 verzeichnet die offizielle Institutsliste erstmals in Deutschland ein physiologisches Institut. Auch die Staatswirtschaft war seit der Neugründung mit einem Lehrstuhl vertreten. Seit 1881 beherbergte die Universität ein landwirtschaftliches Institut, nachdem die landwirtschaftliche Akademie Proskau aufgelöst worden war. In den 1830er Jahren nach der Zahl der selbständigen Institutionen insgesamt noch im Durchschnitt der deutschen Universitäten, fiel Breslau um die Mitte des 19. Jahrhunderts ins untere Drittel ab. Erst im letzten Viertel des 19. und zu Beginn des 20. Jahrhunderts wurden vor allem in den Naturwissenschaften und in der Medizin moderne Institute und Kliniken errichtet, so daß die Universität bis 1945 nach ihrer institutionellen Differenzierung im oberen Drittel der Skala sämtlicher Universitäten zu finden war.

1914 wurden die Staats- und Wirtschaftswissenschaften der Juristischen Fakultät zugeordnet, die sich in »Rechts- und Staatswissenschaftliche« umbenannte. 1938 bildeten die aus der Philosophischen Fakultät ausgegliederten Naturwissenschaften eine eigene Fakultät. Seit Beginn der 1930er Jahre wurde die Zusammenlegung der Universität mit der Breslauer TH diskutiert, die bis 1945 nicht zustande kam, aber zumindest seit der Mitte der 1930er Jahre zu gemeinsamen naturwissenschaftlichen Instituten führte.

In der Weimarer Republik nahm die Universität für sich den Charakter einer »Grenzlanduniversität« an. Es sollten Brücken in den europäischen Osten geschlagen werden. Schon früh war 1841 ein Lehrstuhl für Slawistik und 1893 ein Slavisch-Philologisches Seminar eingerichtet worden. Zum 1918 in Breslau gegründeten Osteuropainstitut hielt die Universität engen Kontakt.

Im Nationalsozialismus wurden der Begriff der Grenzlanduniversität und der Auftrag des Osteuropainstituts auf die Vorbereitung von Eroberungen ausgerichtet. Viele politische und vor allem rassistische Entlassungen sollten den politischen Umschwung gewährleisten. Mit 68 Entlassenen bis zum April 1936 (=22% des Lehrpersonals von 1932/33) war die Universität nach Berlin, Frankfurt und Heidelberg am stärksten betroffen.

Im Zweiten Weltkrieg blieb Breslau von Bombenangriffen verschont, so daß sehr viele Studenten in die Stadt gezogen wurden. Der Betrieb der Universität konnte bis zum Räumungsbefehl an die Stadt am 22.1.1945 aufrechterhalten werden. Erst durch die Belagerung der Stadt wurden große Teile der Universität zerstört.

Nach dem Krieg nahm schon am 15.11.1945 die neue polnische Universität Wroclaw unter Zusammenlegung der Universität und der (weniger zerstörten) Technischen Hochschule ihren Lehrbetrieb wieder auf.

2. Der Bestand an Institutionen 1831/32–1944/45

Zum Verständnis vgl. die Erläuterungen S. 48 ff.

I.	**Kath.-theol. Fak. ([1831/32])**
1.	Kath.-theol. Sem. ([1831/32])
2.	Mus. f. Palästinak. (1925/26)
II.	**Evang.-theol. Fak. ([1831/32])**
1.	Evang.-theol. Sem. ([1831/32])
2.	Homil. u. kat. Sem. ([1831/32]–1942)
	Prakt.-theol. Sem. (1942/43)
III.	**Jur. Fak. ([1831/32]–1913/14)**
	Rechts- u. staatswiss. Fak. (1914)
1.	Jur. Sem. (1874/75)
1.1	Papyrolog. Abt. (1921–36)
1.2	Völkerr. Abt. (1929/30–31/32)
	Völkerr. Sem. (1936)
1.3	Rechtsphilos. Abt. (1930/31)
2.	Staatswiss.-stat. Sem. (1890, in V. –1913/14)
3.	Inst. f. Finanzwiss. (1924)
4.	Betriebswirtsch. Inst. (1926)
5.	Archiv f. angew. Recht (1926)
6.	Kriminal. Inst. (1932)
7.	Inst. f. Erneuerung d. bürgerl. Rechts (1936/37)
IV.	**Med. Fak. ([1831/32])**
1.	Anat. Inst. ([1831/32]–35, 88/89)
	Anat. Inst. nebst anat. u. zoot. Cab. (1835/36–88)
1.1	Anat. Inst. (1835/36–1888)
1.2	Anat. u. zoot. Cab. (nur [1831/32])
	Anat. u. zoot. Cab. (1832–88)
1.3	Abt. f. Entwicklungsgesch. (1889/90–1905)

1.4	Abt. f. Entwicklungsmech. (1925–27/28)
	Abt. f. Entwicklungsmech. u. Vererbung (1928, Inst. 29)
2.	Gebh. Klin. u. Poliklin. ([1831/32]–45/46)
	Gebh. Klin. (1846–1867)
	Gebh.-gynäk. Klin. u. Polikl. (1867/68–92/93)
	Frauenkl. u. Polikl. (1893)
3.	Med. Klin. u. Polikl. ([1831/32])
3.1	Chem. Lab. (1868–91/92)
3.2	Med. Klin. (1902–11)
3.3	Med. Polikl. (1902–11)
4.	Chir. Klin. ([1831/32]–56)
	Chir.-augenärztl. Klin. u. Po017klk. (1856/57–84/85)
	Chir. Klin. u. Polikl. (1885)
4.1	Chir. stabile Klin. (1854/55–56)
4.2	Chir. Polikl. (1854/55–56)
4.3	Orthop. Abt. (1903–43)
4.4	Polikl. f. Nieren-, Harn- u. Blasenkr. (1905/06–14)
4.5	Urolog. Polikl. (1919–43)
4.6	Bestrahlungsabt. (1931–43)
5.	Physiol. Inst. (1832/33)
6.	Path.-anat. Inst. (1866–1927/28)
	Path. Inst. (1928)
7.	Ophtalmiatr. Polikl. (1874–1908/09, Klin. u. 1876/77)
	Klin. u. Polikl. f. Augenkr. (1909)
8.	Klin. u. Polikl. f. Syph. u. Hautkr. (1877–1927)
	Klin. u. Polikl. f. Hautkr. (1927/28)
8.1	Strahlenabt. (1925/26–30)
9.	Psych. Klin. u. Polikl. f. Nervenkr. (1877–1941.1)
	Psych. u. Nervenkl. u. Polikl. (1941)
10.	Pharmakol. Inst. (1886–1928/29)
	Inst. f. Pharm. u. exp. Therap. (1929)
11.	Hyg. Inst. (1887)

11.1	Diphterie-Station (1899/1900-05)
11.2	Untersuchungsstation (1901-⟨21⟩)
	Untersuchungsabt. (⟨24⟩-26)
11.3	Wutschutzstation (1906-⟨21⟩)
	Wutschutzabt. (⟨24⟩-28)
12.	Provisorisches Zahnärztl. Inst. (1890-1901/02)
	Zahnärztl. Inst. (1902)
12.1	Zahntechn. Abt. (1910-⟨21⟩)
12.2	Füllabt. (1911/12-13/14)
12.3	Abt. f. kons. Zahnheilk. (1912/13)
12.4	Polikl. f. Mund- u. Zahnkr. (1914/15)
12.5	Abt. f. Zahn- u. Kieferersatz (⟨1924⟩)
12.6	Chir. Abt. (1938)
13.	Klin. u. Polikl. f. kranke Kinder (1894/95-1942/43)
	Kinderkl. u. Polikl. »Adalbert Czerny« (1943)
14.	Klin. u. Polikl. f. HNO-Kr. (1895/96)
15.	Apotheke der Univ.-Klin. (1899)
16.	Gerichtsärztl. Inst. (1907/08-1938)
	Inst. f. ger. Med. u. Krim. (1938/39)
17.	Anthr. Inst. u. Ethnolog.-anthr. Samml. (1908/09-32/33)
17.1	Anthr. Inst. (1933)
17.2	Ethnogr. Inst. (1933, Ethnolog. 1933/34)
18.	Lab. f. Arbeitsphysiol. (1929/30-35/36)
	Arbeitsphysiol. Inst. (1936)
19.	Reichsanst. f. d. dt. Bäderw. (1936)
20.	Inst. f. physiol. Chem. (1940)
21.	Neurol. Forschungsinst. (1941)
22.	Neurol. Abt. d. Wenzel-Hanke-Kh. d. Stadt Breslau u. neurol. Univ.kl. (1941/42)

V.   Phil. Fak. ([1831/32], o. VI. 1938)

1.	Philol. Sem. ([1831/32])
2.	Kunst- u. Antiken-Cab., Münzsamml. ([1831/32]-53/54)
	Mus. für Kunst u. Altert. (1854-68/69)
	Inst. f. alte Kunstgesch. (1888-1933)
	Arch. Inst. (1933/34)
2.1	Arch. Mus. (1869)
2.2	Samml. v. Grabaltert., mittelalt. u. n. Münzen u. Kunstdenkm. (1869-87/88)
2.3	Kupferstich-Samml. (1871-87/88)
2.4	Arch. Sem. (1888-1933)
3.	Inst. f. Kirchenmusik ([1831/32]-1920)
	Musikwiss. Inst. (1920/21-37)
	Hochschulinst. f. Musikerz. u. Kirchenmusik (1937/38)
3.1	Akad. Inst. f. Kirchenmusik (1920/21)
3.2	Musikwiss. Sem. (1920/21)
3.3	Abt. f. Schulmusik (1932-37)
4.	Hist. Sem. (1843/44)
4.1	Abt. f. alte Gesch. (1916/17)
4.2	Abt. f. MA u. NZ (1916/17)
4.3	Abt. f. gesch. Landesk. (1930/31-37)
	Inst. f. gesch. Landesk. (1937/38)
4.4	Abt. f. osteurop. Gesch. (1939-1940.3)
5.	Rom.-engl. Sem. (1876/77-1907)

5.1	Engl. Abt. (1876/77-80, 1899/1900-07)
	Engl. Sem. (1907/08)
5.2	Rom. Abt. (1899/1900-1907)
	Rom. Sem. (1907/08)
6.	Sem. f. dt. Philol. (1877-88)
	Germ. Sem. (1888/89-1928)
	Dt. Inst. (1928/29)
6.1	Volksk. Abt. (1929/30-37/38)
6.2	Abt. f. Mundartforsch. (1930-41)
7.	Inst. f. mittelalterl. u. n. Kunstgesch. (1888)
7.1	Lehrapp., Samml. v. Kupferstichen, Photographien, etc. (1888)
7.2	Samml. v. germ.-slav. Altert., Münzen, Kunstdenkm. etc. (1888)
7.3	Sem. f. mittelalt. u. n. Kunstgesch. (1888)
8.	Philos. Sem. (1888/89)
8.1	Hist.-syst. Abt. (1918/19-41)
8.2	Psychophys. Samml. (1888/89-95)
	Psychol. Abt. d. Philos. Sem. (1918/19-41.3)
	Psychol. Sem. (1941/42)
9.	Slav.-philol. Sem. (1893)
10.	Idg.-semit. Sem. (1912/13-1929/30)
10.1	Idg. Sem. (1930)
10.2	Or. Sem. (1930)
10.2.1	Abt. Alter Orient (1937/38)
10.2.2	Abt. Turkolog. (1937/38)
10.2.3	Abt. Indol. (1937/38)
10.2.4	Abt. Semit. u. Islamk. (nur 1937/38)
	Abt. Arabistik u. Islamk. (1938)
11.	Hochschulinst. f. Leibesüb. (1928/29)
12.	Inst. f. Vor- u. Frühgesch. (1936/37)

VI.   Naturwiss. Fak. (1938, vorh. V.)

1.	Sternwarte ([1831/32])
1.1	Zweigstelle Rittergut Sternblick (1937/38)
1.2	Zweigstelle Windhuk, Südafrika (1938-43/44)
2.	Phys. Cab. (1850, Inst. 1900/01)
2.1	Phys. Cab. ([1831/32]-49/50)
2.2	Math.-phys. Cab. (1832/33-49/50)
2.3	Sem. f. theor. Phys. (1929/30-34/35)
	Sem. f. theor. Phys. d. Univ. u. TH (1935-35/36)
	Inst. f. Theor. Phys. d. Univ. u. TH (1936/37)
3.	Chem. Lab. ([1831/32]-1934/35, Inst. 97)
	Chem. Inst. d. Univ. u. TH (1935)
3.1	Phys.-chem. Abt. (1929/30-33/34)
	Phys.-chem. Inst. d. Univ. u. TH (1934)
3.2	Anorg.-chem. Inst. d. Univ. u. TH (1934)
3.3	Inst. f. chem. Technol. d. Univ. u. TH (1934-40.3)
	Inst. f. chem. Technol., Kokerei u. Glaslab. d. Univ. u. TH (1941.1)
3.4	Org.-chem. Inst. d. Univ. u. TH (1937/38)
4.	Min. Cab. ([1831/32]-79/80, Inst. 71/72)
	Min. Mus. (1880-1896/97)
4.1	Min. Inst. (1897-1901)
	Min. Inst. u. Mus. (1901/02-17/18)
	Min.-petrogr. Inst. (1918-1925/26)
	Min.-petrogr. Inst. u. Mus. (1926)

4.2	Geol.-pal. Inst. (1897–1901/'02)
	Geol.-pal. Inst. u. Mus. (1902)
4.2.1	Erdbebenwarte (1906–08/09)
	Erdbebenwarte u. geophys. Lab. (1909–31/32)
4.2.2	Abt. f. foss. Wirbeltiere u. Pflanzen (1910/11–29/30)
4.2.2.1	Abt. f. foss. Wirbeltiere u. Diluvialgeol. (1930)
4.2.2.2	Abt. f. foss. Pflanzen (1930–43/44)
5.	Bot. Anst. (1929/30)
5.1	Bot. Inst. (1929)
5.1.1	Bot. Garten ([1831/32]–73, 1929)
	Bot. Garten u. Garten-Mus. (1873/74–1905/06)
	Bot. Garten u. Bot. Mus. (1906–28/29)
5.1.2	Pflanzenphysiol. Inst. u. Bot. Mus. (1885–05/06)
5.1.2.1	Bot. Mus. (1867/68–72, 1929)
	Bot. Mus. u. bot.-physiol. Inst (1872/73–84/85)
5.1.2.1.1	Univ.-Herb. (1867/68–84/85)
5.1.2.1.2	Akad.-pharmaz. Mus., bestehend aus d. bot.-mikroskopischen Cab. u. d. pharmacol. Cab. (1867/68–84/85)
5.1.2.2	Pflanzenphysiol. Inst. (1869–84/85, 1906)
6.	Zool. Mus. ([1831/32], u. Garten-Mus. 72/73–73, Inst. 1901)
7.	Meteor. Cab. (nur [1831/32])
8.	Pharmaz. Inst. (1843/44)
8.1	Pharm. Abt. (1885–85/86)
	Pharmakogn. Abt. (1886–⟨1921⟩)
9.	Math.-phys. Sem. (1863/64–1929)
9.1	Math. Sem. (1929/30–38/39)
	Math. Sem. d. Univ. u. d. TH (1939–43)
	Math. Inst. d. Univ. u. d. TH (1943/44)
10.	Geogr. Sem. (1888/89, in V. –1918/19, Inst. 19)
11	**Landw. Samml. ([1831/32]–1851/52)**
	Landw. Inst. (1881–90, 98/99)
	Landw. Inst. u. Thierklin. (1890/91–98)
11.1	Thierchem. Inst. (1881–81/82)

	Thierchem. Inst., nebst einem agricult. Lab. f. Stud. (1882–98/99)
	Agrikulturchem. u. bakt. Inst. (1899)
11.2	Landw.-technol. Inst. (1881–⟨1921⟩)
	Inst. f. Biochem. u. landw. Technol. (⟨1924⟩)
11.3	Agricult.-chem. Versuchsst. d. landw. Centralvereins d. Provinz Schlesien (1881–1892)
11.4	Inst. f. landw. Pflanzenproduktionslehre (1898/99–1927)
	Inst. f. Pflanzenbau u. Pflanzenz. (1927/28)
11.4.1	Abt. f. Ackerbaulehre (1911/12–12)
11.4.2	Abt. f. Pflanzenz. (1911/12–12)
11.4.3	Abt. f. spez. Pflanzenbaulehre u. Bot. (1911/12–12)
11.4.4	Chem. Abt. d. Inst. f. landw. Pflanzenproduktionslehre (1911/12–12)
11.4.5	Versuchsfeld Rosenthal (1899–1924/25)
11.5	Inst. f. landw. Thierproduktionslehre u. Vet.k. (1898/99–03)
11.5.1	Inst. f. Vet.k. (nur 1903/04)
	Vet.-Inst. (1904–37/38)
	Vet.-Inst. u. Tierkl. (1938)
11.5.2	Inst. f. landw. Tierproduktionslehre (1903/04–20)
	Inst. f. landw. Tierz. (1920/21–25/26)
	Inst. f. Tierz. u. Milchwirtsch. (1926)
11.5.2.1	Abt. f. Teichwirtsch. (1939–43)
	Forsch.stelle f. Teichw. u. Fischz. (1943/44)
11.5.2.2	Abt. f. angew. Vererbung (1939–41/42)
11.6	Kulturtechn. App. (1898/99, Inst. 1924)
11.7	Inst. f. Wirtsch.lehre des Landbaues (1904)
11.8	Versuchsgut Schwoitsch (⟨1924⟩)
11.9	Inst. f. Landmasch. u. Masch.prüf.amt (1925)
11.10	Versuchsgut Breslau-Guentherbrücke (1937/38)

Fehlende Semester: 1921/22–23/24.

3. Die Studierenden nach Fachbereichen

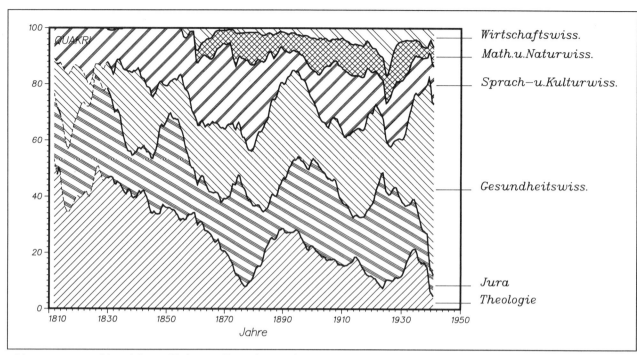

Abb. 4.1: Das Fachbereichsprofil der Studierenden an der Universität Breslau 1811/12–1941/1

Tab. 4.1: Die Studierenden an der Universität Breslau nach Fachbereichen in Prozent 1811/12–1941/1

Semester	Evang. Theol.	Kath. Theol.	Jura	Gesundheitswissenschaften				Sprach- und Kultur- wiss.	Math., Naturw.		Wirt- sch., Agrar- und Forst. wiss.	Studierende		
				insg.	Allg. Med.	Zahn- med.	Phar- mazie		insg.	Chemie		insg.	weibl. in % aller Stud.	Ausl. in % aller Stud.
	1	2	3	4	5	6	7	8	9	10	11	12	13	14
1811/12	22,02	33,03	22,94	11,47	11,47	.	.	10,55	.	.	.	218	.	.
1812	.	.	.	.	.	.	.	.	.	.	.	.	.	.
1812/13	22,48	25,84	24,16	15,44	15,44	.	.	12,08	.	.	.	298	.	.
1813	21,65	25,64	23,36	15,67	15,67	.	.	13,68	.	.	.	351	.	.
1813/14	20,17	32,77	17,65	17,65	17,65	.	.	11,76	.	.	.	119	.	.
1814	.	.	.	.	.	.	.	.	.	.	.	.	.	.
1814/15	19,30	21,40	25,61	20,00	20,00	.	.	13,68	.	.	.	285	.	.
1815	.	.	.	.	.	.	.	.	.	.	.	.	.	.
1815/16	13,14	22,46	23,73	24,58	24,58	.	.	16,10	.	.	.	236	.	.
1816	.	.	.	.	.	.	.	.	.	.	.	.	.	.
1816/17	22,02	11,91	22,02	27,08	27,08	.	.	16,97	.	.	.	277	.	.
1817	.	.	.	.	.	.	.	.	.	.	.	.	.	.
1817/18	21,70	14,08	25,81	23,46	23,46	.	.	14,96	.	.	.	341	.	.
1818	.	.	.	.	.	.	.	.	.	.	.	.	.	.
1818/19	22,75	15,40	28,20	20,62	20,62	.	.	13,03	.	.	.	422	.	.
1819	.	.	.	.	.	.	.	.	.	.	.	.	.	.
1819/20	23,82	16,74	28,33	17,60	17,60	.	.	13,52	.	.	.	466	.	.
1820	.	.	.	.	.	.	.	.	.	.	.	.	.	.
1820/21	23,74	15,65	32,55	13,49	13,49	.	.	14,57	.	.	.	556	.	.
1821	.	.	.	.	.	.	.	.	.	.	.	.	.	.
1821/22	23,63	16,78	33,56	10,27	10,27	.	.	15,75	.	.	.	584	.	.
1822	.	.	.	.	.	.	.	.	.	.	.	.	.	.
1822/23	25,25	17,34	29,63	9,76	9,76	.	.	18,01	.	.	.	594	.	.
1823	.	.	.	.	.	.	.	.	.	.	.	.	.	.
1823/24	22,51	16,62	32,78	7,40	7,40	.	.	20,69	.	.	.	662	.	.
1824	.	.	.	.	.	.	.	.	.	.	.	.	.	.
1824/25	23,06	19,57	32,04	6,57	6,57	.	.	18,77	.	.	.	746	.	.
1825	.	.	.	.	.	.	.	.	.	.	.	.	.	.
1825/26	22,81	24,44	35,96	3,88	3,88	.	.	12,91	.	.	.	798	.	.
1826	.	.	.	.	.	.	.	.	.	.	.	.	.	.
1826/27	23,86	27,75	30,85	4,77	4,77	.	.	12,76	.	.	.	901	.	.
1827	.	.	.	.	.	.	.	.	.	.	.	.	.	.
1827/28	22,85	25,68	31,74	6,15	6,15	.	.	13,57	.	.	.	1024	.	.
1828	.	.	.	.	.	.	.	.	.	.	.	.	.	.
1828/29	22,12	22,84	32,10	7,91	7,91	.	.	15,02	.	.	.	1112	.	.
1829	.	.	.	.	.	.	.	.	.	.	.	.	.	.
1829/30	24,10	23,14	31,70	9,08	9,08	.	.	11,53	.	.	0,44	1145	.	.
1830	24,69	21,66	31,55	9,89	9,89	.	.	11,68	.	.	0,53	1122	.	.
1830/31	24,45	22,41	29,85	9,92	9,92	.	.	12,58	.	.	0,80	1129	.	.
1831	25,22	21,99	28,37	10,23	10,23	.	.	13,38	.	.	0,81	1114	.	.
1831/32	24,29	22,50	26,56	10,96	10,96	.	.	14,84	.	.	0,85	1058	.	.
1832	23,79	22,61	24,58	11,75	11,75	.	.	16,49	.	.	0,79	1013	.	.
1832/33	21,01	21,82	26,24	17,94	10,28	.	0,45	12,71	.	.	0,27	1109	.	.
1833	21,80	24,08	26,07	16,95	10,51	.	0,69	10,80	.	.	0,30	1009	.	.
1833/34	21,08	23,73	25,05	18,84	10,49	.	0,71	11,00	.	.	0,31	982	.	.
1834	22,56	22,46	24,97	18,89	10,70	.	0,31	11,12	.	.	0,00	953	.	.
1834/35	21,15	22,99	21,80	21,04	11,61	.	0,54	12,36	.	.	0,65	922	.	.
1835	20,64	21,75	19,98	23,64	13,10	.	0,55	13,98	.	.	0,00	901	.	.
1835/36	20,20	22,09	18,76	23,75	13,10	.	0,33	15,21	.	.	0,00	901	.	.
1836	19,70	20,74	17,63	27,07	14,40	.	1,84	14,86	.	.	.	868	.	.
1836/37	19,19	22,23	15,69	27,54	14,22	.	0,45	15,35	.	.	.	886	.	.
1837	19,95	23,16	12,35	28,98	14,61	.	0,59	15,56	.	.	.	842	.	.
1837/38	19,15	23,15	14,30	28,12	15,52	.	0,97	15,27	.	.	.	825	.	.
1838	17,94	23,39	14,18	28,24	15,57	.	0,97	16,24	.	.	.	825	.	.
1838/39	18,09	20,32	15,37	30,61	17,35	.	3,10	15,61	.	.	.	807	.	.
1839	19,07	21,46	15,50	29,27	16,82	.	1,99	14,70	.	.	.	755	.	.
1839/40	17,58	21,80	16,03	28,55	17,30	.	2,81	16,03	.	.	.	711	.	.
1840	17,13	22,75	16,71	29,63	17,98	.	2,81	13,76	.	.	.	712	.	.
1840/41	16,57	25,79	15,42	27,52	18,44	.	2,16	14,70	.	.	.	694	.	.
1841	16,00	25,63	15,26	26,81	17,48	.	2,22	16,30	.	.	.	675	.	.
1841/42	14,33	26,34	16,21	24,60	17,08	.	1,45	18,52	.	.	.	691	.	.
1842	15,72	27,54	15,02	24,34	17,39	.	1,11	17,39	.	.	.	719	.	.
1842/43	14,75	26,37	16,80	23,22	15,57	.	1,37	18,85	.	.	.	732	.	.
1843	14,27	26,41	15,11	23,73	15,82	.	1,41	20,48	.	.	.	708	.	.
1843/44	12,34	26,77	16,80	22,70	14,96	.	1,97	21,39	.	.	.	762	.	.
1844	11,13	26,01	18,77	23,32	17,16	.	2,01	20,78	.	.	.	746	.	.
1844/45	9,89	24,72	20,15	22,99	16,56	.	2,22	22,25	.	.	.	809	.	.

Tab. 4.1: Die Studierenden an der Universität Breslau nach Fachbereichen in Prozent 1811/12-1941/1

| | Evang. Theol. | Kath. Theol. | Jura | Gesundheitswissenschaften | | | | Sprach- und Kultur- wiss. | Math., Naturw. | | Wirt- sch., Agrar- und Forst. wiss. | Studierende | | |
| | | | | insg. | Allg. Med. | Zahn- med. | Phar- mazie | | insg. | Chemie | | insg. | weibl. in % aller Stud. | Ausl. in % aller Stud. |
Semester	1	2	3	4	5	6	7	8	9	10	11	12	13	14
1845	8,91	24,63	19,06	22,03	15,35	.	2,48	25,37	.	.	.	808	.	.
1845/46	8,33	26,09	19,93	21,86	14,86	.	3,02	23,79	.	.	.	828	.	.
1846	8,80	26,15	21,31	20,45	13,26	.	3,10	23,30	.	.	.	807	.	.
1846/47	9,22	23,79	23,29	21,17	13,08	.	3,99	22,54	.	.	.	803	.	.
1847	10,46	23,92	26,14	19,35	12,29	.	2,61	20,13	.	.	.	765	.	.
1847/48	7,86	25,22	30,42	17,24	11,41	.	2,53	19,26	.	.	.	789	.	.
1848	8,59	26,17	31,64	14,71	10,03	.	1,30	18,88	.	.	.	768	.	.
1848/49	7,16	29,92	27,88	15,22	11,76	.	2,05	19,82	.	.	.	782	.	.
1849	7,51	29,66	27,85	14,38	11,27	.	3,11	20,60	.	.	.	772	.	.
1849/50	7,35	28,55	30,09	13,74	10,78	.	2,96	20,26	.	.	.	844	.	.
1850	7,55	28,81	30,82	11,82	9,94	.	1,89	21,01	.	.	.	795	.	.
1850/51	6,84	28,81	32,65	11,52	10,32	.	1,20	20,17	.	.	.	833	.	.
1851	7,18	29,32	33,58	10,83	9,49	.	1,34	19,10	.	.	.	822	.	.
1851/52	6,05	29,22	34,11	11,76	10,01	.	1,75	18,86	.	.	.	859	.	.
1852	5,82	29,45	32,01	14,20	11,53	.	2,68	18,51	.	.	.	859	.	.
1852/53	5,31	29,99	32,76	13,96	11,07	.	2,88	17,99	.	.	.	867	.	.
1853	4,57	29,96	32,97	14,32	11,31	.	3,01	18,17	.	.	.	831	.	.
1853/54	4,84	28,45	34,04	13,66	11,68	.	1,99	19,01	.	.	.	805	.	.
1854	5,79	27,71	34,13	15,49	13,48	.	2,02	16,88	.	.	.	794	.	.
1854/55	6,52	24,20	33,81	18,51	16,13	.	2,37	16,96	.	.	.	843	.	.
1855	7,67	24,32	31,76	20,07	16,41	.	3,66	16,17	.	.	.	847	.	.
1855/56	7,80	24,05	30,96	17,48	15,26	.	2,23	17,04	.	.	2,67	898	.	.
1856	7,68	24,68	27,94	18,74	16,53	.	2,21	17,46	.	.	3,49	859	.	.
1856/57	7,85	22,95	26,00	20,61	16,63	.	3,98	19,09	.	.	3,51	854	.	.
1857	9,58	23,44	23,33	21,94	15,94	.	6,00	18,24	.	.	3,46	866	.	.
1857/58	10,71	22,54	20,92	22,17	15,69	.	6,48	21,17	.	.	2,49	803	.	.
1858	11,39	22,67	18,42	23,15	15,88	.	7,27	23,15	.	.	1,21	825	.	.
1858/59	11,95	21,07	16,69	20,95	13,25	.	7,69	28,17	.	.	1,18	845	.	.
1859	13,15	21,19	16,53	19,56	12,92	.	6,64	28,41	.	.	1,16	859	.	.
1859/60	13,45	20,58	15,44	19,18	12,51	.	6,67	30,18	.	.	1,17	855	.	.
1860	13,15	21,23	13,87	20,27	12,42	.	7,84	20,02	3,74	.	7,72	829	.	.
1860/61	11,06	18,28	14,44	22,35	12,92	.	9,43	20,95	4,77	.	8,15	859	.	.
1861	11,29	19,12	14,40	19,70	12,79	.	6,91	23,62	4,15	.	7,72	868	.	.
1861/62	12,24	18,74	15,93	19,18	12,89	.	6,28	22,64	4,77	.	6,50	923	.	.
1862	12,26	18,76	15,67	20,15	14,39	.	5,76	22,92	4,90	.	5,33	938	.	.
1862/63	11,26	19,55	17,43	18,81	12,54	.	6,27	22,85	5,10	.	4,99	941	.	.
1863	9,84	18,73	17,35	18,94	13,76	.	5,19	26,03	4,23	.	4,87	945	.	.
1863/64	9,40	17,77	16,85	20,74	14,10	.	6,64	25,03	6,13	.	4,09	979	.	.
1864	10,60	17,76	15,64	22,20	14,93	.	7,27	23,61	6,46	.	3,73	991	.	.
1864/65	10,00	16,77	14,65	24,14	16,57	.	7,58	23,84	6,87	.	3,74	990	.	.
1865	9,54	17,77	14,76	23,09	17,47	.	5,62	23,59	7,43	.	3,82	996	.	.
1865/66	9,38	16,36	15,60	25,55	18,76	.	6,79	22,20	7,66	.	3,25	1045	.	.
1866	8,33	17,23	16,00	25,00	18,94	.	6,06	22,82	8,05	.	2,56	1056	.	.
1866/67	7,68	15,74	17,66	24,86	19,10	.	5,76	24,76	7,87	.	1,44	1042	.	.
1867	7,95	16,11	18,04	24,46	19,06	.	5,40	25,59	6,83	.	1,02	981	.	.
1867/68	7,39	16,85	16,74	24,57	18,48	.	6,09	27,28	6,30	.	0,87	920	.	3,70
1868	7,48	17,88	15,93	24,49	19,28	.	5,20	27,30	6,07	.	0,87	923	.	2,17
1868/69	7,10	14,32	16,97	25,45	19,62	.	5,83	29,59	5,73	.	0,85	943	.	2,12
1869	7,28	13,69	16,78	27,26	21,41	.	5,85	29,14	4,97	.	0,88	906	.	2,21
1869/70	6,56	13,78	19,00	24,89	20,44	.	4,44	30,44	4,44	.	0,89	900	.	1,89
1870	6,33	14,93	18,21	24,43	19,91	.	4,52	30,43	4,86	.	0,79	884	.	1,92
1870/71	6,92	12,78	19,28	25,77	21,51	.	4,26	29,29	5,22	.	0,75	939	.	2,66
1871	7,29	12,40	20,35	26,01	22,31	.	3,70	28,29	5,01	.	0,65	919	.	2,07
1871/72	6,41	12,10	21,61	25,54	20,48	.	5,07	29,16	4,76	.	0,41	967	.	1,96
1872	5,54	11,94	22,60	25,69	21,75	.	3,94	29,10	4,69	.	0,43	938	.	2,03
1872/73	4,58	12,04	27,46	21,99	18,41	.	3,58	24,18	9,05	.	0,70	1005	.	1,69
1873	4,79	10,67	29,55	20,84	17,03	.	3,82	23,48	9,98	.	0,68	1022	.	1,17
1873/74	4,14	8,66	30,94	19,34	15,56	.	3,78	23,30	11,88	.	1,75	1086	.	1,38
1874	3,96	8,40	32,34	19,98	16,41	.	3,57	21,81	11,58	.	1,93	1036	.	1,93
1874/75	3,40	8,46	36,89	19,04	15,55	.	3,50	23,37	8,83	.	.	1087	.	2,12
1875	4,12	8,24	36,05	19,19	16,01	.	3,18	23,97	8,43	.	.	1068	.	1,87
1875/76	3,49	6,81	37,81	17,47	14,34	.	3,14	26,16	8,24	.	.	1116	.	2,24
1876	4,52	5,15	34,06	17,62	14,91	.	2,71	28,73	9,94	.	.	1107	.	1,90
1876/77	4,02	4,68	36,01	18,38	14,52	.	3,86	28,30	8,61	.	.	1219	.	2,46
1877	4,02	4,10	34,62	18,39	14,46	.	3,94	28,35	10,52	.	.	1245	.	2,41
1877/78	3,91	4,15	34,48	17,56	13,41	.	4,15	30,33	9,58	.	.	1253	.	2,23
1878	4,27	4,52	29,76	18,47	14,35	.	4,11	32,66	10,32	.	.	1240	.	1,77
1878/79	5,12	4,97	30,25	17,53	13,77	.	3,76	30,93	11,21	.	.	1329	.	1,73
1879	4,99	5,07	29,07	17,69	14,11	.	3,59	31,25	11,93	.	.	1283	.	1,33
1879/80	5,96	4,43	27,20	19,63	15,97	.	3,67	31,09	11,69	.	.	1309	.	1,68

Tab. 4. 1: Die Studierenden an der Universität Breslau nach Fachbereichen in Prozent 1811/12–1941/1

Semester	Evang. Theol.	Kath. Theol.	Jura	Gesundheitswissenschaften				Sprach- und Kultur-wiss.	Math., Naturw.		Wirt-sch., Agrar- und Forst. wiss.	Studierende		
				insg.	Allg. Med.	Zahn-med.	Phar-mazie		insg.	Chemie		insg.	weibl. in % aller Stud.	Ausl. in % aller Stud.
	1	2	3	4	5	6	7	8	9	10	11	12	13	14
1880	6,93	5,18	25,10	20,96	18,41	.	2,55	30,12	11,71	.	.	1255	.	1,27
1880/81	7,42	6,32	23,65	23,03	19,44	.	3,59	28,42	11,16	.	.	1281	.	1,17
1881	7,97	7,32	22,17	24,71	21,38	.	3,33	27,97	9,86	.	.	1380	.	0,80
1881/82	7,83	7,48	22,02	25,76	21,88	.	3,88	25,90	9,42	.	1,59	1444	.	1,18
1882	7,05	8,42	21,34	26,44	22,98	.	3,46	25,20	9,66	.	1,89	1532	.	1,11
1882/83	7,09	7,89	20,54	27,42	23,28	.	4,15	25,02	9,36	.	2,68	1495	.	1,20
1883	8,15	8,79	17,77	29,57	25,47	.	4,11	24,25	9,11	.	2,37	1559	.	1,28
1883/84	9,13	9,74	15,62	30,56	26,37	.	4,19	22,24	9,80	.	2,91	1479	.	1,49
1884	10,40	11,41	13,71	31,74	28,43	.	3,31	22,08	8,64	.	2,03	1481	.	1,35
1884/85	10,87	10,94	13,82	30,81	26,64	.	4,18	22,75	8,35	.	2,45	1389	.	1,80
1885	11,87	11,80	12,79	32,48	27,93	.	4,55	23,24	6,61	.	1,21	1407	.	1,85
1885/86	11,88	11,80	14,74	33,91	27,67	0,23	6,02	18,80	6,77	.	2,11	1330	.	1,65
1886	12,72	13,72	14,30	33,62	27,95	0,57	5,10	17,96	5,96	.	1,72	1392	.	1,72
1886/87	12,42	12,11	16,44	33,95	28,01	1,39	4,55	13,73	8,56	.	2,78	1296	.	1,85
1887	11,69	13,48	15,34	34,03	28,37	1,71	3,95	15,26	8,04	.	2,16	1343	.	1,66
1887/88	12,55	11,84	15,63	34,73	29,52	1,89	3,31	15,31	7,97	.	1,97	1267	.	1,82
1888	13,12	13,12	14,21	36,34	31,29	2,25	2,80	14,52	6,99	.	1,71	1288	.	1,79
1888/89	14,14	12,72	15,80	35,55	29,94	2,05	3,55	13,51	6,56	.	1,74	1266	.	1,97
1889	13,84	15,64	15,72	35,65	29,32	2,74	3,60	12,90	5,63	.	0,63	1279	.	2,11
1889/90	12,96	13,93	16,83	36,63	28,26	2,90	5,48	12,72	5,23	.	1,69	1242	.	2,98
1890	14,04	16,45	17,53	32,82	25,37	2,72	4,73	11,87	6,21	.	1,09	1289	.	2,72
1890/91	13,32	13,32	18,90	33,56	25,06	2,41	6,08	12,57	6,49	.	1,83	1201	.	2,16
1891	12,57	15,57	18,89	34,54	26,21	2,54	5,78	10,41	6,48	.	1,54	1297	.	2,24
1891/92	11,30	14,66	21,46	34,81	24,73	2,78	7,29	9,17	6,39	.	2,21	1221	.	2,29
1892	11,48	17,06	22,23	32,32	23,46	2,05	6,81	8,29	6,48	.	2,13	1219	.	1,56
1892/93	10,57	15,49	24,06	32,64	23,56	1,67	7,41	8,24	7,08	.	1,92	1201	.	1,83
1893	10,50	17,98	23,52	32,95	24,49	1,63	6,83	7,16	6,59	.	1,30	1229	.	1,55
1893/94	9,24	16,83	26,82	32,10	23,10	2,23	6,77	6,93	5,94	.	2,15	1212	.	2,15
1894	8,52	20,30	24,68	31,61	23,33	2,31	5,97	7,40	6,21	.	1,27	1256	.	1,99
1894/95	8,31	18,81	25,47	31,27	22,96	2,19	6,11	7,13	6,27	.	2,74	1276	.	2,27
1895	7,19	22,08	24,84	30,94	24,11	1,89	4,94	7,12	5,74	.	2,11	1377	.	2,03
1895/96	7,08	19,33	28,01	29,25	23,19	1,46	4,60	7,44	6,27	.	2,63	1371	.	2,04
1896	6,16	21,26	25,84	29,35	23,26	1,72	4,37	8,16	6,87	.	2,36	1397	.	1,93
1896/97	6,21	17,51	28,60	28,67	21,68	1,84	5,16	9,04	6,78	.	3,18	1416	.	1,77
1897	5,98	19,73	27,18	29,57	22,99	1,99	4,58	8,04	7,11	.	2,39	1505	.	1,79
1897/98	5,60	15,73	29,71	29,64	23,36	2,09	4,19	7,83	8,64	.	2,84	1481	.	1,69
1898	5,20	18,99	26,75	29,19	22,77	2,12	4,30	8,21	9,30	.	2,37	1559	.	1,73
1898/99	4,79	13,70	30,52	28,59	21,34	1,99	5,25	9,18	10,11	.	3,13	1504	.	2,73
1899	5,27	18,26	26,85	26,10	18,76	2,07	5,27	9,91	10,54	.	3,07	1594	.	2,38
1899/00	5,04	16,01	31,25	22,68	16,19	2,08	4,41	10,21	10,90	.	3,91	1587	.	2,90
1900	4,57	19,56	29,24	21,53	15,18	2,53	3,82	10,67	11,23	.	3,21	1621	.	2,28
1900/01	4,02	16,56	29,36	19,39	13,93	2,57	2,89	10,98	11,92	.	3,89	1594	.	2,32
1901	4,38	18,28	29,41	20,36	14,88	2,02	3,46	12,63	11,65	.	3,29	1734	.	2,42
1901/02	4,02	15,04	33,52	18,37	13,26	1,78	3,33	12,46	12,06	.	4,54	1742	.	2,53
1902	3,55	18,02	29,60	18,13	12,64	2,16	3,33	14,25	12,86	.	3,60	1804	.	2,77
1902/03	3,59	14,55	32,12	17,51	11,94	1,91	3,65	15,42	13,22	.	3,59	1725	.	2,61
1903	3,43	16,98	29,45	17,27	11,55	2,06	3,66	17,72	11,78	5,49	3,37	1749	.	2,40
1903/04	3,36	13,39	31,74	17,78	11,79	2,17	3,82	18,69	10,48	4,84	4,56	1755	.	2,68
1904	4,24	16,62	28,32	17,69	11,48	2,71	3,50	19,73	10,40	4,58	3,00	1769	.	2,60
1904/05	3,40	12,66	31,23	18,19	10,63	3,34	4,22	20,38	10,03	4,44	4,11	1825	.	3,34
1905	3,34	15,62	27,73	17,99	10,29	2,85	4,85	22,72	8,83	4,25	3,77	1857	.	3,82
1905/06	2,99	12,97	30,04	18,51	10,48	3,22	4,82	21,06	9,20	3,49	5,21	1804	.	4,32
1906	3,22	16,23	27,46	20,85	12,36	3,22	5,27	19,67	8,60	2,85	3,98	1861	.	4,14
1906/07	3,32	12,42	29,14	22,65	13,92	3,69	5,04	19,53	8,83	2,81	4,10	1925	.	4,05
1907	3,67	15,87	26,97	22,06	13,73	3,62	4,71	20,08	7,88	2,97	3,47	2017	.	3,27
1907/08	4,04	12,16	29,91	21,73	13,96	3,59	4,19	19,99	7,58	2,74	4,59	2006	.	3,99
1908	3,82	15,03	26,78	22,11	13,82	4,32	3,97	21,31	7,89	2,31	3,07	1990	.	3,67
1908/09	3,47	11,26	27,78	25,08	16,07	4,86	4,14	19,45	8,55	1,89	4,41	2221	2,52	4,41
1909	3,18	13,74	23,12	24,65	15,31	5,98	3,36	21,73	9,77	1,66	3,80	2292	2,79	4,01

Tab. 4.1: Die Studierenden an der Universität Breslau nach Fachbereichen in Prozent 1811/12–1941/1

Semester	Evang. Theol.	Kath. Theol.	Jura	Gesundheitswissenschaften				Sprach- und Kultur- wiss.	Math., Naturw.		Wirt- sch., Agrar- und Forst. wiss.	Studierende		
				insg.	Allg. Med.	Zahn- med.	Phar- mazie		insg.	Chemie		insg.	weibl. in % aller Stud.	Ausl. in % aller Stud.
	1	2	3	4	5	6	7	8	9	10	11	12	13	14
1910	3,07	13,97	21,97	23,99	17,13	4,46	2,40	22,64	11,20	1,22	3,16	2376	4,25	4,17
1910/11	3,21	10,95	22,61	25,15	18,73	3,91	2,50	23,27	10,66	1,37	4,16	2402	4,83	4,62
1911	4,21	12,33	21,19	22,95	17,78	3,04	2,12	24,39	10,85	1,24	4,08	2497	5,13	4,41
1911/12	4,37	10,20	22,12	25,19	20,28	2,42	2,49	22,35	10,85	1,50	4,91	2608	5,25	5,60
1912	5,01	11,74	20,62	24,76	20,17	1,82	2,77	22,14	11,39	1,18	4,33	2633	5,36	5,58
1912/13	5,51	9,99	18,93	27,35	22,84	1,42	3,09	21,46	11,14	1,30	5,63	2684	5,51	6,33
1913	5,99	11,46	17,70	27,74	23,14	2,01	2,59	20,62	11,13	1,53	5,36	2740	5,58	5,84
1913/14	6,12	9,84	16,11	30,89	25,58	2,65	2,65	19,72	11,09	1,58	6,23	2713	6,12	5,42
1914	6,89	11,69	14,69	30,46	24,79	3,10	2,56	19,60	11,22	1,55	5,45	2771	6,96	4,73
1914/15	7,11	11,49	14,64	30,46	25,08	3,37	2,00	19,30	11,30	1,52	5,71	2699	7,85	1,48
1915	6,96	11,68	15,03	30,80	25,53	3,35	1,92	18,57	11,24	1,47	5,71	2714	8,33	1,55
1915/16	6,43	10,81	15,34	31,84	26,63	3,23	1,97	18,61	10,77	1,45	6,20	2692	8,25	1,52
1916	5,77	11,23	15,82	31,54	26,84	2,74	1,96	18,50	11,37	1,50	5,77	2806	8,70	1,67
1916/17	5,42	9,53	17,42	31,08	27,15	2,17	1,76	18,85	11,25	1,53	6,44	2950	7,76	1,42
1917	5,24	9,54	18,41	30,61	26,70	2,06	1,85	18,77	11,11	1,51	6,33	3303	8,27	1,39
1917/18	4,85	8,60	19,04	31,61	27,98	1,76	1,87	18,73	10,93	1,70	6,24	3524	8,57	1,33
1918	4,46	8,32	21,86	32,18	28,63	1,76	1,79	18,70	10,45	1,71	4,02	3856	8,30	1,19
1918/19	4,05	7,73	23,20	34,05	29,14	2,90	2,00	16,76	9,35	1,77	4,86	4344	7,44	1,04
1919 ZS.1919	4,03	8,09	23,70	34,11	26,94	4,67	2,51	15,67	9,47	2,00	4,93	4908	8,07	1,02
1919/20	3,85	7,53	25,00	34,02	24,52	7,14	2,37	14,00	9,05	2,62	6,55	5115	7,78	1,54
1920	3,62	8,76	25,20	31,68	22,00	7,37	2,31	15,08	9,14	2,80	6,52	4968	7,89	1,97
1920/21	3,19	7,35	27,05	32,75	21,53	9,17	2,06	13,71	8,25	2,55	7,70	5105	7,84	1,92
1921	2,86	8,54	29,16	32,74	21,14	9,36	2,24	11,90	8,17	2,51	6,63	4026	8,54	1,99
1921/22	2,92	7,29	32,17	30,07	20,66	6,76	2,65	11,93	7,56	2,35	8,06	4007	8,49	.
1922	2,60	7,01	34,73	26,99	18,66	5,42	2,90	12,31	7,67	2,72	8,70	3965	8,47	.
1922/23	2,16	6,78	35,66	26,03	18,17	5,22	2,64	12,11	7,40	2,50	9,85	4161	8,12	4,33
1923	2,01	6,15	39,72	21,32	14,60	4,09	2,63	12,80	8,16	2,97	9,83	4179	8,54	4,74
1923/24	1,55	6,15	41,06	19,90	13,44	3,81	2,65	13,15	7,87	2,70	10,31	4257	8,95	13,08
1924	1,47	5,63	41,42	18,08	11,39	3,71	2,99	13,94	8,28	3,01	11,17	4153	8,89	10,74
1924/25	1,80	8,20	32,55	19,22	13,33	1,92	3,96	11,76	9,57	3,53	16,90	2550	9,61	4,63
1925	1,97	8,19	31,40	17,39	11,69	1,93	3,78	14,13	10,11	2,99	16,80	2541	10,35	3,70
1925/26	2,11	8,70	30,38	17,96	11,94	2,52	3,50	15,36	9,26	2,60	16,23	2656	10,24	4,56
1926	2,83	7,07	30,40	17,00	11,26	3,02	2,72	17,56	11,63	2,32	13,51	2717	11,26	4,64
1926/27	2,50	8,04	31,17	16,54	11,30	3,22	2,01	18,10	11,93	2,12	11,72	2884	11,69	4,33
1927	2,83	6,76	32,99	16,02	10,55	4,15	1,32	19,94	12,59	1,91	8,87	3034	13,28	4,28
1927/28	3,00	7,68	32,79	16,93	11,36	4,49	1,08	18,61	13,28	1,39	7,71	3230	14,30	4,74
1928	3,81	7,67	31,93	16,28	10,63	4,54	1,10	21,13	12,95	1,44	6,23	3545	14,89	4,46
1928/29	3,62	7,54	31,93	17,86	12,18	4,51	1,17	20,34	13,12	1,50	5,58	3924	16,16	4,54
1929	4,22	6,75	28,96	20,40	13,60	5,36	1,44	20,40	14,14	1,39	5,12	4102	16,94	3,95
1929/30	4,09	7,48	28,56	21,08	14,35	5,36	1,36	20,09	13,95	1,39	4,75	4251	18,33	4,28
1930	4,81	6,76	26,69	21,51	14,22	5,94	1,36	21,35	14,22	1,66	4,67	4347	18,27	3,98
1930/31	5,20	7,54	25,11	23,12	16,02	5,65	1,45	20,71	13,75	1,76	4,57	4481	19,44	3,77
1931	6,91	7,29	23,14	24,15	16,41	6,33	1,42	21,15	13,08	1,87	4,29	4663	19,58	3,13
1931/32	7,76	8,16	20,39	27,44	19,55	6,36	1,53	19,69	12,30	0,80	4,26	4511	20,82	3,28
1932	9,02	8,66	19,91	29,29	21,48	5,82	1,99	17,21	11,73	1,78	4,18	4213	19,99	3,06
1932/33	9,52	8,63	18,73	32,02	23,82	5,99	2,21	16,06	10,48	1,61	4,57	4160	20,31	3,15
1933	9,78	10,26	17,73	33,17	24,87	5,79	2,50	16,66	8,21	1,73	4,20	3763	19,03	.
1933/34	9,94	10,62	18,06	34,11	25,50	6,18	2,43	15,79	6,97	1,46	4,51	3832	16,88	.
1934	9,45	12,43	17,74	35,74	26,67	6,20	2,87	13,57	6,67	1,74	4,41	3450	15,04	2,26
1934/35	8,40	12,70	17,68	38,38	28,52	6,76	3,10	13,41	5,59	1,46	3,84	3489	15,76	.
1935	6,80	14,77	15,10	40,12	29,97	6,66	3,48	13,33	5,65	1,44	4,24	3046	16,45	.
1935/36	6,30	12,02	16,55	41,09	30,94	6,40	3,74	13,73	5,67	1,58	4,64	3794	16,58	.
1936	4,72	12,02	15,18	44,57	34,51	6,31	3,75	13,75	5,21	1,30	4,55	3011	16,97	.
1936/37	4,30	13,15	13,66	45,97	37,02	5,67	3,28	12,36	4,58	1,47	5,98	2928	15,51	.
1937	3,81	11,26	12,29	50,45	41,24	5,53	3,69	11,71	4,14	1,31	6,35	2442	15,19	3,07
1937/38	3,11	14,66	10,95	49,47	40,91	5,65	2,91	10,82	4,12	1,70	6,87	2476	13,89	.
1938	2,71	12,90	11,20	52,36	44,29	4,64	3,44	10,65	3,44	1,42	6,75	2179	14,09	.
1938/39	2,17	13,17	12,11	52,25	44,47	4,02	3,76	9,42	3,80	1,50	7,07	2262	14,54	.
1939	1,77	12,71	11,78	54,44	47,37	3,19	3,88	9,47	3,24	1,37	6,58	2037	14,92	.
1939/40	1,61	8,04	6,92	68,69	64,08	2,10	2,52	6,50	4,12	2,94	4,12	1431	20,82	.
1940/1	0,91	5,28	6,67	71,22	66,00	1,53	3,69	8,30	3,79	2,49	3,84	2085	19,62	.
1940/2	0,62	5,88	8,76	59,30	49,04	2,94	7,32	14,16	6,77	3,69	4,51	1462	29,07	3,69
1940/3	0,58	4,32	7,98	59,97	52,33	2,98	4,66	13,94	6,73	3,65	6,49	2081	31,09	.
1941/1	0,69	3,97	7,58	60,89	54,43	2,91	3,55	13,25	7,00	3,55	6,62	1887	35,29	.

4. Die Studierenden nach Fächern

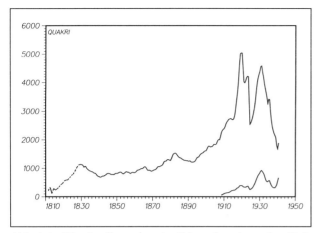

Abb. 4.2: Die Studierenden (weibl. u. insg.) an der Universität Breslau 1811/12–1941/1: Sämtliche Fächer

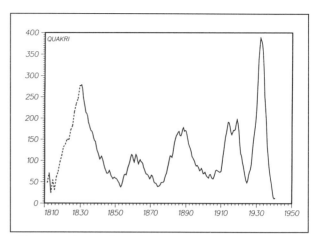

Abb. 4.3: Die Studierenden an der Universität Breslau 1811/12–1941/1: Evangelische Theologie

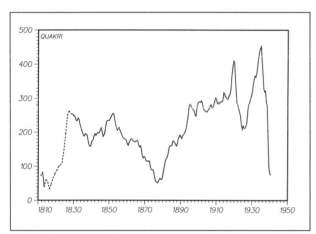

Abb. 4.4: Die Studierenden an der Universität Breslau 1811/12–1941/1: Katholische Theologie

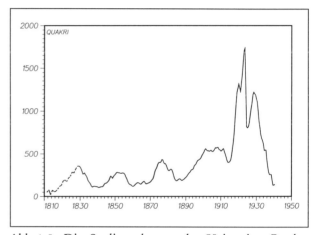

Abb. 4.5: Die Studierenden an der Universität Breslau 1811/12–1941/1: Jura

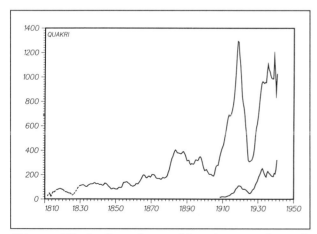

Abb. 4.6: Die Studierenden (weibl. u. insg.) an der Universität Breslau 1811/12–1941/1: Allgemeine Medizin

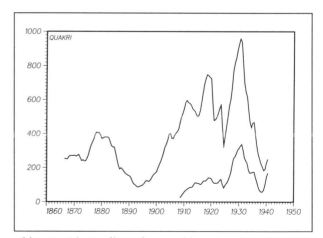

Abb. 4.7: Die Studierenden (weibl. u. insg.) an der Universität Breslau 1866/67–1941/1: Sprach- und Kulturwissenschaften

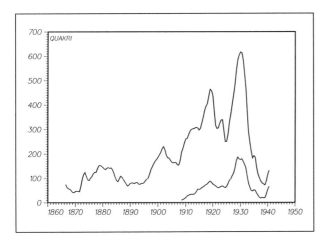

Abb. 4. 8: Die Studierenden (weibl. u. insg.) an der Universität Breslau 1866/67–1941/1: Mathematik und Naturwissenschaften

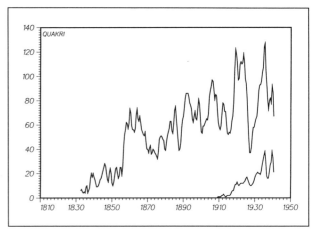

Abb. 4. 9: Die Studierenden (weibl. u. insg.) an der Universität Breslau 1832/33–1941/1: Pharmazie

Tab. 4. 2: Die Einzelfachströme an der Universität Breslau nach Staatsangehörigkeit und Geschlecht 1811/12–1941/1

	Stud. insg.	Evang. Theol.	Kath. Theol.	Jura	Medizin	Phil. Fak.
Semester	1	2	3	4	5	6
1811/12	218	48	72	50	25	23
1812	.	.	.	.	.	.
1812/13	298	67	77	72	46	36
1813	351	76	90	82	55	48
1813/14	119	24	39	21	21	14
1814	.	.	.	.	.	.
1814/15	285	55	61	73	57	39
1815	.	.	.	.	.	.
1815/16	236	31	53	56	58	38
1816	.	.	.	.	.	.
1816/17	277	61	33	61	75	41
1817	.	.	.	.	.	.
1817/18	341	74	48	88	80	51
1818	.	.	.	.	.	.
1818/19	422	96	65	119	87	55
1819	.	.	.	.	.	.
1819/20	466	111	78	132	82	63
1820	.	.	.	.	.	.
1820/21	556	132	87	181	75	81
1821	.	.	.	.	.	.
1821/22	584	138	98	196	60	92
1822	.	.	.	.	.	.
1822/23	594	150	103	176	58	107
1823	.	.	.	.	.	.
1823/24	662	149	110	217	49	147
1824	.	.	.	.	.	.
1824/25	746	172	146	239	49	140
1825	.	.	.	.	.	.
1825/26	798	182	195	287	31	103
1826	.	.	.	.	.	.
1826/27	901	215	250	278	43	115
1827	.	.	.	.	.	.
1827/28	1024	234	263	325	63	139
1828	.	.	.	.	.	.
1828/29	1112	246	254	357	88	167
1829	.	.	.	.	.	.

Tab. 4. 2: Die Einzelfachströme an der Universität Breslau nach Staatsangehörigkeit und Geschlecht 1811/12–1941/1

| | Stud. insg. | Evang. Theol. | Kath. Theol. | Jura | Medizin | Philosophische Fakultät | | | | | | | |
| | | | | | | insg. | Chirurgie | Pharmazie | Philol. Gesch. | Math., Naturw | Cameralia | Landw. | Bergwiss. |
Semester	7	8	9	10	11	12	13	14	15	16	17	18	19
1829/30	1145	276	265	363	104	137	.	.	.	.	5	.	.
1830	1122	277	243	354	111	137	.	.	.	.	6	.	.
1830/31	1129	276	253	337	112	151	.	.	.	.	9	.	.
1831	1114	281	245	316	114	158	.	.	.	.	9	.	.
1831/32	1058	257	238	281	116	166	.	.	.	.	9	.	.
1832	1013	241	229	249	119	175	.	.	.	.	8	.	.
1832/33	1109	233	242	291	114	229	80	5	.	.	.	3	.
1833	1009	220	243	263	106	177	58	7	.	.	.	3	.
1833/34	982	207	233	246	103	193	75	7	.	.	.	3	.
1834	953	215	214	238	102	184	75	3	.	.	.	0	.
1834/35	922	195	212	201	107	207	82	5	.	.	.	6	.
1835	901	186	196	180	118	221	90	5	.	.	.	0	.
1835/36	901	182	199	169	118	233	93	3	.	.	.	0	.
1836	868	171	180	153	125	239	94	16	.	.	.	.	.
1836/37	886	170	197	139	126	254	114	4	.	.	.	.	.
1837	842	168	195	104	123	252	116	5	.	.	.	.	.
1837/38	825	158	191	118	128	230	96	8	.	.	.	.	.
1838	825	148	193	117	129	238	96	8	.	.	.	.	.
1838/39	807	146	164	124	140	233	82	25	.	.	.	.	.
1839	755	144	162	117	127	205	79	15	.	.	.	.	.
1839/40	711	125	155	114	123	194	60	20	.	.	.	.	.
1840	712	122	162	119	128	181	63	20	.	.	.	.	.
1840/41	694	115	179	107	128	165	48	15	.	.	.	.	.
1841	675	108	173	103	118	173	48	15	.	.	.	.	.
1841/42	691	99	182	112	118	180	42	10	.	.	.	.	.
1842	719	113	198	108	125	175	42	8	.	.	.	.	.
1842/43	732	108	193	123	114	194	46	10	.	.	.	.	.
1843	708	101	187	107	112	201	46	10	.	.	.	.	.
1843/44	762	94	204	128	114	222	44	15	.	.	.	.	.
1844	746	83	194	140	128	201	31	15	.	.	.	.	.
1844/45	809	80	200	163	134	232	34	18	.	.	.	.	.
1845	808	72	199	154	124	259	34	20	.	.	.	.	.
1845/46	828	69	216	165	123	255	33	25	.	.	.	.	.
1846	807	71	211	172	107	240	33	25	.	.	.	.	.
1846/47	803	74	191	187	105	246	33	32	.	.	.	.	.
1847	765	80	183	200	94	208	34	20	.	.	.	.	.
1847/48	789	62	199	240	90	198	26	20	.	.	.	.	.
1848	768	66	201	243	77	181	26	10	.	.	.	.	.
1848/49	782	56	234	218	92	182	11	16	.	.	.	.	.
1849	772	58	229	215	87	183	.	24	.	.	.	.	.
1849/50	844	62	241	254	91	196	.	25	.	.	.	.	.
1850	795	60	229	245	79	182	.	15	.	.	.	.	.
1850/51	833	57	240	272	86	178	.	10	.	.	.	.	.
1851	822	59	241	276	78	168	.	11	.	.	.	.	.
1851/52	859	52	251	293	86	177	.	15	.	.	.	.	.
1852	859	50	253	275	99	182	.	23	.	.	.	.	.
1852/53	867	46	260	284	96	181	.	25	.	.	.	.	.
1853	831	38	249	274	94	176	.	25	.	.	.	.	.
1853/54	805	39	229	274	94	169	.	16	.	.	.	.	.
1854	794	46	220	271	107	150	.	16	.	.	.	.	.
1854/55	843	55	204	285	136	163	.	20	.	.	.	.	.
1855	847	65	206	269	139	168	.	31	.	.	.	.	.
1855/56	898	70	216	278	137	197	.	20	.	.	.	24	.
1856	859	66	212	240	142	199	.	19	.	.	.	30	.
1856/57	854	67	196	222	142	227	.	34	.	.	.	30	.
1857	866	83	203	202	138	240	.	52	.	.	.	30	.
1857/58	803	86	181	168	126	242	.	52	.	.	.	20	.
1858	825	94	187	152	131	261	.	60	.	.	.	10	.
1858/59	845	101	178	141	112	313	.	65	.	.	.	10	.
1859	859	113	182	142	111	311	.	57	.	.	.	10	.
1859/60	855	115	176	132	107	325	.	57	.	.	.	10	.
1860	829	109	176	115	103	326	.	65	166	31	.	10	54
1860/61	859	95	157	124	111	372	.	81	180	41	.	12	58
1861	868	98	166	125	111	368	.	60	205	36	.	12	55
1861/62	923	113	173	147	119	371	.	58	209	44	.	10	50
1862	938	115	176	147	135	365	.	54	215	46	.	12	38
1862/63	941	106	184	164	118	369	.	59	215	48	.	19	28
1863	945	93	177	164	130	381	.	49	246	40	.	24	22
1863/64	979	92	174	165	138	410	.	65	245	60	.	25	15
1864	991	105	176	155	148	407	.	72	234	64	.	26	11
1864/65	990	99	166	145	164	416	.	75	236	68	.	30	7
1865	996	95	177	147	174	403	.	56	235	74	.	32	6
1865/66	1045	98	171	163	196	417	.	71	232	80	.	30	4
1866	1056	88	182	169	200	417	.	64	241	85	.	24	3

Tab. 4. 2: Die Einzelfachströme an der Universität Breslau nach Staatsangehörigkeit und Geschlecht 1811/12–1941/1

	Evang. Theol.		Kath.Theol.		Jura		Medizin		Zahnmedizin		Pharmazie		Philol., Gesch.	
	insg.	Ausl. in %	insg.	Ausl. in %	insg.	Ausl. in %	insg.	Ausl. in %	insg.	Ausl. in %	insg.	Ausl. in %	insg.	Ausl. in %
Semester	1	2	3	4	5	6	7	8	9	10	11	12	13	14
1866/67	80	.	164	.	184	.	199	.	.	.	60	.	258	.
1867	78	.	158	.	177	.	187	.	.	.	53	.	251	.
1867/68	68	1,47	155	1,29	154	0,65	170	2,94	.	.	56	.	251	7,97
1868	69	0,00	165	0,00	147	0,68	178	2,25	.	.	48	.	252	5,16
1868/69	67	0,00	135	0,00	160	0,63	185	2,16	.	.	55	.	279	4,66
1869	66	1,52	124	0,00	152	0,66	194	1,55	.	.	53	.	264	4,92
1869/70	59	1,69	124	0,00	171	0,00	184	1,09	.	.	40	.	274	4,74
1870	56	1,79	132	0,00	161	1,24	176	1,70	.	.	40	.	269	3,35
1870/71	65	1,54	120	0,00	181	1,10	202	2,97	.	.	40	.	275	4,73
1871	67	1,49	114	0,00	187	1,07	205	1,95	.	.	34	.	260	3,85
1871/72	62	1,61	117	0,00	209	0,48	198	1,01	.	.	49	.	282	4,26
1872	52	1,92	112	0,00	212	0,00	204	0,98	.	.	37	.	273	5,13
1872/73	46	2,17	121	0,00	276	0,72	185	1,08	.	.	36	.	243	4,12
1873	49	0,00	109	0,00	302	0,33	174	1,15	.	.	39	.	240	3,75
1873/74	45	2,22	94	0,00	336	0,00	169	3,55	.	.	41	0,00	253	2,77
1874	41	0,00	87	0,00	335	0,00	170	3,53	.	.	37	0,00	226	5,31
1874/75	37	2,70	92	0,00	401	0,50	169	2,96	.	.	38	0,00	254	5,91
1875	44	2,27	88	0,00	385	0,52	171	4,09	.	.	34	2,94	256	3,52
1875/76	39	2,56	76	0,00	422	0,71	160	3,13	.	.	35	5,71	292	4,79
1876	50	0,00	57	0,00	377	0,80	165	1,21	.	.	30	6,67	318	4,40
1876/77	49	0,00	57	0,00	439	1,14	177	4,52	.	.	47	0,00	345	4,64
1877	50	0,00	51	0,00	431	0,70	180	4,44	.	.	49	0,00	353	4,82
1877/78	49	0,00	52	0,00	432	0,93	168	3,57	.	.	52	1,92	380	4,21
1878	53	0,00	56	0,00	369	0,27	178	2,25	.	.	51	1,96	405	3,70
1878/79	68	0,00	66	1,52	402	0,50	183	1,09	.	.	50	2,00	411	3,41
1879	64	0,00	65	1,54	373	0,27	181	0,55	.	.	46	4,35	401	2,49
1879/80	78	0,00	58	0,00	356	1,12	209	1,91	.	.	48	4,17	407	2,95
1880	87	0,00	65	0,00	315	0,32	231	1,73	.	.	32	3,13	378	2,65
1880/81	95	0,00	81	0,00	303	0,00	249	1,20	.	.	46	0,00	364	3,30
1881	110	0,00	101	0,00	306	0,33	295	0,34	.	.	46	0,00	386	2,33
1881/82	113	0,00	108	0,00	318	0,94	316	1,27	.	.	56	1,79	374	2,41
1882	108	0,00	129	0,00	327	0,92	352	1,42	.	.	53	1,89	386	2,07
1882/83	106	0,00	118	0,00	307	0,33	348	2,01	.	.	62	0,00	374	2,41
1883	127	0,00	137	0,00	277	0,36	397	1,26	.	.	64	0,00	378	3,17
1883/84	135	0,00	144	0,00	231	0,43	390	1,28	.	.	62	0,00	329	3,95
1884	154	0,00	169	0,00	203	0,49	421	1,43	.	.	49	0,00	327	3,36
1884/85	151	0,00	152	0,00	192	1,04	370	1,08	.	.	58	0,00	316	5,38
1885	167	0,00	166	0,00	180	1,11	393	1,53	.	.	64	0,00	327	3,98
1885/86	158	1,27	157	0,64	196	0,00	368	1,09	3	.	80	0,00	250	4,40
1886	177	0,56	191	0,52	199	0,00	389	1,80	8	.	71	1,41	250	4,40
1886/87	161	1,24	157	0,64	213	0,47	363	1,10	18	.	59	0,00	178	6,18
1887	157	0,64	181	0,00	206	0,97	381	1,31	23	.	53	1,89	205	3,90
1887/88	159	0,00	150	0,00	198	0,51	374	0,80	24	.	42	.	194	.
1888	169	0,59	169	1,18	183	0,55	403	0,50	29	.	36	.	187	.
1888/89	179	0,56	161	1,24	200	0,50	379	1,06	26	.	45	.	171	.
1889	177	0,00	200	1,50	201	0,50	375	1,07	35	.	46	.	165	.
1889/90	161	0,00	173	1,73	209	1,44	351	1,42	36	.	68	.	158	.
1890	181	0,00	212	1,42	226	1,33	327	0,61	35	.	61	.	153	.
1890/91	160	0,00	160	0,00	227	0,00	301	1,00	29	.	73	.	151	.
1891	163	0,00	202	0,00	245	0,00	340	0,59	33	.	75	.	135	.
1891/92	138	0,00	179	0,00	262	0,00	302	1,32	34	.	89	1,12	112	16,96
1892	140	0,00	208	0,00	271	0,00	286	0,70	25	.	83	2,41	101	12,87
1892/93	127	0,00	186	0,00	289	0,00	283	0,71	20	.	89	0,00	99	18,18
1893	129	0,78	221	0,00	289	0,35	301	0,66	20	.	84	0,00	88	13,64
1893/94	112	0,89	204	0,98	325	0,62	280	1,07	27	.	82	1,22	84	9,52
1894	107	0,93	255	0,39	310	0,65	293	1,02	29	.	75	0,00	93	12,90
1894/95	106	0,00	240	0,00	325	0,31	293	1,37	28	.	78	0,00	91	13,19
1895	99	0,00	304	0,00	342	0,00	332	1,51	26	.	68	1,47	98	10,20
1895/96	97	1,03	265	0,38	384	0,00	318	1,26	20	.	63	0,00	102	11,76
1896	86	0,00	297	0,34	361	0,28	325	1,85	24	0,00	61	0,00	114	9,65
1896/97	88	0,00	248	0,40	405	0,00	307	1,63	26	3,85	73	0,00	128	7,81
1897	90	0,00	297	0,34	409	0,24	346	1,45	30	10,00	69	0,00	121	7,44
1897/98	83	0,00	233	0,43	440	0,00	346	1,45	31	6,45	62	0,00	116	7,76
1898	81	0,00	296	0,34	417	0,00	355	2,25	33	3,03	67	0,00	128	5,47
1898/99	72	2,78	206	1,46	459	0,87	321	3,12	30	6,67	79	0,00	138	4,35
1899	84	2,38	291	0,34	428	0,93	299	3,34	33	6,06	84	0,00	158	3,80
1899/00	80	2,50	254	0,00	496	0,40	257	4,67	33	6,06	70	0,00	162	6,17
1900	74	2,70	317	0,00	474	0,00	246	2,44	41	2,44	62	0,00	173	6,36
1900/01	64	6,25	264	0,00	530	0,19	222	3,60	41	4,88	46	0,00	175	4,00
1901	76	2,63	317	0,00	510	0,78	258	3,49	35	2,86	60	0,00	219	2,28
1901/02	70	2,86	262	0,00	584	0,17	231	4,33	31	6,45	58	0,00	217	1,84
1902	64	1,56	325	0,00	534	0,56	228	4,82	39	2,56	60	0,00	257	1,95
1902/03	62	1,61	251	0,40	554	0,00	206	6,31	33	0,00	63	0,00	266	1,13
1903	60	1,67	297	0,00	515	0,00	202	5,94	36	0,00	64	0,00	265	0,38
1903/04	59	1,69	235	0,43	557	0,00	207	7,25	38	0,00	67	0,00	274	0,00
1904	75	1,33	294	0,34	501	0,20	203	7,39	48	2,08	62	1,61	293	0,00
1904/05	62	0,00	231	0,00	570	0,53	194	9,28	61	1,64	77	1,30	318	0,31
1905	62	1,61	290	0,34	515	0,19	191	12,57	53	1,89	90	1,11	350	0,57
1905/06	54	0,00	234	0,43	542	0,37	189	15,34	58	1,72	87	2,30	325	0,31
1906	60	1,67	302	0,33	511	0,39	230	13,48	60	1,67	98	1,02	321	0,31
1906/07	64	1,56	239	0,00	561	1,07	268	11,94	71	2,82	97	0,00	328	0,91
1907	74	0,00	320	0,00	544	0,74	277	10,83	73	0,00	95	0,00	352	0,28
1907/08	81	2,47	244	0,00	600	1,33	280	9,29	72	0,00	84	0,00	354	0,28
1908	76	3,95	299	0,33	533	0,94	275	8,73	86	0,00	79	0,00	385	0,78

Tab. 4. 2: Die Einzelfachströme an der Universität Breslau nach Staatsangehörigkeit und Geschlecht 1811/12–1941/1

| | Math., Naturw. | | Chemie | | Landw.,Cam. | | Sonstige | | Studierende | | |
| | insg. | Ausl. in % | insg. | Ausl. in % | insg. | Ausl. in % | insg. | Ausl. in % | insg. | Ausländer insg. | in % |
Semester	15	16	17	18	19	20	21	22	23	24	25
1866/67	82	.	.	.	15	.	.	.	1042	.	.
1867	67	.	.	.	10	.	.	.	981	.	.
1867/68	58	8,62	.	.	8	.	.	.	920	34	3,70
1868	56	3,57	.	.	8	.	.	.	923	20	2,17
1868/69	54	3,70	.	.	8	.	.	.	943	20	2,12
1869	45	4,44	.	.	8	.	.	.	906	20	2,21
1869/70	40	2,50	.	.	8	.	.	.	900	17	1,89
1870	43	4,65	.	.	7	.	.	.	884	17	1,92
1870/71	49	6,12	.	.	7	.	.	.	939	25	2,66
1871	46	4,35	.	.	6	.	.	.	919	19	2,07
1871/72	46	6,52	.	.	4	.	.	.	967	19	1,96
1872	44	4,55	.	.	4	.	.	.	938	19	2,03
1872/73	91	2,20	.	.	7	.	.	.	1005	17	1,69
1873	102	0,00	.	.	7	.	.	.	1022	12	1,17
1873/74	129	0,78	.	.	19	.	.	.	1086	15	1,38
1874	120	1,67	.	.	20	.	.	.	1036	20	1,93
1874/75	96	0,00	.	.	.	.	.	.	1087	23	2,12
1875	90	0,00	.	.	.	.	.	.	1068	20	1,87
1875/76	92	0,00	.	.	.	.	.	.	1116	25	2,24
1876	110	0,00	.	.	.	.	.	.	1107	21	1,90
1876/77	105	0,95	.	.	.	.	.	.	1219	30	2,46
1877	131	1,53	.	.	.	.	.	.	1245	30	2,41
1877/78	120	0,83	.	.	.	.	.	.	1253	28	2,23
1878	128	0,78	.	.	.	.	.	.	1240	22	1,77
1878/79	149	2,01	.	.	.	.	.	.	1329	23	1,73
1879	153	1,31	.	.	.	.	.	.	1283	17	1,33
1879/80	153	0,00	.	.	.	.	.	.	1309	22	1,68
1880	147	0,00	.	.	.	.	.	.	1255	16	1,27
1880/81	143	0,00	.	.	.	.	.	.	1281	15	1,17
1881	136	0,00	.	.	.	.	.	.	1380	11	0,80
1881/82	136	0,00	.	.	23	0,00	.	.	1444	17	1,18
1882	148	0,00	.	.	29	0,00	.	.	1532	17	1,11
1882/83	140	0,00	.	.	40	2,50	.	.	1495	18	1,20
1883	142	0,00	.	.	37	5,41	.	.	1559	20	1,28
1883/84	145	0,69	.	.	43	4,65	.	.	1479	22	1,49
1884	128	0,00	.	.	30	6,67	.	.	1481	20	1,35
1884/85	116	0,00	.	.	34	5,88	.	.	1389	25	1,80
1885	93	2,15	.	.	17	17,65	.	.	1407	26	1,85
1885/86	90	1,11	.	.	28	10,71	.	.	1330	22	1,65
1886	83	0,00	.	.	24	12,50	.	.	1392	24	1,72
1886/87	111	3,60	.	.	36	2,78	.	.	1296	24	1,85
1887	108	2,78	.	.	29	3,45	.	.	1343	21	1,56
1887/88	101	.	.	.	25	.	.	.	1267	23	1,82
1888	90	.	.	.	22	.	.	.	1288	23	1,79
1888/89	83	.	.	.	22	.	.	.	1266	25	1,97
1889	72	.	.	.	8	.	.	.	1279	27	2,11
1889/90	65	.	.	.	21	.	.	.	1242	37	2,98
1890	80	.	.	.	14	.	.	.	1289	35	2,72
1890/91	78	.	.	.	22	.	.	.	1201	26	2,16
1891	84	.	.	.	20	.	.	.	1297	29	2,24
1891/92	78	1,28	.	.	27	11,11	.	.	1221	28	2,29
1892	79	0,00	.	.	26	7,69	.	.	1219	19	1,56
1892/93	85	0,00	.	.	23	8,70	.	.	1201	22	1,83
1893	81	1,23	.	.	16	12,50	.	.	1229	19	1,55
1893/94	72	4,17	.	.	26	23,08	.	.	1212	26	2,15
1894	78	3,85	.	.	16	18,75	.	.	1256	25	1,99
1894/95	80	5,00	.	.	35	22,86	.	.	1276	29	2,27
1895	79	5,06	.	.	29	27,59	.	.	1377	28	2,03
1895/96	86	3,49	.	.	36	19,44	.	.	1371	28	2,04
1896	96	3,13	.	.	33	15,15	.	.	1397	27	1,93
1896/97	96	2,08	.	.	45	13,33	.	.	1416	25	1,77
1897	107	1,87	.	.	36	16,67	.	.	1505	27	1,79
1897/98	128	3,13	.	.	42	9,52	.	.	1481	25	1,69
1898	145	4,83	.	.	37	8,11	.	.	1559	27	1,73
1898/99	152	7,24	.	.	47	6,38	.	.	1504	41	2,73
1899	168	5,36	.	.	49	8,16	.	.	1594	38	2,38
1899/00	173	5,78	.	.	62	12,90	.	.	1587	46	2,90
1900	182	7,14	.	.	52	7,69	.	.	1621	37	2,28
1900/01	190	6,32	.	.	62	4,84	.	.	1594	37	2,32
1901	202	7,92	.	.	57	8,77	.	.	1734	42	2,42
1901/02	210	6,19	.	.	79	15,19	.	.	1742	44	2,53
1902	232	6,90	.	.	65	20,00	.	.	1804	50	2,77
1902/03	228	8,33	.	.	62	12,90	.	.	1725	45	2,61
1903	110	0,91	96	17,71	59	8,47	45	11,11	1749	42	2,40
1903/04	99	0,00	85	14,12	80	13,75	54	12,96	1755	47	2,68
1904	103	0,00	81	14,81	53	16,98	56	8,93	1769	46	2,60
1904/05	102	0,00	81	19,75	75	22,67	54	7,41	1825	61	3,34
1905	85	0,00	79	22,78	70	25,71	72	5,56	1857	71	3,82
1905/06	103	0,00	63	25,40	94	21,28	55	10,91	1804	78	4,32
1906	107	1,87	53	26,42	74	22,97	45	13,33	1861	77	4,14
1906/07	116	0,00	54	29,63	79	15,19	48	12,50	1925	78	4,05
1907	99	1,01	60	25,00	70	12,86	53	11,32	2017	66	3,27
1907/08	97	1,03	55	29,09	92	20,65	47	14,89	2006	80	3,99
1908	111	1,80	46	28,26	61	24,59	39	17,95	1990	73	3,67

Tab. 4. 2: Die Einzelfachströme an der Universität Breslau nach Staatsangehörigkeit und Geschlecht 1811/12–1941/1

	Evangelische Theologie					Kath. Theologie		Jura (Staatswissenschaft)				
	insg.	Frauen			Aus-länd. in %	insg.	Aus-länd. in %	insg.	Frauen			Aus-länd. in %
		insg.	in %	deuts.					insg.	in %	deuts.	
Semester	1	2	3	4	5	6	7	8	9	10	11	12
1908/09	77	0	0,00	0	1,30	250	0,40	617	1	0,16	1	0,65
1909	73	0	0,00	0	1,37	315	0,32	530	0	0,00	0	0,94
1909/10	73	0	0,00	0	2,74	272	0,74	571	0	0,00	0	1,23
1910	73	0	0,00	0	1,37	332	0,60	522	0	0,00	0	0,96
1910/11	77	0	0,00	0	0,00	263	0,76	543	0	0,00	0	1,10
1911	105	0	0,00	0	0,00	308	0,32	529	0	0,00	0	0,57
1911/12	114	0	0,00	0	1,75	266	0,75	577	1	0,17	1	1,04
1912	132	0	0,00	0	1,52	309	0,65	543	0	0,00	0	0,92
1912/13	148	0	0,00	0	1,35	268	0,75	508	1	0,20	1	0,98
1913	164	0	0,00	0	0,00	314	0,64	485	0	0,00	0	0,62
1913/14	166	0	0,00	0	0,60	267	0,37	437	3	0,69	3	0,92
1914	191	0	0,00	0	0,00	324	0,31	407	3	0,74	3	0,74
1914/15	192	0	0,00	0	0,52	310	0,32	395	1	0,25	1	0,00
1915	189	0	0,00	0	0,53	317	0,32	408	1	0,25	1	0,25
1915/16	173	1	0,58	1	0,58	291	0,34	413	2	0,48	2	0,24
1916	162	1	0,62	1	0,62	315	0,95	444	2	0,45	2	0,45
1916/17	160	1	0,63	1	0,00	281	0,36	514	1	0,19	1	0,39
1917	173	1	0,58	1	0,00	315	0,32	608	0	0,00	0	0,49
1917/18	171	1	0,58	1	0,00	303	0,33	671	3	0,45	3	0,30
1918	172	0	0,00	0	0,00	321	0,31	843	10	1,19	10	0,36
1918/19	176	1	0,57	1	0,00	336	0,30	1008	19	1,88	18	0,40
1919	198	1	0,51	1	0,00	397	0,25	1163	27	2,32	26	0,34
ZS.1919	.	.	.	.	.	.		.	.	.	.	.
1919/20	197	1	0,51	1	0,00	385	0,26	1279	29	2,27	28	0,86
1920	180	1	0,56	1	0,56	435	0,46	1252	33	2,64	33	0,80
1920/21	163	4	2,45	4	0,00	375	0,27	1381	44	3,19	44	0,72
1921	115	3	2,61	3	0,00	344	0,29	1174	34	2,90	32	0,43
1921/22	117	5	4,27	.	.	292	.	1289	45	3,49	.	.
1922	103	3	2,91	.	.	278	.	1377	49	3,56	.	.
1922/23	90	2	2,22	2	1,11	282	0,71	1484	46	3,10	46	1,55
1923	84	5	5,95	5	0,00	257	0,39	1660	58	3,49	58	1,75
1923/24	66	5	7,58	5	3,03	262	13,36	1748	64	3,66	61	10,07
1924	61	3	4,92	3	4,92	234	4,70	1720	59	3,43	56	8,31
1924/25	46	0	0,00	0	0,00	209	2,87	830	17	2,05	17	2,41
1925	50	0	0,00	0	0,00	208	1,92	798	22	2,76	22	1,00
1925/26	56	0	0,00	.	.	231	.	807	17	2,11	.	.
1926	77	2	2,60	.	.	192	.	826	15	1,82	.	.
1926/27	72	1	1,39	1	1,39	232	1,29	899	15	1,67	15	2,34
1927	86	3	3,49	3	2,33	205	0,49	1001	27	2,70	27	2,80
1927/28	97	3	3,09	3	3,09	248	0,81	1059	25	2,36	25	2,27
1928	135	2	1,48	2	0,74	272	1,84	1132	27	2,39	27	2,21
1928/29	142	4	2,82	4	1,41	296	1,69	1253	36	2,87	36	2,31
1929	173	6	3,47	6	2,89	277	2,89	1188	36	3,03	36	1,94
1929/30	174	8	4,60	8	2,30	318	2,52	1214	58	4,78	57	2,39
1930	209	8	3,83	8	1,44	294	2,04	1160	56	4,83	55	2,67
1930/31	233	7	3,00	7	2,15	338	2,66	1125	66	5,87	65	2,49
1931	322	15	4,66	15	2,17	340	2,06	1079	70	6,49	69	1,95
1931/32	350	17	4,86	17	2,86	368	1,90	920	73	7,93	73	1,20
1932	380	19	5,00	18	2,37	365	1,64	839	59	7,03	59	1,79
1932/33	396	16	4,04	13	3,28	359	0,28	779	63	8,09	63	1,28
1933	368	15	4,08	.	.	386	.	667	34	5,10	.	.
1933/34	381	13	3,41	.	.	407	.	692	29	4,19	.	.
1934	326	11	3,37	.	.	429	.	612	16	2,61	.	.
1934/35	293	12	4,10	.	.	443	.	617	18	2,92	.	.
1935	207	6	2,90	.	.	450	.	460	11	2,39	.	.
1935/36	239	8	3,35	.	.	456	.	628	11	1,75	.	.
1936	142	5	3,52	.	.	362	.	457	8	1,75	.	.
1936/37	126	3	2,38	.	.	385	.	400	7	1,75	.	.
1937	93	3	3,23	.	.	275	.	300	5	1,67	.	.
1937/38	77	0	0,00	.	.	363	.	271	3	1,11	.	.
1938	59	1	1,69	.	.	281	.	244	3	1,23	.	.
1938/39	49	1	2,04	.	.	298	.	274	4	1,46	.	.
1939	36	0	0,00	.	.	259	.	240	4	1,67	.	.
1939/40	23	0	0,00	.	.	115	.	99	3	3,03	.	.
1940/1	19	0	0,00	.	.	110	.	139	5	3,60	.	.
1940/2	9	0	0,00	.	.	86	.	128	5	3,91	.	.
1940/3	12	0	0,00	.	.	90	.	166	9	5,42	.	.
1941/1	13	0	0,00	.	.	75	.	143	12	8,39	.	.

Tab. 4. 2: Die Einzelfachströme an der Universität Breslau nach Staatsangehörigkeit und Geschlecht 1811/12–1941/1

	Medizin				Zahnmedizin				Pharmazie			
	insg.	Frauen		Aus-länd. in %	insg.	Frauen		Aus-länd. in %	insg.	Frauen		Aus-länd. in %
Semester		insg.	in %	deuts.			insg.	in %	deuts.			insg.	in %	deuts.	
	13	14	15	16	17	18	19	20	21	22	23	24	25	26	27
1908/09	357	18	5,04	17	10,92	108	5	4,63	5	0,93	92	0	0,00	0	0,00
1909	351	14	3,99	13	10,26	137	9	6,57	9	0,00	77	0	0,00	0	0,00
1909/10	412	18	4,37	18	11,17	143	7	4,90	7	0,00	68	1	1,47	1	0,00
1910	407	22	5,41	22	11,06	106	7	6,60	7	0,00	57	1	1,75	1	0,00
1910/11	450	19	4,22	19	12,00	94	6	6,38	6	1,06	60	1	1,67	1	0,00
1911	444	19	4,28	19	13,06	76	6	7,89	6	1,32	53	1	1,89	1	0,00
1911/12	529	18	3,40	18	14,93	63	5	7,94	5	0,00	65	2	3,08	2	1,54
1912	531	19	3,58	19	15,25	48	2	4,17	2	0,00	73	2	2,74	2	2,74
1912/13	613	21	3,43	19	15,82	38	2	5,26	2	0,00	83	3	3,61	3	1,20
1913	634	25	3,94	23	14,51	55	4	7,27	4	0,00	71	3	4,23	3	1,41
1913/14	694	30	4,32	29	11,53	72	3	4,17	3	0,00	72	1	1,39	1	1,39
1914	687	29	4,22	27	11,06	86	4	4,65	4	0,00	71	1	1,41	1	1,41
1914/15	677	34	5,02	33	0,44	91	5	5,49	5	0,00	54	2	3,70	2	0,00
1915	693	42	6,06	40	0,58	91	7	7,69	7	0,00	52	2	3,85	2	0,00
1915/16	717	48	6,69	46	0,56	87	8	9,20	8	0,00	53	2	3,77	2	0,00
1916	753	51	6,77	49	0,80	77	8	10,39	8	0,00	55	3	5,45	3	0,00
1916/17	801	49	6,12	47	0,62	64	9	14,06	9	0,00	52	2	3,85	2	0,00
1917	882	61	6,92	59	0,79	68	12	17,65	12	0,00	61	4	6,56	4	0,00
1917/18	986	80	8,11	78	1,01	62	9	14,52	9	0,00	66	6	9,09	6	0,00
1918	1104	91	8,24	88	1,09	68	12	17,65	12	0,00	69	6	8,70	6	0,00
1918/19	1266	91	7,19	88	0,71	126	9	7,14	9	0,79	87	6	6,90	6	0,00
1919	1322	107	8,09	104	0,83	229	14	6,11	14	0,44	123	12	9,76	11	0,81
ZS.1919	.	.	.	.	.	.	.	.	.	.	.	.	.	.	.
1919/20	1254	114	9,09	109	1,20	365	17	4,66	17	0,55	121	10	8,26	9	1,65
1920	1093	105	9,61	97	2,20	366	18	4,92	18	0,82	115	13	11,30	12	1,74
1920/21	1099	110	10,01	102	2,55	468	23	4,91	23	0,64	105	13	12,38	12	1,90
1921	851	92	10,81	85	3,06	377	23	6,10	22	1,06	90	10	11,11	10	0,00
1921/22	828	82	9,90	.	.	271	16	5,90	.	.	106	10	9,43	.	.
1922	740	80	10,81	.	.	215	16	7,44	.	.	115	13	11,30	.	.
1922/23	756	86	11,38	78	7,41	217	18	8,29	16	6,45	110	12	10,91	12	0,00
1923	610	76	12,46	69	10,16	171	16	9,36	13	9,36	110	12	10,91	12	0,91
1923/24	572	79	13,81	63	20,80	162	10	11,73	12	21,60	113	13	11,50	13	10,62
1924	473	64	13,53	55	18,60	154	20	12,99	13	17,53	124	12	9,68	12	5,65
1924/25	340	62	18,24	59	9,41	49	13	26,53	8	34,69	101	14	13,86	14	1,98
1925	297	48	16,16	45	9,09	49	8	16,33	6	28,57	96	15	15,63	15	1,04
1925/26	317	46	14,51	.	.	67	6	8,96	.	.	93	17	18,28	.	.
1926	306	49	16,01	.	.	82	3	3,66	.	.	74	18	24,32	.	.
1926/27	326	59	18,10	56	8,28	93	7	7,53	6	18,28	58	13	22,41	13	1,72
1927	320	74	23,13	71	7,81	126	13	10,32	12	14,29	40	13	32,50	13	2,50
1927/28	367	84	22,89	82	6,27	145	20	13,79	17	17,93	35	10	28,57	10	5,71
1928	377	80	21,22	75	7,96	161	25	15,53	21	16,15	39	10	25,64	10	5,13
1928/29	478	111	23,22	102	7,53	177	27	15,25	23	13,56	46	10	21,74	10	6,52
1929	558	121	21,68	115	4,84	220	48	21,82	46	7,27	59	12	20,34	12	3,39
1929/30	610	143	23,44	137	4,75	228	48	21,05	47	6,58	58	13	22,41	13	0,00
1930	618	146	23,62	141	2,75	258	62	24,03	60	4,65	59	15	25,42	14	3,39
1930/31	718	186	25,91	180	2,92	253	57	22,53	57	4,74	65	20	30,77	19	3,08
1931	765	190	24,84	185	2,35	295	72	24,41	71	4,07	66	19	28,79	19	1,52
1931/32	882	214	24,26	208	2,83	287	78	27,18	75	4,53	69	22	31,88	21	1,45
1932	905	226	24,97	217	3,98	245	71	28,98	70	2,86	84	20	23,81	20	0,00
1932/33	991	260	26,24	247	4,44	249	70	28,11	67	4,02	92	21	22,83	21	0,00
1933	936	244	26,07	.	.	218	65	29,82	.	.	94	20	21,28	.	.
1933/34	977	219	22,42	.	.	237	59	24,89	.	.	93	18	19,35	.	.
1934	920	200	21,74	.	.	214	50	23,36	.	.	99	26	26,26	.	.
1934/35	995	182	18,29	.	.	236	63	26,69	.	.	108	28	25,93	.	.
1935	913	181	19,82	.	.	203	57	28,08	.	.	106	35	33,02	.	.
1935/36	1174	245	20,87	.	.	243	59	24,28	.	.	142	36	25,35	.	.
1936	1039	214	20,60	.	.	190	42	22,11	.	.	113	40	35,40	.	.
1936/37	1084	219	20,20	.	.	166	28	16,87	.	.	96	20	20,83	.	.
1937	1007	200	19,86	.	.	135	16	11,85	.	.	90	17	18,89	.	.
1937/38	1013	201	19,84	.	.	140	21	15,00	.	.	72	16	22,22	.	.
1938	965	182	18,86	.	.	101	20	19,80	.	.	75	16	21,33	.	.
1938/39	1006	191	18,99	.	.	91	15	16,48	.	.	85	26	30,59	.	.
1939	965	179	18,55	.	.	65	13	20,00	.	.	79	29	36,71	.	.
1939/40	917	202	22,03	.	.	30	10	33,33	.	.	36	18	50,00	.	.
1940/1	1376	247	17,95	.	.	32	10	31,25	.	.	77	30	38,96	.	.
1940/2	717	167	23,29	.	.	43	23	53,49	.	.	107	46	42,99	.	.
1940/3	1089	275	25,25	.	.	62	38	61,29	.	.	97	42	43,30	.	.
1941/1	1027	323	31,45	.	.	55	37	67,27	.	.	67	21	31,34	.	.

Tab. 4. 2: Die Einzelfachströme an der Universität Breslau nach Staatsangehörigkeit und Geschlecht 1811/12–1941/1

	Philologie, Geschichte					Mathematik, Naturwissenschaften					Chemie				
	insg.	Frauen			Ausländ. in %	insg.	Frauen			Ausländ. in %	insg.	Frauen			Ausländ. in %
Semester		insg.	in %	deuts.			insg.	in %	deuts.			insg.	in %	deuts.	
	28	29	30	31	32	33	34	35	36	37	38	39	40	41	42
1908/09	384	16	4,17	16	0,26	148	9	6,08	9	2,03	42	0	0,00	0	26,19
1909	460	28	6,09	28	0,65	186	10	5,38	10	3,76	38	1	2,63	1	23,68
1909/10	458	42	9,17	41	0,66	185	14	7,57	14	2,70	37	1	2,70	1	29,73
1910	504	50	9,92	50	0,40	237	16	6,75	16	3,38	29	1	3,45	1	31,03
1910/11	506	58	11,46	58	0,40	223	22	9,87	22	2,24	33	3	9,09	3	18,18
1911	556	69	12,41	69	0,18	240	25	10,42	25	1,25	31	4	12,90	4	16,13
1911/12	537	72	13,41	71	0,74	244	30	12,30	30	0,82	39	2	5,13	2	17,95
1912	528	76	14,39	75	0,38	269	33	12,27	33	2,60	31	1	3,23	1	19,35
1912/13	524	79	15,08	79	0,19	264	33	12,50	32	2,27	35	1	2,86	1	20,00
1913	515	78	15,15	78	0,58	263	32	12,17	32	2,28	42	2	4,76	2	14,29
1913/14	481	86	17,88	86	0,00	258	32	12,40	32	3,10	43	2	4,65	2	13,95
1914	473	101	21,35	101	0,00	268	41	15,30	41	2,24	43	2	4,65	1	13,95
1914/15	453	105	23,18	105	0,00	264	48	18,18	48	1,52	41	2	4,88	1	7,32
1915	445	103	23,15	102	0,22	265	58	21,89	58	1,51	40	2	5,00	2	5,00
1915/16	438	101	23,06	100	0,23	251	46	18,33	46	1,59	39	2	5,13	2	5,13
1916	453	102	22,52	102	0,22	277	62	22,38	62	1,44	42	2	4,76	2	4,76
1916/17	467	89	19,06	89	0,43	287	59	20,56	59	1,05	45	2	4,44	2	2,22
1917	517	108	20,89	108	0,39	317	64	20,19	64	0,95	50	3	6,00	3	2,00
1917/18	541	110	20,33	109	0,37	325	68	20,92	68	0,92	60	3	5,00	3	1,67
1918	582	111	19,07	110	0,52	337	72	21,36	72	0,30	66	4	6,06	4	1,52
1918/19	585	109	18,63	108	0,34	329	71	21,58	71	0,61	77	6	7,79	6	1,30
1919	611	132	21,60	131	0,33	367	83	22,62	83	0,27	98	7	7,14	7	1,02
ZS.1919	.	.	.	.	.	.	.	.	.	.	.	.	.	.	.
1919/20	552	126	22,83	124	0,72	329	75	22,80	75	0,30	134	11	8,21	11	2,24
1920	492	115	23,37	113	1,02	315	68	21,59	67	1,27	139	12	8,63	12	2,16
1920/21	455	110	24,18	107	1,32	291	66	22,68	64	1,72	130	6	4,62	6	1,54
1921	299	81	27,09	78	1,67	228	64	28,07	62	2,63	101	9	8,91	9	0,99
1921/22	272	82	30,15	.	.	209	55	26,32	.	.	94	9	9,57	.	.
1922	258	70	27,13	.	.	196	51	26,02	.	.	108	11	10,19	.	.
1922/23	272	77	28,31	74	4,04	204	47	23,04	45	5,39	104	12	11,54	11	2,88
1923	276	86	31,16	81	5,07	217	56	25,81	54	3,69	124	12	9,68	11	4,03
1923/24	268	87	32,46	76	13,81	220	54	24,55	48	11,36	115	10	8,70	9	9,57
1924	270	90	33,33	81	12,22	219	58	26,48	50	11,42	125	15	12,00	13	9,60
1924/25	.	.	.	.	.	.	.	.	.	.	90	17	18,89	16	8,89
1925	.	.	.	.	.	.	.	.	.	.	76	17	22,37	16	5,26
1925/26	.	.	.	.	.	.	.	.	.	.	69	18	26,09	.	.
1926	.	.	.	.	.	.	.	.	.	.	63	13	20,63	.	.
1926/27	.	.	.	.	.	.	.	.	.	.	61	11	18,03	11	3,28
1927	.	.	.	.	.	.	.	.	.	.	58	9	15,52	9	3,45
1927/28	.	.	.	.	.	.	.	.	.	.	45	5	11,11	4	6,67
1928	.	.	.	.	.	.	.	.	.	.	51	6	11,76	5	11,76
1928/29	.	.	.	.	.	.	.	.	.	.	59	13	22,03	10	10,17
1929	.	.	.	.	.	.	.	.	.	.	57	8	14,04	8	10,53
1929/30	.	.	.	.	.	.	.	.	.	.	59	8	13,56	8	6,78
1930	.	.	.	.	.	.	.	.	.	.	72	12	16,67	11	5,56
1930/31	.	.	.	.	.	.	.	.	.	.	79	18	22,78	17	6,33
1931	.	.	.	.	.	.	.	.	.	.	87	25	28,74	24	3,45
1931/32	.	.	.	.	.	.	.	.	.	.	36	4	11,11	4	5,56
1932	.	.	.	.	.	.	.	.	.	.	75	24	32,00	24	5,33
1932/33	.	.	.	.	.	.	.	.	.	.	67	24	35,82	23	5,97
1933	.	.	.	.	.	.	.	.	.	.	65	14	21,54	.	.
1933/34	.	.	.	.	.	.	.	.	.	.	56	10	17,86	.	.
1934	.	.	.	.	.	.	.	.	.	.	60	7	11,67	.	.
1934/35	.	.	.	.	.	.	.	.	.	.	51	8	15,69	.	.
1935	.	.	.	.	.	.	.	.	.	.	44	5	11,36	.	.
1935/36	.	.	.	.	.	.	.	.	.	.	60	8	13,33	.	.
1936	.	.	.	.	.	.	.	.	.	.	39	7	17,95	.	.
1936/37	.	.	.	.	.	.	.	.	.	.	43	10	23,26	.	.
1937	.	.	.	.	.	.	.	.	.	.	32	5	15,63	.	.
1937/38	.	.	.	.	.	.	.	.	.	.	42	6	14,29	.	.
1938	.	.	.	.	.	.	.	.	.	.	31	3	9,68	.	.
1938/39	.	.	.	.	.	.	.	.	.	.	34	7	20,59	.	.
1939	.	.	.	.	.	.	.	.	.	.	28	3	10,71	.	.
1939/40	.	.	.	.	.	.	.	.	.	.	42	13	30,95	.	.
1940/1	.	.	.	.	.	.	.	.	.	.	52	14	26,92	.	.
1940/2	.	.	.	.	.	.	.	.	.	.	54	24	44,44	.	.
1940/3	.	.	.	.	.	.	.	.	.	.	76	27	35,53	.	.
1941/1	.	.	.	.	.	.	.	.	.	.	67	25	37,31	.	.

Tab. 4. 2: Die Einzelfachstrome an der Universität Breslau nach Staatsangehörigkeit und Geschlecht 1811/12–1941/1

	Kameralia, Staatswissenschaft					Landwirtschaft					Sonstige				
	insg.	Frauen			Ausländ. in %	insg.	Frauen			Ausländ. in %	insg.	Frauen			Ausländ. in %
		insg.	in %	deuts.			insg.	in %	deuts.			insg.	in %	deuts.	
Semester	43	44	45	46	47	48	49	50	51	52	53	54	55	56	57
1908/09	.	.	.	.	.	98	1	1,02	1	30,61	48	6	12,50	6	14,58
1909	.	.	.	.	.	87	1	1,15	1	31,03	38	1	2,63	1	7,89
1909/10	.	.	.	.	.	92	0	0,00	0	23,91	44	0	0,00	0	11,36
1910	.	.	.	.	.	75	1	1,33	1	32,00	34	3	8,82	2	8,82
1910/11	.	.	.	.	.	100	2	2,00	2	31,00	53	5	9,43	4	7,55
1911	.	.	.	.	.	102	2	1,96	2	30,39	53	2	3,77	1	13,21
1911/12	.	.	.	.	.	128	3	2,34	3	29,69	46	4	8,70	3	10,87
1912	14	1	7,14	1	14,29	100	0	0,00	0	36,00	55	7	12,73	7	3,64
1912/13	19	1	5,26	1	10,53	132	0	0,00	0	32,58	52	7	13,46	6	7,69
1913	26	3	11,54	3	7,69	121	0	0,00	0	33,06	50	6	12,00	5	10,00
1913/14	29	4	13,79	4	10,34	140	0	0,00	0	27,14	54	5	9,26	3	9,26
1914	34	4	11,76	4	8,82	117	0	0,00	0	24,79	70	8	11,43	6	8,57
1914/15	44	6	13,64	6	4,55	110	0	0,00	0	20,91	68	9	13,24	9	4,41
1915	50	6	12,00	6	4,00	105	0	0,00	0	21,90	59	5	8,47	5	5,08
1915/16	60	5	8,33	5	3,33	107	2	1,87	1	20,56	63	5	7,94	5	4,76
1916	55	5	9,09	5	3,64	107	2	1,87	1	21,50	66	6	9,09	6	4,55
1916/17	68	9	13,24	9	2,94	122	2	1,64	1	18,85	89	6	6,74	6	3,37
1917	77	9	11,69	9	3,90	132	2	1,52	1	17,42	103	9	8,74	9	2,91
1917/18	78	9	11,54	9	3,85	142	1	0,70	1	15,49	119	12	10,08	11	2,52
1918	8	0	0,00	0	25,00	147	0	0,00	0	14,97	139	14	10,07	14	0,72
1918/19	8	0	0,00	0	25,00	203	1	0,49	1	10,84	143	10	6,99	10	0,70
1919	8	0	0,00	0	25,00	234	1	0,43	1	9,83	158	12	7,59	12	1,90
ZS.1919	.	.	.	.	.	.	.	.	.	.	.	.	.	.	.
1919/20	7	0	0,00	0	28,57	328	3	0,91	3	10,37	164	12	7,32	12	2,44
1920	7	0	0,00	0	28,57	317	2	0,63	2	11,99	257	25	9,73	25	1,56
1920/21	6	0	0,00	0	16,67	387	2	0,52	2	9,30	245	22	8,98	22	1,63
1921	.	.	.	.	.	267	4	1,50	3	10,11	180	24	13,33	24	2,78
1921/22	.	.	.	.	.	323	5	1,55	.	.	206	31	15,05	.	.
1922	.	.	.	.	.	345	5	1,45	.	.	230	38	16,52	.	.
1922/23	.	.	.	.	.	410	5	1,22	4	10,73	232	33	14,22	32	6,47
1923	.	.	.	.	.	411	5	1,22	4	11,92	259	31	11,97	30	5,02
1923/24	.	.	.	.	.	439	5	1,14	4	17,31	292	45	15,41	41	9,93
1924	.	.	.	.	.	464	5	1,08	4	15,09	309	43	13,92	39	8,74
1024/25	158	11	6,96	11	1,27	273	1	0,37	1	4,40	.	.	.	.	.
1925	184	10	5,43	10	3,80	243	0	0,00	0	4,53	43	7	16,28	6	4,65
1925/26	181	17	9,39	.	.	250	0	0,00	.	.	54	7	12,96	.	.
1926	167	16	9,58	.	.	200	0	0,00	.	.	44	10	22,73	.	.
1926/27	154	15	9,74	15	3,90	184	0	0,00	0	5,43	42	9	21,43	7	7,14
1927	137	17	12,41	17	2,19	132	0	0,00	0	10,61	24	6	25,00	6	0,00
1927/28	131	16	12,21	16	4,58	118	0	0,00	0	8,47	14	0	0,00	0	7,14
1928	118	18	15,25	18	0,85	103	0	0,00	0	3,88	10	2	20,00	2	0,00
1928/29	118	20	16,95	18	5,08	101	0	0,00	0	8,91	8	1	12,50	1	0,00
1929	118	26	22,03	24	5,93	92	1	1,09	1	5,43	2	0	0,00	0	0,00
1929/30	111	18	16,22	15	9,91	91	1	1,10	1	3,30	1	1	100,00	1	0,00
1930	116	29	25,00	27	9,48	87	1	1,15	1	11,49	1	0	0,00	0	0,00
1930/31	132	31	23,48	31	7,58	73	1	1,37	1	5,48	4	1	25,00	1	0,00
1931	134	34	25,37	33	7,46	66	1	1,52	0	9,09	8	2	25,00	1	25,00
1931/32	129	34	26,36	34	6,20	63	0	0,00	0	12,70	6	1	16,67	0	66,67
1932	135	31	22,96	31	8,15	41	0	0,00	0	2,44	7	4	57,14	3	28,57
1932/33	149	31	20,81	31	6,71	41	0	0,00	0	2,44	7	1	14,29	0	57,14
1933	115	21	18,26	.	.	43	0	0,00	.	.	3	1	33,33	.	.
1933/34	120	19	15,83	.	.	53	1	1,89	.	.	0	0	.	.	.
1934	100	13	13,00	.	.	52	1	1,92	.	.	0	0	.	.	.
1934/35	84	11	13,10	.	.	50	2	4,00	.	.	3	0	0,00	.	.
1935	82	10	12,20	.	.	47	1	2,13	.	.	0	0	.	.	.
1935/36	106	14	13,21	.	.	70	1	1,43	.	.	0	0	.	.	.
1936	79	9	11,39	.	.	58	0	0,00	.	.	0	0	.	.	.
1936/37	95	8	8,42	.	.	80	1	1,25	.	.	0	0	.	.	.
1937	81	5	6,17	.	.	74	1	1,35	.	.	0	0	.	.	.
1937/38	96	9	9,38	.	.	74	1	1,35	.	.	0	0	.	.	.
1938	82	5	6,10	.	.	65	1	1,54	.	.	0	0	.	.	.
1938/39	93	8	8,60	.	.	67	2	2,99	.	.	0	0	.	.	.
1939	83	4	4,82	.	.	51	2	3,92	.	.	0	0	.	.	.
1939/40	48	8	16,67	.	.	11	1	9,09	.	.	0	0	.	.	.
1940/1	63	9	14,29	.	.	17	2	11,76	.	.	0	0	.	.	.
1940/2	59	18	30,51	.	.	7	2	28,57	.	.	0	0	.	.	.
1940/3	113	37	32,74	.	.	22	4	18,18	.	.	0	0	.	.	.
1941/1	108	37	34,26	.	.	17	2	11,76	.	.	0	0	.	.	.

Tab. 4. 2: Die Einzelfachströme an der Universität Breslau nach Staatsangehörigkeit und Geschlecht 1811/12–1941/1

	insg.	Frauen			Ausländer	
		insg.	in %	deuts.	insg.	in %
Semester	58	59	60	61	62	63
1908/09	2221	56	2,52	55	98	4,41
1909	2292	64	2,79	63	92	4,01
1909/10	2355	83	3,52	82	103	4,37
1910	2376	101	4,25	100	99	4,17
1910/11	2402	116	4,83	115	111	4,62
1911	2497	128	5,13	127	110	4,41
1911/12	2608	137	5,25	135	146	5,60
1912	2633	141	5,36	140	147	5,58
1912/13	2684	148	5,51	144	170	6,33
1913	2740	153	5,58	150	160	5,84
1913/14	2713	166	6,12	163	147	5,42
1914	2771	193	6,96	188	131	4,73
1914/15	2699	212	7,85	210	40	1,48
1915	2714	226	8,33	223	42	1,55
1915/16	2692	222	8,25	218	41	1,52
1916	2806	244	8,70	241	47	1,67
1916/17	2950	229	7,76	226	42	1,42
1917	3303	273	8,27	270	46	1,39
1917/18	3524	302	8,57	298	47	1,33
1918	3856	320	8,30	316	46	1,19
1918/19	4344	323	7,44	318	45	1,04
1919	4908	396	8,07	390	50	1,02
ZS.1919	.	.	.	.	.	.
1919/20	5115	398	7,78	389	79	1,54
1920	4968	392	7,89	380	98	1,97
1920/21	5105	400	7,84	386	98	1,92
1921	4026	344	8,54	328	80	1,99
1921/22	4007	340	8,49	.	.	.
1922	3965	336	8,47	.	.	.
1922/23	4161	338	8,12	320	180	4,33
1923	4179	357	8,54	337	198	4,74
1923/24	4257	381	8,95	332	557	13,08
1924	4153	369	8,89	326	446	10,74
1924/25	2550	245	9,61	230	118	4,63
1925	2541	263	10,35	251	94	3,70
1925/26	2656	272	10,24	258	121	4,56
1926	2717	306	11,26	288	126	4,64
1926/27	2884	337	11,69	320	125	4,33
1927	3034	403	13,28	389	130	4,28
1927/28	3230	462	14,30	432	153	4,74
1928	3545	528	14,89	491	158	4,46
1928/29	3924	634	16,16	590	178	4,54
1929	4102	695	16,94	659	162	3,95
1929/30	4251	779	18,33	736	182	4,28
1930	4347	794	18,27	748	173	3,98
1930/31	4481	871	19,44	829	169	3,77
1931	4663	913	19,58	881	146	3,13
1931/32	4511	939	20,82	904	148	3,28
1932	4213	842	19,99	813	129	3,06
1932/33	4160	845	20,31	811	131	3,15
1933	3763	716	19,03	.	.	.
1933/34	3832	647	16,88	.	.	.
1934	3450	519	15,04	.	78	2,26
1934/35	3489	550	15,76	.	.	.
1935	3046	501	16,45	.	.	.
1935/36	3794	629	16,58	.	.	.
1936	3011	511	16,97	.	.	.
1936/37	2928	454	15,51	.	.	.
1937	2442	371	15,19	.	75	3,07
1937/38	2476	344	13,89	.	.	.
1938	2179	307	14,09	.	.	.
1938/39	2262	329	14,54	.	.	.
1939	2037	304	14,92	.	.	.
1939/40	1431	298	20,82	.	.	.
1940/1	2085	409	19,62	.	.	.
1940/2	1462	425	29,07	.	54	3,69
1940/3	2081	647	31,09	.	.	.
1941/1	1887	666	35,29	.	.	.

Tab. 4. 2: Die Einzelfachstrome an der Universität Breslau nach Staatsangehörigkeit und Geschlecht 1811/12–1941/1

Semester	Alte Sprachen insg.	Frauen insg.	in %	deuts.	Ausländ. in %	Germanistik insg.	Frauen insg.	in %	deuts.	Ausländ. in %	Neue Sprachen insg.	Frauen insg.	in %	deuts.	Ausländ. in %
	1	2	3	4	5	6	7	8	9	10	11	12	13	14	15
1924/25	24	4	16,67	4	4,17	68	19	27,94	18	2,94	89	34	38,20	33	1,12
1925	24	2	8,33	2	8,33	74	19	25,68	19	2,70	119	51	42,86	50	1,68
1925/26	30	2	6,67	.	.	88	15	17,05	.	.	128	59	46,09	.	.
1926	42	3	7,14	.	.	102	30	29,41	.	.	176	56	31,82	.	.
1926/27	42	2	4,76	2	16,67	121	20	16,53	19	2,48	217	91	41,94	85	4,61
1927	62	5	8,06	5	9,68	99	36	36,36	35	1,01	176	69	39,20	64	5,11
1927/28	46	2	4,35	2	10,87	124	55	44,35	49	4,84	201	75	37,31	66	7,46
1928	63	1	1,59	1	7,94	170	64	37,65	58	4,71	323	144	44,58	130	5,88
1928/29	64	6	9,38	6	4,69	208	79	37,98	73	4,81	294	138	46,94	127	4,76
1929	66	3	4,55	3	3,03	236	83	35,17	75	4,24	283	133	47,00	127	3,89
1929/30	76	3	3,95	3	10,53	250	96	38,40	85	5,60	306	160	52,29	150	5,56
1930	80	1	1,25	1	11,25	277	98	35,38	85	6,86	305	140	45,90	134	3,93
1930/31	83	4	4,82	3	4,82	284	104	36,62	97	4,58	286	130	45,45	118	6,29
1931	94	4	4,26	4	2,13	269	102	37,92	93	4,09	278	132	47,48	125	5,04
1931/32	81	3	3,70	3	1,23	244	103	42,21	96	4,51	268	146	54,48	136	5,22
1932	77	3	3,90	3	3,90	201	91	45,27	84	4,98	191	100	52,36	93	4,19
1932/33	78	5	6,41	5	3,85	165	78	47,27	72	5,45	174	96	55,17	93	3,45
1933	67	5	7,46	.	.	155	68	43,87	.	.	140	81	57,86	.	.
1933/34	57	3	5,26	.	.	173	76	43,93	.	.	111	62	55,86	.	.
1934	45	2	4,44	.	.	153	61	39,87	.	.	67	33	49,25	.	.
1934/35	37	2	5,41	.	.	152	72	47,37	.	.	73	37	50,68	.	.
1935	30	5	16,67	.	.	145	64	44,14	.	.	64	32	50,00	.	.
1935/36	35	5	14,29	.	.	200	86	43,00	.	.	67	31	46,27	.	.
1936	26	4	15,38	.	.	164	72	43,90	.	.	55	26	47,27	.	.
1936/37	19	2	10,53	.	.	126	53	42,06	.	.	49	25	51,02	.	.
1937	15	1	6,67	.	.	89	38	42,70	.	.	43	22	51,16	.	.
1937/38	15	1	6,67	.	.	75	22	29,33	.	.	26	8	30,77	.	.
1938	16	0	0,00	.	.	56	17	30,36	.	.	24	9	37,50	.	.
1938/39	21	0	0,00	.	.	61	17	27,87	.	.	18	9	50,00	.	.
1939	14	1	7,14	.	.	49	14	28,57	.	.	20	11	55,00	.	.
1939/40	2	0	0,00	.	.	15	8	53,33	.	.	7	3	42,86	.	.
1940/1	4	0	0,00	.	.	39	19	48,72	.	.	26	13	50,00	.	.
1940/2	7	2	28,57	.	.	37	23	62,16	.	.	38	16	42,11	.	.
1940/3	9	2	22,22	.	.	61	37	60,66	.	.	71	61	85,92	.	.
1941/1	10	1	10,00	.	.	64	48	75,00	.	.	48	37	77,08	.	.

Semester	Geschichte insg.	Frauen insg.	in %	deuts.	Ausländ. in %	Musik insg.	Frauen insg.	in %	deuts.	Ausländ. in %	Philosophie, Pädagogik, Religionslehren insg.	Frauen insg.	in %	deuts.	Ausländ. in %
	16	17	18	19	20	21	22	23	24	25	26	27	28	29	30
1924/25	37	7	18,92	7	10,81	.	.	.	.	.	82	8	9,76	6	6,10
1925	45	7	15,56	6	11,11	0	0	.	.	.	54	7	12,96	6	3,70
1925/26	45	6	13,33	.	.	0	0	.	.	.	63	15	23,81	.	.
1926	55	10	18,18	.	.	0	0	.	.	.	58	3	5,17	.	.
1926/27	55	7	12,73	7	9,09	0	0	.	.	.	45	4	8,89	4	11,11
1927	54	11	20,37	11	5,56	32	6	18,75	6	0,00	133	14	10,53	14	7,52
1927/28	67	14	20,90	14	8,96	21	4	19,05	4	0,00	113	29	25,66	28	7,08
1928	79	12	15,19	11	8,86	23	5	21,74	5	0,00	66	8	12,12	8	15,15
1928/29	109	16	14,68	14	11,93	31	6	19,35	6	0,00	73	17	23,29	16	12,33
1929	91	16	17,58	15	10,99	34	4	11,76	4	2,94	99	18	18,18	17	15,15
1929/30	103	17	16,50	16	8,74	27	2	7,41	2	3,70	71	19	26,76	18	19,72
1930	109	29	26,61	28	5,50	23	3	13,04	2	4,35	81	27	33,33	26	14,81
1930/31	103	29	28,16	27	7,77	19	4	21,05	3	5,26	93	32	34,41	32	13,98
1931	109	28	25,69	27	7,34	34	6	17,65	6	0,00	97	37	38,14	37	10,31
1931/32	94	24	25,53	24	7,45	28	6	21,43	6	0,00	87	36	41,38	36	12,64
1932	87	22	25,29	22	3,45	25	6	24,00	6	0,00	70	25	35,71	25	10,00
1932/33	81	19	23,46	18	4,94	24	5	20,83	5	0,00	68	30	44,12	30	4,41
1933	77	22	28,02	.	.	26	7	26,02	.	.	.	.	.	.	.
1933/34	77	26	33,77	.	.	21	3	14,29	.	.	.	.	.	.	.
1934	52	15	28,85	.	.	6	1	16,67	.	.	.	.	.	.	.
1934/35	65	21	32,31	.	.	15	3	20,00	.	.	.	.	.	.	.
1935	.	.	.	.	.	7	3	42,86	.	.	.	.	.	.	.
1935/36	.	.	.	.	.	16	4	25,00	.	.	.	.	.	.	.
1936	.	.	.	.	.	19	5	26,32	.	.	.	.	.	.	.
1936/37	48	12	25,00	.	.	18	6	33,33	.	.	.	.	.	.	.
1937	40	9	22,50	.	.	21	6	28,57	.	.	.	.	.	.	.
1937/38	38	7	18,42	.	.	19	6	31,58	.	.	.	.	.	.	.
1938	40	6	15,00	.	.	17	6	35,29	.	.	.	.	.	.	.
1938/39	31	5	16,13	.	.	19	7	36,84	.	.	.	.	.	.	.
1939	33	6	18,18	.	.	19	6	31,58	.	.	.	.	.	.	.
1939/40	9	0	0,00	.	.	13	5	38,46	.	.	.	.	.	.	.
1940/1	16	7	43,75	.	.	17	8	47,06	.	.	.	.	.	.	.
1940/2	15	8	53,33	.	.	22	13	59,09	.	.	.	.	.	.	.
1940/3	40	19	47,50	.	.	29	15	51,72	.	.	.	.	.	.	.
1941/1	34	15	44,12	.	.	21	14	66,67	.	.	.	.	.	.	.

Tab. 4. 2: Die Einzelfachströme an der Universität Breslau nach Staatsangehörigkeit und Geschlecht 1811/12–1941/1

	Kunst, Archäologie				Sonstige Kulturwiss.			Leibesübungen				
	insg.	Frauen		Aus- länd.	insg.	Frauen		insg.	Frauen			Aus- länd.
Semester		insg.	in %	deuts.	in %		insg.	in %		insg.	in %	deuts.	in %
	31	32	33	34	35	36	37	38	39	40	41	42	43
1927	25	8	32,00	7	4,00	.	.	.		.		.	.
1927/28	15	6	40,00	5	6,67	.	.	.		.		.	.
1928	14	6	42,86	4	14,29	.	.	.	1	0	0,00	0	0,00
1928/29	10	3	30,00	2	10,00	.	.	.	1	1	100,00	1	0,00
1929	16	3	18,75	2	6,25	.	.	.	10	0	0,00	0	0,00
1929/30	12	2	16,67	2	0,00	.	.	.	8	1	12,50	1	0,00
1930	15	3	20,00	2	6,67	.	.	.	37	7	18,92	7	0,00
1930/31	16	7	43,75	6	12,50	.	.	.	40	8	20,00	8	0,00
1931	20	6	30,00	5	5,00	.	.	.	76	18	23,68	18	0,00
1931/32	15	5	33,33	4	6,67	.	.	.	65	16	24,62	16	0,00
1932	12	4	33,33	4	0,00	.	.	.	55	7	12,73	7	0,00
1932/33	17	4	23,53	4	5,88	.	.	.	54	12	22,22	12	1,85
1933	.	.	.	.	.	47	12	25,53	54	11	20,37	.	.
1933/34	.	.	.	.	.	48	15	31,25	72	19	26,39	.	.
1934	.	.	.	.	.	38	5	13,16	66	19	28,79	.	.
1934/35	.	.	.	.	.	36	13	36,11	55	25	45,45	.	.
1935	.	.	.	.	.	88	23	26,14	41	16	39,02	.	.
1935/36	.	.	.	.	.	109	38	34,86	60	21	35,00	.	.
1936	.	.	.	.	.	70	17	24,29	49	19	38,78	.	.
1936/37	.	.	.	.	.	30	6	20,00	51	21	41,18	.	.
1937	.	.	.	.	.	18	6	33,33	49	16	32,65	.	.
1937/38	.	.	.	.	.	47	13	27,66	35	12	34,29	.	.
1938	.	.	.	.	.	26	4	15,38	38	14	36,84	.	.
1938/39	.	.	.	.	.	23	5	21,74	31	12	38,71	.	.
1939	.	.	.	.	.	21	5	23,81	26	11	42,31	.	.
1939/40	.	.	.	.	.	15	1	6,67	27	19	70,37	.	.
1940/1	.	.	.	.	.	37	10	27,03	25	21	84,00	.	.
1940/2	.	.	.	.	.	56	39	69,64	25	18	72,00	.	.
1940/3	.	.	.	.	.	23	1	4,35	33	31	93,94	.	.
1941/1	.	.	.	.	.	14	9	64,29	36	33	91,67	.	.

	Mathematik				Physik				Biologie				
	insg.	Frauen		Aus- länd.	insg.	Frauen		Aus- länd.	insg.	Frauen			Aus- länd.
Semester		insg.	in %	deuts.	in %		insg.	in %	deuts.	in %		insg.	in %	deuts.	in %
	44	45	46	47	48	49	50	51	52	53	54	55	56	57	58
1924/25	84	21	25,00	20	3,57	20	4	20,00	3	5,00	31	9	29,03	9	0,00
1925	112	33	29,46	32	0,89	28	4	14,29	3	3,57	20	6	30,00	6	0,00
1925/26	115	33	28,70	.	.	23	2	8,70	.	.	19	6	31,58	.	.
1926	151	44	29,14	.	.	34	6	17,65	.	.	42	20	47,62	.	.
1926/27	165	49	29,70	46	1,82	42	6	14,29	6	0,00	36	14	38,89	14	0,00
1927	167	48	28,74	45	2,99	50	14	28,00	14	2,00	29	8	27,59	8	0,00
1927/28	232	53	22,84	48	3,45	32	7	21,88	7	3,13	46	18	39,13	18	0,00
1928	250	59	23,60	57	1,60	35	10	28,57	10	2,86	74	31	41,89	30	1,35
1928/29	241	59	24,48	58	1,24	43	10	23,26	10	0,00	84	44	52,38	43	2,38
1929	267	68	25,47	66	1,50	41	11	26,83	9	4,88	113	56	49,56	54	3,54
1929/30	269	71	26,39	69	1,86	47	10	21,28	10	0,00	136	66	48,53	63	5,15
1930	293	58	19,80	54	2,73	59	11	18,64	9	3,39	119	55	46,22	52	4,20
1930/31	278	67	24,10	64	1,80	50	4	8,00	3	2,00	115	59	51,30	56	4,35
1931	268	62	23,13	62	1,12	69	6	8,70	6	5,80	106	52	49,06	51	3,77
1931/32	267	63	23,60	60	2,25	55	6	10,91	6	5,45	122	62	50,82	59	3,28
1932	208	50	24,04	49	1,44	46	7	15,22	7	2,17	88	43	48,86	42	2,27
1932/33	176	42	23,86	42	0,57	43	5	11,63	5	2,33	82	40	48,78	38	3,66
1933	145	38	26,21	.	.	30	4	13,33	.	.	67	31	46,27	.	.
1933/34	124	30	24,19	.	.	25	6	24,00	.	.	58	27	46,55	.	.
1934	88	25	28,41	.	.	31	2	6,45	.	.	51	18	35,29	.	.
1934/35	75	22	29,33	.	.	22	2	9,09	.	.	46	16	34,78	.	.
1935	79	24	30,38	.	.	.	.	.	.	.	.	.	.	.	.
1935/36	102	23	22,55	.	.	.	.	.	.	.	.	.	.	.	.
1936	76	16	21,05	.	.	.	.	.	.	.	.	.	.	.	.
1936/37	56	13	23,21	.	.	.	.	.	.	.	.	.	.	.	.
1937	48	10	20,83	.	.	.	.	.	.	.	.	.	.	.	.
1937/38	35	3	8,57	.	.	.	.	.	.	.	.	.	.	.	.
1938	24	3	12,50	.	.	.	.	.	.	.	.	.	.	.	.
1938/39	22	6	27,27	.	.	7	0	0,00	.	.	.	.	.	.	.
1939	14	1	7,14	.	.	5	0	0,00	.	.	.	.	.	.	.
1939/40	1	0	0,00	.	.	8	1	12,50	.	.	7	3	42,86	.	.
1940/1	3	0	0,00	.	.	7	2	28,57	.	.	12	9	75,00	.	.
1940/2	15	8	53,33	.	.	6	0	0,00	.	.	14	9	64,29	.	.
1940/3	25	14	56,00	.	.	3	0	0,00	.	.	31	21	67,74	.	.
1941/1	19	11	57,89	.	.	4	1	25,00	.	.	25	14	56,00	.	.

Tab. 4. 2: Die Einzelfachströme an der Universität Breslau nach Staatsangehörigkeit und Geschlecht 1811/12–1941/1

	Sonstige Naturwiss.			Geographie					Mineralogie, Geologie, Bergfach				Geogr., Geol., Min.		
	insg.	Frauen		insg.	Frauen			Ausländ. in %	insg.	Frauen		Ausländ. in %	insg.	Frauen	
		insg.	in %		insg.	in %	deuts.			insg.	in %			insg.	in %
Semester	59	60	61	62	63	64	65	66	67	68	69	70	71	72	73
1924/25	.	.	.	13	4	30,77	4	7,69	6	0	0,00	16,67	.	.	.
1925	.	.	.	16	6	37,50	6	6,25	5	1	20,00	0,00	.	.	.
1925/26	.	.	.	17	6	35,29	.	.	3	0	0,00	.	.	.	.
1926	.	.	.	22	7	31,82	.	.	4	1	25,00	.	.	.	.
1926/27	.	.	.	33	14	42,42	13	3,03	7	0	0,00	0,00	.	.	.
1927	.	.	.	68	21	30,88	21	0,00	10	1	10,00	0,00	.	.	.
1927/28	.	.	.	68	35	51,47	33	4,41	6	1	16,67	0,00	.	.	.
1928	.	.	.	39	17	43,59	16	2,56	10	1	10,00	0,00	.	.	.
1928/29	.	.	.	81	32	39,51	29	3,70	7	1	14,29	0,00	.	.	.
1929	.	.	.	98	42	42,86	39	3,06	4	0	0,00	0,00	.	.	.
1929/30	.	.	.	81	34	41,98	30	4,94	1	0	0,00	0,00	.	.	.
1930	.	.	.	74	33	44,59	31	2,70	1	0	0,00	0,00	.	.	.
1930/31	.	.	.	91	36	39,56	34	3,30	3	0	0,00	0,00	.	.	.
1931	.	.	.	78	32	41,03	30	2,56	2	0	0,00	0,00	.	.	.
1931/32	.	.	.	69	26	37,68	26	1,45	6	0	0,00	0,00	.	.	.
1932	.	.	.	72	30	41,67	29	1,39	5	0	0,00	0,00	.	.	.
1932/33	.	.	.	62	23	37,10	22	3,23	6	0	0,00	0,00	.	.	.
1933	2	0	0,00	.	.	.	.	.	.	.	.	.	58	23	39,66
1933/34	4	1	25,00	.	.	.	.	.	.	.	.	.	46	11	23,91
1934	0	0	.	.	.	.	.	.	.	.	.	.	41	14	34,15
1934/35	1	0	0,00	.	.	.	.	.	.	.	.	.	32	13	40,63
1935	49	17	34,69	.	.	.	.	.	.	.	.	.	31	11	35,48
1935/36	53	27	50,94	.	.	.	.	.	.	.	.	.	34	12	35,29
1936	42	19	45,24	.	.	.	.	.	.	.	.	.	31	8	25,81
1936/37	35	14	40,00	.	.	.	.	.	.	.	.	.	20	5	25,00
1937	21	8	38,10	.	.	.	.	.	.	.	.	.	11	3	27,27
1937/38	25	10	40,00	.	.	.	.	.	.	.	.	.	13	5	38,46
1938	20	12	60,00	.	.	.	.	.	.	.	.	.	15	5	33,33
1938/39	23	12	52,17	.	.	.	.	.	.	.	.	.	9	2	22,22
1939	19	10	52,63	.	.	.	.	.	.	.	.	.	11	5	45,45
1939/40	1	1	100,00	.	.	.	.	.	.	.	.	.	5	2	40,00
1940/1	5	1	20,00	.	.	.	.	.	.	.	.	.	9	2	22,22
1940/2	10	2	20,00	.	.	.	.	.	.	.	.	.	7	2	28,57
1940/3	5	3	60,00	.	.	.	.	.	.	.	.	.	24	11	45,83
1941/1	17	15	88,24	.	.	.	.	.	.	.	.	.	22	10	45,45

5. Anmerkungen zu Tabelle 4.2

1811/12–1866:

Für die Semester 1816/17 und 1823/24 ergibt die Summe der differenzierten Fakultäten nicht die Gesamtzahl der Studierenden (±6 bzw. ±10). Diese Fehler befinden sich schon in der Quelle und sind nicht mehr korrigierbar.

Sp. 7 (Chirurgie): Nicht immatrikulierte Eleven der med.-chir. Lehranst. – Sp. 8 (Pharmazie): 1832/33–1835/36 nicht immatrikulierte Pharmazeuten; 1836–1842 nicht immatrikulierte Parmazeuten, Oekonomen etc.; 1855/56–1866 nicht immatrikulierte Parmazeuten. – Sp. 11 (Cameralia): 1820/21, 1829/30–1832 immatrikulierte Cameralisten. – Sp. 12 (Landw.): 1832/33–1833 nicht immatrikulierte Forstwesen- und Bergbaubeflissene; 1833/34–1835/36 nicht immatrikulierte Oekonomen; 1855/56–1857 nicht immatrikulierte Oekonomen, Bergbaubeflissene etc.; 1857/58–1866 nicht immatrikulierte Oekonomen. Unter »Oeconomen« sind in diesem Zeitraum in der Regel Landwirtschaftsstudenten zu verstehen. – Sp. 13 (Bergwiss.): 1860–1866 immatrikulierte Studierende der Bergwissenschaften.

1866/67–1908:

Sp. 11/12 (Pharmazie): 1866/67 – 1874 *nicht* immatrikulierte Pharmazeuten; dadurch auch keine Differenzierung nach Ausländern in der Quelle. – Sp. 19/20 (Landw., Cam.): 1866/67–1874 nicht immatrikulierte »Oekonomen etc.«; dadurch auch keine Differenzierung der Ausländer in der Quelle. 1881/82–1897/98 nur Studierende der Landw.; 1898–1908 Landwirtschaft und Kameralia (etwa 4/5 Landw.). – Sp. 23/24 (Studierende insg.): 1866/67–1874 versteht sich die Summe der Studierenden einschl. Pharmazie (Sp. 11) und Ökonomen (Sp. 19), die Summe der ausländischen Stud. enthält keine Pharmaz. und Ökonomen. Von 1866/67–1874 weicht unsere Summe der Stud. von derjenigen der PrStat um die Anzahl der »Oekonomen etc.« ab, weil das Stat. Bureau zwar die *nicht* immatrikulierten Pharmazeuten, aber nicht die *ebenfalls nicht* immatrikulierten Ökonomen zu den Stud. der Univ. Breslau gezählt hatte.

1908/09-1941.1:

Für die Semester 1912/13, 1913/14, 1914/15, 1915/16 und 1920 haben wir die im StatJbDR verwendeten »vorläufigen Feststellungen« der Studentenzahl durch die auch in den anderen Semestern hier verwendeten »endgültigen Feststellungen« ersetzt. Für 1921 liegt im Pers.Verz. keine »endgültige Festellung« vor, so daß wir uns hier auch für die zusätzlichen Differenzierungen auf die »Vorläufige« gestützt haben. In unserer Standardquelle, dem StatJbDR, wurden die Studentenzahlen der »Staatswissenschaften« von 1915-1917/18 sowohl unter »Rechts- und Staatswissenschaften« als auch unter »Volkswirtschaft« – also doppelt – gezählt. Die Studenten der »Kameralia« aus der Phil. Fak. blieben dagegen von 1915-1919 unberücksichtigt. Wir haben diese Fehler mit Hilfe der Pers.Verz. berichtigt. Für die Semester 1921/22 und 1922 konnten keine Ausländerzahlen ermittelt werden, weil in den entsprechenden Pers.Verz. der Univ. Breslau keine statistischen Übersichten veröffentlicht wurden.

Sp. 8 (Jura/ Staatswiss.): 1918-1924 einschl. Staatswiss. – Sp. 43 (Kameralia, Staatswissenschaft): Seit 1914 in der Rechts- und Staatswiss. Fak. und in der Phil. Fak.; vorher nur Phil. Fak. 1918-1924 sind die Staatswiss. undifferenzierbar bei Jura (Sp. 8). Die in diesem Zeitraum erscheinenden Zahlen beziehen sich auf die Stud. der »Kameralia«, die in der Phil. Fak. verblieben sind. – Sp. 53 (Sonstige): 1912-1919 vor allem Stud. der Philos. – Sp. 58 (Studierende insg.): 1931 sind ein Student und 1936/37 bzw. 1941.1 jeweils eine Studentin der Zeitungskunde in der Gesamtzahl der Stud. enthalten, die nicht in einer Fächer-/Fachgruppendifferenzierung auftauchen.

1924/25-1941.1:

Sp. 16 (Geschichte): 1935-1936 enthalten in Sonstige Kulturwiss. (Sp. 36). – Sp. 36 (Sonstige Kulturwiss.): 1935-1936 einschl. Geschichte (Sp. 16). – Sp. 44 (Mathematik): 1935-1938 einschl. Physik (Sp. 49). – Sp. 49 (Physik): 1935-1938 enthalten in Mathematik (Sp. 44). – Sp. 54 (Biologie): 1935-1939 enthalten in Sonstige Naturwiss. (Sp. 59). – Sp. 59 (Sonstige Naturwiss.): 1935-1939 einschl. Biologie.

6. Quellen und Literatur

Quellen:

Standardquellen: 1830/31-1911/12: PrStat 102, 106, 112, 116, 125, 136, 150, 167, 193, 204, 223, 236. – *1912-1924:* StatJbDR Jgg. 34-36, 40-44. – *1924/25-1927/28:* PrStat 279, 281, Sonderdr WS 1925/26, 285; PrHochStat WS 1926/27-WS 1927/28. – *1928-1932/33:* DtHochStat Bde. 1-10. – *1932-1941.1:* ZehnjStat.

Ergänzend: 1811/12-1829: Nadbyl 1861, S. 18-20. – *1829/30-1886:* Pers.Verz. der Univ. Breslau (Differenzierung der Phil. Fak., Cam., Ausländer). – *1912-1924:* Pers.Verz. der Univ. Breslau (1921 »vorläufige Feststellung« der Studierendenzahl).

Literatur:

PETERS, I.: Bibliographie der Schlesischen Friedrich-Wilhelms-Universität zu Breslau. In: Jahrbuch der Schlesischen Friedrich-Wilhelms-Universität zu Breslau. Bd. 6 (1961), S. 150-192. – Auswahlbibliographie in: Petry 1964, S. 107-112.

ANDREAE, F.: Aus dem Leben der Universität Breslau. Breslau 1936. – ANDREAE, F.: Geschichte der Jesuitenuniversität. In: ANDREAE, F./GRISEBACH, A. (Hg.): Die Universität Breslau. Breslau 1928, S. 18ff. – ANDREAE, F./GRISEBACH, A. (Hg.): Die Universität Breslau. Breslau 1928. – AUBIN, H.: Breslau. In: Mitteldeutsche Hochschulen, Bd. 2, S. 159-180. – AUBIN, H.: Gedenkrede auf die Universität Breslau. Kölner Universitätsreden 29. Krefeld 1962. – Erinnerungsblätter zum 100jährigen Jubiläum der Universität Breslau. Breslau 1911. – FLEISCHMANN, M.: Die Juristenfakultät in Breslau. Ein Gedenkblatt zum 100jahrfeste der Universität am 3. Aug. 1911. In: Deutsche Juristenzeitung, 16 (1911), Sp. 945-956. – HELFRITZ, H.: Aus der Geschichte der Breslauer Universität. In: Jahrbuch der Schlesischen Friedrich-Wilhelms-Universität. Bd. 6 (1961), S. 7-34. – KAUFMANN, G.: Festschrift zur Feier des hundertjährigen Bestehens der Universität Breslau. 2 Teile. Breslau 1911. – KLEINEIDAM, E.: Die Katholisch-Theologische Fakultät der Universität Breslau 1811-1945. Köln 1961. – NADBYL, B.: Chronik und Statistik der Königl. Universität zu Breslau. Breslau 1861. – PETRY, L.: Geistesleben des Ostens im Spiegel der Breslauer Universitätsgeschichte. In: HUBATSCH, W. u.a.: Deutsche Universitäten und Hochschulen im Osten. Köln/Opladen 1964, S. 87-112. – SCHWARZ, W.: Die evangelisch-theologische Fakultät der Universität Breslau und das Konsistorium. In: Jahrbuch der Schlesischen Friedrich-Wilhelms-Universität zu Breslau, 1 (1955), S. 36-53. – Verzeichniß der Studirenden bei der Universität Breslau im WS 1829/30. – Verzeichniß der sämmtlichen Professoren, Privatdocenten, Lektoren, Exercitien-Meister und des Amts-Personals ... bei der Universität Breslau. 1829/30-1944/45 (unter verschiedenen Titeln = Pers.Verz.). – WENDT, H.: Breslau als Universitätsstadt. In: Erinnerungsblätter zum 100jährigen Jubiläum der Universität Breslau. Breslau 1911, S. 5-20. – ZIEKURSCH, J.: Universitätshaushalt, Lehrkörper und Studentenzahl. In: Erinnerungsblätter zum 100jährigen Jubiläum der Universität Breslau. Breslau 1911, S. 76ff.

5. Düsseldorf (Medizinische Akademie)

1. Geschichtliche Übersicht

Die Vorgeschichte des Medizinstudiums in Düsseldorf reicht bis ins frühe 18. Jahrhundert zurück. Seit 1708 wurden hier unter der Aufsicht eines Collegium medicum Chirurgen und Feldschere ausgebildet sowie anatomisch-chirurgische Demonstrationen für Ärzte durchgeführt, woraus sich 1773 eine Chirurgische Akademie entwickelte. 1811 verfügte Napoleon die Einrichtung einer Landesuniversität nach französischem Muster für das neugegründete Großherzogtum Berg, doch scheiterten diese Pläne mit dem Ende der napoleonischen Herrschaft.

Erst im 20. Jahrhundert führten die Hochschulambitionen der Düsseldorfer Stadtväter zu dauerhaftem Erfolg. Zusammen mit dem Neubau eines großen städtischen Krankenhauskomplexes wurde 1907 eine Akademie für praktische Medizin gegründet, deren Aufgabe allerdings zunächst auf die Fortbildung von Medizinalpraktikanten und approbierten Ärzten beschränkt blieb. Auf Drängen studentischer Kriegsheimkehrer konnte dann im Sommer 1919 der Studienbetrieb für klinische Semester eröffnet werden. Die dazu notwendigen Lehreinrichtungen wurden bis 1923 so weit vervollständigt, daß das Düsseldorfer Klinikum nun mit Genehmigung des preußischen Kultusministers den Rang einer medizinischen Fakultät mit akademischer Selbstverwaltung erhielt und die Bezeichnung »Medizinische Akademie« führen durfte. Der Status einer wissenschaftlichen Hochschule war damit de jure erreicht, doch wurde ihr das Promotionsrecht bis 1935 vorenthalten und ein vorklinisches Studium im vollen Umfang erst mit dem WS 1965/66 möglich.

Unsere Daten beginnen 1919 und betreffen demnach ausschließlich Studierende in klinischen Semestern. Das Fach Zahnmedizin kam 1931/32 hinzu. Schon um die Statusnachteile gegenüber vollberechtigten und vollausgebauten Fakultäten auszuglei-

chen, war die Akademie von Anfang an um möglichst hohe wissenschaftlich-technische, bauliche und personelle Standards bemüht. Im Gründungsjahr 1923 bestand ihr Lehrkörper aus 4 Ordinarien (Innere Medizin, Chirurgie, Pädiatrie, Psychiatrie), 5 Professoren, 9 Extraordinarien und 6 Dozenten, darunter eine Frau.

Bereits 1907 wurde die Provinzial–Irren-Heil- und Pflegeanstalt Düsseldorf-Grafenberg in den Lehrbetrieb der Akademie einbezogen. Angegliedert wurde 1923 die Westdeutsche Kieferklinik. Besondere Forschungsschwerpunkte entwickelte die Akademie schon früh, u.a. auf dem Gebiet der Herz- und Kreislaufkrankheiten, der Diabetes, des Schwangerschaftsverlaufs, der Allergien sowie der Infektionskrankheiten. Die Zahl der Krankenbetten des Klinikums stieg von 745 im Jahre 1907 auf 2010 im Jahre 1931.

Die Machtergreifung der Nationalsozialisten hatte für den Lehrkörper der Düsseldorfer Akademie besonders schwerwiegende Konsequenzen, wurde doch bis zum April 1936 die Hälfte der Dozenten und Professoren ihrer Posten enthoben. Darüber hinaus mußten bereits im Frühjahr 1933 17 Ärzte, 5 Medizinalpraktikanten und 6 Angestellte wegen ihrer nichtarischen Abstammung die Krankenanstalten verlassen. 1934 wurde ein Lehrauftrag für Luftfahrtmedizin erteilt. In den letzten Kriegsjahren fielen große Teile der Krankenanstalten und zahlreiche Forschungsinstitute dem Bombenkrieg zum Opfer.

Mit besonderer Genehmigung der britischen Militärregierung wurde die Medizinische Akademie am 19. November 1945 wieder eröffnet. Zum 1. Januar 1966 erhielt sie mit zunächst 2 Fakultäten, einer medizinischen und einer naturwissenschaftlich-philosophischen, den Status einer Universität.

2. Der Bestand an Institutionen 1907–1944/45

Zum Verständnis vgl. die Erläuterungen S. 48 ff.

1. Path. Inst. (1907)
1.1 Bakt. Abt. (1908–18/19)
  Bakt. Inst. (1919–22/23)
  Hyg. Inst. (1923)
2. 1. Med. Klin. (1907)
3. Chir. Klin. (1907)
3.1 Orthop. Abt. (1925–44/45)
  Orthop. Klin. (1945)
3.2 Urolog. Abt. (1914)
4. Frauenklin. (1907)
5. Kinderkl. (1907)

6. Infektionskl. (1907)
7. Hautkl. (1907)
8. Augenkl. (1907)
9. HNO-Klin. (1907)
10. Inst. f. Biochem. (1910)
10.1 Abt. f. Pharm. (1916–22/23)
  Inst. f. Pharm. (1923)
11. Psych. Klin. (1923)
12. Polikl. u. Klin. f. ZMK (1923)
13. 2. Med. Klin. u. Med. Polikl. (1924)
14. Inst. u. Klin. f. med. Strahlenk. (1924)
15. Inst. f. ger. Med. (1925)
16. Inst. f. Gesch. d. Med. (1925)

3. Die Studierenden nach Fächern

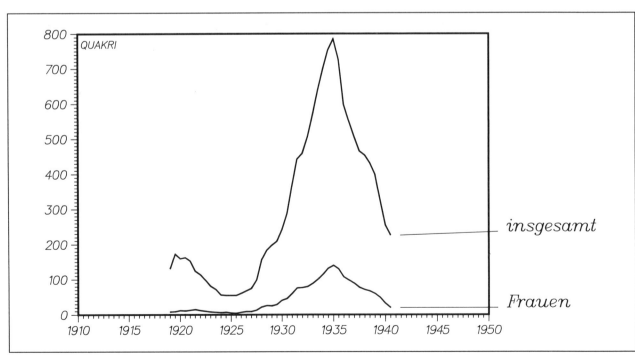

Abb. 5. 1: Die Studierenden (weibl. u. insg.) an der Medizinischen Akademie Düsseldorf 1918–1941/1: Sämtliche Fächer

Tab. 5. 1: Die Einzelfachströme an der Medizinischen Akademie Düsseldorf nach Staatsangehörigkeit und Geschlecht 1919–1941/1

Semester	Medizin insg.	Medizin Frauen insg.	Medizin Frauen in %	Medizin deuts.	Medizin Ausländ. in %	Zahnmedizin insg.	Zahnmedizin Frauen insg.	Zahnmedizin Frauen in %	Studierende insg.	Studierende Frauen insg.	Studierende Frauen in %	Studierende deuts.	Studierende Ausländer insg.	Studierende Ausländer in %
	1	2	3	4	5	6	7	8	9	10	11	12	13	14
1919	71	6	8,45	.	.	.	.	.	71	6	8,45	.	.	.
ZS.1919	.	.	.	.	.	.	.	.	.	.	.	.	.	.
1919/20	192	10	5,21	.	.	.	.	.	192	10	5,21	.	.	.
1920	155	9	5,81	.	.	.	.	.	155	9	5,81	.	.	.
1920/21	166	16	9,64	.	.	.	.	.	166	16	9,64	.	.	.
1921	161	7	4,35	.	.	.	.	.	161	7	4,35	.	.	.
1921/22	145	19	13,10	.	.	.	.	.	145	19	13,10	.	.	.
1922	103	11	10,68	.	.	.	.	.	103	11	10,68	.	.	.
1922/23	126	14	11,11	.	.	.	.	.	126	14	11,11	.	.	.
1923	70	7	10,00	.	.	.	.	.	70	7	10,00	.	.	.
1923/24	93	9	9,68	.	.	.	.	.	93	9	9,68	.	.	.
1924	52	5	9,62	.	.	.	.	.	52	5	9,62	.	.	.
1924/25	60	8	13,33	7	1,67	.	.	.	60	8	13,33	7	1	1,67
1925	50	6	12,00	5	2,00	.	.	.	50	6	12,00	5	1	2,00
1925/26	60	4	6,67	3	6,67	.	.	.	60	4	6,67	3	4	6,67
1926	50	4	8,00	3	10,00	.	.	.	50	4	8,00	3	5	10,00
1926/27	72	10	13,89	9	4,17	.	.	.	72	10	13,89	9	3	4,17
1927	65	8	12,31	8	4,62	.	.	.	65	8	12,31	8	3	4,62
1927/28	85	11	12,94	11	2,35	.	.	.	85	11	12,94	11	2	2,35
1928	114	15	13,16	15	0,88	.	.	.	114	15	13,16	15	1	0,88
1928/29	201	30	14,93	30	0,50	.	.	.	201	30	14,93	30	1	0,50
1929	167	22	13,17	21	2,99	.	.	.	167	22	13,17	21	5	2,99
1929/30	230	28	12,17	28	1,74	.	.	.	230	28	12,17	28	4	1,74
1930	188	30	15,96	29	1,60	.	.	.	188	30	15,96	29	3	1,60
1930/31	296	53	17,91	51	1,35	.	.	.	296	53	17,91	51	4	1,35
1931	279	40	14,34	39	1,79	.	.	.	279	40	14,34	39	5	1,79
1931/32	455	80	17,58	78	1,10	.	.	.	455	80	17,58	78	5	1,10
1932	432	72	16,67	71	0,93	.	.	.	432	72	16,67	71	4	0,93
1932/33	487	83	17,04	82	0,41	.	.	.	487	83	17,04	82	2	0,41
1933	525	78	14,86	.	.	.	.	.	525	78	14,86	.	.	.
1933/34	616	101	16,40	.	.	.	.	.	616	101	16,40	.	.	.
1934	665	102	15,34	.	.	.	.	.	665	102	15,34	.	5	0,75
1934/35	698	123	17,62	.	.	37	5	13,51	735	128	17,41	.	.	.
1935	740	131	17,70	.	.	33	6	18,18	773	137	17,72	.	.	.
1935/36	757	137	18,10	.	.	40	6	15,00	797	143	17,94	.	.	.
1936	630	115	18,25	.	.	25	2	8,00	655	117	17,86	.	.	.
1936/37	506	93	18,38	.	.	36	4	11,11	542	97	17,90	.	.	.
1937	528	96	18,18	.	.	31	3	9,68	559	99	17,71	.	4	0,72
1937/38	429	75	17,48	.	.	25	5	20,00	454	80	17,62	.	.	.
1938	450	71	15,78	.	.	26	4	15,38	476	75	15,76	.	.	.
1938/39	415	65	15,66	.	.	18	3	16,67	433	68	15,70	.	.	.
1939	412	63	15,29	.	.	20	3	15,00	432	66	15,28	.	.	.
1939/40	.	0	.	.	.	.	0	.	.	.	.	.	.	.
1940/1	357	53	14,85	.	.	12	2	16,67	369	55	14,91	.	.	.
1940/2	272	42	15,44	.	.	11	2	18,18	283	44	15,55	.	0	0,00
1940/3	294	44	14,97	.	.	15	1	6,67	309	45	14,56	.	.	.
1941/1	218	20	9,17	.	.	8	0	0,00	226	20	8,85	.	.	.

4. Quellen und Literatur

Quellen:

Standardquellen: 1919–1924: StatJbDR Jgg. 40–44. – *1924/25–1927/28:* PrStat 279, 281, Sonderh WS 1925/26, 285; PrHochStat WS 1926/27–WS 1927/28. – *1928–1932/33:* DtHochStat Bde. 1–10. – *1932–1941.1:* Zehnj-Stat.

Literatur:

Personal- und Vorlesungsverzeichnis der Medizinischen Akademie Düsseldorf. SS 1935 – WS 1944/45. – SCHADE-WALDT, H. (Hg.): Universität Düsseldorf. Berlin, Basel 1966.

6. Erlangen

1. Geschichtliche Übersicht

Die zunächst in der Residenzstadt Bayreuth von Markgraf Friedrich von Brandenburg-Bayreuth im Jahre 1743 gegründete Universität wurde noch im gleichen Jahr in das etwa 7000 Einwohner zählende Erlangen verlegt und am 4. November 1743 feierlich eröffnet. Für Erlangen sprach u.a., daß dort bereits von 1701 bis 1741 eine Ritterakademie bestanden hatte. In deren Gebäude zog die neue Universität ein, an der sich bei der Eröffnung nur 64 Studenten immatrikulierten. Das bescheidene Frequenzniveau von 200 Studenten wurde in den ersten Jahrzehnten nur selten überschritten. Das Lehrpersonal bestand anfänglich aus 16 ordentlichen Professoren (drei Theologen, fünf Juristen, fünf Medizinern und drei Philosophen). Die an Halle und Göttingen orientierte Neugründung konnte nur über einen dürftigen Etat verfügen und war besonders unter der Regierung von Markgraf Christian (1763–1769) in ihrer Existenz gefährdet. Erst unter Markgraf Alexander von Brandenburg-Ansbach verbesserte sich (seit 1769) die Ausstattung der Universität, so daß sie neben dem Namen des Gründers zu Recht auch den Namen des zweiten für ihr Schicksal bedeutenden Fürsten trägt (Friedrich-Alexander-Universität).

In der Reorganisationsphase nach der Französischen Revolution konnte sich Erlangen gegen die nachbarliche Konkurrenzuniversität Altdorf durchsetzen, die im Zuge des »Massensterbens« von Hochschuleinrichtungen 1809 aufgelöst wurde. Nach der kurzen preußischen Ära (1792–1806), in der die Hochschule durch Neuberufungen gefördert wurde, und vier Jahren französischer Verwaltung fiel Erlangen 1810 an das Königreich Bayern. Wie die anderen Hochschulen verlor die Universität ihre korporative Autonomie an den Staat, ihr Fortbestand war nach der Verfassung von 1818 langfristig jedoch nicht mehr gefährdet, weil sie aufgrund ihrer protestantischen Tradition als einzige Landeshochschule mit einer evangelisch-theologischen Fakultät für die Integration des protestantischen Bevölkerungsteils im Norden des neubayerischen Königreiches unentbehrlich war. Durch die Anziehungskraft der im gesamten akademischen Leben lange führenden theologischen Fakultät wurde die kleine Hochschule auch davor bewahrt, zu einer bloßen Provinzuniversität abzusinken. Wie das Fächerprofil deutlich erkennen läßt, hatte Erlangen als Zentrum der evangelischen Theologenausbildung im Süden Deutschlands (neben Tübingen) einen vergleichbaren Stellenwert wie die Universität Halle für den Norden.

1825 wurde das Schloß zum zentralen Universitätsgebäude, die 1839/40 umgebaute ehemalige Schloßkirche (nunmehr »Museum« genannt) diente daneben lange Zeit als eigentliches Kollegiengebäude. Seit den 1880er Jahren setzte eine rege Bautätigkeit ein, die bis zum Ersten Weltkrieg vor allem der Medizin (u.a. Augenklinik 1893, Anatomie 1897, Pathologisches Institut 1906, Frauenklinik 1908) und den Naturwissenschaften (Physik 1894, Chemie 1901) zugute kam, während die Leistungen für die Geisteswissenschaften eher dürftig waren.

Nach dem Bau des stattlichen Kollegiengebäudes im Schloßgarten (1886/89) verfügte die am Ende des 19. Jahrhunderts rapide wachsende Universität auch über die notwendigen Hörsäle (besonders für die Juristen). Durch den Bau der neuen Bibliothek (1910/13) wurde das Schloß für die Unterbringung der zahlreichen geisteswissenschaftlichen Institute frei.

Erst im Wachstumsschub der 1880er und 90er Jahre verloren die Theologiestudenten, deren Anteil um 1860 auf über 60 Prozent gestiegen war, ihre dominante Stellung. 1927 wurden die naturwissenschaftlichen Fächer aus der Philosophischen Fakultät ausgeliedert und in einer selbständigen Naturwissenschaftlichen Fakultät zusammengefaßt.

Zwischen 1880 und 1930 verdoppelte sich die Zahl der ordentlichen Professoren von 35 auf 70, während das gesamte Lehrpersonal im gleichen Zeitraum von 61 auf 115 anwuchs. Im Gefüge der deutschen Universitäten läßt sich Erlangen auf lange Sicht der Gruppe der kleinen Universitäten zuordnen, mit langfristig ziemlich stabilen Besucherzahlen vor den anderen vier Kleinuniversitäten Kiel, Gießen, Greifswald und Rostock.

In der Erlanger Studentengeschichte spiegeln sich besonders eindringlich die langfristigen Wandlungen im Verhältnis des deutschen Studentums zur Politik.

Um die Wende vom 18. zum 19. Jahrhundert entstanden hier die Anfänge des studentischen Verbindungswesens (1798 Gründung der »Onoldia« als ältestes Korps, 1817 Allgemeine Erlanger Burschenschaft). In der vormärzlichen Reaktionszeit am politischen Freiheitskampf beteiligt, spielten Erlanger Studenten ein Jahrhundert später beim Aufstieg des Nationalsozialismus umgekehrt eine besonders unrühmliche Rolle. Bei den ASTA-Wahlen im November 1929 votierten sogar 73,5 Prozent für den NS-Studentenbund. Die Professorenschaft trug freilich kaum weniger dazu bei, daß Erlangen bald den zweifelhaften Titel erwarb, die erste »nationalsozia-

listische Universität Deutschlands« zu sein. Als Hitler im November 1929 in die Stadt kam, wurden die Seminare vorzeitig geschlossen, die Professoren (einschließlich dem Rektor) ließen sich 90 Plätze reservieren. Nach der »Machtergreifung« bedurfte es keiner einschneidenden nationalsozialistischen »Säuberung«, im Vergleich zu anderen Universitäten verloren nur wenige Hochschullehrer ihr Amt (8 Entlassungen bis April 1936 bei 115 Angehörigen des Lehrkörpers im WS 1932/33, d.h. 7%). Die Universität überstand den Zweiten Weltkrieg ohne äußere Zerstörungen.

2. Der Bestand an Institutionen 1830–1944/45

Zum Verständnis vgl. die Erläuterungen S. 48 ff.

I.   Evang.-theol. Fak. ([1830])

1.   Wiss.-theol. Sem. ([1830]–74)
Die wiss.-theol. Seminare (1874/75–1905)
Die wiss. Seminare (nur 1905/06)
1.1   Exeg. Section ([1830]–47/48, 50/51–74)
Exeg. Sem. (1874/75–84)
1.1.1   Alttest.-exeg. Sem. (1884/85)
1.1.2   Neutest.-exeg. Sem. (1884/85)
1.2   Kirchengesch. Section ([1830]–74)
Kirchengesch. Sem. (1874/75)
1.3   Syst. Sem. (1874/75)
1.4   Sem. f. reform. Theol. (1887/88)
1.5   Sem. f. kirchl. Kunstarch. (1887/88–1921/22)
Sem. f. alte chr. Kunst (1922)
2.   Die Prakt.-theol. Seminare (1874/75–1905/06, o. theol. 1905/06)
2.1   Homil. Sem. ([1830])
2.2   Kat. Sem. ([1830])
3.   Philos.-theol. Verein (nur ⟨[1830]⟩ priv.)
4.   Homil. Verein (nur ⟨[1830]⟩ priv.)
5.   Pastoral-Inst. (⟨1835/36⟩–56)
6.   Inst. f. Kirchenmusik, insbes. Kirchengesang (1854/55–1918)
Akad. Inst. f. Kirchenmusik (1918/19, o. Akad. ⟨1923⟩)
7.   Sem. f. Apologetik (1912/13)
8.   Inst. f. Diaspora-Kunde (1934)

II.   Jur. Fak. ([1830])

1.   Jur.-prakt. Inst. (nur ⟨[1830]⟩ priv.)
2.   Spruchkoll. der Jur. Fak. (⟨1835/36⟩–44/45)
3.   Preisinst. der Jur. Fak. (1882/83–94/95)
Jur. Sem. (1895)
4.   Kirchenr. Sem. (1932)

III.   Med. Fak. ([1830])

1.   Univ. Krankenhaus ([1830])
1.1   Med. Klin. ([1830]–1849)
Med. Klin. u. Polikl. (1849/50–92/93)
Med. Klin. u. amb. Polikl. (1893–1903)
Med. Klin. u. Amb. d. med. Klin. (1903/04–06)
Med. Klin. u. Amb. (1906/07–⟨1922⟩)
Inn. Kl. u. Sprst. f. inn. Kr. (⟨1923⟩–⟨25/26⟩, 31/32–34/35)
Med. Kl. u. Sprst. f. inn. Kr. (⟨1929/30⟩–31, 35)
1.1.1   Polikl. (1849/50–92/93)
Amb. Polikl. (1893–1903)
Amb. d. med. Kl. (1903/04–⟨22⟩, nur Amb. 06/07)
Sprst. f. inn. Kr. ⟨1923⟩
1.1.2   Chem. Lab. d. med. Klin. (1876–79)
1.1.3   Amb. Klin. (1882/83–86)
1.1.4   Abt. u. Amb. f. Haut- u. Geschl.kr. (1906/07–⟨22⟩, Forts. III.15.)
1.2   Chir. Klin. ([1830]–77/78)
Chir. Klin. u. Polikl. (1878–⟨1925/26⟩)
Chir. Klin. u. Stadtkl. (⟨1929/30⟩–31/32)
Chir. Klin. u. Ortskl. (1932)
1.2.1   Polikl. (1878, ⟨1929/30⟩–31/32 Stadtkl., 32 Ortskl.)
1.2.2   Ohrenärztl. Polikl. (1883/84–1902, Klin. u. 89/90)
Klin. u. Polikl. f. Ohren-, Nasen- u. Kehlkopfkr. (1902/03–⟨22⟩, 25–⟨25/26⟩)
Klin. u. Sprst. f. Ohren-, Nasen- u. Kehlkopfkr. (⟨1923⟩–24/25)
Klin. u. Stadtkl. f. Ohren-, Nasen- u. Kehlkopfkr. (⟨1929/30⟩–31/32)
Klin. u. Ortskl. f. Ohren-, Nasen- u. Kehlkopfkr. (1932, o. Ortskl. 35/36)
1.2.2.1   Histol. Abt. (1931/32–35/36)
1.2.3   Amb. f. Kr. d. Harnorgane (1919–⟨25/26⟩)
1.2.4   Orthop. Abt. (1938/39)

1.2.5   Urolog. Abt. (1938/39)
2.   Gebh. Anst. ([1830]–76)
    Gebh.-gynäk. Kl. (1876/77–1921/22,
    mit Polikl. 79)
    Frauenkl. u. Polikl. (1922–⟨25/26⟩)
    Frauenkl. u. Stadtkl. (⟨1929/30⟩–31/32)
    Frauenkl. u. Ortskl. (1932, o. Ortskl. 35/36)
2.1   Lab. (1901/02–02)
2.2   Röntgenabt. (1920/21–⟨25/26⟩, Radiolog. 21/22)
2.3   Gynäk. Abt. (1921/22–⟨22⟩)
2.4   Operative Abt. (1921/22–⟨25/26⟩)
2.5   Gebh. Abt. (1921/22–⟨25/26⟩)
2.6   Wiss. Abt. (1921/22–⟨22⟩)
2.7   Abt. f. phys. u. Lichttherap. (1921/22–⟨22⟩)
2.8   Konservative Abt. (⟨1924/25⟩–⟨25/26⟩)
3.   Anat. Th. u. Cab. ([1830]–63)
    Anat.-physiol. Inst. (1863/64–71/72)
3.1   Anat. Inst. (1872)
3.1.1   Histolog. Abt. (1918/19–19/20, 21–⟨25/26⟩,
    36/37)
3.1.2   Anat. u. anthr.-vorgesch. Samml. (⟨1929/30⟩–31)
3.2   Physiol. Inst. (1872)
3.2.1   Chem. Abt. (1902/03–⟨25/26⟩)
3.2.2   Phys. Abt. (⟨1924/25⟩–⟨25/26⟩)
3.2.3   Vergl.-physiol. Abt. (⟨1924/25⟩–⟨25/26⟩)
4.   Jatrosophischer Verein ([1830]–54 priv.)
5.   Chir. Instr. und Bandagensamml.
    (1835/36–1908)
6.   Lab. f. org. Chem. (1853–54/55)
7.   Psych. Kl. (1854/55–1900/01, 1903/04,
    u. Nerven- ⟨1929/30⟩)
8.   Path.-anat. Mus. (1854/55, Inst. 63/64)
8.1   Ger.-med. Abt. (1912/13–13/14, 14/15–⟨22⟩,
    Inst. 20/21)
    Inst. f. ger. Med. (⟨1923⟩, u. Krim. 41.1)
9.   Zoot. Samml. (1855–73/74, vorh. u. Forts. V.12.)
10.   Inst. f. Augenheilk. (nur 1873)
    Ophthalmol. Kl. u. Polikl. (1873/74–92/93)
    Augenärztl. Kl. u. Polikl. (1893–⟨1925/26⟩)
    Augenkl. (⟨1929/30⟩)
11.   Pharm.-polikl. Inst. u. Med. Polikl. (1893–1910)
11.1   Pharm. Lab. (1903/04–10, Abt. 08/09)
    Pharm. Inst.(1910/11)
11.2   Med. Polikl. (1910/11–⟨22⟩)
    Stadtkl. f. inn. Kr. (Polikl.) (⟨1923⟩–31/32)
    Ortskl. f. inn. Kr. (Polikl.) (1932)
12.   Hyg. - bakt. Inst. (1898/99)
12.1   Bakt. Unters.anst. (1911)
12.1.1   Peststation (1911)
13.   Kinderkl. (1905–40.1, u. Ortskl. 32)
    Kinderkl. u. kinderärztl. Polikl. (1940.2)
14.   Zahnärztl. Polikl. (1910/11–⟨25/26⟩)
    Zahnärzl. Stadtkl. (⟨1929/30⟩–30/31)
    Zahnärztl. Klin. (1931–31/32, u. Stadtkl. 31/32)
    Zahnärztl. Klin. u. Ortskl. (1932–36,
    o. Ortskl. 35/36)
    Klin. u. Polikl. f. ZMK-Kr. (1936/37)
14.1   Abt. f. Zahnersatz (1921–⟨25/26⟩,
    u. zahnärztl. Orthop. 21/22)

Abt. f. Zahnersatz u. Kieferorthop. (1931/32–37)
14.2   Abt. f. Chir. u. Zahnerhaltungsk. (1931/32,
    o. Zahnerhaltungsk. 36/37)
14.2.1   Chir. Abt. (1921/22–⟨25/26⟩)
14.2.2   Kons. Abt. (1921/22–⟨23⟩)
    Abt. f. Zahnfüllung (⟨24/25⟩–⟨25/26⟩)
15.   Klin. f. Haut- u. Geschl.kr. (⟨1923⟩,
    u. Stadtkl. ⟨29/30⟩–31, u. Ortskl. 32–35,
    vorh. III.1.1.4)
16.   Hebammenschule Erlangen (⟨1924/25⟩)
17.   Physiol.-chem. Inst. (1940.2)
18.   Lehranst. f. Med.-techn. Gehilfinnen u.
    Med.-techn. Assistenten (1941.1)
19.   Lehranst. f. Krankenpflegeschule des
    Univ.-Kh. Erlangen (1941.1)
20.   Säuglings- u. Kinderpflegeschule der
    Univ.-Kinderkl. (1942/43)
21.   Phys.-med. Lab. (1944/45)

IV.   Phil. Fak. ([1830], o. Sektion f. math.-naturwiss. Fächer 1903)

1.   Philol. Sem. ([1830]–1905)
    Klass.-philol. Sem. (1905/06)
2.   Kunst-Kab. (⟨1835/36⟩–57)
    Kunstsamml. (1857/58–⟨1923⟩, Forts. IV.5.)
3.   Hist. Sem. (1872/73–1925)
3.1   Abt. f. alte Gesch. (1896/97, Sem. 1925/26)
3.2   Abt. f. m. u. n. Gesch. (1896/97, Sem. 1925/26)
3.3   Abt. f. Hilfswiss. (1921/22–⟨22⟩)
4.   Dt. Sem. (1883–⟨1925/26⟩)
    Sem. f. dt. Sprache (⟨1929/30⟩)
5.   Arch. Sem. (1887/88, mit Kunstsamml.
    ⟨1924/25⟩–31, vorh. IV.2., Inst. 38/39)
6.   Sem. f. Staats- u. Vers.wiss. (⟨1923⟩–31)
6.1   Staatswiss. Sem. (1887/88–⟨1922⟩, 31/32)
6.2   Sem. f. Vers.wiss. (1910/11–⟨22⟩, 31/32)
7.   Sem. f. rom. u. engl. Philol. (1891/92–1900/01)
7.1   Sem. f. engl. Philol. (1901)
7.2   Sem. f. rom. Philol. (1901)
8.   Zeicheninst. in der Orangerie (nur 1906)
9.   Päd. Praktikum (1907/08–⟨23⟩)
10.   Or. Sem. (1910–13/14)
10.1   Semit. Abt. (1910–14/15, Sem. 14)
    Sem. f. semit. Philol. (1915–33)
    Sem. f. or. Philol. (1933/34)
10.2   Idg. Abt. (1910–⟨25/26⟩, Sem. 14)
    Sem. f. idg. Spr. (⟨1929/30⟩–31)
    Idg. Sem. (1931/32–35)
    Sem. f. vergl. idg. Sprachwiss. (1935/36)
11.   Kunstgesch. Sem. (1914, mit Gemäldesamml. u.
    Kupferstich- u. Münzensamml. ⟨1929/30⟩–31)
12.   Sem. f. Philos. (1919)
13.   Musikwiss. Sem. (1925, mit
    Musikinstr.samml.⟨1929/30⟩–31)
14.   Inst. f. fränkische Landesforsch. (1933/34)
15.   Inst. f. Vor- u. Frühgesch. (1938/39)
15.1   Anthr. u. vorgesch. Samml. (⟨1929/30⟩)
16.   Psychol. u. Päd. Sem. (1939/40)

V.   **Sektion f. Math.-naturwiss. Fächer**
(1903–21/22, vorh. IV.)
Abt. f. Math.-naturwiss. Fächer
(1922–⟨25/26⟩) Naturwiss. Fak. (⟨1929/30⟩)

1.   Naturhist. Cab. ([1830]–59/60)
2.   Bot. Garten ([1830])
3.   Bot. Mus. (1859, Inst. 75)
4.   Oec. Garten ([1830]–64, 50/51 Schloßgarten u.)
5.   Phys. u. chem. Cab. ([1830]–56/57, chem. Lab. 35/36)
5.1   Phys. Kab. (1857, Inst. 96/97)
5.2   Chem. Lab. (1857/58, vergl. V.10.)
5.2.1   Org. Abt. (1941.1)
5.2.2   Anorg.-analytische Abt. (1941.1)
5.2.3   Technol. Abt. (1941.1)
6.   Math. u. technol. Cab. ([1830]–66)
Math. Kab. (1866/67, Sem. 1914/15)
7.   Verein f. Phys. u. Chem. (priv. [1830]–57)
8.   Pharmacog.-pharmac. Samml. (priv. [1830]–54)
9.   Zool. Samml. (1835/36, Inst. 85, mit Zool. Samml. ⟨1929/30⟩–31)
9.1.   Anst. f. Bienenz. (1907/08)
9.1.1   Wiss. Abt. (1907/08–10/11)
9.1.2   Prakt. Abt. (1907/08–10/11)
10.   Lab. f. org. Chemie (nur 1852/53 u. 55–57, vergl. V.5.2)
11.   Pharmaz. App. (1852/53–54/55)
Pharmacog. Samml. u. pharmaz. App. (1855–61/62)
Pharmaz.-pharmakog. Inst. (1862–67, 68/69–71/72)
11.1   Pharmaz. Inst. (1872–1919/20, u. Lab. f. angew. Chem. 1872/73)
Inst. f. angew. Chem. (1920)
11.1.1   Unters.anst. f. Nahrungs- u. Genußmittel (1884–1936)
Chem. Unters.anst. Erlangen (1936/37)
11.1.2   Phys.-chem. Lab. (1931/32)
11.2   Pharmacog. Samml. (1872–⟨1922⟩, in V.3. 06)
12.   Zoot. Samml. (1853–54/55, 74–84/85, 55–73/74 in III.9.)
13.   Min. Kab. (1860–76)
Min. Kab. u. Geol. Samml. (1876/77–1905/06)
Geol.-min. Inst. (1906)
13.1   Min. Samml. (1876/77–80/81)
13.2   Geol. Samml. (1876/77–80/81)
14.   Schloßgarten (1864/65–73 in V.)
15.   Math.-phys. Sem. (1874/75–1914/15)
15.1   Math. Abt. (1874/75–1914)
15.2   Phys. Abt. (1874/75–85/86, 86/87–1914)
16.   Geogr. Sem. (1900/01, Inst. 12/13, mit völkerk. Samml. ⟨1929/30⟩–31, vgl. V.17.)
17.   Ethnogr. Samml. (1906/07–12/13)
Völkerk. Samml. (1913, vergl. V.16.)
18.   Inst. f. Arzneimittelforsch. u. Arzneimittelprüfung (Reichsapothekenführer) (1944/45)

VI.   **Allgemeine Anst.**

1.   Inst. f. Leibesüb. (1933)

Fehlende Semester: 1830/31–35, 1922/23, 23/24–24, 26–29; 1836 bis 1851 nur WS vorhanden; 1935/36–1937/38 nur Studienjahre.

3. Die Studierenden nach Fachbereichen

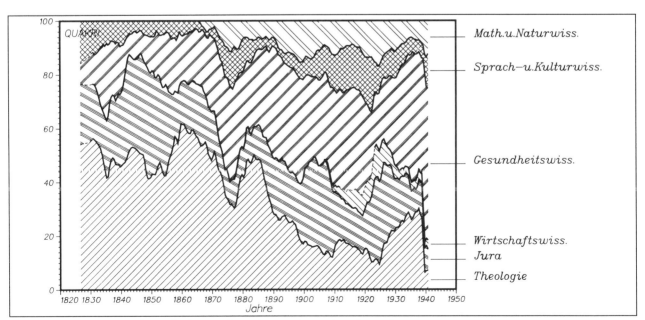

Abb. 6.1: Das Fachbereichsprofil der Studierenden an der Universität Erlangen 1826/27–1941/1

Tab. 6.1: Die Studierenden an der Universität Erlangen nach Fachbereichen in Prozent 1826/27–1941/1

| | Evang. Theol. | Jura | Gesundheitswissenschaften | | | | Sprach und Kultur wiss. | Math., Naturw. | | Wirtsch., Agrarwiss. | Studierende | | |
| | | | insg. | Allg. Med. | Zahn-med. | Phar-mazie | | insg. | Chemie | | insg. | weibl. in % aller Stud. | Ausl. in % aller Stud. |
Semester	1	2	3	4	5	6	7	8	9	10	11	12	13
1826/27	54,19	22,33	7,44	7,44	.	.	16,05	.	.	.	430	.	.
	.												
1830/31	56,60	20,05	12,03	12,03	.	.	11,32	.	.	.	424	.	.
1831	56,20	20,32	11,61	11,61	.	.	11,87	.	.	.	379	.	.
1831/32	55,69	20,36	11,38	11,38	.	.	12,57	.	.	.	334	.	.
1832	54,89	19,56	13,56	13,56	.	.	11,99	.	.	.	317	.	.
1832/33	54,18	18,39	16,05	16,05	.	.	11,37	.	.	.	299	.	.
1833	53,19	17,02	19,15	19,15	.	.	10,64	.	.	.	282	.	.
1833/34	51,89	15,91	22,35	22,35	.	.	9,85	.	.	.	264	.	.
1834	49,02	17,65	24,31	24,31	.	.	9,02	.	.	.	255	.	.
1834/35	45,93	19,11	26,83	26,83	.	.	8,13	.	.	.	246	.	.
1835	43,15	20,56	25,81	25,81	.	.	10,48	.	.	.	248	.	.
1835/36	40,16	22,09	31,33	24,90	.	6,43	6,43	.	.	.	249	.	.
1836	43,97	22,96	21,79	21,79	.	.	11,28	.	.	.	257	.	.
1836/37	47,92	23,40	23,02	19,25	.	3,77	5,66	.	.	.	265	.	.
1837	48,73	23,27	18,91	18,91	.	.	9,09	.	.	.	275	.	.
1837/38	49,47	23,51	21,05	18,25	.	2,81	5,96	.	.	.	285	.	.
1838	47,60	23,63	19,52	19,52	.	.	9,25	.	.	.	292	.	.
1838/39	45,64	23,83	22,82	20,81	.	0,67	7,72	.	.	.	298	.	.
1839	47,35	26,16	18,54	18,54	.	.	7,95	.	.	.	302	.	.
1839/40	45,54	26,77	19,38	17,85	.	1,23	8,31	.	.	.	325	.	.
1840	45,91	27,36	16,04	16,04	.	.	10,69	.	.	.	318	.	.
1840/41	46,62	27,65	18,33	14,15	.	2,25	7,40	.	.	.	311	.	.
1841	47,23	30,62	11,73	11,73	.	.	10,42	.	.	.	307	.	.
1841/42	47,52	33,99	13,20	9,24	.	2,97	5,28	.	.	.	303	.	.
1842	49,50	35,31	7,26	7,26	.	.	7,92	.	.	.	303	.	.
1842/43	51,32	36,51	8,55	5,59	.	2,63	3,62	.	.	.	304	.	.
1843	52,23	35,03	7,01	7,01	.	.	5,73	.	.	.	314	.	.
1843/44	53,25	33,44	9,29	8,05	.	0,93	4,02	.	.	.	323	.	.
1844	52,98	32,92	8,78	8,78	.	.	5,33	.	.	.	319	.	.
1844/45	52,70	32,70	12,06	9,52	.	2,22	2,54	.	.	.	315	.	.
1845	52,31	33,54	8,92	8,92	.	.	5,23	.	.	.	325	.	.
1845/46	51,64	34,33	10,45	8,36	.	2,09	3,58	.	.	.	335	.	.
1846	50,86	36,29	8,29	8,29	.	.	4,57	.	.	.	350	.	.
1846/47	50,55	37,91	9,07	7,97	.	1,10	2,47	.	.	.	364	.	.
1847	50,26	36,46	8,33	8,33	.	.	4,95	.	.	.	384	.	.
1847/48	50,12	34,99	10,67	8,68	.	1,74	4,22	.	.	.	403	.	.
1848	45,58	38,42	10,02	10,02	.	.	5,97	.	.	.	419	.	.
1848/49	41,47	41,71	12,21	11,06	.	1,15	4,61	.	.	.	434	.	.
1849	41,46	40,49	11,71	11,71	.	.	6,34	.	.	.	410	.	.
1849/50	41,19	39,12	14,51	12,69	.	1,81	5,18	.	.	.	386	.	.
1850	42,38	38,76	12,14	12,14	.	.	6,72	.	.	.	387	.	.
1850/51	43,67	38,24	13,18	11,89	.	1,29	4,91	.	.	.	387	.	.
1851	42,29	37,56	13,18	13,18	.	.	6,97	.	.	.	402	.	.
1851/52	43,38	34,55	18,18	14,29	.	3,90	3,90	.	.	.	385	.	.
1852	45,25	35,00	16,25	13,25	.	2,75	3,50	.	.	.	400	.	.
1852/53	47,16	32,70	14,93	13,74	.	1,18	5,21	.	.	.	422	.	.
1853	47,33	31,55	15,78	14,15	.	1,62	5,34	.	.	.	431	.	.
1853/54	44,47	30,06	20,04	18,58	.	1,46	5,43	.	.	.	479	.	.
1854	42,59	33,33	19,34	16,67	.	2,67	4,73	.	.	.	486	.	.
1854/55	42,23	32,63	19,77	17,27	.	2,50	5,37	.	.	.	521	.	.
1855	42,59	35,19	18,52	16,67	.	1,85	3,70	.	.	.	540	.	.
1855/56	47,68	24,86	22,82	19,29	.	3,53	4,64	.	.	.	539	.	.
1856	48,63	25,87	21,13	18,21	.	2,91	4,37	.	.	.	549	.	.
1856/57	50,60	21,20	21,20	18,20	.	3,00	7,00	.	.	.	500	.	.
1857	52,28	21,13	20,04	17,67	.	2,37	6,56	.	.	.	549	.	.
1857/58	55,18	16,81	21,73	17,83	.	3,90	6,28	.	.	.	589	.	.
1858	58,97	16,75	18,12	14,02	.	4,10	6,15	.	.	.	585	.	.
1858/59	53,48	17,83	20,32	15,15	.	5,17	8,38	.	.	.	561	.	.
1859	55,26	19,69	21,41	16,25	.	5,16	3,63	.	.	.	523	.	.
1859/60	61,03	15,67	18,76	14,43	.	4,33	4,54	.	.	.	485	.	.
1860	62,28	15,37	16,57	12,77	.	3,79	5,79	.	.	.	501	.	.
1860/61	60,83	16,54	17,13	12,99	.	4,13	5,51	.	.	.	508	.	.
1861	62,11	16,15	16,56	12,42	.	4,14	5,18	.	.	.	483	.	.
1861/62	58,48	18,30	18,53	13,39	.	5,13	4,69	.	.	.	448	.	.
1862	59,53	16,74	18,64	13,14	.	5,51	5,08	.	.	.	472	.	.
1862/63	56,91	19,18	20,00	14,64	.	5,36	3,92	.	.	.	485	.	.
1863	59,31	18,40	18,40	14,29	.	4,11	3,90	.	.	.	462	.	.
1863/64	59,48	17,76	18,16	12,77	.	5,39	4,59	.	.	.	501	.	.
1864	59,36	18,91	18,11	12,88	.	5,23	3,62	.	.	.	497	.	.
1864/65	56,90	19,67	20,71	15,48	.	5,23	2,72	.	.	.	478	.	.

Tab. 6. 1: Die Studierenden an der Universität Erlangen nach Fachbereichen in Prozent 1826/27–1941/1

Semester	Evang. Theol.	Jura	Gesundheitswissenschaften				Sprach und Kultur wiss.	Math., Naturw.		Wirt-sch., Agrar-wiss.	Studierende		
			insg.	Allg. Med.	Zahn-med.	Phar-mazie		insg.	Chemie		insg.	weibl. in % aller Stud.	Ausl. in % aller Stud.
	1	2	3	4	5	6	7	8	9	10	11	12	13
1865	57,33	19,18	20,47	16,16	.	4,31	3,02	.	.	.	464	.	.
1865/66	55,81	20,51	20,08	16,91	.	3,17	3,59	.	.	.	473	.	.
1866	54,39	21,71	19,08	16,67	.	2,41	4,82	.	.	.	456	.	.
1866/67	52,49	22,80	21,62	18,29	0,00	3,33	1,19	1,90	.	0,00	421	.	.
1867	54,71	21,08	20,85	17,71	0,00	3,14	1,35	2,02	.	0,00	446	.	.
1867/68	53,62	17,96	24,19	20,70	0,00	3,49	1,50	2,74	.	0,00	401	.	.
1868	56,38	17,35	21,17	19,13	0,00	2,04	1,53	3,57	.	0,00	392	.	.
1868/69	50,63	17,29	24,56	19,30	0,00	5,26	2,76	4,76	.	0,00	399	.	.
1869	49,86	18,26	26,43	21,25	0,00	5,18	2,18	3,27	.	0,00	367	.	.
1869/70	48,66	17,38	28,88	23,26	0,00	5,61	2,14	2,94	.	0,00	374	.	.
1870	47,38	19,19	27,33	21,51	0,00	5,81	2,91	3,20	.	0,00	344	.	.
1870/71	51,61	14,92	27,02	22,18	0,00	4,84	4,03	2,42	.	0,00	248	.	.
1871	51,02	15,31	27,21	23,47	0,00	3,74	4,42	2,04	.	0,00	294	.	.
1871/72	47,38	13,08	29,94	24,13	0,29	5,52	5,52	4,07	.	0,00	344	.	.
1872	44,57	13,93	31,20	25,35	0,28	5,57	5,85	4,46	.	0,00	359	.	.
1872/73	43,67	9,43	32,61	27,76	0,27	4,58	7,82	6,47	.	0,00	371	.	.
1873	43,38	10,05	31,86	27,70	0,00	4,17	7,60	7,11	.	0,00	408	.	5,64
1873/74	40,00	9,21	35,06	28,09	0,00	6,97	8,54	7,19	.	0,00	445	.	6,29
1874	37,56	7,92	34,16	27,38	0,00	6,79	11,54	8,82	.	0,00	442	.	7,47
1874/75	32,69	10,58	35,10	26,68	0,00	8,41	11,54	10,10	.	0,00	416	.	5,05
1875	35,41	10,97	32,92	23,94	0,00	8,98	11,47	9,23	.	0,00	401	.	4,74
1875/76	31,24	8,16	37,53	27,97	0,00	9,56	11,89	11,19	.	0,00	429	.	4,66
1876	32,15	8,75	34,04	24,11	0,00	9,93	13,48	11,58	.	0,00	423	.	4,02
1876/77	31,43	9,49	34,18	25,53	0,00	8,65	13,50	11,39	.	0,00	474	.	5,06
1877	30,86	10,21	32,95	22,74	0,00	10,21	16,24	9,74	.	0,00	431	.	5,10
1877/78	29,69	11,38	37,05	24,55	0,00	12,50	12,50	9,38	.	0,00	448	.	4,91
1878	33,73	12,05	31,81	23,13	0,00	8,67	11,81	10,60	.	0,00	415	.	4,82
1878/79	35,48	11,52	32,72	23,27	0,00	9,45	9,68	10,60	.	0,00	434	.	3,92
1879	41,97	11,24	27,75	20,18	0,00	7,57	8,94	10,09	.	0,00	436	.	5,05
1879/80	41,16	10,81	28,69	20,58	0,00	8,11	11,43	7,90	.	0,00	481	.	4,37
1880	44,40	10,13	26,51	20,26	0,00	6,25	12,07	6,90	.	0,00	464	.	3,88
1880/81	39,32	10,99	31,29	23,89	0,00	7,40	12,05	6,13	.	0,21	473	.	4,86
1881	46,75	12,55	24,46	20,78	0,00	3,68	9,96	6,06	.	0,22	462	.	4,55
1881/82	48,61	12,30	24,60	21,03	0,00	3,57	8,33	6,15	.	0,00	504	.	5,36
1882	48,35	12,00	24,52	21,91	0,00	2,61	8,70	6,43	.	0,00	575	.	6,09
1882/83	46,30	10,56	27,11	23,59	0,00	3,52	8,45	7,57	.	0,00	568	.	6,16
1883	47,58	11,08	26,21	23,56	0,00	2,65	8,74	6,40	.	0,00	641	.	6,86
1883/84	49,73	10,41	25,75	22,88	0,00	2,88	6,58	7,53	.	0,00	730	.	4,79
1884	50,42	10,97	26,11	23,75	0,00	2,36	5,42	7,08	.	0,00	720	.	5,00
1884/85	46,97	12,76	29,21	26,32	0,00	2,89	3,95	7,11	.	0,00	760	.	5,26
1885	49,57	12,70	27,00	24,29	0,00	2,71	4,32	6,41	.	0,00	811	.	5,06
1885/86	47,27	13,18	29,33	26,72	0,12	2,49	4,51	5,70	.	0,00	842	.	4,75
1886	48,95	11,99	28,05	25,52	0,11	2,42	4,18	6,82	.	0,00	909	.	4,95
1886/87	43,86	13,41	32,27	30,11	0,23	1,93	3,64	6,82	.	0,00	880	.	3,75
1887	42,77	13,76	33,06	29,94	0,35	2,77	3,70	6,71	.	0,00	865	.	4,62
1887/88	38,45	18,32	33,90	28,67	0,34	4,89	3,41	5,92	.	0,00	879	.	3,53
1888	38,23	18,03	34,23	28,83	0,97	4,43	3,78	5,72	.	0,00	926	.	3,46
1888/89	32,69	18,96	36,10	29,82	1,81	4,47	5,11	7,14	.	0,00	939	.	4,47
1889	34,54	19,38	34,95	29,18	1,86	3,92	3,92	7,22	.	0,00	970	.	4,85
1889/90	29,22	19,51	41,35	33,65	2,22	5,49	3,59	6,33	.	0,00	948	.	4,75
1890	28,83	21,17	41,15	33,80	1,89	5,47	2,98	5,86	.	0,00	1006	.	3,88
1890/91	27,04	20,11	42,31	34,82	2,09	5,41	3,61	6,93	.	0,00	1054	.	3,42
1891	28,94	21,89	39,42	32,10	2,32	5,01	2,50	7,14	.	0,09	1078	.	3,53
1891/92	24,91	21,42	41,04	32,45	2,64	5,94	2,83	9,72	.	0,09	1060	.	3,11
1892	26,56	22,22	38,30	29,99	2,98	5,33	2,26	10,66	.	0,00	1107	.	2,89
1892/93	25,11	21,66	39,85	31,76	2,46	5,64	2,64	10,74	.	0,00	1099	.	2,64
1893	28,76	22,08	35,18	28,32	1,76	5,10	3,08	10,91	.	0,00	1137	.	3,43
1893/94	25,96	18,94	39,16	30,78	1,82	6,56	3,55	12,39	.	0,00	1098	.	3,19
1894	29,14	21,30	34,05	27,54	1,69	4,81	3,39	12,12	.	0,00	1122	.	3,03
1894/95	23,61	18,48	41,11	31,39	2,21	7,52	4,60	12,20	.	0,00	1131	.	2,83
1895	27,21	20,28	36,05	28,77	2,34	4,94	5,03	11,44	.	0,00	1154	.	2,60
1895/96	22,40	17,65	42,29	33,51	2,15	6,63	5,65	12,01	.	0,00	1116	.	2,60
1896	27,50	19,16	36,12	29,26	1,93	4,92	5,10	12,13	.	0,00	1138	.	3,16
1896/97	23,46	17,32	41,34	32,50	1,77	7,08	5,49	12,38	.	0,00	1074	.	2,98
1897	25,79	19,65	36,75	29,21	0,88	6,67	5,18	12,63	.	0,00	1140	.	2,46
1897/98	22,47	17,04	40,64	31,84	1,40	7,40	6,18	13,67	.	0,00	1068	.	3,18
1898	21,96	20,47	37,76	29,53	1,50	6,73	5,98	13,83	.	0,00	1070	.	4,02
1898/99	17,64	19,49	41,33	31,68	1,17	8,48	5,95	15,59	.	0,00	1026	.	2,73
1899	19,19	22,36	37,24	29,17	1,44	6,62	5,76	15,45	.	0,00	1042	.	3,17
1899/00	15,61	22,48	39,73	30,70	0,72	8,32	6,88	15,30	.	0,00	974	.	2,57
1900	18,28	25,98	33,98	27,21	0,62	6,16	6,57	15,20	.	0,00	974	.	2,36
1900/01	17,68	27,30	34,44	25,75	0,41	8,27	7,45	13,13	.	0,00	967	.	3,21
1901	17,91	28,25	33,67	24,97	0,20	8,50	6,86	13,31	.	0,00	977	.	3,07
1901/02	15,44	30,18	34,26	24,90	0,20	9,16	6,47	13,65	.	0,00	1004	.	3,39
1902	17,43	31,77	30,48	23,90	0,00	6,57	6,08	14,24	.	0,00	1004	.	2,89
1902/03	15,04	31,22	32,78	23,96	0,00	8,82	6,74	14,21	.	0,00	964	.	2,70
1903	16,54	33,72	28,92	21,45	0,00	7,47	6,83	13,98	8,22	0,00	937	.	2,67
1903/04	15,48	32,79	30,86	20,67	0,10	10,08	7,54	13,34	6,62	0,00	982	0,10	3,46
1904	16,86	33,09	29,39	18,71	0,21	10,48	8,74	11,92	6,47	0,00	973	0,00	2,36
1904/05	15,92	29,62	32,91	20,06	0,21	12,63	10,93	10,62	5,73	0,00	942	0,42	1,91

Tab. 6.1: Die Studierenden an der Universität Erlangen nach Fachbereichen in Prozent 1826/27–1941/1

| | Evang. Theol. | Jura | Gesundheitswissenschaften | | | | Sprach- und Kultur- wiss. | Math., Naturw. | | Wirt- sch., Agrar- wiss. | Studierende | | |
| | | | insg. | Allg. Med. | Zahn- med. | Phar- mazie | | insg. | Chemie | | insg. | weibl. in % aller Stud. | Ausl. in % aller Stud. |
Semester	1	2	3	4	5	6	7	8	9	10	11	12	13
1905	16,02	30,41	30,95	19,05	0,22	11,69	11,47	11,15	6,28	0,00	924	0,43	3,03
1905/06	14,16	31,35	32,71	18,07	0,10	14,55	10,74	11,04	5,76	0,00	1024	0,20	2,83
1906	13,87	33,18	32,05	16,12	0,09	15,84	11,06	9,84	5,44	0,00	1067	0,09	2,91
1906/07	12,31	34,00	33,62	19,51	0,19	13,92	10,98	9,00	5,02	0,09	1056	0,38	2,65
1907	13,90	35,68	31,46	18,69	0,38	12,39	9,39	8,92	5,07	0,66	1065	0,38	3,10
1907/08	14,65	30,53	33,55	21,27	0,09	12,19	10,49	9,83	5,86	0,95	1058	0,38	3,12
1908	13,90	32,56	30,60	19,78	0,09	10,73	12,03	9,61	5,32	1,31	1072	0,47	2,99
1908/09	12,66	27,61	33,58	22,02	0,18	11,38	14,13	10,92	5,14	1,10	1090	1,01	3,76
1909	11,66	28,15	33,59	22,45	0,26	10,88	12,26	12,44	5,96	1,90	1158	1,30	3,11
1909/10	12,40	22,12	38,54	25,78	0,36	12,40	12,40	12,58	5,62	1,96	1121	1,69	4,28
1910	16,00	21,81	34,48	24,29	0,48	9,71	12,76	12,76	6,19	2,19	1050	2,10	3,81
1910/11	17,11	18,00	35,71	28,78	0,40	6,53	13,75	12,96	6,03	2,47	1011	2,97	5,34
1911	17,48	18,57	34,15	26,99	1,27	5,89	15,04	12,23	5,71	2,54	1104	2,54	5,34
1911/12	19,13	16,31	36,27	28,45	1,16	6,66	13,39	12,06	5,24	2,83	1202	2,25	4,41
1912	18,63	17,07	37,68	29,76	0,99	6,92	15,91	10,72	.	.	1213	1,90	3,87
1912/13	18,48	15,54	38,78	30,77	1,03	6,98	16,73	10,47	.	.	1261	1,67	2,54
1913	19,83	16,11	35,40	27,58	0,70	7,13	17,35	11,31	.	.	1291	1,78	2,79
1913/14	17,75	15,14	40,04	31,54	1,04	7,46	17,00	10,07	.	.	1341	2,39	2,39
1914	18,13	15,59	38,86	30,65	1,08	7,14	17,51	9,91	.	.	1302	2,53	2,15
1914/15	18,16	15,38	39,62	33,36	0,98	5,28	17,17	9,66	.	.	1118	2,77	0,54
1915	17,79	15,16	39,37	33,44	0,91	5,02	17,46	10,21	.	.	1214	2,31	0,33
1915/16	17,26	15,55	40,47	34,20	0,98	5,29	17,10	9,61	.	.	1228	2,77	0,33
1916	16,83	15,14	41,22	34,86	0,97	5,39	17,63	9,18	.	.	1242	3,14	0,56
1916/17	17,30	15,51	40,61	34,68	0,86	5,07	16,76	9,82	.	.	1283	2,49	0,86
1917	16,83	15,83	40,03	34,29	0,93	4,81	16,83	10,47	.	.	1289	2,72	0,78
1917/18	16,46	15,47	40,23	34,81	0,91	4,50	17,16	10,69	.	.	1422	4,08	0,77
1918	15,77	14,76	41,61	36,14	0,86	4,61	17,28	10,58	.	.	1389	4,61	1,08
1918/19	15,56	15,62	40,67	35,99	0,86	3,82	17,40	10,74	.	.	1517	3,96	1,12
1919	13,77	15,47	40,09	31,14	3,80	5,16	17,91	12,75	.	.	1474	4,55	0,75
ZS.1919	12,28	16,32	43,90	35,83	2,78	5,30	15,31	12,20	.	.	1189	0,67	.
1919/20	14,67	15,35	39,34	28,84	6,22	4,29	17,59	13,05	.	.	1609	4,47	0,81
1920	17,18	16,15	33,68	23,12	6,97	3,59	18,01	14,98	.	.	1449	4,76	0,69
1920/21	16,32	17,18	33,07	21,58	7,46	4,03	18,77	14,67	.	.	1636	4,77	1,34
1921	16,17	20,61	29,50	19,61	6,72	3,17	18,78	14,94	.	.	1800	4,50	1,50
1921/22	13,04	20,58	30,14	19,59	6,43	4,12	21,51	14,72	.	.	1725	4,17	1,91
1922	12,11	25,93	25,29	16,10	5,37	3,83	21,84	14,82	.	.	1882	4,04	2,18
1922/23	10,12	27,83	24,38	15,47	4,43	4,49	23,12	14,55	.	.	1739	3,85	2,36
1923	11,43	29,85	21,43	14,00	3,12	4,32	11,10	15,58	.	10,61	1829	4,10	.
1923/24	10,98	29,92	19,60	12,86	1,94	4,79	11,35	15,11	.	13,05	1648	4,49	.
1924	11,83	31,05	19,49	13,17	0,94	5,38	10,48	16,20	.	10,95	1488	5,38	1,75
1924/25	9,46	31,52	20,21	12,91	1,76	5,53	10,43	17,64	.	10,75	1247	4,89	2,65
1924/25	9,46	31,52	20,21	12,91	1,76	5,53	10,43	17,64	.	10,75	1247	4,89	2,65
1925	9,23	30,26	22,96	15,36	1,63	5,97	9,62	16,21	11,71	11,71	1289	5,43	3,80
1925/26	13,65	29,45	22,28	14,19	2,39	5,71	7,48	14,65	10,87	12,49	1297	5,01	3,78
1926	15,94	29,62	22,86	14,29	4,21	4,36	8,12	13,68	9,02	9,77	1330	4,29	3,53
1926/27	18,11	30,82	22,99	14,63	5,40	2,96	8,28	12,05	7,98	7,76	1353	3,99	2,81
1927	16,38	28,81	25,00	16,60	6,36	2,05	10,17	12,57	6,57	7,06	1416	4,87	2,68
1927/28	18,55	28,63	25,43	16,82	6,74	1,88	9,38	10,91	5,63	7,09	1439	5,07	2,57
1928	20,12	24,82	25,05	18,89	7,29	1,87	9,48	11,80	5,16	5,74	1551	5,74	2,58
1928/29	21,34	26,50	27,21	18,50	7,09	1,61	9,61	10,06	4,06	5,29	1551	5,09	2,84
1929	22,61	21,01	29,77	20,03	8,30	1,43	10,88	10,70	3,72	5,04	1747	6,87	2,86
1929/30	21,04	21,75	30,50	21,57	7,92	1,00	9,52	11,41	3,49	5,79	1692	7,03	2,25
1930	22,35	17,21	33,75	23,53	9,48	0,73	10,05	11,85	3,16	4,80	1772	7,39	2,31
1930/31	23,71	19,34	32,36	23,56	8,02	0,77	10,08	10,49	3,24	4,01	1944	7,97	2,11
1931	22,57	17,23	37,34	27,12	9,04	1,18	9,23	10,13	3,88	3,50	2113	8,38	1,51
1931/32	24,25	17,44	37,26	26,92	9,15	1,19	8,53	9,72	3,86	2,81	2099	8,81	1,95
1932	25,71	16,25	39,24	28,26	9,51	1,47	7,35	8,56	2,81	2,90	2314	8,77	1,82
1932/33	25,52	16,70	38,03	26,97	9,34	1,72	7,98	8,55	2,69	3,22	2269	8,95	2,12
1933	24,42	17,36	39,58	27,78	9,22	2,58	7,36	8,53	2,80	2,76	2322	9,09	.
1933/34	29,27	15,32	38,37	26,71	8,57	3,09	6,58	7,99	2,56	2,47	2265	8,34	.
1934	26,44	14,97	43,33	30,87	8,85	3,61	5,36	7,16	2,68	2,74	1717	8,04	2,39
1934/35	31,01	12,58	41,28	27,77	9,96	3,55	5,92	6,41	2,74	2,80	1606	8,28	.
1935	24,09	10,87	48,26	34,26	9,74	4,26	7,13	6,35	3,04	3,30	1150	9,30	.
1935/36	27,72	10,50	46,93	32,82	9,83	4,29	5,62	5,99	2,81	3,25	1353	8,13	.
1936	25,09	10,93	49,63	34,17	11,20	4,26	4,63	6,94	3,33	2,78	1080	7,22	.
1936/37	30,86	9,01	44,42	30,39	10,69	3,35	5,95	6,88	3,72	2,88	1076	8,18	.
1937	26,85	7,62	49,50	37,13	8,29	4,09	4,97	7,18	4,53	3,87	905	7,96	4,53
1937/38	31,00	10,86	41,44	32,05	5,85	3,55	4,91	7,52	5,32	4,28	958	5,85	.
1938	29,30	10,29	45,81	36,20	6,22	3,39	4,07	6,79	4,52	3,73	884	6,56	.
1938/39	26,47	13,96	41,16	32,61	3,97	4,57	5,78	8,54	5,42	4,09	831	7,70	.
1939	26,80	12,41	44,67	35,24	3,85	5,58	5,21	8,31	5,33	2,61	806	6,70	.
1939/40	5,94	8,40	68,51	64,48	2,19	1,84	2,80	10,93	9,70	3,42	1464	12,70	.
1940/1	5,93	7,71	69,49	65,68	2,03	1,78	4,41	10,08	7,88	2,37	1180	11,36	.
1940/2	6,88	10,57	56,18	51,97	1,40	2,80	9,30	14,90	9,55	2,17	785	17,58	1,53
1940/3	5,98	7,97	58,62	53,81	1,88	2,93	11,49	12,78	8,21	3,17	853	22,98	.
1941/1	7,16	8,01	56,60	53,37	1,40	1,83	12,64	12,36	7,72	3,23	712	30,48	.

4. Die Studierenden nach Fächern

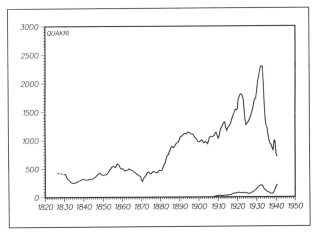

Abb. 6.2: Die Studierenden (weibl. u. insg.) an der Universität Erlangen 1826/27–1941/1: Sämtliche Fächer

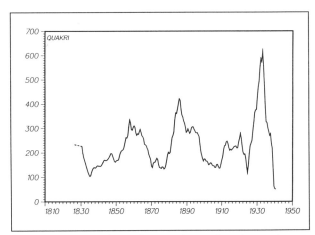

Abb. 6.3: Die Studierenden an der Universität Erlangen 1826/27–1941/1: Evangelische Theologie

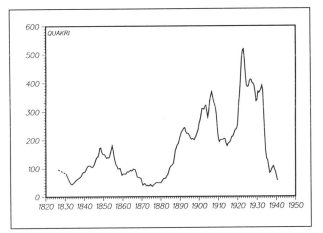

Abb. 6.4: Die Studierenden an der Universität Erlangen 1826/27–1941/1: Jura

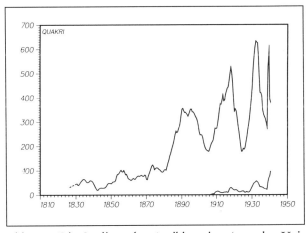

Abb. 6.5: Die Studierenden (weibl. u. insg.) an der Universität Erlangen 1826/27–1941/1: Allgemeine Medizin

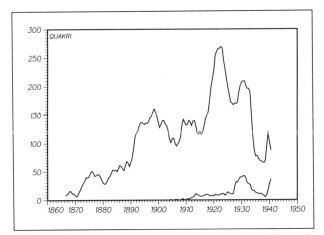

Abb. 6.6: Die Studierenden (weibl. u. insg.) an der Universität Erlangen 1866/67–1941/1: Sprach und Kulturwissenschaften

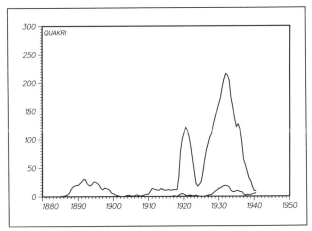

Abb. 6.7: Die Studierenden (weibl. u. insg.) an der Universität Erlangen 1866/67–1941/1: Mathematik und Naturwissenschaften

Tab.6.2: Die Einzelfachströme an der Universität Erlangen nach Staatsangehörigkeit und Geschlecht 1826/27–1941/1

Semester	Stud. insg.	Evang. Theol.	Jura	Medizin	Sonstige Fächer insg.	Chirurgie	Pharmazie	Phil., Philologien
	1	2	3	4	5	6	7	8
1826/27	430	233	96	32	69	.	.	.
1830/31	424	240	85	51	48	.	.	.
1831	379	213	77	44	45	.	.	.
1831/32	334	186	68	38	42	.	.	.
1832	317	174	62	43	38	.	.	.
1832/33	299	162	55	48	34	.	.	.
1833	282	150	48	54	30	.	.	.
1833/34	264	137	42	59	26	.	.	.
1834	255	125	45	62	23	.	.	.
1834/35	246	113	47	66	20	.	.	.
1835	248	107	51	64	26	.	.	.
1835/36	249	100	55	62	32	.	16	16
1836	257	113	59	56	29	.	.	.
1836/37	265	127	62	51	25	.	10	15
1837	275	134	64	52	25	.	.	.
1837/38	285	141	67	52	25	.	8	17
1838	292	139	69	57	27	.	.	.
1838/39	298	136	71	62	29	4	2	23
1839	302	143	79	56	24	.	.	.
1839/40	325	148	87	58	32	1	4	27
1840	318	146	87	51	34	.	.	.
1840/41	311	145	86	44	36	6	7	23
1841	307	145	94	36	32	.	.	.
1841/42	303	144	103	28	28	3	9	16
1842	303	150	107	22	24	.	.	.
1842/43	304	156	111	17	20	1	8	11
1843	314	164	110	22	18	.	.	.
1843/44	323	172	108	26	17	1	3	13
1844	319	169	105	28	17	.	.	.
1844/45	315	166	103	30	16	1	7	8
1845	325	170	109	29	17	.	.	.
1845/46	335	173	115	28	19	0	7	12
1846	350	178	127	29	16	.	.	.
1846/47	364	184	138	29	13	0	4	9
1847	384	193	140	32	19	.	.	.
1847/48	403	202	141	35	25	1	7	17
1848	419	191	161	42	25	.	.	.
1848/49	434	180	181	48	25	0	5	20
1849	410	170	166	48	26	.	.	.
1849/50	386	159	151	49	27	0	7	20
1850	387	164	150	47	26	.	.	.
1850/51	387	169	148	46	24	0	5	19
1851	402	170	151	53	28	.	.	.
1851/52	385	167	133	55	30	0	15	15
1852	400	181	140	53	26	1	11	14
1852/53	422	199	138	58	27	0	5	22
1853	431	204	136	61	30	.	7	23
1853/54	479	213	144	89	33	.	7	26
1854	486	207	162	81	36	.	13	23
1854/55	521	220	170	90	41	.	13	28
1855	540	230	190	90	30	.	10	20
1855/56	539	257	134	104	44	.	19	25
1856	549	267	142	100	40	.	16	24
1856/57	500	253	106	91	50	.	15	35
1857	549	287	116	97	49	.	13	36
1857/58	589	325	99	105	60	.	23	37
1858	585	345	98	82	60	.	24	36
1858/59	561	300	100	85	76	.	29	47
1859	523	289	103	85	46	.	27	19
1859/60	485	296	76	70	43	.	21	22
1860	501	312	77	64	48	.	19	29
1860/61	508	309	84	66	49	.	21	28
1861	483	300	78	60	45	.	20	25
1861/62	448	262	82	60	44	.	23	21
1862	472	281	79	62	50	.	26	24
1862/63	485	276	93	71	45	.	26	19
1863	462	274	85	66	37	.	19	18
1863/64	501	298	89	64	50	.	27	23
1864	497	295	94	64	44	.	26	18
1864/65	478	272	94	74	38	.	25	13
1865	464	266	89	75	34	.	20	14
1865/66	473	264	97	80	32	.	15	17
1866	456	248	99	76	33	.	11	22

Tab.6.2: Die Einzelfachstrome an der Universität Erlangen nach Staatsangehörigkeit und Geschlecht 1826/27-1941/1

Semester	Evang. Theol. insg.	Ausl. in %	Jura insg.	Ausl. in %	Medizin insg.	Ausl. in %	Zahnmedizin insg.	Ausl. in %	Pharmazie insg.	Ausl. in %	Philol., Gesch. insg.	Ausl. in %	Math., Naturw. insg.	Ausl. in %
	1	2	3	4	5	6	7	8	9	10	11	12	13	14
1866/67	221	.	96	.	77	.	0	.	14	. .	5	.	8	.
1867	244	.	94	.	79	.	0	.	14	.	6	.	9	.
1867/68	215	.	72	.	83	.	0	.	14	.	6	.	11	.
1868	221	.	68	.	75	.	0	.	8	.	6	.	14	.
1868/69	202	.	69	.	77	.	0	.	21	.	11	.	19	.
1869	183	.	67	.	78	.	0	.	19	.	8	.	12	.
1869/70	182	.	65	.	87	.	0	.	21	.	8	.	11	.
1870	163	.	66	.	74	.	0	.	20	.	10	.	11	.
1870/71	128	.	37	.	55	.	0	.	12	.	10	.	6	.
1871	150	.	45	.	69	.	0	.	11	.	13	.	6	.
1871/72	163	.	45	.	83	.	1	.	19	.	19	.	14	.
1872	160	.	50	.	91	.	1	.	20	.	21	.	16	.
1872/73	162	.	35	.	103	.	1	.	17	.	29	.	24	.
1873	177	3,39	41	2,44	113	9,73	0	.	17	.	31	3,23	29	13,79
1873/74	178	6,18	41	2,44	125	10,40	0	.	31	.	38	2,63	32	6,25
1874	166	6,63	35	2,86	121	14,05	0	.	30	.	51	3,92	39	5,13
1874/75	136	4,41	44	4,55	111	8,11	0	.	35	.	48	0,00	42	9,52
1875	142	6,34	44	2,27	96	6,25	0	.	36	.	46	2,17	37	5,41
1875/76	134	4,48	35	2,86	120	8,33	0	.	41	.	51	1,96	48	4,17
1876	136	3,68	37	2,70	102	7,84	0	.	42	.	57	1,75	49	4,08
1876/77	149	4,03	45	8,89	121	6,61	0	.	41	.	64	4,69	54	5,56
1877	133	4,51	44	6,82	98	7,14	0	.	44	.	70	4,29	42	7,14
1877/78	133	5,26	51	5,88	110	5,45	0	.	56	.	56	3,57	42	9,52
1878	140	3,57	50	4,00	96	6,25	0	.	36	.	49	8,16	44	6,82
1878/79	154	1,30	50	4,00	101	4,95	0	.	41	.	42	11,90	46	6,52
1879	183	3,28	49	4,08	88	4,55	0	.	33	.	39	15,38	44	9,09
1879/80	198	3,54	52	1,92	99	4,04	0	.	39	.	55	10,91	38	7,89
1880	206	2,91	47	2,13	94	7,45	0	.	29	.	56	7,14	32	0,00
1880/81	186	4,84	52	3,85	113	3,54	0	.	35	.	57	8,77	29	10,34
1881	216	3,70	58	1,72	96	5,21	0	.	17	.	46	13,04	28	3,57
1881/82	245	6,53	62	0,00	106	3,77	0	.	18	.	42	14,29	31	3,23
1882	278	5,76	69	0,00	126	7,14	0	.	15	.	50	10,00	37	13,51
1882/83	263	7,22	60	0,00	134	5,97	0	.	20	.	48	4,17	43	13,95
1883	305	10,16	71	0,00	151	3,97	0	.	17	.	56	3,57	41	12,20
1883/84	363	4,41	76	1,32	167	4,79	0	.	21	.	48	4,17	55	14,55
1884	363	5,51	79	1,27	171	4,68	0	.	17	.	39	2,56	51	11,76
1884/85	357	5,32	97	0,00	200	3,50	0	.	22	.	30	13,33	54	18,52
1885	402	4,48	103	0,00	197	2,03	0	.	22	.	35	20,00	52	23,08
1885/86	398	4,27	111	0,00	225	1,78	1	.	21	4,76	38	18,42	48	22,92
1886	445	5,84	109	0,00	232	1,29	1	.	22	0,00	38	13,16	62	17,74
1886/87	386	4,40	118	0,00	265	1,89	2	.	17	0,00	32	6,25	60	15,00
1887	370	5,41	119	0,00	259	2,70	3	.	24	4,17	32	0,00	58	20,69
1887/88	338	2,07	161	0,00	252	2,78	3	.	43	0,00	30	23,33	52	19,23
1888	354	2,82	167	0,00	267	3,37	9	.	41	0,00	35	14,29	53	15,09
1888/89	307	3,58	178	1,12	280	4,29	17	.	42	0,00	48	12,50	67	16,42
1889	335	3,88	188	1,06	283	3,18	18	.	38	2,63	38	23,68	70	18,57
1889/90	277	4,33	185	2,16	319	4,70	21	.	52	0,00	34	17,65	60	13,33
1890	290	4,14	213	1,88	340	5,00	19	.	55	0,00	30	6,67	59	6,78
1890/91	285	3,51	212	1,42	367	2,45	22	.	57	0,00	38	15,79	73	10,96
1891	312	1,60	236	1,69	346	4,34	25	4,00	54	0,00	27	22,22	77	7,79
1891/92	264	2,65	227	1,76	344	2,33	28	3,57	63	0,00	30	6,67	103	9,71
1892	294	3,40	246	1,63	332	2,71	33	3,03	59	0,00	25	4,00	118	5,93
1892/93	276	3,62	238	1,68	349	2,01	27	7,41	62	0,00	29	6,90	118	3,39
1893	327	3,98	251	1,59	322	2,48	20	0,00	58	0,00	35	14,29	124	7,26
1893/94	285	5,61	208	0,48	338	2,66	20	0,00	72	1,39	39	10,26	136	2,94
1894	327	5,50	239	0,42	309	2,27	19	0,00	54	0,00	38	7,89	136	3,68
1894/95	267	5,62	209	0,48	355	2,54	25	0,00	85	1,18	52	5,77	138	2,17
1895	314	3,50	234	0,85	332	2,41	27	0,00	57	1,75	58	10,34	132	1,52
1895/96	250	4,40	197	1,02	374	1,87	24	0,00	74	0,00	63	4,76	134	4,48
1896	313	5,11	218	0,92	333	2,70	22	0,00	56	0,00	58	6,90	138	3,62
1896/97	252	2,38	186	2,15	349	3,15	19	0,00	76	3,95	59	5,08	133	3,76
1897	294	2,04	224	1,34	333	2,10	10	0,00	76	2,63	59	6,78	144	4,17
1897/98	240	4,17	182	1,65	340	2,35	15	0,00	79	1,27	66	12,12	146	2,74
1898	235	6,81	219	2,28	316	2,53	16	0,00	72	1,39	64	7,81	148	5,41
1898/99	181	3,87	200	1,50	325	2,46	12	0,00	87	0,00	61	8,20	160	3,13
1899	200	4,50	233	1,29	304	2,96	15	0,00	69	0,00	60	10,00	161	3,73
1899/00	152	2,63	219	1,37	299	2,01	7	0,00	81	3,70	67	7,46	149	2,68
1900	178	2,25	253	1,19	265	1,89	6	0,00	60	3,33	64	4,69	148	4,05
1900/01	171	4,09	264	1,52	249	2,81	4	0,00	80	6,25	72	5,56	127	3,15
1901	175	2,86	276	0,72	244	4,92	2	0,00	83	4,82	67	5,97	130	2,31
1901/02	166	1,52	303	0,66	250	5,20	3	0,00	93	3,26	66	6,15	137	3,65
1902	175	2,86	319	0,63	240	4,58	0	.	66	0,00	61	6,56	143	4,90
1902/03	145	0,69	301	1,99	231	3,46	0	.	85	0,00	65	3,08	137	6,57

Tab. 6. 2: Die Einzelfachströme an der
Universität Erlangen nach Staatsangehörigkeit und Geschlecht
1826/27–1941/1

	Cameralia		Studierende		
	insg.	Ausl. in %	insg.	Ausländer	
				insg.	in %
Semester	15	16	17	18	19
1866/67	0	.	421	.	.
1867	0	.	446	.	.
1867/68	0	.	401	.	.
1868	0	.	392	.	.
1868/69	0	.	399	.	.
1869	0	.	367	.	.
1869/70	0	.	374	.	.
1870	0	.	344	.	.
1870/71	0	.	248	.	.
1871	0	.	294	.	.
1871/72	0	.	344	.	.
1872	0	.	359	.	.
1872/73	0	.	371	.	.
1873	0	.	408	23	5,64
1873/74	0	.	445	28	6,29
1874	0	.	442	33	7,47
1874/75	0	.	416	21	5,05
1875	0	.	401	19	4,74
1875/76	0	.	429	20	4,66
1876	0	.	423	17	4,02
1876/77	0	.	474	24	5,06
1877	0	.	431	22	5,10
1877/78	0	.	448	22	4,91
1878	0	.	415	20	4,82
1878/79	0	.	434	17	3,92
1879	0	.	436	22	5,05
1879/80	0	.	481	21	4,37
1880	0	.	464	18	3,88
1880/81	1	.	473	23	4,86
1881	1	.	462	21	4,55
1881/82	0	.	504	27	5,36
1882	0	.	575	35	6,09
1882/83	0	.	568	35	6,16
1883	0	.	641	44	6,86
1883/84	0	.	730	35	4,79
1884	0	.	720	36	5,00
1884/85	0	.	760	40	5,26
1885	0	.	811	41	5,06
1885/86	0	.	842	40	4,75
1886	0	.	909	45	4,95
1886/87	0	.	880	33	3,75
1887	0	.	865	40	4,62
1887/88	0	.	879	31	3,53
1888	0	.	926	32	3,46
1888/89	0	.	939	42	4,47
1889	0	.	970	47	4,85
1889/90	0	.	948	45	4,75
1890	0	.	1006	39	3,88
1890/91	0	.	1054	36	3,42
1891	1	100,00	1078	38	3,53
1891/92	1	100,00	1060	33	3,11
1892	0	.	1107	32	2,89
1892/93	0	.	1099	29	2,64
1893	0	.	1137	39	3,43
1893/94	0	.	1098	35	3,19
1894	0	.	1122	34	3,03
1894/95	0	.	1131	32	2,83
1895	0	.	1154	30	2,60
1895/96	0	.	1116	29	2,60
1896	0	.	1138	36	3,16
1896/97	0	.	1074	32	2,98
1897	0	.	1140	28	2,46
1897/98	0	.	1068	34	3,18
1898	0	.	1070	43	4,02
1898/99	0	.	1026	28	2,73
1899	0	.	1042	33	3,17
1899/00	0	.	974	25	2,57
1900	0	.	974	23	2,36
1900/01	0	.	967	31	3,21
1901	0	.	977	30	3,07
1901/02	0	.	1004	34	3,39
1902	0	.	1004	29	2,89
1902/03	0	.	964	26	2,70

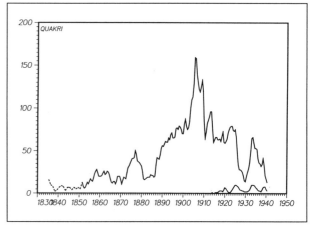

Abb. 6. 8: Die Studierenden (weibl. u. insg.) an der Universität Erlangen 1866/67–1941/1: Pharmazie

Tab. 6.2: Die Einzelfachströme an der Universität Erlangen nach Staatsangehörigkeit und Geschlecht 1826/27-1941/1

	Evangelische Theologie				Jura					Medizin				
	insg.	Frauen			Aus-länd. in %	insg.	Frauen			Aus-länd. in %	insg.	Frauen			Aus-länd. in %
		insg.	in %	deuts.			insg.	in %	deuts.			insg.	in %	deuts.	
Semester	1	2	3	4	5	6	7	8	9	10	11	12	13	14	15
1903	155	.	.	.	0,65	316	.	.	.	1,27	201	.	.	.	4,48
1903/04	152	0	0,00	.	4,61	322	0	0,00	.	1,55	203	1	0,49	.	5,91
1904	164	0	0,00	.	2,44	322	0	0,00	.	1,86	182	0	0,00	.	2,20
1904/05	150	0	0,00	.	2,00	279	0	0,00	.	0,72	189	1	0,53	.	3,17
1905	148	0	0,00	.	3,38	281	0	0,00	.	1,07	176	1	0,57	.	4,55
1905/06	145	0	0,00	.	4,83	321	0	0,00	.	1,25	185	0	0,00	.	2,70
1906	148	0	0,00	.	2,70	354	0	0,00	.	1,41	172	0	0,00	.	4,07
1906/07	130	0	0,00	.	3,08	359	0	0,00	.	0,56	206	1	0,49	.	2,43
1907	148	0	0,00	.	3,38	380	0	0,00	.	1,05	199	2	1,01	.	3,02
1907/08	155	0	0,00	.	4,52	323	0	0,00	.	0,62	225	3	1,33	.	4,00
1908	149	0	0,00	.	5,37	349	0	0,00	.	0,57	212	4	1,89	.	3,77
1908/09	138	0	0,00	0	7,25	301	0	0,00	0	1,00	240	4	1,67	4	3,33
1909	135	0	0,00	0	4,44	326	0	0,00	0	0,00	260	5	1,92	4	3,85
1909/10	139	0	0,00	0	2,16	248	0	0,00	0	1,61	289	12	4,15	4	4,50
1910	168	0	0,00	0	1,19	229	0	0,00	0	0,44	255	12	4,71	6	3,92
1910/11	173	0	0,00	0	1,16	182	0	0,00	0	1,65	291	15	5,15	6	4,81
1911	193	0	0,00	0	2,07	205	0	0,00	0	1,46	298	15	5,03	6	5,03
1911/12	230	0	0,00	0	1,74	196	0	0,00	0	1,53	342	14	4,09	7	3,80
1912	226	0	0,00	.	1,33	207	0	0,00	.	1,93	361	11	3,05	.	3,32
1912/13	233	0	0,00	.	2,58	196	0	0,00	.	2,04	388	10	2,58	.	1,55
1913	256	0	0,00	.	1,17	208	3	1,44	.	1,44	356	9	2,53	.	2,53
1913/14	238	0	0,00	.	0,00	203	2	0,99	.	0,99	423	8	1,89	.	4,49
1914	236	0	0,00	.	0,42	203	0	0,00	.	1,48	399	8	2,01	.	3,51
1914/15	203	0	0,00	.	0,00	172	0	0,00	.	1,74	373	13	3,49	.	0,54
1915	216	0	0,00	.	0,00	184	2	1,09	.	1,09	406	10	2,46	.	0,49
1915/16	212	0	0,00	.	0,00	191	1	0,52	.	0,52	420	11	2,62	.	0,71
1916	209	0	0,00	.	0,00	188	0	0,00	.	1,06	433	14	3,23	.	0,69
1916/17	222	0	0,00	.	0,45	199	1	0,50	.	1,51	445	7	1,57	.	0,67
1917	217	0	0,00	.	0,00	204	1	0,49	.	0,98	442	12	2,71	.	0,68
1917/18	234	0	0,00	.	0,43	220	0	0,00	.	0,91	495	25	5,05	.	0,40
1918	219	0	0,00	.	0,46	205	2	0,98	.	1,46	502	29	5,78	.	0,60
1918/19	236	0	0,00	.	0,85	237	2	0,84	.	2,11	546	32	5,86	.	0,73
1919	203	1	0,49	.	0,49	228	3	1,32	.	0,88	459	27	5,88	.	0,44
ZS.1919	146	0	0,00	.	.	194	1	0,52	.	.	426	5	1,17	.	.
1919/20	236	2	0,85	.	0,00	247	6	2,43	.	0,81	464	23	4,96	.	0,43
1920	249	1	0,40	.	0,00	234	5	2,14	.	0,00	335	19	5,67	.	0,60
1920/21	267	4	1,50	.	1,12	281	8	2,85	.	1,07	353	20	5,67	.	1,42
1921	291	5	1,72	.	1,37	371	9	2,43	.	1,08	353	21	5,95	.	2,27
1921/22	225	5	2,22	.	0,89	355	8	2,25	.	1,69	338	22	6,51	.	3,85
1922	228	6	2,63	.	2,63	488	8	1,64	.	1,64	303	17	5,61	.	3,30
1922/23	176	5	2,84	.	1,70	484	5	1,03	.	1,65	269	14	5,20	.	3,72
1923	209	3	1,44	.	.	546	8	1,47	.	.	256	13	5,08	.	.
1923/24	181	5	2,76	.	.	493	6	1,22	.	.	212	10	4,72	.	.
1924	176	3	1,70	.	.	462	5	1,08	.	.	196	15	7,65	.	.
1924/25	118	3	2,54	.	.	393	4	1,02	.	.	161	13	8,07	.	.
1925	119	2	1,68	.	.	390	1	0,26	.	.	198	17	8,59	.	.
1925/26	177	1	0,56	.	.	382	2	0,52	.	.	184	16	8,70	.	.
1926	212	2	0,94	.	.	394	2	0,51	.	.	190	10	5,26	.	.
1926/27	245	2	0,82	.	.	417	3	0,72	.	.	198	9	4,55	.	.
1927	232	2	0,86	2	4,31	408	4	0,98	3	1,23	235	13	5,53	13	2,55
1927/28	267	8	3,00	8	5,99	412	3	0,73	3	1,21	242	13	5,37	13	0,83
1928	312	12	3,85	12	4,81	385	5	1,30	5	1,30	293	10	3,41	10	1,71
1928/29	331	11	3,32	10	6,04	411	0	0,00	0	0,97	287	11	3,83	11	1,39
1929	395	9	2,28	7	6,33	367	3	0,82	3	1,36	350	14	4,00	14	1,14
1929/30	356	8	2,25	7	4,49	368	2	0,54	2	1,09	365	20	5,48	20	1,37
1930	396	7	1,77	7	4,04	305	2	0,66	2	0,98	417	31	7,43	31	1,92
1930/31	461	8	1,74	7	2,82	376	7	1,86	7	1,33	458	35	7,64	35	1,97
1931	477	13	2,73	13	1,89	364	6	1,65	6	0,27	573	46	8,03	46	1,57
1931/32	509	15	2,95	15	2,36	366	3	0,82	3	1,64	565	50	8,85	50	1,77
1932	595	14	2,35	14	2,18	376	8	2,13	8	1,60	654	51	7,80	51	1,68
1932/33	579	10	1,73	10	2,07	379	6	1,58	6	1,85	612	58	9,48	58	2,45
1933	567	10	1,76	.	.	403	13	3,23	.	.	645	57	8,84	.	.
1933/34	663	14	2,11	.	.	347	7	2,02	.	.	605	51	8,43	.	.
1934	454	11	2,42	.	.	257	6	2,33	.	.	530	50	9,43	.	.
1934/35	498	12	2,41	.	.	202	4	1,98	.	.	446	34	7,62	.	.
1935	277	8	2,89	.	.	125	2	1,60	.	.	394	33	8,38	.	.
1935/36	375	8	2,13	.	.	142	0	0,00	.	.	444	34	7,66	.	.
1936	271	6	2,21	.	.	118	1	0,85	.	.	369	30	8,13	.	.
1936/37	332	7	2,11	.	.	97	0	0,00	.	.	327	32	9,79	.	.
1937	243	4	1,65	.	.	69	1	1,45	.	.	336	26	7,74	.	.
1937/38	297	4	1,35	.	.	104	0	0,00	.	.	307	24	7,82	.	.
1938	259	4	1,54	.	.	91	0	0,00	.	.	320	25	7,81	.	.
1938/39	220	5	2,27	.	.	116	0	0,00	.	.	271	23	8,49	.	.
1939	216	4	1,85	.	.	100	0	0,00	.	.	284	20	7,04	.	.
1939/40	87	3	3,45	.	.	123	0	0,00	.	.	944	145	15,36	.	.
1940/1	70	4	5,71	.	.	91	0	0,00	.	.	775	83	10,71	.	.
1940/2	54	4	7,41	.	.	83	1	1,20	.	.	408	56	13,73	.	.
1940/3	51	3	5,88	.	.	68	1	1,47	.	.	459	74	16,12	.	.
1941/1	51	2	3,92	.	.	57	0	0,00	.	.	380	97	25,53	.	.

Tab. 6.2: Die Einzelfachströme an der Universität Erlangen nach Staatsangehörigkeit und Geschlecht 1826/27–1941/1

	Zahnmedizin					Pharmazie				Philologien, Geschichte				
	insg.	Frauen		deuts.	Ausländ. in %	insg.	Frauen		Ausländ. in %	insg.	Frauen		deuts.	Ausländ. in %
		insg.	in %				insg.	in %			insg.	in %		
Semester	16	17	18	19	20	21	22	23	24	25	26	27	28	29
1903	0	.	.	.	.	70	.	.	0,00	51	.	.	.	5,88
1903/04	1	0	0,00	.	0,00	99	0	0,00	0,00	59	0	0,00	.	1,69
1904	2	0	0,00	.	0,00	102	0	0,00	0,98	61	0	0,00	.	1,64
1904/05	2	0	0,00	.	0,00	119	0	0,00	0,00	82	2	2,44	.	2,44
1905	2	0	0,00	.	0,00	108	0	0,00	0,00	77	2	2,60	.	2,60
1905/06	1	0	0,00	.	0,00	149	0	0,00	1,34	82	2	2,44	.	2,44
1906	1	0	0,00	.	0,00	169	0	0,00	1,78	80	0	0,00	.	2,50
1906/07	2	0	0,00	.	0,00	147	0	0,00	0,00	85	2	2,35	.	5,88
1907	4	0	0,00	.	0,00	132	0	0,00	0,00	68	1	1,47	.	4,41
1907/08	1	0	0,00	.	0,00	129	0	0,00	0,78	77	0	0,00	.	1,30
1908	1	0	0,00	.	0,00	115	0	0,00	0,87	95	1	1,05	.	2,11
1908/09	2	0	0,00	0	0,00	124	0	0,00	0,81	113	3	2,65	3	2,65
1909	3	0	0,00	0	0,00	126	0	0,00	0,00	94	1	1,06	1	2,13
1909/10	4	0	0,00	0	0,00	139	0	0,00	0,72	98	1	1,02	0	3,06
1910	5	0	0,00	0	0,00	102	0	0,00	0,00	100	0	0,00	0	0,00
1910/11	4	0	0,00	0	0,00	66	0	0,00	0,00	97	1	1,03	0	2,06
1911	14	0	0,00	0	0,00	65	0	0,00	0,00	119	1	0,84	0	2,52
1911/12	14	0	0,00	0	0,00	80	0	0,00	1,25	116	0	0,00	0	0,00
1912	12	0	0,00	.	0,00	84	0	0,00	1,19	193	9	4,66	.	11,92
1912/13	13	0	0,00	.	0,00	88	0	0,00	0,00	211	6	2,84	.	6,16
1913	9	0	0,00	.	0,00	92	0	0,00	0,00	224	6	2,68	.	7,59
1913/14	14	0	0,00	.	0,00	100	0	0,00	0,00	228	13	5,70	.	4,39
1914	14	0	0,00	.	0,00	93	1	1,08	0,00	228	11	4,82	.	3,07
1914/15	11	0	0,00	.	0,00	59	1	1,69	0,00	192	9	4,69	.	0,52
1915	11	0	0,00	.	0,00	61	0	0,00	0,00	212	8	3,77	.	0,00
1915/16	12	0	0,00	.	0,00	65	1	1,54	0,00	210	14	6,67	.	0,00
1916	12	0	0,00	.	0,00	67	1	1,49	0,00	219	18	8,22	.	0,46
1916/17	11	0	0,00	.	0,00	65	1	1,54	0,00	215	15	6,98	.	1,40
1917	12	0	0,00	.	0,00	62	1	1,61	0,00	217	13	5,99	.	1,84
1917/18	13	2	15,38	.	0,00	64	3	4,69	0,00	244	18	7,38	.	2,05
1918	12	0	0,00	.	0,00	64	4	6,25	0,00	240	18	7,50	.	2,50
1918/19	13	1	7,69	.	0,00	58	3	5,17	0,00	264	15	5,68	.	1,89
1919	56	4	7,14	.	0,00	76	3	3,95	0,00	264	22	8,33	.	1,14
ZS.1919	33	0	0,00	.	.	63	2	3,17	.	182	0	0,00	.	.
1919/20	100	4	4,00	.	0,00	69	1	1,45	0,00	283	26	9,19	.	2,12
1920	101	6	5,94	.	0,00	52	7	13,46	0,00	261	26	9,96	.	1,53
1920/21	122	3	2,46	.	0,00	66	7	10,61	0,00	307	26	8,47	.	1,63
1921	121	1	0,83	.	0,00	57	5	8,77	0,00	338	30	8,88	.	2,07
1921/22	111	2	1,80	.	0,90	71	3	4,23	0,00	371	24	6,47	.	1,89
1922	101	2	1,98	.	2,97	72	2	2,78	0,00	411	33	8,03	.	1,70
1922/23	77	2	2,60	.	5,19	78	1	1,28	1,28	402	30	7,46	.	1,74
1923	57	0	0,00	.	.	79	2	2,53	.	203	37	18,23	.	.
1923/24	32	2	6,25	.	.	79	2	2,53	.	187	33	17,65	.	.
1924	14	2	14,29	.	.	80	7	8,75	.	156	32	20,51	.	.
1924/25	22	1	4,55	.	.	69	6	8,70	.	130	24	18,46	.	.
1925	21	0	0,00	.	.	77	10	12,99	.	.	.	.	.	.
1925/26	31	0	0,00	.	.	74	11	14,86	.	.	.	.	.	.
1926	56	0	0,00	.	.	58	10	17,24	.	.	.	.	.	.
1926/27	73	0	0,00	.	.	40	9	22,50	.	.	.	.	.	.
1927	90	2	2,22	2	3,33	29	7	24,14	0,00	.	.	.	.	.
1927/28	97	3	3,09	3	1,03	27	5	18,52	0,00	.	.	.	.	.
1928	113	4	3,54	4	0,88	29	4	13,79	0,00	.	.	.	.	.
1928/29	110	3	2,73	3	1,82	25	4	16,00	0,00	.	.	.	.	.
1929	145	10	6,90	6	3,45	25	3	12,00	0,00	.	.	.	.	.
1929/30	134	8	5,97	5	2,99	17	3	17,65	0,00	.	.	.	.	.
1930	168	14	8,33	12	2,38	13	2	15,38	0,00	.	.	.	.	.
1930/31	156	14	8,97	11	3,85	15	2	13,33	0,00	.	.	.	.	.
1931	191	16	8,38	13	3,66	25	2	8,00	0,00	.	.	.	.	.
1931/32	192	19	9,90	15	4,69	25	3	12,00	0,00	.	.	.	.	.
1932	220	20	9,09	16	3,64	34	4	11,76	0,00	.	.	.	.	.
1932/33	212	19	8,96	16	2,83	39	5	12,82	0,00	.	.	.	.	.
1933	214	18	8,41	.	.	60	10	16,67	.	.	.	.	.	.
1933/34	194	14	7,22	.	.	70	11	15,71	.	.	.	.	.	.
1934	152	7	4,61	.	.	62	10	16,13	.	.	.	.	.	.
1934/35	160	9	5,63	.	.	57	10	17,54	.	.	.	.	.	.
1935	112	8	7,14	.	.	49	8	16,33	.	.	.	.	.	.
1935/36	133	13	9,77	.	.	58	7	12,07	.	.	.	.	.	.
1936	121	8	6,61	.	.	46	5	10,87	.	.	.	.	.	.
1936/37	115	9	7,83	.	.	36	3	8,33	.	.	.	.	.	.
1937	75	7	9,33	.	.	37	4	10,81	.	.	.	.	.	.
1937/38	56	1	1,79	.	.	34	3	8,82	.	.	.	.	.	.
1938	55	3	5,45	.	.	30	2	6,67	.	.	.	.	.	.
1938/39	33	3	9,09	.	.	38	7	18,42	.	.	.	.	.	.
1939	31	3	9,68	.	.	45	8	17,78	.	.	.	.	.	.
1939/40	32	5	15,63	.	.	27	9	33,33	.	.	.	.	.	.
1940/1	24	4	16,67	.	.	21	8	38,10	.	.	.	.	.	.
1940/2	11	5	45,45	.	.	22	8	36,36	.	.	.	.	.	.
1940/3	16	5	31,25	.	.	25	9	36,00	.	.	.	.	.	.
1941/1	10	6	60,00	.	.	13	3	23,08	.	.	.	.	.	.

Tab.6.2: Die Einzelfachströme an der Universität Erlangen nach Staatsangehörigkeit und Geschlecht 1826/27–1941/1

	Mathematik, Naturwissenschaften				Chemie					Cameralia, Volkswirtschaft				
	insg.	Frauen		Ausländ. in %	insg.	Frauen			Ausländ. in %	insg.	Frauen			Ausländ. in %
		insg.	in %	deuts.			insg.	in %	deuts.			insg.	in %	deuts.	
Semester	30	31	32	33	34	35	36	37	38	39	40	41	42	43	44
1903	54	.	.	.	3,70	77	.	.	.	7,79	0	.	.	.	.
1903/04	66	0	0,00	.	1,52	65	0	0,00	.	7,69	0	.	.	.	.
1904	53	0	0,00	.	1,89	63	0	0,00	.	7,94	0	.	.	.	.
1904/05	46	1	2,17	.	0,00	54	0	0,00	.	7,41	0	.	.	.	.
1905	45	1	2,22	.	0,00	58	0	0,00	.	3,45	0	.	.	.	.
1905/06	54	0	0,00	.	1,85	59	0	0,00	.	1,69	0	.	.	.	.
1906	47	1	2,13	.	2,13	58	0	0,00	.	3,45	0	.	.	.	.
1906/07	42	1	2,38	.	2,38	53	0	0,00	.	7,55	1	.	.	.	100,00
1907	41	1	2,44	.	4,88	54	0	0,00	.	7,41	7	.	.	.	57,14
1907/08	42	1	2,38	.	0,00	62	0	0,00	.	8,06	10	.	.	.	30,00
1908	46	0	0,00	.	0,00	57	0	0,00	.	5,26	14	.	.	.	28,57
1908/09	63	1	1,59	1	1,59	56	0	0,00	0	5,36	12	0	0,00	0	25,00
1909	75	3	4,00	3	0,00	69	0	0,00	0	7,25	22	3	13,64	2	22,73
1909/10	78	1	1,28	1	1,28	63	0	0,00	0	4,76	22	1	4,55	0	54,55
1910	69	0	0,00	0	0,00	65	0	0,00	0	3,08	23	2	8,70	1	43,48
1910/11	70	3	4,29	2	1,43	61	0	0,00	0	4,92	25	0	0,00	0	40,00
1911	72	2	2,78	1	1,39	63	0	0,00	0	7,94	28	0	0,00	0	32,14
1911/12	82	2	2,44	1	1,22	63	1	1,59	1	9,52	34	1	2,94	1	20,59
1912	130	3	2,31	.	3,08	.	.	.	.	.	.	.	.	.	.
1912/13	132	5	3,79	.	2,27	.	.	.	.	.	.	.	.	.	.
1913	146	5	3,42	.	2,74	.	.	.	.	.	.	.	.	.	.
1913/14	135	9	6,67	.	0,74	.	.	.	.	.	.	.	.	.	.
1914	129	13	10,08	.	2,33	.	.	.	.	.	.	.	.	.	.
1914/15	108	8	7,41	.	0,00	.	.	.	.	.	.	.	.	.	.
1915	124	8	6,45	.	0,00	.	.	.	.	.	.	.	.	.	.
1915/16	118	7	5,93	.	0,00	.	.	.	.	.	.	.	.	.	.
1916	114	6	5,26	.	0,88	.	.	.	.	.	.	.	.	.	.
1916/17	126	8	6,35	.	0,79	.	.	.	.	.	.	.	.	.	.
1917	135	8	5,93	.	0,74	.	.	.	.	.	.	.	.	.	.
1917/18	152	10	6,58	.	0,66	.	.	.	.	.	.	.	.	.	.
1918	147	11	7,48	.	1,36	.	.	.	.	.	.	.	.	.	.
1918/19	163	7	4,29	.	0,61	.	.	.	.	.	.	.	.	.	.
1919	188	7	3,72	.	1,60	.	.	.	.	.	.	.	.	.	.
ZS.1919	145	0	0,00	.	.	.	.	.	.	.	.	.	.	.	.
1919/20	210	10	4,76	.	1,43	.	.	.	.	.	.	.	.	.	.
1920	217	5	2,30	.	1,84	.	.	.	.	.	.	.	.	.	.
1920/21	240	10	4,17	.	2,50	.	.	.	.	.	.	.	.	.	.
1921	269	10	3,72	.	1,49	.	.	.	.	.	.	.	.	.	.
1921/22	254	8	3,15	.	1,57	.	.	.	.	.	.	.	.	.	.
1922	279	8	2,87	.	2,51	.	.	.	.	.	.	.	.	.	.
1922/23	253	10	3,95	.	3,16	.	.	.	.	.	.	.	.	.	.
1923	285	10	3,51	.	.	.	.	.	.	.	194	2	1,03	.	.
1923/24	249	13	5,22	.	.	.	.	.	.	.	215	3	1,40	.	.
1924	241	10	4,15	.	.	.	.	.	.	.	163	6	3,68	.	.
1924/25	220	7	3,18	.	.	.	.	.	.	.	134	3	2,24	.	.
1925	.	.	.	.	.	151	8	5,30	.	.	151	3	1,99	.	.
1925/26	.	.	.	.	.	141	8	5,67	.	.	162	5	3,09	.	.
1926	.	.	.	.	.	120	6	5,00	.	.	130	2	1,54	.	.
1926/27	.	.	.	.	.	108	6	5,56	.	.	105	2	1,90	.	.
1927	.	.	.	.	.	93	5	5,38	4	6,45	100	2	2,00	2	5,00
1927/28	.	.	.	.	.	81	4	4,94	4	4,94	102	3	2,94	3	4,90
1928	.	.	.	.	.	80	6	7,50	5	6,25	89	3	3,37	3	4,49
1928/29	.	.	.	.	.	63	7	11,11	7	3,17	82	4	4,88	3	7,32
1929	.	.	.	.	.	65	6	9,23	6	1,54	88	9	10,23	8	4,55
1929/30	.	.	.	.	.	59	7	11,86	7	1,69	98	9	9,18	8	2,04
1930	.	.	.	.	.	56	5	8,93	5	1,79	85	4	4,71	3	2,35
1930/31	.	.	.	.	.	63	9	14,29	8	1,59	78	5	6,41	5	2,56
1931	.	.	.	.	.	82	11	13,41	10	2,44	74	3	4,05	3	1,35
1931/32	.	.	.	.	.	81	6	7,41	6	1,23	59	3	5,08	3	1,69
1932	.	.	.	.	.	65	4	6,15	4	1,54	67	6	8,96	6	1,49
1932/33	.	.	.	.	.	61	2	3,28	2	1,64	73	4	5,48	4	4,11
1933	.	.	.	.	.	65	6	9,23	.	.	64	3	4,69	.	.
1933/34	.	.	.	.	.	58	2	3,45	.	.	56	4	7,14	.	.
1934	.	.	.	.	.	46	1	2,17	.	.	47	4	8,51	.	.
1934/35	.	.	.	.	.	44	2	4,55	.	.	45	3	6,67	.	.
1935	.	.	.	.	.	35	2	5,71	.	.	38	5	13,16	.	.
1935/36	.	.	.	.	.	38	2	5,26	.	.	44	2	4,55	.	.
1936	.	.	.	.	.	36	1	2,78	.	.	30	1	3,33	.	.
1936/37	.	.	.	.	.	40	4	10,00	.	.	31	0	0,00	.	.
1937	.	.	.	.	.	11	0	14,03	.	.	35	1	2,86	.	.
1937/38	.	.	.	.	.	51	7	13,73	.	.	41	2	4,88	.	.
1938	.	.	.	.	.	40	4	10,00	.	.	33	2	6,06	.	.
1938/39	.	.	.	.	.	45	4	8,89	.	.	34	2	5,88	.	.
1939	.	.	.	.	.	43	4	9,30	.	.	21	1	4,76	.	.
1939/40	.	.	.	.	.	142	10	7,04	.	.	50	2	4,00	.	.
1940/1	.	.	.	.	.	93	7	7,53	.	.	28	4	14,29	.	.
1940/2	.	.	.	.	.	75	8	10,67	.	.	17	3	17,65	.	.
1940/3	.	.	.	.	.	70	20	28,57	.	.	27	5	18,52	.	.
1941/1	.	.	.	.	.	55	19	34,55	.	.	23	7	30,43	.	.

Tab. 6. 2: Die Einzelfachströme an der Universität Erlangen nach Staatsangehörigkeit und Geschlecht 1826/27–1941/1

	Sonstige				Studierende					
	insg.	Frauen		deuts.	Ausländ. in %	insg.	Frauen		deuts.	Ausländer	
		insg.	in %				insg.	in %		insg.	in %
Semester	45	46	47	48	49	50	51	52	53	54	55
1903	13	.	.	.	0,00	937	.	.	.	25	2,67
1903/04	15	.	.	.	20,00	982	1	0,10	.	34	3,46
1904	24	.	.	.	4,17	973	0	0,00	.	23	2,36
1904/05	21	.	.	.	4,76	942	4	0,42	.	18	1,91
1905	29	.	.	.	27,59	924	4	0,43	.	28	3,03
1905/06	28	.	.	.	25,00	1024	2	0,20	.	29	2,83
1906	38	.	.	.	18,42	1067	1	0,09	.	31	2,91
1906/07	31	.	.	.	19,35	1056	4	0,38	.	28	2,65
1907	32	.	.	.	15,63	1065	4	0,38	.	33	3,10
1907/08	34	.	.	.	14,71	1058	4	0,38	.	33	3,12
1908	34	.	.	.	11,76	1072	5	0,47	.	32	2,99
1908/09	41	3	7,32	2	21,95	1090	11	1,01	10	41	3,76
1909	48	3	6,25	0	16,67	1158	15	1,30	10	36	3,11
1909/10	41	4	9,76	0	19,51	1121	19	1,69	5	48	4,28
1910	34	8	23,53	0	44,12	1050	22	2,10	7	40	3,81
1910/11	42	11	26,19	0	45,24	1011	30	2,97	8	54	5,34
1911	47	10	21,28	0	40,43	1104	28	2,54	7	59	5,34
1911/12	45	9	20,00	1	40,00	1202	27	2,25	11	53	4,41
1912	.	.	.	.	.	1213	23	1,90	.	47	3,87
1912/13	.	.	.	.	.	1261	21	1,67	.	32	2,54
1913	.	.	.	.	.	1291	23	1,78	.	36	2,79
1913/14	.	.	.	.	.	1341	32	2,39	.	32	2,39
1914	.	.	.	.	.	1302	33	2,53	.	28	2,15
1914/15	.	.	.	.	.	1118	31	2,77	.	6	0,54
1915	.	.	.	.	.	1214	28	2,31	.	4	0,33
1915/16	.	.	.	.	.	1228	34	2,77	.	4	0,33
1916	.	.	.	.	.	1242	39	3,14	.	7	0,56
1916/17	.	.	.	.	.	1283	32	2,49	.	11	0,86
1917	.	.	.	.	.	1289	35	2,72	.	10	0,78
1917/18	.	.	.	.	.	1422	58	4,08	.	11	0,77
1918	.	.	.	.	.	1389	64	4,61	.	15	1,08
1918/19	.	.	.	.	.	1517	60	3,96	.	17	1,12
1919	.	.	.	.	.	1474	67	4,55	.	11	0,75
ZS.1919	.	.	.	.	.	1189	8	0,67	.	.	.
1919/20	.	.	.	.	.	1609	72	4,47	.	13	0,81
1920	.	.	.	.	.	1449	69	4,76	.	10	0,69
1920/21	.	.	.	.	.	1636	78	4,77	.	22	1,34
1921	.	.	.	.	.	1800	81	4,50	.	27	1,50
1921/22	.	.	.	.	.	1725	72	4,17	.	33	1,91
1922	.	.	.	.	.	1882	76	4,04	.	41	2,18
1922/23	.	.	.	.	.	1739	67	3,85	.	41	2,36
1923	.	.	.	.	.	1829	75	4,10	.	.	.
1923/24	.	.	.	.	.	1648	74	4,49	.	.	.
1924	.	.	.	.	.	1488	80	5,38	.	26	1,75
1924/25	.	.	.	.	.	1247	61	4,89	.	33	2,65
1925	4	1	25,00	.	.	1289	70	5,43	.	49	3,80
1925/26	3	1	33,33	.	.	1297	65	5,01	.	49	3,78
1926	3	0	0,00	.	.	1330	57	4,29	.	47	3,53
1926/27	0	0	.	.	.	1353	54	3,99	.	38	2,81
1927	2	0	0,00	0	0,00	1416	69	4,87	67	38	2,68
1927/28	8	0	0,00	0	0,00	1439	73	5,07	72	37	2,57
1928	6	0	0,00	0	0,00	1551	89	5,74	88	40	2,58
1928/29	1	0	0,00	0	0,00	1551	79	5,09	77	44	2,84
1929	0	0	.	0	.	1747	120	6,87	111	50	2,86
1929/30	0	0	.	0	.	1692	119	7,03	112	38	2,25
1930	0	0	.	0	.	1772	131	7,39	125	41	2,31
1930/31	0	0	.	0	.	1944	155	7,97	149	41	2,11
1931	3	1	33,33	1	0,00	2113	177	8,38	172	32	1,51
1931/32	0	0	.	0	.	2099	185	8,81	181	41	1,95
1932	0	0	.	0	.	2314	203	8,77	199	42	1,82
1932/33	0	0	.	0	.	2269	203	8,95	200	48	2,12
1933	1	0	0,00	.	.	2322	211	9,09	.	.	.
1933/34	1	1	100,00	.	.	2265	189	8,34	.	.	.
1934	0	0	.	.	.	1717	138	8,04	.	41	2,39
1934/35	0	0	.	.	.	1606	133	8,28	.	.	.
1935	.	.	.	.	.	1150	107	9,30	.	.	.
1935/36	.	.	.	.	.	1353	110	8,13	.	.	.
1936	.	.	.	.	.	1080	78	7,22	.	.	.
1936/37	.	.	.	.	.	1076	88	8,18	.	.	.
1937	.	.	.	.	.	905	72	7,96	.	41	4,53
1937/38	.	.	.	.	.	958	56	5,85	.	.	.
1938	.	.	.	.	.	884	58	6,56	.	.	.
1938/39	.	.	.	.	.	831	64	7,70	.	.	.
1939	.	.	.	.	.	806	54	6,70	.	.	.
1939/40	.	.	.	.	.	1464	186	12,70	.	.	.
1940/1	.	.	.	.	.	1180	134	11,36	.	.	.
1940/2	.	.	.	.	.	785	138	17,58	.	12	1,53
1940/3	.	.	.	.	.	853	196	22,98	.	.	.
1941/1	.	.	.	.	.	712	217	30,48	.	.	.

Tab.6.2: Die Einzelfachströme an der Universität Erlangen nach Staatsangehörigkeit und Geschlecht 1826/27–1941/1

	Alte Sprachen				Germanistik					Neue Sprachen				
	insg.	Frauen			Aus-länd. in %	insg.	Frauen			Aus-länd. in %	insg.	Frauen			Aus-länd. in %
		insg.	in %	deuts.			insg.	in %	deuts.			insg.	in %	deuts.	
Semester	1	2	3	4	5	6	7	8	9	10	11	12	13	14	15
1925	11	1	9,09	.	.	.	0	.	.	.	53	14	26,42	.	.
1925/26	6	1	16,67	.	.	.	0	.	.	.	56	13	23,21	.	.
1926	12	1	8,33	.	.	.	0	.	.	.	58	14	24,14	.	.
1926/27	15	1	6,67	.	.	.	0	.	.	.	64	15	23,44	.	.
1927	19	2	10,53	2	5,26	47	6	12,77	6	2,13	40	15	37,50	15	0,00
1927/28	19	1	5,26	1	5,26	47	11	23,40	11	2,13	34	12	35,29	12	0,00
1928	24	0	0,00	0	8,33	50	10	20,00	10	2,00	41	14	34,15	14	2,44
1928/29	25	0	0,00	0	8,00	41	9	21,95	9	4,88	41	13	31,71	13	2,44
1929	34	4	11,76	3	8,82	41	13	31,71	13	2,44	68	27	39,71	26	2,94
1929/30	31	3	9,68	3	0,00	50	12	24,00	12	2,00	47	20	42,55	18	4,26
1930	29	2	6,90	2	0,00	51	18	35,29	16	5,88	56	21	37,50	21	0,00
1930/31	32	2	6,25	2	0,00	70	23	32,86	22	2,86	50	22	44,00	22	0,00
1931	30	5	16,67	5	3,33	57	26	45,61	25	1,75	50	18	36,00	18	0,00
1931/32	30	7	23,33	7	0,00	63	34	53,97	34	0,00	46	16	34,78	16	0,00
1932	27	8	29,63	8	3,70	55	32	58,18	32	0,00	48	22	45,83	22	0,00
1932/33	27	5	18,52	5	3,70	78	39	50,00	39	2,56	44	23	52,27	23	0,00
1933	15	1	6,67	.	.	69	38	55,07	.	.	50	27	54,00	.	.
1933/34	21	3	14,29	.	.	64	33	51,56	.	.	41	22	53,66	.	.
1934	18	3	16,67	.	.	37	19	51,35	.	.	24	13	54,17	.	.
1934/35	18	2	11,11	.	.	37	21	56,76	.	.	25	15	60,00	.	.
1935	8	2	25,00	.	.	31	12	38,71	.	.	18	12	66,67	.	.
1935/36	9	1	11,11	.	.	39	18	46,15	.	.	14	10	71,43	.	.
1936	7	0	0,00	.	.	20	6	30,00	.	.	9	8	88,89	.	.
1936/37	4	0	0,00	.	.	33	16	48,48	.	.	6	5	83,33	.	.
1937	4	0	0,00	.	.	21	11	52,38	.	.	4	4	100,00	.	.
1937/38	11	4	36,36	.	.	19	6	31,58	.	.	0	0	.	.	.
1938	1	0	0,00	.	.	14	8	57,14	.	.	3	3	100,00	.	.
1938/39	2	0	0,00	.	.	22	11	50,00	.	.	6	3	50,00	.	.
1939	1	0	0,00	.	.	19	6	31,58	.	.	5	2	40,00	.	.
1939/40	0	0	.	.	.	14	4	28,57	.	.	3	0	0,00	.	.
1940/1	1	0	0,00	.	.	21	9	42,86	.	.	6	1	16,67	.	.
1940/2	0	0	.	.	.	37	24	64,86	.	.	10	6	60,00	.	.
1940/3	4	2	50,00	.	.	57	41	71,93	.	.	13	10	76,92	.	.
1941/1	4	2	50,00	.	.	49	39	79,59	.	.	14	12	85,71	.	.

	Geschichte				Musik				Philosophie, Pädagogik, Religionslehren				
	insg.	Frauen		Aus-länd. in %	insg.	Frauen		Aus-länd. in %	insg.	Frauen			Aus-länd. in %
		insg.	in %			insg.	in %			insg.	in %	deuts.	
Semester	16	17	18	19	20	21	22	23	24	25	26	27	28
1925	41	3	7,32	.	0	0	.	.	15	2	13,33	.	.
1925/26	19	2	10,53	.	0	0	.	.	13	1	7,69	.	.
1926	21	2	9,52	.	0	0	.	.	14	2	14,29	.	.
1926/27	19	1	5,26	.	0	0	.	.	14	2	14,29	.	.
1927	9	0	0,00	0,00	5	0	0,00	0,00	21	6	28,57	6	4,76
1927/28	7	0	0,00	0,00	4	0	0,00	0,00	16	1	6,25	1	6,25
1928	7	0	0,00	0,00	3	0	0,00	0,00	12	0	0,00	0	8,33
1928/29	9	1	11,11	0,00	7	0	0,00	0,00	22	2	9,09	2	4,55
1929	11	1	9,09	0,00	4	0	0,00	0,00	24	0	0,00	0	0,00
1929/30	17	1	5,88	5,88	3	0	0,00	0,00	10	3	30,00	3	10,00
1930	19	0	0,00	0,00	5	0	0,00	0,00	15	2	13,33	1	20,00
1930/31	16	2	12,50	6,25	6	0	0,00	0,00	16	3	18,75	3	6,25
1931	20	3	15,00	0,00	8	1	12,50	12,50	20	1	5,00	1	0,00
1931/32	13	1	7,69	0,00	6	0	0,00	16,67	18	1	5,56	1	0,00
1932	11	2	18,18	0,00	6	1	16,67	16,67	19	1	5,26	1	0,00
1932/33	8	1	12,50	0,00	4	0	0,00	0,00	14	1	7,14	1	0,00
1933	9	1	11,11	.	7	0	0,00	.	.	.	.	.	.
1933/34	7	1	14,29	.	4	0	0,00	.	.	.	.	.	.
1934	6	2	33,33	.	1	0	0,00	.	.	.	.	.	.
1934/35	5	3	60,00	.	0	0	.	.	.	.	.	.	.
1935	.	.	.	.	1	0	0,00	.	.	.	.	.	.
1935/36	.	.	.	.	1	0	0,00	.	.	.	.	.	.
1936	.	.	.	.	1	0	0,00	.	.	.	.	.	.
1936/37	1	0	0,00	.	1	0	0,00	.	.	.	.	.	.
1937	1	0	0,00	.	2	0	0,00	.	.	.	.	.	.
1937/38	3	0	0,00	.	2	0	0,00	.	.	.	.	.	.
1938	4	0	0,00	.	4	0	0,00	.	.	.	.	.	.
1938/39	3	0	0,00	.	3	1	33,33	.	.	.	.	.	.
1939	1	0	0,00	.	3	1	33,33	.	.	.	.	.	.
1939/40	3	0	0,00	.	3	1	33,33	.	.	.	.	.	.
1940/1	5	0	0,00	.	2	1	50,00	.	.	.	.	.	.
1940/2	5	2	40,00	.	4	2	50,00	.	.	.	.	.	.
1940/3	10	2	20,00	.	4	0	0,00	.	.	.	.	.	.
1941/1	12	6	50,00	.	1	0	0,00	.	.	.	.	.	.

Tab.6.2: Die Einzelfachströme an der Universität Erlangen nach Staatsangehörigkeit und Geschlecht 1826/27–1941/1

	Kunst, Archäologie			Sonstige Kulturwiss.			Leibesübungen			Mathematik				
	insg.	Frauen		insg.	Frauen		insg.	Frauen		insg.	Frauen			Ausländ. in %
		insg.	in %		insg.	in %		insg.	in %		insg.	in %	deuts.	
Semester	29	30	31	32	33	34	35	36	37	38	39	40	41	42
1925	0	0	.	.	.	.	0	0	.	22	2	9,09	.	.
1925/26	0	0	.	.	.	.	0	0	.	43	4	9,30	.	.
1926	0	0	.	.	.	.	0	0	.	57	5	8,77	.	.
1926/27	0	0	.	.	.	.	0	0	.	48	4	8,33	.	.
1927	1	0	0,00	.	.	.	0	0	.	76	4	5,26	4	0,00
1927/28	0	0	.	.	.	.	0	0	.	70	9	12,86	8	1,43
1928	4	3	75,00	.	.	.	0	0	.	45	7	15,56	7	0,00
1928/29	2	0	0,00	.	.	.	0	0	.	42	5	11,90	5	0,00
1929	7	2	28,57	.	.	.	1	0	0,00	57	11	19,30	11	0,00
1929/30	3	2	66,67	.	.	.	0	0	.	54	8	14,81	8	0,00
1930	3	2	66,67	.	.	.	0	0	.	70	7	10,00	7	0,00
1930/31	6	2	33,33	.	.	.	0	0	.	57	7	12,28	7	1,75
1931	7	2	28,57	.	.	.	0	0	.	63	13	20,63	13	0,00
1931/32	3	1	33,33	.	.	.	0	0	.	49	12	24,49	12	0,00
1932	3	1	33,33	.	.	.	1	0	0,00	66	17	25,76	17	0,00
1932/33	6	4	66,67	.	.	.	0	0	.	62	13	20,97	13	0,00
1933	.	.	.	20	4	20,00	0	0	.	68	15	22,06	.	.
1933/34	.	.	.	11	2	18,18	0	0	.	62	11	17,74	.	.
1934	.	.	.	6	0	0,00	0	0	.	28	5	17,86	.	.
1934/35	.	.	.	10	1	10,00	0	0	.	20	7	35,00	.	.
1935	.	.	.	24	4	16,67	0	0	.	20	4	20,00	.	.
1935/36	.	.	.	13	3	23,08	0	0	.	23	2	8,70	.	.
1936	.	.	.	13	2	15,38	0	0	.	24	1	4,17	.	.
1936/37	.	.	.	19	4	21,05	0	0	.	19	2	10,53	.	.
1937	.	.	.	13	2	15,38	0	0	.	14	1	7,14	.	.
1937/38	.	.	.	12	2	16,67	0	0	.	14	1	7,14	.	.
1938	.	.	.	10	2	20,00	0	0	.	11	1	9,09	.	.
1938/39	.	.	.	12	2	16,67	0	0	.	5	0	0,00	.	.
1939	.	.	.	13	5	38,46	0	0	.	5	0	0,00	.	.
1939/40	.	.	.	18	4	22,22	0	0	.	2	0	0,00	.	.
1940/1	.	.	.	13	6	46,15	4	1	25,00	5	0	0,00	.	.
1940/2	.	.	.	15	3	20,00	2	2	100,00	5	0	0,00	.	.
1940/3	.	.	.	9	5	55,56	1	1	100,00	8	2	25,00	.	.
1941/1	.	.	.	8	4	50,00	2	2	100,00	4	2	50,00	.	.

	Physik				Biologie			Sonstige Naturwiss.			Geographie		
	insg.	Frauen		Ausländ. in %	insg.	Frauen		insg.	Frauen		insg.	Frauen	
		insg.	in %			insg.	in %		insg.	in %		insg.	in %
Semester	43	44	45	46	47	48	49	50	51	52	53	54	55
1925	0	0	.	.	0	0	.	0	0	.	0	0	.
1925/26	0	0	.	.	0	0	.	0	0	.	0	0	.
1926	0	0	.	.	0	0	.	0	0	.	0	0	.
1926/27	0	0	.	.	0	0	.	0	0	.	1	0	0,00
1927	0	0	.	.	5	1	20,00	0	0	.	2	0	0,00
1927/28	0	0	.	.	1	0	0,00	0	0	.	3	0	0,00
1928	4	0	0,00	0,00	0	0	.	49	11	22,45	2	0	0,00
1928/29	4	0	0,00	0,00	8	0	0,00	36	9	25,00	2	0	0,00
1929	8	0	0,00	0,00	7	0	0,00	43	7	16,28	7	1	14,29
1929/30	11	0	0,00	0,00	9	0	0,00	55	13	23,64	2	0	0,00
1930	23	0	0,00	4,35	3	0	0,00	52	13	25,00	4	1	25,00
1930/31	27	2	7,41	0,00	2	0	0,00	49	12	24,49	2	0	0,00
1931	26	2	7,69	0,00	6	0	0,00	29	8	27,59	3	0	0,00
1931/32	29	1	3,45	3,45	6	1	16,67	32	11	34,38	4	1	25,00
1932	25	2	8,00	0,00	11	3	27,27	23	6	26,09	4	1	25,00
1932/33	30	0	0,00	3,33	4	1	25,00	35	12	34,29	1	0	0,00
1933	31	0	0,00	.	6	2	33,33	26	6	23,08	.	.	.
1933/34	29	0	0,00	.	3	0	0,00	27	13	48,15	.	.	.
1934	22	0	0,00	.	4	1	25,00	22	6	27,27	.	.	.
1934/35	13	0	0,00	.	5	1	20,00	20	9	45,00	.	.	.
1935	.	.	.	.	.	.	.	16	7	43,75	.	.	.
1935/36	.	.	.	.	.	.	.	19	10	52,63	.	.	.
1936	.	.	.	.	.	.	.	12	9	75,00	.	.	.
1936/37	.	.	.	.	.	.	.	11	5	45,45	.	.	.
1937	.	.	.	.	.	.	.	9	5	55,56	.	.	.
1937/38	.	.	.	.	.	.	.	6	2	33,33	.	.	.
1938	.	.	.	.	.	.	.	8	4	50,00	.	.	.
1938/39	12	1	8,33	.	.	.	.	8	2	25,00	.	.	.
1939	12	0	0,00	.	.	.	.	6	0	0,00	.	.	.
1939/40	10	0	0,00	.	.	.	.	4	3	75,00	.	.	.
1940/1	9	0	0,00	.	.	.	.	10	6	60,00	.	.	.
1940/2	11	0	0,00	.	1	1	100,00	23	13	56,52	.	.	.
1940/3	12	4	33,33	.	13	8	61,54	3	2	66,67	.	.	.
1941/1	12	4	33,33	.	13	9	69,23	2	2	100,00	.	.	.

Tab.6.2: Die Einzelfachströme an der Universität Erlangen nach Staatsangehörigkeit und Geschlecht 1826/27–1941/1

	Mineralogie, Geologie, Bergfach				Geogr., Geol., Mineral.			
	insg.	Frauen		Ausländ. in %	insg.	Frauen		
		insg.	in %				insg.	in %
Semester	56	57	58	59	60	61	62
1925	36	6	16,67	.	.	.	.
1925/26	6	0	0,00	.	.	.	.
1926	5	1	20,00	.	.	.	.
1926/27	6	0	0,00	.	.	.	.
1927	2	0	0,00	0,00	.	.	.
1927/28	2	0	0,00	0,00	.	.	.
1928	3	0	0,00	0,00	.	.	.
1928/29	1	0	0,00	0,00	.	.	.
1929	0	0	.	.	.	.	.
1929/30	3	0	0,00	33,33	.	.	.
1930	2	0	0,00	0,00	.	.	.
1930/31	4	0	0,00	0,00	.	.	.
1931	5	0	0,00	0,00	.	.	.
1931/32	3	0	0,00	0,00	.	.	.
1932	4	0	0,00	0,00	.	.	.
1932/33	1	0	0,00	0,00	.	.	.
1933	.	.	.	.	2	0	0,00
1933/34	.	.	.	.	2	0	0,00
1934	.	.	.	.	1	0	0,00
1934/35	.	.	.	.	1	0	0,00
1935	.	.	.	.	2	0	0,00
1935/36	.	.	.	.	1	0	0,00
1936	.	.	.	.	3	0	0,00
1936/37	.	.	.	.	4	1	25,00
1937	.	.	.	.	1	0	0,00
1937/38	.	.	.	.	1	0	0,00
1938	.	.	.	.	1	0	0,00
1938/39	.	.	.	.	1	0	0,00
1939	.	.	.	.	1	0	0,00
1939/40	.	.	.	.	2	0	0,00
1940/1	.	.	.	.	2	0	0,00
1940/2	.	.	.	.	2	0	0,00
1940/3	.	.	.	.	3	2	66,67
1941/1	.	.	.	.	2	1	50,00

5. Anmerkungen zu Tabelle 6.2

1826/27–1866:

Die Sp. 1–5 entsprechen ab 1830/31 der Fächerzuordnung der PrStat, in der die Phil. Fak. als Sammelkategorie für alle Stud. behandelt wurde, die nicht in den anderen Fak. unterzubringen waren. Um die Vergleichbarkeit der PrStat mit den Pers.Verz. zu gewährleisten, wurde Sp. 5 in die Tabelle aufgenommen, die der Sammelkategorie der PrStat entspricht (dort als »Philosophische Fak.« bezeichnet). Aus der Summe der Sp. 2–5 ergibt sich ab 1830/31 jeweils die Gesamtzahl der Stud. (Sp. 1). Die Sp. 6–8 stellen die fachliche Aufteilung der Stud. in der Restgruppe der sonst. Fächer dar (Sp. 5), soweit sich diese in Ergänzung zur PrStat den Pers.Verz. entnehmen ließ. Bis 1850/51 enthalten die Pers.Verz. nur Angaben für die jeweiligen Studienjahre. Die Daten für die SS 1831–51 wurden von der PrStat (in Zusammenarbeit mit den Universitätsbehörden) nachträglich ermittelt (lt. Anm. »geschätzt«). – Sp. 2 (Evang. Theol.): Der Fehler in der PrStat für 1858 (irrtümlich 245 statt 345) wurde anhand des Pers.Verz. korrigiert. – Sp. 6 (Chirurgie): Ab 1853 im Pers.Verz. nicht mehr aufgeführt. – Sp. 3 (Jura): 1853/54–1863/64 einschl. Cameralisten.

1866/67–1902/03:

1873–1886 und 1887/88–1891/92 wurden über die Standardquellen hinaus die ausl. Stud. aus den Pers.Verz. ergänzt.

Sp. 3 (Jura): Nach den Pers.Verz. 1873 einschl. 1 Cameralist, 1874–1890/91 einschl. Cameralwiss. (vgl. Anm. zu Sp. 15). – Sp. 6 (Medizin, Ausl.): Da sich die Angaben in den Pers.Verz. bis 1885 auf die Med. Fak. beziehen, könnten hier auch Stud. der Pharmazie enthalten sein. – Sp. 10 (Pharmazie, Ausl.): 1873–1885 gegebenenfalls enthalten in Sp. 6 (Medizin, Ausl.). – Sp. 11 (Philol., Gesch.): Nach den Pers.Verz. Philos., Philol. und Gesch., ab 1886 die Stud. in der philos.-hist. Sektion bzw. Sektion I der Phil. Fak.. 1885/86 sind in der Angabe der PrStat hier 3 Stud. der Math. enthalten, die nach der Auszählung anhand des Pers.Verz. Sp. 13 (Math., Naturw.) zugeordnet wurden. – Sp. 13 (Math., Naturw.): Nach den Pers.Verz. Math., Physik, Chemie und Naturw., ab 1886 die Stud. in der Math.-naturw. Sektion bzw. Sektion II der Phil. Fak. (abzüglich Pharmazie). 1885/86 gegenüber der PrStat um 3 korrigiert (vgl. Anm. zu Sp. 11). – Sp. 15 (Cameralia): Nach den Pers.Verz. 1880/81 u. 1881 Landwirt., 1891 u. 1891/92 Cameralia (vgl. Anm. zu Sp. 3).

1903–1941.1:

Nach der bayer. Ministerial-Entschließung vom 21. Sept. 1903 waren erstmals 1903/04 Frauen zum ordentlichen Studium an der Univ. zugelassen. In der PrStat sind die weibl. Stud. 1903/04–1905/06 undifferenziert unter den männl. Stud. mitgezählt, 1906–1908 nicht systematisch einbezogen und erst ab 1908/09 vollständig berücksichtigt worden. Hier sind sie ab 1903/04 aus den Pers.Verz. ergänzt worden, die allerdings die Staatsangehörigkeit nicht dokumentieren. Darüber hinaus wurden die ausl. Stud. 1912–1922/23 aus den Pers.Verz. ergänzt; für 1923 u. 1923/24 liegen keine, für 1924 u. 1924/25 nur die Angaben für die Ausländer insg. vor. 1912–1926/27 u. 1933–1941/1 lassen sich die ausl. Stud. nicht nach dem Geschlecht differenzieren. Für 1915/16–1918/19, 1919/20 u. 1920, 1923–1924 u. 1925 weichen zahlreiche Angaben für die Einzelfächer im StatJbDR von denen der Pers.Verz. geringfügig ab; wir haben in diesen Fällen hier immmer die Angaben in den Pers.Verz. übernommen.

Sp. 25 (Philologien, Geschichte): 1912–1922/23 einschl. Cameralia, Volkswirtschaft (Sp. 40) u. 1912–1914/15 einschl. Sonstige (Sp. 45). – Sp. 30 (Mathematik, Naturwissenschaften): 1912–1924/25 einschl. Chemie (Sp. 35). – Sp. 35 (Chemie): 1912–1924/25 enthalten in Mathematik, Naturwissenschaften (Sp. 30). – Sp. 40 (Cameralia, Volkswirtschaft): 1903–1911/12 in der PrStat unter der Fächergruppe Landwirt., Cameralia u. Nationalök.; 1912–1922/23 enthalten in der Sp. 25 (Philologien, Geschichte); in den Pers.Verz. erstmals 1923 unter der Bezeichnung Volkswirtsch. gesondert nachgewiesen, vorher unter den Stud. der I. Sektion der Phil. Fak. undifferenziert mitgezählt. – Sp. 45 (Sonstige): 1903–1911/12 entsprechend den Zuordnungskriterien der PrStat die Restkategorie der Stud. der Phil. Fak., die sich nicht dem höheren Lehrfach widmen wollten; 1912–1914/15 enthalten in Sp. 25 (Philologien, Geschichte); ab 1925 nur noch die Stud., die sich keinem der angegebenen Fächer zuordnen ließen. – Sp. 50 (Studierende insg.): 1928/29 einschl. 1 Stud. der Zeitungskunde.

1925–1941.1:

Sp. 6 (Germanistik): 1925–1926/27 enthalten in Neue Sprachen (Sp. 11). – Sp. 11 (Neue Sprachen): 1925–1926/27 einschl. Germanistik (Sp. 6). – Sp. 16 (Geschichte): 1935–1936 enthalten in Sonstige Kulturwiss. (Sp. 32). – Sp. 32 (Sonstige Kulturwiss.): 1935–1936 einschl. Gesch. (Sp. 16). – Sp. 38 (Mathematik): 1925–1926/27 u. 1935–1938 einschl. Physik (Sp. 43). – Sp. 43 (Physik): 1925–1926/27 u. 1935–1938 enthalten in Mathematik (Sp. 38). – Sp. 47 (Biologie): 1935–1940.1 enthalten in Sonst. Naturwiss. (Sp. 50). – Sp. 50 (Sonstige Naturwiss.): Kombiniertes Studium der Biologie, Chemie u. Geol.; 1935–1940.1 einschl. Biologie (Sp. 47).

6. Quellen und Literatur

Quellen:

Standardquellen: 1830/31–1911/12: PrStat 167, 236. – *1912–1924/25:* StatJbDR Jgg. 34–36, 40–44. – *1925–1927/28:* DtHochStat Bd. 1; VjhStatDR Jgg. 35–37. – *1928–1932/33:* DtHochStat Bde. 1–10. – *1932–1941.1:* ZehnjStat.

Ergänzend: 1826/27: ZsBayStatLandAmt 25 (1923), S. 106. – *1835/36–1866, 1873–1886, 1887/88–1891/92, 1903/04–1908/09, 1912–1924, 1925:* Pers.Verz. Erlangen.

Literatur:

KEUNECKE, H. O.: Bibliographie zur Geschichte der Friedrich-Alexander-Universität Erlangen–Nürnberg. Erlangen 1993.

DEUERLEIN, E.: Geschichte der Universität Erlangen. Erlangen 1927. – ENGELHARDT, J. G. v.: Die Universität Erlangen von 1743 bis 1843. Erlangen o. J. (1843). – FRANZE, M.: Die Erlanger Studentenschaft 1918–1945. Würzburg 1972. – KÖSSLER, H. (Hg.): 250 Jahre Friedrich-Alexander-Universität Erlangen–Nürnberg. Festschrift. Erlangen 1993. – KOLDE, T.: Die Universität Erlangen unter dem Hause Wittelsbach 1810–1910. Erlangen/Leipzig 1910. – Übersicht des Personal-Bestandes bei der Königl. bayrischen Universität Erlangen nebst dem Verzeichniß der Studirenden. 1830–1944/45 (unter verschiedenen Titeln = Pers. Verz.). – WENDEHORST, A.: Geschichte der Friedrich-Alexander-Universität Erlangen–Nürnberg 1743–1993. München 1993. – WITTERN, R. (Hg.): Die Professoren und Dozenten der Friedrich-Alexander-Universität Erlan-

7. Frankfurt am Main

1. Geschichtliche Übersicht

Unter allen deutschen Universitäten verkörpert die Frankfurter Gründung von 1914 (seit 1932 »Johann Wolfgang Goethe-Universität«) den Typus der patrizischen Stiftungsuniversität am reinsten. Ihre Vorgeschichte reicht weit ins 18. Jahrhundert zurück und ist, ähnlich wie in Hamburg und Köln, untrennbar mit dem Aufstieg des städtischen Großbürgertums verbunden, wobei die Wissenschaftspflege in Frankfurt einigen jüdischen Stifterfamilien besonders viel zu verdanken hatte. Grundlegend für den frühen Aufbau naturwissenschaftlicher und medizinischer Einrichtungen waren die vielfältigen Initiativen des Arztes Johann Christian Senckenberg (1707–1772) und die aus seiner Stiftung hervorgegangenen Institute, Museen und Vereine. Daneben ist hinzuweisen auf die »Polytechnische Gesellschaft zur Förderung der nützlichen Künste und der veredelnden Wissenschaften« (1816), den »Verein für die Geographie und Statistik« (1836), das »Freie Deutsche Hochstift« (1859), nicht zuletzt auf das von Wilhelm Merton gegründete »Institut für Gemeinwohl« (1891), aus dem 1901 die Frankfurter »Akademie für Sozial- und Handelswissenschaften« hervorgegangen ist. Hatte schon an dieser Gründung der (1891 gewählte) Frankfurter Oberbürgermeister Franz Adickes entscheidenden Anteil, so gilt das erst recht für die weiteren Schritte. Er verstand es, die Universitätspläne gegen hartnäckigen Widerstand voranzutreiben. 1912 wurde ein Stiftungsvertrag abgeschlossen, der als Besonderheit vorsah, daß die künftige Universitätsleitung eng mit den Vertretern der Stadt und den zahlreichen Stiftungen zusammenarbeiten sollte. Mit einem Stiftungskapital von mehr als 14 Mill. Mark konnte die neue Universität (neben Berlin) als bestausgestattete Anstalt im Reichsgebiet gelten. Die Gründung wurde am 10.6.1914 durch Wilhelm II. genehmigt. Im WS 1914/15 nahm die Frankfurter Universität ihren Lehr- und Forschungsbetrieb mit 50 Ordinarien und insgesamt 113 Lehrpersonen auf, und zwar in einer Juristischen, einer Medizinischen, einer Philosophischen, einer Naturwissenschaftlichen sowie einer Wirtschafts- und Sozialwissenschaftlichen Fakultät. Trotz einiger Bedenken wurde auf die Errichtung einer theologischen Fakultät verzichtet.

Die Universität erlebte nach dem Ersten Weltkrieg einen raschen Aufschwung. Schon 1923, also nur neun Jahre nach der Gründung, nahm sie mit über 5000 Studierenden einen Platz im oberen Viertel der Universitäten ein. Die Zahl der Lehrpersonen erhöhte sich bis 1930 auf 289 und die der Lehrstühle auf 75. Damit ergab sich in diesem Jahr eine Betreuungsrelation von 13:1, die den dritten Rang unter den deutschen Universitäten bedeutete.

Die Juristische Fakultät konnte 1914 zwei Lehrstühle aus der Handelsakademie übernehmen, verfügte so über sieben und erreichte 1930 acht Lehrstühle. Die Medizinische Fakultät besaß in den Städtischen Krankenanstalten und in zahlreichen Forschungsinstituten ausgezeichnete räumliche Voraussetzungen und konnte ihre 16 Gründungsprofessoren fast vollständig mit Frankfurter Medizinern besetzen. Bis 1930 erweiterte sie sich auf 21 Lehrstühle. Die Philosophische Fakultät wurde mit 10 Lehrstühlen eröffnet, davon 4 aus dem Personalbestand der Handelsakademie. 1930 waren insgesamt 15 geisteswissenschaftliche Ordinariate vorhanden. Die Naturwissenschaftliche Fakultät, geprägt durch die glänzende Tradton der Senckenbergischen Institute, mußte nur zwei ihrer Gründungslehrstühle durch auswärtige Berufungen besetzen. Für alle übrigen standen renommierte Dozenten der Akademie oder der Senckenbergischen Institute zur Verfügung. Die eigentliche Nachfolgerin der Handelsakademie ist naturgemäß die fünfte, die Wirtschafts- und Sozialwissenschaftliche Fakultät gewesen. Ihre 5 Gründungslehrstühle wurden ausschließlich mit Akademiedozenten besetzt. 1930 verfügte sie über 11 Lehrstühle. Als universitätsnahe Einrichtung wurde 1921 die »Akademie für Arbeit« mit dem Ziel eröffnet, »nichtakademisch vorgebildeten Personen aus dem Kreis namentlich der Arbeiter, Angestellten und Beamten« für Aufgaben in der wirtschaftlichen, sozialen und politischen Selbstverwaltung hochschulmäßig auszubilden. Schließlich ist auf das am 22.6.1924 eröffnete »Institut für Sozialforschung« hinzuweisen, das neben der Forschung auch Lehrzwecken der Universität dienen sollte.

Der Aufschwung der Universität spiegelt sich auch in der Differenzierung der wissenschaftlichen Institutionen wider. Ihre Anzahl konnte von 1920 bis 1930 um 30% und in den 20 Jahren bis 1940 sogar um 50% gesteigert werden. Aber im Vergleich zu den anderen deutschen Universitäten nahm Frankfurt in der institutionellen Differenzierung in diesem Zeitraum nur einen mittleren Rang ein.

Zu gleichen Teilen durch städtische und staatliche Zuschüsse finanziert, war die Frankfurter Universität schon durch die Inflation und die Weltwirtschaftskrise in einige Bedrängnis geraten. Doch erst die nationalsozialistische »Machtergreifung« stürzte sie 1933–35 in eine tiefe Krise, insbesondere deshalb, weil viele Juden ihr als Stifter und Professoren verbunden waren. Bis 1934 schrumpfte die Studierendenzahl überproportional, so daß die Universität im Größenordnungsvergleich ins untere Viertel abrutschte. Von den 334 Lehrpersonen des WS 1932/33 wurden bis 1936 nicht weniger als 108 (32,3%) aus rassistischen oder politischen Gründen »beurlaubt« oder entlassen. Nach Berlin war das unter den deutschen Universitäten die zweithöchste Entlassungsquote. So hatte die Universität 1941 nur noch 224 Lehrpersonen und fiel in der Betreuungsrelation auf einen mittleren Rang zurück. Sowohl das »Institut für Sozialforschung« als auch die »Akademie der Arbeit« wurden 1933 geschlossen. Die 1934 von der Regierung vorgesehene Schließung der Universität konnte im letzten Moment noch abgewehrt werden. Durch schwere Bombenangriffe insbesondere im März 1944 wurden ca. 70% der Universitätsgebäude zerstört. Mehr als ein Drittel des Lehrkörpers wurde 1945 entlassen. Die Wiedereröffnung der Frankfurter Universität fand am 1.2.1946 statt.

2. Der Bestand an Institutionen 1914/15–1943/44

Zum Verständnis vgl. die Erläuterungen S. 48 ff.

I.   Rechtswiss. Fak. (1914/15)

1.   Rechtswiss. Sem. (1914/15)
2.   Inst. f. Rechtstatsachenforsch. u. angew. Wirtsch.recht (1933/34–41)
      Inst. f. Wirtsch.recht (1941/42)
3.   Inst. f. intern. u. ausl. Privatr. (1934–35)
4.   Inst. f. Rechtsvergl. (1935/36)
5.   Kommunalwiss. Inst. (⟨1940.2⟩)
6.   Inst. f. Postw. (1943)

II.   Med. Fak. (1914/15)

1.   Anat. Inst. (1914/15–15)
      Dr. Senckenbergische Anat. (1915/16)
2.   Chem.-physiol. Inst. (nur 1914/15)
2.1   Inst. f. vegetative Physiol. (Städt. chem.-physiol. Inst.) (1915)
2.2   Inst. f. animalische Physiol. (1915)
3.   Path. Inst. (1914/15–28)
      Dr. Senckenbergisches Path. Inst. (1928/29)
4.   Inst. zur Erforsch. d. Folgezustände von Hirnverletzungen (1918/19–⟨21⟩)
4.1   Neurolog. Inst. (1914/15)
5.   Hyg. Inst. (1914/15–⟨18/19⟩) Städt. Hyg. Univ.-Inst. u. städt. Nahrungsmittelunters.amt (nur ⟨1919/20⟩) Städt. Hyg. Univ.-Inst. (⟨1921⟩)
5.1   Bakt.-hyg. Abt. (1914/15)
5.2   Chem.-hyg. Abt. u. öffentl. Nahrungsmittel-Unters.amt (1914/15–⟨19/20⟩, Forts. IV.17)
5.3   Biol. Abt. (1914/15–⟨18/19⟩)
5.4   Abt. f. Schädlingsbekämpfung (nur ⟨1919/20⟩)
6.   Pharm. Inst. (1914/15)
7.   Med. Klin. (1914/15)
7.1   Röntgenabt. (1930, Inst. 1935/36–41/42)
8.   Chir. Klin. u. Polikl. (1914/15)
8.1   Röntgenabt. (1923/24, Inst. 38)
9.   Frauenkl. u. Polikl. (1914/15)
10.   Klin. u. Polikl. f. Haut- u. Geschlechtskr. (1914/15)
11.   Klin. u. Polikl. f. Augenkr. (1914/15)
12.   Klin. u. Polikl. f. HNO-Kr. (1929/30)
12.1 Klin. u. Polikl. f. Ohrenkr. (1914/15–29)
12.2 Klin. u. Polikl. f. Hals- u. Nasenkr. (1914/15–29)
12.2.1 Amb. Stimm- u. Sprachkr. (⟨1919/20⟩-⟨21⟩) Amb. f. Stimm- u. Sprachstörungen (⟨1922/23⟩-29)
13.   Psych. Klin. (1914/15–30/31, u. Nervenkl. ⟨1922/23⟩) Klin. f. Gemüts- u. Nervenkr. (1931–33/34) Klin. u. Polikl. f. Gemüts-u. Nervenkr. (1934)
14.   Neurolog. Klin. (1914/15–16/17)
15.   Kinderkl. u. Polikl. (1914/15)
16.   Orthop. Klin. (1914/15–16) Klin. f. orthop. Chir. (1916/17–32/33, u. Polikl. ⟨21⟩) Orthop. Klin. u. Polikl. (1933)
17.   Med. Polikl. u. Inst. f. phys. Therap. (1914/15, o. Inst. f. phys. Therap. 35/36)
17.1 Polikl. Abt. (⟨1921⟩)
17.2 Klin. Abt. u. Inst. f. phys. Therap. (⟨1921⟩)
17.3 Inst. f. phys. Therap. (1935/36–42/43) Inst. f. phys.-diätetische Therap. (1943)
17.4 Röntgenabt. (1929–34, Forts. II.7.1)
18.   Zahnärztl. Inst. (1914/15)
18.1 Chir. Abt. (1914/15)
18.2 Kons. Abt. (1914/15–⟨21⟩, 29/30) Abt. f. Füllk. (⟨1922/23⟩-29)
18.3 Techn. Abt. (1914/15–⟨21⟩)

18.4	Abt. f. Zahnersatzk. (⟨1922/23⟩–32)		2.	Math. Sem. (1914/15)
	Abt. f. Prothetik (1932/33)		3.	Inst. f. Theor. Phys. (1914/15)
18.5	Polikl. (1924/25)		4.	Phys. Inst. (1914/15)
18.6	Abt. f. Kieferorthop. (nur 1928/29, 39/40)		4.1	Abt. f. wiss. Photographie (1914/15–33/34)
	Abt. f. Orthodontie (1929–39)		4.2	Abt. f. Nachrichtenw. (1934–35)
19.	Staatsinst. f. exp. Therapie (⟨1922/23⟩, vorh. VI.1)		5.	Inst. f. angew. Phys. (1914/15)
20.	Sem. f. d. Gesch. d. Med. (1927/28–37)		6.	Inst. f. Meteor. u. Geophys. (1914/15)
	Inst. f. Gesch. d. Med. (1938/39, Senckenbergisches 39)		6.1	Wetterdienstabt. (⟨1922/23⟩–26)
			7.	Inst. f. phys. Chem. u. Metallurgie (1914/15–⟨16/17⟩)
21.	Inst. f. ger. Med. (1928, u. Krim. 41.1)			Inst. f. theor. u. angew. phys. Chem. (⟨1918/19⟩–33/34)
22.	Inst. f. Quellenforsch. u. Bäderlehre (1934/35) (in Bad Homburg)			Inst. f. phys. Chem. (1934)
22.1	Röntgenabt. (1934/35–36)		8.	Chem. Inst. (1914/15–34/35)
22.2	Klin. Abt. (innere Abt. d. städt. Kh. Bad Homburg) (1934/35)		8.1	Analytisch-anorg. Abt. (1915–⟨19/20⟩)
				Anorg. Abt. (⟨1921⟩–34)
22.3	Phys.-therap. Abt. (1934/35–35)			Inst. f. anorg. Chem. (1934/35)
23.	Inst. f. Erbbiol. u. Rassenhyg. (1935/36)		8.2	Org. Abt. (⟨1921⟩–34/35)
				Inst. f. org. Chem. (1935)
			9.	Min.-petrogr. Inst. (1914/15)
	III. Phil. Fak. (1914/15)		10.	Geol.-pal. Inst. (1914/15)
			11.	Geogr. Sem. u. Geogr. Inst. (1914/15)
1.	Sem. f. Philos. u. Päd. (1914/15–29)		11.1	Abt. f. Rhein-Mainische Forsch. (1926)
	Philos. Sem. (1929/30)		12.	Bot. Inst. (1914/15, u. Bot. Garten ⟨22/23⟩)
2.	Hist. Sem. (1914/15)		13.	Zool. Inst. (1914/15)
2.1	Kirchengesch. Abt. (nur 1914/15)		14.	Psychol. Inst. (1914/15)
	Abt. f. Gesch. d. chr. Rel. (1915/16–33/34)		15.	Inst. f. phys. Grundlagen d. Med. (⟨1921⟩–37/38)
3.	Indogerm. Sem. (1914/15)			Kaiser-Wilhelm-Inst. f. Biophys. (1938)
3.1	Abt. f. indische Philol. (⟨1921⟩–24)		16.	Pharmaz. Inst. (⟨1921⟩)
4.	Philol. Sem. (1914/15–26/27)		17.	Nahrungsmittel-Unters.amt (nur ⟨1921⟩, vorh. II.5)
	Sem. f. klass. Philol. (1927)			Inst. f. Nahrungsmittelchem. (Städt. Nahrungsmittel-Unters.amt) (⟨1922/23⟩)
5.	Arch. Inst. (1914/15, Sem. 34)		18.	Pharmakog. Inst. (1923/24)
6.	Germ. Sem. (1914/15, Dt. 36/37)		19.	Inst. f. Physische Anthr. (1929–35)
6.1	Theaterwiss. Abt. (1925–34)		20.	Inst. d. dt. Ges. f. Edelsteink. in Idar-Oberstein (Außeninst. d. Univ.) (1936/37)
6.2	Abt. f. Sprechk. (1933/34)			
7.	Engl. Sem. (1914/15)			
8.	Rom. Sem. (1914/15)		**V. Wirtsch.- u. Sozialwiss. Fak. (1914/15)**	
9.	Oriental. Sem. (1915–34/35, 35/36)			
10.	Kunsthist. Inst. (1915, -gesch. 36/37)		1.	Volkswirtsch. Sem. (1914/15–24/25, Forts. V.5.1)
10.1	Samml. von Gipsabg. (1915–39)		1.1	1. Abt. f. Armen- u. Fürsorgew. (1914/15–23/24)
10.2	Samml. d. Diapositive (1915, u. Kunstgesch. Handbibl. 39)			Fürsorgesem. (nur 1924)
11.	Päd. Sem. (1918/19)			Sem. f. Fürsorgew. u. Sozialpäd. (1924/25, Forts. V.5.8)
11.1	Abt. f. Erwachsenenbildung (1932–33)		1.2	2. Abt. f. Finanzwiss. (⟨1922/23⟩–24, Forts. V.5.2)
12.	Altgesch. Sem. (1919/20–36)		2.	Vers.wiss. Sem. (1914/15, Forts. V.5.6)
	Sem. f. alte Gesch. (1936/37)		3.	Stat. Sem. (1914/15–24/25, Forts. V.5.7)
13.	Holland-Inst. (Inst. f. d. Studium d. Niederlande u. ihrer Kolonien) (⟨1921⟩–34/35)		4.	Privatwirtsch. Sem. (1914/15–⟨21⟩)
13.1	Wirtsch.abt. (⟨1921⟩–33/34, in V. nur ⟨21⟩)		4.1	Handelslehrerabt. (1914/15 ⟨16/17⟩)
14.	Sem. f. Chinak. u. Chinaforsch. (1927)			Sem. f. Handelsschulpäd. (⟨1918/19⟩–24/25, Forts. V.5.5)
15.	Forsch.inst. f. Kulturmorpholog. (1932/33, e.V. u. Städt. Afrika-Archiv –37)		5.	Inst. f. Wirtsch.wiss. (⟨1918/19⟩)
16.	Religionswiss. Inst. (1935/36–37/38)		5.1	Volkswirtsch. Sem. (1925, vorh. V.1)
16.1	Abt. Samml. dt. Volksglaube (1935/36–37/38)		5.2	Sem. f. Finanzwiss. (1924/25, in V.5. 25, vorh. V.1.2)
17.	Musikwiss. Inst. (1936/37)		5.3	Betriebswirtsch. Sem. (⟨1922/23⟩, in V.5. 25)
18.	Inst. f. Volksk. u. Volksforsch. (1939/40)		5.3.1	Abt. f. Verkehr u. Weltwirtsch. (⟨1922/23⟩–35, in V.5. 25)
				Abt. f. Handel u. Verk. (1935/36, o. Verk. 42/43)
	IV. Naturwiss. Fak. (1914/15)			
1.	Sternwarte (1914/15–36)			
1.1	Abt. Planeteninst. (1931/32–39, o. Abt. 36/37)			

5.3.2   Abt. f. Bankw. u. Finanzierung (1926/27-⟨40.2⟩)
5.3.3   Abt. f. Bürowirtsch.lehre (1929-⟨40.2⟩)
5.3.4   Abt. f. Industriewirtsch. (1930/31)
5.3.5   Abt. f. Betriebs- u. Verw.organisation (⟨41.1⟩)
5.4   Sem. f. Steuer u. Revision (1922/23-37,
         in V.5 25, ⟨Treuhandsem.⟩ 32/33)
         Treuhandsem. (1937/38)
5.5   Sem. f. Handelsschulpäd. (1925-28, vorh. V.4.1)
         Sem. f. Handelsschul- u. Wirtsch.päd. (1928/29)
5.6   Sem. f. Versicherungswiss. (1925, vorh. V.2.)
5.7   Stat. Sem. (1925, vorh. V.3.)
5.8   Sem. f. Fürsorgew. u. Sozialpäd. (1925,
         vorh. V.1.1)
         Forsch.inst. f. Fürsorgew. u. Sozialpäd.
         (1935-38)
         Sem. f. Volkswohlfahrtspflege (1938/39)
5.9   Sem. f. Soziol. (1925-41)
5.10   Sem. f. Wirtsch.geogr. (⟨1922/23⟩-24/25)
         Abt. f. Wirtsch.geogr. (in V.5 1925-32)
5.11   Abt. f. Warenk. (1925-31/32)
5.12   Abt. f. Verw.lehre (1925-35)
5.13   Abt. f. Wirtsch.gesch. (1925-35)
5.14   Abt. f. Auslandk., Auswärtige Pol. u.
         Kolonialw. (1926/27-34)
5.15   Abt. f. Genossenschaftsw. (1930/31)
         Inst. f. Genossenschaftsw. (1931)
5.16   Sem. f. Wirtsch.gesch. (1934)
5.17   Warenk.-technol. Abt. (1935)
5.18   Abt. f. Handwerk (1935/36-36)
         Inst. f. Handwerkswirtsch. (1937/38-42/43)
         Abt. f. Handwerkswirtsch. (1943)

5.19   Abt. f. Sozialverw. (⟨1941.1⟩)
6.   Inst. f. Leibesüb. (1926)
7.   Soziales Mus. (1929/30-34)
8.   Inst. f. Landesplanung u. Siedlungsaufbau
         in Stadt u. Land (1934/35-37/38)
         Inst. f. wirtsch. Raumforsch. (1938)
9.   Ges. f. Werkspol. (1934/35-36)
10.   Ges. f. Sozialwiss. (e.V.) bei d. Univ.
         Frankfurt a. M. (1936/37-37)
11.   Inst. f. Kreditw. (⟨1941.1⟩)
12.   Inst. f. Verkehrsw. (1942/43)
13.   Inst. f. Industriewirtsch. der Gauwirtsch.kammer
         Rhein-Main, zugleich Inst. an d. Univ. (1943)
14.   Soziogr. Inst. (Stiftung zur Erforsch. d.
         dt. Volksaufbaus (1943)

**VI.   Wiss. Anst., welche zugleich d. Lehrzwecken
         d. Univ. dienen (1914/15)**

1.   Kgl. Inst. f. exp. Therap. (1914/15-:18/19;,
         o. Kgl. :18/19;)
         Staatsinst. f. exp. Therap. (:1919/20;-:21;,
         Forts. II.19)
2.   Inst. f. Sozialforsch. (1923/24-33/34)
3.   Elsaß-Lothringen-Inst. (1926)
4.   Inst. f. Kolloidforsch. (1928)

**VII.   Orientinst. (Lehrinst. f. d. Wirtsch., Kultur
         u. lebenden Spr. des Orients) (1943)**

Fehlende Semester: 1917, 17/18, 18, 19, 20, 20/21,
21/22, 22, 40.1, 40.3, 44, 44/45.

3. Die Studierenden nach Fachbereichen

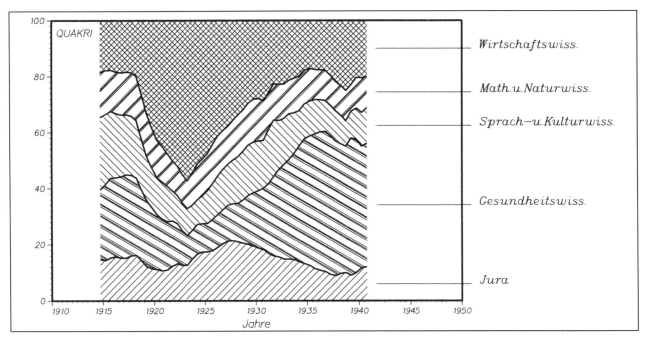

Abb. 7.1: Das Fachbereichsprofil der Studierenden an der Universität Frankfurt am Main 1914/15-1941/1

Tab. /. 1: Die Studierenden an der Universität Frankfurt am Main nach Fachbereichen in Prozent 1914/15–1941/1

| | Jura | Gesundheitswissenschaften | | | | Sprach- und Kultur- wiss. | Math., Naturw. | | Wirt- sch., Agrar- und Forst- wiss. | Studierende | | |
		insg.	Allg. Med.	Zahn- med.	Phar- mazie		insg.	Chemie		insg.	weibl. in % aller Stud.	Ausl. in % aller Stud.
Semester	1	2	3	4	5	6	7	8	9	10	11	12
1914/15	15,37	24,27	22,01	1,46	0,81	25,89	15,21	2,91	19,26	618	16,18	4,21
1915	14,00	25,41	22,82	2,24	0,35	25,76	16,71	6,82	18,12	850	20,00	2,82
1915/16	14,73	28,71	23,48	4,37	0,86	24,24	14,73	6,84	17,59	1052	18,16	3,42
1916	15,93	28,07	22,78	4,54	0,74	23,45	14,67	6,63	17,87	1343	15,93	3,20
1916/17	15,32	28,35	24,23	3,57	0,55	22,35	15,08	5,75	18,90	1651	13,63	.
1917	15,04	29,78	25,85	3,31	0,61	21,67	15,09	5,05	18,41	1961	12,54	.
1917/18	15,43	29,51	26,57	2,61	0,33	21,21	15,48	4,71	18,37	2145	12,31	.
1918	16,62	27,85	24,54	2,81	0,50	21,11	15,62	4,98	18,80	2388	10,55	2,51
1918/19	15,67	27,34	23,75	2,98	0,61	20,05	16,06	5,28	20,88	2783	10,10	.
1919	12,65	23,30	20,26	2,57	0,47	16,32	16,06	5,14	31,67	3811	9,87	1,92
ZS.1919	13,67	24,73	21,87	2,48	0,39	18,01	16,21	4,99	27,37	3109	8,59	.
1919/20	11,64	23,64	19,36	3,59	0,70	15,14	14,72	6,26	34,86	4314	10,50	.
1920	11,11	19,94	14,95	4,25	0,74	13,36	13,74	6,36	41,85	4213	10,42	.
1920/21	11,07	19,23	14,81	3,68	0,74	12,82	13,19	.	43,68	3775	10,75	4,00
1921	10,21	17,47	11,46	5,23	0,79	13,75	12,40	.	46,16	4573	9,23	.
1921/22	11,68	17,08	11,56	4,53	0,98	11,34	11,04	5,31	48,87	4367	10,26	.
1922	13,03	15,04	10,31	3,55	1,18	10,06	10,79	5,31	51,09	4422	9,93	.
1922/23	13,42	13,42	9,00	3,60	0,82	9,98	10,28	4,79	52,90	4611	10,30	.
1923	11,72	11,21	7,15	3,06	0,99	9,78	9,88	5,03	57,41	5032	10,53	.
1923/24	13,66	9,87	7,25	1,69	0,93	9,50	9,79	5,27	57,17	3778	10,24	.
1924	16,10	10,47	7,27	1,16	2,05	8,50	12,67	7,57	52,25	2683	10,06	.
1924/25	17,19	10,76	7,29	1,38	2,09	8,99	12,93	8,08	50,14	2537	9,89	6,86
1925	17,57	9,39	6,01	1,42	1,97	11,08	13,40	7,63	48,55	2544	9,55	5,07
1925/26	17,23	11,07	7,01	1,87	2,18	12,20	13,13	6,86	46,38	2566	9,90	5,57
1926	18,47	11,38	7,57	2,06	1,76	13,33	14,76	5,05	42,05	2723	10,76	5,03
1926/27	19,65	12,01	8,23	2,43	1,35	14,20	13,78	4,90	40,35	2880	12,08	5,14
1927	21,11	12,15	8,60	2,71	0,84	14,73	13,80	4,24	38,21	3211	11,68	4,36
1927/28	21,48	13,39	9,80	2,85	0,74	14,74	13,14	3,80	37,25	3264	12,16	4,75
1928	21,22	13,04	9,30	2,93	0,82	16,63	15,09	4,59	34,02	3657	13,73	4,35
1928/29	20,64	14,53	10,12	3,45	0,96	16,79	14,70	3,99	33,33	3537	14,70	4,38
1929	20,28	16,40	11,69	3,82	0,89	18,00	14,75	3,90	30,56	3694	16,05	4,41
1929/30	19,81	18,47	13,15	3,96	1,36	18,06	14,98	3,79	28,68	3665	16,64	4,53
1930	18,96	19,64	14,40	4,29	0,95	18,24	15,64	4,24	27,52	3772	19,01	4,64
1930/31	18,49	21,29	15,46	4,58	1,26	17,42	14,65	3,90	28,15	3823	19,75	4,63
1931	17,68	22,83	17,09	4,50	1,24	16,65	13,63	4,13	29,21	4043	19,34	4,70
1931/32	15,78	27,16	20,19	5,36	1,62	21,88	12,73	4,03	22,44	3770	20,19	4,72
1932	15,95	29,67	22,66	5,26	1,75	18,36	13,21	4,66	22,82	3650	19,45	5,15
1932/33	15,11	32,79	25,09	5,76	1,95	16,59	12,75	4,34	22,76	3388	19,07	5,67
1933	14,39	34,88	25,84	6,39	2,64	16,19	11,86	4,70	22,69	2724	17,84	.
1933/34	15,20	36,22	25,93	7,50	2,79	16,43	12,01	5,35	20,14	2507	15,64	.
1934	13,92	39,53	27,75	8,28	3,51	12,71	12,80	6,13	21,03	2054	14,22	3,85
1934/35	13,62	43,14	29,83	8,94	4,37	12,57	11,89	5,84	18,78	1901	13,94	.
1935	12,70	45,82	32,87	8,43	4,52	12,40	12,34	6,02	16,74	1661	15,11	.
1935/36	12,25	46,71	32,98	9,01	4,72	12,62	10,82	4,83	17,60	1886	14,90	.
1936	10,46	49,48	35,35	9,30	4,83	11,99	10,58	5,38	17,49	1635	14,98	.
1936/37	11,08	49,38	34,54	9,11	5,73	11,08	10,65	5,67	17,80	1624	14,96	.
1937	9,54	50,70	36,49	7,67	6,54	11,01	10,81	5,60	17,95	1499	13,48	4,34
1937/38	9,00	48,17	35,27	6,06	6,84	10,82	10,82	6,45	21,19	1534	13,49	.
1938	8,81	47,68	35,79	4,58	7,31	10,66	10,18	5,74	22,68	1464	14,75	.
1938/39	10,64	44,58	33,88	3,57	7,14	9,71	11,21	7,01	23,86	1597	13,15	.
1939	9,25	45,62	35,45	2,96	7,21	8,38	10,54	7,21	26,20	1622	13,26	.
1939/40	.	.	.	.	.	.	.	.	.	.	.	.
1940/1	8,79	52,28	46,42	1,87	3,99	10,83	8,39	6,51	19,71	1228	18,81	.
1940/2	11,38	42,57	35,78	2,66	4,13	11,38	13,67	10,37	21,01	1090	24,40	1,38
1940/3	10,81	44,16	39,40	1,68	3,09	11,74	11,95	7,32	21,34	1490	27,52	.
1941/1	12,04	44,13	39,75	2,08	2,30	12,63	11,22	6,91	19,99	1346	30,98	.

4. Die Studierenden nach Fächern

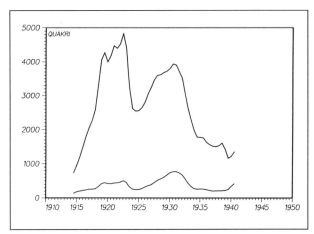

Abb.7.2: Die Studierenden (weibl. u. insg.) an der Universität Frankfurt am Main 1914/15–1941/1: Sämtliche Fächer

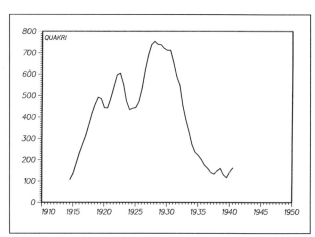

Abb.7.3: Die Studierenden an der Universität Frankfurt am Main 1914/15–1941/1: Jura

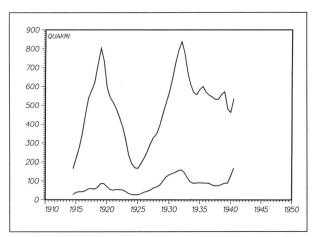

Abb.7.4: Die Studierenden (weibl. u. insg.) an der Universität Frankfurt am Main 1914/15–1941/1: Allgemeine Medizin

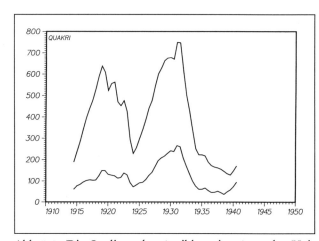

Abb.7.5: Die Studierenden (weibl. u. insg.) an der Universität Frankfurt am Main 1914/15–1941/1: Sprach- und Kulturwissenschaften

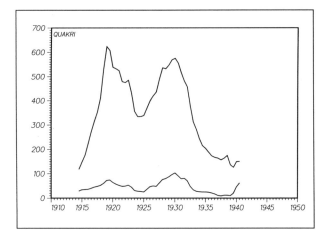

Abb.7.6: Die Studierenden (weibl. u. insg.) an der Universität Frankfurt am Main 1914/15–1941/1: Mathematik und Naturwissenschaften

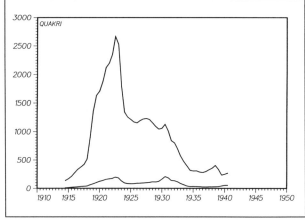

Abb.7.7: Die Studierenden (weibl. u. insg.) an der Universität Frankfurt am Main 1914/15–1941/1: Wirtschafts- und Sozialwissenschaften

Tab. 7. 2: Die Einzelfachströme an der Universität Frankfurt am Main nach Staatsangehörigkeit und Geschlecht 1914/15–1941/1

	Jura					Medizin					Zahnmedizin				
	insg.	Frauen			Ausländ. in %	insg.	Frauen			Ausländ. in %	insg.	Frauen			Ausländ. in %
		insg.	in %	deuts.			insg.	in %	deuts.			insg.	in %	deuts.	
Semester	1	2	3	4	5	6	7	8	9	10	11	12	13	14	15
1914/15	95	2	2,11	1	6,32	136	18	13,24	.	.	9	3	33,33	.	.
1915	119	7	5,88	6	0,84	194	38	19,59	.	.	19	4	21,05	.	.
1915/16	155	7	4,52	5	1,94	247	43	17,41	.	.	46	12	26,09	.	.
1916	214	5	2,34	4	2,34	306	43	14,05	.	.	61	18	29,51	.	.
1916/17	253	5	1,98	.	.	400	43	10,75	.	.	59	14	23,73	.	.
1917	295	5	1,69	.	.	507	53	10,45	.	.	65	8	12,31	.	.
1917/18	331	6	1,81	.	.	570	63	11,05	.	.	56	5	8,93	.	.
1918	397	4	1,01	2	2,52	586	58	9,90	.	.	67	3	4,48	.	.
1918/19	436	3	0,69	.	.	661	57	8,62	.	.	83	10	12,05	.	.
1919	482	10	2,07	9	1,66	772	75	9,72	.	.	98	7	7,14	.	.
ZS.1919	425	3	0,71	.	.	680	56	8,24	.	.	77	8	10,39	.	.
1919/20	502	19	3,78	.	.	835	97	11,62	.	.	155	14	9,03	.	.
1920	468	15	3,21	.	.	630	76	12,06	.	.	179	14	7,82	.	.
1920/21	418	14	3,35	13	3,35	559	64	11,45	.	.	139	14	10,07	.	.
1921	467	15	3,21	.	.	524	46	8,78	.	.	239	21	8,79	.	.
1921/22	510	30	5,88	.	.	505	57	11,29	.	.	198	23	11,62	.	.
1922	576	27	4,69	.	.	456	54	11,84	.	.	157	28	17,83	.	.
1922/23	619	30	4,85	.	.	415	55	13,25	.	.	166	23	13,86	.	.
1923	590	21	3,56	.	.	360	51	14,17	.	.	154	26	16,88	.	.
1923/24	516	16	3,10	.	.	274	39	14,23	.	.	64	17	26,56	.	.
1924	432	19	4,40	.	.	195	29	14,87	.	.	31	10	32,26	.	.
1924/25	436	19	4,36	19	2,06	185	28	15,14	22	22,70	35	10	28,57	4	42,86
1925	447	13	2,91	13	1,79	153	25	16,34	22	17,65	36	7	19,44	2	30,56
1925/26	442	11	2,49	.	.	180	29	16,11	.	.	48	9	18,75	.	.
1926	503	14	2,78	.	.	206	37	17,96	.	.	56	10	17,86	.	.
1926/27	566	25	4,42	21	2,83	237	46	19,41	42	10,13	70	11	15,71	6	18,57
1927	678	33	4,87	31	2,06	276	46	16,67	43	8,33	87	14	16,09	11	10,34
1927/28	701	32	4,56	29	2,85	320	59	18,44	57	7,19	93	13	13,98	10	11,83
1928	776	41	5,28	38	2,06	340	69	20,29	65	6,47	107	20	18,69	16	11,21
1928/29	730	40	5,48	37	2,74	358	69	19,27	66	5,03	122	21	17,21	17	9,02
1929	749	50	6,68	47	2,67	432	88	20,37	85	4,86	141	24	17,02	21	8,51
1929/30	726	51	7,02	48	1,93	482	110	22,82	106	4,36	145	27	18,62	24	6,90
1930	715	54	7,55	52	2,38	543	132	24,31	129	4,42	162	31	19,14	28	6,17
1930/31	707	54	7,64	51	2,12	591	135	22,84	130	3,89	175	34	19,43	29	7,43
1931	715	53	7,41	49	2,66	691	144	20,84	139	3,76	182	34	18,68	31	4,40
1931/32	595	53	8,91	52	1,68	761	149	19,58	147	4,99	202	32	15,84	28	4,40
1932	582	64	11,00	63	2,75	827	160	19,35	154	5,44	192	29	15,10	27	3,65
1932/33	512	58	11,33	57	2,93	850	158	18,59	153	8,00	195	31	15,90	27	5,13
1933	392	29	7,40	.	.	704	131	18,61	.	.	174	29	16,67	.	.
1933/34	381	19	4,99	.	.	650	103	15,85	.	.	188	29	15,43	.	.
1934	286	16	5,59	.	.	570	87	15,26	.	.	170	18	10,59	.	.
1934/35	259	9	3,47	.	.	567	89	15,70	.	.	170	22	12,94	.	.
1935	211	6	2,84	.	.	546	91	16,67	.	.	140	27	19,29	.	.
1935/36	231	7	3,03	.	.	622	92	14,79	.	.	170	30	17,65	.	.
1936	171	3	1,75	.	.	578	86	14,88	.	.	152	26	17,11	.	.
1936/37	180	4	2,22	.	.	561	93	16,58	.	.	148	25	16,89	.	.
1937	143	4	2,80	.	.	547	84	15,36	.	.	115	14	12,17	.	.
1937/38	138	2	1,45	.	.	541	74	13,68	.	.	93	13	13,98	.	.
1938	129	2	1,55	.	.	524	76	14,50	.	.	67	14	20,90	.	.
1938/39	170	3	1,76	.	.	541	77	14,23	.	.	57	8	14,04	.	.
1939	150	3	2,00	.	.	575	86	14,96	.	.	48	6	12,50	.	.
1939/40	.	.	.	.	.	.	.	.	.	.	.	.	.	.	.
1940/1	108	2	1,85	.	.	570	92	16,14	.	.	23	8	34,78	.	.
1940/2	124	5	4,03	.	.	390	86	22,05	.	.	29	11	37,93	.	.
1940/3	161	7	4,35	.	.	587	145	24,70	.	.	25	14	56,00	.	.
1941/1	162	10	6,17	.	.	535	167	31,21	.	.	28	12	42,86	.	.

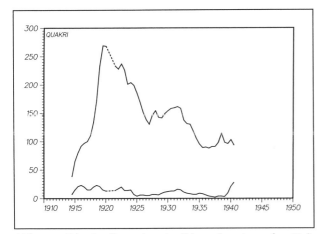

Abb. 7. 8: Die Studierenden (weibl. u. insg.) an der Universität Frankfurt am Main 1914/15–1941/1: Chemie

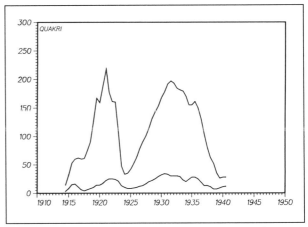

Abb. 7. 9: Die Studierenden (weibl. u. insg.) an der Universität Frankfurt am Main 1914/15–1941/1: Zahnmedizin

Tab.7.2: Die Einzelfachströme an der Universität Frankfurt am Main nach Staatsangehörigkeit und Geschlecht 1914/15–1941/1

	Pharmazie					Philologien, Geschichte					Mathematik, Naturwiss.		
	insg.	Frauen		deuts.	Ausländ. in %	insg.	Frauen		deuts.	Ausländ. in %	insg.	Frauen	
		insg.	in %				insg.	in %				insg.	in %
Semester	16	17	18	19	20	21	22	23	24	25	26	27	28
1914/15	5	0	0,00	.	.	160	48	30,00	47	3,13	76	21	27,63
1915	3	0	0,00	.	.	219	75	34,25	75	2,28	84	23	27,38
1915/16	9	0	0,00	.	.	255	79	30,98	79	2,75	83	15	18,07
1916	10	0	0,00	.	.	315	90	28,57	90	2,22	108	12	11,11
1916/17	9	1	11,11	.	.	369	101	27,37	.	.	154	15	9,74
1917	12	1	8,33	.	.	425	104	24,47	.	.	197	26	13,20
1917/18	7	0	0,00	.	.	455	107	23,52	.	.	231	34	14,72
1918	12	2	16,67	.	.	504	99	19,64	96	2,38	254	31	12,20
1918/19	17	1	5,88	.	.	558	109	19,53	.	.	300	33	11,00
1919	18	0	0,00	.	.	622	137	22,03	133	2,09	416	42	10,10
ZS.1919	12	0	0,00	.	.	560	103	18,39	.	.	349	34	9,74
1919/20	30	2	6,67	.	.	621	158	25,44	.	.	365	61	16,71
1920	31	5	16,13	.	.	530	132	24,91	.	.	311	57	18,33
1920/21	28	4	14,29	.	.	484	125	25,83	120	3,31	498	59	11,85
1921	36	4	11,11	.	.	629	130	20,67	.	.	567	56	9,88
1921/22	43	4	9,30	.	.	495	119	24,04	.	.	250	34	13,60
1922	52	7	13,46	.	.	445	107	24,04	.	.	242	33	13,64
1922/23	38	8	21,05	.	.	460	126	27,39	.	.	253	31	12,25
1923	50	15	30,00	.	.	492	149	30,28	.	.	244	35	14,34
1923/24	35	11	31,43	.	.	359	109	30,36	.	.	171	27	15,79
1924	55	9	16,36	.	.	228	74	32,46	.	.	137	7	5,11
1924/25	53	6	11,32	6	5,66	.	.	.	.	.	.	.	.
1925	50	4	8,00	4	4,00	.	.	.	.	.	.	.	.
1925/26	56	6	10,71	.	.	.	.	.	.	.	.	.	.
1926	48	6	12,50	.	.	.	.	.	.	.	.	.	.
1926/27	39	6	15,38	6	5,13	.	.	.	.	.	.	.	.
1927	27	5	18,52	5	3,70	.	.	.	.	.	.	.	.
1927/28	24	3	12,50	3	0,00	.	.	.	.	.	.	.	.
1928	30	3	10,00	2	3,33	.	.	.	.	.	.	.	.
1928/29	34	6	17,65	5	2,94	.	.	.	.	.	.	.	.
1929	33	8	24,24	7	3,03	.	.	.	.	.	.	.	.
1929/30	50	13	26,00	12	2,00	.	.	.	.	.	.	.	.
1930	36	11	30,56	10	2,78	.	.	.	.	.	.	.	.
1930/31	48	7	14,58	7	0,00	.	.	.	.	.	.	.	.
1931	50	6	12,00	6	0,00	.	.	.	.	.	.	.	.
1931/32	61	10	16,39	10	0,00	.	.	.	.	.	.	.	.
1932	64	14	21,88	14	0,00	.	.	.	.	.	.	.	.
1932/33	66	17	25,76	16	1,52	.	.	.	.	.	.	.	.
1933	72	16	22,22	.	.	.	.	.	.	.	.	.	.
1933/34	70	18	25,71	.	.	.	.	.	.	.	.	.	.
1934	72	15	20,83	.	.	.	.	.	.	.	.	.	.
1934/35	83	17	20,48	.	.	.	.	.	.	.	.	.	.
1935	75	19	25,33	.	.	.	.	.	.	.	.	.	.
1935/36	89	19	21,35	.	.	.	.	.	.	.	.	.	.
1936	79	18	22,78	.	.	.	.	.	.	.	.	.	.
1936/37	93	22	23,66	.	.	.	.	.	.	.	.	.	.
1937	98	22	22,45	.	.	.	.	.	.	.	.	.	.
1937/38	105	31	29,52	.	.	.	.	.	.	.	.	.	.
1938	107	34	31,78	.	.	.	.	.	.	.	.	.	.
1938/39	114	44	38,60	.	.	.	.	.	.	.	.	.	.
1939	117	42	35,90	.	.	.	.	.	.	.	.	.	.
1939/40	.	.	.	.	.	.	.	.	.	.	.	.	.
1940/1	49	24	48,98	.	.	.	.	.	.	.	.	.	.
1940/2	45	27	60,00	.	.	.	.	.	.	.	.	.	.
1940/3	46	27	58,70	.	.	.	.	.	.	.	.	.	.
1941/1	31	18	58,06	.	.	.	.	.	.	.	.	.	.

Tab.7.2: Die Einzelfachströme an der Universität Frankfurt am Main nach Staatsangehörigkeit und Geschlecht 1914/15–1941/1

	Chemie					Wirtschafts- u. Sozialwiss.					Sonstige				
	insg.	Frauen			Ausländ. in %	insg.	Frauen			Ausländ. in %	insg.	Frauen			Ausländ. in %
		insg.	in %	deuts.			insg.	in %	deuts.			insg.	in %	deuts.	
Semester	29	30	31	32	33	34	35	36	37	38	39	40	41	42	43
1914/15	18	2	11,11	.	.	119	6	5,04	6	12,61	.	.	.	.	.
1915	58	12	20,69	.	.	154	11	7,14	11	11,69	.	.	.	.	.
1915/16	72	19	26,39	.	.	185	16	8,65	15	14,05	.	.	.	.	.
1916	89	24	26,97	.	.	240	22	9,17	20	12,92	.	.	.	.	.
1916/17	95	22	23,16	.	.	312	24	7,69	.	.	.	.	.	.	.
1917	99	18	18,18	.	.	361	31	8,59	.	.	.	.	.	.	.
1917/18	101	13	12,87	.	.	394	36	9,14	.	.	.	.	.	.	.
1918	119	18	15,13	.	.	449	37	8,24	34	8,46	.	.	.	.	.
1918/19	147	22	14,97	.	.	581	46	7,92	.	.	.	.	.	.	.
1919	196	24	12,24	.	.	1207	81	6,71	75	4,31	.	.	.	.	.
ZS.1919	155	19	12,26	.	.	851	44	5,17	.	.	.	.	.	.	.
1919/20	270	18	6,67	.	.	1504	81	5,39	.	.	32	3	9,38	.	.
1920	268	13	4,85	.	.	1763	121	6,86	.	.	33	6	18,18	.	.
1920/21	.	.	.	.	.	1649	126	7,64	117	7,34	0	0	.	.	.
1921	.	.	.	.	.	2111	150	7,11	.	.	0	0	.	.	.
1921/22	232	15	6,47	.	.	2134	166	7,78	.	.	0	0	.	.	.
1922	235	14	5,96	.	.	2259	169	7,48	.	.	0	0	.	.	.
1922/23	221	21	9,50	.	.	2439	181	7,42	.	.	0	0	.	.	.
1923	253	19	7,51	.	.	2889	214	7,41	.	.	0	0	.	.	.
1923/24	199	9	4,52	.	.	2160	159	7,36	.	.	0	0	.	.	.
1924	203	19	9,36	.	.	1402	103	7,35	.	.	0	0	.	.	.
1924/25	205	11	5,37	10	4,39	279	34	12,19	33	10,04	.	.	.	.	.
1925	194	4	2,06	4	4,12	486	25	5,14	25	5,14	53	21	39,62	21	5,66
1925/26	176	5	2,84	.	.	257	22	8,56	.	.	67	19	28,36	.	.
1926	162	7	4,32	.	.	316	21	6,65	.	.	52	14	26,92	.	.
1926/27	141	5	3,55	5	4,26	320	21	6,56	19	6,56	47	12	25,53	11	12,77
1927	136	6	4,41	6	3,68	320	20	6,25	18	6,56	10	4	40,00	4	10,00
1927/28	124	5	4,03	5	7,26	156	14	8,97	13	12,18	16	6	37,50	6	6,25
1928	168	9	5,36	9	5,95	185	25	13,51	23	10,81	8	0	0,00	0	37,50
1928/29	141	6	4,26	6	4,26	199	22	11,06	21	9,05	0	0	.	0	.
1929	144	7	4,86	7	7,64	201	23	11,44	20	8,96	0	0	.	0	.
1929/30	139	11	7,91	11	5,04	249	27	10,84	21	11,24	1	1	100,00	1	0,00
1930	160	11	6,88	10	6,25	244	49	20,08	41	11,07	1	0	0,00	0	0,00
1930/31	149	14	9,40	13	8,72	194	50	25,77	42	18,04	2	1	50,00	1	0,00
1931	167	13	7,78	12	5,99	210	46	21,90	40	13,33	13	6	46,15	6	0,00
1931/32	152	14	9,21	12	5,26	196	48	24,49	40	15,82	6	1	16,67	1	0,00
1932	170	18	10,59	15	6,47	228	45	19,74	35	16,23	2	1	50,00	0	50,00
1932/33	147	12	8,16	11	4,08	217	44	20,28	37	14,29	3	3	100,00	3	0,00
1933	128	10	7,81	.	.	182	31	17,03	.	.	2	2	100,00	.	.
1933/34	134	8	5,97	.	.	197	25	12,69	.	.	2	2	100,00	.	.
1934	126	9	7,14	.	.	133	12	9,02	.	.	2	0	0,00	.	.
1934/35	111	6	5,41	.	.	102	12	11,76	.	.	3	2	66,67	.	.
1935	100	9	9,00	.	.	127	4	3,15	.	.	0	0	.	.	.
1935/36	91	9	9,89	.	.	119	21	17,65	.	.	0	0	.	.	.
1936	88	8	9,09	.	.	97	15	15,46	.	.	0	0	.	.	.
1936/37	92	5	5,43	.	.	88	17	19,32	.	.	0	0	.	.	.
1937	84	3	3,57	.	.	83	14	16,87	.	.	0	0	.	.	.
1937/38	99	3	3,03	.	.	74	11	14,86	.	.	0	0	.	.	.
1938	84	2	2,38	.	.	63	13	20,63	.	.	0	0	.	.	.
1938/39	112	6	5,36	.	.	64	11	17,19	.	.	0	0	.	.	.
1939	117	3	2,56	.	.	86	14	16,28	.	.	0	0	.	.	.
1939/40	.	.	.	.	.	.	.	.	.	.	.	.	.	.	.
1940/1	80	4	5,00	.	.	71	13	18,31	.	.	0	0	.	.	.
1940/2	113	15	13,27	.	.	61	26	42,62	.	.	0	0	.	.	.
1940/3	109	29	26,61	.	.	77	29	37,66	.	.	0	0	.	.	.
1941/1	93	28	30,11	.	.	61	22	36,07	.	.	0	0	.	.	.

Tab. 7.2: Die Einzelfachströme an der Universität Frankfurt am Main nach Staatsangehörigkeit und Geschlecht 1914/15–1941/1

	Studierende					
	insg.	Frauen			Ausländer	
		insg.	in %	deuts.	insg.	in %
Semester	44	45	46	47	48	49
1914/15	618	100	16,18	98	26	4,21
1915	850	170	20,00	169	24	2,82
1915/16	1052	191	18,16	188	36	3,42
1916	1343	214	15,93	211	43	3,20
1916/17	1651	225	13,63	.	.	.
1917	1961	246	12,54	.	.	.
1917/18	2145	264	12,31	.	.	.
1918	2388	252	10,55	244	60	2,51
1918/19	2783	281	10,10	.	.	.
1919	3811	376	9,87	365	73	1,92
ZS.1919	3109	267	8,59	.	.	.
1919/20	4314	453	10,50	.	.	.
1920	4213	439	10,42	.	.	.
1920/21	3775	406	10,75	391	151	4,00
1921	4573	422	9,23	.	.	.
1921/22	4367	448	10,26	.	.	.
1922	4422	439	9,93	.	.	.
1922/23	4611	475	10,30	.	.	.
1923	5032	530	10,53	.	.	.
1923/24	3778	387	10,24	.	.	.
1924	2683	270	10,06	.	.	.
1924/25	2537	251	9,89	231	174	6,86
1925	2544	243	9,55	227	129	5,07
1925/26	2566	254	9,90	234	143	5,57
1926	2723	293	10,76	273	137	5,03
1926/27	2880	348	12,08	317	148	5,14
1927	3211	375	11,68	351	140	4,36
1927/28	3264	397	12,16	364	155	4,75
1928	3657	502	13,73	466	159	4,35
1928/29	3537	520	14,70	486	155	4,38
1929	3694	593	16,05	563	163	4,41
1929/30	3665	610	16,64	573	166	4,53
1930	3772	717	19,01	675	175	4,64
1930/31	3823	755	19,75	715	177	4,63
1931	4043	782	19,34	744	190	4,70
1931/32	3770	761	20,19	723	178	4,72
1932	3650	710	19,45	673	188	5,15
1932/33	3388	646	19,07	614	192	5,67
1933	2724	486	17,84	.	.	.
1933/34	2507	392	15,64	.	.	.
1934	2054	292	14,22	.	79	3,85
1934/35	1901	265	13,94	.	.	.
1935	1661	251	15,11	.	.	.
1935/36	1886	281	14,90	.	.	.
1936	1635	245	14,98	.	.	.
1936/37	1624	243	14,96	.	.	.
1937	1499	202	13,48	.	65	4,34
1937/38	1534	207	13,49	.	.	.
1938	1464	216	14,75	.	.	.
1938/39	1597	210	13,15	.	.	.
1939	1622	215	13,26	.	.	.
1939/40	.	.	.	.	.	.
1940/1	1228	231	18,81	.	.	.
1940/2	1090	266	24,40	.	15	1,38
1940/3	1490	410	27,52	.	.	.
1941/1	1346	417	30,98	.	.	.

Tab.7.2: Die Einzelfachstrome an der Universität Frankfurt am Main nach Staatsangehörigkeit und Geschlecht 1914/15–1941/1

	Alte Sprachen				Germanistik					Neue Sprachen				
	insg.	Frauen			Aus-länd. in %	insg.	Frauen			Aus-länd. in %	insg.	Frauen			Aus-länd. in %
		insg.	in %	deuts.			insg.	in %	deuts.			insg.	in %	deuts.	
Semester	1	2	3	4	5	6	7	8	9	10	11	12	13	14	15
1924/25	10	2	20,00	1	10,00	76	27	35,53	26	2,63	41	18	43,90	18	4,88
1925	15	2	13,33	2	0,00	86	26	30,23	25	1,16	65	27	41,54	27	1,54
1925/26	16	1	6,25	.	.	80	28	35,00	.	.	78	33	42,31	.	.
1926	26	2	7,69	.	.	108	32	29,63	.	.	110	38	34,55	.	.
1926/27	28	2	7,14	2	0,00	140	47	33,57	41	5,71	108	34	31,48	33	0,93
1927	35	3	8,57	3	0,00	123	29	23,58	27	4,07	157	58	36,94	57	3,18
1927/28	36	3	8,33	3	2,78	123	37	30,08	32	9,76	158	63	39,87	55	8,86
1928	29	2	6,90	2	3,45	174	59	33,91	54	5,17	217	88	40,55	84	4,15
1928/29	35	2	5,71	2	5,71	186	73	39,25	65	5,91	195	82	42,05	80	1,54
1929	46	4	8,70	4	6,52	190	71	37,37	65	5,79	205	83	40,49	82	2,44
1929/30	35	2	5,71	2	8,57	204	71	34,80	68	6,37	204	81	39,71	75	3,92
1930	39	2	5,13	2	2,56	239	87	36,40	79	6,69	200	94	47,00	91	2,50
1930/31	25	4	16,00	4	0,00	250	98	39,20	94	2,80	163	74	45,40	69	3,68
1931	28	1	3,57	1	7,14	227	88	38,77	84	4,85	165	68	41,21	65	3,03
1931/32	27	3	11,11	3	3,70	186	87	46,77	79	5,38	130	54	41,54	50	4,62
1932	24	4	16,67	4	0,00	181	73	40,33	68	3,87	129	56	43,41	55	2,33
1932/33	28	3	10,71	2	7,14	148	59	39,86	55	4,73	94	42	44,68	41	3,19
1933	20	3	15,00	.	.	122	51	41,80	.	.	55	25	45,45	.	.
1933/34	23	0	0,00	.	.	105	43	40,95	.	.	64	27	42,19	.	.
1934	19	0	0,00	.	.	76	34	44,74	.	.	42	16	38,10	.	.
1934/35	10	0	0,00	.	.	74	35	47,30	.	.	44	15	34,09	.	.
1935	7	0	0,00	.	.	72	34	47,22	.	.	22	9	40,91	.	.
1935/36	10	0	0,00	.	.	73	30	41,10	.	.	36	13	36,11	.	.
1936	15	0	0,00	.	.	83	31	37,35	.	.	26	10	38,46	.	.
1936/37	6	0	0,00	.	.	64	24	37,50	.	.	11	3	27,27	.	.
1937	6	0	0,00	.	.	65	20	30,77	.	.	10	1	10,00	.	.
1937/38	11	0	0,00	.	.	54	19	35,19	.	.	12	2	16,67	.	.
1938	11	1	9,09	.	.	53	22	41,51	.	.	16	5	31,25	.	.
1938/39	8	0	0,00	.	.	50	14	28,00	.	.	14	3	21,43	.	.
1939	7	0	0,00	.	.	45	14	31,11	.	.	19	4	21,05	.	.
1939/40	.	.	.	.	.	.	.	.	.	.	.	.	.	.	.
1940/1	4	0	0,00	.	.	28	13	46,43	.	.	15	6	40,00	.	.
1940/2	8	0	0,00	.	.	47	29	61,70	.	.	21	0	12,86	.	.
1940/3	7	0	0,00	.	.	81	49	60,49	.	.	22	15	68,18	.	.
1941/1	6	1	16,67	.	.	67	47	70,15	.	.	14	8	57,14	.	.

	Geschichte				Musik					Philosophie, Pädagogik, Religionslehren				
	insg.	Frauen			Aus-länd. in %	insg.	Frauen			Aus-länd. in %	insg.	Frauen			Aus-länd. in %
		insg.	in %	deuts.			insg.	in %	deuts.			insg.	in %	deuts.	
Semester	16	17	18	19	20	21	22	23	24	25	26	27	28	29	30
1924/25	39	7	17,95	7	0,00	.	.	.	.	.	62	17	27,42	16	8,06
1925	35	8	22,86	8	2,86	.	.	.	.	.	28	7	25,00	4	21,43
1925/26	45	8	17,78	.	.	.	.	.	.	.	27	2	7,41	.	.
1926	37	4	10,81	.	.	.	.	.	.	.	30	5	16,67	.	.
1926/27	46	9	19,57	7	8,70	.	.	.	.	.	40	13	32,50	12	5,00
1927	62	11	17,74	9	6,45	19	7	36,84	6	10,53	38	10	26,32	9	2,63
1927/28	65	11	16,92	11	3,08	21	5	23,81	5	4,76	35	8	22,86	6	8,57
1928	78	9	11,54	8	7,69	20	3	15,00	3	0,00	48	15	31,25	12	10,42
1928/29	95	19	20,00	17	6,32	14	3	21,43	3	14,29	37	10	27,03	8	18,92
1929	96	22	22,92	19	7,29	22	3	13,64	3	0,00	71	18	25,35	17	9,86
1929/30	100	33	33,00	30	6,00	21	5	23,81	5	4,76	60	14	23,33	14	6,67
1930	103	34	33,01	31	7,77	17	2	11,76	2	5,88	55	15	27,27	14	12,73
1930/31	114	36	31,58	35	3,51	23	4	17,39	4	0,00	65	19	29,23	17	15,38
1931	105	31	29,52	29	7,62	25	11	44,00	10	8,00	60	19	31,67	18	21,67
1931/32	102	32	31,37	32	4,90	21	9	42,86	9	0,00	63	19	30,16	14	28,57
1932	66	16	24,24	16	7,58	20	5	25,00	5	0,00	86	32	37,21	26	20,93
1932/33	76	23	30,26	22	7,89	22	5	22,73	5	0,00	55	15	27,27	11	20,00
1933	51	18	35,30	.	.	15	4	26,67	.	.	.	.	.	.	.
1933/34	49	12	24,49	.	.	11	2	18,18	.	.	.	.	.	.	.
1934	36	13	36,11	.	.	5	0	0,00	.	.	.	.	.	.	.
1934/35	35	8	22,86	.	.	6	1	16,67	.	.	.	.	.	.	.
1935	.	.	.	.	.	5	2	40,00	.	.	.	.	.	.	.
1935/36	.	.	.	.	.	3	0	0,00	.	.	.	.	.	.	.
1936	.	.	.	.	.	1	0	0,00	.	.	.	.	.	.	.
1936/37	34	6	17,65	.	.	4	0	0,00	.	.	.	.	.	.	.
1937	38	8	21,05	.	.	7	1	14,29	.	.	.	.	.	.	.
1937/38	32	9	28,13	.	.	7	1	14,29	.	.	.	.	.	.	.
1938	34	8	23,53	.	.	5	0	0,00	.	.	.	.	.	.	.
1938/39	26	4	15,38	.	.	7	1	14,29	.	.	.	.	.	.	.
1939	21	3	14,29	.	.	4	1	25,00	.	.	.	.	.	.	.
1939/40	.	.	.	.	.	.	.	.	.	.	.	.	.	.	.
1940/1	21	4	19,05	.	.	0	0	.	.	.	.	.	.	.	.
1940/2	19	5	26,32	.	.	3	1	33,33	.	.	.	.	.	.	.
1940/3	25	8	32,00	.	.	6	2	33,33	.	.	.	.	.	.	.
1941/1	34	13	38,24	.	.	8	4	50,00	.	.	.	.	.	.	.

Tab.7.2: Die Einzelfachströme an der Universität Frankfurt am Main nach Staatsangehörigkeit und Geschlecht 1914/15–1941/1

	Kunst, Archäologie				Sonstige Kulturwiss.			Zeitungskunde			Berufsschullehramt			
	insg.	Frauen		Ausländ. in %	insg.	Frauen		insg.	Frauen		insg.	Frauen		Ausländ. in %
		insg.	in %	deuts.		insg.	in %		insg.	in %		insg.	in %	
Semester	31	32	33	34	35	36	37	38	39	40	41	42	43	44	45
1927	29	13	44,83	11	13,79	.	.	.	.	.	.	.	.	.	.
1927/28	27	12	44,44	11	3,70	.	.	.	.	.	.	.	.	.	.
1928	34	13	38,24	12	5,88	.	.	.	0	0	.	.	.	.	.
1928/29	24	11	45,83	10	4,17	.	.	.	0	0	.	.	.	.	.
1929	29	15	51,72	15	6,90	.	.	.	0	0	.	.	.	.	.
1929/30	23	8	34,78	7	13,04	.	.	.	0	0	.	.	.	.	.
1930	18	7	38,89	4	27,78	.	.	.	1	0	0,00	0	0	.	.
1930/31	13	2	15,38	2	7,69	.	.	.	1	0	0,00	0	0	.	.
1931	35	8	22,86	7	11,43	.	.	.	1	0	0,00	0	0	.	.
1931/32	44	18	40,91	18	2,27	.	.	.	0	0	.	220	69	31,36	0,00
1932	39	9	23,08	9	2,56	.	.	.	0	0	.	109	25	22,94	0,92
1932/33	29	11	37,93	11	0,00	.	.	.	0	0	.	90	25	27,78	0,00
1933	.	.	.	.	.	69	18	26,09	0	0	.	59	16	27,12	.
1933/34	.	.	.	.	.	44	7	15,91	0	0	.	65	14	21,54	.
1934	.	.	.	.	.	33	9	27,27	0	0	.	2	1	50,00	.
1934/35	.	.	.	.	.	27	7	25,93	0	0	.	0	0	.	.
1935	.	.	.	.	.	79	3	3,80	0	0	.	0	0	.	.
1935/36	.	.	.	.	.	93	27	29,03	0	0	.	0	0	.	.
1936	.	.	.	.	.	45	9	20,00	0	0	.	0	0	.	.
1936/37	.	.	.	.	.	39	10	25,64	1	1	100,00	0	0	.	.
1937	.	.	.	.	.	22	7	31,82	1	0	0,00	0	0	.	.
1937/38	.	.	.	.	.	25	7	28,00	3	1	33,33	0	0	.	.
1938	.	.	.	.	.	20	6	30,00	0	0	.	0	0	.	.
1938/39	.	.	.	.	.	30	7	23,33	1	0	0,00	0	0	.	.
1939	.	.	.	.	.	19	5	26,32	0	0	.	0	0	.	.
1939/40	.	.	.	.	.	.	.	.	.	.	.	.	0	.	.
1940/1	.	.	.	.	.	10	3	30,00	0	0	.	45	34	75,56	.
1940/2	.	.	.	.	.	15	5	33,33	1	1	100,00	0	0	.	.
1940/3	.	.	.	.	.	20	12	60,00	0	0	.	0	0	.	.
1941/1	.	.	.	.	.	28	14	50,00	0	0	.	0	0	.	.

	Leibesübungen			Mathematik					Physik				
	insg.	Frauen		insg.	Frauen		deuts.	Ausländ. in %	insg.	Frauen		deuts.	Ausländ. in %
		insg.	in %		insg.	in %				insg.	in %		
Semester	46	47	48	49	50	51	52	53	54	55	56	57	58
1924/25	.	.	.	37	9	24,32	9	2,70	58	4	6,90	4	5,17
1925	.	.	.	50	9	18,00	8	6,00	57	4	7,02	4	0,00
1925/26	.	.	.	55	8	14,55	.	.	55	5	9,09	.	.
1926	.	.	.	104	16	15,38	.	.	61	5	8,20	.	.
1926/27	.	.	.	111	20	18,02	19	6,31	67	6	8,96	5	7,46
1927	.	.	.	131	21	16,03	19	4,58	65	4	6,15	4	4,62
1927/28	.	.	.	126	18	14,29	16	2,38	74	4	5,41	4	2,70
1928	.	.	.	171	23	13,45	22	2,34	79	13	16,46	12	6,33
1928/29	8	1	12,50	148	25	16,89	25	2,03	97	6	6,19	6	4,12
1929	6	0	0,00	151	27	17,88	26	1,99	109	7	6,42	7	4,59
1929/30	14	1	7,14	153	23	15,03	21	3,27	94	3	3,19	3	6,38
1930	15	1	6,67	163	32	19,63	30	3,07	101	7	6,93	7	1,98
1930/31	10	3	30,00	146	28	19,18	28	3,42	97	7	7,22	7	2,06
1931	14	2	14,29	139	21	15,11	21	2,88	88	5	5,68	5	4,55
1931/32	26	5	19,23	100	19	19,00	19	4,00	91	4	4,40	4	4,40
1932	14	3	21,43	94	18	19,15	18	2,13	94	7	7,45	7	4,26
1932/33	17	4	23,53	70	12	17,14	12	4,29	102	9	8,82	9	2,94
1933	18	3	16,67	54	11	20,37	.	.	91	7	7,69	.	.
1933/34	24	4	16,67	55	10	18,18	.	.	73	6	8,22	.	.
1934	21	2	9,52	39	6	15,38	.	.	66	2	3,03	.	.
1934/35	17	2	11,76	30	9	30,00	.	.	57	3	5,26	.	.
1935	15	2	13,33	59	8	13,56	.	.	.	.	.	.	.
1935/36	15	2	13,33	65	7	10,77	.	.	.	.	.	.	.
1936	14	1	7,14	66	9	13,64	.	.	.	.	.	.	.
1936/37	9	3	33,33	53	7	13,21	.	.	.	.	.	.	.
1937	8	5	62,50	53	5	9,43	.	.	.	.	.	.	.
1937/38	14	10	71,43	38	1	2,63	.	.	.	.	.	.	.
1938	10	10	100,00	37	2	5,41	.	.	.	.	.	.	.
1938/39	12	7	58,33	10	2	20,00	.	.	27	1	3,70	.	.
1939	12	7	58,33	12	3	25,00	.	.	16	0	0,00	.	.
1939/40	.	.	.	.	.	.	.	.	.	.	.	.	.
1940/1	1	1	100,00	3	2	66,67	.	.	10	1	10,00	.	.
1940/2	0	0	.	5	1	20,00	.	.	11	1	9,09	.	.
1940/3	3	2	66,67	11	1	9,09	.	.	18	6	33,33	.	.
1941/1	3	2	66,67	12	3	25,00	.	.	11	5	45,45	.	.

Tab.7.2: Die Einzelfachströme an der Universität Frankfurt am Main nach Staatsangehörigkeit und Geschlecht 1914/15–1941/1

	Biologie					Sonstige Naturwiss.			Geographie				
	insg.	Frauen			Aus-länd. in %	insg.	Frauen		insg.	Frauen			Aus-länd. in %
		insg.	in %	deuts.			insg.	in %		insg.	in %	deuts.	
Semester	59	60	61	62	63	64	65	66	67	68	69	70	71
1924/25	20	5	25,00	4	5,00	.	.	.	5	2	40,00	2	0,00
1925	26	4	15,38	4	7,69	.	.	.	6	1	16,67	1	0,00
1925/26	32	3	9,38	.	.	.	.	.	9	4	44,44	.	.
1926	45	9	20,00	.	.	.	.	.	18	7	38,89	.	.
1926/27	40	10	25,00	9	5,00	.	.	.	25	6	24,00	6	0,00
1927	67	12	17,91	12	8,96	.	.	.	34	8	23,53	7	2,94
1927/28	73	14	19,18	12	4,11	.	.	.	21	4	19,05	4	0,00
1928	74	18	24,32	15	5,41	.	.	.	54	16	29,63	16	0,00
1928/29	85	27	31,76	26	2,35	.	.	.	40	8	20,00	8	2,50
1929	92	35	38,04	35	0,00	.	.	.	47	11	23,40	11	0,00
1929/30	105	35	33,33	34	2,86	.	.	.	52	16	30,77	16	0,00
1930	100	38	38,00	37	2,00	.	.	.	57	16	28,07	16	0,00
1930/31	106	33	31,13	31	8,49	.	.	.	56	20	35,71	20	1,79
1931	99	28	28,28	27	6,06	.	.	.	49	13	26,53	13	0,00
1931/32	81	27	33,33	26	3,70	.	.	.	48	14	29,17	14	2,08
1932	76	24	31,58	24	3,95	.	.	.	41	15	36,59	15	0,00
1932/33	70	15	21,43	15	7,14	.	.	.	35	11	31,43	10	5,71
1933	50	9	18,00	.	.	0	0	.	.	.	.	.	.
1933/34	39	7	17,95	.	.	0	0	.	.	.	.	.	.
1934	32	9	28,13	.	.	0	0	.	.	.	.	.	.
1934/35	27	8	29,63	.	.	1	0	0,00	.	.	.	.	.
1935	.	.	.	.	.	46	8	17,39	.	.	.	.	.
1935/36	.	.	.	.	.	48	10	20,83	.	.	.	.	.
1936	.	.	.	.	.	19	6	31,58	.	.	.	.	.
1936/37	.	.	.	.	.	28	8	28,57	.	.	.	.	.
1937	.	.	.	.	.	25	6	24,00	.	.	.	.	.
1937/38	.	.	.	.	.	29	5	17,24	.	.	.	.	.
1938	.	.	.	.	.	28	6	21,43	.	.	.	.	.
1938/39	.	.	.	.	.	30	5	16,67	.	.	.	.	.
1939	.	.	.	.	.	26	5	19,23	.	.	.	.	.
1939/40	.	.	.	.	.	.	.	.	.	.	.	.	.
1940/1	7	3	42,86	.	.	3	0	0,00	.	.	.	.	.
1940/2	14	12	85,71	.	.	6	1	16,67	.	.	.	.	.
1940/3	28	23	82,14	.	.	12	1	8,33	.	.	.	.	.
1941/1	28	24	85,71	.	.	7	2	28,57	.	.	.	.	.

	Mineralogie, Geologie, Bergfach				Geogr., Geol., Min.		
	insg.	Frauen		Aus-länd. in %	insg.	Frauen	
		insg.	in %			insg.	in %
Semester	72	73	74	75	76	77	78
1924/25	3	0	0,00	0,00	.	.	.
1925	8	1	12,50	0,00	.	.	.
1925/26	10	2	20,00	.	.	.	.
1926	12	1	8,33	.	.	.	.
1926/27	13	2	15,38	0,00	.	.	.
1927	10	0	0,00	0,00	.	.	.
1927/28	11	0	0,00	0,00	.	.	.
1928	6	0	0,00	0,00	.	.	.
1928/29	9	1	11,11	11,11	.	.	.
1929	2	0	0,00	0,00	.	.	.
1929/30	6	0	0,00	0,00	.	.	.
1930	9	0	0,00	0,00	.	.	.
1930/31	6	0	0,00	0,00	.	.	.
1931	9	0	0,00	0,00	.	.	.
1931/32	8	1	12,50	0,00	.	.	.
1932	7	1	14,29	14,29	.	.	.
1932/33	8	0	0,00	12,50	.	.	.
1933	.	.	.	.	30	8	26,67
1933/34	.	.	.	.	25	8	32,00
1934	.	.	.	.	25	3	12,00
1934/35	.	.	.	.	23	2	8,70
1935	.	.	.	.	6	0	0,00
1935/36	.	.	.	.	8	1	12,50
1936	.	.	.	.	12	10	83,33
1936/37	.	.	.	.	12	2	16,67
1937	.	.	.	.	8	1	12,50
1937/38	.	.	.	.	8	2	25,00
1938	.	.	.	.	7	1	14,29
1938/39	.	.	.	.	7	2	28,57
1939	.	.	.	.	9	2	22,22
1939/40	.	.	.	.	.	.	.
1940/1	.	.	.	.	9	2	22,22
1940/2	.	.	.	.	10	3	30,00
1940/3	.	.	.	.	11	6	54,55
1941/1	.	.	.	.	10	5	50,00

Tab. 7. 2: Die Einzelfachströme an der Universität Frankfurt am Main nach Staatsangehörigkeit und Geschlecht 1914/15–1941/1

	Betriebswirtschaft					kaufmännisches Studium			Handelslehramt		
	insg.	Frauen			Ausländ. in %	insg.	Frauen		insg.	Frauen	
		insg.	in %	deuts.			insg.	in %		insg.	in %
Semester	79	80	81	82	83	84	85	86	87	88	89
1924/25	993	52	5,24	50	5,34	.	.	.	.	.	.
1925	749	55	7,34	52	4,01	.	.	.	.	.	.
1925/26	933	59	6,32	.	.	.	.	.	.	.	.
1926	829	65	7,84	.	.	.	.	.	.	.	.
1926/27	842	73	8,67	71	3,68	.	.	.	.	.	.
1927	907	71	7,83	69	3,20	.	.	.	.	.	.
1927/28	1060	86	8,11	82	2,83	.	.	.	.	.	.
1928	1059	76	7,18	73	2,83	.	.	.	.	.	.
1928/29	980	88	8,98	82	3,88	.	.	.	.	.	.
1929	928	97	10,45	92	3,99	.	.	.	.	.	.
1929/30	802	78	9,73	74	4,11	.	.	.	.	.	.
1930	794	94	11,84	91	4,28	.	.	.	.	.	.
1930/31	882	132	14,97	128	3,74	.	.	.	.	.	.
1931	971	185	19,05	179	4,12	455	26	5,71	516	159	30,81
1931/32	650	93	14,31	90	4,46	434	24	5,53	216	69	31,94
1932	605	91	15,04	89	4,30	418	27	6,46	187	64	34,22
1932/33	554	89	16,06	88	3,25	383	19	4,96	171	70	40,94
1933	.	.	.	.	.	295	15	5,08	141	50	35,46
1933/34	.	.	.	.	.	218	6	2,75	90	42	46,67
1934	.	.	.	.	.	214	7	3,27	85	33	38,82
1934/35	.	.	.	.	.	205	5	2,44	50	13	26,00
1935	.	.	.	.	.	122	21	17,21	29	8	27,59
1935/36	.	.	.	.	.	172	1	0,58	41	12	29,27
1936	.	.	.	.	.	154	2	1,30	35	11	31,43
1936/37	.	.	.	.	.	165	5	3,03	36	8	22,22
1937	.	.	.	.	.	163	1	0,61	23	6	26,09
1937/38	.	.	.	.	.	216	7	3,24	35	9	25,71
1938	.	.	.	.	.	231	8	3,46	38	6	15,79
1938/39	.	.	.	.	.	283	7	2,47	34	8	23,53
1939	.	.	.	.	.	306	6	1,96	33	11	33,33
1939/40	.	.	.	.	.	.	.	.	.	.	.
1940/1	.	.	.	.	.	149	8	5,37	22	11	50,00
1940/2	.	.	.	.	.	149	15	10,07	19	13	68,42
1940/3	.	.	.	.	.	221	19	8,60	20	15	75,00
1941/1	.	.	.	.	.	193	22	11,40	15	10	66,67

5. Anmerkungen zu Tabelle 7.2

1914/15–1941.1:

Die Zahl der weibl. Stud. und der männl. ausl. Stud. konnte nach den Pers. Verz. ergänzt werden für die Fächer Jura (Sp. 2–5), Philologien, Geschichte (Sp. 22–25), Wirtschafts- und Sozialwiss. (Sp. 35–38) sowie für die Studierenden insg. (Sp. 45–49), da diese Quelle lediglich aggregierte Fakultätsdaten bietet. Einige offensichtliche Fehler im StatJbDR wurden mit Hilfe der Pers.Verz. korrigiert.

Sp. 1 ff.: 1919/20 einschl. 209 Gasthörer und 121 Gasthörerinnen. 1939/40 Daten wegen der Umstellung auf Trimester nicht erhoben. – Sp. 26 (Mathematik, Naturwiss.): 1920/21–1921 einschl. Chemie (Sp. 29). – Sp. 29 (Chemie): 1920/21 – 1921 enthalten in Sp. 26 (Mathematik, Naturwiss.).

1924/25–1941.1:

Sp. 16 (Geschichte): 1935–1936 enthalten in Sp. 36 (Sonstige Kulturwiss.). – Sp. 36 (Sonstige Kulturwiss.): 1935–36 einschl. Geschichte (Sp. 16). – Sp. 49 (Mathematik): 1935–38 einschl. Physik (Sp. 54). – Sp. 54 (Physik): 1935–38 enthalten in Sp. 49 (Mathematik). – Sp. 59 (Biologie): 1935–39 enthalten in Sp. 64 (Sonstige Naturwiss.). – Sp. 64 (Sonst. Naturwiss.): 1935–39 einschl. Biologie (Sp. 59). – Sp. 79–83 (Betriebswirtschaft): 1931–1932/33 Summe v. Sp. 84–86 (Kaufmännisches Studium) u. Sp. 87–89 (Handelslehramt).

6. Quellen und Literatur

Quellen:

Standardquellen: 1914/15–1924: StatJbDR Jgg. 36, 40–44. – *1924/25–1927/28:* PrStat 279, DtHochStat Bd. 1; PrStat 281, Sonderdr WS 1925/26, 285, PrHochStat WS 1926/27 – WS 1927/28 (nur Ausländer). – *1928–1932/33:* DtHochStat Bde. 1–10. – *1932–1941.1:* ZehnjStat.

Ergänzend: 1914/15–1916, 1918, 1919, 1920/21: Pers.Verz. d. Univ. Frankfurt.

Literatur:

FLESCH-THEBESIUS, M.: Johann Wolfgang Goethe-Universität Frankfurt am Main. Überblick über ihre Entstehung, ihre Entwicklung und vorgesehene Planungen. Frankfurt/M. 1964 – HAMMERSTEIN, N.: Die Johann Wolfgang Goethe-Universität Frankfurt am Main. Von der Stiftungsuniversität zur staatlichen Hochschule. Bd. 1: 1914–1950. Neuwied/Frankfurt 1989 – KLUKE, P.: Die Stiftungsuniversität Frankfurt am Main 1914–1932. Frankfurt/M. 1972. – PAUK, H.: Die Entwicklung der Sozialstruktur der Frankfurter Studenten seit Gründung der Universität 1914. Diplomarbeit 1963. – STUCHLIK, G.: Goethe im Braunhemd. Universität Frankfurt 1933–1945. Frankfurt 1984. – Amtliches Verzeichnis des Personals und der Studierenden der Universität zu Frankfurt a. M. 1914/15–1943/44 (unter verschiedenen Titeln = Pers.Verz.).

8. Freiburg i. Br.

1. Geschichtliche Übersicht

Die Albert-Ludwigs-Universität Freiburg wurde 1457 durch Erzherzog Albrecht IV. von Vorderösterreich gegründet und 1460 mit 214 Studenten eröffnet. In den ersten 150 Jahren wurde sie von rund 150 bis 200 Studenten besucht. Seit 1620 stand die Albertina unter dem Einfluß des Jesuitenordens, der die humanistischen Studien an der schwach frequentierten Hochschule (Mitte des 17. Jahrhunderts unter 50 Studenten) bis zur Aufhebung des Ordens (1773) bestimmte. Auch die Reformen in der zweiten Hälfte des 18. Jahrhunderts, durch die die Autonomie der Universität beschnitten (1752/1767) und eine zeitgemäße Neuorientierung in Forschung und Lehre eingeleitet wurde, vermochten die Albertina aus der provinziellen Bedeutungslosigkeit nicht herauszuführen.

Unsere Daten beginnen 1807/08, nachdem die Stadt und die Universität im Frieden von Preßburg (1805) an das Großherzogtum Baden gekommen waren. Da neben der bedeutenderen protestantischen Universität Heidelberg eine zweite Hochschule für den kleinen Staat Baden finanziell nicht tragbar schien, drohte der Albertina 1815 die Auflösung. Vor allem der gemischtkonfessionelle Charakter des Staates und die Notwendigkeit der katholischen Klerikerausbildung führten 1818 zur Zusicherung des Fortbestandes der Hochschule durch Großherzog Ludwig I. von Baden, dessen Name fortan mit der Universität verbunden geblieben ist. Im Zusammenhang mit der vormärzlichen Freiheitsbewegung wurde die Universität als Hochburg der liberalen Opposition 1832 vorübergehend durch die Regierung geschlossen und eine Neuorganisation der Universitätsverwaltung verfügt (Einführung der Senatsverfassung).

Nach dem Frequenzeinbruch in den 1830er Jahren (die 1833/34 gegründeten schweizerischen Universitäten Bern und Zürich engten das Einzugsgebiet von Freiburg zusätzlich ein) zählte die Albertina bis in die späten 1870er Jahre zu den kleinsten deutschen Universitäten, vergleichbar mit Marburg, Kiel und Greifswald. Zwischen 1880 und dem Ersten Weltkrieg verzeichnete Freiburg dann aber einen bedeutenden Frequenzaufschwung und schob sich in der

Rangskala der Universitäten bis ins erste Drittel vor (nach der Jahrhundertwende deutlich vor Heidelberg, Tübingen und Würzburg). In den 1920er Jahren wurde die Albertina zwar wieder etwas schwächer besucht, aber in den späten 1930er Jahren gehörte sie zur Spitzengruppe der sechs meistbesuchten Universitäten (vergleichbar mit Leipzig, Breslau und Köln), weil der allgemeine Frequenzrückgang nach 1931 an der Albert-Ludwigs-Universität bemerkenswert geringer war als an den meisten anderen Hochschulen. Besonders die Medizinische Fakultät besaß eine hohe Attraktivität; hier belegte die Albertina für den gesamten Dokumentationszeitraum nach den drei Großuniversitäten Berlin, München, Leipzig und der Medizinerhochburg Würzburg sogar den fünften Rang.

Der Prozeß der institutionellen Differenzierung korrespondierte diesem langfristigen Frequenzaufschwung. Durch den beschleunigten institutionellen Ausbau, besonders in den beiden ersten Jahrzehnten des 20. Jahrhunderts, rückte Freiburg nach diesem Indikator in die Nachbarschaft der großen Universitäten Bonn, Breslau und Frankfurt auf (Platz sechs bis zehn). Auch das Wachstum des Lehrpersonals bestätigt dieses Bild. Im Laufe des 19. Jahrhunderts fiel Freiburg bis 1880 zunächst in die Gruppe der fünf kleinsten Universitäten zurück (Platz 18 unter 20 Hochschulen). Durch das überdurchschnittlich starke Personalwachstum verbesserte sich Freiburg bis 1930 auf Platz 10 unter 23 Universitäten und konnte diese Position im Mittelfeld bis zum Zweiten Weltkrieg halten. Die Medizinische und Naturwissenschaftlich-Mathematische Fakultät (seit 1910 von der Philosophischen Fakultät getrennt), bei denen der Wachstumssprung am größten war, verfügten 1930 jeweils allein über fast so viele Lehrpersonen wie die gesamte Universität im Jahre 1880. Da das Personalwachstum mit dem noch stärkeren Zustrom der Studierenden allerdings nicht Schritt halten konnte, verschlechterte sich die Position der Albertina in der Skala der Universitäten nach der Betreuungsrelation (Studierende pro Dozent) seit dem Kaiserreich beständig (1880 Rang 11; 1930 Rang 16; 1941 Rang 19).

Der bedeutendste Bau der Universität in der ersten Hälfte des 19. Jahrhunderts war das Krankenspital (1826–1829); es wurde 1926 bis 1941 durch die modernen Klinikgebäude im Westen der Stadt ersetzt. In der Phase des beschleunigten institutionellen Ausbaus entstand das nördlich der Altstadt gelegene »Institutsviertel«. Die Bibliothek wurde 1902 in den neu errichteten Carl-Schäfers-Bau verlegt; diesem gegenüber wurde 1906–1911 ein neues Kollegiengebäude (vor allem für die Geisteswissenschaften) errichtet, da das seit 1777 genutzte Jesuitenkloster nicht mehr ausreichend Platz bot.

Die »Gleichschaltung« der Albert-Ludwigs-Universität im April 1933 war spektakulär, weil sich mit Martin Heidegger ein international bekannter Philosoph an die Spitze der nationalsozialistischen Bewegung stellte. Seine Rede zur Rektoratsübergabe am 27. Mai 1933 hat Geschichte gemacht und markiert einen unrühmlichen Tiefpunkt in der Geschichte der deutschen Universitäten. Von der nationalsozialistischen »Säuberung« waren bis April 1936 38 von insgesamt 202 Dozenten betroffen; das waren 18,8% des gesamten Lehrkörpers im WS 1932/33. Durch den schweren Bombenangriff vom 27. November 1944 wurden rund 80% der Gebäudesubstanz der Universität vernichtet.

2. Der Bestand an Institutionen 1836–1944/45

Zum Verständnis vgl. die Erläuterungen S. 48 ff.

I. Theol. Fak. ([1836])

1.	Kirchenhist. u. arch. Sem. (1894/95–1901/02)
1.1	Kirchenhist. Sem. (1902)
1.2	Arch. Sem. (1902–04)
	Sem. f. christl. Arch. (1904/05, u. Kunstgesch. 16/17)
2.	Homil. Sem. (1894/95)
3.	Kanonistisches Sem. (1894/95)
4.	Dogmat. Sem. (1894/95)
5.	Exeg. Sem. (1905)
5.1	Alttest. Abt. (1905–42)
5.2	Neutest. Abt. (1905–42)
6.	Sem. f. Moraltheol. (1908)
7.	Sem. f. lat. Bibelforsch. (1914/15)
7.1	Alttest. Abt. (1916/17–42)
7.2	Neutest. Abt. (1916/17–42)
8.	Inst. f. Caritaswiss. (1925–38/39)

II. Jur. Fak. ([1836]–96)
Rechts- u. Staatswiss. Fak. (1896/97)

1.	Cameral. Sem. (1871/72–1910/11, –1896 in IV.)
	Volkswirtsch. Sem. (1911)
2.	Jur. Sem. (1890/91)
3.	Versicherungswiss. Sem. (1909/10–(23))
	Sem. f. Vers.wiss. u. Arbeitsr. ((1924/25)–37)
	Sem. f. Recht d. Wirtsch.sordnung, Vers.wiss. u. Arbeitsr. (nur 1937/38)
	Sem. f. Recht d. Wirtschaftsordnung (1938)
4.	Privatwirtsch. Sem. (1922–37)
5.	Rechtsgesch. Inst. (1929)
6.	Sem. f. Strafvollzugsk. (1930/31)
7.	Inst. f. Marktbeobachtung u. Wirtschaftsberatung (1934/35–36)
8.	Betriebswirtsch. Sem. (1937/38)
9.	Kommunalwiss. Inst. (1937/38)
10.	Sem. f. ausländ. u. intern. Strafr. (1939)
11.	Sem. f. intern. Privatr. (1939)

III. Med. Fak. ([1836])

1.	Anat. Inst. ([1836]–36/37)
	Anat. Samml. u. Inst. (1837–57)
	Anat. Anst. u. Samml. f. normale u. path. Anat. (1857/58–63/64)
	Anat. Anst. u. Samml. f. normale Anat. (1864–69/70)
	Anat. Anst. u. Samml. f. normale Anat. u. Anthropologie (1870–1918)
	Anat. Inst. (1918/19)
1.1	Anat. Samml. (1930–41.1)
1.1.1	Samml. f. menschl. Normal-Anat. (1837–57)
1.1.2	Anat.-path. Samml. (1837–57)
1.2	Zoot. Cab. (1837–57)
1.3	Abt. f. Erb- u. Rassenbiol. (1941/42)
2.	Chir. Instr.-Samml. ([1836])
3.	Anthr.-physiol. Anst. ([1836]–36/37)
	Anthr.-physiol. Inst. (1837–55/56)
	Physiol. Inst. (1856)
4.	Samml. f. d. Tierheilk. u. zoot. Kab. ([1836]–36/37)
	Veterinär-Anstalt (1837–72)
5.	Med. Klin. u. Poliklin. ([1836]–45/46)
5.1	Med. Klin. (1846)
5.1.1	Röntgen-Abt. (1928/29–(39/40))
	Röntgen-Radium-Abt. ((1940.2))
5.2	Med. Poliklin. (1846)
6.	Chir. u. ophtalmol. Klin. ([1836]–71/72)
	Chir. Klin. (1872)
6.1	Orthop. Polikl. (nur 1897/98)
	Orthop. Abt. (1898–1917)
	Orthop. Inst. (1917/18)
7.	Entbindungsanst. ([1836]–76/77)
	Gynäk. Klin. (1877–1909)
	Frauenklin. (1909/10–(23))
	Frauenkl. u. Radiol. Inst. ((1924/25)–26)
7.1	Radiol. Inst. d. Frauenkl. (1918–(23))
	Radiol. Inst. (1926/27)
8.	Gebh. App. u. Instr.-Samml.([1836])

9.	Pharm. Cab. ([1836]–85/'86)
	Pharm. Samml. (1886–1907)
	Pharm. Inst. (1907/08)
10.	Zoot. Anst. u. Samml. (1857/58–89, vorh. III.1.2, vgl. III.15.)
11.	Path.-anat. Anst. u. Samml. f. path. Anat. (1864–1938/39)
11.1	Path. Inst. (1939)
11.2	Path.-anat. Samml. (1939)
12.	Ophtalmol. Klin. (1868/69–1900)
	Augenklin. (1900/01)
13.	Psych. Klin. (1886–1909)
	Psych. u. Nervenklin. (1909/10)
14.	Hyg. Inst. (1889)
15.	Vergl.-anat. Anst. u. Samml. (1889/90–1918, vgl. III.10.)
	Vergl.-anat. Mus. (1930/31–41.1, Samml. 34)
16.	Klin. f. HNO-Kr. (1919)
16.1	Laryngo-rhinologische Polikl. (1897–1909)
	Hals- u. Nasenklin. (1909/10–18/19)
16.2	Otiatrische Klin. (1897–1900)
	Ohrenklin. (1900/01–18/19)
17.	Derm. Klin. (1902–16/17)
	Klin. f. Hautkr. (1917)
18.	Zahnärztl. Polikl. (1904–42)
	Klin. f. ZMK-Kr. (1942/43)
19.	Tierhyg. Inst. (1905)
20.	Samml. ger.-med. Präparate (1908/09–23)
	Inst. f. ger. Med. u. Krim. (1943/44)
21.	Kinderkl. (1909/10)
22.	Physiol.-chem. Inst. (1917)
23.	Med.-hist. Sem. (1926/27–29/30)
	Medikohist. Inst. (1937/38)
24.	Sportärztl. Unters.- u. Beratungsstelle (1927–27/28)
	Sportärztl. Inst. (1928)

IV.   Phil. Fak. ([1836], o. Math.-Naturwiss. 1910/11)

1.	Philol. Sem. ([1836]–78/79)
	Sem. f. klass. Philol. (1879)
2.	Münz-Cab. ([1836]–60)
	Arch. u. Münz-Cab. (1860/61–61)
	Antiken- u. Münzcab. (1861/62–74/75)
	Arch. Samml. u. Münzcab. (1875–1904)
	Arch. Sem., Samml. u. Münzcab. (1904/05–08)
	Arch. Inst., Samml. u. Münzcab. (1908/09–11/12)
	Arch. Inst. u. Münzcab., Samml. von Gipsabgüssen (1912)
3.	Zeichnungsinst. ([1836]–65/66)
4.	Marstall ([1836]–36/37)
	Marstall u. Reitbahn (1837–63)
	Reitbahn (1863/64–69/70)
5.	Arch. u. ethnogr. Samml. (1866/67–74/75)
	Mus. f. Urgesch. u. Ethnogr. (1875–1904)
	Mus. f. Urgesch. (1904/05)

6.	Hist. Sem. (1870/71)
6.1	Abt. f. Alte Gesch. (1905/06)
6.2	Abt. f. Neue Gesch. (1905/06)
7.	Sem. f. rom. Philol. (1873)
8.	Sem. f. dt. Philol. (1873/74–85/86)
	Sem. f. germ. Philol. (1886–1936)
	Dt. Sem. (1936/37)
8.1	Dt. Abt. (1886–1903/04)
8.2	Engl. Abt. (1886–1903/04)
	Sem. f. engl. Philol. (1904)
9.	Philos. Sem. (1881/82–1932)
9.1	Philos. Sem. I (1932/33–43)
9.2	Philos. Sem. II (1932/33–43)
9.3	Sem. f. Philos. u. Erziehungswiss. (1934/35)
10.	Geogr. Lehrmittel-Samml. (1886–90/91)
	Geogr. Inst. (1891)
11.	Sprachwiss. Sem. (1907/08)
12.	Oriental. Sem. (1907/08)
13.	Inst. f. mittlere u. neuere Kunstgesch. (1909/10)
14.	Musikwiss. Sem. (1920)
15.	Photographisches Lab. (nur 1920)
16.	Sem. f. Zeitungsw. u. Publizistik (〈1924/25〉–33/34)
	Inst. f. Zeitungswiss. (1934)
17.	Hochschulinst. f. Leibesüb. (1931/32)
17.1	Abt. Luftfahrt (1938/39)
18.	Inst. f. Rundfunkwiss. (1940.2)
19.	Inst. f. Rassenk. u. Bauerntumsforsch. (nur 1940.3)
	Anst. f. Rassenk., Völkerbiol. u. ländl. Soziol. (1941)
20.	Inst. f. Volksk. (1942)
21.	Inst. f. gesch. Landesk. (1942/43)
22.	Inst. f. Psychol. u. Charakterologie (1943/44)

V.   Math.-Naturwiss. Fak. (1910/11, vorh. IV.)

1.	Chem. Lab. ([1836])
1.1	Phys.-chem. Inst. (1902/03)
1.2	Anorg. Abt. (〈1921〉–42)
1.3	Org. Abt. (〈1921〉–42)
1.4	Med.-pharmaz. Abt. (〈1921〉–26)
1.4.1	Med. Abt. (1926/27–42)
1.4.2	Pharmaz. Abt. (1926/27–35/36)
	Pharmaz. Lab. (1936, Inst. 37/38)
2.	Phys.-Math. Cab. ([1836]–53/54)
2.1	Phys. Cab. (1854, Inst. 91/92)
2.1.1	Math.-phys. Inst. (1901/05–37)
	Theor.-phys. Inst. (1937/38)
2.1.2	Techn.-phys. Inst. (1912/13–19)
2.1.3	Phys. Instr. (1930)
2.2	Math. Cab. (1854, Inst. 1902/03)
2.2.1	Abt. f. angew. Math. (1944/45)
3.	Naturalien-Cab. (1837–57)
3.1	Zool. Cab. ([1836]–36/37, 57/58–78)
	Zool. Samml. (1837–57)
	Zool. Inst. (1878/79)
3.1.1	Zool. Samml. (1930)

3.2	Geogn. u. oryktognostisches Cab. ([1836]–36/37)
	Geogn., oryktognostische u. Petrefactensamml. (1837–38)
	Min. Samml. (1838/39–57)
	Min.-Cab. (1857/58–85/86)
	Geol.-min. Inst. (1886–1901/02)
3.2.1	Min. Inst. (1902)
3.2.2	Geol. Inst. (1902)
3.2.2.1	Geol. Samml. (1930)
4.	Bot. Garten ([1836])
5.	Sem. f. Math. u. Naturwiss. (1846/47–52/53)
6.	Technol. Inst. (1870–1920)
7.	Math. Sem. (1876/77–1944)
8.	Pharmakog. Inst. (1886–1907, -1893 in III.)
	Bot. Inst. (1907/08)
8.1	Abt. f. Forstbot. (1936/37–37, Forts. V.9.5)

9. Forstl. Abt. (1937/38–42)
Forstl. Inst.e (1942/43)

| 9.1 | Inst. f. Bodenk. (1920, in V.9. 42) |
| 9.2 | Forstzool. Inst. (1920) |

9.2.1.	Forstzool. Samml. (1930)
9.3	Forstl. Inst. (1920–35/36)
	Forstl. Inst.e (1936–37)
9.3.1	Forstl. Versuchsanst. (1920)
9.3.2	Forstl. Samml. (1930)
9.3.3	Waldbaul. Inst. (1936–42)
9.3.4	Inst. f. Forsteinrichtung u forstl. Betriebswirtsch. (1936–42)
9.3.5	Forstpol. Inst. (1936–42)
9.3.6	Dt. Zentralstelle f. forstl. Bibliogr. (1936–40.3)
9.4	Inst. f. Forstschutz, Forstbenutzung u. Pflanzensoziol. (1937/38–40.3, o. u. Pflanzensoziol. 40.2)
	Inst. f. Forstbenutzung, Forstschutz u. Ertragsk. (1941–42)
9.5	Abt. f. Forstbot. (1937/38–42)
9.6	Inst. f. Forstgesch. (1942)
10.	Bienenk. Inst. (1926/27)
11.	Forschungsst. f. Agrarwiss. (1939/40)

Fehlende Semester: 1920/21, 1921/22, 1923/24, 1924, 1940.1. 1936/37 u. 1937 zusammen als Studienjahr.

3. Die Studierenden nach Fachbereichen

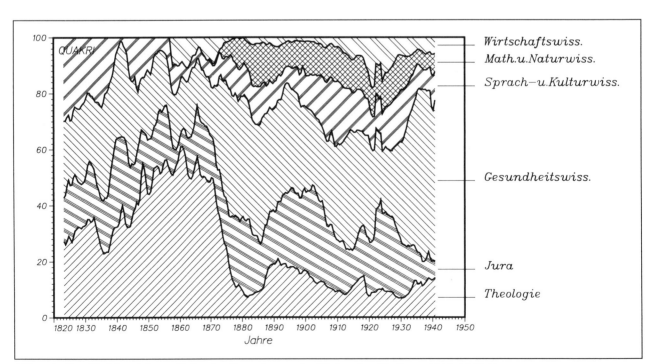

Abb. 8. 1: Das Fachbereichsprofil der Studierenden an der Universität Freiburg 1823–1941/1

Tab. 8. 1: Die Studierenden an der Universität Freiburg nach Fachbereichen in Prozent 1823–1941/1

| | Kath. Theol. | Jura | Gesundheitswissenschaften | | | | Sprach und Kultur wiss. | Math.-Naturw. | | Wirt- sch., Agrar- und Forst. wiss. | Studierende | | |
| | | | insg. | Allg. Med. | Zahn- med. | Phar- mazie | | insg. | Chemie | | insg. | weibl. in % aller Stud. | Ausl. in % aller Stud. |
Semester	1	2	3	4	5	6	7	8	9	10	11	12	13
1823	28,04	14,21	27,48	27,48	.	.	30,28	.	.	.	535	.	.
1823/24	26,38	17,03	27,21	27,21	.	.	29,38	.	.	.	599	.	.
1824	25,78	18,47	25,78	25,78	.	.	29,97	.	.	.	574	.	.
1824/25	28,94	20,81	20,81	19,67	.	1,14	29,43	.	.	.	615	.	.
1825	29,36	19,25	21,21	19,74	.	1,47	30,18	.	.	.	613	.	.
1825/26	26,84	18,99	20,78	19,80	.	0,98	33,39	.	.	.	611	.	.
1826	26,95	22,03	21,52	19,66	.	1,86	29,50	.	.	.	590	.	.
1826/27	30,62	20,57	21,01	20,10	.	1,91	26,80	.	.	.	627	.	.
1827	31,43	19,66	20,50	19,16	.	1,34	28,41	.	.	.	595	.	.
1827/28	31,69	16,72	21,97	20,70	.	1,27	29,62	.	.	.	628	.	.
1828	33,17	15,50	23,00	21,33	.	1,67	28,33	.	.	.	600	.	.
1828/29	31,18	16,34	23,09	21,89	.	1,20	29,38	.	.	.	667	.	.
1829	32,38	15,31	25,52	24,08	.	1,44	26,79	.	.	.	627	.	.
1829/30	32,77	15,61	24,27	24,27	.	.	27,36	.	.	.	647	.	.
1830	32,71	16,53	25,13	25,13	.	.	25,63	.	.	.	593	.	.
1830/31	33,90	18,81	26,61	22,88	.	.	20,68	.	.	.	590	.	.
1831	36,38	19,35	24,19	20,07	.	.	20,07	.	.	.	558	.	.
1831/32	33,83	21,95	23,43	20,46	.	.	20,79	.	.	.	606	.	.
1832	34,30	20,51	21,42	21,42	.	.	23,77	.	.	.	551	.	.
1832/33	34,75	18,79	25,25	22,42	.	.	21,21	.	.	.	495	.	.
1833	36,92	15,82	24,26	20,04	.	.	23,00	.	.	.	474	.	.
1833/34	29,79	17,29	29,79	25,00	.	.	23,13	.	.	.	480	.	.
1834	31,57	15,67	29,95	24,19	.	.	22,81	.	.	.	434	.	.
1834/35	25,78	18,39	32,29	27,80	.	.	23,54	.	.	.	446	.	.
1835	25,80	16,46	32,68	26,54	.	.	25,06	.	.	.	407	.	.
1835/36	22,94	18,70	33,67	28,43	.	.	24,69	.	.	.	401	.	.
1836	22,72	19,26	35,06	29,88	.	.	22,96	.	.	.	405	.	.
1836/37	23,46	20,25	35,31	29,63	.	.	20,99	.	.	.	405	.	.
1837	23,59	17,95	35,38	29,23	.	.	23,08	.	.	.	390	.	.
1837/38	23,25	23,50	34,25	29,00	.	.	19,00	.	.	.	400	.	.
1838	28,41	22,61	31,59	26,38	.	.	17,39	.	.	.	345	.	.
1838/39	28,90	27,46	28,03	22,25	.	.	15,61	.	.	.	346	.	.
1839	33,14	24,56	27,51	21,89	.	.	14,79	.	.	.	338	.	.
1839/40	31,11	32,70	27,30	21,90	.	.	8,89	.	.	.	315	.	.
1840	33,45	30,07	30,07	24,66	.	.	6,42	.	.	.	296	.	.
1840/41	31,56	33,22	29,90	23,59	.	.	5,32	.	.	.	301	.	.
1841	36,11	27,78	32,99	26,04	.	.	3,13	.	.	.	288	.	.
1841/42	39,19	26,01	32,60	26,01	.	.	2,20	.	.	.	273	.	.
1842	40,96	22,89	32,13	25,30	.	.	4,02	.	.	.	249	.	.
1842/43	33,99	30,83	26,88	20,55	.	.	8,30	.	.	.	253	.	.
1843	32,89	28,95	32,46	27,19	.	.	5,70	.	.	.	228	.	.
1843/44	31,56	27,87	31,97	26,23	.	.	8,61	.	.	.	244	.	.
1844	32,89	18,42	33,33	25,88	.	.	15,35	.	.	.	228	.	.
1844/45	32,26	23,79	28,23	20,56	.	.	15,73	.	.	.	248	.	.
1845	38,50	15,49	18,78	18,78	.	.	27,23	.	.	.	213	.	.
1845/46	37,26	17,92	27,36	18,40	.	.	17,45	.	.	.	212	.	.
1846	40,50	14,50	29,00	18,00	.	.	16,00	.	.	.	200	.	.
1846/47	41,91	19,50	24,48	16,18	.	.	14,11	.	.	.	241	.	.
1847	38,71	21,66	21,20	13,82	.	.	18,43	.	.	.	217	.	.
1847/48	45,93	20,74	15,56	11,85	.	.	17,78	.	.	.	270	.	.
1848	56,28	11,26	18,61	12,12	.	.	13,85	.	.	.	231	.	.
1848/49	53,93	11,43	18,93	13,57	.	.	15,71	.	.	.	280	.	.
1849	52,20	14,24	18,98	12,20	.	.	14,58	.	.	.	295	.	.
1849/50	45,01	19,09	22,22	17,95	.	.	13,68	.	.	.	351	.	.
1850	43,39	19,25	22,99	18,39	.	.	14,37	.	.	.	348	.	.
1850/51	44,68	20,21	18,88	14,36	.	.	16,22	.	.	.	376	.	.
1851	45,43	17,47	20,43	15,86	.	.	16,67	.	.	.	372	.	.
1851/52	52,50	15,56	21,39	17,50	.	.	10,56	.	.	.	360	.	.
1852	54,26	13,88	23,34	18,61	.	.	8,52	.	.	.	317	.	.
1852/53	53,07	16,27	22,40	18,93	.	.	8,27	.	.	.	375	.	.
1853	55,29	16,18	20,29	16,47	.	.	8,24	.	.	.	340	.	.
1853/54	51,76	23,85	17,89	13,55	.	.	6,50	.	.	.	369	.	.
1854	51,05	21,92	21,02	16,52	.	.	6,01	.	.	.	333	.	.
1854/55	52,91	20,78	21,33	16,62	.	.	4,99	.	.	.	361	.	.
1855	56,39	18,69	19,31	16,20	.	.	5,61	.	.	.	321	.	.
1855/56	56,14	20,18	17,84	15,50	.	.	5,85	.	.	.	342	.	.
1856	56,60	18,87	16,98	14,15	.	.	7,55	.	.	.	318	.	.
1856/57	52,06	18,41	16,51	13,97	.	.	13,02	.	.	.	315	.	.
1857	53,23	15,16	15,48	13,55	.	.	16,13	.	.	.	310	.	.
1857/58	49,40	10,78	18,26	15,87	.	.	10,48	.	.	11,08	334	.	.
1858	52,27	9,09	18,18	16,56	.	.	11,04	.	.	9,42	308	.	.
1858/59	52,73	5,76	18,18	14,55	.	.	13,64	.	.	9,70	330	.	.
1859	55,78	5,61	18,15	15,51	.	.	10,89	.	.	9,57	303	.	.
1859/60	55,01	5,73	18,34	15,47	.	.	10,03	.	.	10,89	349	.	.
1860	61,54	3,85	17,63	14,42	.	.	7,69	.	.	9,29	312	.	.
1860/61	60,30	5,67	19,40	16,72	.	.	5,37	.	.	9,25	335	.	.
1861	61,74	6,43	18,01	14,47	.	.	5,79	.	.	8,04	311	.	.
1861/62	58,47	8,63	17,57	14,06	.	.	4,47	.	.	10,86	313	.	.
1862	57,74	8,71	17,74	14,84	.	.	6,13	.	.	9,68	310	.	.
1862/63	50,97	11,94	20,00	16,13	.	.	5,16	.	.	11,94	310	.	.

Tab. 8.1: Die Studierenden an der Universität Freiburg nach Fachbereichen in Prozent 1823–1941/1

| | Kath. Theol. | Jura | Gesundheitswissenschaften | | | | Sprach und Kultur-wiss. | Math.-Naturw. | | Wirt-sch., Agrar- und Forst.wiss. | Studierende | | |
| | | | insg. | Allg. Med. | Zahn-med. | Phar-mazie | | insg. | Chemie | | insg. | weibl. in % aller Stud. | Ausl. in % aller Stud. |
Semester	1	2	3	4	5	6	7	8	9	10	11	12	13
1863	50,50	14,62	18,94	15,95	.	.	6,31	.	.	9,63	301	.	.
1863/64	49,11	14,50	22,19	18,93	.	.	4,44	.	.	9,76	338	.	.
1864	49,83	15,61	22,59	19,93	.	.	4,98	.	.	6,98	301	.	.
1864/65	51,34	16,02	21,66	18,69	.	.	4,75	.	.	6,23	337	.	.
1865	54,42	14,84	19,43	18,73	.	.	4,95	.	.	6,36	283	.	.
1865/66	56,19	19,37	15,24	14,29	.	.	3,17	.	.	6,03	315	.	.
1866	58,75	17,16	16,17	14,52	.	.	4,62	.	.	3,30	303	.	.
1866/67	50,31	19,33	21,78	17,18	3,07	1,53	5,21	0,00	.	3,37	326	.	.
1867	51,52	19,19	18,18	15,82	1,01	1,35	7,07	0,00	.	4,04	297	.	.
1867/68	48,58	19,56	19,56	16,09	2,21	1,26	5,68	0,32	.	6,31	317	.	.
1868	52,23	17,87	18,56	16,84	0,00	1,72	5,15	0,34	.	5,84	291	.	.
1868/69	47,87	18,79	18,09	17,02	0,00	1,06	7,45	0,00	.	7,80	282	.	.
1869	50,19	19,62	16,98	16,23	0,00	0,75	4,91	0,00	.	8,30	265	.	.
1869/70	46,40	18,00	20,80	18,80	0,00	2,00	6,40	0,40	.	8,00	250	.	.
1870	50,22	15,56	18,22	16,44	0,00	1,78	8,00	0,89	.	7,11	225	.	.
1870/71	49,54	13,76	16,97	16,51	0,00	0,46	9,17	0,92	.	9,63	218	.	.
1871	49,51	14,71	19,12	19,12	0,00	0,00	6,86	0,49	.	9,31	204	.	4,90
1871/72	43,18	13,64	25,45	25,00	0,00	0,45	7,27	1,36	.	9,09	220	.	5,45
1872	39,39	12,99	30,30	29,44	0,00	0,87	9,52	1,30	.	6,49	231	.	5,19
1872/73	36,40	16,48	29,89	26,82	0,00	3,07	10,73	0,38	.	6,13	261	.	8,81
1873	36,00	16,73	36,36	33,45	0,00	2,91	6,55	1,09	.	3,27	275	.	7,27
1873/74	30,28	16,90	36,97	33,80	0,00	3,17	8,45	2,82	.	4,58	284	.	7,75
1874	27,78	16,32	40,63	36,11	0,00	4,51	7,64	5,21	.	2,43	288	.	10,07
1874/75	24,84	17,61	41,51	37,74	0,00	3,77	8,18	6,29	.	1,57	318	.	10,69
1875	25,85	17,35	42,18	38,44	0,00	3,74	8,84	4,08	.	1,70	294	.	11,56
1875/76	18,98	17,52	43,80	41,24	0,00	2,55	11,68	6,57	.	1,46	274	.	9,85
1876	17,28	18,38	47,06	44,49	0,00	2,57	11,03	4,78	.	1,47	272	.	8,46
1876/77	13,99	21,84	43,69	41,30	0,00	2,39	14,33	5,46	.	0,68	293	.	6,48
1877	12,23	24,45	42,01	40,44	0,00	1,57	13,79	6,90	.	0,63	319	.	6,90
1877/78	12,28	22,75	44,01	42,22	0,00	1,80	11,38	9,28	.	0,30	334	.	8,38
1878	9,33	28,47	43,30	40,43	0,00	2,87	10,53	8,13	.	0,24	418	.	7,66
1878/79	12,64	21,43	42,86	40,11	0,00	2,75	11,81	11,26	.	0,00	364	.	6,87
1879	10,67	26,22	40,37	38,52	0,00	1,86	11,37	10,90	.	0,46	431	.	5,80
1879/80	10,97	20,66	47,19	45,41	0,00	1,79	9,18	11,22	.	0,77	392	.	6,38
1880	8,90	30,11	40,15	38,07	0,00	2,08	10,80	10,04	.	0,00	528	.	6,63
1880/81	9,26	23,70	45,60	42,89	0,00	2,71	11,06	10,16	.	0,23	443	.	6,32
1881	6,44	30,16	43,92	42,02	0,00	1,90	11,42	7,47	.	0,59	683	.	4,69
1881/82	8,20	23,98	44,67	40,57	0,00	4,10	10,66	10,66	.	1,84	488	.	6,35
1882	6,10	31,90	40,92	37,59	0,00	3,33	11,37	8,32	.	1,39	721	.	5,13
1882/83	9,62	22,50	41,02	38,29	0,00	2,72	12,52	11,62	.	2,72	551	.	7,26
1883	6,32	25,39	41,92	40,46	0,00	1,46	11,91	12,64	.	1,82	823	.	4,62
1883/84	9,92	17,56	39,84	38,37	0,00	1,46	12,52	16,75	.	3,41	615	.	5,37
1884	7,14	23,70	41,13	39,50	0,00	1,62	12,88	13,20	.	1,95	924	.	5,09
1884/85	10,72	16,83	38,28	36,03	0,00	2,24	14,59	16,96	.	2,62	802	.	6,48
1885	7,43	22,99	41,43	38,90	0,00	2,53	12,33	14,07	.	1,75	1144	.	5,24
1885/86	11,03	12,83	41,25	37,54	0,00	3,71	15,27	16,86	.	2,76	943	.	6,47
1886	8,49	19,94	44,35	41,24	0,00	3,11	11,52	13,95	.	1,74	1319	.	6,29
1886/87	11,65	14,76	42,97	38,25	0,00	4,72	12,85	15,76	.	2,01	996	.	7,73
1887	10,36	23,98	40,02	36,17	0,00	3,84	11,19	12,95	.	1,50	1197	.	5,35
1887/88	17,65	13,80	39,59	34,28	0,00	5,32	10,52	15,72	.	2,71	884	.	5,77
1888	13,96	20,71	39,82	34,84	0,00	4,98	9,07	13,87	.	2,58	1125	.	5,51
1888/89	21,41	15,18	36,35	31,65	0,00	4,71	9,88	14,82	.	2,35	850	.	6,59
1889	15,70	23,43	37,95	34,68	0,00	3,27	9,49	11,84	.	1,60	1191	.	5,88
1889/90	22,16	14,05	35,35	31,89	0,00	3,46	9,62	15,68	.	3,14	925	.	6,38
1890	16,19	24,32	36,12	32,62	0,00	3,51	9,01	11,72	.	2,63	1254	.	6,46
1890/91	21,80	12,89	37,92	33,40	0,21	4,30	10,10	13,64	.	3,65	931	.	8,81
1891	17,66	24,08	36,20	32,25	0,18	3,78	8,26	10,72	.	3,08	1138	.	7,73
1891/92	24,30	16,59	35,86	31,43	0,35	4,09	9,23	10,28	.	3,74	856	.	8,29
1892	15,56	26,21	37,01	33,95	0,15	2,91	8,58	10,04	.	2,61	1305	.	6,82
1892/93	21,54	19,54	35,37	30,36	0,40	4,61	8,42	12,22	.	2,91	998	.	7,92
1893	16,49	29,75	36,00	31,51	0,49	4,00	6,67	9,05	.	2,04	1425	.	6,81
1893/94	21,92	19,90	39,62	32,50	0,38	6,73	6,35	9,90	.	2,31	1040	.	8,65
1894	16,45	30,87	37,78	32,30	0,54	4,94	5,62	7,85	.	1,42	1477	.	6,30
1894/95	18,93	22,27	41,02	33,71	0,53	6,78	6,25	10,04	.	1,50	1136	.	8,36
1895	16,50	31,73	36,26	31,09	0,28	4,89	6,30	8,29	.	0,92	1412	.	5,95
1895/96	19,79	23,36	36,68	31,37	0,29	5,02	8,30	9,75	.	2,12	1036	.	9,07
1896	16,39	33,14	33,21	28,79	0,29	4,13	6,89	8,77	.	1,60	1379	.	7,40
1896/97	19,91	22,72	36,90	30,42	0,47	6,01	8,36	10,52	.	1,60	1065	.	8,92
1897	15,04	31,40	35,27	31,33	0,48	3,45	8,97	8,49	.	0,83	1449	.	6,69
1897/98	20,32	21,71	36,53	29,73	0,93	5,87	9,69	10,25	.	1,49	1073	.	8,01
1898	13,59	33,14	33,79	28,87	0,71	4,21	9,00	9,26	.	1,23	1545	.	5,95
1898/99	17,44	20,95	34,53	27,96	1,05	5,52	10,69	14,81	.	1,58	1141	.	8,24
1899	13,89	32,93	30,42	25,81	0,72	3,89	13,59	8,08	.	1,08	1670	.	5,75
1899/00	19,11	24,21	30,45	25,59	0,89	3,97	14,74	9,55	.	1,94	1235	.	8,83
1900	14,55	34,14	28,82	24,75	0,85	3,23	10,53	10,70	.	1,25	1766	.	6,17
1900/01	18,47	22,17	31,77	26,11	0,99	4,68	12,15	13,88	.	1,56	1218	.	9,44
1901	13,36	36,18	27,18	22,88	1,08	3,23	11,04	11,10	.	1,13	1766	.	7,93
1901/02	15,97	24,91	30,96	25,74	1,14	4,09	13,02	13,47	.	1,67	1321	.	9,92
1902	12,63	37,72	25,69	22,03	0,48	3,17	12,74	9,78	.	1,45	1861	.	6,50
1902/03	14,95	29,27	26,36	21,87	0,71	3,78	13,38	14,24	.	1,81	1271	.	8,42

Tab. 8.1: Die Studierenden an der Universität Freiburg nach Fachbereichen in Prozent 1823–1941/1

| | Kath. Theol. | Jura | Gesundheitswissenschaften | | | | Sprach und Kultur wiss. | Math.-Naturw. | | Wirt- sch., Agrar- und Forst. wiss. | Studierende | | |
| | | | insg. | Allg. Med. | Zahn- med. | Phar- mazie | | insg. | Chemie | | insg. | weibl. in % aller Stud. | Ausl. in % aller Stud. |
Semester	1	2	3	4	5	6	7	8	9	10	11	12	13
1903	10,45	39,04	24,72	21,46	0,61	2,65	14,68	9,84	5,25	1,27	1962	.	6,52
1903/04	13,90	26,67	28,10	23,89	0,83	3,38	15,78	12,77	7,06	2,78	1331	.	8,26
1904	10,25	36,18	26,66	23,11	0,89	2,66	14,74	10,20	5,37	1,97	2029	.	5,82
1904/05	14,92	21,99	31,11	25,98	0,93	4,20	17,06	12,46	6,20	2,47	1501	.	7,73
1905	10,68	34,70	24,70	20,23	0,99	3,47	17,71	10,27	4,64	1,94	2219	.	6,31
1905/06	14,69	23,16	28,28	22,24	1,04	5,00	18,22	12,31	5,61	3,35	1641	.	7,19
1906	10,34	30,21	26,38	22,26	0,77	3,36	19,28	10,17	4,38	3,62	2350	2,47	6,51
1906/07	12,56	17,72	31,31	26,49	0,75	4,07	20,41	14,11	5,16	3,90	1744	2,81	9,40
1907	9,14	25,65	29,17	25,20	0,89	3,07	21,60	11,57	4,05	2,87	2472	2,22	6,27
1907/08	12,08	17,71	31,99	27,19	1,16	3,64	21,90	13,46	4,30	2,87	1813	2,92	7,00
1908	8,63	27,99	31,94	27,72	1,30	2,91	18,87	10,77	3,53	1,80	2608	2,72	5,14
1908/09	11,55	17,75	34,99	29,76	1,83	3,41	19,68	13,43	5,19	2,59	1966	3,41	6,71
1909	8,12	24,20	31,38	27,21	1,56	2,61	21,63	11,67	3,44	3,01	2760	3,26	4,42
1909/10	10,06	15,18	33,13	28,52	1,80	2,81	24,46	13,20	3,97	3,97	2167	3,97	5,35
1910	8,63	21,53	33,70	30,44	1,60	1,66	21,60	11,69	3,05	2,84	2884	4,02	4,96
1910/11	10,37	14,25	35,71	32,59	1,60	1,51	22,93	13,09	3,78	3,65	2246	4,81	5,65
1911	8,28	20,75	33,77	31,23	1,43	1,10	21,62	11,85	2,47	3,73	3080	5,03	4,71
1911/12	9,41	16,02	35,77	33,41	1,38	0,97	21,01	13,22	3,28	4,58	2466	6,04	5,84
1912	7,63	21,60	34,57	32,48	1,12	0,97	18,78	11,88	.	5,54	3301	5,63	4,60
1912/13	8,56	14,05	40,50	37,80	1,37	1,33	18,01	13,17	.	5,71	2627	7,19	6,74
1913	7,75	18,15	39,39	36,80	1,26	1,33	17,01	11,92	.	5,79	3163	8,13	4,84
1913/14	9,88	13,18	41,76	38,49	1,36	1,91	16,29	12,29	.	6,61	2572	9,45	5,52
1914	9,03	16,05	42,04	39,11	1,60	1,32	15,20	10,86	.	6,83	3178	9,94	4,19
1914/15	11,18	12,56	43,09	39,74	2,10	1,25	13,46	11,31	.	8,40	2237	6,75	1,25
1915	10,94	13,07	42,26	39,17	2,04	1,04	14,03	11,85	.	7,85	2203	6,99	0,91
1915/16	12,38	13,18	40,12	37,27	1,78	1,07	14,20	12,24	.	7,88	2246	6,59	1,02
1916	12,23	14,93	39,30	36,60	1,57	1,12	14,79	12,19	.	6,56	2224	6,47	1,12
1916/17	13,52	15,80	37,91	35,09	1,70	1,12	14,28	12,13	.	6,36	2234	6,18	0,85
1917	13,90	17,44	34,87	32,23	1,46	1,18	15,13	12,11	.	6,55	2122	5,61	0,90
1917/18	14,47	17,87	34,33	31,84	1,32	1,18	14,60	12,29	.	6,44	2205	5,17	0,63
1918	14,49	18,36	33,27	30,62	1,30	1,35	14,54	12,44	.	6,90	2146	4,66	0,65
1918/19	15,17	17,69	32,20	28,83	1,85	1,52	14,27	12,85	.	7,82	2109	6,02	0,71
1919	8,60	20,58	35,65	31,56	2,95	1,14	13,26	11,13	.	10,79	3523	10,96	1,08
ZS.1919	13,65	16,76	31,48	27,71	2,49	1,29	13,98	13,44	.	10,70	2411	4,98	0,75
1919/20	8,12	20,21	36,67	31,41	4,17	1,09	13,07	10,55	.	11,37	3572	12,46	1,79
1920	7,10	21,41	36,37	31,93	3,66	0,78	12,93	9,06	.	13,13	3984	12,98	1,73
1920/21	8,12	16,60	35,08	30,08	4,00	1,00	12,57	10,03	.	17,60	3301	12,51	2,21
1921	9,64	19,36	31,62	26,91	3,66	1,04	11,93	9,87	.	17,58	3931	13,43	3,05
1921/22	8,25	17,78	32,22	27,25	3,54	1,43	12,24	11,03	.	18,48	3138	13,29	5,29
1922	9,52	23,89	28,20	24,57	2,43	1,20	11,45	10,47	.	16,47	3667	13,23	5,67
1922/23	8,71	35,11	29,82	26,33	2,31	1,17	12,80	11,22	6,01	2,35	2985	12,33	.
1923	11,10	23,31	25,62	22,66	1,88	1,07	11,82	11,17	7,58	16,98	3080	12,34	8,28
1923/24	9,07	36,17	26,28	22,98	1,92	1,37	12,45	12,69	6,32	3,34	2546	12,65	.
1924	10,71	28,08	21,22	18,95	0,93	1,34	13,29	11,60	6,95	15,10	2913	12,87	7,17
1924/25	9,94	25,44	23,25	20,43	1,31	1,52	13,31	11,92	7,13	16,13	2374	12,64	8,05
1925	8,78	30,35	22,13	19,98	0,92	1,22	14,27	12,55	6,55	11,92	3028	14,43	6,57
1925/26	9,56	26,59	24,52	21,43	1,90	1,19	14,29	11,87	5,02	13,17	2520	13,77	7,30
1926	8,99	28,19	22,50	19,48	1,87	1,14	16,05	11,88	5,61	12,39	3147	14,17	5,56
1926/27	9,41	26,36	24,47	20,23	2,50	1,74	15,18	12,84	4,20	11,75	2477	13,32	5,49
1927	8,65	27,39	22,70	19,45	2,18	1,07	17,85	12,61	4,59	10,80	3260	15,49	4,57
1927/28	9,34	26,71	23,97	20,90	2,56	0,52	16,64	13,00	3,63	10,34	2699	14,60	4,45
1928	7,03	27,40	26,59	22,80	2,79	0,99	17,29	12,98	4,10	8,72	3829	18,23	3,60
1928/29	7,86	23,74	29,36	24,40	3,66	1,29	17,17	13,35	3,87	8,52	3168	17,05	3,88
1929	6,58	24,91	30,55	25,55	3,87	1,13	18,10	13,98	4,50	5,87	4055	21,18	3,58
1929/30	7,12	20,95	33,89	27,84	4,70	1,35	17,18	14,21	3,99	6,66	3470	20,69	3,72
1930	6,77	22,21	34,48	28,56	4,81	1,12	19,01	11,85	4,74	5,68	4034	22,78	3,52
1930/31	7,04	17,07	37,36	30,91	5,12	1,32	18,96	12,45	4,68	7,12	3397	22,20	4,09
1931	6,92	20,93	37,45	30,55	5,71	1,18	16,76	11,89	4,31	6,05	3885	23,40	4,50
1931/32	7,63	15,96	42,15	34,17	6,62	1,36	15,76	11,16	4,62	7,34	3459	22,52	5,26
1932	8,08	18,54	42,70	35,15	6,54	1,01	13,97	10,34	4,11	6,37	3550	23,32	4,82
1932/33	8,44	16,44	46,22	37,28	7,63	1,31	12,33	9,41	3,95	7,16	3211	22,08	5,45
1933	9,90	15,97	47,50	38,12	7,86	1,53	12,44	7,86	4,09	6,33	3143	20,87	.
1933/34	9,95	15,01	48,80	38,88	8,46	1,46	12,02	7,79	3,92	6,42	3004	20,57	.
1934	13,41	13,45	49,72	38,57	8,98	2,18	10,64	7,24	3,32	5,54	2707	20,17	3,99
1934/35	12,03	11,11	52,00	43,10	8,43	2,40	11,59	5,99	3,32	5,15	2622	22,04	.
1935	13,31	10,78	55,73	44,36	8,09	3,29	9,90	5,52	2,57	4,76	2374	22,49	.
1935/36	10,24	12,16	60,01	50,80	5,95	3,26	8,64	5,02	2,24	3,93	3126	22,55	.
1936	13,60	10,28	57,15	48,23	5,61	3,31	8,49	5,88	2,88	4,60	2567	21,15	.
1936/37	11,69	9,46	60,31	51,81	5,50	3,00	7,85	5,92	2,85	4,77	2600	20,35	.
1937	10,62	8,06	62,79	53,38	5,73	3,68	7,17	6,33	3,07	5,03	2147	20,35	4,05
1937/38	12,69	8,46	59,88	49,87	5,74	4,27	6,95	6,01	3,70	6,01	2246	17,90	.
1938	12,13	7,63	61,99	52,44	4,56	4,00	6,80	5,56	3,40	5,88	2176	17,05	.
1938/39	14,19	9,61	56,02	47,95	4,50	3,57	8,43	5,80	3,61	5,96	2467	17,43	.
1939	13,89	9,31	59,04	51,89	3,63	3,51	7,62	5,37	3,43	4,78	2534	16,69	.
1939/40	.	.	.	.	.	.	.	.	.	.	.	.	.
1940/1	13,34	5,87	60,41	56,60	2,20	1,61	9,24	5,57	3,67	5,57	682	18,04	.
1940/2	13,12	7,72	49,23	44,44	2,31	2,47	14,51	8,95	7,56	6,48	648	27,01	0,77
1940/3	14,15	8,57	51,22	45,65	1,22	4,35	12,31	7,82	5,17	5,92	1470	29,80	.
1941/1	14,15	5,91	57,45	51,95	1,26	4,24	10,16	6,62	4,50	5,71	1979	31,99	.

4. Die Studierenden nach Fächern

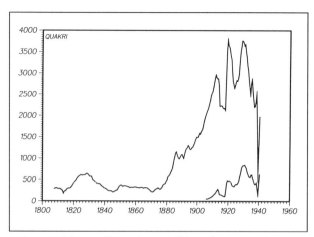

Abb. 8. 2: Die Studierenden (weibl. u. insg.) an der Universität Freiburg 1807/08–1941/1: Sämtliche Fächer

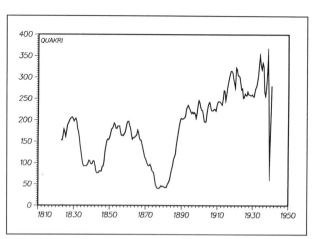

Abb. 8. 3: Die Studierenden an der Universität Freiburg 1823–1941/1: Katholische Theologie

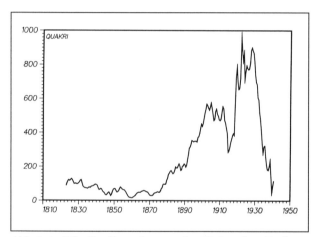

Abb. 8. 4: Die Studierenden an der Universität Freiburg 1823–1941/1: Jura

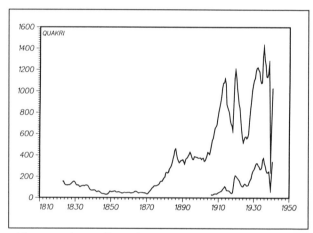

Abb. 8. 5: Die Studierenden (weibl. u. insg.) an der Universität Freiburg 1823–1941/1: Allgemeine Medizin

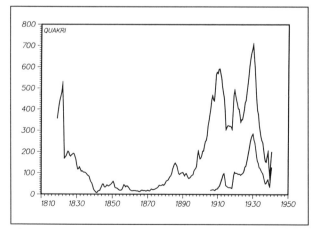

Abb. 8. 6: Die Studierenden (weibl. u. insg.) an der Universität Freiburg 1823–1941/1: Sprach- und Kulturwissenschaften

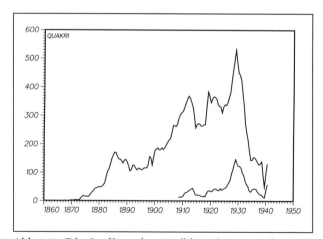

Abb. 8. 7: Die Studierenden (weibl. u. insg.) an der Universität Freiburg 1866/67–1941/1: Mathematik und Naturwissenschaften

Tab. 8. 2: Die Einzelfachströme an der Universität Freiburg nach Staatsangehörigkeit und Geschlecht 1807/08–1941/1

Semester	Stud. insg. 1
1807/08	318
1808	264
1808/09	314
1809	288
1809/10	325
1810	268
1810/11	302
1811	271
1811/12	307
1812	266
1812/13	257
1813	266
1813/14	179
1814	169
1814/15	272
1815	201
1815/16	272
1816	268
1816/17	311
1817	275
1817/18	325
1818	273
1818/19	337
1819	329
1819/20	384
1820	393
1820/21	447
1821	442
1821/22	482
1822	479
1822/23	556

Semester	Stud. insg.	Evang. Theol.	Jura	Medi- zin	Sonstige Fächer insg.	Chir- urgie	Phar- mazie	Phil., Philo- log.	Came- ralia
	1	2	3	4	5	6	7	8	9
1823	535	150	76	147	.	.	.	162	.
1823/24	599	158	102	163	.	.	.	176	.
1824	574	148	106	148	.	.	.	172	.
1824/25	615	178	128	121	.	16	7	165	.
1825	613	180	118	121	.	11	9	174	.
1825/26	611	164	116	121	.	15	6	189	.
1826	590	159	130	116	.	11	11	163	.
1826/27	627	192	129	126	.	13	12	155	.
1827	595	187	117	114	.	22	8	147	.
1827/28	628	199	105	130	.	25	8	161	.
1828	600	199	93	128	.	18	10	152	.
1828/29	667	208	109	146	.	25	8	171	.
1829	627	203	96	151	.	22	9	146	.
1829/30	647	212	101	157	.	22	.	155	.
1830	593	194	98	149	.	21	.	131	.
1830/31	590	200	111	135	144	22	.	118	.
1831	558	203	108	112	135	23	.	101	.
1831/32	606	205	133	124	144	18	.	114	.
1832	551	189	113	118	131	.	.	105	.
1832/33	495	172	93	111	119	14	.	100	.
1833	474	175	75	95	129	20	.	97	.
1833/34	480	143	83	120	134	23	.	91	.
1834	434	137	68	105	124	25	.	91	.
1834/35	446	115	82	124	125	20	.	93	.
1835	407	105	67	108	127	25	.	97	.
1835/36	401	92	75	114	120	21	.	88	.
1836	405	92	78	121	114	21	.	87	.
1836/37	405	95	82	120	108	23	.	76	.
1837	390	92	70	114	114	24	.	80	.
1837/38	400	93	94	116	97	21	.	67	.
1838	345	98	78	91	78	18	.	55	.
1838/39	346	100	95	77	74	20	.	48	.
1839	338	112	83	74	69	19	.	41	.
1839/40	315	98	103	69	45	17	.	22	.
1840	296	99	89	73	35	16	.	15	.
1840/41	301	95	100	71	35	19	.	12	.
1841	288	104	80	75	29	20	.	5	.
1841/42	273	107	71	71	24	18	.	2	.
1842	249	102	57	63	27	17	.	6	.
1842/43	253	86	78	52	37	16	.	10	.
1843	228	75	66	62	25	12	.	10	.
1843/44	244	77	68	64	35	14	.	18	.
1844	228	75	42	59	52	17	.	34	.
1844/45	248	80	59	51	58	19	.	37	.
1845	213	82	33	40	58	.	.	35	.
1845/46	212	79	38	39	56	19	.	31	.
1846	200	81	29	36	54	22	.	27	.
1846/47	241	101	47	39	54	20	.	.	.
1847	217	84	47	30	56	16	.	36	.
1847/48	270	124	56	32	58	10	.	43	.
1848	231	130	26	28	47	15	.	31	.
1848/49	280	151	32	38	59	15	.	42	.
1849	295	154	42	36	63	20	.	40	.
1849/50	351	158	67	63	63	15	.	42	.
1850	348	151	67	64	66	16	.	39	.
1850/51	376	168	76	54	78	17	.	51	.
1851	372	169	65	59	79	17	.	48	.
1851/52	360	189	56	63	52	14	.	29	.
1852	317	172	44	59	42	15	.	19	.
1852/53	375	199	61	71	44	13	.	22	.
1853	340	188	55	56	41	13	.	19	.
1853/54	369	191	88	50	40	16	.	16	.
1854	333	170	73	55	35	15	.	16	.
1854/55	361	191	75	60	35	17	.	16	.
1855	321	181	60	52	28	10	.	18	.
1855/56	342	192	69	53	28	8	.	19	.
1856	318	180	60	45	33	9	.	23	.
1856/57	315	164	58	44	49	8	.	37	.
1857	310	165	47	42	56	6	.	45	.
1857/58	334	165	36	53	80	8	.	33	37
1858	308	161	28	51	68	5	.	30	29
1858/59	330	174	19	48	89	12	.	40	32
1859	303	169	17	47	70	8	.	28	29
1859/60	349	192	20	54	83	10	.	29	38
1860	312	192	12	45	63	10	.	20	29
1860/61	335	202	19	56	58	9	.	16	31
1861	311	192	20	45	54	11	.	18	25
1861/62	313	183	27	44	59	11	.	14	34
1862	310	179	27	46	58	9	.	18	30
1862/63	310	158	37	50	65	12	.	14	37
1863	301	152	44	48	57	9	.	15	29
1863/64	338	166	49	64	59	11	.	11	33
1864	301	150	47	60	44	8	.	12	21
1864/65	337	173	54	63	47	10	.	15	21
1865	283	154	42	53	34	2	.	13	18
1865/66	315	177	61	45	32	3	.	8	19
1866	303	178	52	44	29	5	.	10	10

Tab. 8. 2: Die Einzelfachströme an der Universität Freiburg nach Staatsangehörigkeit und Geschlecht 1807/08–1941/1

	Kath. Theol.		Jura		Medizin		Zahnmedizin		Pharmazie		Philol.,Gesch.		Math., Naturw.	
	insg.	Ausl. in %	insg.	Ausl. in %	insg.	Ausl. in %	insg.	Ausl. in %	insg.	Ausl. in %	insg.	Ausl. in %	insg.	Ausl. in %
Semester	1	2	3	4	5	6	7	8	9	10	11	12	13	14
1866/67	164	.	63	.	56	.	10	.	5	.	17	.	0	.
1867	153	.	57	.	47	.	3	.	4	.	21	.	0	.
1867/68	154	.	62	.	51	.	7	.	4	.	18	.	1	.
1868	152	.	52	.	49	.	0	.	5	.	15	.	1	.
1868/69	135	.	53	.	48	.	0	.	3	.	21	.	0	.
1869	133	.	52	.	43	.	0	.	2	.	13	.	0	.
1869/70	116	.	45	.	47	.	0	.	5	.	16	.	1	.
1870	113	.	35	.	37	.	0	.	4	.	18	.	2	.
1870/71	108	.	30	.	36	.	0	.	1	.	20	.	2	.
1871	101	.	30	.	39	.	0	.	0	.	14	.	1	.
1871/72	95	.	30	.	55	.	0	.	1	.	16	.	3	.
1872	91	.	30	.	68	.	0	.	2	.	22	.	3	.
1872/73	95	.	43	.	70	.	0	.	8	.	28	.	1	.
1873	99	.	46	.	92	.	0	.	8	.	18	.	3	.
1873/74	86	.	48	.	96	.	0	.	9	.	24	.	8	.
1874	80	.	47	.	104	.	0	.	13	.	22	.	15	.
1874/75	79	.	56	.	120	.	0	.	12	.	26	.	20	.
1875	76	.	51	.	113	.	0	.	11	.	26	.	12	.
1875/76	52	.	48	.	113	.	0	.	7	.	32	.	18	.
1876	47	.	50	.	121	.	0	.	7	.	30	.	13	.
1876/77	41	.	64	.	121	.	0	.	7	.	42	.	16	.
1877	39	.	78	.	129	.	0	.	5	.	44	.	22	.
1877/78	41	.	76	.	141	.	0	.	6	.	38	.	31	.
1878	39	.	119	.	169	.	0	.	12	.	44	.	34	.
1878/79	46	.	78	.	146	.	0	.	10	.	43	.	41	.
1879	46	.	113	.	166	.	0	.	8	.	49	.	47	.
1879/80	43	.	81	.	178	.	0	.	7	.	36	.	44	.
1880	47	.	159	.	201	.	0	.	11	.	57	.	53	.
1880/81	41	.	105	.	190	.	0	.	12	.	49	.	45	.
1881	44	.	206	.	287	.	0	.	13	.	78	.	51	.
1881/82	40	.	117	.	198	.	0	.	20	.	52	.	52	.
1882	44	.	230	.	271	.	0	.	24	.	82	.	60	.
1882/83	53	.	124	.	211	.	0	.	15	.	69	.	64	.
1883	52	.	209	.	333	.	0	.	12	.	98	.	104	.
1883/84	61	.	108	.	236	.	0	.	9	.	77	.	103	.
1884	66	.	219	.	365	.	0	.	15	.	119	.	122	.
1884/85	86	.	135	.	289	.	0	.	18	.	117	.	136	.
1885	85	.	263	.	445	.	0	.	29	.	141	.	161	.
1885/86	104	.	121	.	354	.	0	.	35	.	144	.	159	.
1886	112	.	263	.	544	.	0	.	41	.	152	.	184	.
1886/87	116	4,31	147	3,40	381	8,40	0	.	47	4,26	128	12,50	157	8,92
1887	124	3,23	287	2,09	433	6,24	0	.	46	2,17	134	11,94	155	6,45
1887/88	156	.	122	.	303	.	0	.	47	.	93	.	139	.
1888	157	.	233	.	392	.	0	.	56	.	102	.	156	.
1888/89	182	.	129	.	269	.	0	.	40	.	84	.	126	.
1889	187	.	279	.	413	.	0	.	39	.	113	.	141	.
1889/90	205	.	130	.	295	.	0	.	32	.	89	.	145	.
1890	203	.	305	.	409	.	0	.	44	.	113	.	147	.
1890/91	203	0,00	120	0,83	311	12,22	2	0,00	40	0,00	94	22,34	127	16,54
1891	201	1,00	274	2,92	367	9,81	2	0,00	43	0,00	94	22,34	122	17,21
1891/92	208	1,44	142	4,23	269	8,92	3	0,00	35	0,00	79	26,58	88	19,32
1892	203	0,99	342	2,63	443	6,32	2	0,00	38	0,00	112	26,79	131	15,27
1892/93	215	0,93	195	5,64	303	7,59	4	0,00	46	0,00	84	23,81	122	18,85
1893	235	0,85	424	4,72	449	6,90	7	0,00	57	0,00	95	18,95	129	19,38
1893/94	228	1,32	207	6,28	338	9,17	4	0,00	70	0,00	66	25,76	103	22,33
1894	243	1,23	456	3,29	477	8,60	8	12,50	73	0,00	83	15,66	116	15,52
1894/95	215	2,33	253	3,16	383	11,23	6	0,00	77	0,00	71	25,35	114	16,67
1895	233	3,00	448	1,34	439	8,20	4	0,00	69	0,00	89	22,47	117	11,97
1895/96	205	5,85	242	4,96	325	10,46	3	0,00	52	0,00	86	25,58	101	13,86
1896	226	6,19	457	4,16	397	6,55	4	25,00	57	1,75	95	24,21	121	13,22
1896/97	212	8,49	242	5,37	324	8,02	5	0,00	64	3,13	89	19,10	112	15,18
1897	218	6,42	455	3,96	454	6,61	7	0,00	50	6,00	130	12,31	123	11,38
1897/98	218	8,72	233	5,58	319	5,96	10	0,00	63	4,76	104	15,38	110	12,73
1898	210	5,71	512	2,54	446	6,50	11	0,00	65	3,08	139	11,51	143	12,59
1898/99	199	8,04	239	3,35	319	7,84	12	0,00	63	0,00	122	14,75	169	13,02
1899	232	5,17	550	3,09	431	7,19	12	8,33	65	0,00	227	12,33	135	3,70
1899/00	236	8,90	299	5,02	316	10,44	11	0,00	49	0,00	182	15,38	118	6,78
1900	257	7,00	603	2,32	437	7,55	15	6,67	57	0,00	186	9,68	189	12,17
1900/01	225	8,89	270	4,81	318	9,12	12	0,00	57	0,00	148	11,49	169	19,53
1901	236	6,36	639	3,29	404	9,41	19	5,26	57	1,75	195	11,79	196	18,37
1901/02	211	9,48	329	3,34	340	9,12	15	0,00	54	1,85	172	15,70	178	17,98
1902	235	5,11	702	1,85	410	9,02	9	0,00	59	0,00	237	10,55	182	15,38
1902/03	190	7,89	372	4,03	278	12,95	9	0,00	48	4,17	170	8,24	181	11,60
1903	205	4,88	766	2,74	421	11,40	12	8,33	52	1,92	210	3,33	90	8,89
1903/04	185	9,73	355	3,38	318	10,69	11	9,09	45	0,00	160	3,75	76	11,84
1904	208	7,21	734	0,95	469	8,53	18	0,00	54	0,00	214	2,34	98	4,08
1904/05	224	7,59	330	1,82	390	8,72	14	0,00	63	0,00	183	4,37	94	3,19
1905	237	6,75	770	1,69	449	8,46	22	4,55	77	0,00	301	2,99	125	4,00
1905/06	241	5,81	380	1,05	365	9,04	17	5,88	82	0,00	236	2,97	110	3,64

Tab. 8. 2: Die Einzelfachströme an der Universität Freiburg nach Staatsangehörigkeit und Geschlecht 1807/08–1941/1

	Chemie		Cameralia		Sonstige		Studierende		
	insg.	Ausl. in %	insg.	Ausl. in %	insg.	Ausl. in %	insg.	Ausländer insg.	in %
Semester	15	16	17	18	19	20	21	22	23
1866/67	.	.	11	.	.	.	326	.	.
1867	.	.	12	.	.	.	297	.	.
1867/68	.	.	20	.	.	.	317	.	.
1868	.	.	17	.	.	.	291	.	.
1868/69	.	.	22	.	.	.	282	.	.
1869	.	.	22	.	.	.	265	.	.
1869/70	.	.	20	.	.	.	250	.	.
1870	.	.	16	.	.	.	225	.	.
1870/71	.	.	21	.	.	.	218	.	.
1871	.	.	19	.	.	.	204	10	4,90
1871/72	.	.	20	.	.	.	220	12	5,45
1872	.	.	15	.	.	.	231	12	5,19
1872/73	.	.	16	.	.	.	261	23	8,81
1873	.	.	9	.	.	.	275	20	7,27
1873/74	.	.	13	.	.	.	284	22	7,75
1874	.	.	7	.	.	.	288	29	10,07
1874/75	.	.	5	.	.	.	318	34	10,69
1875	.	.	5	.	.	.	294	34	11,56
1875/76	.	.	4	.	.	.	274	27	9,85
1876	.	.	4	.	.	.	272	23	8,46
1876/77	.	.	2	.	.	.	293	19	6,48
1877	.	.	2	.	.	.	319	22	6,90
1877/78	.	.	1	.	.	.	334	28	8,38
1878	.	.	1	.	.	.	418	32	7,66
1878/79	.	.	0	.	.	.	364	25	6,87
1879	.	.	2	.	.	.	431	25	5,80
1879/80	.	.	3	.	.	.	392	25	6,38
1880	.	.	0	.	.	.	528	35	6,63
1880/81	.	.	1	.	.	.	443	28	6,32
1881	.	.	4	.	.	.	683	32	4,69
1881/82	.	.	9	.	.	.	488	31	6,35
1882	.	.	10	.	.	.	721	37	5,13
1882/83	.	.	15	.	.	.	551	40	7,26
1883	.	.	15	.	.	.	823	38	4,62
1883/84	.	.	21	.	.	.	615	33	5,37
1884	.	.	18	.	.	.	924	47	5,09
1884/85	.	.	21	.	.	.	802	52	6,48
1885	.	.	20	.	.	.	1144	60	5,24
1885/86	.	.	26	.	.	.	943	61	6,47
1886	.	.	23	.	.	.	1319	83	6,29
1886/87	.	.	20	15,00	.	.	996	77	7,73
1887	.	.	18	0,00	.	.	1197	64	5,35
1887/88	.	.	24	.	.	.	884	51	5,77
1888	.	.	29	.	.	.	1125	62	5,51
1888/89	.	.	20	.	.	.	850	56	6,59
1889	.	.	19	.	.	.	1191	70	5,88
1889/90	.	.	29	.	.	.	925	59	6,38
1890	.	.	33	.	.	.	1254	81	6,46
1890/91	.	.	34	2,94	.	.	931	82	8,81
1891	.	.	35	0,00	.	.	1138	88	7,73
1891/92	.	.	32	0,00	.	.	856	71	8,29
1892	.	.	34	0,00	.	.	1305	89	6,82
1892/93	.	.	29	0,00	.	.	998	79	7,92
1893	.	.	29	3,45	.	.	1425	97	6,81
1893/94	.	.	24	12,50	.	.	1040	90	8,65
1894	.	.	21	9,52	.	.	1477	93	6,30
1894/95	.	.	17	11,76	.	.	1136	95	8,36
1895	.	.	13	7,69	.	.	1412	84	5,95
1895/96	.	.	22	0,00	.	.	1036	94	9,07
1896	.	.	22	9,09	.	.	1379	102	7,40
1896/97	.	.	17	11,76	.	.	1065	95	8,92
1897	.	.	12	16,67	.	.	1449	97	6,69
1897/98	.	.	16	12,50	.	.	1073	86	8,01
1898	.	.	19	10,53	.	.	1545	92	5,95
1898/99	.	.	18	27,78	.	.	1141	94	8,24
1899	.	.	18	11,11	.	.	1670	96	5,75
1899/00	.	.	24	16,67	.	.	1235	109	8,83
1900	.	.	22	9,09	.	.	1766	109	6,17
1900/01	.	.	19	15,79	.	.	1218	115	9,44
1901	.	.	20	25,00	.	.	1766	140	7,93
1901/02	.	.	22	40,01	.	.	1221	131	0,02
1902	.	.	27	22,22	.	.	1861	121	6,50
1902/03	.	.	23	17,39	.	.	1271	107	8,42
1903	103	18,45	25	12,00	78	12,82	1962	128	6,52
1903/04	94	21,28	37	8,11	50	14,00	1331	110	8,26
1904	109	20,18	40	17,50	85	21,18	2029	118	5,82
1904/05	93	24,73	37	18,92	73	24,66	1501	116	7,73
1905	103	23,30	43	25,58	92	25,00	2219	140	6,31
1905/06	92	27,17	55	21,82	63	28,57	1641	118	7,19

Tab. 8. 2: Die Einzelfachströme an der Universität Freiburg nach Staatsangehörigkeit und Geschlecht 1807/08–1941/1

	Katholische Theologie			Jura					Medizin				
	insg.	Frauen		Aus-länd. in %	insg.	Frauen		deuts.	Aus-länd. in %	insg.	Frauen		deuts.	Aus-länd. in %
		insg.	in %			insg.	in %				insg.	in %		
Semester	1	2	3	4	5	6	7	8	9	10	11	12	13	14
1906	243	.	.	4,94	710	.	.	.	3,24	523	34	6,50	32	7,84
1906/07	219	.	.	5,02	309	.	.	.	7,44	462	27	5,84	26	11,69
1907	226	.	.	3,10	634	.	.	.	3,15	623	27	4,33	26	8,67
1907/08	219	.	.	5,02	321	.	.	.	5,61	493	31	6,29	30	9,13
1908	225	.	.	3,56	730	.	.	.	2,33	723	41	5,67	40	8,02
1908/09	227	.	.	3,96	349	0	0,00	0	4,87	585	38	6,50	36	10,09
1909	224	.	.	4,02	668	0	0,00	0	2,25	751	40	5,33	38	5,99
1909/10	218	.	.	4,59	329	0	0,00	0	3,65	618	35	5,66	33	7,12
1910	249	.	.	3,61	621	1	0,16	1	2,58	878	51	5,81	49	6,38
1910/11	233	.	.	7,73	320	1	0,31	1	2,81	732	50	6,83	49	7,24
1911	255	.	.	6,27	639	0	0,00	0	2,19	962	59	6,13	59	6,03
1911/12	232	.	.	5,60	395	0	0,00	0	2,03	824	62	7,52	62	8,62
1912	252	0	0,00	4,37	713	0	0,00	.	1,40	1072	65	6,06	.	7,09
1912/13	225	0	0,00	4,89	369	0	0,00	.	1,90	993	77	7,75	.	9,06
1913	245	0	0,00	3,67	574	1	0,17	.	1,92	1164	97	8,33	.	5,67
1913/14	254	0	0,00	6,69	339	1	0,29	.	3,83	990	91	9,19	.	5,25
1914	287	0	0,00	4,53	510	6	1,18	.	2,75	1243	128	10,30	.	3,86
1914/15	250	0	0,00	0,40	281	1	0,36	.	1,42	889	71	7,99	.	0,79
1915	241	0	0,00	1,24	288	2	0,69	.	0,69	863	74	8,57	.	0,46
1915/16	278	0	0,00	0,36	296	2	0,68	.	0,34	837	69	8,24	.	0,48
1916	272	0	0,00	0,00	332	1	0,30	.	0,60	814	72	8,85	.	0,61
1916/17	302	0	0,00	0,00	353	2	0,57	.	0,28	784	64	8,16	.	0,64
1917	295	0	0,00	0,34	370	3	0,81	.	0,27	684	52	7,60	.	0,58
1917/18	319	0	0,00	0,31	394	2	0,51	.	0,25	702	43	6,13	.	0,57
1918	311	0	0,00	0,64	394	3	0,76	.	0,25	657	42	6,39	.	0,46
1918/19	320	0	0,00	0,31	373	3	0,80	.	0,27	608	56	9,21	.	0,99
1919	303	0	0,00	0,00	725	15	2,07	.	0,97	1112	173	15,56	.	0,81
ZS.1919	329	0	0,00	0,30	404	5	1,24	.	0,74	668	55	8,23	.	0,90
1919/20	290	0	0,00	0,00	722	19	2,63	.	1,80	1122	193	17,20	.	1,78
1920	283	0	0,00	1,06	853	31	3,63	.	1,17	1272	231	18,16	.	1,89
1920/21	268	0	0,00	1,12	548	17	3,10	.	1,82	993	180	18,13	.	2,01
1921	379	0	0,00	1,06	761	23	3,02	.	1,97	1058	205	19,38	.	3,59
1921/22	259	0	0,00	3,09	558	19	3,41	.	4,12	855	159	18,60	.	4,91
1922	349	0	0,00	2,29	876	39	4,45	.	3,42	901	181	20,09	.	6,88
1922/23	260	0	0,00	.	1048	79	7,54	.	.	786	138	17,56	.	.
1923	342	0	0,00	1,46	718	23	3,20	.	4,04	698	128	18,34	.	11,32
1923/24	231	0	0,00	.	921	79	8,58	.	.	585	106	18,12	.	.
1924	312	0	0,00	0,32	818	34	4,16	.	2,93	552	111	20,11	.	12,68
1924/25	236	0	0,00	.	604	26	4,30	.	.	485	106	21,86	.	.
1925	266	0	0,00	.	919	62	6,75	.	.	605	145	23,97	.	.
1925/26	241	0	0,00	.	670	39	5,82	.	.	540	124	22,96	.	.
1926	283	0	0,00	.	887	33	3,72	.	.	613	129	21,04	.	.
1926/27	233	0	0,00	.	653	26	3,98	.	.	501	101	20,16	.	.
1927	282	0	0,00	4,26	893	44	4,93	41	1,34	634	134	21,14	123	8,83
1927/28	252	0	0,00	2,78	721	40	5,55	38	1,66	564	108	19,15	100	8,69
1928	269	0	0,00	2,23	1049	54	5,15	51	1,81	873	192	21,99	179	6,64
1928/29	249	0	0,00	2,01	752	47	6,25	45	1,60	773	145	18,76	139	5,95
1929	267	0	0,00	2,25	1010	82	8,12	78	1,88	1036	222	21,43	214	3,86
1929/30	247	1	0,40	2,43	727	58	7,98	56	1,51	966	228	23,60	216	4,55
1930	273	0	0,00	1,47	896	85	9,49	85	1,56	1152	276	23,96	265	3,65
1930/31	239	0	0,00	2,93	580	54	9,31	52	2,07	1050	253	24,10	242	3,62
1931	269	0	0,00	2,97	813	85	10,46	83	2,46	1187	310	26,12	293	5,56
1931/32	264	0	0,00	3,79	552	44	7,97	43	1,45	1182	309	26,14	299	5,84
1932	287	0	0,00	4,18	658	57	8,66	57	2,74	1248	343	27,48	336	4,73
1932/33	271	0	0,00	6,27	528	50	9,47	50	2,84	1197	308	25,73	298	6,43
1933	311	0	0,00	.	502	30	5,98	.	.	1198	298	24,87	.	.
1933/34	299	0	0,00	.	451	26	5,76	.	.	1168	289	24,74	.	.
1934	363	0	0,00	.	364	19	5,22	.	.	1044	250	23,95	.	.
1934/35	339	0	0,00	.	300	20	6,67	.	.	1103	293	26,56	.	.
1935	316	0	0,00	.	256	6	2,34	.	.	1053	284	26,97	.	.
1935/36	320	0	0,00	.	380	10	2,63	.	.	1588	436	27,46	.	.
1936	349	0	0,00	.	264	6	2,27	.	.	1238	314	25,36	.	.
1936/37	304	0	0,00	.	246	5	2,03	.	.	1347	335	24,87	.	.
1937	228	0	0,00	.	173	5	2,89	.	.	1146	266	23,21	.	.
1937/38	285	0	0,00	.	190	5	2,63	.	.	1120	247	22,05	.	.
1938	264	0	0,00	.	166	1	0,60	.	.	1141	227	19,89	.	.
1938/39	350	0	0,00	.	237	0	0,00	.	.	1183	254	21,47	.	.
1939	352	0	0,00	.	236	1	0,42	.	.	1315	244	18,56	.	.
1939/40	.	.	.	.	.	.	.	.	.	.	.	.	.	.
1940/1	91	0	0,00	.	40	0	0,00	.	.	386	73	18,91	.	.
1940/2	85	0	0,00	.	50	1	2,00	.	.	288	84	29,17	.	.
1940/3	208	0	0,00	.	126	7	5,56	.	.	671	218	32,49	.	.
1941/1	280	0	0,00	.	117	13	11,11	.	.	1028	341	33,17	.	.

Tab. 8. 2: Die Einzelfachströme an der Universität Freiburg nach Staatsangehörigkeit und Geschlecht 1807/08–1941/1

	Zahnmedizin					Pharmazie					Philologien, Geschichte				
	insg.	Frauen			Ausländ. in %	insg.	Frauen			Ausländ. in %	insg.	Frauen			Ausländ. in %
		insg.	in %	deuts.			insg.	in %	deuts.			insg.	in %	deuts.	
Semester	15	16	17	18	19	20	21	22	23	24	25	26	27	28	29
1906	18	.	.	.	11,11	79	.	.	.	0,00	331	.	.	.	2,72
1906/07	13	.	.	.	0,00	71	.	.	.	0,00	270	.	.	.	4,44
1907	22	.	.	.	4,55	76	.	.	.	0,00	410	.	.	.	2,68
1907/08	21	.	.	.	0,00	66	.	.	.	0,00	309	.	.	.	3,56
1908	34	.	.	.	5,88	76	.	.	.	0,00	409	.	.	.	2,93
1908/09	36	2	5,56	2	2,78	67	0	0,00	0	0,00	346	10	2,89	10	2,60
1909	43	2	4,65	2	2,33	72	0	0,00	0	0,00	534	20	3,75	20	1,87
1909/10	39	2	5,13	2	0,00	61	0	0,00	0	0,00	464	21	4,53	21	0,86
1910	46	3	6,52	3	0,00	48	0	0,00	0	0,00	534	26	4,87	26	1,69
1910/11	36	5	13,89	5	0,00	34	0	0,00	0	0,00	445	24	5,39	24	2,02
1911	44	4	9,09	4	0,00	34	0	0,00	0	0,00	569	37	6,50	35	2,28
1911/12	34	3	8,82	3	0,00	24	0	0,00	0	4,17	448	36	8,04	34	1,79
1912	37	3	8,11	.	5,41	32	1	3,13	.	3,13	620	68	10,97	.	2,58
1912/13	36	3	8,33	.	8,33	35	1	2,86	.	2,86	473	60	12,68	.	6,13
1913	40	3	7,50	.	7,50	42	2	4,76	.	0,00	538	94	17,47	.	3,72
1913/14	35	3	8,57	.	8,57	49	2	4,08	.	0,00	419	91	21,72	.	4,77
1914	51	4	7,84	.	3,92	42	2	4,76	.	0,00	483	106	21,95	.	4,97
1914/15	47	4	8,51	.	4,26	28	2	7,14	.	0,00	301	42	13,95	.	2,33
1915	45	3	6,67	.	4,44	23	1	4,35	.	0,00	309	41	13,27	.	2,27
1915/16	40	5	12,50	.	2,50	24	1	4,17	.	0,00	319	38	11,91	.	3,13
1916	35	5	14,29	.	5,71	25	0	0,00	.	0,00	329	33	10,03	.	3,34
1916/17	38	5	13,16	.	5,26	25	3	12,00	.	0,00	319	32	10,03	.	2,19
1917	31	4	12,90	.	6,45	25	3	12,00	.	0,00	321	33	10,28	.	2,49
1917/18	29	4	13,79	.	6,90	26	2	7,69	.	0,00	322	33	10,25	.	0,93
1918	28	1	3,57	.	0,00	29	4	13,79	.	0,00	312	27	8,65	.	1,60
1918/19	39	6	15,38	.	0,00	32	3	9,38	.	0,00	301	29	9,63	.	1,66
1919	104	14	13,46	.	0,96	40	6	15,00	.	0,00	467	84	17,99	.	1,93
ZS.1919	60	5	8,33	.	0,00	31	3	9,68	.	0,00	337	27	8,01	.	1,48
1919/20	149	22	14,77	.	1,34	39	12	30,77	.	2,56	467	97	20,77	.	4,07
1920	146	19	13,01	.	0,68	31	11	35,48	.	0,00	515	113	21,94	.	3,50
1920/21	132	23	17,42	.	1,52	33	9	27,27	.	3,03	415	86	20,72	.	3,37
1921	144	29	20,14	.	2,78	41	12	29,27	.	7,32	469	114	24,31	.	3,62
1921/22	111	22	19,82	.	4,50	45	12	26,67	.	6,67	384	85	22,14	.	6,77
1922	09	24	20,97	.	4,49	44	5	11,36	.	2,27	420	104	24,76	.	7,38
1922/23	69	20	28,99	.	.	35	5	14,29	.	.	382	88	23,04	.	.
1923	58	18	31,03	.	22,41	33	5	15,15	.	3,03	364	102	28,02	.	11,26
1923/24	49	17	34,69	.	.	35	3	8,57	.	.	317	79	24,92	.	.
1924	27	8	29,63	.	14,81	39	12	30,77	.	0,00	387	111	28,68	.	11,37
1924/25	31	9	29,03	.	.	36	10	27,78	.	.	316	84	26,58	.	.
1925	28	7	25,00	.	.	37	8	21,62	.	.	.	.	.	.	.
1925/26	48	11	22,92	.	.	30	12	40,00	.	.	.	.	.	.	.
1926	59	12	20,34	.	.	36	15	41,67	.	.	.	.	.	.	.
1926/27	62	7	11,29	.	.	43	22	51,16	.	.	.	.	.	.	.
1927	71	8	11,27	6	9,86	35	14	40,00	14	0,00	.	.	.	.	.
1927/28	69	8	11,59	7	5,80	14	5	35,71	5	0,00	.	.	.	.	.
1928	107	12	11,21	10	3,74	38	21	55,26	21	0,00	.	.	.	.	.
1928/29	116	19	16,38	16	8,62	41	22	53,66	22	0,00	.	.	.	.	.
1929	157	37	23,57	34	5,73	46	20	43,48	20	0,00	.	.	.	.	.
1929/30	163	31	19,02	27	6,13	47	22	46,81	22	0,00	.	.	.	.	.
1930	194	42	21,65	40	6,19	45	18	40,00	18	0,00	.	.	.	.	.
1930/31	174	43	24,71	41	6,32	45	16	35,56	16	0,00	.	.	.	.	.
1931	222	53	23,87	51	4,05	46	16	34,78	16	0,00	.	.	.	.	.
1931/32	229	60	26,20	57	5,68	47	15	31,91	14	2,13	.	.	.	.	.
1932	232	60	25,86	56	6,03	36	12	33,33	12	0,00	.	.	.	.	.
1932/33	245	64	26,12	59	5,31	42	9	21,43	9	0,00	.	.	.	.	.
1933	247	55	22,27	.	.	48	15	31,25	.	.	.	.	.	.	.
1933/34	254	67	26,38	.	.	44	14	31,82	.	.	.	.	.	.	.
1934	243	73	30,04	.	.	59	25	42,37	.	.	.	.	.	.	.
1934/35	221	58	26,24	.	.	63	27	42,86	.	.	.	.	.	.	.
1935	192	50	26,04	.	.	78	39	50,00	.	.	.	.	.	.	.
1935/36	186	33	17,74	.	.	102	48	47,06	.	.	.	.	.	.	.
1936	144	31	21,53	.	.	85	41	48,24	.	.	.	.	.	.	.
1936/37	143	28	19,58	.	.	78	27	34,62	.	.	.	.	.	.	.
1937	123	27	21,95	.	.	79	35	44,30	.	.	.	.	.	.	.
1937/38	129	25	19,38	.	.	96	35	36,46	.	.	.	.	.	.	.
1938	121	23	19,01	.	.	87	35	40,23	.	.	.	.	.	.	.
1938/39	111	25	22,52	.	.	88	46	52,27	.	.	.	.	.	.	.
1939	92	19	20,65	.	.	89	55	61,80	.	.	.	.	.	.	.
1939/40	.	.	.	.	.	.	.	.	.	.	.	.	.	.	.
1940/1	15	7	46,67	.	.	11	9	81,82	.	.	.	.	.	.	.
1940/2	15	9	60,00	.	.	16	13	81,25	.	.	.	.	.	.	.
1940/3	18	8	44,44	.	.	64	36	56,25	.	.	.	.	.	.	.
1941/1	25	6	24,00	.	.	84	47	55,95	.	.	.	.	.	.	.

Tab. 8. 2: Die Einzelfachströme an der Universität Freiburg nach Staatsangehörigkeit und Geschlecht 1807/08–1941/1

	Mathematik, Naturwissenschaften					Chemie					Cameralia, Volkswirtschaft				
	insg.	Frauen			Ausländ. in %	insg.	Frauen			Ausländ. in %	insg.	Frauen			Ausländ. in %
		insg.	in %	deuts.			insg.	in %	deuts.			insg.	in %	deuts.	
Semester	30	31	32	33	34	35	36	37	38	39	40	41	42	43	44
1906	136	.	.	.	5,15	103	.	.	.	15,53	85	4	4,71	4	17,65
1906/07	156	.	.	.	7,69	90	.	.	.	16,67	68	3	4,41	3	16,18
1907	186	.	.	.	7,53	100	.	.	.	12,00	71	4	5,63	4	16,90
1907/08	166	.	.	.	3,61	78	.	.	.	12,82	52	3	5,77	3	17,31
1908	189	.	.	.	4,76	92	.	.	.	15,22	47	3	6,38	3	10,64
1908/09	162	10	6,17	10	3,70	102	2	1,96	2	18,63	51	1	1,96	1	3,92
1909	227	13	5,73	13	3,96	95	2	2,11	2	15,79	83	5	6,02	5	7,23
1909/10	200	11	5,50	11	4,50	86	1	1,16	1	15,12	86	6	6,98	6	12,79
1910	249	16	6,43	16	5,62	88	1	1,14	1	15,91	82	8	9,76	7	14,63
1910/11	209	13	6,22	13	3,83	85	2	2,35	2	16,47	82	6	7,32	5	8,54
1911	289	31	10,73	28	3,11	76	2	2,63	1	14,47	115	7	6,09	6	10,43
1911/12	245	26	10,61	26	3,27	81	2	2,47	2	16,05	113	12	10,62	11	12,39
1912	392	35	8,93	.	4,08	.	.	.	.	.	183	14	7,65	.	10,93
1912/13	346	35	10,12	.	6,94	.	.	.	.	.	150	13	8,67	.	8,00
1913	377	43	11,41	.	7,16	.	.	.	.	.	183	17	9,29	.	9,29
1913/14	316	41	12,97	.	6,01	.	.	.	.	.	170	14	8,24	.	10,59
1914	345	49	14,20	.	4,64	.	.	.	.	.	217	21	9,68	.	7,37
1914/15	253	22	8,70	.	1,19	.	.	.	.	.	188	9	4,79	.	2,13
1915	261	22	8,43	.	0,77	.	.	.	.	.	173	11	6,36	.	0,00
1915/16	275	21	7,64	.	1,82	.	.	.	.	.	177	12	6,78	.	0,56
1916	271	21	7,75	.	1,85	.	.	.	.	.	146	12	8,22	.	0,00
1916/17	271	20	7,38	.	1,48	.	.	.	.	.	142	12	8,45	.	0,00
1917	257	14	5,45	.	1,17	.	.	.	.	.	139	10	7,19	.	0,00
1917/18	271	18	6,64	.	1,11	.	.	.	.	.	142	12	8,45	.	0,00
1918	267	14	5,24	.	1,12	.	.	.	.	.	148	9	6,08	.	0,00
1918/19	271	17	6,27	.	0,74	.	.	.	.	.	165	13	7,88	.	0,00
1919	392	34	8,67	.	1,53	.	.	.	.	.	380	60	15,79	.	1,58
ZS.1919	324	13	4,01	.	0,93	.	.	.	.	.	258	12	4,65	.	0,00
1919/20	377	36	9,55	.	1,59	.	.	.	.	.	406	66	16,26	.	0,74
1920	361	38	10,53	.	1,66	.	.	.	.	.	487	74	15,20	.	1,44
1920/21	331	29	8,76	.	1,81	.	.	.	.	.	474	69	14,56	.	2,53
1921	388	40	10,31	.	2,84	.	.	.	.	.	563	105	18,65	.	3,20
1921/22	346	40	11,56	.	4,62	.	.	.	.	.	473	80	16,91	.	5,71
1922	384	47	12,24	.	6,25	.	.	.	.	.	486	85	17,49	.	6,38
1922/23	335	38	11,34	.	.	.	.	.	.	.	.	.	.	.	.
1923	159	29	18,24	.	5,66	185	8	4,32	.	10,81	442	67	15,16	.	9,50
1923/24	130	24	18,46	.	.	193	14	7,25	.	.	.	.	.	.	.
1924	154	41	26,62	.	3,25	184	10	5,43	.	8,70	339	48	14,16	.	7,96
1924/25	118	18	15,25	.	.	165	7	4,24	.	.	301	40	13,29	.	.
1925	.	.	.	.	.	216	29	13,43	.	.	267	37	13,86	.	.
1925/26	.	.	.	.	.	165	17	10,30	.	.	228	25	10,96	.	.
1926	.	.	.	.	.	158	19	12,03	.	.	286	36	12,59	.	.
1926/27	.	.	.	.	.	139	17	12,23	.	.	174	20	11,49	.	.
1927	.	.	.	.	.	137	20	14,60	19	4,38	240	27	11,25	26	6,25
1927/28	.	.	.	.	.	124	16	12,90	16	3,23	148	18	12,16	17	4,73
1928	.	.	.	.	.	139	19	13,67	19	5,76	188	40	21,28	40	2,66
1928/29	.	.	.	.	.	130	24	18,46	24	5,38	124	15	12,10	15	3,23
1929	.	.	.	.	.	157	28	17,83	28	3,82	128	29	22,66	27	6,25
1929/30	.	.	.	.	.	156	31	19,87	31	3,85	113	20	17,70	20	6,19
1930	.	.	.	.	.	161	29	18,01	28	4,35	121	31	25,62	31	10,74
1930/31	.	.	.	.	.	161	31	19,25	28	8,70	112	32	28,57	32	9,82
1931	.	.	.	.	.	182	44	24,18	42	4,95	135	36	26,67	34	11,11
1931/32	.	.	.	.	.	149	33	22,15	33	3,36	132	34	25,76	33	12,88
1932	.	.	.	.	.	164	40	24,39	39	4,88	145	44	30,34	43	4,83
1932/33	.	.	.	.	.	132	29	21,97	28	3,03	141	42	29,79	42	5,67
1933	.	.	.	.	.	124	18	14,52	.	.	143	36	25,17	.	.
1933/34	.	.	.	.	.	123	18	14,63	.	.	121	27	22,31	.	.
1934	.	.	.	.	.	106	14	13,21	.	.	101	18	17,82	.	.
1934/35	.	.	.	.	.	87	11	12,64	.	.	88	20	22,73	.	.
1935	.	.	.	.	.	61	4	6,56	.	.	91	24	26,37	.	.
1935/36	.	.	.	.	.	70	10	14,29	.	.	99	22	22,22	.	.
1936	.	.	.	.	.	74	9	12,16	.	.	100	22	22,00	.	.
1936/37	.	.	.	.	.	74	9	12,16	.	.	94	9	9,57	.	.
1937	.	.	.	.	.	66	10	15,15	.	.	87	16	18,39	.	.
1937/38	.	.	.	.	.	83	14	16,87	.	.	86	13	15,12	.	.
1938	.	.	.	.	.	74	12	16,22	.	.	85	7	8,24	.	.
1938/39	.	.	.	.	.	89	10	11,24	.	.	96	12	12,50	.	.
1939	.	.	.	.	.	87	13	14,94	.	.	84	14	16,67	.	.
1939/40	.	.	.	.	.	.	.	.	.	.	.	.	.	.	.
1940/1	.	.	.	.	.	25	4	16,00	.	.	23	3	13,04	.	.
1940/2	.	.	.	.	.	49	12	24,49	.	.	24	5	20,83	.	.
1940/3	.	.	.	.	.	76	28	36,84	.	.	50	18	36,00	.	.
1941/1	.	.	.	.	.	89	36	40,45	.	.	84	41	48,81	.	.

Tab. 8. 2: Die Einzelfachströme an der Universität Freiburg nach Staatsangehörigkeit und Geschlecht 1807/08–1941/1

	Sonstige				Studierende					
	insg.	Frauen			Ausländ. in %	insg.	Frauen			Ausländer	
		insg.	in %	deuts.			insg.	in %	deuts.	insg.	in %
Semester	45	46	47	48	49	50	51	52	53	54	55
1906	102	.	.	.	26,47	2350	58	2,47	55	153	6,51
1906/07	67	.	.	.	37,31	1744	49	2,81	47	164	9,40
1907	100	.	.	.	23,00	2472	55	2,22	53	155	6,27
1907/08	69	.	.	.	24,64	1813	53	2,92	52	127	7,00
1908	56	.	.	.	16,07	2608	71	2,72	70	134	5,14
1908/09	41	4	9,76	4	24,39	1966	67	3,41	65	132	6,71
1909	63	8	12,70	8	19,05	2760	90	3,26	88	122	4,42
1909/10	66	10	15,15	8	19,70	2167	86	3,97	82	116	5,35
1910	89	10	11,24	9	14,61	2884	116	4,02	112	143	4,96
1910/11	70	7	10,00	6	12,86	2246	108	4,81	105	127	5,65
1911	97	15	15,46	15	12,37	3080	155	5,03	148	145	4,71
1911/12	70	8	11,43	8	11,43	2466	149	6,04	146	144	5,84
1912	.	.	.	.	.	3301	186	5,63	.	152	4,60
1912/13	.	.	.	.	.	2627	189	7,19	.	177	6,74
1913	.	.	.	.	.	3163	257	8,13	.	153	4,84
1913/14	.	.	.	.	.	2572	243	9,45	.	142	5,52
1914	.	.	.	.	.	3178	316	9,94	.	133	4,19
1914/15	.	.	.	.	.	2237	151	6,75	.	28	1,25
1915	0	0	.	.	.	2203	154	6,99	.	20	0,91
1915/16	0	0	.	.	.	2246	148	6,59	.	23	1,02
1916	0	0	.	.	.	2224	144	6,47	.	25	1,12
1916/17	0	0	.	.	.	2234	138	6,18	.	19	0,85
1917	0	0	.	.	.	2122	119	5,61	.	19	0,90
1917/18	0	0	.	.	.	2205	114	5,17	.	14	0,63
1918	0	0	.	.	.	2146	100	4,66	.	14	0,65
1918/19	0	0	.	.	.	2109	127	6,02	.	15	0,71
1919	0	0	.	.	.	3523	386	10,96	.	38	1,08
ZS.1919	0	0	.	.	.	2411	120	4,98	.	18	0,75
1919/20	0	0	.	.	.	3572	445	12,46	.	64	1,79
1920	0	0	.	.	.	3984	517	12,98	.	69	1,73
1920/21	0	0	.	.	.	3301	413	12,51	.	73	2,21
1921	0	0	.	.	.	3931	528	13,43	.	120	3,05
1921/22	.	.	.	.	.	3138	417	13,29	.	166	5,29
1922	.	.	.	.	.	3067	405	13,23	.	200	5,67
1922/23	.	.	.	.	.	2985	368	12,33	.	.	.
1923	.	.	.	.	.	3080	380	12,34	.	255	8,28
1923/24	.	.	.	.	.	2546	322	12,65	.	.	.
1924	.	.	.	.	.	2913	375	12,87	.	209	7,17
1924/25	.	.	.	.	.	2374	300	12,64	.	191	8,05
1925	21	4	19,05	.	.	3028	437	14,43	.	199	6,57
1925/26	19	6	31,58	.	.	2520	347	13,77	.	184	7,30
1926	33	5	15,15	.	.	3147	446	14,17	.	175	5,56
1926/27	13	2	15,38	.	.	2477	330	13,32	.	136	5,49
1927	3	1	33,33	1	0,00	3260	505	15,49	473	149	4,57
1927/28	1	1	100,00	1	0,00	2699	394	14,60	369	120	4,45
1928	2	0	0,00	0	50,00	3829	698	18,23	669	138	3,60
1928/29	0	0	.	0	.	3168	540	17,05	522	123	3,88
1929	0	0	.	0	.	4055	859	21,18	826	145	3,58
1929/30	0	0	.	0	.	3470	718	20,69	688	129	3,72
1930	0	0	.	0	.	4034	919	22,78	886	142	3,52
1930/31	0	0	.	0	.	3397	754	22,20	717	139	4,09
1931	0	0	.	0	.	3885	909	23,40	869	175	4,50
1931/32	0	0	.	0	.	3459	779	22,52	743	182	5,26
1932	0	0	.	0	.	3550	828	23,32	795	171	4,82
1932/33	0	0	.	0	.	3211	709	22,08	684	175	5,45
1933	0	0	.	.	.	3143	656	20,87	.	.	.
1933/34	0	0	.	.	.	3004	618	20,57	.	.	.
1934	0	0	.	.	.	2707	546	20,17	.	108	3,99
1934/35	0	0	.	.	.	2622	578	22,04	.	.	.
1935	0	0	.	.	.	2374	534	22,49	.	.	.
1935/36	0	0	.	.	.	3126	705	22,55	.	.	.
1936	0	0	.	.	.	2567	543	21,15	.	.	.
1936/37	0	0	.	.	.	2600	529	20,35	.	.	.
1937	0	0	.	.	.	2147	437	20,35	.	87	4,05
1937/38	0	0	.	.	.	2246	402	17,90	.	.	.
1938	0	0	.	.	.	2176	371	17,05	.	.	.
1938/39	0	0	.	.	.	2467	430	17,43	.	.	.
1939	0	0	.	.	.	2534	423	16,69	.	.	.
1939/40	.	.	.	.	.	.	.	.	.	.	.
1940/1	0	0	.	.	.	682	123	18,04	.	.	.
1940/2	0	0	.	.	.	648	175	27,01	.	5	0,77
1940/3	0	0	.	.	.	1470	438	29,80	.	.	.
1941/1	0	0	.	.	.	1979	633	31,99	.	.	.

Tab. 8. 2: Die Einzelfachströme an der Universität Freiburg nach Staatsangehörigkeit und Geschlecht 1807/08–1941/1

	Alte Sprachen					Germanistik					Neue Sprachen				
	insg.	Frauen			Aus-länd. in %	insg.	Frauen			Aus-länd. in %	insg.	Frauen			Aus-länd. in %
		insg.	in %	deuts.			insg.	in %	deuts.			insg.	in %	deuts.	
Semester	1	2	3	4	5	6	7	8	9	10	11	12	13	14	15
1925	44	7	15,91	.	.	91	29	31,87	.	.	96	39	40,63	.	.
1925/26	33	3	9,09	.	.	80	26	32,50	.	.	90	34	37,78	.	.
1926	50	10	20,00	.	.	163	56	34,36	.	.	97	39	40,21	.	.
1926/27	40	5	12,50	.	.	76	18	23,68	.	.	117	49	41,88	.	.
1927	67	7	10,45	7	2,99	111	41	36,94	40	2,70	230	109	47,39	103	3,04
1927/28	53	5	9,43	5	5,66	81	30	37,04	30	0,00	175	84	48,00	78	4,57
1928	75	10	13,33	10	2,67	155	60	38,71	59	0,65	243	134	55,14	129	2,47
1928/29	74	14	18,92	14	1,35	114	38	33,33	36	3,51	169	84	49,70	83	2,37
1929	75	13	17,33	11	5,33	168	54	32,14	52	3,57	252	153	60,71	148	4,76
1929/30	76	13	17,11	13	5,26	133	54	40,60	51	3,76	205	104	50,73	103	1,95
1930	86	12	13,95	12	1,16	181	79	43,65	75	4,42	280	147	52,50	144	2,14
1930/31	69	11	15,94	11	4,35	150	64	42,67	61	3,33	200	97	48,50	95	2,00
1931	80	8	10,00	8	3,75	154	78	50,65	75	4,55	193	105	54,40	102	5,18
1931/32	60	4	6,67	4	3,33	83	35	42,17	30	9,64	184	97	52,72	93	5,98
1932	52	10	19,23	8	5,77	79	34	43,04	31	7,59	166	96	57,83	94	4,22
1932/33	47	10	21,28	10	4,26	49	22	44,90	22	2,04	126	72	57,14	71	3,97
1933	39	8	20,51	.	.	55	33	60,00	.	.	104	53	50,96	.	.
1933/34	38	6	15,79	.	.	57	27	47,37	.	.	74	41	55,41	.	.
1934	25	6	24,00	.	.	69	38	55,07	.	.	38	21	55,26	.	.
1934/35	27	6	22,22	.	.	73	37	50,68	.	.	46	32	69,57	.	.
1935	10	3	30,00	.	.	42	22	52,38	.	.	35	19	54,29	.	.
1935/36	8	2	25,00	.	.	42	21	50,00	.	.	31	20	64,52	.	.
1936	7	2	28,57	.	.	39	21	53,85	.	.	35	21	60,00	.	.
1936/37	7	4	57,14	.	.	33	20	60,61	.	.	18	6	33,33	.	.
1937	3	1	33,33	.	.	25	10	40,00	.	.	13	4	30,77	.	.
1937/38	3	0	0,00	.	.	19	4	21,05	.	.	9	4	44,44	.	.
1938	3	0	0,00	.	.	19	4	21,05	.	.	5	2	40,00	.	.
1938/39	6	0	0,00	.	.	29	5	17,24	.	.	12	4	33,33	.	.
1939	3	1	33,33	.	.	23	5	21,74	.	.	86	30	34,88	.	.
1939/40	.	.	.	.	.	.	.	.	.	.	.	.	.	.	.
1940/1	2	1	50,00	.	.	6	3	50,00	.	.	7	5	71,43	.	.
1940/2	6	2	33,33	.	.	10	3	30,00	.	.	36	27	75,00	.	.
1940/3	10	2	20,00	.	.	35	20	57,14	.	.	58	37	63,79	.	.
1941/1	19	9	47,37	.	.	23	18	78,26	.	.	59	38	64,41	.	.

	Geschichte					Musik					Philosophie, Pädagogik, Religionslehren				
	insg.	Frauen			Aus-länd. in %	insg.	Frauen			Aus-länd. in %	insg.	Frauen			Aus-länd. in %
		insg.	in %	deuts.			insg.	in %	deuts.			insg.	in %	deuts.	
Semester	16	17	18	19	20	21	22	23	24	25	26	27	28	29	30
1925	128	32	25,00	.	.	.	.	.	.	.	52	7	13,46	.	.
1925/26	102	28	27,45	.	.	.	.	.	.	.	36	8	22,22	.	.
1926	117	39	33,33	.	.	.	.	.	.	.	45	7	15,56	.	.
1926/27	85	23	27,06	.	.	.	.	.	.	.	45	9	20,00	.	.
1927	87	24	27,59	23	4,60	15	3	20,00	3	0,00	47	4	8,51	1	27,66
1927/28	70	14	20,00	14	2,86	17	5	29,41	5	0,00	37	5	13,51	1	24,32
1928	86	21	24,42	21	4,65	15	4	26,67	4	0,00	55	11	20,00	8	14,55
1928/29	92	29	31,52	29	2,17	12	3	25,00	3	0,00	57	14	24,56	11	17,54
1929	112	39	34,82	38	2,68	19	6	31,58	6	0,00	81	26	32,10	21	20,99
1929/30	93	25	26,88	24	5,38	12	5	41,67	5	0,00	53	15	28,30	10	20,75
1930	97	42	43,30	40	7,22	22	10	45,45	10	0,00	56	17	30,36	11	26,79
1930/31	93	29	31,18	25	6,45	22	5	22,73	4	9,09	68	22	32,35	19	17,65
1931	102	41	40,20	38	6,86	24	6	25,00	6	8,33	68	16	23,53	14	11,76
1931/32	97	41	42,27	36	10,31	16	4	25,00	4	0,00	68	19	27,94	16	17,65
1932	85	37	43,53	32	9,41	23	4	17,39	4	4,35	64	17	26,56	13	15,63
1932/33	79	28	35,44	25	8,86	20	4	20,00	4	0,00	48	11	22,92	9	20,83
1933	74	33	44,59	.	.	14	6	42,86	.	.	.	.	.	.	.
1933/34	61	21	34,43	.	.	13	6	46,15	.	.	.	.	.	.	.
1934	56	18	32,14	.	.	5	2	40,00	.	.	.	.	.	.	.
1934/35	54	16	29,63	.	.	4	3	75,00	.	.	.	.	.	.	.
1935	.	.	.	.	.	2	0	0,00	.	.	.	.	.	.	.
1935/36	.	.	.	.	.	1	0	0,00	.	.	.	.	.	.	.
1936	.	.	.	.	.	4	2	50,00	.	.	.	.	.	.	.
1936/37	30	5	16,67	.	.	6	3	50,00	.	.	.	.	.	.	.
1937	30	8	26,67	.	.	2	0	0,00	.	.	.	.	.	.	.
1937/38	25	7	28,00	.	.	2	0	0,00	.	.	.	.	.	.	.
1938	13	5	38,46	.	.	2	1	50,00	.	.	.	.	.	.	.
1938/39	15	4	26,67	.	.	4	0	0,00	.	.	.	.	.	.	.
1939	14	4	28,57	.	.	5	2	40,00	.	.	.	.	.	.	.
1939/40	.	.	.	.	.	.	.	.	.	.	.	.	.	.	.
1940/1	7	3	42,86	.	.	2	0	0,00	.	.	.	.	.	.	.
1940/2	10	4	40,00	.	.	4	1	25,00	.	.	.	.	.	.	.
1940/3	25	11	44,00	.	.	4	3	75,00	.	.	.	.	.	.	.
1941/1	49	30	61,22	.	.	4	2	50,00	.	.	.	.	.	.	.

Tab. 8.2: Die Einzelfachströme an der Universität Freiburg nach Staatsangehörigkeit und Geschlecht 1807/08–1941/1

Semester	Kunst, Archäologie insg.	Frauen insg.	Frauen in %	Ausländ. deuts.	Ausländ. in %	Sonstige Kulturwiss. insg.	Frauen insg.	Frauen in %	Zeitungskunde insg.	Frauen insg.	Frauen in %	Ausländ. in %
	31	32	33	34	35	36	37	38	39	40	41	42
1927	22	9	40,91	7	13,64	.	.	.	0	0	.	.
1927/28	14	3	21,43	1	21,43	.	.	.	1	0	0,00	.
1928	24	9	37,50	9	8,33	.	.	.	2	0	0,00	0,00
1928/29	19	8	42,11	8	5,26	.	.	.	3	1	33,33	33,33
1929	19	10	52,63	10	5,26	.	.	.	5	2	40,00	0,00
1929/30	20	9	45,00	9	10,00	.	.	.	0	0	.	.
1930	23	8	34,78	8	4,35	.	.	.	4	3	75,00	0,00
1930/31	23	10	43,48	7	21,74	.	.	.	4	0	0,00	25,00
1931	20	11	55,00	8	15,00	.	.	.	3	1	33,33	0,00
1931/32	13	6	46,15	6	0,00	.	.	.	4	2	50,00	0,00
1932	13	6	46,15	6	0,00	.	.	.	5	2	40,00	0,00
1932/33	14	2	14,29	2	7,14	.	.	.	2	1	50,00	0,00
1933	.	.	.	.	.	62	18	29,03	4	1	25,00	.
1933/34	.	.	.	.	.	64	16	25,00	4	0	0,00	.
1934	.	.	.	.	.	48	14	29,17	5	1	20,00	.
1934/35	.	.	.	.	.	33	9	27,27	11	0	0,00	.
1935	.	.	.	.	.	100	37	37,00	17	4	23,53	.
1935/36	.	.	.	.	.	146	51	34,93	17	5	29,41	.
1936	.	.	.	.	.	99	28	28,28	21	6	28,57	.
1936/37	.	.	.	.	.	86	36	41,86	10	2	20,00	.
1937	.	.	.	.	.	65	25	38,46	10	4	40,00	.
1937/38	.	.	.	.	.	80	30	37,50	9	4	44,44	.
1938	.	.	.	.	.	88	39	44,32	8	3	37,50	.
1938/39	.	.	.	.	.	106	38	35,85	11	6	54,55	.
1939	.	.	.	.	.	34	12	35,29	11	5	45,45	.
1939/40	.	.	.	.	.	.	.	.	.	.	.	.
1940/1	.	.	.	.	.	32	9	28,13	1	0	0,00	.
1940/2	.	.	.	.	.	11	5	45,45	4	2	50,00	.
1940/3	.	.	.	.	.	7	2	28,57	4	2	50,00	.
1941/1	.	.	.	.	.	5	1	20,00	8	4	50,00	.

Semester	Leibesübungen insg.	Frauen insg.	Frauen in %	Ausländ. in %	Mathematik insg.	Frauen insg.	Frauen in %	deuts.	Ausländ. in %	Physik insg.	Frauen insg.	Frauen in %	deuts.	Ausländ. in %
	43	44	45	46	47	48	49	50	51	52	53	54	55	56
1925	.	.	.	.	75	13	17,33	.	.	29	7	24,14	.	.
1925/26	.	.	.	.	56	3	5,36	.	.	21	2	9,52	.	.
1926	.	.	.	.	117	19	16,24	.	.	33	6	18,18	.	.
1926/27	.	.	.	.	91	11	12,09	.	.	30	5	16,67	.	.
1927	.	.	.	.	162	32	19,75	31	0,62	43	6	13,95	6	4,65
1927/28	.	.	.	.	118	24	20,34	23	1,69	34	4	11,76	4	2,94
1928	5	1	20,00	0,00	206	56	27,18	54	1,46	41	4	9,76	4	0,00
1928/29	4	2	50,00	0,00	128	29	22,66	28	2,34	66	9	13,64	9	1,52
1929	3	1	33,33	0,00	198	53	26,77	52	1,52	56	8	14,29	8	3,57
1929/30	4	3	75,00	0,00	141	33	23,40	33	2,13	61	10	16,39	10	4,92
1930	18	8	44,44	0,00	150	49	32,67	48	2,00	48	10	20,83	10	2,08
1930/31	15	6	40,00	6,67	125	30	24,00	29	1,60	40	9	22,50	9	0,00
1931	7	3	42,86	0,00	138	48	34,78	47	1,45	52	10	19,23	10	3,85
1931/32	20	12	60,00	0,00	90	25	27,78	23	3,33	45	6	13,33	6	0,00
1932	9	4	44,44	0,00	74	25	33,78	23	2,70	31	4	12,90	4	3,23
1932/33	11	4	36,36	0,00	51	20	39,22	18	5,88	33	4	12,12	4	6,06
1933	6	4	66,67	.	54	21	38,89	.	.	34	4	11,76	.	.
1933/34	16	10	62,50	.	48	16	33,33	.	.	22	3	13,64	.	.
1934	10	9	90,00	.	34	9	26,47	.	.	20	2	10,00	.	.
1934/35	20	16	80,00	.	20	6	30,00	.	.	22	0	0,00	.	.
1935	0	0	.	.	23	4	17,39	.	.	.	.	.	.	.
1935/36	2	2	100,00	.	26	6	23,08	.	.	.	.	.	.	.
1936	3	3	100,00	.	33	8	24,24	.	.	.	.	.	.	.
1936/37	7	1	14,29	.	32	7	21,88	.	.	.	.	.	.	.
1937	0	0	.	.	18	2	11,11	.	.	.	.	.	.	.
1937/38	4	0	0,00	.	23	1	4,35	.	.	.	.	.	.	.
1938	3	1	33,33	.	15	1	6,67	.	.	.	.	.	.	.
1938/39	17	12	70,59	.	5	1	20,00	.	.	11	0	0,00	.	.
1939	16	11	68,75	.	8	1	12,50	.	.	12	0	0,00	.	.
1939/40	.	.	.	.	.	.	.	.	.	.	.	.	.	.
1940/1	2	1	50,00	.	2	1	50,00	.	.	3	0	0,00	.	.
1940/2	5	4	80,00	.	3	0	0,00	.	.	3	0	0,00	.	.
1940/3	25	22	88,00	.	16	5	31,25	.	.	5	1	20,00	.	.
1941/1	24	22	91,67	.	8	2	25,00	.	.	12	1	8,33	.	.

Tab. 8. 2: Die Einzelfachströme an der Universität Freiburg nach Staatsangehörigkeit und Geschlecht 1807/08–1941/1

	Biologie					Sonstige Naturwiss.			Geographie				
	insg.	Frauen			Ausländ. in %	insg.	Frauen		insg.	Frauen			Ausländ. in %
		insg.	in %	deuts.			insg.	in %		insg.	in %	deuts.	
Semester	57	58	59	60	61	62	63	64	65	66	67	68	69
1925	31	8	25,81	.	.	.	.	.	13	0	0,00	.	.
1925/26	10	2	20,00	.	.	.	.	.	37	5	13,51	.	.
1926	25	11	44,00	.	.	.	.	.	38	8	21,05	.	.
1926/27	26	10	38,46	.	.	.	.	.	32	5	15,63	.	.
1927	47	19	40,43	19	4,26	.	.	.	15	0	0,00	0	0,00
1927/28	55	23	41,82	23	7,27	.	.	.	14	0	0,00	0	0,00
1928	54	31	57,41	31	1,85	.	.	.	9	0	0,00	0	0,00
1928/29	59	27	45,76	27	1,69	.	.	.	13	0	0,00	0	0,00
1929	122	65	53,28	65	2,46	.	.	.	13	2	15,38	2	0,00
1929/30	95	43	45,26	42	1,05	.	.	.	17	3	17,65	3	5,88
1930	85	39	45,88	37	3,53	.	.	.	11	1	9,09	1	9,09
1930/31	68	34	50,00	32	2,94	.	.	.	14	1	7,14	1	7,14
1931	70	35	50,00	35	1,43	.	.	.	12	1	8,33	1	0,00
1931/32	59	25	42,37	24	8,47	.	.	.	18	3	16,67	3	5,56
1932	54	21	38,89	19	11,11	.	.	.	19	2	10,53	2	5,26
1932/33	45	20	44,44	19	6,67	.	.	.	25	2	8,00	2	12,00
1933	35	17	48,57	.	.	.	.	.	.	.	.	.	.
1933/34	41	22	53,66	.	.	.	.	.	.	.	.	.	.
1934	36	18	50,00	.	.	.	.	.	.	.	.	.	.
1934/35	28	13	46,43	.	.	.	.	.	.	.	.	.	.
1935	.	.	.	.	.	47	26	55,32	.	.	.	.	.
1935/36	.	.	.	.	.	61	29	47,54	.	.	.	.	.
1936	.	.	.	.	.	44	24	54,55	.	.	.	.	.
1936/37	.	.	.	.	.	48	30	62,50	.	.	.	.	.
1937	.	.	.	.	.	52	24	46,15	.	.	.	.	.
1937/38	.	.	.	.	.	29	13	44,83	.	.	.	.	.
1938	.	.	.	.	.	32	9	28,13	.	.	.	.	.
1938/39	.	.	.	.	.	38	12	31,58	.	.	.	.	.
1939	.	.	.	.	.	29	6	20,69	.	.	.	.	.
1939/40	.	.	.	.	.	.	.	.	.	.	.	.	.
1940/1	5	3	60,00	.	.	3	0	0,00	.	.	.	.	.
1940/2	3	2	66,67	.	.	0	0	.	.	.	.	.	.
1940/3	16	11	68,75	.	.	2	1	50,00	.	.	.	.	.
1941/1	22	18	81,82	.	.	0	0	.	.	.	.	.	.

	Mineralogie, Geologie, Bergfach					Geogr., Geol. ,Min.			Forstwirtschaft			
	insg.	Frauen			Ausländ. in %	insg.	Frauen		insg.	Frauen		Ausländ. in %
		insg.	in %	deuts.			insg.	in %		insg.	in %	
Semester	70	71	72	73	74	75	76	77	78	79	80	81
1920	.	.	.	.	.	.	.	.	36	.	.	0,00
1920/21	.	.	.	.	.	.	.	.	107	..	.	4,67
1921	.	.	.	.	.	.	.	.	128	.	.	7,81
1921/22	.	.	.	.	.	.	.	.	107	0	0,00	14,95
1922	.	.	.	.	.	.	.	.	118	0	0,00	14,41
1922/23	.	.	.	.	.	.	.	.	70	0	0,00	.
1923	.	.	.	.	.	.	.	.	81	0	0,00	19,75
1923/24	.	.	.	.	.	.	.	.	85	0	0,00	.
1924	.	.	.	.	.	.	.	.	101	0	0,00	17,82
1924/25	.	.	.	.	.	.	.	.	82	0	0,00	0,00
1925	16	3	18,75	.	.	.	.	.	94	0	0,00	.
1925/26	10	2	20,00	.	.	.	.	.	104	0	0,00	.
1926	3	2	66,67	.	.	.	.	.	104	0	0,00	.
1926/27	0	0	.	.	.	.	.	.	117	0	0,00	.
1927	7	3	42,86	3	0,00	.	.	.	112	0	0,00	3,57
1927/28	6	1	16,67	1	0,00	.	.	.	131	0	0,00	3,82
1928	48	15	31,25	15	0,00	.	.	.	125	0	0,00	8,00
1928/29	27	8	29,63	8	0,00	.	.	.	126	0	0,00	7,94
1929	21	9	42,86	9	0,00	.	.	.	103	0	0,00	5,83
1929/30	23	9	39,13	8	4,35	.	.	.	111	0	0,00	4,50
1930	23	10	43,48	9	4,35	.	.	.	94	0	0,00	3,19
1930/31	15	3	20,00	3	0,00	.	.	.	115	0	0,00	1,74
1931	8	1	12,50	1	0,00	.	.	.	93	0	0,00	3,23
1931/32	25	4	16,00	4	0,00	.	.	.	114	0	0,00	5,26
1932	25	8	32,00	8	4,00	.	.	.	69	0	0,00	8,70
1932/33	16	6	37,50	6	0,00	.	.	.	79	0	0,00	3,80
1933	.	.	.	.	.	33	5	15,15	52	0	0,00	.
1933/34	.	.	.	.	.	34	9	26,47	70	0	0,00	.
1934	.	.	.	.	.	32	8	25,00	49	1	2,04	.
1934/35	.	.	.	.	.	36	11	30,56	43	0	0,00	.
1935	.	.	.	.	.	29	12	41,38	19	0	0,00	.
1935/36	.	.	.	.	.	23	10	43,48	24	0	0,00	.
1936	.	.	.	.	.	10	5	50,00	18	0	0,00	.
1936/37	.	.	.	.	.	7	2	28,57	30	0	0,00	.
1937	.	.	.	.	.	6	0	0,00	21	0	0,00	.
1937/38	.	.	.	.	.	5	0	0,00	49	0	0,00	.
1938	.	.	.	.	.	7	1	14,29	43	0	0,00	.
1938/39	.	.	.	.	.	8	1	12,50	51	0	0,00	.
1939	.	.	.	.	.	1	0	0,00	37	0	0,00	.
1939/40	.	.	.	.	.	.	.	.	.	.	.	.
1940/1	.	.	.	.	.	4	1	25,00	15	0	0,00	.
1940/2	.	.	.	.	.	8	1	12,50	18	0	0,00	.
1940/3	.	.	.	.	.	13	4	30,77	37	2	5,41	.
1941/1	.	.	.	.	.	10	3	30,00	29	1	3,45	.

Tab. 8. 2: Die Einzelfachströme an der Universität Freiburg nach Staatsangehörigkeit und Geschlecht 1807/08–1941/1

	Betriebswirtschaft			kaufmännisches Studium			Handelslehramt		
	insg.	Frauen		Ausländ.	insg.	Frauen		insg.	Frauen	
		insg.	in %	in %		insg.	in %		insg.	in %
Semester	82	83	84	85	86	87	88	89	90	91
1928	21	4	19,05	0,00	.	.	.	.	.	.
1928/29	20	2	10,00	5,00	.	.	.	.	.	.
1929	7	0	0,00	0,00	.	.	.	.	.	.
1929/30	7	1	14,29	0,00	.	.	.	.	.	.
1930	14	3	21,43	0,00	.	.	.	.	.	.
1930/31	15	4	26,67	0,00	.	.	.	.	.	.
1931	7	1	14,29	0,00	.	.	.	.	.	.
1931/32	8	1	12,50	12,50	.	.	.	.	.	.
1932	12	2	16,67	8,33	12	2	16,67	0	0	.
1932/33	10	1	10,00	10,00	10	1	10,00	0	0	.
1933	.	.	.	.	3	1	33,33	1	0	0,00
1933/34	.	.	.	.	1	0	0,00	1	0	0,00
1934	.	.	.	.	0	0	.	0	0	.
1934/35	.	.	.	.	4	0	0,00	0	0	.
1935	.	.	.	.	3	0	0,00	0	0	.
1935/36	.	.	.	.	0	0	.	0	0	.
1936	.	.	.	.	0	0	.	0	0	.
1936/37	.	.	.	.	0	0	.	0	0	.
1937	.	.	.	.	0	0	.	0	0	.
1937/38	.	.	.	.	0	0	.	0	0	.
1938	.	.	.	.	0	0	.	0	0	.
1938/39	.	.	.	.	0	0	.	0	0	.
1939	.	.	.	.	0	0	.	0	0	.
1939/40	.	.	.	.	.	.	.	.	.	.
1940/1	.	.	.	.	0	0	.	0	0	.
1940/2	.	.	.	.	0	0	.	0	0	.
1940/3	.	.	.	.	0	0	.	0	0	.
1941/1	.	.	.	.	0	0	.	0	0	.

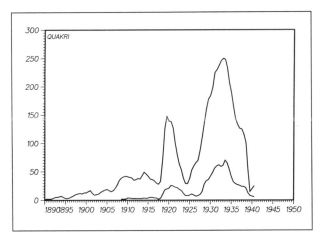

Abb. 8. 8: Die Studierenden (weibl. u. insg.) an der Universität Freiburg 1866/67–1941/1: Zahnmedizin

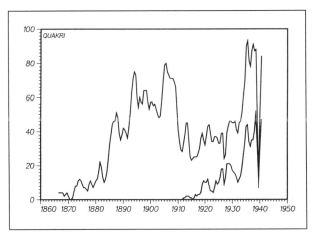

Abb. 8.9: Die Studierenden (weibl. u. insg.) an der Universität Freiburg 1866/67–1941/1: Pharmazie

5. Anmerkungen zu Tabelle 8.2

1807/08–1866:

Für 1807/08–1830 sind die Daten aus der BadHochStat 1912 ergänzt worden, die bis 1822/23 nur die Gesamtzahl der Stud. dokumentiert, ab 1823 die Verteilung nach der Fakultätszugehörigkeit. Mit Hilfe der Stud. Verz. und Pers.Verz. (ab 1823) wurde eine tiefere fachliche Differenzierung unterhalb der Fakultätsebene angestrebt.

Sp. 1 (Stud. insg.): 1830/31–1835/36 weichen die Angaben in der BadHochStat geringfügig von der PrStat ab, der unsere Daten entnommen sind. 1832 wurden die Frequenzzahlen amtlich nicht veröffentlicht, sondern nach Aufzeichnungen der Univ. geschätzt. Ab 1849/50 sind in den Pers.Verz. auch Hospitanten aufgeführt. Nach den Abgrenzungskriterien der PrStat wurden sie bei der Gesamtzahl nicht einbezogen. Die BadHochStat hat die Hospitanten ebenfalls nicht mitgezählt, aber in einer eigenen Spalte dokumentiert. Für 1846/47 sind im Pers.Verz. von der PrStat erheblich abweichende Daten genannt: Stud. insg. 219, darunter 93 Theologen, 36 Juristen, 52 Mediziner, Pharmazeuten u. Chirurgen, 38 Cameralisten u. Philosophen. Da sich die Differenzen nicht aufklären ließen, haben wir die Angaben der PrStat nicht verändert.

Sp. 3 (Jura): Laut Pers.Verz. 1839/40–1843/44 einschl. Cameralisten (Sp. 9). – Sp. 4 (Medizin): 1823–1824 identisch mit den Stud. in der Med. Fak. (d.h. einschl. Pharmazie u. Chirurgie); 1824/25–1830 Stud. der Med. Fak. abzüglich der in den Pers.Verz. gesondert aufgeführten niederen Chirurgen (Sp. 6) u. Pharmazeuten (bis 1829, Sp. 7), um die Vergleichbarkeit mit der PrStat herzustellen (ab 1830/31 nur noch reine Mediziner); laut Pers.Verz. waren 1824/25–1825/26 auch 13, 9 u. 5 Stud. der Tiermedizin in der Med. Fak. eingeschrieben. – Sp. 5 (Sonstige Fächer insg.): In dieser Sammelkategorie wurden in der rückblickenden Übersichtstabelle der PrStat alle Stud. mitgezählt, die sich nicht den drei anderen Fak. zuordnen ließen. Aus der Summe der Sp. 2–5 ergibt sich ab 1830/31 jeweils die Gesamtzahl der Stud. (Sp. 1). Die Sp. 6–9 stellen die fachliche Aufteilung der Stud. in der Restgruppe der sonstigen Fächer dar, soweit sich diese den Pers.Verz. entnehmen läßt (die Einzelfachströme addieren sich nicht vollständig zur Summe der Sp. 5 auf). – Sp. 6 (Chirurgie): 1823–1824 enthalten in Sp. 4 (Medizin); bis 1848 aufgrund namentlicher Auszählung der Einzelfälle der in einer besonderen Liste im Pers.Verz. aufgeführten »niederen Chirurgen« bzw. »nicht immatriculierten Pharmazeuten und niederen Chirurgen« (1840/41–1848); 1848/49–1866 in den statistischen Übersichten der Pers.Verz. gesondert angegebene niedere Chirurgen. – Sp. 7 (Pharmazie): 1823–1824 enthalten in Sp. 4 (Medizin); 1830/31–1866 undifferenziert in der Summe der sonstigen Fächer enthalten (Sp. 5). – Sp. 8 (Phil., Philolog.): Bis 1857 identisch mit den Stud. in der Phil. Fak.; 1844–1857 einschl. Cameralisten (Sp. 9), danach Stud. der Fächergruppe Phil. u. Philol. – Sp. 9 (Cameralia): Vor der besonderen Zählung im Pers.Verz. 1839/40–1843/44 in Sp. 3 (Jura) u. 1844–1857 in Sp. 8 (Phil., Philolog.) undifferenziert mitenthalten.

1866/67–1905:

Sp. 7 (Zahnmedizin): 1866/67–1867/68 beziehen sich die Angaben hier noch auf die nicht immatrikulierten niederen Chirurgen, die für diesen Zeitraum in der PrStat der Zahnmedizin undifferenziert hinzugezählt wurden. – Sp. 11, 13, 17, 21: 1871/72 und 1873 liegen die Angaben für die Phil. Fak. in der BadHochStat um 7 bzw. 9 Stud. über der Stud. der entsprechenden Fächer (Sp. 11: Philol., Gesch.; Sp. 13: Math., Naturw.; Sp. 17: Cameralia) nach der PrStat (d.h. den hier wiedergegebenen Daten). – Sp. 22 (Ausländer insg.): 1871–1891 aus BadHochStat. Die Pers.Verz. enthalten entsprechende Angaben ab 1877/78. Die Aufteilung der ausl. Stud. auf die Fächer ist erst für 1886/87 und 1887 und dann fortlaufend ab 1891/92 möglich (nach PrStat), ergänzend aus den Pers.Verz. für 1890/91 und 1891. – Sp. 21 (Studierende insg.): Ab 1900/01 sind hier auch weibl. Stud. mitenthalten. Nach PrStat waren 1900/01 insg. 9 Frauen an der Univ. Freiburg immatrikuliert (8 in der Med. und 1 in der Phil. Fak.). In den Pers.Verz. sind die Frauen seit 1901 aufgeführt. Da eine Aufteilung auf die Fächer nicht möglich ist, wird hier die Fakultätszugehörigkeit der ersten immatrikulierten Frauen nach den Pers.Verz. (Ergänzungen aus PrStat 236, S. 32) angegeben:

	Rechts- u. Staatswiss. Fak.	Med. Fak.	Phil. Fak.	Frauen insg.
1900/01	0	8	1	9
1901	0	10	2	12
1901/02	0	13	4	17
1902	0	15	3	18
1902/03	0	14	3	17
1903	0	17	5	22
1903/04	1	19	6	26
1904	1	20	9	30
1904/05	1	17	13	31
1905	0	20	14	34
1905/06	1	21	13	35

1906–1941.1:

1912–1924 wurden die ausl. Stud. mit Hilfe der Pers.Verz. für die einzelnen Studienfächer ergänzt, d.h. gegenüber den Daten nach StatJbDR nachgetragen.

Die Stud. des Faches Forstwiss. (seit 1920 im Pers.Verz. aufgeführt) sind im StatJbDR 1920–1921 unter Mathematik, Naturwissenschaften (Sp. 30) und 1921/22–1924/25 unter Sonstige (Sp. 45) mitenthalten; hier sind sie herausgerechnet und seit 1920 als eigenes Fach dargestellt (vgl. den letzten Tabellenteil, Sp. 78–81). – 1939/40 wurden wegen Umstellung auf Trimester keine Daten erhoben.

Die Angaben im StatJbDR enthalten einige gravierende Fehler, die sich mit Hilfe der Pers.Verz. korrigieren ließen: 1919 sind die Stud. in den Fächern Cameralia, Zahnmedizin und Pharmazie doppelt gezählt worden; ZS. 1919 sind statt 404 Juristen und 258 Kameralisten die Jurastud. doppelt gezählt worden; 1912–1914/15 sind die Frauen im Fach Chemie irrtümlich unter den Frauen der Fächergruppe Alte und Neue Philol. und Gesch. mitgezählt worden statt unter der Fächergruppe Math. und Naturwiss. – Sp. 5 (Jura): 1922/23 und 1923/24 einschl. Cameralia (für diese Sem. sind keine Pers.Verz. erschienen, deshalb ließen sich die beiden Fächer nicht trennen.). – Sp. 30 (Mathematik, Naturwissenschaften): 1912–1922/23 einschl. der Stud. des Faches Chemie (Sp. 35). – Sp. 35 (Chemie): 1912–1922/23 in Mathematik, Naturwissenschaften (Sp. 30) mitenthalten. – Sp. 40 (Cameralia, Volkswirtschaft): 1922/23 und 1923/24 in Jura (Sp. 5) mitenthalten.

1925–1941.1.

Sp. 16 (Geschichte): 1935–1936 enthalten in Sp. 36 (Sonstige Kulturwiss.). – Sp. 36 (Sonstige Kulturwiss.): 1935–1936 einschl. der Stud. des Faches Geschichte (Sp. 16). – Sp. 47 (Mathematik): 1935–1938 einschl. der Stud. des Faches Physik (Sp. 52). – Sp. 52 (Physik): 1935–1938 enthalten in Sp. 47 (Mathematik). – Sp. 57 (Biologie): 1935–1939 enthalten in Sp. 62 (Sonstige Naturwiss.). – Sp. 62 (Sonstige Naturwiss.): 1935–1939 einschl. Stud. des Faches Biologie. (Sp. 57).

6. Quellen und Literatur

Quellen:

Standardquellen: 1830/31–1911/12: PrStat 167, 236. – *1912–1924/25:* StatJbDR Jgg. 34–36, 40–44. – *1925–1927/28:* DtHochStat Bd. 1; VjhStatDR Jgg. 35–37. – *1928–1932/33:* DtHochStat Bde. 1–10. – *1932–1941.1:* ZehnjStat.

Ergänzend: 1807/08–1891: BadHochStat 1912. – *1823–1866, 1877/78–1891, 1900/01–1905/061, 1912–1922, 1924:* Pers.Verz. d. Univ. Freiburg.

Literatur:

Badische Schulstatistik 1912, S. 22–41 (= BadHochStat). – DREIER, R.-W.: Albert-Ludwigs-Universität Freiburg im Breisgau. Freiburg i. Br. 1991. – Festschrift der Stadt Freiburg i. Br. zur 500jahrfeier der Albert-Ludwigs-Universität. Freiburg i. Br. 1957. – JOHN, E./MARTIN, B./MÜCK, M./OTT, H. (Hg.): Die Freiburger Universität in der Zeit des Nationalsozialismus. Freiburg i. Br. 1991. – KREUTZBERGER, W.: Studenten und Politik 1918–1933. Der Fall Freiburg i. Br. Göttingen 1972. – MAYER, H.: Geschichte der Universität Freiburg in Baden in der ersten Hälfte des XIX. Jahrhunderts. I. Teil 1806–1818. Bonn 1892. II. Teil 1818–1830. Bonn 1893. – Namens-Verzeichniß der Studirenden auf der Großherzoglich-Badischen Albert-Ludwigs-Universität Freiburg im Breisgau. 1822/23–1835/36 (= Stud.Verz.). – NAUCK, E. T.: Das Frauenstudium an der Universität Freiburg i. Br. Freiburg i. Br. 1953. – Verzeichniß der Behörden, Lehrer, Anstalten, Beamten und sämmtlicher Studirenden auf der Großherzoglich-Badischen Albert-Ludwigs-Universität Freiburg im Breisgau. 1836–1944/45 (unter verschiedenen Titeln = Pers.Verz.). – VINCKE, J. (Hg.): Zur Geschichte der Universität Freiburg i. Br. Freiburg i. Br. 1966. – WOLFF, H. J.: Aus der Geschichte der Rechts- und Staatswissenschaften zu Freiburg i. Br. Freiburg i. Br. 1957.

9. Gießen

1. Geschichtliche Übersicht

Die nach dem Landgrafen Ludwig V. benannte Universität (»Ludoviciana«) geht auf ein 1605 gegründetes, mit allen vier Fakultäten ausgestattetes »Gymnasium illustre« zurück und erhielt 1607 die kaiserliche Privilegierung als Universität. 1624 suspendiert, wurde sie ein Jahr später nach Marburg verlegt und 1650 als Hessisch-Darmstädtische Landesuniversität wiedereröffnet.

Unsere Daten setzen 1823 ein mit dem Beginn einer kontinuierlichen, bereits Einzelfächer berücksichtigenden Gießener Studentenstatistik. Auffällig stark vertreten sind die Fächer Cameralia und Forstwissenschaft, die im Vormärz unter allen Disziplinen der Philosophischen Fakultät eine führende Stellung behaupten konnten. Das verweist auf eine besondere Tradition der Ludoviciana: 1777 führte das aufgeklärt-utilitaristische Interesse des Landesherrn zur Gründung einer Fakultät für Kameral- und Finanzwissenschaft, an der auch naturwissenschaftliche und technologische Fächer sowie Landwirtschaft, Forstwirtschaft und Tierheilkunde vertreten waren. Nach der Auflösung der Fakultät (1785) wurden diese Fächer der Philosophischen bzw. der Medizinischen Fakultät zugeschlagen. 1837 bis 1874 nahm die »technische Abteilung« die Aufgaben einer Technischen Hochschule mit in Deutschland einzigartigem Promotionsrecht für Ingenieure wahr. Dann gab sie das Institut für Bau- und Ingenieurwissenschaft an die neugegründete TH Darmstadt ab. Die 1824 entstandene »Hessische Forstlehranstalt« war von Anfang an durch eine planmäßige Professur ihres Leiters mit der Universität verbunden und wurde 1831 als weltweit erstes forstwissenschaftliches Institut in die Ludoviciana integriert. Die Tiermediziner erhielten bereits 1830 ein eigenes Promotionsrecht in der Medizinischen Fakultät, bildeten seit 1900 ein »Veterinärmedizinisches Kollegium« und wurden 1914 als selbständige Fakultät anerkannt. Neben der Evang.-Theologischen bestand in Gießen 1830–1851 auch eine Kath.-Theol. Fakultät, in deren Gründung und Niedergang sich die vormärzlichen Auseinandersetzungen zwischen Staatsbürgertum und Neukatholizismus widerspiegeln. 1922 teilte sich die Philosophische Fakultät in zwei Abteilungen, eine geistes- und eine naturwissenschaftliche, die auch die land-, forst- und wirtschaftswissenschaftlichen Fächer umfaßte.

Es ist auf die besonderen Traditionen der Gießener Universität und insbesondere auf das ausgeprägte »realistische « Profil der Philosophischen Fakultät zurückzuführen, daß der Anteil der »ausländischen«, d.h. nicht-hessischen Studierenden hier vergleichsweise hoch und im Vormärz auf bis zu einem Viertel der Studentenschaft angestiegen war. Hervorragenden Anteil daran hatte das Fach Chemie, das sich unter Liebig mehrheitlich (bis zu 3/4 aus) »Ausländern« zusammensetzte. Demgegenüber blieb der Anteil an Reichsausländern insgesamt gering, wobei vor dem Ersten Weltkrieg, besonders in der Medizinischen Fakultät, Studierende aus Rußland häufiger (davon bis zu 50% Frauen) und nach 1920 aus anderen osteuropäischen Ländern zu verzeichnen waren.

Die Personalstruktur der Fakultäten zeigt in Gießen das vertraute Entwicklungsmuster. Die Zahl der Professuren in der Evang.-Theologischen und in der Juristischen Fakultät blieb bis 1945 fast unverändert. So kam der Anstieg der Lehrpersonalzahl von insgesamt 59 im Jahre 1837 auf 177 im Jahre 1930 vollauf den beiden medizinischen Fakultäten sowie den beiden Abteilungen der Phil. Fakultät zugute, doch hatten sie auch die Schrumpfung auf 152 Lehrpersonen im Jahre 1941 zu tragen. Die Medizin erfuhr ihren stärksten Expansions- und Differenzierungsschub erst gegen Ende des 19. Jahrhunderts: von 1880 bis 1930 konnte sie die Zahl ihres Lehrpersonals fast verdreifachen (von 14 auf 41). Hinzu kamen 9 Lehrpersonen der Tiermedizin. Die Phil. Fakultät expandierte bereits bis 1880 von 20 (1837) auf 33 Lehrpersonen. Doch verlief der Ausbau der Geisteswissenschaften erheblich schleppender als derjenige der Naturwissenschaften: Hier konnten sich bereits vor 1850 wichtige Differenzierungen durchsetzen: Spezialisierung der organischen und anorganischen Chemie, Physiologie, Agrikulturchemie. 1930 standen den 40 Lehrpersonen der 1. Abteilung 53 der 2. Abteilung gegenüber. In Bezug auf das Wachstum des gesamten wissenschaftlichen Personals von 1837 bis 1930 lag Gießen im unteren Drittel der Universitäten. Eine Besonderheit fällt jedoch auf: der erweiterte Betrieb wurde zu einem sehr großen Teil von Extraordinarien aufrechterhalten. Entsprechend schwach wuchs die Zahl der Ordinarien.

Nach der Studierendenzahl hatte die Anziehungskraft der Universität ihr im Vormärz noch einen mittleren Rangplatz gesichert, aber nach der Mitte des 19. Jahrhunderts war sie ständig im letzten Viertel der deutschen Universitäten zu finden; seit der Mitte der 1920er Jahre rangierte sie neben Rostock sogar am Ende der Skala. Da aber jede Universität über eine Mindestausstattung an Personal verfügte, lag auch Gießen (wie alle kleinen Universitäten) in der Betreuungsrelation ständig auf den obersten Rangplätzen.

Die Entwicklung der institutionellen Differenzierung war in Gießen uneinheitlich. Von den 1840er bis in die 1870er Jahre konnte die Universität sich hier im oberen Viertel der deutschen Universitäten plazieren, aber durch die Abgabe der technischen Institutionen an die neue TH Darmstadt und durch die Stagnation der Differenzierung bei den naturwissenschaftlichen Instituten rutschte sie nach der Jahrhundertwende ins untere Drittel ab.

Ein großer Teil der Gießener Professorenschaft war in der Weimarer Republik eindeutig antirepublikanisch eingestellt. 1917 waren 40% Mitglied der alldeutsch orientierten »Vaterlandspartei«, 1920 saßen 4 Professoren im Ortsvorstand der DNVP. Im SS 1933 wurden trotzdem 21 von 60 Ordinarien aus politisch-rassistischen Gründen entlassen, eine im Vergleich zu den anderen Universitäten sehr hohe Quote von 35%.

Im Dezember 1944 wurde die Universität durch Luftangriffe größtenteils zerstört. Die alte Ludoviciana wurde am 25.3.1946 geschlossen; bestehen blieb nur eine im Mai 1946 eröffnete »Hochschule für Bodenkultur und Veterinärmedizin« und eine »Medizinische Akademie« (seit 1950 unter dem Namen Justus-Liebig-Hochschule). Anläßlich der 350-Jahr-Feier wurde die Hochschule mit zunächst vier Fakultäten als Justus-Liebig-Universität im Juli 1957 erneuert.

2. Der Bestand an Institutionen 1837–1944/45

Zum Verständnis vgl. die Erläuterungen S. 48 ff.

I.	**Ev.-theol. Fak. ([1837])**
1.	Theol. Sem. (1868)
1.1	Alttest.-exeg. Abt. (1868, o. exeg. 1917, Sem. 28/29)
1.2	Neutest.-exeg. Abt. (1868, o. exeg. 1917, Sem. 28/29)
1.3	Kirchenhist. Abt. (1868–76/77, 77/78, Sem. 1928/29)
1.4	Syst. Abt. (1868, Sem. 1928/29)
1.5	Kat.-homil. Abt. (1882/83–1916) Prakt.-theol. Abt. (1916/17, Sem. 28/29)
1.6	Abt. f. religiöse Volksk. (1929–37/38)
2.	Inst. f. ev. Jugendk. (1928, u. ev. Erziehungswiss. 32)

II.	**Kath.-theol. Fak.([1837]–1858/59)**

III.	**Jur. Fak. ([1837])**
1.	Jur. Sem. (1885/86)
2.	Inst. f. Rechtsgesch. ((1941))

IV.	**Med. Fak. ([1837])**
1.	Anat. Theater ([1837], Inst. 89)
2.	Acad. Hospital ([1837]–90) Klin. Inst. (1890/91–94/95)
2.1	Med. u. ophthalmol. Klin. ([1837], o. ophthalmol. 46/47, u. Nervenkl. 1935)

2.1.1	Apotheker (1890/91, Apothekenverwalter 1906, Apotheke der Univ.kl. 18/19)
2.1.2	Med. Polikl. (1925)
2.2.	Chir. Kl. ([1837])
2.2.1	Samml. d. chir. u. gebh. Instr., Masch. u. Bandagen ([1837]–95/96, o. gebh. 37/38)
2.3	Ophthalmol. Kl. (1877) Augenkl. (1916, vergl. IV.2.1.)
3.	Entbindungsinst. ([1837]–78/79) Frauenkl. (1879–90, 98/99) Gynäk. Klin. nebst Entbindungsanst. (1890/91–98)
3.1	Samml. d. gebh. Instr. (1837/38–95/96, vorh. IV.2.2.1)
3.2	Hebammenlehranst. (1902/03–37/38)
4.	Path. Samml. ([1837], Kab. 38/39, Inst. 87)
4.1	Sömmering'sches Mus. (1844/45–94/95)
5.	Physiol. Inst. (1843/44)
5.1	Abt. f. physiol. Chem. (1925–31) Physiol.-chem. Inst. (1931/32)
6.	Pharmakol. Inst. (1844)
7.	Ohren-Kl. (1885–1910) HNO-Polikl. (1910/11)
8.	Hyg. Inst. (1888/89)
9.	Psych. Klin. (1895–1905) Klin. f. psychische u. nervöse Krankheiten (1905/06–33/34) Psych. u. Nervenkl. (1934)
10.	Polikl. f. Haut- u. Geschl.kr. (1907)
11.	Kinderpolikl. (1910, o. poli. 12/13)
12.	Polikl. f. Kinderkr. (1913/14–14)

13.   Inst. f. Körperkultur (⟨1924/25⟩)
13.1   Med.-hyg. Abt. (⟨1924/25⟩-27/28)
13.2   Phil.-päd. Abt. (⟨1924/25⟩-27/28, gleichzeitig in VI.)
14.   Med. balneologisches Univ.-Inst. in Bad Nauheim (1929, o. Med. 35/36)
15.   Orthop. Klin. (1931/32)
16.   Inst. f. Erb- u. Rassenpflege (1937/38)
17.   Zahnärztl. Inst. (1942)

V.   **Veterinärmed. Kollegium (in IV. 1900/01–14)**
    Veterinärmed. Fak. (1914/15)

1.   Zoot. u. thierheilk. Inst. (1851/52-67/68)
    Veterinär-Anst. (1868-91/92)
    Anst. f. Veterinär-Unterricht (1892-93)
    Veterinäranst. u. Thierspital (1893/94, in IV. -1914)
1.1   Lehrschmied (1872/73-1920, 43, in V.1.3.1 1920/21-42/43)
1.2   Veterinäranst. (1892-1901, vergl. V.1)
1.3   Thierspital (1892-1901)
1.3.1   Chir. Veterinärkl. (1901/02, u. Lehrschmiede 20/21, u. Polikl. 38/39, o. Lehrschmiede 43)
1.3.2   Med. Veterinärkl. (1901/02, u. Seuchenlab. 22, o. Seuchenlab. ⟨1924/25⟩)
1.3.2.1   Veterinärhyg. u. Tierseucheninst. (⟨1924/25⟩)
1.4   Polikl. (1892-1902, Tierärztl. 1902)
    Veterinärmed. Polikl. (1902/03-28/29)
    Amb. u. gebh. Veterinärkl. (1929)
2.   Veterinär-path. Inst. (1901/02)
3.   Inst. f. animal. Nahrungsmittelk. (1934/35-36)
    Inst. f. tierärztl. Nahrungsmittelk. (1936/37)

VI.   **Phil. Fak. ([1837]–1921/22)**
    Phil. Fak., 1. Abt.: Philos., philol., gesch. u.
    kunstwiss. Fächer (1922)

1.   Philol. Sem. ([1837]-1916/17)
    Sem. f. klass. Philol. (1917)
1.1   Papyrussamml. (1935)
2.   Kunst-, Münz- u. Antikensamml. ([1837], Kab. 38/39) Arch. Inst. (1899)
3.   Architectonisches Kab. (1838/39-74)
    Kunstwiss. Inst. (1874/75-89/90, Inst. f. 76/77)
4.   Samml. d. Sanscrit- u. Zend-Typen (1841/42-64)
    Acad. Typen-Samml. (1864/65-80)
5.   Inst. f. Bau- insb. Ingenieur-Wiss. (1864-74)
6.   Hist. Sem. (1876/77)
7.   Neuphilol. Sem. (1880-80/81)
    Prakt. Sem. f. neuere Philol. (1881-99)
    Sprachwiss. Sem. (1899/1900-1916/17)
7.1   Sem. f. idg. Sprachwiss. (1917)
7.2   Prakt. Sem. f. neuere Sprachen (1917)
7.2.1   Abt. f. frz. Spr. (1919)
7.2.2   Abt. f. engl. Spr. (1919)
7.2.3   Abt. f. span. Spr. (1928/29)
7.2.4   Abt. f. ital. Spr. (1929)

8.   Dt. Sem. (1886-88/89)
    Germ.-rom. Sem. (1889-1906/07)
8.1   Germ. Sem. (1907)
8.2   Rom. Sem. (1907)
9.   Philos. Sem. (1897/98)
10.   Engl. Sem. (1907)
11.   Musikal. Inst. (1912, ab 27 außerhalb d. Fak.)
12.   Semit. Sem. (1914/15-16/17)
    Sem. f. semit. Sprachen (nur 1917)
    Sem. f. oriental. Sprachen (1917/18)
13.   Inst. f. exp. Psychol. u. exp. Päd. (1920-34)
    Inst. f. Psychol. u. Päd. (1934/35)
13.1   Exp.-psychol. Abt. (1934/35)
14.   Anst. f. hess. Landesforsch. (1929/30)
15.   Musikwiss. Sem. (1929/30)
16.   Inst. f. Runenforsch. (1939)
17.   Atelier d. Univ. (1939/40)

VII.   **Phil. Fak., 2. Abt.: Math., naturwiss.**
    u. wirtsch.wiss. Fächer (1922, vorh. IV.
    bzw. VI.)

1.   Chem. Lab. ([1837])
1.1.   Phys.-chem. Abt. (1892, Lab. 96/97)
1.1.1   Kautschuklab. (1942/43)
1.2   Abt. f. pharmaz. Chem. (1909-20)
    Abt. f. angew. Chem. (1920/21-28/29)
1.3   Abt. f. Chem. (1914-30)
2.   Bot. Garten ([1837]-1906/07, u. bot. Inst. 94, in IV. -46)
2.1   Bot. Inst. (1907)
3.   Sternwarte u. meteor. Samml. ([1837]-79/80, Kab. 38/39, o. Sternwarte 65/66)
4.   Samml. d. phys., math. u. technol. Instr. (nur [1837])
4.1   Phys. Kab. (1838/39, Inst. 81)
4.2   Math. Kab. (1838/39-1916/17, Forts. VII.10)
4.3   Technol. Kab. (1838/39-82)
5.   Zool. Samml. ([1837], Kab. 38/39, u. vergl. Anat. 55/56, Inst. u. 65, o. Kab. 89, in IV. [1837]-47 u. 49/50)
5.1   Scriba'sche Conchylien-Samml. (1844/45-94/95)
6.   Min. Samml. ([1837], Kab. 38/39, Inst. 95/96, u. geol. 1920, o. geol. 25, u. Petrogr. 25/26)
6.1   Geogn.-geol. Samml. (1850-55)
6.2   Crystallogisch-oryctognostische Samml. (1850-55)
6.3   Geol. Abt. (1920, 1921-24/25)
    Geol. u. pal. Inst. (1925)
6.4   Min. Abt. (1920/21-24/25)
7.   Forst-Versuchs- u. forstbot. Garten (1846-1938/39, Forst-Inst. u. 1860)
7.1   Forstgarten (1895/96-1938/39)
7.2   1. Abt. f. Betriebslehre (1925-38/39)
7.3   2. Abt. f. Produktionslehre (1925-38/39)
7.4   3. Abt. f. Forstpol. (1925-38/39)
7.5   4. Abt. f. forstl. Bodenk. (1929-38/39)
7.6   5. Abt. f. Forstbot. (1929-38/39)
7.7   6. Abt. f. Forstzool. (1929-38/39)

8.	Math.-phys. Kab. (1861–1925/26, Inst. 1906)	14.	Sem. f. allg. Privatwirtsch.lehre (nur ⟨1922⟩)
9.	Phys. Sem. (1862–80/81, Forts. VII.4.1)	15.	Tierzuchtinst. (⟨1924/25⟩–36/37)
10.	Math. Inst. (1943)		Inst. f. Tierzucht u. Milchwirtsch. (1937)
10.1	Math. Sem. (1863/64, u. Kab. 1917)	16.	Versuchsgut (1925)
10.2	Geod. Kab. (⟨1870⟩, Inst. 1906)	17.	Inst. f. theor. Phys. (1926)
11.	Landwirtsch. Inst. (1871)	18.	Inst. f. Pflanzenbau u. Pflanzenz. (1927/28)
11.1	Agrikulturchem. Lab. b. Landwirtsch Inst. (1917)	18.1	Abt. f. Pflanzenkr. (1932/33, in VII.11. 35–37)
11.2	Abt. f. Pflanzenproduktionslehre (1918/19–25)	19.	Lehr- u. Versuchswirtsch. Oberer Hardthof
11.3	Abt. f. Wirtschaftslehre d. Landbaues (1932/33–37)		(d. Inst. f. Tierzucht u. Milchwirtsch.) (1937)
	Inst. f. Agrarpol. u. Betriebslehre (1937/38)	20.	Inst. f. Bodenkunde (⟨1941⟩)
11.4	Sem. f. Genossenschaftsw. (1932/33–37/38)		
	Sem. f. ländliches Genossenschaftsw. (1939)		

12.	Inst. f. Wirtsch.wiss. (1928)	1.	Marstall ([1837]–48)
12.1	Stat. Inst. (1876/77–1899/1900)	2.	Inst. f. Leibesüb. (1928, Hochschulinst. 39)
	Staatswiss.-stat. Sem. (1900, o. stat. 37/38)	3.	Reitinst. (1927)
12.2	Wirtsch.geogr. Abt. (1928)		
12.3	Wirtsch.gesch. Abt. (1928, Soziol. u. 39–42/43)		Fehlende Semester: 1922/23–1924.
	Soziol. Abt. (1943)		Ab 1932 werden aus drucktechnischen Gründen
12.4	Versicherungswiss. Abt. (1937/38)		die Abteilungen z.T. nicht mehr in der Inst.-Liste
12.5	Betriebswirtsch. Abt. (1927)		aufgeführt.
13.	Geogr. Inst. (1891)		

3. Die Studierenden nach Fachbereichen

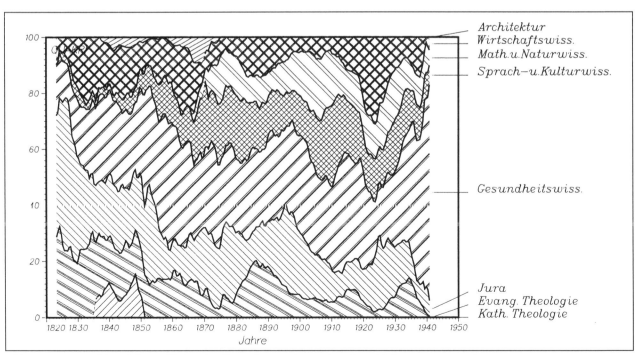

Abb. 9.1: Das Fachbereichsprofil der Studierenden an der Universität Gießen 1823–1941/1

Tab. 9.1: Die Studierenden an der Universität Gießen nach Fachbereichen in Prozent 1823–1941/1

| | Evang. Theol. | Kath. Theol. | Jura | Gesundheitswissenschaften | | | | Sprach- und Kulturwiss. | Math., Naturw. | | Wirtsch., Agrar- und Forst. wiss. | Architektur | Studierende | | |
| | | | | insg. | Allg. Med. | Zahnmed. | Pharmazie | | insg. | Chemie | | | insg. | weibl. in % aller Stud. | Ausl. in % aller Stud. |
Semester	1	2	3	4	5	6	7	8	9	10	11	12	13	14	15
1823	28,30	.	47,91	17,04	17,04	.	.	0,00	.	.	6,75	.	311	.	.
1823/24	29,06	.	38,75	19,37	19,37	.	.	0,00	.	.	12,82	.	351	.	.
1824	32,85	.	45,53	15,85	15,85	.	.	1,15	.	.	4,61	.	347	.	.
1824/25	32,26	.	46,04	15,84	15,84	.	.	1,17	.	.	4,69	.	341	.	.
1825	27,16	.	49,85	14,63	14,63	.	.	2,99	.	.	5,37	.	335	.	.
1825/26	23,61	.	53,06	14,44	14,44	.	.	3,33	.	.	5,56	.	360	.	.
1826	24,11	.	54,82	12,18	12,18	.	.	3,05	.	.	5,84	.	394	.	.
1826/27	23,68	.	54,31	12,44	12,44	.	.	2,15	.	.	7,42	.	418	.	.
1827	23,50	.	54,44	12,47	12,47	.	.	2,16	.	.	7,43	.	417	.	.
1827/28	26,65	.	47,21	13,45	13,45	.	.	2,54	.	.	10,15	.	394	.	.
1828	24,08	.	43,35	16,28	15,37	.	.	5,73	.	.	10,55	.	436	.	.
1828/29	19,82	.	41,67	18,92	17,79	.	.	4,50	.	.	15,09	.	444	.	.
1829	20,28	.	43,95	16,19	15,48	.	.	3,56	.	.	16,01	.	562	.	.
1829/30	19,14	.	38,28	20,70	19,14	.	.	4,69	.	.	17,19	.	512	.	.
1830	19,19	.	38,59	20,61	19,80	.	.	4,24	.	.	17,37	.	495	.	.
1830/31	23,44	.	32,23	19,73	18,75	.	.	5,27	.	.	19,34	.	512	.	.
1831	25,10	.	29,08	20,92	19,67	.	.	4,18	.	.	20,71	.	478	.	.
1831/32	23,68	.	30,86	20,33	18,66	.	.	3,59	.	.	21,53	.	418	.	.
1832	24,82	.	28,95	21,41	20,19	.	.	2,68	.	.	22,14	.	411	.	.
1832/33	24,06	.	27,57	23,06	22,06	.	.	1,50	.	.	23,81	.	399	.	.
1833	25,07	.	28,45	20,28	18,87	.	.	1,41	.	.	24,79	.	355	.	.
1833/34	25,97	.	25,14	23,76	19,06	.	1,93	3,31	.	.	21,82	.	362	.	.
1834	26,71	.	21,36	25,52	19,29	.	2,97	3,86	.	.	22,55	.	337	.	.
1834/35	32,31	.	22,11	23,13	18,03	.	2,38	3,06	.	.	19,39	.	294	.	.
1835	28,90	.	19,60	29,57	20,60	.	5,65	2,99	.	.	18,94	.	301	.	.
1835/36	19,31	6,85	20,25	28,97	19,63	.	5,30	2,80	.	.	21,81	.	321	.	.
1836	20,69	6,58	20,38	26,33	16,30	.	6,27	2,19	.	.	23,82	.	319	.	.
1836/37	21,72	8,28	18,28	30,00	17,93	.	7,24	4,14	.	.	17,59	.	290	.	.
1837	22,09	7,98	18,71	30,98	19,02	.	6,44	1,84	.	.	18,40	.	326	.	.
1837/38	20,92	6,77	21,23	30,77	19,69	.	6,15	2,15	.	.	16,92	4	325	.	.
1838	20,81	9,19	19,19	31,27	18,65	.	8,92	2,43	.	.	16,22	5	370	.	.
1838/39	17,65	10,36	19,61	31,27	17,09	.	10,08	2,80	.	.	16,25	7	357	.	.
1839	16,67	10,51	21,03	29,49	17,18	.	8,46	2,82	.	.	17,69	7	390	.	.
1839/40	15,92	11,94	22,81	29,18	15,92	.	7,96	2,65	.	.	15,38	8	377	.	.
1840	17,08	12,38	21,53	31,19	15,84	.	9,90	1,98	.	.	13,37	10	404	.	.
1840/41	18,18	10,57	23,10	28,50	15,72	.	7,62	2,21	.	.	14,00	14	407	.	.
1841	17,26	9,93	21,99	29,31	13,95	.	12,29	2,36	.	.	14,89	18	423	.	.
1841/42	15,92	8,97	21,30	30,27	15,02	.	11,66	2,02	.	.	16,37	23	446	.	.
1842	16,31	7,84	23,31	30,30	13,56	.	12,71	2,33	.	.	15,47	21	472	.	.
1842/43	17,53	6,52	21,12	31,69	15,96	.	12,13	3,60	.	.	15,73	17	445	.	.
1843	17,66	5,74	21,06	31,06	13,19	.	14,47	3,83	.	.	17,87	13	470	.	.
1843/44	16,32	5,86	23,43	29,92	11,51	.	14,23	3,14	.	.	18,62	13	478	.	.
1844	17,46	6,35	24,60	24,60	10,71	.	11,71	4,96	.	.	18,85	16	504	.	.
1844/45	16,67	7,72	22,15	26,02	10,57	.	12,60	4,67	.	.	19,51	16	492	.	.
1845	19,14	7,62	18,95	28,71	13,28	.	11,33	4,10	.	.	17,97	18	512	.	.
1845/46	19,47	8,61	18,44	27,46	12,30	.	11,27	5,74	.	.	16,60	18	488	.	.
1846	15,43	9,67	20,45	27,32	12,27	.	11,71	7,62	.	.	15,80	20	538	.	.
1846/47	14,58	10,09	20,56	26,92	11,59	.	11,78	6,54	.	.	17,57	20	535	.	.
1847	13,68	12,98	22,28	23,68	10,53	.	10,00	5,79	.	.	17,89	21	570	.	.
1847/48	14,55	12,18	22,91	24,00	11,27	.	10,36	5,64	.	.	16,91	21	550	.	.
1848	15,16	15,75	23,03	23,03	11,81	.	8,46	5,12	.	.	14,76	16	508	.	.
1848/49	16,34	15,03	20,26	24,84	13,73	.	8,28	5,23	.	.	15,69	12	459	.	.
1849	18,83	9,87	19,51	29,37	16,14	.	10,76	6,28	.	.	13,90	10	446	.	.
1849/50	18,84	9,07	23,72	30,47	19,77	.	8,14	6,05	.	.	10,47	6	430	.	.
1850	16,44	7,53	27,40	30,59	18,95	.	8,45	6,85	.	.	9,82	6	438	.	.
1850/51	16,71	6,54	25,67	31,96	17,92	.	10,41	7,02	.	.	9,93	9	413	.	.
1851	14,91	0,24	24,45	38,39	21,52	.	12,71	7,58	.	.	12,71	7	409	.	.
1851/52	14,78	0,00	24,80	41,16	21,64	.	15,57	7,92	.	.	10,03	5	379	.	.
1852	13,63	0,00	30,90	37,23	19,95	.	14,60	9,00	.	.	8,03	5	411	.	.
1852/53	11,99	0,00	36,22	33,42	20,15	.	10,97	8,16	.	.	9,69	2	392	.	.
1853	11,44	0,00	35,07	37,06	22,64	.	11,94	6,22	.	.	9,45	3	402	.	.
1853/54	13,42	0,00	29,21	38,16	23,16	.	11,84	8,68	.	.	10,00	2	380	.	.
1854	12,87	0,00	29,46	35,15	25,00	.	7,18	8,42	.	.	13,86	1	404	.	.
1854/55	11,90	0,00	27,78	37,57	24,87	.	9,52	7,94	.	.	14,29	2	378	.	.
1855	13,66	0,00	24,59	36,07	25,96	.	7,65	10,11	.	.	15,03	2	366	.	.
1855/56	14,12	0,00	18,93	37,29	24,86	.	9,60	12,15	.	.	16,67	3	354	.	.
1856	13,86	0,00	16,30	38,59	23,64	.	11,68	14,67	.	.	16,03	2	368	.	.
1856/57	13,56	0,00	16,67	41,24	24,29	.	13,84	11,86	.	.	16,38	1	354	.	.
1857	13,41	0,00	14,29	44,90	26,24	.	15,74	12,24	.	.	14,87	1	343	.	.
1857/58	13,87	0,00	14,13	44,80	25,60	.	16,27	14,13	.	.	12,53	2	375	.	.
1858	13,32	0,00	15,93	43,08	27,68	.	14,10	13,58	.	.	13,58	2	383	.	.
1858/59	14,05	0,00	11,29	44,08	28,93	.	13,22	14,33	.	.	15,43	3	363	.	.
1859	13,57	.	9,44	45,72	28,02	.	15,63	14,16	.	.	15,93	4	339	.	.
1859/60	13,19	.	11,54	45,33	27,20	.	15,93	15,11	.	.	12,91	7	364	.	.
1860	15,73	.	11,80	41,57	26,69	.	12,92	12,92	.	.	15,73	8	356	.	.
1860/61	17,82	.	10,34	39,37	26,44	.	11,21	11,21	.	.	17,82	12	348	.	.
1861	15,52	.	12,54	40,60	25,67	.	13,13	10,45	.	.	18,21	9	335	.	.
1861/62	13,99	.	11,66	41,40	26,53	.	12,83	10,20	.	.	19,24	12	343	.	.
1862	15,99	.	9,88	38,08	26,16	.	9,88	12,50	.	.	21,22	8	344	.	.
1862/63	15,38	.	10,17	35,98	24,57	.	9,18	11,17	.	.	24,07	13	403	.	.

Tab. 9. 1: Die Studierenden an der Universität Gießen nach Fachbereichen in Prozent 1823–1941/1

| | Evang. Theol. | Kath. Theol. | Jura | Gesundheitswissenschaften | | | | Sprach. und Kultur- wiss. | Math., Naturw. | | Wirt- sch., Agrar- und Forst. wiss. | Archi- tektur | Studierende | | |
| | | | | insg. | Allg. Med. | Zahn- med. | Phar- mazie | | insg. | Chemie | | | insg. | weibl. in % aller Stud. | Ausl. in % aller Stud. |
Semester	1	2	3	4	5	6	7	8	9	10	11	12	13	14	15
1863	12,95	.	12,44	34,72	24,35	.	7,51	11,40	.	.	24,87	14	386	.	.
1863/64	11,37	.	14,21	34,88	24,29	.	7,24	12,92	.	.	23,00	14	387	.	.
1864	11,46	.	12,50	38,54	26,04	.	9,11	12,76	.	.	21,35	13	384	.	.
1864/65	11,80	.	14,21	36,19	24,66	.	7,24	12,60	.	.	20,91	16	373	.	.
1865	13,19	.	16,09	34,30	22,96	.	6,86	13,19	.	.	19,79	13	379	.	.
1865/66	13,02	.	17,19	31,77	21,61	.	4,69	11,72	.	.	20,31	23	384	.	.
1866	14,00	.	16,25	31,75	21,25	.	5,25	11,50	.	.	19,75	27	400	.	.
1866/67	12,61	.	14,33	26,07	21,49	0,00	1,72	15,19	3,15	3,15	19,48	32	349	.	.
1867	12,58	.	15,34	27,91	23,93	0,00	2,15	15,03	3,37	3,37	16,56	30	326	.	.
1867/68	13,50	.	15,95	26,69	22,09	0,00	1,23	15,64	4,60	4,60	14,42	30	326	.	.
1868	12,10	.	17,20	27,39	21,66	0,00	1,59	17,52	5,41	5,41	11,15	29	314	.	.
1868/69	8,31	.	22,92	27,91	22,26	0,00	0,66	18,60	3,65	3,65	9,97	26	301	.	.
1869	7,56	.	23,02	28,18	21,31	0,00	2,06	19,93	3,78	3,78	7,90	28	291	.	.
1869/70	7,51	.	23,21	21,50	18,77	0,00	2,73	42,32	5,46	5,46	.	.	293	.	.
1870	9,28	.	22,34	27,84	21,65	0,00	1,72	23,37	4,47	4,47	5,50	21	291	.	.
1870/71	11,32	.	21,23	29,25	22,17	0,00	5,19	24,06	3,77	3,77	5,66	10	212	.	.
1871	9,01	.	20,17	30,90	24,89	0,00	4,29	17,17	10,73	5,15	7,30	11	233	.	.
1871/72	6,79	.	23,21	30,00	20,71	0,00	5,36	18,93	8,57	4,64	7,50	14	280	.	.
1872	4,93	.	25,35	33,10	22,18	0,00	6,34	18,31	8,45	3,87	8,45	4	284	.	.
1872/73	4,28	.	24,67	33,55	22,70	0,00	7,89	17,76	9,54	4,93	8,55	5	304	.	.
1873	3,14	.	23,27	34,28	19,50	0,00	10,06	20,13	9,12	4,72	7,86	7	318	.	.
1873/74	3,25	.	21,60	35,80	21,89	0,00	10,36	11,54	6,21	7,69	7	338	.	.		
1874	3,57	.	21,43	30,65	19,35	0,00	8,63	20,83	12,80	7,44	8,63	7	336	.	.
1874/75	2,35	.	21,76	28,82	19,41	0,00	7,35	22,94	15,59	8,82	7,65	3	340	.	.
1875	4,29	.	20,86	30,67	21,78	0,00	6,13	20,55	16,87	10,12	6,75	.	326	.	.
1875/76	7,30	.	23,49	26,67	16,83	0,00	6,98	20,00	16,51	9,52	6,03	.	315	.	.
1876	9,06	.	23,13	25,31	15,94	0,00	5,94	20,94	16,25	9,06	5,31	.	320	.	.
1876/77	7,05	.	26,92	26,92	16,35	0,00	8,01	22,12	13,14	6,41	3,85	.	312	.	.
1877	7,19	.	26,80	27,78	17,32	0,00	7,84	20,59	13,40	8,17	4,25	.	306	.	.
1877/78	6,35	.	26,35	28,25	19,37	0,00	6,35	20,95	12,06	5,08	6,03	.	315	.	.
1878	5,44	.	26,59	31,42	20,24	0,00	7,55	19,64	11,48	4,83	5,44	.	331	.	.
1878/79	5,04	.	27,73	28,01	18,49	0,00	6,44	21,01	12,32	4,20	5,88	.	357	.	.
1879	5,29	.	27,06	28,82	18,24	0,00	6,47	19,41	12,65	3,53	6,76	.	340	.	.
1879/80	7,08	.	23,51	27,48	16,71	0,28	6,80	21,81	13,31	2,55	6,80	.	353	.	.
1880	8,82	.	20,86	26,20	17,38	0,53	5,08	22,99	14,44	2,94	6,68	.	374	.	.
1880/81	9,97	.	21,48	25,06	17,14	0,51	3,58	22,25	13,81	4,60	7,42	.	391	.	.
1881	10,95	.	19,15	25,12	14,93	0,50	4,23	21,89	13,93	4,98	8,96	.	402	.	.
1881/82	11,78	.	17,78	25,17	16,40	0,23	3,46	22,40	12,93	4,39	9,93	.	433	.	.
1882	13,56	.	16,09	25,52	16,78	0,23	3,68	22,76	11,03	3,91	11,03	.	435	.	0,23
1882/83	12,98	.	14,09	29,75	18,57	0,22	5,82	21,70	9,62	3,13	11,86	.	447	.	0,67
1883	14,66	.	13,58	28,23	17,89	0,43	4,96	20,47	9,48	3,23	13,58	.	464	.	0,86
1883/84	14,29	.	12,47	28,57	17,30	1,01	4,02	21,13	9,05	3,02	14,49	.	497	.	0,80
1884	17,66	.	11,32	28,41	17,08	1,15	3,26	19,00	9,40	3,84	14,20	.	521	.	1,34
1884/85	17,23	.	10,69	31,09	18,81	1,19	4,36	17,82	9,90	4,16	13,27	.	505	.	1,98
1885	19,48	.	12,06	29,31	17,81	1,86	3,53	15,58	9,65	3,90	13,91	.	539	.	1,67
1885/86	19,03	.	10,82	30,60	19,22	1,68	3,54	16,42	8,77	3,92	14,37	.	536	.	2,61
1886	21,05	.	11,31	27,29	16,37	0,97	3,90	17,74	8,58	3,51	14,04	.	513	.	1,56
1886/87	19,42	.	12,81	28,51	19,42	0,83	3,31	15,91	10,33	5,79	13,02	.	484	.	2,07
1887	18,68	.	13,58	26,60	16,04	0,57	4,15	15,66	11,32	6,60	14,15	.	530	.	2,08
1887/88	17,35	.	15,40	26,12	16,18	0,39	3,70	15,40	11,31	6,63	14,42	.	513	.	1,56
1888	19,05	.	15,57	24,73	15,57	0,73	3,30	17,22	9,16	5,49	14,29	.	546	.	1,28
1888/89	19,05	.	15,05	26,48	17,52	0,76	3,24	16,38	9,52	6,86	13,52	.	525	.	1,52
1889	16,88	.	14,29	28,08	19,32	1,46	2,60	16,56	10,39	7,14	13,80	.	616	.	0,97
1889/90	18,37	.	15,55	27,92	18,55	1,41	3,00	14,49	10,25	7,42	13,43	.	566	.	0,53
1890	17,97	.	16,27	31,02	20,00	1,53	2,71	13,39	8,81	5,76	12,54	.	590	.	1,02
1890/91	17,12	.	17,12	31,88	19,85	1,46	3,10	13,84	7,83	5,28	12,20	.	549	.	1,82
1891	16,55	.	18,15	32,21	21,71	1,42	3,20	13,35	7,30	4,98	12,46	.	562	.	1,78
1891/92	15,29	.	19,89	31,49	22,28	1,47	2,58	15,47	7,55	5,16	10,31	.	543	.	2,03
1892	14,49	.	19,55	30,02	22,69	0,87	1,92	15,53	8,73	5,76	11,69	.	573	.	2,09
1892/93	15,15	.	21,36	28,74	20,19	0,97	2,91	15,92	8,35	5,44	10,49	.	515	.	1,55
1893	13,43	.	21,42	30,31	20,15	1,09	4,17	15,97	9,26	5,99	9,62	.	551	.	1,45
1893/94	13,73	.	20,31	29,40	18,57	0,77	5,03	16,83	10,64	6,96	9,09	.	517	.	1,35
1894	11,81	.	24,31	30,21	19,44	0,52	4,34	13,02	10,94	6,25	9,72	.	576	.	2,26
1894/95	11,55	.	25,38	30,49	20,64	0,57	3,60	12,12	12,12	6,82	8,33	.	528	.	1,14
1895	11,27	.	27,64	26,41	18,31	0,88	2,29	12,85	12,50	7,39	9,33	.	568	.	1,06
1895/96	10,93	.	29,75	27,60	20,43	0,18	2,15	12,37	10,93	6,45	8,42	.	558	.	1,61
1896	10,63	.	28,57	28,73	20,32	0,16	1,59	12,06	11,90	6,67	8,10	.	630	.	1,75
1896/97	8,15	.	27,96	32,27	22,20	0,48	0,96	11,66	11,98	5,91	7,99	.	626	.	2,72
1897	8,14	.	29,11	30,77	20,36	0,60	0,75	11,61	13,88	6,64	6,49	.	663	.	2,26
1897/98	8,61	.	29,38	33,23	23,00	0,74	0,89	9,94	13,20	5,49	5,64	.	674	.	2,23
1898	8,05	.	28,24	32,74	21,69	0,95	1,50	11,60	13,92	6,28	5,46	.	733	.	2,46
1898/99	8,23	.	27,20	31,94	20,36	0,84	1,95	13,67	14,09	6,83	4,88	.	717	.	3,49
1899	8,23	.	23,34	33,42	20,15	0,86	2,58	14,74	14,74	7,00	5,53	.	814	.	4,30
1899/00	8,35	.	22,94	33,67	20,45	0,62	2,37	14,59	14,96	7,61	5,49	.	802	.	4,36
1900	7,95	.	22,22	34,15	17,43	0,58	3,27	14,62	15,20	6,43	5,85	.	855	.	2,69
1900/01	7,20	.	22,31	35,89	17,95	0,71	2,36	13,46	16,53	7,32	4,60	.	847	.	3,19
1901	6,55	.	22,49	34,39	16,59	0,66	2,51	13,65	17,47	5,90	5,46	.	916	.	2,62
1901/02	6,65	.	20,80	36,64	18,06	1,16	2,01	13,20	17,21	6,12	5,49	.	947	.	3,48
1902	6,59	.	20,28	34,74	14,37	1,08	1,97	15,16	17,81	6,10	5,41	.	1016	.	4,04
1902/03	6,09	.	19,94	36,44	16,31	0,98	1,96	14,05	18,37	5,89	5,11	.	1018	.	4,13

Tab. 9. 1: Die Studierenden an der Universität Gießen nach Fachbereichen in Prozent 1823–1941/1

| | Evang. Theol. | Kath. Theol. | Jura | Gesundheitswissenschaften | | | | Sprach und Kultur wiss. | Math., Naturw. | | Wirt-sch., Agrar-und Forst. wiss. | Archi-tektur | Studierende | | |
| | | | | insg. | Allg. Med. | Zahn-med. | Phar-mazie | | insg. | Chemie | | | insg. | weibl. in % aller Stud. | Ausl. in % aller Stud. |
Semester	1	2	3	4	5	6	7	8	9	10	11	12	13	14	15
1903	6,78	.	18,13	32,33	14,47	0,73	1,65	16,30	21,06	6,68	5,40	.	1092	.	4,85
1903/04	6,44	.	16,62	33,15	16,15	0,75	1,68	16,99	21,76	6,54	5,04	.	1071	.	4,48
1904	6,77	.	16,56	31,29	15,74	0,82	2,01	19,21	19,95	5,76	6,22	.	1093	.	5,12
1904/05	7,11	.	15,25	32,74	15,81	0,94	2,06	18,80	20,11	5,33	5,99	.	1069	.	4,49
1905	6,68	.	15,21	29,41	14,10	1,39	1,76	20,50	20,13	5,66	8,07	.	1078	.	4,36
1905/06	6,33	.	16,11	28,28	13,81	1,34	1,92	19,85	21,57	6,33	7,86	.	1043	.	4,41
1906	6,53	.	15,65	27,01	13,33	1,52	1,97	21,20	22,18	6,08	7,42	.	1118	.	6,26
1906/07	6,02	.	15,13	28,53	14,59	1,46	2,46	19,96	21,88	6,47	8,48	.	1097	.	7,66
1907	6,04	.	14,18	28,02	14,51	1,17	2,85	22,32	22,15	6,21	7,30	.	1192	.	7,55
1907/08	5,51	.	15,38	28,93	14,95	1,22	2,71	22,81	20,89	5,77	6,47	.	1144	.	6,56
1908	6,60	.	14,10	29,60	16,24	0,99	2,80	24,24	20,03	4,78	5,44	.	1213	.	5,61
1908/09	5,85	.	13,63	31,35	17,89	1,09	2,76	23,91	20,23	4,68	5,02	.	1196	1,92	6,69
1909	5,11	.	14,16	28,95	16,44	1,57	2,52	26,67	20,06	4,41	5,04	.	1271	2,36	5,90
1909/10	5,55	.	13,32	28,39	16,26	1,51	2,14	27,91	20,38	4,04	4,44	.	1261	2,93	5,47
1910	5,62	.	11,24	29,31	15,97	0,97	1,80	29,39	18,67	3,15	5,77	.	1334	2,70	4,35
1910/11	5,23	.	10,46	30,81	16,81	0,56	2,09	29,53	17,54	3,38	6,44	.	1243	2,57	4,75
1911	5,78	.	10,34	34,14	19,54	0,53	1,90	27,00	16,73	2,89	6,01	.	1315	2,51	4,56
1911/12	6,53	.	9,51	35,14	20,20	0,63	1,65	27,20	14,39	2,59	7,23	.	1272	2,28	5,11
1912	7,70	.	9,04	36,44	21,63	0,52	1,56	26,22	13,56	2,59	7,04	.	1350	1,85	4,22
1912/13	7,25	.	9,04	39,16	22,12	0,07	1,64	24,22	13,38	2,77	6,95	.	1338	1,79	3,89
1913	7,52	.	8,01	40,32	23,54	.	1,95	22,35	12,95	2,86	8,84	.	1436	2,09	3,06
1913/14	6,72	.	8,81	41,12	24,03	.	1,94	22,24	12,09	2,91	9,03	.	1340	2,24	3,28
1914	8,17	.	10,20	41,20	25,00	.	2,03	20,18	10,41	2,72	9,85	.	1432	2,23	3,56
1914/15	9,47	.	9,64	39,13	25,95	.	1,65	19,28	10,96	2,72	11,53	.	1214	2,14	.
1915	10,29	.	10,03	38,27	24,91	.	1,62	18,62	11,14	2,55	11,65	.	1176	2,72	.
1915/16	9,67	.	9,50	38,85	26,46	.	1,53	18,58	11,11	2,63	12,30	.	1179	2,80	.
1916	9,83	.	10,16	36,75	25,52	.	1,40	19,41	11,81	2,56	12,06	.	1211	3,14	0,66
1916/17	9,60	.	10,17	36,24	25,02	.	1,37	19,69	11,70	2,82	12,59	.	1239	3,87	0,40
1917	10,15	.	10,61	34,73	24,05	.	1,30	19,47	12,21	2,67	12,82	.	1310	4,12	0,46
1917/18	9,62	.	11,35	33,53	22,48	.	1,35	19,85	12,41	3,01	13,23	.	1330	4,44	0,68
1918	9,12	.	11,64	34,26	23,89	.	1,33	18,30	13,11	3,19	13,57	.	1503	5,99	1,06
1918/19	8,36	.	12,26	34,67	24,77	.	0,93	18,08	13,00	3,41	13,62	.	1615	6,32	1,24
1919	6,15	.	11,98	39,88	26,68	.	1,05	14,70	11,30	4,05	15,99	.	2470	5,51	0,97
ZS.1919	6,78	.	12,57	27,32	26,23	.	1,09	38,99	3,42	3,42	10,91	.	2108	4,84	.
1919/20	6,40	.	10,50	37,22	24,29	.	1,07	14,64	11,91	5,21	19,33	.	2343	6,15	1,41
1920	5,41	.	11,67	36,07	23,89	.	0,79	13,07	12,13	6,44	21,65	.	2143	6,53	1,49
1920/21	4,93	.	12,33	30,74	18,45	.	0,81	13,66	12,43	6,45	25,90	.	2108	5,83	3,08
1921	4,12	.	13,21	28,84	17,85	.	0,99	13,40	13,40	7,72	27,04	.	2112	6,20	3,55
1921/22	3,82	.	14,71	26,60	16,65	.	1,10	13,25	13,46	8,17	28,17	.	1910	5,50	4,03
1922	3,89	.	15,54	24,82	15,87	.	1,24	13,55	14,09	8,85	28,12	.	1853	6,10	4,53
1922/23	2,90	.	15,02	26,72	18,19	.	1,18	14,00	13,79	8,64	27,58	.	1864	6,60	8,64
1923	1,69	.	17,75	22,23	14,25	.	1,20	14,96	12,94	8,19	30,42	.	1831	6,83	9,50
1923/24	2,02	.	19,69	19,29	12,68	.	1,12	15,54	12,23	7,12	31,24	.	1783	7,23	9,59
1924	2,34	.	20,27	18,48	11,65	.	1,29	15,40	12,45	7,21	31,05	.	1623	6,47	8,44
1924/25	2,46	.	23,69	18,98	11,40	.	1,71	13,52	11,95	7,37	29,42	.	1465	6,14	8,12
1925	3,26	.	28,35	17,72	10,92	.	1,15	11,59	15,42	8,14	23,66	.	1044	5,46	4,21
1925/26	2,57	.	24,19	20,29	11,71	.	1,33	13,52	16,10	8,57	23,33	.	1050	5,52	6,10
1926	2,71	.	22,15	20,75	11,50	.	1,78	13,36	17,38	6,64	23,64	.	1070	5,14	4,86
1926/27	3,20	.	20,98	22,58	13,26	0,00	0,66	13,55	17,12	4,61	22,58	.	1063	4,89	4,33
1927	4,38	.	21,90	24,01	14,57	0,00	0,93	11,79	18,70	4,13	19,21	.	1187	4,63	3,88
1927/28	4,64	.	23,34	22,81	13,76	0,00	1,05	13,54	17,13	4,79	18,55	.	1337	5,53	3,74
1928	6,42	.	22,06	24,06	14,57	0,00	1,07	15,11	17,71	4,41	14,64	.	1496	5,21	3,74
1928/29	6,63	.	19,30	23,51	15,50	0,00	0,72	15,69	19,44	4,40	15,43	.	1523	5,71	2,95
1929	7,43	.	19,48	24,82	16,91	0,00	0,48	18,05	18,35	4,14	11,87	.	1668	5,16	2,82
1929/30	6,52	.	18,33	25,50	17,73	0,00	0,30	17,79	18,33	3,68	13,52	.	1686	5,87	2,91
1930	7,78	.	17,26	27,65	20,09	0,00	0,11	18,94	17,75	3,43	10,62	.	1837	7,84	2,61
1930/31	8,90	.	17,11	27,35	19,46	0,00	0,00	17,64	17,75	4,21	11,25	.	1876	7,57	2,72
1931	10,87	.	15,28	29,55	20,18	0,00	0,10	17,32	16,45	3,88	10,53	.	2061	8,59	1,84
1931/32	11,41	.	15,13	30,64	20,98	0,00	0,05	16,72	16,29	3,67	9,81	.	2069	8,46	2,27
1932	11,56	.	15,30	33,65	23,35	0,00	0,05	16,00	14,60	4,02	8,89	.	2137	7,77	2,06
1932/33	12,39	.	15,65	35,50	23,97	0,05	0,05	15,60	13,54	3,49	7,32	.	2090	7,75	1,96
1933	11,87	.	15,18	37,02	25,04	0,05	0,05	17,09	11,15	3,67	7,69	.	1937	6,56	.
1933/34	12,76	.	13,95	38,64	27,00	0,06	0,06	16,26	11,34	3,32	7,06	.	1685	6,23	.
1934	14,09	.	13,31	38,81	26,70	0,00	0,07	15,30	10,34	3,12	8,14	.	1412	6,66	1,06
1934/35	14,01	.	12,01	41,14	29,58	0,00	0,00	13,71	10,67	3,41	8,45	.	1349	7,19	.
1935	12,45	.	9,29	47,35	32,04	0,00	0,00	11,43	9,39	4,18	10,10	.	980	9,18	.
1935/36	10,81	.	9,53	50,29	29,86	0,00	0,10	10,61	7,96	3,54	10,81	.	1018	7,37	.
1936	10,49	.	7,28	51,11	30,49	0,00	0,37	10,99	8,27	3,70	11,85	.	810	6,17	.
1936/37	7,58	.	6,27	48,69	30,17	0,00	0,15	12,97	10,35	4,66	14,14	.	686	7,43	.
1937	6,09	.	5,92	51,32	28,78	0,00	0,16	12,83	10,69	5,76	13,16	.	608	7,24	1,97
1937/38	6,38	.	6,55	49,92	29,13	0,00	0,00	11,78	10,47	6,55	14,89	.	611	6,71	.
1938	4,34	.	5,97	53,71	29,48	0,00	0,00	10,67	11,39	6,87	13,92	.	553	6,87	.
1938/39	4,35	.	9,26	54,44	28,17	0,00	0,00	10,02	11,91	7,94	10,02	.	529	7,37	.
1939	2,87	.	9,00	60,92	30,84	0,00	0,00	8,81	9,58	6,90	8,81	.	522	5,36	.
1939/40	.	.	.	.	.	.	.	.	.	.	.	.	.	.	.
1940/1	1,55	.	6,72	73,90	61,76	0,00	0,00	7,75	8,53	5,68	1,55	.	387	7,75	.
1940/2	1,20	.	12,45	60,24	40,16	0,00	0,00	10,84	12,85	7,63	2,41	.	249	15,26	0,00
1940/3	0,24	.	7,79	64,48	49,15	0,00	0,00	11,68	10,46	5,84	5,35	.	411	16,54	.
1941/1	0,35	.	5,61	77,02	66,67	0,00	0,00	6,84	5,44	2,81	4,74	.	570	13,51	.

4. Die Studierenden nach Fächern

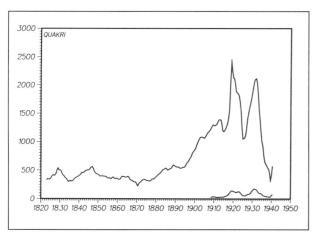

Abb. 9.2: Die Studierenden (weibl. u. insg.) an der Universität Gießen 1823–1941/1: Sämtliche Fächer

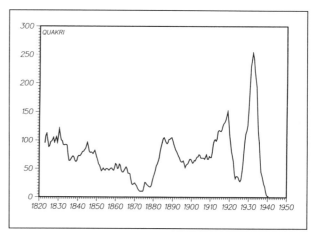

Abb. 9.3: Die Studierenden an der Universität Gießen 1823–1941/1: Evangelische Theologie

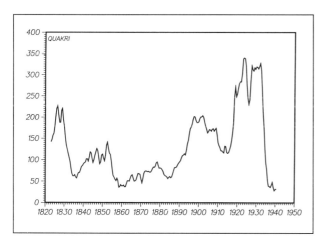

Abb. 9.4: Die Studierenden an der Universität Gießen 1823–1941/1: Jura

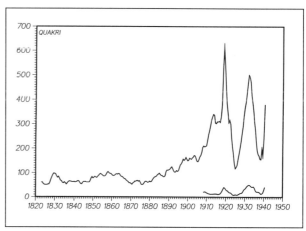

Abb. 9.5: Die Studierenden (weibl. u. insg.) an der Universität Gießen 1823–1941/1: Allgemeine Medizin

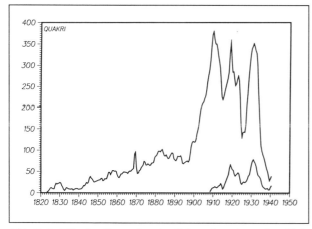

Abb. 9.6: Die Studierenden (weibl. u. insg.) an der Universität Gießen 1823–1941/1: Sprach- und Kulturwissenschaften

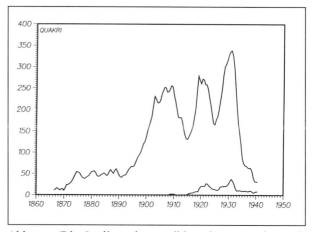

Abb. 9.7: Die Studierenden (weibl. u. insg.) an der Universität Gießen 1866/67–1941/1: Mathematik und Naturwissenschaften

Tab. 9.2: Die Einzelfachströme an der Universität Gießen nach Staatsangehörigkeit und Geschlecht 1823–1941/1

Semester	Stud. insg.	Evang. Theol.	Kath. Theol.	Jura	Medizin	Sonstige Fächer insg.	Chirurgie	Pharmazie	Thierarznei	Philosoph. und Philolog.	Cameralia	Forstwiss.	Architektur
	1	2	3	4	5	6	7	8	9	10	11	12	13
1823	311	88	.	149	53	21	.	.	.	.	21	.	.
1823/24	351	102	.	136	68	45	.	.	.	.	45	.	.
1824	347	114	.	158	55	20	.	.	.	4	16	.	.
1824/25	341	110	.	157	54	20	.	.	.	4	16	.	.
1825	335	91	.	167	49	28	.	.	.	10	18	.	.
1825/26	360	85	.	191	52	32	.	.	.	12	20	.	.
1826	394	95	.	216	48	35	.	.	.	12	23	.	.
1826/27	418	99	.	227	52	40	.	.	.	9	31	.	.
1827	417	98	.	227	52	40	.	.	.	9	31	.	.
1827/28	394	105	.	186	53	50	.	.	.	10	40	.	.
1828	436	105	.	189	67	75	.	.	4	25	46	.	.
1828/29	444	88	.	185	79	92	.	.	5	20	67	.	.
1829	562	114	.	247	87	114	.	.	4	20	38	52	.
1829/30	512	98	.	196	98	120	.	.	8	24	47	41	.
1830	495	95	.	191	98	111	.	.	4	21	46	40	.
1830/31	512	120	.	165	96	131	.	.	5	27	51	48	.
1831	478	120	.	139	94	125	.	.	6	20	60	39	.
1831/32	418	99	.	129	78	112	.	.	7	15	54	36	.
1832	411	102	.	119	83	107	.	.	5	11	50	41	.
1832/33	399	96	.	110	88	105	.	.	4	6	48	47	.
1833	355	89	.	101	67	98	.	.	5	5	47	41	.
1833/34	362	94	.	91	69	108	5	7	5	12	41	38	.
1834	337	90	.	72	65	110	6	10	5	13	38	38	.
1834/35	294	95	.	65	53	81	6	7	2	9	31	26	.
1835	301	87	.	59	62	93	8	17	2	9	31	26	.
1835/36	321	62	22	65	63	109	10	17	3	9	43	27	.
1836	319	66	21	65	52	115	8	20	4	7	46	30	.
1836/37	290	63	24	53	52	98	10	21	4	12	33	18	.
1837	326	72	26	61	62	105	8	21	10	6	33	27	.
1837/38	325	68	22	69	64	102	8	20	8	7	25	30	4
1838	370	77	34	71	69	119	5	33	7	8	20	40	5
1838/39	357	63	37	70	61	126	10	36	5	9	18	40	7
1839	390	65	41	82	67	135	10	33	5	10	22	47	7
1839/40	377	60	45	86	60	126	10	30	10	9	23	35	8
1840	404	69	50	87	64	134	10	40	12	7	24	30	10
1840/41	407	74	43	94	64	132	7	31	14	8	21	36	14
1841	423	73	42	93	59	156	3	52	10	10	23	40	18
1841/42	446	71	40	95	67	173	7	52	9	7	31	42	23
1842	472	77	37	110	64	184	8	60	11	9	28	45	21
1842/43	445	78	29	94	71	173	8	54	8	15	30	40	17
1843	470	83	27	99	62	199	7	68	9	18	40	44	13
1843/44	478	78	28	112	55	205	9	68	11	15	49	40	13
1844	504	88	32	124	54	206	5	59	6	25	49	46	16
1844/45	492	82	38	109	52	211	5	62	9	23	50	46	16
1845	512	98	39	97	68	210	9	58	12	21	48	44	18
1845/46	488	95	42	90	60	201	7	55	12	28	42	39	18
1846	538	83	52	110	66	227	6	63	12	41	45	40	20
1846/47	535	78	54	110	62	231	7	63	12	35	49	45	20
1847	570	78	74	127	60	231	8	57	10	33	49	53	21
1847/48	550	80	67	126	62	215	5	57	8	31	48	45	21
1848	508	77	80	117	60	174	9	43	5	26	45	30	16
1848/49	459	75	69	93	63	159	7	38	6	24	36	36	12
1849	446	84	44	87	72	159	7	48	4	28	24	38	10
1849/50	430	81	39	102	85	123	5	35	6	26	21	24	6
1850	438	72	33	120	83	130	6	37	8	30	18	25	6
1850/51	413	69	27	106	74	137	5	43	10	29	21	20	9
1851	409	61	1	100	88	159	4	52	13	31	25	27	7
1851/52	379	56	0	94	82	147	3	59	12	30	19	19	5
1852	411	56	0	127	82	146	3	60	8	37	18	15	5
1852/53	392	47	0	142	79	124	1	43	8	32	23	15	2
1853	402	46	0	141	91	124	1	48	9	25	23	15	3
1853/54	380	51	0	111	88	130	2	45	10	33	26	12	2
1854	404	52	0	119	101	132	2	29	10	34	41	15	1
1854/55	378	45	0	105	94	134	2	36	10	29	41	13	2
1855	366	50	0	90	95	131	2	28	7	37	45	10	2
1855/56	354	50	0	67	88	149	4	34	6	43	49	10	3
1856	368	51	0	60	87	170	3	43	9	54	49	10	2
1856/57	354	48	0	59	86	161	1	49	10	42	46	12	1
1857	343	46	0	49	90	158	2	54	8	42	40	11	1
1857/58	375	52	0	53	96	174	2	61	9	53	33	14	2
1858	383	51	0	61	106	165	2	54	3	52	30	22	2
1858/59	363	51	0	41	105	166	1	48	6	52	23	33	3
1859	339	46	.	32	95	166	1	53	6	48	23	31	4
1859/60	364	48	.	42	99	175	1	58	7	55	18	29	7
1860	356	56	.	42	95	163	.	46	7	46	19	37	8
1860/61	348	62	.	36	92	158	.	39	6	39	19	43	12
1861	335	52	.	42	86	155	.	44	6	35	18	43	9
1861/62	343	48	.	40	91	164	.	44	7	35	26	40	12
1862	344	55	.	34	90	165	.	34	7	43	27	46	8
1862/63	403	62	.	41	99	201	.	37	9	45	38	59	13
1863	386	50	.	48	94	194	.	29	11	44	38	58	14
1863/64	387	44	.	55	94	194	.	28	13	50	42	47	14
1864	384	44	.	48	100	192	.	35	13	49	40	42	13
1864/65	373	44	.	53	92	184	.	27	16	47	46	32	16
1865	379	50	.	61	87	181	.	26	17	50	42	33	13
1865/66	384	50	.	66	83	185	.	18	21	45	43	35	23
1866	400	56	.	65	85	194	.	21	21	46	45	34	27

Tab.9.2: Die Einzelfachströme an der Universität Gießen nach Staatsangehörigkeit und Geschlecht 1823–1941/1

	Studierende insg.	Studierende Ausländer insg.	Studierende Ausländer in %	Evang. Theol. insg.	Evang. Theol. Ausl. in %	Jura insg.	Jura Ausl. in %	Medizin insg.	Medizin Ausl. in %	Zahnmedizin insg.	Zahnmedizin Ausl. in %	Pharmazie insg.	Pharmazie Ausl. in %	Tierarzneikunde insg.	Tierarzneikunde Ausl. in %
Semester	1	2	3	4	5	6	7	8	9	10	11	12	13	14	15
1866/67	349	.	.	44	.	50	.	75	.	0	.	6	.	10	.
1867	326	.	.	41	.	50	.	78	.	0	.	7	.	6	.
1867/68	326	.	.	44	.	52	.	72	.	0	.	4	.	11	.
1868	314	.	.	38	.	54	.	68	.	0	.	5	.	13	.
1868/69	301	.	.	25	.	69	.	67	.	0	.	2	.	15	.
1869	291	.	.	22	.	67	.	62	.	0	.	6	.	14	.
1869/70	293	.	.	22	.	68	.	55	.	0	.	8	.	.	.
1870	291	.	.	27	.	65	.	63	.	0	.	5	.	13	.
1870/71	212	.	.	24	.	45	.	47	.	0	.	11	.	4	.
1871	233	.	.	21	.	47	.	58	.	0	.	10	.	4	.
1871/72	280	.	.	19	.	65	.	58	.	0	.	15	.	11	.
1872	284	.	.	14	.	72	.	63	.	0	.	18	.	13	.
1872/73	304	.	.	13	.	75	.	69	.	0	.	24	.	9	.
1873	318	.	.	10	.	74	.	62	.	0	.	32	.	15	.
1873/74	338	.	.	11	.	73	.	74	.	0	.	35	.	12	.
1874	336	.	.	12	.	72	.	65	.	0	.	29	.	9	.
1874/75	340	.	.	8	.	74	.	66	.	0	.	25	.	7	.
1875	326	.	.	14	.	68	.	71	.	0	.	20	.	9	.
1875/76	315	.	.	23	.	74	.	53	.	0	.	22	.	9	.
1876	320	.	.	29	.	74	.	51	.	0	.	19	.	11	.
1876/77	312	.	.	22	.	84	.	51	.	0	.	25	.	8	.
1877	306	.	.	22	.	82	.	53	.	0	.	24	.	8	.
1877/78	315	.	.	20	.	83	.	61	.	0	.	20	.	8	.
1878	331	.	.	18	.	88	.	67	.	0	.	25	.	12	.
1878/79	357	.	.	18	.	99	.	66	.	0	.	23	.	11	.
1879	340	.	.	18	.	92	.	62	.	0	.	22	.	14	.
1879/80	353	.	.	25	.	83	.	59	.	1	.	24	.	13	.
1880	374	.	.	33	.	78	.	65	.	2	.	19	.	12	.
1880/81	391	.	.	39	.	84	.	67	.	2	.	14	.	15	.
1881	402	.	.	44	.	77	.	60	.	2	.	17	.	22	.
1881/82	433	.	.	51	.	77	.	71	.	1	.	15	.	22	.
1882	435	1	0,23	59	0,00	70	0,00	73	.	1	.	16	.	21	.
1882/83	447	3	0,67	58	0,00	63	0,00	83	.	1	.	26	.	23	.
1883	464	4	0,86	68	1,47	63	0,00	83	.	2	.	23	.	23	.
1883/84	497	4	0,80	71	1,41	62	0,00	86	.	5	.	20	.	31	.
1884	521	7	1,34	92	4,35	59	0,00	89	.	6	.	17	.	36	.
1884/85	505	10	1,98	87	6,90	54	0,00	95	.	6	.	22	.	34	.
1885	539	9	1,67	105	5,71	65	0,00	96	.	10	.	19	.	33	.
1885/86	536	14	2,61	102	5,88	58	0,00	103	.	9	.	19	.	33	.
1886	513	8	1,56	108	0,00	58	1,72	84	.	5	.	20	.	31	.
1886/87	484	10	2,07	94	0,00	62	0,00	94	2,13	4	.	16	6,25	24	.
1887	530	11	2,08	99	0,00	72	0,00	85	2,35	3	.	22	4,55	31	.
1887/88	513	8	1,56	89	0,00	79	0,00	83	.	2	.	19	.	30	.
1888	546	7	1,28	104	0,00	85	0,00	85	.	4	.	18	.	28	.
1888/89	525	8	1,52	100	0,00	79	0,00	92	.	4	.	17	.	26	.
1889	616	6	0,97	104	0,00	88	0,00	119	.	9	.	16	.	29	.
1889/90	566	3	0,53	104	0,96	88	0,00	105	.	8	.	17	.	28	.
1890	590	6	1,02	106	0,94	96	0,00	118	.	9	.	16	.	40	.
1890/91	549	10	1,82	94	1,06	94	0,00	109	.	8	.	17	.	41	.
1891	562	10	1,78	93	0,00	102	0,00	122	.	8	.	18	.	33	.
1891/92	543	11	2,03	83	0,00	108	0,00	121	4,96	8	.	14	0,00	28	.
1892	573	12	2,09	83	0,00	112	0,00	130	3,08	5	.	11	0,00	26	.
1892/93	515	8	1,55	78	0,00	110	0,00	104	2,88	5	.	15	0,00	24	.
1893	551	8	1,45	74	0,00	118	0,85	111	2,70	6	.	23	0,00	27	.
1893/94	517	7	1,35	71	0,00	105	0,00	96	2,08	4	.	26	0,00	26	.
1894	576	13	2,26	68	0,00	140	0,00	112	4,46	3	.	25	0,00	34	.
1894/95	528	6	1,14	61	0,00	134	0,00	109	3,67	3	.	19	0,00	30	.
1895	568	6	1,06	64	0,00	157	0,00	104	2,88	5	.	13	0,00	28	.
1895/96	558	9	1,61	61	0,00	166	0,00	114	2,63	1	.	12	0,00	27	.
1896	630	11	1,75	67	2,99	180	0,00	128	0,00	1	0,00	10	0,00	42	.
1896/97	626	17	2,72	51	3,92	175	0,00	139	0,72	3	0,00	6	0,00	54	.
1897	663	15	2,26	54	1,85	193	0,00	135	0,00	4	0,00	5	0,00	60	.
1897/98	674	15	2,23	58	0,00	198	0,51	155	1,94	5	0,00	6	0,00	58	.
1898	733	18	2,46	59	0,00	207	0,97	159	2,52	7	14,29	11	0,00	63	.
1898/99	717	25	3,49	59	1,69	195	1,03	146	2,74	6	16,67	14	0,00	63	.
1899	814	35	4,30	67	1,49	190	1,05	164	4,88	7	14,29	21	0,00	80	.
1899/00	802	35	4,36	67	1,49	184	0,54	164	3,66	5	20,00	19	0,00	82	.
1900	855	23	2,69	68	1,47	190	0,53	149	1,34	5	20,00	28	0,00	110	.
1900/01	847	27	3,19	61	1,64	189	0,53	152	1,97	6	16,67	20	0,00	126	.
1901	916	24	2,62	60	0,00	206	0,49	152	3,29	6	16,67	23	0,00	134	.
1901/02	947	33	3,48	63	1,59	197	0,51	171	1,75	11	9,09	19	0,00	146	.
1902	1016	41	4,04	67	1,49	206	1,94	146	2,74	11	9,09	20	0,00	176	.
1902/03	1018	42	4,13	62	0,00	203	0,99	166	3,01	10	10,00	20	0,00	175	.
1903	1092	53	4,85	74	0,00	198	2,53	158	3,16	8	0,00	18	0,00	169	.
1903/04	1071	48	4,48	69	0,00	178	1,12	173	2,31	8	0,00	18	0,00	156	.
1904	1093	56	5,12	74	0,00	181	1,66	172	1,74	9	11,11	22	0,00	139	12,50
1904/05	1069	48	4,49	76	2,63	163	0,61	169	1,18	10	10,00	22	0,00	149	7,14
1905	1078	47	4,36	72	2,78	164	0,00	152	1,97	15	0,00	19	0,00	131	6,67
1905/06	1043	46	4,41	66	0,00	168	1,19	144	5,56	14	0,00	20	0,00	117	6,45
1906	1118	70	6,26	73	0,00	175	1,71	149	12,08	17	5,88	22	0,00	114	11,76
1906/07	1097	84	7,66	66	1,52	166	4,82	160	12,50	16	0,00	27	0,00	110	17,39
1907	1192	90	7,55	72	2,78	169	3,55	173	13,29	14	0,00	34	0,00	113	14,00
1907/08	1144	75	6,56	63	1,59	176	2,27	171	13,45	14	0,00	31	0,00	115	10,87
1908	1213	68	5,61	80	1,25	171	1,17	197	8,12	12	0,00	34	0,00	116	16,00

Tab. 9.2: Die Einzelfachströme an der Universität Gießen nach Staatsangehörigkeit und Geschlecht 1823–1941/1

| | Philologien, Geschichte, Philosophie, Pädagogik | | | | | | | Mathematik und Naturwiss. | | | | Cameralia, Forstwiss., Landw. | | | |
| | insg. | Klass. Phil. | Neuere Phil. | Gesch. | Philo- sophie | Päda- gogik | Ausl. in % | Mathe- matik | Natur- wiss. | Chemie | Ausl. in % | Cam.- wiss. | Forst- wiss. | Land- wirts. | Archi- tektur |
Semester	16	17	18	19	20	21	22	23	24	25	26	27	28	29	30
1866/67	53	.	.	.	.	.	.	.	.	11	.	36	32	.	32
1867	49	.	.	.	.	.	.	.	.	11	.	30	24	.	30
1867/68	51	.	.	.	.	.	.	.	.	15	.	24	23	.	30
1868	55	.	.	.	.	.	.	.	.	17	.	20	15	.	29
1868/69	56	.	.	.	.	.	.	.	.	11	.	13	17	.	26
1869	58	.	.	.	.	.	.	.	.	11	.	9	14	.	28
1869/70	87	.	.	.	.	.	.	.	.	16	.	.	.	.	.
1870	68	.	.	.	.	.	.	.	.	13	.	7	9	.	21
1870/71	51	.	.	.	.	.	.	.	.	8	.	2	10	.	10
1871	40	.	.	.	.	.	.	13	.	12	.	3	14	.	11
1871/72	53	.	.	.	.	.	.	11	.	13	.	5	16	.	14
1872	52	.	.	.	.	.	.	13	.	11	.	5	19	.	4
1872/73	54	.	.	.	.	.	.	14	.	15	.	7	19	.	5
1873	64	.	.	.	.	.	.	14	.	15	.	5	20	.	7
1873/74	61	.	.	.	.	.	.	18	.	21	.	5	21	.	7
1874	70	.	.	.	.	.	.	18	.	25	.	7	22	.	7
1874/75	78	.	.	.	.	.	.	23	.	30	.	6	20	.	3
1875	67	.	.	.	.	.	.	22	.	33	.	6	16	.	.
1875/76	.	32	10	.	21	.	.	22	.	30	.	7	12	.	.
1876	.	32	12	.	23	.	.	23	.	29	.	3	14	.	.
1876/77	.	27	18	.	24	.	.	21	.	20	.	3	9	.	.
1877	.	27	17	.	19	.	.	16	.	25	.	4	9	.	.
1877/78	.	24	17	.	25	.	.	22	.	16	.	6	13	.	.
1878	.	24	20	.	21	.	.	22	.	16	.	5	13	.	.
1878/79	.	29	16	.	30	.	.	29	.	15	.	5	16	.	.
1879	.	25	13	.	28	.	.	31	.	12	.	4	19	.	.
1879/80	.	25	19	.	33	.	.	38	.	9	.	2	22	.	.
1880	.	28	23	.	35	.	.	43	.	11	.	1	24	.	.
1880/81	.	33	25	6	23	.	.	36	.	18	.	1	28	.	.
1881	.	31	22	9	26	.	.	36	.	20	.	4	32	.	.
1881/82	.	36	27	10	24	.	.	37	.	19	.	6	37	.	.
1882	.	31	29	9	30	.	.	31	.	17	.	8	40	.	.
1882/83	.	34	24	8	31	.	.	29	.	14	.	13	40	.	.
1883	.	26	30	6	33	.	.	29	.	15	.	25	38	.	.
1883/84	.	35	26	7	37	.	.	30	.	15	.	28	44	.	.
1884	.	38	24	5	32	.	.	29	.	20	.	29	45	.	.
1884/85	.	38	23	5	24	.	.	29	.	21	.	26	41	.	.
1885	.	37	22	4	21	.	.	31	.	21	.	31	44	.	.
1885/86	.	39	22	5	22	.	.	26	.	21	.	30	47	.	.
1886	.	38	24	4	25	.	.	26	.	18	.	28	44	.	.
1886/87	.	35	21	2	19	.	5,17	22	.	28	4,35	20	43	.	.
1887	.	37	21	4	21	.	7,69	25	.	35	2,56	28	47	.	.
1887/88	.	33	20	2	24	.	.	24	.	34	.	30	44	.	.
1888	.	47	19	5	23	.	.	20	.	30	.	33	45	.	.
1888/89	.	43	15	4	24	.	.	14	.	36	.	32	39	.	.
1889	.	52	23	4	23	.	.	20	.	44	.	46	39	.	.
1889/90	.	40	18	5	19	.	.	16	.	42	.	45	31	.	.
1890	.	39	16	6	18	.	.	18	.	34	.	47	27	.	.
1890/91	.	36	22	6	12	.	.	14	.	29	.	42	25	.	.
1891	.	37	23	4	11	.	.	13	.	28	.	49	21	.	.
1891/92	.	44	22	4	14	.	2,86	13	.	28	3,64	41	15	.	.
1892	.	39	31	4	15	.	6,49	17	.	33	3,23	46	21	.	.
1892/93	.	33	32	3	14	.	4,29	15	.	28	3,64	40	14	.	.
1893	.	28	36	7	17	.	3,95	18	.	33	1,64	46	7	.	.
1893/94	.	28	36	6	17	.	3,90	19	.	36	3,03	41	6	.	.
1894	.	25	36	6	8	.	4,00	18	9	36	6,35	46	10	.	.
1894/95	.	23	29	8	4	.	3,13	19	9	36	0,00	35	9	.	.
1895	.	27	32	7	7	.	1,37	18	11	42	2,82	40	13	.	.
1895/96	.	23	31	8	7	.	4,35	14	11	36	4,92	32	15	.	.
1896	.	30	32	8	6	.	2,63	22	11	42	8,00	33	18	.	.
1896/97	.	25	35	5	8	.	6,85	27	11	37	9,33	31	19	.	.
1897	.	25	36	8	8	.	7,79	30	18	44	6,52	30	13	.	.
1897/98	.	17	36	7	7	.	7,46	27	25	37	5,62	25	13	.	.
1898	.	21	50	5	9	.	8,24	36	20	46	2,94	23	17	.	.
1898/99	.	26	50	8	14	.	10,20	31	21	49	3,96	16	19	.	.
1899	.	29	63	12	16	.	10,83	39	24	57	5,83	19	26	.	.
1899/00	.	26	59	11	21	.	13,68	38	21	61	6,67	10	34	.	.
1900	.	34	71	8	12	.	7,20	46	29	55	4,62	11	39	.	.
1900/01	.	31	61	10	12	.	7,89	45	33	62	6,43	6	33	.	.
1901	.	33	67	13	12	.	5,60	64	42	54	3,75	6	44	.	.
1901/02	.	36	61	12	16	.	6,40	60	45	58	6,75	4	48	.	.
1902	.	48	76	11	19	.	8,44	73	46	62	7,18	3	52	.	.
1902/03	.	43	70	8	22	.	11,89	77	50	60	5,88	3	49	.	.
1903	.	42	93	7	36	.	16,90	93	64	73	8,92	1	58	.	.
1903/04	.	48	89	6	36	3	16,78	101	62	70	9,82	0	54	.	.
1904	.	66	95	9	36	4	15,88	98	57	63	13,55	0	60	8	.
1904/05	.	61	91	11	32	6	12,88	102	56	57	12,66	0	50	14	.
1905	.	72	107	7	28	7	9,14	97	59	61	14,74	0	57	30	.
1905/06	.	65	105	8	23	6	9,55	101	58	66	10,69	0	51	31	.
1906	.	67	128	12	23	7	6,76	119	61	68	16,67	.	49	34	.
1906/07	.	58	117	14	24	6	6,88	112	57	71	20,12	.	47	46	.
1907	.	64	152	14	30	6	9,13	115	75	74	16,32	.	37	50	.
1907/08	.	63	154	12	24	8	6,11	100	73	66	16,18	.	28	46	.
1908	.	68	178	14	26	8	3,85	101	84	58	16,76	.	16	50	.

Tab.9.2: Die Einzelfachströme an der Universität Gießen nach Staatsangehörigkeit und Geschlecht 1823–1941/1

	Studierende						Evangelische Theologie				Jura				
	insg.	Frauen			Ausländer		insg.	Frauen		Ausländ. in %	insg.	Frauen			Ausländ. in %
		insg.	in %	deuts.	insg.	länd. in %		insg.	in %			insg.	in %	deuts.	
Semester	1	2	3	4	5	6	7	8	9	10	11	12	13	14	15
1908/09	1196	23	1,92	0	80	6,69	70	0	0,00	0,00	163	0	0,00	0	0,61
1909	1271	30	2,36	2	75	5,90	65	0	0,00	0,00	180	0	0,00	0	1,11
1909/10	1261	37	2,93	7	69	5,47	70	0	0,00	0,00	168	1	0,60	1	1,19
1910	1334	36	2,70	8	58	4,35	75	0	0,00	0,00	150	2	1,33	1	1,33
1910/11	1243	32	2,57	7	59	4,75	65	0	0,00	0,00	130	2	1,54	1	0,77
1911	1315	33	2,51	12	60	4,56	76	0	0,00	1,32	136	2	1,47	1	2,21
1911/12	1272	29	2,28	9	65	5,11	83	0	0,00	2,41	121	1	0,83	0	2,48
1912	1350	25	1,85	10	57	4,22	104	0	0,00	1,92	122	0	0,00	.	0,82
1912/13	1338	24	1,79	10	52	3,89	97	0	0,00	1,03	121	1	0,83	.	1,65
1913	1436	30	2,09	17	44	3,06	108	0	0,00	0,93	115	0	0,00	.	0,87
1913/14	1340	30	2,24	18	44	3,28	90	0	0,00	1,11	118	1	0,85	.	0,85
1914	1432	32	2,23	22	51	3,56	117	0	0,00	0,00	146	1	0,68	.	0,68
1914/15	1214	26	2,14	.	.	.	115	.	.	.	117	.	.	.	.
1915	1176	32	2,72	.	.	.	121	0	0,00	.	118	1	0,85	.	.
1915/16	1179	33	2,80	.	.	.	114	0	0,00	.	112	2	1,79	.	.
1916	1211	38	3,14	38	8	0,66	119	0	0,00	0,00	123	0	0,00	.	0,81
1916/17	1239	48	3,87	48	5	0,40	119	0	0,00	0,00	126	1	0,79	.	0,79
1917	1310	54	4,12	54	6	0,46	133	0	0,00	0,00	139	1	0,72	.	0,72
1917/18	1330	59	4,44	59	9	0,68	128	0	0,00	0,00	151	1	0,66	.	0,66
1918	1503	90	5,99	90	16	1,06	137	0	0,00	0,73	175	2	1,14	.	1,14
1918/19	1615	102	6,32	102	20	1,24	135	0	0,00	0,74	198	2	1,01	.	1,01
1919	2470	136	5,51	136	24	0,97	152	2	1,32	0,66	296	3	1,01	.	1,35
ZS.1919	2108	102	4,84	.	.	.	143	0	0,00	.	265	2	0,75	.	.
1919/20	2343	144	6,15	144	33	1,41	150	1	0,67	1,33	246	5	2,03	.	1,63
1920	2143	140	6,53	140	32	1,49	116	1	0,86	0,86	250	4	1,60	.	1,20
1920/21	2108	123	5,83	122	65	3,08	104	0	0,00	0,96	260	2	0,77	.	2,31
1921	2112	131	6,20	130	75	3,55	87	0	0,00	1,15	279	4	1,43	.	2,51
1921/22	1910	105	5,50	104	77	4,03	73	0	0,00	0,00	281	4	1,42	.	1,42
1922	1853	113	6,10	107	84	4,53	72	0	0,00	0,00	288	3	1,04	.	1,04
1922/23	1864	123	6,60	107	161	8,64	54	1	1,85	0,00	280	3	1,07	.	1,07
1923	1831	125	6,83	113	174	9,50	31	1	3,23	0,00	325	6	1,85	.	.
1923/24	1783	129	7,23	114	171	9,59	36	0	0,00	0,00	351	5	1,42	.	.
1924	1623	105	6,47	96	137	8,44	38	0	0,00	0,00	329	3	0,91	.	.
1924/25	1465	90	6,14	82	119	8,12	36	0	0,00	0,00	347	8	2,31	.	0,86
1925	1044	57	5,46	.	44	4,21	34	0	0,00	.	296	5	1,69	.	.
1925/26	1050	58	5,52	.	64	6,10	27	0	0,00	.	254	2	0,79	.	.
1926	1070	55	5,14	.	52	4,86	29	0	0,00	.	237	2	0,84	.	.
1926/27	1063	52	4,89	.	46	4,33	34	0	0,00	.	223	2	0,90	.	.
1927	1187	55	4,63	52	46	3,88	52	1	1,92	1,92	260	2	0,77	2	0,77
1927/28	1337	74	5,53	68	50	3,74	62	0	0,00	3,23	312	3	0,96	3	0,96
1928	1496	78	5,21	76	56	3,74	96	0	0,00	5,21	330	7	2,12	7	1,21
1928/29	1523	87	5,71	85	45	2,95	101	1	0,99	0,99	294	4	1,36	4	0,68
1929	1668	86	5,16	86	47	2,82	124	0	0,00	0,00	325	5	1,54	5	0,62
1929/30	1686	99	5,87	98	49	2,91	110	1	0,91	1,82	309	6	1,94	6	0,65
1930	1837	144	7,84	141	48	2,61	143	3	2,10	0,00	317	12	3,79	12	0,63
1930/31	1876	142	7,57	141	51	2,72	167	3	1,80	0,60	321	10	3,12	10	0,31
1931	2061	177	8,59	176	38	1,84	224	5	2,23	0,45	315	8	2,54	8	0,63
1931/32	2069	175	8,46	172	47	2,27	236	5	2,12	0,42	313	7	2,24	7	0,96
1932	2137	166	7,77	160	44	2,06	247	6	2,43	0,40	327	4	1,22	4	0,00
1932/33	2090	162	7,75	160	41	1,96	259	4	1,54	0,00	327	10	3,06	10	0,31
1933	1937	127	6,56	.	.	.	230	2	0,87	.	294	5	1,70	.	.
1933/34	1685	105	6,23	.	.	.	215	0	0,00	.	235	2	0,85	.	.
1934	1412	94	6,66	.	15	1,06	199	2	1,01	.	188	2	1,06	.	.
1934/35	1349	97	7,19	.	.	.	189	1	0,53	.	162	0	0,00	.	.
1935	980	90	9,18	.	.	.	122	0	0,00	.	91	4	4,40	.	.
1935/36	1018	75	7,37	.	.	.	110	2	1,82	.	97	1	1,03	.	.
1936	810	50	6,17	.	.	.	85	2	2,35	.	59	0	0,00	.	.
1936/37	686	51	7,43	.	.	.	52	1	1,92	.	43	0	0,00	.	.
1937	608	44	7,24	.	12	1,97	37	1	2,70	.	36	0	0,00	.	.
1937/38	611	41	6,71	.	.	.	39	0	0,00	.	40	0	0,00	.	.
1938	553	38	6,87	.	.	.	24	0	0,00	.	33	0	0,00	.	.
1938/39	529	39	7,37	.	.	.	23	0	0,00	.	49	0	0,00	.	.
1939	522	28	5,36	.	.	.	15	0	0,00	.	47	0	0,00	.	.
1939/40	.	.	.	.	.	.	.	.	.	.	.	.	.	.	.
1940/1	387	30	7,75	.	.	.	6	0	0,00	.	26	0	0,00	.	.
1940/2	249	38	15,26	.	0	0,00	3	1	33,33	.	31	0	0,00	.	.
1940/3	411	68	16,54	.	.	.	1	0	0,00	.	32	0	0,00	.	.
1941/1	570	77	13,51	.	.	.	2	0	0,00	.	32	1	3,13	.	.

Tab. 9.2: Die Einzelfachströme an der Universität Gießen nach Staatsangehörigkeit und Geschlecht 1823–1941/1

	Medizin					Zahnmed	Tierheilkunde/Vet.-Medizin				Pharmazie		
	insg.	Frauen		deuts.	Ausländ. in %	insg.	insg.	Frauen		Ausländ. in %	insg.	Frauen	
		insg.	in %					insg.	in %			insg.	in %
Semester	16	17	18	19	20	21	22	23	24	25	26	27	28
1908/09	214	19	8,88	0	18,22	13	115	.	.	.	33	0	0,00
1909	209	22	10,53	1	16,27	20	107	.	.	.	32	0	0,00
1909/10	205	23	11,22	1	17,07	19	107	.	.	.	27	0	0,00
1910	213	19	8,92	1	12,68	13	141	.	.	.	24	0	0,00
1910/11	209	17	8,13	1	13,40	7	141	.	.	.	26	0	0,00
1911	257	15	5,84	2	11,28	7	160	.	.	.	25	0	0,00
1911/12	257	13	5,06	1	11,67	8	161	.	.	.	21	0	0,00
1912	292	13	4,45	.	.	7	172	.	.	.	21	.	.
1912/13	296	11	3,72	.	.	1	205	.	.	.	22	.	.
1913	338	13	3,85	.	.	.	213	.	.	.	28	.	.
1913/14	322	12	3,73	.	.	.	203	.	.	.	26	.	.
1914	358	13	3,63	.	.	.	203	.	.	.	29	.	.
1914/15	315	.	.	.	.	.	140	.	.	.	20	.	.
1915	293	15	5,12	.	.	.	138	.	.	.	19	2	10,53
1915/16	312	12	3,85	.	.	.	128	.	.	.	18	3	16,67
1916	309	13	4,21	.	0,32	.	119	0	0,00	3,36	17	2	11,76
1916/17	310	10	3,23	.	0,32	.	122	0	0,00	2,46	17	2	11,76
1917	315	15	4,76	.	0,32	.	123	0	0,00	2,44	17	2	11,76
1917/18	299	11	3,68	.	1,00	.	129	0	0,00	2,33	18	2	11,11
1918	359	23	6,41	.	1,39	.	136	0	0,00	1,47	20	3	15,00
1918/19	400	25	6,25	.	1,25	.	145	0	0,00	2,07	15	3	20,00
1919	659	40	6,07	.	1,37	.	300	0	0,00	0,67	26	2	7,69
ZS.1919	553	25	4,52	.	.	.	.	.	.	.	23	3	13,04
1919/20	569	41	7,21	.	2,11	.	278	1	0,36	0,36	25	4	16,00
1920	512	36	7,03	.	2,34	.	244	1	0,41	1,23	17	5	29,41
1920/21	389	26	6,68	.	6,43	.	242	0	0,00	2,89	17	5	29,41
1921	377	28	7,43	.	7,43	.	211	0	0,00	4,27	21	5	23,81
1921/22	318	24	7,55	.	9,43	.	169	0	0,00	4,73	21	5	23,81
1922	294	18	6,12	.	11,56	.	143	0	0,00	6,99	23	4	17,39
1922/23	339	19	5,60	.	15,04	.	137	0	0,00	19,71	22	4	18,18
1923	261	18	6,90	.	.	.	124	0	0,00	29,03	22	3	13,64
1923/24	226	12	5,31	.	.	.	98	0	0,00	31,63	20	3	15,00
1924	189	9	4,76	.	.	.	90	0	0,00	37,78	21	3	14,29
1924/25	167	7	4,19	.	23,95	.	86	0	0,00	34,88	25	3	12,00
1925	114	10	8,77	.	.	.	59	0	0,00	.	12	0	0,00
1925/26	123	11	8,94	.	.	.	76	0	0,00	.	14	1	7,14
1926	123	8	6,50	.	.	.	80	0	0,00	.	19	1	5,26
1926/27	141	9	6,38	.	.	0	92	0	0,00	.	7	0	0,00
1927	173	11	6,36	10	7,51	0	101	0	0,00	10,89	11	0	0,00
1927/28	184	13	7,07	11	4,89	0	107	0	0,00	14,95	14	3	21,43
1928	218	17	7,80	17	5,50	0	126	0	0,00	10,32	16	6	37,50
1928/29	236	16	6,78	16	5,08	0	111	0	0,00	10,81	11	3	27,27
1929	282	18	6,38	18	5,32	0	124	0	0,00	8,87	8	1	12,50
1929/30	299	26	8,70	26	5,02	0	126	0	0,00	9,52	5	1	20,00
1930	369	34	9,21	33	4,34	0	137	0	0,00	8,03	2	2	100,00
1930/31	365	33	9,04	33	3,84	0	148	0	0,00	10,81	2	0	.
1931	416	41	9,86	41	2,40	0	191	0	0,00	7,85	2	0	0,00
1931/32	434	45	10,37	45	1,61	0	199	1	0,50	6,53	1	0	0,00
1932	499	50	10,02	50	1,40	0	220	1	0,45	5,91	0	0	.
1932/33	501	50	9,98	50	2,20	1	239	1	0,42	5,02	1	1	100,00
1933	485	48	9,90	.	.	1	230	2	0,87	.	1	1	100,00
1933/34	455	45	9,89	.	.	1	194	1	0,52	.	1	1	100,00
1934	377	39	10,34	.	.	0	170	0	0,00	.	1	0	0,00
1934/35	399	44	11,03	.	.	0	156	1	0,64	.	0	0	.
1935	314	43	13,69	.	.	0	150	0	0,00	.	0	0	.
1935/36	304	34	11,18	.	.	0	207	0	0,00	.	1	0	0,00
1936	247	23	9,31	.	.	0	164	0	0,00	.	3	0	0,00
1936/37	207	21	10,14	.	.	0	126	0	0,00	.	1	0	0,00
1937	175	22	12,57	.	.	0	136	1	0,74	.	1	0	.
1937/38	178	21	11,80	.	.	0	127	0	0,00	.	0	0	.
1938	163	19	11,66	.	.	0	134	0	0,00	.	0	0	.
1938/39	149	15	10,07	.	.	0	139	0	0,00	.	0	0	.
1939	161	10	6,21	.	.	0	157	0	0,00	.	0	0	.
1939/40	.	.	.	.	.	.	.	0	.	.	.	.	.
1940/1	239	19	7,95	.	.	0	47	0	0,00	.	0	0	.
1940/2	100	16	16,00	.	.	0	50	1	2,00	.	0	0	.
1940/3	202	35	17,33	.	.	0	63	1	1,59	.	0	0	.
1941/1	380	41	10,79	.	.	0	59	1	1,69	.	0	0	.

Tab. 9.2: Die Einzelfachströme an der Universität Gießen nach Staatsangehörigkeit und Geschlecht 1823–1941/1

	Philologien, Geschichte, Philosophie, Pädagogik											Frauen			Aus-
	Klass. Philol.		Neuere Philol.		Geschichte		Philosphie		Pädagogik		insg.				länd.
Semester	insg.	Frauen	insg.	Frauen	insg.	Frauen	insg.	Frauen	insg.	Frauen		insg.	in %	deuts.	in %
	29	30	31	32	33	34	35	36	37	38	39	40	41	42	43
1908/09	64	.	168	.	19	.	29	.	6	.	286	0	0,00	0	4,90
1909	71	.	202	.	23	.	32	.	11	.	339	3	0,88	1	4,13
1909/10	72	.	204	.	23	.	43	.	10	.	352	7	1,99	3	3,69
1910	78	.	239	.	20	.	41	.	14	.	392	7	1,79	1	3,32
1910/11	79	.	223	.	20	.	34	.	11	.	367	9	2,45	2	3,54
1911	75	.	218	.	17	.	34	.	11	.	355	11	3,10	6	3,94
1911/12	75	.	202	.	19	.	39	.	11	.	346	13	3,76	6	4,34
1912	74	.	204	.	25	.	39	.	12	.	354	12	3,39	.	.
1912/13	63	.	188	.	20	.	40	.	13	.	324	12	3,70	.	.
1913	63	.	185	.	19	.	41	.	13	.	321	17	5,30	.	.
1913/14	62	.	164	.	21	.	38	.	13	.	298	17	5,70	.	.
1914	50	.	169	.	17	.	40	.	13	.	289	18	6,23	.	.
1914/15	43	.	141	.	11	.	30	.	9	.	234	.	.	.	.
1915	34	.	137	.	11	.	30	.	7	.	219	5	2,28	.	.
1915/16	36	.	132	.	12	.	35	.	4	.	219	3	1,37	.	.
1916	49	.	137	.	11	.	34	.	4	.	235	12	5,11	.	.
1916/17	41	.	149	.	13	.	37	.	4	.	244	18	7,38	.	.
1917	48	.	142	.	19	.	43	.	3	.	255	22	8,63	.	.
1917/18	52	.	142	.	18	.	47	.	5	.	264	30	11,36	.	.
1918	42	.	151	.	16	.	61	.	5	.	275	30	10,91	.	.
1918/19	42	.	154	.	19	.	69	.	8	.	292	32	10,96	.	.
1919	49	.	188	.	31	.	86	.	9	.	363	52	14,33	.	.
ZS.1919	.	.	.	.	.	.	.	.	.	.	242	32	13,22	.	.
1919/20	40	.	182	.	26	.	88	.	7	.	343	55	16,03	.	.
1920	29	0	132	37	21	4	94	13	4	0	280	54	19,29	.	.
1920/21	31	4	139	38	24	3	90	10	4	0	288	55	19,10	.	.
1921	27	2	122	30	17	6	114	14	3	0	283	52	18,37	.	.
1921/22	24	4	113	28	16	3	95	2	5	0	253	37	14,62	.	.
1922	21	3	114	34	12	2	99	3	5	0	251	42	16,73	.	.
1922/23	19	2	99	29	10	2	128	10	5	0	261	43	16,48	.	.
1923	19	2	89	29	7	1	155	13	4	0	274	45	16,42	.	.
1923/24	275	49	.	.	.	.	.	.	2	0	277	49	17,69	.	.
1924	248	39	.	.	.	.	.	.	2	0	250	39	15,60	.	.
1924/25	196	29	.	.	.	.	.	.	2	0	198	29	14,65	.	.

	Mathematik, Naturwissenschaften								Aus-
	Mathematik		Naturwissen- schaften		insg.		Frauen		länd.
Semester	insg.	Frauen	insg.	Frauen		insg.	in %	deuts.	in %
	44	45	46	47	48	49	50	51	52
1908/09	99	.	87	.	186	1	0,54	0	2,15
1909	107	.	92	.	199	3	1,51	0	2,51
1909/10	108	.	98	.	206	3	1,46	1	1,94
1910	109	.	98	.	207	6	2,90	4	2,42
1910/11	88	.	88	.	176	2	1,14	1	2,27
1911	89	.	93	.	182	4	2,20	2	2,20
1911/12	65	.	85	.	150	2	1,33	2	2,00
1912	65	.	83	.	148	.	.	.	.
1912/13	62	.	80	.	142	.	.	.	.
1913	67	.	78	.	145	.	.	.	.
1913/14	57	.	66	.	123	.	.	.	.
1914	49	.	61	.	110	.	.	.	.
1914/15	45	.	55	.	100	.	.	.	.
1915	44	.	57	.	101	6	5,94	.	.
1915/16	46	.	54	.	100	5	5,00	.	.
1916	54	.	58	.	112	4	3,57	.	.
1916/17	56	.	54	.	110	5	4,55	.	.
1917	70	.	55	.	125	5	4,00	.	.
1917/18	71	.	54	.	125	5	4,00	.	.
1918	80	.	69	.	149	9	6,04	.	.
1918/19	89	.	66	.	166	16	9,64	.	.
1919	106	.	73	.	174	15	8,62	.	.
ZS.1919	.	.	.	.	172	16	9,30	.	.
1919/20	86	.	71	.	157	10	6,37	.	.
1920	64	7	58	7	122	14	11,48	.	.
1920/21	65	4	61	6	126	10	7,94	.	.
1921	63	7	57	8	120	15	12,50	.	.
1921/22	56	7	45	6	101	13	12,87	.	.
1922	46	7	51	10	97	17	17,53	.	.
1922/23	42	6	54	16	96	22	22,92	.	.
1923	39	4	48	11	87	15	17,24	.	.
1923/24	40	4	51	11	91	15	16,48	.	.
1924	42	3	43	10	85	13	15,29	.	.
1924/25	31	0	36	7	67	7	10,45	.	.

Tab. 9. 2: Die Einzelfachströme an der Universität Gießen nach Staatsangehörigkeit und Geschlecht 1823–1941/1

	Chemie					Staatswissenschaft				Landwirtschaft				Forstwiss.	
	insg.	Frauen			Aus-länd. in %	insg.	Frauen		Aus-länd. in %	insg.	Frauen		Aus-länd. in %	insg.	Aus-länd. in %
		insg.	in %	deuts.			insg.	in %			insg.	in %			
Semester	53	54	55	56	57	58	59	60	61	62	63	64	65	66	67
1908/09	56	3	5,36	0	35,71	.	.	.	.	44	0	0,00	2,27	16	.
1909	56	2	3,57	0	30,36	.	.	.	.	49	0	0,00	2,04	15	.
1909/10	51	3	5,88	1	29,41	.	.	.	.	42	0	0,00	0,00	14	.
1910	42	2	4,76	1	26,19	.	.	.	.	58	0	0,00	0,00	19	.
1910/11	42	2	4,76	2	21,43	.	.	.	.	60	0	0,00	6,67	20	.
1911	38	1	2,63	1	21,05	.	.	.	.	60	0	0,00	1,67	19	.
1911/12	33	0	0,00	0	21,21	.	.	.	.	69	0	0,00	7,25	23	.
1912	35	.	.	.	.	.	.	.	.	69	.	.	.	26	.
1912/13	37	.	.	.	.	.	.	.	.	64	.	.	.	29	.
1913	41	.	.	.	.	.	.	.	.	92	.	.	.	35	.
1913/14	39	.	.	.	.	.	.	.	.	88	.	.	.	33	.
1914	39	.	.	.	.	.	.	.	.	106	.	.	.	35	.
1914/15	33	.	.	.	.	.	.	.	.	110	.	.	.	30	.
1915	30	0	0,00	.	.	.	.	.	.	107	3	2,80	.	30	.
1915/16	31	3	9,68	.	.	.	.	.	.	113	5	4,42	.	32	.
1916	31	3	9,60	.	.	.	.	.	.	111	4	3,60	.	35	.
1916/17	35	5	14,29	.	.	.	.	.	.	118	7	5,93	.	38	.
1917	35	5	14,29	.	.	.	.	.	.	127	4	3,15	.	41	.
1917/18	40	5	12,50	.	.	.	.	.	.	133	5	3,76	.	43	.
1918	48	8	16,67	.	.	.	.	.	.	152	15	9,87	.	52	.
1918/19	55	8	14,55	.	.	.	.	.	.	168	16	9,52	.	52	.
1919	100	8	8,00	.	.	44	3	6,82	.	277	11	3,97	.	74	.
ZS.1919	72	8	11,11	.	.				.	230	16	6,96	.	.	.
1919/20	122	8	6,56	.	.	71	7	9,86	.	311	11	3,54	.	71	.
1920	138	8	5,80	.	.	116	5	4,31	.	281	12	4,27	.	67	.
1920/21	136	9	6,62	.	.	153	5	3,27	.	325	11	3,38	.	68	.
1921	163	9	5,52	.	.	199	10	5,03	.	303	8	2,64	.	69	.
1921/22	156	5	3,21	.	.	197	9	4,57	.	271	8	2,95	.	70	.
1922	164	7	4,27	.	.	204	15	7,35	.	247	7	2,83	.	70	.
1922/23	161	8	4,97	.	.	219	16	7,31	.	230	7	3,04	.	65	.
1923	150	7	4,67	.	.	216	18	8,33	.	272	12	4,41	.	69	.
1923/24	127	6	4,72	.	.	224	25	11,16	.	258	14	5,43	.	75	.
1924	117	4	3,42	.	.	202	23	11,39	.	223	11	4,93	.	79	.
1924/25	108	6	5,56	.	.	174	20	11,49	.	179	10	5,59	.	78	.
1925	85	8	9,41	.	.	84	5	5,95	.	95	5	5,26	.	68	.
1925/26	90	8	8,89	.	.	102	5	4,90	.	73	4	5,48	.	70	.
1926	71	6	8,45	.	.	102	5	4,90	.	86	1	1,16	.	65	.
1926/27	49	4	8,16	.	.	107	3	2,80	.	76	1	1,32	.	57	.
1927	49	3	6,12	3	4,08	97	2	2,06	4,12	63	1	1,59	4,76	68	0,00
1927/28	64	6	9,38	6	3,13	101	3	2,97	0,99	69	1	1,45	2,90	78	0,00
1928	66	2	3,03	2	1,52	87	1	1,15	1,15	54	1	1,85	3,70	78	2,56
1928/29	67	3	4,48	3	1,49	108	1	0,93	1,85	54	0	0,00	5,56	73	0,00
1929	69	4	5,80	4	2,90	86	1	1,16	4,65	46	0	0,00	6,52	66	3,03
1929/30	62	2	3,23	2	4,84	110	1	0,91	2,73	53	0	0,00	5,66	65	1,54
1930	63	1	1,59	1	3,17	88	4	4,55	5,68	47	0	0,00	2,13	60	1,67
1930/31	79	2	2,53	2	2,53	92	1	1,09	4,35	57	0	0,00	5,26	62	1,61
1931	80	6	7,50	6	1,25	105	5	4,76	2,86	47	0	0,00	2,13	65	0,00
1931/32	76	4	5,26	4	1,32	103	5	4,85	4,85	54	0	0,00	7,41	46	0,00
1932	86	6	6,98	6	1,16	96	5	5,21	6,25	50	0	0,00	6,00	44	2,27
1932/33	73	6	8,22	6	1,37	74	5	6,76	4,05	48	0	0,00	6,25	31	3,23
1933	71	2	2,82	.	.	70	2	2,86	.	50	1	2,00	.	29	.
1933/34	56	1	1,79	.	.	53	3	5,66	.	41	0	0,00	.	25	.
1934	44	1	2,27	.	.	37	1	2,70	.	49	0	0,00	.	29	.
1934/35	46	1	2,17	.	.	42	1	2,38	.	50	0	0,00	.	22	.
1935	41	1	2,44	.	.	30	1	3,33	.	48	0	0,00	.	21	.
1935/36	36	1	2,78	.	.	29	0	0,00	.	58	0	0,00	.	23	.
1936	30	0	0,00	.	.	25	1	4,00	.	55	0	0,00	.	16	.
1936/37	32	1	3,13	.	.	22	1	4,55	.	53	1	1,89	.	22	.
1937	35	1	2,86	.	.	13	0	0,00	.	45	1	2,22	.	22	.
1937/38	40	2	5,00	.	.	18	1	5,56	.	46	0	0,00	.	27	.
1938	38	4	10,53	.	.	18	1	5,56	.	36	0	0,00	.	23	.
1938/39	42	5	11,90	.	.	22	1	4,55	.	30	0	0,00	.	1	.
1939	36	3	8,33	.	.	19	2	10,53	.	27	0	0,00	.	0	.
1939/40	.	.	.	.	.	.	.	.	.	.	.	.	.	.	.
1940/1	22	2	9,09	.	.	6	2	33,33	.	0	0	.	.	0	.
1940/2	19	3	15,79	.	.	6	2	33,33	.	0	0	.	.	0	.
1940/3	24	3	12,50	.	.	17	8	47,06	.	5	0	0,00	.	0	.
1941/1	16	2	12,50	.	.	17	8	47,06	.	10	1	10,00	.	0	.

Tab. 9.2. Die Einzelfachströme an der Universität Gießen nach Staatsangehörigkeit und Geschlecht 1823–1941/1

	Alte Sprachen				Germanistik					Neue Sprachen				
	insg.	Frauen		Ausländ. in %	insg.	Frauen		deuts.	Ausländ. in %	insg.	Frauen		deuts.	Ausländ. in %
		insg.	in %			insg.	in %				insg.	in %		
Semester	1	2	3	4	5	6	7	8	9	10	11	12	13	14
1925	4	0	0,00	.	18	3	16,67	.	.	60	13	21,67	.	.
1925/26	11	1	9,09	.	44	4	9,09	.	.	64	16	25,00	.	.
1926	14	0	0,00	.	45	9	20,00	.	.	56	14	25,00	.	.
1926/27	15	1	6,67	.	32	6	18,75	.	.	70	14	20,00	.	.
1927	14	0	0,00	7,14	16	1	6,25	1	0,00	72	20	27,78	20	0,00
1927/28	25	0	0,00	8,00	3	1	33,33	1	0,00	71	19	26,76	19	1,41
1928	31	1	3,23	12,90	4	1	25,00	1	0,00	98	13	13,27	13	1,02
1928/29	31	4	12,90	3,23	72	12	16,67	12	2,78	71	10	14,08	10	0,00
1929	40	2	5,00	0,00	84	10	11,90	10	0,00	97	19	19,59	19	1,03
1929/30	37	1	2,70	0,00	75	15	20,00	15	0,00	109	20	18,35	20	0,92
1930	44	1	2,27	0,00	93	21	22,58	20	2,15	136	31	22,79	30	2,21
1930/31	51	3	5,88	1,96	90	25	27,78	25	0,00	115	25	21,74	24	2,61
1931	49	5	10,20	0,00	110	26	23,64	26	1,82	110	33	30,00	33	0,00
1931/32	53	2	3,77	0,00	105	30	28,57	28	3,81	110	29	26,36	29	0,91
1932	39	0	0,00	0,00	107	28	26,17	25	4,67	92	25	27,17	25	0,00
1932/33	42	1	2,38	0,00	109	31	28,44	30	2,75	82	21	25,61	21	0,00
1933	42	0	0,00	.	87	19	21,84	.	.	74	20	27,03	.	.
1933/34	31	0	0,00	.	75	19	25,33	.	.	61	13	21,31	.	.
1934	22	0	0,00	.	59	15	25,42	.	.	53	11	20,75	.	.
1934/35	18	0	0,00	.	55	19	34,55	.	.	35	7	20,00	.	.
1935	6	0	0,00	.	28	11	39,29	.	.	46	17	36,96	.	.
1935/36	11	0	0,00	.	28	10	35,71	.	.	31	11	35,48	.	.
1936	10	0	0,00	.	22	7	31,82	.	.	16	4	25,00	.	.
1936/37	6	0	0,00	.	20	7	35,00	.	.	14	2	14,29	.	.
1937	3	0	0,00	.	19	6	31,58	.	.	11	1	9,09	.	.
1937/38	1	0	0,00	.	19	3	15,79	.	.	15	2	13,33	.	.
1938	1	0	0,00	.	19	5	26,32	.	.	3	1	33,33	.	.
1938/39	1	0	0,00	.	19	6	31,58	.	.	12	3	25,00	.	.
1939	0	0	.	.	15	1	6,67	.	.	9	5	55,56	.	.
1939/40	.	.	.	.	.	.	.	.	.	.	.	.	.	.
1940/1	0	0	.	.	5	1	20,00	.	.	2	0	0,00	.	.
1940/2	2	1	50,00	.	9	3	33,33	.	.	7	4	57,14	.	.
1940/3	3	1	33,33	.	21	7	33,33	.	.	7	2	28,57	.	.
1941/1	1	1	100,00	.	11	6	54,55	.	.	8	4	50,00	.	.

	Geschichte					Musik				Philosophie, Pädagogik, Religionslehren				
	insg.	Frauen		deuts.	Ausländ. in %	insg.	Frauen		Ausländ. in %	insg.	Frauen		deuts.	Ausländ. in %
		insg.	in %				insg.	in %			insg.	in %		
Semester	15	16	17	18	19	20	21	22	23	24	25	26	27	28
1925	16	0	0,00	.	.	.	.	.	.	17	1	5,88	.	.
1925/26	.	.	.	.	.	.	.	.	.	17	1	5,88	.	.
1926	.	.	.	.	.	.	.	.	.	22	1	4,55	.	.
1926/27	.	.	.	.	.	.	.	.	.	20	3	15,00	.	.
1927	6	0	0,00	0	0,00	0	0	.	.	29	0	0,00	0	13,79
1927/28	44	7	15,91	7	4,55	0	0	.	.	31	1	3,23	1	3,23
1928	57	8	14,04	8	5,26	0	0	.	.	32	4	12,50	4	0,00
1928/29	35	5	14,29	5	5,71	2	0	0,00	0,00	24	6	25,00	5	8,33
1929	40	3	7,50	3	2,50	5	0	0,00	20,00	30	7	23,33	7	10,00
1929/30	34	1	2,94	1	0,00	6	0	0,00	16,67	26	6	23,08	5	15,38
1930	33	5	15,15	5	0,00	5	0	0,00	0,00	25	4	16,00	4	16,00
1930/31	36	7	19,44	7	2,78	5	0	0,00	0,00	24	4	16,67	4	12,50
1931	40	6	15,00	6	0,00	4	0	0,00	0,00	28	6	21,43	6	3,57
1931/32	40	5	12,50	5	0,00	5	1	20,00	0,00	24	6	25,00	6	8,33
1932	54	10	18,52	9	3,70	7	1	14,29	0,00	31	6	19,35	5	9,68
1932/33	52	8	15,38	8	0,00	7	1	14,29	0,00	23	1	4,35	1	8,70
1933	42	7	16,67	.	.	4	1	25,00	.	.	.	.	.	.
1933/34	30	0	0,00	.	.	5	2	40,00	.	.	.	.	.	.
1934	28	6	21,43	.	.	4	1	25,00	.	.	.	.	.	.
1934/35	20	2	10,00	.	.	3	0	0,00	.	.	.	.	.	.
1935	.	.	.	.	.	2	0	0,00	.	.	.	.	.	.
1935/36	.	.	.	.	.	3	0	0,00	.	.	.	.	.	.
1936	.	.	.	.	.	1	0	0,00	.	.	.	.	.	.
1936/37	7	0	0,00	.	.	1	0	0,00	.	.	.	.	.	.
1937	8	0	0,00	.	.	0	0	.	.	.	.	.	.	.
1937/38	10	1	10,00	.	.	2	0	0,00	.	.	.	.	.	.
1938	11	1	9,09	.	.	1	0	0,00	.	.	.	.	.	.
1938/39	7	0	0,00	.	.	1	1	100,00	.	.	.	.	.	.
1939	9	1	11,11	.	.	1	0	0,00	.	.	.	.	.	.
1939/40	.	.	.	.	.	.	.	.	.	.	.	.	.	.
1940/1	5	1	20,00	.	.	3	0	0,00	.	.	.	.	.	.
1940/2	3	0	0,00	.	.	1	0	0,00	.	.	.	.	.	.
1940/3	8	2	25,00	.	.	1	0	0,00	.	.	.	.	.	.
1941/1	5	1	20,00	.	.	2	0	0,00	.	.	.	.	.	.

Tab. 9.2: Die Einzelfachströme an der Universität Gießen nach Staatsangehörigkeit und Geschlecht 1823–1941/1

	Kunst, Archäologie				Sonstige Kulturwiss.			Leibesübungen		
	insg.	Frauen			Ausländ.	insg.	Frauen		insg.	Frauen	
		insg.	in %	deuts.	in %		insg.	in %		insg.	in %
Semester	29	30	31	32	33	34	35	36	37	38	39
1927	2	1	50,00	0	50,00	.	.	.	0	0	.
1927/28	5	1	20,00	0	40,00	.	.	.	0	0	.
1928	4	1	25,00	0	50,00	.	.	.	0	0	.
1928/29	4	2	50,00	1	25,00	.	.	.	0	0	.
1929	5	0	0,00	0	0,00	.	.	.	0	0	.
1929/30	6	0	0,00	0	0,00	.	.	.	0	0	.
1930	6	2	33,33	2	0,00	.	.	.	1	1	100,00
1930/31	5	3	60,00	3	0,00	.	.	.	0	0	.
1931	11	4	36,36	4	0,00	.	.	.	2	1	50,00
1931/32	7	2	28,57	2	0,00	.	.	.	2	0	0,00
1932	3	1	33,33	1	0,00	.	.	.	7	0	0,00
1932/33	7	3	42,86	3	14,29	.	.	.	4	1	25,00
1933	.	.	.	.	.	31	4	12,90	10	2	20,00
1933/34	.	.	.	.	.	20	3	15,00	21	3	14,29
1934	.	.	.	.	.	18	5	27,78	12	1	8,33
1934/35	.	.	.	.	.	16	6	37,50	19	1	5,26
1935	.	.	.	.	.	17	5	29,41	2	0	0,00
1935/36	.	.	.	.	.	20	6	30,00	4	0	0,00
1936	.	.	.	.	.	21	4	19,05	6	0	0,00
1936/37	.	.	.	.	.	24	5	20,83	8	2	25,00
1937	.	.	.	.	.	20	2	10,00	10	2	20,00
1937/38	.	.	.	.	.	11	2	18,18	6	2	33,33
1938	.	.	.	.	.	15	1	6,67	4	0	0,00
1938/39	.	.	.	.	.	4	1	25,00	6	1	16,67
1939	.	.	.	.	.	3	1	33,33	4	2	50,00
1939/40	.	.	.	.	.	.	.	.	.	.	.
1940/1	.	.	.	.	.	10	2	20,00	0	0	.
1940/2	.	.	.	.	.	2	1	50,00	0	0	.
1940/3	.	.	.	.	.	1	0	0,00	2	1	50,00
1941/1	.	.	.	.	.	7	4	57,14	0	0	.

	Mathematik					Physik					Biologie				
	insg.	Frauen			Ausländ.	insg.	Frauen			Ausländ.	insg.	Frauen			Ausländ.
		insg.	in %	deuts.	in %		insg.	in %	deuts.	in %		insg.	in %	deuts.	in %
Semester	40	41	42	43	44	45	46	47	48	49	50	51	52	53	54
1925	71	6	8,45	.	.	0	0	.	.	.	0	0	.	.	.
1925/26	79	4	5,06	.	.	0	0	.	.	.	0	0	.	.	.
1926	115	6	5,22	.	.	.	0	.	.	.	0	0	.	.	.
1926/27	133	7	5,26	.	.	.	0	.	.	.	0	0	.	.	.
1927	79	2	2,53	2	1,27	12	0	0,00	0	0,00	73	11	15,07	10	2,74
1927/28	76	4	5,26	4	0,00	41	3	7,32	2	9,76	38	9	23,68	7	7,89
1928	97	6	6,19	6	2,06	41	1	2,44	0	7,32	48	8	16,67	8	2,08
1928/29	97	7	7,22	7	1,03	37	1	2,70	1	5,41	61	9	14,75	9	1,64
1929	100	6	6,00	6	0,00	43	1	2,33	1	4,65	63	8	12,70	8	0,00
1929/30	91	6	6,59	6	1,10	45	1	2,22	1	0,00	75	9	12,00	9	0,00
1930	117	10	8,55	10	0,85	35	1	2,86	1	0,00	74	10	13,51	10	0,00
1930/31	106	9	8,49	9	0,00	38	3	7,89	3	0,00	65	12	18,46	12	0,00
1931	113	10	8,85	9	1,77	45	3	6,67	3	0,00	70	14	20,00	14	0,00
1931/32	106	10	9,43	9	2,83	36	1	2,78	1	0,00	73	15	20,55	15	4,11
1932	91	10	10,99	9	2,20	35	3	8,57	3	0,00	58	5	8,62	5	0,00
1932/33	78	7	8,97	6	2,56	32	1	3,13	1	0,00	56	5	8,93	5	1,79
1933	68	4	5,88	.	.	31	0	0,00	.	.	45	3	6,67	.	.
1933/34	63	5	7,94	.	.	26	0	0,00	.	.	7	1	14,29	.	.
1934	47	3	6,38	.	.	8	0	0,00	.	.	4	1	25,00	.	.
1934/35	41	3	7,32	.	.	6	0	0,00	.	.	9	3	33,33	.	.
1935	33	2	6,06	.	.	.	.	.	.	.	.	.	.	.	.
1935/36	27	3	11,11	.	.	.	.	.	.	.	.	.	.	.	.
1936	24	3	12,50	.	.	.	.	.	.	.	.	.	.	.	.
1936/37	24	3	12,50	.	.	.	.	.	.	.	.	.	.	.	.
1937	20	2	10,00	.	.	.	.	.	.	.	.	.	.	.	.
1937/38	17	2	11,76	.	.	.	.	.	.	.	.	.	.	.	.
1938	15	2	13,33	.	.	.	.	.	.	.	.	.	.	.	.
1938/39	7	1	14,29	.	.	7	1	14,29	.	.	.	.	.	.	.
1939	7	1	14,29	.	.	4	0	0,00	.	.	.	.	.	.	.
1939/40	.	.	.	.	.	.	.	.	.	.	.	.	.	.	.
1940/1	1	0	0,00	.	.	7	0	0,00	.	.	2	1	50,00	.	.
1940/2	1	0	0,00	.	.	7	1	14,29	.	.	5	4	80,00	.	.
1940/3	5	2	40,00	.	.	7	1	14,29	.	.	7	4	57,14	.	.
1941/1	3	1	33,33	.	.	7	1	14,29	.	.	4	3	75,00	.	.

Tab.9.2: Die Einzelfachströme an der Universität Gießen nach Staatsangehörigkeit und Geschlecht 1823–1941/1

	Sonstige Naturwiss.			Geographie				Min.,Geol.,Bergfach			Geogr., Geol., Min.			Sonstige			
	insg.	Frauen		insg.		Frauen	Ausländ.	insg.	Frauen		insg.	Frauen		insg.	Frauen		Ausländ.
		insg.	in %		insg.	in %	in %		insg.	in %		insg.	in %		insg.	in %	in %
Semester	55	56	57	58	59	60	61	62	63	64	65	66	67	68	69	70	71
1925	.	.	.	5	1	20,00	.	0	0	.	.	.	.	6	0	0,00	.
1925/26	.	.	.	.	0	.	.	0	0	.	.	.	.	6	1	16,67	.
1926	.	.	.	.	0	.	.	0	0	.	.	.	.	6	2	33,33	.
1926/27	.	.	.	.	0	.	.	0	0	.	.	.	.	7	2	28,57	.
1927	.	.	.	5	0	0,00	20,00	4	0	0,00	.	.	.	1	0	0,00	0,00
1927/28	.	.	.	3	0	0,00	0,00	7	0	0,00	.	.	.	2	2	100,0	0,00
1928	0	0	.	4	0	0,00	0,00	9	1	11,11	.	.	.	0	0	.	.
1928/29	0	0	.	26	3	11,54	0,00	8	0	0,00	.	.	.	0	0	.	.
1929	0	0	.	23	1	4,35	0,00	8	0	0,00	.	.	.	0	0	.	.
1929/30	0	0	.	31	3	9,68	0,00	5	0	0,00	.	.	.	1	0	0,00	100,0
1930	0	0	.	30	2	6,67	0,00	7	0	0,00	.	.	.	0	0	.	.
1930/31	0	0	.	39	2	5,13	0,00	6	0	0,00	.	.	.	3	0	0,00	33,33
1931	0	0	.	25	4	16,00	0,00	6	0	0,00	.	.	.	3	0	0,00	0,00
1931/32	0	0	.	39	7	17,95	0,00	7	0	0,00	.	.	.	0	0	.	.
1932	0	0	.	37	5	13,51	0,00	5	0	0,00	.	.	.	2	0	0,00	0,00
1932/33	0	0	.	37	5	13,51	0,00	7	0	0,00	.	.	.	0	0	.	.
1933	1	0	0,00	.	.	.	.	.	.	.	41	4	9,76	0	0	.	.
1933/34	39	4	10,26	.	.	.	.	.	.	.	25	2	8,00	6	0	0,00	.
1934	43	5	11,63	.	.	.	.	.	.	.	20	1	5,00	0	0	.	.
1934/35	42	5	11,90	.	.	.	.	.	.	.	17	3	17,65	0	0	.	.
1935	18	5	27,78	.	.	.	.	.	.	.	11	1	9,09	0	0	.	.
1935/36	18	6	33,33	.	.	.	.	.	.	.	11	1	9,09	0	0	.	.
1936	13	6	46,15	.	.	.	.	.	.	.	13	0	0,00	0	0	.	.
1936/37	15	7	46,67	.	.	.	.	.	.	.	9	0	0,00	0	0	.	.
1937	10	5	50,00	.	.	.	.	.	.	.	7	0	0,00	0	0	.	.
1937/38	7	4	57,14	.	.	.	.	.	.	.	8	1	12,50	0	0	.	.
1938	10	4	40,00	.	.	.	.	.	.	.	5	0	0,00	0	0	.	.
1938/39	7	4	57,14	.	.	.	.	.	.	.	3	0	0,00	0	0	.	.
1939	3	2	66,67	.	.	.	.	.	.	.	5	0	0,00	0	0	.	.
1939/40	.	.	.	.	.	.	.	.	.	.	.	.	.	.	.	.	.
1940/1	1	1	100,0	.	.	.	.	.	.	.	5	1	20,00	0	0	.	.
1940/2	0	0	.	.	.	.	.	.	.	.	3	1	33,33	0	0	.	.
1940/3	0	0	.	.	.	.	.	.	.	.	5	1	20,00	0	0	.	.
1941/1	1	1	100,0	.	.	.	.	.	.	.	5	1	20,00	0	0	.	.

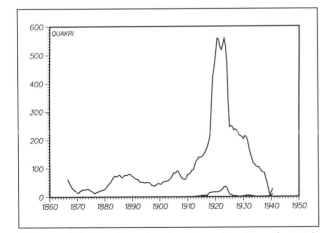

Abb.9.8: Die Studierenden (weibl. u. insg.) an der Universität Gießen 1866/67–1941/1: Wirtschafts-, Agrar- und Forstwissenschaften

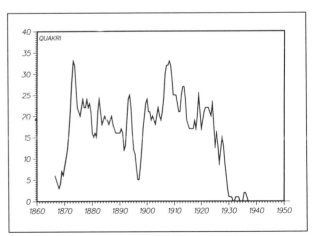

Abb.9.9: Die Studierenden (weibl. u. insg.) an der Universität Gießen 1866/67–1941/1: Pharmazie

5. Anmerkungen zu Tabelle 9.2

1823–1866:

Beide ergänzenden Quellen erlauben es, die Datenreihen erheblich früher als die PrStat beginnen zu lassen und in Einzelfachströme auszudifferenzieren.
Sp. 2 (Evang. Theol.): 1830/31–1835 einschl. Stud. der Kath. Theol. – Sp. 6 (Philosophische Fakultät insg.): 1838–1842/43 und 1854/55 einschl. Stud. der Jüd. Theol. – Sp. 8 (Pharmazie): ab 1837/38 einschl. Chemie.

1866/67–1908:

Die Daten der Pers.Verz. stimmen auf Fakultätsebene gut mit der PrStat überein, bieten aber eine viel tiefere Fächerdifferenzierung, der unsere Tabelle folgt. Darüberhinaus dokumentieren die Pers.Verz. ab 1882 die ausl. Stud., jedoch nur insg. (Sp. 2–3) und nach Fakultät (Sp. 5 bzw. 7), so daß die Ausländeranteile der Einzelfächer in der Medizinischen und Philosophischen Fak. erst ab 1896 vollständig nachgewiesen werden können. – Sp. 10 (Zahnmedizin): 1866/67–1899/1900 einschl. der nicht immatrikulierten Chirurgen. – Sp. 16 (Philologien, Geschichte, Philosophie, Pädagogik insg.): 1869/70 einschl. Thierarzneikunde (Sp. 14), Cam.-wiss. (Sp. 27), Forstwiss. (Sp. 28) und Architektur (Sp. 30). – Sp. 18 (Neuere Phil.): 1878 einschl. Gesch. (Sp. 19). – Sp. 19 (Gesch.): 1878 enthalten in Sp. 18 (Neuere Phil.), 1879–1880 enthalten in Sp. 20 (Philosophie). – Sp. 20 (Philosophie): 1875/76 – 1893/94 einschl. Naturwiss. (Sp. 24), 1879–1880 einschl. Gesch. (Sp. 19). – Sp. 24 (Naturwiss.): 1875/76–1893/94 enthalten in Sp. 20 (Philosophie).

1908/09–1941.1:

Mit Hilfe der Pers.Verz. konnten die Daten der Standardquellen bis 1924/25 überprüft, die Ausdifferenzierung nach Einzelfächern fortgeschrieben und die Zeitreihen für ausl. und für weibl. Stud. so weit wie möglich ergänzt werden. Während der Zeitraum 1908/09–1911/12 unserer Tabelle für die meisten Einzelfächer durch die Daten der PrStat gut dokumentiert ist, sind die ausl. männl. Stud. in den Pers.Verz. ab 1912 nur für die Fächer Evang. Theol.

(Sp. 10) und Jura (Sp. 15), ab 1916 auch für die Fächer Medizin (Sp. 20) und Tierheilkunde/Vet.-Medizin (Sp. 25) nachweisbar. Die weibl. Stud. wurden 1912–1919/20 nach den im StatJbDR vorhandenen Einzelfächern aufgenommen. Ab 1920 sind sie in den Pers.Verz. nach Einzelfächern verzeichnet, doch erst ab 1927 in den VjhStatDR nach Staatsangehörigkeit differenziert.
Sp. 1 ff. (Studierende insg.): 1939/40 wegen Umstellung auf Trimester Daten nicht erhoben. – Sp. 16 (Medizin): 1913–1914/15 einschl. Zahnmedizin (Sp. 21). – Sp. 16/18 (Medizin): 1909–1909/10 einschl. 2 weibl. Stud. der Zahnmedizin. – Sp. 21 (Zahnmedizin): 1913–1914/15 enthalten in Sp. 16/18 (Medizin). – Sp. 29 (Klass. Philol.): 1923/24–1924/25 einschl. Neuere Philol. (Sp. 31), Philosophie (Sp. 35) und Geschichte (Sp. 33). – Sp. 31 (Neuere Philol.): 1923/24–1924/25 enthalten in Sp. 29 (Klass. Philol.). – Sp. 33 (Geschichte): 1923/24–1924/25 enthalten in Sp. 29 (Klass. Philol). – Sp. 35 (Philosophie): 1923/24–1924/25 enthalten in Sp. 29 (Klass. Philol.). – Sp. 39 (Philologien, Geschichte, Philosophie, Pädagogik insg.): 1912–1914 einschl. aller weibl. Stud. außerhalb der Fächer Evang. Theol., Jura und Medizin.

1925–1941.1:

Sp. 5 (Germanistik): 1925/26–1926/27 einschl. Geschichte (Sp. 15) und Geographie (Sp. 59). – Sp. 15 (Geschichte): 1925/26–1926/27 enthalten in Sp. 5 (Germanistik), 1935–1936 in Sp. 34 (Sonstige Kulturwiss.). – Sp. 34 (Sonstige Kulturwiss.): 1935–1936 einschl. Geschichte (Sp. 15). – Sp. 40 (Mathematik): 1926–1926/27 und 1935–1938 einschl. Physik (Sp. 45). – Sp. 45 (Physik): 1926–1926/27 und 1935–1938 enthalten in Sp. 40 (Mathematik). – Sp. 50 (Biologie): 1933/34–1934/35 teilweise, 1935–1939 vollständig enthalten in Sp. 55 (Sonstige Naturwiss.). – Sp. 55 (Sonstige Naturwiss.): 1933/34–1934/35 teilweise, 1935–1939 vollständig einschl. Biologie (Sp. 50). – Sp. 58 (Geographie): 1925/26–1926/27 enthalten in Sp. 5 (Germanistik).

6. Quellen und Literatur

Quellen:

Standardquellen: 1830/31–1911/12: PrStat 167, 236. – *1912–1924/25:* StatJbDR Jgg. 34–36, 40–44. – *1925–1927/28:* DtHochStat Bd. 1; VjhStatDR Jgg. 35–37. – *1928–1932/33:* DtHochStat Bde. 1–10. – *1932–1941.1:* ZehnjStat.
Ergänzend: 1823–1866: Hoffmann 1866 (Anhang) – *1829/30–1924/25:* Pers.Verz. d. Univ. Gießen.

Literatur:

Kipper, A.: Bibliographie zur Geschichte der Universität Gießen von 1900 bis 1962. Ergänzt und überarbeitet von E. Schmidt. Gießen 1963. – Baumgarten, M.: Vom Gelehrten zum Wissenschaftler. Studien zum Lehrkörper einer kleinen Universität am Beispiel der Ludoviciana Gießen 1815–1914. Gießen 1988. – Böhles, H. J. u. a.: Frontabschnitt Hochschule. Die Gießener Universität im Nationalsozialismus. Gießen 1982. – GUNDEL, H.G./MORAW, P./PRESS V. (Hg.): Gießener Gelehrte in der ersten Hälfte des 20. Jahrhunderts. 1. Teil. Marburg 1982. – Ludwigs-Universität, Justus-Liebig-Hochschule 1607–1957. Festschrift zur 350-Jahrfeier. Gießen 1957. – HOFFMANN, H.: Ein Beitrag zur Geschichte der Hochschule zu Gießen. Gießen/Brühl 1866. – MORAW, P.: Kleine Geschichte der Universität Gießen. 1607–1982. Gießen 1982. – MORAW, P./PRESS, V. (Hg.): Academia Gissensis. Beiträge zur äl-

teren Gießener Universitätsgeschichte. Marburg 1982. – Personalbestand auf der Großh. Hessischen Ludwigs-Universität zu Gießen. 1837–1944/45 (unter verschiedenen Titeln = Pers.Verz.). – Verzeichniß der dermaligen Lehrer und Studirenden auf der Großh. Hessischen Universität zu Gießen. 1823–1836/37. – WERNER, N./PFEIFER, H.-G. (Hg.): 375 Jahre Universität Gießen 1607–1982. Gießen 1982.

10. Göttingen

1. Geschichtliche Übersicht

Die Georgia Augusta wurde 1737 eröffnet und entwickelte sich sehr rasch – nicht zuletzt dank der Berufungspolitik des Gründungskurators G. A. v. Münchhausen – zur führenden deutschen Reformuniversität des 18. Jahrhunderts, die als Zentrum der Aufklärung und des neuen Humanismus weltweites Ansehen besaß. Zu diesem Ruf trug auch die 1751 gegründete Göttinger Akademie der Wissenschaften wesentlich bei. Bereits zu diesem Zeitpunkt war Göttingen zur viertgrößten deutschen Universität angewachsen und nahm in den 1780er Jahren hinter Halle sogar den 2. Rang ein. Die Georgia Augusta verdankte diese Anziehungskraft, neben den hier neu etablierten Philologien und den Naturwissenschaften, bis weit ins 19. Jahrhundert hinein in erster Linie den Rechts- und Kameralwissenschaften, dem Studium des Adels und der höheren Staatsbeamten. Ihr Anteil an der Göttinger Studentenschaft stellte die anderen drei Fakultäten zunächst weit in den Schatten. Aufgrund dieses Übergewichts war die Georgia Augusta, etwa im Gegensatz zu Halle, als vornehme Universität besonders angesehen.

In den ersten Jahrzehnten des 19. Jahrhunderts galt Göttingen zwar mittlerweile als »alte« Universität, konnte aber in den 1820er Jahren zur Zeit der Restauration trotz oder gerade wegen dieses Charakters noch einmal den Spitzenplatz vor Berlin einnehmen. Bis zum Beginn der 1830er Jahre liefen jedoch die neu gegründeten Reformuniversitäten (Berlin, Breslau und Bonn) der alten Georgia Augusta den Rang ab, und der leichte Aufschwung Mitte der 30er Jahre brach jäh zusammen, als durch die Entlassung der »Göttinger Sieben« 1837 das »junge Göttingen« praktisch von der Universität verschwand. Die Studentenzahl verringerte sich innerhalb von zwei Semestern um nahezu ein Drittel. Während des 19. Jahrhunderts konnte Göttingen einen Platz im mittleren Drittel der deutschen Universitäten halten, zunächst dank der Juristen, Sprach- und Kulturwissenschaften und der Medizin, seit der Jahrhundertmitte auch dank der Naturwissenschaften. Als jedoch in den 1890er Jahren die Studentenfrequenz in Deutschland stagnierte, verminderte sie sich in Göttingen innerhalb weniger Jahre

sogar um ein Drittel, so daß die Georgia Augusta nun im unteren Viertel bei den kleinen Universitäten rangierte. Erst seit der Jahrhundertwende, als besonders die Forschungskapazitäten in der Mathematik und den Naturwissenschaften ausgebaut wurden, konnte die Universität am neuen Aufschwung der Studentenzahlen überproportional teilnehmen, so daß sie vor dem Ersten Weltkrieg wieder im oberen Viertel und in den Naturwissenschaften sogar an zweiter Stelle (hinter Berlin) zu finden war. Hier konnte sich die Georgia Augusta auch in den 1920er Jahren halten und errang in der Mathematik und Physik ein weltweites Ansehen, was sich nicht zuletzt in dem hohen Anteil ausländischer Studierender in diesen Fächern ausdrückte. Nach 1933 verlor die Universität dieses Ansehen und rutschte ins letzte Drittel der Rangskala ab.

Die Finanzierung der Universität wurde vom Beginn an vom Staat Hannover übernommen, der sich auch die Berufungen vorbehielt. Erst nach der Annexion durch Preußen ging das Berufungsrecht auf die Fakultäten über. Schon in den ersten 50 Jahren ihres Bestehens war das Personalwachstum in allen Fakultäten (bis auf die Theologische) beträchtlich, aber zu Beginn des 19. Jahrhunderts konnte die Georgia Augusta mit den Reformuniversitäten nicht mehr mithalten, so daß sie 1830 durch die immer noch relativ hohe Studierendenzahl die zweitschlechteste Betreuungsrelation aufwies. Erst durch ein überdurchschnittliches Personalwachstum im Laufe des 19. Jahrhunderts, vor allem in der Philosophischen und Medizinischen Fakultät (1880 sogar 4. Rang nach den drei großen Universitäten) und im 20. Jahrhundert vor allem in den Naturwissenschaften, konnte Göttingen eine mittlere Betreuungsrelation erreichen. Bis 1930 wuchs der gesamte Personalbestand im Bereich der Mathematisch-Naturwissenschaftlichen Fakultät – entsprechend ihrer Weltgeltung und einmalig unter deutschen Universitäten – sogar auf das Doppelte der Philosophischen Restfakultät an. Nach Berlin konnte Göttingen damit im Bereich der Mathematik und der Naturwissenschaften die zweithöchste Personalzahl aufweisen. Auch am Ende unseres Dokumentationszeitraums (1941) belegte die Georgia Augusta hier nach dem Personalbestand den zweiten Platz.

Auch die inneruniversitäre institutionelle Entwicklung verlief im 19. Jahrhundert ähnlich. War Göttingen 1830 nach der Zahl der selbständigen Institutionen noch am unteren Ende der deutschen Universitäten zu finden, so gestaltete sich der Wachstumsprozeß bis 1870 vor allem in der Medizin und in den Naturwissenschaften so dynamisch, daß zu dieser Zeit der dritte bzw. erste Rangplatz eingenommen werden konnte. Danach konnte Göttingen mit der zunehmenden institutionellen Differenzierung an den deutschen Universitäten nur noch bedingt mithalten und rutschte auf einen mittleren Rang ab. Erst der enorme Ausbau der naturwissenschaftlichen Institute, vor allem in den 1920er Jahren nach der Verselbständigung zur eigenen Fakultät, sicherte der Universität wieder einen Rangplatz im oberen Viertel. Im Gegensatz zur Studenten- und Personalzahl nahm die Zahl der Institute in den 1930er Jahren vor allem durch den Ausbau der Landwirtschaft und die Angliederung der Forstlichen Hochschule Hannoversch-Münden als Fakul-

tät (1939) noch zu, so daß Gottingen nach den drei großen Universitäten am Ende unseres Dokumentationszeitraums den 4. Platz einnehmen konnte. Schon 1914 war die Juristische durch die Eingliederung der Staats- und Wirtschaftswissenschaften zur Rechts- und Staatswissenschaftlichen Fakultät geworden. Erst 1952 wurden die landwirtschaftlichen Fächer der Mathematisch-Naturwissenschaftlichen Fakultät als selbständige Fakultät ausgegliedert.

Der nationalsozialistischen »Säuberungspolitik« fielen nach 1933 insgesamt 53 Hochschullehrer zum Opfer (25% der Stelleninhaber des WS 1932/33). Besonders betroffen waren die Rechts- und Staatswissenschaftliche sowie die Mathematisch-Naturwissenschaftliche Fakultät, die fast die Hälfte bzw. ein Drittel ihrer Ordinarien verloren. 35 der 53 Entlassenen emigrierten ins Ausland. Für 9 von 102 beamteten Professoren endete das »Entnazifizierungs«-Verfahren nach 1945 mit der endgültigen Entlassung. Im September 1945 konnte die Georgia Augusta als eine der ersten deutschen Universitäten wiedereröffnet werden, da sie den Weltkrieg fast unzerstört überstanden hatte.

2. Der Bestand an Institutionen 1831/32–1944/45

Zum Verständnis vgl. die Erläuterungen S. 48 ff.

I.   Theol. Fak. ([1831/32])

1.   Theol. Sem. (1878/79–1937)
      Vereinigte theol. Sem.e (1937/38)
1.1   Theor. Abt. (1878/79)
1.1.1   Alttest. Sem. (1933/34)
1.1.2   Neutest. Sem. (1933/34)
1.1.3   Kirchengesch. Sem. (1933/34)
1.1.4   Syst. Sem. (1933/34)
1.1.5   Reformiertes Sem. (1934)
1.1.6   Religionspsychol. Arbeitsgebiet (1932)
1.1.7   Arch. Arbeitsgebiet (1933/34–38)
1.1.8   Kirchenmusikal. Arbeitsgebiet (1938)
1.2   Prakt. Abt. (1878/79)
1.2.1   Homil. Sem. ([1831/32]–1855/56)
1.2.2   Prakt.-theol. Sem. (1856–78)
2.   Theol. Ephorat ([1831/32]–1938/39)
3.   Repetenten-Kollegium (1859–1877/78)
      Theol. Stift (1878/79)
4.   Stiftung Waisenhaus (1868–1943/44)
5.   Reformiertes Studienhaus (1921/22–22/23)
6.   Theol. Sprachenkonvikt (1932)
7.   Bremer Studienhaus (1939)

II.   Jur. Fak. ([1831/32]–1913/14)
Rechts- u. Staatswiss. Fak. (1914)

1.   Spruch-Kollegium ([1831/32]–93/94)
2.   Jur. Sem. (1894)
2.1   Abt. f. Germ. Rechtsgesch. (1938/39–43/44)
2.2   Abt. f. röm. u. griechisches R. (1938/39–43/44)
2.3   Abt. f. bürgerliches R. (1938/39–43/44)
2.4   Abt. f. Zivilprozeßr. (1938/39–43/44)
2.5   Abt. f. Handelsr. u. gewerbl. Rechtsschutz (1938/39–43/44)
2.6   Abt. f. Strafr. u. Strafprozeßr. (1938/39–43/44)
2.7   Abt. f. Staats- u. Verwaltungsr. (1938/39–43/44)
3.   Sem. f. Versicherungswiss. u. Staatswiss. Sem. und Sammelstelle f. Volkswirtschaftsk. (1920–21/22)
3.1   Sem. f. Versicherungswiss. (1895/96, in IV. –1919)
3.2   Staatswiss. Sem. (1899/1900–1919/20, 22, in IV. –1919)
3.2.1   Sammelstelle f. Volkswirtschaftsk. (1898–13/14, 15–19/20, 22, in 3.1 –1900/01, in IV. –1919)
3.2.2   Abt. f. BWL (1938)
4.   Sem. f. Wirtsch.lehre d. Unternehmungen (1922/23)
5.   Juristische Praktika (1928/29–33)

6.   Sem. f. Völkerr. u. Dipl. (1930–32/33)
        Sem. f. Völkerr., Dipl. u. Außenpol. (1933–38/39)
        Sem. f. Völkerr. u. Intern. Privatr. (1939)
7.   Rechtsphilos. Sem. (1931)
8.   Inst. f. Agrarw. u. -pol. (1936/37)
        Inst. f. Agrarw. u. Wirsch.pol. (1937–42/43)
9.   Inst. f. Handwerksk. u. -pol. (1936/37)
        Sem. f. dt. Handwerksw. u. dt. Handwerkspol. (1937)
10.   Wirtsch.-Praktikantenamt Göttingen (1936/37)
11.   Inst. f. Agrar- u. Wirtschaftsr. (1938/39)
12.   Prov.-Inst. f. Landesk. v. Niedersachsen (1938/39–39/40)
        Prov.-Inst. f. Landesplanung u. Landesk. v. Niedersachsen (1940–42)
        Prov.-Inst. f. Landesplanung u. niedersächsische Landesforsch. (1942/43)

III.   Med. Fak. ([1831/32])

A.   Theoretische Einrichtungen ([1831/32])
1.   Anatomie ([1831/32])
2.   Path. Samml. (1842, Inst. 66)
3.   Physiol. u. Zoot. Inst. (1842/43–64)
        Physiol. u. anthr. Inst. (1864/65–65)
        Physiol. Inst. (1865/66–1938, 40)
        Physiol. u. Physiol.-chem. Inst. (1938/39–39/40)
4.   Pharm. Inst. (1873/74)
5.   Inst. f. med. Chem. u. Hyg. (1883–1941/42)
        Hyg. Inst. (1942)
6.   Ger.ärztl. Unterrichts-Anst. (1904–1933/34)
        Inst. f. ger. Med. (1934, u. Krim. 41)
7.   Lab. f. med. Phys. (1929/30–39/40)
        Inst. f. med. Phys. u. Biophys. (1940)
8.   Physiol.-chem. Inst. (1940)

B.   Klin. Einrichtungen ([1831/32])
9.   Akad. Hospital ([1831/32]–1851)
        Ernst-August-Hospital (1851/52–89)
9.1   Chir. Kh. ([1831/32])–1850)
        Chir. Klin. (1850/51–52, 71–89)
        Chir.-augenärztl. Klin. (1852/53–70/71)
        Chir. Klin. u. Polikl. (1889/90)
9.2   Med.-Klin. Inst. (1832–50)
        Med. Klin. (1850/51–89)
        Med. Klin. u. Polikl. (1889/90)
9.3   Klin. f. Sinneskr. (1850/51–52)
        Ophtalmol. Klin. (1871–1909)
        Augenkl. (1909/10)
10.   Entbindungsh. ([1831/32]–1858)
        Entbindungshospital (1858/59–79/80)
        Gynäk. Klin. (1880–91/92)
        Frauenkl. u. Polikl. (1892)
11.   Psych. Klin. (1867–1901)
        Univ.-Klin. u. Polikl. f. psych. u. Nervenkr. (1901/02)
12.   Polikl. f. Ohrenkr. (1884–1901/02)
        Polikl. f. Ohren- u. Nasenkr. (1902–07/08)
        Klin. u. Polikl. f. HNO-Kr. (1908)

13.   Kinderkl. u. Polikl. (1910/11)
14.   Zahnärztl. Inst. (1900–11, 1919/20)
15.   Klin. u. Polikl. f. Haut- u. Geschl.kr. (1918–44)
        Derm. Klin. u. Polikl. (1944/45)

IV.   Phil. Fak. ([1831/32], o. V. 1922/23)

1.   Philol. Sem. ([1831/32]–1921)
        Inst. f. Altertumsk. (1921/22)
2.   Arch.-numismatische Samml. (1843–1907, Inst. 1848–55/56)
3.   Päd. Sem. (1843/44–1892, 1920/21–38, Inst. 23/24–38)
        Inst. f. Psychol. u. Päd. (1938/39)
4.   Gemälde- u. Kupferstich-Samml. (1845/46–1914)
        Kunstgesch. Sem. (1914/15)
5.   Arch. Sem. (1856/57–1936/37, Inst. 07/08)
        Arch. Inst. u. Samml. d. Gipsabg. (1937)
6.   Dipl. App. (1857/58)
7.   Sem. f. m. u. n. Gesch. (1885/86)
8.   Sem. f. n. Spr. ((1886–88/89)
8.1   Sem. f. dt. Philol. (1889)
8.1.1   Abt. f. nordische Philol. (1936/37)
8.1.2   Abt. f. niedersächsische Mundartenforsch. (1936/37)
8.1.3   Inst. f. Runenforsch. (1938/39)
8.2   Sem. f. engl. Philol. (1889)
8.3   Sem. f. rom. Philol. (1889)
9.   Philos. Sem. (1887/88)
9.1   Hist. u. Syst. Abt. (1912/13–1937/38)
9.2   Psychol. Abt. (1913/14–1923, Forts. V.14.)
10.   Sem. f. or. Philol. u. allg. Spr.wiss. (1902–⟨35/36⟩)
        Sprachwiss. Sem. (⟨1937⟩)
11.   Soziol. App. (1922/23–36, Sem. 31/32)
12.   Musikwiss. Sem. (1922/23)
13.   Sinol. Sem. (1925)
14.   Vorgesch. Sem. (1929, Samml. 29–32/33)
14.1   Abt. f. nordische Arch. (1939)
15.   Semit.-isl. Sem. (1930–⟨35/36⟩)
        Vorderas. Sem. (⟨1936/37⟩)
15.1   Abt. f. Altorientalistik (1937–38)
15.2   Abt. f. Gesch. d. nahen Ostens (1937/38–38)
15.3   Sem. f. d. nahen Osten (1938/39)
16.   Ethnogr. Samml. (1931–32)
        Sem. f. Völkerk. u. Ethnogr. Samml. (1932/33–36/37)
        Inst. u. Samml. f. Völkerk. (1937)
17.   Äg. Sem. (1935)
18.   Indol. Sem. (1936/37)
19.   Sem. f. dt. Volksk. (1938/39)
20.   Slaw. App. (1938/39)

V.   Math. Naturwiss. Fak. (1922/23, vorh. IV.)

1.   Sternwarte ([1831/32])
1.1   Abt. f. prakt. Astr. (1868/69–97/98)

1.2	Abt. f. theor. Astr., Geod. u. math. Phys. (1868/69-97/98)
2.	Phys. Cab. ([1831/32]-1921/22, Inst. 1889/90)
2.1	Abt. f. Exp.-Phys. (1874/75-1921/22)
2.1.1	Erstes Phys. Inst. (1922)
2.1.2	Zweites Phys. Inst. (1922)
2.2	Abt. f. math. Phys. (1874/75-1921/22) Inst. f. theor. Phys. (1922)
2.3	Abt. f. angew. Elektrizität (1903, Inst. 1922)
2.4	Abt. f. Geophys. (1898, Inst. 03)
3.	Modell- u. Masch.-Kammer ([1831/32]-80) Samml. math. Instr. u. Modelle (1880/81-1921/22) Math. Inst. (1922)
4.	Bot. Garten ([1831/32]-89, in III. -67/68) Bot. Garten u. bot. Mus. (1889/90-1923, u. pharmakog. Samml. 1892) Bot. Inst. u. bot. Garten (1923/24)
4.1	Univ. Herbarium (1853-89, in III. -67/68)
5.	Akad. Mus. ([1831/32]-77) Naturhist. Mus. (1877/78-1919)
5.1	Zool.-zoot. Inst. (1864)
5.2	Ethnogr. Samml. (1864-1930/31, Forts. IV.16.)
5.3	Min.-pal. Samml. (1864-83/84)
5.3.1	Min.-petrogr. Inst. (1884)
5.3.2	Geol.-pal. Inst. (1884-1937)
5.3.2.1	Geol. Inst. (1937/38)
5.3.2.2	Pal. Inst. (1937/38)
6.	Chem. Lab. ([1831/32]-1903, in III. -1882/83) Allg. chem. Lab. (1903/04, Inst. 21/22, o. Allg. 43/44)
6.1	Allg. Abt. (1860-89)
6.2	Physiol. Abt. (1860-88)
6.3	Landw. Abt. (1860-89)
6.4	Chem.-technol. Samml. (1908/09-1921) Technol.-chem. Inst. (1921/22)
6.5	Pharmaz. Abt. (1917-20/21) Pharmaz.-chem. Inst. (1921-38)
7.	Math.-phys. Sem. (1850/51)
8.	Pflanzenphysiol. Inst. (1874/75, in III. -75/76)
9.	Geogr. App. (1880/81, Sem. 1905, Inst. 34)
10.	Phys.-chem. Inst. (1895)
10.1	Photochem. Abt. (1909/10-31)
10.2	Metallogr. Abt. (1927/28-38)
11.	Inst. f. anorg. Chem. (1903-37/38) Inst. f. allg. Metallk. (1938)
11.1	Metallogr. Lab. (1938/39)
12.	Inst. f. angew. Math. u. Mech. (1905/06-25)
12.1	Abt. f. angew. Math. (1905/06-25)
12.2	Abt. f. angew. Mech. (1905/06-25) Inst. f. angew. Mech. (1925/26)
13.	Inst. f. math. Stat. (1918, u. Wirtsch.-Math. 39/40)
14.	Psychol. Inst. (1923/24-38, Forts. IV.3.)
14.1	Abt. f. angew. Psychol. (1923/24-38)
15.	Sediment-petrogr. Inst. (1939)
16.	Kaiser-Wilhelm-Inst. f. Strömungsforsch. (1927/28)
17.	Aerodynamische Versuchsanst. (1927/28)

Selbständig, aber mit der Naturwiss. Fak. verb.: Landwirtschaft (1851)

18.	Direktion d. landw. Lehr-Kursus (1851-56/57) Landw. Akad. zu Göttingen-Weende (1857-71/72) Landw. Inst. (1872-1922) Landw. Inst.e (1922/23)
18.1	Tier-Arznei-Inst. ([1831/32], in III. -1921/22) Veterinär-Inst. (1922-23) Tierärztl. Inst. (1923/24)
18.2	Agrikulturchem. Inst. (1889/90, u. bodenkundl. 1924)
18.3	Landw. Versuchsfeld (1896/97-1921/22) Inst. f. Pflanzenbau, Landw. Versuchsfeld (1922, o. Landw. Versuchsfeld 24)
18.4	Landw.-bakt. Inst. (1901-23/24) Inst. f. landw. Bakt. (1924-37) Inst. f. Mikrobiol. (1937/38)
18.5	Lab. f. Chem. u. Bakt. d. Milch (1912/13-19/20) Inst. f. Tierz. u. Lab. f. Chem. u. Bakt. d. Milch (1920-23/24) Inst. f. Tierz. u. Molkereiw. (1924)
18.6	Inst. f. landw. Betriebslehre (1921, u. Landarbeitslehre 1928)
18.7	Versuchsgut Friedland/Leine (1923/24, f. Tierzucht 1936)
18.8	Inst. f. Tierernährungslehre (1923/24-38) Inst. f. Tierphysiol. u. -ernährung (1938/39)
18.9	Forstwirtsch. Lehrapp. (1927/28, u. Jagd-wirtsch. 31/32)
18.10	Inst. f. Agrarw. u. Agrarpol. (1935-36/37) Inst. f. Agrarw. u. Wirtsch.pol. (1937)
18.11	Landmaschinen-Lehrapp. (1936/37-39) Landmaschinen-Inst. (1939/40)
18.12	Versuchsgut f. Acker- u. Pflanzenbau Weende (1937)
18.13	Inst. f. koloniale Landw. (1941)

VI.   Forstl. Fak./Hann. Münden (1939)

1.	Inst. f. Bodenk. (1939)
2.	Inst. f. Bot. u. techn. Mykol. (1939-44) Inst. f. Forstbot. (1944/45)
3.	Forstzool. Inst. (1939)
4.	Inst. f. Holzchem. (1939)
5.	Inst. f. Waldbau-Grundlagen (1939)
6.	Inst. f. Waldbau-Techn. (1939)
7.	Inst. f. Forsteinrichtung u. Ertragsk. (1939)
8.	Inst. f. biol. Holzforsch. (1939)
9.	Inst. f. Forstpol. und Betriebswirtsch. (1939)
10.	Inst. f. Jagdk. (1939, u. Naturschutz 41/42)

VII.   Außerhalb d. Fak.

1.	Wiss. App. f. Studentengesch. (1929-37/38)
2.	Inst. f. Leibesüb. (1933-36/37) Hochschulinst. f. Leibesüb. (1937)

Semester 1934/35 und 1936 fehlen.

3. Die Studierenden nach Fachbereichen

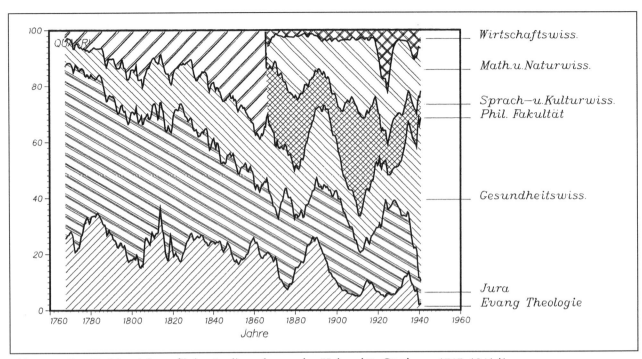

Abb. 10. 1: Das Fachbereichsprofil der Studierenden an der Universität Göttingen 1767–1941/1

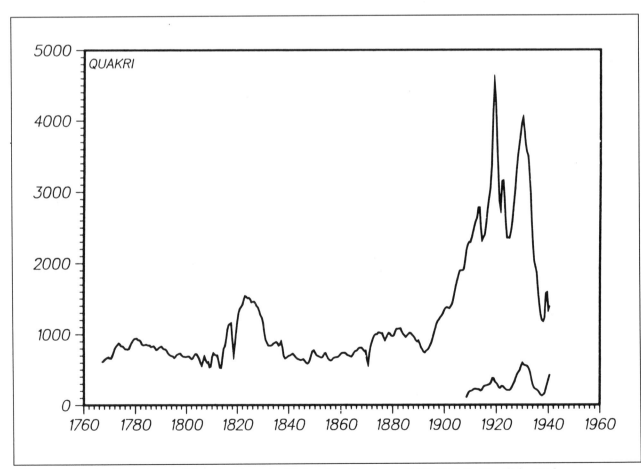

Abb. 10. 2: Die Studierenden (weibl. u. insg.) an der Universität Göttingen 1767–1941/1: Sämtliche Fächer

Tab. 10.1: Die Studierenden an der Universität Göttingen nach Fachbereichen in Prozent 1/6/–1941/1

Semester	Evang. Theol. 1	Jura 2	Allg. Med. 3	Phil. Fak. 4	Stud. insg. 5
1767	26,22	61,56	8,79	3,42	614
1767/68	25,41	61,39	9,08	4,13	606
1768	25,40	61,90	8,57	4,13	630
1768/69	26,65	61,56	8,88	2,91	653
1769	26,78	61,42	8,93	2,87	661
1769/70	26,76	61,47	8,38	3,38	680
1770	28,17	60,03	8,70	3,10	678
1770/71	27,80	60,09	8,39	3,73	644
1771	26,89	60,18	8,62	4,31	673
1771/72	25,96	60,14	8,94	4,96	705
1772	20,31	63,35	7,79	8,56	783
1772/73	21,03	67,28	6,52	5,17	813
1773	21,13	65,76	7,91	5,19	847
1773/74	21,60	65,49	8,45	4,46	852
1774	22,83	62,69	9,02	5,46	898
1774/75	21,78	63,50	8,03	6,69	822
1775	26,43	59,05	8,33	6,19	840
1775/76	26,70	60,32	7,04	5,95	824
1776	27,08	58,63	7,08	7,20	805
1776/77	29,75	56,40	7,12	6,73	773
1777	31,80	53,17	8,82	6,21	805
1777/78	31,33	51,04	9,79	7,83	766
1778	33,74	50,55	8,77	6,94	821
1778/79	32,52	51,45	8,71	7,32	861
1779	31,77	51,95	9,03	7,25	897
1779/80	30,13	51,94	9,50	8,42	926
1780	33,23	51,01	8,68	7,09	945
1780/81	33,62	50,32	9,04	7,02	940
1781	33,58	49,52	9,93	6,97	947
1781/82	33,71	49,10	11,12	6,07	890
1782	33,83	48,99	10,82	6,36	943
1782/83	32,79	49,13	11,24	6,84	863
1783	35,09	47,23	10,37	6,71	849
1783/84	33,65	49,58	10,11	6,66	841
1784	34,73	49,42	9,21	6,64	858
1784/85	32,44	51,58	9,22	6,77	857
1785	32,94	50,60	10,26	6,21	838
1785/86	31,05	51,48	10,63	6,85	847
1786	30,59	50,42	12,31	6,69	837
1786/87	30,01	49,07	11,96	8,97	803
1787	30,91	46,49	11,59	11,01	854
1787/88	27,17	47,98	11,51	13,34	817
1788	26,28	47,58	12,92	13,29	805
1788/89	28,38	47,35	13,53	10,74	754
1789	28,69	47,86	13,19	10,26	819
1789/90	26,18	50,50	12,97	10,35	802
1790	28,08	47,75	13,74	10,43	844
1790/91	25,31	50,98	13,20	10,51	818
1791	25,44	50,88	13,85	9,82	794
1791/92	24,23	51,15	13,72	10,90	780
1792	25,19	49,12	12,85	12,85	794
1792/93	22,58	49,80	14,61	13,01	753
1793	22,07	47,63	15,92	14,39	716
1793/94	22,54	47,89	16,34	13,24	710
1794	23,55	46,66	15,70	14,10	688
1794/95	24,50	47,99	14,76	12,75	698
1795	23,15	50,15	15,13	11,57	674
1795/96	21,88	51,37	17,33	9,42	658
1796	22,72	46,70	16,55	14,03	713
1796/97	23,27	48,66	14,81	13,26	709
1797	20,36	49,93	15,68	14,03	727
1797/98	18,75	49,86	14,95	16,44	736
1798	17,61	48,69	15,13	18,57	727
1798/99	16,74	49,63	16,59	17,03	681
1799	18,33	49,06	14,86	17,75	693
1799/00	17,48	52,30	15,41	14,81	675
1800	18,17	52,76	15,41	13,66	688
1800/01	18,09	52,65	14,71	14,56	680
1801	18,97	51,36	15,98	13,69	701
1801/02	17,58	51,85	14,48	16,10	677
1802	18,25	53,39	15,99	12,37	663
1802/03	20,97	52,11	13,93	12,99	639
1803	16,11	48,62	15,67	19,59	689
1803/04	16,55	52,62	14,57	16,27	707
1804	14,04	51,82	14,71	19,43	741
1804/05	16,05	54,55	13,35	16,05	704

Semester	Evang. Theol. 6	Jura 7	Allg. Med. 8	Phil. Fak. 9	Stud. insg. 10
1805	16,02	52,08	12,91	18,99	674
1805/06	15,07	49,45	13,34	22,13	637
1806	23,72	44,89	14,96	16,42	548
1806/07	25,27	43,29	14,49	16,96	566
1807	26,38	42,57	16,03	15,01	686
1807/08	24,75	45,44	15,48	14,33	691
1808	24,62	45,30	17,09	12,99	585
1808/09	23,20	43,30	19,44	14,05	612
1809	23,25	46,18	18,54	12,03	615
1809/10	27,59	40,40	20,53	11,48	453
1810	27,80	45,18	16,75	10,27	633
1810/11	25,41	47,68	16,94	9,97	732
1811	26,22	47,96	16,17	9,65	736
1811/12	27,14	46,15	15,67	11,03	689
1812	27,69	43,08	17,48	11,75	715
1812/13	26,98	43,00	18,61	11,40	693
1813	28,70	37,59	20,93	12,78	540
1813/14	36,02	35,83	17,52	10,63	508
1814	36,57	39,55	16,04	7,84	536
1814/15	28,55	43,76	17,92	9,77	809
1815	28,13	43,50	17,00	11,38	800
1815/16	26,28	43,72	16,98	13,02	860
1816	21,00	44,78	20,50	13,73	1005
1816/17	19,35	43,99	20,67	15,99	1132
1817	18,28	45,61	20,83	15,29	1138
1817/18	17,24	47,33	19,22	16,21	1160
1818	19,00	47,84	18,13	15,03	1158
1818/19	26,75	35,87	18,24	19,15	658
1819	26,38	38,32	16,67	18,64	762
1819/20	21,56	40,34	17,61	20,49	937
1820	20,30	48,84	14,94	15,92	1118
1820/21	17,93	51,55	14,90	15,62	1255
1821	21,56	50,22	14,59	13,03	1350
1821/22	19,30	52,19	14,47	14,04	1368
1822	19,26	52,78	14,98	12,98	1402
1822/23	19,03	51,44	15,79	13,74	1419
1823	17,32	54,56	14,93	13,19	1547
1823/24	17,49	55,61	14,49	12,40	1532
1824	17,05	57,25	13,77	11,93	1525
1824/25	19,31	53,70	14,20	12,79	1486
1825	20,06	52,82	15,34	11,78	1545
1825/26	21,03	50,24	16,93	11,80	1441
1826	24,11	48,21	17,77	12,74	1452
1826/27	24,11	44,66	19,45	11,78	1460
1827	24,01	44,99	19,34	11,66	1458
1827/28	25,55	42,18	20,95	11,32	1413
1828	24,80	42,30	21,81	11,09	1371
1828/29	27,20	41,34	20,42	11,04	1386
1829	27,29	41,14	21,52	10,05	1264
1829/30	27,77	40,59	20,73	10,92	1264
1830	25,02	40,23	22,69	12,05	1203
1830/31	25,02	38,91	20,04	16,03	1123
1831	25,54	38,48	20,22	15,76	920
1831/32	25,41	38,77	17,42	18,40	913
1832	26,80	37,90	17,59	17,71	847
1832/33	26,08	35,58	19,95	18,39	832
1833	25,50	36,54	21,59	16,37	843
1833/34	26,20	36,00	21,53	16,27	836
1834	26,91	35,61	20,42	17,05	862
1834/35	26,64	37,41	21,20	14,74	882
1835	26,33	37,00	21,68	14,98	881
1835/36	24,34	38,61	21,46	15,60	904
1836	24,36	40,98	20,49	14,17	854
1836/37	24,06	40,22	19,81	15,92	823
1837	23,87	41,44	19,59	15,09	888
1837/38	22,00	39,82	20,02	18,15	909
1838	23,86	32,83	20,14	23,17	725
1838/39	23,93	33,69	21,49	20,88	656
1839	24,85	33,13	22,44	19,58	664
1839/40	24,15	36,44	20,74	18,67	675
1840	24,82	36,08	20,20	18,90	693
1840/41	23,72	38,07	19,89	18,32	704
1841	23,47	33,14	21,19	22,19	703
1841/42	24,86	33,93	20,05	21,15	728
1842	23,76	36,81	19,51	19,92	728
1842/43	24,31	34,01	20,26	21,42	691
1843	24,96	31,76	20,97	22,30	677
1843/44	23,77	29,17	25,15	21,91	648
1844	22,24	29,45	23,47	24,85	652
1844/45	20,72	32,18	22,45	24,65	637

Tab. 10. 1: Die Studierenden an der Universität Göttingen nach Fachbereichen in Prozent 1767–1941/1

| | Evang. Theol. | Jura | Gesundheitswissenschaften | | | | Sprach und Kultur wiss. | Math., Naturw. | | Wirt- sch., Agrar- und Forst. wiss. | Studierende | | |
			insg.	Allg. Med.	Zahn- med.	Phar- mazie		insg.	Chemie		insg.	weibl. in % aller Stud.	Ausl. in % aller Stud.
Semester	1	2	3	4	5	6	7	8	9	10	11	12	13
1845	20,70	32,07	20,85	20,85	.	.	26,38	.	.	.	633	.	.
1845/46	22,21	30,32	22,97	22,97	.	.	24,50	.	.	.	653	.	.
1846	21,88	29,89	22,80	22,80	.	.	25,42	.	.	.	649	.	.
1846/47	23,32	30,38	21,51	21,51	.	.	24,79	.	.	.	609	.	.
1847	24,87	31,64	20,14	20,14	.	.	23,35	.	.	.	591	.	.
1847/48	22,16	32,13	21,13	21,13	.	.	24,57	.	.	.	582	.	.
1848	23,53	33,33	20,75	20,75	.	.	22,39	.	.	.	612	.	.
1848/49	20,66	34,73	21,41	21,41	.	.	23,20	.	.	.	668	.	.
1849	19,68	34,37	20,35	20,35	.	.	25,61	.	.	.	742	.	.
1849/50	18,50	37,90	20,28	20,28	.	.	23,32	.	.	.	789	.	.
1850	17,93	37,43	20,68	20,68	.	.	23,95	.	.	.	764	.	.
1850/51	16,64	36,08	20,70	20,70	.	.	26,57	.	.	.	715	.	.
1851	17,94	35,17	23,88	23,88	.	.	23,01	.	.	.	691	.	.
1851/52	17,93	31,99	22,38	22,38	.	.	27,69	.	.	.	697	.	.
1852	16,25	34,12	21,27	21,27	.	.	28,36	.	.	.	677	.	.
1852/53	16,32	30,42	23,29	23,29	.	.	29,97	.	.	.	674	.	.
1853	17,04	33,03	23,47	23,47	.	.	26,46	.	.	.	669	.	.
1853/54	18,17	31,04	22,32	22,32	.	.	28,47	.	.	.	699	.	.
1854	18,27	34,17	22,47	22,47	.	.	25,10	.	.	.	761	.	.
1854/55	17,53	32,40	20,90	20,90	.	.	29,17	.	.	.	713	.	.
1855	19,17	33,14	20,95	20,95	.	.	26,75	.	.	.	673	.	.
1855/56	17,50	33,59	20,31	20,31	.	.	28,59	.	.	.	640	.	5,00
1856	20,31	33,54	17,48	17,48	.	.	28,66	.	.	.	635	.	5,67
1856/57	19,55	30,13	19,71	19,71	.	.	30,61	.	.	.	624	.	6,89
1857	20,27	29,12	20,88	20,88	.	.	29,73	.	.	.	656	.	5,03
1857/58	21,13	27,98	18,45	18,45	.	.	32,44	.	.	.	672	.	6,25
1858	23,67	28,40	17,46	17,46	.	.	30,47	.	.	.	676	.	6,51
1858/59	24,23	26,28	16,59	16,59	.	.	32,89	.	.	.	681	.	7,20
1859	24,67	24,37	17,87	17,87	.	.	33,09	.	.	.	677	.	5,17
1859/60	25,94	23,63	17,15	17,15	.	.	33,29	.	.	.	694	.	5,04
1860	25,70	20,67	19,69	19,69	.	.	33,94	.	.	.	716	.	6,15
1860/61	23,13	18,91	19,46	19,46	.	.	38,50	.	.	.	735	.	6,53
1861	24,46	19,76	19,22	19,22	.	.	36,56	.	.	.	744	.	5,91
1861/62	23,88	21,03	18,05	18,05	.	.	37,04	.	.	.	737	.	6,38
1862	22,48	21,94	18,30	18,30	.	.	37,28	.	.	.	743	.	5,79
1862/63	20,17	21,58	19,75	19,75	.	.	38,50	.	.	.	709	.	5,64
1863	19,14	23,29	18,29	18,29	.	.	39,29	.	.	.	700	.	5,57
1863/64	18,60	25,32	18,60	18,60	.	.	37,48	.	.	.	699	.	5,15
1864	18,33	27,13	17,74	17,74	.	.	36,80	.	.	.	682	.	5,43
1864/65	18,62	24,78	18,04	18,04	.	.	38,56	.	.	.	682	.	7,18
1865	20,05	27,20	18,13	18,13	.	.	34,62	.	.	.	728	.	7,42
1865/66	19,47	25,17	20,93	20,93	.	.	34,44	.	.	.	755	.	6,75
1866	20,00	26,45	18,71	18,71	.	.	34,84	.	.	.	775	.	5,94
1866/67	21,14	26,29	24,97	21,00	0,13	3,83	14,53	7,13	.	5,94	757	.	4,49
1867	19,80	23,23	24,45	19,80	0,37	4,28	17,60	8,92	.	5,99	818	.	4,28
1867/68	20,37	21,24	24,72	19,75	0,00	4,97	20,75	7,70	.	5,22	805	.	5,22
1868	19,10	22,26	24,33	19,10	0,00	5,23	21,17	9,00	.	4,14	822	.	4,62
1868/69	18,89	20,91	25,06	19,27	0,00	5,79	20,91	10,45	.	3,78	794	.	6,05
1869	18,22	20,41	25,45	18,48	0,39	6,59	22,35	11,63	.	1,94	774	.	5,68
1869/70	16,38	19,06	27,79	20,81	0,13	6,85	23,76	10,20	.	2,82	745	.	6,04
1870	19,25	18,99	24,78	17,86	0,63	6,29	26,16	8,55	.	2,26	795	.	5,91
1870/71	18,37	16,08	20,04	14,82	0,63	4,59	34,03	10,23	.	1,25	479	.	6,47
1871	17,19	18,39	26,31	19,88	0,45	5,98	26,31	10,46	.	1,35	669	.	5,68
1871/72	14,05	17,66	27,11	21,39	0,50	5,22	25,62	13,43	.	2,11	804	.	5,85
1872	12,17	21,35	23,88	18,48	0,57	4,82	25,95	14,70	.	1,95	871	.	6,77
1872/73	10,29	25,24	22,32	17,55	0,33	4,44	26,22	13,65	.	2,28	923	.	6,39
1873	11,25	27,30	19,43	15,34	0,20	3,89	26,58	13,29	.	2,15	978	.	5,73
1873/74	10,10	28,60	20,30	15,40	0,20	4,70	25,80	12,90	.	2,30	1000	.	6,70
1874	9,54	29,52	17,59	13,42	0,20	3,98	25,84	15,11	.	2,39	1006	.	6,66
1874/75	8,78	32,49	16,75	12,82	0,20	3,73	23,11	15,94	.	2,93	991	.	6,66
1875	8,00	35,40	15,16	11,49	0,19	3,48	22,88	16,01	.	2,54	1062	.	8,29
1875/76	7,91	35,70	15,92	12,47	0,20	3,25	21,81	16,33	.	2,33	986	.	5,27
1876	7,40	35,77	14,04	10,77	0,29	2,98	22,31	18,27	.	2,21	1040	.	5,38
1876/77	7,16	32,69	15,94	12,31	0,10	3,53	22,81	18,67	.	2,72	991	.	5,85
1877	9,38	30,86	14,39	11,01	0,00	3,38	22,68	20,50	.	2,18	917	.	5,89
1877/78	9,46	30,25	16,61	12,65	0,00	3,96	21,23	19,58	.	2,86	909	.	6,93
1878	9,51	31,28	14,57	11,54	0,00	3,04	22,47	20,04	.	2,13	988	.	6,98
1878/79	9,19	27,98	15,56	13,03	0,00	2,53	23,84	20,51	.	2,93	990	.	6,57
1879	11,42	25,88	15,51	13,42	0,00	2,09	24,36	20,65	.	2,19	1051	.	5,71
1879/80	12,95	18,96	17,31	15,13	0,00	2,18	25,70	21,97	.	3,11	965	.	5,28

Tab. 10.1: Die Studierenden an der Universität Göttingen nach Fachbereichen in Prozent 1767–1941/1

| | Evang. Theol. | Jura | Gesundheitswissenschaften | | | | Sprach und Kultur wiss. | Math., Naturw. | | Wirt-sch., Agrar- und Forst. wiss. | Studierende | | |
| | | | insg. | Allg. Med. | Zahn-med. | Phar-mazie | | insg. | Chemie | | insg. | weibl. in % aller Stud. | Ausl. in % aller Stud. |
Semester	1	2	3	4	5	6	7	8	9	10	11	12	13
1880	14,82	18,38	16,95	15,03	0,00	1,93	26,29	21,62	.	1,93	985	.	4,97
1880/81	15,75	19,50	17,62	15,54	0,00	2,09	23,98	21,17	.	1,98	959	.	4,59
1881	14,87	18,16	17,37	15,07	0,10	2,20	24,35	22,95	.	2,30	1002	.	5,29
1881/82	15,59	17,74	17,18	15,03	0,09	2,05	24,56	22,41	.	2,52	1071	.	5,98
1882	16,07	17,64	15,97	14,13	0,00	1,85	26,41	21,70	.	2,22	1083	.	4,71
1882/83	16,84	17,87	17,69	15,71	0,00	1,98	24,55	20,88	.	2,16	1063	.	5,46
1883	17,84	18,48	18,84	16,67	0,00	2,17	22,64	20,56	.	1,63	1104	.	4,35
1883/84	16,45	16,82	19,64	17,01	0,09	2,54	23,68	21,62	.	1,79	1064	.	6,20
1884	17,23	15,54	21,39	18,71	0,00	2,67	23,66	20,79	.	1,39	1010	.	5,15
1884/85	18,33	15,61	22,16	19,13	0,00	3,02	23,77	18,93	.	1,21	993	.	5,94
1885	20,53	17,66	22,18	19,92	0,00	2,26	20,84	17,45	.	1,33	974	.	6,06
1885/86	22,87	14,15	22,13	20,74	0,00	1,38	20,96	17,55	.	2,34	940	.	6,28
1886	23,60	14,55	23,11	21,44	0,10	1,57	18,88	17,31	.	2,56	1017	.	7,18
1886/87	23,33	14,50	24,65	22,62	0,10	1,93	16,43	18,36	.	2,74	986	.	7,71
1887	23,77	16,76	25,00	23,01	0,09	1,89	17,33	15,72	.	1,42	1056	.	7,58
1887/88	24,44	15,24	24,74	22,80	0,10	1,84	17,18	16,97	.	1,43	978	.	7,67
1888	25,45	16,90	24,55	22,96	0,00	1,59	16,10	15,61	.	1,39	1006	.	8,75
1888/89	26,38	16,49	24,89	22,77	0,00	2,13	15,43	15,32	.	1,49	940	.	10,21
1889	24,45	17,87	25,60	23,82	0,21	1,57	14,94	15,26	.	1,88	957	.	9,40
1889/90	24,80	19,44	26,89	24,56	0,00	2,33	14,20	12,34	.	2,33	859	.	6,17
1890	26,59	21,10	24,43	23,25	0,11	1,08	13,78	12,38	.	1,72	929	.	6,57
1890/91	25,25	21,34	25,36	23,91	0,34	1,12	12,51	12,74	.	2,79	895	.	8,04
1891	24,82	19,69	27,92	26,25	0,24	1,43	13,37	12,41	.	1,79	838	.	6,21
1891/92	23,13	20,33	29,35	26,94	0,25	2,16	13,72	10,29	.	3,18	787	.	6,61
1892	22,39	21,76	27,99	26,34	0,00	1,65	13,23	11,70	.	2,93	786	.	7,38
1892/93	21,77	22,19	27,67	25,70	0,00	1,97	13,62	10,81	.	3,93	712	.	6,88
1893	20,26	21,96	27,97	26,41	0,00	1,57	13,20	12,29	.	4,31	765	.	6,67
1893/94	19,69	24,38	27,77	25,16	0,13	2,48	12,65	11,47	.	4,04	767	.	6,91
1894	19,34	25,92	28,95	26,42	0,38	2,15	11,50	11,00	.	3,29	791	.	6,32
1894/95	17,52	25,84	28,57	25,71	0,62	2,24	11,55	13,29	.	3,23	805	.	8,20
1895	17,51	26,43	27,23	25,06	0,57	1,60	11,10	14,07	.	3,66	874	.	7,67
1895/96	16,29	27,90	28,02	25,40	0,68	1,94	10,82	12,64	.	4,33	878	.	7,97
1896	13,76	28,71	28,81	25,72	0,70	2,39	12,16	13,36	.	3,19	1003	.	7,88
1896/97	12,87	29,76	25,74	22,99	0,59	2,16	13,56	14,44	.	3,63	1018	.	7,27
1897	13,73	29,23	24,21	21,04	0,79	2,38	13,20	17,08	.	2,55	1136	.	7,22
1897/98	11,82	28,58	24,24	21,03	0,61	2,61	12,68	17,98	.	4,69	1151	.	8,17
1898	11,60	28,84	21,65	18,55	0,57	2,53	14,62	19,53	.	3,76	1224	.	8,66
1898/99	11,35	29,60	21,45	18,84	0,59	2,02	14,97	18,84	.	3,78	1189	.	8,41
1899	10,99	31,27	19,89	17,80	0,54	1,55	14,86	19,97	.	3,02	1292	.	7,28
1899/00	10,18	32,74	18,81	16,45	0,49	1,87	14,82	20,20	.	3,26	1228	.	6,43
1900	10,16	32,05	18,25	16,10	0,45	1,71	14,09	22,11	.	3,34	1348	.	6,38
1900/01	8,28	32,51	17,61	15,20	0,90	1,50	14,82	22,95	.	3,84	1329	.	8,95
1901	8,58	29,77	16,73	13,61	0,99	2,13	16,58	23,95	.	4,39	1411	.	7,30
1901/02	8,46	32,15	15,00	12,25	0,89	1,86	16,78	23,39	.	4,23	1347	.	7,13
1902	7,85	30,60	14,40	11,95	0,94	1,51	18,29	25,49	.	3,38	1389	.	6,62
1902/03	6,68	31,13	13,20	11,10	0,60	1,50	19,73	25,21	.	4,05	1333	.	7,43
1903	7,04	27,83	12,91	10,64	0,90	1,38	23,27	25,55	6,35	3,38	1448	.	7,39
1903/04	7,13	27,86	12,53	10,01	1,37	1,15	24,19	24,55	6,48	3,74	1389	.	7,49
1904	6,94	27,45	12,70	10,19	1,25	1,25	26,45	22,76	5,75	3,69	1599	.	7,75
1904/05	6,59	26,80	12,62	10,17	1,00	1,44	28,12	22,28	5,59	3,58	1593	.	7,78
1905	6,40	25,31	12,51	10,04	1,01	1,46	29,97	22,28	4,94	3,54	1782	.	6,85
1905/06	5,58	25,95	12,20	9,38	1,32	1,50	31,76	21,00	5,98	3,51	1738	.	7,36
1906	6,02	23,74	12,62	9,27	1,39	1,96	30,74	23,17	4,69	3,71	1942	.	9,22
1906/07	5,29	24,16	13,70	10,14	1,89	1,67	31,55	21,41	5,23	3,88	1854	.	9,60
1907	5,70	23,87	12,73	9,09	1,85	1,80	33,47	21,00	3,95	3,23	1948	.	9,19
1907/08	5,58	23,84	13,76	10,62	1,63	1,52	33,10	20,96	3,41	2,76	1846	.	7,85
1908	5,30	21,67	14,44	11,26	1,87	1,31	33,23	22,83	3,79	2,53	1980	.	8,23
1908/09	4,82	20,05	15,13	11,55	2,15	1,43	34,56	22,15	3,63	3,29	2095	4,01	7,11
1909	4,96	19,81	13,92	11,16	1,62	1,14	33,99	24,07	3,65	3,25	2277	5,62	7,95
1909/10	5,14	19,65	13,98	11,75	1,30	0,94	34,26	22,73	2,90	4,24	2239	7,46	6,88

Tab. 10. 1: Die Studierenden an der Universität Göttingen nach Fachbereichen in Prozent 1767–1941/1

| | Evang. Theol. | Jura | Gesundheitswissenschaften | | | | Sprach und Kultur wiss. | Math., Naturw. | | Wirt-sch., Agrar- und Forst. wiss. | Studierende | | |
| | | | insg. | Allg. Med. | Zahn-med. | Phar-mazie | | insg. | Chemie | | insg. | weibl. in % aller Stud. | Ausl. in % aller Stud. |
Semester	1	2	3	4	5	6	7	8	9	10	11	12	13
1910	4,89	17,30	12,63	11,18	0,89	0,55	36,61	25,26	3,02	3,32	2352	8,63	6,76
1910/11	4,67	16,67	12,71	11,41	0,81	0,49	36,21	26,01	2,79	3,73	2226	8,72	6,51
1911	5,17	15,06	12,96	11,51	0,93	0,53	36,63	27,14	3,35	3,03	2476	8,28	6,66
1911/12	5,17	15,34	13,13	12,67	0,08	0,38	35,93	27,22	3,25	3,21	2399	9,09	5,75
1912	6,25	15,22	14,00	13,40	0,08	0,53	32,82	29,37	3,03	2,35	2642	8,93	6,81
1912/13	6,82	13,83	16,12	15,45	0,04	0,63	32,03	28,21	3,11	2,99	2538	8,75	5,91
1913	8,21	14,07	16,82	16,05	0,00	0,77	29,13	28,58	3,37	3,19	2729	8,21	6,41
1913/14	9,24	14,71	16,73	16,06	0,00	0,67	27,88	27,77	3,53	3,67	2834	7,76	5,61
1914	9,81	15,04	17,16	16,54	0,00	0,62	26,56	27,84	3,70	3,59	2733	7,90	6,11
1914/15	11,04	15,64	17,60	17,11	0,00	0,49	27,39	26,05	2,73	2,28	2238	8,09	1,34
1915	10,16	14,11	18,28	17,82	0,00	0,46	28,02	25,73	2,62	3,71	2402	9,99	1,33
1915/16	9,52	13,96	19,17	18,61	0,00	0,56	27,36	26,11	2,93	3,88	2321	10,90	1,59
1916	9,38	13,80	19,12	18,51	0,00	0,61	28,30	25,38	3,00	4,02	2463	11,65	1,54
1916/17	10,08	16,51	19,25	18,61	0,00	0,65	27,21	24,09	2,97	2,85	2628	10,05	1,48
1917	9,37	16,92	19,62	18,88	0,03	0,70	26,29	24,90	2,59	2,90	2860	10,31	1,47
1917/18	8,75	18,28	19,26	18,65	0,03	0,58	27,23	23,67	2,68	2,81	2949	9,56	1,29
1918	8,04	19,84	19,26	18,69	0,00	0,58	27,05	22,88	2,85	2,92	3120	9,65	1,41
1918/19	6,84	21,04	23,24	22,48	0,14	0,61	25,18	20,34	3,45	3,36	3598	9,12	1,56
1919	6,78	22,58	23,96	22,22	0,84	0,90	22,50	19,55	4,28	4,63	4645	9,32	0,93
ZS.1919	.	.	.	.	.	.	100,00	.	.	.	2535	.	.
1919/20	6,47	23,07	22,91	20,18	1,95	0,79	20,79	19,66	4,91	7,10	4421	7,26	1,29
1920	6,55	22,41	21,62	18,33	2,69	0,60	20,39	21,43	5,69	7,61	4168	7,80	1,94
1920/21	6,28	23,97	23,64	17,72	5,06	0,85	15,43	19,34	6,62	11,34	3279	8,91	2,56
1921	5,89	25,76	23,39	17,03	5,21	1,14	14,81	18,79	7,56	11,35	3241	8,52	3,49
1921/22	4,77	22,23	20,61	14,92	4,41	1,29	14,19	21,02	8,57	17,18	2474	8,41	4,49
1922	5,75	27,25	19,82	14,53	3,62	1,68	13,05	17,75	7,53	16,37	3042	8,65	5,03
1922/23	4,93	28,53	18,36	13,42	3,37	1,56	12,01	18,05	7,05	18,11	3263	8,43	6,16
1923	4,45	32,36	16,12	12,18	2,42	1,51	11,04	18,93	7,50	17,10	3053	8,35	.
1923/24	4,72	33,35	15,17	11,22	2,27	1,68	11,15	17,95	7,17	17,66	2735	8,59	5,56
1924	6,05	34,05	13,43	9,74	1,51	2,18	9,87	18,98	8,02	17,63	2382	9,03	6,26
1924/25	5,78	29,96	12,80	9,48	1,08	2,24	9,83	17,24	7,50	24,40	2320	8,62	5,04
1925	6,36	29,59	11,80	8,37	1,47	1,97	12,14	19,92	7,16	20,18	2389	9,33	4,02
1925/26	5,42	31,07	11,83	8,58	1,43	1,82	13,43	20,19	6,24	18,07	2308	8,23	3,55
1926	5,43	31,32	11,59	8,57	1,63	1,40	15,12	23,10	5,08	13,45	2580	9,65	2,83
1926/27	5,09	32,25	11,48	8,86	1,77	0,85	16,42	22,77	4,62	11,98	2595	9,90	3,16
1927	5,63	32,43	12,08	8,70	2,75	0,63	16,74	24,55	4,07	8,57	3022	10,79	2,08
1927/28	5,93	33,49	11,03	7,62	2,52	0,89	17,52	25,11	4,17	6,92	3019	11,13	2,88
1928	5,34	33,62	12,07	8,44	2,88	0,75	17,64	25,99	3,61	5,34	3578	12,35	2,54
1928/29	5,96	32,99	12,01	8,27	2,92	0,82	17,91	25,83	3,54	5,29	3422	12,57	2,83
1929	6,90	30,85	13,11	8,83	3,53	0,75	18,57	26,81	3,48	3,76	3883	12,85	2,99
1929/30	7,27	30,07	14,10	9,77	3,55	0,78	18,44	25,60	3,66	4,52	3715	13,08	3,04
1930	7,62	28,57	14,98	10,51	3,64	0,83	19,48	26,22	3,57	3,12	4225	14,89	3,12
1930/31	8,39	27,63	16,54	11,69	3,90	0,96	17,63	25,99	4,02	3,82	3851	14,75	2,86
1931	7,63	27,19	18,12	12,76	4,33	1,03	17,14	26,21	4,10	3,71	3880	14,74	2,71
1931/32	8,73	23,79	20,80	15,52	4,44	0,84	15,61	27,18	3,10	3,89	3447	15,84	3,34
1932	10,49	23,98	21,55	15,78	4,67	1,09	13,90	26,38	4,37	3,71	3662	15,59	3,52
1932/33	11,94	21,16	23,49	17,64	4,69	1,16	13,94	25,40	3,97	4,06	3350	15,64	4,06
1933	11,83	22,26	25,00	18,59	4,91	1,50	13,97	23,09	4,21	3,86	3136	15,91	.
1933/34	12,47	20,21	27,85	20,60	5,58	1,67	13,07	22,42	4,23	3,98	2815	14,53	.
1934	11,44	22,45	29,75	22,45	5,74	1,55	11,79	20,29	4,15	4,27	2316	13,64	2,94
1934/35	14,21	21,75	31,38	22,84	6,22	2,32	10,49	17,76	3,50	4,41	2202	11,67	.
1935	13,29	19,53	34,00	25,44	6,19	2,37	11,62	16,35	3,77	5,22	1859	12,05	.
1935/36	11,27	19,56	34,41	26,23	5,59	2,60	11,42	16,96	3,38	6,37	2040	10,98	.
1936	9,33	17,37	37,09	28,06	5,91	3,13	11,93	17,48	3,78	6,79	1693	12,17	.
1936/37	9,28	15,38	37,51	29,92	4,80	2,79	11,62	17,20	3,76	9,02	1541	12,72	.
1937	8,55	13,28	38,55	30,84	4,66	3,05	12,90	16,95	4,50	9,77	1310	11,91	5,95
1937/38	6,77	15,42	38,34	33,61	2,77	1,96	11,17	17,62	4,81	10,69	1226	10,44	.
1938	6,42	16,05	36,77	33,13	2,17	1,47	12,23	18,04	5,90	10,49	1153	11,10	.
1938/39	7,02	14,87	37,01	34,34	2,67	0,00	12,03	20,38	7,18	8,69	1197	13,37	.
1939	7,64	12,25	36,99	35,32	1,67	0,00	11,93	19,73	6,44	11,46	1257	12,49	.
1939/40	2,78	10,80	56,61	55,76	0,84	0,00	3,74	18,77	13,52	7,30	1657	16,54	.
1940/1	2,05	8,64	62,14	61,45	0,68	0,00	6,16	15,48	10,32	5,53	1899	15,43	.
1940/2	1,63	10,74	51,21	50,35	0,86	0,00	9,88	19,92	12,30	6,61	1285	23,19	1,32
1940/3	2,22	7,70	58,56	57,76	0,80	0,00	9,98	15,76	8,07	5,79	1624	27,52	.
1941/1	2,37	8,03	58,06	57,35	0,72	0,00	9,75	15,34	7,46	6,45	1395	30,75	.

4. Die Studierenden nach Fächern

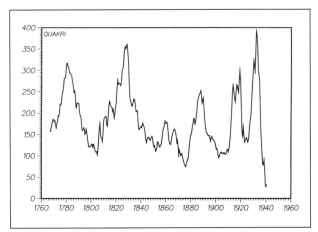

Abb. 10. 3: Die Studierenden an der Universität Göttingen 1767–1941/1: Evangelische Theologie

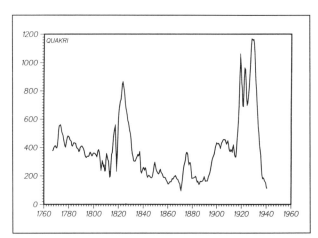

Abb. 10. 4: Die Studierenden an der Universität Göttingen 1767–1941/1: Jura

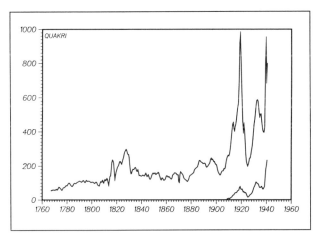

Abb. 10. 5: Die Studierenden (weibl. u. insg.) an der Universität Göttingen 1767–1941/1: Allgemeine Medizin

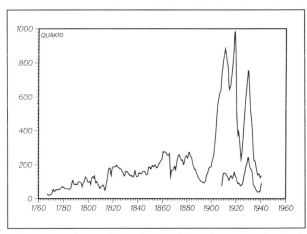

Abb. 10. 6: Die Studierenden (weibl. u. insg.) an der Universität Göttingen 1767–1941/1: Sprach- und Kulturwissenschaften

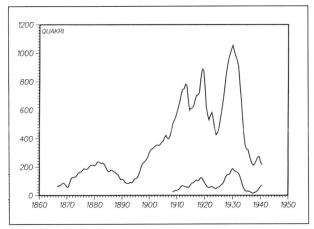

Abb. 10.7: Die Studierenden (weibl. u. insg.) an der Universität Göttingen 1866/67–1941/1: Mathematik und Naturwissenschaften

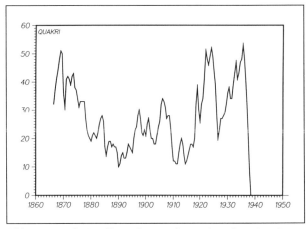

Abb. 10. 8: Die Studierenden an der Universität Göttingen 1866/67–1938: Pharmazie

Tab. 10. 2: Die Einzelfachströme an der Universität Göttingen nach Staatsangehörigkeit und Geschlecht 1767–1941/1

Semester	Evang. Theol.	Jura	Medi- zin	Phil. Fak.	Stud. insg.
	1	2	3	4	5
1767	161	378	54	21	614
1767/68	154	372	55	25	606
1768	160	390	54	26	630
1768/69	174	402	58	19	653
1769	177	406	59	19	661
1769/70	182	418	57	23	680
1770	191	407	59	21	678
1770/71	179	387	54	24	644
1771	181	405	58	29	673
1771/72	183	424	63	35	705
1772	159	496	61	67	783
1772/73	171	547	53	42	813
1773	179	557	67	44	847
1773/74	184	558	72	38	852
1774	205	563	81	49	898
1774/75	179	522	66	55	822
1775	222	496	70	52	840
1775/76	220	497	58	49	824
1776	218	472	57	58	805
1776/77	230	436	55	52	773
1777	256	428	71	50	805
1777/78	240	391	75	60	766
1778	277	415	72	57	821
1778/79	280	443	75	63	861
1779	285	466	81	65	897
1779/80	279	481	88	78	926
1780	314	482	82	67	945
1780/81	316	473	85	66	940
1781	318	469	94	66	947
1781/82	300	437	99	54	890
1782	319	462	102	60	943
1782/83	283	424	97	59	863
1783	303	401	88	57	849
1783/84	283	417	85	56	841
1784	298	424	79	57	858
1784/85	278	442	79	58	857
1785	276	424	86	52	838
1785/86	263	436	90	58	847
1786	256	422	103	56	837
1786/87	241	394	96	72	803
1787	264	397	99	94	854
1787/88	222	392	94	109	817
1788	211	383	104	107	805
1788/89	214	357	102	81	754
1789	235	392	108	84	819
1789/90	210	405	104	83	802
1790	237	403	116	88	844
1790/91	207	417	108	86	818
1791	202	404	110	78	794
1791/92	189	399	107	85	780
1792	200	390	102	102	794
1792/93	170	375	110	98	753
1793	158	341	114	103	716
1793/94	160	340	116	94	710
1794	162	321	108	97	688
1794/95	171	335	103	89	698
1795	156	338	102	78	674
1795/96	144	338	114	62	658
1796	162	333	118	100	713
1796/97	165	345	105	94	709
1797	148	363	114	102	727
1797/98	138	367	110	121	736
1798	128	354	110	135	727
1798/99	114	338	113	116	681
1799	127	340	103	123	693
1799/00	118	353	104	100	675
1800	125	363	106	94	688
1800/01	123	358	100	99	680
1801	133	360	112	96	701
1801/02	119	351	98	109	677
1802	121	354	106	82	663
1802/03	134	333	89	83	639
1803	111	335	108	135	689
1803/04	117	372	103	115	707
1804	104	384	109	144	741
1804/05	113	384	94	113	704
1805	108	351	87	128	674
1805/06	96	315	85	141	637
1806	130	246	82	90	548
1806/07	143	245	82	96	566
1807	181	292	110	103	686
1807/08	171	314	107	99	691
1808	144	265	100	76	585
1808/09	142	265	119	86	612
1809	143	284	114	74	615
1809/10	125	183	93	52	453
1810	176	286	106	65	633
1810/11	186	349	124	73	732
1811	193	353	119	71	736
1811/12	187	318	108	76	689
1812	198	308	125	84	715
1812/13	187	298	129	79	693
1813	155	203	113	69	540
1813/14	183	182	89	54	508
1814	196	212	86	42	536
1814/15	231	354	145	79	809
1815	225	348	136	91	800
1815/16	226	376	146	112	860
1816	211	450	206	138	1005
1816/17	219	498	234	181	1132
1817	208	519	237	174	1138
1817/18	200	549	223	188	1160
1818	220	554	210	174	1158
1818/19	176	236	120	126	658
1819	201	292	127	142	762
1819/20	202	378	165	192	937
1820	227	546	167	178	1118
1820/21	225	647	187	196	1255
1821	291	678	197	184	1350
1821/22	264	714	198	192	1368
1822	270	740	210	182	1402
1822/23	270	730	224	195	1419
1823	268	844	231	204	1547
1823/24	268	852	222	190	1532
1824	260	873	210	182	1525
1824/25	287	798	211	190	1486
1825	310	816	237	182	1545
1825/26	303	724	244	170	1441
1826	309	700	258	185	1452
1826/27	352	652	284	172	1460
1827	350	656	282	170	1458
1827/28	361	596	296	160	1413
1828	340	580	299	152	1371
1828/29	377	573	283	153	1386
1829	345	520	272	127	1264
1829/30	351	513	262	138	1264

Tab. 10. 2: Die Einzelfachströme an der Universität Göttingen nach Staatsangehörigkeit und Geschlecht 1767–1941/1

Semester	Evang. Theol.	Jura	Medi- zin	Phil. Fak.	Stud. insg.	Ausl. in %
	1	2	3	4	5	6
1830	301	484	273	145	1203	.
1830/31	281	437	225	180	1123	.
1831	235	354	186	145	920	.
1831/32	232	354	159	168	913	.
1832	227	321	149	150	847	.
1832/33	217	296	166	153	832	.
1833	215	308	182	138	843	.
1833/34	219	301	180	136	836	.
1834	232	307	176	147	862	.
1834/35	235	330	187	130	882	.
1835	232	326	191	132	881	.
1835/36	220	349	194	141	904	.
1836	208	350	175	121	854	.
1836/37	198	331	163	131	823	.
1837	212	368	174	134	888	.
1837/38	200	362	182	165	909	.
1838	173	238	146	168	725	.
1838/39	157	221	141	137	656	.
1839	165	220	149	130	664	.
1839/40	163	246	140	126	675	.
1840	172	250	140	131	693	.
1840/41	167	268	140	129	704	.
1841	165	233	149	156	703	.
1841/42	181	247	146	154	728	.
1842	173	268	142	145	728	.
1842/43	168	235	140	148	691	.
1843	169	215	142	151	677	.
1843/44	154	189	163	142	648	.
1844	145	192	153	162	652	.
1844/45	132	205	143	157	637	.
1845	131	203	132	167	633	.
1845/46	145	198	150	160	653	.
1846	142	194	148	165	649	.
1846/47	142	185	131	151	609	.
1847	147	187	119	138	591	.
1847/48	129	187	123	143	582	.
1848	144	204	127	137	612	.
1848/49	138	232	143	155	668	.
1849	146	255	151	190	742	.
1849/50	146	299	160	184	789	.
1850	137	286	158	183	764	.
1850/51	119	258	148	190	715	.
1851	124	243	165	159	691	.
1851/52	125	223	156	193	697	.
1852	110	231	144	192	677	.
1852/53	110	205	157	202	674	.
1853	114	221	157	177	669	.
1853/54	127	217	156	199	699	.
1854	139	260	171	191	761	.
1854/55	125	231	149	208	713	.
1855	129	223	141	180	673	.
1855/56	112	215	130	183	640	.
1856	129	213	111	182	635	.
1856/57	122	188	123	191	624	.
1857	133	191	137	195	656	.
1857/58	142	188	124	218	672	.
1858	160	192	118	206	676	.
1858/59	165	179	113	224	681	.
1859	167	165	121	224	677	.
1859/60	180	164	119	231	694	.
1860	184	148	141	243	716	.
1860/61	170	139	143	283	735	.
1861	182	147	143	272	744	.
1861/62	176	155	133	273	737	.
1862	167	163	136	277	743	.
1862/63	143	153	140	273	709	.
1863	134	163	128	275	700	.
1863/64	130	177	130	262	699	.
1864	125	185	121	251	682	.
1864/65	127	169	123	263	682	.
1865	146	198	132	252	728	.
1865/66	147	190	158	260	755	.
1866	155	205	145	270	775	.

Tab. 10. 2: Die Einzelfachströme an der Universität Göttingen nach Staatsangehörigkeit und Geschlecht 1767–1941/1

	Evang. Theol.		Jura		Medizin		Zahnmedizin		Pharmazie		Philol., Gesch.		Math., Naturw.	
	insg.	Ausl. in %	insg.	Ausl. in %	insg.	Ausl. in %	insg.	Ausl. in %	insg.	Ausl. in %	insg.	Ausl. in %	insg.	Ausl. in %
Semester	1	2	3	4	5	6	7	8	9	10	11	12	13	14
1866/67	160	.	199	.	159	.	1		29	.	110	.	54	.
1867	162		190	.	162	.	3	.	35	.	144	.	73	.
1867/68	164	3,66	171	2,92	159	3,77	0	.	40	0,00	167	5,39	62	24,19
1868	157	1,91	183	2,19	157	4,46	0	.	43	2,33	174	5,17	74	16,22
1868/69	150	4,67	166	1,81	153	5,88	0	.	46	4,35	166	4,22	83	21,69
1869	141	2,84	158	6,96	143	3,50	3	.	51	1,96	173	2,31	90	20,00
1869/70	122	2,46	142	4,23	155	3,23	1	.	51	1,96	177	8,47	76	19,74
1870	153	1,31	151	5,30	142	4,23	5	.	50	2,00	208	9,13	68	16,18
1870/71	88	1,14	77	3,90	71	8,45	3	.	22	0,00	163	7,98	49	14,29
1871	115	2,61	123	4,88	133	4,51	3	.	40	0,00	176	8,52	70	10,00
1871/72	113	2,65	142	2,11	172	6,40	4	.	42	0,00	206	9,71	108	9,26
1872	106	6,60	186	3,23	161	7,45	5	.	42	0,00	226	9,29	128	10,16
1872/73	95	4,21	233	2,58	162	6,79	3	.	41	0,00	242	9,50	126	10,32
1873	110	1,82	267	3,00	150	6,67	2	.	38	0,00	260	6,54	130	12,31
1873/74	101	1,98	286	3,85	154	9,74	2	.	47	0,00	258	8,91	129	10,85
1874	96	2,08	297	5,39	135	9,63	2	.	40	0,00	260	7,31	152	9,87
1874/75	87	3,45	322	4,04	127	12,60	2	.	37	0,00	229	6,99	158	11,39
1875	85	7,06	376	3,99	122	15,57	2	.	37	0,00	243	10,29	170	12,94
1875/76	78	1,28	352	2,56	123	9,76	2	.	32	0,00	215	5,58	161	10,56
1876	77	5,19	372	2,42	112	10,71	3	.	31	0,00	232	5,17	190	10,00
1876/77	71	4,23	324	4,32	122	9,02	1	.	35	2,86	226	6,64	185	7,03
1877	86	8,14	283	4,59	101	7,92	0	.	31	3,23	208	5,29	188	6,38
1877/78	86	8,14	275	5,09	115	8,70	0	.	36	5,56	193	6,74	178	7,87
1878	94	5,32	309	4,53	114	14,91	0	.	30	6,67	222	6,31	198	7,58
1878/79	91	3,30	277	6,14	129	11,63	0	.	25	4,00	236	5,08	203	6,90
1879	120	6,67	272	6,62	141	10,64	0	.	22	4,55	256	2,34	217	5,07
1879/80	125	8,00	183	2,73	146	6,16	0	.	21	0,00	248	5,24	212	5,66
1880	146	6,85	181	2,76	148	4,73	0	.	19	0,00	259	7,34	213	2,82
1880/81	151	4,64	187	2,14	149	9,40	0	.	20	0,00	230	3,48	203	4,93
1881	149	4,70	182	6,04	151	7,95	1	.	22	0,00	244	4,51	230	3,91
1881/82	167	7,19	190	6,32	161	6,83	1	.	22	0,00	263	4,94	240	5,00
1882	174	5,17	191	4,71	153	5,88	0	.	20	0,00	286	4,90	235	2,98
1882/83	179	3,91	190	4,21	167	5,39	0	.	21	0,00	261	6,13	222	6,31
1883	197	4,06	204	2,94	184	2,72	0	.	24	0,00	250	4,40	227	6,61
1883/84	175	4,57	179	4,47	181	4,97	1	.	27	0,00	252	5,95	230	9,57
1884	174	1,72	157	5,73	189	6,88	0	.	27	0,00	239	4,60	210	6,19
1884/85	182	4,40	155	6,45	190	6,84	0	.	30	0,00	236	5,08	188	6,38
1885	200	6,50	172	5,23	194	6,19	0	.	22	0,00	203	5,42	170	6,47
1885/86	215	3,72	133	4,51	195	2,56	0	.	13	0,00	197	7,61	165	13,33
1886	240	5,42	148	6,08	218	3,67	1	.	16	0,00	192	6,77	176	14,77
1886/87	230	3,04	143	6,99	223	4,04	1	.	19	0,00	162	8,02	181	17,68
1887	251	5,98	177	5,65	243	4,12	1	.	20	0,00	183	6,56	166	17,47
1887/88	239	2,09	149	4,70	223	4,48	1	.	18	.	168	.	166	.
1888	256	3,52	170	4,12	231	6,06	0	.	16	.	162	.	157	.
1888/89	248	5,65	155	9,68	214	4,21	0	.	20	.	145	.	144	.
1889	234	2,14	171	5,85	228	4,39	2	.	15	.	143	.	146	.
1889/90	213	1,88	167	2,40	211	6,64	0	.	20	.	122	.	106	.
1890	247	4,05	196	3,57	216	5,09	1	.	10	.	128	.	115	.
1890/91	226	3,10	191	4,19	214	4,67	3	.	10	.	112	.	114	.
1891	208	1,92	165	1,82	220	2,73	2	.	12	.	112	.	104	.
1891/92	182	3,30	160	1,25	212	4,72	2	.	17	0,00	108	8,33	81	18,52
1892	176	3,98	171	2,34	207	3,86	0	.	13	0,00	104	4,81	92	25,00
1892/93	155	3,23	158	0,00	183	3,83	0	.	14	0,00	97	10,31	77	23,38
1893	155	3,23	168	1,19	202	3,96	0	.	12	0,00	101	6,93	94	18,09
1893/94	151	2,65	187	1,60	193	4,66	1	.	19	0,00	97	7,22	88	25,00
1894	153	1,96	205	1,46	209	2,39	3	.	17	0,00	91	8,79	87	26,44
1894/95	141	2,84	208	2,40	207	3,86	5	.	18	0,00	93	10,75	107	28,04
1895	153	4,58	231	2,60	219	3,20	5	.	14	0,00	97	7,22	123	23,58
1895/96	143	3,50	245	1,22	223	4,48	6	.	17	0,00	95	12,63	111	29,73
1896	138	5,07	288	1,39	258	4,26	7	0,00	24	0,00	122	14,75	134	24,63
1896/97	131	2,29	303	1,98	234	3,85	6	0,00	22	0,00	138	10,87	147	23,13
1897	156	5,13	332	2,41	239	3,77	9	0,00	27	0,00	150	8,67	194	20,62
1897/98	136	2,94	329	2,43	242	6,20	7	0,00	30	0,00	146	8,22	207	20,77
1898	142	4,93	353	1,98	227	4,85	7	0,00	31	0,00	179	10,61	239	22,18
1898/99	135	2,22	352	1,70	224	4,02	7	0,00	24	0,00	178	11,80	224	22,32
1899	142	4,23	404	1,24	230	3,04	7	0,00	20	0,00	192	7,29	258	18,22
1899/00	125	0,00	402	1,49	202	0,99	6	0,00	23	0,00	182	11,54	248	15,73
1900	137	1,46	432	0,69	217	3,23	6	0,00	23	0,00	190	5,79	298	17,11
1900/01	110	2,73	432	1,16	202	5,94	12	8,33	20	0,00	197	11,17	305	20,33
1901	121	4,96	420	1,43	192	4,17	14	0,00	30	0,00	234	5,98	338	15,68
1901/02	114	2,63	433	1,15	165	5,45	12	0,00	25	0,00	226	7,52	315	15,24
1902	109	3,67	425	0,71	166	7,23	13	0,00	21	0,00	254	5,51	354	13,56
1902/03	89	1,12	415	0,48	148	6,76	8	0,00	20	0,00	263	6,84	336	16,07
1903	102	5,88	403	0,99	154	6,49	13	0,00	20	10,00	264	0,00	278	2,88
1903/04	99	3,03	387	1,03	139	7,91	19	0,00	16	12,50	260	0,00	251	2,39
1904	111	1,80	439	1,14	163	9,20	20	0,00	20	0,00	332	0,60	272	2,94
1904/05	105	4,76	427	0,70	162	8,64	16	0,00	23	0,00	338	2,37	266	7,89
1905	114	3,51	451	0,89	179	8,94	18	0,00	26	0,00	449	0,89	309	7,12
1905/06	97	2,06	451	0,89	163	7,36	23	0,00	26	0,00	429	0,47	261	3,07
1906	117	3,42	461	1,74	180	10,56	27	0,00	38	0,00	492	1,02	359	9,75
1906/07	98	3,06	448	2,68	188	13,83	35	2,86	31	0,00	482	1,04	300	6,00
1907	111	4,50	465	1,72	177	10,17	36	2,78	35	0,00	548	2,19	332	6,63
1907/08	103	5,83	440	0,91	196	10,20	30	3,33	28	0,00	528	1,52	324	8,02
1908	105	2,86	429	1,63	223	9,87	37	2,70	26	0,00	574	1,39	377	10,08

Tab. 10. 2: Die Einzelfachströme an der Universität Göttingen nach Staatsangehörigkeit und Geschlecht 1767–1941/1

| | Chemie | | Landw.u.Cam. | | Sonstige | | Studierende | | |
| | insg. | Ausl. in % | insg. | Ausl. in % | insg. | Ausl. in % | insg. | Ausländer insg. | in % |
Semester	15	16	17	18	19	20	21	22	23
1866/67	.	.	45	.	.	.	757	34	4,49
1867	.	.	49	.	.	.	818	35	4,28
1867/68	.	.	42	2,38	.	.	805	42	5,22
1868	.	.	34	5,88	.	.	822	38	4,62
1868/69	.	.	30	6,67	.	.	794	48	6,05
1869	.	.	15	6,67	.	.	774	44	5,68
1869/70	.	.	21	0,00	.	.	745	45	6,04
1870	.	.	18	0,00	.	.	795	47	5,91
1870/71	.	.	6	16,67	.	.	479	31	6,47
1871	.	.	9	11,11	.	.	669	38	5,68
1871/72	.	.	17	0,00	.	.	804	47	5,85
1872	.	.	17	0,00	.	.	871	59	6,77
1872/73	.	.	21	9,52	.	.	923	59	6,39
1873	.	.	21	14,29	.	.	978	56	5,73
1873/74	.	.	23	8,70	.	.	1000	67	6,70
1874	.	.	24	8,33	.	.	1006	67	6,66
1874/75	.	.	29	0,00	.	.	991	66	6,66
1875	.	.	27	3,70	.	.	1062	88	8,29
1875/76	.	.	23	4,35	.	.	986	52	5,27
1876	.	.	23	0,00	.	.	1040	56	5,38
1876/77	.	.	27	3,70	.	.	991	58	5,85
1877	.	.	20	10,00	.	.	917	54	5,89
1877/78	.	.	26	11,54	.	.	909	63	6,93
1878	.	.	21	9,52	.	.	988	69	6,98
1878/79	.	.	29	10,34	.	.	990	65	6,57
1879	.	.	23	4,35	.	.	1051	60	5,71
1879/80	.	.	30	6,67	.	.	965	51	5,28
1880	.	.	19	10,53	.	.	985	49	4,97
1880/81	.	.	19	5,26	.	.	959	44	4,59
1881	.	.	23	13,04	.	.	1002	53	5,29
1881/82	.	.	27	14,81	.	.	1071	64	5,98
1882	.	.	24	12,50	.	.	1083	51	4,71
1882/83	.	.	23	17,39	.	.	1063	58	5,46
1883	.	.	18	16,67	.	.	1104	48	4,35
1883/84	.	.	19	21,05	.	.	1064	66	6,20
1884	.	.	14	21,43	.	.	1010	52	5,15
1884/85	.	.	12	33,33	.	.	993	59	5,94
1885	.	.	13	23,08	.	.	974	59	6,06
1885/86	.	.	22	13,64	.	.	940	59	6,28
1886	.	.	26	15,38	.	.	1017	73	7,18
1886/87	.	.	27	18,52	.	.	986	76	7,71
1887	.	.	15	26,67	.	.	1056	80	7,58
1887/88	.	.	14	.	.	.	978	75	7,67
1888	.	.	14	.	.	.	1006	88	8,75
1888/89	.	.	14	.	.	.	940	96	10,21
1889	.	.	18	.	.	.	957	90	9,40
1889/90	.	.	20	.	.	.	859	53	6,17
1890	.	.	16	.	.	.	929	61	6,57
1890/91	.	.	25	.	.	.	895	72	8,04
1891	.	.	15	.	.	.	838	52	6,21
1891/92	.	.	25	40,00	.	.	787	52	6,61
1892	.	.	23	47,83	.	.	786	58	7,38
1892/93	.	.	28	32,14	.	.	712	49	6,88
1893	.	.	33	36,36	.	.	765	51	6,67
1893/94	.	.	31	25,81	.	.	767	53	6,91
1894	.	.	26	30,77	.	.	791	50	6,32
1894/95	.	.	26	34,62	.	.	805	66	8,20
1895	.	.	32	34,38	.	.	874	67	7,67
1895/96	.	.	38	18,42	.	.	878	70	7,97
1896	.	.	32	18,75	.	.	1003	79	7,88
1896/97	.	.	37	18,92	.	.	1018	74	7,27
1897	.	.	29	13,79	.	.	1136	82	7,22
1897/98	.	.	54	22,22	.	.	1151	94	8,17
1898	.	.	46	19,57	.	.	1224	106	8,66
1898/99	.	.	45	24,44	.	.	1189	100	8,41
1899	.	.	39	38,46	.	.	1292	94	7,28
1899/00	.	.	40	27,50	.	.	1228	79	6,43
1900	.	.	45	26,67	.	.	1348	86	6,38
1900/01	.	.	51	27,45	.	.	1329	119	8,95
1901	.	.	62	25,81	.	.	1411	103	7,30
1901/02	.	.	57	24,56	.	.	1347	90	7,13
1902	.	.	47	23,40	.	.	1389	92	6,62
1902/03	.	.	54	25,93	.	.	1333	99	7,43
1903	92	22,83	49	30,61	73	56,16	1448	107	7,39
1903/04	90	20,00	52	34,62	76	55,26	1389	104	7,49
1904	92	25,00	59	27,12	91	58,24	1599	124	7,75
1904/05	89	25,84	57	19,30	110	35,45	1593	124	7,78
1905	88	26,14	63	17,46	85	44,71	1782	122	6,85
1905/06	104	28,85	61	21,31	123	46,34	1738	128	7,36
1906	91	29,67	72	26,39	105	59,05	1942	179	9,22
1906/07	97	32,99	72	26,39	103	60,19	1854	178	9,60
1907	77	35,06	63	34,92	104	61,54	1948	179	9,19
1907/08	63	30,16	51	33,33	83	53,01	1846	145	7,85
1908	75	32,00	50	24,00	84	57,14	1980	163	8,23

Tab. 10. 2: Die Einzelfachströme an der Universität Göttingen nach Staatsangehörigkeit und Geschlecht 1767–1941/1

	Evangelische Theologie					Jura					Medizin				
	insg.	Frauen			Ausländ. in %	insg.	Frauen			Ausländ. in %	insg.	Frauen			Ausländ. in %
		insg.	in %	deuts.			insg.	in %	deuts.			insg.	in %	deuts.	
Semester	1	2	3	4	5	6	7	8	9	10	11	12	13	14	15
1908/09	101	0	0,00	0	0,99	420	1	0,24	1	0,95	242	2	0,83	2	11,16
1909	113	0	0,00	0	2,65	451	0	0,00	0	2,00	254	6	2,36	6	9,06
1909/10	115	0	0,00	0	0,87	440	1	0,23	1	1,82	263	9	3,42	8	11,03
1910	115	0	0,00	0	2,61	407	1	0,25	1	0,98	263	10	3,80	7	7,22
1910/11	104	0	0,00	0	2,88	371	3	0,81	3	1,35	254	8	3,15	6	5,51
1911	128	0	0,00	0	2,34	373	2	0,54	2	1,88	285	7	2,46	6	3,16
1911/12	124	0	0,00	0	1,61	368	1	0,27	1	1,36	304	11	3,62	8	4,93
1912	165	0	0,00	0	1,21	402	1	0,25	1	1,24	354	14	3,95	10	6,50
1912/13	173	0	0,00	0	1,73	351	2	0,57	2	2,28	392	15	3,83	13	5,10
1913	224	1	0,45	0	4,02	384	2	0,52	2	1,56	438	20	4,57	18	4,11
1913/14	262	0	0,00	0	0,76	417	3	0,72	3	2,88	455	29	6,37	28	2,64
1914	268	2	0,75	1	1,49	411	2	0,49	2	3,16	452	27	5,97	26	2,43
1914/15	247	0	0,00	0	0,81	350	1	0,29	1	0,57	383	30	7,83	29	0,52
1915	244	0	0,00	0	0,41	339	2	0,59	2	0,59	428	40	9,35	39	0,47
1915/16	221	0	0,00	0	0,90	324	3	0,93	3	0,31	432	42	9,72	41	0,69
1916	231	0	0,00	0	0,00	340	3	0,88	3	0,29	456	42	9,21	42	0,44
1916/17	265	1	0,38	1	1,13	434	6	1,38	6	0,46	489	41	8,38	41	0,41
1917	268	0	0,00	0	1,49	484	7	1,45	7	0,83	540	49	9,07	49	0,56
1917/18	258	0	0,00	0	1,94	539	4	0,74	4	0,74	550	58	10,55	58	0,73
1918	251	2	0,80	2	1,59	619	6	0,97	6	1,13	583	53	9,09	53	1,37
1918/19	246	1	0,41	1	2,03	757	8	1,06	8	1,72	809	59	7,29	59	0,87
1919	315	1	0,32	1	0,63	1049	23	2,19	23	0,76	1032	88	8,53	88	0,68
ZS.1919	.	.	.	.	.	.	.	.	.	.	.	.	.	.	.
1919/20	286	1	0,35	1	1,05	1020	11	1,08	11	0,88	892	70	7,85	70	1,01
1920	273	1	0,37	1	0,00	934	25	2,68	25	1,39	764	59	7,72	59	1,96
1920/21	206	1	0,49	1	1,46	786	23	2,93	23	1,53	581	61	10,50	60	3,44
1921	191	2	1,05	0	2,09	835	19	2,28	19	1,80	552	70	12,68	63	7,07
1921/22	118	0	0,00	0	0,85	550	18	3,27	18	1,82	369	41	11,11	39	6,78
1922	175	1	0,57	1	2,86	829	33	3,98	32	2,65	442	50	11,31	47	7,24
1922/23	161	1	0,62	1	1,24	931	40	4,30	40	2,90	438	47	10,73	41	10,27
1923	136	2	1,47	.	.	988	41	4,15	.	.	372	36	9,68	.	.
1923/24	129	3	2,33	3	3,10	912	33	3,62	33	2,08	307	47	15,31	45	9,77
1924	144	4	2,78	4	4,17	811	38	4,69	37	3,08	232	37	15,95	33	9,48
1924/25	134	1	0,75	1	6,72	695	15	2,16	15	1,58	220	28	12,73	27	6,36
1925	152	4	2,63	4	4,61	707	15	2,12	15	1,27	200	18	9,00	17	7,00
1925/26	125	4	3,20	.	.	717	8	1,12	.	.	198	13	6,57	.	.
1926	140	6	4,29	.	.	808	7	0,87	.	.	221	19	8,60	.	.
1926/27	132	4	3,03	4	6,06	837	15	1,79	15	0,96	230	21	9,13	21	4,35
1927	170	4	2,35	4	2,35	980	18	1,84	18	0,61	263	30	11,41	30	2,28
1927/28	179	2	1,12	2	2,23	1011	19	1,88	19	1,19	230	30	13,04	30	2,17
1928	191	6	3,14	6	3,14	1203	30	2,49	30	0,75	302	34	11,26	34	1,99
1928/29	204	12	5,88	12	2,45	1129	31	2,75	31	0,80	283	38	13,43	36	2,47
1929	268	17	6,34	17	2,99	1198	38	3,17	38	0,83	343	45	13,12	44	2,04
1929/30	270	9	3,33	9	4,07	1117	29	2,60	28	0,81	363	55	15,15	54	1,93
1930	322	14	4,35	14	3,73	1207	45	3,73	44	0,99	444	72	16,22	68	2,25
1930/31	323	14	4,33	14	1,86	1064	48	4,51	47	0,85	450	79	17,56	76	1,78
1931	296	15	5,07	15	1,35	1055	49	4,64	49	0,38	495	84	16,97	81	1,62
1931/32	301	13	4,32	12	1,33	820	43	5,24	43	0,73	535	99	18,50	97	2,80
1932	384	11	2,86	10	2,08	878	47	5,35	47	1,03	578	111	19,20	108	2,60
1932/33	400	19	4,75	19	2,25	709	37	5,22	37	0,85	591	97	16,41	94	6,94
1933	371	16	4,31	.	.	698	35	5,01	.	.	583	96	16,47	.	.
1933/34	351	21	5,98	.	.	569	19	3,34	.	.	580	96	16,55	.	.
1934	265	15	5,66	.	.	520	14	2,69	.	.	520	93	17,88	.	.
1934/35	313	10	3,19	.	.	479	6	1,25	.	.	503	72	14,31	.	.
1935	247	10	4,05	.	.	363	4	1,10	.	.	473	75	15,86	.	.
1935/36	230	7	3,04	.	.	399	4	1,00	.	.	535	72	13,46	.	.
1936	158	3	1,90	.	.	294	6	2,04	.	.	475	77	16,21	.	.
1936/37	143	2	1,40	.	.	237	5	2,11	.	.	461	83	18,00	.	.
1937	112	0	0,00	.	.	174	2	1,15	.	.	404	65	16,09	.	.
1937/38	83	0	0,00	.	.	189	0	0,00	.	.	412	61	14,81	.	.
1938	74	0	0,00	.	.	185	0	0,00	.	.	382	65	17,02	.	.
1938/39	84	3	3,57	.	.	178	1	0,56	.	.	411	81	19,71	.	.
1939	96	2	2,08	.	.	154	1	0,65	.	.	444	78	17,57	.	.
1939/40	46	2	4,35	.	.	179	0	0,00	.	.	924	199	21,54	.	.
1940/1	39	2	5,13	.	.	164	1	0,61	.	.	1167	195	16,71	.	.
1940/2	21	1	4,76	.	.	138	2	1,45	.	.	647	169	26,12	.	.
1940/3	36	1	2,78	.	.	125	4	3,20	.	.	938	243	25,91	.	.
1941/1	33	1	3,03	.	.	112	4	3,57	.	.	800	235	29,38	.	.

Tab. 10. 2: Die Einzelfachströme an der Universität Göttingen nach Staatsangehörigkeit und Geschlecht 1767–1941/1

	Zahnmedizin					Pharmazie					Philologien, Geschichte				
	insg.	Frauen			Aus-länd. in %	insg.	Frauen			Aus-länd. in %	insg.	Frauen			Aus-länd. in %
		insg.	in %	deuts.			insg.	in %	deuts.			insg.	in %	deuts.	
Semester	16	17	18	19	20	21	22	23	24	25	26	27	28	29	30
1908/09	45	0	0,00	0	2,22	30	0	0,00	0	0,00	628	61	9,71	59	1,43
1909	37	0	0,00	0	0,00	26	0	0,00	0	0,00	699	89	12,73	85	1,29
1909/10	29	0	0,00	0	0,00	21	0	0,00	0	0,00	713	122	17,11	115	1,96
1910	21	0	0,00	0	0,00	13	0	0,00	0	0,00	805	146	18,14	140	2,24
1910/11	18	0	0,00	0	5,56	11	0	0,00	0	0,00	761	147	19,32	143	2,23
1911	23	0	0,00	0	21,74	13	0	0,00	0	0,00	853	144	16,88	140	2,58
1911/12	2	0	0,00	0	0,00	9	0	0,00	0	0,00	804	144	17,91	140	2,11
1912	2	0	0,00	0	0,00	14	0	0,00	0	0,00	840	140	16,67	131	4,29
1912/13	1	0	0,00	0	0,00	16	0	0,00	0	0,00	772	132	17,10	126	2,59
1913	0	0	.	0	.	21	0	0,00	0	0,00	726	123	16,94	119	2,07
1913/14	0	0	.	0	.	19	0	0,00	0	0,00	724	121	16,71	115	2,62
1914	0	0	.	0	.	17	0	0,00	0	0,00	664	109	16,42	104	2,71
1914/15	0	0	.	0	.	11	0	0,00	0	0,00	578	93	16,09	92	0,35
1915	0	0	.	0	.	11	0	0,00	0	0,00	634	115	18,14	115	0,32
1915/16	0	0	.	0	.	13	1	7,69	1	0,00	603	122	20,23	122	0,50
1916	0	0	.	0	.	15	2	13,33	2	0,00	663	138	20,81	137	1,06
1916/17	0	0	.	0	.	17	2	11,76	2	0,00	651	125	19,20	125	0,46
1917	1	0	0,00	0	0,00	20	2	10,00	2	0,00	691	115	16,64	115	0,43
1917/18	1	0	0,00	0	0,00	17	4	23,53	4	0,00	726	113	15,56	113	0,41
1918	0	0	.	0	.	18	3	16,67	3	0,00	837	134	16,01	134	0,84
1918/19	5	0	0,00	0	0,00	22	4	18,18	4	0,00	784	132	16,84	132	0,77
1919	39	4	10,26	4	0,00	42	9	21,43	9	0,00	936	170	18,16	170	0,75
ZS.1919	.	.	.	.	.	.	.	.	.	.	.	.	.	.	.
1919/20	86	1	1,16	1	1,16	35	5	14,29	5	0,00	828	116	14,01	116	0,60
1920	112	2	1,79	2	0,89	25	6	24,00	6	0,00	769	127	16,51	127	0,78
1920/21	166	2	1,20	1	3,01	28	6	21,43	6	0,00	451	115	25,50	115	0,89
1921	169	4	2,37	3	3,55	37	7	18,92	7	0,00	444	98	22,07	97	2,25
1921/22	109	5	4,59	4	6,42	32	7	21,88	7	0,00	308	79	25,65	75	3,25
1922	110	8	7,27	7	7,27	51	15	29,41	15	0,00	318	80	25,16	75	4,40
1922/23	110	10	9,09	7	12,73	51	14	27,45	14	0,00	366	91	24,86	84	5,19
1923	74	12	16,22	.	.	46	8	17,39	.	.	190	53	27,89	.	.
1923/24	62	10	16,13	7	19,35	46	7	15,22	7	2,17	305	77	25,25	74	5,25
1924	36	7	19,44	4	16,67	52	5	9,62	5	3,85	235	75	31,91	72	5,11
1924/25	25	5	20,00	2	28,00	52	7	13,46	7	1,92	.	.	.	.	.
1925	35	7	20,00	3	22,86	47	12	25,53	12	4,26	.	.	.	.	.
1925/26	33	5	15,15	.	.	42	11	26,19	.	.	.	.	.	.	.
1926	42	4	9,52	.	.	36	7	19,44	.	.	.	.	.	.	.
1926/27	46	2	4,35	0	10,87	22	5	22,73	5	0,00	.	.	.	.	.
1927	83	6	7,23	5	4,82	19	6	31,58	6	0,00	.	.	.	.	.
1927/28	76	4	5,26	3	5,26	27	10	37,04	10	0,00	.	.	.	.	.
1928	103	7	6,80	6	4,85	27	6	22,22	6	0,00	.	.	.	.	.
1928/29	100	11	11,00	8	8,00	28	7	25,00	7	0,00	.	.	.	.	.
1929	137	16	11,68	12	5,84	29	8	27,59	8	0,00	.	.	.	.	.
1929/30	132	11	8,33	8	6,82	29	6	20,69	6	0,00	.	.	.	.	.
1930	154	15	9,74	13	3,90	35	9	25,71	9	0,00	.	.	.	.	.
1930/31	150	15	10,00	12	6,00	37	12	32,43	12	0,00	.	.	.	.	.
1931	168	25	14,88	23	5,36	40	9	22,50	9	0,00	.	.	.	.	.
1931/32	153	29	18,95	26	3,92	29	8	27,59	8	0,00	.	.	.	.	.
1932	171	23	13,45	22	2,92	40	15	37,50	15	2,50	.	.	.	.	.
1932/33	157	25	15,92	23	3,18	39	13	33,33	13	2,56	.	.	.	.	.
1933	154	27	17,53	.	.	47	13	27,66	.	.	.	.	.	.	.
1933/34	157	26	16,56	.	.	47	18	38,30	.	.	.	.	.	.	.
1934	133	28	21,05	.	.	36	11	30,56	.	.	.	.	.	.	.
1934/35	137	27	19,71	.	.	51	19	37,25	.	.	.	.	.	.	.
1935	115	19	16,52	.	.	44	14	31,82	.	.	.	.	.	.	.
1935/36	114	17	14,91	.	.	53	12	22,64	.	.	.	.	.	.	.
1936	100	17	17,00	.	.	53	12	22,64	.	.	.	.	.	.	.
1936/37	74	9	12,16	.	.	43	12	27,91	.	.	.	.	.	.	.
1937	61	7	11,48	.	.	40	14	35,00	.	.	.	.	.	.	.
1937/38	34	5	14,71	.	.	24	6	25,00	.	.	.	.	.	.	.
1938	25	4	16,00	.	.	17	3	17,65	.	.	.	.	.	.	.
1938/39	32	5	15,63	.	.	.	.	.	.	.	.	.	.	.	.
1939	21	3	14,29	.	.	.	.	.	.	.	.	.	.	.	.
1939/40	14	11	78,57	.	.	.	.	.	.	.	.	.	.	.	.
1940/1	13	5	38,46	.	.	.	.	.	.	.	.	.	.	.	.
1940/2	11	6	54,55	.	.	.	.	.	.	.	.	.	.	.	.
1940/3	13	8	61,54	.	.	.	.	.	.	.	.	.	.	.	.
1941/1	10	7	70,00	.	.	.	.	.	.	.	.	.	.	.	.

Tab. 10. 2: Die Einzelfachströme an der Universität Göttingen nach Staatsangehörigkeit und Geschlecht 1767–1941/1

	Mathematik, Naturwissenschaften					Chemie					Cameralia, Staatswissenschaften				
	insg.	Frauen insg.	in %	deuts.	Ausländ. in %	insg.	Frauen insg.	in %	deuts.	Ausländ. in %	insg.	Frauen insg.	in %	deuts.	Ausländ. in %
Semester	31	32	33	34	35	36	37	38	39	40	41	42	43	44	45
1908/09	388	20	5,15	19	6,70	76	0	0,00	0	27,63	.	.	.	.	.
1909	465	26	5,59	24	12,26	83	2	2,41	1	28,92	.	.	.	.	.
1909/10	444	32	7,21	29	11,49	65	1	1,54	1	18,46	.	.	.	.	.
1910	523	36	6,88	32	11,09	71	3	4,23	1	23,94	.	.	.	.	.
1910/11	517	30	5,80	25	12,19	62	3	4,84	2	17,74	.	.	.	.	.
1911	589	39	6,62	36	12,90	83	7	8,43	6	18,07	.	.	.	.	.
1911/12	575	46	8,00	39	10,26	78	6	7,69	5	15,38	.	.	.	.	.
1912	696	70	10,06	59	11,06	80	4	5,00	2	27,50	20	0	0,00	0	30,00
1912/13	637	57	8,95	55	8,32	79	7	8,86	4	29,11	27	2	7,41	2	33,33
1913	688	59	8,58	53	11,19	92	7	7,61	4	25,00	37	2	5,41	2	21,62
1913/14	687	55	8,01	54	9,02	100	2	2,00	2	31,00	36	5	13,89	5	11,11
1914	660	60	9,09	56	9,85	101	2	1,98	2	34,65	37	5	13,51	5	5,41
1914/15	522	47	9,00	47	2,11	61	2	3,28	2	14,75	3	3	100,00	3	0,00
1915	555	72	12,97	71	2,34	63	2	3,17	2	12,70	36	3	8,33	2	2,78
1915/16	538	75	13,94	74	1,86	68	5	7,35	4	23,53	38	2	5,26	2	0,00
1916	551	87	15,79	87	1,63	74	8	10,81	7	18,92	38	4	10,53	4	0,00
1916/17	555	76	13,69	75	2,34	78	7	8,97	6	12,82	0	0	.	0	.
1917	638	107	16,77	106	1,57	74	10	13,51	9	14,86	4	0	0,00	0	0,00
1917/18	619	88	14,22	87	1,78	79	11	13,92	11	8,86	0	0	.	0	.
1918	625	85	13,60	84	2,08	89	17	19,10	17	4,49	0	0	.	0	.
1918/19	608	92	15,13	89	2,30	124	22	17,74	22	4,84	0	0	.	0	.
1919	709	112	15,80	109	1,27	199	23	11,56	23	2,51	0	0	.	0	.
ZS.1919	.	.	.	.	.	.	.	.	.	.	.	.	.	.	.
1919/20	652	98	15,03	98	1,38	217	12	5,53	12	3,69	0	0	.	0	.
1920	656	83	12,65	82	3,51	237	13	5,49	13	3,80	0	0	.	0	.
1920/21	417	65	15,59	64	4,08	217	9	4,15	9	4,15	0	0	.	0	.
1921	364	50	13,74	50	5,77	245	17	6,94	17	3,67	0	0	.	0	.
1921/22	308	38	12,34	38	8,12	212	11	5,19	11	5,19	.	.	.	.	.
1922	311	45	14,47	45	8,68	229	14	6,11	14	8,73	.	.	.	.	.
1922/23	359	47	13,09	45	12,81	230	15	6,52	15	10,00	.	.	.	.	.
1923	349	48	13,75	.	.	229	12	5,24	.	.	.	.	.	.	.
1923/24	295	41	13,90	39	10,85	196	15	7,65	14	8,16	.	.	.	.	.
1924	261	30	11,49	30	12,64	191	14	7,33	12	14,66	.	.	.	.	.
1924/25	.	.	.	.	.	174	15	8,62	13	12,64	112	14	12,50	14	5,36
1925	.	.	.	.	.	171	12	7,02	10	10,53	112	12	10,71	12	5,36
1925/26	.	.	.	.	.	144	9	6,25	.	.	98	11	11,22	.	.
1926	.	.	.	.	.	131	9	6,87	.	.	95	10	10,53	.	.
1926/27	.	.	.	.	.	120	11	9,17	11	6,67	78	7	8,97	6	3,85
1927	.	.	.	.	.	123	7	5,69	7	6,50	74	6	8,11	5	5,41
1927/28	.	.	.	.	.	126	11	8,73	9	8,73	60	6	10,00	6	3,33
1928	.	.	.	.	.	129	14	10,85	12	6,20	61	6	9,84	6	0,00
1928/29	.	.	.	.	.	121	15	12,40	13	4,96	59	4	6,78	4	3,39
1929	.	.	.	.	.	135	17	12,59	16	8,15	53	6	11,32	6	11,32
1929/30	.	.	.	.	.	136	20	14,71	18	2,94	71	6	8,45	6	7,04
1930	.	.	.	.	.	151	24	15,89	23	3,97	54	3	5,56	3	5,56
1930/31	.	.	.	.	.	155	27	17,42	26	5,81	70	6	8,57	6	1,43
1931	.	.	.	.	.	159	25	15,72	24	8,18	75	9	12,00	8	5,33
1931/32	.	.	.	.	.	107	8	7,48	8	7,48	67	9	13,43	8	8,96
1932	.	.	.	.	.	160	25	15,63	25	5,63	66	16	24,24	15	4,55
1932/33	.	.	.	.	.	133	16	12,03	16	6,02	72	12	16,67	11	1,39
1933	.	.	.	.	.	132	16	12,12	.	.	60	8	13,33	.	.
1933/34	.	.	.	.	.	119	16	13,45	.	.	46	5	10,87	.	.
1934	.	.	.	.	.	96	9	9,38	.	.	33	3	9,09	.	.
1934/35	.	.	.	.	.	77	3	3,90	.	.	37	7	18,92	.	.
1935	.	.	.	.	.	70	4	5,71	.	.	47	7	14,89	.	.
1935/36	.	.	.	.	.	69	3	4,35	.	.	50	3	6,00	.	.
1936	.	.	.	.	.	64	3	4,69	.	.	42	5	11,90	.	.
1936/37	.	.	.	.	.	58	2	3,45	.	.	46	4	8,70	.	.
1937	.	.	.	.	.	59	1	1,69	.	.	54	6	11,11	.	.
1937/38	.	.	.	.	.	59	0	0,00	.	.	68	3	4,41	.	.
1938	.	.	.	.	.	68	4	5,88	.	.	64	1	1,56	.	.
1938/39	.	.	.	.	.	86	4	4,65	.	.	51	3	5,88	.	.
1939	.	.	.	.	.	81	4	4,94	.	.	38	4	10,53	.	.
1939/40	.	.	.	.	.	224	16	7,14	.	.	73	5	6,85	.	.
1940/1	.	.	.	.	.	196	22	11,22	.	.	49	7	14,29	.	.
1940/2	.	.	.	.	.	158	21	13,29	.	.	29	7	24,14	.	.
1940/3	.	.	.	.	.	131	37	28,24	.	.	39	13	33,33	.	.
1941/1	.	.	.	.	.	104	34	32,69	.	.	34	13	38,24	.	.

Tab. 10. 2: Die Einzelfachströme an der Universität Göttingen nach Staatsangehörigkeit und Geschlecht 1767–1941/1

	Landwirtschaft				Sonstige Fächer d. Phil. Fak.					Studierende				
	insg.	Frauen			Ausländ. in %	insg.	Frauen			Ausländ. in %	insg.	Frauen			Ausl. insg.
		insg.	in %	deuts.			insg.	in %	deuts.			insg.	in %	deuts.	
Semester	46	47	48	49	50	51	52	53	54	55	56	57	58	59	60
1908/09	69	0	0,00	0	15,94	96	0	0,00	0	51,04	2095	84	4,01	81	149
1909	74	2	2,70	1	18,92	75	3	4,00	1	56,00	2277	128	5,62	118	181
1909/10	95	0	0,00	0	16,84	54	2	3,70	0	42,59	2239	167	7,46	154	154
1910	78	1	1,28	1	17,95	56	6	10,71	1	46,43	2352	203	8,63	183	159
1910/11	83	0	0,00	0	19,28	45	3	6,67	2	33,33	2226	194	8,72	181	145
1911	75	0	0,00	0	14,67	54	6	11,11	4	31,48	2476	205	8,28	194	165
1911/12	77	1	1,30	1	16,88	58	9	15,52	8	25,86	2399	218	9,09	202	138
1912	42	0	0,00	0	7,14	27	7	25,93	5	22,22	2642	236	8,93	208	180
1912/13	49	0	0,00	0	2,04	41	7	17,07	5	31,71	2538	222	8,75	207	150
1913	50	0	0,00	0	2,00	69	10	14,49	5	26,09	2729	224	8,21	203	175
1913/14	68	0	0,00	0	1,47	66	5	7,58	3	24,24	2834	220	7,76	210	159
1914	61	0	0,00	0	3,28	62	9	14,52	5	27,42	2733	216	7,90	201	167
1914/15	48	0	0,00	0	0,00	35	5	14,29	5	5,71	2238	181	8,09	179	30
1915	53	0	0,00	0	0,00	39	6	15,38	6	7,69	2402	240	9,99	237	32
1915/16	52	0	0,00	0	0,00	32	3	9,38	3	6,25	2321	253	10,90	250	37
1916	61	0	0,00	0	1,64	34	3	8,82	2	11,76	2463	287	11,65	284	38
1916/17	75	0	0,00	0	1,33	64	6	9,38	4	7,81	2628	264	10,05	260	39
1917	79	0	0,00	0	1,27	61	5	8,20	4	9,84	2860	295	10,31	292	42
1917/18	83	0	0,00	0	1,20	77	4	5,19	4	3,90	2949	282	9,56	281	38
1918	91	0	0,00	0	1,10	7	1	14,29	1	0,00	3120	301	9,65	300	44
1918/19	121	0	0,00	0	0,83	122	10	8,20	8	3,28	3598	328	9,12	323	56
1919	215	0	0,00	0	0,47	109	3	2,75	1	3,67	4645	433	9,32	428	43
ZS.1919	.	.	.	.	.	.	.	.	.	.	2535	.	.	.	.
1919/20	314	2	0,64	2	2,23	91	5	5,49	3	6,59	4421	321	7,26	319	57
1920	317	1	0,32	1	2,52	81	8	9,88	7	7,41	4168	325	7,80	323	81
1920/21	372	5	1,34	5	2,96	55	5	9,09	4	5,45	3279	292	8,91	288	84
1921	368	3	0,82	3	1,63	36	6	16,67	6	8,33	3241	276	8,52	265	113
1921/22	425	3	0,71	3	4,47	43	6	13,95	6	6,98	2474	208	8,41	201	111
1922	498	5	1,00	5	3,82	79	12	15,19	11	7,59	3042	263	8,65	252	153
1922/23	591	7	1,18	7	3,72	26	3	11,54	2	11,54	3263	275	8,43	256	201
1923	522	5	0,96	.	.	147	38	25,85	.	.	3053	255	8,35	.	.
1923/24	483	2	0,41	2	4,55	.	.	.	.	.	2735	235	8,59	224	152
1924	420	5	1,19	5	3,57	.	.	.	.	.	2382	215	9,03	202	149
1924/25	454	5	1,10	5	1,90	.	.	.	.	.	2320	200	8,62	190	117
1925	370	3	0,81	3	2,16	26	6	23,08	6	0,00	2389	223	9,33	211	96
1925/26	319	4	1,25	.	.	26	2	7,69	.	.	2308	190	8,23	182	82
1926	252	4	1,59	.	.	18	2	11,11	.	.	2580	249	9,65	239	73
1926/27	233	3	1,29	3	2,58	13	3	23,08	3	0,00	2595	257	9,90	248	82
1927	185	4	2,16	4	1,62	9	2	22,22	2	0,00	3022	326	10,79	319	63
1927/28	149	3	2,01	3	1,34	6	1	16,67	0	16,67	3019	336	11,13	326	87
1928	130	1	0,77	1	2,31	5	0	0,00	0	0,00	3578	442	12,35	427	91
1928/29	122	0	0,00	0	4,10	6	0	0,00	0	16,67	3422	430	12,57	416	97
1929	93	1	1,08	1	4,30	2	0	0,00	0	50,00	3883	499	12,85	482	116
1929/30	97	1	1,03	1	6,19	1	0	0,00	0	0,00	3715	486	13,08	466	113
1930	78	1	1,28	1	5,13	1	0	0,00	0	0,00	4225	629	14,89	601	132
1930/31	77	2	2,60	2	9,09	3	1	33,33	0	33,33	3851	568	14,75	550	110
1931	69	3	4,35	3	2,90	3	0	0,00	0	0,00	3880	572	14,74	552	105
1931/32	67	6	8,96	6	1,49	1	1	100,00	0	100,00	3447	546	15,84	523	115
1932	70	6	8,57	6	2,86	0	0	.	0	.	3662	571	15,59	547	129
1932/33	64	4	6,25	4	3,13	0	0	.	0	.	3350	524	15,64	502	136
1933	61	4	6,56	.	.	3	2	66,67	.	.	3136	499	15,91	.	.
1933/34	66	3	4,55	.	.	0	0	.	.	.	2815	409	14,53	.	.
1934	66	3	4,55	.	.	0	0	.	.	.	2316	316	13,64	.	68
1934/35	60	2	3,33	.	.	3	0	0,00	.	.	2202	257	11,67	.	.
1935	50	2	4,00	.	.	0	0	.	.	.	1859	224	12,05	.	.
1935/36	80	2	2,50	.	.	0	0	.	.	.	2040	224	10,98	.	.
1936	73	4	5,48	.	.	0	0	.	.	.	1693	206	12,17	.	.
1936/37	93	2	2,15	.	.	0	0	.	.	.	1541	196	12,72	.	.
1937	74	0	0,00	.	.	0	0	.	.	.	1310	156	11,91	.	78
1937/38	63	1	1,59	.	.	0	0	.	.	.	1226	128	10,44	.	.
1938	57	0	0,00	.	.	0	0	.	.	.	1153	128	11,10	.	.
1938/39	53	0	0,00	.	.	0	0	.	.	.	1197	160	13,37	.	.
1939	56	0	0,00	.	.	0	0	.	.	.	1257	157	12,49	.	.
1939/40	18	0	0,00	.	.	0	0	.	.	.	1657	274	16,54	.	.
1940/1	26	0	0,00	.	.	0	0	.	.	.	1899	293	15,43	.	.
1940/2	16	0	0,00	.	.	0	0	.	.	.	1285	298	23,19	.	17
1940/3	32	1	3,13	.	.	0	0	.	.	.	1624	447	27,52	.	.
1941/1	27	1	3,70	.	.	0	0	.	.	.	1395	429	30,75	.	.

Tab. 10. 2: Die Einzelfachströme an der Universität Göttingen nach Staatsangehörigkeit und Geschlecht 1767–1941/1

	Alte Sprachen				Germanistik				Neue Sprachen				
	insg.	Frauen		Aus-länd. in %	insg.	Frauen		Aus-länd. in %	insg.	Frauen		Aus-länd. in %	
		insg.	in %	deuts.			insg.	in %	deuts.			insg.	in %	deuts.	
Semester	1	2	3	4	5	6	7	8	9	10.	11	12	13	14	15
1924/25	16	3	18,75	3	6,25	58	17	29,31	17	0,00	42	23	54,76	23	0,00
1925	23	4	17,39	3	8,70	92	28	30,43	28	1,09	84	30	35,71	30	0,00
1925/26	33	5	15,15	.	.	89	23	25,84	.	.	96	30	31,25	.	.
1926	35	4	11,43	.	.	95	28	29,47	.	.	157	55	35,03	.	.
1926/27	39	5	12,82	5	2,56	112	35	31,25	34	0,89	156	54	34,62	54	0,64
1927	57	3	5,26	3	0,00	135	39	28,89	38	1,48	210	76	36,19	76	0,95
1927/28	56	2	3,57	2	1,79	134	29	21,64	27	2,99	223	82	36,77	81	1,35
1928	54	2	3,70	2	0,00	164	61	37,20	58	3,05	208	79	37,98	78	0,96
1928/29	55	3	5,45	3	0,00	151	50	33,11	50	0,66	206	74	35,92	73	0,49
1929	74	3	4,05	3	2,70	154	48	31,17	47	1,95	258	87	33,72	86	1,94
1929/30	61	2	3,28	2	1,64	170	56	32,94	54	5,29	232	87	37,50	87	0,43
1930	71	4	5,63	4	4,23	202	79	39,11	71	5,94	283	99	34,98	97	2,47
1930/31	67	1	1,49	1	4,48	176	71	40,34	69	2,84	201	67	33,33	67	0,00
1931	52	4	7,69	4	3,85	187	69	36,90	63	7,49	192	63	32,81	63	0,00
1931/32	42	5	11,90	5	4,76	122	47	38,52	43	4,92	161	53	32,92	53	0,00
1932	34	2	5,88	2	2,94	124	49	39,52	45	5,65	140	47	33,57	47	0,71
1932/33	34	4	11,76	4	0,00	116	53	45,69	48	10,34	123	42	34,15	42	0,81
1933	22	4	18,18	.	.	112	52	46,43	.	.	110	38	34,55	.	.
1933/34	26	3	11,54	.	.	87	33	37,93	.	.	92	34	36,96	.	.
1934	18	0	0,00	.	.	68	27	39,71	.	.	70	20	28,57	.	.
1934/35	22	3	13,64	.	.	52	21	40,38	.	.	42	16	38,10	.	.
1935	10	0	0,00	.	.	56	23	41,07	.	.	35	13	37,14	.	.
1935/36	11	0	0,00	.	.	52	21	40,38	.	.	38	18	47,37	.	.
1936	9	1	11,11	.	.	56	18	32,14	.	.	30	10	33,33	.	.
1936/37	7	1	14,29	.	.	34	8	23,53	.	.	14	6	42,86	.	.
1937	3	1	33,33	.	.	42	9	21,43	.	.	17	4	23,53	.	.
1937/38	2	0	0,00	.	.	21	10	47,62	.	.	11	4	36,36	.	.
1938	1	0	0,00	.	.	27	9	33,33	.	.	8	2	25,00	.	.
1938/39	2	0	0,00	.	.	30	11	36,67	.	.	17	8	47,06	.	.
1939	6	1	16,67	.	.	26	7	26,92	.	.	21	8	38,10	.	.
1939/40	0	0	.	.	.	17	5	29,41	.	.	10	4	40,00	.	.
1940/1	4	0	0,00	.	.	31	13	41,94	.	.	19	5	26,32	.	.
1940/2	3	0	0,00	.	.	30	16	53,33	.	.	30	11	36,67	.	.
1940/3	4	0	0,00	.	.	50	28	56,00	.	.	27	17	62,96	.	.
1941/1	2	0	0,00	.	.	41	24	58,54	.	.	24	14	58,33	.	.

	Geschichte				Musik			Philosophie, Pädagogik, Religionslehren				
	insg.	Frauen		Aus-länd. in %	insg.	Frauen		insg.	Frauen		Aus-länd. in %	
		insg.	in %	deuts.			insg.	in %			insg.	in %	deuts.	
Semester	16	17	18	19	20	21	22	23	24	25	26	27	28
1924/25	47	15	31,91	15	0,00	.	.	.	65	19	29,23	18	4,62
1925	39	11	28,21	10	2,56	.	.	.	26	10	38,46	9	7,69
1925/26	40	12	30,00	.	.	.	.	.	26	7	26,92	.	.
1926	57	15	26,32	.	.	.	.	.	28	9	32,14	.	.
1926/27	58	13	22,41	11	3,45	.	.	.	48	18	37,50	17	8,33
1927	42	15	35,71	15	2,38	6	3	50,00	37	11	29,73	11	8,11
1927/28	54	19	35,19	19	1,85	4	2	50,00	43	12	27,91	12	9,30
1928	103	26	25,24	25	2,91	8	1	12,50	75	30	40,00	29	2,67
1928/29	116	28	24,14	27	0,86	6	0	0,00	62	28	45,16	26	4,84
1929	125	32	25,60	32	2,40	8	0	0,00	93	46	49,46	44	4,30
1929/30	123	25	20,33	24	4,07	4	0	0,00	79	39	49,37	37	3,80
1930	143	33	23,08	32	2,10	11	1	9,09	86	45	52,33	42	8,14
1930/31	132	41	31,06	40	2,27	7	1	14,29	67	30	44,78	29	5,97
1931	110	30	27,27	30	2,73	2	0	0,00	76	31	40,79	30	2,63
1931/32	96	26	27,08	26	2,08	2	1	50,00	78	29	37,18	27	6,41
1932	93	32	34,41	32	1,08	2	1	50,00	86	36	41,86	31	15,12
1932/33	98	28	28,57	25	6,12	4	1	25,00	59	27	45,76	26	1,69
1933	96	37	38,54	.	.	1	0	0,00	.	.	.	.	.
1933/34	81	31	38,27	.	.	1	0	0,00	.	.	.	.	.
1934	60	19	31,67	.	.	1	0	0,00	.	.	.	.	.
1934/35	54	14	25,93	.	.	1	0	0,00	.	.	.	.	.
1935	.	.	.	.	.	1	0	0,00	.	.	.	.	.
1935/36	.	.	.	.	.	0	0	.	.	.	.	.	.
1936	.	.	.	.	.	0	0	.	.	.	.	.	.
1936/37	34	7	20,59	.	.	2	1	50,00	.	.	.	.	.
1937	28	5	17,86	.	.	2	1	50,00	.	.	.	.	.
1937/38	26	2	7,69	.	.	1	1	100,00	.	.	.	.	.
1938	37	5	13,51	.	.	1	1	100,00	.	.	.	.	.
1938/39	30	4	13,33	.	.	0	0	.	.	.	.	.	.
1939	32	4	12,50	.	.	1	1	100,00	.	.	.	.	.
1939/40	8	1	12,50	.	.	0	0	.	.	.	.	.	.
1940/1	23	4	17,39	.	.	0	0	.	.	.	.	.	.
1940/2	30	12	40,00	.	.	1	1	100,00	.	.	.	.	.
1940/3	27	17	62,96	.	.	1	1	100,00	.	.	.	.	.
1941/1	29	18	62,07	.	.	0	0	.	.	.	.	.	.

Tab. 10. 2: Die Einzelfachströme an der Universität Göttingen nach Staatsangehörigkeit und Geschlecht 1767–1941/1

	Kunst, Archäologie				Sonstige Kulturwiss.			Zeitungskunde				Leibesübungen		
	insg.	Frauen		Aus-	insg.	Frauen		insg.	Frauen		Aus-	insg.	Frauen	
		insg.	in %	deuts.	länd. in %		insg.	in %		insg.	in %	länd. in %		insg.	in %
Semester	29	30	31	32	33	34	35	36	37	38	39	40	41	42	43
1927	10	4	40,00	4	0,00	.	.	.	0	0	.	.	0	0	.
1927/28	9	3	33,33	3	0,00	.	.	.	0	0	.	.	0	0	.
1928	14	3	21,43	3	0,00	.	.	.	0	0	.	.	0	0	.
1928/29	11	3	27,27	3	9,09	.	.	.	0	0	.	.	0	0	.
1929	7	2	28,57	2	14,29	.	.	.	0	0	.	.	0	0	.
1929/30	9	4	44,44	4	0,00	.	.	.	0	0	.	.	6	1	16,67
1930	5	3	60,00	3	0,00	.	.	.	0	0	.	.	21	6	28,57
1930/31	10	1	10,00	1	0,00	.	.	.	0	0	.	.	16	2	12,50
1931	12	2	16,67	2	0,00	.	.	.	2	0	0,00	50,00	29	5	17,24
1931/32	13	5	38,46	5	15,38	.	.	.	1	1	100,00	0,00	22	8	36,36
1932	7	5	71,43	5	0,00	.	.	.	0	0	.	.	23	5	21,74
1932/33	11	7	63,64	6	9,09	.	.	.	0	0	.	.	22	6	27,27
1933	.	.	.	.	.	66	30	45,45	0	0	.	.	28	5	17,86
1933/34	.	.	.	.	.	58	21	36,21	0	0	.	.	23	5	21,74
1934	.	.	.	.	.	35	13	37,14	0	0	.	.	21	6	28,57
1934/35	.	.	.	.	.	33	10	30,30	0	0	.	.	24	4	16,67
1935	.	.	.	.	.	96	23	23,96	0	0	.	.	18	5	27,78
1935/36	.	.	.	.	.	113	24	21,24	0	0	0,00	.	19	5	26,32
1936	.	.	.	.	.	83	16	19,28	1	0	.	.	23	3	13,04
1936/37	.	.	.	.	.	77	22	28,57	0	0	.	.	11	5	45,45
1937	.	.	.	.	.	59	16	27,12	0	0	.	.	18	5	27,78
1937/38	.	.	.	.	.	62	14	22,58	0	0	.	.	14	6	42,86
1938	.	.	.	.	.	47	8	17,02	0	0	.	.	20	9	45,00
1938/39	.	.	.	.	.	37	4	10,81	0	0	.	.	28	17	60,71
1939	.	.	.	.	.	25	2	8,00	0	0	.	.	39	18	46,15
1939/40	.	.	.	.	.	12	3	25,00	0	0	.	.	15	4	26,67
1940/1	.	.	.	.	.	15	2	13,33	0	0	.	.	25	14	56,00
1940/2	.	.	.	.	.	16	4	25,00	0	0	.	.	17	12	70,59
1940/3	.	.	.	.	.	24	12	50,00	0	0	.	.	29	23	79,31
1941/1	.	.	.	.	.	5	4	80,00	0	0	.	.	35	27	77,14

	Mathematik					Physik					Biologie				
	insg.	Frauen			Aus-	insg.	Frauen			Aus-	insg.	Frauen			Aus-
		insg.	in %	deuts.	länd. in %		insg.	in %	deuts.	länd. in %		insg.	in %	deuts.	länd. in %
Semester	44	45	46	47	48	49	50	51	52	53	54	55	56	57	58
1924/25	97	17	17,53	14	21,65	85	7	8,24	7	12,94	15	5	33,33	5	0,00
1925	160	34	21,25	32	6,88	92	3	3,26	3	6,52	32	14	43,75	14	0,00
1925/26	167	27	16,17	.	.	94	3	3,19	.	.	37	13	35,14	.	.
1926	307	46	14,98	.	.	93	7	7,53	.	.	42	15	35,71	.	.
1926/27	288	37	12,85	36	4,17	107	3	2,80	2	12,15	55	16	29,09	16	0,00
1927	418	60	14,35	57	2,87	103	10	9,71	9	7,77	73	21	28,77	21	0,00
1927/28	425	68	16,00	65	4,47	115	10	8,70	10	9,57	61	19	31,15	19	1,64
1928	484	69	14,26	67	4,34	156	13	8,33	10	10,90	99	40	40,40	39	3,03
1928/29	398	58	14,57	57	5,03	188	9	4,79	8	10,64	119	49	41,18	48	3,36
1929	507	63	12,43	60	4,54	203	10	4,93	9	5,91	126	49	38,89	47	3,17
1929/30	419	55	13,13	52	5,01	190	10	5,26	9	6,84	129	54	41,86	51	3,10
1930	544	89	16,36	86	4,23	216	16	7,41	13	9,72	125	50	40,00	50	0,80
1930/31	465	75	16,13	73	4,73	176	14	7,95	12	10,23	135	51	37,78	50	3,70
1931	468	78	16,67	75	4,27	198	15	7,58	13	7,07	126	44	34,92	44	2,38
1931/32	433	72	16,63	67	6,00	187	18	9,63	15	10,16	137	50	36,50	49	2,92
1932	432	64	14,81	59	6,25	206	16	7,77	13	11,17	109	50	45,87	49	1,83
1932/33	369	59	15,99	57	5,96	184	17	9,24	14	9,24	117	49	41,88	48	1,71
1933	208	51	17,11	.	.	157	13	0,20	.	.	101	45	44,55	.	.
1933/34	238	27	11,34	.	.	141	10	7,09	.	.	89	37	41,57	.	.
1934	155	11	7,10	.	.	115	7	6,09	.	.	75	29	38,67	.	.
1934/35	123	8	6,50	.	.	108	6	5,56	.	.	60	24	40,00	.	.
1935	157	6	3,82	.	.	.	.	.	.	.	.	.	.	.	.
1935/36	181	9	4,97	.	.	.	.	.	.	.	.	.	.	.	.
1936	181	15	8,29	.	.	.	.	.	.	.	.	.	.	.	.
1936/37	128	10	7,81	.	.	.	.	.	.	.	.	.	.	.	.
1937	114	7	6,14	.	.	.	.	.	.	.	.	.	.	.	.
1937/38	102	3	2,94	.	.	.	.	.	.	.	.	.	.	.	.
1938	98	7	7,14	.	.	.	.	.	.	.	.	.	.	.	.
1938/39	35	5	14,29	.	.	68	4	5,88	.	.	.	.	.	.	.
1939	37	4	10,81	.	.	80	5	6,25	.	.	.	.	.	.	.
1939/40	21	5	23,81	.	.	38	4	10,53	.	.	17	11	64,71	.	.
1940/1	23	8	34,78	.	.	38	5	13,16	.	.	24	7	29,17	.	.
1940/2	14	3	21,43	.	.	38	9	23,68	.	.	22	15	68,18	.	.
1940/3	32	10	31,25	.	.	41	4	9,76	.	.	25	17	68,00	.	.
1941/1	27	8	29,63	.	.	26	7	26,92	.	.	33	20	60,61	.	.

Tab. 10. 2: Die Einzelfachströme an der Universität Göttingen nach Staatsangehörigkeit und Geschlecht 1767–1941/1

	Sonstige Naturwiss.			Geographie					Mineralogie, Geologie ,Bergfach					Geogr., Geol., Min.		
	insg.	Frauen		insg.	Frauen			Ausländ.	insg.	Frauen			Ausländ.	insg.	Frauen	
		insg.	in %		insg.	in %	deuts.	in %		insg.	in %	deuts.	in %		insg.	in %
Semester	59	60	61	62	63	64	65	66	67	68	69	70	71	72	73	74
1924/25	.	.	.	11	4	36,36	4	18,18	18	0	0,00	0	0,00	.	.	.
1925	.	.	.	6	0	0,00	0	16,67	15	0	0,00	0	0,00	.	.	.
1925/26	.	.	.	5	3	60,00	.	.	19	0	0,00	.	.	.	.	.
1926	.	.	.	11	2	18,18	.	.	12	0	0,00	.	.	.	.	.
1926/27	.	.	.	10	5	50,00	5	0,00	11	0	0,00	0	0,00	.	.	.
1927	.	.	.	7	1	14,29	1	0,00	18	0	0,00	0	0,00	.	.	.
1927/28	.	.	.	8	4	50,00	4	0,00	23	0	0,00	0	8,70	.	.	.
1928	0	0	.	50	14	28,00	14	0,00	12	0	0,00	0	8,33	.	.	.
1928/29	0	0	.	40	10	25,00	10	0,00	18	0	0,00	0	16,67	.	.	.
1929	0	0	.	43	8	18,60	8	2,33	27	3	11,11	2	11,11	.	.	.
1929/30	0	0	.	55	14	25,45	14	0,00	22	2	9,09	1	22,73	.	.	.
1930	0	0	.	52	19	36,54	19	0,00	20	2	10,00	2	10,00	.	.	.
1930/31	0	0	.	48	9	18,75	9	0,00	22	1	4,55	1	0,00	.	.	.
1931	0	0	.	44	12	27,27	11	2,27	22	0	0,00	0	4,55	.	.	.
1931/32	0	0	.	49	15	30,61	15	0,00	24	0	0,00	0	8,33	.	.	.
1932	0	0	.	41	9	21,95	9	0,00	18	1	5,56	1	11,11	.	.	.
1932/33	0	0	.	32	7	21,88	7	0,00	16	1	6,25	1	6,25	.	.	.
1933	1	1	100,0	.	.	.	.	.	.	.	.	.	.	35	6	17,14
1933/34	3	0	0,00	.	.	.	.	.	.	.	.	.	.	41	4	9,76
1934	0	0	.	.	.	.	.	.	.	.	.	.	.	29	8	27,59
1934/35	0	0	.	.	.	.	.	.	.	.	.	.	.	23	5	21,74
1935	56	12	21,43	.	.	.	.	.	.	.	.	.	.	21	7	33,33
1935/36	77	22	28,57	.	.	.	.	.	.	.	.	.	.	19	5	26,32
1936	36	10	27,78	.	.	.	.	.	.	.	.	.	.	15	6	40,00
1936/37	64	14	21,88	.	.	.	.	.	.	.	.	.	.	15	3	20,00
1937	40	10	25,00	.	.	.	.	.	.	.	.	.	.	9	3	33,33
1937/38	44	9	20,45	.	.	.	.	.	.	.	.	.	.	11	3	27,27
1938	35	8	22,86	.	.	.	.	.	.	.	.	.	.	7	2	28,57
1938/39	43	10	23,26	.	.	.	.	.	.	.	.	.	.	12	0	0,00
1939	42	15	35,71	.	.	.	.	.	.	.	.	.	.	8	0	0,00
1939/40	6	2	33,33	.	.	.	.	.	.	.	.	.	.	5	0	0,00
1940/1	2	1	50,00	.	.	.	.	.	.	.	.	.	.	11	0	0,00
1940/2	16	5	31,25	.	.	.	.	.	.	.	.	.	.	8	0	0,00
1940/3	11	5	45,45	.	.	.	.	.	.	.	.	.	.	16	2	12,50
1941/1	9	3	33,33	.	.	.	.	.	.	.	.	.	.	15	5	33,33

	Forstwiss.		
	insg.	Frauen	
		insg.	in %
Semester	75	76	77
1939	50	0	0,00
1939/40	30	2	6,67
1940/1	30	2	6,67
1940/2	40	4	10,00
1940/3	23	4	17,39
1941/1	29	4	13,79

5. Anmerkungen zu Tabelle 10.2

1767–1866:

Für 1771 sind die angegebenen Daten extrapoliert. Ab 1855/56 konnte die Zahl der ausl. Stud. insg. (Sp. 6) aus den Pers. Verz. ergänzt werden. – Sp. 4 (Phil. Fak.) und Sp. 5 (Stud. insg.): einschl. der nicht immatrikulierten Chirurgen.

1866/67–1908:

Im Zeitraum 1866/67–1886 wurde die Zahl der ausl. Stud. insg. (Sp. 23) aus den Pers. Verz. ergänzt, ebenso im Zeitraum 1867/68–1886 die Zahl der ausl. Stud. in den Fächern Evang. Theol. (Sp. 2), Jura (Sp. 4), Medizin (Sp. 6), Pharmazie (Sp. 10), Philol., Gesch. (Sp. 12), Math., Naturw. (Sp. 14), sowie Landw. und Cam. (Sp. 18). – Sp. 10 (Pharmazie): 1867–1887 und 1891/92–1895/96 einschl. ausl. Stud. der Zahnmedizin (Sp. 8). – Sp. 11 (Philol., Gesch.): einschl. Stud. der Philosophie.

1908/09–1941.1:

Im Zeitraum 1912–1924 (mit Ausnahme des ZS 1919 und 1922/23–1923) konnten die Daten der Standardquelle anhand der »Endgült. Feststellungen« in den Pers. Verz. überprüft und korrigiert werden. Außerdem wurden für die Fächergruppe Mathematik, Naturwissenschaften die Zahl der weibl. Stud. (Sp. 33/34) und der ausl. männl. Stud.

(Sp. 35) nach den »Endgült. Feststellungen« ergänzt. – Sp. 6 (Jura): 1913/14 – 1914/15 und 1916/17–1924 einschl. Staatswissenschaften. – Sp. 6 (Jura), Sp. 11 (Medizin), Sp. 16 (Zahnmedizin), Sp. 36 (Chemie) und Sp. 41 (Cameralia, Staatswissenschaften): 1929/30 wurden in diesen Fächern nach Abschluß der Erhebungen 5 Stud. (Jura), 7 Stud. (Medizin), 4 Stud. (Zahnmedizin), 1 Stud. (Chemie) und 1 Stud. (Cameralia, Staatswissenschaften) nachgemeldet.

1925–1941.1:

Sp. 1 (Alte Sprachen), Sp. 16 (Geschichte), Sp. 29 (Kunst, Archäologie), Sp. 44 (Mathematik) und Sp. 54 (Biologie): 1929/30 wurden nach Abschluß der Erhebung 1 Stud. (Alte Sprachen), 2 Stud. (Geschichte), 1 Stud. (Kunst, Archäologie), 1 Stud. (Mathematik) und 1 Stud. (Biologie) nachgemeldet.

Sp. 16 (Geschichte): 1935–1936 enthalten in Sp. 34 (Sonstige Kulturwiss.). – Sp. 34 (Sonstige Kulturwiss.): 1935–1936 einschließlich Geschichte (Sp. 16). – Sp. 44 (Mathematik): 1935–1938 einschließlich Physik (Sp. 49). – Sp. 49 (Physik): 1935–1938 enthalten in Sp. 44 (Mathematik). – Sp. 54 (Biologie): 1935–1939 enthalten in Sp. 59 (Sonstige Naturwiss). – Sp. 59 (Sonstige Naturwiss.): 1935–1939 einschließlich Biologie (Sp. 54).

6. Quellen und Literatur

Quellen:

Standardquellen: 1830/31–1911/12: PrStat 102, 106, 112, 116, 125, 136, 150, 167, 193, 204, 223, 236. – *1912–1924:* StatJbDR Jgg. 34–36, 40–44. – *1924/25–1927/28:* PrStat 279, 281, Sonderdr WS 1925/26, 285; PrHochStat WS 1926/27–WS 1927/28. – *1928–1932/33:* DtHochStat Bde. 1–10. – *1932–1941.1:* ZehnjStat.

Ergänzend: 1767–1816: Willich 1816. – *1816–1830:* Akad. Monatsschrift 1850. – *1855/56–1886, 1912–1924:* Pers. Verz. d. Univ. Göttingen.

Literatur:

Akademische Monatsschrift. Centralorgan für die Gesamtinteressen deutscher Universitäten. 2. Jg. 1850 Leipzig, S. 129f. – BECKER, H./DAHMS, H.-J./WEGELER, C. (Hg.): Die Universität Göttingen unter dem Nationalsozialismus. Das verdrängte Kapitel ihrer 250jährigen Geschichte. München 1987. – BOOCKMANN, H./WELLENREUTHER, H. (Hg.): Geschichtswissenschaft in Göttingen. Eine Vorlesungsreihe (= Göttinger Universitätsschriften, Serie A, Bd. 2). Göttingen 1987. – EBEL, W.: Catalogus Professorum Gottingensium 1734–1962. Göttingen 1962. – EBEL, W.: Memorabilia Gottingensia. Elf Studien zur Sozialgeschichte der Universität. Göttingen 1969. – GUNDELACH, E.: Die Verfassung der Göttinger Universität. Göttingen 1955. – LOOS, F. (Hg.): Rechtswissenschaft in Göttingen. Göttinger Juristen aus 250 Jahren (= Göttinger Universitätsschriften, Serie A, Bd. 1). Göttingen 1987. – MEINHARDT, G.: Die Universität Göttingen. Göttingen 1977. – MOELLER, B. (Hg.): Theologie in Göttingen (= Göttinger Universitätsschriften, Serie A, Bd. 6). Göttingen 1987. – Personalbestand der Georg-August-Universität zu Göttingen. 1831/32–1944/45 (unter verschiedenen Titeln = Pers. Verz.). – SCHLOTTER, H. G. (Hg.): Die Geschichte der Verfassung und der Fachbereiche der Georg-August-Universität zu Göttingen (= Göttinger Universitätsschriften, Serie A, Bd. 16). Göttingen 1994. – SELLE, G. v.: Die Georg-August-Universität zu Göttingen 1737–1937. Göttingen 1937. – WILLICH, F. C.: Tabelle und Übersicht der Anzahl der Studierenden auf der Universität Göttingen von 1767 bis 1816. In: Hannoversches Magazin, 71. Stück v. 2. September 1816, Sp. 1121–1140. – WITTRAM, R.: Die Universität und ihre Fakultäten (= Göttinger Universitätsreden, H. 39). Göttingen 1962.

11. Greifswald

1. Geschichtliche Übersicht

Nach dem Ausweichen der Universität Rostock nach Greifswald von 1435 bis 1443 entstand der Plan, auch hier eine Universität zu gründen. Auf Betreiben des Bürgermeisters Rubenow wurde sie durch den Rat der Stadt, den Herzog von Wolgast und den Bischof von Kammin am 17.10.1456 mit 173 Studierenden und 39 Professoren in den vier klassischen Fakultäten eröffnet. Das 15. Jh. verlief in ruhigen Bahnen, nur langsam konnte sich an der scholastischen Hochschule der Humanismus einnisten. Als die Greifswalder Bürger und Pommerschen Untertanen sich 1523 zur Reformation bekannten, mußte die katholische Universität 1527–1534 die Vorlesungen fast vollkommen einstellen. Erst als die pommerschen Herzöge sich zur Reformation bekannten, blühte sie wieder auf und erhielt 1591 ein neues Kollegiengebäude. Trotz der Schenkung des Klosters Eldena an die Universität 1634 erlitt sie während des Dreißigjährigen Krieges zunächst wieder erhebliche Frequenzeinbußen. Aber der über 14000 ha große Grundbesitz machte sie zu einer der reichsten Universitäten Deutschlands. Noch bis 1874 konnte sie sich ohne Staatszuschüsse finanzieren und erst 1945 verlor sie diesen Besitz. Seit dem Westfälischen Frieden gehörte Vorpommern für 167 Jahre bis 1815 mit kurzen Unterbrechungen zu Schweden. Die Universität blühte durch die Unterstützung der schwedischen Könige wieder auf, bis im 18. Jh. der Nordische und der Siebenjährige Krieg die Entwicklung bremsten. 1750 entstand ein neues Kollegienhaus. Erst in der zweiten Hälfte des 18. Jahrhunderts konnte die Aufklärung langsam an der streng lutherischen Universität Fuß fassen. Auf dem Wiener Kongreß wurde Vorpommern 1815 Preußen zugeschlagen.

Auch unter preußischer Herrschaft war die Alma mater noch bis zum Ende des Jahrhunderts von der Theologie geprägt (1896 befand sie sich nach der Studierendenzahl an der 4. Stelle der Ev. Theol. Fak. in Deutschland). Lediglich die Medizin wurde, nachdem sie vorher ein eher kümmerliches, mittelalterlich-scholastisches Dasein gefristet hatte, vor allem nach der Jahrhundertmitte zügig

ausgebaut und so bedeutsam, daß sie sich in der Studentenfrequenz nach Berlin und konkurrierend mit Würzburg, München und Leipzig in den 1860/70er Jahren zeitweilig an die zweite Stelle der medizinischen Fakultäten schieben und in den 1880ern noch die 5. Stelle einnehmen konnte. Die Philosophische Fakultät entwickelte sich im 19. Jahrhundert nur langsam, so daß die Philologien erst zum Jahrhundertende und die Naturwissenschaften gar erst nach der Jahrhundertwende Anschluß an die Entwicklung der deutschen Universitäten finden konnten.

Der im 19. und 20. Jahrhundert schnelle Wechsel des Lehrpersonals machte die Universität Greifswald zur Durchgangsstation auf der Karriereleiter zu einem lukrativeren Lehrstuhl. Insgesamt wuchs das Personal in Greifswald zwischen 1850 und 1930 durchschnittlich. Bei der Ordinarienzahl bewegte sich das Wachstum sogar im oberen Viertel der deutschen Universitäten. Nach der absoluten Zahl des Personals und der Studierenden konnte sich die Universität allerdings ständig nur im unteren Viertel der Rangskala plazieren. So kam es, wie bei allen kleinen, aber zu einer Mindestnorm ausgebauten Universitäten, zu einer durchweg sehr guten Betreuungsrelation. An der Universität Greifswald wurde deshalb auch der enge Kontakt zwischen Studierenden und Lehrern gelobt.

Auch im Vergleich der zahlenmäßigen Entwicklung inneruniversitärer Institutionen bewegte sich Greifswald im unteren Drittel und rutschte nach den 1880er Jahren durch den langsamen Ausbau der Sprach- und Naturwissenschaften sogar ins untere Viertel ab. Erst in den 1920er und 1930er Jahren konnte die Universität diesen Rangplatz wieder verbessern. Den relativ günstigen institutionellen Ausbaustand nach der Mitte des letzten Jahrhunderts und in der Zwischenkriegszeit verdankte sie vor allem dem starken Ausbau der Medizinischen Fakultät. Hier erreichte die kleine Universität sogar einen mittleren Rang. Wie am Fachbereichsprofil zu erkennen ist, war Greifswald neben Würzburg eine herausragende »Medizineruniversität«.

Im 20. Jahrhundert entwickelte Greifswald einige institutionelle Besonderheiten. Mit der Gründung des Nordischen Instituts 1918 und dessen Ausbau zu fünf Nordischen Auslandsinstituten bis 1934 wurde die in preußischer Zeit nahezu abgebrochene traditionelle Verbindung nach Skandinavien wieder aufgenommen. Mit der Errichtung des Instituts für Palästinawissenschaften in der Theologischen Fakultät in den 1920er Jahren erlangte die Universität auf diesem Wissenschaftsgebiet Weltruf. Mit der ersten preußischen Landwirtschaftlichen Akademie in Eldena verband die Universität eine enge Beziehung. Nach der Auflösung dieser Akademie 1876 wurde erst wieder 1942 mit dem Institut für historische Geographie und Kulturlandforschung ein zaghafter Anfang auch in landwirtschaftlicher Forschung gemacht, obwohl die Universität noch immer über einen ausgedehnten Landbesitz verfügte. 1914 wurde der Juristischen Fakultät das Staatswissenschaftliche Seminar angegliedert, so daß sie sich seit 1923

Rechts- und Staatswissenschaftliche Fakultät nennen konnte.

1933 bekam die Institution den Namen »Ernst-Moritz-Arndt-Universität«. Arndt hatte von 1800 bis 1810 als Historiker zum Greifswalder Lehrkörper gehört und hier seine Schrift gegen die Leibeigenschaft erstellt.

Während des Nationalsozialismus war auch das Lehrpersonal in Greifswald von politischen und rassistischen Entlassungen betroffen. Bis zum April 1936 verloren 14 Hochschullehrer ihre Stelle; das waren 9,7 % des Lehrpersonals von 1932/33. Mit dieser Relation befand sich Greifswald im unteren Drittel der deutschen Universitäten. Im WS 1939/40 wurde die Universität geschlossen, 1940 nur in beschränktem Umfang wiedereröffnet und nach dem Ende des Krieges nochmals geschlossen. Am 15.2.1946 fand die Neueröffnung statt, allerdings ohne eine Rechts- und Staatswissenschaftliche Fakultät.

2. Der Bestand an Institutionen 1844–1944/45

Zum Verständnis vgl. die Erläuterungen S. 48 ff.

I.	**Theol. Fak. ([1844])**
1.	Theol. Sem. ([1844])
2.	Theol.-prakt. Inst. ([1844])
2.1	Homil. Sem. (1923/24)
2.2	Kat. Sem. (1923/24)
3.	Kirchl.-arch. Samml. (1885–1907, 12–26)
	Inst. f. chr. Arch. (1907/08–11/12)
	Chr.-arch. Sem. (1926/27)
4.	Inst. f. Palästina ((1921/22), 22/23–25 -wiss.)
	Gustav-Dahlmann-Inst. f. Palästinawiss. (1925/26)
5.	Kirchenmusikal. Sem. (1928–1939/40)

II.	**Jur. Fak. ([1844]–1923)**
	Rechts- u. Staatswiss. Fak. (1923/24)
1.	Jur. Sem. (1856)
2.	Staatswiss. Sem. (1893/94, in IV. –1914)
2.1	Pol.-soziol. App. (1932/33–1936)
2.2	Forsch.stelle f. Währungswiss. (1936/37–40.3)
3.	Naturwiss.-psychol. Sem. f. Juristen (1923/24–27/28)
4.	Sem. f. Kriminalwiss. (1928–1939/40)

III.	**Med. Fak. ([1844])**
1.	Anat. Th. ([1844], Inst. 1902)
2.	Anat. Samml.n ([1844]–1898/99)
	Anat. u. zoot. Mus. (1902–1911/12)

3.	Univ.-Kh. (1859)
3.1	Med. Klin. u. Polikl. (1914)
3.1.1	Med. Klin. ([1844]–1913/14, im Univ. Kh. 1859)
3.1.2	Med. Polikl. (1900–13/14)
3.2	Chir. Klin. u. Polikl. (1912)
3.2.1	Chir. u. augenärztl. Klin. ([1844]–1872/73)
3.2.1.1	Chir. Klin. (1873–1911/12, im Univ. Kh. 1859)
3.2.1.2	Augenärztl. Klin. (1873–1911/12)
	Univ.- Augenkl. (1912, u. Polikl. 25)
3.2.2	Chir. Polikl. (1900–11/12, einschl. d. Polikl. f. Ohrenkr. 03/04–08/09)
3.2.2.1	Zahnärztl. Polikl. (1896–1900/01, 06–07/08)
	Zahnärztl. Inst. (1902–08/09, 16–43/44)
	Zahnärztl. Abt. d. Chir. Klin. (1909–15/16)
	Klin. u. Polikl. f. Zahn-, Mund- u. Kieferkr. (1944)
3.2.2.2	Polikl. f. HNO-Kr. (1909, u. Klin. (21/22))
3.2.2.2.1	Polikl. f. Hals- und Nasenkr. (1897–1908/09)
3.2.2.2.2	Polikl. f. Ohrenkr. (1903/04–08/09)
3.3	Chir. Abt. (1878/79–86/87)
3.4	Med. Abt. (1881–87)
4.	Gebh. Klin. u. Hebammen-Inst. ([1844]–1911/12, u. gynäk. 1878, u. Polikl. 1902)
	Univ.-Frauenkl. u. Hebammen-Lehranst. (1912–24)
	Frauenkl., Frauenpolikl. u. Hebammen-Lehranst. (1924/25)
5.	Path.-anat. Inst. (1860, o. anat. 1912)
6.	Pharm. Samml. (1861/62, Inst. 76)
7.	Physiol. Inst. (1874)
7.1	Physiol. Chem. (1927/28–34/35, Abt. f. 33)
	Physiol.-chem. Inst. (1935)

8.	Prov. – Irren- Anst. (nur 1882)	9.	Min.-Kab. ([1844]–1906, Inst. 1883/84)
	Psych. Klin. in d. Prov.-Irren-Anst.		Geol.-min. Inst. (1906/07–⟨20⟩, u. geol.
	(1882/83–88/89)		Landessamml. v. Pommern 1909/10)
	Psych. Klin. (1889–07)	9.1	Geol.-pal. Abt. (1918–⟨20⟩)
	Psych. u. Nervenkl. u. Polikl. f. Nervenkr.		Geol.-pal. Inst. u. d. geol. Landes-
	(1907/08)		samml. v. Pommern (⟨1921/22⟩)
9.	Hyg. Inst. (1888/89)	9.1.1	Geol. Landessamml. v. Pommern (1909/10)
10.	Ger.-med. Inst. (1894–1911/12)	9.1.2	Abt. f. regionale u. angew. Geol. (⟨1921/22⟩–23)
	Ger.ärztl. Unterricht (1912–18/19)	9.1.3	Abt. f. Anthr. u. Prähist. (⟨1921/22⟩–23)
	Ger.ärztl. Inst. (1919–24/25)	9.1.4	Archiv f. Geschiebeforsch. (1936/37)
	Inst. f. ger. Med. (1925, u. Krim. 41.1)	9.2	Min. Abt. (1918–⟨20⟩)
11.	Kinderkl. u. Polikl. (1897)		Min.-petrogr. Inst. (⟨1921/22⟩)
12.	Polikl. f. Haut- u. Geschl.kr. (1906, Klin. u.	9.2.1	Min.-petrogr. Samml. (1934/35)
	⟨21/22⟩)	10.	Arch. Ges. (1846–59)
13.	Inst. f. Entwicklungsmech. (1931, Abt. 37/38)	11.	Hist. Ges. (1861, Sem. 62)
14.	Forsch.stelle f. Diabetes in Garz auf Rügen	11.1	Abt. f. alte Gesch. (1908–22/23, Forts. IV.1.2)
	(1938/39, Forsch.inst. 1939)	11.2	Abt. f. m. u. n. Gesch. (1908–23)
15.	Staatl. Forsch.anst. Insel Riems (1941/42–43)	11.3	Hist.-geogr. Abt. (1927–1941/42)
	Reichsforsch.anst. Insel Riems (1943/44)	12.	Samml. vaterländischer Altert. (1866/67–1930)
15.1	Chem. Abt. (1941/42)		Samml. vorgesch. Altert. (1930/31–34/35)
15.2	Path. Abt. (1943/44)		Vorgesch.-arch. Sem. (1935)
			Sem. f. Vorgesch. (1935/36–41.1)
			Inst. f. Vor- u. Frühgesch. u. Vorgesch. Samml.
			(1941)
IV.	**Phil. Fak. ([1844])**	12.1	Vorgesch. Samml. (nur ⟨1939/40⟩)
		12.2	Außendienststelle Greifswald d. Pommerschen
1.	Inst. f. Altertumsk. (1923)		Landesmus. (1943)
1.1	Philol. Sem. ([1844]–1928/29)	13.	Germ. Sem. (1876/77)
	Altphilol. Sem. (1929)	13.1	Sprechk. Samml. (1937/38)
1.2	Althist. Sem. (1923, vorh. IV.11.1)	14.	Sem. f. neuere Philol. (1882–1910/11)
1.3	Akad. Kunstsamml. (1852/53–1914)	14.1	Rom. Sem. (1911)
	Arch. Sem. (1914/15, in 1. 23)	14.2	Engl. Sem. (1911)
1.3.1	Arch. App. (1911/12–15, 18–22/23)	15.	Geogr. App. (1885, Sem. 1911/12, Inst. 19)
1.3.2	Samml. v. Gipsabg. ant. Bildwerke (1912,	16.	App. f. m. u. n. Kunstgesch. (1908/09–12/13)
	v. Originalen u. 41)		Kunstgesch. Samml. (1913–40.2, Sem. 19/20)
2.	Päd. Ges. ([1844]–1865)		Caspar-David-Friedrich-Inst. f. Kunstwiss.
3.	Math. Ges. ([1844]–68/69, 72/73, Sem. 64/65,		(1940.3)
	Inst. 1944/45)	17.	Philos. Sem. (1911/12)
3.1	Inst. f. angew. Math. (1909–11/12)	17.1	Abt. f. Psychol. (1924/25–1942/43)
	Abt. f. angew. Math. (1912–19)		Psychol. Sem. (1943, Inst. 44/45)
3.2	Abt. f. reine Math. (1912–19)	18.	Nordisches Inst. (1918–33/34)
4.	Astr.-math. Inst. ([1844]–1939)		Nordische Auslandsinst.e (1934)
5.	Math.-phys. Inst. ([1844], o. math. 57)	18.1	Inst. f. Finnlandk. (1922/23)
5.1	Astrophys. Abt. (nur ⟨1939/40⟩)	18.2	Dänisches Inst. (1934)
5.2	Sem. f. theor. Phys. (1933/34)	18.3	Isländisches Inst. (1934)
6.	Chem. Inst. ([1844])	18.4	Norwegisches Inst. (1934)
6.1	Pharmaz.-chem. Inst. (1937/38–38)	18.5	Schwedisches Inst. (1934)
7.	Zool. Inst. (1923/24, u. Mus. 29/30)	19.	Beratungsstelle f. VolksHS. (1919/20–1933)
7.1	Zool. Mus. ([1844])	20.	Oriental. Sem. (nur ⟨1920⟩)
7.2	Abt. f. Vererbungswiss. (nur 1933)	21.	Akad. Münzkab. (⟨1921/22⟩)
	Inst. f. menschl. Erblehre u. Eugenik	22.	Inst. f. Leibesüb. (1925/26)
	(1933/34–36)	22.1	Univ.-Reitbahn (1902)
	Inst. f. Vererbungswiss. (1936/37)	22.2	Univ.-Fechthalle (1906/07)
8.	Bot. Inst. (1923/24, u. Garten 28/29)	22.3	Univ.-Turnhalle (1917)
8.1	Bot. Garten ([1844], u. Mus. 1912)	22.4	Univ.-Sportamt (1921/22–1934/35)
8.1.1	Bot. Mus. (1855–1911/12)	22.5	Kampfbahn mit Tennisplätzen (1931)
8.2	Landw. Lab. (1942–43/44)	22.6	Univ.-Bootshaus (1931)
	Landw. Forsch.inst. (1944)	22.7	Univ.-Gymnastikhallen (1931–1943)
8.2.1	Abt. f. Pflanzenkr. (1942/43)	22.8	Univ.-Winter- Ruderbecken (1931–1936)
8.2.2	Landw. Abt. (nur 1942/43)		
8.2.3	Versuchsfelder: Univ.-Gut Koitenhagen (1943)		

22.9   Sportärztl. Sprechstunde (1932/33)
22.10   Univ.-Boxraum (1936/37–1943)
22.11   Univ.-Sportheim (1938)
22.12   Univ.-Segelflugwerkstatt (1939)
23.   Akad. Zeichensaal (1926)
24.   Musikwiss. Sem. (1928/29, Inst. 40.1)
25.   Greifswalder Gelehrte Ges. f. Lutherforsch.
        u. neuzeitl. Geistesgesch. (1928/29–(39/40))
26.   Biol. Forsch.anst. in Kloster auf Hiddensee
        (1930/31, mit Vogelwarte 1936/37)
27.   Arktische Samml. (1934/35–37)
        Nordische Samml. (1937/38)
29.   Slaw. Inst. (1936/37)
30.   Inst. f. Pflanzenökol. (1936/37)
31.   Inst. f. hist. Geogr. u. Kulturlandforsch. (1942)
32.   Inst. f. Ostseefischerei d. Reichsanst. f.
        Fischerei Swinemünde (1944/45)

V.   Staats- u. landw. Acad. Eldena ([1844]–76)

1.   Acad. Modellsamml. ([1844], o. acad. 58/59–76)
2.   Chem. Lab. ([1844]–76)
3.   Phys. Samml. ([1844], Kab. 49–76)

4.   Acad. Herbarium ([1844], o. acad. 58/59 76)
5.   Mineral. Samml. ([1844], u. Boden- u. Dünger
        66/67–76)
6.   Zool. Samml. ([1844]–76)
7.   Acad. Versuchsfelder ([1844]–48/49)
8.   Acad. Gärten ([1844], Bot. 58/59–76)
9.   Anat. Inst. ([1844]–76)
10.   Veterinärische Samml. ([1844], Thierärztl.
        67/68–76)
11.   Ackergeräthe – Samml. (1858/59, u. Wollproben
        68/69–76)
12.   Baumschule und Gemüsegarten (1858/59–67)
        Baumschule, Obstgarten u. Gemüsegarten, Mutter-
        u. Mustergarten u. Lehranst. f. Obstgärtner
        (67/68–76, u. Obst.-Model-Samml. 68/69)
12.1   Obst-Modell-Samml. (1858/59–68)
13.   Versuchsfeld (1858/59–76)
14.   Anat. Präparaten-Samml. (1858/59–76)
15.   Thierärztl. Klin. u. Krankenställe (1867/68–76)
16.   Versuchsställe (1867/68–76)
17.   Physiol. Inst. (1867/68–76)

Fehlende Semester: 1848, 1920/21, 21, 22, 40.1.

3. Die Studierenden nach Fachbereichen

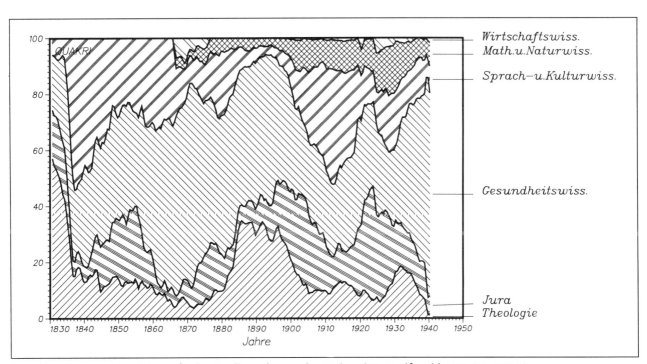

Abb. 11.1: Das Fachbereichsprofil der Studierenden an der Universität Greifswald 1830/31–1941/1

Tab. 11.1: Die Studierenden an der Universität Greifswald nach Fachbereichen in Prozent 1830/31–1941/1

| | Evang. Theol. | Jura | Gesundheitswissenschaften | | | | Sprach- und Kultur- wiss. | Math., Naturw. | | Wirt- sch., Agrar- und Forst. wiss. | Studierende | | |
| | | | insg. | Allg. Med. | Zahn- med. | Phar- mazie | | insg. | Chemie | | insg. | weibl. in % aller Stud. | Ausl. in % aller Stud. |
Semester	1	2	3	4	5	6	7	8	9	10	11	12	13
1830/31	59,12	17,13	17,13	17,13	.	.	6,63	.	.	.	181	.	.
1831	54,90	17,65	22,06	22,06	.	.	5,39	.	.	.	204	.	.
1831/32	53,81	18,57	20,95	20,95	.	.	6,67	.	.	.	210	.	.
1832	52,89	19,11	20,44	20,44	.	.	7,56	.	.	.	225	.	.
1832/33	50,85	19,07	22,03	22,03	.	.	8,05	.	.	.	236	.	.
1833	49,55	16,96	26,34	26,34	.	.	7,14	.	.	.	224	.	.
1833/34	45,93	18,18	29,19	29,19	.	.	6,70	.	.	.	209	.	.
1834	42,27	19,55	32,73	32,73	.	.	5,45	.	.	.	220	.	.
1834/35	42,78	16,58	32,09	32,09	.	.	8,56	.	.	.	187	.	.
1835	33,70	14,92	34,81	34,81	.	.	16,57	.	.	.	181	.	.
1835/36	31,44	10,82	34,54	34,54	.	.	23,20	.	.	.	194	.	.
1836	23,68	8,95	30,00	30,00	.	.	37,37	.	.	.	190	.	.
1836/37	16,67	5,88	29,90	29,90	.	.	47,55	.	.	.	204	.	.
1837	13,46	5,00	28,46	28,46	.	.	53,08	.	.	.	260	.	.
1837/38	16,54	5,38	22,69	22,69	.	.	55,38	.	.	.	260	.	.
1838	18,55	5,65	23,39	23,39	.	.	52,42	.	.	.	248	.	.
1838/39	18,03	5,74	25,00	25,00	.	.	51,23	.	.	.	244	.	.
1839	17,77	4,06	27,41	27,41	.	.	50,76	.	.	.	197	.	.
1839/40	13,02	5,73	31,77	31,77	.	.	49,48	.	.	.	192	.	.
1840	13,21	5,66	35,38	35,38	.	.	45,75	.	.	.	212	.	.
1840/41	12,67	5,43	37,10	37,10	.	.	44,80	.	.	.	221	.	.
1841	13,85	4,33	34,20	34,20	.	.	47,62	.	.	.	231	.	.
1841/42	15,90	3,77	32,22	32,22	.	.	48,12	.	.	.	239	.	.
1842	15,26	7,63	30,52	30,52	.	.	46,59	.	.	.	249	.	.
1842/43	14,75	9,84	29,51	29,51	.	.	45,90	.	.	.	244	.	.
1843	16,81	11,34	35,29	35,29	.	.	36,55	.	.	.	238	.	.
1843/44	18,18	11,69	33,33	33,33	.	.	36,80	.	.	.	231	.	.
1844	16,25	13,75	36,25	36,25	.	.	33,75	.	.	.	240	.	.
1844/45	9,54	15,35	34,02	34,02	.	.	41,08	.	.	.	241	.	.
1845	9,54	16,60	36,51	36,51	.	.	37,34	.	.	.	241	.	.
1845/46	11,37	15,69	36,08	36,08	.	.	36,86	.	.	.	255	.	.
1846	11,62	15,35	34,85	34,85	.	.	38,17	.	.	.	241	.	.
1846/47	11,57	17,13	38,89	38,89	.	.	32,41	.	.	.	216	.	.
1847	12,56	14,98	40,10	40,10	.	.	32,37	.	.	.	207	.	.
1847/48	12,50	15,00	39,50	39,50	.	.	33,00	.	.	.	200	.	.
1848	14,80	20,92	40,82	40,82	.	.	23,47	.	.	.	196	.	.
1848/49	14,83	18,18	42,58	42,58	.	.	24,40	.	.	.	209	.	.
1849	15,00	21,00	39,50	39,50	.	.	24,50	.	.	.	200	.	.
1849/50	15,08	20,60	35,18	35,18	.	.	29,15	.	.	.	199	.	.
1850	13,98	20,97	37,63	37,63	.	.	27,42	.	.	.	186	.	.
1850/51	12,70	22,22	37,57	37,57	.	.	27,51	.	.	.	189	.	.
1851	10,68	26,70	39,32	39,32	.	.	23,30	.	.	.	206	.	.
1851/52	12,43	24,32	38,92	38,92	.	.	24,32	.	.	.	185	.	.
1852	13,50	21,50	42,00	42,00	.	.	23,00	.	.	.	200	.	.
1852/53	12,98	19,23	42,31	42,31	.	.	25,48	.	.	.	208	.	.
1853	12,25	27,94	39,71	39,71	.	.	20,10	.	.	.	204	.	.
1853/54	13,57	23,98	36,65	36,65	.	.	25,79	.	.	.	221	.	.
1854	12,28	27,19	36,84	36,84	.	.	23,68	.	.	.	228	.	.
1854/55	13,06	25,23	33,33	33,33	.	.	28,38	.	.	.	222	.	.
1855	15,21	26,73	33,64	33,64	.	.	24,42	.	.	.	217	.	.
1855/56	10,41	27,60	33,03	33,03	.	.	28,96	.	.	.	221	.	.
1856	10,78	23,28	38,36	38,36	.	.	27,59	.	.	.	232	.	.
1856/57	14,52	19,09	41,91	41,91	.	.	24,48	.	.	.	241	.	.
1857	12,30	14,75	49,18	49,18	.	.	23,77	.	.	.	244	.	.
1857/58	11,84	12,24	44,49	44,49	.	.	31,43	.	.	.	245	.	.
1858	11,76	12,50	44,49	44,49	.	.	31,25	.	.	.	272	.	.
1858/59	9,93	13,01	44,86	44,86	.	.	32,19	.	.	.	292	.	.
1859	12,42	13,07	43,46	43,46	.	.	31,05	.	.	.	306	.	.
1859/60	12,24	11,56	45,58	45,58	.	.	30,61	.	.	.	294	.	.
1860	10,75	10,04	49,82	49,82	.	.	29,39	.	.	.	279	.	.
1860/61	9,56	8,09	50,00	50,00	.	.	32,35	.	.	.	272	.	.
1861	7,93	5,17	53,10	53,10	.	.	33,79	.	.	.	290	.	.
1861/62	9,18	3,06	56,80	56,80	.	.	30,95	.	.	.	294	.	.
1862	9,63	1,99	55,81	55,81	.	.	32,56	.	.	.	301	.	.
1862/63	7,69	2,56	57,69	57,69	.	.	32,05	.	.	.	312	.	.
1863	8,87	4,59	58,10	58,10	.	.	28,44	.	.	.	327	.	.
1863/64	9,20	4,45	57,27	57,27	.	.	29,08	.	.	.	337	.	.
1864	5,90	4,42	60,47	60,47	.	.	29,20	.	.	.	339	.	.
1864/65	6,70	2,23	62,85	62,85	.	.	28,21	.	.	.	358	.	.
1865	7,16	4,41	59,50	59,50	.	.	28,93	.	.	.	363	.	.
1865/66	4,94	5,93	57,78	57,78	.	.	31,36	.	.	.	405	.	.
1866	4,12	5,57	58,84	58,84	.	.	31,48	.	.	.	413	.	.
1866/67	3,91	3,68	64,60	62,76	0,00	1,84	16,55	4,37	.	6,90	435	.	.
1867	5,24	3,33	64,05	62,14	0,00	1,90	16,90	3,57	.	6,90	420	.	.
1867/68	6,15	2,84	65,96	62,17	0,00	3,78	14,66	3,31	.	7,09	423	.	2,60
1868	7,13	4,14	63,68	59,77	0,00	3,91	15,17	3,91	.	5,98	435	.	1,84
1868/69	8,03	4,62	63,02	58,15	0,00	4,87	13,14	3,89	.	7,30	411	.	2,19
1869	7,43	7,92	61,14	57,92	0,00	3,22	12,87	1,98	.	8,66	404	.	3,22
1869/70	6,03	6,78	64,82	61,06	0,00	3,77	10,80	2,26	.	9,30	398	.	3,27

Tab. 11.1: Die Studierenden an der Universität Greifswald nach Fachbereichen in Prozent 1830/31-1941/1

Semester	Evang. Theol.	Jura	Gesundheitswissenschaften insg.	Allg. Med.	Zahn-med.	Phar-mazie	Sprach und Kultur wiss.	Math., Naturw. insg.	Chemie	Wirt-sch., Agrar- und Forst. wiss.	Studierende insg.	weibl. in % aller Stud.	Ausl. in % aller Stud.
	1	2	3	4	5	6	7	8	9	10	11	12	13
1870	6,25	8,41	65,38	60,34	0,00	5,05	11,30	2,16	.	6,49	416	.	2,16
1870/71	4,25	7,16	72,26	67,56	0,00	4,70	10,07	2,24	.	4,03	447	.	0,89
1871	4,56	7,06	72,44	67,20	0,00	5,24	9,79	2,28	.	3,87	439	.	1,14
1871/72	3,54	6,69	73,62	67,32	0,00	6,30	9,06	2,76	.	4,33	508	.	1,38
1872	3,86	10,48	68,01	63,60	0,00	4,41	9,19	3,13	.	5,33	544	.	2,21
1872/73	4,99	11,13	65,64	60,65	0,00	4,99	11,32	3,45	.	3,45	521	.	2,30
1873	5,17	14,56	62,26	57,09	0,00	5,17	11,88	4,02	.	2,11	522	.	1,53
1873/74	5,30	14,20	58,90	54,36	0,00	4,55	12,50	5,87	.	3,22	528	.	1,52
1874	4,90	15,25	59,51	52,92	0,00	6,59	12,62	4,52	.	3,20	531	.	2,07
1874/75	5,16	15,91	54,84	49,25	0,00	5,59	15,48	4,73	.	3,87	465	.	1,72
1875	6,87	16,16	54,34	49,90	0,00	4,44	12,93	5,66	.	4,04	495	.	1,82
1875/76	7,43	15,99	54,73	49,10	0,00	5,63	12,84	5,86	.	3,15	444	.	2,03
1876	6,43	17,87	53,21	47,19	0,00	6,02	15,06	4,62	.	2,81	498	.	2,41
1876/77	6,41	19,23	53,21	47,44	0,00	5,77	16,45	4,70	.	0,00	468	.	1,28
1877	7,75	20,87	50,50	45,33	0,00	5,17	15,90	4,97	.	0,00	503	.	1,39
1877/78	9,35	15,87	51,52	47,39	0,00	4,13	17,17	6,09	.	0,00	460	.	1,74
1878	10,67	16,95	48,57	44,76	0,00	3,81	18,10	5,71	.	0,00	525	.	2,48
1878/79	9,86	16,37	46,35	43,98	0,00	2,37	22,68	4,73	.	0,00	507	.	2,37
1879	9,44	15,06	46,28	44,28	0,00	2,00	21,96	7,26	.	0,00	551	.	1,81
1879/80	9,98	12,81	48,78	46,70	0,00	2,07	22,98	5,46	.	0,00	531	.	0,94
1880	9,64	13,87	49,58	46,36	0,00	3,21	22,67	4,23	.	0,00	591	.	0,68
1880/81	10,18	11,02	50,75	47,08	0,00	3,67	23,04	5,01	.	0,00	599	.	0,83
1881	11,18	10,56	52,17	49,07	0,00	3,11	20,96	5,12	.	0,00	644	.	0,47
1881/82	14,98	11,01	48,62	47,09	0,00	1,53	21,10	4,28	.	0,00	654	.	1,07
1882	15,93	8,65	53,57	52,20	0,00	1,37	17,30	4,55	.	0,00	659	.	1,21
1882/83	16,92	8,31	54,23	52,11	0,00	2,11	17,07	3,47	.	0,00	662	.	1,06
1883	17,41	8,77	53,44	50,88	0,00	2,56	16,87	3,51	.	0,00	741	.	1,08
1883/84	19,86	6,48	54,21	52,28	0,00	1,93	15,31	4,14	.	0,00	725	.	1,38
1884	25,69	6,42	52,27	50,83	0,00	1,44	11,52	4,10	.	0,00	903	.	1,55
1884/85	28,86	6,78	49,30	47,66	0,00	1,64	11,33	3,74	.	0,00	856	.	1,05
1885	33,33	7,36	47,85	45,81	0,00	2,04	8,49	2,97	.	0,00	978	.	0,61
1885/86	34,26	5,57	48,55	46,11	0,00	2,44	8,30	3,25	.	0,00	001	.	1,10
1886	35,43	5,69	48,10	45,41	0,00	2,69	7,78	2,99	.	0,00	1002	.	1,30
1886/87	33,00	5,85	50,77	48,12	0,00	2,65	6,07	4,19	.	0,11	906	.	0,66
1887	34,46	6,65	48,95	47,04	0,00	1,91	5,47	4,28	.	0,18	1097	.	1,09
1887/88	33,14	7,89	48,05	45,61	0,00	2,44	6,24	4,58	.	0,10	1026	.	0,78
1888	35,28	7,93	47,51	45,32	0,00	2,20	4,97	4,11	.	0,19	1046	.	1,53
1888/89	33,26	7,30	48,20	46,58	0,00	1,62	6,72	4,29	.	0,23	863	.	1,51
1889	35,09	7,89	49,83	47,66	0,11	2,06	4,00	2,97	.	0,23	875	.	1,37
1889/90	29,27	8,87	52,45	48,87	0,00	3,58	5,96	3,18	.	0,26	755	.	2,52
1890	30,03	9,78	51,32	47,99	0,00	3,34	5,06	3,57	.	0,23	869	.	1,96
1890/91	31,63	9,06	51,84	48,29	0,00	3,54	4,20	3,02	.	0,26	762	.	1,44
1891	32,52	10,80	49,39	46,84	0,00	2,55	4,61	2,67	.	0,00	824	.	1,58
1891/92	34,47	10,50	48,79	46,24	0,00	2,55	3,55	2,70	.	0,00	705	.	1,84
1892	34,48	8,10	50,06	48,10	0,12	1,84	4,42	2,82	.	0,12	815	.	1,72
1892/93	32,81	8,76	52,55	49,41	0,13	3,01	2,61	3,14	.	0,13	765	.	1,83
1893	32,36	11,18	50,64	47,38	0,00	3,26	3,03	2,68	.	0,12	859	.	1,63
1893/94	27,29	11,36	54,85	51,39	0,00	3,46	3,46	3,05	.	0,00	722	.	0,83
1894	28,92	12,73	52,41	49,94	0,00	2,47	3,58	2,35	.	0,00	809	.	0,87
1894/95	26,11	12,52	55,32	51,68	0,00	3,63	3,63	2,42	.	0,00	743	.	0,67
1895	29,20	14,60	48,74	45,52	0,00	3,22	4,37	2,87	.	0,23	870	.	1,38
1895/96	29,96	16,43	46,90	43,36	0,13	3,41	2,91	3,54	.	0,25	791	.	1,52
1896	34,12	16,42	42,22	39,98	0,21	2,03	4,05	3,09	.	0,11	938	.	1,71
1896/97	31,50	16,52	42,64	40,20	0,13	2,30	5,12	4,10	.	0,13	781	.	1,02
1897	29,43	18,19	41,76	39,56	0,24	1,95	5,86	4,40	.	0,37	819	.	1,34
1897/98	27,29	21,96	41,20	38,47	0,14	2,59	5,46	3,96	.	0,14	733	.	0,82
1898	27,78	21,34	39,62	37,28	0,00	2,34	6,33	4,81	.	0,12	853	.	1,17
1898/99	25,79	22,63	39,47	36,84	0,13	2,50	6,18	5,53	.	0,39	760	.	1,32
1899	25,86	21,57	40,44	38,24	0,12	2,08	6,37	5,64	.	0,12	816	.	1,47
1899/00	21,64	22,98	40,59	38,17	0,13	2,28	8,33	6,05	.	0,40	744	.	1,48
1900	21,78	23,82	36,56	34,14	0,25	2,17	10,70	6,50	.	0,64	785	.	1,53
1900/01	18,73	27,89	33,66	30,85	0,14	2,68	11,41	7,89	.	0,42	710	.	1,97
1901	18,35	26,22	32,71	29,71	0,50	2,50	12,98	9,11	.	0,62	801	.	1,75
1901/02	14,91	25,00	32,53	29,97	0,20	2,27	15,40	11,00	.	0,00	704	.	1,00
1902	16,30	28,40	31,73	29,01	0,86	1,85	12,35	10,62	.	0,62	810	.	2,22
1902/03	14,71	29,56	30,44	26,91	1,62	1,91	12,79	11,47	.	1,03	680	.	3,24
1903	13,85	30,00	27,31	24,49	1,41	1,41	17,18	10,77	4,62	0,90	780	.	2,82
1903/04	11,18	33,38	25,98	23,41	0,91	1,66	18,88	10,27	4,53	0,30	662	.	1,66
1904	12,22	30,09	25,76	23,00	1,31	1,45	21,55	10,25	2,89	0,13	761	.	2,63
1904/05	12,46	30,72	24,93	21,45	1,74	1,74	20,14	11,45	3,48	0,29	690	.	2,61
1905	9,51	28,80	25,89	21,66	2,91	1,32	24,04	11,36	3,70	0,40	757	.	1,98
1905/06	8,08	26,65	26,65	20,21	3,59	2,84	25,75	12,43	4,19	0,45	668	.	1,80
1906	10,36	24,03	27,45	20,62	3,30	3,53	27,11	10,36	3,76	0,68	878	.	3,53
1906/07	8,15	24,19	29,45	21,55	3,88	4,01	27,44	10,03	4,14	0,75	798	.	3,51
1907	11,60	24,47	26,60	21,28	2,23	3,09	27,45	9,15	2,34	0,74	940	.	3,19
1907/08	8,49	23,04	28,57	23,29	2,96	2,32	28,83	10,68	3,73	0,39	777	.	2,96
1908	11,52	20,39	29,03	23,85	2,76	2,42	29,26	9,22	2,53	0,58	868	.	2,42
1908/09	8,51	19,41	29,26	23,80	2,53	2,93	33,78	8,51	2,93	0,53	752	2,53	2,13
1909	10,77	21,44	27,24	22,60	2,64	2,01	32,10	8,34	1,90	0,11	947	4,22	1,37
1909/10	9,03	19,81	27,55	23,09	2,58	1,88	34,82	8,09	1,99	0,70	853	5,86	1,52

Tab. 11.1: Die Studierenden an der Universität Greifswald nach Fachbereichen in Prozent 1830/31-1941/1

	Evang. Theol.	Jura	Gesundheitswissenschaften				Sprach und Kultur wiss.	Math., Naturw.		Wirt- sch., Agrar- und Forst. wiss.	Studierende		
			insg.	Allg. Med.	Zahn- med.	Phar- mazie		insg.	Chemie		insg.	weibl. in % aller Stud.	Ausl. in % aller Stud.
Semester	1	2	3	4	5	6	7	8	9	10	11	12	13
1910	10,93	16,65	26,88	22,67	2,71	1,50	35,41	9,43	1,91	0,70	997	6,12	1,81
1910/11	8,06	15,14	27,23	23,64	2,61	0,98	37,80	10,68	1,96	1,09	918	7,19	1,31
1911	9,36	15,71	26,87	23,95	1,97	0,94	37,51	9,79	1,97	0,77	1165	6,44	1,55
1911/12	8,05	12,77	25,53	23,22	1,39	0,93	42,28	10,73	2,31	0,65	1081	6,66	1,39
1912	11,35	12,08	26,20	23,58	1,97	0,66	39,37	10,33	1,60	0,66	1374	5,75	2,84
1912/13	10,19	10,28	25,24	22,49	1,54	1,21	42,80	10,68	1,86	0,81	1236	6,72	2,10
1913	12,89	12,54	24,93	22,13	1,89	0,91	37,89	10,92	1,54	0,84	1428	5,88	1,82
1913/14	11,19	13,30	25,55	23,20	1,62	0,73	38,12	10,79	2,11	1,05	1233	5,92	2,43
1914	14,08	14,77	27,13	23,83	2,68	0,62	32,21	10,71	2,27	1,10	1456	5,29	2,34
1914/15	12,11	11,64	29,30	26,20	2,44	0,66	35,49	10,61	2,07	0,85	1065	5,92	0,56
1915	12,78	11,37	30,36	26,88	2,91	0,56	33,46	10,81	2,07	1,22	1064	6,95	0,47
1915/16	13,27	10,73	31,90	28,20	3,02	0,68	31,02	11,61	2,24	1,46	1025	5,27	0,68
1916	12,46	10,78	33,18	29,71	2,62	0,84	31,12	11,53	2,34	0,94	1067	7,22	0,66
1916/17	11,73	12,65	33,06	29,92	2,40	0,74	30,19	11,36	3,05	1,02	1083	6,37	0,65
1917	11,57	13,24	32,19	29,09	2,51	0,59	31,27	10,90	2,93	0,84	1193	8,47	0,50
1917/18	11,74	14,44	31,42	28,97	1,77	0,68	30,57	11,06	2,87	0,76	1184	7,85	0,34
1918	10,51	15,10	33,12	30,51	1,98	0,63	30,04	10,36	2,69	0,87	1265	9,09	0,47
1918/19	9,55	17,14	32,86	30,20	1,96	0,70	28,56	10,95	2,82	0,94	1278	7,98	0,63
1919	8,49	22,74	38,13	31,28	5,66	1,19	21,00	9,50	3,06	0,14	2190	8,40	0,91
ZS.1919	.	.	.	.	.	.	.	.	.	.	.	.	.
1919/20	7,76	24,20	40,36	29,93	9,26	1,18	17,18	10,17	4,39	0,32	1868	7,49	2,57
1920	7,93	24,96	37,95	29,87	7,37	0,72	17,24	9,21	4,60	2,71	1955	6,45	.
1920/21	8,83	24,92	36,04	25,44	10,01	0,59	15,04	9,94	5,43	5,23	1529	7,06	.
1921	11,10	31,41	34,90	27,28	6,73	0,89	12,88	9,39	5,20	0,32	1576	7,68	3,68
1921/22	8,78	32,85	33,25	24,88	6,68	1,69	14,81	9,74	5,96	0,56	1242	7,33	3,78
1922	9,38	33,68	33,68	26,26	6,00	1,43	12,45	10,20	5,70	0,60	1333	7,73	.
1922/23	7,67	36,18	32,35	23,98	6,89	1,48	12,82	10,46	5,84	0,52	1147	7,93	.
1923	7,16	39,95	29,33	22,48	4,93	1,92	12,09	11,24	6,62	0,23	1299	8,24	5,93
1923/24	5,93	40,15	30,35	22,01	5,42	2,92	11,01	12,04	7,31	0,52	1163	9,89	8,17
1924	6,69	41,32	29,84	20,80	5,88	3,16	11,12	10,67	7,41	0,36	1106	10,40	8,23
1924/25	6,80	28,84	33,38	19,77	9,32	4,28	10,96	13,98	8,06	6,05	794	10,58	13,85
1925	8,36	29,38	30,62	17,74	8,02	4,86	12,88	13,67	5,08	5,08	885	10,51	10,96
1925/26	4,69	29,72	29,35	16,28	8,88	4,19	15,54	15,04	4,56	5,67	811	11,71	10,23
1926	6,82	32,89	27,11	16,78	6,35	3,98	15,83	13,55	3,70	3,79	1055	13,27	7,77
1926/27	6,82	29,10	27,51	16,10	7,46	3,94	16,63	15,25	4,05	4,69	938	12,37	8,32
1927	8,02	31,17	23,40	16,36	5,67	1,38	18,62	15,30	3,64	3,48	1235	11,90	5,26
1927/28	7,80	30,07	22,88	15,34	6,76	0,78	21,58	14,38	2,86	3,29	1154	11,70	6,33
1928	11,41	26,47	22,69	14,34	7,43	0,91	19,30	17,08	2,28	3,06	1534	13,30	5,87
1928/29	10,97	24,40	22,39	13,28	8,13	0,97	20,90	18,06	2,76	3,28	1340	13,13	6,49
1929	12,92	22,43	25,51	16,82	7,48	1,21	20,23	16,33	2,20	2,58	1819	13,03	5,11
1929/30	11,65	19,08	28,19	18,36	8,07	1,76	20,38	17,32	2,67	3,39	1536	13,48	5,47
1930	16,85	17,72	26,27	17,87	7,03	1,37	20,11	17,21	2,55	1,83	1964	14,46	4,48
1930/31	16,18	19,10	26,52	17,09	8,03	1,40	19,22	17,88	2,98	1,09	1644	14,05	4,81
1931	17,36	15,40	31,68	21,37	8,91	1,40	18,39	15,82	3,22	1,35	2143	15,59	3,64
1931/32	18,59	16,04	33,29	22,31	9,36	1,63	15,75	14,41	3,43	1,92	1721	14,00	4,07
1932	18,61	14,67	38,64	27,16	10,22	1,26	14,16	12,24	3,14	1,67	1977	14,97	4,05
1932/33	17,45	14,71	39,27	27,36	10,52	1,40	13,92	12,71	3,16	1,95	1645	14,95	3,47
1933	16,99	14,49	40,37	28,10	9,55	2,72	14,77	11,27	2,61	2,11	1801	16,05	.
1933/34	16,62	14,03	41,37	27,63	10,80	2,95	14,80	11,78	3,09	1,40	1426	14,24	.
1934	15,46	14,42	46,72	29,81	13,60	3,31	12,42	9,66	1,73	1,31	1449	15,18	2,97
1934/35	16,62	14,24	45,40	27,00	13,95	4,45	11,28	10,58	3,17	1,88	1011	14,24	.
1935	14,59	11,22	51,12	34,18	12,86	4,08	12,86	8,57	2,86	1,63	980	17,45	.
1935/36	13,91	14,23	46,94	30,22	12,77	3,95	14,12	10,18	3,01	0,62	963	13,91	.
1936	11,53	12,57	53,86	40,60	12,11	1,15	13,15	8,19	3,46	0,69	867	13,15	.
1936/37	11,50	12,74	54,02	38,92	11,36	3,74	14,40	7,34	2,77	0,00	722	14,40	.
1937	8,94	10,73	59,01	44,43	11,97	2,61	14,31	7,02	3,30	0,00	727	13,76	6,19
1937/38	7,97	12,71	57,12	42,54	11,69	2,88	13,92	6,95	2,54	0,00	590	15,76	.
1938	8,15	12,13	60,31	46,79	11,27	2,25	12,31	6,76	2,43	0,35	577	13,17	.
1938/39	6,63	13,66	57,97	46,58	11,39	0,00	12,42	8,28	3,31	1,04	483	13,04	.
1939	6,73	12,21	63,36	56,11	7,26	0,00	10,97	6,73	2,83	0,00	565	11,86	.
1939/40	.	.	.	.	.	.	.	.	.	.	.	.	.
1940/1	1,32	4,96	82,98	79,67	3,31	0,00	4,96	4,96	2,15	0,83	605	8,26	.
1940/2	1,10	7,34	73,76	73,03	0,73	0,00	7,52	8,81	7,52	1,47	545	17,98	3,12
1940/3	1,13	7,36	69,73	68,18	1,56	0,00	12,16	7,92	4,53	1,70	707	19,09	.
1941/1	1,22	6,29	70,80	69,06	1,75	0,00	11,71	7,87	4,20	2,10	572	22,90	.

4. Die Studierenden nach Fächern

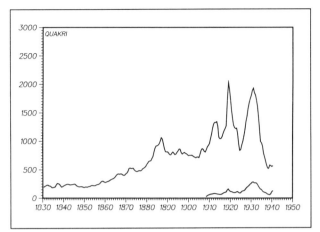

Abb. 11.2:   Die Studierenden an der Universität Greifswald (weibl. u. insg.) 1830/31–1941/1: Sämtliche Fächer

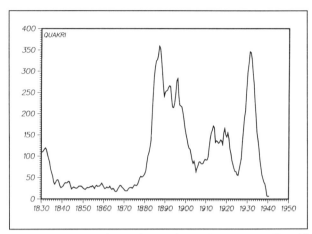

Abb. 11.3: Die Studierenden an der Universität Greifswald
1830/31–1941/1: Evangelische Theologie

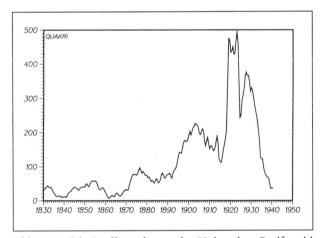

Abb. 11.4: Die Studierenden an der Universität Greifswald
1830/31–1941/1: Jura

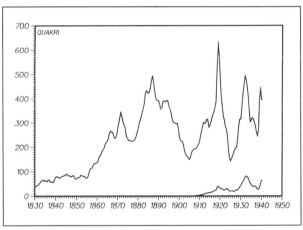

Abb. 11.5: Die Studierenden (weibl. u. insg.) an der Universität Greifswald 1830/31–1941/1: Allgemeine Medizin

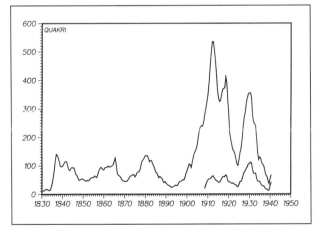

Abb. 11.6: Die Studierenden (weibl. u. insg.) an der Universität Greifswald 1830/31–1941/1: Sprach- und Kulturwissenschaften

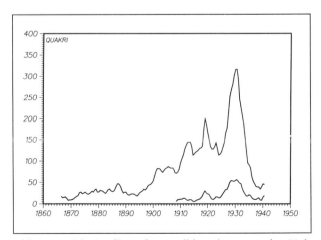

Abb. 11.7: Die Studierenden (weibl. u. insg.) an der Universität Greifswald 1866/67–1941/1: Mathematik und
Naturwissenschaften

Tab. 11.2: Die Einzelfachströme an der Universität Greifswald nach Staatsangehörigkeit und Geschlecht 1830/31–1941/1

Semester	Evang. Theol.	Jura	Medizin	Phil. Fak. insg.	Chirurgie	Landw.	Stud. insg.
	1	2	3	4	5	6	7
1830/31	107	31	31	12	.	.	181
1831	112	36	45	11	.	.	204
1831/32	113	39	44	14	.	.	210
1832	119	43	46	17	.	.	225
1832/33	120	45	52	19	.	.	236
1833	111	38	59	16	.	.	224
1833/34	96	38	61	14	.	.	209
1834	93	43	72	12	.	.	220
1834/35	80	31	60	16	.	.	187
1835	61	27	63	30	.	.	181
1835/36	61	21	67	45	.	.	194
1836	45	17	57	71	.	.	190
1836/37	34	12	61	97	.	.	204
1837	35	13	74	138	.	.	260
1837/38	43	14	59	144	.	.	260
1838	46	14	58	130	.	.	248
1838/39	44	14	61	125	.	.	244
1839	35	8	54	100	.	.	197
1839/40	25	11	61	95	.	.	192
1840	28	12	75	97	.	.	212
1840/41	28	12	82	99	.	.	221
1841	32	10	79	110	.	.	231
1841/42	38	9	77	115	.	.	239
1842	38	19	76	116	.	.	249
1842/43	36	24	72	112	.	.	244
1843	40	27	84	87	.	.	238
1843/44	42	27	77	85	.	.	231
1844	39	33	87	82	19	50	241
1844/45	23	37	82	99	16	66	241
1845	23	40	88	90	24	53	241
1845/46	29	40	92	94	28	55	255
1846	28	37	84	92	29	50	241
1846/47	25	37	84	70	24	31	216
1847	26	31	83	67	22	33	207
1847/48	25	30	79	66	22	33	200
1848	29	41	80	46	.	.	196
1848/49	31	38	89	51	8	26	209
1849	30	42	79	49	6	22	200
1849/50	30	41	70	58	4	31	199
1850	26	39	70	51	.	30	186
1850/51	24	42	71	52	.	33	189
1851	22	55	81	48	.	29	206
1851/52	23	45	72	45	.	27	185
1852	27	43	84	46	.	34	200
1852/53	27	40	88	53	.	32	208
1853	25	57	81	41	.	20	204
1853/54	30	53	81	57	.	40	221
1854	28	62	84	54	.	.	228
1854/55	29	56	74	63	.	.	222
1855	33	58	73	53	.	.	217
1855/56	23	61	73	64	.	.	221
1856	25	54	89	64	.	.	232
1856/57	35	46	101	59	.	.	241
1857	30	36	120	58	.	.	244
1857/58	29	30	109	77	.	.	245
1858	32	34	121	85	.	.	272
1858/59	29	38	131	94	.	.	292
1859	38	40	133	95	.	.	306
1859/60	36	34	134	90	.	.	294
1860	30	28	139	82	.	.	279
1860/61	26	22	136	88	.	.	272
1861	23	15	154	98	.	.	290
1861/62	27	9	167	91	.	.	294
1862	29	6	168	98	.	.	301
1862/63	24	8	180	100	.	.	312
1863	29	15	190	93	.	.	327
1863/64	31	15	193	98	.	.	337
1864	20	15	205	99	.	.	339
1864/65	24	8	225	101	.	.	358
1865	26	16	216	105	.	.	363
1865/66	20	24	234	127	.	.	405
1866	17	23	243	130	.	.	413

Tab. 11.2: Die Einzelfachströme an der Universität Greifswald nach Staatsangehörigkeit und Geschlecht
1830/31–1941/1

Semester	Evang. Theol. insg.	Evang. Theol. Ausl. in %	Jura insg.	Jura Ausl. in %	Medizin insg.	Medizin Ausl. in %	Zahnmedizin insg.	Zahnmedizin Ausl. in %	Pharmazie insg.	Pharmazie Ausl. in %	Philol., Gesch. insg.	Philol., Gesch. Ausl. in %	Math., Naturw. insg.	Math., Naturw. Ausl. in %
	1	2	3	4	5	6	7	8	9	10	11	12	13	14
1866/67	17	.	16	.	273	.	0	.	8	.	72	.	19	.
1867	22	.	14	.	261	.	0	.	8	.	71	.	15	.
1867/68	26	0,00	12	0,00	263	1,52	0	.	16	.	62	0,00	14	7,14
1868	31	0,00	18	0,00	260	1,15	0	.	17	.	66	0,00	17	0,00
1868/69	33	0,00	19	0,00	239	0,84	0	.	20	.	54	0,00	16	0,00
1869	30	0,00	32	3,13	234	0,43	0	.	13	.	52	0,00	8	0,00
1869/70	24	0,00	27	0,00	243	0,00	0	.	15	.	43	0,00	9	0,00
1870	26	0,00	35	0,00	251	0,00	0	.	21	.	47	0,00	9	0,00
1870/71	19	0,00	32	0,00	302	0,00	0	.	21	.	45	0,00	10	0,00
1871	20	0,00	31	0,00	295	0,00	0	.	23	.	43	0,00	10	0,00
1871/72	18	0,00	34	0,00	342	0,29	0	.	32	.	46	0,00	14	0,00
1872	21	0,00	57	1,75	346	0,29	0	.	24	.	50	0,00	17	0,00
1872/73	26	0,00	58	1,72	316	0,63	0	.	26	.	59	1,69	18	0,00
1873	27	0,00	76	0,00	298	0,67	0	.	27	.	62	1,61	21	0,00
1873/74	28	0,00	75	1,33	287	0,70	0	.	24	0,00	66	0,00	31	0,00
1874	26	0,00	81	2,47	281	1,07	0	.	35	0,00	67	0,00	24	0,00
1874/75	24	0,00	74	1,35	229	0,87	0	.	26	0,00	72	0,00	22	0,00
1875	34	0,00	80	1,25	247	0,81	0	.	22	4,55	64	0,00	28	3,57
1875/76	33	0,00	71	1,41	218	0,92	0	.	25	4,00	57	0,00	26	3,85
1876	32	0,00	89	1,12	235	0,85	0	.	30	3,33	75	1,33	23	0,00
1876/77	30	0,00	90	1,11	222	1,35	0	.	27	0,00	77	2,60	22	0,00
1877	39	0,00	105	0,00	228	1,32	0	.	26	3,85	80	2,50	25	4,00
1877/78	43	2,33	73	0,00	218	1,38	0	.	19	5,26	79	1,27	28	7,14
1878	56	1,79	89	1,12	235	2,55	0	.	20	5,00	95	2,11	30	6,67
1878/79	50	2,00	83	1,20	223	2,69	0	.	12	0,00	115	1,74	24	8,33
1879	52	1,92	83	1,20	244	1,64	0	.	11	0,00	121	0,83	40	7,50
1879/80	53	1,89	68	0,00	248	1,21	0	.	11	0,00	122	0,82	29	0,00
1880	57	0,00	82	1,22	274	0,36	0	.	19	0,00	134	1,49	25	0,00
1880/81	61	0,00	66	1,52	282	0,71	0	.	22	0,00	138	1,45	30	0,00
1881	72	0,00	68	0,00	316	0,32	0	.	20	0,00	135	1,48	33	0,00
1881/82	98	1,02	72	2,78	308	0,97	0	.	10	0,00	138	0,72	28	0,00
1882	105	1,90	57	1,75	344	1,16	0	.	9	0,00	114	0,00	30	3,33
1882/83	112	1,79	55	1,82	345	0,87	0	.	14	0,00	113	0,00	23	4,35
1883	129	2,33	65	1,54	377	0,53	0	.	19	0,00	125	0,80	26	3,85
1883/84	144	3,47	47	0,00	379	0,79	0	.	14	0,00	111	0,90	30	3,33
1884	232	3,02	58	1,72	459	1,09	0	.	13	0,00	104	0,96	37	0,00
1884/85	247	0,81	58	1,72	408	1,23	0	.	14	0,00	97	1,03	32	0,00
1885	326	0,31	72	0,00	448	1,12	0	.	20	0,00	83	0,00	29	0,00
1885/86	295	1,02	48	0,00	397	1,51	0	.	21	0,00	72	1,39	28	0,00
1886	355	1,41	57	0,00	455	1,32	0	.	27	0,00	78	2,56	30	0,00
1886/87	299	1,00	53	0,00	436	0,46	0	.	24	0,00	55	0,00	38	2,63
1887	378	1,59	73	0,00	516	0,97	0	.	21	0,00	60	0,00	47	2,13
1887/88	340	1,18	81	1,23	468	0,43	0	.	25	.	64	.	47	.
1888	369	3,25	83	1,20	474	0,42	0	.	23	.	52	.	43	.
1888/89	287	3,14	63	0,00	402	0,50	0	.	14	.	58	.	37	.
1889	307	2,93	69	0,00	417	0,48	1	.	18	.	35	.	26	.
1889/90	221	6,33	67	1,49	369	0,54	0	.	27	.	45	.	24	.
1890	261	5,75	85	1,18	417	0,24	0	.	29	.	44	.	31	.
1890/91	241	3,73	69	1,45	368	0,27	0	.	27	.	32	.	23	.
1891	268	3,36	89	0,00	386	0,78	0	.	21	.	38	.	22	.
1891/92	243	4,12	74	0,00	326	0,92	0	.	18	0,00	25	0,00	19	0,00
1892	281	3,91	66	0,00	392	0,51	1	.	15	0,00	36	2,78	23	0,00
1892/93	251	4,78	67	0,00	378	0,26	1	.	23	0,00	20	5,00	24	0,00
1893	278	3,60	96	3,13	407	0,25	0	.	28	0,00	26	0,00	23	0,00
1893/94	197	1,02	82	3,66	371	0,27	0	.	25	0,00	25	0,00	22	0,00
1894	234	2,14	103	0,97	404	0,25	0	.	20	0,00	29	0,00	19	0,00
1894/95	194	1,55	93	0,00	384	0,26	0	.	27	0,00	27	3,70	18	0,00
1895	254	1,57	127	0,00	396	1,01	0	.	28	0,00	38	10,53	25	0,00
1895/96	237	2,11	130	0,00	343	0,58	1	.	27	0,00	23	21,74	28	0,00
1896	320	2,81	154	0,00	375	0,53	2	0,00	19	0,00	38	10,53	29	3,45
1896/97	246	1,22	129	0,00	314	0,32	1	0,00	18	0,00	40	7,50	32	3,13
1897	241	2,90	149	0,67	324	0,00	2	0,00	16	0,00	48	4,17	36	2,78
1897/98	200	2,00	161	0,62	282	0,00	1	0,00	19	0,00	40	2,50	29	0,00
1898	237	2,11	182	0,00	318	0,31	0	.	20	0,00	54	5,56	41	2,44
1898/99	196	3,06	172	0,00	280	0,36	1	0,00	19	0,00	47	2,13	42	4,76
1899	211	3,32	176	0,00	312	0,32	1	0,00	17	0,00	52	5,77	46	2,17
1899/00	161	3,73	171	1,17	284	0,70	1	0,00	17	0,00	62	0,00	45	0,00
1900	171	1,17	187	1,07	268	0,75	2	0,00	17	0,00	84	2,38	51	1,96
1900/01	133	2,26	198	0,51	219	1,37	1	0,00	19	0,00	81	2,47	56	7,14
1901	147	4,08	210	0,48	238	0,42	4	0,00	20	0,00	104	0,96	73	6,85
1901/02	100	1,00	176	1,14	211	0,47	2	0,00	16	0,00	109	1,83	78	7,69
1902	132	3,03	230	0,87	235	0,85	7	0,00	15	0,00	100	2,00	86	8,14
1902/03	100	3,00	201	0,00	183	1,09	11	9,09	13	0,00	87	2,30	78	14,10
1903	108	2,78	234	0,00	191	1,57	11	9,09	11	0,00	120	0,00	48	0,00
1903/04	74	2,70	221	0,00	155	1,29	6	16,67	11	0,00	113	0,00	38	0,00
1904	93	5,38	229	0,44	175	3,43	10	10,00	11	0,00	151	0,66	56	0,00
1904/05	86	3,49	212	0,94	148	4,05	12	8,33	12	0,00	134	0,00	55	0,00
1905	72	5,56	218	0,00	164	1,22	22	4,55	10	0,00	180	1,67	58	0,00
1905/06	54	3,70	178	0,00	135	2,22	24	4,17	19	0,00	171	2,34	55	0,00
1906	91	16,48	211	0,47	181	3,87	29	0,00	31	0,00	231	0,87	58	0,00
1906/07	65	7,69	193	0,52	172	7,56	31	0,00	32	0,00	208	0,96	47	2,13
1907	109	6,42	230	0,87	200	5,00	21	4,76	29	0,00	244	1,64	64	0,00
1907/08	66	4,55	179	0,56	181	6,08	23	4,35	18	0,00	209	0,00	54	0,00
1908	100	2,00	177	0,56	207	5,80	24	4,17	21	0,00	243	0,00	58	1,72

Tab. 11.2: Die Einzelfachströme an der Universität Greifswald nach Staatsangehörigkeit und Geschlecht 1830/31–1941/1

	Chemie		Landw.u.Cam.		Sonstige		Studierende		
	insg.	Ausl. in %	insg.	Ausl. in %	insg.	Ausl. in %	insg.	Ausländer	
								insg.	in %
Semester	15	16	17	18	19	20	21	22	23
1866/67	.	.	30	.	.	.	435	.	.
1867	.	.	29	.	.	.	420	.	.
1867/68	.	.	30	20,00	.	.	423	11	2,60
1868	.	.	26	19,23	.	.	435	8	1,84
1868/69	.	.	30	23,33	.	.	411	9	2,19
1869	.	.	35	31,43	.	.	404	13	3,22
1869/70	.	.	37	35,14	.	.	398	13	3,27
1870	.	.	27	33,33	.	.	416	9	2,16
1870/71	.	.	18	22,22	.	.	447	4	0,89
1871	.	.	17	29,41	.	.	439	5	1,14
1871/72	.	.	22	27,27	.	.	508	7	1,38
1872	.	.	29	34,48	.	.	544	12	2,21
1872/73	.	.	18	44,44	.	.	521	12	2,30
1873	.	.	11	45,45	.	.	522	8	1,53
1873/74	.	.	17	29,41	.	.	528	8	1,52
1874	.	.	17	35,29	.	.	531	11	2,07
1874/75	.	.	18	27,78	.	.	465	8	1,72
1875	.	.	20	20,00	.	.	495	9	1,82
1875/76	.	.	14	28,57	.	.	444	9	2,03
1876	.	.	14	50,00	.	.	498	12	2,41
1876/77	.	.	0	.	.	.	468	6	1,28
1877	.	.	0	.	.	.	503	7	1,39
1877/78	.	.	0	.	.	.	460	8	1,74
1878	.	.	0	.	.	.	525	13	2,48
1878/79	.	.	0	.	.	.	507	12	2,37
1879	.	.	0	.	.	.	551	10	1,81
1879/80	.	.	0	.	.	.	531	5	0,94
1880	.	.	0	.	.	.	591	4	0,68
1880/81	.	.	0	.	.	.	599	5	0,83
1881	.	.	0	.	.	.	644	3	0,47
1881/82	.	.	0	.	.	.	654	7	1,07
1882	.	.	0	.	.	.	659	8	1,21
1882/83	.	.	0	.	.	.	662	7	1,06
1883	.	.	0	.	.	.	741	8	1,08
1883/84	.	.	0	.	.	.	725	10	1,38
1884	.	.	0	.	.	.	903	14	1,55
1884/85	.	.	0	.	.	.	856	9	1,05
1885	.	.	0	.	.	.	978	6	0,61
1885/86	.	.	0	.	.	.	861	10	1,16
1886	.	.	0	.	.	.	1002	13	1,30
1886/87	.	.	1	0,00	.	.	906	6	0,66
1887	.	.	2	0,00	.	.	1097	12	1,09
1887/88	.	.	1	.	.	.	1026	8	0,78
1888	.	.	2	.	.	.	1046	16	1,53
1888/89	.	.	2	.	.	.	863	13	1,51
1889	.	.	2	.	.	.	875	12	1,37
1889/90	.	.	2	.	.	.	755	19	2,52
1890	.	.	2	.	.	.	869	17	1,96
1890/91	.	.	2	.	.	.	762	11	1,44
1891	.	.	0	.	.	.	824	13	1,58
1891/92	.	.	0	.	.	.	705	13	1,84
1892	.	.	1	0,00	.	.	815	14	1,72
1892/93	.	.	1	0,00	.	.	765	14	1,83
1893	.	.	1	0,00	.	.	859	14	1,63
1893/94	.	.	0	.	.	.	722	6	0,83
1894	.	.	0	.	.	.	809	7	0,87
1894/95	.	.	0	.	.	.	743	5	0,67
1895	.	.	2	0,00	.	.	870	12	1,38
1895/96	.	.	2	0,00	.	.	791	12	1,52
1896	.	.	1	0,00	.	.	938	16	1,71
1896/97	.	.	1	0,00	.	.	781	8	1,02
1897	.	.	3	0,00	.	.	819	11	1,34
1897/98	.	.	1	0,00	.	.	733	6	0,82
1898	.	.	1	0,00	.	.	853	10	1,17
1898/99	.	.	3	0,00	.	.	760	10	1,32
1899	.	.	1	0,00	.	.	816	12	1,47
1899/00	.	.	3	33,33	.	.	744	11	1,48
1900	.	.	5	60,00	.	.	785	12	1,53
1900/01	.	.	3	33,33	.	.	710	14	1,97
1901	.	.	5	0,00	.	.	801	14	1,75
1901/02	.	.	7	14,29	.	.	704	14	1,99
1902	.	.	5	20,00	.	.	810	18	2,22
1902/03	.	.	7	42,86	.	.	680	22	3,24
1903	36	16,67	7	14,29	14	57,14	780	22	2,82
1903/04	30	10,00	2	0,00	12	25,00	662	11	1,66
1904	22	9,09	1	0,00	13	30,77	761	20	2,63
1904/05	24	8,33	2	50,00	5	60,00	690	18	2,61
1905	28	7,14	3	66,67	2	50,00	757	15	1,98
1905/06	28	3,57	3	33,33	1	0,00	668	12	1,80
1906	33	6,06	6	0,00	7	57,14	878	31	3,53
1906/07	33	3,03	6	33,33	11	18,18	798	28	3,51
1907	22	9,09	7	14,29	14	21,43	940	30	3,19
1907/08	29	10,34	3	33,33	15	20,00	777	23	2,96
1908	22	9,09	5	0,00	11	18,18	868	21	2,42

Tab.11.2: Die Einzelfachströme an der Universität Greifswald nach Staatsangehörigkeit und Geschlecht 1830/31–1941/1

	Evangelische Theologie			Jura					Medizin				
	insg.	Frauen		Ausländ. in %	insg.	Frauen		deuts.	Ausländ. in %	insg.	Frauen		deuts.	Ausländ. in %
		insg.	in %			insg.	in %				insg.	in %		
Semester	1	2	3	4	5	6	7	8	9	10	11	12	13	14
1908/09	64	0	0,00	0,00	146	0	0,00	0	0,00	179	2	1,12	2	5,03
1909	102	0	0,00	1,96	203	0	0,00	0	0,00	214	2	0,93	2	2,80
1909/10	77	0	0,00	6,49	169	0	0,00	0	0,59	197	3	1,52	3	1,52
1910	109	0	0,00	3,67	166	0	0,00	0	0,60	226	2	0,88	2	3,10
1910/11	74	1	1,35	4,05	139	0	0,00	0	0,72	217	3	1,38	3	2,30
1911	109	0	0,00	3,67	183	0	0,00	0	0,55	279	6	2,15	5	3,23
1911/12	87	0	0,00	2,30	138	0	0,00	0	0,72	251	4	1,59	4	2,39
1912	156	0	0,00	3,85	166	0	0,00	0	3,01	324	6	1,85	5	3,40
1912/13	126	0	0,00	4,76	127	0	0,00	0	0,00	278	9	3,24	9	2,16
1913	184	0	0,00	2,72	179	0	0,00	0	1,68	316	9	2,85	9	2,53
1913/14	138	0	0,00	6,52	164	0	0,00	0	3,05	286	10	3,50	9	3,15
1914	205	0	0,00	4,88	215	0	0,00	0	2,33	347	14	4,03	13	3,75
1914/15	129	0	0,00	3,10	124	0	0,00	0	0,00	279	10	3,58	10	0,36
1915	136	0	0,00	2,94	121	2	1,65	2	0,00	286	17	5,94	17	0,00
1915/16	136	0	0,00	4,41	110	1	0,91	1	0,00	289	11	3,81	11	0,00
1916	133	0	0,00	4,51	115	1	0,87	1	0,00	317	18	5,68	18	0,00
1916/17	127	0	0,00	3,94	137	1	0,73	1	0,73	324	15	4,63	15	0,31
1917	138	1	0,72	2,90	158	2	1,27	2	1,27	347	22	6,34	22	0,00
1917/18	139	1	0,72	2,16	171	2	1,17	2	0,58	343	19	5,54	19	0,00
1918	133	0	0,00	1,50	191	3	1,57	2	1,05	386	27	6,99	27	0,52
1918/19	122	0	0,00	2,46	219	3	1,37	2	0,91	386	20	5,18	20	0,26
1919	186	0	0,00	1,61	498	18	3,61	16	0,80	685	48	7,01	46	1,02
ZS.1919	.	.	.	.	.	.	.	.	.	.	.	.	.	.
1919/20	145	3	2,07	5,52	452	15	3,32	15	0,66	559	35	6,26	29	3,22
1920	155	0	0,00	.	488	9	1,84	.	.	584	40	6,85	.	.
1920/21	135	1	0,74	.	381	5	1,31	.	.	389	26	6,68	.	.
1921	175	0	0,00	3,43	495	9	1,82	9	2,42	430	34	7,91	32	5,35
1921/22	109	0	0,00	4,59	408	8	1,96	8	3,43	309	27	8,74	26	3,24
1922	125	1	0,80	.	449	11	2,45	.	.	350	28	8,00	.	.
1922/23	88	1	1,14	.	415	9	2,17	.	.	275	22	8,00	.	.
1923	93	2	2,15	3,23	519	16	3,08	16	1,54	292	31	10,62	28	6,85
1923/24	69	1	1,45	8,70	467	17	3,64	17	1,50	256	30	11,72	28	5,86
1924	74	3	4,05	9,46	457	11	2,41	11	1,09	230	33	14,35	32	5,65
1924/25	54	2	3,70	0,26	229	3	1,31	3	3,06	157	21	13,38	19	10,19
1925	74	3	4,05	5,41	260	5	1,92	5	1,54	157	20	12,74	18	11,46
1925/26	38	0	0,00	.	241	3	1,24	.	.	132	18	13,64	.	.
1926	72	2	2,78	.	347	9	2,59	.	.	177	27	15,25	.	.
1926/27	64	2	3,13	3,13	273	7	2,56	7	1,83	151	16	10,60	15	5,96
1927	99	1	1,01	1,01	385	8	2,08	8	2,08	202	20	9,90	19	6,44
1927/28	90	1	1,11	3,33	347	4	1,15	4	1,44	177	19	10,73	19	5,08
1928	175	9	5,14	2,29	406	5	1,23	5	1,72	220	32	14,55	31	2,27
1928/29	147	9	6,12	1,36	327	2	0,61	2	1,83	178	19	10,67	18	5,06
1929	235	7	2,98	.	408	10	2,45	10	1,23	306	29	9,48	28	3,59
1929/30	179	6	3,35	1,68	293	7	2,39	7	1,02	282	32	11,35	31	3,55
1930	331	14	4,23	3,93	348	9	2,59	9	1,15	351	44	12,54	43	2,56
1930/31	266	15	5,64	3,38	314	5	1,59	5	1,27	281	40	14,23	39	2,85
1931	372	14	3,76	4,03	330	5	1,52	5	1,52	458	64	13,97	61	2,62
1931/32	320	10	3,13	4,06	276	3	1,09	3	1,09	384	53	13,80	51	3,13
1932	368	14	3,80	2,99	290	5	1,72	4	1,72	537	80	14,90	78	2,98
1932/33	287	10	3,48	3,83	242	8	3,31	8	1,24	450	75	16,67	73	3,56
1933	306	8	2,61	.	261	11	4,21	.	.	506	89	17,59	.	.
1933/34	237	4	1,69	.	200	6	3,00	.	.	394	70	17,77	.	.
1934	224	3	1,34	.	209	8	3,83	.	.	432	82	18,98	.	.
1934/35	168	3	1,79	.	144	5	3,47	.	.	273	49	17,95	.	.
1935	143	6	4,20	.	110	6	5,45	.	.	335	55	16,42	.	.
1935/36	134	1	0,75	.	137	7	5,11	.	.	291	43	14,78	.	.
1936	100	0	0,00	.	109	3	2,75	.	.	352	38	10,80	.	.
1936/37	83	0	0,00	.	92	3	3,26	.	.	281	43	15,30	.	.
1937	65	0	0,00	.	78	3	3,85	.	.	323	42	13,00	.	.
1937/38	47	0	0,00	.	75	2	2,67	.	.	251	38	15,14	.	.
1938	47	0	0,00	.	70	0	0,00	.	.	270	35	12,96	.	.
1938/39	32	0	0,00	.	66	0	0,00	.	.	225	24	10,67	.	.
1939	38	0	0,00	.	69	0	0,00	.	.	317	31	9,78	.	.
1939/40	.	.	.	.	.	.	.	.	.	.	.	.	.	.
1940/1	8	0	0,00	.	30	2	6,67	.	.	482	35	7,26	.	.
1940/2	6	0	0,00	.	40	2	5,00	.	.	398	64	16,08	.	.
1940/3	8	0	0,00	.	52	1	1,92	.	.	482	70	14,52	.	.
1941/1	7	0	0,00	.	36	1	2,78	.	.	395	65	16,46	.	.

Tab. 11.2: Die Einzelfachströme an der Universität Greifswald nach Staatsangehörigkeit und Geschlecht 1830/31–1941/1

	Zahnmedizin					Pharmazie					Philologien, Geschichte				
	insg.	Frauen insg.	in %	deuts.	Ausländ. in %	insg.	Frauen insg.	in %	deuts.	Ausländ. in %	insg.	Frauen insg.	in %	deuts.	Ausländ. in %
Semester	15	16	17	18	19	20	21	22	23	24	25	26	27	28	29
1908/09	19	1	5,26	1	10,53	22	0	0,00	0	0,00	245	13	5,31	13	0,00
1909	25	1	4,00	1	8,00	19	0	0,00	0	0,00	294	27	9,18	27	0,00
1909/10	22	0	0,00	0	4,55	16	0	0,00	0	0,00	289	37	12,80	37	0,00
1910	27	0	0,00	0	0,00	15	0	0,00	0	0,00	346	48	13,87	47	0,29
1910/11	24	0	0,00	0	0,00	9	0	0,00	0	0,00	345	51	14,78	50	0,29
1911	23	1	4,35	1	0,00	11	0	0,00	0	0,00	432	56	12,96	56	0,46
1911/12	15	1	6,67	1	0,00	10	0	0,00	0	0,00	446	53	11,88	52	0,90
1912	27	1	3,70	1	3,70	9	0	0,00	0	0,00	535	59	11,03	57	2,62
1912/13	19	1	5,26	1	5,26	15	0	0,00	0	0,00	523	64	12,24	62	1,91
1913	27	3	11,11	3	3,70	13	0	0,00	0	0,00	539	63	11,69	63	0,93
1913/14	20	1	5,00	1	0,00	9	0	0,00	0	0,00	470	52	11,06	52	0,64
1914	39	2	5,13	2	2,56	9	0	0,00	0	0,00	469	51	10,87	51	0,43
1914/15	26	1	3,85	1	3,85	7	0	0,00	0	0,00	378	44	11,64	44	0,00
1915	31	2	6,45	2	0,00	6	0	0,00	0	0,00	356	48	13,48	48	0,00
1915/16	31	2	6,45	2	0,00	7	0	0,00	0	0,00	317	34	10,73	34	0,00
1916	28	1	3,57	1	0,00	9	0	0,00	0	0,00	331	48	14,50	47	0,30
1916/17	26	1	3,85	1	0,00	8	0	0,00	0	0,00	326	43	13,19	43	0,00
1917	30	2	6,67	2	0,00	7	0	0,00	0	0,00	371	62	16,71	62	0,00
1917/18	21	1	4,76	1	0,00	8	1	12,50	1	0,00	360	59	16,39	59	0,00
1918	25	1	4,00	1	0,00	8	1	12,50	1	0,00	366	62	16,94	62	0,00
1918/19	25	1	4,00	1	0,00	9	1	11,11	1	0,00	365	58	15,89	58	0,27
1919	124	4	3,23	4	1,61	26	2	7,69	2	0,00	456	77	16,89	74	0,66
ZS.1919	.	.	.	.	.	.	.	.	.	.	.	.	.	.	.
1919/20	173	6	3,47	5	1,73	22	2	9,09	2	0,00	315	51	16,19	43	3,49
1920	144	6	4,17	.	.	14	1	7,14	.	.	337	43	12,76	.	.
1920/21	153	6	3,92	.	.	9	3	33,33	.	.	230	41	17,83	.	.
1921	106	7	6,60	7	1,89	14	5	35,71	5	0,00	203	45	22,17	38	5,91
1921/22	83	5	6,02	4	8,43	21	6	28,57	6	0,00	184	34	18,48	32	4,35
1922	80	8	10,00	.	.	19	3	15,79	.	.	166	40	24,10	.	.
1922/23	79	8	10,13	.	.	17	4	23,53	.	.	147	38	25,85	.	.
1923	64	8	12,50	2	51,56	25	0	0,00	0	4,00	157	34	21,66	32	3,82
1923/24	63	10	15,87	1	79,37	34	6	17,65	5	5,88	128	33	25,78	31	3,91
1924	65	13	20,00	3	78,46	35	6	17,14	5	2,86	123	31	25,20	29	3,25
1924/25	74	16	21,62	2	86,49	34	5	14,71	3	5,88	.	.	.	.	.
1925	71	13	18,31	4	78,87	43	9	20,93	8	6,98	.	.	.	.	.
1925/26	72	11	15,28	.	.	34	4	11,76	.	.	.	.	.	.	.
1926	67	13	19,40	.	.	42	13	30,95	.	.	.	.	.	.	.
1926/27	70	13	18,57	5	61,43	37	9	24,32	8	8,11	.	.	.	.	.
1927	70	10	14,29	5	40,00	17	5	29,41	4	5,88	.	.	.	.	.
1927/28	78	12	15,38	4	53,85	9	1	11,11	1	11,11	.	.	.	.	.
1928	114	16	14,04	7	44,74	14	1	7,14	1	14,29	.	.	.	.	.
1928/29	109	13	11,93	5	44,95	13	2	15,38	2	15,38	.	.	.	.	.
1929	136	19	13,97	11	36,03	22	4	18,18	4	13,64	.	.	.	.	.
1929/30	124	19	15,32	11	41,13	27	4	14,81	4	11,11	.	.	.	.	.
1930	138	26	18,84	17	34,06	27	7	25,93	7	3,70	.	.	.	.	.
1930/31	132	21	15,91	11	31,06	23	8	34,78	8	13,04	.	.	.	.	.
1931	191	39	20,42	34	16,23	30	10	33,33	10	0,00	.	.	.	.	.
1931/32	161	31	19,25	24	14,29	28	10	35,71	10	3,57	.	.	.	.	.
1932	202	50	24,75	43	14,36	25	5	20,00	5	0,00	.	.	.	.	.
1932/33	173	43	24,86	38	8,67	23	7	30,43	7	4,35	.	.	.	.	.
1933	172	39	22,67	.	.	49	13	26,53	.	.	.	.	.	.	.
1933/34	154	25	16,23	.	.	42	9	21,43	.	.	.	.	.	.	.
1934	197	43	21,83	.	.	48	10	20,83	.	.	.	.	.	.	.
1934/35	141	20	14,18	.	.	45	11	24,44	.	.	.	.	.	.	.
1935	126	24	19,05	.	.	40	10	25,00	.	.	.	.	.	.	.
1935/36	123	17	13,82	.	.	38	5	13,16	.	.	.	.	.	.	.
1936	105	20	19,05	.	.	10	2	20,00	.	.	.	.	.	.	.
1936/37	82	14	17,07	.	.	27	5	18,52	.	.	.	.	.	.	.
1937	87	11	12,64	.	.	19	4	21,05	.	.	.	.	.	.	.
1937/38	69	10	14,49	.	.	17	6	35,29	.	.	.	.	.	.	.
1938	65	10	15,38	.	.	13	4	30,77	.	.	.	.	.	.	.
1938/39	55	7	12,73	.	.	0	0	.	.	.	.	.	.	.	.
1939	41	6	14,63	.	.	0	0	.	.	.	.	.	.	.	.
1939/40	.	.	.	.	.	0	0	.	.	.	.	.	.	.	.
1940/1	20	0	0,00	.	.	0	0	.	.	.	.	.	.	.	.
1940/2	4	1	25,00	.	.	0	0	.	.	.	.	.	.	.	.
1940/3	11	1	9,09	.	.	0	0	.	.	.	.	.	.	.	.
1941/1	10	1	10,00	.	.	0	0	.	.	.	.	.	.	.	.

Tab.11.2: Die Einzelfachströme an der Universität Greifswald nach Staatsangehörigkeit und Geschlecht 1830/31–1941/1

| | Mathematik, Naturwissenschaften | | | | Chemie | | | | Cameralia, Staatswissenschaften | | | | |
| | insg. | Frauen | | | Ausländ. in % | insg. | Frauen | | Ausländ. in % | insg. | Frauen | | | Ausländ. in % |
Semester		insg.	in %	deuts.			insg.	in %			insg.	in %	deuts.	
	30	31	32	33	34	35	36	37	38	39	40	41	42	43
1908/09	42	3	7,14	3	2,38	22	0	0,00	18,18	.	.	.	.	.
1909	61	10	16,39	10	1,64	18	0	0,00	11,11	..	.	.	.	.
1909/10	52	9	17,31	8	3,85	17	1	5,88	5,88	.	.	.	.	.
1910	75	10	13,33	10	2,67	19	1	5,26	10,53	.	.	.	.	.
1910/11	80	10	12,50	10	0,00	18	1	5,56	11,11	.	.	.	.	.
1911	91	12	13,19	12	0,00	23	0	0,00	8,70	.	.	.	.	.
1911/12	91	13	14,29	13	0,00	25	1	4,00	8,00	.	.	.	.	.
1912	120	11	9,17	11	0,00	22	1	4,55	9,09	.	.	.	.	.
1912/13	109	7	6,42	7	0,92	23	1	4,35	8,70	.	.	.	.	.
1913	134	7	5,22	7	2,24	22	2	9,09	4,55	.	.	.	.	.
1913/14	107	7	6,54	7	2,80	26	3	11,54	3,85	.	.	.	.	.
1914	123	9	7,32	9	1,63	33	1	3,03	3,03	.	.	.	.	.
1914/15	91	7	7,69	7	0,00	22	1	4,55	0,00	.	.	.	.	.
1915	93	4	4,30	4	0,00	22	1	4,55	0,00	13	0	0,00	0	7,69
1915/16	96	5	5,21	5	0,00	23	1	4,35	0,00	15	0	0,00	0	6,67
1916	98	7	7,14	7	0,00	25	2	8,00	0,00	10	0	0,00	0	0,00
1916/17	90	7	7,78	7	0,00	33	2	6,06	0,00	11	0	0,00	0	0,00
1917	95	9	9,47	9	0,00	35	3	8,57	0,00	10	0	0,00	0	0,00
1917/18	97	8	8,25	8	0,00	34	2	5,88	0,00	9	0	0,00	0	0,00
1918	97	17	17,53	17	0,00	34	2	5,88	0,00	11	1	9,09	1	0,00
1918/19	104	16	15,38	15	0,96	36	2	5,56	0,00	12	1	8,33	1	0,00
1919	141	26	18,44	26	0,71	67	7	10,45	0,00	3	2	66,67	2	0,00
ZS.1919	.	.	.	.	.	.	.	.	.	.	.	.	.	.
1919/20	108	20	18,52	18	2,78	82	7	8,54	1,22	6	0	0,00	0	0,00
1920	90	18	20,00	.	.	90	6	6,67	.	53	3	5,66	.	.
1920/21	69	17	24,64	.	.	83	6	7,23	.	80	3	3,75	.	.
1921	66	17	25,76	16	1,52	82	4	4,88	2,44	5	0	0,00	0	0,00
1921/22	47	9	19,15	8	4,26	74	2	2,70	1,35	7	0	0,00	0	0,00
1922	60	10	16,67	.	.	76	2	2,63	.	8	0	0,00	.	.
1922/23	53	7	13,21	.	.	67	2	2,99	.	6	0	0,00	.	.
1923	60	9	15,00	9	5,00	86	7	8,14	3,49	3	0	0,00	0	0,00
1923/24	55	9	16,36	9	7,27	85	7	8,24	7,06	6	2	33,33	2	0,00
1924	36	8	22,22	8	11,11	82	8	9,76	7,32	4	2	50,00	2	0,00
1924/25	.	.	.	.	.	64	6	9,38	12,50	48	1	2,08	1	4,17
1925	.	.	.	.	.	45	4	8,89	11,11	45	0	0,00	0	2,22
1925/26	.	.	.	.	.	37	4	10,81	.	46	0	0,00	.	.
1926	.	.	.	.	.	39	6	15,38	.	40	0	0,00	.	.
1926/27	.	.	.	.	.	38	1	2,63	18,42	44	1	2,27	1	6,82
1927	.	.	.	.	.	45	4	8,89	8,89	43	0	0,00	0	2,33
1927/28	.	.	.	.	.	33	2	6,06	9,09	38	0	0,00	0	10,53
1928	.	.	.	.	.	35	4	11,43	8,57	47	3	6,38	3	4,26
1928/29	.	.	.	.	.	37	6	16,22	5,41	44	5	11,36	4	6,82
1929	.	.	.	.	.	40	7	17,50	2,50	46	5	10,87	4	8,70
1929/30	.	.	.	.	.	41	4	9,76	2,44	52	3	5,77	3	5,77
1930	.	.	.	.	.	50	3	6,00	2,00	36	4	11,11	4	5,56
1930/31	.	.	.	.	.	49	8	16,33	2,04	18	1	5,56	1	5,56
1931	.	.	.	.	.	69	14	20,29	1,45	29	5	17,24	5	0,00
1931/32	.	.	.	.	.	59	10	16,95	1,69	33	6	18,18	6	3,03
1932	.	.	.	.	.	62	7	11,29	0,00	33	4	12,12	4	3,03
1932/33	.	.	.	.	.	52	10	19,23	1,92	32	3	9,38	3	9,38
1933	.	.	.	.	.	47	8	17,02	.	38	10	26,32	.	.
1933/34	.	.	.	.	.	44	5	11,36	.	20	5	25,00	.	.
1934	.	.	.	.	.	25	1	4,00	.	19	2	10,53	.	.
1934/35	.	.	.	.	.	32	1	3,13	.	17	1	5,88	.	.
1935	.	.	.	.	.	28	3	10,71	.	16	1	6,25	.	.
1935/36	.	.	.	.	.	29	2	6,90	.	6	0	0,00	.	.
1936	.	.	.	.	.	30	5	16,67	.	6	0	0,00	.	.
1936/37	.	.	.	.	.	20	5	25,00	.	0	0	.	.	.
1937	.	.	.	.	.	24	5	20,83	.	0	0	.	.	.
1937/38	.	.	.	.	.	15	5	33,33	.	0	0	.	.	.
1938	.	.	.	.	.	14	6	42,86	.	2	0	0,00	.	.
1938/39	.	.	.	.	.	16	6	37,50	.	5	0	0,00	.	.
1939	.	.	.	.	.	16	5	31,25	.	0	0	.	.	.
1939/40	.	.	.	.	.	.	.	.	.	.	.	.	.	.
1940/1	.	.	.	.	.	13	1	7,69	.	5	0	0,00	.	.
1940/2	.	.	.	.	.	41	9	21,95	.	8	1	12,50	.	.
1940/3	.	.	.	.	.	32	10	31,25	.	12	4	33,33	.	.
1941/1	.	.	.	.	.	24	9	37,50	.	12	4	33,33	.	.

Tab. 11.2: Die Einzelfachströme an der Universität Greifswald nach Staatsangehörigkeit und Geschlecht 1830/31–1941/1

	Sonstige				Studierende					
	insg.	Frauen		deuts.	Ausländ. in %	insg.	Frauen		deuts.	Ausländer	
		insg.	in %				insg.	in %		insg.	in %
Semester	44	45	46	47	48	49	50	51	52	53	54
1908/09	9	0	0,00	0	0,00	752	19	2,53	19	16	2,13
1909	10	0	0,00	0	0,00	947	40	4,22	40	13	1,37
1909/10	8	0	0,00	0	0,00	853	50	5,86	49	13	1,52
1910	7	0	0,00	0	0,00	997	61	6,12	60	18	1,81
1910/11	2	0	0,00	0	0,00	918	66	7,19	65	12	1,31
1911	5	0	0,00	0	0,00	1165	75	6,44	74	18	1,55
1911/12	11	0	0,00	0	0,00	1081	72	6,66	71	15	1,39
1912	6	1	16,67	1	0,00	1374	79	5,75	76	39	2,84
1912/13	6	1	16,67	1	0,00	1236	83	6,72	81	26	2,10
1913	2	0	0,00	0	0,00	1428	84	5,88	84	26	1,82
1913/14	0	0	.	0	.	1233	73	5,92	72	30	2,43
1914	0	0	.	0	.	1456	77	5,29	76	34	2,34
1914/15	0	0	.	0	.	1065	63	5,92	63	6	0,56
1915	0	0	.	0	.	1064	74	6,95	74	5	0,47
1915/16	1	0	0,00	0	0,00	1025	54	5,27	54	7	0,68
1916	1	0	0,00	0	0,00	1067	77	7,22	76	7	0,66
1916/17	1	0	0,00	0	0,00	1083	69	6,37	69	7	0,65
1917	2	0	0,00	0	0,00	1193	101	8,47	101	6	0,50
1917/18	2	0	0,00	0	0,00	1184	93	7,85	93	4	0,34
1918	14	1	7,14	1	0,00	1265	115	9,09	114	6	0,47
1918/19	0	0	.	0	.	1278	102	7,98	100	8	0,63
1919	4	0	0,00	0	0,00	2190	184	8,40	177	20	0,91
ZS.1919	.	.	.	.	.	.	.	.	.	.	.
1919/20	6	1	16,67	1	16,67	1868	140	7,49	123	48	2,57
1920	0	0	.	.	.	1955	126	6,45	.	.	.
1920/21	0	0	.	.	.	1529	108	7,06	.	.	.
1921	0	0	.	0	.	1576	121	7,68	111	58	3,68
1921/22	0	0	.	0	.	1242	91	7,33	86	47	3,78
1922	0	0	.	.	.	1333	103	7,73	.	.	.
1922/23	0	0	.	.	.	1147	91	7,93	.	.	.
1923	0	0	.	0	.	1299	107	8,24	96	77	5,93
1923/24	0	0	.	0	.	1163	115	9,89	101	95	8,17
1924	0	0	.	0	.	1106	115	10,40	101	91	8,23
1924/25	.	.	.	.	.	794	84	10,58	65	110	13,85
1925	7	1	14,29	0	14,29	885	93	10,51	78	97	10,96
1925/26	4	1	25,00	.	.	811	95	11,71	81	83	10,23
1926	2	0	0,00	.	.	1055	140	13,27	122	82	7,77
1926/27	7	1	14,29	1	0,00	938	116	12,37	104	78	8,32
1927	21	4	19,05	3	9,52	1235	147	11,90	137	65	5,26
1927/28	6	0	0,00	0	0,00	1154	135	11,70	125	73	6,33
1928	2	0	0,00	0	0,00	1534	204	13,30	190	90	5,87
1928/29	2	0	0,00	0	50,00	1340	176	13,13	162	87	6,49
1929	1	0	0,00	0	0,00	1819	237	13,03	224	93	5,11
1929/30	5	0	0,00	0	20,00	1536	207	13,48	195	84	5,47
1930	1	0	0,00	0	0,00	1964	284	14,46	271	88	4,48
1930/31	0	0	.	0	.	1644	231	14,05	217	79	4,81
1931	2	1	50,00	1	0,00	2143	334	15,59	320	78	3,64
1931/32	0	0	.	0	.	1721	241	14,00	226	70	4,07
1932	0	0	.	0	.	1977	296	14,97	279	80	4,05
1932/33	0	0	.	0	.	1645	246	14,95	238	57	3,47
1933	0	0	.	.	.	1801	289	16,05	.	.	.
1933/34	0	0	.	.	.	1426	203	14,24	.	.	.
1934	0	0	.	.	.	1449	220	15,18	.	43	2,97
1934/35	0	0	.	.	.	1011	144	14,24	.	.	.
1935	0	0	.	.	.	980	171	17,45	.	.	.
1935/36	0	0	.	.	.	963	134	13,91	.	.	.
1936	0	0	.	.	.	867	114	13,15	.	.	.
1936/37	0	0	.	.	.	722	104	14,40	.	.	.
1937	0	0	.	.	.	727	100	13,76	.	45	6,19
1937/38	0	0	.	.	.	590	93	15,76	.	.	.
1938	0	0	.	.	.	577	76	13,17	.	.	.
1938/39	0	0	.	.	.	483	63	13,04	.	.	.
1939	0	0	.	.	.	565	67	11,86	.	.	.
1939/40	.	.	.	.	.	.	.	.	.	.	.
1940/1	0	0	.	.	.	605	50	8,26	.	.	.
1940/2	0	0	.	.	.	545	98	17,98	.	17	3,12
1940/3	0	0	.	.	.	707	135	19,09	.	.	.
1941/1	0	0	.	.	.	572	131	22,90	.	.	.

Tab.11.2: Die Einzelfachströme an der Universität Greifswald nach Staatsangehörigkeit und Geschlecht 1830/31–1941/1

	Alte Sprachen				Germanistik					Neue Sprachen				
	insg.	Frauen			Aus-länd. in %	insg.	Frauen			Aus-länd. in %	insg.	Frauen			Aus-länd. in %
		insg.	in %	deuts.			insg.	in %	deuts.			insg.	in %	deuts.	
Semester	1	2	3	4	5	6	7	8	9	10	11	12	13	14	15
1924/25	7	1	14,29	1	0,00	29	5	17,24	5	3,45	22	11	50,00	11	0,00
1925	11	3	27,27	2	9,09	46	10	21,74	10	0,00	38	11	28,95	10	2,63
1925/26	7	1	14,29	.	.	41	13	31,71	.	.	44	17	38,64	.	.
1926	8	0	0,00	.	.	70	22	31,43	.	.	56	21	37,50	.	.
1926/27	9	0	0,00	0	0,00	53	11	20,75	11	1,89	61	22	36,07	22	1,64
1927	11	0	0,00	0	0,00	64	17	26,56	17	1,56	97	38	39,18	36	3,09
1927/28	14	0	0,00	0	0,00	53	12	22,64	12	5,66	120	41	34,17	40	0,83
1928	18	2	11,11	2	0,00	90	28	31,11	26	7,78	125	37	29,60	35	2,40
1928/29	16	0	0,00	0	0,00	94	24	25,53	22	6,38	86	34	39,53	32	3,49
1929	28	5	17,86	5	0,00	106	29	27,36	27	3,77	143	49	34,27	48	2,10
1929/30	26	4	15,38	4	0,00	92	27	29,35	27	2,17	112	42	37,50	41	1,79
1930	38	4	10,53	4	2,63	118	38	32,20	37	1,69	124	51	41,13	50	1,61
1930/31	21	1	4,76	1	9,52	113	35	30,97	32	3,54	96	31	32,29	31	3,13
1931	34	2	5,88	2	2,94	128	44	34,38	41	2,34	121	52	42,98	50	3,31
1931/32	26	0	0,00	0	7,69	91	34	37,36	31	3,30	80	31	38,75	29	5,00
1932	25	0	0,00	0	8,00	87	29	33,33	26	5,75	80	38	47,50	34	6,25
1932/33	31	0	0,00	0	3,23	61	22	36,07	21	3,28	58	22	37,93	22	0,00
1933	36	0	0,00	.	.	70	25	35,71	.	.	53	28	52,83	.	.
1933/34	27	1	3,70	.	.	69	19	27,54	.	.	44	18	40,91	.	.
1934	16	1	6,25	.	.	48	16	33,33	.	.	39	11	28,21	.	.
1934/35	20	8	40,00	.	.	38	10	26,32	.	.	21	7	33,33	.	.
1935	10	2	20,00	.	.	40	17	42,50	.	.	16	8	50,00	.	.
1935/36	10	0	0,00	.	.	46	16	34,78	.	.	21	8	38,10	.	.
1936	9	0	0,00	.	.	32	10	31,25	.	.	23	10	43,48	.	.
1936/37	1	0	0,00	.	.	22	7	31,82	.	.	11	5	45,45	.	.
1937	3	0	0,00	.	.	27	11	40,74	.	.	14	3	21,43	.	.
1937/38	4	1	25,00	.	.	27	8	29,63	.	.	17	8	47,06	.	.
1938	3	0	0,00	.	.	18	5	27,78	.	.	11	4	36,36	.	.
1938/39	1	0	0,00	.	.	20	9	45,00	.	.	10	4	40,00	.	.
1939	2	0	0,00	.	.	20	8	40,00	.	.	6	4	66,67	.	.
1939/40	.	.	.	.	.	.	.	.	.	.	.	.	.	.	.
1940/1	0	0	.	.	.	9	3	33,33	.	.	10	2	20,00	.	.
1940/2	1	0	0,00	.	.	7	4	57,14	.	.	4	0	0,00	.	.
1940/3	5	0	0,00	.	.	15	6	40,00	.	.	9	4	44,44	.	.
1941/1	3	1	33,33	.	.	10	7	70,00	.	.	16	8	50,00	.	.

	Geschichte			Musik				Philosophie, Pädagogik, Religionslehren				
	insg.	Frauen		Aus-länd. in %	insg.	Frauen		Aus-länd. in %	insg.	Frauen			Aus-länd. in %
		insg.	in %			insg.	in %			insg.	in %	deuts.	
Semester	16	17	18	19	20	21	22	23	24	25	26	27	28
1924/25	9	2	22,22	0,00	.	.	.	.	20	5	25,00	4	15,00
1925	6	1	16,67	16,67	.	.	.	.	6	1	16,67	1	16,67
1925/26	14	4	28,57	.	.	.	.	.	16	3	18,75	.	.
1926	14	2	14,29	.	.	.	.	.	17	4	23,53	.	.
1926/27	9	1	11,11	0,00	.	.	.	.	17	3	17,65	3	0,00
1927	12	1	8,33	0,00	1	0	0,00	0,00	21	6	28,57	6	4,76
1927/28	12	3	25,00	0,00	2	0	0,00	0,00	38	11	28,95	10	2,63
1928	22	4	18,18	0,00	5	1	20,00	20,00	21	7	33,33	7	0,00
1928/29	31	4	12,90	0,00	4	0	0,00	25,00	36	12	33,33	12	0,00
1929	44	8	18,18	2,27	3	0	0,00	33,33	32	6	18,75	6	3,13
1929/30	33	3	9,09	0,00	3	0	0,00	0,00	27	6	22,22	6	7,41
1930	53	10	18,87	0,00	4	1	25,00	0,00	35	14	40,00	14	5,71
1930/31	36	7	19,44	0,00	4	1	25,00	0,00	26	10	38,46	10	0,00
1931	44	9	20,45	0,00	2	1	50,00	0,00	31	15	48,39	14	9,68
1931/32	27	6	22,22	0,00	2	0	0,00	0,00	26	10	38,46	9	11,54
1932	37	9	24,32	2,70	0	0	.	.	29	9	31,03	9	3,45
1932/33	32	6	18,75	0,00	1	0	0,00	0,00	27	6	22,22	6	7,41
1933	34	12	35,29	.	1	0	0,00	.	.	.	.	.	.
1933/34	29	10	34,48	.	0	0	.	.	.	.	.	.	.
1934	31	12	38,71	.	0	0	.	.	.	.	.	.	.
1934/35	19	8	42,11	.	0	0	.	.	.	.	.	.	.
1935	.	.	.	.	0	0	.	.	.	.	.	.	.
1935/36	.	.	.	.	0	0	.	.	.	.	.	.	.
1936	.	.	.	.	0	0	.	.	.	.	.	.	.
1936/37	14	5	35,71	.	0	0	.	.	.	.	.	.	.
1937	13	4	30,77	.	0	0	.	.	.	.	.	.	.
1937/38	14	2	14,29	.	2	0	0,00	.	.	.	.	.	.
1938	17	2	11,76	.	1	0	0,00	.	.	.	.	.	.
1938/39	7	2	28,57	.	1	0	0,00	.	.	.	.	.	.
1939	6	0	0,00	.	1	0	0,00	.	.	.	.	.	.
1939/40	.	.	.	.	.	.	.	.	.	.	.	.	.
1940/1	7	3	42,86	.	1	0	0,00	.	.	.	.	.	.
1940/2	7	1	14,29	.	0	0	.	.	.	.	.	.	.
1940/3	14	5	35,71	.	0	0	.	.	.	.	.	.	.
1941/1	10	4	40,00	.	1	0	0,00	.	.	.	.	.	.

Tab.11.2: Die Einzelfachströme an der Universität Greifswald nach Staatsangehörigkeit und Geschlecht 1830/31–1941/1

	Kunst, Archäologie				Sonstige Kulturwiss.			Zeitungskunde			Leibesübungen				
	insg.	Frauen		Ausländ. in %	insg.	Frauen		insg.	Frauen		insg.	Frauen			Ausländ. in %
		insg.	in %			insg.	in %		insg.	in %		insg.	in %	deuts.	
Semester	29	30	31	32	33	34	35	36	37	38	39	40	41	42	43
1927	3	0	0,00	0,00	.	.	.	0	0	.	0	0	.	.	.
1927/28	4	2	50,00	0,00	.	.	.	0	0	.	0	0	.	.	.
1928	12	6	50,00	0,00	.	.	.	0	0	.	1	1	100,00	1	0,00
1928/29	8	2	25,00	0,00	.	.	.	0	0	.	3	2	66,67	2	0,00
1929	5	1	20,00	0,00	.	.	.	2	2	100,00	4	2	50,00	2	0,00
1929/30	6	4	66,67	0,00	.	.	.	0	0	.	9	4	44,44	3	11,11
1930	8	3	37,50	12,50	.	.	.	1	0	0,00	13	1	7,69	1	0,00
1930/31	9	2	22,22	11,11	.	.	.	0	0	.	11	3	27,27	3	0,00
1931	10	4	40,00	10,00	.	.	.	0	0	.	22	7	31,82	7	0,00
1931/32	5	0	0,00	20,00	.	.	.	0	0	.	14	3	21,43	3	0,00
1932	5	1	20,00	0,00	.	.	.	0	0	.	17	0	0,00	0	0,00
1932/33	4	1	25,00	25,00	.	.	.	0	0	.	15	1	6,67	1	0,00
1933	.	.	.	.	28	8	28,57	3	0	0,00	41	7	17,07	.	.
1933/34	.	.	.	.	13	2	15,38	1	0	0,00	28	4	14,29	.	.
1934	.	.	.	.	20	6	30,00	0	0	.	26	3	11,54	.	.
1934/35	.	.	.	.	9	3	33,33	0	0	.	7	0	0,00	.	.
1935	.	.	.	.	51	16	31,37	0	0	.	9	2	22,22	.	.
1935/36	.	.	.	.	36	11	30,56	0	0	.	23	3	13,04	.	.
1936	.	.	.	.	28	9	32,14	1	1	100,00	21	3	14,29	.	.
1936/37	.	.	.	.	40	9	22,50	1	0	0,00	15	2	13,33	.	.
1937	.	.	.	.	28	9	32,14	0	0	.	19	1	5,26	.	.
1937/38	.	.	.	.	11	3	27,27	0	0	.	15	3	20,00	.	.
1938	.	.	.	.	11	1	9,09	0	0	.	10	3	30,00	.	.
1938/39	.	.	.	.	4	1	25,00	0	0	.	17	2	11,76	.	.
1939	.	.	.	.	8	1	12,50	1	0	0,00	18	3	16,67	.	.
1939/40	.	.	.	.	.	.	.	.	.	.	.	.	.	.	.
1940/1	.	.	.	.	1	0	0,00	0	0	.	2	0	0,00	.	.
1940/2	.	.	.	.	22	14	63,64	0	0	.	0	0	.	.	.
1940/3	.	.	.	.	20	7	35,00	0	0	.	23	21	91,30	.	.
1941/1	.	.	.	.	5	2	40,00	0	0	.	22	18	81,82	.	.

	Mathematik					Physik				Biologie				
	insg.	Frauen			Ausländ. in %	insg.	Frauen		Ausländ. in %	insg.	Frauen			Ausländ. in %
		insg.	in %	deuts.			insg.	in %			insg.	in %	deuts.	
Semester	44	45	46	47	48	49	50	51	52	53	54	55	56	57
1924/24	12	1	8,33	1	0,00	15	0	0,00	6,66	14	5	35,71	5	7,14
1925	29	5	17,24	5	0,00	19	1	5,26	0,00	17	3	17,65	3	5,88
1925/26	37	8	21,62	.	.	16	0	0,00	.	13	3	23,08	.	.
1926	67	15	22,39	.	.	13	1	7,69	.	10	1	10,00	.	.
1926/27	61	17	27,87	16	3,28	12	3	25,00	0,00	16	4	25,00	4	0,00
1927	78	15	19,23	15	0,00	14	5	35,71	0,00	23	2	8,70	2	4,35
1927/28	69	11	15,94	11	0,00	15	4	26,67	0,00	32	7	21,88	7	3,13
1928	115	16	13,91	16	1,74	23	5	21,74	4,35	65	21	32,31	21	3,08
1928/29	76	14	18,42	14	0,00	26	4	15,38	0,00	67	16	23,88	16	4,48
1929	101	20	19,80	20	0,00	30	1	3,33	0,00	83	26	31,33	26	2,41
1929/30	86	13	15,12	13	0,00	28	0	0,00	0,00	72	22	30,56	21	2,78
1930	102	14	13,73	14	0,00	41	4	9,76	2,44	91	24	26,37	23	2,20
1930/31	92	12	13,04	12	1,09	25	1	4,00	4,00	72	17	23,61	17	0,00
1931	94	12	12,77	12	0,00	28	1	3,57	0,00	96	27	28,13	27	1,04
1931/32	52	6	11,54	6	0,00	23	2	8,70	0,00	64	19	29,69	19	0,00
1932	56	13	23,21	13	0,00	17	1	5,88	0,00	65	20	30,77	20	1,54
1932/33	50	10	20,00	10	0,00	17	2	11,76	0,00	52	11	21,15	11	0,00
1933	53	11	20,75	.	.	19	2	10,53	.	45	10	22,22	.	.
1933/34	38	7	18,42	.	.	15	1	6,67	.	50	13	26,00	.	.
1934	33	3	9,09	.	.	23	2	8,70	.	41	14	34,15	.	.
1934/35	24	4	16,67	.	.	11	1	9,09	.	24	9	37,50	.	.
1935	21	2	9,52	.	.	.	.	.	.	.	.	.	.	.
1935/36	31	7	22,58	.	.	.	.	.	.	.	.	.	.	.
1936	11	1	9,09	.	.	.	.	.	.	.	.	.	.	.
1936/37	13	2	15,38	.	.	.	.	.	.	.	.	.	.	.
1937	11	2	18,18	.	.	.	.	.	.	.	.	.	.	.
1937/38	9	1	11,11	.	.	.	.	.	.	.	.	.	.	.
1938	6	0	0,00	.	.	.	.	.	.	.	.	.	.	.
1938/39	0	0	.	.	.	4	0	0,00	.	.	.	.	.	.
1939	1	0	0,00	.	.	6	1	16,67	.	.	.	.	.	.
1939/40	.	.	.	.	.	.	.	.	.	.	.	.	.	.
1940/1	3	0	0,00	.	.	4	0	0,00	.	7	4	57,14	.	.
1940/2	2	0	0,00	.	.	0	0	.	.	1	1	100,00	.	.
1940/3	7	1	14,29	.	.	2	0	0,00	.	9	5	55,56	.	.
1941/1	5	2	40,00	.	.	4	0	0,00	.	7	7	100,00	.	.

Tab. 11.2: Die Einzelfachströme an der Universität Greifswald nach Staatsangehörigkeit und Geschlecht 1830/31–1941/1

	Sonst. Naturwiss.			Geographie					Mineralogie, Geologie, Bergfach				Geogr.,Geol.,Mineral.		
	insg.	Frauen		insg.	Frauen			Ausländ. in %	insg.	Frauen		Ausländ. in %	insg.	Frauen	
		insg.	in %		insg.	in %	deuts.			insg.	in %			insg.	in %
Semester	58	59	60	61	62	63	64	65	66	67	68	69	70	71	72
1924/25	.	.	.	3	0	0,00	0	0,00	3	0	0,00	0,00	.	.	.
1925	.	.	.	9	2	22,22	2	0,00	2	1	50,00	0,00	.	.	.
1925/26	.	.	.	13	2	15,38	.	.	6	3	50,00	.	.	.	.
1926	.	.	.	9	2	22,22	.	.	5	2	40,00	.	.	.	.
1926/27	.	.	.	9	3	33,33	2	11,11	7	2	28,57	14,29	.	.	.
1927	.	.	.	24	10	41,67	10	0,00	5	1	20,00	20,00	.	.	.
1927/28	.	.	.	15	4	26,67	4	0,00	2	1	50,00	0,00	.	.	.
1928	0	0	.	18	5	27,78	5	0,00	6	1	16,67	0,00	.	.	.
1928/29	0	0	.	31	6	19,35	6	0,00	5	2	40,00	0,00	.	.	.
1929	0	0	.	41	7	17,07	7	0,00	2	0	0,00	0,00	.	.	.
1929/30	0	0	.	34	5	14,71	5	0,00	5	2	40,00	0,00	.	.	.
1930	0	0	.	45	11	24,44	11	0,00	9	2	22,22	0,00	.	.	.
1930/31	0	0	.	50	11	22,00	11	0,00	6	2	33,33	0,00	.	.	.
1931	0	0	.	46	6	13,04	6	2,17	6	2	33,33	0,00	.	.	.
1931/32	0	0	.	48	7	14,58	7	4,17	2	0	0,00	50,00	.	.	.
1932	0	0	.	41	11	26,83	11	4,88	1	0	0,00	100,00	.	.	.
1932/33	0	0	.	37	9	24,32	9	2,70	1	0	0,00	0,00	.	.	.
1933	0	0	.	.	.	.	.	.	.	.	.	.	39	8	20,51
1933/34	0	0	.	.	.	.	.	.	.	.	.	.	21	4	19,05
1934	2	1	50,00	.	.	.	.	.	.	.	.	.	16	2	12,50
1934/35	0	0	.	.	.	.	.	.	.	.	.	.	16	4	25,00
1935	29	16	55,17	.	.	.	.	.	.	.	.	.	6	3	50,00
1935/36	29	12	41,38	.	.	.	.	.	.	.	.	.	9	2	22,22
1936	30	12	40,00	.	.	.	.	.	.	.	.	.	0	0	.
1936/37	20	4	20,00	.	.	.	.	.	.	.	.	.	0	0	.
1937	11	4	36,36	.	.	.	.	.	.	.	.	.	5	1	20,00
1937/38	10	4	40,00	.	.	.	.	.	.	.	.	.	7	2	28,57
1938	15	5	33,33	.	.	.	.	.	.	.	.	.	4	1	25,00
1938/39	17	8	47,06	.	.	.	.	.	.	.	.	.	3	0	0,00
1939	14	8	57,14	.	.	.	.	.	.	.	.	.	1	0	0,00
1939/40	.	.	.	.	.	.	.	.	.	.	.	.	.	.	.
1940/1	2	0	0,00	.	.	.	.	.	.	.	.	.	1	0	0,00
1940/2	4	1	25,00	.	.	.	.	.	.	.	.	.	0	0	.
1940/3	2	0	0,00	.	.	.	.	.	.	.	.	.	4	0	0,00
1941/1	3	1	50,00	.	.	.	.	.	.	.	.	.	3	1	33,33

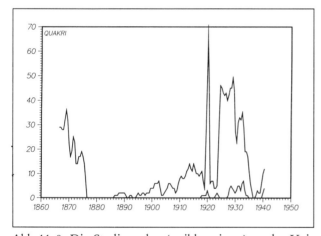

Abb. 11.8: Die Studierenden (weibl. u. insg.) an der Universität Greifswald 1866/67–1938/39: Wirtschafts-, Agrar- und Forstwissenschaften

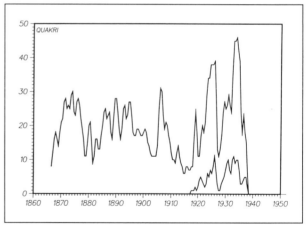

Abb. 11.9: Die Studierenden (weibl. u. insg.) an der Universität Greifswald 1866/67–1938/39: Pharmazie

5. Anmerkungen zu Tabelle 11.2

1830/31–1866:

Sp. 4/5 (Phil. Fak., Stud. insg.): 1830/31–1866 einschl. der nicht immatrikulierten Chirurgen (1830/31–1849/50) und Pharmazeuten (1865–1866), aber ohne die sehr geringe Zahl der ebenfalls nicht immatrikulierten Hospitanten. –

Sp. 6 (Chirurgie): 1844–1849/50 nicht immatrikulierte, aber zum Hören von Vorlesungen berechtigte »Eleven der medicinisch-chirurgischen Lehranstalt«. – Sp. 7 (Landwirtschaft): 1844–1866 an der Univ. Greifswald immatrikulierte Stud. der »Staats- und landwirtschaftlichen Akademie Eldena«. Diese Zahlen wurden von uns aus den namentlichen Stud.Verz. der Pers.Verz. ausgezählt. 1851 davon ein Stud. der Kam. *und* Oeconomie. – Sp. 8 (Pharmazie): 1865–1866 nicht immatrikulierte Pharmazeuten.

1866/67–1908:

1867/68–1886 sind die ausländischen Stud. den Pers.Verz. der Univ. Greifswald entnommen. – Sp. 9 (Pharmazie): 1866/67–1873 nicht immatrikulierte Pharmazeuten. Seit 1873/74 immatrikuliert. – Sp. 17 (Landw. u. Cam.): An der Univ. Greifswald immatrikulierte Stud. der »Staats- und landwirtschaftlichen Akademie Eldena«. 1876/77 wird diese Akademie in eine »Landwirtschafts-Schule« mit minderen Berechtigungen umgewandelt, deren Schüler nun nicht mehr an der Univ. Greifswald immatrikuliert bzw. als Hospitanten zugelassen werden können. 1886/87–1908 sind in den namentlichen Stud.Verz. *nur* Stud. der »Kameralia« verzeichnet, obwohl die in Preußen einheitliche Spaltenüberschrift in der PrStat »Kameralia und Landwirtschaft« lautet. – Sp. 21/22 (Studierende insg.): 1866/67–1873 ohne die ausländischen Stud. der Pharmazie.

1908/09–1941.1:

1912–1924 ausl. Stud. aus den Pers.Verz. der Univ. Greifswald. In den Semestern 1912/13, 1913/14, 1914/15, 1915 und 1919 wurden die im StatJbDR verwendeten »vorläufigen Feststellungen« durch die »endgültigen Feststellungen« der Stud.-Zahlen in den Pers.Verz. ersetzt. 1920 und 1921/22 mußten wegen fehlender »endgültiger« weiterhin die »vorläufigen Feststellungen« verwendet werden.

1939/40 war die Univ. Greifswald wegen des Kriegsbeginns und der anschließenden Umstellung auf Trimester geschlossen. – Sp. 30 (Mathematik, Naturwissenschaften): Da die Zahlen der Stud. dieser Fächergruppe im StatJbDR für das Semester 1918 ganz offensichtlich falsch sind, haben wir sie anhand des Pers.Verz. verbessert (von 177 auf 97). – Sp. 39 (Cameralia, Staatswissenschaften): 1908/09–1924 nur Stud. der »Kameralia«, obwohl die Spaltenüberschrift in den statistischen Übersichten der Pers.Verz. bis 1920 »Kameralia und Landwirtschaft« lautet. 1921–1924 verzeichnet auch diese Spaltenüberschrift nur »Kameralia«. Seit 1924/25 Stud. der »Volkswirtschaftslehre«; 1915–1919 verzeichnet das StatJbDR keine Stud. der »Kameralia«, obwohl solche in den statistischen Übersichten des Pers.Verz. der Univ. Greifswald vorhanden sind, auf die sich im allgemeinen auch das StatJbDR stützt. – Sp. 49–54 (Studierende insg.): 1915–1919 unterscheidet sich die Summe der Stud. von derjenigen des StatJbDR, weil wir die Stud. der »Kameralia« noch hinzugezählt haben (vgl. Anmerkungen zu Sp. 39). 1929 ist 1 männl. deutscher und 1934/35 sind 2 männl. deutsche Stud. in der Summe enthalten, die nicht in den Fächern auftauchen.

1924/25–1941.1:

Sp. 16 (Gesch.): 1935–1936 bei Sonstige Kulturwiss. (Sp. 33). – Sp. 24 (Philosophie, Pädagogik, Religionslehren): vorher bis 1924 enthalten in »Sonstige« (Sp. 44). – Sp. 33 (Sonstige Kulturwiss.): 1935–1936 einschl. Geschichte (Sp. 16). – Sp. 44 (Mathematik): 1935–1938 einschl. Physik (Sp. 49). – Sp. 49 (Physik): 1935–1938 enthalten in Mathematik (Sp. 44). – Sp. 53 (Biologie): 1935–1939 bei Sonst. Naturwiss. (Sp. 58). – Sp. 58 (Sonst. Naturwiss.): 1935–1939 einschl. Biologie (Sp. 53).

6. Quellen und Literatur

Quellen:

Standardquellen: 1830/31–1911/12: PrStat 102, 106, 112, 116, 125, 136, 150, 167, 193, 204, 223, 236. – *1912–1924:* StatJbDR Jgg. 34–36, 40–44. – *1924/25–1927/28:* PrStat 279, 281, Sonderdr WS 1925/26, 285; PrHochStat WS 1926/27–WS 1927/28. – *1928–1932/33:* DtHochStat Bde. 1–10. – *1932–1941.1:* ZehnjStat.

Ergänzend: 1844–1866, 1867/68–1886, 1912–1924: Pers.Verz. der Univ. Greifswald 1844–1924 (1920 und 1921/22 »vorläufige Feststellung« der Stud.-Zahl).

Literatur:

ERDMANN, G.: Die Ernst-Moritz-Arndt-Universität Greifswald und ihre Institute. Greifswald 1956. – Festschrift zur 500-Jahr-Feier der Universität Greifswald 17.10.1956. 2 Bde. Greifswald 1956. – Aus Geschichte und Gegenwart der Ernst-Moritz-Arndt-Universität Greifswald. In: Wissenschaftliche Zeitschrift Greifswald (1974), H. 3/4. – HOFMEISTER, A.: Die geschichtliche Stellung der Universität Greifswald. Greifswald 1932. – Das 500jährige Jubiläum der Universität Greifswald 1956. Leipzig 1956. – KOSEGARTEN, J. G. L.: Geschichte der Universität Greifswald mit urkundlichen Beilagen. 2 Bde. Greifswald 1856/1857 (Nachdruck: Aalen 1986). – LUCHT, E.: Die Universität Greifswald. Düsseldorf 1941. – SCHUBEL, F.: Universität Greifswald. Mitteldeutsche Hochschulen. Bd. 4. Frankfurt/Main 1960. – SCHULTZE, V.: Geschichts- und Kunstdenkmäler der Universität Greifswald. Greifswald 1906. – Amtliches Verzeichniß des Personals und der Studirenden auf der Königl. Preußischen Universität zu Greifswald. 1844–1944/45 (unter verschiedenen Titeln = Pers.Verz.). – WEHRMANN, M. u.a.: Festschrift zum 450jährigen Bestehen der Greifswalder Universität. Stettin 1906.

12. Halle

1. Geschichtliche Übersicht

1694 wurde in Halle mit einer Zahl von etwa 700 Studenten eine Universität eingeweiht, die für die neuen kurfürstlich-brandenburgischen Gebiete Magdeburg und Halberstadt in Konkurrenz zu den kursächsischen Universitäten Leipzig und Wittenberg höhere Beamte und Geistliche ausbilden sollte. Es wurden vier gleichberechtigte Fakultäten eingerichtet. Die Philosophische Fakultät sollte demnach nicht mehr als Artistenfakultät den drei oberen Fakultäten untergeordnet sein. Diese neue Struktur und der Charakter der Universität als frühaufklärerisch war vor allem mit dem zuerst berufenen Philosophen und Juristen *Christian Thomasius* verbunden. Die zweite, für die Entwicklung der Universität Halle wichtige geistige Bewegung war der frühe Pietismus, der sich vom orthodoxen Lutheranertum der Universitäten Wittenberg und Leipzig absetzte. Mit diesem frühen Pietismus war der Name des Professors *A.H. Francke* verbunden, der das Hallesche Waisenhaus mit einer Verbindung von Bildung und Arbeit gründete und zu einem florierenden Unternehmen führte. Auf dem Gelände dieser Stiftung wurde 1706 auch das erste hallesche Spital zur klinischen Ausbildung der Studenten errichtet. Waren Frühaufklärung und Pietismus zunächst eine fruchtbare Verbindung eingegangen, so zeigten sich doch bald die Gegensätze von Frömmigkeit und Rationalismus, die in der Verjagung des europaweit bekannten Aufklärers *Christian Wolff* kulminierten. Doch letztlich konnte sich in Halle der Rationalismus durchsetzen, was u.a. schon früh zur Institutionalisierung der philanthropischen Pädagogik (1769–1782) und der neuhumanistischen Philologie (ab 1783), aber auch zu einer rationalistischen Theologie führte. Diese als »Neologie« bezeichnete aufklärerische Theologie trug dazu bei, daß im 18. Jh. die hallesche zur meistbesuchten protestantischen theologischen Fakultät in Deutschland wurde.

Der aufklärerisch-moderne Charakter der Universität mit den Versuchen einer Verbindung von Lehre, Forschung und Praxis führte im letzten Drittel des 18. Jh. schon früh zur Gründung wissenschaftlicher Institutionen zunächst in der theologischen, aber auch in der medizinischen und philosophischen Fakultät und verschaffte Halle in der Studentenfrequenz den ersten Platz unter den deutschen Universitäten (1786/87= 1156). Die Berufsüberfüllung im ausgehenden 18. Jahrhundert, von der besonders die Stellen im Kirchendienst betroffen waren, verminderte allerdings den Zustrom an die bedeutendste theologische Ausbildungsstätte im Norden Deutschlands. In den 1790er Jahren lief die klassisch-moderne Universität Jena an Bedeutung und Studentenfrequenz Halle den Rang ab. 1806 wurde die Universität nach der napoleonischen Besetzung geschlossen und erst 1808 als Universität des Königreichs Westfalen wiedereröffnet. 1813 wurde sie für vier Monate wieder geschlossen und nach den erfolgreichen Befreiungskriegen als preußische Universität erneut eröffnet. Doch mittlerweile war die moderne Reformuniversität in Berlin – nicht zuletzt mit Professoren aus Halle – zur führenden preußischen Universität und zum Vorbild für das moderne deutsche Universitätswesen geworden. Nach der Vereinigung mit der nach dem Wiener Kongreß preußisch gewordenen Universität Wittenberg (gegründet 1502) im Jahre 1817 konnte sich die Universität Halle-Wittenberg in Bezug auf die Studentenfrequenz im 19. Jh. wieder in der oberen Hälfte der deutschen Universitäten etablieren. Bis in die 1860er Jahre dominierten ganz eindeutig die Theologiestudenten, die meistens über die Hälfte, teilweise über 70 Prozent der Besucher stellten. Da sich das Berufsfeld für Theologen (im Unterschied zum dynamischen Wachstum der meisten anderen akademischen Berufe) im 19. Jahrhundert aber nur schwach erweiterte, nahm die quantitative Bedeutung der Theologenuniversität Halle vor allem nach dem Ersten Weltkrieg rapide ab, so daß sie sich in den 1920er und 30er Jahren unter den fünf kleinsten Universitäten von 23 wiederfand (19. Rang), während sie noch im WS 1912/13 an 5. Stelle gelegen hatte.

Hinsichtlich der Betreuungsrelation (Studierende/ Lehrende) nahm Halle im Vergleich zu den anderen deutschen Universitäten 1830 mit einem Wert von 14,5 noch eine unterdurchschnittliche Position ein.

Bis 1880 verbesserte sich diese Quote (11,0) und entsprach dem allgemeinen Durchschnitt. Da die Studentenfrequenz nach dem Ersten Weltkrieg aber hinter dem allgemeinen Wachstum zurückblieb, während die Stellenzahl beim Personalbestand wie bei den anderen Hochschulen weiter expandierte, gestaltete sich das Betreuungsverhältnis von Lehrenden zu Studierenden in Halle während der Zwischenkriegszeit zu einem der günstigsten an allen deutschen Universitäten (1930: 12,5; 1940: 3,7). An der Personalentwicklung waren Ordinarien und Nichtordinarien relativ gleich beteiligt.

Mit der Zahl ihrer wissenschaftlichen Institutionen lag Halle bis zum Ersten Weltkrieg noch gleichauf mit der oberen Hälfte der frequenzstarken Universitäten; in den 1920er und 1930er Jahren fiel Halle auch in dieser Hinsicht zurück und näherte sich den kleineren Universitäten an (Rang 15). Das 1862 gegründete landwirtschaftliche Institut war nach Jena das zweite an einer deutschen Universität. Es trug als Modell zur Institutionalisierung der Landwirtschaft an deutschen Universitäten bei. 1914 wurde die Juristische Fakultät durch das Seminar für Staatswissenschaften (vorher Phil. Fak.) erweitert und zur Rechts- und Staatswissenschaftlichen Fakultät umbenannt. 1923 gliederte sich die Naturwissenschaftliche aus der Philosophischen Fakultät aus.

In der Bautätigkeit blieb die Universität gegenüber anderen Universitäten weit zurück. 1834 wurde ein neues Hauptgebäude bezogen, das noch heute benutzt wird. Nachdem in den 1870er Jahren ein Verwaltungsgebäude und ein Klinikum errichtet worden waren, sind bis 1945 nur noch wenig neue Gebäude bezogen worden.

In den Anfangsjahren der Weimarer Republik fiel die Universität durch die Militanz ihrer Professoren und Studenten auf; 1919 und 1920 während des Kapp-Putsches war die Universität kurzzeitig geschlossen, um den Studenten Gelegenheit zu geben, sich den Freikorps anzuschließen. Die Widerstandskraft des Lehrkörpers gegenüber dem Nationalsozialismus war schwach. Nach der Gleichschaltung der Universität wurden bis April 1936 22 Lehrende entlassen (10% des Personals von 1932/33). Nach der sowjetischen Besatzung wurde die Universität 1945 geschlossen; im Dezember wurden 134 von 195 Lehrenden wegen »aktiver faschistischer Betätigung« entlassen. Am 1.2.1946 wurde die Universität unter ihrem alten Namen (Martin-Luther-Universität) wiedereröffnet.

2. Der Bestand an Institutionen 1823/24–1944/45

Zum Verständnis vgl. die Erläuterungen S. 48 ff.

I.   Evang.-Theol. Fak. ([1823/24])

1.   Theol.-Päd. Sem. ([1823/24]–26)
1.1   Theol. Ges. ([1823/24]–26)
        Theol. Sem. (1826/27)
1.1.1   Exeget. Ges. ([1823/24]–26)
1.1.1.1 Exeg. d. A.T. (1826/27)
1.1.1.2 Exeg. d. N.T. (1826/27)
1.1.2   Abt. f. Kirchen-u. Dogmengesch. (1826/27)
1.1.3   Abt. f. syst. Theol. (1826/27)
1.1.4   Homil. Ges. ([1823/24]–26)
        Abt. f. prakt. Theol. (1826/27)
1.1.4.1 Homil. Abt. (1878/79)
1.1.4.2 Kat. Abt. (1878/79)
1.1.5   Missionswiss. Sem. (1908–28)
        Abt. f. Missionswiss. u. Religionsgesch.(1928/29)
1.1.6   Patristische Abt. (1935/36)
1.1.7   Forsch.stelle f. Kirchenk. Südosteuropas, bes. Ungarns (1939/40)
1.2   Päd. Sem. (1826/27–1883/84)
1.3   Chr.-arch. App. (1890/91, Samml. 1893–1922/23)
        Samml. f. chr. Arch. u. kirchl. Kunst (1923)

II.   Jur. Fak. ([1823/24]–1914)
Rechts- und Staatswiss. Fak. (1914/15)

1.   Jur. Sem. (1854–1914)
        Rechtswiss. Sem. (1914/15)
2.   Sem. f. Staatswiss. (1873, in IV. –1914)
3.   Kriminal. Sem. (1889/90–1899/1900)
4.   Sem. f. Genossenschaftsw. (1911)
5.   Inst. d. Stiftung zur Ausgestaltung d. Volkswirtsch. Unt. (1919/20–1934)
6.   Inst. f. Arbeitsr. (1929)

III. Med. Fak. ([1823/24])

1.   Anat. Theater ([1823/24])
        Anat. Th. u. zoot. Museum (1825/26, Inst. 87)
1.1   Wilhelm-Roux-Samml. f. Entwicklungsmech. (1921)
2.   Vereinigte med.-chir. Univ.-Klin.(1861/62–78)
2.1   Med. Klin. ([1823/24]–61, 78/79)
2.2   Chir. Klin. ([1823/24]–61, 78/79, u. Polikl. 93)
3.   Entbindungsanst. ([1823/24]–78/79)
        Gebh.-gynäk. Klin. (1879–96/97, u. Polikl. 93)
        Frauenklin. u. Polikl. (1897)
4.   Physiol. Inst. (1844/45–1943/44)
        Physiol. u. physiol.-chem. Inst. (1944)

<table>
<tr><td>5.</td><td>Pharm. Samml. (1846/47, Inst. 93)</td></tr>
</table>

5. Pharm. Samml. (1846/47, Inst. 93)
6. Path.-anat. Inst. (1862–81)
   Path. Inst. (1881/82)
7. Augenkl. (1884, u. Polikl. 93)
8. Ohrenkl. (1884–1910/11, u. Polikl. 93)
   Klin. u. Polikl. f. HNO-Kr. (1911)
9. Psych. u. Nervenkl. (1885, u. Polikl. 93)
10. Zahnärztl. Klin. (1888–1902/03)
    Polikl. f. Zahnkr. (1903–21)
    Zahnärztl. Inst.(1921/22)
11. Hyg. Inst. (1889/90)
12. Med. Polikl. (1893)
13. Polikl. f. Hautkr. (1900/01, Kl. u. 26/27)
14. Polikl. f. Kinderkr. (1904–21)
    Kinderkl. (1921/22, u. Polikl. 27/28)
15. Gerichtsärztl. Unt. (1914–27)
    Inst. f. ger. u. soz. Med. (1927/28–1940.3)
    Inst. f. ger. Med. u. Krim. (1941.1)

IV.   Phil. Fak. ([1823/24], o. V. 1923/24)

1. Inst. f. Altertumswiss. (1928)
1.1 Philol. Sem. ([1823/24]–1892/93)
    Sem. f. klass. Philol. (1893, in 1. 1930/31)
1.2 Arch. Mus. (1864, Sem. 1914/15, in 1. 1930/31)
1.3. Sem. f. alte Gesch. (1921, in 1. 1930/31, vorh. 8.)
2. Kupferstichsamml. ([1823/24]–1914)
   Kunstgesch. Sem. (1914/15)
3. Hist. Ges. (1876–42/43)
4. Ant. Kunstmus. (1851)
5. Sem. f. dt. Philol. (1875/76)
5.1 Abt. f. Sprechk. (1929/30–38)
    Inst. f. Sprechk. (1938/39)
6. Sem. f. rom. Philol.(1875/76)
7. Sem. f. engl. Sprachwiss. (nur 1875/76)
   Sem. f. engl. Philol. (1876)
8. Hist. Sem. (1875/76–1920/21)
   Sem. f. mittlere u. neuere Gesch. (1921)
9. Paläogr.-dipl. App. (1875/76–1933, Samml. 1893)
10. Psycho-physischer App.
    (1891–1931, Samml. 1893)
    Psychol. Sem. (1931/32, Inst. 1940.2)
11. Philos. Sem. (1910/11)
12. Päd. Sem. (1912)
13. Musikwiss. Sem. (1913/14)
14. Oriental. Sem. (1919)
14.1 Isl. Abt. (1919)
14.2 Indische Abt. (1919)
15 Phon. Samml. (1922/23)
16. Indogerm. Sem. (1924/25)
17. Hochschulinst. f. Leibesüb. (1924/25)
18. Inst. f. Zeitungswiss. (1926, -wesen 27/28)
19. Photogr. Inst. (1930)
20. Inst. f. Vorgesch. (1936/37, u. Frühgesch. 42/43)

V.   Naturwiss. Fak. (1923/24, vorh. IV.)

1. Sternwarte ([1823/24]–1923)
2. Phys. Cab. u. Chem. Lab. ([1823/24]–43)
2.1 Phys. Cab. (1843/44–88/89, u. Lab. 82)

Phys. Inst. u. Lab. (1889–1928)
2.1.1 Lab. f. angew. Phys. (1914/15–1928)
2.1.2 Inst. f. exp. Phys. (1928/29)
2.1.3 Inst. f. theor. Phys. (1928/29)
2.2 Chem. Lab. (1843/44–92/93, Inst. 87)
    Chem. u. pharmaz. Inst. (1893–1930/31)
    Chem. Inst. (1931)
2.2.1 Inst. f. Pharmaz. u. Lebensmittelchem. (1931)
2.2.1.1 Pharmaz. Inst. (⟨1829⟩–92/93)
        Pharmaz. Abt. (1907/08–30/31)
2.2.1.2 Lab. f. Nahrungsmittelchem. (1904–30/31)
2.2.2 Phys.-chem. Abt. (1910–30/31)
      Inst. f. phys. Chem. (1931)
2.2.3 Lab. f. angew. Chem.
      (1902/03–30/31, f. techn. 26)
      Inst. f. techn. Chem. (1931)
3. Bot. Garten ([1823/24], Inst. 87/88)
4. Min. Kab. ([1823/24]–⟨29/30⟩)
   Min. Mus. (⟨1830/31⟩–1907/08, Inst. 1885)
   Geol. u. min. Inst. (1908–15)
4.1 Min. Inst. (1915/16–29)
    Min.-petrogr. Inst. (1929/30)
4.2 Geol. Inst. (1915/16–29)
    Geol.-pal. Inst.(1929/30)
5. Zool. Mus. ([1823/24], Inst. 1887)
6. Sem. f. Math. u. d. ges. Naturwiss.
   (1841/42–1890)
   Math. Sem. (1890/91)
7. Technol. Samml. (1851–1932/33)
8. Landw. Inst. (1863)
8.1 Chem. Unters. (1864–1909/10)
8.2 Veterinärkl. (1873–74/75)
    Inst. f. Anat. u. Physiol. d. Haustiere
    u. Tierkl. (1875)
8.3 Inst. f. Tierz. u. Molkereiwesen (1899)
8.3.1 Molkerei- Lab. (1922/23–24)
8.3.2 Haustiergarten (1872/73)
8.3.3 Versuchsgut Lettin (1926)
8.3.4 Inst. f. Tierernährung u. Milchwirtsch. (1932)
8.4 Inst. f. Pflanzenbau u. Pflanzenz. (1919/20)
8.4.1 Versuchslab. (1900)
8.4.2 Landw.-physiol. Lab. (1864–1923/24)
      Pflanzenzuchtst. (1924)
8.4.3 Abt. f. Pflanzenbau u. Wetterk. (1909–34)
8.4.4 Versuchsfeld (1872/73–1929)
      Versuchswirtsch. Radegast (1929/30)
8.4.5 Abt. f. Pflanzenkr. (1925)
8.4.6 Obstversuchsabt. Groß-Ottersleben (1940.3)
8.4.7 Abt. f. Pflanzenernährungslehre (1932–34)
8.5 Inst. f. landw. Betriebslehre (1920/21)
8.6 Inst. f. landw. Masch.- u. Gerätek. (1899/1900)
8.7 Bakt.-pflanzenpath. Abt. (1904/05–05/06)
8.8 Inst. f. Pflanzenernährung u. Bodenbiol. (1937)
9. Geogr. App. (1879–1916/17, Samml. 1893,
   in V.10. 1917)
10. Sem. f. Erdk. (1885/86, u. Samml. 1917, o.
    Samml. 1935/36)
11. Bot. Lab. (nur 1887)
    Kryptogamisches Lab. (1887/88–88/89)

3. Die Studierenden nach Fachbereichen

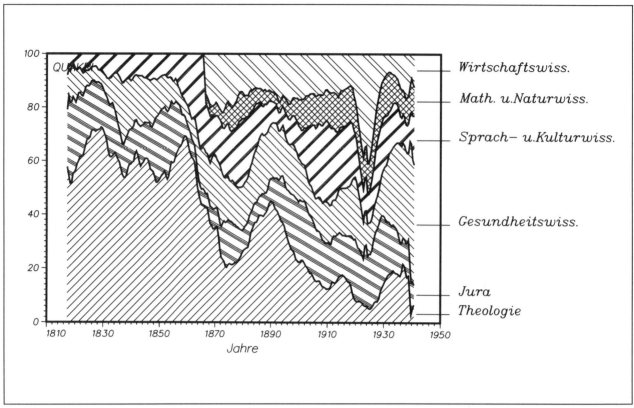

Abb.12.1: Das Fachbereichsprofil der Studierenden an der Universität Halle 1775/76–1941/1

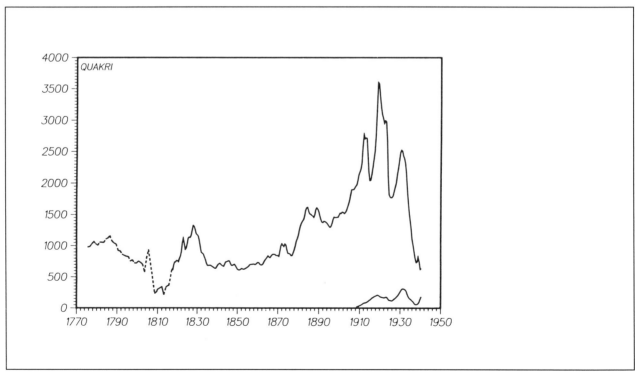

Abb.12.2: Die Studierenden (weibl. u. insg.) an der Universität Halle 1775/76–1941/1: Sämtliche Fächer

Tab. 12.1: Die Studierenden an der Universität Halle nach Fachbereichen in Prozent 1775/76–1941/1

Semester	Evang. Theol.	Jura	Gesundheitswissenschaften				Sprach- und Kultur- wiss.	Math., Naturw.		Wirt- sch., Agrar- und Forst. wiss.	Studierende		
			insg.	Allg. Med.	Zahn- med.	Phar- mazie		insg.	Chemie		insg.	weibl. in % aller Stud.	Ausl. in % aller Stud.
	1	2	3	4	5	6	7	8	9	10	11	12	13
1775/76	55,07	41,15	3,79	3,79	.	.	0,00	.	.	.	977	.	.
1776	.	.	.	.	.	.	.	.	.	.	.	.	.
1776/77	56,00	40,14	3,86	3,86	.	.	0,00	.	.	.	984	.	.
1777	.	.	.	.	.	.	.	.	.	.	.	.	.
1777/78	59,24	37,83	2,93	2,93	.	.	0,00	.	.	.	1023	.	.
1778	.	.	.	.	.	.	.	.	.	.	.	.	.
1778/79	64,33	32,40	3,28	3,28	.	.	0,00	.	.	.	1068	.	.
1779	.	.	.	.	.	.	.	.	.	.	.	.	.
1779/80	65,85	30,24	3,90	3,90	.	.	0,00	.	.	.	1025	.	.
1780	.	.	.	.	.	.	.	.	.	.	.	.	.
1780/81	67,43	28,49	4,08	4,08	.	.	0,00	.	.	.	1004	.	.
1781	.	.	.	.	.	.	.	.	.	.	.	.	.
1781/82	69,17	26,28	4,55	4,55	.	.	0,00	.	.	.	1054	.	.
1782	.	.	.	.	.	.	.	.	.	.	.	.	.
1782/83	71,48	23,67	4,85	4,85	.	.	0,00	.	.	.	1052	.	.
1783	.	.	.	.	.	.	.	.	.	.	.	.	.
1783/84	74,55	21,07	4,39	4,39	.	.	0,00	.	.	.	1049	.	.
1784	.	.	.	.	.	.	.	.	.	.	.	.	.
1784/85	71,40	24,62	3,98	3,98	.	.	0,00	.	.	.	1105	.	.
1785	.	.	.	.	.	.	.	.	.	.	.	.	.
1785/86	69,91	25,71	4,38	4,38	.	.	0,00	.	.	.	1120	.	.
1786	.	.	.	.	.	.	.	.	.	.	.	.	.
1786/87	68,77	27,34	3,89	3,89	.	.	0,00	.	.	.	1156	.	.
1787	.	.	.	.	.	.	.	.	.	.	.	.	.
1787/88	67,79	25,96	6,26	6,26	.	.	0,00	.	.	.	1071	.	.
1788	.	.	.	.	.	.	.	.	.	.	.	.	.
1788/89	65,06	29,84	5,10	5,10	.	.	0,00	.	.	.	1039	.	.
1789	.	.	.	.	.	.	.	.	.	.	.	.	.
1789/90	63,54	31,18	5,28	5,28	.	.	0,00	.	.	.	1023	.	.
1790	.	.	.	.	.	.	.	.	.	.	.	.	.
1790/91	62,04	31,67	6,29	6,29	.	.	0,00	.	.	.	922	.	.
1791	.	.	.	.	.	.	.	.	.	.	.	.	.
1791/92	64,88	31,07	4,05	4,05	.	.	0,00	.	.	.	914	.	.
1792	.	.	.	.	.	.	.	.	.	.	.	.	.
1792/93	60,05	34,84	5,11	5,11	.	.	0,00	.	.	.	801	.	.
1793	.	.	.	.	.	.	.	.	.	.	.	.	.
1793/94	57,23	35,19	7,58	7,58	.	.	0,00	.	.	.	844	.	.
1794	.	.	.	.	.	.	.	.	.	.	.	.	.
1794/95	50,96	41,33	7,71	7,71	.	.	0,00	.	.	.	830	.	.
1795	.	.	.	.	.	.	.	.	.	.	.	.	.
1795/96	49,09	43,74	7,17	7,17	.	.	0,00	.	.	.	823	.	.
1796	.	.	.	.	.	.	.	.	.	.	.	.	.
1796/97	48,94	44,43	6,63	6,63	.	.	0,00	.	.	.	754	.	.
1797	.	.	.	.	.	.	.	.	.	.	.	.	.
1797/98	46,24	47,02	6,74	6,74	.	.	0,00	.	.	.	772	.	.
1798	.	.	.	.	.	.	.	.	.	.	.	.	.
1798/99	46,54	46,12	7,34	7,34	.	.	0,00	.	.	.	722	.	.
1799	.	.	.	.	.	.	.	.	.	.	.	.	.
1799/00	44,58	49,58	5,83	5,83	.	.	0,00	.	.	.	720	.	.
1800	.	.	.	.	.	.	.	.	.	.	.	.	.
1800/01	43,29	49,40	7,30	7,30	.	.	0,00	.	.	.	753	.	.
1801	.	.	.	.	.	.	.	.	.	.	.	.	.
1801/02	42,68	50,62	6,70	6,70	.	.	0,00	.	.	.	731	.	.
1802	.	.	.	.	.	.	.	.	.	.	.	.	.
1802/03	48,51	45,80	5,69	5,69	.	.	0,00	.	.	.	703	.	.
1803	.	.	.	.	.	.	.	.	.	.	.	.	.
1803/04	44,98	39,97	8,48	8,48	.	.	6,57	.	.	.	578	.	.
1804	.	.	.	.	.	.	.	.	.	.	.	.	.
1804/05	45,23	43,84	10,93	10,93	.	.	0,00	.	.	.	796	.	.
1805	.	.	.	.	.	.	.	.	.	.	.	.	.
1805/06	38,31	44,18	10,89	10,89	.	.	6,62	.	.	.	937	.	.
.	.	.	.	.	.	.	.	.	.	.	.	.	.
1809/10	56,19	21,43	15,24	15,24	.	.	7,14	.	.	.	210	.	.
1810	58,88	27,96	9,87	9,87	.	.	3,29	.	.	.	304	.	.
1810/11	65,08	21,69	10,51	10,51	.	.	2,71	.	.	.	295	.	.
1811	62,58	24,53	12,26	12,26	.	.	0,63	.	.	.	318	.	.
1811/12	62,42	25,80	11,15	11,15	.	.	0,64	.	.	.	314	.	.
1812	64,33	23,10	10,82	10,82	.	.	1,75	.	.	.	342	.	.
1812/13	64,67	23,35	11,08	11,08	.	.	0,90	.	.	.	334	.	.
1813	65,57	20,28	12,26	12,26	.	.	1,89	.	.	.	212	.	.
.	.	.	.	.	.	.	.	.	.	.	.	.	.
1817	59,47	12,87	17,01	17,01	.	.	10,65	.	.	.	676	.	.
1817/18	56,00	29,91	8,70	8,70	.	.	5,39	.	.	.	575	.	.
1818	53,67	29,20	10,86	10,86	.	.	6,27	.	.	.	654	.	.
1818/19	49,45	31,15	12,30	12,30	.	.	7,10	.	.	.	732	.	.
1819	53,83	29,26	13,69	13,69	.	.	3,22	.	.	.	745	.	.
1819/20	56,30	28,36	11,78	11,78	.	.	3,56	.	.	.	730	.	.
1820	55,09	25,91	12,83	12,83	.	.	6,16	.	.	.	795	.	.
1820/21	58,67	23,86	11,65	11,65	.	.	5,83	.	.	.	721	.	.
1821	59,18	25,63	8,85	8,85	.	.	6,34	.	.	.	757	.	.
1821/22	60,73	25,21	9,21	9,21	.	.	4,85	.	.	.	825	.	.

Tab. 12. 1: Die Studierenden an der Universität Halle nach Fachbereichen in Prozent 1775/76–1941/1

Semester	Evang. Theol.	Jura	Gesundheitswissenschaften				Sprach- und Kultur- wiss.	Math., Naturw.		Wirt- sch., Agrar- und Forst. wiss.	Studierende		
			insg.	Allg. Med.	Zahn- med.	Phar- mazie		insg.	Chemie		insg.	weibl. in % aller Stud.	Ausl. in % aller Stud.
	1	2	3	4	5	6	7	8	9	10	11	12	13
1822	62,51	22,51	8,98	8,98	.	.	5,99	.	.	.	835	.	.
1822/23	60,54	23,36	9,03	9,03	.	.	7,06	.	.	.	963	.	.
1823	62,73	21,72	7,86	7,86	.	.	7,69	.	.	.	1119	.	.
1823/24	64,96	22,37	6,20	6,20	.	.	6,47	.	.	.	1113	.	.
1824	67,40	20,34	6,08	6,08	.	.	6,18	.	.	.	954	.	.
1824/25	68,80	19,72	4,88	4,88	.	.	6,61	.	.	.	923	.	.
1825	67,34	19,92	6,67	6,67	.	.	6,07	.	.	.	989	.	.
1825/26	70,19	19,25	5,05	5,05	.	.	5,51	.	.	.	1070	.	.
1826	71,71	18,29	5,56	5,56	.	.	4,44	.	.	.	1170	.	.
1826/27	71,53	18,40	4,71	4,71	.	.	5,35	.	.	.	1103	.	.
1827	71,42	18,59	5,56	5,56	.	.	4,43	.	.	.	1151	.	.
1827/28	70,55	18,14	6,33	6,33	.	.	4,98	.	.	.	1185	.	.
1828	72,26	17,63	4,48	4,48	.	.	5,62	.	.	.	1316	.	.
1828/29	70,98	17,97	4,36	4,36	.	.	6,69	.	.	.	1330	.	.
1829	72,66	16,27	5,11	5,11	.	.	5,96	.	.	.	1291	.	.
1829/30	72,57	15,82	5,68	5,68	.	.	5,93	.	.	.	1214	.	.
1830	71,75	15,16	5,68	5,68	.	.	7,41	.	.	.	1161	.	.
1830/31	69,76	15,63	6,93	6,93	.	.	7,69	.	.	.	1184	.	.
1831	68,98	15,24	7,04	7,04	.	.	8,73	.	.	.	1122	.	.
1831/32	65,39	17,83	7,19	7,19	.	.	9,59	.	.	.	1043	.	.
1832	62,25	18,82	9,85	9,85	.	.	9,08	.	.	.	914	.	.
1832/33	61,06	19,35	10,25	10,25	.	.	9,33	.	.	.	868	.	.
1833	61,71	20,38	9,23	9,23	.	.	8,67	.	.	.	888	.	.
1833/34	61,88	19,24	11,28	11,28	.	.	7,60	.	.	.	842	.	.
1834	63,05	15,86	13,61	13,61	.	.	7,49	.	.	.	801	.	.
1834/35	63,03	14,76	15,16	15,16	.	.	7,05	.	.	.	752	.	.
1835	60,12	13,78	18,77	16,57	.	.	7,33	.	.	.	682	.	.
1835/36	60,68	12,22	18,56	16,20	.	.	8,54	.	.	.	679	.	.
1836	58,14	11,77	21,08	17,44	.	.	9,01	.	.	.	688	.	.
1836/37	55,87	11,88	21,26	18,62	.	.	11,00	.	.	.	682	.	.
1837	53,86	11,35	23,73	20,23	.	0,29	11,06	.	.	.	687	.	.
1837/38	53,88	13,24	22,37	19,48	.	0,30	10,50	.	.	.	657	.	.
1838	53,60	14,56	22,52	19,22	.	0,30	9,31	.	.	.	666	.	.
1838/39	55,96	13,95	20,38	18,34	.	0,16	9,72	.	.	.	638	.	.
1839	58,58	12,13	20,31	18,90	.	0,00	8,98	.	.	.	635	.	.
1839/40	58,87	13,66	17,58	15,86	.	0,63	9,89	.	.	.	637	.	.
1840	58,60	12,68	18,22	16,76	.	0,73	10,50	.	.	.	686	.	.
1840/41	60,26	12,91	17,93	15,78	.	0,57	8,90	.	.	.	697	.	.
1841	59,27	13,81	18,27	16,60	.	0,28	8,65	.	.	.	717	.	.
1841/42	65,74	11,56	15,04	13,23	.	0,28	7,66	.	.	.	718	.	.
1842	61,63	11,63	18,31	16,28	.	0,29	8,43	.	.	.	688	.	.
1842/43	62,54	11,95	17,40	15,78	.	0,44	8,11	.	.	.	678	.	.
1843	56,76	15,45	19,32	17,68	.	0,45	8,47	.	.	.	673	.	.
1843/44	59,06	14,35	18,43	15,86	.	0,60	8,16	.	.	.	662	.	.
1844	58,76	14,42	18,33	15,90	.	0,81	8,49	.	.	.	742	.	.
1844/45	60,22	13,80	16,64	14,21	.	0,54	9,34	.	.	.	739	.	.
1845	61,04	13,79	16,33	13,79	.	0,54	8,84	.	.	.	747	.	.
1845/46	60,85	12,78	16,91	14,38	.	0,67	9,45	.	.	.	751	.	.
1846	60,57	14,23	15,67	13,71	.	0,39	9,53	.	.	.	766	.	.
1846/47	57,60	16,15	16,15	13,73	.	0,54	10,09	.	.	.	743	.	.
1847	56,16	16,28	17,74	15,25	.	0,73	9,82	.	.	.	682	.	.
1847/48	56,64	16,06	17,81	15,47	.	0,88	9,49	.	.	.	685	.	.
1848	55,07	19,53	16,30	14,54	.	0,73	9,10	.	.	.	681	.	.
1848/49	52,97	23,09	14,31	13,03	.	0,71	9,63	.	.	.	706	.	.
1849	51,07	25,46	13,59	12,73	.	0,57	9,87	.	.	.	699	.	.
1849/50	52,97	24,05	13,70	12,94	.	0,76	9,28	.	.	.	657	.	.
1850	52,43	25,82	12,83	12,36	.	0,47	8,92	.	.	.	639	.	.
1850/51	54,91	24,13	12,65	11,98	.	0,67	8,32	.	.	.	601	.	.
1851	54,43	25,12	12,24	11,43	.	0,81	8,21	.	.	.	621	.	.
1851/52	56,17	23,50	12,33	11,33	.	1,00	8,00	.	.	.	600	.	.
1852	56,32	24,34	11,54	11,08	.	0,47	7,80	.	.	.	641	.	.
1852/53	52,54	24,76	13,65	12,86	.	0,79	9,05	.	.	.	630	.	.
1853	53,53	25,80	11,70	10,42	.	1,28	8,97	.	.	.	624	.	.
1853/54	54,87	24,03	12,18	11,04	.	1,14	8,93	.	.	.	616	.	.
1854	59,38	22,81	9,22	9,22	.	0,00	8,59	.	.	.	640	.	.
1854/55	59,81	22,47	8,23	7,75	.	0,47	9,49	.	.	.	632	.	.
1855	58,62	21,59	8,85	8,55	.	0,30	10,94	.	.	.	667	.	.
1855/56	60,43	21,78	8,44	8,44	.	0,00	9,36	.	.	.	652	.	.
1856	62,10	19,74	8,93	8,65	.	0,29	9,22	.	.	.	694	.	.
1856/57	63,75	17,91	7,02	6,73	.	0,29	11,32	.	.	.	698	.	.
1857	64,31	16,29	6,23	6,09	.	0,14	13,17	.	.	.	706	.	.
1857/58	65,62	15,33	6,02	5,73	.	0,29	13,04	.	.	.	698	.	.
1858	65,40	11,81	6,47	6,33	.	0,14	16,32	.	.	.	711	.	.
1858/59	67,76	9,23	7,10	6,96	.	0,14	15,91	.	.	.	704	.	.
1859	68,94	8,56	5,52	5,37	.	0,15	16,98	.	.	.	689	.	.
1859/60	69,60	6,14	5,86	5,58	.	0,28	18,41	.	.	.	717	.	.
1860	68,36	5,78	7,02	6,60	.	0,41	18,84	.	.	.	727	.	.
1860/61	65,94	6,51	7,46	7,19	.	0,27	20,08	.	.	.	737	.	.
1861	63,23	8,08	6,69	6,55	.	0,14	22,01	.	.	.	718	.	.
1861/62	62,08	7,17	6,59	6,59	.	0,00	24,16	.	.	.	683	.	.

Tab. 12. 1: Die Studierenden an der Universität Halle nach Fachbereichen in Prozent 1775/76–1941/1

Semester	Evang. Theol.	Jura	Gesundheitswissenschaften insg.	Allg. Med.	Zahn-med.	Phar-mazie	Sprach und Kultur-wiss.	Math., Naturw. insg.	Chemie	Wirt-sch., Agrar- und Forst. wiss.	Studierende insg.	weibl. in % aller Stud.	Ausl. in % aller Stud.
	1	2	3	4	5	6	7	8	9	10	11	12	13
1862	60,55	6,31	8,46	8,46	.	0,00	24,68	.	.	.	697	.	.
1862/63	60,81	6,53	9,72	9,58	.	0,15	22,93	.	.	.	689	.	.
1863	58,22	5,89	11,64	11,37	.	0,27	24,25	.	.	.	730	.	.
1863/64	52,38	6,35	12,70	12,70	.	0,00	28,57	.	.	.	756	.	.
1864	48,79	5,86	14,65	14,01	.	0,64	30,70	.	.	.	785	.	.
1864/65	46,61	4,77	13,32	12,19	.	1,13	35,30	.	.	.	796	.	.
1865	44,10	5,66	14,58	13,49	.	1,08	35,66	.	.	.	830	.	.
1865/66	42,92	6,13	15,57	13,44	.	2,12	35,38	.	.	.	848	.	.
1866	43,51	6,74	15,14	13,36	.	1,78	34,61	.	.	.	786	.	.
1866/67	42,20	5,32	15,72	13,42	.	2,30	18,74	3,39	.	14,63	827	.	.
1867	42,48	5,37	14,92	12,89	.	2,03	18,02	3,46	.	15,75	838	.	.
1867/68	42,37	5,51	14,70	11,94	.	2,76	16,65	3,79	.	16,99	871	.	3,79
1868	36,79	6,52	15,48	12,57	.	2,91	18,74	3,73	.	18,74	859	.	3,14
1868/69	36,38	6,14	16,80	13,90	.	2,90	16,45	2,67	.	21,55	863	.	4,75
1869	35,39	7,33	19,44	16,41	.	3,03	16,41	3,49	.	17,93	859	.	4,19
1869/70	33,98	7,26	20,31	17,78	.	2,54	14,15	3,39	.	20,92	827	.	3,14
1870	35,47	7,33	20,58	18,37	.	2,21	13,84	5,58	.	17,21	860	.	3,60
1870/71	35,12	6,95	18,17	15,85	.	2,32	16,22	4,51	.	19,02	820	.	4,39
1871	35,41	6,84	18,01	16,57	.	1,44	17,05	4,08	.	18,61	833	.	6,24
1871/72	28,43	9,17	21,07	18,85	.	2,22	16,13	3,83	.	21,37	992	.	5,54
1872	25,17	10,45	22,39	20,40	.	1,99	17,91	4,08	.	20,00	1005	.	5,27
1872/73	22,80	12,68	19,58	17,69	.	1,89	17,12	4,54	.	23,27	1057	.	5,87
1873	23,79	14,32	16,63	14,42	.	2,21	17,68	6,74	.	20,84	950	.	5,37
1873/74	21,51	15,62	15,91	14,34	0,10	1,47	18,76	6,97	.	21,22	1018	.	6,09
1874	20,02	16,84	17,32	15,69	0,10	1,54	19,92	7,80	.	18,09	1039	.	6,06
1874/75	20,63	17,19	16,99	15,67	0,10	1,21	18,91	7,99	.	18,30	989	.	6,37
1875	22,11	16,21	15,53	13,95	0,11	1,47	19,95	8,96	.	17,23	882	.	4,65
1875/76	21,49	14,94	15,06	12,87	0,11	2,07	18,28	9,20	.	21,03	870	.	4,71
1876	21,54	17,01	14,74	11,68	0,11	2,95	19,16	8,84	.	18,71	882	.	4,65
1876/77	21,19	14,29	16,86	13,35	0,23	3,28	17,92	8,31	.	21,43	854	.	5,62
1877	22,13	15,11	14,87	11,49	0,24	3,14	21,16	9,43	.	17,29	827	.	5,68
1877/78	22,13	13,11	14,75	12,41	0,35	1,99	21,31	9,25	.	19,44	854	.	5,27
1878	22,21	13,68	15,21	12,80	0,33	2,08	22,76	10,72	.	15,43	914	.	3,72
1878/79	22,95	11,68	14,74	12,63	0,21	1,89	24,32	10,32	.	16,00	950	.	3,68
1879	24,23	10,48	16,15	13,75	0,29	2,12	25,10	11,15	.	12,88	1040	.	3,08
1879/80	24,59	9,38	15,57	13,11	0,46	2,00	25,05	10,20	.	15,21	1098	.	4,46
1880	26,93	7,35	16,83	14,08	0,80	1,95	25,95	9,74	.	13,20	1129	.	4,87
1880/81	26,51	8,51	16,10	13,79	0,58	1,73	23,45	8,42	.	17,01	1211	.	4,21
1881	27,76	8,58	16,71	14,69	0,70	1,31	24,59	8,12	.	14,23	1293	.	3,94
1881/82	27,31	8,81	16,58	14,14	0,89	1,55	22,72	7,85	.	16,73	1351	.	4,22
1882	28,25	10,38	16,34	14,02	0,73	1,60	22,37	8,21	.	14,45	1377	.	3,70
1882/83	31,57	8,47	17,30	15,47	0,42	1,41	20,69	8,19	.	13,77	1416	.	3,95
1883	34,51	6,93	17,75	16,41	0,28	1,06	19,73	8,06	.	13,01	1414	.	4,17
1883/84	34,52	7,45	18,07	17,23	0,13	0,71	18,20	7,32	.	14,44	1544	.	4,66
1884	37,16	7,53	19,15	17,77	0,38	1,00	17,51	7,09	.	11,55	1593	.	4,52
1884/85	37,03	6,99	19,19	18,15	0,31	0,74	17,23	5,70	.	13,86	1631	.	5,82
1885	37,25	7,52	21,21	19,71	0,56	0,93	16,60	5,91	.	11,50	1608	.	5,60
1885/86	38,92	7,28	20,36	18,69	0,60	1,07	13,75	5,27	.	14,42	1498	.	6,28
1886	40,42	6,69	23,10	21,65	0,66	0,79	13,39	5,05	.	11,35	1524	.	5,97
1886/87	39,13	7,72	22,15	20,94	0,60	0,60	10,67	5,77	.	14,56	1490	.	5,44
1887	40,01	8,64	22,94	22,00	0,47	0,47	9,72	6,28	.	12,42	1482	.	5,47
1887/88	38,67	8,17	20,63	19,47	0,48	0,68	11,98	5,45	.	15,11	1469	.	5,45
1888	41,73	7,47	22,75	21,00	0,84	0,91	11,24	5,37	.	11,44	1433	.	4,95
1888/89	39,97	7,07	21,27	19,47	0,84	0,96	10,60	4,69	.	16,39	1556	.	5,98
1889	44,01	7,57	21,91	20,11	0,87	0,93	10,99	4,10	.	11,42	1611	.	5,46
1889/90	43,94	8,33	18,96	17,09	0,93	0,93	9,38	3,92	.	15,48	1609	.	5,97
1890	45,68	8,89	21,18	18,94	1,15	1,09	8,32	3,71	.	12,22	1563	.	5,82
1890/91	43,34	9,14	19,91	17,23	1,24	1,44	8,09	3,52	.	15,99	1532	.	6,20
1891	44,99	10,23	21,18	18,55	0,78	1,85	7,18	3,62	.	12,79	1407	.	7,53
1891/92	40,53	11,33	20,13	17,87	0,70	1,55	7,88	2,96	.	17,17	1421	.	8,37
1892	43,07	12,42	21,01	19,05	0,60	1,36	6,55	4,07	.	12,88	1328	.	7,00
1892/93	39,55	12,19	17,93	15,95	0,71	1,28	6,31	4,46	.	19,56	1411	.	7,44
1893	40,50	13,40	18,94	16,90	0,58	1,46	7,28	4,08	.	15,80	1373	.	7,50
1893/94	37,10	15,94	16,73	14,58	0,50	1,64	6,50	3,72	.	20,01	1399	.	8,15
1894	37,62	18,18	19,44	16,85	0,22	2,37	7,69	4,14	.	12,93	1353	.	7,76
1894/95	36,35	16,86	18,32	15,26	1,02	2,04	6,50	4,01	.	17,96	1370	.	8,83
1895	35,43	17,22	18,68	16,30	0,69	1,69	9,15	5,30	.	14,22	1301	.	9,07
1895/96	31,86	16,20	18,40	16,05	0,84	1,52	8,67	5,32	.	19,54	1315	.	9,58
1896	31,76	18,91	17,65	15,76	0,71	1,18	10,09	5,52	.	16,08	1269	.	9,61
1896/97	28,30	19,11	16,89	15,19	0,52	1,19	8,74	5,56	.	21,41	1350	.	9,78
1897	28,90	20,37	18,82	16,84	0,74	1,25	9,78	6,18	.	15,96	1360	.	9,12
1897/98	25,42	20,70	18,41	16,59	0,54	1,28	10,32	5,93	.	19,22	1483	.	9,84
1898	27,80	21,11	18,89	16,38	0,70	1,81	11,29	7,25	.	13,66	1435	.	8,57
1898/99	23,89	21,37	18,09	15,29	0,82	1,98	11,33	6,28	.	19,04	1465	.	9,01
1899	23,56	23,63	17,79	15,36	0,69	1,74	12,02	8,76	.	14,25	1439	.	8,55
1899/00	22,42	21,67	16,78	14,54	0,95	1,29	11,55	8,90	.	18,68	1472	.	7,61
1900	22,25	23,09	15,58	13,56	0,97	1,04	13,07	10,22	.	15,79	1438	.	6,95
1900/01	22,76	22,89	14,06	11,48	0,97	1,61	11,35	10,77	.	18,18	1551	.	8,38
1901	23,42	20,95	14,54	12,34	0,53	1,67	12,94	12,34	.	15,81	1499	.	8,07
1901/02	22,59	22,72	13,35	11,07	0,85	1,43	12,76	10,35	.	18,23	1536	.	9,44

Tab. 12. 1: Die Studierenden an der Universität Halle nach Fachbereichen in Prozent 1775/76–1941/1

| | Evang. Theol. | Jura | Gesundheitswissenschaften | | | | Sprach und Kultur- wiss. | Math., Naturw. | | Wirt- sch., Agrar- und Forst. wiss. | Studierende | | |
| | | | insg. | Allg. Med. | Zahn- med. | Phar- mazie | | insg. | Chemie | | insg. | weibl. in % aller Stud. | Ausl. in % aller Stud. |
Semester	1	2	3	4	5	6	7	8	9	10	11	12	13
1902	21,76	23,11	13,62	11,81	0,84	0,97	15,11	11,62	.	14,78	1549	.	9,55
1902/03	20,39	22,69	12,52	10,62	0,66	1,25	15,48	12,33	.	16,59	1525	.	10,43
1903	20,37	21,10	12,21	10,48	0,80	0,93	20,57	11,28	2,59	14,47	1507	.	8,49
1903/04	18,31	21,25	11,14	9,67	0,64	0,83	21,38	11,46	2,56	16,45	1562	.	10,18
1904	18,09	21,55	12,08	10,29	0,96	0,83	22,70	12,28	3,01	13,30	1564	.	9,72
1904/05	18,21	20,19	11,18	9,07	1,32	0,78	22,36	11,72	3,00	16,35	1664	.	9,19
1905	16,69	20,83	10,92	8,46	1,74	0,72	26,71	11,70	2,88	13,15	1666	.	9,06
1905/06	15,64	20,00	10,73	8,21	1,45	1,06	25,47	11,51	2,96	16,65	1790	.	11,40
1906	15,23	18,92	11,36	9,08	0,98	1,31	26,97	12,45	3,10	15,06	1839	.	11,47
1906/07	14,99	18,83	12,85	9,93	1,48	1,43	26,61	10,64	2,51	16,07	1954	.	11,11
1907	15,84	18,23	12,37	9,44	1,63	1,30	28,38	11,01	2,28	14,16	1843	.	10,20
1907/08	14,73	18,28	13,50	10,52	1,95	1,03	26,49	10,88	2,10	16,12	1948	.	9,91
1908	13,56	17,20	13,56	10,92	1,74	0,90	29,34	11,98	2,43	14,35	1895	.	9,71
1908/09	12,94	17,42	13,84	10,85	1,94	1,05	28,82	10,65	2,49	16,33	2009	0,95	10,00
1909	13,34	16,66	15,31	11,62	2,49	1,19	30,15	11,99	1,76	12,56	1927	0,99	9,60
1909/10	12,27	16,67	15,60	12,69	1,78	1,12	29,79	11,52	1,64	14,15	2135	1,12	11,76
1910	12,32	17,66	14,78	12,28	1,51	0,99	31,02	11,85	1,32	12,37	2118	1,75	10,62
1910/11	12,67	16,67	14,51	12,31	1,48	0,72	29,07	11,64	1,35	15,45	2226	1,80	11,28
1911	12,58	16,03	14,31	12,36	1,22	0,72	30,42	13,35	1,18	13,31	2209	2,17	10,68
1911/12	14,81	14,68	14,68	13,23	0,83	0,62	26,88	13,19	1,33	15,76	2411	2,32	11,57
1912	15,23	18,01	12,81	11,44	0,94	0,43	27,39	13,50	1,37	13,06	2771	2,45	10,03
1912/13	14,31	16,84	13,80	12,36	0,76	0,69	26,19	13,29	1,73	15,57	2768	2,96	10,37
1913	14,91	17,68	13,32	12,14	0,46	0,72	25,50	14,76	2,24	13,81	2635	3,04	9,15
1913/14	15,49	16,82	14,78	13,46	0,61	0,71	23,13	13,21	2,28	16,57	2801	3,11	10,46
1914	17,07	16,12	16,31	14,86	0,69	0,76	22,14	12,50	2,02	15,85	2624	3,54	9,72
1914/15	16,89	16,75	16,31	14,46	0,93	0,93	23,10	13,67	1,98	13,27	2268	4,63	5,25
1915	17,83	14,49	17,39	15,51	1,06	0,82	23,00	13,43	1,88	13,86	2070	5,75	5,41
1915/16	17,55	14,81	17,70	15,90	1,00	0,80	23,03	13,41	2,04	13,51	2006	6,63	5,53
1916	17,03	15,30	17,60	15,78	0,96	0,87	23,14	13,85	1,97	13,08	2079	6,64	5,34
1916/17	16,47	15,65	17,79	16,01	1,00	0,78	23,54	13,64	1,87	12,91	2192	7,53	4,70
1917	15,27	16,75	18,32	16,80	0,74	0,79	23,21	13,92	2,09	12,52	2292	7,29	4,45
1917/18	14,91	17,36	18,34	16,95	0,65	0,73	23,76	13,61	2,20	12,02	2454	7,38	4,20
1918	14,77	17,42	18,55	17,27	0,63	0,66	23,87	13,55	2,19	11,84	2560	7,50	4,34
1918/19	12,59	19,65	20,22	18,94	0,64	0,64	22,15	13,27	2,50	12,12	2962	6,45	3,78
1919	9,86	21,03	22,69	19,12	2,87	0,70	19,55	13,43	4,03	13,43	3447	6,12	3,57
ZS.1919	10,53	21,13	22,26	19,93	1,68	0,66	20,47	12,87	2,99	12,75	3342	5,09	
1919/20	8,68	21,86	23,41	18,85	3,60	0,96	16,01	12,09	4,21	17,95	3755	5,35	2,74
1920	8,02	23,46	22,84	18,20	3,59	1,06	16,02	12,70	4,82	16,96	3402	5,70	3,76
1920/21	7,68	19,57	23,21	16,62	5,60	0,99	13,88	11,11	4,85	24,56	3322	5,33	4,30
1921	7,90	20,25	20,41	13,46	5,98	0,98	13,91	11,92	5,94	25,60	3062	5,52	5,36
1921/22	7,78	18,74	18,58	13,50	4,24	0,84	12,25	11,44	5,85	31,21	3111	5,50	6,36
1922	7,79	18,37	16,43	12,48	3,06	0,88	12,24	11,46	6,22	33,71	2940	5,44	8,13
1922/23	6,86	17,00	14,50	11,43	2,10	0,98	12,27	11,66	6,29	37,69	2958	5,54	10,01
1923	6,24	16,95	13,02	9,81	2,05	1,16	11,96	11,96	6,61	39,87	3027	5,58	12,45
1923/24	6,12	27,20	13,05	9,91	1,88	1,26	12,23	11,62	6,18	29,79	2927	6,01	.
1924	6,05	18,27	12,52	9,03	1,55	1,93	13,19	11,17	6,85	38,81	2381	6,80	.
1924/25	5,38	19,30	11,91	7,99	1,41	2,50	9,30	11,04	6,53	43,07	1839	6,53	10,71
1925	4,97	21,12	11,34	7,60	1,51	2,23	12,07	11,84	5,98	38,66	1790	6,76	8,94
1925/26	5,16	19,49	12,24	8,05	1,93	2,27	13,82	11,90	5,67	37,39	1765	7,08	8,33
1926	5,93	22,82	11,58	7,63	1,92	2,03	15,03	13,79	5,03	30,85	1770	5,99	6,55
1926/27	6,87	23,82	11,60	8,22	1,91	1,46	15,37	13,68	4,11	28,66	1776	6,81	5,80
1927	8,04	25,50	11,29	8,15	2,15	0,99	18,83	13,99	3,80	22,36	1816	7,21	4,30
1927/28	7,71	26,72	11,82	7,81	2,40	1,61	20,52	13,65	2,50	19,58	1920	8,02	4,11
1928	7,75	27,78	12,49	8,21	3,16	1,12	20,95	14,63	2,65	16,41	1962	7,75	3,62
1928/29	9,68	27,97	12,91	9,05	3,03	0,83	20,98	14,43	2,93	14,03	2045	9,00	3,62
1929	12,50	27,08	14,35	10,24	3,38	0,72	19,54	15,57	2,30	10,97	2216	8,48	3,25
1929/30	12,80	26,93	16,41	11,59	3,70	1,11	19,66	14,13	2,10	10,08	2243	9,72	2,54
1930	14,75	24,89	17,59	12,32	4,38	0,89	19,29	14,51	2,03	8,96	2467	9,81	2,11
1930/31	15,25	23,35	19,82	13,92	4,86	1,04	18,50	14,97	2,77	8,11	2492	11,00	2,53
1931	16,58	19,80	21,91	15,92	5,17	0,82	18,62	15,56	2,74	7,53	2551	11,72	2,39
1931/32	17,84	20,44	23,20	16,54	5,89	0,77	16,33	15,36	1,91	6,83	2461	12,56	2,64
1932	17,92	18,63	27,08	19,00	6,86	1,21	15,40	14,36	2,22	6,61	2389	12,64	2,51
1932/33	18,36	17,98	27,16	19,32	6,20	1,63	15,76	13,66	2,35	7,08	2386	12,36	3,52
1933	18,76	16,65	29,67	21,50	6,33	1,84	16,38	10,73	1,80	7,81	2228	12,70	.
1933/34	19,81	17,52	28,16	19,47	6,63	2,05	16,23	10,74	2,77	7,54	2095	11,89	.
1934	17,49	16,56	32,42	22,78	7,21	2,44	15,63	9,53	1,51	8,37	1721	10,81	2,32
1934/35	18,93	17,13	30,57	21,55	6,99	2,03	14,63	9,73	2,99	9,01	1675	10,39	.
1935	17,36	14,70	35,30	25,43	6,70	3,17	13,40	9,58	3,03	9,65	1388	9,87	.
1935/36	17,96	13,33	34,71	24,38	6,99	3,35	11,69	9,98	3,06	12,33	1403	10,48	.
1936	16,43	11,63	38,01	26,20	8,35	3,46	9,77	10,92	3,37	13,23	1126	9,77	.
1936/37	20,79	10,07	34,43	23,14	8,00	3,29	11,29	9,41	4,05	14,02	1063	10,63	.
1937	22,82	9,02	36,41	25,16	7,43	3,82	10,62	8,28	4,25	12,85	942	9,34	4,67
1937/38	19,28	11,15	33,22	23,81	7,67	1,74	10,10	9,06	4,99	17,19	861	7,20	.
1938	17,73	11,23	35,32	28,42	6,90	0,00	9,47	9,61	6,36	16,64	739	6,90	.
1938/39	15,62	14,37	31,66	26,50	5,16	0,00	11,44	11,30	6,00	15,62	717	8,09	.
1939	18,91	12,92	32,76	29,56	3,20	0,00	11,05	9,59	6,13	14,78	751	7,32	.
1939/40	3,54	9,12	67,85	65,90	1,95	0,00	3,45	10,27	8,50	5,76	1129	7,97	.
1940/1	1,91	11,11	57,46	54,99	2,47	0,00	9,76	11,45	8,31	8,31	891	8,98	.
1940/2	3,80	12,73	45,95	43,80	2,15	0,00	14,38	13,39	11,07	9,75	605	17,02	2,48
1940/3	6,12	8,45	43,00	41,25	1,75	0,00	17,64	15,16	11,37	9,62	686	24,05	.
1941/1	6,61	7,40	44,72	43,46	1,26	0,00	18,27	10,71	7,56	12,28	635	28,19	.

4. Die Studierenden nach Fächern

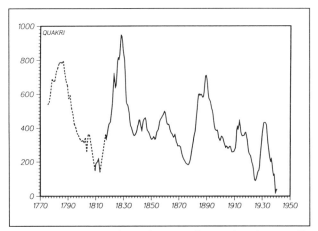

Abb. 12.3: Die Studierenden an der Universität Halle 1775/76–1941/1: Evangelische Theologie

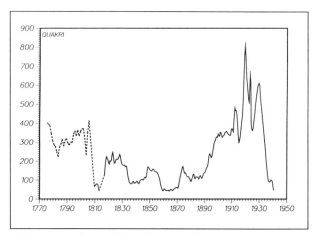

Abb. 12.4: Die Studierenden an der Universität Halle 1775/76–1941/1: Jura

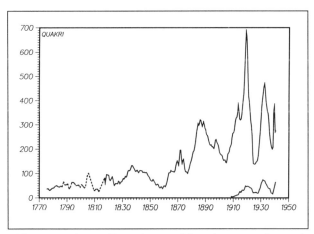

Abb. 12.5: Die Studierenden (weibl. u. insg.) an der Universität Halle 1775/76–1941/1: Allgemeine Medizin

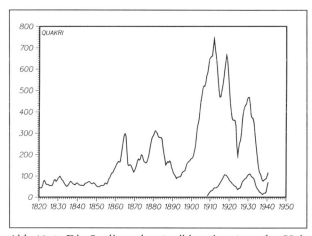

Abb. 12.6: Die Studierenden (weibl. u. insg.) an der Universität Halle 1817–1941/1: Sprach- und Kulturwissenschaften

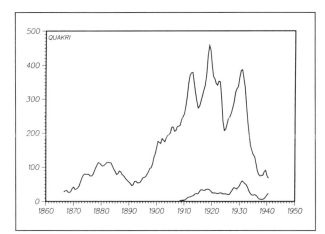

Abb. 12.7: Die Studierenden (weibl. u. insg.) an der Universität Halle 1866/67–1941/1: Mathematik und Naturwissenschaften

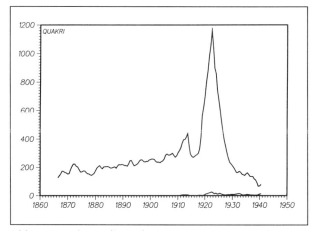

Abb. 12.8: Die Studierenden (weibl. u. insg.) an der Universität Halle 1866/67–1941/1: Wirtschafts-, Agrar- und Forstwissenschaften

Tab. 12. 2: Die Einzelfachströme an der Universität Halle nach Staatsangehörigkeit und Geschlecht 1775/76–1941/1

Semester	Stud. insg.	Evang. Theol.	Jura	Medizin	Phil. Fak.
	1	2	3	4	5
1775/76	977	538	402	37	.
1776	.	.	.	.	.
1776/77	984	551	395	38	.
1777	.	.	.	.	.
1777/78	1023	606	387	30	.
1778	.	.	.	.	.
1778/79	1068	687	346	35	.
1779	.	.	.	.	.
1779/80	1025	675	310	40	.
1780	.	.	.	.	.
1780/81	1004	677	286	41	.
1781	.	.	.	.	.
1781/82	1054	729	277	48	.
1782	.	.	.	.	.
1782/83	1052	752	249	51	.
1783	.	.	.	.	.
1783/84	1049	782	221	46	.
1784	.	.	.	.	.
1784/85	1105	789	272	44	.
1785	.	.	.	.	.
1785/86	1120	783	288	49	.
1786	.	.	.	.	.
1786/87	1156	795	316	45	.
1787	.	.	.	.	.
1787/88	1071	726	278	67	.
1788	.	.	.	.	.
1788/89	1039	676	310	53	.
1789	.	.	.	.	.
1789/90	1023	650	319	54	.
1790	.	.	.	.	.
1790/91	922	572	292	58	.
1791	.	.	.	.	.
1791/92	914	593	284	37	.
1792	.	.	.	.	.
1792/93	861	517	300	44	.
1793	.	.	.	.	.
1793/94	844	483	297	64	.
1794	.	.	.	.	.
1794/95	830	423	343	64	.
1795	.	.	.	.	.
1795/96	823	404	360	59	.
1796	.	.	.	.	.
1796/97	754	369	335	50	.
1797	.	.	.	.	.
1797/98	772	357	363	52	.
1798	.	.	.	.	.
1798/99	722	336	333	53	.
1799	.	.	.	.	.
1799/00	720	321	357	42	.
1800	.	.	.	.	.
1800/01	753	326	372	55	.
1801	.	.	.	.	.
1801/02	731	312	370	49	.
1802	.	.	.	.	.
1802/03	703	341	322	40	.
1803	.	.	.	.	.
1803/04	578	260	231	49	38
1804	.	.	.	.	.
1804/05	796	360	349	87	.
1805	.	.	.	.	.
1805/06	937	359	414	102	62

Semester	Stud. insg.	Evang. Theol.	Jura	Medizin	Phil. Fak.
	1	2	3	4	5
1808/09	232	.	.	.	.
1809	.	.	.	.	.
1809/10	210	118	45	32	15
1810	304	179	85	30	10
1810/11	295	192	64	31	8
1811	318	199	78	39	2
1811/12	314	196	81	35	2
1812	342	220	79	37	6
1812/13	334	216	78	37	3
1813	212	139	43	26	4
1813/14	.	.	.	.	.
1814	331	.	.	.	.
1814/15	331	.	.	.	.
1815	359	.	.	.	.
1815/16	359	.	.	.	.
1816	.	.	.	.	.
1816/17	.	.	.	.	.
1817	676	402	87	115	72
1817/18	575	322	172	50	31
1818	654	351	191	71	41
1818/19	732	362	228	90	52
1819	745	401	218	102	24
1819/20	730	411	207	86	26
1820	795	438	206	102	49
1820/21	721	423	172	84	42
1821	757	448	194	67	48
1821/22	825	501	208	76	40
1822	835	522	188	75	50
1822/23	963	583	225	87	68
1823	1119	702	243	88	86
1823/24	1113	723	249	69	72
1824	954	643	194	58	59
1824/25	923	635	182	45	61
1825	989	666	197	66	60
1825/26	1070	751	206	54	59
1826	1170	839	214	65	52
1826/27	1103	789	203	52	59
1827	1151	822	214	64	51
1827/28	1185	836	215	75	59
1828	1316	951	232	59	74
1828/29	1330	944	239	58	89
1829	1291	938	210	66	77
1829/30	1214	881	192	69	72
1830	1161	833	176	66	86
1830/31	1184	826	185	82	91
1831	1122	774	171	79	98
1831/32	1043	682	186	75	100
1832	914	569	172	90	83
1832/33	868	530	168	89	81
1833	888	548	181	82	77
1833/34	842	521	162	95	64
1834	801	505	127	109	60
1834/35	752	474	111	114	53

Tab. 12. 2: Die Einzelfachströme an der Universität Halle nach Staatsangehörigkeit und Geschlecht 1775/76–1941/1

	Stud. insg.	Evang. Theol.	Jura	Medi-zin	Phil. Fak. insg.	Phar-mazie	Chir-urgie
Semester	1	2	3	4	5	6	7
1835	682	410	94	113	65	.	15
1835/36	679	412	83	110	74	.	16
1836	688	400	81	120	87	.	25
1836/37	682	381	81	127	93	.	18
1837	687	370	78	139	100	2	22
1837/38	657	354	87	128	88	2	17
1838	666	357	97	128	84	2	20
1838/39	638	357	89	117	75	1	12
1839	635	372	77	120	66	0	9
1839/40	637	375	87	101	74	4	7
1840	686	402	87	115	82	5	5
1840/41	697	420	90	110	77	4	11
1841	717	425	99	119	74	2	10
1841/42	718	472	83	95	68	2	11
1842	688	424	80	112	72	2	12
1842/43	678	424	81	107	66	3	8
1843	673	382	104	119	68	3	8
1843/44	662	391	95	105	71	4	13
1844	742	436	107	118	81	6	12
1844/45	739	445	102	105	87	4	14
1845	747	456	103	103	85	4	15
1845/46	751	457	96	108	90	5	14
1846	766	464	109	105	88	3	12
1846/47	743	428	120	102	93	4	14
1847	682	383	111	104	84	5	12
1847/48	685	388	110	106	81	6	10
1848	681	375	133	99	74	5	7
1848/49	706	374	163	92	77	5	4
1849	699	357	178	89	75	4	2
1849/50	657	348	158	85	66	5	.
1850	639	335	165	79	60	3	.
1850/51	601	330	145	72	54	4	.
1851	621	338	156	71	56	5	.
1851/52	600	337	141	68	54	6	.
1852	641	361	156	71	53	3	.
1852/53	630	331	156	81	62	5	.
1853	624	334	161	65	64	8	.
1853/54	616	338	148	68	62	7	.
1854	640	380	146	59	55	0	.
1854/55	632	378	142	49	63	3	.
1855	667	391	144	57	75	2	.
1855/56	652	394	142	55	61	0	.
1856	694	431	137	60	66	2	.
1856/57	698	445	125	47	81	2	.
1857	706	454	115	43	94	1	.
1857/58	698	458	107	40	93	2	.
1858	711	465	84	45	117	1	.
1858/59	704	477	65	49	113	1	.
1859	689	475	59	37	118	1	.
1859/60	717	499	44	40	134	2	.
1860	727	497	42	48	140	3	.
1860/61	737	486	48	53	150	2	.
1861	718	454	58	47	159	1	.
1861/62	683	424	49	45	165	0	.
1862	697	422	44	59	172	0	.
1862/63	689	419	45	66	159	1	.
1863	730	425	43	83	179	2	.
1863/64	756	396	48	96	216	0	.
1864	785	383	46	110	246	5	.
1864/65	796	371	38	97	290	9	.
1865	830	366	47	112	305	9	.
1865/66	848	364	52	114	318	18	.
1866	786	342	53	105	286	14	.

Tab. 12. 2: Die Einzelfachströme an der Universität Halle nach Staatsangehörigkeit und Geschlecht 1775/76–
1941/1

	Evang. Theol.		Jura		Medizin		Zahnmedizin		Pharmazie		Philol., Gesch.		Math., Naturw.	
	insg.	Ausl. in %	insg.	Ausl. in %	insg.	Ausl. in %	insg.	Ausl. in %	insg.	Ausl. in %	insg.	Ausl. in %	insg.	Ausl. in %
Semester	1	2	3	4	5	6	7	8	9	10	11	12	13	14
1866/67	349	.	44	.	111	.	.	.	19	.	155	.	28	.
1867	356	.	45	.	108	.	.	.	17	.	151	.	29	.
1867/68	369	4,88	48	0,00	104	0,96	.	.	24	.	145	0,69	33	0,00
1868	316	4,11	56	0,00	108	0,93	.	.	25	.	161	0,62	32	0,00
1868/69	314	6,37	53	0,00	120	0,83	.	.	25	.	142	1,41	23	0,00
1869	304	6,25	63	0,00	141	1,42	.	.	26	.	141	2,13	30	0,00
1869/70	281	3,20	60	1,67	147	1,36	.	.	21	.	117	1,71	28	0,00
1870	305	3,61	63	0,00	158	0,63	.	.	19	.	119	2,52	48	4,17
1870/71	288	4,51	57	1,75	130	0,00	.	.	19	.	133	3,76	37	2,70
1871	295	4,41	57	0,00	138	1,45	.	.	12	.	142	4,93	34	2,94
1871/72	282	3,19	91	0,00	187	1,07	.	.	22	.	160	3,13	38	2,63
1872	253	4,74	105	0,00	205	0,98	.	.	20	.	180	1,11	41	2,44
1872/73	241	5,81	134	0,75	187	1,60	.	.	20	.	181	1,66	48	2,08
1873	226	7,08	136	0,00	137	1,46	.	.	21	.	168	0,60	64	1,56
1873/74	219	4,57	159	0,00	146	2,74	1	0,00	15	0,00	191	2,09	71	1,41
1874	208	4,81	175	0,57	163	1,84	1	0,00	16	0,00	207	2,90	81	1,23
1874/75	204	7,35	170	1,76	155	3,23	1	0,00	12	0,00	187	2,14	79	0,00
1875	195	4,62	143	0,70	123	2,44	1	.	13	7,69	176	2,27	79	0,00
1875/76	187	2,67	130	0,77	112	3,57	1	.	18	5,56	159	2,52	80	0,00
1876	190	3,68	150	0,67	103	2,91	1	.	26	3,85	169	2,96	78	0,00
1876/77	181	5,52	122	0,00	114	2,63	2	0,00	28	0,00	153	3,27	71	0,00
1877	183	3,83	125	1,60	95	5,26	2	0,00	26	0,00	175	3,43	78	0,00
1877/78	189	5,29	112	0,00	106	5,66	3	0,00	17	0,00	182	3,30	79	0,00
1878	203	3,45	125	0,80	117	3,42	3	0,00	19	0,00	208	1,44	98	0,00
1878/79	218	3,67	111	0,00	120	4,17	2	0,00	18	0,00	231	0,87	98	2,04
1879	252	3,97	109	0,00	143	2,80	3	0,00	22	0,00	261	1,15	116	1,72
1879/80	270	4,44	103	0,00	144	2,08	5	0,00	22	0,00	275	1,09	112	1,79
1880	304	3,95	83	0,00	159	5,03	9	0,00	22	0,00	293	2,39	110	0,00
1880/81	321	3,74	103	0,00	167	1,20	7	0,00	21	0,00	284	2,46	102	0,00
1881	359	3,62	111	0,00	190	1,05	9	.	17	5,88	318	1,89	105	0,95
1881/82	369	5,42	119	0,00	191	1,05	12	.	21	14,29	307	0,33	106	1,89
1882	389	4,11	143	0,00	193	2,07	10	.	22	9,09	308	0,32	113	0,88
1882/83	447	3,58	120	0,83	219	3,65	6	.	20	5,00	293	0,68	116	0,86
1883	488	3,48	98	2,04	232	3,02	4	.	15	0,00	279	1,08	114	0,88
1883/84	533	3,19	115	1,74	266	1,88	2	0,00	11	0,00	281	2,14	113	0,88
1884	592	3,38	120	1,67	283	1,77	6	0,00	16	0,00	279	1,43	113	0,88
1884/85	604	3,81	114	1,75	296	2,03	5	0,00	12	0,00	281	2,85	93	3,23
1885	599	3,01	121	0,83	317	2,21	9	0,00	15	0,00	267	3,00	95	3,16
1885/86	583	1,54	109	0,00	280	2,50	9	0,00	16	0,00	206	3,40	79	2,53
1886	616	1,62	102	0,00	330	3,64	10	0,00	12	0,00	204	6,37	77	2,60
1886/87	583	2,92	115	0,00	312	2,24	9	0,00	9	0,00	159	3,77	86	2,33
1887	593	2,70	128	0,00	326	1,84	7	.	7	0,00	144	6,94	93	4,30
1887/88	568	3,70	120	0,83	286	3,15	7	.	10	.	176	.	80	.
1888	598	3,34	107	1,87	301	1,33	12	.	13	.	161	.	77	.
1888/89	622	2,57	110	3,64	303	0,99	13	.	15	.	165	.	73	.
1889	709	3,39	122	1,64	324	2,47	14	.	15	.	177	.	66	.
1889/90	707	2,12	134	1,49	275	1,82	15	.	15	.	151	.	63	.
1890	714	1,96	139	0,72	296	2,70	18	.	17	.	130	.	58	.
1890/91	664	1,96	140	1,43	264	3,79	19	.	22	.	124	.	54	.
1891	633	3,16	144	3,47	261	2,30	11	.	26	.	101	.	51	.
1891/92	576	2,95	161	2,48	254	3,94	10	.	22	4,55	112	8,93	42	11,90
1892	572	2,10	165	1,21	253	2,37	8	.	18	0,00	87	10,34	54	11,11
1892/93	558	3,05	172	0,00	225	1,33	10	.	18	5,56	89	7,87	63	7,94
1893	556	3,06	184	0,54	232	1,29	8	.	20	0,00	100	13,00	56	3,57
1893/94	519	1,93	223	0,90	204	1,47	7	.	23	0,00	91	9,89	52	5,77
1894	509	3,54	246	1,22	228	2,19	3	.	32	0,00	104	7,69	56	5,36
1894/95	498	4,02	231	1,30	209	2,39	14	.	28	0,00	89	5,62	55	10,91
1895	461	3,69	224	1,34	212	1,42	9	.	22	4,55	119	14,29	69	7,25
1895/96	419	4,06	213	0,94	211	1,42	11	.	20	0,00	114	12,28	70	4,29
1896	403	3,97	240	2,50	200	1,50	9	0,00	15	0,00	128	10,94	70	5,71
1896/97	382	5,24	258	1,16	205	2,93	7	0,00	16	0,00	118	8,47	75	9,33
1897	393	4,58	277	3,97	229	2,62	10	0,00	17	5,88	133	10,53	84	7,14
1897/98	377	3,71	307	2,61	246	1,63	8	0,00	19	5,26	153	9,80	88	7,95
1898	399	3,01	303	3,30	235	2,55	10	0,00	26	3,85	162	8,64	104	7,69
1898/99	350	3,14	313	2,24	224	2,68	12	0,00	29	0,00	166	15,66	92	7,61
1899	339	4,42	340	1,76	221	2,71	10	0,00	25	0,00	173	13,87	126	8,73
1899/00	330	4,55	319	0,94	214	0,93	14	0,00	19	0,00	170	11,18	131	6,11
1900	320	3,44	332	0,00	195	1,54	14	0,00	15	0,00	188	10,11	147	6,12
1900/01	353	6,52	355	0,56	178	3,37	15	0,00	25	0,00	176	11,93	167	4,79
1901	351	6,84	314	0,96	185	3,24	8	0,00	25	0,00	194	10,82	185	4,32
1901/02	347	6,34	349	0,86	170	7,06	13	0,00	22	0,00	196	9,69	159	3,77
1902	337	8,01	358	1,96	183	6,01	13	0,00	15	0,00	234	9,83	180	2,78
1902/03	311	9,32	346	2,02	162	6,17	10	0,00	19	0,00	236	8,90	188	7,98
1903	307	5,86	318	2,52	158	5,70	12	0,00	14	0,00	267	1,87	131	3,05
1903/04	286	5,59	332	2,41	151	7,28	10	0,00	13	0,00	288	3,13	139	0,00
1904	283	7,42	337	2,67	161	7,45	15	0,00	13	0,00	303	0,99	145	0,69
1904/05	303	6,93	336	2,08	151	3,97	22	0,00	13	0,00	321	0,00	145	0,69
1905	278	7,55	347	1,73	141	4,96	29	3,45	12	0,00	387	0,52	147	0,68
1905/06	280	9,64	358	2,23	147	10,88	26	0,00	19	0,00	407	0,98	153	3,92
1906	280	5,71	348	1,44	167	13,17	18	0,00	24	0,00	437	2,52	172	1,16
1906/07	293	6,48	368	1,09	194	10,82	29	0,00	28	0,00	466	3,22	159	0,63
1907	292	6,85	336	2,38	174	8,62	30	0,00	24	0,00	459	2,83	161	1,86
1907/08	287	5,57	356	3,65	205	10,73	38	0,00	20	0,00	449	2,23	171	0,58
1908	257	5,84	326	3,07	207	12,08	33	0,00	17	0,00	501	1,60	181	0,55

Tab. 12. 2: Die Einzelfachstrome an der Universität Halle nach Staatsangehörigkeit und Geschlecht 1775/76–1941/1

	Chemie		Landw.u.Cam.		Sonstige		Studierende		
	insg.	Ausl. in %	insg.	Ausl. in %	insg.	Ausl. in %	insg.	Ausländer insg.	in %
Semester	15	16	17	18	19	20	21	22	23
1866/67	.	.	121	.	.	.	827	.	.
1867	.	.	132	.	.	.	838	.	.
1867/68	.	.	148	.	.	.	871	33	3,79
1868	.	.	161	.	.	.	859	27	3,14
1868/69	.	.	186	.	.	.	863	41	4,75
1869	.	.	154	.	.	.	859	36	4,19
1869/70	.	.	173	.	.	.	827	26	3,14
1870	.	.	148	.	.	.	860	31	3,60
1870/71	.	.	156	.	.	.	820	36	4,39
1871	.	.	155	.	.	.	833	52	6,24
1871/72	.	.	212	.	.	.	992	55	5,54
1872	.	.	201	.	.	.	1005	53	5,27
1872/73	.	.	246	.	.	.	1057	62	5,87
1873	.	.	198	.	.	.	950	51	5,37
1873/74	.	.	216	.	.	.	1018	62	6,09
1874	.	.	188	.	.	.	1039	63	6,06
1874/75	.	.	181	.	.	.	989	63	6,37
1875	.	.	152	.	.	.	882	41	4,65
1875/76	.	.	183	.	.	.	870	41	4,71
1876	.	.	165	.	.	.	882	41	4,65
1876/77	.	.	183	.	.	.	854	48	5,62
1877	.	.	143	.	.	.	827	47	5,68
1877/78	.	.	166	.	.	.	854	45	5,27
1878	.	.	141	.	.	.	914	34	3,72
1878/79	.	.	152	.	.	.	950	35	3,68
1879	.	.	134	.	.	.	1040	32	3,08
1879/80	.	.	167	.	.	.	1098	49	4,46
1880	.	.	149	.	.	.	1129	55	4,87
1880/81	.	.	206	.	.	.	1211	51	4,21
1881	.	.	184	.	.	.	1293	51	3,94
1881/82	.	.	226	.	.	.	1351	57	4,22
1882	.	.	199	.	.	.	1377	51	3,70
1882/83	.	.	195	.	.	.	1416	56	3,95
1883	.	.	184	.	.	.	1414	59	4,17
1883/84	.	.	223	.	.	.	1544	72	4,66
1884	.	.	184	.	.	.	1593	72	4,52
1884/85	.	.	226	.	.	.	1631	95	5,82
1885	.	.	185	.	.	.	1608	90	5,60
1885/86	.	.	216	.	.	.	1498	94	6,28
1886	.	.	173	.	.	.	1524	91	5,97
1886/87	.	.	217	22,58	.	.	1490	81	5,44
1887	.	.	184	24,46	.	.	1482	81	5,47
1887/88	.	.	222	.	.	.	1469	80	5,45
1888	.	.	164	.	.	.	1433	71	4,95
1888/89	.	.	255	.	.	.	1556	93	5,98
1889	.	.	184	.	.	.	1611	88	5,46
1889/90	.	.	249	.	.	.	1609	96	5,97
1890	.	.	191	.	.	.	1563	91	5,82
1890/91	.	.	245	.	.	.	1532	95	6,20
1891	.	.	180	.	.	.	1407	106	7,53
1891/92	.	.	244	29,51	.	.	1421	119	8,37
1892	.	.	171	33,92	.	.	1328	93	7,00
1892/93	.	.	276	26,09	.	.	1411	105	7,44
1893	.	.	217	30,88	.	.	1373	103	7,50
1893/94	.	.	280	31,07	.	.	1399	114	8,15
1894	.	.	175	38,86	.	.	1353	105	7,76
1894/95	.	.	246	33,33	.	.	1370	121	8,83
1895	.	.	185	38,92	.	.	1301	118	9,07
1895/96	.	.	257	33,85	.	.	1315	126	9,58
1896	.	.	204	38,73	.	.	1269	122	9,61
1896/97	.	.	289	29,76	.	.	1350	132	9,78
1897	.	.	217	31,34	.	.	1360	124	9,12
1897/98	.	.	285	34,04	.	.	1483	146	9,84
1898	.	.	196	36,73	.	.	1435	123	8,57
1898/99	.	.	279	26,88	.	.	1465	132	9,01
1899	.	.	205	29,76	.	.	1439	123	8,55
1899/00	.	.	275	23,64	.	.	1472	112	7,61
1900	.	.	227	25,55	.	.	1438	100	6,95
1900/01	.	.	282	24,82	.	.	1551	130	8,38
1901	.	.	237	24,89	.	.	1499	121	8,07
1901/02	.	.	200	20,01	.	.	1536	115	0,11
1902	.	.	229	32,75	.	.	1549	148	9,55
1902/03	.	.	253	30,43	.	.	1525	159	10,43
1903	39	25,64	218	26,15	43	39,53	1507	128	8,49
1903/04	40	25,00	257	31,13	46	54,35	1562	159	10,18
1904	47	29,79	208	32,21	52	48,08	1564	152	9,72
1904/05	50	34,00	272	26,84	51	54,90	1664	153	9,19
1905	48	25,00	219	34,25	58	44,83	1666	151	9,06
1905/06	53	39,62	298	34,56	49	38,78	1790	204	11,40
1906	57	36,84	277	38,99	59	44,07	1839	211	11,47
1906/07	49	34,69	314	39,81	54	27,78	1954	217	11,11
1907	42	19,05	261	41,76	64	18,75	1843	188	10,20
1907/08	41	24,39	314	34,71	67	17,91	1948	193	9,91
1908	46	30,43	272	37,13	55	18,18	1895	184	9,71

Tab. 12. 2: Die Einzelfachströme an der Universität Halle nach Staatsangehörigkeit und Geschlecht 1775/76-1941/1

	Evangelische Theologie					Jura					Medizin				
	insg.	Frauen			Ausländ. in %	insg.	Frauen			Ausländ. in %	insg.	Frauen			Ausländ. in %
		insg.	in %	deuts.			insg.	in %	deuts.			insg.	in %	deuts.	
Semester	1	2	3	4	5	6	7	8	9	10	11	12	13	14	15
1908/09	260	1	0,38	0	6,92	350	0	0,00	0	3,14	218	8	3,67	8	14,68
1909	257	1	0,39	1	9,34	321	0	0,00	0	2,49	224	4	1,79	4	16,96
1909/10	262	0	0,00	0	9,92	356	0	0,00	0	3,93	271	6	2,21	6	27,31
1910	261	0	0,00	0	7,66	374	0	0,00	0	2,67	260	4	1,54	4	30,00
1910/11	282	0	0,00	0	6,03	371	0	0,00	0	2,16	274	7	2,55	7	26,64
1911	278	0	0,00	0	7,55	354	0	0,00	0	2,26	273	5	1,83	5	27,47
1911/12	357	0	0,00	0	4,76	354	0	0,00	0	2,82	319	10	3,13	9	26,65
1912	422	1	0,24	1	3,55	499	0	0,00	0	2,00	317	8	2,52	6	29,02
1912/13	396	2	0,51	2	4,04	466	0	0,00	0	2,58	342	11	3,22	8	28,07
1913	393	4	1,02	4	4,07	466	1	0,21	1	1,93	320	12	3,75	9	21,88
1913/14	434	3	0,69	3	3,69	471	3	0,64	2	2,55	377	12	3,18	8	21,49
1914	448	3	0,67	3	2,23	423	3	0,71	2	2,36	390	13	3,33	11	20,00
1914/15	383	1	0,26	1	2,35	380	7	1,84	6	1,84	328	18	5,49	18	1,22
1915	369	0	0,00	0	2,44	300	7	2,33	7	2,00	321	29	9,03	28	1,25
1915/16	352	2	0,57	2	2,84	297	8	2,69	8	1,68	319	26	8,15	26	0,94
1916	354	2	0,56	2	3,11	318	7	2,20	7	1,89	328	21	6,40	21	1,22
1916/17	361	2	0,55	2	3,05	343	8	2,33	8	1,17	351	30	8,55	30	1,42
1917	350	3	0,86	3	3,14	384	8	2,08	8	1,30	385	36	9,35	36	1,04
1917/18	366	3	0,82	3	3,28	426	9	2,11	9	1,64	416	31	7,45	31	1,44
1918	378	4	1,06	4	2,65	446	12	2,69	11	1,79	442	32	7,24	32	2,04
1918/19	373	3	0,80	3	2,95	582	9	1,55	8	1,20	561	36	6,42	36	1,78
1919	340	2	0,59	2	3,24	725	15	2,07	14	0,97	659	50	7,59	50	1,52
ZS.1919	352	2	0,57	.	.	706	10	1,42	.	.	666	33	4,95	.	.
1919/20	326	3	0,92	3	1,84	821	16	1,95	16	0,49	708	50	7,06	50	1,55
1920	273	4	1,47	4	2,20	798	13	1,63	13	1,63	619	45	7,27	45	1,94
1920/21	255	5	1,96	5	1,96	650	1	0,15	1	1,23	552	52	9,42	52	2,90
1921	242	2	0,83	2	2,48	620	0	0,00	0	1,29	412	47	11,41	44	4,61
1921/22	242	3	1,24	3	4,96	583	1	0,17	1	1,03	420	48	11,43	44	6,43
1922	229	2	0,87	2	7,42	540	3	0,56	3	1,67	367	44	11,99	39	9,26
1922/23	203	3	1,48	3	6,40	503	6	1,19	6	1,99	338	43	12,72	39	12,43
1923	189	5	2,65	5	6,35	513	8	1,56	8	3,70	297	42	14,14	35	16,50
1923/24	179	5	2,79	.	.	796	28	3,52	.	.	290	41	14,14	.	.
1924	144	5	3,47	.	.	435	13	2,99	.	.	215	34	15,81	.	.
1924/25	99	1	1,01	1	7,07	355	15	4,23	15	1,13	147	21	14,29	16	19,73
1925	89	4	4,49	4	6,74	378	13	3,44	13	1,32	136	22	16,18	18	14,71
1925/26	91	3	3,30	.	.	344	4	1,16	.	.	142	24	16,90	.	.
1926	105	1	0,95	.	.	404	6	1,49	.	.	135	21	15,56	.	.
1926/27	122	2	1,64	2	8,20	423	7	1,65	7	1,18	146	24	16,44	23	7,53
1927	146	2	1,37	2	6,16	463	7	1,51	7	0,86	148	25	16,89	24	8,11
1927/28	148	1	0,68	1	6,76	513	8	1,56	8	0,78	150	20	13,33	20	6,00
1928	152	3	1,97	3	5,92	545	5	0,92	5	0,73	161	18	11,18	18	4,35
1928/29	198	4	2,02	3	9,09	572	9	1,57	9	0,87	185	21	11,35	20	6,49
1929	277	5	1,81	5	6,86	600	13	2,17	13	0,50	227	32	14,10	31	4,85
1929/30	287	7	2,44	6	5,57	604	19	3,15	19	0,50	260	38	14,62	38	3,46
1930	364	4	1,10	4	2,75	614	19	3,09	19	0,65	304	43	14,14	42	3,62
1930/31	380	10	2,63	10	3,68	582	17	2,92	17	0,69	347	61	17,58	59	3,17
1931	423	10	2,36	10	3,07	505	16	3,17	16	0,79	406	65	16,01	63	2,71
1931/32	439	12	2,73	12	3,42	503	14	2,78	14	0,40	407	71	17,44	70	2,70
1932	428	14	3,27	13	3,04	445	13	2,92	13	0,90	454	79	17,40	78	2,64
1932/33	438	13	2,97	12	4,34	429	17	3,96	17	0,93	461	66	14,32	65	7,59
1933	418	13	3,11	.	.	371	12	3,23	.	.	479	76	15,87	.	.
1933/34	415	7	1,69	.	.	367	12	3,27	.	.	408	62	15,20	.	.
1934	301	10	3,32	.	.	285	6	2,11	.	.	392	59	15,05	.	.
1934/35	317	11	3,47	.	.	287	6	2,09	.	.	361	54	14,96	.	.
1935	241	7	2,90	.	.	204	2	0,98	.	.	353	46	13,03	.	.
1935/36	252	7	2,78	.	.	187	4	2,14	.	.	342	45	13,16	.	.
1936	185	5	2,70	.	.	131	1	0,76	.	.	295	36	12,20	.	.
1936/37	221	6	2,71	.	.	107	2	1,87	.	.	246	42	17,07	.	.
1937	215	6	2,79	.	.	85	1	1,18	.	.	237	37	15,61	.	.
1937/38	166	6	3,61	.	.	96	1	1,04	.	.	205	20	9,76	.	.
1938	131	4	3,05	.	.	83	0	0,00	.	.	210	21	10,00	.	.
1938/39	112	3	2,68	.	.	103	3	2,91	.	.	190	17	8,95	.	.
1939	142	6	4,23	.	.	97	3	3,09	.	.	222	16	7,21	.	.
1939/40	40	4	10,00	.	.	103	1	0,97	.	.	744	60	8,06	.	.
1940/1	17	1	5,88	.	.	99	1	1,01	.	.	490	40	8,16	.	.
1940/2	23	5	21,74	.	.	77	1	1,30	.	.	265	40	15,09	.	.
1940/3	42	7	16,67	.	.	58	1	1,72	.	.	283	52	18,37	.	.
1941/1	42	7	16,67	.	.	47	0	0,00	.	.	276	66	23,91	.	.

Tab. 12.2: Die Einzelfachströme an der Universität Halle nach Staatsangehörigkeit und Geschlecht 1775/76–1941/1

	Zahnmedizin				Pharmazie				Philologien, Geschichte			
	insg.	Frauen		Aus-länd. in %	insg.	Frauen		Aus-länd. in %	insg.	Frauen		Aus-länd. in %
Semester		insg.	in %	deuts.			insg.	in %	deuts.			insg.	in %	deuts.	
	16	17	18	19	20	21	22	23	24	25	26	27	28	29	30
1908/09	39	1	2,56	1	0,00	21	0	0,00	0	0,00	506	5	0,99	4	1,58
1909	48	2	4,17	2	2,08	23	0	0,00	0	0,00	528	9	1,70	9	2,46
1909/10	38	1	2,63	1	2,63	24	0	0,00	0	0,00	557	12	2,15	12	2,51
1910	32	1	3,13	1	3,13	21	1	4,76	1	0,00	599	21	3,51	20	1,50
1910/11	33	0	0,00	0	9,09	16	1	6,25	1	0,00	567	25	4,41	22	2,65
1911	27	0	0,00	0	3,70	16	1	6,25	1	0,00	595	31	5,21	28	1,18
1911/12	20	0	0,00	0	10,00	15	1	6,67	1	0,00	589	26	4,41	24	1,53
1912	26	0	0,00	0	3,85	12	0	0,00	0	0,00	700	35	5,00	33	1,71
1912/13	21	0	0,00	0	4,76	19	0	0,00	0	0,00	681	42	6,17	40	0,73
1913	12	0	0,00	0	0,00	19	0	0,00	0	0,00	618	36	5,83	34	1,29
1913/14	17	0	0,00	0	0,00	20	0	0,00	0	0,00	584	42	7,19	38	1,71
1914	18	0	0,00	0	0,00	20	0	0,00	0	0,00	520	41	7,88	39	1,54
1914/15	21	0	0,00	0	0,00	21	1	4,76	1	0,00	481	49	10,19	47	1,04
1915	22	1	4,55	1	0,00	17	1	5,88	1	0,00	435	53	12,18	51	1,38
1915/16	20	1	5,00	1	0,00	16	1	6,25	1	0,00	421	65	15,44	64	0,71
1916	20	1	5,00	1	0,00	18	1	5,56	1	0,00	438	68	15,53	67	0,68
1916/17	22	2	9,09	2	4,55	17	1	5,88	1	0,00	472	80	16,95	80	0,42
1917	17	0	0,00	0	0,00	18	0	0,00	0	0,00	496	85	17,14	85	0,40
1917/18	16	0	0,00	0	0,00	18	0	0,00	0	0,00	540	101	18,70	101	0,19
1918	16	0	0,00	0	0,00	17	0	0,00	0	0,00	566	102	18,02	102	0,35
1918/19	19	0	0,00	0	0,00	19	1	5,26	1	0,00	599	95	15,86	95	0,33
1919	99	2	2,02	2	0,00	24	1	4,17	1	0,00	604	94	15,56	94	0,50
ZS.1919	56	0	0,00	.	.	22	1	4,55	.	.	615	83	13,50	.	.
1919/20	135	3	2,22	3	0,00	36	3	8,33	3	0,00	508	80	15,75	80	0,39
1920	122	6	4,92	6	0,82	36	2	5,56	2	0,00	448	80	17,86	80	0,22
1920/21	186	5	2,69	5	1,08	33	2	6,06	1	3,03	349	66	18,91	65	1,43
1921	183	6	3,28	3	3,28	30	1	3,33	0	3,33	305	64	20,98	61	2,30
1921/22	132	7	5,30	3	3,79	26	0	0,00	0	3,85	267	59	22,10	55	3,37
1922	90	4	4,44	3	3,33	26	1	3,85	1	3,85	220	44	20,00	39	4,09
1922/23	62	4	6,45	3	8,06	29	1	3,45	1	3,45	238	45	18,91	41	3,36
1923	62	7	11,29	3	24,19	35	2	5,71	2	5,71	236	39	16,53	37	2,54
1923/24	55	9	16,36	.	.	37	5	13,51	.	.	349	50	14,33	.	.
1924	37	8	21,62	.	.	46	8	17,39	.	.	302	50	16,56	.	.
1924/25	26	4	15,38	1	65,38	46	9	19,57	9	0,00	.	.	.	.	.
1925	27	7	25,93	3	70,37	40	6	15,00	6	0,00	.	.	.	.	.
1925/26	34	3	8,82	.	.	40	3	7,50	.	.	.	.	.	.	.
1926	34	4	11,76	.	.	36	2	5,56	.	.	.	.	.	.	.
1926/27	34	0	0,00	0	41,18	26	2	7,69	2	0,00	.	.	.	.	.
1927	39	1	2,56	1	15,38	18	1	5,56	1	0,00	.	.	.	.	.
1927/28	46	1	2,17	1	13,04	31	6	19,35	6	0,00	.	.	.	.	.
1928	62	5	8,06	5	11,29	22	5	22,73	5	0,00	.	.	.	.	.
1928/29	62	3	4,84	3	11,29	17	3	17,65	3	0,00	.	.	.	.	.
1929	75	10	13,33	10	5,33	16	2	12,50	2	0,00	.	.	.	.	.
1929/30	83	11	13,25	10	6,02	25	3	12,00	3	0,00	.	.	.	.	.
1930	108	14	12,96	13	1,85	22	5	22,73	5	0,00	.	.	.	.	.
1930/31	121	19	15,70	16	4,13	26	6	23,08	6	0,00	.	.	.	.	.
1931	132	24	18,18	22	4,55	21	3	14,29	2	9,52	.	.	.	.	.
1931/32	145	28	19,31	25	5,52	19	4	21,05	4	0,00	.	.	.	.	.
1932	164	32	19,51	30	4,27	29	8	27,59	8	0,00	.	.	.	.	.
1932/33	148	26	17,57	25	3,38	39	8	20,51	8	0,00	.	.	.	.	.
1933	141	26	18,44	.	.	41	9	21,95	.	.	.	.	.	.	.
1933/34	139	23	16,55	.	.	43	8	18,60	.	.	.	.	.	.	.
1934	124	16	12,90	.	.	42	6	14,29	.	.	.	.	.	.	.
1934/35	117	17	14,53	.	.	34	4	11,76	.	.	.	.	.	.	.
1935	93	17	18,28	.	.	44	8	18,18	.	.	.	.	.	.	.
1935/36	98	13	13,27	.	.	47	6	12,77	.	.	.	.	.	.	.
1936	94	12	12,77	.	.	39	3	7,69	.	.	.	.	.	.	.
1936/37	85	9	10,59	.	.	35	4	11,43	.	.	.	.	.	.	.
1937	70	5	7,14	.	.	36	4	11,11	.	.	.	.	.	.	.
1937/38	66	7	10,61	.	.	15	2	13,33	.	.	.	.	.	.	.
1938	51	6	11,76	.	.	.	.	.	.	.	.	.	.	.	.
1938/39	37	4	10,81	.	.	.	.	.	.	.	.	.	.	.	.
1939	24	2	8,33	.	.	.	.	.	.	.	.	.	.	.	.
1939/40	22	1	4,55	.	.	.	.	.	.	.	.	.	.	.	.
1940/1	22	3	13,64	.	.	.	.	.	.	.	.	.	.	.	.
1940/2	13	1	7,69	.	.	.	.	.	.	.	.	.	.	.	.
1940/3	12	1	8,33	.	.	.	.	.	.	.	.	.	.	.	.
1941/1	8	0	0,00	.	.	.	.	.	.	.	.	.	.	.	.

Tab. 12. 2: Die Einzelfachströme an der Universität Halle nach Staatsangehörigkeit und Geschlecht 1775/76–1941/1

	Mathematik, Naturwissenschaften				Chemie					Cameralia, Staatswiss., Volkswirtsch.				
	insg.	Frauen			Ausländ. in %	insg.	Frauen			Ausländ. in %	insg.	Frauen			Ausländ. in %
		insg.	in %	deuts.			insg.	in %	deuts.			insg.	in %	deuts.	
Semester	31	32	33	34	35	36	37	38	39	40	41	42	43	44	45
1908/09	164	1	0,61	1	0,00	50	1	2,00	1	32,00	.	.	.	.	.
1909	197	1	0,51	1	2,54	34	1	2,94	1	23,53	.	.	.	.	.
1909/10	211	3	1,42	3	3,32	35	1	2,86	1	25,71	.	.	.	.	.
1910	223	4	1,79	4	0,00	28	1	3,57	1	25,00	.	.	.	.	.
1910/11	229	2	0,87	2	2,18	30	1	3,33	1	13,33	.	.	.	.	.
1911	269	6	2,23	5	1,49	26	1	3,85	1	19,23	.	.	.	.	.
1911/12	286	9	3,15	9	1,75	32	2	6,25	2	18,75	.	.	.	.	.
1912	336	12	3,57	12	0,30	38	1	2,63	1	21,05	58	5	8,62	3	20,69
1912/13	320	13	4,06	13	0,94	48	1	2,08	1	18,75	55	7	12,73	4	14,55
1913	330	15	4,55	15	0,61	59	0	0,00	0	11,86	56	6	10,71	3	17,86
1913/14	306	14	4,58	14	0,65	64	3	4,69	2	14,06	60	6	10,00	3	23,33
1914	275	17	6,18	17	0,73	53	2	3,77	1	16,98	71	7	9,86	4	19,72
1914/15	265	22	8,30	22	0,00	45	3	6,67	2	8,89	8	0	0,00	0	0,00
1915	239	19	7,95	19	0,00	39	3	7,69	2	5,13	6	0	0,00	0	0,00
1915/16	228	20	8,77	20	0,00	41	3	7,32	2	7,32	7	0	0,00	0	14,29
1916	247	29	11,74	29	0,00	41	3	7,32	3	4,88	6	0	0,00	0	16,67
1916/17	258	33	12,79	33	0,39	41	3	7,32	3	2,44	8	0	0,00	0	12,50
1917	271	29	10,70	29	0,37	48	3	6,25	3	2,08	8	0	0,00	0	12,50
1917/18	280	29	10,36	29	0,36	54	3	5,56	3	1,85	5	0	0,00	0	0,00
1918	291	31	10,65	31	0,34	56	2	3,57	2	1,79	6	0	0,00	0	0,00
1918/19	319	34	10,66	34	0,31	74	3	4,05	3	1,35	9	0	0,00	0	0,00
1919	324	31	9,57	31	0,31	139	5	3,60	4	2,88	3	0	0,00	0	0,00
ZS.1919	330	30	9,09	.	.	100	3	3,00	.	.	.	.	.	.	.
1919/20	296	30	10,14	30	1,01	158	4	2,53	3	1,90	1	0	0,00	0	0,00
1920	268	27	10,07	27	0,37	164	4	2,44	4	1,22	0	0	.	0	.
1920/21	208	21	10,10	19	2,40	161	3	1,86	3	2,48	205	9	4,39	9	2,44
1921	183	23	12,57	21	1,64	182	2	1,10	2	1,65	230	9	3,91	9	3,04
1921/22	174	21	12,07	19	2,87	182	4	2,20	3	2,75	254	12	4,72	12	2,36
1922	154	18	11,69	17	3,25	183	6	3,28	5	2,19	252	14	5,56	14	3,97
1922/23	159	18	11,32	17	4,40	186	4	2,15	3	3,23	261	13	4,98	13	2,68
1923	162	17	10,49	15	7,41	200	7	3,50	4	5,00	291	17	5,84	17	2,75
1923/24	159	20	12,58	.	.	181	7	3,87	.	.	.	.	.	.	.
1924	103	17	16,50	.	.	163	7	4,29	.	.	213	8	3,76	.	.
1924/25	.	.	.	.	.	120	8	6,67	7	5,00	146	6	4,11	6	1,37
1925	.	.	.	.	.	107	7	6,54	7	3,74	129	4	3,10	4	0,00
1925/26	.	.	.	.	.	100	5	5,00	.	.	131	16	12,21	.	.
1926	.	.	.	.	.	89	3	3,37	.	.	112	9	8,04	.	.
1926/27	.	.	.	.	.	73	4	5,48	4	4,11	93	9	9,68	9	1,08
1927	.	.	.	.	.	69	3	4,35	3	2,90	91	7	7,69	7	1,10
1927/28	.	.	.	.	.	48	3	6,25	3	6,25	86	4	4,65	4	4,65
1928	.	.	.	.	.	52	8	15,38	8	1,92	95	5	5,26	5	1,05
1928/29	.	.	.	.	.	60	7	11,67	7	1,67	75	5	6,67	5	1,33
1929	.	.	.	.	.	51	4	7,84	3	7,84	64	6	9,38	6	1,56
1929/30	.	.	.	.	.	47	5	10,64	5	2,13	62	4	6,45	4	4,84
1930	.	.	.	.	.	50	2	4,00	2	2,00	74	8	10,81	8	6,76
1930/31	.	.	.	.	.	69	3	4,35	2	4,35	72	5	6,94	5	6,94
1931	.	.	.	.	.	70	6	8,57	5	2,86	68	7	10,29	7	5,88
1931/32	.	.	.	.	.	47	3	6,38	2	6,38	73	11	15,07	11	5,48
1932	.	.	.	.	.	53	7	13,21	6	3,77	73	10	13,70	10	4,11
1932/33	.	.	.	.	.	56	8	14,29	8	0,00	78	14	17,95	14	1,28
1933	.	.	.	.	.	40	9	22,50	.	.	86	13	15,12	.	.
1933/34	.	.	.	.	.	58	10	17,24	.	.	67	9	13,43	.	.
1934	.	.	.	.	.	26	6	23,08	.	.	58	4	6,90	.	.
1934/35	.	.	.	.	.	50	8	16,00	.	.	58	5	8,62	.	.
1935	.	.	.	.	.	42	4	9,52	.	.	55	3	5,45	.	.
1935/36	.	.	.	.	.	43	5	11,63	.	.	62	5	8,06	.	.
1936	.	.	.	.	.	38	4	10,53	.	.	59	4	6,78	.	.
1936/37	.	.	.	.	.	43	4	9,30	.	.	57	3	5,26	.	.
1937	.	.	.	.	.	40	5	12,50	.	.	48	0	0,00	.	.
1937/38	.	.	.	.	.	43	2	4,65	.	.	52	1	1,92	.	.
1938	.	.	.	.	.	47	3	6,38	.	.	45	0	0,00	.	.
1938/39	.	.	.	.	.	43	3	6,98	.	.	44	1	2,27	.	.
1939	.	.	.	.	.	46	4	8,70	.	.	42	2	4,76	.	.
1939/40	.	.	.	.	.	96	11	11,46	.	.	40	1	2,50	.	.
1940/1	.	.	.	.	.	74	8	10,81	.	.	46	3	6,52	.	.
1940/2	.	.	.	.	.	67	14	20,90	.	.	42	8	19,05	.	.
1940/3	.	.	.	.	.	78	15	19,23	.	.	43	10	23,26	.	.
1941/1	.	.	.	.	.	48	14	29,17	.	.	52	12	23,08	.	.

Tab. 12.2: Die Einzelfachströme an der Universität Halle nach Staatsangehörigkeit und Geschlecht 1775/76–1941/1

	Landwirtschaft u. Kameralia					Sonstige					Studierende				
	insg.	Frauen		Aus-länd.	insg.	Frauen		Aus-länd.	insg.	Frauen		Ausl.
	insg.	insg.	in %	deuts.	länd. in %	insg.	insg.	in %	deuts.	länd. in %	insg.	insg.	in %	deuts.	insg.
Semester	46	47	48	49	50	51	52	53	54	55	56	57	58	59	60
1908/09	328	1	0,30	0	28,35	73	1	1,37	1	31,51	2009	19	0,95	16	201
1909	242	1	0,41	0	30,58	53	0	0,00	0	26,42	1927	19	0,99	18	185
1909/10	302	0	0,00	0	29,80	79	1	1,27	0	20,25	2135	24	1,12	23	251
1910	262	1	0,38	1	31,68	58	4	6,90	2	29,31	2118	37	1,75	34	225
1910/11	344	1	0,29	1	32,56	80	3	3,75	3	17,50	2226	40	1,80	37	251
1911	294	1	0,34	1	36,05	77	3	3,90	3	11,69	2209	48	2,17	44	236
1911/12	380	5	1,32	4	37,37	59	3	5,08	3	5,08	2411	56	2,32	52	279
1912	304	0	0,00	0	39,14	59	6	10,17	4	13,56	2771	68	2,45	60	278
1912/13	376	0	0,00	0	35,37	44	6	13,64	5	9,09	2768	82	2,96	73	287
1913	308	0	0,00	0	36,69	54	6	11,11	4	11,11	2635	80	3,04	70	241
1913/14	404	0	0,00	0	34,90	64	4	6,25	3	12,50	2801	87	3,11	73	293
1914	345	0	0,00	0	34,20	61	7	11,48	6	9,84	2624	93	3,54	83	255
1914/15	293	0	0,00	0	30,03	43	4	9,30	3	4,65	2268	105	4,63	100	119
1915	281	0	0,00	0	29,54	41	6	14,63	5	4,88	2070	119	5,75	114	112
1915/16	264	2	0,76	1	32,20	41	5	12,20	5	2,44	2006	133	6,63	130	111
1916	266	2	0,75	1	31,20	43	4	9,30	4	2,33	2079	138	6,64	136	111
1916/17	275	0	0,00	0	28,00	44	6	13,64	6	0,00	2192	165	7,53	165	103
1917	279	0	0,00	0	27,24	36	3	8,33	3	2,78	2292	167	7,29	167	102
1917/18	290	1	0,34	1	25,52	43	4	9,30	4	2,33	2454	181	7,38	181	103
1918	297	3	1,01	1	26,26	45	6	13,33	5	4,44	2560	192	7,50	188	111
1918/19	350	3	0,86	1	22,29	57	7	12,28	6	3,51	2962	191	6,45	187	112
1919	460	1	0,22	1	18,26	70	10	14,29	9	4,29	3447	211	6,12	208	123
ZS.1919	426	0	0,00	.	.	69	8	11,59	.	.	3342	170	5,09	.	.
1919/20	673	1	0,15	1	10,70	93	11	11,83	10	2,15	3755	201	5,35	199	103
1920	577	3	0,52	1	15,25	97	10	10,31	8	4,12	3402	194	5,70	190	128
1920/21	611	3	0,49	1	14,73	112	10	8,93	9	1,79	3322	177	5,33	170	143
1921	554	5	0,90	2	18,23	121	10	8,26	9	2,48	3062	169	5,52	153	164
1921/22	717	5	0,70	1	16,60	114	11	9,65	10	2,63	3111	171	5,50	151	198
1922	739	7	0,95	1	19,35	140	17	12,14	16	2,86	2940	160	5,44	140	239
1922/23	854	11	1,29	3	22,37	125	16	12,80	15	4,80	2958	164	5,54	144	296
1923	916	12	1,31	2	26,53	126	13	10,32	13	0,79	3027	169	5,58	141	377
1923/24	872	9	1,03	.	.	9	2	22,22	.	.	2927	176	6,01	.	.
1924	711	10	1,41	.	.	12	2	16,67	.	.	2381	162	6,80	.	.
1924/25	645	10	1,55	4	19,38	.	.	.	.	.	1839	120	6,53	104	197
1925	563	3	0,53	2	17,58	32	6	18,75	6	6,25	1790	121	6,76	111	160
1925/26	529	4	0,76	.	.	23	6	26,09	.	.	1765	125	7,08	118	147
1926	434	4	0,92	.	.	19	6	31,58	.	.	1770	106	5,99	98	116
1926/27	416	1	0,24	1	12,98	16	5	31,25	5	0,00	1776	121	6,81	120	103
1927	315	0	0,00	0	13,33	8	0	0,00	0	12,50	1816	131	7,21	130	78
1927/28	290	0	0,00	0	13,79	8	0	0,00	0	0,00	1920	154	8,02	154	79
1928	227	0	0,00	0	16,30	1	0	0,00	0	0,00	1962	152	7,75	152	71
1928/29	212	2	0,94	2	13,21	0	0	.	0	.	2045	184	9,00	181	74
1929	179	2	1,12	2	13,41	0	0	.	0	.	2216	188	8,48	185	72
1929/30	164	1	0,61	1	7,93	0	0	.	0	.	2243	218	9,72	214	57
1930	147	4	2,72	3	10,20	0	0	.	0	.	2467	242	9,81	239	52
1930/31	130	1	0,77	1	10,00	2	0	0,00	0	0,00	2492	274	11,00	266	63
1931	124	2	1,61	2	9,68	2	0	0,00	0	0,00	2551	299	11,72	291	61
1931/32	95	1	1,05	1	16,84	4	0	0,00	0	0,00	2461	309	12,56	301	65
1932	85	1	1,18	1	16,47	0	0	.	0	.	2389	302	12,64	296	60
1932/33	91	1	1,10	1	13,19	0	0	.	0	0	2386	295	12,36	290	84
1933	88	1	1,14	.	.	1	0	0,00	.	.	2228	283	12,70	.	.
1933/34	91	1	1,10	.	.	.	.	.	.	.	2095	249	11,89	.	.
1934	86	0	0,00	.	.	.	.	.	.	.	1721	186	10,81	.	40
1934/35	93	0	0,00	.	.	.	.	.	.	.	1675	174	10,39	.	.
1935	79	2	2,53	.	.	.	.	.	.	.	1388	137	9,87	.	.
1935/36	111	4	3,60	.	.	.	.	.	.	.	1403	147	10,48	.	.
1936	90	4	4,44	.	.	.	.	.	.	.	1126	110	9,77	.	.
1936/37	92	4	4,35	.	.	.	.	.	.	.	1063	113	10,63	.	.
1937	73	4	5,48	.	.	.	.	.	.	.	942	88	9,34	.	44
1937/38	96	3	3,13	.	.	.	.	.	.	.	861	62	7,20	.	.
1938	78	4	5,13	.	.	.	.	.	.	.	739	51	6,90	.	.
1938/39	68	1	1,47	.	.	.	.	.	.	.	717	58	8,09	.	.
1939	69	2	2,90	.	.	.	.	.	.	.	751	55	7,32	.	.
1939/40	25	2	8,00	.	.	.	.	.	.	.	1129	90	7,97	.	.
1940/1	28	1	3,57	.	.	.	.	.	.	.	891	80	8,98	.	.
1940/2	17	1	5,88	.	.	.	.	.	.	.	605	103	17,02	.	15
1940/3	23	0	0,00	.	.	.	.	.	.	.	686	165	24,05	.	.
1941/1	26	1	3,85	.	.	.	.	.	.	.	635	179	28,19	.	.

Tab. 12. 2: Die Einzelfachströme an der Universität Halle nach Staatsangehörigkeit und Geschlecht 1775/76–1941/1

	Alte Sprachen			Germanistik					Neue Sprachen				
	insg.	Frauen		Ausländ. in %	insg.	Frauen		deuts.	Ausländ. in %	insg.	Frauen		deuts.	Ausländ. in %
		insg.	in %			insg.	in %				insg.	in %		
Semester	1	2	3	4	5	6	7	8	9	10	11	12	13	14
1924/25	10	1	10,00	20,00	41	4	9,76	4	0,00	51	19	37,25	19	0,00
1925	13	0	0,00	7,69	57	12	21,05	11	3,51	69	15	21,74	15	0,00
1925/26	20	1	5,00	.	64	15	23,44	.	.	82	19	23,17	.	.
1926	19	0	0,00	.	70	15	21,43	.	.	88	14	15,91	.	.
1926/27	20	0	0,00	0,00	72	24	33,33	24	1,39	105	22	20,95	22	0,00
1927	19	0	0,00	0,00	78	22	28,21	22	0,00	120	22	18,33	22	0,00
1927/28	31	2	6,45	0,00	85	22	25,88	22	0,00	123	31	25,20	31	0,81
1928	40	2	5,00	0,00	102	24	23,53	24	0,98	151	32	21,19	32	0,66
1928/29	23	0	0,00	0,00	99	28	28,28	28	0,00	152	36	23,68	36	0,00
1929	23	1	4,35	0,00	91	22	24,18	22	0,00	164	40	24,39	40	0,61
1929/30	29	1	3,45	0,00	92	26	28,26	26	1,09	161	47	29,19	47	0,62
1930	31	3	9,68	0,00	115	30	26,09	30	0,87	163	48	29,45	48	0,61
1930/31	25	1	4,00	4,00	113	38	33,63	37	1,77	142	42	29,58	41	1,41
1931	27	0	0,00	7,41	106	34	32,08	33	2,83	163	48	29,45	47	0,61
1931/32	21	1	4,76	0,00	93	36	38,71	35	2,15	144	47	32,64	46	1,39
1932	21	0	0,00	0,00	76	31	40,79	31	1,32	116	37	31,90	37	0,86
1932/33	24	0	0,00	4,17	81	31	38,27	30	3,70	118	38	32,20	37	1,69
1933	13	0	0,00	.	61	28	45,90	.	.	105	31	29,52	.	.
1933/34	24	0	0,00	.	72	33	45,83	.	.	84	29	34,52	.	.
1934	16	0	0,00	.	53	25	47,17	.	.	52	15	28,85	.	.
1934/35	13	0	0,00	.	55	16	29,09	.	.	41	11	26,83	.	.
1935	3	0	0,00	.	28	7	25,00	.	.	26	6	23,08	.	.
1935/36	4	1	25,00	.	21	4	19,05	.	.	16	9	56,25	.	.
1936	2	0	0,00	.	21	4	19,05	.	.	7	3	42,86	.	.
1936/37	1	0	0,00	.	19	3	15,79	.	.	5	2	40,00	.	.
1937	1	0	0,00	.	14	1	7,14	.	.	4	0	0,00	.	.
1937/38	1	0	0,00	.	19	4	21,05	.	.	4	1	25,00	.	.
1938	1	0	0,00	.	18	4	22,22	.	.	4	1	25,00	.	.
1938/39	3	1	33,33	.	11	3	27,27	.	.	4	0	0,00	.	.
1939	4	1	25,00	.	11	1	9,09	.	.	5	0	0,00	.	.
1939/40	3	1	33,33	.	6	1	16,67	.	.	3	0	0,00	.	.
1940/1	0	0	.	.	9	2	22,22	.	.	3	0	0,00	.	.
1940/2	2	1	50,00	.	28	15	53,57	.	.	13	6	46,15	.	.
1940/3	5	1	20,00	.	32	19	59,38	.	.	17	10	58,82	.	.
1941/1	5	1	20,00	.	17	13	76,47	.	.	19	14	73,68	.	.

	Geschichte			Musik			Philosophie, Pädagogik, Religionslehren				
	insg.	Frauen		Ausländ. in %	insg.	Frauen		insg.	Frauen		deuts.	Ausländ. in %
		insg.	in %			insg.	in %		insg.	in %		
Semester	15	16	17	18	19	20	21	22	23	24	25	26
1924/25	25	1	4,00	8,00	.	.	.	44	8	18,18	7	4,55
1925	22	2	9,09	0,00	.	.	.	23	4	17,39	4	8,70
1925/26	31	3	9,68	.	.	.	.	24	2	8,33	.	.
1926	31	3	9,68	.	.	.	.	39	1	2,56	.	.
1926/27	25	2	8,00	4,00	.	.	.	35	2	5,71	2	2,86
1927	27	6	22,22	0,00	11	3	27,27	68	10	14,71	10	0,00
1927/28	43	8	18,60	0,00	10	3	30,00	77	10	12,99	10	0,00
1928	37	6	16,22	0,00	7	0	0,00	58	9	15,52	9	0,00
1928/29	68	10	14,71	0,00	11	0	0,00	50	9	18,00	9	0,00
1929	69	11	15,94	1,45	11	0	0,00	55	6	10,91	6	0,00
1929/30	71	12	16,90	1,41	7	0	0,00	63	8	12,70	8	1,59
1930	77	11	14,29	0,00	7	2	28,57	63	7	11,11	7	0,00
1930/31	76	14	18,42	0,00	7	1	14,29	71	9	12,68	9	0,00
1931	60	9	15,00	0,00	15	3	20,00	70	13	18,57	13	0,00
1931/32	62	15	24,19	0,00	12	1	8,33	57	7	12,28	7	0,00
1932	55	8	14,55	0,00	11	2	18,18	57	7	12,28	7	1,75
1932/33	61	11	18,03	0,00	9	1	11,11	59	10	16,95	10	0,00
1933	48	9	18,75	.	7	1	14,29	.	.	.	.	.
1933/34	53	13	24,53	.	6	1	16,67	.	.	.	.	.
1934	41	10	24,39	.	5	1	20,00	.	.	.	.	.
1934/35	33	7	21,21	.	7	1	14,29	.	.	.	.	.
1935	.	.	.	.	4	1	25,00	.	.	.	.	.
1935/36	.	.	.	.	5	0	0,00	.	.	.	.	.
1936	.	.	.	.	4	0	0,00	.	.	.	.	.
1936/37	24	3	12,50	.	2	0	0,00	.	.	.	.	.
1937	20	4	20,00	.	2	0	0,00	.	.	.	.	.
1937/38	16	3	18,75	.	3	0	0,00	.	.	.	.	.
1938	17	2	11,76	.	3	0	0,00	.	.	.	.	.
1938/39	15	2	13,33	.	3	0	0,00	.	.	.	.	.
1939	19	1	5,26	.	4	1	25,00	.	.	.	.	.
1939/40	6	1	16,67	.	3	0	0,00	.	.	.	.	.
1940/1	9	0	0,00	.	1	0	0,00	.	.	.	.	.
1940/2	29	5	17,24	.	0	0	.	.	.	.	.	.
1940/3	24	7	29,17	.	0	0	.	.	.	.	.	.
1941/1	27	10	37,04	.	2	0	0,00	.	.	.	.	.

Tab. 12. 2: Die Einzelfachströme an der Universität Halle nach Staatsangehörigkeit und Geschlecht 1775/76–1941/1

	Kunst, Archäologie					Sonstige Kulturwiss.			Zeitungskunde		
	insg.	Frauen			Aus- länd. in %	insg.	Frauen		insg.	Frauen	
		insg.	in %	deuts.			insg.	in %		insg.	in %
Semester	27	28	29	30	31	32	33	34	35	36	37
1927	11	3	27,27	3	0,00	.	.	.	.	.	.
1927/28	17	4	23,53	4	0,00	.	.	.	.	.	.
1928	14	3	21,43	3	7,14	.	.	.	.	.	.
1928/29	22	8	36,36	8	0,00	.	.	.	3	1	33,33
1929	16	4	25,00	3	6,25	.	.	.	0	0	.
1929/30	16	2	12,50	1	6,25	.	.	.	0	0	.
1930	12	1	8,33	1	0,00	.	.	.	0	0	.
1930/31	10	1	10,00	1	0,00	.	.	.	0	0	.
1931	9	2	22,22	2	0,00	.	.	.	1	0	0,00
1931/32	6	1	16,67	1	0,00	.	.	.	0	0	.
1932	9	2	22,22	2	0,00	.	.	.	0	0	.
1932/33	7	3	42,86	3	0,00	.	.	.	3	1	33,33
1933	.	.	.	.	.	64	12	18,75	4	0	0,00
1933/34	.	.	.	.	.	48	8	16,67	0	0	.
1934	.	.	.	.	.	58	5	8,62	0	0	.
1934/35	.	.	.	.	.	41	8	19,51	0	0	.
1935	.	.	.	.	.	96	18	18,75	3	0	0,00
1935/36	.	.	.	.	.	91	20	21,98	3	0	0,00
1936	.	.	.	.	.	58	13	22,41	1	0	0,00
1936/37	.	.	.	.	.	54	11	20,37	0	0	.
1937	.	.	.	.	.	47	11	23,40	0	0	.
1937/38	.	.	.	.	.	36	5	13,89	0	0	.
1938	.	.	.	.	.	17	1	5,88	0	0	.
1938/39	.	.	.	.	.	27	4	14,81	0	0	.
1939	.	.	.	.	.	15	3	20,00	0	0	.
1939/40	.	.	.	.	.	10	1	10,00	0	0	.
1940/1	.	.	.	.	.	53	9	16,98	0	0	.
1940/2	.	.	.	.	.	2	0	0,00	0	0	.
1940/3	.	.	.	.	.	5	2	40,00	1	0	0,00
1941/1	.	.	.	.	.	7	3	42,86	0	0	.

	Mathematik					Physik			Biologie				
	insg.	Frauen			Aus- länd. in %	insg.	Frauen		insg.	Frauen			Aus- länd. in %
		insg.	in %	deuts.			insg.	in %		insg.	in %	deuts.	
Semester	38	39	40	41	42	43	44	45	46	47	48	49	50
1924/25	32	11	34,38	11	0,00	20	0	0,00	12	0	0,00	0	8,33
1925	52	14	26,92	14	0,00	29	0	0,00	15	2	13,33	2	0,00
1925/26	52	15	28,85	.	.	28	0	0,00	17	2	11,76	.	.
1926	86	13	15,12	.	.	37	0	0,00	22	4	18,18	.	.
1926/27	90	11	12,22	11	1,11	43	1	2,33	20	4	20,00	4	0,00
1927	109	16	14,68	16	0,00	43	0	0,00	10	1	10,00	1	0,00
1927/28	133	20	15,04	20	0,00	30	2	6,67	25	7	28,00	7	0,00
1928	135	17	12,59	17	0,00	48	1	2,08	29	7	24,14	7	0,00
1928/29	103	11	10,68	11	0,00	56	4	7,14	50	17	34,00	16	2,00
1929	130	6	4,62	6	0,00	66	1	1,52	55	16	29,09	16	0,00
1929/30	120	9	7,50	8	0,83	55	1	1,82	52	15	28,85	15	0,00
1930	136	14	10,29	14	0,00	68	2	2,94	53	15	28,30	15	0,00
1930/31	129	18	13,95	18	0,00	75	1	1,33	51	17	33,33	17	0,00
1931	128	19	14,84	19	0,78	82	2	2,44	61	19	31,15	19	0,00
1931/32	131	22	16,79	22	0,76	81	5	6,17	72	21	29,17	20	1,39
1932	124	21	16,94	21	0,81	71	6	8,45	56	15	26,79	14	1,79
1932/33	98	21	21,43	21	1,02	78	6	7,69	52	13	25,00	13	1,92
1933	79	16	20,25	.	.	68	6	8,82	52	14	26,92	.	.
1933/34	70	12	17,14	.	.	46	3	6,52	51	13	25,49	.	.
1934	56	9	16,07	.	.	39	1	2,56	43	7	16,28	.	.
1934/35	38	5	13,16	.	.	34	2	5,88	34	9	26,47	.	.
1935	75	8	10,67	.	.	.	.	.	.	.	.	.	.
1935/36	47	4	8,51	.	.	.	.	.	.	.	.	.	.
1936	39	4	10,26	.	.	.	.	.	.	.	.	.	.
1936/37	20	4	20,00	.	.	.	.	.	.	.	.	.	.
1937	13	2	15,38	.	.	.	.	.	.	.	.	.	.
1937/38	17	2	11,76	.	.	.	.	.	.	.	.	.	.
1938	16	3	18,75	.	.	.	.	.	.	.	.	.	.
1938/39	8	2	25,00	.	.	17	1	5,88	.	.	.	.	.
1939	4	0	0,00	.	.	14	2	14,29	.	.	.	.	.
1939/40	0	0	.	.	.	7	0	0,00	5	0	0,00	.	.
1940/1	4	1	25,00	.	.	8	1	12,50	3	0	0,00	.	.
1940/2	4	1	25,00	.	.	6	0	0,00	2	1	50,00	.	.
1940/3	7	2	28,57	.	.	8	0	0,00	9	6	66,67	.	.
1941/1	5	3	60,00	.	.	7	0	0,00	8	6	75,00	.	.

Tab. 12. 2: Die Einzelfachströme an der Universität Halle nach Staatsangehörigkeit und Geschlecht 1775/76–1941/1

	Sonstige Naturwiss.			Geographie			Mineralogie, Geologie, Bergfach				Geogr., Geol., Min.		
	insg.	Frauen		insg.	Frauen		insg.	Frauen		Aus-länd. in %	insg.	Frauen	
		insg.	in %		insg.	in %		insg.	in %			insg.	in %
Semester	51	52	53	54	55	56	57	58	59	60	61	62	63
1924/25	.	.	.	3	0	0,00	16	2	12,50	0,00	.	.	.
1925	.	.	.	2	0	0,00	7	0	0,00	0,00	.	.	.
1925/26	.	.	.	5	0	0,00	8	0	0,00	.	.	.	.
1926	.	.	.	7	0	0,00	3	0	0,00	.	.	.	.
1926/27	.	.	.	13	1	7,69	4	0	0,00	25,00	.	.	.
1927	.	.	.	17	2	11,76	6	0	0,00	16,67	.	.	.
1927/28	.	.	.	18	2	11,11	8	0	0,00	25,00	.	.	.
1928	.	.	.	18	2	11,11	5	0	0,00	40,00	.	.	.
1928/29	.	.	.	21	6	28,57	5	0	0,00	20,00	.	.	.
1929	.	.	.	28	7	25,00	15	0	0,00	20,00	.	.	.
1929/30	.	.	.	29	9	31,03	14	0	0,00	7,14	.	.	.
1930	.	.	.	38	9	23,68	13	0	0,00	15,38	.	.	.
1930/31	.	.	.	33	9	27,27	16	0	0,00	18,75	.	.	.
1931	.	.	.	41	12	29,27	15	2	13,33	0,00	.	.	.
1931/32	.	.	.	33	9	27,27	14	0	0,00	0,00	.	.	.
1932	.	.	.	25	3	12,00	14	0	0,00	0,00	.	.	.
1932/33	.	.	.	27	5	18,52	15	0	0,00	0,00	.	.	.
1933	.	.	.	.	.	.	.	.	.	.	33	1	3,03
1933/34	.	.	.	.	.	.	.	.	.	.	26	1	3,85
1934	.	.	.	.	.	.	.	.	.	.	27	2	7,41
1934/35	7	0	0,00	.	.	.	.	.	.	.	27	3	11,11
1935	16	3	18,75	.	.	.	.	.	.	.	13	0	0,00
1935/36	50	13	26,00	.	.	.	.	.	.	.	11	1	9,09
1936	46	11	23,91	.	.	.	.	.	.	.	8	2	25,00
1936/37	37	10	27,03	.	.	.	.	.	.	.	9	1	11,11
1937	25	3	12,00	.	.	.	.	.	.	.	6	1	16,67
1937/38	18	3	16,67	.	.	.	.	.	.	.	4	0	0,00
1938	8	0	0,00	.	.	.	.	.	.	.	4	0	0,00
1938/39	13	0	0,00	.	.	.	.	.	.	.	2	0	0,00
1939	8	0	0,00	.	.	.	.	.	.	.	6	0	0,00
1939/40	8	0	0,00	.	.	.	.	.	.	.	2	0	0,00
1940/1	13	1	7,69	.	.	.	.	.	.	.	3	0	0,00
1940/2	2	0	0,00	.	.	.	.	.	.	.	2	0	0,00
1940/3	2	1	50,00	.	.	.	.	.	.	.	4	0	0,00
1941/1	0	0		.	.	.	.	.	.	.	8	2	25,00

5. Anmerkungen zu Tabelle 12.2

(Anmerkung zu Tab. 12.1: Die Summe der Studierenden für die Semester 1808/09 und 1814–1815/16 taucht wegen fehlender Fachbereichsdifferenzierung nicht auf. Sie ist in der Tab. 12.2 zu finden.)

1775/76–1866:

Vom SS 1806 bis zum SS 1808 und im Jahre 1813 für fünf Monate (15.6. – 15.11.) war die Univ. Halle geschlossen. – Sp. 1/5 (Stud. insg., Phil. Fak.): einschl. der nicht immatrikulierten Pharmazeuten (1837–1866) und Chirurgen (1835–1849). – Sp. 6 (Pharmazie): 1837–1866 nicht immatrikulierte Pharmazeuten. – Sp. 7 (Chirurgie): 1835–1849 nicht immatrikulierte Chirurgen.

1866/67–1908:

Die Ausländer von 1867/68–1886 sind dem Pers.Verz. der Univ. Halle entnommen.

Sp. 9 (Pharmazie): 1866/67–1873 nicht immatrikulierte Pharmazeuten; seit 1873/74 immatrikuliert; 1873/74–1886 Ausländer einschl. Zahnmedizin (Sp. 8). – Sp. 22 (Ausländer insg.): 1867/68–1873 ohne die – allerdings verschwindend wenigen – ausl. Stud. der Pharmazie.

1908/09–1941.1:

In den Semestern 1912/13, 1913/14, 1914/15, 1919, 1920 und 1921 wurden die im StatJbDR verwendeten »vorläufigen« durch die »endgültigen Feststellungen« der Stud.-Zahlen ersetzt. Für das SS 1923 wurde wegen des Fehlens einer »endgültigen« die »vorläufige Feststellung« der Stud.-Zahlen verwendet.

Sp. 6 (Jura): 1914/15–1920 und 1923/24 einschl. der Stud. der Staatswiss. (Sp. 41). – Sp. 41 (Cameralia, Staatswiss., Volkswirtsch.): 1912–1914 Cameralia; 1914/15–1920 nur noch einige »Cameralia«-Stud. der Phil. Fak., die Staatswiss. sind in die neue Rechts- und Staatswiss. Fak. übergegangen und nicht differenzierbar (vgl. Sp. 6–10); im StatJbDR wurden diese Cameralia-Stud. der Phil. Fak. von 1915 bis 1920 der Rechts- und Staatswiss. Fak. zugerechnet; wir haben diese Stud. nach dem Pers.Verz. wieder unter Cameralia aufgeführt; Seit 1920/21 Staatswiss. der Rechts- und Staatswiss. Fak., die im StatJbDR zu Jura gezählt wurden, Differenzierung aus den Pers.Verz.; 1923/24 bei Jura. – Sp. 46 (Landwirtschaft und Kameralia): 1908/09–1911/12 einschl. Kameralia; seit 1912 nur Landwirtschaft.

1924/25–1941.1:

Sp. 15 (Geschichte): 1935–1936 enthalten in Sonstige Kulturwiss. (Sp. 32). – Sp. 22 (Philosophie, Pädagogik, Religionslehren): vorher bis 1924 enthalten in »Sonstige«. – Sp. 32 (Sonstige Kulturwiss.): 1935–1936 einschl. Geschichte (Sp. 15). – Sp. 38 (Mathematik): 1935–1938 einschl. Physik (Sp. 43). – Sp. 43 (Physik): 1935–1938 enthalten in Mathematik (Sp. 38). – Sp. 46 (Biologie): 1935–1939 enthalten in Sonstige Naturwiss. (Sp. 51). – Sp. 51 (Sonstige Naturwiss.): 1935–1939 einschl. Biologie (Sp. 46).

6. Quellen und Literatur

Quellen:

Standardquellen: 1830/31–1911/12: PrStat 102, 106, 112, 116, 125, 136, 150, 167, 193, 204, 223, 236. – *1912–1924:* StatJbDR Jgg. 34–36, 40–44. – *1924/25–1927/28:* PrStat 279, 281, Sonderdr WS 1925/26, 285; PrHochStat WS 1926/27–WS 1927/28. – *1928–1932/33:* DtHochStat Bde. 1–10. – *1932–1941.1:* ZehnjStat.

Ergänzend: 1775/76–1821/22: CONRAD 1894. – *1822–1830:* Stud.Verz. (1822–1823) und Pers.Verz. (1823/24–1830) der Univ. Halle; AkadMonSchr 2 (1850), S. 44. – *1835–1866, 1867/68–1886, 1912–1923:* Pers.Verz. der Univ. Halle.

Literatur:

Akademische Monatsschrift 2 (1850), S. 44. – CONRAD, J.: Die Statistik der Universität Halle während der 200 Jahre ihres Bestehens. In: Festschriften der vier Fakultäten zum 200jährigen Jubiläum der vereinigten Friedrichs-Universität Halle-Wittenberg. Halle 1894. – Festschriften der vier Fakultäten zum 200jährigen Jubiläum der vereinigten Friedrichs-Universität Halle-Wittenberg. Halle 1894. – HÜBNER, H. (Hg.): Geschichte der Martin-Luther-Universität Halle-Wittenberg 1502–1977. Halle 1977. – 450 Jahre Martin-Luther-Universität Halle-Wittenberg. 3 Bde. Halle 1952. – Martin-Luther-Universität Halle-Wittenberg 1817–1967. Halle 1967. – POPPE, E.: Die Martin-Luther-Universität in Geschichte, Tradition und Gegenwart. Halle 1977. – SACHSE, K.: Die Universität Halle. Geschichte, Lehrer und Lehre. In: Mitteldeutsches Jahrbuch (1955), S. 107–126. – TIMM, A.: Universität Halle-Wittenberg. Frankfurt am Main 1967. – Amtliches Verzeichniß der Studirenden auf der Königl. Vereinten Friedrichs-Universität zu Halle. 1822–1823 (= Stud.Verz.). – Amtliches Verzeichniß des Personals und der Studirenden auf der Königl. Vereinten Friedrichs-Universität zu Halle. 1823/24–1944/45 (unter verschiedenen Titeln = Pers.Verz.).

13. Hamburg

1. Geschichtliche Übersicht

Die Vorgeschichte der Hamburger Universitätsgründung von 1919 reicht bis ins frühe 17. Jahrhundert zurück. Von 1613 bis 1883 bestand hier ein Akademisches Gymnasium, das über 5 Lehrstühle verfügte und schon ein beachtliches wissenschaftliches Renommee besaß. Daneben entwickelte sich seit 1764 die einmalige Institution eines Allgemeinen Vorlesungswesens, das am Ende des 19. Jahrhunderts seine Blütezeit erlebte und mit 16 hochdotierten Lehrstühlen, darunter 12 auf dem Gebiet der Sprach- und Kulturwissenschaften, die Grundlage der Universitätsgründung bildete. Zu diesem Grundstock gehörten aber auch zahlreiche Wissenschaftseinrichtungen des Hamburger Stadtstaates, wie das Chemische und Physikalische Staatslaboratorium, die Sternwarte, die Botanischen Institute, die Museen, die Institute des Eppendorfer Krankenhauses, insbesondere aber das 1908 gegründete Kolonialinstitut, das zunächst nach den Senatsplänen von 1912 in eine Kolonialwissenschaftliche Fakultät überführt werden sollte. Mit Beginn des 20. Jahrhunderts traten die Gründungspläne in ein entscheidendes Stadium ein, energisch vorangetrieben durch den Senator und späteren Bürgermeister Werner von Melle. 1907 konstituierte sich die »Hamburgerische wissenschaftliche Stiftung« mit einem Grundkapital von 4,5 Mill. Goldmark. 1911 wurde das Vorlesungsgebäude an der Grindelallee eingeweiht. Doch stießen die Initiativen des Senats in der Hamburger Bürgerschaft bis zum Ausbruch des Ersten Weltkrieges auf vielfältige Bedenken, u.a. mit dem Argument, daß eine Universitätsgründung die bestehenden wissenschaftlichen Einrichtungen gefährden könnte. So scheiterte 1913 der Antrag von Melles, eine »Rumpfuniversität« mit einer philosophischen, einer naturwissenschaftlichen, einer juristischen und einer kolonialwissenschaftlichen Fakultät einzurichten. Nach dem Krieg vollzog sich die förmliche Gründung dann – trotz zunächst neuerlicher Bedenken der alten Bürgerschaft – sehr rasch. Bereits Anfang 1919 fanden die ersten Universitätskurse für heimgekehrte Kriegsteilnehmer statt. Die neu gewählte Bürgerschaft beschloß dann am 28. März 1919 das Universitätsgesetz mit großer Mehrheit, und am 10. Mai 1919 wurde die Universität Hamburg eröffnet. Sie bestand zunächst aus einer Rechts- und Staatswissenschaftlichen Fakultät, die sich 1954 in eine Rechts- sowie Wirtschafts- und Sozialwissenschaftliche Fakultät aufgliederte, einer Medizinischen Fakultät, die sich in ihren klinischen Fächern auf die Eppendorfer Krankenanstalten stützen konnte, einer Philosophischen Fakultät, die in ihrer internationalen Ausrichtung die Tradition des Kolonialinstituts fortsetzte, und einer Mathematisch-naturwissenschaftlichen Fakultät, der später auch land- und forstwissenschaftliche Einrichtungen angeschlossen wurden. Eine Evangelisch-Theologische Fakultät kam erst 1953/54 hinzu.

Auf der Grundlage dieser alteingesessenen wissenschaftlichen Institutionen konnte die junge Großstadtuniversität – ähnlich wie in Frankfurt und Köln – schon innerhalb von vier Jahren nach der Studierendenzahl ins obere Viertel der deutschen Universitäten aufsteigen. Diesen schnellen Aufstieg hatte sie zunächst vor allem den Rechts- und Staatswissenschaften zu verdanken. Obwohl die Attraktivität dieser Fakultät Mitte der 1920er Jahre wieder stark nachließ, konnte sich Hamburg doch in den 1930er Jahren, dank der Natur- und Geisteswissenschaften, in der Hälfte der größeren Universitäten etablieren.

Nach dem Umfang ihres wissenschaftlichen Personals gehörte die junge Universität in der Zwischenkriegszeit nach den führenden Großuniversitäten Berlin, München und Leipzig zu den bestausgestatteten Hochschulen, besonders in den Rechts- und Staatswissenschaften (nach Köln an zweiter Stelle) und in den Geistes- und Naturwissenschaften (vierte Stelle). Da sich die Studentenfrequenz nach dem schnellen Aufschwung zu Beginn der 1920er Jahre eher im Mittelfeld entwickelte, hatte Hamburg in der Zwischenkriegszeit unter den größeren Universitäten das günstigste Betreuungsverhältnis zwischen Lehrenden und Studierenden (1930: 13,2; 1941: 4,2).

Auch im institutionellen Bereich fand Hamburg durch die in der Stadt schon existierenden Einrichtungen schnell Anschluß an die großen deutschen Universitäten, konnte sich nach einer Verdoppelung der Anzahl selbstandiger Institute etc. schon 1930 nach München, Leipzig und Berlin an die vierte Stelle setzen und wurde bis 1940 hier nur noch von Göttingen überflügelt. Den größten Anteil an dieser Dynamik hatten die Medizin mit den Eppendorfer Anstalten (nach Berlin und München am weitesten differenziert), die Philosophische Fakultät und die Rechts- und Staatswissenschaften.

Den nationalsozialistischen »Sauberungen« fielen bis 1936 56 Hamburger Gelehrte zum Opfer, das waren 18,5% des Lehrkörpers im WS 1932/33. Damit waren die rassistischen und politischen Entlassungen hier überdurchschnittlich im Vergleich zu den anderen deutschen Universitäten. Trotz schwerer Bombenschäden konnte Hamburg als erste deutsche Universität im Mai 1945 wiedereröffnet werden.

2. Der Bestand an Institutionen 1919–1944/45

Zum Verständnis vgl. die Erläuterungen S. 48 ff.

I.   Rechts- und Staatswiss. Fak. (1919)

1.   Sem. f. Öffentl. Recht und Kolonialr.
     (1919–19/20)
     Sem. f. Öffentl. Recht (1920–20/21)
     Sem. f. Öffentl. Recht u. Sozialr. (1921–22)
     Sem. f. Öffentl. Recht, Wirtsch.r. u. Arbeitsr.
     (1922/23–26/27)
     Sem. f. Öffentl. Recht u. Staatslehre (1927)
2.   Sem. f. Versicherungswiss. (1919)
3.   Sem. f. Nationalök. u. Kolonialpol.
     (1919–19/20, 24/25–30)
     Sem. f. Nationalök. (1920–24)
     Sozialök. Sem (1930/31)
3.1 Verkehrswirtsch. Abt. (1940.2–42, Forts. I.21.)
3.2 Kolonialwirtsch. Abt. (1940.2–41)
4.   Jur. Sem. (1919/20–24; 1926–26/27)
5.   Sem. f. Strafr. und Kriminalpol. (1920)
6.   Sem. f. Handels- und Schiffahrtsr. (1920)
7.   Sem. f. Röm. Recht (1920/21–22)
     Sem. f. Röm. Recht u. ant. Rechtsgesch.
     (1922/23–24)
     Sem. f. Röm. Recht u. vergl. Rechtsgesch.
     (1924/25)
8.   Sem. f. Dt. und Nordisches Recht (1920/21)
9.   Sem. f. Auslandsr. (nur 1921)
     Sem. f. Auslandsr., Intern. Priv.- und Prozeßr.
     (1921/22)
10. Sem. f. Industrier. (1922–33/34)
11. Sem. f. bürgerl. Recht u. Sem. f. Zivilprozeßr.
     (1924/25–27/28)
     Sem. f. bürgerl. Recht (1928–39)
     Sem. f. bürgerl. Recht u. allg. Rechtswiss.
     (1939/40)
12. Sem. f. Zivilprozeßr. (1927/28–30/31)
     Sem. f. Zivilprozeß- u. Konkursr. (1931)
13. Soziol. Sem. (1927/28–28/29)
     Sem. f. Soziol. (1929–33/34, Forts. II.A.18)
14. Betriebswirtsch. Sem. (1927/28)
15. Sem. f. Revisionsw. (1931/32)
16. Sem. f. Jugendr. (1936/37)
17. Sem. f. Arbeitsr. (1941, vorh. I.1)

18. Inst. f. Kolonialr. (1941)
19. Inst. f. Kolonialwirtsch. (1941/42–42,
     vorh. I.3.2)
     Inst. f. Kolonialwirtsch. u. Außenhandel
     (1942/43)
20. Kolonial- u. Wirtschaftsgeogr. Inst. (1942/43)
21. Inst. f. Verkehrswiss. und Verkehrspol.
     (1942/43, vorh. I.3.1)

II.   Phil. Fak. (1919)

A.   Seminare und Institutionen (1919)

1.   Sem. f. Philos. u. Psychol. Lab. (1919–23/24)
1.1 Abt. f. Jugendpflege (1919–23, Forts. II.A.16.1)
1.2 Psychol. Sem. u. Lab. (1924–29/30)
     Psychol. Inst. (1930)
1.3 Philos. Sem. (1924)
2.   Hist. Sem. (1919)
2.1 Kolonialgesch. Abt. (1928–29)
     Kolonial- u. Überseegesch. Abt. (1929/30)
2.2 Kriegsgesch. Abt. (1934–36)
2.3 Abt. f. Osteuropäische Gesch.
     (1934/35, vorh. II.A.11.)
2.4 Abt. f. MA u. NZ (nur 1939)
2.5 Weltpol. Abt. (1939)
2.6 Abt. f. d. Dtt. i. Ausland (Forschungsstelle
     f. d. Überseedtt.) ((1944))
3.   Dt. Sem. (1919–22/23)
     Germ. Sem. (1923)
3.1 Abt. f. n. Lit. (1920–24/25)
3.2 Abt. f. dt. Literaturgesch. u. allg.
     Literaturwiss. (1928/29–29)
3.3 Germ. Sem. (ältere Abt.) (nur 1929/30)
3.4 Literaturwiss. Sem. (1929/30)
3.5 Hamburgisches Wörterbucharchiv (1935)
3.6 Mittelniederdt. Wörterbucharchiv (1938/39–41)
     Niederdt.-Friesisches Wörterbucharchiv (1941/42)
4.   Sem. f. engl. Spr. u. Kultur (1919)
5.   Sem. f. rom. Spr. u. Kultur (1919)
5.1 Ibero-amerikanisches Inst.
     (1924/25–28/29, Forts. V.A.6)
5.2 Abt. f. sp. Kultur (1935/36)
5.3 Abt. f. d. Kultur d. sp.-amerikanischen Länder
     (1935/36)

5.4	Abt. f. d. portugiesisch-brasilianische Kultur (1935/36)
6.	Sem. f. Gesch. u. Kultur des Orients (1919–1926)
	Sem. f. Gesch. u. Kultur des Vorderen Orients (1926/27)
6.1	Semit. Abt. (1924–26)
7.	Sem. f. Kultur u. Gesch. Indiens (1919)
8.	Sem. f. Spr. u. Kultur Chinas (1919)
9.	Sem. f. Spr. u. Kultur Japans (1919)
10.	Sem. f. Kolonialspr. (nur 1919)
	Sem. f. afrikanische u. Südseespr. (1919/20–31)
10.1	Phonetisches Lab. (1919)
10.1.1	Stimm- und Sprechberatungsstelle (1940.2)
10.1.2	Forsch.-Abt. f. vergl. Musikwiss. (1935)
10.2	Sem. f. Afrikanische Spr. (1931/32)
10.3	Sem. f. Indonesische u. Südseespr. (1931/32)
11.	Osteuropäisches Sem. (1919–34, Forts. II.A.2.3)
12.	Sem. f. alte Gesch. (1919/20)
13.	Sem. f. klass. Philol. (1919/20)
14.	Sem. f. vergl. Sprachwiss. (1920)
15.	Kunsthist. Sem. (1922–41.1)
	Kunstgesch. Sem. (1941)
16.	Sem. f. Päd. (nur 1923)
	Sem. f. Erziehungswiss. (1923/24)
16.1	Abt. f. Jugendpflege (1923/24–35, vorh. II.A.1.1)
16.2	Abt. f. prakt. Päd. (1935–37)
16.3	Abt. f. Auslandspäd. (1935/36–37)
17.	Arch. Sem. (1924/25, im Mus. f. Kunst u. Gewerbe 1925/26)
18.	Sem. f. Soziol. (1934, vorh. I.13.)
18.1	Abt. f. Zeitungswiss. (1935–⟨43⟩)
	Sem. f. Zeitungswiss. (⟨1944⟩)
19.	Rassenbiol. Sem. (1934, Inst. 34/35–41.1, Forts. III.A.14)
20.	Sem. f. dt. Altertums- u. Volksk. (1934/35)
21.	Inst. f. Vorgesch. u. Germ. Frühgesch. (1934/35)
22.	Univ.-Musik-Inst. (1940.2)

B.   Wiss. Anst. d. Phil. Fak. (1937/38)

1.	Mus. f. Völkerk. (1919–38, 39/40)
	Mus. f. Völkerk. u. Vorgesch. (1938/39–39)
2.	Mus. f. Hamburgische Gesch. (1919)
3.	Forsch.stelle f. d. Übersee-Dtt. (1937/38–39/40, vorh. V.A.10)
	Forsch.stelle f. d. Übersee-Dtt. an d. Hansischen Univ. (1940.2–43, Forts. II.A.2.6)
3.1	Deutschspr. Zeitungen und Zeitschriften aus Übersee (1936–39/40)
3.2	Abt. f. das Grenz- und Europadtt. (1938–39/40)

III.   Math.-Naturwiss. Fak. (1919)

A.   Sem. u. Inst.

1.	Sem. f. Geogr. (1919–⟨43⟩)
	Geogr. Inst. (⟨1944⟩)
2.	Sem. f. Math. (1919/20–24/25)
	Math. Sem. (1925)
3.	Inst. f. theor. Phys. (1924/25)

4.	Inst. f. phys. Chem. (1924/25)
5.	Inst. f. Tierzucht (1924/25–34)
6.	Inst. f. angew. Phys. (1926)
7.	Inst. f. Min. u. Petrogr. (1927, vorh. III.B.2.1)
7.1	Abt. f. Edelsteinforsch. u. -prüfung (1938)
8.	Inst. f. Leibesüb. (1927–30/31, Forts. IV.B.21, bzw. V.B.1)
8.1	Sportärztl. Untersuchungs- u. Beratungsstelle (1927–30/31, Forts. V.B.1.1 bzw. IV.B.23)
9.	Meterol. Inst. verbunden m. d. Meteorol. Versuchsanst. d. Dt. Seewarte (1929)
10.	Forsch.gem. Meeresk. an d. Hansischen Univ. (1936/37–⟨39/40⟩)
	Inst. f. Meeresk. (⟨1940.2⟩)
11.	Staatl. Biol. Anst. auf Helgoland (1935)
11.1	Erdbebenst. (1942)
12.	Inst. f. Umweltforsch. (39/40, vorh. IV.B.20)
13.	Forsch.gem. Fischwirtsch. an d. Hansischen Univ. (1939–41/42, vorh. III.B.5.1)
14.	Rassenbiol. Inst. (1941, vorh. II.A.19.)
15.	Kolonial- und Wirtsch.geogr. Inst. (1942/43)

B.   Wiss. Anst. d. Math.-Naturwiss. Fak. (1937/38)

1.	Phys. Staatslab. u. Nebeninst. (1919–20/21)
	Phys. Staatsinst. u. Nebeninst. (1921, o. u. Nebeninst. 37/38)
1.1	Elektrisches Prüf.amt (1919–24)
1.2	Hauptst. für Erdbebenforsch. (1919)
2.	Min.-Geol. Inst. (1919–33)
	Geol. Staatsinst.(1933/34)
2.1	Univ.inst. f. Min. u. Petrogr. (1923/24–1926/27, Forts. III.A.7)
3.	Chem. Staatslab. (1919, Inst. 21)
3.1	Abt. f. analytische Chem. (1924/25–27/28)
3.2	Abt. f. angew. Chem. (1924/25–28/29)
3.3	Abt. f. org. Chem. (1926/27)
3.4	Abt. f. anorg. Chem. (1928)
3.5	Unters.-Amt (1929)
3.6	Abt. f. Biochem. einschl. Agrikulturchem. (1930/31–41)
3.7	Abt. f. pharmaz. Chem. (1930/31–41/42, 42/43)
3.8	Abt. f. techn. Chem. (1933/34)
3.9	Abt. f. Elektrochem. (1943)
4.	Sternwarte (1919)
5.	Zool. Mus. (1919–20/21)
	Zool. Staatsinst. u. Zool. Mus. (1921–37)
	Hamburgisches Zool. Mus. u. Inst. (1937/38)
5.1	Fischerei-Biol. Abt. (1919–38/39, Forts. III.A.13)
5.2	Hydrobiol. Abt. (1919)
5.3	Reichsstelle f. Walforsch. (1938–39)
	Reichsanst. f. Fischerei: Reichsstelle f. Walforsch. (1939/40–41/42, Forts. III.B.8.3)
6.	Bot. Staatsinst. (1919–37)
	Hamburgische Bot. Inst.e (1937/38)
6.1	Inst. f. allg. Bot. u. Bot. Garten (1919, Hamburgisches 37/38)
6.2	Inst. f. angew. Bot. (1919–39/40)
	Hamburgisches Inst. f. angew. Bot. u. kolonialen Pflanzenbau (1940.2)

7.   Reichsinst. f. ausländische u. koloniale
      Forstwirtsch. Schloß Reinbeck (1940.3)
      Abt.n d. Reichsinst. (1940.3–41/42)

A.   **Forsch.abt.n (1942)**
7.1   Abt. Weltforstwirtsch.(1940.3–41/42)
      Grundlagen der Weltforstwirtsch. (1942–⟨43⟩)
      Weltforstwirtsch. u. koloniale Walderschließung
      (⟨1944⟩, vgl. III.B.7.16)
7.2   Abt. koloniale Forstbot. (1940.3–41/42)
      Forsch.abt. f. koloniale Forstbot. (1942–⟨43⟩)
      Forstbot. (⟨1944⟩)
7.3   Abt. koloniale Forstchem. (1940.3–41/42)
7.4   Abt. koloniale Forstökol. u. Bodenk.
      (1940.3–41/42)
      Koloniale Forstökol. (1942–⟨43⟩)
7.5   Abt. Kolonialer Waldbau (1940.3–⟨43⟩)
7.6   Abt. kolonialforstl. Betriebslehre u. Ertragsk.
      (1940.3–41/42)
7.7   Abt. kolonialer Forstschutz (1940.3–⟨43⟩)
      Forstzool. u. Forstschutz (⟨1944⟩)
7.8   Abt. koloniale Forstbenutzung(1940.3–42/43,
      Forts. III.B.7.20)
7.9   Abt. koloniale Forstpol. (1940.3–41.1)
7.10 Abt. koloniale Jagd und Naturschutz
      (1940.3–41/42)
      Koloniale Jagd (1942–⟨43⟩)
7.11 Abt. koloniale Holzwirtsch.planung
      (1940.3–41.1)
      Abt. koloniale Forst- u. Holzwirtsch.pol.
      (1941–1941/42, Forts. III.B.7.14, III.B.7.15)
7.12 Abt. Kartographie und Photographie
      (1940.3–41/42)
      Forstgeogr. Kartographie(1942–⟨43⟩)
7.13 Forstwirtsch.geogr. u. Weltforststat. (1942–⟨43⟩)
7.14 Allg. Forst-u. Holzwirtsch. d. Ostraumes
      (1942–⟨43⟩, vorh. III.B.7.11)
7.15 Allg. Forst-u. Holzwirtsch. Afrikas (1942–⟨43⟩,
      vorh. III.2.B.11)
7.16 Koloniale Walderschließung, Forsch.einrichtungen
      u. Ertragsk. (1942–⟨43⟩, Forts. III.B.7.1)
7.17 Chem. kolonialer Waldrohstoffe (1942)
7.18 Kolonial-forstliche Neben(be)nutzung(en)
      (1942)
7.19 Kolonial-forstliches Ingenieurw. (1943)
7.20 Techn. Holzforsch. (1943, vorh. III.B.7.8)

B.   **Besondere Einrichtungen (1942–⟨43⟩)**
7.21 Kameradschaftsheim „Karlshöhe" (1942 ⟨43⟩)
7.22 Aboretum Ahrensburg (1942–⟨43⟩)
7.23 Dokumentationsdienst (nur ⟨1943⟩)
7.24 Bodenkundliche Großraumforschung (⟨1944⟩)
8.   Reichsanst. f. Fischerei (1942)
8.1   Inst. f. Fischverarbeitung (1942)
8.2   Inst. f. See- u. Küstenfischerei (1942)
8.3   Inst. f. Walforsch. (1942, vorh. III.B.5.3)
9.   Inst. f. koloniale Bodenk. u. Kulturtechn.,
      Ahrensburg bei Hamburg, Schloß Tannenhöft
      (1942–⟨43⟩)

IV.   **Med. Fak. (1919)**

A.   **Theoretische Institute (1937/38)**
1.   Anat. (im Hafenkh.) (1919–25)
2.   Hyg. Inst. (1919–24)
      Hyg. Staatsinst. (1924/25–38)
      Hyg. Inst. d. Hansestadt Hamburg (1938/39)
2.1   Abt. f. Hyg.-bakt. Unters. (1924/25–25)
2.2   Abt. f. Hyg.-chem. Unters. (1924/25–25)
2.3   Abt. f. Nahrungsmittelunters. (1924/25–25)
2.4   Abt. f. serobiol. Unters. (1924/25–25)
2.5   Abt. f. Flußverunreinigung, Abwasserbeseitigung
      u. -verarbeitung (1924/25–25)
2.6   Bau-und Gewerbehyg. (1924/25–25)
2.7   Leibesüb., Ventilation, Heizung (1924/25–25)
3.   Anat. Inst. (1919/20)
4.   Dermatologikum (1921–29)
5.   Abt. f. Physiol. (Ep.) (1924/25, Inst. 25/26)
6.   Chem.-physiol. Abt. (Kh. St. Georg)
      (1924/25–25)
      Physiol.-Chem. Inst. (Ep.)
      (1925/26–38/39, 40, Univ.inst. 29)
7.   Path. Inst. (Ep.) (1924/25–25)
      Path. Inst. (Ep.) (1925/26, Univ.inst. 29)
8.   Pharm. Inst. (Kh. St. Georg) (1925/26,
      Univ.inst. 29)
9.   Balneologisches Inst. der Hamburgischen Univ.
      in Bad Oeynhausen (1932)
10.   Bioklimatische Forsch.stelle d. Reichsamtes
      f. Wetterdienst in Wyk auf Föhr (1935–⟨43⟩)

B.   **Kliniken (1937/38)**
1.   Inst. f. Gebh. (1919–24)
      Gynäk. u. Entbindungs-Abt. (Ep.) (1924/25–25)
      Frauenkl. (Ep.) (1925/26, Univ. 29, u. Polikl.
      34/35)
2.   Inst. f. Schiffs- und Tropenkr. (1919–42/43)
      Bernhard-Nocht-Inst. f. Schiffs- u. Tropenkr.
      (1943)
2.1   Klinisch-med. Abt. (1924/25–25)
2.2   Allg. tropenmed. Abt. (1924/25–25)
2.3   Abt. f. prakt. Seuchenbekämpfung (1924/25–25)
2.4   Chem. Abt. (1924/25–25)
2.5   Protozoen-Abt. (1924/25–25)
2.6   Entomologische Abt. (1924/25–25)
2.7   Path.-anat. Abt. (1924/25–25)
2.8   Bakt. Abt. (1924/25–25)
3.   Impfanst. (1919, Staats- 29/30–⟨39/40⟩)
4.   Zahnärztl. Inst. (1920/21 34, Univ.inst. 29)
      Zahnärztl. Univ.kl. u. Polikl. (1934/35)
4.1   Polikl. Abt. (nur 1934/35)
      Chir.-polikl. Abt. (1935–⟨43⟩)
4.2   Kieferkl. (1924/25–35/36)
4.3   Kons. Abt. (1934/35–⟨43⟩)
4.4   Orthop. Abt. (1934/35)
      Orthod. Abt. (1935–⟨43⟩)
4.5   Prothetische Abt. (1935–⟨43⟩)
5.   1.-4. Med. Abt.n (Ep.) (1924/25–25)
      Med. Klin. (1925/26, Univ.-Kl. u. Polikl. 29)

5.1	Med. Polikl. (1925/26–28/29)
6.	Augenabt. (Ep.) (1924/25–28/29, Klin. 25/26)
	Univ.-Augenkl. (Ep.) (1929, u. Polikl. 34/35)
7.	Abt. f. HNO-Kr. (Ep.) (1924/25–28/29, Klin. 25/26)
	Univ.kl. f. HNO-Kr. (Ep.) (1929, u. Polikl. 34/35)
8.	Abt. f. Haut- u. Geschl.kr. (Ep.) (1924/25–25)
	Haut-Klin. (Ep.) (1925/26–28/29)
	Univ.kl. f. Haut- u. Geschl.kr. (Ep.) (1930–34)
	Univ.-Haut- u. Polikl. (Ep.) (1934/35)
9.	Orthop. Abt. (Ep.) (1924/25–25)
	Chir. Polikl. u. orthop. Klin. (Ep.) (nur 1925/26)
	Orthop. Klin. u. Polikl. (Ep.) (1926, Univ.-Klin. 34/35, o. Polikl. 37/38)
10.	5. Med. (Kinder-) Abt. (Ep.) (1924/25–25)
	Kinderkl. (Ep.) (1925/26–43, Univ. 29, u. Polikl. 34/35)
11.	1. u. 2. Chir. Abt. (Ep.) (1924/25–25)
	Chir. Univ.-Klin. u. Polikl. (Ep.) (1934/35)
11.1	Chir. Polikl. u. orthop. Klin. (Ep.) (1925/26–34, Univ.- 29, o. u. orthop. 26, 25/26 m. IV.9. identisch)
11.2	Chir. Klin. (Ep.) (1925/26–34, Univ.- 29)
12.	Staatskr.anst. Friedrichsberg (1919–25)
	Psych. Kl. (Staatskr.anst. Friedrichsberg) (1925/26–37, Univ. 29)
	Psych. u. Nervenkl. (Eilbecktal) (1937/38)
13.	Röntgen-Inst. (Ep.) (1924/25–29)
14.	Abt. f. phys. Therap. (Ep.) (1924/25–28/29)
15.	Pilz-Forsch.inst. (Ep.) (1924/25–28)
16.	Krebs-Forsch.inst. (Ep.) (1924/25–28/29)
	Hamburger Krebsforsch.inst. e.V. (nur 1929)
	Krebsinst. e.V. (Ep.) (1935–37/38)
	Hamburger Krebsforsch.inst. e.V. (Ep.) (1938)
17.	Inst. f. ger. Med. (1925/26–37/38, Univ. 29)
	Gerichtsärztl. Inst. (1938)
	Inst. f. ger. Med. (1938/39, u. Krim. 41.1)
18.	Neurol. Klin. (Ep.) (1925/26, Univ.kl. 29)
19.	Immunitätsinst. (Ep.) (1925/26–29)
20.	Inst. f. Umweltforsch. (1928/29–39, Forts. III.A.12)
21.	Inst. f. Leibesüb. (1930/31–34/35, vorh. III.A.8, Forts. V.B.1.)
21.1	Sportärztl. Unters.- u. Beratungsstelle im Inst. f. Leibesübungen (1930/31–1934/35, Forts. V.B.1.1)
22.	Inst. f. Luftfahrtmed. e.V. (Ep.) (1935)

23.	Sportmed. Inst. u. Sportärztl. Polikl. (1936/37, vorh. V.B.1.1)

C. Med. Unterr. wird außerdem erteilt (1925/26)

1.	Allg. Kh. St. Georg (diverse Abt.) (1919)
2.	Allg. Kh. Barmbeck (diverse Abt.) (1919)
3.	Lupusheilstätte (nur 1919)
4.	Hafenkh. (1931/32)
5.	Staatskr.anst. Langenhorn (nur 1938)
	Heil- und Pflegeanst. Langenhorn (1938/39–44)
	Allg. Kh. Langenhorn (1944/45)
6.	Allg. Kh. Hamburg-Altona (zwei Klin.) (⟨1944⟩) (Diese allg. Kh. unter C. wurden nicht als Inst. d. Univ. Hamburg gezählt)

V.   Wiss. Inst. d. Univ. (1919/20)

A.   Sonst. wiss. Inst. (1937/38)

1.	Mus. f. Kunst u. Gewerbe (1919, Hamburgisches ⟨44⟩)
2.	Hamburgisches Welt-Wirtschafts-Archiv (1919)
3.	Hamburgisches Welt-Wirtsch.-Inst. e.V. (1939)
4.	Kunsthalle (1920/21, Hamburgische 37/38)
5.	Deutsche Seewarte (1929)
6.	Ibero-Amerikanisches Inst. (1929, vorh. II.A.5.1)
7.	Inst. f. Auswärtige Pol. (1925)
7.1	Hist.-Pol. Abt. (1932/33–33/34)
7.2	Rechts-Abt. (1932/33–33/34)
7.3	„Europa-Gespräche" (1932/33–33/34)
7.4	„Amerika-Post" (1932/33–33/34)
8	Archiv d. Hansestadt Hamburg (1938/39)
9.	Gewerbekundl. Inst. (1936–37)
10.	Forsch.stelle f. d. Überseedt. (1936–37, Forts. II.B.3.)
11.	Theatersamml. d. Hansestadt Hamburg (1943)

B.   Allgemeine Univ.inst. (1935)

1.	Inst. f. Leibesüb. (1935, vorh. IV.B.21.)
1.1	Sportärztl. Unters.- u. Beratungsstelle im Inst. f. Leibesüb. (1935–36, vorh. IV.B.21.1, Forts. IV.B.23.)
1.2	Prakt.-päd. Abt. (nur 1936)
2.	Univ.-Musikinst. (1935–40.1, Forts. II.A.22)
3.	Kolonialinst. d. Hansischen Univ. (1939)

Fehlende Semester: 1941.1, 1943/44; 1936/37 u. 1937 als Studienjahr; Ep. = Kh. Eppendorf.

3. Die Studierenden nach Fachbereichen

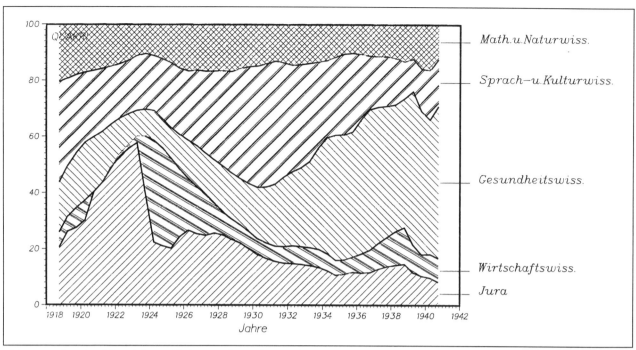

Abb. 13. 1: Das Fachbereichsprofil der Studierenden an der Universität Hamburg 1918/19–1941/1

Tab. 13. 1: Die Studierenden an der Universität Hamburg nach Fachbereichen in Prozent 1918/19–1941/1

| | Jura | Gesundheitswissenschaften | | | | Sprach und Kultur wiss. | Math., Naturw. | | Wirt- sch., Agrar- und Forst- wiss. | Studierende | | |
| | | insg. | Allg. Med. | Zahn- med. | Phar- mazie | | insg. | Chemie | | insg. | weibl. in % aller Stud. | Ausl. in % aller Stud. |
Semester	1	2	3	4	5	6	7	8	9	10	11	12
1918/19	22,08	17,76	17,76	0,00	0,00	39,12	21,04	0,00	0,00	1250	7,20	.
1919	18,93	17,83	17,67	0,00	0,16	32,60	19,97	7,22	10,67	1828	12,96	.
ZS. 1919	.	.	.	.	.	.	.	.	.	.	.	.
1919/20	33,54	18,36	18,36	.	.	29,57	18,53	.	.	2364	13,45	.
1920	21,71	20,85	16,36	4,00	0,48	25,92	17,26	6,28	14,26	2897	12,46	.
1920/21	38,73	20,33	12,95	7,38	.	24,11	16,83	.	.	3576	12,98	.
1921	41,95	18,85	11,36	7,49	.	23,22	15,99	.	.	3433	12,26	.
1921/22	45,57	17,35	11,34	6,01	.	21,67	15,41	.	.	3660	11,75	.
1922	52,43	13,28	10,25	3,03	.	19,68	14,61	.	.	3765	11,50	.
1922/23	54,48	12,32	9,62	2,70	.	19,65	13,56	.	.	4367	10,90	.
1923	58,54	9,98	7,92	2,06	.	19,10	12,38	.	.	4571	10,57	.
1923/24	57,99	8,73	6,48	1,82	0,43	20,23	10,09	3,04	2,96	3687	12,96	.
1924	21,14	10,65	8,13	1,57	0,95	19,49	10,69	4,34	38,03	2422	14,08	.
1924/25	23,31	10,89	8,28	1,43	1,19	19,70	11,66	4,33	34,44	2102	14,18	4,19
1925	18,60	9,98	7,52	1,45	1,01	23,18	13,01	4,58	35,23	2075	14,99	4,48
1925/26	21,69	11,98	9,66	1,62	0,71	23,10	14,51	4,70	28,72	1978	15,12	5,21
1926	26,96	12,85	9,29	2,96	0,60	24,10	16,97	4,97	19,13	1992	17,02	5,77
1926/27	26,18	14,31	10,28	3,19	0,84	25,34	16,38	4,13	17,79	2131	18,44	5,40
1927	24,39	14,90	10,64	3,59	0,67	28,65	16,32	4,17	15,74	2255	19,38	5,19
1927/28	25,15	14,77	10,59	3,54	0,63	29,79	17,17	4,05	13,12	2370	20,17	5,23
1928	26,10	16,01	11,86	3,65	0,50	33,59	16,12	2,92	8,18	2605	19,62	5,11
1928/29	23,66	16,90	12,34	4,20	0,36	34,19	17,19	3,22	8,07	2764	20,66	5,90
1929	23,06	16,06	10,56	4,90	0,59	38,11	16,43	3,28	6,34	3201	21,31	5,65
1929/30	21,11	17,00	11,36	5,08	0,56	40,34	15,10	2,85	6,45	3364	21,97	5,35
1930	18,91	17,21	11,50	5,22	0,49	43,13	14,99	2,90	5,76	3696	22,40	4,87
1930/31	16,92	19,57	13,67	5,37	0,53	43,43	14,63	3,15	5,45	3746	22,82	4,81
1931	16,21	20,57	15,14	5,01	0,42	44,46	13,29	2,62	5,46	4010	24,74	4,71
1931/32	14,87	23,81	18,31	4,99	0,51	43,22	12,76	2,83	5,34	3746	25,55	4,35
1932	15,01	25,79	19,59	5,75	0,45	38,20	14,61	3,47	6,38	3777	25,71	4,10
1932/33	14,61	27,07	20,65	5,68	0,75	37,65	14,47	3,48	6,20	3594	25,35	4,09
1933	14,41	29,29	22,38	6,31	0,59	35,92	14,04	3,81	6,35	3199	24,70	.
1933/34	13,74	32,26	25,56	6,13	0,58	34,09	13,51	3,62	6,40	2954	24,88	.
1934	13,12	40,16	32,22	7,15	0,79	27,08	13,25	4,05	6,39	2393	22,32	4,97
1934/35	11,41	42,65	33,80	7,94	0,91	27,94	12,36	4,21	5,64	2305	24,16	.
1935	9,73	46,70	37,64	7,78	1,28	27,81	10,68	3,65	5,08	2107	24,82	.
1935/36	12,33	42,53	34,08	7,09	1,35	29,90	10,22	3,17	5,03	2368	25,38	.
1936	11,09	46,74	38,50	6,87	1,37	26,20	10,22	3,66	5,75	1966	24,82	.
1936/37	11,88	49,05	39,72	7,03	2,30	20,15	11,05	3,66	7,86	1692	18,68	.
1937	11,41	51,21	42,60	6,01	2,61	17,96	11,29	4,85	8,13	1648	16,99	7,89
1937/38	14,34	45,89	38,98	4,24	2,67	17,86	11,60	5,48	10,30	1534	16,43	.
1938	13,15	47,67	41,09	4,34	2,24	17,55	11,11	5,33	10,52	1521	15,84	.
1938/39	15,44	42,80	39,47	3,32	0,00	15,10	13,23	6,44	13,43	1444	16,00	.
1939	13,80	49,25	46,59	2,66	0,00	11,07	13,30	6,61	12,58	1391	16,82	.
1939/40	.	.	.	.	.	.	.	.	.	.	.	.
1940/1	9,41	60,32	58,80	1,52	0,00	12,06	11,15	6,68	7,06	1318	17,60	.
1940/2	11,21	41,64	39,74	1,90	0,00	18,22	20,52	9,11	8,41	999	25,53	3,20
1940/3	10,17	46,87	45,02	1,85	0,00	17,92	17,92	8,25	7,11	1406	27,88	.
1941/1	8,20	54,26	51,99	2,27	0,00	16,73	12,35	7,72	8,45	1231	32,58	.

4. Die Studierenden nach Fächern

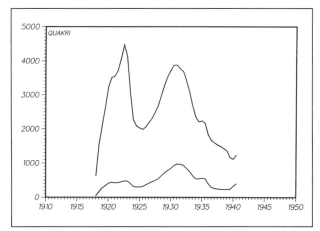

Abb. 13. 2: Die Studierenden (weibl. u. insg.) an der Universität Hamburg 1918/19–1941/1: Sämtliche Fächer

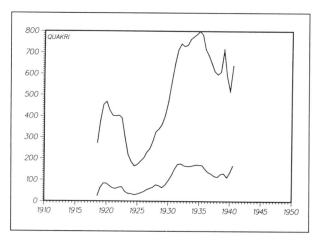

Abb. 13. 3: Die Studierenden (weibl. u. insg.) an der Universität Hamburg 1918/19–1941/1: Allgemeine Medizin

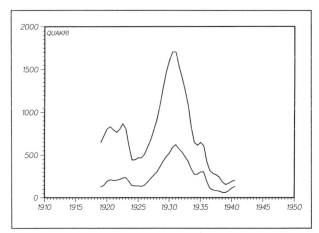

Abb. 13. 4: Die Studierenden (weibl. u. insg.) an der Universität Hamburg 1918/19–1941/1: Sprach- und Kulturwissenschaften

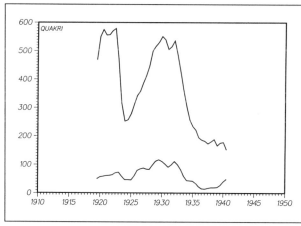

Abb. 13. 5: Die Studierenden (weibl. u. insg.) an der Universität Hamburg 1918/19–1941/1: Mathematik und Naturwissenschaften

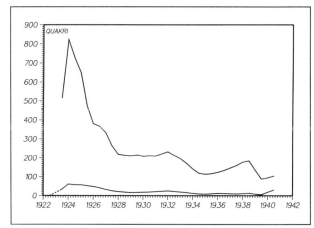

Abb. 13. 6: Die Studierenden (weibl. u. insg.) an der Universität Hamburg 1918/19–1941/1: Wirtschafts- und Agrarwissenschaften

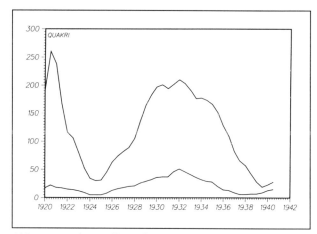

Abb. 13. 7: Die Studierenden (weibl. u. insg.) an der Universität Hamburg 1918/19–1941/1: Zahnmedizin

Tab. 13. 2: Die Einzelfachströme an der Universität Hamburg nach Staatsangehörigkeit und Geschlecht 1918/19–1941/1

	Jura					Medizin					Zahnmedizin				
	insg.	Frauen		deuts.	Ausländ. in %	insg.	Frauen		deuts.	Ausländ. in %	insg.	Frauen		deuts.	Ausländ. in %
		insg.	in %				insg.	in %				insg.	in %		
Semester	1	2	3	4	5	6	7	8	9	10	11	12	13	14	15
1918/19	276	4	1,45	.	.	222	3	1,35	.	.	.	.	.	.	.
1919	346	10	2,89	.	.	323	45	13,93	.	..	.	.	.	.	.
ZS.1919	.	.	.	.	.	.	.	.	.	.	.	.	.	.	.
1919/20	793	56	7,06	.	.	434	84	19,35	.	.	.	.	.	.	.
1920	629	17	2,70	.	.	474	84	17,72	.	.	116	7	6,03	.	.
1920/21	1385	70	5,05	.	.	463	82	17,71	.	.	264	27	10,23	.	.
1921	1440	85	5,90	.	.	390	60	15,38	.	.	257	17	6,61	.	.
1921/22	1668	80	4,80	.	.	415	62	14,94	.	.	220	19	8,64	.	.
1922	1974	93	4,71	.	.	386	56	14,51	.	.	114	15	13,16	.	.
1922/23	2379	94	3,95	.	.	420	74	17,62	.	.	118	16	13,56	.	.
1923	2676	97	3,62	.	.	362	60	16,57	.	.	94	12	12,77	.	.
1923/24	2138	125	5,85	.	.	239	31	12,97	.	.	67	13	19,40	.	.
1924	512	23	4,49	.	.	197	41	20,81	.	.	38	5	13,16	.	.
1924/25	490	17	3,47	.	.	174	30	17,24	.	.	30	5	16,67	.	.
1925	386	16	4,15	.	.	156	30	19,23	.	.	30	6	20,00	.	.
1925/26	429	14	3,26	.	.	191	39	20,42	.	.	32	5	15,63	.	.
1926	537	21	3,91	.	.	185	40	21,62	.	.	59	12	20,34	.	.
1926/27	558	28	5,02	.	.	219	50	22,83	.	.	68	15	22,06	.	.
1927	550	24	4,36	22	4,73	240	59	24,58	54	8,33	81	17	20,99	14	14,81
1927/28	596	25	4,19	23	4,87	251	62	24,70	58	7,57	84	20	23,81	17	15,48
1928	680	33	4,85	33	4,41	309	69	22,33	67	9,39	95	20	21,05	18	11,58
1928/29	654	37	5,66	36	4,43	341	85	24,93	81	9,38	116	23	19,83	21	12,07
1929	738	55	7,45	52	4,47	338	62	18,34	57	10,65	157	29	18,47	27	11,46
1929/30	710	60	8,45	59	4,23	382	67	17,54	65	7,07	171	29	16,96	28	15,20
1930	699	51	7,30	48	4,43	425	86	20,24	82	10,35	193	35	18,13	33	8,29
1930/31	634	45	7,10	43	3,31	512	108	21,09	105	8,98	201	38	18,91	34	14,93
1931	650	52	8,00	51	3,23	607	134	22,08	128	8,73	201	37	18,41	34	13,93
1931/32	557	44	7,90	42	2,69	686	169	24,64	166	7,00	187	37	19,79	33	12,30
1932	567	40	7,05	36	2,47	740	179	24,19	176	6,22	217	56	25,81	53	9,68
1932/33	525	29	5,52	28	1,71	742	173	23,32	171	6,33	204	47	23,04	42	8,82
1933	461	22	4,77	.	.	716	161	22,49	.	.	202	46	22,77	.	.
1933/34	406	16	3,94	.	.	755	167	22,12	.	.	181	36	19,89	.	.
1934	314	10	3,18	.	.	771	161	20,88	.	.	171	36	21,05	.	.
1934/35	263	8	3,04	.	.	779	175	22,46	.	.	183	28	15,30	.	.
1935	205	5	2,44	.	.	793	167	21,06	.	.	164	31	18,90	.	.
1935/36	292	6	2,05	.	.	807	174	21,56	.	.	168	26	15,48	.	.
1936	218	4	1,83	.	.	757	163	21,53	.	.	135	15	11,11	.	.
1936/37	201	4	1,99	.	.	672	138	20,54	.	.	119	14	11,76	.	.
1937	188	2	1,06	.	.	702	134	19,09	.	.	99	12	12,12	.	.
1937/38	220	5	2,27	.	.	598	125	20,90	.	.	65	6	9,23	.	.
1938	200	5	2,50	.	.	625	112	17,92	.	.	66	6	9,09	.	.
1938/39	223	3	1,35	.	.	570	116	20,35	.	.	48	7	14,58	.	.
1939	192	3	1,56	.	.	648	140	21,60	.	.	37	7	18,92	.	.
1939/40	.	.	.	.	.	.	.	.	.	.	.	.	.	.	.
1940/1	124	7	5,65	.	.	775	122	15,74	.	.	20	8	40,00	.	.
1940/2	112	7	6,25	.	.	397	102	25,69	.	.	19	11	57,89	.	.
1940/3	143	7	4,90	.	.	633	137	21,64	.	.	26	16	61,54	.	.
1941/1	101	5	4,95	.	.	640	168	26,25	.	.	28	15	53,57	.	.

Tab. 13. 2: Die Einzelfachströme an der Universität Hamburg nach Staatsangehörigkeit und Geschlecht 1918/19–1941/1

	Pharmazie					Philologien, Geschichte			Mathematik, Naturwiss.		
	insg.	Frauen			Aus-länd.	insg.	Frauen		insg.	Frauen	
		insg.	in %	deuts.	in %		insg.	in %		insg.	in %
Semester	16	17	18	19	20	21	22	23	24	25	26
1918/19	.	.	.	.	.	489	60	12,27	263	23	8,75
1919	3	0	0,00	.	.	518	99	19,11	233	34	14,59
ZS.1919	.	.	.	.	.	.	.	.	.	.	.
1919/20	.	.	.	.	.	699	132	18,88	438	46	10,50
1920	14	0	0,00	.	.	751	164	21,84	318	36	11,32
1920/21	.	.	.	.	.	862	225	26,10	602	60	9,97
1921	.	.	.	.	.	797	200	25,09	549	59	10,75
1921/22	.	.	.	.	.	793	206	25,98	564	63	11,17
1922	.	.	.	.	.	741	208	28,07	550	61	11,09
1922/23	.	.	.	.	.	858	224	26,11	592	68	11,49
1923	.	.	.	.	.	873	240	27,49	566	74	13,07
1923/24	16	2	12,50	.	.	746	235	31,50	260	61	23,46
1924	23	5	21,74	.	.	459	149	32,46	154	39	25,32
1924/25	25	7	28,00	.	.	409	137	33,50	154	39	25,32
1925	21	6	28,57	.	.	.	.	.	.	.	.
1925/26	14	6	42,86	.	.	.	.	.	.	.	.
1926	12	4	33,33	.	.	.	.	.	.	.	.
1926/27	18	6	33,33	.	.	.	.	.	.	.	.
1927	15	8	53,33	7	6,67	.	.	.	.	.	.
1927/28	15	6	40,00	5	6,67	.	.	.	.	.	.
1928	13	4	30,77	4	0,00	.	.	.	.	.	.
1928/29	10	1	10,00	1	0,00	.	.	.	.	.	.
1929	19	5	26,32	5	0,00	.	.	.	.	.	.
1929/30	19	5	26,32	5	5,26	.	.	.	.	.	.
1930	18	5	27,78	5	5,56	.	.	.	.	.	.
1930/31	20	8	40,00	8	5,00	.	.	.	.	.	.
1931	17	4	23,53	4	5,88	.	.	.	.	.	.
1931/32	19	5	26,32	5	0,00	.	.	.	.	.	.
1932	17	4	23,53	4	0,00	.	.	.	.	.	.
1932/33	27	9	33,33	9	0,00	.	.	.	.	.	.
1933	19	7	36,84	.	.	.	.	.	.	.	.
1933/34	17	6	35,29	.	.	.	.	.	.	.	.
1934	19	3	15,79	.	.	.	.	.	.	.	.
1934/35	21	4	19,05	.	.	.	.	.	.	.	.
1935	27	3	11,11	.	.	.	.	.	.	.	.
1935/36	32	2	6,25	.	.	.	.	.	.	.	.
1936	27	2	7,41	.	.	.	.	.	.	.	.
1936/37	39	5	12,82	.	.	.	.	.	.	.	.
1937	43	6	13,95	.	.	.	.	.	.	.	.
1937/38	41	7	17,07	.	.	.	.	.	.	.	.
1938	34	7	20,59	.	.	.	.	.	.	.	.
1938/39	.	.	.	.	.	.	.	.	.	.	.
1939	.	.	.	.	.	.	.	.	.	.	.
1939/40	.	.	.	.	.	.	.	.	.	.	.
1940/1	.	.	.	.	.	.	.	.	.	.	.
1940/2	.	.	.	.	.	.	.	.	.	.	.
1940/3	.	.	.	.	.	.	.	.	.	.	.
1941/1	.	.	.	.	.	.	.	.	.	.	.

Tab. 13.2: Die Einzelfachströme an der Universität Hamburg nach Staatsangehörigkeit und Geschlecht 1918/19–1941/1

Semester	Chemie insg.	Chemie Frauen insg.	Chemie Frauen in %	Chemie deuts.	Chemie Ausländ. in %	Wirtschafts- und Staatswissenschaft insg.	Frauen insg.	Frauen in %	deuts.	Ausländ. in %	Landwirtschaft insg.	Frauen insg.	Frauen in %	Ausländ. in %
	27	28	29	30	31	32	33	34	35	36	37	38	39	40
1919	132	11	8,33	.	.	174	13	7,47	.	.	21	0	0,00	.
ZS.1919	.	.	.	.	.	.	.	.	.	.	.	.	.	.
1919/20	.	.	.	.	.	.	.	.	.	.	.	.	.	.
1920	182	19	10,44	.	.	381	34	8,92	.	.	32	0	0,00	.
1920/21	.	.	.	.	.	.	.	.	.	.	.	.	.	.
1921	.	.	.	.	.	.	.	.	.	.	.	.	.	.
1921/22	.	.	.	.	.	.	.	.	.	.	.	.	.	.
1922	.	.	.	.	.	.	.	.	.	.	.	.	.	.
1922/23	.	.	.	.	.	.	0	.	.	.	.	.	.	.
1923	.	.	.	.	.	.	.	.	.	.	.	.	.	.
1923/24	112	11	9,82	.	.	.	.	.	.	.	109	0	0,00	.
1924	105	8	7,62	.	.	818	68	8,31	.	.	103	0	0,00	.
1924/25	91	8	8,79	.	.	618	55	8,90	.	.	106	0	0,00	.
1925	95	5	5,26	.	.	628	60	9,55	.	.	103	0	0,00	.
1925/26	93	8	8,60	.	.	473	54	11,42	.	.	95	1	1,05	.
1926	99	10	10,10	.	.	305	48	15,74	.	.	76	2	2,63	.
1926/27	88	14	15,91	.	.	287	45	15,68	.	.	92	2	2,17	.
1927	94	13	13,83	13	8,51	263	34	12,93	34	6,46	92	1	1,09	3,26
1927/28	96	14	14,58	13	9,38	219	30	13,70	29	9,59	92	0	0,00	2,17
1928	76	7	9,21	6	7,89	136	14	10,29	11	11,76	59	0	0,00	1,69
1928/29	89	11	12,36	10	8,99	187	19	10,16	16	11,76	12	0	0,00	16,67
1929	105	15	14,29	14	7,62	172	14	8,14	13	14,53	11	0	0,00	9,09
1929/30	96	18	18,75	14	9,38	190	15	7,89	14	12,63	10	0	0,00	20,00
1930	107	24	22,43	21	9,35	183	15	8,20	14	10,38	5	0	0,00	0,00
1930/31	118	21	17,80	18	9,32	192	18	9,38	16	9,90	1	0	0,00	0,00
1931	105	18	17,14	16	8,57	197	18	9,14	17	10,66	1	1	100,00	0,00
1931/32	106	19	17,92	16	7,55	187	19	10,16	19	8,02	.	.	.	.
1932	131	27	20,61	26	6,11	228	24	10,53	23	8,77	.	.	.	.
1932/33	125	25	20,00	23	6,40	213	23	10,80	23	7,98	.	.	.	.
1933	122	26	21,31	.	.	187	19	10,16	.	.	.	.	.	.
1933/34	107	17	15,89	.	.	182	18	9,89	.	.	.	.	.	.
1934	97	10	10,31	.	.	146	14	9,59	.	.	.	.	.	.
1934/35	97	11	11,34	.	.	126	11	8,73	.	.	.	.	.	.
1935	77	5	6,49	.	.	107	8	7,48	.	.	.	.	.	.
1935/36	75	8	10,67	.	.	118	9	7,63	.	.	.	.	.	.
1936	72	6	8,33	.	.	113	11	9,73	.	.	.	.	.	.
1936/37	62	1	1,61	.	.	131	13	9,92	.	.	.	.	.	.
1937	80	2	2,50	.	.	134	10	7,46	.	.	.	.	.	.
1937/38	84	3	3,57	.	.	158	10	6,33	.	.	.	.	.	.
1938	81	4	4,94	.	.	160	9	5,63	.	.	.	.	.	.
1938/39	93	7	7,53	.	.	194	13	6,70	.	.	.	.	.	.
1939	92	4	4,35	.	.	175	14	8,00	.	.	.	.	.	.
1939/40	.	.	.	.	.	.	.	.	.	.	.	.	.	.
1940/1	88	8	9,09	.	.	93	3	3,23	.	.	.	.	.	.
1940/2	91	10	10,99	.	.	84	7	8,33	.	.	.	.	.	.
1940/3	116	28	24,14	.	.	100	22	22,00	.	.	.	.	.	.
1941/1	95	23	24,21	.	.	104	30	28,85	.	.	.	.	.	.

Tab. 13. 2: Die Einzelfachströme an der Universität Hamburg nach Staatsangehörigkeit und Geschlecht 1918/19–1941/1

	Sonstige					Studierende					
	insg.	Frauen			Ausländ.	insg.	Frauen			Ausländer	
		insg.	in %	deuts.	in %		insg.	in %	deuts.	insg.	in %
Semester	41	42	43	44	45	46	47	48	49	50	51
1918/19	.	.	.	.	.	1250	90	7,20	.	.	.
1919	78	25	32,05	.	.	1828	237	12,96	.	.	.
ZS.1919	.	.	.	.	.	.	.	.	.	.	.
1919/20	.	.	.	.	.	2364	318	13,45	.	.	.
1920	.	.	.	.	.	2897	361	12,46	.	.	.
1920/21	.	.	.	.	.	3576	464	12,98	.	.	.
1921	.	.	.	.	.	3433	421	12,26	.	.	.
1921/22	.	.	.	.	.	3660	430	11,75	.	.	.
1922	.	.	.	.	.	3765	433	11,50	.	.	.
1922/23	.	.	.	.	.	4367	476	10,90	.	.	.
1923	.	.	.	.	.	4571	483	10,57	.	.	.
1923/24	.	.	.	.	.	3687	478	12,96	.	.	.
1924	13	3	23,08	.	.	2422	341	14,08	.	.	.
1924/25	5	0	0,00	.	.	2102	298	14,18	.	88	4,19
1925	80	20	25,00	.	.	2075	311	14,99	.	93	4,48
1925/26	53	15	28,30	.	.	1978	299	15,12	.	103	5,21
1926	55	15	27,27	.	.	1992	339	17,02	.	115	5,77
1926/27	61	21	34,43	.	.	2131	393	18,44	.	115	5,40
1927	19	5	26,32	4	10,53	2255	437	19,38	419	117	5,19
1927/28	5	2	40,00	1	60,00	2370	478	20,17	454	124	5,23
1928	35	15	42,86	12	11,43	2605	511	19,62	488	133	5,11
1928/29	6	3	50,00	3	16,67	2764	571	20,66	543	163	5,90
1929	24	11	45,83	11	12,50	3201	682	21,31	656	181	5,65
1929/30	5	2	40,00	2	0,00	3364	739	21,97	712	180	5,35
1930	6	1	16,67	1	16,67	3696	828	22,40	799	180	4,87
1930/31	3	1	33,33	1	0,00	3746	855	22,82	824	180	4,81
1931	6	3	50,00	3	0,00	4010	992	24,74	958	189	4,71
1931/32	4	1	25,00	1	25,00	3746	957	25,55	928	163	4,35
1932	9	2	22,22	2	11,11	3777	971	25,71	947	155	4,10
1932/33	6	1	16,67	1	33,33	3594	911	25,35	890	147	4,09
1933	4	1	25,00	.	.	3199	790	24,70	.	.	.
1933/34	3	0	0,00	.	.	2954	735	24,88	.	.	.
1934	2	0	0,00	.	.	2393	534	22,32	.	119	4,97
1934/35	2	0	0,00	.	.	2305	557	24,16	.	.	.
1935	.	.	.	.	.	2107	523	24,82	.	.	.
1935/36	.	.	.	.	.	2368	601	25,38	.	.	.
1936	.	.	.	.	.	1966	488	24,82	.	.	.
1936/37	.	.	.	.	.	1692	316	18,68	.	.	.
1937	.	.	.	.	.	1648	280	16,99	.	130	7,89
1937/38	.	.	.	.	.	1534	252	16,43	.	.	.
1938	.	.	.	.	.	1521	241	15,84	.	.	.
1938/39	.	.	.	.	.	1444	231	16,00	.	.	.
1939	.	.	.	.	.	1391	234	16,82	.	.	.
1939/40	.	.	.	.	.	.	.	.	.	.	.
1940/1	.	.	.	.	.	1318	232	17,60	.	.	.
1940/2	.	.	.	.	.	999	255	25,53	.	32	3,20
1940/3	.	.	.	.	.	1406	392	27,88	.	.	.
1941/1	.	.	.	.	.	1231	401	32,58	.	.	.

Tab. 13. 2: Die Einzelfachströme an der Universität Hamburg nach Staatsangehörigkeit und Geschlecht 1918/19–1941/1

	Alte Sprachen				Germanistik				Neue Sprachen			
	insg.	Frauen		Aus-länd. in %	insg.	Frauen		Aus-länd. in %	insg.	Frauen		Aus-länd. in %
Semester		insg.	in %	deuts.			insg.	in %	deuts.			insg.	in %	deuts.	
	1	2	3	4	5	6	7	8	9	10	11	12	13	14	15
1925	9	1	11,11	.	.	119	45	37,82	.	.	81	31	38,27	.	.
1925/26	9	1	11,11	.	.	113	46	40,71	.	.	84	26	30,95	.	.
1926	15	2	13,33	.	.	134	43	32,09	.	.	105	33	31,43	.	.
1926/27	13	2	15,38	.	.	123	42	34,15	.	.	167	52	31,14	.	.
1927	16	2	12,50	2	6,25	141	50	35,46	48	2,84	176	58	32,95	56	3,41
1927/28	16	3	18,75	3	6,25	166	66	39,76	65	1,81	200	64	32,00	63	2,00
1928	21	3	14,29	2	4,76	172	68	39,53	65	4,07	225	79	35,11	78	1,78
1928/29	22	2	9,09	2	4,55	171	68	39,77	64	5,85	245	87	35,51	82	4,49
1929	26	7	26,92	7	3,85	174	71	40,80	67	6,90	261	95	36,40	92	2,68
1929/30	19	4	21,05	4	0,00	173	69	39,88	65	5,78	252	90	35,71	85	4,76
1930	18	5	27,78	5	0,00	176	60	34,09	57	3,98	242	88	36,36	83	4,13
1930/31	22	1	4,55	1	0,00	193	78	40,41	74	5,18	210	71	33,81	68	3,81
1931	28	4	14,29	3	3,57	188	79	42,02	73	6,38	227	85	37,44	82	5,29
1931/32	25	4	16,00	4	0,00	171	81	47,37	77	4,68	202	74	36,63	71	4,46
1932	21	2	9,52	2	0,00	183	79	43,17	79	3,28	195	71	36,41	70	4,10
1932/33	21	4	19,05	4	0,00	180	77	42,78	74	3,89	185	69	37,30	67	4,32
1933	23	6	26,09	.	.	163	64	39,26	.	.	153	61	39,87	.	.
1933/34	17	4	23,53	.	.	156	66	42,31	.	.	126	43	34,13	.	.
1934	14	1	7,14	.	.	106	41	38,68	.	.	90	32	35,56	.	.
1934/35	12	4	33,33	.	.	107	42	39,25	.	.	66	28	42,42	.	.
1935	3	1	33,33	.	.	53	23	43,40	.	.	42	17	40,48	.	.
1935/36	7	0	0,00	.	.	57	25	43,86	.	.	34	16	47,06	.	.
1936	6	0	0,00	.	.	40	17	42,50	.	.	33	18	54,55	.	.
1936/37	1	0	0,00	.	.	34	16	47,06	.	.	17	8	47,06	.	.
1937	4	0	0,00	.	.	28	13	46,43	.	.	12	3	25,00	.	.
1937/38	3	0	0,00	.	.	31	8	25,81	.	.	50	13	26,00	.	.
1938	3	0	0,00	.	.	29	6	20,69	.	.	49	16	32,65	.	.
1938/39	3	0	0,00	.	.	32	12	37,50	.	.	37	15	40,54	.	.
1939	3	0	0,00	.	.	25	7	28,00	.	.	40	15	37,50	.	.
1939/40	.	.	.	.	.	.	.	.	.	.	.	.	.	.	.
1940/1	3	0	0,00	.	.	47	20	42,55	.	.	35	16	45,71	.	.
1940/2	3	0	0,00	.	.	56	30	53,57	.	.	39	23	58,97	.	.
1940/3	4	0	0,00	.	.	74	47	63,51	.	.	46	27	58,70	.	.
1941/1	4	1	25,00	.	.	62	42	67,74	.	.	38	29	76,32	.	.

	Geschichte				Musik				Philosophie, Pädagogik, Religionslehren			
	insg.	Frauen		Aus-länd. in %	insg.	Frauen		Aus-länd. in %	insg.	Frauen		Aus-länd. in %
Semester		insg.	in %	deuts.			insg.	in %	deuts.			insg.	in %	deuts.	
	16	17	18	19	20	21	22	23	24	25	26	27	28	29	30
1925	57	17	29,82	.	.	.	.	.	.	.	135	31	22,96	.	.
1925/26	81	21	25,93	.	.	.	.	.	.	.	117	26	22,22	.	.
1926	58	16	27,59	.	.	.	.	.	.	.	113	27	23,89	.	.
1926/27	51	13	25,49	.	.	.	.	.	.	.	125	32	25,60	.	.
1927	56	19	33,93	19	5,36	7	2	28,57	2	0,00	201	65	32,34	65	1,99
1927/28	71	26	36,62	25	5,63	8	1	12,50	1	0,00	219	78	35,62	73	3,65
1928	74	22	29,73	20	4,05	16	1	6,25	0	12,50	308	92	29,87	90	2,60
1928/29	103	32	31,07	31	3,88	10	0	0,00	0	10,00	366	112	30,60	109	2,73
1929	129	37	28,68	36	3,10	11	1	9,09	1	9,09	563	171	30,37	169	2,13
1929/30	115	38	33,04	36	6,09	13	2	15,38	2	7,69	69	16	23,19	12	17,39
1930	104	24	23,08	23	8,65	16	4	25,00	4	6,25	65	24	36,92	19	16,92
1930/31	101	33	32,67	31	4,95	14	9	64,29	9	0,00	73	28	38,36	23	15,07
1931	110	35	31,82	32	4,55	11	6	54,55	6	0,00	57	25	43,86	21	8,77
1931/32	111	36	32,43	35	4,50	6	3	50,00	3	0,00	57	23	40,35	16	15,79
1932	124	44	35,48	43	4,03	12	2	16,67	1	8,33	56	18	32,14	12	17,86
1932/33	120	39	32,50	38	5,83	14	1	7,14	1	0,00	63	23	36,51	18	15,87
1933	101	29	28,71	.	.	16	1	6,25	.	.	.	.	.	.	.
1933/34	87	24	27,59	.	.	14	1	7,14	.	.	.	.	.	.	.
1934	77	25	32,47	.	.	8	1	12,50	.	.	.	.	.	.	.
1934/35	61	21	34,43	.	.	5	0	0,00	.	.	.	.	.	.	.
1935	.	.	.	.	.	4	0	0,00	.	.	.	.	.	.	.
1935/36	.	.	.	.	.	6	0	0,00	.	.	.	.	.	.	.
1936	.	.	.	.	.	4	0	0,00	.	.	.	.	.	.	.
1936/37	40	14	35,00	.	.	3	1	33,33	.	.	.	.	.	.	.
1937	39	13	33,33	.	.	3	1	33,33	.	.	.	.	.	.	.
1937/38	52	17	32,69	.	.	5	0	0,00	.	.	.	.	.	.	.
1938	42	13	30,95	.	.	4	0	0,00	.	.	.	.	.	.	.
1938/39	39	11	28,21	.	.	3	0	0,00	.	.	.	.	.	.	.
1939	26	3	11,54	.	.	0	0	.	.	.	.	.	.	.	.
1939/40	.	.	.	.	.	.	.	.	.	.	.	.	.	.	.
1940/1	31	14	45,16	.	.	1	1	100,00	.	.	.	.	.	.	.
1940/2	41	21	51,22	.	.	2	1	50,00	.	.	.	.	.	.	.
1940/3	53	29	54,72	.	.	2	0	0,00	.	.	.	.	.	.	.
1941/1	45	22	48,89	.	.	0	0	.	.	.	.	.	.	.	.

Tab. 13. 2: Die Einzelfachströme an der Universität Hamburg nach Staatsangehörigkeit und Geschlecht 1918/19-1941/1

	Kunst, Archäologie				Sonstige Kulturwiss.			Zeitungskunde		
	insg.	Frauen		Aus-länd.	insg.	Frauen		insg.	Frauen	
		insg.	in %	deuts.	in %		insg.	in %		insg.	in %
Semester	31	32	33	34	35	36	37	38	39	40	41
1927	30	7	23,33	7	6,67	.	.	.	.	.	.
1927/28	17	5	29,41	5	11,76	.	.	.	.	.	.
1928	18	6	33,33	6	0,00	.	.	.	.	.	.
1928/29	17	11	64,71	10	11,76	.	.	.	.	.	.
1929	24	11	45,83	10	12,50	.	.	.	.	.	.
1929/30	21	11	52,38	10	4,76	.	.	.	.	.	.
1930	19	8	42,11	8	0,00	.	.	.	.	.	.
1930/31	17	6	35,29	6	0,00	.	.	.	.	.	.
1931	28	11	39,29	10	3,57	.	.	.	.	.	.
1931/32	23	10	43,48	10	4,35	.	.	.	.	.	.
1932	31	13	41,94	12	6,45	.	.	.	.	.	.
1932/33	24	6	25,00	6	8,33	.	.	.	.	.	.
1933	.	.	.	.	.	69	23	33,33	.	.	.
1933/34	.	.	.	.	.	70	27	38,57	.	.	.
1934	.	.	.	.	.	45	18	40,00	.	.	.
1934/35	.	.	.	.	.	52	16	30,77	.	.	.
1935	.	.	.	.	.	139	46	33,09	5	2	40,00
1935/36	.	.	.	.	.	156	49	31,41	7	3	42,86
1936	.	.	.	.	.	22	9	40,91	18	7	38,89
1936/37	.	.	.	.	.	105	27	25,71	4	0	0,00
1937	.	.	.	.	.	89	18	20,22	4	1	25,00
1937/38	.	.	.	.	.	35	4	11,43	6	1	16,67
1938	.	.	.	.	.	27	4	14,81	8	3	37,50
1938/39	.	.	.	.	.	36	6	16,67	4	2	50,00
1939	.	.	.	.	.	28	8	28,57	6	4	66,67
1939/40	.	.	.	.	.	.	.	.	.	.	.
1940/1	.	.	.	.	.	20	8	40,00	2	0	0,00
1940/2	.	.	.	.	.	19	9	47,37	2	1	50,00
1940/3	.	.	.	.	.	32	15	46,88	3	1	33,33
1941/1	.	.	.	.	.	20	12	60,00	4	3	75,00

	Volksschullehramt					Berufsschullehramt					Leibesübungen		
	insg.	Frauen			Aus-länd.	insg.	Frauen			Aus-länd.	insg.	Frauen	
		insg.	in %	deuts.	in %		insg.	in %	deuts.	in %		insg.	in %
Semester	42	43	44	45	46	47	48	49	50	51	52	53	54
1927/28	.	.	.	.	.	.	.	.	.	.	4	0	0,00
1928	.	.	.	.	.	.	.	.	.	.	6	0	0,00
1928/29	.	.	.	.	.	.	.	.	.	.	5	1	20,00
1929	.	.	.	.	.	.	.	.	.	.	8	3	37,50
1929/30	621	183	29,47	.	0,16	63	30	47,62	.	.	6	0	0,00
1930	858	260	30,30	260	0,12	72	39	54,17	39	0,00	18	2	11,11
1930/31	890	263	29,55	263	0,00	81	39	48,15	39	0,00	23	3	13,04
1931	995	345	34,67	345	0,30	86	39	45,35	39	0,00	47	13	27,66
1931/32	899	326	36,26	325	0,44	85	31	36,47	31	0,00	36	8	22,22
1932	695	277	39,86	277	0,14	86	33	38,37	32	1,16	31	11	35,48
1932/33	644	270	41,93	270	0,16	81	28	34,57	28	0,00	15	3	20,00
1933	476	221	46,43	.	.	76	23	30,26	.	.	27	6	22,22
1933/34	407	219	53,81	.	.	59	18	30,51	.	.	27	7	25,93
1934	197	115	58,38	.	.	49	14	28,57	.	.	23	7	30,43
1934/35	235	143	60,85	.	.	36	13	36,11	.	.	27	10	37,04
1935	283	150	53,00	.	.	34	19	55,88	.	.	6	2	33,33
1935/36	358	222	62,01	.	.	40	16	40,00	.	.	16	4	25,00
1936	310	183	59,03	.	.	62	26	41,94	.	.	4	0	0,00
1936/37	68	31	45,59	.	.	44	17	38,64	.	.	11	4	36,36
1937	52	26	50,00	.	.	52	24	46,15	.	.	6	3	50,00
1937/38	3	0	0,00	.	.	67	33	49,25	.	.	11	4	36,36
1938	.	.	.	.	.	86	35	40,70	.	.	10	4	40,00
1938/39	.	.	.	.	.	33	11	33,33	.	.	24	12	50,00
1939	.	.	.	.	.	.	.	.	.	.	20	12	60,00
1939/40	.	.	.	.	.	.	.	.	.	.	.	.	.
1940/1	.	.	.	.	.	.	.	.	.	.	18	9	50,00
1940/2	.	.	.	.	.	.	.	.	.	.	18	9	50,00
1940/3	.	.	.	.	.	.	.	.	.	.	28	23	82,14
1941/1	.	.	.	.	.	.	.	.	.	.	25	20	80,00

Tab. 13. 2: Die Einzelfachströme an der Universität Hamburg nach Staatsangehörigkeit und Geschlecht 1918/19–1941/1

	Mathematik					Physik				Biologie				
	insg.	Frauen insg.	Frauen in %	deuts.	Ausländ. in %	insg.	Frauen insg.	Frauen in %	Ausländ. in %	insg.	Frauen insg.	Frauen in %	deuts.	Ausländ. in %
Semester	55	56	57	58	59	60	61	62	63	64	65	66	67	68
1925	70	19	27,14	.	.	34	4	11,76	.	48	14	29,17	.	.
1925/26	80	14	17,50	.	.	35	4	11,43	.	52	13	25,00	.	.
1926	99	26	26,26	.	.	46	8	17,39	.	59	21	35,59	.	.
1926/27	112	27	24,11	.	.	55	7	12,73	.	59	27	45,76	.	.
1927	118	27	22,88	26	3,39	55	10	18,18	1,82	76	28	36,84	27	3,95
1927/28	132	28	21,21	26	1,52	52	5	9,62	3,85	86	35	40,70	34	1,16
1928	160	27	16,88	25	3,75	62	9	14,52	3,23	60	20	33,33	20	1,67
1928/29	160	23	14,38	21	4,38	70	6	8,57	1,43	86	28	32,56	27	2,33
1929	185	31	16,76	29	4,32	66	6	9,09	3,03	104	40	38,46	39	3,85
1929/30	189	33	17,46	32	4,23	64	9	14,06	1,56	92	36	39,13	35	5,43
1930	213	34	15,96	33	3,29	69	5	7,25	1,45	98	36	36,73	35	7,14
1930/31	173	27	15,61	25	3,47	73	3	4,11	1,37	112	36	32,14	35	6,25
1931	181	26	14,36	25	2,21	83	6	7,23	1,20	95	35	36,84	34	5,26
1931/32	155	18	11,61	18	3,87	73	3	4,11	0,00	96	33	34,38	32	6,25
1932	183	29	15,85	29	2,19	83	7	8,43	0,00	91	36	39,56	35	5,49
1932/33	162	32	19,75	32	2,47	86	4	4,65	0,00	92	35	38,04	35	4,35
1933	148	30	20,27	.	.	91	6	6,59	.	82	29	35,37	.	.
1933/34	135	26	19,26	.	.	78	4	5,13	.	73	26	35,62	.	.
1934	88	18	20,45	.	.	70	2	2,86	.	58	14	24,14	.	.
1934/35	80	18	22,50	.	.	61	3	4,92	.	42	11	26,19	.	.
1935	111	23	20,72	.	.	.	.	.	.	.	.	.	.	.
1935/36	124	18	14,52	.	.	.	.	.	.	.	.	.	.	.
1936	89	15	16,85	.	.	.	.	.	.	.	.	.	.	.
1936/37	88	13	14,77	.	.	.	.	.	.	.	.	.	.	.
1937	64	6	9,38	.	.	.	.	.	.	.	.	.	.	.
1937/38	66	5	7,58	.	.	.	.	.	.	.	.	.	.	.
1938	57	4	7,02	.	.	.	.	.	.	.	.	.	.	.
1938/39	31	5	16,13	.	.	29	0	0,00	.	.	.	.	.	.
1939	28	5	17,86	.	.	29	1	3,45	.	.	.	.	.	.
1939/40	.	.	.	.	.	.	.	.	.	.	.	.	.	.
1940/1	17	5	29,41	.	.	19	4	21,05	.	1	0	0,00	.	.
1940/2	19	7	36,84	.	.	18	4	22,22	.	1	1	100,00	.	.
1940/3	30	16	53,33	.	.	25	5	20,00	.	11	4	36,36	.	.
1941/1	17	11	64,71	.	.	11	1	9,09	.	2	1	50,00	.	.

	Sonst. Naturwiss.			Geographie					Mineralogie, Geologie, Bergfach				Geogr., Geol., Min.		
	insg.	Frauen insg.	Frauen in %	insg.	Frauen insg.	Frauen in %	deuts.	Ausländ. in %	insg.	Frauen insg.	Frauen in %	Ausländ. in %	insg.	Frauen insg.	Frauen in %
Semester	69	70	71	72	73	74	75	76	77	78	79	80	81	82	83
1925	.	.	.	17	6	35,29	.	.	6	0	0,00	.	.	.	.
1925/26	.	.	.	19	6	31,58	.	.	8	0	0,00	.	.	.	.
1926	.	.	.	27	11	40,74	.	.	8	0	0,00	.	.	.	.
1926/27	.	.	.	28	10	35,71	.	.	7	0	0,00	.	.	.	.
1927	.	.	.	19	6	31,58	6	0,00	6	2	33,33	0,00	.	.	.
1927/28	.	.	.	35	8	22,86	8	0,00	6	0	0,00	0,00	.	.	.
1928	.	.	.	58	15	25,86	15	0,00	4	0	0,00	0,00	.	.	.
1928/29	.	.	.	67	20	29,85	20	4,48	3	0	0,00	33,33	.	.	.
1929	.	.	.	65	16	24,62	16	3,08	1	0	0,00	0,00	.	.	.
1929/30	.	.	.	64	20	31,25	20	1,56	3	0	0,00	33,33	.	.	.
1930	.	.	.	65	19	29,23	19	3,08	2	0	0,00	0,00	.	.	.
1930/31	.	.	.	71	18	25,35	18	4,23	1	0	0,00	0,00	.	.	.
1931	.	.	.	66	15	22,73	14	9,09	3	0	0,00	33,33	.	.	.
1931/32	.	.	.	46	10	21,74	10	8,70	2	0	0,00	50,00	.	.	.
1932	.	.	.	60	16	26,67	16	3,33	4	0	0,00	0,00	.	.	.
1932/33	.	.	.	49	11	22,45	11	4,08	6	0	0,00	16,67	.	.	.
1933	6	2	33,33	.	.	.	.	.	.	.	.	.	41	6	14,63
1933/34	6	0	0,00	.	.	.	.	.	.	.	.	.	41	9	21,95
1934	4	1	25,00	.	.	.	.	.	.	.	.	.	37	11	29,73
1934/35	5	1	20,00	.	.	.	.	.	.	.	.	.	41	10	24,39
1935	37	15	40,54	.	.	.	.	.	.	.	.	.	17	6	35,29
1935/36	43	16	37,21	.	.	.	.	.	.	.	.	.	27	7	25,93
1936	40	5	12,50	.	.	.	.	.	.	.	.	.	16	7	43,75
1936/37	37	4	10,81	.	.	.	.	.	.	.	.	.	14	6	42,86
1937	42	4	9,52	.	.	.	.	.	.	.	.	.	7	2	28,57
1937/38	28	8	28,57	.	.	.	.	.	.	.	.	.	11	3	27,27
1938	31	10	32,26	.	.	.	.	.	.	.	.	.	9	3	33,33
1938/39	38	8	21,05	.	.	.	.	.	.	.	.	.	7	3	42,86
1939	36	8	22,22	.	.	.	.	.	.	.	.	.	6	3	50,00
1939/40	.	.	.	.	.	.	.	.	.	.	.	.	.	.	.
1940/1	22	6	27,27	.	.	.	.	.	.	.	.	.	2	1	50,00
1940/2	76	10	13,16	.	.	.	.	.	.	.	.	.	2	2	100,00
1940/3	70	10	14,29	.	.	.	.	.	.	.	.	.	10	5	50,00
1941/1	27	13	48,15	.	.	.	.	.	.	.	.	.	8	5	62,50

Tab. 13. 2: Die Einzelfachströme an der Universität Hamburg nach Staatsangehörigkeit und Geschlecht 1918/19-1941/1

	Betriebswirtschaft			kaufmännisches Studium			Handelslehramt		
	insg.	Frauen		Aus-länd.in %	insg.	Frauen		insg.	Frauen	
		insg.	in %			insg.	in %		insg.	in %
Semester	84	85	86	87	88	89	90	91	92	93
1928	18	7	38,89	11,11	.	.	.	.	.	.
1928/29	24	2	8,33	8,33	.	.	.	.	.	.
1929	20	2	10,00	5,00	.	.	.	.	.	.
1929/30	17	2	11,76	5,88	.	.	.	.	.	.
1930	25	3	12,00	8,00	.	.	.	.	.	.
1930/31	11	1	9,09	9,09	.	.	.	.	.	.
1931	21	1	4,76	0,00	.	.	.	.	.	.
1931/32	13	3	23,08	0,00	.	.	.	.	.	.
1932	13	1	7,69	0,00	10	1	10,00	3	0	0,00
1932/33	10	2	20,00	0,00	5	0	0,00	5	2	40,00
1933	.	.	.	.	11	0	0,00	5	1	20,00
1933/34	.	.	.	.	4	0	0,00	3	1	33,33
1934	.	.	.	.	7	0	0,00	.	.	.
1934/35	.	.	.	.	4	0	0,00	.	.	.
1935	.	.	.	.	0	0	.	.	.	.
1935/36	.	.	.	.	1	0	0,00	.	.	.
1936	.	.	.	.	0	0	.	.	.	.
1936/37	.	.	.	.	2	0	0,00	.	.	.

5. Anmerkungen zu Tabelle 13.2

1918/19-1924/25:

Da in den Pers.Verz. keine differenzierten Stud.-Statistiken enthalten sind, konnte die Zahl der weibl. und der ausl. Stud. nicht weiter ergänzt werden. 1918/19 sind die Teilnehmer der Universitätskurse vom 6.1.-15.4.1919 nachgewiesen. ZS 1919 ohne Daten, da die Univ. erst im SS 1919 eröffnet wurde. 1939/40 Daten wegen der Umstellung auf Trimester nicht erhoben.

Sp. 1 (Jura): 1919/20 und 1920/21-1923/24 einschl. Wirtschafts- und Staatswissenschaft (Sp. 32). – Sp. 6 (Medizin): 1919/20 einschl. Zahnmedizin (Sp. 11). – Sp. 11 (Zahnmedizin): 1919/20 enthalten in Sp. 6 (Medizin). – Sp. 16 (Pharmazie): 1919/20 u. 1920/21-23 enthalten in Sp. 24 (Mathematik, Naturwiss.). – Sp. 24 (Mathematik, Naturwiss.): 1919/20 u. 1920/21-23 einschl. Pharmazie u. Chemie. – Sp. 27 (Chemie): 1919/20 u. 1920/21-23 enthalten in Sp. 24 (Mathematik, Naturwiss.). – Sp. 32 (Wirtschafts- und Staatswissenschaft): 1919/20 u. 1920/21-23/24 enthalten in Sp. 1 (Jura). – Sp. 46-47 (Studierende insg.): 1919/20 einschl. 157 männl. u. 18 weibl. Stud. mit kleiner Matrikel, 1920 desgleichen 252 u. 13, 1920/21 355 u. 29, 1921/22 406 u. 37.

1925-1941.1:

Sp. 1 (Alte Sprachen): 1929/30 wurde nach Abschluß der Erhebungen 1 Stud. nachgemeldet, dto. 2 Stud. der Geschichte (Sp. 16), 1 Stud. der Kunst, Archäologie (Sp. 31), 1 Stud. der Mathematik (Sp. 55), 1 Stud. der Biologie (Sp. 64). – Sp. 16 (Geschichte): 1935-36 enthalten in Sp. 36 (Sonstige Kulturwiss.). – Sp. 36 (Sonstige Kulturwiss.): 1935-36 einschl. Geschichte (Sp. 16). – Sp. 55 (Mathematik): 1935-38 einschl. Physik (Sp. 60). – Sp. 60 (Physik): 1935-38 enthalten in Sp. 55 (Mathematik). – Sp. 64 (Biologie): 1935-1939 enthalten in Sp. 69 (Sonst. Naturwiss.). – Sp. 69 (Sonst. Naturwiss.): 1935-39 einschl. Biologie (Sp. 64).

6. Quellen und Literatur

Quellen

Standardquellen: 1918/19-1924/25: StatJbDR Jgg. 40-44. – *1925-1927/28:* DtHochStat Bd. 1; VjhStatDR Jgg. 35-37. – *1928-1932/33:* DtHochStat Bde. 1-10. – *1932-1941.1:* ZehnjStat.
Ergänzend: keine.

Literatur:

Hochschulalltag im Dritten Reich. Die Hamburger Universität 1933-1945. 3 Bde. Berlin/Hamburg 1991. – Personal- und Vorlesungsverzeichnis der Universität Hamburg. 1935-1944/45 (= Pers.Verz.). – Universität Hamburg 1919-1969. Hamburg 1969. – WEYGANDT, W. (Hg.): Die Universität Hamburg in Wort und Bild. Hamburg o. J. (1927).

14. Heidelberg

1. Geschichtliche Übersicht

Nach der Prager (gegr. 1348) und der Wiener Universität (gegr. 1365) war die durch Pfalzgraf Ruprecht I. 1386 gegründete Universität Heidelberg die dritte im alten Reich. Sie ist heute die älteste, auf eine fast ununterbrochene Tradition zurückblickende deutsche Universität.

Unsere Daten beginnen 1807, nach der Einverleibung in das Großherzogtum Baden und der Reorganisation der Universität 1803/05 (nun Ruprecht-Karls-Universität). 1807 wurde die katholische Abteilung der Theologischen Fakultät an die Universität Freiburg verlegt. Bereits 1784 war die Hohe Kameralschule zu Kaiserslautern (dort 1774 gegründet) nach Heidelberg verlegt und lose mit der Universität verbunden worden; 1822 wurde die Staatswissenschaftliche Sektion ganz in die Phil. Fakultät eingegliedert. Als eine der letzten deutschen Universitäten erhielt Heidelberg 1815/18 auch eine stationäre medizinische und eine chirurgische Klinik (ab 1856 unter gemeinsamer Wirtschaftsführung als Akademisches Krankenhaus). In der ersten Hälfte des 19. Jahrhunderts bildeten sich zwei Seminare für die Ausbildung von Lehrern an höheren Schulen (1807 Philologisches Seminar nach dem Muster von Halle und Göttingen) und von Theologen heraus (1838 Ev.-protestantisches Priesterseminar). Nach der Jahrhundertmitte begann der Aufschwung der Naturwissenschaften. 1850–60 wurden 97% der staatlichen Neuinvestitionen zur Förderung der Chemie ausgegeben; das neuerbaute Chem. Institut galt als das modernste in Deutschland. Seit den 1860er Jahren vollzog sich der Durchbruch zu modernen spezialwissenschaftlichen Seminaren. Nach dem Vorbild von Tübingen und Straßburg wurde frühzeitig (1890) eine eigene Naturwissenschaftlich-mathematische Fakultät eingerichtet, der sieben Lehrstühle angehörten (Mathematik, Physik, Botanik, Mineralogie, Zoologie, Chemie und Landwirtschaftslehre). Die Landwirtschaftslehre konnte sich allerdings nicht dauerhaft in Heidelberg etablieren (Vertretung durch einen Lehrstuhl nur zwischen 1872 und 1900). Bei den Naturwissenschaften führte die Spezialisierung zu einer Vergrößerung der Institute, während für fast alle Fächer der Philosophischen Fakultät in einer zweiten Gründungsperiode (1889–1910) kleine Spezialseminare errichtet wurden. Der Strukturwandel der Klinikorganisation fand sichtbaren Ausdruck im von der Altstadt und den Zentralgebäuden der Universität getrennten modernen Neubau des Akademischen Krankenhauses (1876) und im vollständigen Ausbau des Areals der Klinikstadt im Bergheimer Viertel in den folgenden Jahrzehnten. Bis 1910 wuchs die Zahl der Krankenbetten in sämtlichen Universitätskliniken bis auf 1094 an; am Budget für sämtliche Universitätsinstitute hatten die Kliniken einen Anteil von 68 %. 1906 wurde mit Privatspenden als erste derartige Einrichtung in Deutschland ein Institut für experimentelle Krebsforschung gegründet. Hinsichtlich ihrer institutionellen Differenzierung rangierte die Medizinische Fakultät im ersten Drittel des 20. Jahrhunderts unmittelbar nach den drei Großuniversitäten Berlin, München und Leipzig. 1933 erfuhr die Universität eine institutionelle Erweiterung durch die Eingliederung der Mannheimer Handelshochschule, die den Kern der im Mai 1934 gegründeten Staats- und Wirtschaftswissenschaftlichen Fakulät bildete.

Anders als Freiburg verstand sich Heidelberg nicht als Landesuniversität; ihr Einzugsgebiet reichte weit über Baden hinaus. Besonders die Juristische Fakultät entfaltete bis 1880 eine starke Anziehungskraft (vgl. Abb. 14.1); als »Juristenuniversität« mit einem relativ hohen Anteil an adligen Studenten war Heidelberg hier der Universität Göttingen im 18. Jahrhundert vergleichbar. Bei einem bemerkenswert großen Anteil ausländischer Studenten bis zum Ersten Weltkrieg zählte Heidelberg im gesamten Dokumentationszeitraum sehr beständig zur Gruppe der mittelgroßen Universitäten. Für die Zulassung der Frauen zum Studium spielte die Universität (und hier besonders die Naturwissenschaftlich-mathematische Fakultät) eine Vorreiterrolle.

Die Zahl der ordentlichen Professoren (1806/07: 27) erhöhte sich bis in die Mitte der 1860er Jahre nur leicht auf 33 und stieg dann (über 43 im Jahre 1880) bis 1914 auf 49 an. Ohne die Staats- und Wirtschaftswissenschaftliche Fakultät (10 o. Professoren) zählte die Universität im ersten Trimester 1941 mit

52 nur 3 ordentliche Professoren mehr als 1914, weil die Zahl der Lehrstuhlinhaber in der Philosophischen Fakultät in den 1930er Jahren von 20 auf 12 schrumpfte. Im Unterschied dazu wuchs das gesamte Lehrpersonal in den sechs Jahrzehnten seit 1880 kräftig und stieg von 102 auf 225 im Sommersemester 1930 bzw. auf 240 im ersten Trimester 1941 an.

Während die Mehrzahl der deutschen Universitäten nach dem Ersten Weltkrieg dem republikanischen Staat eher reserviert bis ablehnend gegenüberstand, galt Heidelberg als republikanische »Musteruniversität«. Jürgen Kuczynski charakterisierte sie als »bedeutendste gesellschaftswissenschaftliche Universität Deutschlands« im ersten Viertel des 20. Jahrhunderts. Nach Berlin und Frankfurt am Main war Heidelberg am drittstärksten von der nationalsozialistischen »Säuberung« betroffen; fast ein Viertel des Lehrpersonals wurde entlassen. Durch die Berufung regimetreuer Professoren war der Lehrkörper im Dritten Reich schließlich stark nationalsozialistisch durchsetzt (über 70 % NSDAP-Mitglieder). Die den Krieg unzerstört überstandene Universität wurde im WS 1945/46 wiedereröffnet.

2. Der Bestand an Institutionen 1832/33–1944/45

Zum Verständnis vgl. die Erläuterungen S. 48 ff.

I.   Theol. Fak. ([1832/33])

1.   Kat.-päd. Sem. ([1832/33]–36/37)
2.   Homil. Sem. ([1832/33]–37/38)
3.   Ev. protestantisches Predigersem. (1838–⟨66/67⟩)
      Ev.-protest. theol. Sem. (⟨1867/68⟩–1937/38, statt I.3.2 1935)
      Theol. Sem. (1938)
3.1   Prakt.-theol. Sem. (1895)
3.2   Wiss.-theol. Sem. (1895–1934/35)
3.2.1 Alttest. Abt. (1895–1942/43)
3.2.2 Neutest. Abt. (1895–1942/43)
3.2.3 Kirchengesch. Abt. (1895–1942/43)
3.2.4 Dogmengesch. Abt. (1895–1942/43)
3.2.5 Syst. Abt. (1895–1942/43)
3.2.6 Christl.-Arch. App. (1910, in I.3.1 1935)
3.2.7 Jüdisch-hellenistische Abt. (1917–42/43)

II.   Jur. Fak. ([1832/33])

1.   Staatswiss. Sem. (1871/72–1911)
2.   Privatrechtl. Sem. (1875–90)
      Jur. Sem. (1890/91)
3.   Sem. f. rechtswirtsch. u. rechtsvergl. Studien (1917–26/27, Inst. f. ausländisches Recht 25)
      Inst. f. Auslandsr. (nur 1927)
      Inst. f. ausländisches Recht (1927/28–⟨40.2⟩)
      Inst. f. Auslands- u. Völkerrecht (⟨1941⟩)
4.   Inst. f. gesch. Rechtswiss. (1918/19–24/25, 30)
4.1   Roman. Abt. (Papyrusinst.) (1918/19–24/25, 30–34/35, 39–41/42, o. Papyrusinst. 30)
4.2   Deutschr. Abt. (1918/19–24/25)
      Germ. Abt. (1930–34/35, 39–41/42)

III.   Wirtsch.wiss. Fak. (1934, Staats- u. 34/35)

1.   Betriebswirtsch. Inst. (1934–35, 39, vorh. V.20.)
      Betriebswiss. Inst. (1935/36–38/39)

2.   Inst. f. Soz.- u. Staatswiss. (1934, vorh. V.8.)
3.   Lehr- u. Forsch.stätte f. Rohstoff- u. Werkstoffkunde (1934–35/36, vorh. VI.14.)
      Inst. f. Rohstoff- u. Warenkunde (1936)
4.   Inst. f. Volkswirtsch.lehre u. Stat. (1934, Sem. 34/35–35/36, vorh. V.19.)
5.   Inst. f. Zeitungsw. (1934–35, vorh. V.15.)
      Inst. f. Zeitungswiss. (1935/36)
6.   Dolmetscher Inst. (1936, vorh. V.21., 36 auch in V.)
7.   Inst. f. Betriebswirtsch. d. Fremdenverkehrs (1941/42)
8.   Inst. f. Großraumwirtsch. (1942)

IV.   Med. Fak. ([1832/33])

1.   Med. Clin. ([1832/33]–1934, I. Med. Cl. 52–55/56)
      Ludolf-Krehl-Klin. (1934/35)
1.1   Elektrotherap. Abt. (1877/78–79/80)
1.2   Amb. f. Nervenkr. (1903/04–09/10)
      Nervenabt. u. Nervenambulanz (1910–19, 25–42/43)
      Nervenkl. d. Ludolf-Krehl-Klin. (1943)
1.3   Amb. f. Haut- u. Geschl.kr. (1903/04–07/08)
1.4   Phys.-med. Lab. (1926/27–29/30)
2.   Chir. Klin. ([1832/33])
3.   Entbindungsanst. ([1832/33]–84)
      Frauenkl. (1884/85, u. Gebh.-gynäk. Polikl. 1935, vergl. IV.20.)
4.   Anat. Inst. ([1832/33])
4.1   Anthr. Samml. (1912/13–32/33, Inst. 21)
4.2   Mikroskopische Abt. (1919/20–27/28)
4.3   Makroskopische Abt. (1919/20–27/28)
5.   Physiol. Inst. (1845/46)
5.1   Physiol.-chem. Abt. (1939)
6.   II. Med. Klin. (1852–55/56)
7.   Med. Polikl. (1857)
8.   II. Chem. Lab. (1864/65–89)
9.   Anat.-path. Inst. (1866, o. anat. 1928/29)
10.   Augenkl. (⟨1867/68⟩)

11.	Klin. f. Ohren-, Nasen- u. Kehlkopfkr. (1908/09–30/31)
	Univ.-Klin. f. HNO-Kr. (1931)
11.1	Inst. f. Ohrenkr. (1873/74–1908, u. Polikl. 96/97)
11.2	Amb. Klin. f. Kehlkopf-, Rachen- u. Nasenkr. (1892/93–1908)
12.	Akad. Kh.-Apotheke (1876/77–1941/42, o. akad. 78/79)
	Apotheke der klin. Univ.-Anst. (1942)
13.	Inst. f. ger. Med. (1877–1911/12, 27/28, u. Krim. ⟨41⟩)
14.	Irrenkl. (1878–1906/07)
	Psych. Klin. (1907, u. neurol. Klin. 28)
14.1	Polikl. (1908/09–33)
14.2	Path.-anat. Lab. (1919/20–34/35)
15.	Hyg. Inst. (1891)
16.	Pharm. Inst. (1891)
17.	Kinderkl. (Luisenheilanst.) (1892/93)
17.1	Säuglingsst. (1903–06)
17.2	Chir. Abt. (1908–32)
18.	Zahnärztl. Inst. (1895/96–1926/27)
	Zahnärztl. Klin. u. Polikl. (1927–34/35)
	Univ.kl. u. Polikl. f. ZMK-Kr. (1935)
19.	Polikl. f. orthop. Chir., Heilgymnastik u. Massage (1896/97–1906)
20.	Gebh.-gynäk. Polikl. (1897–1934/35, Forts. IV.3.)
21.	Inst. f. exp. Krebsforsch. (1906)
21.1	Samariterhaus (1910/11–⟨19/20⟩)
	Klin. Abt. (⟨1920/21⟩)
21.2	Wiss. Abt. (1916/17)
21.3	Path.-anat. Lab.(1927–32/33)
	Samml. v. path. Präparaten (1933–34/35, 36/37)
22.	Hautkl. (1908/09, vergl. IV.1.3)
23.	Orthop. Anst. d. Univ. (⟨1923⟩, (Stiftungsinst.) 30/31)
23.1	Orthop. Univ.kl. f. Kinder (1919/20–34/35, o. Kinder ⟨20/21⟩, „Kinderabt. im Landes-krüppelheim" 19/20–⟨22⟩)
23.2	Orthop. Univ. Polikl. (1919/20–37/38)
23.3	Badisches Landeskrüppelheim (⟨1920/21⟩–24/25, 27–30)
	Badische Krüppel-, Heil- u. Erziehungsanst. (1925–26/27)
	Wielandheim (Badisches Landeskrüppelheim) (1930/31)
24.	Kinderheim Luisenruhe (Schwester-Frieda-Klimsch-Stiftung) (⟨1920/21⟩–39)
	Kinderheimsanatorium (Schwester-Frieda-Klimsch-Stiftung d. Univ. Heidelberg) in Königs-feld (1939/40)
25.	Inst. f. Eiweißforsch. (Stiftung Fritz Behringer) (1921–28)
26.	Arbeitstherap. Abt. d. Univ. (1938/39–42/43)
27.	Czerny-Kh. f. Strahlenbehandlung Heidelberg (1944)

V.	**Phil. Fak. ([1832/33], o. Naturwiss. 90/91)**	
1.	Philol. Sem. ([1832/33]–1933)	
	Griech.-lat. Sem. (1933/34)	
2.	Landw. Garten (1852/53–⟨1866/67⟩)	
3.	Arch. Samml. (1860–89, Inst. 66/67, Sem. nur 88/89)	
	Arch. Inst. einschließlich d. Abt. f. alte Gesch. u. f. neuere Kunst (1889/90–1928/28, o. u. f. n. Kunst 16)	
	Arch. Inst. (1928)	
3.1	Kunsthist. Inst. (1916/17)	
3.2	Abt. f. alte Kunst (1916/17–27/28)	
3.3	Sem. f. alte Gesch. (1928)	
4.	Staatswiss. Sem. (1871/72–1911, zugleich II.1.)	
5.	Sem. f. neuere Spr. (1873–80/81)	
	Germ.-rom. Sem. (1881–1924)	
5.1	Dt. Sem. (1924/25)	
5.2	Rom. Sem. (1924/25)	
5.3	Engl. Sem. (1924/25)	
6.	Landw. Sem. (1876–80)	
7.	Hist. Sem. (1890/91)	
7.1	Abt. f. mittlere u. neuere Gesch. (1933–38/39)	
7.2	Abt. f. Gesch. mit besonderer Berücksichtigung d. Kriegsgesch. u. d. Wehrk. (1933–38/39, o. Wehrk. 34)	
	Kriegsgesch. Sem. (1939)	
8.	Volkswirtsch. Sem. (1897–1924)	
	Inst. f. Sozial- u. Staatswiss. (1924/25–33/34, Forts. III.2.)	
8.1	Stat. Abt. (1908–21)	
9.	Orientalisches Sem. (1897/98)	
10.	Geogr. Sem. (1899, Inst. 1933, vergl. VI.16.)	
11.	Philos. Sem. (1904/05)	
12.	Musik-Inst. (1907/08–⟨19/20⟩)	
	Musikwiss. Sem. (⟨1920/21⟩)	
13.	Sprachwiss. Sem. (1909/10)	
14.	Aeg. Inst. (1910/11)	
15.	Inst. f. Zeitungsw. (1926/27–34/35, Forts. 35–44 in III.5.)	
	Inst. f. Zeitungswiss. (1944/45)	
16.	Slaw. Inst. (1932)	
17.	Atlas d. dt. Volksk. – Badischer Flurnamenaus-schuß (nur 1933/34)	
	Landesstelle Baden d. Atlas d. dt. Volkskunde – Landesstelle Baden d. dt. Flurnamenforsch. (Badischer Flurnamenausschuß) (1934–37)	
	Lehrstätte f. dt. Volkskunde (1937/38)	
17.1	Volkskundl. Lehrschau (1937/38)	
17.2	Landesstelle Baden d. Atlas d. dt. Volksk. (1937/38)	
17.3	Landesstelle Baden d. dt. Flurnamenforsch. (Badischer Flurnamenausschuß) (1937/38–41/42) (Oberrheinischer Flurnamenausschuß) (1942)	
18.	Lehrstätte f. Frühgesch. (1933/34)	
19.	Sem. f. Volkswirtsch.lehre (nur 1933/34, Forts. III.4.)	
20.	Betriebswirtsch. Sem. an d. Univ. (nur 1933/34, Forts. III.1.)	

21.   Dolmetscher Inst. (1933/34–36, Forts. III.6.)
21.1   Franz. Abt. (1933/34–34/35)
21.2   Engl. Abt. (1933/34–34/35)
22.   Abt. f. Auslandswiss., Austauschdienst u. Ausländerbetreuung (Auslandsabt.) (1933/34–34/35)
23.   Psychol. Inst. (1933/34–38/39, 43/44)
24.   Inst. f. fränkisch-pfälzische Landes- u. Volksforsch. (nur 1939)
       Inst. f. fränkisch-pfälzische Gesch. u. Landesk. (1939/40–42/43)
       Inst. f. fränkisch-pfälzische Volks- u. Landes-forsch. (1943)
25.   Volks- u. kulturpol. Inst. (1939/40)
26.   Lehrstätte f. Schrift- u. Buchgesch. (palaeogr. Inst.) (1941/42)

VI.   Naturwiss. Inst. (1889–90, in V.)
Naturwiss. Fak. (1890/91)

1.   Phys. Inst. ([1832/33]–1934/35, Kab. 1846–88/89)
       Philipp-Lenard-Inst. (Phys.-radiologisches Inst. u. Phys. Sem.) (1935–37/38)
       Philipp-Lenard-Inst. (Phys.-radiol. Inst, Phys. Sem. u. Phys.-techn. Abt.) (1938)
1.1   Phys. Sem. (1925, vorh. VI.9.)
1.2   Radiol. Inst. (1909–34/35)
       Phys.-radiol. Inst. (1935)
1.3   Phys.-techn. Abt. (1933/34)
2.   Chem. Lab. ([1832/33], in IV. -50/51, Inst. 1926)
3.   Zool. Cab.([1832/33]–71/72, 4. [32/33], 5. 33–90)
       Zool. Inst. nebst Abt.n f. landw. Thierlehre (1872, u. Mus. 73/74, nebst Pal. Mus. 75, o. Abt.n f. landw. Thierlehre 80, o. Pal. Mus. 1902/03)
3.1   Stratigr.-Pal. Inst. (1901/02)
4.   Min. Cab. ([1832/33]–51, 64/65–77/78)
       Min.-geol. Inst. (1878, vergl. VI.7.)
5.   Modell-Cab. ([1832/33]–1914)
5.1   Math. Abt. (1875/76–1913/14)
       Math. Inst. u. Modell-Kab. (1914, o. Modell-Kab. 25)
5.2   Phys. Abt. (1875/76–1913/14)
       Modell-Kab. Phys. Abt. (1914–24/25)
6.   Bot. Garten ([1832/33]–67/68)
       Bot. Garten. Phytophysiol. Inst. u. Herb. (1868–78)

       Bot. Garten/Bot. Inst. u. Herb. (1878/79, o. Herb. (1920/21))
7.   Schülersche Mineraliensamml. (1851–64, vergl. VI.4)
8.   Forstbot. Anlagen im Schloßgarten (1852–1934)
9.   Math.-phys. Sem. (1869/70–1924/25, o. phys. 00/01)
10.   Landw. Lab. u. landw. Samml.n(1872–(1922), o. Lab. 1880)
10.1   Specieller Leiter d. agriculturchem. Arbeiten (1872–76/77)
11.   Mit der Univ. verb. Inst. d. Großherzogl. Badischen Sternwarte auf d. Königsstuhl (1909/10–18/19)
       Landes-Sternwarte auf d. Königsstuhl (mit d. Univ. verb.) (1919–39)
       Landessternwarte u. Planeteninst. auf d. Königsstuhl (1939/40)
11.1   Astrometrisches Inst. (1904–09)
11.2   Astrophys. Inst. (1904–09)
12.   Math.-phys. App. (1912–20/21)
       Theor.-phys. App. (1921)
13.   Phys.-chem. Inst. (1927)
14.   Lehr- u. Forsch.stätte f. Rohstoff- u. Werkstoffkunde (nur 1933/34, Forts. III.3.)
15.   AG f. Raumforsch. (1936/37)
16.   Geogr. Inst. (1942/43, vergl. V.10.)

VII.   Univ.-Inst.

1.   Marstall ([1832/33]–1920/21)
2.   Univ.-Fechthalle (Marstallgebäude) (1910)
3.   Univ. Turnhalle (Marstallgebäude) (1910/11, u. Sportplatz 26, getrennt 31)
4.   Inst. f. Leibesüb. (1931/32–39, o. Inst. 33/34)
       Hochschulinst. f. Leibesüb. (1939/40)
4.1   Abt. I f. körperl. Ertüchtigung (1934–39)
4.2   Abt. II Turnlehrerausbildung (1934–39)
5.   Inst. f. Weltpost- u. Weltnachrichtenw. (1942)
5.1   Geisteswiss. Abt. (1942)
5.2   Naturwiss. Abt. (1942)

1923–24/25 und ab 1935 verkürzte Fassungen der Institutslisten, so daß Abt.n z.T. nicht mehr aufgeführt werden, obwohl sie vermutlich weiterlaufen.
Fehlende Semester: 1867, 1920, 1922/23, 1935/36, 1940.1, 1940.3. Die Staats- u. Wirtsch.wiss. Fak. wurde 1934 erstmals im Pers.Verz. erwähnt. Die Zugehörigkeit der Inst. zu dieser Fak. wurde mit Hilfe ihrer Leiter vorgenommen. Z.T. gehörten diese Leiter zwei Fak.n an.

3. Die Studierenden nach Fachbereichen

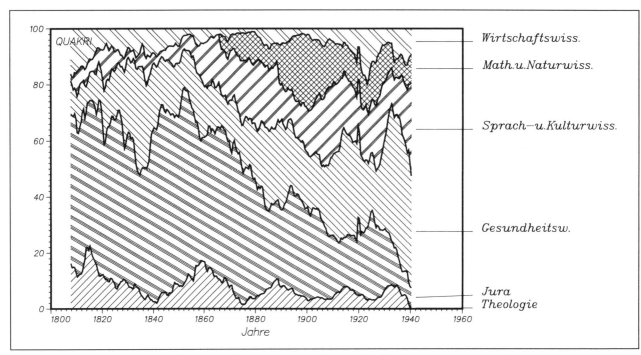

Abb. 14.1: Das Fachbereichsprofil der Studierenden an der Universität Heidelberg 1807–1941/1

Tab. 14. 1: Die Studierenden an der Universität Heidelberg nach Fachbereichen in Prozent 1807–1941/1

| Semester | Evang. Theol. | Jura | Gesundheitswissenschaften | | | | Sprach- und Kultur- wiss. | Math., Naturw. | | Wirt- sch., Agrar- und Forst. wiss. | Studierende | | |
| | | | insg. | Allg. Med. | Zahn- med. | Phar- mazie | | insg. | Chemie | | insg. | weibl. in % aller Stud. | Ausl. in % aller Stud. |
	1	2	3	4	5	6	7	8	9	10	11	12	13
1807	.	.	.	.	.	.	.	.	.	.	417	.	.
1807/08	17,13	51,62	11,81	11,81	.	.	3,24	.	.	16,20	432	.	.
1808	15,21	54,38	12,44	12,44	.	.	1,84	.	.	16,13	434	.	.
1808/09	14,32	54,18	9,55	9,55	.	.	3,58	.	.	18,38	419	.	.
1809	15,60	53,20	9,46	9,46	.	.	5,63	.	.	16,11	391	.	.
1809/10	13,96	56,75	8,70	8,70	.	.	5,49	.	.	15,10	437	.	.
1810	11,86	53,35	11,08	11,08	.	.	7,22	.	.	16,49	388	.	.
1810/11	11,04	49,53	14,83	14,83	.	.	10,41	.	.	14,20	317	.	.
1811	12,95	51,81	14,16	14,16	.	.	6,02	.	.	15,06	332	.	.
1811/12	11,87	53,12	16,02	16,02	.	.	5,34	.	.	13,65	337	.	.
1812	13,16	54,97	12,28	12,28	.	.	6,43	.	.	13,16	342	.	.
1812/13	13,89	58,33	9,57	9,57	.	.	4,94	.	.	13,27	324	.	.
1813	17,75	52,90	10,87	10,87	.	.	4,71	.	.	13,77	276	.	.
1813/14	18,06	47,14	12,78	12,78	.	.	6,61	.	.	15,42	227	.	.
1814	25,73	49,51	5,34	5,34	.	.	6,80	.	.	12,62	206	.	.
1814/15	17,99	53,96	8,84	8,84	.	.	6,40	.	.	12,80	328	.	.
1815	23,78	51,79	9,12	9,12	.	.	5,21	.	.	10,10	307	.	.
1815/16	21,17	52,15	11,04	11,04	.	.	4,29	.	.	11,35	326	.	.
1816	19,42	55,94	9,86	9,86	.	.	4,06	.	.	10,72	345	.	.
1816/17	17,91	55,10	11,57	11,57	.	.	4,41	.	.	11,02	363	.	.
1817	17,63	56,20	11,29	11,29	.	.	5,51	.	.	9,37	363	.	.
1817/18	15,71	54,45	12,30	12,30	.	.	9,16	.	.	8,38	382	.	.
1818	15,42	53,25	16,14	16,14	.	.	7,95	.	.	7,23	415	.	.
1818/19	11,94	62,19	14,76	14,76	.	.	4,81	.	.	6,30	603	.	.
1819	11,51	63,49	12,50	12,50	.	.	5,10	.	.	7,40	608	.	.
1819/20	11,94	61,76	11,59	11,59	.	.	7,44	.	.	7,27	578	.	.
1820	12,22	56,62	15,48	15,48	.	.	7,94	.	.	7,74	491	.	.
1820/21	12,47	47,96	17,63	17,63	.	.	14,41	.	.	7,53	465	.	.
1821	10,00	47,07	20,49	20,49	.	.	15,37	.	.	7,07	410	.	.
1821/22	10,90	51,36	18,24	18,24	.	.	14,26	.	.	5,24	477	.	.
1822	10,38	54,34	17,92	17,92	.	.	12,08	.	.	5,28	530	.	.
1822/23	9,11	56,29	16,06	16,06	.	.	10,60	.	.	7,95	604	.	.
1823	10,31	54,92	16,46	16,46	.	.	10,62	.	.	7,69	650	.	.
1823/24	11,63	56,19	17,52	17,52	.	.	8,16	.	.	6,50	662	.	.
1824	9,97	59,81	16,20	16,20	.	.	8,26	.	.	5,76	642	.	.
1824/25	9,84	57,90	16,77	16,77	.	.	8,06	.	.	7,42	620	.	.
1825	8,47	58,79	17,73	17,73	.	.	6,87	.	.	8,15	626	.	.
1825/26	6,37	61,48	17,78	17,78	.	.	6,07	.	.	8,30	675	.	.
1826	7,74	62,19	17,96	17,96	.	.	5,11	.	.	7,01	685	.	.
1826/27	8,75	63,19	15,97	15,97	.	.	4,31	.	.	7,78	720	.	.
1827	9,15	60,89	16,92	16,92	.	.	4,30	.	.	8,74	721	.	.
1827/28	10,45	57,22	18,16	18,16	.	.	3,99	.	.	10,18	727	.	.
1828	9,40	56,04	21,86	21,86	.	.	3,94	.	.	8,77	787	.	.
1828/29	11,66	45,58	26,50	26,50	.	.	4,42	.	.	11,84	566	.	.
1829	9,14	48,17	27,91	27,91	.	.	5,32	.	.	9,47	602	.	.
1829/30	9,97	51,06	26,60	26,60	.	.	3,86	.	.	8,51	752	.	.
1830	8,66	53,90	27,93	27,93	.	.	2,68	.	.	6,83	820	.	.
1830/31	7,78	55,92	25,37	24,92	.	0,45	4,40	.	.	6,54	887	.	.
1831	7,69	54,06	27,09	26,00	.	1,08	3,68	.	.	7,48	923	.	.
1831/32	7,76	51,96	27,11	25,34	.	1,77	4,42	.	.	8,74	1018	.	.
1832	6,52	56,24	27,07	24,97	.	2,10	3,09	.	.	7,07	905	.	.
1832/33	9,06	49,03	30,92	29,35	.	1,57	2,90	.	.	8,09	828	.	.
1833	8,81	44,79	34,21	31,72	.	2,50	2,64	.	.	9,54	681	.	.
1833/34	7,14	42,28	34,36	31,47	.	2,90	5,02	.	.	11,20	518	.	.
1834	7,92	41,20	38,03	34,68	.	3,35	4,23	.	.	8,63	568	.	.
1834/35	6,55	41,03	38,28	35,34	.	2,93	4,14	.	.	10,00	580	.	.
1835	4,93	43,07	39,23	36,86	.	2,37	5,11	.	.	7,66	548	.	.
1835/36	4,71	46,47	34,51	32,35	.	2,16	8,04	.	.	6,27	510	.	.
1836	3,72	45,95	37,86	34,79	.	3,06	7,88	.	.	4,60	457	.	.
1836/37	3,51	47,15	31,14	28,95	.	2,19	9,87	.	.	8,33	456	.	.
1837	3,06	47,26	31,07	28,88	.	2,19	7,66	.	.	10,94	457	.	.
1837/38	5,34	44,44	27,99	26,07	.	1,92	11,97	.	.	10,26	468	.	.
1838	4,44	47,87	31,05	27,73	.	3,33	8,13	.	.	8,50	541	.	.
1838/39	3,77	49,40	28,82	25,04	.	3,77	6,86	.	.	11,15	583	.	.
1839	2,94	59,81	22,57	20,71	.	1,85	5,56	.	.	9,12	647	.	.
1839/40	3,54	58,52	23,79	22,83	.	0,96	4,66	.	.	9,49	622	.	.

Tab.14.1: Die Studierenden an der Universität Heidelberg nach Fachbereichen in Prozent 1807-1941/1

| Semester | Evang. Theol. | Jura | Gesundheitswissenschaften | | | | Sprach- und Kultur- wiss. | Math., Naturw. | | Wirt- sch., Agrar- und Forst. wiss. | Studierende | | |
| | | | insg. | Allg. Med. | Zahn- med. | Phar- mazie | | insg. | Chemie | | insg. | weibl. in % aller Stud. | Ausl. in % aller Stud. |
	1	2	3	4	5	6	7	8	9	10	11	12	13
1840	1,67	63,68	23,40	22,49	.	0,91	3,50	.	.	7,75	658	.	.
1840/41	3,26	60,75	22,80	21,99	.	0,81	3,58	.	.	9,61	614	.	.
1841	1,83	62,84	22,63	20,49	.	2,14	3,98	.	.	8,72	654	.	.
1841/42	2,12	61,06	22,12	20,53	.	1,59	3,54	.	.	11,15	565	.	.
1842	3,49	65,28	19,77	18,44	.	1,33	3,16	.	.	8,31	602	.	.
1842/43	5,14	65,49	17,50	16,37	.	1,12	2,57	.	.	9,31	623	.	.
1843	5,33	67,28	17,81	16,29	.	1,52	2,59	.	.	7,00	657	.	.
1843/44	6,24	67,01	16,34	15,01	.	1,34	1,49	.	.	8,92	673	.	.
1844	5,44	66,76	17,62	16,76	.	0,86	3,44	.	.	6,73	698	.	.
1844/45	6,46	62,71	18,58	17,26	.	1,32	3,82	.	.	8,43	759	.	.
1845	5,11	65,68	18,17	16,15	.	2,02	4,04	.	.	7,01	842	.	.
1845/46	4,53	66,98	17,40	15,85	.	1,55	4,53	.	.	6,56	839	.	.
1846	5,09	64,81	18,75	17,36	.	1,39	5,09	.	.	6,25	864	.	.
1846/47	6,51	63,52	18,29	17,17	.	1,12	5,61	.	.	6,06	891	.	.
1847	4,71	63,56	19,08	18,16	.	0,92	6,21	.	.	6,44	870	.	.
1847/48	7,13	63,77	16,67	15,94	.	0,72	6,40	.	.	6,04	828	.	.
1848	9,04	59,04	17,55	16,67	.	0,89	7,62	.	.	6,74	564	.	.
1848/49	9,85	58,62	18,72	17,41	.	1,31	7,55	.	.	5,25	609	.	.
1849	7,87	61,80	18,30	17,17	.	1,12	6,90	.	.	5,14	623	.	.
1849/50	10,06	58,41	18,96	18,38	.	0,58	6,00	.	.	6,58	517	.	.
1850	7,09	61,30	19,54	18,39	.	1,15	5,94	.	.	6,13	522	.	.
1850/51	8,98	62,66	15,80	15,26	.	0,54	6,46	.	.	6,10	557	.	.
1851	7,79	66,50	15,92	14,93	.	1,00	5,97	.	.	3,81	603	.	.
1851/52	8,12	69,57	14,18	13,29	.	0,89	5,17	.	.	2,95	677	.	.
1852	8,82	70,70	13,37	12,52	.	0,85	4,69	.	.	2,42	703	.	.
1852/53	9,93	68,49	14,24	13,24	.	1,01	4,89	.	.	2,45	695	.	.
1853	10,15	67,18	14,60	13,91	.	0,70	5,70	.	.	2,36	719	.	.
1853/54	12,06	66,62	13,68	11,62	.	2,06	5,44	.	.	2,21	680	.	.
1854	12,89	63,26	15,85	12,89	.	2,96	5,93	.	.	2,07	675	.	.
1854/55	11,13	62,61	18,40	14,24	.	4,15	5,93	.	.	1,93	674	.	.
1855	11,08	61,87	16,83	12,23	.	4,60	7,91	.	.	2,30	695	.	.
1855/56	10,14	60,06	19,33	12,68	.	6,66	7,77	.	.	2,69	631	.	.
1856	9,75	62,15	19,07	11,06	.	8,01	6,40	.	.	2,62	687	.	.
1856/57	15,45	49,56	21,49	11,90	.	9,59	8,17	.	.	5,33	563	.	.
1857	15,51	52,31	16,67	8,91	.	7,76	9,90	.	.	5,61	606	.	.
1857/58	15,17	50,17	18,45	10,34	.	8,10	9,83	.	.	6,38	580	.	.
1858	15,93	47,80	20,03	10,93	.	9,10	9,86	.	.	6,37	659	.	.
1858/59	16,49	42,20	24,11	13,83	.	10,28	11,35	.	.	5,85	564	.	.
1859	18,09	43,30	20,52	12,70	.	7,83	13,39	.	.	4,70	575	.	.
1859/60	16,24	44,71	20,07	12,59	.	7,48	13,32	.	.	5,66	548	.	.
1860	17,50	44,00	17,50	9,67	.	7,83	15,83	.	.	5,17	600	.	.
1860/61	16,13	44,98	18,28	9,14	.	9,14	15,59	.	.	5,02	558	.	.
1861	12,41	49,83	17,18	9,01	.	8,16	15,82	.	.	4,76	588	.	.
1861/62	14,26	47,76	15,92	8,62	.	7,30	17,58	.	.	4,48	603	.	.
1862	14,84	53,54	12,90	6,24	.	6,66	15,12	.	.	3,61	721	.	.
1862/63	14,61	47,52	15,89	8,79	.	7,09	18,58	.	.	3,40	705	.	.
1863	14,01	50,19	17,32	8,92	.	8,41	16,31	.	.	2,17	785	.	.
1863/64	13,07	51,17	17,61	9,08	.	8,53	14,17	.	.	3,99	727	.	.
1864	10,28	52,75	16,65	8,57	.	8,08	17,50	.	.	2,82	817	.	.
1864/65	13,04	48,89	16,17	6,52	.	9,65	18,90	.	.	3,00	767	.	.
1865	10,34	55,76	13,74	5,63	.	8,12	18,46	.	.	1,70	764	.	.
1865/66	11,26	52,47	15,93	6,87	.	9,07	17,72	.	.	2,61	728	.	.
1866	9,99	55,93	16,10	7,99	.	8,11	16,35	.	.	1,62	801	.	.
1866/67	10,56	52,02	11,96	10,25	.	1,71	16,93	6,21	.	2,33	644	.	.
1867	8,12	59,86	10,14	8,55	.	1,59	15,51	4,35	.	2,03	690	.	.
1867/68	11,38	50,19	12,31	10,45	.	1,87	17,35	5,41	.	3,36	536	.	.
1868	10,66	55,77	11,39	10,51	.	0,88	15,47	4,23	.	2,48	685	.	.
1868/69	11,25	49,55	13,77	12,52	.	1,25	15,56	6,44	.	3,40	559	.	27,19
1869	8,68	52,80	12,18	11,48	.	0,70	15,55	5,60	.	5,18	714	.	24,93
1869/70	8,82	49,02	14,54	13,56	.	0,98	16,50	6,70	.	4,41	612	.	30,56
1870	6,33	55,96	13,99	13,38	.	0,61	16,30	4,74	.	2,68	822	.	22,14
1870/71	10,54	40,54	21,62	19,73	.	1,89	18,92	5,95	.	2,43	370	.	28,65
1871	6,31	53,62	16,14	15,21	.	0,93	16,88	5,38	.	1,67	539	.	25,79
1871/72	5,95	52,36	17,16	16,46	.	0,70	17,51	4,90	.	2,10	571	.	23,99
1872	4,16	57,91	15,10	14,51	.	0,59	15,58	4,99	.	2,26	841	.	18,43
1872/73	3,95	49,45	17,69	16,59	.	1,11	19,43	7,74	.	1,74	633	.	24,64
1873	3,36	56,16	14,82	13,95	.	0,87	16,94	7,10	.	1,62	803	.	20,17
1873/74	4,44	46,67	15,90	14,02	.	1,88	22,05	9,40	.	1,54	585	.	28,38
1874	2,40	58,20	11,74	9,94	.	1,80	18,80	7,19	.	1,68	835	.	22,04
1874/75	1,69	44,76	15,54	12,73	.	2,81	23,97	11,99	.	2,06	534	.	28,65

Tab. 14. 1: Die Studierenden an der Universitat Heidelberg nach Fachbereichen in Prozent 1807–1941/1

Semester	Evang. Theol.	Jura	Gesundheitswissenschaften				Sprach- und Kultur-wiss.	Math., Naturw.		Wirt-sch., Agrar- und Forst-wiss.	Studierende		
			insg.	Allg. Med.	Zahn-med.	Phar-mazie		insg.	Chemie		insg.	weibl. in % aller Stud.	Ausl. in % aller Stud.
	1	2	3	4	5	6	7	8	9	10	11	12	13
1875	1,52	53,10	14,21	12,69	.	1,52	22,34	7,86	.	0,97	725	.	20,69
1875/76	1,84	40,37	20,70	17,83	.	2,87	22,95	12,09	.	2,05	488	.	27,46
1876	1,22	55,78	15,37	13,74	.	1,63	19,18	7,07	.	1,36	735	.	21,50
1876/77	2,75	41,44	20,72	17,97	.	2,75	20,93	12,05	.	2,11	473	.	24,74
1877	3,00	53,39	15,40	13,84	.	1,57	18,80	8,22	.	1,17	766	.	18,93
1877/78	4,12	39,70	19,09	17,14	.	1,95	25,16	10,63	.	1,30	461	.	24,73
1878	4,53	54,67	14,00	13,73	.	0,27	17,87	7,60	.	1,33	750	.	19,07
1878/79	4,24	38,59	19,60	18,79	.	0,81	23,23	13,13	.	1,21	495	.	23,64
1879	2,96	49,20	17,63	16,77	.	0,86	19,24	10,11	.	0,86	811	.	20,10
1879/80	4,18	36,06	22,71	20,92	.	1,79	21,91	13,75	.	1,39	502	.	21,71
1880	2,97	50,06	16,56	15,08	.	1,48	20,77	8,65	.	0,99	809	.	15,08
1880/81	5,34	31,49	22,84	20,81	.	2,03	26,15	11,23	.	2,95	543	.	20,07
1881	4,00	44,36	18,67	17,82	.	0,85	24,24	6,42	.	2,30	825	.	16,36
1881/82	5,25	33,77	21,64	20,82	.	0,82	26,07	9,51	.	3,77	610	.	18,20
1882	4,99	41,87	23,10	22,45	.	0,65	19,96	7,38	.	2,71	922	.	14,97
1882/83	5,59	35,24	23,35	22,64	.	0,72	22,64	7,74	.	5,44	698	.	15,90
1883	5,30	40,82	23,45	22,67	.	0,79	19,33	6,48	.	4,61	1019	.	15,51
1883/84	5,74	27,87	28,69	27,73	.	0,96	22,54	7,92	.	7,24	732	.	15,57
1884	6,51	32,64	28,20	27,58	.	0,62	20,35	7,75	.	4,55	968	.	17,05
1884/85	7,57	24,40	30,01	29,45	.	0,56	23,98	7,29	.	6,73	713	.	17,25
1885	6,79	31,56	28,21	27,69	.	0,52	21,21	6,58	.	5,64	957	.	15,15
1885/86	8,32	23,22	28,59	27,52	.	1,07	22,01	8,99	.	8,86	745	.	14,50
1886	6,76	34,27	26,83	25,68	.	1,16	20,85	6,37	.	4,92	1036	.	13,61
1886/87	9,33	25,00	27,59	26,17	.	1,42	22,15	9,84	.	6,09	772	.	15,28
1887	9,06	30,92	26,65	25,59	.	1,07	21,00	7,57	.	4,80	938	.	14,82
1887/88	10,58	24,76	26,32	25,48	.	0,84	24,16	8,53	.	5,65	832	.	11,78
1888	9,86	31,09	26,36	25,45	.	0,91	20,93	6,94	.	4,83	994	.	11,27
1888/89	11,65	24,78	28,50	27,26	.	1,24	23,54	6,07	.	5,45	807	.	13,63
1889	9,62	31,98	28,49	28,02	.	0,47	13,77	11,13	.	5,00	1060	.	10,75
1889/90	7,35	25,32	30,15	29,83	.	0,32	14,60	15,97	.	6,62	952	.	14,39
1890	8,36	30,03	32,87	32,14	.	0,73	11,02	12,67	.	5,05	1089	.	12,58
1890/91	7,94	24,33	31,96	30,82	.	1,13	14,12	16,29	.	5,36	970	.	12,89
1891	8,80	30,57	28,18	27,07	.	1,11	12,64	15,12	.	4,70	1171	.	13,24
1891/92	7,83	27,47	27,36	26,29	.	1,07	13,41	18,24	.	5,69	932	.	14,59
1892	7,53	33,13	24,65	23,88	.	0,78	13,49	16,44	.	4,76	1156	.	14,19
1892/93	6,68	31,04	26,41	25,59	.	0,82	12,54	17,99	.	5,34	973	.	16,65
1893	6,61	37,80	25,99	25,11	.	0,88	10,57	15,07	.	3,96	1135	.	14,10
1893/94	7,40	33,44	24,06	22,71	.	1,35	10,42	20,10	.	4,58	960	.	17,40
1894	7,13	40,22	23,47	22,31	.	1,16	9,70	16,58	.	2,90	1206	.	14,26
1894/95	7,49	32,98	22,76	21,89	.	0,88	12,84	20,62	.	3,31	1028	.	17,22
1895	5,83	37,70	23,16	21,96	.	1,20	11,02	20,29	.	2,00	1252	.	16,45
1895/96	5,07	32,07	20,96	19,59	.	1,36	14,04	24,85	.	3,02	1026	.	18,42
1896	5,41	38,14	20,62	19,50	.	1,12	11,68	21,91	.	2,23	1164	.	16,07
1896/97	4,70	33,97	19,38	17,98	.	1,40	13,99	25,47	.	2,50	1001	.	14,29
1897	4,80	38,21	20,41	19,02	.	1,38	13,01	21,30	.	2,28	1230	.	14,39
1897/98	4,98	31,37	20,66	18,73	.	1,94	13,38	27,58	.	2,03	1084	.	14,39
1898	4,19	37,07	20,95	19,65	.	1,30	12,28	23,70	.	1,81	1384	.	14,02
1898/99	4,90	30,21	22,85	21,02	.	1,84	14,71	25,57	.	1,75	1142	.	13,31
1899	4,10	35,36	21,34	20,38	.	0,96	13,75	23,53	.	1,92	1462	.	14,02
1899/00	4,24	28,00	21,04	20,24	.	0,80	16,72	27,52	.	2,48	1250	.	14,32
1900	3,35	36,32	19,38	19,38	.	0,00	14,87	23,63	.	2,45	1553	.	11,20
1900/01	2,50	30,86	19,14	18,67	.	0,47	16,25	29,69	.	1,56	1280	.	11,17
1901	3,28	32,17	21,11	18,65	1,37	1,09	15,85	24,93	.	2,66	1464	.	10,79
1901/02	3,54	27,54	20,85	18,02	1,49	1,34	17,39	27,46	.	3,23	1271	.	10,86
1902	3,48	34,82	18,90	16,10	1,46	1,34	15,85	22,50	.	4,45	1640	.	11,22
1902/03	3,85	30,18	18,71	15,53	1,85	1,33	18,05	25,07	.	4,14	1352	.	9,91
1903	3,71	34,23	19,93	16,76	1,86	1,32	17,83	20,65	.	3,65	1671	.	11,79
1903/04	4,12	29,21	20,68	16,78	2,80	1,10	19,79	22,00	.	4,19	1359	.	12,95
1904	4,29	34,20	18,31	15,29	2,36	0,66	20,24	19,34	.	3,63	1655	.	14,20
1904/05	4,30	29,10	20,06	16,34	2,70	1,02	22,10	20,06	.	4,38	1371	.	11,67
1905	3,76	33,09	19,74	15,87	2,58	1,29	21,82	17,50	.	4,09	1783	.	13,29
1905/06	4,09	24,32	18,71	14,97	1,59	2,15	25,57	21,14	.	6,17	1443	.	12,54
1906	3,69	30,12	20,60	17,07	1,77	1,77	22,68	17,43	.	5,46	1922	2,97	16,65
1906/07	3,31	22,46	22,33	18,28	2,12	1,93	25,70	19,59	.	6,61	1603	3,62	16,03
1907	3,16	27,68	22,14	18,52	2,02	1,60	25,45	15,83	.	5,74	1933	3,93	14,12
1907/08	3,28	21,30	24,82	20,47	2,51	1,85	28,34	17,60	.	4,65	1676	3,88	12,95
1908	3,54	23,43	25,10	20,58	2,95	1,57	27,90	15,86	.	4,17	2036	4,86	11,35
1908/09	3,15	20,32	25,96	19,88	3,64	2,44	28,95	18,14	.	3,48	1841	5,92	10,92
1909	3,82	24,64	27,31	21,88	3,59	1,84	24,46	16,03	.	3,73	2171	6,36	10,59
1909/10	3,21	20,94	28,18	22,96	3,57	1,65	25,59	17,48	.	4,60	1934	7,34	10,91

Tab. 14. 1: Die Studierenden an der Universität Heidelberg nach Fachbereichen in Prozent 1807–1941/1

| | Evang. Theol. | Jura | Gesundheitswissenschaften | | | | Sprach- und Kultur- wiss. | Math., Naturw. | | Wirt- sch., Agrar- und Forst. wiss. | Studierende | | |
| | | | insg. | Allg. Med. | Zahn- med. | Phar- mazie | | insg. | Chemie | | insg. | weibl. in % aller Stud. | Ausl. in % aller Stud. |
Semester	1	2	3	4	5	6	7	8	9	10	11	12	13
1910	4,10	24,41	27,93	23,25	3,48	1,20	25,20	14,13	.	4,23	2413	7,92	10,11
1910/11	4,83	19,22	30,23	25,55	3,49	1,20	26,00	14,59	.	5,13	2008	8,07	9,26
1911	5,51	21,57	29,93	26,79	2,28	0,86	23,82	13,58	2,73	5,59	2452	6,44	11,46
1911/12	5,56	17,44	31,87	27,97	2,82	1,08	24,38	15,33	3,23	5,42	2231	7,40	9,64
1912	6,44	18,94	32,01	29,12	2,17	0,72	24,31	13,07	2,93	5,22	2624	8,80	11,01
1912/13	5,39	16,30	33,35	30,30	2,12	0,93	25,09	13,96	3,22	5,92	2264	9,67	11,66
1913	6,61	19,91	34,16	30,68	2,52	0,96	22,39	11,81	3,25	5,12	2617	9,09	11,50
1913/14	6,89	17,14	37,90	34,00	2,70	1,20	19,68	12,00	3,24	6,39	2409	8,97	13,12
1914	7,65	17,92	39,77	35,87	2,74	1,16	17,69	10,23	3,07	6,75	2668	9,97	13,08
1914/15	8,19	17,26	38,61	33,93	3,55	1,13	22,34	10,60	3,55	3,01	2028	10,95	2,27
1915	7,59	17,75	37,85	33,44	3,33	1,08	19,16	10,73	3,61	6,93	2135	11,80	2,44
1915/16	8,37	18,00	35,86	31,88	2,62	1,36	20,94	11,87	4,11	4,96	2139	11,08	2,24
1916	7,71	19,05	35,39	31,55	2,54	1,29	19,13	11,71	4,21	7,00	2399	14,92	2,29
1916/17	7,36	18,65	35,65	32,01	2,56	1,08	19,44	11,70	4,59	7,20	2418	14,23	2,07
1917	6,27	19,85	35,66	32,62	2,18	0,86	19,58	10,70	4,52	7,94	2569	17,09	2,34
1917/18	6,96	19,35	33,61	30,79	1,92	0,90	19,50	12,08	4,52	8,51	2657	15,81	2,60
1918	6,38	19,64	33,16	30,59	1,60	0,96	19,71	12,30	4,74	8,81	2805	17,72	2,71
1918/19	6,08	20,41	33,80	30,84	1,90	1,05	18,31	12,13	4,72	9,27	2944	14,20	2,17
1919	5,17	21,13	34,91	29,44	4,55	0,91	15,66	12,17	6,70	10,96	3403	11,52	2,38
ZS.1919	6,68	18,36	36,72	31,20	4,65	0,87	12,14	13,95	8,25	12,14	1721	4,47	.
1919/20	5,28	19,19	33,93	27,38	5,59	0,96	16,22	12,45	6,27	12,92	3236	12,08	2,29
1920	4,47	36,47	31,28	25,23	5,19	0,86	16,83	10,95	6,08	0,00	3488	6,19	.
1920/21	4,88	18,69	30,19	23,54	5,82	0,83	20,17	12,91	7,59	13,16	2766	12,33	4,23
1921	4,93	24,38	26,86	26,86		.	17,38	12,95		13,50	2941	12,38	6,15
1921/22	5,49	20,34	26,32	20,71	5,61		16,96	13,24	7,92	17,66	2424	11,96	6,15
1922	4,30	24,07	25,68	22,53	3,15		18,65	11,69	6,34	15,60	3045	13,50	8,18
1922/23	3,60	22,92	24,27	21,46	2,81	.	19,72	11,90	2,89	17,59	2530	13,44	9,68
1923	3,14	27,76	24,69	21,74	1,98	0,97	19,49	7,30	4,12	17,62	2673	13,06	11,49
1923/24	3,10	24,00	23,44	19,38	2,90	1,15	16,08	11,18	7,56	22,20	2513	12,42	9,95
1924	3,45	29,32	20,53	16,56	2,76	1,21	19,02	12,72	8,02	14,96	2319	11,04	8,50
1924/25	3,65	27,87	22,18	17,53	3,10	1,55	17,33	13,64	8,89	15,33	2002	14,19	7,94
1925	2,98	34,55	20,07	16,62	2,10	1,34	18,39	13,43	7,93	10,58	2382	15,74	7,85
1925/26	3,31	29,66	21,14	17,19	2,48	1,46	19,53	13,69	8,33	12,66	2053	15,39	7,50
1926	3,21	31,31	20,17	16,81	2,35	1,02	20,52	14,27	7,23	10,52	2558	16,69	6,68
1926/27	3,08	23,88	20,71	16,88	2,89	0,93	22,71	15,76	8,26	13,85	2144	16,60	6,34
1927	3,64	27,27	19,79	16,36	2,83	0,59	23,78	15,10	6,78	10,42	2860	18,43	5,59
1927/28	4,20	24,35	20,92	16,67	3,52	0,73	25,03	15,90	6,40	9,59	2189	16,58	5,53
1928	4,18	25,94	21,65	16,95	4,02	0,68	24,62	15,20	5,16	8,41	3257	19,10	5,47
1928/29	4,01	22,18	25,66	19,32	5,23	1,07	23,75	15,54	5,46	8,86	2619	18,21	5,00
1929	4,68	25,40	26,68	19,95	5,99	0,74	24,71	13,36	4,27	5,17	3654	20,63	4,79
1929/30	5,57	20,34	30,28	22,54	6,87′	0,87	22,67	14,54	4,77	6,60	2999	18,64	4,67
1930	6,63	23,85	31,81	24,39	6,36	1,05	20,30	12,10	3,83	5,31	3710	21,08	4,91
1930/31	7,31	19,52	33,52	25,66	6,85	1,01	19,78	13,71	4,71	6,17	3079	19,26	4,51
1931	8,11	20,56	37,96	29,10	7,92	0,95	17,72	10,92	3,81	4,73	3701	21,97	5,03
1931/32	8,51	17,61	41,71	31,77	8,91	1,03	15,25	11,93	4,29	4,99	3009	21,40	4,75
1932	8,19	19,90	43,60	34,11	8,24	1,25	14,29	9,18	3,47	4,85	3835	21,54	4,49
1932/33	8,67	14,97	48,33	37,89	8,89	1,56	12,91	9,54	3,46	5,58	3207	19,77	5,18
1933	8,51	16,19	49,73	40,44	7,57	1,72	13,38	7,42	3,27	4,76	3489	20,69	.
1933/34	8,07	14,45	44,33	35,83	6,98	1,53	13,99	6,45	2,99	12,71	3210	18,97	.
1934	7,60	13,52	48,47	40,12	6,47	1,88	13,87	5,26	2,53	11,27	3078	19,10	3,80
1934/35	8,98	13,87	46,09	37,77	6,05	2,27	13,52	6,72	3,24	10,82	2560	17,54	.
1935	8,10	11,16	50,66	41,12	6,69	2,85	13,43	6,12	3,26	10,54	2420	19,75	.
1935/36	7,40	10,51	48,52	38,93	6,52	3,07	15,42	7,33	4,18	10,82	2607	19,64	.
1936	6,31	9,81	53,74	45,60	6,27	1,87	13,28	7,98	3,70	8,88	2568	22,35	.
1936/37	4,72	9,35	47,71	39,68	6,33	1,70	21,86	7,06	4,38	9,30	2054	23,56	.
1937	4,52	8,03	50,13	42,35	6,25	1,53	21,15	6,41	4,27	9,76	1967	25,37	8,34
1937/38	5,25	8,93	45,48	38,98	5,31	1,19	20,62	7,57	5,42	12,15	1770	24,69	.
1938	5,01	7,92	47,25	42,08	4,57	0,61	20,52	6,22	4,62	13,09	1818	23,93	.
1938/39	4,45	9,86	41,45	37,41	4,04	0,00	22,62	8,49	6,18	13,12	1684	25,71	.
1939	3,30	8,78	43,43	40,80	2,63	0,00	23,37	8,33	5,98	12,80	1789	25,54	.
1939/40	.	.	.	.	.	.	.	.	.	.	310	64,84	.
1940/1	0,81	7,12	50,17	48,82	1,34	0,00	24,04	8,93	7,12	8,93	1489	25,52	.
1940/2	0,52	7,82	38,35	36,95	1,40	0,00	32,67	9,96	7,08	10,69	1356	40,78	1,33
1940/3	0,96	8,01	39,83	37,96	1,87	0,00	32,78	9,93	6,66	8,49	2297	44,01	.
1941/1	0,80	6,04	41,58	39,92	1,60	0,05	35,16	8,54	5,43	7,88	2119	51,01	.

4. Die Studierenden nach Fächern

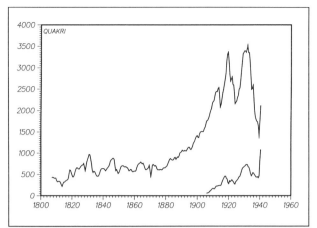

Abb. 14.2: Die Studierenden (weibl. u. insg.) an der Universität Heidelberg 1807/08–1941/1: Sämtliche Fächer

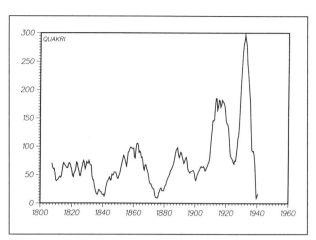

Abb. 14.3: Die Studierenden an der Universität Heidelberg 1807/08–1941/1: Evangelische Theologie

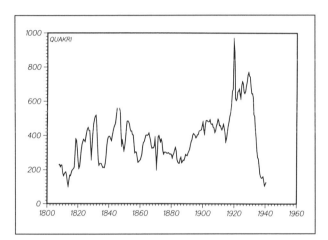

Abb. 14.4: Die Studierenden an der Universität Heidelberg 1807/08–1941/1: Jura

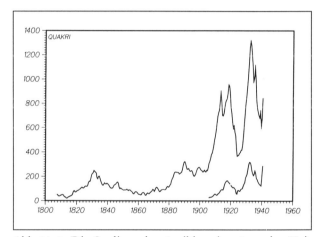

Abb. 14.5: Die Studierenden (weibl. u. insg.) an der Universität Heidelberg 1807/08–1941/1: Allgemeine Medizin

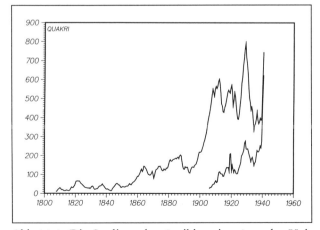

Abb. 14.6: Die Studierenden (weibl. u. insg.) an der Universität Heidelberg 1807/08–1941/1: Sprach- und Kulturwissenschaften

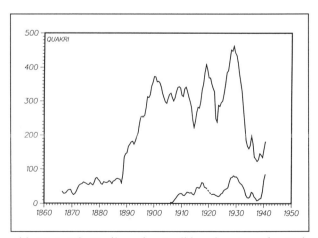

Abb. 14.7: Die Studierenden (weibl. u. insg.) an der Universität Heidelberg 1866/67–1941/1: Mathematik und Naturwissenschaften

Tab. 14.2: Die Einzelfachströme an der Universität Heidelberg nach Staatsangehörigkeit und Geschlecht 1807/08–1941/1

| | Stud. insg. | Evang. Theol. | Jura | Medi- zin | Sonstige Fächer | | | |
| | | | | | insg. | Phar- mazie, Chir- urgie | Phil., Philo- logien | Came- ralia |
Semester	1	2	3	4	5	6	7	8
1807	417	.	.	.	.		.	.
1807/08	432	74	223	51	84	.	14	70
1808	434	66	236	54	78	.	8	70
1808/09	419	60	227	40	92	.	13	77
1809	391	61	208	37	85	.	22	63
1809/10	437	61	248	38	90	.	24	66
1810	388	46	207	43	92	.	28	64
1810/11	317	35	157	47	78	.	33	45
1811	332	43	172	47	70	.	20	50
1811/12	337	40	179	54	64	.	18	46
1812	342	45	188	42	67	.	22	45
1812/13	324	45	189	31	59	.	16	43
1813	276	49	146	30	51	.	13	38
1813/14	227	41	107	29	50	.	15	35
1814	206	53	102	11	40	.	14	26
1814/15	328	59	177	29	63	.	21	42
1815	307	73	159	28	47	.	16	31
1815/16	326	69	170	36	51	.	14	37
1816	345	67	193	34	51	.	14	37
1816/17	363	65	200	42	56	.	16	40
1817	363	64	204	41	54	.	20	34
1817/18	382	60	208	47	67	.	35	32
1818	415	64	221	67	63	.	33	30
1818/19	603	72	375	89	67	.	29	38
1819	608	70	386	76	76	.	31	45
1819/20	578	69	357	67	85	.	43	42
1820	491	60	278	76	77	.	39	38
1820/21	465	58	223	82	102	.	67	35
1821	410	41	193	84	92	.	63	29
1821/22	477	52	245	87	93	.	68	25
1822	530	55	288	95	92	.	64	28
1822/23	604	55	340	97	112	.	64	48
1823	650	67	357	107	119	.	69	50
1823/24	662	77	372	116	97	.	54	43
1824	642	64	384	104	90	.	53	37
1824/25	620	61	359	104	96	.	50	46
1825	626	53	368	111	94	.	43	51
1825/26	675	43	415	120	97	.	41	56
1826	685	53	426	123	83	.	35	48
1826/27	720	63	455	115	87	.	31	56
1827	721	66	439	122	94	.	31	63
1827/28	727	76	416	132	103	.	29	74
1828	787	74	441	172	100	.	31	69
1828/29	566	66	258	150	92	.	25	67
1829	602	55	290	168	89	.	32	57
1829/30	752	75	384	200	93	.	29	64
1830	820	71	442	229	78	.	22	56
1830/31	887	69	496	221	101	4	39	58
1831	923	71	499	240	113	10	34	69
1831/32	1018	79	529	258	152	18	45	89
1832	905	59	509	226	111	19	28	64
1832/33	828	75	406	243	104	13	24	67
1833	681	60	305	216	100	17	18	65
1833/34	518	37	219	163	99	15	26	58
1834	568	45	234	197	92	19	24	49
1834/35	580	38	238	205	99	17	24	58

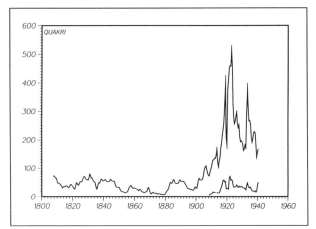

Abb. 14.8: Die Studierenden (weibl. u. insg.) an der Universität Heidelberg 1807/08–1941/1: Cameralia, Volkswirtschaft

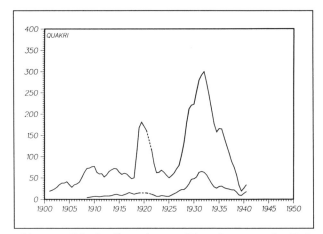

Abb. 14.9: Die Studierenden (weibl. u. insg.) an der Universität Heidelberg 1901–1941/1: Zahnmedizin

Tab. 14. 2: Die Einzelfachströme an der Universität Heidelberg nach Staatsangehörigkeit und Geschlecht
1807/08-1941/1

| | Stud. insg. | Evang. Theol. | Jura | Medi- zin | Philosophische Fakultät | | | |
| | | | | | insg. | Phar- mazie, Chir- urgie | Phil., Philo- logien | Came- ralia |
Semester	1	2	3	4	5	6	7	8
1835	548	27	236	202	83	13	28	42
1835/36	510	24	237	165	84	11	41	32
1836	457	17	210	159	71	14	36	21
1836/37	456	16	215	132	93	10	45	38
1837	457	14	216	132	95	10	35	50
1837/38	468	25	208	122	113	9	56	48
1838	541	24	259	150	108	18	44	46
1838/39	583	22	288	146	127	22	40	65
1839	647	19	387	134	107	12	36	59
1839/40	622	22	364	142	94	6	29	59
1840	658	11	419	148	80	6	23	51
1840/41	614	20	373	135	86	5	22	59
1841	654	12	411	134	97	14	26	57
1841/42	565	12	345	116	92	9	20	63
1842	602	21	393	111	77	8	19	50
1842/43	623	32	408	102	81	7	16	58
1843	657	35	442	107	73	10	17	46
1843/44	673	42	451	101	79	9	10	60
1844	698	38	466	117	77	6	24	47
1844/45	759	49	476	131	103	10	29	64
1845	842	43	553	136	110	17	34	59
1845/46	839	38	562	133	106	13	38	55
1846	864	44	560	150	110	12	44	54
1846/47	891	58	566	153	114	10	50	54
1847	870	41	553	158	118	8	54	56
1847/48	828	59	528	132	109	6	53	50
1848	564	51	333	94	86	5	43	38
1848/49	609	60	357	106	86	8	46	32
1849	623	49	385	107	82	7	43	32
1849/50	517	52	302	95	68	3	31	34
1850	522	37	320	96	69	6	31	32
1850/51	557	50	349	85	73	3	36	34
1851	603	47	401	00	65	6	36	23
1851/52	677	55	471	90	61	6	35	20
1852	703	62	497	88	56	6	33	17
1852/53	695	69	476	92	58	7	34	17
1853	719	73	483	100	63	5	41	17
1853/54	680	82	453	79	66	14	37	15
1854	675	87	427	87	74	20	40	14
1854/55	674	75	422	96	81	28	40	13
1855	695	77	430	85	103	32	55	16
1855/56	631	64	379	80	108	42	49	17
1856	687	67	427	76	117	55	44	18
1856/57	563	87	279	67	130	54	46	30
1857	606	94	317	54	141	47	60	34
1857/58	580	88	291	60	141	47	57	37
1858	659	105	315	72	167	60	65	42
1858/59	564	93	238	78	155	58	64	33
1859	575	104	249	73	149	45	77	27
1859/60	548	89	245	69	145	41	73	31
1860	600	105	264	58	173	47	95	31
1860/61	558	90	251	51	166	51	87	28
1861	588	73	293	53	169	48	93	28
1861/62	603	86	288	52	177	44	106	27
1862	721	107	386	45	183	48	109	26
1862/63	705	103	335	62	205	50	131	24
1863	785	110	394	70	211	66	128	17
1863/64	727	95	372	66	194	62	103	29
1864	817	84	431	70	232	66	143	23
1864/65	767	100	375	50	242	74	145	23
1865	764	79	426	43	216	62	141	13
1865/66	728	82	382	50	214	66	129	19
1866	801	80	448	64	209	65	131	13

Tab.14.2: Die Einzelfachströme an der Universität Heidelberg nach Staatsangehörigkeit und Geschlecht 1807/08-1941/1

	Evang. Theol.		Jura		Medizin		Zahnmedizin		Pharmazie		Philol., Gesch.		Math., Naturw.	
	insg.	Ausl. in %	insg.	Ausl. in %	insg.	Ausl. in %	insg.	Ausl. in %	insg.	Ausl. in %	insg.	Ausl. in %	insg.	Ausl. in %
Semester	1	2	3	4	5	6	7	8	9	10	11	12	13	14
1866/67	68	.	335	.	66	.	.	.	11	..	109	.	40	.
1867	56	.	413	.	59	.	.	.	11	..	107	.	30	.
1867/68	61	.	269	.	56	.	.	.	10	.	93	.	29	.
1868	73	.	382	.	72	.	.	.	6	.	106	.	29	.
1868/69	63	.	277	.	70	.	.	.	7	.	87	.	36	.
1869	62	.	377	.	82	.	.	.	5	.	111	.	40	.
1869/70	54	.	300	.	83	.	.	.	6	.	101	.	41	.
1870	52	.	460	.	110	.	.	.	5	.	134	.	39	.
1870/71	39	.	150	.	73	.	.	.	7	.	70	.	22	.
1871	34	.	289	.	82	.	.	.	5	.	91	.	29	.
1871/72	34	.	299	.	94	.	.	.	4	.	100	.	28	.
1872	35	.	487	.	122	.	.	.	5	.	131	.	42	.
1872/73	25	.	313	.	105	.	.	.	7	.	123	.	49	.
1873	27	.	451	.	112	.	.	.	7	.	136	.	57	.
1873/74	26	.	273	.	82	.	.	.	11	.	129	.	55	.
1874	20	.	486	.	83	.	.	.	15	.	157	.	60	.
1874/75	9	.	239	.	68	.	.	.	15	.	128	.	64	.
1875	11	.	385	.	92	.	.	.	11	.	162	.	57	.
1875/76	9	.	197	.	87	.	.	.	14	.	112	.	59	.
1876	9	.	410	.	101	.	.	.	12	.	141	.	52	.
1876/77	13	.	196	.	85	.	.	.	13	.	99	.	57	.
1877	23	.	409	.	106	.	.	.	12	.	144	.	63	.
1877/78	19	.	183	.	79	.	.	.	9	.	116	.	49	.
1878	34	.	410	.	103	.	.	.	2	.	134	.	57	.
1878/79	21	.	191	.	93	.	.	.	4	.	115	.	65	.
1879	24	.	399	.	136	.	.	.	7	.	156	.	82	.
1879/80	21	.	181	.	105	.	.	.	9	.	110	.	69	.
1880	24	.	405	.	122	.	.	.	12	.	168	.	70	.
1880/81	29	.	171	.	113	.	.	.	11	.	142	.	61	.
1881	33	.	366	.	147	.	.	.	7	.	200	.	53	.
1881/82	32	.	206	.	127	.	.	.	5	.	159	.	58	.
1882	46	.	386	.	207	.	.	.	6	.	184	.	68	.
1882/83	39	.	246	.	158	.	.	.	5	.	158	.	54	.
1883	54	.	416	.	231	.	.	.	8	.	197	.	66	.
1883/84	42	.	204	.	203	.	.	.	7	.	165	.	58	.
1884	63	.	316	.	267	.	.	.	6	.	197	.	75	.
1884/85	54	.	174	.	210	.	.	.	4	.	171	.	52	.
1885	65	.	302	.	265	.	.	.	5	.	203	.	63	.
1885/86	62	.	173	.	205	.	.	.	8	.	164	.	67	.
1886	70	.	355	.	266	.	.	.	12	.	216	.	66	.
1886/87	72	1,39	193	8,29	202	19,31	.	.	11	0,00	171	24,56	76	21,05
1887	85	3,53	290	11,72	240	20,00	.	.	10	0,00	197	22,84	71	8,45
1887/88	88	.	206	.	212	.	.	.	7	.	201	.	71	.
1888	98	.	309	.	253	.	.	.	9	.	208	.	69	.
1888/89	94	.	200	.	220	.	.	.	10	.	190	.	49	.
1889	102	.	339	.	297	.	.	.	5	.	146	.	118	.
1889/90	70	.	241	.	284	.	.	.	3	.	139	.	152	.
1890	91	.	327	.	350	.	.	.	8	.	120	.	138	.
1890/91	77	2,60	236	11,86	299	.	.	.	11	.	137	.	158	.
1891	103	4,85	358	10,61	317	.	.	.	13	.	148	.	177	.
1891/92	73	6,85	256	14,84	245	8,98	.	.	10	0,00	125	15,20	170	28,82
1892	87	12,64	383	9,66	276	9,42	.	.	9	11,11	156	17,95	190	29,47
1892/93	65	7,69	302	10,93	249	9,24	.	.	8	0,00	122	27,87	175	35,43
1893	75	6,67	429	8,39	285	11,23	.	.	10	0,00	120	27,50	171	30,41
1893/94	71	5,63	321	10,28	218	11,47	.	.	13	0,00	100	35,00	193	34,20
1894	86	12,79	485	7,84	269	11,15	.	.	14	0,00	117	30,77	200	28,00
1894/95	77	5,19	339	10,32	225	12,89	.	.	9	11,11	132	22,73	212	34,91
1895	73	4,11	472	9,53	275	12,36	.	.	15	0,00	138	26,09	254	33,07
1895/96	52	0,00	329	10,64	201	13,93	.	.	14	0,00	144	28,47	255	32,16
1896	63	6,35	444	11,26	227	10,57	.	.	13	0,00	136	29,41	255	26,27
1896/97	47	0,00	340	8,82	180	10,56	.	.	14	0,00	140	22,86	255	23,14
1897	59	1,69	470	8,94	234	11,54	.	.	17	0,00	160	23,13	262	25,57
1897/98	54	3,70	340	6,47	203	12,32	.	.	21	0,00	145	23,45	299	22,74
1898	58	6,90	513	8,97	272	10,66	.	.	18	0,00	170	22,35	328	22,26
1898/99	56	1,79	345	6,38	240	8,75	.	.	21	0,00	168	20,83	292	24,66
1899	60	3,33	517	8,90	298	10,74	.	.	14	7,14	201	19,90	344	22,97
1899/00	53	5,66	350	8,29	253	12,25	.	.	10	10,00	209	20,10	344	19,77
1900	52	7,69	564	6,56	301	10,96	.	.	0	.	231	16,88	367	15,53
1900/01	32	3,13	395	8,86	239	10,46	.	.	6	0,00	208	14,90	380	12,89
1901	48	4,17	471	5,73	273	13,92	20	5,00	16	6,25	232	16,81	365	12,33
1901/02	45	4,44	350	5,71	229	12,23	19	0,00	17	5,88	221	14,93	349	13,75
1902	57	7,02	571	6,13	264	14,77	24	0,00	22	4,55	260	15,77	369	14,09
1902/03	52	1,92	408	3,68	210	14,29	25	0,00	18	0,00	244	11,48	339	15,63
1903	62	8,06	572	5,07	280	16,43	31	3,23	22	0,00	298	16,44	345	16,81
1903/04	56	5,36	397	7,05	228	17,11	38	2,63	15	0,00	269	17,84	299	16,05
1904	71	8,45	566	8,66	253	20,16	39	2,56	11	0,00	335	18,81	320	15,63
1904/05	59	1,69	399	5,76	224	20,98	37	2,70	14	7,14	303	10,56	275	17,09
1905	67	1,49	590	8,98	283	21,20	46	4,35	23	4,35	389	11,57	312	21,15
1905/06	59	6,78	351	9,40	216	17,59	23	4,35	31	3,23	369	11,65	305	18,03

Tab. 14. 2: Die Einzelfachströme an der Universität Heidelberg nach Staatsangehörigkeit und Geschlecht 1807/08–1941/1

| | Cameralia | | Studierende | | |
| | insg. | Ausl. in % | insg. | Ausländer insg. | in % |
Semester	15	16	17	18	19
1866/67	15	.	644	.	.
1867	14	.	690	.	.
1867/68	18	.	536	.	.
1868	17	.	685	.	.
1868/69	19	.	559	152	27,19
1869	37	.	714	178	24,93
1869/70	27	.	612	187	30,56
1870	22	.	822	182	22,14
1870/71	9	.	370	106	28,65
1871	9	.	539	139	25,79
1871/72	12	.	571	137	23,99
1872	19	.	841	155	18,43
1872/73	11	.	633	156	24,64
1873	13	.	803	162	20,17
1873/74	9	.	585	166	28,38
1874	14	.	835	184	22,04
1874/75	11	.	534	153	28,65
1875	7	.	725	150	20,69
1875/76	10	.	488	134	27,46
1876	10	.	735	158	21,50
1876/77	10	.	473	117	24,74
1877	9	.	766	145	18,93
1877/78	6	.	461	114	24,73
1878	10	.	750	143	19,07
1878/79	6	.	495	117	23,64
1879	7	.	811	163	20,10
1879/80	7	.	502	109	21,71
1880	8	.	809	122	15,08
1880/81	16	.	543	109	20,07
1881	19	.	825	135	16,36
1881/82	23	.	610	111	18,20
1882	25	.	922	138	14,97
1882/83	38	.	698	111	15,90
1883	47	.	1019	158	15,51
1883/84	53	.	732	114	15,57
1884	44	.	968	165	17,05
1884/85	48	.	713	123	17,25
1885	54	.	957	145	15,15
1885/86	66	.	745	108	14,50
1886	51	.	1036	141	13,61
1886/87	47	.	772	118	15,28
1887	45	.	938	139	14,82
1887/88	47	.	832	98	11,78
1888	48	.	994	112	11,27
1888/89	44	.	807	110	13,63
1889	53	.	1060	114	10,75
1889/90	63	.	952	137	14,39
1890	55	.	1089	137	12,58
1890/91	52	.	970	125	12,89
1891	55	.	1171	155	13,24
1891/92	53	5,66	932	136	14,59
1892	55	9,09	1156	164	14,19
1892/93	52	9,62	973	162	16,65
1893	45	4,44	1135	160	14,10
1893/94	44	9,09	960	167	17,40
1894	35	2,86	1206	172	14,26
1894/95	34	11,76	1028	177	17,22
1895	25	16,00	1252	206	16,45
1895/96	31	9,68	1026	189	18,42
1896	26	7,69	1164	187	16,07
1896/97	25	12,00	1001	143	14,29
1897	28	10,71	1230	177	14,39
1897/98	22	22,73	1084	156	14,39
1898	25	16,00	1384	194	14,02
1898/99	20	5,00	1142	152	13,31
1899	28	17,86	1462	205	14,02
1899/00	31	16,13	1250	179	14,32
1900	38	10,53	1553	174	11,20
1900/01	20	10,00	1280	143	11,17
1901	39	12,82	1464	158	10,79
1901/02	41	14,63	1271	138	10,86
1902	73	16,44	1640	184	11,22
1902/03	56	12,50	1352	134	9,91
1903	61	14,75	1671	197	11,79
1903/04	57	15,79	1359	176	12,95
1904	60	25,00	1655	235	14,20
1904/05	60	13,33	1371	160	11,67
1905	73	12,33	1783	237	13,29
1905/06	89	6,74	1443	181	12,54

Tab. 14. 2: Die Einzelfachströme an der Universität Heidelberg nach Staatsangehörigkeit und Geschlecht 1807/08–1941/1

	Evangelische Theologie				Jura					Medizin				
	insg.	Frauen		Ausländ. in %	insg.	Frauen		deuts.	Ausländ. in %	insg.	Frauen		deuts.	Ausländ. in %
		insg.	in %			insg.	in %				insg.	in %		
Semester	1	2	3	4	5	6	7	8	9	10	11	12	13	14
1906	71	0	0,00	7,04	579	2	0,35	.	14,85	328	28	8,54	.	23,48
1906/07	53	0	0,00	3,77	360	0	0,00	.	16,39	293	25	8,53	.	23,89
1907	61	0	0,00	6,56	535	1	0,19	.	12,71	358	36	10,06	.	19,27
1907/08	55	0	0,00	1,82	357	2	0,56	.	11,76	343	27	7,87	.	15,45
1908	72	0	0,00	6,94	477	4	0,84	.	9,43	419	34	8,11	.	12,41
1908/09	58	0	0,00	1,72	374	2	0,53	2	10,96	366	34	9,29	33	11,48
1909	83	0	0,00	9,64	535	4	0,75	4	8,60	475	44	9,26	44	11,16
1909/10	62	0	0,00	6,45	405	6	1,48	6	13,33	444	44	9,91	42	14,19
1910	99	0	0,00	13,13	589	5	0,85	4	11,71	561	64	11,41	64	14,08
1910/11	97	0	0,00	4,12	386	5	1,30	5	13,99	513	51	9,94	50	12,87
1911	135	0	0,00	9,63	529	7	1,32	6	12,85	657	51	7,76	48	16,13
1911/12	124	0	0,00	2,42	389	7	1,80	7	13,62	624	41	6,57	39	13,46
1912	169	3	1,78	9,47	497	8	1,61	.	13,68	764	62	8,12	.	.
1912/13	122	1	0,82	6,56	369	4	1,08	.	15,72	686	58	8,45	.	.
1913	173	3	1,73	5,78	521	4	0,77	.	15,16	803	71	8,84	.	.
1913/14	166	3	1,81	4,22	413	6	1,45	.	17,68	819	76	9,28	.	.
1914	204	3	1,47	6,86	478	7	1,46	.	15,06	957	94	9,82	.	.
1914/15	166	2	1,20	1,81	350	4	1,14	.	2,29	688	89	12,94	.	.
1915	162	0	0,00	1,85	379	5	1,32	.	2,64	714	103	14,43	.	.
1915/16	179	2	1,12	2,79	385	4	1,04	.	2,60	682	76	11,14	.	.
1916	185	1	0,54	3,24	457	9	1,97	.	1,97	757	132	17,44	.	.
1916/17	178	3	1,69	1,12	451	6	1,33	.	1,33	774	135	17,44	.	.
1917	161	3	1,86	1,24	510	12	2,35	.	2,94	838	165	19,69	.	.
1917/18	185	3	1,62	1,08	514	8	1,56	.	2,33	818	156	19,07	.	.
1918	179	2	1,12	0,56	551	17	3,09	.	2,72	858	178	20,75	.	.
1918/19	179	2	1,12	1,12	601	13	2,16	.	2,33	908	157	17,29	.	.
1919	176	4	2,27	1,70	719	13	1,81	.	2,50	1002	150	14,97	.	.
ZS.1919	115	1	0,87	.	316	4	1,27	.	.	537	20	3,72	.	.
1919/20	171	8	4,68	1,17	621	12	1,93	.	2,90	886	.	.	.	.
1920	156	5	3,21	.	1272	103	8,10	.	.	880	.	.	.	.
1920/21	135	3	2,22	0,74	517	19	3,68	.	4,64	651	111	17,05	.	.
1921	145	8	5,52	1,38	717	26	3,63	.	6,97	790	135	17,09	.	.
1921/22	133	4	3,01	1,50	493	13	2,64	.	5,27	502	91	18,13	.	.
1922	131	4	3,05	2,29	733	25	3,41	.	8,87	686	129	18,80	.	.
1922/23	91	7	7,69	2,20	580	19	3,28	.	9,48	543	95	17,50	.	.
1923	84	4	4,76	2,38	742	31	4,18	.	11,19	581	112	19,28	.	.
1923/24	78	4	5,13	1,28	603	28	4,64	.	7,46	487	79	16,22	.	.
1924	80	4	5,00	1,25	680	24	3,53	.	5,29	384	43	11,20	.	16,93
1924/25	73	4	5,48	.	558	25	4,48	.	.	351	70	19,94	.	.
1925	71	5	7,04	.	823	39	4,74	.	.	396	100	25,25	.	.
1925/26	68	9	13,24	.	609	17	2,79	.	.	353	74	20,96	.	.
1926	82	15	18,29	.	801	47	5,87	.	.	430	84	19,53	.	.
1926/27	66	6	9,09	.	512	24	4,69	.	.	362	77	21,27	.	.
1927	104	7	6,73	4,81	780	40	5,13	36	4,10	468	116	24,79	107	7,91
1927/28	92	5	5,43	5,43	533	22	4,13	22	2,63	365	82	22,47	76	7,12
1928	136	8	5,88	3,68	845	61	7,22	58	3,20	552	125	22,64	115	6,34
1928/29	105	4	3,81	0,95	581	37	6,37	36	1,89	506	118	23,32	110	5,73
1929	171	8	4,68	1,17	928	77	8,30	74	3,13	729	158	21,67	152	5,49
1929/30	167	7	4,19	1,20	610	37	6,07	33	2,79	676	143	21,15	132	5,62
1930	246	12	4,88	2,03	885	76	8,59	69	3,73	905	239	26,41	227	4,97
1930/31	225	9	4,00	1,78	601	40	6,66	37	2,50	790	171	21,65	161	4,68
1931	300	13	4,33	2,33	761	79	10,38	74	3,29	1077	276	25,63	261	5,29
1931/32	256	11	4,30	1,17	530	46	8,68	44	2,26	956	250	26,15	237	5,86
1932	314	15	4,78	1,27	763	70	9,17	63	3,15	1308	346	26,45	329	5,43
1932/33	278	14	5,04	2,16	480	29	6,04	25	3,33	1215	292	24,03	277	7,16
1933	297	10	3,37	.	565	41	7,26	.	.	1411	342	24,24	.	.
1933/34	259	10	3,86	.	464	19	4,09	.	.	1150	249	21,65	.	.
1934	234	6	2,56	.	416	13	3,13	.	.	1235	257	20,81	.	.
1934/35	230	8	3,48	.	355	14	3,94	.	.	967	195	20,17	.	.
1935	196	6	3,06	.	270	7	2,59	.	.	995	223	22,41	.	.
1935/36	193	7	3,63	.	274	5	1,82	.	.	1015	213	20,99	.	.
1936	162	6	3,70	.	252	7	2,78	.	.	1171	284	24,25	.	.
1936/37	97	1	1,03	.	192	2	1,04	.	.	815	174	21,35	.	.
1937	89	2	2,25	.	158	2	1,27	.	.	833	195	23,41	.	.
1937/38	93	0	0,00	.	158	0	0,00	.	.	690	157	22,75	.	.
1938	91	2	2,20	.	144	1	0,69	.	.	765	160	20,92	.	.
1938/39	75	3	4,00	.	166	1	0,60	.	.	630	132	20,95	.	.
1939	59	1	1,69	.	157	2	1,27	.	.	730	140	19,18	.	.
1939/40	.			.	.			.	.	.			.	.
1940/1	12	2	16,67	.	106	2	1,89	.	.	727	122	16,78	.	.
1940/2	7	1	14,29	.	106	1	0,94	.	.	501	127	25,35	.	.
1940/3	22	2	9,09	.	184	9	4,89	.	.	872	229	26,26	.	.
1941/1	17	1	5,88	.	128	13	10,16	.	.	846	289	34,16	.	.

Tab. 14.2: Die Einzelfachströme an der Universität Heidelberg nach Staatsangehörigkeit und Geschlecht 1807/08-1941/1

	Zahnmedizin				Pharmazie				Philologien, Geschichte				
	insg.	Frauen		Ausländ. in %	insg.	Frauen		Ausländ. in %	insg.	Frauen			Ausländ. in %
		insg.	in %	deuts.			insg.	in %			insg.	in %	deuts.	
Semester	15	16	17	18	19	20	21	22	23	24	25	26	27	28
1906	34	.	.	.	5,88	34	.	.	0,00	436	23	5,28	.	14,68
1906/07	34	.	.	.	0,00	31	.	.	0,00	412	31	7,52	.	11,89
1907	39	.	.	.	2,56	31	.	.	0,00	492	36	7,32	.	12,60
1907/08	42	.	.	.	4,76	31	.	.	3,23	475	29	6,11	.	11,79
1908	60	.	.	.	1,67	32	.	.	3,13	568	46	8,10	.	11,80
1908/09	67	3	4,48	2	2,99	45	0	0,00	2,22	533	49	9,19	48	10,69
1909	78	5	6,41	4	3,85	40	0	0,00	5,00	531	51	9,60	49	11,30
1909/10	69	6	8,70	5	2,90	32	0	0,00	0,00	495	50	10,10	50	7,47
1910	84	7	8,33	7	1,19	29	0	0,00	0,00	608	73	12,01	73	6,58
1910/11	70	7	10,00	6	2,86	24	2	8,33	0,00	522	63	12,07	63	5,17
1911	56	7	12,50	6	3,57	21	0	0,00	0,00	584	53	9,08	53	7,02
1911/12	63	6	9,52	6	1,59	24	0	0,00	0,00	544	72	13,24	72	6,99
1912	57	8	14,04	8	5,26	19	1	5,26	10,53	638	117	18,34	.	.
1912/13	48	9	18,75	9	6,25	21	1	4,76	4,76	568	112	19,72	.	.
1913	66	8	12,12	8	4,55	25	1	4,00	4,00	586	121	20,65	.	.
1913/14	65	9	13,85	9	3,08	29	1	3,45	6,90	474	90	18,99	.	.
1914	73	10	13,70	10	2,74	31	2	6,45	19,35	472	117	24,79	.	.
1914/15	72	12	16,67	11	5,56	23	1	4,35	4,35	453	92	20,31	.	.
1915	71	13	18,31	.	.	23	1	4,35	.	409	91	22,25	.	.
1915/16	56	8	14,29	.	.	29	2	6,90	.	448	92	20,54	.	.
1916	61	11	18,03	.	.	31	5	16,13	.	459	120	26,14	.	.
1916/17	62	12	19,35	.	.	26	5	19,23	.	470	111	23,62	.	.
1917	56	15	26,79	.	.	22	4	18,18	.	503	151	30,02	.	.
1917/18	51	18	35,29	.	.	24	4	16,67	.	518	127	24,52	.	.
1918	45	11	24,44	.	.	27	5	18,52	.	553	148	26,76	.	.
1918/19	56	13	23,21	.	.	31	4	12,90	.	539	130	24,12	.	.
1919	155	15	9,68	.	.	31	8	25,81	.	533	103	19,32	.	.
ZS.1919	80	1	1,25	.	.	15	0	0,00	.	209	29	13,88	.	.
1919/20	181	.	.	.	.	31	.	.	.	525	113	21,52	.	.
1920	181	.	.	.	.	30	.	.	.	587	108	18,40	.	.
1920/21	161	15	9,32	.	.	23	.	.	.	558	95	17,03	.	.
1921	.	.	.	.	.	.	.	.	.	511	.	.	.	.
1921/22	136	12	8,82	.	.	.	.	.	.	411	93	22,63	.	.
1922	96	13	13,54	.	.	.	.	.	.	568	130	22,89	.	.
1922/23	71	8	11,27	.	.	.	.	.	.	499	124	24,85	.	.
1923	53	6	11,32	.	.	26	4	15,38	.	521	116	22,26	.	.
1923/24	73	9	12,33	.	.	29	5	17,24	.	404	99	24,50	.	.
1924	64	9	14,06	.	20,31	28	2	7,14	0,00	441	109	24,72	.	10,20
1924/25	62	8	12,90	.	.	31	13	41,94	.	347	103	29,68	.	.
1925	50	7	14,00	.	.	32	16	50,00	.	.	.	.	.	.
1925/26	51	7	13,73	.	.	30	17	56,67	.	.	.	.	.	.
1926	60	13	21,67	.	.	26	13	50,00	.	.	.	.	.	.
1926/27	62	14	22,58	.	.	20	9	45,00	.	.	.	.	.	.
1927	81	19	23,46	18	4,94	17	3	17,65	0,00	.	.	.	.	.
1927/28	77	21	27,27	20	9,09	16	4	25,00	0,00	.	.	.	.	.
1928	131	25	19,08	23	9,92	22	6	27,27	0,00	.	.	.	.	.
1928/29	137	21	15,33	19	8,76	28	7	25,00	0,00	.	.	.	.	.
1929	219	35	15,98	33	3,65	27	11	40,74	0,00	.	.	.	.	.
1929/30	206	37	17,96	36	0,97	26	12	46,15	0,00	.	.	.	.	.
1930	236	57	24,15	55	1,69	39	22	56,41	0,00	.	.	.	.	.
1930/31	211	40	18,96	36	2,84	31	13	41,94	0,00	.	.	.	.	.
1931	293	64	21,84	60	4,44	35	15	42,86	0,00	.	.	.	.	.
1931/32	268	63	23,51	60	2,61	31	9	29,03	0,00	.	.	.	.	.
1932	316	68	21,52	66	1,27	48	11	22,92	0,00	.	.	.	.	.
1932/33	285	58	20,35	57	0,70	50	13	26,00	0,00	.	.	.	.	.
1933	264	56	21,21	.	.	60	21	35,00	.	.	.	.	.	.
1933/34	224	39	17,41	.	.	49	16	32,65	.	.	.	.	.	.
1934	199	36	18,09	.	.	58	19	32,76	.	.	.	.	.	.
1934/35	155	23	14,84	.	.	58	14	24,14	.	.	.	.	.	.
1935	162	29	17,90	.	.	69	18	26,09	.	.	.	.	.	.
1935/36	170	31	18,24	.	.	80	20	25,00	.	.	.	.	.	.
1936	161	32	19,88	.	.	48	11	22,92	.	.	.	.	.	.
1936/37	130	23	17,69	.	.	35	10	28,57	.	.	.	.	.	.
1937	123	27	21,95	.	.	30	10	33,33	.	.	.	.	.	.
1937/38	94	22	23,40	.	.	21	9	42,86	.	.	.	.	.	.
1938	83	23	27,71	.	.	11	2	18,18	.	.	.	.	.	.
1938/39	68	22	32,35	.	.	0	0	.	.	.	.	.	.	.
1939	47	13	27,66	.	.	0	0	.	.	.	.	.	.	.
1939/40	.	.	.	.	.	.	.	.	.	.	.	.	.	.
1940/1	20	8	40,00	.	.	0	0	.	.	.	.	.	.	.
1940/2	19	10	52,63	.	.	0	0	.	.	.	.	.	.	.
1940/3	43	20	46,51	.	.	0	0	.	.	.	.	.	.	.
1941/1	34	18	52,94	.	.	1	1	100,00	.	.	.	.	.	.

Tab. 14. 2: Die Einzelfachströme an der Universität Heidelberg nach Staatsangehörigkeit und Geschlecht 1807/08–1941/1

	Mathematik, Naturwissenschaften					Chemie					Cameralia, Volkswirtschaft				
	insg.	Frauen			Ausländ. in %	insg.	Frauen			Ausländ. in %	insg.	Frauen			Ausländ. in %
		insg.	in %	deuts.			insg.	in %	deuts.			insg.	in %	deuts.	
Semester	29	30	31	32	33	34	35	36	37	38	39	40	41	42	43
1906	335	4	1,19	.	21,79	.	.	.	.	.	105	.	.	.	.
1906/07	314	2	0,64	.	20,70	.	.	.	.	.	106	.	.	.	.
1907	306	3	0,98	.	18,63	.	.	.	.	..	111	.	.	.	.
1907/08	295	7	2,37	.	17,63	.	.	.	.	.	78	.	.	.	.
1908	323	15	4,64	.	14,86	.	.	.	.	.	85	.	.	.	.
1908/09	334	17	5,09	16	14,67	.	.	.	.	.	64	.	.	.	.
1909	348	27	7,76	25	13,79	.	.	.	.	.	81	.	.	.	.
1909/10	338	27	7,99	24	13,02	.	.	.	.	.	89	.	.	.	.
1910	341	32	9,38	31	9,97	.	.	.	.	.	102	.	.	.	.
1910/11	293	26	8,87	24	9,56	.	.	.	.	.	103	.	.	.	.
1911	266	21	7,89	20	11,28	67	2	2,99	2	14,93	137	.	.	.	.
1911/12	270	21	7,78	19	7,41	72	3	4,17	3	12,50	121	.	.	.	.
1912	266	29	10,90	.	.	77	3	3,90	3	19,48	137	.	.	.	.
1912/13	243	28	11,52	.	.	73	6	8,22	6	19,18	134	.	.	.	.
1913	224	23	10,27	.	.	85	7	8,24	7	14,12	134	.	.	.	.
1913/14	211	24	11,37	.	.	78	7	8,97	7	16,67	154	.	.	.	.
1914	191	27	14,14	.	.	82	6	7,32	6	13,41	180	.	.	.	.
1914/15	143	19	13,29	.	.	72	3	4,17	3	2,78	61	.	.	.	.
1915	152	23	15,13	.	.	77	5	6,49	.	.	148	11	7,43	.	.
1915/16	166	33	19,88	.	.	88	6	6,82	.	.	106	14	13,21	.	.
1916	180	43	23,89	.	.	101	11	10,89	.	.	168	26	15,48	.	.
1916/17	172	28	16,28	.	.	111	13	11,71	.	.	174	31	17,82	.	.
1917	159	33	20,75	.	.	116	14	12,07	.	.	204	42	20,59	.	.
1917/18	201	38	18,91	.	.	120	16	13,33	.	.	226	50	22,12	.	.
1918	212	50	23,58	.	.	133	19	14,29	.	.	247	67	27,13	.	.
1918/19	218	29	13,30	.	.	139	20	14,39	.	.	273	50	18,32	.	.
1919	186	30	16,13	.	.	228	16	7,02	.	.	373	53	14,21	.	.
ZS.1919	98	4	4,08	.	.	142	6	4,23	.	.	209	12	5,74	.	.
1919/20	200	.	.	.	.	203	.	.	.	.	418	54	12,92	.	.
1920	170	.	.	.	.	212	.	.	.	.	.	.	.	.	.
1920/21	147	.	.	.	.	210	.	.	.	.	364	58	15,93	.	.
1921	381	28	7,35	.	.	.	.	.	.	.	397	.	.	.	.
1921/22	129	18	13,95	.	.	192	6	3,13	.	.	428	53	12,38	.	.
1922	163	23	14,11	.	.	193	7	3,63	.	.	475	80	16,84	.	.
1922/23	228	20	8,77	.	.	73	4	5,48	.	.	445	63	14,16	.	.
1923	85	17	20,00	.	.	110	7	6,36	.	.	471	52	11,04	.	.
1923/24	91	12	13,19	.	.	190	8	4,21	.	.	558	68	12,19	.	.
1924	109	14	12,84	.	3,67	186	6	3,23	.	2,15	347	45	12,97	.	8,36
1924/25	95	14	14,74	.	.	178	10	5,62	.	.	307	37	12,05	.	.
1925	.	.	.	.	.	189	13	6,88	.	.	248	30	12,10	.	.
1925/26	.	.	.	.	.	171	12	7,02	.	.	258	36	13,95	.	.
1926	.	.	.	.	.	185	20	10,81	.	.	267	35	13,11	.	.
1926/27	.	.	.	.	.	177	14	7,91	.	.	297	38	12,79	.	.
1927	.	.	.	.	.	194	21	10,82	20	5,15	296	45	15,20	42	7,77
1927/28	.	.	.	.	.	140	15	10,71	14	7,14	210	22	10,48	20	9,05
1928	.	.	.	.	.	168	25	14,88	24	7,14	263	41	15,59	39	9,13
1928/29	.	.	.	.	.	143	22	15,38	22	3,50	227	32	14,10	29	9,69
1929	.	.	.	.	.	156	25	16,03	25	2,56	189	35	18,52	33	9,52
1929/30	.	.	.	.	.	143	17	11,89	16	2,80	195	34	17,44	30	12,31
1930	.	.	.	.	.	142	19	13,38	18	2,82	197	38	19,29	33	14,21
1930/31	.	.	.	.	.	145	19	13,10	18	2,76	190	31	16,32	30	13,16
1931	.	.	.	.	.	141	15	10,64	13	4,96	175	32	18,29	28	10,86
1931/32	.	.	.	.	.	129	11	8,53	10	5,43	148	29	19,59	25	10,81
1932	.	.	.	.	.	133	17	12,78	17	2,26	182	31	17,03	30	7,14
1932/33	.	.	.	.	.	111	15	13,51	15	3,60	178	22	12,36	22	4,49
1933	.	.	.	.	.	114	18	15,79	.	.	166	24	14,46	.	.
1933/34	.	.	.	.	.	96	16	16,67	.	.	198	27	13,64	.	.
1934	.	.	.	.	.	78	6	7,69	.	.	161	20	12,42	.	.
1934/35	.	.	.	.	.	83	6	7,23	.	.	104	9	8,65	.	.
1935	.	.	.	.	.	79	6	7,59	.	.	96	12	12,50	.	.
1935/36	.	.	.	.	.	109	10	9,17	.	.	106	16	15,09	.	.
1936	.	.	.	.	.	95	7	7,37	.	.	86	19	22,09	.	.
1936/37	.	.	.	.	.	90	8	8,89	.	.	71	9	12,68	.	.
1937	.	.	.	.	.	84	7	8,33	.	.	69	10	14,49	.	.
1937/38	.	.	.	.	.	96	3	3,13	.	.	84	8	9,52	.	.
1938	.	.	.	.	.	84	0	0,00	.	.	81	9	11,11	.	.
1938/39	.	.	.	.	.	104	5	4,81	.	.	75	5	6,67	.	.
1939	.	.	.	.	.	107	5	4,67	.	.	78	7	8,97	.	.
1939/40	.	.	.	.	.	.	.	.	.	.	.	.	.	.	.
1940/1	.	.	.	.	.	106	15	14,15	.	.	42	3	7,14	.	.
1940/2	.	.	.	.	.	96	32	33,33	.	.	41	13	31,71	.	.
1940/3	.	.	.	.	.	153	54	35,29	.	.	77	26	33,77	.	.
1941/1	.	.	.	.	.	115	43	37,39	.	.	62	26	41,94	.	.

Tab. 14.2: Die Einzelfachströme an der Universität Heidelberg nach Staatsangehörigkeit und Geschlecht 1807/08–1941/1

	Studierende					
	insg.	Frauen			Ausländer	
		insg.	in %	deuts.	insg.	in %
Semester	44	45	46	47	48	49
1906	1922	57	2,97	.	320	16,65
1906/07	1603	58	3,62	.	257	16,03
1907	1933	76	3,93	.	273	14,12
1907/08	1676	65	3,88	.	217	12,95
1908	2036	99	4,86	.	231	11,35
1908/09	1841	109	5,92	105	201	10,92
1909	2171	138	6,36	133	230	10,59
1909/10	1934	142	7,34	136	211	10,91
1910	2413	191	7,92	188	244	10,11
1910/11	2008	162	8,07	158	186	9,26
1911	2452	158	6,44	152	281	11,46
1911/12	2231	165	7,40	161	215	9,64
1912	2624	231	8,80	.	289	11,01
1912/13	2264	219	9,67	.	264	11,66
1913	2617	238	9,09	.	301	11,50
1913/14	2409	216	8,97	.	316	13,12
1914	2668	266	9,97	.	349	13,08
1914/15	2028	222	10,95	.	46	2,27
1915	2135	252	11,80	.	52	2,44
1915/16	2139	237	11,08	.	48	2,24
1916	2399	358	14,92	.	55	2,29
1916/17	2418	344	14,23	.	50	2,07
1917	2569	439	17,09	.	60	2,34
1917/18	2657	420	15,81	.	69	2,60
1918	2805	497	17,72	.	76	2,71
1918/19	2944	418	14,20	.	64	2,17
1919	3403	392	11,52	.	81	2,38
ZS.1919	1721	77	4,47	.	.	.
1919/20	3236	391	12,08	.	74	2,29
1920	3488	216	6,19	.	.	.
1920/21	2766	341	12,33	.	117	4,23
1921	2941	364	12,38	.	181	6,15
1921/22	2424	290	11,96	.	149	6,15
1922	3045	411	13,50	.	249	8,18
1922/23	2530	340	13,44	.	245	9,00
1923	2673	349	13,06	.	307	11,49
1923/24	2513	312	12,42	.	250	9,95
1924	2319	256	11,04	.	197	8,50
1924/25	2002	284	14,19	.	159	7,94
1925	2382	375	15,74	.	187	7,85
1925/26	2053	316	15,39	.	154	7,50
1926	2558	427	16,69	.	171	6,68
1926/27	2144	356	16,60	.	136	6,34
1927	2860	527	18,43	493	160	5,59
1927/28	2189	363	16,58	345	121	5,53
1928	3257	622	19,10	591	178	5,47
1928/29	2619	477	18,21	447	131	5,00
1929	3654	754	20,63	705	175	4,79
1929/30	2999	559	18,64	519	140	4,67
1930	3710	782	21,08	737	182	4,91
1930/31	3079	593	19,26	562	139	4,51
1931	3701	813	21,97	763	186	5,03
1931/32	3009	644	21,40	607	143	4,75
1932	3835	826	21,54	782	172	4,49
1932/33	3207	634	19,77	606	166	5,18
1933	3489	722	20,69	.	.	.
1933/34	3210	609	18,97	.	.	.
1934	3078	588	19,10	.	117	3,80
1934/35	2560	449	17,54	.	.	.
1935	2420	478	19,75	.	.	.
1935/36	2607	512	19,64	.	.	.
1936	2568	574	22,35	.	.	.
1936/37	2054	484	23,56	.	.	.
1937	1967	499	25,37	.	164	8,34
1937/38	1770	437	24,69	.	.	.
1938	1818	435	23,93	.	.	.
1938/39	1684	433	25,71	.	.	.
1939	1789	457	25,54	.	.	.
1939/40	310	201	64,84	.	.	.
1940/1	1489	380	25,52	.	.	.
1940/2	1356	553	40,78	.	18	1,33
1940/3	2297	1011	44,01	.	.	.
1941/1	2119	1081	51,01	.	.	.

Tab. 14.2: Die Einzelfachströme an der Universität Heidelberg nach Staatsangehörigkeit und Geschlecht 1807/08-1941/1

	Alte Sprachen				Germanistik					Neue Sprachen				
	insg.	Frauen			Aus-länd. in %	insg.	Frauen			Aus-länd. in %	insg.	Frauen			Aus-länd. in %
		insg.	in %	deuts.			insg.	in %	deuts.			insg.	in %	deuts.	
Semester	1	2	3	4	5	6	7	8	9	10	11	12	13	14	15
1925	36	8	22,22	.	.	136	52	38,24	.	.	89	43	48,31	.	.
1925/26	31	9	29,03	.	.	114	33	28,95	.	.	94	48	51,06	.	.
1926	67	11	16,42	.	.	220	88	40,00	.	.	102	35	34,31	.	.
1926/27	61	10	16,39	.	.	144	47	32,64	.	.	160	65	40,63	.	.
1927	68	16	23,53	16	4,41	209	72	34,45	63	8,13	220	99	45,00	95	2,73
1927/28	60	9	15,00	9	10,00	147	46	31,29	44	6,80	200	77	38,50	75	1,50
1928	65	8	12,31	8	6,15	255	79	30,98	78	4,31	226	97	42,92	95	4,42
1928/29	68	13	19,12	13	7,35	172	53	30,81	49	4,07	179	66	36,87	59	7,26
1929	78	13	16,67	12	7,69	269	103	38,29	92	6,69	279	131	46,95	121	5,73
1929/30	69	8	11,59	8	2,90	211	81	38,39	75	5,69	186	75	40,32	72	3,76
1930	66	13	19,70	12	10,61	226	80	35,40	73	6,19	217	97	44,70	95	2,76
1930/31	54	9	16,67	8	9,26	220	87	39,55	82	5,91	142	57	40,14	54	4,23
1931	68	14	20,59	13	1,47	171	69	40,35	60	11,11	203	100	49,26	97	2,46
1931/32	56	10	17,86	9	3,57	122	53	43,44	47	9,84	142	70	49,30	68	2,11
1932	65	18	27,69	17	4,62	132	56	42,42	51	8,33	146	69	47,26	67	4,79
1932/33	37	9	24,32	8	13,51	90	35	38,89	34	8,89	105	49	46,67	47	1,90
1933	49	17	34,69	.	.	110	44	40,00	.	.	102	58	56,86	.	.
1933/34	37	14	37,84	.	.	94	30	31,91	.	.	149	102	68,46	.	.
1934	37	12	32,43	.	.	107	47	43,93	.	.	128	97	75,78	.	.
1934/35	35	7	20,00	.	.	90	35	38,89	.	.	101	78	77,23	.	.
1935	24	4	16,67	.	.	72	30	41,67	.	.	91	74	81,32	.	.
1935/36	19	2	10,53	.	.	75	29	38,67	.	.	97	80	82,47	.	.
1936	17	1	5,88	.	.	84	32	38,10	.	.	115	96	83,48	.	.
1936/37	21	5	23,81	.	.	99	36	36,36	.	.	186	160	86,02	.	.
1937	16	3	18,75	.	.	91	30	32,97	.	.	187	161	86,10	.	.
1937/38	8	1	12,50	.	.	54	19	35,19	.	.	197	174	88,32	.	.
1938	7	0	0,00	.	.	58	19	32,76	.	.	208	181	87,02	.	.
1938/39	7	1	14,29	.	.	43	13	30,23	.	.	223	196	87,89	.	.
1939	11	1	9,09	.	.	46	13	28,26	.	.	255	226	88,63	.	.
1939/40	.	.	.	.	.	.	.	.	.	.	310	201	64,84	.	.
1940/1	6	0	0,00	.	.	36	13	36,11	.	.	233	191	81,97	.	.
1940/2	7	1	14,29	.	.	45	25	55,56	.	.	315	278	88,25	.	.
1940/3	11	3	27,27	.	.	104	65	62,50	.	.	513	468	91,23	.	.
1941/1	8	1	12,50	.	.	78	57	73,08	.	.	533	498	93,43	.	.

	Geschichte					Musik				Philosophie, Pädagogik, Religionslehren				
	insg.	Frauen			Aus-länd. in %	insg.	Frauen		Aus-länd. in %	insg.	Frauen			Aus-länd. in %
		insg.	in %	deuts.			insg.	in %			insg.	in %	deuts.	
Semester	16	17	18	19	20	21	22	23	24	25	26	27	28	29
1925	78	28	35,90	.	.	.	.	.	.	87	13	14,94	.	.
1925/26	66	23	34,85	.	.	.	.	.	.	71	13	18,31	.	.
1926	69	27	39,13	.	.	.	.	.	.	56	9	16,07	.	.
1926/27	78	30	38,46	.	.	.	.	.	.	42	4	9,52	.	.
1927	86	25	29,07	23	6,98	15	2	13,33	0,00	58	20	34,48	19	13,79
1927/28	73	20	27,40	17	8,22	9	2	22,22	0,00	41	8	19,51	8	17,07
1928	88	31	35,23	27	9,09	21	4	19,05	0,00	103	37	35,92	32	17,48
1928/29	103	34	33,01	32	7,77	21	6	28,57	0,00	53	10	18,87	10	20,75
1929	117	37	31,62	35	4,27	28	6	21,43	3,57	88	28	31,82	24	15,91
1929/30	97	23	23,71	21	6,19	29	6	20,69	3,45	48	11	22,92	9	29,17
1930	94	32	34,04	29	8,51	29	5	17,24	6,90	55	15	27,27	13	21,82
1930/31	87	29	33,33	29	8,05	29	7	24,14	3,45	38	9	23,68	8	23,68
1931	87	28	32,18	26	9,20	22	6	27,27	4,55	54	20	37,04	16	24,07
1931/32	62	21	33,87	20	4,84	14	4	28,57	0,00	32	10	31,25	7	28,13
1932	62	24	38,71	23	11,29	29	9	31,03	3,45	53	22	41,51	17	20,75
1932/33	59	23	38,98	22	13,56	25	6	24,00	4,00	42	11	26,19	9	23,81
1933	45	11	24,44	.	.	31	10	32,26	.	.	.	.	.	.
1933/34	54	13	24,07	.	.	25	7	28,00	.	.	.	.	.	.
1934	34	8	23,53	.	.	19	3	15,79	.	.	.	.	.	.
1934/35	37	7	18,92	.	.	14	1	7,14	.	.	.	.	.	.
1935	.	.	.	.	.	10	2	20,00	.	.	.	.	.	.
1935/36	.	.	.	.	.	10	4	40,00	.	.	.	.	.	.
1936	.	.	.	.	.	11	4	36,36	.	.	.	.	.	.
1936/37	39	8	20,51	.	.	14	4	28,57	.	.	.	.	.	.
1937	35	8	22,86	.	.	13	3	23,08	.	.	.	.	.	.
1937/38	37	6	16,22	.	.	13	4	30,77	.	.	.	.	.	.
1938	42	7	16,67	.	.	11	2	18,18	.	.	.	.	.	.
1938/39	58	14	24,14	.	.	8	1	12,50	.	.	.	.	.	.
1939	51	11	21,57	.	.	8	0	0,00	.	.	.	.	.	.
1939/40	.	.	.	.	.	.	.	.	.	.	.	.	.	.
1940/1	60	11	18,33	.	.	5	1	20,00	.	.	.	.	.	.
1940/2	44	13	29,55	.	.	3	1	33,33	.	.	.	.	.	.
1940/3	62	32	51,61	.	.	6	2	33,33	.	.	.	.	.	.
1941/1	58	26	44,83	.	.	8	2	25,00	.	.	.	.	.	.

Tab. 14.2: Die Einzelfachströme an der Universität Heidelberg nach Staatsangehörigkeit und Geschlecht 1807/08-1941/1

	Kunst, Archäologie					Sonstige Kulturwiss.			Zeitungskunde				
	insg.	Frauen		Ausländ. in %		insg.	Frauen		insg.	Frauen			Ausländ. in %
		insg.	in %	deuts.			insg.	in %		insg.	in %	deuts.	
Semester	30	31	32	33	34	35	36	37	38	39	40	41	42
1927	22	9	40,91	9	9,09	.	.	.	0	0	.	.	.
1927/28	15	6	40,00	5	20,00	.	.	.	0	0	.	.	.
1928	15	7	46,67	6	13,33	.	.	.	14	2	14,29	2	7,14
1928/29	17	12	70,59	10	11,76	.	.	.	9	2	22,22	2	0,00
1929	22	14	63,64	12	9,09	.	.	.	20	6	30,00	5	10,00
1929/30	16	6	37,50	5	6,25	.	.	.	22	6	27,27	4	9,09
1930	15	4	26,67	4	6,67	.	.	.	46	8	17,39	6	15,22
1930/31	23	11	47,83	11	4,35	.	.	.	12	3	25,00	2	8,33
1931	21	16	76,19	15	9,52	.	.	.	22	7	31,82	7	4,55
1931/32	17	10	58,82	10	0,00	.	.	.	11	2	18,18	1	18,18
1932	25	14	56,00	13	8,00	.	.	.	28	10	35,71	10	0,00
1932/33	22	10	45,45	10	0,00	.	.	.	33	12	36,36	11	6,06
1933	.	.	.	.	.	65	27	41,54	37	5	13,51	.	.
1933/34	.	.	.	.	.	51	14	27,45	14	2	14,29	.	.
1934	.	.	.	.	.	44	14	31,82	38	8	21,05	.	.
1934/35	.	.	.	.	.	34	10	29,41	26	4	15,38	.	.
1935	.	.	.	.	.	86	29	33,72	29	4	13,79	.	.
1935/36	.	.	.	.	.	135	48	35,56	45	4	8,89	.	.
1936	.	.	.	.	.	54	16	29,63	40	5	12,50	.	.
1936/37	.	.	.	.	.	45	11	24,44	25	3	12,00	.	.
1937	.	.	.	.	.	39	8	20,51	18	2	11,11	.	.
1937/38	.	.	.	.	.	21	3	14,29	17	4	23,53	.	.
1938	.	.	.	.	.	17	3	17,65	12	3	25,00	.	.
1938/39	.	.	.	.	.	9	2	22,22	11	2	18,18	.	.
1939	.	.	.	.	.	11	0	0,00	13	3	23,08	.	.
1939/40	.	.	.	.	.	.	.	.	.	.	.	.	.
1940/1	.	.	.	.	.	6	2	33,33	3	0	0,00	.	.
1940/2	.	.	.	.	.	4	2	50,00	3	1	33,33	.	.
1940/3	.	.	.	.	.	10	1	10,00	7	2	28,57	.	.
1941/1	.	.	.	.	.	18	8	44,44	4	3	75,00	.	.

	Leibesübungen				
	insg.	Frauen			Ausländ. in %
		insg.	in %	deuts.	
Semester	43	44	45	46	47
1927	0	0	.	.	.
1927/28	1	1	100,00	.	.
1928	2	1	50,00	1	0,00
1928/29	0	0	.	0	.
1929	2	2	100,00	1	50,00
1929/30	2	1	50,00	1	0,00
1930	5	2	40,00	2	0,00
1930/31	4	2	50,00	2	0,00
1931	8	3	37,50	3	0,00
1931/32	3	0	0,00	0	0,00
1932	8	2	25,00	2	0,00
1932/33	1	0	0,00	0	0,00
1933	6	3	50,00	.	.
1933/34	10	6	60,00	.	.
1934	8	4	50,00	.	.
1934/35	4	3	75,00	.	.
1935	6	3	50,00	.	.
1935/36	10	4	40,00	.	.
1936	16	6	37,50	.	.
1936/37	11	5	45,45	.	.
1937	10	4	40,00	.	.
1937/38	11	7	63,64	.	.
1938	12	7	58,33	.	.
1938/39	15	11	73,33	.	.
1939	14	10	71,43	.	.
1939/40	.	.	.	.	.
1940/1	4	1	25,00	.	.
1940/2	9	4	44,44	.	.
1940/3	27	23	85,19	.	.
1941/1	26	24	92,31	.	.

Tab. 14.2: Die Einzelfachströme an der Universität Heidelberg nach Staatsangehörigkeit und Geschlecht 1807/08-1941/1

	Mathematik				Physik				Biologie			
	insg.	Frauen		Ausländ. in %	insg.	Frauen		Ausländ. in %	insg.	Frauen		Ausländ. in %
		insg.	in %	deuts.			insg.	in %	deuts.			insg.	in %	deuts.	
Semester	48	49	50	51	52	53	54	55	56	57	58	59	60	61	62
1925	73	7	9,59	.	.	29	3	10,34	.	.	15	6	40,00	.	.
1925/26	50	1	2,00	.	.	29	5	17,24	.	.	6	1	16,67	.	.
1926	92	9	9,78	.	.	39	8	20,51	.	.	11	5	45,45	.	.
1926/27	72	5	6,94	.	.	37	4	10,81	.	.	7	2	28,57	.	.
1927	130	12	9,23	12	4,62	49	4	8,16	4	0,00	40	14	35,00	14	2,50
1927/28	106	10	9,43	10	2,83	44	0	0,00	0	2,27	31	7	22,58	7	3,23
1928	186	34	18,28	34	2,15	61	7	11,48	7	1,64	43	12	27,91	12	0,00
1928/29	108	15	13,89	15	1,85	78	8	10,26	8	0,00	45	12	26,67	11	4,44
1929	159	33	20,75	31	3,77	87	8	9,20	8	0,00	55	15	27,27	13	5,45
1929/30	132	26	19,70	25	2,27	82	7	8,54	7	0,00	38	11	28,95	10	2,63
1930	137	27	19,71	26	2,92	89	9	10,11	9	1,12	48	20	41,67	20	0,00
1930/31	122	19	15,57	18	1,64	79	10	12,66	10	2,53	47	19	40,43	19	0,00
1931	106	21	19,81	21	1,89	83	10	12,05	10	3,61	46	18	39,13	18	0,00
1931/32	93	17	18,28	17	1,08	73	6	8,22	6	5,48	31	13	41,94	13	3,23
1932	94	19	20,21	19	0,00	58	4	6,90	3	5,17	30	12	40,00	11	6,67
1932/33	84	17	20,24	17	0,00	56	4	7,14	4	1,79	29	12	41,38	12	3,45
1933	71	16	22,54	.	.	45	3	6,67	.	.	22	8	36,36	.	.
1933/34	54	11	20,37	.	.	30	0	0,00	.	.	27	4	14,81	.	.
1934	39	6	15,38	.	.	26	1	3,85	.	.	19	5	26,32	.	.
1934/35	38	7	18,42	.	.	26	1	3,85	.	.	25	3	12,00	.	.
1935	46	7	15,22	.	.	.	.	.	.	.	.	.	.	.	.
1935/36	49	12	24,49	.	.	.	.	.	.	.	.	.	.	.	.
1936	107	33	30,84	.	.	.	.	.	.	.	.	.	.	.	.
1936/37	38	9	23,68	.	.	.	.	.	.	.	.	.	.	.	.
1937	32	9	28,13	.	.	.	.	.	.	.	.	.	.	.	.
1937/38	25	5	20,00	.	.	.	.	.	.	.	.	.	.	.	.
1938	19	1	5,26	.	.	.	.	.	.	.	.	.	.	.	.
1938/39	4	2	50,00	.	.	20	1	5,00	.	.	.	.	.	.	.
1939	3	2	66,67	.	.	20	1	5,00	.	.	.	.	.	.	.
1939/40	.	.	.	.	.	.	.	.	.	.	.	.	.	.	.
1940/1	4	0	0,00	.	.	14	1	7,14	.	.	8	2	25,00	.	.
1940/2	6	4	66,67	.	.	14	1	7,14	.	.	19	14	73,68	.	.
1940/3	18	7	38,89	.	.	20	2	10,00	.	.	37	30	81,08	.	.
1941/1	19	9	47,37	.	.	11	2	18,18	.	.	35	31	88,57	.	.

	Sonstige Naturwiss.			Geographie				Mineralogie, Geologie, Bergfach				Geogr., Geol., Min.		
	insg.	Frauen		insg.	Frauen		Ausländ. in %	insg.	Frauen		Ausländ. in %	insg.	Frauen	
		insg.	in %		insg.	in %	deuts.		insg.	in %			insg.	in %
Semester	63	64	65	66	67	68	69	70	71	72	73	74	75	76	77
1925	.	.	.	5	3	60,00	.	.	9	1	11,11	.	.	.	.
1925/26	.	.	.	7	2	28,57	.	.	18	6	33,33	.	.	.	.
1926	.	.	.	6	0	0,00	.	.	32	8	25,00	.	.	.	.
1926/27	.	.	.	5	0	0,00	.	.	40	7	17,50	.	.	.	.
1927	.	.	.	5	1	20,00	1	0,00	14	2	14,29	0,00	.	.	.
1927/28	.	.	.	3	0	0,00	0	0,00	24	6	25,00	0,00	.	.	.
1928	.	.	.	17	9	52,94	9	0,00	20	2	10,00	0,00	.	.	.
1928/29	.	.	.	4	2	50,00	2	25,00	29	3	10,34	0,00	.	.	.
1929	.	.	.	7	5	71,43	5	0,00	24	4	16,67	0,00	.	.	.
1929/30	.	.	.	6	4	66,67	3	16,67	35	7	20,00	8,57	.	.	.
1930	.	.	.	9	2	22,22	2	0,00	24	5	20,83	4,17	.	.	.
1930/31	.	.	.	12	4	33,33	4	0,00	17	4	23,53	5,88	.	.	.
1931	.	.	.	10	3	30,00	3	0,00	18	4	22,22	16,67	.	.	.
1931/32	.	.	.	21	8	38,10	8	9,52	12	1	8,33	25,00	.	.	.
1932	.	.	.	15	7	46,67	7	6,67	22	2	9,09	18,18	.	.	.
1932/33	.	.	.	10	2	20,00	2	20,00	16	0	0,00	18,75	.	.	.
1933	7	2	28,57	.	.	.	.	.	.	.	.	.	22	6	27,27
1933/34	0	0	.	.	.	.	.	.	.	.	.	.	15	3	20,00
1934	0	0	.	.	.	.	.	.	.	.	.	.	12	3	25,00
1934/35	0	0	.	.	.	.	.	.	.	.	.	.	5	3	60,00
1935	23	2	8,70	.	.	.	.	.	.	.	.	.	7	3	42,86
1935/36	33	3	9,09	.	.	.	.	.	.	.	.	.	11	4	36,36
1936	3	1	33,33	.	.	.	.	.	.	.	.	.	4	2	50,00
1936/37	17	3	17,65	.	.	.	.	.	.	.	.	.	9	4	44,44
1937	10	3	30,00	.	.	.	.	.	.	.	.	.	7	3	42,86
1937/38	13	4	30,77	.	.	.	.	.	.	.	.	.	7	2	28,57
1938	10	4	40,00	.	.	.	.	.	.	.	.	.	6	1	16,67
1938/39	15	8	53,33	.	.	.	.	.	.	.	.	.	7	1	14,29
1939	19	5	26,32	.	.	.	.	.	.	.	.	.	9	1	11,11
1939/40	.	.	.	.	.	.	.	.	.	.	.	.	.	.	.
1940/1	1	0	0,00	.	.	.	.	.	.	.	.	.	5	1	20,00
1940/2	0	0	.	.	.	.	.	.	.	.	.	.	13	7	53,85
1940/3	0	0	.	.	.	.	.	.	.	.	.	.	13	7	53,85
1941/1	1	0	0,00	.	.	.	.	.	.	.	.	.	12	5	41,67

Tab. 14. 2: Die Einzelfachströme an der Universität Heidelberg nach Staatsangehörigkeit und Geschlecht 1807/08–1941/1

	Landwirtsch.		Forstw	Betriebswirtschaft			kaufmänn. Studium			Handelslehramt			Sonstige			
	insg.	Ausländ. in %	insg.	insg.	Frauen insg.	in %	insg.	Frauen insg.	in %	insg.	Frauen insg.	in %	insg.	Frauen insg.	in %	Ausländ. in %
Semester	78	79	80	81	82	83	84	85	86	87	88	89	90	91	92	93
1925/26	0	.	4	0	0	.	.	.	.	.	.	.	12	1	8,33	.
1926	0	.	2	0	0	.	.	.	.	.	.	.	25	3	12,00	.
1926/27	0	.	2	0	0	.	.	.	.	.	.	.	11	0	0,00	.
1927	0	.	0	0	0	.	.	.	.	.	.	.	2	0	0,00	.
1927/28	2	0,00	0	0	0	.	.	.	.	.	.	.	2	0	0,00	0,00
1928	0	.	0	0	0	.	.	.	.	.	.	.	2	0	0,00	0,00
1928/29	0	.	0	11	1	9,09	.	.	.	.	.	.	13	0	0,00	23,08
1929	2	0,00	1	2	0	0,00	.	.	.	.	.	.	.	.	.	.
1929/30	0	.	0	0	0	.	.	.	.	.	.	.	.	.	.	.
1930	3	0,00	0	0	0	.	.	.	.	.	.	.	.	.	.	.
1930/31	0	.	0	0	0	.	.	.	.	.	.	.	.	.	.	.
1931	0	.	0	0	0	.	.	.	.	.	.	.	.	.	.	.
1931/32	0	.	0	0	0	.	.	.	.	.	.	.	.	.	.	.
1932	0	.	0	2	0	0,00	.	.	.	.	.	.	.	.	.	.
1932/33	4	25,00	0	0	0	.	0	0	.	0	0	.	.	.	.	.
1933	0	.	0	1	1	100,0	0	0	.	1	1	100,0	.	.	.	.
1933/34	0	.	0	.	.	.	0	0	.	0	0	.	.	.	.	.
1934	0	.	0	.	.	.	177	14	7,91	33	13	39,39	.	.	.	.
1934/35	0	.	0	.	.	.	157	9	5,73	29	14	48,28	.	.	.	.
1935	0	.	0	.	.	.	155	12	7,74	18	9	50,00	.	.	.	.
1935/36	0	.	0	.	.	.	139	10	7,19	20	9	45,00	.	.	.	.
1936	0	.	0	.	.	.	151	10	6,62	25	10	40,00	.	.	.	.
1936/37	0	.	0	.	.	.	115	5	4,35	27	7	25,93	.	.	.	.
1937	0	.	0	.	.	.	120	9	7,50	0	0	.	.	.	.	.
1937/38	0	.	0	.	.	.	123	12	9,76	0	0	.	.	.	.	.
1938	0	.	0	.	.	.	111	4	3,60	20	5	25,00	.	.	.	.
1938/39	0	.	0	.	.	.	137	5	3,65	20	5	25,00	.	.	.	.
1939	0	.	0	.	.	.	119	7	5,88	27	6	22,22	.	.	.	.
1939/40	0	.	0	.	.	.	151	16	10,60	0	0	.	.	.	.	.
1940/1	.	.	.	.	.	.	.	.	.	.	.	.	.	.	.	.
1940/2	0	.	0	.	.	.	75	0	0,00	16	5	31,25	.	.	.	.
1940/3	0	.	0	.	.	.	104	18	17,31	0	0	.	.	.	.	.
1941/1	0	.	0	.	.	.	101	18	17,82	17	11	64,71	.	.	.	.
1941/2	0	.	0	.	.	.	101	21	20,79	4	3	75,00	.	.	.	.

5. Anmerkungen zu Tabelle 14.2

1807–1866:

Ergänzend zur PrStat wurden die Angaben für 1807–1830 der Akademischen Monatschrift entnommen. Dort ist außerdem die undifferenzierte Gesamtzahl der Stud. dokumentiert; sie betrug 1803/04: 250; 1804/05: 332 u. 1805/06: 496. In der PrStat wurden alle Stud., die sich nicht den klar abgegrenzten Fächern der Sp. 2–4 zuordnen ließen, der Sammelkategorie der »Philosophischen Fakultät« undifferenziert zugezählt. Mit Hilfe der Pers.Verz. wurde diese Sammelkategorie in die tiefer differenzierten Einzelfachströme aufgelöst (Sp. 6–8), die sich zur Summe in Sp. 5 aufaddieren.

Sp. 2 (Evang. Theol.): Ab 1842 laut Pers.Verz. einschl. Seminaristen. – Sp. 4 (Medizin): Bis 1830 einschl. Pharmazie u. Chirurgie, danach nur reine Mediziner entsprechend den Abgrenzungskriterien der PrStat. – Sp. 6 (Pharmazie, Chirurgie): Bis 1830 enthalten in Sp. 4 (Medizin); ab 1830/31 rechnerisch bestimmt (Mediziner, einschl. Chirurgen u. Pharmazeuten nach Pers.Verz. abzüglich der reinen Mediziner nach PrStat); 1853/54–1854/55 Chemiker und Chirurgen; 1855–1866 Chemiker und Pharmazeuten. Die ab 1839 in den Pers.Verz. gesondert aufgeführten »conditionirenden Chirurgen« sind von uns in Übereinstimmung mit der PrStat u. der BadHochStat nicht berücksichtigt worden. – Sp. 8 (Cameralia): Nach den Pers.Verz. bis 1845 Cameralisten u. Mineralogen, ab 1845/46 Cameralwiss.

1866/67–1905/06:

Für 1868/69–1886 u. 1887/88–1891 wurden die ausl. Stud. insg. aus den Pers.Verz. ergänzt. Erst ab 1890/91 dokumentieren die Pers.Verz. die ausl. Stud. nach Fakultätszugehörigkeit. Nur für die beiden Fächer, die mit den entsprechenden Fak. identisch sind (Evang. Theol. u. Jura), ließen sich deshalb die ausl. Stud. über die Angaben der PrStat hinaus ergänzen. Die weibl. Stud. waren nach dem Min.-Erlaß vom 28. Feb. 1900 zum ordentlichen Studium zugelassen. In der PrStat sind die ersten studierenden Frauen bis 1905/06 undifferenziert unter den Stud. mitgezählt. Da eine Aufteilung nach Einzelfächern nicht möglich ist, geben wir ergänzend die unter den immatrikulierten Stud. mitgezählten Frauen nach ihrer Fakultätszugehörigkeit an, soweit den Pers.Verz. zu entnehmen ist: 1903 insg. 30 immatrikulierte Frauen; 1903/04: 28; 1904: 33; 1904/05: 32, dar. 21 Med. Fak., 10 Phil. Fak. u. 1 Naturwiss. Fak.; 1905: 49, dar. 1 Theol. Fak., 1 Jur. Fak., 27 Med. Fak., 17 Phil. Fak. u. 3 Naturwiss. Fak.; 1905/06: 42, dar. 2 Jur. Fak., 22 Med. Fak., 15 Phil. Fak. u. 3 Nat. Fak. Die Summe der Stud. in den Sp. 9, 11, 13 u. 15 entspricht bis 1890 der Gesamtzahl der Stud. in der ungeteilten Phil. Fak., die in den Pers.Verz. dokumentiert ist. Ab 1890/91 entspricht die Summe der Sp. 11 u. 15 den Stud. in der Phil. Fak., die Summe der Sp. 9 u. 13 den Stud. in der Naturwiss.-math. Fak.

Sp. 1 (Evang. Theol.): 1866/67–1867/68 laut Pers.Verz. einschl. Seminaristen. – Sp. 9 (Pharmazie): Ohne die in den Pers.Verz. gesondert aufgeführten »conditionirenden Chirurgen und Pharmaceuten« (bis 1867/68) bzw. »Personen reiferen Alters und conditionirende Pharmaceuten« (bis 1873/74). – Sp. 13 (Math., Naturwiss.): einschl. Chemie.

1906–1941.1:

1906–1908 wurden die weibl. Stud. aus den Pers.Verz. ergänzt. Da sich die dortigen Angaben allerdings nur auf die Fakultätszugehörigkeit beziehen, lassen sich die Frauen nicht vollständig auf die Einzelfächer aufteilen und nicht nach ihrer Staatsangehörigkeit differenzieren. 1939/40 wurden wegen der Umstellung auf Trimester keine Daten erhoben.

Sp. 5–6 (Jura): einschl. Volkswirtschaft (Sp. 39). – Sp. 10–11 (Medizin): 1921 einschl. Zahnmedizin (Sp. 15); die Angaben für die Frauen beziehen sich 1906–08 auf die gesamte Medizinische. Fak. u. schließen Zahnmedizin ein (Sp. 16).– Sp. 15 (Zahnmedizin): für 1912–1914/15 wurden die fehlenden Angaben im StatJbDR durch namentliche Auszählung der Einzelfälle aus den Pers.Verz. ergänzt; 1921 enthalten in Sp. 10 (Medizin). – Sp. 20 (Pharmazie): für 1912–1914/15 wurden die fehlenden Angaben im StatJbDR durch namentliche Auszählung der Einzelfälle ergänzt. – Sp. 24–25 (Philologien, Geschichte): Die Angaben für die Frauen beziehen sich 1906–08 u. 1912–1914/15

auf die gesamte Phil. Fak. und schließen Cameralia, Volkswirtschaft ein (Sp. 40). – Sp. 29 (Mathematik, Naturwissenschaften): 1906–1910/11 u. 1921 einschl. Chemie (Sp. 34). – Sp. 34 (Chemie): 1906–1910/11 u. 1921 enthalten in Mathematik, Naturwissenschaften (Sp. 29); für 1912–1914/15 wurden die fehlenden Angaben im StatJbDR durch namentliche Auszählung der Einzelfälle ergänzt. – Sp. 39–40 (Cameralia, Volkswirtschaft): 1906–08 u. 1912–1914/15 ohne Frauen, die enthalten sind in Philologien, Geschichte (Sp. 24–25); 1920 enthalten in Sp. 5–6 (Jura). – Sp. 44 (Studierende insg.): Durch Vergleich mit dem Pers.Verz. wurde die fehlerhafte Angabe im StatJbDR für 1919 (Doppelzählung der Frauen) korrigiert; in der Gesamtzahl für 1928/29 ist ferner 1 männl. Stud. der Tiermed. enthalten. – Sp. 45 (Studierende Frauen insg.): 1921 einschl. 167 Frauen in den Einzelfächern Philologien, Geschichte (Sp. 25) u. Cameralia, Volkswirtschaft (Sp. 40), die sich nicht zuordnen lassen. – Sp. 48 (Studierende Ausländer insg.): bei Abweichungen zwischen den aufsummierten Einzelfächern und den Gesamtzahlen lassen sich die Ausländer nicht vollständig auf die Einzelfächer verteilen.

1925–1941.1:

Sp. 16 (Geschichte): 1935–36 enthalten in Sp. 35 (Sonstige Kulturwiss.). – Sp. 35 (Sonstige Kulturwiss.): 1935–36 einschl. Geschichte (Sp. 16). – Sp. 48 (Mathematik): 1935–38 einschl. Physik (Sp. 53). – Sp. 53 (Physik): 1935–38 enthalten in Sp. 48 (Mathematik). – Sp. 58 (Biologie): 1935–39 enthalten in Sp. 63 (Sonstige Naturwiss.). – Sp. 63 (Sonstige Naturwiss.): 1935–39 einschl. Biologie.

6. Quellen und Literatur

Quellen:

Standardquellen: 1830/31–1911/12: PrStat 167, 236. – *1912–1924/25:* StatJbDR Jgg. 34–36, 40–44. – *1925–1927/28:* DtHochStat Bd. 1; VjhStatDR Jgg. 35–37. – *1928–1932/33:* DtHochStat Bde. 1–10. – *1932–1941.1:* ZehnjStat.

Ergänzend: 1807–1830: AkadMonSchr 1851. – *1807–1900:* BadHochStat 1912. – *1830/31–1908, 1912–1914/15, 1919:* Pers.Verz. d. Univ. Heidelberg.

Literatur:

Akademische Monatsschrift 1851, S. 294–310. – Badische Schulstatistik. Die Hochschulen (= BadHochStat). Karlsruhe 1900, S. 16–21 – BOLLMUS, R.: Handelshochschule und Nationalsozialismus. Das Ende der Handelshochschule Mannheim und die Vorgeschichte der Errichtung einer Staats- und Wirtschaftswissenschaftlichen Fakultät an der

Universität Heidelberg. Meisenheim 1973. – BUSELMEIER, K./HARTH, D./JANSEN, CH. (Hg.): Auch eine Geschichte der Universität Heidelberg. Mannheim 1984. – DOERR, W. u.a. (Hg.): Semper Apertus. Sechshundert Jahre Ruprecht-Karls-Universität Heidelberg 1386–1986. Festschrift in sechs Bänden. Berlin 1985. – RIESE, R.: Die Hochschule auf dem Wege zum wissenschaftlichen Großbetrieb. Die Universität Heidelberg und das badische Hochschulwesen 1860–1914. Stuttgart 1977. – Verzeichniß der sämtlichen Studirenden auf der Universität Heidelberg. 1819–1944/45 (unter verschiedenen Titeln = Pers.Verz.). – VEZINA, B.: »Die Gleichschaltung« der Universität Heidelberg im Zuge der nationalsozialistischen Machtergreifung. Heidelberg 1982. – WEISERT, H.: Geschichte der Universität Heidelberg. Kurzer Überblick 1386–1980. Heidelberg 1983. – WOLGAST, E.: Die Universität Heidelberg 1386–1986. Berlin/ Heidelberg 1986.

15. Jena

1. Geschichtliche Übersicht

Die Gründung der Universität Jena kann als ein Bestandteil der reformatorisch-humanistischen Bildungsreform angesehen werden. Als das ernestinische Sachsen 1547 die Universität Wittenberg verloren hatte, wurde 1548 ein »akademisches Gymnasium« gegründet, das bis 1558 zur Einweihung als Universität mit dem Namen »Salana« schon alle vier Fakultäten mit 251 Studierenden aufgebaut hatte. Seitdem entwickelte sich Jena bis weit ins 18. Jahrhundert zu einer streng lutherisch-orthodoxen Lehranstalt.

Mit der ersten Teilung des ernestinischen Staates im Jahre 1572 begann für die Universität Jena die in den deutschen Landen einmalige Situation, daß mehrere Erhalterstaaten, die sogenannten »Nutritoren« (Ernährer) für den Unterhalt einer Universität verantwortlich waren. Diese Konstruktion führte zu ständiger Finanzknappheit, welche die Universität mehrfach an den Rand der Auflösung brachte. Hieraus resultierte allerdings auch eine weitere charakteristische Eigenschaft: Jena galt durch die Jahrhunderte hindurch als die relativ freiheitlichste deutsche Universität. Da sich die Erhalterstaaten nach den Statuten über Berufungen und Verweise von Professoren einigen mußten, kam es zu ständigen Auseinandersetzungen, in deren »Windschatten« sich die Universität eine gewisse Autonomie bewahren konnte.

So wurde Jena schon im 17. Jahrhundert, neben dem noch vorherrschenden Scholasmus, zu einer Geburtsstätte der rationalistischen, frühaufklärerischen Wissenschaften, wodurch sie 1710–1720 zur meistbesuchten deutschen Universität avancierte. Im 18. Jahrhundert liefen ihr jedoch wegen der Finanzknappheit die Aufklärungsuniversitäten Göttingen, Halle und Leipzig den Rang ab. Doch gegen Ende des 18. Jahrhunderts stieg Jena als der Focus der deutschen Klassik und Frühromantik noch einmal zur führenden deutschen Universität auf. Trotz der finanziellen Enge wurde dieser Wandlungsprozeß möglich, vor allem vorangetrieben von Goethe als weimarischem Minister, durch die Anstellung junger Reformer auf weniger gut dotierten Stellen und durch die Gründung meist privater naturwissenschaftlicher und medizinischer Institute. Die Salana wurde zum Vorreiter der neuhumanistischen Universitätsreform, konnte aber zu Beginn des 19. Jahrhunderts finanziell mit den neuen Reformuniversitäten nicht mithalten, so daß ihr wissenschaftliches Ansehen und ihre Attraktivität im Laufe des 19. Jahrhunderts rapide absanken.

Doch zunächst speiste sich Jenas Anziehungskraft noch aus einer anderen Quelle: den relativ großen politischen Freiheiten in den sächsischen Freistaaten. In dieser Atmosphäre entstanden hier 1815 die Burschenschaften, die sich nach dem Wartburgfest 1817 auf alle deutschen Universitäten ausbreiteten. Und trotz des zunehmenden Drucks aus anderen deutschen Staaten konnten bis nach der Jahrhundertmitte einige politisch verfolgte Professoren nach Jena berufen werden.

Aber diese Vorteile reichten nicht aus, um den Niedergang der Attraktivität aufzuhalten, so daß in den 1860er und 70er Jahren mehrfach die Auflösung der Universität zur Debatte stand, da eine Modernisierung der Institutionen nicht finanzierbar erschien. In dieser prekären Situation kam Jena eine für deutsche Universitäten einmalige Einrichtung zu Hilfe: Die privatwirtschaftliche Carl-Zeiss-Stiftung wurde 1889 neben den jetzt vier thüringischen Kleinstaaten zum fünften »Nutritor«. Durch die relativ hohen Zuwendungen wurden zunächst neue naturwissenschaftliche und medizinische Institutionen, aber nach 1900 auch andere wissenschaftliche Einrichtungen und 1908 das neue Hauptgebäude errichtet, das erst jetzt das lange zu klein gewordene Dominikanerkloster aus der Gründungszeit ersetzte. Jena hatte wieder Anschluß an den modernen Ausbaustand der deutschen Universitäten gefunden.

Diese Entwicklung bildete sich auch auf der Ebene der Studierendenfrequenz ab. Hatte die Salana hier noch bis nach der Jahrhundertmitte einen mittleren Platz unter den deutschen Universitäten eingenommen, so sackte sie bis zum Ende des 19. Jahrhunderts z.T. sogar bis an die vorletzte Stelle der Skala. Aber schon nach der Jahrhundertwende konnte sie nach dem Ausbau wieder einen mittleren Platz erreichen, den sie bis zum Ende unseres Betrachtungszeitraums halten konnte. Symptomatisch für diese Entwicklung war der Jenaer Studienschwerpunkt der Naturwissenschaften. Konnte dieser Fachbereich noch bis Mitte der 1870er Jahre einen oberen Rangplatz behaupten, so rutschte er zum Ende des 19. Jahrhunderts in die untersten Rangplätze ab, und konnte sich dann zu Beginn des 20. Jahrhunderts bis in den Zweiten Weltkrieg im oberen Drittel etablieren.

In Bezug auf das Personal hatte sich Jena, vor allem wegen der geringen Gehälter, zur Durchgangsstation für junge Gelehrte entwickelt. Insgesamt stagnierte die Personalentwicklung im Laufe des 19. Jahrhunderts, so daß die Salana hier von einem vorderen Rangplatz um 1830 auf einen mittleren um 1880 zurückfiel. Da jedoch die Studierendenzahl in dieser Phase sogar absolut sank, entwickelte sich, wie bei kleinen Universitäten üblich, die Betreuungsrelation sehr günstig. Im 20. Jahrhundert konnte Jena im Personalwachstum mit den anderen deutschen Universitäten durch die Zuwendungen der Zeiss-Stiftung durchschnittlich mithalten, aber durch die neuerliche Attraktivität vor allem für Studierende der Naturwissenschaften nahm die Betreuungsrelation jetzt einen mittleren Rang ein. Auch in dieser Beziehung hatte Jena den Status einer Kleinuniversität wieder verlassen.

Bezüglich der institutionellen Differenzierung nimmt Jena eine eigenartige Stellung unter den deutschen Universitäten ein. Auf dem Grundstock der Institutsgründungen zur Zeit der Jenaer Klassik war es vor allem der privaten Initiative der Professoren zu verdanken, daß sich in der ersten Hälfte des 19. Jahrhunderts vor allem in den Naturwissenschaften, der Landwirtschaft und der Medizin so viele – allerdings sehr kleine – Institute bildeten, daß Jena von den 1850er bis in die 1880er Jahre nach der Zahl selbständiger Institutionen an der Spitze der deutschen Universitäten lag. Auch im 20. Jahrhundert konnte sich die Universität, durch die Zeiss-Stiftung jetzt auch mit großen, modernen Instituten ausgerüstet, im oberen Drittel der Rangfolge halten, wiederum vor allem durch die Naturwissenschaften.

1920 wurden die sächsischen Kleinstaaten (außer Coburg) zum Land Thüringen vereinigt, so daß die 1921 zur »Thüringischen Landesuniversität« ernannte Salana erstmals seit 1572 nur einen staatlichen Träger hatte. In dieser Zeit veränderte sich auch die Fakultätsstruktur. 1923 wurden die Wirtschaftswissenschaften in die zur Rechts- und Wirtschaftswissenschaftlichen umbenannte Juristische Fakultät integriert. 1922 wurde die Volksschullehrerausbildung (wie in Hamburg und Leipzig) an die Universität verlegt, nachdem sich hier schon seit 1900 Volksschullehrer zur Weiterbildung mit der Möglichkeit eines Diplomabschlusses hatten einschreiben können. Die 1923 in der Philosophischen Fakultät eingerichtete Erziehungswissenschaftliche Abteilung wurde schon 1924 aus politischen Gründen wieder aufgelöst. Die Volksschullehrerausbildung wurde daraufhin seit 1927 in einem fakultätsunabhängigen Pädagogischen Institut vorgenommen. Unter dem Druck des enormen Ausbaus der Naturwissenschaften wurde 1925 aus der Philosophischen eine Mathematisch-Naturwissenschaftliche Fakultät ausgegliedert.

Schon frühzeitig war die Universität stark vom Nationalsozialismus beeinflußt. Und als seit 1930 die NSDAP Thüringen in einer Koalition und seit 1932 allein regierte, begannen die politischen Entlassungen von Hochschullehrern, so daß die als »braune Universität« ausgebaute Institution nach 1933 nur noch von relativ wenigen Entlassungen (8,5% des Lehrkörpers von 1932/33) betroffen war. Jena bewegte sich hier im unteren Viertel der Universitäten. 1935 waren 20% und am Ende der NS-Zeit über 50% der Professoren Mitglieder der NSDAP. Die durch die Jahrhunderte hindurch charakteristische Eigenschaft als freiheitlichste Universität hatte Jena spätestens unter der NS-Herrschaft eingebüßt.

1934 erhielt die Thüringische Landesuniversität den Namen »Friedrich-Schiller-Universität«, den sie bis heute durch die politischen Umbrüche hindurch behalten hat.

Durch die Bombenangriffe in den letzten drei Kriegsmonaten wurde Jena stark zerstört, so daß nur etwa 10 Prozent der Universitätsinstitutionen von den z.T. schweren Beschädigungen verschont blieben. Doch nach tiefgreifenden Entnazifizierungen des Hochschulpersonals wurde sie am 15.10. 1945 als eine der ersten Universitäten in der sowjetischen Besatzungszone wieder eröffnet.

2. Der Bestand an Institutionen 1832/33–1944/45

Zum Verständnis vgl. die Erläuterungen S. 48 ff.

I. Evang.-theol. Fak. ([1832/33])

1. Exeg. Privatges. ([1832/33]–33/34)
2. Theol. Sem. ([1832/33])
2.1 Alttestamentl. Abt. (1929)
2.2 Neutestamentl. Abt. (1929)
2.3 Syst. Abt. (1929)
2.4 Kirchengesch. Abt. (1929)
2.5 Prakt.-theol. Abt. (1931)
2.6 Konfessionskdl. Abt. (1934/35–38/39)
    Religionsgesch. Abt. (1939)
3. Homil. u. Kat. Sem. (⟨1921⟩–29/30)
3.1 Homil. Sem. ((⟨[1832/33]⟩–⟨1920⟩))
3.2 Kat. Sem. ([1832/33])–⟨1920⟩)

II. Jur. Fak. ([1832/33])
Rechts- u. Wirtschaftswiss. Fak. (1924)

1. Rechtswiss. Abt. (1925/26)
1.1 Seminarien d. jur. Fak. ([1832/33]–94)
    Sem. d. Jur. Fak. (1894/95–1916)
    Jur. Sem. (1916/17)
1.1.1 Sem. f. röm. Recht (1873–82)
1.1.2 Sem. f. dt. Recht (1873–82)
1.1.3 Sem. f. Strafr. u. -proz. (1873–82)
1.1.4 Sem. f. röm. Recht u. Civilproz. (1876–76/77)
1.1.5 Abt. Rechtsgesch. (1940.3)
1.1.6 Abt. Strafr. (1940.3)
1.1.7 Abt. Zivilr. (einschließl. Sem. f. Unternehmensr.) (1940.3; vorh. II.1.5)
1.1.8 Abt. Öffentl. Recht (1940.3)
1.2 Inst. f. Wirtschaftsr. (⟨1919⟩)
1.3 Soziol. Sem. (1922/23)
1.4 Rechtsphilos. Sem. (1925/26–29/30, 30/31–37)
1.5 Sem. f. Ges.- u. Konzernr. (1930/31–39)
    Sem. f. Unternehmensr. (1939/40–40.2; Forts. II.1.1.7)
1.6 Sem f. Volkstheor. u. Grenzlandk. (1934)
1.7 Inst. f. menschl. Erbforsch. u. Rassenpol. (1934/35)
1.8 Inst f. Gesch. u. Praxis d. Finanzr. (1940)
1.9 Inst. f. Rasse u. Recht (1942)

2. Wirtschaftswiss. Abt. (1925/26–30)
2.1 Staatswiss. Sem. (1849–1922/23 in IV.)
    Wirtschaftswiss. Sem. (1923)
2.2 Dt. Forschungsinst. f. Agrar- u. Siedlungswesen, Abt. Jena (1928–30/31; Forts. VIII.1)

III. Med. Fak. ([1832/33])

1. Anat. Inst. mit Inbegriff d. anat. Mus. ([1832/33]; o. Mus. 61/62, Anst. 1916/17; u. Samml. 38)
1.1 Zoot. Cab. (1848/49–61)
    Anthropot. u. zoot. Mus. (1861/62–1937/38, Samml. 16/17)

2. Großherzogl. Landkh. (1846–1908)
   Großherzogl. Sächsische Landesheilanst. (1908/09–⟨17/18⟩)
   Landesheilanst. (Univ.-Klin.) (⟨1919⟩–⟨1928/29⟩)
   Thür. Univ.klin. (⟨1931⟩)
2.1 Landkh. (st. Klin.) ([1832/33]–45/46)
2.2 Amb. med.-chir. Klin. (Polikl.) ([1832/33]–45/46)
2.3 Med. Klin. nebst Polikl. (1846; o. Polikl. 86, sowie Klin. u. Polikl. f. Hautkr. 1886–1913/14; u. Geschl.kr. 05/06–13/14; u. Nervenklin. 25/26)
2.3.1 St. Klin. (1856–81/82)
2.3.2 Klin. f. Kinder- u. Hautkr. (1876–78, 79–79/80)
      Klin. u. Polikl. f. Syphilis, Kinder- u. Hautkr. (1880–1913/14, Abt. u. Polikl. 1884/85–1908; o. Kinder 1886)
2.3.2.1 Hautklin. (1914–44; u. Polikl. 29/30–30/31)
        Klin. u. Polikl. f. Haut- u. Geschl.kr. (1944/45)
2.3.2.2 Kinderkl. u. Polikl. im Kinderkh. d. Carl Zeiß-Stiftung (1917/18)
2.3.3 Klin. Lab. (1882–84/85)
2.3.4 Med. Polikl. (1886)
2.3.4.1 Lungenfürsorgestelle (1925/26–⟨28/29⟩)
        Tuberkulosefürsorge(-stelle) (⟨1931⟩–43/44)
2.3.5 Röntgenabt. (1938–43/44)
2.3.6 Städt. Hilfskh. (1942/43–43/44)
2.4 Chir. u. augenärztl. Klin. nebst Polikl. (1846–81)
2.4.1 St. Klin. (1856–78/79)
2.4.2 Chir. Kl. nebst Polikl. (1881/82–1934; mit orthop. Abt. 1913)
      Chir.-orthop. Klin. u. Polikl. (1934/35)
2.4.3 Augenärztl. Klin. nebst Polikl. (1881/82–1908, 1916/17)
      Augenkl. u. Polikl. (1908/09–16)
3. Med.-chir. Privatkl. (Stadt- u. Landkl.) ([1832/33]–⟨47⟩; u. ophthalmol. 37; u. Hospitalkl. 42/43)
4. Entbindungshaus ([1832/33]–45/46)
   Gebh.-gynäk. Klin. nebst Polikl. (1859/60–1908/09)
   Frauenkl. u. Polikl., Entbindungsanst. u. Hebammenlehranst. (1909; o. Entbindungsanst. u. Hebammenlehranst. 31)
4.1 Gebh. Polikl. (1843/44–59, Priv. 45–51/52)
4.2 Großherzogliche Entbindungsanst. Gebh. st. Klin. (1846–59, Gynäk. Klin. 1856/57)
4.3 St. Klin. (1865–69)
5. Irrenh. ([1832/33]–45/46)
   Großherzogliche Irrenanst. Psych. Klin. (1846–47/48)
   Großherzogliche Irrenanst. Irren-, Heil- u. Pflegeanst. (1848–94; o. u. Pflege 79/80)
   Psych. Klin. (1894/95–1924; u. Anst. f. Nervenkr. 16/17)
   Psych. u. Nervenklin. mit. Polikl. (1924/25)

6.   Priv.-Lab. f. phys. u. chem.-physiol. Zwecke
      (1845–45/46)
      Physiol. Inst. (1846–56, 59/60, Lab. 59/60–
      64/65, Inst. 65–69, 94/95–1916,
      Anst. 69/70–94, 1916/17)
6.1   Physiol.-chem. Abt. (1895/96–1925/26)
      Chem. Abt. (1926–36)
      Physiol.-chem. Inst. (1936/37)
7.   Path.-anat. Inst. (1865, Anst. 78/79–94,
      Inst. 94/95–1916, Anst. u. Samml. 1916/17)
8.   Ohrenärztl. Klin. u. Polikl.
      (1884–1914/15, 16/17–28)
      Ohrenklin. u. Polikl. 1908/09–14/15)
      HNO-Klin. u. Polikl. (1915–16, 28/29)
9.   Klin. Lab. f. exp. Path. u. ätiolog. Unters.
      (1885–1922; o. ätiolog. Unters. 1887)
10.   Hyg. Anst. u. Lab. (1886/87; o. Lab 88/89–94,
      1916/17–39/40, Inst. 1894/95–1916, 1940.1)
11.   Zahnärztl. Inst. (1894–1901, 03/04,
      Polikl. 16–21)
11.1 Chir. u. kons. Abt. (1921/22–25, 29)
      Operative Abt. (nur 1925/26)
      Chir. u. operative Abt. (1926–28/29)
11.2 Prothetische u. orthod. Abt. (1921/22–25, 27)
      Techn. Abt. (1925/26–26/27)
12.   Pharm. Inst. (1901/02, Anst. 1916/17–39/40)
13.   Inst. f. Gesch. d. Med. (1910/11, Anst. 11–16,
      17/18–39/40, Samml. 16/17–17)
14.   Anst. f. ger. Med. (1921/22; u. Naturwiss. Krim.
      35/36, Inst. 39/40; o. Naturwiss. 41.1.)
15.   Polikl. f. d. Naturheilverfahren (1924–33/34)
      Polikl. f. biol. Med. (1934–36)
16.   Phys.-Therap. Inst. (1925)
17.   Inst. f. Anat., Physiol. u. exp. Path.
      des Gehörorgans (nur 1925/26)
18.   Univ.-Klin.apotheke (1925/26)
19.   Anst. f. menschl. Züchtungslehre u. Vererbungs-
      forsch. (nur 1934/35)
      Inst. f. menschl. Erbforsch. u. Rassenpol. (1935)

IV.   Phil. Fak. ([1832/33], o. Math.-Naturwiss. 1925/26)

1.   Anst. f. Altertumsk. (1939)
1.1   Philol. Sem. ([1832/33]–1925/26)
      Sem. f. klass. Philol. (1926)
1.2   Sem. f. alte Gesch. (1885)
1.2.1 Abt. f. griechische u. röm. Gesch. (1897/98–99)
1.2.2 Abt. f. byzantinische Gesch. u. altkirchl. Geogr.
      (1897/98–99)
1.3   Sprachwiss. Sem. (1922/23)
2.   Arch. u. numismatische Priv.-Samml.
      (1841/42–54/55)
3.   Or. Privatsem. (1843/44–⟨1920⟩;
      o. Priv. 1896/97)
4.   Or. Münzcab. (1843/44–⟨1920⟩,
      Samml. 1916/17)

5.   Arch. Anst. (⟨1921⟩–26/27)
      Arch. Inst. mit Mus. u. akad. Münzsamml.
      (1927; o. Münzsamml. 31/32–36, 37/38, o.
      Mus. 36/37; u. Samml. antiker Kleinkunst 37/38)
5.1   Arch. Mus. (1846/47–⟨1920⟩, 1936/37; u.
      Münzkab. 1870/71–86; mit d. akad. Münz-
      samml. 1907–⟨20⟩; (Nachbildungen
      antiker Kunstwerke) 37/38)
5.1.1 Akad. Münzkab. (1886/87–1906/07)
5.2   Arch. Priv. Sem. (1867–1916/17)
6.   Päd. Sem. (1846–65/66, Privat- 70–72,
      75–1923/24; mit Übungsschule 16/17)
      Erziehungswiss. Anst. mit Übungsschule (1924;
      o. Übungsschule 25/26; mit Universitätsschule
      29/30; u. Univ.-Fröbel-Kindergarten 34/35–42)
6.1   Anstaltsschule (1925/26–29)
6.2   Abt. Das Kleinkind (Fröbel-Kindergarten u.
      Kindertagesheim) (1942/43)
7.   Philol. Ges. f. exeg., didakt. u. Disputir-Übungen
      (⟨1848⟩–50)
8.   Germ. Mus. (1865–1916, ⟨21⟩–25/26)
      Samml. f. Vor- u. Frühgesch.
      (1916/17–⟨20⟩, nur 26)
      Germ. Mus. (Anst. f. Vor- u. Frühgesch.)
      (1926/27–41/42)
      Inst. f. Vor- u. Frühgesch. (1942)
9.   Hist. Sem. (1879/80)
10.   Dt. Sem. (1879/80; mit vkdl. Abt. 1934/35)
10.1 Nordische Abt. (1941.1, Sem. 44)
11.   Philos. Priv.-Sem. (1879/80; o. Priv. ⟨1921⟩)
12.   Neuspr. Sem. (1885–94)
12.1 Engl. Abt. (1885, Sem. 94/95)
12.2 Abt. f. rom. Spr. (1885, Sem. 94/95)
13.   Samml. f. spätant. Kunst (⟨1921⟩)
14.   Kunstgesch. Sem. (⟨1921⟩; mit akad. Münzsamml.
      31/32–36; vorh. IV.5.)
15.   Hilprecht-Samml. (1926/27; vorderas. Althert. 39)
16.   Ästhetisches u. Dramaturgisches Sem. (1927–36)
      Musikwiss. u. Dramaturgisches Sem.
      (1936/37–38)
      Musikwiss. u. Theaterwiss. Sem. (1938/39–43)
16.1 Musikwiss. Sem. (1943/44)
16.2 Theaterwiss. Sem. (1943/44)
17.   Rechtsphilos. Sem. (nur 1930/31)
18.   Inst. f. Sprechk. (1935/36)
19.   Anst. f. gesch. Landesk. (1938)
20.   Sem. f. Seegesch./Seegeltung (1943)

V.   Math.-Naturwiss. Fak. (1925/26)

1.   Die Bot. Anst. (1864/65–94)
1.1   Bot. Garten (1834–1916)
1.1.1 Akad. bot. Garten ([1832/33]–33/34)
1.1.2 Großherzoglicher bot. Garten ([1832/33]–33/34)
1.2   Bot. Samml. (1864/65–1916)
1.3   Phyto-physiol. Inst. (1864/65–85/86)
      Bot. Inst. (1886, Anst. 1916/17–39/40)
1.3.1 Bot. Garten (1916/17)

22.12   Anst. f. landw. Betriebslehre u. landw. Bibl.
(1927/28; u. landw. Pol. 36/37–38, Inst. 39/40)

22.12.1   Forsch.stelle f. landw. Absatzw. (1932/33–36,
vorh. VIII.4.)

22.13   Anst. f. Pflanzenbau u. -z. (1927/28, Inst. 39/40)

22.13.1   Forsch.stelle f. Grünland/Futterbau (1932/33,
vorh. VIII.5.)

22.14   Päd. Sem. f. Landw.lehre (1928/29–30/31,
Landw.-päd. Sem. 29/30; Forts. VII.2)

22.15   Anst. f. Tierhyg. (1929/30–33)

22.16   Anst. f. Landmaschinenlehre (1930/31–42; u.
Maschinenhalle 31–40.1)
Landmascheninst. (1942/43)

22.16.1   RKTL-Forsch.stelle f. Wärmewirtsch. im Landbau
(Trocknung-Heizung-Lüftung) d. Reichskura-
toriums f. Techn. in d. Landw. (1938–40.1)

22.16.2   Maschinenberatung d. Landesanst. Thüringen
(1938–38/39)

22.16.3   AG Thüringen: AG zur Prüfung d. elektr.
Installationsanlagen auf dem Lande im Gebiet d.
Landesbauernschaft Thüringen (1938–39)

22.17   Univ.-Lehrhof Kötschau (1938,
Versuchsgut 43/44)

22.18   Univ.-Versuchsgut Stadtroda (1944/45)

VI.   Keiner Fak. zugeordnet:

1.   Univ. Sportplatz (1916/17–34)
Inst. f. Leibesüb. (1934/35, Hochschul- 39/40)

1.1   Sportheim (1936/37–42; u. Segelflug-
werkstatt 40.3)

1.2   Skiheim (1937/38–41.1)

1.3   Segelfluglager (1938–38/39)
Abt. Luftfahrt (1939; u. Segelflug-
werkstatt 42/43)

VII.   Der Univ. angegliedert (1931)

1.   Päd. Inst. (1928/29–42/43; 28/29–30/31 IV.
angegliedert)

2.   Landw.-päd. Sem. (1931–36; vorh. V.22.16)

3.   Lehranst. f. techn. Assistentinnen (1935–36)

4.   Wirtschaftspraktikantenamt Jena d. Inst. f. angew.
Wirtschaftswiss. (1937/38–38/39)

VIII.   Wiss. Anst., die zugleich Lehr- u.
Forschungszwecken d. Univ. dienen (1931)

1.   Dt. Forsch.inst. f. Agrar- u. Siedlungsw.,
Abt. Jena (1931–34; vorh. II.2.2)

2.   Landesstelle f. thür. Mundartenforsch. (1931)

3.   TBC-Kl. d. Landesversicherungsanst. Thür. (1931)

4.   Forsch.stelle f. landw. Absatzw. (1931/32–32;
Forts. V.22.12.1)

5.   Forschungsstelle f. Grünland- u. Futterbau
(1931/32–32; Forts. V. 22.13.1)

6.   Thüringische Landeswetterwarte (1932–34/35;
Forts. V.5.2)

7.   Landesstelle f. thür. Volksk. (1934)

8.   Thür. Flurnamenarchiv (1934)

9.   Lehr- u. Forsch.stelle d. Thür. Landesanst. f.
Rassew.
Weimar f. Menschl. Erbforsch. u. Rassenpol.
(1936/37–37)
Thür. Landesanst. f. Rassew. Weimar, Abt. f.
Lehre u. Forsch., Inst. f. Menschl. Erbforsch. u.
Rassenpol. (1937/38)

10.   Thür. geol. Landesunters. (1936/37–39)

11.   Hochschul-AG f. Raumforsch. (1937/38)

12.   Bakt. Inst. in Jena (1938; o. in Jena 38/39)

13.   Thür. Zentralstelle f. Gewerbehyg. (1938)

14.   Thür. Versuchsst. f. forstl. Bodenk. (1938)

15.   Thür. Landw. Versuchsst. (1939)

16.   Thür. Landesanst. f. Pflanzenbau u.
Pflanzenz. (1939/40)

17.   Thür. Landesanst. f. Tierz. (1939/40)

18.   Tierseuchenst. d. Thür. Landesanst. f. Vieh-
versicherung ((nur 1920); 39/40)

IX.   Weimarer Anst., die (im Rahmen d.
Weimar-Jena-Plans) zugleich Lehrzwecken
d. Univ. dienen (1933)

1.   Goethe-Nationalmus. (1933)

2.   Goethe- u. Schiller-Archiv (1933)

3.   Thür. Staatsarchiv (1933)

4.   Thür. Landesbibl. (1933)

5.   Staatsarchiv (1933)

6.   Nietzsche-Archiv (1933)

7.   Staatl. Kunstsamml.n (1933)

7.1   Landesmus. (1933)

7.2   Schloßmus. (1933)

7.3   Rokokomus. im Schloß Belvedere (1933)

8.   Dt. Nationaltheater (als Theaterarchiv) (1933)

9.   Staatl. HS. d. Musik (1937/38)

10.   Staatl. Kommission zur Pflege u. Erforsch. thür.
Mus. (1937/38–40.1)

11.   Max-Reger-Archiv (1941.1)

X.   Forschungsbehörden d. Reichs mit Lehrtätig-
keit von Mitgliedern an d. Univ.

1.   Reichsanst. f. Erdbebenforsch. (als Vertreter d.
Geophys.) (1933/34; o. (...) 1936/37)

2.   Reichsstelle f. Bodenforsch., Zweigstelle Jena
(1939/40, Reichsamt 42)

Fehlende Semester: 1847/48, 1918–1918/19,
1920/21, 1929–1930/31.

3. Die Studierenden nach Fachbereichen

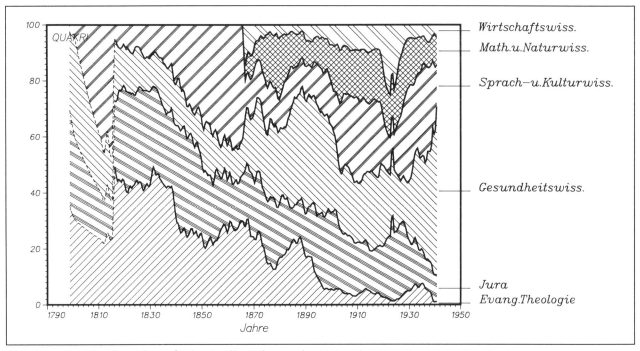

Abb. 15. 1: Das Fachbereichsprofil der Studierenden an der Universität Jena 1781/82–1941/1

Tab. 15. 1: Die Studierenden an der Universität Jena nach Fachbereichen in Prozent 1781/82–1941/1

	Evang. Theol.	Jura	Gesundheitswissenschaften				Sprach- und Kultur- wiss.	Math., Naturw.		Wirt- sch., Agrar- und Forst. wiss.	Studierende		
			insg.	Allg. Med.	Zahn- med.	Phar- mazie		insg.	Chemie		insg.	weibl. in % aller Stud.	Ausl. in % aller Stud.
Semester	1	2	3	4	5	6	7	8	9	10	11	12	13
1781/82	48,90	43,51	7,39	7,39	.	.	0,20	.	.	.	501	.	.
1782	.	.	.	.	.	.	.	.	.	.	.	.	.
1782/83	51,61	40,26	8,13	8,13	.	.	0,00	.	.	.	529	.	.
1783	.	.	.	.	.	.	.	.	.	.	.	.	.
1783/84	57,79	33,45	8,76	8,76	.	.	0,00	.	.	.	571	.	.
1784	.	.	.	.	.	.	.	.	.	.	.	.	.
1784/85	56,57	34,60	8,82	8,82	.	.	0,00	.	.	.	578	.	.
1785	.	.	.	.	.	.	.	.	.	.	611	.	.
1785/86	49,19	40,29	10,52	10,52	.	.	0,00	.	.	.	618	.	.
1786	.	.	.	.	.	.	.	.	.	.	717	.	.
1786/87	50,83	37,60	11,57	11,57	.	.	0,00	.	.	.	726	.	.
1787	.	.	.	.	.	.	.	.	.	.	750	.	.
1787/88	52,06	36,35	11,58	11,58	.	.	0,00	.	.	.	751	.	.
1788	51,39	35,98	12,63	12,63	.	.	0,00	.	.	.	792	.	.
1788/89	50,32	36,27	13,41	13,41	.	.	0,00	.	.	.	783	.	.
1789	.	.	.	.	.	.	.	.	.	.	.	.	.
1789/90	46,56	36,86	17,73	17,73	.	.	.	.	.	.	784	.	.
1790	.	.	.	.	.	.	.	.	.	.	.	.	.
1790/91	48,51	34,58	16,92	16,92	.	.	0,00	.	.	.	804	.	.
1791	.	.	.	.	.	.	.	.	.	.	.	.	.
1791/92	44,88	37,24	17,88	17,88	.	.	0,00	.	.	.	811	.	.
1792	.	.	.	.	.	.	.	.	.	.	.	.	.
1792/93	44,88	36,90	18,22	18,22	.	.	0,00	.	.	.	889	.	.
1793	.	.	.	.	.	.	.	.	.	.	.	.	.
1793/94	43,05	36,32	20,63	20,63	.	.	0,00	.	.	.	892	.	.
1794	.	.	.	.	.	.	.	.	.	.	.	.	.
1794/95	42,16	45,64	23,93	23,93	.	.	.	.	.	.	861	.	.
1795	.	.	.	.	.	.	.	.	.	.	.	.	.
1795/96	37,24	37,48	25,28	25,28	.	.	0,00	.	.	.	803	.	.
1796	.	.	.	.	.	.	.	.	.	.	.	.	.
1796/97	34,98	38,82	26,20	26,20	.	.	0,00	.	.	.	832	.	.
1797	.	.	.	.	.	.	.	.	.	.	.	.	.
1797/98	33,82	36,40	29,78	29,78	.	.	0,00	.	.	.	816	.	.
1798	.	.	.	.	.	.	.	.	.	.	.	.	.
1798/99	36,09	34,71	27,27	27,27	.	.	1,93	.	.	.	726	.	.
1799	.	.	.	.	.	.	.	.	.	.	.	.	.
1799/00	32,58	33,06	30,48	30,48	.	.	3,87	.	.	.	620	.	.
1800	.	.	.	.	.	.	.	.	.	.	.	.	.
1800/01	30,60	29,66	36,75	36,75	.	.	2,99	.	.	.	536	.	.
1816	50,53	22,19	22,73	22,73	.	.	4,55	.	.	.	374	.	.
1816/17	47,94	25,00	21,33	21,33	.	.	5,73	.	.	.	436	.	.
1817	44,83	27,59	21,50	21,50	.	.	6,09	.	.	.	493	.	.
1817/18	43,64	30,74	17,52	17,52	.	.	8,10	.	.	.	605	.	.
1818	46,06	31,70	14,35	14,35	.	.	7,89	.	.	.	634	.	.
1818/19	42,90	32,88	15,40	15,40	.	.	8,82	.	.	.	669	.	.
1819	44,71	32,48	14,96	14,96	.	.	7,85	.	.	.	548	.	.
1819/20	45,16	32,66	14,31	14,31	.	.	7,86	.	.	.	496	.	.
1820	43,79	35,16	15,16	15,16	.	.	5,89	.	.	.	475	.	.
1820/21	40,56	35,66	14,22	14,22	.	.	9,56	.	.	.	429	.	.
1821	40,09	36,26	15,77	15,77	.	.	7,88	.	.	.	444	.	.
1821/22	40,23	35,40	16,09	16,09	.	.	8,28	.	.	.	435	.	.
1822	43,17	32,97	14,53	14,53	.	.	9,33	.	.	.	461	.	.
1822/23	41,76	33,86	14,45	14,45	.	.	9,93	.	.	.	443	.	.
1823	41,55	33,56	14,61	14,61	.	.	10,27	.	.	.	438	.	.
1823/24	43,40	32,78	13,44	13,44	.	.	10,38	.	.	.	424	.	.
1824	42,33	31,35	18,08	18,08	.	.	8,24	.	.	.	437	.	.
1824/25	45,31	30,80	16,29	16,29	.	.	7,59	.	.	.	448	.	.
1825	43,59	32,69	16,03	16,03	.	.	7,69	.	.	.	468	.	.
1825/26	43,08	34,42	14,62	14,62	.	.	7,88	.	.	.	520	.	.
1826	44,67	33,63	13,74	13,74	.	.	7,96	.	.	.	553	.	.
1826/27	43,11	34,03	13,09	13,09	.	.	9,77	.	.	.	573	.	.
1827	41,40	35,71	12,82	12,82	.	.	10,06	.	.	.	616	.	.
1827/28	40,27	35,91	12,25	12,25	.	.	11,58	.	.	.	596	.	.
1828	42,42	34,51	11,11	11,11	.	.	11,95	.	.	.	594	.	.
1828/29	42,76	33,22	12,10	12,10	.	.	11,93	.	.	.	587	.	.
1829	43,94	33,12	12,12	12,12	.	.	10,82	.	.	.	619	.	.
1829/30	40,82	34,59	11,97	11,97	.	.	12,62	.	.	.	610	.	.
1830	43,84	32,88	11,82	11,82	.	.	11,47	.	.	.	584	.	.

Tab. 15.1: Die Studierenden an der Universität Jena nach Fachbereichen in Prozent 1781/82–1941/1

| | Evang. Theol. | Jura | Gesundheitswissenschaften | | | | Sprach- und Kultur- wiss. | Math., Naturw. | | Wirt- sch., Agrar- und Forst. wiss. | Studierende | | |
| | | | insg. | Allg. Med. | Zahn- med. | Phar- mazie | | insg. | Chemie | | insg. | weibl. in % aller Stud. | Ausl. in % aller Stud. |
Semester	1	2	3	4	5	6	7	8	9	10	11	12	13
1830/31	44,62	31,54	12,72	12,72	.	.	11,11	.	.	.	558	.	.
1831	49,67	29,10	10,87	10,87	.	.	10,37	.	.	.	598	.	.
1831/32	48,81	28,57	12,24	12,24	.	.	10,37	.	.	.	588	.	.
1832	47,40	30,99	12,56	12,56	.	.	9,05	.	.	.	597	.	.
1832/33	45,33	31,50	12,83	12,83	.	.	10,33	.	.	.	600	.	.
1833	48,04	29,16	12,15	12,15	.	.	10,65	.	.	.	535	.	.
1833/34	45,57	28,87	13,81	13,81	.	.	11,75	.	.	.	485	.	.
1834	44,44	29,71	14,06	14,06	.	.	11,79	.	.	.	441	.	.
1834/35	44,44	27,66	16,33	16,33	.	.	11,56	.	.	.	441	.	.
1835	42,70	28,09	16,18	16,18	.	.	13,03	.	.	.	445	.	.
1835/36	43,17	27,09	15,42	15,42	.	.	14,32	.	.	.	454	.	.
1836	41,63	26,98	17,67	17,67	.	.	13,72	.	.	.	430	.	.
1836/37	41,94	25,36	16,35	16,35	.	.	16,35	.	.	.	422	.	.
1837	42,86	27,12	15,01	15,01	.	.	15,01	.	.	.	413	.	.
1837/38	41,95	25,59	16,89	16,89	.	.	15,57	.	.	.	379	.	.
1838	41,75	28,54	16,27	16,27	.	.	13,44	.	.	.	424	.	.
1838/39	43,03	27,16	15,63	15,63	.	.	14,18	.	.	.	416	.	.
1839	38,07	27,98	14,68	14,68	.	.	19,27	.	.	.	436	.	.
1839/40	34,89	28,89	14,44	14,44	.	.	21,78	.	.	.	450	.	.
1840	29,96	34,71	14,46	14,46	.	.	20,87	.	.	.	484	.	.
1840/41	29,13	34,13	16,30	16,30	.	.	20,43	.	.	.	460	.	.
1841	29,08	35,79	17,23	17,23	.	.	17,90	.	.	.	447	.	.
1841/42	25,60	35,99	18,12	18,12	.	.	20,29	.	.	.	414	.	.
1842	25,87	36,83	13,52	13,52	.	.	23,78	.	.	.	429	.	.
1842/43	26,00	36,64	13,71	13,71	.	.	23,64	.	.	.	423	.	.
1843	28,05	36,83	12,44	12,44	.	.	22,68	.	.	.	410	.	.
1843/44	26,79	36,26	11,78	11,78	.	.	25,17	.	.	.	433	.	.
1844	24,20	35,84	12,33	12,33	.	.	27,63	.	.	.	438	.	.
1844/45	24,09	34,55	10,71	10,71	.	.	30,66	.	.	.	411	.	.
1845	25,47	35,61	11,08	11,08	.	.	27,83	.	.	.	424	.	.
1845/46	25,98	34,80	10,54	10,54	.	.	28,68	.	.	.	408	.	.
1846	28,40	33,41	8,59	8,59	.	.	29,59	.	.	.	419	.	.
1846/47	26,03	32,12	9,98	9,98	.	.	31,87	.	.	.	411	.	.
1847	24,65	31,86	12,09	12,09	.	.	31,40	.	.	.	430	.	.
1847/48	26,60	29,22	11,16	11,16	.	.	33,02	.	.	.	421	.	.
1848	26,08	33,79	10,66	10,66	.	.	29,48	.	.	.	441	.	.
1848/49	23,20	33,33	13,33	13,33	.	.	30,13	.	.	.	375	.	.
1849	24,82	30,47	16,22	16,22	.	.	28,50	.	.	.	407	.	.
1849/50	25,95	27,84	13,51	13,51	.	.	32,70	.	.	.	370	.	.
1850	25,33	26,11	16,19	16,19	.	.	32,38	.	.	.	383	.	.
1850/51	21,79	24,30	14,25	14,25	.	.	39,66	.	.	.	358	.	.
1851	20,19	28,50	15,91	15,91	.	.	35,39	.	.	.	421	.	.
1851/52	20,26	27,01	17,40	17,40	.	.	35,32	.	.	.	385	.	.
1852	21,83	25,59	19,01	19,01	.	.	33,57	.	.	.	426	.	.
1852/53	22,74	22,25	18,83	18,83	.	.	36,19	.	.	.	409	.	.
1853	24,52	23,10	18,57	18,57	.	.	33,81	.	.	.	420	.	.
1853/54	24,18	20,92	16,03	16,03	.	.	38,86	.	.	.	368	.	.
1854	21,37	22,65	17,56	17,56	.	.	38,42	.	.	.	393	.	.
1854/55	21,54	20,21	17,02	17,02	.	.	41,22	.	.	.	376	.	.
1855	23,70	23,96	17,45	17,45	.	.	34,90	.	.	.	384	.	.
1855/56	22,25	26,09	11,76	11,76	.	.	39,90	.	.	.	391	.	.
1856	23,77	25,25	13,24	13,24	.	.	37,75	.	.	.	408	.	.
1856/57	24,39	20,60	11,11	11,11	.	.	43,90	.	.	.	369	.	.
1857	26,96	20,42	10,99	10,99	.	.	41,62	.	.	.	382	.	.
1857/58	26,65	16,09	11,35	11,35	.	.	45,91	.	.	.	379	.	.
1858	28,66	19,32	12,10	12,10	.	.	39,92	.	.	.	471	.	.
1858/59	28,70	17,71	12,33	12,33	.	.	41,26	.	.	.	446	.	.
1859	28,51	22,64	11,53	11,53	.	.	37,32	.	.	.	477	.	.
1859/60	26,05	17,66	11,04	11,04	.	.	45,25	.	.	.	453	.	.
1860	25,38	19,96	13,67	13,67	.	.	41,00	.	.	.	461	.	.
1860/61	28,78	16,87	11,17	11,17	.	.	43,18	.	.	.	403	.	.
1861	30,91	18,03	13,35	13,35	.	.	37,70	.	.	.	427	.	.
1861/62	27,91	14,08	11,65	11,65	.	.	46,36	.	.	.	412	.	.
1862	27,82	16,32	12,55	12,55	.	.	43,31	.	.	.	478	.	.
1862/63	26,12	16,07	12,05	12,05	.	.	45,76	.	.	.	448	.	.
1863	26,79	19,44	11,31	11,31	.	.	42,46	.	.	.	504	.	.
1863/64	26,77	16,37	12,39	12,39	.	.	44,47	.	.	.	452	.	.
1864	27,70	15,72	11,98	11,98	.	.	44,60	.	.	.	509	.	.
1864/65	28,85	14,62	12,45	12,45	.	.	44,07	.	.	.	506	.	.
1865	30,67	16,19	12,38	12,38	.	.	40,76	.	.	.	525	.	.
1865/66	29,45	15,89	11,86	11,86	.	.	42,80	.	.	.	472	.	.
1866	30,28	17,48	14,07	14,07	.	.	38,17	.	.	.	469	.	.
1866/67	26,30	20,62	18,25	14,45	0,95	2,84	13,27	5,69	.	15,88	422	.	.
1867	29,55	20,77	19,49	15,42	0,86	3,21	12,21	6,00	.	11,99	467	.	.
1867/68	31,49	19,47	20,19	16,11	0,48	3,61	11,78	6,49	.	10,58	416	.	.
1868	29,83	18,83	20,78	18,09	0,49	2,20	13,69	8,07	.	8,80	409	.	.
1868/69	24,73	22,31	18,55	16,40	0,00	2,15	14,25	8,60	.	11,56	372	.	.
1869	24,00	23,73	18,93	17,07	0,00	1,87	14,40	8,27	.	10,67	375	.	.
1869/70	24,72	21,31	20,45	17,33	0,00	3,13	14,49	7,95	.	11,08	352	.	.

Tab. 15.1: Die Studierenden an der Universität Jena nach Fachbereichen in Prozent 1781/82–1941/1

| | Evang. Theol. | Jura | Gesundheitswissenschaften | | | | Sprach- und Kultur- wiss. | Math., Naturw. | | Wirt- sch., Agrar- und Forst. wiss. | Studierende | | |
| | | | insg. | Allg. Med. | Zahn- med. | Phar- mazie | | insg. | Chemie | | insg. | weibl. in % aller Stud. | Ausl. in % aller Stud. |
Semester	1	2	3	4	5	6	7	8	9	10	11	12	13
1870	23,87	20,42	23,87	20,95	0,00	2,92	15,38	7,96	.	8,49	377	.	.
1870/71	22,83	19,94	27,01	23,15	0,00	3,86	15,43	8,36	.	6,43	311	.	.
1871	23,81	24,40	24,70	19,94	0,00	4,76	13,99	7,74	.	5,36	336	.	.
1871/72	27,09	20,11	27,93	21,51	0,00	6,42	12,57	6,42	.	5,87	358	.	.
1872	25,30	23,17	24,35	17,73	0,00	6,62	14,89	7,09	.	5,20	423	.	.
1872/73	26,20	20,32	27,81	21,66	0,00	6,15	12,83	8,82	.	4,01	374	.	.
1873	21,08	22,30	27,45	21,08	0,00	6,37	14,71	10,78	.	3,68	408	.	.
1873/74	20,90	19,31	26,98	19,58	0,00	7,41	14,81	13,23	.	4,76	378	.	.
1874	20,13	21,61	23,52	16,31	0,21	6,99	16,95	12,92	.	4,87	472	.	.
1874/75	16,74	20,59	24,21	16,29	0,23	7,69	17,87	16,52	.	4,07	442	.	.
1875	14,71	23,65	22,35	17,13	0,00	5,21	17,50	18,81	.	2,98	537	.	.
1875/76	14,55	20,91	25,00	17,05	0,00	7,95	16,14	19,55	4,77	3,86	440	.	7,27
1876	14,91	24,43	26,92	16,98	0,00	9,94	14,49	17,39	4,35	1,86	483	.	6,21
1876/77	15,03	23,01	28,70	16,17	0,00	12,53	12,30	18,00	4,33	2,96	439	.	7,74
1877	12,54	26,33	26,86	16,08	0,00	10,78	13,25	17,84	3,36	3,18	566	.	7,95
1877/78	13,01	24,73	25,37	15,57	0,00	9,81	13,65	18,98	3,41	4,26	469	.	7,68
1878	12,48	26,06	25,50	15,78	0,18	9,54	13,94	18,35	3,30	3,67	545	.	6,61
1878/79	13,09	21,44	30,47	20,32	0,23	9,93	12,42	19,64	3,61	2,93	443	.	8,80
1879	15,75	19,35	26,76	18,79	0,19	7,78	12,71	22,39	3,42	3,04	527	.	6,26
1879/80	16,41	17,96	26,83	17,96	0,00	8,87	11,53	21,73	2,88	5,54	451	.	6,21
1880	17,40	20,46	25,24	18,93	0,00	6,31	10,52	22,18	2,49	4,21	523	.	5,35
1880/81	16,67	21,00	25,80	19,41	0,00	6,39	12,10	20,32	2,74	4,11	438	.	6,39
1881	17,52	23,43	21,65	16,73	0,00	4,92	13,98	19,69	2,95	3,74	508	.	5,51
1881/82	18,10	19,61	25,43	19,61	0,00	5,82	15,52	17,89	3,23	3,45	464	.	7,11
1882	17,72	20,35	25,96	21,75	0,18	4,04	16,49	16,49	2,11	2,98	570	.	6,84
1882/83	19,53	17,95	25,05	20,32	0,20	4,54	16,57	16,96	2,76	3,94	507	.	6,51
1883	20,13	19,02	27,73	22,03	0,00	5,71	15,85	14,10	2,38	3,17	631	.	6,66
1883/84	19,08	15,55	31,80	25,09	0,00	6,71	15,55	14,49	3,18	3,53	566	.	6,54
1884	21,77	13,75	33,22	26,51	0,00	6,71	15,88	12,93	2,95	2,45	611	.	7,04
1884/85	21,50	11,95	37,37	29,69	0,00	7,68	14,85	11,95	2,39	2,39	586	.	9,22
1885	24,08	11,60	35,68	29,96	0,00	5,73	13,36	13,07	2,20	2,20	681	.	6,90
1885/86	22,88	11,09	39,51	33,45	0,00	6,07	10,40	13,00	2,25	3,12	577	.	5,20
1886	23,21	14,35	37,40	32,67	0,00	4,73	10,69	11,30	2,14	3,05	655	.	5,50
1886/87	20,76	13,18	38,55	34,60	0,00	3,95	11,86	12,03	2,47	3,62	607	.	8,57
1887	23,40	16,11	36,47	32,37	0,00	4,10	10,49	10,33	2,58	3,19	658	.	7,60
1887/88	23,75	11,36	39,41	34,42	0,17	4,82	11,02	11,02	3,10	3,44	581	.	6,88
1888	24,76	14,98	36,44	32,49	0,16	3,79	11,83	9,62	2,84	2,37	634	.	6,62
1888/89	21,75	14,74	42,28	37,37	0,00	4,91	9,30	9,65	2,81	2,28	570	.	8,25
1889	21,14	16,53	39,59	35,93	0,00	3,66	11,45	9,22	3,18	2,07	629	.	9,54
1889/90	17,68	14,11	42,50	38,39	0,18	3,93	11,07	10,54	3,39	4,11	560	.	9,29
1890	17,23	15,85	39,02	34,91	0,15	3,96	13,11	8,99	4,12	5,79	656	.	8,99
1890/91	16,56	15,73	40,89	35,26	0,17	5,46	11,75	9,11	4,30	5,96	604	.	9,93
1891	18,29	18,60	37,98	32,87	0,31	4,81	11,01	8,99	4,19	5,12	645	.	10,54
1891/92	16,35	17,04	42,17	36,66	0,34	5,16	10,33	8,09	4,13	6,02	581	.	8,95
1892	17,98	18,60	37,21	32,71	0,16	4,34	10,85	9,61	4,65	5,74	645	.	9,30
1892/93	16,16	19,49	38,19	32,17	0,32	5,71	11,09	8,56	4,91	6,50	631	.	9,35
1893	12,81	24,60	37,99	31,88	1,75	4,37	10,92	8,44	4,95	5,24	687	.	7,28
1893/94	11,51	23,95	38,72	30,48	1,71	6,53	13,06	8,40	5,60	4,35	643	.	8,86
1894	10,83	22,26	39,47	30,56	2,23	6,68	13,80	9,20	4,60	4,45	674	.	8,90
1894/95	9,29	20,94	40,63	29,92	3,15	7,56	15,12	10,08	5,04	3,94	635	.	11,97
1895	9,32	25,21	36,58	26,71	2,47	7,40	14,66	10,00	4,93	4,25	730	.	10,68
1895/96	7,92	22,43	37,54	27,71	2,64	7,18	16,42	10,26	4,99	5,43	682	.	12,17
1896	7,62	27,33	34,43	25,36	2,37	6,70	15,51	10,78	5,26	4,34	761	.	11,96
1896/97	5,96	25,25	37,45	28,79	2,27	6,38	14,47	12,48	6,67	4,40	705	.	9,79
1897	5,54	26,42	35,51	27,70	2,13	5,68	14,91	13,07	7,10	4,55	704	.	8,95
1897/98	5,54	25,00	36,87	29,27	2,06	5,54	15,98	11,08	6,17	5,54	632	.	10,76
1898	6,23	27,55	34,57	28,08	1,46	5,03	16,29	10,99	4,90	4,37	755	.	8,61
1898/99	5,42	27,71	34,79	27,26	1,96	5,57	15,96	10,69	4,82	5,42	664	.	8,13
1899	5,33	30,05	30,33	23,91	2,05	4,37	16,39	11,61	6,28	6,28	732	.	9,70
1899/00	5,65	25,65	32,67	24,73	2,60	5,34	16,34	12,06	6,56	7,63	655	.	9,92
1900	5,80	28,50	30,08	21,64	3,17	5,28	15,30	13,59	6,99	6,73	758	.	9,37
1900/01	5,14	27,02	30,54	21,44	2,94	6,17	13,95	15,86	8,22	7,49	681	.	7,78
1901	5,18	29,40	26,42	19,43	1,55	5,44	14,90	16,84	7,51	7,25	772	.	7,77
1901/02	5,59	27,94	26,50	19,63	0,57	6,30	16,19	15,76	7,88	8,02	698	.	8,02
1902	5,94	28,01	21,93	16,91	0,66	4,36	19,82	17,83	7,27	6,47	757	.	9,64
1902/03	5,31	22,96	23,82	18,51	0,57	4,73	21,95	18,65	7,17	7,32	697	.	9,76
1903	5,95	22,95	19,62	15,58	0,59	3,45	23,78	19,50	7,13	8,20	841	.	9,39
1903/04	5,39	20,10	21,45	15,69	1,59	4,17	24,26	18,75	6,25	10,05	816	.	9,07
1904	4,88	21,97	19,82	15,33	1,37	3,13	26,66	18,75	5,66	7,91	1024	.	7,71
1904/05	3,99	19,94	24,45	17,42	1,36	5,67	26,23	17,63	5,67	7,76	953	.	8,39
1905	4,21	22,16	24,14	16,49	2,06	5,58	25,69	16,92	5,58	6,87	1164	.	9,45
1905/06	3,69	21,19	25,07	18,35	1,51	5,20	24,60	17,60	6,15	7,85	1057	.	12,30
1906	4,16	21,33	24,03	17,17	1,46	5,41	26,15	17,02	6,06	7,30	1369	.	13,59
1906/07	3,74	19,95	25,72	18,39	1,95	5,38	25,72	16,37	6,39	8,50	1283	.	14,81
1907	4,41	21,56	22,43	17,02	1,27	4,14	26,70	16,49	5,87	8,41	1498	0,93	12,82
1907/08	3,37	19,71	23,59	17,80	1,47	4,32	27,55	15,68	5,42	10,11	1365	1,47	12,38
1908	3,47	21,46	21,84	16,38	1,36	4,09	28,16	16,81	4,78	8,25	1612	1,18	9,86
1908/09	2,92	18,83	22,17	17,10	1,53	3,54	29,33	16,82	4,59	9,94	1439	0,90	9,59
1909	3,24	19,36	20,86	16,87	1,00	2,99	30,95	17,56	4,30	8,03	1606	0,93	7,66
1909/10	2,87	18,52	22,86	19,12	1,40	2,34	29,68	16,64	3,41	9,43	1496	1,60	7,89

Tab. 15. 1: Die Studierenden an der Universität Jena nach Fachbereichen in Prozent 1781/82–1941/1

| Semester | Evang. Theol. | Jura | Gesundheitswissenschaften | | | | Sprach- und Kultur- wiss. | Math., Naturw. | | Wirt- sch., Agrar- und Forst- wiss. | Studierende | | |
| | | | insg. | Allg. Med. | Zahn- med. | Phar- mazie | | insg. | Chemie | | insg. | weibl. in % aller Stud. | Ausl. in % aller Stud. |
	1	2	3	4	5	6	7	8	9	10	11	12	13
1910	3,96	19,15	21,13	19,21	0,77	1,16	30,32	16,90	2,92	8,53	1817	2,26	6,99
1910/11	3,67	18,08	20,83	18,63	0,92	1,28	30,05	17,65	3,12	9,71	1637	2,50	7,27
1911	4,52	18,30	21,29	19,30	0,89	1,10	28,39	18,66	3,31	8,83	1902	3,63	6,31
1911/12	4,03	17,38	21,92	19,68	0,81	1,44	29,63	18,18	2,88	8,86	1738	3,97	7,71
1912	5,04	17,50	23,11	20,79	1,08	1,24	28,36	17,34	2,57	8,65	1943	4,07	6,64
1912/13	4,83	17,37	24,54	22,31	0,87	1,36	27,36	17,05	2,66	8,85	1842	3,53	7,60
1913	6,12	17,52	23,30	20,78	1,12	1,41	26,46	17,91	2,82	8,69	2060	4,42	5,97
1913/14	5,53	17,19	24,17	21,37	1,45	1,34	25,13	18,37	2,79	9,61	1862	4,62	6,39
1914	5,18	16,99	26,16	23,17	1,84	1,15	24,17	17,89	2,84	9,62	2007	5,53	6,78
1914/15	5,04	14,41	27,31	24,55	1,86	0,90	24,37	18,67	2,88	10,20	1666	5,88	2,82
1915	4,87	14,42	28,43	25,54	1,86	1,02	24,58	18,27	2,94	9,44	1664	8,23	2,16
1915/16	4,19	14,93	28,78	25,92	1,84	1,02	24,40	18,11	2,99	9,59	1574	7,62	2,35
1916	4,03	15,25	27,64	25,01	1,64	0,99	26,30	17,88	2,98	8,88	1711	9,53	2,45
1916/17	3,73	16,25	26,69	24,11	1,49	1,09	26,87	17,62	2,64	8,84	1742	10,16	1,84
1917	3,86	15,96	26,24	24,15	1,15	0,94	27,07	18,36	2,50	8,50	1917	12,94	1,72
1917/18	4,24	16,76	24,78	23,15	0,89	0,73	27,45	18,23	2,36	8,54	1909	12,57	1,62
1918	4,10	16,67	24,27	22,17	1,10	1,00	27,48	18,77	2,90	8,71	1998	12,31	2,05
1918/19	4,03	17,06	25,12	23,45	0,79	0,88	26,01	18,98	3,20	8,80	2034	11,70	2,51
1919	3,09	18,47	29,92	24,62	4,16	1,13	21,53	17,54	5,95	9,46	2908	12,79	1,99
ZS.1919	.	.	.	.	.	.	.	.	.	.	.	.	.
1919/20	2,70	17,48	29,15	22,70	4,98	1,47	20,60	17,76	6,87	12,30	2854	12,23	2,21
1920	2,64	18,71	29,09	22,16	5,42	1,51	17,45	16,81	7,49	15,30	2843	12,10	3,73
1920/21	2,59	18,53	27,58	20,97	5,38	1,24	15,82	16,52	6,58	18,96	2585	11,61	4,10
1921	2,54	20,85	25,49	19,01	5,09	1,38	14,67	15,49	6,29	20,96	2672	11,30	4,45
1921/22	2,38	20,73	23,93	18,23	4,14	1,56	14,13	15,65	6,64	23,18	2562	10,58	5,66
1922	1,85	23,24	22,59	17,85	2,90	1,85	13,32	15,79	6,88	23,21	2762	11,15	7,86
1922/23	1,76	22,05	22,05	17,65	2,33	2,06	13,14	15,28	6,80	25,72	2617	11,65	13,11
1923	1,36	23,35	22,13	17,58	1,92	2,62	13,46	15,27	6,61	24,43	2861	12,65	18,59
1923/24	1,26	36,23	24,09	20,18	1,60	2,32	11,75	15,25	.	11,42	2374	12,89	22,75
1924	1,33	24,79	22,97	18,59	1,48	2,90	12,10	15,20	8,02	23,61	2033	12,79	19,09
1924/25	1,25	24,13	21,90	17,55	1,20	3,15	13,37	16,58	8,70	22,77	1840	11,63	18,04
1925	1,94	24,86	20,35	16,28	1,39	2,68	16,77	16,67	7,84	19,40	2015	13,30	14,99
1925/26	2,13	24,03	20,03	15,72	1,60	2,72	17,63	17,90	7,51	18,27	1877	13,11	13,21
1926	1,93	26,22	17,34	14,45	1,47	1,42	21,04	20,03	6,49	13,44	1972	12,42	9,84
1926/27	2,52	26,52	15,60	13,29	1,42	0,89	21,59	21,74	4,73	12,03	1904	13,08	8,98
1927	2,78	26,12	15,07	12,33	1,81	0,93	24,49	20,57	3,13	10,97	2270	14,76	6,61
1927/28	3,40	26,87	16,12	13,32	1,91	0,88	23,71	20,49	2,93	9,41	2147	13,55	6,19
1928	4,29	24,98	16,44	12,84	2,69	0,91	27,89	19,24	3,38	7,16	2750	14,91	4,47
1928/29	4,59	23,46	16,38	12,52	2,82	1,05	29,30	19,44	3,70	6,84	2485	14,89	4,43
1929	4,95	21,00	18,01	13,56	3,13	1,31	32,85	18,01	3,10	5,18	2971	16,09	3,74
1929/30	4,98	18,43	19,65	15,10	3,01	1,54	33,95	17,93	3,16	5,06	2789	16,31	3,62
1930	4,86	18,49	21,06	15,56	4,05	1,45	33,70	17,33	3,18	4,57	3110	17,52	3,34
1930/31	5,04	16,64	23,24	16,60	4,97	1,67	33,76	16,71	3,13	4,62	2879	17,78	3,16
1931	5,53	15,78	25,51	17,97	5,88	1,65	31,84	16,79	3,15	4,55	3144	17,27	3,09
1931/32	6,56	15,36	27,94	19,47	6,67	1,80	28,08	17,27	3,82	4,79	2774	17,70	2,99
1932	7,07	17,09	29,48	20,51	6,87	2,10	25,31	16,14	3,59	4,91	2955	15,97	2,44
1932/33	7,61	16,25	30,76	20,63	7,76	2,37	25,60	14,69	3,67	5,08	2695	16,18	2,41
1933	6,53	15,30	34,25	23,89	7,54	2,81	26,20	12,85	3,68	4,87	2771	16,74	.
1933/34	5,94	14,69	35,16	24,69	7,68	2,80	26,93	13,03	3,43	4,25	2540	16,77	.
1934	6,36	12,14	33,76	25,08	6,18	2,50	30,60	12,67	3,86	4,47	2281	17,67	2,19
1934/35	7,35	12,91	32,08	23,17	6,41	2,50	30,29	12,91	4,19	4,47	2123	16,30	.
1935	7,60	12,20	33,33	24,94	5,23	3,16	31,65	10,86	2,67	4,35	2025	18,12	.
1935/36	7,58	11,52	34,41	25,86	4,92	3,64	33,23	9,42	2,87	3,84	1953	18,84	.
1936	6,42	11,13	34,90	27,78	4,01	3,12	33,18	10,17	2,86	4,20	1573	19,77	.
1936/37	5,19	10,45	33,11	26,77	3,71	2,63	36,68	9,10	1,96	5,46	1483	21,44	.
1937	5,57	10,66	38,20	33,03	3,11	2,05	30,98	8,93	2,70	5,66	1220	18,52	3,93
1937/38	4,75	11,74	38,63	31,97	3,91	2,75	28,81	9,58	3,33	6,49	1201	16,90	.
1938	4,90	10,17	39,24	32,70	3,45	3,09	30,79	8,72	3,54	6,18	1101	16,98	.
1938/39	4,29	11,36	39,45	32,56	2,86	4,03	29,87	9,84	4,11	5,19	1118	18,43	.
1939	2,71	10,60	45,36	38,44	2,19	4,73	27,85	8,76	3,94	4,73	1142	18,48	.
1939/40	1,09	9,33	72,26	65,93	1,91	4,42	8,00	6,30	3,48	3,03	3302	21,56	.
1940/1	0,83	9,57	57,44	52,13	1,60	3,71	20,09	8,91	4,98	3,15	1807	29,39	.
1940/2	1,06	9,76	43,17	38,21	1,79	3,17	30,00	12,52	6,91	3,50	1230	39,76	1,95
1940/3	0,94	8,49	47,56	43,00	1,81	2,75	29,48	9,67	5,03	3,85	1272	39,78	.
1941/1	1,11	9,45	60,07	56,17	2,22	1,67	14,91	10,12	5,56	4,34	899	33,82	.

4. Die Studierenden nach Fächern

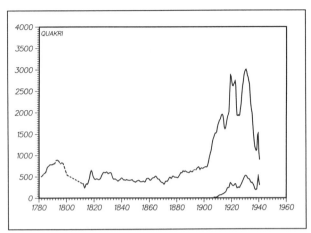

Abb. 15.2: Die Studierenden (weibl. u. insg.) an der Universität Jena 1781/82–1941/1: Sämtliche Fächer

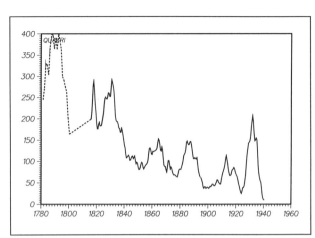

Abb. 15.3: Die Studierenden an der Universität Jena 1781/82–1941/1: Evangelische Theologie

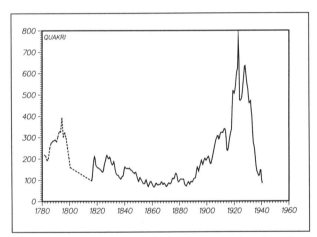

Abb. 15.4: Die Studierenden an der Universität Jena 1781/82–1941/1: Jura

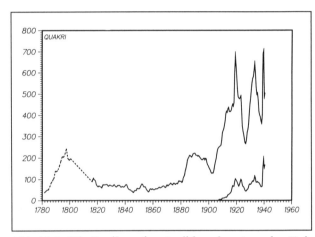

Abb. 15.5: Die Studierenden (weibl. u. insg.) an der Universität Jena 1781/82–1941/1: Allgemeine Medizin

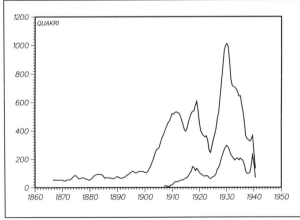

Abb. 15.6: Die Studierenden (weibl. u. insg.) an der Universität Jena 1866/67–1941/1: Sprach- und Kulturwissenschaften

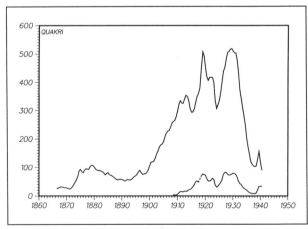

Abb. 15.7: Die Studierenden (weibl. u. insg.) an der Universität Jena 1866/67–1941/1: Mathematik und Naturwissenschaften

Tab. 15.2: Die Einzelfachstrome an der Universitat Jena nach Staatsangehorigkeit und Geschlecht 1/81/82–1941/1

Semester	Evang. Theol. 1	Jura 2	Medi- zin 3	Phil. Fak. 4	Stud. insg. 5
1781/82	245	218	37	.	501
1782	.	.	.	.	.
1782/83	273	213	43	.	529
1783	.	.	.	.	.
1783/84	330	191	50	.	571
1784	.	.	.	.	.
1784/85	327	200	51	.	578
1785	.	.	.	.	611
1785/86	304	249	65	.	618
1786	.	.	.	.	717
1786/87	369	273	84	.	726
1787	.	.	.	.	750
1787/88	391	273	87	.	751
1788	407	285	100	.	792
1788/89	394	284	105	.	783
1789	.	.	.	.	.
1789/90	365	289	139	.	784
1790	.	.	.	.	.
1790/91	390	278	136	.	804
1791	.	.	.	.	.
1791/92	364	302	145	.	811
1792	.	.	.	.	.
1792/93	399	328	162	.	889
1793	.	.	.	.	.
1793/94	384	324	184	.	892
1794	.	.	.	.	.
1794/95	363	393	206	.	861
1795	.	.	.	.	.
1795/96	299	301	203	.	803
1796	.	.	.	.	.
1796/97	291	323	218	.	832
1797	.	.	.	.	.
1797/98	276	297	243	.	816
1798	.	.	.	.	.
1798/99	262	252	198	14	726
1799	.	.	.	.	.
1799/00	202	205	189	24	620
1800	.	.	.	.	.
1800/01	164	159	197	16	536
.	.	.	.	.	.
1811/12	.	.	.	.	323
1812	.	.	.	.	356
1812/13	.	.	.	.	326
1813	.	.	.	.	248
1813/14	.	.	.	.	231
1814	.	.	.	.	293
1814/15	.	.	.	.	350
1815	.	.	.	.	323
1815/16	.	.	.	.	321
1816	189	83	85	17	374
1816/17	209	109	93	25	436
1817	221	136	106	30	493
1817/18	264	186	106	49	605
1818	292	201	91	50	634
1818/19	287	220	103	59	669
1819	245	178	82	43	548
1819/20	224	162	71	39	496
1820	208	167	72	28	475
1820/21	174	153	61	41	429
1821	178	161	70	35	444
1821/22	175	154	70	36	435
1822	199	152	67	43	461
1822/23	185	150	64	44	443
1823	182	147	64	45	438
1823/24	184	139	57	44	424
1824	185	137	79	36	437
1824/25	203	138	73	34	448
1825	204	153	75	36	468
1825/26	224	179	76	41	520
1826	247	186	76	44	553
1826/27	247	195	75	56	573
1827	255	220	79	62	616
1827/28	240	214	73	69	596
1828	252	205	66	71	594
1828/29	251	195	71	70	587
1829	272	205	75	67	619
1829/30	249	211	73	77	610

Semester	Evang. Theol. 1	Jura 2	Medi- zin 3	Phil. Fak. 4	Stud. insg. 5
1830	256	192	69	67	584
1830/31	249	176	71	62	558
1831	297	174	65	62	598
1831/32	287	168	72	61	588
1832	283	185	75	54	597
1832/33	272	189	77	62	600
1833	257	156	65	57	535
1833/34	221	140	67	57	485
1834	196	131	62	52	441
1834/35	196	122	72	51	441
1835	190	125	72	58	445
1835/36	196	123	70	65	454
1836	179	116	76	59	430
1836/37	177	107	69	69	422
1837	177	112	62	62	413
1837/38	159	97	64	59	379
1838	177	121	69	57	424
1838/39	179	113	65	59	416
1839	166	122	64	84	436
1839/40	157	130	65	98	450
1840	145	168	70	101	484
1840/41	134	157	75	94	460
1841	130	160	77	80	447
1841/42	106	149	75	84	414
1842	111	158	58	102	429
1842/43	110	155	58	100	423
1843	115	151	51	93	410
1843/44	116	157	51	109	433
1844	106	157	54	121	438
1844/45	99	142	44	126	411
1845	108	151	47	118	424
1845/46	106	142	43	117	408
1846	119	140	36	124	419
1846/47	107	132	41	131	411
1847	106	137	52	135	430
1847/48	112	123	47	139	421
1848	115	149	47	130	441
1848/49	87	125	50	113	375
1849	101	124	66	116	407
1849/50	96	103	50	121	370
1850	97	100	62	124	383
1850/51	78	87	51	142	358
1851	85	120	67	149	421
1851/52	78	104	67	136	385
1852	93	109	81	143	426
1852/53	93	91	77	148	409
1853	103	97	78	142	420
1853/54	89	77	59	143	368
1854	84	89	69	151	393
1854/55	81	76	64	155	376
1855	91	92	67	134	384
1855/56	87	102	46	156	391
1856	97	103	54	154	408
1856/57	90	76	41	162	369
1857	103	78	42	159	382
1857/58	101	61	43	174	379
1858	135	91	57	188	471
1858/59	128	79	55	184	446
1859	136	108	55	178	477
1859/60	118	80	50	205	453
1860	117	92	63	189	461
1860/61	116	68	45	174	403
1861	132	77	57	161	427
1861/62	115	58	48	191	412
1862	133	78	60	207	478
1862/63	117	72	54	205	448
1863	135	98	57	214	504
1863/64	121	74	56	201	452
1864	141	80	61	227	509
1864/65	146	74	63	223	506
1865	161	85	65	214	525
1865/66	139	75	56	202	472
1866	142	82	66	179	469

Tab. 15. 2: Die Einzelfachströme an der Universität Jena nach Staatsangehörigkeit und Geschlecht 1781/82–1941/1

	Evang. Theol.		Jura		Medizin		Zahnmedizin		Pharmazie		Philol., Gesch.		Math., Naturw.	
	insg.	Ausl. in %	insg.	Ausl. in %	insg.	Ausl. in %	insg.	Ausl. in %	insg.	Ausl. in %	insg.	Ausl. in %	insg.	Ausl. in %
Semester	1	2	3	4	5	6	7	8	9	10	11	12	13	14
1866/67	111	.	87	.	61	.	4	.	12	.	56	.	24	.
1867	138	.	97	.	72	.	4	.	15	.	57	.	28	.
1867/68	131	.	81	.	67	.	2	.	15	.	49	.	27	.
1868	122	.	77	.	74	.	2	.	9	.	56	.	33	.
1868/69	92	.	83	.	61	.	0	.	8	.	53	.	32	.
1869	90	.	89	.	64	.	0	.	7	.	54	.	31	.
1869/70	87	.	75	.	61	.	0	.	11	.	51	.	28	.
1870	90	.	77	.	79	.	0	.	11	.	58	.	30	.
1870/71	71	.	62	.	72	.	0	.	12	.	48	.	26	.
1871	80	.	82	.	67	.	0	.	16	.	47	.	26	.
1871/72	97	.	72	.	77	.	0	.	23	.	45	.	23	.
1872	107	.	98	.	75	.	0	.	28	.	63	.	30	.
1872/73	98	.	76	.	81	.	0	.	23	.	48	.	33	.
1873	86	.	91	.	86	.	0	.	26	.	60	.	44	.
1873/74	79	.	73	.	74	.	0	.	28	.	56	.	50	.
1874	95	.	102	.	77	.	1	.	33	.	80	.	61	.
1874/75	74	.	91	.	72	.	1	.	34	.	79	.	73	.
1875	79	.	127	.	92	.	0	.	28	.	94	.	101	.
1875/76	64	12,50	92	2,17	75	9,33	0	.	35	.	71	9,86	65	7,69
1876	72	9,72	118	1,69	82	7,32	0	.	48	.	70	11,43	63	4,76
1876/77	66	19,70	101	2,97	71	9,86	0	.	55	.	54	7,41	60	6,67
1877	71	22,54	149	2,01	91	7,69	0	.	61	.	75	8,00	82	6,10
1877/78	61	19,67	116	3,45	73	5,48	0	.	46	.	64	7,81	73	6,85
1878	68	8,82	142	2,11	86	9,30	1	.	52	.	76	10,53	82	3,66
1878/79	58	3,45	95	3,16	90	23,33	1	.	44	.	55	9,09	71	5,63
1879	83	6,02	102	1,96	99	12,12	1	.	41	.	67	10,45	100	5,00
1879/80	74	4,05	81	2,47	81	9,88	0	.	40	.	52	9,62	85	8,24
1880	91	6,59	107	3,74	99	6,06	0	.	33	.	55	10,91	103	3,88
1880/81	73	5,48	92	3,26	85	10,59	0	.	28	.	53	16,98	77	1,30
1881	89	5,62	119	2,52	85	5,88	0	.	25	.	71	9,86	85	3,53
1881/82	84	10,71	91	1,10	91	5,49	0	.	27	.	72	9,72	68	5,88
1882	101	7,92	116	1,72	124	7,26	1	.	23	.	94	8,51	82	8,54
1882/83	99	7,07	91	2,20	103	2,91	1	.	23	.	84	13,10	72	5,56
1883	127	8,66	120	0,83	139	8,63	0	.	36	.	100	13,00	74	4,05
1883/84	108	6,48	88	2,27	142	6,34	0	.	38	.	88	13,64	64	7,81
1884	133	7,52	84	2,38	162	4,94	0	.	41	.	97	18,56	61	3,28
1884/85	126	15,87	70	1,43	174	5,17	0	.	45	.	87	19,54	56	5,36
1885	164	10,98	79	1,27	204	3,92	0	.	39	.	91	17,58	74	4,05
1885/86	132	6,06	64	3,13	193	4,15	0	.	35	.	60	10,00	62	0,00
1886	152	6,58	94	4,26	214	4,21	0	.	31	.	70	11,43	60	1,67
1886/87	126	10,32	80	5,00	210	4,29	0	.	24	.	72	29,17	58	3,45
1887	154	12,34	106	1,89	213	3,29	0	.	27	.	69	27,54	51	3,92
1887/88	138	9,42	66	0,00	200	2,00	1	.	28	.	64	29,69	46	4,35
1888	157	10,83	95	0,00	206	1,94	1	.	24	.	75	22,67	43	4,65
1888/89	124	16,94	84	1,19	213	2,82	0	.	28	.	53	20,75	39	12,82
1889	133	18,80	104	1,92	226	3,54	0	.	23	.	72	25,00	38	10,53
1889/90	99	12,12	79	5,06	215	6,05	1	.	22	.	62	24,19	40	10,00
1890	113	13,27	104	2,88	229	4,37	1	.	26	.	86	23,26	32	12,50
1890/91	100	15,00	95	2,11	213	5,63	1	.	33	.	71	30,99	29	10,34
1891	118	20,34	120	1,67	212	6,13	2	.	31	.	71	30,99	31	6,45
1891/92	95	14,74	99	1,01	213	4,69	2	.	30	0,00	60	35,00	23	21,74
1892	116	12,93	120	0,83	211	4,27	1	.	28	0,00	70	31,43	32	34,38
1892/93	102	9,80	123	1,63	203	4,93	2	.	36	0,00	70	35,71	23	39,13
1893	88	10,23	169	1,78	219	3,65	12	8,33	30	0,00	75	26,67	24	29,17
1893/94	74	10,81	154	0,65	196	3,06	11	0,00	42	0,00	84	41,67	18	16,67
1894	73	13,70	150	0,00	206	2,43	15	0,00	45	4,44	93	35,48	31	12,90
1894/95	59	15,25	133	1,50	190	2,11	20	0,00	48	4,17	96	51,04	32	6,25
1895	68	10,29	184	2,17	195	2,56	18	0,00	54	1,85	107	44,86	37	10,81
1895/96	54	11,11	153	2,61	189	1,06	18	0,00	49	0,00	112	46,43	36	25,00
1896	58	20,69	208	2,40	193	2,59	18	0,00	51	0,00	118	50,00	42	16,67
1896/97	42	7,14	178	1,69	203	2,96	16	6,25	45	0,00	102	43,14	41	24,39
1897	39	12,82	186	2,15	195	2,56	15	6,67	40	0,00	105	35,24	42	19,05
1897/98	35	14,29	158	2,53	185	3,78	13	0,00	35	0,00	101	40,59	31	19,35
1898	47	12,77	208	1,44	212	2,36	11	0,00	38	0,00	123	33,33	46	13,04
1898/99	36	13,89	184	1,63	181	2,76	13	7,69	37	0,00	106	30,19	39	10,26
1899	39	12,82	220	2,73	175	2,29	15	6,67	32	0,00	120	33,33	39	20,51
1899/00	37	10,81	168	0,00	162	3,09	17	5,88	35	0,00	107	36,45	36	22,22
1900	44	11,36	216	0,93	164	1,83	24	4,17	40	0,00	116	37,07	50	18,00
1900/01	35	11,43	184	2,17	146	0,00	20	5,00	42	0,00	95	27,37	52	19,23
1901	40	20,00	227	1,76	150	1,33	12	0,00	42	0,00	115	22,61	72	12,50
1901/02	39	17,95	195	1,03	137	2,92	4	0,00	44	0,00	113	23,01	55	12,73
1902	45	24,44	212	1,89	128	2,34	5	0,00	33	0,00	150	26,67	80	12,50
1902/03	37	21,62	160	1,88	129	4,65	4	0,00	33	0,00	153	22,88	80	15,00
1903	50	28,00	193	1,55	131	3,82	5	0,00	29	0,00	119	5,88	104	3,85
1903/04	44	18,18	164	0,61	128	4,69	13	7,69	34	0,00	114	8,77	102	1,96
1904	50	20,00	225	0,00	157	4,46	14	7,14	32	0,00	166	4,82	134	2,24
1904/05	38	23,68	190	0,53	166	9,04	13	15,38	54	0,00	152	5,26	114	0,88
1905	49	22,45	258	0,39	192	16,67	24	12,50	65	0,00	187	2,14	132	2,27
1905/06	39	23,08	224	1,34	194	21,65	16	12,50	55	0,00	148	1,35	121	5,79
1906	57	19,30	292	4,79	235	18,30	20	10,00	74	0,00	226	2,65	150	9,33
1906/07	48	25,00	256	5,08	236	22,88	25	4,00	69	0,00	213	1,88	128	6,25

Tab. 15.2: Die Einzelfachströme an der Universität Jena nach Staatsangehörigkeit und Geschlecht 1781/82–1941/1

	Chemie		Landw.u.Camer.		Philos.,Päd.		Studierende		
	insg.	Ausl. in %	insg.	Ausl. in %	insg.	Ausl. in %	insg.	Ausländer	
								insg.	in %
Semester	15	16	17	18	19	20	21	22	23
1866/67	.	.	67	.	.	.	422	.	.
1867	.	.	56	.	.	.	467	.	.
1867/68	.	.	44	.	.	.	416	.	.
1868	.	.	36	.	.	.	409	.	.
1868/69	.	.	43	.	.	.	372	.	.
1869	.	.	40	.	.	.	375	.	.
1869/70	.	.	39	.	.	.	352	.	.
1870	.	.	32	.	.	.	377	.	.
1870/71	.	.	20	.	.	.	311	.	.
1871	.	.	18	.	.	.	336	.	.
1871/72	.	.	21	.	.	.	358	.	.
1872	.	.	22	.	.	.	423	.	.
1872/73	.	.	15	.	.	.	374	.	.
1873	.	.	15	.	.	.	408	.	.
1873/74	.	.	18	.	.	.	378	.	.
1874	.	.	23	.	.	.	472	.	.
1874/75	.	.	18	.	.	.	442	.	.
1875	.	.	16	.	.	.	537	.	.
1875/76	21	4,76	17	11,76	.	.	440	32	7,27
1876	21	14,29	9	11,11	.	.	483	30	6,21
1876/77	19	10,53	13	7,69	.	.	439	34	7,74
1877	19	21,05	18	22,22	.	.	566	45	7,95
1877/78	16	12,50	20	20,00	.	.	469	36	7,68
1878	18	16,67	20	25,00	.	.	545	36	6,61
1878/79	16	6,25	13	23,08	.	.	443	39	8,80
1879	18	0,00	16	12,50	.	.	527	33	6,26
1879/80	13	0,00	25	12,00	.	.	451	28	6,21
1880	13	0,00	22	9,09	.	.	523	28	5,35
1880/81	12	0,00	18	11,11	.	.	438	28	6,39
1881	15	6,67	19	21,05	.	.	508	28	5,51
1881/82	15	13,33	16	31,25	.	.	464	33	7,11
1882	12	16,67	17	17,65	.	.	570	39	6,84
1882/83	14	14,29	20	20,00	.	.	507	33	6,51
1883	15	13,33	20	0,00	.	.	631	42	6,66
1883/84	18	5,56	20	5,00	.	.	566	37	6,54
1884	18	0,00	15	20,00	.	.	611	43	7,04
1884/85	14	7,14	14	21,43	.	.	586	54	9,22
1885	15	0,00	15	6,67	.	.	681	47	6,90
1885/86	13	7,69	18	27,78	.	.	577	30	5,20
1886	14	0,00	20	20,00	.	.	655	36	5,50
1886/87	15	0,00	22	13,64	.	.	607	52	8,57
1887	17	0,00	21	4,76	.	.	658	50	7,60
1887/88	18	5,56	20	5,00	.	.	581	40	6,88
1888	18	5,56	15	6,67	.	.	634	42	6,62
1888/89	16	6,25	13	15,38	.	.	570	47	8,25
1889	20	10,00	13	7,69	.	.	629	60	9,54
1889/90	19	5,26	23	13,04	.	.	560	52	9,29
1890	27	11,11	38	10,53	.	.	656	59	8,99
1890/91	26	11,54	36	8,33	.	.	604	60	9,93
1891	27	7,41	33	9,09	.	.	645	68	10,54
1891/92	24	12,50	35	2,86	.	.	581	52	8,95
1892	30	16,67	37	5,41	.	.	645	60	9,30
1892/93	31	12,90	41	7,32	.	.	631	59	9,35
1893	34	8,82	36	5,56	.	.	687	50	7,28
1893/94	36	5,56	28	14,29	.	.	643	57	8,86
1894	31	3,23	30	20,00	.	.	674	60	8,90
1894/95	32	0,00	25	32,00	.	.	635	76	11,97
1895	36	2,78	31	25,81	.	.	730	78	10,68
1895/96	34	11,76	37	27,03	.	.	682	83	12,17
1896	40	10,00	33	9,09	.	.	761	91	11,96
1896/97	47	10,64	31	6,45	.	.	705	69	9,79
1897	50	6,00	32	9,38	.	.	704	63	8,95
1897/98	39	10,26	35	14,29	.	.	632	68	10,76
1898	37	10,81	33	12,12	.	.	755	65	8,61
1898/99	32	6,25	36	11,11	.	.	664	54	8,13
1899	46	10,87	46	15,22	.	.	732	71	9,70
1899/00	43	11,63	50	16,00	.	.	655	65	9,92
1900	53	13,21	51	15,69	.	.	758	71	9,37
1900/01	56	12,50	51	15,69	.	.	681	53	7,78
1901	58	8,62	56	19,64	.	.	772	60	7,77
1901/02	55	7,27	56	17,86	.	.	698	56	8,02
1902	55	5,45	49	10,20	.	.	757	73	9,64
1902/03	50	14,00	51	7,84	.	.	697	68	9,76
1903	60	13,33	69	13,04	81	35,80	841	79	9,39
1903/04	51	11,76	82	13,41	84	34,52	816	74	9,07
1904	58	8,62	81	11,11	107	33,64	1024	79	7,71
1904/05	54	9,26	74	10,81	98	31,63	953	80	8,39
1905	65	9,23	80	10,00	112	37,50	1164	110	9,45
1905/06	65	10,77	83	12,05	112	42,86	1057	130	12,30
1906	83	13,25	100	18,00	132	50,76	1369	186	13,59
1906/07	82	15,85	109	22,94	117	51,28	1283	190	14,81

Tab. 15.2: Die Einzelfachströme an der Universität Jena nach Staatsangehörigkeit und Geschlecht 1781/82–1941/1

	Evangelische Theologie				Jura					Medizin				
	insg.	Frauen			Ausländ. in %	insg.	Frauen			Ausländ. in %	insg.	Frauen			Ausländ. in %
		insg.	in %	deuts.			insg.	in %	deuts.			insg.	in %	deuts.	
Semester	1	2	3	4	5	6	7	8	9	10	11	12	13	14	15
1907	66	2	3,03	.	21,21	323	0	0,00	.	2,79	255	3	1,18	.	18,43
1907/08	46	2	4,35	.	23,91	269	0	0,00	.	2,23	243	5	2,06	.	16,87
1908	56	1	1,79	.	26,79	346	0	0,00	.	2,31	264	5	1,89	.	12,50
1908/09	42	0	0,00	0	23,81	271	0	0,00	0	1,11	246	7	2,85	7	8,94
1909	52	0	0,00	0	23,08	311	0	0,00	0	1,29	271	1	0,37	1	7,38
1909/10	43	0	0,00	0	18,60	277	1	0,36	1	1,08	286	10	3,50	10	9,44
1910	72	0	0,00	0	13,89	348	2	0,57	2	1,44	349	12	3,44	11	6,88
1910/11	60	0	0,00	0	11,67	296	2	0,68	2	2,36	305	11	3,61	10	8,85
1911	86	0	0,00	0	9,30	348	2	0,57	2	2,01	367	13	3,54	11	9,26
1911/12	70	0	0,00	0	10,00	302	1	0,33	1	1,99	342	11	3,22	9	11,11
1912	98	0	0,00	0	7,14	340	1	0,29	1	2,06	404	17	4,21	16	9,41
1912/13	89	1	1,12	1	8,99	320	0	0,00	0	1,56	411	15	3,65	14	12,17
1913	126	0	0,00	0	10,32	361	0	0,00	0	1,11	428	14	3,27	14	9,58
1913/14	103	0	0,00	0	7,77	320	0	0,00	0	0,94	398	23	5,78	22	11,06
1914	104	0	0,00	0	4,81	341	0	0,00	0	1,47	465	33	7,10	32	9,89
1914/15	84	1	1,19	1	3,57	240	0	0,00	0	0,42	409	24	5,87	23	0,98
1915	81	1	1,23	1	2,47	240	0	0,00	0	0,42	425	38	8,94	38	0,71
1915/16	66	0	0,00	0	4,55	235	0	0,00	0	0,43	408	31	7,60	31	1,72
1916	69	0	0,00	0	4,35	261	1	0,38	1	0,38	428	43	10,05	43	1,87
1916/17	65	0	0,00	0	3,08	283	2	0,71	2	0,00	420	44	10,48	43	0,95
1917	74	0	0,00	0	2,70	306	0	0,00	0	0,33	463	71	15,33	70	0,86
1917/18	81	1	1,23	1	2,47	320	0	0,00	0	0,00	442	72	16,29	71	1,81
1918	82	1	1,22	.	3,66	333	1	0,30	.	0,30	443	65	14,67	.	2,26
1918/19	82	1	1,22	1	2,44	347	0	0,00	0	0,86	477	69	14,47	69	2,73
1919	90	1	1,11	1	2,22	537	5	0,93	5	0,56	716	109	15,22	107	2,37
ZS.1919	.	.	.	.	.	.	.	.	.	.	.	.	.	.	.
1919/20	77	0	0,00	0	2,60	499	7	1,40	7	0,60	648	97	14,97	96	2,93
1920	75	2	2,67	2	4,00	532	13	2,44	13	2,82	630	100	15,87	92	6,51
1920/21	67	1	1,49	1	1,49	479	7	1,46	7	2,09	542	85	15,68	75	6,64
1921	68	1	1,47	1	0,00	557	8	1,44	7	1,62	508	85	16,73	75	7,48
1921/22	61	2	3,28	2	1,64	531	16	3,01	14	2,26	467	65	13,92	59	9,64
1922	51	1	1,96	1	7,84	642	23	3,58	21	3,58	493	72	14,60	66	12,58
1922/23	46	1	2,17	1	13,04	577	21	3,64	19	4,33	462	79	17,10	53	28,79
1923	39	3	7,69	3	10,26	668	18	2,69	17	4,94	503	96	19,09	42	41,75
1923/24	30	1	3,33	1	6,67	860	62	7,21	49	13,26	479	106	22,13	33	50,10
1924	27	1	3,70	1	7,41	504	8	1,59	7	3,37	378	88	23,28	30	50,26
1924/25	23	1	4,35	1	4,35	444	10	2,25	8	2,93	323	68	21,05	19	51,39
1925	39	4	10,26	4	0,00	501	15	2,99	13	1,80	328	67	20,43	25	45,73
1925/26	40	3	7,50	3	0,00	451	13	2,88	11	2,88	295	65	22,03	37	36,95
1926	38	3	7,89	3	2,63	517	12	2,32	11	3,29	285	53	18,60	31	30,53
1926/27	48	4	8,33	4	2,08	505	13	2,57	12	4,16	253	46	18,18	31	26,09
1927	63	3	4,76	3	3,17	593	11	1,85	11	3,71	280	44	15,71	30	18,93
1927/28	73	2	2,74	2	0,00	577	11	1,91	11	4,16	286	49	17,13	36	16,78
1928	118	5	4,24	5	0,00	687	15	2,18	15	3,35	353	56	15,86	46	11,05
1928/29	114	7	6,14	7	2,63	583	15	2,57	15	2,74	311	52	16,72	46	8,36
1929	147	9	6,12	9	3,40	624	14	2,24	13	2,72	403	71	17,62	65	6,70
1929/30	139	7	5,04	7	2,88	514	12	2,33	11	3,11	421	82	19,48	75	6,18
1930	151	8	5,30	8	0,66	575	22	3,83	21	2,43	484	77	15,91	72	5,99
1930/31	145	6	4,14	6	1,38	479	22	4,59	21	2,30	478	75	15,69	72	5,44
1931	174	8	4,60	8	0,57	496	27	5,44	26	3,23	565	86	15,22	80	5,49
1931/32	182	8	4,40	8	0,55	426	24	5,63	22	3,76	540	89	16,48	86	3,70
1932	209	4	1,91	4	0,48	505	21	4,16	20	2,97	606	97	16,01	92	2,81
1932/33	205	6	2,93	6	1,95	438	21	4,79	20	2,74	556	83	14,93	79	3,60
1933	181	7	3,87	.	.	424	24	5,66	.	.	662	112	16,92	.	.
1933/34	151	3	1,99	.	.	373	14	3,75	.	.	627	120	19,14	.	.
1934	145	3	2,07	.	.	277	8	2,89	.	.	572	95	16,61	.	.
1934/35	156	2	1,28	.	.	274	4	1,46	.	.	492	77	15,65	.	.
1935	154	3	1,95	.	.	247	5	2,02	.	.	505	95	18,81	.	.
1935/36	148	3	2,03	.	.	225	3	1,33	.	.	505	85	16,83	.	.
1936	101	2	1,98	.	.	175	2	1,14	.	.	437	85	19,45	.	.
1936/37	77	0	0,00	.	.	155	3	1,94	.	.	397	85	21,41	.	.
1937	68	2	2,94	.	.	130	1	0,77	.	.	403	76	18,86	.	.
1937/38	57	0	0,00	.	.	141	0	0,00	.	.	384	72	18,75	.	.
1938	54	0	0,00	.	.	112	1	0,89	.	.	360	61	16,94	.	.
1938/39	48	1	2,08	.	.	127	1	0,79	.	.	364	70	19,23	.	.
1939	31	0	0,00	.	.	121	1	0,83	.	.	439	66	15,03	.	.
1939/40	36	0	0,00	.	.	308	5	1,62	.	.	2177	479	22,00	.	.
1940/1	15	0	0,00	.	.	173	1	0,58	.	.	942	252	26,75	.	.
1940/2	13	1	7,69	.	.	120	3	2,50	.	.	470	141	30,00	.	.
1940/3	12	0	0,00	.	.	108	2	1,85	.	.	547	169	30,90	.	.
1941/1	10	0	0,00	.	.	85	1	1,18	.	.	505	168	33,27	.	.

Tab. 15. 2: Die Einzelfachströme an der Universität Jena nach Staatsangehörigkeit und Geschlecht 1781/82–1941/1

	Zahnmedizin					Pharmazie					Philologie, Geschichte				
	insg.	Frauen			Aus-länd. in %	insg.	Frauen			Aus-länd. in %	insg.	Frauen			Aus-länd. in %
		insg.	in %	deuts.			insg.	in %	deuts.			insg.	in %	deuts.	
Semester	16	17	18	19	20	21	22	23	24	25	26	27	28	29	30
1907	19	.	.	.	0,00	62	.	.	.	0,00	259	.	.	.	2,32
1907/08	20	.	.	.	0,00	59	.	.	.	0,00	252	.	.	.	2,78
1908	22	.	.	.	0,00	66	.	.	.	0,00	326	.	.	.	1,84
1908/09	22	0	0,00	0	0,00	51	0	0,00	0	0,00	308	4	1,30	4	2,27
1909	16	0	0,00	0	0,00	48	0	0,00	0	0,00	350	5	1,43	5	1,43
1909/10	21	0	0,00	0	0,00	35	0	0,00	0	0,00	304	8	2,63	8	0,66
1910	14	0	0,00	0	0,00	21	0	0,00	0	0,00	393	10	2,54	10	1,27
1910/11	15	0	0,00	0	0,00	21	0	0,00	0	0,00	340	13	3,82	13	1,76
1911	17	0	0,00	0	0,00	21	0	0,00	0	0,00	374	28	7,49	28	2,41
1911/12	14	1	7,14	1	0,00	25	0	0,00	0	0,00	360	25	6,94	22	3,33
1912	21	0	0,00	.	.	24	0	0,00	0	0,00	551	44	7,99	41	9,07
1912/13	16	1	6,25	.	.	25	0	0,00	0	0,00	504	36	7,14	34	10,52
1913	23	0	0,00	.	.	29	0	0,00	0	0,00	545	54	9,91	52	8,26
1913/14	27	0	0,00	.	.	25	0	0,00	0	0,00	468	51	10,90	49	8,97
1914	37	0	0,00	.	.	23	0	0,00	0	0,00	485	55	11,34	54	10,93
1914/15	31	0	0,00	.	.	15	0	0,00	0	0,00	406	51	12,56	51	6,40
1915	31	1	3,23	.	.	17	0	0,00	0	0,00	409	72	17,60	72	4,40
1915/16	29	0	0,00	.	.	16	0	0,00	0	0,00	384	60	15,63	60	3,65
1916	28	0	0,00	.	.	17	0	0,00	0	0,00	450	80	17,78	80	4,00
1916/17	26	0	0,00	.	.	19	0	0,00	0	0,00	468	89	19,02	89	3,21
1917	22	1	4,55	.	.	18	1	5,56	1	0,00	519	115	22,16	115	2,89
1917/18	17	0	0,00	.	.	14	1	7,14	1	0,00	524	116	22,14	115	2,29
1918	22	0	0,00	.	.	20	.	.	.	0,00	549	.	.	.	3,28
1918/19	16	1	6,25	.	.	18	4	22,22	4	0,00	529	100	18,90	98	3,78
1919	121	9	7,44	9	0,00	33	5	15,15	5	0,00	626	137	21,88	133	3,35
ZS.1919	.	.	.	.	.	.	.	.	.	.	.	.	.	.	.
1919/20	142	12	8,45	12	0,00	42	5	11,90	5	0,00	588	132	22,45	129	3,40
1920	154	14	9,09	13	0,65	43	5	11,63	5	0,00	496	110	22,18	104	5,04
1920/21	139	11	7,91	10	0,72	32	7	21,88	7	3,13	268	69	25,75	69	2,99
1921	136	8	5,88	8	0,00	37	9	24,32	9	2,70	249	61	24,50	61	4,02
1921/22	106	7	6,60	7	0,00	40	5	12,50	5	2,50	234	59	25,21	56	6,84
1922	80	11	13,75	11	2,50	51	11	21,57	11	5,88	232	61	26,29	55	10,34
1922/23	61	7	11,48	6	6,56	54	9	16,67	9	5,56	198	55	27,78	49	10,10
1923	55	11	20,00	3	27,27	75	14	18,67	12	8,00	210	57	27,02	44	15,24
1923/24	38	11	28,95	1	39,47	55	6	10,91	5	7,27	187	50	26,74	37	13,90
1924	30	11	36,67	1	46,67	59	9	15,25	9	1,69	154	44	28,57	38	8,44
1924/25	22	7	31,82	1	45,45	58	6	10,34	6	5,17	143	38	26,57	32	11,19
1925	28	9	32,14	2	39,29	54	14	25,93	13	7,41	223	61	27,35	59	4,48
1925/26	30	12	40,00	2	43,33	51	16	31,37	16	3,92	228	51	22,37	49	4,82
1926	29	9	31,03	1	31,03	28	8	28,57	8	7,14	.	.	.	.	.
1926/27	27	7	25,93	0	37,04	17	1	5,88	1	11,76	.	.	.	.	.
1927	41	9	21,95	3	17,07	21	2	9,52	2	9,52	.	.	.	.	.
1927/28	41	7	17,07	3	12,20	19	4	21,05	4	0,00	.	.	.	.	.
1928	74	7	9,46	4	6,76	25	5	20,00	5	0,00	.	.	.	.	.
1928/29	70	6	8,57	5	8,57	26	6	23,08	6	0,00	.	.	.	.	.
1929	93	11	11,83	9	10,75	39	14	35,90	14	0,00	.	.	.	.	.
1929/30	84	7	8,33	6	5,95	43	11	25,58	11	0,00	.	.	.	.	.
1930	126	18	14,29	15	4,76	45	9	20,00	8	2,22	.	.	.	.	.
1930/31	143	23	16,08	20	4,90	48	13	27,08	12	4,17	.	.	.	.	.
1931	185	32	17,30	29	1,62	52	13	25,00	12	5,77	.	.	.	.	.
1931/32	185	32	17,30	28	5,95	50	16	32,00	16	4,00	.	.	.	.	.
1932	203	35	17,24	34	1,48	62	13	20,97	13	3,23	.	.	.	.	.
1932/33	209	38	18,18	36	1,91	64	22	34,38	20	6,25	.	.	.	.	.
1933	209	37	17,70	.	.	78	25	32,05	.	.	.	.	.	.	.
1933/34	195	40	20,51	.	.	71	18	25,35	.	.	.	.	.	.	.
1934	141	24	17,02	.	.	57	15	26,32	.	.	.	.	.	.	.
1934/35	136	25	18,38	.	.	53	16	30,19	.	.	.	.	.	.	.
1935	106	22	20,75	.	.	64	16	25,00	.	.	.	.	.	.	.
1935/36	96	19	19,79	.	.	71	18	25,35	.	.	.	.	.	.	.
1936	63	13	20,63	.	.	49	12	24,49	.	.	.	.	.	.	.
1936/37	55	8	14,55	.	.	39	10	25,64	.	.	.	.	.	.	.
1937	38	3	7,89	.	.	25	6	24,00	.	.	.	.	.	.	.
1937/38	47	8	17,02	.	.	33	8	24,24	.	.	.	.	.	.	.
1938	38	8	21,05	.	.	34	8	23,53	.	.	.	.	.	.	.
1938/39	32	5	15,63	.	.	45	12	26,67	.	.	.	.	.	.	.
1939	25	6	24,00	.	.	54	16	29,63	.	.	.	.	.	.	.
1939/40	63	21	33,33	.	.	146	65	44,52	.	.	.	.	.	.	.
1940/1	29	8	27,59	.	.	67	27	40,30	.	.	.	.	.	.	.
1940/2	22	10	45,45	.	.	39	24	61,54	.	.	.	.	.	.	.
1940/3	23	11	47,03	.	.	35	22	62,86	.	.	.	.	.	.	.
1941/1	20	11	55,00	.	.	15	6	40,00	.	.	.	.	.	.	.

Tab. 15.2: Die Einzelfachströme an der Universität Jena nach Staatsangehörigkeit und Geschlecht 1781/82–1941/1

	Philosophie, Pädagogik				Mathematik, Naturwissenschaften					Chemie				
	insg.	Frauen			insg.	Frauen			Aus-länd. in %	insg.	Frauen			Aus-länd. in %
		insg.	in %	deuts.	Aus-länd. in %		insg.	in %	deuts.			insg.	in %	deuts.	
Semester	31	32	33	34	35	36	37	38	39	40	41	42	43	44	45
1907	141	.	.	.	48,23	159	.	.	.	6,29	88	.	.	.	14,77
1907/08	124	.	.	.	49,19	140	.	.	.	5,71	74	.	.	.	12,16
1908	128	.	.	.	46,88	194	.	.	.	4,64	77	.	.	.	11,69
1908/09	114	1	0,88	1	44,74	176	1	0,57	1	4,55	66	0	0,00	0	13,64
1909	147	2	1,36	2	32,65	213	7	3,29	7	2,35	69	0	0,00	0	14,49
1909/10	140	4	2,86	4	30,00	198	1	0,51	1	2,53	51	0	0,00	0	13,73
1910	158	12	7,59	11	31,01	254	4	1,57	4	1,97	53	0	0,00	0	15,09
1910/11	152	6	3,95	6	28,95	238	9	3,78	9	2,10	51	0	0,00	0	11,76
1911	166	12	7,23	12	24,70	292	14	4,79	14	1,03	63	0	0,00	0	11,11
1911/12	155	15	9,68	15	28,39	266	16	6,02	16	1,88	50	0	0,00	0	10,00
1912	.	.	.	.	.	287	17	5,92	16	1,39	50	0	0,00	0	10,00
1912/13	.	.	.	.	.	265	10	3,77	10	2,26	49	2	4,08	2	14,29
1913	.	.	.	.	.	311	22	7,07	21	2,89	58	1	1,72	1	6,90
1913/14	.	.	.	.	.	290	11	3,79	11	2,41	52	1	1,92	1	7,69
1914	.	.	.	.	.	302	22	7,28	22	1,66	57	1	1,75	1	12,28
1914/15	.	.	.	.	.	263	20	7,60	19	0,76	48	2	4,17	2	4,17
1915	.	.	.	.	.	255	23	9,02	23	1,18	49	2	4,08	2	4,08
1915/16	.	.	.	.	.	238	24	10,08	24	1,26	47	4	8,51	4	4,26
1916	.	.	.	.	.	255	31	12,16	31	1,18	51	6	11,76	6	3,92
1916/17	.	.	.	.	.	261	35	13,41	34	1,15	46	6	13,04	6	2,17
1917	.	.	.	.	.	304	51	16,78	50	0,99	48	8	16,67	8	4,17
1917/18	.	.	.	.	.	303	41	13,53	40	1,32	45	7	15,56	7	0,00
1918	.	.	.	.	.	317	.	.	.	1,26	58	.	.	.	1,72
1918/19	.	.	.	.	.	321	46	14,33	45	1,87	65	9	13,85	9	1,54
1919	.	.	.	.	.	337	69	20,47	67	2,67	173	14	8,09	14	1,73
ZS.1919	.	.	.	.	.										
1919/20	.	.	.	.	.	311	57	18,33	55	2,25	196	15	7,65	15	2,55
1920	.	.	.	.	.	265	64	24,15	63	0,75	213	15	7,04	15	1,88
1920/21	141	29	20,57	26	8,51	257	56	21,79	53	2,33	170	12	7,06	12	1,18
1921	143	32	22,38	30	11,89	246	42	17,07	40	4,07	168	12	7,14	12	2,38
1921/22	128	25	19,53	25	12,50	231	35	15,15	34	3,03	170	15	8,82	14	3,53
1922	136	20	14,71	18	17,65	246	42	17,07	39	5,28	190	15	7,89	14	3,68
1922/23	146	23	15,75	18	19,18	222	39	17,57	29	13,96	178	15	8,43	14	11,80
1923	175	33	18,86	20	28,00	248	51	20,56	27	26,21	189	19	10,05	18	5,82
1923/24	92	19	20,65	7	26,09	362	46	12,71	26	20,17	.	.	.	.	.
1924	92	22	23,91	10	29,35	146	21	14,38	14	15,75	163	11	6,75	5	9,20
1924/25	103	20	19,42	9	20,39	145	18	12,41	14	13,10	160	12	7,50	5	10,63
1925	115	23	20,00	10	23,48	178	27	15,17	23	8,99	158	12	7,59	6	10,13
1925/26	103	18	17,48	10	18,45	195	31	15,90	29	6,67	141	13	9,22	8	12,06
1926	121	22	18,18	15	14,05	.	.	.	.	.	128	10	7,81	7	8,59
1926/27	120	19	15,83	11	16,67	.	.	.	.	.	90	8	8,89	6	5,56
1927	136	27	19,85	21	13,24	.	.	.	.	.	71	7	9,86	5	5,63
1927/28	132	30	22,73	27	9,09	.	.	.	.	.	63	6	9,52	3	6,35
1928	326	84	25,77	76	3,68	.	.	.	.	.	93	16	17,20	13	4,30
1928/29	345	94	27,25	92	3,77	.	.	.	.	.	92	10	10,87	7	6,52
1929	55	17	30,91	15	18,18	.	.	.	.	.	92	10	10,87	7	8,70
1929/30	48	13	27,08	13	18,75	.	.	.	.	.	88	11	12,50	10	7,95
1930	59	15	25,42	14	20,34	.	.	.	.	.	99	14	14,14	12	7,07
1930/31	43	14	32,56	10	25,58	.	.	.	.	.	90	12	13,33	9	6,67
1931	64	18	28,13	11	23,44	.	.	.	.	.	99	15	15,15	14	4,04
1931/32	42	12	28,57	9	21,43	.	.	.	.	.	106	15	14,15	12	5,66
1932	30	10	33,33	8	23,33	.	.	.	.	.	106	12	11,32	10	6,60
1932/33	29	10	34,48	9	24,14	.	.	.	.	.	99	10	10,10	10	3,03
1933	.	.	.	.	.	.	.	.	.	.	102	13	12,75	.	.
1933/34	.	.	.	.	.	.	.	.	.	.	87	8	9,20	.	.
1934	.	.	.	.	.	.	.	.	.	.	88	10	11,36	.	.
1934/35	.	.	.	.	.	.	.	.	.	.	89	10	11,24	.	.
1935	.	.	.	.	.	.	.	.	.	.	54	7	12,96	.	.
1935/36	.	.	.	.	.	.	.	.	.	.	56	8	14,29	.	.
1936	.	.	.	.	.	.	.	.	.	.	45	3	6,67	.	.
1936/37	.	.	.	.	.	.	.	.	.	.	29	4	13,79	.	.
1937	.	.	.	.	.	.	.	.	.	.	33	2	6,06	.	.
1937/38	.	.	.	.	.	.	.	.	.	.	40	3	7,50	.	.
1938	.	.	.	.	.	.	.	.	.	.	39	2	5,13	.	.
1938/39	.	.	.	.	.	.	.	.	.	.	46	3	6,52	.	.
1939	.	.	.	.	.	.	.	.	.	.	45	5	11,11	.	.
1939/40	.	.	.	.	.	.	.	.	.	.	115	18	15,65	.	.
1940/1	.	.	.	.	.	.	.	.	.	.	90	16	17,78	.	.
1940/2	.	.	.	.	.	.	.	.	.	.	85	13	15,29	.	.
1940/3	.	.	.	.	.	.	.	.	.	.	64	13	20,31	.	.
1941/1	.	.	.	.	.	.	.	.	.	.	50	17	34,00	.	.

Tab.15.2: Die Einzelfachströme an der Universität Jena nach Staatsangehörigkeit und Geschlecht 1781/82–1941/1

	Staatswissenschaften, Volkswirtschaft					Kameralia, Landwirtschaft					Studierende				
	insg.	Frauen			Ausländ. in %	insg.	Frauen			Ausländ. in %	insg.	Frauen			Ausl. insg.
		insg.	in %	deuts.			insg.	in %	deuts.			insg.	in %	deuts.	
Semester	46	47	48	49	50	51	52	53	54	55	56	57	58	59	60
1907	.	.	.	.	.	126	.	.	.	19,84	1498	14	0,93	.	192
1907/08	.	.	.	.	.	138	.	.	.	18,84	1365	20	1,47	.	169
1908	.	.	.	.	.	133	.	.	.	14,29	1612	19	1,18	.	159
1908/09	.	.	.	.	.	143	0	0,00	0	19,58	1439	13	0,90	13	138
1909	.	.	.	.	.	129	0	0,00	0	14,73	1606	15	0,93	15	123
1909/10	.	.	.	.	.	141	0	0,00	0	17,02	1496	24	1,60	24	118
1910	.	.	.	.	.	155	1	0,65	1	13,55	1817	41	2,26	39	127
1910/11	.	.	.	.	.	159	0	0,00	0	10,69	1637	41	2,50	40	119
1911	.	.	.	.	.	168	0	0,00	0	6,55	1902	69	3,63	67	120
1911/12	.	.	.	.	.	154	0	0,00	0	11,04	1738	69	3,97	64	134
1912	.	.	.	.	.	168	0	0,00	0	10,71	1943	79	4,07	74	129
1912/13	.	.	.	.	.	163	0	0,00	0	6,75	1842	65	3,53	62	140
1913	.	.	.	.	.	179	0	0,00	0	3,91	2060	91	4,42	88	123
1913/14	.	.	.	.	.	179	0	0,00	0	6,15	1862	86	4,62	83	119
1914	.	.	.	.	.	193	0	0,00	0	7,77	2007	111	5,53	109	136
1914/15	.	.	.	.	.	170	0	0,00	0	5,29	1666	98	5,88	96	47
1915	.	.	.	.	.	157	0	0,00	0	4,46	1664	137	8,23	137	36
1915/16	.	.	.	.	.	151	1	0,66	1	4,64	1574	120	7,62	120	37
1916	.	.	.	.	.	152	2	1,32	2	4,61	1711	163	9,53	163	42
1916/17	.	.	.	.	.	154	1	0,65	1	4,55	1742	177	10,16	175	32
1917	.	.	.	.	.	163	1	0,61	1	3,68	1917	248	12,94	246	33
1917/18	.	.	.	.	.	163	2	1,23	2	3,07	1909	240	12,57	237	31
1918	.	.	.	.	.	174	.	.	.	2,30	1998	246	12,31	.	41
1918/19	.	.	.	.	.	179	8	4,47	8	3,35	2034	238	11,70	235	51
1919	.	.	.	.	.	275	23	8,36	23	1,09	2908	372	12,79	364	58
ZS.1919	.	.	.	.	.	.	.	.	.	.	.	.	.	.	.
1919/20	.	.	.	.	.	351	24	6,84	24	1,99	2854	349	12,23	343	63
1920	200	20	7,52	10	3,01	100	1	0,50	1	4,14	2043	344	12,10	327	100
1920/21	268	23	8,58	22	5,60	222	0	0,00	0	6,31	2585	300	11,61	282	106
1921	317	42	13,25	41	6,62	243	2	0,82	2	3,70	2672	302	11,30	286	119
1921/22	324	41	12,65	40	7,41	270	1	0,37	1	6,30	2562	271	10,58	257	145
1922	393	50	12,72	49	8,65	248	2	0,81	2	8,47	2762	308	11,15	287	217
1922/23	387	50	12,92	47	10,08	286	6	2,10	5	11,54	2617	305	11,65	250	343
1923	302	53	13,52	46	16,50	307	6	1,95	5	13,00	2901	302	12,05	230	532
1923/24	.	.	.	.	.	271	5	1,85	4	15,50	2374	306	12,89	163	540
1924	250	39	15,60	31	23,20	230	6	2,61	5	12,17	2033	260	12,79	151	388
1924/25	208	30	14,42	23	20,19	211	4	1,90	4	11,37	1840	214	11,63	122	332
1925	220	32	14,55	26	17,27	171	4	2,34	4	12,28	2015	268	13,30	185	302
1925/26	178	20	11,24	17	17,98	165	4	2,42	4	11,52	1877	246	13,11	186	248
1926	143	10	6,99	9	13,99	121	5	4,13	5	7,44	1972	245	12,42	199	194
1926/27	134	12	8,96	8	14,18	95	3	3,16	3	7,37	1904	249	13,08	206	171
1927	165	17	10,30	13	11,52	84	1	1,19	1	1,19	2270	335	14,76	296	150
1927/28	138	15	10,87	12	9,42	64	1	1,56	1	4,69	2147	291	13,55	261	133
1928	110	16	14,55	14	8,18	67	0	0,00	0	2,99	2750	410	14,91	379	123
1928/29	80	13	16,25	12	10,00	71	0	0,00	0	4,23	2485	370	14,89	349	110
1929	86	9	10,47	9	6,98	55	0	0,00	0	1,82	2971	478	16,09	457	111
1929/30	52	7	13,46	7	15,38	59	0	0,00	0	1,69	2789	455	16,31	439	101
1930	74	16	21,62	15	9,46	47	0	0,00	0	4,26	3110	545	17,52	524	104
1930/31	63	10	15,87	10	9,52	48	0	0,00	0	2,08	2879	512	17,78	490	91
1931	79	5	6,33	4	8,86	45	1	2,22	1	2,22	3144	543	17,27	517	97
1931/32	95	6	6,32	5	7,37	37	1	2,70	1	0,00	2774	491	17,70	471	83
1932	94	8	8,51	7	5,32	49	3	6,12	2	2,04	2955	472	15,97	455	72
1932/33	89	8	8,99	8	2,25	46	3	6,52	2	4,35	2695	436	16,18	422	65
1933	98	14	14,29	.	.	37	1	2,70	.	.	2771	464	16,74	.	.
1933/34	64	6	9,38	.	.	42	3	7,14	.	.	2540	426	16,77	.	.
1934	43	4	9,30	.	.	54	0	0,00	.	.	2281	403	17,67	.	50
1934/35	42	5	11,90	.	.	51	1	1,96	.	.	2123	346	16,30	.	.
1935	37	5	13,51	.	.	51	1	1,96	.	.	2025	367	18,12	.	.
1935/36	27	4	14,81	.	.	48	1	2,08	.	.	1953	368	18,84	.	.
1936	26	2	7,69	.	.	40	1	2,50	.	.	1573	311	19,77	.	.
1936/37	32	4	12,50	.	.	49	2	4,08	.	.	1483	318	21,44	.	.
1937	32	5	15,63	.	.	37	1	2,70	.	.	1220	226	18,52	.	48
1937/38	36	6	16,67	.	.	42	1	2,38	.	.	1201	203	16,90	.	.
1938	32	4	12,50	.	.	36	1	2,78	.	.	1101	187	16,98	.	.
1938/39	34	3	8,82	.	.	24	1	4,17	.	.	1118	206	18,43	.	.
1939	31	3	9,68	.	.	23	0	0,00	.	.	1142	211	18,48	.	.
1939/40	59	7	11,86	.	.	41	0	0,00	.	.	3302	712	21,56	.	.
1940/1	34	6	17,65	.	.	23	0	0,00	.	.	1807	531	29,39	.	.
1940/2	37	16	43,24	.	.	6	0	0,00	.	.	1230	489	39,76	.	24
1940/3	34	12	35,29	.	.	15	0	0,00	.	.	1272	506	39,78	.	.
1941/1	25	15	60,00	.	.	14	0	0,00	.	.	899	304	33,82	.	.

Tab. 15.2: Die Einzelfachströme an der Universität Jena nach Staatsangehörigkeit und Geschlecht 1781/82–1941/1

	Alte Sprachen					Germanistik					Neue Sprachen				
	insg.	Frauen		deuts.	Ausländ. in %	insg.	Frauen		deuts.	Ausländ. in %	insg.	Frauen		deuts.	Ausländ. in %
Semester		insg.	in %				insg.	in %				insg.	in %		
	1	2	3	4	5	6	7	8	9	10	11	12	13	14	15
1926	18	1	5,56	.	.	107	37	34,58	.	.	97	24	24,74	.	.
1926/27	18	3	16,67	.	.	121	45	37,19	.	.	89	24	26,97	.	.
1927	21	4	19,05	4	9,52	141	67	47,52	63	2,84	160	39	24,38	39	0,63
1927/28	14	3	21,43	3	7,14	120	48	40,00	48	0,83	145	29	20,00	28	2,07
1928	18	3	16,67	3	5,56	119	36	30,25	36	2,52	166	47	28,31	46	1,81
1928/29	16	1	6,25	1	0,00	118	38	32,20	36	5,08	156	43	27,56	42	1,28
1929	23	1	4,35	1	4,35	133	42	31,58	39	5,26	182	60	32,97	59	1,10
1929/30	23	0	0,00	0	8,70	125	36	28,80	35	3,20	146	45	30,82	43	2,05
1930	41	4	9,76	4	0,00	112	37	33,04	36	4,46	145	51	35,17	50	1,38
1930/31	23	3	13,04	3	0,00	109	35	32,11	33	2,75	123	42	34,15	41	1,63
1931	25	3	12,00	3	0,00	101	40	39,60	39	3,96	138	49	35,51	48	0,72
1931/32	23	8	34,78	8	0,00	84	24	28,57	22	3,57	109	45	41,28	45	0,00
1932	19	5	26,32	4	5,26	96	26	27,08	25	3,13	95	30	31,58	29	2,11
1932/33	13	1	7,69	1	0,00	79	26	32,91	25	1,27	74	22	29,73	21	2,70
1933	19	3	15,79	.	.	94	31	32,98	.	.	64	27	42,19	.	.
1933/34	20	1	5,00	.	.	85	29	34,12	.	.	57	20	35,09	.	.
1934	16	1	6,25	.	.	70	26	37,14	.	.	33	16	48,48	.	.
1934/35	9	1	11,11	.	.	62	23	37,10	.	.	38	18	47,37	.	.
1935	4	0	0,00	.	.	32	13	40,63	.	.	17	8	47,06	.	.
1935/36	3	0	0,00	.	.	29	11	37,93	.	.	17	7	41,18	.	.
1936	4	0	0,00	.	.	33	11	33,33	.	.	12	7	58,33	.	.
1936/37	3	0	0,00	.	.	24	8	33,33	.	.	9	6	66,67	.	.
1937	5	1	20,00	.	.	20	5	25,00	.	.	5	3	60,00	.	.
1937/38	6	0	0,00	.	.	33	5	15,15	.	.	12	2	16,67	.	.
1938	7	0	0,00	.	.	29	6	20,69	.	.	11	2	18,18	.	.
1938/39	7	0	0,00	.	.	22	4	18,18	.	.	13	2	15,38	.	.
1939	4	0	0,00	.	.	18	4	22,22	.	.	7	1	14,29	.	.
1939/40	1	0	0,00	.	.	61	27	44,26	.	.	33	14	42,42	.	.
1940/1	3	0	0,00	.	.	41	15	36,59	.	.	21	10	47,62	.	.
1940/2	3	1	33,33	.	.	50	21	42,00	.	.	19	17	89,47	.	.
1940/3	5	0	0,00	.	.	47	24	51,06	.	.	25	13	52,00	.	.
1941/1	3	0	0,00	.	.	36	24	66,67	.	.	21	11	52,38	.	.

	Geschichte				Musik				Kunst, Archäologie			
	insg.	Frauen		Ausländ. in %	insg.	Frauen		Ausländ. in %	insg.	Frauen		Ausländ. in %
Semester		insg.	in %			insg.	in %			insg.	in %	
	16	17	18	19	20	21	22	23	24	25	26	27
1926	70	11	15,71	.	.	.	.	.	0	0	.	.
1926/27	60	8	13,33	.	.	.	.	.	0	0	.	.
1927	83	20	24,10	2,41	7	1	14,29	0,00	6	2	33,33	0,00
1927/28	81	19	23,46	6,17	5	0	0,00	0,00	3	0	0,00	0,00
1928	74	22	29,73	8,11	4	0	0,00	0,00	9	2	22,22	0,00
1928/29	81	24	29,63	3,70	4	0	0,00	0,00	3	1	33,33	0,00
1929	92	20	21,74	3,26	5	0	0,00	0,00	6	1	16,67	0,00
1929/30	102	23	22,55	2,94	6	1	16,67	0,00	4	1	25,00	0,00
1930	91	18	19,78	2,20	7	1	14,29	0,00	6	2	33,33	16,67
1930/31	85	17	20,00	1,18	7	0	0,00	0,00	6	2	33,33	0,00
1931	78	18	23,08	1,28	8	1	12,50	12,50	4	1	25,00	0,00
1931/32	67	15	22,39	0,00	7	1	14,29	0,00	7	2	28,57	0,00
1932	64	17	26,56	1,56	8	1	12,50	0,00	7	2	28,57	0,00
1932/33	60	14	23,33	0,00	6	2	33,33	0,00	7	2	28,57	0,00
1933	57	14	24,56	.	6	2	33,33	.	.	.	.	.
1933/34	47	13	27,66	.	2	0	0,00	.	.	.	.	.
1934	45	8	17,78	.	1	0	0,00	.	.	.	.	.
1934/35	51	10	19,61	.	5	0	0,00	.	.	.	.	.
1935	.	.	.	.	6	0	0,00	.	.	.	.	.
1935/36	.	.	.	.	5	0	0,00	.	.	.	.	.
1936	.	.	.	.	8	0	0,00	.	.	.	.	.
1936/37	18	5	27,78	.	2	0	0,00	.	.	.	.	.
1937	17	2	11,76	.	2	0	0,00	.	.	.	.	.
1937/38	32	3	9,38	.	7	1	14,29	.	.	.	.	.
1938	29	4	13,79	.	6	0	0,00	.	.	.	.	.
1938/39	25	5	20,00	.	5	0	0,00	.	.	.	.	.
1939	26	3	11,54	.	4	0	0,00	.	.	.	.	.
1939/40	47	8	17,02	.	1	0	0,00	.	.	.	.	.
1940/1	30	5	16,67	.	6	2	33,33	.	.	.	.	.
1940/2	35	9	25,71	.	5	2	40,00	.	.	.	.	.
1940/3	36	10	27,78	.	1	0	0,00	.	.	.	.	.
1941/1	28	10	35,71	.	3	0	0,00	.	.	.	.	.

Tab. 15. 2: Die Einzelfachströme an der Universität Jena nach Staatsangehörigkeit und Geschlecht 1781/'82–1941/1

	Sonstige Kulturwiss.			Volksschullehramt				Berufsschullehramt					Leibesübungen		
	insg.	Frauen		insg.	Frauen		Ausländ. in %	insg.	Frauen			Ausländ. in %	insg.	Frauen	
		insg.	in %		insg.	in %			insg.	in %	deuts.			insg.	in %
Semester	28	29	30	31	32	33	34	35	36	37	38	39	40	41	42
1927	.	.	.	.	.	.	.	.	.	.	.	.	.	.	.
1927/28	.	.	.	.	.	.	.	.	.	.	.	.	.	.	.
1928	.	.	.	.	.	.	.	.	.	.	.	.	2	1	50,00
1928/29	.	.	.	.	.	.	.	.	.	.	.	.	0	0	.
1929	.	.	.	398	80	20,10	.	79	50	63,29	.	.	2	0	0,00
1929/30	.	.	.	405	83	20,49	0,25	85	54	63,53	.	.	2	0	0,00
1930	.	.	.	486	120	24,69	0,21	84	60	71,43	59	1,19	16	4	25,00
1930/31	.	.	.	478	109	22,80	0,00	83	59	71,08	59	0,00	14	2	14,29
1931	.	.	.	511	124	24,27	0,00	42	36	85,71	36	0,00	28	1	3,57
1931/32	.	.	.	374	96	25,67	0,27	40	35	87,50	35	0,00	22	3	13,64
1932	.	.	.	360	99	27,50	0,28	30	30	100,00	30	0,00	29	7	24,14
1932/33	.	.	.	363	102	28,10	0,00	31	31	100,00	31	0,00	19	1	5,26
1933	34	10	29,41	377	99	26,26	.	6	5	83,33	.	.	26	4	15,38
1933/34	67	17	25,37	347	93	26,80	.	0	0	.	.	.	29	6	20,69
1934	84	27	32,14	357	96	26,89	.	34	33	97,06	.	.	28	7	25,00
1934/35	146	38	26,03	234	64	27,35	.	28	28	100,00	.	.	41	5	12,20
1935	103	31	30,10	359	87	24,23	.	73	53	72,60	.	.	33	5	15,15
1935/36	89	28	31,46	426	119	27,93	.	70	50	71,43	.	.	0	0	.
1936	65	20	30,77	275	76	27,64	.	88	66	75,00	.	.	27	2	7,41
1936/37	44	14	31,82	336	99	29,46	.	85	62	72,94	.	.	12	0	0,00
1937	43	5	11,63	215	70	32,56	.	58	37	63,79	.	.	8	0	0,00
1937/38	11	4	36,36	194	57	29,38	.	32	27	84,38	.	.	12	0	0,00
1938	20	4	20,00	192	55	28,65	.	31	26	83,87	.	.	9	0	0,00
1938/39	47	4	8,51	164	64	39,02	.	21	21	100,00	.	.	24	2	8,33
1939	47	6	12,77	169	82	48,52	.	11	11	100,00	.	.	26	2	7,69
1939/40	23	4	17,39	29	15	51,72	.	2	2	100,00	.	.	52	25	48,08
1940/1	37	13	35,14	152	121	79,61	.	10	10	100,00	.	.	51	26	50,98
1940/2	10	3	30,00	196	174	88,78	.	11	11	100,00	.	.	32	19	59,38
1940/3	14	10	71,43	206	178	86,41	.	0	0	.	.	.	30	20	66,67
1941/1	13	4	30,77	4	1	25,00	.	0	0	.	.	.	18	17	94,44

		Mathematik				Physik				Biologie			
	insg.	Frauen		Ausländ. in %	insg.	Frauen		Ausländ. in %	insg.	Frauen		Ausländ. in %
		insg.	in %	deuts.		insg.	in %	deuts.			insg.	in %	deuts.
Semester	43	44	45	46	47	48	49	50	51	52	53	54	55	56	57
1926	143	17	11,89	.	.	56	7	12,50	.	.	17	8	47,06	.	.
1926/27	234	44	18,80	.	.	49	4	8,16	.	.	9	3	33,33	.	.
1927	195	31	15,90	31	1,54	54	2	3,70	2	3,70	120	43	35,83	42	4,17
1927/28	167	23	13,77	22	2,40	56	3	5,36	3	5,36	127	42	33,07	42	3,15
1928	198	20	10,10	20	2,02	86	11	12,79	11	1,16	75	25	33,33	25	4,00
1928/29	150	15	10,00	15	1,33	77	7	9,09	6	3,90	79	19	24,05	19	6,33
1929	191	24	12,57	23	2,62	89	6	6,74	6	2,25	97	26	26,80	24	6,19
1929/30	143	18	12,59	18	0,70	92	7	7,61	6	5,43	104	24	23,08	23	3,85
1930	159	23	14,47	22	1,89	103	7	6,80	6	2,91	105	24	22,86	23	3,81
1930/31	141	21	14,89	20	2,13	95	4	4,21	4	1,05	105	31	29,52	30	4,76
1931	165	28	16,97	26	1,21	109	2	1,83	2	0,00	99	20	20,20	19	4,04
1931/32	137	21	15,33	21	0,73	99	2	2,02	2	0,00	92	22	23,91	21	3,26
1932	127	16	12,60	16	0,00	113	4	3,54	4	1,77	86	18	20,93	18	1,16
1932/33	84	12	14,29	12	0,00	117	3	2,56	3	1,71	53	10	18,87	10	0,00
1933	80	10	12,50	.	.	118	5	4,24	.	.	56	17	30,36	.	.
1933/34	70	9	12,86	.	.	120	5	4,17	.	.	50	14	28,00	.	.
1934	49	8	16,33	.	.	113	2	1,77	.	.	38	9	23,68	.	.
1934/35	40	5	12,50	.	.	107	2	1,87	.	.	34	8	23,53	.	.
1935	115	5	4,35	.	.	.	.	.	.	.	.	.	.	.	.
1935/36	96	6	6,25	.	.	.	.	.	.	.	.	.	.	.	.
1936	83	2	2,41	.	.	.	.	.	.	.	.	.	.	.	.
1936/37	70	2	2,86	.	.	.	.	.	.	.	.	.	.	.	.
1937	52	1	1,92	.	.	.	.	.	.	.	.	.	.	.	.
1937/38	42	1	2,38	.	.	.	.	.	.	.	.	.	.	.	.
1938	27	1	3,70	.	.	.	.	.	.	.	.	.	.	.	.
1938/39	9	1	11,11	.	.	29	2	6,90	.	.	.	.	.	.	.
1939	7	0	0,00	.	.	25	2	8,00	.	.	.	.	.	.	.
1939/40	17	6	35,29	.	.	38	2	5,26	.	.	28	11	39,29	.	.
1940/1	13	4	30,77	.	.	24	0	0,00	.	.	21	11	52,38	.	.
1940/2	14	3	21,43	.	.	22	3	13,64	.	.	19	13	68,42	.	.
1940/3	11	2	18,18	.	.	23	4	17,39	.	.	19	12	63,16	.	.
1941/1	12	3	25,00	.	.	11	1	9,09	.	.	12	9	75,00	.	.

Tab. 15. 2: Die Einzelfachströme an der Universität Jena nach Staatsangehörigkeit und Geschlecht 1781/82–1941/1

	Sonstige Naturwiss.			Geographie					Mineralogie, Geologie, Bergfach				
	insg.	Frauen		insg.	Frauen			Ausländ. in %	insg.	Frauen			Ausländ. in %
		insg.	in %		insg.	in %	deuts.			insg.	in %	deuts.	
Semester	58	59	60	61	62	63	64	65	66	67	68	69	70
1926	.	.	.	22	5	22,73	.	.	29	3	10,34	.	.
1926/27	.	.	.	13	5	38,46	.	.	19	0	0,00	.	.
1927	.	.	.	15	5	33,33	3	20,00	12	0	0,00	0	0,00
1927/28	.	.	.	18	5	27,78	3	16,67	9	0	0,00	0	0,00
1928	.	.	.	65	14	21,54	10	10,77	12	1	8,33	1	8,33
1928/29	.	.	.	75	17	22,67	13	8,00	10	0	0,00	0	0,00
1929	.	.	.	59	12	20,34	12	1,69	7	0	0,00	0	0,00
1929/30	.	.	.	67	10	14,93	9	2,99	6	0	0,00	0	0,00
1930	.	.	.	70	14	20,00	13	2,86	3	0	0,00	0	0,00
1930/31	.	.	.	45	11	24,44	10	4,44	5	0	0,00	0	0,00
1931	.	.	.	53	14	26,42	13	1,89	3	0	0,00	0	0,00
1931/32	.	.	.	39	13	33,33	13	0,00	6	1	16,67	0	16,67
1932	.	.	.	41	12	29,27	12	0,00	4	1	25,00	0	25,00
1932/33	.	.	.	38	8	21,05	8	0,00	5	1	20,00	0	20,00
1933	.	.	.	.	.	.	.	.	.	.	.	.	.
1933/34	4	1	25,00	.	.	.	.	.	.	.	.	.	.
1934	1	1	100,00	.	.	.	.	.	.	.	.	.	.
1934/35	4	0	0,00	.	.	.	.	.	.	.	.	.	.
1935	51	11	21,57	.	.	.	.	.	.	.	.	.	.
1935/36	32	6	18,75	.	.	.	.	.	.	.	.	.	.
1936	32	7	21,88	.	.	.	.	.	.	.	.	.	.
1936/37	36	6	16,67	.	.	.	.	.	.	.	.	.	.
1937	24	6	25,00	.	.	.	.	.	.	.	.	.	.
1937/38	33	5	15,15	.	.	.	.	.	.	.	.	.	.
1938	30	4	13,33	.	.	.	.	.	.	.	.	.	.
1938/39	26	5	19,23	.	.	.	.	.	.	.	.	.	.
1939	23	3	13,04	.	.	.	.	.	.	.	.	.	.
1939/40	10	1	10,00	.	.	.	.	.	.	.	.	.	.
1940/1	13	2	15,38	.	.	.	.	.	.	.	.	.	.
1940/2	14	3	21,43	.	.	.	.	.	.	.	.	.	.
1940/3	6	3	50,00	.	.	.	.	.	.	.	.	.	.
1941/1	6	3	50,00	.	.	.	.	.	.	.	.	.	.

	Geogr., Geol., Min.			Betriebswirtschaft					Sonstige			
	insg.	Frauen		insg.	Frauen			Ausländ. in %	insg.	Frauen		Ausländ. in %
		insg.	in %		insg.	in %	deuts.			insg.	in %	
Semester	71	72	73	74	75	76	77	78	79	80	81	82
1926	.	.	.	.	.	.	.	.	2	0	0,00	.
1926/27	.	.	.	.	.	.	.	.	3	0	0,00	.
1927	.	.	.	.	.	.	.	.	2	0	0,00	0,00
1927/28	.	.	.	.	.	.	.	.	2	0	0,00	0,00
1928	.	.	.	20	3	15,00	3	0,00	49	21	42,86	0,00
1928/29	.	.	.	19	2	10,53	2	10,53	5	0	0,00	0,00
1929	.	.	.	13	1	7,69	1	0,00	1	0	0,00	0,00
1929/30	.	.	.	30	3	10,00	3	0,00	1	0	0,00	0,00
1930	.	.	.	21	1	4,76	1	4,76	1	0	0,00	0,00
1930/31	.	.	.	22	1	4,55	0	9,09	1	0	0,00	0,00
1931	.	.	.	19	1	5,26	1	10,53	2	0	0,00	0,00
1931/32	.	.	.	1	0	0,00	0	100,00	4	0	0,00	25,00
1932	.	.	.	4	0	0,00	0	0,00	10	1	10,00	20,00
1932/33	.	.	.	4	0	0,00	0	0,00	9	0	0,00	11,11
1933	37	3	8,11	0	0	.	.	.	6	1	16,67	.
1933/34	24	4	16,67	2	0	0,00	.	.	6	2	33,33	.
1934	27	10	37,04	5	0	0,00	.	.	3	0	0,00	.
1934/35	24	4	16,67	2	0	0,00	.	.	5	0	0,00	.
1935	14	0	0,00	.	.	.	.	.	.	.	.	.
1935/36	10	0	0,00	.	.	.	.	.	.	.	.	.
1936	10	0	0,00	.	.	.	.	.	.	.	.	.
1936/37	11	0	0,00	.	.	.	.	.	.	.	.	.
1937	5	0	0,00	.	.	.	.	.	.	.	.	.
1937/38	7	0	0,00	.	.	.	.	.	.	.	.	.
1938	5	0	0,00	.	.	.	.	.	.	.	.	.
1938/39	6	0	0,00	.	.	.	.	.	.	.	.	.
1939	6	0	0,00	.	.	.	.	.	.	.	.	.
1939/40	15	2	13,33	.	.	.	.	.	.	.	.	.
1940/1	12	2	16,67	.	.	.	.	.	.	.	.	.
1940/2	8	2	25,00	.	.	.	.	.	.	.	.	.
1940/3	11	1	9,09	.	.	.	.	.	.	.	.	.
1941/1	8	3	37,50	.	.	.	.	.	.	.	.	.

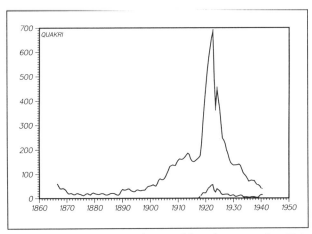

Abb. 15. 8: Die Studierenden (weibl. u. insg.) an der Universität Jena 1866/67–1941/1: Wirtschafts- und Agrarwissenschaften

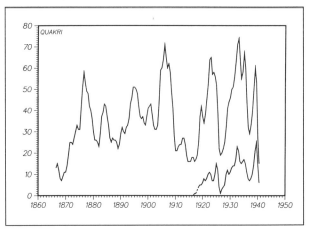

Abb. 15. 9: Die Studierenden (weibl. u. insg.) an der Universität Jena 1866/67–1941/1: Pharmazie

5. Anmerkungen zu Tabelle 15. 2

1781–1866:

In der Phil. Fak. konnten sich die Studierenden erstmals seit dem WS 1798/99 immatrikulieren. Die Lücke in der Fakultätsdifferenzierung von 1801 bis 1815/16 und für die Stud. insg. von 1801 bis 1811 konnte nach LEUTENBERGER nicht geschlossen werden, weil der entsprechende Band im Universitätsarchiv Jena nicht auffindbar war. Bis 1866 konnten aus den Übersichten der Stud.Verz. der Universität Jena im Gegensatz zu den meisten anderen deutschen Universitäten keine Einzelfächer entnommen werden, so daß in den Tabellen nur die Fakultätsdifferenzierung auftaucht.

1866/67–1906/07:

Die Semester 1895 und 1895/96 wurden wegen einiger Rechenfehler in der Statistik nach der Studentenliste des Pers.Verz. neu ausgezählt. 1875/76–1902/03: Die Ausländer allgemein von 1875/76 bis 1891, die Ausländer der Zahnmed. von 1875/76 bis 1895 und das Fach Chemie 1875/76 bis 1902/03 wurden dem Pers.Verz. Jena entnommen.
   Sp. 6 (Medizin/Ausl.): 1878–1886, 1887/88–1891 einschl. Zahnmed. – Sp. 8 (Zahnmedizin/Ausl.): 1878–1886, 1887/88–1891 enthalten in Medizin (Sp. 6). – Sp. 10 (Pharmazie/Ausl.): 1875/76–1886, 1887/88–1891 enthalten in Chemie (Sp. 16) – Sp. 13 (Math., Naturw.): Seit 1875/76 ohne Chemie. – Sp. 15 (Chemie): 1875/76–1902/03 als Differenz der Pharmaz. und Chem. (Pers.Verz.) und der Pharmaz. (PrStat) berechnet, Ausländer bis 1891 einschl. Pharmazie (Sp. 10). – Sp. 17 (Landw. u. Camer.): 1893–1904 nur Landw.

1907–1941.1:

Die Anzahl der Studentinnen von 1907 bis 1908 wurde dem Pers.Verz. Jena entnommen. 1911/12 mußten die Studentinnenzahlen der Einzelfächer nach dem Studentenverzeichnis korrigiert werden, weil in der Statistik offensichtlich ein Fehler vorliegt. 1915 bis 1919/20 mußten sämtliche Fächer nach den Übersichten in den Pers.Verz. neu aufgenommen werden, weil in den Übersichten des StatJbDR für die Univ. Jena die Frauen doppelt gezählt worden sind. Zudem wurden in diesem Zeitraum die Studentinnen der Einzelfächer in der Med. Fak. und in der Phil. Fak. nach der namentlichen Studentenliste des Pers.Verz. ausgezählt, da nach den tabellarischen Übersichten des Pers.Verz. zur Studentenstatistik eine Differenzierung der Frauen nach Einzelfächern nicht möglich war. 1939/40 ist die Anzahl der Studenten in Jena deshalb kurzfristig stark erhöht, weil die Studierwilligen in die nicht geschlossenen Universitäten Jena, Berlin, Greifswald, Leipzig und München strömten.
Sp. 6 (Jura): 1923/24 einschl. Staatswiss. – Sp. 11–15 (Medizin): Ausländer 1912–1918/19 einschl. Zahnmed.; 1907–1908 Studentinnen einschl. Zahnmed. – Sp. 20 (Zahnmedizin): 1912–1918/19 Ausländer bei Medizin (Sp. 15) – Sp. 26–29 (Philologie, Geschichte): 1912–1914/15 Studentinnen nach dem Stud.Verz. ausgezählt; 1912–1920 einschl. Philosophie, Pädagogik (Sp. 31). – Sp. 31 (Philosophie, Pädagogik): 1912–1920 bei Philologie, Geschichte (Sp. 26); seit 1920/21 einschl. Arch., Kunst und Kunstgesch. – Sp. 36–39 (Mathematik, Naturwissenschaften): 1923/24 einschl. Chemie (Sp. 41), 1912–1914/15 Studentinnen aus dem Stud.Verz. ausgezählt; 1920 Physik bei Chemie (Sp. 41) – Sp. 41–44 (Chemie): 1912–1914/15 Studentinnen aus dem Stud.Verz. ausgezählt.; 1920 einschl. Physik, 1923/24 in Mathematik, Naturwissenschaften enthalten (Sp. 36). – Sp. 46 (Staatswissenschaften, Volkswirtschaft): 1923/24 bei Jura (Sp. 6), 1920–1922 »Staatswiss.«, 1922/23–1923 »Volkswirtsch.«, seit 1924 »Wirtschaftswiss.«. – Sp. 51 (Kameralia, Landwirtschaft): 1915–1919/20 »Landw., Staatswiss.«, seit 1920 in Landw. und

Staatswiss. differenziert. – Sp. 56 (Studierende insg.): 1926 enthält die Summe der Stud. *einen* Forstwissenschaftler, den wir zur Landw. gezählt haben.

1925–1941.1:

Sp. 16 (Geschichte): 1935–1936 enthalten in Sonstige Kulturwiss. (Sp. 28) – Sp. 28 (Sonstige Kulturwiss.): 1935–1936

einschl. Geschichte (Sp. 16). – Sp. 43 (Mathematik): 1935–1938 einschl. Physik (Sp. 48). – Sp. 48 (Physik): 1935–1938 in Mathematik (Sp. 43) enthalten. – Sp. 53 (Biologie): 1935–1939 in Sonstige Naturwiss. (Sp. 58) enthalten. – Sp. 58 (Sonstige Naturwiss.): 1935–1939 einschl. Biologie (Sp. 53). – Sp. 74 (Betriebswirtschaft): 1931/32–1934/35 nur Kaufm. Stud.

6. Quellen und Literatur

Quellen:

Standardquellen: 1830/31–1911/12: PrStat 167, 236. – *1912–1924/25:* StatJbDR Jgg. 34–36, 40–44. – *1925–1927/28:* DtHochStat Bd. 1; VjhStatDR Jgg. 35–37. – *1928–1932/33:* DtHochStat Bde. 1–10. – *1932–1941.1:* ZehnjStat.

Ergänzend: 1781–1828: Leutenberger 1954, S. 376–377. – *1828/29–1830:* Stud.Verz. Jena. – *1829–1830/31; 1875/76–1902/03, 1907–1908, 1911/12–1919/20:* Pers. Verz. Jena. – *1923/24–1927/28:* VjbThürStatLA. 1824–1928.

Literatur:

Bibliographien zur Universität Jena: In: Steinmetz (Hg.): Geschichte der Universität Jena 1548/58–1958. Bd. 2. Jena 1962. In: Schmidt, S. (Hg.): Alma Mater Jenensis. Weimar 1983, S. 511–515.

Biedermann, K.: Die Universität Jena nach ihrer Stellung und Bedeutung in der Geschichte des deutschen Geisteslebens von ihrer Gründung bis auf die Gegenwart. Eine Festgabe zum 300jährigen Jubiläum dieser Universität, zugleich ein Beitrag zur deutschen Kulturgeschichte. Jena 1858. – Festschrift zur Eröffnung der Friedrich-Schiller-Universität Jena am 15. Oktober 1945. Jena 1945. – Fiedler, P./Riege, G.: Die Friedrich-Schiller-Universität Jena in der Hochschulreform. O.O. (Berlin, DDR), o.J. (1969). – Grimm, W.: Zur Geschichte der Frequenz der Universität Jena. Hildebrandts Jahrbücher für Nationalökonomie und Statistik. Bd. 6. Jena 1866. S. 31–46. – Hedemann, J. W.: Die Universität Jena. In: Das akademische Deutschland. Bd. 1. 1930. S. 233–252. – Heussi, K.: Geschichte der Theologischen Fakultät zu Jena. Weimar 1954. – Die Immatrikulation an der Universität Jena 1548–1933. In Kurvenform dargestellt. Jena (UB Jena) 1933. – 350jähriges Jubiläum der Universität Jena, 31. Juli und 1. August 1908. Jena 1908. – Keyssner, G.: Das Gebäude der Universität Jena. Leipzig 1911. – Leutenberger, H.: Untersuchungen über die Besucherzahl der Universität Jena von den Anfängen bis zur Gegenwart. In: Wissenschaftliche Zeitschrift der Friedrich-Schiller-Universität Jena/Thüringen. Jg. 3 (1953/54), H.4/5, S. 361–390. – Maschke, E.: Universität Jena. Mitteldeutsche Hochschulen. Bd. 6. Köln/Graz 1969. – Namen-Verzeichniß der auf der Großherzoglich-Sächsischen Gesammtuniversität zu Jena anwesenden Studirenden 1829–1832 (= Stud.Verz.). – Schmidt, S. (Hg.): Alma mater Jenensis. Weimar 1983. – Steiger, G. (Bearb.): Vom Collegium Jenense zur Volksuniversität. 400 Jahre Geschichte der Friedrich-Schiller-Universität Jena. Jena 1960. – Steinmetz, M. (Hg.): Geschichte der Universität Jena 1548/58–1958. Festgabe zum vierhundertjährigen Universitätsjubiläum. 2 Bde. Jena 1958–1962. – Stier, A.: Jena. Die deutschen Hochschulen. Bd. 2. Berlin 1908. – Verzeichniß der Lehrer, Behörden, Beamten und Studirenden auf der Großherzogl. Herzogl.-Sächsischen Gesammtuniversität zu Jena. 1832/33–1944/45 (unter verschiedenen Titeln = Pers.Verz.). – Vierteljahresberichte des Thüringischen Statistischen Landesamtes in Weimar. 3.–7. Jg. (1924–1928) (VjbThürStatLA). – Vollert, M.: Die Geschichte der Verfassung der Universität Jena. In: Zeitschrift des Vereins für thüringische Geschichte und Altertumskunde. N.F. Bd. 29. G.F. Bd. 37. (1931), S. 18–53.

16. Kiel

1. Geschichtliche Übersicht

Die Geschichte der Christian-Albrechts-Universität Kiel war eng mit der wechselvollen Geschichte des Landes Schleswig-Holstein verbunden. Nachdem am 5.10.1665 auf Betreiben des Kanzlers J.A. Kielmann eine Universität des Kleinstaates Gottorf in Kiel eröffnet worden war, entwickelte diese protestantische Hochschule nicht nur eine Ausstrahlung auf das gesamte Land, sondern auch auf den norddeutschen und nordeuropäischen Raum. Die neue Universität begann ihre Tätigkeit in allen vier Fakultäten mit 16 Professoren und 140 Studenten, von denen 56% aus den Schleswig-Holsteinischen Herzogtümern stammten. Die Hauptaufgabe bestand zunächst in der Ausbildung von Theologen und Juristen für den Gottorfer Staat bzw. später für die Herzogtümer Schleswig und Holstein. Den angehenden Landesbeamten wurde ein zeitlich begrenzter Besuch der Universität zur Pflicht gemacht, ein Zustand, der bis zur preußischen Annexion 1867 anhielt. 1796 bzw. 1828 waren dementsprechend 87 bzw. 77% der Studenten in der Theologischen und Juristischen Fakultät immatrikuliert, die sich jetzt zumeist aus den Herzogtümern rekrutierten.

Nach den Befreiungskriegen entwickelte sich die deutsch und demokratisch orientierte sogenannte Schleswig-Holsteinische Bewegung vor allem durch die Initiative Kieler Professoren, und die folgenden politischen Auseinandersetzungen mit der dänischen Krone wurden bis zur Jahrhundertmitte von Professoren entscheidend mitbestimmt. Nach der Niederlage der Schleswig-Holsteinischen Erhebung von 1852 entließ der dänische König zehn Professoren, das war ein Drittel aller Lehrstuhlinhaber.

Weitgehend mitbedingt durch diese politischen Auseinandersetzungen wurde der institutionelle Ausbau der Universität erheblich verzögert, so daß 1860 unter 19 deutschen Universitäten lediglich Rostock weniger selbständige Institutionen aufwies. Diese Situation änderte sich erst im 20. Jahrhundert, als 1902 das 1876 entstandene neue Hauptgebäude und um die Jahrhundertwende naturwissenschaftliche Institute und vor allem medizinische Einrichtungen kräftig ausgebaut wurden. So nahm die Universität 1920 nach der Zahl ihrer Institutionen einen mittleren Rangplatz unter den deutschen Universitäten ein. Dafür waren in erster Linie medizinische Institutionen verantwortlich, bei denen Kiel den 6. Rangplatz erreichte. In der Medizin und vor allem in der Chirurgie hatte Kiel schon seit dem letzten Drittel des 19. Jahrhunderts reichsweite Bedeutung erlangt. Auch die Wirtschaftswissenschaften mit dem 1914 gegründeten Institut für Seeverkehr und Weltwirtschaft – dem noch heute bekannten Weltwirtschaftsinstitut –, die Meeresbiologie, das internationale Recht und die nordischen Sprachen errangen überregionale Bedeutung.

Diese Entwicklung spiegelte sich auch in der Studierendenfrequenz wider. Hier rangierte Kiel im 19. Jahrhundert ständig unter den letzten drei Universitäten. Zu Beginn der 1850er und 1870er Jahre war sie sogar die zweitkleinste Universität vor Rostock. Dieser Frequenzrückgang hing mit der Schleswig-Holsteinischen Erhebung und der Vernachlässigung in den ersten Jahren unter preußischer Herrschaft zusammen. In dieser Zeit stand sogar die Auflösung der Universität zur Diskussion. Diese Situation änderte sich erst nach der Ausbauphase um die Jahrhundertwende bis in den Ersten Weltkrieg, als Kiel sich ins mittlere Drittel der Skala vorschieben konnte. Für diese erhöhte Attraktivität war vor allem die Medizinische Fakultät verantwortlich, deren reichsweite Bedeutung sich nicht zuletzt im 4.–5. Rang unter den Medizinstudierenden und in der Verleihung des Nobelpreises an einige Kieler Mediziner ausdrückte. Die herausragende Anziehungskraft der Wirtschaftswissenschaften schlug sich in der Studierendenfrequenz in diesen Fächern während der Weimarer Republik nieder. Insgesamt sank Kiel während der 1920er Jahre – gemessen an der Studierendenzahl – wieder ins untere Drittel und während des Nationalsozialismus sogar wieder unter die letzten drei Universitäten ab, obwohl die NS-Verwaltung Kiel unter dem Begriff der »Grenzlanduniversität« besondere ideologische Aufmerksamkeit zuwandte. Vor allem die Juristenausbildung sollte hier strikt an der NS-Weltanschauung ausgerichtet werden. Von den rassistischen und politischen Entlassungen nach 1933 waren bis 1936 insgesamt 25 Hochschullehrer betroffen. Das waren 12% der 207 Lehrenden von 1932/33. Von diesen Entlassungen war vor allem auch die 1930 gegründete »Volkswirtschaftliche Zentralstelle für Hochschulstudium und akademisches Berufsleben« betroffen. Die bis dahin an den deutschen Universitäten einmalige Institution wurde 1933 aufgelöst.

Im Zweiten Weltkrieg trafen die schweren Luftangriffe auf die Kriegsmarinestadt Kiel auch die Universität. Bis 1944 waren die meisten Gebäude zerstört, so daß der Lehrbetrieb bis zum Sommersemester 1944 nur noch außerhalb Kiels aufrechterhalten werden konnte.

Wegen der enormen Zerstörungen wurde nach dem Krieg zunächst erwogen, die Universität nach Schleswig zu verlegen. Aber trotz großer Schwierigkeiten gelang es, die Universität am 25. Nov. 1945 in eingeschränkter Form, aber in allen vier Fakultäten wieder in Kiel in einem Fabrikgebäude und auf ankernden Schiffen zu eröffnen.

2. Der Bestand an Institutionen 1819, 1854–1944/45

Zum Verständnis vgl. die Erläuterungen S. 48 ff.

I.   Theol. Fak. ([1819])

1.   Homil. Sem. ([1819])
2.   Kat. Sem. (⟨1854⟩)
3.   Theol. Sem. (1875/76)
3.1   Alttest. Abt. (1875/76–1936/37)
3.2   Neutest. Abt. (1875/76–1936/37)
3.3   Kirchenhist. Abt. (1875/76–1936/37)
3.4   Syst. Abt. (1875/76–1936/37)
3.5   Religionsgesch. (1919/20–29)
4.   Kirchl.-archäol. Inst. (1915/16)

II.   Jur. Fak. ([1819]–1913)
    Rechts- u. Staatswiss. Fak. (1913/14)

1.   Jur. Sem. (1891)
1.1   Abt. f. Rechtsphilos. (1942)
2.   Staatswiss. Sem. (1899/1900, Inst. 11–13/14, in IV. –1913)
2.1   Abt. f. Weltwirtsch. u. Seeverk. (1911, Inst. 14, o. Seeverkehr 33/34, in IV. –13)
2.1.1   Seerechtl. Sem. (1914–20/21)
2.1.2   Nachrichtenabt. (1917/18–22)
        Wirtschaftsarchiv (1922/23)
2.1.3   Redaktion (1919)
2.1.4   Stat. Abt. (1920–25/26, 39–40.3)
        Abt. f. stat. Weltwirtsch.k. u. intern. Konjunkturforsch. (1926–33/34)
        Abt. f. Marktbeobachtung u. Stat. (nur 1941.1)
        Abt. f. Marktforsch. u. Stat. (1941–43/44)
2.1.5   Außenstelle (1920–33/34)
2.1.6   Abt. f. Volkswirtsch. u. Weltwirtsch. (nur 1933/34)
2.1.7   Abt. f. NS u. Faschismus (nur 1933/34)
2.1.8   AG d. Notgem. d. Dt. Wiss. (nur ⟨1934⟩)
2.1.9   Forsch.grp.: Exportindustrie (1935/36–38/39)
2.1.10   Forsch.grp.: Außenhandelsformen (nur 1935/36)
        Forsch.grp.: Marktordng. u. Außenwirtsch. (1936–39)
        Forsch.grp.: Außenwirtsch. u. Handelspol. (nur 39/40)
2.1.11   Forsch.grp.: Nordische Ges. (1935/36–37)
        Forsch.grp.: Nordische Länder (nur 37/38)

2.1.12   Forsch.grp.: Währungssyst. u. Nationalwirtsch. (nur 1936)
2.1.13   Forsch.grp.: Wirtschaftsr. (1936/37–38)
2.1.14   Forsch.grp.: Währungs-u. Kreditw. (1937/38–39/40)
2.1.15   Forsch.grp.: Verkehrspol. (1937/38–39/40)
2.1.16   Forsch.grp.: Arbeitsr. u. Arbeitspol. (1937/38–38/39)
2.1.17   Forsch.grp.: Versicherungsw. (1938–39/40)
2.1.18   Forsch.grp.: Marktbeobachtung (1938–39/40)
2.1.19   Forsch.grp.: Handelspol. (nur 1939)
2.1.20   Forsch.grp.: Sonderaufgaben (1939/40–43/44)
2.1.21   Abt. f. Ostforsch. (1942/43–43/44)
2.2   Planung Schleswig-Holstein (1935/36–36/37)
        Planung Nordmark (1937–37/38)
        Forsch.stelle f. Schleswig-Holsteinische Wirtsch. (1938–41/42)
3.   Inst. f. Pol. u. intern. Recht (1938–43)
        Inst. f. intern. Recht (1943/44)
3.1   Sem. f. intern. Recht (1914–37/38, Inst. 18)
3.1.1   Abt. f. Staatsverträge (1927–29/30)
        Abt. f. intern. Privatrecht (1930–43)
3.1.2   Abt. f. Völkerbund (1927–37)
3.1.3   Abt. f. Kodifikation d. Völkerr. (nur 1927)
3.2   Inst. f. Staatsforsch. (1931/32–35/36)
        Inst. f. Pol., ausl. öffentl. Recht u. Völkerr. (1936–37/38)
3.3   Abt. f. Pol. (Staatslehre) (1938–42/43)
3.4   Abt. f. pol. Auslandsk. (1938–42/43)
3.5   Abt. f. Völkerr. (1938–43)

III.   Med. Fak. ([1819])

1.   Anat. Mus. ([1819]–80/81, Theater u. ⟨54⟩)
        Anat. Inst. u. Mus. (1881)
2.   Med. Klin. u. Polikl. (1921)
2.1   Klin. Inst. mit Kh. ([1819]–⟨1853/54⟩)
        Path. Klin. (⟨1854⟩–64/65)
        Med. Klin. (1865–1920/21)
2.2   Med. Polikl. (1870–1920/21)
2.3   Phys.-chem. Abt. d. Lab. (1912/13)
2.4   Bioklim. Forsch.stelle (1932–39)
        Inst. f. Bioklim. u. Meeresheilk. (1939/40)

2.4.1	Zweigstelle Wyk auf Föhr (1936–40.2)
2.4.2	Forsch.st. Westerland (1936/37)
3.	Chir. Klin. u. Polikl. (1935/36)
3.1	Friedrichshospital ([1819]–⟨1853/54⟩)
	Chir. Klin. im Friedrichshospital (⟨1854⟩–62)
	Chir. Klin. im med.-chir. Kh. (1862/63–77/78)
	Chir. Klin. (1878–1935)
3.2	Chir. Polikl. (1875/76–1935)
4.	Hebammen-u. Gebäranst. ([1819]–⟨53/54⟩)
	Gebh. Klin. in d. Hebammenanst. u. d. Entbindungshause (⟨1854⟩–57/58)
	Gebh. Klin. in d. Hebammenanst. u. d. Gebäranst. (1858–77/78)
	Gebh. Klin. (1878–79)
	Gynäk. Klin. (1879/80–90)
	Klin. u. Polikl. f. Gebh. u. Frauenkr. (1890/91)
5.	Chem.-path. Inst. (nur ⟨1854⟩)
	Physiol. Lab. (1854/55, Inst. 71/72)
6.	Pharmakog. Samml. (1861–1908)
	Pharm. Inst. (1908/09)
7.	Path.-anat. Inst. (1865, o. anat. 1906/07)
8.	Ophtalmol. Klin. (1866/67–1909/10)
	Augenkl. (1910)
9.	Inst. f. Staatsarzneik. (1888/89–93)
9.1	Abt. f. ger. Med. (1888/89–93)
	Inst. f. ger. Med. (1906/07–40.3, u. soz. 24)
	Inst. f. ger. Med. u. Krim. (1941.1)
9.2	Abt. f. Hyg. (1888/89, Inst. 93/94)
9.2.1	Untersuchungsamt (1919–28, -abt. 26/27)
	Medizinalunters.abt. (1928/29)
10.	Polikl. f. HNO-Kr. (1899, Klin. u. 1916/17)
11.	Psych. u. Nervenkl. (1901, o. Nervenkl. 05/06–06)
12.	Zahnärztl. Polikl. (1901/02–⟨34⟩, Inst. 16)
	Zahn- u. Kieferst. (⟨1935⟩)
12.1	Abt. f. Orthod. (1921/22–⟨22/23⟩)
12.2	Zahnkl. d. Ortskrankenkasse (1920–⟨22/23⟩)
13.	Klin. u. Polikl. f. Haut- u. Geschlkr. (1903, o. Polikl. 05/06–06/07)
13.1	Radiumlab. (nur 1914)
	Inst. f. Strahlentherap. (1914/15–20/21)
14.	Kinder-Polikl. (1907, -klin. u. 12/13)
15.	Chir.-orthop. Polikl. (1908/09–11)
	Chir.-orthop. Polikl. u. chir.-orthop. St. f. unbemittelte Kinder (Theastiftung) (1911/12–21/22)
	Chir.-orthop. Polikl. u. Kinderst. (1922–41/42)
	Orthop. Polikl. u. Orthop. Kinderst. (Thea-Diederichsen-Stiftung) (1942)
16.	Anthr. Inst. (⟨1923/24⟩)
17.	Physiko-chem. Inst. (nur 1928/29)
	Inst. f. physiko-chem. Med. (1929–42)
	Inst. f. physiol. Chem. u. Physikochem. (1942/43)

IV.   Phil. Fak. ([1819])

1.	Philol. Sem. ([1819], Inst. 76/77–1913)
2.	Naturhist. Mus. (nur [⟨1819⟩])

3.	Acad. Lab. (nur [⟨1819⟩])
4.	Ök. Garten (nur [⟨1819⟩])
5.	Bot. Garten ([1819], Inst. u. 1908)
6.	Münz- u. Kunstsamml. ([1819]–1912/13)
7.	Päd. Sem. (⟨1854⟩–⟨1922/23⟩)
8.	Zool. Mus. (⟨1854⟩–85/86, Inst. 80/81)
	Zool. Inst. u. Mus. (1886)
8.1	Hydrobiol. Anst. zu Plön (⟨1923/24⟩, d. KWG 24)
9.	Min. Mus. (⟨1854⟩–⟨1924⟩, Inst. u. 1880)
	Min.-petrogr. Inst. u. Mus. (⟨1925⟩)
9.1	Abt. f. Fossilien d. Herzogthümer (1869–85)
9.2	Abt. f. Geogn. d. Herzogthümer (1887/88–88/89)
9.3	Geol.-pal. Abt. (⟨1923/24⟩, Inst. u. Mus. ⟨25⟩)
10.	Chem. Lab. (⟨1854⟩–72/73)
10.1	Altes Chem. Lab. (1873–86)
10.2	Neues chem. Lab. (1873–86)
	Chem. Lab. (1886/87, Inst. ⟨1923/24⟩)
10.2.1	Analytische Abt. (nur 1893/94)
10.2.2	Org. Abt. (1921/22–⟨24⟩, 31–43/44)
10.2.3	Phys.-chem. u. elektrochem. Abt. (1920–30)
	Phys.-chem. Abt. (1930/31–32/33)
	Inst. f. phys. Chem. u. Elektrochem. (1933–42/43)
	Inst. f. phys. Chem. (1943)
10.2.4	Toxikolog.-pharmaz. Abt. (1909–21/22)
	Pharmaz. Abt. (1922–40.1, Inst. 26)
	Pharmakog. Inst. (1940.2)
11.	Phys. Inst. (⟨1854⟩)
11.1	Abt. f. athm. Phys. (1896–1919)
	Abt. f. theor. Phys. (1919/20–38/39, Inst. 25/26)
	Inst. f. theor. Phys. einschl. Astr. (1939)
11.2	Inst. f. Exp.-Phys. (1925/26)
12.	Mus. vaterländischer Alterthümer (⟨1854⟩–73/74)
	Schlesw.-Holst. Mus. vaterländischer Alterth. (1874–1931)
	Schlesw.-Holst. Mus. vorgesch. Alterth. (1931/32)
13.	Hist. Sem. (1873)
14.	Landw. Inst. (1874–1935)
14.1	Inst. f. Pflanzenbau (⟨1925⟩–35, u. -zucht 26)
14.2	Inst. f. Betriebslehre (⟨1925⟩–35)
14.3	Inst. f. Tierzuchtlehre (⟨1925⟩–35)
14.4	Landw. Maschinenw. (⟨1925⟩–28)
15.	Sternwarte (1875–1938/39)
15.1	Redaktion d. Astr. Nachrichten (1897–1901/02, 10/11–38/39, Schriftleitung 22/23)
16.	Germanische Inst.e (1936)
16.1	Sem. f. germ. Philol. (1875–90/91)
	Germ. Sem. (1891, Inst. 1936–40.3)
16.2	Nordisches Inst. (1922/23)
16.3	Literaturwiss. Sem. (1913/14–20/21)
	Inst. f. Literatur u. Theaterwiss. (1921)
16.3.1	Theatermus. (⟨1925⟩, u. Hebbelmus. 26)
17.	Math. Sem. (1877/78)
17.1	Abt. f. angew. Math. (⟨1923/24⟩–32/33)
18.	Rom.-engl. Sem. (1885–1911)
18.1	Rom. Sem. (1911/12)
18.2	Engl. Sem. (1911/12)

19.	Geogr. Lehrmittelsamml. (1886–1913/14, Inst. 1892/93)	33.4	Bot. Abt. (1940.2, Lab. 41.1)
	Geogr. Sem. (1914)	33.5	Fischereibiol. (1941.1)
20.	Mus. f. Völkerk. (1889)	33.6	Chem.-hydrogr. Abt. (1941.1)
21.	Kunsthist. Lehrapp. (1896–1901/02)	33.7	Geol. Abt. (1941.1–44)
	Kunsthist. Inst. (1902, Sem. 14–28/29)	34.	Inst. f. Volks- u. Landesforsch. (1939–43/44)
22.	Arch. Inst. (1913/14, Sem. 14–28/29)		Provinzialinst. f. Volks- u. Landesforsch. an d. Univ. Kiel (1944)
22.1	Arch. Sculpturenmus. (1896, Samml. 1911)	34.1	Abt. f. Vorgesch. (1939–43/44)
23.	Psychol. Sem. (1899/1900, Inst. ⟨1923/24⟩)	34.2	Abt. f. Landesgesch. (1939–43/44)
24.	Philos. Sem. (1905)	34.3	Abt. f. Rassen- u. Sippenforsch. (1939–41/42)
25.	Oriental. Sem. (1911/12–37/38)		Abt. f. Bevölkerungsforsch. u. Rassenk. (42–43/44)
26.	Indogerm. Sem. (1914)		
27.	Musikwiss. Inst. (⟨1923/24⟩)	34.4	Abt. f. Volksk. u. -kunst (1939–43/44)
28.	Inst. f. Leibesüb. (⟨1925⟩, Hochschul- 36)	34.5	Abt. f. Raum- u. Siedlungsforsch. (1939–43/44)
28.1	Abt. f. Luftfahrt (1939/40–43/44)	34.6	Abt. f. Flurnamenforsch. (1939–41.1)
29.	Volkshochschule u. soz.päd. Sem. (1929/30–32/33)		Abt. f. Ortsnamenforsch. (1941–43/44)
30.	Volkswirtsch. Zentralstelle f. Hochschul- studium u. akad. Berufsleben (1932–33)	34.7	Abt. f. geol.-biol. Landesk. (1939–43/44)
31.	Sem. f. Rassenk. Geistesgesch. (1937)	34.8	Abt. f. Grenzland (1939–40.3)
32.	Reichs-AG f. Raumforsch., Hochschulgrp. Kiel (1937)	34.9	Abt. f. Volkstumspflege (1939–43/44)
		35.	Kunsthalle zu Kiel (1943/44)
33.	Inst. f. Meeresk. (1937/38)	35.1	Gemäldegalerie (1943/44)
33.1	Meeresgeol. Forsch.stelle (1936/37–37)	35.2	Graphische Samml. (1943/44)
33.2	Meereschem. Lab. (1936/37–37)		
33.3	Biol. Abt. (1941.1)		Fehlende Semester: 1819/20–1853/54, 1923, 1924/25.

3. Die Studierenden nach Fachbereichen

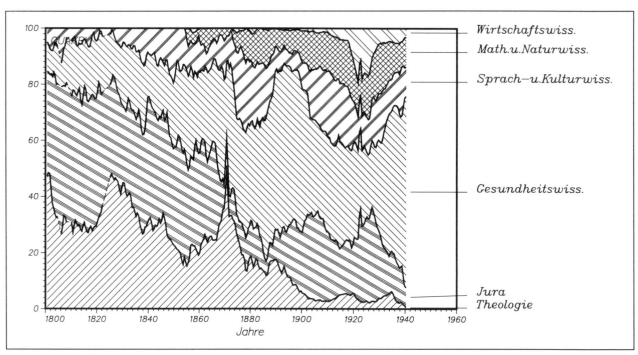

Abb. 16.1: Das Fachbereichsprofil der Studierenden an der Universität Kiel 1800/01–1941/1

Tab. 16. 1: Die Studierenden an der Universität Kiel nach Fachbereichen in Prozent 1800/01–1941/1

| | Evang. Theol. | Jura | Gesundheitswissenschaften | | | | Sprach- und Kultur-wiss. | Math., Naturw. | | Wirt-sch., Agrar-wiss. | Studierende | | |
			insg.	Allg. Med.	Zahn-med.	Phar-mazie		insg.	Chemie		insg.	weibl. in % aller Stud.	Ausl. in % aller Stud.
Semester	1	2	3	4	5	6	7	8	9	10	11	12	13
1796	55,61	31,02	7,49	7,49	.	.	5,88	.	.	.	187	.	.
	.												
1800/01	47,02	35,10	12,58	12,58	.	.	5,30	.	.	.	151	.	.
1801	47,69	39,23	8,46	8,46	.	.	4,62	.	.	.	130	.	.
1801/02	49,19	32,26	11,29	11,29	.	.	7,26	.	.	.	124	.	.
1802	47,06	38,24	7,35	7,35	.	.	7,35	.	.	.	136	.	.
1802/03	38,57	43,57	9,29	9,29	.	.	8,57	.	.	.	140	.	.
1803	36,64	46,56	9,16	9,16	.	.	7,63	.	.	.	131	.	.
1803/04	35,04	50,43	8,55	8,55	.	.	5,98	.	.	.	117	.	.
1804	32,77	47,90	15,13	15,13	.	.	4,20	.	.	.	119	.	.
1804/05	32,08	47,17	14,15	14,15	.	.	6,60	.	.	.	106	.	.
1805	33,64	47,27	12,73	12,73	.	.	6,36	.	.	.	110	.	.
1805/06	.	.	.	.	.	.	.	.	.	.	.	.	.
1806	26,55	53,98	7,96	7,96	.	.	11,50	.	.	.	113	.	.
1806/07	26,67	51,11	8,89	8,89	.	.	13,33	.	.	.	90	.	.
1807	31,31	49,49	13,13	13,13	.	.	6,06	.	.	.	99	.	.
1807/08	35,14	43,24	13,51	13,51	.	.	8,11	.	.	.	74	.	.
1808	30,53	49,47	15,79	15,79	.	.	4,21	.	.	.	95	.	.
1808/09	31,40	50,00	16,28	16,28	.	.	2,33	.	.	.	86	.	.
1809	.	.	.	.	.	.	.	.	.	.	.	.	.
1809/10	.	.	.	.	.	.	.	.	.	.	.	.	.
1810	35,19	39,81	20,37	20,37	.	.	4,63	.	.	.	108	.	.
1810/11	26,13	50,45	18,92	18,92	.	.	4,50	.	.	.	111	.	.
1811	28,10	51,24	17,36	17,36	.	.	3,31	.	.	.	121	.	.
1811/12	31,19	44,95	21,10	21,10	.	.	2,75	.	.	.	109	.	.
1812	31,86	45,13	17,70	17,70	.	.	5,31	.	.	.	113	.	.
1812/13	28,46	46,34	17,89	17,89	.	.	7,32	.	.	.	123	.	.
1813	30,46	49,75	14,72	14,72	.	.	5,08	.	.	.	197	.	.
1813/14	29,38	47,87	17,06	17,06	.	.	5,69	.	.	.	211	.	.
1814	27,06	44,12	22,94	22,94	.	.	5,88	.	.	.	170	.	.
1814/15	28,08	45,89	21,23	21,23	.	.	4,79	.	.	.	146	.	.
1815	31,29	46,63	18,40	18,40	.	.	3,68	.	.	.	163	.	.
1815/16	30,38	50,63	15,19	15,19	.	.	3,80	.	.	.	158	.	.
1816	27,07	48,07	19,34	19,34	.	.	5,52	.	.	.	181	.	.
1816/17	27,44	45,73	21,34	21,34	.	.	5,49	.	.	.	164	.	.
1817	26,70	47,64	17,80	17,80	.	.	7,85	.	.	.	191	.	.
1817/18	30,54	44,33	19,70	19,70	.	.	5,42	.	.	.	203	.	.
1818	28,14	48,05	19,48	19,48	.	.	4,33	.	.	.	231	.	.
1818/19	27,48	49,10	22,97	22,97	.	.	0,45	.	.	.	222	.	.
1819	30,04	45,29	21,97	21,97	.	.	2,69	.	.	.	223	.	.
1819/20	28,63	45,73	20,51	20,51	.	.	5,13	.	.	.	234	.	.
1820	30,04	45,45	20,55	20,55	.	.	3,95	.	.	.	253	.	.
1820/21	31,40	47,93	16,12	16,12	.	.	4,55	.	.	.	242	.	.
1821	33,33	48,75	17,08	17,08	.	.	0,83	.	.	.	240	.	.
1821/22	33,33	42,54	23,25	23,25	.	.	0,88	.	.	.	228	.	.
1822	35,63	41,38	21,46	21,46	.	.	1,53	.	.	.	261	.	.
1822/23	37,89	39,45	18,36	18,36	.	.	4,30	.	.	.	256	.	.
1823	.	.	.	.	.	.	.	.	.	.	.	.	.
1823/24	.	.	.	.	.	.	.	.	.	.	.	.	.
1824	45,07	38,03	14,08	14,08	.	.	2,82	.	.	.	284	.	.
1824/25	.	.	.	.	.	.	.	.	.	.	.	.	.
1825	46,25	33,63	16,82	16,82	.	.	3,30	.	.	.	333	.	.
1825/26	47,64	32,43	18,92	18,92	.	.	1,01	.	.	.	296	.	.
1826	48,51	34,32	16,83	16,83	.	.	0,33	.	.	.	303	.	.
1826/27	45,48	38,39	14,19	14,19	.	.	1,94	.	.	.	310	.	.
1827	46,33	35,00	15,00	15,00	.	.	3,67	.	.	.	300	.	.
1827/28	47,06	33,44	14,86	14,86	.	.	4,64	.	.	.	323	.	.
1828	44,86	31,62	17,84	17,84	.	.	5,68	.	.	.	370	.	.
1828/29	45,85	32,00	16,62	16,62	.	.	5,54	.	.	.	325	.	.
1829	39,39	35,20	19,27	19,27	.	.	6,15	.	.	.	358	.	.
1829/30	42,38	31,10	18,90	18,90	.	.	7,62	.	.	.	328	.	.
1830	44,38	27,81	22,50	22,50	.	.	5,31	.	.	.	320	.	.
1830/31	45,66	26,69	23,15	23,15	.	.	4,50	.	.	.	311	.	.
1831	43,92	26,41	24,04	24,04	.	.	5,64	.	.	.	337	.	.
1831/32	39,01	31,39	22,87	22,87	.	.	6,73	.	.	.	223	.	.
1832	41,12	33,02	19,31	19,31	.	.	6,54	.	.	.	321	.	.
1832/33	40,32	35,57	18,97	18,97	.	.	5,14	.	.	.	253	.	.
1833	42,33	29,00	21,67	21,67	.	.	7,00	.	.	.	300	.	.
1833/34	37,41	34,01	21,09	21,09	.	.	7,48	.	.	.	294	.	.
1834	34,69	35,31	22,81	22,81	.	.	7,19	.	.	.	320	.	.
1834/35	37,88	33,79	23,21	23,21	.	.	5,12	.	.	.	293	.	.

Tab. 16. 1: Die Studierenden an der Universität Kiel nach Fachbereichen in Prozent 1800/01–1941/1

| | Evang. Theol. | Jura | Gesundheitswissenschaften | | | | Sprach- und Kultur- wiss. | Math., Naturw. | | Wirt- sch., Agrar- wiss. | Studierende | | |
			insg.	Allg. Med.	Zahn- med.	Phar- mazie		insg.	Chemie		insg.	weibl. in % aller Stud.	Ausl. in % aller Stud.
Semester	1	2	3	4	5	6	7	8	9	10	11	12	13
1835	31,72	34,70	26,12	26,12	.	.	7,46	.	.	.	268	.	.
1835/36	34,05	34,48	21,98	21,98	.	.	9,48	.	.	.	232	.	.
1836	34,19	35,04	23,50	23,50	.	.	7,26	.	.	.	234	.	.
1836/37	32,32	40,30	19,01	19,01	.	.	8,37	.	.	.	263	.	.
1837	28,00	36,73	23,64	23,64	.	.	11,64	.	.	.	275	.	.
1837/38	28,68	34,88	24,03	24,03	.	.	12,40	.	.	.	258	.	.
1838	24,54	35,90	26,74	26,74	.	.	12,82	.	.	.	273	.	.
1838/39	29,55	34,41	21,86	21,86	.	.	14,17	.	.	.	247	.	.
1839	28,77	36,07	23,74	23,74	.	.	11,42	.	.	.	219	.	.
1839/40	29,87	44,59	17,32	17,32	.	.	8,23	.	.	.	231	.	.
1840	31,65	44,73	14,77	14,77	.	.	8,86	.	.	.	237	.	.
1840/41	32,08	42,92	15,57	15,57	.	.	9,43	.	.	.	212	.	.
1841	32,85	40,10	17,39	17,39	.	.	9,66	.	.	.	207	.	.
1841/42	28,70	42,59	18,98	18,98	.	.	9,72	.	.	.	216	.	.
1842	26,92	44,23	20,19	20,19	.	.	8,65	.	.	.	208	.	.
1842/43	30,05	39,90	21,18	21,18	.	.	8,87	.	.	.	203	.	.
1843	29,52	40,00	18,10	18,10	.	.	12,38	.	.	.	210	.	.
1843/44	29,07	37,00	19,82	19,82	.	.	14,10	.	.	.	227	.	.
1844	31,07	36,89	18,93	18,93	.	.	13,11	.	.	.	206	.	.
1844/45	32,99	36,04	21,32	21,32	.	.	9,64	.	.	.	197	.	.
1845	28,00	39,00	21,50	21,50	.	.	11,50	.	.	.	200	.	.
1845/46	35,12	37,07	16,59	16,59	.	.	11,22	.	.	.	205	.	.
1846	33,01	36,36	17,22	17,22	.	.	13,40	.	.	.	209	.	.
1846/47	32,14	32,65	21,94	21,94	.	.	13,27	.	.	.	196	.	.
1847	28,34	42,78	19,25	19,25	.	.	9,63	.	.	.	187	.	.
1847/48	25,00	43,75	18,23	18,23	.	.	13,02	.	.	.	192	.	.
1848	25,33	36,67	22,00	22,00	.	.	16,00	.	.	.	150	.	.
1848/49	24,66	36,30	21,92	21,92	.	.	17,12	.	.	.	146	.	.
1849	24,26	36,76	22,06	22,06	.	.	16,91	.	.	.	136	.	.
1849/50	23,26	33,33	24,03	24,03	.	.	19,38	.	.	.	129	.	.
1850	22,73	34,85	22,73	22,73	.	.	19,70	.	.	.	132	.	.
1850/51	22,22	35,71	26,19	26,19	.	.	15,87	.	.	.	126	.	.
1851	21,85	35,29	29,41	29,41	.	.	13,45	.	.	.	119	.	.
1851/52	20,69	40,69	28,97	28,97	.	.	9,66	.	.	.	145	.	.
1852	21,28	41,13	22,70	22,70	.	.	14,89	.	.	.	141	.	.
1852/53	19,83	40,50	24,79	24,79	.	.	14,88	.	.	.	121	.	.
1853	18,80	39,85	25,56	25,56	.	.	15,79	.	.	.	133	.	.
1853/54	15,49	39,44	30,99	30,99	.	.	14,08	.	.	.	142	.	.
1854	15,97	40,28	31,94	31,94	.	.	11,81	.	.	.	144	.	.
1854/55	20,92	36,60	28,10	28,10	.	.	14,38	.	.	.	153	.	.
1855	12,50	40,00	33,75	31,25	0,63	1,88	10,63	3,13	0,00	0,00	160	.	.
1855/56	17,91	32,84	32,09	30,60	0,00	1,49	11,19	5,97	0,00	0,00	134	.	.
1856	14,89	33,33	34,75	34,04	0,00	0,71	9,93	6,38	0,71	0,71	141	.	.
1856/57	21,33	32,67	31,33	28,00	0,00	3,33	10,67	4,00	0,67	0,00	150	.	.
1857	23,94	30,99	32,39	26,76	0,00	5,63	7,75	3,52	1,41	1,41	142	.	.
1857/58	22,13	30,33	30,33	23,77	0,82	5,74	11,48	4,10	0,82	1,64	122	.	.
1858	22,73	31,06	28,03	22,73	1,52	3,79	12,88	3,79	0,00	1,52	132	.	.
1858/59	22,38	39,16	25,87	21,68	0,70	3,50	6,99	4,20	0,00	1,40	143	.	.
1859	20,38	38,22	21,66	17,83	0,64	3,18	14,65	4,46	0,00	0,64	157	.	.
1859/60	20,14	35,42	29,17	23,61	0,69	4,86	13,19	1,39	0,00	0,69	144	.	.
1860	18,18	37,01	29,22	24,68	0,00	4,55	12,34	3,25	0,00	0,00	154	.	.
1860/61	21,89	34,32	27,81	23,08	0,00	4,73	9,47	6,51	0,00	0,00	169	.	.
1861	24,16	38,76	23,03	20,22	0,00	2,81	8,43	5,62	0,00	0,00	178	.	.
1861/62	23,60	34,78	25,47	21,12	0,00	4,35	10,56	5,59	0,00	0,00	161	.	.
1862	26,16	36,05	23,26	18,60	0,00	4,65	8,72	5,23	0,00	0,58	172	.	.
1862/63	26,84	30,00	30,53	23,16	0,00	7,37	4,21	8,42	0,00	0,00	190	.	.
1863	22,89	29,35	31,84	25,37	0,50	5,97	5,97	9,95	0,50	0,00	201	.	.
1863/64	24,59	27,87	31,69	28,96	0,55	2,19	8,74	7,10	0,55	0,00	183	.	.
1864	25,31	30,86	29,01	26,54	0,62	1,85	8,02	6,79	0,00	0,00	162	.	.
1864/65	26,40	28,93	29,95	27,92	0,51	1,52	9,14	5,58	0,00	0,00	197	.	.
1865	25,33	35,11	26,67	24,44	0,89	1,33	8,89	4,00	0,00	0,00	225	.	.
1865/66	23,58	35,37	29,69	26,20	2,18	1,31	7,42	3,93	0,00	0,00	229	.	.
1866	25,23	34,86	29,36	26,15	1,38	1,83	7,34	3,21	0,00	0,00	218	.	.
1866/67	23,97	33,88	30,58	28,93	0,83	0,83	6,61	4,96	0,00	0,00	242	.	.
1867	25,11	26,46	34,53	34,08	0,45	0,00	8,07	5,83	0,00	0,00	223	.	.
1867/68	29,06	20,20	35,47	34,48	0,99	0,00	12,32	2,96	0,00	0,00	203	.	3,45
1868	30,39	16,57	38,12	34,25	3,87	0,00	12,71	2,21	.	0,00	181	.	1,66
1868/69	30,91	13,33	41,21	37,58	3,03	0,61	12,12	2,42	.	0,00	165	.	2,42
1869	33,33	12,82	41,03	38,46	1,28	1,28	10,26	2,56	.	0,00	156	.	2,56
1869/70	37,42	9,20	36,20	32,52	2,45	1,23	12,88	4,29	.	0,00	163	.	1,84

Tab. 16. 1: Die Studierenden an der Universität Kiel nach Fachbereichen in Prozent 1800/01–1941/1

| | Evang. Theol. | Jura | Gesundheitswissenschaften | | | | Sprach- und Kultur-wiss. | Math., Naturw. | | Wirt-sch., Agrar-wiss. | Studierende | | |
| | | | insg. | Allg. Med. | Zahn-med. | Phar-mazie | | insg. | Chemie | | insg. | weibl. in % aller Stud. | Ausl. in % aller Stud. |
Semester	1	2	3	4	5	6	7	8	9	10	11	12	13
1870	33,93	7,74	38,69	35,71	2,98	0,00	14,88	4,76	.	0,00	168	.	2,98
1870/71	47,52	13,86	22,77	18,81	2,97	0,99	12,87	2,97	.	0,00	101	.	3,96
1871	50,00	10,71	31,25	27,68	3,57	0,00	5,36	2,68	.	0,00	112	.	4,46
1871/72	33,33	8,89	42,96	37,04	3,70	2,22	11,85	2,96	.	0,00	135	.	2,96
1872	32,24	5,92	48,03	42,11	2,63	3,29	11,84	1,97	.	0,00	152	.	2,63
1872/73	34,23	7,38	46,98	41,61	2,01	3,36	11,41	0,00	.	0,00	149	.	2,01
1873	32,28	11,39	38,61	34,81	0,63	3,16	14,56	2,53	.	0,63	158	.	2,53
1873/74	31,36	11,24	37,28	33,73	1,18	2,37	14,79	4,14	.	1,18	169	.	2,96
1874	30,93	11,34	33,51	28,87	2,06	2,58	18,56	5,15	.	0,52	194	.	2,06
1874/75	28,14	7,04	34,17	28,14	1,51	4,52	22,61	6,03	.	2,01	199	.	3,02
1875	25,26	6,84	34,21	30,53	1,58	2,11	24,21	7,89	.	1,58	190	.	3,68
1875/76	24,75	8,42	35,15	31,68	1,49	1,98	23,27	7,43	.	0,99	202	.	2,97
1876	22,17	6,60	38,68	34,43	1,42	2,83	25,94	5,66	.	0,94	212	.	3,30
1876/77	21,00	11,87	34,25	31,96	0,91	1,37	26,48	5,48	.	0,91	219	.	5,02
1877	17,43	10,79	36,51	34,85	0,00	1,66	26,56	7,88	.	0,83	241	.	4,98
1877/78	21,07	8,26	34,30	33,88	0,00	0,41	27,27	8,26	.	0,83	242	.	4,13
1878	14,29	11,51	37,30	36,51	0,40	0,40	24,21	12,30	.	0,40	252	.	4,37
1878/79	12,83	11,95	37,61	33,63	1,33	2,65	25,22	12,39	.	0,00	226	.	3,98
1879	13,91	13,91	39,10	36,47	1,13	1,50	23,31	9,77	.	0,00	266	.	4,51
1879/80	18,18	11,16	35,54	30,99	2,48	2,07	22,31	11,98	.	0,83	242	.	6,61
1880	18,27	11,30	35,88	32,89	1,00	1,99	23,26	10,30	.	1,00	301	.	4,65
1880/81	19,37	14,08	34,15	30,63	1,76	1,76	20,77	9,86	.	1,76	284	.	3,87
1881	14,53	14,24	37,50	34,59	1,74	1,16	19,77	11,63	.	2,33	344	.	2,62
1881/82	14,95	13,08	35,83	33,02	0,93	1,87	22,43	12,15	.	1,56	321	.	0,93
1882	17,32	12,34	34,91	33,07	0,79	1,05	20,73	13,39	.	1,31	381	.	1,57
1882/83	18,36	10,17	37,29	34,46	0,85	1,98	22,60	11,30	.	0,28	354	.	2,26
1883	16,33	15,87	37,41	36,28	0,45	0,68	18,14	12,24	.	0,00	441	.	3,17
1883/84	14,32	11,89	35,95	34,32	0,54	1,08	24,32	13,51	.	0,00	370	.	2,70
1884	14,02	11,49	41,84	40,23	0,46	1,15	20,69	11,95	.	0,00	435	.	1,84
1884/85	14,99	10,34	41,60	40,05	0,26	1,29	19,90	12,92	.	0,26	387	.	1,55
1885	12,73	8,21	48,25	46,61	0,21	1,44	19,30	10,88	.	0,62	487	.	2,87
1885/86	14,09	4,47	46,31	43,40	0,45	2,46	21,25	13,42	.	0,45	447	.	3,58
1886	11,55	5,59	51,96	48,98	0,56	2,42	17,69	13,04	.	0,19	537	.	2,23
1886/87	12,16	4,82	50,73	48,85	0,42	1,47	16,77	14,47	.	1,05	477	.	3,14
1887	11,97	7,39	53,52	51,23	0,35	1,94	14,79	11,80	.	0,53	568	.	2,82
1887/88	17,81	5,58	48,28	46,57	0,21	1,50	15,45	12,45	.	0,43	466	.	1,50
1888	15,78	8,16	52,84	50,53	0,35	1,95	13,48	9,40	.	0,35	564	.	1,77
1888/89	18,53	4,31	50,43	47,41	0,65	2,37	16,81	9,70	.	0,22	464	.	0,65
1889	15,83	6,37	57,83	54,73	1,38	1,72	11,02	8,95	.	0,00	581	.	0,86
1889/90	18,95	9,77	52,15	46,88	2,15	3,13	10,74	8,20	.	0,20	512	.	1,17
1890	16,33	11,46	60,44	55,89	1,88	2,67	6,75	4,87	.	0,16	637	.	2,04
1890/91	18,26	10,14	54,36	48,68	2,64	3,04	9,33	7,51	.	0,41	493	.	1,83
1891	14,84	13,55	57,10	53,06	2,10	1,94	7,42	6,77	.	0,32	620	.	2,26
1891/92	15,08	9,92	58,88	53,51	2,69	2,69	6,82	9,09	.	0,21	484	.	1,03
1892	12,44	13,40	59,33	54,07	2,07	3,19	7,34	7,18	.	0,32	627	.	1,44
1892/93	12,93	15,15	56,36	50,71	1,62	4,04	6,87	7,68	.	1,01	495	.	1,82
1893	14,24	15,55	58,43	52,05	1,64	4,75	6,22	5,07	.	0,49	611	.	1,96
1893/94	16,11	12,77	57,76	50,69	2,16	4,91	6,88	5,89	.	0,59	509	.	2,16
1894	11,13	15,58	60,25	53,74	1,75	4,77	5,56	6,84	.	0,64	629	.	1,91
1894/95	13,19	14,96	57,87	50,20	1,97	5,71	6,10	7,09	.	0,79	508	.	1,77
1895	9,41	19,74	58,17	52,81	1,44	3,92	4,44	7,71	.	0,52	765	.	2,22
1895/96	12,98	17,73	54,84	49,18	1,65	4,02	4,94	8,41	.	1,10	547	.	2,01
1896	9,02	20,53	57,00	52,15	1,53	3,33	5,41	7,49	.	0,55	721	.	2,36
1896/97	10,05	21,94	50,64	44,06	1,83	4,75	6,95	9,69	.	0,73	547	.	2,38
1897	6,76	24,86	55,14	49,19	1,76	4,19	6,49	6,22	.	0,54	740	.	2,03
1897/98	10,46	21,96	51,11	44,77	1,89	4,46	7,55	8,58	.	0,34	583	.	1,89
1898	7,02	23,63	55,79	50,99	1,17	3,63	6,20	6,90	.	0,47	855	.	2,92
1898/99	8,90	18,56	56,44	49,85	2,30	4,29	6,90	8,59	.	0,61	652	.	1,23
1899	4,81	25,36	55,19	49,18	1,86	4,15	6,56	7,54	.	0,55	915	.	2,62
1899/00	7,31	18,28	54,96	47,26	2,74	4,96	8,22	10,44	.	0,78	766	.	1,31
1900	5,52	23,95	50,80	45,84	1,78	3,18	8,61	10,10	.	1,03	1069	.	1,96
1900/01	5,67	19,40	51,13	45,47	1,51	4,16	10,45	12,47	.	0,88	794	.	1,64
1901	5,25	29,27	45,40	41,09	1,03	3,28	8,63	10,51	.	0,94	1066	.	2,25
1901/02	5,18	23,13	47,53	42,35	1,38	3,80	10,59	12,77	.	0,81	869	.	1,04
1902	4,30	31,54	43,13	38,25	1,24	3,64	9,52	10,51	.	0,99	1208	.	1,49
1902/03	3,51	28,07	43,09	35,53	2,08	5,48	10,64	13,49	.	1,21	912	.	0,88
1903	3,54	31,70	35,24	29,61	1,63	4,00	14,53	13,71	5,00	1,27	1101	.	1,45
1903/04	4,00	28,00	33,50	26,25	2,25	5,00	18,88	14,38	4,75	1,25	800	.	1,25
1904	3,13	33,66	33,07	27,01	1,86	4,21	16,44	13,01	3,33	0,68	1022	.	1,96
1904/05	3,93	25,26	35,60	28,27	2,62	4,71	18,98	15,05	5,24	1,18	764	.	1,57

Tab. 16.1: Die Studierenden an der Universität Kiel nach Fachbereichen in Prozent 1800/01–1941/1

| | Evang. Theol. | Jura | Gesundheitswissenschaften | | | | Sprach- und Kultur-wiss. | Math., Naturw. | | Wirt-sch., Agrar-wiss. | Studierende | | |
| | | | insg. | Allg. Med. | Zahn-med. | Phar-mazie | | insg. | Chemie | | insg. | weibl. in % aller Stud. | Ausl. in % aller Stud. |
Semester	1	2	3	4	5	6	7	8	9	10	11	12	13
1905	2,89	33,75	33,46	27,19	2,03	4,24	16,88	11,86	4,34	1,16	1037	.	2,12
1905/06	2,76	27,43	33,99	24,93	3,15	5,91	19,82	14,17	4,86	1,84	762	.	2,36
1906	3,08	35,22	30,47	23,40	2,08	5,00	17,99	11,74	3,41	1,50	1201	.	2,66
1906/07	3,23	28,29	31,63	23,94	2,23	5,46	21,71	13,47	4,23	1,67	898	.	1,45
1907	3,19	31,23	33,13	25,84	3,12	4,18	20,29	10,71	3,34	1,44	1316	.	2,51
1907/08	3,14	26,67	31,52	23,43	2,95	5,14	23,71	13,52	4,19	1,43	1050	.	2,19
1908	2,36	31,96	31,76	26,57	2,02	3,17	19,82	12,74	3,57	1,35	1483	.	2,49
1908/09	2,95	27,15	30,44	23,76	2,60	4,08	23,42	15,09	4,25	0,95	1153	0,26	1,13
1909	2,69	27,11	36,23	31,03	2,33	2,88	20,38	12,12	3,06	1,47	1634	1,10	2,02
1909/10	3,02	23,81	33,64	27,44	3,48	2,72	23,66	14,66	3,17	1,21	1323	1,28	0,76
1910	2,72	25,26	34,87	31,26	2,11	1,50	22,21	13,44	2,50	1,50	1801	1,83	1,61
1910/11	2,56	24,34	33,02	29,25	2,49	1,28	24,55	13,58	2,35	1,95	1487	2,08	1,21
1911	2,91	23,17	36,11	33,35	2,08	0,68	22,54	12,94	2,52	2,33	2063	2,57	2,13
1911/12	3,15	20,22	32,96	29,44	2,54	0,99	26,16	14,97	1,98	2,54	1617	1,92	1,30
1912	3,50	22,35	35,60	32,52	1,77	1,31	22,48	13,33	1,86	2,74	2371	2,57	2,53
1912/13	3,62	19,70	31,66	28,55	1,56	1,56	25,71	16,36	2,50	2,95	1797	2,23	1,50
1913	3,81	21,17	36,09	33,99	1,26	0,84	21,08	14,67	2,72	3,19	2386	3,06	2,51
1913/14	4,10	20,22	31,29	28,85	1,44	1,01	24,85	16,66	3,14	2,87	1879	2,77	2,24
1914	4,47	19,15	40,20	36,71	2,08	1,40	19,72	12,79	2,57	3,67	2642	3,79	3,14
1914/15	4,95	16,33	38,69	35,39	2,16	1,13	20,45	15,66	3,30	3,92	1941	3,81	0,77
1915	5,04	16,58	37,95	34,89	2,19	0,86	20,60	15,67	3,05	4,17	1966	4,98	0,61
1915/16	5,25	17,21	36,77	34,06	1,92	0,78	21,27	15,55	3,22	3,95	1923	3,95	0,68
1916	5,21	17,58	35,70	33,17	1,89	0,65	21,70	15,69	3,28	4,12	2014	5,56	0,65
1916/17	5,41	18,27	34,21	31,82	1,71	0,68	22,32	15,69	3,41	4,09	2052	4,97	0,58
1917	5,55	18,85	32,54	30,30	1,48	0,76	21,93	16,70	3,76	4,43	2234	5,86	0,54
1917/18	5,42	19,56	33,87	31,54	1,48	0,85	21,00	16,26	3,47	3,90	2362	4,74	0,59
1918	5,15	18,81	33,44	31,37	1,42	0,65	21,12	16,74	3,73	4,74	2467	6,57	0,41
1918/19	4,98	20,20	32,27	30,05	1,57	0,65	19,85	16,86	4,02	5,83	2609	5,63	0,50
1919	4,63	18,18	33,08	27,24	5,06	0,77	19,29	15,57	5,74	9,26	2074	7,52	0,24
ZS.1919	.	.	.	.	.	.	100,00	.	.	.	1497	.	.
1919/20	5,63	15,29	36,05	27,69	7,75	0,62	17,72	16,17	7,49	9,14	1936	7,59	0,62
1920	5,65	19,55	34,57	25,58	8,34	0,66	14,04	13,71	7,07	12,48	2123	7,54	1,37
1920/21	5,09	20,61	33,86	24,11	8,96	0,79	13,78	13,51	7,42	13,14	1887	7,37	1,43
1921	3,40	21,41	34,30	26,23	6,99	1,08	12,20	12,11	6,59	16,58	2032	7,92	3,54
1921/22	4,10	20,80	31,89	24,24	6,54	1,11	12,48	12,53	7,15	18,19	1803	8,43	4,33
1922	2,78	22,28	30,99	24,81	4,76	1,42	11,29	12,05	7,44	20,61	1975	8,91	7,65
1922/23	2,94	37,75	29,26	23,32	4,41	1,53	12,17	13,13	8,60	4,75	1767	9,45	.
1923	2,45	28,19	28,05	23,01	3,46	1,59	11,38	12,25	7,59	17,68	2082	9,51	12,68
1923/24	2,39	26,01	25,83	20,87	2,57	2,39	13,24	13,99	8,80	18,54	1715	9,62	9,74
1924	2,38	28,83	28,60	23,20	2,67	2,73	13,11	12,35	7,31	14,73	1724	10,27	.
1924/25	2,55	27,13	26,47	20,51	2,76	3,20	11,56	15,35	9,31	16,95	1375	10,11	8,80
1925	2,81	31,61	23,24	18,49	2,44	2,31	12,18	14,87	8,00	15,30	1601	9,12	7,81
1925/26	2,95	28,40	22,51	16,27	3,16	3,09	12,90	15,64	8,35	17,60	1426	10,24	7,57
1926	2,09	30,82	23,02	17,53	2,86	2,64	12,20	15,27	5,93	16,59	1820	11,48	6,59
1926/27	2,20	29,39	23,51	18,15	3,36	2,00	12,66	16,80	6,07	15,44	1548	9,95	6,33
1927	2,79	34,65	23,88	19,61	2,59	1,68	13,36	14,66	3,99	10,67	2081	12,49	4,76
1927/28	2,83	32,35	23,55	18,20	3,63	1,72	16,61	14,64	3,38	10,02	1626	12,30	4,86
1928	2,68	32,00	25,06	20,40	3,63	1,03	16,35	15,36	2,73	8,55	2422	14,04	4,25
1928/29	2,68	28,77	24,27	18,79	4,22	1,26	17,64	18,52	4,27	8,11	1825	12,99	4,82
1929	2,55	27,85	29,06	23,38	4,07	1,61	15,59	18,33	2,66	6,62	2553	16,26	3,49
1929/30	3,49	24,53	31,42	23,73	5,71	1,98	16,46	17,92	4,10	6,18	2120	14,34	4,06
1930	3,63	24,79	32,54	24,95	6,13	1,46	16,71	17,36	3,99	4,96	3082	17,20	3,67
1930/31	4,06	21,56	32,82	23,90	7,12	1,80	17,46	18,63	5,06	5,48	2389	14,90	2,89
1931	3,55	21,14	35,18	26,59	7,36	1,24	18,07	16,49	4,12	5,55	3547	18,13	3,07
1931/32	4,87	16,34	39,42	29,16	8,82	1,43	17,04	17,86	5,65	4,48	2301	16,38	3,56
1932	4,46	18,22	42,58	32,41	8,47	1,71	14,02	15,41	3,72	5,30	3095	19,39	3,52
1932/33	5,20	15,13	43,62	32,61	9,32	1,68	13,93	16,81	4,20	5,32	2499	17,93	3,44
1933	4,32	16,95	48,85	38,26	8,77	1,81	12,53	12,80	3,96	4,55	3032	18,83	.
1933/34	5,99	13,06	47,44	37,15	8,03	2,26	14,54	13,98	3,95	4,99	2304	16,06	.
1934	4,89	13,78	53,96	45,19	6,12	2,65	12,32	10,97	2,77	4,08	2452	17,82	2,53
1934/35	7,07	14,67	45,63	39,77	1,88	3,97	13,39	14,13	5,32	5,11	1486	15,28	.
1935	5,44	14,22	54,30	49,85	0,06	4,39	11,13	10,51	3,90	4,39	1617	16,64	.
1935/36	5,69	14,73	49,58	43,81	0,00	5,77	12,91	11,77	4,25	5,32	1317	14,81	.
1936	2,97	15,99	56,26	50,63	0,00	5,63	11,44	8,60	3,03	4,74	1582	17,13	.
1936/37	3,27	13,19	53,51	46,30	0,00	7,20	13,10	11,04	4,21	5,89	1069	16,28	.
1937	2,19	14,24	58,47	51,39	0,00	7,08	11,88	8,76	3,88	4,47	1187	17,94	4,13
1937/38	2,21	12,78	53,31	47,04	0,00	6,27	14,63	11,03	5,23	6,04	861	17,31	.
1938	2,02	12,11	56,11	50,58	0,00	5,53	14,88	10,10	4,89	4,78	941	17,53	.
1938/39	2,73	13,24	50,94	42,73	0,00	8,20	19,57	8,92	3,02	4,60	695	15,83	.
1939	1,74	13,12	56,36	49,26	0,00	7,10	16,33	7,90	3,21	4,55	747	17,40	.
1939/40	.	.	.	.	.	.	.	.	.	.	.	.	.
1940/1	1,28	6,89	64,80	61,22	0,00	3,57	13,01	10,71	5,10	3,32	392	18,62	.
1940/2	1,20	7,17	69,12	67,33	0,00	1,79	8,96	10,56	2,99	2,99	502	19,12	1,79
1940/3	1,79	9,74	46,67	44,87	0,00	1,79	18,72	17,44	11,28	5,64	390	35,38	.
1941/1	0,56	6,40	67,04	65,16	0,00	1,88	12,05	10,73	7,34	3,20	531	25,80	.

4. Die Studierenden nach Fächern

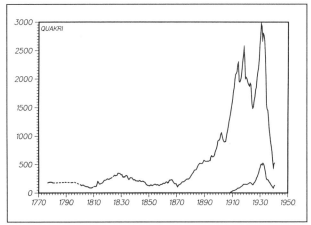

Abb. 16.2: Die Studierenden (weibl. u. insg.) an der Universität Kiel 1776/77–1941/1: Sämtliche Fächer

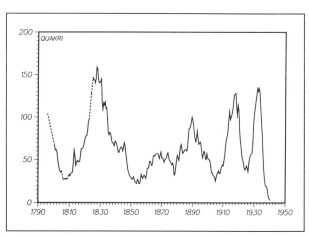

Abb. 16.3: Die Studierenden an der Universität Kiel 1796–1941/1: Evangelische Theologie

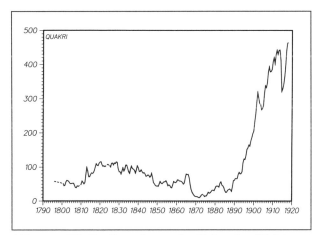

Abb. 16.4: Die Studierenden an der Universität Kiel 1796–1941/1: Jura

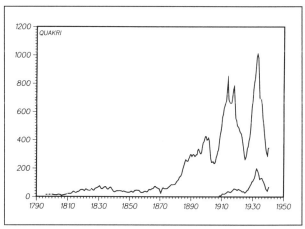

Abb. 16.5: Die Studierenden (weibl. u. insg.) an der Universität Kiel 1796–1941/1: Allgemeine Medizin

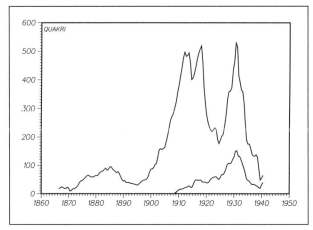

Abb. 16.6: Die Studierenden (weibl. u. insg.) an der Universität Kiel 1866/67–1941/1: Sprach- und Kulturwissenschaften

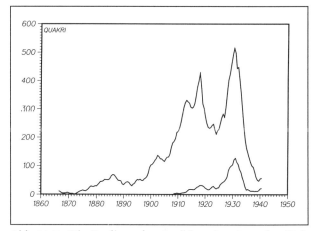

Abb. 16.7: Die Studierenden (weibl. u. insg.) an der Universität Kiel 1866/67–1941/1: Mathematik und Naturwissenschaften

Tab. 16.2: Die Einzelfachströme an der Universität Kiel nach Staatsangehörigkeit und Geschlecht 1776/77–1941/1

Semester	Stud. insg. 1
1776/77	172
1777	181
1777/78	187
1778	.
1778/79	184
1779	195
1779/80	183
1780	187
1780/81	174
.	.
1789	186
.	.
1794	180

Semester	Stud. insg. 1	Evang. Theol. 2	Jura 3	Medi-zin 4	Phil. Fak. 5
1796	187	104	58	14	11
. .	.	.	.	.	.
1800/01	151	71	53	19	8
1801	130	62	51	11	6
1801/02	124	61	40	14	9
1802	136	64	52	10	10
1802/03	140	54	61	13	12
1803	131	48	61	12	9
1803/04	117	41	59	10	7
1804	119	39	57	18	5
1804/05	106	34	50	15	7
1805	110	37	52	14	7
1805/06	.	.	.	.	.
1806	113	30	61	9	13
1806/07	90	24	46	8	12
1807	99	31	49	13	6
1807/08	74	26	32	10	6
1808	95	29	47	15	4
1808/09	86	27	43	14	2
1809	.	.	.	.	.
1809/10	.	.	.	.	.
1810	108	38	43	22	5
1810/11	111	29	56	21	5
1811	121	34	62	21	4
1811/12	109	34	49	23	3
1812	113	36	51	20	6
1812/13	123	35	57	22	9
1813	197	60	98	29	10
1813/14	211	62	101	36	11
1814	170	46	75	39	10
1814/15	146	41	67	31	7
1815	163	51	76	30	6
1815/16	158	48	80	24	6
1816	181	49	87	35	10
1816/17	164	45	75	35	9
1817	191	51	91	34	15
1817/18	203	62	90	40	11
1818	231	65	111	45	10
1818/19	222	61	109	51	1
1819	223	67	101	49	6
1819/20	234	67	107	48	12
1820	253	76	115	52	10
1820/21	242	76	116	39	11
1821	240	80	117	41	2
1821/22	228	76	97	53	2
1822	261	93	108	56	3
1822/23	256	97	101	47	11
1823	.	.	.	.	.
1823/24	.	.	.	.	.
1824	284	128	108	40	8
1824/25	.	.	.	.	.

Semester	Stud. insg. 1	Evang. Theol. 2	Jura 3	Medi-zin 4	Phil. Fak. 5
1825	333	154	112	56	11
1825/26	296	141	96	56	3
1826	303	147	104	51	1
1826/27	310	141	119	44	6
1827	300	139	105	45	11
1827/28	323	152	108	48	15
1828	370	166	117	66	21
1828/29	325	149	104	54	18
1829	358	141	126	69	22
1829/30	328	139	102	62	25
1830	320	142	89	72	17
1830/31	311	142	83	72	14
1831	337	148	89	81	19
1831/32	223	87	70	51	15
1832	321	132	106	62	21
1832/33	253	102	90	48	13
1833	300	127	87	65	21
1833/34	294	110	100	62	22
1834	320	111	113	73	23
1834/35	293	111	99	68	15
1835	268	85	93	70	20
1835/36	232	79	80	51	22
1836	234	80	82	55	17
1836/37	263	85	106	50	22
1837	275	77	101	65	32
1837/38	258	74	90	62	32
1838	273	67	98	73	35
1838/39	247	73	85	54	35
1839	219	63	79	52	25
1839/40	231	69	103	40	19
1840	237	75	106	35	21
1840/41	212	68	91	33	20
1841	207	68	83	36	20
1841/42	216	62	92	41	21
1842	208	56	92	42	18
1842/43	203	61	81	43	18
1843	210	62	84	38	26
1843/44	227	66	84	45	32
1844	206	64	76	39	27
1844/45	197	65	71	42	19
1845	200	56	78	43	23
1845/46	205	72	76	34	23
1846	209	69	76	36	28
1846/47	196	63	64	43	26
1847	187	53	80	36	18
1847/48	192	48	84	35	25
1848	150	38	55	33	24
1848/49	146	36	53	32	25
1849	136	33	50	30	23
1849/50	129	30	43	31	25
1850	132	30	46	30	26
1850/51	126	28	45	33	20
1851	119	26	42	35	16
1851/52	145	30	59	42	14
1852	141	30	58	32	21
1852/53	121	24	49	30	18
1853	133	25	53	34	21
1853/54	142	22	56	44	20
1854	144	23	58	46	17
1854/55	153	32	56	43	22

Tab. 16. 2: Die Einzelfachströme an der Universität Kiel nach Staatsangehörigkeit und Geschlecht 1776/77–1941/1

Semester	Stud. insg.	Evang. Theol.	Jura	Medi- zin	Philosophische Fakultät						
					insg.	Zahn- med.	Phar- mazie	Philol Gesch.	Math., Nat.	von(9) Chemie	Kame- ralia
	1	2	3	4	5	6	7	8	9	10	11
1855	160	20	64	50	26	1	3	17	5	0	0
1855/56	134	24	44	41	25	0	2	15	8	0	0
1856	141	21	47	48	25	0	1	15	8	1	1
1856/57	150	32	49	42	27	0	5	17	5	1	0
1857	142	34	44	38	26	0	8	13	3	2	2
1857/58	122	27	37	29	29	1	7	15	4	1	2
1858	132	30	41	30	31	2	5	17	5	0	2
1858/59	143	32	56	31	24	1	5	11	6	0	2
1859	157	32	60	28	37	1	5	23	7	0	1
1859/60	144	29	51	34	30	1	7	19	2	0	1
1860	154	28	57	38	31	0	7	19	5	0	0
1860/61	169	37	58	39	35	0	8	16	11	0	0
1861	178	43	69	36	30	0	5	15	10	0	0
1861/62	161	38	56	34	33	0	7	17	9	0	0
1862	172	45	62	32	33	0	8	15	9	0	1
1862/63	190	51	57	44	38	0	14	8	16	0	0
1863	201	46	59	51	45	1	12	13	19	1	0
1863/64	183	45	51	53	34	1	4	17	12	1	0
1864	162	41	50	43	28	1	3	13	11	0	0
1864/65	197	52	57	55	33	1	3	18	11	0	0
1865	225	57	79	55	34	2	3	20	9	0	0
1865/66	229	54	81	60	34	5	3	17	9	0	0
1866	218	55	76	57	30	3	4	16	7	0	0
1866/67	242	58	82	70	32	2	2	16	12	0	0

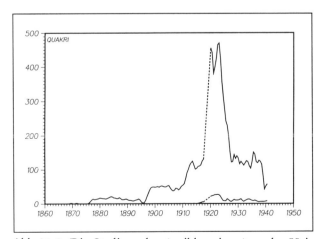

Abb. 16. 8: Die Studierenden (weibl. u. insg.) an der Universität Kiel 1866/67–1941/1: Wirtschafts- und Agrarwissenschaften

Tab. 16. 2: Die Einzelfachströme an der Universität Kiel nach Staatsangehörigkeit und Geschlecht 1776/77–1941/1

	Evang. Theol.		Jura		Medizin		Zahnmedizin		Pharmazie		Philol., Gesch.		Math., Naturw.	
	insg.	Ausl. in %	insg.	Ausl. in %	insg.	Ausl. in %	insg.	Ausl. in %	insg.	Ausl. in %	insg.	Ausl. in %	insg.	Ausl. in %
Semester	1	2	3	4	5	6	7	8	9	10	11	12	13	14
1866/67	58	.	82	.	70	.	2	.	2	.	16	.	12	.
1867	56	.	59	.	76	.	1	.	0	.	18	.	13	.
1867/68	59	0,00	41	0,00	70	10,00	2	.	0	.	25	.	6	.
1868	55	0,00	30	0,00	62	4,84	7	.	0	.	23	0,00	4	0,00
1868/69	51	0,00	22	0,00	62	4,84	5	.	1	.	20	5,00	4	0,00
1869	52	0,00	20	0,00	60	5,00	2	.	2	.	16	6,25	4	0,00
1869/70	61	0,00	15	0,00	53	3,77	4	.	2	.	21	4,76	7	.
1870	57	0,00	13	0,00	60	6,67	5	.	0	.	25	4,00	8	0,00
1870/71	48	0,00	14	7,14	19	10,53	3	.	1	.	13	0,00	3	33,33
1871	56	1,79	12	16,67	31	6,45	4	.	0	.	6	0,00	3	0,00
1871/72	45	0,00	12	16,67	50	4,00	5	.	3	.	16	0,00	4	0,00
1872	49	0,00	9	11,11	64	4,69	4	.	5	.	18	0,00	3	0,00
1872/73	51	1,96	11	9,09	62	1,61	3	.	5	.	17	0,00	0	.
1873	51	0,00	18	11,11	55	0,00	1	0,00	5	0,00	23	4,35	4	25,00
1873/74	53	0,00	19	15,79	57	0,00	2	0,00	4	0,00	25	4,00	7	14,29
1874	60	3,33	22	9,09	56	0,00	4	0,00	5	0,00	36	0,00	10	0,00
1874/75	56	5,36	14	7,14	56	0,00	3	0,00	9	0,00	45	4,44	12	0,00
1875	48	2,08	13	7,69	58	3,45	3	0,00	4	0,00	46	6,52	15	0,00
1875/76	50	0,00	17	5,88	64	4,69	3	0,00	4	0,00	47	4,26	15	0,00
1876	47	2,13	14	0,00	73	5,48	3	0,00	6	0,00	55	1,82	12	8,33
1876/77	46	8,70	26	0,00	70	5,71	2	0,00	3	0,00	58	1,72	12	16,67
1877	42	7,14	26	0,00	84	7,14	0	.	4	0,00	64	1,56	19	10,53
1877/78	51	5,88	20	0,00	82	6,10	0	.	1	0,00	66	1,52	20	5,00
1878	36	0,00	29	10,34	92	6,52	1	0,00	1	0,00	61	0,00	31	6,45
1878/79	29	3,45	27	7,41	76	5,26	3	0,00	6	0,00	57	1,75	28	3,57
1879	37	8,11	37	2,70	97	6,19	3	.	4	25,00	62	1,61	26	0,00
1879/80	44	6,82	27	3,70	75	9,33	6	.	5	40,00	54	5,56	29	0,00
1880	55	1,82	34	2,94	99	6,06	3	.	6	33,33	70	4,29	31	3,23
1880/81	55	5,45	40	0,00	87	6,90	5	.	5	20,00	59	1,69	28	0,00
1881	50	4,00	49	0,00	119	4,20	6	.	4	25,00	68	1,47	40	0,00
1881/82	48	0,00	42	0,00	106	0,94	3	0,00	6	0,00	72	2,78	39	0,00
1882	66	0,00	47	0,00	126	3,17	3	0,00	4	0,00	79	2,53	51	0,00
1882/83	65	1,54	36	5,56	122	3,28	3	0,00	7	0,00	80	1,25	40	0,00
1883	72	0,00	70	2,86	160	5,00	2	0,00	3	0,00	80	3,75	54	1,85
1883/84	53	0,00	44	0,00	127	4,72	2	0,00	4	0,00	90	4,44	50	0,00
1884	61	0,00	50	0,00	175	2,29	2	0,00	5	0,00	90	4,44	52	0,00
1884/85	58	0,00	40	0,00	155	2,58	1	0,00	5	0,00	77	2,60	50	0,00
1885	62	1,61	40	2,50	227	3,52	1	0,00	7	0,00	94	3,19	53	1,89
1885/86	63	0,00	20	0,00	194	4,12	2	.	11	9,09	95	5,26	60	3,33
1886	62	0,00	30	6,67	263	3,04	3	.	13	0,00	95	2,11	70	0,00
1886/87	58	0,00	23	4,35	233	4,72	2	.	7	14,29	80	1,25	69	1,45
1887	68	1,47	42	0,00	291	4,12	2	.	11	9,09	84	2,38	67	0,00
1887/88	83	0,00	26	0,00	217	2,76	1	.	7	.	72	.	58	.
1888	89	0,00	46	4,35	285	2,81	2	.	11	.	76	.	53	.
1888/89	86	0,00	20	0,00	220	0,91	3	.	11	.	78	.	45	.
1889	92	0,00	37	0,00	318	1,26	8	.	10	.	64	.	52	.
1889/90	97	0,00	50	0,00	240	0,83	11	.	16	.	55	.	42	.
1890	104	0,00	73	0,00	356	2,25	12	.	17	.	43	.	31	.
1890/91	90	0,00	50	0,00	240	1,25	13	.	15	.	46	.	37	.
1891	92	0,00	84	0,00	329	2,13	13	.	12	.	46	.	42	.
1891/92	73	0,00	48	0,00	259	0,77	13	.	13	0,00	33	6,06	44	2,27
1892	78	0,00	84	0,00	339	0,59	13	.	20	5,00	46	8,70	45	4,44
1892/93	64	0,00	75	1,33	251	1,59	8	.	20	0,00	34	2,94	38	7,89
1893	87	0,00	95	3,16	318	1,89	10	.	29	0,00	38	2,63	31	6,45
1893/94	82	1,22	65	1,54	258	1,55	11	.	25	0,00	35	8,57	30	6,67
1894	70	0,00	98	0,00	338	1,78	11	.	30	0,00	35	8,57	43	4,65
1894/95	67	0,00	76	0,00	255	1,57	10	.	29	0,00	31	6,45	36	5,56
1895	72	0,00	151	0,00	404	2,23	11	.	30	0,00	34	5,88	59	8,47
1895/96	71	0,00	97	0,00	269	1,49	9	.	22	0,00	27	3,70	46	10,87
1896	65	0,00	148	0,00	376	2,39	11	0,00	24	0,00	39	7,69	54	7,41
1896/97	55	0,00	120	0,00	241	1,66	10	0,00	26	0,00	38	13,16	53	5,66
1897	50	0,00	184	0,00	364	2,47	13	0,00	31	3,23	48	8,33	46	2,17
1897/98	61	1,64	128	0,78	261	0,77	11	0,00	26	7,69	44	6,82	50	4,00
1898	60	5,00	202	0,99	436	2,98	10	0,00	31	3,23	53	5,66	59	5,08
1898/99	58	1,72	121	0,00	325	0,31	15	0,00	28	3,57	45	2,22	56	5,36
1899	44	0,00	232	0,43	450	3,56	17	0,00	38	0,00	60	3,33	69	5,80
1899/00	56	3,57	140	0,00	362	0,83	21	0,00	38	0,00	63	1,59	80	5,00
1900	59	0,00	256	0,39	490	2,04	19	0,00	34	0,00	92	5,43	108	4,63
1900/01	45	0,00	154	0,00	361	1,11	12	0,00	33	0,00	83	4,82	99	5,05
1901	56	1,79	312	0,00	438	2,74	11	0,00	35	0,00	92	2,17	112	8,04
1901/02	45	0,00	201	0,00	368	0,54	12	0,00	33	0,00	92	3,26	111	3,60
1902	52	1,92	381	0,52	462	2,38	15	6,67	44	0,00	115	2,61	127	0,00
1902/03	32	0,00	256	0,78	324	0,31	19	5,26	50	0,00	97	2,06	123	1,63
1903	39	2,56	349	0,86	326	2,15	18	0,00	44	0,00	136	0,00	96	2,08
1903/04	32	0,00	224	0,45	210	1,43	18	0,00	40	0,00	119	0,84	77	0,00
1904	32	0,00	344	0,87	276	4,71	19	0,00	43	0,00	148	0,68	99	0,00
1904/05	30	0,00	193	0,52	216	1,85	20	0,00	36	0,00	128	0,78	75	2,67
1905	30	6,67	350	0,57	282	3,90	21	0,00	44	0,00	152	0,00	78	2,56
1905/06	21	0,00	209	0,00	190	3,68	24	0,00	45	0,00	133	2,26	71	5,63
1906	37	5,41	423	0,47	281	5,69	25	0,00	60	0,00	200	1,00	100	3,00
1906/07	29	3,45	254	0,00	215	1,40	20	0,00	49	2,04	179	0,56	83	1,20
1907	42	2,38	411	1,22	340	3,24	41	0,00	55	1,82	236	1,69	97	1,03
1907/08	33	6,06	280	0,36	246	2,44	31	0,00	54	1,85	221	0,90	98	1,02
1908	35	11,43	474	0,84	394	3,81	30	0,00	47	0,00	271	1,85	136	0,74

Tab. 16.2: Die Einzelfachströme an der Universität Kiel nach Staatsangehörigkeit und Geschlecht 1776/77–1941/1

	Chemie		Landw.u.Cam.		Sonstige		Studierende		
	insg.	Ausl. in %	insg.	Ausl. in %	insg.	Ausl. in %	insg.	Ausländer insg.	in %
Semester	15	16	17	18	19	20	21	22	23
1866/67	0	.	0	.	.	.	242	.	.
1867	0	.	0	.	.	.	223	.	.
1867/68	0	.	0	.	.	.	203	7	3,45
1868	.	.	0	.	.	.	181	3	1,66
1868/69	.	.	0	.	.	.	165	4	2,42
1869	.	.	0	.	.	.	156	4	2,56
1869/70	.	.	0	.	.	.	163	3	1,84
1870	.	.	0	.	.	.	168	5	2,98
1870/71	.	.	0	.	.	.	101	4	3,96
1871	.	.	0	.	.	.	112	5	4,46
1871/72	.	.	0	.	.	.	135	4	2,96
1872	.	.	0	.	.	.	152	4	2,63
1872/73	.	.	0	.	.	.	149	3	2,01
1873	.	.	1	.	.	.	158	4	2,53
1873/74	.	.	2	.	.	.	169	5	2,96
1874	.	.	1	.	.	.	194	4	2,06
1874/75	.	.	4	.	.	.	199	6	3,02
1875	.	.	3	.	.	.	190	7	3,68
1875/76	.	.	2	.	.	.	202	6	2,97
1876	.	.	2	.	.	.	212	7	3,30
1876/77	.	.	2	.	.	.	219	11	5,02
1877	.	.	2	.	.	.	241	12	4,98
1877/78	.	.	2	.	.	.	242	10	4,13
1878	.	.	1	.	.	.	252	11	4,37
1878/79	.	.	0	.	.	.	226	9	3,98
1879	.	.	0	.	.	.	266	12	4,51
1879/80	.	.	2	.	.	.	242	16	6,61
1880	.	.	3	.	.	.	301	14	4,65
1880/81	.	.	5	.	.	.	284	11	3,87
1881	.	.	8	.	.	.	344	9	2,62
1881/82	.	.	5	.	.	.	321	3	0,93
1882	.	.	5	.	.	.	381	6	1,57
1882/83	.	.	1	.	.	.	354	8	2,26
1883	.	.	0	.	.	.	441	14	3,17
1883/84	.	.	0	.	.	.	370	10	2,70
1884	.	.	0	.	.	.	435	8	1,84
1884/85	.	.	1	.	.	.	387	6	1,55
1885	.	.	3	.	.	.	487	14	2,87
1885/86	.	.	2	.	.	.	447	16	3,58
1886	.	.	1	.	.	.	537	12	2,23
1886/87	.	.	5	0,00	.	.	477	15	3,14
1887	.	.	3	0,00	.	.	568	16	2,82
1887/88	.	.	2	.	.	.	466	7	1,50
1888	.	.	2	.	.	.	564	10	1,77
1888/89	.	.	1	.	.	.	464	3	0,65
1889	.	.	0	.	.	.	581	5	0,86
1889/90	.	.	1	.	.	.	512	6	1,17
1890	.	.	1	.	.	.	637	13	2,04
1890/91	.	.	2	.	.	.	493	9	1,83
1891	.	.	2	.	.	.	620	14	2,26
1891/92	.	.	1	0,00	.	.	484	5	1,03
1892	.	.	2	0,00	.	.	627	9	1,44
1892/93	.	.	5	0,00	.	.	495	9	1,82
1893	.	.	3	0,00	.	.	611	12	1,96
1893/94	.	.	3	0,00	.	.	509	11	2,16
1894	.	.	4	25,00	.	.	629	12	1,91
1894/95	.	.	4	25,00	.	.	508	9	1,77
1895	.	.	4	25,00	.	.	765	17	2,22
1895/96	.	.	6	16,67	.	.	547	11	2,01
1896	.	.	4	25,00	.	.	721	17	2,36
1896/97	.	.	4	25,00	.	.	547	13	2,38
1897	.	.	4	0,00	.	.	740	15	2,03
1897/98	.	.	2	0,00	.	.	583	11	1,89
1898	.	.	4	0,00	.	.	855	25	2,92
1898/99	.	.	4	25,00	.	.	652	8	1,23
1899	.	.	5	20,00	.	.	915	24	2,62
1899/00	.	.	6	0,00	.	.	766	10	1,31
1900	.	.	11	0,00	.	.	1069	21	1,96
1900/01	.	.	7	0,00	.	.	794	13	1,64
1901	.	.	10	0,00	.	.	1066	24	2,25
1901/02	.	.	7	0,00	.	.	869	9	1,04
1902	.	.	12	0,00	.	.	1208	18	1,49
1902/03	.	.	11	0,00	.	.	912	8	0,88
1903	55	0,00	14	0,00	24	12,50	1101	16	1,45
1903/04	38	2,63	10	10,00	32	9,38	800	10	1,25
1904	34	2,94	7	0,00	20	10,00	1022	20	1,96
1904/05	40	5,00	9	0,00	17	11,76	764	12	1,57
1905	45	6,67	12	0,00	23	8,70	1037	22	2,12
1905/06	37	2,70	14	7,14	18	11,11	762	18	2,36
1906	41	4,88	18	5,56	16	25,00	1201	32	2,66
1906/07	38	7,89	15	0,00	16	18,75	898	13	1,45
1907	44	11,36	19	5,26	31	12,90	1316	33	2,51
1907/08	44	9,09	15	0,00	28	21,43	1050	23	2,19
1908	53	5,66	20	10,00	23	13,04	1483	37	2,49

Tab. 16. 2: Die Einzelfachströme an der Universität Kiel nach Staatsangehörigkeit und Geschlecht 1776/77–1941/1

	Evangelische Theologie				Jura					Medizin				
	insg.	Frauen			Ausländ. in %	insg.	Frauen			Ausländ. in %	insg.	Frauen			Ausländ. in %
		insg.	in %	deuts.			insg.	in %	deuts.			insg.	in %	deuts.	
Semester	1	2	3	4	5	6	7	8	9	10	11	12	13	14	15
1908/09	34	0	0,00	0	5,88	313	0	0,00	0	0,00	274	0	0,00	0	1,46
1909	44	0	0,00	0	6,82	443	0	0,00	0	0,68	507	10	1,97	8	3,75
1909/10	40	0	0,00	0	2,50	315	0	0,00	0	0,00	363	6	1,65	6	0,55
1910	49	0	0,00	0	6,12	455	1	0,22	1	0,22	563	9	1,60	9	1,78
1910/11	38	0	0,00	0	0,00	362	0	0,00	0	0,28	435	14	3,22	13	1,61
1911	60	0	0,00	0	0,00	478	0	0,00	0	0,21	688	29	4,22	28	3,63
1911/12	51	0	0,00	0	0,00	327	0	0,00	0	0,31	476	12	2,52	12	2,10
1912	83	0	0,00	0	1,20	530	0	0,00	0	1,13	771	26	3,37	25	4,41
1912/13	65	0	0,00	0	0,00	354	0	0,00	0	0,56	513	14	2,73	13	2,53
1913	91	0	0,00	0	2,20	505	1	0,20	1	0,79	811	34	4,19	32	4,69
1913/14	77	0	0,00	0	0,00	380	0	0,00	0	0,79	542	21	3,87	21	3,69
1914	118	0	0,00	0	2,54	506	0	0,00	0	1,98	970	44	4,54	42	5,05
1914/15	96	0	0,00	0	1,04	317	1	0,32	1	0,95	687	30	4,37	28	0,73
1915	99	0	0,00	0	2,02	326	2	0,61	2	0,31	686	43	6,27	41	0,44
1915/16	101	0	0,00	0	1,98	331	3	0,91	3	0,30	655	26	3,97	25	0,31
1916	105	0	0,00	0	0,95	354	5	1,41	5	0,28	668	34	5,09	33	0,45
1916/17	111	0	0,00	0	0,90	375	2	0,53	2	0,27	653	30	4,59	29	0,31
1917	124	0	0,00	0	0,81	421	2	0,48	2	0,48	677	49	7,24	48	0,30
1917/18	128	1	0,78	1	0,00	462	3	0,65	3	0,65	745	37	4,97	36	0,27
1918	127	0	0,00	0	0,00	464	3	0,65	3	0,43	774	64	8,27	63	0,26
1918/19	130	0	0,00	0	0,00	527	8	1,52	8	0,38	784	50	6,38	49	0,51
1919	96	0	0,00	0	0,00	377	7	1,86	7	0,00	565	58	10,27	58	0,18
ZS.1919	.	0	.	.	.	.	.	.	.	.	.	.	.	.	.
1919/20	109	2	1,83	2	0,92	296	5	1,69	5	0,00	536	49	9,14	48	0,93
1920	120	3	2,50	3	2,50	415	9	2,17	9	0,48	543	51	9,39	50	3,13
1920/21	96	4	4,17	4	1,04	389	8	2,06	8	0,00	455	40	8,79	40	2,20
1921	69	2	2,90	2	0,00	435	9	2,07	9	1,61	533	62	11,63	59	5,82
1921/22	74	3	4,05	3	0,00	375	8	2,13	8	1,33	437	46	10,53	43	7,55
1922	55	1	1,82	1	3,64	440	6	1,36	6	2,05	490	50	10,20	47	13,88
1922/23	52	1	1,92	.	.	667	37	5,55	.	.	412	43	10,44	.	.
1923	51	0	0,00	0	0,00	587	16	2,73	16	3,41	479	44	9,19	37	25,89
1923/24	41	1	2,44	1	0,00	446	11	2,47	10	1,57	358	30	8,38	30	18,44
1924	41	1	2,44	.	.	497	14	2,82	.	.	400	41	10,25	.	.
1924/25	35	0	0,00	0	11,43	373	13	3,49	13	1,61	282	36	12,77	34	13,12
1925	45	0	0,00	0	4,44	506	8	1,58	8	1,78	296	30	10,14	28	16,22
1925/26	42	1	2,38	.	.	405	8	1,98	.	.	232	25	10,78	.	.
1926	38	0	0,00	.	.	561	12	2,14	.	.	319	41	12,85	.	.
1926/27	34	0	0,00	0	2,94	455	4	0,88	4	1,54	281	36	12,81	36	12,46
1927	58	1	1,72	0	8,62	721	23	3,19	23	2,22	408	58	14,22	58	8,33
1927/28	46	2	4,35	1	8,70	526	14	2,66	14	1,71	296	38	12,84	38	9,46
1928	65	7	10,77	6	10,77	775	23	2,97	23	1,68	494	85	17,21	82	7,29
1928/29	49	4	8,16	4	10,20	525	13	2,48	13	1,52	343	54	15,74	53	7,00
1929	65	0	0,00	0	9,23	711	37	5,20	35	1,55	597	109	18,26	104	5,53
1929/30	74	5	6,76	5	1,35	520	17	3,27	15	1,35	503	72	14,31	67	5,17
1930	112	8	7,14	8	0,89	764	45	5,89	43	1,44	769	144	18,73	135	5,72
1930/31	97	2	2,06	2	1,03	515	25	4,85	24	0,97	571	75	13,13	75	2,10
1931	126	8	6,35	8	0,79	750	44	5,87	43	1,60	943	167	17,71	163	3,82
1931/32	112	7	6,25	7	2,68	376	18	4,79	17	2,93	671	96	14,31	94	2,38
1932	138	8	5,80	8	1,45	564	34	6,03	34	2,13	1003	202	20,14	199	3,39
1932/33	130	7	5,38	7	0,77	378	20	5,29	20	0,79	815	161	19,75	157	4,91
1933	131	4	3,05	.	.	514	25	4,86	.	.	1160	237	20,43	.	.
1933/34	138	3	2,17	.	.	301	13	4,32	.	.	856	138	16,12	.	.
1934	120	2	1,67	.	.	338	14	4,14	.	.	1108	211	19,04	.	.
1934/35	105	1	0,95	.	.	218	6	2,75	.	.	591	94	15,91	.	.
1935	88	2	2,27	.	.	230	13	5,65	.	.	806	153	18,98	.	.
1935/36	75	1	1,33	.	.	194	4	2,06	.	.	577	103	17,85	.	.
1936	47	0	0,00	.	.	253	5	1,98	.	.	801	162	20,22	.	.
1936/37	35	1	2,86	.	.	141	2	1,42	.	.	495	103	20,81	.	.
1937	26	1	3,85	.	.	169	1	0,59	.	.	610	129	21,15	.	.
1937/38	19	2	10,53	.	.	110	0	0,00	.	.	405	85	20,99	.	.
1938	19	1	5,26	.	.	114	0	0,00	.	.	476	101	21,22	.	.
1938/39	19	0	0,00	.	.	92	1	1,09	.	.	297	49	16,50	.	.
1939	13	1	7,69	.	.	98	0	0,00	.	.	368	60	16,30	.	.
1939/40	.	.	.	.	.	.	.	.	.	.	.	.	.	.	.
1940/1	5	1	20,00	.	.	27	0	0,00	.	.	240	38	15,83	.	.
1940/2	6	0	0,00	.	.	36	0	0,00	.	.	338	43	12,72	.	.
1940/3	7	1	14,29	.	.	38	2	5,26	.	.	175	63	36,00	.	.
1941/1	3	0	0,00	.	.	34	2	5,88	.	.	346	70	20,23	.	.

Tab.16.2: Die Einzelfachströme an der Universität Kiel nach Staatsangehörigkeit und Geschlecht 1776/77–1941/1

	Zahnmedizin					Pharmazie					Philologien, Geschichte				
	insg.	Frauen			Ausländ. in %	insg.	Frauen			Ausländ. in %	insg.	Frauen			Ausländ. in %
		insg.	in %	deuts.			insg.	in %	deuts.			insg.	in %	deuts.	
Semester	16	17	18	19	20	21	22	23	24	25	26	27	28	29	30
1908/09	30	0	0,00	0	0,00	47	0	0,00	0	2,13	247	1	0,40	1	0,81
1909	38	1	2,63	1	0,00	47	0	0,00	0	2,13	314	3	0,96	3	0,64
1909/10	46	1	2,17	1	0,00	36	0	0,00	0	0,00	298	6	2,01	6	0,67
1910	38	1	2,63	1	5,26	27	0	0,00	0	0,00	379	13	3,43	12	0,79
1910/11	37	1	2,70	1	0,00	19	0	0,00	0	0,00	337	13	3,86	12	0,59
1911	43	1	2,33	1	0,00	14	0	0,00	0	0,00	431	17	3,94	16	1,86
1911/12	41	0	0,00	0	0,00	16	0	0,00	0	0,00	401	14	3,49	14	0,75
1912	42	3	7,14	3	2,38	31	0	0,00	0	3,23	521	20	3,84	20	1,34
1912/13	28	0	0,00	0	7,14	28	0	0,00	0	0,00	453	19	4,19	19	0,44
1913	30	0	0,00	0	6,67	20	0	0,00	0	0,00	486	25	5,14	24	0,82
1913/14	27	1	3,70	1	7,41	19	0	0,00	0	0,00	450	21	4,67	20	1,11
1914	55	2	3,64	2	3,64	37	1	2,70	1	0,00	498	28	5,62	27	1,61
1914/15	42	3	7,14	3	2,38	22	1	4,55	1	0,00	385	19	4,94	19	0,52
1915	43	5	11,63	5	2,33	17	1	5,88	1	0,00	395	21	5,32	21	0,25
1915/16	37	3	8,11	3	2,70	15	0	0,00	0	0,00	398	26	6,53	26	0,75
1916	38	4	10,53	4	2,63	13	0	0,00	0	0,00	425	46	10,82	46	0,71
1916/17	35	3	8,57	3	2,86	14	0	0,00	0	0,00	448	47	10,49	46	0,89
1917	33	0	0,00	0	3,03	17	0	0,00	0	0,00	438	47	10,73	47	0,68
1917/18	35	1	2,86	1	2,86	20	1	5,00	1	0,00	484	42	8,68	42	0,62
1918	35	1	2,86	1	2,86	16	0	0,00	0	0,00	507	53	10,45	53	0,39
1918/19	41	1	2,44	1	2,44	17	1	5,88	1	0,00	504	42	8,33	42	0,60
1919	105	2	1,90	2	0,00	16	2	12,50	2	0,00	389	40	10,28	40	0,26
ZS.1919	.	.	.	.	.	.	.	.	.	.	.	.	.	.	.
1919/20	150	3	2,00	3	1,33	12	2	16,67	2	0,00	331	42	12,69	42	0,30
1920	177	6	3,39	6	1,13	14	2	14,29	2	0,00	288	39	13,54	39	0,35
1920/21	169	8	4,73	8	1,18	15	1	6,67	1	0,00	247	34	13,77	33	0,81
1921	142	6	4,23	6	1,41	22	1	4,55	1	4,55	229	37	16,16	36	1,75
1921/22	118	6	5,08	6	3,39	20	2	10,00	2	0,00	196	39	19,90	38	3,06
1922	94	4	4,26	4	8,51	28	1	3,57	1	0,00	206	52	25,24	51	5,34
1922/23	78	4	5,13	.	.	27	1	3,70	.	.	189	49	25,93	.	.
1923	72	4	5,56	3	33,33	33	8	24,24	7	3,03	211	59	27,96	58	4,27
1923/24	44	4	9,09	2	56,82	41	10	24,39	9	2,44	155	47	30,32	47	3,87
1924	46	4	8,70	.	.	47	10	21,28	.	.	209	60	28,71	.	.
1924/25	38	2	5,26	0	63,16	44	8	18,18	8	0,00	.	.	.	.	.
1925	39	2	5,13	0	46,15	37	8	21,62	8	0,00	.	.	.	.	.
1925/26	45	3	6,67	.	.	44	14	31,82	.	.	.	.	.	.	.
1926	52	3	5,77	.	.	48	12	25,00	.	.	.	.	.	.	.
1926/27	52	4	7,69	1	32,69	31	6	19,35	6	0,00	.	.	.	.	.
1927	54	7	12,96	4	16,67	35	7	20,00	7	0,00	.	.	.	.	.
1927/28	59	7	11,86	3	15,25	28	6	21,43	6	0,00	.	.	.	.	.
1928	88	9	10,23	6	6,82	25	7	28,00	7	0,00	.	.	.	.	.
1928/29	77	3	3,90	3	7,79	23	4	17,39	4	0,00	.	.	.	.	.
1929	104	5	4,81	5	1,92	41	10	24,39	10	0,00	.	.	.	.	.
1929/30	121	11	9,09	11	10,74	42	9	21,43	9	0,00	.	.	.	.	.
1930	189	23	12,17	22	6,35	45	17	37,78	17	0,00	.	.	.	.	.
1930/31	170	18	10,59	17	8,24	43	14	32,56	14	0,00	.	.	.	.	.
1931	261	33	12,64	31	7,66	44	12	27,27	12	0,00	.	.	.	.	.
1931/32	203	24	11,82	21	9,36	33	7	21,21	7	0,00	.	.	.	.	.
1932	262	39	14,89	34	9,16	53	14	26,42	14	0,00	.	.	.	.	.
1932/33	233	33	14,16	31	4,72	42	11	26,19	11	0,00	.	.	.	.	.
1933	266	49	18,42	.	.	55	23	41,82	.	.	.	.	.	.	.
1933/34	185	33	17,84	.	.	52	18	34,62	.	.	.	.	.	.	.
1934	150	26	17,33	.	.	65	22	33,85	.	.	.	.	.	.	.
1934/35	28	8	28,57	.	.	59	19	32,20	.	.	.	.	.	.	.
1935	1	0	0,00	.	.	71	28	39,44	.	.	.	.	.	.	.
1935/36	.	.	.	.	.	76	24	31,58	.	.	.	.	.	.	.
1936	.	.	.	.	.	89	34	38,20	.	.	.	.	.	.	.
1936/37	.	.	.	.	.	77	22	28,57	.	.	.	.	.	.	.
1937	.	.	.	.	.	84	32	38,10	.	.	.	.	.	.	.
1937/38	.	.	.	.	.	54	15	27,78	.	.	.	.	.	.	.
1938	.	.	.	.	.	52	18	34,62	.	.	.	.	.	.	.
1938/39	.	.	.	.	.	57	19	33,33	.	.	.	.	.	.	.
1939	.	.	.	.	.	53	23	43,40	.	.	.	.	.	.	.
1939/40	.	.	.	.	.	.	.	.	.	.	.	.	.	.	.
1940/1	.	.	.	.	.	14	5	35,71	.	.	.	.	.	.	.
1940/2	.	.	.	.	.	9	3	33,33	.	.	.	.	.	.	.
1940/3	.	.	.	.	.	7	2	28,57	.	.	.	.	.	.	.
1941/1	.	.	.	.	.	10	4	40,00	.	.	.	.	.	.	.

Tab. 16. 2: Die Einzelfachströme an der Universität Kiel nach Staatsangehörigkeit und Geschlecht 1776/77–1941/1

	Mathematik, Naturwissenschaften					Chemie					Kameralia, Staatswissenschaften, VWL				
	insg.	Frauen insg.	in %	deuts.	Ausländ. in %	insg.	Frauen insg.	in %	deuts.	Ausländ. in %	insg.	Frauen insg.	in %	deuts.	Ausländ. in %
Semester	31	32	33	34	35	36	37	38	39	40	41	42	43	44	45
1908/09	125	1	0,80	1	0,80	49	1	2,04	1	4,08	.	.	.	.	.
1909	148	3	2,03	3	0,68	50	1	2,00	1	6,00	.	.	.	.	.
1909/10	152	2	1,32	2	1,32	42	1	2,38	1	2,38	.	.	.	.	.
1910	197	6	3,05	5	2,54	45	1	2,22	1	4,44	.	.	.	.	.
1910/11	167	2	1,20	2	1,20	35	0	0,00	0	8,57	.	.	.	.	.
1911	215	3	1,40	3	1,40	52	1	1,92	1	5,77	.	.	.	.	.
1911/12	210	4	1,90	4	1,43	32	0	0,00	0	9,38	.	.	.	.	.
1912	272	8	2,94	8	2,21	44	0	0,00	0	4,55	62	3	4,84	3	3,23
1912/13	249	5	2,01	5	0,40	45	0	0,00	0	8,89	47	1	2,13	1	6,38
1913	285	9	3,16	9	0,35	65	1	1,54	1	7,69	67	3	4,48	3	2,99
1913/14	254	8	3,15	8	0,39	59	0	0,00	0	6,78	47	0	0,00	0	8,51
1914	270	20	7,41	20	1,11	68	1	1,47	0	4,41	90	0	0,00	0	2,22
1914/15	240	15	6,25	15	0,42	64	1	1,56	0	3,13	71	3	4,23	3	0,00
1915	248	20	8,06	20	0,40	60	1	1,67	0	3,33	78	4	5,13	4	1,28
1915/16	237	14	5,91	14	0,42	62	1	1,61	0	3,23	73	1	1,37	1	1,37
1916	250	17	6,80	17	0,40	66	2	3,03	1	3,03	79	2	2,53	2	1,27
1916/17	252	16	6,35	16	0,40	70	2	2,86	2	1,43	81	1	1,23	1	1,23
1917	289	20	6,92	20	0,35	84	7	8,33	7	1,19	95	3	3,16	3	1,05
1917/18	302	19	6,29	19	0,66	82	7	8,54	6	2,44	88	0	0,00	0	1,14
1918	321	24	7,48	24	0,31	92	7	7,61	6	2,17	110	9	8,18	9	0,00
1918/19	335	23	6,87	23	0,30	105	10	9,52	9	1,90	144	12	8,33	12	0,00
1919	204	20	9,80	20	0,00	119	11	9,24	10	0,84	172	15	8,72	15	1,16
ZS.1919															
1919/20	168	20	11,90	.	0,60	145	11	7,59	11	0,00	163	12	7,36	12	1,23
1920	141	15	10,64	.	0,71	150	10	6,67	10	0,67	248	23	9,27	21	0,81
1920/21	115	16	13,91	.	2,61	140	6	4,29	6	0,00	226	19	8,41	19	3,54
1921	112	12	10,71	.	5,36	134	7	5,22	7	0,75	298	20	6,71	19	6,04
1921/22	97	8	8,25	.	1,03	129	7	5,43	7	2,33	287	26	9,06	25	8,01
1922	91	9	9,89	.	1,10	147	10	6,80	10	4,76	352	39	11,08	38	11,08
1922/23	80	14	17,50	.	.	152	10	6,58	.	.	24	3	12,50	.	.
1923	97	17	17,53	15	5,15	158	12	7,59	11	16,46	301	34	11,30	32	16,28
1923/24	89	19	21,35	18	3,37	151	10	6,62	9	17,22	244	25	10,25	23	11,07
1924	87	14	16,09	.	.	126	6	4,76	.	.	193	22	11,40	.	.
1924/25	.	.	.	.	.	128	7	5,47	6	12,50	162	15	9,26	15	8,64
1925	.	.	.	.	.	128	9	7,03	9	9,38	154	15	9,74	15	8,44
1925/26	.	.	.	.	.	119	9	7,56	.	.	135	14	10,37	.	.
1926	.	.	.	.	.	108	8	7,41	.	.	187	18	9,63	.	.
1926/27	.	.	.	.	.	94	8	8,51	6	11,70	135	11	8,15	11	9,63
1927	.	.	.	.	.	83	7	8,43	7	9,64	130	19	14,62	19	6,92
1927/28	.	.	.	.	.	55	4	7,27	4	9,09	83	10	12,05	10	9,64
1928	.	.	.	.	.	66	8	12,12	8	9,09	127	18	14,17	17	7,87
1928/29	.	.	.	.	.	78	10	12,82	10	11,54	91	12	13,19	12	12,09
1929	.	.	.	.	.	68	13	19,12	13	4,41	118	19	16,10	19	7,63
1929/30	.	.	.	.	.	87	13	14,94	13	5,75	80	14	17,50	14	11,25
1930	.	.	.	.	.	123	19	15,45	19	3,25	110	24	21,82	24	12,73
1930/31	.	.	.	.	.	121	20	16,53	20	3,31	87	19	21,84	18	13,79
1931	.	.	.	.	.	146	30	20,55	30	2,05	140	35	25,00	34	9,29
1931/32	.	.	.	.	.	130	23	17,69	23	2,31	78	9	11,54	9	12,82
1932	.	.	.	.	.	115	27	23,48	27	0,87	133	28	21,05	28	8,27
1932/33	.	.	.	.	.	105	17	16,19	17	3,81	104	16	15,38	16	11,54
1933	.	.	.	.	.	120	22	18,33	.	.	105	18	17,14	.	.
1933/34	.	.	.	.	.	91	18	19,78	.	.	85	11	12,94	.	.
1934	.	.	.	.	.	68	8	11,76	.	.	81	14	17,28	.	.
1934/35	.	.	.	.	.	79	13	16,46	.	.	61	7	11,48	.	.
1935	.	.	.	.	.	63	7	11,11	.	.	61	7	11,48	.	.
1935/36	.	.	.	.	.	56	6	10,71	.	.	68	2	2,94	.	.
1936	.	.	.	.	.	48	2	4,17	.	.	71	6	8,45	.	.
1936/37	.	.	.	.	.	45	4	8,89	.	.	61	4	6,56	.	.
1937	.	.	.	.	.	46	5	10,87	.	.	53	4	7,55	.	.
1937/38	.	.	.	.	.	45	7	15,56	.	.	52	1	1,92	.	.
1938	.	.	.	.	.	46	6	13,04	.	.	45	3	6,67	.	.
1938/39	.	.	.	.	.	21	5	23,81	.	.	32	4	12,50	.	.
1939	.	.	.	.	.	24	7	29,17	.	.	34	5	14,71	.	.
1939/40	.	.	.	.	.	.	.		.	.	.	.		.	.
1940/1	.	.	.	.	.	20	2	10,00	.	.	13	5	38,46	.	.
1940/2	.	.	.	.	.	30	11	36,67	.	.	15	8	53,33	.	.
1940/3	.	.	.	.	.	44	17	38,64	.	.	22	8	36,36	.	.
1941/1	.	.	.	.	.	39	17	43,59	.	.	17	0	0,00	.	.

Tab.16.2: Die Einzelfachströme an der Universität Kiel nach Staatsangehörigkeit und Geschlecht 1776/77–1941/1

	Landwirtschaft, Kameralia					Sonstige					Studierende				
	insg.	Frauen		deuts.	Ausländ. in %	insg.	Frauen		deuts.	Ausländ. in %	insg.	Frauen		deuts.	Ausl. insg.
Semester		insg.	in %				insg.	in %				insg.	in %		
	46	47	48	49	50	51	52	53	54	55	56	57	58	59	60
1908/09	11	0	0,00	0	0,00	23	0	0,00	0	4,35	1153	3	0,26	3	13
1909	24	0	0,00	0	0,00	19	0	0,00	0	5,26	1634	18	1,10	16	33
1909/10	16	1	6,25	1	0,00	15	0	0,00	0	13,33	1323	17	1,28	17	10
1910	27	2	7,41	2	0,00	21	0	0,00	0	14,29	1801	33	1,83	31	29
1910/11	29	0	0,00	0	0,00	28	1	3,57	1	10,71	1487	31	2,08	29	18
1911	48	0	0,00	0	2,08	34	2	5,88	2	8,82	2063	53	2,57	51	44
1911/12	41	1	2,44	1	2,44	22	0	0,00	0	0,00	1617	31	1,92	31	21
1912	3	0	0,00	0	0,00	12	1	8,33	1	0,00	2371	61	2,57	60	60
1912/13	6	0	0,00	0	0,00	9	1	11,11	1	0,00	1797	40	2,23	39	27
1913	9	0	0,00	0	22,22	17	0	0,00	0	0,00	2386	73	3,06	70	60
1913/14	7	0	0,00	0	0,00	17	1	5,88	0	17,65	1879	52	2,77	50	42
1914	7	0	0,00	0	14,29	23	4	17,39	4	8,70	2642	100	3,79	96	83
1914/15	5	0	0,00	0	0,00	12	1	8,33	1	0,00	1941	74	3,81	71	15
1915	4	0	0,00	0	0,00	10	1	10,00	1	0,00	1966	98	4,98	95	12
1915/16	3	0	0,00	0	0,00	11	2	18,18	2	0,00	1923	76	3,95	74	13
1916	4	0	0,00	0	0,00	12	2	16,67	2	0,00	2014	112	5,56	110	13
1916/17	3	0	0,00	0	0,00	10	1	10,00	1	0,00	2052	102	4,97	100	12
1917	4	0	0,00	0	0,00	52	3	5,77	3	0,00	2234	131	5,86	130	12
1917/18	4	0	0,00	0	0,00	12	1	8,33	1	0,00	2362	112	4,74	110	14
1918	7	0	0,00	0	0,00	14	1	7,14	1	0,00	2467	162	6,57	160	10
1918/19	8	0	0,00	0	0,00	14	0	0,00	0	0,00	2609	147	5,63	145	13
1919	20	0	0,00	0	0,00	11	1	9,09	1	0,00	2074	156	7,52	155	5
ZS.1919	.	.	.	.	.	.	.	.	.	.	1497	.	.	.	.
1919/20	14	1	7,14	1	0,00	12	0	0,00	0	0,00	1936	147	7,59	146	12
1920	17	1	5,88	1	0,00	10	1	10,00	1	0,00	2123	160	7,54	157	29
1920/21	22	1	4,55	1	4,55	13	2	15,38	2	0,00	1887	139	7,37	138	27
1921	39	2	5,13	2	5,13	19	3	15,79	3	0,00	2032	161	7,92	156	72
1921/22	41	1	2,44	1	7,32	29	6	20,69	6	0,00	1803	152	8,43	147	78
1922	55	1	1,82	0	10,91	17	3	17,65	3	0,00	1975	176	8,91	170	151
1922/23	60	1	1,67	.	.	26	4	15,38	.	.	1767	167	9,45	.	.
1923	67	0	0,00	0	7,46	26	4	15,38	4	3,85	2082	198	9,51	183	264
1923/24	74	0	0,00	0	4,05	72	8	11,11	8	4,17	1715	165	9,62	157	167
1924	61	0	0,00	.	.	17	5	29,41	.	.	1724	177	10,27	.	.
1924/25	71	1	1,41	1	4,23	.	.	.	.	.	1375	130	10,11	131	121
1925	91	1	1,10	1	4,40	22	8	36,36	7	9,09	1601	146	9,12	139	125
1925/26	116	1	0,86	.	.	26	4	15,38	.	.	1426	146	10,24	137	108
1926	115	1	0,87	.	.	18	4	22,22	.	.	1820	209	11,48	201	120
1926/27	104	2	1,92	2	4,81	13	3	23,08	2	7,69	1548	154	9,95	148	98
1927	92	2	2,17	2	7,61	10	3	30,00	1	20,00	2081	260	12,49	253	99
1927/28	80	1	1,25	1	7,50	7	0	0,00	0	0,00	1626	200	12,30	193	79
1928	80	1	1,25	1	6,25	2	0	0,00	0	0,00	2422	340	14,04	328	103
1928/29	57	1	1,75	1	7,02	3	0	0,00	0	0,00	1825	237	12,99	232	88
1929	51	1	1,96	1	5,88	0	0	.	0	.	2553	415	16,26	403	89
1929/30	51	1	1,96	1	5,88	2	0	0,00	0	0,00	2120	304	14,34	294	86
1930	43	1	2,33	1	4,65	8	2	25,00	2	0,00	3082	530	17,20	513	113
1930/31	44	1	2,27	1	11,36	5	2	40,00	2	20,00	2389	356	14,90	347	69
1931	57	0	0,00	0	5,26	3	1	33,33	1	0,00	3547	643	18,13	629	109
1931/32	25	0	0,00	0	4,00	3	1	33,33	1	0,00	2301	377	16,38	367	82
1932	31	0	0,00	0	3,23	2	1	50,00	1	50,00	3095	600	19,39	583	109
1932/33	29	0	0,00	0	6,90	.	.	.	.	.	2499	448	17,93	438	86
1933	33	0	0,00	.	.	.	.	.	.	.	3032	571	18,83	.	.
1933/34	30	0	0,00	.	.	.	.	.	.	.	2304	370	16,06	.	.
1934	19	0	0,00	.	.	.	.	.	.	.	2452	437	17,82	.	62
1934/35	15	0	0,00	.	.	.	.	.	.	.	1486	227	15,28	.	.
1935	10	0	0,00	.	.	.	.	.	.	.	1617	269	16,64	.	.
1935/36	2	0	0,00	.	.	.	.	.	.	.	1317	195	14,81	.	.
1936	4	0	0,00	.	.	.	.	.	.	.	1582	271	17,13	.	.
1936/37	2	0	0,00	.	.	.	.	.	.	.	1069	174	16,28	.	.
1937	.	.	.	.	.	.	.	.	.	.	1187	213	17,94	.	49
1937/38	.	.	.	.	.	.	.	.	.	.	861	149	17,31	.	.
1938	.	.	.	.	.	.	.	.	.	.	941	165	17,53	.	.
1938/39	.	.	.	.	.	.	.	.	.	.	695	110	15,83	.	.
1939	.	.	.	.	.	.	.	.	.	.	747	130	17,40	.	.
1939/40	.	.	.	.	.	.	.	.	.	.	.	.	.	.	.
1940/1	.	.	.	.	.	.	.	.	.	.	392	73	18,62	.	.
1940/2	.	.	.	.	.	.	.	.	.	.	502	96	19,12	.	9
1940/3	.	.	.	.	.	.	.	.	.	.	390	138	35,38	.	.
1941/1	.	.	.	.	.	.	.	.	.	.	531	137	25,80	.	.

Tab. 16. 2: Die Einzelfachströme an der Universität Kiel nach Staatsangehörigkeit und Geschlecht 1776/77–1941/1

	Alte Sprachen				Germanistik				Neue Sprachen				
	insg.	Frauen		Ausländ.	insg.	Frauen		Ausländ.	insg.	Frauen		Ausländ.
		insg.	in %	deuts.	in %		insg.	in %	deuts.	in %		insg.	in %	deuts.	in %
Semester	1	2	3	4	5	6	7	8	9	10	11	12	13	14	15
1924/25	16	2	12,50	0	12,50	57	19	33,33	19	10,53	20	8	40,00	8	0,00
1925	17	1	5,88	1	5,88	71	21	29,58	21	8,45	45	22	48,89	22	0,00
1925/26	14	0	0,00	.	.	57	25	43,86	.	..	51	21	41,18	.	.
1926	14	1	7,14	.	.	68	28	41,18	.	.	71	29	40,85	.	.
1926/27	16	0	0,00	0	6,25	67	23	34,33	23	2,99	61	23	37,70	23	0,00
1927	25	4	16,00	4	8,00	87	36	41,38	36	2,30	88	35	39,77	35	0,00
1927/28	21	4	19,05	4	4,76	89	36	40,45	35	2,25	99	31	31,31	30	1,01
1928	35	7	20,00	7	8,57	108	33	30,56	32	3,70	162	64	39,51	61	3,09
1928/29	23	2	8,70	2	8,70	97	35	36,08	33	5,15	110	37	33,64	35	1,82
1929	31	5	16,13	5	3,23	111	41	36,94	38	5,41	129	50	38,76	50	1,55
1929/30	26	2	7,69	2	3,85	88	29	32,95	28	5,68	119	50	42,02	50	1,68
1930	40	1	2,50	1	5,00	133	48	36,09	47	5,26	172	67	38,95	66	1,74
1930/31	22	2	9,09	2	0,00	114	39	34,21	38	4,39	120	40	33,33	40	0,00
1931	50	3	6,00	3	0,00	169	51	30,18	49	3,55	167	71	42,51	71	0,60
1931/32	33	2	6,06	2	0,00	117	43	36,75	42	2,56	98	34	34,69	34	1,02
1932	36	0	0,00	0	2,78	146	56	38,36	54	5,48	93	42	45,16	42	0,00
1932/33	37	1	2,70	1	0,00	114	43	37,72	42	2,63	76	39	51,32	39	1,32
1933	40	2	5,00	.	.	101	37	36,63	.	.	58	26	44,83	.	.
1933/34	25	1	4,00	.	.	81	27	33,33	.	.	48	19	39,58	.	.
1934	25	3	12,00	.	.	78	32	41,03	.	.	42	19	45,24	.	.
1934/35	22	2	9,09	.	.	39	12	30,77	.	.	22	9	40,91	.	.
1935	9	1	11,11	.	.	33	11	33,33	.	.	11	5	45,45	.	.
1935/36	12	2	16,67	.	.	49	9	18,37	.	.	11	3	27,27	.	.
1936	6	1	16,67	.	.	50	10	20,00	.	.	19	11	57,89	.	.
1936/37	9	0	0,00	.	.	37	4	10,81	.	.	16	6	37,50	.	.
1937	7	0	0,00	.	.	39	10	25,64	.	.	9	3	33,33	.	.
1937/38	6	0	0,00	.	.	35	11	31,43	.	.	11	2	18,18	.	.
1938	4	0	0,00	.	.	35	10	28,57	.	.	6	0	0,00	.	.
1938/39	3	0	0,00	.	.	40	7	17,50	.	.	22	2	9,09	.	.
1939	3	0	0,00	.	.	21	3	14,29	.	.	28	7	25,00	.	.
1939/40	.	.	.	.	.	.	.	.	.	.	.	.	.	.	.
1940/1	1	0	0,00	.	.	15	7	46,67	.	.	5	0	0,00	.	.
1940/2	2	0	0,00	.	.	7	1	14,29	.	.	2	0	0,00	.	.
1940/3	6	2	33,33	.	.	16	10	62,50	.	.	2	1	50,00	.	.
1941/1	1	0	0,00	.	.	8	8	100,00	.	.	4	2	50,00	.	.

	Geschichte					Musik			Philosophie, Pädagogik, Religionslehren				
	insg.	Frauen			Ausländ.	insg.	Frauen		insg.	Frauen			Ausländ.
		insg.	in %	deuts.	in %		insg.	in %		insg.	in %	deuts.	in %
Semester	16	17	18	19	20	21	22	23	24	25	26	27	28
1924/25	24	6	25,00	6	8,33	.	.	.	42	8	19,05	8	9,52
1925	23	2	8,70	2	8,70	.	.	.	17	3	17,65	1	23,53
1925/26	23	5	21,74	.	.	.	.	.	13	2	15,38	.	.
1926	25	6	24,00	.	.	.	.	.	26	9	34,62	.	.
1926/27	16	3	18,75	3	6,25	.	.	.	23	5	21,74	5	4,35
1927	40	10	25,00	10	2,50	3	0	0,00	20	2	10,00	1	5,00
1927/28	31	7	22,58	7	0,00	1	0	0,00	19	3	15,79	3	0,00
1928	44	11	25,00	11	2,27	7	1	14,29	27	8	29,63	8	0,00
1928/29	53	10	18,87	10	3,77	11	0	0,00	19	4	21,05	4	5,26
1929	66	13	19,70	13	3,03	12	1	8,33	32	9	28,13	9	6,25
1929/30	58	4	6,90	4	3,45	10	1	10,00	28	6	21,43	6	7,14
1930	78	10	12,82	10	1,28	11	1	9,09	35	7	20,00	7	5,71
1930/31	62	11	17,74	11	1,61	11	1	9,09	45	12	26,67	11	4,44
1931	87	19	21,84	19	2,30	18	2	11,11	57	12	21,05	12	3,51
1931/32	63	13	20,63	13	4,76	11	2	18,18	28	12	42,86	12	7,14
1932	72	23	31,94	20	5,56	9	0	0,00	26	13	50,00	13	3,85
1932/33	59	14	23,73	12	6,78	9	1	11,11	22	8	36,36	7	9,09
1933	59	17	28,81	.	.	9	2	22,22	.	.	.	.	.
1933/34	57	13	22,81	.	.	7	1	14,29	.	.	.	.	.
1934	49	13	26,53	.	.	8	1	12,50	.	.	.	.	.
1934/35	42	7	16,67	.	.	6	2	33,33	.	.	.	.	.
1935	.	.	.	.	.	9	3	33,33	.	.	.	.	.
1935/36	.	.	.	.	.	5	2	40,00	.	.	.	.	.
1936	.	.	.	.	.	5	2	40,00	.	.	.	.	.
1936/37	32	3	9,38	.	.	4	1	25,00	.	.	.	.	.
1937	26	3	11,54	.	.	8	2	25,00	.	.	.	.	.
1937/38	26	4	15,38	.	.	8	1	12,50	.	.	.	.	.
1938	24	5	20,83	.	.	9	1	11,11	.	.	.	.	.
1938/39	25	2	8,00	.	.	6	1	16,67	.	.	.	.	.
1939	23	3	13,04	.	.	8	1	12,50	.	.	.	.	.
1939/40	.	.	.	.	.	.	.	.	.	.	.	.	.
1940/1	6	4	66,67	.	.	3	0	0,00	.	.	.	.	.
1940/2	5	4	80,00	.	.	3	0	0,00	.	.	.	.	.
1940/3	16	9	56,25	.	.	2	0	0,00	.	.	.	.	.
1941/1	23	12	52,17	.	.	5	1	20,00	.	.	.	.	.

Tab. 16. 2: Die Einzelfachströme an der Universität Kiel nach Staatsangehörigkeit und Geschlecht 1776/77–1941/1

	Kunst, Archäologie				Sonstige Kulturwiss.			Zeitungskunde			Leibesübungen			
	insg.	Frauen		Ausländ.	insg.	Frauen		insg.	Frauen		insg.	Frauen		Ausländ.
		insg.	in %	deuts.	in %		insg.	in %		insg.	in %		insg.	in %	in %
Semester	29	30	31	32	33	34	35	36	37	38	39	40	41	42	43
1927	5	1	20,00	1	0,00	.	.	.	0	0	.	0	0	.	.
1927/28	3	1	33,33	1	0,00	.	.	.	0	0	.	0	0	.	.
1928	10	1	10,00	1	0,00	.	.	.	1	0	0,00	0	0	.	.
1928/29	6	1	16,67	1	0,00	.	.	.	0	0	.	0	0	.	.
1929	14	3	21,43	3	0,00	.	.	.	0	0	.	3	1	33,33	0,00
1929/30	15	2	13,33	2	13,33	.	.	.	0	0	.	3	1	33,33	0,00
1930	15	5	33,33	5	0,00	.	.	.	0	0	.	23	7	30,43	0,00
1930/31	14	2	14,29	2	14,29	.	.	.	0	0	.	24	4	16,67	0,00
1931	34	15	44,12	15	2,94	.	.	.	2	2	100,00	54	12	22,22	1,85
1931/32	20	7	35,00	6	10,00	.	.	.	0	0	.	19	3	15,79	0,00
1932	15	5	33,33	4	13,33	.	.	.	0	0	.	35	10	28,57	0,00
1932/33	15	5	33,33	5	0,00	.	.	.	0	0	.	16	3	18,75	0,00
1933	.	.	.	.	.	40	17	42,50	2	2	100,00	41	12	29,27	.
1933/34	.	.	.	.	.	40	11	27,50	0	0	.	42	4	9,52	.
1934	.	.	.	.	.	39	13	33,33	0	0	.	33	5	15,15	.
1934/35	.	.	.	.	.	23	11	47,83	0	0	.	24	4	16,67	.
1935	.	.	.	.	.	98	27	27,55	1	1	100,00	10	1	10,00	.
1935/36	.	.	.	.	.	70	17	24,29	1	1	100,00	12	3	25,00	.
1936	.	.	.	.	.	82	17	20,73	1	1	100,00	7	1	14,29	.
1936/37	.	.	.	.	.	21	9	42,86	0	0	.	16	6	37,50	.
1937	.	.	.	.	.	30	10	33,33	1	0	0,00	17	7	41,18	.
1937/38	.	.	.	.	.	11	3	27,27	0	0	.	23	9	39,13	.
1938	.	.	.	.	.	40	7	17,50	0	0	.	19	9	47,37	.
1938/39	.	.	.	.	.	14	0	0,00	0	0	.	22	13	59,09	.
1939	.	.	.	.	.	18	1	5,56	0	0	.	19	13	68,42	.
1939/40	.	.	.	.	.	.	.	.	.	.	.	.	.	.	.
1940/1	.	.	.	.	.	14	2	14,29	0	0	.	5	1	20,00	.
1940/2	.	.	.	.	.	24	18	75,00	0	0	.	2	0	0,00	.
1940/3	.	.	.	.	.	25	15	60,00	0	0	.	5	0	0,00	.
1941/1	.	.	.	.	.	19	16	84,21	0	0	.	3	0	0,00	.

	Mathematik					Physik					Biologie				
	insg.	Frauen		Ausländ.	insg.	Frauen		Ausländ.	insg.	Frauen		Ausländ.			
		insg.	in %	deuts.	länd. in %		insg.	in %	deuts.	länd. in %		insg.	in %	deuts.	länd. in %
Semester	44	45	46	47	48	49	50	51	52	53	54	55	56	57	58
1924/25	31	7	22,58	7	3,23	17	0	0,00	0	5,88	18	2	11,11	1	5,56
1925	51	11	21,57	11	1,96	24	2	8,33	2	8,33	22	1	4,55	1	4,55
1925/26	56	9	16,07	.	.	13	3	23,08	.	.	22	1	4,55	.	.
1926	91	17	18,68	.	.	17	0	0,00	.	.	42	14	33,33	.	.
1926/27	80	12	15,00	12	1,25	26	1	3,85	1	3,85	51	11	21,57	11	1,96
1927	102	20	19,61	20	1,96	29	4	13,79	4	3,45	58	13	22,41	13	0,00
1927/28	86	13	15,12	13	2,33	32	7	21,88	7	6,25	34	11	32,35	11	2,94
1928	129	17	13,18	17	1,55	39	2	5,13	2	12,82	117	34	29,06	34	0,00
1928/29	95	11	11,58	11	3,16	42	1	2,38	1	7,14	90	28	31,11	28	3,33
1929	141	29	20,57	29	1,42	55	5	9,09	4	7,27	143	45	31,47	45	1,40
1929/30	121	20	16,53	20	2,48	31	3	9,68	2	9,68	109	36	33,03	36	0,92
1930	158	29	18,35	29	1,90	55	5	9,09	4	1,82	165	59	35,76	57	3,03
1930/31	140	26	18,57	25	1,43	44	4	9,09	3	2,27	115	35	30,43	34	0,87
1931	166	31	18,67	30	1,81	53	7	13,21	6	1,89	173	71	41,04	70	1,73
1931/32	129	25	19,38	25	3,10	23	4	17,39	4	0,00	100	37	37,00	36	3,00
1932	139	30	21,58	30	2,16	42	4	9,52	4	0,00	140	48	34,29	46	2,14
1932/33	117	22	18,80	22	1,71	32	4	12,50	4	0,00	127	32	25,20	32	0,79
1933	111	28	25,23	.	.	27	3	11,11	.	.	130	35	26,03	.	.
1933/34	90	22	24,44	.	.	31	2	6,45	.	.	110	26	23,64	.	.
1934	62	14	22,58	.	.	26	0	0,00	.	.	113	29	25,66	.	.
1934/35	48	15	31,25	.	.	14	0	0,00	.	.	69	12	17,39	.	.
1935	59	6	10,17	.	.	.	.	.	.	.	.	.	.	.	.
1935/36	47	1	2,13	.	.	.	.	.	.	.	.	.	.	.	.
1936	45	6	13,33	.	.	.	.	.	.	.	.	.	.	.	.
1936/37	35	3	8,57	.	.	.	.	.	.	.	.	.	.	.	.
1937	26	0	0,00	.	.	.	.	.	.	.	.	.	.	.	.
1937/38	23	0	0,00	.	.	.	.	.	.	.	.	.	.	.	.
1938	25	0	0,00	.	.	.	.	.	.	.	.	.	.	.	.
1938/39	14	0	0,00	.	.	6	1	16,67	.	.	.	.	.	.	.
1939	8	1	12,50	.	.	4	0	0,00	.	.	.	.	.	.	.
1939/40	.	.	.	.	.	.	.	.	.	.	.	.	.	.	.
1940/1	3	0	0,00	.	.	7	1	14,29	.	.	6	4	66,67	.	.
1940/2	1	0	0,00	.	.	4	1	25,00	.	.	4	1	25,00	.	.
1940/3	3	0	0,00	.	.	6	1	16,67	.	.	6	3	50,00	.	.
1941/1	3	1	33,33	.	.	6	1	16,67	.	.	5	3	60,00	.	.

Tab. 16. 2: Die Einzelfachströme an der Universität Kiel nach Staatsangehörigkeit und Geschlecht 1776/77–1941/1

	Sonst. Naturwiss.			Geographie					Mineralogie, Geologie, Bergfach					Geogr.,Geol.,Mineral		
	insg.	Frauen		insg.	Frauen			Aus-länd. in %	insg.	Frauen			Aus-länd. in %	insg.	Frauen	
		insg.	in %		insg.	in %	deuts.			insg.	in %	deuts.			insg.	in %
Semester	59	60	61	62	63	64	65	66	67	68	69	70	71	72	73	74
1924/25	.	.	.	11	4	36,36	4	0,00	6	1	16,67	1	0,00	.	.	.
1925	.	.	.	10	1	10,00	1	0,00	3	1	33,33	1	0,00	.	.	.
1925/26	.	.	.	6	0	0,00	.	.	7	1	14,29	.	.	.	.	.
1926	.	.	.	15	5	33,33	.	.	5	1	20,00	.	.	.	.	.
1926/27	.	.	.	6	2	33,33	2	0,00	3	0	0,00	0	0,00	.	.	.
1927	.	.	.	27	8	29,63	8	0,00	6	0	0,00	0	0,00	.	.	.
1927/28	.	.	.	25	5	20,00	5	4,00	6	0	0,00	0	0,00	.	.	.
1928	.	.	.	14	4	28,57	4	0,00	7	0	0,00	0	0,00	.	.	.
1928/29	.	.	.	28	7	25,00	7	0,00	5	0	0,00	0	0,00	.	.	.
1929	.	.	.	55	19	34,55	18	1,82	6	0	0,00	0	0,00	.	.	.
1929/30	.	.	.	28	8	28,57	7	3,57	4	0	0,00	0	0,00	.	.	.
1930	.	.	.	32	8	25,00	8	3,13	2	0	0,00	0	0,00	.	.	.
1930/31	.	.	.	23	4	17,39	3	4,35	2	0	0,00	0	0,00	.	.	.
1931	.	.	.	39	15	38,46	14	2,56	8	2	25,00	2	0,00	.	.	.
1931/32	.	.	.	25	10	40,00	9	4,00	4	0	0,00	0	0,00	.	.	.
1932	.	.	.	39	16	41,03	15	2,56	2	0	0,00	0	0,00	.	.	.
1932/33	.	.	.	33	11	33,33	11	0,00	6	0	0,00	0	0,00	.	.	.
1933	.	.	.	.	.	.	.	.	.	.	.	.	.	30	12	40,00
1933/34	.	.	.	.	.	.	.	.	.	.	.	.	.	35	10	28,57
1934	.	.	.	.	.	.	.	.	.	.	.	.	.	28	11	39,29
1934/35	.	.	.	.	.	.	.	.	.	.	.	.	.	21	5	23,81
1935	48	1	2,08	.	.	.	.	.	.	.	.	.	.	9	3	33,33
1935/36	52	11	21,15	.	.	.	.	.	.	.	.	.	.	8	4	50,00
1936	43	10	23,26	.	.	.	.	.	.	.	.	.	.	11	3	27,27
1936/37	38	6	15,79	.	.	.	.	.	.	.	.	.	.	5	0	0,00
1937	32	6	18,75	.	.	.	.	.	.	.	.	.	.	4	0	0,00
1937/38	27	7	25,93	.	.	.	.	.	.	.	.	.	.	6	2	33,33
1938	24	4	16,67	.	.	.	.	.	.	.	.	.	.	3	0	0,00
1938/39	21	6	28,57	.	.	.	.	.	.	.	.	.	.	4	0	0,00
1939	23	5	21,74	.	.	.	.	.	.	.	.	.	.	2	0	0,00
1939/40	.	.	.	.	.	.	.	.	.	.	.	.	.	.	.	.
1940/1	6	2	33,33	.	.	.	.	.	.	.	.	.	.	2	1	50,00
1940/2	14	6	42,86	.	.	.	.	.	.	.	.	.	.	0	0	.
1940/3	9	3	33,33	.	.	.	.	.	.	.	.	.	.	1	1	100,0
1941/1	4	0	0,00	.	.	.	.	.	.	.	.	.	.	1	0	0,00

5. Anmerkungen zu Tabelle 16.2

1776/77–1866:

In den Semestern 1803, 1813/14 und 1822 stimmt die Summe der Fak. (Sp. 2–5) jeweils um einen Stud. nicht mit der Summe der Stud. (Sp. 1) überein. Diese Fehler tauchen schon in der Quelle auf. Sie konnten von uns nicht mehr verbessert werden.

Sp. 6 (Zahnmed.): 1855–1866 in der Med. Fak. immatrikuliert. – Sp. 7 (Pharmazie): in der Phil. Fak. immatrikuliert. – Sp. 10 (Chemie): in Sp. 9 (Math., Nat.) enthalten.

1866/67–1908:

1867/68–1886 Ausländer dem Pers.Verz. der Univ. Kiel entnommen.

Sp. 10 (Pharmazie/Ausl.): 1873–1886 einschl. der ausländischen Stud. der Zahnmed. – Sp. 22 (Ausländer insg.): 1867/68–1873 ohne die ausländischen Stud. der Zahnmed. und Pharmazie

1908/09–1941.1:

Für die in den Semestern 1912/13, 1913/14, 1919, 1920 und 1921/22 im StatJbDR ausnahmsweise verwendeten »vorläufigen« haben wir die »endgültigen Feststellungen« der Stud.-Zahlen aus den Pers.Verz. der Univ. Kiel eingesetzt, um die Zeitreihen von 1912 bis 1923/24 auf eine einheitliche, vergleichbare Quellengrundlage zu stellen. Für das WS 1922/23 wurde an der Univ. Kiel kein Stud.Verz. veröffentlicht. 1939/40 keine Stud.-Zahlen, da die Univ. Kiel wegen des Kriegsbeginns und der Umstellung auf Trimester geschlossen war.

Sp. 6 (Jura): 1912–1924 bietet das StatJbDR nur eine sehr uneinheitliche Jurazeitreihe: 1912–1914/15 ohne Kam.; 1915–1919 einschl. der Staatswiss. in der Rechts- und Staatswiss. Fak. (1913 wurde die Jur. Fak. an der Univ. Kiel durch Einschluß des vorher zur Phil. Fak. gehörenden Staatswiss. Inst. zur Rechts- und Staatswiss. Fak. erweitert) *und* der weiterhin in der Phil. Fak. eingeschriebenen Stud. der »Kameralia«; 1919/20–1922/23 einschl. der Staatswiss., aber ohne Kameralia der Phil. Fak.; 1923 ohne Staatswiss. *und* Kameralia der Phil. Fak.; 1923/24

einschl. Staatswiss. (Kameralia der Phil. Fak. werden im Pers.Verz. nicht mehr aufgeführt); 1924 wieder ohne Staatswiss. Wir haben die Jurazeitreihe deshalb mit Hilfe der Pers.Verz. der Univ. Kiel soweit wie möglich *ohne* Staatswiss. bzw. Kameralia vereinheitlicht. Da für das Semester 1922/23 in Kiel keine Stud.-Stat. veröffentlicht wurde, sind in diesem Semester die Staatswiss. enthalten. – Sp. 41 (Kameralia, Staatswissenschaften, VWL): 1912–1924 bietet das StatJbDR, entsprechend zur oben kommentierten Jurazeitreihe, auch für die Stud. der Kameralia etc. nur eine sehr uneinheitliche Zeitreihe: 1912–1914/15 Kameralia; 1915–1919 keine Daten; 1919/20–1822/23 nur Kameralia der Phil. Fak., ohne Staatswiss. der Rechts- und Staatswiss. Fak.; 1923 Staatswiss. *und* Kameralia der Phil. Fak.; 1923/24 kein Datum (für die Phil. Fak. werden keine Stud. der Kameralia mehr aufgeführt); 1924 Staatswiss. Wir haben deshalb auch diese Zeitreihe mit Hilfe des Pers.Verz. auf »Kameralia und Staatswiss.« vereinheitlicht. 1922/23 nur Kameralia der Phil. Fak., da für dieses Semester keine Stud.-Stat. erschienen ist. Seit 1924/25 »Volkswirtschaftslehre«. – Sp. 46 (Landwirtschaft, Kameralia): 1908/09–1911/12 Landwirtschaft und Kameralia. Seit 1912 nur Landwirtschaft. – Sp. 51 (Sonstige): 1924/25 bei Philosophie, Pädagogik, Religionslehren. – Sp. 56–60 (Stud. insg.): 1935/36 einschl. zweier Studentinnen des »Berufsschullehramts«, die nicht in den differenzierten Fächern und Fächergruppen erscheinen.

1924/25–1941.1:

Sp. 16 (Geschichte): 1935–1936 enthalten in Sonstige Kulturwiss. (Sp. 34). – Sp. 24 (Philosophie, Pädagogik, Religionslehren): vorher bis 1924 unter »Sonstige«; 1924/25 einschl. der seit 1925 als »Sonstige« ausdifferenzierten Stud. – Sp. 34 (Sonstige Kulturwiss.): 1935–1936 einschl. Geschichte (Sp. 16). – Sp. 44 (Mathematik): 1935–1938 einschl. Physik (Sp. 49). – Sp. 49 (Physik): 1935–1938 enthalten in Mathematik (Sp. 44). – Sp. 54 (Biologie): 1935–1939 enthalten in Sonst. Naturwiss. (Sp. 59) – Sp. 59 (Sonst. Naturwiss.): 1935–1939 einschl. Biologie.

6. Quellen und Literatur

Quellen:

Standardquellen: 1830/31–1911/12: PrStat 102, 106, 112, 116, 125, 136, 150, 167, 193, 204, 223, 236. – *1912–1924:* StatJbDR Jgg. 34–36, 40–44. – *1924/25–1927/28:* PrStat 279, 281, Sonderdr WS 1925/26, 285; PrHochStat WS 1926/27–WS 1927/28. – *1928–1932/33:* DtHochStat Bde. 1–10. – *1932–1941.1:* ZehnjStat.

Ergänzend: 1776/77–1830: VOLBEHR 1876, S. 43, 53f. – *1855–1866, 1867/68–1886, 1912–1923/24:* Pers.Verz. der Univ. Kiel 1855–1923/24.

Literatur:

Bibliographie in WIEGAND, O.F.: Bibliographie zur Geschichte der Christian-Albrechts-Universität Kiel. Kiel 1964.

ACHELIS, T.O.: Das Biennium der Christiana Albertina zu Kiel 1768–1867. In: Zeitschrift der Gesellschaft für Schleswig-Holsteinische Geschichte 81 (1957), S. 113–154. – BARGMANN, W.: Die Christiana Albertina in Vergangenheit, Gegenwart und Zukunft. Kiel 1965. – Geschichte der Christian-Albrechts-Universität Kiel 1665–1965. Bd. 1, T.

2; Bd. 3, T. 1; Bd. 4, T. 1; Bd. 5, T.1, 2; Bd.6. Neumünster 1965–1969. – Jordan, K.: Christian-Albrechts-Universität Kiel 1665–1965. Neumünster 1965. – Rodenberg, C./Pauls, V.: Die Anfänge der Christian-Albrechts-Universität. Kiel 1955. – 300 Jahre Studentenschaft Christiana Albertina Kiel. Jubiläumsschrift der Kieler Studentenschaft. Red.: B. Rumler u.a. Kiel 1965. – Janssen, J.E.: Hakenkreuzflagge auf dem Uni-Gebäude 1933. In: 300 Jahre Studentenschaft Christiana Albertina Kiel. Kiel 1965. S. 11–13. – Niedzwetzki, K.: Der Einzugsbereich der Universität Kiel und seine Auswirkungen auf die Entwicklung der Studierendenzahlen. T.1, 2. Kiel (Diss.) 1970. – Verzeichniß der Behörden, Commissionen, Beamten, Institute, Lehrer und Studirenden der Universität zu Kiel. 1854–1944/45 (unter verschiedenen Titeln = Pers.Verz.). – Volbehr, F.: Beiträge zur Geschichte der Christian-Albrechts-Universität zu Kiel. Kiel 1876. – Volbehr, F. und Weyl, R.: Professoren und Dozenten der Christian-Albrechts-Universität zu Kiel. 1665–1954. 4. Aufl. bearbeitet von R. Bülck, abgeschlossen von H.-J. Newiger. Kiel 1956.

17. Köln

1. Geschichtliche Übersicht

Nach Prag, Wien und Heidelberg war die Universität zu Köln die viertälteste Gründung des spätmittelalterlichen Deutschen Reiches und zugleich die erste, die allein durch die Initiative eines städtischen Patriziats entstand. Eröffnet 1389, erlebte sie ihre Blütezeit im 15. Jahrhundert mit 1000–1500 immatrikulierten Studenten jährlich, konnte aber ihre Stellung als katholische Bastion im Nordwesten des Reichs nicht behaupten und wurde 1798 unter französischer Herrschaft aufgehoben. Die Restituierungspläne des 19. Jahrhunderts scheiterten letztendlich an der Konkurrenz der Universität Bonn und der Technischen Hochschule Aachen.

Erst im 20. Jahrhundert gelang es, mit der Städtischen Handelshochschule (1901), der Akademie für praktische Medizin (1904) und der Hochschule für kommunale und soziale Verwaltung (1912) drei akademische Einrichtungen zu schaffen, die einer neuen Universität ein festes Fundament geben konnten. Konrad Adenauer, seit 1917 Kölner Oberbürgermeister, trieb die Neueröffnung energisch voran, die durch einen Vertrag zwischen der Stadt und der preußischen Staatsregierung im Mai 1919 besiegelt und im Juni desselben Jahres vollzogen wurde. Im Gründungsjahr konstituierten sich zunächst die Wirtschafts- und Sozialwissenschaftliche sowie die Medizinische Fakultät, deren vorklinische Semester allerdings erst 1925 eröffnet wurden. Die Rechtswissenschaftliche und die Philosophische Fakultät traten 1920 hinzu. Die Naturwissenschaften wurden seit 1925 stärker ausgebaut und konnten sich erst 1955 zur eigenen Fakultät verselbständigen. Die Einrichtung einer Katholisch-Theologischen Fakultät wurde wiederholt erwogen, doch blieb es schließlich bei religionswissenschaftlichen Lehrveranstaltungen im Rahmen des öffentlichen Vorlesungswesens, die bis 1933 regelmäßig stattfanden. Bis 1934 war die Universität hauptsächlich im Gebäude der früheren Handelshochschule untergebracht. Der Kölner Tradition entsprechend übernahm die Stadt die Trägerschaft der Universität und stellte allein für die Jahre 1920 bis 1939 einen Finanzzuschuß in Höhe von 150 Mill. Mark bereit. Erst 1953 wurde die Universität in den nordrheinwestfälischen Landeshaushalt übernommen.

Die Attraktivität der jungen, als modern geltenden Universität war für die Studierenden schon 1920 so hoch, daß sie zu mittlerer Größe avancieren konnte und wenige Semester später nach Berlin und München zur drittgrößten deutschen Universität aufstieg. Nach 1933 verlor sie zwar zunächst an Anziehungskraft, die sie aber bis zum Zweiten Weltkrieg in alter Stärke wiedergewann (1939: 3. Rang). Erst nach der eingeschränkten Fortführung des Lehrbetriebes während des Zweiten Weltkrieges rutschte sie wieder auf eine mittlere Größe ab. Ihren schnellen Aufstieg verdankte die Universität vor allem der hervorragenden Bedeutung der Wirtschafts- und Sozialwissenschaftlichen Fakultät insbesondere in den 20er Jahren. Durch die Tradition der Handelshochschule und der Hochschule für kommunale und soziale Verwaltung besaß sie unverkennbare Startvorteile. Schon nach der Eröffnung waren hier im Vergleich der deutschen Universitäten die weitaus meisten und um 1930 sogar über ein Viertel aller Studierenden der Wirtschafts- und Sozialwissenschaften immatrikuliert. Aber auch die Studierenden der Rechts- und Staatswissenschaften und der Sprach- und Kulturwissenschaften trugen erheblich zu dieser Entwicklung bei. Ihre Anzahl bewegte sich meist im oberen Rangviertel.

Köln konnte – ähnlich den beiden anderen jungen Großstadtuniversitäten Frankfurt und Hamburg – seinen wissenschaftlichen Personalbestand während der 1920er Jahre bis 1930 verdoppeln und erreichte damit einen mittleren Rang in der Personalausstattung der deutschen Universitäten. Dazu trugen alle Fakultäten bei, aber an der Spitze der Entwicklung standen die Wirtschafts- und die Rechtswissenschaften, die zusammen nach Frankfurt die zweitmeisten Lehrpersonen dieser Fächergruppen versammelten. Viele waren von den Vorläuferhochschulen übernommen worden. In den 1930er Jahren stagnierte der Personalbestand; nur in der Medizin wurde er kräftig aufgestockt, so daß insgesamt der mittlere Rang gehalten werden konnte. Da die Zahl der Studierenden aber bis auf das Niveau der Spitzenuniversitäten angewachsen war, kamen in Köln im Jahre 1930 mehr Studierende auf einen Hochschullehrer als an jeder anderen deutschen Universität (29,1 gegenüber 23,5 in München, 20,9 in Leipzig und 19 in Berlin). Der schnelle Aufstieg hatte also auch seinen Preis. Durch den überdurchschnittlichen Frequenzrückgang nach 1933 verbesserte sich die Betreuungsrelation (wie an allen Universitäten) zwar erheblich (auf nur noch 8 Studierende pro Dozent), aber nach diesem Indikator blieb Köln in der Skala sämtlicher Universitäten im unteren Drittel.

Im Vergleich zu Frankfurt und Hamburg wies Köln zunächst nur eine geringe Zahl selbständiger wissenschaftlicher Institutionen auf. 1920 nahm die Universität nach diesem Indikator vor Münster nur den vorletzten Platz unter den deutschen Universitäten ein. In den ersten zwei Jahrzehnten ihres Bestehens wuchs die Zahl ihrer Institute dann allerdings stark an, und 1940 hatte Köln einen ähnlich hohen Grad der institutionellen Differenzierung erreicht wie die Universitäten mit vergleichbar hohen Studentenzahlen (Bonn und Breslau)

1933 war Köln eine der ersten Universitäten, die ihre nationalsozialistische »Gleichschaltung« durch-

führte. Das ist überraschend, weil in der Weimarer Republik die überwiegende Mehrzahl der Professoren dem Zentrum und der Demokratischen Partei zuneigte, einige der SPD angehörten und nur wenige mit der NSDAP sympathisierten. Der Anteil jüdischer Hochschullehrer lag durchschnittlich bei 10 %, nur in der Rechtswissenschaftlichen Fakultät erreichte er ein Drittel. Nach der »Machtergreifung« wurden bis April 1936 43 von 241 Dozenten (17,4% des Lehrkörpers von 1932/33) entlassen, wobei die Wirtschafts- und Sozialwissenschaftliche und die Rechtswissenschaftliche Fakultät mit jeweils über einem Drittel am härtesten betroffen waren. Nur wenige von ihnen kehrten nach 1945 zurück. Nach den Luftangriffen Ostern 1942 war nur noch ein stark eingeschränkter Lehr- und Forschungsbetrieb möglich, der im WS 1944/45 vollends zusammenbrach. Bei Kriegsende waren die Universitätseinrichtungen zu 40%, die der Medizinischen Fakultät gar zu 62% zerstört. Am 24.10.1945 genehmigte die britische Militärregierung die Wiedereröffnung, und am 26.1.1946 nahm die Universität zu Köln ihre Arbeit wieder auf.

2. Der Bestand an Institutionen 1919–1944/45

Zum Verständnis vgl. die Erläuterungen S. 48 ff.

I.   Wirtsch.- u. Sozialwiss. Fak. (1919)

1.   Staatswiss. Sem. (1919–34)
      Volkswirtsch. Sem. (nur 1934/35)
      Staatswiss. (Volkswirtsch.) Sem. (1935)
2.   Betriebswiss. Sem. (1919–26)
      Betriebswirtsch. Sem.e (1926/27–34)
2.1   Sem. f. Treuhandw. (1926/27–34)
      Sem. f. allg. Betriebswirtsch., Revisions- u. Treuhandwirtsch. (1934/35)
2.2   Betriebswirtsch. Sem. f. Handelslehrer (1926/27–33/34)
2.3   Sem. f. Bankbetrieb (1926/27–29/30)
      Sem. f. Bank- u. Finanzwirtsch. (1930–34)
      Sem. f. allg. Betriebswirtsch., Bank- u. Finanzwirtsch. (1934/35)
2.4   Betriebswirtsch. Industriesem. (1926/27–34)
      Sem. f. allg. Betriebswirtsch. u. Werkwirtsch. (1934/35)
2.5   Sem. f. Handelsbetriebslehre (1926/27–34)
      Sem. f. allg. Betriebswirtsch., Handels- u. Absatzwirtsch. (1934/35)
3.   Wirtsch.hist. Sem. (1919–34)
      Sem. f. Wirtsch.- u. Sozialgesch. u. Wirtsch.geogr. (Wirtsch.raumlehre) (nur 1934/35)
      Sem. f. Wirtsch.gesch. u. Wirtsch.raumlehre (1935)

4.   Vers.wiss. Sem. (1919–34)
      Sem. f. Vers.lehre (1934/35)
5.   Mus. f. Handel u. Industrie (1919–32/33)
      Schau westdt. Wirtsch. (Univ.mus.) (Köln-Lindenthal) (1933)
6.   Soziol. Sem. (1920)
7.   Inst. f. Verkehrswiss. (1922/23)
8.   Sem. f. Sozialpol. u. Wohlfahrtspflege (1923/24–34)
9.   Päd.-did. Sem. f. Handelslehrer u. Handelslehrerinnen (1923/24–27/28, vorh. IV.13.)
      Methodisch-did. Sem. f. Handelslehrer (1928–32)
      Wirtsch.päd. Sem. (1932/33–34, 43)
10.   Werbewiss. Inst. (1923/24–24/25)
      Werbewiss. Sem. (1935/36)
11.   Stat. Sem. (1925)
12.   Sem. f. Genossenschaftsw. (1926/27–34, 41/42)
13.   Sem. f. Finanzwiss. (1927)
14.   Inst. f. intern. Finanzwirtsch. (1927/28–34)
      Forsch.inst. f. Finanzwiss. (1934/35–38/39)
15.   Betriebswirtsch. Inst. f. Einzelhandelsforsch. (1929–31/32)
      Betriebswirtsch. Forsch.inst. f. Konsumtionsversorgung (Einzelhandelsinst.) (1932–35)
      Inst. f. Bedarfs- u. Absatzforsch. mit Einzelhandelinst. (1935/36)
16.   Sem. f. betriebl. Steuerlehre (1935/36–38/39)
17.   Inst. f. Arbeitspol. (Sozialpol.) (1939)

18.	Inst. f. Vers.wiss. (1941.1)
19.	Sem. f. Arbeitspol. (Sozialpol.) (1942/43)
20.	Kölner Wirtsch.wiss. Inst. (1944)
21.	Energiewirtsch. Inst. (1944)

II. Med. Fak. (1919)

1.   Path. Inst. (Lindenburg) (1919)
1.1 Abt. Lindenburg (1919–33)
1.2 Abt. Augustahospital (1919–34)
1.3 Abt. f. topogr. Anat. (Lindenburg) (1919–25)
      Anat. Inst. (1925/26)
2.   Path.-physiol. Inst. Lindenburg (1919–25)
      Normal- u. Path.-physiol. Inst. (Lindenburg) (nur 1925/26)
      Inst. f. normale u. path. Physiol. (1926)
3.   Chir. Klin. (Lindenburg) (1919)
4.   Chir. Klin. (Augustahospital) (1919–34)
4.1 Orthop. Abt. (Bürgerhospital) (1919, Klin. 21/22)
4.2 Orthop. Polikl. (1933)
4.3 Röntg.abt. Bürgerhospital (1919–28)
      Röntgen- u. Lichtinst. (Bürgerhospital) (1928/29)
5.   Med. Klin. (Lindenburg) (1919)
5.1 Röntgenabt. (1931)
5.2 Chem. Lab. (1931)
6.   Med. Klin. (Augustahospital) (1919, o. Augustahospital 34)
6.1 Röntgenabt. (1931–33)
6.2 Abt. Augustahospital (1933/34–34)
6.3 Abt. Bürgerhospital (1933/34–34)
      Med. Polikl. (Bürgerhospital) (1934/35)
7.   Psych. Klin. (Lindenburg) (1919, u. Nervenkl. 28/29)
7.1 Psychol. Lab. (1921/22)
8.   Augenkl. (Lindenburg u. Gereonswall) (1919, u. Bürgerhospital 36/37, o. Gereonswall 36/37)
9.   Frauenklinik (1924/25)
9.1 Gynäk. Klin. (Augustahospital) (1919–24)
9.2 Gebh. Klin. Provinzial-Hebammen-Lehranst. (1920/21–24)
9.3 Röntgenabt. (1927–33/34)
10. Kinderkl. (Lindenburg) (1919)
11. Hautkl. (Lindenburg) (1919)
12. Klin. f. HNO-Kr. Lindenburg (1919, u. Bürgerhospital 28/29)
12.1 Abt. Lindenburg (1931/32–41/42)
12.2 Abt. Bürgerhospital (1931/32–41/42)
13. Hyg. Inst. Augustahospital (1919, Lindenthal 21/22, o. Lindenthal 31/32)
14. Pharm. Inst. (Augustahospital) (1920)
15. Zahnkl. (1929/30–34)
      Zahnärztl. Inst. (1934/35, Klin. 39/40)
16. Chir. Klin. (Bürgerhospital) (1932)
17. Anthr. Inst. (Lindenburg) (1933)
18. Physiol.-chem. Inst. (Lindenburg) (1937/38)
19. Inst. f. Erbbiol. u. Rassenhyg. (1939/40)
20. Inst. f. ger. Med. (1940.2)
21. Abt. f. Vers.med. d. Inst. f. Vers.wiss. (1944/45)

III. Rechtswiss. Fak. (1920)

1.   Jur. Sem. (1919–19/20)
      Rechtswiss. Sem. (1920, in III. 1920)
2.   Sem. f. Pol. (1919–33, in III. 1920)
3.   Sem. f. Handels- u. Industrier. (1920/21–25)
      Inst. f. Handels-, Industrie- u. Auslandsr. (1925/26–29)
      Inst. f. Arbeitsr., Wirtsch.r. u. Auslandsr. (1929/30)
4.   Sem. f. dt. Recht (1922/23)
5.   Kriminal. Inst. (1923/24, Kriminalwiss. 25)
6.   Inst. f. Völkerr. u. intern. Recht (1931–33)
      Inst. f. Staatslehre u. Völkerr. (1933/34–34)
      Inst. f. Völkerr. (1934/35, Sem. 37/38)
7.   Inst. f. Kirchenr. u. rh. Kirchenr.gesch. (1931)
8.   Sem. f. Jugendrecht (1939)
9.   Inst. f. Steuerrecht (1943)
10. Inst. f. Verw. der Gemeinden u. Gemeindeverb.e (1943)
11. Abt. Vers.recht d. Inst. f. Vers.wiss. (1944/45)

IV. Phil. Fak. (1920)

1.   Philos. Sem. (1919, in IV. 1920)
2.   Engl. Sem. (1919 in IV. 1920)
3.   Rom. Sem. (1919, in IV. 1920, mit Dt.-Französischem Inst. 41)
3.1 Portugiesisch-Brasilianisches Inst. (1938, vorh. V.9.)
3.2 Dt.-Sp. Inst. (1941, vorh. V.6.)
4.   Geogr. Inst. (1919, in IV. 1920)
5.   Phys.-elektrotechn. Inst. (1919–36, in IV. 1920)
      Phys. Inst. (Claudiusstr.) (1936/37–43/44, u. neues Inst. (Köln-Lindenthal) 42)
      Phys. Inst. (Claudiusstr. u. Köln-Lindenthal) (1944)
6.   Chem. Inst. (1919, in IV. 1920)
6.1 Abt. f. analytische Chem. (1942)
6.2 Abt. f. org. Chem. (1942/43)
7.   Hist. Sem. (1920)
7.1 Vorgesch. Abt. (1930, Inst. 38/39)
8.   Germanisches Inst. (1944)
8.1 Germ. Sem. (1920–26)
      Dt. Sem. (1926/27–38/39)
      Dt. Sem., mit nordischer u. volksk. Abt. (1939)
8.1.1 Theatergesch. Abt. (1922/23–28/29)
      Theaterwiss. Abt. (1929–34/35, Forts. IV.25.1)
8.1.2 Indogerm. Abt. (1925–43/44)
      Sprachwiss. Sem. (nur 1944)
      Sem. f. vergl. Sprachwiss. (1944/45)
8.1.3 Nordische Abt. (1935)
8.1.4 Volksk. Abt. (1935)
8.1.5 Ndrl. Abt. (1935, vergl. V.7.)
8.1.6 Dt.-Ndrl. Inst. (1935)
9.   Inst. f. Zeitungsk. (1920–38/39)
      Inst. f. Zeitungswiss. (1939, vgl. V.3.)
10. Math. Inst. (1920/21, Sem. 28/29)

10.1	Abt. f. angew. Math. (1942)
10.2	Abt. f. Vers.math. d. Inst. f. Vers.wiss. (1944/45)
11.	Sem. f. exp. Psychol. (1921–22/23) Psychol. Inst. (1923–38) Inst. f. exp. Psychol. (1938/39)
12.	Musikwiss. Inst. (1921)
13.	Päd.-didakt. Sem. f. Handelslehrer u. Handelslehrerinnen (1921–23, Forts. I.9.)
14.	Kunsthist. Inst. (nur 1921/22) Inst. f. Kunstgesch. (1922)
14.1	Sem. f. ostas. Kunst (1941/42)
15.	Päd. Sem. (1923)
16.	Inst. f. Altertumsk. (1923)
17.	Bot. Inst. (1923)
18.	Geol. Inst. (1923/24–28, 44/45) Geol.-Min. Inst. (1928/29–44)
18.1	Min. Abt. (1939/40–44, Inst. 44/45)
19.	Inst. f. theor. Phys. (1925)
20.	Zool. Inst. (1925/26)
21.	Inst. f. Leibesüb. (1927–37/38) Hochschulinst. f. Leibesüb. (1938)
21.1	Abt.: Grundausbildung (1938)
21.2	Abt.: Turnlehrerausbildung (1938)
21.3	Abt.: Freiwilliger Übungsbetrieb (1938)
21.4	Abt.: Luftfahrt (1938–40.1)
21.5	Abt.: Sportärztl. Unters. (1938)
22.	Inst. f. techn. Phys. (1928–38)
23.	Inst. f. phys. Chem. u. Kolloidchem. (1928)
24.	Arch. Inst. (1929)
25.	Inst. f. Theaterwiss. (1931/32, vergl. IV.8.1.1, verb. mit d. Theatermus. 33)
25.1	Theaterwiss. Abt. (1935–37)
26.	Sem. f. Völkerk. (nur 1933, 40.3, vergl. V.12.)
27.	Abt. f. Elektrolytforsch. (1933–37)
28.	Inst. f. Raumpol. (1935)
29.	Abt. f. angew. Phys. (1938/39, mit Versuchsanst. Frechen-Buschbell 41.1)

V.   Wiss. Inst.e, d. auch v. Angehörigen d. Univ. benutzt werden können (1919–31)
Städt. Inst.e (1931/32–41.1)
Inst.e, d. zugleich d. Lehrzwecken d. Univ. dienen (nur 1941)
Städt.- u. Provinzial-Inst.e, d. zugleich den Lehrzwecken d. Univ. dienen (1941/42)

1.	Dt.-Südamerikanisches Inst. (1919–19/20) Dt.-Südamerikanisches u. Iberisches Inst. (1920–23/24)
2.	Forsch.inst. f. Sozialwiss. (1919–33/34)
3.	Forsch.inst. f. intern. Pressew. (1929/30–34) Inst. f. Zeitungswiss. (1934/35–38/39, an d. Univ. Köln 35, vgl. IV.9.)
4.	Dt.-Frz. Forsch.inst. (1931–33/34, 34/35–39) Dt.-Frz. Inst. d. Hansestadt Köln (1939/40–41.1)
5.	Dt.-Italienisches Forsch.inst. (1931–33)
6.	Dt.-Sp. Forsch.inst. (1931–33/34, 34/35–41.1, Forts. IV.3.2)
7.	Dt.-Ndrl. Forsch.inst. (1931/32, o. Forsch. 39)
8.	Dt.-Italien. Kulturinst. (1932, 33)
9.	Dt.-Portugiesisches Forsch.inst. (1933) Dt.-Portugiesisch-Brasilianisches Forsch.inst. (1933/34–35) Portugiesisch-Brasilianisches Inst. (1934/35–37/38, Forts. IV.3.1)
10.	Forsch.inst. f. dt. Sozialismus (1933/34–38/39, Forsch.stätte 35, an d. Univ. Köln 36/37)
11.	Hyg.-Mus. (1933/34)
12.	Mus. f. Völkerk., Rautenstrauch-Joest Mus. (1941 vgl. IV.26.)
13.	Mus. f. Vor- u. Frühgesch. (1941)
14.	Mus. f. Naturk. (1941/42)
15.	Bot. Garten (1941/42)
16.	Rh. Prov.inst. f. Sippen- u. Volkskörperforsch. an d. Univ. Köln u. Rh. Landeszentrale f. sippenk. Bestandsaufnahme (1941/42–44)

3. Die Studierenden nach Fachbereichen

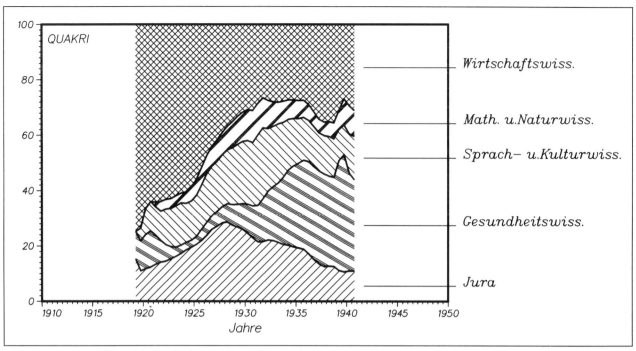

Abb. 17.1: Das Fachbereichsprofil der Studierenden an der Universität Köln 1919/20–1941/1

Tab. 17. 1: Die Studierenden an der Universität Köln nach Fachbereichen in Prozent 1919/20-1941/1

| Semester | Jura | Gesundheitswiss. | | | Sprach und Kultur wiss. | Math.,Naturw. | | Wirt- sch.-, Agrar- und Forst- wiss. | Studierende | | |
| | | insg. | Allg. Med. | Zahn- med. | | insg. | Chemie | | insg. | weibl. in % | Ausl. in % |
	1	2	3	4	5	6	7	8	9	10	11
1919	19,95	8,32	8,32	0,00	0,00	0,00	0,00	71,73	1298	14,48	1,08
ZS.1919	.	13,15	13,15	.	0,00	.	.	86,85	1620	9,94	0,74
1919/20	10,49	11,55	11,55	0,00	0,00	0,00	0,00	77,96	2432	10,81	1,44
1920	11,53	10,17	10,17	0,00	9,05	0,00	0,00	69,25	3028	11,10	1,65
1920/21	11,96	14,47	14,47	0,00	9,64	0,00	0,00	63,93	3704	10,53	1,78
1921	12,74	11,67	11,67	0,00	11,62	0,00	0,00	63,98	4012	10,32	1,65
1921/22	14,04	9,15	9,15	0,00	9,02	3,43	2,14	64,36	4111	10,80	2,14
1922	14,18	6,58	6,58	0,00	12,14	3,59	2,02	63,51	4407	10,05	2,27
1922/23	14,82	5,28	5,28	0,00	13,69	3,41	1,93	62,80	4865	10,87	3,21
1923	15,88	3,43	3,21	0,23	13,97	3,78	2,20	62,94	5270	11,40	3,06
1923/24	16,61	3,23	3,23	0,00	15,86	3,60	1,77	60,70	5196	12,64	2,54
1924	18,07	2,64	2,64	0,00	14,68	3,48	1,90	61,12	4161	12,06	2,26
1924/25	19,12	2,82	2,77	0,05	13,46	4,78	2,35	59,82	4079	11,52	1,74
1925	19,93	2,20	2,18	0,02	14,95	5,20	2,16	57,72	4536	11,42	1,81
1925/26	21,28	3,49	3,43	0,07	14,80	6,24	2,17	54,19	4554	11,66	1,60
1926	22,64	4,59	4,49	0,11	17,04	6,47	1,85	49,26	4748	11,82	1,60
1926/27	24,96	4,80	4,69	0,11	17,85	6,76	1,77	45,63	4751	11,89	1,83
1927	27,00	4,98	4,71	0,27	17,90	7,65	1,56	42,46	5122	12,12	1,64
1927/28	27,18	5,71	5,53	0,18	18,17	7,93	1,72	41,01	5008	12,22	2,18
1928	29,43	6,04	5,82	0,22	19,03	8,22	1,43	37,27	5532	12,44	1,90
1928/29	27,80	7,31	7,14	0,17	19,59	8,83	1,60	36,46	5252	14,11	2,06
1929	27,14	7,71	7,44	0,27	21,15	10,12	1,77	33,87	5541	14,44	1,86
1929/30	26,42	8,81	8,54	0,27	21,96	10,19	1,69	32,62	5515	15,49	2,12
1930	25,56	9,77	9,31	0,46	22,95	10,89	1,75	30,82	5821	16,85	1,94
1930/31	23,58	11,31	10,54	0,77	23,01	11,45	1,71	30,66	5616	18,82	1,66
1931	22,32	11,77	10,85	0,91	22,70	11,68	1,75	31,53	6017	21,11	1,60
1931/32	20,69	14,52	12,99	1,53	28,09	11,29	1,70	25,41	5419	22,31	1,92
1932	22,44	16,52	14,41	2,11	23,02	10,40	1,86	27,61	5316	20,67	2,07
1932/33	21,89	18,89	16,27	2,62	21,91	10,04	1,91	27,27	4880	20,84	2,62
1933	21,96	20,22	16,99	3,24	21,48	7,81	1,91	28,53	4445	19,66	.
1933/34	20,66	22,70	19,26	3,44	21,11	7,88	2,21	27,64	3983	18,13	.
1934	20,48	25,75	21,77	3,97	18,52	7,44	1,96	27,82	3321	16,59	1,69
1934/35	20,06	28,48	23,90	4,58	18,13	6,70	2,21	26,64	3255	15,94	.
1935	19,29	29,82	25,41	4,42	16,32	6,73	2,32	27,83	2763	15,96	.
1935/36	19,27	31,32	25,61	5,71	15,94	6,44	2,48	27,03	3030	14,82	.
1936	18,39	32,85	27,21	5,63	15,13	5,93	2,36	27,70	2664	14,79	.
1936/37	15,93	33,76	28,53	5,22	14,70	5,56	1,98	30,06	2681	14,36	.
1937	14,30	33,28	28,39	4,89	14,22	5,17	2,00	33,04	2497	13,74	3,12
1937/38	12,86	33,77	29,46	4,31	13,24	4,77	2,08	35,36	2644	13,88	.
1938	12,27	33,15	28,91	4,24	14,42	5,07	2,22	35,09	2428	14,17	.
1938/39	13,18	31,83	28,47	3,36	14,21	5,66	2,90	35,12	2617	15,51	.
1939	12,02	32,53	29,87	2,67	13,60	5,87	3,09	35,97	2588	14,72	.
1939/40	.	.	.	.	.	.	.	.	.	.	.
1940/1	10,31	46,74	45,33	1,42	8,90	7,88	5,78	26,18	1765	14,28	.
1940/2	11,00	37,75	36,15	1,60	12,67	11,07	7,81	27,51	1563	23,42	0,77
1940/3	10,13	35,83	34,36	1,47	13,85	10,96	7,54	29,22	2043	28,24	.
1941/1	10,97	32,92	31,78	1,14	15,68	9,35	6,11	31,08	1850	31,30	.

4. Die Studierenden nach Fächern

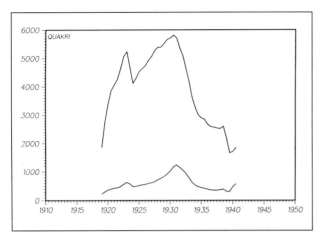

Abb. 17.2: Die Studierenden (weibl. u. insg.) an der Universität Köln 1919/20–1941/1: Sämtliche Fächer

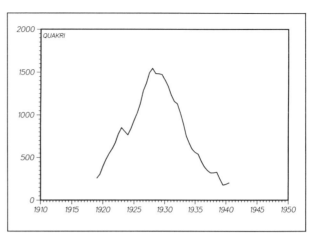

Abb. 17.3: Die Studierenden an der Universität Köln 1919/20–1941/1: Jura

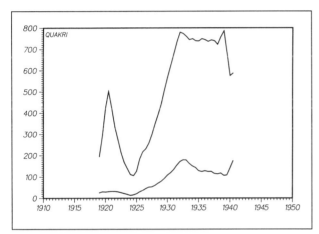

Abb. 17.4: Die Studierenden (weibl. u. insg.) an der Universität Köln 1919/20–1941/1: Allgemeine Medizin

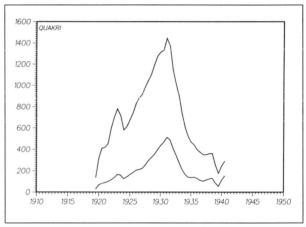

Abb. 17.5: Die Studierenden (weibl. u. insg.) an der Universität Köln 1919/20–1941/1: Sprach- und Kulturwissenschaften

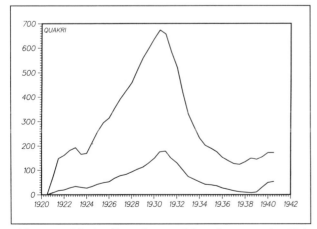

Abb. 17.6: Die Studierenden (weibl. u. insg.) an der Universität Köln 1919/20–1941/1: Mathematik und Naturwissenschaften

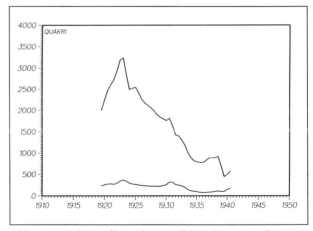

Abb. 17.7: Die Studierenden (weibl. u. insg.) an der Universität Köln 1919/20–1941/1: Wirtschafts- und Sozialwissenschaften

Tab. 17. 2: Die Einzelfachströme an der Universität Köln nach Staatsangehörigkeit und Geschlecht 1919/20–1941/1

	Jura					Medizin					Zahnmedizin			
	insg.	Frauen		deuts.	Aus-länd. in %	insg.	Frauen		deuts.	Aus-länd. in %	insg.	Frauen		Aus-länd. in %
		insg.	in %				insg.	in %				insg.	in %	
Semester	1	2	3	4	5	6	7	8	9	10	11	12	13	14
1919	259	97	37,45	.	.	108	14	12,96	14	0,00	0	0	.	.
ZS.1919	.	.	.	.	.	213	16	7,51	.	0,00.	.	.	.	.
1919/20	255	9	3,53	9	0,78	281	36	12,81	36	1,42	0	0	.	.
1920	349	7	2,01	7	0,57	308	25	8,12	25	1,62	0	0	.	.
1920/21	443	12	2,71	12	0,90	536	33	6,16	33	0,75	0	0	.	.
1921	511	15	2,94	15	0,59	468	29	6,20	29	0,64	0	0	.	.
1921/22	577	22	3,81	21	0,69	376	36	9,57	36	0,80	0	0	.	.
1922	625	26	4,16	25	1,12	290	28	9,66	28	1,72	0	0	.	.
1922/23	721	27	3,74	26	1,66	257	33	12,84	33	2,33	0	0	.	.
1923	837	35	4,18	34	1,08	169	19	11,24	19	2,37	12	0	0,00	0,00
1923/24	863	38	4,40	37	0,93	168	26	15,48	26	2,38	0	0	.	.
1924	752	23	3,06	23	0,80	110	10	9,09	10	0,91	0	0	.	.
1924/25	780	26	3,33	26	0,77	113	16	14,16	16	1,77	2	0	0,00	0,00
1925	904	25	2,77	25	1,11	99	16	16,16	16	0,00	1	0	0,00	0,00
1925/26	969	34	3,51	.	.	156	26	16,67	.	.	3	0	0,00	.
1926	1075	23	2,14	.	.	213	34	15,96	.	.	5	2	40,00	.
1926/27	1186	29	2,45	28	1,26	223	40	17,94	40	0,90	5	0	0,00	0,00
1927	1383	30	2,17	28	1,30	241	53	21,99	53	0,00	14	2	14,29	0,00
1927/28	1361	35	2,57	34	1,47	277	54	19,49	54	1,08	9	1	11,11	0,00
1928	1628	38	2,33	37	1,17	322	54	16,77	54	1,55	12	0	0,00	8,33
1928/29	1460	50	3,42	48	1,23	375	68	18,13	67	1,87	9	0	0,00	0,00
1929	1504	49	3,26	47	1,00	412	74	17,96	74	1,46	15	3	20,00	0,00
1929/30	1457	64	4,39	61	0,89	471	87	18,47	85	2,34	15	0	0,00	0,00
1930	1488	60	4,03	60	0,94	542	99	18,27	96	2,40	27	2	7,41	3,70
1930/31	1324	60	4,53	60	0,60	592	119	20,10	116	1,52	43	9	20,93	2,33
1931	1343	80	5,96	80	0,89	653	121	18,53	119	0,92	55	13	23,64	0,00
1931/32	1121	82	7,31	82	1,07	704	150	21,31	147	1,85	83	19	22,89	0,00
1932	1193	75	6,29	73	1,26	766	161	21,02	157	2,22	112	24	21,43	0,00
1932/33	1068	69	6,46	67	1,22	794	183	23,05	178	5,67	128	26	20,31	0,78
1933	976	50	5,12	.	.	755	178	23,58	.	.	144	30	20,83	.
1933/34	823	32	3,89	.	.	767	181	23,60	.	.	137	25	18,25	.
1934	680	23	3,38	.	.	723	146	20,19	.	.	132	24	18,18	.
1934/35	653	26	3,98	.	.	778	156	20,05	.	.	149	26	17,45	.
1935	533	18	3,38	.	.	702	132	18,80	.	.	122	19	15,57	.
1935/36	584	13	2,23	.	.	776	126	16,24	.	.	173	31	17,92	.
1936	490	11	2,24	.	.	725	125	17,24	.	.	150	16	10,67	.
1936/37	427	1	0,23	.	.	765	133	17,39	.	.	140	24	17,14	.
1937	357	3	0,84	.	.	709	117	16,50	.	.	122	20	16,39	.
1937/38	340	4	1,18	.	.	779	135	17,33	.	.	114	18	15,79	.
1938	298	2	0,67	.	.	702	97	13,82	.	.	103	21	20,39	.
1938/39	345	1	0,29	.	.	745	132	17,72	.	.	88	23	26,14	.
1939	311	0	0,00	.	.	773	105	13,58	.	.	69	18	26,09	.
1939/40	.	.	.	.	.	.	.	.	.	.	.	.	.	.
1940/1	182	2	1,10	.	.	800	109	13,63	.	.	25	8	32,00	.
1940/2	172	4	2,33	.	.	565	109	19,29	.	.	25	10	40,00	.
1940/3	207	3	1,45	.	.	702	164	23,36	.	.	30	15	50,00	.
1941/1	203	3	1,48	.	.	588	176	29,93	.	.	21	15	71,43	.

Tab. 17. 2: Die Einzelfachströme an der Universität Köln nach Staatsangehörigkeit und Geschlecht 1919/20–1941/1

	Philologien, Geschichte					Mathematik u. Naturwissenschaften					Chemie				
	insg.	Frauen			Ausländ. in %	insg.	Frauen			Ausländ. in %	insg.	Frauen			Ausländ. in %
		insg.	in %	deuts.			insg.	in %	deuts.			insg.	in %	deuts.	
Semester	15	16	17	18	19	20	21	22	23	24	25	26	27	28	29
1920	274	57	20,80	57	2,92	.	.	.	.	.	.	.	.	.	.
1920/21	357	79	22,13	76	2,52	.	.	.	.	.	.	.	.	.	.
1921	466	86	18,45	84	1,72	.	.	.	.	.	.	.	.	.	.
1921/22	371	96	25,88	94	2,70	53	10	18,87	.	.	88	6	6,82	.	.
1922	465	92	19,78	90	1,94	69	14	20,29	14	1,45	89	4	4,49	4	1,12
1922/23	572	111	19,41	110	1,40	72	18	25,00	18	4,17	94	5	5,32	5	2,13
1923	621	129	20,77	129	1,13	83	21	25,30	21	3,61	116	12	10,34	12	0,86
1923/24	637	153	24,02	151	0,94	95	25	26,32	25	1,05	92	11	11,96	11	0,00
1924	474	118	24,89	115	1,27	66	22	33,33	22	3,03	79	3	3,80	3	0,00
1924/25	.	.	.	.	.	.	.	.	.	.	96	8	8,33	8	0,00
1925	.	.	.	.	.	.	.	.	.	.	98	9	9,18	9	1,02
1925/26	.	.	.	.	.	.	.	.	.	.	99	7	7,07	.	.
1926	.	.	.	.	.	.	.	.	.	.	88	8	9,09	.	.
1926/27	.	.	.	.	.	.	.	.	.	.	84	10	11,90	10	3,57
1927	.	.	.	.	.	.	.	.	.	.	80	6	7,50	6	2,50
1927/28	.	.	.	.	.	.	.	.	.	.	86	3	3,49	3	3,49
1928	.	.	.	.	.	.	.	.	.	.	79	4	5,06	4	2,53
1928/29	.	.	.	.	.	.	.	.	.	.	84	5	5,95	5	0,00
1929	.	.	.	.	.	.	.	.	.	.	98	13	13,27	12	1,02
1929/30	.	.	.	.	.	.	.	.	.	.	93	10	10,75	10	2,15
1930	.	.	.	.	.	.	.	.	.	.	102	20	19,61	19	2,94
1930/31	.	.	.	.	.	.	.	.	.	.	96	20	20,83	19	2,08
1931	.	.	.	.	.	.	.	.	.	.	105	17	16,19	17	1,90
1931/32	.	.	.	.	.	.	.	.	.	.	92	15	16,30	15	2,17
1932	.	.	.	.	.	.	.	.	.	.	99	22	22,22	22	2,02
1932/33	.	.	.	.	.	.	.	.	.	.	93	21	22,58	21	2,15
1933	.	.	.	.	.	.	.	.	.	.	85	15	17,65	.	.
1933/34	.	.	.	.	.	.	.	.	.	.	88	15	17,05	.	.
1934	.	.	.	.	.	.	.	.	.	.	65	11	16,92	.	.
1934/35	.	.	.	.	.	.	.	.	.	.	72	9	12,50	.	.
1935	.	.	.	.	.	.	.	.	.	.	64	6	9,38	.	.
1935/36	.	.	.	.	.	.	.	.	.	.	75	9	12,00	.	.
1936	.	.	.	.	.	.	.	.	.	.	63	7	11,11	.	.
1936/37	.	.	.	.	.	.	.	.	.	.	53	4	7,55	.	.
1937	.	.	.	.	.	.	.	.	.	.	50	3	6,00	.	.
1937/38	.	.	.	.	.	.	.	.	.	.	55	3	5,45	.	.
1938	.	.	.	.	.	.	.	.	.	.	54	3	5,56	.	.
1938/39	.	.	.	.	.	.	.	.	.	.	76	5	6,58	.	.
1939	.	.	.	.	.	.	.	.	.	.	80	4	5,00	.	.
1939/40	.	.	.	.	.	.	.	.	.	.	.	.	.	.	.
1940/1	.	.	.	.	.	.	.	.	.	.	102	7	6,86	.	.
1940/2	.	.	.	.	.	.	.	.	.	.	122	25	20,49	.	.
1940/3	.	.	.	.	.	.	.	.	.	.	154	41	26,62	.	.
1941/1	.	.	.	.	.	.	.	.	.	.	113	30	26,55	.	.

Tab. 17. 2: Die Einzelfachströme an der Universität Köln nach Staatsangehörigkeit und Geschlecht 1919/20–1941/1

	Wirtschafts- u.Sozialwiss.				Sonstige					Studierende				
	insg.	Frauen		Aus-länd. in %	insg.	Frauen		Aus-länd. in %		insg.	Frauen			Ausl. insg.
		insg.	in %	deuts.			insg.	in %	deuts.			insg.	in %	deuts.	
Semester	30	31	32	33	34	35	36	37	38	39	40	41	42	43	44
1919	931	77	8,27	74	1,50	.	.	.	.	.	1298	188	14,48	185	.14
ZS.1919	1407	145	10,31	.	0,85	.	.	.	.	.	1620	161	9,94	.	12
1919/20	1896	218	11,50	215	1,53	.	.	.	.	.	2432	263	10,81	260	35
1920	2097	247	11,78	245	1,67	0	0	.	.	.	3028	336	11,10	334	50
1920/21	2368	266	11,23	263	2,07	0	0	.	.	.	3704	390	10,53	384	66
1921	2567	284	11,06	279	2,03	0	0	.	.	.	4012	414	10,32	407	66
1921/22	2646	274	10,36	268	2,68	0	0	.	.	.	4111	444	10,80	435	88
1922	2799	264	9,43	259	2,75	70	15	21,43	15	0,00	4407	443	10,05	435	100
1922/23	3055	318	10,41	307	3,96	94	17	18,09	16	4,26	4865	529	10,87	515	156
1923	3317	367	11,06	358	3,98	115	18	15,65	17	4,35	5270	601	11,40	590	161
1923/24	3154	370	11,73	361	3,52	187	34	18,18	33	1,07	5196	657	12,64	644	132
1924	2543	311	12,23	305	3,11	137	15	10,95	15	0,00	4161	502	12,06	493	94
1924/25	1396	78	5,59	76	2,36	.	.	.	.	.	4079	470	11,52	461	71
1925	1309	114	8,71	112	2,44	98	14	14,29	14	2,04	4536	518	11,42	509	82
1925/26	835	86	10,30	.	.	84	17	20,24	.	.	4554	531	11,66	523	73
1926	613	12	1,96	.	.	98	17	17,35	.	.	4748	561	11,82	553	76
1926/27	539	63	11,69	61	2,60	78	14	17,95	13	2,56	4751	565	11,89	556	87
1927	410	55	13,41	53	2,44	2	1	50,00	1	0,00	5122	621	12,12	612	84
1927/28	292	34	11,64	33	1,71	41	1	2,44	1	2,44	5008	612	12,22	605	109
1928	281	42	14,95	42	1,78	22	0	0,00	0	4,55	5532	688	12,44	678	105
1928/29	448	59	13,17	59	4,46	15	2	13,33	2	6,67	5252	741	14,11	724	108
1929	321	40	12,46	39	3,74	16	1	6,25	0	12,50	5541	800	14,44	782	103
1929/30	452	37	8,19	35	3,76	0	0	.	0	.	5515	854	15,49	834	117
1930	459	51	11,11	51	3,70	0	0	.	0	.	5821	981	16,85	963	113
1930/31	301	44	14,62	43	5,98	9	0	0,00	0	0,00	5616	1057	18,82	1043	93
1931	351	54	15,38	53	5,98	0	0	.	0	.	6017	1270	21,11	1257	96
1931/32	289	43	14,88	41	5,19	0	0	.	0	.	5419	1209	22,31	1193	104
1932	280	50	17,86	48	4,29	0	0	.	0	.	5316	1099	20,67	1077	110
1932/33	327	53	16,21	52	7,34	0	0	.	0	.	4880	1017	20,84	999	128
1933	346	54	15,61	.	.	0	0	.	.	.	4445	874	19,66	.	.
1933/34	364	37	10,16	.	.	0	0	.	.	.	3983	722	18,13	.	.
1934	221	26	11,76	.	.	0	0	.	.	.	3321	551	16,59	.	56
1934/35	260	21	8,08	.	.	0	0	.	.	.	3255	519	15,94	.	.
1935	201	21	10,45	.	.	0	0	.	.	.	2763	441	15,96	.	.
1935/36	227	24	10,57	.	.	0	0	.	.	.	3030	449	14,82	.	.
1936	236	21	8,90	.	.	0	0	.	.	.	2664	394	14,79	.	.
1936/37	197	20	10,15	.	.	0	0	.	.	.	2681	385	14,36	.	.
1937	195	19	9,74	.	.	0	0	.	.	.	2497	343	13,74	.	78
1937/38	203	14	6,90	.	.	0	0	.	.	.	2644	367	13,88	.	.
1938	145	9	6,21	.	.	0	0	.	.	.	2428	344	14,17	.	.
1938/39	136	19	13,97	.	.	0	0	.	.	.	2617	406	15,51	.	.
1939	125	20	16,00	.	.	0	0	.	.	.	2588	381	14,72	.	.
1939/40	.	.	.	.	.	.	.	.	.	.	.	.	.	.	.
1940/1	123	15	12,20	.	.	0	0	.	.	.	1765	252	14,28	.	.
1940/2	74	22	29,73	.	.	0	0	.	.	.	1563	366	23,42	.	12
1940/3	122	53	43,44	.	.	0	0	.	.	.	2043	577	28,24	.	.
1941/1	116	54	46,55	.	.	0	0	.	.	.	1850	579	31,30	.	.

Tab. 17. 2: Die Einzelfachströme an der Universität Köln nach Staatsangehörigkeit und Geschlecht 1919/20–1941/1

	Alte Sprachen			Germanistik					Neue Sprachen				
	insg.	Frauen		Ausländ.	insg.	Frauen			Ausländ.	insg.	Frauen			Ausländ.
		insg.	in %	in %		insg.	in %	deuts.	in %		insg.	in %	deuts.	in %
Semester	1	2	3	4	5	6	7	8	9	10	11	12	13	14
1924/25	8	1	12,50	0,00	87	39	44,83	39	0,00	78	30	38,46	28	3,85
1925	10	0	0,00	0,00	137	58	42,34	56	2,19	132	60	45,45	60	0,00
1925/26	27	4	14,81	.	147	64	43,54	.	.	115	46	40,00	.	.
1926	21	1	4,76	.	157	58	36,94	.	.	143	60	41,96	.	.
1926/27	21	4	19,05	0,00	178	68	38,20	68	0,56	184	72	39,13	71	1,63
1927	36	5	13,89	2,78	176	67	38,07	67	0,57	203	65	32,02	64	0,99
1927/28	30	2	6,67	0,00	168	63	37,50	63	0,60	226	91	40,27	90	2,21
1928	32	3	9,38	3,13	255	82	32,16	82	1,18	303	121	39,93	119	1,65
1928/29	43	7	16,28	2,33	275	107	38,91	106	0,73	247	103	41,70	102	1,21
1929	62	8	12,90	1,61	292	99	33,90	97	1,71	365	150	41,10	146	1,37
1929/30	53	10	18,87	3,77	344	117	34,01	117	2,62	357	157	43,98	153	1,40
1930	68	5	7,35	2,94	377	134	35,54	133	2,39	416	179	43,03	175	0,96
1930/31	75	10	13,33	1,33	417	171	41,01	169	0,96	380	181	47,63	180	0,53
1931	83	10	12,05	1,20	448	167	37,28	165	1,34	399	208	52,13	205	0,75
1931/32	73	12	16,44	0,00	408	165	40,44	160	2,21	362	193	53,31	192	0,55
1932	67	9	13,43	0,00	361	143	39,61	137	2,77	301	150	49,83	146	2,33
1932/33	55	6	10,91	0,00	308	124	40,26	122	1,95	247	122	49,39	120	1,62
1933	57	5	8,77	.	263	85	32,32	.	.	178	88	49,44	.	.
1933/34	47	5	10,64	.	214	68	31,78	.	.	136	62	45,59	.	.
1934	39	4	10,26	.	183	65	35,52	.	.	111	55	49,55	.	.
1934/35	29	0	0,00	.	197	61	30,96	.	.	92	38	41,30	.	.
1935	61	10	16,39	.	125	38	30,40	.	.	53	21	39,62	.	.
1935/36	32	4	12,50	.	167	59	35,33	.	.	76	29	38,16	.	.
1936	20	4	20,00	.	128	46	35,94	.	.	70	36	51,43	.	.
1936/37	10	0	0,00	.	100	40	40,00	.	.	36	13	36,11	.	.
1937	9	0	0,00	.	90	28	31,11	.	.	31	11	35,48	.	.
1937/38	11	1	9,09	.	83	27	32,53	.	.	34	12	35,29	.	.
1938	7	1	14,29	.	60	19	31,67	.	.	25	6	24,00	.	.
1938/39	8	1	12,50	.	62	14	22,58	.	.	41	13	31,71	.	.
1939	11	0	0,00	.	44	16	36,36	.	.	40	14	35,00	.	.
1939/40	.	.	.	.	.	.	.	.	.	.	.	.	.	.
1940/1	8	0	0,00	.	36	10	27,78	.	.	50	17	34,00	.	.
1940/2	9	0	0,00	.	56	25	44,64	.	.	52	28	53,85	.	.
1940/3	11	0	0,00	.	74	36	48,65	.	.	82	48	58,54	.	.
1941/1	8	0	0,00	.	76	46	60,53	.	.	60	35	58,33	.	.

	Geschichte				Musik					Philosophie, Pädagogik, Religionslehren				
	insg.	Frauen		Ausländ.	insg.	Frauen			Ausländ.	insg.	Frauen			Ausländ.
		insg.	in %	deuts.	in %		insg.	in %	deuts.	in %		insg.	in %	deuts.	in %
Semester	15	16	17	18	19	20	21	22	23	24	25	26	27	28	29
1924/25	47	9	19,15	9	6,38	.	.	.	.	.	329	42	12,77	41	1,22
1925	42	5	11,90	5	4,76	.	.	.	.	.	259	28	10,81	28	1,54
1925/26	57	8	14,04	.	.	.	.	.	.	.	244	29	11,89	.	.
1926	42	9	21,43	.	.	.	.	.	.	.	348	58	16,67	.	.
1926/27	48	10	20,83	10	2,08	.	.	.	.	.	339	42	12,39	41	2,06
1927	77	21	27,27	21	1,30	64	7	10,94	7	0,00	319	37	11,60	36	1,88
1927/28	66	17	25,76	17	6,06	50	6	12,00	6	2,00	296	34	11,49	33	2,36
1928	74	17	22,97	17	1,35	45	9	20,00	9	0,00	270	30	11,11	29	1,48
1928/29	89	29	32,58	28	4,49	53	11	20,75	11	0,00	253	27	10,67	25	2,77
1929	92	30	32,61	29	3,26	59	8	13,56	8	1,69	225	23	10,22	22	3,11
1929/30	111	33	29,73	31	3,60	54	11	20,37	10	3,70	210	18	8,57	17	2,86
1930	121	37	30,58	36	1,65	70	16	22,86	15	4,29	188	24	12,77	23	1,60
1930/31	116	33	28,45	32	1,72	63	17	26,98	17	3,17	162	18	11,11	18	1,23
1931	100	28	28,00	27	2,00	87	26	29,89	26	0,00	160	17	10,63	17	3,13
1931/32	109	27	24,77	26	0,92	65	17	26,15	17	0,00	150	38	25,33	38	3,33
1932	98	24	24,49	23	1,02	41	12	29,27	12	0,00	75	7	9,33	7	2,67
1932/33	98	28	28,57	26	2,04	39	12	30,77	12	0,00	76	6	7,89	5	2,63
1933	88	27	30,68	.	.	41	12	29,27	.	.	.	.	.	.	.
1933/34	85	22	25,88	.	.	33	9	27,27	.	.	.	.	.	.	.
1934	49	11	22,45	.	.	22	4	18,18	.	.	.	.	.	.	.
1934/35	45	11	24,44	.	.	21	3	14,29	.	.	.	.	.	.	.
1935	.	.	.	.	.	11	3	27,27	.	.	.	.	.	.	.
1935/36	.	.	.	.	.	12	5	41,67	.	.	.	.	.	.	.
1936	.	.	.	.	.	7	3	42,86	.	.	.	.	.	.	.
1936/37	34	5	14,71	.	.	6	2	33,33	.	.	.	.	.	.	.
1937	29	5	17,24	.	.	2	0	0,00	.	.	.	.	.	.	.
1937/38	31	4	12,90	.	.	7	1	14,29	.	.	.	.	.	.	.
1938	39	10	25,64	.	.	5	0	0,00	.	.	.	.	.	.	.
1938/39	37	8	21,62	.	.	7	0	0,00	.	.	.	.	.	.	.
1939	37	6	16,22	.	.	11	0	0,00	.	.	.	.	.	.	.
1939/40	.	.	.	.	.	.	.	.	.	.	.	.	.	.	.
1940/1	14	2	14,29	.	.	3	0	0,00	.	.	.	.	.	.	.
1940/2	24	7	29,17	.	.	3	0	0,00	.	.	.	.	.	.	.
1940/3	23	9	39,13	.	.	4	1	25,00	.	.	.	.	.	.	.
1941/1	29	13	44,83	.	.	6	2	33,33	.	.	.	.	.	.	.

Tab. 17. 2: Die Einzelfachströme an der Universität Köln nach Staatsangehörigkeit und Geschlecht 1919/20–1941/1

	Kunst, Archäologie				Sonst.Kulturwiss.			Zeitungskunde			
	insg.	Frauen		Ausländ. in %	insg.	Frauen		insg.	Frauen		Ausländ. in %
		insg.	in %	deuts.			insg.	in %		insg.	in %	
.Semester	30	31	32	33	34	35	36	37	38	39	40	41
1927	40	14	35,00	14	7,50	.	.	.	0	0	.	.
1927/28	33	13	39,39	13	3,03	.	.	.	0	0	.	.
1928	37	15	40,54	15	5,41	.	.	.	15	1	6,67	0,00
1928/29	34	18	52,94	17	2,94	.	.	.	14	2	14,29	0,00
1929	40	15	37,50	15	2,50	.	.	.	15	3	20,00	0,00
1929/30	48	17	35,42	17	0,00	.	.	.	17	3	17,65	5,88
1930	48	17	35,42	17	0,00	.	.	.	11	3	27,27	0,00
1930/31	27	12	44,44	11	7,41	.	.	.	4	3	75,00	0,00
1931	36	15	41,67	14	5,56	.	.	.	9	4	44,44	0,00
1931/32	35	14	40,00	13	2,86	.	.	.	8	3	37,50	0,00
1932	32	12	37,50	11	6,25	.	.	.	11	1	9,09	0,00
1932/33	40	16	40,00	15	5,00	.	.	.	3	1	33,33	0,00
1933	.	.	.	.	.	91	21	23,08	2	0	0,00	.
1933/34	.	.	.	.	.	98	20	20,41	3	1	33,33	.
1934	.	.	.	.	.	53	8	15,09	4	2	50,00	.
1934/35	.	.	.	.	.	61	11	18,03	8	1	12,50	.
1935	.	.	.	.	.	143	44	30,77	29	4	13,79	.
1935/36	.	.	.	.	.	101	27	26,73	28	3	10,71	.
1936	.	.	.	.	.	58	7	12,07	26	5	19,23	.
1936/37	.	.	.	.	.	85	29	34,12	27	3	11,11	.
1937	.	.	.	.	.	60	9	15,00	16	3	18,75	.
1937/38	.	.	.	.	.	44	10	22,73	16	1	6,25	.
1938	.	.	.	.	.	40	12	30,00	17	1	5,88	.
1938/39	.	.	.	.	.	47	14	29,79	15	3	20,00	.
1939	.	.	.	.	.	52	11	21,15	22	7	31,82	.
1939/40	.	.	.	.	.	.	.	.	.	.	.	.
1940/1	.	.	.	.	.	28	5	17,86	11	1	9,09	.
1940/2	.	.	.	.	.	33	9	27,27	14	3	21,43	.
1940/3	.	.	.	.	.	31	12	38,71	16	7	43,75	.
1941/1	.	.	.	.	.	34	13	38,24	25	12	48,00	.

	Berufsschullehramt				Leibesübungen			Mathematik				
	insg.	Frauen		Ausländ. in %	insg.	Frauen		insg.	Frauen			Ausländ. in %
		insg.	in %			insg.	in %		insg.	in %	deuts.	
Semester	42	43	44	45	46	47	48	49	50	51	52	53
1924/25	.	.	.	.	.	.	.	40	14	35,00	14	0,00
1925	.	.	.	.	.	.	.	94	20	21,28	19	2,13
1925/26	.	.	.	.	.	.	.	121	27	22,31	.	.
1926	.	.	.	.	.	.	.	145	30	20,69	.	.
1926/27	.	.	.	.	.	.	.	134	27	20,15	27	1,49
1927	.	.	.	.	.	.	.	157	38	24,20	38	1,91
1927/28	.	.	.	.	.	.	.	157	37	23,57	37	1,91
1928	.	.	.	.	.	.	.	204	51	25,00	49	1,96
1928/29	.	.	.	.	6	1	16,67	186	45	24,19	43	2,69
1929	.	.	.	.	6	2	33,33	249	55	22,09	54	1,20
1929/30	.	.	.	.	17	2	11,76	253	52	20,55	52	0,40
1930	0	0	.	.	37	8	21,62	289	63	21,80	63	0,69
1930/31	0	0	.	.	39	5	12,82	278	60	21,58	60	0,00
1931	0	0	.	.	44	8	18,18	309	88	28,48	88	0,65
1931/32	139	66	47,48	0,00	34	7	20,59	265	75	28,30	75	0,00
1932	196	68	34,69	1,02	42	10	23,81	226	54	23,89	54	0,44
1932/33	184	66	35,87	0,54	19	3	15,79	194	50	25,77	50	0,00
1933	144	41	28,47	.	35	9	25,71	144	38	26,39	.	.
1933/34	138	40	28,99	.	33	4	12,12	124	26	20,97	.	.
1934	71	14	19,72	.	42	3	7,14	77	13	16,88	.	.
1934/35	64	12	18,75	.	28	8	28,57	63	15	23,81	.	.
1935	0	0	.	.	12	2	16,67	89	18	20,22	.	.
1935/36	44	14	31,82	.	7	0	0,00	89	15	16,85	.	.
1936	76	29	38,16	.	6	0	0,00	69	11	15,94	.	.
1936/37	79	29	36,71	.	5	2	40,00	55	2	3,64	.	.
1937	102	43	42,16	.	7	2	28,57	52	4	7,69	.	.
1937/38	104	45	43,27	.	9	6	66,67	52	2	3,85	.	.
1938	141	67	47,52	.	7	5	71,43	48	0	0,00	.	.
1938/39	135	64	47,41	.	13	12	92,31	21	0	0,00	.	.
1939	119	70	58,82	.	12	10	83,33	14	0	0,00	.	.
1939/40	.											
1940/1			.	.	1	0	0,00	8	1	12,50	.	.
1940/2			.	.	1	0	0,00	10	3	30,00	.	.
1940/3			.	.	34	30	88,24	17	3	17,65	.	.
1941/1			.	.	35	27	77,14	13	2	15,38	.	.

Tab. 17. 2: Die Einzelfachströme an der Universität Köln nach Staatsangehörigkeit und Geschlecht 1919/20–1941/1

	Physik				Biologie				Sonstige Naturwiss.		
	insg.	Frauen		Aus-länd. in %	insg.	Frauen		Aus-länd. in %	insg.	Frauen	
		insg.	in %	deuts.			insg.	in %	deuts.			insg.	in %
Semester	54	55	56	57	58	59	60	61	62	63	64	65	66
1924/25	15	0	0,00	0	6,67	12	3	25,00	3	0,00	.	.	.
1925	14	0	0,00	0	7,14	9	3	33,33	3	0,00	.	.	.
1925/26	14	1	7,14	.	.	14	5	35,71	.	.	.	.	.
1926	25	3	12,00	.	.	14	2	14,29	.	.	.	.	.
1926/27	30	3	10,00	3	3,33	29	5	17,24	5	0,00	.	.	.
1927	46	7	15,22	7	2,17	44	9	20,45	9	2,27	.	.	.
1927/28	50	6	12,00	6	2,00	31	11	35,48	11	3,23	.	.	.
1928	51	4	7,84	3	3,92	64	24	37,50	24	1,56	.	.	.
1928/29	56	3	5,36	2	3,57	70	22	31,43	22	0,00	.	.	.
1929	71	3	4,23	3	1,41	78	23	29,49	22	2,56	.	.	.
1929/30	61	5	8,20	5	0,00	86	29	33,72	29	0,00	.	.	.
1930	76	4	5,26	4	0,00	92	38	41,30	38	1,09	.	.	.
1930/31	73	3	4,11	3	1,37	108	43	39,81	43	1,85	.	.	.
1931	75	1	1,33	1	1,33	113	50	44,25	50	0,00	.	.	.
1931/32	79	2	2,53	2	1,27	97	43	44,33	43	2,06	.	.	.
1932	71	3	4,23	3	0,00	81	35	43,21	35	1,23	.	.	.
1932/33	63	3	4,76	3	0,00	71	30	42,25	30	2,82	.	.	.
1933	62	3	4,84	.	.	55	26	47,27	.	.	1	0	0,00
1933/34	54	1	1,85	.	.	47	25	53,19	.	.	1	0	0,00
1934	53	3	5,66	.	.	52	32	61,54	.	.	0	0	.
1934/35	45	3	6,67	.	.	38	19	50,00	.	.	0	0	.
1935	.	.	.	.	.	.	.	.	.	.	33	15	45,45
1935/36	.	.	.	.	.	.	.	.	.	.	31	17	54,84
1936	.	.	.	.	.	.	.	.	.	.	26	13	50,00
1936/37	.	.	.	.	.	.	.	.	.	.	41	18	43,90
1937	.	.	.	.	.	.	.	.	.	.	27	14	51,85
1937/38	.	.	.	.	.	.	.	.	.	.	19	7	36,84
1938	.	.	.	.	.	.	.	.	.	.	21	9	42,86
1938/39	36	0	0,00	.	.	.	.	.	.	.	15	4	26,67
1939	43	0	0,00	.	.	.	.	.	.	.	15	3	20,00
1939/40	.	.	.	.	.	.	.	.	.	.	.	.	.
1940/1	19	1	5,26	.	.	2	2	100,00	.	.	8	5	62,50
1940/2	20	3	15,00	.	.	18	13	72,22	.	.	4	2	66,67
1940/3	27	2	7,41	.	.	24	19	79,17	.	.	2	1	50,00
1941/1	23	3	13,04	.	.	21	18	85,71	.	.	3	1	33,33

	Geographie				Mineralogie, Geologie, Bergfach				Geogr., Geol., Min.		
	insg.	Frauen		Aus-länd. in %	insg.	Frauen		Aus-länd. in %	insg.	Frauen	
		insg.	in %	deuts.			insg.	in %	deuts.			insg.	in %
Semester	67	68	69	70	71	72	73	74	75	76	77	78
1924/25	26	4	15,38	4	0,00	6	0	0,00	0,00	.	.	.
1925	11	4	36,36	4	0,00	10	3	30,00	0,00	.	.	.
1925/26	25	7	28,00	.	.	11	1	9,09	.	.	.	.
1926	30	7	23,33	.	.	5	0	0,00	.	.	.	.
1926/27	37	11	29,73	11	0,00	7	0	0,00	0,00	.	.	.
1927	57	21	36,84	21	0,00	8	0	0,00	0,00	.	.	.
1927/28	68	19	27,94	19	0,00	5	0	0,00	0,00	.	.	.
1928	47	6	12,77	6	0,00	10	1	10,00	0,00	.	.	.
1928/29	58	19	32,76	19	0,00	10	2	20,00	0,00	.	.	.
1929	55	16	29,09	16	0,00	10	2	20,00	0,00	.	.	.
1929/30	57	18	31,58	18	1,75	12	1	8,33	0,00	.	.	.
1930	68	18	26,47	18	0,00	7	0	0,00	0,00	.	.	.
1930/31	80	26	32,50	26	0,00	8	2	25,00	0,00	.	.	.
1931	94	41	43,62	41	0,00	7	1	14,29	0,00	.	.	.
1931/32	76	26	34,21	26	0,00	3	0	0,00	33,33	.	.	.
1932	70	24	34,29	23	1,43	6	0	0,00	16,67	.	.	.
1932/33	62	19	30,65	19	0,00	7	0	0,00	14,29	.	.	.
1933	.	.	.	.	.	.	.	.	.	56	18	32,14
1933/34	.	.	.	.	.	.	.	.	.	54	14	25,93
1934	.	.	.	.	.	.	.	.	.	41	10	24,39
1934/35	.	.	.	.	.	.	.	.	.	45	11	24,44
1935	.	.	.	.	.	.	.	.	.	17	5	29,41
1935/36	.	.	.	.	.	.	.	.	.	16	6	37,50
1936	.	.	.	.	.	.	.	.	.	12	6	50,00
1936/37	.	.	.	.	.	.	.	.	.	12	2	16,67
1937	.	.	.	.	.	.	.	.	.	9	0	0,00
1937/38	.	.	.	.	.	.	.	.	.	11	1	9,09
1938	.	.	.	.	.	.	.	.	.	9	1	11,11
1938/39	.	.	.	.	.	.	.	.	.	7	1	14,29
1939	.	.	.	.	.	.	.	.	.	4	0	0,00
1939/40	.	.	.	.	.	.	.	.	.	.	.	.
1940/1	.	.	.	.	.	.	.	.	.	6	1	16,67
1940/2	.	.	.	.	.	.	.	.	.	6	1	16,67
1940/3	.	.	.	.	.	.	.	.	.	8	1	12,50
1941/1	.	.	.	.	.	.	.	.	.	17	5	29,41

Tab. 17. 2: Die Einzelfachströme an der Universität Köln nach Staatsangehörigkeit und Geschlecht 1919/20–1941/1

	Betriebswirtschaft					kaufmännisches Studium			Handelslehramt		
	insg.	Frauen			Ausländ. in %	insg.	Frauen		insg.	Frauen	
		insg.	in %	deuts.			insg.	in %		insg.	in %
Semester	79	80	81	82	83	84	85	86	87	88	89
1924/25	1044	200	19,16	196	1,82	.	.	.	.	.	.
1925	1309	159	12,15	155	1,91	.	.	.	.	.	.
1925/26	1633	169	10,35	.	.	.	.	.	.	.	.
1926	1726	237	13,73	.	.	.	.	.	.	.	.
1926/27	1629	167	10,25	164	2,21	.	.	.	.	.	.
1927	1765	183	10,37	180	1,98	.	.	.	.	.	.
1927/28	1762	185	10,50	182	3,01	.	.	.	.	.	.
1928	1781	186	10,44	183	2,75	.	.	.	.	.	.
1928/29	1467	161	10,97	156	2,52	.	.	.	.	.	.
1929	1556	183	11,76	180	2,44	.	.	.	.	.	.
1929/30	1347	183	13,59	178	3,19	.	.	.	.	.	.
1930	1335	203	15,21	197	2,92	.	.	.	.	.	.
1930/31	1421	221	15,55	217	2,60	.	.	.	.	.	.
1931	1546	321	20,76	318	2,13	800	21	2,63	746	300	40,21
1931/32	1088	212	19,49	209	3,68	777	33	4,25	311	113	36,33
1932	1188	215	18,10	214	3,03	784	39	4,97	404	176	43,56
1932/33	1004	179	17,83	177	2,29	667	40	6,00	337	139	41,25
1933	.	.	.	.	.	616	35	5,68	306	139	45,42
1933/34	.	.	.	.	.	530	30	5,66	207	105	50,72
1934	.	.	.	.	.	529	24	4,54	174	73	41,95
1934/35	.	.	.	.	.	462	19	4,11	145	69	47,59
1935	.	.	.	.	.	408	20	4,90	160	65	40,63
1935/36	.	.	.	.	.	488	24	4,92	104	43	41,35
1936	.	.	.	.	.	416	22	5,29	86	32	37,21
1936/37	.	.	.	.	.	495	12	2,42	114	46	40,35
1937	.	.	.	.	.	513	10	1,95	117	52	44,44
1937/38	.	.	.	.	.	610	14	2,30	122	62	50,82
1938	.	.	.	.	.	581	14	2,41	126	67	53,17
1938/39	.	.	.	.	.	659	25	3,79	124	67	54,03
1939	.	.	.	.	.	671	25	3,73	135	72	53,33
1939/40	.	.	.	.	.	.	.	.	.	.	.
1940/1	.	.	.	.	.	269	15	5,58	70	51	72,86
1940/2	.	.	.	.	.	277	37	13,36	79	65	82,28
1940/3	.	.	.	.	.	385	62	16,10	90	70	77,78
1941/1	.	.	.	.	.	389	66	16,97	69	58	84,06

5. Anmerkungen zu Tabelle 17.2

1919–1941.1:

Die Zahl der weibl. Stud. u. der männl. ausl. Stud. wurde nach den Pers.Verz. ergänzt für die Fächer Jura (Sp. 3–5), Medizin (Sp. 8–10), Philologien, Geschichte (Sp. 17–19), Mathematik u. Naturwissenschaften (Sp. 22–24), Chemie (Sp. 27–29), Wirtschafts- u. Sozialwiss. (Sp. 32–34), Sonstige (Sp. 37–39) sowie für die Stud. insg. (Sp. 42–44). Darüberhinaus wurden gelegentliche Fehler im StatJbDR korrigiert.
Sp. 1ff: 1939/40 Daten wegen der Umstellung auf Trimester nicht erhoben. – Sp. 1 (Jura): ZS 1919 enthalten in Sp. 30–34 (Wirtschafts- u. Sozialwiss.). – Sp. 18 (Philologien, Geschichte): 1920–1921/22 einschl. der ausl. Stud. in den Fächern Mathematik u. Naturwissenschaften (Sp. 23), Chemie (Sp. 28), Sonstige (Sp. 38). – Sp. 23 (Mathematik u. Naturwissenschaften): 1920–1921/22 enthalten in Sp. 18 (Philologien, Geschichte). – Sp. 28 (Chemie): 1920–1921/22 enthalten in Sp. 18 (Philologien, Geschich-

te). – Sp. 30 (Wirtschafts- u. Sozialwiss.): 1919 einschl. Jura (Sp. 4). – Sp. 38 (Sonstige): 1920–1921/22 enthalten in Sp. 18 (Philologien, Geschichte).

1924/25–1941.1:

Sp. 1ff: 1939/40 Daten wegen Umstellung auf Trimester nicht erhoben. – Sp. 15 (Geschichte): 1935–1936 enthalten in Sp. 35 (Sonst. Kulturwiss.). – Sp. 35 (Sonst. Kulturwiss.): 1935–36 einschl. Geschichte (Sp. 15). – Sp. 49 (Mathematik): 1935–38 einschl. Physik (Sp. 54). – Sp. 54 (Physik): 1935–1938 enthalten in Sp. 49 (Mathematik). – Sp. 59/60 (Biologie): 1935–1939 enthalten in Sp. 64 (Sonstige Naturwiss.). – Sp. 64 (Sonstige Naturwiss.): 1935–1939 einschl. Biologie (Sp. 59). – Sp. 79 (Betriebswirtschaft): 1931–1932/33 parallel zu Sp. 84 (Kaufmännisches Studium) u. zu Sp. 87 (Handelslehramt) nachgewiesen, um Sp. 83 (Ausl. in %) auch für diesen Zeitraum zu dokumentieren.

6. Quellen und Literatur

Quellen:

Standardquellen: 1919–1924: StatJbDR Jgg. 40–44. – *1924/25–1927/28:* PrStat 279; DtHochStat Bd. 1; PrStat 281, Sonderdr WS 1925/26, 285; PrHochStat WS 1926/27–WS 1927/28 (nur Ausländer). – *1928–1932/33:* DtHochStat Bde. 1–10. – *1932–1941/1:* ZehnjStat.
   Ergänzend: 1919–1924: Pers.Verz. d. Univ. Köln.

Literatur:

Bibliographie in HEIMBÜCHEL 1988, S.659–692.
BINDING, G./MÜLLER, G.: Die Bauten der Universität Köln, Köln 1988. – GOLCZEWSKI, F.: Kölner Universitätslehrer und der Nationalsozialismus. Personengeschichtliche Ansätze. Köln/Wien 1988. – HEIMBÜCHEL, B.: Die neue Universität. Selbstverständnis – Idee und Verwirklichung. In: Kölner Universitätsgeschichte. Bd. II. Das 19. und 20. Jahrhundert. Köln/Wien 1988, S.101–705. – KATNER, W. (Hg): Die Universität zu Köln 1919–1969. Berlin/Basel 1969. – MEUTHEN, E. (Hg.): Die neue Universität. Daten und Fakten. Köln/Wien 1988. – Amtliches Personalverzeichnis der Universität Köln. 1919–1944/45 (unter verschiedenen Titeln = Pers.Verz.).

18. Königsberg

1. Geschichtliche Übersicht

Die Albertus-Universität zu Königsberg wurde 1544 als protestantische Landesuniversität für das Herzogtum Preußen gegründet – als »Grenzlanduniversität« (H. Rothfels), deren geistig-kolonisatorische Ausstrahlung in den baltischen und den polnischen Kulturraum hineinreichen sollte. Sichtbarster Ausdruck dieser doppelten Mission waren die beiden frühesten Seminargründungen, das Litauische (1723) und das Polnische Seminar (1728) in der Theologischen Fakultät. Diese Fakultät spielte traditionsgemäß auch in Königsberg bis ins ausgehende 18. Jahrhundert hinein die wichtigste Rolle, doch litt ihre wissenschaftliche und öffentliche Bedeutung von Anfang an unter massiven, persönlich vergifteten Streitigkeiten der konkurrierenden Lehrmeinungen. Die gesamte Universität war allerdings derartig vom lutherischen Protestantismus geprägt, daß erst in Hohenzollernscher Zeit nach 1618 reformierte und erst im 18. Jahrhundert jüdische und katholische Studenten immatrikuliert und erst 1867 nichtevangelische Privatdozenten in den drei weltlichen Fakultäten zugelassen wurden. Der lutherische Scholasmus büßte seinen dominierenden Einfluß erst ein, als die Aufklärungsphilosophie I. Kants Weltruf erlangte. Seit dem 19. Jahrhundert spielte dann die Universität Königsberg eine eher unauffällige Rolle.

Seit den 1830er Jahren nahm sie nach der Studentenzahl bis in die 1880er Jahre einen mittleren Rang unter den deutschen Universitäten ein. Ab dem Ende des 19. Jahrhunderts rangierte sie beständig im unteren Viertel der Skala; nur zu Beginn des Dritten Reichs konnte sie sich einige Semester unter die großen Universitäten vorschieben (1934 sogar auf den fünften Rang). Am schwankenden Besucherstrom waren durchgängig sämtliche Fächergruppen beteiligt; bei der unterschiedlichen Attraktivität spielte also der Standort der östlichsten deutschen Universität die entscheidende Rolle. Die Albertina war vor allem eine Provinzuniversität, wie sich am Einzugsbereich ihrer Studierenden ablesen läßt. Seit dem Ende des 19. Jahrhunderts lag der Anteil der Nichtpreußen stets unter einem Zehntel, wobei die Provinz Ostpreußen die bei weitem häufigste Herkunftsregion war. Unter den in der zweiten Hälfte des 19. Jahrhunderts relativ wenigen Ausländern stellten russische Studenten, vor allem in der Medizinischen Fakultät, das stärkste Kontingent. Erst im 20. Jahrhundert übertraf der Ausländeranteil – vor allem aus den baltischen Staaten – den Durchschnitt der deutschen Universitäten.

Auch die Königsberger Professorenschaft war, wie nicht nur das berühmte Beispiel Kants zeigt, meist ostpreußischer Herkunft. Die elf Gründungsprofessoren des Jahres 1544 verdoppelten sich bis 1805 auf 22. Von 1830 bis 1930 konnte das Wachstum des gesamten wissenschaftlichen Personalbestands mit dem allgemeinen Wachstum der deutschen Universitäten gut mithalten. Die Universität behielt somit hier ihren mittleren Platz. An diesem Wachstum waren – wie an den anderen Universitäten auch – vor allem die Philosophische und überdurchschnittlich die Medizinische Fakultät beteiligt. Während des Dritten Reiches verlor die Universität bis 1941 ein Zehntel ihres Lehrpersonals, so daß sie nach diesem Indikator im Feld der Universitäten ins untere Drittel zurückfiel. Nach dem Betreuungsverhältnis von Studierenden zu Lehrenden nahm Königsberg im 19. und 20. Jahrhundert beständig einen mittleren Rang ein.

Nach der institutionellen Differenzierung lag Königsberg ebenfalls meistens im Mittelfeld. Ausnahmen bildeten die 1830er und 1920er Jahre. Vor 1840 erhielten die Medizin und vor allem die Naturwissenschaften neue Institute, so daß Königsberg nach der Zahl der wissenschaftlichen Einrichtungen einen führenden Platz unter den deutschen Universitäten einnahm. In den 1920er Jahren erfuhr besonders die Landwirtschaft einen Differenzierungsschub, der die Universität gleichauf mit Göttingen vorübergehend ins obere Viertel der Rangreihe brachte.

Die bauliche und apparative Modernisierung der Albertina kam im 19. Jahrhundert nur schleppend voran, stieß immer wieder auf finanzielle Hindernisse und war im besonderen Maße auf private Stiftungen angewiesen. Erst 1862 konnte das Universitätszentrum vom Gründungsgebäude auf der Dominsel des Kneiphofs in den Neubau am Paradeplatz verlagert werden. Die Institute und Kliniken lagen weiträumig über die Innenstadt verteilt. 1937 wurden im Oberpräsidium Pläne für einen großzügigen Universitäts-Campus im Fritzener Forst/Samland ausgearbeitet, die allerdings dem Kriegsausbruch zum Opfer fielen. Besondere wissenschaftliche und politische Bedeutung gewann zwischen den Weltkriegen das selbstständige, direkt dem Kultusministerium unterstellte Institut für ostdeutsche Wirtschaft an der Universität. Zu erwähnen ist schließlich die Königsberger Handelshochschule von 1907, die 1915 eine Selbstverwaltungsordnung sowie 1930 das Promotions- und Habilitationsrecht erhielt.

1921 wurde die Juristische Fakultät mit dem Anschluß des Staatswissenschaftlichen Seminars und des Seminars für Landwirtschaftliche Verwaltungs-

kunde zur Rechts- und Staatswissenschaftlichen Fakultät umbenannt. 1936 war der Differenzierungsdruck in den Natur- und Landwirtschaftswissenschaften mittlerweile so groß geworden, daß sie sich zur eigenen Fakultät verselbständigten, aus der sich dann 1943 wiederum die Landwirtschaftliche Fakultät ausgliederte.

Der »Säuberungspolitik« der Nationalsozialisten fielen bis April 1936 23 von 203 Dozenten zum Opfer (11,3 % des Lehrkörpers von 1932/33). Damit war die Universität unterdurchschnittlich von den politischen und rassistischen Entlassungen betroffen. Im August 1944 wurde die Albertina durch Fliegerangriffe zu 80 Prozent zerstört und wenig später geschlossen. Die sowjetrussische Neugründung einer Universität Kaliningrad erfolgte erst 1967.

2. Der Bestand an Institutionen 1834/35–1944

Zum Verständnis vgl. die Erläuterungen S. 48 ff.

I.	**Theol. Fak. ([1834/35])**
1.	Theol. Sem. ([1834/35])
1.1	Exeg.-krit. Abt. d. AT (1843/44–1910)
	Alttest. Abt. (1910/11, Sem. 23/24)
1.2	Exeg.-krit. Abt. d. NT (1843/44–1910)
	Neutest. Abt. (1910/11–36, Sem. 23/24)
	Neutest. Sem. u. hellenistische Abt. (1936/37)
1.2	Hist. Abt. ([1834/35]–⟨1919⟩)
	Kirchenhist. Sem. (1923/24)
1.3	Homil. Sem. ([1834/35]–92, Abt. 80)
	Prakt. Abt. (1892/93–⟨1919⟩, Sem. 23/24)
1.4	Dogmat. Abt. (1880–1911)
	Syst. Abt. (1911/12, Sem. 23/24)
1.5	Liturgische Abt. (⟨1921/22⟩)
1.6	Konfessionsk. Abt. (1932/33)
2.	Litauisches Sem. ([1834/35]–1933/34)
3.	Polnisches Sem. ([1834/35]–1933/34)
4.	Chr.-Arch. Lehrapp. (1908)

II.	**Jur. Fak. ([1834/35]–⟨1920⟩)**
	Rechts- u. Staatswiss. Fak. (⟨1921/22⟩)
1.	Jur. Sem. (⟨1842⟩)
1.1	Civilistische Abt. (⟨1851⟩–72/73)
1.2	Canonisch-germ. Abt. (⟨1851⟩–72/73)
1.3	Prakt.-prozessuale Abt. (⟨1851⟩–72/73)
1.3.1	Civilrechtl. Klasse (1853/54–72/73)
1.3.2	Criminalrechtl. Klasse (1853/54–72/73)
2.	Staatswiss. Sem. (1892–1899/1900)
	Bibl. u. Sem. f. Staatswiss. (1900–⟨20⟩, in IV. –⟨20⟩)
	Staatswiss. Sem. (⟨1921/22⟩–33/34)
	Staatswiss. Inst. (1934)

2.1	Inst. f. ostdt. Wirtsch. (1916–33/34, in IV. –⟨20⟩)
	Abt. f. osteurop. Wirtsch. (1934–40.3, Inst. 1935)
2.1.1	Agrarpol. (1916–32/33)
2.1.2	Gewerbe, Handel u. Verkehr (1916–32/33)
2.1.3	Landwirtschaft (1916–32/33)
2.1.4	Privatwirtschaft (1916–32/33)
2.1.5	Wirtsch.gesch. (1916–30)
2.1.6	Zweigstelle I: Wirtschaftsk. Russlands u. d. Oststaaten (1924/25–32/33)
2.1.7	Zweigstelle II: Wirtschaftsk. Russlands u. d. Oststaaten (1925–33)
2.1.8	Finanzwiss. Abt. (1928–32)
2.1.9	Wirtsch.archiv f. d. Oststaaten (1928–30/31)
2.1.10	Abt. f. Genossenschaftsw. (1930/31–32/33)
2.1.11	Abt. f. Wirtsch.theor. (1930/31–32/33)
2.1.12	Polnische Abt. (1939/40–40.3)
2.1.13	Danziger Abt. (nur ⟨1939/40⟩)
2.1.14	Baltische Abt. (1939/40–40.3)
2.1.15	Russische Abt. (1939/40–40.3)
2.1.16	Abt. Ostdt. Landesk. (1941.1–1942)
2.1.17	Abt. Bevölkerungspolitik (1941.1–42)
2.1.18	Abt. Siedlung u. Planung (1941.1–42)
2.1.19	Abt. Ind. u. Gewerbepol. (1941.1–42)
2.1.20	Abt. Handels- u. Verkehrspol. (1941.1–42)
2.1.21	Agrarpol. Abt. (1942/43)
2.2	Staatswiss. Abt. (1934/35)
	Staatswiss. Sem. (1935)
2.3	Ostpreußeninst. (1934–40.3)
2.4	Inst. f. Planungswiss. u. Planungstech. (1935/36–42)
3.	Sem. f. Landw. Verwaltungsk. (1913–35, in IV. –20)
4.	Sem. f. russ. Volkswirtsch. (1921/22–35)
5.	Inst. f. Luftr. (1925–36)
6.	Inst. f. Wirtsch.- u. Arbeitsr. (1935–36)
	Inst. f. Wirtsch.-, Arb.-u. Verkehrsr. (1936/37)

7.	Inst. f. Pol., ausländ. öff. Recht u. Völkerr. (1935–37)
	Inst. f. öff. Recht u. Politik (1937/38)
8.	Inst. f. Ostforsch. (1941.1)
9.	Dolmetscher-Inst. (1941.1, in IV. 43)
10.	Inst. f. Osteuropäisches Recht (1942)

III. Med. Fak. ([1834/35])

1.	Anat. Inst. ([1834/35])
2.	Med. Klin. ([1834/35])
3.	Med. Polikl. ([1834/35])
4.	Chir. Klin. ([1834/35]–43)
	Chir. Klin. u. Polikl. (1843/44)
5.	Entbindungslehranst. ([1834/35]–⟨42⟩)
6.	Gebh. Polikl. ([1834/35]–91, Klin. u. 41)
	Klin.u. Polikl. f. Gebh. u. Frauenkr. (1891/92–92)
	Frauenklin. u. Polikl. (1892/93)
7.	Physiol. Lab. (1853, Inst. 95)
7.1	Physiol. Abt. (1939/40–43)
7.2	Physiol.-chem. Abt. (1939/40, Inst.43)
8.	Path.-anat. Anst. (1864, Inst. 1899/1900)
9.	Augenärztl. Polikl. (1871, Klin. u. 77)
10.	Lab. f. med. Chem. u. exp. Pharm. (1878–1914/15, Inst. 1899/1900)
	Pharm. Inst. (1915)
11.	Med.-phys. Kab. (1878–93)
12.	Hyg. Lab. (1890/91, Inst. 91/92)
13.	Polikl. f. HNO-Kr. (1892/93–1905/06, Klin. u. ⟨1920⟩)
13.1	Polikl. f. Ohrenkr. (1906–⟨19⟩)
13.2	Polikl. f. Hals- u. Nasenkr. (1906–⟨19⟩)
14.	Zahnärztl. Inst. (1892/93)
15.	Klin. f. syph. Kr. u. Polikl. f. Hautkr. (1899–1906)
	Polikl. f. Haut- u. Geschl.kr. (1906/07–24/25)
	Klin. u. Polikl. f. Haut- u. Geschl.kr. (1925)
15.1	Klin. f. syph. Kr. (1892/93–98/99)
15.2	Polikl. f. Hautkr. (1892/93–98/99)
16.	Psych. Klin. (1893–1912)
	Psych. u. Nervenkl. (1912/13)
17.	Polikl. f. Kinderkr. (1895/96, Klin. u. 1916/17)
18.	Inst. f. d. gerichtsärztl. Unt. (nur 1905)
	Inst. f. ger. Med. (1905/06–40.3, u. soz. 22/23)
	Inst. f. ger. Med. u. Krim. (1941.1)
19.	Rassenbiol. Inst. (1935)

IV. Phil. Fak. ([1834/35], o. V. 1937)

1.	Philol. Sem. ([1834/45]–1927)
	Inst. f. Altertumsk. (1927/28)
1.1	Philol. Abt. (1928)
1.2	Hist. Abt. (1928)
2.	Hist. Sem. ([1834/35])
3.	Münzkabinett ([1834/35])
4.	Samml. von Gipsabg. nach Ant. u. Kunstsamml. ([1834/35]–1865)
4.1	Kupferstich-Samml. (1865/66–1914)
	Kunstgesch. Sem. (1914/15–36)
	Kunstgesch. Sem. u. Kupferstichkab. (1936/37)

4.2	Samml. von Gipsabg. nach Ant. (1865/66–75)
	Arch. Samml. (1875/76–1915/26, Sem. 1914/15)
	Arch. Sem. u. Mus. (1926)
5.	Päd. Sem. (1852–53)
6.	Rom.-engl. Sem. (1879–1904/05)
6.1	Rom. Sem. (1905)
6.2	Engl. Sem. (1905)
7.	Dt. Sem. (1886/87)
8.	Samml. f. Heimatk. (1902/03–24/25)
	Inst. f. Heimatforsch. (1925, u. Volksk. 41.1)
9.	Philos. Sem. (1906/07, Inst. 42)
9.1	Philos. Abt. (1922/23–38)
	I. Abt.: Philos. Sem. (1942–44)
9.2	Päd. (u.) psychol. Abt. (1922/23–38)
	II. Abt.: Inst. f. Vergl. Psychol. (1942–44)
10.	Semit. Sem. (1920–33/34)
	Vorderas. Sem. (1934)
11.	Slav. Sem. (1921/22–34/35)
	Baltisch-Slav. Sem. (1935)
12.	Inst. f. Russlandk. (⟨1921/22⟩–35)
	Inst. zum Studium Osteuropas (1935/36)
13.	Musikwiss. Sem. (1923/24)
14.	Inst. f. Kirchenmusik u. Gesang (⟨1923/24–24⟩)
	Inst. f. Kirchen-u. Schulmusik (1924/25–37)
	Hochschulinst. f. Musikerz. u. Kirchenmusik (1937/38)
15.	Hochschulinst. f. Leibesüb. (1924/25)
15.1	Sportärztl. Lab. (1937/38–39)
	Sportärztl. Beratungsstelle (1939/40)
16.	Indogerm. Sem. (1928/29)
17.	Vorgesch. Sem. (1930–33)
	Sem. f. Vor- u. Frühgesch. (1933/34)
18.	Siedlungswiss. Sem. (1930/31)
19.	Indisches Sem. (1932)
20.	Inst. f. Zeitungswiss. (1942)

V. Naturwiss. Fak. (1937, vorh. IV.)

1.	Bot. Garten ([1834/35]–1941/42)
	Bot. Inst. u. Garten (1942)
2.	Sternwarte ([1834/35])
3.	Zool. Mus. ([1834/35]–1921/22)
	Zool. Inst. u. Mus. (1922)
4.	Min.cab. u. phys.Instr.-Samml. ([1834/35]–62/63)
4.1	Min.cab. (1863–91/92)
	Min.-geol. Inst. (1892–1907/08)
4.1.1	Min. Inst. (1908)
4.1.2	Geol.-pal. Inst. u. Bernsteinsamml. (1907)
4.1.2.1	Bernsteinsammlung (1903–06/07)
4.2	Phys. Kab. (1863–1914)
	Inst. f. Experimentalphys. (1914/15–25, 37/38)
	Erstes phys. Inst. (1925/26–37)
4.3	Math.-phys. Kab. (1863–1925, Lab. 1878/79)
	Zweites phys. Inst. (1925/26–37)
	Inst. f. theor. Phys. (1937/38)
5.	Math. Instr.-Samml. ([1834/35]–53)
6.	Math.-phys. Sem. (⟨1838⟩, o. phys. 1938)
6.1	Math. Abt. (1845/46–1937)
6.2	Phys. Abt. (1845/46–1937)

7.   Naturwiss. Sem. (⟨1838⟩–52)
7.1   Zool. Abt. (⟨1843/44⟩–52)
7.2   Bot. Abt. (⟨1843/44⟩–52)
7.3   Chem. Abt. (⟨1843/44⟩–52)
7.4   Phys. Abt. (⟨1843/44⟩–52)
8.   Chem. Lab. (⟨1851⟩, Inst. 1930)
9.   Direction f. pharmaz. Studien (1855–72/73)
       Pharmaz.-chem. Lab. (1873, Inst. 1930)
10.   Geogr. Samml. (1893, Sem. 1914, Inst. 18)
11.   Hauptst. f. Erdbebenforsch. in Gross-Raum
       (1911/12–24/25)
       Geophys. Warte d. Albertus-Univ. (1925)

**VI.   Landw. Fak. (1943/44, vorh. IV. –36/37,
       V. –43)**

1.   Agriculturchem. Lab. (1875/76)
2.   Landw. Inst. (1875/76, u. T(h)ierkl. 76–99,
       u. Versuchsfeld Waldgarten 1904/05–10)
2.1   Milchwirtsch.-chem. Lab. (1889–1903)
2.2   Landw.-physiol. Lab. (1880/81–1903)
2.3   Landw.-bot. Garten (1880/81–1903)
2.4   T(h)ierkl. (1876–1904/05)
       Abt. f. Vet.wiss. mit Tierkl. (1905–23/24)
       Tierärztl. Inst. (1924)
2.5   Abt. f. Betriebslehre, Tierz. u. Milchwirtsch.
       (1903/04–10)
2.5.1 Abt. f. Milchwirtsch. mit Versuchsmolkerei
       (1910/11–23/24)
       Milchwirtsch. Inst. (1924)
2.5.2 Abt. f. Betriebslehre u. Tierz. (1910/11–25)

2.5.2.1 Inst. f. Tierz. (1925/26)
2.5.2.1.1 Versuchsgut Fräuleinhof mit
       Haustierhaltung (1927)
2.5.2.1.2 Abt. f. Kleintierz. (1943/44)
2.5.2.2 Inst. f. Landw. Betriebslehre (1925/26–⟨34⟩)
       Inst. f. Wirtsch.lehre d. Landbaus (⟨1935⟩)
2.6   Abt. f. Pflanzenbau (1903/04–23/24)
       Pflanzenbauinst. (1924–42/43)
       Inst. f. Pflanzenbau u. Pflanzenz. (1943)
2.6.1 Versuchsfeld Lawsken mit Gefäßst. (1927)
2.7.   Versuchsfeld Waldgarten (1903/04–04/05)
       Landw. Versuchsfeld Waldgarten (1905–10)
       Abt. Versuchsfeld Waldgarten (1910/11–11/12)
2.7.1 Abt. f. Betriebslehre u. Tierz. (1903/04–05/06)
2.7.2 Abt. f. Agriculturchem. (1903/04–05/06)
2.7.3 Abt. f. Pflanzenbau (1903/04–05/06)
2.7.4 Abt. f. Pflanzenkr. (1903/04–05/06)
2.8   Abt. Versuchsgut Gutenfeld (1912–26/27)
2.9   Abt. f. landw. Maschinenw. (1922, Inst. 24)
2.10   Abt. f. Kulturtechn. (1922)
2.11   Fischerei-Inst. (1924)
2.11.1 Versuchsteichwirtsch. (1924/25–43)
2.11.2 Seefischereist. (1925/26–43)
2.11.3 Fischereibiol. Abt. (1930/31)
2.11.4 Abt. f. Fischereiwirtsch. u. Stat. (1930/31)
2.12   Inst. f. Schädlingsforsch. (1932)
2.13   Inst. f. Pflanzenkr. (1942)

Fehlende Semester: 1835–1837/38, 1841–1841/42,
1842/43–1843, 1844/45–1845, 1846/47–1850/51,
1918/19, 1919/20, 1920/21–1921, 1940.1.

3. Die Studierenden nach Fachbereichen

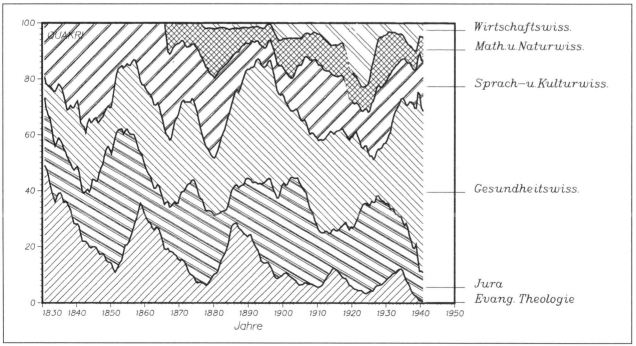

Abb. 18. 1: Das Fachbereichsprofil der Studierenden an der Universität Königsberg 1830/31–1941/1

Tab. 18.1: Die Studierenden an der Universität Königsberg nach Fachbereichen in Prozent 1830/31–1941/1

	Evang. Theol.	Jura	Gesundheitswissenschaften				Sprach und Kultur wiss.	Math., Naturw.		Wirt- sch., Agrar und Forst. wiss.	Studierende		
			insg.	Allg. Med.	Zahn- med.	Phar- mazie		insg.	Chemie		insg.	weibl. in % aller Stud.	Ausl. in % aller Stud.
Semester	1	2	3	4	5	6	7	8	9	10	11	12	13
1830/31	49,56	25,77	7,27	7,27	.	.	17,40	.	.	.	454	.	.
1831	48,53	22,12	7,67	7,67	.	.	21,67	.	.	.	443	.	.
1831/32	47,06	20,14	10,63	10,63	.	.	22,17	.	.	.	442	.	.
1832	43,90	22,54	10,56	10,56	.	.	23,00	.	.	.	426	.	.
1832/33	40,71	23,89	12,83	12,83	.	.	22,57	.	.	.	452	.	.
1833	38,92	21,23	15,57	15,57	.	.	24,29	.	.	.	424	.	.
1833/34	36,02	20,14	19,43	19,43	.	.	24,41	.	.	.	422	.	.
1834	35,78	19,67	19,67	19,67	.	.	24,88	.	.	.	422	.	.
1834/35	39,59	19,68	18,76	18,76	.	.	21,97	.	.	.	437	.	.
1835	38,55	19,76	19,76	19,76	.	.	21,93	.	.	.	415	.	.
1835/36	39,90	17,73	18,97	18,97	.	.	23,40	.	.	.	406	.	.
1836	36,24	19,89	19,89	19,89	.	.	23,98	.	.	.	367	.	.
1836/37	35,23	18,65	18,39	18,39	.	.	27,72	.	.	.	386	.	.
1837	36,94	16,89	17,15	17,15	.	.	29,02	.	.	.	379	.	.
1837/38	34,18	16,20	16,20	16,20	.	.	33,42	.	.	.	395	.	.
1838	34,10	17,05	20,61	15,78	.	.	28,24	.	.	.	393	.	.
1838/39	32,15	16,08	20,80	16,55	.	.	30,97	.	.	.	423	.	.
1839	28,67	19,19	22,04	15,88	.	1,42	30,09	.	.	.	422	.	.
1839/40	27,61	19,03	22,74	17,87	.	0,93	30,63	.	.	.	431	.	.
1840	28,43	21,20	23,19	20,95	.	0,00	27,18	.	.	.	401	.	.
1840/41	27,87	19,80	23,72	19,07	.	0,73	28,61	.	.	.	409	.	.
1841	26,36	19,38	21,19	21,19	.	.	33,07	.	.	.	387	.	.
1841/42	22,25	17,90	20,97	20,97	.	.	38,87	.	.	.	391	.	.
1842	21,56	17,25	26,42	21,29	.	0,00	34,77	.	.	.	371	.	.
1842/43	22,28	17,12	20,65	20,65	.	.	39,95	.	.	.	368	.	.
1843	21,22	19,10	20,69	20,69	.	.	38,99	.	.	.	377	.	.
1843/44	20,89	19,78	26,46	21,45	.	0,00	32,87	.	.	.	359	.	.
1844	18,82	19,38	25,84	21,35	.	0,00	35,96	.	.	.	356	.	.
1844/45	20,00	23,84	20,55	20,55	.	.	35,62	.	.	.	365	.	.
1845	19,94	24,44	20,79	20,79	.	.	34,83	.	.	.	356	.	.
1845/46	19,88	23,39	23,10	21,05	.	0,00	33,63	.	.	.	342	.	.
1846	19,27	23,85	22,63	19,57	.	0,00	34,25	.	.	.	327	.	.
1846/47	17,42	27,03	18,32	18,32	.	.	37,24	.	.	.	333	.	.
1847	16,95	31,86	17,97	17,97	.	.	33,22	.	.	.	295	.	.
1847/48	17,74	29,97	17,13	17,13	.	.	35,17	.	.	.	327	.	.
1848	17,31	33,97	16,67	16,67	.	.	32,05	.	.	.	312	.	.
1848/49	15,72	38,36	13,84	13,84	.	.	32,08	.	.	.	318	.	.
1849	14,07	41,62	14,97	14,97	.	.	29,34	.	.	.	334	.	.
1849/50	14,70	41,21	13,74	13,74	.	.	30,35	.	.	.	313	.	.
1850	14,11	38,96	16,26	16,26	.	.	30,67	.	.	.	326	.	.
1850/51	13,55	39,46	17,77	17,77	.	.	29,22	.	.	.	332	.	.
1851	10,34	48,04	18,44	18,44	.	.	23,18	.	.	.	358	.	.
1851/52	11,24	47,55	20,75	20,75	.	.	20,46	.	.	.	347	.	.
1852	12,39	50,44	20,94	20,94	.	.	16,22	.	.	.	339	.	.
1852/53	13,98	46,58	22,98	22,98	.	.	16,46	.	.	.	322	.	.
1853	14,99	48,41	21,33	21,33	.	.	15,27	.	.	.	347	.	.
1853/54	15,34	45,40	23,93	23,93	.	.	15,34	.	.	.	326	.	.
1854	20,24	39,27	23,56	23,56	.	.	16,92	.	.	.	331	.	.
1854/55	20,96	42,21	22,66	22,66	.	.	14,16	.	.	.	353	.	.
1855	20,29	40,57	24,00	24,00	.	.	15,14	.	.	.	350	.	.
1855/56	22,87	37,74	23,97	21,76	.	2,20	15,43	.	.	.	363	.	.
1856	23,61	35,83	25,56	22,78	.	2,78	15,00	.	.	.	360	.	.
1856/57	26,35	34,28	26,35	24,08	.	2,27	13,03	.	.	.	353	.	.
1857	27,60	31,69	27,32	24,86	.	2,46	13,39	.	.	.	366	.	.
1857/58	30,62	27,37	28,18	26,02	.	2,17	13,82	.	.	.	369	.	.
1858	30,87	24,23	27,81	25,51	.	2,30	17,09	.	.	.	392	.	.
1858/59	35,62	18,32	26,97	23,92	.	3,05	19,08	.	.	.	393	.	.
1859	35,40	17,57	24,03	24,03	.	.	23,00	.	.	.	387	.	.
1859/60	33,60	18,37	26,51	23,62	.	2,89	21,52	.	.	.	381	.	.
1860	31,26	17,42	28,16	24,34	.	3,82	23,15	.	.	.	419	.	.
1860/61	30,52	17,37	28,17	23,71	.	4,46	23,94	.	.	.	426	.	.
1861	28,60	16,98	29,07	26,51	.	2,56	25,35	.	.	.	430	.	.
1861/62	28,47	17,22	28,95	27,27	.	1,67	25,36	.	.	.	418	.	.
1862	28,16	15,78	29,61	27,91	.	1,70	26,46	.	.	.	412	.	.
1862/63	25,24	16,02	30,58	28,16	.	2,43	28,16	.	.	.	412	.	.
1863	26,67	13,57	29,05	27,62	.	1,43	30,71	.	.	.	420	.	.
1863/64	27,00	14,42	30,21	27,69	.	2,52	28,38	.	.	.	437	.	.
1864	26,67	16,22	28,22	26,22	.	2,00	28,89	.	.	.	450	.	.
1864/65	25,17	15,01	28,48	26,05	.	2,43	31,35	.	.	.	453	.	.
1865	23,19	15,11	27,45	24,04	.	3,40	34,26	.	.	.	470	.	.
1865/66	20,63	15,58	28,21	23,58	.	4,63	35,58	.	.	.	475	.	.
1866	17,54	16,33	26,01	21,77	.	4,23	40,12	.	.	.	496	.	.
1866/67	20,13	17,72	22,32	19,04	0,00	3,28	30,20	9,63	.	0,00	457	.	.
1867	18,64	15,68	24,09	21,14	0,00	2,95	30,23	11,36	.	0,00	440	.	.
1867/68	17,71	16,14	23,77	21,52	0,00	2,24	31,17	11,21	.	0,00	446	.	3,36
1868	18,57	16,55	24,83	22,82	0,00	2,01	30,65	9,40	.	0,00	447	.	4,03
1868/69	16,96	18,72	28,19	25,11	0,00	3,08	27,75	8,37	.	0,00	454	.	3,96
1869	17,09	19,23	29,06	26,28	0,00	2,78	26,71	7,91	.	0,00	468	.	2,99
1869/70	16,12	18,39	31,82	28,51	0,00	3,31	26,45	6,82	.	0,41	484	.	3,31

Tab. 18.1: Die Studierenden an der Universität Königsberg nach Fachbereichen in Prozent 1830/31–1941/1

| | Evang. Theol. | Jura | Gesundheitswissenschaften | | | | Sprach und Kultur wiss. | Math., Naturw. | | Wirt- sch., Agrar- und Forst. wiss. | Studierende | | |
| | | | insg. | Allg. Med. | Zahn- med. | Phar- mazie | | insg. | Chemie | | insg. | weibl. in % aller Stud. | Ausl. in % aller Stud. |
Semester	1	2	3	4	5	6	7	8	9	10	11	12	13
1870	14,64	21,86	31,34	29,07	0,00	2,27	24,54	7,22	.	0,41	485	.	3,30
1870/71	15,40	24,00	31,40	30,20	0,00	1,20	22,80	6,20	.	0,20	500	.	3,80
1871	15,63	24,02	33,01	31,05	0,00	1,95	21,09	6,25	.	0,00	512	.	4,30
1871/72	14,31	25,54	32,25	30,80	0,00	1,45	20,83	6,70	.	0,36	552	.	4,53
1872	14,08	26,74	30,30	28,16	0,00	2,14	19,96	8,56	.	0,36	561	.	4,28
1872/73	11,44	31,01	29,85	26,20	0,00	3,65	19,07	8,62	.	0,00	603	.	3,48
1873	10,52	31,90	28,62	25,86	0,00	2,76	20,52	8,45	.	0,00	580	.	3,28
1873/74	9,72	33,28	29,00	26,52	0,00	2,47	19,77	8,24	.	0,00	607	.	5,44
1874	9,68	34,72	29,38	26,88	0,00	2,50	19,20	7,01	.	0,00	599	.	6,68
1874/75	8,83	34,51	27,13	25,04	0,00	2,09	21,35	8,19	.	0,00	623	.	6,74
1875	6,87	35,02	27,50	24,55	0,00	2,95	21,60	9,00	.	0,00	611	.	5,40
1875/76	7,20	32,08	27,00	24,22	0,00	2,78	24,22	9,49	.	0,00	611	.	5,73
1876	7,38	29,84	26,23	22,79	0,00	3,44	25,41	11,15	.	0,00	610	.	5,57
1876/77	7,09	29,95	23,35	20,45	0,00	2,90	26,89	11,92	.	0,81	621	.	5,64
1877	7,10	29,19	22,74	20,16	0,00	2,58	28,06	11,61	.	1,29	620	.	5,65
1877/78	6,41	26,56	23,21	20,46	0,00	2,75	28,09	13,44	.	2,29	655	.	5,50
1878	6,01	26,43	22,82	20,27	0,00	2,55	28,53	14,26	.	1,95	666	.	4,35
1878/79	7,29	26,09	21,43	18,80	0,00	2,62	28,43	15,01	.	1,75	686	.	4,96
1879	7,92	24,19	20,93	17,68	0,00	3,25	27,72	17,26	.	1,98	707	.	3,39
1879/80	8,96	24,02	19,27	16,55	0,00	2,71	29,85	15,88	.	2,04	737	.	2,71
1880	10,16	20,70	20,57	18,49	0,00	2,08	28,52	17,97	.	2,08	768	.	3,39
1880/81	10,53	20,94	20,30	18,40	0,00	1,90	28,68	17,13	.	2,41	788	.	2,92
1881	10,46	21,17	22,59	20,81	0,00	1,78	27,94	16,17	.	1,66	841	.	2,85
1881/82	12,08	19,74	23,21	20,81	0,00	2,39	27,51	15,55	.	1,91	836	.	3,23
1882	14,60	17,61	26,07	23,75	0,00	2,32	25,38	14,72	.	1,62	863	.	2,90
1882/83	10,00	10,82	27,22	25,00	0,00	2,22	23,71	14,00	.	1,04	850	.	3,50
1883	17,01	15,72	28,63	26,05	0,00	2,58	23,36	13,56	.	1,72	929	.	3,55
1883/84	18,04	14,74	30,14	27,17	0,00	2,97	22,33	12,65	.	2,09	909	.	3,08
1884	20,11	13,84	32,22	28,86	0,00	3,35	19,46	12,22	.	2,16	925	.	3,89
1884/85	22,32	13,98	31,12	27,85	0,00	3,27	19,39	10,60	.	2,59	887	.	3,83
1885	26,44	12,53	30,92	28,51	0,00	2,41	17,24	10,92	.	1,95	870	.	3,10
1885/86	28,34	13,00	31,26	28,57	0,12	2,58	15,81	9,48	.	2,11	854	.	2,11
1886	28,06	12,82	33,14	30,48	0,12	2,54	14,90	9,24	.	1,85	866	.	2,08
1886/87	28,88	14,25	33,72	29,77	0,13	3,82	12,85	8,40	.	1,91	786	.	1,15
1887	27,28	13,40	34,64	31,32	0,36	2,97	14,35	8,42	.	1,90	843	.	1,42
1887/88	25,89	15,36	33,76	29,57	0,00	4,19	14,72	7,74	.	2,54	788	.	0,76
1888	26,46	15,78	36,41	32,52	0,12	3,76	13,96	6,19	.	1,21	824	.	0,73
1888/89	24,35	17,47	37,69	33,43	0,28	3,99	11,69	6,88	.	1,93	727	.	1,65
1889	24,90	18,07	39,36	35,34	0,13	3,88	10,84	5,49	.	1,34	747	.	2,28
1889/90	23,48	21,68	38,19	33,29	0,39	4,52	9,16	5,42	.	2,06	775	.	1,68
1890	23,60	20,27	39,73	35,87	0,00	3,87	9,07	5,73	.	1,60	750	.	1,73
1890/91	25,00	19,49	38,69	34,67	0,15	3,87	9,38	5,65	.	1,79	672	.	1,79
1891	23,51	19,59	41,94	37,01	0,44	4,50	9,00	4,64	.	1,31	689	.	1,16
1891/92	20,89	21,66	40,55	34,25	0,31	5,99	9,68	5,53	.	1,69	651	.	1,54
1892	20,66	22,93	42,99	36,95	0,60	5,43	6,64	5,58	.	1,21	663	.	1,66
1892/93	18,56	23,56	44,62	36,19	1,56	6,86	7,18	4,68	.	1,40	641	.	2,65
1893	19,03	23,56	45,02	37,92	1,36	5,74	5,59	5,44	.	1,36	662	.	3,47
1893/94	14,84	27,82	42,81	34,31	1,85	6,65	6,03	6,34	.	2,16	647	.	3,55
1894	14,72	27,41	42,13	33,97	2,04	6,12	7,73	6,41	.	1,60	686	.	4,23
1894/95	13,75	29,38	40,81	30,82	1,88	8,10	6,80	6,66	.	2,60	691	.	3,62
1895	14,56	28,57	41,47	33,01	1,25	7,21	6,38	8,32	.	0,69	721	.	3,47
1895/96	14,24	30,10	40,97	32,45	1,03	7,49	7,05	6,90	.	0,73	681	.	4,11
1896	14,01	30,42	42,92	35,09	1,20	6,63	7,68	4,97	.	0,00	664	.	4,22
1896/97	12,22	31,83	41,93	35,60	0,90	5,43	6,94	6,18	.	0,90	663	.	4,07
1897	11,70	28,74	42,22	36,30	0,89	5,04	8,44	6,96	.	1,93	675	.	4,89
1897/98	8,95	30,96	40,82	35,20	0,91	4,70	8,80	6,22	.	4,25	659	.	3,64
1898	9,04	28,79	38,80	34,49	0,56	3,76	9,74	9,18	.	4,45	719	.	5,01
1898/99	8,18	28,69	37,94	32,98	0,67	4,29	9,38	9,25	.	6,57	746	.	5,09
1899	9,70	28,46	36,09	31,31	1,29	3,49	10,74	9,06	.	5,95	773	.	4,79
1899/00	9,02	32,01	32,88	28,18	1,48	3,21	10,63	8,90	.	6,55	809	.	5,56
1900	10,45	32,49	32,26	28,47	1,49	2,30	9,07	10,45	.	5,28	871	.	4,71
1900/01	10,42	32,08	29,51	25,88	1,52	2,11	10,54	11,59	.	5,85	854	.	5,15
1901	10,96	30,51	29,49	24,97	1,47	3,05	11,30	12,32	.	5,42	885	.	5,08
1901/02	9,72	33,30	27,49	23,02	1,01	3,46	10,28	13,41	.	5,81	895	.	6,93
1902	9,65	34,46	24,13	20,88	0,67	2,58	12,57	14,14	.	5,05	891	.	6,29
1902/03	8,72	36,55	23,36	20,98	0,62	1,77	11,01	14,33	.	6,02	963	.	8,00
1903	8,79	35,50	23,89	20,74	0,65	2,50	12,60	14,12	6,62	5,10	921	.	7,71
1903/04	7,68	36,71	24,81	21,69	0,33	2,78	12,90	12,01	5,01	5,90	899	.	7,34
1904	7,95	36,59	24,66	20,68	0,57	3,41	15,23	10,45	2,73	5,11	880	.	6,70
1904/05	5,72	38,79	23,09	18,72	0,67	3,70	17,26	9,19	2,47	5,94	892	.	7,74
1905	6,85	34,44	24,07	18,67	1,04	4,36	19,81	9,44	3,01	5,39	964	.	8,71
1905/06	6,13	36,14	22,43	17,65	0,83	3,95	19,94	9,76	3,01	5,61	963	.	9,97
1906	6,98	31,88	26,55	20,74	0,97	4,84	22,38	8,53	2,62	3,68	1032	.	12,79
1906/07	7,27	33,40	24,40	18,47	1,63	4,31	22,87	8,04	2,58	4,02	1045	.	8,90
1907	6,81	30,58	25,41	20,23	1,73	3,45	25,41	8,72	2,30	3,07	1043	.	7,48
1907/08	6,39	28,48	26,13	20,49	2,16	3,48	25,75	8,93	2,82	4,32	1064	.	9,30
1908	6,85	25,75	26,67	22,10	1,92	2,65	27,31	9,41	2,83	4,02	1095	.	8,13
1908/09	6,49	26,40	29,12	24,04	2,28	2,81	24,47	9,56	2,37	3,95	1140	1,23	9,91
1909	6,16	23,78	28,74	23,46	2,72	2,56	28,50	10,01	1,92	2,80	1249	2,32	9,29
1909/10	5,74	22,81	31,65	25,83	3,63	2,19	26,44	9,29	1,81	4,08	1324	3,40	11,56

Tab. 18.1: Die Studierenden an der Universität Königsberg nach Fachbereichen in Prozent 1830/31-1941/1

| | Evang. Theol. | Jura | Gesundheitswissenschaften | | | | Sprach und Kultur wiss. | Math., Naturw. | | Wirtsch., Agrar und Forst. wiss. | Studierende | | |
			insg.	Allg. Med.	Zahnmed.	Pharmazie		insg.	Chemie		insg.	weibl. in % aller Stud.	Ausl. in % aller Stud.
Semester	1	2	3	4	5	6	7	8	9	10	11	12	13
1910	5,51	21,51	30,49	25,66	2,26	2,57	27,70	11,09	1,66	3,70	1325	4,23	10,94
1910/11	5,43	19,74	33,09	28,39	2,27	2,42	26,27	11,08	1,32	4,40	1363	5,06	13,13
1911	6,18	19,09	33,04	28,78	1,85	2,40	26,92	10,92	1,51	3,85	1456	5,98	12,57
1911/12	6,18	18,41	33,22	29,08	1,63	2,51	25,54	10,60	1,29	6,05	1472	6,39	13,72
1912	7,96	17,38	33,04	28,71	1,85	2,48	24,57	11,27	1,02	5,79	1571	5,73	13,62
1912/13	8,66	17,14	33,29	30,01	0,93	2,35	23,64	10,46	1,05	6,81	1616	6,62	15,10
1913	9,90	15,10	35,15	31,97	0,61	2,57	22,80	9,90	1,28	7,15	1636	7,27	15,59
1913/14	10,40	14,03	36,22	33,23	0,77	2,23	21,88	9,57	1,15	7,91	1568	8,04	15,18
1914	11,15	13,99	36,69	33,40	1,03	2,26	20,05	9,99	1,10	8,12	1551	8,32	13,60
1914/15	12,73	14,08	33,02	29,59	1,19	2,23	21,32	10,82	1,11	8,04	1257	9,94	1,11
1915	12,15	13,85	34,54	31,15	1,15	2,23	20,46	11,23	1,08	7,77	1300	11,46	0,85
1915/16	11,72	13,76	35,98	32,88	0,98	2,12	19,50	11,04	1,13	8,01	1323	11,04	0,98
1916	11,08	14,77	35,55	32,66	0,87	2,03	19,04	11,37	1,16	8,18	1381	10,64	1,16
1916/17	10,45	15,98	35,11	32,51	0,96	1,64	19,95	11,20	1,09	7,31	1464	11,61	0,68
1917	9,50	17,92	34,89	32,62	0,90	1,37	18,76	11,77	1,25	7,17	1674	11,05	0,90
1917/18	8,76	18,90	34,26	32,48	0,72	1,05	19,24	11,59	1,50	7,26	1804	11,42	1,00
1918	8,62	20,13	31,42	31,42	.	.	39,83	.	.	.	1903	11,56	.
1918/19	8,62	20,13	31,42	31,42	.	.	39,83	.	.	.	1903	11,56	.
1919	6,39	19,11	32,38	32,38	.	.	42,12	.	.	.	2208	12,23	.
ZS.1919	.	.	.	.	.	.	.	.	.	.	.	.	.
1919/20	6,07	20,48	31,68	31,68	.	.	41,77	.	.	.	2339	10,52	.
1920	5,95	21,81	32,43	24,85	5,58	2,01	12,87	11,15	3,90	15,79	2439	10,00	2,91
1920/21	4,77	21,13	33,10	23,11	8,14	1,84	11,18	10,13	3,86	19,70	2665	9,46	3,79
1921	4,91	24,16	33,23	22,61	8,67	1,95	9,77	9,92	4,21	17,99	1995	10,28	4,41
1921/22	4,50	24,34	30,92	22,42	6,53	1,97	11,29	8,55	3,74	20,39	1976	11,13	4,66
1922	4,19	27,64	26,96	19,79	4,82	2,36	11,94	8,59	4,08	20,68	1910	9,79	5,65
1922/23	4,65	28,16	23,91	17,71	3,35	2,85	12,46	8,15	4,20	22,66	1999	10,51	6,25
1923	4,24	30,38	19,84	14,64	2,21	2,99	13,38	9,20	4,33	22,97	2077	10,40	6,88
1923/24	3,43	32,27	19,86	14,65	1,79	3,43	13,41	8,04	3,77	22,99	2014	10,03	6,45
1924	3,28	32,03	21,22	14,78	1,84	4,60	12,88	8,34	4,08	22,25	1739	9,72	5,98
1924/25	3,39	32,50	19,64	13,07	1,38	5,19	13,42	8,37	3,73	22,68	1446	10,37	8,37
1925	4,01	30,10	17,58	10,87	1,38	5,33	15,50	11,90	3,25	20,90	1445	10,38	8,17
1925/26	4,26	31,01	17,74	11,36	1,70	4,68	17,10	11,71	2,98	18,17	1409	10,72	8,52
1926	4,14	33,07	14,77	10,68	1,56	2,52	20,77	13,69	3,78	13,57	1666	13,21	8,04
1926/27	4,50	29,89	16,04	11,83	2,37	1,85	21,18	14,95	2,42	13,44	1733	14,43	8,37
1927	6,48	31,16	16,05	11,76	3,40	0,89	22,63	15,00	2,35	8,68	1913	13,64	7,84
1927/28	5,89	32,81	15,65	11,06	3,81	0,78	23,21	15,23	2,50	7,20	1917	14,66	8,50
1928	6,53	31,28	17,83	12,97	4,22	0,64	22,52	17,59	2,03	4,26	2513	17,35	6,57
1928/29	6,35	30,10	17,98	12,74	4,34	0,90	21,66	18,22	2,25	5,69	2442	17,77	7,08
1929	6,77	29,65	20,08	14,97	4,16	0,95	21,29	17,48	2,22	4,73	3147	17,99	6,36
1929/30	7,57	28,42	21,26	15,07	4,96	1,23	21,22	17,23	2,05	4,29	2681	19,92	7,16
1930	7,96	26,94	22,05	16,56	4,12	1,37	21,91	16,61	2,11	4,53	3642	18,92	6,10
1930/31	8,95	27,09	23,04	17,27	4,40	1,37	21,60	16,08	2,46	3,24	3208	19,48	7,14
1931	9,11	24,70	26,76	20,78	4,57	1,41	20,95	15,42	2,08	3,06	4182	21,86	6,03
1931/32	9,93	23,17	28,43	21,03	5,35	2,04	20,60	14,17	2,23	3,71	3233	22,55	6,50
1932	10,64	23,62	33,24	24,81	5,96	2,47	16,76	12,63	1,84	3,11	3760	21,68	6,04
1932/33	10,72	20,92	34,90	25,85	6,73	2,32	16,90	13,07	2,35	3,50	3060	21,86	7,25
1933	10,81	20,82	39,17	31,23	5,31	2,64	15,31	10,09	1,81	3,79	3487	21,05	.
1933/34	12,49	18,93	37,08	28,67	5,94	2,47	16,14	11,06	2,00	4,29	2794	19,72	.
1934	11,69	18,31	43,39	36,64	4,36	2,39	14,14	8,94	2,08	3,53	3600	20,69	6,17
1934/35	12,73	18,77	40,88	31,10	6,48	3,31	13,90	9,56	2,23	4,16	2238	18,68	.
1935	10,22	16,38	47,47	38,00	5,78	3,69	14,12	7,08	1,84	4,73	2387	22,66	.
1935/36	9,02	19,64	41,68	31,25	6,39	4,04	16,02	7,38	1,64	6,25	2128	19,27	.
1936	6,93	21,37	42,43	33,83	5,31	3,29	15,36	6,49	1,49	7,42	2279	13,69	.
1936/37	7,40	17,82	45,60	37,26	5,45	2,89	14,46	6,59	1,68	8,14	1487	20,11	.
1937	4,81	17,69	50,39	42,20	4,23	3,97	13,13	5,85	1,56	8,13	1538	20,87	7,80
1937/38	4,09	17,58	49,04	39,33	5,78	3,93	12,60	7,62	3,13	9,07	1246	19,42	.
1938	2,63	15,00	54,37	45,70	4,48	4,19	11,80	6,11	2,42	10,09	1407	19,19	.
1938/39	2,67	18,38	45,86	37,32	4,14	4,41	15,53	7,72	3,40	9,83	1088	19,21	.
1939	2,17	18,81	51,00	43,14	3,01	4,85	12,21	5,52	2,51	10,28	1196	17,22	.
1939/40	1,79	30,94	7,17	0,00	0,00	7,17	25,56	17,04	9,42	17,49	223	18,83	.
1940/1	0,79	9,68	67,91	64,30	1,24	2,36	12,84	4,28	2,48	4,50	888	21,51	.
1940/2	0,78	11,21	58,63	53,48	2,13	3,03	16,37	7,96	4,26	5,04	892	28,59	3,81
1940/3	0,75	11,10	51,08	46,85	2,16	2,07	20,51	10,82	5,93	5,74	1063	36,31	.
1941/1	0,54	10,22	57,62	54,21	2,06	1,34	17,74	8,78	4,84	5,11	1116	37,72	.

4. Die Studierenden nach Fächern

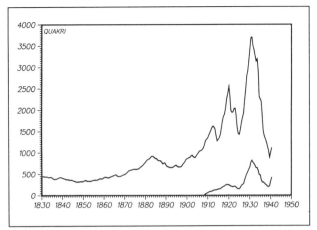

Abb. 18.2: Die Studierenden (weibl. u. insg.) an der Universität Königsberg 1830/31–1941/1: Sämtliche Fächer

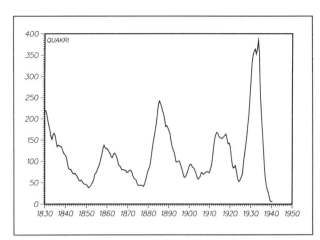

Abb. 18.3: Die Studierenden an der Universität Königsberg 1830/31–1941/1: Evangelische Theologie

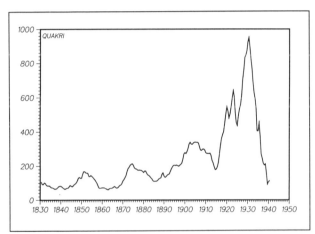

Abb. 18.4: Die Studierenden an der Universität Königsberg 1830/31–1941/1: Jura

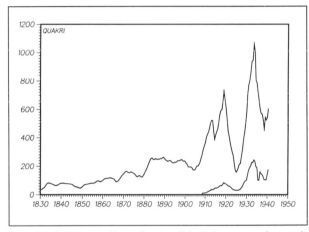

Abb. 18.5: Die Studierenden (weibl. u. insg.) an der Universität Königsberg 1830/31–1941/1: Allgemeine Medizin

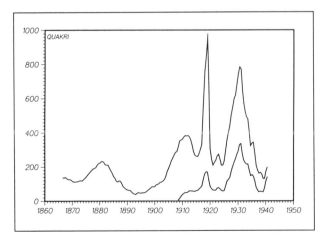

Abb. 18.6: Die Studierenden (weibl. u. insg.) an der Universität Königsberg 1866/67–1941/1: Sprach- und Kulturwissenschaften

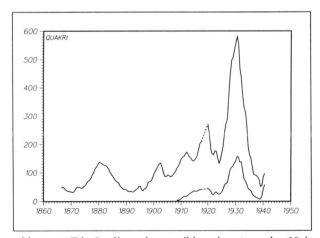

Abb. 18.7: Die Studierenden (weibl. u. insg.) an der Universität Königsberg 1866/67–1941/1: Mathematik und Naturwissenschaften

Tab. 18.2: Die Einzelfachströme an der Universität Königsberg nach Staatsangehörigkeit und Geschlecht 1830/31-1941/1

Semester	Stud. insg.	Evang. Theol.	Jura	Medi- zin	Philosophische Fakultät insg.	Chir- urgie	Phar- mazie
	1	2	3	4	5	6	7
1830/31	454	225	117	33	79	.	.
1831	443	215	98	34	96	.	.
1831/32	442	208	89	47	98	.	.
1832	426	187	96	45	98	.	.
1832/33	452	184	108	58	102	.	.
1833	424	165	90	66	103	.	.
1833/34	422	152	85	82	103	.	.
1834	422	151	83	83	105	.	.
1834/35	437	173	86	82	96	.	.
1835	415	160	82	82	91	.	.
1835/36	406	162	72	77	95	.	.
1836	367	133	73	73	88	.	.
1836/37	386	136	72	71	107	.	.
1837	379	140	64	65	110	.	.
1837/38	395	135	64	64	132	.	.
1838	393	134	67	62	130	19	.
1838/39	423	136	68	70	149	18	.
1839	422	121	81	67	153	20	6
1839/40	431	119	82	77	153	17	4
1840	401	114	85	84	118	9	0
1840/41	409	114	81	78	136	16	3
1841	387	102	75	82	128	.	.
1841/42	391	87	70	82	152	.	.
1842	371	80	64	79	148	19	0
1842/43	368	82	63	76	147	.	.
1843	377	80	72	78	147	.	.
1843/44	359	75	71	77	136	18	0
1844	356	67	69	76	144	16	0
1844/45	365	73	87	75	130	.	.
1845	356	71	87	74	124	.	.
1845/46	342	68	80	72	122	7	0
1846	327	63	78	64	122	10	0
1846/47	333	58	90	61	124	.	.
1847	295	50	94	53	98	.	.
1847/48	327	58	98	56	115	.	.
1848	312	54	106	52	100	.	.
1848/49	318	50	122	44	102	.	.
1849	334	47	139	50	98	.	.
1849/50	313	46	129	43	95	.	.
1850	326	46	127	53	100	.	.
1850/51	332	45	131	59	97	.	.
1851	358	37	172	66	83	.	.
1851/52	347	39	165	72	71	.	.
1852	339	42	171	71	55	.	.
1852/53	322	45	150	74	53	.	.
1853	347	52	168	74	53	.	.
1853/54	326	50	148	78	50	.	.
1854	331	67	130	78	56	.	.
1854/55	353	74	149	80	50	.	.
1855	350	71	142	84	53	.	.
1855/56	363	83	137	79	64	.	8
1856	360	85	129	82	64	.	10
1856/57	353	93	121	85	54	.	8
1857	366	101	116	91	58	.	9
1857/58	369	113	101	96	59	.	8
1858	392	121	95	100	76	.	9
1858/59	393	140	72	94	87	.	12
1859	387	137	68	93	89	.	.
1859/60	381	128	70	90	93	.	11
1860	419	131	73	102	113	.	16
1860/61	426	130	74	101	121	.	19
1861	430	123	73	114	120	.	11
1861/62	418	119	72	114	113	.	7
1862	412	116	65	115	116	.	7
1862/63	412	104	66	116	126	.	10
1863	420	112	57	116	135	.	6
1863/64	437	118	63	121	135	.	11
1864	450	120	73	118	139	.	9
1864/65	453	114	68	118	153	.	11
1865	470	109	71	113	177	.	16
1865/66	475	98	74	112	191	.	22
1866	496	87	81	108	220	.	21

Tab. 18.2: Die Einzelfachströme an der Universität Königsberg nach Staatsangehörigkeit und Geschlecht 1830/31–1941/1

	Evang. Theol.		Jura		Medizin		Zahnmedizin		Pharmazie		Philol., Gesch.		Math., Naturw.	
	insg.	Ausl. in %	insg.	Ausl. in %	insg.	Ausl. in %	insg.	Ausl. in %	insg.	Ausl. in %	insg.	Ausl. in %	insg.	Ausl. in %
Semester	1	2	3	4	5	6	7	8	9	10	11	12	13	14
1866/67	92	.	81	.	87	.	0	.	15	.	138	.	44	.
1867	82	.	69	.	93	.	0	.	13	.	133	.	50	.
1867/68	79	2,53	72	1,39	96	7,29	0	.	10	.	139	2,16	50	4,00
1868	83	2,41	74	1,35	102	8,82	0	.	9	.	137	2,92	42	4,76
1868/69	77	2,60	85	1,18	114	7,89	0	.	14	.	126	3,17	38	5,26
1869	80	0,00	90	0,00	123	6,50	0	.	13	.	125	4,00	37	2,70
1869/70	78	0,00	89	0,00	138	8,70	0	.	16	.	128	3,13	33	0,00
1870	71	0,00	106	0,00	141	9,22	0	.	11	.	119	2,52	35	0,00
1870/71	77	0,00	120	1,67	151	9,27	0	.	6	.	114	2,63	31	0,00
1871	80	1,25	123	2,44	159	9,43	0	.	10	.	108	2,78	32	0,00
1871/72	79	1,27	141	0,71	170	11,18	0	.	8	.	115	3,48	37	0,00
1872	79	1,27	150	3,33	158	10,13	0	.	12	.	112	1,79	48	0,00
1872/73	69	1,45	187	2,14	158	8,23	0	.	22	.	115	1,74	52	1,92
1873	61	1,64	185	2,16	150	8,00	0	.	16	.	119	0,84	49	2,04
1873/74	59	1,69	202	1,49	161	16,77	0	.	15	0,00	120	0,83	50	2,00
1874	58	1,72	208	1,44	161	19,88	0	.	15	0,00	115	1,74	42	4,76
1874/75	55	1,82	215	1,40	156	20,51	0	.	13	0,00	133	2,26	51	5,88
1875	42	2,38	214	0,47	150	19,33	0	.	18	0,00	132	1,52	55	0,00
1875/76	44	2,27	196	0,51	148	20,95	0	.	17	0,00	148	1,35	58	0,00
1876	45	2,22	182	1,10	139	20,86	0	.	21	0,00	155	0,65	68	1,47
1876/77	44	0,00	186	2,15	127	21,26	0	.	18	11,11	167	0,60	74	1,35
1877	44	0,00	181	2,21	125	20,00	0	.	16	6,25	174	1,15	72	2,78
1877/78	42	0,00	174	1,72	134	21,64	0	.	18	0,00	184	1,09	88	1,14
1878	40	0,00	176	1,14	135	18,52	0	.	17	0,00	190	0,00	95	1,05
1878/79	50	0,00	179	1,12	129	20,93	0	.	18	5,56	195	0,00	103	2,91
1879	56	0,00	171	1,17	125	12,80	0	.	23	4,35	196	0,00	122	2,46
1879/80	66	0,00	177	1,13	122	11,48	0	.	20	0,00	220	0,00	117	2,56
1880	78	0,00	159	1,26	142	11,27	0	.	16	0,00	219	0,91	138	4,35
1880/81	83	0,00	165	0,00	145	10,34	0	.	15	0,00	226	1,33	135	2,96
1881	88	0,00	178	0,00	175	9,71	0	.	15	0,00	235	0,85	136	2,21
1881/82	101	0,00	165	1,82	174	9,77	0	.	20	0,00	230	0,87	130	2,31
1882	126	0,00	152	1,32	205	8,78	0	.	20	0,00	219	0,91	127	1,57
1882/83	137	0,73	144	0,69	214	9,81	0	.	19	0,00	203	1,97	125	1,60
1883	158	0,63	146	0,68	242	9,92	0	.	24	0,00	217	1,84	126	1,59
1883/84	164	1,22	134	0,75	247	8,91	0	.	27	0,00	203	0,49	115	0,87
1884	186	1,61	128	2,34	267	8,99	0	.	31	0,00	180	0,56	113	3,54
1884/85	198	1,52	124	0,81	247	8,50	0	.	29	0,00	172	0,58	94	4,26
1885	230	1,30	109	0,92	248	7,66	0	.	21	0,00	150	0,67	95	1,05
1885/86	242	1,24	111	0,00	244	5,33	1	0,00	22	0,00	135	0,74	81	0,00
1886	243	1,23	111	0,00	264	4,92	1	0,00	22	0,00	129	0,78	80	0,00
1886/87	227	0,44	112	0,00	234	2,99	1	.	30	0,00	101	0,99	66	0,00
1887	230	0,43	113	0,88	264	2,65	3	.	25	0,00	121	1,65	71	0,00
1887/88	204	0,00	121	0,00	233	1,72	0	.	33	.	116	.	61	.
1888	218	0,00	130	0,00	268	1,87	1	.	31	.	115	.	51	.
1888/89	177	0,00	127	0,79	243	2,88	2	.	29	.	85	.	50	.
1889	186	0,54	135	0,74	264	3,79	1	.	29	.	81	.	41	.
1889/90	182	0,55	168	1,19	258	2,71	3	.	35	.	71	.	42	.
1890	177	0,56	152	0,66	269	2,97	0	.	29	.	68	.	43	.
1890/91	168	0,60	131	0,00	233	3,00	1	.	26	.	63	.	38	.
1891	162	0,62	135	0,00	255	1,57	3	.	31	.	62	.	32	.
1891/92	136	0,74	141	0,00	223	2,69	2	.	39	0,00	63	1,59	36	2,78
1892	137	0,73	152	0,00	245	2,45	4	.	36	0,00	44	2,27	37	5,41
1892/93	119	2,52	151	0,00	232	3,88	10	.	44	0,00	46	2,17	30	3,33
1893	126	1,59	156	0,00	251	3,98	9	.	38	2,63	37	5,41	36	11,11
1893/94	96	1,04	180	0,00	222	4,05	12	.	43	0,00	39	7,69	41	7,32
1894	101	0,99	188	0,53	233	5,15	14	.	42	2,38	53	7,55	44	9,09
1894/95	95	1,05	203	0,00	213	6,10	13	.	56	0,00	47	2,13	46	8,70
1895	105	0,95	206	0,00	238	6,72	9	.	52	0,00	46	2,17	60	8,33
1895/96	97	1,03	205	0,00	221	8,14	7	.	51	0,00	48	4,17	47	12,77
1896	93	1,08	202	0,50	233	8,15	8	0,00	44	0,00	51	5,88	33	12,12
1896/97	81	0,00	211	0,00	236	8,47	6	0,00	36	2,78	46	8,70	41	4,88
1897	79	0,00	194	0,52	245	8,57	6	16,67	34	2,94	57	8,77	47	6,38
1897/98	59	0,00	204	0,00	232	6,47	6	0,00	31	3,23	58	6,90	41	2,44
1898	65	1,54	207	0,48	248	7,66	4	0,00	27	0,00	70	8,57	66	4,55
1898/99	61	0,00	214	0,47	246	5,69	5	0,00	32	0,00	70	2,86	69	8,70
1899	75	1,33	220	0,45	242	6,20	10	0,00	27	0,00	83	6,02	70	8,57
1899/00	73	2,74	259	0,39	228	5,70	12	8,33	26	0,00	86	6,98	72	11,11
1900	91	2,20	283	0,35	248	6,45	13	7,69	20	0,00	79	3,80	91	9,89
1900/01	89	3,37	274	0,36	221	7,24	13	7,69	18	0,00	90	4,44	99	13,13
1901	97	3,09	270	0,00	221	8,14	13	7,69	27	0,00	100	2,00	109	14,68
1901/02	87	3,45	298	0,00	206	14,08	9	0,00	31	0,00	92	4,35	120	15,83
1902	86	3,49	307	0,00	186	12,37	6	0,00	23	0,00	112	6,25	126	13,49
1902/03	84	1,19	352	0,00	202	21,78	6	0,00	17	0,00	106	5,66	138	14,49
1903	81	1,23	327	0,61	191	20,94	6	0,00	23	0,00	98	0,00	69	0,00
1903/04	69	1,45	330	0,30	195	22,05	3	0,00	25	0,00	98	0,00	63	0,00
1904	70	1,43	322	0,62	182	21,98	5	0,00	30	0,00	125	0,00	68	0,00
1904/05	51	3,92	346	0,87	167	24,55	6	0,00	33	0,00	138	0,00	60	0,00
1905	66	3,03	332	0,30	180	25,56	10	0,00	42	0,00	176	0,57	62	1,61
1905/06	59	1,69	348	0,29	170	32,35	8	0,00	38	0,00	171	0,00	65	4,62
1906	72	2,78	329	2,13	214	37,38	10	0,00	50	0,00	207	0,97	61	3,28
1906/07	76	3,95	349	0,57	193	23,83	17	5,88	45	0,00	224	1,79	57	1,75
1907	71	2,82	319	0,31	211	19,43	18	0,00	36	0,00	247	1,21	67	0,00
1907/08	68	1,47	303	0,99	218	26,15	23	0,00	37	0,00	256	1,17	65	0,00
1908	75	1,33	282	0,71	242	21,90	21	0,00	29	0,00	290	1,38	72	0,00

Tab. 18.2: Die Einzelfachströme an der Universität Königsberg nach Staatsangehörigkeit und Geschlecht 1830/31–1941/1

| | Chemie | | Landw.u.Cam. | | Sonstige | | Studierende | | |
	insg.	Ausl. in %	insg.	Ausl. in %	insg.	Ausl. in %	insg.	Ausländer insg.	in %
Semester	15	16	17	18	19	20	21	22	23
1866/67	.	.	0	.	.	.	457	.	.
1867	.	.	0	.	.	.	440	.	.
1867/68	.	.	0	.	.	.	446	15	3,36
1868	.	.	0	.	.	.	447	18	4,03
1868/69	.	.	0	.	.	.	454	18	3,96
1869	.	.	0	.	.	.	468	14	2,99
1869/70	.	.	2	0,00	.	.	484	16	3,31
1870	.	.	2	0,00	.	.	485	16	3,30
1870/71	.	.	1	0,00	.	.	500	19	3,80
1871	.	.	0	.	.	.	512	22	4,30
1871/72	.	.	2	0,00	.	.	552	25	4,53
1872	.	.	2	0,00	.	.	561	24	4,28
1872/73	.	.	0	.	.	.	603	21	3,48
1873	.	.	0	.	.	.	580	19	3,28
1873/74	.	.	0	.	.	.	607	33	5,44
1874	.	.	0	.	.	.	599	40	6,68
1874/75	.	.	0	.	.	.	623	42	6,74
1875	.	.	0	.	.	.	611	33	5,40
1875/76	.	.	0	.	.	.	611	35	5,73
1876	.	.	0	.	.	.	610	34	5,57
1876/77	.	.	5	0,00	.	.	621	35	5,64
1877	.	.	8	12,50	.	.	620	35	5,65
1877/78	.	.	15	6,67	.	.	655	36	5,50
1878	.	.	13	7,69	.	.	666	29	4,35
1878/79	.	.	12	8,33	.	.	686	34	4,96
1879	.	.	14	14,29	.	.	707	24	3,39
1879/80	.	.	15	6,67	.	.	737	20	2,71
1880	.	.	16	0,00	.	.	768	26	3,39
1880/81	.	.	19	5,26	.	.	788	23	2,92
1881	.	.	14	14,29	.	.	841	24	2,85
1881/82	.	.	16	12,50	.	.	836	27	3,23
1882	.	.	14	7,14	.	.	863	25	2,90
1882/83	.	.	14	7,14	.	.	856	30	3,50
1883	.	.	16	6,25	.	.	929	33	3,55
1883/84	.	.	19	5,26	.	.	909	28	3,08
1884	.	.	20	5,00	.	.	925	36	3,89
1884/85	.	.	23	17,39	.	.	887	34	3,83
1885	.	.	17	11,76	.	.	870	27	3,10
1885/86	.	.	18	5,56	.	.	854	18	2,11
1886	.	.	16	6,25	.	.	866	18	2,08
1886/87	.	.	15	0,00	.	.	786	9	1,15
1887	.	.	16	6,25	.	.	843	12	1,42
1887/88	.	.	20	.	.	.	788	6	0,76
1888	.	.	10	.	.	.	824	6	0,73
1888/89	.	.	14	.	.	.	727	12	1,65
1889	.	.	10	.	.	.	747	17	2,28
1889/90	.	.	16	.	.	.	775	13	1,68
1890	.	.	12	.	.	.	750	13	1,73
1890/91	.	.	12	.	.	.	672	12	1,79
1891	.	.	9	.	.	.	689	8	1,16
1891/92	.	.	11	9,09	.	.	651	10	1,54
1892	.	.	8	12,50	.	.	663	11	1,66
1892/93	.	.	9	33,33	.	.	641	17	2,65
1893	.	.	9	44,44	.	.	662	23	3,47
1893/94	.	.	14	50,00	.	.	647	23	3,55
1894	.	.	11	54,55	.	.	686	29	4,23
1894/95	.	.	18	33,33	.	.	691	25	3,62
1895	.	.	5	40,00	.	.	721	25	3,47
1895/96	.	.	5	20,00	.	.	681	28	4,11
1896	.	.	0	.	.	.	664	28	4,22
1896/97	.	.	6	0,00	.	.	663	27	4,07
1897	.	.	13	7,69	.	.	675	33	4,89
1897/98	.	.	28	10,71	.	.	659	24	3,64
1898	.	.	32	18,75	.	.	719	36	5,01
1898/99	.	.	49	30,61	.	.	746	38	5,09
1899	.	.	46	19,57	.	.	773	37	4,79
1899/00	.	.	53	26,42	.	.	809	45	5,56
1900	.	.	46	19,57	.	.	871	41	4,71
1900/01	.	.	50	12,00	.	.	854	44	5,15
1901	.	.	48	10,42	.	.	885	45	5,08
1901/02	.	.	52	13,46	.	.	895	62	6,93
1902	.	.	45	13,33	.	.	891	56	6,29
1902/03	.	.	58	10,34	.	.	963	77	8,00
1903	61	26,23	47	12,77	18	33,33	921	71	7,71
1903/04	45	24,44	53	9,43	18	27,78	899	66	7,34
1904	24	29,17	45	13,33	9	33,33	880	59	6,70
1904/05	22	40,91	53	16,98	16	31,25	892	69	7,74
1905	29	62,07	52	23,08	15	20,00	964	84	8,71
1905/06	29	62,07	54	16,67	21	42,86	963	96	9,97
1906	27	74,07	38	28,95	24	33,33	1032	132	12,79
1906/07	27	74,07	42	26,19	15	33,33	1045	93	8,90
1907	24	66,67	32	31,25	18	27,78	1043	78	7,48
1907/08	30	63,33	46	23,91	18	27,78	1064	99	9,30
1908	31	58,06	44	20,45	9	22,22	1095	89	8,13

Tab. 18.2: Die Einzelfachströme an der Universität Königsberg nach Staatsangehörigkeit und Geschlecht 1830/31-1941/1

	Evangelische Theologie				Jura					Medizin				
	insg.	Frauen			Ausländ.	insg.	Frauen			Ausländ.	insg.	Frauen			Ausländ.
		insg.	in %	deuts.	in %		insg.	in %	deuts.	in %		insg.	in %	deuts.	in %
Semester	1	2	3	4	5	6	7	8	9	10	11	12	13	14	15
1908/09	74	0	0,00	0	1,35	301	0	0,00	0	0,33	274	5	1,82	5	31,39
1909	77	0	0,00	0	2,60	297	1	0,34	1	0,00	293	10	3,41	7	31,06
1909/10	76	0	0,00	0	3,95	302	1	0,33	0	0,33	342	14	4,09	11	36,55
1910	73	0	0,00	0	4,11	285	1	0,35	1	0,35	340	10	2,94	6	35,00
1910/11	74	0	0,00	0	2,70	269	1	0,37	1	0,74	387	13	3,36	9	38,50
1911	90	0	0,00	0	2,22	278	3	1,08	3	0,72	419	15	3,58	11	36,28
1911/12	91	0	0,00	0	2,20	271	3	1,11	3	1,11	428	19	4,44	14	37,62
1912	125	0	0,00	0	1,60	273	1	0,37	1	1,10	451	25	5,54	19	36,14
1912/13	140	0	0,00	0	2,14	277	2	0,72	2	1,08	485	25	5,15	18	37,94
1913	162	0	0,00	0	1,85	247	1	0,40	1	1,21	523	33	6,31	23	38,05
1913/14	163	0	0,00	0	1,84	220	1	0,45	1	2,73	521	40	7,68	31	35,89
1914	173	1	0,58	1	1,16	217	1	0,46	1	2,30	518	33	6,37	25	32,82
1914/15	160	1	0,63	1	0,63	177	1	0,56	1	1,13	372	37	9,95	33	1,61
1915	158	1	0,63	1	0,63	180	1	0,56	1	0,00	405	49	12,10	45	1,48
1915/16	155	0	0,00	0	0,65	182	1	0,55	1	0,55	435	45	10,34	41	1,61
1916	153	0	0,00	0	0,65	204	1	0,49	1	0,49	451	47	10,42	43	1,77
1916/17	153	0	0,00	0	0,00	234	1	0,43	1	0,43	476	49	10,29	48	1,05
1917	159	0	0,00	0	0,00	300	1	0,33	1	0,67	546	58	10,62	54	1,65
1917/18	158	0	0,00	0	0,00	341	1	0,29	1	0,29	586	65	11,09	61	1,88
1918	164	0	0,00	.	.	383	1	0,26	.	.	598	62	10,37	.	.
1918/19	164	0	0,00	.	.	383	1	0,26	.	.	598	62	10,37	.	.
1919	141	1	0,71	.	.	422	1	0,24	.	.	715	85	11,89	.	.
ZS.1919	.	.	.	.	.	.	.	.	.	.	.	.	.	.	.
1919/20	142	1	0,70	.	.	479	3	0,63	.	.	741	86	11,61	.	.
1920	145	2	1,38	2	2,07	532	5	0,94	5	1,32	606	72	11,88	70	3,96
1920/21	127	4	3,15	4	4,72	563	5	0,89	5	0,71	616	81	13,15	75	6,01
1921	98	3	3,06	3	3,06	482	6	1,24	6	1,45	451	60	13,30	54	8,43
1921/22	89	4	4,49	4	3,37	481	11	2,29	10	2,29	443	65	14,67	60	9,03
1922	80	5	6,25	5	3,75	528	10	1,89	9	2,27	378	55	14,55	49	11,90
1922/23	93	6	6,45	6	4,30	563	12	2,13	11	1,95	354	58	16,38	52	12,43
1923	88	5	5,68	5	4,55	631	15	2,38	15	2,38	304	43	14,14	39	17,43
1923/24	69	4	5,80	4	4,35	650	15	2,31	15	2,31	295	39	13,22	33	16,27
1924	57	1	1,75	1	5,26	557	10	1,80	10	2,33	257	33	12,84	30	15,95
1924/25	49	0	0,00	0	6,12	470	14	2,98	14	7,02	189	33	17,46	29	18,68
1925	58	3	5,17	3	10,34	435	7	1,61	7	7,13	157	29	18,47	25	20,38
1925/26	60	3	5,00	.	.	437	7	1,60	.	.	160	32	20,00	.	.
1926	69	2	2,90	.	.	551	7	1,27	.	.	178	31	17,42	.	.
1926/27	78	1	1,28	1	14,10	518	6	1,16	5	7,92	205	30	14,63	27	16,10
1927	124	2	1,61	2	12,10	596	10	1,68	8	8,05	225	38	16,89	37	11,56
1927/28	113	1	0,88	1	12,39	629	11	1,75	8	9,86	212	36	16,98	35	8,96
1928	164	5	3,05	4	9,76	786	25	3,18	23	7,38	326	59	18,10	56	6,75
1928/29	155	9	5,81	9	12,26	735	20	2,72	20	7,35	311	58	18,65	56	7,72
1929	213	9	4,23	9	9,86	933	39	4,18	35	5,57	471	92	19,53	88	6,58
1929/30	203	10	4,93	10	10,34	762	30	3,94	28	6,17	404	90	22,28	87	7,18
1930	290	17	5,86	17	7,93	981	46	4,69	42	5,81	603	109	18,08	107	5,80
1930/31	287	19	6,62	19	10,10	869	39	4,49	37	6,90	554	96	17,33	93	6,86
1931	381	17	4,46	16	11,55	1033	55	5,32	54	4,84	869	190	21,86	185	4,95
1931/32	321	10	3,12	10	9,66	749	44	5,87	41	5,47	680	159	23,38	156	5,88
1932	400	22	5,50	21	10,00	888	54	6,08	52	4,73	933	221	23,69	215	4,61
1932/33	328	10	3,05	9	10,98	640	25	3,91	23	5,31	791	185	23,39	178	7,84
1933	377	12	3,18	.	.	726	34	4,68	.	.	1089	271	24,89	.	.
1933/34	349	12	3,44	.	.	529	10	1,89	.	.	801	181	22,60	.	.
1934	421	22	5,23	.	.	659	17	2,58	.	.	1319	308	23,35	.	.
1934/35	285	9	3,16	.	.	420	10	2,38	.	.	696	161	23,13	.	.
1935	244	12	4,92	.	.	391	8	2,05	.	.	907	231	25,47	.	.
1935/36	192	4	2,08	.	.	418	7	1,67	.	.	665	151	22,71	.	.
1936	158	1	0,63	.	.	487	8	1,64	.	.	771	52	6,74	.	.
1936/37	110	1	0,91	.	.	265	2	0,75	.	.	554	153	27,62	.	.
1937	74	1	1,35	.	.	272	3	1,10	.	.	649	170	26,19	.	.
1937/38	51	0	0,00	.	.	219	1	0,46	.	.	490	127	25,92	.	.
1938	37	0	0,00	.	.	211	0	0,00	.	.	643	155	24,11	.	.
1938/39	29	1	3,45	.	.	200	1	0,50	.	.	406	101	24,88	.	.
1939	26	1	3,85	.	.	225	3	1,33	.	.	516	109	21,12	.	.
1939/40	4	0	0,00	.	.	69	3	4,35	.	.	0	0	.	.	.
1940/1	7	0	0,00	.	.	86	3	3,49	.	.	571	104	18,21	.	.
1940/2	7	1	14,29	.	.	100	6	6,00	.	.	477	103	21,59	.	.
1940/3	8	0	0,00	.	.	118	9	7,63	.	.	498	138	27,71	.	.
1941/1	6	0	0,00	.	.	114	11	9,65	.	.	605	177	29,26	.	.

Tab. 18.2: Die Einzelfachströme an der Universität Königsberg nach Staatsangehörigkeit und Geschlecht 1830/31–1941/1

	Zahnmedizin					Pharmazie					Philologien, Geschichte				
	insg.	Frauen			Ausländ. in %	insg.	Frauen			Ausländ. in %	insg.	Frauen			Ausländ. in %
		insg.	in %	deuts.			insg.	in %	deuts.			insg.	in %	deuts.	
Semester	16	17	18	19	20	21	22	23	24	25	26	27	28	29	30
1908/09	26	1	3,85	1	0,00	32	1	3,13	1	0,00	270	3	1,11	3	0,74
1909	34	2	5,88	2	0,00	32	1	3,13	1	3,13	348	10	2,87	9	0,86
1909/10	48	3	6,25	3	2,08	29	0	0,00	0	3,45	337	20	5,93	19	0,89
1910	30	2	6,67	2	0,00	34	0	0,00	0	2,94	361	36	9,97	34	1,11
1910/11	31	2	6,45	2	3,23	33	0	0,00	0	6,06	344	39	11,34	38	0,87
1911	27	1	3,70	1	0,00	35	0	0,00	0	2,86	371	46	12,40	45	0,54
1911/12	24	1	4,17	1	4,17	37	0	0,00	0	16,22	354	47	13,28	47	0,28
1912	29	1	3,45	1	0,00	39	0	0,00	0	20,51	385	47	12,21	46	1,30
1912/13	15	0	0,00	0	0,00	38	0	0,00	0	21,05	378	60	15,87	58	2,38
1913	10	0	0,00	0	10,00	42	0	0,00	0	19,05	372	60	16,13	59	1,88
1913/14	12	0	0,00	0	8,33	35	0	0,00	0	11,43	341	58	17,01	58	1,47
1914	16	0	0,00	0	6,25	35	0	0,00	0	2,86	307	60	19,54	60	0,98
1914/15	15	0	0,00	0	0,00	28	0	0,00	0	0,00	266	54	20,30	54	0,38
1915	15	0	0,00	0	0,00	29	0	0,00	0	0,00	264	59	22,35	59	0,00
1915/16	13	0	0,00	0	0,00	28	1	3,57	1	0,00	245	63	25,71	63	0,00
1916	12	0	0,00	0	0,00	28	1	3,57	1	0,00	246	58	23,58	58	0,00
1916/17	14	1	7,14	1	0,00	24	1	4,17	1	0,00	278	78	28,06	78	0,36
1917	15	0	0,00	0	0,00	23	1	4,35	1	0,00	310	78	25,16	78	0,32
1917/18	13	0	0,00	0	0,00	19	0	0,00	0	0,00	340	94	27,65	94	0,29
1918	.	.	.	.	.	.	.	.	.	.	758	157	20,71	.	.
1918/19	.	.	.	.	.	.	.	.	.	.	758	157	20,71	.	.
1919	.	.	.	.	.	.	.	.	.	.	930	183	19,68	.	.
ZS.1919	.	.	.	.	.	.	.	.	.	.	.	.	.	.	.
1919/20	.	.	.	.	.	.	.	.	.	.	977	156	15,97	.	.
1920	136	8	5,88	7	0,74	49	2	4,08	1	2,04	306	84	27,45	83	1,31
1920/21	217	11	5,07	10	0,92	49	2	4,08	1	2,04	293	84	28,67	83	2,39
1921	173	10	5,78	9	1,16	39	2	5,13	1	2,56	189	60	31,75	59	2,12
1921/22	129	12	9,30	11	0,78	39	3	7,69	3	0,00	210	68	32,38	66	2,38
1922	92	9	9,78	8	2,17	45	4	8,89	4	0,00	215	57	26,51	55	2,79
1922/23	67	8	11,94	7	5,97	57	4	7,02	4	1,75	238	65	27,31	59	4,62
1923	46	5	10,87	5	4,35	62	3	4,84	3	0,00	260	76	29,23	69	5,00
1923/24	36	7	19,44	6	8,33	69	6	8,70	6	0,00	249	70	28,11	65	4,02
1924	32	7	21,88	6	9,38	80	6	7,50	6	0,00	205	58	28,29	54	5,37
1924/25	20	6	30,00	5	15,00	75	5	6,67	5	4,00	.	.	.	.	.
1925	20	4	20,00	3	15,00	77	8	10,39	8	6,49	.	.	.	.	.
1925/26	24	2	8,33	.	.	66	4	6,06	.	.	.	.	.	.	.
1926	26	4	15,38	.	.	42	4	9,52	.	.	.	.	.	.	.
1926/27	41	5	12,20	4	9,76	32	5	15,63	5	3,13	.	.	.	.	.
1927	65	12	18,46	11	9,23	17	1	5,88	1	0,00	.	.	.	.	.
1927/28	73	13	17,81	12	10,96	15	1	6,67	1	0,00	.	.	.	.	.
1928	106	28	26,42	24	7,55	16	2	12,50	2	6,25	.	.	.	.	.
1928/29	106	19	17,92	17	8,49	22	5	22,73	5	4,55	.	.	.	.	.
1929	131	27	20,61	22	9,92	30	7	23,33	7	3,33	.	.	.	.	.
1929/30	133	31	23,31	26	12,78	33	7	21,21	5	12,12	.	.	.	.	.
1930	150	36	24,00	32	8,67	50	15	30,00	14	8,00	.	.	.	.	.
1930/31	141	38	26,95	35	6,38	44	15	34,09	13	11,36	.	.	.	.	.
1931	191	60	31,41	58	5,24	59	11	18,64	7	15,25	.	.	.	.	.
1931/32	173	56	32,37	48	10,40	66	25	37,88	25	4,55	.	.	.	.	.
1932	224	72	32,14	62	10,27	93	33	35,48	32	4,30	.	.	.	.	.
1932/33	206	67	32,52	58	9,71	71	24	33,80	24	2,82	.	.	.	.	.
1933	185	59	31,89	.	.	92	26	28,26	.	.	.	.	.	.	.
1933/34	166	46	27,71	.	.	69	22	31,88	.	.	.	.	.	.	.
1934	157	46	29,30	.	.	86	28	32,56	.	.	.	.	.	.	.
1934/35	145	36	24,83	.	.	74	15	20,27	.	.	.	.	.	.	.
1935	138	39	28,26	.	.	88	30	34,09	.	.	.	.	.	.	.
1935/36	136	43	31,62	.	.	86	19	22,09	.	.	.	.	.	.	.
1936	121	34	28,10	.	.	75	22	29,33	.	.	.	.	.	.	.
1936/37	81	23	28,40	.	.	43	9	20,93	.	.	.	.	.	.	.
1937	65	19	29,23	.	.	61	23	37,70	.	.	.	.	.	.	.
1937/38	72	26	36,11	.	.	49	16	32,65	.	.	.	.	.	.	.
1938	63	16	25,40	.	.	59	28	47,46	.	.	.	.	.	.	.
1938/39	45	9	20,00	.	.	48	19	39,58	.	.	.	.	.	.	.
1939	36	6	16,67	.	.	58	25	43,10	.	.	.	.	.	.	.
1939/40	0	0		.	.	16	5	31,25	.	.	.	.	.	.	.
1940/1	11	3	27,27	.	.	21	10	47,62	.	.	.	.	.	.	.
1940/2	19	9	47,37	.	.	27	12	44,44	.	.	.	.	.	.	.
1940/3	23	15	65,22	.	.	22	14	63,64	.	.	.	.	.	.	.
1941/1	23	16	69,57	.	.	15	10	66,67	.	.	.	.	.	.	.

Tab. 18.2: Die Einzelfachströme an der Universität Königsberg nach Staatsangehörigkeit und Geschlecht 1830/31–1941/1

	Mathematik, Naturwissenschaften				Chemie					Cameralia, Staatswissenschaft				
	insg.	Frauen			Aus-länd. in %	insg.	Frauen			Aus-länd. in %	insg.	Frauen			Aus-länd. in %
		insg.	in %	deuts.			insg.	in %	deuts.			insg.	in %	deuts.	
Semester	31	32	33	34	35	36	37	38	39	40	41	42	43	44	45
1908/09	82	4	4,88	4	1,22	27	0	0,00	0	48,15	.	.	.	.	.
1909	101	5	4,95	5	0,99	24	0	0,00	0	54,17	.	.	.	.	.
1909/10	99	6	6,06	6	0,00	24	0	0,00	0	33,33	.	.	.	.	.
1910	125	7	5,60	7	0,00	22	0	0,00	0	31,82	.	.	.	.	.
1910/11	133	12	9,02	12	0,00	18	0	0,00	0	38,89	.	.	.	.	.
1911	137	16	11,68	16	0,73	22	1	4,55	1	36,36	.	.	.	.	.
1911/12	137	19	13,87	18	0,73	19	1	5,26	0	26,32	.	.	.	.	.
1912	161	16	9,94	15	1,86	16	0	0,00	0	31,25	11	0	0,00	0	0,00
1912/13	152	20	13,16	19	1,32	17	0	0,00	0	29,41	16	0	0,00	0	6,25
1913	141	24	17,02	23	0,71	21	1	4,76	1	23,81	19	0	0,00	0	10,53
1913/14	132	27	20,45	25	1,52	18	0	0,00	0	16,67	18	0	0,00	0	5,56
1914	138	33	23,91	32	0,72	17	0	0,00	0	11,76	17	1	5,88	1	5,88
1914/15	122	31	25,41	30	0,82	14	0	0,00	0	7,14	19	1	5,26	1	0,00
1915	132	39	29,55	38	0,76	14	0	0,00	0	7,14	19	0	0,00	0	0,00
1915/16	131	35	26,72	34	0,76	15	0	0,00	0	6,67	18	1	5,56	1	0,00
1916	141	35	24,82	34	0,71	16	0	0,00	0	6,25	25	2	8,00	2	4,00
1916/17	148	37	25,00	37	0,00	16	0	0,00	0	6,25	17	2	11,76	2	0,00
1917	176	41	23,30	41	0,00	21	1	4,76	1	4,76	32	5	15,63	5	0,00
1917/18	182	39	21,43	39	0,00	27	2	7,41	2	3,70	28	5	17,86	5	0,00
1918	.	.	.	.	.	.	.	.	.	.	.	.	.	.	.
1918/19	.	.	.	.	.	.	.	.	.	.	.	.	.	.	.
1919	.	.	.	.	.	.	.	.	.	.	.	.	.	.	.
ZS.1919	.	.	.	.	.	.	.	.	.	.	.	.	.	.	.
1919/20	.	.	.	.	.	.	.	.	.	.	.	.	.	.	.
1920	177	42	23,73	41	1,69	95	8	8,42	7	4,21	146	17	11,64	16	2,05
1920/21	167	35	20,96	34	4,79	103	6	5,83	5	5,83	181	17	9,39	16	3,87
1921	114	34	29,82	34	5,26	84	7	8,33	6	5,95	171	20	11,70	20	1,17
1921/22	95	25	26,32	23	7,37	74	6	8,11	5	5,41	170	23	13,53	23	1,76
1922	86	14	16,28	11	11,63	78	6	7,69	5	8,97	169	21	12,43	21	1,78
1922/23	79	19	24,05	13	16,46	84	7	8,33	4	7,14	184	21	11,41	21	3,26
1923	101	24	23,76	18	15,84	90	12	13,33	9	6,67	209	23	11,00	23	3,83
1923/24	86	25	29,07	20	13,95	76	6	7,89	6	3,95	182	21	11,54	21	6,04
1924	74	22	29,73	21	8,11	71	3	4,23	3	4,23	137	19	13,87	18	5,11
1924/25				.	.	54	4	7,41	4	3,70	105	6	5,71	5	6,67
1925	.	.	.	.	.	47	1	2,13	1	6,38	104	10	9,62	9	9,62
1925/26	.	.	.	.	.	42	2	4,76	.	.	76	5	6,58	.	.
1926	.	.	.	.	.	63	7	11,11	.	.	59	8	13,56	.	.
1926/27	.	.	.	.	.	42	4	9,52	4	2,38	91	15	16,48	13	12,09
1927	.	.	.	.	.	45	4	8,89	3	6,67	64	4	6,25	3	12,50
1927/28	.	.	.	.	.	48	5	10,42	5	6,25	40	7	17,50	7	5,00
1928	.	.	.	.	.	51	7	13,73	7	7,84	29	3	10,34	3	3,45
1928/29	.	.	.	.	.	55	8	14,55	8	5,45	65	14	21,54	13	9,23
1929	.	.	.	.	.	70	11	15,71	11	5,71	78	11	14,10	10	11,54
1929/30	.	.	.	.	.	55	8	14,55	8	10,91	54	9	16,67	7	22,22
1930	.	.	.	.	.	77	9	11,69	9	6,49	88	12	13,64	11	12,50
1930/31	.	.	.	.	.	79	9	11,39	9	5,06	58	8	13,79	8	24,14
1931	.	.	.	.	.	87	18	20,69	16	6,90	79	14	17,72	14	16,46
1931/32	.	.	.	.	.	72	14	19,44	13	2,78	74	11	14,86	10	17,57
1932	.	.	.	.	.	69	20	28,99	18	4,35	70	7	10,00	7	21,43
1932/33	.	.	.	.	.	72	23	31,94	21	8,33	67	5	7,46	4	17,91
1933	.	.	.	.	.	63	17	26,98	.	.	88	11	12,50	.	.
1933/34	.	.	.	.	.	56	12	21,43	.	.	72	7	9,72	.	.
1934	.	.	.	.	.	75	12	16,00	.	.	74	16	21,62	.	.
1934/35	.	.	.	.	.	50	8	16,00	.	.	56	8	14,29	.	.
1935	.	.	.	.	.	44	5	11,36	.	.	66	12	18,18	.	.
1935/36	.	.	.	.	.	35	3	8,57	.	.	74	6	8,11	.	.
1936	.	.	.	.	.	34	4	11,76	.	.	94	10	10,64	.	.
1936/37	.	.	.	.	.	25	4	16,00	.	.	71	9	12,68	.	.
1937	.	.	.	.	.	24	2	8,33	.	.	66	6	9,09	.	.
1937/38	.	.	.	.	.	39	2	5,13	.	.	69	5	7,25	.	.
1938	.	.	.	.	.	34	4	11,76	.	.	63	5	7,94	.	.
1938/39	.	.	.	.	.	37	5	13,51	.	.	57	6	10,53	.	.
1939	.	.	.	.	.	30	4	13,33	.	.	65	6	9,23	.	.
1939/40	.	.	.	.	.	21	5	23,81	.	.	21	5	23,81	.	.
1940/1	.	.	.	.	.	22	5	22,73	.	.	29	5	17,24	.	.
1940/2	.	.	.	.	.	38	15	39,47	.	.	33	6	18,18	.	.
1940/3	.	.	.	.	.	63	36	57,14	.	.	42	4	9,52	.	.
1941/1	.	.	.	.	.	54	38	70,37	.	.	43	7	16,28	.	.

Tab. 18.2: Die Einzelfachströme an der Universität Königsberg nach Staatsangehörigkeit und Geschlecht 1830/31–1941/1

	Landwirtschaft				Sonstige					Studierende				
	insg.	Frauen		Aus-länd.	insg.	Frauen		Aus-länd.		insg.	Frauen			Ausl. insg.
		insg.	in %	deuts.	in %		insg.	in %	deuts.	in %		insg.	in %	deuts.	
Semester	46	47	48	49	50	51	52	53	54	55	56	57	58	59	60
1908/09	45	0	0,00	0	17,78	9	0	0,00	0	11,11	1140	14	1,23	14	113
1909	35	0	0,00	0	11,43	8	0	0,00	0	12,50	1249	29	2,32	25	116
1909/10	54	0	0,00	0	14,81	13	1	7,69	0	23,08	1324	45	3,40	39	153
1910	49	0	0,00	0	16,33	6	0	0,00	0	33,33	1325	56	4,23	50	145
1910/11	60	1	1,67	1	13,33	14	1	7,14	0	35,71	1363	69	5,06	63	179
1911	56	1	1,79	1	16,07	21	4	19,05	3	28,57	1456	87	5,98	81	183
1911/12	89	0	0,00	0	20,22	22	4	18,18	3	18,18	1472	94	6,39	86	202
1912	80	0	0,00	0	31,25	1	0	0,00	0	0,00	1571	90	5,73	82	214
1912/13	94	0	0,00	0	30,85	4	0	0,00	0	0,00	1616	107	6,62	97	244
1913	98	0	0,00	0	26,53	1	0	0,00	0	0,00	1636	119	7,27	107	255
1913/14	106	0	0,00	0	24,53	2	0	0,00	0	0,00	1568	126	8,04	115	238
1914	109	0	0,00	0	22,02	4	0	0,00	0	25,00	1551	129	8,32	120	211
1914/15	82	0	0,00	0	2,44	2	0	0,00	0	0,00	1257	125	9,94	120	14
1915	82	0	0,00	0	2,44	2	0	0,00	0	0,00	1300	149	11,46	144	11
1915/16	88	0	0,00	0	2,27	13	0	0,00	0	0,00	1323	146	11,04	141	13
1916	88	0	0,00	0	3,41	17	3	17,65	3	0,00	1381	147	10,64	142	16
1916/17	90	0	0,00	0	2,22	14	1	7,14	1	0,00	1464	170	11,61	169	10
1917	88	0	0,00	0	2,27	4	0	0,00	0	0,00	1674	185	11,05	181	15
1917/18	103	0	0,00	0	3,88	7	0	0,00	0	0,00	1804	206	11,42	202	18
1918	.	.	.	.	.	.	.	.	.	.	1903	220	11,56	.	.
1918/19	.	.	.	.	.	.	.	.	.	.	1903	220	11,56	.	.
1919	.	.	.	.	.	.	.	.	.	.	2208	270	12,23	.	.
ZS.1919	.	.	.	.	.	.	.	.	.	.	.	.	.	.	.
1919/20	.	.	.	.	.	.	.	.	.	.	2339	246	10,52	.	.
1920	239	3	1,26	1	8,37	8	1	12,50	1	12,50	2439	244	10,00	234	71
1920/21	344	6	1,74	4	6,69	5	1	20,00	1	0,00	2665	252	9,46	238	101
1921	188	3	1,60	2	10,64	6	0	0,00	0	0,00	1995	205	10,28	194	88
1921/22	233	3	1,29	3	7,73	13	0	0,00	0	0,00	1976	220	11,13	208	92
1922	226	5	2,21	5	8,41	13	1	7,69	0	7,69	1910	187	9,79	172	108
1922/23	269	6	2,23	5	8,92	11	4	36,36	3	9,09	1999	210	10,51	185	125
1923	268	5	1,87	4	9,33	18	5	27,78	4	5,56	2077	216	10,40	194	143
1923/24	281	3	1,07	3	8,90	21	6	28,57	6	0,00	2014	202	10,03	185	130
1924	250	2	0,80	2	6,80	19	8	42,11	8	0,00	1739	169	9,72	159	104
1924/25	223	3	1,35	2	7,17	.	.	.	.	.	1446	150	10,37	139	121
1925	198	0	0,00	0	5,56	23	8	34,78	8	4,35	1445	150	10,38	139	118
1925/26	180	1	0,56	.	.	28	6	21,43	.	.	1409	151	10,72	141	120
1926	167	3	1,80	.	.	27	9	33,33	.	.	1666	220	13,21	211	134
1926/27	142	2	1,41	2	11,27	33	12	36,36	12	3,03	1733	250	14,43	235	145
1927	102	1	0,98	1	8,82	8	1	12,50	1	0,00	1913	261	13,64	246	150
1927/28	98	2	2,04	2	10,20	8	1	12,50	1	0,00	1917	281	14,66	262	163
1928	78	1	1,28	1	7,69	0	0	.	0	.	2513	436	17,35	412	165
1928/29	74	0	0,00	0	9,46	0	0	.	0	.	2442	434	17,77	414	173
1929	71	0	0,00	0	7,04	0	0	.	0	.	3147	566	17,99	536	200
1929/30	61	0	0,00	0	6,56	3	1	33,33	1	0,00	2681	534	19,92	508	192
1930	77	0	0,00	0	11,69	0	0	.	0	.	3642	689	18,92	659	222
1930/31	46	0	0,00	0	17,39	3	0	0,00	0	33,33	3208	625	19,48	602	229
1931	49	2	4,08	2	14,29	1	0	0,00	0	0,00	4182	914	21,86	874	252
1931/32	46	1	2,17	1	10,87	0	0	.	0	.	3233	729	22,55	689	210
1932	47	0	0,00	0	8,51	4	0	0,00	0	50,00	3760	815	21,68	770	227
1932/33	40	1	2,50	1	10,00	3	0	0,00	0	33,33	3060	669	21,86	627	222
1933	44	2	4,55	.	.	0	0	.	.	.	3487	734	21,05	.	.
1933/34	48	2	4,17	.	.	0	0	.	.	.	2794	551	19,72	.	.
1934	53	1	1,89	.	.	1	0	0,00	.	.	3600	745	20,69	.	222
1934/35	37	1	2,70	.	.	0	0	.	.	.	2238	418	18,68	.	.
1935	47	1	2,13	.	.	0	0	.	.	.	2387	541	22,66	.	.
1935/36	59	0	0,00	.	.	0	0	.	.	.	2128	410	19,27	.	.
1936	75	1	1,33	.	.	0	0	.	.	.	2279	312	13,69	.	.
1936/37	50	0	0,00	.	.	0	0	.	.	.	1487	299	20,11	.	.
1937	59	2	3,39	.	.	0	0	.	.	.	1538	321	20,87	.	120
1937/38	44	0	0,00	.	.	0	0	.	.	.	1246	242	19,42	.	.
1938	79	1	1,27	.	.	0	0	.	.	.	1407	270	19,19	.	.
1938/39	50	0	0,00	.	.	0	0	.	.	.	1088	209	19,21	.	.
1939	58	1	1,72	.	.	0	0	.	.	.	1196	206	17,22	.	.
1939/40	18	1	5,56	.	.	0	0	.	.	.	223	42	18,83	.	.
1940/1	11	1	9,09	.	.	0	0	.	.	.	888	191	21,51	.	.
1940/2	12	0	0,00	.	.	0	0	.	.	.	892	255	28,59	.	34
1940/3	19	0	0,00	.	.	0	0	.	.	.	1063	386	36,31	.	.
1941/1	14	1	7,14	.	.	0	0	.	.	.	1116	421	37,72	.	.

Tab. 18.2: Die Einzelfachströme an der Universität Königsberg nach Staatsangehörigkeit und Geschlecht 1830/31–1941/1

	Alte Sprachen				Germanistik					Neue Sprachen				
	insg.	Frauen		Aus- länd. in %	insg.	Frauen			Aus- länd. in %	insg.	Frauen			Aus- länd. in %
		insg.	in %	deuts.			insg.	in %	deuts.			insg.	in %	deuts.	
Semester	1	2	3	4	5	6	7	8	9	10	11	12	13	14	15
1924/25	11	1	9,09	1	0,00	48	11	22,92	11	8,33	68	33	48,53	31	4,41
1925	18	1	5,56	1	0,00	71	16	22,54	14	7,04	71	28	39,44	26	5,63
1925/26	19	2	10,53	.	.	79	19	24,05	.	.	68	34	50,00	.	.
1926	31	5	16,13	.	.	84	18	21,43	.	.	128	57	44,53	.	.
1926/27	35	4	11,43	4	2,86	110	39	35,45	36	5,45	120	52	43,33	50	5,00
1927	39	3	7,69	3	5,13	111	36	32,43	33	8,11	165	69	41,82	64	6,67
1927/28	46	3	6,52	2	6,52	104	37	35,58	35	6,73	180	75	41,67	69	7,22
1928	39	1	2,56	1	5,13	144	63	43,75	60	5,56	212	97	45,75	94	6,13
1928/29	37	0	0,00	0	5,41	151	67	44,37	66	6,62	185	85	45,95	81	6,49
1929	56	7	12,50	7	1,79	226	101	44,69	100	3,10	192	78	40,63	75	8,85
1929/30	42	4	9,52	4	4,76	172	82	47,67	81	5,81	189	94	49,74	91	5,29
1930	48	4	8,33	4	4,17	258	111	43,02	107	6,20	228	107	46,93	102	6,58
1930/31	42	4	9,52	4	4,76	226	104	46,02	104	3,98	186	93	50,00	90	6,99
1931	66	7	10,61	7	1,52	285	141	49,47	133	7,02	246	132	53,66	126	6,91
1931/32	31	5	16,13	5	0,00	196	103	52,55	97	6,63	219	108	49,32	102	7,31
1932	42	3	7,14	3	4,76	186	97	52,15	91	6,99	143	74	51,75	69	9,09
1932/33	37	1	2,70	1	8,11	146	65	44,52	58	8,22	121	65	53,72	61	8,26
1933	38	3	7,89	.	.	155	73	47,10	.	.	111	56	50,45	.	.
1933/34	29	3	10,34	.	.	122	52	42,62	.	.	89	44	49,44	.	.
1934	33	4	12,12	.	.	156	79	50,64	.	.	76	30	39,47	.	.
1934/35	15	1	6,67	.	.	89	35	39,33	.	.	43	16	37,21	.	.
1935	12	1	8,33	.	.	75	33	44,00	.	.	38	18	47,37	.	.
1935/36	19	4	21,05	.	.	94	39	41,49	.	.	52	28	53,85	.	.
1936	19	5	26,32	.	.	102	40	39,22	.	.	40	22	55,00	.	.
1936/37	5	1	20,00	.	.	43	18	41,86	.	.	19	8	42,11	.	.
1937	3	1	33,33	.	.	36	20	55,56	.	.	19	10	52,63	.	.
1937/38	0	0	.	.	.	37	14	37,84	.	.	17	4	23,53	.	.
1938	5	2	40,00	.	.	31	12	38,71	.	.	11	3	27,27	.	.
1938/39	1	0	0,00	.	.	33	11	33,33	.	.	18	8	44,44	.	.
1939	3	0	0,00	.	.	37	7	18,92	.	.	9	0	0,00	.	.
1939/40	3	0	0,00	.	.	15	4	26,67	.	.	9	7	77,78	.	.
1940/1	4	0	0,00	.	.	26	12	46,15	.	.	17	11	64,71	.	.
1940/2	4	0	0,00	.	.	35	24	68,57	.	.	17	12	70,59	.	.
1940/3	4	0	0,00	.	.	59	40	67,80	.	.	21	18	85,71	.	.
1941/1	1	0	0,00	.	.	52	37	71,15	.	.	29	20	68,97	.	.

	Geschichte					Musik					Philosophie, Pädagogik, Religionslehren				
	insg.	Frauen		Aus- länd. in %	insg.	Frauen			Aus- länd. in %	insg.	Frauen			Aus- länd. in %
		insg.	in %	deuts.			insg.	in %	deuts.			insg.	in %	deuts.	
Semester	16	17	18	19	20	21	22	23	24	25	26	27	28	29	30
1924/25	16	3	18,75	2	25,00	.	.	.	.	.	51	10	19,61	10	5,88
1925	26	4	15,38	4	15,38	0	0	.	.	.	15	1	6,67	1	6,67
1925/26	17	2	11,76	.	.	0	0	.	.	.	30	0	0,00	.	.
1926	29	6	20,69	.	.	0	0	.	.	.	47	15	31,91	.	.
1926/27	39	10	25,64	9	12,82	0	0	.	.	.	30	6	20,00	6	0,00
1927	27	2	7,41	2	7,41	26	8	30,77	8	3,85	56	11	19,64	11	1,79
1927/28	28	4	14,29	3	10,71	29	9	31,03	9	6,90	47	15	31,91	14	2,13
1928	70	16	22,86	15	8,57	35	12	34,29	11	5,71	59	15	25,42	14	3,39
1928/29	76	17	22,37	14	9,21	44	18	40,91	17	4,55	32	10	31,25	9	3,13
1929	89	24	26,97	21	12,36	46	21	45,65	20	6,52	44	14	31,82	13	6,82
1929/30	71	24	33,80	21	11,27	42	18	42,86	17	7,14	38	13	34,21	12	7,89
1930	109	34	31,19	30	9,17	56	20	35,71	19	3,57	40	13	32,50	11	7,50
1930/31	93	32	34,41	27	12,90	50	18	36,00	17	4,00	49	12	24,49	9	14,29
1931	104	38	36,54	36	3,85	46	16	34,78	15	4,35	49	24	48,98	22	4,08
1931/32	86	32	37,21	28	5,81	46	16	34,78	15	6,52	32	16	50,00	15	3,13
1932	112	42	37,50	39	4,46	42	13	30,95	13	2,38	39	17	43,59	16	2,56
1932/33	75	41	54,67	40	6,67	36	11	30,56	11	2,78	32	16	50,00	14	9,38
1933	88	35	39,77	.	.	36	12	33,33	.	.	.	.	.	.	.
1933/34	74	28	37,84	.	.	37	15	40,54	.	.	.	.	.	.	.
1934	81	38	46,91	.	.	32	14	43,75	.	.	.	.	.	.	.
1934/35	56	21	37,50	.	.	30	9	30,00	.	.	.	.	.	.	.
1935	.	0	.	.	.	29	9	31,03	.	.	.	.	.	.	.
1935/36	.	0	.	.	.	41	13	31,71	.	.	.	.	.	.	.
1936	.	0	.	.	.	33	12	36,36	.	.	.	.	.	.	.
1936/37	32	6	18,75	.	.	30	9	30,00	.	.	.	.	.	.	.
1937	40	9	22,50	.	.	27	8	29,63	.	.	.	.	.	.	.
1937/38	37	11	29,73	.	.	20	5	25,00	.	.	.	.	.	.	.
1938	31	7	22,58	.	.	8	0	0,00	.	.	.	.	.	.	.
1938/39	22	3	13,64	.	.	23	8	34,78	.	.	.	.	.	.	.
1939	19	7	36,84	.	.	14	5	35,71	.	.	.	.	.	.	.
1939/40	4	1	25,00	.	.	8	4	50,00	.	.	.	.	.	.	.
1940/1	18	4	22,22	.	.	14	10	71,43	.	.	.	.	.	.	.
1940/2	27	12	44,44	.	.	19	14	73,68	.	.	.	.	.	.	.
1940/3	36	17	47,22	.	.	29	19	65,52	.	.	.	.	.	.	.
1941/1	26	14	53,85	.	.	11	5	45,45	.	.	.	.	.	.	.

Tab.18.2: Die Einzelfachströme an der Universität Königsberg nach Staatsangehörigkeit und Geschlecht 1830/31-1941/1

	Kunst, Archäologie					Sonstige Kulturwiss.			Zeitungskunde			Leibesübungen				
	insg.	Frauen		Ausländ.		insg.	Frauen		insg.	Frauen		insg.	Frauen			Ausländ.
		insg.	in %	deuts.	in %		insg.	in %		insg.	in %		insg.	in %	deuts.	in %
Semester	31	32	33	34	35	36	37	38	39	40	41	42	43	44	45	46
1927	1	0	0,00	0	0,00	.	.	.	0	0	.	0	0	.	.	.
1927/28	3	0	0,00	0	0,00	.	.	.	0	0	.	0	0	.	.	.
1928	4	0	0,00	0	0,00	.	.	.	2	0	0,00	1	1	100,0	1	0,00
1928/29	3	0	0,00	0	33,33	.	.	.	0	0	.	1	1	100,0	1	0,00
1929	12	7	58,33	7	0,00	.	.	.	0	0	.	5	1	20,00	1	0,00
1929/30	7	3	42,86	3	14,29	.	.	.	1	1	100,0	4	0	0,00	0	0,00
1930	11	4	36,36	4	0,00	.	.	.	0	0	.	48	12	25,00	12	0,00
1930/31	14	6	42,86	5	14,29	.	.	.	0	0	.	30	9	30,00	9	0,00
1931	24	10	41,67	9	8,33	.	.	.	1	1	100,0	54	14	25,93	14	0,00
1931/32	18	4	22,22	3	16,67	.	.	.	0	0	.	38	8	21,05	8	2,63
1932	10	4	40,00	2	20,00	.	.	.	0	0	.	52	12	23,08	11	3,85
1932/33	14	4	28,57	3	7,14	.	.	.	0	0	.	53	14	26,42	14	1,89
1933	.	.	.	.	.	37	13	35,14	1	0	0,00	68	18	26,47	.	.
1933/34	.	.	.	.	.	35	17	48,57	1	1	100,0	64	20	31,25	.	.
1934	.	.	.	.	.	44	13	29,55	1	1	100,0	85	32	37,65	.	.
1934/35	.	.	.	.	.	34	14	41,18	0	0	.	44	21	47,73	.	.
1935	.	.	.	.	.	133	68	51,13	4	2	50,00	46	30	65,22	.	.
1935/36	.	.	.	.	.	74	25	33,78	8	4	50,00	53	27	50,94	.	.
1936	.	.	.	.	.	95	39	41,05	25	7	28,00	36	18	50,00	.	.
1936/37	.	.	.	.	.	43	15	34,88	13	4	30,77	30	17	56,67	.	.
1937	.	.	.	.	.	37	10	27,03	13	3	23,08	27	13	48,15	.	.
1937/38	.	.	.	.	.	16	3	18,75	10	3	30,00	20	11	55,00	.	.
1938	.	.	.	.	.	24	5	20,83	20	7	35,00	36	15	41,67	.	.
1938/39	.	.	.	.	.	20	6	30,00	13	5	38,46	39	17	43,59	.	.
1939	.	.	.	.	.	19	5	26,32	11	4	36,36	34	17	50,00	.	.
1939/40	.	.	.	.	.	7	1	14,29	7	2	28,57	4	1	25,00	.	.
1940/1	.	.	.	.	.	3	2	66,67	9	4	44,44	23	11	47,83	.	.
1940/2	.	.	.	.	.	12	8	66,67	8	6	75,00	24	10	41,67	.	.
1940/3	.	.	.	.	.	22	16	72,73	8	5	62,50	39	24	61,54	.	.
1941/1	.	.	.	.	.	36	29	80,56	9	8	88,89	34	23	67,65	.	.

	Mathematik					Physik					Biologie				
	insg.	Frauen			Ausländ.	insg.	Frauen			Ausländ.	insg.	Frauen			Ausländ.
		insg.	in %	deuts.	in %		insg.	in %	deuts.	in %		insg.	in %	deuts.	in %
Semester	47	48	49	50	51	52	53	54	55	56	57	58	59	60	61
1924/25	33	13	39,39	13	3,03	5	0	0,00	0	0,00	13	6	46,15	5	7,69
1925	63	19	30,16	19	1,59	13	0	0,00	0	0,00	23	8	34,78	7	4,35
1925/26	71	17	23,94	.	.	6	1	16,67	.	.	30	12	40,00	.	.
1926	105	25	23,81	.	.	22	6	27,27	.	.	9	1	11,11	.	.
1926/27	127	29	22,83	29	2,36	19	5	26,32	5	0,00	36	14	38,89	12	8,33
1927	176	40	22,73	40	2,84	15	1	6,67	1	6,67	29	13	44,83	12	6,90
1927/28	166	36	21,69	36	4,82	16	1	6,25	1	12,50	33	17	51,52	14	12,12
1928	220	45	20,45	44	3,18	47	10	21,28	9	6,38	71	31	43,66	28	7,04
1928/29	172	33	19,19	31	3,49	67	7	10,45	7	4,48	88	39	44,32	36	6,82
1929	217	37	17,05	34	3,69	73	3	4,11	3	5,48	120	54	45,00	50	6,67
1929/30	180	30	16,67	29	2,22	64	8	12,50	8	7,81	93	51	54,84	49	3,23
1930	255	48	18,82	47	1,96	74	12	16,22	11	9,46	119	52	43,70	52	0,84
1930/31	205	39	19,02	39	2,44	60	7	11,67	7	6,67	107	52	48,60	52	2,80
1931	255	56	21,96	56	1,96	75	7	9,33	6	8,00	137	63	45,99	59	5,84
1931/32	176	36	20,45	35	2,27	53	4	7,55	4	7,55	99	54	54,55	50	5,05
1932	185	46	24,86	43	4,32	44	4	9,09	4	2,27	111	51	45,95	49	1,80
1932/33	137	34	24,82	33	2,92	36	9	25,00	8	2,78	94	46	48,94	43	3,19
1933	120	35	29,17	.	.	31	5	16,13	.	.	82	32	39,02	.	.
1933/34	107	30	28,04	.	.	33	6	18,18	.	.	67	23	34,33	.	.
1934	95	27	28,42	.	.	36	7	19,44	.	.	70	26	37,14	.	.
1934/35	65	18	27,69	.	.	18	3	16,67	.	.	54	21	38,89	.	.
1935	64	15	23,44	.	.	.	.	.	.	.	.	.	.	.	.
1935/36	67	17	25,37	.	.	.	.	.	.	.	.	.	.	.	.
1936	47	9	19,15	.	.	.	.	.	.	.	.	.	.	.	.
1936/37	20	4	20,00	.	.	.	.	.	.	.	.	.	.	.	.
1937	25	3	12,00	.	.	.	.	.	.	.	.	.	.	.	.
1937/38	17	3	17,65	.	.	.	.	.	.	.	.	.	.	.	.
1938	18	1	5,56	.	.	.	.	.	.	.	.	.	.	.	.
1938/39	10	2	20,00	.	.	7	0	0,00	.	.	.	.	.	.	.
1939	7	0	0,00	.	.	4	0	0,00	.	.	.	.	.	.	.
1939/40	3	1	33,33	.	.	2	0	0,00	.	.	6	2	33,33	.	.
1940/1	3	0	0,00	.	.	3	1	33,33	.	.	1	1	100,00	.	.
1940/2	5	1	20,00	.	.	3	1	33,33	.	.	7	5	71,43	.	.
1940/3	14	6	42,86	.	.	4	2	50,00	.	.	21	16	76,19	.	.
1941/1	11	4	36,36	.	.	4	2	50,00	.	.	21	14	66,67	.	.

Tab. 18. 2: Die Einzelfachströme an der Universität Königsberg nach Staatsangehörigkeit und Geschlecht 1830/31–1941/1

Semester	Sonstige Naturwiss. insg.	Frauen insg.	in %	Geographie insg.	Frauen insg.	in %	Ausländ. in %	Min., Geol., Bergfach insg.	Frauen insg.	in %	Geogr., Geol., Min. insg.	Frauen insg.	in %
	62	63	64	65	66	67	68	69	70	71	72	73	74
1924/25	.	.	.	14	2	14,29	7,14	2	0	0,00	.	.	.
1925	.	.	.	22	3	13,64	0,00	4	0	0,00	.	.	.
1925/26	.	.	.	11	2	18,18	.	5	0	0,00	.	.	.
1926	.	.	.	27	12	44,44	.	2	0	0,00	.	.	.
1926/27	.	.	.	32	11	34,38	6,25	3	0	0,00	.	.	.
1927	.	.	.	17	5	29,41	5,88	5	0	0,00	.	.	.
1927/28	.	.	.	25	7	28,00	8,00	4	0	0,00	.	.	.
1928	.	.	.	49	13	26,53	2,04	4	2	50,00	.	.	.
1928/29	.	.	.	61	24	39,34	0,00	2	0	0,00	.	.	.
1929	.	.	.	64	21	32,81	3,13	6	2	33,33	.	.	.
1929/30	.	.	.	66	20	30,30	4,55	4	0	0,00	.	.	.
1930	.	.	.	73	26	35,62	5,48	7	2	28,57	.	.	.
1930/31	.	.	.	60	23	38,33	3,33	5	2	40,00	.	.	.
1931	.	.	.	88	37	42,05	3,41	3	1	33,33	.	.	.
1931/32	.	.	.	58	23	39,66	3,45	0	0		.	.	.
1932	.	.	.	64	23	35,94	1,56	2	0	0,00	.	.	.
1932/33	.	.	.	60	23	38,33	1,67	1	0	0,00	.	.	.
1933	.	.	.	.	.	.	.	.	.	.	56	20	35,71
1933/34	.	.	.	.	.	.	.	.	.	.	46	20	43,48
1934	.	.	.	.	.	.	.	.	.	.	46	24	52,17
1934/35	.	.	.	.	.	.	.	.	.	.	27	11	40,74
1935	54	22	40,74	.	.	.	.	.	.	.	7	5	71,43
1935/36	51	19	37,25	.	.	.	.	.	.	.	4	1	25,00
1936	55	24	43,64	.	.	.	.	.	.	.	12	4	33,33
1936/37	34	9	26,47	.	.	.	.	.	.	.	19	7	36,84
1937	33	16	48,48	.	.	.	.	.	.	.	8	2	25,00
1937/38	31	9	29,03	.	.	.	.	.	.	.	8	2	25,00
1938	27	7	25,93	.	.	.	.	.	.	.	7	2	28,57
1938/39	22	4	18,18	.	.	.	.	.	.	.	8	3	37,50
1939	19	4	21,05	.	.	.	.	.	.	.	6	2	33,33
1939/40	3	0	0,00	.	.	.	.	.	.	.	3	0	0,00
1940/1	0	0	.	.	.	.	.	.	.	.	9	4	44,44
1940/2	7	5	71,43	.	.	.	.	.	.	.	11	5	45,45
1940/3	3	1	33,33	.	.	.	.	.	.	.	10	6	60,00
1941/1	1	0	0,00	.	.	.	.	.	.	.	7	5	71,43

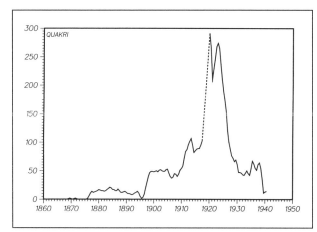

Abb. 18. 8: Die Studierenden an der Universität Königsberg 1866/67–1941/1: Landwirtschaft

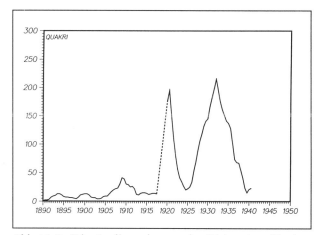

Abb. 18. 9: Die Studierenden an der Universität Königsberg 1885/86–1941/1: Zahnmedizin

5. Anmerkungen zu Tabelle 18.2

1830/31–1866:

Die Auswertung der uns verfügbaren Pers.Verz. erlaubt es, aus der Sammelkategorie »Philosophische Fakultät« (Sp.5) für einige Semester die nicht immatrikulierten Stud. der Chirurgie (Sp.6) u. der Pharmazie (Sp.7) auszudifferenzieren. Nach dieser Quelle läßt sich außerdem die Gesamtzahl (Sp.1) um diejenigen ergänzen, die »mit besonderer Genehmigung des zeitigen Prorektors« studierten: 1855/56: 2, 1856: 2, 1856/57: 4, 1857: 5, 1857/58: 4, 1858: 1, 1858/59: 0, 1859/60: 3, 1860: 1, 1860/61: 2, 1861: 2, 1861/62: 30, 1862: 0, 1862/63: 4, 1863: 5, 1863/64: 4, 1865: 2, 1865/66: 7, 1866: 5.

1866/67–1908:

Die Zahl der ausl. Stud. konnte im Zeitraum 1867/68–1886 für die Fächer Evang. Theol. (Sp.2), Jura (Sp.4), Medizin (Sp.6), Philol., Gesch. (Sp.12), Math., Naturwiss. (Sp.14), Landw. u. Cam. (Sp.18) u. für die Stud. insg. (Sp.22/23) sowie im Zeitraum 1873/74–1886 für die Fächer Zahnmedizin (Sp.8) u. Pharmazie (Sp.10) aus den Pers.Verz. ergänzt werden. Da die PrStat 1887–1891 die Zahl der ausl. Stud. nur nach Fak. ausweist, liegt hier die

Quersumme (Sp.22/23) höher als die Summe der ausgewiesenen Einzelfächer.

1908/09–1941.1:

Für den Zeitraum 1912–1917/18 u. 1920–1924 konnten sämtliche Daten der Standardquelle aufgrund der »Endgültigen Feststellungen« in den Pers.Verz. überprüft und korrigiert sowie die Zahl der weibl. u. männl. Ausl. ergänzt werden. Da diese »Endgültigen Feststellungen« für den Zeitraum 1918–1919/20 fehlen, mußten wir uns hier nach der Standardquelle mit der Dokumentation der Fakultäts- u. Gesamtzahlen nach Geschlecht begnügen, wobei in der Fächergruppe Philologien, Geschichte (Sp.26) die Stud. der Phil. Fak. insgesamt enthalten sind.

1924/25–1941.1:

Sp.16 (Geschichte): 1935–1936 enthalten in Sp.36 (Sonstige Kulturwiss.). – Sp.36 (Sonstige Kulturwiss.): 1935–1936 einschl. Geschichte (Sp.16). – Sp.47 (Mathematik): 1935–1938 einschl. Physik (Sp.52). – Sp.52 (Physik): 1935–1938 enthalten in Sp.47 (Mathematik). – Sp.57 (Biologie): 1935–1939 enthalten in Sp.62 (Sonstige Naturwiss.). – Sp.62 (Sonstige Naturwiss.): 1935–1939 einschl. Biologie (Sp.57).

6. Quellen und Literatur

Quellen:

Standardquellen: 1830/31–1911/12: PrStat 102, 106, 112, 116, 125, 136, 150, 167, 193, 204, 223, 236. – *1912–1924:* StatJbDR Jgg. 34–36, 40–44. – *1924/25–1927/28:* PrStat 279, 281, Sonderdr WS 1925/26, 285; PrHochStat WS 1926/27–WS 1927/28. – *1928–1932/33:* DtHochStat Bde. 1–10. – *1932–1941.1:* ZehnjStat.

Ergänzend: 1918–1920: ZblStatMitt H. 36, HbPrUntVerw 1921 u. 1922. – *1838–1840/41, 1842, 1843/44–1844, 1845/46, 1851–1866, 1912–1917/18, 1920, 1921/22–1925:* Pers.Verz. der Univ. Königsberg

Literatur:

HUBATSCH, W.: Die Albertus-Universität zu Königsberg i. Pr. in der deutschen Geistesgeschichte 1544–1944. In: Ders. u.a.: Deutsche Universitäten und Hochschulen im

Osten. Köln/Opladen 1964, S.36–39 (darin eine Auswahlbibliographie).

HUBATSCH, W.: Die Albertus-Universität zu Königsberg/Preußen in Bildern. Würzburg 1966. – Das Institut für ostdeutsche Wirtschaft an der Albertus-Universität in Königsberg/Pr. Ein Führer für Studierende. Königsberg o.J. (1928). – POPP, E.: Zur Geschichte des Königsberger Studententums 1900–1945. Würzburg 1955. – ROTHFELS, H.: Die Albertina als Grenzlanduniversität. In Ders.: Bismark, der Osten und das Reich. Stuttgart 1960, S.205–222. – SELLE, G.v.: Geschichte der Albertus-Universität zu Königsberg in Preußen. Königsberg 1944. 2. Aufl. Würzburg 1956. – URBSCHAT, F.: Die Geschichte der Handelshochschule Königsberg/Pr. Würzburg 1962. – Amtliches Verzeichniß des Personals und der Studirenden auf der Albertus-Universität zu Königsberg. 1838–1944/45 (unter verschiedenen Titeln = Pers.Verz.).

19. Leipzig

1. Geschichtliche Übersicht

Die Universität wurde 1409 auf Initiative aus Prag abgewanderter deutscher Magister und Studenten gegründet und gehörte in ihrer langen Geschichte wie keine andere fast beständig zur Spitzengruppe der meistbesuchten deutschen Universitäten. Durch die Umstände ihrer Gründung war die alte Universität bis ins 19. Jahrhundert mit einer Autonomie ausgestattet, wie sie keine andere deutsche Universität besessen hat. Unsere Daten beginnen 1830/31, als Leipzig relativ spät und längst überfällig im modernen Sinne reorganisiert wurde (Aufhebung der Nationengliederung, Gleichstellung der Professoren, Einsetzung eines akademischen Senats, Staatsaufsicht). Bereits 1812 war der konfessionelle Charakter der Universität aufgehoben worden.

Nach der Verstaatlichung blieb der ökonomische Entwicklungsrahmen für die Modernisierung der Universität noch über Jahrzehnte ziemlich eng: im Vergleich zu anderen Hochschulen (besonders Preußens) blieb Leipzig im zweiten Drittel des 19. Jahrhunderts hinter der allgemeinen Entwicklung eher zurück, wie sich auch an den stagnierenden Besucherzahlen ablesen läßt. Die Universität hatte in dieser Phase überwiegend den Charakter einer Landesuniversität. Ab den 60er Jahren paßte sich die Alma Mater Lipsiensis sehr schnell und erfolgreich der modernen Welt an und übte nach der Reichsgründung eine große überregionale Anziehungskraft aus. 1872–1879 überflügelte sie nach sprunghafter Verdreifachung ihrer Frequenzzahlen sogar die Berliner Universität; bis in die frühen 90er Jahre studierten erheblich mehr Preußen in Leipzig als sächsische Landeskinder. Zusammen mit Berlin und München behauptete Leipzig hinsichtlich Größe und Ausstattung eine hervorragende Sonderstellung unter sämtlichen deutschen Hochschulen; wegen der drastischen Frequenzeinbrüche in den 1930er Jahren fiel sie bei den Studentenzahlen allerdings deutlich hinter Berlin und München zurück.

In Leipzig setzte sich frühzeitig eine weit fortgeschrittene Gliederung der Fächer durch, die meistens mit einem selbständigen Lehrstuhlinhaber besetzt waren. Damit dürfte auch die im Vergleich zu anderen Universitäten besonders früh auftretende Differenzierung der Studenten in den Personalverzeichnissen (ab 1831) zusammenhängen. Als erstes Institut entstand 1809 das Philologische Seminar, das auf eine bereits 1784 eingerichtete philologische Gesellschaft zurückging. Als eines der ersten seiner Art wurde 1835 ein Physikalisches Institut eingerichtet. Die zahlreichen Institutsgründungen fanden vor allem in den 80er und 90er Jahren statt. Seit dieser Zeit nahm Leipzig nach dem Grad der institutionellen Differenzierung zusammen mit Berlin und München eine Sonderstellung ein. Die Mehrzahl der geisteswissenschaftlichen Seminare entstand aus fachlich spezialisierten »Gesellschaften«, die teilweise Jahrzehnte vorher gegründet worden und für den Lehrbetrieb an der Universität geradezu charakteristisch waren. Im Kaiserreich entwickelte sich Leipzig zu einer der führenden mathematischen Universitäten Deutschlands und zu einem Zentrum der naturwissenschaftlichen Forschung und der neuen experimentellen Psychologie. 1884 entstand in Leipzig die erste deutsche zahnärztliche Lehranstalt. Dank einer Stiftung konnte 1905 das Institut für Geschichte der Medizin eingerichtet werden, das erste Forschungs- und Lehrzentrum dieser Art in der Welt (später nach dem ersten Leiter »Karl-Sudhoff-Institut« benannt). Eine für deutsche Hochschulen außergewöhnliche Einrichtung stellte das interdisziplinär orientierte Institut für Kultur- und Universalgeschichte dar (1909 eröffnet). Hohes Ansehen genoß die Juristische Fakultät (seit 1879 war Leipzig auch Sitz des Reichsgerichts), die bei Promotionen eine fast monopolartige Vorrangstellung einnahm. In ihr allein wurden erheblich mehr Juristen promoviert als an sämtlichen preußischen Universitäten zusammengenommen (1887–1908: 3.200 gegenüber 1.884 in Preußen 1885–1906). In der Zulassung von Volksschullehrern zum Studium ging Leipzig den anderen deutschen Universitäten lange voran (1864 gesetzlich eingeführte Zulassung der »gut« qualifizierten Absolventen der Lehrerseminare). Die Frauen waren nach der sächsischen Min.-Verordnung vom 10. April 1906 zum ordentlichen Studium zugelassen.

Seit den 1860er Jahren dehnte sich die Universität über die Grenzen der inneren Stadt aus (zuerst mit dem Neubau des Chemischen Instituts 1866/68). Für die modernen medizinischen und naturwissenschaftlichen Institute entstand ein ganz neues Universitätsviertel im Südosten der Stadt. Die bei den Leipziger Klinikbauten aus amerikanischen Vorbildern entwickelte Architektur gewann einen grundlegenden Einfluß auf die Gestaltung des modernen Krankenhauswesens. Wie sich an der schnellen Abfolge jeweils größerer Neubauten zeigt, wuchsen die medizinischen und naturwissenschaftlichen Einrichtungen bis zum Ersten Weltkrieg in ganz neue Dimensionen hinein. Hinsichtlich der außerordentlichen Ausgaben für Neu- und Umbauten (1879 – 1908: insg. 17,8 Mio. Mark) konnte sich die sächsische Landesuniversität mit der führenden Universität des Deutschen Reiches durchaus messen (Berlin im gleichen Zeitraum 23.3 Mio. Mark). Hatte die Leipziger Alma Mater wegen ihrer anachronistischen Verfassung beim 400jährigen Jubiläum 1809 institutionell und finanziell noch tief in der Krise gesteckt, so bot sie bei ihrem 500jährigen Bestehen das Bild einer gut ausgestatteten modernen Großuniversität mit internationaler wissenschaftlicher Geltung. Allein ihr Hauptgebäude (Augusteum mit Nebengebäuden Johanneum und Albertinum) zählte seit 1897 28 Hörsäle mit fast 3000 Plätzen.

Das Wachstum des Lehrkörpers folgte den für fast alle deutschen Universitäten charakteristischen Tendenzen. Der Theologischen und der Juristischen Fakultät gehörten im ganzen Zeitraum jeweils nur 5 bis 10 Ordinarien an, und die Gesamtzahl der Dozenten blieb ebenfalls relativ stabil in überschaubaren Größenordnungen (etwa 15–25). In der Medizinischen Fakultät weitete sich der Lehrkörper dagegen seit den 1860er Jahren stark aus, verdoppelte sich bis Ende des Jahrhunderts auf 60 und ver-

dreifachte sich bis 1930 auf ein Niveau von 90 Dozenten. Dieses starke Wachstum führte allerdings bis zum Ersten Weltkrieg zu keiner entsprechenden Vermehrung der Ordinariate, da die zahlreichen neuen medizinischen Spezialgebiete lange nur von Extraordinarien besetzt wurden. Am stärksten verwandelte sich die Philosophische Fakultät. Hier verdreifachte sich das gesamte Lehrpersonal in einem frühzeitigen Wachstumsschub zwischen 1830 und 1880 von 30 auf 96. Auch in den folgenden fünfzig Jahren expandierte der Personalbestand kräftig weiter. 1930/31 stellten die Philosophische und die Mathematisch-naturwissenschaftliche Fakultät (seit 1920 verselbständigt) 54% des gesamten Lehrkörpers der Universität (181 von 335). An der Veterinärmedizinischen Fakultät, die durch die Eingliederung der Tierärztlichen Hochschule Dresden am 1. Oktober 1923 als siebte Fakultät hinzutrat, lehrten 1930/31 24 Hochschullehrer, darunter 10 ordentliche Professoren.

Im Dritten Reich schrumpfte das Lehrpersonal bis 1941 um 29%. Nur Frankfurt und Breslau hatten einen ähnlich hohen Personalverlust. Mit insgesamt nur noch 270 Dozenten wurde Leipzig durch Bonn und Hamburg vom dritten auf den fünften Platz verdrängt. Ähnlich wie bei der Studentenfrequenz, nach der Leipzig bis 1941 auf den sechsten Platz zurückfiel, vergrößerte sich auch hinsichtlich des Lehrpersonals der Abstand zu Berlin und München in den 1930er Jahren erheblich.

Der nationalsozialistischen »Säuberung« fielen bis April 1936 43 von 379 Dozenten zum Opfer (11,4% des Lehrkörpers von 1932/33). Von September 1939 bis Januar 1940 war der Lehrbetrieb in der Theologischen Fakultät aus politischen Gründen verboten. 1943 bis 1945 wurde die Universität zu 64% zerstört. Erst im Februar 1946 wurde sie wiedereröffnet.

2. Der Bestand an Institutionen 1845–1944/45

Zum Verständnis vgl. die Erläuterungen S. 48 ff.

I.	**Theol. Fak. ([1845])**
1.	Sem. f. prakt. Theol. (1857–1937/38)
1.1	Sem. f. prakt. Theol. I (1938, vgl. I.2.) (Gottesdienst, Seelsorge, Predigt)
1.2	Sem. f. prakt. Theol. II (1938, vgl. I.10. u. I.3.) (Erz. u. kirchl. Unt.)
2.	Homil. u. liturgische Sektion (1870–1937/38, Abt. 1910)
2.1	Homil. Sem. ([1845]–56/57) Homil. Sektion (1857–69/70)

2.2	Liturgische Sektion (1857–69/70)
3.	Kat. u. päd. Sektion (1909/10–10) Kat. Abt. (Rel.unt. u. rel. Erz.) (1910/11–37/38)
3.1	Kat. Sektion (1857–1909)
3.2	Päd. Sektion (1868/69–1909)
4.	Chr.-arch. App. (1877–79) Kirchl.-arch. Samml. (1879/80–⟨1935⟩) Chr.-arch. Sem. (⟨1936⟩)
5.	Kirchengesch. Sem. (1886/87)
6.	Neutest. exeg. Sem. (1894–97/98, 1905–19/20) Neutest. Sem. (1920)
6.1	Neutest.-exeg. Sem. I (1898–1904/05)
6.2	Neutest.-exeg. Sem. II (1898–1904/05)

6.3	Neutest. Abt. (1913–21/22)
6.4	Hellinistische Abt. (1913-⟨22/23⟩, ⟨29⟩-⟨34⟩)
	Hellenistische u. spätjüdische Abt. (⟨1935⟩,
	o. u. spätjüdische ⟨42⟩)
7.	Dogmat. Sem. (1896–1902/03)
8.	Alttest.-exeg. Sem. (1899-⟨1943⟩)
	Alttest. Sem. (⟨1944/45⟩)
8.1	I. Abt. (verb. mit spätjüdischer Abt. u. mit
	d. biblisch-arch. Samml.) (1926/27,
	o. spätjüdische Abt. ⟨35⟩, Forts. I.6.4)
8.2	II. Abt. (1926/27)
9.	Sem. f. syst. Theol. (1903–04/05)
9.1	Sem. f. syst. Theol. I (1905)
9.2	Sem. f. syst. Theol. II (1905)
10.	Sem. f. Päd. (1910–37/38, Forts. I.1.2)
11.	Religionsgesch. Sem. (1913)
12.	Missionswiss. Sem. (1915/16)

II. Jur. Fak. ([1845])

1.	Kriminal. Sem. (1874/75–83)
2.	Jur. Sem. (1883/84)
3.	Inst. f. Versicherungswiss. (1913–36, verb. mit Handelsr. Sem. 24/25–32, Forts. IV.31.)
4.	Inst. f. Arbeitsr. (1921)
5.	Inst. f. Auslandsk. (1924–31, pol. 24/25)
	Inst. f. Pol., ausl. öffentl. Recht u. Völkerr. (1931/32)
6.	Inst. f. Steuerr. (1924–38/39)
7.	Inst. f. Luftrecht (1936-⟨39/40⟩)
8.	Kommunalwiss. Inst. (⟨1942⟩)

III. Med. Fak. ([1845])

1.	Anat. Inst. ([1845])
1.1	topogr.-anat. Abt. (1875–92/93)
2.	Chir.-polikl. Inst. ([1845]–1922, Forts. III.3.2.3, 1925)
3.	Klin. Inst. ([1845]–1925)
3.1	Med. Abt. im städt. Kh. St. Jakob (1865–85)
	Med. Klin. (1885/86)
3.2	Chir. Abt. im städt. Kh. St. Jakob (1865–85)
	Chir. Klin. u. Polikl. (1885/86)
3.2.1	Röntgeninst. (1924–37/38, Forts. III.19.)
3.2.2	Chir. Polikl. (1922/23)
3.2.3	Chir.-polikl. Abt. (1922/23–24/25, vorh. u. Forts. III.2.)
3.3	Klin. f. Syph. u. Hautkr. (1896–1918/19)
	Klin. u. Polikl. f. Haut- u. Geschl.kr. (1919)
3.4	Klin. u. Polikl. f. HNO-Kr. (1896/97)
4.	Pharmakog. Mus. ([1845]–84)
	Pharm. Inst. (1884/85)
5.	Entbindungsschule ([1845]–66)
	Inst.e f. Gebh. u. Frauenkr. (1866/67–92/93)
	Univ.-Frauenkl. (1893)
5.1	Klin. Inst. f. Gebh. (1856/57, o. f. Gebh. 66/67)
5.2	Polikl. Inst. f. Gebh. (1856/57, o. f. Gebh. 66/67)
5.3	Hebammenschule (1885)

6.	Med.-polikl. Inst. ([1845], zus. mit III.9. 1925/26)
7.	Inst. f. Augenheilk. ([1845]–97/98)
	Heilanst. f. Augenkr. (1898, in Leipzig 98/99)
8.	Physiol.-chem. Lab. (1856/57–69/70)
	Physiol.-chem. Inst. (1916)
9.	Distrikts-Polikl. (1862, zus. mit III.6. 1925/26)
10.	Physiol. Inst. (1865)
11.	Path.-anat. Inst. (1867, o. anat. 78)
12.	Path.-chem. Lab. (1870–78)
	Hyg. Inst. (1878/79)
12.1	Kgl. Unters.anst. f. Nahrungsmittel (1905–21/22)
	Staatl. Unters.anst. f. Lebensmittel (1922)
13.	Orthop. Polikl. (1876–99)
	Polikl. f. orthop. Chir. (1899/1900–1924)
	Orthop. Univ.-Polikl. (1924/25, o. Poli 28/29)
14.	Irrenklinik (1882–87/88)
	Psych. u. Nervenkl. (1888)
14.1	Klin. Inst. (1920/21)
14.2	Polikl. (1920/21)
14.3	Polikl. f. Jugendliche (1927)
14.4	Hirnforschungsinst. (1927/28)
15.	Zahnärztl. Inst. (1884/85-⟨1936/37⟩)
	Univ.-Klin. f. Zahn- u. Kieferkr. (⟨1937/38⟩)
15.1	Abt. f. techn. Zahnheilk. u. Orthod. (1909–14/15)
	Abt f. techn. Zahnheilk. u. zahnärztl. Orthop. (1915–34)
	Abt. f. vorkl. u. klin. Prothetik u. zahnärztl. Orthop. (nur ⟨1935⟩)
	Abt. f. Kieferorthop. u. Prothetik (⟨1936⟩)
15.2	Abt. f. operative u. kons. Zahnheilk. (1909-⟨22/23⟩)
	Operative u. kons. Abt. (nur ⟨1936/37⟩)
15.2.1	Abt. f. klin. Zahnheilk. (⟨1924⟩–36, u. operative ⟨36⟩)
	Abt. f. klin. u. operative Zahnheilk. u. stationäre Abt. (⟨1937/38⟩, o. u. stationäre Abt. ⟨44/45⟩)
15.2.2	Abt. f. kons. Zahnheilk. (⟨1924⟩–36, ⟨37/38⟩)
16.	Univ.-Kinder-Polikl. (1890–91)
	Univ.-Kinder-Klin. u. Polikl. (1891/92)
16.1	Chir. Abt. (1922/23-⟨43⟩)
17.	Inst. f. ger. Med. (1900, u. Kriminal. ⟨41⟩)
18.	Inst. f. Gesch. d. Med. (1906–38/39)
	Karl-Sudhoff-Inst. f. Gesch. d. Med. u. d. Naturwiss. (1939)
19.	Univ.-Röntgen-Inst. (1938-⟨41⟩, vorh. III.3.2.1)
	Inst. f. Röntgenologie (⟨1942⟩)

IV. Phil. Fak. ([1845])

A. Philol.-Hist. Abt. (1920, o. Vet.-Klin. u. Polikl. 20)
I. u. II. Sektion (1882-⟨1924/25⟩)

1.	Philol. Sem. u. Inst. (1907/08–13/14)
1.1	Philol. Sem. ([1845]–1906/07, 14-⟨35⟩)
1.2	Philol. Inst. (1914)
2.	Antiquarische Ges. ([1845]–46)
3.	Arch. Inst. (1896/97)
3.1	Arch. Samml. ([1845]–96)

3.2	Arch. Sem. (1874-⟨43⟩)
3.3	Museum (1896/97-⟨43⟩)
4.	Münzsamml. (1853/54)
5.	Inst. f. Erz., Unt. u. Jugendk. (⟨1919⟩-33/34)
5.1	Päd. Sem. (1869-95)
	Prakt.-päd. Sem. (1895/96-⟨1918⟩)
	2. Abt.: Prakt.-päd. Sem. (⟨1919⟩-31)
	Inst. f. prakt. Päd. d. höh. Schule
	(mit diversen Abt.) (1931/32-⟨41⟩)
	Inst. f. prakt. Päd. (⟨1943⟩)
5.2	Philos.-päd. Sem. (1894-⟨1918⟩)
	1. Abt.: Philos.-päd. Sem. ⟨1919⟩-33/34
	Philos.-päd. Inst. (1934-⟨39/40⟩)
	Psychol.-päd. Inst. (⟨1940.2⟩)
5.2.1	Abt. f. Jugendwohlfahrt (1928/29-⟨35⟩)
	Abt. f. Jugendforsch. u. Jugenderz. (⟨1936⟩)
5.3	3. Abt.: Sem. f. freies Volksbildungsw. (1924-33/34, 2. Abt. nur ⟨32⟩, Forts. IV.A.9.3.2)
6.	Dt. Sem. (1874-1919/20)
	Germanisches Sem. (1920-⟨35⟩, vgl. IV.A.12.2)
6.1	Ältere Abt. (1901-⟨18⟩)
	Altdeutsche Abt. (⟨1919⟩-⟨43⟩)
6.2	Neuere Abt. (1901-⟨18⟩)
	Neudeutsche Abt. (⟨1919⟩-⟨43⟩)
6.3	Nordische Abt. (⟨1919⟩-⟨43⟩)
6.4	Flämische Abt. (⟨1919⟩-27/28)
	Ndrl. Abt. (1928-⟨43⟩)
6.5	Abt. f. dt. Volksk. (1929/30-⟨43⟩)
7.	Kunsthist. App. (1875, Sem. 92, Inst. 93/94)
7.1	Kunsthist. Sem. (1893/94-1913/14)
7.2	Kunsthist. App. (1893/94-95)
	Lehrmittelsamml. (1895/96-1913/14)
8.	Ägyptol. App. (1875/76-96)
	Ägyptol. Samml. (1896/97, Inst. 1907/08)
8.1	Museum (1896/97-⟨43⟩)
8.2	Ägyptol. Sem. (1896/97-⟨43⟩)
9.	Hist. Sem. (1877, Inst. 1908/09)
9.1	Abt. f. alte Gesch. (1880/81, Sem. 1908/09)
9.1.1	Abt. f. Hilfswiss. (1925/26)
9.2	Abt. f. mittlere u. neuere Gesch. (1880/81-1904/05)
9.2.1	App. f. d. gesch. Hilfswiss. (1894-1901/02, Abt. 1894/95, vergl. IV.A.9.2.2 05/06-19/20)
	Sem. f. hist. Hilfswiss. (1920)
9.2.2	Abt. f. mittlere Gesch. (1905, Sem. 08/09, u. hist. Hilfswiss. 05/06-19/20, vgl. IV.A.9.2.1)
9.2.3	Abt. f. neuere Gesch. (1905, Sem. 08/09)
9.3	Abt. f. Kultur- u. Universalgesch. (1905, Sem. 08/09, Inst. 09)
9.3.1	Inst. f. Soziol. (1934-⟨43⟩, vorh. IV.A.27.)
9.3.2	Sem. f. freies Volksbildungsw. (1934-⟨40.2⟩, vorh. IV.A.5.3)
9.4	Sem. f. Vorgesch. (1935)
10.	Kaiserlich russisches philol. Sem. (1880-90)
11.	Akad. Landkartensamml. (1880/81-83)
	Geogr. App. (1883/84-86)
	Geogr. Sem. (1886/87-1924, Forts. IV.B.17.)
11.1	Abt. f. alte Geogr. (1906/07-⟨22/23⟩)
12.	Philol. Inst. (1882-93/94)

12.1	Class.-philol. Abt. (1882-93/94)
	Class.-Philol. Inst. (1894-1907, Forts. IV.A.1. u. 1.2)
12.2	Germanistische Abt. (1882-93/94)
	Germanistisches Inst. (1894, Abt.n identisch mit IV.A.6. ⟨1919⟩-⟨43⟩)
13.	Inst. f. exp. Psychol. (1883/84-1925)
	Psychol. Inst. (1925/26)
13.1	Abt. f. exp. Päd. (1911/12-⟨22/23⟩)
13.2	Abt. f. Psychophys. (1912/13-14/15)
	Psychophys. Sem. (⟨1918⟩)
13.3	Abt. f. exp. Phon. u. Sprachpsychol. (1912/13-15/16)
13.4	Abt. f. Psychol. d. Sinneswahrnehmungen (1912/13-⟨18⟩)
13.5	Abt. f. Psychol. d. emotionalen Funktionen (nur 1912/13)
13.6	Abt. f. angew. Psychol. (1920-38/39, ⟨41⟩)
13.7	Abt. f. Maßmethodik u. Psychol. d. Wahrnehmung (1924-⟨29/30⟩)
13.8	Abt. f. d. Psychol. höh. Funktionen (1924-29)
13.9	Abt. f. Entwicklungspsychol. (einschl. Psychol. d. Kindes) (1924-⟨39/40⟩)
13.10	Abt. f. Charakterologie u. Ausdrucksweise (1935-⟨36⟩)
14.	Inst. f. Wirtschaftswiss. u. Stat. (⟨1936⟩)
14.1	Vereinigte staatswiss. Sem.e (1898-1927/28)
	Inst. f. Wirtschaftswiss. u. Stat. (1928-⟨35⟩)
	Abt. Paulinum (⟨1936⟩-38)
14.1.1	Staatswiss. Sem. (1889/90-97/98)
14.1.2	Volkswirtsch.-stat. Sem. (1892/93-97/98)
14.1.2.1	Abt. f. Nationalök. u. Stat. (1894/95-97/98)
14.1.2.2	Abt. f. öffentl. Recht (1894/95-97/98)
14.2	Volkswirtsch. Sem. (1905-⟨35⟩)
	Abt. Schillerstr. (⟨1936⟩-38)
15.	Engl.-Rom. Inst. (1921/22-⟨35⟩)
15.1	Engl. Sem. (1892-1921, 29/30-⟨35⟩)
	Engl. Inst. (⟨1936⟩)
15.2	Rom. Sem. (1892-1921, 29/30-⟨35⟩)
	Rom. Inst. (⟨1936⟩, einschl. Italienisches u. Rumänisches Inst. ⟨43⟩)
16.	Philos. Sem. (1893, Inst. 1925/26)
17.	Vereinigte sprachwiss. Inst.e (1922/23)
17.1	Indogerm. Inst. (1898/99)
17.1.1	Abt. f. allg. Sprachwiss. (1914/15-22)
17.2	Indisches Inst. (1922/23)
17.3	Slav. Inst. (1922/23)
17.4	Baltisches Inst. (1922/23-33/34)
17.5	Inst. f. afrikanische Spr. (1930/31, in IV.A.17. 37/38)
17.6	Inst. f. ungarische Spr. (⟨1942⟩)
18.	Inst. f. hist. Geogr. (nur 1899)
	Hist.-geogr. Inst. (1899/00-1906)
	Sem. f. Landesgesch. u. Siedlungsk. (1906/07-⟨16/17⟩)
	Sem. f. sächsische Gesch. (⟨1918⟩-24)
	Sem. f. Landesgesch. u. Siedlungsk. (1924/25-⟨34⟩)
	Inst. f. dt. Landes- u. Volksgesch. (⟨1935⟩)

18.1	Abt. f. alte Geogr. (1905/06–06, Forts. IV.A.11.1)
18.2	Abt. f. d. hist. Geogr. d. MA u. d. NZ (1905/06–06)
19.	Semit. Inst. (1900/01–⟨34⟩, u. Sem. f. oriental. Rechtsgesch. 26/27)
	Oriental. Inst. u. Sem. f. oriental. Rechtsgesch. (nur ⟨1935⟩)
	Oriental. Inst. (⟨1936⟩)
20.	Collegium musicum (Musikwiss. Sem.) (1908/09–20/21)
	Musikwiss. Inst. (1921, u. Instr.-Mus. 26/27–⟨43⟩)
21.	Ostasiatisches Sem. (1914)
22.	Ethnogr. Sem. (1914–27)
	Ethnologisch-anthr. Inst. (1927/28–33/34)
	Inst. f. Rassen- u. Völkerk. (1934)
23.	Inst. f. Zeitungsk. (1916/17–33/34)
	Inst. f. Zeitungswiss. (1934)
24.	Südosteuropa- u. Islam-Inst. (⟨1918⟩–21/22)
	Osteuropa- u. Islam-Inst. (1922/23–26/27)
	Osteuropa-Inst. (1927–32, Forts. VI.C.1.)
25.	Inst. f. rumänische Spr. (⟨1918⟩–⟨42⟩, vorh. VI.31., Forts. IV.15.2)
26.	Kolonialgeogr. Sem. (⟨1919⟩–24, Forts. IV.B.18.)
27.	Inst. f. Soziol. (1925–33/34, Forts. IV.A.9.3.1)
28.	Inst. f. Heimatforsch. (1927)
29.	Inst. f. Japank. (nur 1932/33)
	Japanisches Inst. (1933)
30.	Inst. f. Mittel- u. Südosteuropäische Wirtschafts-forsch. (1936)
31.	Inst. f. Versicherungswiss. (1936/37, vorh. II.3.)
31.1	I. Abt. f. Vers.wiss. u. allg. Vers.lehre (Individual- u. Sozialvers.) (⟨1937/38⟩, o. u. allg. Vers.lehre ⟨44/45⟩)
31.2	II. Abt. f. Vers.wirtsch. u. -stat. (VWL, BWL u. Stat. d. Versicherungsw.) (⟨1937/38⟩ o. u. stat. ⟨44/45⟩)
31.3	III. Abt. f. Vers.math. (⟨1937/38⟩)
31.4	IV. Abt. f. Vers.recht (Individual- u. Sozialvers.recht) (⟨1937/38⟩)
31.5	V. Abt. f. Vers.med. (⟨1937/38⟩)
31.6	VI. Abt. f. Schadenvergütung (⟨1943⟩)
32.	Inst. f. Verkehrswiss. (⟨1937/38⟩)
33.	Inst.f. Kultur u. Gesch. Südosteuropas (⟨1937/38⟩)
34.	Inst. f. Sprechk. (1939/40)

B.   III. Sektion (außer IV.B.10.) (1882–1919/20)
Math.-naturwiss. Abt. (1920)

1.	Sternwarte ([1845])
2.	Phys. App. ([1845]–67)
	Phys. Cab. (1867/68–73)
	Phys. Inst. (1873/74)
2.1	Abt. f. angew. Phys. (1920/21–⟨25/26⟩)
2.1.1	Abt. f. angew. Mech. u. Thermodynamik (⟨1926/27⟩)
2.1.2	Abt. f. angew. Elektrizitätslehre (⟨1926/27⟩)
2.2	Abt. f. Radiophys. (1920/21–38/39)
	Abt. f. Strahlungsphys. (1939)
3.	Chem. Lab. ([1845]–45/46)
	Chem.e Lab.e (1846–70/71)

3.1	Erstes chem. Lab. (1846, o. erstes 71/72–87 u. 1903)
3.1.1	Analytische Abt. (1898–1912)
	Analytisch-anorg. Abt. (1912/13–⟨43⟩)
3.1.2	Abt. f. präparativ Arbeitende (1911–12)
3.1.3	Präparativ-org. Abt. (1915/16–22)
	Analytisch-org. Abt. (nur ⟨1930/31⟩)
3.1.4	Org. Abt. (1930/31–⟨43⟩)
3.1.5	Abt. f. chem. Technol. (1907/08–⟨29/30⟩, 38/39–⟨43⟩, in IV.B.3.5.2 ⟨30/31⟩–38)
3.1.6	Strukturchem. Abt. (1935–⟨43⟩)
3.2	Zweites chem. Lab. (1846–70/71, Forts. IV.B.3.4)
3.3	Drittes chem. Lab. (1866/67–70/71, Forts. IV.B.11.1)
3.4	Phys.-chem. Lab. (1871–87, vorh. IV.B.3.2)
	Zweites Chem. Lab. (1887/88–97)
	Phys.-chem. Inst. (1897/98)
3.4.1	Photochem. Abt. (1910–13/14)
3.4.2	Phys.-chem. Abt. (1914/15–⟨34⟩)
3.4.3	Chem. Abt. (1919–⟨34⟩)
3.4.4	Kolloid-chem. Abt. (⟨1924⟩–⟨43⟩)
3.4.5	Analytische Abt. (1935–38)
3.4.6	Abt. f. angew. phys. Chem. (1938/39–⟨43⟩)
3.5	Lab. f. angew. Chem. (1897/98–1938, u. Pharmaz. 1914)
3.5.1	Pharmaz.-chem. Abt. (⟨1926/27⟩–⟨29/30⟩)
	Abt. f. Pharmaz. (⟨1930/31⟩–38)
	Pharmaz. Inst. (1938/39)
3.5.2	Abt. f. chem. Technol. (⟨1930/31⟩–38, vorh. u. Forts. IV.B.3.1.5)
4.	Naturhist. Samml.n ([1845]–51)
5.	Bot. Inst. (1872, u. Bot. Garten 88/89)
5.1	Bot. Garten ([1845])
5.2	Akad. Herb. (1855–88)
5.3	Bot. Lab. (1872–88)
6.	Phys.-technol. App. (1850/51–87)
7.	Min. Mus. (1851–1911, u. Inst. 00/01)
	Inst. f. Min. u. Petrogr. (1911/12)
8.	Zool. Mus. (1851/52–77/78, Inst. u. 71/72)
	Zool.-zoot. Inst. u. Mus. (1878)
9.	Zoot. Samml. (1855/56–94/95)
10.	Landw. Inst. (1869, vorh. VI.13., in IV.A. –1919/20)
10.1	Versuchsfeld (1876/77–90)
10.2	Laboratorium (1890–1925/26)
10.3	Abt. f. Tiererzeugungslehre (1921–22)
	Inst. f. Tierzucht u. »Molkereiwesen« (1922/23, u. »Milchwirtschaft« 29)
10.3.1	Versuchswirtsch. Leipzig (1890–1924)
10.3.2	Rassestall u. Molkerei (1893–⟨1929/30⟩)
10.3.3	Vers.wirtsch. Oberholz bei Liebertwolkwitz (1893–⟨43⟩)
10.3.4	Laboratorium (1921/22)
10.3.5	Abt. f. koloniale Landw. (1922/23, vorh. IV.10.9)
10.4	Samml.n (1891/92–1904)
10.5	Päd. Sem. f. Landw.-Lehrer (1900–⟨35⟩, nebst Staatl. landw. Schule ⟨1924⟩–⟨34⟩, nebst bäuerlicher Werkschule, nur ⟨35⟩)

10.6	Abt. f. d. Meliorations- u. Masch.-W. (1900/01–26/27, Inst. 22/23) Landmasch.inst. (1927, u. bodentechnol. Lab. 28/29–⟨34⟩)
10.7	Abt. f. spezielle Pflanzenbau- u. Tierz.lehre (1902–⟨18⟩)
10.8	Landw.-bakt. Lab. (1911–14) Abt. f. landw. Bakt. (1914/15–22) Inst. f. Bakt. (nur ⟨1922/23⟩) Inst. f. Bodenk. u. Bakt. (⟨1924⟩–28/29) Inst. f. landw. Bakt. u. Bodenk. (1929)
10.8.1	Landw.-physiol. Lab. (⟨1935⟩–⟨43⟩)
10.9	Abt. f. koloniale u. tropische Landw. (1913–22, Forts. IV.10.3.5)
10.10	Abt. f. Acker- u. Pflanzenbaulehre (⟨1919⟩–22) Inst. f. Pflanzenbau u. Pflanzenz. (1922/23)
10.10.1	Univ.-Versuchswirtsch. Probstheida (1939/40–⟨43⟩)
10.11	Abt. f. Betriebslehre (1921–22) Inst. f. landwirtschaftl. Betriebslehre (1922/23)
10.11.1	Univ.-Lehrwirtschaft Cunnersdorf (1921–⟨43⟩)
10.11.2	Landesstelle zur Erforsch. d. landw. Betriebsverhältnisse im Freistaat Sachsen (1927–⟨34⟩)
10.11.3	Betriebswirtsch. Forsch.stelle f. Grünlandwirtsch. (1929/30–⟨39/40⟩)
10.12	Abt. f. Gartenbau (⟨1924⟩)
10.13	Abt. f. Bienenzucht (⟨1924⟩)
10.14	Abt. f. Forstwirtsch. (⟨1924⟩)
10.15	Abt. f. landw. Bauwesen (1926/27)
10.16	Abt. f. Kulturtechn.(1927)
11.	Agricultur-chem. u. landw.-physiol. Inst. (1890–97/98)
11.1	Agricultur-chem. Lab. (1871–87/88, vorh. IV.B.3.3) Agricultur-chem. Inst. (1888–89/90)
11.2	Landw.-physiol. Inst. (1872–87)
12.	Czermak'sches Spectatorium (1878–85/86)
13.	Math. Inst. (1881–⟨1934⟩) Math. Sem. u. Math. Inst. (⟨1935⟩)
13.1	Math. Sem. (1881–⟨1934⟩)
13.2	Modellsamml. (1881–1913/14)
14.	Pal. Inst. (1896–1909) Geol. u. Pal. Inst. (1909/10, u. Mus. 25/26–⟨43⟩)
15.	Theor.-phys. Inst. (1904)
15.1	Abt. f. math. Phys. (⟨1924⟩)
16.	Geophys. Inst. u. Observatorium am Collm (1934)
16.1	Erdbebenwarte (1905/06–33/34)
16.2	Geophys. Inst. (1913–33/34)
17.	Geogr. Sem. (1924/25, Inst. ⟨36⟩, vorh. IV.A.11.)
18.	Kolonialgeogr. Sem. (1924/25, Inst. ⟨36⟩, vorh. IV.A.26.)

C.   Gesamtfak. (⟨1936⟩)

1.	Südosteuropa-Inst. (⟨1936⟩, vorh. IV.A.24.) (Südosteuropäische Arbeits- u. Forsch.gem.) Sachgruppen: I. Völker u. Staaten II. Sprachen u. Rassen III. Wirtschaft u. Geographie

IV. Naturwissenschaften
Länderabteilungen:
1. Albanien
2. Bulgarien
3. Griechenland
4. Jugoslawien
5. Rumänien
6. Tschechoslowakei
7. Türkei
8. Ungarn

1.1	Abt. f. Deutschtum im Südosten (⟨1936⟩–⟨43⟩)

V.   Veterinärmed. Fak. (⟨1924⟩, vorh. III. 1878–82, IV.A., II. Sektion 1881/82–1919/20, IV.B. 20–⟨22/23⟩)

1.	Vet.inst. mit Vet.-Klin. u. Polikl. (1902/03–⟨22/23⟩), in IV.A. –19/20, in IV.B. 20–⟨22/23⟩)
1.1	Vet.-Klin. (1878–1902/03, in III. –1882, in IV.A. 1882/83)
1.2	Vet.inst. (1897–1902/03, in IV.A.)
2.	Vet.-Anat. Inst. (⟨1924⟩)
2.1	Histol. embryolog. Abt. (⟨1924⟩–⟨36⟩)
3.	Vet.-Path. Inst. (⟨1924⟩)
4.	Med. Univ.-Tierkl. (⟨1924⟩)
5.	Chir. Univ.-Tierkl. (⟨1924⟩)
6.	Amb. Univ.-Tierkl. (⟨1924⟩)
7.	Tierseucheninst. u. Inst. f. animalische Nahrungsmittelk. (⟨1924⟩–38/39, o. Tierseucheninst. u. ⟨36⟩) Inst. f. Tierärztl. Lebensmittelk. (1939)
8.	Inst. f. Tierz. u. Geburtsk. (⟨1924⟩)
9.	Vet.-Physiol. Inst. (⟨1924⟩)
9.1	Physiol.-chem. Abt. (⟨1924⟩–⟨43⟩)
10.	Univ.-Tierpolikl. mit Inst. f. Pharm. u. Toxikolog. (⟨1924⟩)
11.	Vet.-Hyg. Inst. (⟨1924⟩, u. Tier-Seuchen-Inst. ⟨36⟩)

VI.   Privatinst. zur Benutzung (durch) d. Stud. (1862)

1.	Pädiatr. Polikl. (Hennig) (1862–90, Klin. 68/69) Pädiatr. u. gynäk. Klin. (Hennig) (1890/91–1905/06)
2.	Pädiatr. Poliklinik (Fürst) (1868/69–89, u. gynäk. 84)
3.	Laryngolog. Polikl. (Merkel) (1864–75/76)
4.	Otiatr. Polikl. (Winter, Wendt) (1864/65–75)
5.	Otiatr. Polikl. (Hagen) (1865–76) Polikl. f. Ohren- Nasen-, Rachen- u. Kehlkopfkr. (Hagen) (1876/77–94)
6.	Polikl. f. Brustkr. (Niemeyer) (1876/77–78)
7.	Polikl. f. Augenkr. (Küster) (1877–88/89) Privatheilanst. f. Augenkr. (Küster) (1889–1925)
8.	Polikl. f. Augenkr. (Schroeter) (1875/76–1913)
9.	Polikl. f. Augenkr. (Schoen) (1875/76–1904)
10.	Polikl. f. chir. Kr. (v. Lesser) (1878–1924)

11.	Anst. f. animale Impfung (Fürst) (1878–91/92)
12.	Derm. Polikl. (Friedländer) (1868/69–69/70)
13.	Höh. landw. Lehranst. Plagwitz-Leipzig (1864/65–68/69, Forts. IV.A.10.)
14.	Päd. Sem. (Ziller) (1871/72–81/82)
15.	Gynäk. Polikl. (Leopold) (1882–83)
16.	Augenärztl. u. chir. Polikl. (Kölliker) (1882–1910/11, o. augenärztl. 1883)
17.	Gynäk. Polikl. (Sänger, Menge, Glockner, Skutsch) (1884–⟨1932⟩)
18.	Polikl. f. Ohren-, Nasen-, Hals-Kr. (Moldenhauer) (1884/85–85)
19.	Chir. Polikl. (Landerer) (1884/85–93/94)
20.	Polikl. f. Haut- u. Geschl.kr. (Lesser) (1884/85–92)
21.	Polikl. f. innere Kr. (Scheube) (nur 1884/85)
22.	Polikl. f. innere Kr. (Lenhartz) (1886/87–94/95)
23.	Chem. Lab. (Meyer, Weddige) (1887–93/94)
24.	Chir. Distriktspolikl. (Tillmanns) (1887–93/94) Chir. Polikl. (Tillmanns) (1894–99/1900) Chir. Privatkl. (Tillmanns) (1900–10/11)
25.	Chir. Polikl. (Wagner) (1887/88–89/90)
26.	Polikl. f. Augenkr. (Schwarz, Wolfrum) (1890/91)
27.	Gynäk. Polikl. (Fürst) (1891–91/92)
28.	Polikl. f. HNO-Kr. (Heymann) (1893–1904)
29.	Polikl. f. Hautkr., Syph. u. Kr. d. Harnorgane (Kollmann) (1893–1922)
30.	Gynäk. Polikl. (Döderlein) (1893–96/97)
31.	Inst. f. rumänische Spr. (Weigand) (1893/94–1905/06) Inst. f. rumänische u. bulgarische Spr. (Weigand) (1906–⟨16/17⟩, Forts. IV.A.25.)
32.	Chir. Polikl. (Braun) (1895–1904/05)
33.	Polikl. f. Nervenkr. (Windscheid) (1897–1909/10, innere u. –00)
34.	Polikl. f. Nervenkr. (Quensel, Klien) (1910–⟨42⟩)
35.	Chir. Polikl. (Garten) (nur 1897/98)
36.	Orthop. u. mechanotherap. Heilanst. (Dolega) (1897/98–98)
37.	Pädiatr. Polikl. (Lange) (1898/99–1904)
38.	Polikl. f. Nervenkr. (Schütz) (1900–07)
39.	Chir. Polikl. (Eigenbrodt) (nur 1902/03)
40.	Polikl. f. Nervenkr. (Küster) (1906/07–⟨32⟩)
41.	Polikl. f. innere Kr. (Criegern) (1907/08–13)
42.	Bulgarisches Sem. (Weigand) (1922–28/29)
43.	Albanisches Sem. (Weigand) (1924/25–28/29)
44.	Polikl. f. Nasen-, Ohren- u. Kehlkopfkr. (Knick) (1928/29)

VII. **Staatl., d. Univ.inst.n als besondere Abt. angegliederte Forsch.inst.e (1914/15–⟨35⟩)**

1.	Inst. f. vergl. Religionsgesch. (1914/15–⟨35⟩)
2.	Inst. f. Rechtsgesch. (1914/15–⟨35⟩)
3.	Inst. f. Psychol. (1914/15–⟨35⟩)
4.	Inst. f. klass. Philol. u. Arch. (1914/15–⟨35⟩)
5.	Inst. f. Indogerm. (1914/15–⟨35⟩)
6.	Inst. f. neuere Philol. (1914/15–⟨35⟩)
7.	Inst. f. Orientalistik (1914/15–⟨35⟩)
8.	Inst. f. Geogr., Gesch. u. Kunstgesch. (1914/15–⟨35⟩)
8.1	A. Abt. f. alte Gesch. (1914/15–⟨35⟩)
8.2	B. Abt. f. mittelalterl. Gesch. (1914/15–⟨35⟩)
8.3	C. Abt. f. neuere Gesch. (1914/15–⟨35⟩)
8.4	D. Abt. f. Geogr. (1914/15–⟨35⟩)
8.5	E. Abt. f. Kunstgesch. (1914/15–⟨35⟩)
9.	Inst. f. Kultur- u. Universalgesch. (1914/15–⟨35⟩)
10.	Inst. f. Völkerk. (1914/15–⟨35⟩)
11.	Inst. f. VWL (1914/15–⟨35⟩)
12.	Inst. f. Musikwiss. (1914/15–⟨35⟩)

VIII. **Akad. Inst.e d. ges. Univ.**

1.	Allg. akad. Turnabend (1912–20) Gymnastisches Inst. (1920/21–25) Inst. f. Leibesüb. (1925/26)
1.1	a) Allg. akad. Sport- u. Turnabend (1920–25)
1.2	b) Akad. Sport- u. Turnlehrsem. (nur 1920/21) Akad. Sport- u. Turnlehrkursus (1921–25)
1.3	c) Akad. Sport- einschl. Spielleiterkursus (1921–25)
1.4	a) Fachwiss. Ausbildung zur Erlangung d. Lehrbefähigung im Turnen f. höh. Schulen (nur 1925/26)
1.5	b) Allg. pflichtgemäße Leibesüb. d. ges. Stud. (nur 1925/26)
1.6	c) Sonder- u. Fortbildungskurse (nur 1925/26)
2.	Sem. f. pol. Erz. (1934–⟨35⟩) Nationalpol. Sem. (⟨1936⟩–⟨39/40⟩)

Fehlende Semester: 1917, 1917/18, 1918/19, 1923, 1913/24, 1934/35, 1935/36, 1937, 1940.1, 1940.3, 1941.1, 1941/42, 1942/43, 1943/44, 1944.
Verkürzte Listen meist ohne Abt.: 1925, 1926, 1930, 1931, 1931/32, 1932/33, 1933, 1933/34, 1936/37, 1944/45.

3. Die Studierenden nach Fachbereichen

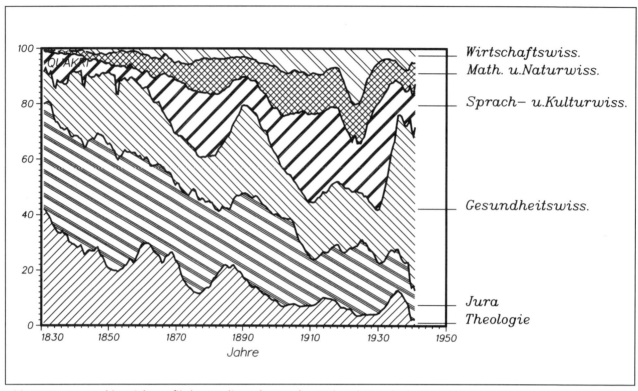

Abb. 19. 1: Das Fachbereichsprofil der Studierenden an der Universität Leipzig 1830/31–1941/1

Tab. 19. 1: Die Studierenden an der Universität Leipzig nach Fachbereichen in Prozent 1830/31–1941/1

| | Evang. Theol. | Jura | Gesundheitswissenschaften | | | | Sprach- und Kulturwiss. | Math., Naturw. | | Wirt-sch., Agrar- und Forst.wiss. | Studierende | | |
			insg.	Allg. Med.	Zahn-med.	Phar-mazie		insg.	Chemie		insg.	weibl. in % aller Stud.	Ausl. in % aller Stud.
Semester	1	2	3	4	5	6	7	8	9	10	11	12	13
1830/31	42,02	38,52	9,93	9,93	.	.	9,53	.	.	.	1259	.	.
1831	42,20	37,23	13,24	10,28	.	0,54	5,98	0,47	.	0,87	1488	.	.
1831/32	41,15	39,94	12,05	9,82	.	0,28	5,75	0,28	.	0,83	1079	.	.
1832	40,29	40,89	9,02	9,02	.	.	9,79	.	.	.	1164	.	.
1832/33	39,58	41,75	10,42	8,25	.	0,24	6,81	0,48	.	0,96	1248	.	.
1833	37,35	41,98	12,27	9,65	.	0,15	6,94	0,77	.	0,69	1296	.	.
1833/34	36,73	40,65	10,77	10,77	.	.	11,85	.	.	.	1198	.	.
1834	36,09	39,09	12,09	12,09	.	.	12,73	.	.	.	1100	.	.
1834/35	34,78	39,70	12,57	12,57	.	.	12,95	.	.	.	1058	.	.
1835	33,37	40,26	17,81	13,19	.	0,39	6,50	0,89	.	1,18	1016	.	.
1835/36	34,17	38,56	13,09	13,09	.	.	14,19	.	.	.	1001	.	.
1836	33,06	38,24	19,69	13,16	.	0,52	7,46	1,04	.	0,52	965	.	.
1836/37	35,64	36,85	13,42	13,42	.	.	14,08	.	.	.	909	.	.
1837	31,26	38,94	19,63	13,50	.	0,52	7,89	0,83	.	1,45	963	.	.
1837/38	35,09	38,05	12,72	12,72	.	.	14,14	.	.	.	912	.	.
1838	30,18	40,58	20,29	14,15	.	0,94	7,18	0,94	.	0,83	961	.	.
1838/39	30,13	38,60	21,86	14,96	.	0,94	7,22	1,26	.	0,94	956	.	.
1839	29,69	38,26	23,47	16,51	.	1,07	6,32	1,29	.	0,96	933	.	.
1839/40	29,12	39,01	23,63	17,14	.	0,99	6,04	1,21	.	0,99	910	.	.
1840	29,39	39,51	22,68	16,40	.	0,64	6,60	0,85	.	0,96	939	.	.
1840/41	28,02	40,11	22,89	16,90	.	0,64	6,42	1,39	.	1,18	935	.	.
1841	28,24	40,42	23,03	17,50	.	0,55	5,98	1,66	.	0,66	903	.	.
1841/42	28,73	38,01	24,89	18,44	.	0,68	5,54	1,92	.	0,90	884	.	.
1842	29,21	38,72	24,28	17,75	.	0,57	5,50	1,95	.	0,34	873	.	.
1842/43	26,35	39,88	18,35	18,35	.	.	15,41	.	.	.	850	.	.
1843	25,79	38,27	26,02	18,90	.	1,40	6,18	2,33	.	1,40	857	.	.
1843/44	26,24	38,90	25,32	18,64	.	1,38	5,52	2,76	.	1,27	869	.	.
1844	27,48	39,91	23,38	17,67	.	0,80	5,13	2,74	.	1,37	877	.	.
1844/45	27,05	39,32	22,73	16,93	.	1,02	5,80	3,30	.	1,82	880	.	.
1845	26,85	41,32	21,88	15,28	.	1,39	6,02	2,20	.	1,74	864	.	.
1845/46	26,91	40,12	22,18	15,27	.	1,33	6,79	1,04	.	2,06	825	.	.
1846	26,92	40,75	22,72	15,26	.	1,44	5,77	1,44	.	2,40	832	.	.
1846/47	28,75	40,62	21,53	15,09	.	1,66	4,77	2,11	.	2,22	901	.	.
1847	27,77	41,60	20,53	14,60	.	1,43	4,83	3,07	.	2,20	911	.	.
1847/48	25,06	43,38	21,63	15,56	.	1,21	5,30	2,87	.	1,77	906	.	.
1848	25,17	44,07	22,37	15,32	.	1,57	3,91	2,80	.	1,68	894	.	.
1848/49	24,25	43,43	23,06	16,06	.	1,19	3,99	3,02	.	2,26	928	.	.
1849	22,60	44,67	24,08	17,32	.	1,16	3,27	3,17	.	2,22	947	.	.
1849/50	21,05	43,89	25,79	19,05	.	1,47	3,47	3,26	.	2,53	950	.	.
1850	20,85	45,04	25,98	18,51	.	1,90	3,34	3,46	.	1,34	897	.	.
1850/51	20,07	45,45	25,06	17,52	.	1,77	3,22	4,21	.	2,00	902	.	.
1851	20,58	43,98	25,96	18,48	.	2,11	3,39	4,56	.	1,52	855	.	.
1851/52	19,34	43,28	27,83	19,46	.	2,48	3,30	4,83	.	1,42	848	.	.
1852	20,32	42,73	26,97	19,21	.	2,34	3,45	4,80	.	1,72	812	.	.
1852/53	20,61	41,35	20,36	20,36	.	.	17,68	.	.	.	786	.	.
1853	19,52	41,81	28,21	21,79	.	1,51	4,03	5,29	.	1,13	794	.	.
1853/54	20,32	40,40	27,88	21,81	.	1,61	4,71	5,95	.	0,74	807	.	.
1854	20,35	41,19	26,55	21,71	.	1,12	5,33	5,58	.	0,99	806	.	.
1854/55	20,91	42,19	26,69	21,16	.	2,09	4,18	5,17	.	0,86	813	.	.
1855	22,15	41,34	25,37	20,05	.	2,60	4,21	5,45	.	1,49	808	.	.
1855/56	21,63	40,17	26,33	21,63	.	2,60	4,57	5,81	.	1,48	809	.	.
1856	24,17	39,00	25,58	21,10	.	2,69	5,63	4,48	.	1,15	782	.	.
1856/57	23,80	38,35	27,87	23,18	.	2,84	4,19	4,81	.	0,99	811	.	.
1857	23,55	38,77	26,93	22,83	.	2,54	3,74	6,04	.	0,97	828	.	.
1857/58	22,00	40,35	26,71	22,59	.	2,47	3,53	6,24	.	1,18	850	.	.
1858	24,43	37,90	26,34	22,05	.	2,86	4,17	6,08	.	1,07	839	.	.
1858/59	25,17	35,19	26,77	21,87	.	3,42	5,01	6,49	.	1,37	878	.	.
1859	27,15	34,24	25,74	20,19	.	4,25	4,84	6,49	.	1,53	847	.	.
1859/60	28,77	32,19	25,24	19,69	.	4,36	5,07	6,25	.	2,48	848	.	.
1860	29,52	29,52	25,97	21,05	.	3,78	5,95	6,98	.	2,06	874	.	.
1860/61	29,63	30,55	25,86	20,37	.	3,66	5,38	6,29	.	2,29	874	.	.
1861	29,54	31,34	24,92	19,28	.	4,06	5,98	5,86	.	2,37	887	.	.
1861/62	29,76	30,64	25,77	19,91	.	4,31	5,97	5,53	.	2,33	904	.	.
1862	29,57	29,15	24,68	20,64	.	2,87	6,91	6,81	.	2,87	940	.	.
1862/63	28,79	27,81	25,65	21,43	.	4,00	7,79	6,28	.	3,68	924	.	.
1863	27,61	30,88	22,49	20,04	.	2,35	8,38	7,16	.	3,48	978	.	.
1863/64	26,25	30,73	23,23	20,21	.	2,40	9,06	7,29	.	3,44	960	.	.
1864	26,23	32,33	22,02	19,02	.	2,40	9,21	7,01	.	3,20	999	.	.
1864/65	25,36	32,38	22,51	19,14	.	2,75	9,57	6,31	.	3,87	982	.	.
1865	25,60	33,00	22,60	19,00	.	3,10	9,70	5,40	.	3,70	1000	.	.
1865/66	23,23	33,99	20,40	16,71	.	3,21	12,46	6,14	.	3,78	1059	.	.
1866	21,88	35,54	19,85	15,86	.	3,73	13,91	6,53	.	2,29	1179	.	.
1866/67	23,97	32,68	19,48	15,26	0,18	4,04	14,63	7,18	.	2,06	1114	.	.
1867	25,36	29,84	19,89	16,31	0,00	3,58	15,86	6,99	.	2,06	1116	.	.
1867/68	24,96	30,42	18,74	15,21	0,00	3,53	15,63	6,97	.	3,28	1190	.	.
1868	25,97	29,41	18,11	14,59	0,00	3,51	16,42	6,42	.	3,67	1309	.	.
1868/69	26,64	27,87	18,12	14,77	0,00	3,35	17,18	6,40	.	3,78	1374	.	.
1869	26,20	26,40	17,64	14,28	0,00	3,37	19,60	5,25	.	4,92	1485	.	.
1869/70	24,42	26,60	18,28	14,72	0,00	3,56	19,41	5,87	.	5,41	1515	.	.

Tab. 19. 1: Die Studierenden an der Universität Leipzig nach Fachbereichen in Prozent 1830/31–1941/1

| | Evang. Theol. | Jura | Gesundheitswissenschaften | | | | Sprach- und Kultur-wiss. | Math., Naturw. | | Wirt-sch., Agrar- und Forst.wiss. | Studierende | | |
| | | | insg. | Allg. Med. | Zahn-med. | Phar-mazie | | insg. | Chemie | | insg. | weibl. in % aller Stud. | Ausl. in % aller Stud. |
Semester	1	2	3	4	5	6	7	8	9	10	11	12	13
1870	22,58	27,87	18,68	14,77	0,00	3,90	19,40	6,43	.	5,05	1665		.
1870/71	23,10	29,46	16,35	13,11	0,00	3,23	19,13	7,26	.	4,71	1762		.
1871	21,08	28,84	18,03	14,59	0,00	3,44	20,30	7,21	.	4,55	1803		.
1871/72	18,69	30,76	19,78	16,79	0,00	2,99	18,42	6,67	.	5,67	2204		9,53
1872	17,02	31,06	19,27	15,85	0,00	3,41	20,00	7,43	.	5,23	2315		9,16
1872/73	15,89	32,57	19,43	14,87	0,00	4,57	19,74	6,75	.	5,62	2650		11,17
1873	15,48	31,65	19,26	15,04	0,00	4,23	20,04	8,05	.	5,51	2720		11,03
1873/74	13,87	33,38	19,44	14,92	0,00	4,52	18,78	8,55	.	5,98	2876		11,30
1874	14,03	32,51	18,48	14,73	0,00	3,76	20,10	9,20	.	5,67	2716		10,97
1874/75	13,06	36,07	16,53	13,37	0,00	3,16	19,75	8,99	.	5,60	2947		11,88
1875	12,83	35,68	15,10	12,47	0,00	2,63	20,72	10,27	.	5,41	2775		11,28
1875/76	11,52	38,63	14,63	12,62	0,00	2,02	20,27	10,22	.	4,72	2925		11,97
1876	12,38	35,24	13,85	11,94	0,00	1,90	22,97	11,68	.	3,88	2730		11,65
1876/77	11,02	35,48	15,15	12,23	0,00	2,92	22,82	10,89	.	4,64	2976		12,57
1877	12,00	32,37	15,80	12,88	0,00	2,92	23,82	12,07	.	3,94	2842		11,51
1877/78	11,17	35,14	14,86	12,02	0,00	2,83	23,12	11,69	.	4,02	3036		10,97
1878	12,79	32,79	14,85	11,71	0,00	3,15	23,52	12,72	.	3,32	2861		9,65
1878/79	12,38	33,26	15,68	12,51	0,00	3,17	22,67	12,19	.	3,82	3061		9,96
1879	14,27	29,33	16,55	13,25	0,00	3,30	23,77	12,77	.	3,30	2936		9,30
1879/80	13,11	32,75	16,36	13,11	0,00	3,25	21,91	11,99	.	3,87	3227		9,70
1880	14,12	29,83	16,48	13,15	0,00	3,33	22,85	12,86	.	3,85	3094		8,11
1880/81	14,25	30,73	16,48	13,98	0,00	2,50	21,83	12,60	.	4,12	3326		8,21
1881	17,62	26,33	17,19	14,36	0,00	2,83	23,34	12,19	.	3,33	3183		6,94
1881/82	16,55	25,87	19,02	15,92	0,00	3,11	22,49	12,42	.	3,65	3317		6,96
1882	18,45	23,24	19,67	16,14	0,00	3,54	21,86	13,28	.	3,50	3111		5,56
1882/83	18,23	23,60	21,94	18,80	0,00	3,14	19,98	12,37	.	3,89	3314		7,72
1883	20,60	20,21	22,99	19,50	0,00	3,49	19,66	12,88	.	3,65	3097		7,27
1883/84	19,49	23,22	22,49	19,52	0,00	2,97	19,37	11,59	.	3,85	3433		7,89
1884	22,28	20,98	22,37	19,24	0,00	3,13	18,99	11,68	.	3,70	3160		7,63
1884/85	21,21	21,06	24,63	21,18	0,00	3,44	18,20	10,97	.	3,93	3281		8,23
1885	22,73	19,84	25,17	21,53	0,00	3,64	18,18	10,67	.	3,41	3075		8,16
1885/86	20,53	21,81	26,31	22,57	0,00	3,74	17,37	10,49	.	3,50	3288		8,15
1886	21,34	20,42	26,76	22,19	0,36	4,22	17,84	10,20	.	3,43	3060		7,25
1886/87	20,67	22,70	28,08	24,02	0,62	3,45	16,24	9,17	.	3,14	3251		8,03
1887	22,69	22,43	27,44	23,35	0,75	3,34	15,82	8,28	.	3,34	3054		7,17
1887/88	21,08	25,27	27,40	23,69	0,46	3,25	14,99	7,94	.	3,32	3288		7,94
1888	20,82	25,81	27,81	23,47	0,94	3,40	14,18	8,45	.	2,93	3208		7,08
1888/89	19,39	28,05	28,66	24,49	0,96	3,21	12,86	7,90	.	3,15	3430		8,31
1889	19,87	26,46	29,77	25,17	1,14	3,46	12,55	8,16	.	3,19	3322		7,47
1889/90	19,03	28,82	30,84	26,18	1,16	3,50	10,72	7,38	.	3,21	3453		8,11
1890	18,16	29,46	32,20	26,91	1,23	4,06	10,20	7,15	.	2,83	3177		7,37
1890/91	16,34	31,52	31,41	26,40	0,90	4,11	10,27	7,32	.	3,15	3458		7,58
1891	16,90	30,94	31,68	26,10	1,08	4,50	10,46	6,85	.	3,18	3242		7,65
1891/92	16,18	31,13	31,89	26,26	1,14	4,49	10,58	6,85	.	3,38	3431		8,63
1892	15,08	31,83	31,51	25,71	1,16	4,64	10,12	7,86	.	3,61	3104		7,80
1892/93	13,64	32,60	32,08	27,18	0,88	4,02	10,13	7,74	.	3,81	3307		8,47
1893	13,96	32,18	30,86	25,81	0,88	4,17	11,28	7,86	.	3,86	2952		8,64
1893/94	13,82	32,77	30,36	25,69	0,88	3,78	11,57	7,43	.	4,04	3067		8,80
1894	14,33	32,81	29,31	24,31	0,83	4,16	11,40	7,89	.	4,27	2764		8,47
1894/95	13,13	33,00	29,01	24,36	0,84	3,82	11,69	7,77	.	5,39	2985		9,85
1895	13,01	32,56	27,02	22,05	1,00	3,97	12,54	9,69	.	5,18	2798		9,22
1895/96	11,89	32,49	27,19	22,09	1,06	4,04	13,32	9,67	.	5,43	3019		10,27
1896	11,65	31,99	26,77	21,63	1,25	3,89	13,87	10,57	.	5,15	2876		9,32
1896/97	10,97	32,37	27,16	21,66	1,28	4,22	13,02	10,72	.	5,76	3126		10,94
1897	11,46	31,46	27,58	21,21	1,76	4,60	13,12	11,26	.	5,12	3064		9,99
1897/98	10,62	31,49	26,21	20,45	1,65	4,12	13,21	12,60	.	5,86	3277		11,02
1898	10,05	31,22	24,01	18,46	1,39	4,16	14,93	13,83	.	5,95	3174		10,43
1898/99	9,29	31,91	24,29	18,84	1,55	3,90	14,01	14,09	.	6,42	3413		10,67
1899	9,20	30,40	22,51	17,37	1,50	3,64	16,12	15,47	.	6,30	3270		9,85
1899/00	9,08	31,54	22,64	18,01	1,29	3,33	15,48	15,17	.	6,09	3481		10,31
1900	9,05	30,93	20,65	16,00	1,16	3,49	17,62	15,08	.	6,67	3269		9,57
1900/01	8,25	32,54	20,38	16,56	0,92	2,90	17,40	14,25	.	7,17	3586		10,82
1901	7,48	31,50	18,79	14,84	1,05	2,90	18,48	15,81	.	7,93	3517		10,52
1901/02	6,99	32,28	18,46	14,62	1,04	2,80	18,36	15,50	.	8,40	3748		12,17
1902	6,85	31,57	17,82	13,86	0,94	3,02	19,24	16,44	.	8,09	3608		11,50
1902/03	6,91	32,44	17,24	13,18	0,88	3,19	19,16	15,22	.	9,03	3764		10,89
1903	7,27	30,79	16,50	12,01	1,00	3,50	21,53	15,20	6,30	8,71	3605		11,26
1903/04	7,42	31,60	16,09	11,80	0,87	3,42	20,89	14,77	6,57	9,23	3772		12,25
1904	7,78	30,27	16,17	11,47	1,26	3,44	22,10	15,05	6,57	8,64	3575		11,19
1904/05	7,55	31,60	15,57	10,41	1,19	3,97	22,06	14,61	5,95	8,61	3880		11,42
1905	7,91	29,23	14,79	9,44	1,17	4,18	24,20	16,34	6,46	7,52	3855		12,14
1905/06	7,86	28,55	16,15	10,68	1,09	4,38	24,15	15,36	5,82	7,93	4224		12,19
1906	7,52	25,58	17,65	10,78	1,25	5,62	26,26	15,24	5,84	7,74	4147	0,65	13,41
1906/07	7,23	24,92	18,41	11,62	1,23	5,55	26,13	14,62	5,19	8,69	4466	0,74	14,82
1907	6,87	22,61	19,00	12,01	1,52	5,47	28,35	14,68	5,57	8,49	4148	0,84	13,57
1907/08	6,98	23,34	18,89	12,44	1,52	4,93	28,47	13,78	4,95	8,55	4341	0,83	13,06
1908	7,02	21,02	18,39	12,17	1,61	4,61	30,88	14,37	5,15	8,32	4100	0,85	12,29
1908/09	7,15	20,80	19,65	13,06	1,74	4,84	29,95	13,56	3,92	8,90	4418	1,00	12,54
1909	7,20	18,49	18,66	12,53	1,96	4,17	31,91	14,39	4,21	9,34	4581	1,22	12,38
1909/10	7,29	18,88	19,16	13,27	2,39	3,49	30,94	13,88	3,76	9,85	4761	1,24	12,98

Tab. 19. 1: Die Studierenden an der Universität Leipzig nach Fachbereichen in Prozent 1830/31–1941/1

| | Evang. Theol. | Jura | Gesundheitswissenschaften | | | | Sprach- und Kultur- wiss. | Math., Naturw. | | Wirt- sch., Agrar- und Forst. wiss. | Studierende | | |
| | | | insg. | Allg. Med. | Zahn- med. | Phar- mazie | | insg. | Chemie | | insg. | weibl. in % aller Stud. | Ausl. in % aller Stud. |
Semester	1	2	3	4	5	6	7	8	9	10	11	12	13
1910	7,06	17,25	19,69	13,46	2,48	3,75	32,32	14,35	3,61	9,34	4592	1,11	12,04
1910/11	7,31	17,14	20,92	15,47	2,55	2,90	31,47	14,22	3,33	8,94	4900	1,63	12,94
1911	7,30	16,12	20,29	14,89	2,58	2,82	32,36	15,28	3,25	8,63	4888	1,66	12,97
1911/12	7,56	16,87	21,10	16,27	2,09	2,75	31,03	14,26	2,98	9,19	5170	1,99	13,48
1912	7,98	15,92	21,42	16,91	1,77	2,74	31,30	14,31	.	9,07	5038	2,22	13,74
1912/13	8,71	16,67	21,70	17,70	1,46	2,54	29,58	13,79	.	9,55	5351	2,41	14,65
1913	8,93	16,24	20,63	16,26	1,68	2,69	30,83	14,12	.	9,24	5171	2,80	12,65
1913/14	10,09	16,59	21,78	17,55	2,01	2,22	28,69	13,38	.	9,47	5532	3,16	12,27
1914	10,10	16,53	21,66	16,85	2,46	2,35	28,83	13,75	.	9,12	5359	3,73	11,70
1914/15	9,97	16,48	21,46	16,63	2,64	2,19	30,03	14,26	.	7,80	4515	4,85	4,92
1915	9,82	16,48	21,92	17,32	2,55	2,05	29,72	14,31	.	7,75	4388	5,24	4,56
1915/16	9,67	17,10	22,80	18,35	2,53	1,92	29,07	13,95	.	7,41	4386	6,04	3,90
1916	9,71	18,34	22,58	18,54	2,38	1,67	28,40	14,06	.	6,90	4623	5,80	3,70
1916/17	9,37	18,99	22,92	19,35	2,03	1,54	27,58	14,12	.	7,03	4739	6,16	3,50
1917	9,19	19,48	22,79	19,64	1,66	1,49	27,36	14,38	.	6,80	5047	5,90	3,07
1917/18	8,96	20,34	22,75	19,79	1,56	1,39	26,68	14,41	.	6,87	5315	5,59	2,82
1918	8,20	21,10	22,77	19,92	1,51	1,34	26,67	14,37	.	6,89	5441	5,35	2,83
1918/19	7,41	21,63	22,97	20,07	1,75	1,16	26,05	14,53	.	7,41	5885	5,93	2,92
1919	6,50	20,09	24,09	18,92	4,05	1,12	24,03	15,33	.	9,95	5798	5,88	3,09
ZS.1919	6,80	21,40	22,18	20,06	2,13	.	49,62	.	.	.	6117		.
1919/20	6,46	20,44	24,69	18,63	5,00	1,06	22,97	14,65	.	10,78	5925	7,05	4,17
1920	6,61	19,31	23,41	15,98	6,27	1,16	22,60	15,62	.	12,45	5583	6,61	5,25
1920/21	6,20	20,89	22,99	15,16	6,75	1,09	21,06	14,19	7,41	14,67	5793	6,73	6,13
1921	5,72	21,02	22,50	13,93	7,66	0,91	20,47	14,70	8,05	15,60	5614	6,56	7,16
1921/22	6,22	22,23	21,61	14,33	6,38	0,90	19,36	13,48	7,70	17,10	5660	7,33	8,57
1922	5,79	22,00	20,21	13,40	5,64	1,18	18,79	14,05	8,50	19,16	5531	6,96	11,75
1922/23	4,98	23,03	20,79	14,79	4,66	1,35	17,48	13,58	8,41	20,14	5646	8,11	15,59
1923	4,23	24,40	19,45	14,07	3,96	1,42	22,93	8,72	8,72	20,27	5630	7,99	.
1923/24	3,58	25,11	20,42	13,85	3,30	1,48	17,06	13,88	8,93	19,96	5417	8,68	17,83
1924	3,47	25,43	18,98	12,15	2,77	1,83	17,58	14,83	9,57	19,70	4578	8,50	16,67
1924/25	3,75	26,85	17,74	11,28	2,32	1,88	18,09	14,07	9,09	19,50	4477	8,29	15,46
1925	3,52	27,64	16,59	9,91	2,39	1,75	17,52	17,14	8,14	17,59	4400	7,68	14,82
1925/26	4,33	26,57	17,01	10,60	2,48	1,44	21,57	14,08	7,44	16,44	4433	8,19	14,60
1926	3,88	25,09	16,51	9,72	3,10	1,29	21,34	18,97	6,68	14,21	4639	8,73	13,52
1926/27	4,14	26,71	17,46	10,38	3,51	1,20	25,93	15,17	6,65	10,61	4497	9,30	11,19
1927	3,82	23,14	17,26	9,94	4,18	0,89	28,13	16,82	6,14	10,83	4710	9,32	10,06
1927/28	4,33	23,33	18,02	10,54	4,55	0,74	28,96	15,67	5,43	9,70	4990	9,64	10,38
1928	3,90	22,60	16,54	9,02	4,60	0,79	33,08	15,80	4,78	8,08	5309	9,44	8,91
1928/29	4,23	22,80	17,27	9,74	4,70	0,67	33,44	15,22	4,11	7,04	5553	10,46	8,36
1929	3,98	20,66	16,88	9,33	4,71	0,65	37,44	14,95	3,72	6,11	6109	10,61	6,96
1929/30	4,18	19,90	18,57	10,66	5,32	0,61	37,22	14,42	3,35	5,71	6387	11,84	6,97
1930	4,34	17,98	18,73	10,24	5,57	0,69	39,32	14,64	3,37	4,99	6679	12,64	6,60
1930/31	4,81	17,94	20,51	11,49	6,51	0,53	37,88	14,34	3,08	4,51	6938	13,52	6,37
1931	5,73	17,22	21,99	11,59	6,79	0,77	37,24	13,63	2,87	4,19	7118	13,53	5,82
1931/32	5,98	16,94	24,57	13,26	7,17	0,72	35,69	12,95	2,74	3,87	7126	14,61	5,87
1932	6,78	17,17	26,02	13,77	6,95	0,95	34,39	11,92	2,59	3,72	7075	14,25	5,63
1932/33	7,48	17,76	27,66	15,43	6,94	1,07	31,87	11,54	2,45	3,70	7224	14,80	5,40
1933	8,42	17,82	29,87	16,87	6,99	1,34	30,65	9,49	2,32	3,75	6425	14,58	.
1933/34	10,04	17,27	33,47	19,16	7,73	1,53	27,08	8,49	1,99	3,65	5617	14,35	.
1934	10,70	16,81	36,95	20,86	7,77	2,01	22,81	8,24	2,15	4,50	4468	12,42	4,81
1934/35	11,40	15,59	38,46	21,97	8,16	2,25	22,80	7,72	2,30	4,04	4483	12,71	.
1935	11,73	14,62	41,90	23,81	7,62	2,57	20,50	6,94	2,51	4,31	3112	12,24	.
1935/36	13,39	15,48	46,67	26,90	8,41	3,85	12,57	6,32	2,41	5,57	3197	10,92	.
1936	12,18	14,23	50,02	31,04	6,79	3,53	11,39	6,19	2,77	6,00	2635	10,25	.
1936/37	12,21	13,30	50,38	31,78	6,23	3,66	11,57	6,03	2,97	6,51	2489	10,89	.
1937	11,09	11,83	52,45	34,23	5,40	2,98	11,41	6,15	3,03	7,08	2147	10,48	7,87
1937/38	10,17	13,46	48,88	31,60	4,87	2,82	12,22	7,54	3,53	7,73	2095	10,12	.
1938	8,92	12,93	50,29	32,82	4,38	2,85	12,35	7,76	3,64	7,76	1895	9,50	.
1938/39	8,29	15,61	48,41	29,91	4,70	3,44	12,28	7,58	3,94	7,83	1979	9,45	.
1939	6,94	14,93	52,32	33,90	4,10	3,23	11,10	7,38	3,72	7,33	1829	8,58	.
1939/40	0,00	8,10	66,57	54,76	3,23	2,27	10,90	6,13	4,40	8,29	3751	15,28	.
1940/1	1,61	9,54	64,91	55,57	2,37	1,89	11,66	7,96	5,45	4,32	2915	13,55	.
1940/2	2,67	13,73	48,86	36,78	3,35	2,04	14,53	14,76	8,51	5,45	1762	15,44	4,26
1940/3	2,43	11,62	54,44	43,66	2,65	2,03	15,82	11,09	6,19	4,60	2263	20,42	.
1941/1	2,14	10,61	59,03	47,76	2,55	1,84	15,51	7,60	5,00	5,10	1960	23,52	.

4. Die Studierenden nach Fächern

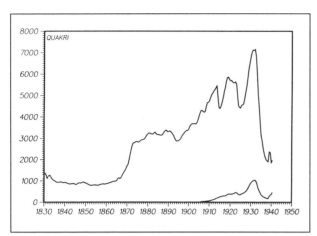

Abb. 19. 2: Die Studierenden (weibl. u. insg.) an der Universität Leipzig 1830/31–1941/1: Sämtliche Fächer

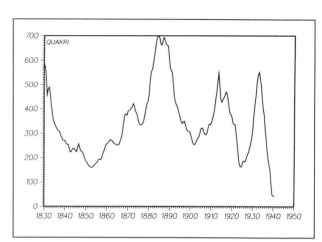

Abb. 19. 3: Die Studierenden an der Universität Leipzig 1830/31–1941/1: Evangelische Theologie

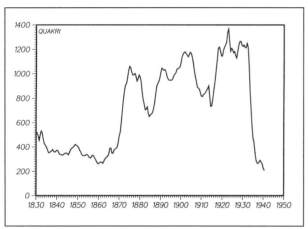

Abb. 19. 4: Die Studierenden an der Universität Leipzig 1830/31–1941/1: Jura

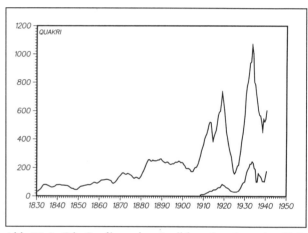

Abb. 19. 5: Die Studierenden (weibl. u. insg.) an der Universität Leipzig 1830/31–1941/1: Allgemeine Medizin

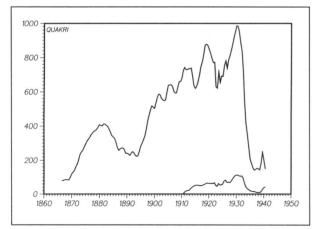

Abb. 19. 6: Die Studierenden (weibl. u. insg.) an der Universität Leipzig 1866/67–1941/1: Mathematik und Naturwissenschaften

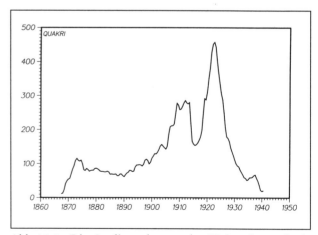

Abb. 19. 7: Die Studierenden an der Universität Leipzig 1866/67–1941/1: Landwirtschaft

Tab. 19.2: Die Einzelfachstrome an der Universität Leipzig nach Staatsangehörigkeit und Geschlecht 1830/31–1941/1

	Stud. insg.	Evang. Theol.	Jura	Medizin	Sonstige Fächer insg.	Chirurgie	Pharmazie	Philosophie	Pädagogik	Philologien	Mathematik	Naturwiss.	Cameralia
Semester	1	2	3	4	5	6	7	8	9	10	11	12	13
1830/31	1250	520	485	125	120	.	.	.	.	.	.	.	.
1831	1488	628	554	153	153	36	8	19	2	65	7	.	13
1831/32	1079	444	431	106	98	21	3	14	1	44	3	.	9
1832	1164	469	476	105	114	.	.	.	.	.	.	.	.
1832/33	1248	494	521	103	130	24	3	14	1	66	6	.	12
1833	1296	484	544	125	143	32	2	12	3	58	7	3	9
1833/34	1198	440	487	129	142	.	.	.	.	.	.	.	.
1834	1100	397	430	133	140	.	.	.	.	.	.	.	.
1834/35	1058	368	420	133	137	.	.	.	.	.	.	.	.
1835	1016	339	409	134	134	43	4	9	5	51	8	1	12
1835/36	1001	342	386	131	142	.	.	.	.	.	.	.	.
1836	965	319	369	127	150	58	5	13	4	51	8	2	5
1836/37	909	324	335	122	128	.	.	.	.	.	.	.	.
1837	963	301	375	130	157	54	5	22	5	47	5	3	14
1837/38	912	320	347	116	129	.	.	.	.	.	.	.	.
1838	961	290	390	136	145	50	9	22	8	38	7	2	8
1838/39	956	288	369	143	156	57	9	21	9	38	10	2	9
1839	933	277	357	154	145	55	10	21	2	36	10	2	9
1839/40	910	265	355	156	134	50	9	21	0	34	9	2	9
1840	939	276	371	154	138	53	6	17	5	40	7	1	9
1840/41	935	262	375	158	140	50	6	16	4	40	12	1	11
1841	903	255	365	158	125	45	5	20	5	29	15	0	6
1841/42	884	254	336	163	131	51	6	17	5	27	17	0	8
1842	873	255	338	155	125	52	5	14	3	31	16	1	3
1842/43	850	224	339	156	131	.	.	.	.	.	.	.	.
1843	857	221	328	162	146	49	12	22	6	25	16	4	12
1843/44	869	228	338	162	141	46	12	20	6	22	18	6	11
1844	877	241	350	155	131	43	7	20	8	17	15	9	12
1844/45	880	238	346	149	147	42	9	21	11	19	15	14	16
1845	864	232	357	132	143	45	12	20	12	20	11	8	15
1845/46	825	222	331	126	146	46	11	23	14	19	11	5	17
1846	832	224	339	127	142	50	12	25	11	12	9	3	20
1846/47	901	259	366	136	140	43	15	23	8	12	9	10	20
1847	911	253	379	133	146	41	13	24	6	14	12	16	20
1047/40	906	227	383	111	145	44	11	25	3	20	11	15	16
1848	894	225	394	137	138	49	14	17	3	15	13	12	15
1848/49	928	225	403	149	151	54	11	17	2	18	16	12	21
1849	947	214	423	164	146	53	11	13	3	15	16	14	21
1849/50	950	200	417	181	152	50	14	15	3	15	14	17	24
1850	897	187	404	166	140	50	17	14	2	14	13	18	12
1850/51	902	181	410	158	153	52	16	11	2	16	14	24	18
1851	855	176	376	158	145	46	18	12	4	14	16	23	13
1851/52	848	164	367	165	152	50	21	11	4	13	17	24	12
1852	812	165	347	156	144	44	19	11	3	14	20	19	14
1852/53	786	162	325	160	139	.	.	.	.	.	.	.	.
1853	794	155	332	173	134	39	12	13	2	17	22	20	9
1853/54	807	164	326	176	141	36	13	16	3	19	20	28	6
1854	806	164	332	175	135	30	9	13	2	28	18	27	8
1854/55	813	170	343	172	128	28	17	13	3	18	13	29	7
1855	808	179	334	162	133	22	21	12	4	18	17	27	12
1855/56	809	175	325	175	134	17	21	17	5	15	16	31	12
1856	782	189	305	165	123	14	21	15	5	24	11	24	9
1856/57	811	193	311	188	119	15	23	9	3	22	10	29	8
1857	828	195	321	189	123	13	21	9	3	19	15	35	8
1857/58	850	187	343	192	128	14	21	12	3	15	13	40	10
1858	839	205	318	185	131	12	24	15	0	20	14	37	9
1858/59	878	221	309	192	156	13	30	20	3	21	14	43	12
1859	847	230	290	171	156	11	36	14	3	24	16	39	13
1859/60	848	244	273	167	164	10	37	16	4	23	15	38	21
1860	874	258	258	184	174	10	33	16	4	32	20	41	18
1860/61	874	259	267	178	170	16	32	15	3	29	19	36	20
1861	887	262	278	171	176	14	36	16	2	35	14	38	21
1861/62	904	269	277	180	178	14	39	17	1	36	19	31	21
1862	940	278	274	194	194	11	27	20	3	42	26	38	27
1862/63	924	266	257	198	203	2	37	20	4	48	22	36	34
1863	978	270	302	196	210	1	23	22	4	56	29	41	34
1863/64	960	252	295	194	219	6	23	22	3	62	30	40	33
1864	999	262	323	190	224	6	24	22	2	68	28	42	32
1864/65	982	249	318	188	227	6	27	21	2	71	28	34	38
1865	1000	256	330	190	224	5	31	24	2	71	26	28	37
1865/66	1059	246	360	177	276	8	34	26	6	100	28	37	40
1866	1179	258	419	187	315	3	44	25	18	121	28	49	27

Tab. 19. 2: Die Einzelfachströme an der Universität Leipzig nach Staatsangehörigkeit und Geschlecht 1830/31–1941/1

	Evang. Theol.		Jura		Medizin		Zahnmedizin		Pharmazie		Philosophie		Philologie		Stud. insg.
	insg.	Ausl. in %	insg.	Ausl. in %	insg.	Ausl. in %	insg.	Ausl. in %	insg.	Ausl. in %	insg.	Ausl. in %	insg.	Ausl. in %	
Semester	1	2	3	4	5	6	7	8	9	10	11	12	13	14	15
1866/67	267	.	364	.	170	.	2	.	45	.	31	.	108	.	1114
1867	283	.	333	.	182	.	0	.	40	.	34	.	116	.	1116
1867/68	297	.	362	.	181	.	0	.	42	.	30	.	123	.	1190
1868	340	.	385	.	191	.	0	.	46	.	35	.	145	.	1309
1868/69	366	.	383	.	203	.	0	.	46	.	41	.	161	.	1374
1869	389	.	392	.	212	.	0	.	50	.	47	.	204	.	1485
1869/70	370	.	403	.	223	.	0	.	54	.	52	.	197	.	1515
1870	376	.	464	.	246	.	0	.	65	.	51	.	225	.	1665
1870/71	407	.	519	.	231	.	0	.	57	.	61	.	233	.	1762
1871	380	.	520	.	263	.	0	.	62	.	54	.	258	.	1803
1871/72	412	7,52	678	6,49	370	9,73	0	.	66	6,06	64	32,81	284	5,63	2204
1872	394	7,36	719	5,56	367	6,81	0	.	79	5,06	90	31,11	312	6,09	2315
1872/73	421	13,30	863	6,60	394	6,60	0	.	121	3,31	115	42,61	339	8,85	2650
1873	421	11,64	861	7,67	409	9,29	0	.	115	2,61	119	38,66	347	10,37	2720
1873/74	399	9,27	960	6,46	429	13,75	0	.	130	3,85	136	38,24	325	11,69	2876
1874	381	7,87	883	6,46	400	12,75	0	.	102	3,92	125	40,80	348	11,49	2716
1874/75	385	10,13	1063	6,40	394	13,45	0	.	93	3,23	126	37,30	377	19,36	2947
1875	356	9,83	990	5,76	346	14,16	0	.	73	1,37	122	31,97	367	17,44	2775
1875/76	337	12,46	1130	6,73	369	14,63	0	.	59	3,39	129	34,88	370	18,92	2925
1876	338	10,65	962	6,76	326	15,03	0	.	52	3,85	145	26,90	390	17,18	2730
1876/77	328	12,80	1056	7,58	364	14,84	0	.	87	1,15	164	34,76	421	17,34	2976
1877	341	13,20	920	6,52	366	14,48	0	.	83	1,20	158	25,95	433	16,17	2842
1877/78	339	13,57	1067	5,72	365	12,88	0	.	86	1,16	177	28,25	443	15,58	3036
1878	366	11,48	938	5,76	335	13,43	0	.	90	1,11	194	18,04	404	14,85	2861
1878/79	379	11,61	1018	5,60	383	12,53	0	.	97	2,06	215	25,12	415	12,29	3061
1879	419	9,79	861	5,81	389	13,37	0	.	97	2,06	230	19,13	401	11,97	2936
1879/80	423	8,04	1057	6,72	423	11,82	0	.	105	1,90	252	22,62	399	13,78	3227
1880	437	4,35	923	6,83	407	11,30	0	.	103	2,91	270	14,07	387	11,89	3094
1880/81	474	5,06	1022	5,97	465	10,75	0	.	83	1,20	287	15,33	393	10,94	3326
1881	561	3,39	838	5,49	457	9,85	0	.	90	0,00	125	27,20	578	6,92	3183
1881/82	549	4,92	858	3,50	528	8,90	0	.	103	0,00	129	31,78	408	11,27	3317
1882	574	3,66	723	3,18	502	6,57	0	.	110	0,00	87	22,99	376	10,37	3111
1882/83	604	4,64	782	4,86	623	9,31	0	.	104	0,00	89	30,34	393	14,50	3314
1883	638	3,45	626	5,75	604	6,79	0	.	108	0,00	90	30,00	336	16,07	3097
1883/84	669	3,74	797	6,65	670	6,42	0	.	102	0,98	119	32,77	363	14,60	3433
1884	704	3,41	663	6,49	608	5,76	0	.	99	1,01	114	34,21	323	14,86	3160
1884/85	696	3,16	691	5,35	695	6,91	0	.	113	1,77	119	42,02	335	16,12	3281
1885	699	3,58	610	5,74	662	6,04	0	.	112	1,79	128	42,97	294	13,61	3075
1885/86	675	3,56	717	5,72	742	5,39	0	.	123	0,81	160	46,88	292	14,04	3288
1886	653	3,06	625	3,68	679	5,60	11	.	129	0,78	138	41,30	280	13,21	3060
1886/87	672	3,42	738	4,47	781	4,99	20	.	112	0,89	140	49,29	268	19,03	3251
1887	693	2,60	685	3,80	713	4,77	23	.	102	0,98	121	44,63	261	19,16	3054
1887/88	693	3,90	831	5,42	779	4,24	15	.	107	0,93	132	47,73	255	21,18	3288
1888	668	2,69	828	4,23	753	2,79	30	3,33	109	0,92	120	46,67	237	19,83	3208
1888/89	665	2,56	962	7,38	840	3,81	33	3,03	110	0,91	135	51,85	219	17,35	3430
1889	660	2,27	879	6,26	836	2,15	38	7,89	115	0,00	130	51,54	192	18,75	3322
1889/90	657	2,13	995	4,72	904	3,54	40	7,50	121	0,00	140	58,57	156	21,15	3453
1890	577	2,25	936	3,42	855	3,39	39	7,69	129	0,00	119	57,14	137	19,71	3177
1890/91	565	1,95	1090	5,05	913	2,19	31	6,45	142	0,00	137	58,39	143	17,48	3458
1891	548	2,19	1003	5,18	846	2,01	35	5,71	146	0,00	130	56,92	134	14,18	3242
1891/92	555	3,24	1068	5,34	901	2,66	39	0,00	154	0,00	146	60,27	139	22,30	3431
1892	468	2,35	988	4,76	798	3,13	36	2,78	144	0,00	119	52,10	128	16,41	3104
1892/93	451	4,21	1078	4,36	899	3,00	29	3,45	133	0,75	147	56,46	129	13,95	3307
1893	412	3,88	950	5,26	762	3,28	26	3,85	123	0,81	130	53,08	131	14,50	2952
1893/94	424	4,25	1005	3,88	788	3,30	27	11,11	116	1,72	128	53,91	142	21,13	3067
1894	396	3,79	907	4,19	672	3,27	23	0,00	115	0,87	110	51,82	116	18,97	2764
1894/95	392	4,85	985	4,16	727	3,16	25	0,00	114	0,88	137	57,66	120	25,00	2985
1895	364	4,67	911	4,17	617	3,40	28	0,00	111	0,90	117	58,12	113	17,70	2798
1895/96	359	4,74	981	5,40	667	2,85	32	0,00	122	0,82	153	61,44	125	21,60	3019
1896	335	3,88	920	3,70	622	3,86	36	0,00	112	0,00	142	57,75	125	19,20	2876
1896/97	343	4,37	1012	5,83	677	3,99	40	0,00	132	0,00	150	56,67	123	26,02	3126
1897	351	3,99	964	4,36	650	4,15	54	1,85	141	0,00	134	50,75	116	23,28	3064
1897/98	348	3,74	1032	5,91	670	3,73	54	0,00	135	0,00	160	48,75	116	24,14	3277
1898	319	2,82	991	4,94	586	3,41	44	0,00	132	0,76	172	44,19	126	17,46	3174
1898/99	317	3,47	1089	5,97	643	4,82	53	1,89	133	0,75	156	42,31	125	16,00	3413
1899	301	3,65	994	5,23	568	3,52	49	2,04	119	0,84	153	37,91	153	13,07	3270
1899/00	316	2,85	1098	5,37	627	3,83	45	4,44	116	0,86	161	40,37	152	14,47	3481
1900	296	2,03	1011	6,03	523	2,29	38	7,89	114	0,00	160	38,75	159	8,18	3269
1900/01	296	4,73	1167	5,23	594	4,55	33	6,06	104	0,00	188	43,09	176	13,64	3586
1901	263	4,94	1108	5,32	522	4,79	37	8,11	102	0,00	162	46,91	191	13,61	3517
1901/02	262	4,58	1210	6,61	548	6,20	39	7,69	105	0,00	204	49,02	187	12,30	3748
1902	247	4,05	1139	6,85	500	4,80	34	5,88	109	0,00	192	46,35	205	6,83	3608
1902/03	260	2,69	1221	6,31	496	4,23	33	3,03	120	0,00	200	41,50	228	8,33	3764
1903	262	2,29	1110	7,12	433	6,70	36	11,11	126	0,79	207	40,10	244	8,61	3605
1903/04	280	3,57	1192	6,54	445	7,64	33	0,00	129	0,78	232	42,67	257	7,00	3772
1904	278	2,88	1082	6,75	410	6,10	45	0,00	123	0,81	213	39,91	270	4,44	3575
1904/05	293	4,78	1226	5,55	404	7,43	46	0,00	154	0,65	228	39,04	318	7,55	3880
1905	305	4,92	1127	7,01	364	7,69	45	0,00	161	1,24	267	38,20	345	6,38	3855
1905/06	332	7,23	1206	6,88	451	11,97	46	2,17	185	1,08	288	35,76	400	7,00	4224

Tab. 19. 2: Die Einzelfachströme an der Universität Leipzig nach Staatsangehörigkeit und Geschlecht 1830/31–1941/1

| | Neue Sprachen | | Pädagogik | | Mathematik | | Naturwiss. | | Chemie | | Landwirtschaft | | Cameralia | | Ausl. |
| | insg. | Ausl. in % | insg. | Ausl. in % | insg. | Ausl. in % | insg. | Ausl. in % | insg. | Ausl. in % | insg. | Ausl. in % | insg. | Ausl. in % | insg. |
Semester	16	17	18	19	20	21	22	23	24	25	26	27	28	29	30
1866/67	.	.	24	.	29	.	51	.	.	.	.	.	23	.	.
1867	.	.	27	.	27	.	51	.	.	.	.	.	23	.	.
1867/68	.	.	33	.	28	.	55	.	.	.	8	.	31	.	.
1868	.	.	35	.	25	.	59	.	.	.	14	.	34	.	.
1868/69	.	.	34	.	24	.	64	.	.	.	12	.	40	.	.
1869	.	.	40	.	22	.	56	.	.	.	35	.	38	.	.
1869/70	.	.	45	.	23	.	66	.	.	.	47	.	35	.	.
1870	.	.	47	.	29	.	78	.	.	.	51	.	33	.	.
1870/71	.	.	43	.	36	.	92	.	.	.	58	.	25	.	.
1871	.	.	54	.	39	.	91	.	.	.	54	.	28	.	.
1871/72	.	.	58	5,17	41	4,88	106	20,75	.	.	86	29,07	39	15,38	210
1872	.	.	61	6,56	49	4,08	123	21,95	.	.	80	28,75	41	26,83	212
1872/73	.	.	69	5,80	52	0,00	127	21,26	.	.	108	30,56	41	24,39	296
1873	.	.	79	6,33	74	0,00	145	17,93	.	.	111	20,72	39	20,51	300
1873/74	.	.	79	6,33	80	2,50	166	15,06	.	.	120	24,17	52	21,15	325
1874	.	.	73	2,74	81	3,70	169	12,43	.	.	98	23,47	56	28,57	298
1874/75	.	.	79	2,53	89	4,49	176	15,91	.	.	116	19,83	49	20,41	350
1875	.	.	86	3,49	105	4,76	180	17,78	.	.	104	19,23	46	17,39	313
1875/76	.	.	94	4,26	100	4,00	199	15,08	.	.	97	16,49	41	17,07	350
1876	.	.	92	4,35	116	6,90	203	14,29	.	.	66	16,67	40	20,00	318
1876/77	.	.	94	2,13	130	6,15	194	14,43	.	.	92	21,74	46	19,57	374
1877	.	.	86	1,16	150	4,67	193	13,99	.	.	78	23,08	34	11,76	327
1877/78	.	.	82	1,22	149	4,70	206	14,08	.	.	86	19,77	36	13,89	333
1878	.	.	75	1,33	166	3,61	198	9,60	.	.	69	17,39	26	3,85	276
1878/79	.	.	64	0,00	172	1,74	201	13,43	.	.	90	18,89	27	7,41	305
1879	.	.	67	1,49	178	1,69	197	9,64	.	.	71	16,90	26	3,85	273
1879/80	.	.	56	1,79	186	3,23	201	12,44	.	.	90	12,22	35	2,86	313
1880	.	.	50	2,00	185	1,62	213	7,51	.	.	80	17,50	39	5,13	251
1880/81	.	.	46	4,35	197	3,05	222	7,21	.	.	93	24,73	44	6,82	273
1881	.	.	40	2,50	194	4,12	194	3,61	.	.	75	25,33	31	6,45	221
1881/82	176	.	33	3,03	200	2,00	212	5,19	.	.	88	21,59	33	15,15	231
1882	186	.	31	3,23	191	1,05	222	5,41	.	.	67	25,37	42	11,90	173
1882/83	149	.	31	12,90	180	0,00	230	7,83	.	.	85	23,53	44	13,64	256
1883	151	.	32	6,25	145	2,07	254	7,09	.	.	67	26,87	46	8,70	225
1883/84	154	.	29	10,34	150	4,67	248	8,06	.	.	83	24,10	49	14,29	271
1884	136	.	27	7,41	137	5,11	232	8,19	.	.	67	23,88	50	14,00	241
1884/85	121	.	22	4,55	128	8,59	232	8,62	.	.	87	22,99	42	11,90	270
1885	118	.	19	5,26	106	9,43	222	9,46	.	.	64	28,13	41	9,76	251
1885/86	96	.	23	0,00	100	7,00	245	8,98	.	.	73	20,55	42	4,76	268
1886	109	.	19	0,00	80	7,50	232	10,34	.	.	66	21,21	39	5,13	222
1886/87	93	.	27	0,00	60	11,67	238	8,40	.	.	70	21,43	32	9,38	261
1887	78	.	23	0,00	58	12,07	195	7,18	.	.	66	18,18	36	8,33	219
1887/88	78	.	28	0,00	51	11,76	210	8,57	.	.	72	16,67	37	5,41	261
1888	72	.	26	0,00	47	10,64	224	13,39	.	.	56	19,64	38	5,26	227
1888/89	63	.	24	0,00	45	13,33	226	13,27	.	.	73	21,92	35	8,57	285
1889	59	.	36	0,00	39	10,26	232	13,36	.	.	66	19,70	40	15,00	248
1889/90	45	.	29	6,90	30	16,67	225	15,56	.	.	73	28,77	38	15,79	280
1890	34	.	34	8,82	23	17,39	204	16,18	.	.	56	28,57	34	17,65	234
1890/91	34	.	41	4,88	26	26,92	227	13,66	.	.	66	27,27	43	25,58	262
1891	33	.	42	7,14	23	30,43	199	16,08	.	.	68	29,41	35	28,57	248
1891/92	37	.	41	4,88	30	23,33	205	16,59	.	.	76	35,53	40	20,00	296
1892	33	3,03	34	2,94	29	13,79	215	15,81	.	.	73	39,73	39	15,38	242
1892/93	28	3,57	31	3,23	28	7,14	228	17,98	.	.	88	34,09	38	23,68	280
1893	38	2,63	34	2,94	22	13,64	210	18,57	.	.	71	30,99	43	18,60	255
1893/94	50	6,00	35	0,00	20	20,00	208	21,63	.	.	81	28,40	43	18,60	270
1894	49	6,12	40	0,00	24	16,67	194	23,20	.	.	74	25,68	44	18,18	234
1894/95	51	5,88	41	0,00	25	20,00	207	23,19	.	.	106	27,36	55	29,09	294
1895	66	7,58	55	0,00	37	8,11	234	18,38	.	.	87	28,74	58	29,31	258
1895/96	70	4,29	54	0,00	42	11,90	250	17,60	.	.	106	27,36	58	31,03	310
1896	72	8,33	60	0,00	53	3,77	251	16,73	.	.	89	26,97	59	28,81	268
1896/97	76	11,84	58	0,00	57	7,02	278	20,86	.	.	104	24,04	76	36,84	342
1897	91	10,99	61	0,00	74	6,76	271	22,14	.	.	82	35,37	75	30,67	306
1897/98	97	11,34	60	0,00	85	16,47	328	20,73	.	.	115	37,39	77	25,97	361
1898	112	8,93	64	0,00	90	10,00	349	17,77	.	.	106	41,51	83	34,94	331
1898/99	126	11,90	71	0,00	90	2,22	391	16,88	.	.	121	39,67	98	38,78	364
1899	139	9,35	82	0,00	105	1,90	401	18,45	.	.	97	37,11	109	31,19	322
1899/00	141	12,06	85	0,00	106	1,89	422	19,67	.	.	102	35,29	110	35,45	359
1900	155	8,39	102	0,00	104	2,88	389	19,02	.	.	107	31,78	111	28,83	313
1900/01	162	6,79	98	0,00	111	6,31	400	22,00	.	.	125	28,80	132	28,03	388
1901	185	5,41	112	0,89	131	4,58	425	20,71	.	.	120	25,83	159	20,13	370
1901/02	199	6,91	100	0,00	113	1,23	430	21,83	.	.	130	27,34	170	21,59	450
1902	197	7,11	100	0,00	155	6,45	438	22,15	.	.	117	31,62	175	22,86	415
1902/03	195	5,64	98	0,00	161	5,59	412	20,15	.	.	150	32,00	190	26,84	410
1903	217	3,69	108	0,00	167	4,79	154	20,78	227	19,38	133	29,32	181	28,73	406
1903/04	199	5,53	100	0,00	176	4,55	133	22,56	248	27,02	170	31,76	178	29,21	462
1904	231	5,63	76	0,00	166	3,01	137	15,33	235	26,38	143	34,97	166	27,11	400
1904/05	233	4,29	77	1,30	172	4,07	164	15,85	231	29,44	159	35,22	175	28,00	443
1905	224	3,13	97	1,03	186	3,23	195	18,46	249	27,31	134	40,30	156	30,77	468
1905/06	233	2,15	99	2,02	183	3,83	220	15,00	246	22,76	150	40,67	185	30,27	515

Tab. 19. 2: Die Einzelfachströme an der Universität Leipzig nach Staatsangehörigkeit und Geschlecht 1830/31– 1941/1

	Studierende				Evangelische Theologie					Jura				
	insg.	Frauen			Aus-länd. in %	insg.	Frauen			Aus-länd. in %	insg.	Frauen			Aus-länd. in %
		insg.	in %	deuts.			insg.	in %	deuts.			insg.	in %	deuts.	
Semester	1	2	3	4	5	6	7	8	9	10	11	12	13	14	15
1906	4147	27	0,65	25	13,41	312	0	0,00	0	8,97	1061	1	0,09	1	9,14
1906/07	4466	33	0,74	31	14,82	323	0	0,00	0	5,88	1113	1	0,09	1	9,97
1907	4148	35	0,84	33	13,57	285	0	0,00	0	6,32	938	1	0,11	1	7,78
1907/08	4341	36	0,83	36	13,06	303	0	0,00	0	4,29	1013	1	0,10	1	6,71
1908	4100	35	0,85	35	12,29	288	0	0,00	0	6,25	862	1	0,12	1	7,19
1908/09	4418	44	1,00	41	12,54	316	0	0,00	0	5,06	919	3	0,33	3	6,86
1909	4581	56	1,22	52	12,38	330	0	0,00	0	5,76	847	4	0,47	3	8,38
1909/10	4761	59	1,24	54	12,98	347	0	0,00	0	5,48	899	3	0,33	3	8,45
1910	4592	51	1,11	48	12,04	324	1	0,31	1	5,25	792	3	0,38	3	8,33
1910/11	4900	80	1,63	76	12,94	358	0	0,00	0	4,75	840	4	0,48	4	8,45
1911	4888	81	1,66	78	12,97	357	2	0,56	2	4,20	788	3	0,38	3	9,39
1911/12	5170	103	1,99	98	13,48	391	2	0,51	1	4,60	872	3	0,34	3	9,17
1912	5038	112	2,22	.	13,74	402	1	0,25		6,97	802	4	0,50		9,98
1912/13	5351	129	2,41	123	14,65	466	1	0,21	0	5,15	892	4	0,45	4	11,43
1913	5171	145	2,80	139	12,65	462	1	0,22	0	5,63	840	4	0,48	4	8,57
1913/14	5532	175	3,16	167	12,27	558	3	0,54	2	7,71	918	3	0,33	3	7,30
1914	5359	200	3,73	191	11,70	541	4	0,74	3	7,02	886	5	0,56	5	6,66
1914/15	4515	219	4,85	213	4,92	450	2	0,44	2	5,11	744	4	0,54	4	5,38
1915	4388	230	5,24	224	4,56	431	1	0,23	1	4,87	723	4	0,55	4	4,56
1915/16	4386	265	6,04	258	3,90	424	1	0,24	1	4,25	750	5	0,67	5	3,87
1916	4623	268	5,80	263	3,70	449	2	0,45	2	4,01	848	5	0,59	5	3,42
1916/17	4739	292	6,16	282	3,50	444	3	0,68	3	3,83	900	6	0,67	6	2,89
1917	5047	298	5,90	290	3,07	464	2	0,43	2	4,09	983	6	0,61	6	2,24
1917/18	5315	297	5,59	290	2,82	476	0	0,00	0	3,57	1081	7	0,65	7	1,85
1918	5441	291	5,35	285	2,83	446	0	0,00	0	3,14	1148	10	0,87	10	1,48
1918/19	5885	349	5,93	336	2,92	436	0	0,00	0	3,67	1273	12	0,94	12	1,41
1919	5798	341	5,88	332	3,09	377	1	0,27	1	5,57	1165	14	1,20	13	1,46
ZS.1919	6117	.	.	.	.	416	.	.	.	.	1309	.	.	.	.
1919/20	5925	418	7,05	400	4,17	383	1	0,26	1	6,79	1211	17	1,40	15	2,81
1920	5583	369	6,61	347	5,25	369	1	0,27	1	7,05	1078	12	1,11	11	3,71
1920/21	5793	390	6,73	361	6,13	359	3	0,84	3	5,85	1210	21	1,74	19	4,46
1921	5614	368	6,56	332	7,16	321	3	0,93	3	6,54	1180	14	1,19	13	4,92
1921/22	5660	415	7,33	369	8,57	352	4	1,14	4	6,25	1258	17	1,35	17	6,28
1922	5531	385	6,96	318	11,75	320	4	1,25	4	7,81	1217	16	1,31	14	7,89
1922/23	5646	458	8,11	346	15,59	281	4	1,42	4	11,74	1300	27	2,08	25	9,08
1923	5630	450	7,99	.	.	238	2	0,84	.	.	1374	27	1,97	.	.
1923/24	5417	470	8,68	351	17,83	194	2	1,03	2	9,28	1360	32	2,35	28	8,09
1924	4578	389	8,50	286	16,67	159	1	0,63	1	9,43	1164	27	2,32	23	6,10
1924/25	4477	371	8,29	288	15,46	168	2	1,19	2	9,52	1202	27	2,25	25	5,91
1925	4400	338	7,68	265	14,82	155	0	0,00	0	12,26	1216	23	1,89	22	6,09
1925/26	4433	363	8,19	292	14,60	192	3	1,56	3	14,06	1178	24	2,04	23	5,60
1926	4639	405	8,73	327	13,52	180	2	1,11	2	13,33	1164	25	2,15	24	5,67
1926/27	4497	418	9,30	.	11,19	186	4	2,15	.	.	1201	33	2,75		.
1927	4710	439	9,32	365	10,06	180	2	1,11	2	11,11	1090	25	2,29	22	5,05
1927/28	4990	481	9,64	417	10,38	216	5	2,31	5	14,35	1164	20	1,72	19	4,81
1928	5309	501	9,44	444	8,91	207	3	1,45	3	14,01	1200	40	3,33	37	5,17
1928/29	5553	581	10,46	515	8,36	235	6	2,55	5	13,62	1266	49	3,87	46	5,53
1929	6109	648	10,61	589	6,96	243	7	2,88	7	8,64	1262	40	3,17	39	4,99
1929/30	6387	756	11,84	696	6,97	267	10	3,75	9	10,86	1271	47	3,70	46	5,19
1930	6679	844	12,64	789	6,60	290	13	4,48	12	9,66	1201	52	4,33	50	5,00
1930/31	6938	938	13,52	885	6,37	334	10	2,99	10	10,78	1245	56	4,50	54	5,06
1931	7118	963	13,53	913	5,82	408	16	3,92	16	7,84	1226	61	4,98	59	4,49
1931/32	7126	1041	14,61	984	5,87	426	16	3,76	15	9,39	1207	63	5,22	62	4,97
1932	7075	1008	14,25	952	5,63	480	15	3,13	14	8,13	1215	60	4,94	59	4,61
1932/33	7224	1069	14,80	1021	5,40	540	18	3,33	18	7,59	1283	58	4,52	57	3,66
1933	6425	937	14,58	.	.	541	21	3,88	.	.	1145	52	4,54	.	.
1933/34	5617	806	14,35	.	.	564	21	3,72	.	.	970	37	3,81	.	.
1934	4468	555	12,42	.	4,81	478	14	2,93	.	.	751	20	2,66	.	.
1934/35	4483	570	12,71	.	.	511	11	2,15	.	.	699	14	2,00	.	.
1935	3112	381	12,24	.	.	365	9	2,47	.	.	455	10	2,20	.	.
1935/36	3197	349	10,92	.	.	428	13	3,04	.	.	495	7	1,41	.	.
1936	2635	270	10,25	.	.	321	9	2,80	.	.	375	6	1,60	.	.
1936/37	2489	271	10,89	.	.	304	5	1,64	.	.	331	7	2,11	.	.
1937	2147	225	10,48	.	7,87	238	5	2,10	.	.	254	3	1,18	.	.
1937/38	2095	212	10,12	.	.	213	6	2,82	.	.	282	2	0,71	.	.
1938	1895	180	9,50	.	.	169	5	2,96	.	.	245	2	0,82	.	.
1938/39	1979	187	9,45	.	.	164	2	1,22	.	.	309	1	0,32	.	.
1939	1829	157	8,58	.	.	127	4	3,15	.	.	273	2	0,73	.	.
1939/40	3751	573	15,28	.	.	0	0		.	.	304	4	1,32	.	.
1940/1	2915	395	13,55	.	.	47	1	2,13	.	.	278	4	1,44	.	.
1940/2	1762	272	15,44	.	4,26	47	2	4,26	.	.	242	3	1,24	.	.
1940/3	2263	462	20,42	.	.	55	2	3,64	.	.	263	5	1,90	.	.
1941/1	1960	461	23,52	.	.	42	1	2,38	.	.	208	6	2,88	.	.

Tab. 19. 2: Die Einzelfachströme an der Universität Leipzig nach Staatsangehörigkeit und Geschlecht 1830/31–1941/1

	Medizin				Zahnmedizin				Pharmazie				
	insg.	Frauen			Aus-länd. in %	insg.	Frauen			Aus-länd. in %	insg.	Frauen			Aus-länd. in %
		insg.	in %	deuts.			insg.	in %	deuts.			insg.	in %	deuts.	
Semester	16	17	18	19	20	21	22	23	24	25	26	27	28	29	30
1906	447	9	2,01	9	12,75	52	1	1,92	1	1,92	233	0	0,00	0	0,86
1906/07	519	11	2,12	10	16,96	55	1	1,82	1	1,82	248	0	0,00	0	0,00
1907	498	11	2,21	10	16,27	63	0	0,00	0	0,00	227	0	0,00	0	0,00
1907/08	540	11	2,04	11	16,11	66	0	0,00	0	0,00	214	0	0,00	0	0,00
1908	499	14	2,81	14	12,63	66	0	0,00	0	3,03	189	0	0,00	0	0,00
1908/09	577	14	2,43	13	13,86	77	0	0,00	0	3,90	214	0	0,00	0	0,00
1909	574	13	2,26	13	15,16	90	0	0,00	0	1,11	191	0	0,00	0	0,00
1909/10	632	16	2,53	15	17,56	114	0	0,00	0	0,88	166	0	0,00	0	0,60
1910	618	13	2,10	11	18,28	114	0	0,00	0	1,75	172	0	0,00	0	0,00
1910/11	758	25	3,30	24	24,01	125	1	0,80	1	1,60	142	1	0,70	1	0,70
1911	728	21	2,88	19	25,41	126	1	0,79	1	1,59	138	1	0,72	1	0,72
1911/12	841	26	3,09	25	26,99	108	2	1,85	2	1,85	142	1	0,70	1	0,00
1912	852	28	3,29	.	28,05	89	2	2,25		4,49	138	1	0,72	1	0,00
1912/13	947	29	3,06	27	30,83	78	3	3,85	3	5,13	136	1	0,74	1	0,00
1913	841	27	3,21	26	28,42	87	3	3,45	3	4,60	139	1	0,72	1	0,00
1913/14	971	35	3,60	34	23,38	111	5	4,50	4	3,60	123	0	0,00	0	0,00
1914	903	36	3,99	35	23,92	132	8	6,06	6	3,79	126	0	0,00	0	0,00
1914/15	751	52	6,92	51	2,66	119	10	8,40	9	1,68	99	0	0,00	0	0,00
1915	760	46	6,05	46	2,50	112	6	5,36	5	1,79	90	0	0,00	0	0,00
1915/16	805	60	7,45	60	1,99	111	11	9,91	10	0,90	84	0	0,00	0	0,00
1916	857	52	6,07	52	2,45	110	15	13,64	14	0,91	77	0	0,00	0	0,00
1916/17	917	58	6,32	56	2,62	96	19	19,79	18	2,08	73	0	0,00	0	1,37
1917	991	72	7,27	69	2,32	84	15	17,86	14	2,38	75	0	0,00	0	1,33
1917/18	1052	79	7,51	76	2,57	83	13	15,66	13	0,00	74	1	1,35	1	1,35
1918	1084	65	6,00	63	3,14	82	11	13,41	11	0,00	73	2	2,74	2	1,37
1918/19	1181	81	6,86	78	3,30	103	15	14,56	14	0,97	68	3	4,41	2	2,94
1919	1097	75	6,84	73	4,10	235	18	7,66	17	1,28	65	2	3,08	2	0,00
ZS.1919	1227	.	.	.	.	130	.	.	.	.	.	.	.	.	.
1919/20	1104	106	9,60	101	5,53	296	15	5,07	14	3,04	63	3	4,76	3	0,00
1920	892	85	9,53	79	8,07	350	12	3,43	11	3,14	65	6	9,23	6	1,54
1920/21	878	82	9,34	74	10,25	391	18	4,60	16	3,32	63	9	14,29	9	1,59
1921	782	74	9,46	68	12,66	430	23	5,35	18	3,72	51	2	3,92	2	1,96
1921/22	811	81	9,99	73	13,07	361	23	6,37	16	5,82	51	7	13,73	7	1,96
1922	741	71	9,58	62	19,30	312	29	9,29	14	13,78	65	6	9,23	6	1,54
1922/23	835	88	10,54	65	26,23	263	33	12,55	13	19,39	76	10	13,16	10	0,00
1923	792	92	11,62	.	.	223	33	14,80	.	.	80	11	13,75	.	.
1923/24	750	84	11,20	63	34,40	179	39	21,79	12	36,87	80	10	12,50	10	0,00
1924	556	62	11,15	44	32,91	127	38	29,92	12	48,03	84	9	10,71	9	1,19
1924/25	505	55	10,89	43	30,89	104	36	34,62	8	52,88	84	11	13,10	11	2,38
1925	436	53	12,16	42	33,49	105	37	35,24	6	60,00	77	11	14,29	11	1,30
1925/26	470	61	12,98	49	30,64	110	26	23,64	5	63,64	64	6	9,38	6	1,56
1926	451	51	11,31	41	29,49	144	33	22,92	8	59,03	60	9	15,00	7	6,67
1926/27	467	59	12,63	.	.	158	30	18,99	.	.	54	9	16,67	.	.
1927	468	55	11,75	47	20,94	197	45	22,84	11	44,16	42	6	14,29	5	7,14
1927/28	526	71	13,50	62	19,77	227	36	15,86	10	45,37	37	7	18,92	7	0,00
1928	479	60	12,53	54	18,58	244	35	14,34	15	34,84	42	7	16,67	7	7,14
1928/29	541	78	14,42	70	14,05	261	38	14,56	19	32,95	37	6	16,22	5	2,70
1929	570	78	13,68	67	13,16	288	43	14,93	25	27,08	40	7	17,50	6	2,50
1929/30	681	97	14,24	83	12,04	340	54	15,88	35	27,06	39	10	25,64	8	5,13
1930	684	100	14,62	89	11,70	372	58	15,59	41	26,61	46	7	15,22	6	2,17
1930/31	797	124	15,56	112	10,04	452	71	15,71	55	22,57	37	5	13,51	5	2,70
1931	825	121	14,67	109	10,06	483	78	16,15	62	18,63	55	9	16,36	8	5,45
1931/32	945	154	16,30	143	8,47	511	99	19,37	80	16,63	51	10	19,61	9	9,80
1932	974	142	14,58	127	9,24	492	94	19,11	75	15,24	67	10	14,93	10	4,48
1932/33	1115	186	16,68	172	7,89	501	102	20,36	85	14,97	77	17	22,08	15	5,19
1933	1084	174	16,05	.	.	449	87	19,38	.	.	86	16	18,60	.	.
1933/34	1076	174	16,17	.	.	434	97	22,35	.	.	86	17	19,77	.	.
1934	932	148	15,88	.	.	347	65	18,73	.	.	90	12	13,33	.	.
1934/35	985	161	16,35	.	.	366	67	18,31	.	.	101	12	11,88	.	.
1935	741	126	17,00	.	.	237	41	17,30	.	.	80	10	12,50	.	.
1935/36	860	152	17,67	.	.	269	46	17,10	.	.	123	14	11,38	.	.
1936	818	127	15,53	.	.	179	32	17,88	.	.	93	13	13,98	.	.
1936/37	791	134	16,94	.	.	155	24	15,48	.	.	91	13	14,29	.	.
1937	735	115	15,65	.	.	116	14	12,07	.	.	64	9	14,06	.	.
1937/38	662	107	16,16	.	.	102	9	8,82	.	.	59	8	13,56	.	.
1938	622	89	14,31	.	.	83	6	7,23	.	.	54	8	14,81	.	.
1938/39	592	82	13,85	.	.	93	10	10,75	.	.	68	17	25,00	.	.
1939	620	70	11,29	.	.	75	11	14,67	.	.	59	13	22,03	.	.
1939/40	2054	276	13,44	.	.	121	27	22,31	.	.	85	31	36,47	.	.
1940/1	1630	170	11,05	.	.	69	13	18,84	.	.	55	17	30,91	.	.
1940/2	648	89	13,73	.	.	59	20	33,90	.	.	36	17	47,22	.	.
1940/3	988	149	15,08	.	.	60	25	41,67	.	.	46	18	39,13	.	.
1941/1	936	172	18,38	.	.	50	24	48,00	.	.	36	17	47,22	.	.

Tab. 19. 2: Die Einzelfachströme an der Universität Leipzig nach Staatsangehörigkeit und Geschlecht 1830/31–1941/1

	Philosophie					Pädagogik					Philologie				
	insg.	Frauen			Ausländ. in %	insg.	Frauen			Ausländ. in %	insg.	Frauen			Ausländ. in %
		insg.	in %	deuts.			insg.	in %	deuts.			insg.	in %	deuts.	
Semester	31	32	33	34	35	36	37	38	39	40	41	42	43	44	45
1906	315	.	.	.	36,51	108	.	.	.	1,85	403	.	.	.	7,94
1906/07	362	.	.	.	39,50	106	.	.	.	0,00	433	.	.	.	7,85
1907	344	.	.	.	38,37	118	.	.	.	0,00	429	.	.	.	4,66
1907/08	341	.	.	.	37,54	124	.	.	.	0,00	479	.	.	.	5,85
1908	338	.	.	.	36,09	138	.	.	.	0,00	467	.	.	.	4,71
1908/09	352	.	.	.	36,08	130	.	.	.	0,00	489	.	.	.	4,50
1909	349	.	.	.	32,95	173	.	.	.	0,00	546	.	.	.	4,76
1909/10	367	.	.	.	31,34	167	.	.	.	0,00	538	.	.	.	4,46
1910	364	.	.	.	32,14	168	.	.	.	0,00	544	.	.	.	3,49
1910/11	370	.	.	.	30,81	161	.	.	.	0,00	594	.	.	.	3,37
1911	387	.	.	.	31,52	165	.	.	.	0,00	609	.	.	.	3,78
1911/12	384	14	3,65	14	32,55	158	10	6,33	10	0,00	646	15	2,32	15	3,87
1912	369	14	3,79	14	29,27	161	14	8,70	14	0,00	625	13	2,08	12	3,20
1912/13	371	15	4,04	15	25,88	155	15	9,68	15	0,00	639	20	3,13	18	4,85
1913	362	22	6,08	21	20,99	147	17	11,56	17	0,68	655	27	4,12	26	4,89
1913/14	344	23	6,69	22	23,26	141	16	11,35	16	0,00	678	34	5,01	33	6,64
1914	356	26	7,30	25	21,91	140	16	11,43	16	0,00	633	34	5,37	32	5,85
1914/15	286	25	8,74	23	15,38	123	14	11,38	14	0,00	571	38	6,65	38	1,93
1915	276	27	9,78	25	13,04	110	10	9,09	10	0,00	547	43	7,86	42	2,19
1915/16	262	30	11,45	29	12,60	102	10	9,80	10	0,00	549	55	10,02	52	2,37
1916	271	30	11,07	29	11,44	89	8	8,99	8	0,00	587	63	10,73	61	1,87
1916/17	289	31	10,73	29	11,07	89	10	11,24	10	0,00	591	73	12,35	69	1,69
1917	309	26	8,41	25	10,03	85	8	9,41	8	0,00	622	69	11,09	66	0,96
1917/18	320	26	8,13	24	10,00	88	10	11,36	10	0,00	639	59	9,23	57	1,10
1918	332	28	8,43	27	10,54	89	10	11,24	10	0,00	653	68	10,41	66	0,77
1918/19	364	42	11,54	38	10,16	94	10	10,64	10	0,00	679	75	11,05	72	1,33
1919	336	34	10,12	32	8,33	96	11	11,46	11	0,00	609	63	10,34	61	0,99
ZS.1919	.	.	.	.		.	.	.	.		.	.	.	.	
1919/20	347	38	10,95	35	9,80	90	8	8,89	8	0,00	612	75	12,25	72	1,47
1920	365	40	10,96	34	8,22	93	9	9,68	9	1,08	548	78	14,23	73	2,74
1920/21	366	40	10,93	37	10,11	91	8	8,79	8	0,00	539	78	14,47	70	3,71
1921	397	51	12,85	43	11,08	76	6	7,89	6	0,00	485	65	13,40	58	5,15
1921/22	401	53	13,22	43	12,47	65	6	9,23	4	4,62	454	73	16,08	66	6,39
1922	405	54	13,33	39	17,04	62	6	9,68	2	16,13	428	74	17,29	68	6,54
1922/23	400	54	13,50	37	17,75	48	5	10,42	3	10,42	410	79	19,27	65	11,22
1923	.	.	.	.		.	.	.	.		.	.	.	.	
1923/24	416	70	16,83	48	20,43	25	2	8,00	2	8,00	363	81	22,31	68	10,19
1924	385	72	18,70	52	19,22	16	3	18,75	3	6,25	289	58	20,07	47	10,03
1924/25	375	61	16,27	43	19,47	19	4	21,05	4	10,53	303	70	23,10	61	7,59
1925	412	61	14,81	46	15,05	19	3	15,79	3	15,79	314	48	15,29	45	4,78
1925/26	457	63	13,79	51	15,10	16	2	12,50	1	12,50	331	56	16,92	49	6,65
1926	538	77	14,31	63	13,01	13	3	23,08	2	15,38	400	60	15,00	52	6,50

Tab. 19. 2: Die Einzelfachströme an der Universität Leipzig nach Staatsangehörigkeit und Geschlecht 1830/31–1941/1

	Neue Sprachen					Mathematik					Naturwissenschaften				
	insg.	Frauen			Aus-länd. in %	insg.	Frauen			Aus-länd. in %	insg.	Frauen			Aus-länd. in %
		insg.	in %	deuts.			insg.	in %	deuts.			insg.	in %	deuts.	
Semester	46	47	48	49	50	51	52	53	54	55	56	57	58	59	60
1906	263	.	.	.	3,04	189	.	.	.	3,17	201	.	.	.	15,92
1906/07	266	.	.	.	1,13	210	.	.	.	3,33	211	.	.	.	18,01
1907	285	.	.	.	1,40	206	.	.	.	3,88	172	.	.	.	15,12
1907/08	292	.	.	.	1,03	207	.	.	.	3,38	176	.	.	.	14,77
1908	323	.	.	.	1,24	203	.	.	.	2,96	175	.	.	.	14,29
1908/09	352	.	.	.	3,41	214	.	.	.	3,74	212	.	.	.	11,32
1909	394	.	.	.	3,81	238	.	.	.	3,78	228	.	.	.	7,46
1909/10	401	.	.	.	3,24	239	.	.	.	4,18	243	.	.	.	7,82
1910	408	.	.	.	2,70	256	.	.	.	2,34	237	.	.	.	6,75
1910/11	417	.	.	.	2,40	276	.	.	.	2,54	258	.	.	.	4,65
1911	421	.	.	.	1,43	295	.	.	.	1,69	293	.	.	.	4,78
1911/12	416	10	2,40	10	1,92	299	4	1,34	4	2,01	284	11	3,87	10	5,28
1912	422	15	3,55	15	1,42	292	6	2,05	6	2,05	429	12	2,80	11	10,02
1912/13	418	16	3,83	16	2,15	285	9	3,16	9	2,46	453	13	2,87	12	12,36
1913	430	20	4,65	20	1,40	301	7	2,33	7	2,33	429	13	3,03	11	10,49
1913/14	424	25	5,90	25	1,18	296	12	4,05	12	2,03	444	16	3,60	13	9,23
1914	416	28	6,73	28	1,20	292	18	6,16	18	1,37	445	22	4,94	20	8,54
1914/15	376	30	7,98	30	0,53	261	14	5,36	14	0,00	383	28	7,31	26	4,44
1915	371	38	10,24	38	0,54	258	17	6,59	17	0,39	370	34	9,19	32	4,59
1915/16	362	38	10,50	38	0,28	256	20	7,81	20	0,39	356	31	8,71	29	2,53
1916	366	37	10,11	37	0,27	271	19	7,01	19	0,37	379	35	9,23	34	1,85
1916/17	338	38	11,24	38	0,30	285	16	5,61	16	0,35	384	35	9,11	34	1,82
1917	365	44	12,05	44	0,27	315	18	5,71	18	1,59	411	31	7,54	31	1,46
1917/18	371	42	11,32	42	0,27	334	18	5,39	18	0,90	432	31	7,18	31	0,69
1918	377	39	10,34	39	0,27	335	21	6,27	20	0,90	447	30	6,71	30	0,89
1918/19	396	42	10,61	42	0,25	361	21	5,82	20	0,55	494	37	7,49	37	0,81
1919	352	45	12,78	45	0,57	325	16	4,92	16	1,23	564	42	7,45	41	1,24
ZS.1919	.	.	.	.	.	.	.	.	.	.	.	.	.	.	.
1919/20	312	49	15,71	49	0,32	284	20	7,04	19	1,41	584	47	8,05	46	3,08
1920	256	36	14,06	36	0,78	257	19	7,39	18	1,56	615	45	7,32	44	3,25
1920/21	224	35	15,63	35	0,45	203	15	7,39	14	1,97	190	20	10,53	20	1,58
1921	191	35	18,32	35	1,05	195	16	8,21	15	2,05	178	21	11,80	21	3,37
1921/22	176	41	23,30	39	1,14	167	19	11,38	19	0,60	160	20	12,50	20	5,63
1922	144	26	18,06	24	2,78	158	16	10,13	16	0,63	149	18	12,08	18	7,38
1922/23	129	27	20,93	22	6,98	140	15	10,71	15	3,57	152	30	19,74	25	14,47
1923	.	.	.	.	.	.	.	.	.	.	.	.	.	.	.
1923/24	120	27	22,50	24	6,67	114	13	11,40	13	1,75	154	26	16,88	21	9,74
1924	115	27	23,48	22	6,09	100	9	9,00	9	3,00	141	19	13,48	16	7,09
1924/25	113	25	22,12	23	3,54	95	5	5,26	5	0,00	128	17	13,28	15	6,25
1925	143	28	19,58	26	2,10	116	9	7,76	9	0,00	163	17	10,43	16	7,98
1925/26	152	31	20,39	30	3,29	128	7	5,47	7	0,00	166	24	14,46	21	5,42
1926	204	47	23,04	45	2,45	195	15	7,69	14	1,54	210	29	13,81	28	3,33

Tab. 19. 2: Die Einzelfachströme an der Universität Leipzig nach Staatsangehörigkeit und Geschlecht 1830/31–1941/1

	Chemie					Landwirtschaft					Cameralia, Volkswirtschaft				
	insg.	Frauen			Ausländ. in %	insg.	Frauen			Ausländ. in %	insg.	Frauen			Ausländ. in %
		insg.	in %	deuts.			insg.	in %	deuts.			insg.	in %	deuts.	
Semester	61	62	63	64	65	66	67	68	69	70	71	72	73	74	75
1906	242	.	.	.	24,79	151	.	.	.	44,37	170	.	.	.	28,82
1906/07	232	.	.	.	29,31	220	.	.	.	48,64	168	.	.	.	25,60
1907	231	.	.	.	27,27	196	.	.	.	51,53	156	.	.	.	23,72
1907/08	215	.	.	.	23,72	227	.	.	.	54,63	144	.	.	.	22,22
1908	211	.	.	.	20,85	195	.	.	.	55,90	146	.	.	.	18,49
1908/09	173	0	0,00	0	20,23	237	0	0,00	0	54,01	156	.	.	.	23,08
1909	193	0	0,00	0	18,65	255	0	0,00	0	54,12	173	.	.	.	19,08
1909/10	179	0	0,00	0	21,79	300	0	0,00	0	51,00	169	.	.	.	21,89
1910	166	0	0,00	0	21,69	245	0	0,00	0	47,35	184	.	.	.	18,48
1910/11	163	0	0,00	0	23,93	271	0	0,00	0	44,28	167	1	0,60	1	23,35
1911	159	1	0,63	0	23,90	250	0	0,00	0	46,80	172	1	0,58	1	18,60
1911/12	154	2	1,30	1	22,73	287	0	0,00	0	42,86	188	3	1,60	2	17,55
1912	.	.	.	.	.	270	0	0,00	0	45,93	187	2	1,07	2	18,18
1912/13	.	.	.	.	.	300	0	0,00	0	41,67	211	3	1,42	3	18,01
1913	.	.	.	.	.	257	0	0,00	0	42,41	221	3	1,36	3	16,74
1913/14	.	.	.	.	.	294	0	0,00	0	40,82	230	3	1,30	3	17,83
1914	.	.	.	.	.	265	0	0,00	0	41,89	224	3	1,34	3	16,07
1914/15	.	.	.	.	.	171	0	0,00	0	25,15	181	2	1,10	2	11,05
1915	.	.	.	.	.	159	0	0,00	0	23,27	181	4	2,21	4	11,05
1915/16	.	.	.	.	.	155	0	0,00	0	22,58	170	4	2,35	4	8,82
1916	.	.	.	.	.	152	0	0,00	0	22,37	167	2	1,20	2	10,18
1916/17	.	.	.	.	.	158	0	0,00	0	18,99	175	3	1,71	3	8,57
1917	.	.	.	.	.	162	2	1,23	2	15,43	181	5	2,76	5	7,73
1917/18	.	.	.	.	.	175	3	1,71	3	13,71	190	8	4,21	8	7,89
1918	.	.	.	.	.	182	2	1,10	2	12,64	193	5	2,59	5	8,81
1918/19	.	.	.	.	.	212	1	0,47	1	9,91	224	10	4,46	10	9,82
1919	.	.	.	.	.	281	3	1,07	3	9,25	296	17	5,74	17	6,76
ZS.1919	.	.	.	.	.	.				.	.				.
1919/20	.	.	.	.	.	302	6	1,99	5	9,60	337	33	9,79	32	6,53
1920	.	.	.	.	.	273	6	2,20	5	13,19	422	20	4,74	20	8,29
1920/21	429	27	6,29	23	5,83	350	4	1,14	3	12,00	500	30	6,00	30	8,80
1921	452	24	5,31	19	6,64	349	3	0,86	0	12,32	527	31	5,88	31	10,06
1921/22	436	27	6,19	22	8,26	414	5	1,21	2	11,35	554	39	7,04	37	14,26
1922	470	23	4,89	18	11,06	444	6	1,35	1	15,99	616	36	5,84	32	15,58
1922/23	475	32	6,74	22	17,26	461	7	1,52	1	18,66	676	47	6,95	39	19,67
1923	491	23	4,68	.	.	453	7	1,55	.	.	688	43	6,25	.	.
1923/24	484	28	5,79	18	20,87	433	8	1,85	4	21,71	648	45	6,94	37	19,14
1924	438	30	6,85	23	18,72	376	5	1,33	3	20,74	526	27	5,13	21	19,01
1924/25	407	26	6,39	23	18,92	363	5	1,38	4	16,80	510	27	5,29	21	19,61
1925	358	21	5,87	17	19,27	312	4	1,28	3	15,06	462	23	4,98	19	20,56
1925/26	330	26	7,88	19	19,39	304	7	2,30	4	13,82	425	27	6,35	24	20,47
1926	310	25	8,06	18	19,35	270	6	2,22	4	12,96	389	23	5,91	19	19,79
1926/27	299	20	6,69	.	.	230	6	2,61	.	.	247	15	6,07	.	.
1927	289	22	7,61	17	13,15	181	2	1,10	1	13,26	328	26	7,93	21	14,33
1927/28	271	19	7,01	15	13,65	176	3	1,70	2	14,77	306	27	8,82	24	18,30
1928	254	17	6,69	13	12,20	173	3	1,73	3	13,87	233	17	7,30	13	18,45
1928/29	228	20	8,77	15	12,72	156	3	1,92	3	16,67	204	24	11,76	17	15,69
1929	227	21	9,25	17	9,25	135	2	1,48	2	19,26	203	19	9,36	16	14,78
1929/30	214	25	11,68	23	8,88	133	2	1,50	2	16,54	205	27	13,17	24	14,63
1930	225	19	8,44	16	10,67	114	3	2,63	3	14,91	183	28	15,30	24	14,75
1930/31	214	21	9,81	19	7,94	108	4	3,70	4	14,81	172	27	15,70	23	12,79
1931	204	18	8,82	17	7,35	93	3	3,23	3	16,13	171	28	16,37	26	13,45
1931/32	195	21	10,77	20	8,21	95	5	5,26	5	11,58	161	31	19,25	29	14,29
1932	183	20	10,93	20	6,01	87	6	6,90	6	9,20	163	25	15,34	23	14,11
1932/33	177	22	12,43	22	7,34	75	4	5,33	4	14,67	182	28	15,38	27	13,74
1933	149	17	11,41	.	.	74	4	5,41	.	.	159	18	11,32	.	.
1933/34	112	11	9,82	.	.	60	0	0,00	.	.	138	19	13,77	.	.
1934	96	6	6,25	.	.	59	0	0,00	.	.	136	18	13,24	.	.
1934/35	103	9	8,74	.	.	56	0	0,00	.	.	118	15	12,71	.	.
1935	78	8	10,26	.	.	46	1	2,17	.	.	88	7	7,95	.	.
1935/36	77	7	9,09	.	.	61	2	3,28	.	.	117	8	6,84	.	.
1936	73	10	13,70	.	.	57	0	0,00	.	.	101	6	5,94	.	.
1936/37	74	9	12,16	.	.	61	1	1,64	.	.	101	11	10,89	.	.
1937	65	8	12,31	.	.	59	1	1,69	.	.	93	13	13,98	.	.
1937/38	74	3	4,05	.	.	71	1	1,41	.	.	91	13	14,29	.	.
1938	69	2	2,90	.	.	63	2	3,17	.	.	84	10	11,90	.	.
1938/39	78	6	7,69	.	.	51	1	1,96	.	.	104	11	10,58	.	.
1939	68	6	8,82	.	.	47	1	2,13	.	.	87	9	10,34	.	.
1939/40	165	15	9,09	.	.	35	0	0,00	.	.	131	8	6,11	.	.
1940/1	159	9	5,66	.	.	28	2	7,14	.	.	98	4	4,08	.	.
1940/2	150	15	10,00	.	.	17	4	23,53	.	.	79	9	11,39	.	.
1940/3	140	29	20,71	.	.	24	3	12,50	.	.	80	14	17,50	.	.
1941/1	98	23	23,47	.	.	21	4	19,05	.	.	79	16	20,25	.	.

Tab. 19.2: Die Einzelfachströme an der Universität Leipzig nach Staatsangehörigkeit und Geschlecht 1830/31–1941/1

Semester	Alte Sprachen insg.	Frauen insg.	in %	deuts.	Ausländ. in %	Neue Sprachen insg.	Frauen insg.	in %	deuts.	Ausländ. in %	Germanistik insg.	Frauen insg.	in %	deuts.	Ausländ. in %
	1	2	3	4	5	6	7	8	9	10	11	12	13	14	15
1926/27	50	6	12,00	.	.	228	42	18,42	.	. .	305	56	18,36	.	.
1927	56	7	12,50	6	16,07	276	47	17,03	42	3,99	378	69	18,25	64	3,17
1927/28	63	6	9,52	5	11,11	291	61	20,96	56	3,44	403	83	20,60	77	4,47
1928	61	6	9,84	6	6,56	388	80	20,62	73	3,09	315	64	20,32	59	5,40
1928/29	60	5	8,33	5	5,00	380	85	22,37	81	2,89	347	65	18,73	58	6,63
1929	75	7	9,33	7	6,67	391	90	23,02	86	2,05	386	74	19,17	67	6,22
1929/30	80	8	10,00	8	5,00	387	88	22,74	85	1,03	428	97	22,66	91	4,21
1930	93	11	11,83	11	9,68	408	94	23,04	91	1,23	429	97	22,61	90	4,90
1930/31	100	16	16,00	16	6,00	441	113	25,62	108	2,95	420	95	22,62	90	4,29
1931	103	11	10,68	11	3,88	438	106	24,20	102	2,74	355	83	23,38	77	4,51
1931/32	111	11	9,91	11	1,80	421	116	27,55	110	2,85	365	96	26,30	89	5,21
1932	99	8	8,08	8	2,02	332	87	26,20	83	3,31	316	94	29,75	87	5,06
1932/33	104	8	7,69	8	0,96	310	87	27,36	83	2,20	323	97	30,03	92	4,33
1933	101	8	7,92	.	.	233	65	27,90	.	.	281	86	30,60	.	.
1933/34	76	4	5,26	.	.	162	39	24,07	.	.	230	81	35,22	.	.
1934	60	5	8,33	.	.	116	32	27,59	.	.	137	46	33,58	.	.
1934/35	57	3	5,26	.	.	82	24	29,27	.	.	144	57	39,58	.	.
1935	23	1	4,35	.	.	31	9	29,03	.	.	67	24	35,82	.	.
1935/36	20	1	5,00	.	.	29	10	34,48	.	.	82	31	37,80	.	.
1936	18	0	0,00	.	.	14	3	21,43	.	.	65	27	41,54	.	.
1936/37	14	1	7,14	.	.	9	2	22,22	.	.	54	17	31,48	.	.
1937	8	0	0,00	.	.	7	1	14,29	.	.	54	17	31,48	.	.
1937/38	5	0	0,00	.	.	1	0	0,00	.	.	44	13	29,55	.	.
1938	4	0	0,00	.	.	4	1	25,00	.	.	40	14	35,00	.	.
1938/39	32	4	12,50	.	.	14	4	28,57	.	.	45	13	28,89	.	.
1939	6	0	0,00	.	.	10	3	30,00	.	.	34	9	26,47	.	.
1939/40	10	0	0,00	.	.	80	61	76,25	.	.	55	22	40,00	.	.
1940/1	6	0	0,00	.	.	9	6	66,67	.	.	77	29	37,66	.	.
1940/2	32	8	25,00	.	.	21	12	57,14	.	.	76	35	46,05	.	.
1940/3	21	7	33,33	.	.	33	22	66,67	.	.	76	51	67,11	.	.
1941/1	37	19	51,35	.	.	21	13	61,90	.	.	51	37	72,55	.	.

Semester	Zeitungskunde insg.	Frauen insg.	in %	deuts.	Ausländ. in %	Musik insg.	Frauen insg.	in %	deuts.	Ausländ. in %	Kunst,Archäologie insg.	Frauen insg.	in %	deuts.	Ausländ. in %
	16	17	18	19	20	21	22	23	24	25	26	27	28	29	30
1926/27	25	0	0,00	.	.	50	4	8,00	.	.	41	15	36,59	.	.
1927	0	0		.	.	92	5	5,43	4	7,61	35	11	31,43	11	5,71
1927/28	37	5	13,51	.	.	93	5	5,38	5	5,38	36	13	36,11	12	13,89
1928	42	5	11,90	4	11,90	137	7	5,11	7	4,38	37	10	27,03	9	10,81
1928/29	49	8	16,33	7	8,16	121	7	5,79	7	4,13	38	9	23,68	7	13,16
1929	62	10	16,13	9	8,06	150	12	8,00	12	2,00	41	8	19,51	6	4,88
1929/30	69	11	15,94	9	10,14	168	22	13,10	22	1,79	38	9	23,68	8	7,89
1930	67	11	16,42	10	10,45	164	20	12,20	19	1,22	44	12	27,27	11	4,55
1930/31	57	7	12,28	6	12,28	161	18	11,18	18	0,62	43	12	27,91	11	6,98
1931	60	5	8,33	5	10,00	153	23	15,03	22	1,96	31	10	32,26	9	9,68
1931/32	59	5	8,47	5	10,17	151	23	15,23	21	2,65	29	9	31,03	9	3,45
1932	69	8	11,59	8	11,59	139	18	12,95	17	1,44	40	13	32,50	13	5,00
1932/33	89	14	15,73	14	6,74	132	18	13,64	17	3,03	44	14	31,82	14	4,55
1933	79	11	13,92	.	.	114	13	11,40	.	.	.	.	.	.	.
1933/34	63	7	11,11	.	.	84	13	15,48	.	.	.	.	.	.	.
1934	82	12	14,63	.	.	67	14	20,90	.	.	.	.	.	.	.
1934/35	85	11	12,94	.	.	55	11	20,00	.	.	.	.	.	.	.
1935	65	8	12,31	.	.	27	5	18,52	.	.	.	.	.	.	.
1935/36	74	7	9,46	.	.	30	2	6,67	.	.	.	.	.	.	.
1936	64	7	10,94	.	.	22	3	13,64	.	.	.	.	.	.	.
1936/37	60	9	15,00	.	.	18	1	5,56	.	.	.	.	.	.	.
1937	47	6	12,77	.	.	20	1	5,00	.	.	.	.	.	.	.
1937/38	58	10	17,24	.	.	13	0	0,00	.	.	.	.	.	.	.
1938	55	10	18,18	.	.	14	0	0,00	.	.	.	.	.	.	.
1938/39	49	11	22,45	.	.	13	0	0,00	.	.	.	.	.	.	.
1939	44	8	18,18	.	.	7	0	0,00	.	.	.	.	.	.	.
1939/40	26	7	26,92	.	.	20	3	15,00	.	.	.	.	.	.	.
1940/1	22	8	36,36	.	.	20	2	10,00	.	.	.	.	.	.	.
1940/2	29	9	31,03	.	.	23	3	13,04	.	.	.	.	.	.	.
1940/3	35	14	40,00	.	.	19	3	15,79	.	.	.	.	.	.	.
1941/1	34	13	38,24	.	.	11	4	36,36	.	.	.	.	.	.	.

Tab. 19. 2: Die Einzelfachströme an der Universität Leipzig nach Staatsangehörigkeit und Geschlecht 1830/31–1941/1

	Geschichte					Philosophie, Pädagogik, Religionslehren					Volksschullehramt				
	insg.	Frauen			Aus-länd.	insg.	Frauen			Aus-länd.	insg.	Frauen			Aus-länd.
		insg.	in %	deuts.	in %		insg.	in %	deuts.	in %		insg.	in %	deuts.	in %
Semester	31	32	33	34	35	36	37	38	39	40	41	42	43	44	45
1926/27	140	21	15,00	.	.	236	39	16,53	.	.	.	.	.	.	.
1927	128	16	12,50	16	3,91	299	48	16,05	45	5,35	.	.	.	.	.
1927/28	163	17	10,43	17	2,45	310	48	15,48	43	5,48	.	.	.	.	.
1928	175	20	11,43	19	2,29	516	65	12,60	61	5,04	.	.	.	.	.
1928/29	199	26	13,07	24	4,52	578	78	13,49	75	3,11	.	.	.	.	.
1929	210	29	13,81	26	4,76	858	117	13,64	114	2,21	.	.	.	.	.
1929/30	228	32	14,04	31	3,95	165	21	12,73	19	10,91	701	99	14,12	98	0,29
1930	215	30	13,95	30	6,05	169	24	14,20	22	8,88	907	160	17,64	160	0,22
1930/31	218	40	18,35	39	4,13	157	33	21,02	31	10,83	899	166	18,46	166	0,22
1931	204	25	12,25	24	3,43	150	31	20,67	28	10,67	1035	224	21,64	224	0,10
1931/32	189	28	14,81	27	4,23	94	26	27,66	21	18,09	1019	223	21,88	223	0,00
1932	185	28	15,14	27	4,86	85	23	27,06	20	18,82	1066	258	24,20	258	0,00
1932/33	179	35	19,55	35	3,91	67	24	35,82	23	20,90	945	234	24,76	234	0,00
1933	138	28	20,29	.	.	.	.	.	.	.	769	215	27,96	.	.
1933/34	104	21	20,19	.	.	.	.	.	.	.	590	174	29,49	.	.
1934	72	13	18,06	.	.	.	.	.	.	.	350	96	27,43	.	.
1934/35	69	16	23,19	.	.	.	.	.	.	.	388	103	26,55	.	.
1935	.	.	.	.	.	.	.	.	.	.	259	66	25,48	.	.
1935/36	.	.	.	.	.	.	.	.	.	.	10	1	10,00	.	.
1936	.	.	.	.	.	.	.	.	.	.	.	.	.	.	.
1936/37	44	10	22,73	.	.	.	.	.	.	.	.	.	.	.	.
1937	29	7	24,14	.	.	.	.	.	.	.	.	.	.	.	.
1937/38	41	11	26,83	.	.	.	.	.	.	.	.	.	.	.	.
1938	30	5	16,67	.	.	.	.	.	.	.	.	.	.	.	.
1938/39	27	2	7,41	.	.	.	.	.	.	.	.	.	.	.	.
1939	25	3	12,00	.	.	.	.	.	.	.	.	.	.	.	.
1939/40	26	7	26,92	.	.	.	.	.	.	.	.	.	.	.	.
1940/1	22	5	22,73	.	.	.	.	.	.	.	.	.	.	.	.
1940/2	38	10	26,32	.	.	.	.	.	.	.	.	.	.	.	.
1940/3	30	10	33,33	.	.	.	.	.	.	.	.	.	.	.	.
1941/1	28	12	42,86	.	.	.	.	.	.	.	.	.	.	.	.

	Leibesübungen					Sonstige Kulturwiss.			Mathematik				
	insg.	Frauen			Aus-länd.	insg.	Frauen		insg.	Frauen			Aus-länd.
		insg.	in %	deuts.	in %		insg.	in %		insg.	in %	deuts.	in %
Semester	46	47	48	49	50	51	52	53	54	55	56	57	58
1926/27	0	0	.	.	.	.	.	.	208	15	7,21	.	.
1927	0	0	.	.	.	.	.	.	249	16	6,43	16	3,21
1927/28	41	5	12,20	.	.	.	.	.	230	15	6,52	15	2,61
1928	73	8	10,96	8	0,00	.	.	.	270	15	5,56	15	2,22
1928/29	68	8	11,76	8	0,00	.	.	.	273	20	7,33	18	2,20
1929	110	13	11,82	13	0,00	.	.	.	318	20	6,29	20	1,57
1929/30	112	12	10,71	12	0,00	.	.	.	315	21	6,67	21	1,27
1930	127	14	11,02	14	0,00	.	.	.	338	29	8,58	28	1,48
1930/31	130	24	18,46	23	0,77	.	.	.	352	32	9,09	31	1,42
1931	122	20	16,39	20	0,00	.	.	.	367	33	8,99	33	1,36
1931/32	105	18	17,14	18	0,00	.	.	.	365	34	9,32	34	1,64
1932	102	15	14,71	15	0,00	.	.	.	327	31	9,48	30	1,53
1932/33	101	14	13,86	14	0,99	.	.	.	315	29	9,21	28	1,59
1933	74	11	14,86	.	.	89	32	35,96	248	22	8,87	.	.
1933/34	79	12	15,19	.	.	71	21	29,58	196	18	9,18	.	.
1934	38	6	15,79	.	.	51	13	25,49	141	14	9,93	.	.
1934/35	38	6	15,79	.	.	62	18	29,03	115	10	8,70	.	.
1935	33	10	30,30	.	.	123	26	21,14	97	8	8,25	.	.
1935/36	23	7	30,43	.	.	127	24	18,90	100	7	7,00	.	.
1936	11	1	9,09	.	.	105	17	16,19	74	2	2,70	.	.
1936/37	15	8	53,33	.	.	68	12	17,65	61	2	3,28	.	.
1937	11	2	18,18	.	.	66	15	22,73	54	4	7,41	.	.
1937/38	15	7	46,67	.	.	77	16	20,78	68	2	2,94	.	.
1938	12	7	58,33	.	.	74	12	16,22	63	2	3,17	.	.
1938/39	19	13	68,42	.	.	38	5	13,16	28	0	0,00	.	.
1939	14	11	78,57	.	.	57	5	8,77	15	0	0,00	.	.
1939/40	76	69	90,79	.	.	109	27	24,77	10	0	0,00	.	.
1940/1	86	74	86,05	.	.	93	29	31,18	13	1	7,69	.	.
1940/2	12	7	58,33	.	.	19	6	31,58	13	3	23,08	.	.
1940/3	71	63	88,73	.	.	66	21	31,82	19	6	31,58	.	.
1941/1	61	57	93,44	.	.	53	16	30,19	11	5	45,45	.	.

Tab. 19. 2: Die Einzelfachströme an der Universität Leipzig nach Staatsangehörigkeit und Geschlecht 1830/31–1941/1

	Physik				Biologie				Geographie			
	insg.	Frauen		Ausländ.	insg.	Frauen		Ausländ.	insg.	Frauen		Ausländ.
		insg.	in %	deuts.	länd. in %		insg.	in %	deuts.	länd. in %		insg.	in %	deuts.	länd. in %
Semester	59	60	61	62	63	64	65	66	67	68	69	70	71	72	73
1926/27	14	0	0,00	.	.	29	5	17,24	.	.	19	1	5,26	.	.
1927	33	2	6,06	2	3,03	148	26	17,57	24	4,73	58	5	8,62	5	1,72
1927/28	41	1	2,44	1	9,76	150	23	15,33	23	2,67	70	9	12,86	9	2,86
1928	72	6	8,33	6	2,78	130	19	14,62	19	3,85	93	9	9,68	9	3,23
1928/29	85	7	8,24	7	5,88	136	16	11,76	16	0,74	105	19	18,10	19	1,90
1929	94	7	7,45	7	3,19	144	21	14,58	21	0,69	108	20	18,52	19	2,78
1929/30	109	9	8,26	8	5,50	137	28	20,44	28	0,73	117	23	19,66	22	1,71
1930	127	10	7,87	10	3,15	150	30	20,00	30	0,00	118	17	14,41	17	0,00
1930/31	123	8	6,50	8	4,07	173	35	20,23	35	0,00	118	18	15,25	18	0,00
1931	123	9	7,32	9	4,88	155	29	18,71	29	1,29	106	17	16,04	17	0,00
1931/32	109	8	7,34	8	4,59	145	24	16,55	24	1,38	97	19	19,59	19	0,00
1932	94	7	7,45	7	5,32	140	29	20,71	28	2,14	87	17	19,54	17	0,00
1932/33	97	9	9,28	8	6,19	137	33	24,09	33	2,19	93	18	19,35	18	2,15
1933	89	8	8,99	.	.	124	31	25,00	.	.	.	.	.	.	.
1933/34	77	6	7,79	.	.	92	18	19,57	.	.	.	.	.	.	.
1934	69	4	5,80	.	.	62	9	14,52	.	.	.	.	.	.	.
1934/35	69	3	4,35	.	.	59	9	15,25	.	.	.	.	.	.	.
1935	.	.	.	.	.	.	.	.	.	.	.	.	.	.	.
1935/36	.	.	.	.	.	.	.	.	.	.	.	.	.	.	.
1936	.	.	.	.	.	.	.	.	.	.	.	.	.	.	.
1936/37	.	.	.	.	.	.	.	.	.	.	.	.	.	.	.
1937	.	.	.	.	.	.	.	.	.	.	.	.	.	.	.
1937/38	.	.	.	.	.	.	.	.	.	.	.	.	.	.	.
1938	.	.	.	.	.	.	.	.	.	.	.	.	.	.	.
1938/39	30	1	3,33	.	.	.	.	.	.	.	.	.	.	.	.
1939	38	0	0,00	.	.	.	.	.	.	.	.	.	.	.	.
1939/40	34	2	5,88	.	.	9	2	22,22	.	.	.	.	.	.	.
1940/1	23	2	8,70	.	.	13	4	30,77	.	.	.	.	.	.	.
1940/2	22	4	18,18	.	.	14	7	50,00	.	.	.	.	.	.	.
1940/3	22	5	22,73	.	.	17	6	35,29	.	.	.	.	.	.	.
1941/1	17	6	35,29	.	.	13	7	53,85	.	.	.	.	.	.	.

	Mineralogie, Geologie				Geogr., Geol., Min.			Sonstige Naturwiss.			Betriebswirtschaft			
	insg.	Frauen		Ausländ.	insg.	Frauen		insg.	Frauen		insg.	Frauen		Ausländ.
		insg.	in %	länd. in %		insg.	in %		insg.	in %		insg.	in %	länd. in %
Semester	74	75	76	77	78	79	80	81	82	83	84	85	86	87
1926/27	113	23	20,35	.	.	.	.	.	.	.	0	0	.	.
1927	15	1	6,67	13,33	.	.	.	.	.	.	0	0	.	.
1927/28	20	1	5,00	10,00	.	.	.	.	.	.	0	0	.	.
1928	20	1	5,00	0,00	.	.	.	0	0	.	18	0	0,00	16,67
1928/29	18	1	5,56	5,56	.	.	.	0	0	.	27	0	0,00	7,41
1929	22	2	9,09	9,09	.	.	.	0	0	.	34	1	2,94	14,71
1929/30	29	2	6,90	3,45	.	.	.	0	0	.	25	1	4,00	12,00
1930	20	3	15,00	10,00	.	.	.	0	0	.	35	1	2,86	11,43
1930/31	15	2	13,33	6,67	.	.	.	0	0	.	33	1	3,03	12,12
1931	15	2	13,33	6,67	.	.	.	0	0	.	34	1	2,94	11,76
1931/32	12	1	8,33	0,00	.	.	.	0	0	.	20	1	5,00	10,00
1932	12	0	0,00	0,00	.	.	.	0	0	.	13	0	0,00	7,69
1932/33	15	0	0,00	0,00	.	.	.	0	0	.	10	0	0,00	0,00
1933	.	.	.	.	91	17	18,68	0	0	.	.	.	.	.
1933/34	.	.	.	.	62	14	22,58	0	0	.	.	.	.	.
1934	.	.	.	.	46	6	13,04	0	0	.	.	.	.	.
1934/35	.	.	.	.	42	8	19,05	0	0	.	.	.	.	.
1935	.	.	.	.	10	3	30,00	41	7	17,07	.	.	.	.
1935/36	.	.	.	.	7	2	28,57	25	4	16,00	.	.	.	.
1936	.	.	.	.	1	0	0,00	16	4	25,00	.	.	.	.
1936/37	.	.	.	.	6	0	0,00	15	3	20,00	.	.	.	.
1937	.	.	.	.	3	0	0,00	13	4	30,77	.	.	.	.
1937/38	.	.	.	.	2	0	0,00	16	4	25,00	.	.	.	.
1938	.	.	.	.	1	0	0,00	15	5	33,33	.	.	.	.
1938/39	.	.	.	.	6	1	16,67	14	3	21,43	.	.	.	.
1939	.	.	.	.	6	0	0,00	14	2	14,29	.	.	.	.
1939/40	.	.	.	.	7	0	0,00	12	2	16,67	.	.	.	.
1940/1	.	.	.	.	5	0	0,00	24	5	20,83	.	.	.	.
1940/2	.	.	.	.	6	1	16,67	61	5	8,20	.	.	.	.
1940/3	.	.	.	.	7	1	14,29	53	3	5,66	.	.	.	.
1941/1	.	.	.	.	8	3	37,50	10	1	10,00	.	.	.	.

Tab. 19. 2: Die Einzelfachströme an der Universität Leipzig nach Staatsangehörigkeit und Geschlecht 1830/31–1941/1

	kaufmänn. Studium.			Handelslehramt			Forstw	Tiermedizin					Sonstige				
	insg.	Frauen		insg.	Frauen		insg.	insg.	Frauen		Aus-länd.		insg.	Frauen		Aus-länd.	
		insg.	in %		insg.	in %			insg.	in %	deuts.	in %		insg.	in %	deuts.	in %
Semester	88	89	90	91	92	93	94	95	96	97	98	99	100	101	102	103	104
1923/24	.	.	.	.	.	.	.	97	3	3,09	1	47,42	.	.	.	.	.
1924	.	.	.	.	.	.	.	102	2	1,96	1	47,06	.	.	.	.	.
1924/25	.	.	.	.	.	.	.	101	0	0,00	0	43,56	.	.	.	.	.
1925	.	.	.	.	.	.	.	112	0	0,00	0	37,50	.	.	.	.	.
1925/26	.	.	.	.	.	.	.	110	0	0,00	0	35,45	.	.	.	.	.
1926	.	.	.	.	.	.	0	111	0	0,00	0	27,03	.	.	.	.	.
1926/27	.	.	.	.	.	.	0	106	0	0,00	.	.	91	15	16,48	.	.
1927	.	.	.	.	.	.	1	106	0	0,00	0	16,98	61	3	4,92	3	4,92
1927/28	.	.	.	.	.	.	2	109	0	0,00	0	13,76	8	1	12,50	.	.
1928	.	.	.	.	.	.	5	113	0	0,00	0	7,08	12	4	33,33	3	16,67
1928/29	.	.	.	.	.	.	4	120	0	0,00	0	9,17	17	3	17,65	2	35,29
1929	.	.	.	.	.	.	1	133	0	0,00	0	9,02	4	0	0,00	0	75,00
1929/30	.	.	.	.	.	.	2	126	1	0,79	1	13,49	1	0	0,00	0	100,0
1930	.	.	.	.	.	.	1	149	1	0,67	1	9,40	3	0	0,00	0	0,00
1930/31	.	.	.	.	.	.	0	137	0	0,00	0	9,49	2	0	0,00	0	0,00
1931	.	.	.	.	.	.	0	202	0	0,00	0	5,94	0	0	.	0	.
1931/32	.	.	.	.	.	.	0	244	0	0,00	0	5,74	0	0	.	0	.
1932	12	0	0,00	1	0	0,00	0	308	0	0,00	0	4,22	0	0	.	0	.
1932/33	8	0	0,00	2	0	0,00	0	305	0	0,00	0	4,59	0	0	.	0	.
1933	7	0	0,00	1	1	100,0	0	300	0	0,00	.	.	0	0	.	.	.
1933/34	6	0	0,00	1	0	0,00	0	284	2	0,70	.	.	0	0	.	.	.
1934	6	0	0,00	0	0	.	0	282	2	0,71	.	.	0	0	.	.	.
1934/35	7	0	0,00	0	0	.	0	272	2	0,74	.	.	0	0	.	.	.
1935	0	0	.	0	0	.	0	246	2	0,81	.	.	0	0	.	.	.
1935/36	0	0	.	0	0	.	0	240	4	1,67	.	.	0	0	.	.	.
1936	0	0	.	0	0	.	0	228	3	1,32	.	.	0	0	.	.	.
1936/37	0	0	.	0	0	.	0	217	2	0,92	.	.	0	0	.	.	.
1937	0	0	.	0	0	.	0	211	0	0,00	.	.	0	0	.	.	.
1937/38	0	0	.	0	0	.	0	201	0	0,00	.	.	0	0	.	.	.
1938	0	0	.	0	0	.	0	194	0	0,00	.	.	0	0	.	.	.
1938/39	0	0	.	0	0	.	0	205	0	0,00	.	.	0	0	.	.	.
1939	0	0	2,61	0	0	.	0	203	0	0,00	.	.	0	0	.	.	.
1939/40	115	3	2,61	30	7	23,33	0	237	0	0,00	.	.	0	0	.	.	.
1940/1	0	0	.	0	0	.	0	148	1	0,68	.	.	0	0	.	.	.
1940/2	0	0	.	0	0	.	0	118	3	2,54	.	.	0	0	.	.	.
1940/3	0	0	.	0	0	.	0	138	5	3,62	.	.	0	0	.	.	.
1941/1	0	0	.	0	0	.	0	135	5	3,70	.	.	0	0	.	.	.

5. Anmerkungen zu Tabelle 19. 2

1830/31–1866:

Die Universität Leipzig nimmt unter den deutschen Universitäten insofern eine Sonderstellung ein, als sie ihre Studenten über die Fakultätszugehörigkeit hinaus bereits seit 1831 in den Pers.Verz. zahlreichen Einzelfächern zuordnete. Deshalb lassen sich die Stud. hier früher als für jede andere Univ. in tiefer fachlicher Differenzierung angeben.

Sp. 1–5 sind den Standardquellen entnommen. Aus der Summe der Sp. 2–5 ergibt sich jeweils die Gesamtzahl der Stud. (Sp. 1). Sp. 5 (Sonstige Fächer insg.) entspricht der Sammelkategorie der PrStat (dort als »Phil. Fak.« bezeichnet). Sp. 6–13 stellen die fachliche Aufteilung der Stud. in dieser Sammelkategorie dar, soweit sich diese den Pers.Verz. entnehmen ließ. Sp. 6–13 ergeben bis 1838/39 nicht vollständig die Summe der sonstigen Fächer (Sp. 5), weil diese noch einige restl. Stud. enthält: 1831 u. 1831/32 1 Stud. d. Architektur u. 2 Stud. d. Ökonomie; 1832/33 1 Stud. d. Architektonik, 1 Stud. d. Ökonomie, 1 Stud. d. Gesch. u. 1 Stud. d. Technol.; 1835 1 Stud. d. Politik; 1836 2 Stud. d. Gesch., 2 Stud. d. Architektonik; 1837 2 Stud. d. Architektonik; 1838 1 Stud. d. Architektonik u. 1838/39 1 Stud. d. Architektonik. Die Restgruppe von 17 Stud. für 1833 ließ sich fachlich nicht zuordnen; für dieses Sem. weichen die Angaben in den Pers.Verz. für alle Fächer von der PrStat ab. Da sich die erheblichen Abweichungen nicht aufklären ließen, seien hier zusätzlich die vollständigen Angaben im Pers.Verz. genannt:

Theol.	419	Chemie/Nat.	9	Philol.	58
Jura	472	Chirurgie	32	Dipl.	1
Medizin	111	Math.	7	Musik	1
Philos.	12	Päd.	3	Techn.	1
Cameralia	9	Pharmazie	2		

Ab 1839 stimmen die Angaben in den Pers.Verz. mit der PrStat überein, bis auf kleine Abweichungen für 1851. Hier nennt das Pers.Verz.: Stud. insg. 846; Ev. Theol. 168; Jura 379; Med. 153; Summe der sonst. Fächer 146. Für die in den Sp. 6–13 unbesetzten Semester lagen keine Angaben vor; erst seit 1838 wurden in den Pers.Verz. die Studentenzahlen für jedes Halbjahr angegeben. Laut Anm. der PrStat wurden die Daten für 1832, 1833/34 u. 1834/35 geschätzt.

Sp. 10 (Philologien): 1861/61–1865/66 einschl. orientalische Sprachen. – Sp. 12 (Naturwiss.): 1833–1846/47 nur Chemie, 1847–1848/49 Chemie u. Botanik, ab 1849 Stud. unter der ausdrücklichen Bezeichnung Naturwiss.

1866/67–1905/06:

Um langfristig vergleichbare Fachströme zu erhalten, folgt unsere Tabelle – vom allg. Schema der PrStat abweichend – auch für diesen Zeitraum der tieferen Fächerdifferenzierung in den Pers.Verz. Die drei Sammelkategorien der PrStat wurden deshalb in die Einzelfachströme aufgegliedert: 1. Alte u. neue Philologie. u. Geschichte in: Philosophie (Sp. 11), Philologie (Sp. 13), Neue Sprachen (Sp. 16), u. Pädagogik (Sp. 18); 2. Mathematik u. Naturwiss. in: Mathematik (Sp. 20) u. Naturwiss. (Sp. 22); 3. Landwirtschaft, Cameralia u. Nationalökonomie in: Landwirtschaft (Sp. 26) u. Cameralia (Sp. 28). Gegenüber der PrStat konnten außerdem die ausl. Stud insg. (Sp. 30) u. in ihrer fachlichen Differenzierung ab 1871/72 aus den Pers.Verz. ergänzt werden. Die Summensp. 15 (Stud. insg.) u. 30 (Ausl. insg.) sind aus technischen Gründen vom üblichen Schema abweichend angeordnet.

Sp. 7 (Zahnmedizin): 2 Stud. beziehen sich hier noch auf die auslaufende Kategorie der Chirurgie (vgl. Sp. 6 im ersten Tabellenteil). – Sp. 13 (Philologie): ab 1881/82 ohne Neue Sprachen (Sp. 16). – Sp. 16 (Neue Sprachen): Bis 1881 enthalten in Sp. 13 (Philologie). – Sp. 22 (Naturwiss.): Ab 1903 ohne Chemie (Sp. 24). – Sp. 24 (Chemie): Bis 1902/03 enthalten in Sp. 22 (Naturwiss.). – Sp. 26 (Landwirtschaft): Tritt als neues Fach ab 1867/68 im Pers. Verz. auf.

1906–1941.1:

Abweichend vom allgemeinen Verfahren wurden sämtliche Daten für 1925–26 den Pers.Verz. entnommen, weil die Standardquellen für diese drei Semester für die Universität nur sehr lückenhafte Angaben liefern. Auch für diesen Zeitraum wurde die tiefere Fächerdifferenzierung mit Hilfe der Pers.Verz. fortgeschrieben (Im Vergleich zu den Standardquellen PrStat u. StatJbDR). – 1906–1908 wurden die weibl. Stud., die nach der sächsischen Min.-Verordnung vom 10. April 1906 zum ordentl. Studium zugelassen waren, aus den Pers.Verz. ergänzt. In der PrStat sind die weibl. Stud. generell erst seit 1908/09 berücksichtigt. – 1906–1911 lassen sich die Frauen insg. (Sp. 27) nicht vollständig den Einzelfächern zuordnen. – Für das ZS 1919 liegen nur unvollständige Angaben vor; in der Gesamtzahl der Stud. sind 3035 Sonstige enthalten, die sich fachlich nicht zuordnen lassen. – 1923 ist das Pers.Verz. nicht erschienen; deshalb lassen sich die Stud. der im StatJbDR aufgeführten drei Fächergruppen nicht auf die entsprechenden Einzelfächer in unserer Tabelle verteilen (Philol. hist. Wiss.: 422 männl. u. 111 weibl. Stud.; Math. u. Naturwiss.: 267 männl. u. 34 weibl. Stud.; Sonst.: 390 männl. u. 67 weibl. Stud.). Die Summensp. 26–30 sind aus technischen Gründen vom üblichen Schema abweichend angeordnet. – Im WS 1939/40 war die Theol. Fak. aus politischen Gründen geschlossen.
Sp. 56 (Naturwissenschaften): 1912–1920 einschl. Chemie (Sp. 61). – Sp. 61 (Chemie): 1912–1920 enthalten in Sp. 56 (Naturwissenschaften).

1926/27–1941.1:

Sp. 31 (Geschichte): 1935–36 enthalten in Sp. 51 (Sonstige Kulturwiss.). – Sp. 41 (Volksschullehramt): Ab 1936 ist die Ausbildung vollständig an die Hochschulen für Lehrerbildung übergegangen. – Sp. 51 (Sonstige Kulturwiss.): 1935–1936 einschl. Geschichte (Sp. 31). – Sp. 54 (Mathematik): 1935–38 einschl. Physik (Sp. 59). – Sp. 59 (Physik): 1935–38 enthalten in Sp. 54 (Mathematik). – Sp. 64 (Biologie): 1935–39 enthalten in Sp. 81 (Sonstige Naturwiss.). – Sp. 81 (Sonstige Naturwiss.): 1935–39 einschl. Biologie (Sp. 64).

6. Quellen und Literatur

Quellen:

Standardquellen: 1830/31–1911/12: PrStat 167, 236. – *1912–1924/25:* StatJbDR Jgg. 34–36, 40–44. – *1925–1927/28:* DtHochStat Bd. 1; VjhStatDR Jgg. 35–37. – *1928–1932/33:* DtHochStat Bde. 1–10. – *1932–1941.1:* ZehnjStat.
Ergänzend: 1831–1831/32, 1832/33–1833, 1835, 1836, 1837, 1838–1842, 1843–1852, 1853–1908, 1925–1926: Pers.Verz. d. Univ. Leipzig.

Literatur:

Karl-Marx-Universität Leipzig. Bibliographie zur Universitätsgeschichte 1409–1959. Leipzig 1959. – BURGHARDT, F.: Die sächsischen Hochschulen und das Hochschulstudium der sächsischen Bevölkerung im Spiegel der Statistik. In: Zeitschrift des Sächsischen Statistischen Landesamtes 76 (1940), S. 154–238. – DROBISCH, M.W.: Über die Frequenz der Universität Leipzig in ihrer ältesten und jüngsten Zeit. In: Berichte über die Verhandlungen der kgl. sächsischen Gesellschaft der Wissenschaften zu Leipzig. Phil.-hist. Classe 21 (1869), S. 119–146. – ENGEL, E.: Frequenz der Universität Leipzig in den Jahren 1841/65. In: Zeitschrift des kgl. Sächsischen Statistischen Bureaus 13 (1867), S. 67–76. – EULENBERG, F.: Die Entwicklung der Universität Leipzig in den letzten hundert Jahren. Leipzig 1909. – Festschrift zur Feier des 500jährigen Bestehens der Universität Leipzig. Hg. durch Rektor und Senat. 4 Bde. Leipzig 1909. – HELBIG, H.: Universität Leipzig. Frankfurt a. M. 1961. – Karl-Marx-Universität Leipzig 1409–1959. Beiträge zur Universitätsgeschichte. 2 Bde. Leipzig 1959. – Leipzig als Stätte der Bildung. Hg. durch Rektor und Senat. Berlin 1919. – Namen-Verzeichniß der auf der Universität Leipzig anwesenden Herren Studirenden. 1831–1944/45 (unter verschiedenen Titeln = Pers.Verz.). – RATHMANN, L. (Hg.): Alma Mater Lipsiensis. Geschichte der Karl-Marx-Universität Leipzig. Leipzig 1984.

20. Marburg

1. Geschichtliche Übersicht

Die Universität Marburg wurde 1527 als erste protestantische Universität auf deutschem Boden von Landgraf Philipp dem Großmütigen gegründet. Der Lehrbetrieb in den vier Fakultäten begann mit elf Professoren und 84 Studenten. In den ersten drei Jahrhunderten ihrer wechselvollen Geschichte schwankte die Studentenzahl der hessischen Philipps-Universität meistens auf einem bescheidenen Niveau von 100 bis 300, das nur zu Beginn des 17. Jahrhunderts überschritten wurde (1603: 317 Neueinschreibungen). Im Siebenjährigen Krieg sank die Frequenz auf den Tiefpunkt von 31 Studenten (1761) und stagnierte bis 1782 unter 70. In der Reformphase nach der Französischen Revolution war der Fortbestand der kärglich bedachten Landesuniversität des kurhessischen Kleinstaates ernstlich in Frage gestellt.

Nach der Förderung der Universität während der kurzen napoleonischen Herrschaft, in der Marburg zum Königreich Westphalen gehörte (1806–1813), waltete mit der Rückkehr des Kurfürsten für weitere fünfzig Jahre wieder der alte Geist der Bevormundung und Sparsamkeit. Die dringendsten finanziellen Nöte und Mißstände konnten gemildert werden, als nach der neuen Verfassung von 1831 der erste kurhessische Landtag zusammentrat und auf der Steuerbewilligung bestand. In den 1840er Jahren wurde eine Anatomie und ein physikalisches Institut errichtet, 1858 konnte der Neubau einer chirurgischen Klinik (anstelle des Elisabethspitals) durchgesetzt werden – die einzigen Bauten der hessischen Landesherren für ihre Universität in 350 Jahren. Bis in die 1860er Jahre stagnierte die Studentenzahl unter der 300er Grenze; die kleine Provinzuniversität wurde fast nur noch von Landeskindern besucht.

Nach der Annexion des Kurstaats durch Preußen 1866 erlebte die Philipps-Universität einen kaum vorstellbaren Aufschwung. In beschleunigtem Tempo wurde nachgeholt, was ein Jahrhundert lang (besonders in den Naturwissenschaften und der Medizin) versäumt worden war. Durch zahlreiche Universitätsneubauten wurde besonders seit den 1880er Jahren das Gesicht der Kleinstadt völlig verändert, die

bis in die 1860er Jahre nur rund 8000 Einwohner gezählt hatte (u.a. Augenklinik 1885, Neubau der Medizinischen Klinik 1886, Chirurgische Klinik 1896, Anatomie 1902, Bibliothek 1900, Physikalisches Institut 1915). Zwischen der Lahn und der Elisabethkirche entstand das Nordviertel mit Kliniken und naturwissenschaftlich-medizinischen Instituten. Nach der Übersiedlung der Bibliothek aus dem alten Franziskanerkloster in einen eigenen Bau (1900) diente das frühere »Kollegiengebäude« dem Seminarbetrieb der geisteswissenschaftlichen Fächer.

Durch den schnellen Frequenzaufschwung (von 1866 bis 1886 nahezu Vervierfachung der Studentenzahl) gehörte Marburg um die Jahrhundertwende nicht mehr zu den kleinsten Universitäten und rückte im Jahrfünft vor dem Ersten Weltkrieg bis dicht an das obere Mittelfeld heran (Platz 10 bis 12). In der Zwischenkriegszeit hielt sich die Universität bis in die frühen 1930er Jahre stabil auf einem etwas niedrigeren Niveau, rutschte dann aber wegen der starken Frequenzeinbrüche in der zweiten Hälfte der 30er Jahre wieder ins untere Drittel der Skala sämtlicher Universitäten ab. Wegen ihrer landschaftlichen Reize wurde die Universität im Kaiserreich zu einer gern besuchten Sommeruniversität mit einem überregionalen Einzugsgebiet. Der Anteil der Kurhessen unter den Studierenden, der 1866 noch 91,4% betragen hatte, ging beständig zurück (1887/88: 45,5%) und machte 1926 nur noch 21,9% aus. Besonders die liberale theologische Fakultät erwarb hohes Ansehen und zog in überdurchschnittlichem Maße Studenten an; hier konnte sich Marburg auf lange Sicht sogar auf dem siebten Rang unter 17 Schwesterfakultäten plazieren. Durch die Gründung der Behring-Werke (1904) blieb der Name des ersten Nobelpreisträgers für Medizin (1901) mit der Stadt und Universität verbunden.

Seit dem Wintersemester 1908/09 konnten sich auch Frauen immatrikulieren. Hier war die Philipps-Universität bemerkenswert attraktiv; in der Zwischenkriegszeit zog sie mehr Studentinnen an als eine Reihe erheblich größerer Hochschulen (Göttingen, Tübingen, Halle und Würzburg).

Marburg gehört zu den wenigen Hochschulen, an denen sich von Anfang an Widerstand gegen den Nationalsozialismus regte. Im Oktober 1933 veröffentlichte die Theologische Fakultät ein Gutachten gegen die Anwendung des »Arierpragraphen« in der Kirche, in dem eindeutig erklärt wurde, daß die Rassendiskriminierung mit dem Wesen der christlichen Kirche unvereinbar sei. Von der nationalsozialistischen »Säuberung« waren bis April 1936 15 Dozenten betroffen (= 8,7% des Lehrpersonals von 1932/33).

Im Zweiten Weltkrieg verlor die Universität durch Bombenangriffe im Februar 1944 und Frühjahr 1945 25% ihres Bauvolumens; besonders die Kliniken im Nordviertel wurden dabei zerstört. Im März 1945 wurde die Universität von der amerikanischen Militärregierung geschlossen, jedoch bereits seit dem 25. September 1945 schrittweise wiedereröffnet.

2. Der Bestand an Institutionen 1840–1944/45

Zum Verständnis vgl. die Erläuterungen S. 48 ff.

I.   Theol. Fak. ([1840])

1.   Stipendiatenanst. Seminarium Philippinum ([1840])
2.   Theol. Sem. (1874/75)
3.   Chr.-arch. App. (1886, Sem. 1927/28))
4.   Sprachenkonvikt (1930/31)
5.   Religionsk. Samml. (1942, vorh. V.1)

II.   Jur. Fak. ([1840]–1928)
Rechts- und Staatswiss. Fak. (1928/29)

1.   Jur. Sem. (1874/75)
1.1   Criminal. Sem. (1888/89–89)
        Krim. Abt. (1928)
1.2   Abt. f. Rechtsvergl. (1928)
2.   Inst. f. öffentl. Recht u. Arbeitsr. (1922/23)
3.   Staatswiss. Sem. (1928/29, vorh. IV.1.2)
3.1   Betriebswirtsch. Abt. (1928/29–30, vorh. IV.1.2.1)
4.   Inst. f. Handels- u. Wirtsch.r. (1939)

III.   Med. Fak. ([1840])

1.   Anat. Anst. ([1840], Inst. 67/68)
2.   Med.-clin. Lehranst. ([1840]–88, Inst. 67/68)
        Med. Klin. u. Polikl. (1905/06)
2.1   Stationäre Klin. (1867–71/72)
        Landkrankenhaus (1874/75–75/76)
        Stationäre Klin. (Landkh.) (1876–88)
        Med. Klin. (1888/89)
2.1.1   Chir. Abt. (1874/75–75/76)
2.1.2   Med. Abt. (1874/75–75/76)
2.2   Med. Polikl. (1867–1929)
        Med. Polikl. u. Tuberk. Beratungsstelle (1929/30)
2.2.1   Säuglingsabt. (1905 05/06)
2.3   Hautkrankenst. (1909–20/21)
        Haut- u. Geschl.kr.-Abt. (1921–23)
        Klin. u. Polikl. f. Haut- u. Geschl.kr. (1923/24)
2.4   Kinderabt. (1914/15–19)
        Säuglings- u. Kinderabt. (1919/20–20/21)
        Säuglingsheim u. Kinderabt. (1921–23/24)
        Kinderkl. u. Polikl. (1924)
3.   Chir.-clin. Lehranst. ([1840]–1906/07, Inst. 1867/68)
        Chir. Klin. u. Polikl. (1907)

3.1   Stationäre Klin. (1876–1905)
3.2   Chir. Polikl. (1876–1906/07)
4.   Entbindungsanst. ([1840]–98/99)
        Frauenkl. u. Hebammenlehranst. (1899)
5.   Physiol. Inst. (1855)
6.   Path.-anat. Inst. (1858/59, o. -anat. 1928/29)
7.   Pharm. Inst. (1867/68)
8.   Klin. Inst. f. Augenheilk. (1871/72–1923/24)
        Augenklin. (1924)
9.   Psych. Klin. (1878/79, u. Nerven- 1919/20))
10.   Inst. f. Hyg. (1885/86, u. exp. Therapie 1900–16, u. Med.-Unters.-Amt 25/26)
10.1   Exp. Abt. (1909/10–16)
10.2   Hyg. Abt. (1909/10–16)
10.3   Untersuchungsamt (1909/10–15/16, 21)
10.4   Forschungsabt. f. Kurortwiss. u. med. Klin. (1935)
11.   Zahnärztl. Inst. (1890)
12.   Polikl. f. HNO (1890/91, Klin. u. 1922/23)
13.   Gerichtsärztl. Inst. (1922–34/35)
        Inst f. ger. u. soz. Med. (1935–40.3)
        Inst. f. ger. Med. u. Krim. (1941.1)
14.   Physiol.-chem. Inst. (1939/40)
15.   Strahleninst. (1942)

IV.   Phil. Fak. ([1840])

1.   **Philol.-hist. Abt. (1916)**
1.1   Philol. Sem. ([1840])
1.2   Staatswirtsch. Inst. ([1840]–1867/68)
        Staatswiss. Sem. (1900–28, Forts. II.3)
1.2.1   Betriebswirtsch. Abt. (1926/27–28, Forts. II.3.1)
1.3   Hist. Sem. (1865)
1.3.1   Sem. f. hist. Hilfswiss. (1891 1922/23)
1.3.2   App. f. Staatsbürgerk. im hist. Sem. Abt. A. Neuere Gesch. (1923/24–30/31, o. Abt. A. Neuere Gesch. 1925)
1.3.3   Abt. B. f. mittelalterl. Gesch., gesch. Hilfswiss. u. gesch. Landesk. v. Hessen u. Nassau (1926/27–35/36)
        Inst. f. mittelalterl. Gesch., gesch. Hilfswiss. u. gesch. Landesk. = Hist. Sem. Abt. D. (1936)
1.3.4   Abt. A, alte Gesch. (1927/28)

1.3.5	Abt. C, neuere Gesch. (1927/28, Abt. B, ... 36, vorh. IV.1.3.2)		2.2.1	Abt. f. phys. Chem. (1913/14–18/19) Phys.-chem. Inst. (1919)

1.3.5   Abt. C, neuere Gesch. (1927/28, Abt. B, ... 36, vorh. IV.1.3.2)

1.3.6   Abt. D, soziale Wirtschaftsgesch. (1927/28, Sozial- u. ... 28, Abt. C, ... 36)

1.4   Rom.-Engl. Sem. (1875–1900)

1.4.1   Engl. Sem. (1900/01)

1.4.2   Rom. Sem. (1900/01)

1.5   Germ. Sem. (1876)

1.6   Arch. App. u. Samml. d. Gipsabg. (1885/86–1912/13, einschl. d. Samml. f. neuere Kunstgesch. 1889–99)

1.6.1   Samml. f. neuere Kunstgesch. (1899/1900–13/14) Kunstgesch Sem. (1914)

1.6.1.1   Kunsthist. Mus. (1928/29)

1.6.2   Arch. Sem. (1913)

1.6.3   Samml. d. Gipsabg. (1913–27) Antikensamml. (1927/28)

1.7   Philos. Sem. (1911)

1.7.1   Psychol. Abt. (1919–33) Inst. f. psychol. Anthr. (1933/34)

1.8   Or. u. Indogerm. Sem. (1913)

1.9   Sprachatlas d. dt. Reichs (1918–20) Zentralstelle f. d. Sprachatlas d. Dt. Reichs u. dt. Mundartenforschung (1920/21–33) Deutscher Sprachatlas (1933/34)

1.10   Inst. f. d. Deutschtum i. Ausland (1919)

1.11   Phon. Kab. (1922)

1.12   Univ.-Fechtinst. (1922–23/24) Inst. f. Leibesüb. (1924–40.3) Hochschulinst. f. Leibesüb. (1941.1)

1.12.1   Sportärztl. Lab. (1924)

1.12.2   Sportärztl. Unters. (⟨1925⟩)

1.13   Musikwiss. Sem. (1925)

1.14   Vorgesch. Sem. (1928)

1.15   Volksk. Samml. (⟨1935⟩)

1.16   Sem. f. Vorderas. Kunst u. Bauforsch. (1935/36)

1.17   Lektorat f. Sprechk., Vortragskunst u. Theaterk. (1944)

2.   Math.-naturwiss. Abt. (1916)

2.1   Phys.-math. Kab. ([1840], Inst. 67/68, o. math. 1901, u. Sternwarte 1909–22)

2.2   Chem. Lehranst. ([1840], Inst. 1867/68)

2.2.1   Abt. f. phys. Chem. (1913/14–18/19) Phys.-chem. Inst. (1919)

2.3   Min. Kab. ([1840], Inst. 82/83, -petrogr. 88)

2.4   Bot. Garten ([1840], in III. –61)

2.5   Zool. Inst. ([1840], in III. –62/63)

2.6   Pharmaz.-chem. Lehranst. (1851, Inst. 67/68)

2.7   Pharmakog. Samml. (1854/55–87, Inst. 1874/75) Botan. u. Pharmakog. Inst. (1887/88)

2.8   Math. Sem. (1885/86)

2.9   Geogr. App. (1885/86, Sem. 1912/13, u. Sternwarte nur 1922/23)

2.10   Geol.-pal. Inst. (1885/86)

2.11   Theor.-phys. Sem. (nur 1913/14, 14/15–15)

V.   Mit der Univ. verbundene Anst. (1932)

1.   Religionskundl. Samml. (1930/31–41/42, Forts. I.5)

2.   Tuberk.kh. »Sanatorium Sonnenblick« d. LVA Hess.-Nass. (1932)

3.   Preuß. Forschungsinst. f. Kunstgesch. (1932)

4.   Blindenstudienanst., Hochschulbücherei, Studienanst. u. Beratungsstelle f. blinde Stud. e.V. (1932)

5.   Staatl. Forschungsanst. f. Metallchem. (1936)

6.   Paul-Krannhals-Archiv (1937/38)

7.   Hess.-Nass. Wörterbuch (1937/38)

8.   Museum d. Univ. (1938)

9.   Reichsarbeitsgem. f. Raumforsch. (Mit 7 Fachgruppen) (1938)

10.   Lehr- u. Versuchsanst. f. Bienenz. u. Seidenanb. (1942)

11.   Schule f. techn. Ass.-innen a. d. Med. Fak. (1942)

12.   Inst. f. Volksgesundheitspflege a. d. Univ. Marburg (1943)

VI.   Mit d. Univ. i. Arbeitsgem. stehend (1939)

1.   Inst. f. exp. Therapie »Emil v. Behring« (Marbach, Behringwerke, 1939)

Fehlende Semester: 1924/25, 34/35.

3. Die Studierenden nach Fachbereichen

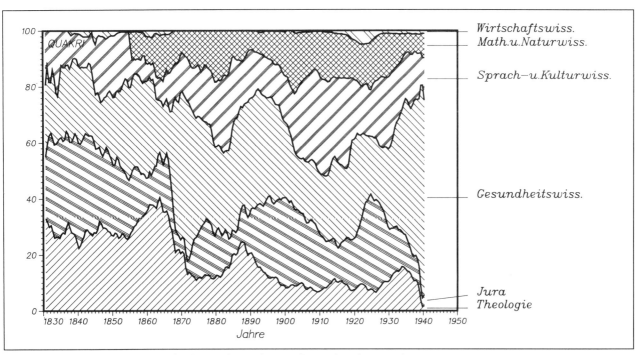

Abb. 20. 1: Das Fachbereichsprofil der Studierenden an der Universität Marburg 1830/31–1941/1

Tab. 20. 1: Die Studierenden an der Universität Marburg nach Fachbereichen in Prozent 1830/31–1941/1

| | Evang. Theol. | Jura | Gesundheitswissenschaften | | | | Sprach und Kultur wiss. | Math., Naturw. | | Wirt-sch., Agrar-und Forst.wiss. | Studierende | | |
| | | | insg. | Allg. Med. | Zahn-med. | Phar-mazie | | insg. | Chemie | | insg. | weibl. in % aller Stud. | Ausl. in % aller Stud. |
Semester	1	2	3	4	5	6	7	8	9	10	11	12	13
1830/31	31,21	21,10	19,08	19,08	.	.	28,61	.	.	..	346	.	.
1831	34,35	23,82	31,86	21,33	.	4,43	9,97	.	.	.	361	.	.
1831/32	28,96	31,97	24,04	16,12	.	2,19	15,03	.	.	.	366	.	.
1832	30,77	33,33	14,36	14,36	.	.	21,54	.	.	.	390	.	.
1832/33	30,25	32,75	21,50	14,00	.	1,00	15,50	.	.	.	400	.	.
1833	26,46	33,86	27,51	18,78	.	1,59	12,17	.	.	.	378	.	.
1833/34	25,57	32,69	20,06	20,06	.	.	21,68	.	.	.	309	.	.
1834	27,06	33,99	16,50	16,50	.	.	22,44	.	.	.	303	.	.
1834/35	25,74	34,32	15,51	15,51	.	.	24,42	.	.	.	303	.	.
1835	26,05	36,98	25,72	15,11	.	1,93	11,25	.	.	.	311	.	.
1835/36	28,67	32,26	25,81	12,90	.	1,43	13,26	.	.	.	279	.	.
1836	27,21	33,09	26,84	13,60	.	1,84	12,87	.	.	.	272	.	.
1836/37	27,82	34,15	24,65	13,38	.	1,06	13,38	.	.	.	284	.	.
1837	32,10	34,32	22,51	11,07	.	1,11	11,07	.	.	.	271	.	.
1837/38	30,95	28,97	26,98	12,30	.	2,38	13,10	.	.	.	252	.	.
1838	28,17	32,39	25,35	10,92	.	2,82	12,32	.	.	1,76	284	.	.
1838/39	27,35	32,65	30,20	13,88	.	2,86	8,16	.	.	1,63	245	.	.
1839	27,78	35,56	26,67	12,96	.	2,96	9,26	.	.	0,74	270	.	.
1839/40	25,87	37,41	27,27	13,64	.	3,85	8,39	.	.	1,05	286	.	.
1840	23,34	37,63	28,22	14,29	.	3,83	9,76	.	.	1,05	287	.	.
1840/41	21,40	37,54	27,02	14,39	.	1,75	12,98	.	.	1,05	285	.	.
1841	25,38	34,85	27,27	15,53	.	1,89	10,98	.	.	1,52	264	.	.
1841/42	24,83	36,05	25,85	13,95	.	2,04	11,22	.	.	2,04	294	.	.
1842	27,99	35,49	23,55	15,36	.	1,37	10,58	.	.	2,39	293	.	.
1842/43	29,89	33,33	23,75	14,94	.	1,53	11,11	.	.	1,92	261	.	.
1843	28,06	34,39	24,51	14,23	.	2,37	10,67	.	.	2,37	253	.	.
1843/44	27,97	34,48	27,59	16,09	.	3,45	8,05	.	.	1,92	261	.	.
1844	26,69	36,09	23,31	12,78	.	3,38	13,16	.	.	0,75	266	.	.
1844/45	26,92	35,00	21,92	12,69	.	1,92	15,77	.	.	0,38	260	.	.
1845	29,02	30,20	18,43	13,73	.	1,57	15,69	.	.	6,67	255	.	.
1845/46	26,43	29,96	20,26	15,42	.	.	20,26	.	.	3,08	227	.	.
1846	31,43	28,16	19,59	14,29	.	1,22	19,18	.	.	1,63	245	.	.
1846/47	32,23	25,21	16,94	13,22	.	1,65	23,97	.	.	1,65	242	.	.
1847	30,24	25,00	19,35	14,11	.	3,63	22,98	.	.	2,42	248	.	.
1847/48	28,98	26,12	20,41	15,51	.	2,86	22,86	.	.	1,63	245	.	.
1848	30,20	28,24	18,43	14,51	.	1,57	20,00	.	.	3,14	255	.	.
1848/49	28,32	30,07	17,83	13,64	.	1,75	20,98	.	.	2,80	286	.	.
1849	28,42	27,70	23,38	15,47	.	3,24	18,35	.	.	2,16	278	.	.
1849/50	27,76	27,05	22,78	13,52	.	3,91	20,64	.	.	1,78	281	.	.
1850	26,13	27,18	24,04	14,98	.	4,18	20,91	.	.	1,74	287	.	.
1850/51	27,38	23,19	24,33	17,87	.	2,28	23,19	.	.	1,90	263	.	.
1851	28,24	25,57	24,05	17,56	.	1,15	20,61	.	.	1,53	262	.	.
1851/52	26,62	29,28	23,19	16,73	.	1,90	20,15	.	.	0,76	263	.	.
1852	25,26	26,99	25,61	19,03	.	1,38	21,45	.	.	0,69	289	.	.
1852/53	27,52	23,64	27,52	18,22	.	1,55	20,93	.	.	0,39	258	.	.
1853	27,59	22,99	29,89	20,69	.	3,07	19,16	.	.	0,38	261	.	.
1853/54	26,75	22,63	32,92	21,40	.	5,35	17,28	.	.	0,41	243	.	.
1854	25,31	23,24	34,85	21,99	.	6,64	16,18	.	.	0,41	241	.	.
1854/55	25,78	20,44	35,11	22,67	.	6,22	18,22	.	.	0,44	225	.	.
1855	26,75	20,18	31,14	23,25	.	4,82	21,49	.	.	0,44	228	.	.
1855/56	28,89	20,89	31,56	24,00	.	4,89	7,56	10,67	.	0,44	225	.	.
1856	28,57	21,85	33,61	25,21	.	5,88	6,30	9,24	.	0,42	238	.	.
1856/57	31,70	20,54	32,59	21,88	.	8,04	4,91	9,82	.	0,45	224	.	.
1857	29,58	21,25	33,75	25,42	.	6,67	5,00	10,42	.	0,00	240	.	.
1857/58	34,33	17,60	32,62	23,18	.	8,15	6,01	9,01	.	0,43	233	.	.
1858	32,03	16,02	35,16	25,00	.	9,38	5,86	10,16	.	0,78	256	.	.
1858/59	34,20	15,15	32,03	23,81	.	7,36	8,66	9,52	.	0,43	231	.	.
1859	33,47	15,29	32,23	26,03	.	6,20	11,16	7,44	.	0,41	242	.	.
1859/60	35,29	13,12	34,39	26,24	.	8,14	7,24	8,14	.	1,81	221	.	.
1860	35,37	10,92	34,50	25,76	.	8,30	6,11	10,92	.	2,18	229	.	.
1860/61	37,18	11,54	35,04	26,50	.	8,12	5,56	8,55	.	2,14	234	.	.
1861	38,91	11,72	32,64	24,69	.	7,53	4,60	10,04	.	2,09	239	.	.
1861/62	36,82	9,21	35,15	25,52	.	9,62	6,69	9,21	.	2,93	239	.	.
1862	38,79	14,66	30,60	21,12	.	9,48	5,17	9,48	.	1,29	232	.	.
1862/63	35,81	13,95	26,05	19,53	.	6,51	8,37	14,88	.	0,93	215	.	.
1863	37,45	16,17	21,70	15,74	.	5,11	7,23	16,60	.	0,85	235	.	.
1863/64	40,60	16,67	17,95	11,54	.	6,41	8,12	14,96	.	1,71	234	.	.
1864	40,41	15,51	19,18	12,65	.	6,53	8,16	15,10	.	1,63	245	.	.
1864/65	35,83	16,93	21,65	13,39	.	8,27	7,87	16,14	.	1,57	254	.	.
1865	34,85	16,67	20,08	12,12	.	7,95	9,85	17,42	.	1,14	264	.	.
1865/66	35,66	21,31	20,08	11,89	.	8,20	10,25	11,48	.	1,23	244	.	.
1866	35,80	19,84	18,68	10,89	.	7,78	10,89	13,23	.	1,56	257	.	.
1866/67	32,08	19,58	20,83	13,33	0,00	7,50	11,67	14,58	.	1,25	240	.	.
1867	28,72	16,22	24,66	18,58	0,00	6,08	16,22	13,18	.	1,01	296	.	.
1867/68	28,33	11,00	33,67	26,33	0,00	7,33	13,33	13,33	.	0,33	300	.	1,33
1868	20,85	9,01	46,20	36,90	0,00	9,30	12,68	11,27	.	0,00	355	.	1,41
1868/69	20,97	6,69	48,63	38,91	0,00	9,73	11,85	11,85	.	0,00	329	.	2,13
1869	22,58	5,11	45,70	37,90	0,00	7,80	15,05	11,56	.	0,00	372	.	2,42
1869/70	21,43	4,23	50,00	40,48	0,00	9,52	14,02	10,32	.	0,00	378	.	1,06

Tab. 20.1: Die Studierenden an der Universität Marburg nach Fachbereichen in Prozent 1830/31–1941/1

| Semester | Evang. Theol. | Jura | Gesundheitswissenschaften | | | | Sprach und Kultur wiss. | Math., Naturw. | | Wirt- sch., Agrar- und Forst. wiss. | Studierende | | |
| | | | insg. | Allg. Med. | Zahn- med. | Phar- mazie | | insg. | Chemie | | insg. | weibl. in % aller Stud. | Ausl. in % aller Stud. |
	1	2	3	4	5	6	7	8	9	10	11	12	13
1870	19,62	5,50	54,78	42,58	0,00	12,20	12,68	7,18	.	0,24	418	.	1,91
1870/71	22,78	4,63	49,42	32,82	0,39	16,22	15,06	8,11	.	0,00	259	.	1,54
1871	18,05	6,21	52,96	40,53	0,30	12,13	13,91	8,88	.	0,00	338	.	1,48
1871/72	12,41	4,96	57,32	47,89	0,25	9,18	15,88	9,43	.	0,00	403	.	0,99
1872	13,87	4,53	56,53	47,47	0,27	8,80	15,20	9,87	.	0,00	375	.	1,07
1872/73	14,03	4,78	54,63	44,18	0,00	10,45	14,63	11,94	.	0,00	335	.	2,99
1873	12,11	10,79	48,68	37,11	0,00	11,58	15,26	13,16	.	0,00	380	.	3,42
1873/74	12,92	12,20	45,93	34,69	0,00	11,24	15,31	13,64	.	0,00	418	.	3,83
1874	10,93	15,58	42,09	30,70	0,00	11,40	18,37	13,02	.	0,00	430	.	3,95
1874/75	11,00	14,91	43,03	30,56	0,00	12,47	18,09	12,96	.	0,00	409	.	3,42
1875	12,59	16,39	41,09	31,12	0,00	9,98	18,53	11,40	.	0,00	421	.	2,14
1875/76	11,47	16,71	40,40	30,42	0,00	9,98	16,96	14,46	.	0,00	401	.	1,25
1876	11,82	20,00	36,82	28,64	0,00	8,18	16,14	15,23	.	0,00	440	.	2,50
1876/77	12,83	17,02	37,43	27,23	0,00	10,21	19,90	12,83	.	0,00	382	.	2,88
1877	13,22	20,20	34,41	23,19	0,00	11,22	20,70	11,47	.	0,00	401	.	3,24
1877/78	12,29	20,48	34,22	24,10	0,00	10,12	19,76	13,25	.	0,00	415	.	2,89
1878	13,33	18,22	34,89	24,44	0,00	10,44	20,00	13,56	.	0,00	450	.	2,00
1878/79	11,46	19,75	35,67	25,48	0,00	10,19	18,90	14,23	.	0,00	471	.	2,12
1879	11,73	18,25	32,22	23,46	0,00	8,75	22,72	15,08	.	0,00	537	.	2,79
1879/80	11,23	13,95	34,06	25,54	0,00	8,51	22,83	17,93	.	0,00	552	.	2,36
1880	12,61	15,67	29,47	22,83	0,00	6,64	23,34	18,91	.	0,00	587	.	2,04
1880/81	13,08	16,23	30,30	22,68	0,33	7,28	22,68	17,72	.	0,00	604	.	1,99
1881	11,98	17,97	28,96	22,54	0,00	6,42	23,68	17,40	.	0,00	701	.	1,57
1881/82	12,23	14,40	31,89	25,39	0,00	6,50	23,07	18,42	.	0,00	646	.	1,08
1882	13,45	13,45	29,11	22,98	0,00	6,14	27,68	16,32	.	0,00	766	.	2,09
1882/83	14,81	13,49	28,44	22,62	0,00	5,82	27,51	15,74	.	0,00	756	.	1,72
1883	16,39	13,33	27,71	22,29	0,00	5,42	26,65	15,92	.	0,00	848	.	2,24
1883/84	15,28	10,97	30,83	24,72	0,00	6,11	26,39	16,53	.	0,00	720	.	2,22
1884	15,44	9,59	32,38	26,15	0,00	6,23	28,52	14,07	.	0,00	803	.	2,74
1884/85	18,50	8,90	35,59	29,10	0,00	6,50	26,41	10,59	.	0,00	708	.	3,67
1885	21,66	8,57	36,72	30,23	0,00	6,49	24,72	8,32	.	0,00	817	.	3,18
1885/86	19,32	7,65	41,41	33,63	0,00	7,78	21,71	9,91	.	0,00	797	.	2,63
1886	20,72	8,24	40,24	32,54	0,00	7,70	20,50	10,30	.	0,00	922	.	2,60
1886/87	20,55	8,43	39,72	31,52	0,00	8,20	20,55	10,74	.	0,00	866	.	2,19
1887	25,62	11,36	37,09	31,20	0,00	5,89	15,91	10,02	.	0,00	968	.	2,69
1887/88	23,42	11,89	36,62	30,08	0,00	6,54	16,65	11,41	.	0,00	841	.	2,50
1888	25,89	14,17	33,04	25,67	0,11	7,25	16,29	10,49	.	0,11	896	.	2,57
1888/89	22,84	12,77	38,97	26,97	0,26	11,74	16,00	9,29	.	0,13	775	.	1,42
1889	20,59	13,68	39,51	28,13	0,13	11,25	17,90	8,31	.	0,00	782	.	2,94
1889/90	19,29	12,91	43,07	31,52	0,00	11,55	18,07	6,66	.	0,00	736	.	2,45
1890	21,93	15,23	38,86	28,98	0,00	9,89	16,82	6,93	.	0,23	880	.	2,84
1890/91	19,68	16,40	39,98	28,68	0,85	10,45	17,62	6,20	.	0,12	823	.	2,79
1891	19,72	17,85	38,99	28,92	0,99	9,09	15,88	7,45	.	0,11	913	.	3,83
1891/92	16,63	18,84	42,12	30,30	1,23	10,59	14,78	7,51	.	0,12	812	.	1,97
1892	16,57	22,84	40,20	29,56	1,79	8,85	12,65	7,39	.	0,34	893	.	4,37
1892/93	14,67	22,00	42,18	29,71	1,47	11,00	13,08	7,58	.	0,49	818	.	3,06
1893	16,72	23,41	37,97	26,32	1,62	10,03	13,48	7,55	.	0,86	927	.	3,88
1893/94	12,83	22,87	40,91	26,94	1,52	12,45	14,87	7,88	.	0,64	787	.	2,29
1894	14,93	24,13	37,97	27,36	1,08	9,56	13,98	8,72	.	0,24	837	.	3,11
1894/95	12,44	25,90	37,69	28,59	0,90	8,21	14,23	9,49	.	0,26	780	.	2,69
1895	12,88	28,62	34,42	26,08	0,95	7,39	14,68	9,29	.	0,11	947	.	5,07
1895/96	10,73	29,76	35,76	25,72	0,92	9,11	13,03	10,50	.	0,23	867	.	3,23
1896	12,67	29,01	34,76	25,86	0,52	8,38	13,72	9,63	.	0,21	955	.	4,19
1896/97	11,45	24,77	39,37	28,50	1,17	9,70	13,20	10,98	.	0,23	856	.	4,79
1897	12,34	27,91	33,89	26,54	0,98	6,37	13,61	12,05	.	0,20	1021	.	4,51
1897/98	11,93	25,80	35,55	27,64	0,57	7,34	14,56	11,81	.	0,34	872	.	3,56
1898	11,37	30,34	32,08	25,11	1,19	5,77	14,21	11,73	.	0,27	1091	.	3,48
1898/99	8,64	29,69	34,66	26,61	1,19	6,85	14,70	12,21	.	0,10	1007	.	3,48
1899	9,57	31,36	28,29	21,96	1,25	5,07	16,39	14,23	.	0,17	1202	.	3,49
1899/00	8,71	31,13	28,43	22,12	0,70	5,61	16,42	14,71	.	0,60	999	.	3,90
1900	9,28	31,83	25,85	20,29	1,13	4,42	16,74	15,87	.	0,43	1153	.	4,34
1900/01	7,09	32,83	27,25	21,26	1,60	4,39	16,47	16,27	.	0,10	1002	.	3,69
1901	9,34	30,05	26,06	19,95	1,78	4,33	17,83	16,72	.	0,00	1178	.	4,84
1901/02	7,88	30,00	24,90	18,75	1,73	4,42	16,15	20,96	.	0,10	1040	.	4,52
1902	10,70	30,12	21,41	15,21	1,53	4,66	18,20	19,50	.	0,08	1308	.	5,50
1902/03	8,07	27,31	21,81	15,03	1,92	4,86	19,71	22,55	.	0,55	1091	.	3,94
1903	9,81	27,32	19,78	13,42	1,49	4,87	21,04	20,96	6,44	1,10	1274	.	4,16
1903/04	7,90	27,29	19,12	12,84	1,35	4,94	23,97	20,74	6,91	0,99	1114	.	4,13
1904	10,62	26,30	18,64	12,50	1,88	4,26	25,36	18,50	6,07	0,58	1384	.	4,34
1904/05	8,96	24,90	19,42	12,28	2,24	4,90	26,72	19,25	7,05	0,75	1205	.	3,40
1905	11,29	24,62	19,24	12,02	2,50	4,73	27,84	16,41	5,25	0,59	1523	.	4,01
1905/06	7,98	25,59	20,42	12,68	2,50	5,24	27,62	17,84	5,95	0,55	1278	.	3,05
1906	8,25	23,55	21,16	14,74	1,64	4,79	31,23	15,37	3,97	0,44	1588	.	4,53
1906/07	7,01	23,80	22,52	15,51	2,12	4,89	29,89	16,29	4,60	0,50	1412	.	3,54
1907	9,18	22,94	20,62	16,03	1,33	3,26	32,06	14,54	3,37	0,66	1809	.	3,98
1907/08	7,81	25,03	21,94	16,19	2,13	3,61	29,87	15,03	3,48	0,32	1550	.	3,48
1908	8,21	23,89	21,19	15,46	2,25	3,49	32,49	13,88	3,09	0,34	1779	.	4,55
1908/09	6,45	24,51	22,67	15,85	2,52	4,30	32,99	13,08	2,89	0,31	1628	1,60	4,55
1909	7,70	23,39	20,52	15,20	2,05	3,27	34,50	13,65	2,68	0,24	2052	1,80	4,97
1909/10	5,76	22,03	21,92	16,27	2,43	3,22	35,65	14,12	2,82	0,51	1770	2,09	3,84

Tab. 20. 1: Die Studierenden an der Universität Marburg nach Fachbereichen in Prozent 1830/31–1941/1

	Evang. Theol.	Jura	Gesundheitswissenschaften				Sprach und Kultur wiss.	Math., Naturw.		Wirt- sch., Agrar- und Forst. wiss.	Studierende		
			insg.	Allg. Med.	Zahn- med.	Phar- mazie		insg.	Chemie		insg.	weibl. in % aller Stud.	Ausl. in % aller Stud.
Semester	1	2	3	4	5	6	7	8	9	10	11	12	13
1910	8,05	20,28	21,06	16,55	2,04	2,47	34,59	15,82	2,47	0,19	2061	3,40	3,49
1910/11	6,46	19,11	22,64	17,89	2,19	2,56	34,01	17,51	2,99	0,27	1873	3,26	2,99
1911	8,97	18,61	21,51	17,58	1,78	2,14	33,82	16,64	2,81	0,45	2241	3,88	3,75
1911/12	7,60	16,16	23,55	19,30	1,65	2,60	34,72	17,44	2,92	0,53	1881	5,26	3,56
1912	8,80	16,85	23,15	18,72	1,97	2,46	33,51	17,07	2,46	0,63	2238	5,76	4,07
1912/13	8,83	15,34	23,87	19,77	1,73	2,37	32,89	18,49	2,32	0,59	2028	6,26	3,16
1913	10,36	15,71	25,91	20,56	2,91	2,44	30,75	16,51	2,19	0,76	2374	6,87	3,33
1913/14	9,66	15,17	28,61	22,95	2,83	2,83	29,45	16,45	2,40	0,66	2122	7,49	3,16
1914	12,54	14,37	28,61	23,46	3,00	2,15	28,41	15,10	2,92	0,97	2464	8,36	3,90
1914/15	10,59	13,62	30,61	25,07	3,42	2,12	28,15	15,93	3,03	1,11	2078	8,61	0,87
1915	10,25	12,23	30,64	25,57	3,19	1,88	29,92	16,05	2,66	0,92	2069	13,44	1,26
1915/16	10,23	12,21	30,22	25,57	3,24	1,41	30,58	15,29	2,71	1,46	1916	13,41	1,25
1916	11,14	13,31	27,60	22,94	2,87	1,79	30,89	16,08	2,59	0,99	2127	15,75	1,32
1916/17	10,29	14,29	27,52	23,48	2,48	1,57	30,81	15,76	2,62	1,33	2100	14,29	0,62
1917	9,66	15,48	25,66	21,97	2,09	1,61	32,45	15,31	2,65	1,44	2299	15,35	0,70
1917/18	9,50	16,31	24,93	21,31	2,03	1,59	32,10	15,69	2,83	1,46	2262	14,41	0,53
1918	9,36	17,25	24,16	20,69	1,92	1,55	32,09	15,33	2,53	1,80	2446	16,64	0,98
1918/19	7,72	17,68	28,26	24,27	2,24	1,74	29,09	15,10	2,82	2,16	2410	14,81	1,00
1919	7,01	18,41	34,82	26,91	6,50	1,41	23,09	13,77	3,76	2,89	3906	12,75	0,79
ZS.1919	7,03	17,57	30,89	30,89	.	.	44,51	.	.	0,00	3017	10,41	.
1919/20	7,32	17,81	36,49	25,85	9,18	1,47	21,26	13,94	4,71	3,18	3335	9,93	1,14
1920	7,72	18,66	34,31	24,10	8,35	1,87	21,66	14,23	5,91	3,42	3162	12,81	1,77
1920/21	7,75	18,40	36,97	23,51	10,82	2,64	18,91	14,18	6,43	3,79	2348	12,18	3,36
1921	9,36	20,82	33,44	20,74	9,57	3,14	18,25	13,87	7,19	4,26	2488	12,58	4,30
1921/22	9,15	20,36	32,27	20,18	8,59	3,50	18,59	14,71	7,80	4,90	2141	12,00	4,90
1922	10,19	23,92	29,45	18,64	6,66	4,16	16,72	14,81	8,28	4,91	2404	12,23	4,83
1922/23	9,04	25,29	28,61	17,07	6,20	5,34	16,92	15,34	8,85	4,81	2080	12,21	6,68
1923	9,47	29,94	23,86	14,82	4,08	4,97	18,09	13,76	8,07	4,88	2355	12,57	7,56
1923/24	7,94	30,43	23,62	15,26	3,06	5,30	18,59	14,90	8,67	4,52	1926	11,89	7,58
1924	6,97	33,26	22,57	14,17	2,51	5,90	17,79	14,68	8,45	4,74	2153	11,84	6,27
1924/25	7,84	33,27	20,91	11,98	1,72	7,20	15,36	18,23	9,56	4,40	1569	11,85	5,10
1925	7,87	34,44	20,20	12,53	1,65	6,02	17,69	16,29	7,52	3,51	1995	14,19	4,21
1925/26	7,34	31,22	23,24	14,14	2,52	6,57	19,01	15,90	6,16	3,29	1704	13,26	5,11
1926	6,55	33,49	21,49	14,11	3,25	4,13	20,70	15,47	4,35	2,29	2275	14,90	3,69
1926/27	6,63	32,83	22,41	15,09	4,13	3,19	19,95	16,02	4,18	2,16	2035	13,76	4,82
1927	8,10	30,94	20,20	14,89	3,65	1,66	23,56	15,76	2,53	1,45	2767	17,31	3,98
1927/28	8,39	29,72	20,67	14,92	4,09	1,65	24,35	15,50	2,94	1,36	2419	17,32	3,56
1928	9,63	26,91	21,59	16,22	4,10	1,28	25,87	15,00	2,61	1,00	3293	18,10	3,70
1928/29	10,49	25,61	22,10	16,46	4,45	1,18	24,76	16,03	2,90	1,01	2964	16,97	4,01
1929	10,61	22,57	25,76	18,20	6,16	1,40	24,60	15,41	2,61	1,05	3797	19,83	3,63
1929/30	10,26	20,87	26,79	18,70	6,52	1,57	25,13	16,02	3,14	0,94	3315	19,28	3,32
1930	10,69	17,97	28,94	20,32	6,92	1,71	25,98	15,39	2,83	1,02	3918	22,18	3,19
1930/31	11,37	18,04	29,60	20,19	7,57	1,84	25,33	14,58	3,43	1,09	3210	20,56	2,55
1931	13,15	16,41	31,14	21,96	7,31	1,87	24,75	13,47	3,10	1,08	3802	22,46	2,63
1931/32	13,61	15,77	34,60	23,67	8,74	2,19	21,93	12,90	2,81	1,19	3101	20,25	2,58
1932	14,20	16,44	36,47	26,62	7,46	2,39	20,17	11,66	2,65	1,05	3430	19,94	2,16
1932/33	14,40	15,37	37,91	26,30	8,51	3,09	19,68	11,57	2,86	1,08	2973	19,64	2,12
1933	13,71	14,37	40,91	29,25	8,18	3,49	20,41	9,12	1,89	1,48	3180	19,78	.
1933/34	15,83	13,80	41,32	28,82	8,92	3,59	18,90	9,14	3,26	1,00	2703	17,80	.
1934	15,90	10,88	45,66	32,31	8,46	4,89	19,01	7,27	2,93	1,28	2188	18,28	3,52
1934/35	15,44	12,57	47,39	31,68	9,85	5,86	16,93	6,55	2,66	1,12	1878	15,87	.
1935	14,51	11,72	49,78	33,79	9,42	6,57	16,68	6,08	2,36	1,24	1613	19,16	.
1935/36	13,89	10,72	49,51	32,05	10,32	7,15	18,73	6,28	2,88	0,86	1735	19,31	.
1936	14,19	8,72	49,59	33,38	9,93	6,28	19,93	6,55	2,91	1,01	1480	20,68	.
1936/37	12,34	8,63	50,95	34,52	9,99	6,43	19,30	7,57	3,71	1,21	1321	22,94	.
1937	11,05	7,69	55,96	41,31	8,41	6,24	17,45	6,41	3,52	1,44	1249	22,34	6,00
1937/38	10,48	9,68	54,97	41,92	6,93	6,13	17,94	5,86	3,73	1,07	1126	20,96	.
1938	11,37	8,17	56,39	42,72	6,57	7,10	16,70	6,22	4,26	1,15	1126	20,25	.
1938/39	9,26	8,44	57,15	40,61	5,87	10,67	16,87	6,78	4,30	1,49	1209	21,01	.
1939	6,58	7,49	62,36	48,54	4,66	9,16	16,07	6,16	4,16	1,33	1201	18,98	.
1939/40	0,00	0,00	88,63	80,40	5,59	2,65	0,12	11,24	9,50	0,00	1663	17,02	.
1940/1	0,98	2,13	81,40	75,30	3,23	2,87	7,44	7,01	6,04	1,04	1640	19,27	.
1940/2	1,99	4,14	70,36	63,11	2,95	4,30	12,99	9,56	7,49	0,96	1255	33,23	1,35
1940/3	1,44	3,38	71,15	64,83	2,32	4,01	15,77	7,20	5,57	1,06	1598	33,79	.
1941/1	1,69	3,46	68,67	62,82	2,85	3,00	18,01	6,93	4,85	1,23	1299	38,80	.

4. Die Studierenden nach Fächern

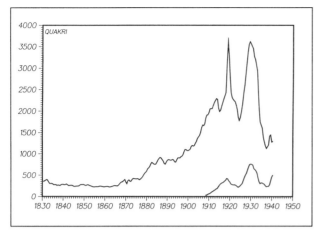

Abb. 20.2: Die Studierenden (weibl. u. insg.) an der Universität Marburg 1830/31–1941/1: Sämtliche Fächer

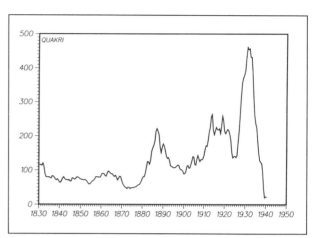

Abb. 20.3: Die Studierenden an der Universität Marburg 1830/31–1941/1: Evangelische Theologie

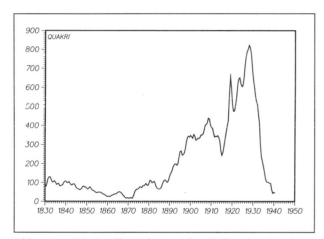

Abb. 20.4: Die Studierenden an der Universität Marburg 1830/31–1941/1: Jura

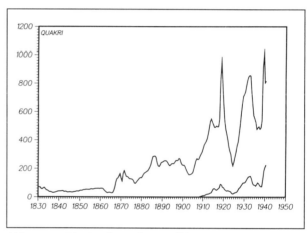

Abb. 20.5: Die Studierenden (weibl. u. insg.) an der Universität Marburg 1830/31–1941/1: Allgemeine Medizin

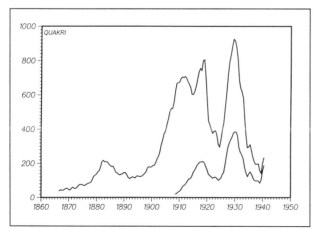

Abb. 20.6: Die Studierenden (weibl. u. insg.) an der Universität Marburg 1866/67–1941/1: Sprach- und Kulturwissenschaften

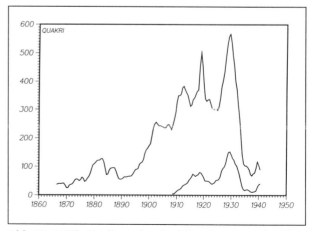

Abb. 20.7: Die Studierenden (weibl. u. insg.) an der Universität Marburg 1866/67–1941/1: Mathematik und Naturwissenschaften

Tab. 20. 2: Die Einzelfachströme an der Universität Marburg nach Staatsangehörigkeit und Geschlecht 1830/31–1941/1

Semester	Stud. insg.	Evang. Theol.	Jura Jura	Medi-zin	Summe sonstige Fächer							
					insg.	Thier-heil-kunde	Chir-urgie	Phar-mazie	Philos Fächer	Math., Natur-wiss.	Came-ralia	Son-stige
	1	2	3	4	5	6	7	8	9	10	11	12
1830/31	346	108	73	66	99	.	.	.	.	.	.	.
1831	361	124	86	77	74	2	20	16	21	.	.	15
1831/32	366	106	117	59	84	1	20	8	30	.	.	25
1832	390	120	130	56	84	.	.	.	84	.	.	.
1832/33	400	121	131	56	92	6	20	4	32	.	.	30
1833	378	100	128	71	79	7	20	6	26	.	.	20
1833/34	309	79	101	62	67	.	.	.	67	.	.	.
1834	303	82	103	50	68	.	.	.	68	.	.	.
1834/35	303	78	104	47	74	.	.	.	74	.	.	.
1835	311	81	115	47	68	4	23	6	19	.	.	16
1835/36	279	80	90	36	73	1	31	4	20	.	.	17
1836	272	74	90	37	71	1	30	5	22	.	.	13
1836/37	284	79	97	38	70	2	27	3	22	.	.	16
1837	271	87	93	30	61	0	28	3	17	.	.	13
1837/38	252	78	73	31	70	0	31	6	24	.	.	9
1838	284	80	92	31	81	1	32	8	26	.	5	9
1838/39	245	67	80	34	64	1	32	7	14	.	4	6
1839	270	75	96	35	64	1	28	8	18	.	2	7
1839/40	286	74	107	39	66	0	28	11	17	.	3	7
1840	287	67	108	41	71	0	29	11	24	.	3	4
1840/41	285	61	107	41	76	0	31	5	28	.	3	9
1841	264	67	92	41	64	0	26	5	21	.	4	8
1841/42	294	73	106	41	74	0	29	6	28	.	6	5
1842	293	82	104	45	62	0	20	4	29	.	7	2
1842/43	261	78	87	39	57	0	19	4	28	.	5	1
1843	253	71	87	36	59	0	20	6	23	.	6	4
1843/44	261	73	90	42	56	1	20	9	19	.	5	2
1844	266	71	96	34	65	2	17	9	26	.	2	9
1844/45	260	70	91	33	66	1	18	5	28	.	1	13
1845	255	74	77	35	69	0	8	4	29	.	17	11
1845/46	227	60	68	35	64	0	11	.	35	.	7	11
1846	245	77	69	35	64	0	10	3	37	.	4	10
1846/47	242	78	61	32	71	0	5	4	44	.	4	14
1847	248	75	62	35	76	0	4	9	47	.	6	10
1847/48	245	71	64	38	72	0	5	7	48	.	4	8
1848	255	77	72	37	69	0	6	4	47	.	8	4
1848/49	286	81	86	39	80	0	7	5	55	.	8	5
1849	278	79	77	43	79	0	13	9	47	.	6	4
1849/50	281	78	76	38	89	0	15	11	57	.	5	1
1850	287	75	78	43	91	0	14	12	60	.	5	0
1850/51	263	72	61	47	83	0	11	6	58	.	5	3
1851	262	74	67	46	75	0	14	3	49	.	4	5
1851/52	263	70	77	44	72	0	12	5	48	.	2	5
1852	289	73	78	55	83	1	14	4	54	.	2	8
1852/53	258	71	61	47	79	0	20	4	47	.	1	7
1853	261	72	60	54	75	1	15	8	48	.	1	2
1853/54	243	65	55	52	71	1	14	13	38	.	1	4
1854	241	61	56	53	71	0	15	16	36	.	1	3
1854/55	225	58	46	51	70	0	14	14	38	.	1	3
1855	228	61	46	53	68	0	7	11	44	.	1	5
1855/56	225	65	47	54	59	0	6	11	11	24	1	6
1856	238	68	52	60	58	0	6	14	12	22	1	3
1856/57	224	71	46	49	58	0	6	18	6	22	1	5
1857	240	71	51	61	57	0	4	16	8	25	0	4
1857/58	233	80	41	54	58	0	3	19	8	21	1	6
1858	256	82	41	64	69	0	2	24	10	26	2	5
1858/59	231	79	35	55	62	0	2	17	15	22	1	5
1859	242	81	37	63	61	0	0	15	18	18	1	9
1859/60	221	78	29	58	56	0	0	18	8	18	4	8
1860	229	81	25	59	64	0	1	19	7	25	5	7
1860/61	234	87	27	62	58	0	1	19	4	20	5	9
1861	239	93	28	59	59	0	1	18	5	24	5	6
1861/62	239	88	22	61	68	0	0	23	10	22	7	6
1862	232	90	34	49	59	0	0	22	10	22	3	2
1862/63	215	77	30	42	66	0	0	14	12	32	2	6
1863	235	88	38	37	72	0	2	12	13	39	2	4
1863/64	234	95	39	27	73	0	0	15	18	35	4	1
1864	245	99	38	31	77	0	0	16	19	37	4	1
1864/65	254	91	43	34	86	0	0	21	16	41	4	4
1865	264	92	44	32	96	0	0	21	20	46	3	6
1865/66	244	87	52	29	76	0	0	20	21	28	3	4
1866	257	92	51	28	86	0	0	20	26	34	4	2

Tab. 20. 2: Die Einzelfachströme an der Universität Marburg nach Staatsangehörigkeit und Geschlecht 1830/31–1941/1

	Evang. Theol.		Jura		Medizin		Zahnmedizin		Pharmazie		Philol., Gesch.		Math., Naturw.	
	insg.	Ausl. in %	insg.	Ausl. in %	insg.	Ausl. in %	insg.	Ausl. in %	insg.	Ausl. in %	insg.	Ausl. in %	insg.	Ausl. in %
Semester	1	2	3	4	5	6	7	8	9	10	11	12	13	14
1866/67	77	.	47	.	32	.	0	.	18	.	28	.	35	.
1867	85	.	48	.	55	.	0	.	18	.	48	.	39	.
1867/68	85	2,35	33	0,00	79	2,53	0	.	22	.	40	0,00	40	0,00
1868	74	2,70	32	0,00	131	1,53	0	.	33	.	45	2,22	40	0,00
1868/69	69	4,35	22	4,55	128	0,78	0	.	32	.	39	2,56	39	2,56
1869	84	3,57	19	5,26	141	2,13	0	.	29	.	56	1,79	43	2,33
1869/70	81	2,47	16	0,00	153	0,65	0	.	36	.	53	1,89	39	0,00
1870	82	2,44	23	0,00	178	1,69	0	.	51	.	53	1,89	30	6,67
1870/71	59	0,00	12	0,00	85	2,35	1	.	42	.	39	2,56	21	4,76
1871	61	4,92	21	0,00	137	0,73	1	.	41	.	47	2,13	30	0,00
1871/72	50	4,00	20	0,00	193	1,04	1	.	37	.	64	0,00	38	0,00
1872	52	3,85	17	0,00	178	1,12	1	.	33	.	57	0,00	37	0,00
1872/73	47	2,13	16	6,25	148	2,70	0	.	35	.	49	0,00	40	10,00
1873	46	2,17	41	2,44	141	4,26	0	.	44	.	58	0,00	50	10,00
1873/74	54	5,56	51	1,96	145	4,14	0	.	47	0,00	64	4,69	57	5,26
1874	47	6,38	67	2,99	132	3,03	0	.	49	0,00	79	5,06	56	7,14
1874/75	45	4,44	61	0,00	125	4,00	0	.	51	0,00	74	4,05	53	7,55
1875	53	3,77	69	0,00	131	3,05	0	.	42	0,00	78	1,28	48	4,17
1875/76	46	0,00	67	0,00	122	2,46	0	.	40	0,00	68	0,00	58	3,45
1876	52	1,92	88	1,14	126	4,76	0	.	36	0,00	71	1,41	67	2,99
1876/77	49	2,04	65	1,54	104	3,85	0	.	39	0,00	76	3,95	49	4,08
1877	53	5,66	81	1,23	93	6,45	0	.	45	0,00	83	1,20	46	4,35
1877/78	51	1,96	85	2,35	100	6,00	0	.	42	0,00	82	2,44	55	1,82
1878	60	3,33	82	1,22	110	3,64	0	.	47	0,00	90	2,22	61	0,00
1878/79	54	1,85	93	1,08	120	4,17	0	.	48	0,00	89	1,12	67	2,99
1879	63	3,17	98	2,04	126	2,38	0	.	47	0,00	122	4,92	81	2,47
1879/80	62	3,23	77	1,30	141	1,42	0	.	47	0,00	126	0,79	99	7,07
1880	74	1,35	92	2,17	134	2,24	0	.	39	0,00	137	1,46	111	3,60
1880/81	79	0,00	98	2,04	137	2,92	2	.	44	0,00	137	0,73	107	4,67
1881	84	1,19	126	0,79	158	2,53	0	.	45	0,00	166	1,20	122	2,46
1881/82	79	2,53	93	0,00	164	1,83	0	.	42	0,00	149	0,67	119	0,84
1882	103	0,97	103	1,94	176	3,98	0	.	47	0,00	212	1,42	125	2,40
1882/83	112	0,00	102	0,98	171	4,09	0	.	44	0,00	208	0,96	119	2,52
1883	139	0,72	113	1,77	189	5,29	0	.	46	0,00	226	0,88	135	2,96
1883/84	110	0,91	79	1,27	178	5,06	0	.	44	0,00	190	0,53	119	3,36
1884	124	0,81	77	3,90	210	4,76	0	.	50	2,00	229	2,18	113	1,77
1884/85	131	4,58	63	1,59	206	4,85	0	.	46	2,17	187	3,74	75	1,33
1885	177	3,39	70	0,00	247	3,64	0	.	53	1,89	202	3,96	68	2,94
1885/86	154	1,95	61	3,28	268	3,36	0	.	62	4,84	173	1,16	79	2,53
1886	191	1,57	76	3,95	300	3,67	0	.	71	1,41	189	1,59	95	3,16
1886/87	178	2,25	73	0,00	273	2,20	0	.	71	0,00	178	1,12	93	7,53
1887	248	3,63	110	0,91	302	1,32	0	.	57	0,00	154	4,55	97	5,15
1887/88	197	2,03	100	0,00	253	1,98	0	.	55	.	140	.	96	.
1888	232	5,60	127	0,79	230	0,87	1	.	65	.	146	.	94	.
1888/89	177	0,56	99	0,00	209	0,48	2	.	91	.	124	.	72	.
1889	161	1,86	107	0,00	220	1,36	1	.	88	.	140	.	65	.
1889/90	142	2,82	95	0,00	232	0,86	0	.	85	.	133	.	49	.
1890	193	5,18	134	0,00	255	0,78	0	.	87	.	148	.	61	.
1890/91	162	1,85	135	1,48	236	1,27	7	.	86	.	145	.	51	.
1891	180	7,78	163	0,61	264	1,14	9	.	83	.	145	.	68	.
1891/92	135	4,44	153	0,00	246	1,22	10	.	86	1,16	120	3,33	61	3,28
1892	148	12,84	204	0,49	264	2,65	16	.	79	3,80	113	5,31	66	3,03
1892/93	120	7,50	180	0,56	243	2,06	12	.	90	1,11	107	6,54	62	3,23
1893	155	9,03	217	0,00	244	3,28	15	.	93	2,15	125	7,20	70	4,29
1893/94	101	3,96	180	0,00	212	2,36	12	.	98	2,04	117	4,27	62	3,23
1894	125	9,60	202	0,50	229	2,62	9	.	80	1,25	117	3,42	73	2,74
1894/95	97	3,09	202	0,00	223	2,69	7	.	64	1,56	111	6,31	74	5,41
1895	122	9,84	271	0,00	247	4,45	9	.	70	0,00	139	9,35	88	13,64
1895/96	93	1,08	258	0,00	223	4,04	8	.	79	1,27	113	7,08	91	9,89
1896	121	4,96	277	0,36	247	4,86	5	0,00	80	3,75	131	6,87	92	9,78
1896/97	98	10,20	212	0,94	244	2,46	10	0,00	83	6,02	113	8,85	94	8,51
1897	126	14,29	285	0,35	271	2,21	10	0,00	65	3,08	139	5,04	123	9,76
1897/98	104	4,81	225	0,44	241	2,07	5	0,00	64	4,69	127	7,87	103	6,80
1898	124	4,84	331	0,30	274	3,65	13	0,00	63	1,59	155	7,74	128	5,47
1898/99	87	4,60	299	0,00	268	3,36	12	0,00	69	5,80	148	8,11	123	4,88
1899	115	8,70	377	0,27	264	3,79	15	0,00	61	6,56	197	5,08	171	4,09
1899/00	87	8,05	311	0,00	221	5,88	7	0,00	56	3,57	164	6,71	147	4,08
1900	107	18,69	367	0,00	234	3,85	13	0,00	51	3,92	193	6,22	183	3,83
1900/01	71	14,08	329	0,00	213	1,88	16	0,00	44	9,09	165	7,27	163	4,29
1901	110	16,36	354	0,28	235	2,98	21	0,00	51	5,88	210	10,48	197	3,05
1901/02	82	9,76	312	0,32	195	3,08	18	0,00	46	0,00	168	11,31	218	5,96
1902	140	20,00	394	0,76	199	6,53	20	5,00	61	3,28	238	5,04	255	5,10
1902/03	88	6,82	298	0,67	164	4,88	21	0,00	53	7,55	215	6,05	246	3,66
1903	125	16,80	348	0,57	171	6,43	19	5,26	62	4,84	233	0,00	185	0,00
1903/04	88	11,36	304	0,66	143	6,99	15	6,67	55	0,00	217	0,92	154	0,00
1904	147	16,33	364	0,55	173	6,36	26	3,85	59	3,39	299	0,67	172	0,58
1904/05	108	8,33	300	0,33	148	4,73	27	7,41	59	3,39	275	1,09	147	0,00
1905	172	15,70	375	0,80	183	4,37	38	7,89	72	4,17	366	1,09	170	0,00
1905/06	102	13,73	327	0,31	162	4,32	32	3,13	67	4,48	298	0,00	152	0,00
1906	131	23,66	374	0,00	234	4,70	26	0,00	76	2,63	448	2,01	181	0,55
1906/07	99	13,13	336	0,30	219	4,11	30	0,00	69	4,35	386	0,78	165	1,82
1907	166	17,47	415	0,00	290	4,83	24	0,00	59	3,39	534	0,75	202	1,49
1907/08	121	14,88	388	0,00	251	5,58	33	0,00	56	1,79	430	0,93	179	1,68
1908	146	26,71	425	0,00	275	6,18	40	2,50	62	1,61	538	0,74	192	1,04

Tab. 20.2: Die Einzelfachströme an der Universität Marburg nach Staatsangehörigkeit und Geschlecht 1830/31–1941/1

	Chemie		Landw.u.Cam.		Sonstige		Studierende		
	insg.	Ausl. in %	insg.	Ausl. in %	insg.	Ausl. in %	insg.	Ausländer insg.	in %
Semester	15	16	17	18	19	20	21	22	23
1866/67	.	.	3	.	.	.	240	.	.
1867	.	.	3	.	.	.	296	.	.
1867/68	.	.	1	.	.	.	300	4	1,33
1868	.	.	0	.	.	.	355	5	1,41
1868/69	.	.	0	.	.	.	329	7	2,13
1869	.	.	0	.	.	.	372	9	2,42
1869/70	.	.	0	.	.	.	378	4	1,06
1870	.	.	1	.	.	.	418	8	1,91
1870/71	.	.	0	.	.	.	259	4	1,54
1871	.	.	0	.	.	.	338	5	1,48
1871/72	.	.	0	.	.	.	403	4	0,99
1872	.	.	0	.	.	.	375	4	1,07
1872/73	.	.	0	.	.	.	335	10	2,99
1873	.	.	0	.	.	.	380	13	3,42
1873/74	.	.	0	.	.	.	418	16	3,83
1874	.	.	0	.	.	.	430	17	3,95
1874/75	.	.	0	.	.	.	409	14	3,42
1875	.	.	0	.	.	.	421	9	2,14
1875/76	.	.	0	.	.	.	401	5	1,25
1876	.	.	0	.	.	.	440	11	2,50
1876/77	.	.	0	.	.	.	382	11	2,88
1877	.	.	0	.	.	.	401	13	3,24
1877/78	.	.	0	.	.	.	415	12	2,89
1878	.	.	0	.	.	.	450	9	2,00
1878/79	.	.	0	.	.	.	471	10	2,12
1879	.	.	0	.	.	.	537	15	2,79
1879/80	.	.	0	.	.	.	552	13	2,36
1880	.	.	0	.	.	.	587	12	2,04
1880/81	.	.	0	.	.	.	604	12	1,99
1881	.	.	0	.	.	.	701	11	1,57
1881/82	.	.	0	.	.	.	646	7	1,08
1882	.	.	0	.	.	.	766	16	2,09
1882/83	.	.	0	.	.	.	756	13	1,72
1883	.	.	0	.	.	.	848	19	2,24
1883/84	.	.	0	.	.	.	720	16	2,22
1884	.	.	0	.	.	.	803	22	2,74
1884/85	.	.	0	.	.	.	708	26	3,67
1885	.	.	0	.	.	.	817	26	3,18
1885/86	.	.	0	.	.	.	797	21	2,63
1886	.	.	0	.	.	.	922	24	2,60
1886/87	.	.	0	.	.	.	866	19	2,19
1887	.	.	0	.	.	.	968	26	2,69
1887/88	.	.	0	.	.	.	841	21	2,50
1888	.	.	1	.	.	.	896	23	2,57
1888/89	.	.	1	.	.	.	775	11	1,42
1889	.	.	0	.	.	.	782	23	2,94
1889/90	.	.	0	.	.	.	736	18	2,45
1890	.	.	2	.	.	.	880	25	2,84
1890/91	.	.	1	.	.	.	823	23	2,79
1891	.	.	1	.	.	.	913	35	3,83
1891/92	.	.	1	0,00	.	.	812	16	1,97
1892	.	.	3	33,33	.	.	893	39	4,37
1892/93	.	.	4	0,00	.	.	818	25	3,06
1893	.	.	8	0,00	.	.	927	36	3,88
1893/94	.	.	5	0,00	.	.	787	18	2,29
1894	.	.	2	0,00	.	.	837	26	3,11
1894/95	.	.	2	0,00	.	.	780	21	2,69
1895	.	.	1	0,00	.	.	947	48	5,07
1895/96	.	.	2	0,00	.	.	867	28	3,23
1896	.	.	2	0,00	.	.	955	40	4,19
1896/97	.	.	2	0,00	.	.	856	41	4,79
1897	.	.	2	0,00	.	.	1021	46	4,51
1897/98	.	.	3	0,00	.	.	872	31	3,56
1898	.	.	3	33,33	.	.	1091	38	3,48
1898/99	.	.	1	0,00	.	.	1007	35	3,48
1899	.	.	2	0,00	.	.	1202	42	3,49
1899/00	.	.	6	0,00	.	.	999	39	3,90
1900	.	.	5	0,00	.	.	1153	50	4,34
1900/01	.	.	1	0,00	.	.	1002	37	3,69
1901	.	.	0	.	.	.	1178	57	4,84
1901/02	.	.	1	0,00	.	.	1040	47	4,52
1902	.	.	1	0,00	.	.	1308	72	5,50
1902/03	.	.	6	16,67	.	.	1091	43	3,94
1903	82	7,32	14	14,29	35	20,00	1274	53	4,16
1903/04	77	6,49	11	18,18	50	28,00	1114	46	4,13
1904	84	7,14	8	0,00	52	21,15	1384	60	4,34
1904/05	85	3,53	9	0,00	47	29,79	1205	41	3,40
1905	80	5,00	9	0,00	58	15,52	1523	61	4,01
1905/06	76	3,95	7	0,00	55	18,18	1278	39	3,05
1906	63	4,76	7	28,57	48	27,08	1588	72	4,53
1906/07	65	9,23	7	0,00	36	33,33	1412	50	3,54
1907	61	8,20	12	8,33	46	30,43	1809	72	3,98
1907/08	54	9,26	5	0,00	33	27,27	1550	54	3,48
1908	55	5,45	6	16,67	40	32,50	1779	81	4,55

Tab. 20. 2: Die Einzelfachströme an der Universität Marburg nach Staatsangehörigkeit und Geschlecht 1830/31-1941/1

	Evangelische Theologie					Jura					Medizin				
	insg.	Frauen		deuts.	Aus-länd. in %	insg.	Frauen		deuts.	Aus-länd. in %	insg.	Frauen		deuts.	Aus-länd. in %
		insg.	in %				insg.	in %				insg.	in %		
Semester	1	2	3	4	5	6	7	8	9	10	11	12	13	14	15
1908/09	105	0	0,00	0	22,86	399	1	0,25	1	0,25	258	4	1,55	4	5,43
1909	158	0	0,00	0	25,32	480	0	0,00	0	0,00	312	4	1,28	4	4,49
1909/10	102	1	0,98	1	13,73	390	0	0,00	0	1,03	288	6	2,08	6	4,17
1910	166	2	1,20	1	13,86	418	1	0,24	0	1,20	341	11	3,23	10	3,52
1910/11	121	0	0,00	0	12,40	358	0	0,00	0	0,84	335	11	3,28	10	2,09
1911	201	1	0,50	1	17,41	417	0	0,00	0	0,48	394	9	2,28	8	1,78
1911/12	143	1	0,70	0	9,09	304	0	0,00	0	0,00	363	17	4,68	17	2,48
1912	197	2	1,02	1	15,74	377	0	0,00	0	0,27	419	20	4,77	20	3,34
1912/13	179	0	0,00	0	9,50	311	0	0,00	0	0,32	401	21	5,24	21	2,99
1913	246	0	0,00	0	9,76	373	0	0,00	0	0,27	488	23	4,71	23	2,25
1913/14	205	0	0,00	0	8,78	322	0	0,00	0	0,62	487	23	4,72	23	3,49
1914	309	0	0,00	0	10,03	354	0	0,00	0	1,13	578	33	5,71	33	2,42
1914/15	220	0	0,00	0	0,45	283	1	0,35	1	0,35	521	28	5,37	28	0,19
1915	212	0	0,00	0	4,25	253	3	1,19	3	0,00	529	59	11,15	59	0,38
1915/16	196	1	0,51	1	1,53	234	2	0,85	2	0,00	490	56	11,43	56	0,82
1916	237	2	0,84	2	5,49	283	2	0,71	2	0,71	488	64	13,11	64	0,20
1916/17	216	2	0,93	2	2,31	300	1	0,33	1	0,00	493	45	9,13	44	0,41
1917	222	2	0,90	2	1,80	356	3	0,84	3	0,56	505	52	10,30	52	0,79
1917/18	215	1	0,47	1	0,00	369	5	1,36	5	0,27	482	53	11,00	52	1,24
1918	229	3	1,31	3	0,87	422	10	2,37	10	0,47	506	65	12,85	64	2,17
1918/19	186	2	1,08	2	1,08	426	9	2,11	9	0,70	585	67	11,45	67	2,22
1919	274	3	1,09	3	1,46	719	14	1,95	14	0,00	1051	116	11,04	114	1,71
ZS.1919	212	1	0,47	.	.	530	9	1,70	.	.	932	60	6,44	.	.
1919/20	244	4	1,64	4	1,23	594	6	1,01	6	0,00	862	58	6,73	55	2,32
1920	244	7	2,87	7	5,74	590	12	2,03	12	0,17	762	79	10,37	76	3,02
1920/21	182	9	4,95	9	8,24	432	10	2,31	10	0,69	552	55	9,96	52	5,25
1921	233	12	5,15	10	10,73	518	13	2,51	12	0,58	516	54	10,47	50	6,59
1921/22	196	6	3,06	5	10,20	436	7	1,61	7	0,92	432	40	9,26	37	8,56
1922	245	10	4,08	8	10,20	575	15	2,61	15	1,22	448	45	10,04	43	7,37
1922/23	188	9	4,79	9	17,55	526	8	1,52	8	1,33	355	45	12,68	42	9,01
1923	223	10	4,48	10	17,04	705	15	2,13	15	1,99	349	41	11,75	39	10,03
1023/24	153	5	3,27	5	10,46	586	16	2,73	16	2,56	294	40	13,61	37	11,90
1924	150	4	2,67	4	9,33	716	20	2,79	20	2,09	305	35	11,48	33	9,84
1924/25	123	6	4,88	5	12,20	522	12	2,30	12	1,53	188	16	8,51	15	9,57
1925	157	8	5,10	7	12,10	687	17	2,47	17	1,75	250	28	11,20	28	5,60
1925/26	125	6	4,80	.	.	532	11	2,07	.	.	241	25	10,37	.	.
1926	149	12	8,05	.	.	762	26	3,41	.	.	321	37	11,53	.	.
1926/27	135	16	11,85	13	12,59	668	19	2,84	19	1,35	307	28	9,12	27	5,21
1927	224	16	7,14	13	10,27	856	20	2,34	20	1,75	412	45	10,92	42	4,85
1927/28	203	19	9,36	18	5,42	719	10	1,39	10	0,83	361	50	13,85	46	4,43
1928	317	13	4,10	13	4,42	886	21	2,37	20	2,37	534	72	13,48	69	3,37
1928/29	311	15	4,82	14	8,68	759	15	1,98	15	1,84	488	62	12,70	61	3,07
1929	403	24	5,96	22	7,20	857	32	3,73	30	2,22	691	96	13,89	96	2,46
1929/30	340	21	6,18	20	7,06	692	23	3,32	23	2,17	620	87	14,03	86	2,42
1930	419	27	6,44	25	8,11	704	47	6,68	46	1,56	796	116	14,57	112	2,51
1930/31	365	25	6,85	22	6,85	579	35	6,04	34	1,21	648	84	12,96	83	1,39
1931	500	27	5,40	24	6,20	624	53	8,49	53	0,96	835	127	15,21	120	2,16
1931/32	422	31	7,35	30	4,50	489	26	5,32	25	1,02	734	107	14,58	101	1,91
1932	487	34	6,98	33	3,90	564	25	4,43	25	0,89	913	156	17,09	152	1,53
1932/33	428	27	6,31	27	3,04	457	20	4,38	20	0,88	782	128	16,37	125	2,56
1933	436	25	5,73	.	.	457	20	4,38	.	.	930	162	17,42	.	.
1933/34	428	25	5,84	.	.	373	12	3,22	.	.	779	133	17,07	.	.
1934	348	20	5,75	.	.	238	9	3,78	.	.	707	124	17,54	.	.
1934/35	290	10	3,45	.	.	236	9	3,81	.	.	595	77	12,94	.	.
1935	234	9	3,85	.	.	189	6	3,17	.	.	545	94	17,25	.	.
1935/36	241	12	4,98	.	.	186	5	2,69	.	.	556	76	13,67	.	.
1936	210	9	4,29	.	.	129	1	0,78	.	.	494	79	15,99	.	.
1936/37	163	4	2,45	.	.	114	2	1,75	.	.	456	96	21,05	.	.
1937	138	7	5,07	.	.	96	3	3,13	.	.	516	106	20,54	.	.
1937/38	118	5	4,24	.	.	109	2	1,83	.	.	472	84	17,80	.	.
1938	128	8	6,25	.	.	92	2	2,17	.	.	481	74	15,38	.	.
1938/39	112	6	5,36	.	.	102	1	0,98	.	.	491	73	14,87	.	.
1939	79	3	3,80	.	.	90	0	0,00	.	.	583	72	12,35	.	.
1939/40	0	0	.	.	.	0	0	.	.	.	1337	230	17,20	.	.
1940/1	16	0	0,00	.	.	35	1	2,86	.	.	1235	176	14,25	.	.
1940/2	25	2	8,00	.	.	52	2	3,85	.	.	792	193	24,37	.	.
1940/3	23	2	8,70	.	.	54	2	3,70	.	.	1036	233	22,49	.	.
1941/1	22	3	13,64	.	.	45	1	2,22	.	.	816	225	27,57	.	.

Tab. 20.2: Die Einzelfachströme an der Universität Marburg nach Staatsangehörigkeit und Geschlecht 1830/31–1941/1

	Zahnmedizin					Pharmazie					Philologien, Geschichte				
	insg.	Frauen		deuts.	Ausländ. in %	insg.	Frauen		deuts.	Ausländ. in %	insg.	Frauen		deuts.	Ausländ. in %
		insg.	in %				insg.	in %				insg.	in %		
Semester	16	17	18	19	20	21	22	23	24	25	26	27	28	29	30
1908/09	41	1	2,44	1	2,44	70	0	0,00	0	0,00	494	11	2,23	8	2,63
1909	42	0	0,00	0	2,38	67	0	0,00	0	0,00	664	16	2,41	15	1,66
1909/10	43	1	2,33	1	2,33	57	0	0,00	0	0,00	584	22	3,77	16	2,23
1910	42	2	4,76	2	0,00	51	0	0,00	0	0,00	683	40	5,86	33	1,90
1910/11	41	0	0,00	0	0,00	48	0	0,00	0	0,00	603	33	5,47	30	2,49
1911	40	0	0,00	0	0,00	48	1	2,08	1	0,00	718	49	6,82	45	2,92
1911/12	31	0	0,00	0	0,00	49	1	2,04	1	0,00	607	60	9,88	51	3,79
1912	44	1	2,27	1	0,00	55	1	1,82	1	0,00	696	67	9,63	63	1,58
1912/13	35	1	2,86	1	0,00	48	1	2,08	1	0,00	632	63	9,97	58	2,37
1913	69	3	4,35	2	2,90	58	0	0,00	0	1,72	694	92	13,26	87	2,74
1913/14	60	0	0,00	0	0,00	60	2	3,33	2	8,33	599	95	15,86	89	2,00
1914	74	2	2,70	2	0,00	53	2	3,77	2	9,43	667	114	17,09	109	3,00
1914/15	71	3	4,23	3	1,41	44	2	4,55	2	2,27	560	98	17,50	94	1,07
1915	66	2	3,03	2	0,00	39	0	0,00	0	2,56	590	143	24,24	141	0,68
1915/16	62	3	4,84	3	0,00	27	0	0,00	0	3,70	558	138	24,73	133	1,61
1916	61	5	8,20	5	0,00	38	2	5,26	2	2,63	628	171	27,23	167	1,27
1916/17	52	4	7,69	4	0,00	33	2	6,06	2	0,00	624	164	26,28	163	0,64
1917	48	3	6,25	3	0,00	37	3	8,11	3	0,00	718	205	28,55	204	0,56
1917/18	46	3	6,52	3	0,00	36	4	11,11	4	0,00	694	180	25,94	180	0,43
1918	47	3	6,38	3	2,13	38	5	13,16	5	2,63	749	222	29,64	222	0,40
1918/19	54	3	5,56	3	0,00	42	6	14,29	6	0,00	671	184	27,42	184	0,30
1919	254	9	3,54	9	0,39	55	12	21,82	12	0,00	842	224	26,60	224	0,24
ZS.1919	.	.	.	.	.	.	.	.	.	.	.	.	.	.	.
1919/20	306	5	1,63	5	0,65	49	5	10,20	5	0,00	670	170	25,37	169	0,45
1920	264	5	1,89	5	0,76	59	15	25,42	15	0,00	620	181	29,19	180	0,32
1920/21	254	4	1,57	4	1,57	62	18	29,03	18	0,00	392	128	32,65	126	2,04
1921	238	8	3,36	7	2,52	78	21	26,92	21	0,00	385	128	33,25	123	3,38
1921/22	184	9	4,89	9	3,26	75	21	28,00	21	0,00	326	106	32,52	100	4,60
1922	160	10	6,25	10	3,75	100	21	21,00	21	0,00	325	113	34,77	103	7,38
1922/23	129	11	8,53	7	13,95	111	23	20,72	22	1,80	285	89	31,23	81	8,42
1923	96	10	10,42	5	23,96	117	20	17,09	18	4,27	319	120	37,62	107	8,15
1923/24	59	5	8,47	3	33,90	102	16	15,69	16	3,92	247	88	35,63	80	8,10
1924	54	2	3,70	2	33,33	127	19	14,96	18	3,94	261	93	35,63	85	6,51
1924/25	27	4	14,81	2	40,74	113	19	16,81	19	1,77	.	.	.	.	.
1925	33	7	21,21	3	21,21	120	23	19,17	22	2,50	.	.	.	.	.
1925/26	43	5	11,63	.	.	112	28	25,00	.	.	.	.	.	.	.
1926	74	3	4,05	.	.	94	22	23,40	.	.	.	.	.	.	.
1926/27	84	4	4,76	0	29,76	65	19	29,23	18	1,54	.	.	.	.	.
1927	101	8	7,92	4	17,82	46	15	32,61	14	4,35	.	.	.	.	.
1927/28	99	8	8,08	5	19,19	40	11	27,50	11	2,50	.	.	.	.	.
1928	135	7	5,19	4	12,59	42	11	26,19	11	2,38	.	.	.	.	.
1928/29	132	6	4,55	4	12,12	35	8	22,86	8	2,86	.	.	.	.	.
1929	234	25	10,68	23	9,40	53	16	30,19	16	1,89	.	.	.	.	.
1929/30	216	27	12,50	25	8,80	52	17	32,69	17	1,92	.	.	.	.	.
1930	271	42	15,50	41	5,54	67	21	31,34	21	1,49	.	.	.	.	.
1930/31	243	36	14,81	32	5,76	59	20	33,90	20	1,69	.	.	.	.	.
1931	278	47	16,91	47	1,80	71	17	23,94	17	0,00	.	.	.	.	.
1931/32	271	47	17,34	47	2,58	68	16	23,53	16	0,00	.	.	.	.	.
1932	256	44	17,19	44	1,56	82	19	23,17	19	0,00	.	.	.	.	.
1932/33	253	50	19,76	50	1,19	92	20	21,74	20	0,00	.	.	.	.	.
1933	260	44	16,92	.	.	111	24	21,62	.	.	.	.	.	.	.
1933/34	241	34	14,11	.	.	97	20	20,62	.	.	.	.	.	.	.
1934	185	19	10,27	.	.	107	25	23,36	.	.	.	.	.	.	.
1934/35	185	22	11,89	.	.	110	28	25,45	.	.	.	.	.	.	.
1935	152	20	13,16	.	.	106	38	35,85	.	.	.	.	.	.	.
1935/36	179	27	15,08	.	.	124	39	31,45	.	.	.	.	.	.	.
1936	147	24	16,33	.	.	93	23	24,73	.	.	.	.	.	.	.
1936/37	132	22	16,67	.	.	85	28	32,94	.	.	.	.	.	.	.
1937	105	14	13,33	.	.	78	28	35,90	.	.	.	.	.	.	.
1937/38	78	8	10,26	.	.	69	25	36,23	.	.	.	.	.	.	.
1938	74	10	13,51	.	.	80	28	35,00	.	.	.	.	.	.	.
1938/39	71	13	18,31	.	.	129	40	31,01	.	.	.	.	.	.	.
1939	56	12	21,43	.	.	110	38	34,55	.	.	.	.	.	.	.
1939/40	93	15	16,13	.	.	44	19	43,18	.	.	.	.	.	.	.
1940/1	53	13	24,53	.	.	47	25	53,19	.	.	.	.	.	.	.
1940/2	37	15	40,54	.	.	54	42	77,78	.	.	.	.	.	.	.
1940/3	37	17	45,95	.	.	64	48	75,00	.	.	.	.	.	.	.
1941/1	37	19	51,35	.	.	39	24	61,54	.	.	.	.	.	.	.

Tab. 20. 2: Die Einzelfachströme an der Universität Marburg nach Staatsangehörigkeit und Geschlecht 1830/31–1941/1

	Mathematik und Naturwissenschaften					Chemie					Cameralia, Staatswissenschaft, VWL				
	insg.	Frauen			Ausländ. in %	insg.	Frauen			Ausländ. in %	insg.	Frauen			Ausländ. in %
		insg.	in %	deuts.			insg.	in %	deuts.			insg.	in %	deuts.	
Semester	31	32	33	34	35	36	37	38	39	40	41	42	43	44	45
1908/09	166	4	2,41	4	0,00	47	0	0,00	0	12,77	5	1	20,00	1	20,00
1909	225	6	2,67	5	1,78	55	0	0,00	0	7,27	5	1	20,00	1	20,00
1909/10	200	5	2,50	5	0,50	50	0	0,00	0	6,00	9	1	11,11	1	22,22
1910	275	14	5,09	13	1,45	51	0	0,00	0	3,92	4	0	0,00	0	25,00
1910/11	272	15	5,51	14	1,10	56	0	0,00	0	5,36	5	1	20,00	1	0,00
1911	310	22	7,10	22	0,65	63	0	0,00	0	4,76	10	0	0,00	0	0,00
1911/12	273	17	6,23	17	0,73	55	1	1,82	1	9,09	10	0	0,00	0	10,00
1912	327	27	8,26	25	1,53	55	1	1,82	1	7,27	14	0	0,00	0	7,14
1912/13	328	32	9,76	31	1,52	47	1	2,13	1	2,13	12	0	0,00	0	8,33
1913	340	36	10,59	35	1,47	52	1	1,92	1	5,77	18	1	5,56	1	0,00
1913/14	298	37	12,42	36	0,67	51	0	0,00	0	3,92	14	0	0,00	0	0,00
1914	300	43	14,33	43	1,00	72	1	1,39	0	6,94	24	2	8,33	2	0,00
1914/15	268	41	15,30	41	0,00	63	1	1,59	0	3,17	23	2	8,70	2	0,00
1915	277	62	22,38	62	0,36	55	1	1,82	0	3,64	19	2	10,53	2	0,00
1915/16	241	51	21,16	51	0,00	52	0	0,00	0	3,85	28	3	10,71	2	3,57
1916	287	75	26,13	75	0,00	55	3	5,45	3	3,64	21	4	19,05	4	0,00
1916/17	276	64	23,19	64	0,00	55	7	12,73	7	1,82	28	6	21,43	6	3,57
1917	291	61	20,96	61	0,00	61	8	13,11	8	1,64	33	10	30,30	10	3,03
1917/18	291	53	18,21	53	0,00	64	11	17,19	11	1,56	33	7	21,21	7	3,03
1918	313	65	20,77	65	0,32	62	11	17,74	11	1,61	44	16	36,36	16	2,27
1918/19	296	59	19,93	59	0,34	68	10	14,71	10	2,94	52	13	25,00	13	1,92
1919	391	78	19,95	77	1,02	147	13	8,84	13	0,68	113	17	15,04	17	0,88
ZS.1919	.	.	.	.	.	.	.	.	.	.	.	.	.	.	.
1919/20	308	55	17,86	54	0,97	157	11	7,01	11	3,18	106	12	11,32	12	1,89
1920	263	61	23,19	60	1,90	187	15	8,02	15	2,67	108	16	14,81	16	0,93
1920/21	182	41	22,53	39	3,85	151	7	4,64	7	3,31	89	8	8,99	8	1,12
1921	166	39	23,49	37	4,22	179	13	7,26	13	4,47	106	13	12,26	13	3,77
1921/22	148	37	25,00	37	2,70	167	11	6,59	11	5,39	105	8	7,62	8	3,81
1922	157	38	24,20	38	0,64	199	12	6,03	12	3,52	118	18	15,25	18	4,24
1922/23	135	33	24,44	32	2,22	184	13	7,07	13	3,80	100	11	11,00	11	7,00
1923	134	28	20,90	27	3,73	190	13	6,84	13	5,26	115	21	18,26	20	6,96
1923/24	120	27	22,50	26	4,17	107	10	5,99	10	5,99	87	7	8,05	7	8,05
1924	134	33	24,63	31	3,73	182	12	6,59	12	3,85	102	9	8,82	9	10,78
1924/25	.	.	.	.	.	150	13	8,67	13	5,33	69	4	5,80	4	4,35
1925	.	.	.	.	.	150	12	8,00	12	4,67	69	8	11,59	8	8,70
1925/26	.	.	.	.	.	105	6	5,71	.	.	56	4	7,14	.	.
1926	.	.	.	.	.	99	3	3,03	.	.	52	3	5,77	.	.
1926/27	.	.	.	.	.	85	2	2,35	1	3,53	44	5	11,36	5	11,36
1927	.	.	.	.	.	70	4	5,71	3	4,29	40	8	20,00	8	12,50
1927/28	.	.	.	.	.	71	4	5,63	3	5,63	33	5	15,15	5	9,09
1928	.	.	.	.	.	86	12	13,95	12	3,49	33	3	9,09	3	9,09
1928/29	.	.	.	.	.	86	11	12,79	11	3,49	30	4	13,33	4	13,33
1929	.	.	.	.	.	99	16	16,16	15	4,04	40	6	15,00	6	7,50
1929/30	.	.	.	.	.	104	16	15,38	15	2,88	31	5	16,13	5	3,23
1930	.	.	.	.	.	111	19	17,12	18	1,80	40	13	32,50	13	7,50
1930/31	.	.	.	.	.	110	26	23,64	25	1,82	35	7	20,00	7	5,71
1931	.	.	.	.	.	118	28	23,73	27	2,54	41	10	24,39	10	4,88
1931/32	.	.	.	.	.	87	15	17,24	14	4,60	37	5	13,51	5	0,00
1932	.	.	.	.	.	91	18	19,78	17	4,40	36	2	5,56	2	0,00
1932/33	.	.	.	.	.	85	18	21,18	17	4,71	32	5	15,63	5	0,00
1933	.	.	.	.	.	60	10	16,67	.	.	47	9	19,15	.	.
1933/34	.	.	.	.	.	88	20	22,73	.	.	27	2	7,41	.	.
1934	.	.	.	.	.	64	12	18,75	.	.	28	2	7,14	.	.
1934/35	.	.	.	.	.	50	7	14,00	.	.	21	2	9,52	.	.
1935	.	.	.	.	.	38	5	13,16	.	.	20	5	25,00	.	.
1935/36	.	.	.	.	.	50	7	14,00	.	.	15	2	13,33	.	.
1936	.	.	.	.	.	43	8	18,60	.	.	15	2	13,33	.	.
1936/37	.	.	.	.	.	49	8	16,33	.	.	16	3	18,75	.	.
1937	.	.	.	.	.	44	7	15,91	.	.	18	3	16,67	.	.
1937/38	.	.	.	.	.	42	5	11,90	.	.	12	0	0,00	.	.
1938	.	.	.	.	.	48	4	8,33	.	.	13	2	15,38	.	.
1938/39	.	.	.	.	.	52	4	7,69	.	.	18	3	16,67	.	.
1939	.	.	.	.	.	50	4	8,00	.	.	16	1	6,25	.	.
1939/40	.	.	.	.	.	158	12	7,59	.	.	0	0	.	.	.
1940/1	.	.	.	.	.	99	12	12,12	.	.	17	3	17,65	.	.
1940/2	.	.	.	.	.	94	18	19,15	.	.	12	3	25,00	.	.
1940/3	.	.	.	.	.	89	25	28,09	.	.	17	3	17,65	.	.
1941/1	.	.	.	.	.	63	22	34,92	.	.	16	4	25,00	.	.

Tab. 20. 2: Die Einzelfachströme an der Universität Marburg nach Staatsangehörigkeit und Geschlecht 1830/31–1941/1

	Sonstige					Studierende					
	insg.	Frauen			Ausländ. in %	insg.	Frauen			Ausländer	
		insg.	in %	deuts.			insg.	in %	deuts.	insg.	in %
Semester	46	47	48	49	50	51	52	53	54	55	56
1908/09	43	4	9,30	2	32,56	1628	26	1,60	21	74	4,55
1909	44	10	22,73	1	50,00	2052	37	1,80	26	102	4,97
1909/10	47	1	2,13	0	38,30	1770	37	2,09	30	68	3,84
1910	30	0	0,00	0	40,00	2061	70	3,40	59	72	3,49
1910/11	34	1	2,94	1	29,41	1873	61	3,26	56	56	2,99
1911	40	5	12,50	2	35,00	2241	87	3,88	79	84	3,75
1911/12	46	2	4,35	0	30,43	1881	99	5,26	87	67	3,56
1912	54	10	18,52	5	44,44	2238	129	5,76	117	91	4,07
1912/13	35	8	22,86	5	34,29	2028	127	6,26	118	64	3,16
1913	36	7	19,44	4	36,11	2374	163	6,87	153	79	3,33
1913/14	26	2	7,69	2	34,62	2122	159	7,49	152	67	3,16
1914	33	9	27,27	4	42,42	2464	206	8,36	195	96	3,90
1914/15	25	3	12,00	2	20,00	2078	179	8,61	173	18	0,87
1915	29	6	20,69	3	24,14	2069	278	13,44	272	26	1,26
1915/16	28	3	10,71	3	14,29	1916	257	13,41	251	24	1,25
1916	29	7	24,14	7	3,45	2127	335	15,75	331	28	1,32
1916/17	23	5	21,74	5	0,00	2100	300	14,29	298	13	0,62
1917	28	6	21,43	6	0,00	2299	353	15,35	352	16	0,70
1917/18	32	9	28,13	9	0,00	2262	326	14,41	325	12	0,53
1918	36	7	19,44	6	2,78	2446	407	16,64	405	24	0,98
1918/19	30	4	13,33	4	0,00	2410	357	14,81	357	24	1,00
1919	60	12	20,00	12	0,00	3906	498	12,75	495	31	0,79
ZS.1919	1343	244	18,17	.		3017	314	10,41	.	.	
1919/20	39	5	12,82	5	0,00	3335	331	9,93	326	38	1,14
1920	65	14	21,54	14	4,62	3162	405	12,81	400	56	1,77
1920/21	52	6	11,54	4	13,46	2348	286	12,18	277	79	3,36
1921	69	12	17,39	9	10,14	2488	313	12,58	295	107	4,30
1921/22	72	12	16,67	10	8,33	2141	257	12,00	245	105	4,90
1922	77	12	15,58	10	10,39	2404	294	12,23	278	116	4,83
1922/23	67	12	17,91	11	8,96	2080	254	12,21	236	139	6,68
1923	107	18	16,82	17	13,08	2355	296	12,57	271	178	7,56
1923/24	111	15	13,51	14	12,61	1926	229	11,89	214	146	7,58
1924	122	28	22,95	27	10,66	2153	255	11,84	241	135	6,27
1924/25	.	.	.	.	.	1569	186	11,85	179	80	5,10
1925	22	9	40,91	9	0,00	1995	283	14,19	273	84	4,21
1925/26	23	3	13,04	.	.	1704	226	13,26	216	87	5,11
1926	21	4	19,05	.	.	2275	339	14,90	335	84	3,69
1926/27	15	1	6,67	1	20,00	2035	280	13,76	267	98	4,82
1927	1	0	0,00	0	0,00	2767	479	17,31	462	110	3,98
1927/28	2	0	0,00	0	50,00	2419	419	17,32	406	86	3,56
1928	3	0	0,00	0	0,00	3293	596	18,10	575	122	3,70
1928/29	4	1	25,00	1	25,00	2964	503	16,97	487	119	4,01
1929	3	2	66,67	2	0,00	3797	753	19,83	728	138	3,63
1929/30	0	0	.	0	.	3315	639	19,28	626	110	3,32
1930	1	0	0,00	0	0,00	3918	869	22,18	851	125	3,19
1930/31	3	0	0,00	0	0,00	3210	660	20,56	645	82	2,55
1931	2	0	0,00	0	0,00	3802	854	22,46	828	100	2,63
1931/32	0	0	.	0	.	3101	628	20,25	608	80	2,58
1932	7	3	42,86	3	0,00	3430	684	19,94	670	74	2,16
1932/33	3	1	33,33	1	0,00	2973	584	19,64	575	63	2,12
1933	0	0	.	.	.	3180	629	19,78	.	.	.
1933/34	0	0	.	.	.	2703	481	17,80	.	.	.
1934	0	0	.	.	.	2188	400	18,28	.	77	3,52
1934/35	0	0	.	.	.	1878	298	15,87	.	.	.
1935	0	0	.	.	.	1613	309	19,16	.	.	.
1935/36	0	0	.	.	.	1735	335	19,31	.	.	.
1936	0	0	.	.	.	1480	306	20,68	.	.	.
1936/37	0	0	.	.	.	1321	303	22,94	.	.	.
1937	0	0	.	.	.	1249	279	22,34	.	75	6,00
1937/38	0	0	.	.	.	1126	236	20,96	.	.	.
1938	0	0	.	.	.	1126	228	20,25	.	.	.
1938/39	0	0	.	.	.	1209	254	21,01	.	.	.
1939	0	0	.	.	.	1201	228	18,98	.	.	.
1939/40	0	0	.	.	.	1663	283	17,02	.	.	.
1940/1	0	0	.	.	.	1640	316	19,27	.	.	.
1940/2	0	0	.	.	.	1255	417	33,23	.	17	1,35
1940/3	0	0	.	.	.	1598	540	33,79	.	.	.
1941/1	0	0	.	.	.	1299	504	38,80	.	.	.

Tab. 20.2: Die Einzelfachströme an der Universität Marburg nach Staatsangehörigkeit und Geschlecht 1830/31-1941/1

Semester	Alte Sprachen insg.	Frauen insg.	Frauen in %	Frauen deuts.	Ausländ. in %	Germanistik insg.	Frauen insg.	Frauen in %	Frauen deuts.	Ausländ. in %	Neue Sprachen insg.	Frauen insg.	Frauen in %	Frauen deuts.	Ausländ. in %
	1	2	3	4	5	6	7	8	9	10	11	12	13	14	15
1924/25	9	1	11,11	1	0,00	91	32	35,16	32	3,30	57	17	29,82	16	1,75
1925	24	6	25,00	5	4,17	112	47	41,96	46	3,57	122	51	41,80	49	1,64
1925/26	15	1	6,67	.	.	93	25	26,88	.	.	123	50	40,65	.	.
1926	29	3	10,34	.	.	130	47	36,15	.	.	220	93	42,27	.	.
1926/27	27	1	3,70	1	3,70	93	24	25,81	23	6,45	214	80	37,38	80	1,87
1927	33	4	12,12	4	6,06	176	79	44,89	78	3,41	329	144	43,77	142	1,82
1927/28	29	3	10,34	3	3,45	148	46	31,08	45	4,73	304	147	48,36	145	1,64
1928	41	1	2,44	1	4,88	211	98	46,45	94	4,74	376	187	49,73	180	2,39
1928/29	36	1	2,78	1	5,56	202	82	40,59	77	6,44	305	139	45,57	137	0,66
1929	57	4	7,02	3	8,77	264	128	48,48	120	4,92	388	177	45,62	171	1,80
1929/30	39	3	7,69	3	5,13	231	102	44,16	97	4,33	318	133	41,82	132	0,31
1930	40	4	10,00	3	2,50	273	125	45,70	110	5,10	300	181	46,41	180	1,03
1930/31	26	0	0,00	0	0,00	218	101	46,33	99	4,13	282	132	46,81	130	1,42
1931	40	5	12,50	4	5,00	252	129	51,19	124	4,37	315	164	52,06	160	1,90
1931/32	28	2	7,14	2	7,14	165	72	43,64	68	4,85	235	112	47,66	112	0,00
1932	37	3	8,11	3	2,70	170	81	47,65	78	4,71	224	107	47,77	105	1,34
1932/33	40	4	10,00	4	0,00	150	72	48,00	71	4,00	197	92	46,70	90	1,52
1933	36	2	5,56	.	.	142	63	44,37	.	.	199	101	50,75	.	.
1933/34	19	2	10,53	.	.	104	52	50,00	.	.	150	74	49,33	.	.
1934	15	0	0,00	.	.	104	46	44,23	.	.	87	43	49,43	.	.
1934/35	9	1	11,11	.	.	75	31	41,33	.	.	81	41	50,62	.	.
1935	10	2	20,00	.	.	70	31	44,29	.	.	50	27	54,00	.	.
1935/36	11	0	0,00	.	.	62	31	50,00	.	.	50	24	48,00	.	.
1936	14	1	7,14	.	.	69	36	52,17	.	.	41	18	43,90	.	.
1936/37	6	0	0,00	.	.	61	30	49,18	.	.	27	11	40,74	.	.
1937	4	0	0,00	.	.	37	13	35,14	.	.	20	7	35,00	.	.
1937/38	4	0	0,00	.	.	47	21	44,68	.	.	20	4	20,00	.	.
1938	4	0	0,00	.	.	48	22	45,83	.	.	16	3	18,75	.	.
1938/39	5	0	0,00	.	.	50	21	42,00	.	.	21	6	28,57	.	.
1939	5	0	0,00	.	.	40	14	35,00	.	.	20	6	30,00	.	.
1939/40	0	0	.	.	.	0	0	.	.	.	0	0	.	.	.
1940/1	2	0	0,00	.	.	24	15	62,50	.	.	15	8	53,33	.	.
1940/2	1	0	0,00	.	.	40	30	75,00	.	.	25	20	80,00	.	.
1940/3	3	0	0,00	.	.	55	42	76,36	.	.	46	35	76,09	.	.
1941/1	4	0	0,00	.	.	65	55	84,62	.	.	40	32	80,00	.	.

Semester	Geschichte insg.	Frauen insg.	Frauen in %	Frauen deuts.	Ausländ. in %	Musik insg.	Frauen insg.	Frauen in %	Ausländ. in %	Phil., Päd., Religionslehren insg.	Frauen insg.	Frauen in %	Frauen deuts.	Ausländ. in %
	16	17	18	19	20	21	22	23	24	25	26	27	28	29
1924/25	36	18	50,00	18	2,78	.	.	.	.	48	13	27,08	12	12,50
1925	39	9	23,08	9	2,56	0	0	.	.	35	9	25,71	9	8,57
1925/26	36	14	38,89	.	.	0	0	.	.	34	9	26,47	.	.
1926	38	12	31,58	.	.	0	0	.	.	33	11	33,33	.	.
1926/27	29	10	34,48	9	13,79	0	0	.	.	28	10	35,71	10	7,14
1927	40	14	35,00	13	5,00	3	1	33,33	0,00	43	14	32,56	14	4,65
1927/28	39	14	35,90	14	2,56	1	0	0,00	0,00	55	20	36,36	19	14,55
1928	60	18	30,00	18	3,33	4	1	25,00	0,00	137	42	30,66	41	5,84
1928/29	87	27	31,03	27	4,60	4	0	0,00	0,00	74	29	39,19	28	4,05
1929	120	36	30,00	36	2,50	2	0	0,00	0,00	64	32	50,00	31	4,69
1929/30	125	37	29,60	37	4,00	0	0	.	.	88	39	44,32	39	2,27
1930	148	49	33,11	49	4,73	2	0	0,00	0,00	97	58	59,79	58	4,12
1930/31	114	32	28,07	32	2,63	2	1	50,00	0,00	89	46	51,69	45	4,49
1931	116	36	31,03	36	4,31	4	2	50,00	0,00	101	60	59,41	57	2,97
1931/32	79	21	26,58	21	6,33	4	1	25,00	0,00	88	55	62,50	53	4,55
1932	94	29	30,85	29	8,51	5	0	0,00	0,00	78	42	53,85	41	3,85
1932/33	88	30	34,09	29	4,55	5	1	20,00	0,00	46	24	52,17	24	2,17
1933	87	30	34,40	.	.	4	0	0,00	.	.	.	.	.	.
1933/34	64	18	28,13	.	.	7	0	0,00	.	.	.	.	.	.
1934	59	21	35,59	.	.	2	0	0,00	.	.	.	.	.	.
1934/35	45	13	28,89	.	.	4	1	25,00	.	.	.	.	.	.
1935	.	.	.	.	.	3	1	33,33	.	.	.	.	.	.
1935/36	.	.	.	.	.	2	1	50,00	.	.	.	.	.	.
1936	.	.	.	.	.	0	0	.	.	.	.	.	.	.
1936/37	40	13	32,50	.	.	2	1	50,00	.	.	.	.	.	.
1937	40	13	32,50	.	.	0	0	.	.	.	.	.	.	.
1937/38	30	7	23,33	.	.	3	1	33,33	.	.	.	.	.	.
1938	22	3	13,64	.	.	1	0	0,00	.	.	.	.	.	.
1938/39	24	6	25,00	.	.	2	0	0,00	.	.	.	.	.	.
1939	23	5	21,74	.	.	0	0	.	.	.	.	.	.	.
1939/40	0	0	.	.	.	0	0	.	.	.	.	.	.	.
1940/1	11	3	27,27	.	.	1	0	0,00	.	.	.	.	.	.
1940/2	18	10	55,56	.	.	2	1	50,00	.	.	.	.	.	.
1940/3	35	17	48,57	.	.	1	1	100,00	.	.	.	.	.	.
1941/1	32	17	53,13	.	.	1	1	100,00	.	.	.	.	.	.

Tab. 20. 2: Die Einzelfachströme an der Universität Marburg nach Staatsangehörigkeit und Geschlecht 1830/31-1941/1

	Kunst, Archäologie					Sonstige Kulturwiss.			Leibesübungen				
	insg.	Frauen			Ausländ. in %	insg.	Frauen		insg.	Frauen			Ausländ. in %
		insg.	in %	deuts.			insg.	in %		insg.	in %	deuts.	
Semester	30	31	32	33	34	35	36	37	38	39	40	41	42
1927	27	5	18,52	5	3,70	.	.	.			.	.	.
1927/28	11	3	27,27	3	9,09	.	.	.			.	.	.
1928	19	5	26,32	3	15,79	.	.	.	1	1	100,00	1	0,00
1928/29	21	7	33,33	5	14,29	.	.	.	0	0	.	0	.
1929	28	14	50,00	14	3,57	.	.	.	8	0	0,00	0	12,50
1929/30	26	4	15,38	3	11,54	.	.	.	6	0	0,00	0	0,00
1930	38	12	31,58	12	0,00	.	.	.	29	9	31,03	9	0,00
1930/31	40	11	27,50	11	0,00	.	.	.	39	11	28,21	11	0,00
1931	41	16	39,02	16	2,44	.	.	.	69	21	30,43	20	1,45
1931/32	29	9	31,03	9	6,90	.	.	.	52	17	32,69	15	3,85
1932	19	7	36,84	7	0,00	.	.	.	58	21	36,21	20	1,72
1932/33	19	5	26,32	5	0,00	.	.	.	37	10	27,03	10	0,00
1933	.	.	.	.	.	82	38	46,34	69	19	27,54	.	.
1933/34	.	.	.	.	.	68	20	29,41	73	19	26,03	.	.
1934	.	.	.	.	.	64	26	40,63	68	21	30,88	.	.
1934/35	.	.	.	.	.	51	21	41,18	35	12	34,29	.	.
1935	.	.	.	.	.	90	36	40,00	40	19	47,50	.	.
1935/36	.	.	.	.	.	90	34	37,78	102	64	62,75	.	.
1936	.	.	.	.	.	68	24	35,29	99	65	65,66	.	.
1936/37	.	.	.	.	.	27	10	37,04	87	65	74,71	.	.
1937	.	.	.	.	.	41	10	24,39	74	59	79,73	.	.
1937/38	.	.	.	.	.	22	6	27,27	73	62	84,93	.	.
1938	.	.	.	.	.	24	7	29,17	67	56	83,58	.	.
1938/39	.	.	.	.	.	21	7	33,33	78	63	80,77	.	.
1939	.	.	.	.	.	24	5	20,83	79	60	75,95	.	.
1939/40	.	.	.	.	.	0	0	.	0	0	.	.	.
1940/1	.	.	.	.	.	9	3	33,33	58	49	84,48	.	.
1940/2	.	.	.	.	.	14	8	57,14	58	54	93,10	.	.
1940/3	.	.	.	.	.	19	12	63,16	85	82	96,47	.	.
1941/1	.	.	.	.	.	16	10	62,50	71	71	100,00	.	.

	Mathematik					Physik				Biologie				
	insg.	Frauen			Ausländ. in %	insg.	Frauen		Ausländ. in %	insg.	Frauen			Ausländ. in %
		insg.	in %	deuts.			insg.	in %			insg.	in %	deuts.	
Semester	43	44	45	46	47	48	49	50	51	52	53	54	55	56
1924/25	55	14	25,45	13	7,27	27	4	14,81	0,00	22	9	40,91	9	0,00
1925	116	33	28,45	33	2,59	15	1	6,67	0,00	30	14	46,67	14	3,33
1925/26	100	21	21,00	.	.	16	4	25,00	.	34	12	35,29	.	.
1926	169	34	20,12	.	.	24	10	41,67	.	37	12	32,43	.	.
1926/27	153	29	18,95	29	0,00	22	7	31,82	0,00	39	18	46,15	18	2,56
1927	249	59	23,69	59	0,40	18	7	38,89	0,00	66	27	40,91	27	0,00
1927/28	192	37	19,27	37	0,00	19	2	10,53	5,26	64	29	45,31	29	0,00
1928	240	46	19,17	46	2,08	38	7	18,42	5,26	86	40	46,51	40	0,00
1928/29	196	29	14,80	29	1,53	47	6	12,77	4,26	106	52	49,06	50	2,83
1929	270	59	21,85	59	1,48	45	11	24,44	4,44	127	66	51,97	64	2,36
1929/30	234	48	20,51	48	1,71	44	9	20,45	4,55	121	63	52,07	62	1,65
1930	265	60	22,64	60	0,75	58	7	12,07	3,45	130	70	53,85	69	1,54
1930/31	191	38	19,90	38	0,52	38	2	5,26	0,00	94	46	48,94	46	0,00
1931	205	44	21,46	43	1,46	43	8	18,60	0,00	111	51	45,95	51	0,90
1931/32	164	38	23,17	37	1,22	32	7	21,88	0,00	83	33	39,76	33	2,41
1932	151	36	23,84	35	1,99	33	7	21,21	0,00	89	39	43,82	39	1,12
1932/33	123	26	21,14	25	2,44	30	7	23,33	0,00	81	36	44,44	36	2,47
1933	106	30	28,30	.	.	54	13	24,07	.	70	28	40,00	.	.
1933/34	65	17	26,15	.	.	30	4	13,33	.	64	21	32,81	.	.
1934	35	5	14,29	.	.	17	1	5,88	.	43	20	46,51	.	.
1934/35	23	2	8,70	.	.	15	2	13,33	.	35	12	34,29	.	.
1935	36	5	13,89	.	.	.	.	.	.	.	.	.	.	.
1935/36	39	5	12,82	.	.	.	.	.	.	.	.	.	.	.
1936	48	12	25,00	.	.	.	.	.	.	.	.	.	.	.
1936/37	36	3	8,33	.	.	.	.	.	.	.	.	.	.	.
1937	23	3	13,04	.	.	.	.	.	.	.	.	.	.	.
1937/38	15	2	13,33	.	.	.	.	.	.	.	.	.	.	.
1938	12	2	16,67	.	.	.	.	.	.	.	.	.	.	.
1938/39	9	0	0,00	.	.	2	1	50,00	.	.	.	.	.	.
1939	4	0	0,00	.	.	4	1	25,00	.	.	.	.	.	.
1939/40	15	3	20,00	.	.	4	0	0,00	.	9	4	44,44	.	.
1940/1	9	4	44,44	.	.	2	0	0,00	.	5	3	60,00	.	.
1940/2	5	4	80,00	.	.	7	3	42,86	.	10	8	80,00	.	.
1940/3	3	2	66,67	.	.	5	2	40,00	.	18	13	72,22	.	.
1941/1	6	4	66,67	.	.	5	2	40,00	.	16	12	75,00	.	.

Tab. 20. 2: Die Einzelfachstrome an der Universität Marburg nach Staatsangehörigkeit und Geschlecht 1830/31–1941/1

	Sonstige Naturwiss.			Geographie					Mineralogie, Geologie, Bergfach				Geogr., Geol., Min.		
	insg.	Frauen		insg.	Frauen			Aus-länd.	insg.	Frauen		Aus-länd.	insg.	Frauen	
		insg.	in %		insg.	in %	deuts.	in %		insg.	in %	in %		insg.	in %
Semester	57	58	59	60	61	62	63	64	65	66	67	68	69	70	71
1924/25	.	.	.	9	4	44,44	4	0,00	23	0	0,00	0,00	.	.	.
1925	.	.	.	1	0	0,00	0	0,00	13	1	7,69	7,69	.	.	.
1925/26	.	.	.	7	2	28,57	.	.	9	0	0,00	.	.	.	.
1926	.	.	.	20	7	35,00	.	.	3	0	0,00	.	.	.	.
1926/27	.	.	.	20	7	35,00	6	5,00	7	0	0,00	0,00	.	.	.
1927	.	.	.	26	9	34,62	8	11,54	7	0	0,00	14,29	.	.	.
1927/28	.	.	.	23	11	47,83	11	0,00	6	0	0,00	16,67	.	.	.
1928	.	.	.	39	10	25,64	10	7,69	5	1	20,00	20,00	.	.	.
1928/29	.	.	.	34	9	26,47	9	5,88	6	0	0,00	16,67	.	.	.
1929	.	.	.	35	9	25,71	9	2,86	9	0	0,00	0,00	.	.	.
1929/30	.	.	.	23	5	21,74	5	4,35	5	0	0,00	0,00	.	.	.
1930	.	.	.	35	9	25,71	9	5,71	4	0	0,00	0,00	.	.	.
1930/31	.	.	.	29	7	24,14	7	3,45	6	0	0,00	0,00	.	.	.
1931	.	.	.	28	7	25,00	7	7,14	7	1	14,29	0,00	.	.	.
1931/32	.	.	.	30	14	46,67	12	10,00	4	0	0,00	25,00	.	.	.
1932	.	.	.	32	11	34,38	11	0,00	4	0	0,00	0,00	.	.	.
1932/33	.	.	.	23	8	34,78	8	0,00	2	0	0,00	0,00	.	.	.
1933	.	.	.	.	.	.	.	.	.	.	.	.	30	11	36,67
1933/34	.	.	.	.	.	.	.	.	.	.	.	.	26	8	30,77
1934	.	.	.	.	.	.	.	.	.	.	.	.	17	6	35,29
1934/35	.	.	.	.	.	.	.	.	.	.	.	.	18	7	38,89
1935	24	8	33,33	.	.	.	.	.	.	.	.	.	6	3	50,00
1935/36	20	5	25,00	.	.	.	.	.	.	.	.	.	8	3	37,50
1936	6	3	50,00	.	.	.	.	.	.	.	.	.	4	1	25,00
1936/37	15	7	46,67	.	.	.	.	.	.	.	.	.	5	0	0,00
1937	13	6	46,15	.	.	.	.	.	.	.	.	.	2	0	0,00
1937/38	9	4	44,44	.	.	.	.	.	.	.	.	.	3	0	0,00
1938	10	5	50,00	.	.	.	.	.	.	.	.	.	6	2	33,33
1938/39	19	9	47,37	.	.	.	.	.	.	.	.	.	3	1	33,33
1939	16	7	43,75	.	.	.	.	.	.	.	.	.	2	0	0,00
1939/40	1	0	0,00	.	.	.	.	.	.	.	.	.	2	0	0,00
1940/1	0	0	.	.	.	.	.	.	.	.	.	.	2	1	50,00
1940/2	4	2	50,00	.	.	.	.	.	.	.	.	.	5	2	40,00
1940/3	0	0	.	.	.	.	.	.	.	.	.	.	8	4	50,00
1941/1	0	0	.	.	.	.	.	.	.	.	.	.	5	2	40,00

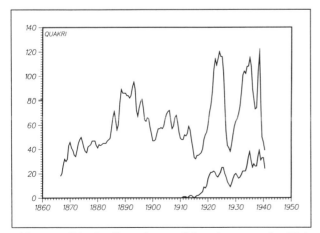

Abb. 20. 8: Die Studierenden (weibl. u. insg.) an der Universität Marburg 1866/67–1941/1: Pharmazie

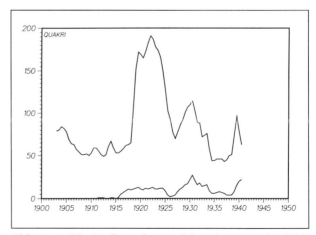

Abb. 20. 9: Die Studierenden (weibl. u. insg.) an der Universität Marburg 1903–1941/1: Chemie

5. Anmerkungen zu Tabelle 20.2

1830/31–1866:

Sp. 3 (Jura): ohne die in Marburg zur Jur. Fak. gehörenden Stud. der Cameralia (Sp. 11). – Sp. 4 (Med.): ohne die zur Med. Fak. gehörenden Stud. der Tierheilk. (Sp. 6), der Chirurgie (Sp. 7) und der Pharmazie. (Sp. 8). – Sp. 5 (Sonstige Fächer insg.): Diese Spalte enthält eine in der PrStat nach dem Vorbild der preußischen Phil. Fak. gebildete Sammelkategorie, die in Marburg Fächer der Jur. und der Med. Fak. einschließt. Die Marburger Phil. Fak. setzt sich aus den Spalten 9, 10 und 12 zusammen. – Sp. 6–12 (Sonstige Fächer): Die Pers.Verz. der Semester 1830/31, 1832 und 1833/34 bis 1834/35 konnten im deutschen Leihverkehr nicht ermittelt werden, so daß uns für diese Semester eine Differenzierung der »Sonstigen Fächer« fehlt. – Sp. 6–8 (Thierheilk., Chirurgie, Pharmazie): Diese Fächer gehörten in Marburg zur Med. Fak. – Sp. 9 (Philos. Fächer): 1831–1855 einschl. Math., Naturwiss.; seit 1855/56 nur Philos., Philol. und Gesch. – Sp. 9, 10 und 12 (Philos. Fächer, Math., Naturwiss., Sonstige): Diese Fächer bildeten die Phil. Fak. der Univ. Marburg. – Sp. 11 (Cam.): Dieses Fach gehörte in Marburg zur Jur. Fak. – Sp. 12 (Sonstige): Diese Spalte enthält nach dem Pers.Verz. der Univ. Marburg diejenigen Stud., die »sich ihrer Ausbildung widmen«.

1866/67–1908:

Von 1867/68 bis 1886 haben wir die ausländischen Stud. dem Pers.Verz. der Univ. Marburg entnommen. – Sp. 8 (Zahnmedizin/Ausl.): 1867/68–1873 bei Math., Naturw. (Sp. 14); 1873/74–1886 bei Pharmazie (Sp. 10). – Sp. 10 (Pharmazie/Ausl.): 1867/68–1873 bei Math., Naturw.; 1873/74–1886 einschl. der ausländischen Stud. der Zahnmedizin. – Sp. 19 (Sonstige): Stud. der Philos.

1908/09–1941.1:

In den Semestern 1912/13, 1913/14, 1914/15, 1919 und 1921/22 haben wir die im StatJbDR ausnahmsweise verwendeten Stud.-Zahlen der »vorläufigen« durch diejenigen der »endgültigen Feststellungen« der Pers.Verz. der Univ. Marburg ersetzt. – Sp. 6 (Jura): 1923–1924 ohne die im StatJbDR noch enthaltenen Stud. der Staatswiss. – Sp. 41 (Cameralia, Staatswissenschaft, VWL): 1908/09–1921 »Cameralia«; 1921/22–1924 »Staatswiss.«; seit 1924/25 »Volkswirtschaftslehre«; 1923–1924 wurden die Zahlen für Stud. der Staatswiss. den Pers.Verz. der Univ. Marburg entnommen, 1925 ist ein männlicher deutscher Stud. der Landw. enthalten. – Sp. 46 (Sonstige): Im Zwischensemester 1919 sind hier alle Stud. der Phil. Fak. enthalten; 1908/09–1924 Stud. der Philos. – Sp. 51 (Studierende insg.): 1928/29 sind in der Summe der Stud. ein männlicher deutscher Stud. und 1931 eine weibliche deutsche Stud. der Zeitungskunde enthalten, die in der Differenzierung der Fächer bzw. Fächergruppen nicht auftauchen.

1924/25–1941.1:

Sp. 16 (Geschichte): 1935–1936 enthalten in Sonstige Kulturwiss. (Sp. 35). – Sp. 25 (Philosophie, Pädagogik, Religionslehren): vorher bis 1924 unter »Sonstige«. – Sp. 35 (Sonstige Kulturwiss.): 1935–1936 einschl. Geschichte (Sp. 16). – Sp. 43 (Mathematik): 1935–1938 einschl. Physik (Sp. 48). – Sp. 48 (Physik): 1935–1938 enthalten in Mathematik (Sp. 43). – Sp. 52 (Biologie): 1935–1939 enthalten in Sonstige Naturwiss. (Sp. 57) – Sp. 57 (Sonstige Naturwiss.): 1935–1939 einschl. Biologie (Sp. 52).

6. Quellen und Literatur

Quellen:

Standardquellen: 1830/31–1911/12: PrStat 102, 106, 112, 116, 125, 136, 150, 167, 193, 204, 223, 236. – *1912–1924:* StatJbDR Jgg. 34–36, 40–44. – *1924/25–1927/28:* PrStat 279, 281, Sonderdr WS 1925/26, 285; PrHochStat WS 1926/27–WS 1927/28. – *1928–1932/33:* DtHochStat Bde. 1–10. – *1932–1941.1:* ZehnjStat.
Ergänzend: 1831–1866, 1867/68–1886, 1912–1924: Pers. Verz. der Univ. Marburg 1831–1924.

Literatur:

Bibliographie: DICKMANN, C.: Die Geschichte der Philipps-Universität Marburg in den Jahren 1900 bis 1958. Ein bibliographischer Versuch. Prüfungsarbeit der Hamburger Bibliotheksschule. (Maschinenschrift) 1960.

BEUMANN, H.: Deutsche Universitäten im Wiederaufbau. Bericht der Universität Marburg a. d. L. In: Studium generale 2 (1949), S. 486–492. – BREDOW, W. v. (Hg.): 450 Jahre Philipps-Universität Marburg. Marburg 1979. – BROCKE, B. v.: Marburg im Kaiserreich 1866–1918. In: Marburger Geschichte. Rückblick auf die Stadtgeschichte in Einzelbeiträgen, hg. v. Magistrat der Stadt Marburg, 1980, S. 367–540. – GOLDAMMER, K.: Marburg – die Philippsuniversität und ihre Stadt. Marburg 1952. – HEINEMEYER, W./KLEIN, TH./SEIER, H. (Hg.): Academia Marburgensis. Marburg 1977. – HERMELINK, H./KAEHLER, S. A.: Die Philipps-Universität zu Marburg 1527–1927. Fünf Kapitel aus ihrer Geschichte. Teil 2: 1527–1866. Marburg 1927. – Die Universität Marburg in Einzeldarstellungen. Marburg 1927. – Verzeichniß derjenigen, welche sich im Sommer Semester 1831 als immatrikulirte Studenten auf der Universität Marburg aufgehalten, oder sich zur Immatrikulation gemeldet haben. – Verzeichniß der Lehrer und Studirenden auf der Kurfürstl. Landes-Universität Marburg. 1831/32–1944/45 (unter verschiedenen Titeln = Pers.Verz.).

21. München

1. Geschichtliche Übersicht

München wurde erst im Jahre 1826 zur Universitätsstadt, als der bayerische König Ludwig I. die alte Landesuniversität in die Residenzstadt verlegte. Zu diesem Zeitpunkt konnte die Hochschule bereits auf eine mehr als dreihundertjährige Tradition zurückblicken (altbayerische Ära in Ingolstadt 1472–1800, intensive Reformperiode in Landshut 1800–1826), deren komplexes Erbe die weitere Entwicklung der Ludwig-Maximilians-Universität (Bezeichnung seit 1802) bis in die Mitte des 19. Jahrhunderts stark mitbestimmte. Der Tradition der Jesuitenseminare folgend, hielt die Universität sehr lange an der Verpflichtung des allgemeinen Bildungsstudiums vor dem Fachstudium fest, ehe sich ab 1848/49 die Orientierung an den norddeutschen Vorbildern durchsetzte (Liberalisierung der allgemeinen Studien, Fortfall der Prüfungskontrollen, Erlaubnis zur direkten Immatrikulation an den oberen Berufsfakultäten). Die Abkehr vom bayerischen Sonderweg und Angleichung an die gesamtdeutsche Entwicklung wurde durch die Berufungspolitik Maximilians II. gefördert, der zahlreiche Gelehrte aus Mittel- und Norddeutschland nach München holte (bis 1856 insgesamt 55 Neuberufungen).

Hatte die Universität in ihrer Ingolstädter und Landshuter Periode bereits eine bedeutende Stellung im deutschen Hochschulwesen eingenommen, so stieg sie nach der Mitte des 19. Jahrhunderts hinsichtlich ihrer Größe und Ausstattung nach der Universität Berlin zur zweitgrößten deutschen Hochschule auf. Zusammen mit Berlin und Leipzig bildete München bis zum Zweiten Weltkrieg eine mit Abstand führende Dreiergruppe unter sämtlichen Hochschulen im Deutschen Reich. Neben den vier üblichen Fakultäten verfügte München (wie Tübingen und Würzburg) auch über eine Staatswirtschaftliche Fakultät, die auf das noch in Ingolstadt 1799 gegründete Cameral-Institut zurückging. Die nach 1870 in Deutschland einsetzende Bewegung zur Integration des forstlichen Unterrichts in die Universität führte 1878 in Bayern zur Einrichtung einer forstlichen Unterrichtsorganisation in der Staatswirtschaftlichen Fakultät. Für das Aufbaustudium an der Universität (nach zweijährigem Unterricht an der Forstlehranstalt in Aschaffenburg) wurden fünf Lehrstühle geschaffen, die mit der Bayerischen Forstlichen Versuchsanstalt eng verbunden waren. Die Naturwissenschaften verselbständigten sich bereits 1865 durch Aufgliederung der Philosophischen Fakultät in zwei Sektionen. Die völlige Abtrennung zur eigenen Naturwissenschaftlichen Fakultät erfolgte 1937. Am 1.10.1914 wurde die tierärztliche Hochschule als erste deutsche Tierärztliche Fakultät in die Universität eingegliedert. 1918 wurde die Deutsche Forschungsanstalt für Lebensmittelchemie gegründet, die mit dem Pharmazeutischen Institut eng in Verbindung stand.

Am Aufschwung der Universität seit den 1850er Jahren hatte besonders die Medizinische Fakultät einen hervorragenden Anteil. München besaß ein weit verzweigtes Krankenhauswesen (Allgemeines Krankenhaus links der Isar seit 1813; Haunersches Kinderspital seit 1846; Städtisches Krankenhaus rechts der Isar, 1846 gegründet und 1900/02 auf 950 Betten vergößert; Krankenhaus Schwabing, 1906 als moderne Musteranstalt begonnen, mit 1650 Betten 1928), das mit der Universität in enger Beziehung stand, wenngleich die beiden letztgenannten Krankenhäuser erst seit 1918/19 für Kurse offenstanden. 1866 wurde in München erstmals ein Ordinariat für Hygiene eingerichtet (Ausbau zum eigenen neuerbauten Institut bis 1879). Zahlreiche Assistenten dieses Instituts wurden später an andere Universitäten berufen. Die nationale und internationale Ausbreitung der modernen Hygieneforschung nahm von München ihren Ausgang. Mit dem 1877 eröffneten Klinischen Institut verfügte München auch als erste deutsche Universität über eine musterhaft eingerichtete Anstalt zur Verbindung von Forschung und Lehre; der Unterricht konnte nun aus den Krankensälen herausverlegt werden. Die frühzeitig seit den 1860er Jahren spezialisierten Polikliniken waren nach dem Neubau 1910 hervorragend ausgestattet.

In den letzten beiden Jahrzehnten des 19. Jahrhunderts trat die Universität in eine Phase beschleunigter institutioneller Differenzierung und wandelte sich zum wissenschaftlichen Großbetrieb mit fast 7.000 Studierenden bereits vor dem Ersten Weltkrieg. Ab Mitte der 1890er Jahre war die Konkurrenz zwischen München und Leipzig um den zweiten Rang hinter Berlin klar zugunsten der bayerischen Ludwig-Maximilians-Universität entschieden. Nach der Zahl der Institute nahm München im zweiten und dritten Jahrzehnt des 20. Jahrhunderts sogar die Spitzenposition ein, aus der es in den 30er Jahren nur durch Berlin wieder verdrängt wurde. Das hohe Ansehen der Universität gründete sich auf ein weites Spektrum hervorragend vertretener Disziplinen: Neben der bereits genannten Hygieneforschung sind hier besonders die Psychiatrie, die Augenheilkunde, die Anthropologie, die Geschichtswissenschaft, die mittel- und neugriechische Philologie, die Kunstwissenschaft, die theoretische Physik und angewandte Chemie, sowie die Forstwissenschaft zu nennen.

Gemäß der allgemeinen Wachstumstendenz verdreifachte sich das gesamte Lehrpersonal zwischen 1880 und 1930 (von 125 auf 372), wobei die Gruppe der Extraordinarien am stärksten wuchs (runde Verzehnfachung auf 121). Im Bereich der Medizinischen Fakultät war die Personalerweiterung am größten, wodurch sich deren Anteil am gesamten Lehrpersonal im genannten Zeitraum von 30% auf 37% erhöhte.

Wie bei fast allen Universitäten schrumpfte der Personalbestand im Dritten Reich; der Verlust (bis 1941 rund 11%) war hier allerdings weit geringer als in Frankfurt, Leipzig und Breslau. Nach der Gesamtzahl der Dozenten wurde der Abstand zur Berliner Universität, die in den 1930er Jahren weiter stark ausgebaut wurde, in der Zwischenkriegszeit freilich immer größer. 1941 war der Personalbestand von Berlin rund zweieinhalb mal so groß (878 gegen 343 in München). Die Zahl der Studierenden betrug demgegenüber nur das 1,6-fache der Münchener Frequenz. Unter den großen Universitäten war das Betreuungsverhältnis (Studierende pro Dozent) während der Zwischenkriegszeit in München besonders ungünstig; nur an der Universität Köln kamen um 1930 noch mehr Studierende auf einen Dozenten.

Als großstädtische Hochschule in der bayerischen Metropole war die Ludovico Maximilianea seit der Revolution von 1848/49 von den allgemeinen politischen Strömungen und Ereignissen stark berührt. Nach der Novemberrevolution wurde der bayerische Ministerpräsident Kurt Eisner im Februar 1919 von einem Offizierstudenten erschossen, Gustav Landauer am 1. Mai 1919 von Freikorpsstudenten im Gefängnis umgebracht. Am Hitler-Ludendorff-Putsch in München im November 1923 war der studentische Hochschulring offiziell beteiligt. Von der Münchener Universität begann seit 1926/28 der Aufstieg des Nationalsozialistischen Deutschen Studentenbunds. Angesichts der antisemitischen Militanz innerhalb der Studentenschaft verließen einige jüdische Hochschullehrer, wie der Chemiker Richard Willstätter und der Staatsrechtler Hans Nawiasky, bereits vor den nationalsozialistischen »Säuberungen« die Münchener Universität. Der Entlassungswelle nach 1933 fielen erheblich weniger Dozenten zum Opfer als an den vergleichbaren Universitäten Berlin und Leipzig (bis April 1936 32 von 387, d.h. 8,3% des Lehrkörpers von 1932/33). Im Februar 1939 wurde die Schließung der Theologischen Fakultät vom NS-Regime erzwungen. Im Herbst 1939 mußte die Tiermedizinische Fakultät aus kriegsbedingten Gründen ihren Lehrbetrieb einstellen. Im letzten Kriegsjahr wurden die Institute, Kliniken und Hörsäle der Universität zu etwa 80 Prozent zerstört. Im Sommersemester 1946 konnten die Fakultäten ihren Lehrbetrieb wieder aufnehmen.

2. Der Bestand an Institutionen 1848/49–1944/45

Zum Verständnis vgl. die Erläuterungen S. 48 ff.

I.   Theol. Fak. ([1848/49]–1938/39)

1.   Homil. Sem. (1864, -kat. 1905/06–10/11)
2.   Kirchenhist. Sem. (1892–1937/38)
      Sem. f. Kirchengesch. d. MA u. d. NZ (1938)
3.   Biblisch-exeg. Sem. (1905/06)
4.   Kanonistisches Sem. (1905/06)
5.   Päd. Sem. (1906–1910/11)
      Päd.-kat. Sem. (1911, vergl. I.1.)
6.   Dogmat. Sem. ((1922/23))
7.   Missionswiss. Sem. ((1922/23))
8.   Sem. f. Patrologie u. christl. Arch. ((1922/23))

9.   Fundamentaltheol. Sem. (1938)
10.   Moraltheol. Sem. (1938)
11.   Sem. f. Kirchenr. (1938/39)

II.   Jur. Fak. ([1848/49])

1.   Jur. Sem. (1881/82)
2.   Sem. f. Papyrusforsch. (1909, Inst. (24/25), u. ant. Rechtsgesch. 32, vergl. VI.24.)
2.1   Jur. Abt. (1915–41)
2.2   Hist. Abt. (1915–41, zu VI.24. gehörig)
3.   Inst. f. Rechtsvergleichung (1916/17)
4.   Sem. f. bayr. u. dt. Rechtsgesch. (1927, o. bayr. 34/35)

5.   Sem. f. Handels- u. Ind.recht (1927)
6.   Inst. f. Völkerr. (1927–37/38)
     Inst. f. öffentl. Recht u. Völkerk. (1938–39/40)
     Inst. f. Völkerr., Rechts- u. Staatsphil. (1940.1)
7.   Inst. f. Reichs- u. Landesstaats- u.
     Verwaltungsr. (1929/30–33/34)
     Inst. f. Pol. u. öffentl. Recht (1934)
8.   Strafr. Sem. (1930–38/39)
     Inst. f. Strafr.wiss. (1939, u. Rechtsphil. 42)
9.   Sem. f. Arbeits- u. Wirtsch.recht (1936/37)
10. Inst. f. Erneuerung d. bürgerl. Rechts (40.1)
11. Inst. f. Jugendr. (⟨1944⟩)

III.   Staatswiss. Fak. ([1848/49])

1.   Geogn. Samml. (S) ([1848/49]–90)
2.   Technol. Kab. (1857/58–91, vorh. VI.5.)
3.   Forstbot. Inst. (S) (1881–82/83)
       Forstl. Versuchsanst. (S) (1883)
3.1   Forstl. Abt. (S) (1883–1901)
       Forsttechn. Abt. (S) (1901/02–⟨1922/23⟩)
3.2   Chem.-bodenk. bzw. forstl.-meteor. Abt.
       (S) (1883–1899/1900)
3.2.1 Chem.-bodenk. Abt. (S) (1900–⟨1922/23⟩
       Inst. f. Agrikulturchem. u. Bodenk.
       (nur ⟨1924/25⟩)
       Inst. f. Bodenk. (1925, u. Standortslehre 36/37)
3.2.2 Meteor. Abt. (S) (1900–⟨22/23⟩)
       Inst. f. Meteor. u. Klim. (S) (⟨1924/25⟩,
       o. Klim. 41)
3.3   Bot.-zool. Abt. (S) (1892/93–96)
3.3.1 Bot. Abt. (S) (1883–92, 96/97–⟨1922/23⟩)
       Inst. f. Pflanzenpath. u. forstl. Bot. (S)
       (⟨1924/25⟩–33)
       Forstbot. Inst., Inst. f. forstl. Bot. u.
       Pflanzenpath. (S) (1933/34–35/36)
       Forstbot. Inst (S) (1936/37)
3.3.2 Zool. Abt. (S) (1896/97–⟨1922/23⟩)
       Inst. f. angew. Zool. (S) (⟨1924/25⟩)
3.4   Forstl. Versuchsgarten (S) (1900–32)
3.5   Inst. f. Waldbau u. Forstbenutzung (S)
       (⟨1924/25⟩, o. Forstbenutzung 42)
3.5.1 Forstl. Samenprüfstelle München (S)
       (1937/38–40.1)
       Forsch.- u. Prüfstelle f. forstl.
       Saatgut (1940.2–41)
       Inst. f. Forstsamenk. u. Pflanzenzüchtung,
       zugleich amtl. Samenprüfstelle (S) (1942)
3.6   Inst. f. forstl. Betriebslehre (S) (⟨1924/25⟩–38)
       Inst. f. biol. Ertragslehre u. Forsteinrichtung (S)
       (1938/39, o. biol. ⟨44⟩)
3.7   Inst. f. Forstpol. u. forstl. Statistik (S)
       (⟨1924/25⟩–33)
       Inst. f. Forstwirtsch.pol. u. forstl. BWL (1933/34)
3.8   Forstl. Lehr- u. Versuchsrevier (S) (⟨1924/25⟩–32)
3.9   Holzforsch.stelle (S) (1940.1–41)
       Inst. f. Holzk. u. Forstnutzung (S) (1942)
3.10   Abt. f. Holztransport u. Gerätew. (S) (1940.1,
       ab 40.3 als III.3.12.1)

3.11   Abt. f. Jagdkunde (S) (1940.2, Inst. 1942)
3.12   Forstl. Auslandsstelle (S) (1940.2)
4.   Staatswirtsch. Sem. (1892, vergl. III.8.)
5.   Statistisches Sem. (1901–11)
       Sem. f. Statistik u. Vers.wiss. (1911/12,
       vergl. III.8.)
6.   Lab. f. Agriculturchem. (1903–1908/09,
       vorh. VII.13.)
7.   Sem. f. Wirtsch.gesch. (⟨1922/23⟩–37/38)
       Sem. f. Wirtsch.gesch. u. Wirtsch.geogr.
       (1938, vergl. III.8.)
8.   Volkswirtsch. Inst. (als Oberinst.
       f. III.4.,5. u. 7. 1940.2–40.3)
       Wirtsch.wiss. Inst. (1941)

IV.   Med. Fak. ([1848/49])

1.   Anat. Samml. u. Anst. ([1848/49])
1.1   Histolog. Lab. (1882/83–1907)
1.2   Abt. f. Histologie u. Embryologie (1908–⟨42⟩)
1.3   Abt. f. experimentelle Biol. (⟨1924/25⟩)
2.   Kreis- u. Localgebäranst. (S) ([1848/49]–83/84)
       Kgl. Univ.-Frauenkl. (S) (1884, o. Kgl. 1904/05)
       Univ.-Frauenkl. u. Hebammenschule (S) (1939/40)
2.1   Hebammenschule (S) (1884/85)
2.2   Gebh. Abt. (S) (1884/85–⟨1922/23⟩)
2.3   Gynäk. Abt. (S) (1884/85–1900/01, 08–09/10)
       Frauenkrankenabt. (S) (1901/02–07/08)
2.4   Septische Abt. (S) (1917–24/25)
2.5   Strahlenabt. (S) (1925–41)
3.   Pharmac. Inst. ([1848/49]–92; Forts. VII.22.)
4.   Polikl. ([1848/49], Med. Polikl. 49/50)
5.   Lab. f. physiol. Chem. ([1848/49]–69/70)
       Chem. Lab. f. Hyg. (1870–76/77)
       Hyg. Inst. (1877)
6.   Chir. Kab. ([1848/49], Samml. 71/72)
**7.   Städt. allg. Kh. links d. Isar (St)
       ([1848/49]–⟨1919/20⟩, o. allg. 70/71)
       Städt. Kh. München links d. Isar (St)
       (⟨1920/21⟩)**
7.1   Chir. Klin. (St) (1883–84/85, 91–92, 1907–41)
7.2   Med. Klin. (St) (1891–1935)
7.3   Propädeutisch-med. Klin. (St) (1891–1901/02)
       2. Med. Klin. (St) (1902–⟨1920/21⟩)
7.4   1. Med. Abt. (St) (1891)
7.5   2. Med. Abt. (St) (1891)
7.6   3. Med. Abt. (St) (1891–1908, 29)
       3. (syph.-derm.) Abt. (1908/09–28/29)
7.7   Chir. Abt. (St) (1891)
7.7.1 Radiologisches Inst. d. Chir. Abt. (St) (1914–40.2)
       Röntgeninst. (St) (nur 1940.3)
7.8   Gynäk. Abt. (St) (1891–1901, 1903–40.3,
       Klin. 1891/92–1900/01)
       Abt. f. Gebh. u. Frauenkr. (St) (1941)
7.9   Phys. Abt. (St) (1900/01–24/25)
7.10. Derm. Klin. (St) (1900/01–18/19)
       Syph.-derm. Klin. (St) (1919–26)
       Klin. f. Haut- u. Geschl.kr. (St) (1926/27–29)
7.11   Psych. Abt. (St) (1900/01–04)

7.12	2. Gynäk. Abt. (St) (1901–1935/36)	29.	Zahnärztl. Inst. (1900–36/37)
7.13	Phys.-therap. Abt. (St) (1909/10–24/25)		Klin. f. ZMK (1937)
	Abt. f. phys. Therapie u. Röntgenologie (1925)	29.1	Abt. f. Zahn- u. Mundkr. (1900–28/29)
7.14	Abt. f. Ohrenkranke (St) (1910–17, 1918)		Klin. Abt. (1929)
7.15	Abt. f. Ohren- u. Halskr. (St) (1932–34/35)	29.2	Abt. f. kons. Zahnheilk. (1900–28/29)
8.	Gebh. Polikl. (1849/50)		Kons. Abt. (1929)
9.	Physiol. Inst. u. physiol. Samml. (S) (1872/73)	29.3	Abt. f. techn. Zahnheilk. (1900–28/29)
9.1	Physiol. Inst. (S) (1855–72)		Techn. Abt (1929)
9.2	Physiol. Samml. (S) (1863–72)	29.4	Gesamtinst. d. Zahnärztl. Inst. (1929)
9.3	Forsch.stelle f. Luftfahrtmed. (S) (1941)	29.5	Orthodontische Abt. (1934)
10.	Zool. Samml. (1854–89 vorh. u. Forts. VII.3.)	30.	Derm. Klin. u. Polikl. (1929)
11.	Lab. f. physiol. Phys. (1856/57–67)	30.1	Polikl. f. Haut- u. Geschl.kr. (1903/04–28/29,
	Physiol. Samml. (1867/68–78/79)		Hautpolikl. 04/05, Derm. Polikl. 07/08)
12.	Vergl.-anat. Samml. (S) (1856/57–84, Forts. VII.18.)	30.2	Klin. f. Haut- u. Geschl.kr. (1915/16–28/29)
13.	Kreis-Irrenanst. (S) (1863–1904)	31.	Psych. Klin. (1904/05, u. Nervenkl. 24/25)
14.	Reisingerianum (1863/64–1910)	31.1	Polikl. (1904/05–⟨1922/23⟩)
	Kgl. Polikl. (1910/11, o. Kgl. 19)	31.2	Anat. Lab. d. Klin. (1912/13–37)
15.	Zool.-zoot. Samml. (S) (1869/70–84/85,	31.3	Chem. Lab. d. Klin. (⟨1924/25⟩–26)
	vorh. u. Forts. VII.2.1)	32.	Orthop. Polikl. (1906/07)
16.	Ophthalmol. Kab. (1871/72, Samml. 78/79)	33.	Inst. f. ger. Med. (1909/10–40.3,
17.	Ophthalmol. Klin. (S) (1872/73–1934/35,		Ger.-med. Inst. 10)
	Univ.kl. 1879 u. Polikl. 1905)		Inst. f. ger. Med. u. Krim. (1941)
	Univ.-Augenkl. u. Polikl. (1935)	34.	1. Med. Klin. (1913)
18.	Path. Inst. (1875)	35.	2. Med. Klin. (1913)
19.	Path.-anat. Samml. (S) (1876)	35.1	Chem. Lab. d. Klin. (⟨1924/25⟩–41)
20.	Med.-klin. Inst. (1877/78)	35.2	Ambulatorium (⟨1924/25⟩–38/39)
21.	Chir. Polikl. (1879/80)	36.	Kgl. Orthopädische Klin. (bei d. Kgl. Landesanst.
22.	Gynäk. Polikl. (1879/80–1933)		f. krüppelhafte Kinder) (S) (1913, o. Kgl. 19)
23.	Pädiatrische Polikl. (1879/80)	37.	2. Gynäk. Klin. (1913/14–40.3)
24.	Dr. v. Hauner'sches Kinderspital (S) (nur 1886/87)		2. Univ.-Frauenkl. (1941)
	Kgl. Univ.-Kinderkl. im Dr. v. Hauner'schen	38.	Kraussianum (S) (1916/17)
	Kinderspital (S) (1887, u. Polikl. 87/88)	39.	Dt. Forsch.anst. f. Psych., Kaiser-Wilhelm-
24.1	Interne Abt. (S) (1886/87–1910/11)		Inst. (Sti) (1918)
	Interne Abt. (S) (Med. Säuglings- u.	39.1	1. histopath. Abt. (Sti) (1918–19)
	Infektionsst. (1928)	39.2	2. histopath. Abt. (Sti) (1918–32/33)
24.2	Chir. Abt. (S) (1886/87, -orthop. 1928)	39.2	Hirnpath. Inst. (Sti) (1933)
24.3	Polikl. (S) (1890/91–95, 97/98–03/04, 06/07–14)	39.3	Topographisch-histol. Abt. (Sti) (1918–18/19)
24.4	Diphtherie-Abt. (S) (1904/05–10)	39.4	Genealogisch-demographische Abt. (Sti)
24.5	Med. Abt. (S) (1910/11–24/25)		(1918–25, 1927, Inst. 33)
24.6	Lab. (S) (1910/11–14)	39.5	Serol. Abt. (Sti) (1918–28)
24.7	Säuglingsabt. (S) (1911–11/12)		Abt. f. Serol. u. exp. Therapie (Sti)
24.8	Infektionsabt. (S) (1912/13–14)		(1928/29–35/36, Inst. 33)
25.	Pharm. Lab. (1888/89, Inst. 92/93)	39.6	Psychol. Abt. (Sti) (⟨1924/25⟩–26/27)
26.	Kgl. Unters.anst. f. Nahrungs- u. Genußmittel	39.7	Abt. f. Spirochaetenforsch. (Sti) (1927, Inst. 33)
	(1891/92–94, Forts. VII.22.1)	39.8	Klin. Abt. (Sti) (1927, Inst. 33)
27.	Chir.-klin. Inst. (1892/93, mit		
	Röntgeninst. 1937/38)	40.	**Städt. Kh. München rechts d. Isar (St)**
27.1	Orthop. Amb. (1897/98–1900)		**(⟨1920/21⟩)**
27.2	Sportabt. (1928–1928/29)	40.1	Innere Abt. (St) (⟨1920/21⟩)
27.3	Ernährungsabt. (1929–1929/30)	40.2	Chir. Abt. (St) (⟨1920/21⟩)
28.	Polikl. f. HNO-Kr. (1930/31)	40.3	Path. Inst. (St) (⟨1922/23⟩)
28.1	Laryngo-rhinologische Klin. (1899/1900–30,	40.4	Röntgenabt. (St) (1926–35)
	Polikl. 06)		Phys.-therap. u. Röntgenabt. (St) (1935/36)
28.2	Otiatrische Klin. (1902/03–30)	40.5	Derm. Abt. (St) (1927–28/29)
28.2.1	Abt. f. Sprach- u. Stimmstörungen (⟨1924/25⟩)	40.6	Gynäk. Abt. (St) (1937)
28.3	Polikl. f. Ohrenkr.(1903/04–30,		
	Ohrenpolikl. 04, Otiatrische Polikl. 07/08)	41.	**Städt. Kh. München-Schwabing (St) (⟨1920/21⟩)**
28.4	Lab. d. Univ.-Ohren-, Nasen- u. Halskl.	41.1	Innere Abt. (St) (⟨1920/21⟩, 1. 39)
	(1930/31)	41.2	Kinderabt. (St) (⟨1920/21⟩)

41.3	Derm. Abt. (St) (⟨1920/21⟩)
41.4	Chir. Abt. (St) (⟨1920/21⟩)
41.5	Phys.-therap. Abt. (St) (⟨1920/21⟩)
41.5.1	Röntgeninst. d. Phys.-therap. Abt. (St) (⟨1920/21⟩)
41.6	Bakt.-serol. Lab. (St) (⟨1922/23⟩-32/33)
41.7	Path. Inst. (St) (⟨1924/25⟩-33/34, 38)
41.8	Psych. Abt. (St) (⟨1924/25⟩)
41.9	2. Med. Abt. (34-36/37) 2. innere Abt. (St) (1939)
42.	Inst. f. phys. Therap. u. Röntg. (1925-38) Inst. f. phys. Heilk. u. Röntg. (1938-39)
42.1	Kurs f. Krankengymnastik (1929-34/35)
42.2	Massörkurs (1930/31-⟨42⟩)
43.	Ger.-med. Samml. (1928)
44.	Bakt. Untersuchungsanst. (S) (1928/29)
45.	Inst. f. Rassenhygiene (1933/34)
46.	Inst. f. Gesch. d. Med. (1939)
47.	Physiol.-chem. Inst. (1941)

V.   Tierärztl. Fak. (1914/15)

1.	Bot. Inst. (1914/15-29, d. tierärztl. Fak. 18/19)
2.	Zool. Inst. (1914/15, d. tierärztl. Fak. 18/19)
3.	Anat. Inst. (1914/15, d. tierärztl. Fak. 18/19)
4.	Physiol. Inst. (1914/15-18) Inst. f. Tierphysiol. (1918/19)
5.	Pharm.-pharmaz. Inst. (1914/15, d. tierärztl. Fak. 18/19)
6.	Path.-bakt. Inst. (1914/15, Inst. f. Tierpath. 18/19)
7.	Med. Klin. (1914/15, Med. Tierkl. 18/19)
8.	Chir. Klin. (1914/15, Chir. Tierkl. 18/19)
9.	Amb. Klin. u. Unters.stelle f. Gewährsfehler (1914/15-19) Ambulatorische Klin. (1919/20-36/37) Klin. zur Behandlung v. Außenfällen (1937)
10.	Inst. f. Gebh. u. Tierzucht (1914/15-18/19)
10.1	Inst. f. Gebh. (1919)
10.2	Inst. f. Tierzucht (1919)
11.	Inst. f. Hufk. (1914/15, u. Beschirrungsk. 25/26)
12.	Hufbeschlagschule München (S) (1914/15)
13.	Biol. Versuchsanst. f. Fischerei u. teichwirtsch. Versuchsanst. Wielenbach bei Weilheim (S) (1914/15-18/19) Biol. Versuchsanst. f. Fischerei u. Hofer-Inst. Wielenbach, Teichwirtsch. Versuchsanst. (S) (1919, u. Inst. f. Seenforschung u. Seenbewirtsch. Langenargen 27/28, Bayr. 34)
14.	Städtischer Schlacht- u. Viehhof (St) (1914/15)
14.1	Lab. (St) (1914/15-27)
15.	Tierhyg. Inst. (⟨1924/25⟩)

VI.   Phil. Fak. ([1848/49], Sektion I. 1918/19-37, o. VII. 1937/38)

1.	Philol. Sem. ([1848/49]-91/92) Sem. f. klass. Philol. (1892)
2.	Kupferstich- u. Gemäldesamml. ([1848/49]-1908/09) Kunsthist. Sem. u. Kupferstichsamml. (1909)
3.	Münzen- u. Medaillensamml. ([1848/49]-1935/36)
4.	Antiquarium (S) ([1848/49]-1917) Mus. ant. Kleinkunst (S) (1917/18-25)
4.1	Äg. Abt. (S) (1870-1925)
4.2	Vasensamml. (S) (1916-17)
5.	Technol. Kab. (1856-57, Forts. III.2.)
6.	Hist. Sem. (1857/58)
6.1	Abt. f. bayr. Landesgesch. (1909)
6.2	Abt. f. Hilfswiss. (1909)
6.3	Abt. f. Kriegs- u. Heeresgesch. (1935)
7.	Ethnogr. Samml. (S) (1864/65-1917, Mus. 1909) Mus. f. Völkerk. (1917/18)
8.	Sem. f. neuere Spr. u. Literatur (1876-91/92)
8.1	Sem. f. rom. u. engl. Philol. (1892-1912)
8.1.1	Sem. f. engl. Philol. (1912/13)
8.1.2	Sem. f. rom. Philol. (1912/13)
8.2	Sem. f. dt. Philol. (1892)
9.	Praehist. Samml. (S) (1891-1900/01, Forts. VII.24.1)
10.	Arch. Sem. (1892)
11.	Psychol. Sem. (1894/95, Inst. 13/14)
12.	Münzkab. (S) (1897, Samml. 1917/18)
13.	Sem. f. mittel- u. neugriechische Philol. (1898)
14.	Mus. f. Abgüsse klass. Bildwerke (S) (1900)
15.	Oriental. Sem. (1905/06-1908/09) Sem. f. semit. Philol. (1909-⟨1922/23⟩) Inst. f. Äg. u. vorderas. Altertumsk. (⟨1924/25⟩-26)
15.1	Sem. f. Äg. (⟨1924/25⟩)
15.2	Sem. f. semit. Philol. u. vorderas. Altertumsk. (⟨1924/25⟩-26) Sem. f. Semit., vorderas. Altertumsk. u. Islamwiss. (1926/27)
16.	Sem. f. lateinische Philol. d. Mittelalters (1906)
17.	Sem. f. alte Gesch. (1907/08)
18.	Sem. f. arische Philol. (1909-35/36) Sem. f. arische Kultur u. Spr.wiss. (1936/37)
19.	Sem. f. idg. Spr.wiss. (1909-29/30) Spr.wiss. Sem. (1930)
20.	Musikwiss. Sem. (1911)
21.	Sem. f. slav. Philol. (1911/12-39) Sem. f. slav. u. baltische Philol. (1939/40)
22.	Philos. Sem. (1912/13)
23.	Päd. Sem. (1914)
24.	Hist. Abt. beim Sem. f. Papyrusforsch. (1915-41, vergl. II.2.)
25.	Inst. f. Zeitungswiss. (⟨1924/25⟩)
26.	Inst. f. Theatergesch. (1926/27)
27.	(2.) Philos. Sem. (1929/30)
28.	Inst. zur Erforsch. d. dt. Volkstums im Süden u. Südosten (Sti) (1932-39/40, ... (Südostinst.) 39/40) Südostinst. (Inst. zur Erforsch. d. dt. Volkstums im Süden u. Südosten ...) (Sti) (1940.1)
29.	Inst. f. Vor- u. Frühgesch. (1934/35)

30.	Äg. Samml. (S) (1937)
31.	Vor- u. frühgesch. Staatssamml. (S) (1937, vorh. VII.24.1.2)
32.	Sem. f. italienische Philol. (1942)

VII.   Naturwiss. Fak. (Sektion II. 1918/19–37, Fak. 1937/38, in VI. –1937)

1.	Math.-phys. Samml. (S) ([1848/49]–1909) Inst. f. theor. Phys. (S) (1909/10, u. angew. Mech. 41)
2.	Zool. Anst. d. Staates (S) (⟨1920/21⟩–27)
2.1	Zool.-zoot. Samml. (S) ([1848/49]–69, 1885–1927/28, vergl. IV.15. 1869/70–84/85) Zool. Staatssamml. (S) (1928)
2.1.1	Zool. Inst (S) (1908/09–32)
3.	Zool. Samml. (⟨1849/50⟩–53/54, 1889/90, Inst. 1908/09, d. Univ. 1917, 1854–89 vergl. IV.10)
4.	Bot. Garten (S) ([1848/49])
5.	Sternwarte d. Staats (S) ([1848/49])
5.1	Erdmagnetisches Observatorium (S) (1897–⟨1922/23⟩) Erdphys. Warte (S) (⟨1924/25⟩)
6.	Chem. Lab. d. kgl. General-Conservatoriums ([1848/49]–1908/09) Chem. Lab. d. Staats (S) (1909, o. d. Staats 38)
7.	Min. Samml. (S) ([1848/49])
8.	Min. Kab. ([1848/49], Samml. 70, Inst. 87/88)
8.1	Lehrsamml. f. Petrogr. (1911–⟨1922/23⟩)
9.	Phys. u. Math. Kab. ([1848/49]–85/86, Samml. 71) Phys. Inst. (1886)
10.	Bot. Samml. ([1848/49])
11.	Sternwarte d. kgl. ordentl. Prof. Dr. Gruithuisen (S) ([1848/49]–50/51)
12.	Pal. Samml. (S) ([1848/49]–⟨1919/20⟩)
13.	Lab. f. Agriculturchem. ([1848/49]–1902/03, Forts. III.6.)
14.	Phys.-math. Sem. (1857–⟨1922/23⟩)
14.1	Math. Sem. (⟨1924/25⟩)
14.2	Phys. Sem. (⟨1924/25⟩)
15.	Phys.-metronomisches Inst. (S) (1871/72)
16.	Pflanzenphysiol. Inst. (S) (1874)
17.	Bot. Lab. (1874)
18.	Vergl.-anat. Samml. (S) (1885–1908, vorh. IV.12.)
19.	Geol. Samml. (S) (1890/91–⟨1919/20⟩
19.1	Samml. f. allg. u. angew. Geol. (S) (⟨1920/21⟩)
19.2	Samml. f. Pal. u. hist. Geol. (S) (⟨1920/21⟩)
20.	Kgl. bot. Mus. (S) (1891/92–1937/38, o. Kgl. 04/05) Bot. Staatssamml. (1938)
21.	Geol.-pal. Inst. (1892/93–⟨1919/20⟩)
21.1	Inst. f. allg. u. angew. Geol. (⟨1920/21⟩)
21.2	Inst. f. Pal. u. hist. Geol. ⟨1920/21⟩)

22.	Pharmaz. Inst. u. Lab. f. angew. Chem. (1892/93–1928/29, vorh. IV.3.) Inst. f. pharmaz. u. Lebensmittelchem. (1929)
22.1	Kgl. Untersuchungsanst. f. Nahrungs- u. Genußmittel (S) (1894/95–1935/36, vorh. IV.26., o. Kgl. 19) Staatl. chem. Untersuchungsanst. (S) (1936/37)
22.2	Dt. Forsch.anst. f. Lebensmittelchem. (Sti) (1918)
22.3	Inst. f. pharmaz. Arzneimittellehre (1935/36)
23.	Pharmakog. Samml. (1893–1935/36)
24.	Anthr. Inst. (1895/96)
24.1	Anthr.-praehist. Samml. (S) (1901–27, vorh. VI.9.)
24.1.1	Anthr. Samml. (S) (1926/27, Staats- 27/28)
24.1.2	Praehist. Samml. (S) (1926/27–35, Staats- 27/28) Vor- u. Frühgesch. Staatssamml. (1935/36–36/37, Forts. VI.31.)
24.2	Anthr.-praehist. Sem. (1912/23–⟨42⟩) Anthr. Sem. (⟨1944⟩)
24.3	Lab. f. Körpermessung (⟨1924/25⟩–1935)
25.	Geogr. Sem. (1899, Inst. ⟨1920/21⟩)
26.	Bayr. Landeswetterwarte (S) (1932–34/35) Luftamt München, Wetterdienst (1935–37/38)
27.	Lehr- u. Forsch.inst. f. Meteor. (verbunden mit dem forstmeteor. Inst) (1937/38)
28.	Reichsinst. Sven Hedin f. Innerasienforsch. (S) (⟨1944⟩)

VIII.   1. Leibesüb. (1926/27–37)

1.1	Gymnastische Anst. ([1848/49]–1917/18, Forts. d. Personals unter »Sonstige Universitätsangehörige« 18–34/35)
1.2	Akad. Ausschuß f. Leibesüb. (1912–19, an d. Univ. 15) Gemeinsamer Ausschuß d. Univ. u. d. TH. f. Leibesüb. (1919/20–32) Gemeinsames akad. Inst. d. Univ. u. d. TH. f. Leibesüb. (1932/33–35) Hochschulinst. f. Leibesüb. München (1935/36)
1.3	Sportärztl. Unters.- u. Beratungsstelle d. Münchener Hochschulen (1929/30–38/39)

Fehlende Semester: 1920, 1921, 1922, 1923, 1923/24, 1924, 1943, 1943/44.
Studienjahre: 1848/49–1853/54, 1935/36, 1941, 1942.
(S) u. (St) = Institute u. Samml. d. Staates u.s.w., welche, ohne unmittelbare Attribute d. Univ. zu sein, d. Unterrichts- u. Bildungzwecken dienen. ([1848/49]–⟨1919/20⟩)
(S) = Wiss. Anst. d. Staates (u.s.w.), welche, ohne (unmittelbar) zur Univ. zu gehören, den/ihren Unterrichts- u. Bildungzwecken dienen. (⟨1920/21⟩–37)
(Sti) = Der Univ. angegliederte Stiftungsanst.n (Forschungsanst.n) (1918)
(St) = Der Univ. angegliederte Anst.n d. Stadt (⟨1920/21⟩–32)
Für d. Univ.unterricht benützte Anst.n d. Stadt (1932/33)

3. Die Studierenden nach Fachbereichen

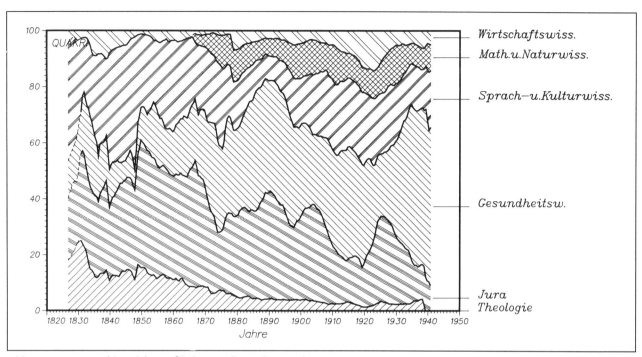

Abb. 21. 1: Das Fachbereichsprofil der Studierenden an der Universität München 1826/27–1941/1

Tab. 21. 1: Die Studierenden an der Universität München nach Fachbereichen in Prozent 1826/27–1941/1

| | Kath. Theol. | Jura | Gesundheitswissenschaften | | | | Sprach und Kultur wiss. | Math., Naturw. | | Wirtsch., Agrar und Forstwiss. | Studierende | | |
| | | | insg. | Allg. Med. | Zahnmed. | Pharmazie | | insg. | Chemie | | insg. | weibl. in % aller Stud. | Ausl. in % aller Stud. |
Semester	1	2	3	4	5	6	7	8	9	10	11	12	13
1826/27	17,51	21,82	13,32	13,32	.	.	42,36	.	.	4,99	1622	.	.
1827	.	.	.	.	.	.	.	.	.	.	.	.	.
1827/28	.	.	.	.	.	.	.	.	.	.	.	.	.
1828	.	.	.	.	.	.	.	.	.	.	.	.	.
1828/29	21,02	25,54	12,38	12,38	.	.	39,08	.	.	1,98	1817	.	.
1829	.	.	.	.	.	.	.	.	.	.	.	.	.
1829/30	23,89	21,84	15,97	13,38	.	2,59	34,52	.	.	3,78	1854	.	.
1830	.	.	.	.	.	.	.	.	.	.	.	.	.
1830/31	25,74	30,55	14,36	12,22	.	2,14	26,37	.	.	2,98	1915	.	.
1831	24,78	32,48	15,89	15,89	.	.	26,84	.	.	.	1844	.	.
1831/32	23,70	34,65	23,93	19,81	.	4,12	15,18	.	.	2,54	1772	.	.
1832	22,57	32,29	20,89	20,89	.	.	24,25	.	.	.	1728	.	.
1832/33	21,44	29,81	25,36	22,03	.	3,33	21,44	.	.	1,96	1684	.	.
1833	18,48	30,24	23,05	23,05	.	.	28,23	.	.	.	1640	.	.
1833/34	15,30	30,72	24,14	24,14	.	.	28,09	.	.	1,76	1595	.	.
1834	15,06	29,93	23,44	23,44	.	.	31,57	.	.	.	1527	.	.
1834/35	14,80	28,99	26,46	22,69	.	3,77	27,07	.	.	2,67	1459	.	.
1835	13,34	29,78	20,68	20,68	.	.	36,20	.	.	.	1417	.	.
1835/36	11,79	30,64	22,85	18,49	.	4,37	32,61	.	.	2,11	1374	.	.
1836	12,75	29,67	17,88	17,88	.	.	39,71	.	.	.	1365	.	.
1836/37	13,79	28,69	17,18	17,18	.	.	40,34	.	.	.	1356	.	.
1837	13,54	30,42	20,08	16,12	.	3,95	33,46	.	.	2,51	1315	.	.
1837/38	14,41	30,78	15,29	15,29	.	.	39,51	.	.	.	1478	.	.
1838	13,49	32,12	18,63	14,70	.	3,93	32,83	.	.	2,93	1401	.	.
1838/39	15,02	33,72	14,06	14,06	.	.	37,20	.	.	.	1465	.	.
1839	15,38	33,29	19,38	14,26	.	4,78	29,85	.	.	2,11	1424	.	.
1839/40	10,92	26,85	12,09	12,09	.	.	50,14	.	.	.	1456	.	.
1840	11,57	27,46	16,04	11,19	.	4,70	37,09	.	.	7,84	1340	.	.
1840/41	13,07	28,69	10,53	10,53	.	.	47,71	.	.	.	1377	.	.
1841	13,01	29,00	15,38	10,71	.	4,28	35,58	.	.	7,04	1307	.	.
1841/42	12,94	29,42	9,48	9,48	.	.	48,16	.	.	.	1329	.	.
1842	12,97	31,52	13,05	8,10	.	4,70	36,06	.	.	6,40	1234	.	.
1842/43	12,63	31,39	8,85	8,85	.	.	47,13	.	.	.	1322	.	.
1843	12,42	34,92	8,63	6,13	.	2,42	37,90	.	.	6,13	1240	.	.
1843/44	14,80	31,34	6,34	6,34	.	.	47,51	.	.	.	1324	.	.
1844	14,05	33,13	8,96	6,10	.	2,86	38,38	.	.	5,48	1295	.	.
1844/45	14,83	32,97	5,51	5,51	.	.	46,70	.	.	.	1362	.	.
1845	14,09	33,88	8,40	5,55	.	2,85	38,08	.	.	5,55	1334	.	.
1845/46	15,97	33,26	6,23	6,23	.	.	44,54	.	.	.	1428	.	.
1846	14,26	33,85	10,18	7,16	.	3,02	37,71	.	.	4,00	1424	.	.
1846/47	14,53	32,21	9,41	5,99	.	3,43	41,02	.	.	2,82	1487	.	.
1847	13,16	33,38	6,58	6,58	.	.	46,88	.	.	.	1474	.	.
1847/48	11,45	31,19	8,55	6,10	.	2,45	46,42	.	.	2,39	1590	.	.
1848	11,03	33,42	5,98	5,98	.	.	49,57	.	.	.	1523	.	.
1848/49	16,60	40,49	10,19	10,19	.	.	32,71	.	.	.	1825	.	.
1849	16,71	38,81	12,65	10,03	.	2,61	30,39	.	.	1,45	1724	.	.
1849/50	15,56	46,03	10,43	10,43	.	.	27,98	.	.	.	1966	.	.
1850	15,28	45,89	12,99	10,91	.	2,08	24,64	.	.	1,20	1924	.	.
1850/51	15,78	44,16	12,66	12,66	.	.	27,40	.	.	.	1927	.	.
1851	15,35	44,52	13,81	11,67	.	2,15	24,82	.	.	1,49	1817	.	.
1851/52	14,89	42,56	12,99	12,99	.	.	29,57	.	.	.	1948	.	.
1852	12,90	45,79	13,21	13,21	.	.	28,10	.	.	.	1961	.	.
1852/53	13,62	43,61	15,77	15,77	.	.	27,00	.	.	.	2004	.	.
1853	12,52	44,32	16,64	16,64	.	.	26,52	.	.	.	1893	.	.
1853/54	12,97	40,71	20,89	18,19	.	2,47	22,57	.	.	2,86	1781	.	.
1854	12,77	42,69	19,12	17,10	.	1,91	21,66	.	.	3,76	1731	.	.
1854/55	11,63	40,69	19,99	17,37	.	2,55	24,30	.	.	3,40	1531	.	.
1855	11,30	40,51	19,92	16,84	.	3,07	24,33	.	.	3,94	1496	.	.
1855/56	12,46	38,07	17,68	14,54	.	2,92	27,56	.	.	4,24	1437	.	.
1856	12,40	39,14	17,42	14,27	.	2,94	26,59	.	.	4,44	1395	.	.
1856/57	13,02	38,62	17,00	14,08	.	2,77	27,81	.	.	3,56	1406	.	.
1857	13,03	39,18	13,92	10,75	.	3,17	30,34	.	.	3,53	1358	.	.
1857/58	12,13	38,24	14,35	10,58	.	3,70	32,03	.	.	3,25	1352	.	.
1858	11,28	39,52	14,27	10,59	.	3,53	32,31	.	.	2,61	1303	.	.
1858/59	11,74	37,10	15,88	12,04	.	3,76	30,47	.	.	4,82	1329	.	.
1859	12,05	36,92	16,61	13,17	.	3,44	31,15	.	.	3,27	1162	.	.
1859/60	11,17	36,48	15,96	12,24	.	3,72	32,67	.	.	3,72	1209	.	.
1860	10,93	37,95	15,35	12,59	.	2,67	32,44	.	.	3,34	1199	.	.
1860/61	11,51	35,75	17,91	13,49	.	4,27	31,40	.	.	3,43	1312	.	.
1861	11,72	38,66	17,39	13,35	.	3,96	28,65	.	.	3,57	1288	.	.
1861/62	10,05	36,48	19,49	13,80	.	5,69	29,54	.	.	4,44	1283	.	.
1862	11,13	39,36	18,99	14,48	.	4,42	27,17	.	.	3,36	1222	.	.
1862/63	11,95	35,86	19,87	14,38	.	5,41	28,35	.	.	3,96	1238	.	.
1863	11,13	37,84	20,36	15,33	.	4,95	27,37	.	.	3,30	1213	.	.
1863/64	9,74	37,73	22,32	16,56	.	5,75	27,15	.	.	3,07	1304	.	.
1864	9,39	38,95	20,16	15,55	.	4,45	28,42	.	.	3,08	1235	.	.
1864/65	8,91	38,41	21,72	16,45	.	5,11	28,53	.	.	2,43	1234	.	.

Tab. 21.1: Die Studierenden an der Universität München nach Fachbereichen in Prozent 1826/27–1941/1

| Semester | Kath. Theol. | Jura | Gesundheitswissenschaften | | | | Sprach und Kultur wiss. | Math., Naturw. | | Wirt-sch., Agrar- und Forst. wiss. | Studierende | | |
| | | | insg. | Allg. Med. | Zahn-med. | Phar-mazie | | insg. | Chemie | | insg. | weibl. in % aller Stud. | Ausl. in % aller Stud. |
	1	2	3	4	5	6	7	8	9	10	11	12	13
1865	8,33	43,04	20,06	15,94	.	3,96	26,05	.		2,51	1236	.	.
1865/66	8,92	41,05	22,91	17,45	.	5,30	24,21	.		2,92	1301	.	.
1866	8,26	44,18	21,59	17,54	.	4,05	24,54	.		1,43	1186	.	.
1866/67	8,82	42,82	22,92	18,64	0,00	4,28	22,00	3,44		.	1191	.	.
1867	8,01	47,63	21,19	17,92	0,00	3,27	20,33	2,84		.	1161	.	.
1867/68	8,41	38,99	21,78	17,93	0,00	3,84	24,90	4,08		1,84	1249	.	.
1868	8,79	40,18	21,86	18,90	0,00	2,96	24,40	3,62		1,15	1217	.	.
1868/69	8,68	38,29	25,13	19,67	0,00	5,46	22,36	3,66		1,87	1337	.	.
1869	8,79	38,78	24,25	19,31	0,00	4,95	24,49	3,69		.	1274	.	.
1869/70	8,93	37,17	26,19	20,51	0,00	5,68	22,03	4,47		1,21	1321	.	.
1870	7,99	36,21	26,72	21,16	0,00	5,56	24,53	4,55		.	1276	.	.
1870/71	8,68	31,20	27,10	21,95	0,00	5,15	26,81	5,06		1,15	1048	.	.
1871	8,22	30,98	28,55	23,67	0,00	4,88	25,29	5,60		1,36	1107	.	.
1871/72	6,12	28,77	32,15	25,62	0,00	6,53	25,14	6,61		1,21	1241	.	.
1872	6,15	29,84	31,39	25,74	0,00	5,66	24,10	7,95		0,57	1220	.	6,15
1872/73	6,07	27,07	33,55	29,12	0,00	4,43	24,61	7,88		0,82	1219	.	7,38
1873	6,38	27,30	33,51	29,61	0,00	3,90	23,40	8,33		1,06	1128	.	6,91
1873/74	6,47	21,26	35,17	29,22	0,00	5,95	25,98	9,80		1,31	1143	.	8,22
1874	7,41	20,95	30,63	25,20	0,00	5,43	29,55	9,88		1,58	1012	.	7,41
1874/75	7,27	20,25	31,43	27,88	0,00	3,54	28,88	10,35		1,82	1101	.	9,45
1875	7,31	21,74	29,35	25,79	0,00	3,56	28,75	11,26		1,58	1012	.	8,50
1875/76	6,98	21,36	28,84	25,52	0,00	3,33	29,01	12,22		1,58	1203	.	9,64
1876	7,04	25,88	30,55	26,50	0,00	4,05	23,15	11,62		1,76	1136	.	8,36
1876/77	5,86	27,50	34,38	26,56	0,00	7,81	19,84	11,33		1,09	1280	.	8,36
1877	6,16	29,44	34,02	25,10	0,00	8,92	18,71	10,42		1,26	1267	.	7,02
1877/78	6,03	28,46	35,07	25,07	0,00	10,00	18,09	11,10		1,25	1360	.	6,99
1878	6,30	28,81	33,43	23,68	0,00	9,75	18,33	11,66		1,47	1364	.	5,87
1878/79	5,43	28,93	30,78	22,27	0,06	8,45	16,66	11,23		6,97	1621	.	7,22
1879	5,31	27,73	30,73	22,66	0,12	7,94	17,72	11,42		7,09	1637	.	7,21
1879/80	5,09	28,90	31,12	23,09	0,06	7,97	17,05	11,18		6,64	1806	.	7,31
1880	4,75	29,24	30,83	23,02	0,06	7,75	17,08	11,37		6,73	1768	.	6,11
1880/81	4,71	30,21	31,11	24,50	0,05	6,56	16,88	10,74		6,35	1890	.	6,61
1881	4,28	32,51	29,88	23,79	0,00	6,09	17,05	10,25		6,03	1824	.	5,76
1881/82	4,98	31,10	32,98	27,74	0,05	5,18	16,36	9,50		5,08	1968	.	5,39
1882	4,76	32,92	32,18	27,12	0,10	4,96	15,07	10,06		5,01	2017	.	5,40
1882/83	5,25	31,14	35,31	29,88	0,13	5,29	14,54	9,15		4,62	2229	.	6,06
1883	5,05	31,42	36,08	30,72	0,09	5,27	13,99	9,06		4,40	2295	.	5,93
1883/84	5,43	29,82	39,02	33,27	0,24	5,51	12,64	8,43		4,66	2468	.	6,28
1884	4,98	30,82	39,39	33,65	0,12	5,62	11,95	8,56		4,30	2511	.	6,33
1884/85	4,32	32,10	38,36	32,29	0,26	5,81	13,30	8,04		3,87	2685	.	7,30
1885	4,21	31,36	39,96	34,30	0,21	5,45	12,11	8,11		4,25	2825	.	6,65
1885/86	4,54	31,06	42,55	36,96	0,07	5,51	11,41	6,88		3,56	2865	.	5,90
1886	4,42	31,33	42,97	36,87	0,13	5,96	10,48	6,79		4,02	3035	.	5,47
1886/87	4,60	32,27	42,51	35,20	0,09	7,21	13,98	6,64		.	3176	.	5,38
1887	4,07	33,98	41,91	35,08	0,15	6,68	9,62	6,95		3,47	3367	.	4,72
1887/88	3,95	35,59	40,10	32,57	0,09	7,44	10,13	7,03		3,19	3414	.	5,33
1888	3,73	35,86	41,98	35,07	0,08	6,83	8,87	6,59		2,97	3809	.	5,07
1888/89	4,39	37,23	40,78	32,73	0,25	7,80	9,24	5,77		2,58	3602	.	5,14
1889	4,03	39,01	40,34	32,47	0,17	7,70	8,48	5,52		2,62	3622	.	4,28
1889/90	4,28	36,65	40,87	32,68	0,06	8,13	9,57	5,78		2,85	3479	.	4,60
1890	4,22	39,23	38,89	30,92	0,20	7,77	8,50	6,22		2,93	3551	.	4,96
1890/91	4,67	37,64	39,86	31,14	0,12	8,60	8,78	6,48		2,57	3382	.	5,20
1891	4,08	38,16	40,05	31,65	0,25	8,14	8,36	6,25		3,10	3551	.	4,84
1891/92	4,13	36,88	40,86	32,69	0,15	8,02	8,75	6,44		2,95	3292	.	5,59
1892	3,87	37,08	40,79	33,61	0,08	7,09	9,19	6,59		2,49	3538	.	5,37
1892/93	3,99	34,35	41,83	33,73	0,12	7,99	10,30	6,69		2,84	3380	.	5,27
1893	3,97	35,79	40,61	33,33	0,17	7,11	9,42	7,47		2,75	3630	.	5,37
1893/94	3,90	32,25	41,02	32,69	0,32	8,01	11,97	7,66		3,20	3408	.	5,96
1894	3,82	35,58	39,66	32,10	0,24	7,32	10,50	7,05		3,39	3744	.	5,96
1894/95	4,37	32,00	40,09	32,37	0,32	7,40	11,94	8,20		3,40	3475	.	6,16
1895	3,80	32,82	40,72	33,01	0,49	7,21	11,80	7,76		3,11	3662	.	5,27
1895/96	3,95	28,72	40,49	32,95	0,22	7,32	13,89	8,75		4,20	3621	.	5,88
1896	3,73	29,68	39,77	32,80	0,32	6,65	13,66	9,19		3,97	3777	.	5,48
1896/97	3,94	25,26	39,18	32,06	0,19	6,93	17,13	10,01		4,48	3706	.	5,40
1897	3,69	27,98	37,77	31,13	0,31	6,33	15,78	10,33		4,44	3871	.	5,17
1897/98	3,98	24,84	36,57	30,02	0,34	6,21	17,97	11,47		5,16	3817	.	6,18
1898	3,85	26,86	35,15	29,34	0,40	5,41	16,86	12,16		5,11	4028	.	5,61
1898/99	4,28	26,79	34,34	27,68	0,54	6,12	17,39	12,29		4,92	3905	.	5,15
1899	3,92	29,36	32,84	27,37	0,49	4,98	16,91	12,36		4,60	4257	.	4,60
1899/00	3,90	27,29	33,24	27,12	0,54	5,58	18,25	12,67		4,64	4049	.	5,90
1900	3,62	31,50	32,36	26,96	0,82	4,58	15,65	12,41		4,46	4391	.	5,40
1900/01	4,35	29,37	32,84	26,63	0,96	5,26	16,87	12,05		4,52	4184	.	5,88
1901	3,85	33,69	30,06	24,74	0,96	4,36	16,53	11,86		4,01	4494	.	5,16
1901/02	4,16	31,50	30,95	24,86	1,19	4,90	17,27	12,32		3,78	4203	.	6,40
1902	3,86	33,84	29,19	23,57	1,35	4,27	17,25	12,14		3,72	4430	.	5,85
1902/03	3,62	32,48	29,38	23,18	1,52	4,67	18,74	12,46		3,32	4279	.	6,05
1903	3,43	34,71	27,24	21,36	1,36	4,51	19,80	11,86	4,54	2,96	4696	.	5,47
1903/04	3,93	33,43	25,60	19,79	1,19	4,62	21,26	12,52	4,90	3,25	4609	.	5,90
1904	3,36	35,56	24,00	18,26	1,58	4,16	21,27	12,52	4,47	3,30	4946	.	5,68
1904/05	3,61	33,38	26,27	19,14	1,53	5,60	21,55	11,79	3,92	3,40	4766	.	6,11

Tab. 21.1: Die Studierenden an der Universität München nach Fachbereichen in Prozent 1826/27–1941/1

	Kath. Theol.	Jura	Gesundheitswissenschaften				Sprach und Kultur wiss.	Math., Naturw.		Wirt- sch., Agrar- und Forst. wiss.	Studierende		
			insg.	Allg. Med.	Zahn- med.	Phar- mazie		insg.	Chemie		insg.	weibl. in % aller Stud.	Ausl. in % aller Stud.
Semester	1	2	3	4	5	6	7	8	9	10	11	12	13
1905	3,29	33,62	25,55	18,28	1,58	5,70	22,36	11,60	3,35	3,58	5197	0,85	6,72
1905/06	3,21	32,70	26,58	19,80	1,75	5,03	22,15	11,17	3,73	4,20	5147	1,03	7,62
1906	3,17	32,98	26,11	19,17	2,02	4,92	23,28	10,36	2,98	4,10	5734	0,96	7,50
1906/07	2,89	30,81	28,96	21,41	1,90	5,64	22,81	10,06	3,07	4,47	5567	1,62	8,91
1907	3,05	30,42	28,22	20,77	2,30	5,16	23,46	10,62	3,11	4,23	6009	1,66	8,52
1907/08	2,84	27,26	32,02	23,88	2,71	5,43	23,93	9,37	3,20	4,58	5943	2,10	9,64
1908	2,74	27,42	31,44	24,24	2,37	4,83	24,46	9,77	2,88	4,17	6276	2,12	8,86
1908/09	2,38	24,76	34,50	26,81	2,51	5,19	23,41	9,71	2,92	5,23	6304	2,13	11,07
1909	2,25	24,27	33,08	25,90	2,75	4,43	23,02	12,43	2,86	4,95	6547	2,26	9,67
1909/10	2,71	21,75	34,82	28,77	2,80	3,24	24,64	10,88	3,33	5,20	6537	2,80	11,46
1910	2,51	20,96	33,34	27,69	2,80	2,84	25,18	13,31	3,06	4,70	6890	2,55	10,19
1910/11	2,36	19,91	35,09	30,69	2,22	2,19	24,26	13,01	2,88	5,37	6905	2,78	12,24
1911	2,56	19,49	33,00	29,06	1,70	2,25	25,84	13,47	2,84	5,63	6942	2,85	10,75
1911/12	2,52	18,39	35,12	31,44	1,16	2,52	24,39	13,09	2,97	6,49	6797	2,77	11,06
1912	2,54	17,55	35,20	31,26	1,21	2,73	26,01	12,08	.	6,62	6855	3,52	10,50
1912/13	2,43	17,24	38,23	33,84	1,39	3,00	24,52	10,21	.	7,38	6759	3,88	10,16
1913	2,78	16,57	37,31	33,27	1,16	2,89	24,90	10,82	.	7,62	6655	4,49	9,95
1913/14	2,71	16,10	39,15	34,96	1,46	2,73	24,15	10,50	.	7,39	6802	6,48	9,63
1914	2,85	14,91	38,94	34,33	1,74	2,87	25,54	9,92	.	7,85	6626	7,09	9,27
1914/15	3,47	14,55	39,97	31,70	1,79	2,46	24,99	8,81	.	8,21	5539	5,72	2,96
1915	3,04	15,80	40,34	32,22	1,41	2,40	24,29	8,65	.	7,88	5748	6,75	2,84
1915/16	2,99	16,19	39,16	31,54	1,26	2,09	24,46	8,92	.	8,27	6021	7,79	2,99
1916	2,75	16,25	38,90	31,67	1,14	2,10	24,72	9,01	.	8,36	6578	10,55	3,22
1916/17	2,39	17,10	37,60	30,56	1,11	2,10	24,71	9,28	.	8,91	7393	10,28	3,21
1917	2,41	17,38	37,02	29,95	1,06	2,11	25,19	9,13	.	8,87	7456	10,96	2,72
1917/18	2,17	17,27	36,28	29,41	1,07	2,05	25,25	9,17	.	9,87	7886	11,36	3,45
1918	1,99	16,90	35,84	29,29	0,98	1,95	25,70	9,24	.	10,32	8236	13,71	3,79
1918/19	1,88	16,73	35,29	28,77	1,17	1,79	26,11	9,16	.	10,83	8625	13,89	4,22
1919	1,57	14,42	37,13	27,46	3,40	1,84	24,83	8,88	.	13,16	5553	10,95	4,20
ZS.1919	1,42	16,01	39,07	28,36	3,20	2,25	18,94	10,04	.	14,52	4661	3,60	.
1919/20	1,32	13,91	36,13	25,70	4,44	1,71	26,57	8,72	.	13,34	6213	11,25	4,97
1920	1,34	16,38	34,57	24,77	5,26	1,25	25,64	9,01	.	13,05	6879	10,87	4,72
1920/21	1,30	17,46	35,06	25,19	5,76	1,20	23,85	8,80	.	13,52	8305	10,80	4,46
1921	1,46	19,37	33,23	24,52	4,81	0,99	23,03	9,17	.	13,74	9659	10,95	3,88
1921/22	1,53	19,22	34,06	25,91	4,41	1,27	22,27	9,51	.	13,41	9005	11,23	6,15
1922	1,66	20,98	31,08	23,30	3,40	1,54	22,56	10,23	.	13,48	9072	10,49	7,47
1922/23	1,83	21,57	28,68	21,83	2,64	1,78	23,74	9,83	.	14,35	8433	11,09	12,07
1923	2,12	23,85	25,77	19,85	2,16	1,47	24,07	10,05	.	14,15	8600	11,67	14,20
1923/24	2,21	25,28	25,01	19,30	1,91	1,56	23,26	10,12	.	14,12	7224	12,17	14,51
1924	2,90	28,93	23,44	17,11	1,88	2,13	21,66	10,12	.	12,94	7231	12,39	10,43
1924/25	2,76	29,72	23,40	17,10	1,80	2,49	21,37	9,87	.	12,89	6457	11,91	9,90
1925	3,59	29,77	22,45	15,95	1,87	2,82	21,81	11,26	5,85	11,12	7161	13,25	8,31
1925/26	3,31	31,10	22,08	15,57	2,11	2,56	21,47	11,52	5,61	10,51	6716	13,42	8,32
1926	3,17	30,06	22,60	16,19	2,30	2,12	21,92	12,88	5,25	9,37	7129	13,87	7,49
1926/27	2,74	31,08	23,83	17,37	2,58	1,87	20,65	12,73	4,84	8,97	6936	13,86	7,41
1927	3,13	29,44	23,37	16,32	3,21	1,60	23,19	12,77	6,13	8,10	7384	14,61	6,42
1927/28	2,53	30,05	25,73	18,47	3,76	1,27	22,27	11,82	3,90	7,61	7638	14,86	6,70
1928	2,38	28,21	26,77	18,58	4,44	1,35	23,12	12,82	3,64	6,71	8158	15,94	6,07
1928/29	2,48	29,13	28,90	20,60	4,39	1,46	20,99	12,38	3,61	6,12	8232	16,35	5,87
1929	2,50	26,15	29,35	19,72	5,29	1,59	21,63	14,40	3,86	5,97	8360	16,82	5,24
1929/30	2,21	25,88	32,91	23,32	5,67	1,54	20,32	13,33	3,86	5,35	8500	17,65	5,73
1930	2,35	23,74	34,13	23,44	6,20	1,52	20,85	14,13	3,83	4,81	8740	18,20	5,64
1930/31	2,27	22,99	37,05	26,24	6,80	1,26	19,26	13,07	3,51	5,35	8895	19,24	6,32
1931	2,49	22,29	38,38	25,23	7,47	1,61	18,95	12,56	3,12	5,33	8629	18,40	6,06
1931/32	2,41	21,54	41,53	28,78	7,80	1,00	17,40	12,38	3,70	4,74	8523	18,63	6,66
1932	2,39	21,46	43,40	28,87	7,82	2,15	17,31	10,95	2,99	4,49	8458	18,62	5,72
1932/33	2,42	20,16	46,09	31,65	8,02	2,03	16,12	10,10	2,86	5,11	8850	19,54	6,63
1933	2,77	19,37	45,80	30,32	8,45	2,30	17,58	9,16	2,65	5,33	8334	18,98	.
1933/34	2,28	19,45	49,53	34,35	7,82	2,41	15,71	8,24	2,47	4,78	9030	18,86	.
1934	2,63	18,96	50,18	33,92	7,25	3,35	15,52	7,85	2,76	4,86	7453	18,38	5,45
1934/35	2,42	16,28	55,75	41,37	6,70	3,31	14,30	6,88	2,45	4,36	8229	19,29	.
1935	3,32	14,24	55,31	40,85	6,42	3,75	15,13	7,63	3,24	4,37	5518	19,17	.
1935/36	3,28	13,16	55,69	40,05	7,03	4,02	15,65	7,55	3,47	4,67	5123	18,06	.
1936	3,88	12,20	55,48	40,78	5,79	3,67	16,01	7,61	3,67	4,81	4715	18,09	.
1936/37	3,46	13,20	54,51	41,61	4,95	3,56	15,87	7,70	3,62	5,26	5054	18,32	.
1937	3,53	11,23	57,09	43,60	4,06	3,44	15,36	7,39	3,48	5,40	4479	17,28	10,27
1937/38	4,27	12,93	54,76	41,45	3,99	3,75	14,28	7,77	4,01	5,98	4965	16,80	.
1938	3,93	11,94	56,98	43,20	3,49	4,06	13,14	7,87	4,34	6,14	4382	16,39	.
1938/39	4,48	12,91	54,60	42,27	3,29	4,14	14,45	7,27	4,21	6,29	4802	16,41	.
1939	0,00	14,49	56,71	43,83	3,83	4,41	15,24	7,24	4,24	6,32	4100	16,71	.
1939/40	0,00	11,61	65,72	59,66	2,82	3,24	10,82	7,34	5,08	4,51	6855	19,84	.
1940/1	0,00	9,53	63,35	57,45	2,31	3,59	14,94	7,83	4,87	4,35	4597	23,17	.
1940/2	0,00	11,84	51,43	44,49	3,22	3,72	21,43	10,72	6,27	4,58	3014	31,19	6,07
1940/3	0,00	10,87	52,73	46,95	2,32	3,46	20,84	10,47	5,66	5,09	4049	32,08	.
1941/1	0,00	9,05	56,48	50,87	2,87	2,74	20,25	9,29	5,19	4,93	3833	35,14	.

4. Die Studierenden nach Fächern

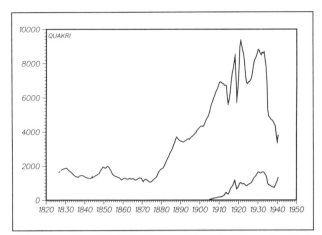

Abb. 21.2: Die Studierenden (weibl. u. insg.) an der Universität München 1826/27–1941/1: Sämtliche Fächer

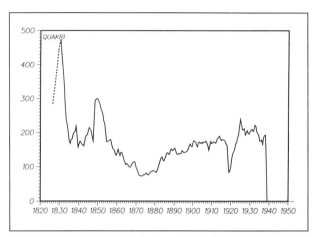

Abb. 21.3: Die Studierenden an der Universität München 1826/27–1941/1: Katholische Theologie

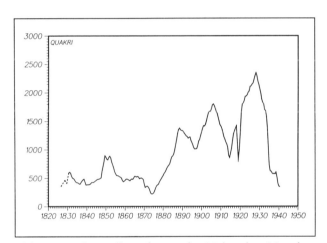

Abb. 21.4: Die Studierenden an der Universität München 1826/27–1941/1: Jura

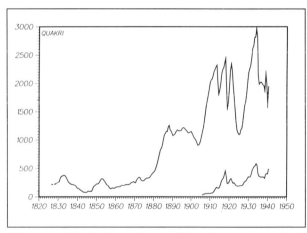

Abb. 21.5: Die Studierenden (weibl. u. insg.) an der Universität München 1826/27–1941/1: Allgemeine Medizin

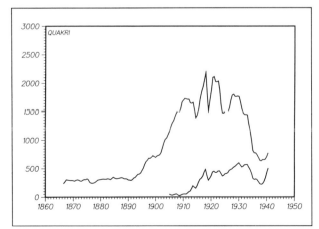

Abb. 21.6: Die Studierenden (weibl. u. insg.) an der Universität München 1866/67–1941/1: Sprach- und Kulturwissenschaften

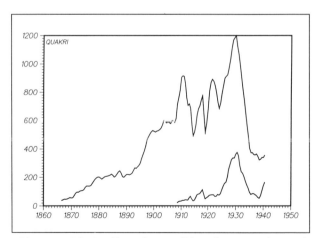

Abb. 21.7: Die Studierenden (weibl. u. insg.) an der Universität München 1866/67–1941/1: Mathematik und Naturwissenschaften

Tab. 21.2: Die Einzelfachströme an der Universität München nach Staatsangehörigkeit und Geschlecht 1826/27–1941/1

Semester	Stud. insg.	Kath. Theol.	Jura	Medizin	Sonstige Fächer insg.	Chirurgie	Pharmazie	Phil., Philologie	Forstwiss.	Cameralia
	1	2	3	4	5	6	7	8	9	10
1826/27	1622	284	354	216	768	.	.	.	.	81
1827	.	.	.	.	.	.	.	.	.	.
1827/28	.	.	.	.	.	.	.	.	.	.
1828	.	.	.	.	.	.	.	.	.	.
1828/29	1817	382	464	225	604	.	.	.	.	36
1829	.	.	.	.	.	.	.	.	.	.
1829/30	1854	443	405	248	758	.	48	.	.	70
1830	.	.	.	.	.	.	.	.	.	.
1830/31	1915	493	585	234	603	.	41	505	.	57
1831	1844	457	599	293	495	.	.	.	.	.
1831/32	1772	420	614	351	387	.	73	269	.	45
1832	1728	390	558	361	419	.	.	.	.	.
1832/33	1684	361	502	371	450	.	56	353	.	33
1833	1640	303	496	378	463	.	.	.	.	.
1833/34	1595	244	490	385	476	.	.	.	.	28
1834	1527	230	457	358	482	.	.	.	.	.
1834/35	1459	216	423	331	489	.	55	300	.	39
1835	1417	189	422	293	513	.	.	.	.	.
1835/36	1374	162	421	254	537	.	60	347	.	29
1836	1365	174	405	244	542	.	.	.	.	.
1836/37	1356	187	389	233	547	.	.	.	.	.
1837	1315	178	400	212	525	.	52	360	.	33
1837/38	1478	213	455	226	584	.	.	.	.	.
1838	1401	189	450	206	556	.	55	365	.	41
1838/39	1465	220	494	206	545	.	.	.	.	.
1839	1424	219	474	203	528	5	68	296	.	30
1839/40	1456	159	391	176	730	.	.	.	.	.
1840	1340	155	368	150	667	2	63	463	86	19
1840/41	1377	180	395	145	657	.	.	442	74	18
1841	1307	170	379	140	618	5	56	.	.	.
1841/42	1329	172	391	126	640	.	.	433	73	6
1842	1234	160	389	100	585	3	58	.	.	.
1842/43	1322	167	415	117	623	.	.	457	69	7
1843	1240	154	433	76	577	1	30	.	.	.
1843/44	1324	196	415	84	629	.	.	478	64	7
1844	1295	182	429	79	605	0	37	.	.	.
1844/45	1362	202	449	75	636	.	.	481	63	11
1845	1334	188	452	74	620	0	38	.	.	.
1845/46	1428	228	475	89	636	.	.	523	48	9
1846	1424	203	482	102	637	0	43	.	.	.
1846/47	1487	216	479	89	703	0	51	601	37	5
1847	1474	194	492	97	691	.	.	.	.	.
1847/48	1590	182	496	97	815	0	39	725	28	10
1848	1523	168	509	91	755	.	.	.	.	.
1848/49	1825	303	739	186	597	.	.	499	12	13
1849	1724	288	669	173	594	0	45	.	.	.
1849/50	1966	306	905	205	550	.	.	.	.	.
1850	1924	294	883	210	537	0	40	455	8	15
1850/51	1927	304	851	244	528	.	.	439	6	21
1851	1817	279	809	212	517	0	39	.	.	.
1851/52	1948	290	829	253	576	.	.	.	.	.
1852	1961	253	898	259	551	.	.	.	.	.
1852/53	2004	273	874	316	541	.	.	.	.	.
1853	1893	237	839	315	502	.	.	402	6	45
1853/54	1781	231	725	324	501	4	44	375	6	59
1854	1731	221	739	296	475	2	33	372	1	51
1854/55	1531	178	623	266	464	1	39	.	.	.
1855	1496	169	606	252	469	0	46	364	2	57
1855/56	1437	179	547	209	502	3	42	396	2	59
1856	1395	173	546	199	477	3	41	371	2	60
1856/57	1406	183	543	198	482	2	39	391	0	50
1857	1358	177	532	146	503	0	43	412	0	48
1857/58	1352	164	517	143	528	1	50	433	3	41
1858	1303	147	515	138	503	2	46	421	2	32
1858/59	1329	156	493	160	520	1	50	405	5	59
1859	1162	140	429	153	440	0	40	362	3	35
1859/60	1209	135	441	148	485	0	45	395	11	34
1860	1199	131	455	151	462	1	32	389	13	27
1860/61	1312	151	469	177	515	2	56	412	9	36
1861	1288	151	498	172	467	1	51	369	5	41
1861/62	1283	129	468	177	509	0	73	379	15	42
1862	1222	136	481	177	428	1	54	332	15	26
1862/63	1238	148	444	178	468	1	67	351	12	37
1863	1213	135	459	186	433	1	60	332	11	29
1863/64	1304	127	492	216	469	0	75	354	9	31
1864	1235	116	481	192	446	2	55	351	9	29
1864/65	1234	110	474	203	447	2	63	352	6	24
1865	1236	103	532	197	404	2	49	322	5	26
1865/66	1301	116	534	227	424	2	69	315	6	32
1866	1186	98	524	208	356	0	48	270	7	10

Tab. 21.2: Die Einzelfachströme an der Universität München nach Staatsangehörigkeit und Geschlecht 1826/27–1941/1

	Kath. Theol.		Jura		Medizin		Zahnmedizin		Pharmazie		Philol., Gesch.		Math., Naturw.	
	insg.	Ausl. in %	insg.	Ausl. in %	insg.	Ausl. in %	insg.	Ausl. in %	insg.	Ausl. in %	insg.	Ausl. in %	insg.	Ausl. in %
Semester	1	2	3	4	5	6	7	8	9	10	11	12	13	14
1866/67	105	.	510	.	222	.	0	.	51	.	245	.	41	.
1867	93	.	553	.	208	.	0	.	38	.	223	.	33	.
1867/68	105	.	487	.	224	.	0	.	48	.	311	.	51	.
1868	107	.	489	.	230	.	0	.	36	.	297	.	44	.
1868/69	116	.	512	.	263	.	0	.	73	.	299	.	49	.
1869	112	.	494	.	246	.	0	.	63	.	286	.	47	.
1869/70	118	.	491	.	271	.	0	.	75	.	291	.	59	.
1870	102	.	462	.	270	.	0	.	71	.	296	.	58	.
1870/71	91	.	327	.	230	.	0	.	54	.	281	.	53	.
1871	91	.	343	.	262	.	0	.	54	.	280	.	62	.
1871/72	76	.	357	.	318	.	0	.	81	.	312	.	82	.
1872	75	1,33	364	6,32	314	6,37	0	.	69	5,80	294	.	97	.
1872/73	74	4,05	330	6,97	355	6,20	0	.	54	9,26	300	.	96	.
1873	72	2,78	300	5,19	334	7,19	0	.	44	11,36	264	.	94	.
1873/74	74	2,70	243	9,05	334	9,88	0	.	68	5,88	297	6,73	112	7,14
1874	75	2,67	212	6,13	255	7,84	0	.	55	7,27	299	.	100	.
1874/75	80	0,00	223	13,90	307	9,12	0	.	39	7,69	318	.	114	.
1875	74	0,00	220	10,45	261	11,11	0	.	36	13,89	291	5,15	114	8,77
1875/76	84	2,38	257	15,95	307	12,70	0	.	40	5,00	349	7,16	147	4,76
1876	80	1,25	294	9,52	301	10,30	0	.	46	4,35	263	7,98	132	9,09
1876/77	75	1,33	352	12,22	340	8,82	0	.	100	2,00	254	8,66	145	6,21
1877	78	1,28	373	9,65	318	6,60	0	.	113	1,77	237	8,86	132	5,30
1877/78	82	1,22	387	8,79	341	6,16	0	.	136	0,00	246	9,76	151	9,27
1878	86	2,33	393	7,12	323	6,19	0	.	133	0,00	250	6,80	159	6,92
1878/79	88	1,14	469	5,76	361	6,93	1	.	137	2,19	270	9,63	182	12,09
1879	87	2,30	454	6,61	371	6,47	2	.	130	1,54	290	8,97	187	11,23
1879/80	92	3,26	522	8,24	417	6,71	1	.	144	1,39	308	6,49	202	13,86
1880	84	2,38	517	5,22	407	5,90	1	.	137	2,19	302	6,62	201	12,44
1880/81	89	11,24	571	5,78	463	6,91	1	.	124	0,81	319	5,96	203	11,33
1881	78	12,82	593	5,23	434	5,99	0	.	111	0,90	311	6,11	187	6,42
1881/82	98	5,10	612	4,41	546	5,49	1	.	102	5,88	322	3,73	187	9,63
1882	96	4,17	664	3,16	547	5,48	2	.	100	5,00	304	6,25	203	10,34
1882/83	117	1,71	694	4,32	666	5,11	3	.	118	3,39	324	6,48	204	16,18
1883	116	2,59	721	4,02	705	4,96	2	.	121	1,65	321	8,10	208	15,38
1883/84	134	1,49	736	3,80	821	4,51	6	.	136	3,68	312	10,58	208	17,31
1884	125	1,60	774	4,26	845	5,21	3	.	141	3,55	300	9,67	215	15,81
1884/85	116	2,59	862	6,38	867	4,15	7	.	156	3,85	357	10,64	216	19,44
1885	119	2,52	886	4,97	969	5,47	6	.	154	1,30	342	10,53	229	17,47
1885/86	130	1,54	890	4,27	1059	4,91	2	.	158	2,53	327	8,26	197	16,75
1886	134	0,75	951	4,31	1119	4,47	4	.	181	1,66	318	9,12	206	15,53
1886/87	146	0,68	1025	3,80	1118	5,64	3	.	229	0,87	333	6,91	211	15,64
1887	137	0,73	1144	2,36	1181	5,00	5	.	225	0,89	324	8,33	234	14,53
1887/88	135	2,22	1215	2,96	1112	5,31	3	.	254	0,39	346	10,98	240	14,58
1888	142	2,11	1366	2,64	1336	6,06	3	.	260	0,38	338	10,95	251	10,36
1888/89	158	2,53	1341	2,91	1179	6,53	9	.	281	0,36	333	9,91	208	12,50
1889	146	2,74	1413	1,98	1176	5,87	6	.	279	1,08	307	7,17	200	12,00
1889/90	149	3,36	1275	1,73	1137	6,33	2	.	283	0,35	333	6,61	201	15,42
1890	150	2,00	1393	2,58	1098	6,74	7	.	276	0,36	302	7,62	221	13,57
1890/91	158	1,90	1273	2,99	1053	6,36	4	.	291	0,69	297	7,41	219	16,44
1891	145	1,38	1355	2,80	1124	5,16	9	.	289	0,35	297	7,07	222	17,12
1891/92	136	0,74	1214	3,13	1076	5,58	5	.	264	0,76	288	9,03	212	18,40
1892	137	0,73	1312	2,21	1189	5,55	3	.	251	0,80	325	11,38	233	16,74
1892/93	135	2,22	1161	2,33	1140	4,21	4	.	270	1,85	348	9,20	226	19,47
1893	144	4,86	1299	2,62	1210	4,30	6	.	258	3,10	342	8,77	271	16,24
1893/94	133	3,01	1099	4,19	1114	4,40	11	.	273	2,93	408	6,86	261	16,86
1894	143	2,80	1332	3,98	1202	4,24	9	.	274	2,55	393	8,14	264	17,42
1894/95	152	1,97	1112	4,14	1125	4,27	11	.	257	3,11	415	8,19	285	18,60
1895	139	2,88	1202	2,25	1209	3,80	18	.	264	3,79	432	8,80	284	16,55
1895/96	143	0,00	1040	3,94	1193	4,36	8	.	265	3,77	503	7,16	317	15,46
1896	141	0,71	1121	3,48	1239	4,36	12	8,33	251	3,59	516	6,01	347	15,56
1896/97	146	2,05	936	2,99	1188	5,13	7	14,29	257	3,89	635	5,04	371	12,13
1897	143	1,40	1083	2,59	1205	4,48	12	8,33	245	3,27	611	7,36	400	10,50
1897/98	152	1,97	948	3,59	1146	5,50	13	15,38	237	3,38	686	7,58	438	11,64
1898	155	1,94	1082	3,05	1182	5,58	16	12,50	218	3,67	679	6,77	490	9,39
1898/99	167	1,20	1046	3,35	1081	4,90	21	4,76	239	2,09	679	6,04	480	8,33
1899	167	1,20	1250	2,40	1165	4,03	21	4,76	212	1,89	720	6,39	526	7,22
1899/00	158	0,63	1105	2,53	1098	5,65	22	13,64	226	1,77	739	6,90	513	9,94
1900	159	1,26	1383	1,95	1184	5,15	36	2,78	201	1,99	687	8,73	545	8,62
1900/01	182	0,55	1229	2,85	1114	5,57	40	2,50	220	2,27	706	9,21	504	7,34
1901	173	2,31	1514	2,11	1112	4,86	43	4,65	196	2,55	743	8,34	533	7,50
1901/02	175	0,57	1324	2,79	1045	8,33	50	8,00	206	2,43	726	8,40	518	7,53
1902	171	0,58	1499	2,20	1044	6,61	60	6,67	189	2,65	764	9,29	538	7,62
1902/03	155	0,65	1390	2,81	992	7,56	65	3,08	200	1,00	802	8,35	533	8,07
1903	161	0,62	1630	2,64	1003	6,38	64	1,56	212	8,02	699	5,01	344	6,40
1903/04	181	2,21	1541	2,40	912	7,79	55	1,82	213	2,35	731	4,79	351	8,83
1904	166	3,01	1759	2,10	903	7,86	78	5,13	206	3,88	807	3,84	398	7,29
1904/05	172	1,74	1591	2,45	912	7,89	73	6,85	267	2,25	811	6,04	375	6,67
1905	171	1,17	1747	3,09	950	8,42	82	7,32	296	2,03	930	4,95	429	8,62
1905/06	165	5,45	1683	2,91	1019	11,19	90	7,78	259	0,39	853	5,39	383	8,09

Tab. 21.2: Die Einzelfachströme an der Universität München nach Staatsangehörigkeit und Geschlecht 1826/27–1941/1

	Chemie		Cameralia		Forstwiss.		Sonstige		Studierende		
	insg.	Ausl. in %	insg.	Ausl. in %	insg.	Ausl. in %	insg.	Ausl. in %	insg.	Ausländer insg.	in %
Semester	15	16	17	18	19	20	21	22	23	24	25
1866/67	.	.	4	.	7	.	.	.	1191	.	.
1867	.	.	6	.	6	.	.	.	1161	.	.
1867/68	.	.	14	.	9	.	.	.	1249	.	.
1868	.	.	5	.	9	.	.	.	1217	.	.
1868/69	.	.	16	.	9	.	.	.	1337	.	.
1869	.	.	12	.	12	.	.	.	1274	.	.
1869/70	.	.	7	.	9	.	.	.	1321	.	.
1870	.	.	11	.	8	.	.	.	1276	.	.
1870/71	.	.	6	.	6	.	.	.	1048	.	.
1871	.	.	9	.	6	.	.	.	1107	.	.
1871/72	.	.	9	.	6	.	.	.	1241	.	.
1872	.	.	1	0,00	6	0,00	.	.	1220	75	6,15
1872/73	.	.	4	50,00	6	0,00	.	.	1219	90	7,38
1873	.	.	6	33,33	6	0,00	.	.	1128	78	6,91
1873/74	.	.	9	55,56	6	0,00	.	.	1143	94	8,22
1874	.	.	10	50,00	6	0,00	.	.	1012	75	7,41
1874/75	.	.	9	55,56	11	0,00	.	.	1101	104	9,45
1875	.	.	8	50,00	8	0,00	.	.	1012	86	8,50
1875/76	.	.	3	0,00	16	0,00	.	.	1203	116	9,64
1876	.	.	16	0,00	4	0,00	.	.	1136	95	8,36
1876/77	.	.	5	0,00	9	0,00	.	.	1280	107	8,36
1877	.	.	7	14,29	9	0,00	.	.	1267	89	7,02
1877/78	.	.	5	20,00	12	0,00	.	.	1360	95	6,99
1878	.	.	7	28,57	13	0,00	.	.	1364	80	5,87
1878/79	.	.	7	.	106	12,26	.	.	1621	117	7,22
1879	.	.	6	.	110	11,82	.	.	1637	118	7,21
1879/80	.	.	6	.	114	7,02	.	.	1806	132	7,31
1880	.	.	4	.	115	6,09	.	.	1768	108	6,11
1880/81	.	.	5	.	115	6,09	.	.	1890	125	6,61
1881	.	.	3	.	107	5,61	.	.	1824	105	5,76
1881/82	.	.	10	.	90	8,89	.	.	1968	106	5,39
1882	.	.	8	.	93	9,68	.	.	2017	109	5,40
1882/83	.	.	6	.	97	9,28	.	.	2229	135	6,06
1883	.	.	9	.	92	9,78	.	.	2295	136	5,93
1883/84	.	.	11	.	104	13,46	.	.	2468	155	6,28
1884	.	.	16	.	92	13,04	.	.	2511	159	6,33
1884/85	.	.	14	.	90	17,78	.	.	2685	196	7,30
1885	.	.	12	.	108	9,26	.	.	2825	188	6,65
1885/86	.	.	8	.	94	13,83	.	.	2865	169	5,90
1886	.	.	13	.	109	9,17	.	.	3035	166	5,47
1886/87	.	.	15	.	96	10,42	.	.	3176	171	5,38
1887	.	.	19	.	98	9,18	.	.	3367	159	4,72
1887/88	.	.	17	.	92	10,87	.	.	3414	182	5,33
1888	.	.	15	.	98	9,18	.	.	3809	193	5,07
1888/89	.	.	19	0,00	74	6,76	.	.	3602	185	5,14
1889	.	.	7	0,00	88	5,68	.	.	3622	155	4,28
1889/90	.	.	14	14,29	85	5,88	.	.	3479	160	4,60
1890	.	.	11	0,00	93	9,68	.	.	3551	176	4,96
1890/91	.	.	16	18,75	71	7,04	.	.	3382	176	5,20
1891	.	.	14	21,43	96	11,46	.	.	3551	172	4,84
1891/92	.	.	18	27,78	79	16,46	.	.	3292	184	5,59
1892	.	.	18	22,22	70	17,14	.	.	3538	190	5,37
1892/93	.	.	17	41,18	79	15,19	.	.	3380	178	5,27
1893	.	.	27	40,74	73	12,33	.	.	3630	195	5,37
1893/94	.	.	35	34,29	74	16,22	.	.	3408	203	5,96
1894	.	.	37	29,73	90	21,11	.	.	3744	223	5,96
1894/95	.	.	31	25,81	87	13,79	.	.	3475	214	6,16
1895	.	.	36	27,78	78	14,10	.	.	3662	193	5,27
1895/96	.	.	45	33,33	107	9,35	.	.	3621	213	5,88
1896	.	.	42	23,81	108	7,41	.	.	3777	207	5,48
1896/97	.	.	49	28,57	117	5,13	.	.	3706	200	5,40
1897	.	.	49	26,53	123	5,69	.	.	3871	200	5,17
1897/98	.	.	53	33,96	144	3,47	.	.	3817	236	6,18
1898	.	.	61	27,87	145	3,45	.	.	4028	226	5,61
1898/99	.	.	56	32,14	136	4,41	.	.	3905	201	5,15
1899	.	.	62	30,65	134	6,72	.	.	4257	196	4,60
1899/00	.	.	67	38,81	121	10,74	.	.	4049	239	5,90
1900	.	.	77	28,57	119	10,92	.	.	4391	237	5,40
1900/01	.	.	79	35,44	110	10,91	.	.	4184	246	5,88
1901	.	.	80	28,75	100	10,00	.	.	4494	232	5,16
1901/02	.	.	85	30,59	74	12,16	.	.	4203	269	6,40
1902	.	.	84	26,19	81	16,05	.	.	4430	259	5,85
1902/03	.	.	84	25,00	58	15,52	.	.	4279	259	6,05
1903	213	8,45	76	26,32	63	14,29	231	11,69	4696	257	5,47
1903/04	226	9,29	88	28,41	62	17,74	249	12,45	4609	272	5,90
1904	221	12,22	101	22,77	62	20,97	245	13,47	4946	281	5,68
1904/05	187	14,97	94	20,21	68	17,65	216	15,28	4766	291	6,11
1905	174	19,54	123	30,08	63	17,46	232	15,52	5197	349	6,72
1905/06	192	20,83	137	24,82	79	20,25	287	15,68	5147	392	7,62

Tab. 21.2: Die Einzelfachströme an der Universität München nach Staatsangehörigkeit und Geschlecht 1826/27-1941/1

	Katholische Theologie			Jura					Medizin				
	insg.	Frauen		Aus-länd. in %	insg.	Frauen			Aus-länd. in %	insg.	Frauen			Aus-länd. in %
		insg.	in %			insg.	in %	deuts.			insg.	in %	deuts.	
Semester	1	2	3	4	5	6	7	8	9	10	11	12	13	14
1906	182	0	0,00	4,95	1891	1	0,05	.	3,12	1099	24	2,18	.	10,01
1906/07	161	0	0,00	3,73	1715	2	0,12	.	4,37	1192	40	3,36	.	12,50
1907	183	0	0,00	3,28	1828	2	0,11	.	4,05	1248	42	3,37	.	12,02
1907/08	169	0	0,00	4,14	1620	2	0,12	.	4,44	1419	57	4,02	.	12,68
1908	172	0	0,00	3,49	1721	1	0,06	.	4,13	1521	56	3,68	.	11,77
1908/09	150	0	0,00	6,67	1561	5	0,32	5	4,87	1690	55	3,25	51	15,33
1909	147	0	0,00	2,72	1589	6	0,38	6	3,84	1696	62	3,66	59	14,56
1909/10	177	0	0,00	1,69	1422	8	0,56	8	6,19	1881	61	3,24	56	16,75
1910	173	0	0,00	2,89	1444	4	0,28	4	4,71	1908	55	2,88	51	16,88
1910/11	163	0	0,00	2,45	1375	4	0,29	4	6,69	2119	60	2,83	56	20,58
1911	178	0	0,00	1,69	1353	4	0,30	4	5,25	2017	67	3,32	66	19,73
1911/12	171	0	0,00	2,92	1250	3	0,24	3	6,00	2137	67	3,14	65	17,59
1912	174	0	0,00	4,60	1203	3	0,25	.	5,65	2143	77	3,59	.	17,13
1912/13	164	0	0,00	4,27	1165	1	0,09	.	5,41	2287	106	4,63	.	15,22
1913	185	0	0,00	3,24	1103	3	0,27	.	4,81	2214	130	5,87	.	14,77
1913/14	184	0	0,00	3,26	1095	2	0,18	.	5,02	2378	169	7,11	.	12,83
1914	189	0	0,00	3,17	988	4	0,40	.	3,24	2275	169	7,43	.	12,92
1914/15	192	0	0,00	1,04	806	2	0,25	.	1,86	1756	137	7,80	.	2,39
1915	175	0	0,00	1,71	908	1	0,11	.	1,76	1852	161	8,69	.	2,38
1915/16	180	0	0,00	0,00	975	7	0,72	.	2,46	1899	178	9,37	.	3,05
1916	181	0	0,00	0,55	1069	15	1,40	.	2,15	2083	256	12,29	.	3,60
1916/17	177	0	0,00	0,56	1264	12	0,95	.	2,14	2259	301	13,32	.	3,41
1917	180	0	0,00	0,56	1296	16	1,23	.	1,70	2233	316	14,15	.	2,96
1917/18	171	0	0,00	1,17	1362	17	1,25	.	1,62	2319	347	14,96	.	4,18
1918	164	0	0,00	1,22	1392	21	1,51	.	2,59	2412	423	17,54	.	4,68
1918/19	162	0	0,00	0,00	1443	22	1,52	.	2,22	2481	492	19,83	.	5,20
1919	87	0	0,00	1,15	801	12	1,50	.	1,62	1525	237	15,54	.	6,43
ZS.1919	66	0	0,00	.	746	4	0,54	.	.	1322	24	1,82	.	.
1919/20	82	0	0,00	2,44	864	11	1,27	9	1,27	1597	235	14,72	204	8,45
1920	92	0	0,00	1,09	1127	16	1,42	13	1,77	1704	239	14,03	203	8,74
1920/21	108	0	0,00	5,56	1450	28	1,93	25	2,00	2092	282	13,48	245	6,93
1921	141	0	0,00	4,26	1871	40	2,14	38	1,87	2368	327	13,81	294	5,53
1921/22	138	1	0,72	7,97	1731	44	2,54	40	3,58	2333	321	13,76	285	8,32
1922	151	0	0,00	7,28	1903	66	3,47	59	4,47	2114	235	11,12	195	10,97
1922/23	154	0	0,00	3,25	1819	56	3,08	51	5,61	1841	247	13,42	187	20,42
1923	182	0	0,00	4,40	2051	61	2,97	59	6,29	1707	256	15,00	182	27,94
1923/24	160	1	0,63	5,63	1826	45	2,46	40	4,22	1394	204	14,63	141	30,27
1924	210	2	0,95	4,76	2092	66	3,15	63	2,63	1237	201	16,25	154	23,77
1924/25	178	2	1,12	4,49	1919	46	2,40	44	2,71	1104	181	16,39	153	20,11
1925	257	1	0,39	.	2132	51	2,39	.	.	1142	200	17,51	.	.
1925/26	222	1	0,45	.	2089	48	2,30	.	.	1046	184	17,59	.	.
1926	226	0	0,00	.	2143	52	2,43	.	.	1154	207	17,94	.	.
1926/27	190	0	0,00	.	2156	57	2,64	.	.	1205	193	16,02	.	.
1927	231	0	0,00	3,90	2174	73	3,36	70	2,02	1205	198	16,43	177	12,45
1927/28	193	0	0,00	3,63	2295	78	3,40	74	2,44	1411	221	15,66	199	10,49
1928	194	0	0,00	4,64	2301	83	3,61	79	2,17	1516	251	16,56	222	8,71
1928/29	204	0	0,00	6,86	2398	105	4,38	102	2,04	1696	287	16,92	269	6,25
1929	209	0	0,00	6,22	2186	89	4,07	87	2,20	1649	263	15,95	250	5,52
1929/30	188	0	0,00	6,91	2200	116	5,27	112	2,09	1982	321	16,20	306	5,05
1930	205	0	0,00	6,83	2075	104	5,01	99	2,46	2049	333	16,25	314	5,12
1930/31	202	1	0,50	8,42	2045	118	5,77	114	2,64	2334	376	16,11	366	4,88
1931	215	1	0,47	10,70	1923	95	4,94	92	2,60	2177	318	14,61	302	4,82
1931/32	205	1	0,49	8,78	1836	102	5,56	97	2,51	2453	390	15,90	369	5,01
1932	202	1	0,50	8,42	1815	95	5,23	94	2,42	2442	413	16,91	396	4,30
1932/33	214	1	0,47	6,07	1784	97	5,44	96	2,69	2801	534	19,06	512	4,96
1933	231	1	0,43	.	1614	62	3,84	.	.	2527	479	18,96	.	.
1933/34	206	0	0,00	.	1756	54	3,08	.	.	3102	595	19,18	.	.
1934	196	0	0,00	.	1413	42	2,97	.	.	2528	496	19,62	.	.
1934/35	199	0	0,00	.	1340	33	2,46	.	.	3404	674	19,80	.	.
1935	183	0	0,00	.	786	16	2,04	.	.	2254	441	19,57	.	.
1935/36	168	0	0,00	.	674	6	0,89	.	.	2052	375	18,27	.	.
1936	183	0	0,00	.	575	9	1,57	.	.	1923	351	18,25	.	.
1936/37	175	0	0,00	.	667	9	1,35	.	.	2103	361	17,17	.	.
1937	158	0	0,00	.	503	4	0,80	.	.	1953	330	16,90	.	.
1937/38	212	0	0,00	.	642	8	1,25	.	.	2058	371	18,03	.	.
1938	172	0	0,00	.	523	6	1,15	.	.	1893	334	17,64	.	.
1938/39	215	0	0,00	.	620	4	0,65	.	.	2030	356	17,54	.	.
1939	0	0	.	.	594	6	1,01	.	.	1711	295	17,24	.	.
1939/40	0	0	.	.	796	13	1,63	.	.	4090	783	19,14	.	.
1940/1	0	0	.	.	438	11	2,51	.	.	2641	510	19,31	.	.
1940/2	0	0	.	.	357	16	4,48	.	.	1341	311	23,19	.	.
1940/3	0	0	.	.	440	17	3,86	.	.	1901	451	23,72	.	.
1941/1	0	0	.	.	347	15	4,32	.	.	1950	494	25,33	.	.

Tab. 21.2: Die Einzelfachströme an der Universität München nach Staatsangehörigkeit und Geschlecht 1826/27-1941/1

	Zahnmedizin					Pharmazie					Tiermedizin			
	insg.	Frauen			Ausländ. in %	insg.	Frauen			Ausländ. in %	insg.	Frauen		Ausländ. in %
		insg.	in %	deuts.			insg.	in %	deuts.			insg.	in %	
Semester	15	16	17	18	19	20	21	22	23	24	25	26	27	28
1906	116	2	1,72	.	8,62	282	0	0,00	.	1,42	.	.	.	.
1906/07	106	3	2,83	.	8,49	314	0	0,00	.	1,59	.	.	.	.
1907	138	4	2,90	.	10,87	310	0	0,00	.	0,97	.	.	.	.
1907/08	161	6	3,73	.	7,45	323	0	0,00	.	1,86	.	.	.	.
1908	149	7	4,70	.	8,05	303	0	0,00	.	2,64	.	.	.	.
1908/09	158	8	5,06	8	5,06	327	0	0,00	0	1,83	.	.	.	.
1909	180	9	5,00	9	5,00	290	1	0,34	1	1,72	.	.	.	.
1909/10	183	11	6,01	11	5,46	212	1	0,47	1	3,30	.	.	.	.
1910	193	12	6,22	12	3,63	196	1	0,51	1	1,53	.	.	.	.
1910/11	153	7	4,58	7	4,58	151	0	0,00	0	2,65	.	.	.	.
1911	118	9	7,63	9	4,24	156	0	0,00	0	3,21	.	.	.	.
1911/12	79	7	8,86	7	5,06	171	1	0,58	1	3,51	.	.	.	.
1912	83	7	8,43	.	2,41	187	.	.	.	2,14	.	.	.	.
1912/13	94	8	8,51	.	1,06	203	.	.	.	0,49	.	.	.	.
1913	77	0	0,00	.	2,60	192	.	.	.	1,04	.	.	.	.
1913/14	99	0	0,00	.	2,02	186	.	.	.	1,61	.	.	.	.
1914	115	0	0,00	.	3,48	190	.	.	.	1,05	.	.	.	.
1914/15	99	0	0,00	.	1,01	136	.	.	.	2,21	223	.	.	1,79
1915	81	0	0,00	.	1,23	138	0	0,00	.	3,62	248	0	0,00	1,21
1915/16	76	0	0,00	.	1,32	126	0	0,00	.	1,59	257	0	0,00	0,00
1916	75	0	0,00	.	0,00	138	0	0,00	.	1,45	263	0	0,00	0,38
1916/17	82	0	0,00	.	2,44	155	0	0,00	.	1,29	284	0	0,00	1,41
1917	79	0	0,00	.	3,80	157	0	0,00	.	1,27	291	0	0,00	0,69
1917/18	84	0	0,00	.	7,14	162	0	0,00	.	1,85	296	0	0,00	1,01
1918	81	0	0,00	.	6,17	161	0	0,00	.	2,48	298	0	0,00	0,34
1918/19	101	0	0,00	.	12,87	154	0	0,00	.	1,95	308	0	0,00	0,32
1919	189	0	0,00	.	5,82	102	0	0,00	.	0,98	246	0	0,00	0,41
ZS.1919	149	0	0,00	.	.	105	0	0,00	.	.	245	.	.	.
1919/20	276	25	9,06	13	10,14	106	8	7,55	8	0,00	266	0	0,00	0,75
1920	362	22	6,08	15	5,80	86	10	11,63	10	2,33	226	0	0,00	1,77
1920/21	478	36	7,53	28	6,07	100	11	11,00	11	1,00	242	0	0,00	3,72
1921	465	41	8,82	34	4,73	96	14	14,58	14	1,04	281	0	0,00	3,56
1921/22	397	48	12,09	37	7,81	114	9	7,89	9	0,88	223	0	0,00	6,73
1922	308	43	13,96	33	12,34	140	15	10,71	14	2,86	258	0	0,00	7,36
1922/23	223	39	17,49	29	19,73	150	17	11,33	15	5,33	205	0	0,00	10,73
1923	186	39	20,97	24	27,42	126	19	15,08	17	4,76	197	0	0,00	15,23
1923/24	138	40	28,99	21	43,48	113	17	15,04	15	5,31	162	0	0,00	19,14
1924	136	36	26,47	19	38,97	154	24	15,58	23	2,60	168	0	0,00	11,90
1924/25	116	32	27,59	15	52,59	161	38	23,60	37	2,48	130	1	0,77	11,54
1925	134	35	26,12	.	.	202	62	30,69	.	.	130	2	1,54	0,00
1925/26	142	34	23,94	.	.	172	61	35,47	.	.	123	1	0,81	.
1926	164	35	21,34	.	.	151	53	35,10	.	.	142	3	2,11	.
1926/27	179	32	17,88	.	.	130	41	31,54	.	.	139	2	1,44	.
1927	237	39	16,46	28	12,66	118	38	32,20	35	6,78	166	3	1,81	8,43
1927/28	287	55	19,16	33	19,16	97	37	38,14	35	5,15	170	3	1,76	10,00
1928	362	67	18,51	43	16,57	110	35	31,82	33	4,55	196	1	0,51	8,67
1928/29	361	60	16,62	33	19,67	120	37	30,83	35	2,50	202	1	0,50	9,41
1929	442	59	13,35	39	12,90	133	41	30,83	40	2,26	230	2	0,87	6,09
1929/30	482	93	19,29	63	15,15	131	45	34,35	43	3,82	202	1	0,50	5,94
1930	542	110	20,30	75	14,02	133	40	30,08	38	4,51	259	1	0,39	4,25
1930/31	605	131	21,65	88	14,55	112	45	40,18	44	5,36	245	2	0,82	4,08
1931	645	136	21,09	101	12,56	139	54	38,85	51	6,47	351	4	1,14	3,13
1931/32	665	141	21,20	103	12,63	85	35	41,18	34	4,71	337	4	1,19	4,15
1932	661	137	20,73	106	10,89	182	65	35,71	64	3,85	386	6	1,55	3,11
1932/33	710	144	20,28	116	8,59	180	61	33,89	60	2,22	388	4	1,03	4,38
1933	704	136	19,32	.	.	192	55	28,65	.	.	394	5	1,27	.
1933/34	706	129	18,27	.	.	218	64	29,36	.	.	447	6	1,34	.
1934	540	97	17,96	.	.	250	59	23,60	.	.	422	3	0,71	.
1934/35	551	104	18,87	.	.	272	70	25,74	.	.	361	3	0,83	.
1935	354	76	21,47	.	.	207	45	21,74	.	.	237	2	0,84	.
1935/36	360	61	16,94	.	.	206	47	22,82	.	.	235	0	0,00	.
1936	273	48	17,58	.	.	173	38	21,97	.	.	247	1	0,40	.
1936/37	250	56	22,40	.	.	180	43	23,89	.	.	222	1	0,45	.
1937	182	30	16,48	.	.	154	41	26,62	.	.	268	1	0,37	.
1937/38	198	34	17,17	.	.	186	56	30,11	.	.	277	1	0,36	.
1938	153	28	18,30	.	.	178	60	33,71	.	.	273	1	0,37	.
1938/39	158	34	21,52	.	.	199	74	37,19	.	.	235	2	0,85	.
1939	157	31	19,75	.	.	181	69	38,12	.	.	276	1	0,36	.
1939/40	193	46	23,83	.	.	222	93	41,89	.	.	0	0	.	.
1940/1	106	30	28,30	.	.	165	83	50,30	.	.	0	0	.	.
1940/2	97	39	40,21	.	.	112	69	61,61	.	.	0	0	.	.
1940/3	94	36	38,30	.	.	140	82	58,57	.	.	0	0	.	.
1941/1	110	50	45,45	.	.	105	58	55,24	.	.	.	.	.	.

Tab. 21.2: Die Einzelfachströme an der Universität München nach Staatsangehörigkeit und Geschlecht 1826/27–1941/1

	Philologien, Geschichte				Mathematik, Naturwissenschaften					Chemie				
	insg.	Frauen			Ausländ. in %	insg.	Frauen			Ausländ. in %	insg.	Frauen			Ausländ. in %
		insg.	in %	deuts.			insg.	in %	deuts.			insg.	in %	deuts.	
Semester	29	30	31	32	33	34	35	36	37	38	39	40	41	42	43
1906	984	.	.	.	4,37	423	.	.	.	7,57	171	.	.	.	16,96
1906/07	838	.	.	.	4,42	389	.	.	.	11,57	171	.	.	.	15,79
1907	933	.	.	.	3,86	451	.	.	.	11,75	187	.	.	.	18,72
1907/08	878	.	.	.	5,01	367	.	.	.	11,44	190	.	.	.	22,63
1908	997	.	.	.	4,21	432	.	.	.	8,33	181	.	.	.	21,55
1908/09	1008	19	1,88	18	5,75	428	16	3,74	16	10,75	184	5	2,72	5	21,74
1909	1053	16	1,52	16	4,56	627	18	2,87	18	7,50	187	5	2,67	4	17,65
1909/10	1084	31	2,86	30	3,23	493	34	6,90	34	9,74	218	3	1,38	3	18,35
1910	1142	37	3,24	37	2,98	706	26	3,68	26	5,52	211	3	1,42	3	16,59
1910/11	1118	47	4,20	46	3,40	699	34	4,86	34	6,44	199	5	2,51	5	18,59
1911	1169	48	4,11	48	2,91	738	34	4,61	34	5,96	197	5	2,54	5	18,27
1911/12	1028	40	3,89	40	2,92	688	32	4,65	31	6,83	202	5	2,48	5	18,81
1912	1783	90	5,05	.	7,18	828	49	5,92	.	9,30	.	.	.	.	.
1912/13	1657	95	5,73	.	7,97	690	36	5,22	.	8,70	.	.	.	.	.
1913	1657	110	6,64	.	7,85	720	44	6,11	.	9,58	.	.	.	.	.
1913/14	1643	180	10,96	.	8,64	714	69	9,66	.	9,66	.	.	.	.	.
1914	1692	212	12,53	.	7,98	657	66	10,05	.	8,68	.	.	.	.	.
1914/15	1384	134	9,68	.	4,19	488	31	6,35	.	3,48	.	.	.	.	.
1915	1396	173	12,39	.	4,23	497	39	7,85	.	1,61	.	.	.	.	.
1915/16	1473	217	14,73	.	4,48	537	39	7,26	.	2,79	.	.	.	.	.
1916	1626	308	18,94	.	4,61	593	73	12,31	.	3,37	.	.	.	.	.
1916/17	1827	315	17,24	.	4,38	686	82	11,95	.	3,64	.	.	.	.	.
1917	1878	348	18,53	.	3,73	681	84	12,33	.	2,64	.	.	.	.	.
1917/18	1991	388	19,49	.	4,92	723	87	12,03	.	2,77	.	.	.	.	.
1918	2117	491	23,19	.	5,01	761	110	14,45	.	2,89	.	.	.	.	.
1918/19	2252	481	21,36	.	5,64	790	117	14,81	.	3,80	.	.	.	.	.
1919	1379	270	19,58	.	5,08	493	46	9,33	.	5,07	.	.	.	.	.
ZS.1919	883	78	8,83	.	.	468	45	9,62	.	.	.	.	.	.	.
1919/20	1651	318	19,26	298	5,09	542	52	9,59	49	5,17	.	.	.	.	.
1920	1764	341	19,33	321	4,42	620	62	10,00	59	4,03	.	.	.	.	.
1920/21	1981	401	20,24	378	4,64	731	66	9,03	62	4,24	.	.	.	.	.
1921	2224	477	21,45	457	4,54	886	82	9,26	77	3,84	.	.	.	.	.
1921/22	2005	430	21,45	404	6,43	856	73	8,53	66	6,43	.	.	.	.	.
1922	2047	433	21,15	401	7,72	928	84	9,05	76	6,68	.	.	.	.	.
1922/23	2002	431	21,53	377	12,09	829	72	8,69	63	11,82	.	.	.	.	.
1923	2070	483	23,33	415	13,96	864	60	6,94	48	12,27	.	.	.	.	.
1923/24	1680	433	25,77	367	14,35	731	74	10,12	63	12,45	.	.	.	.	.
1924	1566	397	25,35	355	10,22	732	87	11,89	77	11,34	.	.	.	.	.
1924/25	1380	341	24,71	307	9,86	637	64	10,05	60	11,30	.	.	.	.	.
1925	.	.	.	.	.	.	.	.	.	.	419	29	6,92	.	.
1925/26	.	.	.	.	.	.	.	.	.	.	377	21	5,57	.	.
1926	.	.	.	.	.	.	.	.	.	.	374	21	5,61	.	.
1926/27	.	.	.	.	.	.	.	.	.	.	336	22	6,55	.	.
1927	.	.	.	.	.	.	.	.	.	.	453	69	15,23	66	10,38
1927/28	.	.	.	.	.	.	.	.	.	.	298	19	6,38	16	15,10
1928	.	.	.	.	.	.	.	.	.	.	297	27	9,09	27	10,10
1928/29	.	.	.	.	.	.	.	.	.	.	297	33	11,11	32	9,43
1929	.	.	.	.	.	.	.	.	.	.	323	42	13,00	40	8,67
1929/30	.	.	.	.	.	.	.	.	.	.	328	54	16,46	50	11,59
1930	.	.	.	.	.	.	.	.	.	.	335	57	17,01	52	9,55
1930/31	.	.	.	.	.	.	.	.	.	.	312	58	18,59	52	9,94
1931	.	.	.	.	.	.	.	.	.	.	269	30	11,15	26	8,92
1931/32	.	.	.	.	.	.	.	.	.	.	315	51	16,19	47	8,89
1932	.	.	.	.	.	.	.	.	.	.	253	41	16,21	39	7,51
1932/33	.	.	.	.	.	.	.	.	.	.	253	43	17,00	38	13,44
1933	.	.	.	.	.	.	.	.	.	.	221	31	14,03	.	.
1933/34	.	.	.	.	.	.	.	.	.	.	223	21	9,42	.	.
1934	.	.	.	.	.	.	.	.	.	.	206	21	10,19	.	.
1934/35	.	.	.	.	.	.	.	.	.	.	202	22	10,89	.	.
1935	.	.	.	.	.	.	.	.	.	.	179	21	11,73	.	.
1935/36	.	.	.	.	.	.	.	.	.	.	178	22	12,36	.	.
1936	.	.	.	.	.	.	.	.	.	.	173	21	12,14	.	.
1936/37	.	.	.	.	.	.	.	.	.	.	183	18	9,84	.	.
1937	.	.	.	.	.	.	.	.	.	.	156	14	8,97	.	.
1937/38	.	.	.	.	.	.	.	.	.	.	199	21	10,55	.	.
1938	.	.	.	.	.	.	.	.	.	.	190	14	7,37	.	.
1938/39	.	.	.	.	.	.	.	.	.	.	202	20	9,90	.	.
1939	.	.	.	.	.	.	.	.	.	.	174	17	9,77	.	.
1939/40	.	.	.	.	.	.	.	.	.	.	348	60	17,24	.	.
1940/1	.	.	.	.	.	.	.	.	.	.	221	44	20,00	.	.
1940/2	.	.	.	.	.	.	.	.	.	.	189	55	29,10	.	.
1940/3	.	.	.	.	.	.	.	.	.	.	229	67	29,26	.	.
1941/1	.	.	.	.	.	.	.	.	.	.	199	68	34,17	.	.

Tab. 21. 2: Die Einzelfachströme an der Universität München nach Staatsangehörigkeit und Geschlecht 1826/27–1941/1

	Cameralia, Volkswirtschaft				Forstwirtschaft				Sonstige				
	insg.	Frauen			Aus-länd. in %	insg.	Frauen		Aus-länd. in %	insg.	Frauen			Aus-länd. in %
		insg.	in %	deuts.			insg.	in %			insg.	in %	deuts.	
·Semester	44	45	46	47	48	49	50	51	52	53	54	55	56	57
1906	164	5	3,05	.	28,66	71	.	.	19,72	328	.	.	.	21,65
1906/07	175	5	2,86	.	28,00	74	.	.	28,38	392	.	.	.	18,11
1907	178	9	5,06	.	26,40	76	.	.	22,37	434	.	.	.	16,82
1907/08	198	6	3,03	.	24,24	74	.	.	28,38	490	.	.	.	19,39
1908	196	12	6,12	.	22,96	66	.	.	18,18	481	.	.	.	20,79
1908/09	257	13	5,06	.	28,02	73	.	.	28,77	468	13	2,78	12	21,79
1909	250	11	4,40	.	26,00	74	.	.	31,08	454	20	4,41	17	20,04
1909/10	265	15	5,66	.	24,15	75	.	.	33,33	527	19	3,61	19	21,63
1910	253	12	4,74	.	25,30	71	.	.	28,17	593	26	4,38	23	17,71
1910/11	250	13	5,20	.	24,80	121	.	.	16,53	557	20	3,59	19	17,95
1911	268	12	4,48	.	20,15	123	.	.	20,33	625	19	3,04	19	11,36
1911/12	317	14	4,42	.	17,03	124	.	.	19,35	630	19	3,02	19	14,76
1912	326	15	4,60	.	14,42	128	0	0,00	14,84	.	.	.	.	.
1912/13	375	16	4,27	.	14,13	124	0	0,00	17,74	.	.	.	.	.
1913	381	12	3,15	.	13,65	126	0	0,00	16,67	.	.	.	.	.
1913/14	376	21	5,59	.	14,63	127	0	0,00	14,17	.	.	.	.	.
1914	382	19	4,97	.	15,45	138	0	0,00	18,12	.	.	.	.	.
1914/15	304	13	4,28	.	4,61	151	0	0,00	5,30	.	.	.	.	.
1915	297	14	4,71	.	6,06	156	0	0,00	3,85	.	.	.	.	.
1915/16	305	28	9,18	.	2,95	193	0	0,00	2,59	.	.	.	.	.
1916	341	42	12,32	.	2,93	209	0	0,00	2,39	.	.	.	.	.
1916/17	387	50	12,92	.	3,36	272	0	0,00	2,21	.	.	.	.	.
1917	377	53	14,06	.	3,45	284	0	0,00	2,11	.	.	.	.	.
1917/18	425	57	13,41	.	3,53	353	0	0,00	1,70	.	.	.	.	.
1918	466	84	18,03	.	3,43	384	0	0,00	1,82	.	.	.	.	.
1918/19	542	86	15,87	.	4,43	392	0	0,00	1,28	.	.	.	.	.
1919	508	43	8,46	.	1,97	223	0	0,00	1,35	.	.	.	.	.
ZS.1919	677	17	2,51	.	.	.	0	.	.	.	.	.	.	.
1919/20	604	50	8,28	49	2,32	225	0	0,00	2,22	.	.	.	.	.
1920	665	58	8,72	56	3,16	233	0	0,00	1,72	.	.	.	.	.
1920/21	807	73	9,05	72	2,60	316	0	0,00	2,22	.	.	.	.	.
1921	937	77	8,22	76	2,99	390	0	0,00	1,79	.	.	.	.	.
1921/22	895	85	9,50	80	5,03	313	0	0,00	3,51	.	.	.	.	.
1922	871	76	8,73	70	6,77	352	0	0,00	2,84	.	.	.	.	.
1922/23	891	73	8,19	60	11,34	319	0	0,00	6,27	.	.	.	.	.
1923	882	86	9,75	76	12,24	335	0	0,00	5,07	.	.	.	.	.
1923/24	741	65	8,77	54	12,82	279	0	0,00	5,73	.	.	.	.	.
1924	660	83	12,58	78	8,79	276	0	0,00	6,16	.	.	.	.	.
1924/25	611	64	10,47	60	9,00	221	0	0,00	6,33	.	.	.	.	.
1925	582	68	11,68	.	.	214	0	0,00	.	88	17	19,32	.	.
1925/26	498	55	11,04	.	.	208	0	0,00	.	35	8	22,86	.	.
1926	504	53	10,52	.	.	164	0	0,00	.	109	19	17,43	.	.
1926/27	424	46	10,85	.	.	198	0	0,00	.	102	13	12,75	.	.
1927	440	51	11,59	46	8,18	158	0	0,00	5,70	126	17	13,49	12	6,35
1927/28	383	50	13,05	46	8,88	198	0	0,00	3,03	126	18	14,29	14	6,35
1928	365	47	12,88	43	9,32	181	0	0,00	3,87	86	21	24,42	18	16,28
1928/29	331	40	12,08	33	9,37	173	0	0,00	3,47	82	17	20,73	14	12,20
1929	337	44	13,06	39	8,31	162	0	0,00	4,32	15	2	13,33	2	13,33
1929/30	298	43	14,43	37	8,39	157	0	0,00	7,01	38	13	34,21	9	23,68
1930	286	46	16,08	40	8,74	134	0	0,00	7,46	59	15	25,42	13	20,34
1930/31	337	70	20,77	62	11,57	139	0	0,00	12,23	21	7	33,33	4	23,81
1931	326	69	21,17	61	10,74	134	0	0,00	13,43	12	3	25,00	2	16,67
1931/32	293	66	22,53	57	11,60	111	0	0,00	16,22	6	0	0,00	0	0,00
1932	282	66	23,40	58	8,51	98	0	0,00	15,31	5	0	0,00	0	0,00
1932/33	330	67	20,30	61	10,00	122	0	0,00	11,48	10	3	30,00	3	20,00
1933	346	68	19,65	.	.	98	0	0,00	.	12	2	16,67	.	.
1933/34	330	79	23,94	.	.	102	0	0,00	.	9	1	11,11	.	.
1934	263	60	22,81	.	.	99	0	0,00	.	4	0	0,00	.	.
1934/35	286	66	23,08	.	.	73	0	0,00	.	2	0	.	.	.
1935	181	37	20,44	.	.	60	0	0,00	.	0	0	.	.	.
1935/36	167	38	22,75	.	.	72	0	0,00	.	0	0	.	.	.
1936	151	26	17,22	.	.	76	0	0,00	.	0	0	.	.	.
1936/37	179	27	15,08	.	.	87	0	0,00	.	0	0	.	.	.
1937	155	16	10,32	.	.	87	1	1,15	.	0	0	.	.	.
1937/38	173	23	13,29	.	.	124	0	0,00	.	0	0	.	.	.
1938	168	23	13,69	.	.	101	0	0,00	.	0	0	.	.	.
1938/39	167	17	10,18	.	.	135	0	0,00	.	0	0	.	.	.
1939	157	11	7,01	.	.	102	0	0,00	.	0	0	.	.	.
1939/40	207	25	12,08	.	.	102	0	0,00	.	0	0	.	.	.
1940/1	144	22	15,28	.	.	56	0	0,00	.	0	0	.	.	.
1940/2	97	30	30,93	.	.	41	1	2,44	.	0	0	.	.	.
1940/3	164	50	30,49	.	.	42	2	4,76	.	0	0	.	.	.
1941/1	169	58	34,32	.	.	20	2	10,00	.	0	0	.	.	.

Tab. 21. 2: Die Einzelfachströme an der Universität München nach Staatsangehörigkeit und Geschlecht 1826/27–1941/1

Semester	Studierende insg.	Frauen insg.	Frauen in %	Frauen deuts.	Ausländer insg.	Ausländer in %
	58	59	60	61	62	63
1906	5734	55	0,96	52	430	7,50
1906/07	5567	90	1,62	88	496	8,91
1907	6009	100	1,66	97	512	8,52
1907/08	5943	125	2,10	121	573	9,64
1908	6276	133	2,12	127	556	8,86
1908/09	6304	134	2,13	128	698	11,07
1909	6547	148	2,26	141	633	9,67
1909/10	6537	183	2,80	177	749	11,46
1910	6890	176	2,55	169	702	10,19
1910/11	6905	192	2,78	186	845	12,24
1911	6942	198	2,85	197	746	10,75
1911/12	6797	188	2,77	185	752	11,06
1912	6855	241	3,52	.	720	10,50
1912/13	6759	262	3,88	.	687	10,16
1913	6655	299	4,49	.	662	9,95
1913/14	6802	441	6,48	.	655	9,63
1914	6626	470	7,09	.	614	9,27
1914/15	5539	317	5,72	.	164	2,96
1915	5748	388	6,75	.	163	2,84
1915/16	6021	469	7,79	.	180	2,99
1916	6578	694	10,55	.	212	3,22
1916/17	7393	760	10,28	.	237	3,21
1917	7456	817	10,96	.	203	2,72
1917/18	7886	896	11,36	.	272	3,45
1918	8236	1129	13,71	.	312	3,79
1918/19	8625	1198	13,89	.	364	4,22
1919	5553	608	10,95	.	233	4,20
ZS.1919	4661	168	3,60	.	.	.
1919/20	6213	699	11,25	630	309	4,97
1920	6879	748	10,87	677	325	4,72
1920/21	8305	897	10,80	821	370	4,46
1921	9659	1058	10,95	990	375	3,88
1921/22	9005	1011	11,23	922	554	6,15
1922	9072	952	10,49	848	678	7,47
1922/23	8433	935	11,09	782	1018	12,07
1923	8600	1004	11,67	821	1221	14,20
1923/24	7224	879	12,17	702	1048	14,51
1924	7231	896	12,39	771	754	10,43
1924/25	6457	769	11,91	679	639	9,90
1925	7161	949	13,25	.	595	8,31
1925/26	6716	901	13,42	.	559	8,32
1926	7129	989	13,87	.	534	7,49
1926/27	6936	961	13,86	.	514	7,41
1927	7384	1079	14,61	981	474	6,42
1927/28	7638	1135	14,86	1027	512	6,70
1928	8158	1300	15,94	1181	495	6,07
1928/29	8232	1346	16,35	1225	483	5,87
1929	8360	1406	16,82	1307	438	5,24
1929/30	8500	1500	17,65	1367	487	5,73
1930	8740	1591	18,20	1457	493	5,64
1930/31	8895	1711	19,24	1572	562	6,32
1931	8629	1588	18,40	1461	523	6,06
1931/32	8523	1588	18,63	1429	568	6,66
1932	8458	1575	18,62	1448	484	5,72
1932/33	8850	1729	19,54	1579	587	6,63
1933	8334	1582	18,98	.	.	.
1933/34	9030	1703	18,86	.	.	.
1934	7453	1370	18,38	.	406	5,45
1934/35	8229	1587	19,29	.	.	.
1935	5518	1058	19,17	.	.	.
1935/36	5123	925	18,06	.	.	.
1936	4715	853	18,09	.	.	.
1936/37	5054	926	18,32	.	.	.
1937	4479	774	17,28	.	460	10,27
1937/38	4965	834	16,80	.	.	.
1938	4382	718	16,39	.	.	.
1938/39	4802	788	16,41	.	.	.
1939	4100	685	16,71	.	.	.
1939/40	6855	1360	19,84	.	.	.
1940/1	4597	1005	23,17	.	.	.
1940/2	3014	940	31,19	.	183	6,07
1940/3	4049	1299	32,08	.	.	.
1941/1	3833	1347	35,14	.	.	.

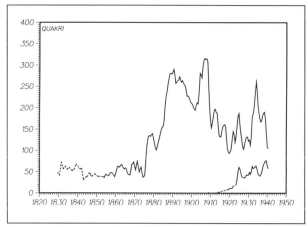

Abb. 21. 8: Die Studierenden (weibl. u. insg.) an der Universität München 1826/27–1941/1: Pharmazie

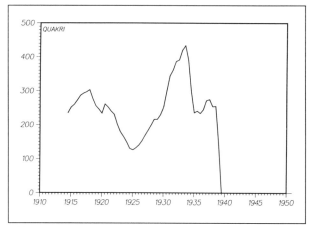

Abb. 21. 9: Die Studierenden (weibl. u. insg.) an der Universität München 1914/15–1941/1: Tiermedizin

Tab.21.2: Die Einzelfachströme an der Universität München nach Staatsangehörigkeit und Geschlecht 1826/27–1941/1

	Alte Sprachen					Germanistik					Neue Sprachen				
	insg.	Frauen			Ausländ. in %	insg.	Frauen			Ausländ. in %	insg.	Frauen			Ausländ. in %
		insg.	in %	deuts.			insg.	in %	deuts.			insg.	in %	deuts.	
Semester	1	2	3	4	5	6	7	8	9	10	11	12	13	14	15
1925	121	27	22,31	.	.	.	.	.	.	.	656	269	41,01	.	.
1925/26	115	24	20,87	.	.	.	.	.	.	.	563	225	39,96	.	.
1926	149	25	16,78	.	.	.	.	.	.	.	697	304	43,62	.	.
1926/27	149	31	20,81	.	.	.	.	.	.	.	643	289	44,95	.	.
1927	218	36	16,51	35	5,50	333	109	32,73	99	6,91	487	251	51,54	234	5,13
1927/28	226	38	16,81	34	6,64	352	135	38,35	125	7,39	457	229	50,11	219	3,72
1928	245	43	17,55	39	3,27	375	141	37,60	124	9,60	550	269	48,91	253	4,36
1928/29	205	35	17,07	33	3,41	450	190	42,22	178	6,67	423	216	51,06	205	4,49
1929	210	33	15,71	31	3,33	532	230	43,23	214	6,58	390	194	49,74	185	3,85
1929/30	213	37	17,37	34	2,35	451	189	41,91	166	9,31	420	239	56,90	221	5,71
1930	230	50	21,74	44	5,22	462	200	43,29	182	8,44	462	248	53,68	236	3,68
1930/31	213	51	23,94	47	5,16	527	245	46,49	226	9,49	378	207	54,76	196	3,17
1931	209	54	25,84	51	4,78	490	242	49,39	220	10,00	356	181	50,84	176	2,81
1931/32	173	42	24,28	37	5,20	494	252	51,01	221	12,35	280	143	51,07	137	5,00
1932	183	49	26,78	43	8,20	455	233	51,21	206	10,33	256	143	55,86	132	7,42
1932/33	178	49	27,53	44	8,99	453	228	50,33	190	16,78	233	137	58,80	130	6,87
1933	170	60	35,29	.	.	469	241	51,39	.	.	193	121	62,69	.	.
1933/34	165	52	31,52	.	.	446	241	54,04	.	.	190	129	67,89	.	.
1934	132	35	26,52	.	.	396	207	52,27	.	.	134	90	67,16	.	.
1934/35	123	35	28,46	.	.	391	206	52,69	.	.	149	104	69,80	.	.
1935	42	12	28,57	.	.	266	144	54,14	.	.	90	59	65,56	.	.
1935/36	64	13	20,31	.	.	252	143	56,75	.	.	76	45	59,21	.	.
1936	56	16	28,57	.	.	240	136	56,67	.	.	87	51	58,62	.	.
1936/37	24	7	29,17	.	.	242	140	57,85	.	.	91	48	52,75	.	.
1937	23	6	26,09	.	.	209	127	60,77	.	.	68	35	51,47	.	.
1937/38	27	5	18,52	.	.	218	124	56,88	.	.	57	29	50,88	.	.
1938	24	2	8,33	.	.	181	94	51,93	.	.	32	21	65,63	.	.
1938/39	20	4	20,00	.	.	178	96	53,93	.	.	56	28	50,00	.	.
1939	20	4	20,00	.	.	166	76	45,78	.	.	56	32	57,14	.	.
1939/40	20	4	20,00	.	.	211	104	49,29	.	.	101	62	61,39	.	.
1940/1	29	4	13,79	.	.	213	120	56,34	.	.	92	64	69,57	.	.
1940/2	28	6	21,43	.	.	262	171	65,27	.	.	102	73	71,57	.	.
1940/3	32	4	12,50	.	.	309	211	68,28	.	.	116	92	79,31	.	.
1941/1	21	8	38,10	.	.	302	234	77,48	.	.	120	96	80,00	.	.

	Geschichte					Musik					Philosophie, Pädagogik, Religionslehren				
	insg.	Frauen			Ausländ. in %	insg.	Frauen			Ausländ. in %	insg.	Frauen			Ausländ. in %
		insg.	in %	deuts.			insg.	in %	deuts.			insg.	in %	deuts.	
Semester	16	17	18	19	20	21	22	23	24	25	26	27	28	29	30
1925	303	51	16,83	.	.	.	.	.	.	.	394	59	14,97	.	.
1925/26	320	70	21,88	.	.	.	.	.	.	.	409	70	17,11	.	.
1926	296	43	14,53	.	.	.	.	.	.	.	312	39	12,50	.	.
1926/27	309	68	22,01	.	.	.	.	.	.	.	229	26	11,35	.	.
1927	68	18	26,47	14	14,71	75	7	9,33	7	2,67	247	34	13,77	30	5,67
1927/28	64	11	17,19	9	14,06	59	3	5,08	3	3,39	246	32	13,01	26	9,35
1928	77	18	23,38	16	14,29	71	3	4,23	1	5,63	272	46	16,91	42	8,09
1928/29	90	22	24,44	19	12,22	59	7	11,86	5	6,78	251	38	15,14	29	9,96
1929	134	44	32,84	38	11,19	76	11	14,47	10	3,95	261	48	18,39	43	8,05
1929/30	133	35	26,32	29	15,79	64	7	10,94	6	3,13	228	40	17,54	37	8,77
1930	138	43	31,16	40	8,70	57	10	17,54	8	3,51	215	34	15,81	30	9,30
1930/31	96	25	26,04	18	20,83	54	10	18,52	8	5,56	178	27	15,17	23	11,80
1931	82	24	29,27	20	14,63	51	11	21,57	10	7,84	205	27	13,17	24	10,24
1931/32	97	30	30,93	19	23,71	38	6	15,79	4	13,16	187	35	18,72	28	13,90
1932	74	17	22,97	14	17,57	41	11	26,83	9	9,76	248	41	16,53	38	8,87
1932/33	106	25	23,58	20	16,04	37	10	27,03	8	13,51	191	38	19,90	32	17,28
1933	87	19	21,84	.	.	43	12	27,91	.	.	.	.	.	.	.
1933/34	64	23	35,94	.	.	29	6	20,69	.	.	.	.	.	.	.
1934	49	19	38,78	.	.	23	4	17,39	.	.	.	.	.	.	.
1934/35	81	22	27,16	.	.	27	4	14,81	.	.	.	.	.	.	.
1935	.	.	.	.	.	21	3	14,29	.	.	.	.	.	.	.
1935/36	.	.	.	.	.	14	0	0,00	.	.	.	.	.	.	.
1936	.	.	.	.	.	13	0	0,00	.	.	.	.	.	.	.
1936/37	54	15	27,78	.	.	15	3	20,00	.	.	.	.	.	.	.
1937	50	12	24,00	.	.	18	4	22,22	.	.	.	.	.	.	.
1937/38	55	14	25,45	.	.	22	2	9,09	.	.	.	.	.	.	.
1938	62	15	24,19	.	.	17	3	17,65	.	.	.	.	.	.	.
1938/39	76	14	18,42	.	.	11	5	45,45	.	.	.	.	.	.	.
1939	66	10	15,15	.	.	14	7	50,00	.	.	.	.	.	.	.
1939/40	50	10	20,00	.	.	11	4	36,36	.	.	.	.	.	.	.
1940/1	68	24	35,29	.	.	5	3	60,00	.	.	.	.	.	.	.
1940/2	58	15	25,86	.	.	5	4	80,00	.	.	.	.	.	.	.
1940/3	67	25	37,31	.	.	11	2	18,18	.	.	.	.	.	.	.
1941/1	76	40	52,63	.	.	9	1	11,11	.	.	.	.	.	.	.

Tab. 21.2: Die Einzelfachströme an der Universität München nach Staatsangehörigkeit und Geschlecht 1826/27–1941/1

	Kunst, Archäologie				Sonstige Kulturwiss.			Zeitungskunde				
	insg.	Frauen			Aus-länd. in %	insg.	Frauen		insg.	Frauen			Aus-länd. in %
		insg.	in %	deuts.			insg.	in %		insg.	in %	deuts.	
Semester	31	32	33	34	35	36	37	38	39	40	41	42	43
1927	158	38	24,05	30	7,59	.	.	.	0	0	.	.	.
1927/28	151	46	30,46	37	11,26	.	.	.	20	5	25,00	.	.
1928	119	36	30,25	33	11,76	.	.	.	38	7	18,42	6	5,26
1928/29	101	39	38,61	31	16,83	.	.	.	24	5	20,83	4	8,33
1929	114	48	42,11	40	13,16	.	.	.	26	3	11,54	3	7,69
1929/30	112	38	33,93	33	9,82	.	.	.	27	7	25,93	7	0,00
1930	136	48	35,29	39	13,24	.	.	.	24	4	16,67	4	4,17
1930/31	146	64	43,84	53	15,07	.	.	.	36	4	11,11	4	5,56
1931	155	64	41,29	53	12,90	.	.	.	36	12	33,33	10	8,33
1931/32	134	50	37,31	41	18,66	.	.	.	40	13	32,50	11	7,50
1932	131	50	38,17	45	9,16	.	.	.	40	9	22,50	8	2,50
1932/33	156	69	44,23	57	15,38	.	.	.	37	11	29,73	10	2,70
1933	.	.	.	.	.	385	90	23,38	34	9	26,47	.	.
1933/34	.	.	.	.	.	337	88	26,11	96	30	31,25	.	.
1934	.	.	.	.	.	263	70	26,62	87	23	26,44	.	.
1934/35	.	.	.	.	.	204	75	36,76	96	19	19,79	.	.
1935	.	.	.	.	.	241	76	31,54	92	20	21,74	.	.
1935/36	.	.	.	.	.	196	64	32,65	112	26	23,21	.	.
1936	.	.	.	.	.	181	55	30,39	100	30	30,00	.	.
1936/37	.	.	.	.	.	194	70	36,08	102	37	36,27	.	.
1937	.	.	.	.	.	187	51	27,27	92	33	35,87	.	.
1937/38	.	.	.	.	.	184	43	23,37	89	35	39,33	.	.
1938	.	.	.	.	.	146	34	23,29	81	30	37,04	.	.
1938/39	.	.	.	.	.	221	50	22,62	85	32	37,65	.	.
1939	.	.	.	.	.	197	59	29,95	63	23	36,51	.	.
1939/40	.	.	.	.	.	246	88	35,77	57	24	42,11	.	.
1940/1	.	.	.	.	.	161	59	36,65	49	22	44,90	.	.
1940/2	.	.	.	.	.	91	45	49,45	46	15	32,61	.	.
1940/3	.	.	.	.	.	192	94	48,96	45	22	48,89	.	.
1941/1	.	.	.	.	.	119	51	42,86	53	30	56,60	.	.

	Leibesübungen					Mathematik					Physik				
	insg.	Frauen			Aus-länd. in %	insg.	Frauen			Aus-länd. in %	insg.	Frauen			Aus-länd. in %
		insg.	in %	deuts.			insg.	in %	deuts.			insg.	in %	deuts.	
Semester	44	45	46	47	48	49	50	51	52	53	54	55	56	57	58
1925	.	.	.	.	.	319	67	21,00	.	.	.	.	.	.	.
1925/26	.	.	.	.	.	335	85	25,37	.	.	.	.	.	.	.
1926	.	.	.	.	.	489	121	24,74	.	.	.	.	.	.	.
1926/27	.	.	.	.	.	472	118	25,00	.	.	.	.	.	.	.
1927	.	.	.	.	.	385	80	20,78	79	1,30	39	1	2,56	1	10,26
1927/28	.	.	.	.	.	366	93	25,41	89	2,46	57	3	5,26	3	10,53
1928	53	9	16,98	9	0,00	489	122	24,95	119	1,43	56	7	12,50	7	7,14
1928/29	43	9	20,93	9	0,00	420	97	23,10	89	3,10	54	6	11,11	6	11,11
1929	50	15	30,00	15	0,00	469	104	22,17	99	2,77	99	11	11,11	11	7,07
1929/30	41	10	24,39	10	0,00	424	93	21,93	91	1,89	116	12	10,34	12	6,03
1930	39	10	25,64	10	0,00	516	118	22,87	115	1,74	100	13	13,00	13	7,00
1930/31	64	31	48,44	31	0,00	477	113	23,69	109	2,10	79	12	15,19	11	16,46
1931	39	11	28,21	10	2,56	432	117	27,08	114	1,85	81	9	11,11	9	14,81
1931/32	34	10	29,41	8	8,82	384	91	23,70	89	2,60	88	6	6,82	6	9,09
1932	31	5	16,13	4	6,45	309	67	21,68	64	2,59	95	11	11,58	11	10,53
1932/33	26	7	26,92	6	7,69	298	68	22,82	66	2,35	80	11	13,75	9	8,75
1933	38	2	5,26	.	.	254	73	28,74	.	.	80	6	7,50	.	.
1933/34	46	6	13,04	.	.	222	54	24,32	.	.	73	11	15,07	.	.
1934	44	8	18,18	.	.	164	47	28,66	.	.	54	7	12,96	.	.
1934/35	70	20	28,57	.	.	148	42	28,38	.	.	59	5	8,47	.	.
1935	48	6	12,50	.	.	146	34	23,29	.	.	.	.	.	.	.
1935/36	54	9	16,67	.	.	135	24	17,78	.	.	.	.	.	.	.
1936	56	8	14,29	.	.	117	23	19,66	.	.	.	.	.	.	.
1936/37	55	10	18,18	.	.	116	26	22,41	.	.	.	.	.	.	.
1937	31	4	12,90	.	.	100	21	21,00	.	.	.	.	.	.	.
1937/38	35	6	17,14	.	.	107	21	19,63	.	.	.	.	.	.	.
1938	14	3	21,43	.	.	98	17	17,35	.	.	.	.	.	.	.
1938/39	34	12	35,29	.	.	62	9	14,52	.	.	22	4	18,18	.	.
1939	28	13	46,43	.	.	40	6	15,00	.	.	24	1	4,17	.	.
1939/40	31	8	25,81	.	.	49	7	14,29	.	.	37	2	5,41	.	.
1940/1	60	18	30,00	.	.	39	7	17,95	.	.	24	2	8,33	.	.
1940/2	44	19	43,18	.	.	32	7	21,88	.	.	21	5	23,81	.	.
1940/3	57	33	57,89	.	.	59	18	30,51	.	.	17	11	64,71	.	.
1941/1	59	38	64,41	.	.	40	18	45,00	.	.	26	11	42,31	.	.

Tab. 21.2: Die Einzelfachströme an der Universität München nach Staatsangehörigkeit und Geschlecht 1826/27–1941/1

	Biologie					Sonstige Naturwiss.					Geographie				
	insg.	Frauen			Ausländ. in %	insg.	Frauen			Ausländ. in %	insg.	Frauen			Ausländ. in %
		insg.	in %	deuts.			insg.	in %	deuts.			insg.	in %	deuts.	
Semester	59	60	61	62	63	64	65	66	67	68	69	70	71	72	73
1925	.	.	.	.	.	.	.	.	.	.	14	3	21,43	.	.
1925/26	.	.	.	.	.	.	.	.	.	.	12	5	41,67	.	.
1926	.	.	.	.	.	.	.	.	.	.	9	3	33,33	.	.
1926/27	.	.	.	.	.	.	.	.	.	.	24	10	41,67	.	.
1927	44	16	36,36	14	13,64	.	.	.	.	.	8	0	0,00	0	12,50
1927/28	.	.	.	.	.	159	59	37,11	.	.	9	0	0,00	0	0,00
1928	11	5	45,45	5	9,09	169	60	35,50	59	2,37	11	2	18,18	2	0,00
1928/29	51	25	49,02	22	15,69	164	66	40,24	66	1,22	23	11	47,83	10	4,35
1929	93	44	47,31	42	9,68	184	69	37,50	68	1,63	21	10	47,62	9	9,52
1929/30	86	38	44,19	33	11,63	144	59	40,97	58	2,08	24	9	37,50	8	4,17
1930	117	41	35,04	39	6,84	124	53	42,74	52	2,42	28	13	46,43	13	7,14
1930/31	64	21	32,81	21	18,75	185	80	43,24	80	0,54	29	10	34,48	9	6,90
1931	78	26	33,33	25	15,38	184	94	51,09	94	0,00	27	6	22,22	5	3,70
1931/32	112	46	41,07	44	5,36	114	61	53,51	61	0,88	27	11	40,74	9	11,11
1932	79	34	43,04	32	8,86	153	70	45,75	69	1,96	25	10	40,00	8	16,00
1932/33	74	30	40,54	28	12,16	157	86	54,78	84	2,55	19	3	15,79	2	15,79
1933	70	31	44,29	.	.	138	72	52,17	.	.	.	.	.	.	.
1933/34	63	22	34,92	.	.	163	87	53,37	.	.	.	.	.	.	.
1934	67	21	31,34	.	.	94	54	57,45	.	.	.	.	.	.	.
1934/35	77	28	36,36	.	.	80	44	55,00	.	.	.	.	.	.	.
1935	.	.	.	.	.	96	52	54,17	.	.	.	.	.	.	.
1935/36	.	.	.	.	.	74	38	51,35	.	.	.	.	.	.	.
1936	.	.	.	.	.	69	33	47,83	.	.	.	.	.	.	.
1936/37	.	.	.	.	.	90	52	57,78	.	.	.	.	.	.	.
1937	.	.	.	.	.	75	42	56,00	.	.	.	.	.	.	.
1937/38	.	.	.	.	.	80	40	50,00	.	.	.	.	.	.	.
1938	.	.	.	.	.	57	31	54,39	.	.	.	.	.	.	.
1938/39	.	.	.	.	.	63	26	41,27	.	.	.	.	.	.	.
1939	.	.	.	.	.	59	24	40,68	.	.	.	.	.	.	.
1939/40	44	16	36,36	.	.	25	8	32,00	.	.	.	.	.	.	.
1940/1	53	30	56,60	.	.	20	9	45,00	.	.	.	.	.	.	.
1940/2	74	49	66,22	.	.	7	2	28,57	.	.	.	.	.	.	.
1940/3	78	45	57,69	.	.	41	31	75,61	.	.	.	.	.	.	.
1941/1	82	61	74,39	.	.	9	7	77,78	.	.	.	.	.	.	.

	Mineralogie, Geologie, Bergfach					Geogr.,Geol.,Mineral.		
	insg.	Frauen			Ausländ. in %	insg.	Frauen	
		insg.	in %	deuts.			insg.	in %
Semester	74	75	76	77	78	79	80	81
1925	54	8	14,81	.	.	.	.	.
1925/26	50	9	18,00	.	.	.	.	.
1926	46	11	23,91	.	.	.	.	.
1926/27	51	13	25,49	.	.	.	.	.
1927	14	1	7,14	1	35,71	.	.	.
1927/28	14	0	0,00	0	7,14	.	.	.
1928	13	0	0,00	0	0,00	.	.	.
1928/29	10	0	0,00	0	10,00	.	.	.
1929	15	0	0,00	0	0,00	.	.	.
1929/30	11	1	9,09	1	9,09	.	.	.
1930	15	0	0,00	0	6,67	.	.	.
1930/31	17	3	17,65	3	11,76	.	.	.
1931	13	0	0,00	0	15,38	.	.	.
1931/32	15	2	13,33	2	13,33	.	.	.
1932	12	1	8,33	1	16,67	.	.	.
1932/33	13	3	23,08	2	15,38	.	.	.
1933	.	.	.	.	.	34	7	20,59
1933/34	.	.	.	.	.	37	5	13,51
1934	.	.	.	.	.	25	7	28,00
1934/35	.	.	.	.	.	34	11	32,35
1935	.	.	.	.	.	35	14	40,00
1935/36	.	.	.	.	.	34	14	41,18
1936	.	.	.	.	.	22	7	31,82
1936/37	.	.	.	.	.	25	3	12,00
1937	.	.	.	.	.	10	2	20,00
1937/38	.	.	.	.	.	22	1	4,55
1938	.	.	.	.	.	19	2	10,53
1938/39	.	.	.	.	.	13	1	7,69
1939	.	.	.	.	.	15	0	0,00
1939/40	.	.	.	.	.	15	3	20,00
1940/1	.	.	.	.	.	10	2	20,00
1940/2	.	.	.	.	.	10	8	80,00
1940/3	.	.	.	.	.	15	6	40,00
1941/1	.	.	.	.	.	17	7	41,18

5. Anmerkungen zu Tabelle 21.2

1826/27-1866:

Die Angaben für 1826/27 und 1828/29 sind aus DICKER-
HOF 1975 ergänzt. Durch Auswertung der Pers.Verz. ab
1829/30 wurden die Stud. in der Sammelkategorie der
PrStat (»Phil. Fak.«, hier entsprechend Sp. 5: Summe der
sonst. Fächer) in die Einzelfachströme ausdifferenziert
(Sp. 6-10). - Sp. 1 (Stud. insg.): In der Zeitschrift des Bayerischen Statistischen Landesamtes 55 (1923), S. 106, sind
für 1826/27 abweichende Daten genannt: Immatrikulierte
Stud.: 1541, davon Kath. Theol. Fak. 284, Jur. Fak. 354,
Med. Fak. 193, Phil. Fak. 710. Für 1828/29 ergeben die
von Dickerhof genannten Daten für die Fak. nicht die
angegebene Gesamtstudentenzahl. - Sp. 5 (Sonstige Fächer
insg.): Entspricht der Sammelkategorie der PrStat, in der
die Stud. der Staatswiss. Fak., sowie die nicht immatrikulierten Chirurgen und Pharmazeuten undifferenziert den
Stud. der Phil. Fak. hinzugezählt wurden. Die Stud. in
den Einzelfachströmen (Sp. 6-10) summieren sich zu Sp. 5
auf. In ihr sind Restgruppen weiterer Fachstud. mit enthalten:

	Architektur	Industrie	Bergwerkswiss.
1840	31	3	-
1841	14	5	4
1842	6	3	3
1843	/	2	4
1844	16	2	1
1845	22	-	5
1846	9	1	4
1846/47	6	-	3
1847	5	-	4
1847/48	4	-	9
1849	1	1	23
1850	-	-	19
1851	-	-	12

1866: Chem., Technik, Chir., Ök., etc. 21.

Sp. 6 (Chirurgie): 1839-1851 rechnerisch ermittelt (Angaben für Mediziner, einschl. Chirurgen in den Pers.Verz.
abzüglich der reinen Medizinerdaten in PrStat); ab
1853/54 sind die Chirurgen in den Pers.Verz. gesondert
angegeben. - Sp. 8 (Phil., Philologie): Identisch mit den
Stud. in der Phil. Fak. - Sp. 9 (Forstwiss.): 1832/33-
1835/36 Eleven vom Forst- und Bauwesen, 1837-39 Ar-
chitekten, Forst- und Landwirtschafts-Candidaten (technische Hochschüler), ab 1840 sind die Stud. der Forstwiss.
im Pers.Verz. gesondert angegeben. - Sp. 10 (Cameralia):
1826/27 u. 1828/29 Angaben für die Staatswiss. Fak. nach
Dickerhof, danach Cameralisten bzw. Cameralwiss. (ab
1838) nach den Pers.Verz.

1866/67-1905/06:

Gegenüber der PrStat wurde die Sammelkategorie Landwirtsch., Cameralia u. Nationalök. mit Hilfe der
Pers.Verz. in die beiden Einzelfachströme Cameralia u.

Forstwiss. ausdifferenziert. Für 1872-1886 u. 1887/88-
1891 wurden die ausl. Stud. aus den Pers.Verz. ergänzt.

Sp. 11/12 (Philol., Gesch.): ab 1876 identisch mit den
Stud. in der I. Sektion der Phil. Fak. nach Pers.Verz.;
1903-1905/06 entsprechend den Zuordnungskriterien der
PrStat nur die Stud. für das höhere Lehramt, die restlichen
Stud. dieser Fächer sind in Sp. 21 (Sonstige) dargestellt;
wegen unterschiedlicher Differenzierung in den Pers.Verz.
lassen sich die ausl. Stud. 1872-1874/75 nicht vollständig
den Fächern zuordnen. - Sp. 13/14 (Math., Naturw.): ab
1876 identisch mit den Stud. der II. Sektion der Phil. Fak.
nach Pers.Verz.; 1903-1905/06 ohne Chemie (vgl. Sp. 15);
wegen unterschiedlicher Differenzierung in den Pers.Verz.
lassen sich die ausl. Stud. 1872-1874/75 nicht vollständig
den Fächern zuordnen. - Sp. 15 (Chemie): bis 1902/03 in
Math., Naturw. enthalten (Sp. 13). - Sp. 17/18: (Cameralia): bis 1870 weichen die Angaben für die Sammelkategorie Landwirtsch., Cameralia u. Nationalök. in der PrStat
geringfügig von der Summe der Stud. in den Einzelfächern
Cameralia u. Forstwiss. in den Pers.Verz. ab, weil der
Sammelkategorie offensichtlich weitere Stud. nach namentlicher Auszählung zugeordnet wurden, die in den
Pers.Verz. unter der heterogenen Restgruppe Chem.,
Technik, Chirur., Ök., etc. dokumentiert sind. Da die Daten für die Stud. insg. (Sp. 23) auf der PrStat beruhen,
addieren sich die Einzelfächer in unserer Tabelle nicht
vollständig zur angegebenen Summe auf. Deshalb nennen
wir hier die Angaben der PrStat für die Stud. in der Sammelkategorie Landwirt., Kamerala u. Nationalök. für die
kritischen Semester: 1866/67: 17; 1867: 13; 1869: 26 u.
1870: 17. Angaben für 1878/79-1879/80 aufgrund unserer
namentlichen Auszählung der Einzelfälle nach den
Pers.Verz. Die ausl. Stud. lassen sich für 1878/79-
1888/89 nur für die gesamte Staatswiss. Fak. angeben (vgl.
Anm. zu Sp. 20). - Sp. 19/20 (Forstwiss.): vgl. die Anm.
zu Sp. 17/18 (Cameralia). Angaben für 1878/79-1879/80
aufgrund namentlicher Auszählung der Einzelfälle, für
1886/87 von uns geschätzt (Druckfehler im Pers.Verz.).
Sp. 20 für 1878/79-1888/89 einschl. der ausl. Cameralisten. - Sp. 23 (Studierende insg.): in der PrStat sind die
ersten weibl. Stud. undifferenziert bei den männl. Stud.
mitgezählt worden. Nach dem Pers.Verz. schließt die
Gesamtzahl der 5197 immatrikulierten Stud. 1905 insg.
44 Frauen ein (25 Med. Fak., 9 Phil. Fak. I. Sektion, 9
Phil. Fak. II. Sektion, 1 Staatswiss. Fak.).

1906-1941.1:

Gegenüber den Standardquellen wurden für 1906-1908 die
weibl. Stud. u. für 1912-1924/25 die ausl. Stud. aus den
Pers.Verz. ergänzt. Die fehlerhaften Angaben im StatJbDR
für 1915/16 (51 bayrische Frauen in der Med. Fak., 78
in der I. Sektion u. 16 in der II. Sektion der Phil. Fak.
wurden als Männer gezählt) wurden mit Hilfe der
Pers.Verz. korrigiert.

Sp. 1 (Katholische Theologie): Wegen eines Konflikts
zwischen Staat u. Kirche war die Theol. Fak. ab dem 18.

Feb. 1939 zwangsweise geschlossen. – Sp. 11 (Medizin, Frauen insg.): 1913–ZS 1919 einschl. Zahnmedizin (Sp. 16). – Sp. 16 (Zahnmedizin): 1913–ZS 1919 enthalten in Sp. 11 (Medizin, Frauen insg.). – Sp. 21 (Pharmazie, Frauen insg.): 1912–ZS 1919 enthalten in Sp. 35 (= Frauen in der II. Sektion der Phil. Fak.). – Sp. 25 (Tiermedizin): nach Eingliederung der Tierärztlichen Hochschule als eigene Fak. erstmals 1914/15 im Pers.Verz. geführt. Ab 1939/40 geschlossen. – Sp. 29 (Philologien, Geschichte): 1912–1924/25 einschl. Sonstige (vgl. Anm. zu Sp. 53). – Sp. 34 (Mathematik, Naturwissenschaften): 1912–1924/25 einschl. Chemie (Sp. 39). – Sp. 39 (Chemie): 1912–1924/25 enthalten in Sp. 34 (Mathematik, Naturwissenschaften). – Sp. 44/45 (Cameralia, Volkswirtschaft): 1915 fehlerhafte Angaben im StatJbDR (7 Frauen als Männer gezählt) wurden korrigiert. Bis 1915 werden die Stud. im Pers.Verz. als Cameralisten, danach als Nationalökonomen bezeichnet. – Sp. 53 (Sonstige): nach den Abgrenzungskriterien der PrStat 1906–1911/12 die Stud. der phil.-hist. Fächer, die sich nicht dem höheren Lehramt widmen wollten;

1912–1924/25 in Sp. 29 (Philologie, Geschichte) mit enthalten; ab 1925 Restgruppe der Stud., die sich den tief differenzierten Einzelfächern nicht zuordnen ließen.- Sp. 58 (Studierende insg.): 1928 ist nach der DtHochStat 1 Stud. der Landwirtschaft in der Gesamtstudentenzahl enthalten.

1925–1941.1:

Sp. 6 (Germanistik): 1925–1926/27 enthalten in Sp. 11 (Neue Sprachen). – Sp. 11 (Neue Sprachen): 1925–1926/27 einschl. Germanistik (Sp. 6). – Sp. 16 (Geschichte): 1935–1936 enthalten in Sp. 36 (Sonstige Kulturwiss.). – Sp. 36 (Sonstige Kulturwiss.): 1935–36 einschl. Geschichte (Sp. 16). – Sp. 49 (Mathematik): 1925–1926/27 und 1935–38 einschl. Physik (Sp. 54). – Sp. 54 (Physik): 1925–1926/27 und 1935–38 enthalten in Sp. 49 (Mathematik). – Sp. 59 (Biologie): 1935–39 enthalten in Sp. 64 (Sonstige Naturwiss.). – Sp. 64 (Sonstige Naturwiss.): 1930–31 kombiniertes Studium der Fächer Biologie, Chemie, Geologie; 1935–39 einschl. Biologie.

6. Quellen und Literatur

Quellen:

Standardquellen: 1830/31–1911/12: PrStat 167, 236. – *1912–1924/25:* StatJbDR Jgg. 34–36, 40–44. – *1925–1927/28:* DtHochStat Bd. 1; VjhStatDR Jgg. 35–37. – *1928–1932/33:* DtHochStat Bde. 1–10. – *1932–1941.1:* ZehnjStat.

Ergänzend: 1826/27: Zeitschrift des Bayrischen Statistischen Landesamtes 55. – *1826/27–1828/29:* Dickerhof 1975. – *1829/30–1851, 1853/54–1924/25:* Pers.Verz. d. Univ. München.

Literatur:

BUZAS, L.: Bibliographie zur Geschichte der Universität Ingolstadt – Landshut – München 1472–1982. München 1984.

BOEHM, L./SPÖRL, J. (Hg.): Die Ludwig-Maximilians-Universität in ihren Fakultäten. 2 Bde. Berlin 1972/1980. – BRUCH, R.v./MÜLLER, R.: Erlebte und gelebte Universität. Die Universität München im 19. und 20. Jahrhundert. Pfaffenhofen 1986. – DICKERHOF, H.: Bildung und Ausbildung im Programm der Bayrischen Universitäten im 19. Jahrhundert. In: Historisches Jahrbuch 95 (1975), S. 142–169. – GEIGER, F.: Die Universität München. Ihre Anstalten, Institute und Kliniken. Düsseldorf o.J. (1928). – MÜLLER, K.A.v.: Die wissenschaftlichen Anstalten der Ludwig-Maximilians-Universität zu München. München 1926. – PRANTL, C.v.: Geschichte der Ludwig-Maximilians-Universität in Ingolstadt, Landshut, München. 2 Bde. München 1972. – ROEGELE, O.: Ludwig-Maximilians-Universität München 1472–1972. München 1972. – SELLE, W.: Statistisches Material zur Geschichte der Philosophischen Fakultät der Ludwig-Maximilians-Universität München. In: BOEHM/SPÖRL, Bd. 2, S. 345–360. – Alphabetisches Verzeichniß der sämmtlichen Studirenden an der K. Ludwig-Maximilians-Universität in München. 1829/30–1944/45 (unter verschiedenen Titeln = Pers.Verz.).

22. Münster

1. Geschichtliche Übersicht

Die Universität Münster hat eine wechselvolle Organisationsgeschichte. Obwohl Papst und Kaiser schon 1631 die Privilegien für eine Volluniversität ausgestellt hatten, kam die Gründung durch widrige Umstände erst 150 Jahre später zustande. Diese Gründung wurde vor allem von Franz von Fürstenberg, dem Minister und Generalvikar des Fürstbistums Münster, im Rahmen einer Reorganisation des westfälischen Bildungswesens betrieben. Die Universität wurde am 16.4.1780 mit einer Katholisch-Theologischen, Juristischen und Philosophischen Fakultät und 10 Lehrstühlen ausdrücklich als katholische Aufklärungslehranstalt, als Berufsakademie gegen ein allgemeinwissenschaftliches Bildungsideal eröffnet. Eine Medizinische Fakultät konnte erst 1795 errichtet werden. In diesem Jahr war die Zahl der Lehrstühle auf 22 angewachsen.

Der häufige Herrschaftswechsel Münsters (1802 preußisch, 1806 französisch, 1815 preußisch) war der Entwicklung der Universität eher hinderlich. Als 1818 die Universität Bonn gegründet wurde, verlor die als katholisch-provinziell geltende Universität Münster ihre Juristische und Medizinische Fakultät und wurde mit 11 Lehrstühlen zu einer »Akademischen Lehranstalt« zur Ausbildung katholischer Theologen und höherer Lehrer umorganisiert. 1843 erhielt die Institution den Namen »Theologische und Philosophische Akademie«, in der weiterhin der katholische Charakter überwog, so daß bis 1875 nur katholische Lehrer berufen wurden. Das Promotionsrecht hatte zunächst nur die Theologische Fakultät, bis 1844 die philosophischen und 1875 die naturwissenschaftlichen Fächer folgten, die insgesamt bis zu diesem Zeitpunkt nur gering ausgebaut waren.

Seit 1818 hatte es nicht an Versuchen gefehlt, die Lehranstalt wieder auszubauen. Eine 1821 als notdürftiger Ersatz für die Medizinische Fakultät gegründete Medizinisch-Chirurgische Lehranstalt ging allerdings schon 1849 wieder ein. Erst nach 1875 gelang es, die Philosophische Fakultät und vor allem die Naturwissenschaften erheblich zu erweitern. In dieser Phase wurden neue naturwissen-

schaftliche Institute und 1880 ein neues Kollegiengebäude errichtet. Seit dieser Zeit stand die Philosophische Fakultät ebenbürtig neben der Theologischen, und die Akademie konnte erstmals, gegen münsterländischen Widerstand, ihren lediglich katholischen Charakter abstreifen. Aber erst 1902 gelang es, vor dem Hintergrund des enormen Aufschwungs der Provinz Westfalen, die Lehranstalt wieder zu einer Universität auszubauen. In diesem Jahr wurde eine Rechts- und Staatswissenschaftliche Fakultät (die erste ihrer Art in Preußen) und eine »Medizinisch-propädeutische Abteilung« in der Philosophischen Fakultät eingerichtet, an der Medizinstudenten das Physikum ablegen konnten. 1907 erhielt die Institution den Namen »Westfälische Wilhelms-Universität«, deren Hauptgebäude 1913 unter dem Druck des enormen Studierendenandrangs großzügig erweitert wurde. Mit der 1914 zusätzlich eingerichteten Evangelisch-Theologischen Fakultät wandelte sich Münster nach dem Vorbild von Breslau und Bonn endgültig von einer eher katholischen zu einer simultanen Universität. Durch den Krieg verzögert konnte die Medizinische Fakultät erst 1925 eröffnet werden, so daß Münster erst zu diesem Zeitpunkt, über 100 Jahre nach ihrer Reduzierung, wieder eine vollausgebaute Universität wurde. Die in den 1920er Jahren errichteten weiteren Institute unterstützten den raschen Aufschwung der Universität zusätzlich.

Der Besuch der berufsbezogenen Akademie war im 19. Jahrhundert starken Schwankungen unterworfen, je nach der Aufnahmefähigkeit der beiden Abnehmerbereiche. In den 1860er Jahren studierte über ein Viertel aller katholischen Theologen in Deutschland in Münster (ohne Berücksichtigung der Philosophisch-theologischen Hochschulen). Noch vor Bonn und Breslau und mit weitem Abstand zu den süddeutschen Universitäten war Münster von 1830 bis zum Zweiten Weltkrieg die führende Ausbildungsstätte für katholische Theologen. In den zum höheren Lehramt führenden Sprach- und Kulturwissenschaften erreichte die Akademie ebenfalls in den 1860er Jahren schon den vierten Platz unter allen

Universitäten. So konnte die Hochschule, obwohl sie nur aus zwei Faklutäten bestand, in der Rangskala der Universitäten bereits eine mittlere Position einnehmen. Mit den schlechteren Berufsaussichten in den beiden hauptsächlichen Abnehmerbereichen fiel die Studentenzahl in Münster am Ende des 19. Jahrhunderts allerdings an die vorletzte Stelle vor Rostock zurück.

Diese Situation änderte sich gründlich, als Münster zu Beginn des 20. Jahrhunderts zur Volluniversität ausgebaut wurde. Schon vor dem Ersten Weltkrieg rückte die Wilhelms-Universität bis auf den sechsten Rang unter den 22 Universitäten vor und hielt diese Position auch in der Zwischenkriegszeit. 1940 und 1941 schob sich Münster sogar unmittelbar nach den beiden Großuniversitäten Berlin und München auf die dritte Stelle vor. Der steile Aufstieg der westfälischen Universität im 20. Jahrhundert läßt auf ein Nachholbedürfnis an akademischen Ausbildungsmöglichkeiten in der Region schließen (mit bis zu 70% kam ein außergewöhnlich hoher Anteil der Studierenden nach dem Ausbau zur Volluniversität aus Westfalen).

Da die Erweiterung des Lehrpersonals mit dem schnellen Wachstum der Studentenzahl nicht Schritt hielt, war das Betreuungsverhältnis (Studierende pro Dozent) durchgängig sehr ungünstig. Hier rangierte Münster ähnlich wie München meistens ganz hinten im Schlußfeld der Skala sämtlicher Universitäten.

Bei der langfristigen Entwicklung der Zahl der wissenschaftlichen Institute zeigt sich ein entsprechendes Bild: Im 19. Jahrhundert nahm die nicht voll ausgebaute Akademie naturgemäß den letzten Platz ein, aber auch nach ihrer Erweiterung zur Universität behielt sie diesen Rang durch eine relativ geringe institutionelle Differenzierung. Lediglich nach dem Ausbau der Kliniken 1925 konnte sie diesen Platz kurzfristig verlassen, um ihn dann allerdings bis zum Ende unseres Betrachtungszeitraums wieder einzunehmen. Die ungünstige Betreuungsrelation und die im Vergleich zu ähnlich stark besuchten Universitäten geringe Zahl an Institutionen deuten darauf hin, daß die Münsteraner Hochschule von ihrer Gründung über ihren Akademiestatus bis zur Universität den vorwiegenden Charakter als akademische Lehranstalt in der bevölkerungsreichen Provinz Westfalen beibehalten hatte.

Im Zweiten Weltkrieg wurden die Stadt Münster und mit ihr die Universität so stark zerstört, daß hier schon im WS 1944/45 der Lehrbetrieb eingestellt werden mußte. Die Medizinische Fakultät und die Verwaltung fanden vorübergehend in Bad Salzuflen Aufnahmemöglichkeiten. Von den 22 größeren Universitätsgebäuden waren 13 völlig vernichtet, 5 erheblich zerstört worden und nur 4 unbeschädigt geblieben. Im WS 1945/46 konnte der Lehrbetrieb mit 96 Dozenten notdürftig wieder aufgenommen werden, in der Philosophischen Fakultät erst 1947.

2. Der Bestand an Institutionen 1844/45–1944/45

Zum Verständnis vgl. die Erläuterungen S. 48 ff.

I. Kath.-Theol. Fak. ([1844/45])

1.	Theol. Sem. (1887)
1.1	Abt. f. Kirchenr. (1887)
1.2	Abt. f. Pastoraltheol. (1887)
1.3	Abt. f. Kirchengesch. (1887)
1.4	Abt. f. Exeg. d. AT (1887)
1.5	Abt. f. Exeg. d. NT (1887)
1.6	Abt. f. Dogmat. (1887–91/92, 94)
1.7	Abt. f. Moraltheol. (1892/93)
1.8	Abt. f. Missionswiss. (1913)
1.9	Abt. f. Religionsgesch. u. vergl. Religionswiss. (1922)
1.10	Abt. f. Apologetik u. philos.-theol. Propädeutik (1926)

II. Evang.-Theol. Fak. (1914/15)

1.	Evang.-Theol. Sem. (1914/15)
1.1	Abt. f. AT (1914/15)
1.2	Abt. f. NT (1914/15)
1.3	Abt. f. Kirchengesch. (1914/15)
1.4	Abt. f. syst. Theol. (1914/15)
1.5	Abt. f. prakt. Theol. (1914/15)

III. Rechts- und Staatswiss. Fak. (1902/03)

1.	Rechtswiss. Sem. (1902/03)
1.1	Nationalitätenr. Abt. (1938)
2.	Staatswiss. Sem. (1902/03–14) Sem. f. Volkswirtsch. u. Verw. (1914/15–18/19) Staatswiss. Inst. (1919–23, Forts. III.3./III.4.)
3.	Inst. f. Organisationslehre u. allg. u. vergl. Soziol. (1923/24–34, vorh. III.2.)
4.	Sem. f. Wirtsch.- und Sozialwiss. (1923/24, Inst. 24, vorh. III.2.)
4.1	Sem. f. Arbeitsvermittlung u. Berufsberatung (1921–23, 1926/27–38, in III.2. -23)
4.2	Wirtsch.- u. Zeitungsarchiv (1924/25–25) Weltwirtsch. Archiv (1926/27–36) Wirtsch.archiv (1937/38–40.3)
4.3	Sozialpol. Sem. (1926/27–36)
4.4	Gewerkschaftssem. (1926/27–33/34)

4.5	Sem. f. Fürsorgew. (1926/27–41.1)
4.6	Sem. f. Mittelstands- u. Beamtenfragen (1926/27–1936)
4.7	Betriebswirtsch. Sem. (1926/27–37)
4.8	Zeitungssem. (1926/27–33/34)
4.9	Sem. f. Kommunalwirtsch. u. -pol. (1929–33/34)
4.10	Sem. f. Wirtsch.- u. Sozialpäd. (1929/30–33/34)
4.11	Abt. f. Siedlungs- u. Wohnungsw. (1930)
4.12	Verkehrssem. (1930/31)
4.13	Sem. f. Wirtsch.prüfer (1933–33/34)
4.14	Pol.-soziol. App. (1936/37–37)
4.15	Forsch.stelle f. allg. u. textile Marktwirtschaft (1941/42)
4.15.1	Abt. Marktforsch. Inland (1941/42)
4.15.2	Abt. Marktforsch. Ausland (1941/42)
4.15.3	Stat. Abt. (1941/42)
4.15.4	Abt. Bibliothek u. Archiv (1941/42)
4.15.5	Abt. Leitungsstelle (nur 1941/42)
5.	Inst. f. Steuerr. (1934/35)
6.	Kommunalwiss. Inst. (1939)

IV. Med. Fak. (1926)

1.	Anat. Inst. (1905–05/06, 13)
	Anat. u. Zool. Inst. (1906–12/13, u. anat. u. zool. Samml. 06/07, vorh. V.3.2)
2.	Physiol. Inst. (1905)
2.1	Abt. f. Physiol. Chem. (1937/38)
	Physiol.-chem. Inst. (1938/39)
3.	Zahnärztl. Inst. (1907/08–41/42)
	Zahnärztl. Klin. (1942–43/44)
	Zahnärztl. Klin. u. Abt. Schulzahnkl. (1944)
3.1	Orthod. Abt. (1920/21–37/38)
3.2	Kons. Abt. (1923/24–29/30)
3.3	Schulzahnkl. (1926/27, Abt. ..44)
4.	Path. Inst. (1925)
5.	Pharm. Inst. (1925)
6.	Hyg. Inst. (1925)
6.1	Staatl. Med. Unters.stelle f. d. Reg.-Bez. Aurich (1928)
6.2	Staatl. Forsch.abt. f. Gewerbehyg. (1929)
7.	Inst. f. ger. u. soz. Med. (1925–40.3)
	Inst. f. ger. Med. u. Krim. (1941.1)
8.	Med. Klin. (1925)
8.1	Röntgenabt. (1938–40.3)
9.	Chir. Klin. u. Polikl. (1925)
9.1	Orthop. Abt. in d. Chir. Klin. (1936–39)
	Orthop. Univ.-Klin. u. Polikl. (1939/40)
10.	Frauenkl. (1925)
11.	Augenkl. (1925)
12.	Kinderkl. (1925)
13.	Ohrenkl. (1925)
14.	Polikl. f. psychische u. Nervenkr. (1925–28)
	Psych. u. Nervenkl. (1928/29)
15.	Hautkl. (1925/26)
15.1	Haus Hornheide (1932/33–⟨39/40⟩)
	Lupusheilstätte des Westf. Vereins f. Krebs- u. Lupusbekämpfung »Haus Hornheide« (⟨1940.2⟩)

V. Phil. Fak. ([1844/45], u. naturwiss. 1902/03)

1.	Math.-phys. Cab. ([1844/45]–76/77, o. Math. 53)
	Phys. Lab. (1877, Inst. 90)
2.	Chem. Lab. ([1844/45], Inst. 1890)
2.1	Chem.-pharmaz. Abt. (1886/87–31/32)
	Pharmaz.-chem. Lab. (1932–33)
	Inst. f. Pharmaz. u. chem. Technol. (33/34)
2.2	Org. Abt. (1924, n.v. 30–42)
2.3	Abt. f. Phys. Chem. (1938–38/39)
	Inst. f. phys. Chem. (1941)
2.4	Inst. f. Metall- und Kohlechem. (1940.2)
3.	Naturhist. Mus. ([1844/45]–1906, u. Bot. Garten –1845, u. Westf. Normal- Herbarium 53/54–72/73, u. anat. Mus. 73–81)
3.1	Min. u. geogn. Samml. (1863/64–87/88)
	Min. u. pal. Samml. (1888–1909)
	Min. u. geol. Mus. (1909/10–10)
	Min. u. geol.-pal. Inst. (1910/11–28/29)
3.1.1	Geol.-pal. Abt. (1920–28/29)
	Geol.-pal. Inst. (1929)
3.1.2	Mineral. Inst. (1929, u. petrogr. 29/30)
3.2	Zool. u. anat. Samml. (1881/82–05, u. Zoot. Lab. 05)
	Zool. Samml. (nur 1905/06, Forts. IV.1)
3.3	Zoot. Lab. (nur 1904/05, Forts. V.3.2)
3.4	Räume f. d. zool. Unt. (nur 1910/11)
	Zool. Unterrichts-App. (1911–11/12)
	Zool. Inst. (1912, u. Zool. Samml. 21/22)
4.	Bot. Inst. u. Bot. Garten (1938/39)
4.1	Bot. Garten ([1844/45]–1938, in V.3 –45)
4.2	Bot. Inst. (1884/85–1938)
4.2.1	Schloßgarten (1896/97–1916)
5.	Inst. f. Altertumsk. (1909)
5.1	Philol.-päd. Sem. (1845–85/86, o. Päd. 60/61)
	Sem. f. klass. Philol. (1886–1908/09)
	Abt. f. klass. Philol. (1909)
5.2	Abt. f. alte Gesch. (1909)
5.3	Sprachwiss. Bibliothek (1910–15)
	Abt. f. Sprachwiss. (1915/16)
5.4	Arch. App. (1884/85–1914, Sem. 14)
	Abt. f. Arch. (1914/15)
6.	Math.-astr. App. (1853–1921/22)
	Sternwarte (1922–38)
	Astr. Inst. (1938/39)
7.	Math. Sem. (1875, Inst. 1944)
8.	Hist. Sem. (1878)
8.1	Museum (1907/08–10/11)
9.	Arch. Mus. (1884/85)
10.	Sem. f. rom.-engl. Philol. (1886–1905)
10.1	Rom. Sem. (1905/06)
10.2	Engl. Sem. (1905/06)
11.	Geogr. Inst. (1886, App. 90–1913, Sem. 13/14–36, Inst. 36/37)
12.	Kab. f. mittelalt. u. n. Kunst (1890–1914)
	Kunstgesch. Sem. (1914/15)
13.	Germ. Sem. (1896, Inst. 1944)
14.	Psychol. Sem. (1896–97)
	Samml. f. psychol. Übungen (1897/98–98/99)

Philos. App. (1899–1910)
Philos. Sem. (1910/11–⟨39/40⟩, ⟨1943⟩)
Sem. f. Philos. d. Geisteswiss. (⟨1940.2⟩-⟨1942⟩)
14.1   Abt. A (1910/11–20/21)
Allgemeine Abt. A. (1921–37)
Allgemeinphilos. Abt. (1937/38–⟨39/40⟩)
Abt. f. Theor. Philos. (⟨1940.2⟩-⟨42⟩)
14.2   Abt. B mit psychol. App. (1910/11–20/21)
Allgemeine Abt. B. (1921–37,
f. logistische Logik u. Grundlagenforsch. 36)
Logistische Abt. (1937/38, Sem. 38/39)
14.3   Abt. f. Psychol. u. Päd. (⟨1942⟩, Inst. ⟨43⟩)
14.3.1   Psychol. App. (nur 1920/21)
Abt. C f. exp. Psychol. (1921–33, 34–37)
Psychol. Abt. (1937/38–38)
Unterabt. f. angew. Psychol. (1938/39–41/42)
14.3.2   Päd. Abt. (nur 1920/21)
Abt. D f. Päd. (1921–37)
Päd. Abt. (1937/38–⟨39/40⟩)

Abt. f. prakt. Philos. ⟨1940.2⟩–41/42)
15.   Oriental. Sem. (1913)
15.1   Abt. chr. Orient (1923)
15.2   Abt. vorderer Orient (1923–37)
Abt. alter Orient (1937/38)
15.3   Indoiranische Abt. (1923–37)
15.3.1   Abt. Indol. (1937/38)
15.3.2   Abt. Semit., Iranistik, Islamwiss. (1937/38)
16.   Hist. Zeitungssem. u. Zeitungsarchiv
(1922–1927, in V.8. –23)
Inst. f. Zeitungsw. (1927/28, -wiss. 35/36)
17.   Musikwiss. App. (1927/28, Sem. 28)
18.   Slaw. Sem. (1931)
19.   Hochschulinst. f. Leibesüb. (1931/32)
19.1   Univ.- Sportplatz (1931/32)
20.   Urgesch. Sem. (1935–39)

Fehlende Semester: 1851, 1940.1, 1942/43.

3. Die Studierenden nach Fachbereichen

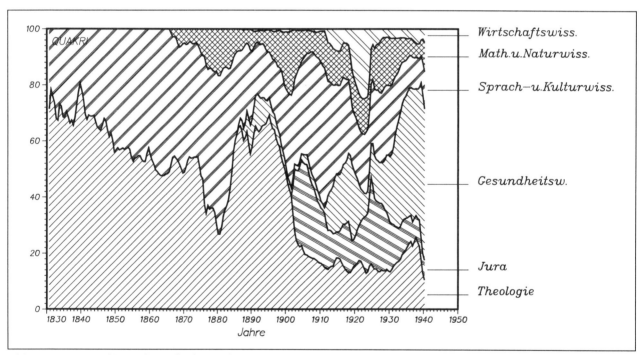

Abb. 22. 1: Das Fachbereichsprofil der Studierenden an der Universität Münster 1830/31–1941/1

Tab. 22.1: Die Studierenden an der Universität Münster nach Fachbereichen in Prozent 1830/31-1941/1

| | Evang. Theol. | Kath. Theol. | Jura | Gesundheitswissenschaften | | | | Sprach und Kultur wiss. | Math., Naturw. | | Wirt- sch., Agrar- und Forst. wiss. | Studierende | | |
| | | | | insg. | Allg. Med. | Zahn- med. | Phar- mazie | | insg. | Chemie | | insg. | weibl. in % aller Stud. | Ausl. in % aller Stud. |
Semester	1	2	3	4	5	6	7	8	9	10	11	12	13	14
1830/31	.	63,73	.	.	.	.	.	36,27	.	:	.	375	.	.
1831	.	79,37	.	.	.	.	.	20,63	.	.	.	315	.	.
1831/32	.	77,38	.	.	.	.	.	22,62	.	.	.	305	.	.
1832	.	74,52	.	.	.	.	.	25,48	.	.	.	314	.	.
1832/33	.	72,95	.	.	.	.	.	27,05	.	.	.	292	.	.
1833	.	63,07	.	.	.	.	.	36,93	.	.	.	306	.	.
1833/34	.	71,58	.	.	.	.	.	28,42	.	.	.	292	.	.
1834	.	74,79	.	.	.	.	.	25,21	.	.	.	242	.	.
1834/35	.	70,04	.	.	.	.	.	29,96	.	.	.	267	.	.
1835	.	66,95	.	.	.	.	.	33,05	.	.	.	239	.	.
1835/36	.	69,60	.	.	.	.	.	30,40	.	.	.	227	.	.
1836	.	71,43	.	.	.	.	.	28,57	.	.	.	210	.	.
1836/37	.	65,74	.	.	.	.	.	34,26	.	.	.	216	.	.
1837	.	66,99	.	.	.	.	.	33,01	.	.	.	206	.	.
1837/38	.	67,84	.	.	.	.	.	32,16	.	.	.	227	.	.
1838	.	63,18	.	.	.	.	.	36,82	.	.	.	220	.	.
1838/39	.	73,68	.	.	.	.	.	26,32	.	.	.	228	.	.
1839	.	71,92	.	.	.	.	.	28,08	.	.	.	203	.	.
1839/40	.	82,83	.	.	.	.	.	17,17	.	.	.	233	.	.
1840	.	78,40	.	.	.	.	.	21,60	.	.	.	213	.	.
1840/41	.	77,63	.	.	.	.	.	22,37	.	.	.	219	.	.
1841	.	72,14	.	.	.	.	.	27,86	.	.	.	201	.	.
1841/42	.	66,82	.	.	.	.	.	33,18	.	.	.	223	.	.
1842	.	68,42	.	.	.	.	.	31,58	.	.	.	209	.	.
1842/43	.	70,00	.	.	.	.	.	30,00	.	.	.	210	.	.
1843	.	67,66	.	.	.	.	.	32,34	.	.	.	201	.	.
1843/44	.	69,91	.	.	.	.	.	30,09	.	.	.	226	.	.
1844	.	68,29	.	.	.	.	.	31,71	.	.	.	205	.	.
1844/45	.	65,55	.	.	.	.	.	34,45	.	.	.	238	.	.
1845	.	64,29	.	.	.	.	.	35,71	.	.	.	224	.	.
1845/46	.	64,23	.	.	.	.	.	35,77	.	.	.	260	.	.
1846	.	63,07	.	.	.	.	.	36,93	.	.	.	241	.	.
1846/47	.	68,34	.	.	.	.	.	31,66	.	.	.	259	.	.
1847	.	67,76	.	.	.	.	.	32,24	.	.	.	245	.	.
1847/48	.	66,41	.	.	.	.	.	33,59	.	.	.	256	.	.
1848	.	61,42	.	.	.	.	.	38,58	.	.	.	254	.	.
1848/49	.	61,33	.	.	.	.	.	38,67	.	.	.	300	.	.
1849	.	64,41	.	.	.	.	.	35,59	.	.	.	281	.	.
1849/50	.	56,10	.	.	.	.	.	43,90	.	.	.	328	.	.
1850	.	55,97	.	.	.	.	.	44,03	.	.	.	293	.	.
1850/51	.	57,59	.	.	.	.	.	42,41	.	.	.	323	.	.
1851	.	57,53	.	.	.	.	.	42,47	.	.	.	299	.	.
1851/52	.	55,99	.	.	.	.	.	44,01	.	.	.	334	.	.
1852	.	58,28	.	.	.	.	.	41,72	.	.	.	302	.	.
1852/53	.	56,69	.	.	.	.	.	43,31	.	.	.	344	.	.
1853	.	57,01	.	.	.	.	.	42,99	.	.	.	328	.	.
1853/54	.	57,58	.	.	.	.	.	42,42	.	.	.	330	.	.
1854	.	57,78	.	.	.	.	.	42,22	.	.	.	315	.	.
1854/55	.	56,23	.	.	.	.	.	43,77	.	.	.	361	.	.
1855	.	51,90	.	.	.	.	.	48,10	.	.	.	343	.	.
1855/56	.	53,55	.	.	.	.	.	46,45	.	.	.	422	.	.
1856	.	54,14	.	.	.	.	.	45,86	.	.	.	399	.	.
1856/57	.	54,12	.	.	.	.	.	45,88	.	.	.	449	.	.
1857	.	55,47	.	.	.	.	.	44,53	.	.	.	402	.	.
1857/58	.	53,99	.	.	.	.	.	46,01	.	.	.	476	.	.
1858	.	52,56	.	.	.	.	.	47,44	.	.	.	449	.	.
1858/59	.	52,66	.	.	.	.	.	47,34	.	.	.	488	.	.
1859	.	52,51	.	.	.	.	.	47,49	.	.	.	438	.	.
1859/60	.	58,44	.	.	.	.	.	41,56	.	.	.	527	.	.
1860	.	56,60	.	.	.	.	.	43,40	.	.	.	477	.	.
1860/61	.	53,12	.	.	.	.	.	46,88	.	.	.	529	.	.
1861	.	53,04	.	.	.	.	.	46,96	.	.	.	494	.	.
1861/62	.	50,55	.	.	.	.	.	49,45	.	.	.	548	.	.
1862	.	48,73	.	.	.	.	.	51,27	.	.	.	511	.	.
1862/63	.	49,41	.	.	.	.	.	50,59	.	.	.	508	.	.
1863	.	47,05	.	.	.	.	.	52,95	.	.	.	491	.	.
1863/64	.	48,23	.	.	.	.	.	51,77	.	.	.	509	.	.
1864	.	46,93	.	.	.	.	.	53,07	.	.	.	473	.	.
1864/65	.	48,34	.	.	.	.	.	51,66	.	.	.	571	.	.
1865	.	47,93	.	.	.	.	.	52,07	.	.	.	532	.	.
1865/66	.	48,78	.	.	.	.	.	51,22	.	.	.	576	.	.
1866	.	49,22	.	.	.	.	.	50,78	.	.	.	512	.	.
1866/67	.	53,99	.	.	.	.	.	43,16	2,85	.	0,00	526	.	.
1867	.	54,41	.	.	.	.	.	42,80	2,80	.	0,00	465	.	.
1867/68	.	54,91	.	.	.	.	.	42,31	2,78	.	0,00	468	.	1,07
1868	.	52,64	.	.	.	.	.	43,45	3,91	.	0,00	435	.	1,15
1868/69	.	53,21	.	.	.	.	.	40,14	6,65	.	0,00	436	.	0,69
1869	.	50,13	.	.	.	.	.	43,48	6,39	.	0,00	391	.	0,77
1869/70	.	50,22	.	.	.	.	.	44,08	5,70	.	0,00	456	.	1,32

Tab. 22.1: Die Studierenden an der Universität Münster nach Fachbereichen in Prozent 1830/31–1941/1

| | Evang. Theol. | Kath. Theol. | Jura | Gesundheitswissenschaften | | | | Sprach und Kultur wiss. | Math., Naturw. | | Wirt-sch., Agrar- und Forst. wiss. | Studierende | | |
| | | | | insg. | Allg. Med. | Zahn-med. | Phar-mazie | | insg. | Chemie | | insg. | weibl. in % aller Stud. | Ausl. in % aller Stud. |
Semester	1	2	3	4	5	6	7	8	9	10	11	12	13	14
1870	.	46,82	.	.	.	.	.	48,24	4,94	.	0,00	425	.	1,18
1870/71	.	51,03	.	.	.	.	.	43,96	5,01	.	0,00	439	.	1,37
1871	.	50,62	.	.	.	.	.	43,21	6,17	.	0,00	405	.	1,48
1871/72	.	55,64	.	.	.	.	.	39,81	4,56	.	0,00	417	.	2,16
1872	.	53,10	.	.	.	.	.	42,32	4,58	.	0,00	371	.	1,89
1872/73	.	54,57	.	.	.	.	.	40,47	4,96	.	0,00	383	.	.
1873	.	53,45	.	.	.	.	.	40,84	5,71	.	0,00	333	.	2,70
1873/74	.	55,16	.	.	.	.	.	40,05	4,80	.	0,00	417	.	2,16
1874	.	53,17	.	.	.	.	.	41,86	4,98	.	0,00	442	.	1,13
1874/75	.	55,93	.	.	.	.	.	37,92	6,14	.	0,00	472	.	0,42
1875	.	46,60	.	.	.	.	.	45,63	7,77	.	0,00	412	.	0,49
1875/76	.	48,26	.	.	.	.	.	42,46	9,28	.	0,00	431	.	0,46
1876	.	44,99	.	.	.	.	.	45,23	9,78	.	0,00	409	.	0,49
1876/77	.	29,39	.	.	.	.	.	60,38	10,22	.	0,00	313	.	0,32
1877	.	38,73	.	.	.	.	.	45,71	15,56	.	0,00	315	.	0,63
1877/78	.	35,31	.	.	.	.	.	51,16	13,53	.	0,00	303	.	0,66
1878	.	36,02	.	.	.	.	.	49,38	14,60	.	0,00	322	.	0,62
1878/79	.	36,19	.	.	.	.	.	50,00	13,81	.	0,00	268	.	0,75
1879	.	35,82	.	.	.	.	.	47,87	16,31	.	0,00	282	.	0,35
1879/80	.	33,06	.	.	.	.	.	52,65	14,29	.	0,00	245	.	1,22
1880	.	27,68	.	.	.	.	.	56,09	16,24	.	0,00	271	.	0,74
1880/81	.	25,84	.	.	.	.	.	56,93	17,23	.	0,00	267	.	0,00
1881	.	27,67	.	.	.	.	.	56,00	16,33	.	0,00	300	.	0,00
1881/82	.	30,91	.	.	.	.	.	54,91	14,18	.	0,00	275	.	0,73
1882	.	35,58	.	.	.	.	.	50,61	13,80	.	0,00	326	.	0,92
1882/83	.	35,53	.	.	.	.	.	50,99	13,49	.	0,00	304	.	0,66
1883	.	38,41	.	.	.	.	.	47,56	14,02	.	0,00	328	.	1,22
1883/84	.	40,00	.	.	.	.	.	45,36	14,64	.	0,00	280	.	1,43
1884	.	46,39	.	.	.	.	.	40,06	13,55	.	0,00	332	.	0,90
1884/85	.	51,76	.	.	.	.	.	37,35	10,88	.	0,00	340	.	0,88
1885	.	60,95	.	.	.	.	.	29,76	9,29	.	0,00	420	.	0,71
1885/86	.	59,79	.	.	.	.	.	31,75	8,47	.	0,00	378	.	0,79
1886	.	65,01	.	.	.	.	.	27,31	7,67	.	0,00	443	.	0,90
1886/87	.	64,64	.	2,39	.	.	2,39	25,16	7,81	.	0,00	461	.	0,65
1887	.	66,27	.	3,17	.	.	3,17	22,82	7,74	.	0,00	504	.	0,20
1887/88	.	60,78	.	4,59	.	.	4,59	27,29	6,88	.	0,46	436	.	0,23
1888	.	59,35	.	4,16	.	.	4,16	30,48	5,77	.	0,23	433	.	0,23
1888/89	.	62,78	.	6,70	.	.	6,70	25,31	4,96	.	0,25	403	.	0,74
1889	.	63,99	.	8,03	.	.	8,03	23,17	4,59	.	0,23	436	.	0,46
1889/90	.	54,11	.	10,34	.	.	10,34	29,18	6,37	.	0,00	377	.	1,06
1890	.	56,66	.	10,18	.	.	10,18	24,54	8,62	.	0,00	383	.	0,78
1890/91	.	59,32	.	9,45	.	.	9,45	23,88	6,30	.	1,05	381	.	0,79
1891	.	65,25	.	9,55	.	.	9,55	19,36	5,04	.	0,80	377	.	0,53
1891/92	.	65,45	.	11,69	.	.	11,69	18,18	3,90	.	0,78	385	.	1,30
1892	.	62,59	.	13,91	.	.	13,91	18,94	3,84	.	0,72	417	.	1,44
1892/93	.	63,97	.	11,76	.	.	11,76	18,38	5,39	.	0,49	408	.	1,47
1893	.	64,32	.	10,44	.	.	10,44	19,90	4,85	.	0,49	412	.	1,21
1893/94	.	66,67	.	9,67	.	.	9,67	18,58	4,33	.	0,76	393	.	1,27
1894	.	64,86	.	9,67	.	.	9,67	19,10	5,66	.	0,71	424	.	0,71
1894/95	.	67,40	.	7,11	.	.	7,11	17,40	7,84	.	0,25	408	.	0,49
1895	.	68,14	.	6,05	.	.	6,05	17,44	7,91	.	0,47	430	.	1,63
1895/96	.	70,26	.	6,56	.	.	6,56	15,22	7,73	.	0,23	427	.	0,94
1896	.	62,58	.	6,46	.	.	6,46	20,27	10,24	.	0,45	449	.	0,89
1896/97	.	66,16	.	5,60	.	.	5,60	17,24	9,70	.	1,29	464	.	0,86
1897	.	61,81	.	5,75	.	.	5,75	21,36	10,47	.	0,62	487	.	0,41
1897/98	.	60,08	.	5,76	.	.	5,76	21,31	11,90	.	0,96	521	.	0,00
1898	.	57,95	.	4,92	.	.	4,92	22,92	13,83	.	0,38	528	.	0,00
1898/99	.	57,94	.	4,15	.	.	4,15	24,55	12,82	.	0,54	554	.	0,00
1899	.	50,93	.	4,57	.	.	4,57	28,43	15,06	.	1,02	591	.	0,00
1899/00	.	53,33	.	3,90	.	.	3,90	24,39	17,07	.	1,30	615	.	0,00
1900	.	47,13	.	3,68	.	.	3,68	26,80	21,50	.	0,88	679	.	0,15
1900/01	.	47,93	.	1,93	.	.	1,93	29,28	19,75	.	1,10	724	.	1,10
1901	.	41,33	.	2,81	.	.	2,81	31,38	23,21	.	1,28	784	.	0,51
1901/02	.	43,71	.	2,98	.	.	2,98	31,26	21,53	.	0,52	771	.	0,91
1902	.	37,08	.	2,78	.	.	2,78	34,88	24,45	.	0,81	863	.	0,93
1902/03	.	30,77	20,21	2,24	.	.	2,24	28,35	18,25	.	0,18	1118	.	0,89
1903	.	25,17	23,31	1,95	.	.	1,95	32,03	17,12	2,88	0,42	1180	.	0,51
1903/04	.	23,99	26,65	1,71	.	.	1,71	32,56	14,57	2,74	0,51	1167	.	0,34
1904	.	22,31	25,84	1,72	.	.	1,72	35,77	13,62	2,87	0,74	1219	.	0,57
1904/05	.	22,25	31,77	1,72	.	.	1,72	32,10	11,66	2,38	0,49	1218	.	0,49
1905	.	23,42	29,16	2,62	.	.	2,62	34,04	10,11	1,89	0,65	1375	.	0,22
1905/06	.	18,60	33,36	3,27	.	.	3,27	34,45	9,74	2,11	0,58	1376	.	0,22
1906	.	20,43	31,05	3,47	.	.	3,47	36,21	8,70	1,84	0,15	1356	.	0,44
1906/07	.	18,34	33,36	3,67	0,00	.	3,60	36,14	7,95	1,29	0,54	1472	.	0,34
1907	.	19,33	26,80	3,84	0,00	0,62	3,22	41,19	8,09	1,17	0,75	1459	.	0,48
1907/08	.	17,72	28,35	3,74	0,00	1,35	2,38	42,59	6,96	1,03	0,64	1552	.	0,32
1908	.	18,70	23,93	3,27	0,00	1,51	1,76	45,59	7,56	0,76	0,94	1588	.	0,31
1908/09	.	17,60	26,22	3,70	.	1,99	1,70	43,58	7,86	1,00	1,06	1705	0,35	0,23
1909	.	17,78	20,10	4,13	.	2,50	1,63	47,47	9,12	0,76	1,39	1721	1,80	0,29
1909/10	.	16,59	22,45	4,00	.	2,67	1,33	46,83	9,28	1,12	0,85	1875	2,61	0,21

Tab. 22. 1: Die Studierenden an der Universität Münster nach Fachbereichen in Prozent 1830/31–1941/1

| Semester | Evang. Theol. | Kath. Theol. | Jura | Gesundheitswissenschaften | | | | Sprach und Kultur wiss. | Math., Naturw. | | Wirt-sch., Agrar- und Forst. wiss. | Studierende | | |
| | | | | insg. | Allg. Med. | Zahn-med. | Phar-mazie | | insg. | Chemie | | insg. | weibl. in % aller Stud. | Ausl. in % aller Stud. |
	1	2	3	4	5	6	7	8	9	10	11	12	13	14
1910	·	16,44	19,34	2,84	·	1,65	1,19	49,90	10,60	0,78	0,88	1934	3,41	0,31
1910/11	·	16,39	19,90	2,21	·	1,20	1,00	48,87	11,93	0,80	0,70	1995	4,06	0,40
1911	·	15,19	19,40	1,98	·	0,71	1,27	49,57	13,10	0,96	0,76	1969	5,94	0,46
1911/12	·	14,69	19,28	1,81	·	0,63	1,17	50,12	13,42	0,98	0,68	2049	7,42	0,54
1912	·	14,16	13,40	12,13	10,29	0,90	0,94	41,76	13,87	1,09	4,67	2119	7,98	0,42
1912/13	·	14,16	14,44	12,86	10,77	1,16	0,93	39,51	13,97	1,25	5,06	2154	7,99	0,32
1913	·	15,73	12,12	14,53	11,85	1,48	1,20	38,64	13,70	0,97	5,28	2161	9,07	0,32
1913/14	·	15,01	12,72	15,39	12,10	1,57	1,72	37,16	13,05	1,19	6,67	2099	9,05	0,29
1914	·	15,75	10,33	18,83	14,89	2,11	1,83	34,58	13,26	0,96	7,25	2082	10,47	0,34
1914/15	1,59	17,02	9,56	20,75	17,10	2,10	1,54	31,46	12,00	1,37	7,63	2333	10,29	0,34
1915	1,47	16,72	8,90	20,74	17,16	1,82	1,77	32,02	12,23	1,12	7,91	2314	12,49	0,30
1915/16	1,56	16,92	9,53	20,04	16,61	1,65	1,78	31,66	12,33	1,20	7,97	2246	12,02	0,45
1916	1,88	15,68	10,34	20,33	16,96	1,62	1,76	31,87	12,17	1,20	7,73	2341	12,00	0,34
1916/17	2,12	13,66	14,53	21,04	17,98	1,49	1,57	31,61	12,05	1,37	4,99	2547	12,21	0,35
1917	2,16	12,62	15,66	21,57	18,60	1,45	1,52	30,45	12,62	1,63	4,92	2828	11,99	0,11
1917/18	2,34	11,57	16,25	22,09	19,25	1,35	1,48	29,67	12,92	1,78	5,14	3033	11,77	0,16
1918	2,37	10,82	18,33	22,62	19,87	1,42	1,32	27,76	13,00	2,18	5,11	3170	10,82	0,19
1918/19	2,80	9,84	18,56	25,92	22,51	1,99	1,43	24,88	11,62	2,29	6,37	3923	9,36	0,20
1919	2,93	10,59	11,36	27,75	19,75	6,30	1,70	21,26	12,59	3,23	13,52	4638	9,87	0,34
ZS.1919	2,90	9,95	19,70	26,62	21,64	3,37	1,61	22,70	10,99	2,44	7,14	4722	7,29	·
1919/20	3,18	11,51	9,42	26,31	16,44	8,03	1,84	19,72	13,12	3,75	16,74	4397	9,73	0,48
1920	3,05	12,90	9,65	23,39	14,57	6,99	1,82	20,65	11,87	3,87	18,49	4062	9,97	0,37
1920/21	2,93	12,79	11,34	19,93	11,55	6,50	1,89	20,35	11,75	4,22	20,92	3863	9,91	0,57
1921	3,05	14,31	12,30	16,59	10,09	4,59	1,91	19,75	12,03	5,10	21,96	2983	10,86	0,70
1921/22	2,83	14,73	12,71	12,53	7,68	2,61	2,24	20,17	12,60	5,55	24,43	2722	10,73	0,77
1922	2,73	14,14	15,21	10,96	6,90	1,73	2,33	20,30	12,11	5,46	24,55	2709	11,55	1,22
1922/23	2,70	12,07	17,74	8,85	5,48	1,33	2,04	20,44	12,93	6,52	25,26	2700	11,59	1,04
1923	2,16	11,60	19,45	8,16	5,52	0,72	1,92	21,44	12,59	6,59	24,60	2915	11,66	1,17
1923/24	2,00	9,78	21,70	7,65	5,11	0,47	2,07	22,44	11,92	6,48	24,51	2995	11,62	1,14
1924	1,78	13,19	19,89	8,41	5,81	0,32	2,28	21,60	11,59	6,20	23,53	2805	13,01	0,93
1924/25	2,25	13,49	30,33	9,90	6,50	0,70	2,70	20,99	11,99	5,05	11,04	2001	14,49	0,80
1925	2,04	14,76	31,29	14,17	10,45	1,14	2,59	21,84	12,94	3,59	2,95	2202	14,44	0,41
1925/26	2,65	10,83	26,52	16,00	11,04	2,39	2,57	23,48	12,39	3,13	8,13	2300	14,35	0,52
1926	3,16	12,05	23,82	14,57	9,95	2,80	1,82	24,13	16,55	2,45	5,73	2532	16,75	0,43
1926/27	2,76	10,71	24,64	15,12	10,90	2,84	1,38	25,29	15,85	2,30	5,64	2606	18,73	0,50
1927	2,59	10,97	24,73	14,38	10,28	3,14	0,97	25,22	16,97	2,24	5,14	2899	18,49	0,38
1927/28	3,37	9,79	24,18	14,56	9,89	3,79	0,88	24,74	19,05	1,89	4,32	2850	18,70	0,67
1928	4,20	10,47	23,43	14,73	10,32	3,77	0,64	24,66	19,42	1,75	3,09	3265	19,14	0,61
1928/29	4,33	8,46	22,90	16,36	11,57	4,18	0,61	27,11	17,93	2,03	2,91	3441	19,56	0,78
1929	4,47	10,06	20,49	19,52	13,67	5,15	0,71	25,24	16,98	2,04	3,24	3827	19,13	0,71
1929/30	4,83	9,19	20,01	21,51	15,20	5,48	0,83	24,62	17,21	1,83	2,63	3993	19,38	0,83
1930	4,89	8,34	18,51	22,78	15,21	6,73	0,84	25,03	17,34	1,82	3,11	4175	19,66	0,72
1930/31	4,72	8,63	16,44	24,51	16,68	6,87	0,96	25,55	16,68	2,17	3,47	4149	21,19	0,99
1931	5,68	9,38	16,01	25,37	16,59	8,13	0,66	24,32	15,95	1,74	3,28	4540	20,62	0,86
1931/32	6,59	9,04	13,72	30,37	20,45	9,15	0,77	22,85	14,18	2,16	3,25	4402	20,72	1,02
1932	6,51	10,04	13,21	35,13	23,72	9,93	1,49	18,79	12,97	1,95	3,35	4301	19,30	0,95
1932/33	7,00	10,02	11,84	37,12	25,74	9,71	1,67	18,77	11,86	1,60	3,39	4130	19,69	1,21
1933	6,20	11,10	11,65	40,66	28,30	10,50	1,86	17,50	9,82	1,86	3,06	3982	19,19	·
1933/34	7,20	11,14	11,73	41,13	28,58	10,55	2,01	17,16	8,49	1,90	3,16	3888	17,23	·
1934	6,58	14,10	11,59	43,12	29,53	11,08	2,51	13,90	7,60	1,70	3,11	3539	15,71	1,02
1934/35	6,23	14,16	11,59	42,83	27,90	11,93	3,00	14,28	7,73	2,10	3,17	3530	16,57	·
1935	4,38	17,47	11,04	44,14	30,15	10,21	3,78	12,72	6,79	1,61	3,45	2988	14,73	·
1935/36	4,67	18,12	9,57	45,68	29,55	11,22	4,91	12,32	6,01	1,41	3,64	2914	16,20	·
1936	4,58	19,68	9,65	45,44	30,30	10,94	4,20	12,03	5,58	1,21	3,04	2403	11,03	·
1936/37	3,68	20,51	8,91	45,83	32,48	9,52	3,84	11,72	5,76	1,76	3,59	2448	14,99	·
1937	3,16	17,82	8,19	49,19	36,49	7,90	4,79	11,54	5,94	2,06	4,17	2088	14,85	2,06
1937/38	1,72	25,68	8,21	43,03	32,61	6,97	3,44	11,34	5,21	2,12	4,81	2266	13,72	·
1938	1,53	22,38	7,31	47,52	34,85	8,18	4,50	11,50	4,50	1,84	5,26	1957	14,72	·
1938/39	1,01	22,99	9,47	44,81	32,46	8,10	4,25	10,99	5,16	2,48	5,57	1975	13,87	·
1939	1,05	20,12	9,06	49,92	38,02	7,74	4,16	10,01	5,06	2,74	4,79	1899	12,80	·
1939/40	·	·	·	·	·	·	·	·	·	·	·	·	·	·
1940/1	0,49	14,01	6,38	60,68	55,16	3,57	1,95	9,52	6,00	4,22	2,92	1849	14,44	·
1940/2	0,47	10,74	7,94	52,54	45,65	3,27	3,62	13,78	10,39	7,12	4,14	1713	24,52	0,23
1940/3	0,56	6,50	7,19	55,19	49,03	3,14	3,01	14,51	11,19	7,28	4,86	2323	28,97	·
1941/1	0,55	9,19	6,36	55,31	49,80	2,93	2,58	13,80	9,53	5,41	5,26	2014	33,27	·

4. Die Studierenden nach Fächern

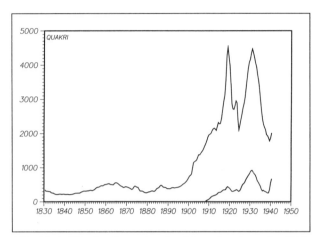

Abb. 22. 2: Die Studierenden (weibl. u. insg.) an der Universität Münster 1830/31–1941/1: Sämtliche Fächer

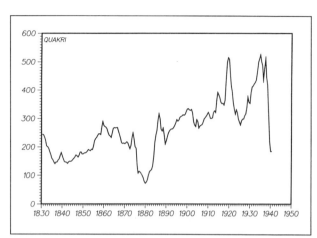

Abb. 22. 3: Die Studierenden an der Universität Münster 1830/31–1941/1: Katholische Theologie

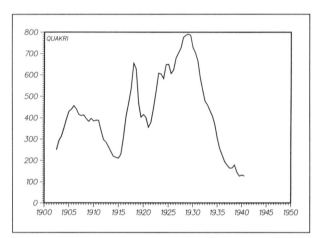

Abb. 22. 4: Die Studierenden an der Universität Münster 1902/03–1941/1: Jura

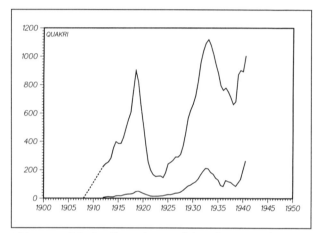

Abb. 22. 5: Die Studierenden (weibl. u. insg.) an der Universität Münster 1908/09–1941/1: Allgemeine Medizin

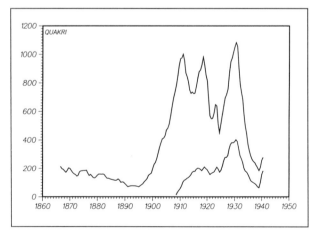

Abb. 22. 6: Die Studierenden (weibl. u. insg.) an der Universität Münster 1866/67–1941/1: Sprach- und Kulturwissenschaften

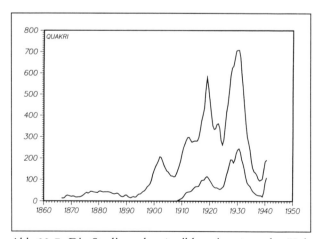

Abb. 22. 7: Die Studierenden (weibl. u. insg.) an der Universität Münster 1866/67–1941/1: Mathematik und Naturwissenschaften

Tab.22.2: Die Einzelfachströme an der Universität Münster nach Staatsangehorigkeit und Geschlecht 1830/31-1941/1

Semester	Stud. insg. 1	Kath. Theol. 2	Phil. Fak. 3
1830/31	375	239	136
1831	315	250	65
1831/32	305	236	69
1832	314	234	80
1832/33	292	213	79
1833	306	193	113
1833/34	292	209	83
1834	242	181	61
1834/35	267	187	80
1835	239	160	79
1835/36	227	158	69
1836	210	150	60
1836/37	216	142	74
1837	206	138	68
1837/38	227	154	73
1838	220	139	81
1838/39	228	168	60
1839	203	146	57
1839/40	233	193	40
1840	213	167	46
1840/41	219	170	49
1841	201	145	56
1841/42	223	149	74
1842	209	143	66
1842/43	210	147	63
1843	201	136	65
1843/44	226	158	68
1844	205	140	65
1844/45	238	156	82
1845	224	144	80
1845/46	260	167	93
1846	241	152	89
1846/47	259	177	82
1847	245	166	79
1847/48	256	170	86
1848	254	156	98
1040/49	300	184	116
1849	281	181	100
1849/50	328	184	144
1850	293	164	129
1850/51	323	186	137
1851	299	172	127
1851/52	334	187	147
1852	302	176	126
1852/53	344	195	149
1853	328	187	141
1853/54	330	190	140
1854	315	182	133
1854/55	361	203	158
1855	343	178	165
1855/56	422	226	196
1856	399	216	183
1856/57	449	243	206
1857	402	223	179
1857/58	476	257	219
1858	449	236	213
1858/59	488	257	231
1859	438	230	208
1859/60	527	308	219
1860	477	270	207
1860/61	529	281	248
1861	494	262	232
1861/62	548	277	271
1862	511	249	262
1862/63	508	251	257
1863	491	231	260
1863/64	508	245	263
1864	473	222	251
1864/65	571	276	295
1865	532	255	277
1865/66	576	281	295
1866	512	252	260

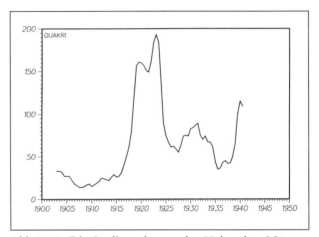

Abb.22.8: Die Studierenden an der Universität Münster 1903-1941/1: Chemie

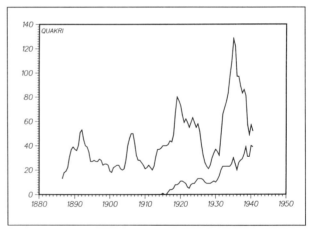

Abb.22.9: Die Studierenden (weibl. u. insg.) an der Universität Münster 1886/8/-1941/1: Pharmazie

Tab. 22. 2: Die Einzelfachströme an der Universität Münster nach Staatsangehörigkeit und Geschlecht 1830/31–1941/1

	Kath.Theol.		Jura		Zahnmedizin		Pharmazie		Philol., Gesch.		Math., Naturw.		Chemie	
	insg.	Ausl. in %	insg.	Ausl. in %	insg.	Ausl. in %	insg.	Ausl. in %	insg.	Ausl. in %	insg.	Ausl. in %	insg.	Ausl. in %
Semester	1	2	3	4	5	6	7	8	9	10	11	12	13	14
1866/67	284	.	.	.	.	.	.	.	227	.	15	.	.	.
1867	253		.	.	.	.	.	.	199		13		.	.
1867/68	257	1,17	.	.	.	.	.	.	198	1,01	13	0,00	.	.
1868	229	1,31	.	.	.	.	.	.	189	1,06	17	0,00	.	.
1868/69	232	0,86	.	.	.	.	.	.	175	0,57	29	0,00	.	.
1869	196	1,02	.	.	.	.	.	.	170	0,59	25	0,00	.	.
1869/70	229	0,87	.	.	.	.	.	.	201	1,99	26	0,00	.	.
1870	199	0,50	.	.	.	.	.	.	205	1,95	21	0,00	.	.
1870/71	224	1,34	.	.	.	.	.	.	193	1,55	22	0,00	.	.
1871	205	1,46	.	.	.	.	.	.	175	1,71	25	0,00	.	.
1871/72	232	3,02	.	.	.	.	.	.	166	1,20	19	0,00	.	.
1872	197	3,05	.	.	.	.	.	.	157	0,64	17	0,00	.	.
1872/73	209	.	.	.	.	.	.	.	155	.	19		.	.
1873	178	3,37	.	.	.	.	.	.	136	2,21	19	0,00	.	.
1873/74	230	2,17	.	.	.	.	.	.	167	2,40	20	0,00	.	.
1874	235	0,85	.	.	.	.	.	.	185	1,62	22	0,00	.	.
1874/75	264	0,38	.	.	.	.	.	.	179	0,56	29	0,00	.	.
1875	192	0,52	.	.	.	.	.	.	188	0,53	32	0,00	.	.
1875/76	208	0,48	.	.	.	.	.	.	183	0,55	40	0,00	.	.
1876	184	0,54	.	.	.	.	.	.	185	0,54	40	0,00	.	.
1876/77	92	1,09	.	.	.	.	.	.	189	0,00	32	0,00	.	.
1877	122	0,82	.	.	.	.	.	.	144	0,00	49	2,04	.	.
1877/78	107	0,93	.	.	.	.	.	.	155	0,65	41	0,00	.	.
1878	116	0,86	.	.	.	.	.	.	159	0,63	47	0,00	.	.
1878/79	97	1,03	.	.	.	.	.	.	134	0,75	37	0,00	.	.
1879	101	0,00	.	.	.	.	.	.	135	0,74	46	0,00	.	.
1879/80	81	0,00	.	.	.	.	.	.	129	2,33	35	0,00	.	.
1880	75	0,00	.	.	.	.	.	.	152	1,32	44	0,00	.	.
1880/81	69	0,00	.	.	.	.	.	.	152	0,00	46	0,00	.	.
1881	83	0,00	.	.	.	.	.	.	168	0,00	49	0,00	.	.
1881/82	85	1,18	.	.	.	.	.	.	151	0,66	39	0,00	.	.
1882	116	0,86	.	.	.	.	.	.	165	1,21	45	0,00	.	.
1882/83	108	0,00	.	.	.	.	.	.	155	1,29	41	0,00	.	.
1883	126	0,79	.	.	.	.	.	.	156	1,28	46	2,17	.	.
1883/84	112	0,89	.	.	.	.	.	.	127	1,57	41	2,44	.	.
1884	154	0,65	.	.	.	.	.	.	133	1,50	45	0,00	.	.
1884/85	176	0,57	.	.	.	.	.	.	127	0,79	37	2,70	.	.
1885	256	0,39	.	.	.	.	.	.	125	0,80	39	2,56	.	.
1885/86	226	0,44	.	.	.	.	.	.	120	0,83	32	3,13	.	.
1886	288	1,04	.	.	.	.	.	.	121	0,83	34	0,00	.	.
1886/87	298	0,67	.	.	.	.	11	0,00	116	0,86	36	0,00	.	.
1887	334	0,30	.	.	.	.	16	0,00	115	0,00	39	0,00	.	.
1887/88	265	0,38	.	.	.	.	20	.	119	.	30	.	.	.
1888	257	0,39	.	.	.	.	18	.	132	.	25	.	.	.
1888/89	253	0,40	.	.	.	.	27	.	102	.	20	.	.	.
1889	279	0,36	.	.	.	.	35	.	101	.	20	.	.	.
1889/90	204	0,49	.	.	.	.	39	.	110	.	24	.	.	.
1890	217	0,00	.	.	.	.	39	.	94	.	33	.	.	.
1890/91	226	0,44	.	.	.	.	36	.	91	.	24	.	.	.
1891	246	0,00	.	.	.	.	36	.	73	.	19	.	.	.
1891/92	252	0,00	.	.	.	.	45	0,00	70	4,29	15	13,33	.	.
1892	261	0,38	.	.	.	.	58	0,00	79	6,33	16	0,00	.	.
1892/93	261	0,77	.	.	.	.	48	0,00	75	4,00	22	4,55	.	.
1893	265	0,38	.	.	.	.	43	0,00	82	2,44	20	5,00	.	.
1893/94	262	0,76	.	.	.	.	38	0,00	73	4,11	17	0,00	.	.
1894	275	0,73	.	.	.	.	41	0,00	81	1,23	24	0,00	.	.
1894/95	275	0,36	.	.	.	.	29	0,00	71	1,41	32	0,00	.	.
1895	293	1,37	.	.	.	.	26	0,00	75	1,33	34	5,88	.	.
1895/96	300	1,00	.	.	.	.	28	0,00	65	1,54	33	0,00	.	.
1896	281	0,36	.	.	.	.	29	0,00	91	3,30	46	0,00	.	.
1896/97	307	0,65	.	.	.	.	26	0,00	80	2,50	45	0,00	.	.
1897	301	0,33	.	.	.	.	28	0,00	104	0,96	51	0,00	.	.
1897/98	313	0,00	.	.	.	.	30	0,00	111	0,00	62	0,00	.	.
1898	306	0,00	.	.	.	.	26	0,00	121	0,00	73	0,00	.	.
1898/99	321	0,00	.	.	.	.	23	0,00	136	0,00	71	0,00	.	.
1899	301	0,00	.	.	.	.	27	0,00	168	0,00	89	0,00	.	.
1899/00	328	0,00	.	.	.	.	24	0,00	150	0,00	105	0,00	.	.
1900	320	0,00	.	.	.	.	25	0,00	182	0,00	146	0,68	.	.
1900/01	347	0,86	.	.	.	.	14	0,00	212	1,42	143	0,70	.	.
1901	324	0,62	.	.	.	.	22	0,00	246	0,81	182	0,00	.	.
1901/02	337	1,19	.	.	.	.	23	0,00	241	1,24	166	0,00	.	.
1902	320	0,94	.	.	.	.	24	0,00	301	1,66	211	0,00	.	.
1902/03	344	1,16	226	0,44	.	.	25	0,00	317	1,58	204	0,00	.	.
1903	297	0,00	275	0,36	.	.	23	0,00	347	1,15	168	0,00	34	0,00
1903/04	280	0,36	311	0,00	.	.	20	0,00	348	0,57	138	0,72	32	0,00
1904	272	1,47	315	0,00	.	.	21	0,00	402	0,50	131	0,00	35	0,00
1904/05	271	1,11	387	0,00	.	.	21	0,00	361	0,28	113	0,00	29	0,00
1905	322	0,31	401	0,00	.	.	36	0,00	410	0,24	113	0,00	26	0,00
1905/06	256	0,39	459	0,00	.	.	45	0,00	410	0,24	105	0,00	29	0,00
1906	277	0,36	421	0,00	.	.	47	0,00	424	0,71	93	0,00	25	0,00
1906/07	270	0,37	491	0,00	1	0,00	53	0,00	437	0,23	98	1,02	19	0,00
1907	282	0,35	391	0,51	9	0,00	47	0,00	474	0,00	101	0,00	17	17,65
1907/08	275	0,00	440	0,23	21	0,00	37	0,00	513	0,19	92	0,00	16	12,50
1908	297	0,00	380	0,26	24	0,00	28	0,00	564	0,18	108	0,00	12	16,67

Tab. 22. 2: Die Einzelfachströme an der Universität Münster nach Staatsangehörigkeit und Geschlecht 1830/31–1941/1

	Cameralia		Sonstige		Studierende		
	insg.	Ausl. in %	insg.	Ausl. in %	insg.	Ausländer	
						insg.	in %
Semester	15	16	17	18	19	20	21
1866/67	0	.	.	.	526	.	.
1867	0	.	.	.	465	.	.
1867/68	0	.	.	.	468	5	1,07
1868	0	.	.	.	435	5	1,15
1868/69	0	.	.	.	436	3	0,69
1869	0	.	.	.	391	3	0,77
1869/70	0	.	.	.	456	6	1,32
1870	0	.	.	.	425	5	1,18
1870/71	0	.	.	.	439	6	1,37
1871	0	.	.	.	405	6	1,48
1871/72	0	.	.	.	417	9	2,16
1872	0	.	.	.	371	7	1,89
1872/73	0	.	.	.	383		.
1873	0	.	.	.	333	9	2,70
1873/74	0	.	.	.	417	9	2,16
1874	0	.	.	.	442	5	1,13
1874/75	0	.	.	.	472	2	0,42
1875	0	.	.	.	412	2	0,49
1875/76	0	.	.	.	431	2	0,46
1876	0	.	.	.	409	2	0,49
1876/77	0	.	.	.	313	1	0,32
1877	0	.	.	.	315	2	0,63
1877/78	0	.	.	.	303	2	0,66
1878	0	.	.	.	322	2	0,62
1878/79	0	.	.	.	268	2	0,75
1879	0	.	.	.	282	1	0,35
1879/80	0	.	.	.	245	3	1,22
1880	0	.	.	.	271	2	0,74
1880/81	0	.	.	.	267	0	0,00
1881	0	.	.	.	300	0	0,00
1881/82	0	.	.	.	275	2	0,73
1882	0	.	.	.	326	3	0,92
1882/83	0	.	.	.	304	2	0,66
1883	0	.	.	.	328	4	1,22
1883/84	0	.	.	.	280	4	1,43
1884	0	.	.	.	332	3	0,90
1884/85	0	.	.	.	340	3	0,88
1885	0	.	.	.	420	3	0,71
1885/86	0	.	.	.	378	3	0,79
1886	0	.	.	.	443	4	0,90
1886/87	0	.	.	.	461	3	0,65
1887	0	.	.	.	504	1	0,20
1887/88	2	.	.	.	436	1	0,23
1888	1	.	.	.	433	1	0,23
1888/89	1	.	.	.	403	3	0,74
1889	1	.	.	.	436	2	0,46
1889/90	0	.	.	.	377	4	1,06
1890	0	.	.	.	383	3	0,78
1890/91	4	.	.	.	381	3	0,79
1891	3	.	.	.	377	2	0,53
1891/92	3	0,00	.	.	385	5	1,30
1892	3	0,00	.	.	417	6	1,44
1892/93	2	0,00	.	.	408	6	1,47
1893	2	50,00	.	.	412	5	1,21
1893/94	3	0,00	.	.	393	5	1,27
1894	3	0,00	.	.	424	3	0,71
1894/95	1	0,00	.	.	408	2	0,49
1895	2	0,00	.	.	430	7	1,63
1895/96	1	0,00	.	.	427	4	0,94
1896	2	0,00	.	.	449	4	0,89
1896/97	6	0,00	.	.	464	4	0,86
1897	3	0,00	.	.	487	2	0,41
1897/98	5	0,00	.	.	521	0	0,00
1898	2	0,00	.	.	528	0	0,00
1898/99	3	0,00	.	.	554	0	0,00
1899	6	0,00	.	.	591	0	0,00
1899/00	8	0,00	.	.	615	0	0,00
1900	6	0,00	.	.	679	1	0,15
1900/01	8	12,50	.	.	724	8	1,10
1901	10	0,00	.	.	784	4	0,51
1901/02	4	0,00	.	.	771	7	0,91
1902	7	0,00	.	.	863	8	0,93
1902/03	2	0,00	.	.	1118	10	0,89
1903	5	0,00	31	3,23	1180	6	0,51
1903/04	6	0,00	32	0,00	1167	4	0,34
1904	9	0,00	34	2,94	1219	7	0,57
1904/05	6	0,00	30	6,67	1218	6	0,49
1905	9	0,00	58	1,72	1375	3	0,22
1905/06	8	0,00	64	1,56	1376	3	0,22
1906	2	0,00	67	2,99	1356	6	0,44
1906/07	8	0,00	95	2,11	1472	5	0,34
1907	11	0,00	127	0,79	1459	7	0,48
1907/08	10	0,00	148	0,68	1552	5	0,32
1908	15	0,00	160	0,63	1588	5	0,31

Tab. 22.2: Die Einzelfachströme an der Universität Münster nach Staatsangehörigkeit und Geschlecht 1830/31–1941/1

	Evangelische Theologie				Katholische Theologie				Jura				
	insg.	Frauen		Aus-länd. in %	insg.	Frauen		Aus-länd. in %	insg.	Frauen			Aus-länd. in %
		insg.	in %	deuts.			insg.	in %			insg.	in %	deuts.	
Semester	1	2	3	4	5	6	7	8	9	10	11	12	13	14
1908/09	.	.	.	.	.	300	0	0,00	0,00	447	0	0,00	0	0,00
1909	.	.	.	.	.	306	0	0,00	0,00	346	0	0,00	0	0,29
1909/10	.	.	.	.	.	311	0	0,00	0,32	421	0	0,00	0	0,24
1910	.	.	.	.	.	318	0	0,00	0,00	374	0	0,00	0	0,27
1910/11	.	.	.	.	.	327	0	0,00	0,31	397	0	0,00	0	0,25
1911	.	.	.	.	.	299	0	0,00	1,34	382	0	0,00	0	0,00
1911/12	.	.	.	.	.	301	0	0,00	2,33	395	0	0,00	0	0,00
1912	.	.	.	.	.	300	0	0,00	1,33	284	0	0,00	0	0,00
1912/13	.	.	.	.	.	305	0	0,00	0,98	311	0	0,00	0	0,00
1913	.	.	.	.	.	340	0	0,00	0,59	262	0	0,00	0	0,00
1913/14	.	.	.	.	.	315	0	0,00	0,63	267	0	0,00	0	0,00
1914	.	.	.	.	.	328	0	0,00	0,30	215	0	0,00	0	0,00
1914/15	37	0	0,00	0	0,00	397	0	0,00	1,01	223	0	0,00	0	0,45
1915	34	0	0,00	0	0,00	387	0	0,00	0,78	206	0	0,00	0	0,00
1915/16	35	0	0,00	0	0,00	380	0	0,00	1,05	214	0	0,00	0	0,00
1916	44	0	0,00	0	0,00	367	0	0,00	0,54	242	0	0,00	0	0,00
1916/17	54	0	0,00	0	1,85	348	0	0,00	0,86	370	1	0,27	1	0,00
1917	61	0	0,00	0	0,00	357	0	0,00	0,28	443	1	0,23	1	0,00
1917/18	71	0	0,00	0	0,00	351	0	0,00	0,28	493	2	0,41	1	0,41
1918	75	0	0,00	0	0,00	343	0	0,00	0,29	581	3	0,52	2	0,34
1918/19	110	0	0,00	0	0,00	386	0	0,00	0,52	728	5	0,69	4	0,27
1919	136	3	2,21	3	0,74	491	0	0,00	0,41	527	4	0,76	3	0,57
ZS.1919	137	0	0,00	.	.	470	0	0,00	.	930	5	0,54	.	.
1919/20	140	1	0,71	1	0,71	506	0	0,00	0,59	414	2	0,48	2	0,24
1920	124	2	1,61	2	0,00	524	0	0,00	0,38	392	3	0,77	3	0,00
1920/21	113	2	1,77	2	0,00	494	0	0,00	0,61	438	4	0,91	4	0,00
1921	91	0	0,00	0	0,00	427	0	0,00	0,70	367	6	1,63	6	0,00
1921/22	77	0	0,00	0	0,00	401	0	0,00	0,75	346	4	1,16	4	0,00
1922	74	0	0,00	0	0,00	383	0	0,00	0,78	412	4	0,97	4	0,24
1922/23	73	2	2,74	2	0,00	326	0	0,00	0,92	479	4	0,84	4	0,21
1923	63	1	1,59	1	0,00	338	0	0,00	0,30	567	8	1,41	8	0,00
1923/24	60	1	1,67	1	0,00	293	0	0,00	1,02	650	10	1,54	10	0,00
1924	50	1	2,00	1	0,00	370	0	0,00	0,81	558	8	1,43	8	0,00
1924/25	45	1	2,22	1	2,22	270	0	0,00	0,37	607	14	2,31	14	0,00
1925	45	0	0,00	0	2,22	325	0	0,00	0,31	689	22	3,19	22	0,00
1925/26	61	2	3,28	.	.	249	0	0,00	.	610	9	1,48	.	.
1926	80	5	6,25	.	.	305	0	0,00	.	603	8	1,33	.	.
1926/27	72	6	8,33	5	5,56	279	0	0,00	1,08	642	14	2,18	14	0,16
1927	75	6	8,00	5	5,33	318	0	0,00	0,63	717	17	2,37	17	0,00
1927/28	96	3	3,13	3	5,21	279	0	0,00	1,43	689	11	1,60	11	0,00
1928	137	7	5,11	7	3,65	342	0	0,00	1,17	765	16	2,09	16	0,13
1928/29	149	10	6,71	9	5,37	291	0	0,00	2,75	788	14	1,78	14	0,00
1929	171	11	6,43	11	1,75	385	0	0,00	2,60	784	29	3,70	29	0,00
1929/30	193	15	7,77	15	2,59	367	0	0,00	3,54	799	27	3,38	27	0,13
1930	204	11	5,39	11	0,49	348	0	0,00	2,59	773	35	4,53	35	0,26
1930/31	196	18	9,18	18	0,00	358	0	0,00	3,07	682	36	5,28	36	0,44
1931	258	23	8,91	23	0,39	426	0	0,00	2,35	727	47	6,46	47	0,28
1931/32	290	21	7,24	21	0,69	398	0	0,00	2,26	604	37	6,13	37	0,33
1932	280	19	6,79	19	0,36	432	0	0,00	2,08	568	37	6,51	37	0,53
1932/33	289	13	4,50	13	0,35	414	0	0,00	2,42	489	34	6,95	34	0,20
1933	247	7	2,83	.	.	442	0	0,00	.	464	26	5,60	.	.
1933/34	280	9	3,21	.	.	433	0	0,00	.	456	18	3,95	.	.
1934	233	12	5,15	.	.	499	0	0,00	.	410	13	3,17	.	.
1934/35	220	13	5,91	.	.	500	0	0,00	.	409	13	3,18	.	.
1935	131	7	5,34	.	.	522	1	0,19	.	330	10	3,03	.	.
1935/36	136	3	2,21	.	.	528	0	0,00	.	279	4	1,43	.	.
1936	110	2	1,82	.	.	473	0	0,00	.	232	4	1,72	.	.
1936/37	90	1	1,11	.	.	502	0	0,00	.	218	2	0,92	.	.
1937	66	2	3,03	.	.	372	1	0,27	.	171	2	1,17	.	.
1937/38	39	0	0,00	.	.	582	0	0,00	.	186	1	0,54	.	.
1938	30	0	0,00	.	.	438	0	0,00	.	143	1	0,70	.	.
1938/39	20	0	0,00	.	.	454	0	0,00	.	187	2	1,07	.	.
1939	20	0	0,00	.	.	382	0	0,00	.	172	5	2,91	.	.
1939/40	.	.	.	.	.	.	.	.	.	.	.	.	.	.
1940/1	9	0	0,00	.	.	259	0	0,00	.	118	1	0,85	.	.
1940/2	8	0	0,00	.	.	184	0	0,00	.	136	5	3,68	.	.
1940/3	13	0	0,00	.	.	151	0	0,00	.	167	7	4,19	.	.
1941/1	11	1	9,09	.	.	185	0	0,00	.	128	5	3,91	.	.

Tab. 22. 2: Die Einzelfachströme an der Universität Münster nach Staatsangehörigkeit und Geschlecht 1830/31–1941/1

	Medizin					Zahnmedizin					Pharmazie			
	insg.	Frauen			Ausländ. in %	insg.	Frauen			Ausländ. in %	insg.	Frauen		Ausländ. in %
		insg.	in %	deuts.			insg.	in %	deuts.			insg.	in %	
Semester	15	16	17	18	19	20	21	22	23	24	25	26	27	28
1908/09	.	.	.	.	.	34	0	0,00	0	0,00	29	0	0,00	0,00
1909	.	.	.	.	.	43	1	2,33	1	0,00	28	0	0,00	0,00
1909/10	.	.	.	.	.	50	1	2,00	1	0,00	25	0	0,00	0,00
1910	.	.	.	.	.	32	1	3,13	1	0,00	23	0	0,00	0,00
1910/11	.	.	.	.	.	24	1	4,17	1	0,00	20	0	0,00	0,00
1911	.	.	.	.	.	14	0	0,00	0	0,00	25	0	0,00	0,00
1911/12	.	.	.	.	.	13	1	7,69	1	0,00	24	0	0,00	0,00
1912	218	6	2,75	6	0,00	19	0	0,00	0	0,00	20	0	0,00	0,00
1912/13	232	7	3,02	7	0,00	25	0	0,00	0	0,00	20	0	0,00	0,00
1913	256	13	5,08	13	0,00	32	0	0,00	0	0,00	26	0	0,00	0,00
1913/14	254	11	4,33	11	0,00	33	1	3,03	1	0,00	36	0	0,00	0,00
1914	310	9	2,90	9	0,32	44	3	6,82	3	0,00	38	0	0,00	0,00
1914/15	399	12	3,01	12	0,25	49	6	12,24	6	0,00	36	0	0,00	0,00
1915	397	22	5,54	22	0,00	42	5	11,90	5	0,00	41	1	2,44	0,00
1915/16	373	16	4,29	15	0,54	37	3	8,11	3	0,00	40	1	2,50	0,00
1916	397	19	4,79	18	0,50	38	2	5,26	2	0,00	41	0	0,00	0,00
1916/17	458	27	5,90	25	0,66	38	0	0,00	0	0,00	40	1	2,50	0,00
1917	526	30	5,70	30	0,00	41	0	0,00	0	0,00	43	3	6,98	0,00
1917/18	584	31	5,31	31	0,00	41	1	2,44	1	0,00	45	6	13,33	0,00
1918	630	32	5,08	32	0,00	45	3	6,67	3	0,00	42	3	7,14	0,00
1918/19	883	38	4,30	38	0,11	78	5	6,41	5	0,00	56	8	14,29	0,00
1919	916	56	6,11	56	0,33	292	11	3,77	11	0,34	79	8	10,13	0,00
ZS.1919	1022	34	3,33	.	.	159	4	2,52	.	.	76	8	10,53	.
1919/20	723	47	6,50	47	0,55	353	9	2,55	9	0,57	81	8	9,88	0,00
1920	592	39	6,59	39	0,51	284	12	4,23	12	0,35	74	11	14,86	0,00
1920/21	446	32	7,17	31	2,24	251	11	4,38	11	0,40	73	11	15,07	0,00
1921	301	25	8,31	25	2,99	137	10	7,30	10	1,46	57	11	19,30	0,00
1921/22	209	19	9,09	19	3,35	71	4	5,63	4	0,00	61	9	14,75	1,64
1922	187	14	7,49	13	5,35	47	6	12,77	6	0,00	63	9	14,29	1,59
1922/23	148	14	9,46	13	3,38	36	7	19,44	7	0,00	55	4	7,27	1,82
1923	161	16	9,94	16	4,35	21	7	33,33	7	0,00	56	6	10,71	1,79
1923/24	153	14	9,15	14	4,58	14	2	14,29	2	0,00	62	10	16,13	0,00
1924	163	20	12,27	20	4,29	9	1	11,11	1	0,00	64	9	14,06	0,00
1924/25	130	17	13,08	17	3,08	14	4	28,57	4	0,00	54	9	16,67	0,00
1925	230	30	13,04	30	0,87	25	4	16,00	4	0,00	57	13	22,81	0,00
1925/26	254	24	9,45	.	.	55	5	9,09	.	.	59	13	22,03	.
1926	252	29	11,51	.	.	71	5	7,04	.	.	46	13	28,26	.
1926/27	284	33	11,62	33	0,00	74	7	9,46	7	0,00	36	14	38,89	0,00
1927	298	42	14,09	42	0,34	91	8	8,79	8	0,00	28	10	35,71	0,00
1927/28	282	35	12,41	34	0,71	108	8	7,41	7	0,93	25	10	40,00	0,00
1928	337	54	16,02	54	0,00	123	10	8,13	10	0,00	21	9	42,86	4,76
1928/29	398	60	15,08	60	0,00	144	13	9,03	13	0,69	21	10	47,62	4,76
1929	523	87	16,63	87	0,38	197	20	10,15	20	0,51	27	9	33,33	3,70
1929/30	607	89	14,66	89	0,33	219	16	7,31	16	0,00	33	12	36,36	3,03
1930	635	102	16,06	102	0,47	281	38	13,52	36	0,71	35	10	28,57	0,00
1930/31	692	112	16,18	112	0,58	285	32	11,23	31	0,70	40	11	27,50	0,00
1931	753	122	16,20	122	0,53	369	55	14,91	54	0,54	30	13	43,33	0,00
1931/32	900	151	16,78	151	0,67	403	69	17,12	68	0,99	34	17	50,00	0,00
1932	1020	182	17,84	182	0,88	427	59	13,82	58	0,70	64	24	37,50	0,00
1932/33	1063	202	19,00	201	1,88	401	65	16,21	63	1,00	69	23	33,33	1,45
1933	1127	223	19,79	.	.	418	83	19,86	.	.	74	24	32,43	.
1933/34	1111	195	17,55	.	.	410	76	18,54	.	.	78	23	29,49	.
1934	1045	172	16,46	.	.	392	74	18,88	.	.	89	23	25,84	.
1934/35	985	170	17,26	.	.	421	79	18,76	.	.	106	24	22,64	.
1935	901	116	12,87	.	.	305	45	14,75	.	.	113	26	23,01	.
1935/36	861	145	16,84	.	.	327	58	17,74	.	.	143	34	23,78	.
1936	728	40	5,49	.	.	263	43	16,35	.	.	101	17	16,83	.
1936/37	795	131	16,48	.	.	233	41	17,60	.	.	94	23	24,47	.
1937	762	124	16,27	.	.	165	19	11,52	.	.	100	29	29,00	.
1937/38	739	115	15,56	.	.	158	24	15,19	.	.	78	28	35,90	.
1938	682	113	16,57	.	.	160	26	16,25	.	.	88	31	35,23	.
1938/39	641	86	13,42	.	.	160	29	18,13	.	.	84	36	42,86	.
1939	722	87	12,05	.	.	147	24	16,33	.	.	79	42	53,16	.
1939/40	.	.	.	.	.	.	.	.	.	.	.	.	.	.
1940/1	1020	134	13,14	.	.	66	13	19,70	.	.	36	21	58,33	.
1940/2	782	135	17,26	.	.	56	16	28,57	.	.	62	41	66,13	.
1940/3	1139	214	18,79	.	.	73	26	35,62	.	.	70	50	71,43	.
1941/1	1003	263	26,22	.	.	59	22	37,29	.	.	52	39	75,00	.

Tab. 22.2: Die Einzelfachströme an der Universität Münster nach Staatsangehörigkeit und Geschlecht 1830/31–1941/1

	Philologien, Geschichte					Mathematik und Naturwissenschaften					Chemie			
	insg.	Frauen		deuts.	Ausländ. in %	insg.	Frauen		deuts.	Ausländ. in %	insg.	Frauen		Ausländ. in %
		insg.	in %				insg.	in %				insg.	in %	
Semester	29	30	31	32	33	34	35	36	37	38	39	40	41	42
1908/09	567	1	0,18	1	0,18	117	4	3,42	4	0,00	17	0	0,00	11,76
1909	635	25	3,94	25	0,16	144	5	3,47	5	0,69	13	0	0,00	7,69
1909/10	680	38	5,59	38	0,00	153	8	5,23	8	0,00	21	0	0,00	4,76
1910	754	48	6,37	48	0,13	190	12	6,32	12	0,00	15	0	0,00	6,67
1910/11	763	60	7,86	60	0,26	222	15	6,76	15	0,00	16	0	0,00	6,25
1911	767	86	11,21	86	0,52	239	26	10,88	26	0,00	19	0	0,00	5,26
1911/12	815	108	13,25	108	0,37	255	33	12,94	33	0,00	20	1	5,00	5,00
1912	854	116	13,58	116	0,47	271	44	16,24	44	0,00	23	1	4,35	4,35
1912/13	820	122	14,88	122	0,24	274	39	14,23	39	0,00	27	1	3,70	3,70
1913	802	133	16,58	133	0,25	275	46	16,73	45	0,36	21	1	4,76	0,00
1913/14	754	133	17,64	132	0,27	249	42	16,87	42	0,00	25	0	0,00	0,00
1914	694	148	21,33	147	0,43	256	55	21,48	55	0,00	20	0	0,00	0,00
1914/15	708	156	22,03	156	0,00	248	57	22,98	57	0,00	32	1	3,13	0,00
1915	715	183	25,59	182	0,14	257	67	26,07	67	0,00	26	1	3,85	3,85
1915/16	677	171	25,26	171	0,15	250	67	26,80	67	0,00	27	1	3,70	0,00
1916	706	175	24,79	175	0,14	257	67	26,07	67	0,00	28	2	7,14	0,00
1916/17	760	196	25,79	196	0,13	272	68	25,00	68	0,00	35	2	5,71	0,00
1917	810	189	23,33	189	0,12	311	86	27,65	86	0,00	46	6	13,04	0,00
1917/18	853	193	22,63	193	0,12	338	94	27,81	94	0,00	54	6	11,11	0,00
1918	823	177	21,51	177	0,12	343	91	26,53	91	0,00	69	6	8,70	0,00
1918/19	902	174	19,29	174	0,11	366	97	26,50	97	0,00	90	5	5,56	0,00
1919	866	193	22,29	193	0,12	434	110	25,35	110	0,23	150	8	5,33	0,67
ZS.1919	989	168	16,99	.	.	404	92	22,77	.	.	115	5	4,35	.
1919/20	730	185	25,34	185	0,14	412	106	25,73	106	0,24	165	7	4,24	1,21
1920	658	161	24,47	161	0,15	325	95	29,23	95	0,31	157	7	4,46	1,91
1920/21	594	158	26,60	158	0,17	291	82	28,18	82	0,69	163	9	5,52	1,23
1921	414	128	30,92	128	0,24	207	73	35,27	73	0,97	152	8	5,26	0,66
1921/22	356	125	35,11	124	0,56	192	62	32,29	62	1,04	151	6	3,97	0,66
1922	345	139	40,29	136	1,45	180	58	32,22	58	1,11	148	6	4,05	0,68
1922/23	312	135	43,27	132	1,60	173	53	30,64	53	1,16	176	7	3,98	0,57
1923	338	142	42,01	137	1,78	175	57	32,57	56	2,29	192	9	4,69	1,56
1923/24	332	140	42,17	135	2,11	163	45	27,61	44	1,84	194	8	4,12	2,58
1924	329	153	46,50	149	1,82	151	45	29,80	44	1,32	174	13	7,47	2,87
1924/25	.	.	.	.	.	.	.	.	.	.	101	6	5,94	2,97
1925	.	.	.	.	.	.	.	.	.	.	79	4	5,06	2,53
1925/26	.	.	.	.	.	.	.	.	.	.	72	5	6,94	.
1926	.	.	.	.	.	.	.	.	.	.	62	6	9,68	.
1926/27	.	.	.	.	.	.	.	.	.	.	60	5	8,33	1,67
1927	.	.	.	.	.	.	.	.	.	.	65	11	16,92	1,54
1927/28	.	.	.	.	.	.	.	.	.	.	54	6	11,11	3,70
1928	.	.	.	.	.	.	.	.	.	.	57	5	8,77	3,51
1928/29	.	.	.	.	.	.	.	.	.	.	70	9	12,86	1,43
1929	.	.	.	.	.	.	.	.	.	.	78	11	14,10	1,28
1929/30	.	.	.	.	.	.	.	.	.	.	73	15	20,55	0,00
1930	.	.	.	.	.	.	.	.	.	.	76	11	14,47	1,32
1930/31	.	.	.	.	.	.	.	.	.	.	90	20	22,22	2,22
1931	.	.	.	.	.	.	.	.	.	.	79	8	10,13	1,27
1931/32	.	.	.	.	.	.	.	.	.	.	95	23	24,21	1,05
1932	.	.	.	.	.	.	.	.	.	.	84	17	20,24	0,00
1932/33	.	.	.	.	.	.	.	.	.	.	66	14	21,21	0,00
1933	.	.	.	.	.	.	.	.	.	.	74	14	18,92	.
1933/34	.	.	.	.	.	.	.	.	.	.	74	10	13,51	.
1934	.	.	.	.	.	.	.	.	.	.	60	6	10,00	.
1934/35	.	.	.	.	.	.	.	.	.	.	74	7	9,46	.
1935	.	.	.	.	.	.	.	.	.	.	48	7	14,58	.
1935/36	.	.	.	.	.	.	.	.	.	.	41	6	14,63	.
1936	.	.	.	.	.	.	.	.	.	.	29	1	3,45	.
1936/37	.	.	.	.	.	.	.	.	.	.	43	8	18,60	.
1937	.	.	.	.	.	.	.	.	.	.	43	2	4,65	.
1937/38	.	.	.	.	.	.	.	.	.	.	48	7	14,58	.
1938	.	.	.	.	.	.	.	.	.	.	36	6	16,67	.
1938/39	.	.	.	.	.	.	.	.	.	.	49	11	22,45	.
1939	.	.	.	.	.	.	.	.	.	.	52	9	17,31	.
1939/40	.	.	.	.	.	.	.	.	.	.	.	.	.	.
1940/1	.	.	.	.	.	.	.	.	.	.	78	10	12,82	.
1940/2	.	.	.	.	.	.	.	.	.	.	122	35	28,69	.
1940/3	.	.	.	.	.	.	.	.	.	.	169	67	39,64	.
1941/1	.	.	.	.	.	.	.	.	.	.	109	54	49,54	.

Tab. 22.2: Die Einzelfachströme an der Universität Münster nach Staatsangehörigkeit und Geschlecht 1830/31-1941/1

	Kameralia, Staatswissenschaft				Landwirtschaft			Sonstige				
	insg.	Frauen		Aus-länd. in %	insg.	Frauen		insg.	Frauen			Aus-länd. in %
		insg.	in %	deuts.			insg.	in %		insg.	in %	deuts.	
Semester	43	44	45	46	47	48	49	50	51	52	53	54	55
1908/09	18	0	0,00	0	0,00	.	.	.	176	1	0,57	1	0,57
1909	24	0	0,00	0	0,00	.	.	.	182	0	0,00	0	0,55
1909/10	16	0	0,00	0	0,00	.	.	.	198	2	1,01	2	0,51
1910	17	0	0,00	0	0,00	.	.	.	211	5	2,37	5	1,42
1910/11	14	0	0,00	0	0,00	.	.	.	212	5	2,36	5	1,42
1911	15	0	0,00	0	0,00	.	.	.	209	5	2,39	5	0,00
1911/12	14	0	0,00	0	0,00	.	.	.	212	9	4,25	9	0,00
1912	99	0	0,00	0	0,00	.	.	.	31	2	6,45	2	0,00
1912/13	109	0	0,00	0	0,92	.	.	.	31	3	9,68	3	0,00
1913	114	1	0,88	1	1,75	.	.	.	33	2	6,06	2	0,00
1913/14	140	1	0,71	1	1,43	.	.	.	26	2	7,69	2	0,00
1914	151	0	0,00	0	1,32	.	.	.	26	3	11,54	3	0,00
1914/15	178	5	2,81	5	1,12	.	.	.	26	3	11,54	3	0,00
1915	183	8	4,37	8	1,09	.	.	.	26	2	7,69	2	0,00
1915/16	179	8	4,47	8	1,12	.	.	.	34	3	8,82	3	2,94
1916	181	8	4,42	8	1,10	.	.	.	40	8	20,00	8	2,50
1916/17	127	8	6,30	8	0,79	.	.	.	45	8	17,78	8	0,00
1917	139	15	10,79	15	0,72	.	.	.	51	9	17,65	9	0,00
1917/18	156	15	9,62	15	0,64	.	.	.	47	9	19,15	9	0,00
1918	162	19	11,73	19	1,23	.	.	.	57	9	15,79	9	0,00
1918/19	250	28	11,20	28	0,80	.	.	.	74	7	9,46	7	0,00
1919	627	47	7,50	47	0,32	.	.	.	120	18	15,00	18	0,83
ZS.1919	337	25	7,42	.	.	.	.	.	83	3	3,61	.	.
1919/20	736	39	5,30	39	0,41	.	.	.	137	24	17,52	22	2,19
1920	751	46	6,13	46	0,40	.	.	.	181	29	16,02	29	0,55
1920/21	808	42	5,20	42	0,25	.	.	.	192	32	16,67	32	0,52
1921	655	35	5,34	35	0,31	.	.	.	175	28	16,00	28	0,57
1921/22	665	31	4,66	31	0,15	.	.	.	193	32	16,58	30	2,07
1922	665	43	6,47	43	0,75	.	.	.	205	34	16,59	32	2,44
1922/23	682	54	7,92	51	0,88	.	.	.	240	33	13,75	33	1,67
1923	717	54	7,53	54	0,84	.	.	.	287	40	13,94	39	2,09
1923/24	734	58	7,90	58	0,68	.	.	.	340	60	17,65	59	1,18
1924	660	50	7,58	50	0,15	.	.	.	277	65	23,47	64	0,72
1924/25	193	16	8,29	16	0,00	28	1	3,57	.	.	.	.	.
1925	42	3	7,14	3	2,38	23	1	4,35	30	4	13,33	4	0,00
1925/26	171	12	7,02	.	.	16	0	0,00	40	5	12,50	.	.
1926	139	13	9,35	.	.	6	0	0,00	45	9	20,00	.	.
1926/27	138	15	10,87	15	0,00	9	0	0,00	38	6	15,79	6	2,63
1927	139	13	9,35	13	0,00	10	1	10,00	15	4	26,67	4	0,00
1927/28	110	9	8,18	9	0,00	13	2	15,38	10	2	20,00	2	0,00
1928	87	12	13,79	12	0,00	14	1	7,14	0	0	.	0	.
1928/29	88	18	20,45	18	0,00	12	1	8,33	8	0	0,00	0	0,00
1929	110	23	20,91	23	0,00	14	0	0,00	2	1	50,00	1	0,00
1929/30	94	17	18,09	17	0,00	11	0	0,00	2	1	50,00	1	0,00
1930	120	15	12,50	15	0,83	10	0	0,00	0	0	.	0	.
1930/31	136	25	18,38	25	1,47	8	0	0,00	1	0	0,00	0	0,00
1931	140	25	17,86	25	0,00	9	1	11,11	2	0	0,00	0	100,00
1931/32	134	29	21,64	29	1,49	9	2	22,22	2	0	0,00	0	50,00
1932	136	30	22,06	30	0,00	8	0	0,00	2	0	0,00	0	0,00
1932/33	131	26	19,85	26	1,53	9	0	0,00	0	0	.	0	.
1933	107	21	19,63	.	.	15	0	0,00	0	0	.	.	.
1933/34	111	24	21,62	.	.	12	0	0,00	0	0	.	.	.
1934	92	16	17,39	.	.	18	0	0,00	0	0	.	.	.
1934/35	101	18	17,82	.	.	11	0	0,00	1	0	0,00	.	.
1935	85	17	20,00	.	.	18	0	0,00	.	.	.	.	.
1935/36	97	17	17,53	.	.	9	0	0,00	.	.	.	.	.
1936	73	7	9,59	.	.	.	.	.	.	.	.	.	.
1936/37	88	14	15,91	.	.	.	.	.	.	.	.	.	.
1937	87	8	9,20	.	.	.	.	.	.	.	.	.	.
1937/38	109	11	10,09	.	.	.	.	.	.	.	.	.	.
1938	103	8	7,77	.	.	.	.	.	.	.	.	.	.
1938/39	110	9	8,18	.	.	.	.	.	.	.	.	.	.
1939	91	4	4,40	.	.	.	.	.	.	.	.	.	.
1939/40	.	.	.	.	.	.	.	.	.	.	.	.	.
1940/1	54	12	22,22	.	.	.	.	.	.	.	.	.	.
1940/2	71	26	36,62	.	.	.	.	.	.	.	.	.	.
1940/3	113	48	42,48	.	.	.	.	.	.	.	.	.	.
1941/1	106	49	46,23	.	.	.	.	.	.	.	.	.	.

Tab.22.2: Die Einzelfachströme an der Universität Münster nach Staatsangehörigkeit und Geschlecht 1830/31–1941/1

		Studierende				
	insg.	Frauen			Ausländer	
		insg.	in %	deuts.	insg.	in %
Semester	56	57	58	59	60	61
1908/09	1705	6	0,35	6	4	0,23
1909	1721	31	1,80	31	5	0,29
1909/10	1875	49	2,61	49	4	0,21
1910	1934	66	3,41	66	6	0,31
1910/11	1995	81	4,06	81	8	0,40
1911	1969	117	5,94	117	9	0,46
1911/12	2049	152	7,42	152	11	0,54
1912	2119	169	7,98	169	9	0,42
1912/13	2154	172	7,99	172	7	0,32
1913	2161	196	9,07	195	7	0,32
1913/14	2099	190	9,05	189	6	0,29
1914	2082	218	10,47	217	7	0,34
1914/15	2333	240	10,29	240	8	0,34
1915	2314	289	12,49	288	7	0,30
1915/16	2246	270	12,02	269	10	0,45
1916	2341	281	12,00	280	8	0,34
1916/17	2547	311	12,21	309	9	0,35
1917	2828	339	11,99	339	3	0,11
1917/18	3033	357	11,77	356	5	0,16
1918	3170	343	10,82	342	6	0,19
1918/19	3923	367	9,36	366	8	0,20
1919	4638	458	9,87	457	16	0,34
ZS.1919	4722	344	7,29	.	.	.
1919/20	4397	428	9,73	426	21	0,48
1920	4062	405	9,97	405	15	0,37
1920/21	3863	383	9,91	382	22	0,57
1921	2983	324	10,86	324	21	0,70
1921/22	2722	292	10,73	289	21	0,77
1922	2709	313	11,55	307	33	1,22
1922/23	2700	313	11,59	306	28	1,04
1923	2915	340	11,66	333	34	1,17
1923/24	2995	348	11,62	341	34	1,14
1924	2805	365	13,01	359	26	0,93
1924/25	2001	290	14,49	286	16	0,80
1925	2202	318	14,44	316	9	0,41
1925/26	2300	330	14,35	328	12	0,52
1926	2532	424	16,75	422	11	0,43
1926/27	2606	488	18,73	485	13	0,50
1927	2899	536	18,49	534	11	0,38
1927/28	2850	533	18,70	529	19	0,67
1928	3265	625	19,14	620	20	0,61
1928/29	3441	673	19,56	669	27	0,78
1929	3827	732	19,13	729	27	0,71
1929/30	3993	774	19,38	772	33	0,83
1930	4175	821	19,66	818	30	0,72
1930/31	4149	879	21,19	873	41	0,99
1931	4540	936	20,62	931	39	0,86
1931/32	4402	912	20,72	909	45	1,02
1932	4301	830	19,30	827	41	0,95
1932/33	4130	813	19,69	808	50	1,21
1933	3982	764	19,19	.	.	.
1933/34	3888	670	17,23	.	.	.
1934	3539	556	15,71	.	36	1,02
1934/35	3530	585	16,57	.	.	.
1935	2988	440	14,73	.	.	.
1935/36	2914	472	16,20	.	.	.
1936	2403	265	11,03	.	.	.
1936/37	2448	367	14,99	.	.	.
1937	2088	310	14,85	.	43	2,06
1937/38	2266	311	13,72	.	.	.
1938	1957	288	14,72	.	.	.
1938/39	1975	274	13,87	.	.	.
1939	1899	243	12,80	.	.	.
1939/40	.	.	.	.	.	.
1940/1	1849	267	14,44	.	.	.
1940/2	1713	420	24,52	.	4	0,23
1940/3	2323	673	28,97	.	.	.
1941/1	2014	670	33,27	.	.	.

Tab. 22.2: Die Einzelfachströme an der Universität Münster nach Staatsangehörigkeit und Geschlecht 1830/31-1941/1

	Alte Sprachen				Germanistik				Neue Sprachen				
	insg.	Frauen			Ausländ. in %	insg.	Frauen			Ausländ. in %	insg.	Frauen			Ausländ. in %
		insg.	in %	deuts.			insg.	in %	deuts.			insg.	in %	deuts.	
Semester	1	2	3	4	5	6	7	8	9	10	11	12	13	14	15
1924/25	26	7	26,92	7	0,00	120	48	40,00	48	0,00	151	85	56,29	83	1,32
1925	36	7	19,44	7	0,00	126	46	36,51	46	0,00	171	84	49,12	83	0,58
1925/26	48	8	16,67	.	.	171	83	48,54	.	.	172	75	43,60	.	.
1926	45	5	11,11	.	.	153	71	46,41	.	.	240	118	49,17	.	.
1926/27	47	3	6,38	3	0,00	187	94	50,27	94	0,00	251	124	49,40	123	0,40
1927	56	6	10,71	6	0,00	141	70	49,65	70	0,00	292	136	46,58	136	0,00
1927/28	65	4	6,15	4	0,00	161	78	48,45	78	0,62	276	118	42,75	117	0,72
1928	67	9	13,43	8	1,49	197	74	37,56	74	0,51	331	159	48,04	158	0,30
1928/29	81	9	11,11	8	3,70	271	125	46,13	125	0,00	344	153	44,48	152	0,29
1929	87	7	8,05	6	3,45	291	144	49,48	144	0,34	382	170	44,50	168	0,52
1929/30	87	7	8,05	6	3,45	308	159	51,62	159	0,32	376	158	42,02	157	0,53
1930	129	9	6,98	9	0,78	310	152	49,03	152	0,97	368	150	40,76	149	0,54
1930/31	134	9	6,72	8	1,49	327	163	49,85	161	2,14	353	157	44,48	155	0,57
1931	142	9	6,34	9	0,70	334	169	50,60	167	1,20	333	141	42,34	140	0,30
1931/32	134	13	9,70	13	1,49	327	160	48,93	160	1,22	284	129	45,42	128	0,70
1932	125	10	8,00	10	1,60	278	133	47,84	132	1,44	236	103	43,64	103	0,85
1932/33	121	8	6,61	8	0,83	252	116	46,03	116	1,59	224	99	44,20	98	0,89
1933	118	6	5,08	.	.	228	116	50,88	.	.	149	70	46,98	.	.
1933/34	107	2	1,87	.	.	215	112	52,09	.	.	127	57	44,88	.	.
1934	72	1	1,39	.	.	158	85	53,80	.	.	92	33	35,87	.	.
1934/35	64	2	3,13	.	.	181	97	53,59	.	.	86	31	36,05	.	.
1935	45	2	4,44	.	.	147	86	58,50	.	.	71	33	46,48	.	.
1935/36	46	2	4,35	.	.	154	91	59,09	.	.	52	30	57,69	.	.
1936	33	2	6,06	.	.	119	68	57,14	.	.	32	12	37,50	.	.
1936/37	28	1	3,57	.	.	96	54	56,25	.	.	27	17	62,96	.	.
1937	21	1	4,76	.	.	96	50	52,08	.	.	35	20	57,14	.	.
1937/38	15	0	0,00	.	.	91	50	54,95	.	.	35	17	48,57	.	.
1938	13	0	0,00	.	.	79	43	54,43	.	.	34	18	52,94	.	.
1938/39	9	0	0,00	.	.	74	35	47,30	.	.	33	16	48,48	.	.
1939	13	1	7,69	.	.	58	22	37,93	.	.	25	11	44,00	.	.
1939/40	.	.	.	.	.	.	.	.	.	.	.	.	.	.	.
1940/1	5	0	0,00	.	.	52	22	42,31	.	.	34	14	41,18	.	.
1940/2	5	0	0,00	.	.	78	50	64,10	.	.	49	29	59,18	.	.
1940/3	10	1	10,00	.	.	137	89	64,96	.	.	57	35	61,40	.	.
1941/1	6	1	16,67	.	.	115	80	69,57	.	.	36	21	58,33	.	.

	Geschichte				Musik			Philosophie, Pädagogik, Religionslehren				
	insg.	Frauen			Ausländ.	insg.	Frauen		insg.	Frauen			Ausländ.
		insg.	in %	deuts.			insg.	in %		insg.	in %	deuts.	
Semester	16	17	18	19	20	21	22	23	24	25	26	27	28
1924/25	36	10	27,78	10	2,78	.	.	.	87	22	25,29	20	2,30
1925	32	13	40,63	13	0,00	.	.	.	86	20	23,26	19	1,16
1925/26	36	10	27,78	.	.	.	.	.	73	16	21,92	.	.
1926	46	12	26,09	.	.	.	.	.	82	19	23,17	.	.
1926/27	81	27	33,33	27	1,23	.	.	.	55	21	38,18	20	1,82
1927	46	21	45,65	21	2,17	12	2	16,67	150	41	27,33	40	1,33
1927/28	66	34	51,52	33	1,52	5	1	20,00	105	31	29,52	31	0,95
1928	87	33	37,93	33	0,00	11	2	18,18	90	27	30,00	26	2,22
1928/29	98	43	43,88	43	0,00	11	3	27,27	100	23	23,00	23	2,00
1929	76	22	28,95	22	0,00	15	6	40,00	87	13	14,94	13	2,30
1929/30	75	25	33,33	25	0,00	14	7	50,00	91	21	23,08	21	2,20
1930	75	20	26,67	20	1,33	13	5	38,46	103	21	20,39	21	0,97
1930/31	84	33	39,29	33	1,19	11	4	36,36	106	24	22,64	24	3,77
1931	84	24	28,57	24	1,19	12	3	25,00	145	41	28,28	41	2,76
1931/32	85	32	37,65	32	2,35	6	2	33,33	121	27	22,31	27	1,65
1932	73	26	35,62	26	2,74	7	2	28,57	55	18	32,73	17	3,64
1932/33	70	26	37,14	26	0,00	6	1	16,67	66	23	34,85	22	1,52
1933	63	23	36,51	.	.	3	0	0,00	.	.	.	.	.
1933/34	73	25	34,25	.	.	3	0	0,00	.	.	.	.	.
1934	66	22	33,33	.	.	7	1	14,29	.	.	.	.	.
1934/35	65	19	29,23	.	.	4	0	0,00	.	.	.	.	.
1935	.	.	.	.	.	0	0	.	.	.	.	.	.
1935/36	.	.	.	.	.	3	1	33,33	.	.	.	.	.
1936	.	.	.	.	.	7	2	28,57	.	.	.	.	.
1936/37	40	18	45,00	.	.	3	0	0,00	.	.	.	.	.
1937	0	0	.	.	.	2	1	50,00	.	.	.	.	.
1937/38	15	7	46,67	.	.	1	0	0,00	.	.	.	.	.
1938	8	2	25,00	.	.	0	0	.	.	.	.	.	.
1938/39	10	2	20,00	.	.	1	1	100,00	.	.	.	.	.
1939	14	1	7,14	.	.	2	1	50,00	.	.	.	.	.
1939/40	.	.	.	.	.	.	.	.	.	.	.	.	.
1940/1	15	2	13,33	.	.	3	2	66,67	.	.	.	.	.
1940/2	29	15	51,72	.	.	3	2	66,67	.	.	.	.	.
1940/3	39	16	41,03	.	.	3	2	66,67	.	.	.	.	.
1941/1	48	28	58,33	.	.	4	4	100,00	.	.	.	.	.

Tab. 22. 2: Die Einzelfachströme an der Universität Münster nach Staatsangehörigkeit und Geschlecht 1830/31–1941/1

	Kunst, Archäologie			Sonstige Kulturwiss.			Leibesübungen				
	insg.	Frauen		insg.	Frauen		insg.	Frauen			Aus-
		insg.	in %		insg.	in %		insg.	in %	deuts.	länd. in %
Semester	29	30	31	32	33	34	35	36	37	38	39
1927	19	3	15,79	.	.	.	.	.	.	.	.
1927/28	17	5	29,41	.	.	.	.	.	.	.	.
1928	20	6	30,00	.	.	.	.	.	.	.	.
1928/29	18	8	44,44	.	.	.	2	2	100,00	1	50,00
1929	26	12	46,15	.	.	.	0	0	.	0	.
1929/30	27	11	40,74	.	.	.	0	0	.	0	.
1930	28	11	39,29	.	.	.	14	4	28,57	4	0,00
1930/31	24	9	37,50	.	.	.	16	6	37,50	6	0,00
1931	15	5	33,33	.	.	.	35	6	17,14	6	0,00
1931/32	16	8	50,00	.	.	.	29	8	27,59	8	0,00
1932	12	3	25,00	.	.	.	19	4	21,05	4	0,00
1932/33	9	4	44,44	.	.	.	25	5	20,00	5	0,00
1933	.	.	.	68	19	27,94	34	7	20,59	.	.
1933/34	.	.	.	74	13	17,57	39	10	25,64	.	.
1934	.	.	.	38	11	28,95	31	10	32,26	.	.
1934/35	.	.	.	40	17	42,50	28	9	32,14	.	.
1935	.	.	.	74	17	22,97	18	8	44,44	.	.
1935/36	.	.	.	68	21	30,88	12	5	41,67	.	.
1936	.	.	.	64	22	34,38	10	3	30,00	.	.
1936/37	.	.	.	49	7	14,29	19	11	57,89	.	.
1937	.	.	.	42	11	26,19	18	7	38,89	.	.
1937/38	.	.	.	55	9	16,36	20	12	60,00	.	.
1938	.	.	.	59	13	22,03	13	8	61,54	.	.
1938/39	.	.	.	54	12	22,22	20	13	65,00	.	.
1939	.	.	.	47	9	19,15	17	10	58,82	.	.
1939/40	.	.	.	.	.	.	.	.	.	.	.
1940/1	.	.	.	41	15	36,59	16	11	68,75	.	.
1940/2	.	.	.	36	18	50,00	18	13	72,22	.	.
1940/3	.	.	.	27	17	62,96	33	30	90,91	.	.
1941/1	.	.	.	15	5	33,33	30	27	90,00	.	.

		Mathematik				Physik				Biologie		
	insg.	Frauen		Aus- länd. in %	insg.	Frauen			Aus- länd. in %	insg.	Frauen		Aus- länd. in %
		insg.	in %			insg.	in %	deuts.			insg.	in %	
Semester	40	41	42	43	44	45	46	47	48	49	50	51	52
1924/25	106	43	40,57	0,00	11	3	27,27	3	9,09	13	4	30,77	0,00
1925	162	49	30,25	0,00	8	1	12,50	1	0,00	30	15	50,00	0,00
1925/26	171	49	28,65	.	13	1	7,69	.	.	20	9	45,00	.
1926	227	61	26,87	.	26	3	11,54	.	.	47	20	42,55	.
1926/27	236	72	30,51	0,00	28	8	28,57	8	0,00	50	23	46,00	0,00
1927	335	107	31,94	0,00	27	6	22,22	6	0,00	23	10	43,48	0,00
1927/28	330	105	31,82	0,00	35	7	20,00	7	0,00	60	26	43,33	0,00
1928	342	97	28,36	0,00	48	11	22,92	11	0,00	83	31	37,35	0,00
1928/29	325	90	27,69	0,00	58	8	13,79	8	0,00	105	45	42,86	0,95
1929	378	105	27,78	0,00	46	2	4,35	2	0,00	109	44	40,37	0,92
1929/30	404	125	30,94	0,00	49	1	2,04	1	4,08	107	44	41,12	0,93
1930	430	143	33,26	0,47	50	4	8,00	4	2,00	111	47	42,34	0,00
1930/31	402	139	34,58	0,00	37	2	5,41	2	0,00	108	55	50,93	0,00
1931	415	157	37,83	0,24	50	3	6,00	2	6,00	128	63	49,22	0,78
1931/32	338	113	33,43	0,59	43	6	13,95	5	6,98	102	46	45,10	0,98
1932	292	95	32,53	0,68	35	3	8,57	3	2,86	106	51	48,11	0,94
1932/33	263	92	34,98	1,14	38	5	13,16	5	0,00	90	42	46,67	0,00
1933	211	73	34,60	.	25	2	8,00	.	.	81	34	41,98	.
1933/34	173	54	31,21	.	17	0	0,00	.	.	66	32	48,48	.
1934	128	35	27,34	.	16	0	0,00	.	.	65	34	52,31	.
1934/35	120	39	32,50	.	14	0	0,00	.	.	64	32	50,00	.
1935	103	29	28,16	.	.	.	.	.	.	.	.	.	.
1935/36	84	24	28,57	.	.	.	.	.	.	.	.	.	.
1936	56	12	21,43	.	.	.	.	.	.	.	.	.	.
1936/37	58	13	22,41	.	.	.	.	.	.	.	.	.	.
1937	46	8	17,39	.	.	.	.	.	.	.	.	.	.
1937/38	37	6	16,22	.	.	.	.	.	.	.	.	.	.
1938	29	3	10,34	.	.	.	.	.	.	.	.	.	.
1938/39	27	4	14,81	.	3	0	0,00	.	.	.	.	.	.
1939	14	1	7,14	.	8	0	0,00	.	.	.	.	.	.
1939/40	.	.	.	.	.	.	.	.	.	.	.	.	.
1940/1	21	5	23,81	.	4	0	0,00	.	.	1	1	100,00	.
1940/2	27	14	51,85	.	12	3	25,00	.	.	0	0	.	.
1940/3	42	24	57,14	.	8	0	0,00	.	.	13	9	69,23	.
1941/1	47	30	63,83	.	7	0	0,00	.	.	28	25	89,29	.

Tab. 22. 2: Die Einzelfachströme an der Universität Münster nach Staatsangehörigkeit und Geschlecht 1830/31–1941/1

	Sonst. Naturwiss.			Geographie					Mineralogie, Geologie, Bergfach					Geogr., Geol., Min.		
	insg.	Frauen		insg.	Frauen			Aus-länd.	insg.	Frauen			Aus-länd.	insg.	Frauen	
		insg.	in %		insg.	in %	deuts.	in %		insg.	in %	deuts.	in %		insg.	in %
Semester	53	54	55	56	57	58	59	60	61	62	63	64	65	66	67	68
1924/25	.	.	.	3	0	0,00	0	0,00	6	0	0,00	0	16,67	.	.	.
1925	.	.	.	4	2	50,00	2	0,00	2	0	0,00	0	0,00	.	.	.
1925/26	.	.	.	8	4	50,00	.	.	1	0	0,00	.	.	.	.	.
1926	.	.	.	50	26	52,00	.	.	7	1	14,29	.	.	.	.	.
1926/27	.	.	.	37	16	43,24	16	0,00	2	0	0,00	0	0,00	.	.	.
1927	.	.	.	39	22	56,41	22	0,00	3	0	0,00	0	0,00	.	.	.
1927/28	.	.	.	63	38	60,32	38	0,00	1	0	0,00	0	0,00	.	.	.
1928	.	.	.	101	61	60,40	60	0,99	3	1	33,33	0	33,33	.	.	.
1928/29	.	.	.	56	28	50,00	28	0,00	3	1	33,33	1	0,00	.	.	.
1929	.	.	.	39	16	41,03	16	0,00	0	0	.	0	.	.	.	.
1929/30	.	.	.	51	23	45,10	23	0,00	3	1	33,33	1	0,00	.	.	.
1930	.	.	.	55	33	60,00	33	0,00	2	0	0,00	0	0,00	.	.	.
1930/31	.	.	.	54	24	44,44	24	0,00	1	0	0,00	0	0,00	.	.	.
1931	.	.	.	49	20	40,82	20	0,00	3	0	0,00	0	0,00	.	.	.
1931/32	.	.	.	43	18	41,86	18	0,00	3	0	0,00	0	0,00	.	.	.
1932	.	.	.	37	14	37,84	14	0,00	4	0	0,00	0	0,00	.	.	.
1932/33	.	.	.	32	15	46,88	15	0,00	1	0	0,00	0	0,00	.	.	.
1933	.	.	.	.	.	.	.	.	.	.	.	.	.	33	16	48,48
1933/34	.	.	.	.	.	.	.	.	.	.	.	.	.	29	10	34,48
1934	.	.	.	.	.	.	.	.	.	.	.	.	.	25	7	28,00
1934/35	1	0	0,00	.	.	.	.	.	.	.	.	.	.	29	14	48,28
1935	52	26	50,00	.	.	.	.	.	.	.	.	.	.	19	8	42,11
1935/36	50	24	48,00	.	.	.	.	.	.	.	.	.	.	13	5	38,46
1936	49	26	53,06	.	.	.	.	.	.	.	.	.	.	11	2	18,18
1936/37	40	21	52,50	.	.	.	.	.	.	.	.	.	.	10	1	10,00
1937	35	17	48,57	.	.	.	.	.	.	.	.	.	.	8	1	12,50
1937/38	33	18	54,55	.	.	.	.	.	.	.	.	.	.	6	1	16,67
1938	23	14	60,87	.	.	.	.	.	.	.	.	.	.	5	1	20,00
1938/39	23	14	60,87	.	.	.	.	.	.	.	.	.	.	4	1	25,00
1939	22	13	59,09	.	.	.	.	.	.	.	.	.	.	2	0	0,00
1939/40	.	.	.	.	.	.	.	.	.	.	.	.	.	.	.	.
1940/1	7	2	28,57	.	.	.	.	.	.	.	.	.	.	3	0	0,00
1940/2	17	12	70,59	.	.	.	.	.	.	.	.	.	.	7	1	14,29
1940/3	28	22	78,57	.	.	.	.	.	.	.	.	.	.	11	4	36,36
1941/1	1	0	0,00	.	.	.	.	.	.	.	.	.	.	15	8	53,33

5. Anmerkungen zu Tabelle 22. 2

1830/31–1866: –

1866/67–1908:

Die ausländischen Stud. wurden 1867/68–1886 dem Pers. Verz. der Akademie Münster entnommen. – Sp 3 (Jura): 1902/03 bis 1908 einschl. der Stud. der Staatswiss. aus der Rechts- und Staatswiss. Fak. – Sp. 15 (Kam.): In der Phil. Fak. eingeschriebene Stud. der Kam. – Sp. 17 (Sonst.): 1906/07–1908 einschl. der Stud. der med.-propädeutischen Abt.

1908/09–1941.1:

In den Semestern 1913/14, 1914/15, 1919, 1920, 1921/22, 1923/24 wurden die im StatJbDR ausnahmsweise verwendeten »vorläufigen« durch die »endgültigen Feststellungen« aus den Pers. Verz. der Univ. Münster ersetzt. 1924 wurde die »vorläufige Feststellung« aus dem Pers. Verz. verwendet, um die Stud. der einzelnen Fächer differenzieren zu können. Für die Semester 1912 bis 1924 wurde die Zahl der ausländischen Stud. den Pers. Verz.

entnommen. Die im WS 1939/40 fehlenden Zahlen sind im Trimester 1940.1 abgedruckt. In Münster gab es ein volles Wintersemester vom 21. 10. 1939 bis zum 29. 2. 1940, so daß ein 1. Trimester 1940 nicht existieren konnte. – Sp. 10 (Jura): 1908/09–1911/12 einschl. der Staatswiss. in der Rechts- und Staatswiss. Fak. Seit 1912 ohne Staatswiss. – Sp. 43 (Kam., Staatswiss.): 1908/09–1911/12 nur in der Phil. Fak. eingeschriebene Stud. der Kam. – Sp. 51 (Sonst.): 1908/09–1911/12 einschl. der Stud. der med.-propädeutischen Abt.

1924/25–1941.1:

Sp. 16 (Gesch.): 1935–1936 bei Sonst. Kulturwiss. (Sp. 32). – Sp. 24 (Philos., Päd. etc.): vorher bis 1924 bei Sonst. (Sp. 51). – Sp. 32–34 (Sonst. Kulturwiss.): 1935–1936 einschl. Gesch. (Sp. 16). – Sp. 40 (Math.): 1935–1938 einschl. Phys. (Sp. 44). – Sp. 44 (Phys.): 1935–1938 bei Math. (Sp. 40). – Sp. 49 (Biol.): 1935–1939 bei Sonst. Naturwiss. (Sp. 53). – Sp. 53 (Sonst. Naturwiss.): 1935–1939 einschl. Biol. (Sp. 49).

6. Quellen und Literatur

Quellen:

Standardquellen: 1830/31–1911/12: PrStat 102, 106, 112, 116, 125, 136, 150, 167, 193, 204, 223, 236. – *1912–1924:* StatJbDR Jgg. 34–36, 40–44. – *1924/25–1927/28:* PrStat 279, 281, Sonderdr WS 1925/26, 285; PrHochStat WS 1926/27–WS 1927/28. – *1928–1932/33:* DtHochStat Bde. 1–10. – *1932–1941.1:* ZehnjStat.

Ergänzend: 1867/68–1886, 1912–1924: Pers.Verz. der Univ. Münster.

Literatur:

BEHNKE, H.: Deutsche Universitäten im Wiederaufbau. Bericht aus Münster. In: Studium generale 1 (1947/48), 313–318. – DOLLINGER, H. (Hg.): Die Universität Münster 1780–1980. Münster 1980. – EITEL, J.: Von der alten zur neuen Universität Münster. Münster 1953. – HERRMANN, J.: Die Universität Münster in Geschichte und Gegenwart. Münster 1947. 2. neubearbeitete Auflage. Münster 1950. – PIEPER, A.: Die alte Universität Münster 1773–1818. Münster 1902. – RIBHEGGE, W.: Geschichte der Universität Münster. Münster 1985. – SPANNAGEL, K.: Westphälische Wilhelms-Universität Münster i.W. In: DOEBERL, M./SCHEEL, O./SCHLINK, W. u. a.: Das akademische Deutschland. 4 Bde. und Registerband. Berlin 1930/31. S. 343–348. – Verzeichniß der Behörden, Lehrer, Beamten, Institute und sämmtlichen Studirenden der Königlichen Theologischen und Philosphischen Akademie zu Münster. 1844/45–1944/45 (unter verschiedenen Titeln = Pers. Verz.).

23. Rostock

1. Geschichtliche Übersicht

Am 12.11.1419 wurde die Universität mit einem typisch spätmittelalterlichen, scholastischen »studium generale« in einer klosterartigen Organisation eröffnet. Gründer waren die Mecklenburger Herzöge, der Bischof von Schwerin und die Stadt Rostock. Die Finanzierung übernahm zunächst die reiche Hansestadt. Später teilten sich das Herzogtum Mecklenburg-Schwerin und die Stadt Rostock die Unterhaltung, bis diese 1837 vollkommen auf das Herzogtum überging. Der Betrieb begann zunächst nur mit einer juristischen, einer medizinischen und einer untergeordneten Artisten-Fakultät, bis der Papst 1432 auch eine theologische Fakultät zuließ.

Theologische und wissenschaftliche Orthodoxie und politischer Konservativismus prägten die Universität weitgehend durch die Jahrhunderte, so daß sie den historischen Umbrüchen nur sehr zögerlich nachkam. Zudem litt die Hochschule an den häufigen religiösen und politischen Auseinandersetzungen zwischen den Unterhaltern, an den Kriegen und an dem Niedergang der Hanse und mit ihr der Stadt Rostock. So mußte die Universität die Stadt zweimal verlassen (1437–1443 nach Greifswald und 1487–1488 nach Wismar und Lübeck) und wurde 1760–1789 durch zeitweilige Eröffnung einer herzoglichen Konkurrenzuniversität in Bützow geteilt.

Trotz dieser Krisenphasen war die erste norddeutsche und nordeuropäische Universität in ihrem ersten Jahrhundert mit z.T. 400 bis 500 Studierenden stark frequentiert. Die 15–20%ige Studienbeteiligung von Skandinaviern, Niederländern und Balten dokumentierte das große Einzugsgebiet während dieser Zeit.

Nach der sehr schwerfälligen Durchsetzung der Reformation und trotz des 30jährigen Krieges erlebte die Universität im 16. und 17. Jahrhundert einen meist ruhigen Betrieb mit relativ hoher Studentenfrequenz. In diese Zeit fällt 1623 die Gründung der ersten deutschen wissenschaftlichen Gesellschaft, die als ein Vorläufer der Berliner Akademie der Wissenschaften von 1700 bezeichnet wird.

Am Ende des 17. Jahrhunderts begann mit dem Niedergang Rostocks und Mecklenburgs auch derjenige der Universität. Durchweg sehr geringe Immatrikulationszahlen und die lediglich regionale Herkunft der Professoren und Studierenden kennzeichneten den Abstieg zu einer kleinen Provinzuniversität, die bis ins 19. Jahrhundert hinein weiterhin vom Scholasmus und von lutherischer Orthodoxie geprägt war.

Nach der Wiedervereinigung der Universitäten Rostock und Bützow von 1789 gelang in der ersten Hälfte des 19. Jahrhunderts nur allmählich der Anschluß an die neuen Forschungs- und Lehrmethoden der Reformuniversitäten. Als ein Ausdruck dieser Entwicklung können die Gründung einiger naturwissenschaftlicher und philologisch-philosophischer Institutionen und einer kleinen Klinik angesehen werden. Die vollkommene Übernahme der Finanzierung durch das Herzogtum Mecklenburg-Schwerin im Jahre 1837 förderten diese Anpassung und sicherten der Universität zumindest das Überleben im großen Universitätssterben dieser Zeit. Die für die meisten deutschen Universitäten typischen Beteiligungen an den politischen Auseinandersetzungen der ersten Jahrhunderthälfte blieben in Rostock gering, womöglich ein Zeichen der zumindest bis ins letzte Drittel des 19. Jahrhunderts eher untergeordneten Bedeutung der Universität.

Die Entwicklung der Studentenfrequenz fügt sich in dieses Bild ein: In der Rangliste der deutschen Universitäten nahm Rostock im 19. und 20. Jahrhundert durchweg die letzte Stelle ein. Nur einige Semester Mitte der 1930er Jahre konnte sich die Universität vom letzten Platz (23.) lösen und auf den 17. Rang vorschieben. Dafür waren zwei Fächergruppen verantwortlich, in denen die Universität auch in anderen Zeitabschnitten eine höhere Attraktivität erkennen läßt: In den Naturwissenschaften konnte Rostock in den 1890er Jahren sogar bis auf die fünfte Stelle vordringen, sackte allerdings schon vor dem Ersten Weltkrieg wieder an den Schluß der Rangliste ab und konnte sich lediglich Mitte der 1930er Jahre wieder leicht erholen (16. von 23). In der Medizin verbesserte sich Rostock nach dem Ersten Weltkrieg an die zwölfte und Mitte der 1930er Jahre sogar an die sechste Stelle.

Nach der Einweihung eines neuen Hauptgebäudes (1870) gelang es besonders diesen beiden Fachgruppen, durch eine rege Bautätigkeit bis zum Ersten Weltkrieg den Anschluß an die zunehmend moderneren Lehr- und Forschungseinrichtungen des deutschen Universitätssystems nicht zu verpassen. Nach der Zahl der wissenschaftlichen Institutionen konnte Rostock so um die Jahrhundertwende den 16. von 21 und zu Beginn der Weimarer Republik sogar den 15. von 23 Rangplätzen einnehmen. Die Medizin erreichte nach diesem Indikator zwischen 1900 und 1920 sogar einen Platz in der oberen Hälfte ihrer deutschen Schwesterfakultäten, und die naturwissenschaftlichen Institute waren in den 1890er Jahren ähnlich zahlreich vertreten wie an der modernen Reichsuniversität Straßburg.

Entsprechend wurde zwischen 1880 und 1941 das Lehrpersonal nahezu verdreifacht, so daß Rostock in der Fächerdifferenzierung einigermaßen mithalten konnte und in der Betreuungsrelation (Studierende zu Lehrpersonal) – wie die meisten kleinen Universitäten – ständig in der Spitzengruppe zu finden war.

Als 1919 in Mecklenburg das besonders rückständige Feudalregime aufgelöst und erstmals eine parlamentarische Verfassung eingeführt wurde, machten die Äußerungen zum Jubiläum des 500jährigen Bestehens im gleichen Jahre deutlich, daß die Professoren sich zum Vergangenen zurücksehnten. Dazu

trug nicht zuletzt der Verlust der Steuerfreiheit und der universitären Gerichtsbarkeit bei; Institutionen, die sich in Mecklenburg im Gegensatz zu anderen deutschen Ländern bis zuletzt gehalten hatten.

Schon vor 1933 gehörte Rostock zu den ersten »braunen« Universitäten. In dieses Bild fügt sich die nach Tübingen geringste Entlassungsquote nach der »Machtergreifung« ein (5 von 120 bis April 1936 = 4,2% des Lehrkörpers 1932/33). Diese NS-Affinität und die Vereinigung der mecklenburgischen Länder im Jahre 1934 mögen dazu beigetragen haben, daß sich der Stellenwert von Rostock im Gefüge der deutschen Universitäten Mitte der 1930er Jahre vorübergehend erhöhte, weil sich der charakteristische allgemeine Frequenzeinbruch bei den Studierenden hier erst mit einer gewissen Verzögerung durchsetzte.

Nach dem Wechsel der Wirtschaftswissenschaften in die Juristische Fakultät 1924 erfuhr die Universität noch 1944 eine Veränderung ihrer Struktur mit der Gründung einer Landwirtschaftlichen Fakultät. Die Philosophische Fakultät wurde – wie in Kiel – ungeteilt weitergeführt. Im Zweiten Weltkrieg kam die Universität relativ glimpflich davon: lediglich das alte Klinikum am Schröderplatz wurde vollkommen zerstört. Nach der Schließung im Jahre 1945 wurde die Universität am 25.2.1946 in der sowjetischen Besatzungszone wiedereröffnet.

2. Der Bestand an Institutionen 1845/46–1944/45

Zum Verständnis vgl. die Erläuterungen S. 48 ff.

I.   Evang.-theol. Fak. ([1845/46])

1.	Homil.-kat. Sem. ([1845/46]–1904/05)
	Sem. f. prakt. Theol. (1905)
1.1	Kat. Abt. ([1845/46]–87/88)
1.2	Homil. Abt. ([1845/46]–87/88)
2.	Theol. Sem. (nur 1897/98)
3.	Sem. f. biblische, hist. u. syst. Theol. (1914/15–(21/22))
3.1	Alttest. Abt. (1917/18–(21/22))
	Sem. f. alttest. Theol. ((1923/24))
3.2	Neutest. Abt. (1917/18–(21/22))
	Sem. f. neutest. Theol. ((1923/24))
3.3	Hist. Abt. (1917/18–(21/22))
	Sem. f. hist. Theol. ((1923/24))
3.4	Syst. Abt. (1917/18–(21/22))
	Sem. f. syst. Theol. ((1923/24))
4.	Sem. f. allg. u. vergl. Rel.wiss. (1920)

II.   Jur. Fak. ([1845/46]–1923/24) Rechts- u. Wirtsch.wiss. Fak. (1924)

1.	Jur. Sem.bibl. (1887/88–1925)
	Jur. Handbibl. (1925/26–41/42)
2.	Vereinigte Jur. Sem. (1932/33)
2.1	Rechtshist. Sem. (1910/11)
2.1.1	Rom. Abt. (1910/11)
2.1.2	Germ. Abt. (1910/11)
2.2	Sem. f. Völkerr. (1919/20)
2.2.1	Abt. Luftrecht (1938)
2.3	Sem. f. Staats- u. Verwaltungsr. (1921/22–41/42)
	Sem. f. Verfassungsr., Verwaltungsr. u. Pol. (1942)
2.4	Sem. f. dt. Gemeinr., allg. Rechtslehre u. Rechtsvergl. (1942)
2.5	Kriminal. Sem. (1924/25)
2.5.1	Dogmat. Abt. (1929/30)
2.5.2	Krim. Abt. (1929/30)
3.	Wirtsch.wiss. Sem. (1924, vorh. IV.18)
4.	Inst. f. Wirtsch.raumforsch. (1934/35, u. Stat. 39)
5.	Inst. f. Agrar- u. Siedlungsw. (1935/36)

III.   Med. Fak. ([1845/46])

1.	Anat. u. anthropot. Mus. ([1845/46]–82)
	Anat. Inst. (1882/83)
2.	Inst. f. vergl. Anat. u. Physiol.
	([1845/46]–65)
2.1	Inst. f. Physiol. (1865/66)
2.1.1	Physiol.-chem. Abt. (1919–39, vorh. III.7)
	Physiol.-chem. Inst. (1939/40)
2.2	Inst. f. vergl. Anat. (1865/66–81/82)
2.3	Inst. f. path. Anat. (1865/66–81/82)
3.	Med.-chir. Klin. ([1845/46]–60)
	Med. u. chir. Klin. (1889–1901)
	Univ. Klin. (1901/02–42)
3.1	Med. Abt. (1855–60)
	Med. Klin. (1860/61)
3.1.1	Med.-chir. Polikl. (1860/61, o. chir. 64)
3.1.2	Amb. Klin. f. innere Kr. (1889–1916)
3.2	Chir. Abt. (1855–60)
	Chir. u. Augenkl. (1860/61, o. Augen- 66/67)
3.2.1	Amb. Klin. f. Chir. u. Augenkr. (1861/62–
	1930/31, o. Augenkr. 1866/67)
	Chir. Polikl. (1931, u. orthop. 38/39)
4.	Gebh. Klin. ([1845/46]–1906, u. Frauenkr. 1881)
	Frauenkl. u. Hebammenlehranst. (1906/07)
4.1	Polikl. f. Gebh. u. Frauenkr. (1881)
5.	Path. Inst. (1864)
5.1	Exp. Station (1912–19/20)
6.	Ophthalmol. Klin. (1866/67–1905/06,
	u. Polikl. 01, vorh. III.3.2)
	Augenkl. u. Polikl. (1906)
7.	Pharm. u. physiol.-chem. Inst. (1875/76,
	o. physiol.-chem. 1921, Forts. III.2.1.1)
8	Hyg. Inst. (1884)
8.1	Abt. f. techn. Unters. v. Lebensmitteln
	(1900/01–08/09)
8.2	Abt. f. Serumgewinnung u. Desinfektionsschule
	(1900/01–08/09)
8.3	Abt. f. d. Erforsch. v. Tierkr. (1904/05–08/09)
8.4	Bakt. Abt. (1933–35, Lab. 34/35)
9.	Inst. f. Heilgymnastik (nur 1897/98)
10.	Klin. u. Polikl. f. Ohren- u. Kehlkopfkr.
	1891/92, f. HNO 1930)
11.	Psych. Klin. zu Gehlsheim (1896/97,
	u. Nervenkl. 1917)
12.	Polikl. f. Nerven- u. Gemüthskr. (1897/98)
13.	Polikl. f. Haut- u. Geschl.kr. (1902–08)
	Derm. Klin. u. Polikl. (1908/09–42)
13.1	Derm. Klin. (1942/43)
13.2	Derm. Polikl. (1942/43)
14.	Kinder-Polikl. (1908/09, Klin. u. 16)
15.	Ger.ärztl. Mus. (1912)
16.	Zahnärztl. Lehrinst. (1911–19)
	Univ.-Klin. u. Polikl. f. Zahn- u.Mundkr.
	(1919/20–36/37, o. Univ.-Klin. 26/27)
	Polikl. f. ZMK-Kr. (1937))
16.1	Techn.-orthod. Abt. (1919–20)
16.2	Kons. Abt. (1919–20)
17.	Inst. f. Erbbiol. (1944/45)

IV.   Phil. Fak. ([1845/46])

1.	Philol. Sem. ([1845/46], Klass.- 97/98)
2.	Philos.-ästh. Sem. ([1845/46]–58)
	Dt.-philol. Sem. (1858/59–1934)
2.1	Sem. f. dt. Spr. u. altdt. Lit. (1934/35)
2.2	Sem. f. n. dt. Lit.gesch. u. allg.
	Lit.wiss. (1934/35)
3.	Naturhist. Mus. ([1845/46]–81/82)
3.1	Zool. u. bot. Abt. ([1845/46]–73)
3.1.1	Bot. Abt. (1873/74, Inst. 82)
3.1.2	Zool. Abt. (1873/74, Inst. 82)
3.2	Mineral. Abt. ([1845/46]–81/82)
	Mineral.-geol. Inst. (1882–1938/39,
	u. geol. Landesmus. 1903, vorh. IV.14.)
3.2.1	Mineral.-petrogr. Inst. (1939)
3.2.2	Geol.-pal. Inst. (1939)
4.	Chem. Lab. ([1845/46], Inst. 1933)
4.1	Anorg. u. pharmaz. Abt. (1916/17,
	o. pharmaz. 1939)
4.2	Org. Abt. (1916/17)
4.3	Physiol.-chem. Lab. (1904/05–21)
	Phys.-chem. Abt. (1924, Inst. f. 44)
5.	Phys. Cab. ([1845/46], Inst. 75)
6.	Math. Cab. u. Observatorium ([1845/46]–
	1902/03, u. astr. 89/90)
	Astr.-meteoron. Observatorium (1903–23/24)
7.	Münz-Cab. ([1845/46])
8.	Hist. Sem. (1865–1905/06)
8.1	I. Hist. Sem. f. m. u. n. Gesch. u.
	gesch. Hilfswiss. (1906)
8.2	II. Hist. Sem. f. alte Gesch. (1906)
9.	Landw. Cab. (1873/74–80)
10.	Math.-phys. Sem. (1879–1903, 05/06–21)
10.1	Math. Sem. (1903/04–05, 21/22)
10.2	Phys. Sem. (1903/04–05, 21/22)
11.	Arch. Samml. (1880, Inst. 1933)
12.	Herbarium (in d. Univ. 1882–85,
	im Bot. Inst. 85/86–1903/04)
13.	Bot. Garten (1884/85)
14.	Geol. Landesmus. (1886/87–1902/03, Forts. IV.3.2)
15.	Prähist. Samml. (1886/87–97)
16.	Cab. d. Kreist(h)eilmaschine (1888/89–1910)
17.	Rom.-engl. Sem. (1897/98–1917/18)
17.1	Rom. Sem. (1918)
17.2	Engl. Sem. (1918)
18.	Staatswiss. Sem. (1898/99–1923/24, Forts. II.3.)
18.1	Abt. f. exakte Wirtsch.forsch. (1909–14)
19.	Geogr. Inst. (1906, u. Abt. f. Auslandsdt. u.
	Kolonien 28)
20.	Luftwarte (1917/18)
21.	Sem. f. vergl. Spr.wiss. (1918)
22.	Inst. f. Kunstgesch. (1919/20)
23.	Psychol. Inst. (1919/20)
24.	Niederdt. Sem. (1921)
25.	Atelierraum d. Univ. (⟨1923/24⟩)
26.	Akad. Leibesüb. (nur 1928)
	Inst. f. Leibesüb. (1928/29, u. körperl.
	Erz. 30/31)

27.	Entomologisches Sem. (1928–41/42)		3.	Inst. f. landw. Betriebslehre (1944)
28.	Philos. Sem. (1931)		4.	Inst. f. Agrikulturchem. (1944/45)
29.	Musikwiss. Sem. (1935)			
30.	Schwedisches Sem. (1939)		**VI.**	**Mit d. Univ. verb. Einrichtungen (1940.2)**
31.	Inst. f. Vorgesch. (1940.2)			
32.	Inst. f. angew. Math. (1940.3)		1.	KWI f. Tierz.forsch. (1940.2)
			2.	Med. Untersuchungsamt (1941/42)
			3.	Landestierseuchenamt (1941/42)
V.	**Landw. Fak. (1944)**		4.	Landw. Versuchsst. (1941/42)
			5.	Inst. f. Mikrobiol. (1944)
1.	Inst. f. Tierz. (1944)			
2.	Inst. f. Acker- u. Pflanzenbau (1944)		Fehlende Semester: 1922, 1923.	

3. Die Studierenden nach Fachbereichen

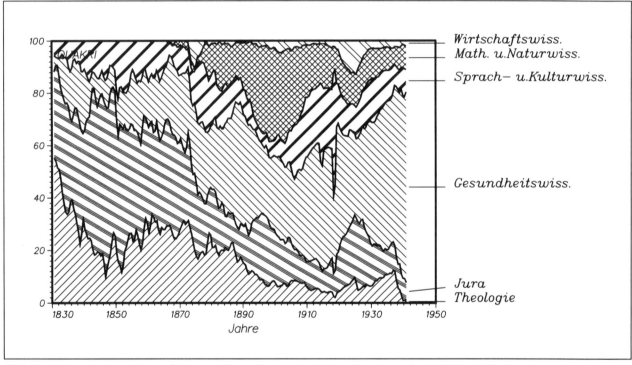

Abb. 23.1: Das Fachbereichsprofil der Studierenden an der Universität Rostock 1830/31–1941/1

Tab. 23.1: Die Studierenden an der Universität Rostock nach Fachbereichen in Prozent 1830/31–1941/1

Semester	Evang. Theol.	Jura	Gesundheitswissenschaften				Sprach und Kultur wiss.	Math., Naturw.		Wirt-sch., Agrar- und Forst. wiss.	Studierende		
			insg.	Allg. Med.	Zahn-med.	Phar-mazie		insg.	Chemie		insg.	weibl. in % aller Stud.	Ausl. in % aller Stud.
	1	2	3	4	5	6	7	8	9	10	11	12	13
1830/31	55,08	31,36	7,63	7,63	.	.	5,93	.	.	.	118	.	.
1831	55,36	34,82	4,46	4,46	.	.	5,36	.	.	.	112	.	.
1831/32	52,41	38,62	2,07	2,07	.	.	6,90	.	.	.	145	.	.
1832	50,43	40,00	3,48	3,48	.	.	6,09	.	.	.	115	.	.
1832/33	51,25	32,50	8,75	8,75	.	.	7,50	.	.	.	80	.	.
1833	43,33	37,78	14,44	14,44	.	.	4,44	.	.	.	90	.	.
1833/34	40,00	38,57	15,71	15,71	.	.	5,71	.	.	.	70	.	.
1834	35,80	40,74	16,05	16,05	.	.	7,41	.	.	.	81	.	.
1834/35	33,33	41,98	19,75	19,75	.	.	4,94	.	.	.	81	.	.
1835	34,09	43,18	14,77	14,77	.	.	7,95	.	.	.	88	.	.
1835/36	35,29	37,25	15,69	15,69	.	.	11,76	.	.	.	102	.	.
1836	41,75	27,18	19,42	19,42	.	.	11,65	.	.	.	103	.	.
1836/37	36,84	32,89	21,05	21,05	.	.	9,21	.	.	.	76	.	.
1837	35,21	38,03	21,13	21,13	.	.	5,63	.	.	.	71	.	.
1837/38	32,56	43,02	16,28	16,28	.	.	8,14	.	.	.	86	.	.
1838	28,00	45,00	18,00	18,00	.	.	9,00	.	.	.	100	.	.
1838/39	25,81	44,09	23,66	23,66	.	.	6,45	.	.	.	93	.	.
1839	18,75	47,92	23,96	23,96	.	.	9,38	.	.	.	96	.	.
1839/40	33,91	30,43	21,74	21,74	.	.	13,91	.	.	.	115	.	.
1840	29,52	35,24	25,71	25,71	.	.	9,52	.	.	.	105	.	.
1840/41	26,61	40,37	21,10	21,10	.	.	11,93	.	.	.	109	.	.
1841	25,69	45,87	15,60	15,60	.	.	12,84	.	.	.	109	.	.
1841/42	23,08	46,15	15,38	15,38	.	.	15,38	.	.	.	91	.	.
1842	26,14	46,59	11,36	11,36	.	.	15,91	.	.	.	88	.	.
1842/43	21,21	59,60	7,07	7,07	.	.	12,12	.	.	.	99	.	.
1843	19,05	63,81	5,71	5,71	.	.	11,43	.	.	.	105	.	.
1843/44	17,43	63,30	6,42	6,42	.	.	12,84	.	.	.	109	.	.
1844	19,82	54,95	11,71	11,71	.	.	13,51	.	.	.	111	.	.
1844/45	19,13	55,65	10,43	10,43	.	.	14,78	.	.	.	115	.	.
1845	19,05	60,00	6,67	6,67	.	.	14,29	.	.	.	105	.	.
1845/46	16,67	62,50	9,38	9,38	.	.	11,46	.	.	.	96	.	.
1846	20,99	59,26	8,64	8,64	.	.	11,11	.	.	.	81	.	.
1846/47	9,76	64,63	9,76	9,76	.	.	15,85	.	.	.	82	.	.
1847	10,00	66,67	8,89	8,89	.	.	14,44	.	.	.	90	.	.
1847/48	16,67	55,21	13,54	13,54	.	.	14,58	.	.	.	96	.	.
1848	15,45	61,82	12,73	12,73	.	.	10,00	.	.	.	110	.	.
1848/49	22,12	59,62	9,62	9,62	.	.	8,65	.	.	.	104	.	.
1849	24,68	57,14	7,79	7,79	.	.	10,39	.	.	.	77	.	.
1849/50	28,57	54,29	7,14	7,14	.	.	10,00	.	.	.	70	.	.
1850	22,22	56,67	8,89	8,89	.	.	12,22	.	.	.	90	.	.
1850/51	15,24	46,67	13,33	13,33	.	.	24,76	.	.	.	105	.	.
1851	15,52	50,00	14,66	14,66	.	.	19,83	.	.	.	116	.	.
1851/52	13,21	57,55	13,21	13,21	.	.	16,04	.	.	.	106	.	.
1852	10,11	53,93	16,85	16,85	.	.	19,10	.	.	.	89	.	.
1852/53	18,52	50,00	12,04	12,04	.	.	19,44	.	.	.	108	.	.
1853	21,15	46,15	12,50	12,50	.	.	20,19	.	.	.	104	.	.
1853/54	21,78	42,57	15,84	15,84	.	.	19,80	.	.	.	101	.	.
1854	26,88	39,78	15,05	15,05	.	.	18,28	.	.	.	93	.	.
1854/55	25,77	40,21	18,56	18,56	.	.	15,46	.	.	.	97	.	.
1855	27,17	43,48	19,57	19,57	.	.	9,78	.	.	.	92	.	.
1855/56	19,57	45,65	22,83	22,83	.	.	11,96	.	.	.	92	.	.
1856	28,42	37,89	21,05	21,05	.	.	12,63	.	.	.	95	.	.
1856/57	26,92	38,46	18,27	18,27	.	.	16,35	.	.	.	104	.	.
1857	24,37	40,34	19,33	19,33	.	.	15,97	.	.	.	119	.	.
1857/58	20,72	40,54	24,32	24,32	.	.	14,41	.	.	.	111	.	.
1858	19,35	40,32	23,39	23,39	.	.	16,94	.	.	.	124	.	.
1858/59	25,98	46,46	16,54	16,54	.	.	11,02	.	.	.	127	.	.
1859	30,88	39,71	18,38	18,38	.	.	11,03	.	.	.	136	.	.
1859/60	33,33	37,98	17,83	17,83	.	.	10,85	.	.	.	129	.	.
1860	26,83	39,84	17,07	17,07	.	.	16,26	.	.	.	123	.	.
1860/61	26,05	41,18	17,65	17,65	.	.	15,13	.	.	.	119	.	.
1861	32,50	37,50	17,50	17,50	.	.	12,50	.	.	.	120	.	.
1861/62	34,65	33,86	18,90	18,90	.	.	12,60	.	.	.	127	.	.
1862	30,30	31,06	22,73	22,73	.	.	15,91	.	.	.	132	.	.
1862/63	31,08	38,51	18,24	18,24	.	.	12,16	.	.	.	148	.	.
1863	31,29	37,41	21,09	21,09	.	.	10,20	.	.	.	147	.	.
1863/64	24,11	36,88	23,40	23,40	.	.	15,60	.	.	.	141	.	.
1864	28,00	34,67	22,00	22,00	.	.	15,33	.	.	.	150	.	.
1864/65	29,20	34,31	23,36	23,36	.	.	13,14	.	.	.	137	.	.
1865	26,53	39,46	22,45	22,45	.	.	11,56	.	.	.	147	.	.
1865/66	29,19	40,99	20,50	20,50	.	.	9,32	.	.	.	161	.	.
1866	29,11	40,51	20,25	20,25	.	.	10,13	.	.	.	158	.	.
1866/67	29,34	41,32	23,95	20,96	0,60	2,40	4,19	0,60	.	0,60	167	.	.
1867	29,19	37,89	27,33	22,98	0,62	3,73	4,97	0,62	.	0,00	161	.	.
1867/68	26,16	38,37	29,07	24,42	0,58	4,07	4,65	0,58	.	1,16	172	.	.
1868	25,00	38,83	27,66	23,94	0,53	3,19	6,38	0,53	.	1,60	188	.	.
1868/69	23,35	40,72	25,15	21,56	1,80	1,80	9,58	0,60	.	0,60	167	.	.
1869	25,43	36,42	27,75	22,54	2,89	2,31	8,67	1,73	.	0,00	173	.	.
1869/70	25,32	34,18	27,85	23,42	2,53	1,90	9,49	3,16	.	0,00	158	.	.

Tab. 23. 1: Die Studierenden an der Universität Rostock nach Fachbereichen in Prozent 1830/31–1941/1

| | Evang. Theol. | Jura | Gesundheitswissenschaften | | | | Sprach und Kultur wiss. | Math., Naturw. | | Wirt-sch., Agrar- und Forst. wiss. | Studierende | | |
| | | | insg. | Allg. Med. | Zahn-med. | Phar-mazie | | insg. | Chemie | | insg. | weibl. in % aller Stud. | Ausl. in % aller Stud. |
Semester	1	2	3	4	5	6	7	8	9	10	11	12	13
1870/71	28,46	34,15	25,20	21,95	1,63	1,63	10,57	1,63	.	0,00	123	.	.
1871	31,48	26,85	28,70	27,78	0,00	0,93	10,19	2,78	.	0,00	108	.	.
1871/72	31,01	27,13	30,23	29,46	0,00	0,78	10,08	1,55	.	0,00	129	.	.
1872	28,47	27,74	30,66	27,74	0,73	2,19	9,49	3,65	.	0,00	137	.	.
1872/73	32,45	30,46	27,15	25,17	0,00	1,99	6,62	2,65	.	0,66	151	.	.
1873	30,16	36,51	23,02	21,43	0,00	1,59	7,14	2,38	.	0,79	126	.	.
1873/74	26,67	28,15	24,44	22,22	0,74	1,48	11,11	1,48	.	8,15	135	.	.
1874	25,74	24,26	24,26	21,32	0,74	2,21	14,71	3,68	.	7,35	136	.	.
1874/75	20,26	27,45	28,10	24,84	0,65	2,61	11,76	2,61	.	9,80	153	.	1,31
1875	19,25	31,68	25,47	21,12	0,62	3,73	12,42	0,00	.	11,18	161	.	1,86
1875/76	16,34	24,18	29,41	23,53	0,65	5,23	20,26	2,61	.	7,19	153	.	0,65
1876	17,02	24,82	25,53	20,57	0,00	4,96	25,53	2,13	.	4,96	141	.	0,71
1876/77	19,23	23,08	26,28	21,79	0,00	4,49	23,08	1,92	.	6,41	156	.	1,92
1877	19,08	21,05	28,95	23,68	0,00	5,26	22,37	5,26	.	3,29	152	.	2,63
1877/78	20,00	19,31	29,66	24,83	0,69	4,14	23,45	4,14	1,38	3,45	145	.	2,07
1878	16,56	19,75	29,30	24,84	0,64	3,82	24,84	8,92	1,27	0,64	157	.	1,27
1878/79	20,50	18,63	25,47	22,36	0,62	2,48	24,22	11,18	2,48	0,00	161	.	1,86
1879	25,39	17,10	22,80	19,17	0,52	3,11	20,73	12,44	2,07	1,55	193	.	1,55
1879/80	27,78	15,15	22,73	18,69	0,00	4,04	17,68	14,14	2,02	2,53	198	.	2,02
1880	23,65	21,18	23,65	18,23	0,00	5,42	20,20	10,84	1,48	0,49	203	.	1,97
1880/81	18,50	23,00	25,50	20,50	0,50	4,50	19,00	12,50	3,50	1,50	200	.	1,50
1881	23,74	21,21	28,28	22,22	0,00	6,06	18,18	8,08	2,02	0,51	198	.	2,02
1881/82	20,00	19,57	28,94	23,83	0,00	5,11	16,17	14,04	5,96	1,28	235	.	0,85
1882	18,64	19,07	27,54	22,46	0,42	4,66	16,10	16,95	5,93	1,69	236	.	1,27
1882/83	17,57	17,15	32,64	27,62	0,84	4,18	15,06	17,57	6,28	0,00	239	.	1,26
1883	21,65	16,45	29,44	26,41	0,43	2,60	12,12	19,48	6,49	0,87	231	.	1,73
1883/84	18,53	19,83	26,72	24,57	0,00	2,16	16,81	16,38	4,31	1,72	232	.	1,29
1884	21,20	14,00	32,40	28,40	0,40	3,60	14,80	16,80	4,80	0,80	250	.	0,40
1884/85	21,13	9,43	38,11	32,83	0,38	4,91	15,85	14,34	6,42	1,13	265	.	1,51
1885	19,40	15,38	34,45	30,77	0,67	3,01	13,04	16,39	8,03	1,34	299	.	1,00
1885/86	20,44	13,84	37,11	33,33	0,94	2,83	11,01	16,98	7,23	0,63	318	.	1,57
1886	21,73	11,82	35,78	31,95	0,64	3,19	14,38	14,06	6,39	2,24	313	.	0,64
1886/87	23,85	10,70	36,70	33,33	0,61	2,75	13,15	13,15	5,50	2,45	327	.	0,92
1887	21,57	12,24	39,65	35,28	0,58	3,79	11,08	13,70	7,58	1,75	343	.	1,46
1887/88	19,12	10,29	46,47	40,00	0,29	6,18	10,00	12,94	7,06	1,18	340	.	.
1888	16,43	13,54	47,26	42,65	0,00	4,61	9,80	12,39	6,34	0,58	347	.	.
1888/89	14,77	12,22	48,01	44,60	0,00	3,41	9,94	14,20	8,52	0,85	352	.	.
1889	17,78	11,11	47,22	43,06	1,11	3,06	8,89	14,44	10,00	0,56	360	.	.
1889/90	17,05	13,87	45,95	41,91	1,16	2,89	9,83	12,43	8,96	0,87	346	.	.
1890	15,00	13,06	44,17	40,56	0,28	3,33	9,44	17,50	13,06	0,83	360	.	.
1890/91	15,09	14,82	41,51	36,66	0,54	4,31	9,70	18,06	14,02	0,81	371	.	.
1891	13,86	16,30	40,76	34,78	1,09	4,89	10,05	18,48	14,40	0,54	368	.	.
1891/92	10,76	14,70	41,99	36,48	0,79	4,72	8,14	23,10	18,90	1,31	381	.	1,31
1892	11,11	14,65	42,17	34,85	1,01	6,31	10,10	21,72	17,93	0,25	396	.	1,52
1892/93	11,86	16,46	39,71	32,69	1,45	5,57	8,72	23,00	19,85	0,24	413	.	1,45
1893	12,59	19,75	33,83	27,41	0,49	5,93	7,65	25,19	20,74	0,99	405	.	1,23
1893/94	10,95	19,52	35,48	28,57	0,24	6,67	4,29	28,33	23,33	1,43	420	.	0,95
1894	10,78	22,25	33,03	27,52	0,23	5,28	3,67	29,36	24,54	0,92	436	.	2,06
1894/95	10,95	20,95	31,43	26,19	0,48	4,76	4,52	30,71	26,19	1,43	420	.	2,62
1895	8,96	23,49	30,02	24,46	0,48	5,08	4,60	30,02	25,42	2,91	413	.	2,42
1895/96	8,45	25,35	27,23	23,00	0,47	3,76	4,69	32,16	26,06	2,11	426	.	1,64
1896	9,40	24,60	27,00	23,00	0,40	3,60	3,80	33,00	27,00	2,20	500	.	2,60
1896/97	7,62	26,45	24,65	21,24	0,00	3,41	5,61	33,67	27,25	2,00	499	.	2,40
1897	6,61	26,05	26,45	21,84	0,60	4,01	5,41	33,47	28,46	2,00	499	.	2,40
1897/98	6,65	26,39	27,72	23,50	0,44	3,77	4,88	32,82	27,27	1,55	451	.	2,66
1898	5,84	25,11	24,68	21,43	0,43	2,81	6,06	36,15	30,74	2,16	462	.	1,95
1898/99	7,13	21,83	26,06	23,39	0,22	2,45	6,24	35,63	30,07	3,12	449	.	2,67
1899	8,21	19,79	27,16	23,79	0,21	3,16	6,53	35,16	27,79	3,16	475	.	1,89
1899/00	8,41	20,04	27,37	22,63	0,00	4,74	5,82	35,56	27,59	2,80	464	.	1,94
1900	8,28	19,19	28,89	25,05	0,00	3,84	5,45	35,96	27,88	2,22	495	.	2,02
1900/01	6,45	18,75	29,88	24,41	0,78	4,69	7,81	33,59	24,61	3,52	512	.	2,73
1901	5,83	20,04	29,87	23,13	0,55	6,19	8,93	31,15	22,77	4,19	549	.	3,28
1901/02	6,52	17,57	31,70	25,18	0,36	6,16	7,79	31,88	23,19	4,53	552	.	3,26
1902	6,53	17,24	30,49	24,14	0,36	5,99	7,62	33,39	23,77	4,72	551	.	3,09
1902/03	6,58	17,73	29,43	24,13	0,18	5,12	7,68	34,19	25,05	4,39	547	.	3,47
1903	8,08	15,58	28,46	23,27	0,19	5,00	9,04	35,19	26,35	3,65	520	.	2,69
1903/04	6,36	15,03	29,67	23,70	1,35	4,62	9,25	35,84	27,36	3,85	519	.	3,08
1904	6,30	18,52	27,96	22,78	1,11	4,07	11,11	33,15	22,41	2,96	540	.	3,70
1904/05	6,65	18,35	29,14	23,74	0,90	4,50	11,51	31,29	21,58	3,06	556	.	2,88
1905	9,15	15,25	28,73	20,55	0,64	7,54	12,52	30,82	18,78	3,53	623	.	1,61
1905/06	7,88	13,14	28,24	19,21	0,82	8,21	16,09	30,21	19,54	4,43	609	.	1,97
1906	9,08	12,25	26,32	16,19	1,06	9,08	20,73	28,90	17,40	2,72	661	.	2,87
1906/07	7,91	11,32	27,13	15,35	1,71	10,08	20,62	30,70	18,76	2,33	645	.	2,02
1907	8,91	12,50	29,02	17,53	1,58	9,91	18,39	28,88	17,10	2,30	696	.	1,58
1907/08	7,41	10,34	32,56	21,14	1,85	9,57	18,06	29,32	16,98	2,31	648	.	3,24
1908	8,49	10,41	32,33	19,73	3,84	8,77	20,82	24,93	13,42	3,01	730	.	2,60
1908/09	6,42	10,51	32,55	19,71	3,94	8,91	22,63	25,40	13,43	2,48	685	0,00	2,34
1909	8,48	10,90	33,51	22,21	4,04	7,27	21,40	24,23	11,71	1,48	743	0,00	2,42
1909/10	6,93	8,77	38,90	24,33	5,94	8,63	22,77	20,79	8,49	1,84	707	0,42	2,40

Tab. 23.1: Die Studierenden an der Universität Rostock nach Fachbereichen in Prozent 1830/31–1941/1

| | Evang. Theol. | Jura | Gesundheitswissenschaften | | | | Sprach und Kultur wiss. | Math., Naturw. | | Wirt- sch., Agrar- und Forst. wiss. | Studierende | | |
| | | | insg. | Allg. Med. | Zahn- med. | Phar- mazie | | insg. | Chemie | | insg. | weibl. in % aller Stud. | Ausl. in % aller Stud. |
Semester	1	2	3	4	5	6	7	8	9	10	11	12	13
1910	5,76	10,07	40,29	27,22	5,28	7,79	23,26	19,30	7,43	1,32	834	0,60	2,28
1910/11	5,27	10,17	39,95	29,41	4,66	5,88	21,81	20,96	9,44	1,84	816	0,98	2,82
1911	5,11	11,20	41,85	31,63	4,13	6,09	22,28	17,83	6,85	1,74	920	0,65	2,39
1911/12	4,23	11,50	41,67	32,51	3,52	5,63	23,36	17,96	5,63	1,29	852	0,70	2,93
1912	5,64	11,28	43,18	34,46	3,79	4,92	21,64	17,13	6,26	1,13	975	0,62	2,77
1912/13	4,77	11,46	42,45	35,41	1,59	5,45	22,25	18,05	6,58	1,02	881	1,02	2,72
1913	6,17	11,24	44,38	39,80	0,20	4,38	20,60	16,22	6,27	1,39	1005	1,19	3,08
1913/14	4,81	9,96	45,19	39,72	1,09	4,38	22,21	16,52	6,35	1,31	914	1,75	2,30
1914	5,45	10,31	45,79	41,43	.	4,36	22,00	15,26	5,05	1,19	1009	1,88	1,88
1914/15	3,90	9,27	40,85	40,85			45,98	.	.	.	820	2,80	0,49
1915	4,62	8,61	45,57	40,57	.	4,99	22,97	17,10	5,37	1,12	801	3,50	0,25
1915/16	4,09	8,68	45,59	41,12	.	4,47	23,12	17,37	5,49	1,15	783	4,34	0,26
1916	3,90	9,46	45,27	41,13	.	4,14	23,40	16,31	5,32	1,65	846	5,08	0,24
1916/17	3,78	9,80	45,69	41,79	.	3,90	22,55	16,29	4,60	1,89	847	3,78	0,71
1917	4,49	11,29	43,26	40,02	.	3,24	22,57	16,09	4,18	2,30	957	7,42	0,94
1917/18	4,00	12,20	42,48	39,22	.	3,26	22,92	15,98	4,52	2,42	951	6,83	0,53
1918	4,07	13,69	40,87	37,70	.	3,17	22,32	15,87	4,56	3,17	1008	8,04	0,89
1918/19	0,86	3,84	17,87	17,00	.	0,86	71,57	4,71	1,15	1,15	1041	8,17	0,67
1919	3,22	16,54	47,06	38,95	5,46	2,65	17,00	12,61	5,05	3,57	1959	9,24	0,46
ZS.1919	2,01	20,75	51,43	48,76	.	2,68	14,24	11,19	3,82	0,38	1046	0,76	
1919/20	3,94	13,45	50,00	38,30	8,51	3,19	16,15	13,58	5,69	2,88	1598	8,57	0,81
1920	4,46	16,76	48,37	36,52	8,73	3,12	13,83	12,75	6,44	3,82	1569	9,24	0,83
1920/21	4,54	18,25	40,87	28,65	9,61	2,62	15,28	14,32	8,12	6,72	1145	8,82	1,92
1921	5,55	19,60	41,49	30,70	8,73	2,07	12,94	12,87	7,77	7,54	1352	8,14	1,92
1921/22	5,85	19,41	36,08	24,56	8,24	3,28	14,80	14,45	8,95	9,40	1128	7,89	1,51
1922	6,46	19,30	40,27	30,32	6,84	3,12	12,61	12,23	8,05	9,12	1316	8,66	.
1922/23	6,37	20,45	34,22	23,64	6,17	4,42	13,26	14,49	9,97	11,20	973	8,12	5,34
1923	7,19	21,39	37,19	27,56	4,99	4,65	10,99	13,10	8,88	10,14	1183	8,20	6,34
1923/24	7,16	22,36	36,56	27,53	4,07	4,96	9,25	12,22	8,59	12,44	908	8,04	7,49
1924	9,14	21,61	34,73	26,45	2,80	5,48	10,75	11,40	6,99	12,37	930	11,40	6,34
1924/25	8,48	23,96	32,71	23,15	1,75	7,81	10,23	13,06	8,34	11,57	743	8,88	6,33
1925	10,94	23,41	30,47	19,94	2,08	8,45	10,39	11,50	6,09	13,30	722	7,76	5,12
1925/26	3,70	26,18	30,33	19,08	2,51	8,73	13,61	13,76	6,95	12,43	676	10,21	5,62
1926	5,80	25,67	33,85	21,95	3,73	8,18	11,90	13,15	6,00	9,63	966	12,01	5,28
1926/27	4,26	24,62	33,56	21,60	4,95	7,02	14,03	14,17	6,05	9,35	727	10,73	4,54
1927	6,76	27,23	34,08	22,54	6,40	5,14	12,26	12,17	4,06	7,48	1109	11,63	3,88
1927/28	5,53	23,88	36,91	25,23	8,76	2,92	14,81	12,93	3,86	5,94	959	9,28	4,38
1928	6,83	21,57	38,01	26,76	9,61	1,64	15,94	12,60	3,06	5,05	1405	12,03	4,13
1928/29	6,94	19,01	40,97	26,91	11,98	2,08	15,54	12,50	2,86	5,03	1152	9,55	5,90
1929	6,66	19,51	43,70	29,89	12,55	1,26	15,61	11,16	2,64	3,36	1666	14,95	4,68
1929/30	6,19	17,39	44,47	30,06	12,88	1,53	15,79	12,88	2,84	3,28	1374	11,57	4,37
1930	6,45	15,35	48,78	34,70	12,62	1,46	15,77	10,64	2,40	3,01	2124	14,55	3,34
1930/31	6,59	14,78	45,57	31,83	12,25	1,48	18,04	12,25	2,89	2,77	1624	12,50	4,00
1931	8,23	15,07	47,24	36,91	9,04	1,29	15,76	10,81	2,63	2,89	2322	16,06	3,27
1931/32	8,59	12,72	46,65	34,65	10,21	1,79	16,29	12,50	3,13	3,24	1792	13,90	3,07
1932	8,38	13,63	51,79	41,25	8,94	1,60	13,85	9,53	2,64	2,83	2686	17,35	2,16
1932/33	10,14	12,06	47,97	35,08	10,86	2,03	14,60	12,16	3,07	3,07	1924	15,33	2,81
1933	9,08	12,17	55,36	43,93	9,75	1,68	12,51	7,82	2,57	3,05	2686	18,91	.
1933/34	9,81	9,96	51,70	39,02	10,90	1,77	15,55	10,22	3,50	2,76	1917	16,59	.
1934	9,54	9,90	58,86	47,51	9,49	1,85	11,57	7,64	2,40	2,49	2212	17,36	2,12
1934/35	11,79	9,97	51,95	37,60	11,79	2,56	13,75	9,84	2,70	2,70	1484	15,30	.
1935	9,62	9,04	60,79	45,77	11,52	3,50	10,57	8,09	1,75	1,90	1372	19,61	.
1935/36	12,18	9,75	52,58	35,61	12,56	4,40	12,84	9,47	2,91	3,19	1067	16,49	.
1936	10,54	10,78	58,57	43,85	9,65	5,07	10,46	7,24	2,33	2,41	1243	15,53	.
1936/37	11,77	12,28	52,03	36,96	10,63	4,43	12,15	8,35	2,41	3,42	790	14,81	.
1937	13,10	9,26	62,17	46,70	9,46	6,01	7,39	5,71	1,77	2,36	1015	16,55	3,45
1937/38	10,82	10,19	60,19	45,30	10,19	4,70	8,78	7,84	3,13	2,19	638	14,58	.
1938	5,88	7,64	70,15	55,46	9,75	4,94	6,70	7,17	3,88	2,47	851	17,04	.
1938/39	5,10	10,75	62,84	50,27	12,57	0,00	9,65	9,29	5,28	2,37	549	14,57	.
1939	4,73	9,14	67,70	59,05	8,65	0,00	7,67	7,83	4,40	2,94	613	15,33	.
1939/40	.	.	.	.	.	.	.	.	.	.	.	.	.
1940/1	0,83	7,05	73,65	68,88	4,77	0,00	8,71	8,51	4,36	1,24	482	12,45	.
1940/2	1,02	9,84	65,78	59,63	6,15	0,00	12,91	9,02	4,51	1,43	488	23,16	1,43
1940/3	1,46	6,03	70,38	63,99	6,40	0,00	10,79	9,51	5,30	1,83	547	27,24	.
1941/1	1,01	6,69	72,62	66,33	6,29	0,00	8,72	8,92	4,87	2,03	493	27,59	.

4. Die Studierenden nach Fächern

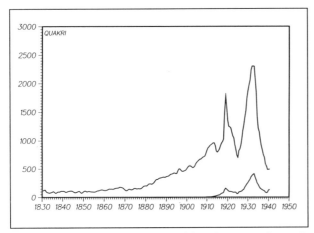

Abb. 23.2: Die Studierenden (weibl. u. insg.) an der Universität Rostock 1830/31–1941/1: Sämtliche Fächer

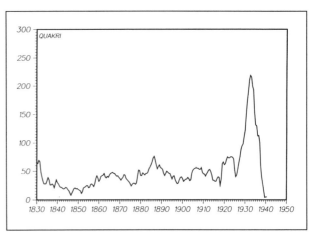

Abb. 23.3: Die Studierenden an der Universität Rostock 1830/31–1941/1: Evangelische Theologie

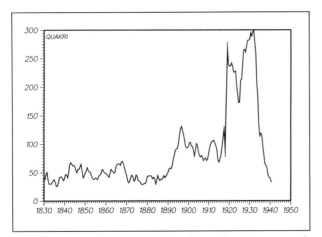

Abb. 23.4: Die Studierenden an der Universität Rostock 1830/31–1941/1: Jura

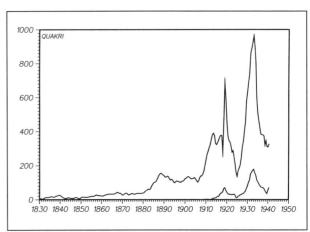

Abb. 23.5: Die Studierenden (weibl. u. insg.) an der Universität Rostock 1830/31–1941/1: Allgemeine Medizin

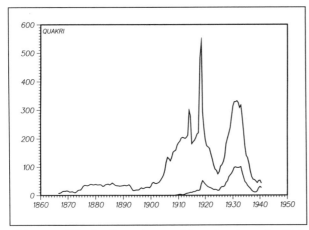

Abb. 23.6: Die Studierenden (weibl. u. insg.) an der Universität Rostock 1866/67–1941/1: Sprach- und Kulturwissenschaften

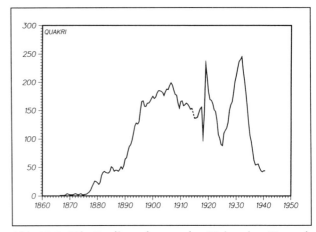

Abb. 23.7: Die Studierenden an der Universität Rostock 1866/67–1941/1: Mathematik und Naturwissenschaften

Tab. 23. 2: Die Einzelfachströme an der Universität Rostock nach Staatsangehörigkeit und Geschlecht 1830/31–1941/1

Semester	Stud. insg. 1	Evang. Theol. 2	Jura 3	Medi- zin 4	Phil. Fak. 5
1830/31	118	65	37	9	7
1831	112	62	39	5	6
1831/32	145	76	56	3	10
1832	115	58	46	4	7
1832/33	80	41	26	7	6
1833	90	39	34	13	4
1833/34	70	28	27	11	4
1834	81	29	33	13	6
1834/35	81	27	34	16	4
1835	88	30	38	13	7
1835/36	102	36	38	16	12
1836	103	43	28	20	12
1836/37	76	28	25	16	7
1837	71	25	27	15	4
1837/38	86	28	37	14	7
1838	100	28	45	18	9
1838/39	93	24	41	22	6
1839	96	18	46	23	9
1839/40	115	39	35	25	16
1840	105	31	37	27	10
1840/41	109	29	44	23	13
1841	109	28	50	17	14
1841/42	91	21	42	14	14
1842	88	23	41	10	14
1842/43	99	21	59	7	12
1843	105	20	67	6	12
1843/44	109	19	69	7	14
1844	111	22	61	13	15
1844/45	115	22	64	12	17
1845	105	20	63	7	15
1845/46	96	16	60	9	11
1846	81	17	48	7	9
1846/47	82	8	53	8	13
1847	90	9	60	8	13
1847/48	96	16	53	13	14
1848	110	17	68	14	11
1848/49	104	23	62	10	9
1849	77	19	44	6	8
1849/50	70	20	35	8	7
1850	90	20	51	8	11
1850/51	105	16	49	14	26
1851	116	18	58	17	23
1851/52	106	14	61	14	17
1852	89	9	48	15	17
1852/53	108	20	54	13	21
1853	104	22	48	13	21
1853/54	101	22	43	16	20
1854	93	25	37	14	17
1854/55	97	25	39	18	15
1855	92	25	40	18	9
1855/56	92	18	42	21	11
1856	95	27	36	20	12
1856/57	104	28	40	19	17
1857	119	29	48	23	19
1857/58	111	23	45	27	16
1858	124	24	50	29	21
1858/59	127	33	59	21	14
1859	136	42	54	25	15
1859/60	129	43	49	23	14
1860	123	33	49	21	20
1860/61	119	31	49	21	18
1861	120	39	45	21	15
1861/62	127	44	43	24	16
1862	132	40	41	30	21
1862/63	148	46	57	27	18
1863	147	46	55	31	15
1863/64	141	34	52	33	22
1864	150	42	52	33	23
1864/65	137	40	47	32	18
1865	147	39	58	33	17
1865/66	161	47	66	33	15
1866	158	46	64	32	16

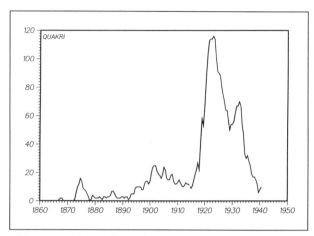

Abb. 23. 8: Die Studierenden an der Universität Rostock 1866/67–1941/1: Wirtschaftswissenschaften

Tab. 23.2: Die Einzelfachströme an der Universität Rostock nach Staatsangehörigkeit und Geschlecht 1830/31–1941/1

Semester	Evang. Theol. insg.	Evang. Theol. Ausl. in %	Jura insg.	Jura Ausl. in %	Medizin insg.	Medizin Ausl. in %	Zahnmedizin insg.	Zahnmedizin Ausl. in %	Pharmazie insg.	Pharmazie Ausl. in %	Philol., Gesch. insg.	Philol., Gesch. Ausl. in %	Math., Naturw. insg.	Math., Naturw. Ausl. in %
	1	2	3	4	5	6	7	8	9	10	11	12	13	14
1866/67	49	.	69	.	35	.	1	.	4	.	7	.	1	.
1867	47	.	61	.	37	.	1	.	6	.	8	.	1	.
1867/68	45	.	66	.	42	.	1	.	7	.	8	.	1	.
1868	47	.	73	.	45	.	1	.	6	.	12	.	1	.
1868/69	39	.	68	.	36	.	3	.	3	.	16	.	1	.
1869	44	.	63	.	39	.	5	.	4	.	15	.	3	.
1869/70	40	.	54	.	37	.	4	.	3	.	15	.	5	.
1870	39	.	47	.	27	.	2	.	3	.	17	.	2	.
1870/71	35	.	42	.	27	.	2	.	2	.	13	.	2	.
1871	34	.	29	.	30	.	0	.	1	.	11	.	3	.
1871/72	40	.	35	.	38	.	0	.	1	.	13	.	2	.
1872	39	.	38	.	38	.	1	.	3	.	13	.	5	.
1872/73	49	.	46	.	38	.	0	.	3	.	10	.	4	.
1873	38	.	46	.	27	.	0	.	2	.	9	.	3	.
1873/74	36	.	38	.	30	.	1	.	2	.	15	.	2	.
1874	35	.	33	.	29	.	1	.	3	.	20	.	5	.
1874/75	31	.	42	.	38	.	1	.	4	.	18	.	4	.
1875	31	.	51	.	34	.	1	.	6	.	20	.	0	.
1875/76	25	.	37	.	36	.	1	.	8	.	31	.	4	.
1876	24	.	35	.	29	.	0	.	7	.	36	.	3	.
1876/77	30	.	36	.	34	.	0	.	7	.	36	.	3	.
1877	29	.	32	.	36	.	0	.	8	.	34	.	8	.
1877/78	29	.	28	.	36	.	1	.	6	.	34	.	4	.
1878	26	3,85	31	0,00	39	0,00	1	0,00	6	0,00	39	0,00	12	8,33
1878/79	33	6,06	30	0,00	36	0,00	1	0,00	4	0,00	39	2,56	14	0,00
1879	49	4,08	33	0,00	37	0,00	1	0,00	6	0,00	40	2,50	20	0,00
1879/80	55	7,27	30	0,00	37	0,00	0	.	8	0,00	35	0,00	24	0,00
1880	48	8,33	43	0,00	37	0,00	0	.	11	0,00	41	0,00	19	0,00
1880/81	37	5,41	46	0,00	41	0,00	1	0,00	9	0,00	38	0,00	18	5,56
1881	47	6,38	42	0,00	44	2,27	0	.	12	0,00	36	0,00	12	0,00
1881/82	47	2,13	46	0,00	56	0,00	0	.	12	0,00	38	0,00	19	5,26
1882	44	4,55	45	0,00	53	0,00	1	0,00	11	0,00	38	0,00	26	3,85
1882/83	42	4,76	41	0,00	66	0,00	2	0,00	10	0,00	36	0,00	27	3,70
1883	50	4,00	38	0,00	61	0,00	1	0,00	6	0,00	28	3,57	30	3,33
1883/84	43	4,65	46	0,00	57	0,00	0	.	5	0,00	39	2,56	28	0,00
1884	53	1,89	35	0,00	71	0,00	1	0,00	9	0,00	37	0,00	30	0,00
1884/85	56	5,36	25	0,00	87	0,00	1	0,00	13	0,00	42	0,00	21	4,76
1885	58	1,72	46	0,00	92	0,00	2	0,00	9	0,00	39	0,00	25	8,00
1885/86	65	3,08	44	0,00	106	0,94	3	0,00	9	0,00	35	0,00	31	6,45
1886	68	1,47	37	0,00	100	0,00	2	0,00	10	0,00	45	0,00	24	4,17
1886/87	78	2,56	35	0,00	109	0,00	2	0,00	9	0,00	43	0,00	25	4,00
1887	74	2,70	42	0,00	121	0,83	2	0,00	13	0,00	38	0,00	21	9,52
1887/88	65	4,62	35	0,00	136	0,00	1	0,00	21	0,00	34	0,00	20	5,00
1888	57	5,26	47	0,00	148	0,00	0	.	16	0,00	34	0,00	21	0,00
1888/89	52	5,77	43	0,00	157	0,64	0	.	12	0,00	35	0,00	20	10,00
1889	64	4,69	40	0,00	155	0,65	4	0,00	11	0,00	32	0,00	16	18,75
1889/90	59	6,78	48	0,00	145	1,38	4	0,00	10	0,00	34	0,00	12	33,33
1890	54	5,56	47	0,00	146	1,37	1	0,00	12	0,00	34	0,00	16	37,50
1890/91	56	3,57	55	0,00	136	0,74	2	0,00	16	0,00	36	0,00	15	40,00
1891	51	5,88	60	0,00	128	0,00	4	0,00	18	0,00	37	0,00	15	13,33
1891/92	41	4,88	56	0,00	139	0,72	3	0,00	18	0,00	31	3,23	16	6,25
1892	44	6,82	58	0,00	138	0,00	4	0,00	25	0,00	40	5,00	15	6,67
1892/93	49	4,08	68	0,00	135	0,74	6	0,00	23	0,00	36	5,56	13	7,69
1893	51	3,92	80	0,00	111	0,00	2	0,00	24	0,00	31	0,00	18	16,67
1893/94	46	2,17	82	0,00	120	0,00	1	0,00	28	0,00	18	5,56	21	9,52
1894	47	4,26	97	0,00	120	0,83	1	0,00	23	0,00	16	0,00	21	28,57
1894/95	46	4,35	88	0,00	110	0,00	2	0,00	20	0,00	19	5,26	19	42,11
1895	37	5,41	97	0,00	101	0,00	2	0,00	21	0,00	19	5,26	19	36,84
1895/96	36	2,78	108	0,00	98	0,00	2	0,00	16	0,00	20	0,00	26	23,08
1896	47	2,13	123	0,00	115	0,87	2	0,00	18	0,00	19	0,00	30	36,67
1896/97	38	5,26	132	0,00	106	0,00	0	.	17	0,00	28	3,57	32	28,13
1897	33	6,06	130	0,00	109	0,92	3	0,00	20	0,00	27	3,70	25	32,00
1897/98	30	6,67	119	0,00	106	0,94	2	0,00	17	0,00	22	0,00	25	36,00
1898	27	7,41	116	0,00	99	1,01	2	0,00	13	0,00	28	0,00	25	24,00
1898/99	32	12,50	98	0,00	105	0,00	1	0,00	11	0,00	28	0,00	25	28,00
1899	39	5,13	94	0,00	113	0,00	1	0,00	15	0,00	31	0,00	35	17,14
1899/00	39	2,56	93	0,00	105	0,00	0	.	22	0,00	27	3,70	37	16,22
1900	41	4,88	95	0,00	124	0,81	0	.	19	0,00	27	7,41	40	12,50
1900/01	33	12,12	96	0,00	125	1,60	4	0,00	24	0,00	40	5,00	46	10,87
1901	32	9,38	110	0,91	127	3,94	3	0,00	34	0,00	49	4,08	46	15,22
1901/02	36	8,33	97	1,03	139	5,76	2	0,00	34	0,00	43	2,33	48	10,42
1902	36	8,33	95	1,05	133	3,76	2	0,00	33	0,00	42	4,76	53	11,32
1902/03	36	5,56	97	0,00	132	8,33	1	0,00	28	0,00	42	2,38	50	10,00
1903	42	4,76	81	0,00	121	5,79	1	0,00	26	0,00	41	2,44	46	0,00
1903/04	33	6,06	78	0,00	123	6,50	7	0,00	24	0,00	45	0,00	44	2,27
1904	34	5,88	100	1,00	123	7,32	6	16,67	22	0,00	55	1,82	58	1,72
1904/05	37	5,41	102	0,00	132	6,06	5	0,00	25	0,00	59	0,00	54	0,00
1905	57	3,51	95	0,00	128	1,56	4	0,00	47	0,00	72	0,00	75	1,33
1905/06	48	8,33	80	0,00	117	1,71	5	0,00	50	0,00	89	0,00	65	1,54
1906	60	6,67	81	1,23	107	7,48	7	0,00	60	0,00	128	0,78	76	0,00
1906/07	51	5,88	73	1,37	99	4,04	11	0,00	65	0,00	122	0,82	77	0,00
1907	62	3,23	87	1,15	122	0,82	11	0,00	69	0,00	118	2,54	82	1,22
1907/08	48	8,33	67	1,49	137	5,84	12	0,00	62	0,00	112	2,68	80	0,00
1908	62	6,45	76	1,32	144	4,86	28	3,57	64	0,00	147	2,04	84	0,00

Tab.23.2: Die Einzelfachströme an der Universität Rostock nach Staatsangehörigkeit und Geschlecht 1830/31–1941/1

	Chemie		Cameralia		Landwirtschaft		Sonstige		Studierende		
	insg.	Ausl. in %	insg.	Ausl. in %	insg.	Ausl. in %	insg.	Ausl. in %	insg.	Ausländer insg.	in %
Semester	15	16	17	18	19	20	21	22	23	24	25
1866/67	.	.	.	.	1	.	.	.	167	.	.
1867	.	.	.	.	0	.	.	.	161	.	.
1867/68	.	.	.	.	2	.	.	.	172	.	.
1868	.	.	.	.	3	.	.	.	188	.	.
1868/69	.	.	.	.	1	.	.	.	167	.	.
1869	.	.	.	.	0	.	.	.	173	.	.
1869/70	.	.	.	.	0	.	.	.	158	.	.
1870	.	.	.	.	0	.	.	.	137	.	.
1870/71	.	.	.	.	0	.	.	.	123	.	.
1871	.	.	.	.	0	.	.	.	108	.	.
1871/72	.	.	.	.	0	.	.	.	129	.	.
1872	.	.	.	.	0	.	.	.	137	.	.
1872/73	.	.	.	.	1	.	.	.	151	.	.
1873	.	.	.	.	1	.	.	.	126	.	.
1873/74	.	.	.	.	11	.	.	.	135	.	.
1874	.	.	.	.	10	.	.	.	136	.	.
1874/75	.	.	.	.	15	.	.	.	153	2	1,31
1875	.	.	.	.	18	.	.	.	161	3	1,86
1875/76	.	.	.	.	11	.	.	.	153	1	0,65
1876	.	.	.	.	7	.	.	.	141	1	0,71
1876/77	.	.	.	.	10	.	.	.	156	3	1,92
1877	.	.	.	.	5	.	.	.	152	4	2,63
1877/78	2	.	.	.	5	.	.	.	145	3	2,07
1878	2	0,00	.	.	1	0,00	.	.	157	2	1,27
1878/79	4	0,00	.	.	0	.	.	.	161	3	1,86
1879	4	0,00	.	.	3	0,00	.	.	193	3	1,55
1879/80	4	0,00	.	.	5	0,00	.	.	198	4	2,02
1880	3	0,00	.	.	1	0,00	.	.	203	4	1,97
1880/81	7	0,00	.	.	3	0,00	.	.	200	3	1,50
1881	4	0,00	.	.	1	0,00	.	.	198	4	2,02
1881/82	14	0,00	.	.	3	0,00	.	.	235	2	0,85
1882	14	0,00	.	.	4	0,00	.	.	236	3	1,27
1882/83	15	0,00	.	.	0	.	.	.	239	3	1,26
1883	15	0,00	2	.	0	.	.	.	231	4	1,73
1883/84	10	0,00	3	.	1	0,00	.	.	232	3	1,20
1884	12	0,00	2	.	0	.	.	.	250	1	0,40
1884/85	17	0,00	3	.	0	.	.	.	265	4	1,51
1885	24	0,00	4	.	0	.	.	.	299	3	1,00
1885/86	23	0,00	0	.	2	0,00	.	.	318	5	1,57
1886	20	0,00	0	.	7	0,00	.	.	313	2	0,64
1886/87	18	0,00	1	.	7	0,00	.	.	327	3	0,92
1887	26	0,00	3	.	3	0,00	.	.	343	5	1,46
1887/88	24	0,00	1	0,00	3	0,00	.	.	340	.	.
1888	22	0,00	1	0,00	1	0,00	.	.	347	.	.
1888/89	30	0,00	3	0,00	0	.	.	.	352	.	.
1889	36	0,00	2	0,00	0	.	.	.	360	.	.
1889/90	31	0,00	3	0,00	0	.	.	.	346	.	.
1890	47	0,00	3	0,00	0	.	.	.	360	.	.
1890/91	52	0,00	3	0,00	0	.	.	.	371	.	.
1891	53	0,00	2	0,00	0	.	.	.	368	.	.
1891/92	72	0,00	4	.	1	0,00	.	.	381	5	1,31
1892	71	0,00	1	.	0	.	.	.	396	6	1,52
1892/93	82	0,00	1	.	0	.	.	.	413	6	1,45
1893	84	0,00	4	.	0	.	.	.	405	5	1,23
1893/94	98	0,00	6	.	0	.	.	.	420	4	0,95
1894	107	0,00	4	.	0	.	.	.	436	9	2,06
1894/95	110	0,00	6	.	0	.	.	.	420	11	2,62
1895	105	0,00	12	.	0	.	.	.	413	10	2,42
1895/96	111	0,00	9	.	0	.	.	.	426	7	1,64
1896	135	0,00	11	.	0	.	.	.	500	13	2,60
1896/97	136	0,00	8	.	2	0,00	.	.	499	12	2,40
1897	142	0,00	8	.	2	0,00	.	.	499	12	2,40
1897/98	123	0,00	6	.	1	0,00	.	.	451	12	2,66
1898	142	0,00	10	.	0	.	.	.	462	9	1,95
1898/99	135	0,00	12	.	2	50,00	.	.	449	12	2,67
1899	132	0,00	14	.	1	100,00	.	.	475	9	1,89
1899/00	128	0,00	12	.	1	100,00	.	.	464	9	1,94
1900	138	0,00	11	.	0	.	.	.	495	10	2,02
1900/01	126	0,00	18	.	0	.	.	.	512	14	2,73
1901	125	0,00	21	.	2	0,00	.	.	549	18	3,28
1901/02	128	0,00	21	.	4	0,00	.	.	552	18	3,26
1902	131	0,00	19	.	7	0,00	.	.	551	17	3,09
1902/03	137	0,00	18	.	6	0,00	.	.	547	19	3,47
1903	137	2,19	17	.	2	0,00	6	16,67	520	14	2,69
1903/04	142	2,11	17	.	3	33,33	3	33,33	519	16	3,08
1904	121	1,65	12	.	4	50,00	5	20,00	540	20	3,70
1904/05	120	3,33	14	.	3	66,67	5	0,00	556	16	2,88
1905	117	3,42	17	.	5	20,00	6	0,00	623	10	1,61
1905/06	119	3,36	18	.	9	11,11	9	0,00	609	12	1,97
1906	115	3,48	11	9,09	7	0,00	9	0,00	661	19	2,87
1906/07	121	3,31	11	0,00	4	0,00	11	0,00	645	13	2,02
1907	119	1,68	13	7,69	3	0,00	10	0,00	696	11	1,58
1907/08	110	3,64	12	8,33	3	0,00	5	0,00	648	21	3,24
1908	98	2,04	19	5,26	3	0,00	5	0,00	730	19	2,60

Tab. 23.2: Die Einzelfachströme an der Universität Rostock nach Staatsangehörigkeit und Geschlecht 1830/31–1941/1

	Evangelische Theologie			Jura					Medizin				
	insg.	Frauen		insg.	Frauen			Aus-länd.	insg.	Frauen			Aus-länd.
		insg.	in %	Aus-länd. in %		insg.	in %	deuts.	in %		insg.	in %	deuts.	in %
Semester	1	2	3	4	5	6	7	8	9	10	11	12	13	14
1908/09	44	0	0,00	9,09	72	0	0,00	0	1,39	135	0	0,00	0	4,44
1909	63	0	0,00	6,35	81	0	0,00	0	0,00	165	0	0,00	0	4,85
1909/10	49	0	0,00	4,08	62	0	0,00	0	0,00	172	1	0,58	1	5,23
1910	48	0	0,00	4,17	84	0	0,00	0	3,57	227	3	1,32	3	4,85
1910/11	43	0	0,00	9,30	83	0	0,00	0	1,20	240	2	0,83	2	5,83
1911	47	0	0,00	6,38	103	0	0,00	0	0,97	291	2	0,69	2	5,15
1911/12	36	0	0,00	8,33	98	0	0,00	0	0,00	277	2	0,72	2	6,50
1912	55	0	0,00	3,64	110	0	0,00	.	0,91	336	1	0,30	.	5,65
1912/13	42	1	2,38	4,76	101	0	0,00	.	0,99	312	1	0,32	.	5,13
1913	62	1	1,61	3,23	113	0	0,00	.	0,88	400	3	0,75	.	5,25
1913/14	44	0	0,00	4,55	91	0	0,00	.	0,00	363	6	1,65	.	4,68
1914	55	0	0,00	3,64	104	0	0,00	.	0,96	418	11	2,63	.	3,35
1914/15	32	1	3,13	0,00	76	0	0,00	.	1,32	335	10	2,99	.	0,90
1915	37	0	0,00	0,00	69	0	0,00	.	0,00	325	11	3,38	.	0,62
1915/16	32	0	0,00	0,00	68	0	0,00	.	0,00	322	16	4,97	.	0,62
1916	33	0	0,00	0,00	80	0	0,00	.	1,25	348	22	6,32	.	0,29
1916/17	32	0	0,00	9,38	83	0	0,00	.	1,20	354	17	4,80	.	0,28
1917	43	0	0,00	6,98	108	0	0,00	.	1,85	383	39	10,18	.	0,78
1917/18	38	0	0,00	2,63	116	0	0,00	.	0,86	373	37	9,92	.	0,80
1918	41	1	2,44	7,32	138	0	0,00	.	1,45	380	42	11,05	.	0,79
1918/19	9	0	0,00	22,22	40	0	0,00	.	2,50	177	50	28,25	.	2,26
1919	63	0	0,00	0,00	324	3	0,93	.	0,31	763	82	10,75	.	1,05
ZS.1919	21	0	0,00	.	217	0	0,00	.	.	510	5	0,98	.	.
1919/20	63	0	0,00	0,00	215	2	0,93	.	0,47	612	60	9,80	.	1,47
1920	70	1	1,43	4,29	263	4	1,52	.	0,38	573	50	8,73	.	1,05
1920/21	52	0	0,00	3,85	209	2	0,96	.	0,00	328	35	10,67	.	2,74
1921	75	2	2,67	4,00	265	1	0,38	.	0,38	415	35	8,43	.	2,89
1921/22	66	1	1,52	3,03	219	1	0,46	.	0,46	277	25	9,03	.	2,89
1922	85	1	1,18	.	254	1	0,39	.	.	399	40	10,03	.	.
1922/23	62	1	1,61	1,61	199	0	0,00	.	2,01	230	21	9,13	.	10,00
1923	85	1	1,18	4,71	253	2	0,79	.	1,98	326	36	11,04	.	11,66
1923/24	65	0	0,00	3,08	203	1	0,49	.	2,46	250	26	10,40	.	14,80
1924	85	3	3,53	3,53	201	3	1,49	.	5,47	246	39	15,85	.	12,20
1924/25	63	3	4,76	0,00	178	3	1,69	.	3,93	172	15	8,72	.	16,28
1925	79	0	0,00	.	169	1	0,59	.	.	144	10	6,94	.	.
1925/26	25	2	8,00	0,00	177	2	1,13	.	6,78	129	13	10,08	.	11,63
1926	56	3	5,36	8,93	248	4	1,61	.	4,03	212	27	12,74	.	10,85
1926/27	31	1	3,23	.	179	1	0,56	.	.	157	18	11,46	.	.
1927	75	1	1,33	4,00	302	14	4,64	14	0,99	250	38	15,20	36	4,40
1927/28	53	3	5,66	3,77	229	3	1,31	3	0,87	242	23	9,50	22	4,55
1928	96	4	4,17	4,17	303	7	2,31	7	0,00	376	46	12,23	44	3,46
1928/29	80	4	5,00	5,00	219	2	0,91	2	0,46	310	25	8,06	22	4,19
1929	111	6	5,41	3,60	325	20	6,15	20	0,62	498	62	12,45	59	2,61
1929/30	85	4	4,71	2,35	239	11	4,60	11	1,26	413	37	8,96	35	2,66
1930	137	7	5,11	5,11	326	17	5,21	16	2,15	737	95	12,89	93	1,90
1930/31	107	5	4,67	5,61	240	9	3,75	8	1,25	517	67	12,96	66	2,32
1931	191	4	2,09	5,24	350	15	4,29	14	1,71	857	137	15,99	132	3,15
1931/32	154	3	1,95	5,19	228	6	2,63	6	0,44	621	93	14,98	92	2,58
1932	225	6	2,67	1,33	366	23	6,28	23	1,09	1108	211	19,04	207	2,08
1932/33	195	8	4,10	2,05	232	14	6,03	14	0,86	675	111	16,44	108	3,11
1933	244	11	4,51	.	327	19	5,81	.	.	1180	233	19,75	.	.
1933/34	188	8	4,26	.	191	6	3,14	.	.	748	124	16,58	.	.
1934	211	6	2,84	.	219	12	5,48	.	.	1051	192	18,27	.	.
1934/35	175	5	2,86	.	148	7	4,73	.	.	558	96	17,20	.	.
1935	132	5	3,79	.	124	5	4,03	.	.	628	134	21,34	.	.
1935/36	130	3	2,31	.	104	5	4,81	.	.	380	77	20,26	.	.
1936	131	1	0,76	.	134	0	0,00	.	.	545	110	20,18	.	.
1936/37	93	4	4,30	.	97	0	0,00	.	.	292	56	19,18	.	.
1937	133	6	4,51	.	94	3	3,19	.	.	474	92	19,41	.	.
1937/38	69	2	2,90	.	65	1	1,54	.	.	289	52	17,99	.	.
1938	50	1	2,00	.	65	1	1,54	.	.	472	88	18,64	.	.
1938/39	28	0	0,00	.	59	1	1,69	.	.	276	47	17,03	.	.
1939	29	0	0,00	.	56	0	0,00	.	.	362	60	16,57	.	.
1939/40	.	.	.	.	.	.	.	.	.	.	.	.	.	.
1940/1	4	0	0,00	.	34	1	2,94	.	.	332	25	7,53	.	.
1940/2	5	0	0,00	.	48	3	6,25	.	.	291	45	15,46	.	.
1940/3	8	0	0,00	.	33	1	3,03	.	.	350	71	20,29	.	.
1941/1	5	0	0,00	.	33	0	0,00	.	.	327	71	21,71	.	.

Tab. 23. 2: Die Einzelfachströme an der Universität Rostock nach Staatsangehörigkeit und Geschlecht 1830/31–1941/1

	Zahnmedizin					Pharmazie			Philologien, Geschichte			
	insg.	Frauen			Aus-länd. in %	insg.	Frauen		insg.	Frauen		Aus-länd. in %
		insg.	in %	deuts.			insg.	in %		insg.	in %	
Semester	15	16	17	18	19	20	21	22	23	24	25	26
1908/09	27	0	0,00	0	0,00	61	0	0,00	146	0	0,00	1,37
1909	30	0	0,00	0	0,00	54	0	0,00	153	0	0,00	0,65
1909/10	42	0	0,00	0	0,00	61	0	0,00	154	2	1,30	0,00
1910	44	0	0,00	0	0,00	65	0	0,00	189	2	1,06	0,53
1910/11	38	0	0,00	0	0,00	48	1	2,08	175	5	2,86	1,14
1911	38	0	0,00	0	0,00	56	1	1,79	198	3	1,52	0,00
1911/12	30	0	0,00	0	0,00	48	1	2,08	195	3	1,54	0,51
1912	37	0	0,00	.	.	48	1	2,08	208	2	0,96	.
1912/13	14	0	0,00	.	.	48	0	0,00	194	4	2,06	.
1913	2	0	0,00	.	.	44	0	0,00	207	6	2,90	.
1913/14	10	0	0,00	.	.	40	0	0,00	201	9	4,48	.
1914	.	.	.	.	.	44	0	0,00	218	7	3,21	.
1914/15	.	.	.	.	.	.	.	.	377	12	3,18	.
1915	.	.	.	.	.	40	0	0,00	181	10	5,52	.
1915/16	.	.	.	.	.	35	0	0,00	178	11	6,18	.
1916	.	.	.	.	.	35	0	0,00	195	16	8,21	.
1916/17	.	.	.	.	.	33	0	0,00	188	11	5,85	.
1917	.	.	.	.	.	31	0	0,00	213	19	8,92	.
1917/18	.	.	.	.	.	31	0	0,00	215	18	8,37	.
1918	.	.	.	.	.	32	0	0,00	222	16	7,21	.
1918/19	.	.	.	.	.	9	1	11,11	72	18	25,00	.
1919	107	6	5,61	.	.	52	3	5,77	329	58	17,63	.
ZS.1919	.	.	.	.	.	28	0	0,00	148	1	0,68	.
1919/20	136	5	3,68	.	.	51	8	15,69	253	46	18,18	.
1920	137	6	4,38	.	.	49	9	18,37	213	42	19,72	.
1920/21	110	3	2,73	.	.	30	5	16,67	175	34	19,43	.
1921	118	0	0,00	.	.	28	4	14,29	169	32	18,93	.
1921/22	93	4	4,30	.	.	37	5	13,51	167	26	15,57	.
1922	90	5	5,56	.	.	41	4	9,76	165	31	18,79	.
1922/23	60	4	6,67	.	.	43	1	2,33	126	21	16,67	.
1923	59	3	5,08	.	.	55	2	3,64	129	24	18,60	.
1923/24	37	0	0,00	.	.	45	3	6,67	84	17	20,24	.
1924	26	0	0,00	.	.	51	7	13,73	100	25	25,00	.
1924/25	13	0	0,00	.	.	58	9	15,52	76	16	21,05	.
1925	15	2	13,33	.	.	61	12	19,67	.	.	.	.
1925/26	17	3	17,65	.	.	59	9	15,25	92	19	20,65	.
1926	36	3	8,33	.	.	79	22	27,85	115	35	30,43	.
1926/27	36	4	11,11	.	.	51	15	29,41	.	.	.	.
1927	71	6	8,45	6	15,49	57	19	33,33	.	.	.	.
1927/28	84	5	5,95	5	21,43	28	7	25,00	.	.	.	.
1928	135	17	12,59	14	17,78	23	7	30,43	.	.	.	.
1928/29	138	15	10,87	10	26,81	24	6	25,00	.	.	.	.
1929	209	29	13,88	24	21,53	21	8	38,10	.	.	.	.
1929/30	177	26	14,69	19	19,77	21	5	23,81	.	.	.	.
1930	268	42	15,67	36	14,18	31	9	29,03	.	.	.	.
1930/31	199	27	13,57	23	17,09	24	4	16,67	.	.	.	.
1931	210	36	17,14	31	10,95	30	11	36,67	.	.	.	.
1931/32	183	21	11,48	17	11,48	32	12	37,50	.	.	.	.
1932	240	44	18,33	43	7,08	43	14	32,56	.	.	.	.
1932/33	209	39	18,66	35	8,13	39	10	25,64	.	.	.	.
1933	262	63	24,05	.	.	45	12	26,67	.	.	.	.
1933/34	209	49	23,44	.	.	34	8	23,53	.	.	.	.
1934	210	46	21,90	.	.	41	8	19,51	.	.	.	.
1934/35	175	32	18,29	.	.	38	8	21,05	.	.	.	.
1935	158	38	24,05	.	.	48	15	31,25	.	.	.	.
1935/36	134	27	20,15	.	.	47	7	14,89	.	.	.	.
1936	120	2	1,67	.	.	63	32	50,79	.	.	.	.
1936/37	84	15	17,86	.	.	35	6	17,14	.	.	.	.
1937	96	16	16,67	.	.	61	17	27,87	.	.	.	.
1937/38	65	10	15,38	.	.	30	9	30,00	.	.	.	.
1938	83	15	18,07	.	.	42	16	38,10	.	.	.	.
1938/39	69	10	14,49	.	.	0	0	.	.	.	.	.
1939	53	9	16,98	.	.	0	0	.	.	.	.	.
1939/40	.	.	.	.	.	.	.	.	.	.	.	.
1940/1	23	6	26,09	.	.	0	0	.	.	.	.	.
1940/2	30	13	43,33	.	.	0	0	.	.	.	.	.
1940/3	35	17	48,57	.	.	0	0	.	.	.	.	.
1941/1	31	15	48,39	.	.	0	0	.	.	.	.	.

Tab. 23. 2: Die Einzelfachströme an der Universität Rostock nach Staatsangehörigkeit und Geschlecht 1830/31–1941/1

	Mathematik, Naturwissenschaften			Chemie					Cameralia, Staatswissenschaft			
	insg.	Frauen		Aus-länd. in %	insg.	Frauen			Aus-länd. in %	insg.	Frauen		Aus-länd. in %
		insg.	in %			insg.	in %	deuts.			insg.	in %	
Semester	27	28	29	30	31	32	33	34	35	36	37	38	39
1908/09	82	0	0,00	0,00	92	0	0,00	0	3,26	15	.	.	0,00
1909	93	0	0,00	1,08	87	0	0,00	0	3,45	11	.	.	9,09
1909/10	87	0	0,00	1,15	60	0	0,00	0	1,67	13	0	0,00	30,77
1910	99	0	0,00	0,00	62	0	0,00	0	0,00	10	0	0,00	20,00
1910/11	94	0	0,00	0,00	77	0	0,00	0	0,00	14	0	0,00	14,29
1911	101	0	0,00	0,99	63	0	0,00	0	1,59	15	0	0,00	0,00
1911/12	105	0	0,00	0,95	48	0	0,00	0	2,08	10	0	0,00	10,00
1912	106	2	1,89	.	61	0	0,00	.	.	11	0	0,00	.
1912/13	101	2	1,98	.	58	1	1,72	.	.	8	0	0,00	.
1913	100	1	1,00	.	63	1	1,59	.	.	13	0	0,00	.
1913/14	93	0	0,00	.	58	1	1,72	.	.	12	0	0,00	.
1914	103	1	0,97	.	51	0	0,00	.	.	11	0	0,00	.
1914/15	.	.	.	.	.	.	.	.	.	.	.	.	.
1915	94	6	6,38	.	43	1	2,33	.	.	8	0	0,00	.
1915/16	93	6	6,45	.	43	1	2,33	.	.	8	0	0,00	.
1916	93	4	4,30	.	45	1	2,22	.	.	13	0	0,00	.
1916/17	99	3	3,03	.	39	1	2,56	.	.	14	0	0,00	.
1917	114	10	8,77	.	40	1	2,50	.	.	20	2	10,00	.
1917/18	109	8	7,34	.	43	1	2,33	.	.	21	1	4,76	.
1918	114	10	8,77	.	46	4	8,70	.	.	30	8	26,67	.
1918/19	37	6	16,22	.	12	2	16,67	.	.	11	4	36,36	.
1919	148	7	4,73	.	99	9	9,09	.	.	61	13	21,31	.
ZS.1919	77	1	1,30	.	40	1	2,50	.	.	.	.	.	.
1919/20	126	8	6,35	.	91	5	5,49	.	.	40	3	7,50	.
1920	99	12	12,12	.	101	8	7,92	.	.	49	10	20,41	.
1920/21	71	6	8,45	.	93	7	7,53	.	.	65	8	12,31	.
1921	69	8	11,59	.	105	10	9,52	.	.	94	14	14,89	.
1921/22	62	6	9,68	.	101	9	8,91	.	.	102	12	11,76	.
1922	55	9	16,36	.	106	13	12,26	.	.	110	10	9,09	.
1922/23	44	8	18,18	.	97	10	10,31	.	.	100	12	12,00	.
1923	50	4	8,00	.	105	9	8,57	.	.	113	16	14,16	.
1923/24	33	3	9,09	.	78	8	10,26	.	.	106	15	14,15	.
1924	41	7	17,07	.	65	8	12,31	.	.	115	14	12,17	.
1924/25	35	4	11,43	.	62	6	9,68	.	.	82	10	12,20	.
1925	.	.	.	.	44	3	6,82	.	.	96	4	4,17	.
1925/26	46	9	19,57	.	47	6	12,77	.	.	84	6	7,14	.
1926	69	12	17,39	.	58	7	12,07	.	.	92	3	3,26	.
1926/27	.	.	.	.	44	3	6,82	.	.	65	1	1,54	.
1927	.	.	.	.	45	5	11,11	5	4,44	81	0	0,00	8,64
1927/28	.	.	.	.	37	2	5,41	2	5,41	55	0	0,00	5,45
1928	.	.	.	.	43	7	16,28	6	9,30	46	3	6,52	6,52
1928/29	.	.	.	.	33	0	0,00	0	6,06	56	2	3,57	7,14
1929	.	.	.	.	44	8	18,18	8	6,82	54	5	9,26	9,26
1929/30	.	.	.	.	39	3	7,69	3	2,56	43	1	2,33	2,33
1930	.	.	.	.	51	4	7,84	4	0,00	63	7	11,11	1,59
1930/31	.	.	.	.	47	3	6,38	3	0,00	41	0	0,00	2,44
1931	.	.	.	.	61	10	16,39	10	0,00	66	7	10,61	1,52
1931/32	.	.	.	.	56	9	16,07	9	3,57	57	5	8,77	0,00
1932	.	.	.	.	71	12	16,90	12	2,82	76	13	17,11	1,32
1932/33	.	.	.	.	59	8	13,56	8	3,39	59	6	10,17	1,69
1933	.	.	.	.	69	13	18,84	.	.	82	17	20,73	.
1933/34	.	.	.	.	67	8	11,94	.	.	53	10	18,87	.
1934	.	.	.	.	53	8	15,09	.	.	55	13	23,64	.
1934/35	.	.	.	.	40	5	12,50	.	.	40	6	15,00	.
1935	.	.	.	.	24	1	4,17	.	.	26	4	15,38	.
1935/36	.	.	.	.	31	2	6,45	.	.	34	5	14,71	.
1936	.	.	.	.	29	2	6,90	.	.	30	2	6,67	.
1936/37	.	.	.	.	19	1	5,26	.	.	27	2	7,41	.
1937	.	.	.	.	18	1	5,56	.	.	24	3	12,50	.
1937/38	.	.	.	.	20	2	10,00	.	.	14	0	0,00	.
1938	.	.	.	.	33	5	15,15	.	.	21	0	0,00	.
1938/39	.	.	.	.	29	6	20,69	.	.	13	1	7,69	.
1939	.	.	.	.	27	7	25,93	.	.	18	1	5,56	.
1939/40	.	.	.	.	.	.	.	.	.	.	.	.	.
1940/1	.	.	.	.	21	3	14,29	.	.	6	1	16,67	.
1940/2	.	.	.	.	22	8	36,36	.	.	7	2	28,57	.
1940/3	.	.	.	.	29	13	44,83	.	.	10	3	30,00	.
1941/1	.	.	.	.	24	11	45,83	.	.	10	2	20,00	.

Tab. 23.2: Die Einzelfachströme an der Universität Rostock nach Staatsangehörigkeit und Geschlecht 1830/31–1941/1

	Landwirtschaft			Sonstige				Studierende					
	insg.	Frauen		insg.	Frauen		Ausländ. in %	insg.	Frauen		deuts.	Ausländer	
		insg.	in %		insg.	in %				insg.	in %		insg.	in %
Semester	40	41	42	43	44	45	46	47	48	49	50	51	52
1908/09	2	0	0,00	9	0	0,00	0,00	685	0	0,00	0	16	2,34
1909	0	0	.	6	0	0,00	0,00	743	0	0,00	0	18	2,42
1909/10	0	0	.	7	0	0,00	0,00	707	3	0,42	3	17	2,40
1910	1	0	0,00	5	0	0,00	0,00	834	5	0,60	5	19	2,28
1910/11	1	0	0,00	3	0	0,00	0,00	816	8	0,98	8	23	2,82
1911	1	0	0,00	7	0	0,00	14,29	920	6	0,65	6	22	2,39
1911/12	1	0	0,00	4	0	0,00	0,00	852	6	0,70	6	25	2,93
1912	0	0	.	3	0	0,00	.	975	6	0,62	.	27	2,77
1912/13	1	0	0,00	2	0	0,00	.	881	9	1,02	.	24	2,72
1913	1	0	0,00	0	0	.	.	1005	12	1,19	.	31	3,08
1913/14	0	0	.	2	0	0,00	.	914	16	1,75	.	21	2,30
1914	1	0	0,00	4	0	0,00	.	1009	19	1,88	.	19	1,88
1914/15	.	.	.	.	.	.	.	820	23	2,80	.	4	0,49
1915	1	0	0,00	3	0	0,00	.	801	28	3,50	.	2	0,25
1915/16	1	0	0,00	3	0	0,00	.	783	34	4,34	.	2	0,26
1916	1	0	0,00	3	0	0,00	.	846	43	5,08	.	2	0,24
1916/17	2	0	0,00	3	0	0,00	.	847	32	3,78	.	6	0,71
1917	2	0	0,00	3	0	0,00	.	957	71	7,42	.	9	0,94
1917/18	2	0	0,00	3	0	0,00	.	951	65	6,83	.	5	0,53
1918	2	0	0,00	3	0	0,00	.	1008	81	8,04	.	9	0,89
1918/19	1	0	0,00	673	4	0,59	.	1041	85	8,17	.	7	0,67
1919	9	0	0,00	4	0	0,00	.	1959	181	9,24	.	9	0,46
ZS.1919	4	0	0,00	1	0	0,00	.	1046	8	0,76	.	.	.
1919/20	6	0	0,00	5	0	0,00	.	1598	137	8,57	.	13	0,81
1920	11	1	9,09	4	2	50,00	.	1569	145	9,24	.	13	0,83
1920/21	12	1	8,33	0	0	.	.	1145	101	8,82	.	22	1,92
1921	8	1	12,50	6	3	50,00	.	1352	110	8,14	.	26	1,92
1921/22	4	0	0,00	0	0	.	.	1128	89	7,89	.	17	1,51
1922	10	0	0,00	1	0	0,00	.	1316	114	8,66	.	.	.
1922/23	9	0	0,00	3	1	33,33	.	973	79	8,12	.	52	5,34
1923	7	0	0,00	1	0	0,00	.	1183	97	8,20	.	75	6,34
1923/24	7	0	0,00	0	0	.	.	908	73	8,04	.	68	7,49
1924	0	0	.	0	0	.	.	930	106	11,40	.	59	6,34
1924/25	4	0	0,00	0	0	.	.	743	66	8,88	.	47	6,33
1925	0	0	.	4	1	25,00	.	722	56	7,76	.	37	5,12
1925/26	0	0	.	0	0	.	.	676	69	10,21	.	38	5,62
1926	1	0	0,00	0	0	.	.	966	116	12,01	.	51	5,28
1926/27	3	0	0,00	3	2	66,67	.	727	78	10,73	.	33	4,54
1927	1	0	0,00	3	1	33,33	0,00	1109	129	11,63	124	43	3,88
1927/28	2	0	0,00	0	0	.	.	959	89	9,28	86	42	4,38
1928	2	0	0,00	23	0	0,00	8,70	1405	169	12,03	161	58	4,13
1928/29	2	0	0,00	0	0	.	.	1152	110	9,55	101	68	5,90
1929	2	0	0,00	5	0	0,00	0,00	1666	249	14,95	240	78	4,68
1929/30	2	0	0,00	0	0	.	.	1374	159	11,57	149	60	4,37
1930	0	0	.	0	0	.	.	2124	309	14,55	299	71	3,34
1930/31	1	0	0,00	1	0	0,00	0,00	1624	203	12,50	195	65	4,00
1931	1	0	0,00	1	0	0,00	0,00	2322	373	16,06	358	76	3,27
1931/32	1	0	0,00	1	0	0,00	0,00	1792	249	13,90	242	55	3,07
1932	0	0	.	1	0	0,00	0,00	2686	466	17,35	459	58	2,16
1932/33	0	0	.	1	0	0,00	0,00	1924	295	15,33	287	54	2,81
1933	0	0	.	0	0	.	.	2686	508	18,91	.	.	.
1933/34	0	0	.	0	0	.	.	1917	318	16,59	.	.	.
1934	0	0	.	1	1	100,00	.	2212	384	17,36	.	47	2,12
1934/35	0	0	.	0	0	.	.	1484	227	15,30	.	.	.
1935	0	0	.	0	0	.	.	1372	269	19,61	.	.	.
1935/36	0	0	.	0	0	.	.	1067	176	16,49	.	.	.
1936	0	0	.	0	0	.	.	1243	193	15,53	.	.	.
1936/37	0	0	.	0	0	.	.	790	117	14,81	.	.	.
1937	0	0	.	0	0	.	.	1015	168	16,55	.	35	3,45
1937/38	0	0	.	0	0	.	.	638	93	14,58	.	.	.
1938	0	0	.	0	0	.	.	851	145	17,04	.	.	.
1938/39	0	0	.	0	0	.	.	549	80	14,57	.	.	.
1939	0	0	.	0	0	.	.	613	94	15,33	.	.	.
1939/40	.	.	.	.	.	.	.	.	.	.	.	.	.
1940/1	0	0	.	0	0	.	.	482	60	12,45	.	.	.
1940/2	0	0	.	0	0	.	.	488	113	23,16	.	7	1,43
1940/3	0	0	.	0	0	.	.	547	149	27,24	.	.	.
1941/1	0	0	.	0	0	.	.	493	136	27,59	.	.	.

Tab. 23.2: Die Einzelfachströme an der Universität Rostock nach Staatsangehörigkeit und Geschlecht 1830/31–1941/1

	Alte Sprachen				Germanistik					Neue Sprachen				
	insg.	Frauen		Aus-länd. in %	insg.	Frauen			Aus-länd. in %	insg.	Frauen			Aus-länd. in %
		insg.	in %			insg.	in %	deuts.			insg.	in %	deuts.	
Semester	1	2	3	4	5	6	7	8	9	10	11	12	13	14
1925	8	1	12,50	.	19	4	21,05	.	.	39	11	28,21	.	.
1925/26	.	.	.	.	.	.	.	.	.	.	.	.	.	.
1926														
1926/27	10	1	10,00	.	29	6	20,69	.	.	35	13	37,14	.	.
1927	14	3	21,43	0,00	39	10	25,64	9	5,13	39	6	15,38	5	5,13
1927/28	15	1	6,67	0,00	34	10	29,41	10	0,00	45	11	24,44	10	2,22
1928	23	1	4,35	0,00	62	15	24,19	14	1,61	73	26	35,62	26	0,00
1928/29	17	1	5,88	0,00	47	13	27,66	13	0,00	57	19	33,33	18	1,75
1929	20	2	10,00	5,00	82	31	37,80	31	0,00	81	32	39,51	31	1,23
1929/30	23	2	8,70	0,00	60	21	35,00	21	0,00	70	18	25,71	17	2,86
1930	28	4	14,29	0,00	97	35	36,08	35	0,00	118	39	33,05	38	0,85
1930/31	29	4	13,79	3,45	87	25	28,74	25	0,00	89	27	30,34	25	2,25
1931	33	4	12,12	3,03	102	49	48,04	47	2,94	112	41	36,61	40	0,89
1931/32	30	4	13,33	0,00	77	26	33,77	24	3,90	75	22	29,33	22	0,00
1932	32	7	21,88	0,00	106	39	36,79	37	3,77	98	35	35,71	35	1,02
1932/33	24	5	20,83	0,00	70	25	35,71	24	2,86	72	24	33,33	24	0,00
1933	26	2	7,69	.	87	39	44,83	.	.	66	34	51,52	.	.
1933/34	35	5	14,29	.	67	25	37,31	.	.	56	20	35,71	.	.
1934	27	3	11,11	.	59	26	44,07	.	.	50	22	44,00	.	.
1934/35	26	3	11,54	.	50	16	32,00	.	.	29	11	37,93	.	.
1935	5	1	20,00	.	17	10	58,82	.	.	10	2	20,00	.	.
1935/36	4	1	25,00	.	28	9	32,14	.	.	16	3	18,75	.	.
1936	8	2	25,00	.	32	8	25,00	.	.	7	2	28,57	.	.
1936/37	3	1	33,33	.	55	15	27,27	.	.	5	3	60,00	.	.
1937	1	0	0,00	.	17	7	41,18	.	.	5	0	0,00	.	.
1937/38	1	0	0,00	.	6	3	50,00	.	.	2	0	0,00	.	.
1938	1	0	0,00	.	13	4	30,77	.	.	2	0	0,00	.	.
1938/39	1	0	0,00	.	20	6	30,00	.	.	4	0	0,00	.	.
1939	1	0	0,00	.	19	7	36,84	.	.	3	1	33,33	.	.
1939/40	.	.	.	.	.	.	.	.	.	.	.	.	.	.
1940/1	2	1	50,00	.	14	5	35,71	.	.	11	4	36,36	.	.
1940/2	0	0	.	.	18	9	50,00	.	.	17	9	52,94	.	.
1940/3	2	0	0,00	.	5	4	80,00	.	.	9	5	55,56	.	.
1941/1	0	0	.	.	2	0	0,00	.	.	3	3	100,00	.	.

	Geschichte					Musik			Phil., Päd., Religionslehren			
	insg.	Frauen		deuts.	Aus-länd. in %	insg.	Frauen		insg.	Frauen		Aus-länd. in %
		insg.	in %				insg.	in %		insg.	in %	
Semester	15	16	17	18	19	20	21	22	23	24	25	26
1925	5	1	20,00	.	.	.	.	.	0	0	.	.
1925/26	.	.	.	.	.	.	.	.	.	.	.	.
1926												
1926/27	14	2	14,29	.		.	.	.	11	3	27,27	.
1927	23	6	26,09	5	8,70	0	0	.	13	5	38,46	0,00
1927/28	24	6	25,00	5	8,33	0	0	.	16	4	25,00	6,25
1928	36	7	19,44	6	5,56	0	0	.	21	7	33,33	9,52
1928/29	29	7	24,14	7	6,90	0	0	.	22	4	18,18	4,55
1929	37	9	24,32	9	0,00	0	0	.	28	10	35,71	7,14
1929/30	37	9	24,32	9	0,00	0	0	.	21	4	19,05	9,52
1930	51	8	15,69	8	0,00	2	1	50,00	23	8	34,78	0,00
1930/31	59	9	15,25	9	3,39	3	0	0,00	17	8	47,06	5,88
1931	71	14	19,72	14	2,82	3	0	0,00	28	11	39,29	0,00
1931/32	69	12	17,39	12	1,45	3	0	0,00	25	11	44,00	4,00
1932	75	16	21,33	16	0,00	2	0	0,00	29	12	41,38	0,00
1932/33	64	12	18,75	12	0,00	4	1	25,00	28	6	21,43	3,57
1933	66	19	28,79	.	.	4	0	0,00	.	.	.	.
1933/34	59	12	20,34	.	.	3	0	0,00	.	.	.	.
1934	48	6	12,50	.	.	3	0	0,00	.	.	.	.
1934/35	39	5	12,82	.	.	1	0	0,00	.	.	.	.
1935	.	.	.	.	.	2	2	100,00	.	.	.	.
1935/36	.	.	.	.	.	2	0	0,00	.	.	.	.
1936	.	.	.	.	.	2	0	0,00	.	.	.	.
1936/37	15	4	26,67	.	.	0	0	.	.	.	.	.
1937	15	2	13,33	.	.	0	0	.	.	.	.	.
1937/38	8	3	37,50	.	.	1	0	0,00	.	.	.	.
1938	8	3	37,50	.	.	0	0	.	.	.	.	.
1938/39	12	1	8,33	.	.	1	0	0,00	.	.	.	.
1939	9	0	0,00	.	.	1	0	0,00	.	.	.	.
1939/40	.	.	.	.	.	.	.	.	.	.	.	.
1940/1	4	2	50,00	.	.	0	0	.	.	.	.	.
1940/2	2	1	50,00	.	.	0	0	.	.	.	.	.
1940/3	14	6	42,86	.	.	1	0	0,00	.	.	.	.
1941/1	11	8	72,73	.	.	1	0	0,00	.	.	.	.

Tab. 23. 2: Die Einzelfachströme an der Universität Rostock nach Staatsangehörigkeit und Geschlecht 1830/31-1941/1

	Kunst, Archäologie			Sonstige Kulturwiss.			Leibesübungen			Mathematik			
	insg.	Frauen		insg.	Frauen		insg.	Frauen		insg.	Frauen		Aus-länd. in %
		insg.	in %		insg.	in %		insg.	in %		insg.	in %	
Semester	27	28	29	30	31	32	33	34	35	36	37	38	39
1925	.	.	.	.	.	.	.	.	.	25	4	16,00	.
1925/26													
1926	.	.	.	.	.	.	.	.	.				
1926/27	.	.	.	.	.	.	.	.	.	29	3	10,34	.
1927	5	2	40,00	.	.	.	.	.	.	37	3	8,11	0,00
1927/28	8	3	37,50	.	.	.	0	0	.	32	4	12,50	0,00
1928	8	2	25,00	.	.	.	1	0	0,00	62	12	19,35	3,23
1928/29	6	1	16,67	.	.	.	1	0	0,00	48	7	14,58	2,08
1929	5	3	60,00	.	.	.	2	1	50,00	78	14	17,95	0,00
1929/30	6	2	33,33	.	.	.	0	0	.	66	9	13,64	1,52
1930	7	2	28,57	.	.	.	9	4	44,44	85	11	12,94	1,18
1930/31	4	0	0,00	.	.	.	4	1	25,00	77	9	11,69	1,30
1931	7	3	42,86	.	.	.	9	2	22,22	89	11	12,36	0,00
1931/32	2	0	0,00	.	.	.	10	2	20,00	67	7	10,45	1,49
1932	5	1	20,00	.	.	.	24	9	37,50	81	8	9,88	1,23
1932/33	4	0	0,00	.	.	.	14	5	35,71	73	9	12,33	1,37
1933	.	.	.	27	12	44,44	31	9	29,03	57	6	10,53	.
1933/34	.	.	.	24	10	41,67	25	4	16,00	53	6	11,32	.
1934	.	.	.	22	10	45,45	23	6	26,09	42	3	7,14	.
1934/35	.	.	.	12	3	25,00	20	2	10,00	39	4	10,26	.
1935	.	.	.	87	28	32,18	5	2	40,00	28	4	14,29	.
1935/36	.	.	.	62	17	27,42	8	4	50,00	31	3	9,68	.
1936	.	.	.	51	10	19,61	14	5	35,71	28	3	10,71	.
1936/37	.	.	.	0	0	.	13	3	23,08	23	2	8,70	.
1937	.	.	.	24	9	37,50	7	2	28,57	20	2	10,00	.
1937/38	.	.	.	26	5	19,23	6	1	16,67	12	1	8,33	.
1938	.	.	.	18	4	22,22	5	1	20,00	11	1	9,09	.
1938/39	.	.	.	6	1	16,67	3	0	0,00	3	0	0,00	.
1939	.	.	.	5	2	40,00	5	0	0,00	5	0	0,00	.
1939/40	.	.	.										
1940/1	.	.	.	7	3	42,86	3	2	66,67	10	2	20,00	.
1940/2	.	.	.	19	11	57,89	6	4	66,67	8	2	25,00	.
1940/3	.	.	.	20	15	75,00	4	3	75,00	8	3	37,50	.
1941/1	.	.	.	19	12	63,16	2	2	100,00	6	2	33,33	.

	Physik				Biologie					Sonstige Naturwiss.		
	insg.	Frauen		Aus-länd. in %	insg.	Frauen		deuts.	Aus-länd. in %	insg.	Frauen	
		insg.	in %			insg.	in %				insg.	in %
Semester	40	41	42	43	44	45	46	47	48	49	50	51
1925	6	0	0,00	.	2	1	50,00	.	.	.	.	.
1925/26	.	.	.	.	.	.	.	.	.	.	.	.
1926	.	.	.	.	.	.	.	.	.	.	.	.
1926/27	8	0	0,00	.	17	3	17,65	.	.	.	.	.
1927	11	1	9,09	0,00	29	5	17,24	5	0,00	.	.	.
1927/28	11	0	0,00	0,00	37	7	18,92	7	0,00	.	.	.
1928	20	2	10,00	5,00	45	6	13,33	6	0,00	.	.	.
1928/29	20	0	0,00	5,00	32	3	9,38	3	0,00	.	.	.
1929	19	2	10,53	5,26	30	7	23,33	7	0,00	.	.	.
1929/30	17	0	0,00	5,88	30	4	13,33	4	0,00	.	.	.
1930	18	1	5,56	5,56	46	12	26,09	12	0,00	.	.	.
1930/31	19	1	5,26	10,53	35	4	11,43	4	0,00	.	.	.
1931	24	2	8,33	4,17	53	13	24,53	12	1,89	.	.	.
1931/32	24	2	8,33	4,17	49	10	20,41	10	0,00	.	.	.
1932	28	2	7,14	3,57	46	8	17,39	8	2,17	.	.	.
1932/33	26	0	0,00	3,85	50	8	16,00	8	2,00	.	.	.
1933	32	1	3,13	.	51	12	23,53	.	.	1	1	100,00
1933/34	24	2	8,33	.	52	15	28,85	.	.	0	0	.
1934	24	3	12,50	.	50	14	28,00	.	.	0	0	.
1934/35	18	1	5,56	.	49	16	32,65	.	.	0	0	.
1935	.	.	.	.	.	.	.	.	.	59	14	23,73
1935/36	.	.	.	.	.	.	.	.	.	39	10	25,64
1936	.	.	.	.	.	.	.	.	.	33	9	27,27
1936/37	.	.	.	.	.	.	.	.	.	24	4	16,67
1937	.	.	.	.	.	.	.	.	.	20	6	30,00
1937/38	.	.	.	.	.	.	.	.	.	18	3	16,67
1938	.	.	.	.	.	.	.	.	.	17	5	29,41
1938/39	2	0	0,00	.	.	.	.	.	.	17	5	29,41
1939	6	0	0,00	.	.	.	.	.	.	10	5	50,00
1939/40	.	.	.	.	.	.	.	.	.	.	.	.
1940/1	2	0	0,00	.	7	4	57,14	.	.	1	0	0,00
1940/2	2	0	0,00	.	3	2	66,67	.	.	9	3	33,33
1940/3	4	0	0,00	.	6	4	66,67	.	.	5	0	0,00
1941/1	3	0	0,00	.	7	7	100,00	.	.	4	1	25,00

Tab. 23.2: Die Einzelfachströme an der Universität Rostock nach Staatsangehörigkeit und Geschlecht 1830/31–1941/1

	Geographie			Mineralogie, Geologie, Bergfach			Geogr., Geol., Min.		
	insg.	Frauen		Ausländ. in %	insg.	Frauen		Ausländ. in %	insg.	Frauen	
		insg.	in %			insg.	in %			insg.	in %
Semester	52	53	54	55	56	57	58	59	60	61	62
1925	2	0	0,00	.	4	1	25,00	.	.	.	.
1925/26	.	.	.	.	.	.	.	.	.	.	.
1926	.	.	.	.	.	.	.	.	.	.	.
1926/27	5	2	40,00	.	0	0	.	.	.	.	.
1927	11	3	27,27	0,00	2	1	50,00	0,00	.	.	.
1927/28	7	0	0,00	0,00	0	0	.	.	.	.	.
1928	6	0	0,00	0,00	1	0	0,00	0,00	.	.	.
1928/29	10	1	10,00	0,00	1	0	0,00	100,00	.	.	.
1929	14	0	0,00	0,00	1	0	0,00	100,00	.	.	.
1929/30	24	3	12,50	0,00	1	0	0,00	100,00	.	.	.
1930	22	3	13,64	0,00	4	0	0,00	25,00	.	.	.
1930/31	19	0	0,00	0,00	2	0	0,00	0,00	.	.	.
1931	22	3	13,64	0,00	2	0	0,00	0,00	.	.	.
1931/32	26	4	15,38	0,00	2	0	0,00	0,00	.	.	.
1932	26	5	19,23	0,00	4	1	25,00	0,00	.	.	.
1932/33	26	4	15,38	3,85	0	0	.	.	.	.	.
1933	.	.	.	.	.	.	.	.	29	5	17,24
1933/34	.	.	.	.	.	.	.	.	29	6	20,69
1934	.	.	.	.	.	.	.	.	23	5	21,74
1934/35	.	.	.	.	.	.	.	.	27	7	25,93
1935	.	.	.	.	.	.	.	.	19	4	21,05
1935/36	.	.	.	.	.	.	.	.	17	3	17,65
1936	.	.	.	.	.	.	.	.	16	5	31,25
1936/37	.	.	.	.	.	.	.	.	5	1	20,00
1937	.	.	.	.	.	.	.	.	6	2	33,33
1937/38	.	.	.	.	.	.	.	.	6	1	16,67
1938	.	.	.	.	.	.	.	.	10	1	10,00
1938/39	.	.	.	.	.	.	.	.	6	2	33,33
1939	.	.	.	.	.	.	.	.	4	2	50,00
1939/40	.	.	.	.	.	.	.	.	.	.	.
1940/1	.	.	.	.	.	.	.	.	1	1	100,00
1940/2	.	.	.	.	.	.	.	.	1	1	100,00
1940/3	.	.	.	.	.	.	.	.	4	4	100,00
1941/1	.	.	.	.	.	.	.	.	5	2	40,00

5. Anmerkungen zu Tabelle 23.2

1830/31–1866: entfällt.

1866/67–1908:

Summe der ausländischen Stud. 1874/75–1886 und Differenzierung derselben nach Fächern und Fächergruppen 1878–1886 aus dem Pers.Verz. der Univ. Rostock entnommen. 1894/95–1896/97 sind zwischen dem Pers.Verz. der Univ. Rostock und der PrStat geringe Abweichungen bei Math./Naturwiss. bzw. Pharmaz. (1894/95–1895/96), Phil./Gesch. bzw. Math./Naturwiss. (1896–1896/97) bzw. der Stud. insg. (1896) festzustellen.

Sp.13 (Math., Naturwiss.): Seit 1877/78 ohne Chemie nach dem Pers.Verz. der Univ. Rostock; in der PrStat bis zum WS 1902/03 einschl. Chemie. – Sp.15 (Chemie): 1877/78–1902/03 aus dem Pers.Verz. – Sp.17 (Cameralia): 1866/67–1882/83 in Landwirtschaft (Sp.19) enthalten; 1883–1908 aus dem Pers.Verz.; 1887, 1887/88 einschl. 2 bzw. 1 Stud. der Nationalök. – Sp.19 (Landwirtschaft): 1866/67–1882/83 einschl. Cameralia (Sp.17); 1877/78 einschl. 1 Stud. der Thierarzneik.; 1886–1887/88 einschl. 1, 3, 2, bzw. 2 Stud. der Forstwiss.

1908/09–1941/1:

Für die Sem. 1912–1926 wurden die ausländischen Stud. dem Pers.Verz. entnommen. 1922 sind keine ausländischen Stud. dokumentiert, da kein Pers.Verz. der Univ. Rostock erschienen ist. Für 1914/15 ist nur eine Differenzierung nach Fak.n möglich. Im WS 1918/19 können nur die 370 tatsächlich Studierenden nach Fächern bzw. Fachgruppen differenziert werden. Die beurlaubten und im Heeresdienst befindlichen Stud. sind undifferenziert unter »Sonstige« (Sp.43) verzeichnet. 1939/40 war die Univ. wegen des Kriegsbeginns und der Umstellung auf Trimester geschlossen.

Sp.5 (Jura): 1915–1921/22, 1924, 1924/25, 1925/26 und 1926 sind im StatJbDR die Stud. der Cameralia, Staatswissenschaft enthalten. Wir haben diese Stud. mit Hilfe des Pers.Verz. herausgenommen und in Sp.36 verzeichnet. – Sp.10 (Medizin): 1914–1918/19 einschl. Zahnmedizin (Sp.15). – Sp.15 (Zahnmedizin): 1914–1918/19 in Medizin enthalten. – Sp.23 (Philologien, Geschichte): 1914/15 Stud. der Phil. Fak. – Sp.36 (Cameralia, Staatswissenschaft): 1908/09–1911/12, 1915–1921/22, 1924,

1924/25, 1925/26 und 1926 in der PrStat bzw. dem StatJbDR nicht differenziert ausgewiesen. Wir haben die Zahlen dem Pers.Verz. entnommen. Bis 1918 Stud. der »Cameralia«; 1918/19–1924/25, 1925/26 und 1926 »Staatswissenschaft«; 1925 und seit 1926/27 »Volkswirtschaft«. – Sp. 40 (Landwirtschaft): 1908/09–1911/12 wurden die Zahlen dem Pers.Verz. entnommen. – Sp. 43 (Sonstige): 1908/09–1911/12 Stud. der Philos. etc.; 1912–1926 Musik (außer 1918/19); im StatJbDR 1912/13–1914 noch 1, 1, 2, und 2 Stud. der Physik und 1914 1 Stud. der Geographie enthalten, die wir mit dem Pers.Verz. zu Mathematik, Naturwissenschaften (Physik) bzw. Philologien, Geschichte (Geographie) gerechnet haben; 1918/19 im Heeresdienst befindliche Stud. (652, m), Beurlaubte (15, m; 4, w) und Musik (2, m); 1928 nur Betriebwirtsch.-Stud. – Sp. 47 (Studierende insg.): Bis 1924/25 einschl. derjenigen Stud., die keine Vorlesungen belegt haben. 1925 ohne die Stud., die keine Vorlesungen belegt haben. 1925/26 und 1926 wieder einschl. der Stud., die keine Vorlesungen belegt haben; einschl. 44 bzw. 33 beurlaubte Stud. Seit 1926/27 wieder ohne Stud., die keine Vorlesungen belegt haben.

1925–1941.1:

Sp. 15 (Geschichte): 1935–1936 in Sonstige Kulturwiss. (Sp. 30) enthalten. – Sp. 23 (Phil., Päd., Religionslehren): vorher bei Philologie, Geschichte. – Sp. 30 (Sonstige Kulturwiss.): 1935–1936 einschl. Geschichte (Sp. 15). – Sp. 36 (Mathematik): 1935–1938 einschl. Physik (Sp. 40). – Sp. 40 (Physik): 1935–1938 in Mathematik (Sp. 36) enthalten. – Sp. 44 (Biologie): 1935–1939 in Sonstige Naturwiss. (Sp. 49) enthalten. – Sp. 49 (Sonstige Naturwiss.): 1935–1939 einschl. Biologie.

6. Quellen und Literatur

Quellen:

Standardquellen: 1830/31–1911/12: PrStat 167, 236. – *1912–1924/25:* StatJbDR Jgg. 34–36, 40–44. – *1925–1927/28:* DtHochStat Bd. 1; VjhStatDR Jgg. 35–37. – *1928–1932/33:* DtHochStat Bde. 1–10. – *1932–1941.1:* ZehnjStat.

Ergänzend: 1874/75–1926: Pers.Verz. der Univ. Rostock.

Literatur:

HEESS, W.: Geschichtliche Bibliographie von Mecklenburg. Rostock 1944. – Bibliographische Hinweise: In: Geschichte der Universität Rostock 1419–1969. Bd. 2. Berlin 1969, S. 381–392.

AMMER, T.: Universität zwischen Demokratie und Diktatur. Ein Beitrag zur Nachkriegsgeschichte der Universität Rostock. Köln 1969. – ANDREAS, W.: Rostock und Greifswald. In: Universitäten in Mittel- und Ostdeutschland. Bremen 1961. S. 34–57, 192. – Geschichte der Universität Rostock. 1419–1969. 2 Bde. Berlin 1969. – HAALCK, J.: Geschichte der Juristischen Fakultät der Universität Rostock. In: Wiss. Ztschr. Rostock (G), 17. Jg. (1968). – KRETSCHMANN, P.: Universität Rostock. Mitteldeutsche Hochschulen. Bd. 3. Köln/Wien 1969. – MIEHE, G.: Zur Rolle der Universität Rostock in der Zeit des Faschismus in den Jahren 1935–1945. Rostock (Phil. Diss.) 1969. – PAULI, S.: Geschichte der Theologischen Institute an der Universität Rostock. In: Wiss. Ztschr. Rostock (G), 17. Jg. (1968). – PIEHLER, G.: Zum 550jährigen Bestehen der Universität Rostock. 1419–1969. In: Carolinum Nr. 52 (1969), S. 7–12. – SCHMIDT, R.: Rostock und Greifswald. Die Errichtung von Universitäten im norddeutschen Hanseraum. In: BAUMGART, P. / HAMMERSTEIN, N. (Hg.): Beiträge zu den Problemen deutscher Universitätsgründungen der frühen Neuzeit. Nendeln 1978. – SCHNITZLER, E.: Die Gründung der Universität Rostock 1419. Wien 1974. – Verzeichniß der Behörden, Lehrer, Institute, Beamten und Studirenden auf der Großh. Landes-Universität Rostock. 1845/46–1944/45 (unter verschiedenen Titeln = Pers. Verz.). – WEGNER, R. N.: Zum 500jährigen Bestehen der Universität Rostock und ihrer medizinischen Fakultät. In: Deutsche Medizinische Wochenschrift. Jg. 45 (1919), S. 1254ff.

24. Straßburg

1. Geschichtliche Übersicht

Die alte Universität ging aus dem 1538 gegründeten protestantischen Gymnasium hervor, das 1567 zur Akademie erhoben und bis 1621 zu einer vollständigen Universität ausgebaut wurde.

Nach der französischen Annexion (1681) blieb der deutsche und protestantische Charakter der Universität bis zu ihrer förmlichen Auflösung 1792 erhalten. Durch die napoleonische Umgestaltung des Unterrichtswesens traten an die Stelle der alten Universität fünf Spezialhochschulen, unter denen die medizinische die bedeutendste war.

Nach dem deutsch-französischen Krieg und der Annexion Elsaß-Lothringens wurde am 1.5.1872 die neue Hochschule eröffnet, die in dem umstrittenen Grenzland zu einer deutschen Musteruniversität ausgebaut werden sollte (seit 1877 »Kaiser-Wilhelms-Universität«). Im Gründungsjahr wurden 52 ordentliche Professoren berufen, wesentlich mehr, als die meisten deutschen Universitäten damals aufweisen konnten. Für den großzügigen raschen Ausbau wurden erhebliche Mittel zur Verfügung gestellt. Bis 1893 belief sich die Bausumme (einschl. der projektierten, erst 1902 fertiggestellten Medizinischen Klinik) auf über 14 Mill. Mark, von denen das Reich 71 Prozent trug. Mit diesem Investitionsvolumen reichte Straßburg fast an die viel größere Universität Leipzig heran, die in ihrer intensivsten Bauperiode zwischen 1879 und 1908 über außerordentliche Mittel in Höhe von 17,8 Mill. Mark verfügen konnte. Auch hinsichtlich des jährlichen Etats stand Straßburg in den 70er Jahren hinter Berlin und Leipzig an dritter Stelle, nur Göttingen und Bonn kamen ihm nahe.

Bereits fünf Jahre nach ihrer Gründung hatte die neue Hochschule hinsichtlich ihrer Frequenz fast die Hälfte der deutschen Universitäten überholt. Nach der großzügigen Ausbauphase mußte sich die ehrgeizige Neugründung seit den 80er Jahren allerdings an den Gedanken gewöhnen, »kleiner zu werden« (Althoff). Die Besucherzahlen wuchsen nur noch mäßig und blieben deutlich unter der ursprünglich angestrebten Größenordnung von etwa 1200 Studenten. Hinsichtlich des allgemeinen Niveaus der Bildungsbeteiligung blieb zum einen der regionale Einzugsbereich der Universität (Elsaß-Lothringen) hinter den deutschen Provinzen zurück. Zum anderen hielt sich auch die elsässische Bevölkerung lange zu einem großen Teil fern. Drittens ließ der Zustrom der sog. altdeutschen Studenten, die zuerst sehr zahlreich kamen, ab den 80er Jahren wieder nach. Erst nach der Einrichtung auch einer kath.-theol. Fakultät im Jahre 1903 (rund 80% Elsaß-Lothringens war kath.) wurde die Größenordnung von 1200 Studenten erreicht und bald weit überschritten. In der Studentenschaft wie auch im Lehrkörper verstärkten sich seit der Jahrhundertwende die einheimischen Elemente; über die Hälfte der Studenten stammte schließlich aus Elsaß-Lothringen. Die anfängliche Reichsuniversität nahm mehr den Charakter einer Landesuniversität an.

Als Neugründung in einer dynamischen Entwicklungsphase des wissenschaftlichen Lebens trug Straßburg von vornherein die Züge einer modernen Universität. Nach dem definitiven Statut vom 24.2.1875 teilte sich die Universität in fünf Fakultäten. Die Staatswissenschaften wurden dem traditionellen Lehrgefüge entnommen und mit der Rechtswissenschaftlichen Fakultät verbunden. Nach dem Muster von Tübingen und vielen ausländischen Universitäten wurde als fünfte eine selbstständige Mathematische und Naturwiss. Fakultät eingerichtet (unter dem provisorischen Statut bestanden bereits zwei Sektionen). Alle zuletzt selbständig gewordenen Einzelfächer waren in Straßburg vollständig besetzt. Hinsichtlich der Breite und Differenziertheit ihrer Institute war die neugeschaffene Hochschule in den 80er Jahren vorbildlich und den drei Großuniversitäten Berlin, München und Leipzig vergleichbar. In manchen Disziplinen ging sie mit Neu- und Ersteinrichtungen voran (Kunstgeschichte, Altertumskunde, physiologische Chemie, Pharmakologie). Das Betreuungsverhältnis von Lehrenden zu Studierenden war 1880 besonders günstig. Während hier nur 8 Studenten auf einen Dozenten entfielen, waren es an den größeren Hochschulen etwa 10 bis 12, in München und Berlin über 14 und in Leipzig über 18.

Ungehemmt durch veraltete Traditionen traten von vornherein die modernen Seminare neben die Vorlesungen und prägten den erfahrungswissenschaftlich orientierten Studienbetrieb. Straßburg hatte bald den Ruf einer »Arbeitsuniversität« mit hohem wissenschaftlichen Renommee. Zwischen 1872 und 1918 wurden über 3.500 Dissertationen abgeschlossen. Charakteristisch – besonders für die Aufbauphase – war die Jugendlichkeit des Lehrkörpers (bis 1884 52 Habilitationen). Bis 1897 wurden 88 Hochschullehrer aus Straßburg wegberufen, zahlreiche an die be-

deutendsten Universitäten (bes. Berlin und Leipzig). Es gab wenige deutsche Universitäten, an denen nicht ein oder mehrere frühere Straßburger Dozenten lehrten.

Durch die Kriegseinflüsse wurde die Universität nach 1914 stark in Mitleidenschaft gezogen; im Herbst 1918 brach der Lehrbetrieb endgültig zusammen. Am 2.12.1918 wurde die Universität für geschlossen erklärt und fast das gesamte deutsche Lehrpersonal bis Januar 1919 ausgewiesen.

2. Der Bestand an Institutionen 1872/73–1918

Zum Verständnis vgl. die Erläuterungen S. 48 ff.

I. Evang.-Theol. Fak. (1874)

1. Sem. f. syst. Theol. (1874)
2. Sem. f. prakt. Theol. (1874)
3. Theol. Gesellschaft (1874–1887)
4. Alttest. Sem. (1887/88)
5. Neutest. Sem. (1887/88)
6. Kirchengesch. Sem. (1887/88)

II. Kath.-Theol. Fak. (1903/04)

1. Kirchengesch. Sem. (1903/04)
2. Alttest. Sem. (1903/04)
3. Neutest. Sem. (1903/04)
4. Sem. f. dogmat. Theol. (1903/04)
5. Philos.-theol. Sem. (nur 1903/04)
    Philos.-apologetisches Sem. (1904/05)
6. Sem. f. Pastoral-Theol. (nur 1903/04, 04/05)
7. Sem. f. Moral-Theol. (nur 1903/04, 09/10)
8. Sem. f. kanonisches Recht (1909/10–1910)
9. Sem. f. Kirchenrecht (1910)
10. Sem. f. chr. Kunstgesch. (1917/18)

III. Jur. Fak. (1872/73–74)
Rechts-und Staatswiss. Fak. (1874/75)

1. Jur. Sem. (1872/73)
2. Staatswiss. Sem. (1872/73)

IV. Med. Fak. (1872/73)

1. Anat. Inst. (1872/73)
2. Inst. f. Exp.-Physiol. (1872/73–88/89)
    Physiol. Inst. (1889)
3. Physiol.-chem. Inst. (1872/73)
4. Path.-anat. Inst. (1872/73–82)
    Path. Inst. (1882/83)
5. Pharm. Inst. (1872/73)
6. Med. Klin. u. Polikl. (1872/73–77/78)
6.1 Med. Klin. (1878)
6.2 Med. Polikl. (1878)

7. Gebh. Klin. (1872/73–84/85)
    Klin. f. Gebh. u. Frauenkr. (1885–88)
    Frauenkl. (1888/89)
8. Psych. Klin. (1872/73–1910/11)
    Psych. u. Nervenkl. (1911)
9. Chir. Klin. u. Polikl. (1872/73–1908)
    Chir. Klin. (1908/09)
10. Ophtalmiatrische Klin. (1872/73–91/92)
    Klin. f. Augenkr. (1892–1907/08)
    Univ.-Augenkl. (1908, o. Univ. 08/09)
11. Klin. f. Syph. u. Hautkr. (1873–1916/17)
    Hautkl. (1917)
12. Kinderkl. (1876)
13. Ohrenkl. (nur 1881)
    Otiatrische Polikl. (1881/82–91/92)
    Klin. f. Ohrenkr. (1892–1913)
    Klin. f. Ohren-u. Kehlkopfkr. (1913/14)
14. Polikl. f. Zahnkr. (1893/94)
15. Inst. f. Hyg. u. Bakt. (1896/97)
15.1 Abt. f. Hyg. u. Bakt. (1911/12)
15.2 Abt. f. tierärztl. bakt. Unters. (1911/12)
15.3 Abt. f. Typhusbehandlung (1911/12)
16. Ärztl. Aufnahmedienst im Bürgerhospital (1908/09)

V. Phil. Fak. (1872/73)

1. Hist. Sem. (1872/73–⟨1901⟩)
1.1 Abt. f. mittelalt. dt. Gesch.forsch. (1872/73–95/96)
    Abt. f. Gesch. d. Mittelalt. u. f. hist. Hilfswiss. (1896–⟨1901⟩)
    Sem. f. Gesch. d. Mittelalt. u. f. hist. Hilfswiss. (⟨1902⟩)
1.2 Abt. f. neuere Gesch. (1872/73–⟨1901⟩)
    Sem. f. neuere Gesch. (⟨1902⟩)
2. Inst. f. Kunstgesch. u. altchr. Arch. (1893)
2.1 Kunsthist. App. (1872/73–81/82)
    Kunsthist. Inst. (1882–92/93)
2.2 App. f. chr. Arch. (1872/73–81/82)
    Inst. f. chr. Arch. (1882–92/93)
3. Philol. Sem. (1872/73)
4. Sem. f. neuere Spr. (1873/74–74/75)

4.1	Sem. f. rom. Spr. (nur 1872/73)
	Rom. Sem. (nur 1873)
	Rom. Abt. (1873/74–74/75)
	Sem. f. Rom. Sprachk. (1875)
4.2	Engl. Sem. (nur 1873)
	Engl. Abt. (1873/74–74/75)
	Sem. f. engl. Sprachk. (1875)
5.	Kunstarch. Inst. (1873)
6.	Germ. Sem. (1873–1908)
	Sem. f. dt. Philol. (1908/09)
7.	Philos. Sem. (1873/74)
8.	Inst. f. Altertumswiss. (1873/74–1908, 09)
	Inst. d. röm. u. griech. Altertumswiss. (nur 1908/09)
8.1	Röm. Abt. (1885/86–(1901))
8.2	Griech. Abt. (1885/86–(1901))
9.	Geogr. Sem. (1875)
10.	Ägyptol. Samml. (1896, Inst. 1899/1900)
11.	Psychol. Inst. (1909)
12.	Orient. Sem. (1911/12)
13.	Inst. f. indogerm. Sprachwiss. u. Sanskritphilol. (1911/12–1915)

13.1	Inst. f. indogerm. Sprachwiss. (1915/16)
13.2	Inst. f. Sanskritphilol. (1915/16)

VI.   Math.-Naturwiss. Fak. (1875), in V. –1874/75

1.	Math. Sem. (1872/73)
2.	Phys. Inst. (1872/73)
3.	Zool. Inst. (1872/73)
4.	Bot. Inst. (1872/73)
5.	Chem. Inst. (1872/73)
6.	Geogn. u. pal. Inst. (1872/73–1914/15)
	Geol.-pal. Inst. (1915)
7.	Astr. Inst. u. Sternwarte (1873–1908)
	Sternwarte (1908/09)
8.	Pharmaz. Inst. (1873, in IV. –1874)
9.	Min. u. petrogr. Inst. (1886)
9.1	Min. Inst. (1872/73–85/86)
9.2	Petrogr. Inst. (1874/75–85/86)

1901/02 Fehldruck, wodurch zwei Seiten fehlen.

3. Die Studierenden nach Fachbereichen

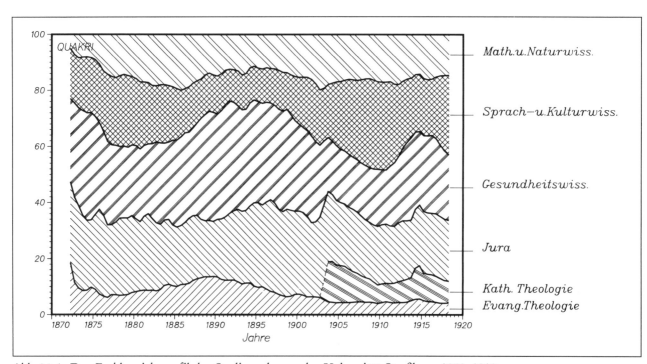

Abb. 24. 1: Das Fachbereichsprofil der Studierenden an der Universität Straßburg 1872–1918

Tab. 24.1: Die Studierenden an der Universität Straßburg nach Fachbereichen in Prozent 1872–1918

| Semester | Evang. Theol. | Kath. Theol. | Jura | Gesundheitswissenschaften | | | | Sprach- und Kultur- wiss. | Math., Naturw. | | Studierende | | |
| | | | | insg. | Allg. Med. | Zahn- med. | Phar- mazie | | insg. | Chemie | insg. | weibl. in % aller Stud. | Ausl. in % aller Stud. |
	1	2	3	4	5	6	7	8	9	10	11	12	13
1872	24,53	.	27,83	24,53	24,53	0,00	0,00	18,87	4,25	.	212	.	.
1872/73	12,56	.	29,74	34,87	28,97	0,00	5,90	16,92	5,90	.	390	.	12,56
1873	10,28	.	31,05	32,33	26,12	0,00	6,21	17,77	8,57	.	467	.	10,49
1873/74	8,51	.	27,66	37,59	29,26	0,00	8,33	18,09	8,16	.	564	.	11,88
1874	8,53	.	25,93	37,36	29,63	0,00	7,73	20,13	8,05	.	621	.	12,08
1874/75	8,87	.	23,85	39,45	31,19	0,00	8,26	19,88	7,95	.	654	.	12,84
1875	10,63	.	24,19	37,13	30,66	0,00	6,47	19,41	8,63	.	649	.	13,10
1875/76	7,39	.	29,10	32,94	28,21	0,00	4,73	21,12	9,45	.	677	.	15,07
1876	7,27	.	31,31	28,93	26,41	0,00	2,52	20,62	11,87	.	674	.	16,47
1876/77	5,80	.	26,59	30,83	28,43	0,00	2,40	22,35	14,43	.	707	.	19,94
1877	6,41	.	25,16	28,69	25,64	0,00	3,04	25,64	14,10	.	624	.	15,06
1877/78	7,78	.	24,76	28,25	23,81	0,00	4,44	23,17	16,03	.	630	.	15,08
1878	6,34	.	27,09	26,51	21,61	0,00	4,90	25,07	14,99	.	694	.	13,83
1878/79	7,31	.	28,07	24,56	20,18	0,00	4,39	25,44	14,62	.	684	.	12,72
1879	6,60	.	26,95	26,55	22,37	0,00	4,18	25,88	14,02	.	742	.	12,13
1879/80	7,71	.	27,66	23,94	19,81	0,00	4,12	25,13	15,56	.	752	.	11,57
1880	8,07	.	27,14	26,50	22,41	0,00	4,10	23,56	14,72	.	781	.	13,83
1880/81	8,32	.	24,70	25,77	21,61	0,00	4,16	24,30	16,91	.	745	.	13,29
1881	8,70	.	24,55	26,10	22,21	0,00	3,90	23,51	17,14	.	770	.	12,47
1881/82	8,76	.	28,17	24,49	21,07	0,00	3,43	21,57	17,01	.	788	.	13,20
1882	8,38	.	26,61	25,39	22,24	0,00	3,16	22,11	17,50	.	823	.	13,97
1882/83	9,06	.	24,40	28,14	25,48	0,00	2,66	19,32	19,08	.	828	.	12,20
1883	7,83	.	24,10	29,76	26,02	0,00	3,73	20,60	17,71	.	830	.	12,77
1883/84	10,07	.	22,39	28,32	22,93	0,00	4,38	20,97	18,25	.	844	.	11,85
1884	10,76	.	24,30	26,48	23,10	0,00	3,39	20,80	17,65	.	827	.	12,21
1884/85	10,87	.	21,98	28,74	24,64	0,00	4,11	19,44	18,96	.	828	.	14,25
1885	9,63	.	21,38	31,88	27,75	0,00	4,13	18,63	18,50	.	800	.	12,38
1885/86	10,34	.	21,05	30,29	25,55	0,00	4,74	18,00	20,32	.	822	.	12,90
1886	11,11	.	21,04	32,98	29,08	0,00	3,90	15,25	19,62	.	846	.	14,18
1886/87	10,52	.	23,05	30,97	27,30	0,00	3,66	16,43	19,03	.	846	.	13,24
1887	11,77	.	23,42	30,48	27,39	0,00	3,10	15,99	18,34	.	807	.	12,02
1887/88	12,64	.	22,80	32,17	28,56	0,00	3,61	15,91	16,48	.	886	.	11,40
1888	12,92	.	22,46	33,94	30,68	0,00	3,26	14,01	16,67	.	828	.	11,96
1888/89	13,39	.	19,18	38,37	34,73	0,00	3,63	13,96	15,10	.	881	.	11,01
1889	13,73	.	20,71	37,53	34,32	0,00	3,20	14,19	13,84	.	874	.	11,10
1889/90	13,25	.	19,44	40,49	37,71	0,00	2,78	13,03	13,78	.	936	.	12,39
1890	14,08	.	19,73	37,36	33,70	0,00	3,66	13,64	15,19	.	902	.	12,31
1890/91	12,78	.	21,44	37,80	33,90	0,84	3,06	13,41	14,57	.	947	.	9,19
1891	12,32	.	21,81	39,69	35,66	1,09	2,94	12,76	13,41	.	917	.	10,80
1891/92	12,18	.	23,63	40,45	35,91	0,83	3,72	11,66	12,07	.	969	.	9,29
1892	12,46	.	24,15	39,67	35,08	1,31	3,28	10,93	12,79	.	915	.	7,65
1892/93	12,28	.	25,28	37,67	32,51	1,24	3,92	12,28	12,49	.	969	.	7,95
1893	11,18	.	26,47	36,21	30,01	1,66	4,54	12,51	13,62	.	903	.	8,53
1893/94	10,73	.	25,40	36,24	29,97	1,81	4,46	12,33	15,30	.	941	.	8,71
1894	11,83	.	26,51	36,04	30,78	1,20	4,05	13,03	12,60	.	913	.	9,31
1894/95	10,85	.	28,45	37,51	31,61	1,37	4,53	11,91	11,28	.	949	.	9,06
1895	9,43	.	31,14	35,90	29,01	1,42	5,48	12,07	11,46	.	986	.	9,43
1895/96	10,06	.	29,38	36,16	29,48	1,59	5,08	11,75	12,65	.	1004	.	8,37
1896	9,91	.	29,00	36,35	30,38	1,07	4,90	12,69	12,05	.	938	.	8,53
1896/97	8,39	.	33,17	34,85	29,22	1,28	4,34	11,85	11,75	.	1013	.	8,29
1897	8,27	.	32,28	34,15	29,13	1,48	3,54	12,60	12,70	.	1016	.	9,45
1897/98	7,69	.	31,43	35,55	28,99	1,88	4,69	13,41	11,91	.	1066	.	7,79
1898	6,83	.	29,33	35,77	29,04	2,12	4,62	14,33	13,75	.	1040	.	8,65
1898/99	6,70	.	30,70	36,09	29,58	1,58	4,93	13,12	13,40	.	1075	.	7,63
1899	6,12	.	31,79	35,13	28,17	1,67	5,28	13,07	13,90	.	1079	.	6,95
1899/00	7,15	.	29,41	33,03	27,33	1,18	4,52	15,38	15,02	.	1105	.	7,24
1900	7,42	.	29,78	31,62	26,11	1,40	4,10	16,07	15,11	.	1145	.	8,03
1900/01	7,33	.	29,42	30,39	24,56	1,59	4,24	17,31	15,55	.	1132	.	7,16
1901	6,62	.	29,52	30,14	23,79	1,52	4,83	18,78	14,94	.	1118	.	7,07
1901/02	6,09	.	27,98	30,80	23,92	1,85	5,03	19,42	15,71	.	1133	.	6,88
1902	6,80	.	24,82	30,83	23,41	1,86	5,57	21,11	16,43	.	1132	.	6,98
1902/03	5,87	.	28,75	26,32	19,87	1,84	4,61	20,20	18,86	.	1193	.	6,87
1903	6,51	.	28,37	25,16	19,09	2,05	4,01	19,27	20,70	6,42	1121	.	5,89
1903/04	4,20	13,28	26,18	20,41	15,53	1,88	3,00	18,30	17,63	5,33	1333	.	6,83
1904	4,93	15,40	24,02	18,01	13,78	1,39	2,85	19,63	18,01	5,39	1299	.	6,70
1904/05	3,94	13,91	23,66	20,07	14,41	1,79	3,87	21,72	16,70	5,09	1395	.	6,38
1905	4,54	13,14	22,36	19,01	13,14	1,96	3,91	23,83	17,12	4,75	1431	.	5,80
1905/06	4,18	13,09	22,69	18,99	13,02	1,78	4,18	24,54	16,52	4,18	1459	.	5,48
1906	4,44	12,76	21,79	18,90	13,68	1,62	3,60	25,95	16,15	3,88	1418	.	5,64
1906/07	4,30	10,96	22,40	19,01	13,74	1,57	3,69	27,48	15,86	3,57	1652	.	5,81
1907	4,63	10,86	22,15	18,20	12,71	1,67	3,82	27,64	16,53	3,95	1621	.	5,61
1907/08	4,62	9,48	21,59	19,19	12,99	1,93	4,27	28,79	16,33	3,34	1709	.	5,73
1908	4,58	9,11	21,03	18,74	13,51	1,94	3,29	30,49	16,04	3,00	1702	.	5,46
1908/09	4,31	8,41	20,31	20,04	14,92	2,16	2,96	31,25	15,68	2,80	1856	1,67	5,23
1909	4,70	8,11	20,10	19,02	14,37	2,07	2,58	32,14	15,92	2,64	1935	1,40	5,58
1909/10	3,96	6,52	20,60	20,95	15,64	3,26	2,06	31,23	16,74	2,36	1995	1,75	5,31
1910	4,07	6,67	21,13	19,91	15,33	2,55	2,04	31,16	17,06	2,29	1964	1,73	5,60
1910/11	4,60	6,68	21,09	19,25	15,29	2,18	1,79	31,40	16,98	2,52	2067	1,50	5,08
1911	4,76	6,45	21,16	19,29	15,73	1,97	1,59	31,36	16,98	2,45	2079	1,64	5,96
1911/12	4,02	6,92	20,02	23,57	19,93	1,96	1,68	28,72	16,74	2,43	2138	1,96	6,50
1912	4,39	7,18	20,49	21,89	21,89	.	.	27,24	18,80	.	2074	1,83	7,09
1912/13	4,41	7,71	21,43	25,50	25,50	.	.	24,04	16,92	.	2063	2,52	9,26
1913	4,27	8,00	21,26	26,56	26,56	.	.	23,61	16,30	.	2037	2,85	8,98
1913/14	4,83	8,17	20,55	29,45	29,45	.	.	21,51	15,49	.	2092	2,77	10,28
1914	5,26	8,37	20,42	29,45	29,45	.	.	20,88	15,62	.	1959	3,01	8,93
1914/15	5,89	13,77	21,65	25,71	25,71	.	.	20,09	12,90	.	1155	3,90	0,61
1915	5,51	9,79	21,66	26,72	26,72	.	.	20,95	15,37	.	1542	3,63	0,32
1915/16	4,62	9,77	22,29	27,38	27,38	.	.	19,81	16,13	.	1494	3,82	0,13
1916	4,73	9,77	21,45	27,60	27,60	.	.	20,22	16,23	.	1627	3,38	0,31
1916/17	4,59	9,42	22,38	27,97	27,97	.	.	20,06	15,58	.	1720	4,07	0,17
1917	4,31	9,13	22,16	25,60	25,60	.	.	24,17	14,64	.	1742	3,79	0,17
1917/18	3,98	8,45	22,07	25,24	25,24	.	.	25,51	14,75	.	1858	5,27	0,27
1918	4,25	7,71	21,71	23,44	23,44	.	.	28,37	14,53	.	1907	4,30	0,10

4. Die Studierenden nach Fächern

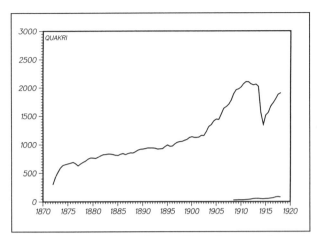

Abb. 24. 2: Die Studierenden (weibl. u. insg.) an der Universität Straßburg 1872/73–1918: Sämtliche Fächer

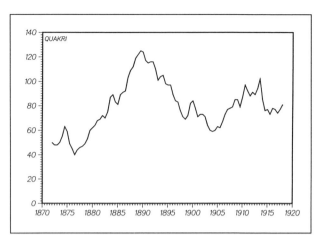

Abb. 24. 3: Die Studierenden an der Universität Straßburg 1872/73–1918: Evangelische Theologie

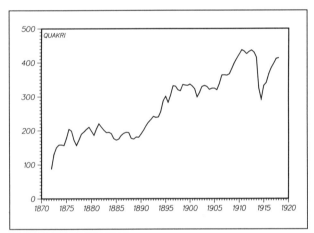

Abb. 24. 4: Die Studierenden an der Universität Straßburg 1872/73–1918: Jura

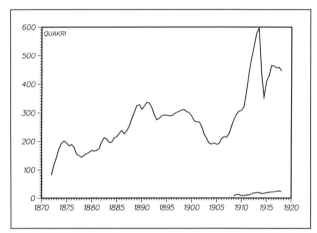

Abb. 24. 5: Die Studierenden (weibl. u. insg.) an der Universität Straßburg 1872/73–1918: Allgemeine Medizin

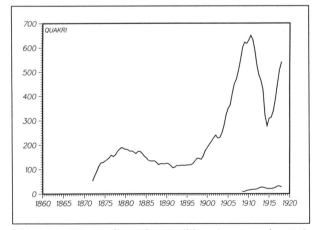

Abb. 24. 6: Die Studierenden (weibl. u. insg.) an der Universität Straßburg 1872/73–1918: Sprach- und Kulturwissenschaften

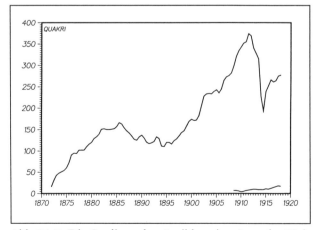

Abb. 24. 7: Die Studierenden (weibl. u. insg.) an der Universität Straßburg 1872/73–1918: Mathematik und Naturwissenschaften

Tab.24.2: Die Einzelfachströme an der Universität Straßburg nach Staatsangehörigkeit und Geschlecht 1872/73–1918

	Evang. Theol.		Kath.Theol.		Jura		Medizin		Zahnmedizin		Pharmazie		Philol.,Gesch.	
	insg.	Ausl. in %	insg.	Ausl. in %	insg.	Ausl. in %	insg.	Ausl. in %	insg.	Ausl. in %	insg.	Ausl. in %	insg.	Ausl. in %
Semester	1	2	3	4	5	6	7	8	9	10	11	12	13	14
1872	52	.	.	.	59	.	52	.	0	.	0	.	40	.
1872/73	49	.	.	.	116	.	113	.	0	.	23	.	66	.
1873	48	.	.	.	145	.	122	.	0	.	29	.	83	.
1873/74	48	.	.	.	156	.	165	.	0	.	47	.	102	.
1874	53	.	.	.	161	.	184	.	0	.	48	.	125	.
1874/75	58	.	.	.	156	.	204	.	0	.	54	.	130	.
1875	69	.	.	.	157	.	199	.	0	.	42	.	126	.
1875/76	50	.	.	.	197	.	191	.	0	.	32	.	143	.
1876	49	.	.	.	211	.	178	.	0	.	17	.	139	.
1876/77	41	.	.	.	188	.	201	.	0	.	17	.	158	.
1877	40	.	.	.	157	.	160	.	0	.	19	.	160	.
1877/78	49	.	.	.	156	.	150	.	0	.	28	.	146	.
1878	44	.	.	.	188	.	150	.	0	.	34	.	174	.
1878/79	50	.	.	.	192	.	138	.	0	.	30	.	174	.
1879	49	.	.	.	200	.	166	.	0	.	31	.	192	.
1879/80	58	.	.	.	208	.	149	.	0	.	31	.	189	.
1880	63	.	.	.	212	.	175	.	0	.	32	.	184	.
1880/81	62	.	.	.	184	.	161	.	0	.	31	.	181	.
1881	67	.	.	.	189	.	171	.	0	.	30	.	181	.
1881/82	69	.	.	.	222	.	166	.	0	.	27	.	170	.
1882	69	.	.	.	219	.	183	.	0	.	26	.	182	.
1882/83	75	.	.	.	202	.	211	.	0	.	22	.	160	.
1883	65	.	.	.	200	.	216	.	0	.	31	.	171	.
1883/84	85	.	.	.	189	.	202	.	0	.	37	.	177	.
1884	89	.	.	.	201	.	191	.	0	.	28	.	172	.
1884/85	90	.	.	.	182	.	204	.	0	.	34	.	161	.
1885	77	.	.	.	171	.	222	.	0	.	33	.	149	.
1885/86	85	.	.	.	173	.	210	.	0	.	39	.	148	.
1886	94	.	.	.	178	.	246	.	0	.	33	.	129	.
1886/87	89	0,00	.	.	195	9,23	231	19,91	0	.	31	6,45	139	13,67
1887	95	3,16	.	.	189	6,88	221	17,65	0	.	25	8,00	129	12,40
1887/88	112	.	.	.	202	.	253	.	0	.	32	.	141	.
1888	107	.	.	.	186	.	254	.	0	.	27	.	116	.
1888/89	118	.	.	.	169	.	306	.	0	.	32	.	123	.
1889	120	.	.	.	191	.	300	.	0	.	28	.	124	.
1889/90	124	7,26	.	.	182	3,85	353	13,88	0	.	26	.	122	17,21
1890	127	7,87	.	.	178	6,18	304	13,82	0	.	33	.	123	11,38
1890/91	121	4,96	.	.	203	4,93	321	9,03	8	.	29	.	127	6,30
1891	113	3,54	.	.	200	6,00	327	11,93	10	.	27	.	117	11,97
1891/92	118	1,69	.	.	229	3,93	348	11,21	8	.	36	8,33	113	11,50
1892	114	0,88	.	.	221	4,07	321	9,97	12	.	30	6,67	100	8,00
1892/93	119	0,84	.	.	245	6,12	315	8,89	12	.	38	10,53	119	8,40
1893	101	0,00	.	.	239	4,60	271	10,33	15	.	41	9,76	113	10,62
1893/94	101	0,99	.	.	239	4,18	282	9,22	17	.	42	7,14	116	12,93
1894	108	3,70	.	.	242	6,20	281	8,90	11	.	37	5,41	119	15,13
1894/95	103	0,97	.	.	270	4,44	300	12,00	13	.	43	6,98	113	15,04
1895	93	3,23	.	.	307	7,49	286	9,44	14	.	54	7,41	119	14,29
1895/96	101	3,96	.	.	295	4,41	296	9,12	16	.	51	11,76	118	11,02
1896	93	1,08	.	.	272	2,94	285	12,28	10	0,00	46	6,52	119	11,76
1896/97	85	1,18	.	.	336	4,46	296	10,14	13	7,69	44	2,27	120	13,33
1897	84	2,38	.	.	328	4,57	296	13,18	15	6,67	36	2,78	128	15,63
1897/98	82	2,44	.	.	335	5,67	309	11,00	20	0,00	50	2,00	143	7,69
1898	71	5,63	.	.	305	3,61	302	14,24	22	0,00	48	0,00	149	9,40
1898/99	72	0,00	.	.	330	4,24	318	12,58	17	0,00	53	1,89	141	7,09
1899	66	1,52	.	.	343	4,37	304	9,87	18	0,00	57	1,75	141	10,64
1899/00	79	1,27	.	.	325	2,77	302	10,60	13	0,00	50	0,00	170	11,76
1900	85	3,53	.	.	341	2,93	299	12,04	16	0,00	47	2,13	184	13,04
1900/01	83	2,41	.	.	333	2,70	278	9,35	18	0,00	48	0,00	196	14,80
1901	74	1,35	.	.	330	2,12	266	9,40	17	0,00	54	1,85	210	15,24
1901/02	69	5,80	.	.	317	1,89	271	6,64	21	0,00	57	5,26	220	12,27
1902	77	2,60	.	.	281	2,49	265	9,06	21	0,00	63	3,17	239	10,04
1902/03	70	2,86	.	.	343	2,62	237	8,86	22	0,00	55	1,82	241	10,79
1903	73	1,37	.	.	318	1,89	214	7,94	23	4,35	45	2,22	216	10,19
1903/04	56	1,79	177	0,56	349	4,01	207	14,01	25	0,00	40	5,00	244	9,43
1904	64	1,56	200	0,00	312	4,49	179	16,76	18	0,00	37	2,70	255	8,63
1904/05	55	3,64	194	0,52	330	4,24	201	14,93	25	0,00	54	3,70	303	6,93
1905	65	4,62	188	0,00	320	5,00	188	11,70	28	0,00	56	0,00	341	5,57
1905/06	61	3,28	191	0,52	331	2,72	190	15,26	26	3,85	61	0,00	358	4,19
1906	63	4,76	181	1,10	309	3,88	194	14,95	23	4,35	51	0,00	368	3,26
1906/07	71	4,23	181	0,55	370	4,59	227	16,74	26	3,85	61	0,00	454	4,19
1907	75	2,67	176	1,70	359	3,90	206	16,50	27	3,70	62	0,00	448	3,57
1907/08	79	2,53	162	0,62	369	5,42	222	14,41	33	3,03	73	2,74	492	3,86
1908	78	3,85	155	0,65	358	6,15	230	14,78	33	6,06	56	3,57	519	2,12

Tab. 24. 2: Die Einzelfachströme an der Universität Straßburg nach Staatsangehörigkeit und Geschlecht 1872/73–1918

	Math., Naturw.		Chemie		Studierende		
	insg.	Ausl. in %	insg.	Ausl. in %	insg.	Ausländer insg.	Ausländer in %
Semester	15	16	17	18	19	20	21
1872	9	.	.	.	212	.	.
1872/73	23	.	.	.	390	49	12,56
1873	40	.	.	.	467	49	10,49
1873/74	46	.	.	.	564	67	11,88
1874	50	.	.	.	621	75	12,08
1874/75	52	.	.	.	654	84	12,84
1875	56	.	.	.	649	85	13,10
1875/76	64	.	.	.	677	102	15,07
1876	80	.	.	.	674	111	16,47
1876/77	102	.	.	.	707	141	19,94
1877	88	.	.	.	624	94	15,06
1877/78	101	.	.	.	630	95	15,08
1878	104	.	.	.	694	96	13,83
1878/79	100	.	.	.	684	87	12,72
1879	104	.	.	.	742	90	12,13
1879/80	117	.	.	.	752	87	11,57
1880	115	.	.	.	781	108	13,83
1880/81	126	.	.	.	745	99	13,29
1881	132	.	.	.	770	96	12,47
1881/82	134	.	.	.	788	104	13,20
1882	144	.	.	.	823	115	13,97
1882/83	158	.	.	.	828	101	12,20
1883	147	.	.	.	830	106	12,77
1883/84	154	.	.	.	844	100	11,85
1884	146	.	.	.	827	101	12,21
1884/85	157	.	.	.	828	118	14,25
1885	148	.	.	.	800	99	12,38
1885/86	167	.	.	.	822	106	12,90
1886	166	.	.	.	846	120	14,18
1886/87	161	16,77	.	.	846	112	13,24
1887	148	16,22	.	.	807	97	12,02
1887/88	146	.	.	.	886	101	11,40
1888	138	.	.	.	828	99	11,96
1888/89	133	.	.	.	881	97	11,01
1889	121	.	.	.	874	97	11,10
1889/90	129	.	.	.	936	116	12,39
1890	137	.	.	.	902	111	12,31
1890/91	138	.	.	.	947	87	9,19
1891	123	.	.	.	917	99	10,80
1891/92	117	20,51	.	.	969	90	9,29
1892	117	15,38	.	.	915	70	7,65
1892/93	121	15,70	.	.	969	77	7,95
1893	123	17,89	.	.	903	77	8,53
1893/94	144	18,75	.	.	941	82	8,71
1894	115	18,26	.	.	913	85	9,31
1894/95	107	15,89	.	.	949	86	9,06
1895	113	16,81	.	.	986	93	9,43
1895/96	127	16,54	.	.	1004	84	8,37
1896	113	16,81	.	.	938	80	8,53
1896/97	119	16,81	.	.	1013	84	8,29
1897	129	13,95	.	.	1016	96	9,45
1897/98	127	12,60	.	.	1066	83	7,79
1898	143	12,59	.	.	1040	90	8,65
1898/99	144	11,81	.	.	1075	82	7,63
1899	150	8,67	.	.	1079	75	6,95
1899/00	166	10,84	.	.	1105	80	7,24
1900	173	10,40	.	.	1145	92	8,03
1900/01	176	8,52	.	.	1132	81	7,16
1901	167	7,78	.	.	1118	79	7,07
1901/02	178	11,24	.	.	1133	78	6,88
1902	186	10,75	.	.	1132	79	6,98
1902/03	225	10,22	.	.	1193	82	6,87
1903	160	5,63	72	12,50	1121	66	5,89
1903/04	164	5,49	71	16,90	1333	91	6,83
1904	164	5,49	70	14,29	1299	87	6,70
1904/05	162	5,56	71	14,08	1395	89	6,38
1905	177	6,78	68	16,18	1431	83	5,80
1905/06	180	7,78	61	14,75	1459	80	5,48
1906	174	7,47	55	14,55	1418	80	5,64
1906/07	203	4,93	59	11,86	1652	96	5,81
1907	204	5,39	64	15,63	1621	91	5,61
1907/08	222	5,41	57	15,79	1709	98	5,73
1908	222	4,50	51	15,69	1702	93	5,46

Tab. 24. 2: Die Einzelfachströme an der Universität Straßburg nach Staatsangehörigkeit und Geschlecht 1872/73–1918

	Evangelische Theologie				Kath. Theol.		Jura				
	insg.	Frauen		Ausländ. in %	insg.	Ausländ. in %	insg.	Frauen			Ausländ. in %
		insg.	in %					insg.	in %	deuts.	
Semester	1	2	3	4	5	6	7	8	9	10	11
1908/09	80	0	0,00	3,75	156	0,00	377	5	1,33	4	4,24
1909	91	0	0,00	3,30	157	0,00	389	4	1,03	3	4,88
1909/10	79	0	0,00	0,00	130	0,00	411	2	0,49	2	3,89
1910	80	0	0,00	0,00	131	0,00	415	3	0,72	3	3,86
1910/11	95	0	0,00	1,05	138	0,00	436	3	0,69	3	3,90
1911	99	0	0,00	0,00	134	0,00	440	2	0,45	2	3,64
1911/12	86	0	0,00	1,16	148	0,00	428	1	0,23	1	3,74
1912	91	0	0,00	1,10	149	0,67	425	2	0,47	.	3,06
1912/13	91	0	0,00	2,20	159	0,00	442	4	0,90	.	4,07
1913	87	0	0,00	0,00	163	0,00	433	2	0,46	.	2,77
1913/14	101	0	0,00	0,99	171	0,58	430	2	0,47	.	2,56
1914	103	0	0,00	0,97	164	0,61	400	2	0,50	.	2,25
1914/15	68	0	0,00	0,00	159	0,00	250	1	0,40	.	0,80
1915	85	0	0,00	0,00	151	0,66	334	6	1,80	.	0,30
1915/16	69	0	0,00	0,00	146	0,68	333	3	0,90	.	0,00
1916	77	1	1,30	0,00	159	0,63	349	3	0,86	.	0,29
1916/17	79	1	1,27	0,00	162	0,62	385	6	1,56	.	0,00
1917	75	0	0,00	0,00	159	0,63	386	7	1,81	.	0,00
1917/18	74	0	0,00	0,00	157	0,64	410	14	3,41	.	0,00
1918	81	0	0,00	0,00	147	0,68	414	13	3,14	.	0,00

	Medizin					Zahnmedizin				Pharmazie	
	insg.	Frauen			Ausländ. in %	insg.	Frauen		Ausländ. in %	insg.	Ausländ. in %
		insg.	in %	deuts.			insg.	in %			
Semester	12	13	14	15	16	17	18	19	20	21	22
1908/09	277	8	2,89	8	14,80	40	0	0,00	2,50	55	3,64
1909	278	9	3,24	8	17,99	40	0	0,00	0,00	50	2,00
1909/10	312	15	4,81	11	17,63	65	0	0,00	6,15	41	2,44
1910	301	10	3,32	8	17,94	50	0	0,00	4,00	40	0,00
1910/11	316	8	2,53	7	14,24	45	1	2,22	4,44	37	8,11
1911	327	8	2,45	6	19,27	41	1	2,44	4,88	33	9,09
1911/12	426	14	3,29	12	19,72	42	0	0,00	7,14	36	2,78
1912	454	9	1,98	.	21,81	.	.	.	.	.	.
1912/13	526	19	3,61	.	24,71	.	.	.	.	.	.
1913	541	17	3,14	.	24,77	.	.	.	.	.	.
1913/14	616	21	3,41	.	26,46	.	.	.	.	.	.
1914	577	19	3,29	.	22,53	.	.	.	.	.	.
1914/15	297	14	4,71	.	1,01	.	.	.	.	.	.
1915	412	18	4,37	.	0,24	.	.	.	.	.	.
1915/16	409	21	5,13	.	0,00	.	.	.	.	.	.
1916	449	20	4,45	.	0,00	.	.	.	.	.	.
1916/17	481	24	4,99	.	0,00	.	.	.	.	.	.
1917	446	20	4,48	.	0,00	.	.	.	.	.	.
1917/18	469	28	5,97	.	0,21	.	.	.	.	.	.
1918	447	24	5,37	.	0,00	.	.	.	.	.	.

	Philologien, Geschichte					Mathematik, Naturwissenschaften				Chemie	
	insg.	Frauen			Ausländ. in %	insg.	Frauen		Ausländ. in %	insg.	Ausländ. in %
		insg.	in %	deuts.			insg.	in %			
Semester	23	24	25	26	27	28	29	30	31	32	33
1908/09	580	11	1,90	11	2,59	239	7	2,93	5,02	52	13,46
1909	622	7	1,13	7	2,25	257	7	2,72	4,67	51	17,65
1909/10	623	11	1,77	11	1,90	207	7	2,41	1,10	17	12,77
1910	612	15	2,45	13	2,78	290	6	2,07	4,14	45	20,00
1910/11	649	16	2,47	14	2,16	299	3	1,00	4,35	52	19,23
1911	652	16	2,45	15	3,07	302	7	2,32	3,97	51	15,69
1911/12	614	20	3,26	19	2,28	306	7	2,29	3,59	52	17,31
1912	565	17	3,01	.	1,95	390	10	2,56	5,64	.	.
1912/13	496	21	4,23	.	2,42	349	8	2,29	8,31	.	.
1913	481	26	5,41	.	2,49	332	13	3,92	7,53	.	.
1913/14	450	28	6,22	.	3,33	324	7	2,16	7,41	.	.
1914	409	27	6,60	.	2,93	306	11	3,59	7,19	.	.
1914/15	232	22	9,48	.	0,43	149	8	5,37	0,67	.	.
1915	323	21	6,50	.	0,31	237	11	4,64	0,42	.	.
1915/16	296	22	7,43	.	0,34	241	11	4,56	0,00	.	.
1916	329	21	6,38	.	0,30	264	10	3,79	0,76	.	.
1916/17	345	25	7,25	.	0,29	268	14	5,22	0,37	.	.
1917	349	25	7,16	.	0,29	255	14	5,49	0,39	.	.
1917/18	347	37	10,66	.	0,29	274	19	6,93	0,73	.	.
1918	329	28	8,51	.	0,00	277	17	6,14	0,36	.	.

Tab. 24. 2: Die Einzelfachströme an der Universität Straßburg nach Staatsangehörigkeit und Geschlecht 1872/73–1918

	Sonst. insg.	Studierende					
		insg.	Frauen			Ausländer	
			insg.	in %	deuts.	insg.	in %
Semester	34	35	36	37	38	39	40
1908/09	.	1856	31	1,67	30	97	5,23
1909	.	1935	27	1,40	25	108	5,58
1909/10	.	1995	35	1,75	31	106	5,31
1910	.	1964	34	1,73	30	110	5,60
1910/11	.	2067	31	1,50	28	105	5,08
1911	.	2079	34	1,64	31	124	5,96
1911/12	.	2138	42	1,96	39	139	6,50
1912	.	2074	38	1,83	.	147	7,09
1912/13	.	2063	52	2,52	.	191	9,26
1913	.	2037	58	2,85	.	183	8,98
1913/14	.	2092	58	2,77	.	215	10,28
1914	.	1959	59	3,01	.	175	8,93
1914/15	.	1155	45	3,90	.	7	0,61
1915	.	1542	56	3,63	.	5	0,32
1915/16	.	1494	57	3,82	.	2	0,13
1916	.	1627	55	3,38	.	5	0,31
1916/17	.	1720	70	4,07	.	3	0,17
1917	72	1742	66	3,79	.	3	0,17
1917/18	127	1858	98	5,27	.	5	0,27
1918	212	1907	82	4,30	.	2	0,10

5. Anmerkungen zu Tabelle 24.2

1872–1908:

Sp. 3 (Kath. Theol.): die kath-theol. Fak. wurde erst 1903/04 eingerichtet. – Sp. 5 (Jura): Identisch mit den Stud. der Juristischen bzw. Rechts- u. Staatswiss. Fak. (Bezeichnung im Pers.Verz. seit 1876/77), d.h. einschl. Kameralisten. – Sp. 13 (Philol., Gesch.): nach der Einrichtung der Math. u. Naturwiss. Fak. (1875) identisch mit den Stud. der Phil. Fak. – Sp. 15 (Math. u. Naturw.): ab 1903 ohne die Stud. des Faches Chemie (Sp. 17). – Sp. 17 (Chemie): bis 1903 enthalten in Sp. 15 (Math. u. Naturw.). – Sp 20 (Ausländer insg.): 1872/73–1886 u. 1887/88–1891 aus den Pers.Verz. ergänzt. Die ausl. Stud. ließen sich nicht vollständig den Fächern zuordnen.

1908/09–1918:

1912–1913/14 u. 1915–1918 sind die Angaben im StatJbDR unvollständig, weil die weibl. Stud. fehlen; sie wurden hier aus den Pers.Verz. ergänzt. Sp. 7 (Jura): Identisch mit den Stud. der Rechts- u. Staatswiss. Fak., d.h. einschl. der Kameralisten. – Sp. 12 (Medizin): 1912–1918 einschl. der Stud. des Faches Zahnmedizin (Sp. 17). – Sp. 17 (Zahnmedizin): 1912–1918 enthalten in Sp. 12 (Medizin). – Sp. 21 (Pharmazie): 1912–1918 enthalten in Sp. 28 (Mathematik, Naturwissenschaften). – Sp. 23 (Philologien, Geschichte): Identisch mit den Stud. der Phil. Fak. – Sp. 28 (Mathematik, Naturwissenschaften): 1912–1918 einschl. der Stud. des Faches Pharmazie (Sp. 21) u. des Faches Chemie (Sp. 32), d.h. identisch mit den Stud. der Math. u. Naturwiss. Fak. – Sp. 32 (Chemie): 1912–1918 enthalten in Sp. 28 (Mathematik, Naturwissenschaften). – Sp. 34 (Sonstige): Nach den Angaben im Pers.Verz. in Abwesenheit Immatrikulierte, die in die Gesamtzahl der Stud. einbezogen wurden.

6. Quellen und Literatur

Quellen:

Standardquellen: 1872–1911/12: PrStat 167, 236. – *1912–1918:* StatJbDR, Jgg. 34–36, 40.
    Ergänzend: 1872/73–1886, 1887/88–1891, 1912–1913/14, 1915–1918: Pers. Verz. Strassburg.

Literatur:

ANRICH, G: Die Kaiser-Wilhelms-Universität Straßburg in ihrer Bedeutung für die Wissenschaft 1872–1918. Berlin/Leipzig 1923. – ANRICH, E./STEIN, J.: Zur Geschichte der deutschen Universität Straßburg. Straßburg 1941. – CRAIG, J.E.: A mission for German learning. The University of Strasbourg and the Alsatian Society 1870–1918. Ann Arbor/Mich. 1973. – FICKER, J.: Die Kaiser-Wilhelms-Universität Straßburg und ihre Tätigkeit. Halle 1922. – HAUSMANN, S.: Die Kaiser-Wilhelms-Universität. Ihre Entwicklung und ihre Bauten. Straßburg 1897. – HOSEUS, H.: Die Kaiser-Wilhelms-Universität Straßburg, ihr Recht und ihre Verwaltung. Straßburg 1897. – MAYER, O.: Die Kaiser-Wilhelms-Universität Straßburg. Ihre Entstehung und ihre Entwicklung. Berlin/Leipzig 1922. – SCHINDLING, A.: Humanistische Hochschule und freie Reichsstadt. Gymnasium und Akademie in Straßburg 1538–1621. Wiesbaden 1977. – Verzeichniß des Personals und der Studirenden der Kaiser-Wilhelms-Universität Straßburg. 1872–1918 (= Pers.Verz.).

25. Tübingen

1. Geschichtliche Übersicht

Die Universität wurde 1477 mit den vier klassischen Fakultäten von Graf Eberhard von Württemberg gegründet. Das 1536 zur Versorgung des Landes mit evangelischen Pfarrern errichtete Evangelische Stift hat das frühe Ansehen der Universität wesentlich mitgeprägt, die als die bedeutendste Hochschule im lutherisch geprägten Deutschland galt. Mit dem Dreißigjährigen Krieg ging die Blütezeit Tübingens zu Ende. Die Studentenzahlen verminderten sich auf ein Niveau von 250 bis 350 und sanken im 18. Jahrhundert noch weiter ab.

Unsere Daten beginnen 1760 und dokumentieren den semesterweisen Besuch damit ab einem früheren Zeitpunkt als für jede andere der modernen deutschen Universitäten (Göttingen ab 1767, Halle ab 1775/76). Seit 1744 erfuhr die Eberhardina eine verstärkte Förderung durch Herzog Karl Eugen (1752 neue Statuten), der sich 1767 auch zum Rektor wählen ließ und der Institution seinen Namen hinzufügte (seit 1769 Eberhard-Karls-Universität). Am Ende des 18. Jahrhunderts war der Fortbestand jedoch durch die vom Herzog gegründete Hohe Karlsschule zu Stuttgart (seit 1781 Universitätsrang) gefährdet, die als Elite-Internat in allen Wissenschaften (bis auf die Theologie) eine Konkurrenzanstalt darstellte und 1791 fast dreimal so viel Studenten zählte wie Tübingen. Die Aufhebung der Hohen Karlsschule 1794 nach dem Tod ihres Förderers bewahrte die Eberhardina-Carolina vor dem Untergang.

Im ersten Drittel des 19. Jahrhunderts war die Universität nach mehr als 300jähriger Geschichte einem grundlegenden Wandel unterworfen. In den Organischen Gesetzen von 1811 verlor sie ihre korporative Autonomie und damit das Vorrecht der Selbstverwaltung und Gerichtsbarkeit. Einige Privilegien erhielt sie zwar sechs Jahre später durch König Wilhelm zurück; sie blieb jedoch Staatsanstalt und sollte im neuen Königreich Württemberg eine moderne Beamtenschaft heranbilden. Im Zuge dieser Entwicklung zur öffentlichen Bildungsanstalt wurde 1817 nach dem Vorbild der Karlsschule eine besondere Staatswirtschaftliche Fakultät (seit 1892 Staatswissenschaftliche Fakultät) errichtet. Sie war für »Regiminalisten« (d.h. Verwaltungsbeamte im Ministerium des Inneren), für »Kameralisten« (Finanzbeamte) und für das Forstfach bestimmt und stellte in dieser Ausprägung eine Besonderheit unter allen deutschen Universitäten dar. Da Württemberg seit 1806 als Königreich mit neu erworbenen katholischen Gebieten kein konfessionell einheitlicher Staat mehr war, hatte man 1812 die katholische Akademie Ellwangen zur Heranbildung von Geistlichen gegründet. Sie wurde schon 1817 als fünfte Fakultät in die Universität Tübingen eingegliedert und erhielt mit dem »Konvikt« (bzw. Wilhelmsstift) eine dem evangelischen Stift (das amtlich als »Seminar« bezeichnet wurde) nachgebildete Internatsanstalt. Beide Fakultäten formten schon bald die Tübinger Schule.

Nach langjährigen heftigen Auseinandersetzungen, in denen die Mediziner mit den Naturwissenschaftlern verbündet waren, wurde Tübingen 1863 die erste deutsche Universität mit einer selbständigen Naturwissenschaftlichen Fakultät. Nach dem Verlust mehrerer Lehrstühle (Technologie, Landwirtschaftslehre, Forstfach) wurde die Staatswissenschaftliche Fakultät 1923 mit der Juristischen Fakultät zur Rechts- und Wirtschaftswissenschaftlichen Fakultät vereinigt.

Wie an den meisten anderen Universitäten bildeten die Naturwissenschaften und die Medizin bis nach dem Ersten Weltkrieg den Motor für das beständige Wachstum. Das läßt sich besonders an der baulichen Entwicklung der Universität verfolgen. Der Neubau der Anatomie (1832/35) war das erste Universitätsgebäude außerhalb der mittelalterlichen Stadt. Das neue Universitätsviertel Ammertal im Norden (Neue Aula 1845, Botanisches und Chemisches Institut, Klinik) entstand als ein weit vorausschauendes Konzept, das der Universität für 90 Jahre genügend Ausdehnungsmöglichkeit bot. In den Gründerjahren änderte sich durch zahlreiche Universitätsneubauten das Stadtbild stärker als in den drei Jahrhunderten zwischen 1500 und 1800 (u.a. 1868 Physiologisches Institut, 1874 Pathologisches Institut, 1879 Medizinische Klinik, 1885 Physiologisch-Chemisches Institut, 1888 Physikalisches Institut, 1890 Frauenklinik, 1907 Chemisches Institut, 1909 Augenklinik). Die von den Naturwissenschaften freigemachten Räume wurden von den geisteswissenschaftlichen Seminaren bezogen. Die bauliche Differenzierung (»jedem Fach sein Dach«) kam um etwa 1930 zum Abschluß.

Bei der Entwicklung der Studentenzahl mußte Tübingen auf lange Sicht einen relativen Bedeutungsverlust hinnehmen. Im zweiten Drittel des 19. Jahrhunderts rangierte die Universität noch im oberen Drittel der Rangskala sämtlicher Hochschulen, vergleichbar mit Bonn, Breslau und Halle. Seit den 1880er Jahren fiel Tübingen stetig zurück und nahm im ersten Drittel des 20. Jahrhunderts nur noch einen Platz im letzten Drittel der Skala ein. Als Ausbildungsstätte für evangelische Theologen blieb Tübingen allerdings immer bedeutend. Im Unterschied zu Halle konnte die Tübinger Theologische Fakultät ihre starke Stellung auch im 20. Jahrhundert halten und sogar noch ausbauen (meistfrequentierte Universität neben Berlin).

Bei der langfristigen Erweiterung des Lehrpersonals konnte Tübingen mit dem allgemeinen Wachstum ebenfalls nicht Schritt halten. Noch zu Beginn des 19. Jahrhunderts zählte man kaum mehr Professoren (15 ordentliche und 5 außerordentliche) als zur Zeit der Gründung der Universität am Ende des 15. Jahrhunderts. Bis 1880 vervierfachte sich dann der gesamte Personalbestand; die Universität belegte hier den elften Platz unter 20 Hochschulen. Da sich das Lehrpersonal in den folgenden fünfzig Jahren aber nur noch verdoppelte, fiel Tübingen nach diesem Indikator auf Rang 18 unter 23 Universitäten im Jahre 1930 zurück.

Wie die meisten anderen Universitäten leistete auch Tübingen dem Nationalsozialismus keinen Widerstand. Wegen der schon seit längerer Zeit betriebenen antisemitischen Berufungspolitik waren von der nationalsozialistischen »Säuberung« bis April 1936 nur 3 Dozenten betroffen (1,6% des Lehrkörpers von 1932/33). Diese Entlassungsquote war die weitaus geringste an allen deutschen Universitäten.

Von Kriegschäden verschont, durfte Tübingen als zweite deutsche Universität nach Hamburg bereits im August 1945 ihren Lehrbetrieb wieder aufnehmen. Im Zuge der Entnazifizierung wurden 29 Professoren entlassen.

2. Der Bestand an Institutionen 1838/39–1944/45

Zum Verständnis vgl. die Erläuterungen S. 48 ff.

I. Evang.-theol. Fak. ([1838/39])

1. Evang. Predigeranst. ([1838/39])
2. Neutest.-kirchengesch. Sem. (1903/04–13)
    Sem. d. ev.-theol. Fak. (1913/14)
2.1 Alttest. Abt. (1913/14)
2.2 Neutest. Abt. (1913/14)
2.3 Kirchengesch. Abt. (1913/14)
2.4 System. Abt. (1913/14)
2.5 Missionswiss. Abt. (1929/30)
2.6 Prakt.-theol. Abt. (1932)
3. Evang. Stift (1933–⟨41⟩)

II. Kath.-theol. Fak. ([1838/39])

1. Von Kölle'sche Gemäldesamml. (1856–72/73, vorh. IV.3., Forts. VI.5.)
2. Sem. d. Kath.-theol. Fak. (1933)
3. Wilhelmsstift (1933–⟨41⟩)

III. Jur.Fak. ([1838/39]–⟨1919⟩) Rechts- u. Wirtsch.wiss. Fak., Rechtswiss. Abt. (⟨⟨1923⟩⟩)

1. Spruchkollegium (1873–76/77)
2. Anst. f. rechtswiss. Übungen mit Bibl. (1874–75)
    Jur. Sem. (1875/76–1935)
    Jur. Sem. mit Sem. f. neues dt. Recht u. Rechtserneuerung (1935/36)
3. Völkerrechtl. Sem. (⟨1923⟩)
4. Kriminal. Sem. (1932)

IV. Staatswiss. Fak. ([1838/39]–⟨1919⟩) Wirtsch.wiss. Abt. (⟨1923⟩, unter III.)

1. Technol. Modellsamml. ([1838/39]–1855, o. Modell 48/49, Forts. VIII.3.)
2. Land- u. forstw. Samml. (⟨1845⟩–1906, o. forstw. 1891/92, Inst. 1900)
3. Von Kölle'sche Gemäldesamml. (1850/51–55/56, Forts. II.1.)
4. Anst. f. staatswirtsch. Übungen (Hoffman'sche Bibl.) (1873–1887)
5. Staatswiss. Sem. (1875/76–1923/24) Wirtsch.wiss. Sem. (1924–31/32)

Wirtsch.wiss. Sem. mit Wirtsch.archiv (1932-⟨41⟩,
u. Inst. f. württembergische Wirtsch. 35)
Wirtsch.wiss. Sem. (⟨1942⟩)

5.1 Stat. Abt. (1911/12-23)

6. Forstl. Samml. (1881-⟨1919⟩)

7. Forstl. Versuchsst. (1881-⟨1919⟩)

8. Forsttechn. Werkstätte (1883-92/93)

9. Forstbot. Garten (1887-92/93)

10. Dt. Forsch.inst. f. Agrar- u. Siedlungsw.
(1933-34/35)

V. Med.Fak. ([1838/39])

1. Anat. Th. (mit Samml. f. path. Anat.)
([1838/39]-47, o. Samml. ⟨45⟩)
Anat. u. physiol. Inst. (1847/48-53)

1.1 Anat. Inst. (1853/54)

1.2 Physiol. Inst. (1853/54)

2. Cab. chir. Instr. ([1838/39]-40/41)

3. Med. Klin. ([1838/39], u. Nervenkl. 1909-27/28),
u. Polikl. ⟨36/37⟩-⟨41⟩)

3.1 Polikl. (⟨1845⟩-1936/37, Med. 1912/13)

3.2 Lab. (1935)

4. Chir. Klin. ([1838/39], u. Polikl. 1924-⟨41⟩)

5. Gebh. Klin. ([1838/39]-1870)
Gebh.-gynäk. Klin. (1871-90/91)
Frauenkl. (1891)

6. Lab. f. Agrikultur- u. techn. Chem.
([1838/39]-63, Forts. VIII.9.)

7. Zool. Samml. ([1838/39]-63, Forts. VIII.6.)

8. Bot. Garten nebst dazugehörigen Samml.
([1838/39]-63, o. Samml. 45, Forts. VIII.4.)

9. Chem. Lab. ([1838/39]-63, Neues 46/47,
Forts. VIII.5.)

10. Lab. auf dem Schloß (1846/47-63, Forts. VIII.8.)

11. Pharm. Inst. (1869/70, Samml. 1899/1900)

12. Path.-anat. Inst. (1869/70, Path. Inst. 1925)

13. Augenkl. (1875/76)

14. Ohrenkl. (1888-1914)
Klin. f. Ohren-, Nasen- u. Kehlkopfkr.
(1914/15-⟨1919⟩)
Klin. f. HNO-Kr. (⟨1923⟩)

15. Psych. Inst. (1894-1908/09, Klin. 94/95)
Klin. f. Gemüts- u. Nervenkr.
(1909-30, 36/37-⟨41⟩)
Nervenkl. (1930/31-36, ⟨41/42⟩)

15.1 Lab. (1935-⟨39⟩)

16. Hyg. Inst. (1906)

16.1 Nahrungsmittelchem. Abt. (⟨1923⟩-36/37)

16.2 Bakt. Abt. (⟨1923⟩-36/37)

17. Zahnärztl. Inst. (1910)

17.1 Techn. Abt. (1919-36/37)

17.2 Kons. Abt. (1925/26-31, Prothetische 27)

18. Kinderkl. (1919)

19. Physiol.-chem. Inst. (1931, vorh. VIII.11.)

20. Dt. Inst. f. ärztl. Mission mit Tropen-
genesungsheim (1933-⟨41⟩)

21. Inst. f. Anthr. u. Rassenk. (nur 1934/35)
Rassenk. Inst. (1935-⟨39⟩)
Rassenbiol. Inst. (⟨1940.1⟩)

VI. Phil. Fak. ([1838/39], o. VIII. 1863/64)

1. Münz- u. Antiquitäten-Cab. ([1838/39]-81)
Arch. Samml. (1881/82, Inst. 1900)

2. Philol. Lehrersem. ([1838/39]-76/77)
Philol. Sem. (1877)

3. Reallehrersem. ([1838/39]-45/46)

4. Prov. Sem. f. neuere Spr. (1867/68-1900/01,
o. Prov. 72)
Sem. f. neuere Philol. (1901-05)

4.1 Dt. Abt. (1901-05)
Dt. Sem. (1905/06)

4.2 Rom. Abt. (1901-05)
Rom. Sem. (1905/06)

4.3 Engl. Abt. (1901-05)
Engl. Sem. (1905/06)

5. Kölle'sche Gemäldesaml. (1873-⟨1919⟩,
vorh. II.1., Forts. VI.8.)

6. Hist. Bibl. zur Unterstützung hist. Üb. (nur 1875)
Hist. Sem. (1875/76)

7. Musiksaal (1881/81-1923)
Musikinst. u. musikwiss. Sem. (1923/24)

8. Kunsthist. Inst. (1895, u. Kölle'sche
Gemäldesaml. ⟨1923⟩-33/34)

9. Geogr. Sem. (1898/99, Inst. 1901/02)

9.1 Völkerk. Abt. (⟨1923⟩-31/32)
Völkerk.-Inst. u. Samml. (1932)

10. Philos. Sem. (1904)

11. Päd. Sem. (1911-36)
Erziehungswiss. Sem. mit anthr. Samml.
(1936/37-38/39, mit psychol.-anthr. Abt. 38)
Inst. f. Psychol. u. Erziehungswiss. (1939)

12. Orientalisches Sem. (⟨1923⟩)

12.1 Indol. Abt. (⟨1923⟩-⟨39⟩)

12.2 Religionswiss. Abt. (⟨1923⟩-⟨39⟩)

12.3 Vorderas.-semit. Abt. (⟨1923⟩-⟨39⟩)

12.4 Indogerm. u. slaw. Abt. (1929/30, Sem. 44/45)

13. Urgesch. Inst. (⟨1923⟩)

14. Psychol. Lehrapp. (1933/34-36/37, -samml. 35,
vergl. VI.11.)

15. Sem. f. dt. Volksk. (nur 1934)
Inst. f. dt. Volksk. u. Samml. (1934/35-⟨39⟩)
Inst. f. dt. Volksforsch. u. Volksk. mit Samml.
u. Archiv (⟨1940.1⟩, o. Samml. u. Archiv 42)

16. Arisches Sem. (⟨1940.1⟩)

16.1 Indol. Abt. (⟨1940.1⟩, vorh. VI.12.1)

16.2 Reli.wiss. Abt. (⟨1940.1⟩, vorh. VI.12.2)

16.3 Weltanschauliche Abt. (⟨1940.1⟩, gleiches Personal
wie vorh. VI.12.3)

17. Auslandsk. Sem. (1944/45)

VII. Hochschul-Inst. außerhalb d. Fak.

1. Zeichnungs-Inst. ([1838/39]-76/77)
Zeicheninst. (1877)

2. Reitbahn (nur [1838/39])
Reitschule u. Marstall (1839-86)
Reitinst. (1886/87-⟨1941⟩)

3. Fechtboden (([1838/39])-1937/38, Inst. 35,
Forts. VII.4.)

4.   Gymnastische Anst. (1840–81)
        Turnhalle (1881/82, -anst. 1913–34)
        Inst. f. Leibesüb. (1934/35)
4.1   Abt. Luftfahrt (⟨1940.1⟩)
5.   Schwimmschule (1852–83)
        Schwimmanst. (1887–1907)
6.   Tanzsaal (1881/82–1926/27)

VIII.   Naturwiss. Fak. (1863/64, vorh. V. u. VI.)

1.   Min. u. geogn. Samml. ([1838/39]–99/1900)
        Geol.-min. Inst. (1900–13/14)
1.1   Geol.-pal. Inst. (1914)
1.2   Min.-petrogr. Inst.(1914, o. petrogr. ⟨42⟩)
2.   Sternwarte u. phys.-astron. Cab. ([1838/39]–
        99/1900, o. phys. 1851/52)
        Sternwarte u. astronom. Inst. (1900–01, ⟨23⟩)
        Astronom. Inst. (1901/02–⟨19⟩)
2.1   Phys. Cab. (1851/52, Inst. 86)
3.   Technol. Modellsamml. (1855/56–1905,
        vorh. IV.1.)
4.   Bot. Garten (1863/64–99/1900, vorh. V.8.)
        Bot. Inst. u. Bot. Garten (1900–25,
        o. Bot. Garten 01/02–⟨19⟩)

        Bot. Inst. (mit Inst. f. angew. Bot.
        u. Bot. Garten (1925/26–⟨41⟩)
        Bot. Inst. (⟨1942⟩)
4.1   Inst. f. angew. Bot. (1919–25, Forts. VIII.4.)
5.   Neues Chem. Lab. (1863/64, o. Neues 77, Inst.
        1900–10, 1912/13, Lab. 10/11–12, vorh. V.9.)
6.   Zool. Samml. (1863/64, Inst. 1900, vorh. V.7.)
7.   Pharmacog. Samml. (1863/64–1918/19, Inst. 08)
8.   Lab. auf dem Schloß (1863/64–64, vorh. V.10.)
        Lab. f. angewandte Chem. (1864/65–85)
9.   Lab. f. Agrikultur- u. techn. Chem. (1863/64–64,
        vorh. V.6)
10.   Prov. Math.-phys. Sem. (1870–1927, o. Prov. 72,
        Inst. 1901/02–10/11, Sem. 11)
        Math. Sem. (1927/28)
11.   Physiol.-chem. Inst. (1885/86–1930/31,
        Forts. V.19.)
12.   Phys.-chem. Inst. (1942/43)

Ab ⟨1942⟩ werden Abt. aus drucktechnischen Gründen nicht mehr in die universitäre Inst.-Liste aufgenommen. Fehlende Semester: 1841/42–44/45, 1919/20–22/23, 1939/40, 1941/42.

3. Die Studierenden nach Fachbereichen

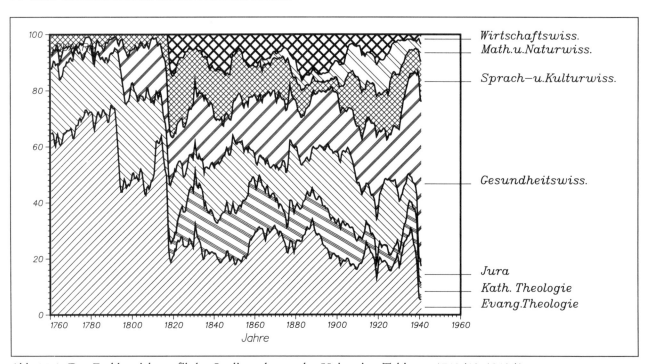

Abb. 25. 1: Das Fachbereichsprofil der Studierenden an der Universität Tübingen 1760/61–1941/1

Tab. 25. 1: Die Studierenden an der Universität Tübingen nach Fachbereichen in Prozent 1760/61–1941/1

Semester	Evang. Theol.	Jura	Medi- zin	Phil. Fak.	Stud. insg.
	1	2	3	4	5
1760/61	64,59	22,95	5,57	6,89	305
1761	64,59	23,28	4,59	7,54	305
1761/62	65,27	24,44	4,18	6,11	311
1762	63,17	28,25	4,13	4,44	315
1762/63	59,30	29,94	4,07	6,69	344
1763	60,87	27,95	6,52	4,66	322
1763/64	65,53	24,53	6,83	3,11	322
1764	63,64	25,59	6,06	4,71	297
1764/65	62,17	23,68	5,26	8,88	304
1765	59,50	22,43	6,54	11,53	321
1765/66	61,46	24,84	6,69	7,01	314
1766	61,04	22,73	7,79	8,44	308
1766/67	64,57	22,85	7,95	4,64	302
1767	65,00	24,00	6,33	4,67	300
1767/68	65,05	22,98	6,80	5,18	309
1768	65,06	24,68	6,41	3,85	312
1768/69	66,34	24,42	4,62	4,62	303
1769	65,40	23,81	5,71	5,08	315
1769/70	65,94	25,63	5,00	3,44	320
1770	66,03	25,40	3,81	4,76	315
1770/71	67,11	24,92	3,65	4,32	301
1771	63,31	25,97	2,92	7,79	308
1771/72	62,75	29,08	1,31	6,86	306
1772	63,34	30,87	0,64	5,14	311
1772/73	66,35	28,53	0,32	4,81	312
1773	68,24	27,36	0,94	3,46	318
1773/74	66,97	26,91	1,53	4,59	327
1774	68,38	24,74	2,06	4,81	291
1774/75	70,85	22,37	3,05	3,73	295
1775	69,48	25,00	3,25	2,27	308
1775/76	68,42	23,68	3,95	3,95	304
1776	71,33	19,80	5,12	3,75	293
1776/77	69,23	21,68	5,94	3,15	286
1777	73,00	19,39	5,32	2,28	263
1777/78	73,15	20,62	5,45	0,78	257
1778	73,12	20,95	4,74	1,19	253
1778/79	71,79	23,08	4,27	0,85	234
1779	71,01	25,21	2,94	0,84	238
1779/80	73,33	22,50	2,92	1,25	240
1780	71,49	25,00	2,19	1,32	228
1780/81	73,18	19,55	4,09	3,18	220
1781	70,18	22,37	3,51	3,95	228
1781/82	65,08	22,22	2,78	9,92	252
1782	66,80	23,94	1,93	7,34	259
1782/83	69,69	23,62	2,76	3,94	254
1783	71,05	22,18	4,14	2,63	266
1783/84	73,31	21,43	3,76	1,50	266
1784	71,48	21,67	3,42	3,42	263
1784/85	70,26	20,82	4,46	4,46	269
1785	70,41	20,97	4,87	3,75	267
1785/86	72,12	20,07	3,35	4,46	269
1786	74,24	17,42	3,03	5,30	264
1786/87	71,97	17,80	3,79	6,44	264
1787	71,91	18,73	5,62	3,75	267
1787/88	71,49	21,29	4,82	2,41	249
1788	69,80	20,82	6,12	3,27	245
1788/89	67,63	21,99	7,47	2,90	241

Semester	Evang. Theol.	Jura	Medi- zin	Phil. Fak.	Stud. insg.
	1	2	3	4	5
1789	69,92	21,95	6,50	1,63	246
1789/90	74,12	19,30	4,82	1,75	228
1790	75,23	18,02	4,95	1,80	222
1790/91	73,68	20,10	4,78	1,44	209
1791	73,43	19,32	6,28	0,97	207
1791/92	74,05	21,08	3,78	1,08	185
1792	71,96	23,28	4,23	0,53	189
1792/93	66,49	27,75	4,71	1,05	191
1793	61,39	33,66	2,97	1,98	202
1793/94	56,72	35,82	2,99	4,48	201
1794	48,50	41,20	6,87	3,43	233
1794/95	44,35	43,15	10,48	2,02	248
1795	43,27	41,63	13,47	1,63	245
1795/96	44,40	37,34	16,60	1,66	241
1796	48,29	31,62	15,38	4,70	234
1796/97	48,65	27,48	18,47	5,41	222
1797	46,19	28,39	19,49	5,93	236
1797/98	44,32	31,44	17,42	6,82	264
1798	47,41	28,69	15,54	8,37	251
1798/99	45,80	30,53	16,03	7,63	262
1799	46,36	32,18	15,71	5,75	261
1799/00	47,83	33,60	13,04	5,53	253
1800	49,38	34,44	10,37	5,81	241
1800/01	51,77	30,09	13,27	4,87	226
1801	49,57	30,60	14,22	5,60	232
1801/02	47,66	31,49	16,60	4,26	235
1802	49,77	29,49	17,05	3,69	217
1802/03	49,30	27,70	17,37	5,63	213
1803	47,26	28,27	18,99	5,49	237
1803/04	48,36	28,69	18,85	4,10	244
1804	53,36	26,01	17,94	2,69	223
1804/05	50,66	26,20	20,52	2,62	229
1805	51,53	27,51	17,90	3,06	229
1805/06	46,06	30,71	18,26	4,98	241
1806	45,08	31,15	19,26	4,51	244
1806/07	41,13	35,35	10,11	1,01	188
1807	44,15	34,72	18,11	3,02	265
1807/08	46,69	36,40	14,34	2,57	272
1808	45,10	33,57	15,38	5,94	286
1808/09	44,44	34,01	17,51	4,04	297
1809	46,69	30,31	20,21	2,79	287
1809/10	48,14	26,44	24,07	1,36	295
1810	48,08	29,27	21,25	1,39	287
1810/11	49,35	26,14	23,20	1,31	306
1811	51,54	23,55	22,87	2,05	293
1811/12	59,83	19,65	19,65	0,87	229
1812	64,08	16,02	18,45	1,46	206
1812/13	60,35	17,62	18,06	3,96	227
1813	62,11	14,10	19,82	3,96	227
1813/14	60,33	19,83	16,94	2,89	242
1814	64,42	14,61	17,60	3,37	267
1814/15	63,25	13,78	17,31	5,65	283
1815	58,36	13,99	20,48	7,17	293
1815/16	55,03	14,78	21,07	9,12	318
1816	52,17	17,39	22,36	8,07	322
1816/17	50,13	16,62	21,82	11,43	385
1817	49,47	12,57	22,46	15,51	374

Tab. 25. 1: Die Studierenden an der Universität Tübingen nach Fachbereichen in Prozent 1760/61–1941/1

	Evang. Theol.	Kath. Theol.	Jura	Gesundheitswiss.			Sprach und Kultur wiss.	Wirtsch., Agrar- und Forst. wiss.	Stud. insg.
				insg.	Allg. Med.	Pharmazie			
Semester	1	2	3	4	5	6	7	8	9
1817/18	26,67	7,96	20,65	18,92	18,92	.	25,81	.	465
1818	20,11	6,46	19,39	20,83	20,83	.	24,96	8,26	557
1818/19	20,49	6,59	19,91	18,34	18,34	.	22,49	12,18	698
1819	17,26	6,64	21,68	17,11	17,11	0,44	23,01	14,31	678
1819/20	22,40	6,13	21,73	14,00	14,00	0,27	21,33	14,40	750
1820	19,18	6,06	22,00	14,95	14,95	.	22,43	15,37	709
1820/21	23,24	6,22	22,43	13,11	13,11	.	21,08	13,92	740
1821	23,67	5,71	22,59	13,47	13,47	.	20,68	13,88	735
1821/22	22,51	6,41	21,34	13,87	13,87	.	24,08	11,78	764
1822	29,14	6,91	20,30	14,92	14,92	.	18,51	10,22	724
1822/23	23,95	8,37	19,52	13,94	13,94	.	24,84	9,38	789
1823	28,18	10,31	19,37	14,34	14,34	.	18,99	8,81	795
1823/24	25,12	10,10	16,87	14,66	14,66	.	24,75	8,50	812
1824	30,65	10,18	15,58	16,83	16,83	.	18,97	7,79	796
1824/25	24,82	12,06	13,36	17,14	17,14	.	24,11	8,51	846
1825	24,43	12,09	12,45	17,78	17,78	.	25,15	8,10	827
1825/26	24,31	12,52	12,64	17,57	17,57	.	25,75	7,22	831
1826	24,25	12,81	12,94	17,79	17,79	.	26,12	6,09	804
1826/27	24,59	16,56	11,42	16,69	16,69	0,88	24,72	6,02	797
1827	24,06	17,21	11,60	18,08	18,08	1,37	22,94	6,11	802
1827/28	26,50	17,55	12,52	17,18	17,18	0,86	21,60	4,66	815
1828	27,86	17,07	12,58	16,56	16,56	1,03	20,92	5,01	779
1828/29	25,75	19,84	11,48	15,78	15,78	0,93	21,81	5,34	862
1829	25,14	20,80	10,97	16,91	16,91	1,60	21,37	4,80	875
1829/30	24,24	20,29	11,61	18,71	18,71	1,69	19,73	5,41	887
1830	23,24	20,07	11,62	20,19	20,19	1,64	19,13	5,75	852
1830/31	33,17	19,44	10,45	20,90	14,70	0,73	11,06	4,98	823
1831	31,73	18,96	9,73	23,14	13,91	1,90	11,50	4,93	791
1831/32	28,43	17,61	10,44	20,75	12,83	1,26	17,74	5,03	795
1832	27,23	17,95	10,27	22,90	13,37	2,10	16,46	5,20	808
1832/33	26,89	18,34	10,64	22,00	14,91	1,22	16,14	5,99	818
1833	26,26	22,36	10,18	22,49	14,57	1,26	12,94	5,78	796
1833/34	25,10	19,17	9,38	23,03	15,86	1,38	17,79	5,52	725
1834	22,73	23,57	10,88	23,99	15,76	2,23	12,69	6,14	717
1834/35	20,14	22,88	11,22	22,59	14,96	1,73	15,54	7,63	695
1835	19,49	22,04	11,66	26,20	18,69	0,96	12,30	8,31	626
1835/36	20,85	15,11	11,66	26,27	19,54	0,66	18,06	8,05	609
1836	25,34	19,09	13,01	25,00	19,09	1,52	10,14	7,43	592
1836/37	21,28	11,36	15,36	23,04	18,24	1,28	20,48	8,48	625
1837	24,63	17,13	15,50	24,31	18,43	2,45	9,30	9,14	613
1837/38	19,71	11,29	16,06	22,26	17,01	1,27	19,24	11,45	629
1838	23,61	18,07	15,53	22,66	15,21	2,54	7,29	12,84	631
1838/39	20,32	13,11	15,99	21,76	13,98	1,87	16,28	12,54	694
1839	24,68	16,74	17,46	21,21	13,71	2,16	9,24	10,68	693
1839/40	20,14	11,51	18,27	19,71	13,53	1,44	18,85	11,51	695
1840	23,85	15,23	17,24	19,83	12,79	2,44	11,49	12,36	696
1840/41	20,25	8,60	19,56	16,64	11,51	1,39	22,75	12,21	721
1841	23,47	14,51	20,91	15,50	9,67	1,85	11,95	13,66	703
1841/42	18,37	9,19	21,13	15,62	10,50	1,05	23,36	12,34	762
1842	21,60	16,27	21,60	15,87	10,00	1,60	12,27	12,40	750
1842/43	17,59	12,17	20,00	14,46	8,07	1,20	23,13	12,65	830
1843	19,88	18,43	19,76	16,39	8,67	1,81	13,13	12,41	830
1843/44	17,22	14,49	19,12	14,49	8,55	1,54	21,62	13,06	842
1844	20,81	19,38	19,50	15,91	8,85	2,75	11,72	12,68	836
1844/45	18,71	13,83	20,02	7,03	7,03	.	27,06	13,35	839
1845	21,92	18,76	20,28	13,95	8,68	1,99	11,61	13,48	853
1845/46	19,08	14,02	19,66	13,68	8,28	1,84	18,62	14,94	870
1846	23,33	20,95	19,88	12,38	7,14	1,07	9,29	14,17	840
1846/47	22,24	14,06	18,99	12,02	6,97	1,80	18,99	13,70	832
1847	23,27	17,86	21,39	12,81	6,82	2,35	10,93	13,75	851
1847/48	17,96	13,29	20,36	13,65	7,66	2,51	19,76	14,97	835
1848	20,66	19,97	21,75	11,49	8,21	1,92	12,59	13,54	731
1848/49	18,97	13,31	21,34	11,33	9,35	0,92	24,37	10,67	759
1849	22,50	21,30	24,10	9,45	9,45	.	15,31	7,32	751
1849/50	18,67	17,26	24,30	12,53	9,85	0,64	20,20	7,03	782
1850	19,47	20,48	25,92	14,03	10,62	1,39	12,14	7,96	791
1850/51	16,23	16,48	25,16	15,09	10,44	2,01	20,38	6,67	795
1851	20,05	19,39	24,67	17,28	11,74	2,64	12,27	6,33	758
1851/52	18,50	15,88	23,23	16,54	12,07	1,71	20,21	5,64	762
1852	21,44	20,52	23,66	17,39	13,07	2,35	12,29	4,71	765
1852/53	17,94	17,68	21,76	17,43	12,85	2,42	20,23	4,96	786
1853	20,63	21,99	23,63	16,39	12,57	1,50	11,89	5,46	732
1853/54	16,83	17,38	22,76	15,72	10,76	2,76	21,66	5,66	725
1854	22,32	23,20	21,59	13,80	9,99	2,64	12,33	6,75	681
1854/55	19,15	17,08	16,79	15,17	10,46	2,36	22,09	9,72	679
1855	22,63	22,63	17,96	16,20	11,24	3,07	11,09	9,49	685
1855/56	18,35	18,50	18,21	16,33	12,28	1,88	18,93	9,68	692
1856	21,90	23,78	18,44	16,14	12,25	2,02	9,22	10,52	694
1856/57	20,68	18,13	16,29	15,72	12,04	2,83	18,13	11,05	706
1857	23,56	23,13	14,66	16,67	13,07	2,59	10,49	11,49	696
1857/58	26,91	20,53	11,10	18,59	12,90	2,91	10,96	11,93	721
1858	26,75	20,60	12,59	18,03	12,88	2,43	11,16	10,87	699
1858/59	26,48	21,46	9,89	19,79	14,76	2,74	10,81	11,57	657
1859	28,39	20,97	10,16	18,06	12,90	3,87	11,77	10,65	620
1859/60	27,43	21,53	8,61	20,89	14,51	3,51	10,53	11,00	627

Tab. 25. 1: Die Studierenden an der Universität Tübingen nach Fachbereichen in Prozent 1760/61–1941/1

| | Evang. Theol. | Kath. Theol. | Jura | Gesundheitswiss. | | | Sprach und Kultur wiss. | Math., Naturw. | | Wirt- sch., Agrar- und Forst. wiss. | Studierende | | |
| | | | | insg. | Allg. Med. | Phar- mazie | | insg. | Chemie | | insg. | weibl. in % aller Stud. | Ausl. in % aller Stud. |
Semester	1	2	3	4	5	6	7	8	9	10	11	12	13
1860	29,53	18,83	9,42	20,83	14,41	4,85	9,84	.	.	11,55	701	.	.
1860/61	29,56	15,40	9,40	23,30	15,12	4,77	10,76	.	.	11,58	734	.	.
1861	29,60	15,01	8,92	23,51	16,86	4,11	11,47	.	.	11,47	706	.	.
1861/62	30,10	17,26	5,99	22,40	14,98	4,56	12,41	.	.	11,84	701	.	.
1862	32,01	17,33	6,90	21,73	15,86	4,85	12,78	.	.	9,25	681	.	.
1862/63	30,72	19,43	6,78	20,93	14,31	4,22	12,05	.	.	10,09	664	.	.
1863	30,61	17,59	8,86	22,16	15,65	4,29	12,19	.	.	8,59	722	.	.
1863/64	30,96	15,93	9,46	17,49	9,72	4,02	11,27	6,35	.	8,55	772	.	.
1864	30,37	14,69	10,74	21,85	15,68	4,20	11,11	2,35	.	8,89	810	.	.
1864/65	28,61	17,79	9,83	22,51	15,17	4,60	10,45	1,62	.	9,20	804	.	.
1865	26,66	16,89	10,74	24,00	17,37	4,10	11,22	1,69	.	8,81	829	.	.
1865/66	26,18	17,83	9,23	24,69	17,71	4,24	10,97	1,87	.	9,23	802	.	.
1866	30,50	16,75	9,09	23,09	17,11	4,19	10,29	1,79	.	8,49	836	.	.
1866/67	30,94	13,98	9,50	24,02	16,55	4,75	10,99	1,76	.	8,82	737	.	.
1867	29,52	12,48	11,44	27,05	20,16	4,42	9,75	1,69	.	8,06	769	.	.
1867/68	28,83	12,74	10,42	26,38	20,08	4,25	10,30	2,32	.	9,01	777	.	.
1868	30,34	12,01	10,32	25,12	19,54	3,76	11,77	2,91	.	7,52	824	.	.
1868/69	30,12	13,17	9,26	26,86	20,86	3,91	11,47	1,83	.	7,30	767	.	.
1869	31,33	12,03	10,15	26,44	20,30	4,26	11,28	2,51	.	6,27	798	.	.
1869/70	31,75	11,40	10,31	26,59	19,40	4,75	11,80	2,04	.	6,11	737	.	.
1870	31,99	9,80	11,03	26,96	21,45	3,68	11,76	2,45	.	6,00	816	.	.
1870/71	29,25	10,19	12,08	23,58	18,68	4,15	16,23	1,13	.	7,55	530	.	.
1871	31,45	12,22	11,18	21,61	18,03	3,28	14,90	2,24	.	6,41	671	.	.
1871/72	26,67	10,90	12,56	28,46	19,23	3,59	12,31	2,31	.	6,79	780	.	.
1872	29,78	9,26	14,07	26,96	19,93	3,28	11,96	2,11	.	5,86	853	.	.
1872/73	29,62	10,51	11,54	26,03	21,15	4,49	13,72	2,18	.	6,41	780	.	.
1873	29,49	8,99	14,63	24,65	19,12	4,49	13,82	2,76	.	5,65	868	.	.
1873/74	27,56	11,38	14,92	22,38	18,58	3,79	15,42	2,40	.	5,94	791	.	.
1874	26,98	9,25	19,73	21,18	17,61	3,57	15,61	3,01	.	4,24	897	.	.
1874/75	25,80	11,43	16,71	22,85	18,67	3,93	14,25	3,56	.	5,41	814	.	.
1875	25,14	10,27	18,69	20,53	17,07	3,46	16,26	5,07	.	4,04	867	.	.
1875/76	23,03	9,85	14,41	23,65	19,33	4,31	18,23	5,17	.	5,67	812	.	5,67
1876	21,37	7,95	24,95	20,87	17,79	3,08	17,79	2,39	.	4,67	1006	.	5,77
1876/77	22,64	11,60	17,63	21,84	17,86	3,98	16,38	3,19	.	6,71	879	.	.
1877	25,23	12,80	24,59	20,17	16,48	3,68	7,55	4,05	.	5,62	1086	.	5,62
1877/78	27,38	16,36	18,29	19,47	15,61	3,85	5,88	4,17	.	8,45	935	.	4,39
1878	24,96	13,10	24,15	16,84	14,62	2,23	8,65	5,61	.	6,68	1122	.	5,08
1878/79	26,62	16,44	16,65	17,47	14,08	3,39	6,89	6,58	.	9,35	973	.	5,04
1879	20,72	13,13	27,28	16,71	14,83	1,88	8,01	6,31	.	7,84	1173	.	4,01
1879/80	23,45	15,23	19,90	17,77	14,72	3,05	6,80	6,90	.	9,95	985	.	3,25
1880	24,83	12,25	23,58	16,25	14,58	1,67	9,42	6,42	.	7,25	1200	.	2,83
1880/81	26,58	14,19	18,92	15,61	13,62	1,99	7,19	6,24	.	11,26	1057	.	3,41
1881	26,61	11,94	21,17	14,58	13,34	1,24	9,23	4,86	.	11,61	1214	.	2,88
1881/82	26,03	13,10	16,01	16,09	14,86	1,23	9,32	4,93	.	14,51	1137	.	3,17
1882	27,09	10,46	19,90	15,90	14,81	1,09	10,31	4,79	.	11,55	1377	.	3,41
1882/83	25,08	12,63	15,08	16,86	15,34	1,53	10,17	4,15	.	16,02	1180	.	3,05
1883	27,14	10,86	16,28	16,80	15,46	1,34	10,11	3,94	.	14,87	1345	.	2,97
1883/84	25,70	13,23	13,40	17,27	16,01	1,26	8,93	3,29	.	18,20	1187	.	2,78
1884	30,41	11,00	14,52	16,75	16,03	0,72	9,92	3,59	.	13,80	1391	.	3,09
1884/85	26,36	13,34	13,34	16,06	15,24	0,82	9,14	4,94	.	16,80	1214	.	2,39
1885	30,97	11,37	14,45	18,31	17,31	1,00	8,44	4,01	.	12,45	1398	.	2,93
1885/86	29,70	13,26	11,96	16,92	16,03	0,90	8,30	3,58	.	16,27	1229	.	2,77
1886	32,90	11,45	13,12	18,04	17,32	0,72	8,41	3,41	.	12,68	1380	.	3,48
1886/87	28,69	12,97	11,35	19,85	19,04	0,81	7,13	3,81	.	16,21	1234	.	2,84
1887	32,11	10,87	13,49	19,52	18,82	0,69	7,40	3,60	.	13,01	1445	.	3,25
1887/88	29,76	11,94	12,58	20,40	19,44	0,97	6,05	3,95	.	15,32	1240	.	2,66
1888	36,24	10,17	14,22	18,82	18,12	0,70	5,02	3,34	.	12,20	1435	.	3,34
1888/89	32,13	12,00	13,89	20,46	19,47	0,99	5,09	2,79	.	13,64	1217	.	2,55
1889	33,52	10,63	17,83	19,33	18,90	0,43	4,85	2,92	.	10,91	1402	.	2,85
1889/90	27,89	13,12	16,01	19,64	19,06	0,58	5,20	3,63	.	14,52	1212	.	3,22
1890	30,54	11,51	19,32	19,03	18,54	0,50	4,26	2,91	.	12,43	1408	.	3,27
1890/91	26,40	13,52	17,49	19,68	19,03	0,65	4,62	3,32	.	14,98	1235	.	3,32
1891	30,25	12,22	18,69	19,71	18,98	0,73	4,00	2,40	.	12,73	1375	.	3,13
1891/92	27,41	14,40	16,55	20,52	19,83	0,69	2,67	2,84	.	15,60	1160	.	2,84
1892	29,62	12,95	20,00	18,33	17,80	0,53	3,79	2,50	.	12,80	1320	.	2,50
1892/93	26,11	14,73	17,29	19,95	19,18	0,77	3,34	2,83	.	15,75	1168	.	2,65
1893	27,02	13,10	21,78	18,71	17,89	0,82	3,74	2,77	.	12,87	1336	.	3,44
1893/94	23,16	14,47	20,00	21,49	20,61	0,88	3,16	2,89	.	14,82	1140	.	2,63
1894	25,88	13,82	20,02	20,69	19,68	1,01	3,35	3,52	.	12,73	1194	.	2,68
1894/95	23,05	14,90	19,54	21,03	19,46	1,58	3,42	2,89	.	15,16	1141	.	2,10
1895	24,42	13,73	22,86	19,00	17,68	1,32	4,36	3,13	.	12,50	1216	.	2,88
1895/96	22,94	14,96	21,86	19,71	18,46	1,25	3,05	2,78	.	14,70	1116	.	1,88
1896	23,18	14,41	24,48	19,44	18,58	0,87	3,13	2,86	.	12,50	1152	.	1,91
1896/97	19,91	15,50	22,86	20,43	19,13	1,30	3,20	4,16	.	13,94	1155	.	1,99
1897	20,14	13,85	26,04	22,11	21,24	0,87	2,83	4,25	.	10,78	1271	.	2,44
1897/98	19,93	13,90	23,82	22,66	21,09	1,57	3,23	4,22	.	12,24	1209	.	2,07
1898	22,86	12,57	24,26	22,04	20,56	1,48	3,40	4,88	.	9,99	1352	.	2,96
1898/99	20,91	13,09	21,53	22,70	20,22	2,48	4,34	5,89	.	11,54	1291	.	2,63
1899	22,78	11,09	26,76	19,92	17,99	1,93	5,11	5,71	.	8,63	1506	.	3,19
1899/00	19,53	12,26	24,22	22,41	20,36	2,04	5,68	5,75	.	10,14	1321	.	2,42

Tab. 25. 1: Die Studierenden an der Universität Tübingen nach Fachbereichen in Prozent 1760/61–1941/1

	Evang. Theol.	Kath. Theol.	Jura	Gesundheitswiss.				Sprach und Kultur wiss.	Math., Naturw.		Wirt- sch., Agrar- und Forst. wiss.	Studierende		
				insg.	Allg. Med.	Phar- mazie	Zahn- medi- zin		insg.	Chemie		insg.	weibl. in % aller Stud.	Ausl. in % aller Stud.
Semester	1	2	3	4	5	6	7	8	9	10	11	12	13	14
1900	21,90	11,21	26,84	20,03	18,56	1,47	.	5,41	5,94	.	8,68	1498	.	2,60
1900/01	20,00	13,64	22,91	21,38	20,00	1,38	.	4,67	6,97	.	10,42	1305	.	2,91
1901	21,91	12,57	23,21	18,75	17,65	1,10	.	6,25	7,69	.	9,62	1456	.	3,09
1901/02	16,68	13,52	21,94	19,53	18,03	1,50	.	8,26	7,96	.	12,10	1331	.	2,78
1902	18,50	12,52	25,45	16,37	15,20	1,17	.	9,97	7,50	.	9,70	1454	.	2,82
1902/03	18,19	15,49	23,83	15,73	14,38	1,35	.	7,15	8,10	.	11,52	1259	.	2,14
1903	19,89	13,15	26,08	15,28	14,11	1,17	.	8,26	7,50	1,72	9,84	1453	.	1,86
1903/04	18,93	14,03	25,04	15,01	13,73	1,28	.	7,62	7,92	1,73	11,46	1326	.	2,34
1904	19,24	11,82	27,45	14,63	13,36	1,27	.	10,82	7,88	.	8,15	1497	0,20	2,61
1904/05	18,99	13,42	24,94	15,03	12,89	2,14	.	11,67	8,39	.	7,55	1311	0,31	2,59
1905	21,24	11,36	27,70	12,14	10,01	2,13	.	12,52	8,97	.	6,07	1549	0,26	2,78
1905/06	19,00	13,09	26,88	14,71	11,96	2,74	.	11,68	9,57	.	5,07	1421	0,21	2,67
1906	20,25	11,45	27,55	14,72	12,64	2,08	.	13,08	9,50	.	3,46	1590	0,31	3,33
1906/07	16,13	14,31	26,30	16,83	14,94	1,89	.	12,13	10,45	.	3,86	1426	0,49	3,58
1907	18,67	12,84	25,37	16,40	14,62	1,78	.	13,76	9,77	.	3,19	1628	0,61	3,38
1907/08	16,86	14,11	23,68	18,66	17,53	1,14	.	13,18	10,03	.	3,48	1495	0,60	2,94
1908	19,42	11,71	23,31	18,48	17,13	1,35	.	14,71	9,24	1,65	3,12	1699	0,35	2,18
1908/09	16,54	11,92	22,69	18,33	16,79	1,54	.	15,32	10,71	1,73	4,49	1560	0,38	1,35
1909	17,92	10,04	23,07	17,59	16,29	1,25	0,05	16,88	10,80	1,09	3,69	1842	0,49	1,25
1909/10	14,54	10,95	21,90	19,57	18,19	1,32	0,06	17,18	11,13	1,32	4,73	1671	1,38	1,08
1910	17,81	9,14	20,24	20,08	18,53	1,24	0,31	18,22	10,48	0,88	4,03	1937	1,81	1,24
1910/11	16,04	10,96	19,81	20,61	19,01	0,97	0,63	16,84	11,70	1,20	4,05	1752	2,05	1,20
1911	19,81	8,89	18,75	19,45	18,24	0,71	0,51	16,98	12,18	1,16	3,94	1979	2,12	1,26
1911/12	16,78	10,08	17,83	20,80	19,23	0,87	0,70	16,20	14,16	1,92	4,14	1716	2,33	1,52
1912	19,78	7,81	16,16	18,85	17,38	0,68	0,78	16,65	13,48	2,29	7,28	2048	1,95	1,71
1912/13	17,70	8,43	15,91	20,65	18,97	0,47	1,21	16,65	13,12	2,58	7,53	1898	2,00	2,00
1913	22,92	6,94	15,76	20,46	19,16	0,49	0,81	15,44	12,00	1,92	6,49	2234	2,01	2,37
1913/14	19,77	8,27	15,10	22,15	19,82	1,01	1,32	13,99	12,45	2,54	8,27	1887	2,65	2,81
1914	26,81	6,80	13,11	21,59	19,60	0,63	1,35	12,80	11,45	2,21	7,44	2219	3,52	3,42
1914/15	25,10	7,93	13,91	23,30	21,16	0,63	1,51	13,18	10,17	2,19	6,42	2056	2,63	1,26
1915	24,30	7,85	14,43	23,61	21,50	0,64	1,47	13,25	10,26	2,16	6,28	2037	2,90	0,74
1915/16	24,20	7,95	14,17	24,40	22,27	0,65	1,49	12,08	10,79	2,24	6,41	2012	2,98	0,84
1916	23,27	7,46	13,70	25,13	23,12	0,83	1,18	13,21	10,75	2,16	6,48	2037	4,57	0,88
1916/17	21,84	6,67	14,06	25,89	23,62	0,87	1,40	13,67	10,97	2,08	6,91	2070	5,56	0,63
1917	22,18	6,48	13,87	25,51	23,60	0,91	1,00	14,51	10,63	2,19	6,80	2191	7,26	0,91
1917/18	20,95	8,33	14,05	25,23	23,49	0,89	0,85	14,36	9,83	2,06	7,28	2473	7,97	0,97
1918	19,48	7,71	13,58	26,93	25,35	0,75	0,83	14,44	10,00	2,48	7,86	2659	10,98	1,47
1918/19	19,95	8,03	13,42	27,28	25,63	0,92	0,73	13,02	10,23	2,82	8,07	2727	9,53	2,05
1919	13,35	5,24	16,22	28,99	24,74	0,94	3,31	14,20	11,04	4,19	10,95	3415	6,68	1,49
ZS.1919	14,67	6,37	16,38	27,41	24,10	0,85	2,46	23,75	11,43	3,95	.	2809	0,71	.
1919/20	12,71	5,21	15,39	29,78	24,71	0,84	4,24	14,62	11,76	4,94	10,52	2975	7,09	1,48
1920	17,67	4,68	14,50	28,44	23,57	0,82	4,05	13,53	10,89	4,68	10,30	3186	6,34	2,54
1920/21	19,95	5,79	15,06	24,55	19,05	0,75	4,74	13,98	11,90	5,21	8,77	2782	5,72	.
1921	20,99	5,27	18,41	21,35	17,29	0,39	3,66	13,05	12,05	4,75	8,87	3302	6,78	4,06
1921/22	18,94	4,70	19,38	21,35	17,23	0,62	3,50	13,30	13,22	5,10	9,11	2745	7,21	5,17
1922	18,84	5,57	21,76	20,31	17,01	0,57	2,74	12,89	11,51	4,62	9,12	3180	7,61	.
1922/23	18,78	6,25	20,37	20,41	16,79	0,84	2,79	12,81	12,14	5,97	9,23	2513	7,00	6,49
1923	19,79	5,06	23,76	18,60	15,76	0,72	2,12	12,89	11,08	5,06	8,82	2925	7,76	6,67
1923/24	18,82	6,20	23,08	17,30	14,13	1,19	1,97	14,09	12,35	5,28	8,17	2179	7,94	6,65
1924	18,73	5,96	24,29	14,86	12,08	1,47	1,31	16,90	12,33	4,65	6,94	2450	8,37	4,65
1924/25	17,90	6,70	22,59	13,74	10,71	1,91	1,12	19,07	12,27	5,38	7,73	2045	7,14	4,74
1925	16,46	5,13	27,24	15,99	13,15	1,58	1,26	11,88	16,86	4,15	6,44	2533	6,79	3,91
1925/26	15,61	5,63	26,49	15,99	12,74	1,53	1,72	18,38	11,69	4,30	6,21	2095	6,11	4,20
1926	15,76	5,67	26,90	16,29	12,61	1,31	2,37	19,51	10,41	2,37	5,47	2450	7,71	5,02
1926/27	15,61	5,81	25,45	16,95	13,14	1,11	2,69	20,30	11,57	2,23	4,32	2153	7,99	3,16
1927	18,10	5,12	25,57	18,75	14,95	0,83	2,98	19,27	10,31	1,49	2,87	2890	9,10	3,18
1927/28	16,91	5,86	23,43	20,09	16,34	0,62	3,14	19,84	10,35	1,36	3,51	2424	8,83	2,48
1928	20,07	5,23	24,48	18,83	14,51	0,55	3,77	18,70	10,49	1,52	2,19	3288	10,01	2,49
1928/29	18,26	5,73	22,58	19,50	14,90	0,46	4,14	19,43	11,18	2,02	3,33	2826	10,05	2,12
1929	21,37	4,45	19,82	21,58	17,22	0,45	3,92	18,43	11,87	2,11	2,47	3799	12,42	1,87
1929/30	21,91	5,15	17,27	21,84	16,95	0,55	4,34	19,54	12,12	1,78	2,17	3086	11,02	2,53
1930	18,66	4,98	18,34	24,44	18,96	0,56	4,93	19,49	12,26	1,93	1,82	3735	14,67	2,28
1930/31	15,34	6,05	17,67	26,52	20,41	0,57	5,54	19,49	12,43	2,06	2,50	2960	12,53	2,77
1931	20,98	4,79	17,04	29,47	22,35	0,57	6,55	16,29	9,32	1,63	2,10	3861	14,61	2,25
1931/32	20,96	5,59	15,58	29,41	22,10	0,49	6,82	16,87	9,56	1,81	2,03	3254	13,55	2,27
1932	23,71	5,68	14,89	32,15	24,93	0,58	6,64	13,57	7,80	1,43	2,20	3767	13,94	2,39
1932/33	25,15	6,38	13,87	31,29	24,08	0,55	6,66	12,82	8,22	1,56	2,27	3260	13,19	3,28
1933	26,80	6,36	13,45	32,07	25,26	0,86	5,96	12,86	6,16	1,91	2,31	3508	14,62	.
1933/34	25,97	6,56	13,96	33,89	26,11	0,73	7,05	12,19	5,31	1,77	2,12	2880	13,02	.
1934	27,70	8,81	12,18	33,01	26,96	0,89	5,16	11,52	5,08	2,33	1,71	2578	13,15	3,30
1934/35	28,46	10,25	12,52	31,97	25,77	0,73	5,46	9,84	5,33	2,50	1,64	2196	11,61	.
1935	27,58	13,11	8,66	35,60	29,10	1,81	4,69	9,73	3,52	1,27	1,81	2045	13,64	.
1935/36	30,16	10,64	9,11	36,31	28,90	2,42	4,98	8,12	3,95	1,17	1,71	2228	12,61	.
1936	31,52	8,18	8,84	37,42	29,95	2,53	4,95	8,48	3,89	1,21	1,67	1980	13,89	.
1936/37	28,40	12,21	8,80	36,92	29,52	2,80	4,59	8,35	3,42	1,57	1,90	1785	11,88	.
1937	26,23	10,23	8,63	40,77	34,59	2,39	3,78	8,30	3,65	1,86	2,19	1506	11,89	4,71
1937/38	23,86	15,47	9,58	37,81	33,25	1,98	2,58	7,80	3,17	1,92	2,31	1513	10,38	.
1938	24,26	12,30	7,95	42,23	37,32	2,00	2,90	8,50	3,04	1,94	1,73	1447	11,06	.
1938/39	19,00	16,29	10,95	39,41	33,42	3,22	2,77	9,08	2,90	1,74	2,38	1553	10,95	.
1939	17,42	13,28	8,03	46,63	41,65	2,59	2,40	9,07	2,85	1,62	2,72	1544	12,11	.
1939/40	.	.	.	.	.	.	.	.	.	.	.	.	.	.
1940/1	6,29	5,84	6,98	69,68	68,08	0,69	0,92	6,18	4,00	2,86	1,03	874	12,81	.
1940/2	5,59	6,39	10,25	58,06	55,13	1,73	1,20	11,98	5,73	3,46	2,00	751	24,90	2,00
1940/3	5,76	7,17	7,93	54,35	51,85	1,41	1,09	15,76	5,87	2,61	3,15	920	33,15	.
1941/1	5,35	5,97	6,08	58,60	56,71	1,26	0,63	14,36	6,18	2,73	3,46	954	39,83	.

4. Die Studierenden nach Fächern

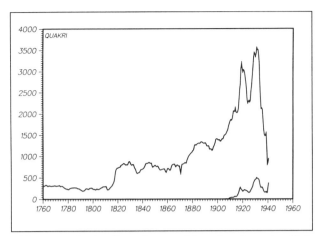

Abb. 25.2: Die Studierenden (weibl. u. insg.) an der Universität Tübingen 1760/61–1941/1: Sämtliche Fächer

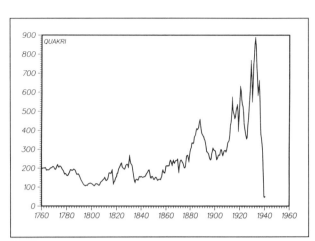

Abb. 25.3: Die Studierenden an der Universität Tübingen 1760/61–1941/1: Evangelische Theologie

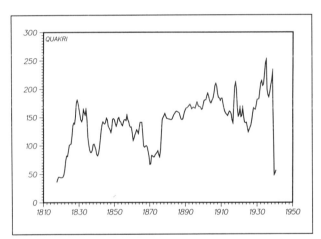

Abb. 25.4: Die Studierenden an der Universität Tübingen 1817/18–1941/1: Katholische Theologie

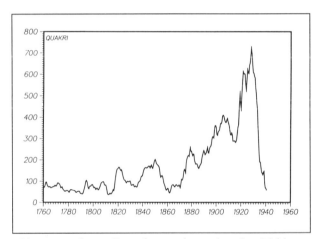

Abb. 25.5: Die Studierenden an der Universität Tübingen 1760/61–1941/1: Jura

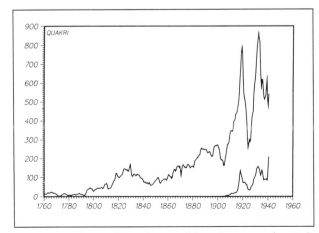

Abb. 25.6: Die Studierenden (weibl. u. insg.) an der Universität Tübingen 1760/61–1941/1: Allgemeine Medizin

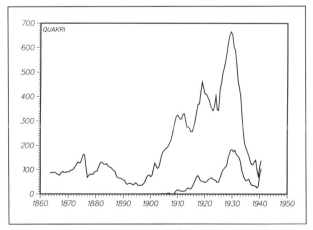

Abb. 25.7: Die Studierenden (weibl. u. insg.) an der Universität Tübingen 1866/67–1941/1: Sprach- und Kulturwissenschaften

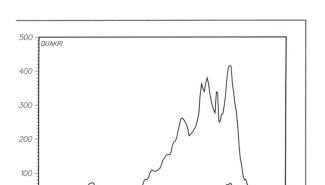

Abb. 25. 8: Die Studierenden (weibl. u. insg.) an der
Universität Tübingen 1866/67–1941/1: Mathematik
und Naturwissenschaften

Tab. 25. 2: Die Einzelfachströme an der Universität Tübingen nach Staatsangehörigkeit und Geschlecht
1760/61–1941/1

| | Evang. Theologie | | | Jura | Medi-zin | Phil. Fak. | Stud. insg. |
| | insg. | "Semi-naris-ten" | "in der Stadt" | | | | |
Semester	1	2	3	4	5	6	7
1760/61	197	127	70	70	17	21	305
1761	197	127	70	71	14	23	305
1761/62	203	130	73	76	13	19	311
1762	199	130	69	89	13	14	315
1762/63	204	132	72	103	14	23	344
1763	196	132	64	90	21	15	322
1763/64	211	137	74	79	22	10	322
1764	189	137	52	76	18	14	297
1764/65	189	147	42	72	16	27	304
1765	191	147	44	72	21	37	321
1765/66	193	150	43	78	21	22	314
1766	188	150	38	70	24	26	308
1766/67	195	149	46	69	24	14	302
1767	195	149	46	72	19	14	300
1767/68	201	146	55	71	21	16	309
1768	203	146	57	77	20	12	312
1768/69	201	146	55	74	14	14	303
1769	206	146	60	75	18	16	315
1769/70	211	146	65	82	16	11	320
1770	208	146	62	80	12	15	315
1770/71	202	146	56	75	11	13	301
1771	195	146	49	80	9	24	308
1771/72	192	141	51	89	4	21	306
1772	197	141	56	96	2	16	311
1772/73	207	147	60	89	1	15	312
1773	217	147	70	87	3	11	318
1773/74	219	153	66	88	5	15	327
1774	199	153	46	72	6	14	291
1774/75	209	151	58	66	9	11	295
1775	214	151	63	77	10	7	308
1775/76	208	143	65	72	12	12	304
1776	209	143	66	58	15	11	293
1776/77	198	142	56	62	17	9	286
1777	192	142	50	51	14	6	263
1777/78	188	133	55	53	14	2	257
1778	185	133	52	53	12	3	253
1778/79	168	120	48	54	10	2	234
1779	169	120	49	60	7	2	238
1779/80	176	112	64	54	7	3	240
1780	163	112	51	57	5	3	228
1780/81	161	116	45	43	9	7	220
1781	160	116	44	51	8	9	228
1781/82	164	123	41	56	7	25	252
1782	173	123	50	62	5	19	259
1782/83	177	125	52	60	7	10	254
1783	189	125	64	59	11	7	266
1783/84	195	132	63	57	10	4	266
1784	188	132	56	57	9	9	263
1784/85	189	132	57	56	12	12	269
1785	188	132	56	56	13	10	267
1785/86	194	140	54	54	9	12	269
1786	196	140	56	46	8	14	264
1786/87	190	143	47	47	10	17	264
1787	192	143	49	50	15	10	267
1787/88	178	138	40	53	12	6	249
1788	171	138	33	51	15	8	245
1788/89	163	135	28	53	18	7	241
1789	172	135	37	54	16	4	246
1789/90	169	135	34	44	11	4	228
1790	167	135	32	40	11	4	222
1790/91	154	121	33	42	10	3	209
1791	152	121	31	40	13	2	207
1791/92	137	105	32	39	7	2	185
1792	136	105	31	44	8	1	189
1792/93	127	95	32	53	9	2	191
1793	124	95	29	68	6	4	202
1793/94	114	85	29	72	6	9	201
1794	113	85	28	96	16	8	233
1794/95	110	82	28	107	26	5	248

Tab. 25. 2: Die Einzelfachströme an der Universität Tübingen nach Staatsangehörigkeit und Geschlecht 1760/61–1941/1

	Evang. Theologie			Kath. Theol.	Jura	Medizin			Phil. Fak.	Came-ralia	Stud. insg.
	insg.	"Semi-naris-ten"	"in der Stadt"			insg.	Chir-urgie	Pharma-zie			
Semester	1	2	3	4	5	6	7	8	9	10	11
1795	106	82	24	.	102	33	.	.	4	.	245
1795/96	107	80	27	.	90	40	.	.	4	.	241
1796	113	80	33	.	74	36	.	.	11	.	234
1796/97	108	83	25	.	61	41	.	.	12	.	222
1797	109	83	26	.	67	46	.	.	14	.	236
1797/98	117	91	26	.	83	46	.	.	18	.	264
1798	119	91	28	.	72	39	.	.	21	.	251
1798/99	120	96	24	.	80	42	.	.	20	.	262
1799	121	96	25	.	84	41	.	.	15	.	261
1799/00	121	96	25	.	85	33	.	.	14	.	253
1800	119	96	23	.	83	25	.	.	14	.	241
1800/01	117	96	21	.	68	30	.	.	11	.	226
1801	115	96	19	.	71	33	.	.	13	.	232
1801/02	112	94	18	.	74	39	.	.	10	.	235
1802	108	94	14	.	64	37	.	.	8	.	217
1802/03	105	90	15	.	59	37	.	.	12	.	213
1803	112	90	22	.	67	45	.	.	13	.	237
1803/04	118	88	30	.	70	46	.	.	10	.	244
1804	119	88	31	.	58	40	.	.	6	.	223
1804/05	116	90	26	.	60	47	.	.	6	.	229
1805	118	90	28	.	63	41	.	.	7	.	229
1805/06	111	88	23	.	74	44	.	.	12	.	241
1806	110	88	22	.	76	47	.	.	11	.	244
1806/07	109	90	19	.	95	48	.	.	13	.	265
1807	117	90	27	.	92	48	.	.	8	.	265
1807/08	127	99	28	.	99	39	.	.	7	.	272
1808	129	99	30	.	96	44	.	.	17	.	286
1808/09	132	107	25	.	101	52	.	.	12	.	297
1809	134	107	27	.	87	58	.	.	8	.	287
1809/10	142	109	33	.	78	71	.	.	4	.	295
1810	138	109	29	.	84	61	.	.	4	.	287
1810/11	151	118	33	.	80	71	.	.	4	.	306
1811	151	118	33	.	69	67	.	.	6	.	293
1811/12	137	119	18	.	45	45	.	.	2	.	229
1812	132	119	13	.	33	38	.	.	3	.	206
1812/13	137	123	14	.	40	41	.	.	9	.	227
1813	141	123	18	.	32	45	.	.	9	.	227
1813/14	146	117	29	.	48	41	.	.	7	.	242
1814	172	117	55	.	39	47	.	.	9	.	267
1814/15	179	120	59	.	39	49	.	.	16	.	283
1815	171	120	51	.	41	60	.	.	21	.	293
1815/16	175	123	52	.	47	67	.	.	29	.	318
1816	168	123	45	.	56	72	.	.	26	.	322
1816/17	193	140	53	.	64	84	.	.	44	.	385
1817	185	.	.	.	47	84	.	.	58	.	374
1817/18	124	.	.	37	96	88	.	.	120	.	465
1818	112	.	.	36	108	116	.	.	139	46	557
1818/19	143	.	.	46	139	128	37	.	157	85	698
1819	117	.	.	45	147	116	34	3	156	97	678
1819/20	168	.	.	46	163	105	28	2	160	108	750
1820	136	.	.	43	156	106	30	.	159	109	709
1820/21	172	.	.	46	166	97	24	.	156	103	740
1821	174	.	.	42	166	99	23	.	152	102	735
1821/22	172	.	.	49	163	106	28	.	184	90	764
1822	211	.	.	50	147	108	25	.	134	74	724
1822/23	189	.	.	66	154	110	19	.	196	74	789
1823	224	.	.	82	154	114	19	.	151	70	795
1823/24	204	.	.	82	137	119	21	.	201	69	812
1824	244	.	.	81	124	134	28	.	151	62	796
1824/25	210	.	.	102	113	145	40	.	204	72	846
1825	202	.	.	100	103	147	41	.	208	67	827
1825/26	202	.	.	104	105	146	40	.	213	60	831
1826	195	.	.	103	104	143	36	.	209	49	804
1826/27	196	.	.	132	91	133	26	7	197	48	797
1827	193	.	.	138	93	145	33	11	184	49	802
1827/28	216	.	.	143	102	140	38	7	176	38	815
1828	217	.	.	133	98	129	32	8	163	39	779
1828/29	222	.	.	171	99	136	36	8	188	46	862
1829	220	.	.	182	96	148	43	14	187	42	875
1829/30	215	.	.	180	103	166	49	15	174	48	887
1830	198	.	.	171	99	172	42	14	162	49	852

Tab. 25.2: Die Einzelfachströme an der Universität Tübingen nach Staatsangehörigkeit und Geschlecht 1760/61–1941/1

	Evang. Theol.	Kath. Theol.	Jura	Medizin	Sonstige									Stud. insg.	Hospitanten
					insg.	Chirurgie	Pharmazie	Phil. Fak.	Natur-wiss.	Staatswiss.					
										insg.	Cameralia	Forst-wiss.	Regiminalisten		
Semester	1	2	3	4	5	6	7	8	9	10	11	12	13	14	15
1830/31	273	160	86	121	183	45	6	108	.	41	.	.	.	823	29
1831	251	150	77	110	203	58	15	105	.	39	.	.	.	791	22
1831/32	226	140	83	102	244	53	10	155	.	40	.	.	.	795	19
1832	220	145	83	108	252	60	17	151	.	42	.	.	.	808	23
1832/33	220	150	87	122	239	48	10	149	.	49	.	.	.	818	26
1833	209	178	81	116	212	53	10	120	.	46	.	.	.	796	26
1833/34	182	139	68	115	221	42	10	147	.	40	.	.	.	725	31
1834	163	169	78	113	194	43	16	106	.	44	.	.	.	717	29
1834/35	140	159	78	104	214	41	12	132	.	53	.	.	.	695	39
1835	122	138	73	117	176	41	6	95	.	52	.	.	.	626	32
1835/36	127	92	71	119	200	37	4	127	.	49	.	.	.	609	27
1836	150	113	77	113	139	26	9	79	.	44	.	.	.	592	32
1836/37	133	71	96	114	211	22	8	156	.	53	.	.	.	625	39
1837	151	105	95	113	149	21	15	86	.	56	.	.	.	613	35
1837/38	124	71	101	107	226	25	8	153	.	72	.	.	.	629	36
1838	149	114	98	96	174	31	16	81	.	81	.	.	.	631	38
1838/39	141	91	111	97	254	41	13	148	.	87	.	.	.	694	38
1839	171	116	121	95	190	37	15	89	.	74	.	.	.	693	27
1839/40	140	80	127	94	254	33	10	165	.	80	.	.	.	695	34
1840	166	106	120	89	215	32	17	108	.	86	.	.	.	696	28
1840/41	146	62	141	83	289	27	10	182	.	88	.	.	.	721	18
1841	165	102	147	68	221	28	13	110	.	96	.	.	.	703	20
1841/42	140	70	161	80	311	31	8	195	.	94	.	.	.	762	19
1842	162	122	162	75	229	32	12	104	.	93	.	.	.	750	15
1842/43	146	101	166	67	350	43	10	207	.	105	.	.	.	830	17
1843	165	153	164	72	276	49	15	120	.	103	.	.	.	830	13
1843/44	145	122	161	72	342	37	13	193	.	110	.	.	.	842	12
1844	174	162	163	74	263	36	23	106	.	106	.	.	.	836	9
1844/45	157	116	168	59	339	.	.	196	.	112	56	.	56	839	13
1845	187	160	173	74	259	28	17	113	.	115	53	.	60	853	14
1845/46	166	122	171	72	339	31	16	182	.	130	63	.	64	870	20
1846	196	176	167	60	241	35	9	101	.	119	58	.	60	840	23
1846/47	185	117	158	58	314	27	15	178	.	114	54	.	58	832	20
1847	198	152	182	58	261	31	20	109	.	117	59	.	56	851	16
1847/48	150	111	170	64	340	29	21	182	.	125	59	9	55	835	17
1848	151	146	159	60	215	10	14	104	.	99	55	6	38	731	12
1848/49	144	101	162	71	281	8	7	189	.	81	44	8	29	759	4
1849	169	160	181	71	170	.	.	98	.	55	.	.	.	751	4
1849/50	146	135	190	77	234	16	5	163	.	55	35	2	18	782	5
1850	154	162	205	84	186	16	11	105	.	63	41	3	19	791	9
1850/51	129	131	200	83	252	21	16	173	.	53	34	7	12	795	11
1851	152	147	187	89	183	22	20	103	.	48	31	3	14	758	10
1851/52	141	121	177	92	231	21	13	162	.	43	29	5	8	762	8
1852	164	157	181	100	163	15	18	103	.	36	25	3	6	765	9
1852/53	141	139	171	101	234	17	19	168	.	39	29	2	5	786	9
1853	151	161	173	92	155	17	11	98	.	40	28	2	7	732	11
1853/54	122	126	165	78	234	16	20	174	.	41	27	2	10	725	17
1854	152	158	147	68	156	8	18	100	.	46	31	1	13	681	16
1854/55	130	116	114	71	248	16	16	164	.	66	44	4	18	679	14
1855	155	155	123	77	175	13	21	88	.	65	40	1	24	685	12
1855/56	127	128	126	85	226	15	13	104	.	67	33	2	31	692	9
1856	152	165	128	85	164	13	14	74	.	73	40	0	32	694	10
1856/57	146	128	115	85	232	6	20	136	.	78	44	0	34	706	8
1857	164	161	102	91	178	7	18	83	.	80	46	0	34	696	10
1857/58	194	148	80	93	206	20	21	89	.	86	53	0	33	721	10
1858	187	144	88	90	190	19	17	85	.	76	43	0	33	699	7
1858/59	174	141	65	97	180	15	18	80	.	76	50	1	24	657	9
1859	176	130	63	80	171	8	24	73	.	66	46	1	15	620	8
1859/60	172	135	54	91	175	18	22	66	.	69	48	3	16	627	11
1860	207	132	66	101	195	11	34	69	.	81	52	3	23	701	12
1860/61	217	113	69	111	224	25	35	79	.	85	56	2	26	734	11
1861	209	106	63	119	209	18	29	81	.	81	58	2	20	706	13
1861/62	211	121	42	105	222	20	32	86	.	83	61	6	16	701	21
1862	218	118	47	108	190	7	33	86	.	63	43	5	15	681	19
1862/63	204	129	45	95	191	16	28	79	.	67	41	5	21	664	14
1863	221	127	64	113	197	16	31	87	.	62	38	6	18	722	15
1863/64	239	123	73	75	262	29	31	86	49	66	36	8	22	772	22
1864	246	119	87	127	231	16	34	90	19	72	40	11	21	810	15
1864/65	230	143	79	122	230	22	37	84	13	74	35	15	23	804	13
1865	221	140	89	144	235	21	34	92	14	73	33	17	23	829	10
1865/66	210	143	74	142	233	22	34	88	15	74	38	11	25	802	9
1866	255	140	76	143	222	15	35	85	15	71	34	16	21	836	11

Tab. 25.2: Die Einzelfachströme an der Universität Tübingen nach Staatsangehörigkeit und Geschlecht 1760/61–1941/1

	Evang. Theol.		Kath. Theol.		Jura		Medizin		Chir-urgie	Pharmazie		Philol., Gesch.		Math., Naturw.	
	insg.	Ausl. in %	insg.	Ausl. in %	insg.	Ausl. in %	insg.	Ausl. in %		insg.	Ausl. in %	insg.	Ausl. in %	insg.	Ausl. in %
Semester	1	2	3	4	5	6	7	8	9	10	11	12	13	14	15
1866/67	228	.	103	.	70	.	122	.	20	35	.	81	.	13	.
1867	227	.	96	.	88	.	155	.	19	34	.	75	.	13	.
1867/68	224	.	99	.	81	.	156	.	16	33	.	80	.	18	.
1868	250	.	99	.	85	.	161	.	15	31	.	97	.	24	.
1868/69	231	.	101	.	71	.	160	.	16	30	.	88	.	14	.
1869	250	.	96	.	81	.	162	.	15	34	.	90	.	20	.
1869/70	234	.	84	.	76	.	143	.	18	35	.	87	.	15	.
1870	261	.	80	.	90	.	175	.	15	30	.	96	.	20	.
1870/71	155	.	54	.	64	.	99	.	4	22	.	86	.	6	.
1871	211	.	82	.	75	.	121	.	2	22	.	100	.	15	.
1871/72	208	.	85	.	98	.	150	.	44	28	.	96	.	18	.
1872	254	.	79	.	120	.	170	.	32	28	.	102	.	18	.
1872/73	231	.	82	.	90	.	165	.	3	35	.	107	.	17	.
1873	256	.	78	.	127	.	166	.	9	39	.	120	.	24	.
1873/74	218	.	90	.	118	.	147	.	0	30	.	122	.	19	.
1874	242	.	83	.	177	.	158	.	0	32	.	140	.	27	.
1874/75	210	.	93	.	136	.	152	.	2	32	.	116	.	29	.
1875	218	.	89	.	162	.	148	.	.	30	.	141	.	44	.
1875/76	187	10,70	80	0,00	117	0,00	157	8,28	.	35	.	148	6,08	42	9,52
1876	215	14,42	80	0,00	251	0,40	179	8,94	.	31	.	179	4,47	24	8,33
1876/77	199	.	102	.	155	.	157	.	.	35	.	144	.	28	.
1877	274	8,39	139	1,44	267	1,12	179	7,82	.	40	.	82	14,63	44	15,91
1877/78	256	5,08	153	1,31	171	1,17	146	4,79	.	36	.	55	12,73	39	25,64
1878	280	6,43	147	2,72	271	1,48	164	7,93	.	25	.	97	7,22	63	17,46
1878/79	259	5,79	160	1,25	162	1,85	137	6,57	.	33	.	67	17,91	64	10,94
1879	243	2,88	154	0,65	320	1,56	174	6,90	.	22	.	94	15,96	74	8,11
1879/80	231	1,30	150	1,33	196	1,02	145	8,97	.	30	.	67	8,96	68	7,35
1880	298	4,03	147	0,68	283	0,35	175	5,14	.	20	.	113	4,42	77	6,49
1880/81	281	5,34	150	1,33	200	0,50	144	4,17	.	21	.	76	5,26	66	10,61
1881	323	4,02	145	1,38	257	0,78	162	2,47	.	15	.	112	7,14	59	8,47
1881/82	296	2,70	149	1,34	182	1,10	169	5,33	.	14	.	106	7,55	56	10,71
1882	373	3,75	144	1,39	274	0,36	204	5,88	.	15	.	142	7,04	66	10,61
1882/83	296	3,38	149	0,00	178	1,12	181	2,76	.	18	.	120	10,83	49	8,16
1883	365	3,84	146	0,00	219	0,46	208	2,40	.	18	.	136	8,09	53	5,66
1883/84	305	3,28	157	0,00	150	1,80	100	2,11	.	16	.	100	0,00	39	5,13
1884	423	3,07	153	0,00	202	1,98	223	3,59	.	10	.	138	6,52	50	12,00
1884/85	320	2,19	162	0,00	162	1,23	185	3,24	.	10	.	111	5,41	60	8,33
1885	433	2,31	159	1,26	202	2,97	242	2,89	.	14	.	118	6,78	56	3,57
1885/86	365	1,92	163	1,84	147	1,36	197	2,54	.	11	.	102	9,80	44	4,55
1886	454	1,76	158	0,63	181	2,21	239	2,93	.	10	.	116	13,79	47	14,89
1886/87	354	1,69	160	0,63	140	0,71	235	2,98	.	10	0,00	88	12,50	47	10,64
1887	464	2,16	157	0,64	195	1,03	272	4,04	.	10	0,00	107	10,28	52	11,54
1887/88	369	2,17	148	1,35	156	1,92	241	1,66	.	12	.	75	10,67	49	8,16
1888	520	3,27	146	1,37	204	1,96	260	3,08	.	10	.	72	13,89	48	6,25
1888/89	391	2,56	146	0,00	169	0,59	237	2,95	.	12	.	62	12,90	34	11,76
1889	470	1,91	149	0,00	250	1,60	265	5,28	.	6	.	68	8,82	41	12,20
1889/90	338	1,18	159	0,63	194	1,55	231	6,06	.	7	.	63	11,11	44	15,91
1890	430	2,79	162	1,23	272	1,84	261	5,36	.	7	.	60	6,67	41	9,76
1890/91	326	1,84	167	1,20	216	3,24	235	3,83	.	8	.	57	14,04	41	12,20
1891	416	1,44	168	1,19	257	2,72	261	3,45	.	10	.	55	16,36	33	21,21
1891/92	318	1,57	167	0,00	192	3,65	230	2,17	.	8	0,00	31	22,58	33	15,15
1892	391	1,02	171	0,58	264	1,14	235	2,98	.	7	0,00	50	20,00	33	12,12
1892/93	305	1,31	172	0,58	202	2,48	224	3,13	.	9	0,00	39	12,82	33	15,15
1893	361	2,49	175	1,14	291	1,37	239	3,77	.	11	0,00	50	22,00	37	16,22
1893/94	264	1,52	165	0,00	228	1,75	235	2,55	.	10	0,00	36	19,44	33	15,15
1894	309	1,94	165	0,00	239	1,67	235	3,40	.	12	0,00	40	15,00	42	9,52
1894/95	263	0,38	170	0,59	223	1,79	222	2,25	.	18	0,00	39	12,82	33	15,15
1895	297	2,36	167	0,60	278	1,80	215	3,72	.	16	0,00	53	15,09	38	7,89
1895/96	256	1,56	167	0,60	244	1,23	206	1,46	.	14	0,00	34	8,82	31	9,68
1896	267	2,62	166	0,60	282	0,71	214	1,87	.	10	0,00	36	5,56	33	9,09
1896/97	230	1,74	179	2,79	264	0,38	221	1,36	.	15	0,00	37	8,11	48	8,33
1897	256	1,56	176	2,27	331	1,51	270	2,59	.	11	0,00	36	2,78	54	9,26
1897/98	241	2,90	168	1,19	288	0,35	255	2,75	.	19	0,00	39	5,13	51	7,84
1898	309	3,24	170	1,18	328	0,61	278	3,96	.	20	0,00	46	6,52	66	12,12
1898/99	270	1,48	169	1,78	278	1,44	261	3,45	.	32	0,00	56	5,36	76	9,21
1899	343	2,92	167	2,40	403	1,24	271	4,80	.	29	0,00	77	5,19	86	8,14
1899/00	258	1,55	162	0,62	320	0,63	269	4,46	.	27	0,00	75	2,67	76	7,89
1900	328	2,44	168	0,60	402	0,50	278	4,68	.	22	0,00	81	1,23	89	7,87
1900/01	261	3,07	178	0,56	299	0,67	261	4,60	.	18	0,00	61	3,28	91	7,69
1901	319	3,13	183	0,55	338	1,18	257	3,89	.	16	0,00	91	4,40	112	6,25
1901/02	222	3,15	180	0,00	292	2,05	240	3,75	.	20	0,00	110	0,91	106	4,72
1902	269	4,46	182	1,10	370	1,08	221	2,71	.	17	0,00	145	4,14	109	1,83
1902/03	229	2,18	195	1,03	300	1,00	181	1,10	.	17	0,00	90	4,44	102	4,90

Tab. 25.2: Die Einzelfachströme an der Universität Tübingen nach Staatsangehörigkeit und Geschlecht 1760/61–1941/1

	Staatswiss.					Studierende			Hospi-
	insg.	Came-ralia	Forst-wiss.	Regi-minal.	Ausl. in %	insg.	Ausländer		tanten insg.
							insg.	in %	
Semester	16	17	18	19	20	21	22	23	24
1866/67	65	32	17	16	.	737	.	.	19
1867	62	33	15	14	.	769	.	.	11
1867/68	70	39	19	14	.	777	.	.	8
1868	62	41	8	13	.	824	.	.	13
1868/69	56	37	11	8	.	767	.	.	10
1869	50	37	4	9	.	798	.	.	9
1869/70	45	34	5	6	.	737	.	.	14
1870	49	34	9	6	.	816	.	.	18
1870/71	40	25	9	6	.	530	.	.	11
1871	43	27	8	8	.	671	.	.	14
1871/72	53	43	5	5	.	780	.	.	20
1872	50	40	4	6	.	853	.	.	19
1872/73	50	32	6	12	.	780	.	.	16
1873	49	30	4	15	.	868	.	.	18
1873/74	47	23	9	15	.	791	.	.	23
1874	38	13	6	23	.	897	.	.	13
1874/75	44	24	6	21	.	814	.	.	13
1875	35	12	5	24	.	867	.	.	11
1875/76	46	14	7	30	0,00	812	46	5,67	11
1876	47	14	9	30	0,00	1006	58	5,77	13
1876/77	59	12	13	42	.	879	.	.	19
1877	61	15	10	41	0,00	1086	61	5,62	8
1877/78	79	19	19	47	0,00	935	41	4,39	11
1878	75	18	18	47	0,00	1122	57	5,08	15
1878/79	91	38	13	48	1,10	973	49	5,04	13
1879	92	39	15	46	1,09	1173	47	4,01	10
1879/80	98	42	14	48	1,02	985	32	3,25	9
1880	87	42	11	43	1,15	1200	34	2,83	23
1880/81	119	54	15	54	0,84	1057	36	3,41	17
1881	141	59	38	49	0,71	1214	35	2,88	16
1881/82	165	77	36	60	0,61	1137	36	3,17	20
1882	159	75	32	60	0,63	1377	47	3,41	23
1882/83	189	84	45	68	1,06	1180	36	3,05	27
1883	200	93	49	67	3,00	1345	40	2,97	28
1883/84	216	109	47	75	3,24	1187	33	2,78	30
1884	192	97	47	61	1,56	1391	43	3,09	26
1884/85	204	94	56	66	1,47	1214	29	2,39	23
1885	174	83	54	49	3,45	1398	41	2,93	24
1885/86	200	100	59	52	2,50	1229	34	2,77	21
1886	175	88	52	44	2,86	1380	48	3,48	23
1886/87	200	86	69	52	2,00	1234	35	2,84	13
1887	188	88	68	39	3,19	1445	47	3,25	17
1887/88	190	83	63	47	2,11	1240	33	2,66	14
1888	175	80	52	46	2,29	1435	48	3,34	14
1888/89	166	60	49	59	0,60	1217	31	2,55	11
1889	153	65	35	53	1,31	1402	40	2,85	8
1889/90	176	67	39	74	1,70	1212	39	3,22	12
1890	175	72	36	73	2,86	1408	46	3,27	14
1890/91	185	72	36	80	2,16	1235	41	3,32	15
1891	175	65	31	83	1,71	1375	43	3,13	18
1891/92	181	65	22	98	2,21	1160	33	2,84	12
1892	169	62	21	91	2,37	1320	33	2,50	14
1892/93	184	59	22	109	2,17	1168	31	2,65	17
1893	172	60	16	99	2,91	1336	46	3,44	13
1893/94	169	63	15	92	2,37	1140	30	2,63	11
1894	152	64	12	77	2,63	1194	32	2,68	16
1894/95	173	67	21	89	1,73	1141	24	2,10	24
1895	152	62	22	72	1,97	1216	35	2,88	25
1895/96	164	70	26	74	2,44	1116	21	1,88	22
1896	144	74	25	51	2,08	1152	22	1,91	20
1896/97	161	78	34	55	1,86	1155	23	1,99	15
1897	137	71	30	41	3,65	1271	31	2,44	18
1897/98	148	79	36	38	1,35	1209	25	2,07	17
1898	135	74	38	29	2,96	1352	40	2,96	25
1898/99	149	73	43	37	2,68	1291	34	2,63	15
1899	130	66	46	22	3,85	1506	48	3,19	19
1899/00	134	70	43	30	3,73	1321	32	2,42	40
1900	130	72	44	29	5,38	1498	39	2,60	46
1900/01	136	73	49	31	4,41	1305	38	2,91	35
1901	140	74	44	32	6,43	1456	45	3,09	33
1901/02	161	80	46	48	5,59	1331	37	2,78	40
1902	141	77	41	42	6,38	1454	41	2,82	42
1902/03	145	73	40	55	4,14	1259	27	2,14	42

Tab. 25.2: Die Einzelfachströme an der Universität Tübingen nach Staatsangehörigkeit und Geschlecht 1760/61–1941/1

	Evangelische Theologie				Katholische Theologie					Jura				
	insg.	Frauen			Ausländ. in %	insg.	Frauen			Ausländ. in %	insg.	Frauen			Ausländ. in %
		insg.	in %	deuts.			insg.	in %	deuts.			insg.	in %	deuts.	
Semester	1	2	3	4	5	6	7	8	9	10	11	12	13	14	15
1903	289	.	.	.	2,08	191	.	.	.	1,05	379	.	.	.	0,26
1903/04	251	.	.	.	3,59	186	.	.	.	1,08	332	.	.	.	0,90
1904	288	0	0,00	.	2,78	177	0	0,00	.	1,69	411	0	0,00	.	1,46
1904/05	249	0	0,00	.	2,81	176	0	0,00	.	1,70	327	0	0,00	.	1,22
1905	329	0	0,00	.	3,95	176	0	0,00	.	1,14	429	0	0,00	.	0,70
1905/06	270	0	0,00	.	4,81	186	0	0,00	.	4,30	382	0	0,00	.	0,52
1906	322	0	0,00	.	5,59	182	0	0,00	.	4,40	438	0	0,00	.	0,91
1906/07	230	0	0,00	.	4,35	204	0	0,00	.	5,39	375	0	0,00	.	0,00
1907	304	0	0,00	.	3,95	209	0	0,00	.	4,31	413	0	0,00	.	0,97
1907/08	252	0	0,00	.	6,75	211	0	0,00	.	0,95	354	0	0,00	.	1,41
1908	330	0	0,00	.	3,94	199	0	0,00	.	1,01	396	0	0,00	.	0,76
1908/09	258	0	0,00	0	0,78	186	0	0,00	0	0,00	354	0	0,00	0	1,13
1909	330	0	0,00	0	1,82	185	0	0,00	0	0,00	425	0	0,00	0	0,47
1909/10	243	0	0,00	0	2,88	183	0	0,00	0	0,00	366	0	0,00	0	0,27
1910	345	0	0,00	0	2,32	177	0	0,00	0	0,00	392	0	0,00	0	0,26
1910/11	281	0	0,00	0	2,85	192	0	0,00	0	0,00	347	0	0,00	0	0,29
1911	392	0	0,00	0	2,81	176	0	0,00	0	0,00	371	0	0,00	0	0,54
1911/12	288	0	0,00	0	3,47	173	0	0,00	0	0,00	306	0	0,00	0	0,00
1912	405	0	0,00	0	1,73	160	0	0,00	0	0,00	331	1	0,30	1	0,30
1912/13	336	0	0,00	0	2,98	160	0	0,00	0	0,00	302	1	0,33	1	0,00
1913	512	0	0,00	0	2,73	155	0	0,00	0	0,00	352	0	0,00	0	0,28
1913/14	373	0	0,00	0	3,49	156	0	0,00	0	0,00	285	0	0,00	0	1,05
1914	595	2	0,34	2	3,36	151	0	0,00	0	0,00	291	0	0,00	0	1,37
1914/15	516	1	0,19	1	1,94	163	0	0,00	0	0,00	286	0	0,00	0	0,70
1915	495	0	0,00	0	0,61	160	0	0,00	0	0,00	294	0	0,00	0	1,02
1915/16	487	0	0,00	0	1,64	160	0	0,00	0	0,00	285	0	0,00	0	0,70
1916	474	0	0,00	0	1,05	152	0	0,00	0	0,00	279	0	0,00	0	0,36
1916/17	452	0	0,00	0	1,11	138	0	0,00	0	0,00	291	0	0,00	0	0,00
1917	486	1	0,21	1	1,85	142	0	0,00	0	0,00	304	1	0,33	1	0,00
1917/18	518	0	0,00	0	1,54	206	0	0,00	0	0,00	347	1	0,29	1	0,00
1918	518	3	0,58	3	1,35	205	0	0,00	0	0,00	361	4	1,11	4	0,28
1918/19	544	7	1,29	7	1,65	219	0	0,00	0	0,00	366	4	1,09	4	0,55
1919	456	1	0,22	1	1,32	179	0	0,00	0	0,00	554	4	0,72	4	0,18
ZS.1919	412	0	0,00	.	.	179	0	0,00	.	.	460	1	0,22	.	.
1919/20	378	1	0,26	1	1,06	155	0	0,00	0	0,00	458	4	0,87	4	0,44
1920	563	11	1,95	11	2,84	149	0	0,00	0	0,00	462	4	0,87	4	0,43
1920/21	555	5	0,90	.	.	161	0	0,00	.	.	419	1	0,24	.	.
1921	693	9	1,30	8	3,17	174	0	0,00	0	0,57	608	7	1,15	7	1,32
1921/22	520	6	1,15	6	3,85	129	0	0,00	0	0,78	532	7	1,32	7	1,50
1922	599	10	1,67	.	.	177	0	0,00	.	.	692	12	1,73	.	.
1922/23	472	12	2,54	12	5,93	157	0	0,00	0	0,00	512	5	0,98	5	2,34
1923	579	9	1,55	9	5,53	148	0	0,00	0	0,00	695	6	0,86	6	2,73
1923/24	410	9	2,20	9	4,88	135	0	0,00	0	0,00	503	6	1,19	6	1,59
1924	459	12	2,61	12	3,49	146	0	0,00	0	0,00	595	13	2,18	13	2,18
1924/25	366	10	2,73	10	3,83	137	0	0,00	0	0,00	462	7	1,52	7	2,16
1925	417	10	2,40	10	4,80	130	0	0,00	0	0,00	690	7	1,01	7	2,03
1925/26	327	6	1,83	6	6,12	118	0	0,00	0	0,00	555	4	0,72	4	1,26
1926	386	13	3,37	.	.	139	1	0,72	.	.	659	7	1,06	.	.
1926/27	336	7	2,08	.	.	125	0	0,00	.	.	548	9	1,64	.	.
1927	523	21	4,02	19	6,31	148	0	0,00	0	0,00	739	17	2,30	15	1,35
1927/28	410	16	3,90	15	4,39	142	0	0,00	0	0,00	568	13	2,29	13	0,35
1928	660	35	5,30	34	5,45	172	1	0,58	1	0,58	805	18	2,24	18	0,75
1928/29	516	32	6,20	32	3,29	162	0	0,00	0	1,23	638	8	1,25	8	0,31
1929	812	48	5,91	47	3,45	169	0	0,00	0	1,18	753	18	2,39	18	0,80
1929/30	676	40	5,92	39	3,85	159	0	0,00	0	1,26	533	13	2,44	13	1,13
1930	697	36	5,16	36	3,73	186	0	0,00	0	2,69	685	26	3,80	26	1,02
1930/31	454	16	3,52	16	5,07	179	0	0,00	0	2,79	523	16	3,06	16	0,96
1931	810	39	4,81	38	3,46	185	0	0,00	0	2,16	658	19	2,89	18	0,76
1931/32	682	34	4,99	33	4,25	182	0	0,00	0	0,55	507	17	3,35	17	0,79
1932	893	46	5,15	45	4,37	214	0	0,00	0	0,00	561	20	3,57	20	1,07
1932/33	820	42	5,12	40	5,73	208	0	0,00	0	0,00	452	12	2,65	12	0,66
1933	940	68	7,23	.	.	223	0	0,00	.	.	472	15	3,18	.	.
1933/34	748	45	6,02	.	.	189	0	0,00	.	.	402	7	1,74	.	.
1934	714	49	6,86	.	.	227	0	0,00	.	.	314	11	3,50	.	.
1934/35	625	30	4,80	.	.	225	0	0,00	.	.	275	6	2,18	.	.
1935	564	29	5,14	.	.	268	5	1,87	.	.	177	2	1,13	.	.
1935/36	672	38	5,65	.	.	237	4	1,69	.	.	203	1	0,49	.	.
1936	624	32	5,13	.	.	162	3	1,85	.	.	175	3	1,71	.	.
1936/37	507	21	4,14	.	.	218	3	1,38	.	.	157	5	3,18	.	.
1937	395	10	2,53	.	.	154	2	1,30	.	.	130	5	3,85	.	.
1937/38	361	8	2,22	.	.	234	0	0,00	.	.	145	2	1,38	.	.
1938	351	8	2,28	.	.	178	0	0,00	.	.	115	1	0,87	.	.
1938/39	295	7	2,37	.	.	253	0	0,00	.	.	170	2	1,18	.	.
1939	269	9	3,35	.	.	205	0	0,00	.	.	124	1	0,81	.	.
1939/40	.	.	.	.	.	.	.	.	.	.	.	.	.	.	.
1940/1	55	5	9,09	.	.	51	0	0,00	.	.	61	0	0,00	.	.
1940/2	42	4	9,52	.	.	48	0	0,00	.	.	77	2	2,60	.	.
1940/3	53	4	7,55	.	.	66	1	1,52	.	.	73	2	2,74	.	.
1941/1	51	5	9,80	.	.	57	1	1,75	.	.	58	2	3,45	.	.

Tab. 25.2: Die Einzelfachströme an der Universität Tübingen nach Staatsangehörigkeit und Geschlecht 1760/61–1941/1

	Medizin				Zahnmedizin					Pharmazie				
	insg.	Frauen			Ausländ. in %	insg.	Frauen			Ausländ. in %	insg.	Frauen			Ausländ. in %
		insg.	in %	deuts.			insg.	in %	deuts.			insg.	in %	deuts.	
Semester	16	17	18	19	20	21	22	23	24	25	26	27	28	29	30
1903	205	.	.	.	1,95	.	.	.	.	.	17	.	.	.	0,00
1903/04	182	.	.	.	2,75	.	.	.	.	.	17	.	.	.	0,00
1904	200	2	1,00	.	3,00	.	.	.	.	.	19	0	0,00	.	0,00
1904/05	169	2	1,18	.	2,96	.	.	.	.	.	28	0	0,00	.	0,00
1905	155	1	0,65	.	3,23	.	.	.	.	.	33	0	0,00	.	0,00
1905/06	170	1	0,59	.	2,35	.	.	.	.	.	39	0	0,00	.	0,00
1906	201	3	1,49	.	4,98	.	.	.	.	.	33	0	0,00	.	0,00
1906/07	213	2	0,94	.	6,57	.	.	.	.	.	27	0	0,00	.	0,00
1907	238	6	2,52	.	7,14	.	.	.	.	.	29	0	0,00	.	0,00
1907/08	262	6	2,29	.	5,34	.	.	.	.	.	17	0	0,00	.	5,88
1908	291	5	1,72	.	4,47	.	.	.	.	.	23	0	0,00	.	4,35
1908/09	262	6	2,29	6	1,53	.	.	.	.	.	24	0	0,00	0	4,17
1909	300	7	2,33	7	2,00	1	0	0,00	0	0,00	23	0	0,00	0	4,35
1909/10	304	9	2,96	9	0,99	1	1	100,00	1	0,00	22	0	0,00	0	4,55
1910	359	11	3,06	11	0,84	6	0	0,00	0	0,00	24	0	0,00	0	4,17
1910/11	333	12	3,60	12	1,50	11	0	0,00	0	0,00	17	0	0,00	0	0,00
1911	361	20	5,54	20	1,66	10	0	0,00	0	0,00	14	0	0,00	0	0,00
1911/12	330	15	4,55	15	3,03	12	1	8,33	1	0,00	15	0	0,00	0	0,00
1912	356	15	4,21	15	2,81	16	0	0,00	0	0,00	14	0	0,00	0	0,00
1912/13	360	13	3,61	13	2,78	23	2	8,70	2	0,00	9	0	0,00	0	0,00
1913	428	18	4,21	18	3,27	18	2	11,11	2	0,00	11	0	0,00	0	0,00
1913/14	374	18	4,81	17	3,74	25	2	8,00	2	0,00	19	0	0,00	0	0,00
1914	435	22	5,06	22	3,91	30	3	10,00	3	0,00	14	0	0,00	0	0,00
1914/15	435	18	4,14	17	1,15	31	1	3,23	1	3,23	13	0	0,00	0	0,00
1915	438	22	5,02	21	0,68	30	1	3,33	1	3,33	13	0	0,00	0	0,00
1915/16	448	23	5,13	22	0,89	30	2	6,67	2	0,00	13	2	15,38	2	0,00
1916	471	34	7,22	32	1,49	24	2	8,33	2	0,00	17	3	17,65	3	0,00
1916/17	489	44	9,00	43	0,82	29	3	10,34	3	0,00	18	4	22,22	4	0,00
1917	517	69	13,35	67	0,97	22	1	4,55	1	0,00	20	5	25,00	5	0,00
1917/18	581	91	15,66	89	1,38	21	0	0,00	0	4,76	22	6	27,27	6	0,00
1918	674	145	21,51	143	2,52	22	4	18,18	4	0,00	20	3	15,00	3	0,00
1918/19	699	127	18,17	125	3,29	20	4	20,00	4	0,00	25	6	24,00	6	4,00
1919	845	108	12,78	106	1,89	113	7	6,19	7	0,88	32	3	9,38	3	0,00
ZS.1919	677	12	1,77	.	.	69	0	0,00	.	.	24	0	0,00	.	.
1919/20	735	102	13,88	100	2,72	126	5	3,97	5	0,00	25	5	20,00	5	0,00
1920	751	87	11,58	84	4,39	129	5	3,88	5	0,00	26	5	19,23	5	0,00
1920/21	530	62	11,70	.	.	132	10	7,58	.	.	21	4	19,05	.	.
1921	571	82	14,36	75	9,46	121	9	7,44	6	5,79	13	1	7,69	1	0,00
1921/22	473	69	14,59	62	10,99	96	7	7,29	5	7,29	17	1	5,88	1	0,00
1922	541	81	14,97	.	.	87	11	12,64	.	.	18	1	5,56	.	.
1922/23	422	57	13,51	52	13,27	70	2	2,86	2	8,57	21	3	14,29	3	4,76
1923	461	69	14,97	63	15,84	62	4	6,45	4	8,06	21	4	19,05	4	4,76
1923/24	308	57	18,51	51	17,53	43	6	13,95	4	16,28	26	6	23,08	6	3,85
1924	296	46	15,54	42	13,18	32	3	9,38	3	12,50	36	6	16,67	6	0,00
1924/25	219	33	15,07	29	13,70	23	3	13,04	2	17,39	39	6	15,38	6	0,00
1925	333	38	11,41	33	10,21	32	4	12,50	4	6,25	40	6	15,00	6	2,50
1925/26	267	30	11,24	28	10,49	36	5	13,89	5	0,00	32	3	9,38	3	0,00
1926	309	37	11,97	.	.	58	3	5,17	.	.	32	8	25,00	.	.
1926/27	283	41	14,49	.	.	58	3	5,17	.	.	24	6	25,00	.	.
1927	432	60	13,89	59	5,09	86	6	6,98	5	3,49	24	7	29,17	7	8,33
1927/28	396	52	13,13	51	5,05	76	7	9,21	7	0,00	15	5	33,33	5	13,33
1928	477	66	13,84	64	3,56	124	13	10,48	13	2,42	18	6	33,33	6	5,56
1928/29	421	64	15,20	63	4,04	117	10	8,55	9	3,42	13	5	38,46	5	7,69
1929	654	113	17,28	112	1,68	149	10	6,71	9	2,68	17	6	35,29	6	0,00
1929/30	523	79	15,11	78	3,63	134	12	8,96	10	4,48	17	6	35,29	4	11,76
1930	708	129	18,22	127	3,11	184	32	17,39	30	3,26	21	5	23,81	3	9,52
1930/31	604	95	15,73	94	3,15	164	39	23,78	35	4,88	17	5	29,41	3	11,76
1931	863	160	18,54	159	2,43	253	54	21,34	51	2,37	22	4	18,18	3	4,55
1931/32	719	134	18,64	134	2,78	222	45	20,27	43	2,25	16	3	18,75	3	0,00
1932	939	174	18,53	173	2,77	250	54	21,60	52	2,40	22	5	22,73	5	0,00
1932/33	785	143	18,22	143	3,95	217	47	21,66	45	1,38	18	8	44,44	8	0,00
1933	886	157	17,72	.	.	209	48	22,97	.	.	30	13	43,33	.	.
1933/34	752	132	17,55	.	.	203	51	25,12	.	.	21	9	42,86	.	.
1934	695	123	17,70	.	.	133	29	21,80	.	.	23	11	47,83	.	.
1934/35	566	100	17,67	.	.	120	20	16,67	.	.	16	6	37,50	.	.
1935	595	142	23,87	.	.	96	15	15,63	.	.	37	16	43,24	.	.
1935/36	644	137	21,27	.	.	111	13	11,71	.	.	54	26	48,15	.	.
1936	593	124	20,91	.	.	98	13	13,27	.	.	50	21	42,00	.	.
1936/37	527	83	15,75	.	.	82	10	12,20	.	.	50	19	38,00	.	.
1937	521	89	17,08	.	.	57	3	5,26	.	.	36	16	44,44	.	.
1937/38	503	91	18,09	.	.	39	0	0,00	.	.	30	11	36,67	.	.
1938	540	89	16,48	.	.	42	3	7,14	.	.	29	12	41,38	.	.
1938/39	519	91	17,53	.	.	43	6	13,95	.	.	50	21	42,00	.	.
1939	643	96	14,93	.	.	37	11	29,73	.	.	40	21	52,50	.	.
1939/40	.	.	.	.	.	.	.	.	.	.	.	.	.	.	.
1940/1	595	76	12,77	.	.	8	4	50,00	.	.	6	2	33,33	.	.
1940/2	414	94	22,71	.	.	9	4	44,44	.	.	13	7	53,85	.	.
1940/3	477	142	29,77	.	.	10	3	30,00	.	.	13	8	61,54	.	.
1941/1	541	209	38,63	.	.	6	4	66,67	.	.	12	8	66,67	.	.

Tab. 25.2: Die Einzelfachströme an der Universität Tübingen nach Staatsangehörigkeit und Geschlecht 1760/61–1941/1

	Philologien, Geschichte				Mathematik, Naturwissenschaften					Chemie				
.	insg.	Frauen		Aus-länd. in %	insg.	Frauen			Aus-länd. in %	insg.	Frauen			Aus-länd. in %
		insg.	in %	deuts.			insg.	in %	deuts.			insg.	in %	deuts.
Semester	31	32	33	34	35	36	37	38	39	40	41	42	43	44	45
1903	120	.	.	.	1,67	84	.	.	.	3,57	25	.	.	.	12,00
1903/04	101	.	.	.	0,00	82	.	.	.	4,88	23	.	.	.	13,04
1904	162	1	0,62	.	2,47	118	0	0,00	.	6,78	.	.	.	.	.
1904/05	153	2	1,31	.	3,92	110	0	0,00	.	1,82	.	.	.	.	.
1905	194	2	1,03	.	2,58	139	1	0,72	.	3,60	.	.	.	.	.
1905/06	166	1	0,60	.	1,81	136	1	0,74	.	2,21	.	.	.	.	.
1906	208	1	0,48	.	1,44	151	1	0,66	.	3,31	.	.	.	.	.
1906/07	173	4	2,31	.	1,16	149	1	0,67	.	6,04	.	.	.	.	.
1907	224	4	1,79	.	0,89	159	0	0,00	.	4,40	.	.	.	.	.
1907/08	197	2	1,02	.	1,02	150	1	0,67	.	0,67	.	.	.	.	.
1908	239	0	0,00	.	0,84	129	1	0,78	.	0,00	28	0	0,00	.	3,57
1908/09	231	0	0,00	0	0,43	140	0	0,00	0	0,71	27	0	0,00	0	7,41
1909	290	0	0,00	0	0,34	179	1	0,56	1	0,00	20	0	0,00	0	5,00
1909/10	278	11	3,96	11	0,36	164	2	1,22	2	0,61	22	0	0,00	0	0,00
1910	343	18	5,25	18	0,87	186	5	2,69	5	0,54	17	0	0,00	0	5,88
1910/11	284	18	6,34	18	0,35	184	6	3,26	6	0,00	21	0	0,00	0	9,52
1911	323	13	4,02	13	0,62	218	5	2,29	5	0,46	23	0	0,00	0	8,70
1911/12	265	13	4,91	13	1,13	210	7	3,33	7	0,00	33	2	6,06	2	3,03
1912	341	12	3,52	12	0,88	229	8	3,49	8	2,62	47	2	4,26	2	2,13
1912/13	316	11	3,48	11	0,95	200	6	3,00	6	4,00	49	2	4,08	2	4,08
1913	345	14	4,06	13	3,48	225	6	2,67	6	3,56	43	1	2,33	1	2,33
1913/14	264	13	4,92	12	1,89	187	8	4,28	8	4,28	48	2	4,17	2	8,33
1914	284	29	10,21	26	3,52	205	11	5,37	11	5,37	49	3	6,12	3	10,20
1914/15	271	23	8,49	23	0,74	164	6	3,66	6	0,61	45	1	2,22	1	11,11
1915	270	22	8,15	22	0,37	165	6	3,64	6	0,00	44	1	2,27	1	9,09
1915/16	243	21	8,64	21	0,00	172	8	4,65	8	0,58	45	0	0,00	0	4,44
1916	269	38	14,13	38	0,00	175	11	6,29	11	0,57	44	0	0,00	0	4,55
1916/17	283	45	15,90	45	0,35	184	9	4,89	9	0,54	43	1	2,33	1	4,65
1917	318	63	19,81	63	0,31	185	12	6,49	12	0,54	48	1	2,08	1	6,25
1917/18	355	74	20,85	74	0,00	192	10	5,21	10	1,04	51	3	5,88	3	7,84
1918	384	78	20,31	78	0,26	200	15	7,50	14	1,00	66	7	10,61	7	9,09
1918/19	355	56	15,77	56	0,28	202	15	7,43	15	1,98	77	10	12,99	10	7,79
1919	485	53	10,93	53	0,62	234	17	7,26	17	2,14	143	10	6,99	9	4,20
ZS.1919	382	2	0,52	.		210	1	0,48	.		111	2	1,80	.	.
1919/20	435	51	11,72	50	1,15	203	12	5,91	12	1,97	147	8	5,44	7	4,08
1920	431	54	12,53	52	2,09	198	10	5,05	9	3,03	149	8	5,37	7	4,70
1920/21	389	40	10,28	.	.	186	10	5,38	.	.	145	8	5,52	.	.
1921	431	59	13,69	57	3,48	241	17	7,05	16	3,32	157	12	7,64	11	5,10
1921/22	365	52	14,25	50	4,38	223	16	7,17	16	4,48	140	14	10,00	12	10,00
1922	410	68	16,59	.	.	219	16	7,31	.	.	147	13	8,84	.	.
1922/23	322	60	18,63	59	5,90	155	9	5,81	9	6,45	150	8	5,33	6	10,00
1923	377	74	19,63	71	6,63	176	21	11,93	21	5,11	148	12	8,11	10	9,46
1923/24	307	49	15,96	45	7,17	154	14	9,09	13	3,90	115	7	6,09	6	7,83
1924	414	66	15,94	63	3,86	188	27	14,36	25	3,19	114	8	7,02	6	7,89
1924/25	390	48	12,31	43	3,85	141	20	14,18	19	3,55	110	8	7,27	5	8,18
1925	446	66	14,80	63	2,47	177	20	11,30	19	2,82	105	9	8,57	7	6,67
1925/26	385	48	12,47	47	2,86	155	18	11,61	17	5,16	90	7	7,78	5	10,00
1926	.	.	.	.	.	.	.	.	.	.	58	3	5,17	.	.
1926/27	.	.	.	.	.	.	.	.	.	.	48	0	0,00	.	.
1927	.	.	.	.	.	.	.	.	.	.	43	2	4,65	2	4,65
1927/28	.	.	.	.	.	.	.	.	.	.	33	0	0,00	0	3,03
1928	.	.	.	.	.	.	.	.	.	.	50	6	12,00	6	4,00
1928/29	.	.	.	.	.	.	.	.	.	.	57	10	17,54	10	3,51
1929	.	.	.	.	.	.	.	.	.	.	80	15	18,75	15	2,50
1929/30	.	.	.	.	.	.	.	.	.	.	55	7	12,73	7	3,64
1930	.	.	.	.	.	.	.	.	.	.	72	13	18,06	12	5,56
1930/31	.	.	.	.	.	.	.	.	.	.	61	8	13,11	8	6,56
1931	.	.	.	.	.	.	.	.	.	.	63	10	15,87	9	7,94
1931/32	.	.	.	.	.	.	.	.	.	.	59	10	16,95	10	3,39
1932	.	.	.	.	.	.	.	.	.	.	54	10	18,52	10	1,85
1932/33	.	.	.	.	.	.	.	.	.	.	51	7	13,73	7	5,88
1933	.	.	.	.	.	.	.	.	.	.	67	14	20,90	.	.
1933/34	.	.	.	.	.	.	.	.	.	.	51	11	21,57	.	.
1934	.	.	.	.	.	.	.	.	.	.	60	12	20,00	.	.
1934/35	.	.	.	.	.	.	.	.	.	.	55	16	29,09	.	.
1935	.	.	.	.	.	.	.	.	.	.	26	5	19,23	.	.
1935/36	.	.	.	.	.	.	.	.	.	.	26	5	19,23	.	.
1936	.	.	.	.	.	.	.	.	.	.	24	4	16,67	.	.
1936/37	.	.	.	.	.	.	.	.	.	.	28	5	17,86	.	.
1937	.	.	.	.	.	.	.	.	.	.	28	6	21,43	.	.
1937/38	.	.	.	.	.	.	.	.	.	.	29	5	17,24	.	.
1938	.	.	.	.	.	.	.	.	.	.	28	4	14,29	.	.
1938/39	.	.	.	.	.	.	.	.	.	.	27	6	22,22	.	.
1939	.	.	.	.	.	.	.	.	.	.	25	6	24,00	.	.
1939/40	.	.	.	.	.	.	.	.	.	.	.	.	.	.	.
1940/1	.	.	.	.	.	.	.	.	.	.	25	8	32,00	.	.
1940/2	.	.	.	.	.	.	.	.	.	.	26	12	46,15	.	.
1940/3	.	.	.	.	.	.	.	.	.	.	24	16	66,67	.	.
1941/1	.	.	.	.	.	.	.	.	.	.	26	17	65,38	.	.

Tab. 25.2: Die Einzelfachströme an der Universität Tübingen nach Staatsangehörigkeit und Geschlecht 1760/61–1941/1

	Staatswissenschaften				Cameralia/Wirtschaftswiss.					Forstwiss.		Regi-minal.
	insg.	Frauen		Ausländ. in %	insg.	Frauen			Ausländ. in %	insg.	Ausländ. in %	insg.
		insg.	in %			insg.	in %	deuts.				
Semester	46	47	48	49	50	51	52	53	54	55	56	57
1903	143	.	.	4,20	78	.	.	.	.	38	.	54
1903/04	152	.	.	3,29	87	.	.	.	.	39	.	61
1904	122	0	0,00	3,28	103	.	.	.	.	29	.	46
1904/05	99	0	0,00	7,07	111	.	.	.	9,01	29	3,45	28
1905	94	0	0,00	10,64	129	.	.	.	10,85	31	3,23	16
1905/06	72	0	0,00	6,94	109	.	.	.	7,34	32	3,13	9
1906	55	0	0,00	9,09	110	.	.	.	11,82	24	0,00	.
1906/07	55	0	0,00	9,09	87	.	.	.	11,49	30	0,00	.
1907	52	0	0,00	7,69	91	.	.	.	14,29	27	0,00	.
1907/08	52	0	0,00	3,85	81	.	.	.	7,41	30	0,00	.
1908	53	0	0,00	3,77	89	.	.	.	8,99	27	0,00	.
1908/09	70	0	0,00	7,14	105	.	.	.	11,43	36	0,00	.
1909	68	0	0,00	5,88	97	.	.	.	8,25	35	0,00	.
1909/10	79	0	0,00	2,53	99	0	0,00	.	5,05	40	0,00	.
1910	78	1	1,28	6,41	113	1	0,88	.	5,31	33	0,00	.
1910/11	71	0	0,00	4,23	121	0	0,00	.	3,31	30	0,00	.
1911	78	4	5,13	0,00	136	4	2,94	.	1,47	28	0,00	.
1911/12	71	2	2,82	1,41	115	2	1,74	.	6,09	30	0,00	.
1912	.	.	.	.	122	2	1,64	2	5,74	27	0,00	.
1912/13	.	.	.	.	117	3	2,56	3	4,27	26	0,00	.
1913	.	.	.	.	116	4	3,45	4	2,59	29	0,00	.
1913/14	.	.	.	.	121	7	5,79	6	2,48	35	8,57	.
1914	.	.	.	.	127	8	6,30	7	5,51	38	5,26	.
1914/15	.	.	.	.	96	4	4,17	4	0,00	36	0,00	.
1915	.	.	.	.	94	7	7,45	7	0,00	34	0,00	.
1915/16	.	.	.	.	94	4	4,26	4	0,00	35	0,00	.
1916	.	.	.	.	96	5	5,21	5	2,08	36	0,00	.
1916/17	.	.	.	.	105	9	8,57	9	0,00	38	0,00	.
1917	.	.	.	.	108	6	5,56	6	0,93	41	0,00	.
1917/18	.	.	.	.	123	12	9,76	12	0,81	57	0,00	.
1918	.	.	.	.	149	33	22,15	33	2,68	60	1,67	.
1918/19	.	.	.	.	152	31	20,39	30	3,95	68	5,88	.
1919	.	.	.	.	272	25	9,19	25	4,78	102	0,00	.
ZS.1919	.	.	.	.	.	.	.	.	.	.	.	.
1919/20	.	.	.	.	219	23	10,50	23	1,37	94	0,00	.
1920	.	.	.	.	252	18	7,14	17	3,17	76	0,00	.
1920/21	.	.	.	.	244	19	7,79	.	.	.	.	.
1921	.	.	.	.	293	28	9,56	27	3,75	.	.	.
1921/22	.	.	.	.	250	26	10,40	25	5,60	.	.	.
1922	.	.	.	.	290	30	10,34	.	.	.	.	.
1922/23	.	.	.	.	232	20	8,62	18	6,90	.	.	.
1923	.	.	.	.	258	28	10,85	26	6,59	.	.	.
1923/24	.	.	.	.	178	19	10,67	18	10,11	.	.	.
1924	.	.	.	.	170	24	14,12	23	6,47	.	.	.
1924/25	.	.	.	.	158	11	6,96	10	6,33	.	.	.
1925	.	.	.	.	163	12	7,36	12	3,07	.	.	.
1925/26	.	.	.	.	130	7	5,38	7	3,85	.	.	.
1926	.	.	.	.	122	11	9,02	.	.	12	.	.
1926/27	.	.	.	.	82	7	8,54	.	.	11	.	.
1927	.	.	.	.	74	3	4,05	3	5,41	9	0,00	.
1927/28	.	.	.	.	79	3	3,80	3	1,27	6	0,00	.
1928	.	.	.	.	60	4	6,67	4	6,67	8	0,00	.
1928/29	.	.	.	.	70	8	11,43	8	10,00	4	0,00	.
1929	.	.	.	.	62	5	8,06	4	8,06	7	0,00	.
1929/30	.	.	.	.	41	2	4,88	1	4,88	6	0,00	.
1930	.	.	.	.	48	4	8,33	4	2,08	4	0,00	.
1930/31	.	.	.	.	64	4	6,25	4	3,13	2	0,00	.
1931	.	.	.	.	74	10	13,51	10	2,70	4	0,00	.
1931/32	.	.	.	.	54	7	12,96	7	1,85	3	0,00	.
1932	.	.	.	.	72	7	9,72	7	0,00	1	0,00	.
1932/33	.	.	.	.	62	4	6,45	4	4,84	2	0,00	.
1933	.	.	.	.	78	5	6,41	.	.	0	.	.
1933/34	.	.	.	.	53	1	1,89	.	.	0	.	.
1934	.	.	.	.	37	3	8,11	.	.	0	.	.
1934/35	.	.	.	.	36	1	2,78	.	.	0	.	.
1935	.	.	.	.	37	2	5,41	.	.	0	.	.
1935/36	.	.	.	.	38	2	5,26	.	.	0	.	.
1936	.	.	.	.	33	3	9,09	.	.	0	.	.
1936/37	.	.	.	.	34	1	2,94	.	.	0	.	.
1937	.	.	.	.	33	3	9,09	.	.	0	.	.
1937/38	.	.	.	.	35	3	8,57	.	.	0	.	.
1938	.	.	.	.	25	2	8,00	.	.	0	.	.
1938/39	.	.	.	.	37	2	5,41	.	.	0	.	.
1939	.	.	.	.	42	4	9,52	.	.	0	.	.
1939/40	.	.	.	.	.	.	.	.	.	.	.	.
1940/1	.	.	.	.	9	0	0,00	.	.	0	.	.
1940/2	.	.	.	.	15	2	13,33	.	.	0	.	.
1940/3	.	.	.	.	29	6	20,69	.	.	0	.	.
1941/1	.	.	.	.	33	7	21,21	.	.	0	.	.

Tab.25.2: Die Einzelfachströme an der Universität Tübingen nach Staatsangehörigkeit und Geschlecht 1760/61–1941/1

	Sonstige				Studierende						Hospitanten	
	insg.	Frauen		Ausländ. in %	insg.	Frauen		deuts.	Ausländer		insg.	Frauen
		insg.	in %			insg.	in %		insg.	in %		
Semester	58	59	60	61	62	63	64	65	66	67	68	69
1903	0	.	.	.	1453	.	.	.	27	1,86	53	.
1903/04	0	.	.	.	1326	.	.	.	31	2,34	61	.
1904	0	.	.	.	1497	3	0,20	.	39	2,61	84	.
1904/05	0	.	.	.	1311	4	0,31	.	34	2,59	96	.
1905	0	.	.	.	1549	4	0,26	.	43	2,78	112	.
1905/06	0	.	.	.	1421	3	0,21	.	38	2,67	115	.
1906	0	.	.	.	1590	5	0,31	.	53	3,33	125	.
1906/07	0	.	.	.	1426	7	0,49	.	51	3,58	103	.
1907	0	.	.	.	1628	10	0,61	.	55	3,38	109	.
1907/08	0	.	.	.	1495	9	0,60	.	44	2,94	92	.
1908	11	.	.	0,00	1699	6	0,35	.	37	2,18	90	.
1908/09	8	0	0,00	12,50	1560	6	0,38	6	21	1,35	87	.
1909	13	1	7,69	15,38	1842	9	0,49	9	23	1,25	79	.
1909/10	9	0	0,00	22,22	1671	23	1,38	23	18	1,08	89	12
1910	10	0	0,00	10,00	1937	35	1,81	35	24	1,24	124	17
1910/11	11	0	0,00	9,09	1752	36	2,05	36	21	1,20	131	10
1911	13	0	0,00	7,69	1979	42	2,12	42	25	1,26	139	10
1911/12	13	0	0,00	7,69	1716	40	2,33	40	26	1,52	136	4
1912	.	.	.	.	2048	40	1,95	40	35	1,71	.	.
1912/13	.	.	.	.	1898	38	2,00	38	38	2,00	.	.
1913	.	.	.	.	2234	45	2,01	44	53	2,37	.	.
1913/14	.	.	.	.	1887	50	2,65	47	53	2,81	.	.
1914	.	.	.	.	2219	78	3,52	74	76	3,42	.	.
1914/15	.	.	.	.	2056	54	2,63	53	26	1,26	.	.
1915	.	.	.	.	2037	59	2,90	58	15	0,74	.	.
1915/16	.	.	.	.	2012	60	2,98	59	17	0,84	.	.
1916	.	.	.	.	2037	93	4,57	91	18	0,88	.	.
1916/17	.	.	.	.	2070	115	5,56	114	13	0,63	.	.
1917	.	.	.	.	2191	159	7,26	157	20	0,91	.	.
1917/18	.	.	.	.	2473	197	7,97	195	24	0,97	.	.
1918	.	.	.	.	2659	292	10,98	289	39	1,47	.	.
1918/19	.	.	.	.	2727	260	9,53	257	56	2,05	.	.
1919	.	.	.	.	3415	228	6,68	225	51	1,49	.	.
ZS.1010	.	.	.	.	2809	20	0,71	.	.	.	.	.
1919/20	.	.	.	.	2975	211	7,09	207	44	1,48	.	.
1920	.	.	.	.	3186	202	6,34	194	81	2,54	.	.
1920/21	.	.	.	.	2782	159	5,72	.	.	.	.	.
1921	.	.	.	.	3302	224	6,78	208	134	4,06	.	.
1921/22	.	.	.	.	2745	198	7,21	184	142	5,17	.	.
1922	.	.	.	.	3180	242	7,61	.	.	.	.	.
1922/23	.	.	.	.	2513	176	7,00	166	163	6,49	.	.
1923	.	.	.	.	2925	227	7,76	214	195	6,67	.	.
1923/24	.	.	.	.	2179	173	7,94	158	145	6,65	.	.
1924	.	.	.	.	2450	205	8,37	193	114	4,65	.	.
1924/25	.	.	.	.	2045	146	7,14	131	97	4,74	.	.
1925	.	.	.	.	2533	172	6,79	161	99	3,91	.	.
1925/26	.	.	.	.	2095	128	6,11	122	88	4,20	.	.
1926	18	2	11,11	.	2450	189	7,71	.	123	5,02	.	.
1926/27	12	0	0,00	.	2153	172	7,99	.	68	3,16	.	.
1927	8	0	0,00	0,00	2890	263	9,10	254	92	3,18	.	.
1927/28	0	0	.	.	2424	214	8,83	207	60	2,48	.	.
1928	1	1	100,00	0,00	3288	329	10,01	324	82	2,49	.	.
1928/29	0	0	.	.	2826	284	10,05	281	60	2,12	.	.
1929	1	0	0,00	0,00	3799	472	12,42	465	71	1,87	.	.
1929/30	6	1	16,67	0,00	3086	340	11,02	331	78	2,53	.	.
1930	5	1	20,00	0,00	3735	548	14,67	538	85	2,28	.	.
1930/31	7	2	28,57	28,57	2960	371	12,53	360	82	2,77	.	.
1931	0	0	0	.	3861	564	14,61	549	87	2,25	.	.
1931/32	0	0	.	.	3254	441	13,55	436	74	2,27	.	.
1932	0	0	.	.	3767	525	13,94	518	90	2,39	.	.
1932/33	0	0	.	.	3260	430	13,19	423	107	3,28	.	.
1933	0	0	.	.	3508	513	14,62	.	.	.	.	.
1933/34	1	0	0,00	.	2880	375	13,02	.	.	.	.	.
1934	0	0	.	.	2578	339	13,15	.	85	3,30	.	.
1934/35	0	0	.	.	2196	255	11,61	.	.	.	.	.
1935	0	0	.	.	2045	279	13,64	.	.	.	.	.
1935/36	0	0	.	.	2228	281	12,61	.	.	.	.	.
1936	0	0	.	.	1980	275	13,89	.	.	.	.	.
1936/37	0	0	.	.	1785	212	11,88	.	.	.	.	.
1937	0	0	.	.	1506	179	11,89	.	71	4,71	.	.
1937/38	0	0	.	.	1513	157	10,38	.	.	.	.	.
1938	0	0	.	.	1447	160	11,06	.	.	.	.	.
1938/39	0	0	.	.	1553	170	10,95	.	.	.	.	.
1939	0	0	.	.	1544	187	12,11	.	.	.	.	.
1939/40	.	.	.	.	.	.	.	.	.	.	.	.
1940/1	0	0	.	.	874	112	12,81	.	.	.	.	.
1940/2	0	0	.	.	751	187	24,90	.	15	2,00	.	.
1940/3	0	0	.	.	920	305	33,15	.	.	.	.	.
1941/1	0	0	.	.	954	380	39,83	.	.	.	.	.

Tab. 25.2: Die Einzelfachströme an der Universität Tübingen nach Staatsangehörigkeit und Geschlecht 1760/61–1941/1

	Alte Sprachen			Germanistik					Neue Sprachen				
	insg.	Frauen	Ausländ. in %	insg.	Frauen		deuts.	Ausländ. in %	insg.	Frauen		deuts.	Ausländ. in %
Semester		insg.	in %			insg.	in %				insg.	in %		
	1	2	3	4	5	6	7	8	9	10	11	12	13	14
1926	89	11	12,36	.	.	.	.	.	.	248	58	23,39	.	.
1926/27	71	4	5,63							230	66	28,70	.	.
1927	65	5	7,69	1,54	1	0	0,00	0	0,00	314	84	26,75	82	1,59
1927/28	69	3	4,35	1,45	6	1	16,67	1	16,67	266	72	27,07	68	2,63
1928	70	1	1,43	0,00	116	38	32,76	36	5,17	224	57	25,45	57	0,00
1928/29	57	2	3,51	0,00	85	20	23,53	20	2,35	176	45	25,57	44	1,14
1929	85	3	3,53	2,35	137	56	40,88	55	2,19	234	78	33,33	78	0,00
1929/30	77	2	2,60	2,60	120	39	32,50	39	1,67	196	57	29,08	57	0,00
1930	77	2	2,60	1,30	165	66	40,00	65	1,82	222	100	45,05	99	0,90
1930/31	63	1	1,59	0,00	49	15	30,61	14	2,04	235	81	34,47	80	0,85
1931	65	1	1,54	0,00	52	24	46,15	23	1,92	269	116	43,12	112	1,86
1931/32	64	3	4,69	4,69	48	19	39,58	19	0,00	217	83	38,25	82	1,38
1932	65	4	6,15	1,54	62	28	45,16	28	0,00	156	79	50,64	77	1,92
1932/33	52	4	7,69	1,92	36	13	36,11	10	16,67	154	74	48,05	74	0,00
1933	51	2	3,92	.	52	28	53,85	.	.	138	77	55,80	.	.
1933/34	37	2	5,41	.	45	20	44,44	.	.	103	45	43,69	.	.
1934	25	1	4,00	.	10	3	30,00	.	.	112	48	42,86	.	.
1934/35	20	3	15,00	.	14	7	50,00	.	.	86	37	43,02	.	.
1935	16	0	0,00	.	32	21	65,63	.	.	35	0	0,00	.	.
1935/36	16	1	6,25	.	45	20	44,44	.	.	26	4	15,38	.	.
1936	11	1	9,09	.	54	30	55,56	.	.	31	16	51,61	.	.
1936/37	13	0	0,00	.	35	26	74,29	.	.	21	9	42,86	.	.
1937	6	0	0,00	.	25	17	68,00	.	.	10	3	30,00	.	.
1937/38	4	0	0,00	.	23	12	52,17	.	.	10	5	50,00	.	.
1938	2	0	0,00	.	19	9	47,37	.	.	5	2	40,00	.	.
1938/39	12	3	25,00	.	24	9	37,50	.	.	17	4	23,53	.	.
1939	6	0	0,00	.	22	8	36,36	.	.	14	6	42,86	.	.
1939/40	.	.	.	.	.	.	.	.	.	.	.	.	.	.
1940/1	4	0	0,00	.	16	5	31,25	.	.	13	4	30,77	.	.
1940/2	2	0	0,00	.	26	16	61,54	.	.	33	27	81,82	.	.
1940/3	6	2	33,33	.	50	42	84,00	.	.	43	32	74,42	.	.
1941/1	2	1	50,00	.	59	51	86,44	.	.	35	30	85,71	.	.

	Geschichte			Musik			Philosophie, Pädagogik, Religionslehren				
	insg.	Frauen	Ausländ. in %	insg.	Frauen	Ausländ. in %	insg.	Frauen		deuts.	Ausländ. in %
Semester		insg.	in %			insg.	in %			insg.	in %		
	15	16	17	18	19	20	21	22	23	24	25	26	27
1926	4	0	0,00	.	0	0	.	.	119	8	6,72	.	.
1926/27	0	0	.	.	0	0	.	.	124	9	7,26	.	.
1927	2	0	0,00	0,00	7	0	0,00	0,00	158	23	14,56	23	2,53
1927/28	1	0	0,00	.	2	0	0,00	0,00	136	16	11,76	15	2,94
1928	50	10	20,00	6,00	5	0	0,00	0,00	143	20	13,99	20	0,00
1928/29	69	8	11,59	2,90	4	0	0,00	0,00	150	23	15,33	23	0,00
1929	86	17	19,77	2,33	8	0	0,00	0,00	139	36	25,90	36	0,00
1929/30	81	12	14,81	2,47	5	0	0,00	20,00	25	14	56,00	13	4,00
1930	105	20	19,05	2,86	8	1	12,50	0,00	41	26	63,41	25	2,44
1930/31	108	17	15,74	0,93	5	0	0,00	0,00	20	13	65,00	11	10,00
1931	86	18	20,93	3,49	7	2	28,57	0,00	41	27	65,85	25	4,88
1931/32	81	11	13,58	1,23	6	2	33,33	0,00	44	24	54,55	23	2,27
1932	85	13	15,29	3,53	6	2	33,33	0,00	56	35	62,50	34	5,36
1932/33	74	10	13,51	2,70	4	0	0,00	0,00	36	26	72,22	26	5,56
1933	72	12	16,67	.	10	3	30,00	.	.	.	.	.	.
1933/34	57	7	12,28	.	10	2	20,00	.	.	.	.	.	.
1934	60	12	20,00	.	8	3	37,50	.	.	.	.	.	.
1934/35	39	7	17,95	.	6	3	50,00	.	.	.	.	.	.
1935	.	.	.	.	4	0	0,00	.	.	.	.	.	.
1935/36	.	.	.	.	5	2	40,00	.	.	.	.	.	.
1936	.	.	.	.	4	2	50,00	.	.	.	.	.	.
1936/37	12	1	8,33	.	3	1	33,33	.	.	.	.	.	.
1937	15	5	33,33	.	5	1	20,00	.	.	.	.	.	.
1937/38	21	4	19,05	.	1	0	0,00	.	.	.	.	.	.
1938	21	3	14,29	.	0	0	.	.	.	.	.	.	.
1938/39	20	2	10,00	.	1	0	0,00	.	.	.	.	.	.
1939	20	2	10,00	.	0	0	.	.	.	.	.	.	.
1939/40	.	.	.	.	.	.	.	.	.	.	.	.	.
1940/1	10	1	10,00	.	1	0	0,00	.	.	.	.	.	.
1940/2	9	6	66,67	.	1	0	0,00	.	.	.	.	.	.
1940/3	20	14	70,00	.	0	0	.	.	.	.	.	.	.
1941/1	18	10	55,56	.	1	0	0,00	.	.	.	.	.	.

Tab. 25.2: Die Einzelfachströme an der Universität Tübingen nach Staatsangehörigkeit und Geschlecht 1760/61–1941/1

	Kunst, Archäologie					Sonstige Kulturwiss.			Zeit.-kunde	Volksschullehramt			
	insg.	Frauen			Ausländ. in %	insg.	Frauen		insg.	insg.	Frauen		Ausländ. in %
		insg.	in %	deuts.			insg.	in %			insg.	in %	
Semester	28	29	30	31	32	33	34	35	36	37	38	39	40
1927	2	1	50,00	1	0,00	.	.	.	.	.	.	.	.
1927/28	1	1	100,00	1	0,00	.	.	.	.	.	.	.	.
1928	6	3	50,00	3	0,00	.	.	.	0	.	.	.	.
1928/29	8	2	25,00	2	0,00	.	.	.	0	.	.	.	.
1929	10	3	30,00	2	10,00	.	.	.	0	.	.	.	.
1929/30	8	4	50,00	3	12,50	.	.	.	0	85	6	7,06	.
1930	12	5	41,67	5	0,00	.	.	.	0	93	8	8,60	0,00
1930/31	8	3	37,50	3	12,50	.	.	.	0	82	6	7,32	0,00
1931	11	2	18,18	2	9,09	.	.	.	0	90	18	20,00	1,11
1931/32	8	0	0,00	0	0,00	.	.	.	0	79	10	12,66	0,00
1932	12	2	16,67	2	0,00	.	.	.	0	65	10	15,38	0,00
1932/33	11	3	27,27	3	0,00	.	.	.	0	49	7	14,29	0,00
1933	.	.	.	.	.	50	31	62,00	1	48	6	12,50	.
1933/34	.	.	.	.	.	42	16	38,10	0	32	7	21,88	.
1934	.	.	.	.	.	36	14	38,89	1	23	4	17,39	.
1934/35	.	.	.	.	.	26	8	30,77	0	15	1	6,67	.
1935	.	.	.	.	.	104	37	35,58	0	0	0	.	.
1935/36	.	.	.	.	.	82	23	28,05	1	0	0	.	.
1936	.	.	.	.	.	56	16	28,57	0	0	0	.	.
1936/37	.	.	.	.	.	59	20	33,90	0	0	0	.	.
1937	.	.	.	.	.	54	13	24,07	0	0	0	.	.
1937/38	.	.	.	.	.	28	7	25,00	0	0	0	.	.
1938	.	.	.	.	.	46	17	36,96	0	0	0	.	.
1938/39	.	.	.	.	.	14	1	7,14	0	3	0	0,00	.
1939	.	.	.	.	.	30	7	23,33	0	0	0	.	.
1939/40	.	.	.	.	.	.	.	.	.	.	0	.	.
1940/1	.	.	.	.	.	7	2	28,57	0	0	0	.	.
1940/2	.	.	.	.	.	13	2	15,38	0	0	0	.	.
1940/3	.	.	.	.	.	20	13	65,00	0	0	0	.	.
1941/1	.	.	.	.	.	15	9	60,00	0	0	0	.	.

	Berufsschull.		Leibesübungen		Mathematik				Physik			
	insg.	Frauen insg.	insg.	Frauen insg.	insg.	Frauen		Ausländ. in %	insg.	Frauen		Ausländ. in %
						insg.	in %			insg.	in %	
Semester	41	42	43	44	45	46	47	48	49	50	51	52
1926	.	.	0	0	182	27	14,84	.	13	0	0,00	.
1926/27	.	.	0	0	178	20	11,24	.	22	0	0,00	.
1927	.	.	0	0	109	10	9,17	0,92	20	0	0,00	0,00
1927/28	.	.	0	0	87	8	9,20	1,15	15	0	0,00	6,67
1928	.	.	0	0	121	15	12,40	1,65	47	2	4,26	2,13
1928/29	.	.	0	0	77	9	11,69	1,30	52	2	3,85	0,00
1929	.	.	0	0	130	15	11,54	0,00	74	6	8,11	2,70
1929/30	0	0	0	0	122	13	10,66	0,82	59	4	6,78	0,00
1930	0	0	0	0	149	24	16,11	0,67	68	1	1,47	0,00
1930/31	0	0	0	0	126	17	13,49	0,79	53	0	0,00	1,89
1931	2	1	6	0	120	16	13,33	0,83	42	0	0,00	0,00
1931/32	0	0	1	1	106	9	8,49	0,94	43	0	0,00	2,33
1932	0	0	4	2	99	13	13,13	1,01	42	0	0,00	2,38
1932/33	0	0	2	0	88	10	11,36	0,00	41	0	0,00	4,88
1933	0	0	3	1	61	7	11,48	.	37	1	2,70	.
1933/34	1	0	1	0	34	3	8,82	.	28	1	3,57	.
1934	0	0	2	2	25	1	4,00	.	21	1	4,76	.
1934/35	0	0	1	1	23	1	4,35	.	18	1	5,56	.
1935	0	0	0	0	29	2	6,90	.	.	.	.	.
1935/36	0	0	0	0	36	2	5,56	.	.	.	.	.
1936	0	0	1	1	32	2	6,25	.	.	.	.	.
1936/37	0	0	0	0	19	2	10,53	.	.	.	.	.
1937	0	0	8	0	18	2	11,11	.	.	.	.	.
1937/38	0	0	26	6	12	0	0,00	.	.	.	.	.
1938	0	0	27	6	9	0	0,00	.	.	.	.	.
1938/39	0	0	39	11	5	0	0,00	.	5	1	20,00	.
1939	0	0	39	12	9	0	0,00	.	3	1	33,33	.
1939/40	.	0	.	.	.	.	.	.	.	.	.	.
1940/1	0	0	2	1	2	0	0,00	.	3	1	33,33	.
1940/2	0	0	3	2	4	0	0,00	.	3	2	66,67	.
1940/3	0	0	0	0	5	0	0,00	.	6	1	16,67	.
1941/1	0	0	3	2	3	0	0,00	.	6	1	16,67	.

Tab. 25.2: Die Einzelfachströme an der Universität Tübingen nach Staatsangehörigkeit und Geschlecht 1760/61–1941/1

	Biologie				Sonst. Naturwiss.			Geographie			
	insg.	Frauen			Ausländ.	insg.	Frauen		insg.	Frauen		Ausländ.
		insg.	in %	deuts.	in %		insg.	in %		insg.	in %	in %
Semester	53	54	55	56	57	58	59	60	61	62	63	64
1926	.	.	.	.	.	.	.	.	2	0	0,00	.
1926/27	.	.	.	.	.	.	.	.	1	0	0,00	.
1927	123	24	19,51	23	4,07	.	.	.	2	0	0,00	0,00
1927/28	110	17	15,45	17	0,91	.	.	.	2	0	0,00	0,00
1928	89	28	31,46	28	0,00	0	0	.	15	2	13,33	0,00
1928/29	92	33	35,87	33	0,00	0	0	.	17	1	5,88	0,00
1929	97	33	34,02	32	1,03	0	0	.	32	5	15,63	0,00
1929/30	76	24	31,58	24	1,32	0	0	.	31	1	3,23	0,00
1930	112	39	34,82	39	0,89	0	0	.	33	5	15,15	0,00
1930/31	76	27	35,53	27	2,63	0	0	.	28	5	17,86	0,00
1931	77	30	38,96	30	1,30	0	0	.	31	11	35,48	0,00
1931/32	62	24	38,71	24	1,61	0	0	.	25	4	16,00	0,00
1932	58	15	25,86	15	0,00	0	0	.	22	4	18,18	0,00
1932/33	48	14	29,17	14	4,17	0	0	.	20	3	15,00	5,00
1933	40	20	50,00	.	.	11	1	9,09	.	.	.	.
1933/34	25	9	36,00	.	.	15	4	26,67	.	.	.	.
1934	16	6	37,50	.	.	9	3	33,33	.	.	.	.
1934/35	17	6	35,29	.	.	4	1	25,00	.	.	.	.
1935	.	.	.	.	.	17	3	17,65	.	.	.	.
1935/36	.	.	.	.	.	26	3	11,54	.	.	.	.
1936	.	.	.	.	.	21	4	19,05	.	.	.	.
1936/37	.	.	.	.	.	14	6	42,86	.	.	.	.
1937	.	.	.	.	.	9	4	44,44	.	.	.	.
1937/38	.	.	.	.	.	7	2	28,57	.	.	.	.
1938	.	.	.	.	.	7	3	42,86	.	.	.	.
1938/39	.	.	.	.	.	8	3	37,50	.	.	.	.
1939	.	.	.	.	.	7	2	28,57	.	.	.	.
1939/40	.	.	.	.	.	.	.	.	.	.	.	.
1940/1	3	2	66,67	.	.	2	0	0,00	.	.	.	.
1940/2	3	3	100,00	.	.	7	3	42,86	.	.	.	.
1940/3	7	7	100,00	.	.	12	10	83,33	.	.	.	.
1941/1	11	11	100,00	.	.	13	11	84,62	.	.	.	.

	Min.,Geol.,Bergfach				Geogr.,Geol.,Mineral.			Betriebswirtschaft				kaufmännisches Studium			Hand.-lehr.
	insg.	Frauen		Ausländ.	insg.	Frauen		insg.	Frauen		Ausländ.	insg.	Frauen		insg.
		insg.	in %	in %		insg.	in %		insg.	in %	in %		insg.	in %	
Semester	65	66	67	68	69	70	71	72	73	74	75	76	77	78	79
1927	1	0	0,00	0,00	.	.	.	0	0	.	.	.	.	.	.
1927/28	4	0	0,00	0,00	.	.	.	0	0	.	.	.	.	.	.
1928	23	3	13,04	0,00	.	.	.	4	0	0,00	0,00	.	.	.	.
1928/29	21	2	9,52	0,00	.	.	.	20	0	0,00	5,00	.	.	.	.
1929	38	4	10,53	0,00	.	.	.	25	1	4,00	8,00	.	.	.	.
1929/30	31	4	12,90	0,00	.	.	.	20	0	0,00	10,00	.	.	.	.
1930	24	3	12,50	0,00	.	.	.	16	2	12,50	0,00	.	.	.	.
1930/31	24	1	4,17	0,00	.	.	.	8	0	0,00	12,50	.	.	.	.
1931	27	2	7,41	0,00	.	.	.	3	0	0,00	0,00	.	.	.	.
1931/32	16	1	6,25	0,00	.	.	.	9	0	0,00	11,11	.	.	.	.
1932	19	1	5,26	0,00	.	.	.	10	1	10,00	0,00	10	1	10,00	0
1932/33	20	1	5,00	5,00	.	.	.	10	2	20,00	0,00	9	2	22,22	1
1933	.	.	.	.	26	4	15,38	.	.	.	.	2	0	0,00	1
1933/34	.	.	.	.	22	3	13,64	.	.	.	.	7	0	0,00	1
1934	.	.	.	.	20	3	15,00	.	.	.	.	7	0	0,00	0
1934/35	.	.	.	.	9	0	0,00	.	.	.	.	0	0	.	0
1935	.	.	.	.	8	0	0,00	.	.	.	.	0	0	.	0
1935/36	.	.	.	.	6	0	0,00	.	.	.	.	0	0	.	0
1936	.	.	.	.	11	0	0,00	.	.	.	.	0	0	.	0
1936/37	.	.	.	.	6	0	0,00	.	.	.	.	0	0	.	0
1937	.	.	.	.	2	0	0,00	.	.	.	.	0	0	.	0
1937/38	.	.	.	.	5	1	20,00	.	.	.	.	0	0	.	0
1938	.	.	.	.	3	1	33,33	.	.	.	.	0	0	.	0
1938/39	.	.	.	.	11	1	9,09	.	.	.	.	0	0	.	0
1939	.	.	.	.	9	1	11,11	.	.	.	.	0	0	.	0
1939/40	.	.	.	.	.	.	.	.	.	.	.	.	.	.	.
1940/1	.	.	.	.	1	1	100,00	.	.	.	.	0	0	.	0
1940/2	.	.	.	.	3	1	33,33	.	.	.	.	0	0	.	0
1940/3	.	.	.	.	6	2	33,33	.	.	.	.	0	0	.	0
1941/1	.	.	.	.	4	1	25,00	.	.	.	.	0	0	.	0

5. Anmerkungen zu Tabelle 25.2

1760/61–1830:

Für die Univ. Tübingen lassen sich die Frequenzdaten am weitesten zurückverfolgen. Dabei können wir uns für den Zeitraum 1760/61–1830 auf vier weitgehend übereinstimmende Quellen stützen: 1. das erste veröffentlichte Studentenverzeichnis (EISENBACH 1822), das Übersichten für 1760/61–1821/22 enthält; 2. auf die seit 1817/18 semesterweise verfügbaren gedruckten Studentenverzeichnisse (= Pers.Verz.); 3. auf die Akademische Monatsschrift 1850 für den Zeitraum 1811–1849/50; 4. auf die Württembergischen Jahrbücher für Statistik und Landeskunde (1877) für den Zeitraum 1760–1876.

Sp. 1–3 (Evang. Theologie): In der Darstellung folgen wir Eisenbach und WürttJbStat, wo die Theologen insg. (Sp. 1) bis 1816/17 nach »Seminaristen« (Sp. 2) und Theologen »in der Stadt« (Sp. 3) differenziert sind. – Sp. 4 (Kath. Theol.): Im Unterschied zu Eisenbach u. WürttJbStat sind für 1817/18 im Einklang mit dem Pers.Verz. nur die Theologiestud. im kath. Konvikt angegeben; ab 1818 identisch mit den Stud. in der kath.-theol. Fak. – Sp. 4 bzw. 5 (Jura): Eisenbach u. WürttJbStat geben »Adlige« u. »Hofmeister« in zwei besonderen Sp. an; in der Gesamtstudentenzahl sind sie enthalten, aber keiner Fak. zugeordnet. Wie in der AkadMonSchr haben wir die »Adligen« bis 1816/17 bei der Juristischen Fak. mitgezählt u. die wenigen »Hofmeister« nicht berücksichtigt. Ab 1817 tauchen »Adlige« als eigene Kategorie nicht mehr auf, sind also in den Quellen immer fachmäßig wie andere Stud. zugeordnet. – Sp. 5 bzw. 6 (Medizin): Identisch mit den Stud. in der Med. Fak., d.h. einschl. niedere Chirurgen u. Pharmazeuten, vereinzelt auch Tiermed. (1819:3, 1819/20:3, 1820:4, 1820/21:2). Ab 1818/19 lassen sich anhand der Pers.Verz. die niederen Chirurgen (Sp. 7) u. teilweise auch die Pharmazeuten (Sp. 8) gesondert darstellen. – Sp. 7 (Chirurgie): Im Einklang mit den Abgrenzungskriterien der PrStat ab 1830/31 haben wir hier nur die niederen Chirurgen aufgeführt. In den Pers.Verz. sind 1820–1835 auch die »höheren Chirurgen« gesondert angegeben, die in der PrStat undifferenziert immer in den Zahlen für die Medizinstud. enthalten sind. – Sp. 9 (Phil. Fak.): Eisenbach u. WürttJbStat geben für 1817/18 nur 9 Stud. an (=»Philosophiestud. in der Stadt«). Im Einklang mit den Pers.Verz. u. der Zuordnung in den folgenden Semestern haben wir die Philosphiestud. »in dem ev. Seminar« (81) u. »in dem kath. Convict« (30) hinzugerechnet (insg. also 120). – Sp. 10 (Cameralia): Identisch mit den Stud. in der 1817 errichteten Staatswirtsch. Fak. – Sp. 11 (Stud. insg.): 1825/26, 1826, 1829/30 u. 1830 einschl. 1 Stud. der jüdischen Theol.

1830/31–1866:

Die Angaben in den Sp. 1–4 schließen entsprechend den Abgrenzungskriterien der PrStat nur die ord. immatrikulierten Stud. ein. – Sp. 5 (Sonstige insg.): entspricht der undifferenzierten Sammelkategorie »Phil. Fak.« in der PrStat, der alle Stud. zugeordnet wurden, die nach den Abgrenzungskriterien nicht in den anderen Fak. unterzubringen waren. Die Sp. 6–10 stellen die fachliche Aufteilung der Stud. in der Restgruppe der sonstigen Fächer dar (Sp. 5), soweit sich diese in Ergänzung zur PrStat den Pers.Verz. entnehmen ließ. Die Einzelfachströme in den Sp. 6–10 summieren sich nicht vollständig zur Sp. 5 auf, weil in dieser nur die ord. immatrikulierten Stud. und die nicht immatrikulierten Chirurgen und Pharmazeuten enthalten sind, während die Angaben für die Einzelfachströme in den Pers.Verz. auch Hospitanten (Sp. 15) einschließen. – Sp. 6 (Chirurgie): nur niedere Chirurgen; die »höheren Chirurgen« sind immer bei den Medizinstud. (Sp. 4) mitgezählt. – Sp. 7 (Pharmazie): 1863/64–1866 auf der Grundlage von Vergleichsrechnungen geschätzt. – Sp. 8 (Phil. Fak.): nur »Philosoph. Stud.« nach den Pers.Verz. bzw. Phil. Fak. nach WürttJbStat ohne Hospitanten, nicht zu verwechseln mit der gleichlautenden Sammelkategorie in der PrStat (vgl. Sp. 5). – Sp. 9 (Naturwiss.): Nur ord. immatrikulierte Stud., ohne Hospitanten u. die Naturwiss. studierenden Mediziner, die in den Pers.Verz. unter den Stud. in der Naturwiss. Fak. mitgezählt wurden. – Sp. 10 (Staatswiss. insg.): 1830/31–1838 Cameralwiss., 1838/39–1840 Regiminal- u. Cameralwiss., 1840/41–1844 Regiminal-, Cameral- u. Forstwiss., danach die unter der Sammelkategorie Staatswirt. bzw. Staatswiss. (ab 1850) aufgeführten Einzelfächer, die in den Sp. 11–13 dargestellt sind. Bis 1863 identisch mit den Stud. in der Staatswirt. Fak. (nach WürttJbStat), danach abzüglich der in den Pers.Verz. bes. angegebenen Hospitanten. Die Einzelfachströme in den Sp. 11–13 summieren sich nicht vollständig zu Sp. 10 auf, weil in dieser fachlich undifferenziert auch nichtwürttembergische Stud. (»Ausländer«) enthalten sind. – Sp. 11 (Cameralia): 1844/45 einschl. »Forstmänner«. – Sp. 12 (Forstwiss.): 1849/50–1850/51, 1851/52–1855/56 Land- u. Forstwirte. – Sp. 14 (Stud. insg.): Summe der Sp. 1–5, d.h. Gesamtzahl nach den Abgrenzungskriterien der PrStat (nur ord. immatrikulierte Stud. u. nicht immatrikulierte Chirurgen u. Pharmazeuten). Die in den Pers.Verz. u. in WürttJbStat dokumentierte Gesamtzahl der Stud. schließt die Restgruppe der Hospitanten (nach den Kriterien der PrStat) ein, die wir (abweichend vom üblichen Verfahren für die anderen Universitäten) zusätzlich in die Tabelle aufgenommen haben (Sp. 15). Diese Gesamtzahl enthält auch einige in den Pers.Verz. gesondert aufgeführte Stud. der »jüd. Theol.«: 1830/31–1833: 1, 1833/34 u. 1834: 3, 1834/35: 2, 1835: 3, 1835/36: 1, 1836: 2, 1836/37: 3, 1837: 2, 1837/38: 3, 1838–1839: 2, 1841: 2, 1841/42: 2, 1842: 3, 1842/43: 2, 1843: 2, 1843/44: 1, 1844: 1, 1861/62–1863/64: 1 (israelitische Theol.), 1866: 1 (mosaische Theol.), sowie Stud. der »griech. Theol.« 1864/65: 1, 1865: 1, 1865/66: 2 u. 1866: 1.

1866/67–1902/03:

Auch für diesen Zeitraum folgen wir im wesentlichen der PrStat. Die Angaben für diese Fachströme (Sp. 1, 3, 5, 7, 12, 14 u. 16) schließen nur die ord. immatrikulierten Stud. ein. Die Pers.Verz. u. die WürttJbStat beziehen demgegenüber die Hospitanten ein u. kommen für die meisten Einzelfachströme in einigen Semestern zu leicht höheren Zahlen, in den Staatswiss. allerdings zu erheblich darüberliegenden Angaben. Um die Abweichungen in ihrer Größenordnung deutlich zu machen, haben wir Sp. 24 (Hospitanten) zusätzlich in die Tabelle aufgenommen. Ergänzend zur PrStat wurden die ausl. Stud. für 1875/76 u. 1876 den WürttJbStat u. für 1877–1886 u. 1887–1891 den Pers.Verz. entnommen. Die Zuordnung der ausl. Stud. zu den entsprechenden Fachströmen erscheint unproblematisch (sieht man vom Tübinger Spezialproblem der Hospitanten ab), bis auf Sp. 15: Hier schließen die Angaben gegebenenfalls auch ausl. Stud. der Pharmazie ein.

Sp. 3 (Kath. Theol.): 1866/67–1868 einschl. 1 Stud. der »griech. Theol.« – Sp. 7 (Medizin): Entsprechend den Abgrenzungskriterien der PrStat ohne »hospitirende Geburtshelfer u. Chirurgen zweiter Classe« (vgl. Sp. 9), aber einschl. der Naturwiss. stud. Med., die in den Pers.Verz. bis 1876/77 in der Naturwiss. Fak. gezählt wurden. – Sp. 9 (Chirurgie): Bis 1873 hospitierende Geburtshelfer u. Chirurgen zweiter Klasse, 1874/75 Chirurgen, danach im Pers.Verz. nicht mehr geführt. – Sp. 12 (Philol., Gesch.): Stud. in der Phil. Fak. abzüglich der Hospitanten, einschl. Stud. der mosaischen Theol.: 1866/67: 1, 1867: 2, 1867/68: 2, 1868: 2, 1868/69: 3, 1869: 2. – Sp. 14 (Math., Naturw.): Stud. in der Naturwiss. Fak. abzüglich der Hospitanten u. der Naturwiss. stud. Med. (vgl. Anm. zu Sp. 7). – Sp. 16 (Staatswiss. insg.): Die Sammelkategorie der PrStat (Landwirt., Cameralia u. Nationalök.) ist identisch mit den Stud. in der Staatswiss. Fak., abzüglich der Hospitanten. Die Aufgliederung in die Einzelfachströme ist nur nach den entsprechenden Angaben in den Pers.Verz. möglich. Da diese jedoch auch Hospitanten einschließen, summieren sich die Sp. 17–19 nicht übereinstimmend zu Sp. 16, sondern liegen teilweise erheblich darüber. – Sp. 21 (Studierende insg.): Summe der Sp. 1, 3, 5, 7, 9, 10, 12, 14 u. 16, d.h. Gesamtzahl nach den Abgrenzungskriterien der PrStat. Die in den Pers. Verz. u. in WürttJbStat dokumentierte Gesamtzahl der Stud. schließt die Restgruppe der Hospitanten (nach den Kriterien der PrStat) ein, die in Sp. 24 dargestellt ist. In den Pers.Verz. ist ab 1867/68 darüberhinaus eine weitere Gruppe außerord. Stud. in die Gesamtzahl einbezogen worden, die im Einklang mit den Kriterien der PrStat in unserer Tabelle ganz unberücksichtigt bleibt (»nicht immatriculierte zum Besuche von Vorlesungen ermächtigte Personen«).

1903–1941.1:

1939/40 wurden wegen der Umstellung auf Trimester keine Daten erhoben. Nach dem württembergischen Min.-Erlaß vom 17. Mai 1904 waren erstmals im SS 1904 weibl. Stud. zum ord. Studium zugelassen.

Bis 1911/12 beruht die Statistik auf den strengen Abgrenzungskriterien der PrStat, nach denen die sog. »außer-ord.« Stud. nicht mitgezählt wurden. Diese außerord. Stud. setzten sich offenbar aus zwei Gruppen zusammen: 1. aus den Hospitanten. Diese sind bis 1873/74 in den Pers.Verz. gesondert angegeben, danach undifferenziert unter den »Studierenden« mitgezählt. In den WürttJbStat werden die Hospitanten allerdings auch nach 1873/74 als solche weiter gesondert ausgewiesen u. von den »ordentlichen« Stud. unterschieden. Die PrStat ist diesem Verfahren gefolgt u. hat offensichtlich bis 1911/12 die Hospitanten nicht mitgezählt, denn nur so lassen sich die erheblich niedrigeren Zahlen in der PrStat gegenüber den Pers.Verz. erklären. 2. Ab 1867/68 wird in den Pers.Verz. darüberhinaus eine zweite Gruppe nicht ord. Stud. dokumentiert: »Nicht immatriculirte zum Besuche von Vorlesungen ermächtigte Personen«. Diese werden durchgängig nicht zu den immatrikulierten Stud. gezählt u. ab 1914 unter der neuen Bezeichnungen »Hörer« gesondert dokumentiert. Die PrStat hat beide Gruppen von Stud. bis 1911/12 nicht einbezogen. Das StatJbDR (ab 1912) hat demgegenüber die Abgrenzung des Pers.Verz. übernommen u. nur die nicht immatrikulierten zum Besuch von Vorlesungen ermächtigten Personen (= Hörer) nicht mitgezählt, die »Hospitanten« jedoch einbezogen. Um die Vergleichbarkeit mit den Angaben in den Pers.Verz. zu gewährleisten, haben wir die Differenzen, die aus der unterschiedlichen Behandlung der 1. Gruppe resultieren, in unserer Tabelle ergänzend berücksichtigt (Sp. 68: Hospitanten). Die Angaben für 1925 und 1925/26 wurden vollständig den Pers.Verz. entnommen.

Sp. 36 (Mathematik, Naturwissenschaften): 1904–1907/08 einschl. Chemie (Sp. 41). – Sp. 41 (Chemie): 1904–1907/08 enthalten in Sp. 36 (Mathematik, Naturwissenschaften). – Sp. 50 (Cameralia, Wirtschaftswiss.): Bis 1922/23 im Pers.Verz. »Cameralia« in der Staatswiss. Fak., ab 1923 »Wirtschaftswiss.« in der Rechts- u. wirtschaftswiss. Fak. – Sp. 55 (Forstwiss.): Bis 1920 eigene Kategorie im Pers.Verz. Die Sp. 50, 55 u. 57 schließen Hospitanten ein u. summieren sich deshalb nicht zu Sp. 46 auf (nur ord. Stud. gemäß PrStat).

1926–1941.1:

Bei Fächern, in denen keine ausl. Frauen immatrikuliert waren, sind die entprechenden Sp. nicht ausgedruckt.

Sp. 5 (Germanistik): Bis 1926/27 enthalten in Sp. 10 (Neue Sprachen). – Sp. 10 (Neue Sprachen): Bis 1926/27 einschl. Germanistik (Sp. 5). – Sp. 15 (Geschichte): 1935–1936 enthalten in Sp. 33 (Sonstige Kulturwiss.). – Sp. 33 (Sonstige Kulturwiss.): 1935–1936 einschl. Geschichte (Sp. 15). – Sp. 45 (Mathematik): 1935–1938 einschl. Physik (Sp. 49). – Sp. 49 (Physik): 1935–1938 enthalten in Sp. 45 (Mathematik). – Sp. 53 (Biologie): 1935–1939 enthalten in Sp. 58 (Sonst. Naturwiss.). – Sp. 58 (Sonst. Naturwiss.): 1935–1939 einschl. Biologie (Sp. 53).

6. Quellen und Literatur

Quellen:

Standardquellen: 1830/31–1911/12: PrStat 167, 236. – *1912–1924/25:* StatJbDR Jgg. 34–36, 40–44. – *1925–1927/28:* DtHochStat Bd. 1; VjhStatDR Jgg. 35–37. – *1928–1932/33:* DtHochStat Bde. 1–10. – *1932–1941.1:* ZehnjStat.

Ergänzend: 1760–1821: Eisenbach 1822, S. 544 (Anlage); – *1760–1876:* WürttJbStat 1877. – *1811–1849/50:* AkadMonSchr 1850. – *1817/18–1926:* Pers.Verz. (fehlende Semester: 1920/21 u. 1922).

Literatur:

Bibliographie zur Geschichte der Universität Tübingen. Bearb. v. F. Seck, G. Krause und E. Stöhr. Tübingen 1980.

ADAM, U. D.: Hochschule und Nationalsozialismus. Die Universität Tübingen im Dritten Reich. Tübingen 1977. – EISENBACH, H. F.: Beschreibung und Geschichte der Stadt und Universität Tübingen. Tübingen 1822. – 500 Jahre Eberhard-Karls-Universität Tübingen. Bd. 1–3. Tübingen 1977. Bd. 1: Beiträge zur Geschichte der Universität Tübingen 1477–1977. Hrsg. v. H. DECKER-HAUFF, G. FICHTNER und K. SCHREINER, bearb. v. W. SETZLER. Bd. 2: Wissenschaft an der Universität heute. Hrsg. v. J. NEUMANN. Bd. 3: Die Universität Tübingen von 1477 bis 1977 in Bildern und Dokumenten. Hrsg. v. H. DECKER-HAUFF u. W. SETZLER. – Württembergische Jahrbücher für Statistik und Landeskunde, Jg. 1877, H. III, Stuttgart 1877, Beilage S. 127–142. – JENS, W.: Eine deutsche Universität. 500 Jahre Tübinger Gelehrtenrepublik. München 1977. – KNAPP, TH./KOHLER, H. (Hg.): Die Universität Tübingen. Ihre Institute und Einrichtungen. Düsseldorf o.J. (1929). – Akademische Monatsschrift 2 (1850), S. 229–233. – RIECKE, K.V. von: Statistik der Universität Tübingen. In: Württembergische Jahrbücher für Statistik und Landeskunde, Jg. 1877, H. III., Stuttgart 1877, S. 1–83. – SCHÄFER, V.: Universität Tübingen – Geschichte und Gegenwart. In: GFRÖRER, W. (Hg.): Der Kreis Tübingen. Stuttgart 1988, S. 207–214. – Verzeichniß der Studirenden auf der K. Württembergischen Universität Tübingen. 1817/18–1944/45 (unter verschiedenen Titeln = Pers.Verz.). – WÜRTHNER, A.: Das Hochschulstudium der Württemberger nach dem Kriege. In: Württembergische Jahrbücher für Statistik und Landeskunde, Jg. 1932/33, Stuttgart 1935, S. 209–288.

26. Würzburg

1. Geschichtliche Übersicht

Nach dem baldigen Scheitern der ersten Gründung (1402) wurde die Universität 1575 neu gestiftet und 1582 eröffnet. Unsere Daten beginnen 1804; bis auf dieses Jahr gehen die Frequenzlisten zurück (gedruckte Personalverzeichnisse ab 1830/31). Nach der Säkularisation des Hochstiftes Würzburg (1802) und der Eingliederung in den bayerischen Staat (endgültig 1814) trat die Julius-Universität in eine neue Epoche ein. Der kirchlich-katholische Charakter der alten fürstbischöflichen Hochschule wurde beseitigt, die Universität zu einer reinen Staatsanstalt umgewandelt. Der bayerische Kurfürst verstand sich als zweiter Stifter der Hochschule (nun »Bayerische Julius-Maximilians-Universität«). Nach der wechselvollen Umbruchphase zwischen 1803 und 1814 gliederte sich die Hochschule in vier Fakultäten (kath.-theologische, juristische, medizinische und philosophische), zu denen nach der Verordnung vom 15. August 1822 eine staatswirtschaftliche Fakultät hinzutrat, die sich allerdings auf längere Sicht in ihrer Eigenständigkeit nicht behaupten konnte (1878/79 Vereinigung mit der Juristischen zur Rechts- und Staatswissenschaftlichen Fakultät). Nach dem Münchener Vorbild wurde die angewachsene Philosophische Fakultät durch Verordnung vom 29.9.1873 in eine philosophisch-historische und eine mathematisch-naturwissenschaftliche Sektion geteilt. Die formelle Verselbständigung der letzteren zur Naturwissenschaftlichen Fakultät wurde erst am 1.4.1937 vollzogen (ebenfalls analog zu München).

Wie in der Zeit vor der Epochenscheide 1802/03 wahrte auch die reorganisierte und modernisierte Hochschule im 19. und 20. Jahrhundert den Rang einer mittleren Universität. Von der vormärzlichen Unterdrückungspolitik wurde Würzburg härter getroffen als jede andere Universität. 1832 wurden zehn Professoren, »ultraliberaler Tendenzen« verdächtigt, von ihrem Lehramt entfernt, darunter der Rektor und die Dekane der Juristischen und Medizinischen Fakultät. Die sog. »Würzburger Epuration«, der 31% der ordentlichen Professoren zum Opfer fielen, raubte der Hochschule ihre markantesten Vertreter und machte aus Würzburg für Jahre eine unpolitische Universität.

Durch eine frühe Spezialisierung ihrer Teildisziplinen und hervorragende wissenschaftliche Leistungen gelangte seit Mitte des 19. Jahrhunderts besonders die Medizinische Fakultät zu hohem Ansehen und zog mit überregionaler Ausstrahlung zahlreiche Studenten an. Wie das Fächerprofil deutlich erkennen läßt, verkörperte Würzburg seit der Mitte des 19. Jahrhunderts den Typus einer »Medizineruniversität«. Nach der Zahl ihrer Institute rangierte die Medizinische Fakultät in den 1860er und 70er Jahren nach der Berliner Universität auf dem zweiten Platz. Nur von München und Leipzig wurde Würzburg hier in den folgenden Jahrzehnten bis zur Jahrhundertwende übertroffen und auf den vierten Rang verdrängt. Im 20. Jahrhundert verringerte sich der Stellenwert der Julius-Maximilians-Universität in der Medizin, wovon besonders Freiburg profitierte. Nach ihrer Verselbständigung in einer eigenen Sektion nahmen auch die Naturwissenschaften in Würzburg eine glänzende Entwicklung. In der Physik und Chemie gehörten eine kurze Zeitspanne nicht weniger als fünf spätere Nobelpreisträger zum Lehrkörper. Bis in die 1890er Jahre blieben dagegen die Geisteswissenschaften an der Würzburger Universität lange ziemlich vernachlässigt.

Hinsichtlich der Personalentwicklung blieb Würzburg auf lange Sicht hinter dem allgemeinen Wachstum zurück. In den 1930er Jahren mußte die Universität sogar eine empfindliche Schrumpfung ihres Lehrkörpers hinnehmen, von der besonders die Medizin betroffen war (1930/31 bis 1941 Reduzierung um ein Drittel). Nach der Größe des gesamten Lehrpersonals gehörte Würzburg 1930 zu den vier kleinsten Universitäten, 1941 rangierte es sogar auf dem vorletzten Platz vor Rostock. Im Hinblick auf die Betreuungsrelation (Studierende pro Dozent) lag Würzburg 1941 ganz am Ende der Skala.

Die bauliche Erweiterung der Universität vollzog sich ab der Mitte des 19. Jahrhunderts. Als die barocken Festungsanlagen geschleift wurden, entstand Platz für die Errichtung der »Neuen Universität« am Südrand der Stadt (Fertigstellung des Hauptgebäudes am Sanderring 1896). Im letzten Viertel des 19. Jahrhunderts wuchs am nördlichen Stadtrand ein geschlossenes Areal von modernen naturwissenschaftlichen und medizinischen Instituten. Kurz vor dem Ersten Weltkrieg setzte eine neue Phase im Ausbau der Universitätskliniken ein. Zwischen 1912 und 1922 entstand der harmonisch gestaltete Neubaukomplex des Luitpoldkrankenhauses (1927 sechs Kliniken mit einer Kapazität von rund 750 Betten).

Durch den schweren Luftangriff am 16. März 1945 wurde die Universität zu etwa 70 Prozent zerstört. Die Theologische Fakultät nahm im Herbst 1945 ihre Lehrtätigkeit wieder auf. Im Januar 1946 folgten die Philosophische und die Naturwissenschaftliche Fakultät, ein Jahr darauf die Medizinische und die Juristische Fakultät.

2. Der Bestand an Institutionen 1830/31–1944/45

Zum Verständnis vgl. die Erläuterungen S. 48 ff.

I.   Theol. Fak. ([1830/31])

1.   Homil. u. Moraltheol. Sem. (nur 1918/19, ⟨25⟩)
1.1   Homil. Sem. (1862–1918, 1919–⟨19/20⟩)
1.2.   Moraltheol. Sem. (1919–⟨19/20⟩)
2.   Kirchenhist. Sem. (1884/85)
3.   Patristisches Sem. (1886/87)
4.   Dogmat. Sem. (1906/07)
5.   Alttest. Sem. (1909/10–⟨19/20⟩)
        Sem. f. alttest. Exeg. (⟨1925⟩)
6.   Apologetisches Sem. (1910/11)
7.   Neutest. Sem. (1912–⟨19/20⟩)
        Sem. f. neutest. Exeg. (⟨1925⟩)
8.   Sem. f. chr. Kunstgesch. (⟨1925⟩)
9.   Kirchenr. Sem. (⟨1925⟩)
10.   Missionswiss. Sem. (1939/40)

II.   Jur. Fak. ([1830/31]–1878)
        Rechts- u. Staatswiss. Fak. (1878/79)

1.   Münz-Cab. (1835–38, Forts. III.2.)
2.   Technol. Attr. (1878/79–80, vorh. III.1., 80/81 unbes., Forts. VI.8.)
3.   Jur. Sem. (1904)
3.1   Röm. u. dt.rechtl. Abt. (⟨1929/30⟩–1933/34)
3.1.1   Röm.-rechtl. Abt. (1904–⟨25⟩)
        Röm. u. bürgerrechtl. Abt. (1934)
3.1.2   Deutschrechtl. Abt. (1904–⟨19/20⟩, 1934, vgl. II.3.5)
3.2   Staatswiss. Abt. (1904–10)
        Volkswirtsch. Sem. (1910/11–32/33)
        Inst. f. Wirtsch.- u. Sozialwiss. (1933)
3.3   Kriminal. Abt. (1904)
3.4   Staatsrechtl. Abt. (1904–⟨25⟩, u. pol. 18/19)
        Staatsr. u. verwaltungsr. Abt. (⟨1929/30⟩)
3.5   Abt. f. Civilproz. (1904–⟨19/20⟩)
        Abt. f. Zivilproz. u. Dt. Recht (nur ⟨1925⟩)
        Zivilprozeßr. Abt. (⟨1929/30⟩)
3.6   Abt. f. engl. Recht (1917–⟨19/20⟩)
3.7   Abt. f. Kirchen- u. Völkerr. (1919–⟨25⟩)
        Kirchen- u. Völkerrechtl. Abt. (⟨1929/30⟩–42)
        Abt. f. außerstaatl. Recht u. Seegeltung (1942/43)
3.8   Abt. f. Politik (nur ⟨1925⟩)
4.   Sem. f. Versicherungswiss. (1911/12–⟨25⟩)

III. Staatswirtsch. Fak. ([1830/31]–1878)

1.   Technol. Cab. ([1830/31]–78, nebst forstl. u. math. Samml. 50/51, Attr. 76/77, Forts. II.2.)
2.   Münz-Cab. (nur 1838/39, vorh. II.1., Forts. V.2.3)
3.   Curiculum Math. f. pract. Geometrie (1843–50, Forts. III.1.)

IV.   Med. Fak. ([1830/31])

1.   Anat. Anst. ([1830/31], Inst. 1906)
1.1   Anthropot. Anst. ([1830/31]–42/43, Abt. 1906–⟨1919/20⟩)
1.2   Zoot. Anst. ([1830/31]–1871, Forts. VI.1.1)
1.3   Abt. f. Histol. u. Embryologic (1906–⟨1919/20⟩, vorh. IV.14.)
1.4   Abt. f. topogr. u. angew. Anat. (⟨1929/30⟩–⟨35/36⟩)
2.   Bot. Garten ([1830/31]–40/41, Forts. VI.5.1)
3.   Med. Klin. ([1830/31], u. paediatr. Klin. 72/73–99, Med. u. Kinderkl. 1899/1900, o. Kinderkl. 15/16, u. Nervenkl. 30/31–43/44)
        Med. Klin. mit neurol. Abt. (1944)
3.1   Phys.-chem. Lab. zum Gebrauche d. Med. Klin. (1859/60–78)
3.2   Kinder-Klin. (1915/16, u. Polikl. 1933–44)
3.3   Röntgenabt. (1944)
4.   Chir. Klin. ([1830/31], u. Augenkl. 43, o. Augenkl. 54, u. Polikl. 88/89–⟨1919/20⟩, 33–43/44)
5.   Kreisentbindungsanst. u. d. hiermit verb. Kgl. Univ.-Frauenkl. (1888/89–89/90, Kgl. Univ.-Frauenkl. 1890, o. Kgl. Univ.-⟨1925⟩)
5.1   Gebh. Inst. ([1830/31]–88, öffentl. Anst. in Mitbenutzung d. Univ. 43)
5.2   Hebammenschule (1849–⟨1919/20⟩)
5.3   Gynäk. Klin. (1855–88)
5.4   Lab. d. Kgl. Univ.-Frauenkl. (1899–1902/03)
6.   Samml. chir. Instr. (1831–⟨1919/20⟩, u. Band. 1834)
7.   Lab. f. org. Chem. (1842/43–69/70, Forts. VI.3.2, in VI. 44/45–62/63)
8.   Amb. Klin. (1843–72)
        Polikl. u. amb. Kinderkl. (1872/73–1915)
8.1   Med. Polikl. (1915/16)

8.2	Polikl. f. Kinderkr. (1915/16-⟨1919/20⟩)
9.	Physiol. Inst. (1846/47)
10.	Path.-anat. Samml. (1850/51, Inst. 56, o. anat. 72)
11.	Psych. Klin. (1855–1930) Psych. u. Nervenkl. mit Polikl. (1930/31, o. Psych. 41/42)
11.1	Polikl. Inst. f. psychisch-nervöse Kranke (1903/04–30, o. Inst. 04)
11.2	Lab. d. Psych. Klin. (1906–08)
12.	Pädiatr. Klin. (1855–72, Forts. IV.3.)
13.	Pharmakog. Samml. (1863/64–73/74, Forts. VI.3.2.2)
14.	Mikroskopisches Inst. (1869–71) Inst. f. vergl. Anat., Histol. u. Embryologie (1871/72–1905/06, Forts. IV.1.3)
15.	Klin. f. Syph. u. Hautkr. (1872/73-⟨1919/20⟩) Klin. u. Polikl. f. Hautkr. (⟨1925⟩, u. Geschl.kr. 33, o. Polikl. 44/45, vergl. IV.23.)
16.	Pharm. Lab. (1874/75, Inst. 80)
17.	Augenkl. (1876/77–88, priv. 77–78/79) Ophthalmol. Klin. u. Polikl. (1888/89–1918) Augenkl. u. Polikl. (1918/19)
17.1	Lab. d. Ophthalmol. Klin. u. Polikl. (1898–1900)
18.	Otiatr. Polikl. (1879/80–1917/18) Polikl. f. Ohrenkranke (1918-⟨1919/20⟩) Klin. u. Polikl. f. Ohren-, Nasen- u. Kehlkopfkr. (⟨1925⟩, o. Polikl. 44/45, vgl. IV.22.)
18.1	Stat. Abt. d. Klin. (1912-⟨1919/20⟩)
19.	Chir. Lab. (1855-⟨1925⟩)
20.	Hyg. Inst. (1888/89, u. amtl. Pestst. f. d. Kreise Unter-, Oberfranken u. Pfalz 1901/02-⟨25⟩)
20.1	Kgl. bakt. Unters.anst. (1911–13/14, o. kgl. 18/19-⟨19/20⟩) Staatl. bakt. Unters.anst. (nur ⟨1925⟩, 33)
21.	Zahnärztl. Univ. Inst. (1901, o. Univ. 12/13, Klin. 33)
21.1	Operative Abt. (1905–09/10) Chir. Abt. (1910–12/13, 1916-⟨25⟩, 36/37–39, u. röntg. 19-⟨19/20⟩) Kieferchir. Abt. (1939/40)
21.2	Techn. Abt. (1905-⟨25⟩)
21.3.	Kons. u. orthop. Abt. (1939/40)
21.3.1	Cons. Abt. (1910–39)
21.3.2	Orthop. Abt. (1938/39–39)
22.4	Röntg. u. wiss. Abt. (nur ⟨1925⟩)
22.	Polikl. f. Nasen- u. Halskranke (1905/06-⟨19/20⟩, f. Nasen- u. Kehlkopfkranke 06, Forts. IV.18.)
23.	Polikl. f. Haut- u. Geschl.kr. (1909/10-⟨19/20⟩ o. Geschl.kr. 18/19, Forts. IV.15.)
24.	König-Ludwig-Haus (Orthop. Klin. u. Anst. f. Krüppelfürsorge) (1918/19-⟨19/20⟩) Orthop. Klin. König-Ludwig-Haus (⟨1925⟩-37/38)
25.	Luitpoldkh. (⟨1925⟩, darin IV.3., 3.2, 4., 10., 15., 18.)
25.1	Med. Abt. (⟨1925⟩–44, u. Nerven- nur 38/39)
25.1.1	Nervenabt. (1939–44, Neurol. 41/42)
25.2	Chir. Abt. (⟨1925⟩–36, 43)
25.2.1	Neurochir. Abt. (1935/36–37/38)

25.3	Abt. f. Ohren-, Nasen u. Kehlkopfkr. (⟨1925⟩–44)
25.4	Abt. f. Haut- u. Geschl.kr. (⟨1925⟩–44)
25.5	Kinderabt. (⟨1925⟩–44)
25.6	Orthop. Werkstätte (nur 1932/33)
26.	Physiol.-chem. Inst. (⟨1925⟩)
27.	Inst. f. ger. u. soz. Med. (⟨1925⟩–40.3) Inst. f. ger. Med. u. Krim. (1941)
28.	Inst. f. Gesch. d. Med. (⟨1929/30⟩–38/39, Sem. 33)
29.	Kath. Missionsärztl. Inst. f. Deutschland (⟨1929/30⟩–30/31)
30.	Inst. f. Vererbungswiss. u. Rasseforsch. (1938/39–39) Rassebiol. Inst. (1939/40)

**V.   Phil. Fak. ([1830/31]–1918, einschl. VI.)
Philos.-Hist. Abt. (1918/19–37)
Philos. Fak. (1937/38)**

1.	Allg. musikal. Inst. ([1830/31]–81, öffentl. 43) Kgl. Musikschule (1881/82–1912) Kgl. Konservatorium d. Musik (1912/13-⟨19/20⟩) Staatskonservatorium d. Musik (nur ⟨1925⟩)
2.	Ästh.-arch. u. Münz-Cab. D. v. Wagnersche Kunstinst. (1856–93) Kunstgesch. Mus. (v. Wagner Stiftung) (1893/94-⟨1925⟩) Martin von Wagner Mus. (⟨1929/30⟩)
2.1	Aesthetisches Attr. (1835/36–55/56)
2.2	Antiquarisches Mus. (1837–55/56)
2.3	Münz-Cab. (1839–55/56, vorh. III.2. u. II.1.)
2.4	Arch.-kunstgesch. Inst. (im Kunstgesch. Mus.) (1910/11–15)
2.4.1	Sem. f. Arch. (im Kunstgesch. Mus.) (1915/16)
2.4.2	Sem. f. mittlere u. neuere Kunstgesch. (im Kunstgesch. Mus.) (1915/16-⟨40.1⟩) Kunstgesch. Sem. (⟨1940.3⟩)
2.4.2.1	Abt. f. mittlere u. neuere Kunstgesch. (⟨1940.3⟩)
2.4.2.2	Abt. f. mainfränkische Kunstgesch. (⟨1940.3⟩)
3.	Philol. Sem. (1848)
4.	Hist. Sem. (1858-⟨1940.1⟩)
4.1	I. Abt.: Alte Gesch. (nur 1905, ⟨25⟩-⟨40.1⟩) Sem. f. alte Gesch. (⟨1940.3⟩)
4.2	Abt. f. mittlere u. neuere Gesch. u. hist. Hilfswiss. (1934/35-⟨40.1⟩) Sem. f. mittlere u. neuere u. neueste Gesch. u. hist. Hilfswiss. (⟨1940.3⟩)
4.2.1	II. Abt.: Mittlere u. neuere Gesch. (nur 1905, ⟨25⟩–34)
4.2.2	III. Abt.: Neue Gesch. u. hist. Hilfswiss. (nur 1905) Abt.: Für Hist. Hilfswiss. (⟨1925⟩–34)
5.	Sem. f. dt. Philol. (1873/74–1938/39) Germ. Sem. (1939)
5.1	Abt. f. neuere dt. Literaturgesch. (1919–38/39, 39/40)
5.2	Ältere Abt. (1939)

5.3 Volksk. Abt. (1939)
6. Rom.-engl. Sem. (1892/93–1901/02)
6.1 Rom. Sem. (1902)
6.2 Engl. Sem. (1902)
7. Psychol. Inst. (1899)
8. Sem. f. vergl. Sprachwiss. (1905)
9. Philos. Sem. (1906–12/13, nur ⟨25⟩)
9.1 Philos. Sem., Abt. A. (1913–⟨19/20⟩)
Philos. Sem. im n. Kollegienh. (⟨1929/30⟩–38/39)
Philos. Sem. in der n. Univ. (1939)
9.2 Philos. Sem., Abt. B. (1913–⟨19/20⟩)
Philos. Sem. in d. alten Univ. (⟨1929/30⟩–38)
Philos. Sem. B. (1938/39)
10. Sem. f. semit. Spr. u. Lit. (1909/10–⟨40.1⟩)
11. Musikwiss. Sem. (1941)

VI. Naturwiss. Abt. (1918/19–37, vorh. V.) Naturwiss. Fak. (1937/38)

1. Naturhist. Cab. ([1830/31]–1863)
1.1 Zool. u. bot. Abt. ([1830/31]–1863, o. bot. 56, vergl. VI.5.1)
Zool. Cab. (1863/64, Zool.-zoot. 71/72, Inst. 72/73, Zool. Inst. 1906)
1.2 Min. Abt. (1832/33–75/76, Cab. 63/64)
Min.-geol. Inst. (1876)
2. Phys. Cab. ([1830/31], Inst. 1879/80)
3. Chem. Cab. ([1830/31]–42/43, u. pharmaz. Samml. 40/41)
3.1 Cab. f. allg. Chem. (1843–67/68)
3.2 Chem.-pharmaz. Cab. u. pharm. Samml. (1843–44)
Chem.-pharmaz. Lab. u. pharmacog. Samml. (1844/45–62/63, Forts. IV.7.)
Lab. f. org. u. pharmaz. Chem. nebst einschlägigen Samml. (1870–71/72, vorh. IV.7.)
Chem. Lab. nebst einschlägigen Samml. (1872–95/96)
Chem. Inst. (1896)

3.2.1 Pharmaz. Samml. (1836/37–40, Forts. VI.3.)
3.2.2 Pharmakog. Samml. (1863/64–82, 63/64–73/74 in IV.13., Forts. VI.8.)
3.2.3 Abt. f. org.-chem. Technol. beim Chem. Inst. (1943)
4. Astr. Anst. ([1830/31], Inst. 1907, mit Sternwarte 18/19)
5. Bot. Inst. nebst Bot. Garten u. Herb. (1886/87–1907, sowie pharmakog. Samml. 98/99)
Bot. Inst. (1907/08–37/38)
Bot. Anstalten (Bot. Inst.e u. Bot. Garten) (einschl. Pharmakog. Samml.) (1938)
5.1 Bot. Garten (1841–86, unter VI.1. 56–63, nebst Herb. 56, vorh. IV.2., Forts. VI.5.)
5.2 Lab. f. Pflanzenphysiol. (1873–74)
Bot. Inst. (1874/75–86)
6. Math.-phys. Sem. (1872/73, o. -phys. 73/74)
7. Kgl. Unters.anst. f. Nahrungs- u. Genußmittel (1884–⟨1919/20⟩, o. kgl. 18/19)
Staatl. Unters.anst. f. Nahrungs- u. Genußmittel (⟨1925⟩, 33–36)
Staatl. chem. Unters.anst. Würzburg (1936/37–38/3
8. Technol. Attr. (1881–97/98, vorh. II.2., u. Pharmakog. Samml. 82)
Technol. Inst. u. Pharmakog. Samml. (1898/99–190(o. Pharmakog. Samml. 1898/99, vgl. VI.5.)
Pharmaz. Inst. u. Lab. f. angew. Chem. (1906/07–38/39)
9. Geogr. Sem. (1899–1938)
Erdkundliches Inst. (1938/39)
9.1 Inst. f. Amerikaforschung (⟨1929/30⟩)
10. Inst. f. angew. Bot. (1938)

VII. Univ. Inst. (1933)

1. Akad. Inst. f. Leibesüb. (1933)

Fehlende Semester: 1920–1924/25, 1925/26–1929, 1940.2.

3. Die Studierenden nach Fachbereichen

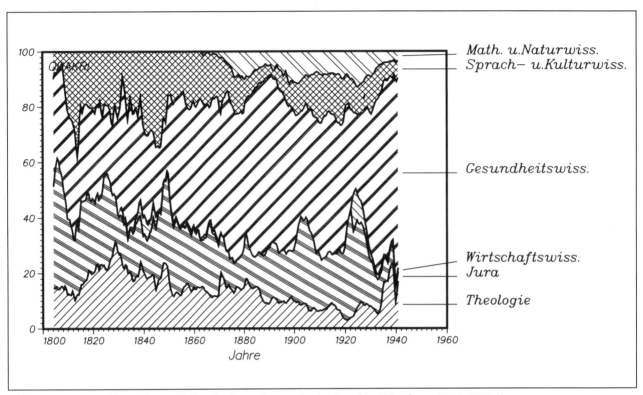

Abb. 26.1: Das Fachbereichsprofil der Studierenden an der Universität Würzburg 1804–1941/1

Tab. 26. 1: Die Studierenden an der Universität Würzburg nach Fachbereichen in Prozent 1804–1941/1

| | Kath. Theol. | Jura | Gesundheitswissenschaften | | | | Sprach und Kultur wiss. | Math., Naturw. | | Wirt- sch., Agrar- und Forst. wiss. | Studierende | | |
| | | | insg. | Allg. Med. | Zahn- med. | Phar- mazie | | insg. | Chemie | | insg. | weibl. in % aller Stud. | Ausl. in % aller Stud. |
Semester	1	2	3	4	5	6	7	8	9	10	11	12	13
1804	15,41	34,59	39,31	39,31	.	.	10,69	.	.	.	636	.	.
1804/05	14,11	38,69	38,27	38,27	.	.	8,94	.	.	.	716	.	.
1805	14,91	43,49	35,32	35,32	.	.	6,28	.	.	.	637	.	.
1805/06	15,23	44,65	31,48	31,48	.	.	8,64	.	.	.	486	.	.
1806	13,56	49,88	30,51	30,51	.	.	6,05	.	.	.	413	.	.
1806/07	14,80	43,09	36,18	36,18	.	.	5,92	.	.	.	304	.	.
1807	14,12	42,65	37,75	37,75	.	.	5,48	.	.	.	347	.	.
1807/08	16,42	39,59	39,30	39,30	.	.	4,69	.	.	.	341	.	.
1808	14,24	38,19	44,01	44,01	.	.	3,56	.	.	.	309	.	.
1808/09	14,33	33,54	39,63	39,63	.	.	12,50	.	.	.	328	.	.
1009	16,73	31,47	38,65	38,65	.	.	13,15	.	.	.	251	.	.
1809/10	12,25	29,47	37,42	37,42	.	.	20,86	.	.	.	302	.	.
1810	12,06	25,89	40,78	40,78	.	.	21,28	.	.	.	282	.	.
1810/11	12,93	28,23	35,37	35,37	.	.	23,47	.	.	.	294	.	.
1811	11,59	26,09	38,04	38,04	.	.	24,28	.	.	.	276	.	.
1811/12	12,50	23,93	38,93	38,93	.	.	24,64	.	.	.	280	.	.
1812	14,74	19,52	40,64	40,64	.	.	25,10	.	.	.	251	.	.
1812/13	9,57	20,92	41,13	41,13	.	.	28,37	.	.	.	282	.	.
1813	10,80	22,80	38,40	38,40	.	.	28,00	.	.	.	250	.	.
1813/14	11,86	28,46	20,16	20,16	.	.	39,53	.	.	.	253	.	.
1814	12,96	24,29	25,91	25,91	.	.	36,84	.	.	.	247	.	.
1814/15	11,47	23,44	34,91	34,91	.	.	30,17	.	.	.	401	.	.
1815	16,53	30,03	36,36	36,36	.	.	17,08	.	.	.	363	.	.
1815/16	15,48	30,48	31,67	31,67	.	.	22,38	.	.	.	420	.	.
1816	16,43	29,23	32,61	32,61	.	.	21,74	.	.	.	414	.	.
1816/17	16,77	29,94	34,33	34,33	.	.	18,96	.	.	.	501	.	.
1817	17,57	28,03	35,15	35,15	.	.	19,25	.	.	.	478	.	.
1817/18	17,41	30,89	32,94	32,94	.	.	18,77	.	.	.	586	.	.
1818	20,37	29,72	30,28	30,28	.	.	19,63	.	.	.	545	.	.
1818/19	21,88	25,87	31,94	31,94	.	.	20,31	.	.	.	576	.	.
1819	19,71	25,36	34,49	34,49	.	.	20,44	.	.	.	548	.	.
1819/20	19,71	27,03	33,39	33,39	.	.	19,87	.	.	.	629	.	.
1820	20,14	27,19	31,15	31,15	.	.	21,51	.	.	.	581	.	.
1820/21	20,43	25,29	32,86	32,86	.	.	21,43	.	.	.	700	.	.
1821	21,64	23,28	31,79	31,79	.	.	23,28	.	.	.	670	.	.
1821/22	24,79	25,77	32,59	32,59	.	.	16,85	.	.	.	718	.	.
1822	21,49	25,67	31,19	31,19	.	.	21,64	.	.	.	670	.	.
1822/23	20,92	24,55	36,26	36,26	.	.	18,27	.	.	.	717	.	.
1823	24,59	23,83	34,09	34,09	.	.	17,50	.	.	.	663	.	.
1823/24	21,83	24,96	27,39	27,39	.	.	25,82	.	.	.	701	.	.
1824	23,74	29,86	24,50	24,50	.	.	21,90	.	.	.	653	.	.
1824/25	22,29	33,13	26,26	26,26	.	.	18,32	.	.	.	655	.	.
1825	21,04	34,26	25,29	25,29	.	.	19,41	.	.	.	613	.	.
1825/26	21,30	35,95	23,37	23,37	.	.	19,38	.	.	.	676	.	.
1826	21,04	33,39	26,11	26,11	.	.	19,46	.	.	.	632	.	.
1826/27	24,88	28,90	25,66	25,66	.	.	20,56	.	.	.	647	.	.
1827	24,63	27,90	25,45	25,45	.	.	22,02	.	.	.	613	.	.
1827/28	26,32	20,56	24,14	24,14	.	.	28,97	.	.	.	642	.	.
1828	27,91	21,51	25,94	25,94	.	.	24,63	.	.	.	609	.	.
1828/29	30,86	17,03	33,22	33,22	.	.	18,89	.	.	.	593	.	.
1829	31,77	16,57	31,97	31,97	.	.	19,69	.	.	.	513	.	.
1829/30	29,12	13,92	32,80	32,80	.	.	24,16	.	.	.	625	.	.
1830	26,35	13,79	36,13	36,13	.	.	23,73	.	.	.	573	.	.
1830/31	26,99	13,58	36,33	35,31	.	1,02	21,05	.	.	2,04	589	.	.
1831	26,84	14,70	36,58	34,36	.	2,22	19,32	.	.	2,56	585	.	.
1831/32	22,65	17,47	46,83	44,53	.	2,30	9,60	.	.	3,45	521	.	.
1832	22,37	15,95	50,97	49,42	.	1,56	8,37	.	.	2,33	514	.	.
1832/33	20,89	16,02	46,65	46,65	.	0,00	14,81	.	.	1,62	493	.	.
1833	25,37	15,37	42,44	40,00	.	2,44	15,61	.	.	1,22	410	.	.
1833/34	20,15	11,44	42,54	40,55	.	1,99	25,12	.	.	0,75	402	.	.
1834	19,89	13,00	42,44	38,99	.	3,45	24,14	.	.	0,53	377	.	.
1834/35	20,34	15,69	45,83	43,63	.	2,21	17,40	.	.	0,74	408	.	.
1835	20,78	15,32	47,27	44,68	.	2,60	16,10	.	.	0,52	385	.	.
1835/36	16,86	18,01	41,11	38,34	.	2,77	22,17	.	.	1,85	433	.	.
1836	17,40	16,24	41,53	38,75	.	2,78	22,97	.	.	1,86	431	.	.
1836/37	17,14	19,52	40,13	38,18	.	1,95	21,69	.	.	1,52	461	.	.
1837	19,71	19,00	39,90	36,82	.	3,09	19,48	.	.	1,90	421	.	.
1837/38	18,34	19,24	36,47	33,56	.	2,91	23,27	.	.	2,68	447	.	.
1838	19,34	21,93	31,84	27,83	.	4,01	23,58	.	.	3,30	424	.	.
1838/39	23,33	16,86	36,49	33,72	.	2,77	16,86	.	.	6,47	433	.	.
1839	24,89	16,37	37,44	33,86	.	3,59	16,14	.	.	5,16	446	.	.
1839/40	20,58	12,08	34,90	30,87	.	4,03	25,95	.	.	6,49	447	.	.

Tab. 26.1: Die Studierenden an der Universität Würzburg nach Fachbereichen in Prozent 1804–1941/1

| | Kath. Theol. | Jura | Gesundheitswissenschaften | | | | Sprach und Kultur wiss. | Math., Naturw. | | Wirt-sch., Agrar- und Forst. wiss. | Studierende | | |
| | | | insg. | Allg. Med. | Zahn-med. | Phar-mazie | | insg. | Chemie | | insg. | weibl. in % aller Stud. | Ausl. in % aller Stud. |
Semester	1	2	3	4	5	6	7	8	9	10	11	12	13
1840	20,62	13,51	31,75	27,73	.	4,03	27,01	.	.	7,11	422	.	.
1840/41	19,19	14,90	29,57	25,28	.	4,29	29,80	.	.	6,55	443	.	.
1841	18,12	13,10	30,79	28,17	.	2,62	30,35	.	.	7,64	458	.	.
1841/42	18,14	14,02	32,58	28,45	.	4,12	30,31	.	.	4,95	485	.	.
1842	18,54	14,58	31,88	28,33	.	2,71	30,21	.	.	4,79	480	.	.
1842/43	18,75	16,99	32,23	29,69	.	1,37	28,13	.	.	3,91	512	.	.
1843	18,97	15,26	32,37	30,10	.	1,44	28,66	.	.	4,74	485	.	.
1843/44	19,83	20,45	26,24	24,17	.	1,65	28,31	.	.	5,17	484	.	.
1844	19,21	20,74	25,33	23,14	.	1,75	29,48	.	.	5,24	458	.	.
1844/45	14,05	22,01	26,42	23,06	.	2,94	33,12	.	.	4,40	477	.	.
1845	14,01	22,20	23,92	21,12	.	2,37	35,78	.	.	4,09	464	.	.
1845/46	17,23	24,04	25,32	20,43	.	4,26	32,98	.	.	0,43	470	.	.
1846	18,00	24,22	22,67	18,89	.	3,33	34,89	.	.	0,22	450	.	.
1846/47	17,85	23,80	23,22	19,00	.	3,84	34,55	.	.	0,58	521	.	.
1847	18,73	22,31	23,90	20,72	.	2,79	33,86	.	.	1,20	502	.	.
1847/48	23,54	27,61	23,36	19,82	.	3,01	25,13	.	.	0,35	565	.	.
1848	23,84	29,93	22,58	20,25	.	1,97	23,30	.	.	0,36	558	.	.
1848/49	23,64	29,39	20,77	17,89	.	2,24	25,40	.	.	0,80	626	.	.
1849	23,24	30,08	19,14	16,41	.	2,15	26,17	.	.	1,37	512	.	.
1849/50	22,06	35,49	24,71	21,89	.	2,16	16,09	.	.	1,66	603	.	.
1850	16,83	34,65	31,68	29,21	.	1,98	15,68	.	.	1,16	606	.	.
1850/51	14,46	29,38	40,18	37,60	.	2,28	15,68	.	.	0,30	657	.	.
1851	12,84	29,25	41,34	38,81	.	1,79	15,82	.	.	0,75	670	.	.
1851/52	11,63	25,48	41,14	39,20	.	1,11	19,67	.	.	2,08	722	.	.
1852	11,53	24,48	44,30	42,75	.	1,04	18,39	.	.	1,30	772	.	.
1852/53	13,43	26,32	41,00	39,34	.	1,25	18,14	.	.	1,11	722	.	.
1853	12,91	26,52	42,84	40,28	.	1,99	17,16	.	.	0,57	705	.	.
1853/54	13,14	24,29	45,71	43,71	.	1,86	16,00	.	.	0,86	700	.	.
1854	12,05	24,67	46,44	44,99	.	1,02	16,26	.	.	0,58	689	.	.
1854/55	11,86	23,35	47,43	45,60	.	1,47	16,63	.	.	0,73	818	.	.
1855	12,50	25,13	46,59	43,94	.	2,27	15,03	.	.	0,76	792	.	.
1855/56	15,29	20,92	48,76	45,10	.	2,88	14,64	.	.	0,39	765	.	.
1856	14,94	22,34	47,91	45,49	.	2,15	14,40	.	.	0,40	743	.	.
1856/57	15,75	19,55	44,87	41,35	.	3,23	19,13	.	.	0,70	711	.	.
1857	16,54	22,21	41,19	37,37	.	3,37	19,30	.	.	0,77	653	.	.
1857/58	15,87	19,91	41,92	38,47	.	3,14	20,96	.	.	1,35	668	.	.
1858	15,08	20,62	41,54	39,38	.	2,00	20,77	.	.	2,00	650	.	.
1858/59	13,52	20,12	43,63	39,78	.	3,53	21,20	.	.	1,54	651	.	.
1859	13,03	20,64	45,69	41,62	.	3,72	19,46	.	.	1,18	591	.	.
1859/60	15,15	21,82	44,46	39,09	.	5,05	17,59	.	.	0,98	614	.	.
1860	14,66	21,58	44,81	40,36	.	4,12	18,29	.	.	0,66	607	.	.
1860/61	13,83	19,36	45,85	41,63	.	4,08	20,82	.	.	0,15	687	.	.
1861	14,59	20,43	45,47	42,24	.	2,92	19,35	.	.	0,15	651	.	.
1861/62	15,35	20,16	44,81	41,24	.	2,95	19,07	.	.	0,62	645	.	.
1862	14,51	20,10	47,69	44,50	.	2,55	17,22	.	.	0,48	627	.	.
1862/63	14,97	15,74	51,54	46,91	.	3,86	17,28	.	.	0,46	648	.	.
1863	14,83	17,82	49,84	45,43	.	3,79	16,88	.	.	0,63	634	.	.
1863/64	15,67	15,83	48,12	43,89	.	4,08	17,71	1,41	1,41	1,25	638	.	.
1864	14,33	18,08	47,39	42,83	.	4,23	17,10	1,63	1,63	1,47	614	.	.
1864/65	13,41	19,70	45,36	39,90	.	5,30	19,54	0,99	0,99	0,99	604	.	.
1865	13,52	18,73	47,56	41,53	.	6,03	18,57	0,65	0,65	0,98	614	.	.
1865/66	13,02	23,79	43,57	38,26	.	4,98	18,33	0,32	0,32	0,96	622	.	.
1866	12,27	24,38	42,95	37,48	.	5,14	19,24	0,33	0,33	0,83	603	.	.
1866/67	11,76	27,45	38,32	33,69	0,00	3,92	19,96	1,07	0,71	1,43	561	.	.
1867	10,97	25,49	43,72	39,29	0,00	4,42	16,99	1,42	1,06	1,42	565	.	.
1867/68	11,39	21,61	49,25	45,06	0,17	4,02	15,75	0,84	0,34	1,17	597	.	.
1868	11,86	23,19	47,08	42,83	0,35	3,89	15,93	0,71	0,35	1,24	565	.	.
1868/69	11,85	21,23	48,00	44,92	0,46	2,62	16,46	1,08	0,46	1,38	650	.	.
1869	11,39	20,99	51,12	48,43	0,30	2,40	14,69	0,75	0,60	1,05	667	.	.
1869/70	11,81	18,74	51,18	48,98	0,16	2,05	15,59	1,42	0,79	1,26	635	.	.
1870	12,33	16,94	52,15	50,22	0,00	1,93	15,30	2,23	0,89	1,04	673	.	.
1870/71	21,69	14,89	39,52	37,50	0,18	1,84	21,69	2,21	0,92	0,00	544	.	.
1871	18,87	13,82	46,51	44,43	0,30	1,78	18,57	2,23	1,34	0,00	673	.	.
1871/72	19,33	14,62	49,07	46,22	0,50	2,35	14,75	2,11	0,87	0,12	807	.	.
1872	17,39	14,49	50,99	48,22	0,40	2,37	14,76	2,37	1,05	0,00	759	.	.
1872/73	15,57	13,26	54,87	50,24	0,49	4,14	12,41	3,65	.	0,24	822	.	.
1873	14,09	13,18	57,95	52,73	0,34	4,89	10,91	3,52	.	0,34	880	.	.
1873/74	16,40	11,81	57,11	50,00	0,34	6,77	9,75	4,70	.	0,23	872	.	.
1874	15,39	11,46	58,20	51,46	0,22	6,52	10,45	4,49	.	0,00	890	.	.
1874/75	14,09	9,46	56,99	50,68	0,21	6,10	14,20	5,15	.	0,11	951	.	9,46

Tab. 26. 1: Die Studierenden an der Universität Würzburg nach Fachbereichen in Prozent 1804–1941/1

| | Kath. Theol. | Jura | Gesundheitswissenschaften | | | | Sprach und Kultur wiss. | Math., Naturw. | | Wirt-sch., Agrar-und Forst.wiss. | Studierende | | |
| | | | insg. | Allg. Med. | Zahn-med. | Phar-mazie | | insg. | Chemie | | insg. | weibl. in % aller Stud. | Ausl. in % aller Stud. |
Semester	1	2	3	4	5	6	7	8	9	10	11	12	13
1875	14,36	12,80	54,32	48,28	0,21	5,83	12,70	5,72	.	0,10	961	.	8,12
1875/76	13,11	10,67	55,69	50,00	0,10	5,59	12,91	7,52	.	0,10	984	.	7,52
1876	12,47	11,22	55,24	51,05	0,10	4,09	11,95	9,01	.	0,10	954	.	8,18
1876/77	14,59	9,05	53,21	47,67	0,10	5,45	13,81	9,34	.	0,00	1028	.	8,85
1877	15,64	9,67	52,37	46,91	0,10	5,35	13,07	9,16	.	0,10	972	.	7,92
1877/78	14,35	9,88	52,92	46,12	0,00	6,80	14,35	8,40	.	0,11	941	.	7,76
1878	15,18	10,95	51,52	46,64	0,00	4,88	14,32	7,92	.	0,11	922	.	7,81
1878/79	13,28	11,80	52,71	47,72	0,00	4,99	12,22	9,99	.	0,00	941	.	7,33
1879	14,61	13,26	51,46	47,08	0,11	4,27	11,69	8,99	.	0,00	890	.	7,75
1879/80	14,15	12,15	49,41	44,22	0,12	5,07	15,57	8,73	.	0,00	848	.	8,25
1880	15,17	15,86	48,74	44,83	0,11	3,79	9,54	10,69	.	0,00	870	.	8,39
1880/81	17,37	17,05	47,67	44,19	0,00	3,47	8,47	9,45	.	0,00	921	.	6,73
1881	18,68	15,69	48,81	46,85	0,00	1,96	8,15	8,67	.	0,00	969	.	6,30
1881/82	16,90	13,22	53,08	50,60	0,00	2,49	7,55	9,24	.	0,00	1006	.	6,16
1882	15,61	13,75	55,20	53,25	0,09	1,86	6,41	9,01	.	0,00	1076	.	6,88
1882/83	15,09	12,77	55,22	52,42	0,10	2,71	7,83	9,09	.	0,00	1034	.	6,09
1883	14,65	12,44	57,70	55,21	0,09	2,40	6,64	8,57	.	0,00	1085	.	6,08
1883/84	14,14	11,65	59,04	55,96	0,00	3,08	7,46	7,71	.	0,00	1167	.	5,48
1884	15,02	11,20	60,31	57,31	0,00	3,00	6,25	7,14	.	0,08	1232	.	5,28
1884/85	14,54	10,67	61,18	57,93	0,00	3,25	6,88	6,73	.	0,00	1293	.	5,34
1885	15,72	11,15	60,73	58,17	0,08	2,48	5,96	6,35	.	0,08	1291	.	4,42
1885/86	14,33	11,92	60,45	57,82	0,22	2,41	6,29	7,02	.	0,00	1368	.	3,95
1886	15,27	13,51	60,56	58,00	0,15	2,41	4,53	6,14	.	0,00	1369	.	3,94
1886/87	11,85	14,36	61,88	58,64	0,33	2,91	6,35	5,49	.	0,07	1511	.	4,50
1887	11,22	15,83	61,87	58,91	0,34	2,62	5,09	5,92	.	0,07	1453	.	3,58
1887/88	9,90	16,38	62,65	58,85	0,26	3,54	5,77	5,31	.	0,00	1526	.	4,00
1888	9,44	17,07	62,90	59,28	0,52	3,10	5,11	5,49	.	0,00	1547	.	4,20
1888/89	8,74	17,49	63,67	60,34	0,25	3,08	5,42	4,68	.	0,00	1624	.	4,37
1889	9,70	19,02	61,90	58,82	0,25	2,83	4,97	4,41	.	0,00	1588	.	4,16
1889/90	8,51	20,00	61,99	58,26	0,25	3,48	4,10	5,40	.	0,00	1610	.	4,41
1890	8,93	20,47	61,85	58,50	0,43	2,92	3,47	5,27	.	0,00	1612	.	3,91
1890/91	9,59	19,75	62,37	58,48	0,26	3,63	3,56	4,66	.	0,06	1544	.	4,86
1891	11,04	20,89	59,07	55,84	0,14	3,09	3,66	5,27	.	0,07	1422	.	4,71
1891/92	10,90	19,53	60,35	55,82	0,51	4,02	2,27	6,95	.	0,00	1367	.	4,83
1892	11,67	19,92	57,82	52,92	0,62	4,28	3,50	7,08	.	0,00	1285	.	4,75
1892/93	10,23	19,55	60,68	55,49	0,60	4,59	2,86	6,69	.	0,00	1330	.	4,96
1893	10,82	20,69	58,93	54,70	0,86	3,37	5,56	4,00	.	0,00	1276	.	3,84
1893/94	8,76	18,20	60,52	55,88	0,75	3,90	6,82	5,69	.	0,00	1335	.	3,15
1894	9,21	18,11	59,06	54,80	0,93	3,33	6,73	6,89	.	0,00	1292	.	3,33
1894/95	9,50	18,11	57,83	53,67	0,89	3,27	8,17	6,38	.	0,00	1347	.	4,16
1895	9,17	19,52	56,78	52,68	1,04	3,06	7,38	7,15	.	0,00	1342	.	4,32
1895/96	9,96	17,44	57,73	52,31	1,76	3,66	7,25	7,62	.	0,00	1365	.	4,10
1896	9,71	19,72	54,52	49,81	1,87	2,84	5,75	10,31	.	0,00	1339	.	4,11
1896/97	8,93	17,25	56,58	51,06	1,43	4,09	10,97	6,27	.	0,00	1467	.	4,43
1897	9,16	18,32	54,34	49,16	1,54	3,64	10,28	7,90	.	0,00	1430	.	4,48
1897/98	10,25	17,47	52,07	47,30	1,61	3,16	10,53	9,68	.	0,00	1425	.	3,93
1898	10,29	18,22	51,83	47,79	1,68	2,36	7,32	12,35	.	0,00	1312	.	3,51
1898/99	11,32	16,31	53,09	48,40	1,27	3,43	8,19	11,02	.	0,07	1343	.	4,17
1899	11,45	16,72	51,32	46,62	1,73	2,97	10,21	10,30	.	0,00	1214	.	4,86
1899/00	9,38	18,11	51,52	45,43	2,80	3,29	10,12	10,86	.	0,00	1215	.	4,61
1900	10,39	18,92	48,76	42,81	2,40	3,55	10,75	11,19	.	0,00	1126	.	4,26
1900/01	9,19	21,48	46,65	40,81	2,06	3,78	11,68	11,00	.	0,00	1164	.	4,64
1901	9,30	24,19	42,78	37,09	1,90	3,79	12,09	11,64	.	0,00	1108	.	4,06
1901/02	9,80	26,80	40,95	34,92	1,76	4,27	11,06	11,31	.	0,08	1194	.	4,27
1902	8,93	29,30	38,56	33,06	2,09	3,42	11,10	11,94	.	0,17	1198	.	5,34
1902/03	8,04	31,24	39,05	32,77	2,53	3,75	11,03	10,49	.	0,15	1306	.	4,44
1903	8,69	32,54	36,85	30,46	3,15	3,23	10,92	10,85	5,31	0,15	1300	.	4,15
1903/04	8,57	29,70	40,22	32,89	3,43	3,90	12,00	9,51	4,83	0,00	1283	.	3,82
1904	9,08	30,48	40,09	31,92	4,01	4,16	10,74	9,61	4,08	0,00	1322	.	3,56
1904/05	8,63	30,35	41,45	31,59	3,24	6,63	10,32	9,24	4,93	0,00	1298	0,31	3,85
1905	8,95	32,45	40,78	30,12	3,97	6,69	10,04	7,78	4,36	0,00	1285	0,16	3,74
1905/06	6,35	30,87	41,20	30,01	4,50	6,79	11,09	9,00	4,43	0,00	1354	0,30	4,58
1906	6,40	30,29	42,50	30,37	5,29	6,84	11,84	8,97	4,56	0,00	1360	0,59	4,78
1906/07	6,25	27,51	45,34	32,48	6,40	6,47	11,87	9,03	4,12	0,00	1407	0,92	4,62
1907	6,32	28,84	44,11	31,89	6,61	5,61	12,57	8,17	3,27	0,00	1408	0,57	4,69
1907/08	7,67	23,95	45,22	33,79	6,30	5,14	14,54	8,61	3,55	0,00	1382	0,58	5,21
1908	7,11	24,66	44,55	33,96	6,51	4,08	15,43	8,25	3,18	0,00	1322	0,53	4,54
1908/09	6,69	19,70	49,74	37,99	6,69	5,06	16,43	7,43	2,60	0,00	1345	0,52	4,91
1909	6,21	21,33	48,65	35,79	7,45	5,41	16,22	7,60	2,56	0,00	1369	0,66	5,04
1909/10	6,04	20,86	48,17	35,11	8,22	4,85	17,70	7,23	2,46	0,00	1424	0,70	3,44

Tab. 26.1: Die Studierenden an der Universität Würzburg nach Fachbereichen in Prozent 1804–1941/1

| | Kath. Theol. | Jura | Gesundheitswissenschaften | | | | Sprach und Kultur wiss. | Math., Naturw. | | Wirt- sch., Agrar- und Forst. wiss. | Studierende | | |
| | | | insg. | Allg. Med. | Zahn- med. | Phar- mazie | | insg. | Chemie | | insg. | weibl. in % aller Stud. | Ausl. in % aller Stud. |
Semester	1	2	3	4	5	6	7	8	9	10	11	12	13
1910	6,44	21,13	46,61	34,43	8,05	4,13	17,56	8,26	2,17	0,00	1429	0,63	3,29
1910/11	6,60	17,68	49,61	37,19	8,00	4,42	17,75	8,35	2,67	0,00	1425	0,98	2,88
1911	6,14	18,70	49,48	38,51	7,59	3,38	17,05	8,63	3,52	0,00	1449	0,83	2,69
1911/12	6,93	18,52	50,82	40,26	7,41	3,16	15,16	8,57	3,36	0,00	1458	1,17	2,26
1912	6,91	18,52	51,14	41,33	6,50	3,32	15,27	8,15	.	.	1447	1,04	2,00
1912/13	7,08	18,69	50,72	42,27	5,22	3,23	15,26	8,25	.	.	1455	1,10	2,13
1913	6,73	20,19	50,48	43,41	4,67	2,40	14,01	8,59	.	.	1456	1,24	1,99
1913/14	8,65	19,01	51,02	44,29	4,03	2,71	13,14	8,18	.	.	1515	2,38	2,38
1914	8,04	19,75	50,34	42,06	5,36	2,93	13,77	8,10	.	.	1605	2,49	2,68
1914/15	9,77	17,47	50,00	44,37	2,90	2,73	14,90	7,86	.	.	1208	3,48	0,66
1915	8,51	17,48	51,37	44,74	3,55	3,08	14,74	7,90	.	0,00	1493	2,88	0,67
1915/16	8,25	19,05	49,71	43,75	2,98	2,98	14,98	8,00	.	0,00	1575	3,11	0,38
1916	8,46	18,57	50,03	44,28	2,71	3,04	14,87	8,06	.	0,00	1513	3,70	0,53
1916/17	6,90	19,71	48,57	42,91	2,61	3,05	16,23	8,58	.	0,00	1608	3,05	1,00
1917	6,55	20,85	46,63	40,95	2,56	3,12	17,60	8,36	.	0,00	1602	4,31	0,94
1917/18	6,55	22,11	45,61	40,49	2,30	2,81	17,75	7,98	.	0,00	1741	5,34	1,03
1918	6,48	21,84	45,55	40,40	2,31	2,85	17,67	8,45	.	0,00	1822	6,31	1,26
1918/19	4,58	21,48	46,60	41,50	2,17	2,93	17,85	9,49	.	0,00	2118	6,94	2,36
1919	4,09	23,77	46,32	36,57	7,25	2,49	15,33	10,49	.	0,00	2688	5,32	1,60
ZS.1919	3,48	22,81	49,64	40,31	6,74	2,60	12,59	11,49	.	0,00	1811	0,28	.
1919/20	3,40	23,02	47,84	36,19	9,44	2,22	16,53	9,21	.	0,00	3062	6,83	1,73
1920	3,24	27,91	49,10	32,39	14,97	1,74	10,14	9,61	.	0,00	3214	6,19	.
1920/21	2,96	31,91	45,94	26,44	18,09	1,41	11,51	7,67	.	0,00	3544	5,56	.
1921	2,88	35,36	42,49	23,82	17,53	1,14	10,51	8,77	.	0,00	3787	5,23	.
1921/22	3,30	37,22	41,00	24,61	14,76	1,63	9,89	8,59	.	0,00	3307	4,57	.
1922	3,69	38,17	36,93	23,83	11,53	1,56	10,77	10,44	.	0,00	3390	4,69	.
1922/23	4,12	40,22	34,50	23,46	9,26	1,78	11,50	9,66	.	0,00	3252	4,74	.
1923	4,00	29,49	30,60	22,39	6,54	1,66	11,24	10,13	.	14,54	3425	6,51	.
1923/24	4,83	31,35	28,85	21,93	5,14	1,78	12,09	10,45	.	12,44	2919	6,54	.
1924	6,15	29,39	27,32	20,17	3,63	3,51	10,50	11,58	.	15,06	2504	6,67	.
1924/25	7,02	33,04	27,32	19,00	3,61	4,71	10,00	12,55	.	10,05	2079	5,44	8,51
1925	8,13	30,02	29,59	22,18	3,25	4,16	9,85	13,15	8,70	9,27	2092	6,17	7,46
1925/26	8,12	29,63	30,26	21,98	4,53	3,74	10,33	12,18	8,43	9,49	1897	6,33	7,38
1926	9,61	27,96	31,34	23,61	5,21	2,53	10,77	12,34	7,33	7,99	1978	6,67	6,62
1926/27	9,51	29,51	31,69	24,16	5,77	1,77	10,44	11,17	6,49	7,69	1925	6,86	5,56
1927	8,50	27,37	34,71	25,95	7,52	1,25	11,79	11,57	7,08	6,05	2247	6,32	4,94
1927/28	8,15	28,07	37,32	27,65	8,58	1,10	10,34	10,68	4,96	5,43	2098	6,34	4,77
1928	8,30	23,78	41,72	30,12	10,42	1,19	12,26	9,64	3,51	4,29	2447	6,91	4,50
1928/29	9,16	22,49	44,27	31,69	11,27	1,31	10,51	8,88	3,38	4,70	2512	7,56	5,14
1929	8,08	18,14	49,39	36,26	12,07	1,06	11,80	8,90	2,63	3,68	2932	8,97	3,99
1929/30	7,89	18,61	48,95	34,68	13,01	1,25	13,12	8,26	2,36	3,17	2713	9,62	4,09
1930	8,11	15,28	51,00	35,78	13,92	1,30	13,39	9,50	2,39	2,72	3010	10,43	3,52
1930/31	7,40	17,23	51,13	34,97	14,91	1,25	13,50	9,16	1,95	1,58	2971	11,44	4,14
1931	6,93	15,20	55,61	38,67	15,46	1,49	12,22	8,24	2,23	1,80	3494	11,31	3,66
1931/32	6,75	13,59	58,11	39,98	16,50	1,63	11,44	8,20	2,36	1,91	3304	11,41	3,30
1932	5,69	13,42	61,61	42,32	16,76	2,52	11,58	6,27	1,78	1,43	3764	13,10	2,63
1932/33	5,48	12,04	63,00	43,37	17,05	2,59	11,60	6,12	2,00	1,75	3595	14,19	3,09
1933	4,76	12,82	63,61	45,74	14,93	2,94	11,51	5,48	1,79	1,82	3743	14,35	.
1933/34	6,44	12,54	62,90	45,17	14,51	3,22	10,90	5,43	1,58	1,79	3294	14,15	.
1934	7,97	12,10	63,66	46,94	13,54	3,18	10,12	4,38	1,71	1,78	2925	13,61	1,71
1934/35	11,25	9,77	62,00	43,03	15,50	3,46	10,06	5,15	2,10	1,77	2426	14,39	.
1935	17,34	9,07	61,68	45,09	12,66	3,93	6,59	4,02	1,78	1,31	2140	14,72	.
1935/36	16,06	8,34	63,62	45,49	13,77	4,35	6,46	4,35	1,75	1,17	2229	16,24	.
1936	17,71	8,44	63,39	47,27	12,05	4,07	5,61	3,81	2,11	1,03	1942	17,40	.
1936/37	16,49	6,41	64,51	49,64	11,25	3,62	7,63	4,29	1,84	0,67	1795	18,05	.
1937	17,33	6,61	66,44	53,09	9,19	4,16	5,45	3,80	1,90	0,37	1633	16,11	3,00
1937/38	22,64	6,92	59,05	46,85	8,34	3,86	6,37	3,93	2,03	1,08	1475	14,31	.
1938	21,73	5,96	63,50	51,97	8,20	3,33	4,49	3,33	1,86	1,01	1293	12,99	.
1938/39	25,06	7,82	55,23	48,92	6,30	0,00	6,62	3,99	2,71	1,28	1253	11,97	.
1939	21,73	6,77	61,02	56,69	4,33	0,00	5,59	3,46	2,52	1,42	1270	11,42	.
1939/40	.	.	.	.	.	.	.	.	.	.	.	.	.
1940/1	11,35	5,58	74,85	71,82	3,03	0,00	4,79	2,74	1,76	0,68	1022	9,88	.
1940/2	7,74	6,38	72,38	69,04	3,35	0,00	7,43	4,92	3,24	1,15	956	17,89	0,42
1940/3	8,78	4,51	72,78	70,17	2,61	0,00	7,75	4,35	2,53	1,82	1264	21,12	.
1941/1	17,01	3,33	68,46	66,62	1,77	0,07	6,38	3,33	1,91	1,49	1411	20,48	.

4. Die Studierenden nach Fächern

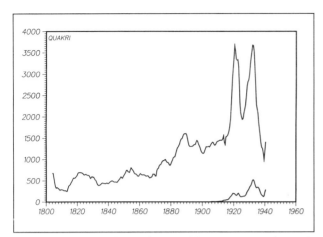

Abb. 26. 2: Die Studierenden (weibl. u. insg.) an der Universität Würzburg 1804/05–1941/1: Sämtliche Fächer

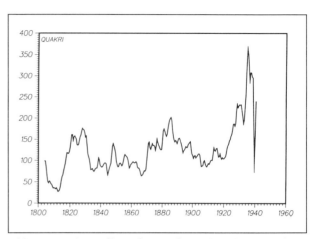

Abb. 26. 3: Die Studierenden an der Universität Würzburg 1804/05–1941/1: Katholische Theologie

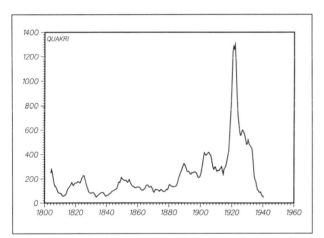

Abb. 26. 4: Die Studierenden an der Universität Würzburg 1804/05–1941/1: Jura

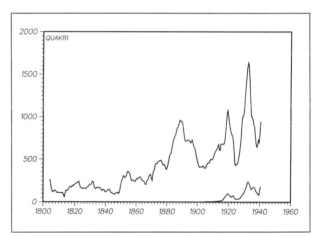

Abb. 26. 5: Die Studierenden (weibl. u. insg.) an der Universität Würzburg 1804/05–1941/1: Allgemeine Medizin

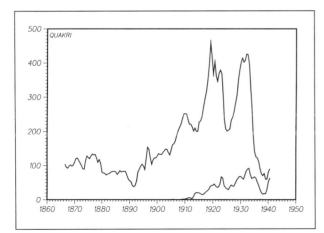

Abb. 26. 6: Die Studierenden (weibl. u. insg.) an der Universität Würzburg 1866/67–1941/1: Sprach- und Kulturwissenschaften

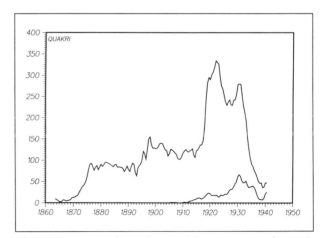

Abb. 26. 7: Die Studierenden (weibl. u. insg.) an der Universität Würzburg 1866/67–1941/1: Mathematik und Naturwissenschaften

Tab. 26. 2: Die Einzelfachströme an der Universität Würzburg nach Staatsangehörigkeit und Geschlecht 1804/05–1941/1

Semester	Stud. insg. 1	Kath. Theol. 2	Jura 3	Medi- zin 4	Phil. Fak. 5
1804	636	98	220	250	68
1804/05	716	101	277	274	64
1805	637	95	277	225	40
1805/06	486	74	217	153	42
1806	413	56	206	126	25
1806/07	304	45	131	110	18
1807	347	49	148	131	19
1807/08	341	56	135	134	16
1808	309	44	118	136	11
1808/09	328	47	110	130	41
1809	251	42	79	97	33
1809/10	302	37	89	113	63
1810	282	34	73	115	60
1810/11	294	38	83	104	69
1811	276	32	72	105	67
1811/12	280	35	67	109	69
1812	251	37	49	102	63
1812/13	282	27	59	116	80
1813	250	27	57	96	70
1813/14	253	30	72	51	100
1814	247	32	60	64	91
1814/15	401	46	94	140	121
1815	363	60	109	132	62
1815/16	420	65	128	133	94
1816	414	68	121	135	90
1816/17	501	84	150	172	95
1817	478	84	134	168	92
1817/18	586	102	181	193	110
1818	545	111	162	165	107
1818/19	576	126	149	184	117
1819	548	108	139	189	112
1819/20	629	124	170	210	125
1820	581	117	158	181	125
1820/21	700	143	177	230	150
1821	670	145	156	213	156
1821/22	718	178	185	234	121
1822	670	144	172	209	145
1822/23	717	150	176	260	131
1823	663	163	158	226	116
1823/24	701	153	175	192	181
1824	653	155	195	160	143
1824/25	655	146	217	172	120
1825	613	129	210	155	119
1825/26	676	144	243	158	131
1826	632	133	211	165	123
1826/27	647	161	187	166	133
1827	613	151	171	156	135
1827/28	642	169	132	155	186
1828	609	170	131	158	150
1828/29	593	183	101	197	112
1829	513	163	85	164	101
1829/30	625	182	87	205	151
1830	573	151	79	207	136

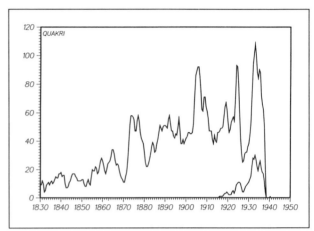

Abb. 26. 8: Die Studierenden (weibl. u. insg.) an der Universität Würzburg 1830/31–1941/1: Pharmazie

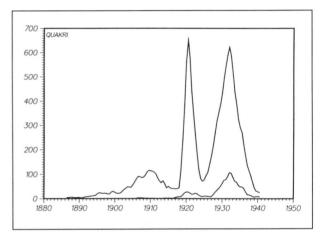

Abb. 26. 9: Die Studierenden (weibl. u. insg.) an der Universität Würzburg 1885/86–1941/1: Zahnmedizin

Tab. 26.2: Die Einzelfachströme an der Universität Würzburg nach Staatsangehörigkeit und Geschlecht 1804/05–1941/1

	Stud. insg.	Kath. Theol.	Jura	Medizin	Sonstige Fächer						
					insg.	Chir- urgie	Phar- mazie	Phil. Fak.	Chemie	Forst- wiss.	Came- ralia
Semester	1	2	3	4	5	6	7	8	9	10	11
1804	636	98	220	250	.	.	.	68	.	.	.
1804/05	716	101	277	274	.	.	.	64	.	.	.
1805	637	95	277	225	.	.	.	40	.	.	.
1805/06	486	74	217	153	.	.	.	42	.	.	.
1806	413	56	206	126	.	.	.	25	.	.	.
1806/07	304	45	131	110	.	.	.	18	.	.	.
1807	347	49	148	131	.	.	.	19	.	.	.
1807/08	341	56	135	134	.	.	.	16	.	.	.
1808	309	44	118	136	.	.	.	11	.	.	.
1808/09	328	47	110	130	.	.	.	41	.	.	.
1809	251	12	79	97	.	.	.	33	.	.	.
1809/10	302	37	89	113	.	.	.	63	.	.	.
1810	282	34	73	115	.	.	.	60	.	.	.
1810/11	294	38	83	104	.	.	.	69	.	.	.
1811	276	32	72	105	.	.	.	67	.	.	.
1811/12	280	35	67	109	.	.	.	69	.	.	.
1812	251	37	49	102	.	.	.	63	.	.	.
1812/13	282	27	59	116	.	.	.	80	.	.	.
1813	250	27	57	96	.	.	.	70	.	.	.
1813/14	253	30	72	51	.	.	.	100	.	.	.
1814	247	32	60	64	.	.	.	91	.	.	.
1814/15	401	46	94	140	.	.	.	121	.	.	.
1815	363	60	109	132	.	.	.	62	.	.	.
1815/16	420	65	128	133	.	.	.	94	.	.	.
1816	414	68	121	135	.	.	.	90	.	.	.
1816/17	501	84	150	172	.	.	.	95	.	.	.
1817	478	84	134	168	.	.	.	92	.	.	.
1817/18	586	102	181	193	.	.	.	110	.	.	.
1818	545	111	162	165	.	.	.	107	.	.	.
1818/19	576	126	149	184	.	.	.	117	.	.	.
1819	548	108	139	189	.	.	.	112	.	.	.
1819/20	629	124	170	210	.	.	.	125	.	.	.
1820	581	117	158	181	.	.	.	125	.	.	.
1820/21	700	143	177	230	.	.	.	150	.	.	.
1821	670	145	156	213	.	.	.	156	.	.	.
1821/22	718	178	185	234	.	.	.	121	.	.	.
1822	670	144	172	209	.	.	.	145	.	.	.
1822/23	717	150	176	260	.	.	.	131	.	.	.
1823	663	163	158	226	.	.	.	116	.	.	.
1823/24	701	153	175	192	.	.	.	181	.	.	.
1824	653	155	195	160	.	.	.	143	.	.	.
1824/25	655	146	217	172	.	.	.	120	.	.	.
1825	613	129	210	155	.	.	.	119	.	.	.
1825/26	676	144	243	158	.	.	.	131	.	.	.
1826	632	133	211	165	.	.	.	123	.	.	.
1826/27	647	161	187	166	.	.	.	133	.	.	.
1827	613	151	171	156	.	.	.	135	.	.	.
1827/28	642	169	132	155	.	.	.	186	.	.	.
1828	609	170	131	158	.	.	.	150	.	.	.
1828/29	593	183	101	197	.	.	.	112	.	.	.
1829	513	163	85	164	.	.	.	101	.	.	.
1829/30	625	182	87	205	.	.	.	151	.	.	.
1830	573	151	79	207	.	.	.	136	.	.	.

Tab. 26. 2: Die Einzelfachströme an der Universität Würzburg nach Staatsangehörigkeit und Geschlecht 1804/05-1941/1

	Stud. insg.	Kath. Theol.	Jura	Medizin	Sonstige Fächer						
					insg.	Chirurgie	Pharmazie	Phil. Fak.	Chemie	Forstwiss.	Cameralia
Semester	1	2	3	4	5	6	7	8	9	10	11
1830/31	589	159	80	208	142	.	6	124	.	.	12
1831	585	157	86	201	141	.	13	113	.	.	15
1831/32	521	118	91	232	80	.	12	50	.	.	18
1832	514	115	82	254	63	.	8	43	.	.	12
1832/33	493	103	79	230	81	.	0	73	.	.	8
1833	410	104	63	164	79	.	10	64	.	.	5
1833/34	402	81	46	163	112	.	8	101	.	.	3
1834	377	75	49	147	106	.	13	91	.	.	2
1834/35	408	83	64	178	83	.	9	71	.	.	3
1835	385	80	59	172	74	.	10	62	.	.	2
1835/36	433	73	78	166	116	.	12	96	.	.	8
1836	431	75	70	167	119	.	12	99	.	.	8
1836/37	461	79	90	176	116	.	9	100	.	.	7
1837	421	83	80	155	103	.	13	82	.	.	8
1837/38	447	82	86	150	129	.	13	104	.	.	12
1838	424	82	93	118	131	.	17	100	.	.	14
1838/39	433	101	73	146	113	.	12	73	.	.	28
1839	446	111	73	151	111	.	16	72	.	.	23
1839/40	447	92	54	138	163	.	18	116	.	.	29
1840	422	87	57	117	161	.	17	114	.	.	30
1840/41	443	85	66	112	180	.	19	132	.	.	29
1841	458	83	60	129	186	.	12	139	.	.	35
1841/42	485	88	68	138	191	.	20	147	.	.	24
1842	480	89	70	136	185	4	13	145	.	.	23
1842/43	512	96	87	152	177	6	7	144	.	.	20
1843	485	92	74	146	173	4	7	139	.	20	3
1843/44	484	96	99	117	172	2	8	137	.	24	1
1844	458	88	95	106	169	2	8	135	.	22	2
1844/45	477	67	105	110	195	2	14	158	.	21	0
1845	464	65	103	98	198	2	11	166	.	19	.
1845/46	470	81	113	96	180	3	20	155	.	.	2
1846	450	81	109	85	175	2	15	157	.	.	1
1846/47	521	93	124	99	205	2	20	180	.	.	3
1847	502	94	112	104	192	2	14	170	.	.	6
1847/48	565	133	156	112	164	3	17	142	.	.	2
1848	558	133	167	113	145	2	11	130	.	.	2
1848/49	626	148	184	112	182	4	14	159	.	3	2
1849	512	119	154	84	155	3	11	134	.	4	3
1849/50	603	133	214	132	124	4	13	97	.	.	10
1850	606	102	210	177	117	3	12	95	.	.	7
1850/51	657	95	193	247	122	2	15	103	.	.	2
1851	670	86	196	260	128	5	12	106	.	.	5
1851/52	722	84	184	283	171	6	8	142	.	5	10
1852	772	89	189	330	164	4	8	142	.	6	4
1852/53	722	97	190	284	151	3	9	131	.	1	7
1853	705	91	187	284	143	4	14	121	.	2	2
1853/54	700	92	170	306	132	1	13	112	.	3	3
1854	689	83	170	310	126	3	7	112	.	2	2
1854/55	818	97	191	373	157	3	12	136	.	1	5
1855	792	99	199	348	146	3	18	119	.	1	5
1855/56	765	117	160	345	143	6	22	112	.	0	3
1856	743	111	166	338	128	2	16	107	.	1	2
1856/57	711	112	139	294	166	2	23	136	.	4	1
1857	653	108	145	244	156	3	22	126	.	4	1
1857/58	668	106	133	257	172	2	21	140	.	4	5
1858	650	98	134	256	162	1	13	135	.	4	9
1858/59	651	88	131	259	173	2	23	138	.	3	7
1859	591	77	122	246	146	2	22	115	.	2	5
1859/60	614	93	134	240	147	2	31	108	.	4	2
1860	607	89	131	245	142	2	25	111	.	4	0
1860/61	687	95	133	286	173	1	28	143	.	1	0
1861	651	95	133	275	148	2	19	126	.	1	0
1861/62	645	99	130	266	150	4	19	123	.	3	1
1862	627	91	126	279	131	4	16	108	.	3	0
1862/63	648	97	102	304	145	5	25	112	.	3	0
1863	634	94	113	288	139	4	24	107	.	3	1
1863/64	638	100	101	280	157	1	26	113	9	4	4
1864	614	88	111	263	152	2	26	105	10	4	5
1864/65	604	81	119	241	163	1	32	118	6	4	2
1865	614	83	115	255	161	0	37	114	4	4	2
1865/66	622	81	148	238	155	2	31	114	2	3	3
1866	603	74	147	226	156	2	31	116	2	4	1

Tab. 26. 2: Die Einzelfachströme an der Universität Würzburg nach Staatsangehörigkeit und Geschlecht 1804/05–1941/1

	Kath. Theol.		Jura		Medizin		Zahnmedizin		Pharmazie		Philol., Gesch.		Math., Naturw.	
Semester	insg.	Ausl. in %	insg.	Ausl. in %	insg.	Ausl. in %	insg.	Ausl. in %	insg.	Ausl. in %	insg.	Ausl. in %	insg.	Ausl. in %
	1	2	3	4	5	6	7	8	9	10	11	12	13	14
1866/67	66	.	154	.	189	.	0	.	22	.	116	.	2	.
1867	62	.	144	.	222	.	0	.	25	.	96	.	2	.
1867/68	68	.	129	.	269	.	1	.	24	.	94	.	3	.
1868	67	.	131	.	242	.	2	.	22	.	90	.	2	.
1868/69	77	.	138	.	292	.	3	.	17	.	107	.	4	.
1869	76	.	140	.	323	.	2	.	16	.	98	.	1	.
1869/70	75	.	119	.	311	.	1	.	13	.	99	.	4	.
1870	83	.	114	.	338	.	0	.	13	.	103	.	9	.
1870/71	118	.	81	.	204	.	1	.	10	.	118	.	7	.
1871	127	.	93	.	299	.	2	.	12	.	125	.	6	.
1871/72	156	.	118	.	373	.	4	.	19	.	119	.	10	.
1872	132	.	110	.	366	.	3	.	18	.	112	.	10	.
1872/73	128	.	109	.	413	.	4	.	34	.	102	.	30	.
1873	121	.	116	.	161	.	3	.	43	.	90	.	31	.
1873/74	143	.	103	.	436	.	3	.	59	.	85	.	41	.
1874	137	.	102	.	458	.	2	.	58	.	93	.	40	.
1874/75	134	6,72	90	0,00	482	12,03	2	.	58	5,17	135	.	49	.
1875	138	5,07	123	0,81	464	10,56	2	.	56	3,57	122	.	55	.
1875/76	129	8,53	105	0,95	492	8,33	1	.	55	1,82	127	.	74	.
1876	119	11,76	107	3,74	487	9,24	1	.	39	0,00	114	.	86	.
1876/77	150	6,67	93	2,15	490	9,59	1	.	56	5,36	142	.	96	.
1877	152	7,89	94	1,06	456	8,99	1	.	52	5,77	127	.	89	.
1877/78	135	8,89	93	1,08	434	9,45	0	.	64	1,56	135	.	79	.
1878	140	6,43	101	1,98	430	9,77	0	.	45	0,00	132	.	73	.
1878/79	125	5,60	111	2,70	449	8,02	0	.	47	0,00	115	.	94	.
1879	130	3,08	118	3,39	419	9,79	1	.	38	0,00	104	.	80	.
1879/80	120	8,33	103	0,97	375	8,53	1	.	43	0,00	132	.	74	.
1880	132	8,33	138	0,72	390	9,23	1	.	33	0,00	83	.	93	.
1880/81	160	5,63	157	1,91	407	5,90	0	.	32	3,13	78	.	87	.
1881	181	5,52	152	1,32	454	6,61	0	.	19	0,00	79	.	84	.
1881/82	170	4,71	133	0,75	509	5,89	0	.	25	0,00	76	.	93	.
1882	168	4,17	148	1,35	573	7,16	1	.	20	0,00	69	.	97	.
1882/83	156	4,49	132	0,76	542	5,72	1	.	28	3,57	81	.	94	.
1883	159	3,77	135	0,74	599	5,84	1	.	26	3,85	72	.	93	.
1883/84	165	4,85	136	2,21	653	5,67	0	.	36	2,78	87	.	90	.
1884	185	4,32	138	3,62	706	4,96	0	.	37	0,00	77	.	88	.
1884/85	188	2,66	138	1,45	749	6,28	0	.	42	0,00	89	.	87	.
1885	203	2,46	144	0,69	751	5,19	1	.	32	0,00	77	.	82	.
1885/86	196	3,06	163	0,00	791	4,68	3	.	33	0,00	86	.	96	.
1886	209	2,87	185	0,00	794	4,28	2	.	33	0,00	62	.	84	.
1886/87	179	2,23	217	0,46	886	4,85	5	.	44	2,27	96	8,33	83	13,25
1887	163	4,91	230	0,43	856	3,97	5	.	38	5,26	74	1,35	86	6,98
1887/88	151	5,30	250	0,00	898	4,45	4	.	54	0,00	88	.	81	.
1888	146	7,53	264	1,14	917	4,36	8	.	48	0,00	79	.	85	.
1888/89	142	4,93	284	1,06	980	4,80	4	.	50	0,00	88	.	76	.
1889	154	2,60	302	1,32	934	5,03	4	.	45	0,00	79	.	70	.
1889/90	137	2,92	322	1,24	938	5,01	4	.	56	1,79	66	.	87	.
1890	144	1,39	330	0,91	943	4,98	7	.	47	2,13	56	.	85	.
1890/91	148	2,70	305	0,98	903	6,20	4	.	56	3,57	55	.	72	.
1891	157	3,18	297	0,34	794	6,05	2	0,00	44	4,55	52	5,77	75	10,67
1891/92	149	3,36	267	0,37	763	5,77	7	0,00	55	3,64	31	3,23	95	13,68
1892	150	4,00	256	0,39	680	5,88	8	0,00	55	0,00	45	4,44	91	13,19
1892/93	136	3,68	260	1,54	738	6,64	8	0,00	61	1,64	38	0,00	89	7,87
1893	138	2,90	264	1,52	698	5,16	11	0,00	43	0,00	71	4,23	51	3,92
1893/94	117	1,71	243	1,23	746	4,29	10	0,00	52	0,00	91	3,30	76	2,63
1894	119	0,84	234	2,14	708	4,10	12	0,00	43	2,33	87	2,30	89	5,62
1894/95	128	0,00	244	1,64	723	5,26	12	0,00	44	0,00	110	6,36	86	8,14
1895	123	0,81	262	1,53	707	5,09	14	0,00	41	2,44	99	1,01	96	15,63
1895/96	136	2,21	238	2,52	714	4,06	24	0,00	50	2,00	99	3,03	104	13,46
1896	130	1,54	264	1,52	667	4,20	25	4,00	38	0,00	77	3,90	138	12,32
1896/97	131	3,05	253	1,58	749	4,14	21	4,76	60	0,00	161	3,73	92	20,65
1897	131	1,53	262	1,53	703	4,55	22	0,00	52	1,92	147	2,04	113	19,47
1897/98	146	0,00	249	1,61	674	3,71	23	0,00	45	2,22	150	0,67	138	18,12
1898	135	0,00	239	1,26	627	3,35	22	0,00	31	3,23	96	1,04	162	12,35
1898/99	152	0,00	219	1,37	650	3,85	17	0,00	46	4,35	110	0,91	148	16,89
1899	139	0,00	203	1,48	566	4,42	21	4,76	36	5,56	124	8,87	125	13,60
1899/00	114	0,00	220	0,91	552	5,07	34	2,94	40	0,00	123	7,32	132	12,12
1900	117	0,00	213	0,47	482	3,94	27	7,41	40	0,00	121	4,96	126	15,87
1900/01	107	0,00	250	1,60	475	5,26	24	0,00	44	0,00	136	5,15	128	14,06
1901	103	0,00	268	1,49	411	4,62	21	0,00	42	0,00	134	2,24	129	14,73
1901/02	117	0,85	320	0,63	417	5,52	21	0,00	51	0,00	132	4,55	135	14,07
1902	107	0,93	351	1,14	396	7,07	25	4,00	41	0,00	133	6,02	143	15,38
1902/03	105	2,86	408	1,23	428	5,61	33	3,03	49	0,00	144	4,17	137	13,14
1903	113	2,65	423	1,65	396	4,80	41	4,88	42	2,38	82	1,22	72	5,56
1903/04	110	1,82	381	2,36	422	4,03	44	9,09	50	2,00	89	0,00	60	5,00
1904	120	0,83	403	1,49	422	4,50	53	1,89	55	1,82	86	4,65	73	6,85

Tab. 26. 2: Die Einzelfachströme an der Universität Würzburg nach Staatsangehörigkeit und Geschlecht 1804/05–1941/1

	Chemie		Cameralia		Forstwiss.		Sonstige		Studierende insg.		
	insg.	Ausl. in %	insg.	Ausl. in %	insg.	Ausl. in %	insg.	Ausl. in %	insg.	Ausländer insg.	in %
Semester	15	16	17	18	19	20	21	22	23	24	25
1866/67	4	.	1	.	7	.	.	.	561	.	.
1867	6	.	2	.	6	.	.	.	565	.	.
1867/68	2	.	.	.	7	.	.	.	597	.	.
1868	2	.	3	.	4	.	.	.	565	.	.
1868/69	3	.	3	.	6	.	.	.	650	.	.
1869	4	.	1	.	6	.	.	.	667	.	.
1869/70	5	.	5	.	3	.	.	.	635	.	.
1870	0	.	4	.	3	.	.	.	673	.	.
1870/71	5	.	0	.	.	.	.	.	544	.	.
1871	9	.	0	.	.	.	.	.	673	.	.
1871/72	7	.	1	.	.	.	.	.	807	.	.
1872	8	.	0	.	.	.	.	.	759	.	.
1872/73	.	.	2	.	.	.	.	.	822	.	.
1873	.	.	3	.	.	.	.	.	880	.	.
1873/74	.	.	2	.	.	.	.	.	872	.	.
1874	.	.	0	.	.	.	.	.	890	.	.
1874/75	.	.	1	.	.	.	.	.	951	90	9,46
1875	.	.	1	.	.	.	.	.	961	78	8,12
1875/76	.	.	1	.	.	.	.	.	984	74	7,52
1876	.	.	1	.	.	.	.	.	954	78	8,18
1876/77	.	.	0	.	.	.	.	.	1028	91	8,85
1877	.	.	1	.	.	.	.	.	972	77	7,92
1877/78	.	.	1	.	.	.	.	.	941	73	7,76
1878	.	.	1	.	.	.	.	.	922	72	7,81
1878/79	.	.	0	.	.	.	.	.	941	69	7,33
1879	.	.	0	.	.	.	.	.	890	69	7,75
1879/80	.	.	0	.	.	.	.	.	848	70	8,25
1880	.	.	0	.	.	.	.	.	870	73	8,39
1880/81	.	.	0	.	.	.	.	.	921	62	6,73
1881	.	.	0	.	.	.	.	.	969	61	6,30
1881/82	.	.	0	.	.	.	.	.	1006	62	6,16
1882	.	.	0	.	.	.	.	.	1076	74	6,88
1882/83	.	.	0	.	.	.	.	.	1034	63	6,09
1883	.	.	0	.	.	.	.	.	1085	66	6,08
1883/84	.	.	0	.	.	.	.	.	1167	64	5,48
1884	.	.	1	.	.	.	.	.	1232	65	5,28
1884/85	.	.	0	.	.	.	.	.	1293	69	5,34
1885	.	.	1	.	.	.	.	.	1291	57	4,42
1885/86	.	.	0	.	.	.	.	.	1368	54	3,95
1886	.	.	0	.	.	.	.	.	1369	54	3,94
1886/87	.	.	1	0,00	.	.	.	.	1511	68	4,50
1887	.	.	1	0,00	.	.	.	.	1453	52	3,58
1887/88	.	.	0	.	.	.	.	.	1526	61	4,00
1888	.	.	0	.	.	.	.	.	1547	65	4,20
1888/89	.	.	0	.	.	.	.	.	1624	71	4,37
1889	.	.	0	.	.	.	.	.	1588	66	4,16
1889/90	.	.	0	.	.	.	.	.	1610	71	4,41
1890	.	.	0	.	.	.	.	.	1612	63	3,91
1890/91	.	.	1	.	.	.	.	.	1544	75	4,86
1891	.	.	1	0,00	.	.	.	.	1422	67	4,71
1891/92	.	.	0	.	.	.	.	.	1367	66	4,83
1892	.	.	0	.	.	.	.	.	1285	61	4,75
1892/93	.	.	0	.	.	.	.	.	1330	66	4,96
1893	.	.	0	.	.	.	.	.	1276	49	3,84
1893/94	.	.	0	.	.	.	.	.	1335	42	3,15
1894	.	.	0	.	.	.	.	.	1292	43	3,33
1894/95	.	.	0	.	.	.	.	.	1347	56	4,16
1895	.	.	0	.	.	.	.	.	1342	58	4,32
1895/96	.	.	0	.	.	.	.	.	1365	56	4,10
1896	.	.	0	.	.	.	.	.	1339	55	4,11
1896/97	.	.	0	.	.	.	.	.	1467	65	4,43
1897	.	.	0	.	.	.	.	.	1430	64	4,48
1897/98	.	.	0	.	.	.	.	.	1425	56	3,93
1898	.	.	0	.	.	.	.	.	1312	46	3,51
1898/99	.	.	1	0,00	.	.	.	.	1343	56	4,17
1899	.	.	0	.	.	.	.	.	1214	59	4,86
1899/00	.	.	0	.	.	.	.	.	1215	56	4,61
1900	.	.	0	.	.	.	.	.	1126	48	4,26
1900/01	.	.	0	.	.	.	.	.	1164	54	4,64
1901	.	.	0	.	.	.	.	.	1108	45	4,06
1901/02	.	.	1	0,00	.	.	.	.	1194	51	4,27
1902	.	.	2	0,00	.	.	.	.	1198	64	5,34
1902/03	.	.	2	50,00	.	.	.	.	1306	58	4,44
1903	69	18,84	2	50,00	.	.	60	5,00	1300	54	4,15
1903/04	62	9,68	0	.	.	.	65	10,77	1283	49	3,82
1904	54	9,26	0	.	.	.	56	8,93	1322	47	3,56

Tab. 26. 2: Die Einzelfachströme an der Universität Würzburg nach Staatsangehörigkeit und Geschlecht 1804/05–1941/1

	Katholische Theologie			Jura					Medizin				
	insg.	Frauen		Aus-länd. in %	insg.	Frauen		deuts.	Aus-länd. in %	insg.	Frauen		deuts.	Aus-länd. in %
		insg.	in %			insg.	in %				insg.	in %		
Semester	1	2	3	4	5	6	7	8	9	10	11	12	13	14
1904/05	112	0	0,00	0,89	394	0	0,00	.	1,52	410	4	0,98	.	5,61
1905	115	0	0,00	1,74	417	0	0,00	.	2,16	387	2	0,52	.	4,39
1905/06	86	0	0,00	2,33	418	0	0,00	.	3,11	405	2	0,49	.	5,93
1906	87	0	0,00	0,00	412	0	0,00	.	2,91	413	6	1,45	.	7,51
1906/07	88	0	0,00	0,00	387	2	0,52	.	2,84	457	6	1,31	.	7,00
1907	89	0	0,00	0,00	406	0	0,00	.	2,71	449	3	0,67	.	7,57
1907/08	106	0	0,00	0,94	331	0	0,00	.	3,93	467	4	0,86	.	7,07
1908	94	0	0,00	1,06	326	0	0,00	.	2,76	449	3	0,67	.	7,80
1908/09	90	0	0,00	0,00	265	0	0,00	0	2,64	511	5	0,98	4	8,61
1909	85	0	0,00	0,00	292	1	0,34	0	3,42	490	4	0,82	3	8,78
1909/10	86	0	0,00	0,00	297	0	0,00	0	0,67	500	6	1,20	5	6,20
1910	92	0	0,00	0,00	302	0	0,00	0	0,66	492	5	1,02	5	5,69
1910/11	94	0	0,00	0,00	252	0	0,00	0	0,00	530	8	1,51	8	4,72
1911	89	0	0,00	0,00	271	0	0,00	0	0,37	558	5	0,90	5	3,94
1911/12	101	0	0,00	0,00	270	1	0,37	1	1,11	587	8	1,36	8	3,24
1912	100	0	0,00	0,00	268	0	0,00	.	0,37	598	8	1,34	.	2,84
1912/13	103	0	0,00	0,00	272	2	0,74	.	0,74	615	6	0,98	.	2,93
1913	98	0	0,00	1,02	294	2	0,68	.	1,02	632	9	1,42	.	2,06
1913/14	131	0	0,00	0,00	288	2	0,69	.	0,35	671	14	2,09	.	3,43
1914	129	0	0,00	0,00	317	2	0,63	.	0,95	675	10	1,48	.	4,00
1914/15	118	0	0,00	0,00	211	0	0,00	.	0,47	536	10	1,87	.	0,75
1915	127	0	0,00	0,00	261	0	0,00	.	0,38	668	13	1,95	.	0,75
1915/16	130	0	0,00	0,00	300	0	0,00	.	0,33	689	16	2,32	.	0,44
1916	128	0	0,00	0,00	281	1	0,36	.	0,36	670	25	3,73	.	0,45
1916/17	111	0	0,00	0,00	317	3	0,95	.	0,32	690	18	2,61	.	1,30
1917	105	0	0,00	0,00	334	3	0,90	.	0,60	656	33	5,03	.	1,37
1917/18	114	0	0,00	0,00	385	5	1,30	.	0,52	705	50	7,09	.	1,84
1918	118	0	0,00	0,00	398	8	2,01	.	1,01	736	60	8,15	.	2,17
1918/19	97	0	0,00	0,00	455	13	2,86	.	0,88	879	81	9,22	.	4,32
1919	110	0	0,00	0,00	639	6	0,94	.	1,25	983	72	7,32	.	2,75
ZS.1919	63	0	0,00	.	413	0	0,00	.	.	730	5	0,68	.	.
1919/20	104	0	0,00	0,00	705	12	1,70	.	1,28	1108	109	9,84	.	3,07
1920	104	0	0,00	.	897	11	1,23	.	.	1041	91	8,74	.	.
1920/21	105	0	0,00	.	1131	15	1,33	.	.	937	88	9,39	.	.
1921	109	0	0,00	.	1339	23	1,72	.	.	902	81	8,98	.	.
1921/22	109	0	0,00	.	1231	22	1,79	.	.	814	60	7,37	.	.
1922	125	0	0,00	.	1294	24	1,85	.	.	808	56	6,93	.	.
1922/23	134	1	0,75	.	1308	15	1,15	.	.	763	65	8,52	.	.
1923	137	0	0,00	.	1010	20	1,98	.	.	767	83	10,82	.	.
1923/24	141	0	0,00	.	915	14	1,53	.	.	640	68	10,63	.	.
1924	154	0	0,00	.	736	11	1,49	.	.	505	54	10,69	.	.
1924/25	146	0	0,00	.	687	8	1,16	.	.	395	31	7,85	.	.
1925	170	0	0,00	.	628	12	1,91	.	.	464	38	8,19	.	.
1925/26	154	1	0,65	.	562	10	1,78	.	.	417	33	7,91	.	.
1926	190	1	0,53	.	553	11	1,99	.	.	467	39	8,35	.	.
1926/27	183	1	0,55	.	568	14	2,46	.	.	465	35	7,53	.	.
1927	191	1	0,52	2,62	615	13	2,11	13	0,49	583	36	6,17	33	9,43
1927/28	171	1	0,58	0,00	589	11	1,87	11	0,00	580	41	7,07	39	8,79
1928	203	1	0,49	0,49	582	6	1,03	6	0,17	737	52	7,06	48	8,55
1928/29	230	0	0,00	2,61	565	5	0,88	5	0,71	796	63	7,91	60	7,91
1929	237	1	0,42	1,69	532	15	2,82	15	0,75	1063	87	8,18	85	5,36
1929/30	214	1	0,47	1,87	505	8	1,58	8	0,40	941	88	9,35	84	4,99
1930	244	1	0,41	2,46	460	8	1,74	8	0,65	1077	107	9,94	102	3,62
1930/31	220	0	0,00	3,18	512	8	1,56	8	0,39	1039	119	11,45	111	4,23
1931	242	0	0,00	2,07	531	13	2,45	13	1,32	1351	151	11,18	144	3,40
1931/32	223	0	0,00	1,79	449	11	2,45	11	0,67	1321	159	12,04	153	3,18
1932	214	0	0,00	0,93	505	15	2,97	15	0,40	1593	208	13,06	204	2,13
1932/33	197	0	0,00	2,03	433	10	2,31	10	0,23	1559	230	14,75	225	2,76
1933	178	0	0,00	.	480	8	1,67	.	.	1712	250	14,60	.	.
1933/34	212	0	0,00	.	413	8	1,94	.	.	1488	211	14,18	.	.
1934	233	0	0,00	.	354	8	2,26	.	.	1373	199	14,49	.	.
1934/35	273	0	0,00	.	237	6	2,53	.	.	1044	147	14,08	.	.
1935	371	0	0,00	.	194	4	2,06	.	.	965	147	15,23	.	.
1935/36	358	0	0,00	.	186	2	1,08	.	.	1014	162	15,98	.	.
1936	344	0	0,00	.	164	2	1,22	.	.	918	174	18,95	.	.
1936/37	296	0	0,00	.	115	1	0,87	.	.	891	179	20,09	.	.
1937	283	0	0,00	.	108	2	1,85	.	.	867	169	19,49	.	.
1937/38	334	0	0,00	.	102	2	1,96	.	.	691	133	19,25	.	.
1938	281	0	0,00	.	77	2	2,60	.	.	672	121	18,01	.	.
1938/39	311	0	0,00	.	99	5	5,10	.	.	613	105	17,13	.	.
1939	276	0	0,00	.	86	6	6,98	.	.	720	105	14,58	.	.
1939/40	.	.	.	.	.	.	.	.	.	.	.	.	.	.
1940/1	116	0	0,00	.	57	3	5,26	.	.	734	67	9,13	.	.
1940/2	74	0	0,00	.	61	3	4,92	.	.	660	98	14,85	.	.
1940/3	111	0	0,00	.	57	2	3,51	.	.	887	156	17,59	.	.
1941/1	240	0	0,00	.	47	4	8,51	.	.	940	182	19,36	.	.

Tab. 26. 2: Die Einzelfachströme an der Universität Würzburg nach Staatsangehörigkeit und Geschlecht 1804/05–1941/1

	Zahnmedizin				Pharmazie				Philologien, Geschichte			
	insg.	Frauen			Aus-länd. in %	insg.	Frauen			Aus-länd. in %	insg.	Frauen		Aus-länd. in %
		insg.	in %	deuts.			insg.	in %	deuts.			insg.	in %	
Semester	15	16	17	18	19	20	21	22	23	24	25	26	27	28
1904/05	42	0	0,00	.	0,00	86	0	0,00	.	1,16	87	0	0,00	2,30
1905	51	0	0,00	.	0,00	86	0	0,00	.	1,16	68	0	0,00	4,41
1905/06	62	0	0,00	.	3,23	92	0	0,00	.	2,17	87	1	1,15	1,15
1906	72	0	0,00	.	2,78	93	0	0,00	.	1,08	93	1	1,08	2,15
1906/07	90	3	3,33	.	2,22	91	0	0,00	.	1,10	107	1	0,93	0,93
1907	93	3	3,23	.	4,30	79	0	0,00	.	1,27	114	0	0,00	0,88
1907/08	87	3	3,45	.	3,45	71	0	0,00	.	1,41	130	0	0,00	0,77
1908	86	3	3,49	.	0,00	54	0	0,00	.	0,00	127	0	0,00	1,57
1908/09	90	1	1,11	1	0,00	68	0	0,00	0	0,00	135	0	0,00	2,22
1909	102	2	1,96	2	0,00	74	0	0,00	0	0,00	159	1	0,63	1,26
1909/10	117	2	1,71	2	0,85	69	0	0,00	0	0,00	187	2	1,07	1,07
1910	115	1	0,87	1	0,87	59	0	0,00	0	0,00	186	1	0,54	1,08
1910/11	114	1	0,88	1	0,88	63	0	0,00	0	0,00	186	2	1,08	2,15
1911	110	1	0,91	1	0,00	49	0	0,00	0	0,00	185	2	1,08	1,62
1911/12	108	1	0,93	1	0,00	46	0	0,00	0	0,00	176	4	2,27	0,57
1912	94	0	0,00	.	0,00	48	0	0,00	.	0,00	221	6	2,71	2,26
1912/13	76	0	0,00	.	0,00	47	0	0,00	.	0,00	222	5	2,25	2,25
1913	68	0	0,00	.	0,00	35	0	0,00	.	0,00	204	2	0,98	3,43
1913/14	61	0	0,00	.	0,00	41	0	0,00	.	0,00	199	15	7,54	2,01
1914	86	2	2,33	.	0,00	47	0	0,00	.	0,00	221	21	9,50	3,17
1914/15	35	2	5,71	.	0,00	33	0	0,00	.	0,00	180	21	11,67	1,11
1915	53	3	5,66	.	0,00	46	0	0,00	.	0,00	220	20	9,09	0,91
1915/16	47	2	4,26	.	0,00	47	0	0,00	.	0,00	236	20	8,47	0,85
1916	41	2	4,88	.	2,44	46	1	2,17	.	0,00	225	16	7,11	0,89
1916/17	42	0	0,00	.	2,38	49	1	2,04	.	2,04	261	14	5,36	1,15
1917	41	5	12,20	.	2,44	50	1	2,00	.	2,00	282	17	6,03	0,35
1917/18	40	6	15,00	.	2,50	49	1	2,04	.	0,00	309	22	7,12	0,32
1918	42	9	21,43	.	2,38	52	1	1,92	.	0,00	322	24	7,45	0,62
1918/19	46	7	15,22	.	2,17	62	4	6,45	.	1,61	378	28	7,41	1,06
1919	195	10	5,13	.	0,51	67	2	2,99	.	1,49	412	32	7,77	0,97
ZS.1919	122	0	0,00	.	.	47	0	0,00	.	.	228	0	0,00	.
1919/20	289	19	6,57	.	0,35	68	4	5,88	.	0,00	506	44	8,70	1,38
1920	481	27	5,61	.	.	56	5	8,93	.	.	326	40	12,27	.
1920/21	641	28	4,37	.	.	50	2	4,00	.	.	408	45	11,03	.
1921	664	27	4,07	.	.	43	2	4,65	.	.	398	47	11,81	.
1921/22	488	19	3,89	.	.	54	2	3,70	.	.	327	32	9,79	.
1922	391	17	4,35	.	.	53	2	3,77	.	.	365	40	10,96	.
1922/23	301	19	6,31	.	.	58	6	10,34	.	.	374	34	9,09	.
1923	224	25	11,16	.	.	57	5	8,77	.	.	385	56	14,55	.
1923/24	150	16	10,67	.	.	52	1	1,92	.	.	353	79	22,38	.
1924	91	12	13,19	.	.	88	10	11,36	.	.	263	48	18,25	.
1924/25	75	8	10,67	.	.	98	9	9,18	.	.	208	35	16,83	.
1925	68	8	11,76	.	.	87	11	12,64	.	.	.	.	.	.
1925/26	86	12	13,95	.	.	71	11	15,49	.	.	.	.	.	.
1926	103	9	8,74	.	.	50	11	22,00	.	.	.	.	.	.
1926/27	111	9	8,11	.	.	34	9	26,47	.	.	.	.	.	.
1927	169	8	4,73	4	18,34	28	5	17,86	4	3,57	.	.	.	.
1927/28	180	9	5,00	4	20,00	23	3	13,04	3	4,35	.	.	.	.
1928	255	23	9,02	14	13,33	29	6	20,69	6	0,00	.	.	.	.
1928/29	283	30	10,60	18	14,84	33	7	21,21	7	9,09	.	.	.	.
1929	354	37	10,45	29	9,89	31	9	29,03	9	0,00	.	.	.	.
1929/30	353	46	13,03	32	12,75	34	9	26,47	9	0,00	.	.	.	.
1930	419	55	13,13	42	10,02	39	11	28,21	11	0,00	.	.	.	.
1930/31	443	70	15,80	57	10,38	37	11	29,73	11	2,70	.	.	.	.
1931	540	83	15,37	68	7,59	52	16	30,77	16	1,92	.	.	.	.
1931/32	545	73	13,39	63	6,79	54	15	27,78	15	0,00	.	.	.	.
1932	631	107	16,96	97	4,91	95	30	31,58	30	0,00	.	.	.	.
1932/33	613	107	17,46	96	6,04	93	26	27,96	26	0,00	.	.	.	.
1933	559	102	18,25	.	.	110	29	26,36	.	.	.	.	.	.
1933/34	478	72	15,06	.	.	106	31	29,25	.	.	.	.	.	.
1934	396	71	17,93	.	.	93	24	25,81	.	.	.	.	.	.
1934/35	376	64	17,02	.	.	84	21	25,00	.	.	.	.	.	.
1935	271	45	16,61	.	.	84	18	21,43	.	.	.	.	.	.
1935/36	307	51	16,61	.	.	97	29	29,90	.	.	.	.	.	.
1936	234	45	19,23	.	.	79	24	30,38	.	.	.	.	.	.
1936/37	202	39	19,31	.	.	65	19	29,23	.	.	.	.	.	.
1937	150	17	11,33	.	.	68	18	26,47	.	.	.	.	.	.
1937/38	123	16	13,01	.	.	57	16	28,07	.	.	.	.	.	.
1938	106	15	14,15	.	.	43	8	18,60	.	.	.	.	.	.
1938/39	79	11	13,92	.	.	0	0	.	.	.	.	.	.	.
1939	55	7	12,73	.	.	0	0	.	.	.	.	.	.	.
1939/40	.	.	.	.	.	.	.	.	.	.	.	.	.	.
1940/1	31	6	19,35	.	.	0	0	.	.	.	.	.	.	.
1940/2	32	12	37,50	.	.	0	0	.	.	.	.	.	.	.
1940/3	33	13	39,39	.	.	0	0	.	.	.	.	.	.	.
1941/1	25	7	28,00	.	.	1	1	100,00	.	.	.	.	.	.

Tab. 26.2: Die Einzelfachströme an der Universität Würzburg nach Staatsangehörigkeit und Geschlecht 1804/05-1941/1

	Mathematik, Naturwissenschaften					Chemie					Volkswirtschaft			
	insg.	Frauen			Aus- länd. in %	insg.	Frauen			Aus- länd. in %	insg.	Frauen		Aus- länd. in %
		insg.	in %	deuts.			insg.	in %	deuts.			insg.	in %	
Semester	29	30	31	32	33	34	35	36	37	38	39	40	41	42
1904/05	56	0	0,00	.	5,36	64	.	.	.	9,38	.	.	.	.
1905	44	0	0,00	.	11,36	56	.	.	.	3,57	.	.	.	.
1905/06	70	1	1,43	.	14,29	60	.	.	.	5,00	.	.	.	.
1906	60	1	1,67	.	13,33	62	.	.	.	4,84	.	.	.	.
1906/07	69	1	1,45	.	13,04	58	.	.	.	6,90	.	.	.	.
1907	69	2	2,90	.	8,70	46	.	.	.	8,70	.	.	.	.
1907/08	70	1	1,43	.	8,57	49	.	.	.	14,29	.	.	.	.
1908	67	1	1,49	.	5,97	42	.	.	.	14,29	.	.	.	.
1908/09	65	0	0,00	0	6,15	35	0	0,00	0	11,43	.	.	.	.
1909	69	1	1,45	0	5,80	35	0	0,00	0	20,00	.	.	.	.
1909/10	68	0	0,00	0	4,41	35	0	0,00	0	17,14	.	.	.	.
1910	87	1	1,15	1	4,00	31	0	0,00	0	16,13	.	.	.	.
1910/11	81	2	2,47	2	3,70	38	0	0,00	0	13,16	.	.	.	.
1911	74	1	1,35	1	4,05	51	1	1,96	1	11,76	.	.	.	.
1911/12	76	1	1,32	1	2,63	49	0	0,00	0	12,24	.	.	.	.
1912	118	1	0,85	.	5,08	.	.	.	.	.	.	.	.	.
1912/13	120	3	2,50	.	5,00	.	.	.	.	.	.	.	.	.
1913	125	5	4,00	.	4,00	.	.	.	.	.	.	.	.	.
1913/14	124	5	4,03	.	6,45	.	.	.	.	.	.	.	.	.
1914	130	5	3,85	.	4,62	.	.	.	.	.	.	.	.	.
1914/15	95	9	9,47	.	1,05	.	.	.	.	.	.	.	.	.
1915	118	7	5,93	.	1,69	.	.	.	.	.	.	.	.	.
1915/16	126	11	8,73	.	0,00	.	.	.	.	.	.	.	.	.
1916	122	11	9,02	.	0,82	.	.	.	.	.	.	.	.	.
1916/17	138	13	9,42	.	0,72	.	.	.	.	.	.	.	.	.
1917	134	10	7,46	.	0,75	.	.	.	.	.	.	.	.	.
1917/18	139	9	6,47	.	0,72	.	.	.	.	.	.	.	.	.
1918	154	13	8,44	.	0,00	.	.	.	.	.	.	.	.	.
1918/19	201	14	6,97	.	1,00	.	.	.	.	.	.	.	.	.
1919	282	21	7,45	.	0,71	.	.	.	.	.	.	.	.	.
ZS.1919	208	0	0,00	.	.	.	.	.	.	.	.	.	.	.
1919/20	282	21	7,45	.	0,71	.	.	.	.	.	.	.	.	.
1920	309	25	8,09	.	.	.	.	.	.	.	.	.	.	.
1920/21	272	19	6,99	.	.	.	.	.	.	.	.	.	.	.
1921	332	18	5,42	.	.	.	.	.	.	.	.	.	.	.
1921/22	284	16	5,63	.	.	.	.	.	.	.	.	.	.	.
1922	354	20	5,65	.	.	.	.	.	.	.	.	.	.	.
1922/23	314	14	4,46	.	.	.	.	.	.	.	.	.	.	.
1923	347	23	6,63	.	.	.	.	.	.	.	498	11	2,21	.
1923/24	305	6	1,97	.	.	.	.	.	.	.	363	7	1,93	.
1924	290	23	7,93	.	.	.	.	.	.	.	377	9	2,39	.
1924/25	261	16	6,13	.	.	.	.	.	.	.	209	6	2,87	.
1925	.	.	.	.	.	182	9	4,95	.	.	194	6	3,09	.
1925/26	.	.	.	.	.	160	11	6,88	.	.	180	5	2,78	.
1926	.	.	.	.	.	145	10	6,90	.	.	158	7	4,43	.
1926/27	.	.	.	.	.	125	9	7,20	.	.	148	5	3,38	.
1927	.	.	.	.	.	159	16	10,06	15	3,77	136	5	3,68	2,94
1927/28	.	.	.	.	.	104	12	11,54	11	4,81	114	4	3,51	2,63
1928	.	.	.	.	.	86	9	10,47	9	4,65	104	2	1,92	1,92
1928/29	.	.	.	.	.	85	7	8,24	7	2,35	118	4	3,39	2,54
1929	.	.	.	.	.	77	7	9,09	7	2,60	108	5	4,63	1,85
1929/30	.	.	.	.	.	64	5	7,81	5	0,00	86	3	3,49	4,65
1930	.	.	.	.	.	72	6	8,33	6	0,00	82	3	3,66	2,44
1930/31	.	.	.	.	.	58	5	8,62	5	1,72	47	2	4,26	6,38
1931	.	.	.	.	.	78	3	3,85	3	1,28	63	3	4,76	1,59
1931/32	.	.	.	.	.	78	5	6,41	5	2,56	63	2	3,17	1,59
1932	.	.	.	.	.	67	5	7,46	5	2,99	54	4	7,41	1,85
1932/33	.	.	.	.	.	72	4	5,56	4	2,78	63	4	6,35	3,17
1933	.	.	.	.	.	67	4	5,97	.	.	68	3	4,41	.
1933/34	.	.	.	.	.	52	1	1,92	.	.	59	3	5,08	.
1934	.	.	.	.	.	50	1	2,00	.	.	52	5	9,62	.
1934/35	.	.	.	.	.	51	3	5,88	.	.	43	5	11,63	.
1935	.	.	.	.	.	38	9	23,68	.	.	28	4	14,29	.
1935/36	.	.	.	.	.	39	8	20,51	.	.	26	4	15,38	.
1936	.	.	.	.	.	41	23	56,10	.	.	20	1	5,00	.
1936/37	.	.	.	.	.	33	7	21,21	.	.	12	0	0,00	.
1937	.	.	.	.	.	31	7	22,58	.	.	6	0	0,00	.
1937/38	.	.	.	.	.	30	2	6,67	.	.	16	1	6,25	.
1938	.	.	.	.	.	24	4	16,67	.	.	13	1	7,69	.
1938/39	.	.	.	.	.	34	5	14,71	.	.	10	1	0,25	.
1939	.	.	.	.	.	32	5	15,63	.	.	18	2	11,11	.
1939/40	.	.	.	.	.	.	.	.	.	.	.	.	.	.
1940/1	.	.	.	.	.	18	1	5,56	.	.	7	2	28,57	.
1940/2	.	.	.	.	.	31	6	19,35	.	.	11	2	18,18	.
1940/3	.	.	.	.	.	32	15	46,88	.	.	23	9	39,13	.
1941/1	.	.	.	.	.	27	12	44,44	.	.	21	7	33,33	.

Tab. 26. 2: Die Einzelfachströme an der Universität Würzburg nach Staatsangehörigkeit und Geschlecht 1804/05–1941/1

	Sonstige				Studierende					
	insg.	Frauen		deuts.	Ausländ. in %	insg.	Frauen		deuts.	Ausländer	
		insg.	in %				insg.	in %		insg.	in %
Semester	43	44	45	46	47	48	49	50	51	52	53
1904/05	47	.	.	.	17,02	1298	4	0,31	.	50	3,85
1905	61	.	.	.	14,75	1285	2	0,16	.	48	3,74
1905/06	74	.	.	.	6,76	1354	4	0,30	.	62	4,58
1906	68	.	.	.	8,82	1360	8	0,59	.	65	4,78
1906/07	60	.	.	.	8,33	1407	13	0,92	.	65	4,62
1907	63	.	.	.	7,94	1408	8	0,57	.	66	4,69
1907/08	71	.	.	.	9,86	1382	8	0,58	.	72	5,21
1908	77	.	.	.	3,90	1322	7	0,53	.	60	4,54
1908/09	86	1	1,16	0	4,65	1345	7	0,52	5	66	4,91
1909	63	0	0,00	0	4,76	1369	9	0,66	6	69	5,04
1909/10	65	0	0,00	0	6,15	1424	10	0,70	9	49	3,44
1910	65	1	1,54	1	7,69	1429	9	0,63	9	47	3,29
1910/11	67	1	1,49	1	4,48	1425	14	0,98	14	41	2,88
1911	62	2	3,23	2	6,45	1449	12	0,83	12	39	2,69
1911/12	45	2	4,44	2	4,44	1458	17	1,17	17	33	2,26
1912	.	.	.	.	.	1447	15	1,04	.	29	2,00
1912/13	.	.	.	.	.	1455	16	1,10	.	31	2,13
1913	.	.	.	.	.	1456	18	1,24	.	29	1,99
1913/14	.	.	.	.	.	1515	36	2,38	.	36	2,38
1914	.	.	.	.	.	1605	40	2,49	.	43	2,68
1914/15	.	.	.	.	.	1208	42	3,48	.	8	0,66
1915	.	.	.	.	.	1493	43	2,88	.	10	0,67
1915/16	.	.	.	.	.	1575	49	3,11	.	6	0,38
1916	.	.	.	.	.	1513	56	3,70	.	8	0,53
1916/17	.	.	.	.	.	1608	49	3,05	.	16	1,00
1917	.	.	.	.	.	1602	69	4,31	.	15	0,94
1917/18	.	.	.	.	.	1741	93	5,34	.	18	1,03
1918	.	.	.	.	.	1822	115	6,31	.	23	1,26
1918/19	.	.	.	.	.	2118	147	6,94	.	50	2,36
1919	.	.	.	.	.	2688	143	5,32	.	43	1,60
ZS.1919	.	.	.	.	.	1811	5	0,28	.	.	.
1919/20	.	.	.	.	.	3062	209	6,83	.	53	1,73
1920	.	.	.	.	.	3214	199	6,19	.	.	.
1920/21	.	.	.	.	.	3544	197	5,56	.	.	.
1921	.	.	.	.	.	3787	198	5,23	.	.	.
1921/22	.	.	.	.	.	3307	151	4,57	.	.	.
1922	.	.	.	.	.	3390	159	4,69	.	.	.
1922/23	.	.	.	.	.	3252	154	4,74	.	.	.
1923	.	.	.	.	.	3425	223	6,51	.	.	.
1923/24	.	.	.	.	.	2919	191	6,54	.	.	.
1924	.	.	.	.	.	2504	167	6,67	.	.	.
1924/25	.	.	.	.	.	2079	113	5,44	.	177	8,51
1925	14	2	14,29	.	.	2092	129	6,17	.	156	7,46
1925/26	13	0	0,00	.	.	1897	120	6,33	.	140	7,38
1926	12	0	0,00	.	.	1978	132	6,67	.	131	6,62
1926/27	9	0	0,00	.	.	1925	132	6,86	.	107	5,56
1927	22	2	9,09	2	4,55	2247	142	6,32	131	111	4,94
1927/28	9	1	11,11	1	0,00	2098	133	6,34	124	100	4,77
1928	12	0	0,00	0	0,00	2447	169	6,91	156	110	4,50
1928/29	2	2	100,00	2	0,00	2512	190	7,56	173	129	5,14
1929	8	2	25,00	1	37,50	2932	263	8,97	250	117	3,99
1929/30	2	0	0,00	0	0,00	2713	261	9,62	242	111	4,09
1930	6	0	0,00	0	0,00	3010	314	10,43	294	106	3,52
1930/31	1	0	0,00	0	0,00	2971	340	11,44	317	123	4,14
1931	9	3	33,33	2	11,11	3494	395	11,31	369	128	3,66
1931/32	0	0	.	0	.	3304	377	11,41	358	109	3,30
1932	0	0	.	0	.	3764	493	13,10	473	99	2,63
1932/33	0	0	.	0	.	3595	510	14,19	490	111	3,09
1933	0	0	.	.	.	3743	537	14,35	.	.	.
1933/34	0	0	.	.	.	3294	466	14,15	.	.	.
1934	0	0	.	.	.	2925	398	13,61	.	50	1,71
1934/35	0	0	.	.	.	2426	349	14,39	.	.	.
1935	0	0	.	.	.	2140	315	14,72	.	.	.
1935/36	0	0	.	.	.	2229	362	16,24	.	.	.
1936	0	0	.	.	.	1942	338	17,40	.	.	.
1936/37	0	0	.	.	.	1795	324	18,05	.	.	.
1937	0	0	.	.	.	1633	263	16,11	.	49	3,00
1937/38	0	0	.	.	.	1475	211	14,31	.	.	.
1938	0	0	.	.	.	1293	168	12,99	.	.	.
1938/39	0	0	.	.	.	1253	150	11,97	.	.	.
1939	0	0	.	.	.	1270	145	11,42	.	.	.
1939/40	.	.	.	.	.	.	.	.	.	.	.
1940/1	0	0	.	.	.	1022	101	9,88	.	.	.
1940/2	0	0	.	.	.	956	171	17,89	.	4	0,42
1940/3	0	0	.	.	.	1264	267	21,12	.	.	.
1941/1	0	0	.	.	.	1411	289	20,48	.	.	.

Tab.26.2: Die Einzelfachströme an der Universität Würzburg nach Staatsangehörigkeit und Geschlecht 1804/05–1941/1

	Alte Sprachen					Germanistik					Neue Sprachen				
	insg.	Frauen			Ausländ. in %	insg.	Frauen			Ausländ. in %	insg.	Frauen			Ausländ. in %
		insg.	in %	deuts.			insg.	in %	deuts.			insg.	in %	deuts.	
Semester	1	2	3	4	5	6	7	8	9	10	11	12	13	14	15
1925	26	2	7,69	.	.	.	.	.	.	.	85	28	32,94	.	.
1925/26	32	2	6,25	.	.	.	.	.	.	.	82	24	29,27	.	.
1926	41	1	2,44	.	.	.	.	.	.	.	76	23	30,26	.	.
1926/27	41	3	7,32	.	.	.	.	.	.	.	88	31	35,23	.	.
1927	52	2	3,85	2	0,00	42	9	21,43	9	2,38	72	25	34,72	24	2,78
1927/28	51	2	3,92	2	0,00	45	8	17,78	8	0,00	45	21	46,67	20	6,67
1928	67	3	4,48	3	1,49	61	15	24,59	15	1,64	62	27	43,55	27	0,00
1928/29	73	5	6,85	4	2,74	51	14	27,45	14	1,96	61	25	40,98	25	0,00
1929	82	5	6,10	5	2,44	62	22	35,48	20	3,23	82	33	40,24	33	0,00
1929/30	93	6	6,45	6	2,15	62	21	33,87	20	3,23	83	36	43,37	36	0,00
1930	94	8	8,51	8	3,19	69	21	30,43	21	0,00	91	43	47,25	43	1,10
1930/31	91	6	6,59	6	1,10	81	27	33,33	27	0,00	84	34	40,48	34	2,38
1031	02	7	7,61	7	1,09	72	22	30,50	21	1,39	97	38	39,18	38	2,06
1931/32	86	5	5,81	5	1,16	72	26	36,11	25	1,39	76	35	46,05	35	1,32
1932	85	5	5,88	5	5,88	76	35	46,05	30	7,89	73	35	47,95	35	1,37
1932/33	66	6	9,09	5	6,06	72	34	47,22	32	2,78	69	38	55,07	38	1,45
1933	67	13	19,40	.	.	67	37	55,22	.	.	53	34	64,15	.	.
1933/34	56	11	19,64	.	.	71	36	50,70	.	.	57	34	59,65	.	.
1934	39	7	17,95	.	.	56	27	48,21	.	.	30	14	46,67	.	.
1934/35	37	7	18,92	.	.	69	40	57,97	.	.	23	12	52,17	.	.
1935	22	8	36,36	.	.	41	27	65,85	.	.	15	10	66,67	.	.
1935/36	18	8	44,44	.	.	54	38	70,37	.	.	25	15	60,00	.	.
1936	14	3	21,43	.	.	47	31	65,96	.	.	12	7	58,33	.	.
1936/37	8	2	25,00	.	.	37	29	78,38	.	.	19	13	68,42	.	.
1937	4	1	25,00	.	.	26	14	53,85	.	.	7	4	57,14	.	.
1937/38	13	5	38,46	.	.	24	10	41,67	.	.	7	5	71,43	.	.
1938	8	0	0,00	.	.	15	5	33,33	.	.	6	3	50,00	.	.
1938/39	5	0	0,00	.	.	21	8	38,10	.	.	13	3	23,08	.	.
1939	5	0	0,00	.	.	22	8	36,36	.	.	13	5	38,46	.	.
1939/40	.	.	.	.	.	.	.	.	.	.	.	.	.	.	.
1940/1	2	1	50,00	.	.	15	7	46,67	.	.	6	2	33,33	.	.
1940/2	2	1	50,00	.	.	6	4	66,67	.	.	13	8	61,54	.	.
1940/3	3	0	0,00	.	.	21	17	80,95	.	.	13	10	76,92	.	.
1941/1	1	0	0,00	.	.	32	28	87,50	.	.	12	11	91,67	.	.

	Geschichte				Musik					Philosophie, Pädagogik, Religionslehren				
	insg.	Frauen		Ausländ. in %	insg.	Frauen			Ausländ. in %	insg.	Frauen			Ausländ. in %
		insg.	in %			insg.	in %	deuts.			insg.	in %	deuts.	
Semester	16	17	18	19	20	21	22	23	24	25	26	27	28	29
1925	31	2	6,45	.	.	.	.	.	.	50	2	4,00	.	.
1925/26	19	1	5,26	.	.	.	.	.	.	50	2	4,00	.	.
1926	31	2	6,45	.	.	.	.	.	.	53	4	7,55	.	.
1926/27	29	4	13,79	.	.	.	.	.	.	34	4	11,76	.	.
1927	4	0	0,00	0,00	6	0	0,00	0	0,00	50	1	2,00	1	0,00
1927/28	4	0	0,00	0,00	3	0	0,00	0	0,00	49	1	2,04	1	0,00
1928	3	0	0,00	0,00	2	0	0,00	0	0,00	82	1	1,22	1	2,44
1928/29	15	1	6,67	0,00	4	1	25,00	1	0,00	53	6	11,32	5	3,77
1929	9	0	0,00	0,00	5	0	0,00	0	0,00	88	4	4,55	4	3,41
1929/30	8	1	12,50	0,00	5	0	0,00	0	20,00	92	2	2,17	2	3,26
1930	12	1	8,33	0,00	7	0	0,00	0	14,29	112	4	3,57	3	2,68
1930/31	10	1	10,00	20,00	7	0	0,00	0	14,29	116	4	3,45	2	5,17
1931	13	1	7,69	7,69	7	0	0,00	0	14,29	123	2	1,63	1	10,57
1931/32	9	1	11,11	33,33	8	0	0,00	0	12,50	117	2	1,71	1	8,55
1932	12	1	8,33	25,00	11	1	9,09	0	18,18	166	2	1,20	2	5,42
1932/33	9	1	11,11	11,11	9	1	11,11	0	22,22	182	4	2,20	4	6,04
1933	10	4	40,00	.	8	1	12,50	.	.	.	.	.	.	.
1933/34	7	2	28,57	.	4	0	0,00	.	.	.	.	.	.	.
1934	5	1	20,00	.	4	0	0,00	.	.	.	.	.	.	.
1934/35	3	0	0,00	.	3	0	0,00	.	.	.	.	.	.	.
1935	.	0	.	.	0	0	.	.	.	.	.	.	.	.
1935/36	.	0	.	.	0	0	.	.	.	.	.	.	.	.
1936	.	.	.	.	7	5	71,43	.	.	.	.	.	.	.
1936/37	4	0	0,00	.	2	0	0,00	.	.	.	.	.	.	.
1937	4	0	0,00	.	3	0	0,00	.	.	.	.	.	.	.
1937/38	3	0	0,00	.	3	0	0,00	.	.	.	.	.	.	.
1938	5	0	0,00	.	2	0	0,00	.	.	.	.	.	.	.
1938/39	10	4	40,00	.	0	0	.	.	.	.	.	.	.	.
1939	7	2	28,57	.	0	0	.	.	.	.	.	.	.	.
1939/40	.	.	.	.	.	.	.	.	.	.	.	.	.	.
1940/1	4	0	0,00	.	2	0	0,00	.	.	.	.	.	.	.
1940/2	4	2	50,00	.	0	0	.	.	.	.	.	.	.	.
1940/3	2	0	0,00	.	1	0	0,00	.	.	.	.	.	.	.
1941/1	7	6	85,71	.	1	0	0,00	.	.	.	.	.	.	.

Tab. 26.2: Die Einzelfachströme an der Universität Würzburg nach Staatsangehörigkeit und Geschlecht 1804/05–1941/1

	Kunst, Archäologie					Sonstige Kulturwiss.			Zeitungskunde			Leibesübungen		
	insg.	Frauen			Aus-länd. in %	insg.	Frauen		insg.	Frauen		insg.	Frauen	
		insg.	in %	deuts.			insg.	in %		insg.	in %		insg.	in %
Semester	30	31	32	33	34	35	36	37	38	39	40	41	42	43
1927	17	6	35,29	5	5,88	.	.	.	0	0	.	0	0	.
1927/28	11	2	18,18	2	9,09	.	.	.	0	0	.	0	0	.
1928	10	4	40,00	4	0,00	.	.	.	1	0	0,00	0	0	.
1928/29	5	1	20,00	1	0,00	.	.	.	0	0	.	0	0	.
1929	7	3	42,86	3	28,57	.	.	.	3	1	33,33	0	0	.
1929/30	10	4	40,00	4	0,00	.	.	.	1	0	0,00	0	0	.
1930	11	5	45,45	4	18,18	.	.	.	0	0	.	1	0	0,00
1930/31	11	4	36,36	4	9,09	.	.	.	0	0	.	0	0	.
1931	13	5	38,46	5	7,69	.	.	.	0	0	.	1	0	0,00
1931/32	8	2	25,00	2	12,50	.	.	.	0	0	.	2	0	0,00
1932	10	2	20,00	2	10,00	.	.	.	0	0	.	3	1	33,33
1932/33	10	2	20,00	2	0,00	.	.	.	0	0	.	0	0	.
1933	.	.	.	.	.	220	3	1,36	0	0	.	0	0	.
1933/34	.	.	.	.	.	161	6	3,73	0	0	.	0	0	.
1934	.	.	.	.	.	155	8	5,16	0	0	.	3	0	0,00
1934/35	.	.	.	.	.	107	8	7,48	0	0	.	0	0	.
1935	.	.	.	.	.	63	16	25,40	0	0	.	0	0	.
1935/36	.	.	.	.	.	47	12	25,53	0	0	.	0	0	.
1936	.	.	.	.	.	23	5	21,74	0	0	.	0	0	.
1936/37	.	.	.	.	.	63	8	12,70	3	0	0,00	1	0	0,00
1937	.	.	.	.	.	43	13	30,23	0	0	.	1	0	0,00
1937/38	.	.	.	.	.	42	9	21,43	0	0	.	0	0	.
1938	.	.	.	.	.	21	5	23,81	0	0	.	0	0	.
1938/39	.	.	.	.	.	33	5	15,15	0	0	.	0	0	.
1939	.	.	.	.	.	21	2	9,52	0	0	.	0	0	.
1939/40	.	.	.	.	.	.	.	.	.	.	.	.	.	.
1940/1	.	.	.	.	.	19	6	31,58	0	0	.	1	1	100,00
1940/2	.	.	.	.	.	46	24	52,17	0	0	.	0	0	.
1940/3	.	.	.	.	.	58	31	53,45	0	0	.	0	0	.
1941/1	.	.	.	.	.	36	18	50,00	0	0	.	0	0	.

	Mathematik					Physik				Biologie			
	insg.	Frauen			Aus-länd. in %	insg.	Frauen		Aus-länd. in %	insg.	Frauen		Aus-länd. in %
		insg.	in %	deuts.			insg.	in %			insg.	in %	
Semester	44	45	46	47	48	49	50	51	52	53	54	55	56
1925	80	7	8,75	.	.	.	.	.	.	.	.	.	.
1925/26	62	7	11,29	.	.	.	.	.	.	.	.	.	.
1926	87	11	12,64	.	.	.	.	.	.	.	.	.	.
1926/27	82	7	8,54	.	.	.	.	.	.	.	.	.	.
1927	80	12	15,00	12	1,25	13	1	7,69	0,00	6	0	0,00	0,00
1927/28	113	17	15,04	17	0,00	0	0	.	.	0	0	.	.
1928	92	13	14,13	13	1,09	6	0	0,00	0,00	0	0	.	.
1928/29	85	14	16,47	14	1,18	7	0	0,00	0,00	12	1	8,33	0,00
1929	111	23	20,72	23	0,90	5	1	20,00	0,00	11	1	9,09	0,00
1929/30	92	23	25,00	23	0,00	9	1	11,11	0,00	10	1	10,00	0,00
1930	130	26	20,00	26	1,54	15	2	13,33	6,67	18	2	11,11	5,56
1930/31	122	29	23,77	29	3,28	12	2	16,67	0,00	31	5	16,13	3,23
1931	124	30	24,19	29	4,03	9	0	0,00	0,00	20	1	5,00	0,00
1931/32	118	24	20,34	23	1,69	12	1	8,33	0,00	22	2	9,09	0,00
1932	97	24	24,74	24	0,00	16	1	6,25	0,00	12	1	8,33	0,00
1932/33	91	26	28,57	26	0,00	12	2	16,67	0,00	11	2	18,18	9,09
1933	86	28	32,56	.	.	14	1	7,14	.	8	3	37,50	.
1933/34	81	33	40,74	.	.	13	1	7,69	.	6	3	50,00	.
1934	50	19	38,00	.	.	6	1	16,67	.	5	1	20,00	.
1934/35	46	19	41,30	.	.	5	1	20,00	.	4	2	50,00	.
1935	39	20	51,28	.	.	.	.	.	.	.	.	.	.
1935/36	38	22	57,89	.	.	.	.	.	.	.	.	.	.
1936	33	16	48,48	.	.	.	.	.	.	.	.	.	.
1936/37	28	15	53,57	.	.	.	.	.	.	.	.	.	.
1937	21	11	52,38	.	.	.	.	.	.	.	.	.	.
1937/38	16	6	37,50	.	.	.	.	.	.	.	.	.	.
1938	14	3	21,43	.	.	.	.	.	.	.	.	.	.
1938/39	8	2	25,00	.	.	3	0	0,00	.	.	.	.	.
1939	6	2	33,33	.	.	2	0	0,00	.	.	.	.	.
1939/40	.	.	.	.	.	.	.	.	.	.	.	.	.
1940/1	3	3	100,00	.	.	1	0	0,00	.	0	0	.	.
1940/2	6	5	83,33	.	.	1	0	0,00	.	2	2	100,00	.
1940/3	7	6	85,71	.	.	2	0	0,00	.	4	3	75,00	.
1941/1	9	6	66,67	.	.	2	0	0,00	.	5	4	80,00	.

Tab. 26. 2: Die Einzelfachströme an der Universität Würzburg nach Staatsangehörigkeit und Geschlecht 1804/05–1941/1

	Sonstige Naturwiss.			Geographie			Min., Geol., Bergfach			Geogr., Geol., Min.		
	insg.	Frauen	Ausländ. in %	insg.	Frauen		insg.	Frauen		insg.	Frauen	
Semester		insg.	in %			insg.	in %		insg.	in %		insg.	in %
	57	58	59	60	61	62	63	64	65	66	67	68	69
1925	.	.	.	.	2	0	0,00	11	2	18,18	.	.	.
1925/26	.	.	.	.	0	0	.	9	1	11,11	.	.	.
1926	.	.	.	.	5	2	40,00	7	1	14,29	.	.	.
1926/27	.	.	.	.	2	0	0,00	6	1	16,67	.	.	.
1927	.	.	.	.	0	0	.	2	0	0,00	.	.	.
1927/28	.	.	.	.	0	0	.	7	0	0,00	.	.	.
1928	46	6	13,04	0,00	2	0	0,00	4	1	25,00	.	.	.
1928/29	23	3	13,04	0,00	6	1	16,67	5	0	0,00	.	.	.
1929	54	7	12,96	0,00	2	0	0,00	1	0	0,00	.	.	.
1929/30	47	6	12,77	2,13	1	0	0,00	1	0	0,00	.	.	.
1930	49	10	20,41	0,00	2	1	50,00	0	0	.	.	.	.
1930/31	43	11	25,58	2,33	6	2	33,33	0	0	.	.	.	.
1931	55	17	30,91	0,00	2	0	0,00	0	0	.	.	.	.
1931/32	32	11	34,38	0,00	4	2	50,00	5	1	20,00	.	.	.
1932	36	12	33,33	0,00	5	3	60,00	3	1	33,33	.	.	.
1932/33	23	8	34,78	0,00	7	4	57,14	4	1	25,00	.	.	.
1933	30	14	46,67	.	.	.	.	.	.	.	6	3	50,00
1933/34	27	14	51,85	.	.	.	.	.	.	.	3	0	0,00
1934	17	11	64,71	.	.	.	.	.	.	.	4	1	25,00
1934/35	19	14	73,68	.	.	.	.	.	.	.	2	0	0,00
1935	9	7	77,78	.	.	.	.	.	.	.	0	0	.
1935/36	20	11	55,00	.	.	.	.	.	.	.	0	0	.
1936	0	0	.	.	.	.	.	.	.	.	6	2	33,33
1936/37	16	12	75,00	.	.	.	.	.	.	.	0	0	.
1937	10	7	70,00	.	.	.	.	.	.	.	1	0	0,00
1937/38	12	6	50,00	.	.	.	.	.	.	.	2	0	0,00
1938	5	1	20,00	.	.	.	.	.	.	.	1	0	0,00
1938/39	5	1	20,00	.	.	.	.	.	.	.	1	0	0,00
1939	4	1	25,00	.	.	.	.	.	.	.	3	0	0,00
1939/40	.	.	.	.	.	.	.	.	.	.	.	.	.
1940/1	6	2	33,33	.	.	.	.	.	.	.	0	0	.
1940/2	7	4	57,14	.	.	.	.	.	.	.	0	0	.
1940/3	10	5	50,00	.	.	.	.	.	.	.	0	0	.
1941/1	4	3	75,00	.	.	.	.	.	.	.	1	0	0,00

5. Anmerkungen zu Tabelle 26. 2

1804–1866:

Gegenüber der PrStat wurden die Daten für 1804–1830 aus der AkadMonSchr 1850 ergänzt. Mit Hilfe der AkadMonSchr (für 1830/31) u. der Pers.Verz. (ab 1831) wurde die Sammelkategorie der PrStat (»Phil. Fak.« = Sonstige Fächer insg., Sp. 5) in die tiefer differenzierten Fachströme (Sp. 6–11) aufgelöst.

Sp. 2 (Kath. Theol.): Bis 1809 protestantische u. kath. Theologen (durch die neue Organisation der Univ. vom 7. Sept. 1809 wurde die gemischte theol. Sektion wieder aufgehoben); ab 1809/10 identisch mit den Stud. in der Kath.-theol. Fak. – Sp. 3 (Jura): Bis 1830 einschl. der Cameralisten. – Sp. 4 (Medizin): Bis 1830 einschl. Pharmaz. – Sp. 5 (Sonstige Fächer insg.): 1866 einschl. 2 Veterinärmedizinstud. – Sp. 6 (Chirurgie): In den Pers.Verz. unter den Medizinern gesondert aufgeführt; vor 1842 in Sp. 7 (Pharmazie) mitenthalten. – Sp. 7 (Pharmazie): 1804 bis 1830 in Sp. 4 (Medizin) mitenthalten; 1830/31–1841/42 rechnerisch ermittelt: Med. einschl. Pharmazeuten (nach Pers.Verz.) abzüglich der reinen Mediziner (Sp. 4 nach PrStat) = Schätzwerte für die Stud. des Faches Pharmazie; 1839–1841/42 einschl. Chrirurgie. – Sp. 8 (Phil. u.

Philol.): 1804–1830 aus AkadMonSchr unter dieser Bezeichnung; 1830/31–1866 aus Pers.Verz. unter dieser Bezeichnung. – Sp. 9 (Chemie): Ab 1863/64 unter den Medizinern im Pers.Verz. gesondert aufgeführt. – Sp. 10 (Forstwiss.): Ab 1843 unter der Bezeichnung »Forstkandidaten« im Pers.Verz. gesondert aufgeführt; 1841–1842/43 in Sp. 11 (Cameralia) mitenthalten. – Sp. 11 (Cameralia): Bis 1830 in Sp. 3 (Jura) mitenthalten; 1830/31–1840/41 rechnerisch ermittelt: Juristen einschl. Cameralisten (nach Pers.Verz.) abzüglich der Juristen (Sp. 3 nach PrStat) = Schätzwerte für die Stud. des Faches Cameralia; 1841– 1842/43 im Pers.Verz. gesondert aufgeführt, einschl. Forstkandidaten; ab 1843 nur noch Cameralisten.

1866/67–1904:

Wir folgen grundsätzlich der PrStat, in der die Fachströme sauberer abgegrenzt sind als in den Pers.Verz. Aus den Pers.Verz. wurde der Einzelfachstrom der Chemiker 1866/67–1872 ergänzt. Die Fächergruppe Landw., Cameralia u. Nationalök. der PrStat wurde in die beiden Einzelfachströme Cameralia (Sp. 17) u. Forstwiss. (Sp. 19) aufgelöst. Ab 1874/75 wurden aus den Pers.Verz. die ausl. Stud. ergänzt. 1874–1886 u. 1887/88–1890/91 lassen sich die ausl. Stud. in der Phil. Fak. (nach Pers.Verz.) nicht den beiden Fächergruppen (Philol., Gesch. u. Math., Naturwiss.) zuordnen.

Sp.7 (Zahnmed.): 1866/67–1883/84 einschl. Chir. – Sp.11 (Philol., Gesch.): Ab 1891 identisch mit den Stud. in der I. Sektion der Phil. Fak. im Pers.Verz.; ab 1903 nur die Stud. für das höhere Lehramt, die übrigen Stud. dieser Fächergruppe wurden unter Sonstige gezählt (nach PrStat). – Sp.13 (Math., Naturwiss.): 1866/67–1872 u. 1903–1904 ohne die Stud. des Faches Chem. (Sp.15). – Sp 15 (Chem.): 1872/73–1902/03 in Sp.13 (Math., Naturwiss.) mitenthalten. – Sp.17 (Cameralia): 1873/74 einschl. 1 Stud. der Veterinärmed. – Sp.21 (Sonst.): Entsprechend den Zuordnungsregeln der PrStat die Stud. der Phil. Fak., die sich nicht dem höheren Lehramt widmen wollen (vgl. Sp.11: Philol., Gesch.).

1904/05–1941.1:

1904/05–1908 wurden die weibl. Stud. aus den Pers.Verz. ergänzt. 1939/40 wurden wegen Umstellung auf Trim. keine Daten erhoben. Die fehlerhaften Angaben für 1916 im StatJbDR wurden mit Hilfe des Pers.Verz. korrigiert (im StatJbDR für Philologien, Geschichte 100 zu wenig, bei Math., Naturw. die Frauen doppelt gezählt).

Sp.5 (Jura): Bis 1922/23 einschl. Cameralisten/Volkswirt. (Sp.39). – Sp.25 (Philologien, Geschichte): 1912–1924/25 wieder einschl. der Sonstigen (Sp.43) u. damit identisch mit den Stud. in der I. Sektion der Phil. Fak. im Pers.Verz. – Sp.29 (Mathematik, Naturwissenschaften): 1912–1924/25 einschl. der Stud. der Chemie (Sp.34), identisch mit den Stud. in der II. Sektion der Phil. Fak. im Pers.Verz. – Sp.34 (Chemie): 1912–1924/25 in Sp.29 (Mathematik, Naturwissenschaften) mitenthalten. – Sp.39 (Volkswirtschaft): Bis 1922/23 in Sp.5 (Jura) mitenthalten. – Sp.43 (Sonstige): Entsprechend den Zuordnungsregeln in der PrStat die Stud. der Phil. Fak., die sich nicht dem höheren Lehramt widmen wollten; 1912–1924/25 in Sp.15 (Philologien, Geschichte) mitenthalten; ab 1925 nur noch die Restgruppe, die sich keinem der Einzelfächer in der DtHochStat zuordnen ließ.

1925–1941.1:

Sp.6 (Germanistik): 1925–1926/27 enthalten in Sp.11 (Neue Sprachen). – Sp.11 (Neue Sprachen): 1925–1926/27 einschl. Germanistik (Sp.6). – Sp.16 (Geschichte): 1935–1936 enthalten in Sp.35 (Sonstige Kulturwiss.). – Sp.35 (Sonstige Kulturwiss.): 1935–1936 einschl. Geschichte (Sp.16). – Sp.44 (Mathematik): 1925–1926/27 u. 1935–1938 einschl. Physik (Sp.49). – Sp.49 (Physik): 1925–1926/27 u. 1935–1938 enthalten in Sp.44 (Mathematik). – Sp.53 (Biologie): 1935–1939 enthalten in Sp.57 (Sonstige Naturwiss.). – Sp.57 (Sonstige Naturwiss.): 1930–1931 kombiniertes Studium der Fächer Biol., Chem., Geol.; 1935–1939 einschl. Biologie.

6. Quellen und Literatur

Quellen:

Standardquellen: 1830/31–1911/12: PrStat 167, 236. – *1912–1924/25:* StatJbDR Jgg. 34–36, 40–44. – *1925–1927/28:* DtHochStat Bd. 1; VjhStatDR Jgg. 35–37. – *1928–1932/33:* DtHochStat Bde. 1–10. – *1932–1941.1:* ZehnjStat.

Ergänzend: 1804–1830: Akademische Monatsschrift 2 (1850), S.127–129. – *1831–1908, 1916:* Pers. Verz. d. Univ. Würzburg.

Literatur:

ENGELHORN, W. (Bearb.): Bibliographie zur Geschichte der Universität Würzburg 1575–1975. Hrsg. v. P. Baumgart. Würzburg 1975.

BAUMGART, P. (Hg.): Vierhundert Jahre Universität Würzburg. Eine Festschrift. Neustadt a. d. Aisch 1982. –

BUCHNER, M. (Hg.): Aus der Vergangenheit der Universität Würzburg. Berlin 1932. – HASENFUSS, J.: Bayerische Julius-Maximilians-Universität Würzburg. Brilon 1961[2]. – LOMMEL, A.: Die Universität Würzburg, ihre Anstalten, Institute und Kliniken. Düsseldorf 1927. – REINDL, M.: Lehre und Forschung in Mathematik und Naturwissenschaften, insbesondere Astronomie, an der Universität Würzburg von der Gründung bis zum Beginn des 20. Jahrhunderts. Würzburg (Diss.) 1965 (enthält eine langfristige Studentenstatistik). – STICKER, G.: Entwicklungsgeschichte der Medizinischen Fakultät an der Alma Mater Julia. In: BUCHNER 1932. S.383–799. – Verzeichniß des Personals und der Studirenden an der Julius-Maximilians-Universität zu Würzburg. 1830/31–1944/45 (unter verschiedenen Titeln = Pers.Verz.). – WEGELE, F. X. v.: Geschichte der Universität Würzburg. 2 Teile. Würzburg 1882 (ND Aalen 1969).

Literatur

ALAND, K.: Glanz und Niedergang der deutschen Universitäten. Berlin/New York 1979.

ALBISETTI, J.C.: Schooling German Girls and Women. Secondary and Higher Education in the Nineteenth Century. Princeton 1988.

APEL, H.-J.: Sonderwege der Mädchen zum Abitur im Deutschen Kaiserreich. Bildung zur Studierfähigkeit und Durchsetzung der Abiturberechtigung am Ausgang des Kaiserreichs (1908). In: Zeitschrift für Pädagogik 34 (1988), S. 171–189.

BARTOL, G.: Ideologie und studentischer Protest. Zur Entstehung deutscher Studentenbewegungen im 19. und 20. Jahrhundert. München 1977.

BAUMGART, P. (Hg.): Bildungspolitik in Preußen zur Zeit des Kaiserreiches. Stuttgart 1980.

BAUMGART, P./HAMMERSTEIN, N. (Hg.): Beiträge zu den Problemen deutscher Universitätsgründungen der frühen Neuzeit. Nendeln 1978.

BECKER, C.H.: Vom Wesen der deutschen Universität. Leipzig 1925.

BENKER, G./STÖRMER, S.: Grenzüberschreitungen. Studentinnen in der Weimarer Republik. (Frauen in Geschichte und Gesellschaft, Bd. 21). Pfaffenweiler 1990.

BERINGER, D.C.: Geschichte der Geologie und des geologischen Weltbildes. Stuttgart 1954.

BERNAL, J.D.: Sozialgeschichte der Wissenschaft. 4 Bde. Reinbek 1977.

BEYERCHEN, A.D.: Wissenschaftler unter Hitler. Physiker im Dritten Reich. Frankfurt a.M. 1982.

BLEUEL, H.P.: Deutschlands Bekenner. Professoren zwischen Kaiserreich und Diktatur. Bern 1968.

BOEDECKER, E.: 25 Jahre Frauenstudium in Deutschland. Verzeichnis der Doktorarbeiten von Frauen 1908–1933, Bd. 1. Hannover 1939.

BOEDECKER, E./MEYER-PLATH, M.: 50 Jahre Habilitation von Frauen in Deutschland. Eine Dokumentation über den Zeitraum 1920–1970. Göttingen 1974.

BÖDEKER, H.E.: Die »gebildeten Stände« im späten 18. und frühen 19. Jahrhundert. In: KOCKA 1989, S. 21–52.

BÖHME, K. (Hg.): Aufrufe und Reden deutscher Professoren im Ersten Weltkrieg. Stuttgart 1975.

BOCHOW, M./JOAS, H.: Der Lehrkörper der deutschen Hochschulen. In: GOLDSCHMIDT u. a.: Forschungsgegenstand Hochschule. Frankfurt a.M. 1984, S. 81–105.

BOCHOW, M./JOAS, H.: Wissenschaft und Karriere. Frankfurt a.M. 1987.

BOEHM, L./MÜLLER, R.A. (Hg.): Universitäten und Hochschulen in Deutschland, Österreich und der Schweiz. Eine Universitätsgeschichte in Einzeldarstellungen. Hermes Handlexikon. Düsseldorf 1983.

BOEHM, L.: Das Hochschulwesen in seiner organisatorischen Entwicklung. In: SPINDLER, M. (Hg.): Handbuch der bayerischen Geschichte. Bd. II, S. 815–835; Bd. III/1, S. 644–678; Bd. IV/2, S. 995–1036. München 1975³.

BOEHM, L.: Die Universitätsidee in der Geschichte- Belastendes Erbe oder Postulat? In: Chronik der Ludwig-Maximilians-Universität. München 1961/62, S. 189–208.

BOEHM, L.: Von den Anfängen des akademischen Frauenstudiums in Deutschland. In: Historisches Jahrbuch 77 (1958). München-Freiburg, S. 298–327.

BOHNKE, B./HIRSCHFELD, G. (Hg.): Uni-Porträts. Die Hochschulen der Bundesrepublik. Soziales, Politisches, Statistisches, Forschungsschwerpunkte. Frankfurt a.M. 1974.

BORCHARDT, K.: Die Entwicklung der Sozialwissenschaften in Deutschland: Vergangenheit und Zukunft. In: Dt. Univ. Ztg. 22 (1967), Nr. 7, S. 4–11.

BORSCHEID, P.: Naturwissenschaften, Staat und Industrie in Baden (1848–1865). Stuttgart 1976.

BRACHER, K.-D.: Die Gleichschaltung der deutschen Universität. In: Nationalsozialismus und Deutsche Universität. Universitätstage 1966. Veröffentlichung der Freien Universität Berlin. Berlin (West) 1966, S. 126–142.

BROCKE, B. VOM: »Die Gelehrten«. Auf dem Wege zu einer vgl. Sozialgeschichte europäischer Bildungssysteme u. Bildungseliten im Industriezeitalter. In: Jahrbuch des Italien.-Deutschen Histor. Instituts Trient 10 (1984), S. 389–401.

BROCKE, B. VOM: Wissenschaft und Militarismus. Der Aufruf der 93 'An die Kulturwelt' und der Zusammenbruch der internationalen Gelehrtenrepublik im Ersten Weltkrieg. In: CALDER, W. u. a. (Hg.): Wilamowitz nach 50 Jahren. Darmstadt 1985, S. 649–719.

BROCKE, B. VOM: Wissenschaftsgeschichte und Wissenschaftpolitik im Industriezeitalter. Das »System Althoff« in historischer Perspektive. Hildesheim 1991.

BRUCH, R. VOM: Die deutsche Hochschule in der historischen Forschung. In: GOLDSCHMIDT, D. u. a. (Hg.): Forschungsgegenstand Hochschule. Frankfurt a.M. 1984.

BRUCH, R. VOM: Gesellschaftliche Funktionen und politische Rollen des Bildungsbürgertums im Wilhelminischen Reich. In: KOCKA 1989, S. 146–179.

BRUCH, R. VOM: Krieg und Frieden. Zur Frage der Militarisierung deutscher Hochschulen und Universitäten im späten Kaiserreich. In: DÜLFFER, J. u. a. (Hg.): Bereit zum Krieg. Kriegsmentalität im wilhelminischen Deutschland 1890–1914. Göttingen 1986, S. 73–98.

BRUCH, R. VOM: Wissenschaft, Politik und öffentliche Meinung. Gelehrtenpolitik im wilhelminischen Deutschland 1890–1914. Husum 1980.

BURCHARDT, L.: Studentische Jugend im Kaiserreich. In: SCHWABE 1988, S. 25–52.

BURGER, E.: Die Entwicklung des medizinischen Frauenstudiums. Marburg (Diss.) 1947.

BURSIAN, C.: Geschichte der klassischen Philologie in Deutschland von den Anfängen bis zur Gegenwart. Geschichte der Wissenschaften in Deutschland. Neuere Zeit. Bd. 19. München 1883.

BUSCH, A.: Die Geschichte des Privatdozenten. Stuttgart 1959.

BUSSCHE, H.v.d.: Im Dienste der »Volksgemeinschaft«. Studienreform im Nationalsozialismus am Beispiel der ärztlichen Ausbildung. (Hamburger Beiträge zur Wissenschaftsgeschichte, Bd. 4). Berlin-Hamburg 1989.

BUSSEMER, H.U.: Frauenemanzipation und Bildungsbürgertum. Sozialgeschichte der Frauenbewegung in der Reichsgründerzeit. Weinheim 1985.

CARDINI, F./FUMAGALLI BEONIO-BROCCHIERI, M.T.: Universitäten im Mittelalter. Die europäischen Stätten des Wissens. München 1991.

COCKS, G./JARAUSCH, K.H. (Hg.): The German Professions 1800–1950. New York 1990.

CONRAD, J.: Das Universitätsstudium in Deutschland während der letzten 50 Jahre. Jena 1984.

CORINO, K. (Hg.): Intellektuelle im Bann des Nationalsozialismus. Hamburg 1980.

DAHRENDORF, R.: Arbeiterkinder an deutschen Universitäten. (Recht und Staat in Geschichte und Gegenwart, H. 302/303). Tübingen 1985.

DEUTSCHER JURISTINNENBUND (Hg.): Juristinnen in Deutschland. Eine Dokumentation (1900–1984). München 1984.

DICKERHOF, H. (Bearb.): Dokumente zur Studiengesetzgebung in Bayern in der ersten Hälfte des 19. Jahrhunderts. Berlin 1975.

DIEPGEN, P.: Geschichte der Medizin. Die historische Entwicklung der Heilkunde und des ärztlichen Lebens. Bd. 1. Berlin 1949.

DOEBERL, M. u. a. (Hg.): Das akademische Deutschland. 3 Bde., 1 Registerbd. Berlin 1930/31.

DÖRING, H.: Der Weimarer Kreis. Studien zum politischen Bewußtsein verfassungstreuer Hochschullehrer in der Weimarer Republik. Meisenheim 1975.

DU MOULIN-ECKART, R. GRAF: Geschichte der deutschen Universitäten. Stuttgart 1929.

EHLING, M.: Als Ausländer an deutschen Hochschulen. Darmstadt 1987.

ELLWEIN, T.: Die deutsche Universität. Königstein 1985, 1992[2].

ENGEL, J.: Die deutschen Universitäten und die Geschichtswissenschaft. In: Historische Zeitschrift (189) 1959, S. 223–378.

ENGELHARDT, U.: Bildungsbürgertum. Begriffs- und Dogmengeschichte eines Etiketts. Stuttgart 1986.

ERICKSEN, P.: Deutsche Theologen unter Hitler. München/Wien 1986.

EULENBURG, F.: Der akademische Nachwuchs. Leipzig/Berlin 1908.

EULER, H.-H.: Die Entwicklung der medizinischen Spezialfächer an den Universitäten des deutschen Sprachgebiets. Studien zur Medizingeschichte des 19. Jahrhunderts. Bd. 4. Stuttgart 1970.

FABRICIUS, W.: Die deutschen Corps. Frankfurt 1926.

FERBER, C. v.: Die Entwicklung des Lehrkörpers der deutschen Universitäten und Hochschulen 1864–1954. In: PLESSNER, H. (Hg.): Untersuchungen zur Lage der deutschen Hochschullehrer. Bd. III. Göttingen 1956.

FINKENSTAEDT, T.: Kleine Geschichte der Anglistik in Deutschland. Darmstadt 1983.

FISCHER, H.: Völkerkunde im Nationalsozialismus: Aspekte der Anpassung, Affinität und Behauptung einer wissenschaftlichen Disziplin. Berlin 1990.

FISCHER, K.: Die Emigration von Wissenschaftlern nach 1933: Möglichkeiten und Grenzen einer Bilanzierung. In: Vierteljahreshefte für Zeitgeschichte 39 (1991), S. 535–549.

FLEXNER, A.: Die Universitäten in Amerika, England und Deutschland. Berlin 1932.

FORSCHUNGSINSTITUTE, ihre Geschichte, Organisation und Ziele. Bd. 1. Hamburg 1930.

GERTH, H.: Bürgerliche Intelligenz um 1800. Göttingen 1976.

GEUTER, U.: Die Professionalisierung der deutschen Psychologie im Nationalsozialismus. Frankfurt 1984.

GILES, G.J.: Students and National Socialism in Germany. Princeton 1985.

GLASER, E.: Die Anfänge des Frauenstudiums in Tübingen (1904–1934). Weinheim 1992.

GLASER, E./HERRMANN, U.: Konkurrenz und Dankbarkeit. Die ersten drei Jahrzehnte des Frauenstudiums im Spiegel von Lebenserinnerungen – am Beispiel der Universität Tübingen. In: Zeitschrift für Pädagogik 34 (1988), S. 205–226.

GRAB, W. (Hg.): Juden in der deutschen Wissenschaft. Tel Aviv 1986.

GRIESWELLE, D.: Antisemitismus in deutschen Studentenverbindungen des 19. Jahrhunderts. In: HELFER, C./RASSEM, M. (Hg.): Student und Hochschule im 19. Jahrhundert. Göttingen 1975, S. 366–79.

GRIEWANK, K.: Deutsche Studenten und Universitäten in der Revolution von 1848. Weimar 1949.

GRIEWANK, K.: Studentische Mentalität – Politische Jugendbewegung – Nationalismus. Die Anfänge der deutschen Burschenschaft. In: Historische Zeitschrift 242 (1986), S. 581–628.

HAENICKE, G.: Zur Geschichte der Anglistik an deutschsprachigen Universitäten 1850–1925. Augsburg 1979.

HARDTWIG, W.: Sozialverhalten und Mentalitätswechsel der jugendlichen Bildungsschicht im Übergang zur bürgerlichen Gesellschaft 18.–19. Jahrhundert. In: Vierteljahresschrift f. Sozial- u. Wirtschaftsgeschichte 73 (1986), S. 305–335.

HARTSHORNE, E.Y.: The German Universities and National Socialism. Cambridge/Mass. 1937.

HEIBER, H.: Universität unterm Hakenkreuz. Bd. I. München 1991.

HEINEMANN, M. (Hg.), bearb. von Müller, S.: Nordwestdeutsche Hochschulkonferenzen 1945–1948. Hildesheim 1990.

HERRLITZ, H.-G.: Hochschulreife in Deutschland. Göttingen 1968.

HESS, G.: Die deutsche Universität 1930–1970. Darmstadt 1968.

HESSE, A.: Ein halbes Jahrhundert deutscher Volkswirtschaftslehre. In: Jb. d. Schles. Friedr.-Wilh.-Univ. 1 (1955), S. 200–214.

HETTNER, A.: Die Geographie. Ihre Geschichte, ihr Wesen und ihre Methoden. Breslau 1927.

HIRSCH, A.: Geschichte der medizinischen Wissenschaften in Deutschland. Geschichte der Wissenschaften in Deutschland. Neuere Zeit. Bd. 22. München/Leipzig 1893.

HOEBER, K.: Das deutsche Universitäts- und Hochschulwesen. Kempten/München 1912.

HÖROLDT, D.: Zur wissenschaftlichen Bedeutung der Universitäten für ihre Städte. In: MASCHKE, E./SYDOW, J. (Hg.): Stadt und Hochschule im 19. und 20. Jahrhundert (Stadt in der Geschichte, Bd. 5). Sigmaringen 1979, S. 25–76.

HORN, E.: Die Disputationen und Promotionen an den deutschen Universitäten vornehmlich seit dem 16. Jahrhundert. Mit einem Anhang enthaltend ein Verzeichnis aller ehemaligen und gegenwärtigen deutschen Universitäten. Beihefte zum Zentralblatt für Bibliothekswesen. Bd. 11. Leipzig 1893.

HOYER, S. u.a. (Hg.): Die Geschichte der Universitäten und ihre Erforschung: Theorie – Empirie – Methode. Leipzig 1984.

HUERKAMP, C.: Der Aufstieg der Ärzte im 19. Jahrhundert. Göttingen 1985.

HUERKAMP, C.: Frauen, Universitäten und Bildungsbürgertum. Zur Lage studierender Frauen 1900–1930. In: SIEGRIST 1988, S. 200–222.

HUFEN, F.: Über das Verhältnis der deutschen Teritorialstaaten zu ihren Landesuniversitäten im alten Reich. München (Diss.) 1955.

JANSEN, C.: Professoren und Politik. Politisches Denken und Handeln der Heidelberger Hochschullehrer 1914–35. Göttingen 1992.

JARAUSCH, K.H.: Die neuhumanistische Universität und die bürgerliche Gesellschaft 1800–1870. In: Darstellungen und Quellen zur Geschichte der deutschen Einheitsbewegung im 19. und 20. Jahrhundert. 11 (1981), S. 11–58.

JARAUSCH, K.H.: Die Krise des deutschen Bildungsbürgertums im ersten Drittel des 20. Jahrhunderts. In: KOCKA 1989, S. 180–205.

JARAUSCH, K.H.: The Unfree Professions. German Lawyers, Teachers and Engineers 1900–1950. New York 1990.

JARAUSCH, K.H.: Universität und Hochschule. In: Handbuch der deutschen Bildungsgeschichte IV. 1870–1991. München 1991, S. 313–45.

JARAUSCH, K.H. (Ed.): The Transformation of Higher Learning 1860–1930. Stuttgart/Chicago 1983.

JEISMANN, K.-E. (Hg.): Bildung, Staat, Gesellschaft im 19. Jahrhundert. Stuttgart 1989.

KAMPE, N.: Studenten und »Judenfrage« im Deutschen Kaiserreich. Die Entstehung einer akademischen Trägerschicht des Antisemitismus. (Kritische Studien zur Geschichtswissenschaft, Bd. 76). Göttingen 1987.

KATER, M.H.: Krisis des Frauenstudiums in der Weimarer Republik. In: Vierteljahresschrift für Sozial- und Wirtschaftsgeschichte, Bd. 59 (1972), S. 207–255.

KATER, M.H.: Medizinische Fakultäten und Medizinstudenten. Eine Skizze. In: KUDLIEN 1985, S. 82–104.

KAUFMANN, G.: Die Geschichte der deutschen Universitäten. 2 Bde. Stuttgart 1888/96 (Neudruck Graz 1958).

KELLERMANN, P.: Über den Wandel von Status und Funktion der deutschen Universität. Klagenfurt 1975.

KLÜVER, J.: Universität und Wissenschaftssystem. Die Entstehung einer Institution durch gesellschaftliche Differenzierung. Frankfurt a. M./New York 1983.

KOCKA, J. (Hg.): Bildungsbürgertum im 19. Jahrhundert. Bd. IV: Politischer Einfluß und gesellschaftliche Formation. Stuttgart 1989.

KÖNIG, W.: Universitätreform in Bayern in den Revolutionsjahren 1848/49. München 1977.

KOPP, H.: Die Entwicklung der Chemie in der neueren Zeit. 3. Abt. Geschichte der Wissenschaften in Deutschland. Neuere Zeit. Bd. 10. München 1871–74.

KOSELLECK, R. (Hg.): Bildungsbürgertum im 19. Jahrhundert. Bd. II: Bildungsgüter und Bildungswissen. Stuttgart 1990.

KUDLIEN, F. (Hg.): Ärzte im Nationalsozialismus. Köln 1985.

KUHN, T.S.: Die Struktur wissenschaftlicher Revolutionen Frankfurt a. M. 1976[2].

KURUCZ, J.: Struktur und Funktion der Intelligenz in der Weimarer Republik. Köln 1967.

LANDSBERG, E.: Geschichte der deutschen Rechtswissenschaft. 3. Abt. Geschichte der Wissenschaften in Deutschland. Bd. 18. München 1957.

LANGEWIESCHE, D.: Bildungsbürgertum und Liberalismus im 19. Jahrhundert. In: KOCKA 1989, S. 95–121.

LEITNER, E. u.a. (Hg.): Die pädagogische Herausforderung der Universität 1898 - 1934. Studien zur Gesellschaft für Hochschulpädagogik. Weinheim 1990.

LEITNER, E.: Hochschulpädagogik. Zur Genese und Funktion der Hochschulpädagogik im Rahmen der Entwicklung der deutschen Universität 1800 - 1968. Frankfurt 1984.

LESKE, M.: Philosophen im »Dritten Reich«: Studie zu Hochschule und Philosophiebetrieb im faschistischen Deutschland. Berlin 1990.

LINDNER, J.: Zeittafeln zur Geschichte der pharmazeutischen Institute des deutschen Sprachgebietes. Aulendorf 1957.

LINSE, U.: Hochschulrevolution. Zur Ideologie und Praxis sozialistischer Studentengruppen während der deutschen Revolutionszeit 1918/19. In: Archiv für Sozialgeschichte 14 (1974), S. 1–114.

LITT, TH: Hochschule und öffentliches Leben in der Weimarer Republik. In: Kulturverwaltung der zwanziger Jahre. Stuttgart 1961. S.47–59.

LORENZ, CH.: Entwicklung und Lage der weiblichen Lehrkräfte an den wissenschaftlichen Hochschulen Deutschlands. Berlin 1953.

LOSEMANN, V.: Nationalsozialismus und Antike. Studien zur Entwicklung des Fachs Alte Geschichte 1933–1945. Hamburg 1977.

LUNDGREEN, P.: Akademiker und »Professionen« in Deutschland. In: Historische Zietschrift 254 (1992), S.657–70.

LUNDGREEN, P.: Ausbildung und Forschung in den Natur- und Technikwissenschaften an den deutschen Hochschulen, 1870–1930. In: COHEN, Y./MANFRASS, K. (Hg.): Frankreich und Deutschland. Forschung, Technologie und industrielle Entwicklung im 19. und 20. Jarhundert. München 1990, S.53–65.

LUNDGREEN, P. u. a.: Staatliche Forschung in Deutschland 1870–1980. Frankfurt 1986.

MC CLELLAND, C.E.: The Aristocracy and University Reform in Eighteenth-Century in Germany. In: STONE, L. (Ed.): Schooling and Society. Baltimore 1976, S.146–173.

MC CLELLAND, C.E.: Die deutschen Hochschullehrer als Elite 1815–50. In: SCHWABE 1988, S.27–54.

MC CLELLAND, C.E.: The German Experience of Professionalization. From the Early 19th century to the Hitlers Era. Cambridge 1991.

MEHRTENS, H.: Angewandte Mathematik und Anwendungen der Mathematik im nationalsozialistischen Deutschland. In: Geschichte und Gesellschaft 12 (1986), S.317–347.

MERKER, R.: Die bildenden Künste im Nationalsozialismus. Hamburg 1980.

MERTENS, L.: Vernachlässigte Töchter der Alma Mater. Zur strukturellen Entwicklung des Frauenstudiums in Deutschland seit 1900. Berlin 1992.

MEVES, U.: Die Gründung germanistischer Semiare an den preußischen Universitäten (1875–1895). In: Deutsche Vierteljahresschrift für Literaturwissenschaft und Geistesgeschichte 61 (1987) Sonderheft, S.69–122.

MICHALSKI, G.: Der Antisemitismus im deutschen akademischen Leben nach 1918. Frankfurt 1980.

MITGAU, H.: Soziale Herkunft der deutschen Studenten bis 1900. In: RÖSSLER/FRANZ 1970, S.233–268.

MOSSE, G.L.: Das deutsch-jüdische Bildungsbürgertum. In: KOSELLECK 1990, S.168–180.

MÜLLER, D./ZYMEK, B.: Sozialgeschichte und Statistik des Schulsystems in den Staaten des Deutschen Reiches, 1800–1945. (Datenhandbuch zur deutschen Bildungsgeschichte, Bd.II: Höhere und mittlere Schulen, 1.Teil). Göttingen 1987.

MÜLLER, G.: Weltpolitische Bildung und akademische Reform: Carl-Heinrich Beckers Wissenschafts- und Hochschulpolitik. Köln 1991.

MÜLLER, J.: Die wissenschaftlichen Vereine und Gesellschaften Deutschlands im 19. Jahrhundert. Bibliographie. Hildesheim 1965.

MÜLLER, R.A.: Der bayerische »Sonderweg« in der deutschen Hochschulentwicklung. Stuttgart 1991.

MÜLLER, R.A.: Geschichte der Universität. Von der mittelalterlichen Universität zur deutschen Hochschule. München 1990.

MÜLLER, W. u. a. (Hg.): Universität und Bildung: Festschrift Laetitia Boehm zum 60. Geburtstag. München 1991.

MÜLLER-BENEDICT, V.: Akademikerprognosen und die Dynamik des Hochschulsystems. Frankfurt a.M. 1991.

NACHMANSOHN, D.: Die große Ära der Wissenschaft in Deutschland 1900 bis 1933: jüdische und nichtjüdische Pioniere in der Atomphysik, Chemie und Biochemie. Stuttgart 1988.

NATH, A.: Die Studienratskarriere im Dritten Reich. Frankfurt a.M. 1988.

NEUHAUS, R.: Dokumente zur Hochschulreform 1945–1959. Wiesbaden 1961.

NIPPERDEY, T.: Deutsche Geschichte 1866–1918. Erster Band. Arbeitswelt und Bürgergeist. München 1990.

NIPPERDEY, T.: Die deutsche Studentenschaft in den ersten Jahren der Weimarer Republik. In: Ders.: Gesellschaft, Kultur, Theorie. Göttingen 1976, S.390–416.

NITSCH, W.: Hochschule. Soziologische Materialien. Heidelberg 1967.

O'BOYLE, L.: Learning for Its Own Sake: The German Universities as 19th Century Model. In: Comparative Studies in Society and History 25 (1983), S.3–25.

OEHLER, C.: Hochschulentwicklung in der Bundesrepublik Deutschland seit 1945. Frankfurt a.M. 1989.

OEXLE, O.G.: Alteuropäische Voraussetzungen des »Bildungsbürgertums« – Universitäten, Gelehrte, Studierte. In: CONZE, W./KOCKA, J. (Hg.): Bildungsbürgertum im 19. Jahrhundert. Bd.I. Stuttgart 1985, S.29–78.

OTRUBA, G.: Die Universitäten in der Hochschulorganisation der Donau-Monarchie. Nationale Erziehungsstätten im Vielvölkerreich 1850–1914. In: Student und Hochschule im 19. Jahrhundert. Studien und Materialien. (Studien zum Wandel von Gesellschaft und Bildung im Neunzehnten Jahrhundert, Bd.12). Göttingen 1975, S.75–155.

PAUWELS, J.R.: Women, Nazis and Universities. Female University Students in the Third Reich, 1933–1945. Westport/Con.-London 1984.

PESTER, T.: Geschichte der Universitäten und Hochschulen im deutschsprachigen Raum von den Anfängen bis 1945: Auswahlbibliographie der Jahre 1945–1986. Jena 1990.

PETER, H.: Die juristische Fakultät und ihre Lehrfächer. Ein geschichtlicher Überblick. In: Studium generale 16 (1963), S.65–76.

PLESSNER, H. (Hg.): Untersuchungen zur Lage der deutschen Hochschullehrer. 3 Bde. Göttingen 1956.

POLITZER, A.: Geschichte der Ohrenheilkunde. 2 Bde. Stuttgart 1907/1913.

PRAHL. H.-W./SCHMIDT-HARZBACH, I.: Die Universität. München 1981.

PRAHL, H.-W.: Hochschulprüfungen – Sinn oder Unsinn? München 1976.

PRAHL. H.-W.: Die Universität: Eine Kultur- und Sozialgeschichte. München u. a. 1981.

RAMMSTEDT, O.: Deutsche Soziologie 1933-1945. Die Normalität der Anpassung. Frankfurt/M. 1986.

RAUMER, K.v.: Die deutschen Universitäten. Stuttgart 1854.

RICHARZ, M.: Der Eintritt der Juden in die akademischen Berufe. Jüdische Studenten und Akademiker in Deutschland 1678-1848. Tübingen 1974.

RINGER, F.K.: Das gesellschaftliche Profil der deutschen Hochschullehrer 1810-1913. In: SCHWABE 1988, S. 93-104.

RITTER, G.A.: Großforschung und Staat in Deutschland. München 1992.

RÖMER, R.: Sprachwissenschaft und Rassenideologie in Deutschland. München 1985.

RÖSSLER, M.: »Wissenschaft und Lebensraum«: geographische Ostforschung im Nationalsozialismus; ein Beitrag zur Disziplingeschichte der Geographie. Berlin 1990.

RÖSSLER, H./FRANZ, G. (Hg.): Universität und Gelehrtenstand 1400-1800. Limburg 1970.

RÜEGG, W. (Hg.): Geschichte der Universität vom Mittelalter bis zur Gegenwart. Bd. III: 1800-1945. München 1993.

RÜSCHEMEYER, D.: Die Entwicklung der Wissenschaft im Modernisierungsprozeß. In: Geschichte und Gesellschaft 2, 1976, S. 501-13.

SACHS, J.: Geschichte der Botanik vom 16. Jahrhundert bis 1860. Geschichte der Wissenschaften in Deutschland. Neuere Zeit. Bd. 15. München 1875.

SCHEEL, O.: Die deutschen Universitäten von ihren Anfängen bis zur Gegenwart. In: Das akademische Deutschland. Bd. 1. Berlin 1930, S. 1-66.

SCHEFFER, E./ZIELER, G. (Hg.): Das Akademische Deutschland. Biographisch-bibliographisches Handbuch für die Universitäten des deutschen Reiches. Leipzig 1905 ff.

SCHLÜTER, A./KUHN, A. (Hg.): Lila Schwarzbuch. Zur Diskriminierung von Frauen in der Wissenschaft. Düsseldorf 1986.

SCHMIDT, G./RÜSEN, J. (Hg.): Gelehrtenpolitk und politische Kultur in Deutschland 1830-1930. Bochum 1986.

SCHMIDT-HARZBACH, I.: Frauen, Bildung und Universität. In: PRAHL/SCHMIDT-HARZBACH 1981, S. 175-213.

SCHMITZ, R.: Die deutschen pharmazeutisch-chemischen Hochschulinstitute. Ihre Entstehung und Entwicklung in Vergangenheit und Gegenwart. Ingelheim/Stuttgart 1969.

SCHRIEWER, J. (Hg.): Sozialer Raum und akademische Kulturen. Studien zur europäischen Hochschul- und Wissenschaftsgeschichte im 19. und 20. Jahrhundert. Frankfurt a. M. 1993.

SCHRÖDER, K.: Vorläufiges Verzeichnis der in den Bibliotheken und Archiven vorhandenen Vorlesungsverzeichnisse deutschsprachiger Universitäten aus der Zeit vor 1945. Als Manuskript gedruckt. Saarbrücken 1974.

SCHUBRING, G. (Hg.): „Einsamkeit und Freiheit" neu besichtigt: Universitätsreformen und Disziplinenbildung in Preußen als Modell für Wissenschaftspolitik im Europa des 19. Jh. Stuttgart 1991.

SCHUBRING, G.: Seminar – Institut – Fakultät: Die Entwicklung der Ausbildungformen und ihrer Institutionen in der Mathematik. In: Diskussionsbeiträge zur Ausbildungsforschung und Studienreform. Heft 1 (1983), S. 1-44. Universität Bielefeld, Interdisziplinäres Zentrum für Hochschuldidaktik.

SCHULTZ, B.: Die Geschichte der Volkswirtschatslehre im Lehrbetrieb deutscher Universitäten und einiges zur Problematik. In: Festgabe für Friedrich Bülow zum 70. Geburtstag. Berlin 1960, S. 343-362.

SCHWABE, K.: Wissenschaft und Kriegsmoral. Die deutschen Hochschullehrer und die politischen Grundfragen des Ersten Weltkrieges. Göttingen 1968.

SCHWABE, K. (Hg.): Deutsche Hochschullehrer als Elite 1815-1945. Boppard 1988.

SCURLA, H.: Umfang und Richtung der zwischenstaatlichen Studentenwanderung. Diss. Leipzig 1933.

SEIER, H.: Der Rektor als Führer. Zur Hochschulpolitik des Reichserziehungsministeriums 1934-1945. In: Vjh. f. ZtGesch. 12 (1964), S. 105-146.

SEIER, H.: Nationalsozialistisches Wissenschaftsverständnis und Hochschulpolitik. In: SIEGELE-WENSCHKEWITZ/STUCHLIK 1990, S. 5-21.

SEIER, H.: Die Hochschullehrerschaft im Dritten Reich. In: SCHWABE, K. (Hg.): Deutsche Hochschullehrer als Elite 1815-1945. Boppard 1988, S. 247-295.

SEIER, H.: Universität und Hochschulpolitik im nationalsozialistischen Staat. In: MALETTKE, K. (Hg.): Der Nationalsozialismus an der Macht. Aspekte nationalsozialistischer Politik und Herrschaft. Göttingen 1984, S. 143-165.

SIEGELE-WENSCHKEWITZ, L./STUCHLIK, G.: Hochschule und Nationalsozialismus: Wissenschaftsgeschichte und Wissenschaftsbetrieb als Thema der Zeitgeschichte. Frankfurt 1990.

SIEGRIST, H. (Hg.): Bürgerliche Berufe. Beiträge zur Sozialgeschichte der Professionen, freien Berufe und Akademiker im internationalen Vergleich. Göttingen 1988.

SODEN, K.v.: 70 Jahre Frauenstudium. Frauen in der Wissenschaft. Köln 1979.

SONTHEIMER, K.: Die deutschen Hochschullehrer in der Zeit der Weimarer Republik. In: SCHWABE 1988, S. 215-224.

STAA, W. M. v.: Aufbau und Bedeutung der deutschen Universitätsinstitute und Seminare. In: DOEBERL, M. u. a. (Hg.): Das akademische Deutschland. Bd. 1. Berlin 1930, S. 263-276.

STARK, M.: Deutsche Intellektuelle 1910-1933. Heidelberg 1984.

STEIGER, G./STRAUBE, M.: Forschungen und Publikationen seit 1945 zur Geschichte der deutschen Universitäten und Hochschulen auf dem Territorium der DDR. In: Historische Forschungen in der DDR. Analysen und Berichte. Zum XI. Internationalen Historikerkongreß in Stockholm. August 1960. Zeitschrift für Geschichte, Sonderheft VIII. Berlin 1960.

STICHWEH, R.: Der frühmoderne Staat und die europäische

Universität: zur Interaktion von Politik und Erziehungs-
system im Prozeß ihrer Ausdifferenzierung; (16.-
18. Jahrhundert). Frankfurt am Main 1991.

STICHWEH, R.: Differenzierung des Wissenschaftssystems.
In: MAYNTZ u. a.: Differenzierung und Verselbständi-
gung. Zur Entwicklung gesellschaftlicher Teilsysteme.
Frankfurt a. M./New York 1988.

STINTZING, R.: Geschichte der deutschen Rechtswissenschaft. 1. und 2. Abteilung. Geschichte der Wissenschaften in Deutschland. Neuere Zeit. Bd. 18. München/
Leipzig 1880-1884.

STRAUBE, M./FLÄSCHENDRÄGER, W.: Forschungen zur Geschichte der Universitäten, Hochschulen und Akademien der DDR. In: Zeitschrift für Geschichte 18 (1970),
Sonderband, S. 187-209.

STRAUSS, H. A.: Wissenschaftler in der Emigration. In:
TRÖGER 1984, S. 53-64.

STUDIER, M.: Der Corpsstudent als Idealbild der Wilhelminischen Ära: Untersuchungen zum Zeitgeist 1888 bis
1914. Schernfeld 1990.

TEICHLER, U. (Hg.): Das Hochschulwesen in der Bundesrepublik Deutschland. Weinheim 1990.

TEICHLER U.: Wandel der Hochschulstrukturen im internationalen Vergleich. Kassel 1988.

THIELBEER, H.: Universität und Politik in der Deutschen
Revolution von 1848. Bonn 1983.

TITZE, H.: Der Akademikerzyklus. Historische Untersuchungen über die Wiederkehr von Überfüllung und
Mangel in akademischen Karrieren. Göttingen 1990.

TITZE, H.: Hochschulen. In: LANGWIESCHE, D./TENORTH,
H.-E. (Hg.): Handbuch der deutschen Bildungsgeschichte. Bd. V. 1918-1945. München 1989, S. 209-240.

TITZE, H./LÜHRS, W./MÜLLER-BENEDICT, V./NATH, A.:
Prüfungsauslese und Berufszugang der Akademiker
1860-1940. In: LÖSCHE, P. (Hg.): Göttinger Sozialwissenschaften heute. Göttingen 1990, S. 181-251.

TÖPNER, K.: Gelehrte Politiker und politisierte Gelehrte -
die Revolution von 1918 im Urteil deutscher Hochschullehrer. Göttingen 1968.

TRÖGER, J. (Hg.): Hochschule und Wissenschaft im Dritten Reich. Frankfurt a. M. 1984.

TURNER, R. S.: Universitäten. In: Handbuch der deutschen
Bildungsgeschichte. Bd. III. 1800-1870. München 1987,
S. 221-249.

Die deutsche UNIVERSITÄT im Dritten Reich. München
1966.

VLAHOVIC, A.: Die gerichtsmedizinischen Institute der

Universitäten und die Aufgabe der Gerichtsmedizin in
Bayern seit 1806. München (Diss.) 1967.

WALDEN, P.: Chronologische Übersichtstabellen zur Geschichte der Chemie von den ältesten Zeiten bis zur
Gegenwart. Berlin/Göttingen/Heidelberg 1952.

WEBER, B.: Pädagogik und Politik vom Kaiserreich zum
Faschismus. Zur Analyse politischer Optionen von Pä-
dagogikhochschullehrern von 1914-1933. Königstein
1979.

WEBER, W.: Priester der Klio. Historisch-sozialwissen-
schaftliche Studien zur Herkunft und Karriere deutscher Historiker und zur Geschichte der Geschichtswis-
senschaften 1800-1970. Frankfurt 1987².

WEBLER, W.-D.: Die Geschichte der Hochschule seit 1945.
In: HUBER, L. (Hg.): Ausbildung und Sozialisation in
der Hochschule (Enzyklopädie Erziehungswissenschaft
Bd. 10) Stuttgart 1983, S. 169-192.

WEGELE, F.X.: Geschichte der deutschen Historiographie
seit dem Auftreten des Humanismus. Geschichte der
Wissenschaften in Deutschland. Neuere Zeit. Bd. 20.
München 1885.

WEINGART, P./PRINZ, W./KASTNER, M./MAASEN, S./WAL-
TER, W.: Die sog. Geisteswissenschaften: Außenansich-
ten. Die Entwicklung der Geisteswissenschaften in der
BRD 1954-1987. Frankfurt am Main 1991.

WEINGART, P.: Wissensproduktion und soziale Struktur.
Frankfurt am Main 1976.

WERNER, K.F.: Das NS-Geschichtsbild und die deutsche
Geschichtswissenschaft. Stuttgart 1967.

WESTPHALEN, R. GRAF v.: Akademisches Privileg und de-
mokratischer Staat. Stuttgart 1979.

WIERLING, D.: Studentinnen in der Weimarer Republik. In:
NIETHAMMER, L. u. a. : Bürgerliche Gesellschaft in
Deutschland. Historische Einblicke, Fragen, Perspekti-
ven. Frankfurt/M. 1990, S. 364-382.

WINDOLF, P: Die Expansion der Universitäten 1870-1985:
ein internationaler Vergleich. Stuttgart 1990.

WINDOLF, P.: Zyklen der Bildungsexpansion 1870-1990.
In: Zeitschrift für Soziologie 21 (1992), S. 110-125.

WOLF, E. (Hg.): Quellenbuch zur Geschichte der deutschen Rechtswissenschaft. Frankfurt/M. 1950.

WOLF, R.: Geschichte der Astronomie. Geschichte der
Wissenschaften in Deutschland. Neuere Zeit. Bd. 16.
München 1877.

WOLTER, A.: Das Abitur. Oldenburg 1987.

ZIEGLER, T.: Der deutsche Student am Ende des 19. Jahrhunderts. Berlin 1912.

Datenhandbuch zur deutschen Bildungsgeschichte

Band I: Hochschulen

**Teil 1: Hartmut Titze
Das Hochschulstudium in Preußen
und Deutschland 1820-1944**

Unter Mitarbeit von Hans-Georg Herrlitz, Volker Müller-Benedict und Axel Nath. 1987. 303 Seiten, Leinen. Vergriffen.

Band II: Höhere und mittlere Schulen

**Teil 1: Detlef K. Müller / Bernd Zymek
Sozialgeschichte und Statistik
des Schulsystems in den Staaten
des Deutschen Reiches, 1800-1945**

Unter Mitarbeit von Ulrich Herrmann . 1987. 312 Seiten mit 12 Abbildungen, 134 Tabellen und 10 Übersichten, Leinen. ISBN 3-525-36211-0

»Dieser Teilband dokumentiert die ersten Ergebnisse eines groß angelegten Forschungsprojektes, welches die familiäre und schulische Sozialisation der vergangenen 200 Jahre zum Gegenstand hat und dessen Frageansatz alle aussagekräftigen historischen Analyseebenen umschließt. Hier geht es um den Prozeß der Systembildung des Schulwesens im Kräftefeld von traditionalen Vorgaben, gesetzlichen Regelungen, regionalen Spezifika, Berechtigungsstufen, sozialen Differenzierungen und Hierarchisierungen, Qualifikationskrisen und schließlich bildungstheoretischen Legitimationen. Mit Hilfe moderner Datenverarbeitung konnte umfangreiches statistisches Material aufbereitet, ausgebreitet, interpretiert und weiterer Forschung zugänglich gemacht werden. Der Wert der Studie und des gesamten Vorhabens für die historische Pädagogik kann nicht hoch genug eingeschätzt werden.«
Das Historisch-Politische Buch

Hartmut Titze
Der Akademikerzyklus

Historische Untersuchungen über die Wiederkehr von Überfüllung und Mangel in akademischen Karrieren. 1990. 512 Seiten mit 70 Abbildungen und 19 Tabellen, kartoniert. ISBN 3-525-36224-2

Schlechte Aussichten in den akademischen Berufen sind keine neue Erscheinung. Hartmut Titzes Untersuchungen zeigen, wie sich seit dem Ende des 18. Jahrhunderts Phasen der Berufsüberfüllung und Phasen des Mangels ziemlich regelmäßig abgelöst haben. Auf einer sehr breiten Datenbasis wird für vier klassische Karrieren – Pfarrer, Juristen, Ärzte, Studienräte – der »Akademikerzyklus« in seiner langfristigen Entwicklung bis zum Zweiten Weltkrieg empirisch rekonstruiert. Das Ziel ist, das komplexe Zusammenspiel zwischen den eigendynamisch wirksamen Triebkräften im Rekrutierungssystem der Karrieren und dem politischen Handeln der Zeitgenossen sozialwissenschaftlich aufzuklären.

»Wer bereit ist, sich auf die 500 Seiten von Titzes Akademikerzyklus einzulassen, den erwartet eine spannende Lektüre mit überraschenden Interpretationen und neuen Deutungen zum größten Teil altbekannter Phänomene, die nicht nur den Bildungshistoriker zum Abschied von so manchen liebgewordenen Überzeugungen zwingen, sondern auch von eminenter Bedeutung für die heutige Bildungspolitik sein können.«
Die Deutsche Schule

VᵼR
Vandenhoeck
& Ruprecht

Göttinger Universitätsschriften

Serie A: Schriften

V&R
Vandenhoeck & Ruprecht